ouvertement [uvɛʀtəmɑ̃] *adv* offen, frei, ehrlich
ouverture [uvɛʀtyʀ] *f* *1.* Eröffnung *f; heures d'~* Öffnungszeiten *f/pl; ~ de crédit* Kreditaufnahme *f; ~ du testament* Testamentseröffnung *f; ~ d'exploitation* Betriebseröffnung *f; 2. (trou)* Loch *n,* Spalt *m,* Öffnung *f; 3. MUS* Auftakt *m; 4. (début)* Einleitung *f; 5. (d'un nouveau marché)* Erschließung *f; 6. FOTO* Blende *f*
ouvrable [uvʀabl] *adj jour ~* Werktag *m*
ouvrage [uvʀaʒ] *m 1.* Werk *n; ~ de référence* Nachschlagewerk *n; 2. (construction)* Bauwerk *n*
ouvrager [uvʀaʒe] *v* sorgfältig ausarbeiten, sorgfältig bearbeiten, verzieren
ouvrant [uvʀɑ̃] *adj* Schiebe..., sich öffnend, zu öffnen; *toit ~ m* Schiebedach
ouvre-boîte [uvʀəbwat] *m* Büchsenöffner *m,* Dosenöffner *m*
ouvre-bouteille [uvʀəbutɛj] *m* Flaschenöffner *m*
ouvrer [uvʀe] *v* verarbeiten, bearbeiten
ouvrier [uvʀije] *m 1.* Arbeiter *m; ~ du bâtiment* Bauarbeiter *m; ~ qualifié/~ spécialisé* Facharbeiter *m; ~ aux pièces* Akkordarbeiter *m; 2. ~s pl* Arbeitskraft *f; adj 3.* Arbeiter... *la classe ouvrière* die Arbeiterklasse *f*
ouvrière [uvʀijɛʀ] *f* Arbeiterin *f*

ouvrir [uvʀiʀ] *v irr 1.* öffnen, aufmachen; *~ la marche* sich an die Spitze stellen; *~ un livre* ein Buch aufschlagen; *~ les yeux à qn* jdm die Augen öffnen; *~ l'appétit* den Appetit anregen; *2. (porte)* aufschließen, aufsperren, aufziehen; *3. (magasin)* eröffnen; *4. (un nouveau marché)* erschließen; *5. s'~* sich öffnen, aufgehen; *6. s'~ à qn* sich jdm öffnen

ovale [ɔval] *adj 1.* oval; *m 2.* Oval *n*
ovation [ɔvasjɔ̃] *f* Beifall *m,* Ovation *f,* Huldigung *f; faire une ~ à qn* jdm eine Ovation darbringen
OVNI [ɔvni] *m (objet volant non identifié)* UFO *n,* Unbekanntes Flugobjekt *n,* Fliegende Untertasse *f*
ovulation [ɔvylasjɔ̃] *f BIO* Eisprung *m*
oxydation [ɔksidasjɔ̃] *f CHEM* Oxidation *f*
oxyder [ɔkside] *v s'~* rosten
oxygène [ɔksiʒɛn] *m CHEM* Sauerstoff *m*
oxygéner [ɔksiʒene] *v s'~ (fam)* Sauerstoff schöpfen, Luft schnappen; *s'~ les poumons* an die frische Luft gehen; *aller s'~ à la campagne* auf dem Land Sauerstoff tanken

Angabe der Wortart

Tilde ersetzt das Stichwort

Wort ist Teil einer Zusammensetzung

Kennzeichnung unregelmäßiger französischer Verben

Kästen markieren den Grundwortschatz

Angabe des Sachgebiets

GROSSES WÖRTERBUCH

FRANZÖSISCH

Französisch–Deutsch
Deutsch–Französisch

Compact Verlag

Bisher sind in dieser Reihe erschienen:

- ◆ Großes Wörterbuch Französisch
- ◆ Großes Wörterbuch Englisch
- ◆ Großes Wörterbuch Spanisch
- ◆ Großes Wörterbuch Italienisch
- ◆ Großes Wörterbuch Deutsch Rechtschreibung
- ◆ Großes Wörterbuch Deutsch Fremdwörter

Chefredaktion: Evelyn Boos
Redaktion: Marie Frey
Produktion: Johannes Buchmann
Umschlaggestaltung: Inga Koch

ISBN 978-3-8174-7792-0
7277921/2

www.compactverlag.de

Inhaltsverzeichnis

Informationen für den Benutzer	IV
Abkürzungen	VII
Lautschrift	VIII
Französisch-Deutsch	3
Deutsch-Französisch	407
Französische Grammatik	796
Unregelmäßige Verben im Französischen	805
Grammaire allemande	808
Verbes irréguliers allemands	817
Wichtige Abkürzungen	821
Abréviations importantes	823

Informationen für den Benutzer

In diesem Wörterbuch wird dem Benutzer mit 200.000 aktuellen Angaben zu rund 80.000 Stichwörtern der schnelle Zugriff auf den umfassenden Wortschatz der modernen Fach- und Alltagssprache ermöglicht.

Gliederung der Stichwörter

Abkürzungen, die einer Erläuterung oder mehrerer Übersetzungen bedürfen (z. B. CD-ROM), werden als Stichwörter aufgeführt – andere gängige Abkürzungen befinden sich im Anhang auf den Seiten 821–824.

Wörter, die gleich lauten, aber eine unterschiedliche Bedeutung haben, werden mit hochgestellten Zahlen gekennzeichnet. Der Grundwortschatz ist in beiden Sprachrichtungen durch eine Umrandung des Eintrags kenntlich gemacht.

Um einen raschen Zugriff auf das gesuchte Wort zu ermöglichen, steht jedes Stichwort als eigener Eintrag. So stehen z. B. *nachdem* und *nachher* nicht zusammen mit *nach* in einem Abschnitt, sondern sind selbstständige Stichwörter mit Lautschriftangabe.

Bei unregelmäßiger Bildung der Femininform von Substantiven (z. B. *roi/reine, Bauer/Bäuerin*) und bei Bildung der Femininform durch Ersetzen der Maskulinendung (z. B. *veuf/veuve, Zeuge/Zeugin*) erhält das feminine Substantiv meist einen eigenen Eintrag.

Adjektive werden mit Ausnahme von solchen wie *jüngste(r,s), letzte(r,s)* nur in der männlichen Form angegeben. Bei französischen Adjektiven, die im Singular maskulin eine zweite Form besitzen (z. B. *beau* und *bel*), befindet sich bei dieser ein entsprechender Verweis. Französische Adverbien, die regelmäßig von einem Adjektiv abgeleitet werden, sind nicht als einzelne Einträge aufgeführt, es sei denn, die adverbiale Bedeutung unterscheidet sich von der adjektivischen. Die Bildung der französischen Adverbien kann im Anhang nachgelesen werden.

Alphabetisierung

Die blau gedruckten Stichwörter sind streng alphabetisch geordnet: Getrennt geschriebene und durch Bindestrich getrennte Stichwörter werden dabei behandelt, als würden sie zusammengeschrieben.

Die Buchstaben ä, ö, ü, á, à, â usw. werden wie a, o, u, a usw. alphabetisiert; ß wird wie ss eingeordnet.

Einige Stichwörter werden durch zusätzliche Informationen in Klammern genauer bestimmt (z. B. Angabe der Endung der Femininform). Diese Klammerergänzungen werden bei der Alphabetisierung jedoch nicht berücksichtigt.

Aufbau eines Eintrages

Innerhalb eines Stichworteintrages wird das blau gedruckte Stichwort nicht wiederholt, sondern durch eine Tilde (~) ersetzt, es sei denn, es steht in einer Form, die eine andere Schreibweise nach sich zieht. Im Eintrag *livre* würde zum Beispiel statt *livres* einfach *~s* stehen, bei *Buch* wäre *Bücher* ausgeschrieben. Diese Ausnahme bezieht sich auch auf die Großschreibung eines sonst kleingeschriebenen Wortes (z. B. am Satzanfang einer Wendung). Die Tilde bezieht sich nie auf eventuelle Klammerergänzungen im Stichwort.

Die einzelnen Übersetzungen eines Stichwortes sind nach Wortart und Häufigkeit geordnet. Bedeutungsgleiche (synonyme) Übersetzungen werden durch Kommata voneinander getrennt. Nicht bedeutungsgleiche Übersetzungen werden entsprechend der Häufigkeit ihrer Verwendung durchnummeriert und mit Strichpunkt abgetrennt.

Sind Auslassungszeichen (...) direkt an ein Wort angehängt (z. B. bei Präfixen), bedeutet dies, dass das Wort als Teil einer Zusammensetzung wiedergegeben wird.

> Beispiel:
> **fédéral** [federal] *adj* föderal, Bundes...
> Neben der Übersetzung *föderal* sind auch Wortzusammensetzungen mit *Bundes...* möglich (z. B. *Bundesland*).

Lautschrift

Der Stichwortangabe folgt jeweils in eckigen Klammern die dazugehörige Aussprache. Die Lautschrift richtet sich nach der international gebräuchlichen Phonetik. Eine Übersicht über die Lautschriftzeichen befindet sich auf Seite VIII. Das Betonungszeichen (ˈ) steht jeweils vor der Silbe, die betont werden muss. Die Lautschrift einsilbiger Wörter enthält kein Betonungszeichen. Die französischen Wörter werden fast immer auf der letzten Silbe betont; ihre Lautschrift enthält daher kein Betonungszeichen.

Steht in einem Eintrag eine zusätzliche Lautschriftangabe, bedeutet dies, dass alle folgenden Bedeutungen entsprechend dieser Phonetikangabe ausgesprochen werden.

Wortart

Nach Stichwort und Lautschrift wird die Wortart des blau gedruckten Stichwortes in abgekürzter Form angegeben. Sie ist kursiv gedruckt. Die Abkürzungen werden auf Seite VII erläutert. Gibt es für ein Stichwort mehrere Bedeutungen mit unterschiedlichen Wortarten, so werden diese durch Strichpunkte voneinander getrennt aufgeführt.
Hat ein Stichwort sowohl eine maskuline als auch eine feminine Form oder werden für ein Wort zwei unterschiedliche Genera gleich häufig verwendet, so stehen die entsprechenden Angaben kursiv hinter dem betreffenden Wort.

Alle unregelmäßigen Verben sind mit der Abkürzung *v irr* gekennzeichnet. Die unregelmäßigen Formen der Verben beider Sprachen werden im Anhang (Seiten 805–807 sowie 817–820) aufgeführt.

Aufgelistet werden ausschließlich die Formen des Stammverbs (für die Formen zu *contredire* sieht man bei *dire* nach, die Formen zu *mitkommen* stehen bei *kommen*).

Redewendungen

Die zahlreichen Wendungen und sprichwörtlichen Redensarten sind dem bedeutungstragenden Wort der Wendung – in der Regel dem Substantiv – zugeordnet.

Anhang

Die Kurzgrammatiken im Anhang ermöglichen es auch Anfängern, den vorhandenen Wortschatz stilsicher anzuwenden. So findet der Benutzer schnell eine Antwort auf jedes grundlegende grammatische Problem.

Abkürzungen

adj	Adjektiv
adv	Adverb
AGR	Landwirtschaft
ANAT	Anatomie
ARCH	Architektur
art	Artikel
ART	Kunst
ASTR	Astronomie
BIO	Biologie
BOT	Botanik
CHEM	Chemie
CINE	Film
ECO	Wirtschaft
etw	etwas
f	weiblich
fam	umgangssprachlich
fig	bildlich
FIN	Finanzwelt
FOTO	Fotografie
GAST	Gastronomie
GEO	Geografie
GEOL	Geologie
GRAMM	Grammatik
HIST	Geschichte
INFORM	Informatik
interj	Interjektion
irr	unregelmäßig
jdm	jemandem
jdn	jemanden
jds	jemandes
jmd	jemand
JUR	Recht
konj	Konjunktion
LING	Linguistik
LIT	Literatur
m	männlich
MATH	Mathematik
MED	Medizin
MET	Metallurgie
METEO	Meteorologie
MIL	Militär
MIN	Bergbau/ Mineralogie
MUS	Musik
n	Neutrum
NAUT	Schifffahrt
num	Zahlwort
PHIL	Philosophie
PHYS	Physik
pl	Plural
POL	Politik
pref	Präfix
prep	Präposition
pron	Pronomen
PSYCH	Psychologie
qc	quelque chose
qn	quelqu'un
REL	Religion
SPORT	Sport
sup	Superlativ
TECH	Technik
TEL	Kommunikationswesen
THEAT	Theater
v	Verb
ZOOL	Zoologie

Lautschrift

Konsonanten

Ball	b	baigner
Nichte	ç	
dort	d	dent
fliehen, vor	f	fruit, photo
geben	g	galant, langue
holen	h	
Journal	ʒ	girafe, jouer
jeder, Million	j	fille, réveil
Kamm, Chor	k	couper, qui
Lob	l	lettre
Maus	m	médecin
nehmen	n	nommer
	ɲ	désigner
angeln, links	ŋ	doping
Post	p	petit
Rand	r	
	ʀ	rue
besser, Ruß	s	savoir, cecité
schwierig	ʃ	choix, schéma
treten, Pfad	t	tête, thème
weben, Vase	v	vanité, wagon
	w	toit, louer
Nacht	x	
Hose	z	oser, zone

Vokale

blass	a	atout
Bahn, Saal	aː	
	ɑ	diable, plâtre
egal	e	été, aller
Weh, See	eː	
hätte, fett	ɛ	être, lait
Säge	ɛː	
Menge	ə	me, retard
ist	ɪ	
Vitamin	i	image, dynamique
Liebe	iː	
Moral	o	oser, baume
Boot, Ton	oː	
von	ɔ	propre, aurore
ökonomisch	ø	deux, nœud
Öl	øː	
völlig	œ	neuf, œil
Zunge	u	bout
Zug	uː	
	ɥ	suer, lui
Stück	y	but, retenue
Typ	yː	

Diphthonge

beißen	aɪ
Auge	au
läuten, Heu	ɔy

Nasale

Orange	ɑ̃	tante, mentir
annoncieren	ɔ̃	bronzer
	œ̃	un
Cousin	ɛ̃	câlin, thym

Nur bei Fremdwörtern aus dem Englischen

Server	ɜː
online	ɒ
Gangster	æ

Französisch – Deutsch

A

à [a] *prep 1. (local)* an, in, nach; *2. (temporel)* um, an; *3. (par)* bei; *~ cette occasion* bei dieser Gelegenheit; *4. (pour)* zu; *~ saisir dans toute son étendue* überschaubar; *5. (avec)* mit

abaissant [abɛsɑ̃] *adj* herabsetzend, erniedrigend

abaissement [abɛsmɑ̃] *m* Senkung *f,* Abnahme *f*

abaisser [abese] *v 1.* herabsetzen; *2. (fig)* ducken, erniedrigen; *3. (humilier)* erniedrigen; *4. s'~* sich herablassen

abandon [abɑ̃dɔ̃] *m 1.* Abtretung *f,* Verzicht *m; 2. (abnégation)* Hingabe *f; 3. (délaissement)* Vernachlässigung *f; laissé à l'~* verwahrlost

abandonné [abɑ̃dɔne] *adj* verlassen

abandonner [abɑ̃dɔne] *v 1.* verlassen; *2. (renoncer à)* preisgeben, aufgeben; *3. (délaisser)* vernachlässigen; *4. s'~ à* sich hingeben; *s'~ à son imagination* fantasieren

abasourdi [abaszuʀdi] *adj* benommen, betäubt, verblüfft, verdutzt

abasourdir [abazuʀdiʀ] *v 1. (par du bruit)* betäuben, halb taub machen; *2. (fig)* verblüffen, in Erstaunen versetzen, verdutzen

abat-jour [abaʒuʀ] *m* Lampenschirm *m*

abats [aba] *m/pl GAST* Innereien *pl*

abattage [abataʒ] *m 1. (d'un arbre)* Fällen *n,* Schlagen *n,* Abholzen *n; 2. (d'un animal)* Schlachten *n,* Töten *n; 3. (du minéral) MIN* Abbau *m,* Gewinnung *f; 4. avoir de l'~ (fig)* begeistern, mitreißen, fesseln, Temperament haben; *5. vente à l'~ ECO* Verkauf auf offener Straße *m*

abattant [abatɑ̃] *m (de table)* Klappe *f*

abattoir [abatwaʀ] *m* Schlachthof *m*

abattre [abatʀ] *v irr 1.* zerstören; *2. (couper)* abschlagen; *3. (bâtiment)* abreißen, umreißen, niederreißen; *4. (animaux)* schlachten; *5. (arbre)* fällen; *6. (avion)* abschießen; *~ d'un coup de feu* abschießen; *7. s'~ sur* niedergehen auf, herabschießen auf, sich niederlassen

abattu [abaty] *adj* niedergeschlagen

abbaye [abei] *f REL* Abtei *f*

abbé [abe] *m REL* Abt *m*

abbesse [abɛs] *f REL* Äbtissin *f*

abc [abese] *m 1. (livre)* Fibel *f,* Abc-Buch *n; 2. (fig: bases)* Einmaleins *n,* Grundlagen *pl,* Abc *n; Le savoir-faire est l'~ du métier.* Wissen ist die Grundlage für den Beruf.

abcès [apsɛ] *m MED* Abszess *m,* Geschwür *n; crever l'~* das Übel an der Wurzel packen

abdiquer [abdike] *v (roi)* abdanken

abdominal [abdɔminal] *adj ANAT* Bauch..., Unterleibs...

abdominaux [abdɔmino] *m/pl 1. (muscles) ANAT* Bauchmuskeln *pl; 2. (fig: exercices) SPORT* Bauchmuskelübungen *f/pl; faire des ~* Übungen zur Kräftigung der Bauchmuskeln machen/die Bauchmuskeln trainieren

abécédaire [abesedɛʀ] *m 1. (débutant)* Abc-Schütze *m; 2. (livre)* Fibel *f,* Lesebuch *n*

abeille [abɛj] *f ZOOL* Biene *f*

aberrant [abɛʀɑ̃] *adj* abweichend

aberration [abɛʀasjɔ̃] *f 1.* Verirrung *f; 2. (divergence)* Abweichung *f*

abêtir [abetiʀ] *v 1.* verdummen, dumm machen, blöd machen; *2. s'~* verblöden, blöd werden, stumpfsinnig werden; *Il s'abêtit de jour en jour.* Er verblödet von Tag zu Tag mehr./Er wird von Tag zu Tag dümmer.

abêtissant [abɛtisɑ̃] *adj* stumpfsinnig, geisttötend

abhorrer [abɔre] *v (détester) LIT* verabscheuen

abîme [abim] *m* Abgrund *m*

abîmé [abime] *adj 1.* beschädigt, schadhaft; *2. (fam: blessé)* ramponiert *(fam)*

abîmer [abime] *v 1.* verderben, beschädigen; *2. (user)* strapazieren; *3. (casser)* kaputtmachen, lädieren; *4. s'~* kaputtgehen; *5. s'~ dans* versinken in

abject [abʒɛkt] *adj 1. (une personne)* gemein, widerwärtig, niederträchtig; *2. (un repas)* abscheulich, widerlich

abjection [abʒɛksjɔ̃] *f* Verworfenheit *f,* tiefste Erniedrigung *f*

abjurer [abʒyʀe] *v* abschwören

ablution [ablysjɔ̃] *f 1. (toilette rituelle) REL* rituelle Waschung *f; 2. (dans la messe catholique) REL* Waschung *f,* Ablution *f; 3. (fig)* Waschen *n,* Reinigung *f; faire ses ~s* sich waschen

abnégation [abnegasjɔ̃] *f (de soi)* Opferbereitschaft *f,* Selbstverleugnung *f*

A

aboi [abwa] *m 1. LIT* Gebell *n,* Bellen *n; 2. (à la chasse)* Gebell der Meute, die das gejagte Tier einkreist; *une bête aux ~s* ein eingekreistes Tier, ein gestelltes Tier; *3. (fig)* verzweifelte Lage, ausweglose Situation; *être aux ~s* in einer verzweifelten Lage sein, in großer Bedrängnis sein, mit dem Rücken zur Wand stehen; *mettre qn aux ~s* jdn in eine ausweglose Situation bringen
aboiement [abwamɑ̃] *m 1. (du chien)* Gebell *n,* Bellen *n,* Lautgeben *n,* Anschlagen *n; 2. (fig)* Geschrei *n,* Gekreische *n,* Gezeter *n,* Belfern *n; les ~s des crieurs de journaux* das laute Geschrei der Zeitungsverkäufer; *les ~s de la critique* die heftigen Äußerungen der Kritik
abolir [abɔliʀ] *v 1.* abschaffen; *2. (fig)* umstoßen, widerrufen
abolition [abɔlisjɔ̃] *f* Abschaffung *f,* Aufhebung *f*
abominable [abɔminabl] *adj* ekelhaft, scheußlich
abomination [abɔminasjɔ̃] *f* Abscheulichkeit *f,* Widerwärtigkeit *f,* Scheußlichkeit *f*
abondamment [abɔ̃damɑ̃] *adv* reichlich, ausgiebig
abondance [abɔ̃dɑ̃s] *f* Überfluss *m*
abondant [abɔ̃dɑ̃] *adj* reichlich, üppig; *peu ~* spärlich
abonder [abɔ̃de] *v 1. (être en grande quantité)* im Überfluss vorhanden sein, im Übermaß vorhanden sein; *2. ~ en (avoir en grande quantité)* wimmeln von, strotzen vor, reich sein an; *3. ~ dans le sens de qn* mit jdm vollkommen übereinstimmen
abonné [abɔne] *m 1.* Abonnent *m; 2. TEL* Teilnehmer *m*
abonnement [abɔnmɑ̃] *m* Abonnement *n*
abonner [abɔne] *v s'~ à qc* etw abonnieren; *être abonné à (fig)* abonniert sein auf
abord [abɔʀ] *m 1.* Zugang *m; d'un ~ facile (fig)* zugänglich; *2. ~s pl* Umgebung *f*
abordable [abɔʀdabl] *adj 1.* zugänglich; *2. (raisonnable)* erschwinglich
aborder [abɔʀde] *v 1. (bateau)* landen, anlegen; *2. ~ qn* jdn ansprechen; *3. (fig: un sujet)* anschneiden
abortif [abɔʀtif] *m MED* Abtreibungsmittel *n*
aboucher [abuʃe] *v 1. (des conduits)* zusammenfügen, stumpfschweißen; *2. ~ qn avec qn* jdn mit jdm in Kontakt bringen, jdn mit jdm zusammenbringen; *3. s'~ avec qn* mit jdm Kontakt aufnehmen
abouler [abule] *v 1. (fam: donner)* rausrücken, rüberwachsen lassen; *2. (fam: arriver)* einlaufen, antanzen
aboutir [abutiʀ] *v* grenzen; *~ à* führen zu
aboutissement [abutismɑ̃] *m* Ergebnis *n,* Abschluss *m*
aboyer [abwaje] *v* bellen
abraser [abʀaze] *v TECH* reiben, abreiben, abschleifen
abrasif [abʀɑzif] *m 1. TECH* Schleifmittel *n; adj 2.* Schleif..., Scheuer..., Schmirgel..., abtreibend
abrasion [abʀɑzjɔ̃] *f 1. TECH* Abrieb *m,* Abnutzung durch Reibung *f,* Abschleifen *n; 2. ~ marine GEOL* Abrasion *f,* Abtragung der Küste *f; 3. MED* Abschabung *f,* Auskratzung *f,* Ausschabung *f; ~ des dents* Abkauen der Zähne *n*
abrégé [abʀeʒe] *1.* Auszug *m; 2. (précis)* Abriss *m; adj 3. en ~* in Kurzfassung, gekürzt, kurz gesagt
abréger [abʀeʒe] *v* abkürzen, verkürzen
abreuver [abʀœve] *v 1. (animaux)* tränken; *2. s'~ (animaux)* saufen
abreuvoir [abʀœvwaʀ] *m* Tränke *f,* Tränkrinne *f*
abréviation [abʀevjasjɔ̃] *f* Abkürzung *f*
abri [abʀi] *m 1.* Zuflucht *f; 2. (refuge)* Unterkunft *f,* Unterschlupf *m; à l'~* geschützt; *3. ~ antiaérien MIL* Luftschutzkeller *m*
abricot [abʀiko] *m* Aprikose *f*
abrité [abʀite] *adj* (wind-, wetter-) geschützt
abriter [abʀite] *v 1. (mettre à l'abri)* Obdach gewähren, Schutz gewähren; *2. (recevoir, loger)* aufnehmen, beherbergen; *Cet hôtel peut ~ deux cents personnes.* Dieses Hotel verfügt über zweihundert Betten./Dieses Hotel kann zweihundert Gäste aufnehmen. *3. s' ~ (se protéger)* sich schützen, sich abschotten; *4. s'~ (fig)* sich verstecken; *s'~ derrière qn* hinter jdm Schutz suchen, sich hinter jdm verstecken/sich hinter jdm verbergen
abrivent [abʀivɑ̃] *m* Windschutz *m*
abrogatif [abʀɔgatif] *adj JUR* abschaffend, aufhebend
abroger [abʀɔʒe] *v JUR* außer Kraft setzen, aufheben
abrupt [abʀypt] *adj 1.* abrupt, jäh; *2. (escarpé)* steil
abruti [abʀyti] *adj 1. (étourdi)* benommen; *2. (fam: idiot)* blöd, doof, bescheuert; *m 3. (fam: injure)* Blödmann *m,* Trottel *m,* Depp *m,* Blödian *m; Espèce d'~!* Du Depp, du!

abrutir [abʀytiʀ] *v 1. (dégrader) LIT* verderben, abstumpfen; *2. (rendre stupide)* verdummen, verblöden; *3. (accabler)* überanstrengen, überstrapazieren; *4. s'~ (fam)* sich überarbeiten, sich kaputtarbeiten; *Il s'abrutit de travail.* Er überarbeitet sich., Er deckt sich über und über mit Arbeit ein., Er arbeitet sich kaputt.

abrutissement [abʀytismɑ̃] *m* Benommenheit *f,* Betäubung *f,* Verdummung *f*

abscons [apskɔ̃] *adj LIT* verworren, abstrus, unklar, schwer verständlich

absence [apsɑ̃s] *f 1.* Abwesenheit *f; ~ d'appétit* Appetitlosigkeit *f; ~ de retenue/~ de modération* Maßlosigkeit *f; 2. JUR* Mangel *m*

absent [apsɑ̃] *adj* abwesend

absentéisme [apsɑ̃teism] *m* (häufiges) Fernbleiben von der Arbeit *n,* Fehlzeiten *f/pl*

absenter [apsɑ̃te] *v s'~* sich entfernen, weggehen, kurz verschwinden

absolu [apsɔly] *adj* unbedingt, absolut

> **absolument** [apsɔlymɑ̃] *adv 1.* unbedingt, absolut, ganz; *~ pas* überhaupt nicht; *2. (complètement)* durchaus

absorbant [apsɔʀbɑ̃] *adj 1.* absorbierend, aufsaugend, einsaugend; *2. (fig)* stark beanspruchend, vollkommen in Beschlag nehmend, aufreibend; *un travail ~* eine Arbeit, die einen ganz in Anspruch nimmt *f*

absorber [apsɔʀbe] *v 1.* aufsaugen; *2. ~ qc* etw schlucken, etw zu sich nehmen; *3. s'~ dans qc* sich in etw versenken

absorption [apsɔʀpsjɔ̃] *f (de nourriture)* Aufnahme *f*

abstenir [apstəniʀ] *v irr s'~ de qc* sich einer Sache enthalten

abstention [apstɑ̃sjɔ̃] *f* Enthaltung *f*

abstinence [apstinɑ̃s] *f 1.* Abstinenz *f; 2. (d'aliments, de boissons)* Enthaltsamkeit *f; faire ~* fasten

abstinent [apstinɑ̃] *adj* enthaltsam

abstraction [apstʀaksjɔ̃] *f* Abstraktion *f; ~ faite de* abgesehen von

abstrait [apstʀɛ] *adj* abstrakt

absurde [apsyʀd] *adj* unsinnig, absurd

absurdité [apsyʀdite] *f* Absurdität *f,* Sinnlosigkeit *f*

abus [aby] *m* Missbrauch *m; ~ de pouvoir* Amtsmissbrauch *m; ~ d'alcool* Alkoholmissbrauch *m*

abuser [abyze] *v 1.* trügen; *2. ~ qn* jdn täuschen; *3. ~ de qc* etw missbrauchen; *4. (fig) ~ de* überschreiten

abusif [abyzif] *adj* missbräuchlich, maßlos, übertrieben, übermäßig

abysse [abis] *m 1. GEO* Tiefseegraben *m; 2. (fig)* Abgrund *m,* Ruin *m*

acabit [akabi] *m 1. (manière d'être)* Charakter *m,* Art *f,* Eigenschaft *f; Il est d'un bon ~.* Er hat einen guten Charakter. *2. (péjoratif)* Schlag *m,* Sorte *f; un homme de cet ~* ein Mann dieses Kalibers; *Il est du même ~.* Er ist um kein Haar besser./Er ist keinen Deut besser.

académicien(ne) [akademisjɛ̃/akademisjɛn] *m/f* Mitglied der Académie française *n*

académie [akademi] *f* Akademie *f*

acajou [akaʒu] *m* Mahagoni *n; bois d'~* Mahagoniholz *n*

acariâtre [akaʀjɑtʀ] *adj* griesgrämig, übellaunig, mürrisch, nörglerisch

accablant [akablɑ̃] *adj 1.* drückend, erdrückend; *une chaleur ~e* eine drückende Hitze *f*/eine schwüle Hitze *f; 2. (accusateur)* anklagend, belastend; *un témoignage ~* eine belastende Aussage *f*

accablé [akɑble] *adj 1. ~ de soucis* sorgenvoll; *2. (fig)* niedergeschlagen

accabler [akɑble] *v 1.* überhäufen; *2. (écraser)* erdrücken; *3. (déprimer)* bedrücken; *4. (fig)* belasten; *~ de travail* überlasten; *5. JUR* belasten

accalmie [akalmi] *f (de vent)* Flaute *f*

accaparant [akaparɑ̃] *adj* anstrengend

accaparer [akapaʀe] *v (marchandises)* hamstern

accéder [aksede] *v ~ à* erreichen

accélérateur [akseleʀatœʀ] *m 1. (dans une voiture)* Gas *n,* Gaspedal *n; 2. (de particules) PHYS* Teilchenbeschleuniger *m*

accélération [akseleʀasjɔ̃] *f* Beschleunigung *f*

accéléré [akseleʀe] *adj 1.* beschleunigt, schneller werdend; *m 2. (procédé) CINE* Zeitraffer *m; passer un film en ~* einen Film in Zeitraffer zeigen/einen Film in Zeitraffer laufen lassen

accélérer [akseleʀe] *v* beschleunigen

accent [aksɑ̃] *m LING* Akzent *m,* Betonung *f; mettre l'accent sur qc (fig)* besonderen Akzent auf etw legen

accentuer [aksɑ̃tye] *v 1.* betonen; *2. (renforcer)* verstärken

acceptable [aksɛptabl] *adj* annehmbar, akzeptabel

acceptation [aksɛptɑsjɔ̃] *f 1. (réception)*

Annahme *f; 2. (consentement)* Zusage *f; 3. ECO* Akzept *n*
accepter [aksɛpte] *v 1.* annehmen, nehmen; *2. (être d'accord avec)* bejahen, billigen; *3. (donner son accord)* zusagen; *4. (prendre)* hinnehmen
acception [aksɛpsjɔ̃] *f* Sinn *m,* Bedeutung *f*
accès [aksɛ] *m 1.* Zugang *m,* Zutritt *m; 2. (entrée)* Betreten *n; 3. (poussée) MED* Anfall *m; ~ de folie furieuse* Tobsuchtsanfall *m; ~ de rage/~ de fureur* Wutausbruch *m; 4. (impulsion)* Anwandlung *f; 5. INFORM* Zugriff *m*
accessible [aksesibl] *adj 1.* erreichbar, zugänglich; *2. (prix)* erschwinglich
accessoire [akseswaʀ] *m 1.* Zubehör *n; 2. ~s pl* Accessoires *pl; 3. ~s pl THEAT* Requisiten *pl; adj 4.* beiläufig, nebensächlich
accessoirement [akseswaʀemɑ̃] *adv* in zweiter Linie, zusätzlich

accident [aksidɑ̃] *m (incident)* Unfall *m; avoir un ~* verunglücken; *~ du travail* Arbeitsunfall *m; ~ de voiture* Autounfall *m; 2. (malheur)* Unglück *n; 3.* Zufall *m*

accidenté [aksidɑ̃te] *adj (terrain)* hügelig
accidenté(e) [aksidɑ̃te] *m/f* Verunglückte(r) *m/f*
accidentel [aksidɑ̃tɛl] *adj 1. (par hasard)* zufällig; *2. (à la suite d'un accident)* Unfall..., Unfalls..., infolge eines Unfalls; *une mort ~le* Unfalltod *m*
acclamation [aklamasjɔ̃] *f* lauter Beifall *m,* heftiger Applaus *m*
acclamer [aklame] *v* bejubeln
acclimatation [aklimatasjɔ̃] *f* Akklimatisation *f,* Akklimatisierung *f,* Einleben *n*
acclimater [aklimate] *v 1. s'~* sich akklimatisieren; *2. (s'habituer)* sich einleben
accolade [akɔlad] *f 1. (embrassade)* Umarmung *f; 2. (signe graphique)* geschweifte Klammer *f; 3. (d'un chevalier) HIST* Ritterschlag *m,* Akkolade *f; 4. (arc) ARCH* Eselsrücken *m,* Kielbogen *m*
accoler [akɔle] *v* nebeneinander stellen, zusammenstellen/etw neben, an etw setzen/stellen, etw an etw anfügen, anhängen
accommodant [akɔmɔdɑ̃] *adj 1.* gefügig; *2. (conciliant)* verträglich, umgänglich, gefällig; *3. (fig)* nachgiebig
accommoder [akɔmɔde] *v GAST* zubereiten
accompagnement [akɔ̃paɲmɑ̃] *m* Begleitung *f*

accompagner [akɔ̃paɲe] *v* begleiten; *s'~ de* mit sich bringen

accompli [akɔ̃pli] *adj* vollkommen, perfekt
accomplir [akɔ̃pliʀ] *v 1. (exécuter)* ausführen; *2. (achever)* vollbringen, vollziehen; *3. (réaliser)* durchführen; *4. (un devoir)* erfüllen; *5. s'~* Erfüllung finden
accomplissement [akɔ̃plismɑ̃] *m 1.* Vollendung *f; 2. (devoir)* Erfüllung *f*
accord [akɔʀ] *m 1.* Abmachung *f,* Vereinbarung *f; 2. (concorde)* Übereinstimmung *f,* Zustimmung *f; être d'~ sur qc* sich über etw einig sein; *en ~* einträchtig; *D'~!* Einverstanden! *3. POL* Vertrag *m,* Pakt *m; conclure un ~* einen Vertrag schließen; *4. ~ de musique MUS* Akkord *m; 5. ~ monétaire ECO* Währungsabkommen *n*
accorder [akɔʀde] *v 1.* gewähren, schenken; *2. (permettre)* gestatten, bewilligen; *~ qc à qn* jdm etw gönnen, jdm etw zubilligen; *3. s'~ qc* sich etw gönnen; *4. s'~ avec qn* mit jdm auskommen; *5. (instrument)* stimmen; *6. (fig: concilier)* abstimmen
accoster [akɔste] *v 1. (bateau)* anlegen; *2. ~ qn* sich an jdn heranmachen, sich jdm nähern
accotement [akɔtmɑ̃] *m* Fußsteg *m,* Seitenstreifen *m*
accouchement [akuʃmɑ̃] *m MED* Entbindung *f; ~ avant terme* Frühgeburt *f*
accoucher [akuʃe] *v 1. MED* entbinden; *2. ~ de* gebären
accoucheuse [akuʃøz] *f (sage-femme)* Hebamme *f,* Geburtshelferin *f*
accouder [akude] *v s'~* sich mit den Ellbogen aufstützen
accoudoir [akudwaʀ] *m (de fauteuil)* Lehne *f*
accoupler [akuple] *v 1.* paaren; *2. (fam)* kuppeln, verkuppeln
accourir [akuʀiʀ] *v irr* herbeieilen; *~ au secours de qn* jdm zu Hilfe eilen
accoutrement [akutʀəmɑ̃] *m (Kleidung)* Aufmachung *f,* Aufzug *m*
accoutrer [akutʀe] *v s'~ (fam)* sich herausputzen, sich ausstaffieren; *Il s'accoutre d'une manière ridicule.* Er sieht lächerlich aus, so wie er sich herausgeputzt hat.
accoutumance [akutymɑ̃s] *f* Gewöhnung *f*
accoutumé [akutyme] *adj 1. (habituel)* gewohnt, gewöhnlich, üblich; *Il est venu à*

l'heure ~e. Er ist zur üblichen Zeit gekommen., Er ist zur gleichen Zeit gekommen wie immer. *Il mange comme à l'~e.* Er isst wie immer. *2. être ~ à qc* an etw gewöhnt sein, etw gewohnt sein, etw üblicherweise tun
accoutumer [akutyme] *v 1. ~ qn à qc* jdn an etw gewöhnen, jdn mit etw vertraut machen; *2. s'~ à qc* sich an etw gewöhnen, sich mit etw abfinden
accréditation [akʀeditasjɔ̃] *f* Bestätigung *f,* Akkreditierung *f*
accroc [akʀ] *m 1.* Riss *m; 2. (contretemps)* Schwierigkeit *f,* Hindernis *n*
accrochage [akʀɔʃaʒ] *m 1.* Befestigen *n,* Aufhängen *n,* Anhängen *n; 2. (entre deux voitures)* leichter Zusammenstoß *m,* Kollision *f; 3. (combat) MIL* Zusammenstoß *m; 4. (fam: dispute)* Auseinandersetzung *f,* Streit *m,* Krach *m,* Stunk *m; 5. (fig)* Festklammern *n,* Festhalten *n*
accrocher [akʀɔʃe] *v 1. (tableau, manteau)* hängen, aufhängen; *2. (avec la voiture)* anfahren; *3. s'~ à* sich festhalten an
accroissement [akʀwasmɑ̃] *m 1.* Steigerung *f; 2. (prolifération)* Vermehrung *f,* Zunahme *f; 3. ECO* Zuwachs *m; f 4. ~ démographique* Bevölkerungszuwachs *m*
accroître [akʀwatʀ] *v irr 1.* vergrößern; *2. (augmenter)* steigern; *3. s'~ à* wachsen, sich vermehren
accroupir [akʀupiʀ] *v 1. être accroupi* kauern; *2. s'~* sich niederkauern
accueil [akœj] *m (réception)* Empfang *m*
accueillant [akœjɑ̃] *adj* gastfreundlich, gastlich, liebenswürdig zu Gästen
accueillir [akœjiʀ] *v irr 1. (recevoir)* aufnehmen, empfangen; *2. (objet)* entgegennehmen; *3. (fig: réfugiés)* auffangen
acculer [akyle] *v 1.* keinen Ausweg lassen, in die Enge treiben, jede Fluchtmöglichkeit verbauen; *2. ~ qn à qc (fig)* jdn zu etw zwingen, jdn zu etw drängen, jdn zu etw nötigen; *Il l'accule à la faillite.* Er treibt ihn in den Ruin./ Er treibt ihn in den Bankrott.
accumulation [akymylasjɔ̃] *f* Anhäufung *f,* Ansammlung *f*
accumuler [akymyle] *v 1.* anhäufen; *2. s'~* sich ansammeln
accusation [akyzasjɔ̃] *f 1.* Anschuldigung *f,* Beschuldigung *f; 2. (plainte) JUR* Anklage *f; 3. acte d'~ JUR* Anklageschrift *f*
accusé [akyze] *adj 1. JUR* angeklagt; *2. (marqué)* ausgeprägt, markant, auffällig; *Il a des traits ~s.* Er hat ausgeprägte Gesichtszüge./ Er hat markante Gesichtszüge. *m 3. ~ de réception ECO* Empfangsbestätigung *f*
accuser [akyze] *v 1. (porter plainte)* anklagen; *2. ~ qn de* jdn bezichtigen, jdn beschuldigen; *3. JUR* belasten
acerbe [asɛʀb] *adj (fig)* herb
acéré [aseʀe] *adj* spitz
achalandé [aʃalɑ̃de] *adj 1.* mit großem Zuspruch, mit großem Zulauf, gut gehend, mit vielen Kunden; *un magasin bien ~* ein Geschäft, das sich großen Zuspruchs erfreut *n/*ein Geschäft, das viele Kunden anzieht *n/*ein gut laufendes Geschäft *n; 2. (la cause)* gut sortiert, mit einem großen Angebot, mit einer breit gefächerten Produktpalette
acharné [aʃaʀne] *adj 1. (lutte)* erbittert; *2. ~ à* versessen auf
acharnement [aʃaʀnəmɑ̃] *m 1.* Beharrlichkeit *f; avec ~* hartnäckig; *2. (ténacité)* Ausdauer *f; 3. (exaspération)* Erbitterung *f*
acharner [aʃaʀne] *v 1. s'~ contre/s'~ sur* nicht ablassen von, unentwegt losgehen auf, hart zusetzen, hartnäckig bekämpfen; *Ils se sont acharnés contre lui.* Sie haben nicht von ihm abgelassen. *2. s'~ à qc* sich in etw verbeißen, verbissen an etw festhalten; *Il s'acharne au travail.* Er verbeißt sich in seine Arbeit.
achat [aʃa] *m 1.* Kauf *m; faire des ~s* einkaufen; *2. (acquisition)* Ankauf *m,* Einkauf *m; 3. (d'un ordinateur)* Anschaffung *f*
acheminer [aʃ(ə)mine] *v 1. ~ qc vers* etw bringen nach, etw weiterleiten zu, etw befördern nach, etw hinführen zu; *2. s'~ vers* sich auf dem Weg nach ... befinden, sich begeben nach, sich auf ... zu bewegen; *3. s'~ vers (fig)* auf dem Weg sein zu, sich nach und nach entwickeln hin zu, sich schrittweise nähern; *Nous nous acheminons vers la sagesse.* Wir werden immer weiser.
achetable [aʃ(ə)tabl] *adj (une personne)* käuflich

> **acheter** [aʃ(ə)te] *v 1.* kaufen; *2. (acquérir)* abkaufen, ankaufen; *3. s'~ qc* sich etw kaufen, etw käuflich erwerben, etw erstehen, sich etw erkaufen; *L'amitié ne s'achète pas.* Freundschaft kann man nicht kaufen./ Freunde kann man nicht kaufen.

acheteur [aʃ(ə)tœʀ] *m 1.* Käufer *m; 2. ECO* Abnehmer *m*
achevé [aʃ(ə)ve] *adj (terminé)* fertig
achèvement [aʃɛvmɑ̃] *m 1.* Vollendung *f; 2. (construction)* Ausbau *m*

A

achever [aʃ(ə)ve] *v* *1. (terminer)* abschließen, vollenden; *~ de payer* abbezahlen; *2. ~ qc* etw fertig machen; *3. s'~* zu einem Ende kommen
acide [asid] *adj* *1.* sauer; *m* *2. CHEM* Säure *f;* *~ gras* Fettsäure *f;* *~ carbonique* Kohlensäure *f;* *~ chlorhydrique* Salzsäure *f*
acidité [asidite] *f* *1. (du goût)* Säuregrad *m;* *2. CHEM* Säuregehalt *m*
acidulé [asidyle] *adj* *1. (bonbon)* sauer; *2. (goût)* säuerlich; *3. (fig)* herb
acier [asje] *m* *1.* Stahl *m;* *adj bleu ~/gris ~* stahlblau/stahlgrau; *2. ~ inoxydable MIN* Edelstahl *m*
acompte [akɔ̃t] *m* *1.* Anzahlung *f;* *2. (traite) ECO* Rate *f;* *3. (prêt)* Vorschuss *m;* *4. ECO* Abschlagssumme *f,* Abschlagszahlung *f*
acoquiner [akɔkine] *v s'~ avec qn* sich mit jdm einlassen
à-côté [akote] *m* Nebensächlichkeit *f,* belanglose Frage *f,* nebensächliches Problem *n,* Begleiterscheinung *f;* *Ce n'est qu'un ~ du problème.* Das ist für das Problem nur am Rande von Bedeutung./Das ist für das Pro-blem nur von sekundärer Bedeutung.
à-coup [aku] *m* Ruck *m;* *par ~s* ruckweise, stoßweise, in Schüben
acoustique [akustik] *f* *1.* Akustik *f;* *adj* *2.* akustisch
acquéreur [akeʀœʀ] *m* Käufer *m*
acquérir [akeʀiʀ] *v irr* erwerben, kaufen, anschaffen
acquêt [akɛ] *m (par mariage) JUR* Zugewinn *m*
acquiescement [akjɛsmɑ̃] *m* Zustimmung *f,* Einwilligung *f,* Einverständnis *n*
acquiescer [akjese] *v* zustimmen, einwilligen, akzeptieren, billigen
acquis [aki] *adj* *1.* erworben, erzielt; *2. être ~ à qn* jdm treu ergeben sein, vollkommen zu jdm stehen; *Il est ~ à notre cause.* Er ist ein Anhänger unserer Sache./Er steht hinter unserer Sache. *m* *3.* Errungenschaft *f,* Erzieltes *n,* Erreichtes *n;* *avoir de l'~* über viel Erfahrung verfügen/viel wissen
acquisition [akizisjɔ̃] *f* *1.* Ankauf *m,* Anschaffung *f,* Erwerb *m;* *2. (conquête)* Errungenschaft *f*
acquit [aki] *m par ~ de conscience* um sein Gewissen zu beruhigen, um sich nachher keine Vorwürfe machen zu lassen
acquittement [akitmɑ̃] *m* *1. JUR* Freispruch *m;* *2. ECO* Tilgung *f*
acquitter [akite] *v* *1.* zahlen; *2. (facture)* quittieren; *3. (argent)* abführen; *4. (dette)* tilgen; *5. (absoudre)* lossprechen
âcre [ɑkʀ] *adj* *1.* bitter, scharf, herb, sauer; *2. (fig)* bitter, schmerzlich, quälend
acrimonie [akʀimɔni] *f* Bitterkeit *f*
acrimonieux [akʀimɔnjø] *adj (acerbe, hargneux)* hart, scharf, verletzend, bissig
acrobate [akʀɔbat] *m/f* Akrobat(in) *m/f*
acte [akt] *m* *1.* Tat *f,* Akt *m,* Handlung *f;* *2. ~ officiel* Amtshandlung *f;* *3. ~ d'honneur* Ehrung *f;* *4. (document)* Urkunde *f;* *5. (dossier)* Akte *f;* *6. ~ irréfléchi/~ irrationnel* Kurzschlusshandlung *f*
acteur [aktœʀ] *m* Schauspieler *m,* Darsteller *m*
actif [aktif] *adj* *1.* aktiv, tätig; *population active* erwerbstätige Bevölkerung *f;* *2. (zélé)* eifrig; *3. (efficace)* wirksam; *m* *4. GRAMM* Aktiv *n;* *5. ECO* Aktiva *pl*
action [aksjɔ̃] *f* *1. (acte)* Tat *f,* Handlung *f;* *2. ~ militaire MIL* Einsatz *m;* *3. LIT* Handlung *f;* *4. FIN* Aktie *f;* *5. ~ ordinaire FIN* Stammaktie *f;* *6. JUR* Klage *f*
actionnaire [aksjɔnɛʀ] *m/f FIN* Aktionär(in) *m/f*
actionner [aksjɔne] *v* betätigen
activation [aktivɑsjɔ̃] *f* Aktivierung *f*
activement [aktivmɑ̃] *adv* aktiv, eifrig
activer [aktive] *v* *1.* beleben; *2. (accélérer)* beschleunigen
activité [aktivite] *f* *1. (occupation)* Tätigkeit *f;* *2. (action)* Aktivität *f,* Betätigung *f,* Beschäftigung *f;* *3. ~ secondaire* Nebenbeschäftigung *f*
actrice [aktʀis] *f* Schauspielerin *f,* Darstellerin *f*
actualisation [aktɥalizasjɔ̃] *f (mise à jour)* Aktualisierung *f*
actualiser [aktɥalize] *v* aktualisieren
actualité [aktɥalite] *f* *1.* Aktualität *f;* *2. ~s pl (à la TV)* Tagesschau *f*
actuel [aktɥɛl] *adj* *1.* gegenwärtig; *2. (d'actualité)* aktuell
actuellement [aktɥɛlmɑ̃] *adv* derzeit
acuité [akɥite] *f* *1. (intensité)* Stärke *f,* Heftigkeit *f,* Ausmaß *n;* *2. (degré de sensibilité)* Schärfe *f;* *l'~ visuelle* Sehschärfe *f;* *3. (fig: perspicacité)* Scharfblick *m,* Scharfsinn *m;* *Il possède une grande ~ d'esprit.* Er verfügt über eine ungeheure Geistesschärfe.
adage [adaʒ] *m* Sprichwort *n*
adaptabilité [adaptabilite] *f* Anpassungsfähigkeit *f*

adaptable [adaptabl] *adj* anpassungsfähig
adaptation [adaptɑsjɔ̃] *f* *1.* Anpassung *f;* *2. ~ cinématographique CINE* Verfilmung *f*
adapter [adapte] *v* *1.* anpassen; *2. s'~ à* sich anpassen an; *3. s'~ à TECH* passen zu
addition [adisjɔ̃] *f* *1. MATH* Addition *f;* *2. (note de restaurant)* Rechnung *f;* *régler l'~* die Rechnung begleichen; *Garçon, l'~, s'il vous plaît!* Ober, die Rechnung bitte!
additionnel [adisjɔnɛl] *adj* zusätzlich
additionner [adisjɔne] *v* *1.* zusammenzählen, addieren; *2. ~ à (liquide)* beimischen
adepte [adɛpt] *m/f* Eingeweihte(r) *m/f*
adéquat [adekwa] *adj* passend, adäquat
adhérence [adeʀɑ̃s] *f* *1.* Haftung *f,* Adhäsion *f,* Aneinanderhaften *n,* Kleben *n;* *2. (union) MED* Verwachsung *f,* Verklebung *f*
adhérer [adeʀe] *v* *1. (coller)* kleben, haften; *2. ~ à* beitreten; *~ à un parti* einer Partei beitreten
adhésif [adezif] *adj* klebrig, Klebe...
adhésion [adezjɔ̃] *f* Beitritt *m*
adieu [adjø] *interj* *1.* leb wohl, adieu; *m* *2. (séparation avec qn)* Trennung *f,* Abschied *m;* *3. ~x pl* Abschied *m*
adjacent [adʒasɑ̃] *adj* *1. (contigu)* benachbart, angrenzend, aneinander grenzend; *2. (angles ~s) MATH* Neben...
adjoindre [adʒwɛ̃dʀ] *v irr* beifügen, hinzufügen
adjoint [adʒwɛ̃] *adj* *1.* stellvertretend; *m* *2.* Gehilfe *m*
adjonction [adʒɔ̃ksjɔ̃] *f* Beifügung, Hinzufügung
adjudication [adʒydikasjɔ̃] *f* *1.* Ausschreibung *f;* *2. (vente aux enchères)* Versteigerung *f*
adjurer [adʒyʀe] *v* beschwören
admettre [admɛtʀ] *v irr* *1.* annehmen; *2. (avouer)* zugeben, zugestehen; *3. ~ qn dans* jdn einlassen in; *4. (proposition)* eingehen auf
administration [administʀasjɔ̃] *f* *1.* Verwaltung *f;* *~ municipale* Stadtverwaltung *f;* *entrer dans l'~* in den Verwaltungsdienst gehen; *2.* Verabreichung *f*
administré(e) [administʀe] *m/f* Bürger(in) *m/f*
administrer [administʀe] *v* *1. (gérer)* verwalten, bewirtschaften; *2. (médicament) MED* eingeben, verabreichen
admirable [admiʀabl] *adj* bewundernswert
admirateur [admiʀatœʀ] *m* Verehrer *m*
admiratif [admiʀatif] *adj* bewundernd, voll Bewunderung
admiration [admiʀasjɔ̃] *f* Bewunderung *f*
admiratrice [admiʀatʀis] *f* Verehrerin *f*
admirer [admiʀe] *v* bewundern
admis [admi] *adj* *être ~* ankommen, Zustimmung finden
admissibilité [admisibilite] *f* Gültigkeit *f,*
admissible [admisibl] *adj* *1.* zulässig; *2. (valable)* gültig; *3. (acceptable)* annehmbar
admission [admisjɔ̃] *f* *1.* Annahme *f;* *2. (accueil)* Aufnahme *f*
admonition [admɔnisjɔ̃] *f* Ermahnung *f*
ADN [adeɛn] *m BIO* DNA *f;* *analyse de l'~* DNA-Analyse *f*
adolescence [adɔlesɑ̃s] *f* Jugendzeit *f*
adolescent(e) [adɔlesɑ̃(t)] *m/f* *1.* Jugendliche(r) *m/f;* *adj* *2.* jugendlich
adonner [adɔne] *v* *s'~ à qc* sich etw hingeben, sich einer Sache verschreiben, sich etw widmen
adopté [adɔpte] *adj* *1.* adoptiert; *2. (accepté)* angenommen; *3. être ~ après vérification* durchgehen, genehmigt werden
adopter [adɔpte] *v* *1. (enfant)* adoptieren; *2. (accepter)* annehmen; *~ l'avis de qn* sich jds Meinung anschließen; *3. (une loi) POL* verabschieden
adoption [adɔpsjɔ̃] *f* *1.* Adoption *f;* *2.(d'une loi) POL* Verabschiedung *f*
adorable [adɔʀabl] *adj* entzückend, reizend
adoration [adɔʀasjɔ̃] *f* Anbetung *f,* Verehrung *f*

adorer [adɔʀe] *v* *1. REL* anbeten; *2. (vénérer)* verehren; *3. (idolâtrer)* vergöttern

adossement [adɔsmɑ̃] *m* Anbau *f*
adosser [adose] *v* *1. (appuyer)* lehnen; *2. ~ à (construction)* anbauen; *3. s'~ à* sich anlehnen an
adoucir [adusiʀ] *v* *1.* mildern; *2. (eau)* enthärten; *3. s'~ (devenir plus doux)* milder werden, sanfter werden; *Le temps s'adoucit.* Das Wetter wird milder. *Son humeur s'est adoucie.* Seine schlechte Laune hat sich gelegt.
adoucissant [adusisɑ̃] *adj* *1.* reizlindernd, hautfreundlich, mild; *m* *2. (assouplissant)* Weichspüler *m*
adoucissement [adusismɑ̃] *m* Milderung *f,* Dämpfung *f,* Enthärtung *f*
adresse¹ [adʀɛs] *f* *1.* Adresse *f,* Anschrift *f;* *2. ~ électronique INFORM* E-Mail-Adresse
adresse² [adʀɛs] *f (habileté)* Geschicklichkeit *f*

A

adresser [adʀese] *v* 1. *~ qc à qn* etw an jdn adressieren; 2. *(envoyer)* einsenden; 3. *s'~ à* sich wenden an, sich richten an; 4. *s'~ à qn* jdn ansprechen, an jdn herantreten
adroit [adʀwa] *adj* geschickt, gewandt, patent
adulation [adylasjɔ̃] *f LIT* Lobhudelei *f,* Liebedienerei *f*
aduler [adyle] *v* 1. *(flatter)* schmeicheln, vergöttern; 2. *(multiplier les éloges)* mit Komplimenten überhäufen, lobpreisen

adulte [adylt] *adj* 1. groß, erwachsen; *m/f* 2. Erwachsene(r) *m/f*

adultère [adyltɛʀ] *m* 1. Ehebruch *m; adj* 2. *(extraconjugal)* ehebrecherisch
advenir [advəniʀ] *v irr* geschehen, sich ereignen
adversaire [advɛʀsɛʀ] *m/f* Gegner(in) *m/f,* Feind(in) *m/f,* Widersacher(in) *m/f*
adverse [advɛʀs] *adj* gegnerisch
adversité [advɛʀsite] *f* 1. Unglück *n;* 2. *(malchance)* Missgeschick *n*
aéré [aeʀe] *adj* 1. luftig, aufgelockert; 2. *(peu dense, peu compact)* locker
aérer [aeʀe] *v* lüften
aérien [aeʀjɛ̃] *adj* 1. *(de l'air)* Luft... 2. *(fig)* leicht, luftig, beschwingt; *Elle est d'une grâce ~ne.* Sie ist von einer geradezu ätherischen Anmut. 3. *(suspendu au-dessus du sol)* Ober..., oberirdisch; *un câble ~* Oberleitung; 4. *(relatif à l'aviation)* Luftfahrt..., Luftfahrts..., Luftverkehr..., Luftverkehrs...; 5. *(dont l'air est le milieu vital) BIO* aerob
aérodrome [aeʀodʀɔm] *m* Flugplatz *m*
aérodynamique [aeʀodinamik] *adj* stromlinienförmig, windschnittig
aéroport [aeʀopɔʀ] *m* Flughafen *m*
aérosol [aeʀosɔl] *m* Spray *n*
aérospatial [aeʀospasjal] *adj* Raumfahrt...
affabilité [afabilite] *f* Freundlichkeit *f,* Liebenswürdigkeit *f,* Leutseligkeit *f*
affable [afabl] *adj* leutselig
affabuler [afabyle] *v* sich etw ausdenken, erfinden
affaiblir [afebliʀ] *v* 1. abschwächen; 2. *(épuiser)* entkräften
affaiblissant [afeblisɑ̃] *adj* entkräftend, nachlassend
affaiblissement [afeblismɑ̃] *m* 1. Abschwächung *f;* 2. *(de valeur)* Abnahme *f*

affaire [afɛʀ] *f* 1. Angelegenheit *f,* Sache *f;* 2. *(événement)* Vorfall *m,* Affäre *f;* 3. *~ de goût* Geschmackssache *f;* 4. *~ d'honneur* Ehrensache *f;* 5. *~s étrangères pl POL* Äußere Angelegenheiten *pl;* 6. *~ conclue ECO* Abschluss *m;* 7. *~ commerciale FIN* Geschäft *n*

affairé [afeʀe] *adj* geschäftig
affairer [afeʀe] *v s'~* beflissen sein, sich emsig kümmern, geschäftig sein
affaissement [afɛsmɑ̃] *m (tassement)* Senkung *f,* Einsinken *n*
affaisser [afese] *v* 1. *(tasser)* sich senken, einsinken; 2. *s'~ (s'effondrer)* zusammenbrechen, zusammenfallen, sich senken, einsinken; 3. *s'~ (tomber lourdement)* zusammenbrechen, zusammensacken
affaler [afale] *v s'~* niedersinken, sich fallen lassen
affamé [afame] *adj* hungrig
affamer [afame] *v* aushungern
affectation [afɛktasjɔ̃] *f* 1. Bestimmung *f;* 2. *(fausseté)* Verstellung *f*
affecté [afɛkte] *adj* 1. affektiert, unnatürlich, geziert; 2. *(fig)* theatralisch; 3. *être ~ par* betroffen sein von
affecter [afɛkte] *v* 1. *~ à* bestimmen; 2. *(toucher)* angreifen; 3. *(installer)* einweisen; *~ à une fonction* in eine Arbeit einweisen
affectif [afɛktif] *adj* affektiv, gefühlsbetont
affection [afɛksjɔ̃] *f* 1. *(sentiment)* Zuwendung *f,* Zuneigung *f,* Liebe *f;* 2. *MED* Krankheit *f,* Erkrankung *f,* Leiden *n;* 3. *~ oculaire MED* Star *m*
affectueux [afɛktɥø] *adj* liebevoll, zärtlich
afférent [aferɑ̃] *adj* betreffend
affermage [afɛʀmaʒ] *m* Verpachten *n,* Verpachtung *f*
affermir [afɛʀmiʀ] *v s'~* sich festigen
affichage [afiʃaʒ] *m* 1. Aushang *m;* 2. *TECH* Display *n*
affiche [afiʃ] *f* 1. Plakat *n,* Anschlag *m,* Aushang *m;* 2. *~ lumineuse* Leuchtanzeige *f*
afficher [afiʃe] *v* 1. anschlagen, aushängen; 2. *(fig: montrer ostensiblement)* deutlich zeigen, zur Schau stellen, an den Tag legen, offen zeigen; *Il affiche un air satisfait.* Er zeigt sich zufrieden. 3. *s'~ (faire étalage)* zur Schau stellen, sich produzieren, sich öffentlich sehen lassen, prahlen mit; *Elle s'affiche avec son amant.* Sie zeigt sich in aller Öffentlichkeit mit ihrem Liebhaber./Sie zeigt sich mit ihrem Geliebten auf offener Straße.

affilée [afile] *adv d'~* hintereinander, ununterbrochen
affiler [afile] *v* schleifen, schärfen
affiliation [afiljasjɔ̃] *f 1.* Mitgliedschaft *f; 2. (inscription)* Aufnahme *f*
affilier [afilje] *v* anschließen, angliedern, beitreten
affiner [afine] *v* veredeln, verfeinern
affinité [afinite] *f 1. (parenté)* Verwandtschaft *f,* Ähnlichkeit *f,* Affinität *f; 2. (attirance)* Anziehungskraft *f,* Affinität *f; 3. CHEM* Affinität *f,* Triebkraft einer chemischen Reaktion *f*
affirmatif [afiʀmatif] *adj* bejahend
affirmation [afiʀmasjɔ̃] *f* Behauptung *f*
affirmer [afiʀme] *v 1.* behaupten; *2. (assurer)* versichern, bekräftigen, beteuern
affleurer [aflœʀe] *v 1. (mettre au même niveau)* auf gleiche Höhe bringen, ausgleichen, egalisieren; *2. (émerger)* auftauchen, zu Tage treten, zum Vorschein kommen
affliction [afliksjɔ̃] *f* Trübsal *f*
affligé [afliʒe] *adj 1.* betrübt; *2. être ~* trauern
affligeant [afliʒɑ̃] *adj 1. (attristant)* betrüblich, traurig; *une nouvelle ~e* eine betrübliche Nachricht f; *2. (lamentable)* kläglich, jämmerlich, von schlechter Qualität; *un film ~* ein schlechter Film *m*
affluence [aflyɑ̃s] *f 1.* Andrang *m,* Zulauf *m,* Zustrom *m; 2. (afflux)* Zufluss *m*
affluent [aflyɑ̃] *m* Nebenfluss *m*
affluer [aflye] *v 1. (couler)* fließen, strömen; *Le sang lui afflue au visage.* Das Blut schießt ihm ins Gesicht. *2. (arriver en foule)* herbeiströmen, in Massen kommen, in Scharen kommen; *Les clients affluent dans le nouveau magasin.* Die Kunden strömen in Scharen in das neue Geschäft.
affolant [afɔlɑ̃] *adj 1. (bouleversant)* erschreckend, erschütternd; *2. (fam: alarmant)* beunruhigend, beängstigend; *C'est ~ ce que la vie augmente!* Es ist beängstigend, wie die Lebenshaltungskosten in die Höhe schnellen!/Es ist beängstigend, wie das Leben ständig teurer wird!
affolé [afɔle] *adj* kopflos, aufgeregt, erschreckt
affolement [afɔlmɑ̃] *m 1. (panique)* große Aufregung *f,* Panik *f,* Kopflosigkeit *f; 2. (de l'aiguille d'une boussole)* heftiges Hin- und Herschlagen *n*
affranchir [afʀɑ̃ʃiʀ] *v* freimachen, frankieren; *~ une lettre* einen Brief freimachen
affrètement [afʀɛtmɑ̃] *m* Chartern *m*
affréter [afʀete] *v (navire)* verfrachten
affreux [afʀø] *adj* abscheulich, grässlich, hässlich, fürchterlich
affriolant [afʀijɔlɑ̃] *adj* verführerisch
affront [afʀɔ̃] *m* Affront *m,* öffentliche Beleidigung *f,* öffentliche Beschimpfung *f,* Kränkung in aller Öffentlichkeit *f*
affrontement [afʀɔ̃tmɑ̃] *m 1.* Aufeinandertreffen gegensätzlicher Standpunkte *n,* Konfrontation *f,* Auseinandersetzung *f; 2. (réunion) MED* Aneinanderlegen *n,* Aneinanderfügen *n; l'~ des lèvres d'une plaie* das Aneinanderlegen der Wundränder *n*
affronter [afʀɔ̃te] *v 1.* entgegengehen; *2. (défier)* trotzen, die Stirn bieten
affubler [afyble] *v* herausputzen
affûter [afyte] *v* schärfen, wetzen, schleifen
afin [afɛ̃] *prep 1. ~ de* damit, um zu; *konj 2. ~ que* damit
africain [afʀikɛ̃] *adj* afrikanisch
Africain(e) [ɑfʀikɛ̃/ɑfʀikɛn] *m/f* Afrikaner(in) *m/f*
Afrique [afʀik] *f GEO* Afrika *n*
agaçant [agasɑ̃] *adj* ärgerlich
agacer [agase] *v 1. ~ qn* jdn ärgern, jdn reizen; *2. (taquiner)* necken

âge [ɑʒ] *m 1.* Alter *n; d'un ~ avancé* betagt; *à l'~ tendre* blutjung; *~ ingrat* Flegeljahre *pl; ~ d'or* Glanzzeit *f; jeune ~* Jugendzeit *f; ~ minimum* Mindestalter *n; en ~ d'être scolarisé* schulpflichtig; *2. (époque)* Zeitalter *n; 3. ~ de pierre HIST* Steinzeit *f*

âgé [aʒe] *adj* bejahrt, alt
agence [aʒɑ̃s] *f* Agentur *f; ~ de tourisme* Reisebüro *n; ~ matrimoniale* Heiratsvermittlung *f; ~ commerciale* Geschäftsstelle *f; ~ de publicité* Werbeagentur *f; ~ de presse* Nachrichtenagentur *f; ~ générale* Generalvertretung *f*
agenda [aʒɛ̃da] *m 1.* Notizbuch *n; 2. (calendrier)* Kalender *m,* Terminkalender *m*
agenouiller [aʒ(ə)nuje] *v s'~* niederknien
agent [aʒɑ̃] *m 1.* Agent *m; ~ secret* Geheimagent *m; 2. ~ de police* Polizist *m; 3. (courtier)* Makler *m; ~ d'assurance* Versicherungsagent *m; ~ immobilier* Immobilienmakler *m; ~ de change* Börsenmakler *m; 4. ~ de douane* Zollbeamter *m; 5. ~ technique* Techniker *m; 6. ~ pathogène MED* Erreger *m*
agglomération [aglɔmeʀasjɔ̃] *f* Ortschaft *f,* Siedlung *f*

A

agglutiner [aglytine] *v 1.* zusammenkleben, verkleben, kleben; *2. s'~ (fig)* sich zusammenballen, sich auf engem Raum konzentrieren, sich zusammendrängen
aggravant [agʀavɑ̃] *adj* erschwerend
aggravation [agʀavasjɔ̃] *f 1.* Verschärfung *f; 2. (dégradation)* Verschlechterung *f,* Verschlimmerung *f*
aggraver [agʀave] *v 1.* verschärfen; *2. ~ qc* etw verschlimmern, etw verschlechtern; *3. s'~* sich zuspitzen
agile [aʒil] *adj 1.* behände, flink, hurtig; *2. (alerte)* beweglich
agilité [aʒilite] *f* Behändigkeit *f*

agir [aʒiʀ] *v 1. (faire qc)* handeln, tun; *2. (procéder)* verfahren, vorgehen; *3. s'~ de* sich handeln um

agissements [aʒismɑ̃] *m/pl* Intrigen *pl,* Machenschaften *pl,* geheime Umtriebe *pl*
agitateur [aʒitatœʀ] *m 1. (meneur)* Aufwiegler *m,* Hetzer *m,* Agitator *m,* Propagandist *m; 2. (instrument)* Rührgerät *n,* Rührmaschine *f,* Rührwerk *n,* Rührer *m*
agitation [aʒitasjɔ̃] *f 1.* Hektik *f,* Treiben *n,* Trubel *m,* Getriebe *n; 2. (excitation)* Aufregung *f; 3. (nervosité)* Unruhe *f; 4. (turbulence)* Welle *f; 5. ~ continuelle* Rastlosigkeit *f*
agitatrice [aʒitatʀis] *f* Aufwieglerin *f,* Agitatorin *f*
agité [aʒite] *adj 1.* aufgeregt, hektisch, unruhig; *2. (mer)* bewegt
agiter [aʒite] *v 1. (mouvoir)* bewegen; *2. (secouer)* schütteln, rütteln; *3. (remuer)* umrühren; *4. (drapeau)* schwenken; *5. s'~* zappeln
agneau [aɲo] *m ZOOL* Lamm *n*
agonie [agɔni] *f* Todeskampf *m*
agoniser [agɔnize] *v 1. (être à l'agonie)* in den letzten Zügen liegen, im Sterben liegen; *2. (fig: décliner)* kurz vor dem Zusammenbruch stehen, kurz vor dem Ende sein
agrafe [agʀaf] *f* Büroklammer *f*
agrafer [agʀafe] *v* zusammenheften
agrafeuse [agʀaføz] *f* Heftgerät *n*
agrandir [agʀɑ̃diʀ] *v 1.* vergrößern; *2. s'~* größer werden, wachsen, zunehmen, ansteigen
agrandissement [agʀɑ̃dismɑ̃] *m* Vergrößerung *f*

agréable [agʀeabl] *adj 1.* angenehm, gemütlich; *joindre l'utile à l'~* das Angenehme mit dem Nützlichen verbinden; *2. (bienfaisant)* wohlig, wohltuend

agréablement [agʀeabləmɑ̃] *adv* angenehm
agréer [agʀee] *v 1. (convenir)* vereinbaren, abmachen, übereinkommen; *2. (accepter)* zustimmen, stattgeben, billigen, entsprechen; *Veuillez ~ mes salutations distinguées.* Hochachtungsvoll
agrégation [agʀegasjɔ̃] *f* Anhäufung *f,* Aggregation *f*
agrégé [agʀeʒe] *adj* zugelassen, aufgenommen
agrément [agʀemɑ̃] *m 1.* Billigung *f; 2. (commodités)* Annehmlichkeit *f*
agrémenter [agʀemɑ̃te] *v* schmücken, ausschmücken, verzieren
agresser [agʀese] *v 1. (attaquer)* tätlich angreifen, überfallen; *2. (être nuisible)* angreifen, schaden; *Le soleil agresse la peau.* Die Sonne greift die Haut an./Die Sonne schadet der Haut.
agressif [agʀesif] *adj* aggressiv, angriffslustig; *(couleur)* grell
agression [agʀesjɔ̃] *f 1.* Überfall *m,* Angriff *m; 2. (atteinte)* Aggression *f*
agressivement [agʀesivmɑ̃] *adv* aggressiv, herausfordernd, streitsüchtig, grell
agressivité [agʀesivite] *f* Aggressivität *f*
agricole [agʀikɔl] *adj* landwirtschaftlich
agriculteur [agʀikyltœʀ] *m* Landwirt *m,* Bauer *m*
agricultrice [agʀikyltʀis] *f* Landwirtin *f*
agriculture [agʀikyltyʀ] *f* Landwirtschaft *f*
agripper [agʀipe] *v 1. (saisir)* packen, festhalten, ergreifen; *2. s'~ (s'accrocher)* sich festhalten, nicht mehr loslassen, sich festklammern; *L'enfant s'agrippe à la manche de sa mère.* Das Kind klammert sich an den Ärmel der Mutter./Das Kind hängt am Rockzipfel seiner Mutter.
aguets [agɛ] *adv aux ~* auf der Lauer *f*
aguichant [agiʃɑ̃] *adj* aufreizend, kokett, kess *(fam)*
aguicher [agiʃe] *v* anlocken
aguicheur [agiʃœʀ] *m* erregender Mann *m*
aguicheuse [agiʃøʒ] *f* aufreizende Frau *f,* kokette Frau *f*
ah [a] *interj* ach
ahaner [aane] *v (respirer bruyamment)* stöhnen, vor Anstrengung schnaufen
ahuri [ayʀi] *adj 1. (surpris)* verwundert, erstaunt, verblüfft, baff; *m 2. (fam: idiot)* Dummkopf *m,* Schafskopf *m,* Schussel *m; Quelle espèce d'~!* Was für ein Esel!/Was für

ein Dummkopf!/Was bist du doch für ein Kamel!

ahurissant [ayʀisɑ̃] *adj* verblüffend, unglaublich, unverschämt

ahurissement [ayʀismɑ̃] *m* Verblüffung *f*, Erstaunen *n*

aide [ɛd] *f 1.* Hilfe *f*; *A l'~!* Hilfe! *Aide sociale* Sozialhilfe *f*; *2. (assistance)* Unterstützung *f*, Förderung *f*, Fürsorge *f*; *3. (auxiliaire)* Aushilfe *f*; *4. (d'argent)* Zuschuss *m*; *m 5.* Gehilfe *m*; *~ soignant* Krankenpfleger *m*, Pfleger *m*

aide-mémoire [ɛdmemwar] *m* Merkblatt *n*, kurze Zusammenfassung *f*

aider [ede] *v 1.* helfen; *~ qn* jdm behilflich sein; *2. (seconder)* fördern, Vorschub leisten

aïeul [ajœl] *m* Ahne *m*

aïeux [ajø] *m/pl* Ahnen *pl*, Vorfahren *pl*

aigle [ɛgl] *m ZOOL* Adler *m*

aigre [ɛgʀ] *adj 1.* sauer; *2. (fig)* bitter; *d'un ton ~* mit bitterem Ton

aigre-doux [ɛgʀədu] *adj* süßsauer

aigrement [ɛgʀəmɑ̃] *adv* bissig

aigreur [ɛgʀœʀ] *f 1. (saveur)* Säure *f*; *2. (fig)* Verbitterung *f*, Bissigkeit *f*

aigrir [egʀiʀ] *v 1. (rendre aigre)* säuern, sauer machen; *2. (fig: irriter)* reizen, verärgern; *3. s'~ (fig)* verbittern, bitter werden, leicht reizbar werden; *Il s'aigrit en vieillissant.* Er wird mit zunehmendem Alter immer verbitterter.

aigu [egy] *adj 1. (maladie)* akut; *2. (voix)* schrill; *3. (pointu)* spitz

aiguille [egɥij] *f 1.* Nadel *f*; *2. ~ de montre* Uhrzeiger *m*

aiguillonner [egɥijɔne] *v* anfachen, anspornen

aiguisage [egɥizaʒ] *m (affûtage)* Schärfen *n*, Anspitzen *n*

aiguiser [egize] *v 1.* schärfen, schleifen; *2. (rendre pointu)* spitzen

ail [aj] *m BOT* Knoblauch *m*

aile [ɛl] *f 1.* Flügel *m*; *2. ~ annexe ARCH* Seitenflügel *m*; *3. (de voiture)* Kotflügel *m*

ailé [ele] *adj 1.* geflügelt, gefiedert; *2. (fig)* geflügelt

aileron [ɛlʀɔ̃] *m 1.* Flügelspitze *f*, Flosse *f*; *2. NAUT* Querruder *n*

ailier [elje] *m SPORT* Flügelstürmer *m*, Außenstürmer *m*

ailleurs [ajœʀ] *adv* woanders, anderswo

aimable [ɛmabl] *adj* freundlich, lieb, liebenswürdig

aimant[1] [ɛmɑ̃] *m* Magnet *m*

aimant[2] [ɛmɑ̃] *adj (affectueux, tendre)* zärtlich, liebevoll, liebreich

aimer [eme] *v* lieben, mögen

aine [ɛn] *f ANAT* Leiste *f*

aîné(e) [ene] *adj 1.* älteste(r,s), ältere(r,s); *m/f 2.* Erstgeborene(r) *m/f*, Älteste(r) *m/f*

ainsi [ɛ̃si] *adv 1.* so; *~ nommé* so genannt; *konj 2.* somit, daher, folglich; *3. ~ que* sowie

air [ɛʀ] *m 1.* Luft *f*; *prendre l'~* frische Luft schnappen; *2. (aspect)* Aussehen *n*; *avoir l'~* aussehen; *3. (mine)* Miene *f*; *4. (apparence)* Anschein *m*, Schein *m*; *avoir l'~ de* den Anschein haben; *5. se donner des ~s* sich aufspielen; *6. MUS* Melodie *f*

aire [ɛʀ] *f 1.* Estrich *m*; *2. ~ de repos* Rastplatz *m*; *3. ~ de décollage* Rollfeld *n*

airer [eʀe] *v (faire son nid) ZOOL* nisten

aisance [ɛzɑ̃s] *f 1.* Leichtigkeit *f*, Zwanglosigkeit *f*; *2. (prospérité)* Wohlstand *m*

aise [ɛz] *f* Behaglichkeit *f*; *à son ~* gemächlich; *mal à l'~* unbehaglich

aisé [eze] *adj 1.* vermögend, wohlhabend; *2. (facile)* glatt, mühelos; *3. (fig)* flüssig; *avoir un style ~* einen flüssigen Stil haben

aisément [ezemɑ̃] *adv* leicht, mühelos

aisselle [ɛsɛl] *f ANAT* Achsel *f*

ajour [aʒuʀ] *m ARCH* Öffnung *f*

ajourer [aʒure] *v* durchbrechen, mit kleinen Öffnungen versehen

ajourner [aʒuʀne] *v 1.* verschieben, aufschieben, vertagen; *2. ECO* stunden

ajout [aʒu] *m* Zusatz *m*, Hinzufügung *f*

ajouter [aʒute] *v 1.* anfügen, beilegen; *2. (additionner)* hinzufügen, addieren; *3. (compléter)* nachtragen, ergänzen; *4. s'~ à* dazukommen

ajustage [aʒystaʒ] *m* Anpassung *f*, Einstellung *f*

ajuster [aʒyste] *v 1. TECH* abrichten; *2. (adapter)* justieren, anpassen

alambic [alɑ̃bik] *m* Destillierapparat *m*, Retorte *f*

alambiqué [alɑ̃bike] *adj* geschraubt, gewunden, gekünstelt, ausgeklügelt

alangui [alɑ̃gi] *adj* müde, matt

alanguir [alɑ̃giʀ] *v* träge machen, matt machen

alarmant [alaʀmɑ̃] *adj* alarmierend, Besorgnis erregend, beängstigend, beunruhigend

alarme [alaʀm] *f* Alarm *m; niveau d'~* Alarmstufe *f*
alarmer [alaʀme] *v 1.* alarmieren; *2. s'~* sich beunruhigen, sich ängstigen
albâtre [albɑtʀ] *adj d'~* Alabaster..., alabastern
alchimiste [alʃimist] *m/f* Alchimist(in) *m/f*
alcool [alkɔl] *m 1.* Alkohol *m; 2. (eau-de-vie)* Branntwein *m; 3. ~ à brûler* Brennspiritus *m,* Spiritus *m*
alcoolique [alkɔlik] *m/f 1.* Alkoholiker(in) *m/f,* Trinker(in) *m/f; adj 2.* trunksüchtig, alkoholkrank, alkoholabhängig
alcoolisé [alkɔlize] *adj* alkoholisch; *non ~* alkoholfrei
alcoolisme [alkɔlism] *m* Alkoholismus *m,* Alkoholabhängigkeit *f,* Trunksucht *f*
alcôve [alkov] *f* Alkoven *m,* Bettnische *f*
aléa [alea] *m* Zufälligkeiten *f/pl,* Risiken *n/pl*
aléatoire [aleatwaʀ] *adj 1. (incertain)* Zufalls..., vom Zufall abhängig, unvorhersehbar; *2. JUR* aleatorisch, Spekulations...; *un contrat ~* ein Spekulationsvertrag, ein aleatorischer Vertrag; *3. MATH* Zufalls...; *une grandeur ~* eine Zufallsgröße *f*
alémanique [alemanik] *adj 1.* alemannisch; *m 2. LING* Alemannisch *n*
alentour [alɑ̃tuʀ] *adv* tout ~ ringsum, ringsumher
alentours [alɛ̃tuʀ] *m/pl* Umgebung *f*
alerte [alɛʀt] *adj 1.* flink; *2. (éveillé)* munter; *3. (vif)* rege; *f 4.* Alarm *m; ~ d'incendie* Feueralarm *m; ~ aérienne* Fliegeralarm *m*
alerter [alɛʀte] *v* alarmieren
aléser [aleze] *v (calibrer) TECH* aufbohren, ausbohren
Algérie [alʒeʀi] *f GEO* Algerien *n*
algérien [alʒeʀjɛ̃] *adj* algerisch
Algérien(ne) [alʒeʀjɛ̃/alʒeʀjɛn] *m/f* Algerier(in) *m/f*
algue [alg] *f* Alge *f*
alias [aljas] *adv* alias
alibi [alibi] *m* Alibi *n*
aliénable [aljenabl] *adj JUR* veräußerlich, übertragbar
aliénant [aljenɑ̃] *adj* entfremdend
aliénation [aljenasjɔ̃] *f 1. (fig)* Entfremdung *f; 2. ~ mentale* Geisteskrankheit *f; 3. JUR* Übertragung
aliéné [aljene] *adj 1. MED* geistesgestört; *2. (chose)* veräußert, verkauft
aliéné(e) [aljene] *m/f* Irre(r) *m/f*
aliéner [aljene] *v* veräußern
aligné [aliɲe] *adj 1.* gerade; *2.(conforme àun parti politique)* angepasst
alignement [aliɲ(ə)mɑ̃] *m 1.* Reihe *f,* Aneinanderreihung *f; 2. (fig)* Ausrichtung *f,* Abstimmung *f,* Anpassung *f,* Harmonisierung *f; 3. JUR* Fluchtlinie *f,* Baugrenze *f; maisons à l'~* Häuser an einer Fluchtlinie, Häuser an einer Straßenbegrenzungslinie; *4. (rangée)* Anordnung in gerader Linie *f,* Reihe *f; les ~s de menhirs en Bretagne* die Alignements in der Bretagne, die in parallelen Reihen an-geordneten Menhire in der Bretagne; *5. ~ monétaire FIN* Währungsangleichung *f,* Währungsausgleich *m*
aligner [aliɲe] *v 1.* begradigen; *2. s'~* sich einer Sache anpassen
aliment [alimɑ̃] *m 1.* Speise *f,* Nahrungsmittel *n; 2. (pension alimentaire) JUR* Alimente *pl,* Unterhaltsgeld
alimentaire [alimɑ̃tɛʀ] *adj 1.* Nahrungs..., Ernährungs..., Lebensmittel...; *2. pension ~ JUR* Unterhalt *m,* Alimente *pl*
alimentation [alimɑ̃tasjɔ̃] *f 1.* Ernährung *f,* Verpflegung *f; magasin d'~* Lebensmittelgeschäft *n; 2. (fig)* Nahrung *f; 3. (convertisseur) TECH* Versorgung *f,* Zufuhr *f,* Speisung *f*
alimenter [alimɑ̃te] *v 1. s'~* sich ernähren; *2. (nourrir)* verabreichen; *3. (approvisionner)* versorgen, beschicken, speisen; *4. (fig)* neue Nahrung geben
aliter [alite] *v 1.* bettlägerig sein, das Bett hüten müssen; *2. s'~* sich ins Bett legen
alizé [alize] *m METEO* Passat *m,* Passatwind *m*
allaitement [alɛtmɑ̃] *m* Stillen *n*
allaiter [alete] *v* stillen
allant [alɑ̃] *adj 1.* tatendurstig, schwungvoll; *m/pl 2. les ~s et venants* Gehende und Kommende *m/pl,* Vorbeigehende *m/pl*
alléchant [aleʃɑ̃] *adj 1. une odeur ~e* ein anziehender Duft, ein anziehender Geruch, ein appetitanregender Geruch; *2. (fig: séduisant)* verführerisch, verlockend; *une proposition ~e* ein verlockendes Angebot, ein verführerisches Angebot
allécher [aleʃe] *v 1.* anlocken; *2.* ködern
allégation [alegasjɔ̃] *f 1.* Behauptung *f; 2. LIT* Zitat *n*
allégé [aleʒe] *adj* angeführt, zitiert
alléger [aleʒe] *v* mildern, erleichtern, lindern
allégorique [alegɔʀik] *adj* bildlich
allègre [alɛgʀ] *adj* munter

allégresse [alegʀɛs] *f* Freudentaumel *m,* ausgelassene Freude *f*
alléguer [alege] *v* sich berufen auf, anführen, vorbringen
Allemagne [almaɲ] *f GEO* Deutschland *n*
allemand [almɑ̃] *adj 1.* deutsch; *m 2. LING* Deutsch *n*
Allemand(e) [almɑ̃(d)] *m/f* Deutsche(r) *m/f*

aller [ale] *v irr 1.* gehen, laufen; *~ à l'école* die Schule besuchen; *2. ~ à (en voiture)* fahren; *3. ~ à (en avion)* fliegen; *4. ~ à cheval* reiten; *5. ~ chercher qn* jdn abholen; *6. ~ ensemble* zusammengehören; *7. (s'étendre)* reichen, sich erstrecken; *8. y ~ de* sich handeln um; *9. ~ bien (vêtements)* passen; *10. s'en ~* weggehen, fortgehen, vergehen; *m 11.* Hinfahrt *f; ~ et retour* Hin- und Rückfahrt *f*

allergie [alɛʀʒi] *f MED* Allergie *f*
allergique [alɛʀʒik] *adj 1. MED* allergisch; *2. (fig)* allergisch
alliance [aljɑ̃s] *f 1. POL* Bund *m,* Bündnis *n,* Allianz *f; ~ secrète POL* Geheimbund *m; 2. (bague de mariage)* Ehering *m*
allié [alje] *adj 1.* verwandt; *m 2.* Verbündeter *m; 3. ~s pl HIST* Alliierte *pl*
allier [alje] *v 1. s'~ à/avec* sich verbünden mit; *2.* verbinden, vereinigen
allô [alo] *interj (téléphone)* hallo
allocataire [alɔkatɛʀ] *m/f* Beihilfeberechtigter *m,* Leistungsberechtigter *m*
allocation [alɔkɑsjɔ̃] *f 1.* Zulage *f; 2. ~s familiales pl* Kindergeld *n*
allocution [alɔkysjɔ̃] *f* Anrede *f,* Ansprache *f*
allongé [alɔ̃ʒe] *adj* liegend, ausgestreckt, hingestreckt
allongé [alɔ̃ʒe] *adj 1.* länglich; *2. un jus d'orange ~ d'eau* Orangensaft mit Wasser
allongement [alɔ̃ʒmɑ̃] *m 1.* Verlängerung *f; 2. (extension)* Ausdehnung *f,* Dehnung *f*
allonger [alɔ̃ʒe] *v 1.* strecken, verlängern; *2. (temporel)* ausdehnen, dehnen; *3. s'~* sich hinlegen
allouer [alwe] *v ~ à* zuweisen, bewilligen
allumage [alymaʒ] *m 1. (de voiture)* Zündung *f; 2. (action d'allumer)* Anzünden *n,* Entzünden *n,* Entfachen *n*
allumé [alyme] *adj (fig)* geil, scharf
allume-feu [alymfø] *m* Ofen-, Kamin-, Grillanzünder
allume-gaz [alymgɑz] *m* Gasanzünder *m*

allumer [alyme] *v 1.* anzünden, entfachen; *2. (mettre le contact)* einschalten, anschalten, anstellen; *~ la lumière* das Licht einschalten; *~ la télévision* den Fernseher anstellen, den Fernseher anmachen; *3. (voiture)* zünden; *4. s'~ (lumière)* angehen

allumette [alymɛt] *f* Streichholz *n*
allumeuse [alymøz] *f (fig)* Anmacherin *f,* Vamp *m*
allure [alyʀ] *f 1.* Tempo *n; ~ d'escargot/~ de limace* Schneckentempo *n; 2. (aspect)* Gestalt *f; 3. (fig: comportement)* Benehmen *n,* Gebahren *n*
allusif [alyzif] *adj* unterschwellig, angedeutet, eine Anspielung enthaltend
allusion [alyzjɔ̃] *f* Anspielung *f,* Andeutung *f*
alluvion [alyvjɔ̃] *f* Anschwemmung *f,* Ablagerung *f*
almée [alme] *f (danseuse)* Sängerin und Tänzerin *f*
aloi [alwa] *adj de bon ~* verdient, gut; *de mauvais ~* falsch, geschmacklos
alors [alɔʀ] *adv 1.* da, damals; *2. (ensuite)* dann; *konj 3. ~ que* während
alouette [alwɛt] *f ZOOL* Lerche *f*
alourdir [aluʀdiʀ] *v 1. (rendre lourd)* schwer machen, schwerer machen, erschweren; *2. (fig)* schwerfälliger machen, schwieriger gestalten, erschweren; *Cette tournure alourdit la phrase.* Diese Formulierung macht den Satz schwerfällig./Durch diese Formulierung wird der Satz holprig. *3. s'~* schwer werden, schwerfällig werden
alpage [alpaʒ] *m (herbage)* Alm *f*
alpaguer [alpage] *v (fam)* schnappen
Alpes [alp] *f/pl GEO* Alpen *pl*
alphabet [alfabɛ] *m 1.* Alphabet *n; 2. (livre, abécédaire)* Fibel *f,* ABC-Buch *n*
alphabétique [alfabetik] *adj* alphabetisch
alpinisme [alpinism] *m* Bergsteigen *n*
alpiniste [alpinist] *m/f* Bergsteiger(in) *m/f*
Alsace [alzas] *f GEO* Elsass *n*
alsacien [alzasjɛ̃] *adj* elsässisch
Alsacien(ne) [alzasjɛ̃/alzasjɛn] *m/f* Elsässer(in) *m/f*
altérable [alteʀabl] *adj* verderblich
altérant [alteʀɑ̃] *adj* verändernd, verschlechternd
altération [alteʀasjɔ̃] *f* Veränderung *f*
altercation [altɛʀkasjɔ̃] *f* Wortwechsel *m*
altérer [alteʀe] *v 1.* verändern; *2. (fig)* verdrehen

A

alternance [altɛʀnɑ̃s] *f* Abwechslung *f*
alternant [altɛʀnɑ̃] *adj* abwechselnd, alternierend
alternatif [altɛʀnatif] *adj* alternativ, abwechselnd
alternative [altɛʀnativ] *f* *1.* Alternative *f;* *2. (en tauromachie) SPORT* feierliche Erhebung in den Rang des Matadors *f*
alterner [altɛʀne] *v* *1. (se succéder)* aufeinander folgen, sich regelmäßig abwechseln, alternieren; *2. ~ les cultures AGR* abwechselnd bebauen, abwechselnd anbauen, Egartwirtschaft betreiben
altesse [altɛs] *f* Hoheit *f*
altier [altje] *adj* stolz, hochmütig
altimètre [altimɛtʀ] *m TECH* Höhenmesser *m*
altitude [altityd] *f* Höhe *f*
alto [alto] *m* *1. MUS* Altstimme *f;* *2. (instrument) MUS* Bratsche *f*
altruiste [altʀɥist] *m* *1.* selbstloser Mensch *m; adj* *2.* selbstlos
altuglas [altyglas] *m* Plexiglas *n*
amabilité [amabilite] *f* Freundlichkeit *f,* Liebenswürdigkeit *f*
amadouer [amadwe] *v* besänftigen, für sich einnehmen
amaigrir [amegʀiʀ] *v* abmagern, magerer werden, Gewicht verlieren
amaigrissement [amegʀismɑ̃] *m* Abmagerung *f,* Gewichtsverlust *m*
amarre [amaʀ] *f* Tau *n*
amarrer [amaʀe] *v* fixieren, festmachen
amas [amɑ] *m* *1.* Haufen *m,* Ansammlung *f;* *2. ASTR* Sternhaufen *m*
amasser [amɑse] *v* anhäufen, häufen
amateur [amatœʀ] *m* *1.* Laie *m;* *2. (non-spécialiste)* Amateur *m;* *3. (dilettante)* Dilettant *m; adj* *4.* dilettantisch, laienhaft
amateurisme [amatœʀism] *m* *1. SPORT* Amateureigenschaft *f,* Amateurstatus *m;* *2. (fam)* Dilettantismus *m*
amazone [amazon] *f* *1. (femme)* Amazone *f;* *2. (cavalière)* Reiterin *f;* *3. (jupe)* Reitrock *m*
ambassade [ɑ̃basad] *f POL* Botschaft *f*
ambassadeur [ɑ̃basadœʀ] *m POL* Botschafter *m*
ambassadrice [ɑ̃basadʀis] *f* Botschafterin *f,* Frau des Botschafters *f*
ambiance [ɑ̃bjɑ̃s] *f* Stimmung *f,* Atmosphäre *f*
ambigu [ɑ̃bigy] *adj* *1.* mehrdeutig; *2. (à double sens)* doppeldeutig, zweideutig
ambiguïté [ɑ̃bigɥite] *f* *1.* Zweideutigkeit *f,* Mehrdeutigkeit *f,* Doppeldeutigkeit *f,* Uneindeutigkeit *f;* *2. PHIL* unklares Sprechen *n,* Erschleichen von Argumenten *n,* Verwechslung des Verstandesobjekts mit dem Sinnesgegenstand *f,* Amphibolie *f*
ambigument [ɑ̃bigymɑ̃] *adv* mehrdeutig, doppeldeutig, zwielichtig, zweifelhaft
ambitieux [ɑ̃bisjø] *adj* ehrgeizig, strebsam
ambition [ɑ̃bisjɔ̃] *f* *1.* Ehrgeiz *m;* *2. (aspiration)* Bestreben *n*
ambitionner [ɑ̃bisjɔne] *v* anstreben, erstreben, begehren, sich innig wünschen
ambivalent [ɑ̃bivalɑ̃] *adj PSYCH* ambivalent, zweispältig
ambre [ɑ̃bʀ] *m ~ jaune* Bernstein *m*
ambulance [ɑ̃bylɑ̃s] *f* Krankenwagen *m*
ambulancier [ɑ̃bylɑ̃sje] *m* Sanitäter *m*
ambulant [ɑ̃bylɑ̃] *adj* ambulant, umherziehend, Wander…
ambulatoire [ɑ̃bylatwaʀ] *adj* *1. MED* ambulant; *2. (variable)* veränderlich, fahrend
âme [ɑm] *f* *1.* Geist *m;* *2. (cœur)* Gemüt *n,* Seele *f;* *3. (psychisme)* Psyche *f*
amélioration [ameljɔʀasjɔ̃] *f* Besserung *f,* Verbesserung *f*
améliorer [ameljɔʀe] *v* *1. (réparer)* verbessern; *2. (refaire)* ausbessern
aménagement [amenaʒmɑ̃] *m* *1.* Einrichtung *f;* *2. ARCH* Gestaltung *f*
aménager [amenaʒe] *v* *1.* einrichten, gestalten; *2. (arranger)* herrichten
amende [amɑ̃d] *f* Geldstrafe *f,* Bußgeld *n*
amendement [amɑ̃dmɑ̃] *m* *1. POL* Gesetzesänderung *f;* *2. ~ constitutionnel POL* Verfassungsänderung *f*
amender [amɑ̃de] *v* *1. (améliorer)* verbessern, ausbessern, nachbessern; *2. ~ la terre AGR* den Boden verbessern, ameliorieren; *3. (modifier) POL* ändern, ergänzen, berichtigen; *~ un projet de loi* einen Gesetzentwurf ändern/einen Gesetzentwurf abändern
amène [amɛn] *adj* liebenswürdig, freundlich
amener [am(ə)ne] *v* *1.* bringen, mitbringen; *2. (provoquer)* herbeiführen; *3. (apporter)* herbringen; *4. ~ qn à faire qc* jdn veranlassen, etw zu tun
aménité [amenite] *f* Liebenswürdigkeit, Freundlichkeit
amenuiser [amənɥize] *v* *1. (diminuer)* verringern, verkleinern, vermindern, minimieren; *2. (fig)* schmälern, bagatellisieren, herunterspielen; *Il amenuise ses fautes.* Er spielt seine Fehler herunter.

amer [amɛʀ] *adj* 1. bitter, herb; 2. *(personne)* verbittert; *m* 3. Magenbitter *m*
amèrement [amɛʀmɑ̃] *adv* bitter, bitterlich
américain [ameʀikɛ̃] *adj* amerikanisch
Américain(e) [ameʀikɛ̃/ameʀikɛn] *m/f* Amerikaner(in) *m/f*
Amérique [ameʀik] *f GEO* Amerika *n*; *~ latine GEO* Lateinamerika *n*
amerloque [amɛʀlok] *m/f (fam)* Ami, Yankee
amerrir [ameʀiʀ] *v* auf dem Wasser niedergehen, wassern
amertume [amɛʀtym] *f* 1. Bitterkeit *f*; 2. *(ressentiment)* Groll *m*, Verbitterung *f*
ameublement [amœbləmɑ̃] *m* Ausstattung *f*, Einrichtung *f*
ameublir [amœbliʀ] *v* 1. *JUR* zum Mobiliarvermögen schlagen, in das Gesamtgut einbringen; 2. *AGR* auflockern
ameuter [amøte] *v* 1. *~ à la chasse* die Hundemeute versammeln; 2. *(attrouper)* versammeln, aufmarschieren lassen, einen Auflauf produzieren; *Les meneurs ameutent la foule.* Die Anführer versammeln die Menge./Die Anführer wiegeln die Menge auf. 3. *s'~* sich zusammenrotten, zusammenlaufen, zusammenströmen

> **ami(e)** [ami] *m/f* Freund(in) *m/f*, Bekannte(r) *m/f*; *petit(e) ~* Freund(in) *m/f*

amiable [amjabl] *adj s'arranger à l'~ JUR* sich gütlich einigen
amiante [amjɑ̃t] *m MIN* Asbest *m*
amical [amikal] *adj* 1. freundschaftlich, freundlich, herzlich; 2. *SPORT* freundschaftlich, Freundschafts...
amicalement [amikalmɑ̃] *adv* freundschaftlich, freundlich, mit herzlichem Gruß
amidon [amidɔ̃] *m BIO* Stärke *f*
amincir [amɛ̃siʀ] *v* 1. *(rendre plus mince)* dünner machen; 2. *(faire paraître plus mince)* schlanker wirken lassen, schlank machen, dünner erscheinen lassen, dünner wirken lassen; *Le noir l'amincit.* Schwarz lässt sie schlanker wirken. 3. *s'~* dünner werden
amincissement [amɛ̃sismɑ̃] *m* Schlankerwerden *n*, Dünnerwerden *n*
amitié [amitje] *f* Freundschaft *f*; *~ intime* Freundschaft *f*, Beziehung *f*
amnistie [amnisti] *f JUR* Amnestie *f*, Begnadigung *f*
amnistier [amnistje] *v JUR* begnadigen
amocher [amɔʃe] *v* 1. kaputtmachen; 2. *s'~ (fam)* sich verletzen
amodier [amɔdje] *v irr AGR* pachten, verpachten
amoindrir [amwɛ̃dʀiʀ] *v* 1. verkleinern; 2. *(réduire)* mindern, verringern, schmälern; 3. *s'~ (fig)* schrumpfen
amollir [amɔliʀ] *v* aufweichen
amollissant [amɔlisɑ̃] *adj* träge machend
amollissement [amɔlismɑ̃] *m* Erschlaffung *f*, Erlahmung *f*, Nachlassen *n*
amonceler [amɔ̃sle] *v (empiler)* auftürmen
amont [amɔ̃] *m* 1. *en ~ (fleuve, rivière)* flussaufwärts; 2. *(fig)* überhalb befindlich
amoral [amɔʀal] *adj* amoralisch
amoralité [amɔʀalite] *f* Nichtvorhandensein von Moralbegriffen *n*
amorçage [amɔʀsaʒ] *m* Ingangsetzung *f*
amorce [amɔʀs] *f* 1. Köder *m*; 2. *~ de film CINE* Nachspann *m*
amorcer [amɔʀse] *v* 1. *(commencer)* beginnen, anfangen, einleiten, in Gang bringen; 2. *(à la pêche)* mit einem Köder versehen, ködern; 3. *(arme)* schärfen
amorti [amɔʀti] *m SPORT* Stoppen *n*
amortir [amɔʀtiʀ] *v* 1. dämpfen; 2. *(atténuer)* abschwächen; 3. *ECO* abschreiben, tilgen, abbezahlen
amortissable [amɔʀtisabl] *adj* tilgbar
amortissement [amɔʀtismɑ̃] *m* 1. *ECO* Abschreibung *f*, Abbuchung *f*; 2. *(paiement) ECO* Abzahlung *f*, Tilgung *f*; 3. *(choc) TECH* Dämpfung *f*

> **amour** [amuʀ] *m* Liebe *f*; *On revient toujours à ses premières amours.* Alte Liebe rostet nicht.

amouracher [amuʀaʃe] *v s'~ (fam)* sich in jdn verknallen
amourette [amuʀɛt] *f (fam)* Liebschaft *f*
amourettes [amuʀɛt] *f/pl GAST* Mark (von Rind, Kalb, Hammel) *n*
amoureusement [amuʀøsmɑ̃] *adv* liebevoll
amoureux [amuʀø] *adj* 1. verliebt; *m* 2. *(amant)* Liebhaber *m*
amour-propre [amuʀpʀɔpr] *m* Selbstachtung *f*
amovible [amɔvibl] *adj* abnehmbar
ample [ɑ̃pl] *adj* breit, weit
amplement [ɑ̃pləmɑ̃] *adv* ausgiebig, ausführlich, lang und breit
ampleur [ɑ̃plœʀ] *f* 1. Weite *f*, Breite *f*; 2. *(importance)* Umfang *m*, Ausmaß *n*
amplificateur [ɑ̃plifikatœʀ] *m TECH* Verstärker *m*

A

amplifier [ɑ̃plifje] *v* verstärken, erweitern, ausbauen
amplitude [ɑ̃plityd] *f 1. (étendue)* Amplitude *f,* Ausdehnung *f; 2. (arc de l'horizon) ASTR* Weite *f,* Bogenweite *f; 3. PHYS* Amplitude *f,* größter Ausschlag einer Schwingung *m; 4. (écart de température) METEO* Amplitude *f,* Unterschied zwischen höchstem und tiefstem Wert eines Witterungselements *m,* Temperaturunterschied *m*
ampoule [ɑ̃pul] *f 1. ~ électrique* Glühbirne *f; ~ à faible consommation [d'énergie]* Energiesparlampe *f; 2. MED* Blase *f; 3. (~ de verre)* Ampulle *f*
amputer [ɑ̃pyte] *v MED* amputieren
amusant [amyzɑ̃] *adj 1. (drôle)* komisch, spaßig; *2. (spirituel)* witzig, lustig, amüsant
amuse-gueule [amyzgœl] *m 1. (fam) GAST* Appetithäppchen *n,* Knabbereien *f/pl 2. (fig)* Anfang *m*
amusement [amyzmɑ̃] *m 1.* Vergnügen *n,* Unterhaltung *f; 2. (égaiement)* Aufheiterung *f*
amuser [amyze] *v 1.* belustigen, erheitern; *2. (fig)* zerstreuen; *3. s'~* sich vergnügen, sich amüsieren

an [ɑ̃] *m* Jahr *n; nouvel ~* Neujahr *n; dans un ~* in einem Jahr; *tous les ~s* jedes Jahr

anabolisant [anabɔlizɑ̃] *m MED* Anabolikum *n*
anachorète [anakɔʀɛt] *m* Einsiedler *m*
anachronique [anakʀɔnik] *adj* anachronistisch, unzeitgemäß
anachronisme [anakrɔnism] *m* Anachronismus *m*
analogique [analɔʒik] *adj* sinngemäß
analogue [analɔg] *adj* analog
analphabète [analfabɛt] *m/f* Analphabet(in) *m/f*
analphabétisme [analfabetism] *m* Analphabetentum *n*
analyse [analiz] *f* Analyse *f,* Studie *f*
analyser [analize] *v 1.* analysieren; *2. (disséquer)* zerlegen
analyste [analist] *m/f* Analytiker(in) *m/f*
analyste-programmeur [analistpʀɔgʀamœʀ] *m INFORM* Systemanalytiker(in) *m/f*
analytique [analitik] *adj* analytisch
anarchie [anaʀʃi] *f POL* Anarchie *f*
anarchique [anaʀʃik] *adj 1.* gesetzlos, anarchisch; *2. (désordonné)* chaotisch
anarchiste [anaʀʃist] *m* Anarchist *m*
anathème [anatɛm] *m REL* Bann *m,* Bannfluch *m*
anatomie [anatɔmi] *f* Körperbau *m,* Anatomie *f*
anatomique [anatɔmik] *adj* anatomisch
ancêtre [ɑ̃sɛtʀ] *m* Ahne *m,* Vorfahr *m*
anchois [ɑ̃ʃwa] *m* Sardelle *f,* Anschovis *f*
ancien [ɑ̃sjɛ̃] *adj 1. (vieux)* alt; *2. (antique)* altertümlich; *3. (d'autrefois)* ehemalig, früher
anciennement [ɑ̃sjɛnmɑ̃] *adv* früher, einst
ancienneté [ɑ̃sjɛnte] *f 1.* Alter *n,* Tradition *f; 2. (temps passé dans une fonction)* Dienstalter *n,* Dauer der Betriebszugehörigkeit *f; Dans cette entreprise, l'avancement se fait à l'~.* In diesem Unternehmen hängt die Beförderung von der Dauer der Betriebszugehörigkeit ab.
ancre [ɑ̃kʀ] *f* Anker *m*
ancrer [ɑ̃kʀe] *v 1. (jeter l'ancre) NAUT* vor Anker gehen, ankern; *2. (fig: enraciner)* verwurzeln, verankern, sich festsetzen; *Ses défauts sont ancrés trop profondément en lui.* Seine Fehler sind zu tief in ihm verwurzelt./Seine Charakterschwächen sind bereits zu einem festen Bestandteil seiner Persönlichkeit geworden. *3. (fixer) TECH* verankern, mit einem Anker versehen
andalou(se) [ɑ̃dalu(z)] *m/f 1.* Andalusier(in) *m/f; adj 2.* andalusisch
andouille [ɑ̃duj] *f 1. (charcuterie) GAST* Kuttelwurst *f,* Kaldaunenwurst *f; 2. (fam: niais)* Einfaltspinsel *m,* Blödmann *m,* Schussel *m; Quelle ~, ce Gérard!* Was für ein Einfaltspinsel dieser Gérard doch ist!
androgyne [ɑ̃dʀɔʒin] *adj 1.* androgyn, androgynoid; *m/f 2.* Zwitter *n; 3. BOT* weiblicher Hermaphrodit *m,* Zwitter *m*
âne [ɑn] *m 1. ZOOL* Esel *m; 2. (fam)* Dummkopf *m*
anéanti [aneɑ̃ti] *adj (fig)* zerschmettert, vernichtet
anéantir [aneɑ̃tiʀ] *v 1.* vernichten, vertilgen; *2. (détruire)* ruinieren; *3. s'~* zunichte werden, sich zerschlagen
anéantissement [aneɑ̃tismɑ̃] *m 1.* Vernichtung *f,* Zerstörung *f; 2. (empêchement)* Vereitelung *f*
anecdote [anɛkdɔt] *f* Anekdote *f*
anémié [anemije] *adj* geschwächt
anémie [anemi] *f MED 1.* Anämie *f; 2. (fig)* Abnahme *f,* Verfall *m,* Krise *f*
anémique [anemik] *adj 1.* blutarm; *2. (fig)* schwach, kraftlos
âneries [ɑnʀi] *f/pl (fig)* Unsinn *m,* Quatsch *m,* Blödsinn *m,* Käse *m*

ânesse [anɛs] *f ZOOL* Eselin *f*, Eselstute *f*
anesthésier [anɛstezje] *v irr 1. MED* anästhesieren, betäuben; *2. (fig)* betäuben
anfractuosité [ɑ̃fʀaktɥozite] *f* Spalte *f*, Riss *m*, Vertiefung *f*
ange [ɑ̃ʒ] *m 1.* Engel *m; être aux ~s (fam)* überglücklich sein; *2. ~ gardien* Schutzengel *m*
angélique [ɑ̃ʒelik] *adj 1. (propre aux anges) REL* Engels...; *2. (fig)* Engels..., engelsgleich, himmlisch; *Elle est d'une douceur ~.* Sie ist von einer engelgleichen Milde. *Son sourire est ~.* Ihr Lächeln ist engelsgleich./Sie hat ein himmlisches Lächeln. *f 3. (confiserie) GAST* kandierte Engelwurz *f; Le gâteau est décoré d'~.* Der Kuchen ist mit kandierter Engelwurz verziert.
angelot [ɑ̃ʒ(ə)lo] *m* Engelchen *n*
angine [ɑ̃ʒin] *f 1. MED* Angina *f; 2. (de poitrine) MED* Angina pectoris *f*
anglais [ɑ̃glɛ] *adj 1.* englisch; *m 2. LING* Englisch *n*
Anglais(e) [ɑ̃glɛ(z)] *m/f* Engländer(in) *m/f*
angle [ɑ̃gl] *m 1.* Ecke *f; 2. (bord)* Kante *f; 3. (côté)* Seite *f; 4. MATH* Winkel *m; 5. ~ visuel* Blickwinkel *m*
Angleterre [ɑ̃glətɛʀ] *f GEO* England *n*, Großbritannien *n*
anglican(e) [ɑ̃glikɑ̃] *adj 1. REL* anglikanisch *m/f; 2. REL* Anglikaner(in) *m/f*
anglophone [ɑ̃glɔfɔn] *adj 1.* englischsprachig, Englisch sprechend; *2.* anglophon
anglo-saxon [ɑ̃glɔsaksɔ̃] *adj 1.* angelsächsisch
Anglo-Saxon(ne) [ɑ̃glɔsaksɔ̃/ɑ̃glɔsaksɔn] *m/f* Angelsachse/Angelsächsin *m/f*
angoissant [ɑ̃gwasɑ̃] *adj 1.* beklemmend; *2. (étrange)* unheimlich
angoisse [ɑ̃gwas] *f* Angst *f; ~ existentielle* Existenzangst *f; ~ mortelle* Todesangst *f*
angoissé [ɑ̃gwase] *adj* angsterfüllt
angoisser [ɑ̃gwase] *v* ängstigen, Angst einflößen
anguille [ɑ̃gij] *f ZOOL* Aal *m; Il y a ~ sous roche.* Da ist was im Busch. *(fam)*
angulaire [ɑ̃gylɛʀ] *adj 1. (qui forme un angle)* Eck..., Winkel...; *2. la pierre ~ (fig)* Grundstein *m*, Eckpfeiler *m; adj 3. (en optique) PHYS* Winkel..., Bildwinkel..., Brennweite...; *la distance ~ de deux points* das Blickfeld *n*, der Blickwinkel *m*
anguleux [ɑ̃gylø] *adj* eckig, kantig
animal [animal] *adj 1.* Tier..., tierisch, animalisch; *m 2.* Tier *n; ~ domestique* Haustier *n; ~ en peluche* Plüschtier *n*
animateur [animatœʀ] *m* Animateur *m*, Spielleiter *m*
animation [animasjɔ̃] *f 1.* Belebung *f; 2. (mouvement)* Betrieb *m*, Treiben *n*
animatrice [animatʀis] *f* Animateurin *f*, Spielleiterin *f*
animé [anime] *adj 1.* lebhaft, belebt; *2. (conversation)* angeregt
animer [anime] *v 1.* beleben; *2. (fig)* ankurbeln; *3. (fig: encourager)* anfeuern
animosité [animzite] *f* Animosität *f*, Feindseligkeit *f*
anisette [anizɛt] *f GAST* Anislikör *m*, Anisette *m*
annales [anal] *f/pl 1. (chronique)* Annalen *pl*, Jahrbücher *pl; 2. (titre de revues)* Annalen *pl; Il est abonné aux ~ de chimie.* Er hat eine Chemifachzeitschrift abonniert.
anneau [ano] *m 1.* Ring *m; 2. ~x (agrès) SPORT* Ringe *m/pl*
année [ane] *f 1.* Jahr *n; ~ bissextile* Schaltjahr *n; ~ scolaire* Schuljahr *n; ~ de référence* Vergleichsjahr *n; ~ dernière* Vorjahr *n; ~ civile* Kalenderjahr *n; 2. nouvelle ~* Jahreswechsel *m; 3. (millésime)* Jahrgang *m*
année-lumière [anelymjɛʀ] *f ASTR* Lichtjahr *n*
annexe [anɛks] *f 1.* Anhang *m; 2. (additif)* Nachtrag *m; 3. (complémentaire)* Zusatz..., zusätzlich; *4. (peu important)* Neben..., beiläufig; *adj 5.* zweitrangig
annexer [anɛkse] *v 1.* einverleiben, annektieren; *2. (document)* beifügen; *~ à* angliedern
annexion [anɛksjɔ̃] *f* Annexion *f*, Anschluss *m*
annihiler [aniile] *v* vernichten
anniversaire [anivɛʀsɛʀ] *m 1.* Geburtstag *m; 2. (commémoratif)* Jahres..., Gedenk...
annonce [anɔ̃s] *f 1.* Meldung *f*, Ankündigung *f*, Verkündigung *f; 2. (de presse)* Anzeige *f; 3. (communiqué)* Ansage *f*
annoncer [anɔ̃se] *v 1.* ankündigen, melden, verkünden, anzeigen; *Ça s'annonce mal! (fig)* Es fängt schlecht an! *2. (inscrire)* anmelden; *3. (dans un journal)* inserieren; *4. (à la radio)* ansagen
annonciateur [anɔ̃sjatœʀ] *adj* verkündend, ankündigend; *Ces nuages sont ~s de beau temps.* Diese Wolken sind Vorzeichen für gutes Wetter., Diese Wolken sind die Vorboten schönen Wetters.
annotation [anɔtasjɔ̃] *f 1.* Bemerkung *f*, Anmerkung *f; 2. ~ officielle* Amtsvermerk *m*

A

annoter [anɔte] *v* etw mit Anmerkungen versehen
annuaire [anɥɛʀ] *m* 1. Jahrbuch *n;* 2. *~ téléphonique* Telefonbuch *n*
annualité [anɥalite] *f* Jährlichkeit *f,* Gültigkeit für ein Jahr *f*
annuel [anɥɛl] *adj* jährlich, alljährlich
annuellement [anɥɛlmɑ̃] *adv* jährlich
annuité [anɥite] *f* Jahreszahlung *f,* Jahresrate *f,* Annuität *f*
annulable [anylabl] *adj* annulierbar, aufhebbar
annulaire [anylɛʀ] *m* 1. Ringfinger *m; adj* 2. geringelt
annulation [anylasjɔ̃] *f* 1. Annullierung *f;* 2. *JUR* Aufhebung *f*
annuler [anyle] *v* 1. annullieren, streichen, rückgängig machen; 2. *(abonnement)* abbestellen; 3. *(ristourner)* stornieren; 4. *(résilier)* lösen; 5. *INFORM* löschen; 6. *JUR* annulieren, für ungültig erklären, aufheben
anoblir [anɔbliʀ] *v* 1. *HIST* in den Adelsstand erheben, adeln; 2. *(fig)* aufwerten, erheben
anoblissement [anɔblismɑ̃] *m* Adelung *f,* Erhebung in den Adelsstand *f*
anodin [anɔdɛ̃] *adj* 1. *MED* schmerzlindernd, palliativ; 2. *(fig: inoffensif)* harmlos, unbedeutend, ungefährlich; *Ils ont une discussion bien ~e.* Sie führen eine unbedeutende Diskussion.
anomalie [anɔmali] *f* 1. Anomalie *f;* 2. *(monstruosité)* Abnormität *f*
ânon [anɔ̃] *m ZOOL* kleiner, junger Esel *m,* Eselsfüllen *n*
ânonnement [anɔnmɑ̃] *m* stotterndes Vortragen *n,* stotterndes Lesen *n,* Gestotter *n*
ânonner [anɔne] *v* stotternd lesen, stottern, stammeln
anonyme [anɔnim] *adj* anonym, namenlos
anormal [anɔʀmal] *adj* abnorm, abnormal, abartig
anormalité [anɔʀmalite] *f* Abnormität *f*
ANPE [anpe] *f (Agence Nationale Pour l'Emploi)* Arbeitsamt *n*
anse [ɑ̃s] *f* Henkel *m*
antagonique [ɑ̃tagɔnik] *adj* antagonistisch, gegensätzlich
antagonisme [ɑ̃tagɔnism] *m* Antagonismus *m,* Gegensatz *m,* Widerstand *m*
antalgique [ɑ̃talʒik] *adj MED* schmerzlindernd
antan [ɑ̃tɑ̃] *adj d'~* einstige(r,s) aus vergangener Zeit
Antarctique [ɑ̃taʀktik] *f* Antarktis *f,* Gebiet um den Südpol *n*
antécédents [ɑ̃tesedɑ̃] *m/pl JUR* Vorstrafe *f*
antédiluvien [ɑ̃tedilyvjɛ̃] *adj 1.* uralt, veraltet; 2. *(fig)* vorsintflutlich
antenne [ɑ̃tɛn] *f TECH* Antenne *f; ~ de télévision* Fernsehantenne *f; ~ parabolique* Parabolantenne *f*
antéposition [ɑ̃tepozisjɔ̃] *f LING* Voranstellung *f*
antérieur [ɑ̃teʀjœʀ] *adj* vorhergehend, vorherig, vorig
antérieurement [ɑ̃teʀjœʀmɑ̃] *adv* vorher, früher; *~ à vor ..*
antériorité [ɑ̃teʀjɔʀite] *f* zeitliches Vorangehen *n*
anthologie [ɑ̃tɔlɔʒi] *f* Sammelband *m*
anthropologie [ɑ̃tʀɔpɔlɔgi] *f* Anthropologie *f*
anthropomorphe [ɑ̃tʀpɔmɔʀf] *adj* anthropomorph, menschenähnlich
anthropophage [ɑ̃tʀɔpɔfaʒ] *adj 1.* menschenfressend; *m/f 2.* Menschenfresser(in) *m/f*
anthropophagie [ɑ̃tʀɔpɔfaʒi] *f* Kannibalismus *m,* Anthropophagie *f*
anti- [ɑ̃ti] *pref* feindlich, anti...
antiadhésif [ɑ̃tiadezif] *adj* antihaftbeschichtet
anti-âge [ɑ̃tiɑʒ] *adj* gegen Alterserscheinungen gerichtet
antialcoolique [ɑ̃tialkɔlik] *adj* antialkoholisch
antiallergique [ɑ̃tialɛʀʒik] *adj 1.* antiallergisch; *m* 2. Antiallergikum *n,* antiallergisches Mittel *n*
antiaméricanisme [ɑ̃tiameʀikanism] *m* Antiamerikanismus *m*
antiautoritaire [ɑ̃tiotɔʀitɛʀ] *adj* antiautoritär
antibiotique [ɑ̃tibjɔtik] *m* 1. *MED* Antibiotikum *n;* 2. *MED* antibiotisch
antibrouillard [ɑ̃tibʀujaʀ] *adj* 1. Nebel... *m;* 2. Nebelscheinwerfer *m*
antibruit [ɑ̃tibʀɥi] *adj* Lärmschutz..., Lärmbekämpfungs...
anticalcaire [ɑ̃tikalkɛʀ] *adj* Kalkbekämpfungs..., entkalkend
anticancéreux [ɑ̃tikɑ̃seʀø] *adj MED* Krebsbekämpfungs..., krebsbekämpfend
anticapitaliste [ɑ̃tikapitalist] *adj POL* antikapitalistisch
antichambre [ɑ̃tiʃɑ̃bʀ] *f* 1. Vorzimmer *n;*

courir les ~s überall als Bittsteller auftreten; *2. faire ~ (fig)* (ergeben) warten

antichoc [ɑ̃tiʃɔk] *adj* stoßfest, stoßsicher

anticipation [ɑ̃tisipɑsjɔ̃] *f 1.* Vorwegnahme *f,* Antizipation *f; 2. (prévision)* Vorhersage *f,* Voraussage *f,* Prognose *f,* Prophezeiung *f; la littérature d'~* Sciencefiction *f,* Zukunftsliteratur *f*

anticipé [ɑ̃tisipe] *adj 1.* voreilig; *2. (avant l'heure)* vorzeitig

anticiper [ɑ̃tisipe] *v 1.* vorwegnehmen, antizipieren; *2. (événement)* vorgreifen, voraussehen

anticlérical [ɑ̃tiklerikal] *adj 1. REL* antiklerikal, kirchenfeindlich; *m/f 2. REL* Antiklerikale(r) *m/f,* Kirchengegner(in) *m/f*

anticonformiste [ɑ̃tikɔ̃fɔʀmist] *adj 1.* nonkonformistisch; *m/f 2.* Nonkonformist(in) *m/f*

anticonstitutionnel [ɑ̃tikɔ̃stitysjɔnɛl] *adj* verfassungswidrig

anticorps [ɑ̃tikɔʀ] *m BIO* Antikörper *m*

anticorrosion [ɑ̃tikɔʀozjɔ̃] *adj TECH* Rostschutz...

anticyclone [ɑ̃tisiklon] *m METEO* Hoch *n,* Hochdruckgebiet *n,* Antizyklone *f*

antidater [ɑ̃tidate] *v* vordatieren

antidérapant [ɑ̃tideʀapɑ̃] *adj* griffig

antidote [ɑ̃tidɔt] *m* Gegenmittel *n*

antidouleur [ɑ̃tidulœʀ] *adj MED* schmerzbekämpfend

antidrogue [ɑ̃tidʀɔg] *adj* Anti-Drogen...

antifasciste [ɑ̃tifaʃist] *adj 1. POL* antifaschistisch; *m/f 2. POL* Antifaschist(in) *m/f*

antiféministe [ɑ̃tifeminist] *adj 1.* frauenfeindlich; *m/f 2.* Frauenfeind(in) *m/f*

antigang [ɑ̃tigɑ̃g] *adj* zur Verbrechensbekämpfung

antigel [ɑ̃tiʒɛl] *m 1.* Frostschutzmittel *n; adj 2.* Frostschutz...

antigène [ɑ̃tiʒɛn] *m MED* Antigen *n,* Antikörperbildner *m*

antiglisse [ɑ̃tiglis] *adj SPORT* rutschfest

antigouvernemental [ɑ̃tiguvɛʀnəmɑ̃tal] *adj POL* regierungsfeindlich

antihéros [ɑ̃tieʀo] *m* Antiheld *m*

antihygiénique [ɑ̃tiiʒjenik] *adj* unhygienisch

anti-inflammatoire [ɑ̃tiɛ̃flamatwaʀ] *adj 1. MED* entzündungshemmend; *m 2. MED* Entzündungshemmer *m*

anti-jeu [ɑ̃tiʒø] *m SPORT* unfaires Spiel *n*

antillais(e) [ɑ̃tijɛ(z)] *adj* von den Antillen, Antillen...

Antilles [ɑ̃tij] *f/pl GEO* Antillen *pl*

antimissile [ɑ̃timisil] *adj MIL* Raketenabwehr...

antimite [ɑ̃timit] *m* Mottenpulver *n*

antinomie [ɑ̃tinɔmi] *f* Widerspruch *m*

antinucléaire [ɑ̃tinykleɛʀ] *m/f 1.* Atomkraftgegner(in); *adj 2.* gegen Kernwaffen gerichtet

antioxydant [ɑ̃tiɔksidɑ̃] *adj 1.* Antioxydans...; *m 2.* Antioxydationsmittel *n*

antiparasitage [ɑ̃tipaʀazitaʒ] *m TECH* Entstörung *f*

antipathie [ɑ̃tipati] *f* Antipathie *f,* Widerwille *m,* Abneigung *f*

antipathique [ɑ̃tipatik] *adj* unsympathisch

antipode [ɑ̃tipɔd] *m 1. GEO* Mensch, der auf der entgegengesetzten Seite der Erdkugel lebt *m,* Antipode *m; La France est aux ~s de la Nouvelle-Zélande.* Frankreich und Neuseeland befinden sich genau auf der jeweils entgegengesetzten Seite der Erde./Frankreich liegt Neuseeland auf der Erdkugel diametral gegenüber. *2. (fig)* gegensätzlicher Standpunkt *m,* Gegenteil *n; Sa pensée est l'~ de la sagesse.* Seine Auffassung ist alles andere als weise.

antipoison [ɑ̃tipwazɔ̃] *adj* entgiftend, gegen Vergiftungen

antipollution [ɑ̃tipɔlysjɔ̃] *adj* umweltfreundlich, gegen Umweltverschmutzung

antique [ɑ̃tik] *adj 1.* altertümlich, althergebracht; *2. (vieux)* antik

antiquité [ɑ̃tikite] *f* Antiquität *f,* Altertümer *pl*

Antiquité [ɑ̃tikite] *f* Altertum *n,* Antike *f*

antirabique [ɑ̃tiʀabik] *adj* gegen Tollwut

antiride [ɑ̃tiʀid] *adj* Anti-Falten...

antirouille [ɑ̃tiʀuj] *adj* rostfrei, nicht rostend

antisèche [ɑ̃tisɛʃ] *f (fam)* Spickzettel *m*

antisémitisme [ɑ̃tisemitism] *m* Antisemitismus *m*

antiseptique [ɑ̃tisɛptik] *adj 1. MED* antiseptisch, Krankheitserreger abtötend; *m 2. MED* Antiseptikum *n,* Mittel zur Abtötung von Krankheitserregern *n*

antisismique [ɑ̃tisismik] *adj* Erdbeben vorbeugend, Erdbebenschutz...

antisportif [ɑ̃tispɔʀtif] *adj* unsportlich

antitache [ɑ̃titaʃ] *adj* Fleckenentfernungs...

antivol [ɑ̃tivɔl] *m* Lenkradschloss *n,* Zündschloss *n,* Fahrradschloss *n,* Speichenschloss *n; Ma bicyclette est toujours munie d'un ~.* Ich schließe mein Fahrrad immer ab.

antre [ɑ̃tʀ] *m 1. (caverne)* Höhle *f; l'~ du lion* die Höhle des Löwen *f; 2. (fig)* Zufluchtsort *m,* Zufluchtsstätte *f,* Schlupfloch *n,* Refugium *n; 3. (cavité naturelle) ANAT* Höhle *f*

anus [anys] *m ANAT* After *m*

anxiété [ɑ̃ksjete] *f 1.* Angstgefühl *n; 2. (inquiétude)* Unruhe *f*

anxieux [ɑ̃ksjø] *adj 1.* bange, ängstlich; *2. (soucieux)* unruhig

août [u(t)] *m* August *m*

aoûtien(ne) [ausjɛ̃/ausjɛn] *m/f* Augusturlauber(in) *m/f*

apaisant [apɛzɑ̃] *adj* schmerzlindernd

apaisement [apɛzmɑ̃] *m 1.* Beruhigung *f; 2. (soulagement)* Linderung *f*

apaiser [apeze] *v 1.* lindern; *2. (calmer)* besänftigen; *3. ~ un besoin* ein Bedürfnis stillen

apanage [apanaʒ] *m 1. HIST* Apanage *f; 2. (fig: privilège)* Vorrecht *n,* Privileg *n,* exklusives Recht *n; Le rire est l'~ du fou.* Lachen ist das Vorrecht des Verrückten./Lachen ist dem Verrückten vorbehalten.

aparté [apaʀte] *m 1. THEAT* beiseite Gesprochenes *n,* lautes Denken auf der Bühne *n; 2. (entretien particulier)* vertrauliches Gespräch *n,* Gespräch am Rande offizieller Gespräche *n,* Gespräch unter vier Augen *n*

apathie [apati] *f* Apathie *f*

apathique [apatik] *adj* apathisch, gefühllos, teilnahmslos

apatride [apatʀid] *adj 1.* heimatlos; *2. (sans nationalité)* staatenlos

apercevoir [apɛʀsəvwaʀ] *v irr 1. ~ qc* etw merken, etw wahrnehmen; *2. s'~ de qc* etw bemerken, etw merken

aperçu [apɛʀsy] *m 1. (fig)* Einblick *m,* Übersicht *f; 2. (avant-goût)* Vorschau *f*

apéritif [apeʀitif] *m* Aperitif *m; Nous prenons l'~ avant le dîner.* Wir trinken einen Aperitif vor dem Abendessen.

apéro [apeʀo] *m (fam)* Aperitif *m*

apesanteur [apəzɑ̃tœʀ] *f* Schwerelosigkeit *f*

à-peu-près [apøpʀɛ] *m* Ungenauigkeit *f,* vage Angabe *f,* Unvollkommenes *n*

apeuré [apœʀe] *adj* verängstigt

apeurer [apœʀe] *v (effrayer)* erschrecken, verängstigen

aphrodisiaque [afʀɔdizjak] *adj 1.* aphrodisisch; *m 2.* Aphrodisiakum *n*

à-pic [apik] *m* Steilwand *f,* Steilhang *m; La falaise fait un ~ de 300 mètres.* Die Felswand steigt dreihundert Meter steil an.

apiculture [apikyltyʀ] *f* Bienenzucht *f,* Imkerei *f*

apitoiement [apitwamɑ̃] *m (compassion)* Mitleid *n,* Mitgefühl *n,* Erbarmen *n*

apitoyer [apitwaje] *v 1.* Mitleid erregen, Mitleid erwecken, Mitleid hervorrufen; *2. s'~* sich bemitleiden, Mitleid mit sich selbst haben; *Il s'apitoie sur son propre sort.* Er ertrinkt in Selbstmitleid.

aplanir [aplaniʀ] *v 1.* ebnen, planieren; *2. (litige)* schlichten

aplati [aplati] *adj* platt

aplatir [aplatiʀ] *v 1.* ebnen; *2. (aplanir)* abflachen

aplomb [aplɔ̃] *m 1. (verticalité)* Senkrechte *f,* Lot *n; 2. (fig: assurance)* Selbstbewusstsein *n,* Selbstsicherheit *f,* selbstbewusstes Auftreten *n; Il possède un ~ imperturbable.* Er hat ein unerschütterliches Selbstbewusstsein. *3. d'~ (suivant la verticale)* gerade, senkrecht, aufrecht; *Le blessé tenta de se mettre d'~ sur ses jambes.* Der Verletzte versuchte sich aufrecht hinzustellen. *4. d'~ (fig)* im Gleichgewicht *n,* mit sich selbst im Lot *n; Cette journée de repos l'a remis d'~.* Dieser Tag Ruhe hat sie wieder auf die Höhe gebracht./Dieser Tag Ruhe hat sie wieder ins Gleichgewicht gebracht.

apnée [apne] *f* Atemstillstand *m*

apogée [apɔʒe] *m 1. (fig)* Höhepunkt *m; 2. (fig: époque de gloire)* Glanzzeit *f*

apolitique [apɔlitik] *adj POL* unpolitisch, apolitisch

apollon [apɔlɔ̃] *m (fig: un très bel homme)* Apoll *m,* schöner Mann *m,* Jüngling *m*

apologie [apɔlɔʒi] *f* Apologie *f,* Verteidigungsschrift *f,* Verteidigungsrede *f*

apostolique [apɔstɔlik] *adj REL* päpstlich

apostrophe [apɔstʀɔf] *f 1.* Apostroph *m; 2.(interpellation brusque)* barsche Anrede *f,* barscher Zuruf *m*

apostropher [apɔstʀɔfe] *v (parler brusquement et impoliment)* anfahren, anherrschen, anschreien

apôtre [apotʀ] *m REL* Apostel *m; ~ de la vie saine (fam)* Gesundheitsapostel *m*

apparaître [apaʀɛtʀ] *v irr 1.* erscheinen, auftreten, auftauchen; *2. (se manifester)* zum Vorschein kommen; *3. (maladie)* ausbrechen

apparat [apaʀa] *m* Prunk *m*

appareil [apaʀɛj] *m* 1. Apparat *m*, Gerät *n*, Maschine *f*; ~ *ménager* Haushaltsgerät *n*; ~ *auditif* Hörgerät *n*; ~ *électrique* Elektrogerät *n*; ~ *photo* Fotoapparat *m*, Kamera *f*; 2. *(avion)* Flugzeug *n*; 3. ~ *automatique* Automat *m*; 4. ~ *téléphonique* Telefon *n*; 5. *ANAT* Organe *pl*
appareiller [apaʀɛje] *v* 1. *(bateau)* auslaufen; 2. *(mettre de pair)* paaren
apparemment [apaʀamɑ̃] *adv* 1. *(extérieurement)* scheinbar; 2. *(sans doute)* anscheinend
apparence [apaʀɑ̃s] *f* 1. Anschein *m*, Schein *m*; *Les ~s sont trompeuses.* Der Schein trügt. 2. *(fig)* Gestalt *f*; 3. *~s pl* Äußeres *n*
apparent [apaʀɑ̃] *adj* 1. offenbar, scheinbar; 2. *(visible)* vordergründig
apparenté [apaʀɑ̃te] *adj* verwandt
apparenter [apaʀɑ̃te] *v s'~ à (s'allier avec)* sich verbünden mit
apparition [apaʀisjɔ̃] *f* 1. Auftritt *m*; *faire son ~* erscheinen, entstehen, aufkommen; 2. *(manifestation)* Erscheinung *f*; 3. *(d'une maladie)* Ausbruch *m*; 4. *(fantôme, revenant)* Erscheinung *f*
appartement [apaʀtmɑ̃] *m* Wohnung *f*
appartenance [apaʀtənɑ̃s] *f* Zugehörigkeit *f*
appartenant [apaʀtənɑ̃] *adj ~ à* zugehörig
appartenir [apaʀtəniʀ] *v irr ~ à* gehören zu, zählen zu, angehören
appas [apɑ] *m/pl LIT* Reize einer Frau *f/pl*, Anziehungskraft *f*; *Il n'était pas indifférent aux nombreux ~ de la comtesse.* Die Reize der Gräfin ließen ihn nicht gleichgültig.
appât [apɑ] *m* 1. Köder *m*; 2. *(fig)* Lockvogel *m*
appâter [apɑte] *v (fig)* locken, ködern
appauvrir [apovʀiʀ] *v* 1. *(rendre pauvre)* arm machen, arm werden lassen; *La guerre a appauvri le pays.* Der Krieg hat das Land verarmen lassen./Der Krieg hat das Land in Armut gestürzt. 2. *(fig)* verkümmern, sich zurückbilden, versiegen; 3. *s'~* verarmen, arm werden
appauvrissement [apovʀismɑ̃] *m* Verarmung *f*
appel [apɛl] *m* 1. Ruf *m*; ~ *à* Ruf nach; 2. *(proclamation)* Aufruf *m*, Ausruf *m*; 3. ~ *téléphonique* Telefonanruf *m*, Anruf *m*; 4. *JUR* Berufung *f*; 5. *MIL* Appell *m*; 6. *(~ d'un programme) INFORM* Abruf *m*
appelé [ap(ə)le] *adj* 1. namens; 2. *(personne incorporée dans l'armée)* Einberufener *m*

appeler [ap(ə)le] *v* 1. anrufen, rufen, aufrufen; 2. *(au téléphone)* anrufen, telefonieren; 3. ~ *(un programme) INFORM* abrufen, aufrufen; 4. ~ *sous les drapeaux MIL* einberufen, einziehen; 5. *s'~* sich nennen, heißen

appellation [apɛlasjɔ̃] *f* Name *m*; Bezeichnung *f*; ~ *d'origine contrôlée* geprüfte Herkunftsbezeichnung *f*
appétissant [apetisɑ̃] *adj* lecker
appétit [apeti] *m* Appetit *m*, *(fig)* Verlangen *n*
applaudir [aplodiʀ] *v* Beifall klatschen, applaudieren
applaudissements [aplodismɑ̃] *m/pl* Beifall *m*, Applaus *m*
applicable [aplikabl] *adj* anwendbar
application [aplikasjɔ̃] *f* 1. Anwendung *f*; 2. *(zèle)* Fleiß *m*
applique [aplik] *f* 1. Applikation *f*, Verzierung *f*; 2. *(appareil d'éclairage)* Leuchte an der Wand *f*, Leuchter *m*; *Nous avons posé des ~s dans le salon.* Wir haben Wandleuchten im Salon angebracht.
appliqué [aplike] *adj* 1. angewandt; 2. *(assidu)* fleißig, strebsam
appliquer [aplike] *v* 1. anwenden; 2. *(mettre)* auftragen; ~ *une couche de peinture* bestreichen, anstreichen
appoint [apwɛ̃] *m* 1. *(monnaie)* passendes Geld *n*, Kleingeld *n*; *faire l'~* das Geld passend haben, mit Kleingeld bezahlen; 2. *(fig)* Beitrag *m*, Hilfe *f*, Zusatz *m*; *Cette activité lui fournit un salaire d'~.* Diese Tätigkeit bringt ihm zusätzlich noch etwas Geld ein. *Son père nous apporte son ~.* Sein Vater hilft uns., Sein Vater greift uns unter die Arme.
appointements [apwɛ̃tmɑ̃] *m/p (salaire, rénumération)* Gehalt *n*, Bezüge *m/pl*, Besoldung *f*
appointer [apwɛ̃te] *v (payer)* Gehalt zahlen, entlohnen, besolden
apport [apɔʀ] *m CHEM* Zufuhr *f*

apporter [apɔʀte] *v* 1. bringen; 2. *(procurer)* herbeischaffen, herbringen; 3. *(transporter)* herantragen; 4. *(amener)* bringen; 5. *(produire)* einbringen

apposer [apoze] *v (annexer)* anfügen
appréciable [apʀesjabl] *adj* nennenswert
appréciation [apʀesjasjɔ̃] *f* 1. Wertung *f*, Beurteilung *f*; 2. *(jugement)* Ermessen *n*, Veranschlagung *f*

A

apprécier [apʀesje] *v* 1. beurteilen, werten, würdigen; 2. *(juger)* ermessen; 3. *(aimer)* mögen
appréhender [apʀeɑ̃de] *v* 1. *(interpeller)* ergreifen, festnehmen; 2. *~ qn JUR* jdn verhaften; 3. *(craindre)* fürchten
appréhension [apʀeɑ̃sjɔ̃] *f* Ängstlichkeit *f*, Furcht *f*, Scheu *f*

apprendre [apʀɑ̃dʀ] *v irr* 1. lernen; *~ par cœur* auswendig lernen; *~ un métier* einen Beruf erlernen; 2. *~ qc à qn* jdn etw lehren, jdm etw beibringen; 3. *~ une nouvelle* etw erfahren; 4. *~ à connaître qn* jdn kennen lernen

apprenti(e) [apʀɑ̃ti] *m/f* Lehrling *m*, Auszubildende(r) *m/f*
apprentissage [apʀɑ̃tisaʒ] *m* Lehre *f*
apprêté [apʀɛte] *adj (trop étudié, peu naturel)* gekünstelt, affektiert
apprêter [apʀɛte] *v* 1. *(préparer)* zubereiten; 2. *(bateau)* klarmachen
apprivoiser [apʀivwaze] *v* zähmen
approbateur [apʀɔbatœʀ] *adj (favorable)* beifällig, beistimmend; *un silence ~* ein zustimmendes Schweigen *n*
approbatif [apʀɔbatif] *adj* billigend
approbation [apʀɔbasjɔ̃] *f* 1. Genehmigung *f*, Billigung *f*, Zustimmung *f*; 2. *(applaudissements)* Beifall *m*
approchable [apʀɔʃabl] *adj (accessible, abordable)* zugänglich
approchant [apʀɔʃɑ̃] *adj* 1. annähernd; *adv* 2. *(approximativement)* ungefähr, etwa, beinahe
approche [apʀɔʃ] *f* 1. Annäherung *f*; 2.*(phase de vol avant l'atterrisage)* Anflug *m*
approcher [apʀɔʃe] *v* 1. *s'~* sich nähern, sich annähern; 2. *s'~ (nuit)* nahen, herankommen; 3. *s'~ de* herkommen, näher an ... kommen
approfondi [apʀɔfɔ̃di] *adj (connaissances)* fundiert, umfassend
approfondissement [apʀɔfɔ̃dismɑ̃] *m* 1. *(creusement)* Vertiefung *f*, Verschärfung *f*, Zuspitzung *f*; 2. *(fig: examen)* Ergründung *f*, Untersuchung *f*, Prüfung *f*
approprié [apʀɔpʀije] *adj* 1. geeignet, passend; 2. *~ à* zweckmäßig, angemessen; 3. *(adéquat)* sachgemäß
approprier [apʀɔpʀije] *v* 1. *(fig)* anpassen; 2. *s'~* sich aneignen
approuver [apʀuve] *v* 1. billigen, gutheißen; 2. *~ qc* etw zustimmen
approvisionnement [apʀɔvizjɔnmɑ̃] *m* Versorgung *f*, Zufuhr *f*
approvisionner [apʀɔvizjɔne] *v* versorgen
approximatif [apʀɔksimatif] *adj* annähernd, ungefähr, grob, überschlägig
appui [apɥi] *m* 1. Stütze *f*, Anhalt *m*; 2. *(fig)* Rückhalt *m*, Unterstützung *f*
appuie-tête [apɥitɛt] *m* Kopfstütze *f*
appuyé [apɥije] *adj (soutenu, insistant)* eindringlich, forschend
appuyer [apɥije] *v* 1. drücken; 2. *(étayer)* aufstützen; 3. *(adosser)* lehnen; 4. *(soutenir)* unterstützen; 5. *(demande)* befürworten; 6. *(échelle) ~ contre* anlegen an, anlehnen an; 7. *s'~* sich stützen, sich halten, sich auflehnen; *s'~ contre* sich anlehnen an; 8. *s'~ (s'adosser)* lehnen
âpre [ɑpʀ] *adj* 1. *(goût)* herb; 2. *(rude)* barsch; 3. *~ à* gierig nach
âprement [ɑpʀəmɑ̃] *adv (farouchement, brutalement)* sehr heftig, entschieden

après [apʀɛ] *prep* 1. *(temporel)* nach; *~ cela* danach; *~ quoi* danach; 2. *(derrière)* hinter; *~ coup* nachträglich; *adv* 3. *~ cela (temporel)* danach; *konj* 4. *~ que* nachdem

après-demain [apʀɛdəmɛ̃] *adv* übermorgen
après-midi [apʀɛmidi] *m* Nachmittag *m*
après-rasage [apʀɛʀazaʒ] *m* Rasierwasser *n*
après-vente [apʀɛvɑ̃t] *adj service ~* Kundendienst *m*
à-propos [apʀɔpo] *m* Angebrachtes *n*, Zweckmäßiges *n*, genau Richtiges *n*
apte [apt] *adj* 1. geeignet; 2. *~ à* tauglich zu
aptitude [aptityd] *f* 1. Fähigkeit *f*; 2. *(capacité)* Anlage *f*, Veranlagung *f*; 3. *(~ à)* Befähigung *f*, Eignung *f*, Qualifikation *f*
aquarium [akwaʀjɔm] *m* Aquarium *n*
aquatique [akwatik] *adj* Wasser..., im Wasser lebend; *un animal ~* ein Wassertier *n*, ein im Wasser lebendes Tier *n*; *une plante ~* eine Wasserpflanze *f*
aqueux [akø] *adj* wässrig
arabe [aʀab] *adj* arabisch
Arabe [aʀab] *m/f* Araber(in) *m/f*
Arabie [aʀabi] *f GEO* Arabien *n*; *~ Saoudite GEO* Saudi-Arabien *n*
arable [aʀable] *adj (cultivable) AGR* pflügbar, bestellbar; *terre ~* Ackerboden *m*
arachide [aʀaʃid] *f BOT* Erdnuss *f*
arachnéen [aʀakneɛ̃] *adj* hauchzart

araignée [aʀɛɲe] *f ZOOL* Spinne *f; avoir une ~ au plafond (fig)* spinnen, verrückt sein, nicht alle Tassen im Schrank haben
arasement [aʀazmɑ̃] *m 1. (mise à niveau)* Abgleichung *f,* abgeglichene Fläche *f,* letzte Schicht *f; 2. (érosion) GEOL* Erosion *f*
arbitrable [aʀbitʀabl] *adj* schlichtbar, beilegbar
arbitrage [aʀbitʀaʒ] *m JUR* Schiedsspruch *m*
arbitraire [aʀbitʀɛʀ] *adj 1.* beliebig, willkürlich; *2. (de son propre chef)* eigenmächtig
arbitre [aʀbitʀ] *m 1.* Schiedsrichter *m; 2. libre ~* freier Wille *f*
arbitrer [aʀbitʀe] *v 1. (juger)* richten, befinden über, schlichten, entscheiden über; *~ un litige* einen Streit schlichten; *~ des personnes* Personen richten; *2. (contrôler) SPORT* Schiedsrichter sein; *Il arbitre le match de football.* Er ist bei diesem Fußballspiel Schiedsrichter./Er spielt bei diesem Fußballspiel den Schiedsrichter. *3. ~ des valeurs FIN* arbitrieren, Arbitragegeschäft in Effekten abwickeln
arborer [aʀbɔʀe] *v* hissen

arbre [aʀbʀ] *m 1. BOT* Baum *m; Les arbres cachent la forêt. (fig)* Man sieht den Wald vor lauter Bäumen nicht. *~ de Noël* Christbaum *m,* Weihnachtsbaum *m; ~ fruitier* Obstbaum *m; ~ à feuilles* Laubbaum *m; ~ généalogique* Stammbaum *m; ~ de mai* Maibaum *m; 2. ~ de manivelle TECH* Kurbelwelle

arbrisseau [aʀbʀiso] *m BOT* Staude *f,* Strauch *m,* Bäumchen *n*
arbuste [aʀbyst] *m* Strauch *m*
arc [aʀk] *m* Bogen *m; ~ de triomphe* Triumphbogen *m*
arcade [aʀkad] *f 1. ARCH* Arkade *f,* Bogengang *m; 2. ~ sourcilière ANAT* Augenbrauenbogen *m*
arc-en-ciel [aʀkɑ̃sjɛl] *m* Regenbogen *m*
archaïque [aʀkaik] *adj* archaisch, veraltet, altertümlich
archange [aʀkɑ̃ʒ] *m REL* Erzengel *m*
arche [aʀʃ] *f 1. ~ de Noé* Arche Noah *f; 2. l'Arche d'alliance REL* die Bundeslade *f; 3. (voûte) ARCH* Bogen *m; les ~s d'un pont* die Brückenbogen *m/pl*
archéologie [aʀkeɔlɔʒi] *f* Archäologie *f*
archéologue [aʀkeɔlɔg] *m/f* Archäologe/Archäologin *m/f*
archet [aʀʃɛ] *m MUS* Geigenbogen *m*
archevêque [aʀʃəvɛk] *m* Erzbischof *m*
architecte [aʀʃitɛkt] *m/f 1.* Architekt(in) *m/f,* Baumeister(in) *m/f; 2. (fig: créateur, inventeur)* Schöpfer *m,* Initiator *m,* Begründer *m*
architecte-décorateur [aʀʃitɛktdekɔʀatœʀ] *m* Innenarchitekt *m*
architecture [aʀʃitɛktyʀ] *f* Architektur *f*
archiver [aʀʃive] *v* archivieren
archives [aʀʃiv] *f/pl* Archiv *n*
archiviste [aʀʃivist] *m/f* Archivar(in) *m/f*
arctique [aʀktik] *adj* arktisch, Arktis..., Nordpol...
Arctique [aʀktik] *m ~GEO* Arktis *f,* Gebiet um den Nordpol *n*
ardemment [aʀdamɑ̃] *adv 1.* glühend; *2. (avec ferveur)* inbrünstig
ardent [aʀdɑ̃] *adj 1. (brûlant)* glühend; *2. (fougueux)* hitzig; *3. (fig)* heftig, leidenschaftlich
ardeur [aʀdœʀ] *f 1. (chaleur)* Hitze *f; 2. (fig)* Glut *f*
ardoise [aʀdwaz] *f 1. (pierre)* Schiefer *m; toit d'~s* Schieferdach *n; 2. ~ d'écolier* Schiefertafel *f; 3. (fig: dettes)* Schulden *pl,* Angeschriebenes *n,* Betrag, mit dem man in der Kreide steht *m*
ardu [aʀdy] *adj* schwer
arène [aʀɛn] *f* Arena *f; se jeter dans l'~* den Kampf aufnehmen
arête [aʀɛt] *f 1. (bord)* Kante *f; 2. (de poisson)* Gräte *f; 3. (en montagne)* Grat *m*

argent [aʀʒɑ̃] *m 1.* Geld *n; ~ liquide* Bargeld *n; ~ de poche* Taschengeld *n; toucher de l'~* Geld erhalten; *2. (métal précieux)* Silber *n; en ~* silbern/aus Silber

argenté [aʀʒɑ̃te] *adj* silbern
argenter [aʀʒɑ̃te] *v* versilbern
argenterie [aʀʒɑ̃tʀi] *f* Tafelsilber *n,* Silberbesteck *n,* Silbergeschirr *n*
argile [aʀʒil] *f* Ton *m,* Lehm *m*
argot [aʀgo] *m LING* Argot *m,* Gaunersprache *f,* Jargon *m,* französische Umgangssprache *f; l'~ parisien* der Pariser Jargon *m*
arguer [aʀgɥe] *v ~ de qc* sich auf etw berufen, mit etw argumentieren, etw ins Feld führen, etw als Vorwand benutzen
argument [aʀgymɑ̃] *m 1.* Argument *n; 2. (preuve)* Beweis *m,* Beweismittel *n*
argumentatif [aʀgymɑ̃tatif] *adj* mit Argumenten, argumentativ
argumentation [aʀgymɑ̃tasjɔ̃] *f* Argumentation *f,* Beweisführung *f*
argumenter [aʀgymɑ̃te] *v* argumentieren

A

aride [aʀid] *adj* 1. öde; 2. *(sec)* trocken, dürr, karg
aridité [aʀidite] *f* Trockenheit *f*
aristocrate [aʀistɔkʀat] *m/f* Aristokrat(in) *m/f*
aristocratie [aʀistɔkʀasi] *f* Aristokratie *f*
armada [aʀmada] *f (fig: en grande quantité)* Heer *n,* Pulk *m*
armateur [aʀmatœʀ] *m* Reeder *m*
armature [aʀmatyʀ] *f* Gerüst *n,* Gestell *n,* Stütze *f; l'~ d'un vitrail* das Bleinetz *n; un soutien-gorge à ~* Büstenhalter mit Körbchen *m,* Büstenhalter mit Bügel *m*
arme [aʀm] *f* Waffe *f; passer l'~ à gauche* sterben; *~ nucléaire* Atomwaffe *f; ~ à feu* Schusswaffe *f; 2. ~s (armoiries)* Wappen *n*
armée [aʀme] *f* 1. Armee *f,* Heer *n;* 2. *(troupes militaires)* Militär *n; ~ du salut* Heilsarmee *f;* 3. *~ de l'air* Luftwaffe *f;* 4. *~ fédérale* Bundeswehr *f*
armement [aʀməmɑ̃] *m* 1. Bewaffnung *f;* 2. *MIL* Rüstung *f;* 3. *(société d'armateurs)* Reederei *f*
armer [aʀme] *v* 1. bewaffnen; 2. *s'~ de* sich wappnen mit
armistice [aʀmistis] *m MIL* Waffenstillstand *m*
armoire [aʀmwaʀ] *f* Kleiderschrank *m,* Schrank *m; ~ suspendue* Hängeschrank *m*
armoiries [aʀmwaʀi] *f/pl* Wappen *n*
armure [aʀmyʀ] *f (d'un chevalier)* Rüstung *f,* Ritterrüstung *f*
arnaquer [aʀnake] *v (fam)* übers Ohr hauen
arnaqueur [aʀnakœʀ] *m (fam)* Betrüger *m,* Schwindler *m*
arnaqueuse [aʀnakøz] *f (fam)* Betrügerin *f,* Schwindlerin *f*
aromate [aʀɔmat] *m* Gewürz *n,* Würze *f,* Gewürzkräuter *pl*
aromatique [aʀɔmatik] *adj* 1. würzig; 2. *(épicé)* aromatisch
arpentage [aʀpɑ̃taʒ] *m* Vermessung *f*
arpenter [aʀpɑ̃te] *v* vermessen
arpète [aʀpɛt] *m* 1. *(fam)* Lehrling *m;* 2. *(garçon de courses)* Laufbursche *m*
arquer [aʀke] *v* biegen
arraché [aʀaʃe] *m* 1. *SPORT* Reißen *n; adv* 2. *à l'~* mit großer Anstrengung, unter Aufbietung aller Kräfte
arrachement [aʀaʃmɑ̃] *m* 1. *(fait d'arracher)* Trennung *f,* Abschied *m;* 2. *(fig)* Betrübnis *f,* Kummer *m*
arrache-pied [aʀaʃpje] *adv travailler d'~* sich ein Bein ausreißen, wie verrückt arbeiten
arracher [aʀaʃe] *v* 1. aufreißen, herausreißen, entreißen; 2. *(enlever avec violence)* losreißen; 3. *(déchirer)* raufen; 4. *s'~ à* sich losreißen
arrangement [aʀɑ̃ʒmɑ̃] *m* 1. Verständigung *f; faire un ~* arrangieren; 2. *(accord)* Arrangement *n,* Übereinkommen *n,* Übereinkunft *f;* 3. *(artistique)* Gestaltung *f;* 4. *JUR* Abmachung *f*
arranger [aʀɑ̃ʒe] *v* 1. arrangieren; *L'affaire est arrangée.* Die Sache ist erledigt. *Cela s'~a!* Das wird schon wieder werden! 2. *(installer)* richten, herrichten; 3. *(organiser)* veranstalten, ausrichten; 4. *~ qn* jdm passen, jdm recht sein; 5. *(artistique)* gestalten
arrestation [aʀɛstasjɔ̃] *f* Verhaftung *f*
arrêt [aʀɛ] *m* 1. Haltestelle *f;* 2. *(de bus)* Station *f,* Bushaltestelle *f;* 3. *(auto-stop)* Anhalter *m;* 4. *(suspension)* Einstellung *f;* 5. *(immobilité)* Stillstand *m; ~ du cœur MED* Herzstillstand *m;* 6. *(jugement) JUR* Bescheid *m;* 7. *(sentence) JUR* Spruch *m,* Urteilsspruch *m;* 8. *~s pl MIL* Arrest *m*
arrêté [aʀete] *m* 1. Beschluss *m;* 2. *(d'une loi)* Erlass *m,* Verordnung *f*

arrêter [aʀete] *v* 1. *(cesser)* aufhören, es lassen; 2. *(éteindre)* abstellen, abschalten, ausschalten; 3. *(terminer)* einstellen; 4. *(emprisonner)* verhaften, gefangen nehmen, festnehmen; 5. *(décider)* festsetzen; 6. *(négociations)* abbrechen, unterbrechen; 7. *(donner un ordre)* erlassen; 8. *s'~* anhalten, einhalten; 9. *s'~ de fonctionner* ausfallen

arrhes [aʀ] *f/pl* Anzahlung *f*
arrière [aʀjɛʀ] *adj* 1. hinterer/hinteres; *à l'~* hinten; *en ~* rückwärts, zurück; *m* 2. *~spl SPORT* Abwehr *f*
arriéré [aʀjeʀe] *adj* 1. zurückgeblieben; 2. *(impayé, qui reste dû)* rückständig; 3. *(débile profond)* geistig zurückgebliebene Person; 4. *(dette)* Zahlungsrückstand *m*
arrière-cour [aʀjɛʀkuʀ] *f* Hinterhof *m*
arrière-goût [aʀjɛʀgu] *m* Beigeschmack *m,* Nachgeschmack *m*
arrière-grands-parents [aʀjɛʀgʀɑ̃paʀɑ̃] *m/pl* Urgroßeltern *pl*
arrière-pays [aʀjɛʀpei] *m* Hinterland *n*
arrière-pensée [aʀjɛʀpɑ̃se] *f* Hintergedanke *m*
arrière-petite-fille [aʀjɛrpətitfij] *f* Urenkelin *f*

arrière-petit-fils [aʀjɛʀpətifis] *m* Urenkel *m*
arrière-plan [aʀjɛʀplɑ̃] *m* Hintergrund *m; passer à l'~* in den Hintergrund treten
arrière-saison [aʀjɛʀsɛzɔ̃] *f* Nachsaison *f*
arrimage [aʀimaʒ] *m* Festmachen *n,* Festbinden *n,* Koppeln *n*
arrimer [aʀime] *v* verstauen, stauen, schichten
arrivée [aʀive] *f 1.* Anfahrt *f,* Anflug *m; 2. (venue)* Ankunft *f; 3. (du train)* Einfahrt *f,* Ankunft *f; 4. heure d' ~* Ankunftszeit *f; 5. ~ subite du froid* Kälteeinbruch *m; 6. ~ au pouvoir* Machtübernahme *f; 7. (afflux)* Zufluss *m*

arriver [aʀive] *v 1.* ankommen, kommen; *2. (lettre)* eingehen, ankommen; *3. (s'amener)* herankommen; *4. (se produire)* entstehen; *5. (événement)* eintreten, sich ereignen; *6. (avoir lieu)* geschehen, passieren, vorkommen; *Ça peut ~.* Das kann vorkommen. *Cela peut ~ à tout le monde.* Das kann jedem passieren. *être sur le point d'~* bevorstehen; *7. ~ à qn* jdm widerfahren; *Il m'est arrivé un malheur.* Mir ist ein Unglück widerfahren. *8. ~ brusquement (personne)* hineinplatzen

arriviste [aʀivist] *m/f* Emporkömmling *m,* skrupelloser Karrieremensch *m,* Arrivist *m*
arrogance [aʀɔgɑ̃s] *f 1.* Anmaßung *f; 2. (hauteur)* Arroganz *f,* Hochmut *m,* Überheblichkeit *f*
arrogant [aʀɔgɑ̃] *adj* arrogant, hochmütig, überheblich
arroger [aʀɔʒe] *v s'~ qc* sich etw herausnehmen, sich etw anmaßen, sich etw widerrechtlich zu eigen machen
arrondi [aʀɔ̃di] *adj* rundlich
arrondir [aʀɔ̃diʀ] *v 1.* abrunden; *2. ~ au chiffre supérieur MATH* aufrunden; *3. (fig: augmenter, agrandir)* runder werden, sich runden
arrondissement [aʀɔ̃dismɑ̃] *m 1.* Bezirk *m; 2. POL* Landkreis *m*
arrosage [aʀozaʒ] *m* Anfeuchten *n,* Begießen *n,* Bewässern *n*
arroser [aʀoze] *v 1.* spritzen, abspritzen; *2. (fleurs)* gießen, bewässern; *3. (fam)* begießen, feuchtfröhlich feiern; *~ un repas d'un bon vin* einen guten Tropfen zum Essen trinken, einen guten Wein zum Essen trinken; *~ un succès* einen Erfolg begießen
arrosoir [aʀozwaʀ] *m* Gießkanne *f*

art [aʀ] *m 1.* Kunst *f; avec ~* meisterhaft; *~ culinaire* Küche *f,* Kochkunst *f; ~ de persuader* Überredungskunst *f; 2. ~ de la navigation* Nautik *f; 3. ~s décoratifs pl* Kunstgewerbe *n*

artère [aʀtɛʀ] *f 1. ANAT* Arterie *f,* Pulsader *f,* Schlagader *f; 2. ~ aorte* Aorta *f; 3. (axe routier)* Verkehrsader *f*
artichaut [aʀtiʃo] *m* Artischocke *f*
article [aʀtikl] *m 1.* Artikel *m; 2. (marchandise)* Ware *f; ~ de consommation courante* Bedarfsartikel *m; ~s de cuir* Lederwaren *pl; ~ de luxe* Luxusartikel *m; ~s de papeterie* Schreibwaren *pl; ~ de sport* Sportartikel *m; ~s de toilette* Toilettenartikel *pl; ~ d'importation* Importartikel *m; 3. ~ fabriqué* Fabrikat *n; 4. GRAMM* Artikel *m; 5. (de presse)* Bericht *m,* Zeitungsartikel *m; ~ de journal* Zeitungsartikel *m; 6. ~ nécrologique* Nachruf *m*
articulation [aʀtikylɑsjɔ̃] *f 1. ANAT* Gelenk *n; ~ de la hanche ANAT* Hüftgelenk *n; 2. (prononciation)* Aussprache *f*
articulé [aʀtikyle] *adj* gelenkig
articuler [aʀtikyle] *v 1. (dire)* hervorbringen; *2. bien/mal ~* gut/schlecht aussprechen; *3. s'~ autour de qc* auf etw aufbauen, von etw ausgehen
artifice [aʀtifis] *m 1.* List *f; 2. (truc)* Trick *m; 3. feu d'~* Feuerwerk *n*
artificiel [aʀtifisjɛl] *adj 1.* künstlich, gekünstelt; *2. (arbitraire)* willkürlich
artisan [aʀtizɑ̃] *m* Handwerker *m*
artisanal [aʀtizanal] *adj* handwerklich
artisanalement [aʀtizanalmɑ̃] *adv* handwerklich
artisanat [aʀtizana] *m* Handwerk *n*
artiste [aʀtist] *m/f 1.* Künstler(in) *m/f; 2. (homme/femme du spectacle)* Artist(in) *m/f*
artistique [aʀtistik] *adj* künstlerisch
as [ɑs] *m 1.* Meister *m,* Könner *m; 2. (carte)* Ass *n; 3. SPORT* Ass *n*
ascendance [asɑ̃dɑ̃s] *f ~ paternelle* Abstammung väterlicherseits *f*
ascendant [asɑ̃dɑ̃] *m 1. (en astrologie)* Aszendent *m; Il est ~ poisson.* Er ist im Aszendent Fisch geboren. *2. (influence)* starker Einfluss *m,* bestimmender Faktor *m; Il exerce un fort ~ sur elle.* Er übt einen starken Einfluss auf sie aus. *adj 3. (qui monte)* aufsteigend
ascenseur [asɑ̃sœʀ] *m* Lift *m,* Fahrstuhl *m,* Aufzug *m*

A

ascension [asɑ̃sjɔ̃] *f (montagne)* Aufstieg *m; faire l'~ de* besteigen
Ascension [asɑ̃sjɔ̃] *f ~ de Jésus-Christ REL* Christi Himmelfahrt *f*
ascète [asɛt] *m* Asket *m,* enthaltsamer Mensch *m*
aseptique [asɛptik] *adj* keimfrei
asexué [aʃɛksɥe] *adj BIO* geschlechtslos
asiatique [azjatik] *adj* asiatisch
Asiatique [azjatik] *m/f* Asiate/Asiatin *m/f*
Asie [azi] *f GEO* Asien *n*
asile [azil] *m 1.* Asyl *n; 2. (refuge des sans-abri)* Obdachlosenasyl *n; 3. ~ de vieillards (fam)* Altersheim *n; 4. (abri)* Zuflucht *f,* Hort *m; 5. (paix du château)* Burgfriede *m*
asociabilité [asɔsjabilite] *f* Ungeselligkeit *f,* Kontaktlosigkeit *f,* Eigenbrötlertum *n*
asocial [asɔsjal] *adj* asozial
aspect [aspɛ] *m 1.* Gesichtspunkt *m,* Aspekt *m; 2. (du visage)* Aussehen *n; 3. (allure)* Anblick *m; 4. (fig)* Seite *f*
asperge [aspɛʀʒ] *f BOT* Spargel *m*
asperger [aspɛʀʒe] *v 1.* abspritzen; *2. s~ de qc* sich besprühen mit, sich besprengen mit
aspérité [aspeʀite] *f* Unebenheit *f*
asphalte [asfalt] *m* Asphalt *m*
asphyxier [asfiksje] *v irr 1.* ersticken; *2. s'~* ersticken, seinen Tod durch Ersticken hervorrufen, sich (mit Gas) das Leben nehmen; *3. (fig)* zugrunde gehen
aspirant [aspiʀɑ̃] *m 1. MIL* Offiziersanwärter *m,* Fähnrich *m,* Seekadett *m; adj 2.* (an)saugend
aspirateur [aspiʀatœʀ] *m* Staubsauger *m; passer l'~* Staub saugen
aspiration [aspiʀasjɔ̃] *f 1.* Sehnsucht *f; 2. ~ à l'unité* Einheitsbestrebung *f*
aspirer [aspiʀe] *v 1.* einatmen; *2. ~ la poussière* absaugen, Staub saugen; *3. ~ à* trachten nach; *4. ~ à qc* etw anstreben; *5. TECH* ansaugen
assagir [asaʒiʀ] *v 1. (rendre sage)* weise machen, klüger werden lassen; *2. s'~* gesetzt werden, brav werden, ruhiger werden
assaillant [asajɑ̃] *m* Angreifer *m*
assaillir [asajiʀ] *v irr* angreifen, überfallen, bestürmen
assainir [aseniʀ] *v* sanieren
assainissement [asenismɑ̃] *m* Sanierung *f; mesures d'~* Sanierungsmaßnahmen *pl*
assaisonnement [asɛzɔnmɑ̃] *m* Würze *f*
assaisonner [asɛzɔne] *v* anmachen, würzen; *~ la salade* den Salat anmachen
assassin(e) [asasɛ̃/asasin] *m/f* Mörder(in) *m/f*
assassinat [asasina] *m* Mord *m,* Ermordung *f*
assassiner [asasine] *v* umbringen, ermorden
assaut [aso] *m* Ansturm *m*
assèchement [asɛʃmɑ̃] *m* Austrocknung *f,* Trockenlegen *n,* Entwässerung *f*
assécher [aseʃe] *v 1.* austrocknen; *2. (assainir)* entwässern; *3. (drainer)* trockenlegen
assemblage [asɑ̃blaʒ] *m 1.* Gefüge *n; 2. (ajustage)* Montage *f; 3. (construction)* Zusammenbau *m; 4. TECH* Verbund *m*
assemblée [asɑ̃ble] *f 1.* Versammlung *f; ~ des concitoyens* Bürgerversammlung *f; ~ générale* Hauptversammlung *f; 2. (fig: conseil)* Kollegium *n; 3. ~ plénière* Plenum *n; 4. (réunion)* Zusammenkunft *f; 5. ~ nationale POL* Nationalversammlung *f*
assembler [asɑ̃ble] *v 1.* sammeln; *2. (agencer)* kombinieren, zusammenstellen, zusammenfügen; *3. (réunir)* versammeln
assener [asene] *v irr 1. (frapper)* jdm einen kräftigen Schlag geben; *2. (des insultes, une réplique* jdm etw an den Kopf werfen
assentiment [asɑ̃timɑ̃] *m* Einwilligung *f*
asseoir [aswaʀ] *v irr 1. s'~* sich hinsetzen; *2.* sich etw verschaffen; *3. (fig)* gründen, stützen
assermenter [asɛʀmɑ̃te] *v ~ qn JUR* jdn vereidigen
assertion [asɛʀsjɔ̃] *f* Behauptung *f,* Versicherung *f,* Zusicherung *f*
asservi [asɛʀvi] *adj* hörig
asservir [asɛʀviʀ] *v 1.* unterdrücken, bezwingen; *2. s'~* sich unterwerfen, sich in Abhängigkeit begeben
asservissant [asɛ] *adj* bedrückend, unterjochend, erniedrigend
assez [ase] *adv 1.* genug; *2. (suffisant)* hinlänglich
assidu [asidy] *adj 1.* fleißig; *2. (persévérant)* beharrlich
assiduité [asidɥite] *f 1.* Fleiß *m,* Lerneifer *m; 2. (ponctualité)* Pünktlichkeit *f*
assidûment [asidymɑ̃] *adv* pünktlich, genau, gewissenhaft
assiégé [asjeʒe] *adj* belagert
assiéger [asjeʒe] *v* bestürmen

assiette [asjɛt] *f* *1.* Teller *m; ~ plate* flacher Teller *m; ~ à soupe* Suppenteller *m; ne pas être dans son ~ (fig)* sich unwohl fühlen, sich nicht wohl fühlen; *2. ~ de charcuterie* Aufschnitt *m; 3. (fig: état d'esprit)* Gemütszustand *m,* seelisches Gleichgewicht *n; 4. (tenue du cavalier en selle) SPORT* Haltung *f,* Sitz *m*

assimilation [asimilasjɔ̃] *f 1.* Angleichung *f; 2. (rapprochement)* Gleichstellung *f,* Gleichsetzung *f*

assimiler [asimile] *v 1.* angleichen; *2. (fig)* verarbeiten

assis [asi] *adj 1. être ~* sitzen; *2. place ~e* sitzend, gefestigt; *3. (fig: assuré, calme, stabile)* fest, gefestigt, sicher, stabil

assistance [asistɑ̃s] *f 1.* Hilfe *f,* Unterstützung *f,* Beihilfe *f; ~ aux personnes sinistrées* Katastrophenhilfe *f; 2. (aide)* Beistand *m; 3. (soins)* Fürsorge *f; 4. ~ maternelle* Mutterschutz *m; 5. ~ publique* Wohlfahrt *f; 6. (public)* Publikum *n*

assistant(e) [asistɑ̃(t)] *m/f 1.* Assistent(in) *m/f; 2. (aide)* Gehilfe/Gehilfin *m/f,* Helfer(in) *m/f; ~e sociale* Sozialpflegerin *f*

assisté [asiste] *adj 1. TECH* betreut, unterstützt; *2. ~ par ordinateur INFORM* computergestützt; *3.* teilgenommen

assister [asiste] *v 1.* helfen; *2. (soutenir)* unterstützen; *3. ~ à* miterleben; *ne pas ~ à* fernbleiben von, wegbleiben von

association [asɔsjasjɔ̃] *f 1.* Verband *m,* Vereinigung *f; 2. (club)* Verein *m; ~ sportive* Sportverein *m; 3. (société)* Gesellschaft *f; 4. ~ syndicale* Gewerkschaft *f; 5. (union)* Zusammenschluss *m; 6. (partenariat)* Partnerschaft *f; 7. ~ politique d'étudiants* Burschenschaft *f*

associé(e) [asɔsje] *m/f 1.* Mitinhaber(in) *m/f; 2. ECO* Geschäftspartner(in) *m/f; 3. (en affaires) ECO* Gesellschafter(in) *m/f,* Teilhaber(in) *m/f*

associer [asɔsje] *v 1.* verbinden, zusammenfügen; *2. (unir)* vereinen; *3. ~ à (fig)* verknüpfen; *4. s'~ à/s'~ avec* sich zusammenschließen mit; *5. s'~ à (participer à)* teilnehmen an; *6. s'~ ECO* einsteigen

assoiffé [aswafe] *adj* durstig; *~ d'aventures* abenteuerlustig

assombrir [asɔ̃bʀiʀ] *v 1.* verdunkeln, abdunkeln; *2. (fig)* trüben

assommant [asɔmɑ̃] *adj (ennuyeux, agaçant)* langweilig, ermüdend

assommer [asɔme] *v 1. (tuer)* einschläfern; *2. (frapper)* niederschlagen, betäuben, überwältigen; *3. (accabler)* erschlagen, überwältigen, mitnehmen, peinigen; *Cette nouvelle l'a assommé.* Diese Nachricht hat ihn sehr mitgenommen. *4. (fam: ennuyer)* tödlich langweilen, einschläfernd sein; *Ses histoires nous assomment toujours.* Seine Geschichten langweilen uns immer zu Tode./Seine Erzählungen sind immer zum Gähnen langweilig.

assommoir [asɔmwaʀ] *m 1.* Schlag *m,* Unglück *n; 2. (fam)* Kneipe *f*

Assomption [asɔ̃psjɔ̃] *f l'~ REL* Mariä Himmelfahrt *f*

assorti [asɔʀti] *adj* passend, entsprechend, angemessen; *Ses chaussettes sont ~es à sa chemise.* Seine Strümpfe passen genau zu seinem Hemd.

assortiment [asɔʀtimɑ̃] *m* Sortiment *n*

assortir [asɔʀtiʀ] *v 1.* abstimmen, abpassen; *2. s'~* passen zu

assoupir [asupiʀ] *v s'~* eindösen, einnicken

assoupissement [asupismɑ̃] *m* Eindösen *n,* Dösen *n,* Schläfrigkeit *f*

assouplir [asupliʀ] *v* auflockern

assouplissement [asuplismɑ̃] *m* Lockerung *f,* Geschmeidigkeit *f*

assourdir [asuʀdiʀ] *v* dämpfen; *s'~* schwächer werden

assourdissant [asuʀdisɑ̃] *adj* ohrenbetäubend

assouvir [asuviʀ] *v 1. (besoins)* stillen; *2. (fig: ~ une passion, un désir)* stillen, befriedigen

assouvissement [asuvismɑ̃] *m* Stillung *f,* Befriedigung *f*

assujettir [asyʒetiʀ] *v 1.* unterwerfen; *2. s'~ à* sich einer Sache unterwerfen, fügen, beugen

assujettissement [asyʒetismɑ̃] *m* Unterwerfung *f,* Abhängigkeit *f,* Zwang *m*

assumer [asyme] *v 1. (tâche)* bewältigen; *2. (devoir)* erfüllen; *3. s'~* sich akzeptieren, sich annehmen

assurance [asyʀɑ̃s] *f 1. (sûreté)* Sicherheit *f,* Gewissheit *f,* Bestimmtheit *f; 2. (garantie)* Versicherung *f; ~ contre le vol* Diebstahlversicherung *f; ~ mobilière* Hausratversicherung *f; ~ automobile* Kraftfahrzeugversicherung *f; ~ maladie* Krankenversicherung *f; ~ obligatoire* Pflichtversicherung *f; ~ défense juridique* Rechtsschutzversiche-

A

rung *f;* ~ *vieillesse* Rentenversicherung *f;* ~ *sociale* Sozialversicherung *f;* ~ *tous risques* Vollkaskoversicherung *f;* ~ *à responsabilités civile* Haftpflichtversicherung *f;* ~ *passager* Insassenversicherung *f;* ~ *vie* Lebensversicherung *f*

assuré(e) [asyʀe] *m/f* *1.* Versicherungsnehmer(in) *m/f; adj 2. (dont on est sûr)* gewiss, feststehend

assurément [asyʀemɑ̃] *adv* *1.* gewiss, sicherlich; *2. (sans doute)* allerdings

assurer [asyʀe] *v* *1.* ~ *qn* jdn versichern; *2.(préserver)* sichern, sicherstellen; *3. (garantir)* zusichern; *4.* ~ *par écrit* verbriefen; *5.* ~ *la maintenance (machine)* warten; *6. s'~* sich vergewissern; *7. s'~ de (prendre garde à)* sichergehen; *8. s'~ contre qc (se protéger)* sich gegen etw versichern

asticot [astiko] *m ZOOL* Made *f*

astiquer [astike] *v* scheuern, schrubben

astre [astʀ] *m* Gestirn *n*

astrée [astʀe] *f BOT* Aster *f*

astreignant [astʀɛɲɑ̃] *adj* bindend

astreindre [astʀɛ̃dʀ] *v irr* *1. (contraindre)* zwingen, nötigen; *2. s'~ à qc/à faire qc* s'~ sich zu etw zwingen, sich zwingen etw zu tun

astrologie [astʀɔlɔʒi] *f* Astrologie *f*

astronaute [astʀɔnot] *m* Astronaut *m*, Raumfahrer *m*

astronomie [astʀɔnɔmi] *f* Astronomie *f*

astronomique [astʀɔnɔmik] *adj 1. ASTR* astronomisch; *2. (fig)* astronomisch, sehr hoch

astuce [astys] *f* List *f*

astucieusement [astysjøzmɑ̃] *adv* listig

astucieux [astysjø] *adj* *1.* hinterlistig, listig; *2. (rusé)* raffiniert, schlau

asymétrique [asimetʀik] *adj* asymmetrisch

atelier [atəlje] *m* *1.* Werkstatt *f;* ~ *de réparation* Reparaturwerkstatt *f;* ~ *de menuiserie* Schreinerwerkstatt *f;* ~ *de serrurerie* Schlosserei *f; 2. (studio)* Atelier *n; 3.* ~ *d'artiste* Studio *n*

atemporel [atɛ̃pɔʀɛl] *adj* zeitlos

atermoiement [atɛʀmwamɑ̃] *m (tergiversation, faux-fuyant)* Hinauszögern *n*, Ausflüchte *f/pl*

atermoyer [atɛʀmwaje] *v irr* die Dinge hinausziehen, hinauszögern, aufschieben

athlète [atlɛt] *m/f SPORT* Athlet(in) *m/f*

athlétique [atletik] *adj* athletisch

athlétisme [atletism] *m SPORT* Leichtathletik *f*

Atlantique [atlɑ̃tik] *m GEO* Atlantik *m*

atmosphère [atmɔsfɛʀ] *f* *1.* Luft *f; 2. PHYS* Atmosphäre *f; 3. (ambiance)* Stimmung *f;* ~ *orageuse (fig)* Gewitterstimmung *f; 4.* ~ *au travail* Betriebsklima *n*

atmosphérique [atmɔsfeʀik] *adj* atmosphärisch, zur Atmosphäre gehörend, Luft...

atome [atom] *m* *1. PHYS* Atom *n; 2.* winziges Teilchen *n; 3. (fig)* ~ *s crochus* Affinitäten *f*, Berührungspunkte *f*

atomique [atomik] *adj* atomar

atomiseur [atomizœʀ] *m (vaporisateur)* Zerstäuber *m*

atone [aton] *adj* *1. (sans energie)* schlaff, erschlafft, entspannt, unbeweglich; *2. (en phonétique) LING* unbetont; *une syllabe* ~ eine unbetonte Silbe *f*

atours [atuʀ] *m/pl* Putz *m*, Zierputz *m*

atout [atu] *m (fig)* Trumpf *m*

âtre [ɑtʀ] *m* Herd *m*

atroce [atʀɔs] *adj; 1.* qualvoll; *2. (fam)* schauderhaft

atrocité [atʀɔsite] *f* Gräuel *m*

atrophier [atʀɔfje] *v* *1. s'~* verkümmern; *2. s'~ MED* absterben

attabler [atable] *v s'~* sich an den Tisch setzen, sich zusammensetzen

attachant [ataʃɑ̃] *adj (attendrissant, séduisant)* fesselnd, anziehend, bezaubernd

attache [ataʃ] *f* *1.* Aufhänger *m; 2. (fixation)* Befestigung *f; 3.* ~ *de bureau* Büroklammer *f; 4.* ~ *de remorque TECH* Anhängerkupplung *f*

attaché [ataʃe] *adj* *1.* anhänglich; *2. être* ~ *à qc* an etw hängen, etw gern haben; *3.* ~ *à la vérité* wahrheitsliebend

attaché-case [ataʃekɛz] *m* Tasche *f*, Aktentasche *f*

attachement [ataʃmɑ̃] *m* *1.* Anhänglichkeit *f; 2. (solidarité)* Verbundenheit *f*

attacher [ataʃe] *v* *1.* binden, anbinden; *2. (clouer)* anschlagen; *3. (relier)* anschließen; *4. (boucler)* anschnallen; ~ *sa ceinture* sich anschnallen; *5. (attribuer)* anbringen, befestigen; ~ *de l'intérêt à qc* einer Sache Interesse entgegenbringen; *6. (lier)* knüpfen, binden; ~ *ensemble* zusammenbinden; *7. (ligoter)* fesseln

attaquant [atakɑ̃] *m* Angreifer *m*

attaque [atak] *f* *1.* Angriff *m; passer à l'attaque* zum Angriff übergehen; ~ *aérienne* Luftangriff *m; 2. (offensive)* Ansturm *m; 3.* ~ *par surprise MIL* Überrumpelung *f; 4. (agression)* Überfall *m;* ~ *à main armée* Raubüberfall *m; 5. (contestation)* Anfechtung *f; 6. MED* Anfall *m; ~ d'apoplexie MED* Schlaganfall *m*

attaquer [atake] *v 1.* angreifen, anfechten; *2. (agresser)* anfallen, überfallen; *3. ~ par surprise MIL* überrumpeln; *4. (rouille)* angreifen, schaden

attardé [ataʀde] *adj 1. (en retard)* verspätet; *2. (en retard dans son développement mental)* zurückgeblieben; *3.* rückständig, altmodisch

attarder [ataʀde] *v 1. s'~ (traîner)* länger als geplant bleiben, verweilen, sich lange aufhalten, trödeln; *Il s'attarde à discuter au café.* Er hält sich ewig mit einer Diskussion im Café auf. *2. s'~ (se mettre en retard)* sich verspäten, zurückbleiben; *Elle s'inquiète dès qu'il s'attarde un peu.* Sie macht sich gleich Sorgen, sobald er auch nur ein bisschen später kommt.

atteignable [atɛɲabl] *adj (accessible)* zugänglich

atteindre [atɛ̃dʀ] *v irr 1.* erreichen, gelangen zu; *2. (toucher)* treffen; *3. (but)* erlangen

atteint [atɛ̃] *adj 1. MED* erkrankt; *être ~ par une maladie, être ~ d'une maladie* erkrankt sein, eine Krankheit haben; *2. ~ du sida MED* aidsinfiziert; *3. ~ de surdité* gehörlos

atteinte [atɛ̃t] *f 1.* Angriff *m; 2. (fig)* Verletzung *f,* Übertretung *f*

atteler [at(ə)le] *v (bêtes)* anspannen; *~ à la charrue* vor den Pflug spannen

attenant [atənɑ̃] *adj* angrenzend, aneinander grenzend; *être ~ à* grenzen an

attendant [atɑ̃dɑ̃] *adv en ~* indessen, inzwischen, mittlerweile

attendre [atɑ̃dʀ] *v irr 1. ~ qn* auf jdn warten, jdn erwarten; *2. (compter sur)* erwarten; *3. faire ~ qn* jdn hinhalten; *4. ~ avec espoir* erhoffen; *5. s'~ à* erwarten, rechnen mit

attendrir [atɑ̃dʀiʀ] *v (fig)* bewegen, rühren

attendrissement [atɑ̃dʀismɑ̃] *m* Rührung *f*

attendu [atɑ̃dykə] *konj ~ que* in Anbetracht der Tatsache, dass ..., da, weil

attentat [atɑ̃ta] *m 1.* Attentat *n,* Anschlag *m; ~ à la bombe* Bombenattentat *n; ~ à la vie* Mordanschlag *m; ~ suicide* Selbstmordanschlag *m; 2. ~ à la liberté individuelle JUR* Freiheitsberaubung *f*

attente [atɑ̃t] *f* Erwartung *f; être dans la file d'~* anstehen; *plein d'~* erwartungsvoll; *être dans l'~* harren

attenter [atɑ̃te] *v ~ à* ein Attentat begehen auf, einen Anschlag verüben auf; *~ à ses jours* sich das Leben nehmen wollen, einen Selbstmordversuch unternehmen; *~ à la vie de qn* jdm ans Leben wollen

attentif [atɑ̃tif] *adj 1.* aufmerksam, achtsam; *2. (vigilant)* wachsam

attention [atɑ̃sjɔ̃] *f 1.* Aufmerksamkeit *f; 2. (considération)* Achtsamkeit *f; faire ~ à* Acht geben auf, aufpassen auf; *Attention!* Achtung!/Vorsicht! *3. (vigilance)* Wachsamkeit *f*

attentionné [atɑ̃sjɔne] *adj 1.* rücksichtsvoll; *2. (soigneux)* sorgsam

attentivement [atɑ̃tivmɑ̃] *adv* aufmerksam

atténuant [atenɥɑ̃] *adj* lindernd; *circonstances ~es JUR* mildernde Umstände *m/pl*

atténuation [atenyasjɔ̃] *f 1.* Abschwächung *f; 2. (étouffement)* Dämpfung *f; 3. (minimisation)* Verharmlosung *f*

atténuer [atenɥe] *v 1.* abmildern, abschwächen, mildern, lindern; *2. (valeur)* mindern; *3. (amoindrir)* verharmlosen

atterrant [ateʀɑ̃] *adj (accablant)* niederschmetternd, bestürzend

atterrer [ateʀe] *v* bestürzen, sehr betroffen machen

atterrir [ateʀiʀ] *v (avion)* landen

atterrissage [ateʀisaʒ] *m (d'avion)* Landung *f; ~ forcé* Notlandung *f*

attestation [atɛstasjɔ̃] *f 1.* Bescheinigung *f; ~ de séjour* Aufenthaltsbescheinigung *f; 2. (certificat)* Beglaubigung *f; 3. ~ médicale* Attest *n*

attester [atɛste] *v 1.* bescheinigen; *2. (certifier)* beglaubigen; *3. JUR* bezeugen

attifer [atife] *v (fam)* sich ausstaffieren

attirail [atiʀaj] *m 1.* Ausrüstung *f; 2. (ustensiles)* Utensilien *pl*

attirance [atiʀɑ̃s] *f* Anziehungskraft *f*

attirant [atiʀɑ̃] *adj* ansprechend, verlockend

attirer [atiʀe] *v 1.* anlocken, verlocken; *2. (fig)* anziehen, locken; *3. ~ sur* lenken auf; *~ l'attention sur* die Aufmerksamkeit lenken auf; *~ les regards sur* den Blick lenken auf; *4. ~ l'attention de qn sur qc* jdn verweisen auf etw

attiser [atize] *v 1. (feu)* anfachen; *2. (fig)* reizen

attitré [atitʀe] *adj 1.* ständig, fest angestellt; *C'est le représentant ~ du roi.* Das ist

A

der ständige Vertreter des Königs. *2. (habituel)* Stamm..., gewohnt; *Elle a un coiffeur ~.* Sie geht immer zu demselben Friseur.
attitude [atityd] *f 1.* Haltung *f; 2. (comportement)* Verhalten *n; ~ au volant* Fahrverhalten *n; 3. ~ conciliante* Kompromissbereitschaft *f*
attouchement [atuʃmɑ̃] *m* Berührung *f,* Streicheln *n*
attraction [atʀaksjɔ̃] *f 1.* Attraktion *f; 2. ~ terrestre* Erdanziehung *f; 3. parc d'~s* Vergnügungspark *m*
attrait [atʀɛ] *m 1.* Reiz *m; 2. (attirance)* Verlockung *f; 3. ~s pl* Liebreiz *m*
attrape-nigaud [atʀapnigo] *m (fam)* Bauernfängerei *f,* plumper Trick *m*
attraper [atʀape] *v 1.* abfangen, erreichen, kriegen *(fam); ~ le train* den Zug erreichen; *2. (saisir)* auffangen, mit der Hand ergreifen; *3. ~ qn (réprimander)* jdn abkanzeln, jdn anranzen *(fam)*
attrapes [atʀap] *f/pl* Scherzartikel *m*
attrayant [atʀɛjɑ̃] *adj 1.* interessant; *2.(attirant)* attraktiv
attribuer [atʀibɥe] *v 1. ~ à (fig)* anrechnen, zuschreiben; *2. ~ qc à qn* jdm etw zuteilen
attribut [atʀiby] *m 1. (caractéristique)* Eigenschaft *f,* Merkmal *n,* Attribut *n; 2. (emblème)* Kennzeichen *n,* Beigabe *f,* Attribut *n; La foudre est l'~ de Jupiter.* Der Blitz ist das Kennzeichen Jupiters. *3. adjectif ~ LING* prädikatives Adjektiv *n*
attribution [atʀibysjɔ̃] *f 1.* Zuweisung *f; 2. (répartition)* Zuteilung *f; 3. (de prix)* Verleihung *f; 4. ~s pl* Kompetenzen *pl*
attristant [atʀistɑ̃] *adj* betrüblich, traurig, bedauerlich
attristé [atʀiste] *adj être ~* betrübt sein
attrister [atʀiste] *v 1.* traurig machen, traurig stimmen, betrüben; *2. s'~ de qc* traurig, betrübt, bekümmert werden
attroupement [atʀupmɑ̃] *m (fig: gens)* Knäuel *n,* Auflauf *m*
attrouper [atʀupe] *v s'~* sich versammeln, zusammenströmen, herbeiströmen
atypique [atipik] *adj* atypisch
au [o] *art (= à le)* dem, der; *être assis ~ soleil* in der Sonne sitzen
aubade [obad] *f* Ständchen *n*
aubaine [obɛn] *f* Glücksfall *m*
aube[1] [ob] *f* Sonnenaufgang *m,* Morgendämmerung *f*
aube[2] [ob] *f TECH* Schaufel *f,* Radschaufel *f*
auberge [obɛʀʒ] *f 1.* Wirtshaus *n,* Gaststätte *f,* Wirtschaft *f; ne pas être sorti de l'~* noch nicht über den Berg sein; *~ forestière* Waldwirtschaft *f; 2. ~ de jeunesse* Jugendherberge *f*
aubergiste [obɛʀʒist] *m/f* Wirt(in) *m/f*
aucun [okœ̃] *pron 1.* keiner; *2. (personne)* niemand
aucunement [okynmɑ̃] *adv* keinesfalls
audace [odas] *f 1.* Kühnheit *f; 2. (courage)* Mut *m*
audacieux [odasjø] *adj* wagemutig, kühn
au-delà [odəla] *m* Jenseits *n*
au-dessus [odəsy] *adv 1.* darüber; *être ~ de* darüber stehen; *prep 2. ~ de* oberhalb; *~ de tout soupçon* lupenrein; *3. ~ de (local)* über
audibilité [odibilite] *f* Hörbarkeit *f,* Verständigung *f,* Empfang *m*
audible [odibl] *adj* hörbar
audience [odjɑ̃s] *f 1.* Audienz *f; 2. heure d'~* Sprechstunde *f; 3. (d'un procès) JUR* Gerichtsverhandlung *f; ~ principale* Hauptverhandlung *f; 4. JUR* Termin *m*
audimat [odimat] *m* Einschaltquote *f*
audit [odit] *m ECO* Wirtschaftsprüfung *f,* Wirtschaftsprüfer *m*
auditeur [oditœʀ] *m* Hörer *m,* Zuhörer *m; ~ libre* Gasthörer *m*
audition [odisjɔ̃] *f 1. JUR* Anhörung *f,* Verhör *n,* Vernehmung *f; 2. ~ des preuves JUR* Beweisaufnahme *f*
auditionner [odisjɔne] *v* anhören, vorsprechen, vorsingen, vorspielen
auditoire [oditwaʀ] *m 1.* Publikum *n; 2. (amphithéâtre en Belgique/Suisse)* Hörsaal *m*
augmentation [ɔgmɑ̃tasjɔ̃] *f 1.* Anstieg *m,* Erhöhung *f; ~ de salaire* Gehaltserhöhung *f; 2. (progression)* Steigerung *f; 3. (accroissement)* Vermehrung *f,* Zunahme *f; 4. (renforcement)* Verstärkung *f; 5. (des prix) ECO* Aufschlag *m; 6. ~ de la population* Bevölkerungszuwachs *m*
augmenter [ɔgmɑ̃te] *v 1.* zunehmen; *2. (croître)* wachsen; *3. (proliférer)* vermehren; *4. (élever)* anheben, heraufsetzen; *5. (relever)* steigern; *6. (prix)* erhöhen; *7. (fig)* verstärken
augure [ogyʀ] *m* Omen *n; être de bon ~* Glück verkünden
augurer [ogyʀe] *v (présager)* deuten, prophezeien, vorhersagen, mutmaßen

aujourd'hui [oʒuʀdɥi] *adv* heute; *~ en huit* heute in acht Tagen

aumône [omon] *f* Almosen *n*
auparavant [opaʀavɑ̃] *adv* vorher
auprès [opʀɛ] *prep 1. ~ de* bei; *adv 2. (local)* bei; *être ~ d'une personne* bei einer Person stehen
auquel [okɛl] *konj (voir „lequel")*
auréole [ɔʀeɔl] *f 1. (nimbe) REL* Heiligenschein *m,* Aureole *f; 2. (halo)* Hof um eine Lichtquelle *m,* Aureole *f; l'~ de la lune* Hof um den Mond *m; 3. (tache)* Rand eines Flecks *m; 4. (fig: gloire)* Glorienschein *m*
aurore [oʀɔʀ] *f* Morgengrauen *n*
ausculter [ɔskylte] *v* untersuchen, abhorchen, abtasten
auspice [ɔspis] *m (fig)* Vorzeichen *n,* Umstände *m/pl,* Voraussetzungen *f/pl; Il est né sous de funestes ~s.* Er ist unter einem ungünstigen Stern geboren.
aussi [osi] *adv 1.* auch; *2. (de la même façon)* so, genauso; *konj 3. ~ longtemps que* solange, dass; *4. ~ bien ... que ...* sowohl ... als auch ... *5. ~ souvent que* sooft
aussitôt [osito] *adv* sofort
austère [ostɛʀ] *adj* streng
austérité [osteʀite] *f mesure d'~ (fig)* Sparmaßnahme *f*
austral [ostʀal] *adj* südlich
Australie [ostʀali] *f GEO* Australien *n*
autant [otɑ̃] *adv 1.* so; *konj 2. ~ que* soviel; *3. pour ~ que* soweit
autarcie [otarsi] *f POL* Autarkie *f,* Unabhängigkeit *f*
autel [otɛl] *m* Altar *m*
auteur [otœʀ] *m 1.* Autor(in) *m/f,* Verfasser(in) *m/f,* Dichter(in) *m/f; 2. (créateur)* Schöpfer(in) *m/f,* Urheber(in) *m/f; 3. ~ dramatique* Dramatiker(in) *m/f; 4. ~ d'une découverte* Entdecker(in) *m/f; 5. ~ d'un acte* Täter(in) *m/f; ~ d'un attentat (suicide)* (Selbstmord-)Attentäter(in) *m/f*
authenticité [otɑ̃tisite] *f 1.* Echtheit *f; 2. (crédibilité)* Glaubwürdigkeit *f*
authentique [otɑ̃tik] *adj 1.* echt, authentisch, wahr; *2. (d'origine)* original; *3. (documenté)* urkundlich; *4. JUR* rechtsgültig
autobus [otobys] *m* Bus *m,* Omnibus *m*
autocar [otokaʀ] *m* Reisebus *m*
autochtone [otokton] *m/f* Ureinwohner(in) *m/f,* Eingeborene(r) *m/f*
autocollant [otokɔlɑ̃] *m 1.* Aufkleber *m; adj 2.* selbstklebend
autocratie [otokʀasi] *f 1. POL* Alleinherrschaft *f; 2. (despotisme) POL* Gewaltherrschaft *f*
autodéfense [otodefɑ̃s] *f* Selbstverteidigung *f*
autodétermination [otodetɛʀminasjɔ̃] *f* Selbstbestimmung *f*
autodiscipline [otodisiplin] *f* Selbstdisziplin *f*
auto-école [otoekɔl] *f* Fahrschule *f*
autogestion [otoʒɛstjɔ̃] *f POL* Selbstverwaltung *f*
autographe [otogʀaf] *m* Autogramm *n*
automate [otomat] *m 1. (machine)* Automat *m; 2. (fig)* Mensch, der wie ein Roboter handelt *m,* menschliche Maschine *f,* Marionette *f*
automation [otomasjɔ̃] *f TECH* Automation *f*
automatique [otomatik] *adj* automatisch
automatisme [otomatism] *m* Automatik *f,* Automatismus *m*

automne [otɔn] *m* Herbst *m*

automobile [otomɔbil] *f* Auto *n*
automobiliste [otomɔbilist] *m/f* Fahrer(in) *m/f,* Autofahrer(in) *m/f*
autonome [otonom] *adj 1.* selbstständig, autonom; *2. (indépendant)* unabhängig
autonomie [otonomi] *f 1.* Selbstständigkeit *f; 2. (indépendance)* Unabhängigkeit *f; gagner son ~ (fig)* sich abnabeln
autoportrait [otopɔʀtʀɛ] *m* Selbstporträt *n*
autorisation [otoʀizasjɔ̃] *f 1.* Erlaubnis *f,* Genehmigung *f; ~ de sortie* Ausreisegenehmigung *f; ~ d'importation* Einfuhrgenehmigung *f; 2. (habilitation)* Befugnis *f; 3. (droit)* Berechtigung *f; 4. (procuration)* Ermächtigung *f; 5. (admission)* Zulassung *f; 6. ~ d'exercer une activité* Gewerbeschein *m*
autorisé [otoʀize] *adj 1.* zulässig; *2. ~ à (être en droit de)* berechtigt zu; *non ~ à* unbefugt
autoriser [otoʀize] *v 1.* billigen; *2. (juger bon)* gutheißen; *3. (permettre)* erlauben, genehmigen, zulassen; *4. ~ à* berechtigen; *5. ~ à (donner le pouvoir pour)* ermächtigen
autoritaire [otoʀitɛʀ] *adj 1.* autoritär; *2. (arbitraire)* eigenmächtig; *3. (impératif)* gebieterisch
autorité [otoʀite] *f 1. (puissance)* Macht *f; 2. (pouvoir, violence)* Autorität *f,* Gewalt *f; 3. (souveraineté)* Herrschaft *f; 4. (personne)* Kapazität *f; 5. MIL* Befehlsgewalt *f; 6. ~s pl* Obrigkeit *f,* Behörde *f; ~s judiciaires* Justizbehörde *f; ~s de surveillance* Aufsichtsbehörde *f*

A

autoroute [otoʀut] *m/f* Autobahn *f; ~ de l'information INFORM* Datenautobahn *f*
auto-stop [otostɔp] *m faire de l'~* trampen, per Anhalter fahren
autour [otuʀ] *prep ~ de (local)* um, herum, umher

autre [otʀ] *adj 1.* anderer/anderes; *2. (nouveau)* weiter, sonstig; *pron 3. l'~* ein anderer/ein anderes

autrefois [otʀəfwa] *adv 1.* einmal, früher; *2. (jadis)* ehemals, einst
autrement [otʀəmɑ̃] *konj 1.* sonst, ansonsten; *adv 2.* anders
Autriche [otʀiʃ] *f GEO* Österreich *n*
autrichien [otʀiʃjɛ̃] *adj* österreichisch
Autrichien(ne) [otʀiʃjɛ̃/otʀiʃjɛn] *m/f* Österreicher(in) *m/f*
autruche [otʀyʃ] *f ZOOL* Strauß *m*
autrui [otʀɥi] *pron* ein anderer
auvent [ovɑ̃] *m* Vordach *n,* Schutzdach *n*
auxiliaire [ɔksiljɛʀ] *adj 1.* Hilfs..., Neben..., zusätzlich; *m 2. (adjoint)* Gehilfe *m,* Hilfskraft *f,* Mitarbeiter *m; 3. (verbe) GRAMM* Hilfsverb *n*
aval [aval] *m 1. en ~* abwärts; *2. donner son ~ a qn/qc* jdn/etw unterstützen
avalanche [avalɑ̃ʃ] *f* Lawine *f*
avaler [avale] *v 1.* schlucken, herunterschlucken; *2. ~ qc* etw verschlucken; *3. ~ de travers* sich verschlucken
avance [avɑ̃s] *f 1. (d'argent)* Vorschuss *m; 2. (tentative d'approche)* Annäherungsversuch *m; faire des ~s* sich anbiedern; *3. (fig)* Vorsprung *m; 4. en ~ (temporel)* zu früh, frühzeitig; *5. ~ sur compte courant FIN* Überziehungskredit *m*
avancé [avɑ̃se] *adj 1.* fortschrittlich; *2. (développé)* fortgeschritten
avancée [avɑ̃se] *f (d'une maison)* Hausvorsprung *m*
avancement [avɑ̃smɑ̃] *m (promotion)* Beförderung *f; avoir de l'~* aufsteigen
avancer [avɑ̃se] *v 1. (montre)* vorgehen; *2. (tirer vers le devant)* vorziehen; *3. (argent)* auslegen; *4. (progresser)* fortschreiten; *5. (~ dans)* vorankommen, vorwärts kommen; *6. (pénétrer)* vordringen; *7. (rendez-vous)* vorverlegen; *8. faire ~* forcieren, vorantreiben; *9. s'~* vortreten
avant [avɑ̃] *prep 1. (temporel)* vor; *en ~* vorwärts; *~ terme* vorzeitig; *2. En ~! (marche)* Los! *3. ~ de* bevor; *adv 4. (auparavant)* zuvor; *5. en ~* hervor; *6. ~ tout (particulièrement)* besonders, vor allem; *konj 7. ~ que* bevor; *8. ~ même que* noch bevor
avantage [avɑ̃taʒ] *m 1.* Vorteil *m; 2. (privilège)* Vorzug *m; 3. (faveur)* Begünstigung *f,* Vergünstigung *f; 4. (fig)* Vorsprung *m; 5. (fig: plus)* Plus *n*
avantager [avɑ̃taʒe] *v 1.* bevorzugen; *2. (favoriser)* begünstigen
avantageux [avɑ̃taʒø] *adj 1. (prix)* preiswert, preisgünstig; *2. (profitable)* vorteilhaft
avant-bras [avɑ̃bʀa] *m ANAT* Unterarm *m*
avant-dernier [avɑ̃dɛʀnje] *adj* vorletzter
avant-garde [avɑ̃gaʀd] *f 1. MIL* Vorhut *f; 2. mouvement d'~ ART* Avantgarde *f,* avantgardistische Bewegung *f,* Vorkämpfer *m/pl*
avant-goût [avɑ̃gu] *m* Vorgeschmack *m*
avant-hier [avɑ̃tjɛʀ] *adv* vorgestern
avant-propos [avɑ̃pʀɔpo] *m* Vorwort *n*
avant-saison [avɑ̃sɛzɔ̃] *f* Vorsaison *f*
avare [avaʀ] *adj 1.* geizig, kleinlich; *~ de* karg mit; *~ de paroles* wortkarg; *m 2.* Geizkragen *m*
avarice [avaʀis] *f* Geiz *m*
avarie [avaʀi] *f 1. (d'un bateau)* Beschädigung *f; 2. (dégâts mécaniques)* Maschinenschaden *m,* Schaden *m*
avarié [avaʀje] *adj 1. navire ~* havariertes Schiff *n,* beschädigtes Schiff *n; 2. nourriture ~e* verdorbene Nahrung *f,* schlecht gewordene Nahrung *f*
avatar [avataʀ] *m 1. (transformation)* Wandlung *f,* Veränderung *f; 2. (aventure, malheur)* Missgeschick *n,* Unglück *n*
avec [avɛk] *prep 1.* mit; *2. (compris)* nebst
avenant [avnɑ̃] *adj* gefällig, zuvorkommend
avenir [avniʀ] *m* Zukunft *f; à l'~* künftig, zukünftig
Avent [avɑ̃] *m* Advent *m*
aventure [avɑ̃tyʀ] *f 1.* Abenteuer *n; à l'~* aufs Geratewohl; *2. (entreprise hasardeuse)* Wagnis *n*
aventurer [avɑ̃tyʀe] *v s'~* sich wagen, etw riskieren, sich einlassen auf
aventureux [avɑ̃tyʀø] *adj 1.* abenteuerlich; *2. (hardi)* abenteuerlustig
avenu [av(ə)ny] *adj nul et non ~* null und nichtig
avenue [av(ə)ny] *f* Avenue *f,* breite Straße *f*
avérer [aveʀe] *v 1. s'~* sich bestätigen; *2. s'~ (fig)* sich entpuppen
averse [avɛʀs] *f (pluie)* Wolkenbruch *m,* Regenguss *m,* Schauer *m,* Platzregen *m; ~ d'orage* Gewitterschauer *m*

aversion [avɛʀsjɔ̃] *f* *1.* Abneigung *f;* *2.* *(dégoût)* Abscheu *m;* *3.* *(répugnance)* Widerwille *m*
averti [avɛrti] *adj* *(avisé, instruit)* auf dem Laufenden
avertir [avɛʀtiʀ] *v* *1.* mahnen, warnen; *2.* *~ qn* jdn verwarnen; *3.* *(informer)* melden
avertissement [avɛʀtismɑ̃] *m* *1.* Mahnung *f,* Warnung *f;* *2.* *(remontrance)* Verwarnung *f;* *3.* *(mise en garde)* Vorwarnung *f;* *4.* *(fig: exhortation)* Lehre *f*
avertisseur [avɛʀtisœʀ] *m* *1.* *(de voiture)* Hupe *f;* *~ lumineux* Lichthupe *f;* *2.* *~ d'incendie* Feuermelder *m*
aveu [avø] *m* *1.* Bekenntnis *n;* *2.* *(déclaration)* Eingeständnis *n;* *3.* *(concession)* Zugeständnis *n;* *4.* *JUR* Geständnis *n*
aveuglant [avœglɑ̃] *adj* *(lumineux)* blendend
aveugle [avœgl] *adj* *1.* blind; *m/f* *2.* Blinde(r) *m/f;* *Au royaume des ~s les borgnes sont rois.* Unter den Blinden ist der Einäugige König.
aveuglement [avœgləmɑ̃] *m* *(fig)* Blindheit *f,* Verblendung *f*
aveugler [avœgle] *v* *(lumière)* blenden
aviation [avjasjɔ̃] *f* Luftfahrt *f*
avide [avid] *adj* *~ de* gierig nach; *~ d'argent* geldgierig; *~ de plaisirs* vergnügungssüchtig; *~ d'apprendre* wissbegierig
avidité [avidite] *f* *1.* Gier *f;* *2.* *(cupidité)* Habgier *f*
avilir [aviliʀ] *v* *1.* erniedrigen; *2.* *(fig)* entwerten
avilissant [avilisɑ̃] *adj* entwürdigend, erniedrigend
avilissement [avilismɑ̃] *m* Erniedrigung *f,* Entwürdigung *f*
aviné [avine] *adj* betrunken
avion [avjɔ̃] *m* Flugzeug *n;* *~ de ligne* Verkehrsflugzeug *n;* *~ de chasse* Jagdflugzeug *n;* *~ à réaction* Düsenflugzeug *n*
aviron [aviʀɔ̃] *m* Ruder *n,* Riemen *m*

avis [avi] *m* *1.* Ansicht *f;* *2.* *(opinion)* Meinung *f;* *être d'~ que ...* meinen, dass ...; *faire changer qn d'~* jdn von seiner Meinung abbringen, jdn herumbekommen, jdn umstimmen; *être de l'~ de qn* sich jds Meinung anschließen; *3.* *(attestation)* Gutachten *n;* *4.* *~ au public* Bekanntmachung *f;* *5.* *~ d'imposition* Steuerbescheid *m;* *6.* *~ de décès (dans un journal)* Todesanzeige *f;* *7.* *~ de disparition* Vermisstenanzeige *f;* *8.* *(jugement)* Urteil *n*

avisé [avize] *adj* weise
aviser [avize] *v* mitteilen
aviver [avive] *v* *1.* *(rendre plus vif)* auffrischen; *2.* *(fig: ~ une blessure)* wieder lebendig werden lassen, wieder aufleben lassen
avocat(e) [avɔka(t)] *m/f* *JUR* Anwalt/Anwältin *m/f,* Rechtsanwalt/Rechtsanwältin *m/f*
avoine [avwan] *f* *BOT* Hafer *m*

avoir [avwaʀ] *v irr* *1.* haben; *il y a* es gibt; *m* *2.* Habe *f;* *3.* *(en caisse)* Kassenbestand *m;* *4.* *ECO* Guthaben *n*

avoisiner [avwazine] *v* angrenzen an, anstoßen an, benachbart sein
avorter [avɔʀte] *v* *MED* abtreiben
avouer [avwe] *v* *1.* gestehen, eingestehen; *2.* *(reconnaître)* bekennen, zugeben; *~ sa faute* seinen Fehler zugeben
avril [avʀil] *m* April *m*
axe [aks] *m* *1.* Achse *f;* *~ de rotation* Drehachse *f;* *~ des abscisses MATH* X-Achse *f;* *~ des ordonnées MATH* Y-Achse *f;* *2.* *~ routier* Verkehrsader *f*
azimut [azimyt] *m* *tous ~s* nach allen Seiten, allseitig, rundum
azur [azyʀ] *m* *1.* *la Côte d'Azur GEO* die Côte d'Azur *f;* *2.* *(couleur)* *LIT* Azur *n,* Azurblau *n;* *un ciel d'~* ein azurblauer Himmel *m,* ein strahlend blauer Himmel *m*

B

B

baba[1] [baba] *m 1. (gâteau) GAST* kleiner Rosinenkuchen *m; un ~ au rhum* in Rum getränkter Rosinenkuchen *m*
baba[2] [baba] *adj 2. (fam)* baff, platt, geplättet, perplex; *Il en était tout ~.* Er war völlig baff.
baba cool [babakul] *m/f* Angehörige/r der Alternativszene *m/f,* Alternativer/in *m/f*
babeurre [babœʀ] *m* Buttermilch *f*
babillage [babijaʒ] *m* Plappern *n,* Geplapper *n,* Geplauder *n*
babillard [babijaʀ] *adj* geschwätzig
babiller [babije] *v (enfant)* plappern
babines [babin] *f/pl 1. (lèvres)* Lefzen *pl; 2. (fam)* Mund *m,* Lippen *pl; se lécher les ~* sich die Finger lecken
babiole [babjɔl] *f (fam)* Lappalie *f,* Kleinigkeit *f*
bâbord [babɔʀ] *m* Backbord *n*
babouche [babuʃ] *f* Pantoffel *m,* Hausschuh *m*
bac[1] [bak] *m 1.* Trog *m; 2. (bateau)* Fähre *f; 3. ~ à glace* Kühlfach *n; 4. ~ à sable* Sandkasten *m*
bac[2] [bak] *m (fam: baccalauréat)* Abi *n*
baccalauréat [bakalɔʀea] *m* Abitur *n; passer le ~* das Abitur machen
bacchantes [bakɑ̃t] *f/pl (fam)* Schnurrbart *m*
bâche [bɑʃ] *f* Plane *f*
bachelier [baʃəlje] *m* Abiturient *m*
bachelière [baʃəljɛʀ] *f* Abiturientin *f*
bâcher [bɑʃe] *v* (mit einer Plane) abdecken, zudecken, überdecken
bachot [baʃo] *m (fam)* Abitur *n,* Abi *n*
bachotage [baʃɔtaʒ] *m (fam)* Büffeln *n (fam),* Pauken *n,* Büffelei *f,* Paukerei *f*
bachoter [baʃɔte] *v (fam)* pauken
bâclage [bɑklaʒ] *m (fam)* Pfuschen *n,* Schludern *n*
bâclé [bɑkle] *adj 1.* flüchtig; *2. (travail)* schlampig; *3. (gâché)* stümperhaft
bâcler [bɑkle] *v* pfuschen
badaud(e) [bado(d)] *m/f* Schaulustige(r) *m/f*
badigeon [badiʒɔ̃] *m* Wasserfarbe *f*
badigeonner [badiʒɔne] *v 1. ~ un mur* eine Wand tünchen *f,* eine Wand anstreichen *f; 2. ~ d'un produit pharmaceutique MED* bepinseln, einpinseln
badin [badɛ̃] *adj* scherzhaft, launig, humorig
badinage [badinaʒ] *m* Scherzen *n*
badiner [badine] *v* scherzen, spaßen
baffe [baf] *f (fam)* Ohrfeige *f,* Maulschelle *f,* Watsche *f*
baffle [bafl] *f (enceinte acoustique)* Lautsprecherbox *f*
bafouer [bafwe] *v* verhöhnen
bafouillage [bafujaʒ] *m* Stammeln *n,* Stottern *n,* Gestotter *n,* Gestammel *n*
bafouille [bafuj] *f (fam: lettre)* Schrieb *m,* Wisch *m*
bafouiller [bafuje] *v (fam)* faseln, Unsinn reden
bâfrer [bɑfʀe] *v se ~ (fam)* fressen
bâfreur [bɑfʀœʀ] *m (fam)* Vielfraß *n*

bagage [bagaʒ] *m 1.* Gepäck *n; ~ à main* Handgepäck *n; 2. plier ~ (fig)* seine Sachen packen, seine Koffer packen; *3. (fig)* geistiges Rüstzeug *n,* Gesamtheit der Kenntnisse *f*

bagarre [bagaʀ] *f 1.* Gezanke *n; 2. (rixe)* Schlägerei *f*
bagarrer [bagaʀe] *v se ~ (fam)* sich prügeln, sich schlagen, balgen
bagarreur [bagaʀœʀ] *adj* kämpferisch, draufgängerisch
bagnard [baɲaʀ] *m* Sträfling *m*
bagne [baɲ] *m 1. (prison)* Knast *m,* Bagno *n; 2. (fig)* Hölle *f; Cette école est un vrai ~!* Diese Schule ist wirklich die Hölle!
bagnole [baɲɔl] *f (fam: voiture)* Kiste *f,* Karre *f*
bagou [bagu] *m (fam)* Mundwerk *n,* Klappe *f; Elle a un ~ incroyable!* Sie hat ein unglaublich großes Mundwerk!
bague [bag] *f* Ring *m; ~ à cacheter* Siegelring *m*
baguenauder [bagnode] *v (fam)* umherschlendern, bummeln, einen Bummel machen
baguette [bagɛt] *f 1.* Leiste *f; 2. (rameau)* Rute *f; 3. (pain)* Stangenweißbrot *n,* Baguette *n*
bahut [bay] *m 1.* Truhe *f; 2. (fam: lycée)* Penne *f*
baie[1] [bɛ] *f* Bucht *f*
baie[2] [bɛ] *f BOT* Beere *f*
baignade [bɛɲad] *f* Bad *n,* Schwimmen *n; Baignade interdite!* Baden verboten!/Schwimmen verboten!

baigner [beɲe] *v se ~* baden

baignoire [bɛɲwaʀ] *f 1.* Badewanne *f; 2. THEAT* Loge *f*
bail [baj] *m 1.* Mietvertrag *m; 2. (cession)* Pacht *f; 3. (fam)* Ewigkeit *f; c'est un ~!* Das dauert eine Ewigkeit!
bâiller [bɑje] *v* gähnen
bâillonner [bajɔne] *v 1. (mettre un bâillon)* knebeln, einen Knebel in den Mund stecken; *2. (fig)* zum Schweigen bringen, einen Maulkorb anlegen, mundtot machen, den Mund verbieten; *Le dictateur bâillonna la presse.* Der Diktator brachte die Presse zum Schweigen.
bain [bɛ̃] *m 1.* Bad *n; prendre un ~* ein Bad nehmen; *~ de boue* Moorbad *n; ~ moussant* Schaumbad *n; 2. être dans le ~ (fig)* Bescheid wissen, im Bilde sein, eingeweiht sein; *3. ~ de bouche* Mundspülung *f; 4. TECH* Bad *n; m/pl 5. ~s* Bad *n,* Badeanstalt *f*
baisemain [bɛzmɛ̃] *m* Handkuss *m*
baiser [beze] *m 1.* Kuss *m; ~ d'adieu* Abschiedskuss *m; v 2.* küssen; *3. (fam: coucher avec qn)* vögeln
baisse [bɛs] *f 1.* Verminderung *f; en ~* rückläufig; *2. (déduction)* Abbau *m; 3. ~ de température* Abkühlung *f,* Temperaturrückgang *m; 4. ECO* Senkung *f; 5. (recrudescence)* Rückgang *m; ~ démographique* Bevölkerungsrückgang *m; ~ des prix* Preisrückgang *m*
baisser [bese] *v 1.* senken; *~ la tête* den Kopf senken, sich ducken; *2. (sens actif)* herunterdrücken; *3. (décroître)* sinken, zurückgehen; *4. (mer)* abebben; *5. (~ à)* niederlassen, herunterlassen; *6. (affaiblir)* nachlassen; *7. ECO* abflauen; *8. faire ~ (les prix) ECO* drücken; *9. se ~* sich bücken, sich neigen
bal [bal] *m* Ball *m; ~ masqué/~ costumé* Maskenball *m*
balade [balad] *f* Bummel *m*
balader [balade] *v se ~* bummeln
baladeur [baladœʀ] *adj 1. (walkman)* Walkman *m 2. train ~ TECH* Schubgetriebe *n,* Schieberädergetriebe *n*
baladin [baladɛ̃] *m* Gaukler *m*
balafre [balafʀ] *f* Hiebwunde *f,* Schramme *f,* Schmarre *f,* Schmiss *f,* Schmarre *f*
balafrer [balafʀe] *v* eine Hiebwunde beibringen, einen Schmiss beibringen
balai [balɛ] *m 1.* Besen *m,* Kehrbesen *m; 2. ~ d'essuie-glaces* Scheibenwischerblatt *n; 3. manche à ~ TECH* Steuerknüppel *m,* Griffhebel *m; 4. voiture ~ (fig)* Schlussfahrzeug *n;5. (fam: âge) ~s* Jahre *n/pl*
balance [balɑ̃s] *f 1.* Waage *f; ~ hydrostatique* Wasserwaage *f; 2. ECO* Ausgleich *m; 3. FIN* Bilanz *f; ~ du commerce extérieur ECO* Außenhandelsbilanz *f*
balancer [balɑ̃se] *v 1.* ins Gleichgewicht bringen; *2. (osciller)* pendeln; *3. se ~* schaukeln; *4. se ~ (faire de la balançoire)* balancieren; *5. (lancer)* werfen, schleudern; *6. (fam: dénoncer)* jdn verpfeifen; *7. s'en ~ (fam)* etw egal sein, etw schnuppe sein
balancier [balɑ̃sje] *m* Pendel *n*
balançoire [balɑ̃swaʀ] *f 1.* Schaukel *f; 2. (bascule)* Wippe *f*
balayer [baleje] *v 1.* fegen; *2. (nettoyer)* kehren; *3. (fig)* hinwegfegen, beseitigen, vertreiben
balayeur [balɛjœʀ] *m* Straßenfeger *m,* Straßenkehrer *m*
balayures [balɛjyʀ] *f/pl* Kehricht *m*
balbutiant [balbysjɑ̃] *adj* stammelnd, stotternd
balbutiement [balbysimɑ̃] *m* Stammeln *n,* Stottern *n*
balbutier [balbysje] *v 1.* lallen; *2. (bégayer)* stottern
baleine [balɛn] *f 1. ZOOL* Wal *m; 2. (fam) rire comme une ~* sich schieflachen; *3. (tige)* Fischbeinstäbchen *n,* Korsettstange *f*
balèze [balɛz] *adj 1. (fam)* stämmig, vierschrötig; *2. (fam: instruit)* beschlagen
balise [baliz] *f* Boje *f*
baliser [balize] *v 1.* Leitpfosten anbringen, abgrenzen, markieren; *2. (fam: avoir peur)* bangen um, Bammel haben vor; *Il balise pour son examen.* Er hat Angst, sein Examen nicht zu bestehen.
baliverne [balivɛʀn] *f* Geschwätz *n,* albernes Gerede *n; dire des ~s* dummes Zeug daherreden, Albernheiten von sich geben
Balkans [balkɑ̃] *m/pl GEO les ~* der Balkan *m,* die Balkanländer *pl*
ballant [balɑ̃] *adj* baumelnd, schlenkernd, herunterhängend; *les bras ~s* die schlenkernden Arme *pl*
ballast [balast] *m 1.* Ballast *m; 2.* Schotter zwischen den Eisenbahngleisen
balle [bal] *f 1.* Ball *m; ~ au prisonnier* Völkerball *m; 2. (projectile)* Kugel *f; ~ à blanc* Platzpatrone *f; 3. ECO* Ballen *m; 4. (d'un grain)* Spelze *f,* Spreu *f; f/pl 5. cent ~s (fam)* einhundert Francs *m/pl*

B

B

ballerine [balʀin] *f* *1. (danseuse)* Ballerina *f,* Balletttänzerin *f; 2. (chaussure)* Ballettschuh *m*
ballon [balɔ̃] *m 1.* Ballon *m; 2. (montgolfière)* Heißluftballon *m; 3. (verre)* Trinkglas *n; 4. ~ d'oxygène* Atembeutel *m*
ballonné [balɔne] *adj* gebläht, aufgeblasen, Bläh...
ballottage [balɔtaʒ] *m* Stichwahl *f*
ballotter [balɔte] *v 1.* durchschütteln, durchrütteln; *Il a été ballotté dans la barque.* Er wurde im Boot durchgeschüttelt. *2. (fig)* hin- und hergerissen werden; *Il ballotte entre l'envie et la haine.* Er ist zwischen Neid und Hass hin- und hergerissen./Er schwankt zwischen Neid und Hass.
balluchon [balyʃɔ̃] *m (fam)* Bündel *n,* Siebensachen *f; faire son ~* seine Siebensachen packen, sein Bündel packen
balnéaire [balneɛʀ] *adj* Bade...; *une station ~* ein Seebad *n*
balourd [baluʀ] *adj* plump
balourdise [baluʀdiz] *f* linkisches Benehmen *n,* Unbeholfenheit *f,* Tölpelhaftigkeit *f*
bambin [bɑ̃bɛ̃] *m (fam)* kleiner Junge *m,* Bub *m,* Bübchen *n*
bamboche [bɑ̃bɔʃ] *f (fam)* großes Gelage *n,* Ausschweifung *f*
ban [bɑ̃] *m 1. (publication de mariage)* Aufgebot *n; 2. (exil)* Acht *f,* Bann *m,* Verbannung *f; 3. (fig)* Ausschluss *m,* Marginalisierung *f; mettre qn au ~ de la société* jdn aus der Gesellschaft ausschließen/jdn an den Rand der Gesellschaft drängen
banal [banal] *adj 1.* banal, gewöhnlich; *2. (fig)* platt
banalité [banalite] *f* Gemeinplatz *m*
banane [banan] *f 2. (mèche de cheveux)* Einschlagfrisur *f,* Banane *f; 3. (sacoche)* Gürteltasche *f*

banc [bɑ̃] *m 1.* Bank *f; ~ de sable* Sandbank *f; 2. ZOOL* Fischschwarm *m; 3. TECH* Bank *f,* Bett *n,* Werkbank *f,* Stand *m; ~ d'essai* Prüfstand *m*

bancaire [bɑ̃kɛʀ] *adj* Bank...
bancal [bɑ̃kal] *adj 1. (personne)* hinkend, humpelnd; *2. (meuble)* wacklig, schief
bandage [bɑ̃daʒ] *m 1. MED* Bandage *f; 2. (bandeau)* Binde *f; 3. (pansement)* Verband *m*
bande [bɑ̃d] *f 1. MED* Binde *f,* Verband *m; 2. (d'un rouleau)* Band *n,* Streifen *m; ~ magnétique* Tonband *n; ~ adhésive* Klebeband *n; ~ perforée* Lochstreifen *m; 3. (d'animaux)* Rudel *n; 4. (de personnes)* Schwarm *m; par ~s* scharenweise; *5. ~ d'arrêt d'urgence* Standspur *f; 6. NAUT* Schlagseite *f; 7. ~s dessinées pl* Comics *pl*
bandé [bɑ̃de] *adj 1.* gespannt; *2. (yeux)* verbunden, zugebunden; *3. (blessure)* verbunden, bandagiert
bande-annonce [bɑ̃danɔ̃s] *f CINE* Vorschau *f,* Trailer *m,* Werbevorspann *m*
bandeau [bɑ̃do] *m 1. MED* Binde *f; 2. (coiffure)* glattes, gescheiteltes, eng am Kopf anliegendes Haar *n*
bander [bɑ̃de] *v 1. (une plaie)* verbinden; *2. (les yeux)* zubinden, verbinden; *3. (fam)* einen Ständer kriegen
bandit [bɑ̃di] *m 1.* Bandit *m; ~ manchot (machine à sous)* „Einarmiger Bandit“ *m; 2. (malfaiteur)* Gangster *m*
bang [bɑ̃g] *m* Knall *m*
banlieue [bɑ̃ljø] *f* Vorort *m*
banne [ban] *f (véhicule)* Karre *f*
bannière [banjɛʀ] *f 1.* Banner *n; 2. se ranger sous la ~ de qn (fig)* sich jdm anschließen, es mit jdm halten, unter jds Banner kämpfen; *3. C'est la croix et la ~. (fam)* Das ist ein sehr schwieriges Unterfangen!
bannir [baniʀ] *v 1.* verbannen; *2. ~ du pays* des Landes verweisen; *3. (fig)* streichen, tilgen, ausschließen
bannissement [banismɑ̃] *m* Verbannung *f*

banque [bɑ̃k] *f 1. FIN* Bank *f; ~ d'émission* Notenbank *f; ~ mondiale* Weltbank *f; ~ centrale de virement* Girozentrale *f; ~ de France* Bank von Frankreich (entspricht der deutschen Bundesbank) *f; 2. ~ de données INFORM* Datenbank *f; 3. ~ d'organes* Organbank *f*

banquer [bɑ̃ke] *v (fam)* blechen, berappen
banqueroute [bɑ̃kʀut] *f 1.* Pleite *f; 2. FIN* Bankrott *m; 3. JUR* Konkurs *m*
banquet [bɑ̃ke] *m 1.* Festessen *n; faire un ~* tafeln; *2. (repas)* Mahl *n*
banqueter [bɑ̃kte] *v* an einem Bankett teilnehmen, schlemmen, prassen
banquette [bɑ̃kɛt] *f 1.* Sitzbank *f; 2. ~ de voiture* Wagenbank *f*
banquise [bɑ̃kiz] *f* Packeis *n*
baptême [batɛm] *m 1.* Taufe *f; 2. (fig)* Taufe *f,* Einweihung *f*
baptiser [batize] *v 1.* taufen; *2. (nommer)* taufen; *3. (fig)* taufen, einen Spitznamen geben
baquet [bakɛ] *m* Kübel *m*

bar [baʀ] *m 1.* Kneipe *f; 2. (comptoir)* Bar *f,* Theke *f*
baragouin [baʀagwɛ̃] *m* Kauderwelsch *n (fam)*
baragouiner [baʀagwine] *v* radebrechen
baraka [baʀaka] *f avoir la ~ (fam)* Glück haben, Schwein haben
baraqué [baʀake] *adj (fam)* gebaut, proportioniert; *Il est bien ~.* Er ist gut gebaut./Er sieht ganz gut aus.
baratin [baʀatɛ̃] *m (fam)* Gerede *n,* leeres Geschwätz *n,* Süßholz *n,* Humbug *m; faire du ~ à qn* jdm Brei ums Maul schmieren/jdn einwickeln
baratiner [baʀatine] *v ~ qn (fam)* jdn anmachen, jdn ansprechen
baratineur [baʀatinœʀ] *m* Schwätzer *m*
barbant [baʀbɑ̃] *adj (fam)* nervtötend, stinklangweilig
barbare [baʀbaʀ] *adj 1.* barbarisch; *2. (inhumain)* unmenschlich; *3. (fig)* roh
barbarie [baʀbaʀi] *f 1.* Barbarei *f,* Unzivilisiertheit *f; 2. (cruauté)* Barbarei *f,* Grausamkeit *f,* Unmenschlichkeit *f; Il fit preuve d'une grande ~.* Er war sehr grausam./Er legte eine ungeheure Grausamkeit an den Tag. *3. (grossièreté)* Derbheit *f*
barbe [baʀb] *f* Bart *m; faire la ~* rasieren
barbelé [baʀbəle] *adj 1.* mit Stacheldraht versehen, hinter Stacheldraht; *un fil de fer ~* ein Stacheldraht *m; 2.* gezähnt, gezackt, mit Stacheln versehen
barber [baʀbe] *v (fam)* zu Tode langweilen, den Nerv töten, auf den Geist gehen
barbiche [baʀbiʃ] *f* Kinnbärtchen *n*
barboter [baʀbɔte] *v 1. (dans l'eau)* plätschern; *2. (fam)* klauen
barbouiller [baʀbuje] *v 1. (tacher)* vollkleckern, beschmieren; *Il a barbouillé son visage de chocolat.* Sein Gesicht ist über und über mit Schokolade verschmiert. *2. (peindre)* voll schmieren, anpinseln, anstreichen; *3. (fig)* verderben, Übelkeit hervorrufen; *~ l'estomac* den Magen verderben
barbouilleur [baʀbujœʀ] *m (fam)* Kleckser *m,* Schmierfink *m*
barbouze [baʀbuz] *m (fam)* Geheimagent *m,* Geheimpolizist *m,* Gorilla *m*
barbu [baʀby] *adj 1.* bärtig; *m 2.* bärtiger Mann *m,* Bartträger *m*
barda [baʀda] *m (fam)* Zeugs *n,* Kram *m,* Krempel *m; Débarrassez-vous de tout ce ~!* Schaffen sie sich doch den ganzen Krempel vom Hals!
bardane [baʀdan] *f BOT* Klette *f*
bardeau [baʀdo] *m* Schindel *f*
barder [baʀde] *v 1. GAST* spicken; *2. (fam)* krachen, dicke Luft sein, Stunk angesagt sein, gefährlich werden; *Attention, ça va ~!* Achtung, gleich wird es gefährlich!/Vorsicht, es wird gleich Ärger geben!/Achtung, es ist dicke Luft angesagt!
barème [baʀɛm] *m (de prix)* Skala *f*
baril [baʀil] *m (de pétrole)* Fass *n; ~ de poudre* Pulverfass *n*
bariolage [baʀjɔlaʒ] *m* buntes Farbengemisch *n,* Buntheit *f*
barioler [baʀjɔle] *v* bunt bemalen
barjot [baʀʒo] *adj (fam)* bekloppt, meschugge
barman [baʀman] *m* Barkeeper *m*
baromètre [baʀɔmɛtʀ] *m* Barometer *n*
baron(ne) [baʀɔ̃/baʀɔn] *m/f* Baron(in) *m/f*
baroque [baʀɔk] *adj* barock
baroudeur [baʀudœʀ] *m* Haudegen *m (fam); avoir un esprit de ~* eine Kämpfernatur sein
barouf [baʀuf] *m (fam)* Krach *m,* Radau *m,* Spektakel *n,* Krawall *m*
barque [baʀk] *f 1.* Boot *n; 2. (canot)* Kahn *m; 3. mener sa ~ (fig)* seine Sache machen, sein Geschäft führen, sein Geschick in der eigenen Hand haben
barrage [baʀaʒ] *m 1.* Absperrung *f,* Sperre *f; 2. (digue)* Damm *m; 3. ~ photoélectrique* Lichtschranke *f*
barre [baʀ] *f 1. (de chocolat)* Riegel *m; 2. (de bois)* Latte *f; 3. (barrière)* Schranke *f; 4. (d'un bateau)* Steuerruder *n; 5. ~ de remorquage* Abschleppstange *f; 6. ~ à mine TECH* Brecheisen *n; 7. ~ combustible (d'uranium) TECH* Brennstab *m*
barré [baʀe] *adj (interdiction)* gesperrt
barreau [baʀo] *m 1. (d'une prison)* Gitterstäbe *m/pl; 2. (des avocats) JUR* Kammer *f*
barrer [baʀe] *v 1. ~ qc* etw streichen, etw durchstreichen; *2. (fermer)* absperren; *3. (bloquer)* sperren; *4. (obstruer)* versperren; *5. NAUT* steuern; *6. se ~ (fam)* abhauen, verduften, sich verziehen, sich verdrücken
barreur [baʀœʀ] *m NAUT* Steuermann *m*
barricader [baʀikade] *v* verbarrikadieren, versperren
barrière [baʀjɛʀ] *f 1.* Schranke *f; optique* Lichtschranke *f; ~ de passage à niveau* Eisenbahnschranke *f; 2. (obstacle)* Barriere *f; 3. (dispositif)* Sperre *f*
barrique [baʀik] *f* Fass *n*

B

barrir [baʀiʀ] *v (éléphant)* trompeten, tröten

bas [bɑ] *adj 1.* nieder; *2. (au ras du sol)* niedrig; *être tombé ~ (fig)* auf einem Tiefpunkt angelangt sein; *mettre qn plus ~ que terre* jdn zerreißen; *3. (doucement)* leise; *à voix ~se* leise; *parler tout ~* ganz leise sprechen; *4. (peu)* gering; *5. (température)* tief; *6. (étendues d'eau)* seicht; *eaux ~ses* Ebbe *f; mer ~se* Ebbe *f; 7. (infâme)* niederträchtig; *8. (sous)* unter; *adv 9. en ~* unten; *prep 10. en ~ de* unterhalb; *m 11.* Unterteil *n; 12. (collant)* Strumpf *m; 13. avoir des hauts et des ~ (fig)* Höhen und Tiefen erleben, mal gut mal schlecht gehen

basaner [bazane] *v* bräunen

bas-côté [bɑkote] *m* Seitenstreifen *m,* Randstreifen *m*

bascule [baskyl] *f 1.* Waage *f; 2. (balançoire)* Wippe *f*

basculer [baskyle] *v 1.* kippen, umkippen; *2. faire ~* kippen

base [bɑz] *f 1.* Grundlage *f; 2. MATH* Grundfläche *f; 3. (fondement)* Basis *f; 4. MIL* Stützpunkt *m; 5. (fig)* Fundament *n,* Ausgangsbasis *f; prendre pour ~* zu Grunde legen; *être à la ~ de qc* einer Sache zu Grunde liegen; *6. CHEM* Base *f,* Lauge *f; 7. ~ de données INFORM* Datenbasis *f,* Database *f*

baser [baze] *v 1. se ~ sur* basieren auf; *2. MIL* stationieren; *3. se ~* sich auf etw stützen

bas-fond [bafɔ̃] *m 1. (fond de la mer)* Untiefe *f,* seichte Stelle *f; 2. (ravin)* seichte Stelle *f,* Rinne *f; 3. ~s pl (fig)* Abschaum *m; les ~s de la société* der Abschaum der Gesellschaft *m*

basketteur [baskɛtœʀ] *m* Basketballspieler *m*

basque [bask] *adj* baskisch, Basken... *le Pays Basque* das Baskenland *n; un béret ~* eine Baskenmütze *f; la pelote ~* die Pelota *f*

basse [bɑs] *f MUS* Bass *m*

basse-cour [bɑskuʀ] *f 1. (cour de ferme)* Hühnerhof *m; 2. (animaux)* Federvieh *n,* Geflügel *n,* Kaninchen *pl*

basse-fosse [basfɔs] *f* Verlies *n,* Kerker *m*

bassesse [bɑsɛs] *f 1.* Gemeinheit *f; 2. (lâcheté)* Niedertracht *f*

bassin [basɛ̃] *m 1.* Schwimmbecken *n,* Bassin *n; 2. ~ de construction NAUT* Dock *n; 3. ~ méditerranéen* Mittelmeerraum *m; 4. ANAT* Becken *n; 5. (d'un fleuve) GEO* Einzugsgebiet *n; 6. ~ minier* Erzlagerstätte *f*

bassine [basin] *f* Wanne *f,* großer Behälter *m,* große Schüssel *f*

bassiner [basine] *v 1. (un lit)* (Bett) vorwärmen, anwärmen; *2. (humecter)* benetzen, anfeuchten, befeuchten; *3. (fam: ennuyer)* auf den Wecker fallen, auf den Geist gehen, nerven

bastille [bastij] *f* feste Schlossanlage *f,* Bastion *f; La Prise de la Bastille à Paris fut le début de la revolution française.* Der Sturm auf die Bastille war der Beginn der Französischen Revolution.

bastingage [bastɛ̃gaʒ] *m* Reling *f*

bastion [bastjɔ̃] *m 1. (fortification)* Bastion *f,* Bollwerk *n; 2. (fig)* Bastion *f,* Bollwerk *n; une ~ du catholicisme* eine Bastion des Katholizismus *f,* ein Bollwerk des Katholizismus *n*

baston [bastɔ̃] *f (fam)* Schlägerei *f,* Prügelei *f,* Rauferei *f*

bastonnade [bastɔnad] *f* Stockschläge *m/pl; donner la ~* zur Strafe mit dem Stock schlagen

bastringue [bastʀɛ̃g] *m 1. (fam: tapage)* Lärm *m,* Krach *m; 2. (fam: affaires)* Kram *m,* Krempel *m; Il a emporté tout son ~ avec lui.* Er hat seinen ganzen Krempel mitgenommen.

bas-ventre [bɑvɑ̃tʀ] *m ANAT* Unterleib *m*

bât [bɑ] *m 1.* Mast *m; 2. C'est là que le ~ blesse. (fig)* Da drückt der Schuh. Da ist ein wunder Punkt.

bataclan [bataklɑ̃] *m (fam)* Krempel *m,* Zeugs *n*

bataille [bataj] *f 1.* Kampf *m; 2. MIL* Schlacht *f; 3. cheval de ~ (fig)* Hauptthema *n,* Lieblingsthema *n,* bevorzugtes Thema *n,* Steckenpferd *n; 4. en ~ (fig)* zerzaust; *5. (jeu de cartes)* einfaches Kartenspiel, bei dem die höhere Karte sticht *n*

batailler [bataje] *v 1.* kämpfen, sich abrackern; *2. (discuter)* heftig streiten, lange diskutieren

batailleur [batajœʀ] *adj 1.* kämpferisch; *m 2.* Raufbold *m*

bataillon [batajɔ̃] *m 1. (unité militaire) MIL* Bataillon *n; un ~ d'infanterie* ein Infanteriebataillon *n; 2. (fig)* ganze Mannschaft *f,* große Gruppe *f,* Heer *n; Elle a un ~ d'enfants.* Sie hat eine ganze Schar von Kindern./Sie hat viele Kinder.

bâtard [bɑtaʀ] *m 1.* Bastard *m; 2. (pain)* Stangenbrot von einem Pfund *n; adj 3. (enfant)* unehelich, außerehelich; *4. solution ~e (fam)* Kompromisslösung *f*

bateau [bato] *m 1.* Boot *n,* Schiff *n; ~ à moteur* Motorboot *n; ~ de pêche* Fischerboot *n; 2. ~ à vapeur* Dampfer *m; 3. ~ pneumatique* Schlauchboot *n; 4. mener qn en ~ (fig)* jdn einen Bären aufbinden, jdn auf den Arm nehmen, jdm blauen Dunst vormachen; *5. monter un ~ à qn (fig)* jdm einen Bären aufbinden, jdn auf den Arm nehmen; *6. (de trottoir)* (abgesenkte Grundstücks-) Einfahrt *f*

bateleur [batlœʀ] *m* Gaukler *m*

batelier [batəlje] *m NAUT* Schiffer *m,* Fährmann *m*

bâti [bɑti] *m 1.* Gestell *n; 2. (de couture)* Heftfaden *m,* Heften *n,* Heftstiche *m/pl; adj 3. (construit)* bebaut; *4. (fig)* gebaut (Person), gewachsen

batifoler [batifɔle] *v (s'amuser)* herumtoben, sich die Zeit angenehm vertreiben, herumtollen, sich tummeln

bâtiment [bɑtimɑ̃] *m 1.* Gebäude *n; 2. (maison)* Haus *n; 3. industrie du ~* Baugewerbe *n; 4. ~ neuf* Neubau *m; 5. (navire) NAUT* (großes) Schiff *n*

bâtir [bɑtiʀ] *v 1.* bebauen, erbauen; *2. (théorie)* aufbauen; *3. (en couture)* (zusammen)heften; *4. se ~* sich etw bauen

bâton [bɑtɔ̃] *m 1.* Stab *m; 2. (canne)* Stock *m; 3. (gourdin)* Knüppel *m,* Prügel *m; 4. ~ de colle* Klebestift *m; 5. mettre des ~s dans les roues (fig)* jdm Knüppel zwischen die Beine werfen, jdm Steine in den Weg legen; *6. (trait)* senkrechter Strich *m*

bâtonner [bɑtɔne] *v* prügeln, Stockschläge verabreichen, schlagen

bâtonnet [bɑtɔnɛ] *m 1. (petit bâton)* Stöckchen *n,* kleiner Stock *m,* Stecken *m; ~ de colle* Klebestift *m*/Prittstift *m; ~ de poisson* Stockfisch *m; 2. (cellule de la rétine) ANAT* Stäbchenzelle *f; 3. ~ glacé GAST* Stieleis *n,* Eis am Stiel *n*

batracien [batʀasjɛ̃] *m ZOOL* Amphibie *f,* Lurch *m*

battage [bataʒ] *m 1. (du blé) AGR* Dreschen *n; 2. (action de battre)* Schlagen *n,* Klopfen *n; le ~ des tapis* das Teppichklopfen *n; 3. (fig: publicité)* Wirbel *m,* Rummel *m,* Reklame *f; Ils font du ~ autour de ce film.* Es wird kräftig die Reklametrommel für diesen Film gerührt./Es wird ein gewaltiger Rummel um diesen Film gemacht.

battant [batɑ̃] *adj 1.* klopfend, schlagend; *une pluie ~e* strömender Regen *m; une porte ~e* eine Flügeltür *f,* eine Schwingtür *f; un cœur ~* ein schlagendes Herz *n,* ein rasendes Herz *n; m 2. (d'une cloche)* Klöppel *m,* Schwengel *m; 3. (partie mobile)* Flügel *m; une porte à double ~* eine Tür mit zwei Flügeln *f; La fenêtre n'a qu'un seul ~.* Das Fenster hat nur einen Flügel. *4. (gagnant)* Kämpfer *m,* Kämpfernatur *f*

battement [batmɑ̃] *m 1.* Schlagen *n; 2. (de mains)* Klatschen *n; 3. (de cils)* Zucken *n; 4. ~ de cœur* Herzklopfen *n; 5. (intervalle)* (verfügbare Zwischen-)Zeit *f,* Pause *f; 6. TECH* Anschlagleiste *f,* Spiel *n*

batterie [batʀi] *f 1. MUS* Schlagzeug *n; 2. TECH* Akku *m; 3. (d'un véhicule) TECH* Batterie *f; 4. MIL* Batterie *f; 5. ~ de cuisine* Batterie von Töpfen und Pfannen *f; 6. (élevage)* Legebatterie *f*

batteur [batœʀ] *m 1.* Schneebesen *m; 2. MUS* Schläger *m*

batteuse [batøz] *f (moissonneuse ~) AGR* Mähdrescher *m*

battoir [batwaʀ] *m 1. (pour le linge)* Bleuel *m; 2. (fig: main large)* Pranke *f,* Tatze *f*

battre [batʀ] *v irr 1.* schlagen; *2. (cœur)* klopfen; *3. (fig)* besiegen, schlagen, niederschlagen; *4. (œufs)* verquirlen; *5. (grain)* dreschen; *6. (monnaie)* prägen; *7. se ~* sich schlagen, sich prügeln; *8. se ~ (avec)* kämpfen; *9. ~ froid à qn (fig)* jdm die kalte Schulter zeigen, jdn links liegen lassen; *10. ~ son plein (fig)* in vollem Gange sein

battu [baty] *adj 1. (vaincu)* geschlagen, besiegt; *2. avoir les yeux ~s (fig)* niedergeschlagen sein; *3. (tassé)* gebahnt; *4. suivre les sentiers ~s (fig)* ausgetretene Wege gehen; *6. (en danse)* mit Aneinanderschlagen der Füße; *7. ~ par les vents* windgepeitscht

baudet [bodɛ] *m 1. (fam)* Esel *m; 2. chargé comme un ~* wie ein Packesel beladen sein

bauge [boʒ] *f 1. (du sanglier)* Suhle *f; 2. (fig: lieu très sale)* Dreckloch *n,* Schweinestall *m; Comment peut-on habiter dans une ~ pareille?* Wie kann man nur in einem solchen Schweinestall leben? *3. (torchis)* Strohlehm *m*

baume [bom] *m* Balsam *m*

bavard [bavaʀ] *adj 1.* geschwätzig; *2. (loquace)* redselig; *3. (indiscret)* geschwätzig, schwatzhaft; *m 4.* Schwätzer *m*

bavardage [bavaʀdaʒ] *m 1.* Geplauder *n,* Geschwätz *n; 2. (commérage)* Gerede *n,* Klatsch *m*

B

bavarder [bavaʀde] *v 1.* plaudern; *2. (papoter)* schwatzen; *3. ~ avec qn* sich mit jdm unterhalten; *4. (jacasser)* plappern
bavarois [bavaʀwa] *adj* bayerisch
bavasser [bavase] *v (fam)* Stuss reden, dumm herumquatschen
bave [bav] *f 1. (salive)* Speichel *m,* Schaum*m; 2. (de l'escargot)* Schleim *m*
baver [bave] *v 1.* speicheln, sabbern; *L'enfant bave.* Das Kind sabbert./Das Kind sabbelt. *2. (salir)* vollsabbern, bekleckern; *3. (encre)* verlaufen, verschmieren; *L'encre a bavé sur la copie.* Die Tinte hat auf der Klassenarbeit einen Fleck hinterlassen./Die Tinte ist auf dem Blatt verlaufen. *4. (fig: ~ de)* hin und weg sein; *Il en bavait d'admiration.* Er war hin und weg vor Bewunderung./Er war sprachlos vor Bewunderung. *5. (fig: en ~)* schuften, sich abrackern, sich abmühen; *Il va en ~ cette année.* Er wird dieses Jahr ganz schön schuften müssen./Er wird es dieses Jahr nicht leicht haben. *6. (fig: ~ sur qn)* in den Schmutz ziehen, herziehen, verleumden; *On ne fait que ~ sur sa réputation.* Man versucht nur seinen Ruf zu schädigen.
bavette [bavɛt] *f 1.* Lätzchen *n; 2. (en boucherie)* Lappen *m,* Flanke *f; 3. tailler une ~ (fam)* einen kleinen Schwatz machen, ein Schwätzchen machen
Bavière [bavjɛʀ] *f GEO* Bayern *n*
bavure [bavyʀ] *f 1. (tache d'encre)* Klecks *m,* Tintenfleck *m,* verschmierte Stelle *f; Il a exécuté ce travail sans ~.* Er hat diese Arbeit tadellos ausgeführt./Er hat diese Aufgabe mustergültig erfüllt. *2. (fig: erreur)* Fehler *m,* Makel *m; ~ policière* polizeilicher Fehler *m,* Übertretung der Amtsgewalt *f*
bayer [baje] *v ~ aux corneilles* Löcher in die Luft starren, Maulaffen feilhalten
bazar [bazaʀ] *m 1. (en Orient)* Basar *m,* Bazar *m; 2. (magasin)* Ramschladen *m,* Gemischtwarenladen *m; article de ~* Trödel *m*/alter Plunder *m; 3. (fig: désordre)* Chaos *n,* heilloses Durcheinander *n,* Unordnung *f; ranger le ~* das Chaos beseitigen/aufräumen
bazarder [bazaʀde] *v (fam: vendre)* verscheuern, verscherbeln; *Il a bazardé tout ce qu'il avait.* Er hat Hab und Gut verkauft./Er hat alles, was er hatte, verscheuert./Er hat seinen gesamten Besitz verscheuert.
béant [beɑ̃] *adj 1. (grand ouvert)* weit aufgerissen, gähnend, klaffend; *2. être ~* klaffen
béat [bea] *adj (satisfait)* selig, überglücklich; *un sourire ~* ein dümmliches Lächeln *n; Il affiche un optimisme ~.* Er legt einen kindlichen Optimismus an den Tag.
béatement [beatmɑ̃] *adv* selig, glückselig, einfältig

beau [bo] *adj 1.* schön; *Il est bel homme.* Er ist ein stattlicher Mann. *2. se faire ~* sich herausputzen, sich schönmachen; *3. (raffiné)* vornehm, elegant, kultiviert; *4. Il fait ~.* Es ist schön./Es ist schönes Wetter. *5. au ~ milieu de* mitten in, mitten auf; *6. avoir ~* etwas noch so sehr (tun) können; *J'ai ~ crier.* Ich kann schreien, so viel ich will./Ich kann noch so sehr schreien. *adv 7. bel et bien* gut und gern, rundweg; *m 8.* Schöne *n; 9. faire le ~* Männchen machen

beaucoup [boku] *adv 1. ~ (de)* viel(e); *Merci ~.* Danke sehr. *Cela ne prendra pas ~ de temps.* Es dauert nicht lange. *2. pas ~* wenig; *3. de ~* weitaus
beauf [bof] *m 1. (fam)* Schwager *m; 2. (fam: petit-bourgeois)* Spießer *m,* Spießbürger *m*
beau-fils [bofis] *m* Schwiegersohn *m*
beau-frère [bofʀɛʀ] *m* Schwager *m*
beau-père [bopɛʀ] *m 1. (père du conjoint)* Schwiegervater *m; 2. (conjoint de la mère)* Stiefvater *m*
beauté [bote] *f 1.* Schönheit *f; 2. produits de ~* Kosmetika *n/pl,* Schönheitsmittel *n/pl; 3. se refaire une ~ (fam)* das Make-up erneuern, sich noch ein bisschen herrichten, zurechtmachen; *4. la ~ du diable* die vergängliche Schönheit der Jugend; *5. finir en ~* sich einen glänzenden Abgang verschaffen, *(fête)* einen gelungenen Abschluss finden
beaux-arts [bozaʀ] *m/pl ART* schöne Künste *pl,* bildende Kunst *f; l'Ecole des ~* die Akademie der Bildenden Künste *f*
beaux-parents [bopaʀɑ̃] *m/pl* Schwiegereltern *pl*
bébé [bebe] *m 1.* Baby *n*
bébête [bebɛt] *adj (fam)* dumm, kindisch, einfältig
bec [bɛk] *m 1.* Schnabel *m; avoir ~ et ongles (fig)* Haare auf den Zähnen haben; *2. prise de ~ (fig)* Wortwechsel *m,* heftige Auseinandersetzung *f; 3. donner un coup de ~ (fig)* jdm einen Seitenhieb versetzen; *4. rester le ~ dans l'eau (fam)* im Ungewissen schweben, gar nicht wissen, woran man ist; *5. clouer le ~ à qn (fig)* jdm den Mund stopfen; *6. (embouchure) MUS* Mundstück *n,* Schnabel *m; 7. ~ de gaz* Gaslaterne *f*

bécane [bekan] *f (fam)* Fahrrad *n*
bécasse [bekas] *f 1. (oiseau) ZOOL* Schnepfe *f; 2. (fig: sotte)* dumme Schnepfe *f,* dumme Gans *f; Quelle ~ cette fille!* Was für eine blöde Gans!
bec-de-cane [bɛkdəkan] *m* schlüsselloses Fallenschloss *n,* Türklinke *f,* Drehknauf *m*
bêche [bɛʃ] *f* Spaten *m*
bêcher [bɛʃe] *v 1.* umgraben; *2. (fam)* eingebildet sein, hochnäsig sein
bêcheur [bɛʃœʀ] *m (fam: personne prétentieuse)* Schnösel *m,* Lackaffe *m*
bêcheuse [bɛʃøz] *f (fam: personne prétentieuse)* eingebildete Pute *f*
bécot [beko] *m (fam: petit baiser)* Küsschen *n*
bécoter [bekɔte] *v se ~ (fam)* knutschen
becquée [beke] *f donner la ~* füttern
becquet [bɛkɛ] *m 1. (petit bec)* kleiner Schnabel *m; 2. (carrosserie)* Spoiler *m*
becqueter [bɛkte] *v 1.* picken; *2. (fam)* essen, futtern, fressen
bedaine [bədɛn] *f (fam)* Ranzen *m,* dicker Bauch *m*
bedon [bədɔ̃] *m (fam)* Wampe *f,* Wanst *m; Elle a un petit ~.* Sie hat ein kleines Bäuchlein.
bedonner [bədɔne] *v (fam)* Fett ansetzen, einen Bauch kriegen
bée [be] *adj bouche ~* mit offenem Mund *m,* stumm vor Erstaunen *n; être bouche ~ devant qn* jdn mit offenem Mund anstarren
béer [bee] *v 1.* (mit offenem Mund) staunen; *~ d'admiration* vor Bewunderung den Mund weit aufreißen; *2.* klaffen
beffroi [bɛfʀwa] *m 1. ARCH* Glockenturm *m; 2. (tour de guet)* Uhrturm *m,* Rathausturm *m*
bégaiement [begɛmɑ̃] *m 1. (trouble de la parole) MED* Stottern *n,* Stammeln *n; 2. (fig)* erste Gehversuche *pl,* Anfangsphase *f*
bégayer [begeje] *v 1.* stottern; *2. (balbutier)* lallen
bégueule [begœl] *adj (fam: prude)* prüde, zimperlich
béguin [begɛ̃] *m 1. (fam)* Liebschaft *f; 2. avoir le ~ pour qn (fam)* für jdn schwärmen, in jdn vernarrt sein, in jdn verknallt sein *(fam)*
beigne [bɛɲ] *f (fam: gifle)* Ohrfeige *f,* Watsche *f; recevoir une ~* eine gescheuert bekommen, eine fangen *(fam)*
béjaune [beʒon] *m (fig: jeune homme sot)* Grünschnabel *m*
bel [bɛl] *adj (voir „beau")*
bêlant [bɛlɑ̃] *m* blökend, meckernd; *(voix)* quäkend, greinend
bêler [bɛle] *v 1. (animal)* meckern; *2. (mal chanter)* jaulen *(fam),* heulen
belge [bɛlʒ] *adj* belgisch
Belge [bɛlʒ] *m/f* Belgier(in) *m/f*
Belgique [bɛlʒik] *f GEO* Belgien *n*
bélier [belje] *m 1. ZOOL* Bock *m; 2. TECH* Rammbär *m,* Rammklotz *m; 3. ~ hydraulique* hydraulischer Widder *m*
bellâtre [bɛlɑtʀ] *m* Schönling *m,* Beau *m*
belle [bɛl] *f 1.* Schöne *f,* schöne Frau *f; 2. se faire la ~ (fam)* ausbrechen, ausrücken
belle-doche [bɛldɔʃ] *f (fam: belle-mère)* Schwiegermutter *f*
belle-fille [bɛlfij] *f 1.* Schwiegertochter *f; 2. (fille du conjoint)* Stieftochter *f*
belle-mère [bɛlmɛʀ] *f 1. (mère du conjoint)* Schwiegermutter *f; 2. (conjointe du père)* Stiefmutter *f*
belle-soeur [bɛlsœʀ] *f* Schwägerin *f*
bellicisme [bɛlisism] *m* kriegerische Gesinnung *f,* Kriegstreiberei *f,* Kriegshetze *f*
belliqueux [bɛlikø] *adj 1.* streitlustig; *2. (guerrier)* kriegerisch
belvédère [bɛlvedɛʀ] *m* Aussichtspavillon *m,* Aussichtsterrasse *f,* Aussichtspunkt *m*
bémol [bemɔl] *m 1. MUS* Mollvorzeichen *n,* Be *n; 2. mettre un ~ (fam)* sich zurückhalten, leiser sprechen
bénédiction [benediksjɔ̃] *f 1.* Einweihung *f; 2. REL* Segen *m; 3. ~ nuptiale (à l'église)* Trauung *f; 4. (fig)* Segen *m,* Lust *f,* Freude *f,* Wonne *f*
bénéfice [benefis] *m 1.* Vorteil *m; 2. ECO* Gewinn *m; ~ brut ECO* Bruttogewinn *m; ~ net ECO* Nettogewinn *m; 3. (dividende)* Ausbeute *f*
bénéficiaire [benefisjɛʀ] *m 1.* Nutznießer *m,* Begünstigter *m; le ~ d'un chèque* Scheckempfänger *m; adj 2.* Gewinn bringend, einträglich, nutzbringend, Gewinn abwerfend; *une entreprise ~* ein Unternehmen, das Gewinn abwirft *n; la marge ~ du magasin* die Gewinnspanne eines Geschäfts *f*
bénéficier [benefisje] *v* profitieren, Nutzen ziehen
bénéfique [benefik] *adj 1. (salutaire)* heilsam, wohltuend; *Ce séjour lui a été ~.* Dieser Aufenthalt hat ihm gut getan./Dieser Aufenthalt war wohltuend für sie. *2. (favorable)* günstig, Glück bringend; *une planète ~* ein günstiger Planet *m*
benêt [bənɛ] *m* Dummkopf *m*

B

bénévole [benevɔl] *adj 1.* freiwillig; *2. (non rémunéré)* unbezahlt, ehrenamtlich; *m/f 3.* ehrenamtlicher Helfer/ehrenamtliche Helferin *m/f,* freiwilliger Helfer/freiwillige Helferin *m/f*
béni [beni] *adj* gesegnet, geweiht
bénignité [beniɲite] *f* Gutartigkeit *f,* Harmlosigkeit *f*
bénin [benɛ̃] *adj 1.* harmlos; *2. MED* gutartig
béni-oui-oui [beniwiwi] *m (fam)* Jasager *m,* Nachbeter *m*
bénir [beniʀ] *v 1. REL* segnen; *2. (consacrer)* einweihen; *3. (louer)* preisen, loben, gutheißen, rühmen
bénitier [benitje] *m 1. REL* Weihwasserbecken *n; une grenouille de ~ (fig)* eine Betschwester *f; se démener comme un diable dans un ~ (fam)* wie auf glühenden Kohlen sitzen; *2. (mollusque) ZOOL* Riesenmuschel *f*
benjamin(e) [bɛ̃ʒamɛ̃/bɛ̃ʒamin] *m/f* Nesthäkchen *n*
benne [bɛn] *f 1. (caisse)* Lore *f; une ~ de charbon* eine Kohlenlore *f; 2. (camion)* Kipper *m; une ~ à ordures* ein Müllwagen mit Kippvorrichtung *m; 3. (cabine de téléphérique)* Kleinkabine *f*
benoît [bənwa] *adj (ironique: bon)* zuckersüß, übertrieben liebenswürdig, katzenfreundlich, scheinheilig
benzine [bɛ̃zin] *f* Benzol *n,* Waschbenzin *n*
béotien [beɔsjɛ̃] *adj* amusisch, ohne Kunstverstand, banausisch
béquille [bekij] *f 1.* Krücke *f; 2. (soutien)* Ständer *m,* Stütze *f*
bercail [bɛʀkaj] *m* Schoß der Familie *m,* Schoß der Kirche *m; rentrer au ~* in den Schoß der Familie zurückkehren/in den Schoß der Kirche zurückkehren
berceau [bɛʀso] *m* Wiege *f*
bercer [bɛʀse] *v* wiegen; *se ~ de faux espoirs* sich in falschen Hoffnungen wiegen
berceuse [bɛʀsøz] *f 1. (chanson)* Wiegenlied *n,* Schlaflied *n,* Gutenachtlied *n; 2. (siège)* Schaukelstuhl *m*
béret [beʀɛ] *m ~ basque* Baskenmütze *f*
berge[1] [bɛʀʒ] *f 1.* Flussufer *n; 2. (rive)* Uferböschung *f*
berge[2] [bɛʀʒ] *f (fam)* Lebensjahr *n*
berger [bɛʀʒe] *m 1.* Hirt *m,* Schäfer *m; 2. ~ allemand ZOOL* Schäferhund *m; 3. l'heure du ~* Schäferstündchen *n; 4. l'étoile du ~* Venus *f,* Morgenstern *m,* Abendstern *m*
bergère [bɛʀʒɛʀ] *f (fauteuil)* bequemer, gepolsterter Lehnstuhl *m*
bergerie [bɛʀʒəʀi] *f* Schafstall *m; Les moutons sont dans la ~.* Die Schafe sind im Stall. *Laisser entrer le loup dans la ~ (fig)* einer Untat Vorschub leisten
berk [bɛʀk] *interj (fam)* igitt; *Berk! C'est dégoûtant!* Igitt! Das ist ja eklig!/Igitt! Das schmeckt ja scheußlich!
berlingot [bɛʀlɛ̃go] *m 1. (bonbon)* Fruchtbonbon in Form einer dreiseitigen Pyramide *n,* Pfefferminzbonbon in Form einer dreiseitigen Pyramide *n; 2. (emballage)* Tetrapack *m,* Milchtüte *f,* Safttüte *f; un ~ de lait concentré* ein Tetrapack Kondensmilch *m; un ~ d'adoucisseur* ein Päckchen Wasserenthärter *m*
berlue [bɛʀly] *f avoir la ~ (fam)* sich Illusionen machen, nicht richtig sehen, blind sein, einer Täuschung erliegen; *Tu as la ~, ce n'est pas lui.* Du siehst wohl nicht recht, das ist nicht er.
berne [bɛʀn] *f en ~* auf halbmast
berner [bɛʀne] *v 1.* anschwindeln; *2. (fam)* leimen
bernique [bɛʀnik] *interj Bernique!* Nichts zu machen!/Denkste!
bésef [bezɛf] *adv pas ~ (fam)* nicht gerade viel
bésicles [bezikl] *f/pl (fam)* Brille *f*
besogne [bəzɔɲ] *f (travail)* Arbeit *f,* Beschäftigung *f,* Aufgabe *f; abattre de la ~* viel wegarbeiten/viel Arbeit in kurzer Zeit erledigen/eine Menge aufarbeiten/kräftig zupacken; *faire de la belle ~ (fig)* etw Schönes anrichten/gute Arbeit leisten; *aller vite en ~ (fig)* vorschnell urteilen/sich rasch eine Meinung bilden/nicht lange überlegen
besogner [bəzɔɲe] *v* sich abrackern, sich schinden, schuften
besogneux [bəzɔɲø] *adj* bedürftig, arm; *un artiste ~* ein Künstler, der für einen Hungerlohn arbeitet *m*/ein schlecht bezahlter Künstler *m*
besoin [bəzwɛ̃] *m 1.* Bedürfnis *n; avoir ~ de* bedürfen, benötigen, brauchen; *avoir ~ de beaucoup d' attention* viel Aufmerksamkeit erfordern; *avoir ~ de se faire valoir* Geltungsbedürfnis haben; *2. (manque)* Not *f; en cas de ~* notfalls; *s'il en est ~* nötigenfalls/falls erforderlich; *Il n'est pas ~ de dire ...* Es ist überflüssig zu sagen, dass ... *3. ~ de compensation* Nachholbedarf *m; 4. ~ d'agir* Tatendrang *m; 5. au ~* allenfalls, notfalls; *6. ~s pl* Bedarf *m*
bestial [bɛstjal] *adj* bestialisch, brutal

bestiaux [bɛstjo] *m/pl* Vieh *n*
bestiole [bɛstjɔl] *f* Tierchen *n*, Insekt *n*
bestseller [bɛstsɛlɛʀ] *m* Bestseller *m*
bêta [bɛta] *adj m 1. (fam)* Dummkopf *m; 2. (fam)* dumm, doof
bétail [betaj] *m* Vieh *n*

bête [bɛt] *adj 1.* dumm, blöd, dämlich, doof; *être ~ comme un âne* strohdumm sein; *être ~ comme ses pieds* dümmer sein als die Polizei erlaubt; *être ~ à manger du foin* dumm wie Bohnenstroh sein/strohdumm sein; *f 2.* Tier *n*, Vieh *n*, Ungeziefer *n; chercher la petite ~* immer ein Haar in der Suppe finden; *regarder qn comme une ~ curieuse* jdn anstarren; *3. ~ féroce* Bestie *f*, Biest *n; 4. Bête à bon Dieu* Marienkäfer *m; 5. reprendre du poil de la ~ (fam)* wieder hochkommen, wieder auf die Höhe kommen, sich wieder aufrappeln *(fam)*; *6. travailler comme une ~ (fam)* wie ein Pferd arbeiten, schuften, sich abrackern

bêtifier [bɛtifje] *v* dumm daherreden, kindisch plappern, sich dumm stellen, verdummen
bêtise [bɛtiz] *f 1.* Dummheit *f*, Dämlichkeit *f; 2. (chose sans importance)* Kleinigkeit *f*, Lappalie *f; 3. (imprudence)* Dummheit *f*, Torheit *f*, Unklugheit *f; 4. ~ de Cambrai* Pfefferminzbonbon (aus Cambrai) *m*
bêtisier [bɛtizje] *m* Stilblütensammlung *f*
béton [betɔ̃] *m 1.* Beton *m; 2. ~ armé* Stahlbeton *m*, Eisenbeton *m; 3. ~ précontraint* Spannbeton *m*, vorgespannter Beton *m; 4. en ~ (fam)* hieb- und stichfest
bétonner [betɔne] *v 1.* betonieren; *2. (fam: parfaire)* vollenden, vervollkommnen; *3. (parer) SPORT* mauern
betterave [bɛtʀav] *f 1.* Rübe *f*, *2. ~ sucrière BOT* Zuckerrübe *f; 3. ~ rouge BOT* rote Rübe *f*, Rote Bete *f; 4. ~ fourragère BOT* Futterrübe *f*
beugler [bøgle] *v 1.* brüllen; *2. (mugir)* muhen, brüllen
beur [bœʀ] *m/f* in Frankreich geborene(r) Nordafrikaner(in) *m/f*

beurre [bœʀ] *m 1.* Butter *f; C'est du ~.* Nichts leichter als das./Das ist ein Kinderspiel. *faire son ~* sein Schäfchen ins Trockene bringen; *2. ~ noir* braune Butter *f; 3. avoir le ~ et l'argent du ~ (fig)* alles gleichzeitig haben, nur Vorteile haben; *4. ~ frais* frische Butter *f; 5. ~ de cacao* Kakaobutter *f*

beurrer [bœʀe] *v 1.* buttern, mit Butter bestreichen, einfetten; *~ une tartine* ein Butterbrot schmieren; *~ un moule* eine Form einfetten/eine Kuchenform buttern; *2. se ~ (fam)* sich besaufen, sich voll laufen lassen
beuverie [bœvʀi] *f* Trinkgelage *n*, Zechgelage *n*, Saufgelage *n (fam)*
bévue [bevy] *f* grober Fehler *m*, große Dummheit *f; commettre une ~* eine große Dummheit begehen, einen groben Fehler machen, sich einen groben Schnitzer leisten
biais [bjɛ] *m 1.* Umweg *m; trouver un ~* ein Mittel finden/einen Ausweg finden; *2. (d'une pente)* Schräge *f; en ~* schräg
biaiser [bjeze] *v (fig)* umgehen, herumdrucksen, um den heißen Brei reden
bibelots [biblo] *m/pl* Nippes *pl*
biberon [bibʀɔ̃] *m* Fläschchen *n*, Flasche *f*
biberonner [bibʀɔne] *v* gern einen über den Durst trinken *(fam)*
bibi [bibi] *m 1. (chapeau)* (Damen)Hütchen *n; pron 2. (fam)* ich, meine Wenigkeit
bibliothécaire [biblijɔtekɛʀ] *m/f* Bibliothekar(in) *m/f*
bibliothèque [biblijɔtɛk] *f 1.* Bibliothek *f*, Bücherei *f; ~ de prêt* Leihbibliothek *f; 2. (meuble)* Bücherschrank *m*
biblique [biblik] *adj* biblisch
bic [bik] *m (fam: stylo à bille)* Kuli *m*
biche [biʃ] *f 1. ZOOL* Hirschkuh *f; avoir des yeux de ~ (fig)* Rehaugen haben; *2. ma ~ (fam)* mein Schatz *m*, mein Spatz *m*
bichonner [biʃɔne] *v 1. ~ qn* jdn verhätscheln, jdn umhegen; *~ un enfant* ein Kind verhätscheln; *Il bichonne sa voiture tous les dimanches.* Er putzt sein Auto jeden Sonntag von oben bis unten./Er wienert jeden Sonntag sein Auto. *2. se ~* sich fein machen, sich herausputzen, sich schön machen
bicolore [bikɔlɔʀ] *adj* zweifarbig
bicoque [bikɔk] *f (fam: vieille maison)* Bruchbude *f*
bicot [biko] *m (raciste)* Araber *m*, Nordafrikaner *m*
bicyclette [bisiklɛt] *f* Fahrrad *n*, Rad *n; pompe à ~* Fahrradpumpe *f*
bide [bid] *m 1. (fam: ventre)* Wampe *f*, dicker Bauch *m; avoir du ~* einen Bauch haben; *2. (fam: échec)* Schlag ins Wasser *m*, Misserfolg *m*, Bauchlandung *f; faire un ~* ein Reinfall sein, beim Publikum nicht ankommen, durchfallen
bidet [bidɛ] *m 1. (cheval)* kleines Pferd *n*, Pferdchen *n; 2. (cuvette)* Sitzbad *n*, Bidet *n*
bidoche [bidɔʃ] *f (fam)* Fleisch *n*

bidon [bidɔ̃] *m* *1.* Kanister *m;* *2. (broc)* Kanne *f;* *3. (fam: ventre)* Wampe *f;* *4. du ~ (fam)* Märchen *n,* Schwindel *m,* Betrug *m;* *C'est du ~!* Das sind Märchen!/Das ist gelogen!

bidonnant [bidɔnɑ̃] *adj* spaßig, lustig

bidonner [bidɔne] *v se ~ (fam: rire)* sich totlachen, sich schief lachen, sich krumm lachen, sich kugeln vor Lachen

bidonville [bidɔ̃vil] *m* Wellblechhütten *f/pl,* Wellblechhüttensiedlung *f,* Elendsviertel *n,* Slum *m*

bidouiller [biduje] *v (fam)* an etw herumbasteln

bidule [bidyl] *m (fam)* Ding *n*

bien [bjɛ̃] *adv* *1.* gut; *aimer ~* mögen; *~ rangé* ordentlich; *~ entendu* wohlgemerkt; *~ connu* altbekannt; *~ élevé* artig/gut erzogen; *~ entretenu* gepflegt; *~ payé* gut bezahlt; *~ intentionné à l'égard de* wohl gesinnt; *~ marcher* klappen; *~ portant* gesund; *2. (agréable)* wohl; *vouloir du ~ à qn* jdm wohl wollen; *3. (beaucoup)* viel, sehr; *Bien sûr!* Sicherlich! *~ des fois* oft; *4. (juste)* recht; *C'est ~ fait pour lui.* Das geschieht ihm recht. *tant ~ que mal* recht und schlecht; *5. (certainement)* schon; *On verra ~!* Wir werden schon sehen! *konj* *6. ~ que* obwohl, obgleich, trotzdem, obschon; *m* *7.* Wohl *n;* *mener à ~* zu einem glücklichen Ende führen; *~ public* Gemeinwohl *n;* *8. (propriété)* Gut *n;* *~s de consommation* Konsumgüter *pl;* *~ commun* Gemeingut *n;* *9. (avoir)* Habe *f;* *~s de peu de valeur* Habseligkeiten *pl;* *10. ~ foncier* Grundstück *n;* *11. ~s immobiliers pl* Immobilien *pl*

bien-être [bjɛ̃nɛtʀ] *m* *1.* Wohlstand *m;* *2. (moral)* Wohlbehagen *n,* Wohlbefinden *n,* Wohlgefühl *n*

bienfaisance [bjɛ̃fəzɑ̃s] *f* Wohltätigkeit *f,* Wohlwollen *n,* Güte *f;* *une oeuvre de ~* ein gutes Werk *n,* eine gute Tat *f*

bienfaisant [bjɛ̃fəzɑ̃] *adj* wohltuend

bienfaiteur [bjɛ̃fɛtœʀ] *m* *1.* Förderer *m;* *2. (personne charitable)* Wohltäter *m*

bien-fondé [bjɛ̃fɔ̃de] *m* Berechtigung *f,* Fundiertheit *f;* *le ~ d'une réclamation* die begründete Beschwerde *f;* *le ~ d'une opinion* die stichhaltige Meinung *f*

bienheureux [bjɛ̃nœʀø] *adj* *1.* glückselig; *2. REL* selig

bien-pensant [bjɛ̃pɑ̃sɑ̃] *adj* konformistisch

bienséance [bjɛ̃seɑ̃s] *f* Anstand *m,* Anständigkeit *f,* Schicklichkeit *f;* *les règles de la ~* die Anstandsregeln *f/pl*

bienséant [bjɛ̃seɑ̃] *adj* hochanständig

bientôt [bjɛ̃to] *adv* bald

bienveillance [bjɛ̃vɛjɑ̃s] *f* *1.* Entgegenkommen *n;* *2. (faveur)* Wohlwollen *n*

bienveillant [bjɛ̃vɛjɑ̃] *adj* gnädig, wohl wollend

bienvenu [bjɛ̃v(ə)ny] *adj* willkommen

bienvenue [bjɛ̃v(ə)ny] *f* Willkommen *n,* Willkommensgruß *m,* Willkommenheißen *n;* *souhaiter la ~ à qn* jdn willkommen heißen; *faire un discours de ~* eine Begrüßungsansprache halten; *offrir un cadeau de ~* ein Gastgeschenk machen

bière[1] [bjɛʀ] *f (boisson)* Bier *n;* *Ce n'est pas de la petite ~.* Das ist keine Kleinigkeit. *~ pression* Fassbier *n;* *~ blonde* Helles *n*

bière[2] [bjɛʀ] *f* *1.* Sarg *m;* *2. mise en ~* Einsargung *f*

biffer [bife] *v* streichen, durchstreichen

bifteck [biftɛk] *m* *1. GAST* Beefsteak *n;* *2. défendre son ~ (fam)* seine eigenen Interessen verteidigen

bifurcation [bifyʀkasjɔ̃] *f* Abzweigung *f,* Weggabelung *f*

bifurquer [bifyʀke] *v* *1. (tourner)* abzweigen; *2. (fig)* zu etw überwechseln, umsatteln *(fam)*

bigarré [bigaʀe] *adj* *1. (multicolore)* bunt, mehrfarbig, scheckig; *2. (fig)* bunt, gemischt, uneinheitlich; *une foule ~e* eine bunte Menge *f*

bigler [bigle] *v (fam: loucher)* schielen

bigleux [biglø] *adj (fam)* blind

bigophone [bigɔfɔn] *m* Telefon *n (fam),* Quasselstrippe *f (fam)*

bigot [bigo] *adj* bigott, fromm, scheinheilig

bigoudi [bigudi] *m* Lockenwickler *m*

bigrement [bigʀəmɑ̃] *adv (fam)* verdammt, verflixt, verteufelt

bijou [biʒu] *m* *1.* Juwel *n,* Schatz *m;* *2. (parure)* Schmuck *m;* *~ en or* Goldschmuck *m*

bijouterie [biʒutʀi] *f* *1. (magasin)* Juwelierladen *m,* Juweliergeschäft *n,* Juwelier *m;* *2. (industrie)* Schmuckhandel *m*

bilan [bilɑ̃] *m* *1.* Fazit *n;* *2. (fig)* Bilanz *f;* *3. ECO* Abschluss *m,* Bilanz *f;* *~ de clôture d'exercice* Abschlussbilanz *f;* *~ de fin d'année* Jahresabschluss *m;* *dresser un ~/dresser le ~* bilanzieren; *4. ~ de santé* Check-up *m,* Generaluntersuchung *f;* *5. ~ carbone* CO_2-Bilanz *f;* *~ environnemental* Umweltbilanz *f*

bile [bil] *f* *1. ANAT* Galle *f; se faire de la ~ (fam)* sich Sorgen machen/sich sorgen; *Ne te fais pas de ~!* Lass dir doch deswegen keine grauen Haare wachsen!/Mach dir doch keinen Kopf! *2. (fig: mauvaise humeur)* schlechte Laune *f,* Übellaunigkeit *f,* Zorn *m; échauffer la ~ de qn* jdn auf die Palme bringen

biler [bile] *v se ~ (fam)* besorgt sein, bekümmert sein, sich Sorgen machen

bilieux [biljø] *adj (fig)* launisch, mürrisch; *un tempérament ~* ein launischer Charakter

bilingue [bilɛ̃g] *adj* zweisprachig

bille[1] [bij] *f* *1.* Murmel *f; reprendre ses ~s (fig)* nicht mehr mitmachen/aussteigen; *2. roulement à ~s TECH* Kugellager *n,* Kugellagerung *f; 3. stylo à ~* Kugelschreiber *m; 4. (fam: tête)* Kopf *m,* Birne *f (fam)*

bille[2] [bij] *f ~ de bois* Holzklotz *m*

billet [bijɛ] *m* *1. (d'entrée)* Eintrittskarte *f; ~ gratuit* Freikarte *f; ~ de cinéma* Kinokarte *f; 2. (de train)* Fahrkarte *f,* Fahrschein *m; ~ de chemin de fer* Bahnfahrkarte *f; ~ aller et retour* Rückfahrkarte *f; 3. (petite lettre)* Zettel *m,* Nachricht *f; ~ doux* Liebesbrief *m; 4. (d'argent)* Schein *m; ~ de banque* Geldschein *m,* Banknote *f; ~ de loterie* Los *n; ~ non gagnant* Niete *f*

billetterie [bijɛtʀi] *f* *1.* Kartenverkauf *m,* Schalter *m,* Kasse *f; La ~ pour le spectacle est déjà fermée.* Es gibt keine Karten mehr für diese Vorstellung./Die Kasse ist bereits geschlossen. *2. ~ automatique* Scheckkartenautomat *m*

billot [bijo] *m* Block *m,* Klotz *m*

bimbeloterie [bɛ̃blɔtʀi] *f* Nippes *pl,* Spielsachen *f/pl,* Spielwarenladen *m,* Nippesherstellung *f,* Nippesverkauf *m*

bimensuel [bimɑ̃sɥɛl] *adj* zweimal im Monat; *une revue ~le* eine zweimal im Monat erscheinende Zeitschrift

bimestriel [bimɛstʀijɛl] *adj* alle zwei Monate, zweimonatlich erscheinend, zweimonatlich stattfindend

biner [bine] *v AGR* hacken, aufhacken; *Il faut ~ la terre régulièrement.* Der Boden muss regelmäßig gelockert werden.

binette [binɛt] *f* *1. (outil)* Hacke *f; 2. (fam)* Gesicht *n,* Visage *f (fam)*

binoclard [binɔklaʀ] *adj (fam)* Brillenschlange *f*

binocles [binɔkl] *m* *1. (lorgnon)* Lorgnette *f,* Binokel *n; m/pl 2. (fam: lunettes)* Brille *f,* Nasenfahrrad *n*

biodégradable [bjodegʀadabl] *adj* biologisch abbaubar

biodiesel [bjodiesɛl] *m* Biodiesel *m*

biodiversité [bjodivɛʀsite] *f* Artenvielfalt *f*

biologie [bjolɔʒi] *f* Biologie *f*

biologiste [bjolɔʒist] *m/f* Biologe/Biologin *m/f*

biotope [bjotɔp] *m* Biotop *n*

bip [bip] *m* *1. (signal sonore)* Piepen *n; 2. (appareil)* Pieper *m*

biper [bipe] *v* piepen

biplan [biplɑ̃] *m (avion)* Doppeldecker *m*

bipolaire [bipɔlɛʀ] *adj MATH* zweipolig; *des coordonnées ~s* bipolare Koordinaten *m/pl*

bipolarisation [bipɔlaʀizasjɔ̃] *f POL* Polarisierung *f*

bique [bik] *f* *1. (fam: chèvre) ZOOL* Ziege *f,* Geiß *f; 2. (fig)* Schachtel *f,* Ziege *f; une vieille ~ (fam)* eine alte Schachtel *f; une grande ~ (fam)* eine lange Latte *f*/eine Hopfenstange *f*

bis[1] [bis] *interj* *1. Bis!* Zugabe!/Da capo! *m 2.* Wiederholung *f; jouer un ~* einen Satz noch einmal spielen/ein ganzes Stück wiederholen; *adv 3. Il habite 3 ~ rue de Paris.* Er wohnt in der Rue de Paris 3a.

bis[2] [bi] *adj* graubraun; *du pain ~* Mischbrot *n,* Graubrot *n*

bisaïeul(e) [bizajœl] *m/f* Urgroßvater/Urgroßmutter *m/f*

bisaïeux [bizajø] *pl* Urgroßeltern *pl*

bisannuel [bizanɥɛl] *adj* zweijährlich, alle zwei Jahre stattfindend

bisbille [bisbij] *f être en ~ avec qn (fam)* mit jdm schmollen, mit jdm im Streit liegen

biscornu [biskɔʀny] *adj* *1. (difforme)* unförmig, missgestaltet; *2. (fig)* verschroben, skurril, seltsam; *avoir l'esprit ~* ein schräger Vogel sein, ein schwieriger Mensch sein, leicht verschroben sein

biscotte [biskɔt] *f GAST* Zwieback *m*

bise[1] [biz] *f (vent) METEO* kalter Nord(ost)wind *m*

bise[2] [biz] *f (fam: baiser)* Kuss *m,* Schmatz *m; se faire la ~* sich mit Küsschen begrüßen

bisexualité [bisɛksɥalite] *f* Doppelgeschlechtigkeit *f,* Zweigeschlechtigkeit *f*

bisou [bizu] *m (fam)* Kuss *m,* Küsschen *n*

bisquer [biske] *v (fam)* sich ärgern, wild werden, fuchsig werden

bisser [bise] *v* durch anhaltenden Beifall eine Zugabe fordern, (Künstler) etw wiederholen, etw noch einmal vortragen

B

bissextile [bisɛkstil] *adj année ~* Schaltjahr *n*
bistre [bistʀ] *m 1.* Dunkelbraun *n; adj 2.* dunkelbraun; *un teint ~* ein dunkler Teint *m*
bistro(t) [bistʀo] *m GAST* Kneipe *f*
bit [bit] *m INFORM* Bit *n*
bite [bit] *f (fam)* Pimmel *m,* Schwanz *m*
bitoniau [bitɔnjo] *m (fam)* Vorrichtung *f,* Ding *n*
bitte [bit] *f NAUT* Poller *m*
bitture [bityʀ] *f prendre une ~ (fam)* sich voll laufen lassen
bitturer [bityʀe] *v se ~ (fam)* sich besaufen, sich voll laufen lassen
bitume [bitym] *m 1. (asphalte)* Asphalt *m; 2. (fam: trottoir)* Gehsteig *m,* Bürgersteig *m; arpenter le ~* mit großen Schritten den Bürgersteig entlanggehen; *3. MIN* Bitumen *m*
bivalent [bivalɑ̃] *adj* zweiwertig
bivitellin [bivitɛlɛ̃] *adj jumeaux ~s BIO* zweieiig; *jumeaux ~s* zweieiige Zwillinge *pl*
bivouac [bivwak] *m (campement)* Biwak *n,* Nachtlager im Freien *n; installer un ~ en montagne* im Gebirge sein Biwak aufschlagen, im Gebirge biwakieren; *feux de ~* Lagerfeuer *n*
bizarre [bizaʀ] *adj 1.* eigenartig, seltsam, komisch; *2. (particulier)* sonderlich; *3. (étrange)* wunderlich
bizarroïde [bizaʀɔid] *adj (fam)* seltsam, sonderbar, merkwürdig, absonderlich
bizzarerie [bizaʀəʀi] *f* Besonderheit *f*
blafard [blafaʀ] *adj 1.* bleich; *2. (livide)* fahl
blague[1] [blag] *f 1.* Spaß *m,* Scherz *m; 2. (histoire drôle)* Witz *m*
blague[2] [blag] *f ~ à tabac* Tabaksbeutel *m*
blaguer [blage] *v* einen Scherz machen, Späße machen, Witze machen
blagueur [blagœʀ] *m* Spaßvogel *m*
blaireau [blɛʀo] *m 1. ZOOL* Dachs *m; 2. (à barbe)* Rasierpinsel *m*
blairer [bleʀe] *v (fam)* (gern) mögen, riechen können; *ne pas pouvoir ~ qn* jdn nicht riechen können
blâme [blɑm] *m 1.* Tadel *m; 2. (remontrance)* Verweis *m,* Vorwurf *m*
blâmer [blɑme] *v* rügen, tadeln; *~ qn* jdn zurechtweisen

blanc [blɑ̃] *adj 1. (vide)* leer; *en ~* blanko; *2. (couleur)* weiß; *regarder qn dans le ~ des yeux* jdm tief in die Augen blicken; *passer du ~ au noir* von einem Extrem ins andere fallen; *être ~ comme neige (fig)* völlig unschuldig sein; *être ~ comme un linge* blass wie ein Leintuch sein/leichenblass sein; *3. (pur)* sauber, rein; *m 4. ~ d'œuf* Eiweiß *n; 5. (linge de maison)* Weißwaren *f/pl,* Weißzeug *n,* Kochwäsche *f; 6. ~ de poulet* Hähnchenbrust *f; 7. à ~ cartouche à ~* Platzpatrone *f; coupe à ~* Kahlschlag *m; cuisson à ~* Abbrühen n/Blanchieren n; *chauffer à ~* bis zur Weißglut erhitzen; *tirer à ~* mit Übungsmunition/Platzpatronen schießen; *8. de but en ~* geradeheraus, geradezu, ohne Umschweife, plötzlich

blanc-bec [blɑ̃bɛk] *m (fam)* Grünschnabel *m*
blanchâtre [blɑ̃ʃɑtʀ] *adj* weißlich, bleich
blancheur [blɑ̃ʃœʀ] *f* Weiß *n,* Weiße *f,* Blässe *f*
blanchiment [blɑ̃simɑ̃] *m 1. TECH* Bleiche *f,* Bleichen *n; 2. ~ d'argent (fig)* Geldwäsche *f*
blanchir [blɑ̃ʃiʀ] *v 1.* abkochen; *2. (couleur)* bleichen; *3. (fig: vieillir)* ergrauen; *4. (disculper)* rein waschen; *5. ~ de l'argent (fig)* Geld waschen
blasé [blaze] *adj* übersättigt
blaser [blaze] *v* abstumpfen, gleichgültig werden lassen
blason [blazɔ̃] *m* Wappen *n*
blé [ble] *m 1.* Weizen *m; 2. ~ noir BOT* Buchweizen *m; 3. (fam: argent)* Geld *n,* Zaster *m (fam),* Moneten *pl*
bled [blɛd] *m (fam: village)* Kaff *n,* Nest *n; Il habite dans un petit ~.* Er wohnt in einem kleinen Kaff./Er wohnt in einem kleinen Nest.
blême [blɛm] *adj 1.* blass; *2. (pâle)* bleich, fahl; *~ de peur* schreckensbleich
blêmir [blemiʀ] *v* verblassen
blêmissement [blemismɑ̃] *m* Erblassen *n,* Erbleichen *n,* Fahlwerden *n*
blessant [blɛsɑ̃] *adj* verletzend, kränkend, beleidigend
blessé(e) [blese] *m/f ~ grave* schwer Verletzte(r) *m/f*

blesser [blese] *v 1.* verletzen; *C'est là que le bât le blesse. (fig)* Das ist sein wunder Punkt. *2. (personne)* verwunden; *3. (abîmer)* beschädigen; *4. (fig)* kränken, verletzen, beleidigen

blessure [blesyʀ] *f 1.* Verletzung *f,* Wunde *f,* Verwundung *f; 2. (pour une chose)* Beschädigung *f*

blet [blɛ] *adj (fruits)* matschig, überreif
bleu [blø] *adj 1.* blau; *2. steak ~ GAST* englisches Steak *n; m 3. n'y voir que du ~ (fig)* überhaupt nichts merken, gar nichts bemerken; *4. (fam: recrue)* Rekrut *m,* junger Soldat *m,* Frischling *m (fam); 5. truite au ~ GAST* Forelle blau *f; 6. (fromage)* Blauschimmelkäse *m; 7. ~ de travail* blauer Arbeitsanzug *m*
bleuâtre [bløɑtʀ] *adj* bläulich, blau schimmernd
bleuir [bløiʀ] *v 1. (rendre bleu)* blau machen, blau anlaufen lassen, blau färben; *Le froid lui bleuit les lèvres.* Seine Lippen sind schon ganz blau von der Kälte. *2. (devenir bleu)* blau werden, sich blau verfärben
bleuté [bløte] *adj* bläulich
blindé [blɛ̃de] *m 1. MIL* Panzer *m; adj 2.* gepanzert
blinder [blɛ̃de] *v 1.* panzern, abschirmen, verschalen, aussteifen; *2. (fig)* wappnen, unempfindlich machen, abhärten
bloc [blɔk] *m 1.* Block *m; ~ de papier à lettres* Briefblock *m; 2. (masse)* Klotz *m; ~ de bois* Holzklotz *m; en ~* pauschal; *faire ~* zusammenhalten; *3. (fam)* Knast *m; 4. à ~* fest, ganz
blocage [blɔkaʒ] *m* Absperrung *f*
blockhaus [blɔkos] *m* Bunker *m*
bloc-notes [blɔknɔt] *m* Notizblock *m*
blocus [blɔkys] *m MIL* Blockade *f*
blogue [blɔg] *m INFORM* Blog *m*
bloguer [blɔge] *v INFORM* bloggen
blond [blɔ̃] *adj 1.* blond; *~ cendré* aschblond; *2. bière ~e* helles Bier *n*
blondeur [blɔ̃dœʀ] *f* Blondheit *f,* (Getreide) Goldgelb *n*
blondir [blɔ̃diʀ] *v 1. (devenir blond)* sich gelb färben, heller werden; *Elle blondit en été.* Ihre Haare werden im Sommer immer heller. *faire ~ des oignons* Zwiebeln bräunen; *2. (rendre blond)* blond färben, blondieren; *Le soleil blondit les cheveux.* Die Sonne lässt die Haare heller werden.
bloquer [blɔke] *v 1. (fermer)* absperren; *2. (obstruer)* blockieren; *3. (compte)* sperren
blottir [blɔtiʀ] *v 1. se ~ (se tapir)* sich zusammenkauern, sich zusammenziehen, sich ducken; *se ~ sous ses couvertures* sich unter seine Bettdecke kuscheln; *se ~ dans un coin* sich in einer Ecke zusammenkauern; *2. se ~ (se mettre à l'abri)* sich verkriechen, sich in Sicherheit bringen; *se ~ contre qn* sich an jdn kuscheln/sich an jdn drücken; *se ~ entre les bras de qn* sich in jds Arme schmiegen
blouse [bluz] *f 1.* Kittel *m; 2. (chemisier)* Bluse *f*
blouser [bluze] *v 1.* blusig sein, blusig fallen; *2. (fam)* jdn reinlegen
blouson [bluzɔ̃] *m* Jacke *f*
bluffer [blœfe] *v* schwindeln
bobard [bɔbaʀ] *m (fam: mensonge)* Flunkerei *f,* Geflunker *n,* Lügenmärchen *n,* Jägerlatein *n; raconter des ~s* flunkern/Lügenmärchen erzählen
bobine [bɔbin] *f 1.* Spule *f; 2. ~ d'allumage TECH* Zündspule *f; 3. (fam)* Gesicht *n,* Visage *f (fam)*
bobo [bobo] *m (fam)* Wehweh *n,* Wehwehchen *n*
bocal [bɔkal] *m* Glas *n,* Glasbehälter *m; un ~ de cornichons* ein Glas Essiggurken *n; faire des fruits en bocaux* Obst einmachen; *un ~ à poissons rouges* ein Goldfischglas *n*
bœuf [bœf] *m 1. ZOOL* Ochse *m; 2. (bovin)* Rind *n; 3. (viande)* Rindfleisch *n; 4. (fam)* gewaltig, Bomben...
bof [bɔf] *interj* na ja, geht so
bogue [bɔg] *f 1. (de châtaigne)* (stachelige) Fruchtschale *f; 2. INFORM* (Programmier-)Fehler *m*
bohème [bɔɛm] *m 1. (personne)* Bohemien *m,* unkonventioneller Künstler *m; f 2. (ensemble)* Boheme *f,* Künstlermilieu außerhalb der bürgerlichen Gesellschaft *n; vivre en ~* in der Boheme leben, ein Künstlerleben führen
bohémien(ne) [bɔemjɛ̃/bɔemjɛn] *m/f 1.* Böhme *m,* Böhmin *f; 2. (bohème)* Bohemien *m,* Angehörige(r) der Boheme *m/f; vivre comme un ~* ein Bohemeleben führen

boire [bwaʀ] *v irr 1.* trinken; *~ un coup (fam)* einen zu sich nehmen; *~ à petites gorgées* nippen; *~ avec bruit* schlürfen; *2. (animal)* saufen

bois [bwa] *m 1.* Holz *n; ~ de chauffage* Brennholz *n; ~ de construction* Bauholz *n; ~ précieux* Edelholz *n; en ~/de ~* hölzern; *Je touche du ~!* Toi, toi, toi! *2. (forêt)* Wald *m; ~ feuillu* Laubwald *m; 3. (ramure) ZOOL* Geweih *n*
boisé [bwaze] *adj* bewaldet
boisson [bwasɔ̃] *f 1.* Getränk *n; 2. être pris de ~* betrunken sein
boîte [bwat] *f 1.* Schachtel *f,* Kasten *m,* Kiste *f; ~ en carton* Pappschachtel *f; ~ à outils* Werkzeugkasten *m; ~ aux lettres* Briefkasten *m; ~ postale* Postfach *n; ~ de*

B

pansements Verbandskasten *m; 2. (en métal)* Dose *f; ~ de fer blanc* Weißblechdose *f; ~ de conserve* Konservendose *f,* Büchse *f; ~ à musique* Spieldose *f; 3. (fam)* Diskothek *f; ~ de nuit* Nachtlokal *n; 4. TECH* Gehäuse *n,* Getriebe *n,* Büchse *f*
boiter [bwate] *v 1.* hinken, humpeln; *2. (fig)* (Vergleich) hinken, nicht ganz richtig sein
boiteux [bwatø] *adj* lahm, hinkend
boîtier [bwatje] *m* Gehäuse *n*
bol [bɔl] *m 1.* Napf *m,* Schale *f; 2. prendre un ~ d'air (fig)* frische Luft tanken *(fam),* auslüften; *3. (fig)* Glück *f,* Schwein *n (fam); avoir du ~* Glück/Schwein haben
bombance [bɔ̃bɑ̃s] *f* Schwelgerei *f,* Gelage *n; faire ~* in Saus und Braus leben
bombardement [bɔ̃baʀdəmɑ̃] *m MIL* Bombenangriff *m*
bombarder [bɔ̃baʀde] *v 1. MIL* bombardieren; *2. (fig)* bombardieren, bewerfen
bombardier [bɔ̃baʀdje] *m (avion) MIL* Bomber *m,* Bombenflugzeug *n*
bombe[1] [bɔ̃b] *f 1.* Bombe *f; faire l'effet d'une ~* wie eine Bombe einschlagen; *~ atomique* Atombombe *f; 2. ~ glacée GAST* Eisbombe *f; 3. (casque de cavalier)* Reitkappe *f; 4. ~ aérosol* Spraydose *f*
bombe[2] [bɔ̃b] *f faire la ~* tüchtig feiern
bombé [bɔ̃be] *adj* bauchig
bomber [bɔ̃be] *v 1. ~ le torse* sich brüsten; *2. ~ sur les murs* auf Wände sprühen, auf Wände sprayen

bon [bɔ̃] *adj 1.* gut; *être ~* gut schmecken; *C'est ~ à savoir.* Das muss man sich merken. *de ~ne heure* früh; *~ marché* preiswert, billig; *~ pour la santé* gesund; *~ point* Pluspunkt *m; ~ à rien* Nichtsnutz *m; 2. (vrai)* richtig; *3. (habile)* tüchtig; *4. (charitable)* gutherzig; *m 5.* Gutschein *m,* Schein *m; ~ du Trésor* Schatzbrief *m; ~ de livraison* Lieferschein *m; ~ de commande* Bestellschein *m; ~ de caisse* Kassenbon *m*

bonasse [bɔnas] *adj (fam)* gutmütig
bonbonnière [bɔ̃bɔnjɛʀ] *f* Bonbondose *f,* Konfektdose *f,* Bonboniere *f*
bond [bɔ̃] *m 1.* Sprung *m; 2. saisir la balle au ~ (fig)* die Gelegenheit beim Schopf fassen, die Gelegenheit ergreifen; *3. faire faux ~ (fig)* jdn versetzen, jdn im Stich lassen
bondé [bɔ̃de] *adj* überfüllt, gepfropft, gerammelt voll *(fam)*
bondir [bɔ̃diʀ] *v 1.* springen; *2. (sautiller)* hüpfen
bonheur [bɔnœʀ] *m 1. (état)* Glück *n; au petit ~* auf gut Glück/aufs Geratewohl; *par ~* glücklicherweise; *2. (salut)* Heil *n*
bonhomie [bɔnɔmi] *f* Gutmütigkeit *f,* Biederkeit *f,* Einfalt *f; accueillir qn avec ~* jdn freundlich empfangen/jdn mit Liebenswürdigkeit aufnehmen
bonhomme [bɔnɔm] *adj 1.* gutmütig; *m 2. ~ de neige* Schneemann *m; 3. aller son petit ~ de chemin* unbeirrt seinen Weg gehen, sein Ziel verfolgen
boniment [bɔnimɑ̃] *m 1. (pour vanter qc)* marktschreierische Reklame *f; faire du ~* die Ware mit viel Worten feilbieten; *2. (mensonge)* Lügenmärchen *n,* Schwindel *m; raconter des ~s* Lügenmärchen erzählen
bonjour [bɔ̃ʒuʀ] *interj Bonjour!* Guten Tag!/Guten Morgen!
bonne [bɔn] *f 1. (à tout faire)* Hausmädchen *n; 2. ~ d'enfants* Kindermädchen *n*
bonne-maman [bɔnmamɑ̃] *f* Oma *f,* Großmama *f*
bonnement [bɔnmɑ̃] *adv* einfach; *tout ~* ganz einfach
bonnet [bɔnɛ] *m 1.* Mütze *f; un gros ~ (fig)* ein hohes Tier *n; 2. (casquette)* Kappe *f; prendre qc sous son ~ (fig)* etw auf seine Kappe nehmen; *3. (coiffe)* Haube *f; ~ de bain* Badekappe *f*
bon-papa [bɔ̃papa] *m* Opa *m,* Großpapa *m*
bonsoir [bɔ̃swaʀ] *m Bonsoir!* Guten Abend! *m*
bord [bɔʀ] *m 1.* Rand *m; au ~ de* am Rande von; *2. (sur un bateau)* Bord *m; à ~* an Bord; *3. (galon)* Borte *f; 4. ~ de la rivière* Flussufer *n*
bordel [bɔʀdɛl] *m 1. (fam)* Bordell *n,* Puff *m; 2. (fam: désordre)* heilloses Durcheinander *n,* Chaos *n,* Saustall *m*
bordélique [bɔʀdelik] *adj (fam)* unordentlich, schlampig
border [bɔʀde] *v 1.* einfassen, säumen; *Un sentier borde la rivière.* Ein Pfad säumt den Fluss. *une route bordée d'arbres* eine von Bäumen gesäumte Straße; *un mouchoir bordé de dentelle* ein Spitzentaschentuch; *2. ~ un lit* ein Bettlaken am Rand feststopfen; *~ qn dans son lit* jdn zudecken
bordereau [bɔʀdəʀo] *m* Aufstellung *f,* Verzeichnis *n,* Liste *f*
bordure [bɔʀdyʀ] *f 1.* Rand *m; 2. (arête)* Bord *m,* Kante *f; ~ de trottoir* Bordstein *m; 3. (liseré)* Borte *f; 4. (contour)* Umrandung *f*
boréal [bɔʀeal] *adj* nördlich

borgne [bɔʀɲ] *adj 1.* einäugig; *un cheval ~* ein einäugiges Pferd *n; 2. (sans ouverture)* geschlossen, blind, ohne Durchlass ; *un mur ~* eine Mauer ohne Durchlass *f; 3. (fig)* berüchtigt, verrufen; *un hôtel ~* ein verrufenes Hotel *n; m/f 4.* Einäugige(r) *m/f; Au royaume des aveugles les ~s sont rois.* Unter Blinden ist der Einäugige König.
borne [bɔʀn] *f 1.* Grenzstein *m; 2. ~ militaire* Meilenstein *m; 3. ~s pl (fig)* Schranken *pl*
borné [bɔʀne] *adj 1.* borniert; *2. (étroit d'esprit)* engstirnig, kleinlich
borner [bɔʀne] *v 1.* begrenzen; *2. se ~ à* sich beschränken auf
bosquet [bɔskɛ] *m* Baumgruppe *f,* Boskett *n*
bosse [bɔs] *f 1.* Buckel *m; 2. MED* Beule *f; 3. rouler sa ~ (fam)* weit herumkommen; *4. (relief)* Buckel *m; ~ du terrain* Geländebuckel *m; 5. avoir la ~ de (fam)* für etw besonders begabt sein, eine besondere Begabung für etw haben
bosseler [bɔsle] *v* meißeln, formen, verbeulen
bosser [bɔse] *v 1. (fam: étudiant)* büffeln, austüfteln; *2. (fam: travailler dur)* schuften
bossu [bɔsy] *adj* bucklig, schief
bossu(e) [bɔsy] *m/f* Bucklige(r) *m/f; le ~ de Notre-Dame* der Glöckner von Notre-Dame *m*
bostryche [bɔstʀiʃ] *m ~ de l'épicéa ZOOL* Borkenkäfer *m*
botanique [bɔtanik] *f 1.* Botanik *f; adj 2.* botanisch
botaniste [bɔtanist] *m/f* Botaniker/in *m/f*
botte [bɔt] *f 1.* Bündel *n; 2. (chaussure)* Stiefel *m; ~ en caoutchouc* Gummistiefel *m; 3. lécher les ~s de qn (fam)* vor jdm kriechen, vor jdm liebedienern, jdm in den Arsch kriechen; *4. en avoir plein les ~s (fam)* vom vielen Gehen müde sein, die Nase voll haben; *5. (en escrime) SPORT* Stoß *m*
botter [bɔte] *v 1. (chausser)* Schuhe anziehen; *2. (fig: battre)* einen Tritt in den Hintern verpassen; *~ le derrière à qn (fam)* jdm einen Tritt in den Hintern geben; *3. (fig: plaire)* gefallen, in den Kram passen; *Tu me bottes bien! (fam)* Du gefällst mir gut!
bottier [bɔtje] *m* Schuhmacher, der Schuhe nach Maß fertigt *m*
bottine [bɔtin] *f* Halbstiefel *m,* Schnürstiefel *m*
bouc [buk] *m 1. ZOOL* Bock *m; ~ émissaire* Sündenbock *m; 2. (barbe)* Spitzbart *m*
boucan [bukɑ̃] *m (fam: bruit)* Lärm *m,* Krach *m,* Radau *m; faire du ~* Krach machen

bouche [buʃ] *f 1.* Mund *m; être dans toutes les ~s* in aller Munde sein; *ne pas ouvrir la ~* den Mund nicht aufmachen, kein Wort reden; *Ne parle pas la ~ pleine!* Sprich nicht mit vollem Mund! *rester ~ bée* verdutzt schauen, mit offenem Mund dastehen; *2. (embouchure)* Mündung *f; 3. (ouverture)* Öffnung *f,* Mündung *f,* Schlund *m*

bouché [buʃe] *adj 1.* verstopft, versperrt; *2. être ~* eine Mattscheibe haben
bouchée [buʃe] *f 1.* Bissen *m; 2. (morceau)* Happen *m; 3. ~ à la reine GAST* Königinpastete *f*
boucher [buʃe] *v 1.* verstopfen, zustopfen; *2. (vue)* versperren; *se ~ les yeux devant qc*
boucherie [buʃʀi] *f 1.* Fleischerei *f,* Schlachterei *f,* Metzgerei *f; 2. (fig)* Gemetzel *n,* Metzelei *f,* Blutbad *n*
bouche-trou [buʃtʀu] *m (fam)* Lückenbüßer *m*
bouchon [buʃɔ̃] *m 1. (de liège)* Korken *m; sentir le ~* nach Korken schmecken; *2. (capsule)* Verschlusskappe *f,* Stöpsel *m; 3. (trafic)* Stau *m*
bouchonner [buʃɔne] *v 1. (un cheval)* abreiben, trockenreiben; *2. (fam: former un embouteillage)* verstopfen, *(voitures)* sich stauen
bouclage [buklaʒ] *m 1.* Abriegelung *f,* Umstellung *f; 2. (Presse)* Redaktionsschluss *m*
boucle [bukl] *f 1. (de cheveux)* Locke *f; faire des ~s* sich locken; *2. ~ d'oreille* Ohrring *m; 3. (noeud coulant)* Schlaufe *f; 4. (lacet)* Schleife *f*
boucler [bukle] *v 1. (cheveux)* sich locken; *2. se ~ dans sa chambre* sich in seinem Zimmer einschließen; *Boucle-la!* Halt die Klappe!; *3. (attacher)* zuschnallen, festschnallen; *4. (un cambrioleur)* umzingeln, umstellen
bouclier [buklije] *m 1.* Schild *m; 2. (fig)* Schutz *m; 3. GEOL* Schild *m; ~ canadien* Kanadischer Schild *m*
bouder [bude] *v 1.* trotzen, schmollen; *2. ~ son plaisir (fam)* sich den Spaß verderben lassen
bouderie [budʀi] *f* Schmollen *n,* Maulen *n,* üble Laune *f*
boudeur [budœʀ] *adj* schmollend
boudiner [budine] *v (fam)* zwängen; *Cette robe la boudine.* Das Kleid engt sie ein./Das Kleid schnürt sie ein.

B

boudoir [budwaʀ] *m 1. (salon)* Boudoir *n,* kleiner eleganter Salon einer Dame *m; 2. (biscuit) GAST* Löffelbiskuit *m*
boue [bu] *f 1.* Schmutz *m,* Dreck *m; traîner qn dans la ~ (fig)* jdn in den Schmutz ziehen; *2. (vase)* Schlamm *m*
bouée [bwe] *f 1.* Boje *f; 2. ~ de sauvetage* Rettungsring *m*
bouffe [buf] *f 1. (fam)* Essen *n,* Mahlzeit *f,* Nahrung *f; Il aime la bonne ~.* Er mag gutes Essen. *faire la ~* das Essen machen; *adj 2. opéra ~ MUS* komische Oper *f*
bouffée [bufe] *f 1.* Hauch *m,* Dunst *m; ~s de fumée* Qualm *m; 2. (fig)* Anfall *m; ~ de fièvre* Fieberanfall *m*
bouffer [bufe] *v (fam)* fressen, mampfen
bouffi [bufi] *adj 1. (gonflé)* aufgeblasen, aufgedunsen, geschwollen; *le visage ~ d'un alcoolique* das aufgedunsene Gesicht eines Alkoholikers *n; Il a les yeux ~s de sommeil.* Er hat vom Schlaf verquollene Augen. *2. ~ de (fig)* voll von, voller; *Il est ~ d'orgueil.* Er ist voller Stolz.
bouffir [bufiʀ] *v* aufgedunsen machen, aufschwemmen, aufgedunsen werden, aufgeschwemmt werden
bouffon [bufɔ̃] *m 1.* Narr *m; adj 2.* skurril
bouge [buʒ] *m 1. (logement)* Rumpelkammer *f,* Besenkammer *f; Ils habitent un ~ sordide.* Sie wohnen in einem heruntergekommenen Loch. *2. (café)* Spelunke *f,* Kneipe *f,* Absteige *f*
bougeotte [buʒɔt] *f avoir la ~ (fam)* reiselustig sein, unstet sein, unruhig sein

bouger [buʒe] *v 1.* sich rühren; *ne pas ~* nichts unternehmen/sich nicht rühren; *2. (s'animer)* sich bewegen, sich regen; *Ça bouge.* Es gerät in Bewegung./Es rührt sich. *3. (déplacer)* rücken; *faire ~ qc* etw bewegen

bougie [buʒi] *f* Kerze *f; ~ d'allumage (de voiture) TECH* Zündkerze *f*
bougnoul [buɲul] *m (péjoratif)* Araber *m*
bougon [bugɔ̃] *adj* grantig
bougonner [bugɔne] *v 1.* brummen; *2. (grogner)* murren; *3. (fig)* knurren, meckern
bougre [bugʀ] *m 1. (fam)* Typ *m,* Kerl *m,* Witzbold *m; C'est un bon ~.* Das ist ein Kerl. *interj 2.* Donnerwetter, oh Mann
bougrement [bugʀəmɑ̃] *adv (fam)* ganz schön, unheimlich, ziemlich; *C'est ~ bon.* Das ist unwahrscheinlich gut.
boui-boui [bwibwi] *m (fam)* mieses Lokal *n,* miese Kneipe *f*
bouillant [bujɑ̃] *adj 1.* kochend; *2. (ardant)* ungestüm, hitzig, leidenschaftlich
bouille [buj] *f (fam: figure)* Gesicht *n,* Kopf *m; avoir une bonne ~* nett aussehen/liebenswert aussehen
bouillie [buji] *f 1. GAST* Brei *m; ~ d'avoine* Haferbrei *m; 2. mettre en ~ (fam)* zu Brei schlagen
bouillir [bujiʀ] *v irr 1.* kochen, sieden; *faire ~* abkochen, aufkochen; *2. faire ~ la marmite (fig)* den Topf am Kochen halten, etw zu essen haben, etw zum Leben haben; *3. (fig)* kochen; *~ de colère* vor Wut kochen
bouilloire [bujwaʀ] *f* Wasserkessel *m*
bouillonnant [bujɔnɑ̃] *adj 1.* sprudelnd, brodelnd; *2. (fig)* aufbrausend, aufgeregt
bouillonnement [bujɔnmɑ̃] *m* Sprudeln *n,* Brodeln *n,* ungestümes Aufbrechen *n (fig)*
bouillonner [bujɔne] *v 1.* brodeln; *2. (bouillir)* sprudeln
bouillotte [bujɔt] *f* Wärmflasche *f*
boulanger [bulɑ̃ʒe] *m* Bäcker *m*
boulangère [bulɑ̃ʒɛʀ] *f* Bäckersfrau *f*
boulangerie [bulɑ̃ʒʀi] *f* Bäckerei *f*
boule [bul] *f 1.* Kugel *f; avoir une ~ dans la gorge* einen Kloß im Hals haben; *~ de neige* Schneeball *m; avoir les ~s (fam)* die Schnauze voll haben; *2. (fam: tête)* Kopf *m,* Rübe *f (fam)*
bouler [bule] *v 1.* (Boulespiel) anstoßen, rollen; *2. envoyer ~ qn (fam)* jdn zum Teufel jagen
boulette [bulɛt] *f 1.* Kügelchen *n; 2. GAST* Knödel *m; 3. ~ de viande hachée* Frikadelle *f; 4. (fig)* Fehler *m,* Dummheit *f*
boulevard [bulvaʀ] *m 1. ~ périphérique* Ring *m,* Ringstraße *f; 2. théâtre de ~* Boulevardtheater *n*
bouleversant [bulvɛʀsɑ̃] *adj 1. (fig)* ergreifend; *2. (terrible)* erschütternd; *3. (émouvant)* herzergreifend
bouleversé [bulvɛʀse] *adj 1.* verstört; *2.(fam)* durcheinander
bouleversement [bulvɛʀsamɑ̃] *m 1.* Umsturz *m; 2. (fig)* Erschütterung *f*
bouleverser [bulvɛʀse] *v 1.* umstürzen; *2. (dévaster)* verwüsten; *3. (mettre sens dessus dessous)* wühlen
bouliste [bulist] *m/f SPORT* Boulespieler(in) *m/f*
boulocher [bulɔʃe] *v (lainage)* fusseln
boulonner [bulɔne] *v 1.* verschrauben, zusammenschrauben, festschrauben; *2. (fam: travailler)* arbeiten

boulot[1] [bulo] *m (fam: travail)* Arbeit *f,* Job *m; faire du bon ~* gut arbeiten; *chercher du ~* Arbeit suchen
boulot[2] [bulo] *adj* dick, gedrungen, genau, penibel
boulotter [bulɔte] *v (fam: manger)* essen
boum [bum] *interj 1.* wumm, krach, zack; *m 2. (bruit)* Knall *m,* Krach *m,* Lärm *m,* Radau *m; faire un ~* Krach machen; *3. être en plein ~ (fig)* mitten in der Arbeit stecken *f; f 4. (fam)* Fete *f,* Party *f*
bouquet [bukɛ] *m 1.* Strauß *m; ~ de la mariée* Brautstrauß *m; 2. ~ d'arbres* Baumgruppe *f; 3. ~ garni* Petersilie, Thymian und Lorbeerblätter (als Beigabe zum Kochen), Kräutersträußchen *n; 4. (arôme)* Bukett *n*
bouquetière [buktjɛʀ] *f* Blumenverkäuferin *f*
bouquin [bukɛ̃] *m (fam: livre)* Buch *n; lire un bon ~* ein gutes Buch lesen
bouquiner [bukine] *v* schmökern
bouquiniste [bukinist] *m/f* Buchhändler *m,* Bouquinist *m,* Bukinist *m; Il aime les ~s des quais de la Seine, à Paris.* Er liebt die Bouquinisten an der Seine in Paris.
bourbeux [buʀbø] *adj* morastig, schlammig
bourbier [buʀbje] *m 1.* Schlammloch *n; 2. (fig)* Schlammassel *m,* lästige Angelegenheit *f,* missliche Lage *f; se tirer du ~* sich aus dem Schlammassel befreien
bourde [buʀd] *f (fam: faute)* großer Fehler *m,* Dummheit *f*
bourdon [buʀdɔ̃] *m 1. ZOOL* Hummel *f; 2. faux ~ ZOOL* Drohne *f; 3. avoir le ~ (fig)* deprimiert sein, niedergeschlagen sein
bourdonnant [buʀdɔnɑ̃] *adj* murmelnd, summend, brummend
bourdonner [buʀdɔne] *v 1.* brummen; *2. (insectes)* summen
bourg [buʀ] *m* Dorf *n,* kleiner Ort *m*
bourgeois [buʀʒwa] *adj 1.* bürgerlich; *2. petit ~* spießig, kleinbürgerlich
bourgeoisie [buʀʒwazi] *f* Bürgertum *n; de la petite ~* kleinbürgerlich
bourgeon [buʀʒɔ̃] *m BOT* Knospe *f*
bourgeonner [buʀʒɔne] *v 1. BOT* treiben, ausschlagen; *Les arbres bourgeonnent au printemps.* Im Frühling schlagen die Bäume aus. *2. (fig)* Pickel bekommen; *Son visage bourgeonne.* Er bekommt Pickel im Gesicht.
bourlinguer [buʀlɛ̃ge] *v (fam: voyager beaucoup)* herumreisen, viel reisen, viel unterwegs sein
bourlingueur [buʀlɛ̃gœʀ] *m* Abenteurernatur *f*
bourrade [buʀad] *f* Stoß *m,* Puffer *m,* Klaps *m; donner une ~ amicale* einen freundschaftlichen Klaps geben
bourrage [buʀaʒ] *m 1. (d'un coussin)* Füllung *f; 2. ~ de crâne (fam)* Propaganda *f; 3. TECH* Papierstau *m,* Transportfehler *m,* Stau *m*
bourrasque [buʀask] *f* Windstoß *m*
bourre [buʀ] *f 1. (de laine)* Wollabfall *m,* Füllung *f; La ~ du matelas s'échappait.* Die Füllung quoll aus der Matratze.; *2. à la ~ (fam)* zu spät, verspätet, mit Verspätung
bourré [buʀe] *adj 1.* überfüllt; *être ~* gesteckt sein, gerammelt voll sein; *2. (fam: ivre)* voll, blau
bourreau [buʀo] *m 1.* Henker *m; 2. ~ des cœurs* Herzensbrecher *m; 3. ~ de travail* Arbeitstier *n,* Workaholic *m*
bourrer [buʀe] *v 1.* stopfen, füllen; *se ~ de qc* sich mit etw voll stopfen, sich mit etw den Bauch voll schlagen; *2. ~ le crâne à qn* propagandistisch bearbeiten, ideologisch bearbeiten, jdn mit reinem Faktenwissen voll stopfen; *3. ~ de coups* jdn tüchtig verprügeln, verdreschen
bourrichon [buʀiʃɔ̃] *m (fam: tête)* Kopf *m,* Hirn *n; monter le ~ à qn* jdn in Hoffnungen schwelgen lassen, jdm etw vormachen; *se monter le ~* in Hoffnungen schwelgen
bourricot [buʀiko] *m (fam)* Packesel *m*
bourrique [buʀik] *f (fam: personne têtue)* starrsinnige Person *f,* eigensinnige Person *f,* dickköpfige Person *f; être têtu comme une ~* stur wie ein Esel sein; *faire tourner qn en ~* jdn zum Wahnsinn treiben
bourru [buʀy] *adj (fig)* schroff
bourse [buʀs] *f 1.* Beutel *m,* Börse *f,* Geldbörse *f,* Portemonee *n; 2. ~ d'études* Stipendium *n; 3. ANAT* Beutel *m; ~ séreuse* Schleimbeutel *m*
boursouflé [buʀsufle] *adj 1. (gonflé)* aufgedunsen, geschwollen; *un visage ~* ein aufgedunsenes Gesicht *n; une plaie ~e* eine geschwollene Wunde *f; 2. (fig)* übertrieben, geschwollen; *un style ~* ein übertriebener Stil *m,* ein geschwollener Stil *m*
boursouflure [buʀsuflyʀ] *f* Schwellung *f,* geschwollene Stelle *f,* Blase *f,* Schwülstigkeit *f (fig)*
bousculade [buskylad] *f (fam)* Gedränge *n*
bousculer [buskyle] *v* drängen
bousiller [buzije] *v 1. (fam: abîmer)* verderben, verpatzen, verpfuschen, verbocken;

B

Il a bousillé sa montre. Er hat seine Uhr kaputt gemacht.; *2. TECH* wellern, mit Lehm und Stroh mauern, pfuschen

boussole [busɔl] *f* *1.* Kompass *m;* *2. perdre la ~ (fam)* den Kopf verlieren

bout [bu] *m* *1.* Ende *n,* Spitze *f;* *~ du doigt* Fingerspitze *f;* *J'ai le mot sur le ~ de la langue.* Das Wort liegt mir auf der Zunge. *2. (de la chaussure)* Kappe *f;* *3. au ~ de (temps)* nach; *4. par petits ~s* scheibchenweise; *5. au ~ du compte* letztlich

boutade [butad] *f* *1.* Geistesblitz *m;* *2. (fig)* Seitenhieb *m*

boute-en-train [butɑ̃tʀɛ̃] *m* Unterhalter *m,* Alleinunterhalter *m,* Entertainer *m,* Stimmungskanone *f*

bouteille [butɛj] *f* *1.* Flasche *f;* *~ thermos* Thermosflasche *f;* *~ de gaz* Gasflasche *f;* *~ en verre* Glasflasche *f;* *~ consignée* Pfandflasche *f;* *2. avoir de la ~ (fam)* (Person) alt sein, gereift sein

boutique [butik] *f* *1. (magasin)* Laden *m,* Bude *f;* *2. (commerce)* Geschäft *n*

boutoir [butwaʀ] *m* Rüssel *m,* Schnauze *f,* Gebrech *n*

bouton [butɔ̃] *m* *1.* Knopf *m;* *~ de manchette* Manschettenknopf *m;* *2. BOT* Knospe *f;* *~ d'or* Butterblume *f;* *3. petit ~* Pickel *m,* Pustel *f*

boutonner [butɔne] *v* knöpfen

boutonneux [butɔnø] *adj (d'un visage)* pickelig, voller Pickel

boutonnière [butɔnjɛʀ] *f* *1.* Knopfloch *n;* *2. MED* Schnittwunde *f*

bouton-pression [butɔ̃pʀesjɔ̃] *m (sur un vêtement)* Druckknopf *m*

bovin [bɔvɛ̃] *m* *1. ZOOL* Rind *n;* *2.* Rinder...

box [bɔks] *m* *1. (d'écurie)* Box *f,* Pferdebox *f;* *2. (espace cloisonné)* abgeteilter Raum *m;* *les ~ d'un dortoir* die abgeteilten Räume eines Schlafsaales *pl;* *3. le ~ des accusés JUR* Anklagebank *f*

boxe [bɔks] *f* *1. match de ~* Boxkampf *m;* *2. gants de ~* Boxhandschuhe *m/pl*

boxer[1] [bɔkse] *v* boxen

boxeur [bɔksœʀ] *m* *SPORT* Boxer *m*

boyau [bwajo] *m* *1. ANAT* Darm *m,* Gedärm *n;* *2. (conduit)* Schlauch *m;* *3. (souterrain)* Verbindungsgraben *m,* Verbindungsgang *m;* *4. (de pneu)* Schlauchreifen *m*

boycottage [bɔjkɔtaʒ] *m* Boykott *m*

boycotter [bɔjkɔte] *v* boykottieren

brabant [bʀabɑ̃] *m* *AGR* Pflug *m*

bracelet [bʀaslɛ] *m* Armband *n*

bracelet-montre [bʀaslɛmɔ̃tʀ] *m* Armbanduhr *f*

braconner [bʀakɔne] *v* wildern, Wilderei betreiben; *~ sur les terres d'autrui (fig)* in fremden Gebieten wildern

braconnier [bʀakɔnje] *m* Wilderer *m,* Wilddieb *m*

brader [bʀade] *v* *1. (vendre)* verschleudern, billig verkaufen; *~ qc à vil prix* zu Schleuderpreisen verkaufen; *2. (fig)* verschenken

braderie [bʀadʀi] *f* Straßenverkauf *m*

bradeur [bʀadœʀ] *m* Straßenhändler *m*

braguette [bʀagɛt] *f* Hosenschlitz *m*

braillard [bʀajaʀ] *m (fam)* Schreihals *m*

braille [bʀaj] *m* Blindenschrift *f*

brailler [bʀɑje] *v* *1. (fam: crier)* plärren, schreien, laut rufen, gröhlen; *Les ivrognes braillaient dans la rue.* Die Betrunkenen gröhlten auf der Straße. *2. (pleurer)* heulen, weinen, plärren; *Cet enfant braille sans arrêt.* Dieses Kind heult ununterbrochen.

braire [bʀɛʀ] *v irr* *1. (âne) ZOOL* iahen; *2. faire ~ qn (fam: ennuyer)* jdn langweilen

braise [bʀɛz] *f (feu)* Glut *f*

braiser [bʀɛze] *v* schmoren

bramer [bʀɑme] *v (cerf) ZOOL* röhren

brancard [bʀɑ̃kaʀ] *m* *1.* Tragbahre *f;* *2. ruer dans les ~s (fig)* sich sträuben, sich widersetzen

branche [bʀɑ̃ʃ] *f* *1. BOT* Ast *m,* Zweig *m;* *2. ECO* Branche *f,* Sektor *m;* *3. (spécialité)* Fachbereich *m,* Zweig *m*

branché [bʀɑ̃ʃe] *adj (fam)* in, angesagt; *être ~* in sein, in Mode sein

brancher [bʀɑ̃ʃe] *v* *1. (allumer)* einschalten; *2. ~ qn sur qc (fam)* jdn auf etw lenken; *3. ~ qn (fam)* jdn ansprechen

brandir [bʀɑ̃diʀ] *v* *1.* schwenken; *2. (agiter)* schwingen

branlant [bʀɑ̃lɑ̃] *adj* *1. (chose)* klapperig; *2. (vacillant)* wackelig

branle [bʀɑ̃l] *m* *1. (mouvement)* Wanken *n,* Wackeln *n,* Schwanken *n;* *mettre en ~ une cloche* eine Glocke in Schwingung versetzen; *2. (fig: impulsion)* Impuls *m,* Anstoß *m;* *donner le ~ à qc* etw anstoßen/etw einen Impuls geben; *3. se mettre en ~ (fig)* sich in Bewegung setzen

branler [bʀɑ̃le] *v* *1.* wanken, taumeln; *2. (chose)* wackeln; *3. se ~ (fam)* masturbieren, sich einen runterholen *(fam)*

braquage [bʀakaʒ] *m (fam: hold-up)* Raubüberfall *m*
braque [bʀak] *m 1. ZOOL* Bracke *f; adj 2. (fam: fou)* komisch, verschroben, schräg, spinnig *(fam)*
braqueur [bʀakœʀ] *m (de banque)* Bankräuber *m*

bras [bʀa] *m 1. ANAT* Arm *m; ~ dessus, ~ dessous* Arm in Arm/untergehakt; *avoir qn sur les ~* jdn am Hals haben; *se croiser les ~* die Hände in den Schoß legen; *2. (accoudoir)* Armlehne *f; 3. (aide)* Helfer *m; être le ~ droit de qn* jds rechte Hand sein; *4. (pouvoir)* Macht *f; le ~ séculier* die weltliche Macht *f; 5. ~ de levier* Hebelarm *m; 6. à tour de ~ (fig)* mit aller Kraft, mit ganzer Kraft, mit vollen Händen; *7. ~ de fer (fig)* unbeugsamer Wille *m,* große Autorität *f; 8. à ~ raccourcis (fig)* mit aller Kraft, mit voller Gewalt, mit voller Wucht

brasier [bʀɑzje] *m* Glut *f,* Hitze *f*
brassage [bʀasaʒ] *m 1. (de la bière)* Brauen *n,* Bierbrauen *n; 2. (de l'air)* Umwälzen *n; 3. (fig: mélange)* Gemisch *n,* Mischung *f; le ~ des races* die Vermischung der Rassen
brasse [bʀas] *f (natation)* Brustschwimmen *n*
brassée [bʀase] *f une ~ de fleurs* ein Arm voll Blumen *m*
brasser [bʀase] *v 1. (bière)* brauen; *2. (remuer)* umrühren, durchrühren, umwälzen; *3. ~ des affaires (fig)* viele Geschäfte gleichzeitig betreiben; *4. ~ de l'air (fam)* die Luft umwälzen
brasserie [bʀasʀi] *f 1.* Brauerei *f; 2. (café)* Bierhalle *f,* Großgaststätte *f*
brasseur [bʀasœʀ] *m 1.* Bierbrauer *m; 2. ~ d'affaires (fam)* cleverer Geschäftsmann, der viele Geschäfte gleichzeitig betreibt *m*
brassière [bʀasjɛʀ] *f 1.* Hemdchen *n,* Jäckchen *n; 2. ~ de sauvetage* Schwimmweste *f*
bravache [bʀavaʃ] *adj* prahlerisch, großmäulig
bravade [bʀavad] *f* Trotz *m*
brave [bʀav] *adj 1.* tapfer, mutig; *2. (honnête)* brav, bieder; *3. (gentil)* gut
braver [bʀave] *v 1.* trotzen, widerstehen; *2. (affronter)* entgegengehen
bravoure [bʀavuʀ] *f 1.* Tapferkeit *f; 2. morceau de ~* Bravurstück *n,* Glanzstück *n*
brebis [bʀəbi] *f 1. ZOOL* Mutterschaf *n; 2. ~ égarée* verirrtes Schaf *n (fig),* vom rechten Weg abgekommener Mensch *m; 3. ~ galeuse (fig)* schwarzes Schaf *n*
brèche [bʀɛʃ] *f 1.* Lücke *f; être toujours sur la ~* ständig auf Achse sein; *2. battre en ~* heftig angreifen, heftig attackieren
bredouiller [bʀəduje] *v* nuscheln, murmeln, schnell und undeutlich sprechen; *~ des excuses* eine Entschuldigung murmeln
bref [bʀɛf] *adj 1. (style)* bündig; *2. (coup d'oeil)* flüchtig; *3. (temps)* kurz; *Soyez ~!* Fassen Sie sich kurz! *pour être ~* um es kurz zu machen
Brésil [bʀezil] *m GEO* Brasilien *n*
brésilien [bʀeziljɛ̃] *adj* brasilianisch
Brésilien(ne) [bʀeziljɛ̃/bʀeziljɛn] *m/f* Brasilianer(in) *m/f*
Bretagne [bʀətaŋ] *f (région de France) GEO* Bretagne *f*
bretelle [bʀətɛl] *f 1. (de vêtements)* Träger *m; ~s* Hosenträger *pl; 2. (desserte)* Zubringerstraße *f; 3. ~ d'accès* Auffahrt *f*
breton [bʀətɔ̃] *adj 1.* bretonisch, aus der Bretagne; *2. LING* Bretonisch *n*
Breton(ne) [bʀətɔ̃/bʀətɔn] *m/f* Bretone/Bretonin *m/f*
breuvage [bʀœvaʒ] *m* Getränk *n*
brevet [bʀəvɛ] *m 1. ~ d'invention* Patent *n; 2. (diplôme)* Abschlusszeugnis *n,* Diplom *n,* Befähigungsnachweis *m*
breveter [bʀəvte] *v* patentieren
bribe [bʀib] *f (d'une langue étrangère)* Brocken *m*
bric [bʀik] *adv de ~ et de broc* von überall her, von da und dort
bric-à-brac [bʀikabʀak] *m* Plunder *m,* Trödel *m*
bricolage [bʀikɔlaʒ] *m 1.* Basteln *n,* Heimwerken *n; 2. (fig)* Zusammenflicken *n,* Zusammenschustern *n*
bricole [bʀikɔl] *f (petite chose)* kleiner Gegenstand *m,* Ding *n; Je n'ai acheté que des ~s.* Ich habe nur einige Kleinigkeiten gekauft. *Il va lui arriver des ~s. (fam)* Er wird in Schwierigkeiten geraten.; *2. (courroie)* Tragriemen *m,* Traggurt *m*
bricoler [bʀikɔle] *v* basteln
bricoleur [bʀikɔlœʀ] *m* Bastler *m,* Heimwerker *m*
bride [bʀid] *f 1. (de chaussures)* Schuhriemen *m; laisser la ~ sur le cou de qn* jdm freie Hand lassen; *2. (rêne)* Zügel *m*
bridé [bʀide] *adj yeux ~s* Schlitzaugen *pl*
brider [bʀide] *v (fig)* zügeln, bremsen, hemmen; *~ qn dans ses élans* jdn in seinem

Schwung bremsen; *~ l'enthousiasme de qn* jds Begeisterung dämpfen; *2. ~ un moteur TECH* einen Motor drosseln; *3. ~ une volaille* dem Geflügel (vor dem Kochen) Beine und Flügel zusammenbinden; *4. ~ un cheval* ein Pferd aufzäumen

briefer [bʀife] *v* instruieren

brièvement [bʀijɛvmɑ̃] *adv (bref)* flüchtig

brièveté [bʀijɛvte] *f (temporel)* Kürze *f*

brigand [bʀigɑ̃] *m* Räuber *m*

briguer [bʀige] *v 1.* intrigieren; *2. (poser sa candidature)* sich bewerben

brillamment [bʀijamɑ̃] *adv (fig)* ausgezeichnet, wunderbar; *passer ~ un examen* eine Prüfung mit viel Erfolg bestehen

brillance [bʀijɑ̃s] *f 1.* Helligkeit *f,* Glanz *m; 2. (fig)* virtuose Technik *f*

brillant [bʀijɑ̃] *adj 1.* blank; *2. (éclatant)* brillant, glänzend, glorreich; *m 3. (diamant)* Brillant *m*

briller [bʀije] *v 1.* blinken, glänzen; *~ par son absence (fig)* durch seine Abwesenheit glänzen; *2. (luire)* leuchten, scheinen; *3. (fig)* strahlen; *4. faire ~* polieren

brimade [bʀimad] *f* Schikane *f; subir des ~s* Schikanen erleiden

brimer [bʀime] *v ~ qn* jdn schikanieren, jdn plagen, jdn piesacken

brin [bʀɛ̃] *m 1. BOT* Halm *m; ~ de paille* Strohhalm *m; 2. (fil)* Fädchen *n; 3. (fam)* Bisschen *n*

brindille [bʀɛ̃dij] *f* Reisig *m*

bringue [bʀɛ̃g] *f 1. faire la ~ (fam)* Fest *n,* Fete *f,* Party *f; Ils ont fait la ~ toute la nuit.* Sie haben die ganze Nacht durch gefeiert./Sie haben die Nacht zum Tag gemacht. *2. une grande ~ (fam)* Bohnenstange *f*

brinquebaler [bʀɛ̃kbale] *v* (hin und her) rütteln, (hin und her) schütteln, (hin und her) geschüttelt werden

brio [bʀijo] *m 1. MUS* Feuer *n,* Schwung *m; 2. avec ~* Geschick *n,* Talent *n,* Virtuosität *f*

brique [bʀik] *f 1. (matériau)* Backstein *m; 2. (emballage)* Stück *n,* Packung *f; une ~ de lait* eine Packung Milch *f,* eine Tüte Milch *f; 3. (fam: un million)* Million *f; adj 4.* ziegelrot

briquer [bʀike] *v (nettoyer)* schrubben, gründlich reinigen, putzen, säubern; *~ les parquets* den Parkettfußboden wischen

briquet [bʀikɛ] *m* Feuerzeug *n*

briqueterie [bʀikətʀi] *f* Ziegelei *f*

bris [bʀi] *m* Bruchschaden *m*

brisant [bʀizɑ̃] *m 1.* Brandung *f; 2. (écueil)* Klippe *f*

brisé [bʀize] *adj 1.* entzwei, gebrochen; *cœur ~* gebrochenes Herz *n; être ~ de fatigue* wie gerädert sein, völlig erledigt sein; *2. ligne ~e* gebrochene Linie *f; f 3. pâte ~e GAST* Mürbeteig ohne Eier *m*

brisées [bʀize] *f/pl (fig)* Beispiel *n,* Vorbild *n; suivre les ~ de qn* jds Beispiel folgen; *marcher sur les ~ de qn* in jds Fußstapfen treten

brise-lames [bʀizlam] *m (jetée)* Wellenbrecher *m*

briser [bʀize] *v 1.* brechen, zerbrechen; *2. (défoncer)* einschlagen; *3. (s'écraser)* zerschellen; *4. se ~* entzweigehen; *5. se ~ (voler en éclats)* splittern; *6. se ~ (éclater)* zerspringen; *7. ~ la glace (fig)* das Eis brechen, das Eis zum Schmelzen bringen

brisure [bʀizyʀ] *f* Riss *m,* Bruch *m,* Scharniergelenk *n*

britannique [bʀitanik] *adj* britisch

Britannique [bʀitanik] *m/f* Brite/Britin *m/f*

broc [bʀo] *m* Krug *m*

brocante [bʀɔkɑ̃t] *f* Altwarenhandel *m* Trödel; *faire de la ~* mit Altwaren handeln

brocanteur [bʀɔkɑ̃tœʀ] *m* Altwarenhändler *m,* Trödler *m*

brocarder [bʀɔkaʀde] *v* sticheln, spötteln

broche [bʀɔʃ] *f 1. (de cuisine)* Spieß *m; ~ à rôtir* Bratspieß *m; 2. (bijou)* Brosche *f,* Anstecknadel *f*

brocher [bʀɔʃe] *v 1. (relier)* zusammenheften, zusammennähen, zusammenfügen; *un livre broché* ein geheftetes Buch *n; 2. (tisser)* ein Muster einweben

brochet [bʀɔʃɛ] *m ZOOL* Hecht *m*

brochette [bʀɔʃɛt] *f* Spieß *m*

broder [bʀɔde] *v 1.* sticken; *2. (fig)* einiges hinzudichten, fabulieren

broderie [bʀɔdʀi] *f 1.* Stickerei *f,* Sticken *n; faire de la ~ sur métier* mit einem Stickrahmen sticken; *2. (fig)* fantasievolle Ausschmückung *f,* Hinzugefügtes *n*

broncher [bʀɔ̃ʃe] *v (réagir)* murren, meckern, nörgeln; *Il obéit sans ~.* Er gehorcht ohne zu murren.

bronzage [bʀɔ̃zaʒ] *m* Bräune *f*

bronzer [bʀɔ̃ze] *v* bräunen, braun werden

brosse [bʀɔs] *f 1.* Bürste *f; ~ à dents* Zahnbürste *f; ~ à cheveux* Haarbürste *f; 2. (pinceau)* Pinsel *m*

brosser [bʀɔse] *v 1. (dents)* putzen; *2. (un cheval)* bürsten; *3. (fig: décrire)* umreißen, (kurz und knapp) beschreiben; *4. se ~ (fam)* sich malen, auf etw verzichten müssen; *Tu peux te ~!* Da kannst du lange warten!

brouet [bʀuɛ] *m* undefinierbare, unappetitlich aussehende Suppe *f*, abscheuliche Brühe *f* *(fam)*
brouette [bʀuɛt] *f* Schubkarre *f*
brouetter [bʀuɛte] *v* wegkarren, mit Schubkarren befördern
brouhaha [bʀuaa] *m* Trubel *m*
brouillage [bʀujaʒ] *m (de la radio)* Störung *f*
brouillard [bʀujaʀ] *m 1.* Nebel *m; 2. être dans le ~ (fig)* nicht klar sehen
brouille [bʀuj] *f (dispute)* Krach *m*
brouillé [bʀuje] *adj 1.* uneinig; *2. (fâché)* verfeindet; *3. (contradictoire)* zwiespältig
brouiller [bʀuje] *v 1. (œufs)* verquirlen; *2. (liquide)* trüben; *3. se ~* sich entzweien
brouillon[1] [bʀujɔ̃] *m* Konzept *n; faire un ~* konzipieren
brouillon[2] [bʀujɔ̃] *adj* wirr, verworren, konfus
broussailles [bʀusaj] *f/pl* Gestrüpp *n*
brousse[1] [bʀus] *f ~ tropicale* Busch *m* venzalischer) Weißkäse
brouter [bʀute] *v 1.* grasen; *2. TECH* rattern, unregelmäßig funktionieren
broutille [bʀutij] *f (fig)* Krimskrams *m; Ce ne sont que des ~s.* Das ist nur Krimskrams./Das sind nur unwichtige Dinge.
broyer [bʀwaje] *v 1.* mahlen; *2. (concasser)* zerkleinern; *3. (pulvériser)* zerreiben; *4. ~ du noir (fig)* trüben Gedanken nachhängen, Trübsal blasen
bru [bʀy] *f* Schwiegertochter *f*
bruine [bʀɥin] *f* Nieselregen *m,* Sprühregen *m*
bruiner [bʀɥine] *v* nieseln
bruire [bʀɥiʀ] *v irr (ruisseau)* rauschen
bruissement [bʀɥismɑ̃] *m* leises Rauschen *n,* Säuseln *n,* Rascheln *n*

bruit [bʀɥi] *m 1.* Geräusch *n; 2. (vacarme)* Krach *m,* Lärm *m; faire beaucoup de ~ pour rien* viel Lärm um nichts machen; *mesures contre le ~* Lärmschutzmaßnahmen *pl; faire du ~ (fig)* Aufsehen erregen; *3. (fig)* Gerücht *n*

brûlant [bʀylɑ̃] *adj 1.* brennend; *2. (torride)* heiß; *3. (fig)* akut
brûlé [bʀyle] *adj 1.* angebrannt; *2. tête ~e (fig)* Hitzkopf *m,* Feuerkopf *m; 3. (découvert)* entlarvt, aufgeflogen *(fam)*; *m 4.* Verletzter mit Verbrennungen *m*
brûle-pourpoint [bʀylpuʀpwɛ̃] *m à ~* geradeheraus, ins Gesicht hinein, ohne Umschweife
brûler [bʀyle] *v 1.* brennen, verbrennen; *2. (se consumer)* abbrennen; *~ ses vaisseaux* alle Brücken hinter sich abbrechen; *3. (prendre feu)* anbrennen; *4. (fig)* glühen
brûlure [bʀylyʀ] *f 1. MED* Brandwunde *f; 2. (~ à haut degré) MED* Verbrennung *f*
brume [bʀym] *f* Nebel *m*
brumeux [bʀymø] *adj 1.* diesig, nebelig; *2. (fig)* unklar, verschwommen, vage, nebulös
brumiser [bʀymize] *v* zerstäuben, sprayen
brun [bʀœ̃] *adj 1. (couleur)* braun; *2. (cheveux)* brünett; *3. (tabac)* dunkel; *m 4. homme ~* Dunkelhaariger *m,* Braunhaariger *m*
brunâtre [bʀynɑtʀ] *adj* bräunlich; *une sauce ~* eine bräunliche Soße *f*
brune [bʀyn] *f 1. (femme)* Brünette *f; 2. (bière)* Dunkles *n*
brunir [bʀyniʀ] *v 1. (rendre brun)* bräunen; *Le soleil brunit la peau.* Die Sonne bräunt die Haut. *2. (devenir brun)* braun werden; *Il a bruni à la mer.* Er ist am Meer braun geworden. *Ses cheveux brunissent avec l'âge.* Seine Haare werden im Alter brauner.
brusque [bʀysk] *adj 1.* plötzlich; *2. (brutal)* brüsk; *3. (soudain)* jäh; *4. (immédiat)* unvermittelt; *5. (fig)* schroff
brusquer [bʀyske] *v 1.* brüskieren; *2. (précipiter)* überstürzen, übereilen, beschleunigen
brusquerie [bʀyskəʀi] *f* Barschheit *f; avec ~* schroff
brut [bʀyt] *m 1.* Erdöl *n; adj 2.* roh; *3. (salaire)* brutto
brutal [bʀytal] *adj 1.* brutal, gewalttätig, rücksichtslos; *2. (brusque)* brüsk
brutaliser [bʀytalize] *v* misshandeln
brutalité [bʀytalite] *f* Brutalität *f*
brute [bʀyt] *f 1.* Bestie *f; 2. (personne)* Biest *n*
bruyamment [bʀɥijamɑ̃] *adv* laut
bruyant [bʀɥijɑ̃] *adj 1.* laut; *2. (sonore)* geräuschvoll
bûcher[1] [byʃe] *m (amas de bois)* Scheiterhaufen *m,* Holzstoß *m,* Holzhaufen *m; Jeanne d'Arc fut condamnée au ~.* Jeanne d'Arc wurde zum Tod auf dem Scheiterhaufen verurteilt.
bûcher[2] [byʃe] *v (fam: travailler)* schuften, malochen, hart arbeiten
bûcheur [byʃœʀ] *m (fam)* Streber *m,* fleißige Person *f; Cet élève est un sacré ~!* Dieser Schüler lernt sehr eifrig!/Dieser Schüler ist ein ganz schöner Streber!
budget [bydʒɛ] *m 1.* Etat *m,* Haushalt *m; 2. ECO* Budget *n*

B

budgétaire [bydʒetɛʀ] *adj ECO* Haushalt...; *les dépenses ~s* die Haushaltsausga-ben *pl*
buffet [byfɛ] *m 1.* Schrank *m; 2. (repas) GAST* Büfett *n; 3. ~ de la gare* Bahnhofsgaststätte *f,* Bahnhofsrestaurant *n,* Bahnhofswirtschaft *f*
buisson [bɥisɔ̃] *m 1.* Strauch *m; 2. (arbuste)* Busch *m; 3. ~s pl (broussailles)* Gebüsch *n*
buissonneux [bɥisɔnø] *adj 1. (couvert de buissons)* buschig, mit Büschen bewachsen; *un terrain ~* ein buschiges Gebiet *n,* ein mit Büschen bewachsenes Gelände *n; 2. (en buisson)* Busch...; *une végétation buissonneuse* eine Buschvegetation *f*
buissonnier [bɥisɔnje] *adj (fig) faire l'école buissonnière* die Schule schwänzen
bulbe [bylb] *m* Knolle *f*
bulle [byl] *f 1.* Blase *f; 2. (lettre) HIST* Bulle *f; 3. (de bande dessinée)* Sprechblase *f*
bulletin [byltɛ̃] *m* Bericht *m; ~ d'information* Nachrichten *pl; ~ météorologique* Wetterbericht *m; ~ officiel (B.O.)* Amtsblatt *n; ~ de paie* Lohnzettel *m; ~ scolaire* Schulzeugnis *n; ~ de vote* Stimmzettel *m*
buraliste [byʀalist] *m/f* Inhaber(in) eines Tabakwarengeschäftes *m/f; (poste)* Schalterbeamter/Schalterbeamtin *m/f*
bureau [byʀo] *m 1.* Büro *n,* Büroraum *m,* Dienststelle *f,* Geschäftsstelle *f; ~ des objets trouvés* Fundbüro *n; ~ de poste* Postamt *n,* Post *f; ~ de change* Wechselstube *f; ~ de renseignements* Auskunft *f; ~ des télécommunications* Fernmeldeamt *n; ~ des contributions directes* Finanzamt *n; ~ d'aide sociale* Sozialamt *n; ~ des déclarations* Meldebehörde *f; ~ de l'État civil* Standesamt *n; ~ de vote* Wahllokal *n; 2. (table de travail)* Schreibtisch *m; 3. (ensemble des membres)* Büroangestellte *m/pl,* Büropersonal *n*
bureaucratie [byʀokʀasi] *f 1. (administration)* Bürokratie *f; 2. (fam)* Amtsschimmel *m*
bureaucratique [byʀokʀatik] *adj* bürokratisch
bureautique [byʀotik] *f* Bürotechnik *f,* Bürokommunikation *f*
burette [byʀɛt] *f (flacon)* Glas *n,* Gefäß *n; une ~ de chimiste* das Glasröhrchen eines Chemikers *n*
burin [byʀɛ̃] *m* Meißel *m*
buriner [byʀine] *v* mit einem Stichel bearbeiten, ritzen, stechen, meißeln
burlesque [byʀlɛsk] *adj 1.* burlesk, spaßig, komisch, possenhaft; *m 2.* Burleske *f,* Komische *n,* Posse *f; le ~ d'une situation* das Komische an einer Situation *n; 3. (genre littéraire) LIT* Burleske *f*
bus [bys] *m* Bus *m*
buse[1] [byz] *f ZOOL* Bussard *m*
buse[2] [byz] *f 1. (fam)* dumme Gans *f*
buse[3] [byz] *f (tuyau)* Düse *f*

> **but** [by(t)] *m 1.* Ziel *n; avoir pour ~* bezwecken; *poursuivre un ~* ein Ziel verfolgen; *2. (football) SPORT* Tor *n; marquer un ~* ein Tor schießen; *3. (fig)* Zweck *m; ~ absolu* Selbstzweck *m*

buté [byte] *adj 1.* eigensinnig; *2. (récalcitrant)* trotzig
butée [byte] *f TECH* Anschlag *m*
buter [byte] *v 1. ~ contre qc* gegen etw stoßen; *~ contre une pierre* gegen einen Stein stoßen; *2. ~ contre qc/~ sur qc (fig)* auf etw stoßen, auf etw treffen; *~ contre une difficulté* auf eine Schwierigkeit treffen; *~ sur un mot* auf ein Wort stoßen; *3. ~ qn (fam: tuer)* jdn umbringen, jdn kaltmachen, jdn killen, jdn ins Jenseits befördern; *se faire ~* umgebracht werden; *Il a buté un flic. (fam)* Er hat einen Bullen kaltgemacht. *4. se ~ (fig)* beharren auf, bestehen auf
buteur [bytœʀ] *m (footballeur) SPORT* Torschütze *m*
butin [bytɛ̃] *m* Beute *f*
butte [byt] *f* Hügel *m,* Anhöhe *f*
buvard [byvaʀ] *m 1. (papier)* Löschpapier *n; 2. (sous-main)* Schreibunterlage *f*
buvette [byvɛt] *f* Imbissstube *f*
buveur [byvœʀ] *m* Trinker *m*

C

ça [sa] *pron* das (da), dies (da), denn; *adv* *2. ~ et là* hier und dort, da und dort, bald hierhin, bald dorthin

cabalistique [kabalistik] *adj* unverständlich, geheimnisvoll, kabbalistisch, magisch
cabane [kaban] *f* *1.* Hütte *f*; *2. (fam)* Knast *m*; *3. ~ de jardin* Laube *f*
cabanon [kabanɔ̃] *m* *1.* Gummizelle *f*; *2. être bon à mettre au ~ (fam)* in die Klapsmühle gehören
cabas [kabɑ] *m (panier)* Korb *m*, Einkaufskorb *m*, Obstkorb *m*
cabillaud [kabijo] *m ZOOL* Kabeljau *m*
cabine [kabin] *f* Kabine *f*; *~ téléphonique* Telefonzelle *f*; *~ d'essayage* Umkleidekabine *f*
cabinet [kabinɛ] *m* *1. (d'un médecin)* Praxis *f*; *2. ~ de consultation (d'un médecin)* Sprechzimmer *n*; *3. (d'un avocat)* Kanzlei *f*, Anwaltsbüro *n*; *4. POL* Kabinett *n*; *5. ~ de toilette* Klosett *n*, Toilette *f*
câble [kɑbl] *m* *1.* Draht *m*, Kabel *n*; *~ électrique* Leitung *f*; *2. (corde)* Seil *n*, Tau *n*; *~ de remorquage* Abschleppseil *n*
câbler [kɑble] *v* verkabeln
cabochard [kabɔʃaʀ] *m (fam)* Dickkopf *m*, Dickschädel *m*
caboche [kabɔʃ] *f (fam)* Kopf *m*, Birne *f*, Rübe *f*
cabosser [kabɔse] *v* verbeulen; *~ une voiture* ein Auto verbeulen
cabot [kabo] *m* *1. (fam: chien)* Kläffer *m*, Köter *m*; *2. (fam: cabotin)* zweitrangiger Schauspieler, übertrieben spielender Schauspieler
cabrer [kɑbʀe] *v* *1. se ~ (cheval)* sich aufbäumen; *2. se ~ (fig)* sich sträuben, aufbegehren, sich auflehnen gegen
cabri [kabʀi] *m ZOOL* Zicklein *n*, Ziegenlamm *n*
cabriole [kabʀijɔl] *f* Kapriole *f*, Luftsprung *m*, Bocksprung *m*, Purzelbaum *m*
cabrioler [kabʀijɔle] *v* Luftsprünge machen, Kapriolen machen, Purzelbäume schlagen, Pirouetten machen
cacahuète [kakawɛt] *f BOT* Erdnuss *f*
cachalot [kaʃalo] *m ZOOL* Pottwal *m*; *souffler comme un ~ (fam)* wie ein Walross schnaufen, wie eine alte Dampflok schnaufen
cache [kaʃ] *f* *1.* Versteck *n*; *m* *2. FOTO* Blende *f*
caché [kaʃe] *adj* *1. être ~ derrière* dahinter stecken; *2. (dissimulé)* verborgen
cache-cache [kaʃkaʃ] *m* Versteckspiel *n*
cache-col [kaʃkɔl] *m* Schal *m*
cacher [kaʃe] *v* *1.* verbergen; *~ son jeu* sich verstellen; *2. (dissimuler)* verstecken; *On ne peut rien vous ~.* Sie merken aber auch alles. *3. (voiler)* verhüllen, verschleiern; *4. (faire disparaître)* verhehlen, verschweigen, verheimlichen; *5. (détourner)* unterschlagen; *6. se ~* sich verkriechen
cachet [kaʃɛ] *m* *1.* Stempel *m*; *~ de la poste* Poststempel *m*; *2. (sceau)* Siegel *n*; *3. MED* Tablette *f*; *prendre des ~s* Tabletten einnehmen; *4. (d'un artiste)* Honorar *n*
cacheter [kaʃte] *v* *1.* versiegeln; *2. (coller)* zukleben
cachette [kaʃɛt] *f* *1.* Unterschlupf *m*; *2. (cache)* Versteck *n*; *en ~* heimlich/insgeheim; *en ~ de qn* hinter jds Rücken
cachot [kaʃo] *m* Kerker *m*
cachotterie [kaʃɔtʀi] *f* Geheimniskrämerei *f*, Heimlichtuerei *f*, geheimnisvolles Getue *n*
cachottier [kaʃɔtje] *m* Geheimniskrämer *m*, Heimlichtuer *m*
cadavre [kadavʀ] *m* Leiche *f*
caddie [kadi] *m (chariot)* Einkaufswagen *m*, Gepäckwagen *m*

cadeau [kado] *m* *1.* Geschenk *n*; *faire un ~ à qn* jdm ein Geschenk machen, jdn beschenken; *faire ~ de* schenken; *~ publicitaire* Werbegeschenk *n*; *2. (don)* Gabe *f*; *3. ne pas faire de ~ à qn (fig)* jdm nichts schenken, jdm nichts ersparen

cadenas [kadna] *m* Sicherheitsschloss *n*
cadence [kadɑ̃s] *f* *1.* Tempo *n*; *2. (rythme)* Rhythmus *m*; *3. MUS* Takt *m*
cadet [kadɛ] *adj* jünger, kleiner
cadet(te) [kadɛ(t)] *m/f* *1.* Jüngste(r) *m/f*; *C'est le ~ de la famille.* Er ist der Jüngste der Familie./Er ist das Nesthäkchen. *2. (personne moins âgée)* Jüngere(r) *m/f*, Kleinere(r) *m/f*; *Il est mon ~ de deux ans.* Er ist zwei Jahre jünger als ich.
cadran [kadʀɑ̃] *m* *1.* Zifferblatt *n*, Skala *f*, Nummernscheibe *f*, Wählscheibe *f*; *2. ~*

C

lumineux Leuchtzifferblatt *n; 3. faire le tour du ~ (fig)* zwölf Stunden durchschlafen
cadre [kɑdʀ] *m 1. (tableau)* Rahmen *m,* Bilderrahmen *m; 2. (fig)* Rahmen *m; rester dans le ~ de la légalité* sich im Rahmen der Legalität bewegen; *3. ~ supérieur* Führungskraft *f,* Manager *m*
cadrer [kɑdʀe] *v 1. (disposer)* anordnen, einstellen; *Cette image est mal cadrée.* Das Bild ist schlecht eingestellt. *2. ~ avec* passen zu, sich einfügen in, sich eignen für, harmonieren mit; *L'illustration ne cadre pas avec le texte.* Das Bild passt nicht zum Text.
caduc [kadyk] *adj 1. (vieux)* alt, veraltet, hinfällig; *2. (nul) JUR* ungültig, hinfällig; *une loi caduque* ein ungültiges Gesetz *n,* ein nicht mehr gültiges Gesetz *n; 3. (feuilles caduques) BOT* sommergrün
cafard [kafaʀ] *m 1. (blatte) ZOOL* Schabe *f,* Kakerlake *f; 2. (fig: déprime)* Trübsal *m,* Schwermut *f,* Niedergeschlagenheit *f,* Traurigkeit *f; avoir le ~* Trübsal blasen; *un coup de ~* ein Anfall von Depression *m; donner le ~ à qn* jdn traurig stimmen; *3. (dénonciateur)* Denunziant *m,* Spion *m,* Verräter *m*
cafarder [kafaʀde] *v 1. (fam: dénoncer)* verpetzen; *2. (déprimer)* angeben
cafardeux [kafaʀdø] *adj* trübsinnig, trübselig, melancholisch
café [kafe] *m 1. (boisson)* Kaffee *m; 2. (local)* Lokal *n,* Café *n*
caféiné [kafeine] *adj* koffeinhaltig
cafetière [kaftjɛʀ] *f* Kaffeekanne *f*
cafouiller [kafuje] *v (fam)* Verwirrung stiften, ein Durcheinander anrichten, (Organisation) nicht funktionieren
cafter [kafte] *v (fam)* petzen
cage [kaʒ] *f 1.* Käfig *m; 2. ~ d'escalier* Treppenhaus *n; 3. (but) SPORT* Tor *n*
cageot [kaʒo] *m* Kiste *f,* Schachtel *f,* Behälter *m; des ~s de fruits* Obstkisten *f/pl,* Obststeigen *f/pl*
cagibi [kaʒibi] *m 1.* Rumpelkammer *f; 2. (débarras)* Verschlag *m*
cagneux [kaɲø] *adj avoir des genoux ~* X-Beine haben *n/pl*
cagnotte [kaɲɔt] *f 1. (d'un jeu)* Spieleinsatz *m,* Jackpot *m,* Spielkasse *f; gagner la ~* den gesamten Spieleinsatz gewinnen/den Jackpot gewinnen; *2. (fam: économies)* Ersparnisse *pl,* Erspartes *n,* Notgroschen *m; Il a dépensé toute sa ~ pour lui offrir ce cadeau.* Er hat seinen letzten Groschen ausgegeben, um ihm dieses Geschenk zu machen.
cagoule [kagul] *f* Kapuze *f,* Kutte *f*
cahier [kaje] *m* Heft *n*
cahin-caha [kaɛ̃kaa] *adv* mühsam, mit Müh und Not, recht und schlecht
cahot [kao] *m 1. (secousse)* Satz *m,* Sprung *m,* Hüpfer *m; 2. (ornière)* Spur *f,* Wagenspur *f,* Rinne *f*
cahoter [kaɔte] *v* durchrütteln
cahoteux [kaɔtø] *adj* holperig
cahute [kayt] *f* Hütte *f,* kleine Behausung *f*
caille [kaj] *f 1. (oiseau) ZOOL* Wachtel *f; 2. ma petite ~ (fam)* mein Schatz *m,* mein Herzblatt *n,* mein Liebling *m*
cailler [kaje] *v 1. (fam)* frieren; *2. (coaguler)* gerinnen
caillot [kajo] *m ~ de sang* Gerinnsel *n,* Kruste *f*
caillou [kaju] *m* Kiesel *m,* Steinchen *n*
caisse [kɛs] *f 1.* Kasse *f; ~ du théâtre* Theaterkasse *f; ~ d'assurance maladie* Krankenkasse *f; ~ d'épargne* Sparkasse *f; ~ d'épargne de construction* Bausparkasse *f; 2. (boîte)* Kiste *f,* Kasten *m; ~ en carton* Pappkarton *m; 3. grosse ~ MUS* Pauke *f*
caissier [kesje] *m* Kassierer *m*
cajoler [kaʒɔle] *v* hätscheln, liebkosen
cajoleur [kaʒɔlœʀ] *adj* Schmeichler *m*
cal [kal] *m (aux mains)* Hornhaut *f,* Schwiele *f,* verhornte Haut *f*
calage [kalaʒ] *m* Verkeilen *n,* Festklemmen *n,* (Motor) Abwürgen *n*
calamité [kalamite] *f* Plage *f,* Unglück *n*
calamiteux [kalamitø] *adj* unheilvoll, elend, jammervoll, traurig
calandrer [kalɑ̃dʀe] *v (linge)* mangeln
calanque [kalɑ̃k] *f* (kleine) Felsbucht *f*
calcaire [kalkɛʀ] *m 1. GEOL* Kalkstein *m; adj 2.* Kalk..., kalkhaltig
calcul [kalkyl] *m 1.* Berechnung *f; faire le ~ de qc* etw errechnen; *2. ~ des coûts* Kalkulation *f; Il s'est trompé dans ses ~s.* Seine Rechnung ist nicht aufgegangen. *faire un ~ approximatif de qc* etw überschlagen; *3. MATH* Rechnung *f; faire un ~ de fractions* bruchrechnen; *~ mental* Kopfrechnen *n; 4. ~ rénal MED* Nierenstein *m; ~ biliaire MED* Gallenstein *m*
calculateur [kalkylatœʀ] *adj 1. (fig)* berechnend; *m 2.* Rechner *m; ~ numérique* Digitalrechner *m*
calculatrice [kalkylatʀis] *f* Rechner *m*
calculer [kalkyle] *v 1.* rechnen, berechnen, errechnen; *2. (estimer)* ausrechnen; *~ ses chances* seine Chancen ausrechnen; *3.*

(compter) kalkulieren; *4. ~ approximativement* überschlagen
calculette [kalkylɛt] *f* Taschenrechner *m*
cale [kal] *f 1.* Dock *n; 2. (coin)* Keil *m; 3. mettre un navire en ~ sèche* ein Schiff auf das Trockendock legen; *4. être à fond de ~ (fig)* völlig blank sein
calé [kale] *adj 1.* schwierig; *C'est trop ~ pour moi.* Das ist mir zu hoch. *2. (compétent)* beschlagen, bewandert, kompetent; *Il est ~.* Er kennt sich aus.
caleçon [kalsɔ̃] *m 1.* Unterhose *f; 2. ~ de bain* Badehose *f*
calembour [kalɑ̃buʀ] *m (fam)* Kalauer *m*
calendrier [kalɑ̃dʀije] *m* Kalender *m; ~ mural* Wandkalender *m*
calepin [kalpɛ̃] *m (carnet)* Notizbuch *n,* Notizheft *n*
caler [cale] *v 1.* unterlegen, anlehnen; *2. (s'immobiliser) TECH* stehen bleiben; *3. (mettre une cale) TECH* verkeilen
calfeutrer [kalføtʀe] *v 1.* verkleben; *2. se ~ chez soi* in der Stube hocken
calibrer [kalibʀe] *v* kalibrieren, der Größe nach sortieren
calice [kalis] *m* Kelch *m*
califourchon [kalifuʀʃɔ̃] *adv à ~* rittlings
câlin [kɑlɛ̃] *adj 1.* schmusend; *m 2.* Liebkosung *f; faire des ~s* schmusen
câliner [kɑline] *v* liebkosen, schmusen
callosité [kalɔzite] *f* Schwiele *f,* Hornhaut *f*
calmant [kalmɑ̃] *adj 1.* schmerzlindernd; *m 2.* Beruhigungsmittel *n*

calme [kalm] *m 1.* Ruhe *f,* Stille *f; 2. (contenance)* Fassung *f; perdre son ~* die Beherrschung verlieren/die Fassung verlieren; *Du ~!* Immer mit der Ruhe! *3. (tranquillité)* Gelassenheit *f; garder son ~/être ~* gelassen sein; *4. (vent)* Windstille *f,* Flaute *f; adj 5.* geruhsam; *6. (paisible)* ruhig; *7. (doux)* sanft; *8. (sans bruit)* still

calmer [kalme] *v 1.* beruhigen; *2. (modérer)* lindern, besänftigen; *3. (adoucir)* abmildern; *4. se ~* sich beruhigen, sich fassen; *se ~ peu à peu* sich langsam beruhigen
calomniateur [kalɔmnjatœʀ] *adj 1.* verleumderisch; *m 2.* Verleumder *m*
calomnie [kalɔmni] *f* Verleumdung *f*
calomnier [kalɔmnje] *v* verleumden
calorie [kalɔʀi] *f* Kalorie *f; pauvre en ~s* kalorienarm
calorifique [kalɔʀifik] *adj* Wärme..., Heiz..., wärmeerzeugend
calot [kalo] *m (coiffure)* Schiffchen *n,* Käppi *n,* Feldmütze *f*
calque [kalk] *m (reproduction)* Kopie *f,* Abschrift *f,* Reproduktion *f; le ~ d'une carte* die Kartenreproduktion *f; papier ~* Transparentpapier *n,* Pauspapier *n*
calquer [kalke] *v* durchpausen, durchzeichnen, nachahmen *(fig)*
calumet [kalymɛ] *m* Indianerpfeife *f,* Friedenspfeife *f; fumer le ~ de la paix* die Friedenspfeife rauchen
calvitie [kalvisi] *f* Kahlköpfigkeit *f,* Haarlosigkeit *f,* Kahlheit *f*
camarade [kamaʀad] *m/f 1.* Kamerad(in) *m/f; 2. (collègue)* Kollege/Kollegin *m/f; ~ d'études* Kommilitone/Kommilitonin *m/f; ~ d'école* Mitschüler(in) *m/f; ~ de classe* Schulfreund(in) *m/f; ~ de jeu* Spielkamerad(in) *m/f*
camaraderie [kamaʀadʀi] *f* Kameradschaft *f*
cambré [kɑ̃bʀe] *adj* gebogen, gewölbt, geschwungen; *avoir la taille bien ~e* eine gute Figur haben
cambrer [kɑ̃bʀe] *v* biegen, wölben, krümmen, beugen
cambriolage [kɑ̃bʀijɔlaʒ] *m* Einbruch *m*
cambrioler [kɑ̃bʀijɔle] *v* einbrechen
cambrioleur [kɑ̃bʀiɔlœʀ] *m* Einbrecher *m*
cambrure [kɑ̃bʀyʀ] *f* Wölbung *f,* Biegung *f,* Krümmung *f; ~ du pied* Fußgewölbe *n; ~ de la taille* Rückenkrümmung *f; ~ des r eins* Rückenkrümmung *f*
camelot [kamlo] *m* Straßenhändler *m*
camelote [kamlɔt] *f (fam)* Kitsch *m,* Ramsch *m,* Schund *m*
caméra [kameʀa] *f* Kamera *f*
camion [kamjɔ̃] *m 1.* Lastwagen *m,* Lastkraftwagen *m; 2. ~-citerne* Tanklastwagen *m; 3. ~ de déménagement* Möbelwagen *m*
camionnette [kamjɔnɛt] *f* Lieferwagen *m*
camisole [kamizɔl] *f ~ de force* Zwangsjacke *f; passer la ~ de force à qn* jdm die Zwangsjacke anlegen, jdn in die Zwangsjacke stecken
camomille [kamɔmij] *f BOT* Kamille *f*
camouflage [kamuflaʒ] *m 1. MIL* Tarnung *f; 2. (dissimulation)* Verdunkelung *f*
camoufler [kamufle] *v 1. MIL* tarnen; *2. (masquer)* vertuschen; *3. (assombrir)* verdunkeln
camp [kɑ̃] *m 1. (tente)* Lager *n; ~ de transit* Durchgangslager *n; ~ de réfugiés* Flüchtlingslager *n; ~ de concentration* Konzentra-

C

tionslager *n; ~ de prisonniers* Gefangenenlager *n; 2. (parti)* Lager *n,* Partei *f; 3. (emplacement)* Lager *n,* Feldlager *n,* Heerlager *n*
campagne [kɑ̃paɲ] *f 1.* Land *n; aller à la ~* aufs Land fahren; *2. (champs)* Flur *f; 3. (action)* Kampagne *f; ~ de publicité* Werbekampagne *f; 4. ~ électorale* Wahlkampf *m*
campé [kɑ̃pe] *adj bien ~* gut gewachsen
campement [kɑ̃pmɑ̃] *m 1.* Lager *n,* Camp *n,* Zeltlager *n; matériel de ~* Campingausrüstung *f; un ~ de bohémiens* Zigeunerlager *n; 2. (fig)* Behelfsunterkunft *f,* notdürftiges Lager *n; être en ~* vorübergehend da sein, nicht eingerichtet sein
camper [kɑ̃pe] *v 1.* zelten, campen, kampieren; *2. (fig)* wirkungsvoll erzählen, darstellen; *3. (établir)* aufbauen, errichten, aufschlagen; *4. se ~* sich aufstellen, sich aufpflanzen *(fam)*
campeur [kɑ̃pœʀ] *m* Camper *m*
camping [kɑ̃piŋ] *m* Camping *n; faire du ~* zelten, campen
camping-car [kɑ̃piŋkaʀ] *m* Wohnmobil *n*
Canada [kanada] *m le ~ GEO* Kanada *n*
canadien [kanadjɛ̃] *adj* kanadisch
Canadien(ne) [kanadjɛ̃/kanadjɛn] *m/f* Kanadier(in) *m/f*
canaille [kanɑj] *f 1.* Gesindel *n; 2. (fam)* Halunke *m*
canaillerie [kanajʀi] *f* Gemeinheit *f,* Schurkerei *f,* Schurkenstreich *m*
canal [kanal] *m 1.* Graben *m,* Kanal *m; 2. (détroit)* Meerenge *f*
canalisation [kanalizasjɔ̃] *f 1.* Kanalisation *f; 2. ~ d'eau* Wasserleitung *f*
canaliser [kanalize] *v 1.* kanalisieren; *2. (diriger)* in eine bestimmte Richtung lenken, kanalisieren
canard [kanaʀ] *m 1. ZOOL* Ente *f; marcher comme un ~* watscheln; *2. ~ mâle* Erpel *m; 3. (fam: journal)* Käseblatt *n; 4. (fausse nouvelle)* Zeitungsente *f,* falsche Nachricht *f; 5. MUS* falscher Ton *m,* falsche Note *f; 6. GAST* in Likör getauchter Würfelzucker *m*
cancaner [kɑ̃kane] *v* klatschen, tratschen, (Ente) schnattern
cancer [kɑ̃sɛʀ] *m MED* Krebs *m; ~ du sein* Brustkrebs *m; ~ de la peau* Hautkrebs *m*
cancérigène [kɑ̃seʀiʒɛn] *adj* Krebs erregend
cancre [kɑ̃kʀ] *m (mauvais élève)* schlechter Schüler *m,* Faulpelz *m*
candeur [kɑ̃dœʀ] *f* Arglosigkeit *f*
candidat(e) [kɑ̃dida(t)] *m/f* Bewerber(in) *m/f,* Kandidat(in) *m/f; ~ à un emploi civil* Anwärter(in) *m/f; ~ de l'opposition* Gegenkandidat(in) *m/f; ~ à la présidence* Präsidentschaftskandidat(in) *m/f*
candidature [kɑ̃didatyʀ] *f* Bewerbung *f,* Kandidatur *f; poser sa ~ à* sich bewerben um/sich bewerben bei; *faire acte de ~/poser sa ~* kandidieren/sich bewerben
candide [kɑ̃did] *adj 1.* rein; *2. (innocent)* unschuldig; *3. (enfantin)* kindlich
cane [kan] *f ZOOL* Ente *f*
canevas [kanvɑ] *m 1. (couture)* Gitterleinen *n,* Kanevas *m,* Gitterstoff *m,* Stramin *m; faire du ~* auf Gitterleinen sticken; *2. (fig: plan)* Entwurf *m,* Plan *m,* Konzept *n; le ~ d'un discours* das Konzept einer Rede *n,* der Entwurf einer Rede *m*
canicule [kanikyl] *f* Hitzeperiode *f,* Hundstage *pl,* heißeste Jahreszeit *f*
canif [kanif] *m* Taschenmesser *n,* Klappmesser *n*
caniveau [kanivo] *m 1.* Gosse *f; 2. (rigole)* Rinnstein *m*
canne [kan] *f* Stock *m; ~ à pêche* Angelrute *f; marcher avec une ~* am Stock gehen; *~ à sucre* Zuckerrohr *n*
cannelé [kanle] *adj* gerillt, kanneliert, gerändelt
cannelle [kanɛl] *f* Zimt *m; un bâton de ~* eine Zimtstange *f*
cannibale [kanibal] *m* Kannibale *m*
canoë [kanɔe] *m* Kanu *n; faire du ~* Kanu fahren
canon [kanɔ̃] *m 1.* Geschütz *n,* Kanone *f; 2. (fusil)* Lauf *m; 3. (d'une chanson) MUS* Kanon *m; 4. REL* Kanon *m; 5. (fam)* attraktive Frau *f*
canonisation [kanɔnizasjɔ̃] *f* Heiligsprechung *f,* Kanonisation *f*
canot [kano] *m* Kahn *m,* Boot *n; ~ pneumatique* Schlauchboot *n; ~ de sauvetage* Rettungsboot *n; ~ à rames* Ruderboot *n*
canoter [kanɔte] *v* Kahn fahren, rudern
cantatrice [kɑ̃tatʀis] *f* (Opern)Sängerin *f*
cantine [kɑ̃tin] *f 1.* Kantine *f; 2. (malle)* Metallkiste *f,* Metalltruhe *f*
canton [kɑ̃tɔ̃] *m ~ rural* Landkreis *m*
cantonnement [kɑ̃tɔnmɑ̃] *m MIL* Quartier *n*
cantonner [kɑ̃tɔne] *v se ~ dans (fig)* sich vertiefen in, sich eingraben in, sich beschränken auf
cantonnier [kɑ̃tɔnje] *m* Straßenwärter *m,* Streckenwärter *m*

canular [kanylaʀ] *m 1. (fig: journal)* Ente *f; 2. (mystification)* Irreführung *f*
canule [kanyl] *f* Kanüle *f*
cap [kap] *m 1.* Kurs *m; 2. GEO* Kap *n; avoir passé le ~* über den Berg sein; *de pied en ~* von Kopf bis Fuß/vom Scheitel bis zur Sohle
capable [kapabl] *adj 1.* fähig; *~ de s'adapter* anpassungsfähig; *~ de gagner sa vie/~ de travailler* erwerbsfähig; *être ~ de* können/im Stande sein; *2. (apte à qc)* tüchtig; *~ de conduire* fahrtüchtig; *~ de haut rendement* leistungsfähig; *~ d'agir* handlungsfähig
capacité [kapasite] *f 1.* Fassungsvermögen *n; 2. (aptitude)* Fähigkeit *f,* Tüchtigkeit *f,* Vermögen *n; ~ d'adaptation* Anpassungsfähigkeit *f; ~ de penser* Denkfähigkeit *f; ~ de rendement* Leistungsfähigkeit *f; ~ de résistance* Widerstandsfähigkeit *f; ~ de contracter* Geschäftsfähigkeit *f; 3. (pouvoir)* Können *n; douter de la ~ de qn* an jds Können zweifeln; *~ juridique* Rechtsfähigkeit *f; 4. (contenance)* Kapazität *f; ~ de mémoire INFORM* Speicherkapazität *f*
cape [kap] *f 1.* Umhang *m; 2. roman de ~ et d'épée* Mantel- und Degenroman *m; 3. rire sous ~ (fig)* heimlich lachen, versteckt lachen, sich ins Fäustchen lachen; *4. NAUT* Treiben *n*
capitaine [kapitɛn] *m* Kapitän *m*
capital [kapital] *m 1. ECO* Kapital *n; ~ en action* Aktienkapital *n; ~ propre* Eigenkapital *n; ~ social* Stammkapital *n; pl 2. capitaux (argent) ECO* Mittel *pl; adj 3.* wesentlich, hauptsächlich, entscheidend; *être d'un intérêt ~* von größter Bedeutung sein; *œuvre ~e* Hauptwerk *n*
capitale [kapital] *f* Hauptstadt *f*
capitalisation [kapitalizasjɔ̃] *f* Kapitalisierung *f,* Kapitalisation *f,* Kapitalbildung *f*
capitaliser [kapitalize] *v* kapitalisieren, zum Kapital schlagen
capitalisme [kapitalism] *m* Kapitalismus *m*
capitaliste [kapitalist] *m 1.* Kapitalist(in) *m/f; adj 2.* kapitalistisch
capiteux [kapitø] *adj* berauschend, zu Kopf steigend; *un vin ~* ein zu Kopf steigender Wein *m; un parfum ~* ein berauschendes Parfum *n*
capitonner [kapitɔne] *v* polstern
capitulation [kapitylasjɔ̃] *f* Kapitulation *f*
capituler [kapityle] *v* kapitulieren, sich ergeben
capot [kapo] *m* Haube *f; ~ de la voiture* Kühlerhaube *f*
capote [kapɔt] *f 1. (de voiture)* Verdeck *n; 2. ~ anglaise* Kondom *n,* Präservativ *n; 3. (manteau)* Mantel (mit Kapuze) *m,* Soldatenmantel *m*
capoter [capɔte] *v (chavirer)* kentern, sich überschlagen
caprice [kapʀis] *m 1.* Laune *f,* Einfall *m,* Flausen *pl,* Allüren *pl; faire des ~s* launisch sein, Launen haben; *céder aux ~s de qn* jds Launen nachgeben; *2. (fig)* Laune *f,* Wechsel *m,* Hin und Her *n; les ~s de la nature* die Launen der Natur *pl*
capricieux [kapʀisjø] *adj* kapriziös, launenhaft
capsule [kapsyl] *f 1.* Kapsel *f; 2. ~ spatiale* Raumkapsel *f*
capter [kapte] *v 1. (TV, radio)* empfangen; *2. (eaux)* gewinnen, fassen; *3. (fig: attention)* fesseln
capteur [kaptœʀ] *m 1. TECH* Sensor *m; 2. ~ solaire TECH* Sonnenkollektor *m*
captif [kaptif] *m 1.* Gefangener *m; adj 2.* gefangen
captivant [kaptivɑ̃] *adj* fesselnd, mitreißend
captiver [kaptive] *v (charmer)* fesseln, gefangen nehmen, verzaubern, in Bann ziehen; *Il a captivé son auditoire.* Er hat das Publikum in seinen Bann gezogen./Er hat sein Publikum verzaubert.
captivité [kaptivite] *f 1.* Kriegsgefangenschaft *f; 2. (emprisonnement)* Gefangenschaft *f*
capture [kaptyʀ] *f 1. (action)* Gefangennahme *f,* Festnahme *f,* Beschlagnahmung *f; la ~ d'un navire* das Aufbringen eines Schiffes *n; 2. (butin)* Beute *f,* Fang *m; Ils ont fait une belle ~.* Sie haben einen guten Fang gemacht./Sie haben eine schöne Beute gemacht.
capturer [kaptyʀe] *v 1.* fangen; *2. (faire prisonnier)* gefangen nehmen
capuchon [kapyʃɔ̃] *m 1.* Kapuze *f; 2. (d'unstylo)* Kappe *f,* Haube *f*
caquet [kakɛ] *m (fig)* Geschwätz *n,* Klatsch *m,* Gewäsch *n,* Geschnatter *n; rabaisser le ~ à qn* jdm über den Mund fahren, jdm den Mund stopfen, jdn zum Schweigen bringen
caqueter [kakte] *v* klatschen
car[1] [kaʀ] *konj* denn
car[2] [kaʀ] *m* Bus *m*
carabiné [kaʀabine] *adj* heftig, gewaltig, stark

caracoler [kaʀakɔle] *v 1.* tänzeln, hin- und herfliegen; *2. (fig)* ~ *en tête* unangefochten an der Spitze liegen
caractère [kaʀaktɛʀ] *m 1.* Charakter *m; Il a vraiment un ~ de cochon.* Er hat wirklich einen schwierigen Charakter. *~ facile* verträglicher Charakter *m; d'un ~ ferme* charakterfest; *force de ~* Charakterstärke *f; ~ aventureux* Abenteuerlichkeit *f; ~ inoffensif* Harmlosigkeit *f; 2. (nature)* Natur *f; être d'un ~ heureux* ein glückliches Naturell besitzen; *être jeune de ~* im Wesen jung geblieben sein; *homme de ~* willensstarker Mann *m,* starke Persönlichkeit *f; 3. (personnage)* Wesen *n; 4. (signe)* Zeichen *n; ~ spécial* Sonderzeichen *n; 5. (lettre)* Schriftart *f; 6. ~ d'imprimerie* Druckbuchstabe *m,* Type *f*
caractériel [kaʀakteʀjɛl] *adj 1. PSYCH* verhaltensgestört; *2. PSYCH* schwer erziehbar
caractériser [kaʀakteʀize] *v 1.* charakterisieren; *2. (marquer)* kennzeichnen
caractéristique [kaʀakteʀistik] *adj 1.* charakteristisch; *2. (typique)* typisch, bezeichnend; *f 3. (signe distinctif)* Merkmal *n,* Kennzeichen *n; 4. (particularité)* Besonderheit *f; 5. ~s pl* Kenndaten *pl*
carafon [kaʀafɔ̃] *m 1.* Karaffe *f; 2. (fig: tête)* Schädel *m*
Caraïbes [kaʀaib] *f/pl GEO* Karibik *f*
caraméliser [kaʀamelize] *v* karamellisieren, mit Karamellzucker ausstreichen
carapace [kaʀapas] *f 1.* Panzer *m; 2. (fig)* Panzer *m*
carapater [kaʀapate] *v se ~ (fam)* abhauen, sich verdrücken, verduften
caravane [kaʀavan] *f 1.* Wohnwagen *m; 2. (convoi)* Karawane *f*
carburant [kaʀbyʀɑ̃] *m (pour voiture)* Brennstoff *m,* Kraftstoff *m,* Treibstoff *m*
carburateur [kaʀbyʀatœʀ] *m (de voiture) TECH* Vergaser *m*
carburer [kaʀbyʀe] *v 1. (moteur)* laufen; *2. (fam: fonctionner)* funktionieren; *3. ~ au vin rouge (fam)* nur Rotwein trinken
carcan [kaʀkɑ̃] *m (fig)* Zwang *m,* Fessel *f,* Druck *m; C'est un véritable ~.* Das ist ein wahrhaftes Muss./Das ist ein wahrhafter Zwang.
carcasse [kaʀkas] *f (de voiture)* Wrack *n; ma vieille ~ (fam)* meine alten Knochen
carder [kaʀde] *v* krempeln, glätten
cardigan [kaʀdigɑ̃] *m* Wolljacke *f*
cardinal [kaʀdinal] *adj 1.* hauptsächlich; *m 2. REL* Kardinal *m*
carême [kaʀɛm] *m* Fastenzeit *f; faire ~* fasten
carence [kaʀɑ̃s] *f 1. (manquement)* Fehlen *f,* Mangel *m,* Unzulänglichkeit *f; 2. ~ en vitamines* Vitaminmangel *m*
carencé [kaʀɑ̃se] *adj* unzulänglich, eingeschränkt
carène [kaʀɛn] *f (de bateau) NAUT* Rumpf *m*
caréné [kaʀene] *adj* windschnittig
caresse [kaʀɛs] *f* Liebkosung *f; couvrir qn de ~s* jdn mit Liebkosungen überschütten
caresser [kaʀɛse] *v 1.* streicheln; *2. (dorloter)* hätscheln; *~ une idée* einem Gedanken nachhängen/mit einer Sache liebäugeln; *3. (câliner)* liebkosen
car-ferry [kaʀfeʀi] *m* Autofähre *f*
cargaison [kaʀgɛzɔ̃] *f* Ladung *f*
cargo [kaʀgo] *m* Frachter *m*
caricature [kaʀikatyʀ] *f* Karikatur *f; faire une ~* karikieren
caricaturiste [kaʀikatyʀist] *m/f* Karikaturist(in) *m/f*
carillon [kaʀijɔ̃] *m* Glockengeläute *n,* Glockenspiel *n*
carillonner [kaʀijɔne] *v 1. (fête)* einläuten; *2. (heure)* schlagen; *3. (fig: nouvelle)* ausposaunen
caritatif [kaʀitatif] *adj* karitativ
carlingue [kaʀlɛ̃g] *f (d'avion)* Rumpf *m*
carnage [kaʀnaʒ] *m 1.* Blutvergießen *n; 2. (massacre)* Gemetzel *n*
carnassier [kaʀnasje] *1. m* Raubtier *n; adj 2.* Fleisch fressend
carnation [kaʀnasjɔ̃] *f* Teint *m,* Gesichtsfarbe *f,* Karnation *f,* Inkarnat *n*
carnaval [kaʀnaval] *m* Karneval *m,* Fasching *m*
carne [kaʀn] *f 1. (fam: viande)* zähes Fleisch *n; 2. (fam: cheval)* Klepper *m,* Schindmähre *f*
carnet [kaʀnɛ] *m 1. ~ de notes* Notizbuch *n; ~ d'adresses* Adressbüchlein *n; 2. ~ de chèques* Scheckheft *n; 3. ~ de vaccination* Impfschein *m; 4. ~ de rendez-vous* Terminkalender *m; 5. ~ de tickets de métro* Fahrkartenblock für die U-Bahn *m*
carossier [kaʀɔsje] *m* Karosserieklempner *m,* Karosserieschlosser *m,* Karosseriebauer *m,* Karosseriekonstrukteur
carotte [kaʀɔt] *f 1. BOT* Karotte *f,* Möhre *f; 2. les ~s sont cuites (fig)* nichts mehr zu machen, alles im Eimer *(fam); 3. la ~ et le bâton (fig)* Zuckerbrot und Peitsche *f*

carpe [kaʀp] *f ZOOL* Karpfen *m; bâiller comme une ~* mehrmals herzhaft gähnen
carré [kaʀe] *m 1.* Quadrat *n; 2. (foulard)* Halstuch *n; adj 3.* quadratisch, viereckig; *adj 4. (énergique)* deutlich, offen, energisch
carreau [kaʀo] *m 1.* Platte *f; rester sur le ~* auf der Strecke bleiben; *à ~x* kariert; *2. (carrelage)* Fliese *f; ~ de faïence* Kachel *f; 3. ~ de verre* Glasscheibe *f*
carrefour [kaʀfuʀ] *m 1.* Kreuzung *f; être à un ~* an einer Kreuzung stehen; *2. (fig)* Kreuzweg *m*
carreler [kaʀle] *v* fliesen, kacheln
carrément [kaʀemɑ̃] *adv* unumwunden, klipp und klar, deutlich; *J'ai dit ~ ce que je pensais.* Ich habe klipp und klar gesagt, was ich dachte.
carrer [kaʀe] *v 1. TECH* quadratisch machen, quadratisch zurichten, quadratisch bearbeiten, vierkantig machen; *2. se ~* es sich bequem machen
carrière¹ [kaʀjɛʀ] *f* Karriere *f,* Laufbahn *f; embrasser une ~* einen Beruf ergreifen
carrière² [kaʀjɛʀ] *f (de pierres)* Steinbruch *m*
carriole [kaʀjɔl] *f (charrette)* Karren *m,* Handwagen *m*
carrosse [kaʀɔs] *m 1.* Kutsche *f; 2. être la cinquième roue du ~ (fig)* zu nichts zu gebrauchen sein, das fünfte Rad am Wagen sein
carrosserie [kaʀɔsʀi] *f* Karosserie *f*
carrure [kaʀyʀ] *f 1.* Schulterbreite *f; avoir une belle ~* breite Schultern haben; *Il a une ~ d'athlète.* Er hat die Figur eines Sportlers./Er ist gebaut wie ein Sportler. *2. (fig: envergure)* Größe *f,* Ausmaß *n,* Statur *f; Il est d'une autre ~.* Er ist ein anderes Kaliber.
cartable [kaʀtabl] *m 1. (sac)* Schulranzen *m; 2. (sacoche)* Mappe *f*

carte [kaʀt] *f 1.* Karte *f; avoir toutes les ~s dans son jeu* alle Trümpfe in der Hand haben; *jouer la ~ de qc* auf etw setzen; *jouer sa dernière ~* seinen letzten Trumpf ausspielen; *jouer ~s sur table* mit offenen Karten spielen; *donner ~ blanche à qn* jdm freie Hand lassen; *~ d'embarquement* Bordkarte *f; ~ d'abonnement* Dauerkarte *f; ~ grise* Fahrzeugschein *m; ~ de vœux/~ de félicitations* Glückwunschkarte *f; ~ bancaire* Scheckkarte *f; ~ scolaire* Schülerausweis *m; ~ de visite* Visitenkarte *f; ~ de crédit* Kreditkarte *f; ~ postale* Ansichtskarte *f,* Postkarte *f,* Karte *f; 2. GEO* Landkarte *f; ~ météo(rologique)* Wetterkarte *f; 3. (de restaurant)* Karte *f,* Speisekarte *f; 4. ~ d'identité* Personalausweis *m*

cartel [kaʀtɛl] *m ECO* Kartell *n*
cartilage [kaʀtilaʒ] *m ANAT* Knorpel *m*
cartomancienne [kaʀtɔmɑ̃sjɛn] *f* Kartenlegerin *f*
carton [kaʀtɔ̃] *m 1.* Karton *m; 2. (papier épais)* Pappe *f; ~ ondulé* Wellpappe *f; 3. (papier fort)* Pappkarton *m; 4. faire un ~ (fam)* Erfolg haben
cartonner [kaʀtɔne] *v 1.* kartonieren; *2. (fig)* Erfolg haben
carton-pâte [kaʀtɔ̃pɑt] *m* Pappmaché *n,* Papiermaché *n*
cartouche [kaʀtuʃ] *f 1. (d'arme)* Patrone *f; ~ à blanc* Platzpatrone *f; 2. ~ d'encre* Tintenpatrone *f; 3. ~ de cigarettes* Stange *f*
cas [ka] *m 1.* Fall *m; en aucun ~* auf keinen Fall/keinesfalls; *Si tel est le ~ ...* Wenn das so ist ..., Wenn das der Fall ist ...; *C'est le ~ ou jamais!* Jetzt oder nie! *faire grand ~ de qn* auf jdn große Stücke halten; *en tout ~* jedenfalls; *le ~ échéant* gegebenenfalls; *~ de conscience* Gewissensfrage *f; au ~ où* im Falle, dass, falls; *~ de force majeure* höhere Gewalt *f; ~ exceptionnel* Ausnahmefall *m; ~ d'urgence* Notfall *m; 2. GRAMM* Fall *f*
casanier [kazanje] *adj* häuslich
cascade [kaskad] *f 1.* Wasserfall *m; 2. (d'un acrobate)* Kunststück *n,* Kraftakt *m; 3. en ~* aufeinander folgend
cascadeur [kaskadœʀ] *m (doublure) CINE* Stuntman *m,* Double *n*
case [kɑz] *f 1. (habitation)* Hütte *f,* Unterkunft *f; 2. (espace)* Kästchen *n,* Feld *n; les ~s d'une grille de mots-croisés* die Kästchen in einem Kreuzworträtsel; *cocher une ~* ein Kästchen ankreuzen; *la ~ départ* der Ausgangspunkt *m; 3. (compartiment)* Fach *n,* Unterteilung *f,* Abteilung *f; adj 4. (fam)* verrückt, nicht normal, nicht ganz dicht; *Il lui manque une ~.* Er hat nicht alle Tassen im Schrank./Bei ihm ist eine Schraube locker.
casemate [kazmat] *f* Bunker *m*
caser [kaze] *v 1.* verstauen; *2. se ~* einen Platz finden, ein Unterkommen finden, eine Stelle finden, unter die Haube kommen *(fam)*
casier [kɑzje] *m 1.* Fach *n,* Ablagefach *n; 2. ~ judiciaire* Strafregister *m*
casque [kask] *m 1.* Helm *m,* Sturzhelm *m; ~ à pointes* Pickelhaube *f; 2. (écouteurs)*

C

Kopfhörer *m; 3. (sèche-cheveux)* Trockenhaube *f; 4. ~ bleu de l'O.N.U.* Blauhelm(soldat) der UNO *m*

casquer [kaske] *v (fam)* blechen

casquette [kaskɛt] *f* Mütze *f,* Schirmmütze *f*

cassable [kɑsabl] *adj* zerbrechlich

cassant [kɑsɑ̃] *adj 1.* zerbrechlich; *2. (fragile)* brüchig; *3. (matériel)* spröde

cassé [kɑse] *adj 1. (brisé)* geknickt; *2. (en deux)* kaputt, entzwei; *3. (annulé) JUR* annuliert, aufgehoben; *4. (voix ~e)* gebrochen, zitternd; *5. blanc ~* gebrochenes, leicht getöntes Weiß *n,* Perlweiß *n*

casse [kɑs] *m 1. (fam: cambriolage)* Einbruch *m,* Bruch *m (fam)*; *f 2.* Bruchschaden *m*

casse-cou [kɑsku] *m (fam) 1.* Draufgänger *m; adj 2. (risqué)* draufgängerisch, tollkühn

casse-croûte [kɑskʀut] *m* Imbiss *m,* Zwischenmahlzeit *f*

casse-gueule [kasgœl] *m (fam)* Spiel mit dem Feuer *n; C'est ~.* Das ist ja lebensgefährlich.

casse-noix [kɑsnwa] *m* Nussknacker *m*

casse-pieds [kaspje] *m (fam)* Quälgeist *m; être ~* lästig sein, aufdringlich sein

casser [kase] *v 1.* brechen, zerbrechen, auseinander brechen; *se ~ le cou* sich das Genick brechen; *~ comme du verre* sehr zerbrechlich sein; *~ les pieds à qn* jdm auf die Nerven gehen; *2. (briser)* einwerfen; *~ les vitres* die Scheiben einwerfen; *3. ~ qc* etw kaputtmachen; *4. (noix)* knacken; *5. (dents)* herausbrechen; *6. se ~* kaputtgehen; *7. se ~ en deux* entzweigehen; *8. se ~ (fam)* abhauen; *9. se ~ le tronc* sich abstrampeln; *Ne te casse pas!* Racker dich nicht so ab!

casserole [kasʀɔl] *f 1.* Kochtopf *m,* Topf *m; 2. chanter comme une ~ (fam)* falsch und unmelodisch singen

casse-tête [kastɛt] *m* Kopfzerbrechen *n; être un ~ pour qn* jdm viel Kopfzerbrechen bereiten

cassette [kasɛt] *f 1.* Kassette *f; ~ audio* Musikkassette *f; ~ vidéo* Videokassette *f; 2. (coffre)* Kassette *f*

casseur [kasœʀ] *m 1. ~ de pierres* Steinklopfer *m; 2. (ferrailleur)* Schrotthändler *m; 3. (vandale)* Randalierer *m,* Chaot *m,* gewalttätiger Demonstrant *m; 4. (cambrioleur)* Einbrecher *m*

cassis [kasis] *m (noir) 1. BOT* schwarze Johannisbeere *f; 2. crème de ~* Likör aus schwarzen Johannisbeeren; *3. (rigole)* Querrinne *f*

cassure [kasyʀ] *f 1.* Bruch *m; 2. (fracture)* Bruchstelle *f*

caste [kast] *f (clan)* Clique *f,* Clan *m,* Kaste *f; l'esprit de ~* das Gruppendenken *n; des préjugés de ~* Gruppenvorurteile *pl*

castor [kastɔʀ] *m ZOOL* Biber *m*

castrer [kastʀe] *v* kastrieren

cataclysme [kataklism] *m 1.* Erschütterung *f,* Katastrophe *f,* Unheil *n,* Unglück *n; 2. (fig)* Krise *f,* Plage *f,* Katastrophe *f*

catalogue [katalɔg] *m 1.* Liste *f; 2. (brochure)* Katalog *m; ~ d'une exposition* Ausstellungskatalog *m*

cataloguer [katalɔge] *v* katalogisieren

catalyser [katalize] *v 1. CHEM* katalysieren; *2. (fig)* wecken, wachrufen

catalyseur [katalizœʀ] *m* Katalysator *m*

cataracte [kataʀakt] *f 1. (chute d'eau)* Wasserfall *m,* Wassersturz *m,* Kaskade *f,* Katarakt *m; la ~ du Niagara* die Niagarafälle *pl; 2. (de l'œil) MED* grauer Star *m; opération de la ~* Staroperation *f*

catastrophe [katastʀɔf] *f 1.* Katastrophe *f; Quelle ~!* Was für eine Katastrophe! *2. ~ climatique* Klimakatastrophe *f*

catastrophé [katastʀɔfe] *adj* ganz niedergeschlagen, fix und fertig *(fam)*

catastrophique [katastʀɔfik] *adj* katastrophal

catégorie [kategɔʀi] *f 1.* Gruppe *f,* Klasse *f,* Kategorie *f; ~ salariale* Gehaltsgruppe *f; 2. (domaine)* Sachgebiet *n*

catégorique [kategɔʀik] *adj 1. (décidé)* sicher; *2. (déterminé)* kategorisch

catholique [katɔlik] *adj 1. (fig)* katholisch; *Ce n'est pas très ~.* Das ist nicht ganz sauber./Da ist etw faul. *2. REL* römisch-katholisch; *m/f 3.* Katholik(in) *m/f*

catimini [katimini] *adv en ~* heimlich, verstohlen

cauchemar [koʃmaʀ] *m* Albtraum *m; Ça me donne des ~s.* Davon bekomme ich Albträume., Darum mache ich mir große Sorgen.

causalité [kozalite] *f* Ursächlichkeit *f,* Kausalität *f*

causant [kozɑ̃] *adj (fam)* gesprächig, redselig

cause [koz] *f 1. JUR* Fall *m; être en ~* in einen Prozess verwickelt sein; *2. (motif)* Grund *m; Quelle en est la ~?* Was ist der

Grund dafür? *~ de divorce* Scheidungsgrund *m; 3. (raison)* Ursache *f; petites ~s, grands effets* kleine Ursache, große Wirkung; *~ du décès* Todesursache *f; être la ~ de qc* etw verursachen, etw verschulden; *4. (provocation)* Veranlassung *f; faire ~ commune* gemeinsame Sache machen/sich zusammentun; *en connaissance de ~* in voller Kenntnis der Sachlage; *5. à ~ de* über, wegen, auf Grund; *à ~ de cela* deswegen; *à ~ de moi* meinetwegen; *à ~ de lui* seinetwegen

causé [koze] *adj être ~ par* entstehen aus

causer [koze] *v 1.* verursachen; *2. (occasionner)* anrichten; *3. (préparer)* bereiten; *~ des dégâts* Schaden bereiten/Schaden zufügen; *4. (produire)* bewirken, veranlassen; *5. (engendrer)* erzeugen; *6. (provoquer)* herbeiführen; *7. (fig)* auslösen; *8. (bavarder)* plaudern, schwatzen

causerie [kozʀi] *f* zwangloser Vortrag *m,* Plauderei *f*

causette [kozɛt] *f faire la ~ (fam)* ein Schwätzchen machen, einen Plausch machen

causticité [kostisite] *f* Scharfzüngigkeit *f,* Bissigkeit *f*

caustique [kostik] *adj* beißend, ätzend

caution [kosjɔ̃] *f 1.* Gewähr *f; 2. (garantie)* Kaution *f; 3. (soutien)* Bürgschaft *f; 4. (pour une personne)* Bürge *m*

cautionner [kosjɔne] *v 1. ~ qn* für jdn bürgen; *2. (fig)* unterstützen, stehen hinter; *3.* sich verbürgen

cavalcade [kavalkad] *f (fam)* Gedränge *n,* Gewühl *n,* Gewimmel *n,* Getümmel *n*

cavaler [kavale] *v 1. (fam)* herumrasen; *2. (fig) ~ après qn* jdm nachlaufen

cavalier [kavalje] *m 1.* Kavalier *m; 2. (chevalier)* Reiter *m; adj 3.* für Reiter bestimmt, Reit..., Reiter... *4. (fig)* ungezwungen, frei, anmaßend, ungezogen

cavalièrement [kavaljɛʀmɑ̃] *adv* anmaßend, hochfahrend, rücksichtslos

cave [kav] *f 1.* Keller *m; 2. ~s pl* Kellerei *f*

cave-abri [kavabʀi] *f* Luftschutzkeller *m*

caveau [kavo] *m* Gruft *f*

caverne [kavɛʀn] *f* Höhle *f*

caviste [kavist] *m/f* Kellermeister(in) *m/f*

cavité [kavite] *f 1.* Höhle *f; 2. (excavation)* Hohlraum *m; 3. ~ thoracique ANAT* Brusthöhle *f,* Brustraum *m*

ce [sə] *pron 1.* es, das, dies; *c'est que/c'est-à-dire* nämlich; *c'est la raison pour laquelle/c'est pour cela que/c'est pour cette raison que* darum; *~ soir* heute Abend; *~ midi* heute Mittag; *2. ~ qui/~ que (relatif)* was; *~ qui était/ce qui durait jusqu'à présent* bisherig; *~ qui est imprimé en petits caractères* klein Gedrucktes *n; 3. ~/cet/cette/ceci* diese(r,s); *cette fois-ci* diesmal; *4. ~/cette/ces* jene(r,s)

céans [seɑ̃] *adv* hier (drinnen)

ceci [səsi] *pron 1.* das; *adv 2. à ~* hierbei, hierzu; *3. ~ dit* abgesehen davon

cécité [sesite] *f* Blindheit *f; être frappé de ~* blind sein

céder [sede] *v 1.* lassen, überlassen, abtreten; *Il ne lui cède en rien.* Er steht ihm in nichts nach. *2. ne pas ~* durchhalten, widerstehen; *3. (vendre)* überlassen; *~ sa place à qn* jdm seinen Platz überlassen; *4. (fléchir)* weichen, nachgeben; *5. (documents)* übertragen

ceinture [sɛ̃tyʀ] *f 1.* Gurt *m; faire ~ de qc* sich etw verkneifen; *~ de sécurité* Gurt *m,* Sicherheitsgurt *m,* Anschnallgurt *m; 2. (sangle)* Gürtel *m; se serrer la ~* den Gürtel enger schnallen; *3. (d'une jupe)* Bund *m*

ceinturer [sɛ̃tyʀe] *v* umklammern, umfassen

cela [səla] *pron 1.* das; *ceci ou ~* dieses oder jenes; *~ revient à dire que ...* Das heißt, dass ..., Das läuft darauf hinaus, dass ...; *~ tient à ce que ...* Das kommt davon, dass ...; *Cela va tout seul.* Das ist ganz einfach./Das ergibt sich von selbst. *adv 2. pour ~* dafür; *3. à ~ (local)* dagegen; *4. avec ~* damit; *5. pour ~ (raison)* deshalb; *6. de ~* daran, daraus; *7. d'après ~ (par la suite)* daraufhin; *8. en ~* darin, hiermit

célébration [selebʀasjɔ̃] *f* Feier *f,* Feierlichkeit *f; ~ de mariage* Hochzeitsfeier *f*

célèbre [selɛbʀ] *adj* berühmt

célébrer [selebʀe] *v 1.* feiern; *2. (fête)* begehen; *3. REL* abhalten; *4. (glorifier) REL* loben

célébrité [selebʀite] *f 1.* Berühmtheit *f; 2. (personnalités)* Prominenz *f*

celer [səle] *v ~ qc à qn LIT* etw vor jdm verschweigen, etw vor jdm verbergen, etw vor jdm verheimlichen

célérité [seleʀite] *f* Geschwindheit *f,* Flinkheit *f*

céleste [selɛst] *adj* himmlisch

célibataire [selibatɛʀ] *adj 1.* ledig, unverheiratet, alleinstehend; *m 2.* Junggeselle *m; 3. (personne seule)* Alleinstehender *m*

C

celle-ci [sɛlsi] *pron* diese
celle-là [sɛlla] *pron* jene
cellier [selje] *m 1.* Keller *m; 2. (garde-manger)* Vorratskammer *f*
cellophane [selɔfan] *f* Plastikfolie *f*
cellule [selyl] *f 1. BIO* Zelle *f; ~ germinale* Keimzelle *f; 2. (de prison)* Zelle *f,* Gefängniszelle *f; 3. TECH ~ solaire* Solarzelle *f; 4. REL* Klause *f; 5. TECH ~ photoélectrique* Fotozelle *f*
celte [sɛlt] *adj* keltisch
celui [səlɥi] *pron* derjenige
celui-ci [səlɥisi] *pron* dieser/dieses
celui-là [səlɥila] *pron* jener/jenes
cénacle [senakl] *m* Kreis *m,* Gruppe *f*
cendre [sɑ̃dʀ] *f 1.* Asche *f; réduire en ~s* in Schutt und Asche legen; *f/pl 2. les ~s* die sterblichen Überreste *m/pl; 3. mercredi des Cendres REL* Aschermittwoch *m*
cendré [sɑ̃dʀe] *adj* aschfarben, fahl
cendreux [sɑ̃dʀø] *adj* (asch)grau, (asch)-fahl, aschehaltig, aschig
cendrier [sɑ̃dʀije] *m* Aschenbecher *m*
cène [sɛn] *f* Abendmahl *n*
censé [sɑ̃se] *adj* angeblich, vermutlich; *Il est ~ être malade.* Er soll krank sein. *Elle n'est pas ~e le savoir.* Das muss sie nicht wissen. *Nul n'est ~ ignorer la loi.* Unkenntnis schützt vor Strafe nicht.
censeur [sɑ̃sœʀ] *m 1. (au lycée)* Aufsichtsperson *f,* Aufsichtführender *m,* Aufseher *m; 2. (fig: critique)* Kritiker *m,* Zensor *m,* beurteilende Person *f*
censure [sɑ̃syʀ] *f 1.* Zensur *f; 2. motion de ~ POL* Misstrauensantrag *m; 3. PSYCH* Verdrängung *f*
censurer [sɑ̃syʀe] *v 1.* zensieren; *2. (voter une motion de censure)* das Misstrauen aussprechen
cent [sɑ̃] *num 1.* einhundert, hundert; *pour ~* Prozent *n; en pour ~* prozentual; *à ~ pour cent* hundertprozentig; *2. faire les ~ pas* hin und her gehen, auf und ab gehen; *3. être aux ~ coups (fig)* ganz außer sich sein, nicht wissen, wo einem der Kopf steht, völlig aus dem Häuschen sein; *m 4. FIN* Cent *m,* Eurocent *m*
centaine [sɑ̃tɛn] *f 1. (environ cent)* ungefähr Hundert *f; une ~ de personnes* ungefähr hundert Personen *pl; Ils sont venus par ~s.* Sie sind zu hunderten gekommen. *2. (âge)* hundert Jahre *pl,* Hundert *f; atteindre la ~* auf die Hundert zugehen, hundert Jahre alt werden
centenaire [sɑ̃tnɛʀ] *m 1.* Hundertjahrfeier *f; m/f 2.* Hunderjährige(r) *m/f*
centime [sɑ̃tim] *m FIN* Cent *m,* Eurocent *m*
central [sɑ̃tʀal] *adj 1.* zentral; *m 2. ~ téléphonique* Telefonzentrale *f,* Telefonvermittlung *f*
centrale [sɑ̃tʀal] *f 1.* Zentrale *f; 2. ~ électrique* Elektrizitätswerk *n,* Kraftwerk *n; 3. ~ nucléaire* Atomkraftwerk *n,* Kernkraftwerk *n; 4. ~ thermique* Heizkraftwerk *n; m 5. ~ d'achats* Einkaufszentrale *f*
centralisation [sɑ̃tʀalizasjɔ̃] *f* Zentralisierung *f,* Zentralisation *f,* Zusammenfassung *f,* Konzentration *f*
centraliser [sɑ̃tʀalize] *v* zentralisieren, vereinen, zusammenbringen

centre [sɑ̃tʀ] *m 1.* Zentrum *n; 2. (milieu)* Mittelpunkt *m,* Mitte *f; 3. (fig)* Kern *m,* Mittelpunkt *m; 4. (foyer)* Brennpunkt *m; ~ de gravité* Schwerpunkt *m; être au ~ du débat* im Mittelpunkt der Diskussion stehen; *5. ~ hospitalier universitaire* Universitätskrankenhaus *n*

centrer [sɑ̃tʀe] *v* zentrieren
centre-ville [sɑ̃tʀville] *m* Stadtmitte *f*
centuple [sɑ̃typl] *m* Vielfaches *n; Je te le rendrai au ~.* Ich werde es dir vielfach zurückgeben.
centupler [sɑ̃typle] *v* verhundertfachen
cependant [səpɑ̃dɑ̃] *konj* dennoch, jedoch
cerceau [sɛʀso] *m* Reifen *m,* Kreisel *m*
cercle [sɛʀkl] *m 1.* Kreis *m; ~ d'amis* Freundeskreis *m; ~ polaire* Polarkreis *m; 2. (anneau)* Ring *m; faire ~ autour de qc* etw umringen; *3. (club)* Klub *m,* Klubhaus *n; 4. (société)* Runde *f; 5. (entourage)* Umkreis *m*
cercler [sɛʀkle] *v* bereifen, binden, beschlagen, bandagieren
cercueil [sɛʀkœj] *m* Sarg *m*
céréales [seʀeal] *f/pl* Getreide *n,* Korn *n*
cérémonial [seʀemɔnjal] *m 1.* Etikette *f; 2. (forme)* Förmlichkeit *f*
cérémonie [seʀemɔni] *f 1.* Akt *m,* Zeremonie *f; ~ officielle* Staatsakt *m; 2. (fête)* Feier *f; 3. ~ protocolaire* Siegerehrung *f; 4. ~s pl* Umständlichkeit *f; faire des ~* Umstände machen
cerf [sɛʀ] *m ZOOL* Hirsch *m; ~s et chevreuils pl* Rotwild *n*
cerf-volant [sɛʀvɔlɑ̃] *m (jouet)* Drachen *m*
cerise [səʀiz] *f BOT* Kirsche *f*
cerne [sɛʀn] *m 1. (autour des yeux)* Augenringe *pl,* Augenränder *pl; 2. (d'un arbre)* Jahresring *m*

cerner [sɛʀne] *v* *1.* umzingeln; *2. (fig)* klar erkennen, klar erfassen, ausleuchten; *3. (des noix)* auskernen, entkernen

certain [sɛʀtɛ̃] *adj* *1.* bestimmt, gewiss; *2. (sûr)* sicher, zweifellos; *être ~* feststehen; *pron* *3. (maint)* mancher

certes [sɛʀt] *adv* *1. (constatation)* freilich; *konj* *2.* zwar

certificat [sɛʀtifika] *m* Bescheinigung *f;* *~ médical* Attest *n;* *~ de bonne conduite* Führungszeugnis *n;* *~ de vaccination* Impfschein *m;* *~ scolaire* Schulzeugnis *n;* *~ de décès* Sterbeurkunde *f;* *~ d'origine* Ursprungszeugnis *n;* *~ d'exportation* Ausfuhrbescheinigung *f;* *~ de travail* Arbeitszeugnis *n*

certification [sɛʀtifikasjɔ̃] *f* schriftliche Versicherung *f,* schriftliche Zusicherung *f,* Beglaubigung *f,* Bestätigungsvermerk *m*

certifier [sɛʀtifje] *v* *1.* bescheinigen; *2. (attester)* beglaubigen

certitude [sɛʀtityd] *f* *1.* Sicherheit *f,* Bestimmtheit *f;* *2. (assurance)* Gewissheit *f*

cerveau [sɛʀvo] *m* *1. ANAT* Gehirn *n,* Hirn *n;* *2. lavage de ~* Gehirnwäsche *f;* *3. (esprit)* Kopf *m,* Geist *m,* Verstand *m;* *4. (fig: décideur)* Gehirn *n,* Schaltzentrale *f,* Entscheidungsträger *m*

cervelle [sɛʀvɛl] *f* *1.* Hirn *n,* Gehirn *n,* Geist *m;* *se brûler la ~* sich in den Kopf schießen; *une ~ d'oiseau (fig)* ein Spatzenhirn *n;* *se creuser la ~ (fig)* sich das Hirn zermartern; *2. GAST* Hirn *n;* *manger de la ~ de veau* Kalbshirn essen

césarienne [sezaʀjɛn] *f* *MED* Kaiserschnitt *m*

cessant [sɛsɑ̃] *adj* *toutes affaires ~es* vordringlich, unverzüglich, vor allem anderen, sofort

cessation [sesasjɔ̃] *f* *1.* Unterbrechung *f;* *2. ~ d'abonnement (à un journal)* Abbestellung *f;* *3. (de paiement)* Einstellung *f;* *4. (arrêt)* Stillstand *m;* *5. ~ d'activité (commerce)* Auflösung *f*

cesse [sɛs] *f* *1. sans ~* ständig, unaufhörlich, immerzu, pausenlos; *2. n'avoir pas de ~* nicht aufhören bevor, nicht eher aufhören, als dass

cesser [sese] *v* *1.* aufhören; *2. (suspendre)* einstellen; *~ le travail* die Arbeit niederlegen; *3. ~ les activités (commerce)* auflösen

cessez-le-feu [seselfø] *m* Waffenruhe *f,* Feuereinstellung *f*

c'est-à-dire [sɛtadiʀ] *konj* das heißt

chacun [ʃakœ̃] *pron* *1.* jede(r,s); *2. (toute personne/toute chose)* je

chafouin [ʃafwɛ̃] *adj* durchtrieben, verschlagen

chagrin[1] [ʃagʀɛ̃] *m* *1.* Kummer *m,* Gram *m;* *faire du ~ à qn* jdm Kummer bereiten; *~ d'amour* Liebeskummer *m;* *2. (tristesse)* Leiden *n;* *3. (affliction)* Trübsal *f*

chagrin[2] [ʃagʀɛ̃] *adj* bekümmert, bedrückt, betrübt

chagrin[3] [ʃagʀɛ̃] *m* *1. (cuir)* Chagrin(leder) *n;* *2. peau de ~ (fig)* etw, das immer weniger wird, etw, das immer weiter abnimmt

chahut [ʃay] *m* Krach *m,* Radau *m*

chahuter [ʃayte] *v* *1.* stören, lärmen, randalieren; *2. ~ qn* jdn ärgern, jdn belästigen; *~ un professeur* einen Lehrer ärgern; *se faire ~* belästigt werden

chahuteur [ʃaytœʀ] *adj* undiszipliniert, aufsässig

chaîne [ʃɛn] *f* *1.* Kette *f;* *~ de montagne* Bergkette *f;* *~ de montagnes* Gebirgskette *f;* *2. (collier)* Halskette *f;* *3. ~ de montage* Fließband *n;* *4. ~ stéréo* Stereoanlage *f;* *5. ~s antidérapantes (de voiture)* Schneeketten *pl;* *6. (fig)* Kette *f,* Reihe *f,* Aufeinanderfolge *f;* *7. travailler à la ~* am Fließband arbeiten; *8. faire la ~* eine Kette bilden

chaînon [ʃɛnɔ̃] *m* Kettenglied *n*

chair [ʃɛʀ] *f* *1.* Fleisch *n;* *Ça me donne la ~ de poule.* Davon bekomme ich Gänsehaut. *être bien en ~* rundlich sein, gut beieinander sein; *n'être ni ~ ni poisson (fig)* nicht Fisch, nicht Fleisch sein; *en ~ et en os* leibhaftig; *2. (couleur ~)* fleischfarben

chaire [ʃɛʀ] *f* *1.* Lehrstuhl *m,* Professur *f;* *2. (tribune)* Rednerpult *n;* *3. REL* Kanzel *f*

chaise [ʃɛz] *f* *1.* Stuhl *m;* *être assis entre deux ~s* zwischen zwei Stühlen sitzen; *~ longue* Liegestuhl *m,* Liege *f;* *~ pliante* Klappstuhl *m;* *~ roulante* Rollstuhl *m;* *2. ~ électrique* elektrischer Stuhl *m;* *3. nœud de ~ NAUT* Pahlstek *m;* *4. mener une vie de bâton de ~ (fig)* ein ungeregeltes Leben führen, ein ausschweifendes Leben führen, ein Lotterleben führen *(fam)*

chaland [ʃalɑ̃] *m* *1. NAUT* Lastkahn *m,* Frachtkahn *m,* Schleppkahn *m,* Zille *f;* *2. (passant)* Kunde *m*

châle [ʃɑl] *m* Schal *m,* Tuch *n*

chalet [ʃalɛ] *m* *1. ~ de montagne* Berghütte *f;* *2. ~ de nécessité* Bedürfnisanstalt *f*

C

chaleur [ʃalœʀ] *f 1.* Wärme *f; grande ~* Hitze *f; ~ perdue* Abwärme *f; 2. ~ torride* Glut *f,* Hitze *f; 3. (rut)* Brunst *f; en ~* läufig; *4. (fig: ardeur)* Feuer *n,* Eifer *m; 5. (fig: gentillesse)* Wärme *f,* Herzlichkeit *f*
chaleureux [ʃalœʀø] *adj* warmherzig
chaloupe [ʃalup] *f (canot) NAUT* Boot *n,* Kanu *n,* Paddelboot *n*
chalouper [ʃalupe] *v* schwanken, schaukeln, schaukelnd gehen
chamailler [ʃamɑje] *v se ~ (se disputer)* sich streiten, sich zanken
chamailleur [ʃamajœʀ] *adj* streitsüchtig
chambardement [ʃɑ̃baʀdəmɑ̃] *m* Umwälzung *f,* Umsturz *m*
chambarder [ʃɑ̃baʀde] *v (fam)* durcheinander bringen, in Unordnung bringen; umstürzen *(fig)*
chambouler [ʃɑ̃bule] *v (fam)* durcheinander bringen, in Unordnung bringen; umstürzen *(fig)*
chambranle [ʃɑ̃bʀɑ̃l] *m* Türstock *m*

chambre [ʃɑ̃bʀ] *f 1.* Zimmer *n; ~ à coucher* Schlafzimmer *n; faire ~ à part* getrennt schlafen; *~ d'étudiant* Bude *f; ~ pour deux personnes* Doppelzimmer *n; ~ pour une personne* Einzelzimmer *n; ~ d'hôte* Fremdenzimmer *n; ~ d'amis* Gästezimmer *n; ~ d'hôtel* Hotelzimmer *n; ~ d'enfant* Kinderzimmer *n; ~ noire FOTO* Dunkelkammer *f; ~ à provisions* Vorratskammer *f; ~ froide* Kühlkammer *f; 2. (pièce)* Stube *f; 3. POL* Kammer *f; Chambre des députés* Abgeordnetenhaus *n; 4. Chambre du commerce et de l'industrie* Industrie- und Handelskammer *f*

chambrer [ʃɑ̃bʀe] *v 1. (fam)* aufziehen, auf den Arm nehmen; *2. ~ du vin* Wein temperieren, Wein auf Zimmertemperatur anwärmen
chameau [ʃamo] *m ZOOL* Kamel *n*
chamois [ʃamwa] *m ZOOL* Gämse *f*
champ [ʃɑ̃] *m 1.* Acker *m,* Feld *n; ~ de blé* Kornfeld *n; 2. ~ d'activité* Betätigungsfeld *n; laisser le ~ libre* freie Hand lassen; *prendre du ~* Abstand gewinnen; *~ de bataille* Schlachtfeld *n; 3. ~ visuel* Sichtweite *f; 4. ~s pl* Land *n*
champêtre [ʃɑ̃pɛtʀ] *adj* ländlich
champignon [ʃɑ̃piɲɔ̃] *m 1. BOT* Pilz *m; 2. ~ de Paris* Champignon *m; 3. ~ vénéneux* Giftpilz *m; 4. (fam: accélérateur)* Gaspedal *n*
champion [ʃɑ̃pjɔ̃] *m 1.* Meister *m,* Champion *m; ~ du monde* Weltmeister *m; 2. (as)* Ass *n*
championnat [ʃɑ̃pjɔna] *m 1.* Kampf *m,* Wettkampf *m,* Meisterschaft *f; ~ d'Europe* Europameisterschaft *f; 3. ~s du monde pl* Weltmeisterschaften *pl; 3. (tournoi)* Turnier *n*

chance [ʃɑ̃s] *f 1.* Chance *f; Il y a une ~ sur deux.* Die Chancen stehen gleich. *C'est une ~ à courir.* Es lohnt es zu versuchen. *~ de survie* Überlebenschance *f; 2. (fortune)* Glück *n; Bonne ~!* Viel Glück! *tenter sa ~* sein Glück versuchen

chanceler [ʃɑ̃s(ə)le] *v* schwanken
chancelier [ʃɑ̃səlje] *m* Kanzler *m*
chanceux [ʃɑ̃sø] *adj être ~* Glück haben; *Il est très ~.* Er ist ein Glückspilz./Er hat Glück.
chandail [ʃɑ̃daj] *m* Pullover *m,* Pulli *m,* Sweater *m*
chandelier [ʃɑ̃dəlje] *m 1.* Kerzenständer *m; 2. (candélabre)* Leuchter *m*
chandelle [ʃɑ̃dɛl] *f* Kerze *f; Le jeu n'en vaut pas la ~.* Es ist nicht der Mühe wert.
change [ʃɑ̃ʒ] *m 1. (monétaire)* Wechsel *m,* Geldwechsel *m; 2. ECO* Valuta *f*
changeant [ʃɑ̃ʒɑ̃] *adj 1.* veränderlich; *2. (inconstant)* launenhaft, sprunghaft; *3. (variable)* unbeständig, wechselhaft
changement [ʃɑ̃ʒmɑ̃] *m 1.* Veränderung *f,* Änderung *f; ~ climatique* Klimawandel *m; ~ de vitesse* Gangschaltung *f; ~ de réservation* Umbuchung *f; faire son ~ d'adresse* sich abmelden; *2. (modification)* Abänderung *f; 3. (métamorphose)* Umwandlung *f,* Verwandlung *f,* Wandel *m; 4. (alternance)* Wechsel *m; ~ de génération* Generationswechsel *m; ~ d'équipe* Schichtwechsel *m; ~ d'orientation* Kurswechsel *m; ~ brusque* Umschwung *m; 5. JUR* Wandlung *f*

changer [ʃɑ̃ʒe] *v 1. ~ qc* etw ändern, etw verändern; *Rien n'a changé.* Alles ist beim Alten. *~ d'idée* seine Ansicht ändern; *se ~* sich umziehen; *~ de vêtements* sich umziehen; *~ de vitesse* schalten; *~ de nom* umbenennen; *2. (modifier)* wechseln, auswechseln; *~ d'adresse* umziehen; *~ de train* umsteigen; *3. (échanger)* umtauschen; *4. (troquer)* tauschen; *5. TECH* tauschen; *6. (fig)* umschlagen; *Le temps change.* Das Wetter schlägt um. *7. ~ en* verzaubern in, verwandeln in; *8. (domicile)* verlegen; *9. (transformer)* verwandeln

chanson [ʃɑ̃sɔ̃] *f 1.* Lied *n; ~ d'amour* Liebeslied *n; ~ populaire* Volkslied *n; 2. l'air*

ne fait pas la ~ (fig) der Schein trügt; *3. ~s* Flausen *f/pl; 4. ~ de gestes LIT* (altfranzösisches) Heldenlied *n*
chansonnier [ʃɑ̃sɔnje] *m 1.* Liedermacher *m; 2. THEAT* Kabarettist *m*
chant [ʃɑ̃] *m 1.* Gesang *m; 2. (chanson)* Lied *n; ~ folklorique* Volkslied *n; 3. ~ des oiseaux* Vogelgezwitscher *n*
chantage [ʃɑ̃taʒ] *m* Erpressung *f*
chanter [ʃɑ̃te] *v 1.* singen; *Si ça vous chante.* Wenn Sie Lust dazu haben. *2. (gazouiller)* zwitschern; *3. (coq)* krähen; *4. faire ~ qn* jdn erpressen, jdn unter Druck setzen; *5. ~ les louanges de qn (fig)* jds Loblied singen, ein Loblied singen auf
chanteur [ʃɑ̃tœʀ] *m 1.* Sänger *m; ~ d'opéra* Opernsänger *m; ~ d'airs à la mode* Schlagersänger *m; 2. maître ~* Erpresser *m,* Meistersinger *m; adj 3. oiseau ~* Singvogel *m*
chanteuse [ʃɑ̃tøz] *f* Sängerin *f*
chantier [ʃɑ̃tje] *m 1. ~ de construction* Baustelle *f; 2. ~ naval* Werft *f; 3. NAUT* Stapel *m; 4. mettre qc en ~ (fig)* etw in Angriff nehmen; *5. (fam)* Chaos *n,* Tohuwabohu *n*
chantonner [ʃɑ̃tɔne] *v* summen
chantre [ʃɑ̃tʀ] *m 1. REL* Vorsänger *m; 2. (fig)* Verfechter *m,* Vertreter *m,* Kämpfer *m; se faire le ~ de la liberté* für die Freiheit eintreten/für die Freiheit kämpfen
chaparder [ʃapaʀde] *v (fam)* klauen, stibitzen, mopsen, einstecken
chape [ʃap] *f (fermeture)* Kappe *f*
chapeau [ʃapo] *m 1.* Hut *m; 2. ~ de paille* Strohhut *m; 3. (couvercle)* Haube *f,* Deckel *m,* Kappe *f; 4. ~ de roue* Radkappe *f; 5. donner un coup de ~ à qn (fig)* vor jdm den Hut ziehen; *6. porter le ~ (fig)* dafür geradestehen müssen; *7. ~!* Hut ab!/Alle Achtung!
chapeauter [ʃapote] *v* leiten, kontrollieren
chapelet [ʃaplɛ] *m 1. REL* Gebetskette *f,* Rosenkranz *m; 2. (fig)* Litanei *f,* Reihe *f,* Aufzählung *f; déverser un ~ d'injures sur qn* eine Schimpftirade loslassen
chapelle [ʃapɛl] *f 1.* Kapelle *f; 2. maître de ~ MUS* Kantor *m,* Chorleiter *m; 3. ~ ardente* Leichenhalle *f,* Feierhalle *f; 4. (fig)* Clan *m,* Clique *f,* Klüngel *m*
chapelure [ʃaplyʀ] *f* Semmelbrösel *pl,* Paniermehl *n*
chapitre [ʃapitʀ] *m* Kapitel *n*
chapitrer [ʃapitʀe] *v* maßregeln, die Leviten lesen

chaque [ʃak] *adj 1.* jeder; *~ semaine* wöchentlich; *~ soir* allabendlich; *~ trimestre* vierteljährlich; *~ fois* jedes Mal, jeweils; *prep 2.* je

char [ʃaʀ] *m 1. ~ d'assaut* Tank *m,* Panzer *m; 2. (chariot)* Wagen *m,* Karren *m; 3. ~ de Carnaval* Kanevalswagen *m; 4. ~ à voile SPORT* Segelwagen *m,* Strandsegeln *n*
charabia [ʃaʀabja] *m* Kauderwelsch *n*
charbon [ʃaʀbɔ̃] *m 1.* Kohle *f; ~ de bois* Holzkohle *f; 2. (houille)* Steinkohle *f; 3. être sur les ~s ardents (fig)* in einer peinlichen Lage sein, in einer schwierigen Lage sein, wie auf glühenden Kohlen sitzen *(fam)*; *4. aller au ~ (fam)* Steine klopfen gehen; *5. MED* Milzbrand *m*
charcuter [ʃaʀkyte] *v (fam)* herumschnippeln, herumschnipseln
charcuterie [ʃaʀkytʀi] *f* Wurstwaren *pl*
charcutier [ʃaʀkytje] *m 1.* Schweinemetzger *m,* Schlachter *m,* Fleischer *m; 2. (fam: mauvais chirurgien)* Metzger *m*
charge [ʃaʀʒ] *f 1.* Ladung *f; prendre en ~* übernehmen; *~ électrique* elektrische Ladung *f; 2. (poids)* Last *f; 3. (tâche)* Auftrag *m; 4. (emploi)* Stellung *f; 5. ~ d'âmes REL* Seelsorge *f; 6. ~s pl* Lasten *pl; 7. ~s sociales pl* Sozialabgaben *pl; 8. ~s fiscales pl (impôt)* Steuern *pl; 9. ~s pl JUR* Belastung *f*
charger [ʃaʀʒe] *v 1.* laden, beladen, belasten; *2. (camion)* aufladen; *3. (embarquer)* verladen; *4. (fréter)* verfrachten; *~ à bord* verschiffen; *5. (tâche)* auftragen; *~ qn d'une tâche* jdm eine Aufgabe auftragen; *6. (déléguer)* beauftragen; *7. se ~ de* besorgen, ausführen
chargeur [ʃaʀʒœʀ] *m 1. (d'une arme)* Magazin *n; 2. (~ électrique)* Ladegerät *n*
chariot [ʃaʀjo] *m* Leiterwagen *m,* Wagen *m,* Karren *m*
charitable [ʃaʀitabl] *adj* barmherzig
charité [ʃaʀite] *f 1.* Barmherzigkeit *f; 2. (amour du prochain)* Nächstenliebe *f*
charivari [ʃaʀivaʀi] *m* Krach *m,* Radau *m,* Spektakel *n*
charlatan [ʃaʀlatɑ̃] *m 1.* Pfuscher *m,* Quacksalber *m; 2. (escroc)* Scharlatan *m*
charlot [ʃaʀlo] *m (fam)* Hanswurst *m*
charmant [ʃaʀmɑ̃] *adj* entzückend, bezaubernd, reizend
charme [ʃaʀm] *m 1.* Anmut *f,* Reiz *m,* Charme *m; faire du ~ à qn* jdn kokettieren; *2. (fig)* Zauber *m; 3. (attraits)* Liebreiz *m*

C

charmer [ʃaʀme] *v 1.* bezaubern; *2. (réjouir)* erfreuen
charmeur [ʃaʀmœʀ] *m 1. ~ de serpent* Schlangenbeschwörer *m; 2. (séducteur)* Schmeichler *m,* Verführer *m,* Charmeur *m,* Frauenheld *m; C'est un grand ~.* Er ist ein großer Charmeur. *adj 3.* liebenswürdig, bezaubernd, charmant, freundlich; *un sourire ~* ein entzückendes Lächeln *n*
charnel [ʃaʀnɛl] *adj 1. (corporel)* körperlich, natürlich, spürbar, irdisch; *l'enveloppe ~le* der Körper *m,* die sterbliche Hülle *f; 2. (sensuel)* fleischlich, sinnlich, gefühlsmäßig, instinktiv; *les plaisirs ~s* die Sinnenfreuden *pl,* die fleischlichen Begierden *pl*
charnière [ʃaʀnjɛʀ] *f TECH* Scharnier *n*
charnu [ʃaʀny] *adj* fleischig; *des lèvres ~es* fleischige Lippen *pl; un fruit ~* eine fleischige Frucht *f*
charogne [ʃaʀɔɲ] *f ZOOL* Aas *n*
charpenté [ʃaʀpɑ̃te] *adj 1.* kräftig, stattlich gebaut, einen kräftigen Körperbau haben; *2. (fig)* klar aufgebaut sein
charpentier [ʃaʀpɑ̃tje] *m* Zimmermann *m,* Zimmerer *m*
charpie [ʃaʀpi] *f en ~ (fig)* in kleinen Stücken, in Fetzen; *réduire qc en ~* jdn zerstückeln, jdn zerfetzen; *se faire mettre en ~* in der Luft zerrissen werden
charrette [ʃaʀet] *f 1.* Karren *m; 2. (fig) cinquième roue de la ~* fünftes Rad am Wagen
charrier [ʃaʀje] *v 1.* fahren, karren, transportieren, führen; *2. ~ qn (fam)* jdn auf den Arm nehmen; *3. (fam)* zu weit gehen, es zu weit treiben
charrue [ʃaʀy] *f 1. AGR* Pflug *m; 2. mettre la ~ avant les bœufs (fig)* das Pferd beim Schwanz aufzäumen
charter [ʃaʀtɛʀ] *m* Charterflug *m*
chas [ʃa] *m* Nadelöhr *n*
chasse [ʃas] *f 1.* Jagd *f; 2. ~ d'eau* Spülung *f,* Toilettenspülung *f*
chasse-neige [ʃasnɛʒ] *m 1. (véhicule)* Schneepflug *m,* Schneeräumer *m,* Schneefräse *f; 2. (au ski)* Pflug *m; descendre la pente en ~* im Schneepflug den Hang hinabfahren
chasser [ʃase] *v 1.* jagen; *2. (repousser)* verdrängen; *3. (expulser)* verjagen, verscheuchen, vertreiben, fortjagen; *4. (déraper)* seitlich rutschen, wegrutschen, ausbrechen
chasseur [ʃasœʀ] *m 1.* Jäger *m; 2. MIL* Jagdflugzeug *n; 3. ~ de têtes (fig)* Kopfjäger *m,* Headhunter *m*
châssis [ʃɑsi] *m 1. TECH* Chassis *n; 2. ~ de fenêtre* Einfassung *f*
chaste [ʃast] *adj* keusch, sittsam
chasteté [ʃastəte] *f (pureté)* Keuschheit *f*
chat [tʃat] *m INFORM* Chat *m*

> **chat(te)** [ʃa(t)] *m/f ZOOL* Kater/Katze *m/f; appeler un ~ un ~ (fig)* das Kind beim Namen nennen; *Il n'y a pas un chat.* Es ist kein Mensch da. *avoir d'autres chats à fouetter* andere Sorgen haben; *écrire comme un chat* eine krakelige Schrift haben, schlecht schreiben; *avoir un chat dans la gorge (fig)* einen Frosch im Hals haben

châtaigne [ʃɑtɛɲ] *f 1. BOT* Kastanie *f; 2. (marron)* Esskastanie *f; 3. (fam: coup)* Faustschlag *m; adj 4. (couleur ~)* kastanienbraun
château [ʃɑto] *m 1.* Burg *f; s'écrouler comme un ~ de cartes* wie ein Kartenhaus zusammenstürzen; *~ fort* Burg *f,* Ritterburg *f; 2. (résidence)* Schloss *n; bâtir des ~x en Espagne* Luftschlösser bauen; *3. ~ d'eau* Wasserturm *m*
châtier [ʃɑtje] *v -1.* strafen; *2. ~ son style (fig)* seinen Stil pflegen
châtiment [ʃɑtimɑ̃] *m* Bestrafung *f*
chaton [ʃatɔ̃] *m 1. (petit chat) ZOOL* junge Katze *f; 2. (d'arbre) BOT* Kätzchen *n,* Ähre *f, 3. (d'une pierre précieuse)* Fassung *f*
chatouiller [ʃatuje] *v 1.* kitzeln; *2. (gratter)* krabbeln, kratzen
chatouilleux [ʃatujø] *adj* kitzelig
chatoyant [ʃatwajɑ̃] *adj* schillernd, glitzernd, flimmernd, schimmernd
chatoyer [ʃatwaje] *v* schillern
chatter [tʃate] *v INFORM* chatten

> **chaud** [ʃo] *adj 1.* warm; *2. (brûlant)* heiß; *3. (ardent)* heißblütig; *ne faire ni ~ ni froid à qn (fam)* jdn kalt lassen; *m 4.* Wärme *f,* Hitze *f; 5. avoir ~* warm sein; *J'ai ~.* Mir ist warm. *6. Il fait ~.* Es ist warm.

chaudron [ʃodʀɔ̃] *m (de cuisine)* Kessel *m; ~ de sorcière (fig)* Hexenkessel *m*
chauffage [ʃofaʒ] *m* Heizung *f; ~ central* Zentralheizung *f; ~ à distance* Fernheizung *f; ~ au gaz* Gasheizung *f*
chauffard [ʃofaʀ] *m* Geisterfahrer *m*
chauffer [ʃofe] *v 1.* heizen; *2. (une pièce)* beheizen; *3. (réchauffer)* wärmen; *4. faire ~* erhitzen; *5. (activer)* in Schwung bringen; *6. Ça va chauffer! (fam)* Das gibt dicke Luft!
chauffeur [ʃofœʀ] *m 1.* Chauffeur *m,* Fahrer *m; 2. (routier)* Kraftfahrer *m*

chaumière [ʃomjɛʀ] *f* Strohhütte *f*, Strohhaus *n*; *Ce film va faire pleurer dans les ~s.* Dieser Film bringt die einfachen Gemüter zum Weinen.
chausser [ʃose] *v 1. ~ qn* jdn einen Schuh anziehen, jdn einen Schuh anpassen; *2. se ~* Schuhe anziehen; *3. ~ ses lunettes* (sich) die Brille auf die Nase setzen
chaussette [ʃosɛt] *f* Socke *f*, Strumpf *m*
chausson [ʃosɔ̃] *m 1.* Hausschuh *m*; *2. ~ de danse* Ballettschuh *m*; *3. ~ aux pommes GAST* Apfeltasche *f*
chaussure [ʃosyʀ] *f 1.* Schuh *m*; *~ de ski* Skischuh *m*; *~ de sport* Turnschuh *m*; *2. ~s à pointes f/pl* Schuhe mit Spikes *pl*; *3. ~s vernies f/pl* Lackschuhe *pl*
chauve [ʃov] *adj* kahl, glatzköpfig
chauve-souris [ʃovsuʀi] *f ZOOL* Fledermaus *f*
chaux [ʃo] *f 1.* Kalk *m*; *2. ~ vive* Ätzkalk *m*, ungelöschter Kalk *m*
chavirer [ʃaviʀe] *v 1. NAUT* kentern; *2. (fig)* zutiefst berühren, aufwühlen
chef [ʃɛf] *m 1.* Chef *m*, Führer *m*; *être ~ de file* federführend sein; *faire qc de son propre ~* etw auf eigene Faust machen; *~ d'orchestre* Dirigent *m*, Kapellmeister *m*; *~ de classe* Klassensprecher *m*; *2. (directeur)* Oberhaupt *n*; *3. (supérieur)* Leiter *m*; *~ de vente* Verkaufsleiter *m*; *~ de production* Aufnahmeleiter *m*; *4. (leader)* Anführer *m*
chef-d'œuvre [ʃɛdœvʀ] *m* Meisterstück *n*, Meisterwerk *n*
cheftaine [ʃɛftɛn] *f* Führerin *f*
cheik [ʃɛk] *m* Scheich *m*

> **chemin** [ʃ(ə)mɛ̃] *m 1.* Weg *m*; *faire son ~* seinen Weg machen; *en ~* unterwegs; *~ faisant* unterwegs; *~ piétonnier* Fußweg *m*; *~ de table* Läufer *m*; *~ de promenade* Spazierweg *m*; *indiquer le ~ à qn* jdn zurechtweisen; *~ de croix* Kreuzweg *m*; *2. (sentier)* Gehweg *m*; *~ de fer* Eisenbahn *f*; *3. (étroit)* Pfad *m*

cheminée [ʃəmine] *f 1.* Kamin *m*, Schornstein *m*; *2. ~ d'usine* Schlot *m*; *3. GEOL ~* des fées Erdpfeiler *m*, Erdpyramide *f*
cheminer [ʃəmine] *v 1. (aller)* wandeln; *2. (évoluer)* sich allmählich durchsetzen, sich allmählich festsetzen/weiterentwickeln
cheminot [ʃəmino] *m* Bahnbeamter *m*
chemise [ʃəmiz] *f 1.* Hemd *n*; *en manches de ~* hemdsärmelig; *~ de nuit* Nachthemd *n*; *2. (pour filles)* Unterhemd *n*; *3. (dossier)* Mappe *f*, Sammelmappe *f*; *4. ~ d'un piston TECH* Kolbenbüchse *f*
chemisier [ʃəmizje] *m* Bluse *f*, Hemdbluse *f*
chêne [ʃɛn] *m 1. BOT* Eiche *f*; *2. ~-liège BOT* Korkeiche *f*
chenil [ʃənil] *m* Hundezwinger *m*
chenille [ʃənij] *f 1. ZOOL* Raupe *f*; *2. TECH* Raupe *f*
chenu [ʃəny] *adj* weißhaarig, schneeweiß
chèque [ʃɛk] *m 1.* Scheck *m*; *~ de voyage* Reisescheck *m*; *~ postal* Postscheck *m*; *~ barré* Verrechnungsscheck *m*; *~ bancaire* Bankanweisung *f*; *~ non-barré* Barscheck *m*; *~ en blanc* Blankoscheck *m*; *par ~* per Scheck; *2. ~-restaurant* Essenmarke *f*

> **cher** [ʃɛʀ] *adj 1.* kostspielig, teuer; *2. (aimé)* lieb, teuer, wert; *~ ami* lieber Freund *m*, werter Freund *m*; *Ses enfants lui sont ~s.* Seine Kinder sind ihm lieb und teuer.

chercher [ʃɛʀʃe] *v 1.* forschen; *2. (rechercher)* suchen; *~ querelle à qn* Streit mit jdm suchen; *~ à égaler qn* jdm nacheifern; *~ la petite bête* nörgeln; *~ à faire qc* etw zu tun trachten; *3. aller ~* holen (gehen); *4. (fam)* mit jdm Streit suchen, mit jdm Streit anfangen wollen
chercheur [ʃɛʀʃœʀ] *m* Forscher *m*
chère [ʃɛʀ] *f faire bonne ~* gut essen, gut leben
chéri(e) [ʃeri] *adj 1.* geliebt, lieb; *m/f 2.* Schatz *m*, Liebling *m*, Liebste(r) *m/f*
chérir [ʃeʀiʀ] *v* lieben
cherté [ʃɛʀte] *f* hoher Preis

> **cheval** [ʃəval] *m 1. ZOOL* Pferd *n*; *~ de course* Rennpferd *n*; *~ à bascule* Schaukelpferd *n*; *~ de bataille (fig)* Steckenpferd *n*; *~ blanc* Schimmel *m*; *2. ~ d'arçons SPORT* Bock *m*; *3. à ~* zu Pferd, beritten; *4. ~-vapeur PHYS* Pferdestärke *f*; *5. ~-fiscal* der Kraftfahrzeugsteuer zu Grunde gelegte Leistungseinheit, Steuer-PS *n*

chevalet [ʃəvalɛ] *m (de peinture)* Staffelei *f*
chevalier [ʃəvalje] *m* Ritter *m*; *HIST armer qn ~* jdn zum Ritter schlagen
chevalière [ʃəvaljɛʀ] *f* Siegelring *m*
chevauchée [ʃəvoʃe] *f* Ritt *m*
chevaucher [ʃəvoʃe] *v 1. (aller à cheval) LIT* reiten; *2. ~ qc* auf etw reiten, rittlings auf etw sitzen; *La sorcière chevauche un balai.* Die Hexe reitet auf einem Besen. *3. (se recouvrir)* sich verdecken, übereinander ste-

C

hen; *Ses dents chevauchent.* Seine Zähne stehen übereinander. *4. se ~* sich verdecken, sich schneiden, übereinander stehen; *Les lignes du texte se chevauchent.* Die Zeilen in dem Text überschneiden sich.
chevelure [ʃəvlyʀ] *f* Haar *n,* Haare *pl,* Haarpracht *f*
chevet [ʃəvɛ] *m 1. (du lit)* Kissen *n,* Kopfende *n; une lampe de ~* eine Nachttischlampe *f; un livre de ~* eine Bettlektüre *f,* ein Lieblingsbuch *n; être au ~ de qn* an jds Bett stehen/an jds Bett sitzen; *2. ~ d'une église* Apsis *f*
cheveu [ʃəvø] *m* Haar *n; s'arracher les ~x* sich die Haare raufen; *couper les ~x en quatre* Haarspalterei betreiben; *se faire des ~x blancs* sich Sorgen machen/sich graue Haare wachsen lassen; *venir comme un ~ sur la soupe* wie die Faust aufs Auge passen; *Il s'en faut d'un ~.* Es hängt am seidenen Faden. *d'un ~* um Haaresbreite; *aux ~x gris* grauhaarig; *avoir mal aux ~x* einen Kater haben
cheville [ʃəvij] *f 1. TECH* Bolzen *m; 2. (fenton) TECH* Dübel *m; 3. (clou) TECH* Nagel *m; 4. ANAT* Knöchel *m; ne pas arriver à la ~ de qn* jdm nicht das Wasser reichen können/an jdn nicht herankommen
chèvre [ʃɛvʀ] *f 1. ZOOL* Ziege *f; devenir ~ (fig)* verrückt werden; *ménager la ~ et le chou (fig)* eine abwartende Haltung einnehmen/neutral bleiben; *2. TECH* Hebebock *m*
chevreuil [ʃəvʀœj] *m ZOOL* Reh *n*
chevronné [ʃəvʀɔne] *adj* erfahren, routiniert, versiert
chevroter [ʃəvʀɔte] *v (animal)* meckern
chez [ʃe] *prep 1.* bei; *2. aller ~ soi* nach Hause gehen; *3. être ~ soi* zu Hause sein
chez-moi [ʃemwa] *m* Zuhause *n,* Heim *n*
chialer [ʃjale] *v (fam)* heulen, flennen
chiasse [ʃjas] *f (fam) avoir la ~* Dünnpfiff haben *(fam),* Schiss haben *(fam)*
chic [ʃik] *adj 1. (élégant)* flott, schick; *2. (bien coupé)* schnittig
chicane [ʃikan] *f 1.* Nörgelei *f; 2. (querelle)* Schikane *f; faire des ~s* schikanieren; *3. TECH* Hindernis *n,* Ablenkblech *n,* Ablenkplatte *f,* Resonanzwand *f*
chicaner [ʃikane] *v 1.* nörgeln; *2. (se quereller)* schikanieren
chicanier [ʃikanje] *adj* streitsüchtig, nörglerisch, boshaft
chiche [ʃiʃ] *adj 1.* geizig; *2. (peu abondant)* kärglich, spärlich, kümmerlich, dürftig; *3. être ~ de faire qc (fam)* sich trauen etw zu tun, Traute haben, etw zu tun *(fam),* den Schneid haben, etw zu tun; *interj 4. Chiche que je le fais! (fam)* Wetten, dass ich es tue!
chichis [ʃiʃi] *m/pl* Getue *n,* Wirbel *m*
chicot [ʃiko] *m (dent)* Zahnstummel *m,* Zahnstumpf *m*
chien(ne) [ʃjɛ̃/ʃjɛn] *m/f 1.* Hund/Hündin *m/f; Il ne faut pas être chien.* Man sollte nicht zu kleinlich sein. *chien d'aveugle* Blindenhund *m; chien de berger* Hirtenhund *m; chien de garde* Wachhund *m; 2. entre chien et loup* in der Abenddämmerung; *3. (péjoratif)* Hund *m* (Hündin) *m/f; 4. avoir du chien* das gewisse Etwas haben, attraktiv sein, etw darstellen
chienlit [ʃjɑ̃li] *m* Tumult *m,* Chaos *n*
chier [ʃje] *m (fam)* scheißen, kacken
chiffe [ʃif] *f ~ molle (fam)* Schlappschwanz *m,* Waschlappen *m*
chiffon [ʃifɔ̃] *m 1.* Tuch *n; parler ~s* von Mode reden; *2. (torchon)* Lumpen *m,* Lappen *m*
chiffonner [ʃifɔne] *v 1.* zerdrücken; *2. (froisser)* zerknittern; *3. se ~* knittern; *4. (chagriner)* zerknittern, zerdrücken
chiffonnier [ʃifɔnje] *m* Lumpensammler *m; se battre comme des ~s (fig)* sich gegenseitig verprügeln, übereinander herfallen
chiffre [ʃifʀ] *m 1.* Zahl *f,* Ziffer *f; 2. (code secret)* Chiffre *f; 3. ~ d'affaires ECO* Geschäftsumsatz *m,* Umsatz *m*
chiffrer [ʃifʀe] *v 1.* chiffrieren, verschlüsseln; *2. ~ statistiquement* statistisch erfassen
chignon [ʃiɲɔ̃] *m* Dutt *m,* Haarknoten *m*
chimère [ʃimɛʀ] *f 1.* Fantasie *f; 2. (rêve)* Wunschtraum *m*
chimie [ʃimi] *f* Chemie *f; ~ biologique* Biochemie *f*
Chine [ʃin] *f GEO* China *n*
chinois [ʃinwa] *adj* chinesisch; *C'est du ~ pour moi.* Das sind böhmische Dörfer für mich.
chiot [ʃjo] *m ZOOL* Welpe *m*
chiottes [ʃjɔt] *f/pl (fam)* Scheißhaus *n*
chiper [ʃipe] *v (fam: voler)* klauen, stibitzen, mopsen, stehlen
chipie [ʃipi] *f (fam)* Biest *n,* verwöhntes Gör *n*
chipoter [ʃipɔte] *v 1. (fam)* bummeln, trödeln; *2. ~ sur qc* auf etw herumreiten, in etw pingelig sein; *~ sur les moindres détails* auf jeder Einzelheit herumreiten, Haarspalterei betreiben; *Il chipote sur les dépenses.* Er ist sehr knausrig. *3. se ~ (se disputer)* sich streiten, sich in den Haaren liegen

chique [ʃik] *f (tabac)* Kautabak *m; couper la ~ à qn (fig)* jdm über den Mund fahren, jdm das Wort abschneiden

chiqué [ʃike] *m (fam) c'est du ~* das ist nur Angabe

choc [ʃɔk] *m 1. (coup)* Schlag *m,* Stoß *m; ~ retour* Rückschlag *m; 2. (heurt)* Aufprall *m; 3. (commotion)* Erschütterung *f; 4. (collision)* Zusammenstoß *m; 5. MED* Trauma *n*

chocolat [ʃɔkɔla] *m* Schokolade *f; une tablette de ~* eine Tafel Schokolade *f; ~ chaud* Heiße Schokolade *f,* Kakao *m*

chocottes [ʃɔkɔt] *f/pl avoir les ~s (fam)* Angst haben, Bammel haben

chœur [kœʀ] *m 1.* Chor *m; 2. (fig)* Chor der Unzufriedenen *m,* Schar der Unzufriedenen *f; 3. enfant de ~ (fig)* Chorknabe *m,* Unschuldslamm *n*

choir [ʃwaʀ] *v irr (tomber) LIT* fallen; *laisser ~ qn (fig)* jdn fallen lassen, jdn aufgeben, jdn im Stich lassen; *se laisser ~ dans un fauteuil* sich in einen Sessel fallen lassen

choisi [ʃwazi] *adj 1.* gewählt; *2. (exquis)* erlesen

choisir [ʃwaziʀ] *v 1.* auswählen; *C'est à vous de ~.* Die Entscheidung liegt bei Ihnen. *2. (opter pour)* wählen, auswählen; *3. (sélectionner)* heraussuchen

choix [ʃwa] *m 1.* Auswahl *f,* Wahl *f; Je n'ai pas le ~.* Ich habe keine Wahl. *de premier ~* erstklassig; *2. (possibilités)* Palette *f,* Wahlmöglichkeiten *pl; au ~* wahlweise; *avoir le ~* die Wahl haben

chômage [ʃomaʒ] *m 1.* Arbeitslosigkeit *f; au ~* arbeitslos; *~ partiel* Kurzarbeit *f; 2. indemnités de ~* Arbeitslosenunterstützung *f,* Arbeitslosengeld *n*

chômer [ʃome] *v 1. (ne pas avoir de travail)* arbeitslos sein, keine Arbeit haben; *Les stations de ski chôment pendant la morte saison.* Die Skistationen haben im Sommer geschlossen. *2. (volontairement)* sich frei nehmen, nicht arbeiten; *~ entre deux jours feriés* sich zwischen den Feiertagen frei nehmen, zwischen den Feiertagen nicht arbeiten; *3. ne pas ~ (fam)* aktiv sein, nicht ruhen

chômeur [ʃomœʀ] *m* Arbeitslose(r) *m/f,* Erwerbslose(r) *m/f,* Arbeitsuchende(r) *m/f*

chômeuse [ʃomøz] *f* Arbeitslose *f*

chope [ʃɔp] *f ~ de bière* Bierkrug *m*

choper [ʃɔpe] *v (fam)* mopsen, mausen, stibitzen, klauen

chopiner [ʃɔpine] *v (fam)* saufen

choquant [ʃɔkɑ̃] *adj* schockierend

choquer [ʃɔke] *v 1.* schockieren; *2. (déplaire)* missfallen; *3. ~ qn (fam)* bei jdm anecken; *4. (fig: blesser)* verletzen, beleidigen, vor den Kopf stoßen, schockieren

chose [ʃoz] *f 1.* Ding *n,* Sache *f,* Gegenstand *m; laisser aller les ~s* den Dingen ihren Lauf lassen; *la même ~* einerlei; *avoir l'air tout ~* ganz durcheinander aussehen; *~ principale* Hauptsache *f; 2. ~ sainte/~ sacrée REL* Heiligtum *n; 3. quelque ~* etwas; *4. autre ~* etwas anderes; *5. peu de ~* wenig, eine Kleinigkeit; *6. avant toute ~* vor allem, vor allen Dingen, in erster Linie, primär

chou [ʃu] *m 1.* Kraut *n,* Kohl *m; ~ de Bruxelles* Rosenkohl *m; ~ rouge* Rotkohl *m; ~ pommé/~ blanc* Weißkohl *m; ~ frisé* Wirsing *m; ~ chinois* Chinakohl *m; 2. bête comme ~* kinderleicht; *3. faire ~ blanc* danebengehen, in die Hose gehen *(fam); 4. feuille de ~* Käseblatt *(fam); 5. rentrer dans le ~ de qn (fam)* jdn angreifen; *6. ~ à la crème GAST* Windbeutel mit Schlagsahne *m*

chouchou [ʃuʃu] *m (fam)* Liebling *m*

choucroute [ʃukʀut] *f* Sauerkraut *n*

chouette [ʃwɛt] *adj 1. (fam)* großartig, prima; *f 2. ZOOL* Eule *f*

chou-fleur [ʃuflœʀ] *m* Blumenkohl *m*

choyer [ʃwaje] *v* verwöhnen, hätscheln, verhätscheln

chrétien(ne) [kʀetjɛ̃/kʀetjɛn] *m/f REL* Christ(in) *m/f*

chronomètre [kʀɔnɔmɛtʀ] *m* Stoppuhr *f*

chuchotement [ʃyʃɔtmɑ̃] *m* Geflüster *n*

chuchoter [ʃyʃɔte] *v 1.* flüstern, hauchen; *2. (susurrer)* säuseln; *3. (murmurer)* munkeln; *On chuchote que ...* Es wird gemunkelt, dass ...

chut [ʃyt] *interj Chut!* Ruhe!/Pst!

chute [ʃyt] *f 1.* Sturz *m,* Fall *m; ~ de pierres* Steinschlag *m; ~ de température* Temperatursturz *m; ~ d'eau* Wasserfall *m; ~ des cheveux* Haarausfall *m; 2. (tombée à pic)* Absturz *m; 3. (effondrement)* Untergang *m,* Zerfall *m,* Verfall *m,* Fall *m; 4. (reste)* Rest *m,* Abfall *m; 5. (d'une histoire)* Schlusspointe *f; 6. ~ des reins* wohlgeformtes Gesäß *n,* geschwungenes Gesäß *n*

chuter [ʃyte] *v 1. (fig)* fallen; *2. (prix)* sinken

Chypre [ʃipʀ] *f l'île de ~ GEO* Zypern *n*

ci [si] *adv 1. (lieu)* hier; *pron 2.* dies

ci-après [siapʀɛ] *adv* weiter unten, nachstehend aufgeführt

C

cible [sibl] *f* *1. (but)* Zielscheibe *f,* Ziel *n; tir à la ~* Scheibenschießen *n; prendre qn pour ~* jdn als Zielscheibe benutzen; *2. (fig)* Ziel *n,* Zweck *m,* Absicht *f; servir de ~ à qn* jdm als Zielscheibe dienen; *être une ~ facile pour qn* jdm ein leichtes Ziel bieten; *être la ~ des critiques* die Zielscheibe der Kritik sein; *3. (en publicité)* Zielpublikum *n,* Zielgruppe *f*
cibler [sible] *v* sich gezielt an jdn wenden, jdn ansprechen, bestimmen, festlegen
ciboulette [sibulɛt] *f* *BOT* Schnittlauch *m*
cicatrisé [sikatʀize] *adj* vernarbt
cicatriser [sikatʀize] *v* *1.* vernarben; *2. se ~* verheilen, heilen
ci-contre [sikɔ̃tʀ] *adv* nebenstehend
ci-dessous [sid(ə)su] *adv* nachstehend, weiter unten
ci-dessus [sid(ə)sy] *adj mentionné ~* vorhergehend, oben genannt
ci-devant [sidəvɑ̃] *adv* vorher, ehemals

ciel [sjɛl] *m* *1.* Himmel *m,* Firmament *n; C'est le ~ qui t'envoie.* Dich schickt der Himmel. *remuer ~ et terre (fig)* Himmel und Hölle in Bewegung setzen; *2. (plafond)* Gewölbe (einer Aushöhlung) *n,* Decke *f; 3. exploitation à ~ ouvert MIN* Tagebauförderung *f; 4. (providence)* Vorsehung *f,* himmlische Macht *f,* Gott *m,* Himmel *m*

cierge [sjɛʀʒ] *m* Kerze *f*
cieux [sjø] *m/pl* Himmel *m*
cigale [sigal] *f* *ZOOL* Grille *f*
cigogne [sigɔɲ] *f* *1. ZOOL* Storch *m; 2. TECH* Kurbel *f*
ci-inclus [siɛ̃kly] *adv* anbei, beiliegend
ci-joint [siʒwɛ̃] *adv* anbei, beiliegend
cil [sil] *m* Wimper *f,* Augenwimper *f*
ciller [sije] *v* *1.* zwinkern, blinzeln; *2. (fig)* mucksen
cime [sim] *f* *1. GEO* Gipfel *m,* Spitze *f; 2. BOT* Baumkrone *f*
ciment [simɑ̃] *m* Zement *m*
cimenter [simɑ̃te] *v* *1.* zementieren; *2. (fig)* kitten
cimetière [simtjɛʀ] *m* Friedhof *m; ~ militaire* Soldatenfriedhof *m*
cinéma [sinema] *m* Filmbranche *f,* Kino *n; C'est du ~.* Das ist doch nur Theater.
cinglant [sɛ̃glɑ̃] *adj (fig)* beißend
cinglé [sɛ̃gle] *adj (fam: fou)* verrückt, bescheuert, irre, geistesgestört
cingler [sɛ̃gle] *v* *1. (fig)* peitschen; *2. (critiquer)* kritisieren; *3. (faire voile)* segeln
cinq [sɛ̃k] *num* *1.* fünf; *m 2.* Fünf *f*
cinquantaine [sɛ̃kɑ̃tɛn] *f* *1. (environ cinquante)* ungefähr Fünfzig, um die Fünfzig; *une ~ d'enfants* ungefähr fünfzig Kinder *pl; 2. (âge)* fünfzig Jahre *pl,* Fünfzig *f; avoir la ~* ungefähr fünfzig Jahre alt sein/um die Fünfzig sein; *Il approche de la ~.* Er nähert sich der Fünfzig./Er wird fünfzig Jahre alt.
cinquante [sɛ̃kɑ̃t] *num* fünfzig
cinquantenaire [sɛ̃kɑ̃tnɛʀ] *adj* *1.* fünfzigjährig, fünfzig Jahre alt; *m 2. (anniversaire)* Fünfzigjahrfeier *f,* Fünfzigjähriges Jubiläum *n,* Fünfzigster Geburtstag *m; fêter le ~ de qc* das fünfzigjährige Bestehen von etw feiern
cinquième [sɛ̃kjɛm] *adj* *1.* fünfte(r,s); *habiter au ~* im fünften Stock wohnen; *Il est en ~ position.* Er steht an fünfter Stelle. *passer la ~ vitesse* den fünften Gang einlegen/in den fünften Gang schalten; *m 2. (fraction) MATH* Fünftel *n,* fünfter Teil *m; les deux ~s de qc* zwei Fünftel von etw; *m/f 3.* Fünfte(r) *m/f*
cintre [sɛ̃tʀ] *m* *1.* Bügel *m; 2. ARCH* Bogen *m; 3. TECH* Bogen *m,* Wölbung *f,* Bogenlehre *f; m/pl 4. les ~s THEAT* Schnürboden *m*
cirage [siʀaʒ] *m* *1.* Schuhcreme *f; 2. (action de cirer)* Bohnern *n; 3. être dans le ~ (fig)* im Tran sein
circoncision [siʀkɔ̃sizjɔ̃] *f* *MED* Beschneidung *f,* Zirkumzision *f*
circonférence [siʀkɔ̃feʀɑ̃s] *f* Umfang *m,* Kreislinie *f*
circonflexe [siʀkɔ̃flɛks] *adj accent ~ LING* Zirkumflex *m*
circonscription [siʀkɔ̃skʀipsjɔ̃] *f* *1. (administration)* Kreis *m,* Bezirk *m; 2. (électorale) POL* Wahlkreis *m*
circonspect [siʀkɔ̃spɛ] *adj* *1.* bedächtig; *2. (prudent)* umsichtig
circonspection [siʀkɔ̃spɛksjɔ̃] *f* Umsicht *f,* Vorsichtigkeit *f*
circonstance [siʀkɔ̃stɑ̃s] *f* *1.* Gegebenheit *f; de ~* angebracht; *2. (situation)* Umstand *m; 3. ~s f/pl* Lage *f; 4. ~s f/pl (conditions)* Umstände *pl; dans ces ~* unter diesen Umständen; *5. ~s concomitantes f/pl* Begleitumstände *pl; 6. ~s f/pl (état des choses)* Sachverhalt *m*
circuit [siʀkɥi] *m* *1.* Rundfahrt *f; 2. (de voiture)* Rennbahn *f,* Autorennbahn *f; 3. (électrique)* Stromkreis *m; 4. (fig)* Kreislauf *m*
circulaire [siʀkylɛʀ] *f* *1. (ordre)* Anordnung *f; 2. (lettre)* Rundschreiben *n; adj 3.* Kreis..., kreisförmig, kreisrund

circulation [siʀkylasjɔ̃] *f* Verkehr *m,* Straßenverkehr *m; ~ réservée aux riverains* Anliegerverkehr *m; libre ~* Freizügigkeit *f; ~ en sens inverse* Gegenverkehr *m; ~ à droite* Rechtsverkehr *m; ~ sanguine* Kreislauf *m*

circuler [siʀkyle] *v 1.* kursieren; *2. faire ~* durchgeben; *3. (sang)* zirkulieren; *4. (voiture)* verkehren, fahren; *5. (fig)* umgehen, umlaufen, sich verbreiten

ciré [siʀe] *adj 1.* gebohnert, poliert, blankgeputzt; *m 2.* Seglerjacke *f,* Ölzeug *n*

cirer [siʀe] *v 1. (chaussures)* putzen; *2. (polir)* wachsen, polieren, bohnern

cirque [siʀk] *m 1.* Zirkus *m; 2. (fig)* Zirkus *m,* Durcheinander *n; 3. GEO* Felsenkessel *m,* Kar *n*

ciseau [sizo] *m 1.* Meißel *m; 2. ~x pl* Schere *f; ~x à ongles pl* Nagelschere *f; 3. sauter en ~x SPORT* einen Scherensprung machen

ciseler [siz(ə)le] *v* ziselieren, ausfeilen *(fig)*

citadelle [sitadɛl] *f 1.* Zitadelle *f,* Festung *f; 2. (fig)* Festung *f,* Bastion *f,* Zentrum *n,* Mittelpunkt *m*

citadin(e) [sitadɛ̃/sitadin] *m/f* Stadtbewohner(in) *m/f*

citation [sitasjɔ̃] *f 1.* Zitat *n; 2. JUR* Ladung *f,* Vorladung *f*

cité[1] [site] *f 1. (petite agglomération)* Siedlung *f; 2. (vieille ville)* Altstadt *f; 3. ~ universitaire* Studentenstadt *f,* Studentenwohnheim *n*

citer [site] *v 1. (citation)* anführen, zitieren; *2. ~ en justice JUR* laden; *3. (assigner) JUR* vorladen

citerne [sitɛʀn] *f 1.* Tank *m; 2. (réservoir)* Zisterne *f*

citoyen(ne) [sitwajɛ̃/sitwajɛn] *m/f 1.* Bürger(in) *m/f; ~ d'honneur* Ehrenbürger *m; 2. (ressortissant(e))* Staatsbürger(in) *m/f,* Staatsangehörige(r) *m/f*

citron [sitʀɔ̃] *m 1.* Zitrone *f; 2. ~ vert* Zitronengrün *n; 3. (fam: tête)* Schädel *m,* Birne *f; adj 4.* zitronengelb

civière [sivjɛʀ] *f (pour blessé)* Bahre *f,* Tragbahre *f*

civil [sivil] *adj 1.* zivil; *2. JUR* bürgerlich; *m 3.* Zivilist *m*

civilisation [sivilizasjɔ̃] *f 1.* Zivilisation *f; 2. (culture)* Kultur *f*

civiliser [sivilize] *v 1.* zivilisieren; *2. ~ qn* jdn zivilisieren, jdn erziehen, jdn ausbilden; *3. se ~* sich zivilisieren

civilité [sivilite] *f* Umgangsformen *pl*

civique [sivik] *adj* Bürger..., bürgerlich; *les droits ~s* die Bürgerrechte *pl; le sens ~* die Bürgermoral *f,* die staatsbürgerliche Gesinnung *f*

clair [klɛʀ] *adj 1.* licht, hell; *2. (liquide)* klar; *3. (transparent)* durchsichtig; *4. (net)* eindeutig; *5. (précis)* deutlich, klar, unmissverständlich; *parler ~* sich klar ausdrücken; *~ comme de l'eau de roche* glasklar; *6. (synoptique)* anschaulich, übersichtlich; *7. (évident)* einleuchtend; *8. (son)* hell; *9. (brillant)* blank; *10. (temps)* heiter; *m 11. ~ de lune* Mondschein *m; 12. tirer qc au ~ (fig)* aufhellen, aufklären; *13. le plus ~ de son temps* der größte Teil seiner Zeit, der Großteil seiner Zeit

clairet [klɛʀɛ] *adj 1. (vin)* hellrot, blassrot; *2. (voix)* hell, schrill

claire-voie [klɛʀvwa] *f* Lattenzaun *m,* Staketenzaun *m*

clairière [klɛʀjɛʀ] *f (en forêt)* Lichtung *f*

claironner [klɛʀɔne] *v* ausposaunen, austrompeten

clairsemé [klɛʀsəme] *adj 1. (chose)* spärlich; *2. (pas dense)* licht

clairvoyance [klɛʀvwajɑ̃s] *f* Weitblick *m,* Weitsicht *f*

clairvoyant [klɛʀvwajɑ̃] *adj (fig)* weit blickend, hellsichtig

clamer [klɑme] *v* rufen, schreien, brüllen; *~ son innocence* seine Unschuld beteuern; *~ son indignation* seine Entrüstung kundtun/seinen Unwillen verkünden

clameur [klɑmœʀ] *f* Tumult *m,* Lärm *m,* Krach *m,* Gepolter *n*

clan [klɑ̃] *m* Sippe *f*

clandestin [klɑ̃dɛstɛ̃] *adj 1.* heimlich; *2. passager ~* blinder Passagier *m*

clandestinité [klɑ̃dɛstinite] *f 1.* Heimlichkeit *f; 2. (retraite)* Verborgenheit *f*

clapper [klape] *v* mit der Zunge schnalzen

claquant [klakɑ̃] *adj (fatigant)* ermüdend

claque [klak] *f 1.* Ohrfeige *f; 2. THEAT* Claque *f; 3. en avoir sa ~ (fam)* fertig sein, ausgelaugt sein

claquer [klake] *v 1. (bruit)* klatschen; *2. (retentir)* klappern, knallen, krachen; *~ des dents* mit den Zähnen klappern; *3. (éclater)* knallen, krachen, knattern; *4. (fam: mourir)* krepieren, verrecken, abkratzen, ins Gras beißen; *5. (gifler)* ohrfeigen, schlagen; *7. (fam: dépenser)* verpulvern, verjubeln; *8. (fam: épuiser)* fix und fertig machen, schlauchen

clarification [klaʀifikasjɔ̃] *f* Klärung *f*

C

clarifier [klaʀifje] *v* klären
clarté [klaʀte] *f 1.* Licht *n,* Schein *m; 2. (luminosité)* Helligkeit *f; 3. (liquide)* Klarheit *f; 4. (précision)* Deutlichkeit *f; 5. (netteté)* Eindeutigkeit *f*
classe [klas] *f 1. (catégorie)* Klasse *f; de grande ~* hochkarätig; *~ économique* Touristenklasse *f; 2. (qualité)* Rang *m; 3. (fig)* Format *n; 4. (placement)* Stand *m; ~ sociale* Klasse *f,* Schicht *f; ~ moyenne* Mittelschicht *f; être conscient de sa ~* klassenbewusst sein; *5. ~ scolaire* Schulklasse; *passer dans la ~ supérieure (à l'école)* versetzt werden; *6. (cours)* Unterrichtsstunde *f; heure de ~* Unterrichtsstunde *f; 7. MIL* Jahrgang *m; ~ d'âge* Altersklasse *f,* Altersgruppe *f*
classement [klasmɑ̃] *m 1.* Ordnung *f; 2. (rangement)* Ablage *f; 3. (répartition)* Einteilung *f,* Klassifikation *f; 4. (placement)* Platzierung *f,* Rangliste *f; 5. SPORT* Wertung *f*
classer [klase] *v 1.* ordnen, sortieren, gliedern; *2. (trier)* aussortieren; *3. (ordonner)* einordnen, einstufen; *4. (attribuer)* zuordnen; *5. (des documents)* ablegen
classeur [klasœʀ] *m 1.* Hefter *m,* Ordner *m; 2. (chemise)* Sammelmappe *f*
classification [klasifikasjɔ̃] *f 1.* Gliederung *f,* Klassifikation *f; 2. (subdivision)* Unterteilung *f*
classifier [klasifje] *v* unterteilen
classique [klasik] *adj 1.* humanistisch; *2. (sans mode)* zeitlos, klassisch; *m 3. (style)* Klassik *f; musique ~* Klassik *f; 4. (œuvre très connue)* Klassiker *m*
claudiquer [klodike] *v* hinken, lahmen
clause [kloz] *f 1. JUR* Klausel *f; ~ de la nation la plus favorisée ECO* Meistbegünstigungsklausel *f; ~ contractuelle/~ du contrat ECO* Vertragsbestimmung *f; 2. ~s f/pl* Bedingungen *pl*
clavier [klavje] *m* Tastatur *f*
clé [kle] *f 1.* Schlüssel *m; fermer à ~* zuschließen; *~ de contact (pour voiture)* Zündschlüssel *m; 2. (d'une porte)* Türschlüssel *m; 3. prendre la ~ des champs* das Weite suchen; *4. MUS* Notenschlüssel *m; 5. (outil)* Schraubenschlüssel *m; 6. ~ de voûte ARCH* Schlussstein *m; 7. (au judo) SPORT* Festhaltegriff *m*
clef [kle] *f (voir „clé“)*
clémence [klemɑ̃s] *f 1.* Gnade *f; avec ~* gnädig; *2. (douceur)* Milde *f*
clément [klemɑ̃] *adj 1. (caractère)* mild; *2.(indulgent)* gnädig
clenche [klɑ̃ʃ] *m TECH* Falle *f*
clerc [klɛʀ] *m 1. ~ de notaire* Notariatsangestellter *m,* Notariatsgehilfe *m; 2. (ecclésiastique) REL* Geistlicher *m,* Kleriker *m,* Angehöriger des Klerus *m*
clergé [klɛʀʒe] *m REL* Geistlichkeit *f,* Klerus *m*
clérical [kleʀikal] *adj* geistlich, klerikal, klerikalistisch
cliché [kliʃe] *m 1.* Klischee *n; 2. FOTO* Negativ *n*
client(e) [klijɑ̃(t)] *m/f 1.* Gast *m; 2.* Kunde/Kundin *m/f,* Klient(in) *m/f; ~ régulier* Stammkunde *m*
clientèle [klijɑ̃tɛl] *f* Kundschaft *f; ~ de passage ECO* Laufkundschaft *f*
cligner [kliɲe] *v ~ des yeux* blinzeln, zwinkern
clignotant [kliɲɔtɑ̃] *m 1. (de voiture) TECH* Blinker *m; adj 2. feu ~ TECH* Blinklicht *n*
clignotement [kliɲɔtmɑ̃] *m* Blinken *n,* Blinzeln *n,* Flackern *n*
clignoter [kliɲɔte] *v 1.* blinzeln; *2. TECH* blinken
climat [klima] *m 1. METEO* Klima *n; ~ montagnard* Gebirgsklima *n; 2. (fig: de travail)* Betriebsklima *n*
climatiseur [klimatizœʀ] *m TECH* Klimaanlage *f*
clin [klɛ̃] *m ~ d'œil* Augenzwinkern *n; faire un ~ d'œil à qn* jdn zuzwinkern; *en un ~ d'œil* innerhalb kürzester Zeit, im Nu; *échanger des clins d'œil complices* sich verschworene Blicke zuwerfen, sich heimlich zublinzeln
clinicien [klinisjɛ̃] *adj médecin ~* praktizierender Arzt *m*
clinique [klinik] *f 1.* Klinik *f; adj 2.* klinisch
clinquant [klɛ̃kɑ̃] *m 1.* Flitterkram *m,* Flittergold *n, 2. (fig)* Flitter *m,* Talmi *n; adj 3.* kitschig, auffallend
clique [klik] *f (fam)* Clique *f,* Clan *m,* Freundeskreis *m*
cliquer [klike] *v INFORM* klicken
cliquet [klikɛ] *m TECH* Sperrklinke *f,* Haltevorrichtung *f,* Sperrgriff *m,* Knarre *f*
cliqueter [klik(ə)te] *v (son)* klirren
cliquetis [klikti] *m* Klirren *n,* Geklirr *n,* Klappern *n*
clivage [klivaʒ] *m (fig)* Abgrund *m,* Kluft *f,* Abstand *m; le ~ social* die soziale Kluft *f; le ~ des opinions* die auseinander gehenden Meinungen *pl*

cloaque [klɔak] *m* Kloake *f*, Pfuhl *m*
clochard [klɔʃaʀ] *m (fam)* Gammler *m*, Penner *m*
cloche [klɔʃ] *f 1.* Glocke *f*; *2. (fig)* déménager à la ~ de bois sich heimlich davonmachen; *3. ~ à fromage* Käseglocke *f*; *4. (clochard)* Penner *m*; *adj 5.* tollpatschig, blöd
cloche-pied [klɔʃpje] *adv à ~* auf einem Bein
clocher[1] [klɔʃe] *m 1.* Glockenturm *m*; *2. ~ d'église* Kirchturm *m*, Turm *m*; *v 3. esprit de ~* Lokalpatriotismus *m*, Engstirnigkeit *f*
clocher[2] [klɔʃe] *v (fam)* hinken, hapern
cloison [klwazɔ̃] *f 1.* Wand *f*; *2. (séparation)* Verschlag *m*
cloisonnement [klwazɔnmɑ̃] *m (fig)* Abschirmung *f*, Abkapselung *f*
cloîtrer [klwatʀe] *v 1. (dans un couvent)* ins Kloster schicken, ins Kloster eintreten, ins Koster gehen; *2. se ~ (fig)* sich zurückziehen, sich absondern, sich ausschließen, sich einschließen
cloner [klone] *v BIO* klonen
clopin-clopant [klɔpɛ̃klɔpɑ̃] *adv* humpelnd
clopiner [klɔpine] *v* humpeln
cloque [klɔk] *f MED* Blase *f*
cloquer [klɔke] *v* Blasen werfen, Blasen bilden
clore [klɔʀ] *v irr 1.* schließen; *2. ~ un débat* eine Diskussion abschließen
clos [klo] *adj 1.* geschlossen; *2. à huit ~ JUR* unter Ausschluss der Öffentlichkeit; *3. en vase ~* abgekapselt, abgeschirmt, ohne Kontakt; *C'est une affaire ~e. 4. (terminé)* geschlossen, beendet, erledigt; *m 5. (champ)* eingezäunt
clôture [klotyʀ] *f 1.* Schluss *m*; *heure de ~* Sperrstunde *f*; *2. (d'une balance commerciale) ECO* Abschluss *m*; *~ de l'exercice* Jahresabschluss *m*; *3. (enclos)* Zaun *m*; *~ métallique* Drahtzaun *m*; *~ de jardin* Gartenzaun *m*; *4. (enceinte)* Umfassung *f*, Einzäunung *f*, Umzäunung *f*; *5. (barrière)* Schranke *f*
clôturer [klotyʀe] *v* umzäunen
clou [klu] *m 1.* Clou *m*; *2. TECH* Nagel *m*; *maigre comme un ~* klapperdürr; *3. ~ de girofle GAST* Gewürznelke *f*
clouer [klue] *v 1. (fixer)* anschlagen; *2. (clouter)* nageln; *3. ~ au pilori* anprangern; *4. ~ le bec à qn (fig)* jdm den Mund stopfen
clouté [klute] *adj 1.* genagelt; *chaussures ~es* genagelte Schuhe *f/pl*; *2. passage ~* Fußgängerüberweg *f*
club [klœb] *m 1.* Verein *m*, Klub *m*; *~ sportif* Sportverein *m*; *membre d'un ~* Klubmitglied *n*; *2. (local)* Klubhaus *n*; *3. ~ de golf SPORT* Golfschläger *m*
coaguler [kɔagyle] *v se ~* gerinnen
coaliser [kɔalize] *v se ~ à/se ~ avec* sich verbünden mit
coalition [kɔalisjɔ̃] *f POL* Koalition *f*
coasser [kɔase] *v* quaken
cobaye [kɔbaj] *m ZOOL* Meerschweinchen *n*; *servir de ~ (fig)* als Versuchsobjekt herhalten, als Versuchskaninchen dienen
cocagne [kɔkaɲ] *f 1. pays de ~* Schlaraffenland *n*; *2. mât de ~* Klettermast *m*
cocasse [kɔkas] *adj* drollig, putzig
coccinelle [kɔksinɛl] *f ZOOL* Marienkäfer *m*
coche [kɔʃ] *m 1.* Kutsche *f*; *2. ~ d'eau* Transportschiff für Waren und Personen *n*; *f 3. (marque)* Einschnitt *m*, Kerbe *f*
cocher[1] [kɔʃe] *m* Kutscher *m*
cocher[2] [kɔʃe] *v (marquer)* markieren, abhaken, einkerben
cochon [kɔʃɔ̃] *m 1. ZOOL* Schwein *n*; *~ d'Inde* Meerschweinchen *n*; *2. (fig)* Ferkel *n*; *~ de lait* Spanferkel *n*; *3. petit ~ (fam)* Schmutzfink *m*; *4. tête de ~ (fig)* Dickkopf *m*, Dickschädel *m*; *5. donner de la confiture à des ~s (fig)* Perlen vor die Säue werfen; *adj 6. (fam)* Ferkel *n*, Schmutzfink *m*, Schwein *n*
cochonnerie [kɔʃɔnʀi] *f (fam)* Sauerei *f*, Schweinerei *f*
cochonnet [kɔʃɔnɛ] *m 1.* Schweinchen *n*; *2. (aux boules)* Zielkugel *f*, Markierkugel *f*
coco [koko] *m 1. noix de ~ BOT* Kokosnuss *f*; *2. (fam: œuf)* Ei *n*; *3. mon petit ~ (fam)* mein kleiner Liebling
cocon [kɔkɔ̃] *m 1. ZOOL* Kokon *m*; *2. (fig)* Kokon *m*
cocotte [kɔkɔt] *f 1. (fam: poule)* Putput *n*, Putthühnchen; *2. ma ~ (fam)* mein Liebling; *3. (marmite)* Schmortopf *m*
cocu(e) [kɔky] *m/f (fam)* Betrogene(r) *m/f*, Hintergangene(r) *m/f*, Gehörnte(r) *m/f*; *avoir une chance de ~* das Glück des Dummen haben; *faire qn ~* jdm Hörner aufsetzen
cocufier [kɔkyfje] *v (fam)* betrügen
code [kɔd] *m 1.* Kennziffer *f*, Code *m*; *~ barres INFORM* Strichcode *m*; *2. ~ bancaire FIN* Bankleitzahl *f*; *3. JUR* Gesetzbuch *n*; *~ civil* bürgerliches Gesetzbuch *n*; *~ pénal* Strafgesetzbuch *n*; *4. ~ de la route* Stra-ßenverkehrsordnung *f*, Verkehrsregel *f*; *5. (fig)* Schlüssel *m*; *m/pl 6. ~s* Abblendlicht *n*

coder [kɔde] *v* verschlüsseln, kodieren
codifier [kɔdifje] *v* kodifizieren, systematisch erfassen, in Normen fixieren

cœur [kœʀ] *m 1. ANAT* Herz *n; en avoir gros sur le ~* großen Kummer haben; *écouter son ~* seinem Herzen folgen; *Le ~ n'y est pas.* Er ist mit den Gedanken ganz woanders. *soulever le ~* Ekel erregen; *à ~ ouvert* freimütig; *de bon ~* freudig; *J'ai mal au ~.* Mir wird übel. *2. (fig: essentiel)* Kern *m; 3. (centre)* Mittelpunkt *m; 4. par ~* auswendig

coexistence [kɔɛgzistɑ̃s] *f* Koexistenz *f*, Zusammenleben *n*, Miteinanderleben *n*
coexister [kɔɛgziste] *v* gleichzeitig existieren, nebeneinander existieren, gleichzeitig vorhanden sein, koexistieren
coffre [kɔfʀ] *m 1. (de voiture)* Kofferraum *m; 2. (caisse)* Kasten *m; 3. (malle)* Truhe
coffre-fort [kɔfʀəfɔʀ] *m* Safe *m*, Tresor *m*, Banksafe *m*
coffrer [kɔfʀe] *v (fam)* einsperren, einlochen *(fam)*
cogérer [kɔʒeʀe] *v ECO* mitbestimmen
cogestion [kɔʒɛstjɔ̃] *f ECO* Mitbestimmung *f*
cogitation [kɔʒitasjɔ̃] *f (fam)* Gedanke *m*, Überlegung *f*
cogiter [kɔʒite] *v (fam)* nachdenken, überlegen
cogne [kɔɲ] *m (fam: gendarme)* Bulle *m*
cogner [kɔɲe] *v 1.* anstoßen, stoßen; *2. (moteur)* klopfen; *3. (battre)* schlagen
cognition [kɔgnisjɔ̃] *f* Erkenntnis *f*
cohabitation [kɔabitasjɔ̃] *f 1.* Zusammenwohnen *n*, Zusammenleben *n; 2. POL* Kohabitation *f*, politische Konstellation in Frankreich, bei der der Staatspräsident und die Regierung aus verschiedenen politischen Lagern kommen
cohérent [kɔeʀɑ̃] *adj 1.* einheitlich; *2. (argumentation)* zusammenhängend, kohärent; *des idées ~es* kohärente Ideen *pl*, zusammenhängende Gedanken *pl; former un tout ~* ein kohärentes Ganzes bilden
cohésion [kɔezjɔ̃] *f* Zusammenhalt *m*
cohue [kɔy] *f* Gedränge *n*
coiffe [kwaf] *f* Haube *f*
coiffer [kwafe] *v* frisieren
coiffeur [kwafœʀ] *m* Frisör *m*
coiffeuse [kwaføz] *f* Frisörin *f*, Friseuse *f*
coiffure [kwafyʀ] *f* Frisur *f*
coin [kwɛ̃] *m 1.* Ecke *f; petit ~ (toilettes)* Abort *m; ~ repas* Essecke *f; du ~* hiesig; *2. (cale)* Keil *m; 3. (fig)* Winkel *m; 4. petit ~* Plätzchen *n*, kleiner Ort *m*, Fleck *m*
coincer [kwɛ̃se] *v se ~* klemmen, festsitzen
coïncider [kɔɛ̃side] *v 1. ~ avec (être égal à)* übereinstimmen mit; *2. ~ avec (temps)* zusammenfallen mit; *3. (concorder)* übereinstimmen, gleich sein; *Les deux témoignages coincident.* Die beiden Zeugenaussagen stimmen überein.
col [kɔl] *m 1.* Kragen *m; ~ roulé* Rollkragen *m; 2. (de montagne)* Pass *m; 3. (de bouteille)* Hals *m*
colère [kɔlɛʀ] *f* Wut *f*, Ärger *m*, Zorn *m; passer sa ~ sur qn* seine Wut an jdm auslassen; *laisser éclater sa ~* seinem Ärger Luft machen; *en ~* zornig, wild, wütend
coléreux [kɔleʀø] *adj* unbeherrscht, aufbrausend, cholerisch, hitzig
colérique [kɔleʀik] *adj* jähzornig
colique [kɔlik] *f* Bauchschmerzen *pl*, Kolik *f*
colis [kɔli] *m 1.* Paket *n; ~ postal* Paket *n; ~ piégé* Paketbombe *f; 2. ECO* Stückgut *n; 3. ~ exprès* Expressgut *n*, Eilgut *n*
collaborateur [kɔlabɔʀatœʀ] *m* Mitarbeiter *m*
collaboration [kɔlabɔʀasjɔ̃] *f 1.* Mitarbeit *f*, Mitwirkung *f; 2. (coopération)* Zusammenarbeit *f*
collaborer [kɔlabɔʀe] *v 1. ~ à* teilnehmen an; *2. (travailler avec)* mitarbeiten; *3. ~ avec* zusammenarbeiten mit
collage [kɔlaʒ] *m 1.* Ankleben *n*, Befestigen *n*, Aufhängen *n; le ~ des affiches* das Aufhängen von Plakaten *n; 2. ART* Collage *f*
collant [kɔlɑ̃] *adj 1. (vêtement)* anliegend, hauteng; *2. (adhérent)* klebrig; *m 3. ~s pl* Strumpfhose *f*
collatéral [kɔlateʀal] *adj* Seiten ..., Neben...
colle [kɔl] *f* Klebstoff *m*, Leim *m; avoir une ~ (à l'école)* nachsitzen
collectage [kɔlɛktaʒ] *m* Sammlung *f*, Unterschriftensammlung *f*
collecte [kɔlɛkt] *f 1.* Sammlung *f; 2. (d'impôts) ECO* Erhebung *f; 3. ~ des ordures ménagères* Müllabfuhr *f*
collecter [kɔlɛkte] *v* sammeln
collectif [kɔlɛktif] *adj 1.* kollektiv; *m 2. (groupement)* Kollektiv *n*
collection [kɔlɛksjɔ̃] *f* Sammlung *f*, Kollektion *f; ~ d'objets d'art* Kunstsammlung *f; ~ de pièces* Münzsammlung *f*

collectionner [kɔlɛksjɔne] *v* 1. sammeln, sich eine Sammlung anlegen; 2. *(fig)* ansammeln, sammeln, eine Sammlung haben

collectivité [kɔlɛktivite] *f* Gemeinschaft *f*, Kollektiv *n*

collège [kɔlɛʒ] *m* 1. Oberschule *f*; 2. *~ électoral* Wähler eines Wahlkreises *m/pl*

collégial [kɔleʒjal] *adj* Stifts..., kollegial, durch ein Kollegium erfolgend

collégien(ne) [kɔleʒjɛ̃/kɔleʒjɛn] *m/f* Schüler(in) eines „Collège" *m/f*, Gymnasiast(in) *m/f*, Oberschüler(in) *m/f*

collègue [kɔlɛg] *m/f* Kollege/Kollegin *m/f*

coller [kɔle] *v* 1. kleben, haften; *~ contre* ankleben; 2. *(fixer)* kleben, heften, leimen; 3. *(boucher)* verkleben; 4. *(cacheter)* zukleben; 5. *(fig: réussir)* klappen

collet [kɔlɛ] *m* 1. Schlinge *f*; 2. *(col)* Kragen *m*

colleter [kɔlte] *v se ~* sich schlagen, sich prügeln

collier [kɔlje] *m* 1. Halsband *n*, Halskette *f*; *~ de perles* Perlenkette *f*; 2. *~ de serrage (joint)* Manschette *f*; 3. *~ de barbe* Fräse *f*; 4. *donner un coup de ~ (fig)* sich ins Zeug legen

colline [kɔlin] *f* Hügel *m*, Anhöhe *f*

collision [kɔlizjɔ̃] *f* 1. Kollision *f*, Zusammenstoß *m*; *~ de front* Frontalzusammenstoß *m*; 2. *(choc)* Aufprall *m*

colloque [kɔlɔk] *m* 1. *(discussion)* Diskussionsrunde *f*, Gespräch *n*; 2. *(congrès)* Konferenz *f*, Kongress *m*; *un ~ international* eine internationale Konferenz *f*; *organiser un ~ scientifique* ein wissenschaftliches Kolloquium organisieren; *les actes d'un ~* die Konferenzunterlagen *pl*

collusion [kɔlyzjɔ̃] *f JUR* abgekartetes Spiel *n*

colmater [kɔlmate] *v (fuite)* stopfen, schließen, reparieren

colombage [kɔlɔ̃baʒ] *m* Fachwerk *n*

colombe [kɔlɔ̃b] *f ZOOL* Taube *f*

colon [kɔlɔ̃] *m* 1. Siedler *m*; 2. *(enfant en colonie)* Kind in einer Ferienkolonie *n*

colonel [kɔlɔnɛl] *m MIL* Oberst *m*

colonial [kɔlɔnjal] *adj* Kolonial...

colonie [kɔlɔni] *f* 1. Ansiedlung *f*, Kolonie *f*; 2. *(personnes)* Niederlassung *f*, Siedlung *f*; 3. *~ de vacances* Ferienkolonie *f*; 4. *~ d'animaux* Kolonie *f*

colonisation [kɔlɔnizasjɔ̃] *f* Ansiedlung *f*

coloniser [kɔlɔnize] *v* kolonisieren, besiedeln

colonne [kɔlɔn] *f* 1. Säule *f*; *~ d'affichage* Litfasssäule *f*; 2. *(d'un journal)* Kolumne *f*, Spalte *f*; 3. *~ vertébrale ANAT* Wirbelsäule *f*; 4. *~ de direction TECH* Lenksäule *f*

colorant [kɔlɔʀɑ̃] *adj* 1. Farb...; *un shampoing ~* ein Farbshampoo *n*, ein Tönungsshampoo *n*; *m* 2. Farbstoff *m*

coloration [kɔlɔʀasjɔ̃] *f* Färbung *f*, Tönung *f*

coloré [kɔlɔʀe] *adj* 1. farbig; 2. *(fig)* farbig, farbenprächtig, farbenfroh

colorer [kɔlɔʀe] *v* färben, tönen

colorier [kɔlɔʀje] *v* kolorieren

coloris [kɔlɔʀi] *m* 1. *(dans un tableau) ART* Farbgebung *f*; 2. *(couleur)* Farbe *f*, Teint *m*

colossal [kɔlɔsal] *adj* 1. riesig, gigantisch, kolossal; 2. *(énorme)* mächtig

colportage [kɔlpɔʀtaʒ] *m* Hausieren *n*, Hausierhandel *m*, Verbreitung *f*

colporter [kɔlpɔʀte] *v* 1. ausplaudern; 2. *(faire du porte à porte)* hausieren

colporteur [kɔlpɔʀtœʀ] *m* Hausierer *m*

coltiner [kɔltine] *v se ~ (fam)* sich etw aufhalsen

colza [kɔlza] *m AGR* Raps *m*

coma [kɔma] *m MED* Koma *n*; *entrer dans le ~* ins Koma fallen; *être dans le ~* im Koma liegen; *sortir du ~* aus dem Koma erwachen

combat [kɔ̃ba] *m* 1. Kampf *m*; *~ de boxe* Boxkampf *m*; 2. *MIL* Gefecht *n*; 3. *être hors de ~* außer Gefecht gesetzt sein, kampfunfähig sein

combattre [kɔ̃batʀ] *v irr* 1. kämpfen; 2. *(contester)* anfechten; 3. *(se battre contre)* bekämpfen; 4. *~ pour* verfechten

combien [kɔ̃bjɛ̃] *konj* 1. wie; *adv* 2. wie viel; 3. *~ de* wie viele

combinaison [kɔ̃binɛzɔ̃] *f* 1. *CHEM* Verbindung *f*; 2. *(arrangement)* Kombination *f*; 3. *(bleu)* Overall *m*; *~ de ski* Skianzug *m*; *~ de plongée* Taucheranzug *m*

combine [kɔ̃bin] *f (fig)* Masche *f*

combiné [kɔ̃bine] *adj* 1. kombiniert, verbunden; *m* 2. *TEL* Hörer *m*

combiner [kɔ̃bine] *v* 1. *(relier)* kombinieren; 2. *(fig)* organisieren, ausarbeiten, arrangieren

comble[1] [kɔ̃bl] *m* 1. Dachstuhl *m*; 2. *(fig)* Gipfel *m*; 3. *~s pl* Dachboden *m*

comble[2] [kɔ̃bl] *adj* voll

comblé [kɔ̃ble] *adj* wunschlos glücklich

combler [kɔ̃ble] *v* 1. ausfüllen; 2. *(souhait)* erfüllen; *Vous me comblez!* Sie verwöhnen mich! 3. *(compenser)* ausgleichen

combustible [kɔ̃bystibl] *adj 1.* brennbar; *m 2.* Brennstoff *m,* Kraftstoff *m; 3. TECH* Brennelement *n; 4. ~s pl* Brennmaterial *n*
comédie [kɔmedi] *f 1.* Komödie *f; 2. (fig)* Theater *n; 3. THEAT* Lustspiel *n*
comédien(ne) [kɔmedjɛ̃/kɔmedjɛn] *m/f* Komödiant(in) *m/f*
comédon [kɔmedɔ̃] *m MED* Mitesser *m*
comestible [kɔmɛstibl] *adj 1.* essbar; *2. (ironique: mangeable)* genießbar; *m 3. ~s de choix pl GAST* Delikatesse *f*
comique [kɔmik] *m 1.* Komik *f; ~ de situation* Situationskomik *f; 2. (artiste)* Komiker *m; adj 3. (drôle)* komisch, lustig; *4. (fou)* närrisch
comité [kɔmite] *m 1.* Komitee *n,* Ausschuss *m; ~ d'entreprise* Betriebsrat *m; ~ des bourses de valeurs* Börsenbehörde *f; 2. (assemblée)* Kommission *f; 3. ~ directeur* Präsidium *n,* Vorsitz *m,* Vorstand *m; membre du ~ directeur* Vorstandsmitglied *n; 4. en petit ~* in engstem Kreis, in kleinem Kreis
commandant [kɔmɑ̃dɑ̃] *m 1. MIL* Befehlshaber *m,* Kommandant *m; 2. ~ de bord (d'avion)* Kapitän *m*
commande [kɔmɑ̃d] *f 1.* Anforderung *f,* Bestellung *f,* Auftrag *m; passer une seconde ~* nachbestellen; *~ préalable* Vorbestellung *f; 2. (passation de ~)* Buchung *f; 3. TECH* Betätigung *f; 4. de ~ (fig)* zur Schau getragen, gespielt

> **commander** [kɔmɑ̃de] *v 1.* bestellen; *~ d'avance* vorbestellen; *2. (donner un ordre)* anordnen; *3. (ordonner)* kommandieren, befehlen; *4. (fig)* beherrschen; *5. TECH* betätigen, steuern, wirken auf, antreiben

commando [kɔmɑ̃do] *m* Kommando *n,* Gruppe *f*
comme [kɔm] *konj 1.* als; *2. (puisque)* da; *3. (de même que)* wie; *adv 4.* wie; *Comme vous voulez.* Wie Sie wollen. *5. ~ suit* folgendermaßen; *6. ~ cela (causal)* hierdurch
commémoration [kɔmemɔʀasjɔ̃] *f 1. (fête)* Gedächtnisfeier *f,* Kommemoration *f; 2. en ~ de qn* zum Gedenken an jdn, zur Erinnerung an jdn, im Andenken an jdn
commencement [kɔmɑ̃smɑ̃] *m 1.* Anfang *m,* Beginn *m; C'est le ~ de la fin.* Das ist der Anfang vom Ende. *Il y a un ~ à tout.* Es ist noch kein Meister vom Himmel gefallen. *2. (début)* Anbruch *m; 3. (origine)* Entstehung *f*
commencer [kɔmɑ̃se] *v 1.* anfangen, beginnen; *Ça commence bien.* Das fängt ja gut an. *~ à* beginnen zu; *~ à (projet)* anlaufen; *~ à poindre* anbrechen; *~ à être* werden; *2. (engager)* aufnehmen; *~ une liaison* eine Verbindung aufnehmen
comment [kɔmɑ̃] *adv 1.* wie; *2. Comment cela?* Wieso? *3. Comment? (question)* Wie bitte?
commenter [kɔmɑ̃te] *v* erläutern, kommentieren
commérage [kɔmeʀaʒ] *m (fam)* Klatsch *m,* Tratsch *m*
commerçant(e) [kɔmɛʀsɑ̃(t)] *m/f 1.* Händler(in) *m/f,* Kaufmann/Kauffrau *m/f; 2. ECO* Geschäftsmann/Geschäftsfrau *m/f*
commerce [kɔmɛʀs] *m 1. (magasin)* Geschäft *n; ~ saisonnier* Saisongeschäft *n; ~ des devises* Devisengeschäft *n; ~ d'exportation* Exportwirtschaft *f; ~ spécialisé* Fachgeschäft *n; de ~* kaufmännisch; *2. ECO* Handel *m; ~ intermédiaire* Zwischenhandel *m; ~ extérieur* Außenhandel *m; ~ intérieur* Binnenhandel *m; ~ de détail* Einzelhandel *m; ~ de gros/~ en gros* Großhandel *m; ~ mondial* Welthandel *m; ~ électronique* E-Commerce *n; faire du ~* handeln; *3. (métier) ECO* Gewerbe *n; 4. (contact)* Umgang *m,* Verkehr *m,* Gesellschaft *f*
commercial(e) [kɔmɛʀsjal] *m/f 1.* kaufmännische(r) Angestellte(r) *m/f; 2. (fourgonnette)* Kombiwagen *m*
commercialisation [kɔmɛʀsjalizasjɔ̃] *f* Vertrieb *m,* Vermarktung *f,* Kommerzialisierung *f*
commercialiser [kɔmɛʀsjalize] *v 1.* vermarkten; *2. (vendre)* absetzen
commère [kɔmɛʀ] *f (péjoratif)* Klatschbase *f*
commettre [kɔmɛtʀ] *v 1. (crime)* begehen; *~ un impair* sich danebenbenehmen; *~ un péché* sündigen; *~ un délit* ein Verbrechen begehen; *se ~ avec qn* sich auf jdn einlassen; *2. (préposer)* betrauen, beauftragen, anvertrauen, übertragen
commis [kɔmi] *m 1. (employé)* Angestellter *m,* Gehilfe *m; 2. les grands ~ de l'Etat* die hohen Staatsbeamten *m/pl*
commisération [kɔmizeʀasj ɔ] *f* Mitleid *n*
commissaire [kɔmisɛʀ] *m 1.* Kommissar *m; 2. ~ aux comptes ECO* Wirtschaftsprüfer *m,* Abschlussprüfer *m,* Rechnungsprüfer *m; 3. ~-priseur* Auktionator *m,* Versteigerer *m*
commissariat [kɔmisaʀja] *m ~ de police* Polizeirevier *n*

commission [kɔmisjɔ̃] *f* *1.* Provision *f*; *2.* *(comité)* Ausschuss *m*, Kommission *f*; *~ d'examen* Prüfungsausschuss *m*; *~ mixte paritaire* Vermittlungsausschuss *m*; *~ parlementaire* Parlamentsausschuss *m*; *~ d'arbitrage* Schiedsgericht *n*; *~ d'enquête* Untersuchungsausschuss *m*; *3.* *(commande)* *ECO* Kommission *f*; *faire les commissions* einkaufen; *f/pl* *4.* *les ~s* die täglichen Einkäufe

commissionnaire [kɔmisjɔnɛʀ] *m/f* Bote/Botin *m/f*

commode [kɔmɔd] *f* *1.* Kommode *f*; *adj* *2.* *(confortable)* bequem; *3.* *(agréable à habiter)* wohnlich; *4.* *pas ~* schwer, schwierig

commodité [kɔmɔdite] *f* *1.* Bequemlichkeit *f*; *2.* *(avantage)* Annehmlichkeit *f*

commotion [kɔmosjɔ̃] *f* Erschütterung *f*; *~ cérébrale* *MED* Gehirnerschütterung *f*

commun [kɔmœ̃] *adj* *1.* allgemein; *2.* *(ensemble)* gemeinsam; *3.* *(habituel)* gewöhnlich; *adv* *4.* *en ~* gemeinsam, miteinander; *5.* *transports en ~* öffentliche Verkehrsmittel *n/pl*, Massenverkehrsmittel *n/pl*; *6.* Gemeinschaft *f*, Gesamtheit *f*, Allgemeinheit *f*, große Mehrheit *f*; *7.* *les ~s* Wirtschaftsgebäude *n/pl*, Wirtschaftsräume *m/pl*, Nebengebäude *n/pl*

communautaire [kɔmynotɛʀ] *adj* *1.* gemeinschaftlich, Gemeinschafts...; *la vie ~* das Leben in der Gemeinschaft *n*; *2.* *(des Communautés européennes)* *POL* der Europäischen Gemeinschaft, Gemeinschafts...; *le droit ~* das Gemeinschaftsrecht *n*

communauté [kɔmynote] *f* *1.* Allgemeinheit *f*; *2.* *(collectivité)* Gemeinde *f*, Gemeinschaft *f*; *~ de biens* Gütergemeinschaft *f*; *~ économique* Wirtschaftsgemeinschaft *f*; *3.* *(chose publique)* Gemeinwesen *n*; *4.* *(appartement)* Wohngemeinschaft *f*

commune [kɔmyn] *f* *POL* Gemeinde *f*, Kommune *f*

communicatif [kɔmynikatif] *adj* *1.* gesprächig, mitteilsam; *2.* *(chose)* ansteckend

communication [kɔmynikasjɔ̃] *f* *1.* Mitteilung *f*, Verlautbarung *f*; *2.* *(échange)* Kommunikation *f*; *3.* *(conversation téléphonique)* Telefongespräch *n*; *~ interurbaine* Ferngespräch *n*; *~ locale/~ urbaine* Ortsgespräch *n*

communier [kɔmynje] *v* *1.* *REL* zur Kommunion gehen; *2.* *(fig)* geistig verbunden sein, eins sein, die gleiche Wellenlänge haben *(fam)*

communiqué [kɔmynike] *m* Ansage *f*

communiquer [kɔmynike] *v* *1.* mitteilen; *2.* *(faire part)* bekannt geben; *3.* *(avoir des contacts avec qn)* kommunizieren; *4.* *se ~* einander etw mitteilen, bekannt geben, etw austauschen; *5.* *(relier)* miteinander in Verbindung stehen

communisme [kɔmynism] *m* *POL* Kommunismus *m*

communiste [kɔmynist] *m/f* *1.* *POL* Kommunist(in) *m/f*; *adj* *2.* *POL* kommunistisch

commutateur [kɔmytatœʀ] *m* Lichtschalter *m*

commuter [kɔmyte] *v* umschalten

compacité [kɔ̃pasite] *f* Dichte *f*, Dichtigkeit *f*, Kompaktheit *f*

compact [kɔ̃pakt] *adj* *1.* dicht, kompakt, fest; *2.* *(serré)* dicht gedrängt; *3.* *(lourd)* derb

compagne [kɔ̃paɲə] *f* Gefährtin *f*, Genossin *f*, Kameradin *f*

compagnie [kɔ̃paɲi] *f* *1.* Gesellschaft *f*, Begleitung *f*; *~ de transports en commun* Busunternehmen *n*; *~ aérienne* Fluggesellschaft *f*; *2.* *THEAT* Truppe *f*; *3.* *ECO* Gesellschaft *f*, Kompanie *f*; *4.* *~ républicaine de sécurité (C.R.S.)* *MIL* Bereitschaftspolizei *f*; *5.* *... et ~ (fam)* ...usw.

compagnon [kɔ̃paɲɔ̃] *m* *1.* Lebensgefährte/Lebensgefährtin *m/f*; *2.* *(accompagnateur/accompagnatrice)* Begleitung *f*; *~ d'infortune* Leidensgefährte/Leidensgefährtin *m/f*; *~ de voyage* Mitreisende(r) *m/f*; *3.* *(camarade)* Geselle/Gesellin *m/f*; *4.* *(ouvrier)* Kamerad(in) *m/f*

comparable [kɔpaʀabl] *adj* vergleichbar

comparaison [kɔ̃paʀɛzɔ̃] *f* *1.* Vergleich *m*, Gegenüberstellung *f*; *2.* *en ~ de* im Vergleich zu, verglichen mit; *2.* *GRAMM* Steigerung *f*

comparaître [kɔ̃parɛtʀ] *v irr* *(devant le tribunal)* erscheinen

comparer [kɔ̃paʀe] *v* vergleichen, gegenüberstellen

compartiment [kɔ̃paʀtimɑ̃] *m* *1.* Abteil *n*, Zugabteil *n*; *~ à secrets* Geheimfach *n*; *~ fumeurs* Raucherabteil *n*; *2.* *(division)* Abteil *n*, Feld *n*

compas [kɔ̃pa] *m* *1.* *MATH* Zirkel *m*; *2.* *avoir le ~ dans l'œil (fig)* ein ausgezeichnetes Augen-maß haben; *3.* *NAUT* Kompass *m*

compassé [kɔ̃pase] *adj* sehr gemessen, steif, gestelzt, gespreizt

compassion [kɔ̃pasjɔ̃] *f* Mitleid *n*, Mitgefühl *n*

compatibilité [kɔ̃patibilite] *f* *1.* Kompatibilität *f;* *2.* *~ écologique* Umweltverträglichkeit *f*
compatible [kɔ̃patibl] *adj* vereinbar, zusammenpassend, kompatibel
compatir [kɔ̃patiʀ] *v* mitfühlen, mitempfinden, mitleiden, teilnehmen; *Il compatit à notre douleur.* Er nahm an unserem Leid Anteil.
compatriote [kɔ̃patʀijɔt] *m/f* Landsmann/Landsmännin *m/f*
compensation [kɔ̃pɑ̃sasjɔ̃] *f* *1.* Ersatzbefriedigung *f;* *2.* *(contrepartie)* Gegenleistung *f,* Vergütung *f;* *3.* *(dédommagement)*-Kompensation *f;* *4.* *~ de salaire ECO* Lohnausgleich *m*
compensatoire [kɔ̃pɑ̃satwaʀ] *adj* kompensatorisch
compenser [kɔ̃pɑ̃se] *v* *1.* wieder gutmachen, wettmachen; *2.* *(fig)* ausgleichen
compère [kɔ̃pɛʀ] *m* *~ rusé (fam)* Schlauberger *m*
compétence [kɔ̃petɑ̃s] *f* *1.* Kompetenz *f,* Sachkenntnis *f;* *2.* *(ressort)* Zuständigkeit *f*
compétent [kɔ̃petɑ̃] *adj* *1.* *(autorisé à)* fähig, kompetent; *2.* *(~ pour)* zuständig, sachkundig; *3.* *(habilité)* befugt
compétiteur [kɔ̃etitœʀ] *m* Mitbewerber *m,* Teilnehmer *m*
compétitif [kɔ̃petitif] *adj* konkurrenzfähig
compétition [kɔ̃petisjɔ̃] *f* *1.* Wettbewerb *m,* Wettkampf *m;* *2.* *(concurrence)* Konkurrenz *f;* *3.* *SPORT* Turnier *n*
compétitivité [kɔ̃petitivite] *f* Konkurrenzfähigkeit *f,* Wettbewerbsfähigkeit *f*
compiler [kɔ̃pile] *v* kompilieren, zusammentragen, zusammenstellen
complainte [kɔ̃plɛ̃t] *f* *1.* *(plainte)* Klage *f;* *2.* *(chanson)* Klagelied *n*
complaire [kɔ̃plɛʀ] *v irr* *se ~* sich in etw gefallen, sich ein Vergnügen machen
complaisance [kɔ̃plɛzɑ̃s] *f* *1.* Gefallen *m;* *2.* *(obligeance)* Gefälligkeit *f;* *3.* *(empressement)* Bereitwilligkeit *f*
complaisant [kɔ̃plɛzɑ̃] *adj* *1.* zuvorkommend; *2.* *(bienveillant)* gnädig, wohlwollend; *3.* *(obligeant)* gefällig, entgegenkommend
complément [kɔ̃plemɑ̃] *m* *1.* Ergänzung *f;* *2.* *(supplément)* Beigabe *f;* *3.* *~ d'objet GRAMM* Objekt *n*
complémentaire [kɔ̃plemɑ̃tɛʀ] *adj* zusätzlich, ergänzend, Zusatz..., Ergänzungs...; *avoir des goûts ~s* sich ergänzende Geschmäcker haben; *angles ~s* Ergänzungswinkel *pl;* *couleurs ~s* Komplementärfarben *pl*
complet[1] [kɔ̃plɛ] *adj* *1.* ganz; *2.* *(entier)* völlig, vollständig; *3.* *(total)* restlos, komplett, sämtlich; *4.* *(en totalité)* vollzählig; *5.* *(réservations)* ausgebucht; *6.* *pain ~* Vollkornbrot *n*
complet[2] [kɔ̃plɛ] *m* Anzug *m*
complètement [kɔ̃plɛtmɑ̃] *adv* *1.* restlos, vollständig; *2.* *(entièrement)* völlig
compléter [kɔ̃plete] *v* *1.* ergänzen; *2.* *(remplir)* nachfüllen; *3.* *(ajouter)* nachtragen; *4.* *(parfaire)* vervollständigen
complexe [kɔ̃plɛks] *adj* *1.* hintergründig; *2.* *(varié)* vielseitig; *m* *3.* *PSYCH* Komplex *m;* *~ d'infériorité* Minderwertigkeitskomplex *m;* *~ de culpabilité* Schuldkomplex *m;* *4.* *~ industriel ECO* Industriekomplex *m*
complexé [kɔ̃plɛkse] *adj* *(fam: timide)* gehemmt, verklemmt, schüchtern
complication [kɔ̃plikasjɔ̃] *f* *1.* Kompliziertheit *f,* Komplikation *f,* Verwicklung *f,* Schwierigkeit *f;* *2.* *des ~s MED* Komplikationen *f/pl*
complice [kɔ̃plis] *m* *1.* Helfershelfer *m,* Komplize *m;* *2.* *(associé)* Mittäter *m;* *adj* *3.* mitschuldig
complicité [kɔ̃plisite] *f* *JUR* Beihilfe *f*
compliment [kɔ̃plimɑ̃] *m* *1.* Kompliment *n;* *Mes ~s!* Respekt!/Kompliment! *2.* *~s m/pl* Glückwunsch *m;* *faire ~s à qn* jdm gratulieren; *3.* *avec les ~s de* mit besten Empfehlungen
complimenter [kɔ̃plimɑ̃te] *v* *~ qn* jdn beglückwünschen
compliqué [kɔ̃plike] *adj* *1.* kompliziert, verzwickt; *peu ~* unkompliziert; *2.* *(difficile)* umständlich
compliquer [kɔ̃plike] *v* *1.* *(la tâche)* erschweren; *2.* *se ~* sich komplizieren, komplizierter werden, schwieriger werden, sich zuspitzen; *3.* *se ~ la vie (fam)* sich das Leben schwer machen
complot [kɔ̃plo] *m* Komplott *n*
comploter [kɔ̃plɔte] *v* *~ contre qn* sich gegen jdn verschwören
comportement [kɔ̃pɔʀt(ə)mɑ̃] *m* *1.* Benehmen *n,* Verhalten *n;* *~ de l'automobiliste* Fahrverhalten *n;* *2.* *PSYCH* Verhalten *n,* Handlungsweise *f,* Lebensweise *f*
comporter [kɔ̃pɔʀte] *v* *1.* *(contenir)* umfassen; *2.* *se ~* sich verhalten; *3.* *se ~ (avec retenue)* sich benehmen
composant [kɔ̃pozɑ̃] *m* *1.* Bestandteil *m;* *2.* *TECH* Bauelement *n;* *adj* *3.* ausmachend, bildend, sich zusammensetzend

composante [kɔ̃pozɑ̃t] *f* Komponente *f*
composer [kɔ̃poze] *v* *1.* aufstellen; *2. (assembler)* zusammenstellen; *3. (rédiger)* verfassen; *4. (libeller)* aufsetzen; *5. ~ des vers LIT* dichten; *6. (texte)* setzen; *être composé de* zusammengesetzt sein aus; *7. (numéro) TEL* wählen; *8. MUS* komponieren; *9. se ~ de* bestehen aus
compositeur [kɔ̃pozitœʀ] *m MUS* Komponist *m*
composition [kɔ̃pozisjɔ̃] *f* *1. (rédaction)* Aufsatz *m; 2. (agencement)* Aufstellung *f; 3. (arrangement)* Komposition *f,* Zusammenstellung *f; 4. (en imprimerie)* Satz *m; 5. MUS* Komposition *f; 6. (épreuve scolaire)* Klassenarbeit *f*
composter [kɔ̃pɔste] *v* *1. AGR* mit Kompost düngen, mit Kompost versetzen, kompostieren; *2. (billet)* knipsen, entwerten
composteur [kɔ̃pɔstœʀ] *m* Entwerter *m*
compote [kɔ̃pɔt] *f* *1. GAST* Kompott *n; 2. en ~ (fig) (pieds)* wund, voller Blasen, zerschunden
compréhensible [kɔ̃pʀeɑ̃sibl] *adj* *1.* begreiflich, verständlich; *2. (indulgent)* verständig
compréhensif [kɔ̃pʀeɑ̃sif] *adj* *1.* aufgeschlossen; *2. (judicieux)* einsichtig; *3. (bienveillant)* verständnisvoll
compréhension [kɔ̃pʀeɑ̃sjɔ̃] *f* *1.* Verständnis *n; 2. (fig)* Einsicht *f*

> **comprendre** [kɔ̃pʀɑ̃dʀ] *v irr* *1.* begreifen, verstehen, erfassen; *Cela se comprend.* Das versteht sich. *mal ~* missverstehen; *faire ~* klarmachen; *faire ~ qc à qn* jdm etw nahe bringen; *~ les sentiments de qn* jdm nachempfinden; *2. (percer qc à jour)* durchschauen; *Je n'y comprends rien.* Ich werde nicht klug daraus./Ich verstehe nichts. *3. (fig: reconnaître)* einsehen; *4. (fam)* kapieren; *5. (fam: suivre)* mitkommen; *6. (contenir)* umfassen, einschließen

comprimé [kɔ̃pʀime] *m* *1. MED* Tablette *f; adj 2.* zusammengedrückt, zusammengepresst, eingeschnürt; *3. (retenu)* unterdrückt, beherrscht
comprimer [kɔ̃pʀime] *v* *1.* pressen; *2. TECH* verdichten; *3. (fig)* einzwängen; *4. (réduire)* reduzieren, vermindern, senken
compris [kɔ̃pʀi] *adj* *1.* inbegriffen; *y ~* einschließlich; *2. (saisi)* begriffen, erfasst, verstanden
compromettant [kɔ̃pʀɔmɛtɑ̃] *adj* kompromittierend, belastend; *des documents ~s* belastende Unterlagen *pl; avoir des relations ~es* kompromittierende Beziehungen haben
compromettre [kɔ̃pʀɔmɛtʀ] *v irr* *1.* kompromittieren, bloßstellen; *2. se ~ dans qc* in etw verwickelt sein
compromis [kɔ̃pʀɔmi] *m* *1.* Kompromiss *m,* Mittelweg *m; 2. JUR* Vergleich *m; 3.* Mittelding *n,* Zwitter *m (fig)*
comptabilité [kɔ̃tabilite] *f* *1. (service)* Buchhaltung *f; 2. ECO* Buchführung *f*
comptable [kɔ̃tabl] *m/f ECO* Buchhalter(in) *m/f*
comptant [kɔ̃tɑ̃] *adj* *1.* bar; *m 2. au ~ ECO* Bar..., Kassa...; *adv 3. payer ~* bar bezahlen
compte [kɔ̃t] *m* *1.* Konto *n; pour mon ~* was mich betrifft; *ne pas tenir ~ de* nicht beachten; *porter au ~ de* anrechnen; *à son ~* freiberuflich; *2. ECO* Rechnung *f; prendre qc à son ~ (fig)* etw auf seine Kappe nehmen; *avoir un ~ à régler avec qn* mit jdm ein Hühnchen zu rupfen haben; *en fin de ~* letzten Endes; *3. à bon ~* billig, preiswert; *4. tenir ~ de* etw berücksichtigen, einer Sache Rechnung tragen; *5. laisser pour ~* nicht annehmen, nicht abnehmen, sich nicht mehr kümmern um; *6. se rendre ~ de qc* sich über etw klar werden, feststellen, bemerken; *7. demander des ~s à qn* von jdm Rechenschaft fordern

> **compter** [kɔ̃te] *v* *1.* rechnen, zählen; *~ sur* sich verlassen auf; *2. ~ un à un* aufzählen; *3. ~ parmi (fig)* darunterfallen; *4. ~ faire qc* etw beabsichtigen, etw vorhaben; *prep 5. à ~ de* von ... ab, ab; *6. sans ~* reichlich, großzügig, verschwenderisch

compte rendu [kɔ̃t ʀɑ̃dy] *m* Bericht *m*
compteur [kɔ̃tœʀ] *m* *1. (de voiture)* Tachometer *n; 2. ~ à gaz* Gaszähler *m; 3. ~ kilométrique (de voiture)* Kilometerzähler *m; 4. ~ électrique* Stromzähler *m*
comptoir [kɔ̃twaʀ] *m* *1.* Ladentisch *m,* Theke*; 2. (établissement commercial)* Handelskontor *n,* Handelsniederlassung *f; 3. ~ d'achat f; ECO* Einkaufsbüro *n,* Einkaufsstelle *f*
compulsion [kɔ̃pylsjɔ̃] *f PSYCH* Zwang *m,* Zwangshandlung *f*
comté [kɔ̃te] *m* Grafschaft *f*
comte(sse) [kɔ̃t(ɛs)] *m/f* Graf/Gräfin *m/f*
con [kɔ̃] *adj (injurieux)* doof, blöd
concasser [kɔ̃kase] *v* zerkleinern
concéder [kɔ̃sede] *v* *1.* zubilligen; *2. (accorder)* zugestehen

C

concentration [kɔ̃sɑ̃tʀasjɔ̃] *f* *1.* Dichte *f;* *2. (attention)* Konzentration *f;* *3. ~ urbaine* Ballungsgebiet *n;* *4. (fig)* Sammlung *f*
concentré [kɔ̃sɑ̃tʀe] *m* *1.* Konzentrat *n;* *2.GAST* Mark *n;* *adj* *3.* dicht
concentrer [kɔ̃sɑ̃tʀe] *v* *1.* konzentrieren; *2. se ~* sich konzentrieren; *3. se ~ (se reprendre)* sich zusammennehmen
concept [kɔ̃sɛpt] *m* Begriff *m*
conception [kɔ̃sɛpsjɔ̃] *f* *1. (idée)* Idee *f,* Anschauung *f,* Auffassung *f;* *2. (élaboration)* Konstruktion *f;* *3. BIO* Empfängnis *f*
concernant [kɔ̃sɛʀnɑ̃] *prep* *1.* bezüglich; *2. (fig: de)* über

concerner [kɔ̃sɛʀne] *v* *1.* betreffen, angehen; *En ce qui me concerne ...* Was mich betrifft ...; *2. (toucher)* anbelangen

concert [kɔ̃sɛʀ] *m MUS* Konzert *n*
concertation [kɔ̃sɛʀtasjɔ̃] *f* Absprache *f,* Verständigung *f,* konzertierte Aktion *f*
concerter [kɔ̃sɛʀte] *v se ~* sich absprechen, sich aufeinander einstimmen
concession [kɔ̃sesjɔ̃] *f* *1.* Konzession *f;* *2. (permission)* Zugeständnis *n;* *3. ~ de vente exlusive ECO* Exklusivvertrag *m*
concevable [kɔ̃səvabl] *adj* *1.* begreiflich; *2. (pensable)* denkbar; *3. (imaginable)* erdenklich
concevoir [kɔ̃s(ə)vwaʀ] *v* *1.* verstehen, erfassen; *2. (élaborer)* konzipieren; *3. (organiser)* konstruieren; *4. (un enfant)* empfangen
concierge [kɔ̃sjɛʀʒ] *m/f* *1.* Hausmeister(in) *m/f;* *C'est une vraie ~. (fig)* Sie ist eine Klatschbase./Sie ist geschwätzig. *2. (portier)* Pförtner(in) *m/f,* Portier *m*
conciliable [kɔ̃siljabl] *adj* miteinander vereinbar
conciliabule [kɔ̃siljabyl] *m* Geheimtreffen *n,* Verschwörung *f,* Getuschel *n;* *tenir des ~s* Geheimtreffen abhalten
conciliant [kɔ̃siljɑ̃] *adj* *1.* versöhnlich; *2. (nature)* verträglich; *3. (fig)* nachgiebig
conciliateur [kɔ̃siljatœʀ] *adj* *1.* ausgleichend, vermittelnd, versöhnend; *m* *2. JUR* Schlichter *m,* Vermittler *m*
conciliation [kɔ̃siljasjɔ̃] *f* *1.* Einigung *f;* *2. JUR* Sühne *f;* *3. (fig)* Versöhnlichkeit *f;* *4. (transaction) JUR* Vergleich *m*
concilier [kɔ̃silje] *v (fig)* versöhnen
concis [kɔ̃si] *adj* *1.* bündig; *2. (précis)* knapp
concision [kɔ̃sizjɔ̃] *f* Kürze *f,* Bündigkeit *f*
concitoyen(ne) [kɔ̃sitwajɛ̃/kɔ̃sitwajɛn] *m/f* Mitbürger(in) *m/f*
concluant [kɔ̃klyɑ̃] *adj* *1.* beweiskräftig; *2. (convaincant)* schlüssig; *3. (arguments)* schlagkräftig
conclure [kɔ̃klyʀ] *v irr* *1. (fig: tirer)* entnehmen; *2. (terminer)* schließen, schlussfolgern; *On peut en ~ ...* Daraus kann man schließen ...; *pour ~* abschließend; *3. (fig)* ableiten; *4. (contrat) JUR* abschließen, schließen
conclusion [kɔ̃klyzjɔ̃] *f* *1. (fin)* Abschluss *m;* *2. (déduction)* Schlussfolgerung *f,* Fazit *n*
concocter [kɔ̃kɔkte] *v* *1. (repas)* zusammenbrauen, mixen, herstellen; *2. (un plan) (fam)* austüfteln, aushecken
concombre [kɔ̃kɔ̃bʀ] *m BOT* Gurke *f*
concomitant [kɔ̃kɔmitɑ̃] *adj* gleichzeitig
concordance [kɔ̃kɔʀdɑ̃s] *f* *1. (égalité)* Übereinstimmung *f;* *en ~ avec* übereinstimmend mit; *2. ~ des temps GRAMM* Zeitenfolge *f*
concordant [kɔ̃kɔʀdɑ̃] *adj* übereinstimmend
concorder [kɔ̃kɔʀde] *v* *1.* zusammentreffen; *2. ~ avec* übereinstimmen mit; *3. ~ avec (être exact)* zutreffen auf
concourir [kɔ̃kuʀiʀ] *v irr* *1.* konkurrieren; *2. (contribuer)* beitragen zu etw, einen Beitrag leisten zu etw
concours [kɔ̃kuʀ] *m* *1.* Wettbewerb *m;* *2. (compétition)* Wettkampf *m;* *3. (aide)* Beihilfe *f;* *4. (participation)* Mitwirkung *f*
concret [kɔ̃kʀɛ] *adj* *1.* konkret; *2. (réel)* real, lebensnah
concrétion [kɔ̃kʀesjɔ̃] *f* Körnchen *n*
concrétiser [kɔ̃kʀetize] *v* veranschaulichen
concubin(e) [kɔ̃kybɛ̃/kɔ̃kybin] *m/f* Geliebte(r) *m/f,* Konkubine *f,* Mätresse *f*
concupiscence [kɔ̃kypisɑ̃s] *f* Begierde *f,* Lust *f,* Konkupiszenz *f*
concurrence [kɔ̃kyʀɑ̃s] *f* *1.* Wettbewerb *m;* *2. ECO* Konkurrenz *f;* *3. jusqu'à ~ de* bis zu ..., bis zum Betrag von ..., bis zu einer Höhe von ...
concurrencer [kɔ̃kyʀɑ̃se] *v* konkurrieren
concurrent [kɔ̃kyʀɑ̃] *m* *1.* Gegenspieler *m;* *2. (adversaire)* Konkurrent *m,* Rivale *m;* *3. (compétiteur)* Wettkämpfer *m*
concurrentiel [kɔ̃kyʀɑ̃sjɛl] *adj* wettbewerbsfähig
condamnable [kɔ̃danabl] *adj* *1.* verdammungswürdig; *2. (répréhensible)* verwerflich

condamnation [kɔ̃danasjɔ̃] *f JUR* Verurteilung *f*
condamner [kɔ̃dane] *v 1. (juger)* richten; *2. ~ qn à qc* jdn zu etw verurteilen; *3. (obliger)* verdammen, zwingen; *4. (désapprouver)* missbilligen, verwerfen, verurteilen; *5. (boucher)* zumauern, vernageln, verstellen
condenser [kɔ̃dɑ̃se] *v (fig)* verdichten
condescendance [kɔ̃desɑ̃dɑ̃s] *f* Herablassung *f*
condescendant [kɔ̃desɑ̃dɑ̃] *adj 1.* gönnerhaft; *2. (dédaigneux)* herablassend
condescendre [kɔ̃desɑ̃dʀ] *v irr ~ à* sich herablassen zu
condiment [kɔ̃dimɑ̃] *m* Gewürz *n*
condition [kɔ̃disjɔ̃] *f 1. (situation)* Lage *f; 2. (état)* Zustand *m; 3. (modalité)* Bedingung *f,* Kondition *f; 4. ~ sine qua non* Voraussetzung *f,* unerlässliche Bedingung *f; à ~ que* vorausgesetzt, dass; *5. (de matériel)* Beschaffenheit *f; 6. (placement)* Rang *m,* Stand *m; 7. (physique)* Kondition *f,* Leistungsfähigkeit *f; 8. ~s f/pl (circonstance)* Verhältnisse *pl; 9. ~s f/pl (situation)* Umstände *pl*
conditionné [kɔ̃disjɔne] *adj 1.* Bedingungen unterworfen; *2. air ~* mit Klimaanlage *f; 3. (réflexe) PSYCH* bedingt, konditioniert, geformt; *4. (produits)* abgepackt, verpackt
conditionner [kɔ̃disjɔne] *v 1. (un produit)* aufmachen, verpacken; *2. (une décision)* in eine bestimmte Richtung lenken, manipulieren; *3. TECH* klimatisieren
condoléances [kɔ̃dɔleɑ̃s] *f/pl 1.* Beileid *n; 2. (lors d'un décès)* Anteilnahme *f*
condom [kɔ̃dɔm] *m* Kondom *n,* Präservativ *n*
conducteur [kɔ̃dyktœʀ] *m 1.* Fahrer *m,* Kraftfahrer *m; 2. (meneur)* Anführer *m; 3. (leader) TECH* Leiter *m; adj 4. TECH* leitend
conductible [kɔ̃dyktibl] *adj PHYS* Leitfähigkeit *f,* leitend
conduction [kɔ̃dyksjɔ̃] *f PHYS* Leiten *n,* Leitung *f*
conductrice [kɔ̃dyktʀis] *f* Fahrerin *f*

conduire [kɔ̃dɥiʀ] *v irr 1. (voiture)* fahren, steuern, Auto fahren; *2. (guider)* lenken, leiten; *3. (diriger)* dirigieren; *4. TECH* leiten; *5. ~ à* führen zu; *6. (mener qn)* herumführen; *7. (mener)* anführen; *~ à travers* durchführen; *8. se ~* sich verhalten, sich benehmen, sich betragen; *se ~ mal* sich danebenbenehmen

conduit [kɔ̃dɥi] *m 1. (tuyau)* Leitung *f; ~ d'amenée* Zuleitung *f; ~ d'eau* Wasserleitung *f; 2. ~ auditif ANAT* Gehörgang *m*
conduite [kɔ̃dɥit] *f 1.* Fahrweise *f,* Fahrstil *m; 2. (comportement)* Benehmen *n,* Verhalten *n; 3. (pilotage) TECH* Steuerung *f; 4. (tuyau)* Leitung *f,* Zuleitung *f*
confection [kɔ̃fɛksjɔ̃] *f 1.* Anfertigung *f,* Fertigung *f; 2. (mode)* Konfektion *f; ~ pour hommes* Herrenkonfektion *f*
confectionner [kɔ̃fɛksjɔne] *v* anfertigen
confédérer [kɔ̃federe] *v* zusammenschließen, verbünden
confédérés [kɔ̃federe] *m/pl* Verbündete *pl*
conférence [kɔ̃ferɑ̃s] *f 1.* Konferenz *f; 2. (exposé)* Vortrag *m*
conférencier [kɔ̃ferɑ̃sje] *m* Redner *m,* Vortragender *m,* Referent *m*
conférencière [kɔ̃ferɑ̃sjɛʀ] *f* Rednerin *f,* Vortragende *f,* Referentin *f*
conférer [kɔ̃fere] *v 1.* erteilen; *2. (reconnaître)* zuerkennen; *3. ~ avec qn* mit jdm konferieren, mit jdm beraten, sich mit jdm besprechen
confesser [kɔ̃fɛse] *v 1.* gestehen; *2. REL* beichten
confession [kɔ̃fɛsjɔ̃] *f 1. REL* Beichte *f; 2. (aveu) REL* Bekenntnis *n,* Konfession *f*
confiance [kɔ̃fjɑ̃s] *f 1.* Vertrauen *n; avoir ~ en* Vertrauen haben in; *inspirer ~* Vertrauen erwecken; *faire ~ à* Vertrauen schenken; *2. (espoir)* Zutrauen *n; 3. (assurance)* Zuversicht *f; 4. question de ~ POL* Vertrauensfrage *f*
confiant [kɔ̃fjɑ̃] *adj 1.* vertrauensvoll; *2. (familier)* zutraulich; *3. (sûr)* zuversichtlich
confidence [kɔ̃fidɑ̃s] *f 1.* Geständnis *n,* Bekenntnis *f; faire une ~ à qn* jdm ein Geständnis machen/jdm ein Geheimnis verraten; *2. en ~* im Vertrauen, heimlich, im Geheimen; *parler en ~* ganz im Vertrauen sagen; *3. être dans la ~* eingeweiht sein; *mettre qn dans la ~* jdn in ein Geheimnis einweihen
confidentiel [kɔ̃fidɑ̃sjɛl] *adj 1.* privat; *2. (secret)* geheim; *3. (personnel)* vertraulich; *4. (peu diffusé)* vertraulich
confier [kɔ̃fje] *v 1. ~ qc à qn* jdm etw anvertrauen; *2. (dire)* anvertrauen; *3. se ~ à qn* sich jdm anvertrauen
confiné [kɔ̃fine] *adj* verbraucht, stickig, dumpf
confinement [kɔ̃finmɑ̃] *m* Abgeschlossenheit von der Welt *f,* Abkapselung *f*
confiner [kɔ̃fine] *v 1. ~ qn LIT* jdn verbannen, jdn ausschließen; *2. ~ à* stoßen an, gren-

zen an, heranreichen an; *3. se ~ (s'isoler)* sich ausgrenzen, sich ausschließen, sich abgrenzen, sich zurückziehen; *se ~ chez soi* sich zu Hause verkriechen; *se ~ dans un rôle (fig)* in eine Rolle schlüpfen/sich einer Rolle anpassen; *se ~ dans ses études (fig)* sich in den Büchern vergraben

confins [kɔ̃fɛ̃] *m/pl* Ränder *pl*, Grenzen *pl*, Ende *n; habiter aux ~ de la terre* am Ende der Welt leben

confirmation [kɔ̃fiʀmasjɔ̃] *f 1.* Bestätigung *f; 2. REL* Konfirmation *f*

confirmer [kɔ̃fiʀme] *v 1.* bestätigen; *2. (affirmer)* bekräftigen; *3. se ~* sich bewähren; *4. se ~ (se réaliser)* sich bewahrheiten; *5. REL* firmen, konfirmieren

confiscation [kɔ̃fiskasjɔ̃] *f* Beschlagnahme *f*, Einzug *m*

confiserie [kɔ̃fizʀi] *f* Süßwarenladen *m*

confisquer [kɔ̃fiske] *v* beschlagnahmen, einziehen, konfiszieren

confiture [kɔ̃fityʀ] *f* Marmelade *f*, Konfitüre *f*

conflagration [kɔ̃flagʀasjɔ̃] *f* Umsturz *m*, Aufruhr *m*

conflit [kɔ̃fli] *m 1.* Konflikt *m; 2. (fig)* Kollision *f*

confluer [kɔ̃flye] *v 1. (fleuve)* zusammenfließen; *2. (fig)* sich vereinigen

confondant [kɔ̃fɔ̃dɑ̃] *adj* verblüffend, erstaunlich

confondre [kɔ̃fɔ̃dʀ] *v irr 1.* verwechseln; *2. (fig)* verwirren; *3. (fig: mélanger)* durcheinander werfen; *4. se ~* sich überschneiden, zusammentreffen; *5. ~ qn* jdn durcheinander bringen

conformation [kɔ̃fɔʀmasjɔ̃] *f ~ du corps* Körperbau *m*

conforme [kɔ̃fɔʀm] *adj* übereinstimmend, angemessen; *~ à la loi* gesetzlich; *~ aux usages* sittlich; *~ au règlement* ordnungsgemäß; *~ à l'original* originalgetreu; *~ au(x) devoir(s)* pflichtgemäß; *~ aux prévisions* planmäßig

conformément [kɔ̃fɔʀmemɑ̃] *adv 1. ~ à* danach, dementsprechend; *prep 2. ~ à* laut

conformer [kɔ̃fɔʀme] *v se ~ à* sich anpassen an, sich unterwerfen, sich beugen; *se ~ aux ordres* sich den Anweisungen beugen

conformité [kɔ̃fɔʀmite] *f* Übereinstimmung *f*, Einklang *m*, Einigkeit *f; être en ~ avec qn* mit jdm übereinstimmen; *Il vit en ~ avec la loi.* Er lebt in Übereinstimmung mit dem Gesetz.

confort [kɔ̃fɔʀ] *m 1.* Bequemlichkeit *f*, Behaglichkeit *f*, Gemütlichkeit *f; 2. (bien-être)* Komfort *m*

confortable [kɔ̃fɔʀtabl] *adj 1.* bequem, behaglich, gemütlich; *2. (agréable)* komfortabel; *3. (agréable à habiter)* wohnlich

conforter [kɔ̃fɔʀte] *v (confirmer)* bestätigen, bekräftigen, unterstützen; *Cela me conforte dans mon opinion.* Das bestätigt mich in meiner Ansicht.

confrère [kɔ̃fʀɛʀ] *m (de métier)* Kollege *m*

confrontation [kɔ̃fʀɔ̃tasjɔ̃] *f* Konfrontation *f*, Gegenüberstellung *f*

confronter [kɔ̃fʀɔ̃te] *v 1.* gegenüberstellen, konfrontieren; *2. se ~ à* sich auseinander setzen mit

confus [kɔ̃fy] *adj 1.* verwirrt, verworren; *2. (imprécis)* undeutlich, unübersichtlich; *3. (question)* ungeklärt, unklar; *4. (gêné)* verlegen; *5. (fig)* betreten

confusion [kɔ̃fyzjɔ̃] *f 1.* Durcheinander *n; 2. (gêne)* Verlegenheit *f; 3. (chaos)* Verwirrung *f; 4. (imprécision)* Unklarheit *f; 5. (méprise)* Verwechslung *f; 6. ~ mentale MED* Geistesstörung *f*, Geisteskrankheit *f*, Wahnsinn *m*

congé [kɔ̃ʒe] *m 1.* Urlaub *m; ~s annuels* Betriebsferien *pl; jour de ~* Urlaubstag *m; ~ de formation* Bildungsurlaub *m; 2. (adieux)* Abschied *m; prendre ~* sich verabschieden; *3. donner son ~ à qn* jdn freigeben

congédiement [kɔ̃ʒedimɑ̃] *m* Entlassung *f*, Kündigung *f*

congédier [kɔ̃ʒedje] *v 1. ~ qn* jdm kündigen; *2. (donner congé à)* beurlauben

congélateur [kɔ̃ʒelatœʀ] *m 1.* Tiefkühltruhe *f*, Gefriertruhe *f; 2. (bac à glace)* Gefrierfach *n*

congeler [kɔ̃ʒ(ə)le] *v (aliments)* einfrieren

congénital [kɔ̃ʒenital] *adj* angeboren

congère [kɔ̃ʒɛʀ] *f* Schneeverwehung *f*

congratulations [kɔ̃gʀatylasjɔ̃] *f/pl* Gratulationen *f/pl*

congratuler [kɔ̃gʀatyle] *v 1. ~ qn* jdm gratulieren, jdn beglückwünschen; *2. se ~* sich begrüßen, sich Komplimente machen

congrès [kɔ̃gʀɛ] *m 1.* Kongress *m*, Tagung *f; 2. ~ du parti POL* Parteitag *m*

congru [kɔ̃gʀy] *adj être réduit à la portion ~e (fig)* von einem Existenzminimum leben müssen

conjecture [kɔ̃ʒɛktyʀ] *f* Vermutung *f*

conjecturer [kɔ̃ʒɛktyʀe] *v* Vermutungen anstellen

conjoint [kɔ̃ʒwɛ̃] *adj* gemeinsam, verbunden

conjoint(e) [kɔ̃ʒwɛ̃/kɔ̃fwɛ̃t] *m/f* Ehepartner(in) *m/f*

conjonction [kɔ̃ʒɔ̃ksjɔ̃] *f 1. GRAMM* Konjunktion *f,* Bindewort *n; 2. (rencontre)* Bindung *f,* Union *f,* Zusammentreffen *n; 3. (de deux astres) ASTR* Konjunktion *f*

conjoncture [kɔ̃ʒɔ̃ktyʀ] *f ECO* Konjunktur *f*

conjoncturel [kɔ̃ʒɔ̃ktyʀɛl] *adj* konjukturell, konjunkturbedingt

conjugal [kɔ̃ʒygal] *adj* ehelich

conjuration [kɔ̃ʒyʀasjɔ̃] *f 1.* Geisterbeschwörung *f; 2. (conspiration)* Verschwörung *f*

conjurer [kɔ̃ʒyʀe] *v 1.* beschwören; *2. ~ le sort* das Schicksal beschwören; *3. (fig)* beschwören

connaissance [kɔnɛsɑ̃s] *f 1.* Kenntnis *f; faire la ~ de qn* jdn kennenlernen; *2. (savoir)* Wissen *n; en toute ~* wissentlich; *3. (entendement)* Erkenntnis *f; 4. (conscience)* Bewusstsein *n; 5. (relation)* Bekanntschaft *f*

connaisseur [kɔnɛsœʀ] *m 1.* Kenner *m; adj 2.* kundig, Kenner…

connaître [kɔnɛtʀ] *v irr 1.* kennen; *~ de nom* dem Namen nach kennen; *2. (savoir)* wissen; *3. (comprendre)* verstehen; *ne rien y ~* nichts davon verstehen; *4. (se rendre compte de qc)* sich bewusst sein

connard [kɔnaʀ] *adj (fam) 1.* idiotisch, blöd; *m 2.* dummer Ochse *m*

connasse [kɔnas] *adj 1. (fam)* idiotisch, blöd; *f 2.* blöde Kuh *f*

connerie [kɔnʀi] *f (fam)* Idiotie *f,* Quatsch *m,* Mist *m*

connexion [kɔnɛksjɔ̃] *f 1.* Zusammenhang *m,* Kohärenz *f,* Verbindung *f; 2. TECH* Anschluss *m,* Verbindung *f*

connivence [kɔnivɑ̃s] *f (accord)* Wohlwollen *n,* Zustimmung *f,* Einverständnis *n; un sourire de ~* ein verständnisvolles Lächeln *n; être de ~ avec qn* jdm stillschweigend zustimmen

connu [kɔny] *adj 1.* bekannt; *~ depuis longtemps* altbekannt; *2. (renommé)* namhaft; *3. (fig: fameux)* groß

conquérant [kɔ̃keʀɑ̃] *m* Eroberer *m*

conquérir [kɔ̃keʀiʀ] *v irr* erobern

conquête [kɔ̃kɛt] *f 1.* Eroberung *f; 2. (de la science)* Errungenschaft *f; 3. faire la ~ de qn (fig)* jdn erobern, jdn für sich einnehmen, jdn für sich gewinnen; *4. (fam)* Eroberung *f*

consacrer [kɔ̃sakʀe] *v 1. ~ à* widmen; *2. (reporter sur)* zuwenden; *3. (église) REL* weihen; *4. se ~ à qc* sich einer Sache widmen

consanguin [kɔ̃sɑ̃gɛ̃] *adj* blutsverwandt

consciemment [kɔ̃sjamɑ̃] *adv* bewusst, absichtlich; *Il a agi ~.* Er hat bewusst gehandelt.

conscience [kɔ̃sjɑ̃s] *f 1.* Bewusstsein *n; perdre ~* das Bewusstsein verlieren; *prendre ~ de qc* sich einer Sache bewusst werden; *2. (voix intérieure)* Gewissen *n; avoir bonne ~* ein gutes Gewissen haben; *3. (probité)* Gewis-senhaftigkeit *f; 4. (savoir)* Wissen *n; 5. ~ professionnelle* Berufsethos *n,* berufliches Pflichtbewusstsein *n*

consciencieusement [kɔ̃sjɑ̃sjøzmɑ̃] *adv* pflichtbewusst

consciencieux [kɔ̃sjɑ̃sjø] *adj 1.* gewissenhaft; *2. (sérieux)* pflichtbewusst

conscient [kɔ̃sjɑ̃] *adj* bewusst

consécutif [kɔ̃sekytif] *adj 1.* Folge…, nacheinander, hintereinander; *Il a dormi pendant douze heures consécutives.* Er hat zwölf Stunden am Stück geschlafen. *2. ~ à* nach, nachfolgend, folgend auf, sich ergebend aus; *f 3. proposition consécutive GRAMM* Konsekutivsatz *m*

consécutivement [kɔ̃sekytivmɑ̃] *adv 1.* nacheinander, hintereinander; *2. ~ à* infolge

conseil [kɔ̃sɛj] *m 1.* Rat *m,* Ratschlag *m; 2. (assemblée)* Rat *m,* Versammlung *f; ~ des prud'hommes* Arbeitsgericht *n; ~ de surveillance* Aufsichtsrat *m; ~ d'administration* Verwaltungsrat *m; ~ fédéral* Bundesrat *m; ~ de l'Europe* Europarat *m; ~ municipal* Gemeinderat *m; 3. (comité consultatif)* Beirat *m; ~ des parents* Elternbeirat *m; 4. (guide)* Ratgeber *m*

conseiller [kɔ̃seje] *m 1. (titre)* Rat *m; ~ municipal* Stadtrat *m; 2. (consultant)* Berater *m,* Ratgeber *m; ~ fiscal* Steuerberater *m; v 3.* raten, beraten; *4. (recommander)* anraten

consentant [kɔ̃sɑ̃tɑ̃] *adj* bereitwillig

consentement [kɔ̃sɑ̃tmɑ̃] *m 1.* Bewilligung *f,* Einwilligung *f; 2. (accord)* Zustimmung *f*

consentir [kɔ̃sɑ̃tiʀ] *v irr 1.* genehmigen; *2. (donner son accord)* zustimmen; *3. ~ à* bewilligen, einwilligen in; *4. (accorder)* einwilligen, zustimmen

conséquence [kɔ̃sekɑ̃s] *f 1. (répercussion)* Folge *f; 2. (impact)* Konsequenz *f; en ~* darauf/dadurch

C

conséquent [kɔ̃sekɑ̃] *adj 1.* folgerichtig; *par ~* folglich; *2. (logique)* konsequent; *3. (considérable)* bedeutend, wichtig, relevant
conservateur [kɔ̃sɛʀvatœʀ] *adj 1.* konservativ; *m 2.* Konservierungsmittel *n; m 3. ~ de musée* Kustos *m; 4. ~ des eaux et forêts* Forstmeister *m*
conservatoire [kɔ̃sɛʀvatwaʀ] *m 1. ~ de musique* Musikhochschule *f; 2. ~ d'art dramatique* Schauspielschule *f*
conserve [kɔ̃sɛʀv] *f 1.* Dose *f,* Konserve *f; 2. de ~ (fig)* gemeinsam, zusammen
conserver [kɔ̃sɛʀve] *v 1. (garder)* bewahren, erhalten, aufbewahren, konservieren; *2. (maintenir)* behalten; *3. (détenir)* wahren; *~ un secret* ein Geheimnis wahren; *4. (surveiller)* hüten; *5. se ~* sich halten
considérable [kɔ̃sideʀabl] *adj 1.* bedeutend; *2. (important)* beträchtlich, erheblich; *3. (essentiel)* wesentlich
considération [kɔ̃sideʀasjɔ̃] *f 1.* Anbetracht *m; 2. (entre personnes)* Ansehen *n, haute ~* Hochachtung *f; 3. (observation)* Betrachtung *f; 4. (réflexion)* Erwägung *f; 5. (égard)* Rücksicht *f; prendre en ~* berücksichtigen; *6. (réflexion)* Überlegung *f*
considérer [kɔ̃sideʀe] *v 1.* betrachten, ansehen; *2. (réfléchir)* überlegen, erwägen, bedenken; *3. (tenir compte de)* berücksichtigen; *4. se ~* sich halten für
consigne [kɔ̃siɲ] *f 1.* Anweisung *f; 2. (ordre)* Vorschrift *f; 3. (de gare)* Gepäckaufbewahrung *f; 4. (de bouteille)* Flaschenpfand *n; 5. (retenue)* Stubenarrest *m*
consigner [kɔ̃siɲe] *v 1. ~ qc* etw hinterlegen; *2. (noter)* schriftlich niederlegen, festhalten; *3. (priver de sortie)* den Zutritt verbieten, sperren; *4. (un emballage)* Pfand verlangen für, mit Pfand belegen
consistance [kɔ̃sistɑ̃s] *f 1.* Beschaffenheit *f,* Konsistenz *f; 2.* Dickflüssigkeit *f,* Festigkeit *f; 3. sans ~ (personne)* haltlos
consistant [kɔ̃sistɑ̃] *adj 1.* fest; *2. (nourrissant)* gehaltvoll
consister [kɔ̃siste] *v 1. ~ en/~ dans* bestehen aus, liegen in, beinhalten; *En quoi consiste son projet?* Was beinhaltet sein Projekt?/Worin besteht sein Projekt? *2. ~ à* bedeuten, darin bestehen
consœur [kɔ̃sœʀ] *f* Kollegin *f*
consolant [kɔ̃sɔlɑ̃] *adj* tröstlich
consolation [kɔ̃sɔlasjɔ̃] *f* Trost *m*
console [kɔ̃sɔl] *f 1.* Konsole *f; 2. INFORM* Anzeigegerät *n,* Bildschirm *m*
consoler [kɔ̃sɔle] *v 1.* trösten; *2. (fig)* aufrichten; *3. se ~ de qc* über etw hinwegkommen, etw verschmerzen
consolider [kɔ̃sɔlide] *v 1.* befestigen, stärken; *2. (renforcer)* festigen; *3. (fig)* untermauern; *4. se ~* sich festigen
consommateur [kɔ̃sɔmatœʀ] *m 1. (dans un restaurant)* Gast *m; 2. (acheteur)* Konsument *m,* Verbraucher *m; 3. ECO* Endverbraucher *m*
consommation [kɔ̃sɔmasjɔ̃] *f 1.* Verbrauch *m; ~ d'énergie* Energieverbrauch *m; ~ en électricité* Stromverbrauch *m; ~ en masse* Massenverbrauch *m; 2. (utilisation)* Konsum *m; société de ~* Konsumgesellschaft *f; 3. (absorption)* Verzehr *m; 4. (dans un café)* Getränk *n*
consommé [kɔ̃sɔme] *m 1. GAST* Bouillon *f,* Brühe *f; adj 2.* vollendet, perfekt
consommer [kɔ̃sɔme] *v 1.* verbrauchen, konsumieren; *2. (absorber)* verzehren, verspeisen; *3. (épuiser)* verzehren, aufbrauchen
conspiration [kɔ̃spiʀasjɔ̃] *f* Verschwörung *f,* Komplott *n*
conspirer [kɔ̃spiʀe] *v* sich verschwören
conspuer [kɔ̃spɥe] *v* niederschreien, ausbuhen
constamment [kɔ̃stamɑ̃] *adv 1.* immer wieder; *2. (fam)* andauernd
constance [kɔ̃stɑ̃s] *f* Standhaftigkeit *f*
constant [kɔ̃stɑ̃] *adj 1.* standhaft; *2. (permanent)* konstant; *3. (stable)* beständig; *4. (durable)* andauernd
constante [kɔ̃stɑ̃t] *f* Konstante *f,* Festwert *m,* Festzahl *f*
constat [kɔ̃sta] *m 1.* Feststellung *f,* Protokoll *n; 2. (fig)* Feststellung *f,* Bilanz *f*
constatation [kɔ̃statasjɔ̃] *f 1.* Feststellung *f,* Bestätigung *f; 2. ~ documentaire JUR* Beurkundung *f*
constater [kɔ̃state] *v 1.* feststellen *n; 2. (certifier)* bestätigen, beurkunden
constellation [kɔ̃stɛlasjɔ̃] *f 1.* Konstellation *f; 2. (d'étoiles) ASTR* Sternbild *n*
consternant [kɔ̃stɛʀnɑ̃] *adj* bestürzend, erschreckend
consternation [kɔ̃stɛʀnasjɔ̃] *f* Bestürzung *f*
consterné [kɔ̃stɛʀne] *adj être ~* bestürzt sein, betroffen sein
consterner [kɔ̃stɛʀne] *v* betroffen machen
constipé [kɔ̃stipe] *adj 1. MED* verstopft; *2. (fig)* steif, verlegen, verklemmt

constituant [kɔ̃stitɥɑ̃] *adj 1.* bildend, verfassungsgebend; *assemblée ~e* verfassungsgebende Versammlung *f; m 2. élément ~* Bestandteil *m*
constitué [kɔ̃stitɥe] *adj 1. être bien ~* von kräftiger Konstitution sein; *2. autorités ~es* Obrigkeit *f*
constituer [kɔ̃stitɥe] *v 1. (former)* darstellen, sein, bedeuten; *Sa présence constitue une menace.* Seine Anwesenheit bedeutet eine Bedrohung. *~ un précédent* einen Präzedenzfall darstellen; *2. ~ qn (établir) JUR* jdn einsetzen, jdn benennen; *~ qn héritier* jdn als Erben einsetzen; *3. (créer) JUR* aussetzen, errichten; *~ une rente à qn* jdm eine Rente aussetzen; *4. se ~ qc* sich etw anschaffen, sich etw zulegen, sich etw anlegen; *se ~ des réserves* sich einen Vorrat anlegen, sich Reserven anlegen; *5. se ~ JUR* auftreten als, sich stellen, sich anschließen als; *se ~ partie civile* als Nebenkläger auftreten; *se ~ prisonnier* sich der Polizei stellen
constitution [kɔ̃stitysjɔ̃] *f 1.* Körperbau *m; 2. POL* Grundgesetz *n,* Verfassung *f; 3. ~ d'un capital* Vermögensbildung *f; 4. (création)* Bildung *f,* Gründung *f*
constitutionnel [kɔ̃stitysjɔnɛl] *adj POL* Verfassungs..., konstitutionell; *une monarchie ~le* eine konstitutionelle Monarchie *f; le droit ~* das Verfassungsrecht *n*
constructeur [kɔ̃stʀyktœʀ] *m 1.* Erbauer *m,* Konstrukteur *m; 2. ~ d'automobiles* Kraftwagenkonstrukteur *m, adj 3. (fig)* Gründer *m,* Begründer *m*
constructif [kɔ̃stʀyktif] *adj 1.* konstruktiv; *2. (fig)* kreativ, schöpferisch
construction [kɔ̃stʀyksjɔ̃] *f 1.* Bauen *n,* Erbauen *n; 2. (de bâtiment)* Bau *m; ~ ancienne* Altbau *m; ~ annexe (d'édifice)* Anbau *m; ~ aéronautique* Flugzeugbau *m; ~ mécanique* Maschinenbau *m; nouvelle ~* Neubau *m; ~ navale* Schiffsbau *m; ~ des routes* Straßenbau *m; ~ souterraine* Tiefbau *m; ~ de logement* Wohnungsbau *m; 3. (assemblage)* Konstruktion *f; 4. jeu de ~* Baukasten *m; 5. GRAMM* Konstruktion *f*
construire [kɔ̃stʀɥiʀ] *v irr 1.* bauen; *2. ~ sur* bebauen; *3. ~ une cloison (aménager)* einziehen, einbauen; *4. (assembler)* konstruieren; *5. (fig)* aufbauen
consulat [kɔ̃syla] *m* Konsulat *n; ~ général* Generalkonsulat *n*
consultable [kɔ̃syltabl] *adj* einsehbar, konsultierbar
consultant(e) [kɔ̃syltɑ̃(t)] *m/f* Berater(in) *m/f*
consultation [kɔ̃syltasjɔ̃] *f 1.* Befragung *f; 2. MED* Sprechstunde *f; 3. (délibération)* Rücksprache *f; 4. ~ pédagogique* Erziehungsberatung *f; 5. (examen médical) MED* Konsultation *f,* medizinische Untersuchung *f,* Sprechstunde *f*
consulter [kɔ̃sylte] *v 1. (médecin)* aufsuchen, konsultieren; *2. ~ qn* jdn befragen; *3. (livre)* nachschlagen; *4. se ~* einander befragen, konsultieren, miteinander beraten
consumer [kɔ̃syme] *v 1.* verbrennen; *2. (épuiser)* auszehren; *3. se ~* sich verzehren; *4. se ~ en brûlant* verglühen
contact [kɔ̃takt] *m 1.* Kontakt *m; avoir le ~ facile* kontaktfreudig sein; *2. (toucher)* Berührung *f; 3.* Anschluss *m, être en ~ avec qn* mit jdm in Verbindung stehen
contacter [kɔ̃takte] *v ~ qn* jdn kontaktieren
contagieux [kɔ̃taʒjø] *adj 1.* ansteckend; *2(infectieux)* übertragbar.
contagion [kɔ̃taʒjɔ̃] *f 1.* Ansteckung *f; 2. (fig)* Ansteckung *f,* Ausbreitung *f*
contamination [kɔ̃taminasjɔ̃] *f 1.* Ansteckung *f; 2. (infection)* Verseuchung *f*
contaminer [kɔ̃tamine] *v 1.* verseuchen; *2. MED* anstecken, übertragen; *3. (fig)* anstecken, infizieren
conte [kɔ̃t] *m 1. (histoire)* Geschichte *f; 2. (récit)* Erzählung *f; 3. ~ de fées* Märchen *n*
contemplatif [kɔ̃tɑ̃platif] *adj* beschaulich, besinnlich, kontemplativ
contemplation [kɔ̃tɑ̃plasjɔ̃] *f 1. (considération)* Betrachtung *f; 2. (méditation)* Beschaulichkeit *f*
contempler [kɔ̃tɑ̃ple] *v 1.* anschauen, betrachten; *2. (regarder)* schauen
contemporain [kɔ̃tɑ̃pɔʀɛ̃] *adj 1.* zeitgenössisch; *m 2.* Zeitgenosse *m*
contenance [kɔ̃t(ə)nɑ̃s] *f 1. (calme)* Fassung *f; 2. (capacité)* Fassungsvermögen *n; 3. (maîtrise de soi)* Haltung *f; 4. perdre ~* die Beherrschung verlieren, die Fassung verlieren
conteneur [kɔ̃t(ə)nœʀ] *m 1.* Behälter *m; 2. (caisse)* Container *m*
contenir [kɔ̃t(ə)niʀ] *v irr 1.* enthalten, beinhalten; *2. (comprendre)* umfassen; *La bouteille contient un litre.* Die Flasche fasst einen Liter. *3. (fig)* zurückhalten; *4. (fig: inclure)* einschließen; *5. se ~* sich beherrschen, sich zusammennehmen

C

content [kɔ̃tɑ̃] *adj 1.* froh; *2. (satisfait)* zufrieden; *3. être ~ de soi* selbstzufrieden sein, selbstgefällig sein; *4. non ~ de* nicht genug damit, dass; *m 5. avoir son ~ de qc* genug von etw haben, reichlich von etw bekommen

contentement [kɔ̃tɑ̃tmɑ̃] *m* Zufriedenheit *f*

contenter [kɔ̃tɑ̃te] *v 1.* befriedigen; *2. se ~ de* sich abfinden mit, sich begnügen mit

contentieux [kɔ̃tɑ̃sjø] *m JUR* Rechtsstreit *m*

contenu [kɔ̃t(ə)ny] *m 1.* Gehalt *m; 2. (teneur)* Inhalt *m; adj 3.* beherrscht, gezügelt

conter [kɔ̃te] *v 1. (raconter)* erzählen, berichten, mitteilen; *2. en ~ à qn* jdn täuschen, jdn hinters Licht führen, jdn betrügen; *Il ne faut pas lui en ~.* Er lässt sich nicht hinters Licht führen. *Il ne s'en laisse pas ~.* Er lässt sich nichts vormachen.

contestable [kɔ̃tɛstabl] *adj 1.* anfechtbar; *2. (douteux)* fragwürdig; *3. (litigieux)* strittig

contestation [kɔ̃tɛstasjɔ̃] *f 1.* Streit *m; 2. (objection)* Beanstandung *f*

conteste [kɔ̃tɛst] *adv sans ~* unbestritten, unbestreitbar

contesté [kɔ̃tɛste] *adj* umstritten

contester [kɔ̃tɛste] *v 1.* anfechten; *2. (objecter)* beanstanden; *3. ~ qc à qn* jdm etw abstreiten; *4. JUR* aberkennen

conteur [kɔ̃tœʀ] *m* Erzähler *m,* Märchendichter *m*

contexte [kɔ̃tɛkst] *m 1.* Kontext *m,* Zusammenhang *m; 2. (entourage)* Umfeld *n*

contigu [kɔ̃tigy] *adj* aneinander grenzend, angrenzend

continent [kɔ̃tinɑ̃] *m 1.* Festland *n; 2. (pourcentage)* Kontinent *m,* Erdteil *m*

contingent [kɔ̃tɛ̃ʒɑ̃] *m 1.* Kontingent *n; 2. (pourcentage)* Quote *f*

continu [kɔ̃tiny] *adj 1.* dauernd; *2. (sans interruption)* durchgehend; *3. (suivi)* fortlaufend, kontinuierlich

continuel [kɔ̃tinɥɛl] *adj 1.* ständig; *2. (persistant)* andauernd, anhaltend, fortwährend; *3. (sans cesse)* unaufhörlich

continuer [kɔ̃tinɥe] *v 1.* fortsetzen; *~ à dormir* weiterschlafen; *~ à exister* fortbestehen; *~ de faire qc* fortfahren, etw zu tun; *~ le travail* weiterarbeiten; *2. (avancer)* weitergehen; *3. (poursuivre)* weitermachen; *4. ~ dans* verharren in

continuité [kɔ̃tinɥite] *f* Fortdauer *f,* Andauern *n,* Fortbestand *m*

contondant [kɔ̃tɔ̃dɑ̃] *adj* stumpf

contorsion [kɔ̃tɔʀsjɔ̃] *f 1.* Verrenkung *f,* Verdrehung *f; les ~s d'un acrobate* die Verrenkungen eines Akrobaten *pl; 2. (grimace)* Grimasse *f*

contour [kɔ̃tuʀ] *m 1.* Kontur *f; 2. (tracé)* Umriss *m*

contournement [kɔ̃tuʀnəmɑ̃] *m* Herumgehen *n,* Umfahren *n,* Umgehen *n (fig)*

contourner [kɔ̃tuʀne] *v 1.* umgehen; *2.(fig)* umgehen

contraception [kɔ̃tʀasɛpsjɔ̃] *f* Verhütung *f*

contractant(e) [kɔ̃tʀaktɑ̃(t)] *m/f 1.* Vertragspartner(in) *m/f; 2. JUR* Kontrahent(in) *m/f*

contracter[1] [kɔ̃tʀakte] *v 1. (fig: des liens)* knüpfen; *2. (un maladie)* sich zuziehen

contracter[2] [kɔ̃tʀakte] *v 1. (tendre)* spannen; *2. (diminuer)* zusammenziehen, kontrahieren; *3. se ~* sich zusammenziehen, sich kontrahieren, sich verkrampfen

contractuel [kɔ̃tʀaktɥɛl] *adj 1.* vertraglich; *m 2. (agent ~)* Angestellter im öffentlichen Dienst *m*

contradiction [kɔ̃tʀadiksjɔ̃] *f 1.* Gegensatz *m; 2. (opposition)* Gegensätzlichkeit *f; 3. (incompatibilité)* Widerspruch *m*

contradictoire [kɔ̃tʀadiktwaʀ] *adj 1.* gegensätzlich; *2. (contraire)* widersprüchlich

contraignant [kɔ̃tʀɛɲɑ̃] *adj* lästig, unerfreulich; *des horaires ~s* lästiger Zeitplan *m*

contraindre [kɔ̃tʀɛ̃dʀ] *v irr ~ qn à faire qc* jdn zu etw zwingen

contrainte [kɔ̃tʀɛ̃t] *f 1.* Zwang *m; ~ sociale* soziale Verpflichtung *f; 2. (force)* Nötigung *f; 3. (gêne)* Behinderung *f,* Bedrängnis *n,* Entgegenwirken *n*

contraire [kɔ̃tʀɛʀ] *adj 1. (inverse)* entgegengesetzt, gegenläufig; *dans le cas ~* andernfalls; *~ à la constitution* verfassungswidrig; *2. (opposé)* gegensätzlich, konträr; *m 3.* Gegenteil *n; au ~* dagegen, hingegen; *4. (inverse)* Gegensatz *m; Les ~s s'attirent.* Gegensätze ziehen sich an.

contrariant [kɔ̃tʀaʀjɑ̃] *adj* ärgerlich, unangenehm, widerwärtig

contrarié [kɔ̃tʀaʀje] *adj (fig)* verstimmt

contrarier [kɔ̃tʀaʀje] *v 1. ~ qn* jdn ärgern; *2. (s'opposer)* entgegenwirken, sich widersetzen, widersprechen; *3. (inquiéter)* stören, behindern, beunruhigen

contraste [kɔ̃tʀast] *m* Gegensatz *m,* Kontrast *m*

contrasté [kɔ̃tʀaste] *adj* kontrastreich
contraster [kɔ̃tʀaste] *v (être en contraste)* abstechen, kontrastieren, im Gegensatz stehen, sich abheben
contrat [kɔ̃tʀa] *m 1. JUR* Vertrag *m; ~ de mariage* Ehevertrag *m; ~ de vente* Kaufvertrag *m; ~ de location* Mietvertrag *m; ~ d'exclusivité* Exklusivvertrag *m; ~ de société* Gesellschaftsvertrag *m; 2. ECO* Geschäft *n*
contravention [kɔ̃tʀavɑ̃sjɔ̃] *f 1.* Strafzettel *m; 2. (fig)* Überschreitung *f,* Übertretung *f*

contre [kɔ̃tʀ] *m 1.* Kontra *n; prep 2. (local)* an, am, vor, bei; *3. (local: à l'encontre)* gegen; *~ quoi* wogegen; *4. (opposition)* gegen, entgegen, wider; *adv 5. par ~* dagegen, hingegen

contrebalancer [kɔ̃tʀəbalɑ̃se] *v 1. (équilibrer)* ausgleichen, ein Gegengewicht darstellen; *2. s'en ~ (fam)* sich lustig machen, auf etw pfeifen
contrebas [kɔ̃tʀəbɑ] *adv en ~* unterhalb, tiefer, weiter unten
contrebraquer [kɔ̃tʀəbʀake] *v* gegensteuern, gegenlenken
contrecarrer [kɔ̃tʀəkaʀe] *v 1.* verhindern; *2. (déjouer)* vereiteln
contrecœur [kɔ̃tʀəkœʀ] *adv à ~* ungern, widerwillig
contre-courant [kɔ̃tʀəkuʀɑ̃] *m* Gegenstrom *m,* Gegenströmung *f; naviguer à ~* gegen den Strom fahren/stromaufwärts fahren; *nager à ~ (fig)* gegen den Strom schwimmen; *aller à ~ de qc (fig)* sich gegen etw stellen
contredire [kɔ̃tʀədiʀ] *v irr* widersprechen
contrée [kɔ̃tʀe] *f 1. (région)* Gegend *f; 2. (paysage)* Landschaft *f; 3. ~ sauvage* Wildnis *f*
contrefaçon [kɔ̃tʀəfasɔ̃] *f 1.* Fälschung *f; 2. (copie)* Nachdruck *m; 3. (falsification)* Verfälschung *f*
contrefaire [kɔ̃tʀəfɛʀ] *v irr 1.* fälschen; *2. (imiter)* imitieren; *3. (falsifier)* verfälschen, *(voix)* verstellen
contrefait [kɔ̃tʀəfɛ] *adj* unecht
contreficher [kɔ̃tʀəfiʃe] *v se ~ de qc (fam)* auf etw pfeifen
contrefoutre [kɔ̃tʀəfutʀ] *v irr se ~ de qc (fam)* sich einen Dreck um jdn kümmern
contremarche [kɔ̃tʀəmaʀʃ] *f TECH* Steigung *f,* Stufenhöhe *f*
contre-mesure [kɔ̃trəməzyʀ] *f* Gegenmaßnahme *f*
contrepartie [kɔ̃tʀəpaʀti] *f* Gegenleistung *f*
contre-pied [kɔ̃tʀəpje] *m 1. (contraire)* Gegenteil *n,* Gegenstück *n,* Gegensatz *m; prendre le ~ de qc* entgegengesetzte Haltung einnehmen; *2. à ~ SPORT* auf dem falschen Fuß
contrepoids [kɔ̃tʀəpwa] *m 1.* Gegengewicht *n; 2. (fig)* Ausgleich *m*
contre-poil [kɔ̃tʀəpwal] *adv à ~* gegen den Strich, verkehrt
contrer [kɔ̃tʀe] *v* kontern
contresens [kɔ̃tʀəsɑ̃s] *m 1. (sens inverse)* entgegengesetzte Richtung *f,* entgegengesetzter Sinn *m; prendre l'autoroute à ~* in die falsche Richtung auf der Autobahn fahren/Geisterfahrer sein *(fam)*; *2. (fig: erreur)* Fehler *m; faire un ~ dans une traduction* einen Fehler in einer Übersetzung machen; *interpréter qc à ~* etw falsch auslegen
contrevenir [kɔ̃tʀəv(ə)niʀ] *v irr ~ à (fig)* überschreiten, übertreten; *~ à une loi* ein Gesetz übertreten
contrevent [kɔ̃tʀəvɑ̃] *m* Fensterladen *m*
contrevérité [kɔ̃tʀəveʀite] *v* Unwahrheit *f,* unwahre Behauptung *f*
contribuable [kɔ̃tʀibɥabl] *m/f* Steuerzahler(in) *m/f*
contribuer [kɔ̃tʀibɥe] *v 1. ~ à* beitragen zu; *2. ~ à (participer)* mitwirken an, mitwirken bei
contribution [kɔ̃tʀibysjɔ̃] *f 1.* Beitrag *m; ~ aux frais* Unkostenbeitrag *m; 2. (impôts) ECO* Abgabe *f*
contrit [kɔ̃tʀi] *adj* zerknirscht
contrition [kɔ̃tʀisjɔ̃] *f 1. REL* Reue *f,* Buße *f; acte de ~* Akt der Reue *m; 2. (remords) LIT* Reue *f,* Gewissensbisse *pl*
contrôle [kɔ̃tʀol] *m 1.* Kontrolle *f; ~ radar* Radarkontrolle *f; ~ des naissances* Geburtenkontrolle *f; ~ douanier* Zollkontrolle *f; ~ de la comptabilité* Buchprüfung *f; ~ des changes* Devisenbewirtschaftung *f; ~ des armements* Rüstungskontrolle *f; 2. (examen)* Prüfung *f,* Inspektion *f,* Überprüfung *f; 3. (surveillance)* Aufsicht *f,* Überwachung *f; 4. (maîtrise)* Steuerung *f*
contrôler [kɔ̃tʀole] *v 1.* nachprüfen, nachsehen; *2. (examiner)* prüfen, überprüfen; *3. (réviser)* überholen; *4. (surveiller)* überwachen, beaufsichtigen; *5. (vérifier)* kontrollieren; *6. INFORM* steuern
contrôleur [kɔ̃tʀolœʀ] *m 1.* Kontrolleur *m; 2. (examinateur)* Prüfer *m; 3. ~ du train*

C

Eisenbahnschaffner *m*, Schaffner *m*; *4. ~ de la navigation aérienne* Fluglotse *m*
controversé [kɔ̃tʀɔvɛʀse] *adj* umstritten
controverser [kɔ̃tʀɔvɛʀse] *v* bestreiten

C

convaincant [kɔ̃vɛ̃kɑ̃] *adj* überzeugend
convaincre [kɔ̃vɛ̃kʀ] *v irr 1.* überreden; *2. (fig)* bekehren; *3. ~ qn de qc* jdn von etw überzeugen; *4. ~ qn (fam)* jdn herumbekommen; *5. ~ de (attribuer la faute)* überführen
convaincu [kɔ̃vɛ̃ky] *adj* überzeugt
convenable [kɔ̃vnabl] *adj 1.* angemessen, passend, angebracht; *2. (correct)* anständig, schicklich; *3. (très correct)* hochanständig
convenance [kɔ̃vnɑ̃s] *f 1.* Angemessenheit *f*; *2. ~s f/pl* Anstand *m*; *3. à sa ~* etwas Passendes, etwas Entsprechendes

convenir [kɔ̃vniʀ] *v irr 1.* passen, recht sein; *Cela me convient.* Das ist mir recht. *~ de qc avec qn* mit jdm etw verabreden; *~ à* zusagen; *2. (être approprié)* passen, angemessen sein; *~ à* sich eignen zu; *3. ~ de* vereinbaren, abmachen, absprechen, übereinkommen

convention [kɔ̃vɑ̃sjɔ̃] *f 1.* Übereinkommen *n*, Vereinbarung *f*; *2. (accord)* Abkommen *n*, Abmachung *f*, Absprache *f*; *~ commerciale* Handelsabkommen *n*; *3. (arrangement)* Übereinkunft *f*; *4. (de moeurs)* Konvention *f*; *5. (pacte)* Pakt *m*; *~ collective* Tarifvertrag *m*; *~ préalable* Vorvertrag *m*; *6. POL* Konvention *f*
conventionnel [kɔ̃vɑ̃sjɔnɛl] *adj* konventionell
convenu [kɔ̃vny] *adj* vereinbart, abgemacht, abgesprochen
convergence [kɔ̃vɛʀʒɑ̃s] *f 1.* Konvergenz *f*, Übereinstimmung *f*, Annäherung *f*; *2. (fig)* Konvergenz *f*, Annäherung *f*; *une ~ d'opinions* gleiche Meinung *f*; *la ~ des volontés* gemeinsamer Wille *m*
converger [kɔ̃vɛʀʒe] *v 1.* zusammenlaufen, sich treffen, aufeinander treffen, zusammentreffen; *2. (fig)* übereinstimmen, konvergieren; *Leurs théories convergent.* Ihre Theorien stimmen überein.
conversation [kɔ̃vɛʀsasjɔ̃] *f 1. (entretien)* Gespräch *n*, Unterredung *f*, Unterhaltung *f*; *~ téléphonique* Telefongespräch *n*; *2. (discours)* Rede *f*; *3. (discussion)* Besprechung *f*; *4. avoir de la ~* gesprächig sein, unterhaltsam sein
converser [kɔ̃vɛʀse] *v* Konversation betreiben, reden, sich unterhalten, miteinander sprechen
conversion [kɔ̃vɛʀsjɔ̃] *f 1.* Verwandlung *f*, Umwandlung *f*, Umdrehung *f*; *2. (change)* Umrechnung *f*; *3. ~ de la dette ECO* Schuldumwandlung *f*; *4. REL* Bekehrung *f*, Übertritt *m*
convertible [kɔ̃vɛʀtibl] *adj 1. (monnaie) FIN* konvertierbar, konvertibel; *2. (meuble)* umwandelbar; *Ils ont acheté un canapé ~.* Sie haben eine Schlafcouch gekauft.
convertir [kɔ̃vɛʀtiʀ] *v 1.* verwandeln, umwandeln; *2. REL* bekehren; *3. FIN* konvertieren; *4. ~ en (transformer)* umsetzen in, umrechnen in
conviction [kɔ̃viksjɔ̃] *f 1.* Überzeugung *f*; *2. (caractère)* Gesinnung *f*; *3. pièce à ~ JUR* Beweisstück *n*
convier [kɔ̃vje] *v 1. (inviter)* einladen, bitten, laden; *2. ~ à (engager à)* einladen zu, auffordern zu, anregen zu; *Le soleil nous convie à dormir.* Die Sonne lädt uns zum Schlafen ein./Die Sonne macht uns müde.
convive [kɔ̃viv] *m/f* Gast *m*, Besucher(in) *m/f*, Besuch *m*
convivial [kɔ̃vivjal] *adj 1.* gesellig; *2. (système informatique)* benutzerfreundlich
convoité [kɔ̃vwate] *adj* umkämpft
convoiter [kɔ̃vwate] *v* liebäugeln mit, begehren
convoitise [kɔ̃vwatiz] *f* Begehrlichkeit *f*
convoquer [kɔ̃vɔke] *v* einberufen
convoyer [kɔ̃vwaje] *v 1. (escorter)* begleiten, beschützen, eskortieren; *2. (conduire)* fahren
convulser [kɔ̃vylse] *v se ~* sich verkrampfen, sich krampfhaft verzerren
convulsif [kɔ̃vylsif] *adj* krampfhaft
convulsion [kɔ̃vylsjɔ̃] *f 1. MED* Krampf *m*; *2. (fig)* Erschütterung *f*
coopérant(e) [kɔɔpeʀɑ̃(t)] *m/f* Entwicklungshelfer(in) *m/f*
coopération [kɔɔpeʀasjɔ̃] *f* Mitwirkung *f*, Entwicklungshilfe *f*, Zusammenarbeit *f*
coopérative [kɔɔpeʀativ] *f* Genossenschaft *f*
coopérer [kɔɔpeʀe] *v* mitarbeiten, zusammenarbeiten
coordination [kɔɔʀdinasjɔ̃] *f 1.* Koordinierung *f*; *2. (classification)* Zuordnung *f*
coordonnées [kɔɔʀdɔne] *f/pl 1. MATH* Koordinaten *pl*; *2. (fam)* Adresse *f*, Anschrift

f; laisser ses ~ à qn jdm seine Anschrift geben/jdm seine Adresse hinterlassen
coordonner [koɔʀdɔne] *v* koordinieren
copain [kɔpɛ̃] *m 1. (fam)* Kumpel *m,* Freund *m; Ils ne sont pas ~s.* Sie sind nicht gerade die besten Freunde. *2. petit ~ (fam)* Freund *m*
copeau [kɔpo] *m* Span *m*
copie [kɔpi] *f 1.* Kopie *f,* Durchschlag *m,* Nachdruck *m; ~ pirate* Raubkopie *f; 2. (reproduction)* Abbildung *f; 3. (contrefaçon)* Nachahmung *f; 4. (duplicata)* Abschrift *f; 5. mauvaise ~ (fam)* Abklatsch *m*
copier [kɔpje] *v 1.* kopieren; *2. (contrefaire)* nachahmen, nachmachen; *3. (plagier)* abschreiben; *4. (imiter)* nachbilden; *5. (~ sur un autre)* spicken, abschreiben
copieux [kɔpjø] *adj 1.* ausgiebig; *2. (abondant)* reichlich
copinage [kɔpinaʒ] *m* Kumpanei *f,* Klüngelei *f,* Cliquenwirtschaft *f*
copine [kɔpin] *f* Freundin *f*
copulation [kɔpylasjɔ̃] *f* Kopulation *f,* Begattung *f*
copuler [kɔpyle] *v* sich begatten, kopulieren
coq [kɔk] *m 1. ZOOL* Hahn *m; vivre comme un ~ en pâte* leben wie Gott in Frankreich; *~ de village (fam)* Hahn im Korb *m; sauter du ~ à l'âne* vom Hundertsten ins Tausendste kommen; *2. maître-~ (sur un navire)* Schiffskoch *m,* Smutje *m*
coq-à-l'âne [kɔkalan] *m* Gedankensprung *m; passer du coq à l'âne* vom Hundertsten ins Tau-sendste kommen
coquard [kɔkaʀ] *m (fam)* blaues Auge *n,* Veilchen *n*
coque [kɔk] *f 1.* Rumpf *m; 2. (d'œuf)* Schale *f; 3. ~ de noix* Nussschale *f; 4. ZOOL* Herzmuschel *f*
coqueluche [kɔklyʃ] *f 1. MED* Keuchhusten *m; 2. être la ~ de (fig)* jds Idol sein, jds Liebling sein
coquet [kɔkɛ] *adj 1.* eitel; *2. (mignon)* nett; *3. (important)* kokett
coquetterie [kɔkɛtʀi] *f* Eitelkeit *f*
coquille [kɔkij] *f 1.* Muschelschale *f; 2. ~ d'œuf* Eierschale *f; 3. ZOOL* Haus *n; ~ d'escargot* Schneckenhaus *n; 4. (faute d'imprimerie)* Druckfehler *m*
coquin [kɔkɛ̃] *adj 1.* schelmisch; *2. (malicieux)* spitzbübisch; *m 3.* Schelm *m,* Spitzbube *m; 4. (canaille)* Schurke *m*
corbeau [kɔʀbo] *m 1. ZOOL* Rabe *m; 2. (auteur de lettres anonymes)* anonymer Briefschreiber *m*
corbeille [kɔʀbɛj] *f 1.* Korb *m; ~ à papier(s)* Papierkorb *m; 2. THEAT* Balkonloge *f,* Rangloge *f*
corbillard [kɔʀbijaʀ] *m* Leichenwagen *m*
corde [kɔʀd] *f 1.* Seil *n,* Strick *m,* Leine *f; avoir plus d'une ~ à son arc* vielseitig begabt sein; *mettre la ~ au cou* ins Verderben stürzen; *toucher la ~ sensible* den wunden Punkt berühren; *~ à sauter* Springseil *n; 2.* Leine *f,* Seil *n,* Strick *m,* Schnur *f; 3. SPORT* Seil *n; 4. MUS* Saite *f; f/pl 5. être dans les ~s de qn* in jds Möglichkeiten liegen; *6. ~s vocales ANAT* Stimmbänder *n/pl*
cordeau [kɔʀdo] *m* Leine *f*
cordial [kɔʀdjal] *adj 1.* herzlich; *2. (fervent)* innig; *3. (sincère)* treuherzig
cordialité [kɔʀdjalite] *f* Herzlichkeit *f,* Wärme *f,* Sympathie *f*
cordon [kɔʀdɔ̃] *m 1.* Schnur *f; 2. (ficelle)* Kordel *f; 3. (corde)* Strang *m; 4. ~ de chaussure* Schuhband *n; 5. ~ ombilical ANAT* Nabelschnur *f*
cordonnier [kɔʀdɔnje] *m* Schuster *m,* Schuhmacher *m*
coriace [kɔʀjas] *adj* zäh
coriacité [kɔʀjasite] *f* Hartnäckigkeit *f,* Zähigkeit *f*
corne [kɔʀn] *f 1. (matière)* Horn *n; 2. ZOOL* Horn *n; 3. prendre le taureau par les ~s (fig)* den Stier bei den Hörnern packen
corneille [kɔʀnɛj] *f 1. ZOOL* Krähe *f; 2. bayer aux ~s (fam)* Maulaffen feilhalten
corner [kɔʀne] *v 1. (klaxonner)* hupen, tuten; *2. (crier)* schreien; *3. (une page)* umknicken
cornet [kɔʀnɛ] *m 1.* Tüte *f; ~ de glace* Eistüte *f; 2. ~ à piston MUS* Kornett *n,* Piston *n*
corniaud [kɔʀnjo] *m (chien bâtard)* Promenadenmischung *f (fam)*
corporation [kɔʀpɔʀasjɔ̃] *f 1.* Innung *f; 2. (association)* Körperschaft *f*
corporel [kɔʀpɔʀɛl] *adj* körperlich
corps [kɔʀ] *m 1.* Leib *m,* Körper *m; à ~ perdu* kopfüber; *~ à ~* Mann gegen Mann; *~ et âme* mit Leib und Seele; *~ et biens* mit Mann und Maus; *2. (d'un mort)* Leiche *f; 3. (corporation)* Körperschaft *f; 4. ~ de métier* Innung *f; 5. ~ professoral* Kollegium *n; 6. CHEM* Substanz *f; 7. ~ d'armée MIL* Armeekorps *n*
corpulent [kɔʀpylɑ̃] *adj* dick, beleibt
correct [kɔʀɛkt] *adj 1.* korrekt; *2. (sans faute)* fehlerlos; *3. (exact)* richtig; *4. (convenable)* anständig

C

C

correctif [kɔʀɛktif] *adj 1.* ausgleichend, verbessernd, korrektiv; *faire de la gymnastique corrective* Krankengymnastik betreiben; *m 2.* Zusatz *m,* Berichtigung *f,* Ergänzung *f; apporter un ~ à un communiqué* eine Mitteilung berichtigen
correction [kɔʀɛksjɔ̃] *f 1.* Korrektur *f,* Verbesserung *f; (textes) faire les ~s* Korrekturlesen *n; 2. (bienséance)* Korrektheit *f; 3. (exactitude)* Richtigkeit *f; 4. (châtiment)* Tracht Prügel *f,* Schläge *m/pl*
corrélation [kɔʀelasjɔ̃] *f* Zusammenhang *m,* Abhängigkeit *f,* Wechselbeziehung *f,* Korrelation *f*
correspondance [kɔʀɛspɔ̃dɑ̃s] *f 1.* Briefwechsel *m; 2. (relation épistolaire)* Korrespondenz *f,* Schriftverkehr *m; être en ~ avec qn* mit jdm korrespondieren; *~ commerciale* Handelskorrespondenz *f; 3. (compte rendu)* Berichterstattung *f; 4. (de train)* Verbindung *f,* Zuganschluss *m,* Anschluss *m,* Zugverbindung *f; 5. (d'avion)* Anschlussflug *m; ~ aérienne* Flugverbindung *f*
correspondant [kɔʀɛspɔ̃dɑ̃] *adj 1.* dementsprechend; *2. (concordant)* übereinstimmend; *3. (conforme à)* entsprechend; *4. (littérature)* einschlägig; *m 5.* Korrespondent *m; 6. TEL* Teilnehmer *m*
correspondre [kɔʀɛspɔ̃dʀ] *v 1. ~ à* entsprechen; *2. ~ avec* korrespondieren mit; *3. (communiquer)* miteinander in Verbindung stehen
corridor [kɔʀidɔʀ] *m* Korridor *m,* Flur *m,* Gang *m*
corriger [kɔʀiʒe] *v 1. (rectifier)* verbessern, berichtigen, korrigieren; *2. (adoucir) ~ son mauvais caractère* umgänglicher werden; *3. (battre)* schlagen, verhauen; *4. se ~* sich bessern
corroborer [kɔʀɔbɔʀe] *v* untermauern, unterstützen, bekräftigen, stützen
corrompre [kɔʀɔ̃pʀ] *v irr 1.* bestechen; *2. (fam)* schmieren; *3. (fig)* verderben
corrosif [kɔʀɔzif] *adj 1.* korrosiv, zernagend, zerfressend; *une substance corrosive* eine korrosive Substanz *f; 2. (fig)* ätzend, scharf, beißend, spöttisch; *un humour ~* ein beißender Humor *m*
corruptible [kɔʀyptibl] *adj 1.* bestechlich; *2. (fig)* käuflich
corruption [kɔʀypsjɔ̃] *f 1.* Korruption *f,* Bestechung *f; 2. (dépravation)* Verderben *n*
corse [kɔʀs] *adj 1.* korsisch; *m 2. LING* Korsisch *m*
Corse [kɔʀs] *f GEO* Korsika *n*
corsé [kɔʀse] *adj 1. (goût)* würzig, scharf, pikant; *un vin ~* ein vollmundiger Wein *m; un café ~* ein würziger Kaffee *m; 2. (fig)* delikat, saftig, gepfeffert, gesalzen; *une histoire ~e* eine delikate Geschichte *f; Le repas fut très bon, mais l'addition ~e.* Das Essen war sehr gut, aber die Rechnung ist gesalzen.
corser [kɔʀse] *v 1.* mit Alkohol versetzen, scharf würzen, packend gestalten; *se ~* verwickelt werden, kompliziert werden, sich komplizieren
cortège [kɔʀtɛʒ] *m 1.* Umzug *m,* Festzug *m; 2. (défilé)* Zug *m; 3. (escorte)* Gefolge *n*
corvée [kɔʀve] *f (peine)* Schinderei *f; C'est une ~.* Das ist eine lästige Angelegenheit.
cosigner [kɔsiɲe] *v* mitunterzeichnen
cosmétique [kɔsmetik] *adj 1.* kosmetisch; *f 2.* Kosmetik *f*
cossard [kɔsaʀ] *adj (fam)* faul
cosse [kɔs] *f BOT* Hülse *f*
cossu [kɔsy] *adj* reich, vermögend, wohlhabend; *un homme ~* ein vermögender Mann *m; une maison ~e* ein reiches Haus *n*
costard [kɔstaʀ] *m (fam)* Herrenanzug *m*
costaud [kɔsto] *adj 1.* bullig, kräftig; *m 2.* stämmiger Kerl *m*
costume [kɔstym] *m 1. (pour hommes)* Anzug *m; 2. (complet)* Kostüm *n; 3. ~ folklorique* Tracht *f; 4. ~ de bain* Badeanzug *m*
costumer [kɔstyme] *v se ~* sich verkleiden, sich kostümieren
costumière [kɔstymjɛʀ] *f ~ de théâtre* Kostümbildnerin *f*
côte [kot] *f 1.* Küste *f; ~ rocheuse* Felsenküste *f; 2. ANAT* Rippe *f; ~ à ~* nebeneinander; *3. (pente)* Steigung *f,* Hang *m*
côté [kote] *m 1. (fig: aspect)* Seite *f; ~ positif* Plus *n; ~ intérieur* Innenseite *f; d'un autre ~* andererseits, anderweitig; *de l'autre ~* jenseits, drüben, hinüber; *de ~* schief, schräg; *de ce ~* her, herüber; *d'un seul ~* einseitig; *du ~ gauche* links; *de tous ~s* allseits; *mettre de ~* aufheben; *des deux ~s* beidseitig; *de ce ~* diesseits; *de mon ~* meinerseits; *du ~ de* seitens; *2. à ~* nebenher, nebenan; *à ~ de* neben
cote [kɔt] *f 1. (marque)* Kennziffer *f,* Aktenzeichen *n,* Nummer *f; 2. FIN* Steueranteil *m,* Quote *f; 3. (fig)* kritischer Punkt *m; 4. TECH* Maßzahl *f,* Abmessung *f*
coteau [kɔto] *m* Hügel *m,* Hang *m,* Abhang *mf; un ~ planté de vignobles* ein mit Weinbewachsener Hang *m,* ein Weinhang *m*

coter [kɔte] *v 1. FIN* notieren; *2. (apprécier)* bewerten; *3. TECH* markieren, nummerieren
côtier [kotje] *adj* Küste... *un fleuve ~* ein Küstenfluss *m; la pêche côtière* die Küstenfischerei *f*
cotiser [kɔtize] *v 1. ~ à* beitragen zu, Beitrag leisten, Beitrag zahlen; *2. se ~* zusammenlegen, zusammentragen, sammeln; *se ~ pour offrir un cadeau* das Geld für ein Geschenk zusammenlegen
côtoiement [kotwamɑ̃] *m* häufiger Besuch *m*
coton [kɔtɔ̃] *m 1.* Baumwolle *f; 2. ~ hydrophile* Watte *f; 3. avoir les jambes en ~ (fig)* weiche Knie haben
cotonneux [kɔtɔnø] *adj* wie Watte, flaumig, mehlig, gedämpft
coton-tige [kɔtɔ̃tiʒ] *m* Wattestäbchen *n*
côtoyer [kotwaje] *v 1. ~ qn* Seite an Seite mit jdm gehen, jdn begleiten, mit jdm mitgehen; *2. (aller le long de)* entlangführen, säumen; *La route côtoie la rivière.* Die Straße führt am Fluss entlang. *3. (fig)* streifen, nahe kommen, in Berührung kommen, grenzen; *Cette histoire côtoie le ridicule.* Diese Geschichte grenzt ans Lächerliche.
cotte [kɔt] *f 1. (vêtement de travail)* Blaumann *m,* Latzhose *f,* Arbeitskleidung *f; une ~ de plombier* ein Blaumann *m; 2. ~ de mailles HIST* Kettenhemd *n,* Panzerhemd *n*
cou [ku] *m 1.* Hals *m; 2. (nuque)* Genick *n; sauter au ~ de qn* jdm um den Hals fallen; *3. prendre ses jambes à son ~ (fig)* die Beine unter den Arm nehmen
couchage [kuʃaʒ] *m* Unterbringung *f,* Übernachtung *f*
couchant [kuʃɑ̃] *adj 1. (soleil)* untergehend; *m 2. (soir)* Abendhimmel *m,* Westen *m*
couche [kuʃ] *f 1.* Lage *f; 2. (gîte)* Lager *n; 3. (strate)* Belag *m,* Schicht *f; ~ d'ozone* Ozonschicht *f; ~ sociale* Gesellschaftsschicht *f; 4. (base)* Unterlage *f; 5. (lange)* Windel *f; 6. ~s pl* Wochenbett *n*
coucher [kuʃe] *m 1. (de soleil, de lune)* Untergang *m; ~ de soleil* Sonnenuntergang *m,* Abendrot *n; v 2.* schlafen; *~ ensemble (fam)* miteinander schlafen; *3. se ~* sich hinlegen, sich schlafen legen; *4. se ~ (soleil, lune)* untergehen
couchette [kuʃɛt] *f 1.* Liege *f; 2. (de bateau)* Koje *f*
couci-couça [kusikusa] *adv (fam)* so lala
coucou [kuku] *m 1. ZOOL* Kuckuck *m; 2. (horloge)* Kuckucksuhr *f; 3. BOT* Schlüsselblume *f,* Himmelsschlüssel *m; interj 4. ~!* kuckuck!
coude [kud] *m 1. (de route)* Knick *m; 2. (courbe)* Krümmung *f; 3. ANAT* Ell(en)bogen *m; ~ à ~* in Tuchfühlung; *4. jouer des ~s (fam)* die Ellbogen gebrauchen
cou-de-pied [kudpje] *m* Spann *m,* Rist *m*
couder [kude] *v* umbiegen, kröpfen
coudoyer [kudwaje] *v ~ qn* jdn streifen, jdn stoßen, jdn berühren
coudre [kudʀ] *v irr 1.* nähen; *2. (un bouton)* annähen; *3. machine à ~* Nähmaschine *f*
couette[1] [kwɛt] *f (sur le lit)* Federbett *n,* Bettdecke *f,* Daunendecke *f*
couette[2] [kwɛt] *f (coiffure)* Zopf *m,* Pferdeschwanz *m; se faire des ~s* sich Zöpfe machen
couille [kuj] *f (fam)* Hoden *m,* Eier *n/pl*
couillon [kujɔ̃] *adj (fam)* Dussel *m,* Blödmann *m*
couillonner [kujɔne] *v (fam)* jdn hereinlegen
couiner [kwine] *v* quieken, quietschen
coulant [kulɑ̃] *adj 1. (nœud)* sich zuziehend, sich zusammenziehend; *2. (style)* flüssig, locker, angenehm, leicht; *3. (fam: indulgent)* nachgiebig, locker, weich, kulant; *un patron très ~* ein freundlicher Chef *m*
coulée [kule] *f 1.* Guss *m; 2. GEO* Strom *m*
couler [kule] *v 1.* fließen, laufen, strömen, triefen; *2. (sombrer)* sinken, versenken; *3. (ruisseler)* rieseln, rinnen; *4. (s'écouler)* auslaufen; *5. se la ~ douce (fam)* sich ein angenehmes Leben machen, sein Leben genießen

couleur [kulœʀ] *f 1.* Farbe *f; de toutes les ~s* bunt; *en ~* farbig; *de ~ naturelle* naturfarben; *~ des cheveux* Haarfarbe *f; ~ à l'huile* Ölfarbe *f; aux ~s gaies/aux ~s vives* farbenfroh; *2. (fig)* Farbe *f,* Färbung *f; 3. (opinion)* Richtung *f,* Schattierung *f,* Färbung *f; 4. sous ~ de* unter dem Vorwand zu; *5. en faire voir de toutes les ~s (fig)* jdm schwer zu schaffen machen, jdm das Leben schwer machen; *6. ne jamais voir la ~ de qc (fig)* niemals davon etw zu sehen bekommen

coulisse [kulis] *f 1.* Kulisse *f; 2. ~s pl THEAT* Bühnenkulisse *f; 3. à ~ TECH* Schiebe...
coulisser [kulise] *v (glisser)* gleiten, sich schieben lassen
couloir [kulwaʀ] *m 1.* Korridor *m,* Gang *m; 2. ~ d'avalanches GEO* Lawinengraben *m,* Lawinengasse *f; 3. ~ d'autobus* Fahrspur für Busse und Taxis *f*

C

coup [ku] *m 1.* Schlag *m; 2. (heurt)* Stoß *m; après ~* zu spät, nachträglich; *tenir le ~* durchhalten; *~ de téléphone* Telefonanruf *m; du premier ~* auf Anhieb; *~ au but* Treffer *m; en être à son ~ d'essai* noch Anfänger sein; *~ d'Etat* Staatsstreich *m; ~ d'Etat militaire* Militärputsch *m; ~ d'œil* Blick *m; ~ de canon* Böllerschuss *m; ~ de chaleur* Hitzschlag *m; ~ de chance* Glücksfall *m; ~ de couteau* Messerstich *m; ~ de feu* Schuss *m; ~ de froid* Kälteeinbruch *m; ~ de main* Handstreich *m; ~ de pied* Fußtritt *m; ~ de pinceau* Pinselstrich *m; ~ de soleil* Sonnenbrand *m; ~ du destin* Schicksalsschlag *m; ~ franc* Strafstoß *m; tout à ~* plötzlich; *3. (choc)* Hieb *m; 4. ~s pl (blessures)* Körperverletzung *f*

coupable [kupabl] *adj 1.* schuldig; *m/f 2.* Täter(in) *m/f*

coupant [kupɑ̃] *adj* scharf; *~ comme un rasoir* messerscharf

coupe [kup] *f 1.* Schale *f; ~ de glace* Eisbecher *m; 2. (trophée)* Pokal *m; 3. (calice)* Kelch *m; 4. (avec un objet tranchant)* Schnitt *m; ~ fil* Drahtzange *f; ~ transversale* Querschnitt *m; ~ de cheveux* Haarschnitt *m; 5. (section)* Schnittfläche *f; 6. TECH* Profil *n; 7. ~ de bois* Holzeinschlag *m*

coupe-circuit [kupsiʀkɥi] *m* Sicherung *f,* Unterbrecher *m*

coupe-gorge [kupgɔʀʒ] *m (endroit dangereux)* gefährliche Gegend *f,* unsicherer Ort *m,* verrufenes Viertel *n; Cette ruelle est un vrai ~.* Diese Gasse ist wahrhaft verrufen./Diese Gasse liegt in einer berüchtigten Gegend.

couper [kupe] *v 1.* schneiden, abschneiden, trennen, abschlagen; *~ en deux* halbieren; *~ la route à qn* jdm den Weg abschneiden; *~ les ponts* aussteigen; *2. ~ qc* etw abschalten; *3. (eau)* abstellen; *4. (chemin)* versperren; *5. (diluer)* verdünnen; *6. TEL* unterbrechen; *7. (vin)* panschen; *8. NAUT* kappen

couperet [kupʀɛ] *m* Hackbeil *n,* Hackmesser *n,* Wiegemesser *n,* Fallbeil *n*

couplage [kuplaʒ] *m TECH* Kopplung *f,* Schaltung *f*

couple [kupl] *m 1.* Paar *n; ~ d'amoureux* Liebespaar *n; 2. (époux)* Ehepaar *n; 3. (fig)* Gespann *n; 4. ~ de rotation TECH* Drehmoment *n*

coupler [kuple] *v 1. (lier)* kuppeln; *2. TECH* koppeln, schalten

coupole [kupɔl] *f ARCH* Kuppel *f*

coupon [kupɔ̃] *m 1. FIN* Kupon *m,* Anteilschein *m; 2. (ticket)* Ticket *n,* Eintrittskarte *f,* Fahrkarte *f; un ~-réponse* ein Antwortschein *m*

coupure [kupyʀ] *f 1.* Schnitt *m; ~ de journaux* Zeitungsausschnitt *m; 2. MED* Schnittwunde *f; 3. (billet)* Banknote *f,* Geldschein *m; 4. (arrêt)* Abstellen *n,* Sperrung *f,* Unterbrechung *f*

cour [kuʀ] *f 1.* Hof *m,* Königshof *m; faire la ~ à qn* mit jdm anbändeln, jdm den Hof machen; *2. ~ de justice* Gericht *n,* Gerichtshof *m; ~ d'assises* Schwurgericht *n*

courage [kuʀaʒ] *m 1.* Mut *m; prendre son ~ à deux mains* sich ein Herz fassen; *perdre ~* versagen; *~ civique* Zivilcourage *f; 2. (bravoure)* Tapferkeit *f*

courageux [kuʀaʒø] *adj 1.* tapfer; *2. (hardi)* beherzt; *3. (valeureux)* mutig

couramment [kuʀamɑ̃] *adv 1.* fließend, ohne Schwierigkeiten, mit Leichtigkeit, mühelos; *parler ~ une langue* eine Sprache fließend sprechen; *2. (souvent)* häufig, oft, geläufig; *Cela se voit ~.* Das sieht man häufig./Das kommt oft vor.

courant [kuʀɑ̃] *m 1. (fleuve)* Strom *m; ~ d'air* Luftzug *m; 2. (tendance)* Strömung *f; 3. TECH* Betriebsstrom *m; ~ de haute tension* Starkstrom *m; ~ électrique* Strom *m; ~ vert* Ökostrom *m; adj 4.* gängig; *C'est ~.* Das kommt häufig vor. *5. (usuel)* gebräuchlich; *6. (familier)* geläufig; *7. (permanent)* laufend; *8. (répandu)* weit verbreitet; *9. (langue)* flüssig

courbature [kuʀbatyʀ] *f* Muskelkater *m*

courbe [kuʀb] *f 1.* Kurve *f; 2. (tournant)* Biegung *f,* Krümmung *f; 3. (arc)* Bogen *m*

courbé [kuʀbe] *adj* krumm

courber [kuʀbe] *v 1.* biegen, beugen; *~ en dedans* einbiegen; *~ l'échine* sich ducken; *2. (plier)* krümmen; *3. se ~* sich beugen, sich bücken

courbette [kuʀbɛt] *f* Verbeugung *f*

coureur [kuʀœʀ] *m 1.* Läufer *m; 2. ~ automobile* Rennfahrer *m; 3. ~ de jupons* Schürzenjäger *m; 4. ~ cycliste* Radrennfahrer *m*

coureuse [kuʀøz] *f (fam)* Flittchen *n*

courir [kuʀiʀ] *v irr 1.* laufen, rennen; *~ après* hinterherlaufen; *2. ~ le monde (voyager)* herumkommen; *3. (rumeur)* kursieren; *Il court un bruit.* Es geht ein Gerücht um; *4. (être en cours)* laufen, rennen, eilen; *5. (parcourir)* durchstreifen, befahren, ablaufen; *6. ~ un risque* Gefahr laufen; *7. ~ les filles (fam)* hinter den Mädchen her sein

couronne [kuʀɔn] *f 1.* Kranz *m; 2. (diadème)* Krone *f; 3. (dent)* Krone *f*

couronné [kuʀɔne] *adj 1. ~ de succès* erfolgreich; *2. (primé)* preisgekrönt; *3. genou ~* aufgeschürftes Knie *n*
couronner [kuʀɔne] *v* krönen
courrier [kuʀje] *m 1.* Briefwechsel *m,* Post *f,* Korrespondenz *f; ~ aérien* Luftpost *f; 2. (lettre)* Schreiben *n; 3. (coursier)* Kurier *m; 4. ~ électronique INFORM* E-Mail *f; 5. long-~* Langstreckenflugzeug *n,* Überseedampfer *m,* Hochseedampfer *m*
courroux [kuʀu] *m LIT* Zorn *m*

cours [kuʀ] *m 1.* Stunde *f,* Unterrichtsstunde *f,* Schulstunde *f; au ~ de* im Verlauf von; *avoir ~* üblich sein; *2. (en enseignement)* Unterricht *m; 3. (à l'université)* Vorlesung *f; suivre les ~* Vorlesungen hören; *4. (leçon)* Kurs *m,* Kursus *m; ~ du soir* Abendkurs *m; ~ de base* Einführungskurs *m; ~ par correspondance* Fernkurs *m; ~ de danse* Tanzkurs *m; 5. (formation)* Lehrgang *m; 6. (la marche des choses)* Gang *m,* Verlauf *m,* Lauf *m; ~ d'un fleuve/~ d'une rivière* Flusslauf *m; 7. (change) FIN* Umrechnungskurs *m; ~ d'une action* Aktienkurs *m; ~ de la Bourse* Börsenkurs *m; ~ des changes* Devisenkurs *m; ~ des devises* Sortenkurs *m; ~ du change* Wechselkurs *m; 8. (avenue)* Avenue *f*

course [kuʀs] *f 1. (de taxi)* Fahrt *f; 2. (compétition)* Rennen *n; ~ automobile* Autorennen *n; ~ de chevaux* Pferderennen *n; ~ de ski* Skirennen *n; 3. (achat)* Besorgung *f,* Kauf *m; faire des ~s* einkaufen; *4. SPORT* Lauf *m; ~ de fond* Dauerlauf *m; ~ de haies* Hürdenlauf *m; ~ de relais* Staffellauf *m*
courser [kuʀse] *v (fam)* jdm nachlaufen, jdm hinterher rennen
court[1] [kuʀ] *adj* kurz; *être à ~ d'argent* knapp bei Kasse sein; *couper ~* abbrechen
court[2] [kuʀ] *m* Tennisplatz *m*
court-circuit [kuʀsiʀkɥi] *m TECH* Kurzschluss *m*
courtier [kuʀtje] *m* Makler *m; ~ en Bourse FIN* Börsenmakler *m*
courtisan [kuʀtizɑ̃] *m 1.* Höfling *m,* Mitglied der Hofgesellschaft *n,* Fürstendiener *m; 2. (fig)* Schmeichler *m,* Heuchler *m,* Speichellecker *m,* Kriecher *m; Ce n'est qu'un vil ~.* Das ist ein alter Heuchler. *adj 3.* höfisch, fein, edel; *un esprit ~* ein feiner Geist*m; des manières ~es* gute Manieren *pl*
courtisane [kuʀtizan] *f (prostituée)* Kurtisane *f,* Dirne *f*
courtois [kuʀtwa] *adj* höflich, taktvoll
courtoisie [kuʀtwazi] *f* Höflichkeit *f; manque de ~* Unhöflichkeit *f*
couru [kuʀy] *adj 1.* begehrt; *2. C'est ~ d'avance. (fam)* Die Sache ist geritzt!
cousin(e) [kuzɛ̃/kuzin] *m/f* Vetter/Base *m/f,* Cousin/Cousine *m/f*
cousinage [kuzinaʒ] *m (fam)* Vetternwirtschaft *f*
coussin [kusɛ̃] *m 1.* Kissen *n; ~ électrique* Heizkissen *n; 2. (rembourrage)* Polster *n; 3. ~ d'air TECH* Luftkissen *n*
cousu [kuzy] *adj 1.* genäht; *2. motus et bouche ~e (fam)* Mund halten und nichts verraten!; *3. ~ de fil blanc (fig)* fadenscheinig
coût [ku] *m* Kosten *pl,* Ausgaben *pl,* Preis *m; ~ de la construction* Baukosten *pl; ~ de la vie* Lebenshaltungskosten *pl*
coûtant [kutɑ̃] *adj prix ~* Selbstkostenpreis *m*
couteau [kuto] *m* Messer *n; être à ~x tirés avec qn* mit jdm verfeindet sein; *~ pliant* Klappmesser *n*

coûter [kute] *v (prix)* kosten; *~ la vie à qn* jdn das Leben kosten; *Coûte que coûte.* Koste es, was es wolle. *Il en coûte.* Es kostet Überwindung.

coûteux [kutø] *adj 1.* kostspielig, teuer; *2. (dispendieux)* aufwändig
coutume [kutym] *f 1.* Brauch *m; 2. (usage)* Gepflogenheit *f; 3. (règle de bienséance)* Konvention *f; 4. ~s pl (moeurs)* Brauchtum *n*
coutumier [kutymje] *adj 1. (habituel)* gewöhnlich, alltäglich, üblich; *des occupations coutumières* die gewohnte Beschäftigung *f; 2. être ~ de qc* etw gewohnt sein, etw gewöhnlich tun; *Il est ~ du fait.* Er ist dafür bekannt. *3. droit ~ JUR* Gewohnheitsrecht *n*
couture [kutyʀ] *f* Naht *f*
couturier [kutyʀje] *m 1.* Schneider *m; 2. (de haute couture)* Modeschöpfer *m*
couturière [kutyʀjɛʀ] *f* Schneiderin *f,* Näherin *f*
couvent [kuvɑ̃] *m (pour femmes) REL* Kloster *n*
couver [kuve] *v 1. (un œuf)* brüten; *2. (fig)* aushecken; *3. (une maladie)* ausbrüten
couvercle [kuvɛʀkl] *m* Deckel *m*
couvert [kuvɛʀ] *m 1.* Gedeck *n; 2. (couteau, fourchette, cuillère)* Besteck *n,* Essbesteck *n; 3. (fig: abri)* Deckung *f; adj 4.* bewölkt, wolkig, trüb; *adj 5. (vêtu)* angezogen

C

C

couverture [kuvɛʀtyʀ] *f* *1.* Bettdecke *f;* *2. (dessus-de-lit)* Zudecke *f;* *3. (d'un chèque) FIN* Deckung *f,* Deckungsbetrag *m;* *4. ~ d'assurance* Versicherungsschutz *m;* *5. (reliure)* Bucheinband *m,* Deckblatt *n*
couvreur [kuvʀœʀ] *m* Dachdecker *m*
couvrir [kuvʀiʀ] *v irr* *1.* bedecken, decken; *~ qn (fig)* jdn decken; *se ~ contre un risque* sich absichern; *se ~ de ridicule* sich blamieren; *2. (recouvrir)* zudecken, abdecken; *3. (cacher)* verdecken; *4. (revêtir)* beziehen, überziehen; *5. (voiler)* verhängen, verschleiern; *~ qc d'un voile* etw verschleiern
crabe [kʀɑb] *m* *1. ZOOL* Krebs *m;* *2. (crevette)* Krabbe *f;* *3. panier de ~s (fig)* Gruppe *f sich Bekämpfender; L'enthousiasme se relâche. 4. marcher en ~ (fig)* seitwärts gehen
crachat [kʀaʃa] *m* Spucke *f*
crachement [kʀaʃmɑ̃] *m* Ausspucken *n*
cracher [kʀaʃe] *v* *1.* spucken; *2. (vomir)* ausspeien, speien; *C'est son père tout craché. (fig)* Er ist seinem Vater wie aus dem Gesicht geschnitten. *3. (fam: dépenser)* (Geld) ausspucken; *4. ~ sur qc (fig)* etw anspucken
crachin [kʀaʃɛ̃] *m* Sprühregen *m,* Nieselregen *m*
crachiner [kʀaʃine] *v* nieseln
crachoter [kʀaʃɔte] *v* häufig ausspucken, (Lautsprecher) knattern
craie [kʀɛ] *f* *1.* Kreide *f;* *2. GEOL* Kreide *f*
crailler [kʀɑje] *v* krächzen
craindre [kʀɛ̃dʀ] *v irr* *1.* befürchten, fürchten; *2. ~ de* sich fürchten, befürchten zu; *3. (mal supporter)* etw nicht vertragen, gegen etw empfindlich sein; *4. Ça craint! (fam)* Das ist mies!
crainte [kʀɛ̃t] *f* *1.* Befürchtung *f;* *2. (peur)* Furcht *f,* Angst *f;* *3. (anxiété)* Ängstlichkeit *f*
craintif [kʀɛ̃tif] *adj* ängstlich, furchtsam
cramer [kʀame] *v (fam: brûler)* verbrennen, versengen, schwelen, verkohlen
cramoisi [kʀamwazi] *adj* krebsrot, knallrot; *le visage ~ de colère* das Gesicht knallrot vor Wut
crampe [kʀɑ̃p] *f* Krampf *m*
crampon [kʀɑ̃pɔ̃] *m* *1.* Klammer *f;* *2. (fam)* Klette *f*
cramponner [kʀɑ̃pɔne] *v* *se ~* sich festklammern, sich festhalten, sich festkrallen; *se ~ au cou de qn* jds Hals umklammern; *se ~ à un espoir (fig)* sich an eine Hoffnung klammern
cran [kʀɑ̃] *m* *1.* Kerbe *f;* *2. couteau à ~ d'arrêt* Springmesser *n;* *3. serrer sa ceinture d'un ~* seinen Gürtel enger schnallen; *4. avoir du ~* Schneid haben
crâne [kʀɑn] *m* *1.* Schädel *m;* *2. ~ chauve* Glatze *f*
crâner [kʀɑne] *v (fam)* prahlen, angeben
crâneur [kʀɑnœʀ] *m (fam)* Angeber *m,* Prahlhans *m,* Wichtigtuer *m*
cranter [kʀɑ̃te] *v* kerben, Einschnitte machen, etw in Wellen legen, wellen
crapaud [kʀapo] *m* *1. ZOOL* Kröte *f;* *2. fauteuil ~* kleiner Lehnsessel *m*
crapule [kʀapyl] *f* Schurke *m*
crapuleux [kʀapylø] *adj* schändlich, gemein, zwielichtig, dunkel
craquant [kʀakɑ̃] *adj* *1.* niedlich; *2. (irrésistible)* unwiderstehlich
craqueler [krakle] *v* *se ~* rissig werden, Risse bekommen
craquement [kʀakmɑ̃] *m* Krachen *n,* Bersten *n*
craquer [kʀake] *v* knacken, knarren; *plein à ~* brechend voll
craqueter [kʀakte] *v (papier)* knistern
crasse [kʀas] *f* *1. (fam: saleté)* Schmutz *m,* Dreckschicht *f;* *vivre dans la ~* im Dreck leben; *2. (fig)* Bosheit *f,* Gemeinheit *f,* Niedertracht *f;* *faire une ~ à qn (fam)* jdm übel mitspielen
crassier [kʀasje] *m* Schutthalde *f*
cratère [kratɛʀ] *m* *1. GEO* Krater *m;* *le ~ d'un volcan* der Vulkankrater *m;* *un ~ lunaire* der Mondkrater *m*
cravache [kʀavaʃ] *f* Peitsche *f*
cravate [kʀavat] *f* Krawatte *f,* Schlips *m*
crayon [kʀɛjɔ̃] *m* *1.* Bleistift *m;* *2. ~ de couleur* Buntstift *m*
créancier [kʀeɑ̃sje] *m* Gläubiger *m*
créateur [kʀeatœʀ] *adj* *1.* schöpferisch; *m* *2. (fondateur)* Gründer *m,* Schöpfer *m,* Urheber *m;* *~ de mode* Modeschöpfer *m*
créatif [kʀeatif] *adj* kreativ
création [kʀeɑsjɔ̃] *f* *1.* Schöpfung *f;* *2. (fondation)* Errichtung *f,* Gründung *f,* Kreation *f;* *3. (institution)* Stiftung *f;* *4. (d'un marché)* Erschließung *f*
créativité [kʀeativite] *f* Kreativität *f*
créature [kʀeatyʀ] *f* Wesen *n,* Geschöpf *n,* Lebewesen *n,* Kreatur *f*
crèche [kʀɛʃ] *f* *1. (d'enfants)* Hort *m,* Kinderhort *m,* Kinderkrippe *f;* *2. REL* Krippe *f*
crécher [kʀeʃe] *v (fam)* hausen, übernachten
crédibilité [kʀedibilite] *f* Glaubhaftigkeit *f,* Glaubwürdigkeit *f*

crédible [kʀedibl] *adj* glaubhaft

crédit [kʀedi] *m 1.* Guthaben *n,* Haben *n,* Kredit *m; porter au ~* gutschreiben; *~ disponible* Dipositionskredit *m; 2. (créance)* Gutschrift *f*

crédule [kʀedyl] *adj* leichtgläubig

crédulité [kʀedylite] *f* Leichtgläubigkeit *f*

créer [kʀee] *v 1.* gründen, errichten; *2. (élaborer)* schaffen; *3. (produire)* hervorbringen; *4. (fonder)* stiften

crématorium [kʀematwaʀ] *m* Verbrennungsofen *m,* Krematorium *n*

crème [kʀɛm] *f 1.* Creme *f; enduire de ~/passer de la ~* eincremen; *2. GAST* Füllung *f,* Creme *f; ~ renversée* Pudding *m; ~ glacée* Speiseeis *n; 3. ~ Chantilly* Schlagsahne *f; 4. (liqueur)* Likör *m; 5. la ~ de la ~ (fig)* die Auslese von, die Spitze von, die Elite von; *adj 6.* cremefarben

crémeux [kʀemø] *adj 2. (fig)* sahnig

créneau [kʀeno] *m 1. (d'une fortification)* Schießscharte *f; monter au ~ (fig)* sich zum Schauplatz des Geschehens begeben; *2. (dans la circulation routière)* Parklücke *f; faire un ~* einparken; *3. (intervalle de temps)* Sendezeit *f; 4. (secteur économique) ECO* Marktlücke *f*

créole [kʀeɔl] *adj 1.* kreolisch; *2. riz à la ~* gekochter Reis mit Butter *m*

Créole [kʀeɔl] *m/f* Kreole/Kreolin *m/f*

crêpage [kʀɛpaʒ] *m 1.* Toupieren *n; 2. ~ de chignon (fam)* Zank *m,* Streit *m,* Gezänk *n*

crêpe [kʀɛp] *f 1. GAST* Pfannkuchen *m; 2. (tissu)* Krepp *m; 3. (caoutchouc)* Kreppgummi *m*

crépi [kʀepi] *m 1.* Putz *m,* Mörtel *m; 2. (enduit)* Verputz *m*

crépir [kʀepiʀ] *v (peindre)* verputzen

crépitement [kʀepitmɑ̃] *m* Knistern *n,* Prasseln *n,* Knattern *n*

crépiter [kʀepite] *v (feu)* knistern

crépu [kʀepy] *adj (bouclé)* kraus

crépuscule [kʀepyskyl] *m* Abendrot *n,* Abenddämmerung *f*

crête [kʀɛt] *f 1. (montagne)* Grat *m,* Bergkamm *m; 2. ~ blanche* Schaumkrone *f*

crétin [kʀetɛ̃] *m (fam)* Trottel *m*

creuser [kʀøze] *v 1.* graben; *se ~ la tête* sich den Kopf zerbrechen; *2. ~ le sol* wühlen, graben; *3. (excaver)* ausschachten; *~ sa tombe* sich sein eigenes Grab schaufeln

creux [kʀø] *m 1.* Höhle *f; ~ de l'aisselle* Achselhöhle *f; 2. (terrain bas)* Niederung *f; 3. ~ de la vague (fig)* Talsohle *f; adj 4.* hohl; *5. (fig: sans teneur)* hohl; *6. (vide)* leer, brüchig

crevant [kʀəvɑ̃] *adj (fam: épuisant)* anstrengend, ermüdend, beschwerlich

crevasse [kʀəvas] *f 1.* Felsspalte *f; 2. (faille)* Kluft *f,* Riss *m; 3. (glacier)* Gletscherspalte *f*

crevassé [kʀəvase] *adj* rissig

crevé [kʀəve] *adj (fam: fatigué)* kaputt, erschöpft, fertig, hundemüde

crever [kʀəve] *v 1.* platzen; *C'est à ~ de rire.* Das ist zum Totlachen. *2. (éclater)* bersten; *3. (animaux)* eingehen; *~ de chaleur* vor Hitze umkommen, vor Hitze vergehen

cri [kʀi] *m 1.* Schrei *m,* Ruf *m; grand ~* Aufschrei *m; 2. (appel)* Aufruf *m; 3. (exclamation)* Ausruf *m; 4. ~s pl* Geschrei *n; 5. ~s de joie pl* Jubel *m*

criard [kʀijaʀ] *adj* grell

crible [kʀibl] *m* Sieb *n*

cribler [kʀible] *v 1.* durchlöchern, durchsieben, durchbohren; *~ qn de coups de couteau* jdn mit Messerstichen durchbohren; *2. ~ du sable/~ des grains* sieben, durchsieben, seihen

cric [kʀik] *m TECH* Wagenheber *m*

crier [kʀije] *v 1.* ausrufen, rufen; *2. (hurler)* schreien; *3. ~ qc à qn* jdm etw zurufen

crime [kʀim] *m 1.* Verbrechen *n,* Straftat *f; ~ monstrueux* Untat *f; ~ sexuel* Sexualverbrechen *n; ~ capital* Kapitalverbrechen *n; 2. (assassinat)* Ermordung *f; 3. (méfait)* Missetat *f*

criminel [kʀiminɛl] *adj 1.* kriminell, verbrecherisch; *m 2.* Missetäter *m; 3. (malfaiteur)* Verbrecher *m; grand ~* Gewaltverbrecher *m; ~ de guerre* Kriegsverbrecher *m; 4. (délinquant)* Krimineller *m*

crin [kʀɛ̃] *m* Haar *n*

crinière [kʀinjɛʀ] *f 1.* Mähne *f; ~ du cheval* Pferdemähne *f; ~ du lion* Löwenmähne *f; 2. ~ d'un casque* Helmbusch *m; 3. (fam: cheveux)* Mähne *f,* Haar *n,* Schopf *m*

crise [kʀiz] *f 1.* Krise *f; ~ d'identité* Identitätskrise *f; foyer de ~* Krisenherd *m; ~ gouvernementale* Regierungskrise *f; ~ financière* Finanzkrise *f; 2. MED* Anfall *m; ~ cardiaque* Herzanfall *m; ~ de nerfs* Nervenzusammenbruch *m*

crispant [kʀispɑ̃] *adj 1.* nervtötend; *2. (excitant)* aufregend

crisper [kʀispe] *v se ~* sich verkrampfen

crisser [kʀise] *v* knirschen

cristal [kʀistal] *m* Kristall *m*

critère [kʀitɛʀ] *m 1.* Kriterium *n; 2. (fig)* Maßstab *m*

C

critique [kʀitik] *f 1.* Kritik *f; 2. (attaque)* Nörgelei *f; ~ mesquine* Haarspalterei *f; 3. ~s pl* Beanstandung *f; m 4. ART* Kritiker *m; adj 4. (situation)* bedenklich, kritisch
critiquer [kʀitike] *v* kritisieren, bemängeln
crochet [kʀɔʃɛ] *m 1.* Haken *m; vivre aux ~s de qn* jdm auf der Tasche liegen; *2. (détour)* Abstecher *m; 3. ~ à la mâchoire* Kinnhaken *m; 4. (aiguille)* Häkelnadel *f; faire du ~* häkeln; *5. ~ à venin* Giftzahn *m*
crochu [kʀɔʃy] *adj* krumm, hakenförmig, gebogen; *un nez ~* eine Hakennase *f; avoir les doigts ~s (fig)* gierig sein; *avoir des atomes ~s (fig)* die gleiche Wellenlänge haben/einander anziehen
crocodile [kʀɔkɔdil] *m ZOOL* Krokodil *n*

croire [kʀwɑʀ] *v irr 1.* glauben; *J'aime à ~...* Ich möchte fast glauben ..., Ich hege die Hoffnung ...; *ne pas en ~ ses yeux* seinen Augen nicht trauen; *~ en Dieu* an Gott glauben; *~ qn à propos de qc* jdm etw abkaufen; *~ qn capable de qc* jdm etw zutrauen; *donner à ~* vermuten lassen; *~ fermement* felsenfest glauben; *~ en soi* Selbstvertrauen haben; *Je le crois honnête.* Ich halte ihn für ehrlich. *2. (penser)* meinen; *3. (estimer)* erachten; *4. se ~* sich einbilden

croisée [kʀwɑze] *f 1.* Kreuzung *f; se trouver à la ~ des chemins (fig)* sich am Scheideweg befinden; *2. (d'une fenêtre)* Fensterkreuz *n*
croiser [kʀwɑze] *v 1. (plier)* verschränken; *2. BIO* kreuzen, vermischen; *3. NAUT* kreuzen; *4. se ~* sich überschneiden, sich kreuzen
croisière [kʀwɑzjɛʀ] *f 1.* Jungfernfahrt *f; 2. (en bateau)* Kreuzfahrt *f*
croissance [kʀwɑsɑ̃s] *f 1.* Wachstum *n; 2. (prolifération)* Wuchs *m; 3. ECO* Zuwachs *m*
croissant [kʀwɑsɑ̃] *m 1. GAST* Hörnchen *n; adj 2. (augmentant)* steigend, wachsend
croître [kʀwɑtʀ] *v irr 1.* wachsen, zunehmen; *2. (monter)* steigern; *3. (pousser)* heranwachsen; *4. (grandir)* aufwachsen
croix [kʀwɑ] *f* Kreuz *n; faire une ~ sur qc (fam)* etw in den Wind schreiben; *faire un signe de ~* sich bekreuzigen; *~ gammée* Hakenkreuz *n*
croque-mort [kʀɔkmɔʀ] *m (fam)* Sargträger *m; avoir une tête de ~ (fig)* finster aussehen/finster dreinschauen
croquer [kʀɔke] *v 1. (manger)* knabbern, beißen, zerbeißen; *~ dans une pomme* in einen Apfel beißen; *Il est joli à ~. (fig)* Er ist zum Anbeißen. *~ la vie à pleines dents (fig)* das Leben in vollen Zügen genießen; *2. (fig)* verschwenden, vergeuden, verschleudern; *~ un héritage* eine Erbschaft durchbringen; *3. (dessiner)* skizzieren, entwerfen, zeichnen
croquis [kʀɔki] *m* Entwurf *m,* Skizze *f,* Plan *m*
crotté [kʀɔte] *adj* dreckig
crottin [kʀɔtɛ̃] *m (de cheval)* Mist *m*
crouler [kʀule] *v 1. (tomber)* stürzen, fallen, einstürzen, zusammenfallen; *2. ~ sous (fig)* zusammenbrechen unter, sich biegen unter; *~ sous le poids des ans* unter der Last der Jahre leiden; *~ sous le travail* von der Arbeit erdrückt werden
croupe [kʀup] *f 1. (d'un cheval) ZOOL* Kruppe *f,* Kreuz *n; monter en ~* hinten aufsitzen; *2. (fam: d'une personne) ANAT* Hintern *m,* Hinterteil *n*
croupir [kʀupiʀ] *v 1. (eau)* faulen; *2. (fig: personne)* dahinvegetieren, verfaulen; *~ dans l'ignorance* in Unwissenheit dahinvegetieren; *~ dans le vice* dem Laster verfallen
croustillant [kʀustijɑ̃] *adj* knusprig
croûte [kʀut] *f 1.* Brotkruste *f; 2. (écorce)* Rinde *f,* Kruste *f*
croyable [kʀwɑjabl] *adj* glaubhaft
croyance [kʀwɑjɑ̃s] *f* Glaube *m*
croyant(e) [kʀwɑjɑ̃(t)] *m/f REL* Gläubige(r) *m/f*
cru [kʀy] *adj 1.* roh; *2. (vif)* grell; *m 3. (de vin)* Auslese *f*
cruauté [kʀyote] *f 1.* Grausamkeit *f; 2. (dureté)* Unbarmherzigkeit *f; 3. ~ envers les animaux* Tierquälerei *f*
cruche [kʀyʃ] *f* Krug *m*
crucial [kʀysjal] *adj (important)* wichtig, ausschlaggebend, bedeutend; *un moment ~* ein wichtiger Augenblick *m*
crucifier [kʀysifje] *v 1. REL* kreuzigen, ans Kreuz schlagen; *2. (fig)* kreuzigen, peinigen
crudités [kʀydite] *f/pl (salade) GAST* Rohkost *f,* Rohkostsalat *m*
crue [kʀy] *f* Hochwasser *n*
cruel [kʀyɛl] *adj 1.* grausam; *2. (douloureux)* qualvoll; *3. (impitoyable)* unbarmherzig, gnadenlos
cueillir [kœjiʀ] *v irr 1.* pflücken; *2. (récolter)* auflesen
cuiller [kɥijɛʀ] *f* Löffel *m; ~ à soupe* Esslöffel *m,* Suppenlöffel *m; ~ à café* Kaffeelöffel *m; petite ~* Teelöffel *m; ~ en bois* Kochlöffel *m*

cuillère [kɥijɛʀ] *f* *(voir „cuiller")*
cuir [kɥiʀ] *m* *1.* Leder *n; 2. ~s pl* Lederwaren *pl*
cuirasse [kɥiʀas] *f* Panzer *m*
cuirasser [kɥiʀase] *v se ~ contre* sich wappnen gegen
cuire [kɥiʀ] *v irr 1. (brûler)* brennen; *2. faire ~* kochen, garen, backen; *faire ~ à l'étuvée* dünsten; *~ à point* durchbraten
cuisant [kɥizɑ̃] *adj 1.* qualvoll; *2. (douloureux)* schmerzlich

cuisine [kɥizin] *f 1. (pièce)* Küche *f; faire la ~* kochen; *2. (art culinaire)* Küche *f*

cuisiner [kɥizine] *v (préparer)* kochen
cuisinier [kɥizinje] *m* Koch *m*
cuisinière [kɥizinjɛʀ] *f 1.* Köchin *f; 2. ~ à gaz* Gasherd *m,* Herd *m*
cuisse [kɥis] *f 1. GAST* Keule *f; 2. ANAT* Oberschenkel *m*
cuivre [kɥivʀ] *m 1. CHEM* Kupfer *n; 2. ~ jaune* Messing *n*
cul [ky] *m (fam)* Arsch *m*
culbute [kylbyt] *f* Purzelbaum *m; faire une ~* purzeln, einen Purzelbaum schlagen
culbuter [kylbyte] *v 1.* kippen; *2. (fam: dégringoler)* purzeln
cul-de-sac [kyd(ə)sak] *m (impasse)* Sackgasse *f*
culinaire [kylinɛʀ] *adj* kulinarisch
culminer [kylmine] *v* gipfeln, Höhepunkt finden; *Les Alpes culminent au mont Blanc.* Der Mont Blanc ist der höchste Gipfel der Alpen.
culot [kylo] *m 1. (fam)* Unverschämtheit *f; 2. TECH* Sockel *m,* Gehäuse *n*
culotte [kylɔt] *f 1.* Hose *f; 2. (slip)* Schlüpfer *m,* Slip *m*
culpabilité [kylpabilite] *f 1.* Verschulden *n; 2. JUR* Schuld *f*
culte [kylt] *m 1.* Kult *m; 2. REL* Gottesdienst *m*
cultivateur [kyltivatœʀ] *m* Landwirt *m*
cultivé [kyltive] *adj* gebildet, kultiviert
cultiver [kyltive] *v 1. AGR* anbauen, pflanzen, bearbeiten; *2. (un peuple, l'esprit)* kultivieren; *3. (dresser)* züchten; *4. (fig)* ausbauen; *5. se ~* sich bilden
culture [kyltyʀ] *f 1.* Kultur *f; 2. ~ générale* Allgemeinbildung *f; 3. (élevage)* Zucht *f; 4. AGR* Anbau *m; 5. BIO* Kultur *f*
culturel [kyltyʀɛl] *adj* kulturell
cumuler [kymyle] *v* kumulieren, anhäufen; *~ plusieurs droits* mehrere Rechte kumulieren, zusammenfassen
cupide [kypid] *adj 1.* gierig; *2. (avide)* habgierig
cupidité [kypidite] *f* Habgier *f*
curable [kyʀabl] *adj* heilbar
curatelle [kyʀatɛl] *f* Vormundschaft *f*
cure [kyʀ] *f 1. MED* Kur *f; ~ d'amaigrissement* Abmagerungskur *f,* Schlankheitskur *f; ~ radicale* Radikalkur *f; ~ de désintoxication* Entziehungskur *f; 2. REL* Pfarramt *n*
curé [kyʀe] *m* Pfarrer *m*
cure-dent [kyʀdɑ̃] *m* Zahnstocher *m*
curer [kyʀe] *v 1.* scheuern, schrubben, putzen, reinigen; *2. se ~ les dents* sich die Zähne reinigen, in den Zähnen herumstochern
curieux [kyʀjø] *adj 1.* eigenartig, sonderbar, merkwüdig; *2. (indiscret)* neugierig; *3. (intéressé)* wissensdurstig; *4. (spécial)* originell, kurios; *m 5.* Neugieriger *m*
curiosité [kyʀjozite] *f 1.* Neugier *f; 2. (rareté)* Seltenheit *f; 3. (chose à voir)* Sehenswürdigkeit *f*
cuve [kyv] *f* Wanne *f*
cuvette [kyvɛt] *f* Waschbecken *n*
cyberespace [sibɛʀɛspas] *m INFORM* Cyberspace *m*
cybernétique [sibɛʀnetik] *f* Kybernetik *f*
cycle [sikl] *m 1.* Zyklus *m; 2. (fig)* Kreislauf *m*
cyclique [siklik] *adj* periodisch
cyclisme [siklism] *m SPORT* Radsport *m,* Radfahren *n*
cycliste [siklist] *m/f* Radfahrer(in) *m/f*
cyclomoteur [siklomɔtœʀ] *m* Moped *n*
cygne [siɲ] *m ZOOL* Schwan *m*
cylindre [silɛ̃dʀ] *m 1. TECH* Zylinder *m; 2. (à vapeur)* Dampfwalze *f*
cynisme [sinism] *m* Zynismus *m*

D

d'abord [dabɔʀ] *adv* zunächst
d'accord [dakɔʀ] *adv* einverstanden
dactylo [daktilo] *f* Schreibkraft *f*
dada [dada] *m 1. (cheval)* Pferdchen *n; 2. (fig)* Steckenpferd *n*
daigner [deɲe] *v* sich herablassen, einwilligen, geruhen, sich bequemen; *Il n'a pas daigné répondre.* Er ließ sich nicht zu einer Antwort herab.
d'ailleurs [dajœʀ] *adv 1.* übrigens, im Übrigen; *2. (lieu)* anderswoher, von woanders
daim [dɛ̃] *m 1. ZOOL* Damhirsch *m,* Damwild *n; 2.* Wildleder *n*
dalle [dal] *f 1.* Platte *f,* Fliese *f; 2. ~ de verre* Glasbaustein *m; 3. ~ funéraire* Grabplatte *f; 4. couler une ~ TECH* eine Platte gießen; *5. (fam) avoir la ~* Kohldampf haben; *6. que ~ (fam)* nichts
daltonien [daltɔnjɛ̃] *adj* farbenblind
dam [dam] *m au grand ~ de qn* zur großen Entrüstung von jdm

dame[1] [dam] *f 1.* Dame *f; grande ~* feine Dame *f; 2. jeu de ~s* Damespiel *n; jouer aux ~s* Dame spielen; *3. (aux cartes)* Dame *f,* Ober *m*

dame[2] [dam] *interj ~!* allerdings!/natürlich!
damer [dame] *v 1.* feststampfen; *2. ~ un pion* zur Dame machen
damnation [danasjɔ̃] *f* Verdammung *f,* Verdammnis *f*
damner [dɑne] *v* verdammen
dandiner [dɑ̃dine] *v se ~* schwanken, hin und her wackeln; *se ~ d'un pied sur l'autre* von einem Fuß auf den anderen wechseln; *se ~ sur sa chaise* mit dem Stuhl wackeln, mit dem Stuhl schaukeln
Danemark [danmaʀk] *m GEO* Dänemark *n*
danger [dɑ̃ʒe] *m* Gefahr *f,* Not *f; ~ de chute* Absturzgefahr *f; ~ de rage* Tollwutgefahr *f; ~ de mort* Lebensgefahr *f; ~ d'avalanche* Lawinengefahr *f; ~ de collusion JUR* Verdunkelungsgefahr *f; ~ d'épidémie* Seuchengefahr *f; ~ du terrorisme* Terrorgefahr *f*
dangereux [dɑ̃ʒʀø] *adj* gefährlich

dans [dɑ̃] *prep 1. (temporel)* in, innerhalb; *~ le cas où* falls; *~ la plupart des cas* meist; *~ la matinée* vormittags; *~ le cas contraire* andernfalls; *~ le meilleur des cas, ~ le cas le plus favorable* bestenfalls; *~ le pire des cas* schlimmstenfalls; *~ le temps* ehemals; *~ l'espoir que ...* in der Hoffnung, dass ...; *~ les plus brefs délais* schnellstens; *2. (spatial)* in, im; *~ les conditions normales* normalerweise; *~ la pratique* in der Praxis; *~ cette mesure* soweit; *~ une certaine mesure* einigermaßen; *~ la mesure où* insofern, sofern; *~ le cadre du métier* berufsbedingt; *~ le cadre de ses obligations professionnelles* dienstlich; *~ le sens de la longueur* längs; *~ le contenu* inhaltlich; *3. (chez)* zu

danse [dɑ̃s] *f 1.* Tanz *m; 2. ~ de claquettes* Stepptanz *m; 3. ~ classique* Ballett *n; 4. entrer dans la ~ (fig)* eingreifen, sich einschalten; *5. mener la ~ (fig)* der Anführer sein; *6. (fam: correction)* Tracht Prügel *f; 7. ~ de Saint-Guy (fam)* Veitstanz *m*
danser [dɑ̃se] *v 1.* tanzen; *2. ~ le rock* rocken; *3. ne pas savoir sur quel pied ~ (fig)* nicht aus noch ein wissen, nicht wissen, was man tun soll, nicht wissen, woran man ist
danseur [dɑ̃sœʀ] *m* Tänzer *m; ~ de ballet* Balletttänzer *m*
danseuse [dɑ̃søz] *f 1.* Tänzerin *f; 2. ~ du ventre* Bauchtänzerin *f; 3. ~ étoile* Primaballerina *f; 4. en ~ SPORT* im Wiegetritt
Danube [danyb] *m GEO* Donau *f*
dare-dare [daʀdaʀ] *adv (fam)* in aller Eile, eiligst, unverzüglich
data-banque [databɑ̃k] *f INFORM* Datenbank *f*
date [dat] *f 1.* Datum *n; ~ d'établissement* Ausstellungsdatum *n; ~ de naissance* Geburtsdatum *n; ~ de péremption* Verfallsdatum *n; ~ limite* Haltbarkeitsdatum *n; 2. (rendez-vous)* Termin *m,* Verabredung *f; ~ de livraison ECO* Liefertermin *m*
dater [date] *v* datieren
dauphin [dofɛ̃] *m 1. ZOOL* Delfin *m; 2. HIST* Dauphin *m,* französischer Thronfolger *m; 3. (fig: successeur)* Nachfolger *m*
davantage [davɑ̃taʒ] *adv* mehr
dé[1] [de] *m* Würfel *m*
dé[2] [de] *m ~ à coudre* Fingerhut *m*
de [də] *prep 1.* aus, bei, von; *konj 2. plus ... ~ (comparatif)* als
de visu [dəvizy] *adv* durch persönlichen Augenschein, aus eigener Anschauung

dealer [dilœʀ] *m* Drogenhändler *m*
débâcle [debɑkl] *f 1. (d'un fleuve)* Eisgang *m; 2. (fig)* Zusammenbruch *m,* Niedergang *m,* Untergang *m; la ~ d'une armée vaincue* der Untergang eines besiegten Heeres *m; une ~ financière* der finanzielle Zusammenbruch *m*
déballage [debalaʒ] *m 1. (étalage)* Auslage *f,* Schaufenster *n; 2. (fig)* Offenbarung *f,* Bekenntnis *f,* Geständnis *n,* Beichte *f; un ~ de scandales (fam)* das Aufdecken von Skandalen *n*
déballer [debale] *v* auspacken
débandade [debɑ̃dad] *f* Aufruhr *m,* Auflösung *f,* Auseinanderlaufen *n,* Auseinanderströmen *n; Ce fut la ~ générale.* Sie liefen in alle Richtungen auseinander. *à la ~* wild durcheinander
débardeur [debaʀdœʀ] *m (maillot)* Pullunder *m*
débarquement [debaʀkəmɑ̃] *m* Landung *f,* Ausladen *n,* Löschen *n*
débarquer [debaʀke] *v 1. ~ qn* jdn entlassen, jdn absetzen, jdn loswerden, sich jds entledigen; *2. (descendre)* ausladen, abladen, entladen; *~ d'un bateau* von Bord gehen; *~ d'un avion* aus dem Flugzeug steigen; *3. (fam)* hereinschneien, vorbeischauen, vorbeikommen, auftauchen; *Il débarque toujours à l'improviste.* Er kommt immer ganz unerwartet vorbei. *~ chez qn* bei jdm vorbeischauen
débarras [debaʀa] *m 1.* Abstellkammer *f,* Rumpelkammer *f; 2. (cagibi)* Verschlag *m*
débarrasser [debaʀase] *v 1.* aufräumen, abräumen, ausräumen; *2. se ~ de qn* jdn abschütteln, jdn loswerden; *3. se ~ de* etw entsorgen
débat [deba] *m 1.* Debatte *f,* Streitgespräch *n; meneur du ~, meneur des ~s* Diskussionsleiter *m; 2. (discussion)* Erörterung *f; 3. POL* Debatte *f; ~ budgétaire POL* Haushaltsdebatte *f; 4. ~s publics pl* Podiumsdiskussion *f; 5. ~s pl JUR* Verhandlung *f; 6. ~s judiciaires pl* Gerichtsverhandlung *f*
débattre [debatʀ] *v irr 1. ~ de* abhandeln; *2. ~ de (discuter)* erörtern; *3. ~ de (discuter avec vivacité)* debattieren; *4. (fig) se ~* mit sich ringen; *se ~ comme un beau diable* wie wild um sich schlagen
débaucher [deboʃe] *v 1. ECO* abwerben; *2. (entraîner)* abwerben, verführen, verleiten; *3. se ~* prassen, ein ausschweifendes Leben führen
débile [debil] *adj 1. (faible)* schwach, kraftlos; *2. (fam: idiot)* geistesgestört, idiotisch, debil, blöde; *m/f 3. ~ mental(e)* Geisteskranke(r) *m/f,* Schwachsinnige(r) *m/f*
débilité [debilite] *f ~ mentale* Schwachsinn *m*
débit [debi] *m 1.* Fördermenge *f; 2. ECO* Soll *n; 3. (déduction) ECO* Abbuchung *f; 4. (écoulement) ECO* Abgang *m; 5. ~ de boissons* Ausschank *m; 6. (de paroles)* Sprechweise *f,* Redeweise *f; 7. (d'un fleuve)* Wasserführung *f,* Abflussmenge *f*
débiter [debite] *v 1. (porter au débit)* abbuchen; *2. ~ un compte* ein Konto belasten; *3. (fam: dire)* verzapfen; *~ des mensonges* Lügen auftischen; *4. (découper)* zuschneiden; *5. (fournir)* liefern
débiteur [debitœʀ] *1. m* Schuldner *m; adj 2.* Schuldner..., Debet..., Passiv..., Soll...
déblai [deblɛ] *m* Abtransport *m,* Beräumung *f,* Abtragung *f,* Aushub *m*
déblatérer [deblateʀe] *v* keifen
déblayer [debleje] *v 1.* abräumen; *2. ~ le terrain (fig)* den Weg ebnen, die Bahn frei machen, Hindernisse aus dem Weg räumen
débloquer [deblɔke] *v 1. TECH* wieder in Gang setzen, lösen, entriegeln; *2. (libérer) ECO* freigeben, Sperre aufheben; *~ les crédits* Kredite freigeben; *~ les salaires* Lohnstop aufheben; *~ un compte* ein Konto freigeben; *3. (fam: divaguer)* spinnen, dummes Zeug erzählen, Blödsinn reden
déboires [debwaʀ] *m/pl* Enttäuschung *f*
déboisement [debwazmɑ̃] *m* Abholzen *n,* Abholzung *f,* Entwaldung *f*
déboîter [debwate] *v 1.* ausscheren; *2. MED* verrenken
débonnaire [debɔnɛʀ] *adj* gutmütig
débordant [debɔʀdɑ̃] *adj 1.* überströmend, überquellend, überschäumend, rastlos; *2. (fig)* übermäßig, überschwänglich
débordé [debɔʀde] *adj 1. (surchargé)* überlastet, überhäuft; *2. (dépassé)* überholt, veraltet
déborder [debɔʀde] *v 1.* austreten, ausströmen, überkochen, überlaufen; *2. la goutte d'eau qui fait ~ le vase (fig)* der Tropfen, der das Fass zum Überlaufen bringt; *3. (fig)* überströmen, sprühen
débouché [debuʃe] *m 1. ECO* Absatz *m; 2. (marché)* Absatzmarkt *m*
déboucher [debuʃe] *v 1.* öffnen; *2. (sortir)* herauskommen; *3. ~ dans* münden in
déboucler [debukle] *v* aufschnallen
débouler [debule] *v (descendre très vite)* hinunterpurzeln, hinunterrollen; *~ l'escalier*

D

die Treppe hinunterpurzeln; *Il déboula les deux étages.* Er ist zwei Stockwerke hinuntergekullert.
débourser [debuʀse] *v (dépenser)* ausgeben, abheben, entnehmen; *n'avoir rien à ~* nichts bezahlen müssen
debout [dəbu] *adj* aufrecht; *ne plus tenir ~* sich nicht mehr auf den Beinen halten können; *dormir ~* zum Umfallen müde sein; *être ~* aufrecht stehen
déboutonner [debutɔne] *v 1. (manteau)* aufknöpfen; *2. se ~* offen reden, sich aussprechen
débraillé [debʀɑje] *adj 1.* unordentlich; *2. (négligé)* schlampig
débrancher [debʀɑ̃ʃe] *v* abschalten, ausschalten, den Stecker ziehen; *Il faut ~ la télévision pendant l'orage.* Während eines Gewitters soll man den Stecker des Fernsehgeräts herausziehen.
débrayer [debʀeje] *v 1.* kuppeln; *2. (cesser le travail)* die Arbeit niederlegen
débridé [debʀide] *adj* zügellos, ungezügelt, hemmungslos
débrider [debʀide] *v 1. (un cheval)* abzäumen; *2. MED* die Fäden entfernen
débris [debʀi] *m 1.* Überrest *m; 2. ~ de verre* Scherbenhaufen *m; 3. un vieux ~ (fam)* ein alter Knacker
débrouillard [debʀujaʀ] *adj* schlau, pfiffig
débrouiller [debʀuje] *v 1. savoir se ~* sich behelfen, sich zu helfen wissen; *2. se ~ (fam)* sich durchboxen; *3. (démêler)* entwirren; *4. (éclaircir)* aufklären, Klarheit bringen in

début [deby] *m 1.* Anfang *m,* Beginn *m; n'en être qu'à ses ~s* noch am Anfang stehen, noch in den Kinderschuhen stecken; *dès le ~* von Anfang an; *par le ~* von vorn(e); *du ~* anfänglich; *2. (phase initiale)* Anfangsstadium *n; 3. (premier essai)* Anlauf *m; 4. (commencement)* Ansatz *m; 5. (ouverture)* Auftakt *m; 6. CINE* Debüt *n; 7. (de la nuit)* Einbruch *m*

débutant(e) [debytɑ̃(te)] *m/f 1.* Anfänger(in) *m/f; 2. (nouveau)* Neuling *m*
débuter [debyte] *v* anfangen
deçà [dəsa] *adv 1. en ~* diesseits; *2. rester en ~ de la vérité (fig)* nicht bis zur Wahrheit vordringen
décade [dekad] *f* Dekade *f,* Jahrzehnt *n*
décaféiné [dekafeine] *adj* koffeinfrei, entkoffeiniert
décaler [dekale] *v* verschieben
décalquer [dekalke] *v* abpausen
décamper [dekɑ̃pe] *v (fam)* sich aus dem Staub machen, sich verziehen
décanter [dekɑ̃te] *v* klären
décapiter [dekapite] *v 1. ~ qn* jdn köpfen, jdn enthaupten; *2. ~ un arbre* einen Baum ausschneiden; *3. (fig)* führerlos machen, die Führung vernichten, die Spitze zerstören; *~ un parti* die Parteiführung entmachten; *~ une bande* die Führung einer Bande unschädlich machen
décapotable [dekapɔtabl] *adj voiture ~* Kabriolett *n*
décapsuleur [dekapsylœʀ] *m* Flaschenöffner *m,* Öffner *m*
décarcasser [dekaʀkase] *v (fam) se ~* sich abrackern, sich abplagen
décéder [desede] *v* sterben, scheiden
déceler [des(ə)le] *v* enthüllen, aufdecken
décélération [deseleʀasjɔ̃] *f* Verlangsamung *f*
décembre [desɑ̃bʀ] *m* Dezember *m*
décence [desɑ̃s] *f* Anstand *m,* Takt *m,* Höflichkeit *f,* Verschwiegenheit *f; faire preuve de ~* Anstand haben; *blesser la ~* den Anstand verletzen; *avoir la ~ de se taire* den Takt haben zu schweigen
décennie [deseni] *f* Jahrzehnt *n*
décentraliser [desɑ̃tʀalize] *v* dezentralisieren
déception [desɛpsjɔ̃] *f* Enttäuschung *f*
décerner [desɛʀne] *v 1.* verleihen; *2. ~ un prix* einen Preis verleihen
décès [desɛ] *m 1.* Tod *m; faire-part de ~* Todesanzeige *f; 2. cas de ~* Todesfall *m*
décevoir [des(ə)vwaʀ] *v irr* enttäuschen
déchaîné [deʃene] *adj 1.* wütend; *2. (fig)* zügellos
décharger [deʃaʀʒe] *v 1.* entlasten; *2. (enlever)* abladen, entladen, ausladen; *se ~ de* abladen; *3. (camion, bateau)* Fracht löschen; *4. (tirer)* abfeuern; *5. (fig)* entladen; *6. (déculpabiliser)* entlasten
décharné [deʃaʀne] *adj* mager
déchausser [deʃose] *v 1. se ~* seine Schuhe ausziehen; *2. se ~ (une dent)* ausfallen, sich lockern; *3. ~ ses skis* seine Skier abschnallen, seine Skier verlieren
déchéance [deʃeɑ̃s] *f 1.* Verkommenheit *f; 2. JUR* Aberkennung *f*
déchet [deʃɛ] *m 1.* Ausschuss *m; 2. ~s pl* Abfall *m; ~s atomiques* Atomabfall *m; ~s toxiques* Giftmüll *m; ~s spéciaux* Sondermüll *m; ~s encombrants* Sperrmüll *m*

déchiffrer [deʃifʀe] *v 1.* lesen; *2. (élucider)* enträtseln; *3. (décoder)* entziffern
déchiqueter [deʃikte] *v* zerreißen
déchirant [deʃiʀɑ̃] *adj* herzzerreißend, kläglich, Mitleid erregend; *des cris ~s* herzzerreißende Schreie *pl; se quitter sur des adieux ~s* sich unter viel Tränen verabschieden
déchirement [deʃiʀmɑ̃] *m/pl 1. m* Zerrissenheit *f; 2. (discordes)* Zerrissenheit *f,* Zwietracht *f*
déchirer [deʃiʀe] *v 1.* reißen, zerreißen; *2. (fig)* jdm das Herz zerreißen
déchoir [deʃwaʀ] *v irr* absinken, verfallen
décidé [deside] *adj 1.* bestimmt, entschieden; *2. (résolu)* entschlossen, schlüssig; *J'y suis ~.* Ich bin fest dazu entschlossen.

décider [deside] *v 1.* beschließen, entscheiden; *~ par jugement* urteilen; *2. se ~* sich entschließen; *se ~ pour le moindre mal* sich für das geringere Übel entscheiden

décisif [desizif] *adj* ausschlaggebend, entscheidend, maßgebend
décision [desizjɔ̃] *f 1.* Entscheidung *f,* Entschluss *m; mauvaise ~* Fehlentscheidung *f; ~ préliminaire* Vorentscheidung *f; 2. (résolution)* Beschluss *m; ~ majoritaire* Mehrheitsbeschluss *m; 3. (détermination)* Bestimmtheit *f,* Entschiedenheit *f; 4. JUR* Urteil *n; ~ arbitrale* Schiedsspruch *m*
déclamer [deklame] *v 1.* aufsagen, vortragen, deklamieren; *~ des vers* Verse rezitieren; *2. (péjoratif)* deklamieren, zum Besten geben
déclaration [deklaʀasjɔ̃] *f 1.* Erklärung *f; ~ d'intention* Absichtserklärung *f; ~ de guerre* Kriegserklärung *f; ~ d'amour* Liebeserklärung *f; ~ d'impôts* Steuererklärung *f; ~ de perte* Verlustanzeige *f; ~ en douane* Zollerklärung *f; ~ gouvernementale* Regierungserklärung *f; ~ d'importation* Einfuhrerklärung *f; 2. (inscription)* Anmeldung *f; 3. ~ de départ* Abmeldung *f; 4. JUR* Aussage *f*
déclarer [deklaʀe] *v 1.* erklären; *2. (déposer)* aussagen; *3. (prononcer)* aussprechen; *4. (inscrire)* anmelden; *~ son domicile* sich polizeilich anmelden; *(à la douane)* verzollen; *5. ~ au fisc* versteuern
déclasser [deklase] *v 1.* deklassieren; *2. (déranger)* in Unordnung bringen, durcheinander bringen
déclencher [deklɑ̃ʃe] *v 1.* auslösen; *2. se ~* ausrasten, sich ausklinken
déclic [deklik] *m 1. (bouton)* Auslöser *m,* Knopf *m; appuyer sur le ~* den Auslöser betätigen; *2. (bruit)* Klicken *n; 3. (fig)* Auslösen *n; 4. (fam) J'ai eu le ~.* Ich habe es kapiert.
déclin [deklɛ̃] *m 1.* Untergang *m,* Niedergang *m; 2. ECO* Abschwung *m; 3. (fig)* Abstieg *m,* Niedergang *m*
décliner [dekline] *v 1.* ablehnen; *2. GRAMM* deklinieren; *3. ~ son identité* seinen Namen nennen; *4. (soleil)* untergehen; *5. (fig)* schwinden
déclivité [deklivite] *f* Neigung *f,* Gefälle *n*
décocher [dekɔʃe] *v 1. (une flèche)* abschießen, abschnellen; *2. (fig)* erreichen, bekommen; *3. (tableau)* abhängen, herunternehmen
décoder [dekɔde] *v* dekodieren, entschlüsseln, entziffern
décoiffer [dekwafe] *v 1. ~ qn* jds Frisur zerstören; *Le vent m'a décoiffé.* Der Wind hat mein Haar zerzaust. *2. se ~* sich die Haare zerzausen
décollage [dekɔlaʒ] *m 1.* Abflug *m; 2. (d'un avion)* Start *m*
décollé [dekɔle] *adj (oreilles)* abstehend
décoller [dekɔle] *v 1. (prendre son envol)* abfliegen, abheben; *2. (détacher)* ablösen, abmachen; *3. ne pas ~ d'un endroit (fam)* nicht von der Stelle weichen; *4. (fam: maigrir)* abmagern, vom Fleisch fallen *(fam)*
décolleté [dekɔlte] *m 1. (d'une robe)* Ausschnitt *m,* Dekolletee *n; adj 2.* tief ausgeschnitten, dekolletiert
décolorer [dekɔlɔʀe] *v* entfärben
décombres [dekɔ̃bʀ] *m/pl* Trümmer *pl,* Schutt *m*
décomposer [dekɔ̃poze] *v 1. CHEM* abbauen; *2. (analyser)* zerlegen; *3. se ~* verfaulen, vermodern
décompresser [dekɔ̃pʀese] *v (fam)* sich beruhigen, sich entspannen, relaxen, Dampf ablassen
décompter [dekɔ̃te] *v* abziehen, abrechnen
déconcentrer [dekɔ̃sɑ̃tʀe] *v 1. ~ qn (fig)* jdn ablenken, jdn stören; *~ un artiste* einen Künstler stören; *La musique me déconcentre dans mon travail.* Die Musik lenkt mich von der Arbeit ab. *2. se ~ (fig)* sich ablenken lassen, abschweifen; *Il se déconcentre trop facilement.* Er lässt sich zu leicht ablenken.
déconcerté [dekɔ̃sɛʀte] *adj* fassungslos
déconcerter [dekɔ̃sɛʀte] *v* verwirren, verwirrt machen, durcheinander bringen

D

D

déconfit [dekɔ̃fi] *adj* betreten, enttäuscht
décongeler [dekɔ̃ʒ(ə)le] *v* auftauen
déconnecter [dekɔnɛkte] *v (fam)* ausschalten, abschalten
déconner [dekɔne] *v 1. (fam)* spinnen; *2. (fam: ne pas fonctionner)* nicht funktionieren
déconseiller [dekɔ̃seje] *v* abraten
déconsidérer [dekɔ̃sideʀe] *v 1.* in Verruf bringen, in Misskredit bringen; *2. se ~* sich in Verruf bringen, in Verruf kommen
décontenancer [dekɔ̃tnɑ̃se] *v* aus der Fassung bringen
décontracté [dekɔ̃tʀakte] *adj 1. (muscle)* entspannt; *2. (détendu)* zwanglos, locker; *3. (style)* salopp
décontraction [dekɔ̃tʀaksjɔ̃] *f* Entspannung *f*
décor [dekɔʀ] *m 1.* Dekor *n; 2. (fig)* Rahmen *m; 3. ~s pl THEAT* Bühnenbild *n; 4. aller dans le ~ (fam)* von der Fahrbahn abkommen
décoration [dekɔʀasjɔ̃] *f 1.* Auszeichnung *f,* Ehrung *f; 2. (distinction)* Orden *m; ~ pour services rendus* Verdienstorden *m; 3. (embellissement)* Dekoration *f,* Verzierung *f*
décorer [dekɔʀe] *v 1. ~ qn* jdn auszeichnen; *2. (orner)* ausschmücken, dekorieren, schmücken, verzieren
décortiquer [dekɔʀtike] *v 1.* schälen, entrinden; *~ des crustacés* die Schale von Krustentieren entfernen; *2. ~ un texte (fig)* einen Text zerpflücken, einen Text aufschlüsseln
décorum [dekɔʀɔm] *m* Etikette *f,* Zeremoniell *n,* Anstand *m,* Schicklichkeit *f*
découcher [dekuʃe] *v* auswärts schlafen
découdre [dekudʀ] *v irr 1.* abtrennen; *2. (défaire)* auftrennen; *3. en ~* sich schlagen, kämpfen
découler [dekule] *v* herkommen, herrühren von, sich ableiten von
découper [dekupe] *v 1.* ausschneiden; *2. (viande)* transchieren; *3. se ~ sur qc* sich abheben von, abstechen von, sich abzeichnen gegen
découragé [dekuʀaʒe] *adj 1.* mutlos; *2. (abattu)* niedergeschlagen
décourageant [dekuʀaʒɑ̃] *adj 1.* entmutigend; *2. (épuisant)* zermürbend
décourager [dekuʀaʒe] *v 1.* entmutigen; *2. se ~* verzagen
décousu [dekuzy] *adj* zusammenhanglos, aufgetrennt
découvert [dekuvɛʀ] *adj 1.* bloß, nackt; *2. FIN* ungedeckt; *m 3. ~ autorisé* Überziehungskredit *m; 4. à ~* ungedeckt, ungeschützt, offen
découverte [dekuvɛʀt] *f 1.* Entdeckung *f; 2. (invention)* Erfindung *f; 3. (connaissance)* Erkenntnis *f; 4. (fig)* Enthüllung *f*
découvrir [dekuvʀiʀ] *v irr 1.* entdecken; *2. (inventer)* erfinden; *3. (trouver)* herausfinden; *~ le potauxroses* dahinter kommen; *4. (apprendre à connaître)* kennen lernen; *5. (montrer)* offenbaren; *~ son jeu* seine Karten auf den Tisch legen, eine Sache offen angehen
décrépit [dekʀepi] *adj* hinfällig, altersschwach, gebrechlich
décréter [dekʀete] *v 1.* beschließen; *2. (disposer)* verfügen, erlassen, verordnen
décrié [dekʀije] *adj* verrufen
décrire [dekʀiʀ] *v irr 1.* beschreiben; *2. (représenter)* darstellen, beschreiben, schildern; *3. ~ des cercles* kreisen
décrocher [dekʀɔʃe] *v 1. ~ qc* etw abhängen, abnehmen; *2. (fig)* abschalten; *3. ~ un examen (fig)* eine Prüfung bestehen
décroissant [dekʀwasɑ̃] *adj* abnehmend, rückläufig
décroître [dekʀwatʀ] *v irr* abnehmen, zurückgehen, nachlassen
déçu [desy] *adj* enttäuscht
déculotter [dekylɔte] *v 1. (fam)* die Hose ausziehen; *2. (fig)* Pleite gehen
dédaigner [dedeɲe] *v 1.* missachten, verachten; *Ce n'est pas à ~.* Das ist nicht zu verachten. *2. (refuser)* verschmähen
dédain [dedɛ̃] *m 1.* Achtlosigkeit *f,* Missachtung *f; 2. (mépris)* Geringschätzung *f,* Verachtung *f; avec ~* herabsetzend
dédale [dedal] *m 1.* Labyrinth *n,* Irrgarten *m; 2. (fig)* Wirrwarr *m,* Durcheinander *n*
dedans [dədɑ̃] *adv 1.* hinein; *2. en ~* herein; *3. au ~/en ~* innen; *m 4.* Innere(s) *n*
dédicace [dedikas] *f 1.* Widmung *f; 2. REL* Weihe *f*
dédier [dedje] *v ~ à* widmen
dédire [dediʀ] *v irr 1. se ~* abschwören; *2. se ~ de qc* etw widerrufen, etw dementieren; *3. se ~ (se désister)* sich lossagen
dédit [dedi] *m JUR* Rücktritt *m*
dédommager [dedɔmaʒe] *v 1.* entschädigen; *2. (remplacer)* ersetzen; *3. JUR* abfinden
déduction [dedyksjɔ̃] *f 1. ECO* Abrechnung *f; 2. (amortissement)* Abzug *m; 3. (d'impôts)* Absetzung *f; 4. (raisonnement)* Ableitung *f,* Schluss *m,* Schlussfolgerung *f*
déduire [dedɥiʀ] *v irr 1.* einbehalten; *2. ~ un montant FIN* eine Summe abbuchen;

3. *(défalquer)* abrechnen; 4. *ECO* abschreiben; 5. *(réduire)* abziehen; 6. *(impôts)* absetzen; 7. *(conclure)* abschließen, ableiten; 8. *on peut en ~ que ...* daraus ist abzuleiten, dass ...

déesse [deɛs] *f* Göttin *f*

défaillance [defajɑ̃s] *f* 1. Schwäche *f;* 2. *(panne)* Versagen *n;* 3. *MED* Schwächeanfall *m*

défaillir [defajiʀ] *v irr* 1. *(s'évanouir)* schwach werden; *~ de peur* vor Angst schwach werden, vor Angst schlecht werden; *~ de joie* schwindelig vor Freude; *être sur le point de ~* beinahe in Ohnmacht fallen; 2. *(s'affaiblir)* nachlassen, schwächer werden, abnehmen; *Son courage défaille.* Sein Mut verlässt ihn.

défaire [defɛʀ] *v irr* 1. auseinander nehmen; 2. *se ~ de qc (fig)* etw loswerden

défaite [defɛt] *f* Niederlage *f*

défaut [defo] *m* 1. Fehler *m; être en ~* einen Fehler begehen; *~ majeur* Kardinalfehler *m; petit ~* Schönheitsfehler *m;* 2. *(tare)* Makel *m;* 3. *(manque)* Mangel *m; à ~ de* mangels; *faire ~* fehlen

défaveur [defavœʀ] *f* Misskredit *m*

défavorable [defavɔʀabl] *adj* ungünstig

défavoriser [defavɔʀize] *v* benachteiligen

défectueux [defɛktɥø] *adj* 1. defekt; 2. *(imparfait)* fehlerhaft, schadhaft; 3. *(mauvais)* mangelhaft

défendre [defɑ̃dʀ] *v irr* 1. beschützen, schützen; 2. *(soutenir)* verteidigen; 3. *~ à qn de faire qc* jdm verbieten, etw zu tun; 4. *se ~ contre* sich wehren gegen

défense[1] [defɑ̃s] *f* 1. Verbot *n,* Sperre *f; ~ de stationner* Parkverbot *n; ~ antiaérienne MIL* Flugabwehr *f;* 2. *(protection)* Verteidigung *f,* Wahrung *f,* Schutz *m; ~ de la nature* Naturschutz *m;* 3. *SPORT* Abwehr *f;* 4. *légitime ~* Notwehr *f*

défense[2] [defɑ̃s] *f (d'éléphant)* Stoßzahn *m*

défensif [defɑ̃sif] *adj* defensiv

défensive [defɑ̃siv] *f* 1. Defensive *f;* 2. *être sur la ~* in der Defensive sein, in der Verteidigungsstellung sein, verteidigungsbereit sein, abwehrbereit sein

déférence [defeʀɑ̃s] *f* Achtung *f,* Ehrerbietung *f*

déferlement [defɛʀləmɑ̃] *m ~ des vagues* Brandung *f*

défi [defi] *m* Herausforderung *f; relever un ~* eine Herausforderung annehmen

défiance [defjɑ̃s] *f* Misstrauen *n*

défiant [defjɑ̃] *adj* 1. *~ toute concurrence* konkurrenzlos; 2. *(méfiant)* misstrauisch

déficeler [defisle] *v* aufschnüren

déficience [defisjɑ̃s] *f* 1. *~ cardiaque* Herzfehler *m;* 2. *~ immunitaire* Immunschwäche *f;* 3. *(fig)* Schwäche *f*

déficient [defisjɑ̃] *adj* 1. zurückgeblieben; 2. *(insuffisant)* ungenügend

déficit [defisit] *m* Verlust *m,* Defizit *n,* Fehlbetrag *m*

déficitaire [defisitɛʀ] *adj* defizitär, passiv, mit Verlust abschließend

défier [defje] *v* 1. *se ~ de qc* einer Sache misstrauen; 2. *(bouder)* trotzen; 3. *(provoquer)* herausfordern; 4. *~ qn de faire qc* wetten, dass jemand etw nicht tun wird/kann

défigurer [defigyʀe] *v* 1. verschandeln; 2. *(mutiler)* verunstalten

défilé [defile] *m* 1. *(cortège)* Umzug *m,* Zug *m;* 2. *(revue)* Parade *f; ~ de mode* Modenschau *f; ~ en costumes folkloriques* Trachtenumzug *m;* 3. *(en montagne)* Pass *m,* Bergpass *m*

défiler [defile] *v* 1. aufmarschieren, vorbeimarschieren, defilieren; *~ en rangs serrés* in Reih und Glied marschieren; *Les soldats défilent en colonne par deux devant le président.* Die Soldaten ziehen in Zweierreihen am Präsidenten vorbei. 2. *(fig)* vergehen, verstreichen, vorbeigehen; *Les jours défilent trop vite.* Die Tage vergehen viel zu schnell. 3. *se ~ (fam)* sich verziehen, sich verdrücken, sich aus dem Staub machen, sich davonstehlen; *Il se défila au moment de payer.* Er machte sich aus dem Staub, als es ums Zahlen ging.

définir [definiʀ] *v* 1. bestimmen, definieren; 2. *(décrire)* charakterisieren, genau beschreiben, erläutern

définitif [definitif] *adj* endgültig

définition [definisjɔ̃] *f* 1. Definition *f;* 2. *haute ~ TECH* hohe Auflösung *f;* 3. *ensemble de ~ MATH* Definitionsmenge *f;* 4. *par ~* definitionsgemäß

définitive [definitiv] *adv en ~* schließlich, letztlich, letzten Endes

défoliant [defɔljɑ̃] *m* Entlaubungsmittel *n*

défoncer [defɔ̃se] *v* 1. eindrücken; 2. *(forcer)* knacken, aufbrechen; 3. *(le sol)* rigolen, tiefpflügen, tief umgraben; 4. *se ~ (fam)* sich voll einsetzen, das Letzte hergeben *(fam)*

déformation [defɔʀmasjɔ̃] *f* 1. Deformation *f,* Verformung *f;* 2. *(malformation)* Missbildung *f;* 3. *~ professionnelle (fig)*

déformé [defɔʀme] *adj* missgebildet

déformer [defɔʀme] *v 1.* deformieren, verunstalten; *2. (tordre)* verbiegen; *3. (altérer)* verformen; *4. (fig)* verdrehen
défouler [defule] *v 1. se ~* sich abreagieren; *2. se ~ (se dépenser)* sich austoben
défraîchir [defʀɛʃiʀ] *v se ~* verblassen
défrayer [defʀɛje] *v 1. (payer)* die Kosten übernehmen; *2. ~ la chronique (fig)* von sich reden machen, den Klatsch nähren
défricher [defʀiʃe] *v 1.* roden, urbar machen; *2. (terrain)* vorbereiten
défunt [defœ̃] *1. adj* verstorben; *m/f 2.* Verstorbene(r) *m/f,* Tote(r) *m/f*
dégagé [degaʒe] *adj 1. (temps)* klar, wolkenlos; *être ~ de tout souci* jeder Sorge enthoben sein; *2. (fig)* ungezwungen, ungeniert
dégager [degaʒe] *v 1.* frei machen; *2. (libérer)* bergen, herausziehen; *3. ~ de la vapeur* dampfen; *4. Le temps se dégage.* Der Himmel hellt sich auf. *5. (produire)* entwickeln, abgeben, freisetzen
dégarnir [degaʀniʀ] *v 1.* ausräumen, plündern; *2. se ~* kahl werden, sich lichten
dégât [degɑ] *m 1.* Schaden *m; 2. ~s causés par l'incendie pl* Brandschäden *pl; 3. ~s matériels pl* Sachschäden *pl; ~s collatéraux pl* Kollateralschaden *m*
dégeler [deʒle] *v* tauen, abtauen, auftauen
dégénérer [deʒeneʀe] *v 1.* ausarten; *2. se ~* degenerieren; *3. ~ en* ausarten in
dégénérescence [deʒeneʀesɑ̃s] *f 1.* Degeneration *f; 2. BIO* Entartung *f*
dégivrer [deʒivʀe] *v (frigidaire)* abtauen
déglinguer [deglɛ̃ge] *v (fam)* zerstören
dégonflé [degɔ̃fle] *m (fam)* Drückeberger *m,* Feigling *m*
dégonfler [degɔ̃fle] *v 1.* die Luft ablassen; *2. se ~ (fam)* kneifen, sich drücken
dégourdi [deguʀdi] *adj* schlau
dégourdir [deguʀdiʀ] *v 1.* bewegen, lockern; *2. (fig)* gewandter machen, aufgeweckter machen; *3. se ~ les jambes* sich die Beine vertreten
dégoût [degu] *m 1.* Ekel *m,* Widerwille *m; 2. (lassitude)* Überdruss *m;*
dégoûtant [degutɑ̃] *adj 1.* schmutzig; *2. (rebutant)* abstoßend,
dégoûter [degute] *v 1.* anwidern; *2. (fam)* anekeln; *être dégoûté par* sich ekeln vor
dégradant [degʀadɑ̃] *adj 1.* entwürdigend; *2. (avilissant)* erniedrigend
dégradation [degʀadasjɔ̃] *f 1. (de bâtiment)* Verfall *m; 2. (déchéance)* Verschlechterung *f,* Verschlimmerung *f*
dégrader [degʀade] *v 1. (couleur)* abstufen; *2. (abaisser)* herabsetzen; *3. se ~* sich verschlechtern; *4. se ~ (bâtiment)* verfallen
degré [dəgʀe] *m 1.* Grad *m; ~ de longitude* Längengrad *m; ~ de latitude* Breitengrad *m; d'un haut ~* hochgradig; *~ celsius PHYS* Celsiusgrad *m; 2. (mesure)* Grad *m; 3. (phase)* Stufe *f; ~ d'alarme* Alarmstufe *f; 4. (stade)* Phase *f,* Stadium *n; 5. ~ de comparaison GRAMM* Steigerungs-stufe *f*
déguisement [degizmɑ̃] *m* Kostüm *n,* Verkleidung *f*
déguiser [degize] *v 1. se ~* sich maskieren, sich verkleiden; *2. (travestir)* verkleiden; *3. ~ sa voix* seine Stimme verstellen
dégustation [degystasjɔ̃] *f* Kostprobe *f*
déguster [degyste] *v 1.* probieren, kosten; *2. (fig)* genießen; *3. (fam)* (Schläge) abkriegen
dehors [dəɔʀ] *adv 1.* draußen; *aller ~* hinausgehen, nach draußen gehen; *ficher qn ~* jdn rausschmeißen; *rester en ~* sich nicht einmischen; *2. au ~* außen; *prep 3. en ~ de* außerhalb; *m/pl 4.* Äußeres *n*

déjà [deʒa] *adv 1.* schon, bereits; *2. (auparavant)* schon (einmal)

déjà-vu [deʒavy] *m* Déjà-vu-Erlebnis *n*
déjeuner [deʒœne] *m 1. petit ~* Frühstück *n; prendre son petit ~* frühstücken; *2. (repas du midi)* Mittagessen *n; 3.* zu Mittag essen, frühstücken
déjouer [deʒwe] *v (complot)* aufdecken, durchkreuzen, verhindern
DEL [deœɛl] *f indicateur à ~ TECH* LED-Anzeige *f*
delà [dəla] *prep au ~ de* jenseits, über
délabré [delabʀe] *adj* baufällig
délabrement [delabʀəmɑ̃] *m* Verfall *m*
délabrer [delabʀe] *v se ~* verfallen, zerfallen
délai [delɛ] *m 1. (date)* Termin *m; ~ de circulation ECO* Laufzeit *f; 2. (laps de temps) f;* defrist *f; ~ de garantie* Gewährleistungsfrist *f; 3. ~ probatoire JUR* Bewährungsfrist *f; 4. (retard)* Verzug *m*
délaisser [delese] *v 1.* verlassen; *2. (négliger)* vernachlässigen
délasser [delɑse] *v 1.* entspannen, unterhalten; *2. se ~* sich entspannen, abschalten
délateur [delatœʀ] *m* Denunziant *m*
délavé [delave] *adj 1. (terrain)* aufgeweicht; *2. (couleur)* wässerig, verwaschen, ausgewaschen

délaver [delave] *v 1. (couleur)* aufhellen, verwischen; *2. (détremper)* aufweichen, durchweichen;
délayer [deleje] *v 1. (remuer)* rühren; *2. (diluer)* verdünnen
délectable [delɛktabl] *adj* köstlich
délectation [delɛktasjɔ̃] *f* Genuss *m*
délecter [delɛkte] *v se ~* sich an etw erfreuen, etw genießen
délégation [delegasjɔ̃] *f* Abordnung *f*, Delegation *f*
délégué(e) [delege] *m/f POL* Abgeordnete(r) *m/f*
déléguer [delege] *v 1.* beauftragen, delegieren; *2. (députer)* abordnen
délibération [delibeʀasjɔ̃] *f* Beratung *f*, Beschluss *m*, Überlegung *f*
délibéré [delibeʀe] *1. adj* gezielt, überlegt; *m 2. JUR* Beratung *f*
délibérer [delibeʀe] *v 1. ~ sur (discuter)* beraten; *2. (s'interroger)* sich beraten; *3. (assemblée)* beschließen
délicat [delika] *adj 1.* empfindlich, schwächlich; *2. (fragile)* schwach; *3. (fin)* zart, fein; *4. (savoureux)* delikat; *5. (difficile)* heikel; *6. (attentionné)* rücksichtsvoll
délicatesse [delikatɛs] *f (fig: sentiment)* Zartheit *f*, Feinheit *f*, Delikatesse *f*; *avec ~* taktvoll
délicieux [delisjø] *adj 1. (très bon)* köstlich; *2. (savoureux)* delikat; *3. (délectable)* lecker, schmackhaft, wohlschmeckend
délictueux [deliktɥø] *adj* strafbar
délier [delje] *v 1.* losbinden, anbinden, entbinden; *2. ~ la langue à qn (fig)* jdn zum Reden bringen
délimitation [delimitasjɔ̃] *f* Abgrenzung *f*, Begrenzung *f*
délimiter [delimite] *v 1.* abgrenzen; *2. SPORT* abstecken
délinquance [delɛ̃kɑ̃s] *f ~ juvénile* Jugendkriminalität *f*
délinquant [delɛ̃kɑ̃] *m* Delinquent *m*, Verbrecher *m*; *~ sexuel* Triebtäter *m*
délit [deli] *m 1. (crime)* Verbrechen *n*; *en flagrant ~* in flagranti; *2. (méfait)* Missetat *f*; *3. JUR* Delikt *n*, Vergehen *n*; *~ de fuite* Unfallflucht *f*, Fahrerflucht *f*
délivrance [delivʀɑ̃s] *f 1.* Entbindung *f*; *2. (libération)* Erlösung *f*; *3. (sauvetage)* Rettung *f*
délivrer [delivʀe] *v 1.* befreien; *2. (libérer)* erlösen; *3. (donner)* ausstellen; *4. ~ de (responsabilité)* entheben
délocaliser [delɔkalize] *v ECO* verlagern, auslagern, verlegen
déloger [delɔʒe] *v 1.* ausquartieren; *2. (chasser)* vertreiben
déloyal [delwajal] *adj 1.* treulos; *2. (malhonnête)* unehrlich; *3. (perfide)* unfair,
deltaplane [dɛltaplan] *m SPORT* Drachenflieger *m*
déluge [delyʒ] *m 1. REL* Sintflut *f*; *2. remonter au ~ (fig)* weit zurückliegen; *3. (fig)* Strom *m*
déluré [delyʀe] *adj* pfiffig, flink, aufgeweckt
démagogie [demagɔʒi] *f POL* Demagogie *f*, Volksverführung *f*, Aufwiegelung *f*

demain [dəmɛ̃] *adv* morgen; *Ce n'est pas pour ~.* So schnell geht das nicht.

demande [dəmɑ̃d] *f 1.* Bitte *f*; *2. (commande)* Anforderung *f*; *3. ECO* Nachfrage *f*; *l'offre et la ~* Angebot und Nachfrage; *4. (sollicitation)* Antrag *m*; *~ d'admission* Aufnahmeantrag *m*; *~ en mariage* Heiratsantrag *m*; *5. (requête)* Gesuch *n*; *~ d'emploi* Stellengesuch *n*; *6 ~ d'informations ECO* Anfrage *f*; *7 ~ par écrit POL* Eingabe *f*; *8. ~ de référendum POL* Volksbegehren *n*
demandé [dəmɑ̃de] *adj* begehrt; *être ~* gefragt sein
demander [dəmɑ̃de] *v 1. ~ de* bitten um; *2. (questionner)* fragen; *~ après qn* nach jdm fragen; *3. ~ qn* jdn suchen, jdn verlangen; *4. (prier)* begehren; *5. (solliciter)* beantragen; *6. (nécessiter)* erfordern; *7. ~ pardon à qn* jdn um Entschuldigung bitten; *8. ~ trop à qn* jdn überfordern, von jdm zu viel verlangen; *9. ~ la main de qn* um jds Hand anhalten
demandeur [dəmɑ̃dœʀ] *m 1.* Antragsteller *m*; *2. ~ d'asile* Asylbewerber *m*; *3. ~ d'emploi* Arbeitsuchender *m*, Stellungssuchender *m*
démanger [demɑ̃ʒe] *v* jucken
démaquiller [demakije] *v se ~* sich abschminken
démarcation [demaʀkasjɔ̃] *f 1.* Demarkation *f*, Begrenzung *f*, Grenze *f*; *la ligne de ~* die Demarkationslinie *f*; *2. (fig)* Abgrenzung *f*, Grenze *f*; *la ~ entre les classes sociales* die Abgrenzung zwischen zwei Gesellschaftsschichten *f*
démarche [demaʀʃ] *f 1.* Maßnahme *f*; *2. (fig)* Schritt *m*; *3. ~s pl* Bemühung *f*
démarrage [demaʀaʒ] *m 1. (début)* Anlauf *m*; *2. (fig)* Start *m*

D

démarrer [demaʀe] *v 1.* abfahren; *~ au quart de tour (fig)* sofort reagieren; *2. (faire fonctionner)* anfahren, losfahren, starten; *3. (se mettre en mouvement)* anspringen; *4. (commencer)* anlaufen; *5. faire ~ ECO* anheizen, in Gang bringen
démarreur [demaʀœʀ] *m TECH* Anlasser *m*
démasquer [demaske] *v 1.* demaskieren; *2. (fig)* entlarven; *3. (fig: découvrir)* enthüllen
démêlé [demɛle] *m 1.* Auseinandersetzung *f; 2. avoir des ~s avec la justice* etw mit dem Gericht zu tun haben
démêler [demele] *v 1.* entwirren; *~ ses cheveux* sich die Haare entwirren, sich die Haare durchkämmen; *2. (fig)* beleuchten, aufdecken, entwirren; *~ une intrigue* eine Intrige aufdecken; *~ le vrai du faux* das Richtige vom Falschen unterscheiden
déménagement [demenaʒmɑ̃] *m* Umzug *m,* Wohnungswechsel *m,* Auszug *m*
déménager [demenaʒe] *v 1. (changer de domicile)* umziehen; *2. (partir)* ausziehen; *3. (fam)* spinnen
déménageur [demenaʒœʀ] *m* Möbelpacker *m,* Möbeltransporteur *m,* Möbelspediteur *m*
démence [demɑ̃s] *f 1. MED* Demenz *f; 2. (fig)* Irrsinn *m,* Wahnsinn *m*
démentir [demɑ̃tiʀ] *v irr 1.* leugnen; *2. (contredire)* widerrufen, dementieren
démesure [deməzyʀ] *f 1.* Maßlosigkeit *f; 2. (excès)* Übermaß *n*
démesuré [deməzyʀe] *adj 1.* maßlos; *2. (excessif)* übermäßig; *3. (immodéré)* unmäßig
démettre [demɛtʀ] *v irr 1. se ~ qc* sich etw ausrenken; *2. ~ de (fonction)* entheben
demeurant [dəmœʀɑ̃] *adv 1. ~ à* wohnhaft in; *2. au ~* im Übrigen
demeure [dəmœʀ] *f 1.* Wohnsitz *m,* Bleibe *f; 2. JUR* Verzug *m; 3. mettre qn en ~ JUR* jdn auffordern, jdn mahnen; *4. à ~* auf Dauer, ständig
demeurer [dəmœʀe] *v 1.* wohnen; *2. (rester)* dableiben; *3. (durer)* fortbestehen
demi [dəmi] *adj* halb
demi-frère [dəmifʀɛʀ] *m* Halbbruder *m*
demi-heure [dəmijœʀ] *f* halbe Stunde *f,*
démilitariser [demilitaʀize] *v MIL* abrüsten, entmilitarisieren
demi-lune [dəmilyn] *f* Halbmond *m*
démis [demi] *adj 1. (luxé)* verrenkt, ausgerenkt, ausgekugelt; *2. (destitué)* entlassen, enthoben, abgesetzt
demi-soeur [dəmisœʀ] *f* Halbschwester *f*
demi-sommeil [dəmisɔmɛj] *m* Halbschlaf *m*
démission [demisjɔ̃] *f 1.* Austritt *m; 2. (d'un employé)* Kündigung *f; 3. (volontaire)* Rücktritt *m; 4. (d'un roi)* Abdankung *f*
démissionner [demisjɔ̃ne] *v 1. (quitter un emploi)* kündigen; *2. (se retirer)* zurücktreten, seinen Rücktritt erklären; *3. (fig)* niederlegen; *4. (roi)* abdanken
demi-tour [dəmituʀ] *m faire ~* umdrehen, umkehren
démocrate [demɔkʀat] *m/f POL* Demokrat(in) *m/f*
démocratie [demɔkʀasi] *f POL* Demokratie *f; ~ de base* Basisdemokratie *f*
démocratique [demɔkʀatik] *adj POL* demokratisch
démodé [demɔde] *adj* altmodisch, unmodern
demoiselle [dəmwazɛl] *f 1.* Fräulein *n; 2. ~ d'honneur* Brautjungfer *f; 3. ZOOL* Libelle *f*
démolir [demɔliʀ] *v 1. (détruire)* zerstören; *2. (raser un bâtiment)* abreißen, demolieren; *3. ~ qn (fam)* jdn niederschlagen, jdm zusammenschlagen
démolition [demɔlisjɔ̃] *f 1.* Abriss *m,* Abbruch *m; 2. (destruction)* Zerstörung *f*
démoniaque [demɔnjak] *adj* dämonisch, teuflisch
démoniaque [demɔnjak] *adj* dämonisch,
démonstratif [demɔ̃stʀatif] *adj* demonstrativ
démonstration [demɔstʀasjɔ̃] *f 1.* Beweis *m; 2. (présentation)* Vorführung *f; 3. (explication)* Demonstration *f*
démontable [demɔ̃tabl] *adj* abnehmbar
démontage [demɔ̃taʒ] *m 1.* Abbau *m,* Demontage *f; 2. (d'un toit)* Ausbau *m*
démonter [demɔ̃te] *v 1.* abbauen, demontieren; *2. (désassembler)* abmontieren; *3. (moteur)* ausbauen; *4. (défaire)* auseinander nehmen; *5. (décomposer)* zerlegen; *6. TECH* abnehmen; *7. (troubler)* verwirren, durcheinander bringen, aus der Fassung bringen
démontrer [demɔ̃tʀe] *v 1.* demonstrieren; *2. (prouver)* nachweisen
démoraliser [demɔʀalize] *v* entmutigen
démordre [demɔʀdʀ] *v ~ de* verzichten auf, ablassen von
démuni [demyni] *adj* mittellos, arm
démunir [demyniʀ] *v* jdm etw wegnehmen, jdn um etw bringen
dénatalité [denatalite] *f* Geburtenrückgang *m*

dénationaliser [denasjɔnalize] *v* reprivatisieren, in Privathand zurückführen, entnationalisieren
dénaturé [denatyʀe] *adj* unnatürlich
dénaturer [denatyʀe] *v* verfälschen
dénégation [denegasjɔ̃] *f* Verneinung *f*, Abstreiten *n*, Bestreiten *n*, Leugnen *n*
dénier [denje] *v 1.* leugnen; *2. (refuser)* versagen; *3. ~ qc à qn* jdm etw absprechen
dénigrement [denigʀəmɑ̃] *m* Verleumdung *f*, Abwertung *f*
dénigrer [denigʀe] *v 1.* verleumden; *2. (fig)* anschwärzen; *3. (fig: discréditer)* herabsetzen
dénivelé [denivle] *adj* uneben
dénomination [denɔminasjɔ̃] *f* Name *m*, Bezeichnung *f*
dénommé [denɔme] *adj 1.* namens; *2. (dit)* so genannt
dénommer [denɔme] *v* nennen, benennen, bezeichnen
dénoncer [denɔ̃se] *v 1.* kündigen; *2. (trahir)* verraten; *3. JUR* denunzieren
dénonciation [denɔ̃sjasjɔ̃] *f* Denunziation *f*, Anzeige *f*, Verrat *m*; *être arrêté sur ~* auf Grund einer Denunziation festgenommen werden; *des ~s calomnieuses* Verleumdung *f*, falsche Anschuldigungen *pl*
dénoter [denɔte] *v* von etw zeugen, auf etw hindeuten, auf etw schließen lassen
dénouement [denumɑ̃] *m* Auflösung *f*, Ende *n*, Schluss *m*; *le ~ d'une pièce de théâtre.* der überraschende Schluss eines Theaterstücks *m*; *~ d'une crise* die Lösung einer Krise *f*; *un ~ inattendu* ein überraschender Schluss *m*
dénouer [denwe] *v 1.* aufknoten, aufbinden; *2. (finir)* lösen; *3. se ~* aufgehen, sich lösen; *4. (fig)* entwirren
denrée [dɑ̃ʀe] *f 1.* Ware *f*; *2. (alimentaire)* Nahrungsmittel *n*; *~ alimentaires* Esswaren *pl*, Lebensmittel *pl*, Nahrungsmittel *pl*
dense [dɑ̃s] *adj* dicht
densifier [dɑ̃sifje] *v* verdichten
densité [dɑ̃site] *f* Dichte *f*; *~ de la population* Bevölkerungsdichte *f*; *~ du trafic* Verkehrsaufkommen *n*
dent [dɑ̃] *f 1. ANAT* Zahn *m*; *~ sur pivot* Stiftzahn *m*; *~ de lait* Milchzahn *m*; *~ de sagesse* Weisheitszahn *m*; *avoir la ~ dure* eine böse Zunge haben; *avoir une ~ contre qn* etw gegen jdn haben; *se laver les ~s* sich die Zähne putzen; *mal de ~s* Zahnschmerzen *pl*; *avoir les ~s longues* ehrgeizig sein/gierig sein; *2. TECH* Zacke *f*; *3. en ~s de scie* gezackt, gezahnt, gezähnt; *f 4. GEO* Zacke *f*, Horn *n*
dentaire [dɑ̃tɛʀ] *adj* Zahn..., zahnärztlich
denté [dɑ̃te] *adj* gezackt
dentelle [dɑ̃tɛl] *f* Spitze *f*
dentelure [dɑ̃t(ə)lyʀ] *f* Zacke *f*
dentier [dɑ̃tje] *m* Gebiss *n*
dentifrice [dɑ̃tifʀis] *m* Zahnpasta *f*, Zahncreme *f*
dentiste [dɑ̃tist] *m/f MED* Zahnarzt/Zahnärztin *m/f*
dentition [dɑ̃tisjɔ̃] *f* Gebiss *n*
dénuement [denymɑ̃] *m* Mangel *m*, Mittellosigkeit *f*
dénutrition [denytʀisjɔ̃] *f* Unterernährung *f*
déontologie [deɔ̃tɔlɔʒi] *f* Berufsethos *n*, Berufspflichten *f/pl*, Standespflichten *f/pl*, Deontologie *f*
dépannage [depanaʒ] *m 1.* Reparatur *f*; *2. (service)* Pannenhilfe *f*
dépanner [depane] *v 1.* reparieren; *2. (voiture)* schleppen, abschleppen
dépanneuse [depanøz] *f* Abschleppwagen *m*

> **départ** [depaʀ] *m 1.* Abfahrt *f*, Abreise *f*, Abflug *m*, Abmarsch *m*; *heure du ~* Abfahrtszeit *f*; *être sur le ~* reisefertig sein; *prendre le ~* starten; *2. (d'un pays)* Ausreise *f*; *3. (adieux)* Abschied *m*; *4. SPORT* Start *m*

département [depaʀtəmɑ̃] *m 1.* Abteilung *f*; *2. (domaine)* Bereich *m*, Fachbereich *m*
départir [depaʀtiʀ] *v irr se ~ de* aufgeben, abweichen von
dépassement [depasmɑ̃] *m 1.* Überholen *n*, Überholvorgang *m*; *2. ~ de crédit* Kreditüberziehung *f*
dépasser [depɑse] *v 1.* überholen; *2. (surpasser)* übertreffen; *~ ses forces* sich überanstrengen; *Cela dépasse mes possibilités.* Das übersteigt meine Möglichkeiten. *3. (fig)* überragen, überschreiten; *4. (dominer)* hinausragen
dépêcher [depɛʃe] *v 1. se ~* sich beeilen, eilen; *2. ~ qn* jdn losschicken
dépeindre [depɛ̃dʀ] *v irr* beschreiben, darstellen
dépendance [depɑ̃dɑ̃s] *f 1.* Abhängigkeit *f*; *2. MED* Sucht *f*
dépendant [depɑ̃dɑ̃] *adj ~ de* abhängig von
dépendre [depɑ̃dʀ] *v irr 1. ~ de qn (être fonction de)* von jdm abhängen, von jdm

D

abhängig sein, auf jdn angewiesen sein; *2. ~ de (être lié à)* zusammenhängen mit; *3. (décrocher)* abnehmen, abhängen
dépens [depɑ̃] *m/pl aux ~ de* auf Kosten von
dépense [depɑ̃s] *f 1.* Ausgabe *f; 2. (mobilisation)* Aufwand *m,* Einsatz *m; ~ d'énergie* Kraftaufwand *m; 3. ~s pl* Kosten *pl,* Unkosten *pl*
dépenser [depɑ̃se] *v 1.* ausgeben; *2. (épuiser)* verausgaben; *3. se ~* sich austoben
dépensier [depɑ̃sje] *adj* verschwenderisch
dépérir [depeʀiʀ] *v 1. (plantes)* eingehen; *2. (pourrir)* verkommen; *3. (se rabougrir)* verkümmern
dépérissement [depeʀismɑ̃] *m 1. (de plantes)* Verwelken *n,* Eingehen *n,* Verkümmern *n; le ~ de la forêt* das Waldsterben *n; 2. (fig)* Verfall *m,* Niedergang *m*
dépeuplement [depœpləmɑ̃] *m* Entvölkerung *f*
dépeupler [depœple] *v 1.* entvölkern; *2. (rivière)* abfischen
dépistage [depistaʒ] *m ~ du cancer MED* Krebsvorsorge *f*
déplacé [deplase] *adj 1.* unpassend; *2. (inconvenant)* unangebracht
déplacement [deplasmɑ̃] *m 1.* Verlagerung *f; 2. (de fonctionnaire)* Versetzung *f; 3. (refoulement)* Verdrängung *f; 4. (voyage d'affaires)* Geschäftsreise *f*
déplacer [deplase] *v 1.* verschieben, verrücken; *2. (muter)* versetzen; *3. (modifier)* verlagern, verstellen; *4. (refouler)* verdrängen; *5. se ~* sich fortbewegen
déplaire [deplɛʀ] *v irr 1.* missfallen; *2. (fâcher)* nicht gefallen, missfallen
dépliant [deplijɑ̃] *m 1. ~ des horaires* Fahrplan *m; 2. (prospectus)* Prospekt *m,* Faltblatt *n*
déplier [deplije] *v 1.* aufschlagen, entfalten, ausbreiten; *~ une carte routière* eine Straßenkarte ausbreiten; *~ le journal* die Zeitung aufschlagen; *2. se ~* sich öffnen, sich entfalten
déploiement [deplwamɑ̃] *m 1.* Entfaltung *f; 2. (développement)* Entwicklung *f; 3. ~ de forces* Kraftaufwand *m*
déplorable [deplɔʀabl] *adj* bedauernswert, bemitleidenswert
déplorer [deplɔʀe] *v* bedauern, beklagen
déployer [deplwaje] *v 1. ~ qc* etw ausbreiten; *2. (développer)* entwickeln
dépoli [depɔli] *adj* mattiert, Matt...
déportation [depɔʀtasjɔ̃] *f 1. (dans un camp de concentration) POL* Deportation *f,* Zwangsverschickung *f; 2. (exil) JUR* Verbannung *f,* Deportation *f*
déportement [depɔʀtəmɑ̃] *m* Abtreiben *n,* Ausbrechen *n,* Ausscheren *n*
déporter [depɔʀte] *v 1.* deportieren; *2. (dévier)* abdrängen, aus der Fahrtrichtung drücken, hinaustragen; *3. se ~* von der Fahrtrichtung abkommen, abgedrängt werden, ausscheren
déposer [depoze] *v 1. ~ qc* etw hinlegen; *2. (mettre)* hinstellen; *3. (enlever)* absetzen; *4. (démonter)* ausbauen; *5. (témoigner)* deponieren; *6. JUR* einbringen; *7. (document)* einreichen; *8. ~ qc chez qn* etw bei jdm hinterlegen; *9. ~ une plainte JUR* klagen; *10. se ~ CHEM* sich absetzen
déposséder [depɔsede] *v JUR* enteignen
dépôt [depo] *m 1.* Niederlegen *n; 2. (dépotoir)* Depot *n; ~ définitif (des déchets atomiques)* Endlagerung *f; 3. (entrepôt)* Magazin *n; 4. (de marchandises) ECO* Lager *n,* Warenlager *n; 5. ECO* Einlage *f; ~ à la caisse d'épargne* Spareinlage *f; ~ de bilan* Konkursanmeldung *f; banque de ~* Depositenbank *f; 6. (garde)* Verwahrung *f; 7. MED* Ablagerung *f*
dépotoir [depɔtwaʀ] *m* Schuttabladeplatz *m,* Müllplatz *m,* Müllkippe *f,* Deponie *f*
dépôt-vente [depovɑ̃t] *m* Lagerverkauf *m*
dépouille [depuj] *f 1. (corps) LIT* sterbliche Überreste *pl,* Hülle *f; 2. (d'un animal)* abgezogene Haut *f,* abgezogenes Fell *n*
dépouiller [depuje] *v 1.* plündern, ausrauben; *2. (enlever la peau)* häuten; *3. (analyser)* prüfen, auswerten; *4. se ~* sich ausziehen, sich entkleiden, verzichten auf
dépourvu [depuʀvy] *adj 1.* mittellos; *être pris au ~* überrascht werden; *2. ~ d'imagination* fantasielos; *3. ~ de formes (fig)* formlos
dépoussiérer [depusjeʀe] *v* abstauben
dépréciation [depʀesjasjɔ̃] *f 1.* Abwertung *f; 2. ~ monétaire ECO* Geldentwertung *f; 3. (fig)* Verkleinerung *f*
déprécier [depʀesje] *v 1. (valeur)* verringern; *2. (dévaloriser)* abwerten; *3. (fig)* entwerten
déprédation [depʀedasjɔ̃] *f* Veruntreuung *f,* Verwüstung *f*
dépressif [depʀɛsif] *adj* depressiv
dépression [depʀɛsjɔ̃] *f 1.* Depression *f; 2. (bas-fond)* Niederung *f; 3. ~ nerveuse*

MED Nervenzusammenbruch *m; 4. GEO* Senkung *f; 5. TECH* Unterdruck *m*
déprimant [depʀimɑ̃] *adj* deprimierend
déprime [depʀim] *f (fam)* Depression *f*, depressive Stimmung *f*
déprimé [depʀime] *adj* deprimiert
déprimer [depʀime] *v* deprimieren, bedrückt machen
depuis [dəpɥi] *adv 1. (temporel)* von ... her; *2. ~ longtemps* längst, schon lange; *3. (dès)* schon; *prep 4.* seit; *~ ce temps-là* seitdem; *konj 5. ~ que* seit, seitdem
député(e) [depyte] *m/f POL* Abgeordnete(r)
dérailler [deʀɑje] *v 1. (train)* entgleisen; *2. (fam)* spinnen
déraisonnable [deʀɛzɔnabl] *adj* unvernünftig, töricht
dérangement [deʀɑ̃ʒmɑ̃] *m* Störung *f*
déranger [deʀɑ̃ʒe] *v 1.* stören; *2. (déplacer)* verrücken, verstellen
dérapage [deʀapaʒ] *m 1.* Schleudern *n*, Rutschen *n; faire un ~ contrôlé* das Schleudern unter Kontrolle halten; *2. (fig)* unkontrollierte Entwicklung *f; Le ~ des prix s'accentue.* Die Preise geraten immer mehr ins Rutschen.
déraper [deʀape] *v 1.* ausrutschen; *2. (voiture)* schleudern; *3. (fig)* außer Kontrolle geraten, ins Rutschen kommen, abgleiten
déréglé [deʀegle] *adj* unregelmäßig
dérèglement [deʀɛgləmɑ̃] *m* Unregelmäßigkeit *f*, Störung *f*
dériver [deʀive] *v 1. ~ de* entstammen, stammen aus, kommen von; *Ce mot dérive du latin.* Dieses Wort kommt aus dem Lateinischen. *2. (bateau)* abdriften, den Kurs verlassen; *3. (fig)* abdriften, willenlos sein, keine Energie mehr haben

> **dernier** [dɛʀnje] *adj 1.* letzter; *le ~ cri* der letzte Schrei *m; traiter qn comme le ~ des ~s* jdn wie den letzten Dreck behandeln; *marcher le ~* als Letzter gehen; *dernière demeure* letzte Ruhestätte *f; ~s sacrements* Sterbesakramente *pl; 2. (le plus jeune)* jüngster; *3. (précédent)* vorig; *4. (d'en bas)* unterster

dernièrement [dɛʀnjɛʀmɑ̃] *adv* kürzlich, neulich
dérobé [deʀɔbe] *adj 1.* verstohlen; *2. (secret)* versteckt, verborgen, Geheim...
dérobée [deʀɔbe] *adv à la ~* heimlich
dérober [deʀɔbe] *v 1. (voler)* rauben, stehlen, entwenden; *2. se ~ (fam)* kneifen, sich drücken; *3. se ~ (sol)* nachgeben
déroulement [deʀulmɑ̃] *m 1. (fig)* Entwicklung *f; 2. (cours)* Verlauf *m*, Ablauf *m*
dérouler [deʀule] *v 1.* ablaufen; *2. (développer)* abwickeln; *3. se ~* sich abspielen; *4. (étaler)* aufrollen, entrollen
déroute [deʀut] *f 1. MIL* chaotische Flucht *f; mettre une armée en ~* eine Armee in die Flucht schlagen; *2. (fig)* Katastrophe *f*, Ruin *m*, Durcheinander *n*, Chaos *n; la ~ d'une usine* der Ruin einer Fabrik *m; la ~ d'un parti politique aux élections* das katastrophale Ergebnis einer Partei bei den Wahlen *n; Ses affaires sont en ~.* Seine Geschäfte laufen immer schlechter.
dérouter [deʀute] *v 1. (un avion)* umleiten, den Kurs ändern; *2. ~ qn* jdn irreführen, jdn verwirren, jdn ablenken
derrière [dɛʀjɛʀ] *adv 1.* hinten; *2. là ~* dahinter; *prep 3.* hinter; *m 4. (fam)* Hintern *m*, Po *m*
dès [dɛ] *adv 1. ~ lors (ensuite)* darauf; *2. ~ que possible* baldmöglichst, so bald wie möglich; *konj 3. ~ que* sobald; *prep 4.* (schon) ab
des [de] *art 1. (= de les)* der; *2. (partitif)* von den, aus den; *les produits ~ pays orientaux* Produkte orientalischer Länder *pl*, Produkte aus orientalischen Ländern *pl; 3. (pluriel de un(e)) Il voit ~ enfants.* Er sieht Kinder.
désaffecter [dezafɛkte] *v* außer Betrieb setzen, stilllegen
désagréable [dezagʀeabl] *adj 1.* peinlich, unangenehm; *2. (ennuyeux)* unerfreulich
désagrégation [dezagʀegasjɔ̃] *f 1.* Zerfall *m*, Zerstörung *f*, Verwitterung *f*, *2. (fig)* Auflösung *f*
désagrément [dezagʀemɑ̃] *m* Unannehmlichkeit *f*
désamorcer [dezamɔʀse] *v 1. (une bombe)* entschärfen; *2. (une pompe)* leer laufen lassen; *3. (fig)* entschärfen
désappointement [dezapwɛ̃tmɑ̃] *m* Enttäuschung *f*
désappointer [dezapwɛ̃te] *v* enttäuschen
désapprendre [dezapʀɑ̃dʀ] *v irr* verlernen
désapprobation [dezapʀɔbasjɔ̃] *f* Missbilligung *f*
désapprouver [dezapʀuve] *v* missbilligen, tadeln
désarmant [dezaʀmɑ̃] *adj* entwaffnend
désarmement [dezaʀməmɑ̃] *m MIL* Abrüstung *f*

D

désarmer [dezaʀme] *v 1.* entwaffnen; *2. (réduire l'armement) MIL* abrüsten; *3. (fig)* entwaffnen; *4. ~ un navire NAUT* auflegen
désastre [dezastʀ] *m 1.* Katastrophe *f; 2. (malheur)* Unheil *n*
désastreux [dezastʀø] *adj* katastrophal, verheerend
désavantage [dezavɑ̃taʒ] *m* Nachteil *m*
désavantager [dezavɑ̃taʒe] *v* benachteiligen
désavantageux [dezavɑ̃taʒø] *adj 1.* nachteilig; *2. (défavorable)* ungünstig; *3. (peu seyant)* unvorteilhaft
désaveu [dezavø] *m 1.* Widerruf *m; 2. (désapprobation)* Missbilligung *f*
désavouer [dezavwe] *v 1.* leugnen, verleugnen; *2. (critiquer)* missbilligen
descendant [desɑ̃dɑ̃] *m 1.* Nachfahre *m,* Nachkomme *m; adj 2.* abwärts gehend

descendre [desɑ̃dʀ] *v irr 1. ~ de* abstammen von, stammen von; *2. (train, voiture)* aussteigen; *3. (escaliers)* hinuntergehen; *4. (fig)* niederlassen, herunterlassen, herablassen, hereinbrechen; *5. (baisser)* senken; *6. (dans un hôtel)* absteigen, einkehren; *7. (fam: abattre)* abknallen, niederknallen

descente [desɑ̃t] *f 1.* Abfahrt *f,* Abstieg *m,* Abfahrtslauf *m,* Hinunterfahren *n; ~ rapide* starkes Gefälle *n; ~ en radeau* Floßfahrt *f; 2. (pente)* Gefällstrecke *f,* Abfahrt *f,* abschüssige Strecke *f,* abschüssige Straße *f; 3. faire une ~ chez qn* eine Razzia bei jdm machen; *4. ~ d'organes MED* Deszensus *m,* Senkung *f,* Abstieg *m; 5. (fam) avoir une bonne ~* einen ordentlichen Stiefel vertragen
description [deskʀipsjɔ̃] *f 1.* Beschreibung *f,* Darstellung *f; 2. (de peinture)* Schilderung *f*
déséquilibre [dezekilibʀ] *m 1.* Missverhältnis *n; 2. (perturbation)* Unausgeglichenheit *f; 3. MED* Gleichgewichtsstörung *f*

désert [dezɛʀ] *adj 1.* öde, wüst; *m 2.* Wüste *f; 3. (région sauvage)* Wildnis *f*

déserter [dezɛʀte] *v 1.* verlassen; *2. MIL* desertieren
déserteur [dezɛʀtœʀ] *m 1.* Ausreißer *m; 2. MIL* Überläufer *m,* Deserteur *m*
désertion [dezɛʀsjɔ̃] *f 1. ~ des campagnes* Landflucht *f; 2. MIL* Fahnenflucht *f*
désespérant [dezɛspeʀɑ̃] *adj* trostlos
désespéré [dezɛspeʀe] *adj 1.* verzweifelt; *2. (sans espoir)* hoffnungslos
désespérer [dezɛspeʀe] *v 1. ~ de* verzweifeln; *C'est à ~!* Es ist zum Verzweifeln!/Man könnte verzweifeln! *2. se ~* verzweifeln
désespoir [dezɛspwaʀ] *m 1.* Hoffnungslosigkeit *f; 2. (désolation)* Trostlosigkeit *f; 3. (découragement)* Verzweiflung *f; avec ~* verzweifelt
déshabiller [dezabije] *v 1.* entkleiden; *2. se ~* sich frei machen, sich entkleiden, sich ausziehen
déshabituer [dezabitɥe] *v se ~ de qc* sich etw abgewöhnen
désignation [deziɲasjɔ̃] *f* Bezeichnung *f*
désigner [deziɲe] *v 1.* zeigen; *2. (caractériser)* bezeichnen, kennzeichnen; *3. (signaler) ~ qn à l'attention de qn* jds Aufmerksamkeit auf jdn lenken; *4. ~ qn à une fonction* jdn für eine Funktion bestimmen
désillusionner [dezilyzjɔne] *v* desillusionieren, die Illusionen nehmen, enttäuschen
désinfecter [dezɛ̃fɛkte] *v 1.* desinfizieren; *2. (décontaminer)* entseuchen
désinfection [dezɛ̃fɛksjɔ̃] *f MED* Desinfektion *f*
désintérêt [dezɛ̃teʀɛ] *m* Desinteresse *n*
désintoxication [dezɛ̃tɔksikasjɔ̃] *f MED* Entzug *m*
désintoxiquer [dezɛ̃tɔksike] *v 1.* entgiften, entwöhnen; *2. ~ un alcoolique MED* entziehen
désinvolte [dezɛ̃vɔlt] *adj* ungezwungen
désir [deziʀ] *m 1.* Lust *f; 2. (souhait)* Wunsch *m; prendre ses ~s pour des réalités* sich etw vormachen; *éprouver un ~* einen Wunsch hegen, einen Wunsch verspüren; *~ profond* Herzenswunsch *m; 3. (convoitise)* Begierde *f; 4. (envie)* Gelüst *n*
désirable [deziʀabl] *adj* wünschenswert, begehrenswert
désiré [deziʀe] *adj 1.* erwünscht; *2. (sollicité)* heiß ersehnt
désirer [deziʀe] *v 1.* wünschen; *2. (convoiter)* begehren; *3. (souhaiter)* erwünschen; *4. se faire ~* auf sich warten lassen
désireux [deziʀø] *adj 1. très ~ de* begierig auf; *2. ~ de savoir* wissbegierig
désistement [dezistəmɑ̃] *m (au profit de qn)* Verzicht *m,* Rücktritt *m*
désister [deziste] *v 1. se ~* verzichten, die Klage zurückziehen; *2. se ~ en faveur d'un autre candidat* zugunsten von jdm von der Kandidatur zurücktreten

désobéir [dezɔbeiʀ] *v* nicht gehorchen, missachten; *~ à qn* jdm nicht gehorchen; *~ aux ordres* die Anweisungen missachten, sich den Befehlen widersetzen
désobéissance [dezɔbeisɑ̃s] *f* Ungehorsam *m*
désobéissant [dezɔbeisɑ̃] *adj* unfolgsam, ungehorsam
désolant [dezɔlɑ̃] *adj* trostlos
désolé [dezɔle] *adj* öde, traurig; *être ~* betrübt sein; *Je suis ~.* Es tut mir Leid.
désoler [dezɔle] *v* tief betrüben, traurig machen
désordonné [dezɔʀdɔne] *adj 1.* unordentlich; *2. (dévergondé)* liederlich
désordre [dezɔʀdʀ] *m 1.* Durcheinander *n,* Unordnung *f; 2. (trouble)* Verwirrung *f*
désorientation [dezɔʀjɑ̃tasjɔ̃] *f* Desorientierung *f,* Orientierungslosigkeit *f,* Verunsicherung *f*
désorienté [dezɔʀjɑ̃te] *adj* verwirrt
désorienter [dezɔʀjɑ̃te] *v 1.* desorientieren, verwirren, irreführen; *2. (fig)* aus der Fassung bringen
désormais [dezɔʀmɛ] *adv* künftig, nunmehr, von nun an
dessein [desɛ̃] *m 1.* Plan *m,* Vorhaben *n; 2. (intention)* Vorsatz *m*
desserré [desɛʀe] *adj* locker, lose
desserrer [desɛʀe] *v 1.* lösen; *2. (ouvrir)* aufschließen; *ne pas ~ les dents* den Mund nicht aufmachen

dessert [desɛʀ] *m 1. GAST* Dessert *n,* Nachspeise *f,* Nachtisch *m; 2. (entremets)* Süßspeise *f*

desservir [desɛʀviʀ] *v irr 1.* abdecken, abräumen; *2. (relier)* regelmäßig verkehren nach, erschließen, befahren; *3. (nuire)* jdm einen schlechten Dienst erweisen, schaden
dessin [desɛ̃] *m 1.* Muster *n; 2. (croquis)* Zeichnung *f; 3. (image)* Gebilde *n; 4. ~ animé CINE* Trickfilm *m,* Zeichentrickfilm *m*
dessiner [desine] *v 1.* zeichnen, aufzeichnen; *2. (plan)* entwerfen
dessous [dəsu] *adv 1. (local)* darunter; *avoir le ~* den Kürzeren ziehen; *au-~ de* unterhalb; *2. (sous)* unten; *m 3.* Unterseite *f; 4. (de verre)* Untersetzer *m; 5. (bas)* Unterteil *n; m/pl 6. (fig)* Hintergründe *pl; connaître le ~ des cartes* die Hintergründe kennen; *7. (lingerie)* Dessous *pl,* Damenunterwäsche *f*
dessus [dəsy] *adv 1. (local)* darüber; *m 2.* Oberteil *n; avoir le ~* im Vorteil sein

destin [dɛstɛ̃] *m 1.* Schicksal *n,* Los *n; On n'échappe pas à son ~.* Seinem Schicksal kann man nicht entgehen. *2. (sort)* Geschick *n; prendre son ~ en main* sein Geschick selbst in die Hand nehmen
destinataire [dɛstinatɛʀ] *m 1. (d'une lettre)* Empfänger *m; 2. (adresse)* Adressat *m*
destination [dɛstinasjɔ̃] *f 1. (but)* Bestimmung *f; 2. (lieu de ~)* Bestimmungsort *m,* Ziel *n*
destiner [dɛstine] *v 1. ~ à* bestimmen; *2. se ~ à* sich einer Sache widmen
destructeur [dɛstʀyktœʀ] *adj* destruktiv
destruction [dɛstʀyksjɔ̃] *f* Vernichtung *f,* Zerstörung *f*
désuni [dezyni] *adj 1.* zwiespältig; *2. (brouillé)* uneinig
détachant [detaʃɑ̃] *m* Fleckentferner *m*
détaché [detaʃe] *adj 1.* losgelöst, getrennt, einzeln; *2. pièce ~e TECH* Einzelteil *n,* Ersatzteil *n; 3. (fig)* gleichgültig
détacher [detaʃe] *v 1.* losbinden; *2. (défaire)* lösen; *3. (séparer)* trennen; *4. ~ de* ablösen von, entbinden von; *5. (enlever)* abmachen, abnehmen; *6. (déchirer)* abreißen, losreißen; *7. (séparer de qc)* abtrennen; *8. se ~* abspringen, sich lösen; *9. se ~ de* sich abheben von; *10. se ~ de qn* sich abwenden von jdm; *11. (enlever une tache)* Flecken entfernen

détail [detaj] *m 1.* Einzelheit *f; en ~* ausführlich; *au ~* stückweise; *2. (extrait)* Ausschnitt *m,* Detail *n; entrer dans les ~s* ins Detail gehen

détaillé [detaje] *adj 1.* ausführlich, detailliert, eingehend; *2. (approfondi)* gründlich
déteindre [detɛ̃dʀ] *v irr* abfärben
détendre [detɑ̃dʀ] *v irr 1.* auflockern; *2. se ~* sich entspannen
détendu [detɑ̃dy] *adj (atmosphère)* locker
détente [detɑ̃t] *f 1.* Erholung *f; 2. (repos)* Ruhe *f; 3. (relaxation)* Entspannung *f; 4. POL* Entspannung *f; 5. (d'une arme)* Abzug *m*
détenu(e) [det(ə)ny] *m/f* Gefangene(r) *m/f*
détergent [detɛʀʒɑ̃] *m* Reinigungsmittel *n,* Waschmittel *n*
détériorer [deteʀjɔʀe] *v 1.* verschlechtern; *2. (abîmer)* beschädigen, kaputtmachen
déterminant [detɛʀminɑ̃] *adj 1.* ausschlaggebend; *2. (décisif)* entscheidend
détermination [detɛʀminasjɔ̃] *f 1. (décision)* Bestimmtheit *f,* Entschiedenheit *f; 2. (définition)* Bestimmung *f; 3. (résolution)* Entschluss *m*

D

déterminé [detɛʀmine] *adj* entschieden
déterminer [detɛʀmine] *v 1.* bestimmen; *2. (rechercher)* ermitteln, entscheiden; *3. se ~* sich entschließen
déterrer [deteʀe] *v* ausgraben
détestable [detɛstabl] *adj* verabscheuungswürdig, abscheulich, scheußlich
détester [detɛste] *v* hassen, verabscheuen
détonation [detɔnasjɔ̃] *f 1.* Explosion *f; 2. (éclat)* Knall *m*
détoner [detɔne] *v* knallen
détour [detuʀ] *m* Umweg *m*
détournement [detuʀnəmɑ̃] *m 1.* Entführung *f; 2. (d'argent)* Unterschlagung *f,* Veruntreuung *f; 3. (séduction)* Verführung *f*
détourner [detuʀne] *v 1.* abbiegen; *2. (attention)* ablenken; *3. ~ de* abbringen von; *4. (rivière)* ableiten; *5. (circulation)* umleiten; *6. (un avion)* entführen; *7. (danger)* abwehren; *8. (éviter)* abwenden; *se ~ de* sich abwenden von; *9. (spéculer)* veruntreuen; *10. ~ des fonds (fam)* abzweigen; *11. (impôts)* hinterziehen
détresse [detʀɛs] *f 1.* Verzweiflung *f; 2. (danger)* Not *f; 3. (abandon)* Hilflosigkeit *f; 4. (chagrin)* Elend *n*
détriment [detʀimɑ̃] *m au ~ de* zum Schaden von, zum Nachteil von
détritus [detʀity(s)] *m/pl* Rest *m,* Überbleibsel *n,* Abfall *m*
détromper [detʀɔ̃pe] *v 1. ~ qn* jdn aufklären; *2. se ~* seinen Fehler erkennen, seinen Irrtum erkennen; *Détrompez-vous!* Glauben Sie das nicht!
détruire [detʀɥiʀ] *v irr 1.* vernichten, zerstören; *2. (supprimer)* ausrotten; *3. (ruiner)* ruinieren; *4. (anéantir)* zunichte machen
dette [dɛt] *f (morale)* Schuld *f,* (moralische) Verpflichtung *f; 2. ECO ~s f/pl* Schulden *pl*
deuil [dœj] *m 1.* Trauer *f; être en ~* trauern; *faire son ~ de qc (fig)* etw begraben; *2. (décès)* Trauerfall *m*
deux [dø] *num* zwei; *en ~* entzwei; *~ à ~, ~ par ~* paarweise; *~ fois* zweimal; *en moins de ~* sehr schnell
deuxième [døzjɛm] *adj* zweite(r,s)
deuxièmement [døzjɛmmɑ̃] *adv* zweitens
deux-pièces [døpjɛs] *m 1. (maillot de bain)* Bikini *m; 2. (appartement)* Zweizimmerwohnung *f*
dévaliser [devalize] *v* plündern, ausrauben
dévalorisation [devalɔʀizasjɔ̃] *f* Entwertung *f,* Wertverlust *m,* Wertminderung *f*
dévaluation [devalɥasjɔ̃] *f 1. FIN* Abwertung *f; 2. ECO* Entwertung *f*
dévaluer [devalɥe] *v FIN* abwerten, entwerten
devant [dəvɑ̃] *prep 1. (local)* vor; *avoir du temps ~ soi* genügend Zeit haben; *adv 2. (local)* voraus, vorbei, vorn(e), davor; *3. au ~ de (local)* entgegen
devanture [dəvɑ̃tyʀ] *f* Schaufenster *n,* Auslage *f; regarder les ~s des magasins* die Schaufenster eines Geschäftes betrachten
dévaster [devaste] *v* verwüsten
déveine [devɛn] *f (fam)* Pech *n*
développement [dev(ə)lɔpmɑ̃] *m 1.* Entwicklung *f; 2. (de relations)* Ausbau *m; 3. (croissance)* Wachstum *n; ~ durable* nachhaltiges Wachstum *n*
développer [dev(ə)lɔpe] *v 1.* entwickeln; *2. se ~* verlaufen, sich entwickeln

> **devenir** [dəv(ə)niʀ] *v 1. irr* werden; *~ aveugle* erblinden; *~ fou* durchdrehen *(fam); m 2.* Werden *n*

dévêtir [devɛtiʀ] *v 1.* entkleiden; *2. se ~* sich ausziehen, sich entkleiden
déviation [devjasjɔ̃] *f* Umleitung *f*
dévier [devje] *v 1.* umleiten; *2. (s'écarter)* abweichen, eine andere Richtung nehmen, entfernen
devin [dəvɛ̃] *m* Wahrsager *m,* Hellseher *m*
deviner [dəvine] *v 1.* raten, erraten; *Devinez!* Raten Sie! *2. (résoudre)* lösen; *3. (percer à jour)* durchschauen; *4. (se casser la tête)* rätseln; *5. (trouver)* herausbekommen, herausfinden
devinette [dəvinɛt] *f* Quiz *n,* Rätsel *n,* Scherzfrage *f*
devis [dəvi] *m* Kostenvoranschlag *m*
dévisager [devizaʒe] *v* fixieren, anstarren, mustern, anstieren;
devise [dəviz] *f 1. (sentence)* Devise *f,* Leitspruch *m,* Motto *n; 2. (mot d'ordre)* Parole *f,* Wahlspruch *m; 3. ECO* Währung *f,* Valuta *f; ~ du pays* Landeswährung *f; 4. ~s pl FIN* Devisen *pl*
dévisser [devise] *v* abschrauben
dévoiement [devwamɑ̃] *m* Neigung *f,* Schräge *f,* Abweichung von der Senkrechten *f*
dévoilement [devwalmɑ̃] *m* Enthüllung *f*
dévoiler [devwale] *v 1.* aufdecken; *2. (révéler)* enthüllen, offenbaren; *3. (fig)* enthüllen, lüften; *~ un secret* ein Geheimnis lüften

devoir [dəvwaʀ] *v irr 1. ~ qc à qn* jdm etw schulden; *Qu'est-ce que je vous dois?* Was bin ich Ihnen schuldig? *2. ~ à* verdanken; *3. (être obligé de)* müssen, sollen; *m 4.* Pflicht *f; faire son ~* seine Pflicht erfüllen ; *~ de réserve* Schweigepflicht *f; 5. (tâche)* Aufgabe *f; 6. (à l'école)* Schulaufgabe *f*

dévorer [devɔʀe] *v* fressen, verschlingen
dévot [devo] *adj REL* fromm
dévotion [devɔsjɔ̃] *f 1. REL* Frömmigkeit *f; 2. (fig)* Ergebenheit *f,* Hingabe *f*
dévoué [devwe] *adj* ergeben
dévouement [devumɑ̃] *m 1.* Ergebenheit *f; 2. (abnégation)* Opferbereitschaft *f; 3. (fidélité)* Treue *f*
dévouer [devwe] *v 1. se ~* sich aufopfern; *2. se ~ à qc* sich einer Sache hingeben, sich einer Sache widmen
dévoyé [devwaje] *adj* verirrt, irregeführt, irregeleitet, verführt
diable [djɑbl] *m 1.* Teufel *m; Allez au ~!* Scheren Sie sich zum Teufel! *avoir le ~ au corps* den Teufel im Leibe haben; *Le ~ s'en mêle.* Hier hat der Teufel seine Hand im Spiel.; *2. tirer le ~ par la queue (fig)* kaum sein Auskommen haben; *3. à la ~* flüchtig, oberflächlich; *4. (chariot) TECH* Sackkarre *f* Teufelchen *n, 2. (fig)* Schlingel *m*
diabolique [djabɔlik] *adj* teuflisch
diaboliser [djɑbɔlize] *v* verteufeln
diagnostic [djagnɔstik] *m* Diagnose *f,* Befund *m*
diagnostiquer [djagnɔstike] *v* diagnostizieren
dialecte [djalɛkt] *m* Dialekt *m*
dialogue [djalɔg] *m 1.* Zwiesprache *f; 2. (discussion)* Dialog *m,* Gespräch *n*
diamant [djamɑ̃] *m 1. MIN* Diamant *m; 2. TECH* Glaserdiamant *m,* Glasschneider *m*
diamètre [djamɛtʀ] *m* Durchmesser *m*
diapositive [djapozitiv] *f FOTO* Diapositiv *n,* Lichtbild *n*
dictateur [diktatœʀ] *m POL* Diktator *m*
dictature [diktatyʀ] *f 1. POL* Alleinherrschaft *f,* Diktatur *f; ~ militaire* Militärdiktatur *f; 2. (despotisme) POL* Gewaltherrschaft *f*
dictée [dikte] *f* Diktat *n*
dicter [dikte] *v* diktieren
diction [diksjɔ̃] *f* Stil *m,* Ausdrucksweise *f,* Sprechweise *f; avoir une bonne ~* eine gute Vortragsweise haben
dictionnaire [diksjɔnɛʀ] *m* Lexikon *n,* Wörterbuch *n; ~ illustré* Bildwörterbuch *n*
didactique [didaktik] *adj 1. (instructif)* didaktisch, belehrend, lehrhaft; *un traité ~* ein Lehrbuch *n; 2. (savant)* wissenschaftlich; *un terme ~* ein Fachausdruck *m; la langue ~* die Fachsprache *f*
diesel [djezɛl] *m TECH* Dieselmotor *m,* Dieselfahrzeug *n*
diète [djɛt] *f 1.* Diät *f,* Schonkost *f; faire la ~* hungern; *2. ~ fédérale (Parlement) POL* Bundestag *m*
Dieu [djø] *m REL* Gott *m; Mon ~!* Mein Gott!/Ach Gott! *~ vous aide!* Gott helfe Ihnen! *Ne craindre ni ~ ni diable* vor nichts zurückschrecken; *~ seul le sait.* Das wissen die Götter. *~ soit loué!* Gottlob!
diffamation [difamasjɔ̃] *f* Verleumdung *f,* Diffamierung *f*
diffamer [difame] *v 1.* entehren; *2. (calomnier)* verleumden, anschwärzen
différence [difeʀɑ̃s] *f 1.* Unterschied *m,* Differenz *f,* Abweichung *f; faire la ~* unterscheiden;
différencier [difeʀɑ̃sje] *v* unterscheiden, differenzieren
différend [difeʀɑ̃] *m* Streit *m*
différent [difeʀɑ̃] *adj 1.* unterschiedlich; *2. (divers)* verschieden, anders
différentiel [difeʀɑ̃sjɛl] *m TECH* Differenzial *n*
différer [difeʀe] *v 1. ~ de* abweichen von; *2. (ajourner)* aufschieben; *3. (impôts) ECO* stunden
difficile [difisil] *adj 1.* schwierig; *~ à dire* schwer zu sagen; *Cela m'est ~.* Das ist schwer für mich. *une tâche ~* eine schwierige Aufgabe *f; 2. (dur)* hart; *3. (exigeant)* wählerisch; *faire le ~, faire la ~* wählerisch sein
difficulté [difikylte] *f 1.* Schwierigkeit *f; rencontrer des ~s* auf Schwierigkeiten stoßen; *2. (peine)* Mühe *f; avec ~* mühsam
difforme [difɔʀm] *adj* missgebildet
difformité [difɔʀmite] *f* Missbildung *f*
diffus [dify] *adj 1.* zerstreut, diffus;
diffuser [difyze] *v (radio, TV)* senden, übertragen, ausstrahlen, verbreiten
diffusion [difyzjɔ̃] *f 1. (à la radio, à la TV)* Übertragung *f; ~ par satellite* Satellitenübertragung *f; 2. (répartition)* Verbreitung *f*
digérer [diʒeʀe] *v 1.* verdauen; *2. (assimiler)* verarbeiten
digestif [diʒɛstif] *adj 1.* Verdauungs...; *2. m* Magenbitter *m,* Verdauungsschnaps *m*
digestion [diʒɛstjɔ̃] *f* Verdauung *f*

D

digital [diʒital] *adj* digital
digitaliser [diʒitalize] *v INFORM* digitalisieren
digne [diɲ] *adj ~ de* wert, würdig, ehrenwert; *~ de confiance* zuverlässig; *~ d'être vu* sehenswert
dignitaire [diɲitɛʀ] *m* Würdenträger *m*
dignité [diɲite] *f 1.* Würde *f; ~ humaine* Menschenwürde *f; 2. (fonction)* Amt *n,* Würde *f*
digue [dig] *f* Damm *m,* Deich *m; ~ de retenue* Staudamm *m*
dilemme [dilɛm] *m* Dilemma *n*
diluer [dilɥe] *v* verdünnen
dilution [dilysjɔ̃] *f* Verdünnung *f*
dimanche [dimɑ̃ʃ] *m* Sonntag *m; le ~* sonntags; *~ de Pâques* Ostersonntag *m; ~ des Rameaux REL* Palmsonntag *m; du ~ (fam)* Sonntags...
dimension [dimɑ̃sjɔ̃] *f 1. (mesure)* Maß *n; 2. (proportion)* Ausmaß *n,* Dimension *f; à trois ~s* dreidimensional; *3. ~s pl* Abmessung *f*
diminuer [diminɥe] *v 1.* herabsetzen; *2. (amoindrir)* verkleinern, verringern, vermindern; *3. (raccourcir)* kürzen; *~ une jupe* einen Rock kürzen; *4. (réduire)* mindern; *5. (rétrécir)* schmälern; *6. (baisser)* nachlassen; *7. (fig)* schrumpfen; *Les bénéfices diminuent.* Die Gewinne schrumpfen. *8. (baisser)* zurückgehen, sinken; *9. ECO* abflauen; *10. MED* abklingen
diminutif [diminytif] *adj 1. LING* verkleinernd, diminutiv, Diminutiv...;
diminution [diminysjɔ̃] *f 1.* Verkleinerung *f,* Verminderung *f,* Verkürzung *f,* Verringerung *f; 2. (régression)* Rückgang *m; ~ de prix* Preisrückgang *m; ~ de la population* Bevölkerungsrückgang *m; 3. (déclin)* Abnahme *f; 4. (baisse)* Abbau *m; 5. (d'une personne)* Erniedrigung *f; 6. (des cours) FIN* Abschlag *m*
dinde [dɛ̃d] *f 1. ZOOL* Pute *f,* Truthahn *m; 2. (fig)* dumme Pute *f*
dindon [dɛ̃dɔ̃] *m 1. ZOOL* Truthahn *m; 2.(fig)* Einfaltspinsel *m*
dîner [dine] *m 1.* Abendessen *n*
dingue [dɛ̃g] *adj 1. (fam)* verrückt, irre; *m/f 2. (fam)* Verrückte(r) *m/f,* Irre(r) *m/f,* Spinner(in) *m/f*
diplomate [diplɔmat] *m/f 1. POL* Diplomat(in) *m/f; adj 2.* diplomatisch
diplomatie [diplɔmasi] *f 1. POL* Diplomatie *f; 2. (tact)* diplomatisches Geschick *n*
diplôme [diplom] *m 1.* Diplom *n,* Zeugnis *n; ~ de fin d'études* Abschluss *m,* Abschlusszeugnis *n; ~ de bachelier* Reifezeugnis *n; 2. ~ d'honneur* Ehrenurkunde *f*
diplômé(e) [diplome] *m/f* Inhaber(in) eines Diploms *m/f*

dire [diʀ] *v irr 1.* sagen, reden, sprechen; *C'est beaucoup ~.* Das will viel sagen. *C'est bien le cas de le ~.* Das kann man wohl sagen. *Il n'y a pas à ~.* Das ist nicht zu bestreiten. *C'est tout ~.* Das sagt alles. *Comment dirais-je?* Wie soll ich sagen? *Dis donc!* Sag doch mal! *Qu'on se le dise!* Weitersagen! *Qui dit mieux?* Wer bietet mehr? *Quoiqu'on dise.* Was man auch immer sagen mag./Trotz allem. *Cela ne me dit rien.* Das sagt mir nichts./Das reizt mich nicht. *Comment ça se dit en français?* Wie heißt das auf Französisch? *C'est dit une fois pour toutes.* Das gilt ein für allemal. *Pour ainsi ~* gewissermaßen, sozusagen; *aussitôt dit, aussitôt fait* gesagt, getan; *~ des bêtises* quatschen; *~ du mal de qn* jdn schlecht machen, jdn anschwärzen; *2. (raconter)* erzählen; *3. ~ au revoir à* sich verabschieden von; *4. (signifier)* besagen; *5. (proposer)* vorbringen; *6. ~ une prière REL* beten

direct [diʀɛkt] *adj 1.* direkt; *2. (immédiat)* unmittelbar; *m 3. SPORT* Gerade *f; 4. émission en ~* Direktübertragung *f*
directeur [diʀɛktœʀ] *m 1.* Direktor *m,* Präsident *m,* Geschäftsführer *m; ~ général* Generaldirektor *m; ~ de banque* Bankdirektor *m; 2. (chef)* Leiter *m; ~ de section* Abteilungsleiter *m; ~ d'institution* Anstaltsleiter *m; ~ du choeur* Chorleiter *m; ~ des ventes* Verkaufsleiter *m; ~ de conscience* Beichtvater *m; 3. (d'école)* Rektor *m; adj 4.* leitend
direction [diʀɛksjɔ̃] *f 1.* Führung *f,* Leitung *f,* Geschäftsleitung *f; prendre la ~* die Führung übernehmen; *avoir la ~ de* vorstehen; *2. ~ générale* Hauptverwaltung *f; ~ de l'entreprise ECO* Betriebsführung *f; 3. (présidence)* Direktion *f; 4. (sens)* Richtung *f; changer de ~* die Richtung ändern; *dans toutes les ~* in alle Richtungen; *5. (de voiture)* Lenkung *f; ~ assistée* Servolenkung *f*
directives [diʀɛktiv] *f/pl (ordre)* Anweisung *f*
directrice [diʀɛktʀis] *f* Direktorin *f,* Leiterin *f,* Rektorin *f,* Schulleiterin *f*
dirigeable [diʀiʒabl] *adj 1.* lenkbar; *m 2.* Luftschiff *n*

dirigeant [diʀiʒɑ̃] *adj 1.* leitend; *m 2. (chef)* Leiter *m; 3. (dictateur)* Machthaber *m; 4. (cadre supérieur)* Manager *m*
diriger [diʀiʒe] *v 1.* lenken, steuern, leiten; *~ vers, ~ sur* richten auf; *se ~ vers* strömen; *2. (gérer)* leiten, vorstehen; *3. (concert)* dirigieren; *4. se ~* sich zurechtfinden
discernement [disɛʀnəmɑ̃] *m 1.* Zurechnungsfähigkeit *f; 2. (jugement)* Urteilsvermögen *n*
discerner [disɛʀne] *v 1.* erkennen, ausmachen, sehen; *2. (fig)* unterscheiden, erkennen;
disciple [disipl] *m 1. PHIL* Schüler *m; 2. REL* Jünger *m; 3. ~s pl* Anhängerschaft *f*
discipline [disiplin] *f 1.* Fach *n,* Lehrfach *n; 2. (règlement)* Disziplin *f,* Zucht *f*
discipliner [disipline] *v* disziplinieren, bändigen
discontinu [diskɔ̃tiny] *adj* unterbrochen, zeitlich begrenzt; *un mouvement ~* eine ruckartige Bewegung *f;*
discontinuer [diskɔ̃tinɥe] *v* unterbrechen, liegen lassen, aussetzen, aufhören
discordant [diskɔʀdɑ̃] *adj* nicht übereinstimmend, nicht zusammenpassend
discorde [diskɔʀd] *f 1.* Missstimmung *f; 2. (incompatibilité)* Unvereinbarkeit *f;*
discours [diskuʀ] *m 1.* Rede *f; tenir un ~* eine Rede halten; *~ inaugural* Eröffnungsrede *f; 2. (harangue)* Anrede *f*
discréditer [diskʀedite] *v ~ qn* jdn blamieren
discret [diskʀɛ] *adj 1.* bescheiden; *2. (plein de tact)* taktvoll; *3. (réservé)* verschwiegen; *4. (retenu)* zurückhaltend, diskret; *5. (passant inaperçu)* unauffällig
discrétion [diskʀesjɔ̃] *f 1.* Diskretion *f,* Zurückhaltung *f; 2. (doigté)* Takt *m; 3. (réserve)* Verschwiegenheit *f; 4. (modestie)* Bescheidenheit *f*
discrimination [diskʀiminasjɔ̃] *f ~ raciale* Rassendiskriminierung *f*
discriminer [diskʀimine] *v* diskriminieren
discussion [diskysjɔ̃] *f 1.* Diskussion *f; 2. (débat)* Erörterung *f; 3. (entretien)* Gespräch *n; 4. (dispute)* Streitgespräch *n; Pas de ~!* Keine Widerrede!
discuté [diskyte] *adj (contesté)* umstritten

> **discuter** [diskyte] *v 1. ~ avec qn de qc* sich mit jdm über etw unterhalten; *2. (débattre)* diskutieren, besprechen; *Cela peut se ~.* Darüber lässt sich reden. *~ de* erörtern

disgrâce [disgʀɑs] *f* Ungnade *f*
disjoindre [disʒwɛ̃dʀ] *v* voneinander trennen, auseinander nehmen; *(fig)* voneinander trennen, gesondert behandeln
disjoncter [diʒɔ̃kte] *v 1. TECH* durchbrennen; *2. (fig)* ausrasten
disloquer [dislɔke] *v ~1.* auseinanderbrechen; *2. (membre)* ausrenken; *3. (fig) se ~* auseinandergehen, sich auflösen
disparaître [dispaʀɛtʀ] *v irr 1.* verschwinden; *2. (fig: personne)* untertauchen; *3. (espèce animale, espèce végétale)* aussterben; *4. faire ~* unterschlagen; *5. faire ~ (écarter)* beheben, wegräumen; *6. faire ~ (fig: doute)* zerstreuen
disparition [dispaʀisjɔ̃] *f* Verschwinden *n; être en voie de ~* vom Aussterben bedroht sein
disparu [dispaʀy] *adv 1.* weg; *adj 2.* verschollen; *3.* Vermisste(r) *f/m,* Verschollene(r) *f/m* Verstorbene(r) *f/m*
disperser [dispɛʀse] *v 1.* verstreuen, zerstreuen; *2. PHYS* streuen
disponible [dispɔnibl] *adj 1.* verfügbar; *2. (à portée de la main)* greifbar
disposé [dispoze] *adj 1. être ~ à* bereit sein zu, gewillt sein zu; *2. bien ~* gut aufgelegt, gut gelaunt; *3. ~ à* bereitwillig
disposer [dispoze] *v 1.* arrangieren; *2. (placer)* aufstellen; *3. (arranger)* disponieren; *4. ~ de* verfügen über; *5. se ~ à* sich anschicken
dispositif [dispozitif] *m 1.* Vorrichtung *f; 2. ~ antivol* Diebstahlsicherung *f; 3. ~ de sécurité TECH* Sicherung *f; 4. ~ d'ouverture des portes* Türöffner *m; 5. ~ d'alarme* Alarmanlage *f*
disposition [dispozisjɔ̃] *f 1.* Anordnung *f,* Bestimmung *f; 2. (usage)* Verfügung *f; 3. (mesures)* Vorkehrung *f; prendre d'autres ~s* umdisponieren; *4. (état)* Verfassung *f; 5. ~ naturelle* Veranlagung *f; 6. (disponibilité)* Bereitschaft *f*
disproportionné [dispʀɔpɔʀsjɔne] *adj* unproportioniert, übergroß
dispute [dispyt] *f* Wortwechsel *m,* Streit *m,* Auseinandersetzung *f*
disputer [dispyte] *v 1.* streiten; *2. SPORT* austragen; *3. se ~ avec qn* sich mit jdm streiten
disqualification [diskalifikasjɔ̃] *f SPORT* Disqualifizierung *f,* Disqualifikation *f*
disqualifier [diskalifje] *v 1. SPORT* disqualifizieren, ausschließen; *2. se ~ (fig)* sich disqualifizieren

D

disque [disk] *m 1.* Platte *f,* Schallplatte *f; changer de ~ (fig)* eine andere Platte auflegen, das Thema wechseln; *2. (plaque circulaire)* Scheibe *f; ~ de freinage TECH* Bremsscheibe *f; 3. ANAT* Bandscheibe *f; 4. ~ dur INFORM* Festplatte *f*
disquette [diskɛt] *f INFORM* Diskette *f*
dissertation [disɛʀtasjɔ̃] *f 1.* Abhandlung *f; 2. (rédaction)* Aufsatz *m*
dissidence [disidɑ̃s] *f* Meinungsverschiedenheit *f,* Spaltung *f*
dissident [disidɑ̃] *adj* anders denkend
dissimuler [disimyle] *v 1.* verbergen, verstecken; *2. (cacher)* verdecken; *3. (annuler)* verhehlen; *4. (voiler)* verhüllen, verschleiern, verheimlichen, vertuschen; *5. ~ qc (fig)* mit etw zurückhalten
dissipation [disipasjɔ̃] *f 1. (du brouillard)* Auflösung *f; 2. (dépense)* Verschwendung *f,* Vergeudung *f; la ~ d'un patrimoine* die Verschwendung eines Vermögens *f; 3. (manque d'attention)* Unaufmerksamkeit *f,* Ungehorsam *m; la ~ d'une classe* die Unaufmerksamkeit einer Klasse *f*
dissiper [disipe] *v 1.* beseitigen; *2. se ~* sich auflösen; *3. (distraire)* zerstreuen
dissolvant [disɔlvɑ̃] *m* Nagellackentferner *m*
dissonance [disɔnɑ̃s] *f* Missklang *m*
dissoudre [disudʀ] *v irr 1. (poudre)* auflösen; *2. (fondre)* lösen; *3. (annuler)* aufheben
dissous [disu] *adj* aufgelöst
dissuader [disɥade] *v* abraten, abhalten von
dissuasif [disɥazif] *adj* abschreckend, Abschreckungs...; *employer des moyens ~s* Abschreckungsmaßnahmen ergreifen
distance [distɑ̃s] *f 1.* Entfernung *f,* Distanz *f,* Strecke *f; prendre ses ~s* sich distanzieren; *~ de freinage* Bremsweg *m; 2. (espace)* Abstand *m,* Distanz *f*
distancer [distɑ̃se] *v* Vorsprung haben, hinter sich lassen, distanzieren; *se faire ~* überholt werden
distancier [distɑ̃sje] *v se ~ de* Abstand halten von, Abstand gewinnen zu
distant [distɑ̃] *adj 1.* entfernt; *2. (fig)* zurückhaltend
distiller [distile] *v 1. (eau-de-vie)* brennen; *2. CHEM* destillieren; *3. (fig)* verursachen, verbreiten
distinct [distɛ̃] *adj 1.* deutlich; *2. (différent)* verschieden
distinction [distɛ̃ksjɔ̃] *f 1.* Unterschied *m; 2. (décoration)* Auszeichnung *; 3. (séparation)* Unterschied *m; 4. (élégance)* Vornehmheit *f*
distinguer [distɛ̃ge] *v 1.* unterscheiden, auseinander halten; *2. (l'un de l'autre)* differenzieren; *3. se ~* sich abzeichnen
distraire [distʀɛʀ] *v irr 1. ~ de* ablenken von; *2. (fig)* zerstreuen; *3. se ~* sich unterhalten, sich vergnügen
distrait [distʀɛ] *adj 1.* abgelenkt
distribuer [distʀibɥe] *v 1.* austeilen, verteilen; *2. (colis postaux)* austragen; *~ le courrier* zustellen; *3. (diffuser)* verbreiten; *4. (donner)* spenden
distributeur [distʀibytœʀ] *m 1. (de journaux)* Verteiler *m; 2. ~ automatique de billets* Geldautomat *m; 3. ~ de boissons* Getränkeautomat *m; 4. CINE* Filmverleiher *m*
distribution [distʀibysjɔ̃] *f 1.* Verteilung *f,* Austeilung *f,* Einteilung *f; ~ de cadeaux* Bescherung *f; 2. (diffusion)* Verbreitung *f; 3. (répartition)* Zustellung *f; 4. ECO* Absatz *m*
district [distʀikt] *m 1.* Amtsbezirk *m,* Bezirk *m; ~ frontalier* Grenzbezirk *m; 2. POL* Landkreis *m*
divergence [divɛʀʒɑ̃s] *f ~ d'opinions* Meinungsverschiedenheit *f*
diverger [divɛʀʒe] *v* auseinander gehen
divers [divɛʀ] *adj 1.* unterschiedlich, divers; *2. (multiple)* vielfach
diversifier [divɛʀsifje] *v* abwechseln
diversion [divɛʀsjɔ̃] *f* Ablenkung *f; faire ~ à qc* von etw ablenken
diversité [divɛʀsite] *f* Verschiedenheit *f*
divertir [divɛʀtiʀ] *v 1. (distraire)* unterhalten, belustigen; *2. (fig)* zerstreuen, ablenken; *3. (fig: détourner)* veruntreuen; *4. se ~* sich zerstreuen
divertissement [divɛʀtismɑ̃] *m (distraction)* Unterhaltung *f*
dividende [dividɑ̃d] *m ECO* Dividende *f; toucher un ~* eine Dividende ausschütten
divin [divɛ̃] *adj 1. REL* göttlich; *2. (fig)* himmlisch
divination [divinasjɔ̃] *f* Wahrsagen *n,* Weissagen *n,* Hellsehen *n*
diviser [divize] *v 1.* teilen, einteilen, gliedern, spalten; *~ en sous-parties* untergliedern; *2. MATH* dividieren; *3. se ~* sich teilen, sich zerteilen
division [divizjɔ̃] *f 1.* Abteilung *f,* Einteilung *f,* Teilung *f; 2. (classe)* Klasse *f; 3. (compartiment)* Station *f; 4. (discorde)* Unei-

nigkeit *f,* Zerrissenheit *f; 5. MIL* Division *f; 6. MATH* Division *f*

divorce [divɔʀs] *m* Ehescheidung *f,* Scheidung *f*

divorcer [divɔʀse] *v* sich scheiden lassen, sich trennen, auseinander gehen

dix [dis] *num* zehn

dix-huit [dizɥit] *num* achtzehn

dixième [dizjɛm] *adj 1.* zehnte(r,s); *m 2. (fraction) MATH* Zehntel *n,* zehnter Teil *m; m/f 3.* Zehnte(r) *m/f*

dix-neuf [diznœf] *num* neunzehn

dix-sept [disɛt] *num* siebzehn

dizaine [dizɛn] *f* ungefähr zehn, Dutzend *n*

dock [dɔk] *m* Dock *n*

docker [dɔkɛʀ] *m* Hafenarbeiter *m*

docteur [dɔktœʀ] *m* Doktor *m*

doctorat [dɔktɔʀa] *m* Dissertation *f,* Doktorarbeit *f; passer son ~* promovieren

doctrine [dɔktʀin] *f 1.* Doktrin *f,* Lehre *f,* These *f,* Dogma *n;*

document [dɔkymɑ̃] *m 1.* Urkunde *f; 2. (dossier)* Unterlage *f*

documentaire [dɔkymɑ̃tɛʀ] *adj 1.* dokumentarisch; *m 2. CINE* Dokumentarfilm *m*

documentation [dɔkymɑ̃tasjɔ̃] *f* Materialsammlung *f,* Dokumentation *f*

documenter [dɔkymɑ̃te] *v 1.* dokumentieren; *2. se ~* Dokumente sammeln, sich Unterlagen beschaffen

dodu [dɔdy] *adj* dicklich, pummelig,

dogmatique [dɔgmatik] *adj* dogmatisch

doléance [dɔleɑ̃s] *f ~s* Beschwerden *pl,* Klagen *f/pl*

dolent [dɔlɑ̃] *adj* wehleidig

domaine [dɔmɛn] *m 1. (fig)* Bereich *m,* Sachgebiet *n,* Gebiet *n; ~ d'application* Geltungsbereich *m; 2. (terre)* Gut *n,* Domäne *f; ~ skiable* Skigebiet *n; ~ viticole* Weingut *n; 3. ~ de l'Etat* Staatseigentum *n; 4. ~s pl* Ländereien *pl*

domestication [dɔmɛstikasjɔ̃] *f* Zähmung, Bändigung

domesticité [dɔmɛstisite] *f* Gesinde *n,* Dienerschaft *f*

domicile [dɔmisil] *m 1.* Wohnort *m,* Wohnsitz *m,* Heim *n; 2. à ~* ins Haus, zu Hause; *3. sans ~ fixe* ohne festen Wohnsitz

domination [dɔminasjɔ̃] *f 1.* Beherrschen *n,* Macht *f; 2. POL* Herrschaft *f*

dominer [dɔmine] *v 1.* beherrschen; *2. (fig)* überragen; *3. se ~* sich beherrschen

dommage [dɔmaʒ] *m 1.* Beschädigung *f,* Schaden *m; ~ corporel* Personenschaden *m; ~ intégral* Totalschaden *m; 2. C'est ~!* Schade! *3. ~s et intérêts pl* Schadenersatz *m*

dompter [dɔ̃(p)te] *v 1.* bändigen, zähmen, bezähmen; *2. (maîtriser)* überwältigen

dompteur [dɔ(p)tœʀ] *m* Dompteur *m*

don [dɔ̃] *m 1.* Spende *f; faire un ~* spenden; *~ de soi* Hingabe *f; 2. (donation)* Stiftung *f; 3. (talent)* Begabung *f,* Talent *n,* Gabe *f; ~ du ciel* Gottesgabe *f; ~ des langues* Sprachbegabung *f; 4. (~ pour)* Veranlagung *f*

donateur [dɔnatœʀ] *m 1.* Erblasser *m; 2. (fondateur)* Spender *m,* Stifter *m*

donation [dɔnasjɔ̃] *f (entre vifs) JUR* Schenkung *f; faire une ~ (cadeau)* stiften

donc [dɔ̃k] *konj 1.* also; *2. (par conséquent)* folglich

données [dɔne] *f/pl* Daten *pl,* Angabe *f; ~ de référence ECO* Eckdaten *pl; banque de ~ INFORM* Datenbank *f*

donner [dɔne] *v 1.* geben, reichen; *se ~ de la peine* sich anstrengen; *~ un coup de main à qn* jdm behilflich sein; *~ congé à qn* jdm kündigen; *~ un coup de pied à qn* jdn treten; *~ des cours à qn* jdn unterrichten; *~ en sous-location* untervermieten; *~ en location* vermieten; *~ sa parole* zusagen; *~ son accord à* zustimmen; *se ~ du mal* sich abmühen; *~ des instructions à qn* jdn einweisen; *~ le coup d'envoi* anpfeifen; *se ~ de l'importance* sich aufspielen; *~ des arguments* begründen; *~ une note (à l'école)* benoten; *~ des coups de poing* boxen; *~ des instructions* einweisen; *~ son consentement* einwilligen; *~ une gifle à qn* jdn ohrfeigen; *~ lieu à* veranlassen; *~ en gage* verpfänden; *~ l'impression de* den Eindruck erwecken; *~ la préférence à* vorziehen; *~ tort JUR* belasten; *2. (accorder)* erteilen; *~ l'ordre* den Befehl erteilen; *~ des directives* anweisen; *~ le pouvoir à* ermächtigen; *~ du courage* ermutigen; *~ un avertissement* verwarnen; *~ procuration* bevollmächtigen; *3. (offrir)* spenden; *4. (laisser)* abgeben; *Je me demande ce que ça va ~.* Ich frage mich, was daraus werden soll. *5. (remettre)* hergeben; *ne plus savoir où ~ de la tête* nicht mehr wissen, wo einem der Kopf steht; *~ par testament* vermachen; *6. (un exemple, une citation)* anführen; *7. THEAT* aufführen

donneur [dɔnœʀ] *m 1. ~ d'ordre ECO* Auftraggeber *m; 2. ~ de sang MED* Blutspender *m; 3. ~ d'organes* Organspender *m*

D

dont [dɔ̃] *pron 1. (génitif)* dessen, deren; *2. (parmi lesquels)* darunter
doper [dɔpe] *v 1.* dopen; *2. se ~* sich dopen
doré [dɔʀe] *adj* golden, vergoldet
dorer [dɔʀe] *v 1.* vergolden; *2. ~ la pilule à qn (fig)* jdm die bittere Pille versüßen; *3. (colorer)* vergolden; *4. se ~ au soleil* sich von der Sonne bräunen lassen
dorloter [dɔʀlɔte] *v* verwöhnen, hätscheln, verhätscheln

dormir [dɔʀmiʀ] *v irr* schlafen; *ne pas ~ de la nuit* die ganze Nacht nicht schlafen; *~ comme un loir, ~ comme une marmotte* wie ein Murmeltier schlafen; *~ à la belle étoile* im Freien schlafen

dortoir [dɔʀtwaʀ] *m* Schlafsaal *m*
dorure [dɔʀyʀ] *f* Vergoldung *f,* goldener Überzug *m*
dos [do] *m 1. ANAT* Rücken *m; tourner le ~ à qc* etw den Rücken kehren; *mettre qc sur le ~ de qn* etw auf jdn abwälzen; *avoir plein le ~ de qc* etw satt haben; *~ de la main* Handrücken *m; 2. (dossier)* Rückenlehne *f; 3. (envers)* Rückseite *f*
dosage [dozaʒ] *m* Dosierung *f*
dose [doz] *f* Dosis *f*
doser [doze] *v* dosieren
dossard [dosaʀ] *m* Startnummer *f,* Rückennummer *f*
dossier [dosje] *m 1.* Aktenmappe *f,* Mappe *f; 2. (collection)* Sammelmappe *f; 3. (document)* Akte *f; 4. (dos)* Rückenlehne *f*
dot [dɔt] *f* Aussteuer *f,* Mitgift *f*
doter [dɔte] *v ECO* dotieren
douane [dwan] *f (administrations)* Zoll *m; payer la ~* verzollen; *payer des droits de ~* verzollen
douanier [dwanje] *m 1.* Zollbeamter *m; adj 2.* Zoll...
double [dubl] *adj 1.* zweifach; *2. (en deux exemplaires)* doppelt; *~ résolution* Doppelbeschluss *m; m 3.* Abschrift *f,* Kopie *f; 4. (duplicata)* Doppel *n,* Duplikat *n,* Nachdruck *m,* Durchschlag *m; ~ fenêtre* Doppelfenster *n; 5. (en tennis) SPORT* Doppel *n; 6. (sosie)* Doppelgänger *m*
doubler [duble] *v 1. (dépasser)* überholen; *2. (multiplier par deux)* verdoppeln; *3. SPORT* überrunden; *4. CINE* synchronisieren
doublure [dublyʀ] *f 1.* Futter *n; 2. FILM* Double *n,* Doppelgänger *m*
doucement [dusmɑ̃] *adv 1.* sanft, sacht; *2. (tout bas)* leise; *3. (fig)* weich
douceur [dusœʀ] *f 1.* Sanftmut *f; 2. la ~ de vivre* ein angenehmes Leben *n; f/pl 3.* Annehmlichkeit *f,* angenehme Seite *f*
douche [duʃ] *f* Dusche *f,* Brause *f*
doucher [duʃe] *v se ~* sich duschen
doué [dwe] *adj* begabt, talentiert
douillet [dujɛ] *adj 1. (confortable)* gemütlich; *2. (sensible à la douleur)* schmerzempfindlich
douleur [dulœʀ] *f 1.* Schmerz *m,* Leid *n; 2. ~ musculaire* Muskelkater *m; 3. (tourment)* Pein *f; 4. ~s pl (maux)* Beschwerden *pl,* Schmerzen *pl; ~s dorsales* Rückenschmerzen *pl; ~s de l'accouchement* Wehen *pl*
douloureux [duluʀø] *adj 1.* schmerzhaft; *2. (cuisant)* schmerzlich, bitter
doute [dut] *m 1.* Zweifel *m,* Ungewissheit *f; 2. sans ~* sicher, gewiss, wahrscheinlich
douter [dute] *v 1. ~ de qn* an jdm zweifeln; *2. ~ de qc (mettre en doute)* etw bezweifeln; *3. se ~ de qc* etw vermuten
douteux [dutø] *adj 1.* zweifelhaft, unsicher, fraglich, ungewiss; *2. (louche)* verdächtig, suspekt

doux [du] *adj 1. (tranquille)* süß; *2. (tendre)* sanft, zart; *3. (bon)* sanft, gutherzig, sanftmütig; *être ~ comme un agneau* lammfromm sein; *filer ~* klein beigeben; *4. (tiède)* lau; *5. (temps)* mild; *6. (mou)* weich; *7. (docile)* zahm

douzaine [duzɛn] *f* Dutzend *n*
douze [duz] *num* zwölf
douzième [duzjɛm] *adj 1.* zwölfte(r,-s); *m 2.* Zwölftel *n; 2.* zwölfte(r,s)
doyen [dwajɛ̃] *m 1.* Dekan *m; 2. (ancien)* Senior *m*
dragée [dʀaʒe] *f 1. (bonbon)* Bonbon *n,* Dragee *n;*
dragon [dʀagɔ̃] *m* Drache *m*
drague [dʀag] *f 1. TECH* Bagger *m; 2. (fam)* Anmache *f*
draguer [dʀage] *v 1. (extraire)* Ausbaggern *n; 2.~ qn (fam: racoler)* jdn anmachen
drainage [dʀɛnaʒ] *m* Dränage *f,* Entwässerung *f; (fig)* Zusammenziehung *f*
drainer [dʀɛne] *v 1. (marais)* entwässern; *2. (terre)* trockenlegen
dramatique [dʀamatik] *adj 1.* dramatisch; *f 2. THEAT* Fernsehspiel *n*
dramaturge [dʀamatuʀʒ] *m/f THEAT* Dramaturg(in) *m/f*
drame [dʀam] *m LIT* Drama *n; faire un ~ de qc* ein Drama aus etw machen

drap [dʀa] *m* Laken *n; ~ de lit* Bettlaken *n; se mettre dans de beaux ~s* sich in die Tinte setzen
drapeau [dʀapo] *m 1.* Fahne *f; 2. (étendard)* Flagge *f; 3. être sous les ~x* Soldat sein
drastique [dʀastik] *adj* drastisch
dressage [dʀɛsaʒ] *m (d'un animal)* Dressur *f*
dresser [dʀɛse] *v 1. (monter)* aufrichten, erheben; *se ~* sich erheben; *2. (élever)* aufrichten, aufstellen; *~ un bilan* eine Bilanz aufstellen; *~ la liste de qc* etw auflisten; *3. (bâtir)* bauen, errichten; *4. ~ la table* den Tisch decken; *5. (dompter)* dressieren
drogue [dʀɔg] *f* Droge *f,* Rauschgift *n*
drogué [dʀɔge] *adj 1.* drogensüchtig, rauschgiftsüchtig; *m 2.* Fixer *m*
droguer [dʀɔge] *v 1. ~ qn* jdm Drogen verabreichen; *2. se ~* Drogen einnehmen
droit [dʀwa] *adj 1.* gerade; *~ comme un i* kerzengerade; *2. (debout)* aufrecht; *3. (honnête)* rechtschaffen, ehrlich; *m 4. JUR* Recht *n; ~ de succession* Erbrecht *n; ~ coutumier* Gewohnheitsrecht *n; ~ d'auteur* Urheberrecht *n; ~ civil* Zivilrecht *n; 5. (autorisation)* Berechtigung *f,* Recht *n,* Anspruch *m; avoir le ~* dürfen; *~ de douane (coûts)* Zoll *m; ~ d'enregistrement de déclaration* Anmeldegebühr *f; ~ à* Anrecht auf *n; être en ~ de* befugt sein; *~ de vivre* Existenzberechtigung *f; ~ d'intervention* Mitspracherecht *n; ~ international* Völkerrecht *n; ~ de souscription (action)* Aktienbezugsrecht *n; ~ d'asile* Asylrecht *n; ~ de manifester* Demonstrationsrecht *n; ~ de douane à l'importation* Einfuhrzoll *m; ~ de garde* Sorgerecht *n; ~ de vote* Stimmrecht *n,* Wahlrecht *n; ~ pénal* Strafrecht *n; 6. (à l'université)* Jura *n; 7. (taxe)* Gebühr *f; ~s de prêt pl* Leihgebühr *f; 8. ~s de l'homme pl* Menschenrechte *pl*
droite [dʀwat] *f (ligne) 1. MATH* Gerade *f; 2. garder sa ~* sein Recht bewahren; *3. POL* Rechte *f; 4. à ~* rechts
droitier [dʀwatje] *m* Rechtshänder *m*
drôle [dʀol] *adj 1.* komisch, spaßig, lustig, drollig; *2. (amusant)* heiter, witzig; *3. (étrange)* komisch, seltsam; *~ de type* Kauz *m*
dru [dʀy] *adj 1.* dicht, voll, undurchlässig; *adv 2.* dicht;
DSL [deɛsɛl] *m accès ~ TECH* DSL-Zugang *m*
dû [dy] *adj 1. chose promise, chose due* geschuldet, schuldig; *2. ~ à* zustehend, gebührend, zuzuschreibend; *m 3.* Forderung *f,* Gebühr *f*
du [dy] *art 1. (= de + le) (siehe „de")*
duc [dyk] *m 1.* Herzog *m; 2. grand ~ ZOOL* Uhu *m*
duché [dyʃe] *m* Herzogtum *n*
duchesse [dyʃɛs] *f* Herzogin *f*
duel [dɥɛl] *m* Duell *n,* Zweikampf *m*
dûment [dymɑ̃] *adv* ordnungsgemäß
dune [dyn] *f* Düne *f*
duo [dɥo] *m MUS* Duett *n*
dupe [dyp] *f 1.* Dumme(r) *f/m,* dumme Schnepfe *f (fam); être la ~ de qn* jds Opfer sein, von jdm betrogen werden, von jdm hintergangen werden; *C'est un marché de ~s.* Das ist ein schlechter Handel. *adj 2.* dumm, blöd, einfältig; *être ~ de qn* auf jdn hereinfallen; *Je ne suis pas ~.* Ich bin doch nicht blöd.
duper [dype] *v 1. (fam)* leimen; *2. (tromper)* überlisten, täuschen
duplication [dyplikasjɔ̃] *f* Verdopplung *f,* Duplikation *f,* Herstellung eines Duplikats *f*
duquel [dykɛl] *pron* dessen

dur [dyʀ] *adj 1.* hart; *très ~* knallhart; *2. (difficile)* schwierig, schwer; *3. (coriace)* zäh; *4. (insensible)* hartherzig; *5. (fig)* unnachgiebig, streng; *6. ~ d'oreille MED* schwerhörig

durable [dyʀabl] *adj 1.* beständig; *2. (persistant)* dauerhaft
durant [dyʀɑ̃] *prep* während; *sa vie ~* sein Leben lang
durée [dyʀe] *f 1.* Dauer *f,* Beständigkeit *f; à ~ déterminée* befristet; *de courte ~* kurzzeitig; *~ de vie* Lebensdauer *f; ~ du travail* Arbeitszeit *f; ~ de validité ECO* Laufzeit *f;*
durer [dyʀe] *v 1.* dauern; *2. (persister)* andauern, anhalten, halten
dureté [dyʀte] *f 1.* Härte *f; 2. ~ de cœur* Lieblosigkeit *f,* Unbarmherzigkeit *f*
duvet [dyvɛ] *m* Daune *f,* Bettfeder *f*
DVD [devede] *m INFORM* DVD *f; lecteur ~* DVD-Spieler *m*
dynamique [dinamik] *f 1.* Dynamik *f; adj 2.* dynamisch; *3. (impulsif)* schwungvoll, temperamentvoll
dynamisme [dinamism] *m (fig)* Schwung *m*
dynamite [dinamit] *f* Dynamit *n*
dynamo [dinamo] *f 1. TECH* Dynamo *m; 2. (machine) TECH* Generator *m*
dynastie [dinasti] *f* Dynastie *f,* Herrscherfamilie *f*

E

eau [o] *f 1.* Wasser *n; Il y a de quoi se jeter à l'~!* Es ist zum Verzweifeln! *faire venir l'~ à la bouche* den Mund wässrig machen; *nager entre deux ~x* es sich mit niemandem verderben wollen; *porter de l'~ à la rivière* Eulen nach Athen tragen; *~ potable* Trinkwasser *n; ~ de condensation* Kondenswasser *n; ~ du radiateur* Kühlwasser *n; ~ du robinet* Leitungswasser *n; ~ minérale* Mineralwasser *n; ~ de source* Quellwasser *n; ~ salée* Salzwasser *n; ~ douce* Süßwasser *n; ~ bénite* Weihwasser *n; au bord de l'~* am Wasser; *2. ~x pl* Gewässer *n; ~x continentales* Binnengewässer *n; 3. ~x usées pl* Abwasser *n; 4. ~x et forêts pl* Forstwesen *n*
eau-de-vie [odəvi] *f* Schnaps *m*
ébahir [ebaiʀ] *v 1.* verblüffen; *2. s'~* erstaunen, verblüfft sein, sich wundern
ébattre [ebatʀ] *v irr s'~* sich austoben, herumtoben, herumtollen
ébaubi [ebobi] *adj* sprachlos, verdutzt
ébauche [eboʃ] *f 1.* Entwurf *m; 2. (esquisse)* Skizze *f; 3. (contour)* Umriss *m*
ébaucher [eboʃe] *v 1.* entwerfen; *2. (fig)* umreißen, kurz schildern; *3. s'~* sich andeuten, sich abzeichnen
ébène [ebɛn] *m 1. (bois)* Ebenholz *n; 2. (couleur)* Farbe von Ebenholz *f; des cheveux d'~* Haare schwarz wie Ebenholz *pl*
ébéniste [ebenist] *m* Tischler *m*
éblouir [ebluiʀ] *v 1. (lumière)* blenden; *2. (fig)* blenden, täuschen; *3. (émerveiller)* sehr beeindrucken, bezaubern, faszinieren
éblouissant [ebluisɑ̃] *adj 1.* blendend; *2. (fig)* blendend, bezaubernd, faszinierend
éblouissement [ebluismɑ̃] *m 1. MED* Schwindel *m; avoir des ~s (aux yeux)* ein Flimmern vor den Augen haben; *2. (émerveillement)* Staunen *n,* Bewunderung *f*
éboueur [ebwœʀ] *m* Müllmann *m*
ébouillanter [ebujɑ̃te] *v s'~* sich verbrühen
éboulement [ebulmɑ̃] *m 1.* Einsturz *m; 2. GEOL* Erdrutsch *m*
éboulis [ebuli] *m GEOL* Geröll *n*
ébouriffant [ebuʀifɑ̃] *adj (fam)* haarsträubend, verblüffend, unglaublich
ébouriffé [ebuʀife] *adj* aufgelöst, zerzaust, verstrubbelt; *des cheveux ~s* zerzauste Haare *pl; être tout ~* ganz verstrubbelt sein
ébranlé [ebʀɑ̃le] *adj être ~* wanken
ébranlement [ebʀɑ̃lmɑ̃] *m* Erschütterung *f,* Zerrüttung *f,* Wanken *n*
ébranler [ebʀɑ̃le] *v 1. (secouer)* erschüttern, erzittern lassen, ins Wanken bringen; *2. (déstabiliser)* rütteln, lockern; *3. (fig)* erschüttern, zerrütten, ins Wanken bringen; *4. s'~* sich in Bewegung setzen, anfahren
ébrécher [ebʀeʃe] *v* abbrechen; *s'~ une dent* sich ein Stück von einem Zahn ausbrechen
ébriété [ebʀijete] *f* Trunkenheit *f*
ébrouer [ebʀue] *v s'~* schnauben, sich schütteln
ébruiter [ebʀɥite] *v 1.* ausplaudern; *2. s'~* sich herumsprechen
ébullition [ebylisjɔ̃] *f* Sieden *n; en ~* kochend; *porter à ~* zum Kochen bringen; *point d'~* Siedepunkt *m*
écailler [ekaje] *v 1.* schuppen, abkratzen; *2. ~ des huîtres* Austern aufmachen, aufbrechen, öffnen; *3. s'~* abblättern, abspringen, abplatzen
écart [ekaʀ] *m 1.* Abstand *m; à l'~* abseits; *2. (éloignement)* Abweichung *f; 3. (fig)* Seitensprung *m; 4. à l'~* beiseite, abseits, fern
écarté [ekaʀte] *adj* abstehend
écarteler [ekaʀtəle] *v 1.* vierteilen; *2. (fig)* teilen, hin und her reißen
écartement [ekaʀtəmɑ̃] *m* Abstand *m,* Entfernung *f,* lichte Weite *f*
écarter [ekaʀte] *v 1.* beseitigen, entfernen; *2. (enlever)* wegnehmen; *3. ~ de* ablenken von; *4. (exclure)* ausscheiden, ausschließen; *5. (détourner)* abwenden, verhüten; *6. (doute)* ausräumen; *7. (fig)* niederschlagen; *8. s'~ du sujet* abschweifen; *s'~ du droit chemin* vom rechten Weg abkommen, auf Abwege geraten
ecclésiastique [eklezjastik] *adj 1.* kirchlich; *m 2. REL* Geistlicher *m*
écervelé [esɛʀvəle] *adj 1.* kopflos; *2. (étourdi)* unbesonnen
échafaud [eʃafo] *m HIST* Schafott *n*
échafaudage [eʃafodaʒ] *m 1.* Baugerüst *n,* Gerüst *n; 2. (fig)* Haufen *m,* Stapel *m,* Stoß *m*
échancrure [eʃɑ̃kʀyʀ] *f* Ausschnitt *m,* Dekolletee *n*
échange [eʃɑ̃ʒ] *m 1.* Austausch *m; en ~* dafür, dagegen, gegen; *en ~ de quoi* wofür, wogegen; *~ culturel* Kulturaustausch *m; ~*

d'opinions/~ de vues Meinungsaustausch *m; ~ scolaire* Schüleraustausch *m; 2. (troc)* Tausch *m; 3. (de marchandise)* Umtausch *m; ~ standard TECH* Austausch *m; 4. ~s pl* Warenverkehr *m*

échanger [eʃɑ̃ʒe] *v 1.* austauschen; *~ contre* austauschen gegen; *s'~* sich abwechseln; *2. (contre qc d'autre)* auswechseln; *3. (troquer)* eintauschen; *~ son cheval contre un aveugle* vom Regen in die Traufe kommen; *4. TECH* austauschen, ersetzen;

échantillon [eʃɑ̃tijɔ̃] *m* Muster *n,* Probe *f; ~ pris au hasard* Stichprobe *f*

échappement [eʃapmɑ̃] *m TECH* Auspuff *m*

échapper [eʃape] *v 1.* entfallen; *2. laisser ~* fallen lassen; *3. ~ à* entfliehen, entgehen; *s'~* entfliehen; *~ à qc* um etw herumkommen

écharpe [eʃaʀp] *f 1.* Schal *m; 2. (foulard)* Halstuch *n; 3. ~ de maire* Schärpe *f,* Schulterbinde *f; adv 4. en ~* quer, schräg

échauder [eʃode] *v 1.* verbrennen, verbrühen; *être échaudé* sich die Finger verbrennen; *2. Chat échaudé craint l'eau froide.* Ein gebranntes Kind scheut das Feuer.

échauffement [eʃofmɑ̃] *m 1. (exercices) SPORT* Aufwärmen *n,* Aufwärmübung *f; 2. TECH* Heißlaufen *n*

échauffer [eʃofe] *v 1.* erhitzen; *2. s'~* sich ereifern; *3. s'~ SPORT* sich erwärmen

échéance [eʃeɑ̃s] *f ECO* Fälligkeit *f; à courte ~* kurzfristig; *à longue ~* langfristig

échéant [eʃeɑ̃] *adj 1. ECO* fällig; *2. le cas ~* gegebenenfalls

échec[1] [eʃɛk] *m 1.* Misserfolg *m; 2. (fam)* Schlappe *f; 3. faire ~ à qc* vereiteln, zum Scheitern bringen

échec[2] [eʃɛk] *m ~s pl* Schach *n*

échelle [eʃɛl] *f 1.* Leiter *f; ~ à incendie* Feuerleiter *f; 2. (mesure)* Maßstab *m; ~ fluviale* Pegel *m; 3. (grade)* Skala *f; 4. à l'~ du monde* weltweit; *à l'~* maßstabsgerecht

échelon [eʃ(ə)lɔ̃] *m 1.* Stufe *f; 2. MIL* Dienstgrad *m*

échelonner [eʃ(ə)lɔne] *v 1.* abstufen, staffeln; *2. (dans le temps)* staffeln, verteilen

échevin [eʃ(ə)vɛ̃] *m JUR* Schöffe *m*

échine [eʃin] *f 1. ANAT* Rückgrat *n,* Wirbelsäule *f; courber l'~ (fig)* nachgeben, sich beugen; *avoir l'~ souple (fig)* kein Rückgrat haben; *2. ~ de porc GAST* Schweinekamm *m,* Schweinerücken *m*

échiner [eʃine] *v s'~* sich abplagen, sich abrackern *(fam)*

échiquier [eʃikje] *m 1. (pour les échecs)* Schachbrett *n; 2. (fig)* Bühne *f,* Schauplatz *m; l'~ politique* die politische Bühne *f; l'~ économique* der Schauplatz der Wirtschaft *m*

écho [eko] *m 1.* Echo *n,* Widerhall *m; 2. à tous les ~s* in allen Richtungen, überall; *3. (fig)* Echo *n,* Widerhall *m,* Resonanz *f,* Anklang *m; 4. se faire l'~ de qn* nachsagen, nachbeten, nachplappern; *5. ne pas trouver d'~* kein Echo finden, keinen Anklang finden

échographie [ekogʀafi] *f MED* Ultraschalluntersuchung *f*

échoir [eʃwaʀ] *v irr 1.* jdm zufallen, jdm zuteil werden, jdm anheim fallen; *2. JUR* ablaufen, fällig sein, verfallen

échouer [eʃwe] *v 1.* misslingen; *2. ~ à un examen* bei einer Prüfung durchfallen; *3. (rater)* versagen; *4. (fig)* scheitern; *5. (plans)* sich zerschlagen; *6. s'~* stranden

échu [eʃy] *adj 1.* abgelaufen; *2. ECO* fällig

éclair [eklɛʀ] *m 1.* Blitz *m; faire des ~s* blitzen; *avec la rapidité de l'~* blitzschnell; *2. ~ au chocolat* Eclair mit Schokoladencremefüllung *n*

éclairage [eklɛʀaʒ] *m 1.* Beleuchtung *f; ~ des rues* Straßenbeleuchtung *f; 2. (fig)* Licht *n; ~ aux bougies/~ aux chandelles* Kerzenlicht *n*

éclaircir [eklɛʀsiʀ] *v 1.* aufhellen; *2. (préciser)* erklären, verdeutlichen; *3. (expliquer)* erläutern; *4. (clarifier)* klarstellen

éclairer [ekleʀe] *v 1.* beleuchten; *2. (élucider)* aufklären; *3. s'~ (fig: visage)* aufleuchten; *4. ~ de ses rayons* bestrahlen; *5. (illuminer)* erleuchten; *6. (luire)* leuchten; *7. (briller)* scheinen, leuchten

éclat [ekla] *m 1.* Glanz *m; 2. (morceau)* Splitter *m; ~ de verre* Glasscherbe *f; ~ de génie* Geistesblitz *m; avec ~* glänzend; *voler en ~s* zerschellen; *3. ~s de voix* laute Stimmen *f/pl,* heftige Stimmen *f/pl,* Stimmenlärm *m*

éclatant [eklatɑ̃] *adj 1.* hell; *2. (fig)* blendend, bezaubernd; *3. (teint)* blühend; *4. (brillant)* glänzend

éclatement [eklatmɑ̃] *m 1.* Knall *m; 2. (division) (fig)* Aufspaltung *f,* Aufteilung *f,* Zersplitterung *f*

éclater [eklate] *v 1.* platzen; *2. (exploser)* bersten; *3. (pétard)* knallen; *4. (en sanglots)* ausbrechen; *5. (fig)* springen; *6. s'~ (fam)* sich austoben

éclectique [eklɛktik] *adj* eklektisch, vielseitig

E

éclipse [eklips] *f* *1. ~ de lune* Mondfinsternis *f; ~ de soleil* Sonnenfinsternis *f; 2. (fig)* Verschwinden *n,* Abwesenheit *f*
éclipser [eklipse] *v 1. ~ qn (fig)* jdn in den Schatten stellen, jdn überstrahlen, jdn in den Hintergrund drängen; *2. s'~ (fam)* sich davonmachen, verschwinden, sich verziehen, sich davonstehlen
éclopé [eklɔpe] *adj* gehbehindert
éclore [eklɔʀ] *v irr 1.* aufblühen; *2. faire ~* ausbrüten; *3. ZOOL* schlüpfen
écluse [eklyz] *f* Schleuse *f*
écluser [eklyze] *v 1.* durchschleusen, mit Schleusen versehen; *2. (fam)* saufen
écœurant [ekœʀɑ̃] *adj 1.* widerlich; *2. (décourageant)* entmutigend, demoralisierend
écœurement [ekœʀmɑ̃] *m 1.* Ekel *m; 2. (découragement)* Entmutigung *f,* Demoralisierung *f*
écœurer [ekœʀe] *v 1.* anekeln, anwidern, zuwider sein; *2. (démoraliser)* entmutigen, demoralisieren

école [ekɔl] *f* Schule *f; faire ~* Schule machen, sich durchsetzen; *faire l'~ buissonnière* die Schule schwänzen; *~ professionnelle* Berufsschule *f; ~ supérieure spécialisée* Fachhochschule *f; ~ primaire* Grundschule *f; ~ privée* Privatschule *f; ~ préparatoire* Vorschule *f; ~ laïque* öffentliche Schule *f*

écolier [ekɔlje] *m 1.* Schüler *m; 2. prendre le chemin des ~s (fig)* Umwege machen, nicht den direkten Weg nehmen
écolière [ekɔljɛʀ] *f* Schülerin *f*
écologie [ekɔlɔʒi] *f 1.* Ökologie *f; 2. (protection de l'environnement)* Umweltschutz *m*
écologique [ekɔlɔʒik] *adj 1.* ökologisch; *2. (sauvegarde de l'environnement)* umweltfreundlich
éconduire [ekɔ̃dɥiʀ] *v irr* abweisen, wegschicken
économe [ekɔnɔm] *m/f 1. adj* sparsam; *2.* Wirtschaftsdirektor(in) *m/f,* Verwalter(in) *m/f,* Ökonom(in) *m(f)*
économie [ekɔnɔmi] *f 1. ECO* Wirtschaft *f; ~ nationale* Volkswirtschaft *f; ~ d'entreprise* Betriebswirtschaft *f; ~ intérieure* Binnenwirtschaft *f; ~ énergétique* Energiewirtschaft *f; ~ de marché* Marktwirtschaft *f; ~ dirigée* Planwirtschaft *f; ~ mondiale* Weltwirtschaft *f; 2. (gain)* Ersparnis *f; ~ de temps* Zeitersparnis *f; faire l'~ de qc* etw einsparen; *3. (épargne)* Sparsamkeit *f; avec ~* sparsam
économique [ekɔnɔmik] *adj 1.* sparsam; *2. (rentable)* wirtschaftlich
économiser [ekɔnɔmize] *v 1.* sparen; *2. (épargner)* ersparen; *3. (ménager)* Haus halten, sparsam sein; *~ ses forces* seine Kräfte genau einteilen
écorce [ekɔʀs] *f 1.* Rinde *f; 2. (de fruit)* Schale *f; 3. ~ terrestre* Erdrinde *f,* Erdkruste *f*
écorcer [ekɔʀse] *v* entrinden, schälen
écorché [ekɔʀʃe] *m 1.* wund; *2. ART* Muskelmann *m,* Muskelmodell *n; 3. un ~ vif (fig)* ein zart besaiteter Mensch,
écorcher [ekɔʀʃe] *v 1.* häuten; *2. (érafler)* zerschrammen, zerkratzen; *3. (fig)* übel zurichten, entstellen, übers Ohr hauen
écorner [ekɔʀne] *v 1.* die Hörner abstoßen; *2. ~ une page* knicken, Eselsohren machen *(fam); 3. (fig): diminuer)* schmälern, verringern, beeinträchtigen
écornure [ekɔʀnyʀ] *f* abgeschlagene Ecke *f,* abgestoßene Kante *f,* Abschrägung *f*
écossais [ekɔsɛ] *adj 1.* schottisch; *2. (tissu)* Schottenstoff *m*
Ecossais(e) [ekɔsɛ(z)] *m/f* Schotte/Schottin *m/f*
Ecosse [ekɔs] *f GEO* Schottland *n*
écoulé [ekule] *adv (temporel)* vorbei
écoulement [ekulmɑ̃] *m 1.* Abfluss *m; 2. (vente)* Verkauf *m; 3. (déroulement)* Ablauf *m; 4. (de marchandises) ECO* Absatz *m; 5. MED* Ausfluss *m; 6. ECO* Vertrieb *m*
écouler [ekule] *v 1.* verkaufen; *2. (délai) ECO* ablaufen; *3. s'~* fließen; *4. s'~ (temps)* vergehen, zerrinnen; *5. s'~ (liquide)* ablaufen, abfließen, rieseln; *s'~ goutte à goutte* sickern
écourter [ekuʀte] *v 1.* abkürzen; *2. (raccourcir)* kürzen
écoute[1] [ekut] *f NAUT* Schot *m*
écoute[2] [ekut] *f 1.* Hören *n,* Abhören *n; 2. être aux ~s* auf der Lauer sein, auf der Lauer liegen, lauschen; *3. ~ téléphonique* Abhörmaßnahme *f,* Abhören von Telefongesprächen *n*
écouter [ekute] *v 1. (conseil)* beachten, befolgen; *2. (prêter l'oreille)* zuhören; *~ qn* jdn anhören, jdm zuhören; *3. (entendre)* hören; *N'écoutez pas ce qu'il dit!* Hören Sie nicht auf ihn! *4. (attentivement)* lauschen, zuhören; *5. TEL* abhorchen
écouteur [ekutœʀ] *m 1. TEL* Hörer *m; 2. ~s pl* Kopfhörer *m*
écran [ekʀɑ̃] *m 1.* Blende *f; 2. FOTO* Filter *m; 3. (d'ordinateur) INFORM* Bildschirm *m;*

~ plat Flachbildschirm *m; 4. CINE* Leinwand *f; porter à l'~* einen Film ins Kino bringen

écrasant [ekʀɑzɑ̃] *adj* erdrückend

écrasement [ekʀɑzmɑ̃] *m 1.* Erdrücken *n; 2. (anéantissement)* Vernichtung *f*

écraser [ekʀɑze] *v 1.* zerdrücken, ausdrücken; *2. (broyer)* zerquetschen; *3. (accabler)* erdrücken; *4. (moudre)* mahlen; *5. (avec un véhicule)* überfahren; *6. INFORM* überschreiben; *7. ~ qn (fig)* jdn fertig machen

écrémer [ekʀeme] *v 1. (crème)* abschöpfen; *2. (fig)* den Rahm abschöpfen, das Beste nehmen, absahnen *(fam)*

écrevisse [ekʀəvis] *f ZOOL* Krebs *m; rouge comme une ~* krebsrot

écrier [ekʀije] *v s'~* ausrufen, rufen

écrire [ekʀiʀ] *v irr 1.* schreiben; *paresseux pour ~* schreibfaul; *2. ~ à qn* an jdn schreiben, jdm schreiben; *3. (rédiger)* verfassen; *~ en toutes lettres* ausschreiben; *~ des poèmes* dichten

écrit [ekʀi] *m 1.* Schrift *f; 2. (lettre)* Schreiben *n; 3. (document)* Schriftstück *n; 4. par ~* schriftlich; *adj 5.* schriftlich; *6. ~ à la main* handschriftlich

écriture [ekʀityʀ] *f 1.* Schrift *f; 2. (manuscrit)* Handschrift *f; ~ en lettres majuscules* Blockschrift *f; f/pl 3. les ~s* Heilige Schrift *f*

écrivain [ekʀivɛ̃] *m 1.* Schriftsteller *m; 2. (poète)* Dichter *m*

écrou [ekʀu] *m TECH* Mutter *f*

écrouer [ekʀue] *v (mettre en prison)* einsperren, festsetzen, inhaftieren

écroulement [ekʀulmɑ̃] *m 1.* Einsturz *m; 2. (déchéance)* Verfall *m; 3. (défaillance) (fig)* Zusammenbruch *m,* Schwäche *f,* Verfall *m*

écrouler [ekʀule] *v 1. s'~* einstürzen; *2. s'~ (s'anéantir)* zunichte werden, scheitern, sich zerschlagen; *3. s'~ (défaillir)* zusammenbrechen, zusammenstürzen

écru [ekʀy] *adj 1.* roh, nicht bearbeitet; *2. (beige)* naturfarben, ecru

écueil [ekœj] *m 1.* Klippe *f; 2. (fig)* Hindernis *n,* Gefahr *f*

écuelle [ekɥɛl] *f 1.* Schüssel *f; 2. (gamelle)* Napf *m*

éculé [ekyle] *adj 1.* abgelaufen, schief gelaufen; *2. (fig)* abgedroschen, abgegriffen, abgenutzt

écume [ekym] *f* Schaum *m*

écumer [ekyme] *v 1.* schäumen; *2. (fig)* absahnen; *3. (un bouillon)* abschäumen, abschöpfen; *4. ~ les mers* Pirat sein, Seeräuberei betreiben

écureuil [ekyʀœj] *m ZOOL* Eichhörnchen *n*

écurie [ekyʀi] *f 1. (pour chevaux)* Stall *m; 2. SPORT* Rennstall *m*

éden [edɛn] *m REL* Eden *n*

édicter [edikte] *v* verordnen, erlassen, vorschreiben

édicule [edikyl] *m* Häuschen *n*

édification [edifikasjɔ̃] *f 1.* Errichtung *f; 2. (fig)* Aufbau *m,* Bau *m,* Schaffung *f*

édifice [edifis] *m 1.* Bau *m; 2. (bâtiment)* Gebäude *n; ~ principal* Hauptgebäude *n; 3. (ouvrage)* Bauwerk *n*

édifier [edifje] *v 1.* bauen; *2. (fig)* aufbauen; *3. (renseigner)* belehren, aufklären

édit [edi] *m HIST* Edikt *n,* Erlass *m,* Verordnung *f; l'~ de Nantes* das Edikt von Nantes *n*

éditer [edite] *v* herausgeben, herausbringen, veröffentlichen

éditeur [editœʀ] *m* Herausgeber *m,* Verleger *m*

édition [edisjɔ̃] *f 1.* Auflage *f; 2. (d'un journal)* Ausgabe *f; première ~* Erstausgabe *f; nouvelle ~* Neuausgabe *f; 3. (industrie du livre)* Verlagswesen *n; maison d'~* Verlag *m*

éditorial [editɔʀjal] *m* Leitartikel *m*

édredon [edʀədɔ̃] *m* Daunenbett *n*

éducatif [edykatif] *adj* erzieherisch

éducation [edykasjɔ̃] *f 1.* Erziehung *f; 2. (formation)* Ausbildung *f; 3. (discipline)* Zucht *f; 4. ~ scolaire* Schulbildung *f; 5. ~ sexuelle* Sexualerziehung *f*

édulcorant [edylkɔʀɑ̃] *m* Süßstoff *m*

éduquer [edyke] *v* erziehen

effacement [ɛfasmɑ̃] *m 1.* Löschen *n,* Streichen *n,* Ausradieren *n; 2. (fig)* Verblassen *n,* Zurücktreten *n,* Zurückgezogenheit *f,* Vergessenheit *f*

effacer [efase] *v 1.* wischen, auslöschen; *2. (gommer)* radieren, ausradieren; *3. INFORM* löschen; *4. ECO* tilgen; *5. s'~ (bruit)* abklingen; *6. s'~ (souvenirs)* verblassen

effarant [efaʀɑ̃] *adj* erschreckend, bestürzend, horrend, Schwindel erregend

effaré [efaʀe] *adj* verstört

effarement [efaʀmɑ̃] *m* Bestürzung *f,* Fassungslosigkeit *f,* Verwirrung *f*

effaroucher [efaʀuʃe] *v* verscheuchen

effectif [efɛktif] *m 1.* Belegschaft *f; adj 2.* real; *3. (véritable)* wirklich, tatsächlich

effectivement [efɛktivmɑ̃] *adv* tatsächlich, effektiv

E

effectuer [efɛktɥe] *v* 1. verwirklichen; 2. *(mettre en oeuvre)* bewerkstelligen; 3. *(accomplir)* vollbringen
efféminé [efemine] *adj* fraulich, weiblich, feminin; *une allure ~e* eine weibliche Haltung *f; un jeune homme ~* ein femininer junger Mann *m*
effervescence [efɛʀvɛsɑ̃s] *f* 1. Aufbrausen *n;* 2. *(fig)* Erregung *f,* Unruhe *f,* Gärung *f*
effervescent [efɛʀvɛsɑ̃] *adj* aufbrausend, aufschäumend, *(fig)* gärend, *(fig)* unruhig
effet [efɛ] *m* 1. Wirkung *f,* Effekt *m; faire son ~* seine Wirkung tun, wirken; *à cet ~* dazu; *avoir de l'~ sur* wirken auf; *faire l'~ de* den Eindruck erwecken; *en ~* denn; *couper ses ~s à qn* jdn um seine Wirkung bringen; 2. *(conséquence)* Auswirkung *f;* 3. *~ secondaire* Nebenwirkung *f;* 4. *~ de serre* Treibhauseffekt *m;* 5. *~ de levier TECH* Hebelwirkung *f;* 6. *~s pl (vêtements)* Bekleidungsstück *n;* 7. *~s pl ECO* Effekten *pl;* 8. *~s de lumières pl* Farbenspiel *n*
efficace [efikas] *adj* 1. wirksam; 2. *(spectaculaire)* wirkungsvoll
efficacité [efikasite] *f* Wirksamkeit *f*
efficience [efisjɑ̃s] *f* Leistungsfähigkeit *f,* Effizienz *f*
efficient [efisjɑ̃] *adj* leistungsfähig
effigie [efiʒi] *f* 1. *(image)* Abbild *n,* Bildnis *n;* 2. *(sur une médaille)* Kopf *m*
effilé [efile] *adj* schmal
effleurer [eflœʀe] *v* 1. streifen, berühren; *La balle n'a fait que l'~.* Die Kugel hat ihn nur gestreift. 2. *(fig)* berühren, streifen, erwähnen; *Il n'a fait qu'~ le sujet.* Er hat das Thema nur angeschnitten. *Cette possibilité ne l'a même pas effleuré.* Diese Möglichkeit ist ihm gar nicht in den Sinn gekommen.
effondrement [efɔ̃dʀəmɑ̃] *m* 1. Einbruch *m,* Einsturz *m;* 2. *(écroulement)* Zusammenbruch *m; ~ de la Bourse FIN* Börsenkrach *m*
effondrer [efɔ̃dʀe] *v s'~* einstürzen, zusammenbrechen
efforcer [efɔʀse] *v s'~ de* sich anstrengen, sich bemühen
effort [efɔʀ] *m* 1. Mühe *f; sans le moindre ~* ohne sich im Geringsten anzustrengen, scheinbar mühelos; *faire un ~ de volonté* sich überwinden; *ne faire aucun ~* keinerlei Anstrengungen machen, sich gar keine Mühe geben; 2. *(application)* Anspannung *f; faire des ~s* sich anstrengen; *faire des ~s pour* sich bemühen um; *faire un ~ sur soi-même* sich zusammennehmen; 3. *~s pl* Fortschritte *pl*
effraction [efʀaksjɔ̃] *f* 1. Aufbruch *m;* 2. *(vol)* Einbruch *m; à l'épreuve de l'~* einbruchsicher
effrangé [efʀɑ̃ʒe] *adj* ausgefranst
effrayant [efʀɛjɑ̃] *adj* 1. schrecklich; 2. *(épouvantable)* erschreckend
effrayer [efʀeje] *v* erschrecken
effréné [efʀene] *adj (fig)* zügellos, hemmungslos, unbändig
effritement [efʀitmɑ̃] *m* Verwitterung *f,* Abbröckeln *n,* Zerfall, Auflösung
effriter [efʀite] *v s'~* abbröckeln
effroi [efʀwa] *m* Entsetzen *n,* Grauen *n,* Schreck *m*
effronté [efʀɔ̃te] *adj* 1. frech, dreist, keck; *m* 2. *(fam)* Frechdachs *m*
effronterie [efʀɔ̃tʀi] *f* Unverschämtheit *f,* Schamlosigkeit *f,* Dreistigkeit *f; nier un méfait avec ~* eine Tat unverfroren leugnen
effroyable [efʀwajablə] *adj* entsetzlich
effusion [efyzjɔ̃] *f* 1. *~ de sang* Blutvergießen *n;* 2. *(fig)* Überströmen *n,* Wärme *f,* Herzlichkeit *f*
égaiement [egɛmɑ̃] *m* Aufheiterung *f*
égailler [egaje] *v s'~* sich zerstreuen, auseinander gehen, sich verlaufen

égal [egal] *adj* 1. egal; 2. *(similaire)* gleich; 3. *(à égalité)* ebenbürtig; *traiter qn d'~ à ~* jdn wie seinesgleichen behandeln

également [egalmɑ̃] *adv* gleichfalls
égaler [egale] *v ~ qn (fig)* an jdn herankommen
égalisation [egalizasjɔ̃] *f SPORT* Ausgleich *m*
égaliser [egalize] *v* 1. angleichen; 2. *(aplanir) SPORT* ausgleichen; 3. *(niveler)* planieren
égalité [egalite] *f* Gleichheit *f,* Ausgleich *m; ~ des droits* Gleichberechtigung *f*
égard [egaʀ] *m* Rücksicht *f; avec de nombreux ~s* rücksichtsvoll; *eu ~ à (fig)* angesichts; *à cet ~* in dieser Beziehung; *manque d' ~* Rücksichtslosigkeit *f; à l'~ de* hinsichtlich
égaré [egaʀe] *adj* 1. verlegt, verstreut, verirrt; 2. *(fig: troublé)* verwirrt, verstört
égarement [egaʀmɑ̃] *m* Verirrung *f*
égarer [egaʀe] *v* 1. irreführen; 2. *(perdre)* verlegen, verlieren; 3. *s'~* sich verlaufen, sich verirren
égayer [egeje] *v* 1. aufheitern, erheitern; 2. *s'~* sich amüsieren, sich unterhalten, sich freuen, fröhlich sein

égérie [eʒeʀi] *f LIT* Beraterin *f,* Ratgeberin *f,* Muse *f,* guter Geist *n*
église [egliz] *f* Kirche *f; ~ de pèlerinage REL* Wallfahrtskirche *f; Eglise catholique* katholische Kirche *f*
égocentrique [egosɑ̃tʀik] *adj* ichbezogen
égoïsme [egɔism] *m* Selbstsucht *f,* Egoismus *m*
égoïste [egɔist] *m 1.* Egoist *m; adj 2.* egoistisch; *3. (amour-propre)* selbstsüchtig
égorger [egɔʀʒe] *v* die Kehle durchschneiden
égouts [egu] *m/pl 1.* Abwasserkanal *m; 2. (drainage)* Kanalisation *f*
égoutter [egute] *v* abtropfen lassen
égratigner [egʀatiɲe] *v 1. (fig)* jdm zusetzen, jdn aufs Korn nehmen; *2. s'~* sich kratzen, sich schürfen, sich ritzen
égratignure [egʀatiɲyʀ] *f 1.* Schramme *f; 2. (fig)* Kränkung *f*
égrener [egʀəne] *v 1.* auskörnen, entkörnen, entsamen; *2. (fig) ~* son chapelet den Rosenkranz herbeten; *3. s'~* ausfallen, abfallen
eh [e] *interj Eh bien!* Na! *Eh oui!* Ach!
éhonté [eɔ̃te] *adj 1.* schamlos; *2. (effronté)* unverschämt
éjaculation [eʒakylasjɔ̃] *f BIO* Ejakulation *f*
éjectable [eʒɛktabl] *adj siège ~* Schleudersitz *m*
éjecter [eʒɛkte] *v 1.* auswerfen; *2. (fam: renvoyer)* hinauswerfen, vor die Türe setzen; *se faire ~ de l'école* von der Schule fliegen
éjection [eʒɛksjɔ̃] *f* Ausstoßen *n,* Auswerfen *n*
élaboration [elabɔʀasjɔ̃] *f* Ausarbeitung *f*
élaboré [elabɔʀe] *adj hautement ~* hoch entwickelt
élaborer [elabɔʀe] *v* ausarbeiten
élaguer [elage] *v 1. (un arbre)* ausschneiden, auslichten; *2. (fig)* streichen, kürzen
élan¹ [elɑ̃] *m ZOOL* Elch *m*
élan² [elɑ̃] *m 1. (démarrage)* Anlauf *m; 2. (fig)* Schwung *m; ~ créatif* Schaffensdrang *m; 3. (essor)* Auftrieb *m*
élancé [elɑ̃se] *adj* schlank, rank
élancement [elɑ̃smɑ̃] *m (douleur)* stechender Schmerz
élancer [elɑ̃se] *v 1. (faire mal)* stechen; *2. s'~* sich stürzen auf, hinzustürzen, hervorstürmen; *s'~ à la rencontre de qn* auf jdn zustürzen;
élargir [elaʀʒiʀ] *v 1.* erweitern, verbreitern; *2. (chaussure)* breittreten; *3. (agrandir)* ausdehnen; *4. (relaxer) JUR* erweitern, ausdehnen, weiten
élargissement [elaʀʒismɑ̃] *m 1.* Dehnung *f,* Erweiterung *f; ~ à l'Est POL* Osterweiterung der NATO *f; 2. (propagation)* Verbreiterung *f; 3. (fig)* Ausbau *m; ~ des connaissances* Ausbau von Kenntnissen *m; 4. (d'un prisonnier)* Freilassung *f*
élasticité [elastisite] *f* Dehnbarkeit *f*
élastique [elastik] *adj 1.* dehnbar; *2. (caoutchouc)* elastisch; *m 3.* Gummiband; *4. saut à l'~ SPORT* Bungeespringen *n*
électeur [elɛktœʀ] *m POL* Wähler *m*
élection [elɛksjɔ̃] *f* Wahl *f; ~s législatives* Parlamentswahlen *pl; ~s municipales* Kommunalwahlen *pl*
électoral [elɛktɔʀal] *adj* Wahl...; *liste ~e* Wählerliste *f; urne ~e* Wahlurne *f*
électrice [elɛktʀis] *f* Wählerin *f*
électricien(ne) [elɛktʀisjɛ̃/elɛktʀisjɛn] *m/f* Elektriker(in) *m/f*
électricité [elɛktʀisite] *f* Elektrizität *f*
électrique [elɛktʀik] *adj* elektrisch; *circuit ~* Stromkreis *m; courant ~* elektrischer Strom *m; tension ~* elektrische Spannung *f*
électriser [elɛktʀize] *v 1.* elektrisieren, der Wirkung des elektrischen Stromes aussetzen; *2. (fig)* elektrisieren, begeistern
électrocution [elɛktʀɔkysjɔ̃] *f* Stromschlag *m,* Tötung durch elektrischen Strom *f*
électroménager [elɛktʀɔmenaʒe] *adj appareil ~* elektrisches Haushaltsgerät *n*
électronicien(ne) [elɛktʀɔnisjɛ/elɛktʀɔnisjɛn] *m/f* Elektroniker(in) *m/f*
électronique [elɛktʀɔnik] *f 1.* Elektronik *f; adj 2.* elektronisch
électrophone [elɛktʀɔfɔn] *m* Schallplattenspieler *m*
élégance [elegɑ̃s] *f 1.* Eleganz *f; 2. (grâce)* Eleganz *f,* Anmut *f,* Grazie *f; 3. (raffinement)* Feinheit *f*
élégant [elegɑ̃] *adj 1.* elegant, schick; *2. (fig)* geschmackvoll
élément [elemɑ̃] *m 1.* Element *n; 2. (membre)* Glied *n,* Bestandteil *m; ~ de structure INFORM* Bauelement *n*
élémentaire [elemɑ̃tɛʀ] *adj 1. cours ~* zweite und dritte Grundschulklasse, Anfängerkurs *m; 2. (minimal)* Mindest..., Elementar...
éléphant [elefɑ̃] *m 1.* Elefant *m; être comme un ~ dans un magasin de porcelaine* sich wie ein Elefant im Porzellanladen benehmen; *2. avoir une mémoire d'~ (fig)* ein

E

phänomenales gedächtnis haben, sich alles merken können; *3. ~ de mer ZOOL* Seeelefant *m*

élevage [el(ə)vaʒ] *m* Tierzucht *f; ~ de volaille* Geflügelfarm *f*

élévateur [elevatœʀ] *m ~ à fourche TECH* Gabelstapler *m*

élévation [elevasjɔ̃] *f 1. (en montagne)* Erhebung *f; 2. (fig)* Erhöhung *f*

E

élève [elɛv] *m/f 1.* Schüler(in) *m/f; ~ de classe de terminale* Abiturient(in) *m/f; 2. ~ officier MIL* Offiziersanwärter *m*

élevé [el(ə)ve] *adj 1.* hoch; *2. (noble)* gepflegt; *bien ~* wohlerzogen; *3. (fig)* erhaben

élever [el(ə)ve] *v 1.* erheben, hochheben; *2. (hausser)* erhöhen; *3. (enfant)* aufziehen, erziehen; *4. (ériger)* errichten; *5. (éloigner)* aufrichten; *6. (animaux)* züchten; *7. s'~ à* betragen, sich belaufen auf; *8. (se lever)* sich erheben

éleveur [el(ə)vœʀ] *m 1.* Tierzüchter *m; 2. (de vin)* Weinbauer *m*

éligible [eliʒibl] *adj* wählbar

élimer [elime] *v* abnutzen, abtragen, abscheuern

élimination [eliminasjɔ̃] *f 1.* Entfernung *f; ~ des eaux usées* Abwasserbeseitigung *f; 2. ~ de déchets atomiques* Entsorgung von atomaren Abfällen *f*

éliminatoires [eliminatwaʀ] *f/pl SPORT* Ausscheidungskampf *m*

éliminer [elimine] *v 1. SPORT* ausscheiden; *~ qn* jdn ausschließen; *2. (écarter)* beseitigen; *3. (éloigner)* entfernen; *4. (fig)* ausschalten

élire [eliʀ] *v irr 1. POL* wählen; *2. (choisir)* wählen

élite [elit] *f 1.* Elite *f; 2. tireur d'~* Scharfschütze *m*

élitiste [elitist] *adj* elitär

elle [ɛl] *pron* sie; *~s pl* sie

élocution [elɔkysjɔ̃] *f* Sprechweise *f*, Redeweise *f*, Diktion *f*

éloge [elɔʒ] *m* Lob *n; faire l'~ de* loben

éloigné [elwaɲe] *adj 1.* entfernt, weit, fern; *2. (fig)* weitläufig

éloignement [elwaɲəmɑ̃] *m* Entfernung *f*

éloigner [elwaɲe] *v 1. s'~* sich entfernen, weggehen; *2. (écarter)* beseitigen, entfernen

éloquence [elɔkɑ̃s] *f* Beredsamkeit *f*, Beredtheit *f*

éloquent [elɔkɑ̃] *adj 1.* redegewandt; *2. (expressif)* viel sagend

élu(e) [ely] *adj 1. POL* gewählt; *m/f 2. l'~ de son cœur* der/die Auserwählte ihres/seines Herzens

élucidation [elysidasjɔ̃] *f* Aufklärung *f*

élucider [elyside] *v 1.* aufhellen; *2. (situation)* klären

éluder [elyde] *v* umgehen, ausweichen, meiden; *~ une difficulté* einer Schwierigkeit aus dem Weg gehen; *~ une question embarrassante* einer peinlichen Frage ausweichen

émacié [emasje] *adj (visage)* ausgezehrt, eingefallen, abgemagert

émail [emaj] *m 1.* Email *n; 2.* Glasur *f; 3. ~ des dents* Zahnschmelz *m*

émailler [emaje] *v TECH* glasieren

émanation [emanasjɔ̃] *f 1.* Dunst *m; 2. (fig)* Auswirkung *f*, Ausdruck *m*, Sichtbarwerden *n*

émancipation [emɑ̃sipasjɔ̃] *f* Emanzipation *f*

émanciper [emɑ̃sipe] *v 1.* emanzipieren; *2. s'~ de* sich frei machen von

émaner [emane] *v 1.* quellen, hervorquellen; *2. (fig)* herrühren, sich ableiten, ausgehen, kommen

émasculer [emaskyle] *v* entmannen, kastrieren

emballage [ɑ̃balaʒ] *m 1.* Umhüllung *f; 2. (conditionnement)* Verpackung *f; ~ perdu* Einwegverpackung *f; ~ sous vide* Vakuumverpackung *f; ~ cadeau* Geschenkpackung *f; ~ d'origine* Originalverpackung *f*

emballé [ɑ̃bale] *adj non ~* lose, unverpackt

emballement [ɑ̃balmɑ̃] *m* vorschnelle Begeisterung *f*, Erregung *f*, Aufregung *f; 2. ~ d'un cheval* Scheuen *n*, Durchgehen *n; 3. ~ des prix* Hochschnellen *n*

emballer [ɑ̃bale] *v 1.* einpacken, verpacken; *Ça ne m'emballe pas. (fig)* Das reißt mich nicht vom Hocker. *~ une fille (fam)* ein Mädchen herumkriegen; *2. s'~* sich ereifern; *3. s'~ (cheval)* scheuen; *4. (moteur) TECH* aufheulen, aufheulen lassen; *5. (fam: arrêter)* schnappen, hochgehen lassen; *6. (plaire)* begeistern, mitreißen

embardée [ɑ̃baʀde] *f (d'une voiture)* Ausweichmanöver *n*, Hakenschlagen *n; faire une ~* plötzlich ausweichen

embarquement [ɑ̃baʀkəmɑ̃] *m 1.* Verladung *f;* Einschiffung *f; 2. (pour le transport)* Verschiffung *f*

embarquer [ɑ̃baʀke] *v 1. (bagages)* einladen; *2. (charger)* laden; *3. (expédier)* verladen; *4. s'~ dans* sich einlassen auf; *5. (bateau)* verschiffen

embarras [ɑ̃baʀa] *m 1.* Verlegenheit *f; mettre dans l'~* in Verlegenheit bringen; *2. (gêne)* Befangenheit *f; 3. (maladresse)* Hilflosigkeit *f, 4. ~ gastrique MED* Verdauungsstörung *f*
embarrassant [ɑ̃baʀasɑ̃] *adj 1.* peinlich; *2. (insidieux)* verfänglich; *3. (encombrant)* hinderlich
embarrassé [ɑ̃baʀase] *adj 1.* verlegen; *être ~* befangen sein; *2. (confus)* wirr
embarrasser [ɑ̃baʀase] *v 1. (encombrer)* behindern, stören, sperrig sein; *Ce parapluie m'embarrasse.* Der Schirm ist mir lästig. *2. (gêner)* lästig sein, peinlich sein, ungelegen sein; *Ces complications m'embarrassent.* Diese Schwierigkeiten kommen mir ungelegen. *La question l'embarrassait visiblement.* Die Frage war ihm sichtlich peinlich. *3. s'~ (fig)* sich sorgen, sich stören lassen, sich belasten; *ne pas s'~ de scrupules* keine Skrupel haben
embasement [ɑ̃bazmɑ̃] *m TECH* Grundmauer *f,* Sockel *m,* Schwelle *f*
embaucher [ɑ̃boʃe] *v (effectifs)* einstellen
embaumer [ɑ̃bome] *v 1.* duften; *2. (un cadavre)* einbalsamieren
embellie [ɑ̃beli] *f* Aufheiterung *f*
embellir [ɑ̃beliʀ] *v 1.* ausschmücken; *2. (enjoliver)* verschönern; *3. (devenir plus beau)* schöner werden, hübscher werden
embellissement [ɑ̃belismɑ̃] *m* Verschönerung *f*
emberlificoter [ɑ̃bɛʀlifikɔte] *v (fig)* einwickeln, beschwatzen
embêtant [ɑ̃bɛtɑ̃] *adj (fam)* ärgerlich, unerfreulich, störend
embêter [ɑ̃bɛte] *v 1. (fam)* nerven; *Ça m'embête drôlement!* Das stinkt mir ganz gewaltig!/Das passt mir gar nicht! *Ne m'embête pas avec ça!* Lass mich in Ruhe damit!/Komm mir nicht damit! *2. s'~ (fam: s'ennuyer)* sich langweilen
emblée [ɑ̃ble] *adv d'~* gleich
emblème [ɑ̃blɛm] *m* Sinnbild *n,* Wahrzeichen *n*
embobiner [ɑ̃bɔbine] *v 1.* aufwickeln, aufspulen; *2. ~ qn (fig)* jdn beschwatzen, einwickeln
emboîter [ɑ̃bwate] *v 1. (assembler)* zusammenstecken, zusammenfügen, ineinander stecken; *~ des tuyaux* Rohre zusammenfügen; *2. ~ le pas à qn* jdn auf den Fersen sein, jdn auf Schritt und Tritt verfolgen; *3. s'~* ineinander passen, sich ineinander fügen
embonpoint [ɑ̃bɔ̃pwɛ̃] *m* Bauch *m,* Leibesfülle *f; avoir de l'~* einen Bauch haben; *prendre de l'~* einen Bauch bekommen, einen Bauch ansetzen
embouche [ɑ̃buʃ] *f* Weide *f,* Fleischviehzucht *f*
embouchure [ɑ̃buʃyʀ] *f 1. (d'un fleuve)* Mündung *f; 2. (ouverture)* Öffnung *f; 3. MUS* Mundstück *n; 4. (du mors)* Mundstück *n,* Gebiss *n*
embourber [ɑ̃buʀbe] *v 1. s'~ (véhicule)* im Schlamm stecken, im Morast stecken; *2. s'~ (fig)* sich verstricken, sich verlieren, sich verheddern; *Il s'embourbe dans des explications maladroites.* Er verstrickt sich in fadenscheinige Erklärungen.
embout [ɑ̃bu] *m* Spitze *f,* Hülle *f,* Stutzen *m,* Mundstück *n; un ~ de parapluie* die Schirmspitze *f; l'~ d'une seringue* die Nadel einer Spritze *f*
embouteillage [ɑ̃butɛjaʒ] *m* Verkehrsstockung *f,* Stau *m*
embouteiller [ɑ̃butɛje] *v 1. (du vin)* abfüllen, abziehen; *2. (une rue)* verstopfen
embranchement [ɑ̃bʀɑ̃ʃmɑ̃] *m* Abzweigung *f,* Kreuzung *f*
embrasement [ɑ̃bʀazmɑ̃] *m 1. (incendie)* Feuersbrunst *f; 2. (illumination)* Anstrahlen *n,* Beleuchten *n; 3. (fig: exaltation)* Glut *f,* Feuer *n; 4. ~ des Alpes* Alpenglühen *n*
embraser [ɑ̃bʀaze] *v 1.* anzünden, in Brand stecken, erhitzen, versengen; *2. s'~ (fig)* Feuer fangen, sich entzünden, entbrennen, sich rot färben
embrassade [ɑ̃bʀasad] *f* heftige Umarmung *f,* stürmische Begrüßung *f*
embrasser [ɑ̃bʀase] *v 1.* küssen; *2. (étreindre)* umarmen; *3. ~ qc* etw ergreifen; *4. ~ d'un coup d'oeil* überblicken; *5. (fig: contenir)* umfassen, umschließen; *6. (fig: choisir)* ergreifen
embrasure [ɑ̃bʀazyʀ] *f ~ d'une fenêtre* Fensteröffnung *f*
embrayage [ɑ̃bʀɛjaʒ] *m (d'une voiture) TECH* Kupplung *f*
embrayer [ɑ̃bʀɛje] *v 1. (voiture)* schalten, kuppeln; *2. ~ sur qc (fig)* anfangen mit
embrigader [ɑ̃bʀigade] *v* einreihen, eingliedern, einteilen
embringuer [ɑ̃bʀɛ̃ge] *v (fam)* hineinziehen, verwickeln
embrocher [ɑ̃bʀɔʃe] *v* durchbohren
embrouillé [ɑ̃bʀuje] *adj* unklar, verworren
embrouillement [ɑ̃bʀujmɑ̃] *m* Gewirr *n*

E

embrouiller [ɑ̃bʀuje] *v 1.* verwirren; *2. s'~* sich verhaspeln; *3. (emmêler)* durcheinander werfen
embroussaillé [abʀusaje] *adj 1.* vom Gebüsch überwuchert, struppig, verfilzt; *2. (fig)* verworren
embruns [ɑ̃bʀœ̃] *m/pl* Gischt *f,* Sprühwasser *n*
embryon [ɑ̃bʀijɔ̃] *m 1. BIO* Embryo *m; 2. (fig)* Keim *m*
embûche [ɑ̃byʃ] *f* Falle *f*
embuer [ɑ̃bɥe] *v s'~ (vitre)* beschlagen
embuscade [ɑ̃byskad] *f* Hinterhalt *m,* Falle *f; tomber dans une ~* in einen Hinterhalt geraten;
éméché [emeʃe] *adj* angeheitert
émergence [emɛʀʒɑ̃s] *f* Austritt *m,* Austreten *n, (fig)* Auftauchen
émerger [emɛʀʒe] *v 1.* auftauchen, erscheinen; *~ de la brume* aus dem Nebel auftauchen; *2. (fig)* auftauchen, deutlich werden, sich zeigen
émérite [emeʀit] *adj* bedeutend, hervorragend, erfahren, verdient
émersion [emɛʀsjɔ̃] *f* Auftauchen *n,* Emporsteigen *n*
émerveillé [emɛʀvɛje] *adj* entzückt
émerveillement [emɛʀvɛjmɑ̃] *m 1.* Bewunderung *f; 2. (ravissement)* Entzücken *n*
émerveiller [emɛʀvɛje] *v 1.* verwundern; *2. s'~* staunen, verwundert sein
émetteur [emɛtœʀ] *m (radio, TV)* Sender *m*
émettre [emɛtʀ] *v irr 1.* strahlen; *2. (gaz, cri)* ausstoßen; *3. ~ un chèque FIN* einen Scheck ausstellen;
émeute [emøt] *f 1. POL* Aufruhr *m; 2. (mutinerie)* Meuterei *f*
émietter [emjɛte] *v 1. s'~* abbröckeln; *2. s'~ (pain)* krümeln
émigrant [emigʀɑ̃] *m 1.* Auswanderer *m; 2. (politique)* Emigrant *m*
émigration [emigʀasjɔ̃] *f* Auswanderung *f,* Emigration *f*
émigrer [emigʀe] *v* auswandern
émincer [emɛ̃se] *v GAST* in Scheiben schneiden; *~ des oignons* Zwiebeln schneiden
éminence [eminɑ̃s] *f 1. (monticule)* Erhebung *f,* Anhöhe *f; 2. (cardinal)* Eminenz *f*
éminent [eminɑ̃] *adj* überragend, ausgezeichnet
émirat [emiʀa] *m* Emirat *n*
émissaire [emisɛʀ] *m POL* Gesandte(r) *m/f*
émission [emisjɔ̃] *f 1.* Ausstoßen *n; 2. (à la radio, à la TV)* Sendung *f; 3. ~ d'actions FIN* Aktienausgabe *f; 4. (de radiations) PHYS* Emission *f*
emmagasiner [ɑ̃magazine] *v* einlagern
emmanchure [ɑ̃mɑ̃ʃyʀ] *f* Ärmelausschnitt *m,* Armausschnitt *m,* Armloch *n*
emmêler [ɑ̃mɛle] *v 1.* verwickeln; *2. (fig)* verwirren
emménager [ɑ̃menaʒe] *v (logement)* einziehen
emmener [ɑ̃m(ə)ne] *v 1.* wegbringen, fortbringen; *2. (personne)* mitnehmen; *3. (criminel)* abführen
emmerdant [ɑ̃mɛʀdɑ̃] *adj (fam)* beschissen, saublöd
emmerdement [ɑ̃mɛʀdəmɑ̃] *m avoir des ~s (fam)* Schwierigkeiten haben *f,* Ärger haben
emmerder [ɑ̃mɛʀde] *v 1. (fam)* jdm zum Hals raushängen, jdm auf den Wecker fallen, jdm auf den Geist gehen; *2. s'~ (fam)* sich zu Tode langweilen
emmurer [ɑ̃myʀe] *v* einmauern
émoi [emwa] *m* Unruhe *f*
émotif [emɔtif] *adj 1.* feinfühlig; *2. (susceptible)* leicht erregbar
émotion [emosjɔ̃] *f 1.* Aufregung *f; 2. (attendrissement)* Rührung *f; 3. (fig)* Erschütterung *f*
émousser [emuse] *v* abstumpfen
émoustiller [emustije] *v* anregen, in angeregte Stimmung versetzen
émouvant [emuvɑ̃] *adj 1.* erschütternd; *2. (saisissant)* herzergreifend; *3. (attendrissant)* rührend
émouvoir [emuvwaʀ] *v irr 1. s'~* sich aufregen; *2. (fig)* ergreifen, rühren
empaler [ɑ̃pale] *v* aufspießen
empaqueter [ɑ̃pakte] *v* einpacken
emparer [ɑ̃paʀe] *v 1. s'~ de MIL* einnehmen; *2. s'~ de qc (saisir)* etw an sich reißen
empêchement [ɑ̃pɛʃmɑ̃] *m 1.* Behinderung *f; 2. (obstacle)* Hindernis *n*
empêcher [ɑ̃peʃe] *v 1.* hindern; *~ de* verhindern; *2. s'~ de* sich etw verkneifen; *3. ~ qn de faire qc* jdm etw verwehren
empêcheur [ɑ̃pɛʃœʀ] *m ~ de tourner en rond* Störenfried *m*
empereur [ɑ̃pʀœʀ] *m* Kaiser *m*
empeser [ɑ̃pɔze] *v* stärken, steifen
empester [ɑ̃pɛste] *v* stinken
empêtrer [ɑ̃petʀe] *v s'~ dans* sich verstricken in
emphase [ɑ̃fɑz] *f* Pathos *n*

emphatique [ɑ̃fatik] *adj* hochtrabend
empiéter [ɑ̃pjete] *v* *1. (s'étendre)* vordringen, den Fuß auf etw setzen, sich ausbreiten; *~ sur le champ du voisin* auf das Feld des Nachbarn vordringen; *La mer empiète sur les côtes.* Das Meer dringt gegen die Küsten vor. *2. (usurper)* sich widerrechtlich bemächtigen, sich wiederrechtlich aneignen, widerrechtlich Besitz ergreifen; *~ sur les attributions de qn* jds Rechte beeinträchtigen, in jds Rechte eingreifen
empiler [ɑ̃pile] *v* stapeln
empire [ɑ̃piʀ] *m* *1.* Reich *n; 2. (pouvoir)* Macht *f; pas pour un ~* um keinen Preis der Welt
empirer [ɑ̃piʀe] *v* *s'~* sich verschlimmern, sich verschlechtern
empirique [ɑ̃piʀik] *adj* empirisch, auf Erfahrung beruhend
emplacement [ɑ̃plasmɑ̃] *m* *1.* Lage *f; 2. (lieu)* Platz *m; 3. (endroit)* Standort *m*
emplâtre [ɑ̃plɑtʀ] *m MED* Pflaster *n*
emplette [ɑ̃plɛt] *f* Einkauf *m,* Kauf *m,* Besorgungen *f/pl*
emplir [ɑ̃pliʀ] *v* füllen
emploi [ɑ̃plwa] *m* *1.* Verwendung *f; 2. (utilisation)* Gebrauch *m; 3. (maniement)* Handhabung *f; 4. (d'un appareil)* Einsatz *m; 5. (place)* Posten *m,* Stellung *f; 6. ~ de la violence/~ de la force* Gewaltanwendung *f; ~ abusif* Missbrauch *m; ~ du temps* Stundenplan *m; ~ prévu* Verwendungszweck *m; 7. (travail)* Arbeitsplatz *m,* Anstellung *f,* Stelle *f,* Beschäftigung *f*
employé(e) [ɑ̃plwaje] *m/f* Angestellte(r) *m/f; ~ de maison* Hausangestellter *m; ~ de banque* Bankangestellter *m; ~ des chemins de fer* Bahnbeamter *m; ~ de commerce* Kaufmann *m*

employer [ɑ̃plwaje] *v* *1.* benutzen, verwenden, gebrauchen; *Je m'y emploie de mon mieux.* Ich tue mein Bestes. *2. ~ qn (engager)* jdn beschäftigen, jdn anstellen; *3. (installer)* einsetzen

employeur [ɑ̃plwajœʀ] *m* Arbeitgeber *m*
empocher [ɑ̃pɔʃe] *v (fam)* einstecken, kassieren, einstreichen; *Il a empoché le gros lot.* Er hat das große Los gezogen.
empoigne [ɑ̃pwaɲ] *f* *C'est la foire d'~* Es herrscht ein wüstes Gerangel.
empoigner [ɑ̃pwaɲe] *v* *1.* packen, fassen; *2. (fig)* ergreifen, packen, erschüttern; *3. s'~ (fam)* aneinander geraten, Streit bekommen
empoisonnement [ɑ̃pwazɔnmɑ̃] *m* Vergiftung *f; ~ du sang* Blutvergiftung
emporté [ɑ̃pɔʀte] *adj* ungestüm, hitzig
emporter [ɑ̃pɔʀte] *v* *1. (chose)* mitnehmen; *2. (enlever)* wegbringen, wegtragen; *3. s'~* ereifern; *4. l'~ sur* siegen über; *l'~ sur qn* die Oberhand gewinnen über jdn, jdn in den Schatten stellen
empourprer [ɑ̃puʀpʀe] *v* *s'~* die Farbe von Purpur annehmen, purpurrot werden; *Son visage s'empourpra de honte.* Er wurde rot vor Scham./Er wurde schamrot.
empreindre [ɑ̃pʀɛ̃dʀ] *v irr (fig)* prägen
empreinte [ɑ̃pʀɛ̃t] *f* *1.* Abdruck *m,* Eindruck *m; 2. (trace)* Spur *f; 3. (fig)* Prägung *f; 4. ~ digitale* Fingerabdruck *m*
empressé [ɑ̃pʀese] *adj* *1.* geschäftig; *2. (dévoué)* dienstbeflissen
empressement [ɑ̃pʀɛsmɑ̃] *m* *1.* Bemühung *f; 2. (obligeance)* Zuvorkommenheit *f*
empresser [ɑ̃pʀese] *v* *s'~ de* sich beeilen
emprise [ɑ̃pʀiz] *f* Einfluss *m,* Autorität *f,* Macht *f; avoir de l'~ sur qn* auf jdn Einfluss ausüben; *être sous l'~ de qn* unter jds Einfluss stehen
emprisonnement [ɑ̃pʀizɔnmɑ̃] *m* *1. JUR* Haft *f; ~ à vie* lebenslängliche Haft *f; 2. MIL* Gefangenschaft *f*
emprisonner [ɑ̃pʀizɔne] *v* *1.* einsperren; *2. (faire prisonnier)* gefangen nehmen
emprunté [ɑ̃pʀœ̃te] *adj* *1.* geborgt, entlehnt, angenommen; *2. (fig)* linkisch, verlegen, gehemmt
emprunter [ɑ̃pʀœ̃te] *v* *1.* borgen, leihen, entnehmen; *2. (imiter)* entlehnen, übernehmen; *3. (prendre)* nehmen; *4. (utiliser)* benutzen
ému [emy] *adj* *1.* aufgeregt; *2. (fig)* gerührt
émulation [emylasjɔ̃] *f* Wetteifer *m,* Wettstreit *m*

en [ɑ̃] *prep* *1. (local)* in, nach, an, auf; *~ vouloir à qn* jdm gegenüber nachtragend sein; *2. (complément circonstanciel)* bei; *une montre ~ or* eine goldene Uhr *f; mettre ~ doute* in Zweifel ziehen; *3. ~ sus de* zuzüglich; *adv* *4. (local)* davon; *J'~ viens.* Ich komme von dort. *5. ~ tant que* als

encadrement [ɑ̃kadʀəmɑ̃] *m* Einfassung *f,* Umrahmung *f*
encadrer [ɑ̃kɑdʀe] *v* einfassen, einrahmen
encaissement [ɑ̃kɛsmɑ̃] *m* *1. FIN* Inkasso *n; 2. (d'argent, d'impôts) ECO* Einzug *m; 3. (d'une vallée)* Einengung *f*

E

encaisser [ãkɛse] *v 1.* einkassieren; *~ un chèque* einen Scheck einlösen; *2. (percevoir)* einnehmen; *3. (traite) ECO* einziehen; *4. (des coups)* einstecken, hinnehmen, *(fam)* kassieren
encart [ãkaʀ] *m* Beilage *f*
en-cas [ãkɑ] *m GAST* Zwischenmahlzeit *f,* Proviant *m*
encastrement [ãkastʀəmã] *m* Einbau *m*
encaustique [ãkostik] *f* Bohnerwachs *n*
encaustiquer [ãkostike] *v 1.* wachsen, polieren; *2. (cirer)* bohnern
encaver [ãkave] *v (du vin)* einkellern
enceindre [ãsɛ̃dʀ] *v irr* einschließen, umschließen, umgeben
enceinte[1] [ãsɛ̃t] *adj* schwanger
enceinte[2] [ãsɛ̃t] *f 1. (enclos)* Gehege *n; 2. (remparts)* Stadtmauer *f*
encenser [ãsãse] *v 1. REL* beweihräuchern, mit Weihrauch erfüllen; *2. ~ qn (fig: flatter)* jdm schmeicheln, jdn preisen
encercler [ãsɛʀkle] *v* einkreisen, umkreisen, umzingeln, einrahmen
enchaînement [ãʃɛnmã] *m* Verkettung *f*
enchaîner [ãʃene] *v 1.* verketten; *2. (fig: des pensées)* aneinander reihen; *3. s'~* ineinander greifen
enchanté [ãʃãte] *adj 1.* entzückt; *2. (réjoui)* erfreut, hocherfreut; *~ de faire votre connaissance* sehr erfreut, Sie kennen zu lernen; *3. (magique)* verzaubert
enchantement [ãʃãtmã] *m 1.* Bezauberung *n; 2. (magie)* Zauber *m*
enchanter [ãʃãte] *v 1.* bezaubern, verzaubern; *2. (réjouir)* erfreuen
enchères [ãʃɛʀ] *f/pl* Gebot *n,* Versteigerung *f; vendre aux ~* versteigern; *acheter aux ~* ersteigern
enchevêtrer [ãʃəvetʀe] *v 1. (emmêler)* verwirren, verwickeln; *~ des fils de plusieurs couleurs* Fäden verschiedener Farben ineinander verwickeln; *2. s'~* sich verwirren, sich verwickeln, schwirren
enclaver [ãkave] *v* einschließen, umschließen
enclencher [ãklãʃe] *v 1. (mettre en marche) TECH* auslösen, in Gang setzen, einschalten; *2. (fig)* loslösen, in Gang bringen, auslösen; *~ une affaire* eine Affäre lostreten
enclin [ãklɛ̃] *adj être ~ à* neigen zu, geneigt sein zu; *peu ~ à* abgeneigt von
enclos [ãklo] *m* Umzäunung *f*
enclume [ãklym] *f TECH* Amboss *m; 2. être entre l'~ et le marteau (fig)* zwischen Hammer und Amboss sein *m*
encoignure [ãkwaɲyʀ] *f* Ecke *f,* Winkel *m*
encolure [ãkɔlyʀ] *f* Hals *m,* Halsweite *f,* Halsausschnitt *m*
encombrant [ãkɔ̃bʀã] *adj* sperrig, unhandlich
encombre [ãkɔ̃bʀ] *adv sans ~* unbehindert, ohne Zwischenfälle
encombré [ãkɔ̃bʀe] *adj* verstopft
encombrement [ãkɔ̃bʀəmã] *m 1.* Stauung *f; 2. (embouteillage)* Verkehrsstau *m; 3. (surcharge)* Überfüllung *f*
encombrer [ãkɔ̃bʀe] *v 1.* versperren, verstopfen; *2. s'~* sich belasten
encontre [ãkɔ̃tʀ] *prep à l'~ de* im Gegensatz zu, entgegen
encorder [ãkɔʀde] *v* anseilen
encore [ãkɔʀ] *adv 1.* noch; *~ une fois* nochmals; *2. (à nouveau)* wieder; *konj 3. ~ que* obgleich
encouragement [ãkuʀaʒmã] *m 1. (fig)* Anfeuerung *f; 2. (soutien)* Förderung *f*
encourager [ãkuʀaʒe] *v* aufmuntern, ermutigen
encrassement [ãkʀasmã] *m* Verstopfung *f,* Verschmutzung *f*
encrasser [ãkʀase] *v* verschmutzen, verstopfen
encre [ãkʀ] *f* Tinte *f; Cette affaire a fait couler beaucoup d'~.* Die Zeitungen waren voll davon. *~ de Chine* Tusche *f*
encroûter [ãkʀute] *v 1.* mit einer Kruste überziehen, *2. (fig)* verknöchern lassen, abstumpfen lassen;
endetter [ãdɛte] *v ECO* verschulden
endiablé [ãdjable] *adj* teuflisch, feurig, wild; *une danse au rythme ~* ein teuflisch schneller Tanz *m*
endiguer [ãdige] *v* dämmen, eindämmen
endoctriner [ãdɔktʀine] *v* indoktrinieren,
endolorir [ãdɔlɔʀiʀ] *v 1.* Schmerzen verursachen, *2. (fig)* schmerzen, betrüben
endommagement [ãdɔmaʒmã] *m* Beschädigung *f*
endommager [ãdɔmaʒe] *v* beschädigen
endormir [ãdɔʀmiʀ] *v irr 1. s'~* einschlafen; *Ce n'est pas le moment de s'~!* Das ist nicht der richtige Augenblick, um zu schlafen! *2. MED* betäuben, einschläfern
endosser [ãdɔse] *v 1. (un vêtement)* anziehen, überziehen; *2. (assumer)* etw auf sich nehmen, etw übernehmen; *3. (traite) ECO* übertragen

endroit [ɑ̃dʀwa] *m* *1. (lieu)* Ort *m,* Platz *m,* Stelle *f; en quel ~* wo; *~ touristique* Ausflugsort *m; 2. (place)* Fleck *; 3. à l'~* gegenüber; *4. par ~s* stellenweise, an manchen Stellen
enduire [ɑ̃dɥiʀ] *v irr 1.* bestreichen, schmieren; *2. ~ de crépi (mur)* verputzen
enduit [ɑ̃dɥi] *m 1.* Belag *m; 2. (crépi)* Putz *m,* Verputz *m*
endurance [ɑ̃dyʀɑ̃s] *f 1.* Ausdauer *f; 2. (endurcissement)* Belastbarkeit *f; 3. (résistance)* Widerstandsfähigkeit *f*
endurant [ɑ̃dyʀɑ̃] *adj* ausdauernd
endurcir [ɑ̃dyʀsiʀ] *v 1.* abhärten; *2. s'~* sich abhärten, hart werden,
endurcissement [ɑ̃dyʀsismɑ̃] *m* Abhärtung *f, (fig)* Abstumpfung *f*
endurer [ɑ̃dyʀe] *v* ertragen, leiden, dulden
énergétique [enɛʀʒetik] *adj 1. ECO* Energie...; *les ressources ~s d'un pays* die Energievorräte eines Landes *pl; 2. (aliment)* nahrhaft
énergie [enɛʀʒi] *f 1.* Energie *f; ~ nucléaire PHYS* Kernenergie *f; ~ solaire* Sonnenenergie *f; ~s renouvelables pl BIO* erneuerbare Energien *pl; 2. (force)* Kraft *f; 3. (fig)* Schwung *m,* Elan *m*
énergique [enɛʀʒik] *adj 1.* energisch; *2. (résolu)* tatkräftig; *3. (insistant)* nachdrücklich
énervant [enɛʀvɑ̃] *adj* aufregend, nervend *(fam)*
énerver [enɛʀve] *v 1.* reizen, irritieren; *2. s'~* sich aufregen, sich erregen; *3. ~ qn* jdn aufregen
enfance [ɑ̃fɑ̃s] *f 1.* Kindheit *f; ami d'~ m* Kinderfreund *m; 2. (fig)* Anfänge *m/pl*

enfant [ɑ̃fɑ̃] *m* Kind *n; Ne fais pas l'~!* Sei nicht kindisch! *avoir l'air bon ~* gutmütig aussehen; *~ adoptif* Adoptivkind *n; ~ gâté* verwöhntes Kind *n; ~ en nourrice* Pflegekind *n; ~ prodige* Wunderkind *n; ~ de choeur REL* Ministrant(in) *m/f*

enfanter [ɑ̃fɑ̃te] *v* gebären
enfantin [ɑ̃fɑ̃tɛ̃] *adj 1.* kindisch; *2. (d'enfant)* kindlich; *3. (facile)* kinderleicht
enfer [ɑ̃fɛʀ] *m* Hölle *f*
enfermer [ɑ̃fɛʀme] *v 1.* einschließen, einsperren; *2. s'~* sich einschließen
enferrer [ɑ̃fɛʀe] *v (fig)* sich in Widersprüche verwickeln
enfilade [ɑ̃filad] *f 1.* Reihe *f,* Menschenkette *f; 2. pièces en ~* lange Reihe *f,* Flucht *f*
enfiler [ɑ̃file] *v 1.* auffädeln, einfädeln; *~ une aiguille* eine Nadel einfädeln; *2. (vêtements)* überziehen; *3. (une rue)* einschlagen; *4. s'~ (fam)* hinunterkippen, runterkippen,
enfin [ɑ̃fɛ̃] *adv 1.* endlich, schließlich; *Enfin, pas que je sache.* Wenigstens soviel ich weiß. *2. (en fin de compte)* zuletzt
enflammer [ɑ̃flame] *v 1.* anzünden; *s'~* sich entzünden; *2. (échauffer)* begeistern
enflé [ɑ̃fle] *adj 1.* geschwollen; *2. (fig)* hochmütig, übermäßig stolz
enfler [ɑ̃fle] *v 1.* anschwellen; *2. (gonfler)* aufbauschen
enflure [ɑ̃flyʀ] *f 1. MED* Beule *f,* Schwellung *f; 2. (exagération)* Aufgeblasenheit *f,* Hochmut *m; m 3. (fam)* Trottel *m*
enfoiré [ɑ̃fwaʀe] *adj (fam)* Arschloch *n*
enfoncer [ɑ̃fɔ̃se] *v 1.* einschlagen; *2. s'~* versinken; *2. (fam)* schlagen, ausschlagen, übertreffen
enfouir [ɑ̃fwiʀ] *v* vergraben
enfourcher [ɑ̃fuʀʃe] *v (un cheval)* besteigen
enfourner [ɑ̃fuʀne] *v 1. (mettre dans un four)* in den Ofen schieben; *~ le pain* das Brot in den Ofen schieben; *~ un objet en céramique* die Keramik in den Ofen schieben; *2. (fig)* verschlingen, einschieben, stopfen; *Il a enfourné le gâteau tout entier.* Er hat den ganzen Kuchen verschlungen.
enfreindre [ɑ̃fʀɛ̃dʀ] *v irr* übertreten, verstoßen, verletzen
enfuir [ɑ̃fɥiʀ] *v irr 1. s'~* entfliehen, fliehen; *2. s'~ (s'évader)* entkommen; *3. s'~ (prendre la fuite)* flüchten; *4. s'~ (temps)* verfliegen
engagé [ɑ̃gaʒe] *adj 1.* engagiert; *2. (employé)* angestellt
engageant [ɑ̃gaʒɑ̃] *adj* verführerisch
engagement [ɑ̃gaʒmɑ̃] *m 1.* Verpflichtung *f,* Verbindlichkeit *f; prendre un ~* eine Verpflichtung eingehen; *2. (embauche)* Einstellung *f; 3. (promesse)* Versprechen *n*
engager [ɑ̃gaʒe] *v 1.* einstellen; *2. (obliger)* verpflichten; *Cela n'engage à rien.* Das verpflichtet zu nichts. *s'~ dans* sich einlassen auf; *~ qn* jdn engagieren; *3. ~ qn dans qc (fig)* jdn in etw verwickeln; *~ son argent (fig)* sein Geld investieren; *4. (introduire)* einleiten; *5. (commencer)* beginnen, aufnehmen; *6. (inciter)* veranlassen, bitten
engendrer [ɑ̃ʒɑ̃dʀe] *v 1. (procréer)* erzeugen, hervorbringen, verursachen; *2. (produire)* hervorbringen
engin [ɑ̃ʒɛ̃] *m* Gerät *n; ~ explosif* Sprengkörper *m*

E

englober [ɑ̃glɔbe] *v* umfassen, beinhalten
engloutir [ɑ̃glutiʀ] *v* *1.* hinunterschlucken, *2. (faire disparaître)* zerstören, vernichten
engouer [ɑ̃gwe] *v s'~ de qc* für etw schwärmen, sich für etw begeistern
engouffrer [ɑ̃gufʀe] *v* *1.* hineinstecken; *2. (dévorer)* verschlingen, *(fam)* verputzen; *3. s'~* sich ergießen, einbrechen
engourdi [ɑ̃guʀdi] *adj (doigts)* klamm
engourdir [ɑ̃guʀdiʀ] *v (fig)* abstumpfen
engourdissement [ɑ̃guʀdismɑ̃] *m* *1.* Betäubung *f,* Einschlafen *n; 2. (fig)* Betäubung *f,* Erschlaffung *f*
engrais [ɑ̃gʀɛ] *m AGR* Dünger *m; mettre de l'~* düngen
engraisser [ɑ̃gʀɛse] *v* *1.* mästen; *2. (grossir)* dick werden
engranger [ɑ̃gʀɑ̃ʒe] *v* *1.* einfahren, einbringen; *2. (fig)* horten
engrenage [ɑ̃gʀənaʒ] *m* *1. TECH* Getriebe *n; 2. ~s pl* Triebwerk *n; 3. (fig)* Räderwerk *n,* Maschinerie *f*
engrener [ɑ̃gʀəne] *v s'~ (fig)* ineinander greifen
engrosser [ɑ̃gʀose] *v (fam)* schwängern
engueulade [ɑ̃gœlad] *f (fam)* Anpfiff *m*
engueuler [ɑ̃gœle] *v* *1. (fam: crier)* anbrüllen; *~ qn* jdn anschnauzen; *2. (fam: enguirlander)* beschimpfen
enguirlander [ɑ̃giʀlɑ̃de] *v (fam)* anbrüllen
enhardir [ɑ̃aʀdiʀ] *v* *1.* ermutigen, ermuntern, bestärken; *Le succès l'a enhardi.* Der Erfolg hat ihn bestärkt. *2. s'~* mutiger werden, sicherer werden
énième [enjɛm] *adj* x-te; *pour la ~ fois* zum x-ten Mal
énigmatique [enigmatik] *adj* rätselhaft
énigme [enigm] *f* Rätsel *n; se trouver devant une ~* vor einem Rätsel stehen; *le mot de l'~* des Rätsels Lösung *f*
enivrant [ɑ̃nivʀɑ̃] *adj* *1.* berauschend, betäubend, hinreißend; *2. (fig)* begeisternd
enivrement [ɑ̃nivʀəmɑ̃] *m* *1.* Rausch *m,* Begeisterungsrausch *m; 2. (ivresse)* Trunkenheit *f*
enjambée [ɑ̃ʒɑ̃be] *f* Schritt *m*
enjamber [ɑ̃ʒɑ̃be] *v* überschreiten, überspringen, überspannen;
enjeu [ɑ̃ʒø] *m* Einsatz *m*
enjoindre [ɑ̃ʒwɛ̃dʀ] *v irr* ausdrücklich befehlen, vorschreiben
enjôler [ɑ̃ʒole] *v* umgarnen
enjoliver [ɑ̃ʒɔlive] *v* verzieren
enjoué [ɑ̃ʒwe] *adj* lustig
enjouement [ɑ̃ʒumɑ̃] *m* Heiterkeit *f*
enlacer [ɑ̃lase] *v* umarmen
enlaidir [ɑ̃lɛdiʀ] *v* verunstalten
enlèvement [ɑ̃lɛvmɑ̃] *m* Entführung *f; ~ des ordures ménagères* Abfallbeseitigung *f*
enlever [ɑ̃lɛve] *v* *1.* abziehen, entfernen, abmachen, abnehmen; *2. (vêtements)* ausziehen; *3. (personne)* entführen; *4. JUR* wegnehmen; *5. (dégâts)* beheben; *6. (écarter)* beseitigen; *~ le voile (monument)* enthüllen; *7. (débarrasser)* räumen
enliser [ɑ̃lize] *v s'~* stecken bleiben
enluminer [ɑ̃lymine] *v ART* ausmalen, illuminieren, kolorieren
enneigé [ɑ̃nɛʒe] *adj* schneebedeckt, verschneit, eingeschneit
enneigement [ɑ̃nɛʒmɑ̃] *m* Schneehöhe *f,* Schneeverhältnisse *n/pl*
ennemi [ɛn(ə)mi] *m* *1.* Feind *m,* Gegner *m; C'est son pire ~.* Das ist sein ärgster Feind. *~ juré* Todfeind *m; adj 2.* feindlich, gegnerisch
ennoblir [ɑ̃nɔbliʀ] *v* adeln, auszeichnen
ennui [ɑ̃nɥi] *m* *1.* Langeweile *f; mourir d'~* vor Langeweile umkommen; *2. (lassitude)* Verdruss *m; 3. ~s pl* Unannehmlichkeit *f*
ennuyé [ɑ̃nɥije] *adj* gelangweilt
ennuyer [ɑ̃nɥije] *v* *1. s'~* sich langweilen; *2. s'~ de* sich sehnen nach
ennuyeux [ɑ̃nɥijø] *adj* *1.* langweilig; *2. (contrariant)* verdrießlich; *3. (fig)* öde
énoncé [enɔ̃se] *m* Ausdruck *m,* Text *m,* Darlegung *f,* Äußerung *f; l'~ d'un problème* die Darlegung eines Problems *f,* die Aufgabenstellung *f; l'~ des faits* der Sachverhalt *m*
énoncer [enɔ̃se] *v* vorbringen, ausdrücken
énorme [enɔʀm] *adj* *1.* unermesslich; *2. (immense)* riesengroß; *3. (géant)* riesig
énormité [enɔʀmite] *f* *1.* Größe *f,* Ausmaß *n; l'~ d'un bâtiment* die riesigen Ausmaße eines Gebäudes *pl; L'~ de son crime l'effraya.* Die Ungeheuerlichkeit seines Verbrechens erschreckte ihn. *2. (parole)* Ungeheuerlichkeit *f,* Frechheit *f,* Blödsinn *m; dire des ~s* Unsinn erzählen
enquérir [ɑ̃keʀiʀ] *v irr s'~ de qc* sich nach etw erkundigen, sich über etw informieren
enquête [ɑ̃kɛt] *f* *1.* Umfrage *f; 2. (recherches)* Erhebung *f; 3. JUR* Ermittlung *f*
enquêter [ɑ̃kete] *v* *1.* nachgehen, erforschen; *2. JUR* untersuchen, ermitteln
enquiquiner [ɑ̃kikine] *v (fam)* jdn lästig fallen, auf die Nerven gehen
enraciner [ɑ̃ʀasine] *v s'~* Wurzeln schlagen

enragé [ãʀaʒe] *adj 1. (passionné)* leidenschaftlich; *2. (atteint de la rage)* wütend, besessen; rasend
enrayer [ãʀɛje] *v* aufhalten, bremsen, Einhalt gebieten
enregistré [ãʀəʒistʀe] *adj* eingetragen, registriert
enregistrement [ãʀəʒistʀəmã] *m 1.* Eintrag *m; 2. (inscription)* Einschreibung *f; 3. (prise de notes)* Aufzeichnung *f; 4. ~ des bagages* Gepäckannahme *f; 5. ~ des données INFORM* Datenerfassung *f*
enregistrer [ãʀəʒistʀe] *v 1.* verzeichnen, aufzeichnen; *2. (douane)* abfertigen; *3. (bande magnétique)* aufzeichnen, aufnehmen; *4. (passager d'un vol)* einchecken; *5. (noter)* registrieren; *6. (inscrire)* eintragen, buchen
enrhumer [ãʀyme] *v s'~* sich erkälten
enrichir [ãʀiʃiʀ] *v 1.* reich machen; *2. (minéral)* anreichern; *3. s'~* reich werden
enrichissant [ãʀiʃisã] *adj* Gewinn bringend, nutzbringend, lohnend
enrober [ãʀɔbe] *v 1.* umwickeln, einwickeln, verpacken; *~ un bonbon de chocolat* ein Bonbon mit Schokolade umhüllen; *2. (fig)* verpacken, einhüllen; *~ un reproche dans une phrase aimable* die Vorwürfe in einen freundlichen Satz verpacken
enrôler [ãʀole] *v* anwerben; *s'~* beitreten
enroué [ãʀwe] *adj* heiser
enrouement [ãʀumã] *m MED* Heiserkeit *f*
enrouler [ãʀule] *v* wickeln
ensabler [ãsable] *v 1.* versanden, auf eine Sandbank laufen, im Sand stecken bleiben; *2. s'~* versanden, mit Sand verweht werden, im Sand versinken
ensacher [ãsaʃe] *v* in Säcke füllen, in Säcke packen, in Tüten füllen
ensanglanté [ãsãglãte] *adj* blutig
enseignant(e) [ãsɛɲã(t)] *m/f (à l'école primaire)* Lehrer(in) *m/f*
enseignement [ãsɛɲmã] *m 1.* Unterricht *m; ~ supérieur* Hochschulwesen *n; 2. (doctrine)* Lehre *f,* Lehrsatz *m*
enseigner [ãseɲe] *v* lehren, unterrichten
ensemble [ãsãbl] *m 1.* Ganzes *n; 2. (totalité)* Gesamtheit *f; 3. (de vêtements)* Kombination *f; 4. ARCH* Komplex *m; adv 5.* miteinander, zusammen, beisammen
ensevelir [ãsəv(ə)liʀ] *v* vergraben
ensoleillé [ãsɔleje] *adj* sonnig, heiter
ensommeillé [ãsɔmeje] *adj* schläfrig
ensorceler [ãsɔʀsəle] *v* verzaubern
ensuite [ãsɥit] *adv 1.* dann; *2. (temporel)* darauf, anschließend
ensuivre [ãsɥivʀ] *v irr s'~* sich ergeben
entacher [ãtaʃe] *v* beflecken, beschmutzen, besudeln
entaille [ãtaj] *f 1.* Schnitt *m,* Einschnitt *m; faire une ~ dans* anschneiden; *2. (encoche)* Kerbe *f; 3. MED* Schnittwunde *f*
entailler [ãtaje] *v* einschneiden, einkerben
entamer [ãtame] *v 1.* anbrechen; *2. (fig: affaire)* einfädeln; *3. (commencer)* einleiten; *4. (attaquer)* angreifen
entassement [ãtasmã] *m* Anhäufung *f,* Häufung *f*
entasser [ãtɑse] *v* anhäufen, aufhäufen
entendement [ãtãdmã] *m* Verstand *m*

entendre [ãtãdʀ] *v irr 1.* hören; *se faire ~* sich Gehör verschaffen; *On ne s'entend pas parler.* Man hört sein eigenes Wort nicht. *J'en ai entendu parler.* Ich habe davon gehört. *Qu'entendez-vous par là?* Was verstehen Sie darunter?/Was meinen Sie damit? *2. s'~ avec qn* sich mit jdm verständigen; *3. s'~ avec qn (s'accorder)* mit jdm auskommen, sich mit jdm verstehen; *4. bien s'~* sich gut vertragen; *5. JUR* vernehmen, verhören; *6. s'~ (se met-tre d'accord)* sich einigen

entendu [ãtãdy] *adj 1.* einverstanden; *C'est ~!* Abgemacht! *2. (compréhensif)* verständnisvoll
entente [ãtãt] *f 1.* Verständigung *f; ~ des peuples* Völkerverständigung *f; 2. (accord)* Einvernehmen *n*
entériner [ãteʀine] *v* bestätigen, billigen, akzeptieren
enterrement [ãtɛʀmã] *m* Beerdigung *f,* Begräbnis *n*
enterrer [ãteʀe] *v 1.* begraben; *2. (mort)* bestatten, beerdigen; *3. (chose)* vergraben
entêtant [ãtɛtã] *adj* berauschend, zu Kopf steigend, bezaubernd; *un parfum ~* ein berauschendes Parfum *n; un air de musique ~* ein bezauberndes Musikstück *n*
entêté [ãtete] *m 1.* Dickkopf *m; adj 2. (récalcitrant)* eigensinnig, eigenwillig; *3. (obstiné)* störrisch; *4. (boudeur)* trotzig
entêtement [ãtɛtmã] *m 1.* Eigensinn *m; 2. (ténacité)* Hartnäckigkeit *f; 3. (obstination)* Starrsinn *m*
entêter [ãtete] *v s'~* bestehen auf, beharren auf, sich versteifen auf; *s'~ à faire qc* etw unbedingt tun wollen; *s'~ dans qc* sich auf

E

etw versteifen; *Il s'entête dans son refus.* Er beharrt auf seiner Weigerung.
enthousiasme [ɑ̃tuzjasm] *m* Begeisterung *f*
enthousiasmer [ɑ̃tuzjasme] *v 1. ~ qn* jdn begeistern; *2. s'~ pour* schwärmen von, schwärmen für
enthousiaste [ɑ̃tuzjast] *adj 1.* lebhaft, begeistert; *2. (exalté)* schwärmerisch

E

enticher [ɑ̃tiʃe] *v s'~ de qn/qc* für jdn/für etw schwärmen, sich für jdn/etw begeistern
entier [ɑ̃tje] *adj 1.* ganz, voll, völlig; *2. (intact)* heil
entièrement [ɑ̃tjɛʀmɑ̃] *adv* ganz und gar
entonnoir [ɑ̃tɔnwaʀ] *m* Trichter *m*
entorse [ɑ̃tɔʀs] *f MED* Verstauchung *f*
entortiller [ɑ̃tɔʀtije] *v* einwickeln; *s'~ autour de* sich schlingen um
entour [ɑ̃tuʀ] *m à l'~* ringsum
entourage [ɑ̃tuʀaʒ] *m 1.* Umgebung *f; 2. (de personnes)* Umgebung *f,* Kreis *m*
entourer [ɑ̃tuʀe] *v 1.* umkreisen; *2. ~ de* umgeben mit; *3. (aider)* beistehen
entourloupe [ɑ̃tuʀlup] *f faire une ~ à qn (fam)* jdm einen Streich spielen
entracte [ɑ̃tʀakt] *m 1.* Zwischenakt *m; 2. THEAT* Pause *f*
entraide [ɑ̃tʀɛd] *f* gegenseitige Hilfe *f,* Unterstützung *f*
entraider [ɑ̃tʀede] *v s'~* einander helfen, sich gegenseitig beistehen, unterstützen
entrailles [ɑ̃tʀɑj] *f/pl ANAT* Eingeweide *pl*
entrain [ɑ̃tʀɛ̃] *m* Fröhlichkeit *f,* Schwung *m; avec ~* schwungvoll; *plein d'~* temperamentvoll
entraînant [ɑ̃tʀɛnɑ̃] *adj* mitreißend
entraînement [ɑ̃tʀɛnmɑ̃] *m 1.* Begeisterung *f; 2. (exercice)* Übung *f; 3. SPORT* Training *n; 4. TECH* Antrieb *m*
entraîner [ɑ̃tʀene] *v 1.* üben, trainieren; *Cela nous ~ait trop loin.* Das würde zu weit führen. *2. (dresser)* drillen; *3. s'~* trainieren, üben; *4. (emmener)* mit sich ziehen; *5. (pousser)* zu etw veranlassen, verleiten, überreden; *6. TECH* antreiben
entraîneur [ɑ̃tʀɛnœʀ] *m* Trainer *m*
entraîneuse [ɑ̃tʀɛnøz] *f* Animierdame *f,* Animiermädchen *n*
entrapercevoir [ɑ̃tʀapɛʀsəvwaʀ] *v irr* flüchtig sehen, undeutlich wahrnehmen
entrave [ɑ̃tʀav] *f 1.* Fessel *f,* Eisen *n; mettre des ~s à un cheval* einem Pferd Fesseln anlegen; *un prisonnier chargé d'~s* ein Gefangener in Eisen *m; 2. (fig)* Behinderung *f,* Hindernis *n,* Bremse *f; une ~ à la circulation* eine Verkehrsbehinderung *f*
entraver [ɑ̃tʀave] *v 1.* hindern; *2. (empêcher)* unterbinden
entre [ɑ̃tʀ] *prep* zwischen
entrebâiller [ɑ̃tʀəbɑje] *v (porte)* anlehnen
entrecroiser [ɑ̃tʀəkʀwaze] *v* verschränken
entre-deux [ɑ̃tʀədø] *m (fig: solution)* Lösung *f,* Einigung *f; négocier un ~* eine Einigung aushandeln
entrée [ɑ̃tʀe] *f 1.* Eingang *m,* Einfahrt *f; ~ principale* Haupteingang *m; 2. (accès)* Zugang *m,* Zutritt *m; 3. (à un parti, à un club)* Beitritt *m,* Eintritt *m; 4. (vestibule)* Diele *f,* Flur *m; 5. (dans un pays)* Einreise *f; 6. (dans un autobus)* Einstieg *m; 7. faire son ~* seinen Einzug halten; *8. ~ en fonctions* Amtsantritt *m; 9. ~ en vigueur* In-Kraft-Treten *n; 10. GAST* Vorspeise *f; 11. (de données informatiques) INFORM* Eingabe *f; 12. ~ en scène THEAT* Auftritt *m*
entrefaites [ɑ̃tʀəfɛt] *f/pl sur ces ~* in diesem Augenblick, dann
entrejambe [ɑ̃tʀəʒɑ̃b] *m (d'un pantalon)* Schritt *m*
entrelacement [ɑ̃tʀəlasmɑ̃] *m* Verflechtung *f*
entrelarder [ɑ̃tʀəlaʀde] *v* spicken
entremêler [ɑ̃tʀəmele] *v* einflechten; *~ de* untermengen
entremets [ɑ̃tʀəmɛ] *m ~ sucré GAST* Süßspeise *f*
entremetteur [ɑ̃tʀəmɛtœʀ] *m* Unterhändler *m*
entremise [ɑ̃tʀəmiz] *f 1. (médiation)* Vermittlung *f; 2. par l'~ de qn* durch die Vermittlung, durch die Fürsprache
entreposer [ɑ̃tʀəpoze] *v* einlagern, speichern, lagern
entrepôt [ɑ̃tʀəpo] *m 1.* Depot *n,* Lager *n; 2. (réserve)* Speicher *m*
entreprenant [ɑ̃tʀəpʀənɑ̃] *adj 1.* unternehmungslustig; *2. (fig)* dreist, aufdringlich
entreprendre [ɑ̃tʀəpʀɑ̃dʀ] *v irr 1.* unternehmen; *2. (faire)* vornehmen; *3. ~ qn* jdn zu beeinflussen versuchen
entrepreneur [ɑ̃tʀəpʀənœʀ] *m 1.* Unternehmer *m; 2. ~ de travaux publics* Bauunternehmer *m*
entreprise [ɑ̃tʀəpʀiz] *f 1.* Unternehmung *f; 2. (firme)* Unternehmen *n,* Firma *f,* Betrieb *m; à l'intérieur de l'~* innerbetrieblich; *~ de construction* Bauunternehmen *n; ~ industrielle* Industrieunternehmen *n; ~ artisanale*

Handwerksbetrieb *m; 3. (société) ECO* Gesellschaft *f; 4. (fig)* Schritt *m*
entrer [ɑ̃tʀe] *v 1.* eintreten; *faire ~* einlassen, hereinlassen; *~ en collision avec* zusammenstoßen mit; *2. (pénétrer)* hereinkommen; *3. ~ à (parti politique)* beitreten; *4. ~ dans* betreten, hineingehen; *5. (dans un pays)* einreisen; *6. (données) INFORM* eingeben; *7. ~ en scène THEAT* auftreten
entre-temps [ɑ̃tʀətɑ̃] *adv* zwischendurch, inzwischen, mittlerweile

entretenir [ɑ̃tʀətəniʀ] *v irr 1.* pflegen; *2. (discuter)* unterhalten; *s'~ avec qn* sich mit jdm unterhalten; *3. (machine)* warten, in Stand halten

entretien [ɑ̃tʀətjɛ̃] *m 1.* Pflege *f; 2. (conversation)* Unterhaltung *f; 3. (conférence)* Unterredung *f,* Besprechung *f,* Gespräch *n; 4. premier ~* Vorstellungsgespräch *n; 5. (maintenance)* Erhaltung *f,* Instandhaltung *f; 6. TECH* Wartung *f,* Unterhalt *m*
entrevoir [ɑ̃tʀəvwaʀ] *v irr 1.* kurz sehen, erahnen; *2. (fig)* ahnen, erahnen, vermuten; *~ des difficultés* Schwierigkeiten erahnen; *laisser ~ une solution à qn* jdm eine Lösung andeuten
entrevue [ɑ̃tʀəvy] *f* Interview *n,* Gespräch *n,* Befragung *f; solliciter une ~* um ein Interview bitten
entrez [ɑ̃tʀe] *interj* herein
entrouvrir [ɑ̃tʀuvʀiʀ] *v irr 1. (porte)* anlehnen; *2. s'~* halb aufgehen, einen Spalt weit aufgehen, sich halb öffnen
entuber [ɑ̃tybe] *v (fam)* übers Ohr hauen
énumération [enymeʀasjɔ̃] *f* Aufzählung *f,* Liste *f,* Katalog *m; faire l'~ de qc* etw aufzählen
énumérer [enymeʀe] *v* aufzählen
envahir [ɑ̃vaiʀ] *v 1.* überfallen; *envahi par (foule)* überlaufen; *2. (pulluler)* überwuchern; *3. MIL* einfallen
envahissant [ɑ̃vaisɑ̃] *adj* zudringlich, aufdringlich, überhand nehmend
envahissement [ɑ̃vaismɑ̃] *m* Eindringen *n,* Überfall *m,* Umsichgreifen *n,* Übergriff *m*
envahisseur [ɑ̃vaisœʀ] *m* Eindringling *m*
envaser [ɑ̃vaze] *v s'~* verschlammen, im Schlamm versinken
enveloppant [ɑ̃v(ə)lɔpɑ̃] *adj 1.* einhüllend, umhüllend; *2. (fig)* einschmeichelnd, verführerisch
enveloppe [ɑ̃v(ə)lɔp] *f 1.* Schutzhülle *f;* Umschlag *m,* Briefumschlag *m,* Kuvert *n; 2. (capsule)* Kapsel *f; 3. (voile)* Umhüllung *f; 4. (budget)* Haushaltssumme *f*
enveloppé [ɑ̃v(ə)lɔpe] *adj (rond)* rundlich, mollig
envelopper [ɑ̃v(ə)lɔpe] *v 1.* bedecken; *2. (enrouler)* einwickeln; *~ de* umwickeln, überziehen, verkleiden; *3. (couvrir)* verdecken
envenimer [ɑ̃vənime] *v 1.* infizieren, eine Entzündung hervorrufen; *2. s'~ (fig)* vergiften, verschärfen, verschlimmern
envergure [ɑ̃vɛʀgyʀ] *f 1.* Spannweite *f; 2. (fig)* Format *n; 3. d'~* von Format
envers [ɑ̃vɛʀ] *prep 1.* gegen; *m 2.* Kehrseite *f; à l'~* verkehrt herum
envi [ɑ̃vi] *adv à l'~* um die Wette
envie [ɑ̃vi] *f 1.* Neid *m,* Missgunst *f; 2. (désir)* Lust *f,* Gelüste *pl,* Begierde; *Je n'en ai pas ~.* Ich habe keine Lust dazu./Ich habe kein Verlangen danach. *avoir ~ de* Lust haben auf, mögen; *3. ~ de vomir* Brechreiz *m,* Übelkeit *f; 4. (tache)* Muttermal *n*
envier [ɑ̃vje] *v 1.* beneiden; *2. ~ qc à qn* jdm etw missgönnen; *3. n'avoir rien à ~ à qn* jdn nicht beneiden zu brauchen, jdm in nichts nachstehen
envieux [ɑ̃vjø] *adj* neidisch, missgünstig
environ [ɑ̃viʀɔ̃] *adv 1.* rund, etwa, zirka; *m 2. ~s pl* Umgebung *f; 3. ~s pl (région)* Gegend *f; m/pl 4. aux ~s de* um (herum)
environnant [ɑ̃viʀɔnɑ̃] *adj* umliegend, in der Umgebung
environnement [ɑ̃viʀɔnmɑ̃] *m 1.* Umwelt *f; nuisible pour l'~* umweltschädlich; *2. (milieu)* Umgebung *f*
environner [ɑ̃viʀɔne] *v* umgeben, umschließen, umringen
envisager [ɑ̃vizaʒe] *v 1.* planen; *2. (examiner)* betrachten, in Betracht ziehen
envoi [ɑ̃vwa] *m 1.* Versand *m; 2. (livraison)* Lieferung *f; 3. (courrier)* Sendung *f; 4. coupd'~ SPORT* Anstoß *m*
envol [ɑ̃vɔl] *m 1.* Losfliegen *n,* Start *m,* Abheben *n; l'~ d'un oiseau* das Wegfliegen eines Vogels *n; la piste d'~ d'un aéroport* die Startbahn auf einem Flughafen *f; 2. (fig)* Höhenflug *m,* Hochschnellen *n,* Hochklettern *n; L'~ des prix effraie les clients.* Der Höhenflug der Preise erschreckt die Kunden.
envolée [ɑ̃vɔle] *f 1.* Auffliegen *n,* Emporfliegen *n,* Flug *m; 2. (fig)* Gedankenflug *m*
envoler [ɑ̃vɔle] *v 1. s'~* wegfliegen, davonfliegen, abfliegen; *2. s'~ (fig: disparaître)* verschwinden, davonfliegen, dahinschwinden

E

envoûtant [ɑ̃vutɑ̃] *adj* bezaubernd, verführerisch
envoûtement [ɑ̃vutmɑ̃] *m* Verhexung *f,* Bezauberung *f, (fig)* Zauber *m*
envoûter [ɑ̃vute] *v* bezirzen
envoyé(e) [ɑ̃vwaje] *m/f 1. POL* Abgesandte(r) *m/f,* Gesandte(r) *m/f; 2. ~ spécial(e)* Sonderberichterstatter *m*
envoyer [ɑ̃vwaje] *v irr 1.* schicken, senden, wegschicken, zuschicken; *~ un télégramme* telegrafieren; *2. ~ au diable* verfluchen; *3. ~ par le fond (bateau)* versenken; *4. ~ par fax TEL* faxen
éolien [eɔljɛ̃] *adj* Wind..., äolisch
épais [epɛ] *adj 1.* dick; *2. peu ~* dünn; *3. (chose)* tief
épaisseur [epɛsœʀ] *f 1.* Dicke *f,* Stärke *f; l'~ d'un mur* die Stärke einer Mauer *f; une planche de 2 cm d'~* ein 2 cm dickes Brett *n; 2. (densité)* Dichte *f,* Dicke *f; l'~ du brouillard* die Dichte des Nebels *f; l'~ des ténèbres* die Tiefe der Nacht *f,* die Dunkelheit *f*
épaissir [epesiʀ] *v 1. (rendre plus épais)* eindicken, verdicken, dicker machen; *~ un sirop* einen Sirup eindicken; *2. s'~* dicker werden, zunehmen, eindicken, verkochen;
épaississement [epɛsismɑ̃] *m* Dichterwerden *n,* Dickerwerden *n,* Eindicken *n*
épancher [epɑ̃ʃe] *v 1. ~ son cœur* sein Herz ausschütten; *2. s'~* sich ausbreiten, sich anvertrauen, sich öffnen
épandre [epɑ̃dʀ] *v* ausbreiten, verteilen
épanouir [epanwiʀ] *v 1. s'~* sich öffnen, aufblühen; *2. s'~ (revivre)* aufleben; *3. s'~ (fig)* aufleuchten
épanouissement [epanwismɑ̃] *m* Aufblühen *n,* Entfaltung *f*
épargne [epaʀɲ] *f 1.* Sparsamkeit *f,* Ersparnis *f; 2. mesure d'~* Sparmaßnahme *f*
épargner [epaʀɲe] *v 1.* sparen, ersparen; *s'~ des ennuis* sich Ärger ersparen; *2. (ménager)* verschonen
éparpiller [epaʀpije] *v 1.* streuen; *2. (disperser)* zerstreuen
épars [epaʀ] *adj* zerstreut, vereinzelt
épatant [epatɑ̃] *adj (fam)* fabelhaft, famos
épaté [epate] *adj 1. nez ~* Stumpfnase *f; 2. (étonné)* verblüfft
épater [epate] *v (fam)* verblüffen, erstaunen, verwundern
épaule [epol] *f 1. ANAT* Schulter *f; Il a la tête sur les ~s.* Ihn kann so leicht nichts erschüttern. *2. haussement d'~s* Achselzucken *n; 3. (jambon d'~)* Schulterstück *n*
épauler [epole] *v 1. (aider)* jdm helfen, jdn unterstützen; *2. (une arme)* in Anschlag bringen, anlegen; *3. (un mur)* stützen
épave [epav] *f 1. NAUT* Wrack *n; 2. (automobile)* Wrack *n; 3. (fig)* Wrack *n*
épée [epe] *f 1.* Klinge *f; C'est un coup d'~ dans l'eau.* Das ist ein Schlag ins Wasser. *2. (sabre)* Degen *m,* Schwert *n*
épeler [ep(ə)le] *v* buchstabieren
éperdu [epɛʀdy] *adj 1.* erfüllt, beseelt, voll von; *~ de bonheur* überglücklich; *~ de reconnaissance* voller Anerkennung; *~ de douleur* schmerzerfüllt; *2. (intense)* leidenschaftlich, lebhaft, ungezähmt, wild; *un désir ~ de liberté* ein leidenschaftliches Verlangen nach Freiheit *n; un amour ~* eine intensive Liebe *f; 3. (fuite)* wild, ungebändigt, blindwütig
éperon [ep(ə)ʀɔ̃] *m 1. (du cavalier)* Sporen *pl; piquer des ~s* die Sporen geben; *2. (d'un navire) NAUT* Sporn *m,* Ramme *f; 3. ~ rocheux GEOL* Felsvorsprung *m; 4. (ergot) ZOOL* Sporn *m*
éperonner [ep(ə)ʀɔne] *v 1. (un cheval)* die Sporen geben; *2. (un navire)* rammen; *3. (fig)* anspornen, antreiben
éphémère [efemɛʀ] *adj 1.* vorübergehend, kurzlebig, vergänglich; *m 2. (insecte) ZOOL* Eintagsfliege *f*
éphéméride [efemeʀid] *m* Abreißkalender *m,* Tageskalender *m*
épi [epi] *m 1. BOT* Ähre *f; 2. ~ de maïs BOT* Maiskolben *m; 3. (de cheveux)* Wirbel *m; 4. stationnement en ~* Schrägparken *n*
épice [epis] *f 1.* Würze *f,* Gewürz *n; 2. pain d'~s* Pfefferkuchen *m,* Lebkuchen *m*
épicé [epise] *adj* würzig, scharf
épicerie [episʀi] *f* Lebensmittelgeschäft *n*
épicier [episje] *m* Lebensmittelhändler *m*
épicière [episjɛʀ] *f* Lebensmittelhändlerin *f*
épicurisme [epikyʀism] *m PHIL* Epikureismus *m*
épidémie [epidemi] *f MED* Epidemie *f,* Seuche *f*
épidémique [epidemik] *adj* epidemisch, Epidemie...
épier [epje] *v* auflauern, belauschen; *~ qn* jdm nachspionieren
épiler [epile] *v* enthaaren
épilogue [epilɔg] *m* Nachspiel *n*
épiloguer [epilɔge] *v* lange über etw diskutieren, lange Kommentare abgeben
épinard [epinaʀ] *m BOT* Spinat *m*
épine [epin] *f 1. BOT* Dorn *m; 2. (pointe)* Stachel *m; 3. tirer une ~ du pied à qn (fig)* jdm

aus einer schwierigen Lage helfen, *(fam)* jdm aus der Klemme helfen; *4. ~ dorsale ANAT* Rückgrat *n*
épineux [epinø] *adj 1.* dornig; *2. (fig)* heikel
épingle [epɛ̃gl] *f 1.* Nadel *f; tirer son ~ du jeu* sich geschickt aus der Affäre ziehen; *~ à cravate* Anstecknadel *f; ~ à cheveux* Haarspange *f; ~ à nourrice* Sicherheitsnadel *f; 2. être tiré à quatre ~s (fig)* geschniegelt und gebügelt sein
épingler [epɛ̃gle] *v 1.* heften, befestigen, feststecken; *2. (fig)* erwischen
épique [epik] *adj 1. LIT* episch, erzählend; *le genre ~* die epische Gattung *f,* die Epik *f; un poème ~* ein episches Gedicht *n; 2. (fam)* dramatisch, theatralisch
épisodique [epizɔdik] *adj* episodisch, nebensächlich, vorübergehend, Neben...
épithaphe [epitaf] *f* Grabinschrift *f,* Epitaph *n*
épithète [epitɛt] *adj 1. adjectif ~ GRAMM* attributives Adjektiv *n; f 2.* Beiwort *n,* Attribut *n; des ~s injurieuses* Schimpfwörter *pl; gratifier qn d'une aimable ~* jdm einen Spitznamen geben
éploré [eplɔʀe] *adj* tränenüberströmt, verweint, untröstlich, tiefbetrübt
éplucher [eplyʃe] *v* schälen
épluchure [eplyʃyʀ] *f* Schale *f*
éponge [epɔ̃ʒ] *f* Schwamm *m; Passons l'~!* Schwamm drüber! *jeter l'~ (fig)* das Handtuch werfen
éponger [epɔ̃ʒe] *v 1.* abwischen; *2. (résorber) ECO* aufsaugen, absorbieren; *3. s'~* sich abwischen, sich abreiben
époque [epɔk] *f 1.* Zeitabschnitt *m,* Zeit *f; 2. ~ classique* Klassik *f; 3. à l'~* damals; *4. ~ glaciaire GEOL* Eiszeit *f*
épouiller [epuje] *v* lausen, entlausen
époumoner [epumɔne] *v s'~* sich die Seele aus dem Leib reden, *(fam)* sich den Mund fusselig reden
épouse [epuz] *f* Gattin *f,* Ehefrau *f,* Gemahlin *f*
épouser [epuze] *v 1. ~ qn* jdn heiraten; *2. ~ la cause de qn* für jdn eintreten; *3. ~ la forme* Gestalt annehmen
épousseter [epuste] *v* abstauben
époustoufler [epustufle] *v* überraschen, verblüffen, in Erstaunen versetzen
épouvantable [epuvɑ̃tabl] *adj* fürchterlich, schrecklich, entsetzlich, grauenhaft
épouvantail [epuvɑ̃taj] *m 1.* Vogelscheuche *f; 2. (fig)* Schreckgespenst *n*
épouvante [epuvɑ̃t] *f* Entsetzen *n,* Schrecken *m*
épouvanter [epuvɑ̃te] *v* erschrecken
époux [epu] *m 1.* Ehemann *m,* Gemahl *m; m/pl 2. nouveaux ~* Brautpaar *n; 3. (couple)* Ehepaar *n*
éprendre [epʀɑ̃dʀ] *v irr s'~ de qn LIT* sich in jdn verlieben; *être épris* verliebt sein
épreuve [epʀœv] *f 1.* Probe *f,* Prüfung *f; ~ de force* Machtprobe *f; ~ de maître* Meisterprüfung *f; 2. (affliction)* Heimsuchung *f; 3. (imprimerie)* Korrektur *f,* Druck *m; à l'~ des balles* kugelsicher; *à toute ~* zuverlässig; *4. FOTO* Positiv *n*
éprouvant [epʀuvɑ̃] *adj* hart, anstrengend, schwer zu ertragen
éprouvé [epʀuve] *adj 1.* bewährt, zuverlässig; *2. (ébranlé)* mitgenommen
éprouver [epʀuve] *v 1.* probieren, versuchen; *2. (fig)* empfinden; *~ de la gêne* sich genieren; *3. (fig: fatiguer)* mitnehmen
éprouvette [epʀuvɛt] *f 1.* Messbecher *m; 2. CHEM* Reagenzglas *n*
épuisant [epɥizɑ̃] *adj* anstrengend, ermüdend, kräftezehrend
épuisé [epɥize] *adj 1. (fam)* erschöpft, abgespannt; *2. (fam: crevé)* fertig; *3. (livre)* vergriffen, ausverkauft
épuisement [epɥizmɑ̃] *m 1.* Erschöpfung *f; 2. MIN* Abbau *m*
épuiser [epɥize] *v 1. s'~* ausgehen; *Ma patience commence à s'~.* Meine Geduld geht allmählich zu Ende. *2. (vider)* ausschöpfen; *3. (fig)* mitnehmen
épuration [epyʀasjɔ̃] *f 1.* Klärung *f,* Reinigung *f; 2. (fig)* Säuberung *f*
épurer [epyʀe] *v* klären, reinigen, verfeinern
équateur [ekwatœʀ] *m GEO* Äquator *m*
équation [ekwasjɔ̃] *f MATH* Gleichung *f*
équatorial [ekwatɔrjal] *adj* äquatorial, Äquatorial..., Äquator...
équerre [ekɛʀ] *f* Geodreieck *n,* Winkel *m*
équestre [ekɛstʀ] *adj 1.* Reit...; *des exercices ~s* Reitübungen *pl; une randonnée ~* ein Ausritt *m; 2. statue ~ ART* Reiterstandbild *n*
équilibre [ekilibʀ] *m 1.* Gleichgewicht *n; 2. (stabilité)* Ausgeglichenheit *f; 3. ECO* Ausgleich *m*
équilibré [ekilibʀe] *adj* ausgeglichen
équilibrer [ekilibʀe] *v 1.* ins Gleichgewicht bringen; *2. (comptes) ECO* ausgleichen; *3. (pneus) TECH* auswuchten

E

équipage [ekipaʒ] *m* Mannschaft *f*, Besatzung *f*
équipe [ekip] *f* *1.* Gruppe *f*; *faire ~ avec qn* mit jdm zusammenarbeiten, mit jdm im Team arbeiten; *2. (personnel)* Belegschaft *f*; *3. ~ de nuit* Nachtschicht *f*; *4. SPORT* Mannschaft *f*; *~ nationale* Nationalmannschaft *f*; *~ olympique* Olympiamannschaft *f*
équipée [ekipe] *f* Abenteuer *n*, Unterfangen *n*, Coup *m*
équipement [ekipmɑ̃] *m* *1.* Ausrüstung *f*; *~ sportif* Sportzeug *n*; *2. (ameublement)* Ausstattung *f*, Einrichtung *f*
équiper [ekipe] *v* *1.* ausrüsten, ausstatten; versehen; *2. (établir)* installieren
équipier [ekipje] *m* *SPORT* Mitspieler *m*, Mannschaftskamerad *m*
équitable [ekitabl] *adj* gerecht
équitation [ekitasjɔ̃] *f* *faire de l'~* reiten
équité [ekite] *f* Rechtschaffenheit *f*, Gerechtigkeit *f*, Berechtigung *f*
équivalence [ekivalɑ̃s] *f* Äquivalenz *f*, Gleichwertigkeit *f*, Identität *f*; *une relation d'~* eine gleichwertige Beziehung *f*; *avoir l'~ d'un diplôme* die Anerkennung eines Diploms erhalten
équivalent [ekivalɑ̃] *1. m* Gegenwert *m*; *adj 2.* gleichbedeutend, entsprechend
équivaloir [ekivalwaʀ] *v irr* entsprechen, gleichkommen, bedeuten
équivoque [ekivɔk] *adj* *1.* zweideutig, doppeldeutig; *2. (louche)* verdächtig; *f 3.* Missverständnis, Zweideutigkeit
éradication [eʀadikasjɔ̃] *f* Ausrottung *f*
éradiquer [eʀadike] *v* *MED* entfernen, ausschälen
érafler [eʀafle] *v* abschürfen
érailler [eʀaje] *v* *1. (érafler)* ausfransen, verschrammen, zerkratzen; *2. (la voix)* heiser machen, rau machen
ère [ɛʀ] *f* *~ glaciaire GEOL* Eiszeit *f*
érection [eʀɛksjɔ̃] *f* *1. (d'un monument)* Errichten *n*, Aufbauen *n*, Aufstellen *n*; *2. (du pénis) ANAT* Erektion *f*; *être en ~* erigiert sein
éreintement [eʀɛ̃t(ə)mɑ̃] *m* *1.* Übermüdung *f*, völlige Erschöpfung *f*; *2. (fig)* boshafte Kritik
éreinter [eʀɛ̃te] *v* *s'~* sich verausgaben, sich überanstrengen
ergot [ɛʀgo] *m* *1. TECH* Nocken *m*; *2. (du coq) ZOOL* Sporn *m*; *se dresser sur ses ~s (fig)* aggressiv werden/angriffslustig sein
ergoter [ɛʀgɔte] *v* nörgeln
ergoteur [ɛʀgɔtœʀ] *adj* nörgelig
ériger [eʀiʒe] *v* *1. (dresser)* aufrichten, errichten, aufstellen; *~ une statue* eine Statue aufstellen; *2. (instituer)* einrichten, einberufen, einsetzen; *~ un tribunal* ein Gericht einsetzen; *~ une commission* einen Ausschuss einsetzen; *3. ~ en qc* zu etw erheben; *~ une église en cathédrale* eine Kirche zu einem Münster erheben; *~ qc en principe* etw zu einem Prinzip erheben; *4. s'~ en* sich machen zu, sich erheben zu
ermite [ɛʀmit] *m* Einsiedler *m*, Eremit *m*
éroder [eʀɔde] *v* *GEOL* erodieren
érogène [eʀɔʒɛn] *adj* erogen
érosion [eʀozjɔ̃] *f* *1. GEOL* Erosion *f*, Auswaschung *f*, Abtragung *f*; *2. (fig)* Verfall *m*, Erosion *f*; *l'~ monétaire* der Währungsverfall *m*
érotique [eʀɔtik] *adj* erotisch
érotisme [eʀɔtism] *m* Erotik *f*
errant [ɛʀɑ̃] *adj* *1. (voyageur)* umherziehend, unstet, Wander...; *2. (nomade)* nomadisch, Nomaden...
erratum [ɛʀatɔm] *m* Druckfehler *m*
errer [ɛʀe] *v* irren, umherirren
erreur [ɛʀœʀ] *f* *1.* Irrtum *m*; *Il n'y a pas d'~.* Ganz ohne jeden Zweifel. *être dans l'~* sich irren; *faire ~ sur* sich täuschen in; *induire en ~* irreführen; *commettre une ~* einen Irrtum begehen; *~ de décision* Fehlentscheidung *f*; *~ judiciaire* Justizirrtum *m*; *2. (faute)* Fehler *m*; *par ~* irrtümlich; *~ de raisonnement* Denkfehler *m*; *3. (mégarde)* Versehen *n*; *4. (méprise)* Verwechslung *f*
erroné [ɛʀɔne] *adj* *1.* falsch; *2. (faux)* fehlerhaft; *3. (par erreur)* irrtümlich
éructer [eʀykte] *v* *1.* aufstoßen, rülpsen; *2. (fig)* beleidigen, Beleidigungen ausstoßen
érudit [eʀydi] *adj* gelehrt
érudit(e) [eʀydi(t)] *m/f* Gelehrte(r) *m/f*
éruption [eʀypsjɔ̃] *f* *1. GEO* Ausbruch *m*; *~ volcanique* Vulkanausbruch *m*; *2. MED* Ausschlag *m*
esbroufe [ɛsbʀuf] *f* *faire de l'~ (fam)* bluffen, blenden
escabeau [ɛskabo] *m* Hocker *m*
escalade [ɛskalad] *f* *1.* Klettern *n*, Aufstieg *m*; *tenter l'~ d'une montagne* das Besteigen eines Berges wagen; *2. (fig)* Anstieg *m*, Zunahme *f*, Steigen *n*; *l'~ de la violence* die Zunahme der Gewalt *f*
escalader [ɛskalade] *v* klettern
escale [ɛskal] *f* Zwischenlandung *f*

escalier [ɛskalje] *m* Treppe *f; ~ de service* Hintertreppe *f; ~ en colimaçon* Wendeltreppe *f; ~ roulant* Rolltreppe *f*
escalope [ɛskalɔp] *f GAST* Schnitzel *n*
escamoter [ɛskamɔte] *v 1.* verschwinden lassen, wegzaubern, beiseite schaffen; *2. TECH* einfahren, einziehen; *3. (fig: esquiver)* ausweichen, aus dem Weg gehen
escampette [ɛskɑ̃pɛt] *f prendre la poudre d'~* davonlaufen, ausreißen
escarcelle [ɛskaʀsɛl] *f* Sammelbüchse *f*
escargot [ɛskaʀgo] *m ZOOL* Schnecke *f*
escarpé [ɛskaʀpe] *adj* steil, abschüssig
escarpin [ɛskaʀpɛ̃] *m* Pumps *m*
escient [ɛsjɑ̃] *m à bon ~* ganz bewusst, aus gutem Grunde
esclaffer [ɛsklafe] *v s'~* schallend lachen, laut auflachen
esclandre [ɛsklɑ̃dʀ] *m* Szene *f,* Auftritt *m,* Skandal *m*
esclavage [ɛsklavaʒ] *m* Knechtschaft *f,* Sklaverei *f*
esclave [ɛsklav] *m* Sklave/Sklavin *m/f*
escompte [ɛskɔ̃t] *m ECO* Skonto *n/m; accorder un ~* einen Rabatt gewähren
escompter [ɛskɔ̃te] *v 1. ECO* diskontieren; *2. (fig)* erwarten, erhoffen
escorter [ɛskɔʀte] *v* eskortieren, begleiten, geleiten, führen
escrime [ɛskʀim] *f SPORT* Fechten *n*
escrimer [ɛskʀime] *v s'~* sich abmühen
escroc [ɛskʀo] *m* Betrüger *m,* Gauner *m,* Hochstapler *m*
escroquer [ɛskʀɔke] *v* betrügen, schwindeln, prellen
escroquerie [ɛskʀɔkʀi] *f 1.* Betrug *m; 2. (supercherie)* Schwindel *m*
ésotérisme [ezɔteʀism] *m* Esoterik *f*
espace [ɛspas] *m* Raum *m,* Platz *m,* Gebiet *n; en l'~ de* binnen; *~ libre* freier Platz *m; ~ vert* Grünanlage *f; ~ vide* Hohlraum *m; ~ cosmique* Weltraum *m; ~ mémoire INFORM* Speicherplatz *m*
espacer [ɛspase] *v 1. (distance)* in Abständen anordnen, Abstand lassen; *~ des arbres* Bäume in Abständen pflanzen; *2. (temps)* zeitlich verteilen, in zeitlichen Abständen durchführen; *~ ses visites* seine Besuche in zeitlichen Abständen machen; *3. s'~* nachlassen, langsam aufhören, zurückgehen; *Ses malaises s'espacent.* Sein Unwohlsein geht vorüber.
Espagne [ɛspaɲ] *f GEO* Spanien *n*
espagnol [ɛspaɲɔl] *adj 1.* spanisch; *m 2. LING* Spanisch *n*
Espagnol(e) [ɛspaɲɔl] *m/f* Spanier(in) *m/f*
espalier [ɛspalje] *m SPORT* Sprossenwand *f*
espèce [ɛspɛs] *f 1.* Art *f,* Sorte *f; d'une autre ~* andersartig; *2. (genre)* Gattung *f; 3. ~ dégénérée* Abart *f; 4. ~s pl ECO* Bargeld *n*
espérance [ɛspeʀɑ̃s] *f 1.* Hoffnung *f; 2. ~de vie* Lebenserwartung *f*
espérer [ɛspeʀe] *v 1.* hoffen; *il faut ~ que ...* hoffentlich; *espérons que* hoffentlich; *2. (souhaiter)* erhoffen
espion [ɛspjɔ̃] *m* Spion *m,* Spitzel *m*
espionnage [ɛspjɔnaʒ] *m 1.* Spionage *f; 2. ~ industriel* Industriespionage *f*
espionne [ɛspjɔn] *f* Spionin *f*
espionner [ɛspjɔne] *v 1.* nachspionieren, spionieren; *2. TEL* abhorchen, lauschen; *3. (épier)* auskundschaften, ausspionieren
espoir [ɛspwaʀ] *m 1.* Erwartung *f; plein d'~* erwartungsvoll; *2. (espérance)* Hoffnung *f; C'est sans ~.* Das ist hoffnungslos. *3. (confiance)* Zuversicht *f*
esprit [ɛspʀi] *m 1.* Geist *m,* Seele *f; Cela ne me serait même pas venu à l'~.* Das wäre mir nicht einmal im Traum eingefallen. *large d'~* großzügig; *avoir de l'~* geistvoll sein; *~ de sacrifice* Aufopferungsbereitschaft *f; ~ de compromis* Kompromissbereitschaft *f; ~ sportif* Sportsgeist *m; avec ~* witzig; *paresseux d'~* denkfaul; *2. (réflexion)* Geist *m,* Verstand *m*
esquimau [ɛskimo] *m 1. (vieilli)* Eskimo *m* Inuk *m/f; 2. (chien)* Schlittenhund *m; 3. (glace)* Eis am Stiel mit Schokoladenüberzug *n*
esquinter [ɛskɛ̃te] *v 1. (fam)* überanstrengen, erschöpfen, fertig machen; *2. s'~ (fam)* sich abrackern, sich abschinden
esquisse [ɛskis] *f* Entwurf *m,* Skizze *f*
esquiver [ɛskive] *v* ausweichen, aus dem Wege gehen

essai [esɛ] *m 1.* Probe *f,* Versuch *m; à titre d'~* versuchsweise, auf Probe; *2. (de bon fonctionnement)* Probefahrt *f; 3. LIT* Essay *n/m*

essaim [esɛ̃] *m* Schwarm *m,* Schar *f; ~ d'abeilles* Bienenschwarm
essayer [eseje] *v 1.* probieren, versuchen, testen, *2. (des vêtements)* anprobieren
essence [esɑ̃s] *f 1.* Benzin *n,* Kraftstoff *m; prendre de l'~* tanken; *2. (extrait)* Extrakt *m; 3. (nature profonde)* Essenz *f*
essentiel [esɑ̃sjɛl] *m 1.* Hauptsache *f; adj 2.* hauptsächlich, wesentlich, wichtig

E

essentiellement [esɑ̃sjɛlmɑ̃] *adv* wesentlich
essieu [esjø] *m TECH* Achse *f; ~ avant* Vorderachse *f*
essor [esɔʀ] *m 1.* Aufstieg *m; 2. ECO* Aufschwung *m*
essorage [ɛsɔʀaʒ] *m* Schleudern *n,* Auswringen *n*
essorer [esɔʀe] *v* schleudern
essoreuse [ɛsɔʀøz] *f* Wäscheschleuder *f,* Wäschetrockner *m*
essoufflé [esufle] *adj* atemlos
essouflement [ɛsufləmɑ̃] *m* Atemlosigkeit *f,* Kurzatmigkeit *f, (fig)* Nachlassen
essuie-glace [esɥiglas] *m* Scheibenwischer *m*
essuie-mains [esɥimɛ̃] *m* Handtuch *n*
essuie-pieds [ɛsɥipje] *m* Fußabtreter *m*
essuie-tout [ɛsɥitu] *m* Küchentuch *n*
essuyer [esɥije] *v 1.* abwischen, wischen; *2. (défaite)* erleiden; *~ un échec* eine Niederlage erleiden; *3. (vaisselle)* abtrocknen
est [ɛst] *m* Osten *m; de l'~* östlich; *l'Europe de l'Est* Osteuropa
estamper [ɛstɑ̃pe] *v (monnaie)* prägen, stanzen
estampiller [ɛstɑ̃pije] *v TECH* stempeln, eine Markierung anbringen
esthète [ɛstɛt] *m/f* Ästhet(in) *m/f*
esthéticienne [ɛstetisjɛn] *f* Kosmetikerin *f*
esthétique [ɛstetik] *f 1.* Schönheit *f; adj 2.* ästhetisch, geschmackvoll, schön
estimation [ɛstimasjɔ̃] *f 1.* Bewertung *f; 2. (évaluation)* Hochrechnung *f; 3. ~ approximative ECO* Überschlag *m*
estime [ɛstim] *f 1. (~ pour)* Wertschätzung *f,* Achtung *f,* Hochachtung *f; avoir de l'~ pour qn* vor jdm Achtung haben; *2. (considération)* Schätzung *f*
estimer [ɛstime] *v 1.* schätzen, abschätzen, einschätzen; *2. (considérer)* schätzen, achten; *3. (évaluer)* veranschlagen
estival [ɛstival] *adj* sommerlich
estivant(e) [ɛstivɑ̃(t)] *m/f* Sommergast *m,* Feriengast *m,* Sommerfrischler(in) *m/f*
estomac [ɛstɔma] *m ANAT* Magen *m; rester sur l'~* schwer im Magen liegen; *avoir l'~ dans les talons* einen Bärenhunger haben; *maux d'~* Magenschmerzen *pl*
estompé [ɛstɔ̃pe] *adj* verschwommen
estomper [ɛstɔ̃pe] *v 1. (dessin)* wischen; *2. (fig)* mildern, verwischen
estourbir [ɛstuʀbiʀ] *v (fam)* töten, killen
estrade [ɛstʀad] *f 1.* Podest *n; 2. (plateforme)* Tribüne *f*
estropié [ɛstʀɔpje] *m 1.* Krüppel *m; adj 2. MED* verkrüppelt
estuaire [ɛstɥɛʀ] *m* Flussmündung *f*
et [e] *konj* und
et cetera [ɛtseteʀa] *adv* und so weiter
étable [etabl] *f* Stall *m*
établi [etabli] *m 1.* Werkbank *f; adj 2.* allgemeingültig
établir [etabliʀ] *v 1.* stiften, gründen; *2. (acte)* ausfertigen; *3. (fixer)* festsetzen, feststellen; *4. s'~* beziehen, sich niederlassen, *5. ~ un procès-verbal JUR* protokollieren
établissement [etablismɑ̃] *m 1.* Bau *m,* Errichtung *f; 2. ~s pl* Werk *n,* Fabrik *f; 3. (institution)* Einrichtung *f; 4. (de documents)* Ausstellung *f; 5. (succursale)* Niederlassung *f; 6. (fondation)* Gründung *f; 7. (école)* Anstalt *f,* Schule *f; ~ secondaire* Oberschule *f; 8. ~ de détention JUR* Strafanstalt *f*
étage [etaʒ] *m 1.* Stock *m,* Etage *f; 2. ~ mansardé* Dachgeschoss *n*
étager [etaʒe] *v* abstufen, staffeln
étagère [etaʒɛʀ] *f* Regal *n,* Bücherregal *n*
étai [etɛ] *m TECH* Stütze *f,* Strebe *f*
étain [etɛ̃] *m* Zinn *n*
étal [etal] *m* Marktstand *m*
étalage [etalaʒ] *m 1.* Auslage *f,* Schaufenster *n; 2. (exposition)* Schau *f; faire ~ de qc* sich mit etw brüsten
étaler [etale] *v 1.* ausbreiten; *2. (marchandise)* auslegen; *3. (jeter à terre)* zu Fall bringen, zu Boden stoßen; *4. (répartir)* verteilen, verstreichen, verreiben; *5. (montrer)* zur Schau stellen, prahlen, zeigen, enthüllen; *6. s'~* sich erstrecken, sich verteilen, gestaffelt sein
étalon[1] [etalɔ̃] *m ZOOL* Hengst *m*
étalon[2] [etalɔ̃] *m 1. (mesure)* Urmaß *n,* Eichmaß *n,* Prüfmaß *n; 2. ~-or ECO* Goldstandard *m,* Goldwährung *f*
étampe [etɑ̃p] *f TECH* Stanze *f,* Prägestempel *m,* Gesenk *n*
étanche [etɑ̃ʃ] *adj* dicht, undurchlässig, wasserdicht
étancher [etɑ̃ʃe] *v* abdichten
étang [etɑ̃] *m* Teich *m,* Weiher *m*
étant [etɑ̃] *konj ~ donné que* da
étape [etap] *f* Etappe *f; brûler les ~s* rasch vorwärts kommen; *par ~* etappenweise
état[1] [eta] *m 1.* Lage *f,* Situation *f; ~ d'alerte* Alarmbereitschaft *f; ~ général*

Allgemeinzustand *m;* ~ *d'urgence* Notlage *f;* ~ *des routes* Straßenverhältnisse *n/pl;* *en tout ~ de cause* in jedem Fall; *2. (condition)* Zustand *m;* ~ *exceptionnel* Ausnahmezustand *m;* ~ *permanent* Dauerzustand *m;* ~ *mental* Geisteszustand *m;* ~ *de santé* Gesundheitszustand *m;* ~ *naturel* Naturzustand *m;* *3. (position)* Stand *m;* *4. (statut)* Status *m*

état[2] [eta] *m* Staat *m;* ~ *de l'Eglise* Kirchenstaat *m;* ~ *limitrophe* Nachbarstaat *m*

état-major [etamaʒɔʀ] *m MIL* Generalstab *m*

Etats-Unis [etazyni] *m/pl GEO* Vereinigte Staaten *pl*

étau [eto] *m TECH* Schraubstock *m*

étayer [eteje] *v 1.* aufstützen; *2. (fig)* untermauern

été [ete] *m* Sommer *m;* *horaire d'~* Sommerzeit *f;* ~ *de la Saint-Martin* Altweibersommer *m;* *plein ~* Hochsommer *m*

éteindre [etɛ̃dʀ] *v irr 1.* ausmachen; *2. (lumière)* ausschalten, löschen; *3. (feu)* löschen; *4. s'~* erlöschen, abbrennen, ausgehen; *5. s'~ BIO* aussterben

étendage [etɑ̃daʒ] *m 1.* Gestell *n;* *2.* ~ *du linge* Aufhängen der Wäsche *n,* Wäschetrockenplatz *m,* Wäschetrockenvorrichtung *f*

étendard [etɑ̃daʀ] *m* Fahne *f*

étendre [etɑ̃dʀ] *v 1.* ausstrecken, ausweiten; *2. s'~* sich hinlegen; *3. s'~ (se prolonger)* sich hinziehen; *4. (répandre)* verbreiten; *5. (étaler)* ausbreiten, ausdehnen

étendu [etɑ̃dy] *adj* breit, ausgedehnt, umfangreich, großflächig

étendue [etɑ̃dy] *f 1.* Ausdehnung *f,* Weite *f;* *2. (fig)* Umfang *m*

éternel [etɛʀnɛl] *adj;* *1.* ewig; *2. (sans fin)* ewig, unvergänglich

éterniser [etɛʀnize] *v 1.* verewigen; *2. (prolonger)* ausdehnen, in die Länge ziehen; *3. s'~ (fam)* sich in die Länge ziehen

éternité [etɛʀnite] *f* Ewigkeit *f*

éternuement [etɛʀnymɑ̃] *m* Niesen *n*

éternuer [etɛʀnɥe] *v* niesen

étêter [etete] *v* kappen

éther [etɛʀ] *m* Äther *m*

éthique [etik] *f 1.* Ethik *f;* *adj 2.* ethisch

ethnie [ɛtni] *f* ethnische Gruppe *f,* Volk *n,* Nation *f*

ethnique [ɛtnik] *adj* ethnisch

éthnologie [ɛtnɔlɔʒi] *f* Ethnologie *f,* Völkerkunde *f*

éthologie [etɔlɔʒi] *f PSYCH* Verhaltensforschung *f*

étinceler [etɛ̃s(ə)le] *v 1.* funkeln, glitzern; *2. (fig)* sprühen

étincelle [etɛ̃sɛl] *f 1.* Funke *m;* *2. faire des ~s (fig)* Funken geben, Funken sprühen

étiqueter [etik(ə)te] *v 1. ECO* auszeichnen, etikettieren; *2. (fig)* einstufen, einordnen

étiquette [etikɛt] *f 1.* Etikett *n,* Preisschild *n;* *2. (écriteau)* Anhänger *m,* Schild *n;* *3.* ~ *(adhésif)* Aufkleber *m;* *4. (fig)* Etikette *f*

E

étirer [etiʀe] *v 1.* verlängern, verdünnen; *2. (étendre)* dehnen, strecken, ziehen, spannen; *3. s'~* sich recken

étoffe [etɔf] *f* Textilstoff *m;* *avoir de l'~* geeignet sein, die Anlage haben

étoffer [etɔfe] *v 1.* ausbauen, vertiefen, erweitern; *2. s'~* kräftiger werden, Muskeln bekommen

étoile [etwal] *f 1. ASTR* Gestirn *n;* *2. (astre)* Stern *m;* ~ *du berger* Abendstern *m;* *3.* ~ *filante* Sternschnuppe *f;* *4.* ~ *de mer ZOOL* Seestern *m;* *5. (fig)* Schicksal *n;* *6. CINE* Star *m*

étoilé [etwale] *adj 1.* sternenklar; *2. (décoré d'étoiles)* mit Sternen übersät

étole [etɔl] *f* Stola *f*

étonnant [etɔnɑ̃] *adj 1.* erstaunlich; *2. (surprenant)* verwunderlich, wunderlich

étonnement [etɔnmɑ̃] *m 1.* Erstaunen *n,* Staunen *n;* *2. (émerveillement)* Verwunderung *f*

étonner [etɔne] *v 1.* verwundern; *2. s'~ de* staunen über, sich wundern über

étouffer [etufe] *v 1.* ersticken; *2. (retenir)* unterdrücken; *3. (accabler)* erdrücken; *4. (feu)* löschen; *5.(bruit)* dämpfen, verringern

étourderie [etuʀdəʀi] *f 1.* Leichtsinn *m;* *2. (inattention)* Gedankenlosigkeit *f,* Leichtfertigkeit *f*

étourdi [etuʀdi] *adj 1.* unbesonnen, leichtfertig; *2. (écervelé)* kopflos

étourdir [etuʀdiʀ] *v 1. (assommer)* betäuben; *2. (fatiguer)* benommen machen; *3. s'~* sich betäuben

étourdissant [etuʀdisɑ̃] *adj 1.* schwindelerregend; *2. (étonnant)* außerordentlich, überwältigend, großartig

étourdissement [etuʀdismɑ̃] *m MED* Schwindel *m*

étourneau [etuʀno] *m 1. ZOOL* Star *m;* *2. (fig)* leichtsinniger Mensch *m*

étrange [etʀɑ̃ʒ] *adj 1.* sonderbar, seltsam, merkwürdig; *2. (singulier)* eigentümlich; *3. ~et inquiétant* unheimlich

étranger [etʀɑ̃ʒe] *m* 1. Ausland *n;* 2. *(inconnu)* Ausländer *m,* Fremder *m; adj* 3. ausländisch; *les Affaires étrangères* die äußeren Angelegenheiten *pl,* die Außenpolitik *f;* 4. *(non connu)* fremd, unbekannt; 5. *(à la localité)* ortsfremd; 6. *~ à* unbeteiligt; *être ~ à qc* von etw nichts verstehen
étranglement [etʀɑ̃gləmɑ̃] *m* 1. Erwürgen *n,* Erdrosseln *n,* Ersticken *n;* 2. *(resserrement)* Verengung *f; l'~ d'une rue* die Verengung einer Straße *f*
étrangler [etʀɑ̃gle] *v* 1. erdrosseln, erwürgen; 2. *(fig)* unterdrücken, einschränken; 3. *s'~* ersticken, würgen; *s'~ avec une arête* sich an einer Gräte verschlucken; *s'~ de rire* ersticken vor Lachen

être [ɛtʀ] *v irr* 1. sein; *Vous n'y êtes pas du tout.* Sie liegen völlig falsch. *Ça y est!* Da haben wir die Bescherung! *~ à plaindre* zu bedauern sein; *Cela est encore à faire.* Das ist noch zu tun. *~ d'un parti* einer Partei angehören; *Je suis d'avis que ...* Ich bin der Meinung, dass ...; *~ pour qc* für etw sein; *~ sans le sou* keinen Cent haben; *N'est-ce pas?* Nicht wahr? *J'y suis.* Ich habe verstanden. 2. *(se trouver)* stehen, sich befinden; 3. *~ absent* ausstehen, noch fehlen; 4. *~ là* da sein; *Je n'y suis pour rien.* Ich habe nichts damit zu tun./ Ich kann nichts dafür. *m* 5. Wesen *n,* Lebewesen *n;* 6. *(existence)* Dasein *n*

étreindre [etʀɛ̃dʀ] *v* 1. umschließen, umschlingen, umarmen, umklammern; 2. *(fig: oppresser)* packen
étreinte [etʀɛ̃t] *f* 1. Umarmung *f;* 2. *(fig)* Beklemmung *f,* Druck *m*
étrenner [etʀɛne] *v* zum ersten Mal benutzen, einweihen
étrennes [etʀɛn] *f/pl* Neujahrsgeschenke *n/pl,* Jahresprämie *f*
étrier [etʀije] *m* 1. Steigbügel *m;* 2. *mettre à qn le pied à l'~ (fig)* jdn in den Sattel helfen
étriller [etʀije] *v* 1. striegeln; 2. *(fam: malmener)* jdn hart anfassen, jdn kritisieren
étriper [etʀipe] *v* 1. ausweiden, ausnehmen; 2. *(fam)* kaltmachen, abmurksen
étriqué [etʀike] *adj* 1. zu eng, eng anliegend; *une veste ~e* eine zu kleine Jacke *f; être ~ dans un costume* in einen Anzug gezwängt sein; 2. *(fig)* klein, kleinlich, engstirnig, beschränkt; *un esprit ~* ein engstirniger Geist *m*
étroit [etʀwa] *adj* 1. knapp, eng, schmal; 2. *(borné)* beschränkt; 3. *~ d'esprit* kleinlich, engstirnig; *adv* 4. *à l'~* beengt, gedrängt
étude [etyd] *f* 1. Lernen *n;* 2. *(recherche)* Studie *f,* Untersuchung *f;* 3. *LIT* Essay *m/n;* 4. *(d'avocat)* Kanzlei *f;* 5. *~ de marché ECO* Marktforschung *f;* 6. *~ des comportements PSYCH* Verhaltensforschung *f;* 7. *~s pl* Studium *n; faire des ~s* studieren
étudiant(e) [etydjɑ̃(t)] *m/f* Student(in) *m/f; ~(e) en médecine* Medizinstudent(in) *m/f*
étudié [etydje] *adj* 1. durchdacht, ausgearbeitet, ausgefeilt, knapp kalkuliert; 2. *(sans naturel)* gekünstelt, gesucht, unnatürlich
étudier [etydje] *v* 1. lernen, studieren; 2. *(s'exercer)* üben; 3. *(faire des recherches)* untersuchen; 4. *s'~* sich mit sich selbst beschäftigen, sich selbst beobachten, sich befleißigen, sich bemühen
étui [etɥi] *m* 1. Etui *n,* Tasche *f;* 2. *(enveloppe)* Kapsel *f*
étuve [etyv] *f* 1. *(chambre)* Schwitzkasten *m,* Schwitzbad *n; Quelle ~ dans cette pièce! (fig)* Das ist ja eine Sauna hier!; 2. *TECH* Trockenofen *m,* Trockenapparat *m*
étuver [etyve] *v* dämpfen, dünsten
euh [ø] *interj ~!* äh, oh, ach
eunuque [ønyk] *m* Eunuch *m*
euphémisme [øfemism] *m* Euphemismus *m,* Beschönigung *f*
euphorisant [øfɔʀizɑ̃] *adj* aufputschend
eurasien(ne) [øʀazjɛ̃/øʀasjɛn] *m/f* Eurasier(in) *m/f*
Euro [øʀo] *m FIN* Euro *m*
Europe [øʀɔp] *f* Europa *n; ~ centrale* Mitteleuropa *n; ~ de l'est/~ orientale* Osteuropa *n; ~ de l'ouest/~ occidentale* Westeuropa *n*
européen [øʀɔpeɛ̃] *adj* europäisch
Européen(ne) [øʀɔpeɛ̃/øʀɔpeɛn] *m/f* Europäer(in) *m/f*
eux [ø] *pron* sie; *à ~* ihnen; *Je pense à ~.* Ich denke an sie.
évacuation [evakɥasjɔ̃] *f* Räumung *f,* Evakuierung *f,* Abtransport *m*
évacuer [evakɥe] *v* 1. abtransportieren, evakuieren; 2. *(vider)* leeren, räumen; 3. *MIL* räumen; 4. *(eau)* ablassen
évader [evade] *v s'~ (fig)* ausbrechen, entfliehen, entkommen
évaluation [evalɥasjɔ̃] *f* 1. Bewertung *f,* Auswertung *f;* 2. *(estimation)* Schätzung *f*
évaluer [evalɥe] *v* 1. schätzen, abschätzen, einschätzen, 2. *(estimer)* bewerten

évanescence [evanɛsɑ̃s] *f* Schwinden *n*
évanescent [evanɛsɑ̃] *adj* verschwimmend, schwindend
évangélique [evɑ̃ʒelik] *adj REL* evangelisch
Evangile [evɑ̃ʒil] *m REL* Evangelium *n*
évanouir [evanwiʀ] *v 1. s'~* zerrinnen; *2. s'~ (tomber en syncope)* ohnmächtig werden; *3. s'~ dans la nature* entschwinden, verschwinden, vergehen
évanouissement [evanwismɑ̃] *m 1.* Bewusstlosigkeit *f,* Ohnmacht *f; 2. (disparition)* Schwinden *n,* Vergehen *n,* Zerrinnen *n*
évaporation [evapɔʀasjɔ̃] *f* Verdunstung *f,* Verdampfung *f*
évaporé [evapɔʀe] *adj 1.* verdunstet, verdampft; *2. (fig)* leichtfertig, leichtsinnig
évaporer [evapɔʀe] *v 1. s'~* verdampfen, verdunsten; *2. s'~ (odeur)* verfliegen
évasement [evazmɑ̃] *m* Erweiterung *f,* Weitung *f*
évasif [evazif] *adj* ausweichend
évasion [evazjɔ̃] *f* Ausbruch *m,* Flucht *f*
évêché [eveʃe] *m REL* Bistum *n,* Bischofssitz *m*
éveil [evɛj] *m 1.* Erwachen *n,* Wachwerden *n; 2. (fig)* Anregung der geistigen Entwicklung durch Beschäftigung mit konkreten Dingen; *3. donner l'~* warnen, aufmerksam machen; *4. en ~* wachsam, aufmerksam
éveillé [eveje] *adj 1.* lebhaft, munter, hell, aufgeweckt; *2. (réveillé)* wach
éveiller [evɛje] *v 1. s'~* erwachen; *2. (attirer)* anziehen, Aufmerksamkeit erwecken
événement [evɛnmɑ̃] *m 1.* Ereignis *n,* Vorfall *m,* Begebenheit *f,* Vorkommnis *n; 2. (dont on a été témoin)* Erlebnis *n*
éventail [evɑ̃taj] *m 1.* Fächer *m; un ~ de soie* ein Seidenfächer *m; agiter un ~* fächern; *2. en ~* aufgefächert, fächerförmig angeordnet; *disposer qc en ~* etw fächerförmig ausbreiten; *3. (fig)* Auswahl *f,* Bandbreite *f,* Angebot *n,* Fächer *m; proposer un large ~ d'articles* eine große Auswahl an Artikeln haben; *l'~ des salaires* die Lohnspanne *f*
éventé [evɑ̃te] *adj 1.* windig; *2. (boisson)* abgestanden; *3. (fig)* enthüllt, entdeckt
éventrer [evɑ̃tʀe] *v 1.* den Bauch aufschlitzen; *2.* aufbrechen, öffnen
éventualité [evɑ̃tɥalite] *f 1.* Möglichkeit *f,* Eventualität *f; 2. parer à toute ~* Eventualität *f,* Möglichkeit *f*
éventuel [evɑ̃tɥɛl] *adj* eventuell, etwaig
éventuellement [evɑ̃tɥɛlmɑ̃] *adv* möglicherweise, eventuell
évêque [evɛk] *m REL* Bischof *m*
évertuer [evɛʀtɥe] *v s'~* sich bemühen, sich mühen, sich anstrengen
éviction [eviksjɔ̃] *f* Ausschaltung *f*
évidemment [evidamɑ̃] *adv* natürlich, offensichtlich, selbstverständlich
évidence [evidɑ̃s] *f* Selbstverständlichkeit *f; mettre qc en ~* herausstellen
évident [evidɑ̃] *adj* klar, offensichtlich, selbstverständlich, einleuchtend
évider [evide] *v* aushöhlen, ausbohren
évier [evje] *m* Spülbecken *n*
évincer [evɛ̃se] *v (fig)* verdrängen
évitable [evitabl] *adj* vermeidbar
éviter [evite] *v 1.* meiden; *2. ~ de* vermeiden, ausweichen; *pour ~ toute équivoque* um Missverständnissen vorzubeugen; *3. (épargner)* ersparen
évocateur [evɔkatœʀ] *adj* viel sagend
évocation [evɔkasjɔ̃] *f 1.* Heraufbeschwören *n,* Beschwörung *f,* Hervorrufen *n,* Auslösen *n; l'~ de souvenirs* das Heraufbeschwören von Erinnerungen *n; un pouvoir d'~* eine Suggestivkraft *f; 2. (des esprits)* Beschwörung *f,* Erscheinung *f*
évoluer [evɔlɥe] *v 1. (fig)* sich entwickeln; *2. (se déplacer)* sich bewegen, hin und her gehen
évolution [evɔlysjɔ̃] *f 1.* Entwicklung *f,* Evolution *f; 2. mauvaise ~* Fehlentwicklung *f; 3. (d'une maladie)* Verlauf *m; 4. (mouvement)* Bewegung *f,* Lagewechsel *m*
évoquer [evɔke] *v 1.* aufrufen; *2. (provoquer)* heraufbeschwören; *3. JUR* ein Verfahren übernehmen
exacerber [egzasɛʀbe] *v* verstärken, verschärfen, schüren, verschlimmern
exact [ɛgzakt] *adj 1.* genau, exakt, präzise, akkurat; *2. (juste)* richtig, treffend; *être ~* stimmen/wahr sein; *3. très ~* haargenau
exactement [ɛgzaktəmɑ̃] *interj* genau
exaction [ɛgzaksjɔ] *f* übermäßige Forderung *f*
exactitude [ɛgzaktityd] *f 1.* Genauigkeit *f,* Exaktheit *f; 2. (justesse)* Richtigkeit *f*
exagération [ɛgzaʒeʀasjɔ̃] *f* Übertreibung *f*
exagérer [ɛgzaʒeʀe] *v 1.* übertreiben; *2. (histoire)* aufbauschen; *3. s'~ qc* etw überschätzen, etw überbewerten
exaltation [ɛgzaltasjɔ̃] *f* Begeisterung *f*
exalté [ɛgzalte] *adj* überschwänglich
exalter [ɛgzalte] *v 1.* preisen, rühmen; *2. (exciter)* erregen; *3. s'~ (fig)* sich erhitzen

E

E

examen [ɛgzamɛ̃] *m 1.* Examen *n,* Prüfung *f; ~ de fin d'études* Abschlussprüfung *f; ~ d'entrée* Aufnahmeprüfung *f; ~ du permis de conduire* Fahrprüfung *f; ~ de fin d'apprentissage* Gesellenprüfung *f; ~ de maîtrise* Meisterprüfung *f; 2. (enquête)* Untersuchung *f; ~ médical* medizinische Untersuchung *f; 3. (étude approfondie)* Erforschung *f; 4. (vérification)* Überprüfung *f; 5. mise en ~ JUR* Eröffnung eines Ermittlungsverfahrens *f*

examiner [ɛgzamine] *v 1.* prüfen; *2. (enquêter)* untersuchen; *3. MED* untersuchen; *4. (vérifier)* durchgehen, nachsehen, ansehen; *5. (considérer)* erwägen

exaspération [ɛgzaspeʀasjɔ̃] *f* Verärgerung *f,* Ärger *m*

exaspérer [ɛgzaspeʀe] *v 1.* ärgern, aufbringen, wütend machen, reizen; *2. (augmenter)* steigern

exaucer [egzose] *v* erhören, erfüllen; *~ un voeu* einen Wunsch erfüllen; *~ une prière* ein Gebet erhören; *~ qn* jdn erhören

excavation [ɛkskavasjɔ̃] *f* Vertiefung *f,* Aushöhlung *f,* Einbuchtung *f*

excavatrice [ɛkskavatʀis] *f TECH* Bagger *m*

excédent [ɛksedɑ̃] *m 1. FIN* Überschuss *m,* Plus *n; 2. (surplus)* Überzahl *f; 3. ~ de poids* Übergewicht *n*

excédentaire [ɛksedɑ̃tɛʀ] *adj* überschüssig

excéder [eksede] *v 1.* übersteigen, übertreffen, über etw hinausgehen; *Les frais excèdent les bénéfices.* Die Ausgaben sind höher als die Einnahmen.

excellence [ɛkselɑ̃s] *f 1.* Vortrefflichkeit *f,* hervorragende Qualität *f; Votre Excellence REL* Eure Exzellenz *f,* Hochwürden *m*

excellent [ɛkselɑ̃] *adj 1.* ausgezeichnet, erstklassig, exzellent, vorzüglich; *2. (délicieux)* köstlich

excentrique [ɛksɑ̃tʀik] *adj* exzentrisch

excepter [ɛksɛpte] *v (fig)* ausnehmen

exception [ɛksɛpsjɔ̃] *f 1.* Ausnahme *f; ~ faite de* abgesehen von; *L'~ confirme la règle.* Ausnahmen bestätigen die Regel. *2. (cas exceptionnel)* Ausnahmefall *m; 3. (objection)* Einwand *m; 4. à l'~ de* mit Ausnahme von

exceptionnel [ɛksɛpsjɔnɛl] *adj* außerordentlich, einmalig

exceptionnellement [ɛksɛpsjɔnɛlmɑ̃] *adv* ausnahmsweise

excès [ɛksɛ] *m 1.* Übermaß *n; manger avec ~* übermäßig viel essen; *tomber d'un ~ dans un autre* von einem Extrem ins andere fallen; *2. (infraction)* Ausschreitung *f; 3. (abus)* Exzess *m; 4. ~ de vitesse* Geschwindigkeitsüberschreitung *f;*

excessif [ɛksɛsif] *adj* übermäßig

exciser [ɛksize] *v* ausschneiden

excision [ɛksizjɔ̃] *f* Ausschneiden *n,* Beschneidung *f*

excitable [ɛksitabl] *adj* reizbar

excitant [ɛksitɑ̃] *adj 1.* erregend; *m 2.* Reizmittel *n,* Stimulans *n,* Genussmittel *n*

excitation [ɛksitasjɔ̃] *f 1.* Anregung *f,* Erregung *f; 2. MED* Reiz *m*

excité [ɛksite] *adj* aufgeregt

exciter [ɛksite] *v 1.* erregen, aufregen; *2. s'~* sich erregen, sich aufregen

exclamation [ɛksklamasjɔ̃] *f 1.* Ausruf *m; 2. point d'~ GRAMM* Ausrufezeichen *n*

exclamer [ɛklsklame] *v s'~* ausrufen

exclu [ɛkskly] *adj* ausgeschlossen

exclure [ɛksklyʀ] *v irr 1.* ausschließen, ausstoßen, ausschalten; *2. (bannir)* verbannen, ausklammern; *3. s'~* sich ausschließen

exclusif [ɛksklyzif] *adj* ausschließlich, exklusiv, alleinig

exclusion [ɛksklyzjɔ̃] *f 1.* Ausschluss *m; 2. à l'~ de* mit Ausnahme von

exclusivité [ɛksklyzivite] *f* Exklusivität *f,* Ausschließlichkeit *f; contrat d'~* ein Exklusivvertrag *m; avoir l'~ d'une marque* das Alleinverkaufsrecht einer Marke haben; *Ce journal a l'~.* Diese Zeitung hat die Exklusivberichterstattung. *passer un film en ~* das Alleinaufführungsrecht eines Films haben

excommunier [ɛkskɔmynje] *v REL* exkommunizieren

excorier [ɛkskɔʀje] *v* abschürfen, wund reiben

excréments [ɛkskʀemɑ̃] *m/pl* Kot *m*

excrétion [ɛkskʀesjɔ̃] *f* Ausscheidung *f,* Absonderung *f*

excursion [ɛkskyʀsjɔ̃] *f 1.* Exkursion *f,* Ausflug *m,* Wanderung *f; 2. ~ à bicyclette* Radtour *f*

excusable [ɛkskyzabl] *adj* entschuldbar, verzeihlich

excuse [ɛkskyz] *f 1.* Entschuldigung *f,* Verzeihung *f; faire des ~s* sich entschuldigen; *2. (justification)* Ausrede *f,* Vorwand *m,* Verteidigung *f*

excuser [ɛkskyze] *v* 1. entschuldigen, verzeihen; *Excuse-moi!* Verzeihung! 2. *s'~* sich entschuldigen
exécrable [egzekʀabl] *adj* ekelhaft, widerlich
exécration [egzekʀasjɔ̃] *f* Abscheu *f*, Fluch *m*, Verwünschung *f*
exécutable [ɛgzekytabl] *adj* durchführbar
exécutant(e) [ɛgzekytɑ̃(t)] *m/f* 1. Ausführende(r) *m/f*; 2. *MUS* Mitwirkende(r) *m/f*; Vortragende(r) *m/f*
exécuter [ɛgzekyte] *v* 1. ausführen, durchführen, vollziehen; 2. *(ordre)* befolgen; 3. *~ qn* jdn hinrichten; 4. *JUR* vollstrecken
exécution [ɛgzekysjɔ̃] *f* 1. Ausführung *f*, Durchführung *f*, Abwicklung *f*; 2. *(d'une commande)* Erledigung *f*; 3. *~ de qn* jds Hinrichtung *f*; 4. *parfaite ~* Vollendung *f*; 6. *JUR* Vollstreckung *f*
exemplaire [ɛgzɑ̃plɛʀ] *m* 1. Exemplar *n*; 2. *(copie)* Ausfertigung *f*; *en double ~* in doppelter Ausfertigung; 3. *~ unique* Einzelstück *n*; *adj* 4. mustergültig, vorbildlich, exemplarisch
exemple [ɛgzɑ̃pl] *m* 1. Beispiel *n*, Exempel *n*, Vorbild *n*; *par ~* beispielsweise; *~ favori (fig)* Paradebeispiel *n*; 2. *pour l'~* um ein Exempel zu statuieren; 3. *Par ~! (fam)* Nicht möglich!
exempt [ɛgzɑ̃] *adj* frei, befreit
exempter [ɛgzɑ̃te] *v* 1. befreien; 2. *~ de (libérer)* erlassen
exercer [ɛgzɛʀse] *v* 1. ausüben, verüben, praktizieren; 2. *ECO* betreiben; 3. *s'~* sich üben, üben; 4. *(fonction)* verwalten; 5. *(un métier)* wirken, tätig sein; 6. *~ une pression* drücken; 7. *~ un effet sur* sich auswirken auf
exercice [ɛgzɛʀsis] *m* 1. Übung *f*; 2. *(pratique)* Ausübung *f*; 3. *~ d'une fonction publique* Amtshandlung *f*; 4. *~ imposé* Pflichtübung *f*; 5. *ECO* Geschäftsjahr *n*
exfolier [ɛksfɔlje] *v* *TECH* abblättern, abschiefern
exhalation [ɛgzalasjɔ̃] *f* Ausatmung *f*, Ausdünstung *f*
exhaler [egzale] *v* ausstoßen, abgeben, verströmen; *~ un parfum* einen Duft verbreiten
exhaustif [ɛgzostif] *adj* erschöpfend
exhiber [egzibe] *v* 1. *(montrer)* zeigen, vorzeigen, präsentieren; *~ un passeport* einen Ausweis vorzeigen; 2. *(faire étalage)* ausstellen, ausbreiten, präsentieren
exhibition [ɛgzibisjɔ̃] *f* 1. Vorführung *f*; 2. *SPORT* Schaulaufen *n*
exhorter [ɛgzɔʀte] *v* 1. *~ à* auffordern; 2. *~ à (sommer)* ermahnen; 3. *s'~ à* sich aufmuntern
exhumer [egzyme] *v* 1. *(un corps)* exhumieren; 2. *(ruines)* ausgraben, freilegen; 3. *(fig)* ausgraben, hervorkramen
exigé [ɛgziʒe] *adj* erforderlich
exigeant [ɛgziʒɑ̃] *adj* anspruchsvoll
exigence [ɛgziʒɑ̃s] *f* Forderung *f*, Anforderung *f*, Verlangen *n*
exiger [ɛgziʒe] *v* 1. anfordern, fordern; 2. *~ qc de qn* jdm etw zumuten; 3. *~ que ...* darauf bestehen, dass ...; 4. *(demander)* erfordern, verlangen
exigu [egzigy] *adj* knapp, beengt, zu klein
exiguïté [ɛgzigɥite] *f* Kleinheit *f*, Enge *f*
exil [ɛgzil] *m* Verbannung *f*, Exil *n*

> **existence** [ɛgzistɑ̃s] *f* 1. Leben *n*, Dasein *n*, Existenz *f*; *mener une ~ misérable* ein elendes Dasein fristen; 2. *(durée)* Bestand *m*

existentialisme [ɛgzistɑ̃sjalism] *m* Existenzialismus *m*
existentiel [ɛgzsitɑ̃sjɛl] *adj* existenziell
exister [ɛgziste] *v* 1. existieren, bestehen, sein, leben; 2. *(compter)* geben, existieren
exit [ɛgzit] *m* Abgang *m*
exode [ɛgzɔd] *m* 1. Exodus *m*, Auszug *m*; 2. *~ rural* Landflucht *f*; 3. *~ des capitaux FIN* Kapitalabwanderung *f*, Kapitalflucht *f*
exonérer [ɛgzɔneʀe] *v* 1. *ECO* befreien; 2. *(impôts)* erlassen
exorbitant [ɛgzɔʀbitɑ̃] *adj* übertrieben, unverschämt
exorcisme [ɛgzɔʀsism] *m* Geisterbeschwörung *f*
exotique [ɛgzɔtik] *adj* exotisch
expansion [ɛkspɑ̃sjɔ̃] *f* 1. Expansion *f*, Ausdehnung *f*; 2. *ECO* Aufschwung *m*; 3. *(communication)* Mitteilsamkeit *f*, Offenheit *f*
expansivité [ɛkspɑ̃sivite] *f* Mitteilungsbedürfnis *n*
expatrié [ɛkspatʀije] *adj* ausgebürgert, ausgewandert
expatrier [ɛkspatʀije] *v* 1. ausweisen; 2. *s'~* emigrieren, auswandern
expectative [ɛkspɛktativ] *f* Erwartung *f*, Aussicht *f*
expectorer [ɛkspɛktɔʀe] *v* spucken, speien
expédient [ɛkspedjɑ̃] *m* Ausweg *m*, Notnagel *m*
expédier [ɛkspedje] *v* 1. *(envoyer)* abschicken, schicken, senden, verschicken; 2. *(courrier)* aufgeben; 3. *(exécuter)* erledigen;

4. ~ en fret verfrachten; *5. ~ par bateau* verschiffen; *6. (faire rapidement)* wegschicken, sich rasch entledigen, *(fam)* kurzen Prozess machen; *7. (se débarrasser de qn)* sich jds entledigen, jdn loswerden

expéditeur [ɛkspeditœʀ] *m* Absender *m*

expéditif [ɛkspeditif] *adj* flink, hurtig, wendig, zügig

expédition [ɛkspedisjɔ̃] *f 1.* Absendung *f,* Verschickung *f,* Sendung *f; 2. (service)* Versand *m; 3. (d'affaires courantes)* Erledigung *f; 4. ~ par bateau* Verschiffung *f; 5. ~ militaire* Expedition *f,* Feldzug *m; 6. (exploration)* Forschungsreise *f,* Expedition *f*

E

expérience [ɛkspeʀjɑ̃s] *f 1.* Erfahrung *f,* Praxis *f; faire l'~ de qc* etw erproben; *par ~* erfahrungsgemäß; *2. (essai)* Versuch *m,* Experiment *n; ~ sur les animaux* Tierversuch *m; 3. ~ vécue* Erlebnis *n; 4. ~ de la vie* Lebenserfahrung *f*

expérimental [ɛkspeʀimɑ̃tal] *adj* experimentell, Experimental...

expérimenté [ɛkspeʀimɑ̃te] *adj* erfahren, routiniert

expérimenter [ɛkspeʀimɑ̃te] *v* erproben, experimentieren

expert [ɛkspɛʀ] *m 1.* Experte *m,* Kenner *m; 2. JUR* Gutachter *m; 3. (spécialiste)* Sachverständiger *m; adj 4. (~ en)* sachkundig; *5. (~ dans)* versiert

expert-comptable [ɛkspɛʀkɔ̃tabl] *m/f* Wirtschaftsprüfer *m,* Buchprüfer *m*

expertise [ɛkspɛʀtiz] *f* Schätzung *f,* Gutachten *n*

expiation [ɛkspjasjɔ̃] *f* Sühne *f*

expier [ɛkspje] *v* büßen

expiration [ɛkspiʀasjɔ̃] *f* Ausatmung *f,* Ablauf *m,* Erlöschen *n*

expirer [ɛkspiʀe] *v 1.* ausatmen; *2. (mourir)* sterben; *3. (délai) ECO* ablaufen

explicable [ɛksplikabl] *adj* erklärbar

explication [ɛksplikasjɔ̃] *f 1.* Erklärung *f,* Erläuterung *f; 2. (discussion)* Auseinandersetzung *f; 3. (éclaircissement)* Aufklärung *f*

explicite [ɛksplisit] *adj* ausdrücklich

expliciter [ɛksplisite] *v* ausdrücken, darlegen

expliquer [ɛksplike] *v 1. (souligner)* erklären, verdeutlichen, erläutern; *2. (montrer)* deuten; *3. (exposer)* darlegen; *4. s'~* sich aussprechen, sich auseinander setzen; *5. s'~ (se disputer)* sich verständigen, sich mit jdm auseinandersetzen, sich ausdrücken; *6. s'~ (comprendre)* verstehen, begreifen

exploitation [ɛksplwatasjɔ̃] *f 1.* Ausnutzung *f; 2. MIN* Abbau *m; 3.* Bewirtschaftung *f; 4. ~ abusive* Raubbau *m; 5. ECO* Betrieb *m; 6. ~ industrielle, ~ commerciale ECO* Gewerbebetrieb *m; 7. ~ agricole* landwirtschaftlicher Betrieb *m*

exploiter [ɛksplwate] *v 1.* ausnützen, ausbeuten; *2. (mettre en valeur)* auswerten; *3. (utiliser)* nutzen; *4. (champs) AGR* bewirtschaften, anbauen; *5. MIN* abbauen, fördern

exploiteur [ɛksplwatœʀ] *m* Ausbeuter *m*

explorateur [eksplɔʀatœʀ] *adj; 1.* Entdecker *m,* Erforscher *m; 2.* Forschungs..., Erkundungs..., forschend

exploration [ɛksplɔʀasjɔ̃] *f 1.* Erforschung *f; 2. MIL* Aufklärung *f,* Erkundung *f; 3. MED* Untersuchung *f,* Anamneseerhebung *f*

exploratrice [ɛksplɔʀatʀis] *f* Forscherin *f,* Forschungsreisende *f*

explorer [ɛksplɔʀe] *v 1.* erforschen; *2. MED* untersuchen, austasten

exploser [ɛksploze] *v 1.* explodieren; *2. (éclater)* zerspringen; *3. (~ de colère)* ausbrechen, hervorbrechen, *(fam)* sich Luft machen; *4. (fam: augmenter)* explosionsartig anwachsen, explodieren

explosif [ɛksplozif] *adj 1. (fig)* brisant; *2. (chose)* explosiv; *m 3.* Sprengkörper *m,* Sprengstoff *m*

explosion [ɛksplozjɔ̃] *f 1.* Explosion *f; ~ d'une bombe* Bombenexplosion *f; 2. ~ de fureur* Wutausbruch *m*

exportateur [ɛkspɔʀtatœʀ] *m ECO* Exporteur *m*

exportation [ɛkspɔʀtasjɔ̃] *f ECO* Ausfuhr *f,* Export *m*

exporter [ɛkspɔʀte] *v ECO* ausführen, exportieren

exposé [ɛkspoze] *m 1.* Darlegung *f; 2. (rapport)* Bericht *m,* Vortrag *m; adj 3.* schutzlos, ausgesetzt; *4. ~ aux courants d'air* zugig; *5. (présentation)* Darstellung *f,* Vortrag *m*

exposer [ɛkspoze] *v 1.* darlegen, schildern; *2. ~ aux yeux* ausstellen, auslegen, aussetzen; *~ à un danger* einer Gefahr aussetzen; *3. (pellicule) FOTO* belichten; *4. (fig)* vortragen

exposition [ɛkspozisjɔ̃] *f 1. (de marchandises)* Ausstellung *f; 2. ~ d'oeuvres d'art* Kunstausstellung *f; 3. (explication)* Darlegung *f,* Schilderung *f; 4. ~ aux radiations* Strahlenbelastung *f; 5. ~ aux rayons* Bestrahlung *f; 6. ~ d'une maison* Lage *f*

exprès [ɛkspʀɛ] *adv 1.* absichtlich; *2. (spécialement)* extra; *adj 3. (formel)* ausdrücklich; *m 4.* Eilbote *m;* Eil..., Schnell...
express [ɛkspʀɛs] *m 1.* Schnellzug *m; 2. (café ~)* Espresso *m*
expressément [ɛkspʀɛsemɑ̃] *adv* ausdrücklich
expression [ɛkspʀɛsjɔ̃] *f 1.* Ausdruck *m; ~ du visage* Gesichtsausdruck *m; 2. (parole)* Ausdruck *f,* Redewendung *f,* Redensart *f*
exprimer [ɛkspʀime] *v 1.* äußern, aussprechen, ausdrücken; *2. (jus)* auspressen; *3. (manifester)* ausdrücken
expropriation [ɛkspʀɔpʀijasjɔ̃] *f JUR* Enteignung *f*
exproprier [ɛkspʀɔpʀije] *v JUR* enteignen
expulser [ɛkspylse] *v 1. (chasser)* verstoßen, vertreiben, verjagen; *2. ~ qn d'un pays POL* abschieben, ausweisen
expulsion [ɛkspyljɔ̃] *f 1.* Ausweisung *f,* Abschiebung *f; 2. MED* Expulsion *f,* Austreibung *f*
expurger [ɛkspyʀʒe] *v* bereinigen, die anstößigen Stellen streichen
exquis [ɛkski] *adj 1.* köstlich; *2. (raffiné)* erlesen, ausgesucht, hervorragend
exsangue [ɛgzɑ̃g] *adj 1.* blutleer, blutlos; *2. (fig)* ausgeblutet, kraftlos
extase [ɛkstaz] *f* Ekstase *f*
extasier [ɛkstazje] *v s'~* sich begeistern, entzückt sein
extatique [ɛkstatik] *adj* ekstatisch, verzückt
extensibilité [ɛkstɑ̃sibilite] *f* Dehnbarkeit *f,* Streckbarkeit *f*
extensible [ɛkstɑ̃sibl] *adj 1.* dehnbar; *2. (table)* ausziehbar
extensif [ɛkstɑ̃sif] *adj (agriculture)* extensiv, erweitert
extension [ɛkstɑ̃sjɔ̃] *f 1.* Dehnung *f,* Ausdehnung *f; 2. (élargissement)* Erweiterung *f*
exténuer [ɛkstenɥe] *v* anstrengen, ermatten, aufreiben, entkräften
extérieur [ɛksteʀjœʀ] *adj 1.* äußerlich; *à l'~* draußen; *à l'~ de* außerhalb; *2. (externe)* äußere(r,s); *m 3.* Äußeres *n*
extermination [ɛkstɛʀminasjɔ̃] *f* Ausrottung *f,* Extermination *f,* Zerstörung *f*
exterminer [ɛkstɛʀmine] *v 1. (détruire)* vertilgen; *2. (fig)* ausrotten
externe [ɛkstɛʀn] *adj 1.* äußerlich; *2. (extérieur)* äußere(r,s), extern; *3. (élève ~)* Externe(r) *m/f*
extincteur [ɛkstɛ̃ktœʀ] *m* Feuerlöscher *m*
extinction [ɛkstɛ̃ksjɔ̃] *f 1. (d'une dette) ECO* Tilgung *f; 2. ~ de voix MED* völlige Heiserkeit *f; 3. ~ des feux* Zapfenstreich *m*
extirper [ɛkstiʀpe] *v 1.* entlocken, entreißen, abringen; *~ des excuses à qn* jdm eine Entschuldigung abringen; *2. s'~ (fam)* aussteigen, entsteigen
extorquer [ɛkstɔʀke] *v 1.* erzwingen; *2. ~ qc à qn* etw von jdm erpressen
extorsion [ɛkstɔʀsjɔ̃] *f* Erpressung *f*
extra [ɛkstʀa] *m* Zugabe *f;* Aushilfskellner(in) *m/f*
extraction [ɛkstʀaksjɔ̃] *f 1. (d'une mine)* Förderung *f; 2. MED* Extraktion *f,* Extrahieren *n,* Entfernung *f,* Herauslösen
extrader [ɛkstʀade] *v 1.* ausweisen; *2. JUR* ausliefern
extradition [ɛkstʀadisjɔ̃] *f JUR* Auslieferung *f*
extraire [ɛkstʀɛʀ] *v irr 1.* herausholen; *2. (trier)* aussondern; *3. MIN* fördern, abbauen
extrait [ɛkstʀɛ] *m 1.* Extrakt *m; 2. (relevé)* Auszug *m,* Ausschnitt *m; ~ de compte* Kontoauszug *m; ~ de dossier* Aktenauszug *m; 3. ~ de baptême REL* Taufschein *m*
extralucide [ɛkstʀalysid] *adj voyante ~* Hellseherin *f,* Wahrsagerin *f*
extraordinaire [ɛkstʀaɔʀdinɛʀ] *adj* außergewöhnlich, seltsam
extra-professionnel [ɛkstʀapʀɔfɛsjɔnɛl] *adj* nebenberuflich
extraterrestre [ɛkstʀateʀɛstʀ] *adj 1.* außerirdisch, extraterrestrisch; *un vaisseau ~* ein Ufo *n; m/f 2.* Außerirdische(r) *m/f*
extrême [ɛkstʀɛm] *adj 1.* extrem; *2. (fig)* hochgradig; *3. (sans mesure)* maßlos
Extrême-Orient [ɛkstʀɛmɔʀjɑ̃] *m GEO* Fernost *m,* Ferner Osten *m*
extrémisme [ɛkstʀemism] *m POL* Extremismus *m*
extrémiste [ɛkstʀemist] *adj 1. POL* extremistisch, radikal; *m/f 2. ~ de droite POL* Rechtsextremist(in) *m/f*
exubérance [ɛgzybeʀɑ̃s] *f* Übermut *m*
exubérant [ɛgzybeʀɑ̃] *adj* überschwänglich, übermütig, ausgelassen
exulter [ɛgzylte] *v* jauchzen

E

F

fable [fabl] *f* *1.* Fabel *f; 2. (conte)* Märchen *n; 3. être la ~ de qn* Zielscheibe des Spottes für jmd sein

fabricant [fabʀikɑ̃] *m* Hersteller *m,* Produzent *m*

fabrication [fabʀikasjɔ̃] *f 1.* Anfertigung *f,* Fertigung *f; 2. (production)* Herstellung *f*

fabriquant [fabʀikɑ̃] *m* Fabrikant *m*

fabriquer [fabʀike] *v 1. (manufacturer)* erzeugen, anfertigen; *2. (produire)* herstellen; *3. (fam: faire)* fabrizieren

fabuler [fabyle] *v* fabulieren, Geschichten erfinden

fac [fak] *f (fam)* Universität *f*

façade [fasad] *f 1.* Fassade *f,* Front *f; 2. (fig)* Maske *f*

face [fas] *f 1. (visage)* Gesicht *n; perdre la ~* das Gesicht verlieren; *Il le lui a dit en ~.* Er hat es ihm ins Gesicht gesagt. *faire ~ à la situation* die Lage meistern; *2. (figure)* Angesicht *n; se trouver ~ à ~ avec qn* jdm von Angesicht zu Angesicht gegenüberstehen; *être en ~ de qn* jdm gegenüberstehen; *3. en ~ (local)* gegenüber; *4. (côté)* Vorderseite *f,* Bildseite *f; 5. pile ou ~* Kopfseite *f*

face-à-face [fasafas] *m* Fernsehduell *n,* Diskussion *f,* Streitgespräch *n*

facétie [fasesi] *f* Posse *f*

facétieux [fasesjø] *adj* witzig, komisch, unterhaltsam

facette [fasɛt] *f 1. (d'un diamant)* Facette *f; 2. (fig)* Facette *f,* Seite *f,* Aspekt *m*

fâché [fɑʃe] *adj* böse

fâcher [fɑʃe] *v 1. se ~* sich ärgern; *Il se fâche pour un rien.* Er regt sich wegen jeder Kleinigkeit auf. *2. (s'indigner)* sich entrüsten; *3. (irriter)* verärgern

fâcheux [fɑʃø] *adj* ärgerlich, unangenehm

facho [faʃo] *adj (fam)* Faschist *m*

facial [fasjal] *adj* Gesichts...

faciès [fasjɛs] *m* Gesicht *n,* Gesichtszüge *m/pl,* Gesichtsausdruck *m*

facile [fasil] *adj 1. (simple)* leicht, simpel, einfach; *être ~ comme tout* kinderleicht sein; *être ~ à comprendre* unschwer zu verstehen sein; *C'est plus ~ à dire qu'à faire.* Das ist leichter gesagt als getan. *2. (docile)* fügsam; *3. (sans peine)* mühelos; *Il est ~ à vivre.* Er ist umgänglich./Mit ihm ist gut auszukommen. *4. ~ à entretenir* pflegeleicht; *5. ~ à manœuvrer* wendig; *6. (fig)* billig; *7. (fig: parole)* flüssig, fließend

facilité [fasilite] *f* Leichtigkeit *f,* Mühelosigkeit *f*

faciliter [fasilite] *v* ermöglichen, erleichtern

façon [fasɔ̃] *f 1.* Art und Weise *f; à la ~ de* nach Art von; *d'une ~ générale* allgemein; *~ de penser* Denkweise *f; en aucune ~* keineswegs; *de toute ~* sowieso; *2. (style)* Form *f; sans ~* ungezwungen, zwanglos; *3. (fig)* Tour *f; 4. ~s pl* Manieren *pl; 5. ~s pl (bêtises)* Flausen *pl*

faconde [fakɔ̃d] *f* Redseligkeit *f*

façonner [fasɔne] *v 1.* formen, gestalten, modellieren, schmieden; *2. (travailler qc)* verarbeiten, bearbeiten

facteur [faktœʀ] *m 1.* Postbote *m,* Briefträger *m; 2. (agent)* Faktor *m; ~ perturbateur* Störfaktor *m; ~ d'incertitude* Unsicherheitsfaktor *m; ~ Rhésus MED* Rhesusfaktor *m; 3. MATH* Faktor *m*

factice [faktis] *adj 1.* unecht, falsch, nachgemacht, künstlich; *une bouteille ~* eine Flaschenattrappe *f; 2. (fig)* unnatürlich, falsch, unecht

faction [faksjɔ̃] *f 1.* Wache *f; 2. (parti)* aufrührerische Partei *f; 3. (équipe) TECH* Schicht *f*

factotum [faktɔtɔm] *m* Faktotum *n,* rechte Hand *(fig)*

factrice [faktʀis] *f* Briefträgerin *f*

facturation [faktyʀasjɔ̃] *f* Ausfertigung einer Rechnung *f,* Rechnungslegung *f,* Fakturierung *f,* Rechnungsabteilung *f*

facture [faktyʀ] *f 1. ECO* Rechnung *f; ~ pro forma* Pro-forma-Rechnung *f; 2. établir une facture* eine Rechnung ausstellen; *3. (style)* Ausführung *f,* Gestalt *f,* Stil *m,* Aufbau *m; 4. ~ d'instruments de musique* Herstellung von Musikinstrumenten *f*

facultatif [fakyltatif] *adj* unverbindlich

faculté [fakylte] *f 1.* Fähigkeit *f; 2. (pouvoir)* Können *n,* Vermögen *n; 3. ~ d'adaptation* Anpassungsfähigkeit *f; 4. (d'une université)* Fakultät *f; 5. (fig: don)* Gabe *f; ~ de penser* Denkvermögen *n; ~ visuelle* Sehkraft *f; ~ de juger* Urteilsvermögen *n*

fada [fada] *adj (fam)* verrückt, übergeschnappt
fadaise [fadɛz] *f raconter des ~s* Albernheiten *f/pl,* Unsinn *m,* läppisches Zeug *n*
fadasse [fadas] *adj (péjoratif)* fade, abgeschmackt, geistlos
fade [fad] *adj 1.* fade, geschmacklos; *2. (sans charme)* reizlos
fadeur [fadœʀ] *f 1. (d'un aliment)* Geschmacklosigkeit *f,* Fadheit *f; 2. (d'un compliment)* Witzlosigkeit *f,* Abgegriffenheit *f*
faible [fɛbl] *adj 1.* gering; *2. (à voix basse)* leise; *3. (sans force)* schwach, matt; *avoir un ~ pour qn* eine Schwäche für jdn haben; *4. (sans caractère)* charakterlos; *5. (mou)* flau; *6. (fragile)* kraftlos, schwächlich, willensschwach; *m 7.* Schwäche *f*
faiblesse [fɛblɛs] *f 1.* Schwäche *f; ~ de caractère* Charakterschwäche *f; 2. (caducité)* Gebrechlichkeit *f; 3. MED* Schwächeanfall *m*
faiblir [fɛbliʀ] *v 1.* schwach werden; *2. (s'atténuer)* nachlassen
faïence [fajɑ̃s] *f* Fayence *f; un plat en ~* ein Fayenceteller *m*
faille [faj] *f 1.* Kluft *f; 2. (fig)* Fehler *m,* schwache Stelle *f*
faillibilité [fajibilite] *f* Fehlbarkeit *f*
faillible [fajibl] *adj* fehlbar
faillir [fajiʀ] *v irr ~ 1. à qc* etw missachten, gegen etw verstoßen; *2. v (risquer)* beinahe etw tun
faillite [fajit] *f 1. FIN* Bankrott *m,* Konkurs *m,* Pleite *f; 2. (fig)* Fehlschlag *m,* Scheitern *n*
faim [fɛ̃] *f 1.* Hunger *m; manger à sa ~* sich satt essen; *rester sur sa ~* nicht auf seine Kosten kommen; *2. ~ dévorante* Heißhunger *m; 3. (malnutrition)* Unterernährung *f; 4. avoir ~ de qc (fig)* Hunger *m*
fainéant [fɛneɑ̃] *m 1.* Tunichtgut *m; adj 2.* faul, träge
fainéantise [fɛneɑ̃tiz] *f* Müßiggang *m*

faire [fɛʀ] *v irr 1.* machen, tun; *~ du sport* Sport treiben; *~ dodo (fam)* schlafen, heia machen; *~ faillite* scheitern, Pleite machen; *~ son choix* seine Wahl treffen; *~ le ménage* aufräumen, putzen; *~ beaucoup d'argent* viel Geld verdienen; *~ la cuisine* kochen; *~ une farce* einen Jux machen; *~ la paix* Frieden schließen; *~ des petits* Junge bekommen; *~ le malade* sich krank stellen; *~ jeune* jung aussehen; *Rien à ~!* Nichts zu machen! *ne savoir que ~ de qc* mit etw nichts anfangen können; *ne pas s'en ~* sich nicht aufregen; *se ~ une opinion* sich eine Meinung bilden; *Il a cru bien ~.* Er glaubte, es richtig zu machen. *Faites comme chez vous!* Machen Sie es sich bequem! *Ce qui est fait est fait.* Geschehen ist geschehen. *C'en est fait de lui.* Es ist um ihn geschehen. *être bien fait* gut gewachsen sein; *Le fait est que ...* Die Sache ist die, dass ...; *On se fait à tout.* Man gewöhnt sich an alles. *Ça ne se fait pas!* Das tut man nicht! *Vous feriez mieux de vous taire.* Sie täten besser daran, den Mund zu halten. *Quel temps fait-il?* Wie ist das Wetter? *2. (travailler)* erledigen; *se ~ immatriculer* sich anmelden; *se ~ coller (à un examen)* durchfallen; *se ~ la bise* sich küssen; *se ~ des illusions sur* sich Illusionen machen über; *se ~ violence* sich überwinden; *3. (laisser)* lassen, veranlassen; *4. (prix)* ausmachen, sich belaufen auf, betragen; *5. (procéder)* vorgehen; *6. (aider à) ~ faire qc à qn* jdm bei etw behilflich sein

faire-part [fɛʀpaʀ] *m* Anzeige *f; un ~ de mariage* eine Heiratsanzeige *f; envoyer des ~ de naissance* Geburtsanzeigen verschicken
faisabilité [fɛzabilite] *f* Machbarkeit *f,* Durchführbarkeit *f*
faisable [fəzabl] *adj* möglich, machbar
faisceau [fɛso] *m* Bündel *n*
faisselle [fɛsɛl] *f* Abtropfsieb *n*
fait¹ [fɛ] *m 1.* Tatsache *f; par ce ~ (conséquence)* dadurch; *du ~ de (fig)* über/wegen; *2. (événement)* Gegebenheit *f; 3. (action)* Handlung *f,* Tat *f; 4. ~s délictueux pl JUR* Tatbestand *m; 5. (essentiel)* Sache *f,* Fall *m; 6. au ~* übrigens, eigentlich; *7. être le ~ de qn* jds Fall sein
fait² [fɛ] *adj 1.* gemacht, getan, fertig, erledigt; *~ maison* hausgemacht *2. C'est bien ~!* Das geschieht dir recht! *3. (fromage)* reif, durch, weich; *4. personne bien ~e* gutgewachsen
fait-divers [fɛdivɛʀ] *m* Lokalnachrichten *f/pl,* Vermischtes *n*
faîte [fɛt] *m 1.* Gipfel *m,* Wipfel *m,* Spitze *f; le ~ d'un arbre* der Baumwipfel *m; le ~ d'une montagne* die Bergspitze *f; 2. (fig)* Höhepunkt *m,* Gipfel *m,* Spitze *f;*
fait-tout [fɛtu] *m* Kochtopf *m*
falaise [falɛz] *f* Klippe *f,* Steilküste *f*
fallacieux [falasjø] *adj* trügerisch, irreführend
falloir [falwaʀ] *v irr* müssen; *Il s'en est fallu de peu.* Es hat nicht viel gefehlt./Es fehlte

F

nur wenig. *Il me faut ...* Ich brauche ...; *Il me faut partir.* Ich muss gehen. *comme il faut* einwandfrei; *une personne très comme il faut* ein sehr anständiger Mensch *m*

falot[1] [falo] *m (lanterne)* große Handlaterne *f*

falot[2] [falo] *adj* unscheinbar, unbedeutend, unauffällig

falsification [falsifikasjɔ̃] *f 1.* Fälschung *f,* Verfälschung *f; 2. ~ de documents* Urkundenfälschung *f*

falsifier [falsifje] *v* fälschen, verfälschen

F

famé [fame] *adj mal ~* berüchtigt, verrufen, verschrien, verrucht;

fameux [famø] *adj 1.* berühmt; *2. (excellent)* famos, prima; *3. (remarquable)* ausgezeichnet, hervorragend

familial [familjal] *adj* Familien..., familiär; *les allocations ~es* das Kindergeld *n*

familiariser [familjaʀize] *v se ~ avec* sichgewöhnen an

familier [familje] *adj 1.* üblich; *2. (de confiance)* vertraulich, vertraut; *3. (connu)* vertraut, geläufig

famille [famij] *f 1.* Familie *f; 2. membre de la ~* Verwandte(r) *m/f,* Familienangehörige(r) *m/f; 3. (parents)* Verwandtschaft *f*

famine [famin] *f* Hungersnot *f*

fanal [fanal] *m* Laterne *f,* Windlicht *n,* Positionslicht *n*

fanatique [fanatik] *m 1.* Fanatiker *m; adj 2.* fanatisch

fanatiser [fanatize] *v* aufhetzen

fanatisme [fanatism] *m* Fanatismus *m*

fané [fane] *adj (fleur)* welk

faner [fane] *v se ~* welken, verwelken, verblühen

fanfare [fɑ̃faʀ] *f 1. MUS* Blaskapelle *f; 2. en ~ (fig)* Geschrei *n,* Getöse *n*

fanfaron [fɑ̃faʀɔ̃] *m (fam)* Angeber *m,* Aufschneider *m*

fanfaronner [fɑ̃faʀɔne] *v (fam)* angeben, prahlen, aufschneiden

fanion [fanjɔ̃] *m* kleine Fahne *f,* Wimpel *m*

fantaisie [fɑ̃tɛzi] *f 1.* Einbildung *f; 2. (imagination)* Fantasie *f; 3. (envie)* Lust *f,* Verlangen *n,* Laune *f*

fantaisiste [fɑ̃tɛzist] *m/f 1. THEAT* Kabarettist(in) *m/f; adj 2.* unzuverlässig, unberechenbar, unkonventionell, komisch; *3. (faux)* frei erfunden, aus der Luft gegriffen

fantasmagorie [fɑ̃tasmagɔʀi] *f* Fantasmagorie *f,* Trugbild *n,* Geistererscheinung *f*

fantasme [fɑ̃tasm] *m* Sinnestäuschung *f,* Trugbild *n,* Einbildung *f; avoir des ~s* Trugbilder sehen

fantasmer [fɑ̃tasme] *v* fantasieren, sich Fantasien hingeben, träumen

fantasque [fɑ̃task] *adj* wechselhaft, launenhaft, seltsam

fantastique [fɑ̃tastik] *adj 1.* fantastisch; *2. (fig)* traumhaft

fantoche [fɑ̃tɔʃ] *m (fig)* Marionette *f,* Gefolgsmann *m*

fantôme [fɑ̃tom] *m 1. (spectre)* Geist *m,* Gespenst *n,* Phantom *n; 2. (fig)* Geist; *3. membre ~ MED* Phantomglied

fanzine [fɑ̃zin] *m* Comic-Heft *n,* Fan-Zeitschrift *f*

faramineux [faʀaminø] *adj* kolossal

farce[1] [faʀs] *f 1.* Scherz *m,* Schabernack *m; 2. (bouffonnerie)* Posse *f*

farce[2] [faʀs] *f GAST* Füllung *f*

farceur [faʀsœʀ] *m 1.* Witzbold *m,* Spaßvogel *m; adj 2.* witzig, spaßig, komisch

farcir [faʀsiʀ] *v 1. GAST* füllen; *~ une volaille* Geflügel füllen; *2. se ~ (fam)* ertragen, sich aufhalsen; *se ~ une corvée* sich eine lästige Arbeit aufhalsen; *se ~ qn* jdn am Hals haben

fard [faʀ] *m 1.* Schminke *f; piquer un ~* rot anlaufen, einen roten Kopf kriegen, knallrot werden; *2. ~ à paupières* Lidschatten *m*

fardeau [faʀdo] *m 1.* Last *f; 2. (moral)* Belastung *f,* Druck *m*

farder [faʀde] *v 1.* schminken; *2. se ~* sich schminken

farfadet [faʀfadɛ] *m* Kobold *m,* Irrwisch *m*

farfelu [faʀfəly] *adj (fam)* verrückt, wirr, seltsam; *avoir des idées ~es* verrückte Ideen haben, spinnen

farfouiller [faʀfuje] *v* aufwühlen, kramen

faribole [faʀibɔl] *f* Belanglosigkeit *f,* Nichtigkeit *f*

farine [faʀin] *f 1.* Mehl *n; 2. se faire rouler dans la ~ (fig)* reingelegt werden

fariner [faʀine] *v* mit Mehl bestreuen, in Mehl wälzen

farouche [faʀuʃ] *adj 1. (sauvage)* heftig, wild; *2. (fig)* spröde, abweisend, scheu; *3. (violent)* grimmig, erbittert

farter [faʀte] *v (des skis) SPORT* wachsen

fascination [fasinasjɔ̃] *f* Faszination *f; 2. (fig)* Faszination, Anziehungskraft *f*

fasciner [fasine] *v 1.* bezaubern; *2. (fig: tromper)* blenden

fascisme [faʃism] *m POL* Faschismus *m*

fasciste [faʃist] *adj POL* faschistisch
faseyer [fazeje] *v (voile)* flattern, killen
faste [fast] *m 1.* Luxus *m,* Prunk *m; adj 2. jour ~* Glückstag
fastidieux [fastidjø] *adj* ermüdend, erdrückend, langweilig, mühselig
fastueux [fastɥø] *adj* luxuriös, prunkvoll
fatal [fatal] *adj 1.* unvermeidlich; *2. (funeste)* schicksalhaft, verhängnisvoll
fatalité [fatalite] *f* Verhängnis *n*
fatidique [fatidik] *adj* schicksalhaft, entscheidend, ausschlaggebend;
fatigant [fatigɑ̃] *adj 1.* anstrengend, ermüdend; *2. (ennuyeux)* langweilig
fatigue [fatig] *f 1.* Ermüdung *f; 2. (lassitude)* Müdigkeit *f; tomber de ~* zum Umfallen müde sein; *3. (corvée)* Strapaze *f; 4. (surmenage)* Überarbeitung *f; 5. grande ~* Übermüdung *f*
fatigué [fatige] *adj* müde, abgespannt; *Il ne s'est pas trop ~.* Er hat sich keine große Mühe gegeben.
fatiguer [fatige] *v 1. se ~* ermüden; *2. (user)* beanspruchen; *3. (éreinter)* strapazieren, anstrengen
fatras [fatʀa] *m* Plunder *m*
fatuité [fatɥite] *f* Blasiertheit *f,* Selbstgefälligkeit *f,* Überheblichkeit *f,* Dünkel *m*
faubourg [fobuʀ] *m* Vorort *m,* Vorstadt *f*
fauchage [foʃaʒ] *m* Mahd *f/m,* Mähen *n*
fauche [foʃ] *f (fam)* Pleite *f; Plus un sou, c'est la ~.* Ich bin völlig abgebrannt.
faucher [foʃe] *v 1.* mähen; *être fauché comme les blés (fig)* total pleite sein, total abgebrannt sein; *2. (fam)* klauen
faucheuse [foʃøz] *f 1. AGR* Mähmaschine *f; 2. la Faucheuse LIT* Sensenmann *m*
faucille [fosij] *f* Sichel *f; couper de l'herbe à la ~* das Gras mit einer Sichel mähen; *La ~ et le marteau sont l'emblème communiste.* Hammer und Sichel sind die Symbole des Kommunismus.
faufiler [fofile] *v 1. se ~ pour passer devant* sich vordrängen; *2. (coudre provisoirement)* heften
faune [fon] *f 1.* Fauna *f; 2. (fig)* Typen *m/pl* Volk *n*
faussaire [fosɛʀ] *m* Fälscher *m*
fausse-couche [foskuʃ] *f* Fehlgeburt *f,* Abort *m*
faussement [fosmɑ̃] *adv* fälschlicherweise
fausse nouvelle [fosnuvɛl] *f (dans un journal)* Ente *f*
fausser [fose] *v 1.* verbiegen, verfälschen, verdrehen; *2. ~ compagnie à qn* jdn plötzlich verlassen, plötzlich von jdm weggehen
fausseté [foste] *f 1.* Unaufrichtigkeit *f,* Unwahrheit *f; 2. (hypocrisie)* Falschheit *f*
faute [fot] *f 1.* Missgriff *m; 2. (erreur)* Fehler *m; Sans ~!* Bestimmt!/Sicher! *~ d'inattention* Flüchtigkeitsfehler *m; ~ de calcul* Rechenfehler *m; ~ d'impression* Druckfehler *m; ~ capitale* Kardinalfehler *m; 3. (culpabilité)* Verschulden *n; A qui la ~?* Wer ist schuld daran? *Ce n'est pas de ma ~.* Das ist nicht meine Schuld./Ich kann nichts dafür. *4. JUR* Vergehen *n; 5. (morale)* Verfehlung *f; prep 6. ~ de* mangels
fauteuil [fotœj] *m 1.* Sessel *m; 2. ~ roulant* Rollstuhl *m; 3. SPORT arriver dans un ~ (fam)* mühelos/spielend/überlegen gewinnen
fauve [fov] *adj 1. (couleur)* gelblich, falb; *2. bêtes ~s* Rotwild *n; m 3. (félin) ZOOL* Raubtiere *pl,* wilde Tiere *pl; 4. les ~s pl (peintres) ART* Fauvismus *m,* Fauves *pl*

faux [fo] *adj 1. (pas vrai)* falsch; *~ bourdon* Drohne *f; ~ départ* Fehlstart *m; ~ pas* Fehltritt *m; ~ frais* Nebenkosten *pl; ~ en écriture* Urkundenfälschung *f; ~ contact* Wackelkontakt *m; fausse couche* Abort *m; fausse déposition* Falschaussage *f; fausse route* Abweg *m; 2. (erroné)* schief; *3. (bijou)* falsch, unecht; *4. (fig)* unaufrichtig, falsch; *5. (incorrect)* verkehrt; *adv 6. (à tort)* fälschlicherweise; *7. porter à ~* schief sein, schief stehen, vorspringen, überstehen

faux-fuyant [fofɥijɑ̃] *m* Ausrede *f,* Ausflucht *f,* Vorwand *m,* Finte *f*
faux-monnayeur [fomɔnɛjœʀ] *m* Falschmünzer *m*
faveur [favœʀ] *f 1.* Gunst *f,* Wohlwollen *n; 2. (privilège)* Vergünstigung *f; 3. en ~ de* zugunsten
favorable [favɔʀabl] *adj 1.* günstig; *2. (bienveillant)* wohlwollend; *3. ~ à l'environnement* umweltfreundlich
favori [favɔʀi] *m 1.* Favorit *m,* Liebling *m; adj 2.* beliebt, Lieblings...; *plat ~* Lieblingsspeise *f*
favoriser [favɔʀize] *v 1.* bevorzugen, begünstigen; *2. ~ qc* einer Sache Vorschub leisten
favoritisme [favɔʀitism] *m* Vetternwirtschaft *f,* Bevorzugung *f*
fax [faks] *m TEL* Fax *n*
faxer [fakse] *v TEL* faxen, ein Fax versenden

F

fayot [fajo] *m 1. (fam: légume sec)* Bohne *f; 2. (fam)* Kriecher *m*
fayoter [fajɔte] *v (fam)* sich einkratzen, kriechen, sich lieb Kind machen
fébrile [febʀil] *adj 1. MED* hitzig; *2. (agité)* fieberhaft, hektisch
fécal [fakal] *adj* fäkal, kotig
fèces [fɛs] *f/pl* Kot *m,* Stuhl *m*
fécond [fekɔ̃] *adj 1.* fruchtbar; *2. (fig)* fruchtbar, fruchtbringend, produktiv
fécondation [fekɔ̃dasjɔ̃] *f BIO* Befruchtung *f*
féconder [fekɔ̃de] *v 1. BIO* befruchten; *2. (fleur) BIO* bestäuben
fécondité [fekɔ̃dite] *f* Fruchtbarkeit *f*
fécule [fekyl] *f GAST* Stärke *f*
fédéral [fedeʀal] *adj 1.* föderal, Bundes... ; *2. POL* föderativ, Bundes...
fédéralisme [fedeʀalism] *m POL* Föderalismus *m*
fédération [fedeʀasjɔ̃] *f 1. (union)* Verband *m; 2. POL* Bund *m; 3. (alliance) POL* Föderation *f*
fédéré [fedeʀe] *adj 1.* föderal, föderativ, verbündet; *les Etats ~s* die Bundesstaaten *pl; m 2. HIST* Kommunarde *m,* Soldat der Kommune *m; le mur des ~s* die Mauer der Kommunarden auf dem Friedhof Père-Lachaise *f*
fée [fe] *f 1.* Fee *f; 2. conte de ~s* Märchen; *3. avoir des doigts de ~ (fig)* sehr geschickt sein, fingerfertig sein
féerique [feeʀik] *adj 1.* märchenhaft; *2. (fig)* zauberhaft
feignant [fɛɲɑ̃] *adj 1. (paresseux)* faul; *m 2. (personne)* Faulenzer *m,* Faulpelz *m*
feindre [fɛ̃dʀ] *v irr 1.* fingieren; *2. (affecter)* heucheln; *3. (simuler)* simulieren, vortäuschen; *4. (fig)* sich verstellen
feinte [fɛ̃t] *f* Vortäuschung *f*
fêlé [fɛle] *adj 1. (verre)* gesprungen; *2. (fam)* bekloppt, übergeschnappt
félicitation [felisitasjɔ̃] *f 1.* Gratulation *f; 2. lettre de ~s* Glückwunsch *m,* Gratulation *f,* Beglückwünschung *f*
félicité [felisite] *f 1.* Heil *n; 2. (béatitude)* Seligkeit *f*
féliciter [felisite] *v 1.* gratulieren; *2. ~ qn pour/~ qn de/~ qn au sujet de* jdn beglückwünschen zu; *3. se ~ de qc* froh sein über etw glücklich sein über etw
félin [felɛ̃] *m 1. ZOOL* Katze *f,* Raubtier *n; adj 2.* Katzen..., katzenartig; *la race ~e* die Katzenrasse *f; 3. (fig)* katzenartig, geschmeidig, katzenhaft; *une grâce ~e* anmutig wie eine Katze
félonie [felɔni] *f HIST* Verrat *m*
fêlure [felyʀ] *f 1.* Knacks *m,* Sprung *m; 2. (fissure)* Riss *m*
femelle [fəmɛl] *adj 1. ZOOL* weiblich; *f 2. ZOOL* Weibchen *n*
féminin [feminɛ̃] *adj* weiblich, feminin
féministe [feminist] *f 1.* Feministin *f,* Frauenrechtlerin *f; 2. (fam)* Emanze *f*
féminité [feminite] *f* Weiblichkeit *f,* Fraulichkeit *f*

femme [fam] *f 1.* Frau *f; Elle est très ~.* Sie ist sehr weiblich. *prendre pour ~* zur Frau nehmen, heiraten; *2. ~ légère* Dirne *f; 3. ~ au foyer* Hausfrau *f; 4. ~ de ménage* Putzfrau *f,* Raumpflegerin *f; 5. ~ de lettres* Schriftstellerin *f; 6. ~ enceinte* Schwangere *f; 7. (fam: bonne femme)* Weib *n*

fenaison [fənɛzɔ̃] *f AGR* Heuernte *f*
fendage [fɑ̃daʒ] *m* Spaltung *f*
fendant [fɑ̃dɑ̃] *adj (fam)* überheblich
fendillé [fɑ̃dije] *adj* rissig
fendre [fɑ̃dʀ] *v 1.* aufschneiden, aufspalten, spalten; *2. (casser)* hacken; *3. ~ le cœur de qn* spalten, entzweien; *4. se ~* sich spalten, Risse bekommen, bersten, zerplatzen; *5. se ~ de qc (fam)* etw herausrücken
fenêtre [fənɛtʀ] *f 1.* Fenster *n; jeter l'argent par les ~s (fam)* Geld verpulvern; *2. ~ basculante* Kippfenster *n*
fenil [fənil] *m* Heuboden *n*
fente [fɑ̃t] *f 1. (coupe)* Einschnitt *m; 2. (rainure)* Schlitz *m,* Spalt *m,* Sprung *m*
féodal [feɔdal] *adj HIST* feudal, feudalistisch, lehnsrechtlich, Lehns...; *la période ~e* die Feudalzeit *f; un château ~* ein Feudalschloss *n*
fer [fɛʀ] *m 1.* Eisen *n; en ~* eisern/aus Eisen; *en ~ forgé* schmiedeeisern; *2. ~ blanc* Blech *n; 3. ~ à repasser* Bügeleisen *n; 4. ~ à cheval* Hufeisen *n; 5. ~ à souder TECH* Lötkolben *m*
ferblanterie [fɛʀblɑ̃tʀi] *f* Blechwarenherstellung *f,* Eisenwarenherstellung *f,* Eisenwaren *f/pl*
férié [feʀje] *adj jour ~* Feiertag *m,* freier Tag *m*
fermage [fɛʀmaʒ] *m* Pacht *f*
fermé [fɛʀme] *adj* geschlossen
ferme[1] [fɛʀm] *adj 1. (dur)* fest, hart; *2. (contrat)* bindend; *3. (décidé)* fest, sicher, entschieden, bestimmt; *4. prison ~* Gefängnis ohne Bewährung

ferme² [fɛʀm] *f* *1.* Bauernhof *m,* Hof *m; ~ avicole* Geflügelfarm *f; 2. ARCH* Dachstuhl *m*
ferment [fɛʀmɑ̃] *m 1. CHEM* Ferment *n,* Enzym *n; les ~s lactiques* die Milchsäurebakterien *pl; 2. (fig)* Keim *m,* Anlass *m,* Ursache *f; un ~ de discorde* der Grund für den Streit *m*
fermentation [fɛʀmɑ̃tasjɔ̃] *f* Gärung *f*
fermenter [fɛʀmɑ̃te] *v* gären

fermer [fɛʀme] *v 1.* zubinden; *2. (clore)* schließen, zumachen; *3. ~ les yeux sur qc (fig: pardonner)* ein Auge zudrücken, nachsehen; *4. ~ en tournant* zudrehen; *5. ~ à clé* zuschließen, abschließen; *6. (terminer)* beschließen, schließen

fermeté [fɛʀməte] *f* Standhaftigkeit *f; avec ~* nachdrücklich
fermeture [fɛʀmətyʀ] *f 1.* Verschluss *m; 2. ~ éclair* Reißverschluss *m; 3. l'heure de ~ des bureaux* Büroschluss *m*
fermier [fɛʀmje] *m 1. AGR* Pächter *m; 2.* Landwirt *m,* Bauer *m*
fermoir [fɛʀmwaʀ] *m 1. (d'un bijou)* Verschluss *m; 2. (agrafe)* Spange *f*
féroce [feʀɔs] *adj 1.* wild, reißend, grausam, schrecklich
férocité [feʀɔsite] *f* Wildheit *f,* Grausamkeit *f,* Brutalität *f*
ferraille [fɛʀɑj] *f* Alteisen *n,* Schrott *m*
ferrailleur [fɛʀajœʀ] *m* Schrotthändler *m,* Altmetallhändler *m*
ferré [fɛʀe] *adj 1.* mit Eisen beschlagen; *2. voie ~e* Gleis *n,* Bahnlinie, Schienenstrang *m*
ferrer [fɛʀe] *v* beschlagen, festhaken
ferroviaire [feʀɔvjɛʀ] *adj* Zug..., Eisenbahn..., Schienen...; *le trafic ~* der Zugverkehr *m*
ferrugineux [fɛʀyʒinø] *adj* eisenhaltig
ferrure [fɛʀyʀ] *f* Beschlag *m*
ferry-boat [fɛʀibot] *m* Fähre *f*
fertile [fɛʀtil] *adj 1. (terre)* fruchtbar; *2. (fig)* reich
fertiliser [fɛʀtilize] *v* düngen
fertilité [fɛʀtilite] *f* Fruchtbarkeit *f*
férule [feʀyl] *f* Rute *f; être sous la ~ de qn* unter jds Fuchtel stehen
fervent [fɛʀvɑ̃] *adj 1. (fig)* glühend; *2. (ardent)* inbrünstig, innig
ferveur [fɛʀvœʀ] *f 1. REL* Inbrunst *f; 2.* Eifer *m*
fessée [fɛse] *f* Schläge auf den Hintern *m/pl,* Tracht Prügel *f*
fesses [fɛs] *f/pl (fam)* Hintern *m,* Po *m; serrer les ~* Bammel haben
festin [fɛstɛ̃] *m* Festessen *n*
festival [fɛstival] *m 1.* Festival *n; 2. ~ du cinéma* Filmfestspiele *pl*
festivités [fɛstivite] *f/pl* Veranstaltungen *f/pl,* Festlichkeiten *f/pl,* Feierlichkeiten *f/pl*
feston [fɛstɔ̃] *m* Girlande *f,* Ziergirlande *f*
fêtard(e) [fɛtaʀ(d)] *m/f (fam)* jmd, der gern feiert, Nachtschwärmer(in) *m/f*
fête [fɛt] *f 1.* Fest *n,* Feier *f; faire la ~ à qn* jdn feiern, jdm einen festlichen Empfang bereiten, jdn hochleben lassen; *~ populaire* Volksfest *n; ~ de Noël* Weihnachten *n; ~ d'adieu(x)* Abschiedsfest *n; ~ de fin d'études* Abschlussfest *n; ~ des morts* Allerseelen *n; ~ de famille* Familienfest *n; ~ foraine* Jahrmarkt *m; ~ d'anniversaire* Geburtstags-fest *n; ~ commémorative* Gedenkfeier *f; ~ des Mères* Muttertag *m; 2. (manifestation)* Veranstaltung *f*
Fête-Dieu [fɛtdjø] *f REL* Fronleichnam *m*
fêter [fete] *v* ein Fest begehen, feiern
fétiche [fetiʃ] *m* Maskottchen *n*
fétide [fetid] *adj* übel riechend
fétidité [fetidite] *f* Gestank *m*

feu¹ [fø] *m 1.* Feuer *n; Avez-vous du ~?* Haben Sie Feuer? *n'y voir que du ~* gar nichts merken; *faire long ~* lange dauern; *Il n'y a pas le ~ au lac.* Es brennt ja nicht./Es eilt nicht. *~ d'arrêt* Bremslicht *n; ~ d'artifice* Feuerwerk *n; ~ de camp* Lagerfeuer *n; ~ de position* Standlicht *n; jouer avec le ~* mit dem Feuer spielen; *prendre ~* anbrennen; *2. (passion)* Leidenschaft *f; dans le ~ de l'action* im Eifer des Gefechts; *faire ~ sur* abfeuern; *3. (fig)* Glut *f; 4. ~ rouge* rote Ampel *f; donner le ~ vert* grünes Licht geben; *5. ~x de détresse pl* Warnblinkanlage *f*

feu² [fø] *adj (défunt)* verstorben, selig
feuillage [fœjaʒ] *m* Laub *n*
feuille [fœj] *f 1.* Blatt *n; ~ de papier* Papierbogen *m; ~ transparente* Folie *f; ~ de placage* Furnier *n; ~ de maladie* Krankenschein *m; ~ d'aluminium* Aluminiumfolie *f; ~ de soins* Behandlungsblatt *n; ~ de trèfle* Kleeblatt *n; trembler comme une ~* zittern wie Espenlaub; *2. (d'arbre) BOT* Blatt *n; 3. e ~ de chou (fam)* Käseblatt *n; 4. ~s pl* Laub *n*
feuilleté [fœjte] *adj* blättrig, laminiert
feuilleter [fœjte] *v* blättern, durchblättern
feuilleton [fœjtɔ̃] *m* Feuilleton *n,* Zeitungsbeilage *f; un ~ littéraire* ein Fortsetzungsroman *m; un ~ télévisé* eine Fernsehserie *f*

feuler [føle] *v* brüllen, fauchen
feutre [føtʀ] *m 1.* Filz *m; 2. (crayon)* Filzstift *m*
feutrer [føtʀe] *v 1.* verfilzen; *2. (amortir)* dämpfen
février [fevʀije] *m* Februar *m*
fi [fi] *interj faire ~ de* verschmähen
fiabilité [fjabilite] *f* Zuverlässigkeit *f*
fiable [fjabl] *adj* verlässlich
fiacre [fjakʀ] *m* Kutsche *f*
fiançailles [fjɑ̃sɑj] *f/pl* Verlobung *f*
fiancé(e) [fjɑ̃se] *m/f 1.* Bräutigam/Braut *m/f; 2. (promis)* Verlobte(r) *m/f*
fiancer [fjɑ̃se] *v se ~ à/se ~ avec* sich verloben mit
fibre [fibʀ] *f 1.* Faser *f; 2. ~ de verre* Glasfaser *f; 3. ~ de bois* Holzwolle *f; 4. (fig: caractère)* Ader *f; 5. ~ synthétique* Kunstfaser *f; 6. ~ alimentaires* Ballaststoffe *pl*
ficeler [fisle] *v* schnüren; *être mal ficelé* schlecht gekleidet sein
ficelle [fisɛl] *f* Bindfaden *m; tirer les ~s (fig)* die Fäden in der Hand haben
fiche [fiʃ] *f 1.* Karteikarte *f; 2. ~ d'état civil*Abstammungsurkunde *f; 3. ~ de prise de courant* Stecker *m; 4. ~ banane TECH* Bananenstecker *m; 5. ~ double TECH* Doppelstecker *m*
fícher[1] [fiʃe] *v 1. (fam: faire)* tun, machen; *Il n'a rien fichu.* Er hat keinen Finger gerührt. *2. (fam: donner)* geben, versetzen; *~ une claque à qn* jdm eine Ohrfeige geben; *Ce film me fiche le cafard.* Dieser Film ist unglaublich trübsinnig./Dieser Film bringt mich zum Heulen. *Fiche-moi la paix!* Lass mich in Ruhe! *3. (fam: mettre)* legen, stellen, werfen; *~ le camp* abhauen; *~ qn à la porte* jdn vor die Tür setzen, jdn hinauswerfen; *~ qn dedans* jdn betrügen, jdn übers Ohr hauen; *~ qc par terre* etw zu Boden schleudern; *4. se ~ de qc (fam)* sich um etw nicht kümmern, egal sein, sich für etw nicht interessieren; *Je m'en fiche pas mal!* Das ist mir vollkommen egal! *Il se fiche du monde.* Der hat Nerven. *5. se ~ de qn (fam: se moquer)* sich lustig machen über jdn, jdn verkohlen, jdn zum Narren haben
ficher[2] [fiʃɛ] *v (noter sur fiche)* registrieren, karteimäßig erfassen
fichier [fiʃje] *m* Datei *f,* Kartei *f*
fichu[1] [fiʃy] *m (foulard)* Halstuch *n*
fichu[2] [fiʃy] *adj (fam)* kaputt, hin
fictif [fiktif] *adj* fiktiv, angenommen, erdichtet; *un personnage ~* eine erfundene Figur *f; une promesse fictive* ein falsches Versprechen *n*
fiction [fiksjɔ̃] *f* Fiktion *f,* Einbildung *f,* Vorstellungskraft *f; La réalité dépasse la ~.* Die Realität übersteigt die Vorstellungskraft.
fidèle [fidɛl] *adj 1.* treu, zuverlässig, anhänglich; *2. (véridique)* wahrheitsgetreu; *3. REL* gläubig; *m/f 4. REL* Gläubige(r) *m/f*
fiduciaire [fidysjɛʀ] *adj ECO* treuhänderisch, Treuhand...
fief [fjɛf] *m 1. HIST* Lehen *n,* Lehnsgut *n; 2. (fig)* Wirkungsgebiet *n,* Fachbereich *m,* Domäne *f*
fiel [fjɛl] *m 1.* Galle *f; 2. (fig)* Bitterkeit *f,* Boshaftigkeit *f,* Verdruß *m*
fielleux [fjɛlø] *adj* gallig, gehässig, boshaft
fier[1] [fje] *v se ~ à qn* jdm vertrauen, sich auf jdn verlassen
fier[2] [fjɛʀ] *adj 1. ~ de* stolz auf; *être ~ comme un paon* stolz wie ein Pfau sein; *Il n'y a pas de quoi être ~.* Darauf brauchst du dir gar nichts einzubilden; *2. (noble)* stolz, vornehm, hochmütig, eingebildet; *3. (grand)* gewaltig
fierté [fjɛʀte] *f* Stolz *m*
fièvre [fjɛvʀ] *f 1.* Fieber *n; 2. ~ typhoïde MED* Typhus *m*
fiévreux [fjevʀø] *adj 1.* fiebrig, zittrig, heiß; *se sentir ~* sich fiebrig fühlen; *2. (fig)* fieberhaft, erwartungsvoll, gespannt
figé [fige] *adj 1. (liquide)* dick; *2. (immobile)* fest, steif erstarrt; *3. (fig)* starr, maskenhaft
figer [fige] *v 1. se ~* gerinnen; *2. (immobiliser)* fest werden lassen, erstarren lassen
fignoler [fiɲɔle] *v (fam) ~ qc* etw überarbeiten
figue [fig] *f BOT* Feige *f*
figurant [figyʀɑ̃] *m CINE* Komparse *m,* Statist *m*
figuratif [figyʀatif] *adj* bildlich
figure [figyʀ] *f 1.* Gesicht *n; 2. (face)* Angesicht *n; 3. (taille)* Gestalt *f; faire bonne ~* eine gute Figur machen; *4. faire ~ de* auftreten als, erscheinen als; *5. ~ de rhéthorique LING* Figur *f*
figuré [figyʀe] *adj (sens) GRAMM* übertragen, bildlich; *employer un mot au ~* ein Wort im übertragenen Sinne verwenden
figurer [figyʀe] *v 1. (fig: signifier)* darstellen; *2. se ~ qc* sich etw vorstellen
figurine [figyʀin] *f ART* Figur *f,* kleine Figur *f,* Puppe *f*
fil [fil] *m 1.* Faden *m; 2. (retors)* Zwirn *m; donner du ~ à retordre à qn* jdm Sorgen berei-

ten, jdm zu schaffen machen; *perdre le ~* den Faden verlieren; *C'est cousu de ~ blanc.* Das ist leicht zu durchschauen. *de ~ en aiguille* nach und nach; *3. (tordu)* Garn *n; ~ à coudre* Nähgarn *n; 4. ~ de fer* Draht *m; ~ de fer barbelé* Stacheldraht *m; 5. ~ électrique* Leitung *f; 6. ~ conducteur* Leitfaden *m; 7. ~ à plomb TECH* Lot *n*

filament [filamɑ̃] *m* Faden *m*

filandreux [filɑ̃dʀø] *adj 1. (aliment)* faserig, sehnig; *2. (fig)* endlos, verschlungen, wirr, unklar; *un style ~* ein wirrer Stil *m*

filant [filɑ̃] *adj 1. (liquide)* dick, zähflüssig; *2. pouls ~* sehr schwach; *3. étoile ~e* Sternschnuppe *f*

filasse [filas] *1. f* Bast *m; adj 2. (fam)* flachsblond, strohblond

filature [filatyʀ] *f 1. (usine textile)* Spinnerei *f; 2. prendre qn en ~* jdn verfolgen, jdn überwachen

file [fil] *f 1. (de personnes)* Reihe *f; 2. (ligne)* Zeile *f; 3. ~ indienne* Gänsemarsch *m*

filer [file] *v 1. (fam: partir)* verduften, abhauen, verschwinden, fliehen; *~ à l'anglaise* sich aus dem Staub machen; *~ comme une flèche* wie ein Pfeil davonschießen; *2. (avec un rouet)* spinnen; *3. (poursuivre)* verfolgen, nachstellen; *4. (suivre)* folgen; *5. (fam: donner)* geben, rausrücken *(fam)*, verpassen *(fam)*

filet [filɛ] *m 1.* Netz *n; 2. ~ d'eau* Rinnsal *n; 3. GAST* Filet *n,* Lende *f; 4. (vis) TECH* Gewinde *n*

filetage [filtaʒ] *m TECH* Gewinde *n*

filial [filjal] *adj* kindlich, Kindes...

filiale [filjal] *f ECO* Tochtergesellschaft *f*

filiation [filjasjɔ̃] *f (parenté)* Abstammung *f*

filière [filjɛʀ] *f 1. (fig: secteur)* Abteilung *f,* Fachbereich *m,* Bereich *m,* Sektor *m; passer par la ~ administrative* den Verwaltungsweg gehen; *suivre une ~ à l'université* den Fachbereich einer Universität belegen; *2. (fig: série)* Reihe *f,* Netz *n; remonter la ~ d'un trafic de drogue* den Weg eines Drogenhandels verfolgen

filigrane [filigʀan] *m 1. TECH* Filigran *n,* Filigranarbeit *f,* Wasserzeichen *n; 2. en ~ (fig)* im Hintergrund, unter der Oberfläche

fille [fij] *f 1.* Mädchen *n; 2. (de son père)* Tochter *f; 3. ~ de joie* Dirne *f; 4. rester vieille ~ (fam)* ledig bleiben

fillette [fijɛt] *f* kleines Mädchen *n,* kleine Flasche *f*

filleul [fijœl] *m* Patenkind *n*

film [film] *m 1.* Film *m; 2. CINE* Film *m,* Darstellung *f; ~ d'aventures* Abenteuerfilm *m; ~ grand écran* Breitwandfilm *m; ~ vidéo* Videofilm *m; ~ régional* Heimatfilm *m; ~ en noir et blanc* Schwarzweißfilm *m; ~ muet* Stummfilm *m; 3. (couche mince)* Film *m,* dünne Schicht *f*

filmer [filme] *v 1.* filmen; *2. CINE* verfilmen

filon [filɔ̃] *m 1. MIN* Ader *f; 2. (fig)* Masche *f*

filou [filu] *m 1.* Gauner *m,* Spitzbube *m; adj 2.* spitzbübisch

fils [fis] *m 1.* Sohn *m; ~ à papa* Sohn von Beruf *m; 2. ~ spirituel (fig)* Schüler *m,* Erbe *m*

filtre [filtʀ] *m* Filter *m*

filtrer [filtʀe] *v 1.* filtern, sieben; *2. (contrôler)* streng kontrollieren, streng überprüfen; *3. (apparaître)* durchdringen, durchscheinen, durchkommen

fin[1] [fɛ̃] *f 1.* Ende *n,* Schluss *m; mettre ~ à qc* einer Sache ein Ende setzen; *arriver à ses ~s/en venir à ses ~s* sein Ziel erreichen; *tirer à sa ~* zur Neige gehen; *à cette ~* deshalb; *en ~ de compte* schließlich/letztlich; *~ de la journée de travail* Feierabend *m; ~ heureuse* Happyend *n; ~ du monde* Weltuntergang *m; 2. (d'un film)* Ausgang *m; 3. (but)* Zweck *m; ~ en soi* Selbstzweck *m*

fin[2] [fɛ̃] *adj 1.* klug, schlau, verschmitzt, pfiffig; *2. (silhouette, personne)* dünn; *3. (mince)* fein; *4. (cuisine)* delikat, erlesen; *~ gourmet* Feinschmecker *m*

final [final] *adj* abschließend, letzter

finaliste [finalist] *adj 1. SPORT* Final... *les équipes ~s* die im Finale stehenden Mannschaften *pl; m/f 2. SPORT* Finalist(in) *m/f*

finalité [finalite] *f* Finalität *f,* Zweckbestimmtheit *f,* Zielsetzung *f,* Bestimmung *f*

finance [finɑ̃s] *f ~s* Finanzen *pl,* Geldmittel *pl,* Geldgeschäfte *n/pl,* Finanzwelt *f*

financement [finɑ̃smɑ̃] *m* Finanzierung *f*

financer [finɑ̃se] *v* finanzieren

finances [finɑ̃s] *f/pl 1.* Finanzen *pl; 2. ~ publiques* Staatshaushalt *m*

financier [finɑ̃sje] *adj 1.* wirtschaftlich; *2. (économique)* finanziell; *adj 3. GAST sauce financière* Madeirasoße mit Trüffelfond; *m 4.* Finanzier *m,* Finanzmann *m*

finasser [finase] *v (fam)* Winkelzüge machen, Tricks gebrauchen

finaud [fino] *adj (fam)* schlau, pfiffig

finesse [finɛs] *f 1.* Feinheit *f; 2. (perspicacité)* Scharfsinn *m*

F

fini [fini] *adj* *1. (terminé)* fertig; *2. (fam: fichu)* hin; *3. (temps)* vorbei

finir [finiʀ] *v* *1.* enden, ausgehen, fertig machen, beenden; *2. (terminer)* beschließen; *3. ~ de construire* ausbauen; *4. (achever)* vollenden

finition [finisjɔ̃] *f* Fertigstellung *f*
finlandais [fɛ̃lɑ̃dɛ] *adj* finnisch
Finlandais(e) [fɛ̃lɑ̃dɛ(z)] *m/f* Finne/Finnin *m/f*
Finlande [fɛ̃lɑ̃d] *f* *GEO* Finnland *n*
Finnois(e) [finwa(z)] *m/f* Finne/Finnin *m/f*
fioriture [fjɔʀityʀ] *f* Schnörkel *m*
fioul [fjul] *m* Heizöl *n,* Dieselkraftstoff *m*
firmament [fiʀmamɑ̃] *m* *ASTR* Firmament *n*
firme [fiʀm] *f* *ECO* Firma *f*
fisc [fisk] *m* Fiskus *m*
fiscal [fiskal] *adj* steuerlich
fiscaliser [fiskalize] *v* besteuern
fissible [fisibl] *adj* *PHYS* spaltbar
fission [fisjɔ̃] *f* *1. PHYS* Spaltung *f; 2. ~ nucléaire PHYS* Kernspaltung *f*
fissure [fisyʀ] *f* Ritze *f,* Spalte *f*
fissurer [fisyʀe] *v* *se ~* rissig werden, Risse bekommen; *Le plafond se fissure.* Die Decke bekommt Risse.
fiston [fistɔ̃] *m (fam)* Filius *m*
fixage [fiksaʒ] *m (d'une photo)* Fixieren *n,* Fixage *f*
fixateur [fiksatœʀ] *m* *TECH* Fixiermittel *n,* Fixierbad *n*
fixation [fiksasjɔ̃] *f* *1.* Befestigung *f; 2. (de ski)* Bindung *f; 3. PSYCH* Fixierung *f*
fixe [fiks] *adj* *1. (inchangé)* fest, gleich bleibend; *2. (immobile)* unbeweglich; *m 3.* Fixum *n*
fixer [fikse] *v* *1. (attacher)* anbringen, befestigen, anmachen; *2. (regarder)* fixieren, starren; *~ du regard* anstarren; *3. ~ les limites* abgrenzen; *4. (objectif)* abstecken; *5. (date)* anberaumen; *6. (accrocher)* anheften, heften; *7. (afficher)* anschlagen; *8. se ~ dans un pays* in einem Land sesshaft werden
flacon [flakɔ̃] *m* Flakon *m,* Fläschchen *n,* Gefäß *n; un ~ de parfum* ein Parfumflakon *m; un ~ de liqueur* eine Likörflasche *f*
flagada [flagada] *adj (fam)* kaputt, fertig, erledigt, todmüde
flagellation [flaʒɛlasjɔ̃] *f* Geißelung *f*
flageller [falʒɛle] *v* geißeln
flageoler [flaʒɔle] *v (trembler)* schlottern
flagorneur [flagɔʀnœʀ] *adj* Liebediener *m*
flagrant [flagʀɑ̃] *adj* offenkundig
flair [flɛʀ] *m* *1.* Gespür *n; avoir du ~* einen guten Riecher haben; *2. (nez)* Spürsinn *m*
flairer [fleʀe] *v* *1.* schnüffeln, schnuppern; *2. (renifler)* wittern; *3. (deviner)* aufspüren, spüren, ahnen, merken
flambant [flɑ̃bɑ̃] *adj* *1.* flammend, flackernd; *2. (fig)* nagelneu, brandneu
flambé [flɑ̃be] *adj* *1.* flambiert; *2. (fig: ruiné)* erledigt, pleite
flambeau [flɑ̃bo] *m* Fackel *f*
flambée [flɑ̃be] *f* aufloderndes Feuer *n;* Aufflammen *n,* Auflodern, Aufflackern *n*
flamber [flɑ̃be] *v* *1.* lodern; *2. GAST* flambieren; *3. (dépenser)* verschwenden
flambeur [flɑ̃bœʀ] *adj (fam)* Spieler, der hohe Einsätze wagt
flamboyant [flɑ̃bwajɑ̃] *adj* *1.* flammend, aufblitzend, funkelnd; *2. style gothique ~* spätgotisch, im Flamboyantstil
flamboyer [flɑ̃bwaje] *v* flackern, aufflammen, aufleuchten, lodern
flamme [flam] *f* *1.* Flamme *f; 2. (fig)* Glut *f,* Feuer *n*
flan [flɑ̃] *m* *1. GAST* Pudding *m; 2. TECH* Rohling *m,* Rundblech *n,* Zuschnitt *f; 3. en rester comme deux ronds de ~ (fam)* völlig platt sein
flanc [flɑ̃] *m* *1.* Abhang *m; prêter le ~ à qc* sich einer Sache aussetzen; *2. tirer au ~* sich drücken; *3. (côté du corps)* Flanke *f,* Seite *f,* Weiche *f*
flancher [flɑ̃ʃe] *v* *1. (céder)* nicht mehr mitmachen, umfallen *(fam)*, schwach werden *(fam); 2. ne pas ~ (fam)* durchhalten
flâner [flɑne] *v* bummeln, schlendern
flâneur [flɑnœʀ] *m* Müßiggänger *m,* Bummler *m,* Flaneur *m*
flanquer[1] [flɑ̃ke] *v (fam: jeter)* werfen, schmeißen; *2. (encadrer)* einrahmen; *3.* geben, verpassen *(fam)*
flanquer[2] [flɑ̃ke] *v* *1. (protéger) MIL* flankieren, von der Flanke decken
flaque [flak] *f* *~ d'eau* Lache *f,* Pfütze *f*
flash [flaʃ] *m* *FOTO* Blitzlicht *n*
flasher [flaʃe] *v* *1. TECH* blitzen; *2. ~ sur qc (fig)* sich auf Anhieb in etw verlieben
flasque[1] [flask] *adj* schlaff
flasque[2] [flask] *f (flacon)* kleine flache Flasche *f*
flatter [flate] *v* *1.* schmeicheln; *~ le palais (fig)* den Gaumen kitzeln; *2. (avantager)* verschönern, vorteilhaft aussehen lassen; *3. (encourager)* begünstigen, ermutigen
flatterie [flatʀi] *f* Schmeichelei *f*

flatteur [flatœʀ] *adj 1.* schmeichelhaft; *m 2.* Schmeichler *m*
flatulence [flatylɑ̃s] *f* Blähung *f*
fléau [fleo] *m 1. TECH* Flegel *m; 2.* Plage *f*
flèche [flɛʃ] *f 1.* Pfeil *m; 2. partir comme une ~ (fig)* Pfeil *m; 3. monter en ~ (fig)* im Steilflug aufsteigen, in die Höhe schnellen, jäh ansteigen; *4. (fig: trait d'esprit)* Geistesblitz *m,* geistreiche Bemerkung *f; 5. (d'une église)* Spitze *f; 6. (d'une grue)* Ausleger *m*
flécher [fleʃe] *v* mit Pfeilen markieren
fléchir [fleʃiʀ] *v 1.* nachgeben, weichen, wanken; *2. (faiblir)* abflauen
fléchissement [fleʃismɑ̃] *m* Beugen *n,* Biegen *n,* Abschwächung *f,* Rückgang *m*
flegmatique [flɛgmatik] *adj* phlegmatisch
flegme [flɛgm] *m* Trägheit *f,* Schwerfälligkeit *f,* Phlegma *n; réagir avec ~* langsam reagieren
flemmard [flɛmaʀ] *adj 1. (fam: feignant)* faul; *m 2. (fam)* Faulenzer *m,* Faulpelz *m*
flemme [flɛm] *f (fam)* Faulheit *f; avoir la ~ de faire qc* zu träge sein etw zu tun
flétrir [fletʀiʀ] *v 1. se ~* welken, verblühen; *2. (pâlir)* verbleichen, verblassen; *3. (marquer) LIT* den Glanz und die Frische nehmen
fleur [flœʀ] *f 1.* Blume *f; en ~* blühend; *2. (d'un arbre)* Blüte *f; 3. ~ de l'âge* Glanzzeit *f; 4. faire une ~ à qn (fam)* jdm sehr entgegenkommen; *5. comme une ~ (fig)* spielend leicht, mühelos
fleurette [flœʀɛt] *f 1.* Blümchen *n; 2. conter ~ à qn (fig)* einer Frau den Hof machen, schöntun, Süßholz raspeln
fleurir [flœʀiʀ] *v 1. (fleur)* blühen; *2. (prospérer)* gedeihen, aufblühen; *3. (garnir de fleurs)* mit Blumen schmücken
fleuriste [flœʀist] *m/f* Blumenhändler(in) *m/f,* Florist(in) *m/f*
fleuron [flœʀɔ̃] *m 1. (ornement)* Blumenornament *n,* Fleuron *m; les ~s d'une couronne* das Blumenornament auf einer Krone *n; 2. (fig)* Schmuckstück *n*
fleuve [flœv] *m* Strom *m,* Fluss *m*
flexibilité [flɛksibilite] *f 1.* Flexibilität *f; 2. (souplesse)* Nachgiebigkeit *f*
flexible [flɛksibl] *adj 1.* flexibel; *2. (souple)* biegsam, schmiegsam; *m 3. TECH* biegsame Welle *f*
flexion [flɛksjɔ̃] *f* Beugung *f*
flibustier [flibystje] *m 1. HIST* Flibustier *m,* Seeräuber *m; 2. (fig: voleur)* Dieb *m,* Gauner *m,* Ganove *m*
flic [flik] *m (fam: policier, gendarme)* Bulle *m*
flingue [flɛ̃g] *m (fam)* Knarre *f*
flinguer [flɛ̃ge] *v (fam)* abknallen, über den haufen schießen
flippant [flipɑ̃] *adj (fam)* flippig
flipper [flipe] *v (fam: avoir peur)* ausflippen, Angst haben
flirter [flœʀte] *v 1. ~ avec qn* mit jdm anbändeln; *2. (avoir une amourette)* flirten, turteln
flocon [flɔkɔ̃] *m* Flocke *f; ~ d'avoine* Haferflocke *f; ~ de neige* Schneeflocke *f*
flonflons [flɔ̃flɔ̃] *m/pl (fam)* Klänge *m/pl,* Geschmetter *n*
flop [flɔp] *m faire un ~ (fam)* einen Flop landen *m*
floraison [flɔʀɛzɔ̃] *f 1. BOT* Blühen *n,* Blüte *f; la ~ des arbres* das Blühen der Bäume *n; être en pleine ~* mitten in der Blüte stehen; *2. (fig)* Entfaltung *f,* Aufblühen *n; la ~ des arts* die Entfaltung der Kunst *f*
floral [flɔʀal] *adj* Blumen..., Blüten...
flore [flɔʀ] *f 1. BOT* Flora *f,* Pflanzenreich *n; 2. ~ intestinale MED* Darmflora *f*
florissant [flɔʀisɑ̃] *adj être ~* florieren
flot [flo] *m 1. (fig: quantité)* Flut *f; remettre qc à ~* etw wieder in Gang bringen; *2. ~s d'enthousiasme pl* Wogen der Begeisterung *f/pl*
flottant [flɔtɑ̃] *adj* wankelmütig
flotte [flɔt] *f* Flotte *f*
flottement [flɔtmɑ̃] *m 1.* Flattern *n; 2. (fig: hésitation)* Unschlüssigkeit *f,* Unentschlossenheit *f,* Zögern *n,* Schwanken *n*
flotter [flɔte] *v 1. ~ au vent* wehen, flattern; *2. (planer)* schweben; *3. (vêtements)* schlottern; *4. (sur l'eau)* treiben
flotteur [flɔtœʀ] *m* Schwimmer *m*
flou [flu] *adj FOTO* verschwommen
fluctuation [flyktɥasjɔ̃] *f* Schwankung *f,* Abweichung *f*
fluctuer [flyktɥe] *v (s'éloigner)* schwanken, abweichen
fluet [flɥɛ] *adj 1. (personne)* dünn; *2. (frêle)* schmächtig, zart
fluide [flɥid] *adj 1.* flüssig, fließend, fluid; *un liquide ~* eine dünne Flüssigkeit *f; Une pâte à crêpes doit être ~.* Ein Crepeteig muss flüssig sein. *une circulation ~* ein flüssiger Verkehr *m; 2. (fig)* flüssig, leicht; *un style ~* ein flüssiger Stil *m; m 3. (corps) PHYS* Flüssigkeit *f,* Gas *n,* Fluid *n; Les gaz et les liquides sont des ~s.* Gase und Flüssigkeiten sind Fluide. *4. ~ magnétique* Strahlung *f,* Ausstrahlung *f,* Fluidum *n*

F

fluidifier [flyidifje] *v* verflüssigen
flûte [flyt] *f* *1. MUS* Flöte *f*; *2. ~ à bec MUS* Blockflöte *f*; *3. ~ traversière MUS* Querflöte *f*; *4. (de pain)* Stangenbrot *n*; *5. (à champagne)* Kelchglas *n*; *interj 6. ~ alors! (fam)* verflixt!
flûté [flyte] *adj voix ~e* hoch, hell, schrill
fluvial [flyvjal] *adj* Fluss... *la navigation ~e* die Flussschiffahrt *f*; *le transport ~* der Transport auf dem Flussweg *m*; *une voie ~e* eine Wasserstraße *f*
flux [fly] *m* *1. (courant) PHYS* Strömung *f*; *2. (de personnes)* Strom *m*; *3. (écoulement)* Ausfluß *m*, Absonderung *f*, Abfluß *m*
focaliser [fɔkalize] *v* in einem Punkt vereinigen, fokussieren, konzentrieren
foetus [fetys] *m BIO* Fötus *m*
foi [fwa] *f* *1. REL* Glaube *m*; *ajouter ~ à qc* einer Sache Glauben schenken; *de mauvaise ~* böswillig; *2. bonne ~* Arglosigkeit *f*
foie [fwa] *m ANAT* Leber *f*
foin [fwɛ̃] *m* *1.* Heu *n*; *2. MED rhume des ~s* Heuschnupfen *n*; *3. être bête à manger du ~ (fig)* dumm wie Bohnenstroh, strohdumm; *4. faire du ~ (fam)* Krach machen
foire [fwaʀ] *f* *1.* Jahrmarkt *m*, Rummel *m*; *2. (exposition)* Messe *f*; *~ du livre* Buchmesse *f*; *3. (fam)* Rummel *m*, Durcheinander *n*
foirer [fwaʀe] *v (fam)* schiefgehen, platzen
foireux [fwaʀœ] *adj (fam)* faul

> **fois** [fwa] *f* Mal *n*; *faire deux choses à la ~* zwei Dinge gleichzeitig tun; *une autre ~* ein andermal; *une ~ de plus* erneut; *pour la première ~* erstmals; *plusieurs ~* mehrfach; *des centaines de ~* x-mal; *chaque ~* jedes Mal; *une ~* einmal

foisonnement [fwazɔnmɑ̃] *m* Wuchern *n*, üppiges Wachstum *n*, Fülle *(fig)*
foisonner [fwasɔne] *v* *1.* reichlich vorhanden sein, in Unmengen auftauchen; *2. ~ en/~ de* wimmeln, überquellen
fol [fɔl] *adj (voir „fou")*
folâtre [fɔlɑtʀ] *adj* witzig, verspielt, fröhlich
folâtrer [fɔlɑtʀe] *v* herumtollen, herumtoben, sich tummeln
folichon [fɔliʃɔ̃] *adj* lustig, ausgelassen, toll, närrisch
folie [fɔli] *f* *1.* Irrsinn *m*, Wahnsinn *m*; *2. ~ des grandeurs* Größenwahn *m*; *3. (déraison)* Verrücktheit *f*; *4. (bêtise)* Torheit *f*; *Vous avez fait une ~.* Sie haben sich in Unkosten gestürzt. *5. à la ~* Narrheit *f*, Tollheit *f*, Wahnsinn *m*
folklorique [fɔlklɔʀik] *adj* volkstümlich
folle [fɔl] *f* Irre *f*
follet [fɔlɛ] *adj* *1.* albern, närrisch, kindisch; *m 2. feu ~* Irrlicht *n*
fomenter [fɔmɛ̃te] *v* stiften, anzetteln
foncé [fɔ̃se] *adj (couleur)* dunkel
foncer [fɔ̃se] *v* *1. (fam: aller vite)* rasen, sausen, flitzen; *La voiture fonce dans les virages.* Das Auto rast in die Kurven. *~ à toute allure* wie verrückt rasen; *~ sur qn* auf jdn losstürmen; *2. (assombrir)* dunkler machen, dunkler färben, nachdunkeln; *3. (un puits) TECH* ausschachten, graben; *4. (un plat)* belegen, auslegen
fonceur [fɔ̃sœʀ] *m (fam)* Draufgänger *m*
fonceuse [fɔ̃søz] *f* Draufgängerin *f*
foncier [fɔ̃sje] *adj ECO* Grund-, Boden-, Grundstücks-; *un propriétaire ~* ein Grundeigentümer *m*; *l'impôt ~* die Grundsteuer *f*; *le crédit ~* der Hypothekarkredit *m*
fonction [fɔ̃ksjɔ̃] *f* *1.* Amt *n*, Dienststelle *f*; *2. ~ publique* Öffentlicher Dienst *m*; *3. (activité)* Funktion *f*; *~ d'alibi* Alibifunktion *f*; *~ hypertrophique MED* Überfunktion *f*
fonctionnaire [fɔ̃ksjɔnɛʀ] *m/f* Beamter/Beamtin *m/f*, Staatsbeamter/Staatsbeamtin *m/f*
fonctionnalité [fɔ̃ksjɔnalite] *f* Funktionalität, Funktionen *f/pl*
fonctionnariat [fɔ̃ksjɔnaʀja] *m* Beamtentum *n*
fonctionnariser [fɔ̃ksjɔnaʀize] *v* verbeamten
fonctionnel [fɔ̃ksjɔnɛl] *adj* funktional, funktionell
fonctionnement [fɔ̃ksjɔnmɑ̃] *m* *1. (d'une machine)* Gang *m*; *2. ~ déficient* Unterfunktion *f*; *3. (activité) ECO* Betrieb *m*
fonctionner [fɔ̃ksjɔne] *v* funktionieren
fond [fɔ̃] *m* *1. (de la mer)* Grund *m*; *aller au ~ des choses* den Dingen auf den Grund gehen; *à ~* gründlich; *respirer à ~* tief durchatmen; *2. (arrière-plan)* Hintergrund *m*; *3. (fig)* Inhalt *m*; *4. MIN* Sohle *f*; *5. ~s pl FIN* Kapital *n*; *6. ~s social pl FIN* Aktienkapital *n*; *7. ~s pl ECO* Fonds *m*; *8. ~s commun de placement pl ECO* Investmentfonds *m*
fondamental [fɔ̃damɑ̃tal] *adj* wesentlich, grundlegend, fundamental
fondant [fɔ̃dɑ̃] *adj* *1.* schmelzend, zergehend, weich; *2.* mürbe
fondateur [fɔ̃datœʀ] *m* *1. (d'une ville)* Erbauer *m*; *2. (d'une institution)* Gründer *m*, Stifter *m*

fondation [fɔ̃dasjɔ̃] *f* *1.* Errichtung *f,* Gründung *f;* *2.* *(organisation)* Stiftung *f;* *3.* *~s pl (d'une maison) ARCH* Fundament *n*
fondé [fɔ̃de] *adj* *1.* *~ sur* basierend auf; *2.* *(solide)* fundiert; *3.* *non ~* unbegründet
fondé(e) [fɔ̃de] *m/f* *1.* *~ de pouvoir JUR* Bevollmächtigte(r) *m/f;* *2.* *~ général* Generalbevollmächtigte(r) *m/f*
fondement [fɔ̃dəmɑ̃] *m* *1.* Basis *f;* *2.* *(fond)* Boden *m;* *3.* *(assise)* Grundlage *f,* Fundament *n*
fonder [fɔ̃de] *v* *1.* gründen, errichten; *2.* *se ~ sur* basieren auf; *3.* *(une ville)* erbauen; *4.* *(créer)* stiften
fonderie [fɔ̃dʀi] *f TECH* Gießerei *f*
fondre [fɔ̃dʀ] *v* *1.* *(liquéfier)* tauen; *2.* *faire ~* zum Schmelzen bringen; *3.* *~ sur* herabstürzen auf; *4.* *se ~* zerrinnen, schmelzen, zergehen
fondrière [fɔ̃dʀijɛʀ] *f* Schlammloch *n,* Wasserloch *n*
fondu [fɔ̃dy] *adj* *1.* *(métal, liquide)* flüssig; *m* *2.* *TECH* Einblenden *n*
fondue [fɔ̃dy] *f* *1.* *GAST* Fondue *n;* *2.* *~ bourguignonne GAST* Fleischfondue *f*
fontaine [fɔ̃tɛn] *f* *1.* Brunnen *m;* *2.* *(source)* Quelle *f*
fonte [fɔ̃t] *f* Gusseisen *n*
football [futbol] *m match de ~ SPORT* Fußballspiel *n*
footing [futiŋ] *m SPORT* Fußmarsch *m,* Jogging *n,* Waldlauf *m*
forage [fɔʀaʒ] *m TECH* Bohrung *f*
forain [fɔʀɛ̃] *m* Schausteller *m*
forçat [fɔʀsa] *m* Zuchthäusler *m,* Zwangsarbeiter *m,* Sträfling *m,* Galeerensklave *m*
force [fɔʀs] *f* *1.* Gewalt *f;* *~ des armes* Waffengewalt *f;* *2.* *(puissance)* Kraft *f;* *être à bout de sa ~* am Ende seiner Kraft sein; *3.* *(pouvoir)* Macht *f;* *par la ~ des choses* zwangsläufig; *4.* *(vigueur)* Wucht *f;* *5.* *~ d'attraction* Anziehungskraft *f;* *6.* *~ motrice* Triebkraft *f;* *7.* *~ de persuasion* Überzeugungskraft *f;* *8.* *~ centrifuge PHYS* Fliehkraft *f;* *9.* *~ antimissile MIL* Raketenabwehr *f;* *10.* *~s armées pl MIL* Streitkräfte *pl;* *11.* *~s aériennes pl MIL* Luftwaffe *f*
forcé [fɔʀse] *adj* notgedrungen, zwangsläufig
forcément [fɔʀsemɑ̃] *adv* zwangsläufig, unbedingt, unausweichlich;
forcené [fɔʀsəne] *m* Amokläufer *m*
forcer [fɔʀse] *v* *1.* *se ~ à* sich zwingen zu; *2.* *~ qn à faire qc* jdn zwingen etw zu tun; *3.* *~ à* erzwingen; *~ la porte de qn* sich bei jdm den Eintritt erzwingen; *4.* *~ la note (fam)* übertreiben; *5.* *(fam: briser)* knacken
forcir [fɔʀsiʀ] *v* *1.* kräftiger werden, stärker werden; *2.* *(grossir)* zunehmen
forer [fɔʀe] *v TECH* bohren
forestier [fɔʀɛstje] *adj* *1.* Wald..., Forst...; *un chemin ~* ein Waldweg *m;* *un garde ~* ein Förster *m;* *une région forestière* ein Waldgebiet *n;* *m* *2.* Förster *m,* Forstbeamter *m*
forêt [fɔʀɛ] *f* Forst *m,* Wald *m;* *~ tropicale* Regenwald *m;* *~ vierge* Urwald *m;* *~ de feuillus* Laubwald *m;* *~ de conifères* Nadelwald *m*
forfait[1] [fɔʀfɛ] *m* Untat *f,* Missetat *f*
forfait[2] [fɔʀfɛ] *m* *1.* *(contrat)* Pauschalvertrag *m;* *2.* *~ Internet illimité INFORM* Internet-Flatrate *f*
forfait[3] [fɔʀfɛ] *m déclarer ~* ausscheiden, die Teilnahme absagen
forfaitaire [fɔʀfɛtɛʀ] *adj ECO* pauschal; *une somme ~* eine Pauschalsumme *f*
forge [fɔʀʒ] *f* Schmiede *f*
forger [fɔʀʒe] *v* *1.* schmieden; *forgé de toutes pièces* frei erfunden, erstunken und erlogen; *2.* *(fig)* prägen, bilden
forgeron [fɔʀʒəʀɔ̃] *m* *1.* Schmied *m;* *2.* *C'est en forgeant qu'on devient ~.* Übung macht den Meister.
formaliser [fɔʀmalize] *v se ~* sich entrüsten, sich aufregen, sich ärgern; *se ~ pour un rien* sich wegen nichts aufregen
formaliste [fɔʀmalist] *adj* pedantisch
formalité [fɔʀmalite] *f* *1.* Formalität *f;* *2.* *(bagatelle)* Förmlichkeit *f;* *3.* *~s douanières pl* Zollabfertigung *f*
format [fɔʀma] *m* Format *n;* *~ standard* Standardformat *n*
formater [fɔʀmate] *v INFORM* formatieren
formateur [fɔʀmatœʀ] *adj* *1.* Bildungs..., lehrreich, bildend; *les éléments ~s* die Bildungselemente *pl;* *une expérience formatrice* eine lehrreiche Erfahrung *f;* *m* *2.* Ausbilder *m;* *C'est un excellent ~ auprès des jeunes.* Er ist ein guter Ausbilder für die Jugendlichen.
formation [fɔʀmasjɔ̃] *f* *1.* Ausbildung *f;* *~ professionnelle* Berufsausbildung *f;* *niveau de ~* Bildungsstand *m;* *~ pour adultes* Erwachsenenbildung *f;* *~ continue* Fortbildung *f;* *~ scolaire* Schulbildung *f;* *~ complémentaire* Weiterbildung *f;* *faire de la ~* sich fortbilden; *2.* *(séminaire)* Schulung *f;* *3.* *(produit)* Gebilde *n;* *4.* *(d'un terrain) GEO* Formation *f;* *5.* *(réalisation)* Bildung *f,* Gestaltgebung *f,* Gestaltung *f*

forme [fɔʀm] *f* *1. (style)* Form *f; en bonne et due ~ JUR* formgerecht; *2. (silhouette)* Gestalt *f,* Figur *f; en pleine ~* kerngesund
formel [fɔʀmɛl] *adj* *1.* ausdrücklich; *2. (cérémonieux)* formal; *3. (précis)* formell; *4. JUR* eidesstattlich
former [fɔʀme] *v* *1.* ausbilden; *2. (créer)* bilden, gestalten; *3. (personnel)* anlernen; *4. (modeler)* modellieren, prägen; *5. se ~* sich bilden
formidable [fɔʀmidabl] *adj* *1.* fabelhaft; *2. (fam: superbe)* toll

F

formulaire [fɔʀmylɛʀ] *m* *1.* Formular *n,* Vordruck *m; 2. ~ en blanc FIN* Blankoformular *n*
formule [fɔʀmyl] *f* *1.* Formel *f; 2. ~ de politesse* Floskel *f,* feste Formulierung *f; 3. (choix)* Angebot *n*
formuler [fɔʀmyle] *v* formulieren
forniquer [fɔʀnike] *v REL* Unzucht treiben, huren
fort[1] [fɔʀ] *adj* *1. (énorme)* gewaltig; *2. (violent)* heftig; *3. (puissant)* kräftig; *C'est plus ~ que moi.* Das geht über meine Kräfte./Da kann ich nicht widerstehen. *C'est son ~.* Das ist seine Stärke. *C'est un peu ~!* Das gibt's doch nicht! *4. (vif)* lebhaft; *5. (épices)* scharf; *6. (très)* sehr; *7. (pénétrant)* penetrant; *adv 8.* laut, stark, fest, haltbar; *m 9. le ~ de qn* jds Stärke
fort[2] [fɔʀ] *m* *1. ~ militaire* Fort *n; m 2. au ~ de* mitten in, in
forteresse [fɔʀtəʀɛs] *f* *1. MIL* Festung *f,* Burg *f,* Zitadelle *f; 2. (fig)* Bastion *f,* Widerstand *m; la ~ des traditions* die festen Traditionen
fortifiant [fɔʀtifjɑ̃] *adj* *1.* stärkend, anregend, belebend; *un aliment ~* ein kräftigendes Nahrungsmittel *n; m 2.* Stärkungsmittel *n,* stärkendes Mittel *n*
fortification [fɔʀtifikasjɔ̃] *f MIL* Befestigung *f*
fortifier [fɔʀtifje] *v* verstärken
fortuit [fɔʀtɥi] *adj* zufällig
fortune [fɔʀtyn] *f* *1.* Glück *n; 2. (destin)* Schicksal *n; 3. (hasard)* Zufall *m; 4. (richesse)* Reichtum *m; 5. (propriété)* Vermögen *n*
fortuné [fɔʀtyne] *adj* begütert, vermögend
fosse [fos] *f* *1.* Grube *f; 2. (puits)* Schacht *m; 3. ~ septique* Sickergrube *f*
fossé [fose] *m* *1.* Graben *m; 2. (espace)* Diskrepanz *f,* Kluft *f*
fossette [fosɛt] *f* Grübchen *n*
fossile [fosil] *adj* *1. GEOL* fossil; *m 2.* Fossil *n (fam),* alter Knacker *m (fam)*
fossoyeur [fɔswajœʀ] *m* Totengräber *m*

fou[1] [fu] *m* *1.* Narr *m; 2. ~ furieux* Amokläufer *m; 3. (malade mental)* Irrer *m; adj 4. (dément)* irre, toll, verrückt; *5. (fam: dingue)* närrisch; *6. (toqué)* toll, verrückt, wahnsinnig; *être ~ à lier* komplett verrückt sein; *7. (insensé)* töricht; *8. (indomptable, incoercible)* unbändig; *avoir le ~ rire* unbändig lachen; *9. ~ de* versessen auf

fou[2] [fu] *m ~ de Bassan ZOOL* Tölpel *m*
foudre [fudʀ] *f* *1. (de l'éclair)* Blitzschlag *m; coup de ~* Liebe auf den ersten Blick *f,* Donnerschlag *m; 2. (fig)* Zorn *m,* Missbilligung *f; m 3. un ~ de guerre* ein großer Kriegsheld
foudroyant [fudʀwajɑ̃] *adj* überwältigend, durchschlagend, blitzartig, vernichtend
foudroyer [fudʀwaje] *v* *1.* vom Blitz getroffen werden; *Cet arbre a été foudroyé par l'orage.* In diesen Baum hat ein Blitz eingeschlagen. *2. (fig)* verblüfft sein, wie vom Blitz getroffen sein; *~ qn du regard* jdm vernichtende Blicke zuwerfen; *3. (tuer)* töten, dahinraffen, aus dem Leben reißen
fouet [fwe] *m* *1.* Peitsche *f; 2. GAST* Schneebesen *m; 3. coup de ~ (fig)* Peitschenhieb *m,* Schock *m; 4. de plein ~* mit voller Wucht
fouetté [fwɛte] *adj* gepeitscht, geschlagen; *crème ~e* Schlagsahne *j*
fouetter [fwɛte] *v* *1.* auspeitschen, peitschen; *2. Il n'y a pas de quoi ~ un chat. (fig)* Das ist kein Grund zur Aufregung!/Da ist doch nichts dabei! *3. (battre)* schlagen, peitschen
foufou [fufu] *adj (fam)* verrückt, verspielt
fougère [fuʒɛʀ] *f BOT* Farn *m*
fougue [fug] *f* Schwung *m*
fougueux [fugø] *adj* *1.* heißblütig, leidenschaftlich; *2. (fig)* stürmisch, ungestüm
fouille [fuj] *f* *1. JUR* Hausdurchsuchung *f; 2. ~s pl* Ausgrabung *f*
fouiller [fuje] *v* *1.* wühlen, graben, aufwühlen; *2. ~ qn* durchsuchen; *3. (fig: travailler)* sorgfältig ausarbeiten
fouillis [fuji] *m (fam)* Durcheinander *n*
fouine [fwin] *f ZOOL* Steinmarder *m; être curieux comme une ~ (fig)* sehr neugierig sein
fouiner [fwine] *v (fig)* schnüffeln
fouineur [fwinœʀ] *m* Schnüffler *m*
fouir [fwiʀ] *v* wühlen, scharren
foulard [fulaʀ] *m* Halstuch *n,* Seidentuch *n,* Kopftuch *n*

foule [ful] *f* *1.* Menge *f;* *2. (peuple)* Volk *n;* *se mêler à la ~* sich unters Volk mischen; *3. (assemblée)* Ansammlung *f;* *4. (mêlée)* Gedränge *n,* Masse *f,* Schwarm *m;* *en ~* scharenweise
foulée [fule] *f* Schritt *m*
fouler [fule] *v* *1.* stampfen; *se ~ le pied* sich den Fuß verknacksen; *2. (presser)* pressen, zerquetschen; *3. (marcher sur) (fig)* mit Füßen treten, missachten; *4. se ~ (fam)* sich am Riemen reißen, sich anstrengen
four [fuʀ] *m* *1.* Ofen *m,* Backofen *m;* *faire un ~* einen Misserfolg haben; *2. ~ à micro-ondes* Mikrowellenherd *m;* *3. petit ~ (biscuit)* Plätzchen *n;* *4. faire un ~ (fig) THEAT* Fiasko *n,* Misserfolg *m*
fourbe [fuʀb] *adj* betrügerisch
fourberie [fuʀbəʀi] *f* Falschheit *f,* Hinterhältigkeit *f,* Unaufrichtigkeit *f*
fourbir [fuʀbiʀ] *v* blank putzen, polieren
fourbu [fuʀby] *adj* lahm, kraftlos
fourche [fuʀʃ] *f* *1. (outil)* Gabel *f;* *2. (bifurcation)* Gabelung *f,* Kreuzung *f;* *3. (de bicyclette)* Gabel *f*
fourcher [fuʀʃe] *v* sich teilen, sich gabeln
fourchette [fuʀʃɛt] *f* *1. (couvert)* Gabel *f;* *2. ECO* Bandbreite *f;* *3. ~ d'embrayage TECH* Schaltgabel *f*
fourchu [fuʀʃy] *adj* gespalten, gabelförmig; *un pied ~* eine gespaltene Klaue *f*
fourgon [fuʀgɔ̃] *m* Güterwagen *m;* *~ funéraire* Leichenwagen *m*
fourgonnette [fuʀgɔnɛt] *f* Lieferwagen *m*
fourguer [fuʀge] *v (fam)* verkloppen, jdn etw andrehen
fourmi [fuʀmi] *f* *1. ZOOL* Ameise *f;* *2. avoir des ~s dans les membres (fig)* Kribbeln in den Füßen haben, eingeschlafene Glieder haben
fourmilière [fuʀmiljɛʀ] *f* Ameisenhaufen *m*
fourmillement [fuʀmijmɑ̃] *m* *1. (agitation)* Wimmeln *n,* Vielfalt *f,* Fülle *f;* *un ~ d'insectes* ein Insektengewimmel *n;* *un ~ d'idées (fig)* eine Fülle von Ideen *f;* *2. (picotement)* Kribbeln *n;* *avoir des ~s dans les jambes* ein Kribbeln in den Beinen haben
fourmiller [fuʀmije] *v* *1. (s'agiter)* wimmeln, tummeln, wuseln; *2. ~ de* wimmeln von, voll sein von; *Ce texte fourmille de fautes.* In dem Text wimmelt es von Fehlern. *3. (picoter)* kribbeln, eingeschlafen sein; *La main me fourmille.* Mir ist die Hand eingeschlafen.
fourneau [fuʀno] *m* *1.* Heizofen *m;* *2. (cuisinière)* Herd *m;* *3. haut ~ TECH* Hochofen *m*
fournée [fuʀne] *f* *1. (de pain)* Ofenladung *f,* Schub *m;* *une ~ de briques* ein Brand Ziegel *m;* *2. (fig)* Ladung *f,* Gruppe *f,* Schar *f*
fournir [fuʀniʀ] *v* *1.* liefern, beliefern; *2. (pourvoir)* versorgen
fournisseur [fuʀnisœʀ] *m* Lieferant *m*
fourniture [fuʀnityʀ] *f* *1.* Lieferung *f;* *2. (approvisionnement)* Versorgung *f,* Belieferung *f;* *3. ~s pl* Bedarfsartikel *m*
fourrage [fuʀaʒ] *m* Futter *n;* *~ sec* Trockenfutter *n*
fourrager[2] [fuʀaʒe] *v* herumwühlen, herumstöbern
fourreau [fuʀo] *m* *1.* Messerscheide *f;* *2. (robe ~)* Etuikleid *n,* hautenges Kleid *n*
fourrer [fuʀe] *v* *1. (fam: mettre)* hineinstecken, versenken, hineinschieben; *~ ses mains dans ses poches* die Hände in die Taschen stecken; *~ son nez partout (fig)* seine Nase in alles stecken; *Où ai-je fourré mes clés?* Wo habe ich meine Schlüssel hingesteckt? *2. (garnir) GAST* füllen; *~ un gâteau* einen Kuchen füllen; *~ des bonbons* Bonbons füllen; *3. (manteau)* füttern; *4. se ~ (fam)* sich verkriechen, sich legen; *se ~ sous les couvertures* sich unter die Decke verkriechen; *se ~ dans le pétrin* in einen Schlamassel geraten; *se ~ qc dans la tête* sich etw in den Kopf setzen
fourrière [fuʀjɛʀ] *f* Tierheim *n*
fourrure [fuʀyʀ] *f* *1.* Fell *n;* *2. (pelage)* Pelz *m;* *manteau de ~* Pelzmantel *m*
fourvoyer [fuʀvwaje] *v* *se ~* sich verirren, *(fig)* sich irren, fehlgehen
foutaise [futɛz] *f (fam)* dummes Zeug, Quatsch
foutoir [futwaʀ] *m (fam)* in Unordnung befindlicher Raum, *(fam)* Saustall
foutre [futʀ] *v* *1. (fam: faire) Qu'est-ce que tu fous?* Was machst du da eigentlich? *2. ~ le camp (fam)* abhauen, abziehen; *3. se ~ de qc (fam)* auf etw pfeifen, sich über etw lustig machen
foutu [futy] *adj (fam: ruiné)* kaputt, ruiniert, am Ende
foyer [fwaje] *m* *1.* Brennpunkt *m;* *2. (maison)* Heim *n;* *~ du troisième âge* Altersheim *n;* *3. (cuisinière)* Herd *m;* *4. (centre)* Mittelpunkt *m;* *5. ~ d'infection MED* Entzündungsherd *m*
frac [fʀak] *m* Frack *m*

F

F

fracas [fʀaka] *m* Krach *m*, Poltern *n*; *tomber avec ~* mit viel Getöse fallen
fracassant [fʀakasɑ̃] *adj* krachend, dröhnend, verblüffend, aufsehenerregend *(fig)*
fracasser [fʀakase] *v* zerschlagen
fraction [fʀaksjɔ̃] *f 1.* Bruchteil *m; 2. MATH* Bruch *m; 3. (parlementaire) POL* Fraktion *f*
fractionner [fʀaksjɔne] *v 1.* teilen, aufspalten; *2. se ~* sich teilen, sich aufspalten, zersplittern in; *Le parti s'est fractionné en trois groupes.* Die Partei hat sich in drei Gruppen aufgespalten.
fragile [fʀaʒil] *adj 1.* empfindlich, zerbrechlich, brüchig; *2. (frêle)* zart; *3. (vulnérable)* anfällig; *4. (personne)* klapperig; *5. (faible)* schwächlich, gebrechlich
fragilité [fʀaʒilite] *f 1.* Schwäche *f; 2. (vulnérabilité)* Anfälligkeit *f; 3. (instabilité)* Labilität *f*
fragment [fʀagmɑ̃] *m 1.* Brocken *m; 2. (reste)* Fragment *n*
fragmentaire [fʀagmɑ̃tɛʀ] *adj* bruchstückhaft, unvollständig, lückenhaft
fragmenter [fʀagmɑ̃te] *v* stückeln, aufteilen, spalten, teilen
fragrance [fʀagʀɑ̃s] *f* Wohlgeruch *m*, Duft *m*
fraîchement [fʀɛʃmɑ̃] *adv 1. (sans politesse)* kühl, frostig, unfreundlich; *2. (récemment)* unlängst, vor kurzem
fraîcheur [fʀɛʃœʀ] *f 1. (froid)* Kühle *f*, Abkühlung *f*, Frische *f*, Kälte *f; la ~ du soir* die die Abendkühle *f; la ~ de l'eau* das frische Wasser *n; chercher un peu de ~* Abkühlung suchen; *2. (qualité)* Frische *f*, Neuheit *f; la ~ d'un œuf* ein frisches Ei *n; la ~ du teint* ein frischer Teint *m*, ein rosiger Teint *m*
fraîchir [fʀɛʃiʀ] *v* auffrischen, stärker werden, frischer werden, kühler werden
frais[1] [fʀɛ] *m/pl 1.* Kosten *pl*, Unkosten *pl; en être pour ses ~* sich umsonst plagen; *~ de construction* Baukosten *pl; ~ médicaux* Arztkosten *pl; ~ d'exploitation* Betriebskosten *pl; ~ généraux* Gemeinkosten *pl; ~ de voyage* Reisekosten *pl; ~ de transport* Transportkosten *pl; 2. (argent)* Auslage *f; 3. (coûts) ECO* Aufwand *m; 4. (de dossiers) ECO* Bearbeitungsgebühr *f*
frais[2] [fʀɛ] *adj 1.* frisch; *être ~ comme la rosée* taufrisch sein; *2. (froid)* kühl
fraise [fʀɛz] *f 1. BOT* Erdbeere *f; 2. TECH* Fräse *f*
framboise [fʀɑ̃bwaz] *f BOT* Himbeere *f*
franc[1] [fʀɑ̃] *adj 1.* freimütig, offenherzig, offen, treuherzig; *2. (honnête)* aufrichtig; *Soyons ~!* Seien wir ehrlich!
franc[2] [fʀɑ̃] *m HIST* Franc *m*
français [fʀɑ̃sɛ] *adj 1.* französisch; *m 2. LING* Französisch *n*
Français(e) [fʀɑ̃sɛ/fʀɑ̃sɛz] *m/f* Franzose/Französin *m/f*
France [fʀɑ̃s] *f GEO* Frankreich *n*
franchir [fʀɑ̃ʃiʀ] *v 1.* passieren, durchgehen; *2. (une rue)* überqueren; *3. (traverser)* überschreiten; *4. (sauter par-dessus)* überspringen; *5. (fig)* überwinden
franchise [fʀɑ̃ʃiz] *f 1.* Aufrichtigkeit *f*, Offenheit *f; 2. en ~* gebührenfrei; *3. en ~ douanière* zollfrei; *4. ECO* Franchise *f*, Selbstbehalt *m*, Selbstbeteiligung *f*
franchissement [fʀɑ̃ʃismɑ̃] *m 1.* Übergang *m; 2. (traversée)* Überschreitung *f; 3. (fig)* Überbrückung *f*
franchouillard [fʀɑ̃ʃujaʀ] *adj (fam)* typisch französisch
franc-jeu [fʀɑ̃ʒœ] *m jouer ~ (fig)* Fairplay *n*
franc-maçonnerie [fʀɑ̃masɔnʀi] *f* Freimaurerei *f*, Geheimbund *m*
franco [fʀɑ̃ko] *adv 1. ~ de port* franko, kostenfrei, portofrei; *2. (fam)* geradeheraus, rundheraus, frank und frei
franco-allemand [fʀɑ̃kɔalmɑ̃] *adj* deutsch-französisch
francophile [fʀɑ̃kɔfil] *adj* frankreichfreundlich, franzosenfreundlich, frankophil
francophone [fʀɑ̃kɔfɔn] *adj 1.* französischsprachig, frankophon; *les pays ~s* die französischsprachigen Länder *pl; m/f 2. les ~ canadiens* die Frankokanadier *pl*
franc-tireur [fʀɑ̃tiʀœʀ] *m MIL* Heckenschütze *m*
frange [fʀɑ̃ʒ] *f 1. (en coiffure)* Pony *m; 2. (bande)* kleine Minderheit *f*, Randgruppe *f*
frangin(e) [fʀɑ̃ʒɛ̃/fʀɑ̃ʒin] *m/f (fam)* Bruder/Schwester *m/f*
franglais [fʀɑ̃glɛ] *m* mit Anglizismen versetztes Französisch
frappant [fʀapɑ̃] *adj 1.* prägnant; *2. (évident)* auffallend, verblüffend
frappe [fʀap] *f 1. (à la machine à écrire)* Anschlag *m; 2. (de la monnaie)* Prägung *f*
frappé [fʀape] *adj* eisgekühlt
frapper [fʀape] *v 1. (battre)* schlagen, hauen; *~ comme un sourd* blindlings drauflosschlagen; *2. (heurter)* stoßen, anstoßen, anschlagen; *3. (cogner)* klopfen; *4. (monnaie)*

prägen; *5. (impressionner)* beeindrucken; *6. (atteindre)* heimsuchen, treffen, über jdn kommen; *7. se ~ (fam)* sich aufregen
frasque [fʀask] *f (fig)* Seitensprung *m*
fraternel [fʀatɛʀnɛl] *adj* brüderlich
fraterniser [fʀatɛʀnize] *v* verbrüdern, fraternisieren, verbünden; *Ils ont tout de suite fraternisé.* Sie haben sofort Brüderschaft geschlossen. *~ avec l'ennemi* sich mit dem Feind verbünden
fraternité [fʀatɛʀnite] *f* Brüderschaft *f,* Brüderlichkeit *f,* Solidarität *f,* Fraternität *f*
fraude [fʀod] *f 1.* Schmuggel *m; 2. ~ fiscale* Steuerhinterziehung *f; 3. ~ électorale* Betrug *m,* Fälschung *f*
frauder [fʀode] *v* schmuggeln
fraudeur [fʀodœʀ] *m* Schmuggler *m*
frauduleux [fʀodylø] *adj (choses)* betrügerisch
frayer [fʀeje] *v 1.* anbahnen; *2. (fig: la voie)* ebnen; *3. se ~ un chemin* sich einen Weg bahnen
frayeur [fʀɛjœʀ] *f* Schreck *m*
fredonnement [fʀədɔnmɑ̃] *m* Summen *n*
fredonner [fʀədɔne] *v* brummen, summen
freezer [fʀizœʀ] *m* Kühlfach *n*
frégate [fʀegat] *f 1. (bateau) NAUT* Fregatte *f; 2. (oiseau) ZOOL* Fregattvogel *m*
frein [fʀɛ̃] *m TECH* Bremse *f; ronger son ~* seinen Ärger in sich hineinfressen; *~ à main (d'une voiture)* Handbremse *f; ~ de secours* Notbremse *f; ~ à disques TECH* Scheibenbremse *f; ~ à tambour TECH* Trommelbremse *f*
freiner [fʀene] *v 1.* bremsen; *2. (gêner)* hemmen, behindern
frelater [fʀəlate] *v (bière, vin)* panschen
frêle [fʀɛl] *adj 1.* schwach; *2. (délicat)* zierlich, feingliedrig
frelon [fʀəlɔ̃] *m ZOOL* Hornisse *f*
frémir [fʀemiʀ] *v* zittern
frémissant [fʀemisɑ̃] *adj* zitternd, vibrierend, sprudelnd; *L'eau du thé doit être ~e.* Das Teewasser muss sprudeln.
frénésie [fʀenezi] *f* Tobsuchtsanfall *m*
frénétique [fʀenetik] *adj (très fort)* rasend
fréquemment [fʀekamɑ̃] *adv 1.* oft; *2. (plusieurs fois)* vielfach
fréquence [fʀekɑ̃s] *f 1.* Häufigkeit *f; 2. TECH* Frequenz *f; 3. modulation de ~* Häufigkeit *f,* Frequenz *f*
fréquent [fʀekɑ̃] *adj* häufig
fréquentation [fʀekɑ̃tasjɔ̃] *f 1. (d'une école)* Besuch *m; 2. ~s pl* Umgang *m*
fréquenter [fʀekɑ̃te] *v 1. (école)* besuchen; *2. (avoir des relations avec)* umgehen
frère [fʀɛʀ] *m 1.* Bruder *m; 2. REL* Ordensbruder *m; 3. ~s et sœurs pl* Geschwister *pl*
frérot [fʀeʀo] *m (fam)* kleiner Bruder *m,* Brüderchen *n, (fam)* Bruderherz *n*
fret [fʀɛ] *m 1.* Ladung *f; 2. ~ aérien* Luftfracht *f; 3. (prix) ECO* Fracht *f; 4. ~ maritime* Seefracht *f*
fréter [fʀete] *v* mieten, verchartern
frétillant [fʀetijɑ̃] *adj* zappelnd, zuckend, lebhaft, quirlig
frétiller [fʀetije] *v 1. (chien)* wedeln; *2. (poisson)* zappeln
friable [fʀijabl] *adj* mürbe
friand [fʀijɑ̃] *adj 1.* begierig, lüstern, scharf; *être ~ de qc* auf etw Lust haben; *m 2. GAST* kleine Blätterteigpastete *f*
friandise [fʀijɑ̃diz] *f 1.* Leckerbissen *m; 2. (gourmandise)* Schleckerei *f,* Süßigkeit *f; manger des ~s* naschen
fric [fʀik] *m (fam)* Zaster *m,* Piepen *pl,* Moneten *pl,* Knete *f*
friche [fʀiʃ] *f AGR* Brache *f,* Brachfeld *n,* Brachland *n; laisser une terrain en ~* ein Feld brachliegen lassen
friction [fʀiksjɔ̃] *f* Reibung *f*
frigidaire [fʀiʒidɛʀ] *m* Eisschrank *m,* Kühlschrank *m*
frigide [fʀiʒid] *adj* kühl, frigide, kaltherzig
frigo [fʀigo] *m (fam)* Kühlschrank *m*
frigorifier [fʀifɔʀifje] *v* einfrieren
frileux [fʀilø] *adj 1.* kälteempfindlich, leicht frierend; *2. (fig)* ängstlich, zaghaft
frilosité [fʀilɔzite] *f 1.* Kälteempfindlichkeit *f; 2. (fig)* Zurückhaltung *f,* Zaghaftigkeit *f*
frimas [fʀima] *m LIT* Rauhreif *m*
frime [fʀim] *f (fam)* Angeberei *f,* Theater *n; pour la ~* zur Schau/zum Schein; *C'est de la ~.* Das ist alles nur Theater.
frimer [fʀime] *v (fam)* sich groß aufspielen
fringale [fʀɛ̃gal] *f* Heißhunger *m,* Gier *f*
fringant [fʀɛ̃gɑ̃] *adj 1. (cheval)* feurig; *2. (personne)* flott, schneidig
fringuer [fʀɛ̃ge] *v se ~ (fam)* sich anziehen
fringues [fʀɛ̃g] *f/pl* Klamotten *pl*
friper [fʀipe] *v se ~* knittern, zerknittern
friperie [fʀipʀi] *f* Trödel *m*
fripon [fʀipɔ̃] *m 1.* Schalk *m,* Schelm *m; adj 2.* schelmisch
fripouille [fʀipuj] *f* Schuft *m*
friqué [fʀike] *adj (fam)* reich
frire [fʀiʀ] *v irr 1. faire ~* braten; *2. poêle à ~* braten, backen

F

frisé [fʀize] *adj 1.* kraus, lockig; *2. salade ~e* Friséesalat
friser [fʀize] *v 1. (cheveux)* locken; *2. Ça frise le ridicule.* Das grenzt ans Lächerliche.
frisquet [fʀiskɛ] *adj (fam)* frisch, kühl
frisson [fʀisɔ̃] *m 1.* Schauer *m,* Frösteln *n; 2. ~s pl MED* Schüttelfrost *m*
frissonner [fʀisɔne] *v* zittern
frit [fʀi] *adj* gebacken, gebraten
friture [fʀityʀ] *f 1.* Braten *n,* Backen *n,* Ausbackfett *n,* Fritüre *f; 2.* Bratfisch *m; 3. (bruit de ~)* Störgeräusch *n,* Knattern *n*
frivole [fʀivɔl] *adj* leichtfertig
frivolité [fʀivɔlite] *f* Leichtfertigkeit *f*
froc [fʀɔk] *m 1. REL* Kutte *f; 2. (fam)* Hose *f*

froid [fʀwa] *adj 1.* kalt, kühl; *Il fait un ~ de canard.* Es ist saukalt. *prendre ~* sich erkälten; *garder la tête ~e* einen kühlen Kopf bewahren; *avoir ~* frieren; *laisser ~ qn (fig)* jdn kalt lassen; *~ à pierre fendre* bitterkalt; *2. (physique)* gefühllos; *3. (distant)* unpersönlich; *4. (fig)* kalt; *m 5.* Kälte *f*

froideur [fʀwadœʀ] *f 1.* Kälte *f; 2. (insensibilité)* Lieblosigkeit *f; avec ~* lieblos
froidure [fʀwadyʀ] *f* Winterkälte *f*
froissement [fʀwasmɑ̃] *m (d'un muscle) MED* Zerrung *f*
froisser [fʀwase] *v 1. se ~* knittern, verknittern, zerknittern; *2. (blesser)* kränken; *3. (fig: offenser)* verletzen
frôler [fʀole] *v 1.* streifen, berühren; *~ un mur* eine Mauer streifen; *~ qn* an jdm vorbeistreifen; *La balle a frôlé le filet.* Der Ball hat das Netz berührt. *2. (fig)* knapp entkommen, streifen, nahe kommen, grenzen an; *~ l'accident* knapp einem Unfall entgehen; *~ la mort* dem Tod knapp entkommen; *~ la faillite* kurz vor dem Konkurs stehen; *Cette histoire frôle le ridicule.* Diese Geschichte grenzt ans Lächerliche.
fromage [fʀɔmaʒ] *m 1. GAST* Käse *m; ~ de chèvre* Ziegenkäse *m; 2. ~ blanc GAST* Quark *m; 3. entre la poire et le ~ (fig)* beim Nachtisch, so nebenbei, wenn er oder sie gut gegessen hat und guter Laune ist; *4. en faire un ~ (fam)* die Sache mächtig aufbauschen
froment [fʀɔmɑ̃] *m BOT* Weizen *m*
froncer [fʀɔ̃se] *v 1.* runzeln, zusammenziehen; *~ les sourcils* die Augenbrauen runzeln; *~ le front* die Stirn runzeln; *2. (en couture)* zusammenziehen, Falten nähen
fronde [fʀɔ̃d] *f (arme)* Schleuder *f*
fronder [fʀɔ̃de] *v (critiquer)* tadeln, kritisieren
front [fʀɔ̃] *m 1. ANAT* Stirn *f; 2. MIL* Front *f; 3. faire ~* die Stirn bieten *(fig)*; *4. avoir le ~ de* die Stirn haben etw zu tun, sich erdreisten etw zu tun,;*5. de ~* frontal, von vorn, direkt
frontière [fʀɔ̃tjɛʀ] *f* Grenze *f*
fronton [fʀɔ̃tɔ̃] *m* Giebel *m*
frotter [fʀɔte] *v 1.* reiben; *ne pas s'y ~ à qn* mit jdm nichts zu tun haben wollen; *2. (essuyer)* wischen; *3. (récurer)* scheuern, schrubben
froufrouter [fʀufʀute] *v* rascheln, rauschen, knistern
froussard(e) [fʀusaʀ(d)] *m/f (fam)* Angsthase *m*
frousse [fʀus] *f (fam: peur)* Angst *f,* Bammel *m,* Furcht *f; avoir la ~* Bammel haben
fructueux [fʀyktɥø] *adj* erfolgreich, nützlich
frugal [fʀygal] *adj* einfach, kärglich, genügsam, anspruchslos
fruit [fʀɥi] *m 1.* Frucht *f,* Obst *n; ~s à pépins* Kernobst *n; porter ses ~s (fig)* Früchte tragen; *2. ~s secs pl* Backobst *n,* Dörrobst *n; 3. ~s de mer pl GAST* Meeresfrüchte *pl; 4. ~s à noyau pl BOT* Steinobst *n*
fruité [fʀɥite] *adj* fruchtig
fruitier [fʀɥitje] *adj 1.* Obst..., Frucht..., Frucht tragend; *un arbre ~* ein Obstbaum *m; la culture fruitière* der Obstanbau *m; m 2.* Obstgarten *m,* Obstlager *n,* Obsthändler *m*
frusques [fʀysk] *f/pl (fam)* Klamotten *pl;* Kleider *pl*
fruste [fʀyst] *adj (grossier)* grob, rüde, unhöflich, barsch; *un homme ~* ein unhöflicher Mensch *m; des manières ~s* schlechte Manieren *pl,* raue Sitten *pl*
frustration [fʀystʀasjɔ̃] *f* Frustration *f*
frustrer [fʀystʀe] *v PSYCH* frustrieren, enttäuschen; *~ qn dans son espoir* jdn in seiner Hoffnung enttäuschen
fuel [fjul] *m* Heizöl *n*
fugitif [fyʒitif] *m 1.* Flüchtling *m; adj 2.* flüchtig, fliehend
fuguer [fyge] *v (fam)* ausreißen
fuir [fɥiʀ] *v irr 1.* fliehen, flüchten; *2. (liquide)* auslaufen; *3. faire ~* verscheuchen
fuite [fɥit] *f 1.* Flucht *f; prendre la ~* fliehen; *2. (perte) TECH* Leck *n,* Undichtigkeit *f,* undichte Stelle *f; 3. (d'informations)* Durchsickern *n*
fulgurant [fylgyʀɑ̃] *adj 1. (rapide)* blitzartig, schnell, rasant; *un démarrage ~* ein

rasanter Start *m; 2. (brillant)* leuchtend, blitzend, glänzend; *un regard ~* ein leuchtender Blick *m; 3. (douleur)* stechend, heftig, gewaltig; *4. (prodigieux)* außergewöhnlich, überwältigend, beeindruckend, riesig; *une réponse ~e* eine außergewöhnliche Antwort *f; des progrès ~s* riesige Fortschritte *pl; une intuition ~e* eine außergewöhnliche Eingebung *f*
fulminer [fylmine] *v* toben, tollen
fumée [fyme] *f 1.* Rauch *m; 2. ~ épaisse* Qualm *m; 3. (vapeur)* Dunst *m*
fumer[1] [fyme] *v 1.* rauchen; *2. ~ comme un pompier (fam)* qualmen; *3. (poisson)* räuchern
fumer[2] [fyme] *v (la terre) AGR* düngen
fumet [fymɛ] *m 1. (arôme)* Duft *m,* Geruch *f,* Aroma *n; le ~ d'un rôti* der Bratenduft *m; 2. (odeur de certains animaux)* Geruch *m,* Witterung *f; le ~ du gibier* der Wildgeruch *m*
fumeur [fymœʀ] *m* Raucher *m; grand ~* Kettenraucher *m*
fumeux [fymø] *adj* rauchig
fumiste [fymist] *m/f (fam)* Blender *m,* Nichtsnutz *m; Cet élève est un ~.* Dieser Schüler ist ein Blender.
fumoir [fymwaʀ] *m* Räucherkammer *f,* Rauchsalon *m*
funambule [fynɑ̃byl] *m* Seiltänzer *m*
funèbre [fynɛbʀ] *adj 1.* Trauer..., Bestattungs..., Leichen..., Toten...; *les pompes ~s* das Bestattungsinstitut *n; la cérémonie ~* die Trauerfeier *f; 2. (fig)* düster, dunkel, traurig; *une voix ~* eine dunkle Stimme *f; un air ~* ein düsteres Gesicht *n*
funérailles [fyneʀaj] *f/pl* Bestattung *f,* Beisetzung *f,* Begräbnis *n*
funéraire [fyneʀɛʀ] *adj* Grab..., Bestattungs..., Begräbnis...
funeste [fynɛst] *adj* verhängnisvoll
funiculaire [fynikylɛʀ] *m* Seilbahn *f*
fur [fyʀ] *adv au ~ et à mesure* nach und nach, eins nach dem anderen, je nach
fureter [fyʀ(ə)te] *v (fig)* schnüffeln
fureur [fyʀœʀ] *f* Wut *f*
furibond [fyʀibɔ̃] *adj* rabiat, wütend
furie [fyʀi] *f 1.* Wut *f,* Rage *f,* Zorn *m,* Raserei *f; être en ~* in Rage sein; *combattre avec ~* wütend kämpfen; *la ~ de la tempête* ein heftiger Sturm *m; 2. (fig: femme méchante)* Furie *f,* böses Weib *n; C'est une vraie ~!* Das ist eine wahre Furie!
furieux [fyʀjø] *adj 1.* rabiat, rasend, wütend; *être ~* toben/wütend sein/geladen sein;*2. (fâché)* zornig; *3. (fig)* wild
furtif [fyʀtif] *adj 1.* schleichend; *2. (dérobé)* verstohlen
fuseau [fyzo] *m 1. (pantalon)* Keilhose *f,* Skihose *f; 2. ~ horaire GEO* Zeitzone *f*
fusée [fyze] *f 1.* Rakete *f; 2. ~ éclairante* Leuchtrakete *f; 3. ~ à longue portée MIL* Langstreckenrakete *f*
fuselage [fyz(ə)laʒ] *m (d'un avion)* Rumpf *m*
fuser [fyze] *v 1.* schmelzen, hochgehen, abbrennen; *Les feux d'artifice fusèrent de toutes parts.* Das Feuerwerk leuchtete überall. *2. (fig)* sich ausbreiten, um sich greifen; *Un rire fuse.* Ein Lachen breitet sich aus.
fusible [fyzibl] *m TECH* Sicherung *f*
fusil [fyzi] *m 1.* Büchse *f,* Gewehr *n; 2. ~ de chasse* Jagdgewehr *n; 3. changer son ~ d'épaule (fig)* umschwenken, seine Pläne ändern
fusillade [fyzijad] *f* Schießerei *f*
fusiller [fyzije] *v* erschießen
fusion [fyzjɔ̃] *f 1.* Schmelzen *n,* Verschmelzen *n; 2. (nucléaire) PHYS* Fusion *f; 3. (fig: réunion)* Vereinigung *f,* Zusammenschluss *m*
fusionner [fyzjɔne] *v 1.* vereinen; *2. ~ avec* verschmelzen mit, sich zusammenschließen mit
fustiger [fystiʒe] *v 1.* mit dem Stock schlagen; *2. (fig)* geißeln, anprangern
fût [fy] *m (récipient)* Tonne *f,* Fass *n*
futé [fyte] *adj* kess, pfiffig, verschmitzt
futile [fytil] *adj 1.* unwichtig, belanglos, nichtssagend; *2. (insignifiant)* geringfügig, nichtig
futilité [fytilite] *f 1.* Sinnlosigkeit *f; 2. (bagatelle)* Kleinigkeit *f,* Lappalie *f; 3. (nullité)* Nichtigkeit *f; 4. ~s pl* Firlefanz *m*
futur [fytyʀ] *m 1. GRAMM* Zukunft *f,* Futur *n; adj 2.* zukünftig, künftig
futuriste [fytyʀist] *adj* futuristisch
fuyant [fɥijɑ̃] *adj (regard)* flüchtig

F

G

gabare [gabaʀ] *f* Lastkahn *m,* großes Schleppnetz *n*
gabarit [gabaʀi] *m* *1. TECH* Formlehre *f,* Schablone *f; 2. (mesure)* Norm *f,* Größe *f,* Maß *n*
gabegie [gabʒi] *f (fam)* Schlamperei *f,* Kuddelmuddel *m/n,* Durcheinander *n*
gâche [gaʃ] *f 1. TECH* Schließklappe *f,* Schließblech *n; 2. (outil)* Rührspatel *m*

gâcher [gɑʃe] *v* pfuschen, verderben
gâchette [gɑʃɛt] *f (d'une arme)* Abzug *m; appuyer sur la ~* den Abzug drücken, abdrücken
gâcheur [gɑʃœʀ] *m* Pfuscher *m*
gâchis [gɑʃi] *m 1. (gaspillage)* Verschwendung *f,* Vergeudung *f; 2. (fig: désordre)* Unordnung *f,* Durcheinander *n,* Chaos *n*
gadget [gadʒɛt] *m* Spielerei *f,* Ding *n*
gadoue [gadu] *f* Kehricht *m,* Hausmüll *m*
gaffe [gaf] *f 1. NAUT* Bootshaken *m; 2. (fam)* Dummheit *f,* (dummer) Fehler *m*
gaffer [gafe] *v* ins Fettnäpfchen treten
gaga [gaga] *adj (fam)* idiotisch, doof, blöde, plemplem
gage [gaʒ] *m 1.* Pfand *n; 2. ~s pl* Gage *f*
gager [gaʒe] *v* wetten
gagnant [gaɲɑ̃] *adj* gewinnend
gagnant(e) [gaɲɑ̃(t)] *m/f* Gewinner(in) *m/f,* Sieger(in) *m/f*
gagne-pain [gaɲpɛ̃] *m* Broterwerb *m*

gagner [gaɲe] *v 1.* gewinnen, siegen; *~ sur tous les tableaux* überall Erfolge verbuchen können; *~ du terrain (fig)* Boden gewinnen; *2. ~ de l'argent en plus* dazu verdienen; *3. (acquérir)* erwerben; *manque à ~* Verdienstausfall *m; 4. (remporter)* gewinnen; *~ qn à une cause* jdn für eine Sache gewinnen; *~ une manche* eine Runde gewinnen; *5. (argent)* verdienen; *~ sa vie* sein Brot verdienen

gagneur [gaɲœʀ] *m* Gewinner *m*
gai [gɛ] *adj 1.* lustig, fröhlich, munter; *2. (guilleret)* angeheitert
gaieté [gɛte] *f* Fröhlichkeit *f,* Heiterkeit *f,* Munterkeit *f*
gaillard [gajaʀ] *adj 1.* fröhlich, lebhaft, heiter, locker; *m 2.* Bursche *m,* Kerl *m*
gaillardement [gajaʀdəmɑ̃] *adv* lustig, vergnügt, munter, frisch
gaillardise [gajaʀdiz] *f* Lustigkeit *f,* Munterkeit *f,* lustiger Streich *m*
gain [gɛ̃] *m 1.* Verdienst *m; 2. (au jeu)* Gewinn *m; 3. (argent)* Profit *m*
gaine [gɛn] *f 1.* Hüfthalter *m; 2. (d'un couteau)* Scheide *f; 3. TECH* Mantel *m*
gainer [gene] *v* einhüllen, umhüllen
gala [gala] *m* Gala *f,* Empfang *m,* Fest *n; un ~ de bienfaisance* eine Wohltätigkeitsgala *f; être en habit de ~* sich in Gala werfen; *organiser une soirée de ~* einen Galaabend organisieren
galactique [galaktik] *adj ASTR* galaktisch
galant [galɑ̃] *adj 1.* galant, höflich; *2. (chevaleresque)* ritterlich
galanterie [galɑ̃tʀi] *f* Höflichkeit *f,* Zuvorkommenheit *f,* Anstand *m,* Galanterie *f*
galantine [galɑ̃tin] *f GAST* Sulze *f,* Sülze *f*
galbe [galb] *m* geschwungene Form *f; le ~ d'un vase* die geschwungene Form einer Vase *f; des jambes d'un ~ parfait* wohlgeformte Beine
galbé [galbe] *adj* ausgebaucht, in der Mitte verstärkt, gut geformt
gale [gal] *f (maladie)* Krätze *f; N'aie pas peur, je n'ai pas la ~! (fig)* Keine Angst, ich habe keine Krätze! *être mauvais comme une ~ (fam)* fies sein/bösartig sein
galère [galɛʀ] *f 1. (navire) HIST* Galeere *f; 2. (peine) HIST* Galeerenstrafe *f; condamner qn aux ~s* jdn zum Galeerenrudern verurteilen; *3. (fig)* missliche Lage *f,* Unglück *n*
galérer [galeʀe] *v (fam)* herumirren, es schwer haben
galerie [galʀi] *f 1. ART* Kunstgalerie *f; ~ des ancêtres* Ahnengalerie *f; 2. THEAT* Galerie *f,* Rang *m; 3. (porte-ski sur une voiture)* Dachständer *m*
galet [galɛ] *m 1.* Kieselstein *m; 2. ~s pl GEOL* Geröll *n*
galeux [galø] *adj* schlecht, krätzig, räudig
galimatias [galimatja] *m* Unsinn *m,* Quatsch *m*
galipette [galipɛt] *f (fam)* Purzelbaum *m; faire des ~s* Purzelbäume schlagen
gallicisme [galisism] *m LING* Gallizismus *m*
galon [galɔ̃] *m 1.* Borte *f; 2. (insigne militaire)* Borte *f,* Litze *f,* Tresse *f*
galop [galo] *m* Galopp *m*

galoper [galɔpe] *v 1. (cheval)* galoppieren; *2. (fam: courir)* galoppieren, rennen, flitzen; *~ derrière qn* hinter jdm herrasen
galopin [galopɛ̃] *m (fam)* Lausbub *m*
galvaniser [galvanize] *v (fig: enthousiasmer)* begeistern, entzücken, berauschen
galvauder [galvode] *v* verschwenden, ruinieren, beschmutzen, verderben; *~ sa réputation* seinen Ruf ruinieren; *~ son talent* sein Talent verschwenden
gambader [gɑ̃bade] *v* hüpfen, springen, hopsen, tanzen; *~ de joie* vor Freude in die Luft springen; *~ dans le jardin* im Garten herumtollen
gamberger [gɑ̃bɛʀʒe] *v (fam)* träumen, nachdenken
gambette [gɑ̃bɛt] *f (fam: jambe)* Bein *n*
gamelle [gamɛl] *f 1. MIL* Kochgeschirr *n; 2.* Fressnapf *m; 3. (fam)* Pech *n*
gamin [gamɛ̃] *m 1.* Junge *m, 2.* Straßenjunge *m,* Bengel *m,* Lausbub *m; adj 3.* jungenhaft
gamine [gamin] *f* Mädchen *n*
gamme [gam] *f 1. MUS* Tonleiter *f; 2. (fig: ensemble)* Skala *f,* Umfang *m,* Bereich *m,* Spanne *f; 3. ECO ~ de produits* Produktpalette *f; un téléviseur haut de ~* ein hochwertiges Fernsehgerät *n*
ganache [ganaʃ] *f 1. GAST* Ganache (cremige Nachspeise) *f; 2. (fam: imbécile)* Esel *m*
gang [gɑ̃g] *m* Bande *f,* Gang *f,* Gruppe *f; un chef de ~* ein Bandenchef *m*
gangrène [gɑ̃gʀɛn] *f 1. MED* Brand *m,* Gangrän *n; une jambe rongée par la ~* ein von Brand befallenes Bein *n; 2. (fig)* Zerfall *m,* Korruption *f,* Korrumpierung *f; la ~ du vice* die verheerenden Folgen des Lasters *pl*
gangrener [gɑ̃gʀəne] *v 1.* brandig werden; *2. (fig)* verderben, vergiften
ganse [gɑ̃s] *f* Schleife *f,* Öse *f*
gant [gɑ̃] *m* Handschuh *m*
ganté [gɑ̃te] *adj* mit Handschuhen
garage [gaʀaʒ] *m 1.* Garage *f; 2. (garagiste)* Autowerkstatt *f; 3. ~ sur plusieurs niveaux* Parkhaus *n*
garagiste [gaʀaʒist] *m* Automechaniker *m*
garant [gaʀɑ̃] *m* Bürge *m*
garanti [gaʀɑ̃ti] *adj* todsicher
garantie [gaʀɑ̃ti] *f 1.* Garantie *f,* Gewähr *f,* Sicherheit *f; 2. (gage)* Pfand *n; 3. (cautionnement)* Bürgschaft *f; 4. (caution)* Kaution *f*
garantir [gaʀɑ̃tiʀ] *v 1.* garantieren, Gewähr leisten, verbürgen; *2. (protéger)* schützen; *3. (assurer)* versichern; *4. (sauvegarder)* sichern, sicherstellen
garce [gaʀs] *f (fam)* Luder *n*
garçon [gaʀsɔ̃] *m 1.* Bursche *m,* Junge *m; 2. (de café, de restaurant)* Kellner *m,* Ober *m,* Bedienung *f; ~ d'étage (à l'hôtel)* Etagenkellner *m; 3. ~ d'honneur* Brautführer *m; 4. jeune ~* Knabe *m; 5. ~ de courses* Laufbursche *m; 6. enterrer sa vie de ~* sein Junggesellenleben begraben
garçonnet [gaʀsɔnɛ] *m* kleiner Junge *m*
garçonnière [gaʀsɔnjɛʀ] *f* Junggesellenwohnung *f*
garde[1] [gaʀd] *f 1. (surveillance)* Bewachung *f; 2. (sûreté)* Gewahrsam *m; 3. (protection)* Obhut *f; prendre ~ à* aufpassen auf; *4. (boxe) SPORT* Deckung *f*
garde[2] [gaʀd] *m* Wächter *m; ~ forestier* Förster *m; ~ du corps* Leibwächter *m*
garde-à-vous [gaʀdavu] *m MIL* Habachtstellung *f; être au ~* stillstehen; *se mettre au ~* Habachtstellung einnehmen
garde-boue [gaʀdəbu] *m (d'une voiture)* Kotflügel *m*
garde-corps [gaʀd(ə)kɔʀ] *m* Leibwache *f,* Leibgarde *f*
garde-côte [gaʀdəkot] *m (navire) MIL* Boot der Küstenwache *n*
garde-fou [gaʀdəfu] *m (parapet)* Geländer *n*
garde-malade [gaʀd(ə)malad] *m* Krankenpfleger *m,* Pfleger *m*
garde-manger [gaʀd(ə)mɑ̃ʒe] *m* Speisekammer *f*
garder [gaʀde] *v 1.* bewachen, hüten; *2. (surveiller)* überwachen; *3. (conserver)* aufheben, aufbewahren; *4. (tenir)* behalten; *5. (vêtements)* anbehalten, anlassen; *6. (fig)* beibehalten; *7. (fig: garder)* bewahren, wahren; *~ son sang-froid* die Fassung bewahren; *8. se ~ de* sich enthalten
garderie [gaʀdəʀi] *f* Kinderhort *m*
garde-robe [gaʀdəʀɔb] *f 1.* Garderobe *f,* Kleiderschrank *m; 2. (vêtements)* Garderobe *f*
gardien [gaʀdjɛ̃] *m 1.* Aufseher *m,* Wächter *m; ~ de nuit* Nachtwächter *m; 2. ~ de la paix* Polizist *m; 3. ~ de but SPORT* Torwart *m*
gardienne [gaʀdjɛn] *f* Wächterin *f*
gare[1] [gaʀ] *f* Bahnhof *m,* Station *f; ~ centrale* Hauptbahnhof *m; hall de ~* Bahnhofshalle *f; ~ routière* Busbahnhof *m; ~ de marchandises* Güterbahnhof *m*
gare[2] [gaʀ] *interj* Achtung!, Vorsicht!, Platz, weg da! *Gare à toi!* Sieh dich vor!; *sans crier ~* unerwartet, überraschend

G

garenne [garɛn] *f* (offenes) Kaninchengehege *n,* Reservat *n,* Schonrevier *n*
garer [gare] *v 1. (dans un garage)* abstellen; *2. (locomotive)* rangieren; *3. se ~* parken
gargarisme [gargarism] *m* Gurgelwasser *n,* Mittel zum Gurgeln *n,* Gurgeln *n*
gargote [gargɔt] *f (fam)* Kaschemme *f,* mieses Esslokal *n*
gargouillement [gargujmɑ̃] *m* Plätschern *n,* Sprudeln *n,* Kollern (im Leib) *n*
gargouiller [garguje] *v 1.* plätschern; *2. (fig: estomac)* knurren
garnement [garnəmɑ̃] *m* Spitzbube *m,* Schelm *m,* Tunichtgut *m*

G

garni [garni] *adj 1.* versehen, besetzt; *2. (meublé)* möbliert; *3. GAST* mit Beilage
garnir [garnir] *v 1.* garnieren, schmücken; *2. (couvrir)* verkleiden
garnissage [garnisaʒ] *m (matériel)* Futter *n*
garniture [garnityr] *f 1.* Garnitur *f,* Verzierung *f; 2. ~ de frein TECH* Bremsbelag *m; 3. (accessoires)* Zubehör *n; 4. GAST* Beilage *f; 5. (de pain)* Brotbelag *m; 6. (housse)* Bezug *m*
garrot [garo] *m MED* Druckverband *m*
garroter [garɔte] *v* fesseln, knebeln, die Hände binden
gars [gɑ] *m (fam)* Kerl *m*
gaspillage [gaspijaʒ] *m* Verschwendung *f,* Vergeudung *f*
gaspiller [gaspije] *v* verschwenden, vergeuden
gaspilleur [gaspijœr] *m 1.* Verschwender *m; adj 2.* verschwenderisch
gastrite [gastrit] *f MED* Magenschleimhautentzündung *f*
gastronome [gastrɔnɔm] *m* Feinschmecker *m*
gastronomique [gastrɔnɔmik] *adj* gastronomisch, kulinarisch; *le menu ~* das Menü *n; un relais ~* eine Raststätte *f; faire un repas ~* eine kulinarische Mahlzeit zubereiten
gâté [gɑte] *adj 1.* faul; *2. (dorloté)* verwöhnt
gâteau [gɑto] *m 1. GAST* Kuchen *m,* Torte *f; partager le ~ (fig)* den Gewinn teilen; *2. ~ sec (biscuit)* Keks *m; 3. petit ~* Plätzchen *n; adj 4.* Super..., Spitze..., Klasse...; *un grand-père ~* ein Großvater, der seine Enkel verwöhnt
gâter [gɑte] *v 1. (dorloter)* verwöhnen; *2. se ~* verderben, schlecht werden
gâterie [gɑtri] *f 1. (cadeau)* kleines Geschenk *n,* Überraschung *f,* Mitbringsel *n; 2. (friandise)* Schleckerei *f,* Süßigkeit *f,* Leckerei *f; apporter des ~s à qn* jdm etwas zum Naschen mitbringen
gâte-sauce [gɑtsos] *m* schlechter Koch *m*
gâteux [gɑtø] *adj* verrückt, zurückgeblieben, idiotisch; *devenir ~* verrückt werden; *Il en est ~.* Er ist ganz verrückt danach.
gauche [goʃ] *adj 1.* linke(r,s); *à ~* links; *se lever du pied ~* mit dem linken Fuß zuerst aufstehen; *2. (maladroit)* ungeschickt, plump, unbeholfen; *3.* (wind-)schief, schräg, uneben; *f 4.* linke Seite *f; La plage est sur la ~.* Der Strand befindet sich zur Linken. *5. POL* Linke *f,* linke(r) Flügel *m; Elle est de ~.* Sie ist eine Linke.
gaucher [goʃe] *m* Linkshänder *m*
gaucherie [goʃri] *f* Unbeholfenheit *f*
gauchiste [goʃist] *adj 1. POL* linksgerichtet, von der Linken, aus dem linken Lager; *m/f 2. POL* Linke(r) *m/f*
gaudriole [godrijɔl] *f* Ulk *m,* freier Scherz *m,* zweideutiger Witz *m,* Zote *f*
gaufre [gofr] *f GAST* Waffel *f*
gaufrer [gofre] *v* gaufrieren, Muster aufprägen, prägen
gaufrier [gofrije] *m* Waffeleisen *n*
Gaule [gol] *f HIST* Gallien *n*
gaule [gol] *f* Angelrute *f*
gaullisme [golism] *m POL* Gaullismus *m*
gaulliste [golist] *m POL* Gaullist *m*
gaulois [golwa] *adj* gallisch; *le coq ~* der gallische Hahn *m; des plaisanteries ~es (fig)* derbe Witze *pl*
gauloiserie [golwazri] *f* derber Witz *m*
gavage [gavaʒ] *m* Stopfen *n; le ~ des oies* das Stopfen von Gänsen *n*
gaver [gave] *v* mästen
gavroche [gavrɔʃ] *m* (Pariser) Straßenjunge *m*
gaz [gɑz] *m* Gas *n; ~ d'échappement* Abgas *n; ~ intestinaux* Blähung *f; ~ butane* Butangas *n; ~ rare* Edelgas *n; ~ biologique* Biogas *n; ~ naturel* Erdgas *n; ~ liquide* Flüssiggas *n; ~ toxique* Giftgas *n; ~ carbonique* Kohlendioxid *n; ~ hilarant* Lachgas *n; ~ lacrymogène* Tränengas *n; ~ propulseur* Treibgas
gaze [gɑz] *f bande de ~* Mullbinde *f*
gazéifier [gazeifje] *v CHEM* vergasen, in Gas verwandeln, mit Kohlensäure anreichern
gazer [gaze] *v 1.* vergasen, durch Giftgas töten; *2. (fam: rouler vite)* rasen
gazette [gazɛt] *f* Zeitung *f,* Zeitschrift *f*
gazeux [gazø] *adj 1.* Gas..., gasförmig; *2. eau gazeuse* mit Kohlensäure versetztes Wasser *n,* Mineralwasser *n*

gazole [gazɔl] *m* Gasöl *n*
gazon [gɑzɔ̃] *m BOT* Rasen *m*
gazouiller [gazuje] *v* zwitschern
géant [ʒeɑ̃] *adj 1.* riesig; *m 2.* Riese *m; ~ de l'édition* Verlagsriese *m*
geignard [ʒeɲaʀ] *adj* dauernd (herum)-heulend, ewig jammernd, jämmerlich
geignement [ʒɛɲmɑ̃] *m* Ächzen *n,* Stöhnen *n,* Jammern *n,* Gejammer *n*
geindre [ʒɛ̃dʀ] *v irr* ächzen
gel [ʒɛl] *m 1.* Frost *m; 2. (pommade)* Gel *n*
gelé [ʒəle] *adj (froid)* frostig; *être ~ jusqu'aux os* durchgefroren sein
gelée [ʒəle] *f 1. METEO* Frost *m; ~ nocturne* Nachtfrost *m; 2. GAST* Gelee *n*
geler [ʒəle] *v 1.* frieren; *2. (mourir de froid)* erfrieren; *On se gèle ici.* Man kommt hier vor Kälte um. *3. (plante)* erfrieren, zufrieren; *4. (négociations) ECO* einfrieren
gélule [ʒelyl] *f (médicament)* Kapsel *f*
gelure [ʒəlyʀ] *f* Erfrieren *f*
Gémeaux [ʒemo] *m/pl ASTR* Zwillinge *m/pl*
gémir [ʒemiʀ] *v 1. (personne)* ächzen, seufzen, stöhnen; *2. (grincer)* knarren
gémissement [ʒemismɑ̃] *m 1.* Seufzer *m; 2. ~s pl* Gewimmer *n*
gênant [ʒɛnɑ̃] *adj 1.* lästig; *C'est ~.* Das ist lästig./Das ist ärgerlich. *2. (pénible)* peinlich; *3. (ennuyant)* störend
gencive [ʒɑ̃siv] *f ANAT* Zahnfleisch *n*
gendarme [ʒɑ̃daʀm] *m* Polizist *m,* Gendarm *m*
gendarmerie [ʒɑ̃daʀməʀi] *f* Polizeitruppe *f,* Gendarmerie *f*
gendre [ʒɑ̃dʀ] *m* Schwiegersohn *m*
gêne [ʒɛn] *f 1.* Störung *f; 2. (embarras)* Verlegenheit *f; être sans ~* keine Hemmungen kennen; *3. (contrainte)* Bedrängnis *f; 4. (empêchement)* Behinderung *f; 5. (situation pénible)* Peinlichkeit *f,* Verlegenheit *f; 6. (malaise)* Unbehagen *n*
gène [ʒɛn] *m BIO* Gen *n*
gêné [ʒene] *adj* unbehaglich, verlegen; *être ~* sich genieren; *être ~ JUR* befangen sein
généalogie [ʒenealɔʒi] *f* Abstammung *f,* Herkunft *f,* Ahnenforschung *f*
gêner [ʒene] *v 1.* hindern, behindern; *2. (déranger)* stören; *3. être gêné financièrement* in finanzieller Verlegenheit sein; *4. se ~* sich Zwang antun, sich einschränken, sich genieren, sich (gegenseitig) lästig fallen; *Ne vous gênez pas!* Tun Sie sich keinen Zwang an! Halten Sie sich nicht zurück!
général [ʒeneʀal] *adj 1.* allgemein; *en ~* allgemein/überhaupt; *2. (courant)* durchgängig, generell; *m 3. MIL* General *m*
généralement [ʒeneʀalmɑ̃] *adv* im Allgemeinen
généralisation [ʒeneʀalizasjɔ̃] *f* Verallgemeinerung *f*
généraliser [ʒeneʀalize] *v* verallgemeinern; *Il ne faut pas ~.* Man darf nicht verallgemeinern.
généraliste [ʒeneʀalist] *m/f MED* Arzt/Ärztin für Allgemeinmedizin *m/f*
générateur [ʒeneʀatœʀ] *m 1. TECH* Generator *m; 2. (centrale atomique)* Dampfkessel *m*
génération [ʒeneʀasjɔ̃] *f 1.* Generation *f; 2. nouvelle ~* Nachwuchs *m*
généreux [ʒeneʀø] *adj 1.* großzügig, großmütig; *2. (vin)* edel
générique [ʒeneʀik] *adj 1.* Gattungs...; *m 2. CINE (d'un film)* Vorspann *m*
générosité [ʒeneʀozite] *f 1. (noblesse)* Edelmut *m,* Selbstlosigkeit *f,* Aufopferung *f; agir avec ~* edelmütig handeln; *2. (libéralité)* Großzügigkeit *f,* Freigebigkeit *f,* Generosität *f; donner avec ~* großzügig spenden; *Il abuse de ma ~.* Er nutzt meine Großzügigkeit aus.
genèse [ʒənɛz] *f 1. REL* Genesis *f; 2. (naissance)* Entstehung *f,* Werden *n,* Genese *f; la ~ d'un livre* das Entstehen eines Buches *n; la ~ d'un crime* das Entstehen eines Verbrechens *n*
généticien(ne) [ʒenetisjɛ̃/ʒenetisjɛn] *m/f BIO* Genetiker(in) *m/f,* Vererbungsforscher(in) *m/f*
génétique [ʒenetik] *adj BIO* genetisch
génial [ʒenjal] *adj 1.* genial; *2. (fam)* super
génie [ʒeni] *m 1.* Genialität *f; 2. (lumière)* Genie *n,* Genius *m; Ce n'est pas un ~.* Er ist keine große Leuchte.; *3. ~ militaire* Militärtechnik *f*
génital [ʒenital] *adj ANAT* genital; *les organes génitaux* die Genitalien *pl*
géniteur [ʒenitœʀ] *m* Erzeuger *m,* männliches Zuchttier *n*
génitif [ʒenitif] *m GRAMM* Genitiv *m*
génitrice [ʒenitʀis] *f* Erzeugerin *f,* Mutter *f*
génocide [ʒenɔsid] *m* Völkermord *m,* Genozid *m*
génotype [ʒenɔtip] *m BIO* Genkarte *f,* Gentyp *m*
genou [ʒənu] *m ANAT* Knie *n; mettre à ~x* in die Knie zwingen; *être sur les ~x* todmüde sein/erschlagen sein; *être à ~* knien

G

genouillère [ʒənujɛʀ] *f* *1.* Kniewärmer *m,* Knieschützer *m;* *2. TECH* Kniegelenk *n*
genre [ʒɑ̃ʀ] *m* *1.* Art *f,* Gattung *f;* *Ce n'est pas mon ~.* Das ist nicht meine Art./So was mag ich nicht. *de ce ~* derartig; *d'un nouveau ~* neuartig; *2. ~ humain* Menschheit *f*
gens [ʒɑ̃] *m/pl* *1.* Leute *pl;* *2. (peuple)* Volk *n;* *3. ~ d'ici* Einheimische *pl;* *4. ~ de maison* Hausangestellte *pl;* *5. ~ d'armes* Soldaten *pl*

gentil[1] [ʒɑ̃ti] *adj* *1.* brav; *2. (aimable)* lieb, liebenswürdig, nett; *3. une ~le somme d'argent* eine hübsche Summe Geld

G

gentil[2] [ʒɑ̃ti] *m REL* Heide *m*
gentilhomme [ʒɑ̃tijɔm] *m* *(noble) LIT* Edelmann *m,* Gentilhomme *m*
gentillesse [ʒɑ̃tijɛs] *f* Liebenswürdigkeit *f*
génuflexion [ʒenyflɛksjɔ̃] *f* Kniebeuge *f*
géographie [ʒeɔgʀafi] *f* Erdkunde *f,* Geografie *f*
géographique [ʒeɔgʀafik] *adj* geografisch
geôle [ʒol] *f* Kerker *m*
geôlier [ʒolje] *m LIT* Kerkermeister *m*
géologie [ʒeɔlɔʒi] *f* Geologie *f*
géologique [ʒeɔlɔʒik] *adj* geologisch
géologue [ʒeɔlɔg] *m/f* Geologe/Geologin *m/f*
géométrique [ʒeɔmetʀik] *adj* geometrisch
géophysique [ʒeofizik] *f* Geophysik *f*
gérance [ʒeʀɑ̃s] *f* *ECO* Geschäftsleitung *f,* Geschäftsführung *f,* Verwaltung *f*
gérant(e) [ʒeʀɑ̃(t)] *m/f* *1.* Verwalter(in) *m/f;* *2. ECO* Geschäftsführer(in) *m/f*
gerbe [ʒɛʀb] *f* *1. AGR* Garbe *f,* Bündel *n;* *une ~ de blé* eine Weizengarbe *f;* *lier une ~* zu einer Garbe binden; *2. (de fleurs)* Strauß *m;* *3. (fig)* Schwall *m,* Garbe *f,* Salve *f;* *une ~ d'eau* ein Wasserschwall *m;* *les ~s d'un feu d'artifice* der Funkenregen eines Feuerwerks *m*
gercer [ʒɛʀse] *v* rissig werden, brüchig werden; *Le froid gerce les lèvres.* Die Kälte lässt die Lippen rau werden.
gérer [ʒeʀe] *v* *1.* verwalten; *2. mal ~ ECO* abwirtschaften; *3. (fig: dominer)* beherrschen; *~ une crise* eine Krise handhaben
gériatrie [ʒeʀjatʀi] *f MED* Geriatrie *f,* Altersheilkunde *f*
germain [ʒɛʀmɛ̃] *adj* *1.* aus einer Familie stammend, denselben Vater/dieselbe Mutter habend; *des cousins ~s* Cousins, die denselben Großvater/dieselbe Großmutter haben *pl;* *2. (peuple) HIST* germanisch
germanique [ʒɛʀmanik] *adj* germanisch, deutsch
germanisme [ʒɛʀmanism] *m LING* Germanismus *m*
germanophone [ʒɛʀmanɔfɔn] *adj LING* deutschsprachig
germe [ʒɛʀm] *m BIO* Keim *m*
germer [ʒɛʀme] *v* keimen
germination [ʒɛʀminasjɔ̃] *f BIO* Keimen *n*
gérondif [ʒeʀɔ̃dif] *m GRAMM* Gerundium *n*
gestation [ʒɛstasjɔ̃] *f* *1.* Schwangerschaft *f;* *2. (fig)* Entstehung *f;* *un livre en ~* ein Buch in der Entstehung *f*
geste [ʒɛst] *m* *1.* Gebärde *f;* *2. (mouvement)* Geste *f;* *3. (signe)* Wink *m;* *~ de la main* Handbewegung *f*
gesticuler [ʒɛstikyle] *v* gestikulieren
gestion [ʒɛstjɔ̃] *f* *1.* Verwaltung *f;* *~ des déchets* Müllentsorgung *f;* *2. mauvaise ~* Misswirtschaft *f;* *3. (d'entreprise) ECO* Betriebsführung *f;* *4. ~ durable* nachhaltige Bewirtschaftung *f*
gestionnaire [ʒɛstjɔnɛʀ] *m/f* Geschäftsführer(in) *m/f,* Verwalter(in) *m/f,* Verwaltungsdirektor(in) *m/f*
gestuel [ʒɛstɥɛl] *adj* gestisch
geyser [ʒɛzɛʀ] *m* *1.* Boiler *m,* Badeofen *m;* *2. GEOL* Geysir
ghetto [geto] *m* Getto *n*
gibecière [ʒib(ə)sjɛʀ] *f* Umhängetasche *f*
gibet [ʒibɛ] *m* Galgen *m*
gibier [ʒibje] *m ZOOL* Wild *n*
giboulée [ʒibule] *f* Schauer *m,* Regen *m,* Niederschlag *m;* *les ~s de mars* Aprilwetter *n*
gibus [ʒibys] *m* *(chapeau)* Zylinder *m*
gicler [ʒikle] *v* spritzen
gicleur [ʒiklœʀ] *m TECH* Düse *f*
gifle [ʒifl] *f* Ohrfeige *f*
gifler [ʒifle] *v ~ qn* jdn ohrfeigen
gigantesque [ʒigɑ̃tɛsk] *adj* riesig, gigantisch, riesengroß
gigogne [ʒigɔn] *adj* zum Ineinanderstecken, zum Ineinanderschieben; *une poupée ~* eine russische Puppe *f;* *une table ~* ein Satztisch *m;* *un lit ~* ein ausziehbares Bett *n*
gigot [ʒigo] *m GAST* Keule *f*
gigoter [ʒigɔte] *v (fam)* zappeln
gigue [ʒig] *f* *1. GAST* Rehkeule *f;* *2. (fam)* Bein *n;* *3. (Tanz)* Gigue *f*
gilet [ʒilɛ] *m* Weste *f;* *~ de sauvetage* Schwimmweste *f*
girafe [ʒiʀaf] *f ZOOL* Giraffe *f*

giratoire [ʒiʀatwaʀ] *adj* Dreh..., drehend, Kreis...; *un mouvement ~* eine Drehbewegung *f; un sens ~* eine Verkehrsrichtung *f,* ein Kreisverkehr *m*
girofle [ʒiʀɔfl] *m clou de ~* (Gewürz)Nelke *f*
girolle [ʒiʀɔl] *f BOT* Pfifferling *m*
giron [ʒiʀɔ̃] *m* Schoß *m*
girond [ʒiʀɔ̃] *adj (fam)* rassig, gut gebaut
girouette [ʒiʀwɛt] *f 1.* Wetterfahne *f; une ~ en forme de coq* ein Wetterhahn *m; 2. (fig)* Wendehals *m,* Person, die ständig die Meinung wechselt *f; changer d'avis comme une ~* dauernd seine Meinung ändern
gisement [ʒizmɑ̃] *m GEOL* Vorkommnis *n,* Ablagerung *f,* Vorkommen *n*
gitan [ʒitɑ̃] *adj* Zigeuner...
gitan(e) [ʒitɑ̃/ʒitan] *m/f* Zigeuner(in) *m/f*
gîte [ʒit] *m 1.* Unterkunft *f,* Bleibe *f,* Herberge *f,* Quartier *n; 2. (d'un animal)* Lager *n,* Hasengrube *n; 3. MIN* Lager *n; 4. (en boucherie) GAST* Nuss *f; f 5. NAUT* Krängung *f,* Lage eines gesunkenen Schiffes *f*
givre [ʒivʀ] *m* Raureif *m*
glabre [glabʀ] *adj* glatt, unbehaart, kahl
glaçant [glasɑ̃] *adj (fig)* frostig

glace [glas] *f 1. GAST* Eis *n,* Speiseeis *n; 2. (miroir)* Spiegel *m*

glacé [glase] *adj 1.* eisgekühlt; *2. (gelé)* eisig; *3. (froid)* eiskalt; *être ~* durchgefroren sein
glacer [glase] *v GAST* glasieren
glacial [glasjal] *adj 1.* eisig, eiskalt; *2. (fig)* frostig, eisig
glaciation [glasjasjɔ̃] *f GEOL* Eiszeit *f*
glacier [glasje] *m 1.* Gletscher *m; 2. (pâtissier-~)* Eiskonditor *m,* Eishändler *m*
glacière [glasjɛʀ] *f* Eisschrank *m*
glaçon [glasɔ̃] *m 1.* Eisscholle *f,* Eiszapfen *m; 2. (pour l'apéritif)* Eiswürfel *m*
gladiateur [gladjatœʀ] *m HIST* Gladiator *m*
glaire [glɛʀ] *f* Schleim *m*
glaise [glɛz] *f* Lehm *m*
glaive [glɛv] *m (fig)* Schwert *n*
gland [glɑ̃] *m 1. BOT* Eichel *f; 2. ANAT* Eichel *f,* Drüse *f; 3. (fam: sot)* Trottel
glander [glɑ̃de] *v (fam)* gammeln, anstellen
glaner [glane] *v* auflesen
glapir [glapiʀ] *v 1.* jaulen; *2. (japper)* kläffen
glapissement [glapismɑ̃] *m* Gekläff *n,* Gekreisch *n*
glas [gla] *m* Totenglocke *f; sonner le glas de qc (fig)* das Ende von etw verheißen
glauque [glok] *adj* blau-grün; *des yeux ~s* blau-grüne Augen *pl*
glissade [glisad] *f* Rutschen *n,* Gleiten *n,* Schlittern *n; faire des ~s* rutschen, schlittern
glissant [glisɑ̃] *adj 1.* glatt, rutschig; *2. (dur à retenir)* gleitend
glissement [glismɑ̃] *m ~ de terrain* Erdrutsch *m*
glisser [glise] *v 1.* rutschen, ausrutschen; *2.* schieben; *3. (déraper)* gleiten; *~ qc à qn* jdm etw zuflüstern; *4. se ~* sich schleichen, huschen, schlüpfen
glissière [glisjɛʀ] *f ~ de sécurité* Leitplanke *f*
global [glɔbal] *adj* global, pauschal
globaliser [glɔbalize] *v* pauschalieren
globe [glɔb] *m (terrestre)* Globus *m,* Erdkugel *f*
globe-trotter [glɔbtʀɔtɛʀ] *m* Weltenbummler *m*
globule [glɔbyl] *m (du sang) BIO* Blutkörperchen *n*
globuleux [glɔbylø] *adj* kugel(förm)ig, Kugel
gloire [glwaʀ] *f* Ruhm *m,* Glanz *m*
glorieux [glɔʀjø] *adj* glorreich, ruhmreich, ehrenvoll
glorification [glɔʀifikasjɔ̃] *f* Verherrlichung *f*
glorifier [glɔrifje] *v 1.* rühmen; *2. (magnifier)* verherrlichen
glose [gloz] *f (dans un journal)* Glosse *f*
glossaire [glɔsɛʀ] *m* Glossar *n*
glotte [glɔt] *f ANAT* Stimmritze *f*
glouglouter [gluglute] *v (fam)* gluckern, glucksen, gurren, kollern
glousser [gluse] *v 1. (poule)* gackern; *2. (fig)* kichern, gackern, kickern, gickeln
glouton [glutɔ̃] *adj* gefräßig, verfressen
glouton(ne) [glutɔ̃/glutɔn] *m/f* Vielfraß *m,* verfressene Person *f*
glu [gly] *f* Klebstoff *m,* Leim *m*
gluant [glyɑ̃] *adj 1.* klebrig; *2. (intrusif)* aufdringlich
gnangnan [ɲɑ̃ɲɑ̃] *adj* langsam, langweilig, tranig, schlafmützig; *Il est un peu ~.* Er ist eine Schlafmütze/ein Schnarchsack.
gnognotte [ɲɔɲɔt] *f (fam)* Dreck *m,* Null *f; C'est de la ~.* Das ist Ramsch.
gnôle [ɲol] *f (fam)* Schnaps *m*
gnome [gnom] *m 1. LIT* Gnom *m; 2. (fig)* Zwerg *m,* Gnom *m,* kleiner Mensch *m*
gnon [ɲɔ̃] *m (fam: coup)* Schlag *m; recevoir un ~* eins übergezogen kriegen *(fam)*

G

gobelet [gɔblɛ] *m* Becher *m; ~ gradué* Messbecher *m; ~ en carton* Pappbecher *m*
gober [gɔbe] *v 1. (fig)* schnappen; *2. (fam: croire)* anbeißen, schlucken
godet [gɔdɛ] *m 1. (petit verre)* kleines Glas *n,* Becher *m; 2. (récipient) TECH* Gefäß *n,* Becher *m,* Schaufel *f*
goéland [gɔelɑ̃] *m ZOOL* Möwe *f*
goémon [gɔemɔ̃] *m BOT* Tang *m*
gogo[1] [gɔgo] *adv à ~* in Hülle und Fülle, massenhaft, nach Herzenslust; *avoir de l'argent à ~* Geld in rauen Mengen haben
gogo[2] [gɔgo] *m (naïf)* Gimpel *m,* Leichtgläubige(r) *m/f,* Naivling *m*
goguenard [gɔg(ə)naʀ] *adj* scherzhaft, spöttisch, ironisch
goguette [gɔgɛt] *f être en ~* um die Häuser ziehen, von einer Kneipe zur anderen gehen, einen Schwips haben, beschwingt sein
goinfre [gwɛ̃fʀ] *m (fam)* Vielfraß *m,* Fresssack *m*
goinfrer [gwɛ̃fʀe] *v se ~ (fam)* sich voll fressen, sich durchfressen, schmarotzen
golf [gɔlf] *m SPORT* Golf *n*
golfe [gɔlf] *m GEO* Golf *m*
gommage [gɔmaʒ] *m* Gummierung *f*
gomme [gɔm] *f* Radiergummi *m*
gommer [gɔme] *v* ausradieren, radieren
gond [gɔ̃] *m (porte)* Türangel *f*
gondole [gɔ̃dɔl] *f* Gondel *f*
gondoler [gɔ̃dɔle] *v 1. (papier)* sich wellen, sich verziehen; *2. se ~* sich wellen, sich verziehen; *3. se ~ (fam: rire)* sich krümmen, sich kugeln
gonflé [gɔ̃fle] *adj 1.* aufgeblasen, aufgebläht; *2. (fam)* geschwollen, stark, mutig; *(fam) être ~ à bloc* wild entschlossen sein; *Tu es ~!* Du bist ganz schön dreist!
gonflement [gɔ̃fləmɑ̃] *m 1. (enflure)* Schwellung *f,* Aufblähen *n; 2. (fig: augmentation)* Zunahme *f,* Anstieg *m*
gonfler [gɔ̃fle] *v 1.* aufblasen; *2. (pneu)* anschwellen lassen; *3. (un matelas pneumatique)* aufpumpen; *4. MED* anschwellen
gonfleur [gɔ̃flœʀ] *m* Luftpumpe *f*
goniomètre [gɔnjɔmɛtʀ] *m* Peiler *m,* Peilgerät *n,* Peilanlage *f,* Goniometer *n*
gorge [gɔʀʒ] *f 1. ANAT* Hals *m,* Kehle *f; rester dans la ~* im Hals stecken bleiben; *à ~ déployée* lauthals; *2.* Schlucht *f,* Klamm *f; 4. faire des ~s chaudes de qn* laut auflachen, sich lustig machen über; *4. rendre ~ à qn* jmd zur Herausgabe zwingen
gorgée [gɔʀʒe] *f* Schluck *m*
gorille [gɔʀij] *m 1. ZOOL* Gorilla *m; 2. (fam: garde du corps)* Gorilla *m,* Bodyguard *m,* Leibwächter *m*
gosier [gozje] *m 1. ANAT* Hals *m,* Kehle *f; 2. (pharynx)* Rachen *m*
gosse [gɔs] *m (enfant)* Knirps *m*
gothique [gɔtik] *adj 1.* gothisch; *l'art ~* die Gotik *f; une église ~* eine gothische Kirche *f; 2. écriture ~* gotische Schrift *f; m 3.* Gotik *f*
gouailleur [gwajœʀ] *adj* spöttisch
goudron [gudʀɔ̃] *m* Teer *m*
gouffre [gufʀ] *m* Abgrund *m*
goujat [guʒa] *m* Flegel *m,* Grobian *m,* Lümmel *m*
goulet [gulɛ] *m ~ d'étranglement* Engpass *m,* enge Stelle *f*
goulot [gulo] *m (de bouteille)* Hals *m,* Flaschenhals *m*
goulu [guly] *adj 1.* gierig; *m 2.* gieriger Esser *m*
goupiller [gupije] *v 1. TECH* mit einem Splint befestigen; *2. (fam: arranger)* arrangieren, vorbereiten
gourd [guʀ] *adj (fam)* doof
gourde [guʀd] *f (bouteille)* Feldflasche *f,* Kanister *m*
gourdin [guʀdɛ̃] *m* Knüppel *m*
gourer [guʀe] *v se ~ (fam)* sich irren, sich vertun
gourmand [guʀmɑ̃] *adj 1.* schlemmerhaft, genießerisch; *être ~ de chocolat* gern Schokolade essen; *Cet enfant est très ~.* Das Kind nascht gern. *2. (fig)* begierig, gierig
gourmand(e) [guʀmɑ̃(d)] *m/f* Schlemmer(in) *m/f,* Genießer(in) *m/f*
gourmandise [guʀmɑ̃diz] *f 1.* Schlemmerei *f; manger par ~* naschen; *2. ~s pl* Leckerbissen *m*
gourmet [guʀmɛ] *m* Feinschmecker *m,* Genießer *m*
gourmette [guʀmɛθ] *f (cheval)* Kinnkette am Zaum *f,* Uhrkette *f,* (Glieder-)Armband *n*
gousse [gus] *f 1. (de vanille)* Schote *f; 2. (d'ail)* Zehe *f*

goût [gu] *m 1.* Geschmack *m; C'est à mon ~.* Das ist ganz nach meinem Geschmack. *~ du beau* Sinn für Schönes *m; bon ~* geschmackvoll; *2. (prédilection)* Liebhaberei *f; 3. ~ des plaisirs* Vergnügungssucht *f; 4. mauvais ~* Geschmacklosigkeit *f; de mauvais ~* geschmacklos/taktlos; *vêtu sans ~* geschmacklos gekleidet; *5. au ~ du jour* modisch

goûter [gute] *v 1. (essayer)* kosten, probieren, versuchen; *2. (sauce)* abschmecken; *3. (faire une collation)* (Nachmittags-)Kaffee einnehmen, vespern; *m 4.* Vesper *n,* Fünfuhrtee *m; C'est l'heure du ~.* Es ist Zeit für den Nachmittagsimbiss*n*
goûteux [gutø] *adj* schmackhaft
goutte [gut] *f 1.* Tropfen *m; n'y voir ~* nicht die Hand vor Augen sehen; *se ressembler comme deux ~s d'eau* sich wie ein Ei dem anderen gleichen; *~s pour le nez* Nasentropfen *pl; 2. MED* Gicht *f*
goutter [gute] *v* tropfen
gouttière [gutjɛʀ] *f* Dachrinne *f*
gouvernail [guvɛʀnaj] *m* Steuerruder *n,* Steuer *n*
gouvernante [guvɛʀnɑ̃t] *f 1. (pour enfant)* Gouvernante *f,* Erzieherin *f; 2. (maîtresse de maison)* Haushälterin *f*
gouverne [guvɛʀn] *f TECH* Ruder *n*
gouvernement [guvɛʀnəmɑ̃] *m 1. POL* Regierung *f; ~ de coalition* Koalitionsregierung *f; 2. (commandement)* Führung *f; 3. ~ du pays POL* Landesregierung *f*
gouvernemental [guvɛʀnəmɑ̃tal] *adj* staatlich, Regierungs…
gouverner [guvɛʀne] *v 1. POL* herrschen, regieren; *2. (piloter)* steuern
gouverneur [guvɛʀnœʀ] *m 1. (d'une province)* Gouverneur *m; 2. (d'une banque) FIN* Gouverneur *m,* Direktor *m; le ~ de la Banque de France* der französische Notenbankdirektor *m; 3. (officier) MIL* Gouverneur *m,* Offizier *m*
grabataire [gʀabatɛʀ] *adj* bettlägerig
grâce [gʀɑs] *f 1.* Gunst *f; être dans les bonnes ~s de qn* jds Gunst genießen; *2. (charme)* Anmut *f,* Grazie *f; 3. (faveur)* Gnade *f; Fais-moi ~ de cela!* Verschone mich damit! *de mauvaise ~* ungnädig; *~ à* dank..., infolge von; *4. (amnistie) JUR* Begnadigung *f*
gracier [gʀɑsje] *v JUR* begnadigen
gracieusement [gʀasjøzmɑ̃] *adv 1.* graziös; *2. (gratuitement)* freundlicherweise, unentgeltlich, kostenlos
gracieux [gʀasjø] *adj 1.* graziös, anmutig; *2. à titre ~* umsonst, gratis; *3.* gnädig, huldvoll
gracile [gʀasil] *adj* zierlich, zart, anmutig
gradation [gʀadasjɔ̃] *f 1.* Abstufung *f,* Staffelung *f; 2. ~ de couleur* Farbabstufung *f*
grade [gʀad] *m 1.* Grad *m; 2. (titre)* Würde *f; 3. MIL* Dienstgrad *m*
gradin [gʀadɛ̃] *m 1. (banc)* Reihe *f,* Rang *m; les ~s d'un amphithéâtre* die Sitzreihen in einem Amphitheater *pl; les ~s d'un stade* die Ränge in einem Stadion *pl; 2. (marche)* Stufe *f,* Absatz *m,* Terrasse *f,* Etage *f; les ~s d'un jardin* die Terrassen eines Gartens *pl*
gradué [gʀadɥe] *adj* abgestuft
graduer [gʀadɥe] *v* einteilen
grailler [gʀaje] *v (fam: manger)* futtern
grain [gʀɛ̃] *m 1.* Korn *n; ~ de sable* Sandkorn *n; ne pas avoir un ~ de bon sens* keinen Funken gesunden Menschenverstand haben; *fourrer son ~ de sel* seinen Senf dazugeben; *2. (de raisin) BOT* Beere *f; 3. (rafale)* Bö *f; 4. ~ de café* Kaffeebohne *f*

G

graine [gʀɛn] *f 1. BIO* Samenkorn *n,* Sämereien *f/pl; 2. mauvaise ~* Gesindel *n; 3. casser la ~ (fam)* ein Häppchen essen
graisse [gʀɛs] *f 1.* Fett *n; pauvre en ~* fettarm; *2. ~ de rôti* Bratenfett *n; 3. ~ végétale* Pflanzenfett *n; 4. ~ fondue GAST* Schmalz *n*
graisser [gʀese] *v* ölen, fetten, schmieren
graisseux [gʀɛsø] *adj* schmierig, fettig
grammaire [gʀamɛʀ] *f* Grammatik *f*
grammatical [gʀamatikal] *adj* grammatisch
gramme [gʀam] *m* Gramm *n*

grand [gʀɑ̃] *adj 1.* groß; *2. (considérable)* groß, weit, beträchtlich; *être ~ comme un mouchoir de poche* winzig klein sein/klitzeklein sein; *au ~ jamais* nie und nimmer; *au ~ jour* am hellen Tag; *faire ~ cas de qc* großen Wert auf etw legen; *ouvrir de ~s yeux* große Augen machen; *~e personne* Erwachsene(r) *m/f; ~s sentiments* edle Gesinnung *f; ~e ville* Großstadt *f; 3. (long)* lang; *4. (important)* beträchtlich, beachtlich, stattlich, bedeutend; *adv 5. en ~* im Großen, im Großen und Ganzen, in voller Größe, in Lebensgröße

grand-chose [gʀɑ̃ʃoz] *pron pas ~* nichts Nennenswertes, nichts Bemerkenswertes
grande surface [gʀɑ̃dsyʀfas] *f* Kaufhaus *n*
Grande-Bretagne [gʀɑ̃dbʀətaɲ] *f GEO* Großbritannien *n*
grandement [gʀɑ̃dmɑ̃] *adv* gewaltig
grandeur [gʀɑ̃dœʀ] *f 1.* Größe *f; 2. POL* Hoheit *f*
grandiloquent [gʀɑ̃dilɔkɑ̃] *adj* pathetisch, hochtrabend, salbungsvoll, schwülstig; *un orateur ~* ein schwülstiger Redner *m*
grandiose [gʀɑ̃djoz] *adj* großartig, grandios, überwältigend

grandir [gʀɑ̃diʀ] *v 1.* wachsen; *2. (pousser)* aufwachsen; *3. (tempête)* aufkommen, heraufziehen; *4. (croître)* heranwachsen
grandissant [gʀɑ̃disɑ̃] *adj* wachsend
grand-mère [gʀɑ̃mɛʀ] *f* Oma *f,* Großmutter *f*
grand-messe [gʀɑ̃mɛs] *f REL* Hochamt *n*
grand-peine [gʀɑ̃pɛn] *adv à ~* mit Müh und Not
grand-père [gʀɑ̃pɛʀ] *m* Opa *m,* Großvater *m*
grand-rue [gʀɑ̃ʀy] *f* Hauptstrasse *f*
grands-parents [gʀɑ̃paʀɑ̃] *m/pl* Großeltern *pl*

G

grand-voile [gʀɑ̃vwal] *f NAUT* Großsegel *n*
grange [gʀɑ̃ʒ] *f 1.* Scheune *f; 2. ~ de montagne* Almhütte *f*
granule [gʀanyl] *f* Körnchen *n*
granulé [gʀanyle] *adj* körnig
graphique [gʀafik] *adj 1.* grafisch; *m 2.* Grafik *f*
graphiste [gʀafist] *m/f* Grafiker(in) *m/f*
graphologie [gʀafɔlɔʒi] *f* Grafologie *f*
grappe [gʀap] *f (de raisin) BOT* Traube *f*
grappiller [gʀapije] *v 1. (fig: récolter)* zusammensammeln, zusammenkratzen, auftreiben, beschaffen; *~ quelques informations* einige Informationen besorgen; *2. (fig: gagner)* verdienen, einnehmen, kleine Gewinne machen
grappin [gʀapɛ̃] *m (crochet)* Haken *m,* Kralle *f; mettre le ~ sur qn (fig)* jdn in die Finger bekommen
gras [gʀa] *adj 1.* fett; *être ~ comme un cochon* dick und fett sein; *2. terre ~se* fruchtbar, fruchtbarer Boden; *3. faire la ~se matinée* bis in die Puppen schlafen; *4. (fig: obscène)* saftig, schlüpfrig, derb, zotig; *m 5.* Fett *n,* Fettrand *m*
grasseyer [gʀaseje] *v* die R's rollen
grassouillet *adj (fam)* mollig
gratification [gʀatifikasjɔ̃] *f* Gratifikation *f*
gratifier [gʀatifje] *v 1. ~ qn de qc* jdm für etw danken, jdm etw zukommen lassen, jdn mit etw belohnen; *~ qn d'une pension* jdm eine Pension zukommen lassen; *Elle le gratifia d'un sourire.* Sie dankte ihm mit einem Lächeln. *~ qn d'une gifle* jdm eine Ohrfeige verpassen; *2. ~ qn (satisfaire) PSYCH* jdn befriedigen
gratin [gʀatɛ̃] *m 1. (croûte grillée)* Gratin *n,* Überbackenes *n; faire qc au ~* etw gratinieren; *2. (plat) GAST* Gratin *n; ~ de pommes de terre* Kartoffelgratin *n; plat à ~* Gratinform *f; 3. (fam: élite)* Elite *f,* Oberschicht *f*
gratiner [gʀatine] *v GAST* überbacken
gratis [gʀatis] *adv* gratis, umsonst
gratitude [gʀatityd] *f* Dankbarkeit *f; témoigner sa ~ à qn* seine Dankbarkeit zeigen
gratouiller [gratuje] *v (fam: gratter)* jucken, kitzeln
gratte-ciel [gʀatsjɛl] *m ARCH* Wolkenkratzer *m*
grattement [gʀatmɑ̃] *m* Schramme *f*
gratter [gʀate] *v 1.* jucken; *2. (avec ses ongles)* kratzen; *3. (racler)* kratzen, schaben; *4. ~ les fonds de tiroir* die letzten Pfennige zusammenkratzen; *5. ~ qn à la course SPORT* jdn abhängen *(fam),* überrunden; *6. ~ un instrument de musique* auf einem Instrument klimpern *m*
grattoir [gʀtwaʀm] Kratzeisen *n,* Schabeisen *n,* Radiermesser *n,* Kratzer *m*
gratuit [gʀatɥi] *adj 1.* gratis, kostenlos, frei, gebührenfrei; *2. (sans payer)* unentgeltlich, umsonst
gravats [gʀavɑ] *m/pl* Schutt *m*
grave [gʀav] *adj 1.* böse, schlimm, ernst, schwer; *2. (important)* wichtig, gravierend; *Ce n'est pas ~.* Das ist nicht schlimm. *3. (digne)* würdig; *4. voix ~* tiefe Stimme; *5. accent ~* Gravis *m*
graver [gʀave] *v 1. (tracer)* einritzen, eingravieren, einschneiden; *~ son nom sur un arbre* seinen Namen in einen Baum ritzen; *2. (artisanat)* gravieren, einritzen; *~ sur pierre* in Stein meißeln; *~ au burin* mit der Graviernadel einritzen; *3. (fig)* verewigen, eingravieren; *~ un nom dans sa mémoire* einen Namen im Gedächtnis festhalten
gravide [gʀavid] *adj ZOOL* trächtig
gravier [gʀavje] *m* Kies *m*
gravillon [gravijɔ̃] *m* Kies *m,* Splitt *m,* Kiessand (Bauwesen)
gravir [gʀaviʀ] *v* klettern auf, besteigen
gravitation [gʀavitasjɔ̃] *f ASTR* Gravitation *f,* Erdanziehung *f*
gravité [gʀavite] *f* Ernst *m; 2. (pesanteur) PHYS* Schwere *f; le centre de ~ d'un corps* der Schwerpunkt *m; la force de ~* die Schwerkraft *f*
gravure [gʀavyʀ] *f ART* Stich *m*
gré [gʀe] *m 1.* Belieben *n; de ~ ou de force* wohl oder übel; *de son plein ~* freiwillig; *de bon ~* gerne, bereitwillig; *bon ~ mal ~* wohl oder übel; *de ~ à ~ ECO* freihändig; *2. savoir*

~ à qn de qc jdm dankbar sein, jdm zu Dank verpflichtet sein, jdm verbunden sein
grec [gʀɛk] *adj* griechisch
Grec(que) [gʀɛk] *m/f* Grieche/Griechin *m/f*
Grèce [gʀɛs] *f* *GEO* Griechenland *n*
gredin [gʀədɛ̃] *m* Schuft *m,* Schurke *m*
gréer [gʀee] *v* *NAUT* ausrüsten, takeln
greffe¹ [gʀɛf] *f* *JUR* Gerichtsgeschäftsstelle *f,* Gerichtskanzlei *f*
greffe² [gʀɛf] *f* *1. MED* Transplantation *f; 2. BOT* Veredelung *f*
greffer [gʀefe] *v* *MED* transplantieren, verpflanzen
greffier [gʀefje] *m* *JUR* Gerichtsschreiber *m,* Urkundsbeamter *m*
grêle¹ [gʀɛl] *adj* dürr, schmächtig
grêle² [gʀɛl] *f* Hagel *m*
grêler [gʀele] *v* hageln
grêlon [gʀɛlɔ̃] *m* Hagelkorn *n*
grelot [gʀəlo] *m* Schelle *f*
grelotter [gʀəlɔte] *v* bibbern
grenade [gʀənad] *f* *1. BOT* Granatapfel *m; 2. MIL* Granate *f*
grenier [gʀənje] *m* *1.* Speicher *m,* Dachboden *m; 2. ~ à blé AGR* Silo *n,* Kornkammer *f*
grenouille [gʀənuj] *f* *ZOOL* Frosch *m*
grenouillère [gʀənujɛʀ] *f* Froschtümpel *m,* Sumpf(loch *n) m,* Flussbad *n (fam)*
grès [gʀɛ] *m* *MIN* Sandstein *m*
grésil [gʀezil] *m* *METEO* Graupeln *n*
grésillement [gʀezijmɑ̃] *m* (Grille) Zirpen *n,* Knistern *n,* Knacken *n,* Rauschen *n*
grésiller [gʀezije] *v* knistern, brutzeln; *La friture grésille.* Es brutzelt beim Braten. *La radio grésille.* Das Radio rauscht.
grève [gʀɛv] *f* *1.* Streik *m; être en ~* streiken; *faire la ~* streiken; *~ du zèle* Bummelstreik *m; ~ générale* Generalstreik *m; ~ de la faim* Hungerstreik *m; ~ sur le tas* Sitzstreik *m; 2. ECO* Ausstand *m*
gréviste [gʀevist] *m/f* Streikende(r) *m/f*
gribouillage [gʀibujaʒ] *m* Geschmier *n*
gribouiller [gʀibuje] *v* schmieren, kritzeln
grief [gʀijɛf] *m* Klage *f,* Vorwurf *m,* Vorhaltung *f,* Tadel *m; exposer ses ~s* sich beschweren, protestieren; *faire ~ de qc à qn* jdm etw nachtragen, jdm etw vorwerfen
grièvement [gʀijɛvmɑ̃] *adv* schwer, ernstlich, gefährlich
griffe [gʀif] *f* *1. ZOOL* Kralle *f; montrer les ~s* die Krallen zeigen; *2. TECH* Haken *m,* Klaue *f,* Kralle *f,* Greifer *m; 3. (signature)* Namenszug *m,* Signatur *f,* Stil *m,* Etikett *n*
griffé [gʀife] *adj* *un vêtement ~* Markenkleidung *f;* Kleidung mit dem Etikett berühmter Couturiers
griffer [gʀife] *v* kratzen, krallen, zerkratzen; *~ qn au visage avec ses ongles* jdm das Gesicht mit den Nägeln zerkratzen
griffure [gʀifyʀ] *f* Kratzer *m,* Schramme *f,* Riss *m*
griffonnage [gʀifɔnaʒ] *m* Gekritzel *n*
griffonner [gʀifɔne] *v* schmieren, kritzeln
grignoter [gʀiɲɔte] *v* *1.* knabbern; *2. (fig: diminuer)* stückweise anknabbern, nach und nach verbrauchen; *3. ~ une distance* nach und nach aufholen
grigou [gʀigu] *m (fam)* Geizkragen *m*
gril [gʀil] *m* Bratrost *m,* Grill *m*
grillade [gʀijad] *f* *GAST* Gegrilltes *n*
grillage [gʀijaʒ] *m* *1.* Gitter *n; 2. ~ métallique* Maschendraht *m*
grille [gʀij] *f* *1.* Gitter *n; 2. (~ de four)* Ofenrost *m,* Feuerrost *m; 3. (quadrillage)* Tabelle *f; ~ des salaires* Lohnstaffel *f*
grille-pain [gʀijpɛ̃] *m* Toaster *m*
griller [gʀije] *v* *1.* rösten, grillen; *2. (brûler)* brennen (Kaffee), (aus)dörren, verbrennen, rösten; *3. ~ une résistance électrique* einen Widerstand durchbrennen (durch Überspannung); *4. ~ une cigarette* eine Zigarette rauchen; *5. ~un feu rouge* eine Ampel überfahren
grillon [gʀijɔ̃] *m* *ZOOL* Grille *f*
grimace [gʀimas] *f* Grimasse *f*
grimacer [gʀimase] *v* *(fam)* grinsen, Grimassen schneiden
grimer [gʀime] *v* schminken
grimper [gʀɛ̃pe] *v* *1.* klettern; *2. (pousser)* ranken
grimpeur [gʀɛ̃pœʀ] *m* *1. (alpiniste)* Kletterer *m,* Bergsteiger *m; 2. (cycliste) SPORT* Radfahrer, der am Berg schnell ist *m*
grinçant [gʀɛ̃sɑ̃] *adj* quietschend, knarrend
grincer [gʀɛ̃se] *v* knirschen, quietschen, knarren
gringalet [gʀɛ̃galɛ] *m* schmächtiges Kerlchen *n,* Schwächling *m*
gringue [gʀɛ̃g] *m* *faire du ~ (fam)* Süßholz raspeln
grippe [gʀip] *f* *1. MED* Grippe *f; prendre qn en ~* jdn nicht leiden können; *2. ~ intestinale MED* Darmgrippe *f*
gripper [gʀipe] *v* *1. TECH* sich festfressen, klemmen; *2. se ~ TECH* einlaufen, schrumpfen, schrumpeln
grippe-sou [gʀipsu] *m (fam)* Pfennigfuchser *m*

G

G

gris [gʀi] *adj 1. (couleur)* grau; *2. (pluvieux)* trüb; *3. (sombre)* finster; *faire ~e mine* finster blicken
grisaille [gʀizaj] *f (fig)* Monotonie *f*, Langeweile *f*, Eintönigkeit *f*; *la ~ quotidienne* der graue Alltag *m*
grisant [gʀizɑ̃] *adj* zu Kopf steigend, berauschend
grisâtre [gʀizɑtʀ] *adj 1.* grau, gräulich; *un ciel ~* ein grauer Himmel *m*; *une pièce aux murs ~s* ein Zimmer mit grauen Wänden *n*; *2. (fig)* grau, traurig, eintönig, düster
griser [gʀize] *v 1. (enivrer)* betrunken machen; *Ce vin l'a grisé.* Der Wein ist ihm zu Kopf gestiegen. *2. (fig)* zu Kopf steigen, berauschen; *se laisser ~ par la vitesse* sich von der Geschwindigkeit berauschen lassen; *3. se ~ (fig)* sich berauschen, sich begeistern; *se ~ d'air pur* frische Luft schnappen
griserie [gʀizʀi] *f 1. (enthousiasme)* Rausch *m*, Begeisterungsrausch *m*; *2. (fait d'être pompette)* Schwips *m*
grisonner [gʀizɔne] *v (fig: vieillir)* ergrauen
grivèlerie [gʀivɛlʀi] *f* Zechprellerei *f*
grivois [gʀivwa] *adj* rau, derb, anzüglich; *un conte ~* eine derbe Geschichte *f*; *une chanson ~e* ein anzügliches Lied *n*
grognement [gʀɔɲmɑ̃] *m (de personne)* Murmeln *n*, Gemurmel *n*, Murren *n*
grogner [gʀɔɲe] *v 1. (chien)* knurren; *2. (fig)* meckern, nörgeln, murren, knurren; *3. (fig: se mutiner)* meutern
grognon [gʀɔɲɔ̃] *adj* brummig, griesgrämig, mürrisch
groin [gʀwɛ̃] *m ZOOL* Rüssel *m*
grommeler [gʀɔm(ə)le] *v 1.* murmeln, murren, brummen; *2. ~ qc* etw murmeln
grondement [gʀɔ̃dmɑ̃] *m (du tonnerre)* Grollen *n*
gronder [gʀɔ̃de] *v 1.* knurren; *2. (tonnerre)* donnern, grollen; *3. (insulter)* schelten, schimpfen; *4. (tempête)* toben, tosen
groom [gʀum] *m* Page *m*

gros [gʀo] *adj 1.* dick, fett; *~ patapouf (fam)* Dickerchen *n*; *Il y a ~ à parier.* Man könnte wetten. *Voici en ~ de quoi il s'agit.* Es handelt sich im Großen und Ganzen darum. *2. (rude)* grob, derb; *~ mot* Schimpfwort *n*; *3. Gros plan FOTO* Nahaufnahme *f*; *m 4.* Hauptteil *n*, Kernstück *n*; *5. (commerce)* Großhandel *m*

groseille [gʀozɛj] *f 1. BOT* Johannisbeere *f*; *2. ~ à maquereau BOT* Stachelbeere *f*
grossesse [gʀosɛs] *f* Schwangerschaft *f*
grosseur [gʀosœʀ] *f* Größe *f*
grossier [gʀosje] *adj 1.* grob, rau, rüpelhaft; *2. (chose)* plump, klobig, deftig; *3.(rustre)* flegelhaft; *4. (fig)* roh, gewöhnlich
grossièreté [gʀosjɛʀte] *f 1.* grobe Beschaffenheit *f*, Grobheit *f*; *la ~ d'une étoffe* die grobe Beschaffenheit eines Stoffes *f*; *2. (impolitesse)* Plumpheit *f*, Grobheit *f*, Ungeschliffenheit *f*, Unhöflichkeit *f*; *répondre avec ~* rüpelhaft antworten; *3. (parole)* Obszönität *f*, Schweinerei *f*; *dire des ~s* unanständige Worte gebrauchen
grossir [gʀosiʀ] *v 1.* vergrößern; *2. (amplifier)* dicker erscheinen lassen; *3. (poids)* zunehmen; *4. (laisser enfler)* anschwellen lassen
grossissement [gʀosismɑ̃] *m 1.* Vergrößerung *f*; *un microscope à fort ~* ein Mikroskop mit starker Vergrößerung *n*; *2. (fig: exagération)* Übertreibung *f*
grossiste [gʀosist] *m/f ECO* Großhändler(in) *m/f*
grosso modo [gʀosomɔdo] *adv* im Großen und Ganzen
grotesque [gʀɔtɛsk] *adj 1.* grotesk; *2. (burlesque)* skurril
grotte [gʀɔt] *f* Tropfsteinhöhle *f*
grouillement [gʀujmɑ̃] *m* Gewimmel *n*
grouiller [gʀuje] *v 1. (s'agiter)* wimmeln, krabbeln, wuseln; *Les fourmis grouillent sur les restes.* Die Ameisen krabbeln über die Reste. *2. ~ de* wimmeln von, voll sein mit; *3. se ~ (fam: se dépêcher)* sich sputen, sich beeilen, sich tummeln; *Grouille-toi!* Beeil dich!
groupe [gʀup] *m 1.* Gruppe *f*; *2. ECO* Konzern *m*; *3. ~ de travail* Arbeitsgemeinschaft *f*; *4. ~ sanguin MED* Blutgruppe *f*; *5. ~ de voyageurs* Reisegesellschaft *f*; *6. ~ marginal* Randgruppe *f*; *7. ~ parlementaire POL* Fraktion *f*
grouper [gʀupe] *v 1.* gruppieren, zusammenstellen; *2. (rassembler)* versammeln
groupie [gʀupi] *f (d'un chanteur)* Fan *m*
groupuscule [gʀupyskyl] *m (péjoratif POL)* Grüppchen *n*
gruau [gʀyo] *m* Grütze *f*, Grützbrei *m*
grue [gʀy] *f 1. ZOOL* Kranich *m*; *2. TECH* Kran *m*
gruger [gʀyʒe] *v* aussaugen, ausbeuten, ausnehmen
grumeau [gʀymo] *m GAST* Klumpen *m*; *faire des ~x* Klumpen bilden
grumeleux [gʀym(ə)lø] *adj* klumpig
gué [ge] *m* Furt *f*

guenilles [gənij] *f/pl* Lumpen *pl*
guêpe [gɛp] *f ZOOL* Wespe *f*
guêpier [gepje] *m (fig)* Wespennest *n,* Falle *f; tomber dans un ~* in eine Falle gehen; *se fourrer dans un ~ (fam)* in ein Wespennest ste chen
guère [gɛʀ] *adv ne ~* kaum
guéridon [geʀidɔ̃] *m* Bistrotisch *m*
guérir [geʀiʀ] *v 1.* heilen; *2. (fig)* erlösen, befreien
guérison [geʀizɔ̃] *f* Genesung *f,* Heilung *f; être en voie de ~ MED* abklingen
guérisseur [geʀisœʀ] *m 1.* Heilpraktiker *m; 2. (fam)* Quacksalber *m*

guerre [gɛʀ] *f* Krieg *m; mutilé de ~* kriegsversehrt; *~ nucléaire* Atomkrieg *m; ~ civile* Bürgerkrieg *m; ~ mondiale HIST* Weltkrieg *m; ~ éclair* Blitzkrieg *m*

guerrier [gɛʀje] *m 1.* Krieger *m; adj 2.* angriffslustig, kriegerisch
guerroyer [gɛʀwaje] *v* Krieg führen
guet [gɛ] *m* Lauer *f,* Überwachen *n; faire le ~* sich auf die Lauer legen
guet-apens [gɛtapɑ̃] *m* Hinterhalt *m; tomber dans un ~* in einen Hinterhalt geraten; *attirer qn dans un ~* jdn in den Hinterhalt locken
guetter [gete] *v* auflauern, lauern
gueule [gœl] *f 1. (d'une bête)* Maul *n,* Schnauze *f; 2. (fam: d'une personne)* Maul *n; 3. (d'un fusil)* Mündung *f; 4. ~ de bois (fam)* Kater *m; 5. ~ noire (dans l'industrie minière)* Kumpel *m*
gueuler [gœle] *v (fam)* brüllen, plärren, maulen, schreien
gueuleton [gœltɔ̃] *m* Schlemmermahl *n*
gueuse [gøz] *f 1.* Massel *m,* Roheisenform *f; 2. courir la ~ (fam)* Schürzenjäger *m*
gueux [gø] *adj 1.* ruppig; *m 2.* Bettler *m,* Landstreicher *m*
guibole [gibɔl] *f (fam)* Bein *n*
guichet [giʃɛ] *m 1.* Schalter *m; 2. ~ automatique* Bankautomat *m*
guide [gid] *m 1.* Reiseführer *m,* Fremdenführer *m; 2. ~ touristique (livre)* Reiseführer *m; 3. ~ de montagne* Bergführer *m; f 4. ~s pl* Zügel *m*
guider [gide] *v 1.* führen; *2. (diriger)* leiten; *3. se ~* sich leiten lassen
guidon [gidɔ̃] *m (d'une bicyclette)* Lenkstange *f*
guigne[1] [giɲ] *f (cerise) BOT* Süßkirsche *f*
guigne[2] [giɲ] *f (fam: malchance)* Pech *n*
guigner [giɲe] *v (fam)* mit etw liebäugeln, auf etw ein Auge haben, spekulieren auf
guignol [giɲɔl] *m 1. (marionnette)* Kasperlepuppe *f; 2. (théâtre)* Kasperletheater *n; aller au ~* ins Kasperletheater gehen; *3. (fig)* Kasper *m,* Witzbold *m,* Scherzkeks *m; faire le ~ (fam)* den Kasper spielen
guilledou [gijdu] *m courir le ~* sich (in zweifelhaften Lokalen) herumtreiben
guillemets [gijmɛ] *m/pl* Anführungszeichen *pl*
guilleret [gijʀɛ] *adj* angeheitert, munter
guillotiner [gijɔtine] *v* guillotinieren, enthaupten
guimauve [gimov] *f 1. (sucrerie) GAST* weiche Zuckermasse *f; 2. (fig)* Kitsch *m,* Schund *m,* Schmarren *m; des romans à la ~* Schundromane *pl*
guirlande [giʀlɑ̃d] *f (de fleurs)* Gewinde *n,* Girlande *f*
guise [giz] *f 1.* Art und Weise *f,* Fasson *f; n'en faire qu'à sa ~* sich nach seinem Kopf richten; *A ta ~!* Wie du willst! *2. en ~ de* als, in Form von; *en ~ de récompense* als Dank, als Entschädigung
guitare [gitaʀ] *f MUS* Gitarre *f*
guttural [gytyʀal] *adj* Kehl..., Rachen..., Hals..., guttural
gymnase [ʒimnaz] *m SPORT* Turnhalle *f*
gymnaste [ʒimnast] *m/f SPORT* Turner(in) *m/f*
gymnastique [ʒimnastik] *f 1. SPORT* Gymnastik *f; faire de la ~* turnen; *2. ~ au sol* Bodenturnen *n*
gynécologie [ʒinekɔlɔʒi] *f MED* Gynäkologie *f,* Frauenheilkunde *f*
gypse [ʒips] *m MIN* Gips *m*
gyrophare [ʒiʀɔfaʀ] *m* Blaulicht *n*

G

H

H.L.M. [aʃɛlɛm] *m (habitation à loyer modéré)* Sozialwohnung *f; habiter un ~* in einer Sozialwohnung leben
ha [ha] *interj ~!* ah!/ha!
habile [abil] *adj 1.* geschickt; *2. (expérimenté)* routiniert; *3. (diplomate)* ermächtigt, fähig, berechtigt
habileté [abilte] *f 1.* Geschicklichkeit *f; 2. ~ des doigts* Fingerfertigkeit *f; 3. (diplomatie)* Geschick *n,* Geschicklichkeit *f,* Gewandtheit *f; Une affaire difficile qui requiert de l'habileté. 4. (finesse)* Feinheit *f,* Scharfsinn *m*
habilitation [abilitasjɔ̃] *f JUR* Erteilung der Befugnis *f,* Ermächtigung *f,* Befähigung *f*
habilité [abilite] *f JUR* Geschäftsfähigkeit *f*
habiliter [abilite] *v ~ à* ermächtigen zu hüllen *n; 2. (revêtement)* Anziehen *n*
habillé [abije] *adj 1. (vêtu)* (an)gekleidet; *2. (élégant)* gut angezogen; *une robe très ~e* ein sehr festliches Kleid
habillement [abijmɑ̃] *m* Kleidung *f*
habiller [abije] *v 1. ~ de* bekleiden; *2. ~ qn* jdn ankleiden; *3. s'~* sich ankleiden; *4. (apprêter) TECH* bedecken, einhüllen
habit [abi] *m 1.* Kleidung *f; L'~ ne fait pas le moine.* Der Schein trügt. *2. (fam: queue-de-pie)* Frack *m*
habitable [abitabl] *adj* bewohnbar, Wohn...; *la surface ~* die Wohnfläche *f*
habitacle [abitakl] *m (de voiture)* Fahrgastzelle *f*
habitant(e) [abitɑ̃(t)] *m/f 1.* Bewohner(in) *m/f,* Einwohner(in) *m/f; 2. (d'une maison)* Hausbewohner(in) *m/f; 3. ~s de la campagne pl* Landbevölkerung *f; 4. premiers ~s pl* Ureinwohner *pl*
habitat [abita] *m* Siedlung *f,* Lebensraum *m*
habitation [abitasjɔ̃] *f 1.* Wohnung *f; 2. (foyer)* Heim *n*
habiter [abite] *v 1.* wohnen, leben, bewohnen; *2. (fig)* bewohnen, leben

> **habitude** [abityd] *f 1.* Gewohnheit *f,* Angewohnheit *f; perdre l'~ de* sich abgewöhnen; *par ~* gewohnheitsmäßig; *avoir l'~ de* gewohnt sein; *d'~* gewöhnlich, üblicherweise; *2. (coutume)* Sitte *f; 3. ~s alimentaires pl* Ernährungsweise *f*

habitué(e) [abitɥe] *m/f* Stammkunde/Stammkundin *m/f*
habituel [abitɥɛl] *adj* gewöhnlich, üblich, gewohnheitsmäßig
habituer [abitɥe] *v 1. s'~ à qc* sich an etw gewöhnen, sich etw angewöhnen; *J'y suis habitué.* Ich bin es gewohnt. *2. s'~ (s'acclimater)* sich eingewöhnen; *3. ~ qn à qc* jdn an etw gewöhnen
hâbleur ['ɑblœʀ] *m* Schwätzer *m,* Angeber *m,* Prahlhans *m*
hache [aʃ] *f* Axt *f,* Beil *n*
haché [aʃe] *adj 1.* abgehackt, unterbrochen; *viande ~e* Hackfleisch; *2. (fig)* unterbrochen, gehackt; *des phrases ~es* abgehackte Sätze
hacher [aʃe] *v GAST* hacken
hachette [aʃɛt] *f* Beil *n*
hachoir [aʃwaʀ] *m* Hackbeil *n; ~ à viande* Fleischwolf *m*
hachurer ['aʃyʀe] *v* schraffieren
hagard [agaʀ] *adj* verstört
haie [ɛ] *f 1. BOT* Hecke *f; 2. SPORT* Hürde *f; 3. (fig)* Spalier *n,* Reihe *f; former une ~ d'honneur* ein Ehrenspalier bilden *n*
haillons [ɑjɔ̃] *m/pl* Lumpen *m*
haine [ɛn] *f 1.* Hass *m; ~ raciale* Rassenhass *m; 2. (dégoût)* Abscheu *f,* Widerwille *m*
haineux [ɛnø] *adj 1. (malveillant)* gehässig; *2. (plein de haine)* hasserfüllt
haïr [aiʀ] *v irr* hassen
haïssable [aisabl] *adj* hassenswert, verabscheuungswürdig
haleine [alɛn] *f* Atem *m; de longue ~* langatmig; *hors d'~* atemlos
hâler ['ɑle] *v* bräunen; *Le soleil hâle la peau.* Die Sonne bräunt die Haut.
haler [ale] *v 1.* hetzen, *2. NAUT* treideln; *3.* (Kette) anziehen, einziehen
haletant [altɑ̃] *adj* keuchend
haleter [alte] *v* keuchen, schnaufen
halieutique [aljøtik] *f* Fischfang *m,* Fischerei *f*
hall [ol] *m* Halle *f*
halle [al] *f* Markthalle *f,* Marktplatz *m; la ~ aux vins* der Weinmarkt *m; les Halles de Paris* die Markthallen in Paris *pl*
hallebarde [albaʀd] *f (arme) HIST* Hellebarde *f; Il tombe des ~s. (fig)* Es gießt in Strömen.
hallucinant [alysinɑ̃] *adj* außergewöhnlich, erstaunlich, verblüffend, unglaublich

hallucination [alysinasjɔ̃] *f* Halluzination *f*, Sinnestäuschung *f*
halluciné [alysine] *adj* an Halluzinationen leidend, verwirrt, seltsam
hallucinogène [alysinɔʒɛn] *adj 1.* Halluzinationen hervorrufend; *une substance ~* eine Substanz, die Halluzinationen hervorruft *f; un champignon ~* ein Pilz, der Halluzinationen hervorruft *m; m 2.* Halluzinogen *n*
halo [alo] *m 1. ASTR* Hof *m,* Halo *m; le ~ de la Lune* der Hof des Mondes *m; 2. (en photographie)* Lichthof *m; 3. (lumière)* Lichtschein *m,* Schimmer *m; le ~ des phares dans le brouillard* das Scheinwerferlicht im Nebel *n; le ~ d'un réverbère dans la nuit* der Schein einer Laterne in der Nacht *m; 4. (fig)* Aura *f,* Schein *m; Un ~ de mystère l'entoure.* Es umgibt ihn eine mystische Aura. *un ~ de gloire* ein Glorienschein *m*
halogène [alɔʒɛn] *m CHEM* Halogen *n*
halte [alt] *interj 1.* halt; *f 2. (arrêt)* Halt *m,* Stopp *m,* Haltestelle *f; faire ~* Halt machen
halte-garderie [altgaʀdʀi] *f* Kinderbetreuungsstätte *f*
haltère [altɛʀ] *f SPORT* Hantel *f*
hamac [amak] *m* Hängematte *f*
hameau [amo] *m* Weiler *m*
hameçon [amsɔ̃] *m* Haken *m,* Angelhaken *m*
hameçonner [amsɔne] *v (fam)* auf den Leim gehen, in die Falle gehen
hanche [ɑ̃ʃ] *f ANAT* Hüfte *f*
hand-ball [ɑ̃dbal] *m SPORT* Handball *m*
handicap [ɑ̃dikap] *m 1.* Handikap *n; 2. MED* Behinderung *f*
handicapé(e) [ɑ̃dikape] *m/f 1.* Behinderte(r) *m/f; 2. ~ physique* Körperbehinderte(r) *m/f; 3. ~ moteur* Gehbehinderte(r) *m/f*
handicaper [ɑ̃dikape] *v (désavantager)* behindern, beeinträchtigen, benachteiligen-
handisport [ɑ̃dispɔʀ] *m SPORT* Behindertensport *m*
hangar [ɑ̃gaʀ] *m (bâtiment)* Schuppen *m*
hanneton ['antɔ̃] *m 1. ZOOL* Maikäfer *m; 2. ~ de la Saint-Jean ZOOL* Junikäfer *m*
hanter [ɑ̃te] *v 1. (fréquenter)* häufig besuchen, verkehren; *2.* spuken; *3. (fig: obséder)* heimsuchen, keine Ruhe lassen
hantise [ɑ̃tiz] *f* Wahnvorstellung *f,* fixe Idee *f,* Angst *f,* Besessenheit *f; avoir la ~ d'échouer* Angst vor dem Misserfolg haben; *J'en ai la ~.* Mir graut davor.
happer [ape] *v 1. (mordre)* schnappen; *2. (fig)* erfassen, erwischen, schnappen; *Il a été happé par le train.* Er wurde von einem Zug erfasst.
haraler [aʀale] *v* quälen
harangue [aʀɑ̃g] *f* Ansprache *f,* feierliche Rede *f*
haras [aʀɑ] *m* Gestüt *n*
harassement [aʀasmɑ̃] *m* Erschöpfung *f,* Ermüdung *f*
harasser [aʀaʃe] *v* ermüden, erschöpfen
harcelant [aʀsəlɑ̃] *adj* quälend, störend
harcèlement [aʀsɛlmɑ̃] *m* Störung *f; un tir de ~* ein Störfeuer *n*
harceler [aʀsəle] *v 1. MIL* stören, ablenken, beunruhigen; *~ l'ennemi* den Feind ablenken; *2. (fig)* bedrängen, verfolgen, auf den Fersen sein; *~ qn de questions* jdn mit Fragen bedrängen; *Les remords le harcèlent.* Er wird von Gewissensbissen verfolgt.

H

harde¹ [aʀd] *f (troupeau)* Rudel *n*
harde² [aʀd] *f (corde)* Koppel *f*
hardes [aʀd] *f/pl 1. LIT* Hab und Gut *n,* Habe *f; 2. (vieux vêtements)* Klamotten *f/pl*
hardi [aʀdi] *adj 1.* beherzt; *2. (effronté)* dreist; *3. (audacieux)* kühn, mutig
hardiesse [aʀdjɛs] *f* Mut *m*
hareng [aʀɑ̃] *m ZOOL* Hering *m; ~ saur* Bückling *m*
hargneux [aʀɲø] *adj* bissig, gehässig, mürrisch
haricot [aʀiko] *m 1.* Bohne *f; 2. ~ vert BOT* Brechbohne *f; 3. (fam) des ~s!* Nicht die Bohne! *C'est la fin des ~.* Jetzt ist alles aus/vorbei. *4. ~ de mouton* Gericht aus Lammfleisch und Bohnen
haridelle [aʀidɛl] *f (fam: cheval)* Schindmähre *f*
harmoniciste [aʀmɔnisist] *m/f MUS* Mundharmonikaspieler(in) *m/f*
harmonie [aʀmɔni] *f 1.* Einklang *m,* Harmonie *f; être en ~ avec* in Einklang stehen mit; *2. (fanfare)* Blasorchester *n; 3. (égalité)* Übereinstimmung *f*
harmonieux [aʀmɔnjø] *adj* harmonisch
harmonique [aʀmɔnik] *adj MUS* harmonisch
harmonisation [aʀmɔnizasjɔ̃] *f* Angleichung *f*
harmoniser [aʀmɔnize] *v 1.* harmonisieren; *2. s'~ avec* zusammenpassen, passen zu
harnacher [aʀnaʃe] *v 1. (cheval)* anspannen, Zaumzeug anlegen, Geschirr anlegen; *2. (fig)* ausstatten, ausrüsten
harnais [aʀnɛ] *m 1. (d'un animal)* Geschirr *n,* Zaumzeug *n; 2. (sangles)* Gurtzeug *n; un*

~ de parachutiste Gurtzeug eines Fallschirmspringers *n; un ~ d'alpiniste* Gurtzeug eines Bergsteigers *n*
haro [aʀo] *m crier ~ sur qn* sich über jdn laut entrüsten
harpagon [aʀpagɔ̃] *m* Geizhals *m*
harpe [aʀp] *f MUS* Harfe *f*
harpie [aʀpi] *f (fig)* Drachen *m,* Alte *f,* Xanthippe *f*
harpon [aʀpɔ̃] *m* Harpune *f*
harponner [aʀpɔne] *v 1.* harpunieren; *2. (fig)* festhalten, ergreifen; *Il s'est fait ~ à la sortie.* Er wurde am Ausgang erwischt.
hasard [azaʀ] *m* Zufall *m; à tout ~* für alle Fälle; *ne rien laisser au ~* nichts dem Zufall überlassen; *par ~* zufällig; *au ~* planlos, wahllos
hasarder [azaʀde] *v 1. (risquer)* aufs Spielsetzen, Gefahr laufen, riskieren; *~ sa fortune* sein Vermögen aufs Spiel setzen; *2. (oser)* versuchen, wagen; *~ une plaisanterie* einen Witz riskieren; *3. se ~* sich trauen, ein Risiko eingehen, wagen; *se ~ dans la rue* sich auf die Straße wagen; *se ~ à faire qc* sich trauen etw zu tun
hasardeux [azaʀdø] *adj* gewagt, riskant
hâte [ɑt] *f* Eile *f,* Hast *f; en toute ~* eiligst
hâter [ɑte] *v 1.* beschleunigen; *2. se ~* sich beeilen, eilen, rennen; *se ~ vers la sortie* auf den Ausgang zustürzen; *se ~ de faire qc* schnell etw tun, eilig etw tun
hâtif [ɑtif] *adj* flüchtig, übereilt
hausse [os] *f (des prix) ECO* Aufschlag *m,* Erhöhung *f,* Preisanstieg *m*
haussement [osmɑ̃] *m ~ d'épaules* Achselzucken *n*
hausser [ose] *v 1.* heben, heraufsetzen; *2. (prix) ECO* erhöhen

haut [o] *adj 1.* hoch; *être ~ comme trois pommes* ein Dreikäsehoch sein; *tomber de ~* aus allen Wolken fallen; *les ~s et les bas* die Höhen und Tiefen; *L'ordre vient d'en ~.* Der Befehl kommt von oben. *Haut les mains!* Hände hoch! *~ la main* mühelos; *2. en ~* herauf, hinauf, empor; *3. du ~* herunter; *4. (fig)* laut

hautain [otɛ̃] *adj* stolz, hochmütig
haut-allemand [otalmɑ̃] *m* Hochdeutsch *n*
haut-de-forme [odfɔʀm] *m (chapeau)* Zylinder *m*
Haute Cour [otkur] *f ~ de justice JUR* Staatsgerichtshof *m*
haute-contre [otkɔ̃tʀ] *f MUS* Alt *m*
haute-fidélité [otfidelite] *f* Hi-Fi
hautement [otmɑ̃] *adv* sehr, höchst, äußerst
hauteur [otœʀ] *f 1.* Höhe *f; être à la ~ de qc* einer Sache gewachsen sein; *2. (élévation)* Anhöhe *f; 3. (niveau)* Niveau *n; 4. (fig)* Erhabenheit *f,* Adel *m,* Hochmut *m*
haut-fourneau [ofuʀno] *m TECH* Hochofen *m*
haut-le-cœur [olkœʀ] *m 1. (nausée)* Übelkeit *f,* Brechreiz *m; Il a un ~.* Ihm ist schlecht. *donner des ~ à qn* bei jdm Übelkeit verursachen; *2. (fig)* Ekel *m,* Abscheu *f,* Abneigung *f*
haut-parleur [opaʀlœʀ] *m* Lautsprecher *m*
hauts-fonds [ofɔ̃] *m/pl* Watt *n,* Wattenmeer *n*
havane [avan] *m 1.* Havanna *f; adj 2.(marron clair)* hellbraun
hâve [av] *adj* bleich, blaß, abgezehrt
haveneau [avno] *m* Krabbennetz *n*
havre [ɑvʀ] *m (refuge)* Hafen *m,* Ort *m,* Hort *m; un ~ de paix* ein Hort des Friedens *m; un ~ de bonheur* ein Hafen des Glücks *m*
havresac [ɑvʀəsak] *m* Gerätetasche *f*
hé [e] *interj* hallo
heaume [om] *m HIST* Helm *m*
hebdomadaire [ɛbdɔmadɛʀ] *adj 1.* wöchentlich; *m 2.* Wochenblatt *n*
hébergement [ebɛʀʒəmɑ̃] *m* Unterkunft *f*
héberger [ebɛʀʒe] *v 1.* unterbringen; *2. (donner l'hospitalité)* bewirten; *3. INFORM* aufnehmen
hébété [ebete] *adj* entgeistert, abgestumpft, dumpf
hébétude [ebetyd] *f* Stumpfsinn *m*
hébraïque [ebʀaik] *adj* hebräisch
hébreu [ebʀø] *adj* hebräisch, Hebräer... *le peuple ~* das hebräische Volk *n*
Hébreu [ebʀø] *m 1.* Hebräer *m; 2. LING* Hebräisch *n*
hécatombe [ekatɔ̃b] *f (massacre)* Blutbad *n,* Gemetzel *n,* Massaker *n; l'~ de la guerre* das Kriegsmassaker *n; Quelle ~ à l'examen! (fig)* Was für eine katastrophale Prüfung!
hectare [ɛktaʀ] *m* Hektar *m/n*
hectique [ɛktik] *adj* hektisch
hédonisme [edɔnism] *m PHIL* Hedonismus *m*
hégémonie [eʒemɔni] *f POL* Hegemonie *f,* Vorherrschaft *f,* Vormachtstellung *f*
hein [ɛ̃] *interj* hä, was
hélas [elɑs] *interj* ach, leider, wehe
héler [ele] *v* rufen, zurufen, herbeirufen, herbeiwinken; *~ un taxi* einem Taxi winken

hélice [elis] *f* Propeller *m*
hélicoptère [elikɔptɛʀ] *m* Hubschrauber *m*, Helikopter *m*
héliothérapie [eljɔteʀapi] *f MED* Lichtbehandlung *f*
héliothermique [eljɔtɛʀmik] *adj centrale ~ TECH* Sonnenenergiekraftwerk *n*
héliski [eliski] *m SPORT* Skifahren in Gebieten, die nur durch Hubschrauber zu erreichen sind, Extremski *m*
hellénique [ɛlenik] *adj* hellenisch, griechisch
helvétique [ɛlvetik] *adj* schweizerisch
hémicycle [emisikl] *m* Halbkreis *m*, Halbrund *n; une salle en ~* ein halbrunder Saal *m; l'~ de l'Assemblée nationale* das Halbrund der Nationalversammlung *n*
hémisphère [emisfɛʀ] *m 1.* Halbkugel *f; 2. ASTR* Hemisphäre *f*
hémophilie [emɔfili] *f MED* Hämophilie *f*, Bluterkrankheit *f*
hémorragie [emɔʀaʒi] *f 1. MED* Blutung *f; 2. (émigration)* Abwanderung *f*
hémostatique [emɔstatik] *adj 1. MED* blutstillend; *un médicament ~* ein blutstillendes Mittel *n; une pince ~* eine Gefäßklemme *f; m 2. MED* blutstillendes Mittel *n*
henné [ene] *m (teinture)* Henna *f*
hennir [eniʀ] *v (cheval)* wiehern
hépatite [epatit] *f MED* Hepatitis *f*, Leberentzündung *f*
héraldique [eʀaldik] *adj 1.* heraldisch, Heraldik... *f 2.* Heraldik *f*, Wappenkunde *f*
héraut [eʀo] *m HIST* Herold *m*
herbacé [ɛʀbase] *adj BOT* krautartig; *des plantes ~es* Kraut *n*
herbage [ɛʀbaʒ] *m* Weide *f*
herbe [ɛʀb] *f 1.* Gras *n; couper l'~ sous le pied de qn* jdm den Rang ablaufen; *en ~ (fig)* zukünftig; *2. mauvaise ~* Unkraut *n; 3. (fam: drogue)* Hasch *n; 4. ~s pl* Kräuter *pl*
herbicide [ɛʀbisid] *m* Herbizid *n*, Unkrautvernichtungsmittel *n*
herbier [ɛʀbje] *m* Sammlung getrockneter Pflanzen *f*
herbivore [ɛʀbivɔʀ] *m ZOOL* Pflanzenfresser *m*
herboristerie [ɛʀbɔʀistʀi] *f* (Heil-)Kräuterhandlung *f*
herbu [ɛʀby] *adj* grasig, grasbewachsen
hercher [ɛʀʃe] *v MIN* schleppen
hercule [ɛʀkyl] *m* Herkules *m*, Kraftmensch *m*, Muskelmann *m*, Kraftprotz *m; être bâti en ~* wie ein Herkules gebaut sein
hère[1] [ɛʀ] *m pauvre ~* armer Tropf *m*, armer Kerl *m*
hère[2] [ɛʀ] *m (jeune cerf) ZOOL* Knopfspießer *m*
héréditaire [eʀeditɛʀ] *adj 1.* erblich; *2. BIO* vererblich
hérédité [eʀedite] *f BIO* Vererbung *f*
hérésie [eʀezi] *f 1. REL* Häresie *f*, Ketzerei *f; 2. (fig)* Verstoß *m*, Abweichung *f*, Irrlehre *f*, Ketzerei *f*
hérétique [eʀetik] *m 1. REL* Ketzer *m; adj 2.* ketzerisch
hérisser [eʀise] *v 1.* aufrichten, sträuben, spicken; *2. ~ qn (fig)* jdn ärgern, jdn zornig machen; *3. se ~* sich aufrichten, sich sträuben, sich aufstellen; *Le chat s'est hérissé devant le chien.* Die Katze richtete sich vor dem Hund auf. *Ses cheveux se hérissèrent d'horreur.* Seine Haare standen ihm vor Schreck zu Berge. *4. se ~ (fig)* sich sträuben, sich ärgern, zornig werden
hérisson [eʀisɔ̃] *m ZOOL* Igel *m*
héritage [eʀitaʒ] *m* Erbe *n*, Hinterlassenschaft *f*, Erbschaft *f*
hériter [eʀite] *v ~ de qn* jdn beerben, von jdm erben
héritier [eʀitje] *m 1.* Erbe *m; ~ unique JUR* Alleinerbe *m; 2. ~ du trône* Thronfolger *m*
héritière [eʀitjɛʀ] *f* Erbin *f*
hermaphrodite [ɛʀmafʀɔdit] *adj 1. BIO* zwitterhaft, hermaphroditisch; *L'escargot est ~.* Die Schnecke ist ein Zwitter. *m 2. BIO* Zwitter *m*, Hermaphrodit *m*
herméneutique [ɛʀmenøtik] *f PHIL* Hermeneutik *f*
hermétique [ɛʀmetik] *adj 1.* dicht; *2. (bien fermé)* hermetisch; *3. (étanche)* luftdicht
hermine [ɛʀmin] *f 1. ZOOL* Hermelin *n; 2. (fourrure)* Hermelinpelz *m; un manteau d'~* ein Hermelinmantel *m*
héroïne[1] [eʀɔin] *f* Heldin *f*
héroïne[2] [eʀɔin] *f* Heroin *n*
héroïnomane [eʀɔinɔman] *adj 1. MED* heroinabhängig; *m/f 2. MED* Heroinabhängige(r) *m/f*
héroïque [eʀɔik] *adj* heldenhaft
héroïsme [eʀɔism] *m* Heldenmut *m*
héros [eʀo] *m* Held *m*
hésitant [ezitɑ̃] *adj 1.* unentschlossen, zögernd; *2. (fig)* holperig
hésitation [ezitasjɔ̃] *f* Zweifel *m*, Zögern *n*
hésiter [ezite] *v* zögern, zaudern; *N'hésitez plus!* Zögern Sie nicht länger!

H

hétéroclite [eteʀoklit] *adj* verschieden, gemischt, unterschiedlich
hétérodoxe [eteʀodɔks] *adj* andersgläubig
hétérogène [eteʀoʒɛn] *adj* heterogen
hétérosexuel [eteʀosɛksɥɛl] *adj* heterosexuell
hêtre [ɛtʀ] *m 1. (arbre) BOT* Buche *f; 2. (bois)* Buchenholz *n; en ~* aus Buchenholz
heur [œʀ] *m avoir l'~ de plaire* das Glück haben zu gefallen

heure [œʀ] *f 1.* Stunde *f; Avez-vous l'~?* Wissen Sie, wie spät es ist? *l'~ H* die Stunde X; *à l'~* pünktlich; *2. (de la journée)* Uhrzeit *f; de bonne ~* beizeiten/frühzeitig; *à toute ~* jederzeit; *pendant des ~s* stundenlang; *3. ~ de fermeture des magasins* Ladenschluss *m; 4. ~ locale* Ortszeit *f; 5. ~ supplémentaire* Überstunde *f*

heureux [øʀø] *adj 1.* glücklich; *2. (content)* froh; *3. (comblé)* selig; *être ~* sich freuen, glücklich sein; *être ~ comme un roi* überglücklich sein, sich freuen wie ein Schneekönig; *être ~ comme un poisson dans l'eau* munter sein wie ein Fisch im Wasser; *être ~ comme pas un* selig wie kaum einer sein
heurt [œʀ] *m* Schock *m,* Zusammenstoß *m*
heurter [œʀte] *v 1.* anstoßen, stoßen, anschlagen; *~ de front* offen angreifen; *2. se ~ à qn* mit jdm aneinander geraten; *3. (un obstacle)* anfahren
hexagone [ɛgzagon] *m 1.* Sechseck *n,* Hexagon *n; 2. l'Hexagone* Frankreich *n*
hiatus [jatys] *m 1. LING* Hiatus *m; 2. (fig)* Öffnung *f,* Spalt *m,* Lücke *f,* Kluft *f*
hibernal [ibɛʀnal] *adj* winterlich
hibernation [ibɛʀnasjɔ̃] *f ZOOL* Winterschlaf *m*
hiberner [ibɛʀne] *v ZOOL* Winterschlaf halten
hic [ik] *m* Haken *m,* Hauptsache *f; Voilà le ~.* Da liegt der Haken./Da liegt der Hund begraben.
hideux [idø] *adj* hässlich, abstoßend, grauenhaft, scheußlich

hier [jɛʀ] *adv* gestern; *~ soir* gestern Abend; *~ midi* gestern Mittag

hiérarchie [jeʀaʀʃi] *f* Hierarchie *f,* Rangordnung *f*
hiératique [jeʀatik] *adj (fig: majestueux)* feierlich, majestätisch; *une pose ~* eine feierliche Haltung *f*
hiéroglyphe [jeʀoglif] *m* Hieroglyphe *f*
hilarant [ilaʀɑ̃] *adj 1. gaz ~ CHEM* Lachgas *n; 2.* witzig, komisch, amüsant
hilare [ilaʀ] *adj* erfreut, heiter, vergnügt; *un visage ~* ein fröhliches Gesicht *n*
hilarité [ilaʀite] *f* Fröhlichkeit *f,* Heiterkeit *f,* Freude *f; provoquer l'~ générale* allgemeine Heiterkeit hervorrufen
hindou [ɛ̃du] *adj REL* hinduistisch
Hindou(e) [ɛ̃du] *m/f REL* Hindu *m*
hindouisme [ɛ̃duism] *m REL* Hinduismus *f*
hippie [ipi] *m/f* Hippie *m*
hippique [ipik] *adj* Reit..., Pferde... *un concours ~* ein Reitwettbewerb *m*
hippisme [ipism] *m SPORT* Reiten *n,* Reitsport *m*
hippocampe [ipɔkɑ̃p] *m ZOOL* Seepferdchen *n*
hippodrome [ipodʀom] *m* Rennbahn *f*
hippopotame [ipɔpɔtam] *m ZOOL* Nilpferd *n*
hirondelle [iʀɔ̃dɛl] *f ZOOL* Schwalbe *f*
hirsute [iʀsyt] *adj* struppig; *une barbe ~* ein struppiger Bart *m*
hisse [is] *interj oh ~!* Hau-Ruck!
hisser [ise] *v* hissen
histoire [istwaʀ] *f 1.* Geschichte *f; ~ contemporaine HIST* Zeitgeschichte *f; 2. ~ de l'art* Kunstgeschichte *f; 3. (récit)* Erzählung *f,* Geschichte *f; C'est une autre ~.* Das steht auf einem anderen Blatt. *C'est toute une ~.* Das ist eine lange Geschichte. *4. ~ drôle* Witz *m; 5. ~s pl* Flausen *pl; faire des ~s à qn* jdm Unannehmlichkeiten bereiten
historien(ne) [istɔʀjɛ̃/istɔʀjɛn] *m/f* Historiker(in) *m/f*
historiographie [istɔʀjɔgʀafi] *f* Geschichtsschreibung *f*
historique [istɔʀik] *adj* geschichtlich, historisch
hit [it] *m (fam)* Knüller *m*
hitlérien [itleʀjɛ̃] *adj* Hitler...
hiver [ivɛʀ] *m* Winter *m*
hivernal [ivɛʀnal] *adj* winterlich
hiverner [ivɛʀne] *v* überwintern
ho [o] *interj* hallo
hochement [oʃmɑ̃] *m ~ de tête* Kopfschütteln *n*
hocher [ɔʃe] *v ~ la tête* den Kopf schütteln, mit dem Kopf schütteln
hochet [ɔʃɛ] *m* Rassel *f,* Klapper *f*
hockey [ɔkɛ] *m ~ sur glace SPORT* Eishockey *n*
holà [ɔla] *interj* hallo

hold up [ɔldœp] *m* Banküberfall *m*
hollandais [ɔlɑ̃dɛ] *adj* holländisch, niederländisch
Hollandais(e) [ɔlɑ̃dɛ/ɔlɑ̃dɛz] *m/f* Holländer(in) *m/f*, Niederländer(in) *m/f*
holocauste [ɔlokost] *m 1. HIST* Holocaust *m; 2. (fig: sacrifice)* Opfer *n*
holographie [ɔlɔgʀafi] *f TECH* Holographie *f*
homard [ɔmaʀ] *m ZOOL* Hummer *m*
homélie [ɔmeli] *f* Moralpredigt *f*
homéopathie [ɔmeɔpati] *f MED* Homöopathie *f*
homicide [ɔmisid] *m/f 1.* Tötung *f; 2. JUR ~ volontaire* Tötung mit Vorbedacht *f; adj 3.* mörderisch, Mord...
hominisation [ɔminizasjɔ̃] *f* Vermännlichung *f*, Menschwerdung *f*
hommage [ɔmaʒ] *m 1.* Ehrung *f; 2. (respects)* Huldigung *f; 3. (don)* (Ehren-) Geschenk *n*

homme [ɔm] *m 1.* Mann *m; 2. jeune ~* Bursche *m*, junger Mann *m; 3. (être humain)* Mensch *m; L'~ est la mesure de toute chose.* Der Mensch ist das Maß aller Dinge. *~ de la rue* Durchschnittsmensch *m; ~ de lettres* Schriftsteller *m; ~ du métier* Fachmann *m; ~ d'habitudes* Gewohnheitsmensch *m; ~ de loi* Jurist *m; ~ à femmes* Schürzenjäger *m; ~ d'Etat* Staatsmann *m; ~ d'affaires* Geschäftsmann *m; ~ de paille (fig)* Strohmann *m; ~ politique* Politiker *m; ~ au pouvoir* Machthaber *m; 4. ~s de troupe pl* Mannschaft *f*

homme-grenouille [ɔmgʀənuj] *m* Froschmann *m*, Sporttaucher *m*
homme-orchestre [ɔmɔʀkɛstʀ] *m MUS* Einmannband *f*
homogène [ɔmɔʒɛn] *adj* einheitlich, gleichmäßig, homogen
homologue [ɔmɔlɔg] *m* Gegenstück *n*
homologuer [ɔmɔlɔge] *v JUR* beurkunden
homosexualité [ɔmɔsɛksɥalite] *f* Homosexualität *f*
homosexuel [ɔmɔsɛksɥɛl] *adj 1.* homosexuell; *2. (fam)* schwul
hongre [ɔ̃gʀ] *m ZOOL* Wallach *m*
Hongrie [ɔ̃gʀi] *f GEO* Ungarn *n*
hongrois [ɔ̃gʀwa] *adj* ungarisch
Hongrois(e) [ɔ̃gʀwa(z)] *m/f* Ungar(in) *m/f*
honnête [ɔnɛt] *adj 1.* ehrlich, rechtschaffen, redlich; *2. (correct)* angemessen
honnêteté [ɔnɛtte] *f* Redlichkeit *f*
honneur [ɔnœʀ] *m* Ehre *f; pour l'~* ehrenamtlich; *faire ~ à (payer)* honorieren; *faire ~ à (fig: obligation)* nachkommen
honni [ɔni] *adj* verpönt
honorabilité [ɔnɔʀabilite] *f* Ehrbarkeit *f*
honorable [ɔnɔʀabl] *adj 1.* ehrbar, ehrenhaft, achtbar; *2. (qui fait honneur)* ehrenvoll
honoraire [ɔnɔʀɛʀ] *adj* im Ruhestand, ehrenhalber, Ehren... *un président ~* ein Ehrenvorsitzender *m; un professeur ~* ein emeritierter Professor *m*
honoraires [ɔnɔʀɛʀ] *m/pl* Honorar *n*
honorer [ɔnɔʀe] *v 1.* ehren, verehren; *2. (payer)* honorieren
honorifique [ɔnɔʀifik] *adj* ehrenamtlich
honte [ɔ̃t] *f 1.* Schande *f; 2. (pudeur)* Scham *f; avoir ~* sich schämen
honteux [ɔ̃tø] *adj 1. adj* beschämend; *2. (confus)* beschämt; *adj 3. (timide)* schamhaft, verschämt, schüchtern, verschüchtert
hop ['ɔp] *interj* hopp, auf, los
hôpital [ɔpital] *m 1.* Krankenhaus *n*, Hospital *n; faire entrer à l'~* ins Krankenhaus einliefern; *2. MIL* Lazarett *n*
hoquet [ɔkɛ] *m* Schluckauf *m*
hoqueter ['ɔkte] *v* Schluckauf haben
horaire [ɔʀɛʀ] *m 1.* Stundenplan *m; 2. (destrains)* Fahrplan *m; d'après l'~* fahrplanmäßig
horde ['ɔʀd] *f 1. HIST* Horde *f; 2.* Horde *f*, Schar *f*, wilde Menge *f*
horizon [ɔʀizɔ̃] *m* Horizont *m*
horizontal [ɔʀizɔ̃tal] *adj* waagerecht, horizontal
horloge [ɔʀlɔʒ] *f* Uhr *f; ~ solaire* Sonnenuhr *f*
horloger [ɔʀlɔʒe] *m* Uhrmacher *m*
horlogerie [ɔʀlɔʒʀi] *f 1. (fabrication)* Uhrenherstellung *f*, Uhrenindustrie *f*, Uhrmacherei *f; 2. (commerce)* Uhrengeschäft *n*
hormis ['ɔʀmi] *prep* außer, ausgenommen
hormone [ɔʀmɔn] *f BIO* Hormon *n*
horodateur [ɔʀɔdatœʀ] *m* Datumstempel *m*
horoscope [ɔʀɔskɔp] *m* Horoskop *n*

horreur [ɔʀœʀ] *f 1.* Abscheu *m*, Gräuel *n; 2. (effroi)* Entsetzen *n; Quelle ~!* Wie schrecklich! *avoir ~* verabscheuen; *3. dire des ~s* schlimme Sachen sagen

horrible [ɔʀibl] *adj 1.* abscheulich, fürchterlich, schauderhaft, entsetzlich; *2. (effrayant)* schaurig, scheußlich; *3. (qui fait dresser les cheveux)* haarsträubend

H

horrifiant [ɔʀifjɑ̃] *adj* schrecklich, Grauen erregend
horrifier [ɔʀifje] *v* Grauen erregen, mit Schrecken erfüllen
horripilant [ɔʀipilɑ̃] *adj* haarsträubend, schauerlich
horripiler [ɔʀipile] *v ~ qn* jdn reizen, jdn nerven
hors [ɔʀ] *prep 1. (au-delà de)* außer(halb), mit Ausnahme; *prep 2. ~ de* ... aus ... heraus
hors-bord ['ɔʀbɔʀ] *m (canot)* Boot mit Außenbordmotor *n*
hors-concours [ɔʀkɔ̃kuʀ] *adj* außerhalb des Wettbewerbs
hors-d'œuvre [ɔʀdœvʀ] *m GAST* Vorspeise *f*
hors-jeu ['ɔʀʒø] *m SPORT* Abseits *n*
hors-la-loi ['ɔʀlalwa] *m (bandit)* Gesetzloser *m,* Gesetzesbrecher *m*
hors-service [ɔʀsɛʀvis] *adj* außer Betrieb
horticulteur [ɔʀtikyltœʀ] *m* Gärtner *m*
horticultrice [ɔʀtikyltʀis] *f* Gärtnerin *f*
horticulture [ɔʀtikyltyʀ] *f* Gartenbau *m*
hospice [ɔspis] *m* Altersheim *n*
hospitalier [ɔspitalje] *adj 1.* Krankenhaus..., Anstalts..., Heim...; *centre ~* Krankenhaus *n; 2.* gastfreundlich
hospitaliser [ɔspitalize] *v* einweisen, einliefern
hospitalité [ɔspitalite] *f* Gastfreundschaft *f,* Gastfreundlichkeit *f*
hostellerie [ɔstɛlʀi] *f* Hotelgewerbe *n,* Hotelbranche *f*
hostie [ɔsti] *f REL* Hostie *f*
hostile [ɔstil] *adj* feindselig, feindlich
hostilité [ɔstilite] *f* Feindschaft *f,* Feindseligkeit *f*
hosto [ɔsto] *m (fam: hôpital)* Krankenhaus *n,* Lazarett *n*
hôte [ot] *m/f (invité(e))* Gast *m*
hôte(sse) [ot(ɛs)] *m/f* Gastgeber(in) *m/f,* Gastwirt(in) *m/f*
hôtel [otɛl] *m 1.* Hotel *n; 2. ~ de ville* Rathaus *n; 3. ~ particulier* herrschaftliches Privathaus *n,* Privatpension *f*
hôtelier [otəlje] *m 1.* Wirt *m,* Gastwirt *m; 2. (propriétaire d'un hôtel)* Hotelier *m*
hôtelière [otəljɛʀ] *f* Hotelbesitzerin *f,* Gastwirtin *f*
hôtellerie [otɛlʀi] *f* Hotelgewerbe *n*
hôtesse [otɛs] *f ~ de l'air* Stewardess *f*
hotte [ɔtaspiʀɑ̃] *f ~ aspirante TECH* Dunstabzugshaube *f*
hou [u] *interj* pfui
houblon [ublɔ̃] *m BOT* Hopfen *m*
houe [u] *f (outil)* Hacke *f*
houille [uj] *f MIN* Steinkohle *f*
houillère [ujɛʀ] *f MIN* Steinkohlenbergwerk *n*
houle [ul] *f 1. (en mer)* Woge *f,* Seegang *m,* Dünung *f; 2. (fig)* Woge *f; une ~ humaine* eine Woge von Menschen *f*
houlette [ulɛt] *f sous la ~ de qn* unter der Führung von
houleux [ulø] *adj 1. (mer)* bewegt; *2. (fig)* wogend, lebhaft, bewegt; *une assemblée houleuse* eine lebhafte Versammlung *f*
houppe [up] *f* Quaste *f*
hourra [uʀa] *interj* hurra
houspiller ['uspije] *v* beschimpfen, anschnauzen, kritisieren; *se faire ~* angeschnauzt werden, gescholten werden
housse ['us] *f* Hülle *f,* Bezug *m; une ~ deauteuil* ein Sesselschoner *m; une ~ de couette* ein Bettbezug *m*
hublot [yblo] *m NAUT* Bullauge *n*
huche [yʃ] *f ~ à pain* Brotkasten *m*
hue [y] *interj* hü!/hott!
huée [ɥe] *f* Buhruf *m*
huer [ɥe] *v (théâtre)* auspfeifen
huguenot ['ygno] *adj* hugenottisch, Hugenotten...
huile [ɥil] *f 1.* Öl *n,* Speiseöl *n; ~ de table* Speiseöl *n; 2. ~ d'olive GAST* Olivenöl *n; 3. ~ végétale* Pflanzenöl *n; 4. ~ de foie de morue* Lebertran *m; 5. ART* Ölgemälde *n; 6. (fam: notabilité)* hohes Tier *n*
huiler [ɥile] *v* ölen
huis clos [ɥiklo] *m 1. à ~* hinter verschlossenen Türen; *2. JUR* unter Ausschluss der Öffentlichkeit; *demander le ~* den Ausschluss der Öffentlichkeit beantragen
huissier [ɥisje] *m (de justice) JUR* Gerichtsvollzieher *m*
huit [ɥit] *num 1.* acht; *~ cents* achthundert; *~ fois* achtmal; *m 2. grand ~* Achterbahn *f*
huitaine ['ɥitɛn] *f 1.* ungefähr acht; *une ~ de personnes* ungefähr acht Personen *pl; 2. ~ de jours* acht Tage *pl,* eine Woche *f; remettre qc à ~* etw um eine Woche verschieben
huitième [ɥitjɛm] *adj 1.* achte(r,s); *m 2.* Achtel *n*
huître [ɥitʀ] *f ZOOL* Auster *f*
hulotte [ylɔt] *f ZOOL* Kauz *m*
hululer ['ylyle] *v (oiseau)* rufen
humain [ymɛ̃] *adj 1.* menschlich, human; *2. sciences ~es* Geisteswissenschaften *f/pl;*

m *3.* menschlich, human, mitfühlend, Mensch...
humanisme [ymanism] *m* *HIST* Humanismus *m*
humaniste [ymanist] *adj* humanistisch
humanitaire [ymanitɛʀ] *adj* humanitär, menschlich, menschenfreundlich; *une organisation ~* eine humanitäre Organisation *f*
humanité [ymanite] *f* *1.* Humanität *f,* Menschlichkeit *f;* *2. (genre humain)* Menschheit *f*
humble [œ̃bl] *adj* demütig, unterwürfig
humecter [ymɛkte] *v* anfeuchten, befeuchten
humer ['yme] *v* riechen, schnuppern, einatmen, aufsaugen

humeur [ymœʀ] *f* *1.* Laune *f;* *être de bonne/mauvaise ~* gut/schlecht aufgelegt sein; *bonne ~* Fröhlichkeit *f;* *2. ~ sombre* Schwermut *f,* Trübsinn *m;* *3. mauvaise ~* Verstimmung *f*

humidifier [ymidifje] *v* nass machen, einweichen
humidité [ymidite] *f* Feuchtigkeit *f,* Nässe *f;* *~ de l'air* Luftfeuchtigkeit *f*
humiliant [ymiljɑ̃] *adj* erniedrigend, demütigend
humiliation [ymiljaziɔ̃] *f* Demütigung *f,* Erniedrigung *f*
humilier [ymilje] *v* *1.* demütigen, erniedrigen; *2. s'~ (s'abaisser)* sich ducken
humilité [ymilite] *f* Demut *f*
humoriste [ymɔʀist] *m/f* Humorist(in) *m/f*
humoristique [ymɔʀistik] *adj* humoristisch
humour [ymuʀ] *m* Humor *m;* *~ macabre* Galgenhumor *m;* *avoir le sens de l'~* (einen Sinn für) Humor haben
humus [ymys] *m* Humus *m*
hurler [yʀle] *v* *1.* brüllen; *2. (sirène)* heulen; *3. (fig: couleur)* sich beißen
hurluberlu [yʀlybɛʀly] *m* *(fam)* Taps *m,* unbesonnener Mensch *m,* Luftikus *m*
hussard [ysaʀ] *m* *1. MIL* Husar *m;* *un régiment de ~s* ein Husarenregiment *n;* *2. (fig) à la ~e* draufgängerisch, forsch
hutte [yt] *f* *(chalet)* Hütte *f*
hybridation [ibʀidasjɔ̃] *f* *BIO* Bastardierung *f,* Kreuzung *f*
hybride [ibʀid] *m* Mischling *m*
hydratation [idʀatasjɔ̃] *f* Hydratation *f,* Feuchtigkeitsversorgung *f*
hydrater [idʀate] *v* *1. CHEM* hydratisieren, mit Wasser verbinden; *2. (peau)* Feuchtigkeit spenden
hydraulique [idʀolik] *f* *1. PHYS* Hydraulik *f;* *adj* *2. PHYS* hydraulisch
hydravion [idʀavjɔ̃] *m* Wasserflugzeug *n*
hydroélectrique [idʀoelɛktʀik] *adj* *centrale ~* Wasserkraftwerk *n*
hydroglisseur [idʀɔglisœʀ] *m* *NAUT* Gleitboot *n*
hydroptère [idʀɔptɛʀ] *m* Tragflächenboot *n*
hyène [jɛn] *f* *ZOOL* Hyäne *f*
hygiène [iʒjɛn] *f* *1.* Hygiene *f,* Sauberkeit *f;* *2. ~ corporelle* Körperpflege *f;* *~ buccale* Mundpflege *f*
hygiénique [iʒjenik] *adj* hygienisch, Gesundheits...
hymne [imn] *m* Hymne *f;* *~ national* Nationalhymne *f*
hyperémotivité [ipɛʀemɔtivite] *f* Überempfindlichkeit *f*
hypermarché [ipɛʀmaʀʃe] *m* großer Supermarkt *m,* großer Einkaufsmarkt *m*
hypermoderne [ipɛʀmɔdɛʀn] *adj* hypermodern
hypersensibilité [ipɛʀsɑ̃sibilite] *f* Überempfindlichkeit *f*
hypersensible [ipɛʀsɑ̃sibl] *adj* überempfindlich
hypnose [ipnoz] *f* Hypnose *f*
hypnotiser [ipnɔtize] *v* hypnotisieren
hypocrisie [ipɔkʀizi] *f* *1.* Heuchelei *f;* *2. (fausseté)* Scheinheiligkeit *f*
hypocrite [ipɔkʀit] *m* *1.* Heuchler *m;* *adj* *2.* scheinheilig; *être ~* heucheln
hypothèque [ipɔtɛk] *f* *FIN* Hypothek *f*
hypothéquer [ipɔteke] *v* *1. JUR* verpfänden; *2. (maison)* belasten
hypothèse [ipɔtɛz] *f* *1.* Hypothese *f;* *2. (condition)* Voraussetzung *f*
hypothétique [ipɔtetik] *adj* hypothetisch
hystérie [isteʀi] *f* *PSYCH* Hysterie *f*
hystérique [isteʀik] *adj* *PSYCH* hysterisch

H

I

I.V.G [iveʒe] *f (interruption volontaire de grossesse) MED* Abtreibung *f*
iambe [jɑ̃b] *m 1. LIT* Jambus *m; f 2. (pièce satirique) LIT* Spotttheater *n*
ibérique [ibeʀik] *adj* iberisch
ibis [ibis] *m ZOOL* Ibis *m*
iceberg [ajsbɛʀg] *m* Eisberg *m*

ici [isi] *adv 1.* hier; *2. d'~* hiesig; *3. par ~* herüber, hierher, dadurch; *4. d'~ là (temporel)* bis dahin

ici-bas [isibɑ] *m vie ~* Diesseits *n*
icône [ikon] *f ART* Ikone *f*
iconoclaste [ikɔnɔklast] *adj 1.* Bilder... *2. (fig)* Bilder...
ictère [iktɛʀ] *m MED* Gelbsucht *f*
idéal [ideal] *adj 1.* ideal; *m 2.* Vorbild *n,* Ideal *n,* Wunschbild *n*
idéalisation [idealizasjɔ̃] *f (fig)* Schönfärberei *f*
idéaliser [idealize] *v* idealisieren
idéalisme [idealism] *m* Idealismus *m*
idéaliste [idealist] *m 1.* Idealist *m; adj 2.* idealistisch
idée [ide] *f 1.* Gedanke *m,* Idee *f,* Einfall *m; ne pas avoir la moindre ~ de qc* nicht die leiseste Ahnung von etw haben; *On n'a pas ~ de cela!* Das ist ja unerhört! *se faire des ~s* sich Illusionen machen; *2. (pensée)* Vorstellung *f; Quelle ~!* Wo denken Sie hin!/Was für eine Vorstellung! *changer d'~* seine Meinung ändern; *plein de bonnes ~s* einfallsreich; *3. ~ préconçue* Voreingenommenheit *f,* Vorurteil *n; 4. ~ saugrenue (fam)* Schnapsidee *f; 5. (conscience)* Vorstellung *f,* Begriff *m,* Gedanke *m,* Sinn *m*
idem [idɛm] *adv* desgleichen, gleichfalls, ebenso, dito
identifiable [idɑ̃tifjabl] *adj* identifizierbar
identification [idɑ̃tifikasjɔ̃] *f* Identifikation *f*
identifier [idɑ̃tifje] *v 1.* identifizieren; *2. (reconnaître)* indentifizieren, erkennen; *3. s'~ avec qn* sich mit jdm identifizieren
identique [idɑ̃tik] *adj* gleich, identisch
identité [idɑ̃tite] *f 1.* Identität *f; 2. (papiers)* Personalien *pl; pièce d'~* Personalausweis *m*
idéologie [ideɔlɔʒi] *f* Ideologie *f*
idéologique [ideɔlɔʒik] *adj* ideologisch
idiomatique [idjɔmatik] *adj LING* idiomatisch, mundartlich
idiome [idjom] *m* Idiom *n,* Sprache *f*
idiot [idjo] *m 1.* Idiot *m,* Tropf *m,* Dummkopf *m; prendre qn pour un ~* jdn für dumm verkaufen/jdn für einen Idioten halten; *adj 2.* dumm; *3. (fam)* blöd, dämlich, doof; *4. (bête)* idiotisch
idiotie [idjɔsi] *f 1.* Blödsinn *m,* Schwachsinn *m,* Dummheit *2. MED* Schwachsinn *m,* Idiotie *f*
idolâtrer [idɔlɑtʀe] *v* vergöttern
idolâtrie [idɔlatʀi] *f 1. REL* Götzendienst *m; 2. (fig)* abgöttische Verehrung *f,* leidenschaftliche Liebe *f*
idole [idɔl] *f 1.* Götze *m; 2. (star)* Idol *n,* Kultfigur *f; 3. (divinité) REL* Abgott *m*
idylle [idil] *f* Idyll *n*
idyllique [idilik] *adj* idyllisch
if [if] *m BOT* Eibe *f*
igloo [iglu] *m* Iglu *m/n*
ignare [iɲaʀ] *adj* unwissend
ignifugation [iɲifygasjɔ̃] *f* Feuerfestigkeit
ignoble [iɲɔbl] *adj* schändlich, gemein
ignominieux [iɲɔminjø] *adj LIT* schimpflich, schändlich, schmachvoll
ignorance [iɲɔʀɑ̃s] *f 1.* Bildungslücke *f,* Unwissenheit *f,* Unkenntnis *f; 2. (incompétence)* Ignoranz *f*
ignorant [iɲɔʀɑ̃] *adj 1.* unwissend; *m 2.* Ignorant *m*
ignorer [iɲɔʀe] *v 1.* ignorieren; *2. (fig) ~ qn* jdn schneiden, nicht kennen wollen; *3. (ne pas savoir)* nicht wissen, nicht kennen
iguane [igwan] *m ZOOL* Leguan *m*

il [il] *pron m 1. (personne)* er; *2. (sujet neutre indéterminé)* es; *~ y a ... (temporel)* es ist ... her; *~ n'y a pas de quoi (réponse)* bitte, keine Ursache

île [il] *f 1.* Insel *f; 2. ~ flottante GAST* Eischnee auf Vanillesoße *m*
iléus [ileys] *m MED* Darmverschluss *m,* Darmverschlingung *f*
iliaque [iljak] *adj os ~ ANAT* Hüft...
îlien(ne) [iljɛ̃/iljɛn] *m/f* Inselbewohner(in) *m/f*
illégal [ilegal] *adj* gesetzwidrig, illegal, ungesetzlich, rechtswidrig

illégalité [ilegalite] *f* Rechtswidrigkeit *f,* Ungesetzlichkeit *f,* Unrechtmäßigkeit *f,* Illegalität *f*
illégitime [ileʒitim] *adj 1.* unrechtmäßig, illegitim, ungesetzlich; *2. (enfant)* unehelich
illégitimité [ileʒitimite] *f* Unrechtmäßigkeit *f,* Unehelichkeit *f*
illettré [iletʀe] *adj* ungebildet
illettrisme [ilɛtʀism] *m* Analphabetismus in den Industrieländern *m*
illicite [ilisit] *adj* unerlaubt, unlauter
illico [iliko] *adv* sofort, unverzüglich, auf dem schnellsten Wege
illimité [ilimite] *adj 1.* unbegrenzt, unbeschränkt, unbefristet, uneingeschränkt; *2. (interminable)* uferlos *(fam)*
illisible [ilizibl] *adj* unleserlich
illumination [ilyminasjɔ̃] *f 1.* Beleuchtung *f; 2. (fig)* Erleuchtung *f*
illuminé [ilymine] *adj 1.* beleuchtet, erleuchtet, angestrahlt; *m 2. (fig)* Erleuchtete *m,* Schwärmer *m*
illuminer [ilymine] *v* beleuchten, erleuchten
illusion [ilyzjɔ̃] *f 1.* Illusion *f; Ne vous faites pas d'~s!* Machen Sie sich nichts vor! *2. (phantasme)* Trugbild *n; 3. ~ des sens* Sinnestäuschung *f*
illusionniste [ilyzjɔnist] *m/f* Taschenspieler(in) *m/f,* Zauberkünstler(in) *m/f,* Verhandlungskünstler(in) *m/f*
illusoire [ilyzwaʀ] *adj* illusorisch
illustration [ilystʀasjɔ̃] *f 1.* Abbildung *f,* Illustration *f; 2. ~ sonore* Hintergrundgeräusch *n*
illustre [ilystʀ] *adj* berühmt
illustré [ilystʀe] *adj 1.* illustriert, bebildert; *m 2.* Illustrierte *f*
illustrer [ilystʀe] *v 1.* illustrieren; *2. (représenter)* veranschaulichen
îlot [ilo] *m 1.* kleine Insel *f; 2. ~ de verdure* Grünanlage *f; 3. (groupe de maisons)* Häuserblock *m*
ils [il] *pron pl (sujet)* sie
image [imaʒ] *f 1.* Bild *n; 2. (de marque)* Image *n; 3. (produit)* Gebilde *n; 4. (métaphore)* Gleichnis *n; 5. (portrait)* Abbild *n,* Ebenbild *n; 6. ~ trompeuse* Trugbild *n*
imagerie [imaʒʀi] *f* Bilderfabrikation *f,* Bilderhandel *m,* Bildersammlung *f*
imaginable [imaʒinabl] *adj* denkbar, vorstellbar
imaginaire [imaʒinɛʀ] *adj (irréel)* eingebildet, imaginär
imaginatif [imaʒinatif] *adj* erfinderisch
imagination [imaʒinasjɔ̃] *f 1.* Einbildung *f; 2. (fantaisie)* Fantasie *f*
imaginer [imaʒine] *v 1.* erfinden, sich ausdenken; *2. (inventer)* erdichten; *3. (fig) ~ qc* sich etw vorstellen; *4. s'~* sich einbilden, sich vorstellen
imbécile [ɛ̃besil] *m 1.* Dummkopf *m,* Idiot *m; adj 2.* schwachsinnig, stumpfsinnig, einfältig, dumm
imbiber [ɛ̃bibe] *v 1.* tränken; *2. ~ de* durchtränken, vollsaugen
imbriquer [ɛ̃bʀike] *v 1.* sich dachziegelartig anordnen; *2. s'~* sich verschachteln
imbroglio [ɛ̃bʀɔglijo] *m* Durcheinander *n,* Wirrwarr *n*
imbu [ɛ̃by] *adj* voll, durchdrungen, eingenommen; *être ~ de préjugés* voller Vorurteile sein; *être ~ de soi-même* von sich selbst eingenommen sein
imitation [imitasjɔ̃] *f 1.* Imitation *f,* Nachahmung *f,* Nachbildung *f; 2. (reproduction)* Kopie *f*
imiter [imite] *v 1.* imitieren, nachahmen, nachmachen; *2. (reproduire)* kopieren, nachbilden; *3. (ressembler)* nachahmen, kopieren, zum Vorbild nehmen
immaculé [imakyle] *adj* makellos
immanent [imanɑ̃] *adj* innewohnend, mit enthaltend, immanent
immangeable [ɛ̃mɑ̃ʒabl] *adj* nicht zu essen, ungenießbar
immanquable [ɛ̃mɑ̃kabl] *adj* unvermeidlich, unausweichlich, nicht verfehlbar
immatériel [imateʀjɛl] *adj* körperlos
immatriculation [imatʀikylasjɔ̃] *f 1.* Anmeldung *f; 2. (d'une voiture)* Zulassung *f*
immatriculer [imatʀikyle] *v 1. (université)* einschreiben; *2. (sécurité sociale)* anmelden; *3. (voiture)* zulassen
immature [imatyʀ] *adj* unreif
immaturité [imatyʀite] *f* Unreife *f*
immédiat [imedja] *adj 1.* unmittelbar, sofortig, umgehend, unverzüglich; *2. (sans délai)* fristlos
immédiatement [imedjatmɑ̃] *adv 1.* unmittelbar, unvermittelt, unverzüglich; *2. (sans délai)* fristlos
immémorial [imemɔʀjal] *adj* uralt
immense [imɑ̃s] *adj 1.* riesig, unermesslich; *2. (fig)* grenzenlos
immensité [imɑ̃site] *f* Unendlichkeit *f*
immerger [imɛʀʒe] *v* untertauchen, eintauchen

I

immersion [immɛʀsjɔ̃] *f* Tauchen *n,* Versenken *n,* Eintauchen *n; l'~ d'un sous-marin* das Tauchen eines U-Bootes *n; l'~ de déchets radioactifs* das Versenken von radioaktivem Abfall *n*
immeuble [imœbl] *m 1.* Gebäude *n,* Hochhaus *n; 2. (bien immobilier)* Immobilie *f; 3. ~s pl* Liegenschaften *pl*
immigrant(e) [imigʀɑ̃(t)] *m/f* Einwanderer/Einwanderin *m/f,* Immigrant(in) *m/f*
immigration [imigʀasjɔ̃] *f* Einwanderung *f*
immigré(e) [imigʀe] *m/f* Einwanderer/Einwanderin *m/f*
immigrer [imigʀe] *v* einwandern
imminent [iminɑ̃] *adj être ~* bevorstehen
immiscer [imise] *v s'~ dans* sich einmischen in
immobile [imɔbil] *adj 1.* bewegungslos, regungslos, unbeweglich; *2. (tranquille)* ruhig, starr
immobilier [immɔbilje] *adj 1.* Grundstücks..., Immobilien... *une agence immobilière* eine Immobilienagentur *f; 2. JUR* unbeweglich; *des biens ~s* Immobilien *pl; m 3.* Immobilienbereich *m,* Immobilienhandel *m; travailler dans l'~* im Immobilienbereich tätig sein
immobilisations [imɔbilizɑsjɔ̃] *f/pl ~ corporelles ECO* Sachanlagen *pl*
immobiliser [immɔbilize] *v 1.* anhalten, festhalten, aufhalten; *~ un véhicule* ein Fahrzeug anhalten; *2. (argent) FIN* anlegen, einfrieren; *3. s'~* anhalten, stehen bleiben
immobilité [imɔbilite] *f* Starre *f,* Bewegungslosigkeit *f*
immodéré [imɔdeʀe] *adj* maßlos, unmäßig
immonde [immɔ̃d] *adj 1. (sale)* dreckig, Ekel erregend, widerlich, schmutzig; *2. (fig)* unmoralisch, obszön, schmutzig
immoral [imɔʀal] *adj 1.* unmoralisch; *2. (dépravé)* lasterhaft
immoralité [imɔralite] *f* Sittenlosigkeit *f,* Unsittlichkeit *f,* Sittenwidrigkeit *f,* Verstoß gegen die guten Sitten *m*
immortalisation [imɔʀtalizasjɔ̃] *f* Verewigung *f*
immortaliser [immɔʀtalize] *v* unsterblich machen, verewigen
immortalité [imɔʀtalite] *f* Unsterblichkeit *f*
immortel [imɔʀtɛl] *adj 1.* unsterblich; *2. (éternel)* zeitlos

immuable [imɥabl] *adj* unabänderlich
immunisé [imynize] *adj ~ contre* immun gegen
immuniser [imynize] *v* immun machen, unempfänglich machen
immunitaire [imynitɛʀ] *adj MED* Immunität bewirkend
immunité [imynite] *f 1. MED* Immunität *f; 2. POL* Immunität *f*
immunodéficience [imynɔdefisjɑ̃s] *f MED* Immundefizienz *f,* Immunschwäche *f*
impact [ɛ̃pakt] *m 1.* Aufprall *m; 2. (fig)* Vertrag *m*
impair [ɛ̃pɛʀ] *adj* ungerade; *faire un ~* einen Fauxpas begehen
impardonnable [ɛ̃paʀdɔnabl] *adj* unverzeihlich
imparfait [ɛ̃paʀfɛ] *adj 1.* mangelhaft, unvollständig, unvollkommen; *m 2. GRAMM* Imperfekt *m,* erste Vergangenheit *f*
impartial [ɛ̃paʀsjal] *adj* objektiv, unparteiisch, unvoreingenommen
impartialité [ɛ̃paʀsjalite] *f 1.* Objektivität *f; 2. (équité)* Unbefangenheit *f; en toute ~* unbefangen
impasse [ɛ̃pas] *f 1.* Sackgasse *f; 2. faire l'~ sur qc* eine Lücke lassen *f,* auslassen; *3. ~ budgétaire* Haushaltslücke *f*
impassible [ɛ̃pasibl] *adj* gefühlsarm
impatience [ɛ̃pasjɑ̃s] *f* Ungeduld *f*
impatient [ɛ̃pasjɑ̃] *adj 1.* ungeduldig; *2. ~ de (fig)* gespannt auf
impeccable [ɛ̃pekabl] *adj* makellos, tadellos
impénétrable [ɛ̃penetʀabl] *adj* undurchdringlich
impénitent [ɛ̃penitɑ̃] *adj* unverbesserlich
impératif [ɛ̃peʀatif] *adj 1.* verpflichtend, zwingend; *m 2. GRAMM* Imperativ *m,* Befehlsform *f*
impératrice [ɛ̃peʀatʀis] *f* Kaiserin *f*
imperceptible [ɛ̃pɛʀsɛptibl] *adj 1.* unmerklich; *2. ~ à l'œil* unsichtbar
imperfection [ɛ̃pɛʀfɛksjɔ̃] *f (faute)* Mangel *m,* Fehler *m*
impérial [ɛ̃peʀjal] *adj* kaiserlich
impérialisme [ɛ̃peʀjalism] *m POL* Imperialismus *m,* Kolonialherrschaft *f*
impérieux [ɛ̃peʀjø] *adj* gebieterisch
imperméabiliser [ɛ̃pɛʀmeabilize] *v* wasserdicht machen, imprägnieren
imperméable [ɛ̃pɛʀmeabl] *adj 1.* dicht, undurchlässig, undurchdringlich; *2. (étanche)* wasserdicht; *m 3.* Regenmantel *m*

impersonnel [ɛ̃pɛʀsɔnɛl] *adj* unpersönlich
impertinence [ɛ̃pɛʀtinɑ̃s] *f* Frechheit *f*, Unverschämheit *f*
impertinent [ɛ̃pɛʀtinɑ̃] *adj 1. (effronté)* dreist, frech; *2. (insolent)* vorlaut
imperturbable [ɛ̃pɛʀtyʀbabl] *adj* seelenruhig, unerschütterlich
impétigo [ɛ̃petigo] *m MED* Eitergrind *m*
impétueux [ɛ̃petɥø] *adj 1. (fig)* stürmisch; *2. (fougueux)* ungestüm
impétuosité [ɛ̃petɥozite] *f* Heftigkeit *f*, Schwung *m*, Wucht *f*
impie [ɛ̃pi] *adj* gottlos
impitoyable [ɛ̃pitwajabl] *adj 1.* erbarmungslos, gnadenlos, schonungslos; *2. (dur de cœur)* hartherzig, unbarmherzig, unerbittlich
implacable [ɛ̃plakabl] *adj 1. (personne)* grausam, unerbittlich, erbittert, schrecklich; *un ennemi ~* ein unerbittlicher Feind *m; 2. (chose)* unerbittlich, unausweichlich, fatal
implant [ɛ̃plɑ̃] *m* Implantat *n*
implanter [ɛ̃plɑ̃te] *v 1. MED* implantieren; *2. (introduire)* einführen; *3. s'~* sich breit machen
implication [ɛ̃plikasjɔ̃] *f* Auswirkung *f*
implicite [ɛ̃plisit] *adj* implizit, stillschweigend, enthalten in, inbegriffen; *un refus ~* eine implizite Weigerung *f*
impliquer [ɛ̃plike] *v 1. ~ qn dans qc (fig)* jdn in etw verwickeln, jdn in etw hineinziehen; *2. (entraîner)* verwickeln, einbegreifen
implorant [ɛ̃plɔʀɑ̃] *adj* flehentlich
implorer [ɛ̃plɔʀe] *v 1.* flehen; *2. ~ qn de faire qc* jdn anflehen, etw zu tun
imploser [ɛ̃ploze] *v TECH* implodieren
implosion [ɛ̃plozjɔ̃] *f* Implosion *f*
impoli [ɛ̃pɔli] *adj 1.* unhöflich; *2. (impertinent)* patzig
impolitesse [ɛ̃pɔlitɛs] *f* Unhöflichkeit *f*
impondérable [ɛ̃pɔ̃deʀabl] *adj* unwägbar
impopulaire [ɛ̃pɔpylɛʀ] *adj* unbeliebt
impopularité [ɛ̃pɔpylaʀite] *f* Unbeliebtheit *f*
importance [ɛ̃pɔʀtɑ̃s] *f 1.* Bedeutung *f; 2. (valeur)* Wert *m; de peu d'~* geringfügig; *3. (estimation)* Geltung *f; 4. (fig)* Größe *f*, Wichtigkeit *f*
important [ɛ̃pɔʀtɑ̃] *adj 1.* bedeutend, wichtig, bedeutsam, wesentlich; *2. (considérable)* ansehnlich, beachtlich; *3. (personne)* prominent; *4. (appréciable)* weit gehend, weit reichend; *5. (étendu)* weitläufig; *6. (fig)* groß
importateur [ɛ̃pɔʀtatœʀ] *m ECO* Importeur *m*
importation [ɛ̃pɔʀtasjɔ̃] *f* Import *m*, Einfuhr *f*
importer¹ [ɛ̃pɔʀte] *v* importieren
importer² [ɛ̃pɔʀte] *v 1. (être important)* wichtig sein; *2. n'importe ...* irgend...; *n'importe comment* irgendwie; *n'importe où* irgendwo; *n'importe quoi* irgendetwas; *n'importe qui* irgendjemand; *n'importe quel* irgendein
importun [ɛ̃pɔʀtœ̃] *adj* lästig, aufdringlich, unerwünscht, zudringlich
importuner [ɛ̃pɔʀtyne] *v* belästigen, bedrängen
importunité [ɛ̃pɔʀtynite] *f* Lästigkeit *f*

I

imposable [ɛ̃pozabl] *adj ECO* abgabenpflichtig
imposant [ɛ̃pozɑ̃] *adj* gewaltig, imposant
imposé [ɛ̃poze] *adj 1.* zur Steuer veranlagt, besteuert, vesteuert; *2. (fixé)* vorgeschrieben, festgelegt
imposer [ɛ̃poze] *v 1. ~ qc à qn* jdm etw aufdrängen, jdm etw auferlegen; *2. (dicter)* diktieren, aufzwingen; *3. (exonérer)* besteuern; *4. s'~* sich durchsetzen
imposition [ɛ̃pozisjɔ̃] *f* Besteuerung *f*
impossibilité [ɛ̃pɔsibilite] *f 1.* Ohnmacht *f*, Unfähigkeit *f*, Unmöglichkeit *f; Il est dans l'~ de venir.* Er kann unmöglich kommen. *Il est mis dans l'~ de fuir.* Die Flucht ist ihm unmöglich. *2. (chose impossible)* unmögliche Sache *n*, Unmöglichkeit *f*
impossible [ɛ̃pɔsibl] *adj* unmöglich; *Nous ferons l'~.* Wir werden alles Menschenmögliche tun.
imposteur [ɛ̃pɔstœʀ] *m* Betrüger *m*, Hochstapler *m*
imposture [ɛ̃pɔstyʀ] *f* Täuschung *f*, Betrug *m*, Irreführung *f*
impôt [ɛ̃po] *m 1.* Steuer *f*, Steuerabgabe *f; 2. ~ foncier* Grundsteuer *f; 3. ~ sur les grandes fortunes* Vermögenssteuer *f; 4. ~ sur le revenu* Einkommenssteuer *f; 5. ~s pl* Lasten *pl*, Steuern *pl; 6. ~s locaux pl* Gemeindesteuer *f*
impotent [ɛ̃pɔtɑ̃] *adj MED* bewegungsunfähig, unbeweglich, steif
impraticable [ɛ̃pʀatikabl] *adj* unausführbar, undurchführbar, unbrauchbar
imprécation [ɛ̃pʀekasjɔ̃] *f LIT* Verwünschung *f*, Fluch *m*

imprécis [ɛ̃pʀesi] *adj* ungenau
imprégner [ɛ̃pʀeɲe] *v 1.* erfüllen; *2. (imbiber)* tränken, imprägnieren
imprésario [ɛ̃pʀesaʀjo] *m THEAT* Impresario *m*
imprescriptible [ɛ̃pʀɛskʀiptibl] *adj JUR* unverjährbar

impression [ɛ̃pʀesjɔ̃] *f 1.* Eindruck *m; faire grande ~ sur qn* großen Eindruck auf jdn machen/jdn beeindrucken; *2. (de doute)* Gefühl *n; 3. (reproduction)* Aufdruck *m; 4. (tirage)* Druck *m*

impressionnable [ɛ̃pʀesjɔnabl] *adj* eindrucksfähig, empfindlich, sensibel, reizbar
impressionnant [ɛ̃pʀesjɔnɑ̃] *adj 1.* eindrucksvoll; *2. (imposant)* beträchtlich, überwältigend
impressionner [ɛ̃pʀesjɔne] *v 1.* beeindrucken; *2. (en imposer à qn)* imponieren
imprévisible [ɛ̃pʀevizibl] *adj 1.* unabsehbar; *2. (incalculable)* unberechenbar
imprévision [ɛ̃previzjɔ̃] *f* mangelnde Voraussicht *f*
imprévoyance [ɛ̃pʀevwajɑ̃s] *f* Sorglosigkeit *f,* Unbesorgtheit *f*
imprévoyant [ɛ̃pʀevwajɑ̃] *adj* sorglos, unbesorgt, kurzsichtig
imprévu [ɛ̃pʀevy] *adj* unerwartet, unvermutet, unvorhergesehen
imprimante [ɛ̃pʀimɑ̃t] *f (machine) INFORM* Drucker *m; ~ laser* Laserdrucker *m; ~ matricielle* Nadeldrucker *m*
imprimé [ɛ̃pʀime] *m 1.* Drucksache *f; 2. (tissu ~)* bedruckt; *adj 3.* gedruckt
imprimer [ɛ̃pʀime] *v 1.* ausdrucken, drucken; *2. s'~ dans la mémoire* sich einprägen; *3. (transmettre)* mitteilen
imprimerie [ɛ̃pʀimʀi] *f* Druckerei *f*
imprimeur [ɛ̃pʀimœʀ] *m* Drucker *m*
improbable [ɛ̃pʀɔbabl] *adj* unwahrscheinlich
improductif [ɛ̃pʀɔdyktif] *adj* unproduktiv, unergiebig
impromptu [ɛ̃pʀɔ̃pty] *adj 1.* improvisiert, unvorbereitet, aus dem Stegreif; *m 2. MUS* Impromptu *n*
imprononçable [ɛ̃pʀɔnɔ̃sabl] *adj* unaussprechbar
impropre [ɛ̃pʀɔpʀ] *adj 1.* untauglich, ungeeignet, unzweckmäßig; *2. (inconvenant)* unangemessen
improvisation [ɛ̃pʀɔvizasjɔ̃] *f* Improvisation *f*
improvisé [ɛ̃pʀɔvize] *adj* spontan, aus dem Stegreif
improviser [ɛ̃pʀɔvize] *v 1.* improvisieren; *2. s'~* improvisieren
improviste [ɛ̃pʀɔvist] *adj* unangemeldet; *à l'~* überraschend
imprudence [ɛ̃pʀydɑ̃s] *f 1.* Fahrlässigkeit *f,* Unachtsamkeit *f; 2. (insouciance)* Leichtsinn *m*
imprudent [ɛ̃pʀydɑ̃] *adj 1.* leichtsinnig, unvorsichtig; *2. (insouciant)* unbesonnen
impudent [ɛ̃pydɑ̃] *adj* schamlos, unverschämt
impudeur [ɛ̃pydœʀ] *f* Schamlosigkeit *f*
impudique [ɛ̃pydik] *adj* schamlos, unrein, obszön, unzüchtig
impuissance [ɛ̃pɥisɑ̃s] *f 1.* Machtlosigkeit *f,* Hilflosigkeit *f; 2. MED* Impotenz *f*
impuissant [ɛ̃pɥisɑ̃] *adj 1.* machtlos, ohnmächtig; *2. MED* impotent
impulser [ɛ̃pylse] *v* antreiben
impulsif [ɛ̃pylsif] *adj* impulsiv, unüberlegt
impulsion [ɛ̃pylsjɔ̃] *f 1.* Anreiz *m,* Anregung *f; 2. (élan)* Auftrieb *m; 3. (tendance)* Drang *m; 4. (mouvement) TECH* Impuls *m*
impunité [ɛ̃pynite] *f* Straflosigkeit *f,* Ausbleiben nachteiliger Folgen *n*
impur [ɛ̃pyʀ] *adj 1.* dreckig, schmutzig, verdreckt, trüb; *des eaux ~es* unreines Gewässer *n; 2. (moralement)* unmoralisch, unzüchtig, unrein, schmutzig; *des pensées ~es* unreine Gedanken *pl*
impureté [ɛ̃pyʀte] *f* Unreinheit *f*
imputation [ɛ̃pytasjɔ̃] *f* Unterstellung *f*
imputer [ɛ̃pyte] *v 1. ~ qc à qn* jdm etw aufbürden; *2. ~ la faute à qn* jdm die Schuld beimessen; *3. FIN* zuschreiben, aufbürden
imputrescible [ɛ̃pytʀesibl] *adj* unverweslich, nicht faulend
inabordable [inabɔʀdabl] *adj 1.* unerschwinglich; *2. (fig: peu sociable)* unzugänglich
inacceptable [inaksɛptabl] *adj* unannehmbar
inaccessible [inaksesibl] *adj* unzugänglich
inaccoutumé [inakutyme] *adj* ungewohnt
inachevé [inaʃve] *adj* unfertig, unvollständig, unbeendet, unvollendet
inactif [inaktif] *adj 1.* untätig; *2. (inefficace)* unwirksam; *3. (passif)* tatenlos; *4.* untätig, nicht in Betrieb, stagnierend
inaction [inaksjɔ̃] *f* Nichtstun *n*
inactivité [inaktivite] *f* Untätigkeit *f*

inadaptation [inadaptasjɔ̃] *f* Ungeeignetheit *f*, mangelnde Anpassungsfähigkeit *f*
inadapté [inadapte] *adj 1.* unangepasst, unangemessen; *2. PSYCH* unangepasst, nicht anpassungsfähig, verhaltensgestört
inadéquat [inadekwa] *adj* unangemessen
inadéquation [inadekwasjɔ̃] *f* mangelnde Übereinstimmung, Nichtentsprechung *f*
inadmissible [inadmisibl] *adj* unzulässig
inadvertance [inadvɛʀtɑ̃s] *f* Versehen *n*; *par ~* versehentlich
inaliénable [inaljenabl] *adj JUR* unabdingbar
inaltérable [inalteʀabl] *adj 1.* unveränderlich; *2. (inusable)* unverwüstlich
inaperçu [inapɛʀsy] *adj* unbeachtet, unbemerkt
inapprochable [ianpʀɔʃabl] *adj* unbeschuldbar
inapproprié [inapʀɔpʀije] *adj ~ à* ungeeignet für
inapte [inapt] *adj* unfähig, untauglich
inaptitude [inaptityd] *f* Unfähigkeit *f*
inattendu [inatɑ̃dy] *adj* plötzlich, unerwartet, unvermutet
inattentif [inatɑ̃tif] *adj 1.* achtlos; *2. (distrait)* unachtsam, unaufmerksam
inattention [inatɑ̃sjɔ̃] *f 1.* Achtlosigkeit *f*; *2. (distraction)* Unachtsamkeit *f*, Unaufmerksamkeit *f*
inaudible [inodibl] *adj* unvernehmbar
inauguration [inogyʀasjɔ̃] *f* Einweihung *f*, Eröffnung *f*, Neueröffnung *f*
inaugurer [inogyʀe] *v 1. (commencer)* einleiten; *2. (consacrer)* einweihen, eröffnen
incalculable [ɛ̃kalkylabl] *adj 1.* unberechenbar; *2. (innombrable)* unzählig
incandescence [ɛ̃kɑ̃dɛsɑ̃s] *f* Weißglut *f*, Glühen *n*
incandescent [ɛ̃kɑ̃desɑ̃] *adj* glühend, weiß glühend
incantation [ɛ̃kɑ̃tasjɔ̃] *f* Zauberspruch *m*
incapable [ɛ̃kapabl] *adj* unfähig
incapacité [ɛ̃kapasite] *f 1.* Unfähigkeit *f*; *2. ~ de travail* Arbeitsunfähigkeit *f*
incarcération [ɛ̃kaʀseʀasjɔ̃] *f JUR* Haft *f*
incarcérer [ɛ̃kaʀseʀe] *v* festnehmen, verhaften, inhaftieren
incarnation [ɛ̃kaʀnasjɔ̃] *f* Inbegriff *m*, Verkörperung *f*
incarné [ɛ̃kaʀne] *adj* leibhaftig
incarner [ɛ̃kaʀne] *v* verkörpern
incartade [ɛ̃kaʀtad] *f* Dummheit *f*, Eselei *f*, Streich *m*
incassable [ɛ̃kasabl] *adj* unzerbrechlich
incendiaire [ɛ̃sɑ̃djɛʀ] *m/f 1.* Brandstifter(in) *m/f*; *adj 2.* Brand..., Zünd...
incendie [ɛ̃sɑ̃di] *m 1.* Brand *m*; *2. lutte contre l'~* Brandbekämpfung *f*; *3. ~ criminel* Brandstiftung *f*
incertain [ɛ̃sɛʀtɛ̃] *adj 1.* ungewiss, unsicher; *2. (douteux)* zweifelhaft, fraglich, unsicher
incertitude [ɛ̃sɛʀtityd] *f 1.* Unsicherheit *f*; *2. (indécision)* Zwiespalt *m*, Unentschlossenheit *f*; *3. (doute)* Zweifel *m*, Ungewissheit *f*
incessant [ɛ̃sɛsɑ̃] *adj* kontinuierlich, pausenlos, ununterbrochen
inceste [ɛ̃sɛst] *m* Inzest *m*, Unzucht *f*, Blutschande *f*
incidemment [ɛ̃sidamɑ̃] *adj* nebenbei, nebenher, beiläufig
incidence [ɛ̃sidɑ̃s] *f* Zwischenfall *m*, Auswirkung *f*, Nachwirkung *f*, Nachhall *m*
incident [ɛ̃sidɑ̃] *m 1.* Zwischenfall *m*; *2. (événement)* Vorfall *m*; *3. ~ technique TECH* Betriebsstörung *f*; *adj 4.* gelegentlich, beiläufig
incinérateur [ɛ̃sineʀatœʀ] *m TECH* Müllverbrennungsanlage *f*
incinération [ɛ̃sineʀasjɔ̃] *f 1.* Feuerbestattung *f*; *2. ~ des ordures ménagères* Müllverbrennung *f*
incinérér [ɛ̃sineʀe] *v* veraschen, einäschern
inciser [ɛ̃size] *v* einschneiden, einen Einschnitt machen
incisif [ɛ̃sizif] *adj 1. (fig: décision)* einschneidend; *2.* bissig
incisive [ɛ̃siziːv] *f* Schneidezahn *m*
incision [ɛ̃sizjɔ̃] *f (coupure)* Einschnitt *m*
incitatif [ɛ̃sitatif] *adj* anspornend, motivierend
incitation [ɛ̃sitasjɔ̃] *f 1. (fig)* Anfeuerung *f*; *2. ~ à* Anreiz zu, Anregung zu
inciter [ɛ̃site] *v ~ à* anregen zu, veranlassen zu, ermuntern zu
inclinaison [ɛ̃klinɛzɔ̃] *f 1.* Gefälle *n*; *2. (penchant)* Neigung *f*; *3. (tête, buste)* Verneigung *f*
inclination [ɛ̃klinasjɔ̃] *f 1. (~ pour)* Zuneigung *f*; *2. (fig)* Neigung *f*
incliné [ɛ̃kline] *adj* schief, schräg
incliner [ɛ̃kline] *v 1.* neigen; *2. s'~* sich beugen, sich bücken
inclure [ɛ̃klyʀ] *v irr* einschließen, einbeziehen
inclus [ɛ̃kly] *adj* inbegriffen

I

incognito [ɛ̃kɔɲito] *adv* inkognito
incohérence [ɛ̃kɔeʀɑ̃s] *f* Inkohärenz *f*
incohérent [ɛ̃kɔeʀɑ̃] *adj* zusammenhangslos
incollable [ɛ̃kɔlabl] *adj 1.* nicht klebend; *2. (imbattable)* unbesiegbar
incolore [ɛ̃kɔlɔʀ] *adj (objet)* farblos
incombustible [ɛ̃kɔ̃bystibl] *adj* feuerfest
incommensurable [ɛ̃kɔmɑ̃syʀabl] *adj* unermesslich
incommode [ɛ̃kɔmɔd] *adj* unbequem, lästig, beschwerlich
incommoder [ɛ̃kɔmɔde] *v* stören, belästigen; *La fumée l'incommode.* Der Rauch stört ihn.
incomparable [ɛ̃kɔ̃paʀabl] *adj* unvergleichlich, einzigartig, außergewöhnlich; *Elle est d'une beauté ~.* Sie ist unvergleichlich schön.
incompatibilité [ɛ̃kɔ̃patibilite] *f* Unvereinbarkeit *f*
incompatible [ɛ̃kɔ̃patibl] *adj* unvereinbar; *être ~ avec qc* etw widersprechen
incompétence [ɛ̃kɔ̃petɑ̃s] *f* Inkompetenz *f,* Unfähigkeit *f*
incompétent [ɛ̃kɔ̃petɑ̃] *adj 1. (~ pour)* ungeeignet, unfähig; *2. JUR* unbefugt
incomplet [ɛ̃kɔ̃plɛ] *adj* lückenhaft, unvollständig, mangelhaft
incompréhensible [ɛ̃kɔ̃pʀeɑ̃sibl] *adj 1.* unverständlich; *2. (inconcevable)* unbegreiflich, unfassbar; *3. (bizarre)* schleierhaft
incompréhensif [ɛ̃kɔ̃pʀeɑ̃sif] *adj* verständnislos
incompréhension [ɛ̃kɔ̃pʀeɑ̃sjɔ̃] *f* Unverständnis *n,* Verständnislosigkeit *f; Il souffre de l'~ de ses proches.* Er leidet unter dem mangelnden Verständnis seiner Familie.
incompressible [ɛ̃kɔ̃pʀɛsibl] *adj* unelastisch, nicht zusammendrückbar
incompris [ɛ̃kɔ̃pʀi] *adj* unverstanden, verkannt
inconcevable [ɛ̃kɔ̃svabl] *adj 1.* unbegreiflich; *2. (impensable)* undenkbar, unfassbar
inconciliable [ɛ̃kɔ̃siljabl] *adj ~ avec* unvereinbar mit
inconditionnel [ɛ̃kɔ̃disjɔnɛl] *adj 1.* unbedingt; *2.* bedingungslos
inconfortable [ɛ̃kɔ̃fɔʀtabl] *adj* unbequem, unbehaglich
incongru [ɛ̃kɔ̃gʀy] *adj* unangebracht
incongruité [ɛ̃kɔ̃gʀɥite] *f* Ungehörigkeit *f,* Ungeschicklichkeit
inconnu [ɛ̃kɔny] *adj 1.* fremd, unbekannt; *m 2.* Fremder *m,* Unbekannter *m*
inconscience [ɛ̃kɔ̃sjɑ̃s] *f 1.* Bewusstlosigkeit *f,* Unbewusstheit *f; 2. (fig)* Leichtfertigkeit *f,* Gewissenlosigkeit *f*
inconscient [ɛ̃kɔ̃sjɑ̃] *adj 1.* ahnungslos; *2. (en syncope)* bewusstlos; *3. (involontaire)* unbewusst
inconséquence [ɛ̃kɔ̃sekɑ̃s] *f* Inkonsequenz *f*
inconsidéré [ɛ̃kɔ̃sideʀe] *adj 1.* gedankenlos, leichtfertig; *2. (irréfléchi)* unbedacht
inconsolable [ɛ̃kɔ̃sɔlabl] *adj* untröstlich
inconstance [ɛ̃kɔ̃stɑ̃s] *f* Labilität *f,* Unbeständigkeit *f,* Wankelmut *m,* Untreue *f*
inconstant [ɛ̃kɔ̃stɑ̃] *adj 1.* flatterhaft, sprunghaft, wankelmütig; *2. (instable)* labil; *3. (variable)* unbeständig
incontestabilité [ɛ̃kɔ̃tɛstabilite] *f* Unanfechtbarkeit *f*
incontestable [ɛ̃kɔ̃tɛstabl] *adj* einwandfrei, unanfechtbar, unstreitig
incontesté [ɛ̃kɔ̃tɛste] *adj* unbestritten
incontinent [ɛ̃kɔ̃tinɑ̃] *m 1.* Bettnässer *m; adj 2. MED* inkontinent; *adv 3.* unkeusch, unenthaltsam, ausschweifend, unmäßig
incontournable [ɛ̃kɔ̃tuʀnabl] *adj* unumgänglich
inconvenant [ɛ̃kɔ̃vnɑ̃] *adj* unpassend, ungebührlich, unschicklich, ungehörig
inconvénient [ɛ̃kɔ̃venjɑ̃] *m 1.* Missstand *m; 2. (désavantage)* Nachteil *m*
incorporation [ɛ̃kɔʀpɔʀasjɔ̃] *f MIL* Einberufung *f,* Einzug *m*
incorporer [ɛ̃kɔʀpɔʀe] *v 1.* einverleiben; *2. MIL* einberufen, einziehen
incorrect [ɛ̃kɔʀɛkt] *adj 1. (imparfait)* fehlerhaft; *2. (impoli)* ungehörig; *3. (impropre)* unsachgemäß
incorrigible [ɛ̃kɔʀiʒibl] *adj* unbelehrbar, unverbesserlich
incorruptible [ɛ̃kɔʀyptibl] *adj* unbestechlich
incrédibilité [ɛ̃kʀedibilite] *f* Unglaubwürdigkeit *f*
incrédule [ɛ̃kʀedyl] *adj* ungläubig, skeptisch, kritisch; *avoir l'air ~* skeptisch aussehen; *un sourire ~* ein ungläubiges Lächeln *n*
incriminer [ɛ̃kʀimine] *v (inculper)* anklagen, beschuldigen
incroyable [ɛ̃kʀwajabl] *adj* unglaublich, fantastisch, sagenhaft
incroyance [ɛ̃kʀwajɑ̃s] *f* Ungläubigkeit *f*
incrustation [ɛ̃kʀystasjɔ̃] *f* Ablagerung *f*

incruster [ɛ̃kʀyste] *v* *1.* verkleiden, überziehen; *2. s'~ (fam)* sich einnisten, Wurzeln schlagen, sich niederlassen; *Elle s'incruste chez eux.* Sie lässt sich bei ihnen häuslich nieder.
incubation [ɛ̃kybasjɔ̃] *f* *1.* Brut *f;* *2. MED* Inkubationszeit *f*
inculpation [ɛ̃kylpasjɔ̃] *f* *1. JUR* Anklage *f;* *2. (accusation, incrimination)* Anschuldigung *f,* Beschuldigung *f*
inculpé(e) [ɛ̃kylpe] *m/f* *JUR* Angeklagte(r) *m/f*
inculper [ɛ̃kylpe] *v* anschuldigen, beschuldigen, anklagen
inculquer [ɛ̃kylke] *v* einschärfen, beibringen
inculte [ɛ̃kylt] *adj* *1.* ungebildet; *2.* unbebaut
incurable [ɛ̃kyʀabl] *adj* unheilbar
incurver [ɛ̃kyʀve] *v* *1.* einbuchten, biegen, krümmen; *2. s'~* sich krümmen
Inde [ɛ̃d] *f* *GEO* Indien *n*
indécent [ɛ̃desɑ̃] *adj* schamlos
indéchiffrable [ɛ̃deʃifʀabl] *adj* unleserlich
indécis [ɛ̃desi] *adj* *1.* unentschlossen, wankelmütig, unentschieden; *être ~* schwanken/zaudern; *2. (incertain)* ungewiss; *3. (impur)* ungeklärt; *4. (flou)* verschwommen
indécision [ɛ̃desizjɔ̃] *f* Unentschlossenheit *f,* Zweifel *m,* Zögern *n,* Unsicherheit *f;* *être dans l'~* sich nicht entscheiden können
indéfini [ɛ̃defini] *adj* unbestimmt
indéfinissable [ɛ̃definisabl] *adj* undefinierbar
indéformable [ɛ̃defɔʀmabl] *adj* formbeständig
indélébile [ɛ̃delebil] *adj* nicht zu entfernen
indélicat [ɛ̃delika] *adj* taktlos
indélicatesse [ɛ̃delikatɛs] *f* *1.* Indiskretion *f;* *2. (manque de tact)* Taktlosigkeit *f;* *3. (vol)* Unehrlichkeit *f*
indemne [ɛ̃dɛmn] *adj* heil, unversehrt
indemnisation [ɛ̃dɛmnizasjɔ̃] *f* *1.* Entschädigung *f;* *2. ECO* Abfindung *f*
indemniser [ɛ̃dɛmnize] *v* *1.* entschädigen; *2. (remplacer)* ersetzen; *3. ECO* abfinden
indemnité [ɛ̃dɛmnite] *f* *1.* Entschädigung *f,* Abfindung *f;* *2. ~ parlementaire POL* Diäten *pl;* *3. ~ journalière* Krankengeld *n*
indéniable [ɛ̃denjabl] *adj* unleugbar
indépendance [ɛ̃depɑ̃dɑ̃s] *f* Selbstständigkeit *f,* Unabhängigkeit *f*

indépendant [ɛ̃depɑ̃dɑ̃] *adj* *1.* selbstständig, unabhängig, eigenständig; *pour des raisons ~es de notre volonté* aus Gründen, die von unserem Willen unabhängig sind; *2. (free-lance)* freiberuflich, freischaffend

indescriptible [ɛ̃dɛskʀiptibl] *adj* unbeschreiblich
indésirable [ɛ̃deziʀabl] *adj* unerwünscht
indestructible [ɛ̃dɛstʀyktibl] *adj* unzerstörbar, unzertrennlich, ewig, unauflöslich; *un matériau ~* ein unzerstörbares Material *n;* *une amitié ~ (fig)* eine unzertrennliche Freundschaft *f*
indétectable [ɛ̃detɛktabl] *adj* nicht aufzuspüren
indéterminé [ɛ̃detɛʀmine] *adj* unbestimmt
index [ɛ̃dɛks] *m* *1.* Verzeichnis *n;* *2. (indice)* Kennziffer *f,* Index *m;* *3. ~ alphabétique* Register *n;* *4. ANAT* Zeigefinger *m*
indexer [ɛ̃dɛkse] *v* *FIN* mit einem Index versehen
indicateur [ɛ̃dikatœʀ] *m* *1. ~ des chemins de fer* Fahrplan *m;* *2. ~ de police* Spitzel *m;* *adj* *3. TECH* Anzeiger
indicatif [ɛ̃dikatif] *m* *TEL* Vorwahl *f*
indication [ɛ̃dikasjɔ̃] *f* *1.* Angabe *f,* Hinweis *m;* *~ des références* Quellenangabe *f;* *2. (attribution)* Zuweisung *f*
indice [ɛ̃dis] *m* *1.* Index *m;* *2. JUR* Indiz *n;* *3. ~ de la Bourse FIN* Aktienindex *m;* *4. (fig)* Vorzeichen *n;* *5. ~s pl JUR* Indizien *pl*
indicible [ɛ̃disibl] *adj* unbeschreiblich
Indien(ne) [ɛ̃djɛ̃/ɛ̃djɛn] *m/f* *1.* Indianer(in) *m/f;* *2. (d'Inde)* Inder(in) *m/f*
indifférence [ɛ̃difeʀɑ̃s] *f* Gleichgültigkeit *f,* Lässigkeit *f;* *avec ~* gleichgültig, teilnahmslos
indifférencié [ɛ̃difeʀɑ̃sje] *adj* undifferenziert
indifférent [ɛ̃difeʀɑ̃] *adj* *1.* egal, gleichgültig; *être ~ à qc* einer Sache gleichgültig gegenüberstehen; *2. (apathique)* teilnahmslos, unbeteiligt
indifférer [ɛ̃difeʀe] *v* gleichgültig lassen
indigence [ɛ̃diʒɑ̃s] *f* Bedürftigkeit *f*
indigène [ɛ̃diʒɛn] *m/f* *1.* Eingeborene(r) *m/f;* *2. (autochtone)* Einheimische(r) *m/f*
indigent [ɛ̃diʒɑ̃] *adj* bedürftig, Not leidend
indigeste [ɛ̃diʒɛst] *adj* schwer verdaulich
indigestion [ɛ̃diʒɛstjɔ̃] *f* *1. MED* Magenverstimmung *f,* verdorbener Magen *m;* *faire*

I

une ~ de chocolat so viel Schokolade essen, bis einem schlecht wird; *2. (dyspepsie)* Verdauungsstörung *f; 3. (fig)* Überdruss *m; avoir une ~ de cinéma* genug vom Kino haben
indignation [ɛ̃diɲasjɔ̃] *f* Empörung *f,* Entrüstung *f*
indigne [ɛ̃diɲ] *adj* unwürdig
indigné [ɛ̃diɲe] *adj* empört, entsetzt
indignement [ɛ̃diɲəmɑ̃] *adv* unwürdig
indigner [ɛ̃diɲe] *v s'~* sich empören, sich entrüsten
indignité [ɛ̃diɲite] *f* Unwürdigkeit *f,* Hohn *m,* Schändlichkeit *f,* Beleidigung *f*
indigo [ɛ̃digo] *m* Indigo *m/n*
indiquer [ɛ̃dike] *v 1.* angeben, hinweisen; *2. (caractériser)* kennzeichnen; *3. (du doigt)* deuten auf; *4. (révéler)* hinweisen auf
indirect [ɛ̃diʀɛkt] *adj* indirekt, mittelbar
indiscernable [ɛ̃disɛʀnabl] *adj* nicht zu unterscheiden
indiscipline [ɛ̃disiplin] *f* Ungehorsam *m*
indiscipliné [ɛ̃disipline] *adj* disziplinlos
indiscret [ɛ̃diskʀɛ] *adj 1.* neugierig; *2. (importun)* indiskret, zudringlich; *3. (immodeste)* dreist, lästig
indiscrétion [ɛ̃diskʀesjɔ̃] *f 1.* Indiskretion *f; 2. (curiosité)* Neugier *f*
indiscutable [ɛ̃diskytabl] *adj* unbestreitbar
indispensable [ɛ̃dispɑ̃sabl] *adj* erforderlich, nötig, notwendig
indisponible [ɛ̃dispɔnibl] *adj* unabkömmlich, nicht verfügbar
indisponiblité [ɛ̃dispɔnibilite] *f* Unverfügbarkeit *f*
indisposé [ɛ̃dispoze] *adj* unwohl
indisposition [ɛ̃dispozisjɔ̃] *f* Unpässlichkeit *f,* Unwohlsein *n*
indissociable [ɛ̃disɔsjabl] *adj* unabtrennbar, untrennbar
indissoluble [ɛ̃disɔlybl] *adj* unlösbar, unzertrennlich
individu [ɛ̃dividy] *m 1. (personne)* Mensch *m,* Person *f; 2. (solitaire)* Einzelner *m; 3. (être humain)* Individuum *n*
individualiser [ɛ̃dividɥalize] *v* individualisieren, für sich betrachten
individualisme [ɛ̃dividɥalism] *m* Individualismus *m*
individualiste [ɛ̃dividɥalist] *m/f* Individualist(in) *m/f*
individuel [ɛ̃dividɥɛl] *adj* persönlich, individuell
indivis [ɛ̃divi] *adj JUR* gemeinschaftlich
indivision [ɛ̃divizjɔ̃] *f JUR* gemeinschaftliches Eigentum *n*
Indochine [ɛ̃dɔʃin] *f GEO* Indochina *n*
indocile [ɛ̃dɔsil] *adj* unfolgsam, aufsässig
indocilité [ɛ̃dɔsilite] *f* Trotz *m*
indo-européen [ɛ̃dɔøʀɔpeɛ̃] *m LING* indogermanisch, indoeuropäisch
indolence [ɛ̃dɔlɑ̃s] *f 1.* Lässigkeit *f; 2. (fainéantise)* Trägheit *f*
indolent [ɛ̃dɔlɑ̃] *adj* träge
indolore [ɛ̃dɔlɔʀ] *adj* schmerzfrei
Indonésie [ɛ̃donezi] *f GEO* Indonesien *n*
Indonésien(ne) [ɛ̃donezjɛ̃/ɛ̃donezjɛn] *m/f* Indonesier(in) *m/f*
indu [ɛ̃dy] *adj* unangebracht, ungelegen, unpassend
indubitable [ɛ̃dybitabl] *adj* zweifellos, unstreitig
induction [ɛ̃dyksjɔ̃] *f* Schlussfolgerung *f*
induire [ɛ̃dɥiʀ] *adj* folgern, schließen
indulgence [ɛ̃dylʒɑ̃s] *f 1. REL* Ablass *m; 2. (clémence)* Milde *f; 3. (compréhension)* Nachsicht *f; avec ~* nachsichtig
indulgent [ɛ̃dylʒɑ̃] *adj 1.* wohlwollend; *2. (clément)* mild; *3. (compréhensif)* gnädig, nachsichtig
induration [edyʀasjɔ̃] *f MED* Verhärtung *f*
industrialisation [ɛ̃dystʀijalizasjɔ̃] *f* Industrialisierung *f*
industrialiser [ɛ̃dytʀijalize] *v* industrialisieren
industrie [ɛ̃dystʀi] *f* Industrie *f; ~ agricole* Agrarindustrie *f; ~ automobile* Autoindustrie *f; ~ du bâtiment* Bauindustrie *f; ~ chimique* Chemieindustrie *f; ~ sidérurique* Eisenindustrie *f; ~ lourde* Schwerindustrie *f; ~ textile* Textilindustrie *f; ~ du vêtement* Bekleidungsindustrie *f; ~ minière* Bergbau *m; ~ d'armement* Rüstungsindustrie *f*
industriel [ɛ̃dystʀijɛl] *m 1.* Industrieller *m; 2. adj* gewerbetreibend, industriell, gewerblich, Industrie...
industrieux [ɛ̃dystʀijø] *adj* geschickt, gewandt, betriebsam, fleißig
inébranlable [inebʀɑ̃labl] *adj 1.* felsenfest, sicher; *2. (imperturbable)* unbeweglich, unerschütterlich, eisern
inédit [inedi] *adj* neuartig
ineffable [inɛfabl] *adj* unaussprechlich, unsäglich
ineffaçable [inefasabl] *adj* unvergesslich, unauslöschlich

inefficace [inefikas] *adj* unwirksam, wirkungslos
inégal [inegal] *adj* *1.* ungleichmäßig; *2. (raboteux)* holperig, uneben
inégalité [inegalite] *f* Ungleichheit *f*, Unebenheit *f*
inéluctable [inelyktabl] *adj* *1. JUR* unabdingbar; *2. (inévitable)* unabwendbar
ineptie [inɛpsi] *f* Dummheit *f*
inerte [inɛʀt] *adj* *1.* regungslos; *2. PHYS* träge
inertie [inɛʀsi] *f* *PHYS* Trägheit *f*
inespéré [inɛspeʀe] *adj* unerwartet, unverhofft
inévitable [inevitabl] *adj* unvermeidlich, unabwendbar, unumgänglich, unweigerlich
inexact [inɛgzakt] *adj* *1.* ungenau; *2. (temporel)* unpünktlich
inexactitude [inɛgzaktityd] *f* Ungenauigkeit *f*
inexcusable [inɛkskyzabl] *adj* unverzeihlich
inexistant [inegzistɑ̃] *adj* nicht vorhanden, inexistent, abwesend, nichtig
inexorable [inɛgzɔʀabl] *adj* unerbittlich
inexpérience [inɛkspeʀjɑ̃s] *f* Unerfahrenheit *f*
inexpérimenté [inɛkspeʀimɑ̃te] *adj* unerfahren
inexplicable [inɛksplikabl] *adj* unerklärlich
inexploitable [inɛksplwatabl] *adj* nicht verwertbar, nicht auszubeuten
inextinguible [inɛkstɛ̃gibl] *adj* nicht zu löschen, unauslöschbar
inextricable [inɛkstʀikabl] *adj* verzwickt
infaillible [ɛ̃fajibl] *adj* *1.* unfehlbar, vollkommen, perfekt, fehlerlos; *Nul n'est ~.* Niemand ist vollkommen. *un instinct ~* ein sicherer Instinkt *m; Le Pape se veut ~.* Der Papst will unfehlbar sein. *2. (certain)* sicher, gewiss; *un remède ~* ein sicheres Heilmittel *n*
infalsifiable [ɛ̃falsifjabl] *adj* fälschungssicher
infamant [ɛ̃famɑ̃] *adj* entehrend
infâme [ɛ̃fam] *adj* *1. (méchant)* gemein, niederträchtig; *2. (sordide)* verrucht
infamie [ɛ̃fami] *f* *1.* Schande *f*, Gemeinheit *f; 2. (bassesse)* Niedertracht *f; 3. (ignominie)* Schandtat *f*
infanterie [ɛ̃fɑ̃tʀi] *f* *MIL* Infanterie *f*, Fußvolk *n*
infanticide [ɛ̃fɑ̃tisid] *m* Kindesmord *m*, Kindesmörder *m*
infantile [ɛ̃fɑ̃til] *adj* *1. MED* Kinder... *la mortalité ~* die Kindersterblichkeit *f; 2. PSYCH* kindisch, infantil; *un comportement ~* ein infantiles Verhalten *n; 3. (péjoratif)* kindisch, infantil; *un caprice ~* eine kindische Laune *f*
infarctus [ɛ̃faʀktys] *m* Herzinfarkt *m*, Infarkt *m*
infatigable [ɛ̃fatigabl] *adj* unermüdlich
infatué [ɛ̃fatɥe] *adj* eingebildet
infatuer [ɛ̃fatɥe] *v s'~ de qc LIT* von sich selbst überzeugen
infécond [ɛ̃fekɔ̃] *adj* unfruchtbar
infect [ɛ̃fɛkt] *adj* *1.* faulig, Ekel erregend, widerlich; *une haleine ~e* ein fauliger Atem *m; un vin ~* ein widerlicher Wein *m; 2. (personne)* widerlich, abstoßend, ekelhaft
infecté [ɛ̃fɛkte] *adj* *MED* infiziert
infecter [ɛ̃fɛkte] *v* *1. MED* infizieren, anstecken; *2. (contaminer)* verseuchen
infection [ɛ̃fɛksjɔ̃] *f* *1. MED* Entzündung *f*, Infektion *m; 2. (contamination)* Verseuchung *f; 3. ~ intestinale MED* Darminfektion *f; 4. (fam: puanteur)* Gestank *m*
inféoder [ɛ̃feɔde] *v s'~ à qn* sich jdm ganz hingeben, sich eng an jdn anschließen
inférence [ɛ̃feʀɑ̃s] *f* Schlussfolgerung *f*
inférieur [ɛ̃feʀjœʀ] *adj* *1.* minderwertig; *être ~ à qn* jdm unterliegen/von jdm besiegt werden; *2. (bas)* unterer
inférioriser [ɛ̃feʀjɔʀize] *v* unterwerfen
infériorité [ɛ̃feʀjɔʀite] *f* Minderwertigkeit *f*, Unterlegenheit *f*, Inferiorität *f; être en état d'~* unterlegen sein
infernal [ɛ̃fɛʀnal] *adj* teuflisch; *C'est ~!* Das ist nicht zum Aushalten!
infertile [ɛ̃fɛʀtil] *adj* unfruchtbar
infestation [ɛ̃fɛstasjɔ̃] *f* *MED* Verseuchung *f*
infester [ɛ̃fɛste] *v* *1. (fig)* verseuchen; *2. (envahir)* heimsuchen, plagen, belästigen
infidèle [ɛ̃fidɛl] *adj* *1. (foi, parti)* abtrünnig; *2. (déloyal)* treulos, untreu; *être ~* fremdgehen; *m/f 3.* Ungläubige(r) *m/f*
infidélité [ɛ̃fidelite] *f* *1.* Untreue *f; 2. (fig: escapade)* Seitensprung *m; 3. (erreur)* Ungenauigkeit *f*, Veruntreuung *f*, Unterschlagung *f*
infiltrer [ɛ̃filtʀe] *v s'~ dans* eindringen in
infime [ɛ̃fim] *adj* winzig
infini [ɛ̃fini] *adj* *1.* endlos; *à l'~* endlos; *2. (sans limite)* grenzenlos, unendlich; *m 3.* Unendlichkeit *f*
infinitésimal [ɛ̃finitezimal] *adj* unendlich, verschwindend klein

I

infinitif [ɛ̃finitif] *m GRAMM* Infinitiv *m; un verbe à l'~* ein Verb im Infinitiv *n*
infirme [ɛ̃fiʀm] *m/f 1.* Körperbehinderte(r) *m/f; 2. (invalide)* Krüppel *m; adj 3.* gebrechlich
infirmer [ɛ̃fiʀme] *v (atténuer)* entkräften
infirmerie [ɛ̃fiʀməʀi] *f 1.* Krankenzimmer; *2. MIL* Lazarett *n*
infirmier [ɛ̃fiʀmje] *m 1.* Krankenpfleger *m,* Pfleger *m; 2. (brancardier)* Sanitäter *m*
infirmière [ɛ̃fiʀmjɛʀ] *f* Krankenschwester *f*
infirmité [ɛ̃fiʀmite] *f MED* Gebrechen *n*
inflammable [ɛ̃flamabl] *adj* feuergefährlich, brennbar
inflammation [ɛ̃flamasjɔ̃] *f 1. MED* Entzündung *f; 2. ~ des nerfs MED* Nervenentzündung *f*
inflation [ɛ̃flasjɔ̃] *f ECO* Inflation *f*
inflationniste [ɛ̃flasjɔ̃nist] *adj* inflationär
infléchir [ɛ̃fleʃiʀ] *v* einwärts biegen, beugen
inflexibilité [ɛ̃flɛksibilite] *f* Unbeugsamkeit *f*
inflexible [ɛ̃flɛksibl] *adj 1.* unbeugsam, unerbittlich, unnachgiebig; *2. (raide)* unbeweglich, starr
inflexion [ɛ̃flɛksjɔ̃] *f* Neigen *n,* Verbeugung *f,* Biegung *f*
infliger [ɛ̃fliʒe] *v ~ qc à qn* jdm etw zufügen
influençable [eflɥɑ̃sabl] *adj* leicht zu beinflussen
influence [ɛ̃flyɑ̃s] *f 1.* Einfluss *m,* Macht *f; exercer de l'~ sur* Einfluss ausüben auf; *2. (effet)* Wirkung *f,* Auswirkung *f; 3. (fig)* Impuls *m*
influencé [ɛ̃flyɑ̃se] *adj* vorbelastet
influencer [ɛ̃flyɑ̃se] *v 1.* beeinflussen; *2. (fig)* abfärben
influent [ɛ̃flyɑ̃] *adj* mächtig, einflussreich
influer [ɛ̃flye] *v ~ sur* wirken auf
infondé [ɛ̃fɔ̃de] *adj* unbegründet
informateur [ɛ̃fɔʀmatœʀ] *m* Auskunftgeber *m*
informaticien(ne) [ɛ̃fɔʀmatisjɛ̃/ɛ̃fɔʀmatisjɛn] *m/f* Informatiker(in) *m/f*
informatif [ɛ̃fɔʀmatif] *adj* informativ
information [ɛ̃fɔʀmasjɔ̃] *f 1.* Auskunft *f,* Information *f; à titre d'~* zur Information; *2. (nouvelle)* Meldung *f,* Nachricht *f,* Mitteilung *f; 3. (renseignement)* Bescheid *m; 4. (avertissement)* Verständigung *f; 5. ~s pl* Nachrichten *pl,* Tagesschau *f*
informatique [ɛ̃fɔʀmatik] *f* Informatik *f*
informatisation [ɛ̃fɔʀmatizasjɔ̃] *f* Informatisierung *f,* elektronische Verarbeitung *f*
informatiser [ɛ̃fɔʀmatize] *v* informatisieren, elekronisch verarbeiten
informe [ɛ̃fɔʀm] *adj* formlos
informé [ɛ̃fɔʀme] *adj être ~ de* wissen über, wissen von
informel [ɛ̃fɔʀmɛl] *adj* informell
informer [ɛ̃fɔʀme] *v 1.* informieren; *2. ~ qn de qc* jdn von etw benachrichtigen, jdn von etw verständigen; *3. (communiquer)* melden, mitteilen, unterrichten; *4. ~ de (instruire)* belehren; *5. s'~* nachfragen
infortune [ɛ̃fɔʀtyn] *f (malheur)* Unglück *n*
infortuné [ɛ̃fɔʀtyne] *adj* unglücklich
infraction [ɛ̃fʀaksjɔ̃] *f 1.* Vergehen *n,* Straftat *f; 2. (transgression)* Übertretung *f,* Verstoß *m; 3. ~ au Code de la route* Verkehrsdelikt *n; 4. JUR* Verfehlung *f*
infrastructure [ɛ̃fʀastʀyktyʀ] *f* Infrastruktur *f*
infroissable [ɛ̃fʀwasabl] *adj* knitterfrei
infructueux [ɛ̃fʀyktɥø] *adj 1.* erfolglos, ergebnislos; *2. (vain)* fruchtlos
infus [ɛ̃fy] *adj* angeboren, natürlich
infuser [ɛ̃fyze] *v* einspritzen, einführen
infusion [ɛ̃fyzjɔ̃] *f* Tee *m*
ingénier [ɛ̃ʒenje] *v s'~ à qc* darüber nachdenken, sich darüber den Kopf zerbrechen, sich bemühen, versuchen
ingénierie [ɛ̃ʒeniʀi] *f* Ingenieurwesen *n*
ingénieur [ɛ̃ʒenjœʀ] *m* Ingenieur *m; ~ des travaux publics* Bauingenieur *m*
ingénieux [ɛ̃ʒenjø] *adj* erfinderisch
ingéniosité [ɛ̃ʒenjozite] *f* Findigkeit *f,* Geschicktheit *f,* Scharfsinn *m,* sinnreiche Einrichtung *f*
ingénu [ɛ̃ʒeny] *adj 1.* arglos, naiv; *2. (naïf)* weltfremd
ingénuité [ɛ̃ʒenɥite] *f* Arglosigkeit *f,* Naivität *f*
ingénument [ɛ̃ʒenymɑ̃] *adv* arglos
ingérence [ɛ̃ʒeʀɑ̃s] *f* Einmischung *f*
ingérer [ɛ̃ʒeʀe] *v 1.* einführen; *2. s'~ dans qc* sich einmischen
ingrat [ɛ̃gʀa] *adj 1.* undankbar; *2. (infructueux)* unfruchtbar, karg
ingratitude [ɛ̃gʀatityd] *f* Undankbarkeit *f*
ingrédients [ɛ̃gʀedjɑ̃] *m/pl GAST* Zutaten *pl*
inguérissable [ɛ̃geʀisabl] *adj* unheilbar
ingurgiter [ɛ̃gyʀʒite] *v* verschlingen, herunterschlingen

inhabité [inabite] *adj* unbewohnt
inhabituel [inabitɥɛl] *adj* außergewöhnlich, ungewöhnlich
inhalation [inalasjɔ̃] *f faire des ~s MED* inhalieren
inhaler [inale] *v 1.* einatmen; *2. MED* inhalieren
inhérent [ineʀɑ̃] *adj* innewohnend, innig verbunden
inhibé [inibe] *adj être ~* gehemmt sein
inhiber [inibe] *v* hemmen, dämpfen
inhibition [inibisjɔ̃] *f PSYCH* Barriere *f*, Hemmung *f*
inhospitalier [inɔspitalje] *adj* wenig gastfreundlich, unfreundlich, ungastlich
inhumain [inymɛ̃] *adj* grausam, unmenschlich
inhumation [inymasjɔ̃] *f* Beerdigung *f*, Beisetzung *f*
inhumer [inyme] *v* beerdigen, bestatten
inimaginable [inimaʒinabl] *adj* unvorstellbar
inimitié [inimitje] *f* Feindschaft *f*
inintéressant [inɛ̃teʀɛsɑ̃] *adj* uninteressant, *(personne)* farblos
ininterrompu [inɛ̃tɛʀɔ̃py] *adj* andauernd, pausenlos, unaufhörlich, ununterbrochen
inique [inik] *adj* ungerecht, widerrechtlich
iniquité [inikite] *f* Ungerechtigkeit *f*
initial [inisjal] *adj* ursprünglich, anfänglich
initiale [inisjal] *f* Anfangsbuchstabe *m*
initialisation [inisjalizasjɔ̃] *f INFORM* Initialisierung *f*
initiateur [inisjatœʀ] *m* Initiator *m*
initiation [inisjasjɔ̃] *f 1.* Einarbeitung *f*; *2. (inauguration)* Einweihung *f*
initiatique [inisjatik] *adj* einweisend, einführend; *rite ~* Initiationsritus *m*
initiative [inisjativ] *f 1.* Initiative *f*; *2. (impulsion)* Anstoß *m*; *prendre l'~ de* anregen
initié(e) [inisje] *m/f 1.* Eingeweihte(r) *m/f*; *2. (spécialiste)* Insider(in) *m/f*
initier [inisje] *v 1.* einweisen, anleiten; *2. (inaugurer)* einweihen; *3. ~ qn à un travail* jdn einarbeiten
injecter [ɛ̃ʒɛkte] *v* einspritzen
injecteur [ɛ̃ʒɛktœʀ] *m TECH* Düse *f*
injection [ɛ̃ʒɛksjɔ̃] *f 1. MED* Injektion *f*; *2. (vaginale) MED* Spülung *f*
injoignable [ɛ̃ʒwaɲabl] *adj* unerreichbar
injonction [ɛ̃ʒɔ̃ksjɔ̃] *f* strikter Befehl *m*
injure [ɛ̃ʒyʀ] *f* Beleidigung *f*, Schimpfwort *n*
injurier [ɛ̃ʒyʀje] *v* beleidigen, beschimpfen
injurieux [ɛ̃ʒyʀjœ] *adj* beleidigend
injuste [ɛ̃ʒyst] *adj* ungerecht, unrecht
injustice [ɛ̃ʒystis] *f* Ungerechtigkeit *f*, Unrecht *n*
injustifiable [ɛ̃ʒystifjabl] *adj* nicht zu rechtfertigen, unentschuldbar
injustifié [ɛ̃ʒystifje] *adj* unbegründet, ungerechtfertigt
inlassable [ɛ̃lɑsabl] *adj* unentwegt
inné [inne] *adj* angeboren, natürlich, verinnerlicht
innervation [inɛʀvasjɔ̃] *f ANAT* Innervation *f*
innocence [inɔsɑ̃s] *f* Unschuld *f*
innocent [inɔsɑ̃] *adj 1.* unschuldig, schuldlos; *2. (naïf)* einfach, naiv, einfältig; *m 3.* rein, schuldlos, harmlos
innocenter [inɔsɑ̃te] *v* entschuldigen, rechtfertigen
innombrable [inɔ̃mbʀabl] *adj* unzählig
innommable [inɔmabl] *adj* unbenennbar, unbeschreiblich
innovateur [inɔvatœʀ] *adj* innovativ
innovation [inɔvasjɔ̃] *f* Innovation *f*
innover [inɔve] *v* als Neuerung einführen, innovieren
inobservance [inɔbsɛʀvɑ̃s] *f* Nichtbeachtung *f*
inoccupation [inɔkupasjɔ̃] *f* Untätigkeit *f*
inoculation [inɔkylasjɔ̃] *f MED* Impfung *f*
inoculer [inɔkyle] *v 1. MED* einimpfen, spritzen, inokulieren; *~ un vaccin* einen Impfstoff spritzen; *2. (fig)* einimpfen, aufpfropfen, aufdrängen; *~ des idées novices à la jeunesse* der Jugend neue Ideen einimpfen
inodore [inɔdɔʀ] *adj* geruchlos
inoffensif [inɔfɑ̃sif] *adj 1. (anodin)* harmlos; *2. (sans risque)* unbedenklich; *3. (sans danger)* un-schädlich
inondable [inɔ̃dabl] *adj* nicht zu überschwemmen
inondation [inɔ̃dasjɔ̃] *f* Überschwemmung *f*, Überflutung *f*, Hochwasser *n*
inonder [inɔ̃de] *v 1.* durchfluten; *2. (submerger)* überschwemmen
inopiné [inɔpine] *adj* unverhofft
inopportun [inɔpɔʀtœ̃] *adj* unpassend, ungelegen
inorganique [inɔʀganik] *adj* anorganisch
inorganisé [inɔʀganize] *adj* nicht organisiert
inoubliable [inublijabl] *adj* unvergesslich
inouï [inwi] *adj 1.* unglaublich; *2. (fam: énorme)* bodenlos; *3. (fig)* unerhört

I

inox [inɔks] *m* Cromargan (Warenzeichen), nicht rostender Stahl *m*
inoxydable [inɔksidabl] *adj 1.* nicht rostend; *2. (acier)* rostfrei
inquiet [ɛ̃kjɛ] *adj* ängstlich, bange; *être ~ de* besorgt sein um
inquiétant [ɛ̃kjetɑ̃] *adj* Besorgnis erregend, beunruhigend
inquiéter [ɛ̃kjete] *v 1.* beunruhigen; *2. ~ qn* jdn ängstigen; *3. s'~* beunruhigt sein; *Il n'y a pas de quoi s'~.* Es besteht kein Grund zur Sorge. *4. s'~ (s'angoisser)* sich ängstigen
inquiétude [ɛ̃kjetyd] *f 1.* Sorge *f*, Kummer *m; 2. (appréhension)* Befürchtung *f*
inquisiteur [ɛ̃kizitœʀ] *m 1. HIST* Inquisitor *m; adj 2.* forschend, prüfend
inquisition [ɛ̃kizisjɔ̃] *f 1. HIST* Inquisition *f; 2. (fig)* Prüfung *f*, Forschung *f*
insaisissable [ɛ̃sezisabl] *adj 1. JUR* unpfändbar ; *2.* unfassbar
insalubre [ɛ̃salybʀ] *adj* ungesund, gesundheitsschädlich
insanité [ɛ̃sanite] *f 1. (folie)* Verrücktheit *f*, Irrsinn *m; 2. (parole)* Unsinn *m*, Verrücktheit *f*, Dummheit *f*, Blödsinn *m; proférer des ~s* Unsinn verbreiten
insatiabilité [ɛ̃sasjabilite] *f* Unersättlichkeit *f*
insatiable [ɛ̃sasjabl] *adj* unersättlich, unstillbar, maßlos, unmäßig; *une faim ~* ein unstillbarer Hunger *m; être ~ de richesses* maßlos reich sein
insatisfait [ɛ̃satisfɛ] *adj* unzufrieden, unbefriedigt
insaturé [ɛ̃satyʀe] *adj CHEM* ungesättigt
inscription [ɛ̃skʀipsjɔ̃] *f 1.* Meldung *f*, Anmeldung *f; 2. (monuments)* Überschrift *f*, Inschrift *f*

inscrire [ɛ̃skʀiʀ] *v 1.* melden, anmelden; *2. (noter)* notieren; *3. (relever)* verzeichnen, eintragen; *4. s'~ (étudiant)* sich einschreiben, sich eintragen; *5. s'~ à (un cours)* belegen

insecte [ɛ̃sɛkt] *m 1. ZOOL* Insekt *n; 2. ~s nuisibles pl* Ungeziefer *n*
insecticide [ɛ̃sɛktisid] *m CHEM* Insektenvertilgungsmittel *n*
insécurité [ɛ̃sekyʀite] *f* Unsicherheit *f*, Ungewissheit *f*, Verunsicherung *f*
insémination [ɛ̃seminasjɔ̃] *f BIO ~ artificielle* künstliche Befruchtung *f*, Besamung *f*
inséminer [ɛ̃semine] *v BIO* künstlich befruchten, besamen
insensé [ɛ̃sɑ̃se] *adj 1.* sinnlos, unsinnig; *2. (fou)* verrückt
insensibiliser [ɛ̃sɑ̃sibilize] *v MED* betäuben
insensibilité [ɛ̃sɑ̃sibilite] *f* Unempfindlichkeit *f*, Gefühllosigkeit *f*, Gefühlskälte *f*
insensible [ɛ̃sɑ̃sibl] *adj 1. (physique)* gefühllos; *2. (indifférent)* gleichgültig; *3. (fam)* kaltschnäuzig, lieblos, herzlos
inséparable [ɛ̃sepaʀabl] *adj* unzertrennlich
insérer [ɛ̃seʀe] *v 1. ~ dans* angliedern; *2. (fig)* einflechten, einfügen, einsetzen; *3. (annonce)* inserieren
insertion [ɛ̃sɛʀsjɔ̃] *f 1.* Einführung *f*, Eindrücken *n; 2. (intégration)* Integration *f*
insidieux [ɛ̃sidjø] *adj* hinterhältig
insigne [ɛ̃siɲ] *m 1.* Abzeichen *n; adj 2.* bemerkenswert, hervorragend
insignifiance [ɛ̃siɲifjɑ̃s] *f 1.* Belanglosigkeit *f; 2. (futilité)* Geringfügigkeit *f*
insignifiant [ɛ̃siɲifjɑ̃] *adj 1.* unwichtig, unbedeutend; *2. (futile)* belanglos
insinuation [ɑ̃sinɥasjɔ̃] *f* Andeutung *f*, Anspielung *f*, Einschmeichelung *f*, Einflüsterung *f*
insinuer [ɛ̃sinɥe] *v 1.* andeuten, vorschlagen, zu verstehen geben; *Elle insinue que tu as tort.* Sie deutet an, dass du im Unrecht bist. *2. s'~* sich eingliedern, sich einreihen, sich einschmeicheln; *s'~ dans un groupe* sich in eine Gruppe eingliedern; *s'~ dans les bonnes grâces de qn* sich bei jdm einschmeicheln
insipide [ɛ̃sipid] *adj 1.* fade; *2. (ennuyeux)* langweilig, reizlos
insistance [ɛ̃sistɑ̃s] *f* Betonung *f*, Nachdruck *m; avec ~* inständig, eindringlich, nachdrücklich
insistant [ɛ̃sistɑ̃] *adj* eindringlich, nachdrücklich
insister [ɛ̃siste] *v 1. ~ sur* akzentuieren; *2. ~ sur (persister dans)* bestehen auf; *3. ~ sur (souligner)* betonen
insolation [ɛ̃sɔlasjɔ̃] *f 1. MED* Hitzschlag *m; 2. (coup de soleil)* Sonnenstich *m*
insolence [ɛ̃sɔlɑ̃s] *f* Frechheit *f*, Unverschämtheit *f*
insolent [ɛ̃sɔlɑ̃] *adj 1.* frech, ungezogen; *2. (fam)* kaltschnäuzig, keck, patzig, schnippisch; *m 3. (fam)* Frechdachs *m*
insoler [ɛ̃sɔle] *v TECH* der Sonne ausset zen
insolite [ɛ̃sɔlit] *adj* ungewöhnlich

insoluble [ɛ̃sɔlybl] *adj* unlösbar
insolvable [ɛ̃sɔlvabl] *adj ECO* zahlungsunfähig
insomniaque [ɛ̃sɔmnjak] *adj* schlaflos
insomnie [ɛ̃sɔmni] *f* Schlaflosigkeit *f*
insondable [ɛ̃sɔ̃dabl] *adj* bodenlos, grundlos
insonore [ɛ̃sɔnɔʀ] *adj* schalldicht
insonoriser [ɛ̃sɔnɔʀize] *v* schalldicht machen, schalldämmen
insouciance [ɛ̃susjɑ̃s] *f 1.* Leichtsinn *m; 2. (négligence)* Sorglosigkeit *f; avec ~* sorglos, unbekümmert
insouciant [ɛ̃susjɑ̃] *adj 1.* leichtsinnig; *2. (indifférent)* sorglos, unbekümmert, unbeschwert
insoumis [ɛ̃sumi] *adj 1.* nicht unterworfen, ungezogen; *m 2. MIL* Wehrdienstverweigerer *m*
insoumission [ɛ̃sumisjɔ̃] *f MIL* Weigerung den Wehrdienst anzutreten *f*
insoupçonnable [ɛ̃supsɔnabl] *adj* über jeden Verdacht erhaben
insoupçonné [ɛ̃supsɔne] *adj* nicht verdächtigt, unvermutet, ungeahnt
insoutenable [ɛ̃sutnabl] *adj (fig)* unhaltbar
inspecter [ɛ̃spɛkte] *v 1.* betrachten; *2. (examiner)* prüfen
inspecteur [ɛ̃spɛktœʀ] *m* Prüfer *m*
inspection [ɛ̃spɛksjɔ̃] *f* Kontrolle *f,* Inspektion *f*
inspiration [ɛ̃spiʀasjɔ̃] *f 1. (~ d'air)* Einatmen *n,* Atemholen *n; 2. (influence)* Anregung *f,* Eingebung *f,* Einflüsterung *f*
inspiratoire [ɛ̃spiʀatwaʀ] *adj* anregend, eingebend
inspirer [ɛ̃spiʀe] *v 1. ANAT* einatmen; *2. (suggérer)* inspirieren, veranlassen; *3. s'~ de qc* sich leiten lassen, sich beeinflussen lassen, sich jdn zum Vorbild nehmen, sich anregen
instabilité [ɛ̃stabilite] *f* Labilität *f,* Unausgeglichenheit *f*
instable [ɛ̃stabl] *adj 1.* veränderlich, unbeständig; *2. (précaire)* haltlos; *3. (versatile)* labil, unausgeglichen
installateur [ɛ̃stalatœʀ] *m* Installateur *m*
installation [ɛ̃stalasjɔ̃] *f 1. (d'une pièce)* Einrichtung *f; 2. (montage)* Aufstellung *f; 3. ~s sanitaires pl* Sanitäranlage *f*
installer [ɛ̃stale] *v 1.* einrichten, einbauen, montieren; *2. (monter)* installieren; *3. s'~* sich niederlassen; *4. s'~ (dans une maison)* beziehen
instamment [ɛ̃stamɑ̃] *adv* inständig
instance [ɛ̃stɑ̃s] *f JUR* Instanz *f; en ~* anhängig

> **instant** [ɛ̃stɑ̃] *m 1.* Augenblick *m,* Moment *m; en un ~* im Nu, im Handumdrehen; *pour l'~* augenblicklich, momentan, vorläufig; *à l'~ même* soeben; *2. dès l'~ que* sobald

instantané [ɛ̃stɑ̃tane] *adj 1.* augenblicklich; *m 2. FOTO* Schnappschuss *m*
instar [ɛ̃staʀ] *prep à l'~ de* nach Art, so wie, nach dem Beispiel, nach dem Muster
instauration [ɛ̃stɔʀasjɔ̃] *f* Einführung *f,* Bildung *f*
instaurer [ɛ̃stɔʀe] *v* einführen
instigateur [ɛ̃stigatœʀ] *m* Anstifter *m; être l'~ de (fig)* dahinterstecken/der Anstifter sein für
instinct [ɛ̃stɛ̃] *m 1.* Instinkt *m,* Trieb *m; ~ de conservation* Selbsterhaltungstrieb *m; 2. d'~* instinktiv, triebhaft
instinctif [ɛ̃stɛ̃ktif] *adj 1.* instinktiv, triebhaft; *2. (inconscient)* unbewusst
instituer [ɛ̃stitɥe] *v 1.* einrichten, gründen, schaffen, errichten; *2. ~ qn héritier JUR* jdn als Erben einsetzen
institut [ɛ̃stity] *m* Institut *n; ~ culturel* Kulturinstitut *n; ~ de sondages d'opinion* Meinungsforschungsinstitut *n; ~ bancaire/~ monétaire ECO* Geldinstitut *n*
instituteur [ɛ̃stitytœʀ] *m (d'école primaire)* Lehrer *m*
institution [ɛ̃stitysjɔ̃] *f* Institut *n,* Institution *f*
institutionnaliser [ɛ̃stitysjɔnalize] *v* institutionalisieren
institutionnel [ɛ̃stitysjɔnɛl] *adj* institutionell, Institutions...
institutrice [ɛ̃stitytʀis] *f 1. (d'école primaire)* Lehrerin *f; 2. ~ d'école maternelle* Kindergärtnerin *f*
instructeur [ɛ̃stʀyktœʀ] *adj 1.* bildend, informativ; *2. juge ~ JUR* Untersuchungsrichter
instructif [ɛ̃stʀyktif] *adj* aufschlussreich
instruction [ɛ̃stʀyksjɔ̃] *f 1.* Ausbildung *f; 2. (règle)* Vorschrift *f; 3. (conseil)* Gebrauchsanweisung *f,* Angabe *f; 4. JUR* Ermittlung *f*
instruire [ɛ̃stʀɥiʀ] *v 1.* ausbilden, anlernen, unterweisen; *2. s'~* lernen; *3. ~ une affaire JUR* die strafrechtliche Voruntersuchung durchführen; *4. (informer)* benachrichtigen, informieren
instruit [ɛ̃stʀɥi] *adj* gebildet, gelehrt

I

instrument [ɛ̃stʀymɑ̃] *m* *1.* Instrument *n;* *2. ~ de musique MUS* Musikinstrument *n; ~ à vent* Blasinstrument *n; 3. (outil)* Werkzeug *n; 4. ~s de navigation pl* Navigationsinstrumente *pl*
instrumentiste [ɛ̃stʀymɑ̃tist] *m/f MUS* Instrumentalist(in) *m/f*
insu [ɛ̃sy] *prep à l'~ de qn* ohne jds Wissen
insubordination [ɛ̃sybɔʀdinasjɔ̃] *f MIL* Ungehorsam *m*
insubordonné [ɛ̃sybɔʀdɔne] *adj* ungehorsam, widersetzlich
insuccès [ɛ̃syksɛ] *m* Erfolglosigkeit *f*
insuffisance [ɛ̃syfizɑ̃s] *f 1.* Unzulänglichkeit *f; 2. ~ de poids* Untergewicht *n; 3. ~ cardiaque MED* Herzschwäche *f*
insuffisant [ɛ̃syfizɑ̃] *adj 1.* ungenügend, mangelhaft; *2. (insatisfaisant)* unbefriedigend, unbefriedigt, unzulänglich

insuffler [ɛ̃syfle] *v MED* einblasen
insulaire [ɛ̃sylɛʀ] *adj 1.* insular, Insel...; *m/f 2.* Inselbewohner(in) *m/f*
insulte [ɛ̃sylt] *f* Beleidigung *f,* Schimpfwort *n*
insulter [ɛ̃sylte] *v* beleidigen, beschimpfen
insupportable [ɛ̃sypɔʀtabl] *adj* unerträglich, unausstehlich, ungenießbar
insurgé(e) [ɛ̃syʀʒe] *m/f* Empörer(in) *m/f,* Aufrührer(in) *m/f,* Aufständische(r) *m/f*
insurger [ɛ̃syʀʒe] *v s'~ (contre)* sich empören, aufbegehren
insurmontable [ɛ̃syʀmɔ̃tabl] *adj* unüberwindlich, unübersteigbar
insurrection [ɛ̃syʀɛksjɔ̃] *f* Aufstand *m,* Erhebung *f,* Revolte *f; une ~ populaire* ein Volksaufstand *m; un foyer d'~* ein Revolutionsherd *m*
intact [ɛ̃takt] *adj* heil, unversehrt, vollständig
intangible [ɛ̃tɑ̃ʒibl] *adj* unantastbar
intarissable [ɛ̃taʀisabl] *adj* nie versiegend, unerschöpflich
intégral [ɛ̃tegʀal] *adj 1.* vollständig, ganz; *adj 2. MATH calcul ~* Integralrechnung
intégrale [ɛ̃tegʀal] *f* Integrale *f*
intégralité [ɛ̃tegʀalite] *f* Vollständigkeit *f*
intégration [ɛ̃tegʀasjɔ̃] *f* Integration *f*
intègre [ɛ̃tɛgʀ] *adj 1.* rechtschaffen; *2. (honnête)* redlich, anständig
intégrer [ɛ̃tegʀe] *v 1.* integrieren; *2. (incorporer)* aufnehmen, übernehmen
intégriste [ɛ̃tegʀist] *m/f* Fundamentalist(in) *m/f,* Integrist(in) *m/f*
intégrité [ɛ̃tegʀite] *f 1.* Vollständigkeit *f,* Unversehrtheit *f,* tadellose Beschaffenheit *f; 2. (honnêteté)* Redlichkeit *f,* Unbestechlichkeit *f,* Rechtschaffenheit *f*
intellect [ɛ̃telɛkt] *m* Intellekt *m*
intellectuel [ɛ̃telɛktɥɛl] *adj* intellektuell
intellectuel(le) [ɛ̃telɛktɥɛl] *m/f* Intellektuelle(r) *m/f*
intelligence [ɛ̃teliʒɑ̃s] *f 1. (esprit)* Geist *m; 2. (raison)* Intelligenz *f,* Verstand *m,* Klugheit *f; 3. ~ artificielle* künstliche Intelligenz *f; 4. (entente)* Verständnis *n,* Einsicht *f,* Kenntnis *f; 5. ~s avec l'ennemi* geheime Verbindung *f*
intelligent [ɛ̃teliʒɑ̃] *adj 1.* intelligent, klug; *2. (judicieux)* einsichtig, gelehrig, gescheit, verständig
intelligible [ɛ̃teliʒibl] *adj* allgemein verständlich, begreiflich, verständlich
intempéries [ɛ̃tɑ̃peʀi] *f/pl* Unwetter *n*
intempestif [ɛ̃tɑ̃pɛstif] *adj* unzeitig, ungelegen, unpassend, unangebracht
intemporel [ɛ̃tɑ̃pɔʀɛl] *adj* zeitlos
intenable [ɛ̃t(ə)nabl] *adj* unerträglich
intendance [ɛ̃tɑ̃dɑ̃s] *f 1.* Aufsicht *f,* Verwaltung *f; 2. MIL* Intendantur *f*
intendant [ɛ̃tɑ̃dɑ̃] *m* Intendant *m*
intense [ɛ̃tɑ̃s] *adj 1. (vif)* lebhaft; *2. (poussé)* intensiv; *3. (fort)* lautstark; *4. (fig)* hochgradig
intensif [ɛ̃tɑ̃sif] *adj* intensiv
intensifier [ɛ̃tɑ̃sifje] *v 1.* intensivieren, verstärken, aufbauen; *2. s'~* zunehmen, sich enger gestalten
intensité [ɛ̃tɑ̃site] *f* Stärke *f*
intenter [ɛ̃tɑ̃te] *v ~ un procès à qn JUR* Klage gegen jmd erheben
intention [ɛ̃tɑ̃sjɔ̃] *f 1.* Absicht *f,* Vorhaben *n; avoir l'~ de* beabsichtigen, gedenken, vorhaben; *2. (dessein)* Vorsatz *m; 3. (volonté)* Wille *m*
intentionné [ɛ̃tɑ̃sjɔne] *adj bien ~* wohlmeinend, wohlgesinnt
intentionnel [ɛ̃tɑ̃sjɔnɛl] *adj* bewusst, absichtlich
interaction [ɛ̃tɛʀaksjɔ̃] *f* Wechselwirkung *f*
intercaler [ɛ̃tɛʀkale] *v (personne)* einschalten, hinzuziehen; *être intercalé* dazwischenliegen
intercéder [ɛ̃tɛʀsede] *v* sprechen für, sich einsetzen für, verteidigen; *~ en faveur de qn* für jdn sprechen; *~ auprès de qn* für jdn bei jdm vorsprechen, sich für jdn verwenden
intercepter [ɛ̃tɛʀsɛpte] *v* abfangen
intercesseur [ɛ̃tɛʀsɛsœʀ] *m* Fürsprecher *m*

interchangeable [ɛ̃tɛʀʃɑ̃ʒabl] *adj* austauschbar, auswechselbar
intercommunal [ɛ̃tɛʀkɔmynal] *adj* zwischen mehreren Gemeinden
interconnecter [ɛ̃tɛʀkɔnɛkte] *v TECH* miteinander verbinden
interconnexion [ɛ̃tɛʀkɔnɛksjɔ̃] *f TECH* Netz *n*, Verbindung *f*
intercontinental [ɛ̃tɛʀkɔ̃tinɑ̃tal] *adj* interkontinental
interdiction [ɛ̃tɛʀdiksjɔ̃] *f 1.* Verbot *n*, Sperre *f; ~ de conduire* Fahrverbot *n; ~ de stationner* Halteverbot *n; ~ de fumer* Rauchverbot *n; ~ d'importer ECO* Einfuhrverbot *n; 2. ~ civile JUR* Entmündigung *f*
interdire [ɛ̃tɛʀdiʀ] *v irr 1. ~ à qn de faire qc* jdm verbieten, etw zu tun; *2. (fermer)* sperren; *3. ~ de séjour POL* abschieben, ausweisen; *4. JUR* entmündigen
interdisciplinaire [ɛ̃tɛʀdisiplinɛʀ] *adj* interdisziplinär
interdit [ɛ̃tɛʀdi] *adj 1.* verboten, untersagt; *2. (fermé)* gesperrt; *3. (fig)* sprachlos; *4.* verboten, amtsenthoben, suspendiert
intéressant [ɛ̃teʀesɑ̃] *adj 1.* interessant; *2. (remarquable)* sehenswert; *3. (attirant)* ansprechend; *4. (~ à savoir)* wissenswert
intéressé [ɛ̃teʀese] *adj 1.* interessiert; *2. (cupide)* habgierig
intéressé(e) [ɛ̃teʀese] *m/f 1.* Interessent(in) *m/f; 2. (participant(e))* Beteiligte(r) *m/f*
intéressement [ɛ̃teʀɛsmɑ̃] *m;* Gewinnbeteiligung *f*
intéresser [ɛ̃teʀese] *v 1.* interessieren; *2. ~ qn à qc* jdn an etw beteiligen; *3. (concerner)* betreffen; *4. (fig)* anziehen; *5. s'~ à qc* sich für etw interessieren
intérêt [ɛ̃teʀɛ] *m 1.* Interesse *n; C'est dans votre propre ~.* Das liegt in Ihrem eigenen Interesse. *d'~ général* gemeinnützig; *2. (avantage)* Vorteil *m*, Nutzen *m; 3. ~s pl ECO* Zinsen *pl; payer des ~s* verzinsen
interethnique [ɛ̃tɛʀɛtnik] *adj* zwischen unterschiedlichen ethnischen Gruppen
interface [ɛ̃teʀfas] *f INFOR* Schnittstelle *f*
interférence [ɛ̃tɛʀfeʀɑ̃s] *f 1. (radio)* Überlagerung *f; 2. (fig)* Übersprechen *n*
intergalactique [ɛ̃tɛʀgalaktik] *adj ASTR* intergalaktisch

intérieur [ɛ̃teʀjœʀ] *adj 1.* innerer; *2. (intime)* innerlich; *3. (national)* inländisch; *m 4.* Inneres *n; à l'~* drinnen; *5. (du pays)* Inland *n; 6. (foyer)* Familienleben *n*

intérim [ɛ̃teʀim] *m 1.* Zwischenzeit *f; 2. travail en ~* Zeitarbeit *f*, Interim *n*
intérimaire [ɛ̃teʀimɛʀ] *m/f 1.* Stellvertreter(in) *m/f; adj 2.* vorläufig, einstweilig, provisorisch
intérioriser [ɛ̃teʀjɔʀize] *v* internalisieren, verinnerlichen
interjection [ɛ̃tɛʀʒɛksjɔ̃] *f LING* Interjektion *f*, Ausrufewort *n*
interligne [ɛ̃tɛʀliɲ] *m* Zeilenabstand *m*
interlocuteur [ɛ̃tɛʀlɔkytœʀ] *m* Ansprechpartner *m*, Gesprächspartner *m*
interloqué [ɛ̃tɛʀlɔke] *adj (fig)* sprachlos
interloquer [ɛ̃tɛʀlɔke] *v* unterhalten
interlude [ɛ̃tɛʀlyd] *m MUS* Zwischenmusik *f*
intermède [ɛ̃tɛʀmɛd] *m THEAT* Programmeinlage *f*
intermédiaire [ɛ̃tɛʀmedjɛʀ] *m/f 1.* Unterhändler(in) *m/f*, Vermittler(in) *m/f; adj 2.* mittlere(r,s)
interminable [ɛ̃tɛʀminabl] *adj* endlos, unendlich
intermittence [ɛ̃tɛʀmitɑ̃s] *f par ~* sporadisch, ab und zu
internat [ɛ̃tɛʀna] *m* Internat *n*
international [ɛ̃tɛʀnasjɔnal] *adj* international
internationaliser [ɛ̃tɛʀnasjɔnalize] *v* internationalisieren, unter internationale Kontrolle bringen
interne [ɛ̃tɛʀn] *adj 1.* innere(r,s), innerlich, intern; *2. (au sein de l'entreprise)* innerbetrieblich; *m/f 3.* Interne(r) *m/f 4. MED* Assistenzarzt/Assistenzärztin *m/f*, Hilfsarzt/Hilfsärztin *m/f*
interner [ɛ̃tɛʀne] *v (hôpital)* einweisen, einliefern
Internet [ɛ̃tɛʀnɛt] *m INFORM* Internet *n*
interpellation [ɛ̃tɛʀpelasjɔ̃] *f 1. POL* Anfrage *f; 2. JUR* vorübergehende Festnahme
interpeller [ɛ̃tɛʀpəle] befragen, ansprechen
interphone [ɛ̃tɛʀfɔn] *m* Gegensprechanlage *f*, Sprechanlage *f*
interposé [ɛ̃tɛʀpoze] *adj être ~* dazwischenliegen
interposer [ɛ̃tɛʀpoze] *v s'~* dazwischenkommen, sich einschieben
interprétation [ɛ̃tɛʀpʀetasjɔ̃] *f 1.* Bewertung *f; 2. (signification)* Interpretation *f*, Deutung *f*
interprète [ɛ̃tɛʀpʀɛt] *m/f 1.* Dolmetscher(in) *m/f; 2. CINE* Darsteller(in) *m/f*

I

interpréter [ɛ̃tɛʀpʀete] *v 1.* auslegen, deuten, interpretieren; *2. (évaluer)* auswerten, bewerten; *3. (traduire oralement)* dolmetschen
interrégional [ɛ̃tɛʀʀeʒjɔnal] *adj* interregional, zwischen den Regionen
interrogation [ɛ̃tɛʀɔgasjɔ̃] *f 1. GRAMM* Frage *f; un point d'~* ein Fragezeichen *n; une ~ indirecte* eine indirekte Frage *f; 2. (question)* Frage *f,* Befragung *f,* Abfrage *f; une ~ écrite* eine schriftliche Abfrage *f; une ~ orale* eine mündliche Abfrage *f*
interrogatoire [ɛ̃tɛʀɔgatwaʀ] *m 1. (d'inculpé) JUR* Verhör *n; ~ contradictoire JUR* Kreuzverhör *n; 2. (d'un témoin) JUR* Vernehmung *f*
interroger [ɛ̃teʀɔʒe] *v 1.* ausfragen; *2. JUR* verhören, vernehmen
interrompre [ɛ̃teʀɔ̃pʀ] *v 1.* unterbrechen, dazwischenrufen; *2. TEL* ausschalten; *3. (travail)* aussetzen, stilllegen
interrupteur [ɛ̃teʀyptœʀ] *m* Schalter *m; ~ électrique* Lichtschalter *m; ~ à bascule TECH* Kippschalter *m*
interruption [ɛ̃teʀypsjɔ̃] *f 1.* Unterbrechung *f; 2. (fig)* Abbruch *m; 3. ~ volontaire de grossesse MED* Schwangerschaftsabbruch *m*
intersection [ɛ̃tɛʀsɛksjɔ̃] *f* Überschneidung *f,* Kreuzung *f*
interstice [ɛ̃tɛʀstis] *f* Abstand *m*
interurbain [ɛ̃tɛʀyʀbɛ̃] *adj* Fern...
intervalle [ɛ̃tɛʀval] *m 1.* Zwischenraum *m; 2. (pause)* Zwischenzeit *f*

intervenir [ɛ̃tɛʀvənіʀ] *v 1.* eingreifen, dazwischentreten, einspringen; *2. (s'écrier)* dazwischenrufen; *3. faire ~ qn* jdn einschalten, jdn hinzuziehen; *4. (~ dans)* sich einschalten, vemitteln

intervention [ɛ̃tɛʀvɑ̃sjɔ̃] *f 1.* Eingriff *m,* Einschreiten *n; faire une ~* dazwischenrufen; *2. (chirurgicale) MED* Eingriff *m,* Operation *f; 3. MIL* Einsatz *m*
interventionnisme [ɛ̃tɛʀvɑ̃sjɔnism] *m POL* Interventionismus *m*
intervertir [ɛ̃tɛʀvɛʀtiʀ] *v* vertauschen, umstellen
interview [ɛ̃tɛʀvju] *f* Interview *n*
interviewer [ɛ̃tɛʀvjuve] *v* interviewen, befragen
intestin [ɛ̃tɛstɛ̃] *m 1. ANAT* Darm *m; gros ~* Dickdarm *m; ~ grêle* Dünndarm *m; 2. ~s pl ANAT* Eingeweide *pl,* Gedärm *n; adj 3. LIT* innerhalb einer Gruppe
intime [ɛ̃tim] *adj 1.* innig; *2. (confidentiel)* vertraulich, intim, vertraut, zutraulich; *3. (fig)* innere(r,s)
intimer [ɛ̃time] *v* mitteilen, erklären, ankündigen
intimidation [ɛ̃timidasjɔ̃] *f* Abschreckung *f,* Einschüchterung *f*
intimidé [ɛ̃timide] *adj* verschüchtert
intimider [ɛ̃timide] *v* abschrecken, abhalten von
intimité [ɛ̃timite] *f 1.* Intimität *f,* Vetraulichkeit *f,* Privatleben *n,* Vertrautheit *f; 2. (confort)* Gemütlichkeit *f*
intituler [ɛ̃tityle] *v* überschreiben, betiteln
intolérant [ɛ̃tɔleʀɑ̃] *adj* intolerant
intonation [ɛ̃tɔnasjɔ̃] *f* Betonung *f*
intouchable [ɛ̃tuʃabl] *adj* unberührbar
intoxication [ɛ̃tɔksikasjɔ̃] *f MED* Vergiftung *f; ~ par le gaz* Gasvergiftung *f; ~ par les champignons* Pilzvergiftung *f*
intoxiquer [ɛ̃tɔksike] *v 1.* vergiften; *2. s'~* sich vergiften; *s'~ au tabac* sich eine Nikotinvergiftung holen; *3. (fig)* vergiften, verpesten
intraduisible [ɛ̃tʀadɥizibl] *adj* unübersetzbar, nicht übersetzbar, nicht übertragbar; *un jeu de mots ~* ein unübersetzbares Wortspiel *n*
intransigeance [ɛ̃tʀɑ̃ziʒɑ̃s] *f* Unnachgiebigkeit *f,* Starrsinn *m,* Unversöhnlichkeit *f*
intransigeant [ɛ̃tʀɑ̃ziʒɑ̃] *adj* kompromisslos
intransitif [ɛ̃tʀɑ̃zitif] *adj (verbe) GRAMM* intransitiv
intraveineuse [ɛ̃tʀavɛnøz] *f MED* intravenös
intrépide [ɛ̃tʀepid] *adj* unerschrocken, wagemutig
intrépidité [ɛ̃tʀepidite] *f* Kühnheit *f,* Unerschrockenheit *f,* Furchtlosigkeit *f*
intrication [ɛ̃tʀikasjɔ̃] *f* Verstrickung *f,* Vermischung *f*
intrigant(e) [ɛ̃tʀigɑ̃(t)] *m/f* Intrigant(in) *m/f*
intrigue [ɛ̃tʀig] *f 1.* Intrige *f; 2. (fig) THEAT* Verwicklung *f; 3. ~s pl* Machen-schaften *pl*
intriguer [ɛ̃tʀige] *v 1.* intrigieren, Ränke schmieden, kungeln; *~ pour obtenir un poste* intrigieren, um einen Posten zu erhalten; *2. ~ qn* jdn beschäftigen, jdn neugierig machen, jdn aufmerksam machen; *Cette histoire m'intrigue.* Diese Geschichte weckt meine Neu-gier.
intrinsèque [ɛ̃tʀɛ̃sɛk] *adj (fig)* innere(r,s)
introduction [ɛ̃tʀɔdyksjɔ̃] *f* Einleitung *f,* Einführung *f*

I

introduire [ɛ̃tʀɔdɥiʀ] *v 1.* einleiten, einfügen; *2. ~ dans (objet)* einführen in; *3. ~ qn auprès d'un* vorstellen, bekannt machen; *4. s'~* sich vorstellen
introniser [ɛ̃tʀɔnize] *v* auf den Thron erheben, feierlich einsetzen
introspection [ɛ̃tʀɔspɛksjɔ̃] *f PSYCH* Selbstbeobachtung *f*
introuvable [ɛ̃tʀuvabl] *adj* unauffindbar
introversion [ɛ̃tʀɔvɛʀsjɔ̃] *f* Introversion *f*
introverti [ɛ̃tʀɔvɛʀti] *adj* introvertiert
intrus [ɛ̃tʀy] *m* Eindringling *m*
intrusion [ɛ̃tʀyzjɔ̃] *f* Eindringen *n,* Hereindrängen *n,* Amtserschleichung *f,* Einmischung *f*
intuitif [ɛ̃tɥitif] *adj* intuitiv
intuition [ɛ̃tɥisjɔ̃] *f 1.* Intuition *f,* Eingebung *f; 2. (pressentiment)* Ahnung *f*
inuit [inyiː] *pl (veilli: esquimaux)* Inuit *pl*
inusable [inyzabl] *adj* unverwüstlich
inusité [inyzite] *adj* ungebräuchlich, ungewohnt, ungewöhnlich
inutile [inytil] *adj 1.* unnütz, nutzlos, unnötig, unbrauchbar; *2. (superflu)* überflüssig
inutilisable [inytilizabl] *adj* unbrauchbar
inutilité [inytilite] *f* Nutzlosigkeit *f*
invalide [ɛ̃valid] *m/f 1.* Invalide *m/f; 2. (infirme)* Krüppel *m; adj 3.* schwer beschädigt; *4. MIL* untauglich
invalider [ɛ̃valide] *v JUR* für ungültig erklären, annulieren
invalidité [ɛ̃validite] *f 1.* Ungültigkeit *f; 2.* Invalidität *f,* Arbeitsunfähigkeit *f*
invariable [ɛ̃vaʀjabl] *adj* gleich bleibend, unabänderlich, unveränderlich
invasion [ɛ̃vazjɔ̃] *f 1. POL* Invasion *f; 2. MIL* Einfall *m; 3. grandes ~s pl HIST* Völkerwanderung *f*
invective [ɛ̃vɛktiv] *f* Beleidigung *f,* beleidigende Äußerung *f,* Schimpfrede *f*
invectiver [ɛ̃vɛktive] *v* sich in Schmähungen ergehen, schimpfen, wettern
invendable [ɛ̃vɑ̃dabl] *adj* unverkäuflich
inventaire [ɛ̃vɑ̃tɛʀ] *m 1.* Inventar *n; 2. (liste)* Verzeichnis *n; 3. ECO* Bestandsaufnahme *f,* Inventur *f*
inventer [ɛ̃vɑ̃te] *v* erfinden; *~ de toutes pièces* erdichten; *ne pas avoir inventé le fil à couper le beurre* das Pulver nicht erfunden haben
inventeur [ɛ̃vɑ̃tœʀ] *m* Erfinder *m*
inventif [ɛ̃vɑ̃tif] *adj* erfinderisch
invention [ɛ̃vɑ̃sjɔ̃] *f 1.* Erfindung *f; C'est de son ~.* Das hat er erfunden. *2. (imagination)* Einfallsreichtum *m*
inverse [ɛ̃vɛʀs] *adj* umgekehrt, verkehrt herum
inverser [ɛ̃vɛʀse] *v* umkehren
inversion [ɛ̃vɛʀsjɔ̃] *f* Umkehrung *f,* Inversion *f*
invertébré [ɛ̃vɛʀtebʀe] *m ZOOL* Wirbellose *pl*
invertir [ɛ̃vɛʀtiʀ] *v* umkehren, auf den Kopf stellen
investigation [ɛ̃vɛstgasjɔ̃] *f* Ermittlung *f,* Forschung *f,* Nachforschung *f*
investir [ɛ̃vɛstiʀ] *v 1.* investieren; *2. (encercler)* umzingeln; *3. ~ qn d'une fonction* jmd in ein Amt einsetzen
investissement [ɛ̃vɛstismɑ̃] *m 1.* Investition *f; 2. (en argent) FIN* Anlage *f; 3. ~ de fonds ECO* Kapitalanlage *f; 4. mauvais ~ ECO* Fehlinvestition *f; 5.* Engagement *n*
investisseur [ɛ̃vɛstisœʀ] *m FIN* Anleger *m*
investiture [ɛ̃vɛstityʀ] *f* Einsetzung *f,* Belehnung *f*
invétéré [ɛ̃veteʀe] *adj* eingewurzelt
invincible [ɛ̃vɛ̃sibl] *adj* unbesiegbar, unschlagbar, unwiderstehlich
inviolable [ɛ̃vjɔlabl] *adj* unantastbar
invisible [ɛ̃vizibl] *adj* unsichtbar
invitation [ɛ̃vitasjɔ̃] *f 1.* Einladung *f; 2. (~ à)* Ruf *m,* Aufforderung *f*
invité(e) [ɛ̃vite] *m/f* Besucher(in) *m/f,* Gast *m; ~ d'honneur (officiel)* Ehrengast *m*
inviter [ɛ̃vite] *v 1.* einladen; *2. ~ à* auffordern zu
invivable [ɛ̃vivabl] *adj* unerträglich, unausstehlich, unumgänglich
invocation [ɛ̃vɔkasjɔ̃] *f* Erflehen *n,* Erbitten *n*
involontaire [ɛ̃vɔlɔ̃tɛʀ] *adj 1.* unabsichtlich, unbeabsichtigt; *2. (inconscient)* unbewusst; *3. (forcé)* unfreiwillig
invoquer [ɛ̃vɔke] *v 1. REL* sich wenden an, bitten, beten zu, anrufen; *~ un saint* einen Heiligen anrufen; *2. (recourir à)* anführen, sich berufen auf, bemühen, geltend machen
invraisemblable [ɛ̃vʀɛsɑ̃blabl] *adj* unwahrscheinlich
invraisemblance [ɛ̃vʀɛsɑ̃blɑ̃s] *f* Unwahrscheinlichkeit *f*
invulnérable [ɛ̃vylneʀabl] *adj* unverwundbar
Irakien(ne) [iʀakjɛ̃/iʀakjɛn] *m/f* Iraker(in) *m/f*
Iran [iʀɑ̃] *m l'~ GEO* Iran *m*
Iranien(ne) [iʀanjɛ̃/iʀanjɛn] *m/f* Iraner(in) *m/f*

I

Iraq [iʀak] *m l'~ GEO* Irak *m*
irascibilité [iʀasibilite] *f* Jähzorn *m*
irascible [iʀasibl] *adj* jähzornig
iris [iʀis] *m 1. BOT* Schwertlilie *f; 2. ANAT* Regenbogenhaut *f,* Iris *f*
iriser [iʀize] *v* schillern, in Regenbogenfarben schillern
Irlandais(e) [iʀlɑ̃dɛ(z)] *m/f* Ire/Irin *m/f*
Irlande [iʀlɑ̃d] *f GEO* Irland *n*
ironie [iʀɔni] *f* Ironie *f*
ironique [iʀɔnik] *adj* ironisch, spöttisch
ironiser [iʀɔnize] *v* ironische Bemerkungen machen
irradiation [iʀadjasjɔ̃] *f* Bestrahlung *f,* Strahlung *f,* Strahlen *n*
irradier [iʀadje] *v 1.* ausstrahlen; *2. (exposer)* bestrahlen
irraisonné [iʀɛzɔne] *adj* unüberlegt
irrationnel [iʀasjɔnel] *adj 1.* irrational, unbegreiflich, vernunftwidrig; *une démarche ~le* ein unbegreifliches Vorgehen *n; 2. (nombre) MATH* irrational
irréaliste [iʀealist] *adj* unrealistisch
irrecevable [iʀəsəvabl] *adj JUR* unzulässig
irréductible [iʀedyktibl] *adj 1.* nicht reduzierbar, irreduzibel, nicht wiederherstellbar; *2. (difficulté)* unbeugsam, unüberwindbar; *3. (fig)* unbeugsam, unnachgiebig; *une personne ~* eine unnachgiebige Person *f; être ~ sur une question* in einer Sache nicht nachgeben
irréfléchi [iʀefleʃi] *adj* unbedacht, unbesonnen, unüberlegt, gedankenlos
irréfutable [iʀefytabl] *adj* nicht von der Hand zu weisen, stichhaltig, unwiderlegbar; *un argument ~* ein stichhaltiges Argument *n*
irrégularité [iʀegylaʀite] *f* Unregelmäßigkeit *f*
irrégulier [iʀegylje] *adj 1.* unregelmäßig; *2. (illégal)* regelwidrig
irrémédiable [iʀemedjabl] *adj* unheilbar
irréprochable [iʀepʀɔʃabl] *adj 1.* einwandfrei, tadellos; *2. (fig)* lupenrein
irrésistible [iʀezistibl] *adj* unaufhaltsam, unwiderstehlich
irrésolu [iʀezɔly] *adj* unschlüssig, wankelmütig
irrespectueux [iʀɛspɛktɥœ] *adj* respektlos
irresponsabilité [iʀɛspɔ̃sabilite] *f JUR* Unzurechnungsfähigkeit *f*
irresponsable [iʀɛspɔ̃sabl] *adj 1.* unverantwortlich, verantwortungslos; *2. JUR* unzurechnungsfähig
irréversible [ireveʀsibl] *adj* irreversibel, unumkehrbar, nicht umkehrbar; *une évolution ~* eine nicht umkehrbare Entwicklung *f*
irrévocable [iʀevɔkabl] *adj 1.* unabänderlich; *2. (définitif)* unwiderruflich
irrigation [iʀigasjɔ̃] *f 1. MED ~ sanguine* Durchblutung *f; 2. AGR* Bewässerung *f*
irritable [iʀitabl] *adj* reizbar
irritation [iʀitasjɔ̃] *f 1.* Ärger *m,* Entrüstung *f,* Zorn *m; 2. (exaspération)* Gereiztheit *f; 3. MED* Reizung *f*
irrité [iʀite] *adj 1. (fâché)* böse, zornig; *2. (exaspéré)* gereizt, verärgert; *3. (fig)* verstimmt
irriter [iʀite] *v 1.* ärgern; *2. (exciter)* erregen, aufregen; *3. (fâcher)* verärgern; *4. MED* entzünden
irruption [iʀypsjɔ̃] *f 1.* Ausbruch *m; 2. (effraction)* Einbruch *m; faire ~* hereinbrechen
Islam [islam] *m REL* Islam *m*
islamique [islamik] *adj REL* islamisch
islamisme [islamism] *m* Islamismus *m*
islamiste [islamist] *m/f* Islamist(in) *m/f*
Islande [islɑ̃d] *f GEO* Island *n*
isocèle [izɔsɛl] *adj MATH triangle ~* gleichschenkliges Dreieck
isolation [izɔlasjɔ̃] *f 1.* Isolation *f,* Isolierung *f; 2. ~ du bruit* Dämpfung *f; 3. ~ thermique* Wärmedämmung *f; 4. (fig)* Abschirmung *f*
isoler [izɔle] *v 1.* abschirmen, isolieren; *2. s'~* sich absondern; *3. (région)* absperren; *4. (du bruit)* dämpfen; *5. TECH* abscheiden
Israël [isʀaɛl] *m GEO* Israel *n*
issu [isy] *adj être ~ de* abstammen von
issue [isy] *f 1.* Ausgang *m; ~ de secours* Notausgang *m; 2. (solution)* Ausweg *m; sans ~* ausweglos/aussichtslos
Italie [itali] *f GEO* Italien *n*
italien [italjɛ̃] *adj 1.* italienisch; *m 2. LING* Italienisch *n*
Italien(ne) [italjɛ̃/italjɛn] *m/f* Italiener(in) *m/f*
itinéraire [itineʀɛʀ] *m* Reiseroute *f*
ivoire [ivwaʀ] *m* Elfenbein *n*
ivre [ivʀ] *adj (fam)* betrunken; *légèrement ~* beschwipst
ivresse [ivʀɛs] *f 1.* Rausch *m; 2. JUR* Trunkenheit *f*
ivrogne [ivʀɔɲ] *adj 1.* trunksüchtig; *m/f 2.* Säufer(in) *m/f,* Trinker(in) *m/f*

J/K

jabot [ʒabo] *m 1. ZOOL* Kropf *m; 2. (en couture)* Jabot *n*
jacasser [ʒakase] *v* plappern
jachère [ʒaʃɛʀ] *f AGR* Brachland *n,* Brache *f,* Brachliegen *n; laisser une terre en ~* ein Feld brachliegen lassen
jacquerie [ʒakʀi] *f* Bauernaufstand *m*
jacter [ʒakte] *v (fam)* quasseln
jadis [ʒadis] *adv (passé)* einst, früher, ehemals
jaillir [ʒajiʀ] *v 1.* sprudeln, quellen; *2. (surgir)* auftauchen
jalon [ʒalɔ̃] *m (fig)* Meilenstein *m*
jalonner [ʒalɔne] *v (marquer)* abstecken, markieren
jalouser [ʒaluze] *v 1.* beneiden, neiden, missgönnen; *~ ses frères* seine Brüder beneiden; *~ la promotion d'un collègue* einem Kollegen die Beförderung nicht gönnen; *2. se ~* sich beneiden, aufeinander neidisch sein
jalousie[1] [ʒaluzi] *f 1.* Eifersucht *f; 2. (envie)* Missgunst *f,* Neid *m*
jalousie[2] [ʒaluzi] *f (persienne)* Jalousie *f*
jaloux [ʒalu] *adj* neidisch, eifersüchtig, missgünstig; *être ~ comme un tigre* schrecklich eifersüchtig sein

> **jamais** [ʒamɛ] *adv 1.* niemals, nie; *2. (un jour)* jemals; *A tout ~!* Auf immer! *Au grand ~!* Nie und nimmer! *Jamais de la vie!* Nie im Leben! *Maintenant ou ~!* Jetzt oder nie!

jambage [ʒɑ̃baʒ] *m* Verstärkung *f,* Pfosten *m,* Ständer *m*
jambe [ʒɑ̃b] *f ANAT* Bein *n; ne plus avoir de ~s* vor Müdigkeit umfallen; *à toutes ~s* Hals über Kopf; *prendre ses ~s à son cou* die Beine in die Hand nehmen
jambon [ʒɑ̃bɔ̃] *m GAST* Schinken *m*
jante [ʒɑ̃t] *f* Felge *f*
janvier [ʒɑ̃vje] *m* Januar *m*
Japon [ʒapɔ̃] *m GEO* Japan *n*
japonais [ʒapɔnɛ] *adj* japanisch
Japonais(e) [ʒapɔnɛ(z)] *m/f* Japaner(in)
japper [ʒape] *v* kläffen
jaquette [ʒakɛt] *f 1.* Jackett *n; 2. (d'un livre)* Schutzumschlag *m*
jardin [ʒaʀdɛ̃] *m* Garten *m; ~ d'enfants* Kindergarten *m; ~ zoologique* Tiergarten *m*
jardinage [ʒaʀdinaʒ] *m 1.* Gartenbau *m; 2. (horticulture)* Gärtnerei *f*
jardiner [ʒaʀdine] *v* gärtnern, im Garten arbeiten
jardinier [ʒaʀdinje] *m* Gärtner *m*
jardinière [ʒaʀdinjɛʀ] *f 1.* Gärtnerin *f; 2. ~ de fleurs* Blumenkasten *m; 3. ~ de légumes GAST* Gericht mit verschiedenen Gemüsen *n; 4. ~ d'enfants* Kindergärtnerin *f*
jargon [ʒaʀgɔ̃] *m 1. (langage particulier)* Fachjargon *m,* Fachsprache *f; le ~ des philosophes* die Sprache der Philosophen *f; le ~ des médecins* die Medizinersprache *f; le ~ du sport* der Sportjargon *m; 2. (péjoratif)* Kauderwelsch *n,* Fachchinesisch *n; 3. (langue secrète)* Geheimsprache *f; le ~ des malfaiteurs* die Gaunersprache *f*
jarre [ʒaʀ] *f (vase)* Krug *m*
jarret [ʒaʀɛ] *m ANAT* Kniekehle *f*
jarretière [ʒaʀtjɛʀ] *f* Strumpfband *n*
jaser [ʒaze] *v 1.* klatschen; *2. (bavarder)* plappern
jatte [ʒat] *f* Schale *f,* Napf *m*
jauger [ʒoʒe] *v 1.* eichen, messen; *2. ~ un navire NAUT* Tonnage bestimmen; *3. (fig)* einschätzen, abschätzen; *~ un homme au premier coup d'œil* einen Menschen auf den ersten Blick einschätzen
jaune [ʒon] *adj 1.* gelb; *m 2. ~d'œuf* Eigelb *n*
jaunir [ʒoniʀ] *v* vergilben
Javel [ʒavɛl] *f eau de ~ CHEM* Bleichlauge *f*
javelliser [ʒavelize] *v* keimfrei machen
javelot [ʒavlo] *m 1. SPORT* Speer *m; 2. (lance)* Spieß *m*
je [ʒə] *pron* ich
jean [dʒin] *m (pantalon)* Jeans *pl,* Blue Jeans *pl*
je-m'en-foutisme [ʒmɑ̃futism] *m (fam)* Leck-mich-am-Arsch-Haltung *f*
jérémier [ʒeʀemje] *v* klagen, jammern
jerrycan [ʒeʀikan] *m ~ d'essence* Benzinkanister *m*
jésuite [ʒezɥit] *m 1. REL* Jesuit *m; 2. (fig)* Heuchler *m; adj 3. REL* jesuitisch, Jesuiten...
Jésus [ʒezy] *m REL* Christus *m*
jet [ʒɛ] *m 1.* Strahl *m; ~ d'eau* Fontäne *f; 2. (lancer)* Wurf *m,* Werfen *n,* Strahl *m*
jetable [ʒətabl] *adj* Wegwerf..., zum Wegwerfen
jetée [ʒəte] *f* Mole *f*

jeter [ʒəte] *v 1.* werfen, schleudern; *se ~ à la tête de qn* sich jdm an den Hals werfen/sich jdm aufdrängen; *~ son dévolu sur qn* ein Auge auf jdn werfen; *~ l'argent par la fenêtre* Geld zum Fenster rausschmeißen, Geld verschwenden; *2.~ à terre* abwerfen, hinunterwerfen, herauswerfen, wegwerfen; *3. se ~ dans* münden in

jeton [ʒətɔ̃] *m 1. (de casino)* Chip *m; 2. ~ de présence POL* Tagegeld *n; 3. avoir les ~s (fam)* Angst haben, Schiss haben

jeu [ʒø] *m 1.* Spiel *n; faire entrer en ~* ins Spiel bringen; *jouer le ~* sich an die Spielregeln halten; *avoir beau ~* leichtes Spiel haben; *Le ~ n'en vaut pas la chandelle.* Es lohnt sich nicht. *~ de patience* Geduldsspiel *n; ~ de hasard* Glücksspiel *n; ~ de cartes* Kartenspiel *n; 2. (de dés, d'outils)* Satz *m; 3. MUS* Spiel *n; 4. Jeux olympiques pl* Olympische Spiele *pl; 5. (assortiment) TECH* Set *n*

jeudi [ʒødi] *m* Donnerstag *m; la semaine des quatre ~s* der Sankt-Nimmerleins-Tag *m; le ~* donnerstags

jeun [ʒœ̃] *adv à ~* nüchtern (ohne Essen)

jeune [ʒœn] *adj 1.* jung; *~s et vieux* Jung und Alt; *2. (adolescent)* jugendlich; *3. trop ~* unreif; *m 4. ~s pl* Nachwuchs *m,* Jugendliche *pl*

jeûner [ʒøne] *v 1.* fasten; *2. (fig)* hungern

jeunesse [ʒœnɛs] *f* Jugend *f*

joaillerie [ʒɔɑjʀi] Juwelierkunst *f,* Schmuckwaren *f/pl,* Schmuck *m*

joaillier [ʒɔaje] *m* Juwelier *m*

job [dʒɔb] *m (fam)* Gelegenheitsarbeit *f*

jobard [ʒɔbaʀ] *adj* dumm, einfältig, dämlich

jogging [dʒɔgiŋ] *m 1.* Trainingsanzug *m; 2. (course à pied)* Jogging *n*

joie [ʒwa] *f* Freude *f,* Lust *f; ~ de vivre* Lebensfreude *f; avec ~* genüsslich

joindre [ʒwɛ̃dʀ] *v irr 1.* verbinden; *2. (ajouter)* beifügen; *3. ~ les mains* die Hände falten; *4. ~ qn* jdn erreichen; *~ les deux bouts* gerade so über die Runden kommen; *Où puis-je le ~?* Wo kann ich ihn erreichen? *5. se ~ à qn* sich jdm anschließen

joint [ʒwɛ̃] *m 1. TECH* Dichtung *f; 2. (articulation) TECH* Gelenk *n; adj 3.* verbunden, angefügt; *4. ci-~* anbei, als Anlage

jointure [ʒwɛ̃tyʀ] *f 1.* Verbindung *f,* Fuge *f; les ~s du parquet* die Parkettfugen *pl; 2. ANAT* Gelenk *n*

joli [ʒɔli] *adj* hübsch, nett, niedlich, schön; *~ à croquer* zum Anbeißen hübsch

jonc [ʒɔ̃] *m BOT* Binse *f*

joncher [ʒɔ̃ʃe] *v* bedecken, verstreut herumliegen; *Des papiers jonchaient le sol.* Auf dem Boden lagen überall verstreut Papiere.

jonction [ʒɔ̃ksjɔ̃] *f 1. (liaison)* Verbindung *f; ~ transversale* Querverbindung *f; 2. TECH* Verbindung *f*

jongler [ʒɔ̃gle] *v* jonglieren

jongleur [ʒɔ̃glœʀ] *m 1.* Jongleur *m; 2. (prestidigitateur)* Gaukler *m*

joue [ʒu] *f 1.* Backe *f,* Wange *f; 2. mettre en ~* Gewehr anlegen *n*

jouer [ʒwe] *v 1.* spielen; *~ un mauvais tour à qn* jdm einen üblen Streich spielen; *~ le tout pour le tout* alles auf eine Karte setzen *(fig); A qui de ~?* Wer ist dran?/Wer ist an der Reihe? *~ au plus fin* superklug sein/ein Schlaumeier sein; *Bien joué!* Gut gemacht!/Gut so! *2. ~ à SPORT* spielen; *3. ~ au poker* pokern; *4. ~ des poings et des pieds pour réussir* sich durchboxen; *5. ~ des coudes* sich vordrängen; *6. ~ en Bourse FIN* an der Börse spekulieren; *7. ~ la comédie (fam)* sich verstellen; *8. THEAT* aufführen; *9. CINE* darstellen; *10. MUS* spielen; *~ d'un instrument* ein Instrument spielen

jouet [ʒwɛ] *m* Spielzeug *n*

joueur [ʒwœʀ] *m 1.* Spieler *m,* Glücksspieler *m; 2. SPORT* Spieler *m*

joufflu [ʒufly] *adj* pausbäckig; *un bébé ~* ein pausbäckiges Baby *n*

joug [ʒu] *m 1. AGR* Joch *n; 2. (fig)* Joch *n,* Bürde *f,* Kreuz *n; le ~ du mariage* das Ehejoch *n; secouer le ~* das Joch abschütteln

jouir [ʒwiʀ] *v ~ de (fig: recevoir qc)* genießen

jouissance [ʒwisɑ̃s] *f 1.* Genuss *m; 2. JUR* Genuss *m,* Nießbrauch *m,* Nutznießung *f*

jouisseur [ʒwisœʀ] *m* Genießer *m*

jour [ʒuʀ] *m 1.* Tag *m; du ~ au lendemain* von heute auf morgen; *A un de ces ~s!* Bis demnächst!/Bis bald! *vivre au ~ le ~* von der Hand in den Mund leben/in den Tag hinein leben; *donner ses huit ~s* kündigen; *d'un ~ à l'autre* von einem Tag zum anderen; *être comme le ~ et la nuit* wie Tag und Nacht sein/grundverschieden sein; *éclater au grand ~* an den Tag kommen; *voir le ~* das Licht der Welt erblicken; *~ après ~* Tag für Tag; *par ~* täglich; *~ de fête* Feiertag *m; ~ de l'An* Neujahr *n; ~ ouvrable* Werktag *m; ~ de repos* Ruhetag *m; ~ de la semaine* Wochentag *m; ~ des morts REL* Totensonntag *m; un*

J K

~ einst, eines Tages; *de tous les ~s* alltäglich, alltags, täglich; *de nos ~s* heutzutage; *2. (lumière)* Tageslicht *n; 3. les vieux ~s pl* Lebensabend *m*

journal [ʒuʀnal] *m 1.* Zeitung *f; ~ des élèves* Schülerzeitung *f; 2. (intime)* Tagebuch *n; 3. ~ à sensation* Sensationspresse *f; 4. ~ hebdomadaire* Wochenblatt *n; 5. ~ télévisé* Tagesschau *f*
journalier [ʒuʀnalje] *adj* täglich
journalisme [ʒuʀnalism] *m* Journalismus *m*
journaliste [ʒuʀnalist] *m/f* Journalist(in) *m/f; ~ sportif* Sportreporter *m*
journaux [ʒuʀno] *m/pl* Presse *f*
journée [ʒuʀne] *f* Tag *m; toute la sainte ~* den lieben langen Tag; *pendant toute la ~* ganztägig; *des ~s entières* tagelang; *dans la ~* tagsüber
jovialité [ʒɔvjalite] *f* Heiterkeit *f,* Frohsinn *m,* Fröhlichkeit *f*
joyau [ʒwajo] *m 1.* Juwel *n,* Kleinod *n; 2. (objet précieux)* Kostbarkeit *f*
joyeux [ʒwajø] *adj* freudig, vergnügt
jubilaire [ʒybilɛʀ] *m* Jubilar *m*
jubilé [ʒybile] *m* Jubiläum *n*
jubiler [ʒybile] *v* jubeln, jauchzen
jucher [ʒyʃe] *v 1. ~ qc* etw hinaufsetzen, etw oben hinstellen, etw hochlegen; *~ des bocaux sur une étagère* Gläser ganz oben auf das Regal stellen; *2. se ~* sich nach oben setzen, sich hochlegen; *se ~ sur une échelle* sich oben auf eine Leiter setzen
judaïsme [ʒydaism] *m REL* Judentum *n*
judiciaire [ʒydisjɛʀ] *adj JUR* gerichtlich
judicieux [ʒydisjø] *adj* klug, scharfsinnig
juge [ʒyʒ] *m 1. JUR* Richter(in) *m/f; 2. ~ de première instance JUR* Amtsrichter(in) *m/f; 3. SPORT* Kampfrichter(in) *m/f*
jugement [ʒyʒmɑ̃] *m 1. JUR* Urteil *n,* Urteilsspruch *m; 2. (discernement)* Urteilsvermögen *n; 3. (appréciation)* Beurteilung *f; porter un ~ sur* beurteilen, urteilen über; *erreur de ~* Fehleinschätzung *f*
jugeotte [ʒyʒɔt] *f (fam)* Köpfchen *n,* Grips *m*
juger [ʒyʒe] *v 1. ~ de* beurteilen; *Jugez-en par vous-même!* Bilden Sie sich ein Urteil!/Überzeugen Sie sich selbst! *2. JUR* richten, urteilen; *3. (évaluer)* werten; *4. (fig)* betrachten
juif [ʒɥif] *adj* jüdisch
Juif [ʒɥif] *m* Jude *m*
juillet [ʒɥijɛ] *m* Juli *m*
juin [ʒɥɛ̃] *m* Juni *m*
Juive [ʒɥiv] *f* Jüdin *f*
julienne [ʒyljɛn] *f ~ de légumes GAST* verschiedene Gemüse in Streifen geschnitten
jumeau [ʒymo] *m* Zwilling *m*
jumelage [ʒymlaʒ] *m (entre villes)* Städtepartnerschaft *f*
jumelle [ʒymɛl] *f 1.* Zwilling *m; 2. ~s pl* Fernglas *n*
jument [ʒymɑ̃] *f ZOOL* Stute *f*
jungle [ʒœ̃gl] *m* Dschungel *m,* Urwald *m*
junior [ʒynjɔʀ] *m SPORT* Junior *m*
jupe [ʒyp] *f* Rock *m*
jupe-culotte [ʒypkylɔt] *f* Hosenrock *m*
jupon [ʒypɔ̃] *m* Unterrock *m*
juré(e) [ʒyʀe] *m/f JUR* Geschworene(r) *m/f*
jurer [ʒyʀe] *v 1. JUR* beschwören; *2. (prétendre)* schwören; *~ ses grands dieux que ...* Stein und Bein schwören, dass ...; *On ne saurait ~ de rien.* Man kann es nicht beschwören. *3. (pester contre qc)* verfluchen
juridiction [ʒyʀidiksjɔ̃] *f JUR* Gerichtsbarkeit *f*
juridique [ʒyʀidik] *adj 1.* juristisch, rechtlich; *2. JUR* gerichtlich
jurisprudence [ʒyʀispʀydɑ̃s] *f JUR* Rechtsprechung *f*
juriste [ʒyʀist] *m/f* Jurist(in) *m/f*
juron [ʒyʀɔ̃] *m* Fluch *m*
jury [ʒyʀi] *m 1. JUR* Geschworenenbank *f; 2. (commission d'examinateurs)* Jury *f,* Prüfungsausschuss *m*
jus [ʒy] *m 1. ~ de fruits* Saft *m,* Fruchtsaft *m; ~ de viande* Bratensaft *m; 2. (fam: café)* Kaffee *m; 3. (fam: électricité)* Saft *m*
jusqu'à [ʒyska] *prep 1.* bis; *2. ~ présent* bisher
jusqu'alors [ʒyskalɔʀ] *adv* bisher
jusqu'ici [ʒyskisi] *adv* bislang
juste [ʒyst] *adv 1.* gerade; *On a ~ le temps.* Die Zeit reicht gerade noch./Wir schaffen es gerade noch. *adj 2.* genau; *3. (équitable)* gerecht; *4. trop ~* knapp, eng; *5. (exact)* richtig, recht; *Ce n'est que trop ~.* Das ist nicht mehr als recht und billig. *6. (approprié)* angemessen; *comme de ~* wie es sich gehört, selbstverständlich; *7. (précis)* treffend
justement [ʒystəmɑ̃] *adv 1.* eben; *2. (exactement)* richtig; *3. (précisément)* ausgerechnet
juste-milieu [ʒystəmiljø] *m (fig)* goldener Mittelweg *m*
justesse [ʒystɛs] *f* Richtigkeit *f; de ~* knapp

J K

justice [ʒystis] *f 1.* Gerechtigkeit *f; Ce n'est que ~.* Das ist nur gerecht. *En bonne ~.* Wenn man gerecht sein will. *2. (loi)* Recht *n; 3. JUR* Justiz *f,* Gerichtsbarkeit *f; ~ sommaire* Lynchjustiz *f*
justicier [ʒystisje] *m* Vertreter der Gerechtigkeit *m,* Richter *m; s'ériger en ~* sich zum Richter machen; *se faire le ~ de* für etw eintreten
justifiable [ʒystifjabl] *adj* vertretbar
justification [ʒystifikasjɔ̃] *f* Rechtfertigung *f*
justifié [ʒystifje] *adj* fundiert, begründet
justifier [ʒystifje] *v 1.* begründen, nachweisen; *2. (légitimer)* rechtfertigen
juteux [ʒytø] *adj (fam)* saftig
juvénile [ʒyvenil] *adj* jugendlich
juxtaposer [ʒykstapoze] *v* aneinander reihen, nebeneinander stellen, nebeneinander legen, nebeneinander setzen

J
K

kafkaïen [kafkajɛ̃] *adj LIT* kafkaesk
kakatoès [kakatɔɛs] *m ZOOL* Kakadu *m*
kaki¹ [kaki] *m BOT* Kakifeige *f*
kaki² [kaki] *adj (couleur)* kakifarben; *des uniformes ~* Kakiuniformen *pl*
kaléidoscope [kaleidɔskɔp] *m* Kaleidoskop *n,* bunte Folge *f*
kamikaze [kamikaz] *m 1. (avion) MIL* Kamikazeflugzeug *n,* Kamikazeflieger *m; 2. (personne)* Kamikaze *m,* mutiger Mensch *m*
kangourou [kɑ̃guʀu] *m ZOOL* Känguru *n*
kapo [kapo] *m HIST* Kapo *m*
karma [kaʀma] *m REL* Karma *n*
karst [kaʀst] *m GEO* Karst *m*
kart [kaʀt] *m SPORT* Go-Cart *m,* Go-Kart *m*
kascher [kaʃɛʀ] *adj REL* koscher
kayak [kajak] *m SPORT* Kajak *m*
kebab [kebab] *m GAST* Kebab *m*
kéfir [kefiʀ] *m GAST* Kefir *m*
kelvin [kɛlvin] *m PHYS* Kelvin *n*
képi [kepi] *m* Käppi *n, (officier, agent de police)* Schirmmütze *f*
kermesse [kɛʀmɛs] *f* Kirchweih *f*
kérosène [keʀozɛn] *m CHEM* Kerosin *n*
ketch [kɛtʃ] *m NAUT* Ketch-Boot *n*
ketchup [kɛtʃœp] *m GAST* Tomatenketschup *m/n*
keum [kœm] *m (fam: homme)* Typ *m*
khâgne [kaɲ] *f (fam)* Vorbereitungsklasse für eine Eliteschule in Frankreich *f*
khôl [kol] *m* Kayal *m*
kick [kik] *m TECH* Tretanlasser *m*
kidnapper [kidnape] *v* entführen
kidnappeur [kidnapœʀ] *m* Entführer *m*
kidnapping [kidnapiŋ] *m* Kidnapping *n*
kif-kif [kifkif] *adj (fam)* gleich, egal, schnuppe
kiki [kiki] *m (fam: gorge)* Hals
kil [kil] *m (fam: litre)* Liter *m*
kilo [kilo] *m* Kilo *n*
kilométrage [kilɔmetʀaʒ] *m* Kilometerzahl *f,* Entfernung in Kilometern *f*
kilomètre [kilɔmɛtʀ] *m* Kilometer *m*
kilomètre-heure [kilɔmɛtʀœʀ] *m (km/h)* Stundenkilometer *m*
kilo-octet [kiloɔktɛ] *m INFORM* Kilobyte *n*
kilowatt [kilɔwat] *m* Kilowatt *n*
kinésithérapie [kineziteʀapi] *f* Physiotherapie *f,* Krankengymnastik *f,* Heilgymnastik *f*

kiosque [kjɔsk] *m* Kiosk *m; ~ à journaux* Zeitungskiosk *m*

kiosquier [kjɔskje] *m* Kioskinhaber *m*
kirsch [kiʀʃ] *m GAST* Kirschwasser *n*
kit [kit] *m* Bausatz *m*
kitchenette [kitʃənɛt] *f* Mini-Küche *f*
kitsch [kitʃ] *m 1.* Kitsch *m; adj 2.* kitschig
klaxon [klaksɔn] *m* Hupe *f,* Autohupe *f*
klaxonner [klaksɔne] *v* hupen, tuten
kleenex [klinɛks] *m* Kleenex *n,* Papiertaschentuch *n*
kleptomane [klɛptoman] *adj* kleptomanisch
kleptomanie [klɛptomani] *f* Kleptomanie *f*
knickers [nikœʀ] *m/pl* Kniebundhose *f*
knock-out [nɔkawt] *m SPORT* Knock-out *m,* Niederschlag *m*
knout [knut] *m* Knute *f*
koala [kɔala] *m ZOOL* Koala *m*
kobold [kɔbɔld] *m* Kobold *m*
kolkhoze [kɔlkoz] *m AGR* Kolchose *f*
kopeck [kɔpɛk] *m ECO* Kopeke *f*
kouglof [kuglɔf] *m GAST* Kugelhupf *m*
krach [kʀak] *m ~ boursier FIN* Börsenkrach *m*
kraft [kʀaft] *m papier ~* starkes Packpapier *n*
kummel [kymɛl] *m GAST* Kümmel (Schnaps) *m*
kurde [kyʀd] *adj* kurdisch
Kurde [kyʀd] *m/f* Kurde/Kurdin *m/f*
Kurdistan [kyʀdistɑ̃] *m GEO* Kurdistan *n*
kyrielle [kiʀjɛl] *f* Reihe *f,* Serie *f,* Schar *f;*
kyste [kist] *m MED* Zyste *f*

L

là [la] *adv (local)* da, dort; *par ~ (local)* dahin, dorthin; *par ~ (moyen)* dadurch; *de ~ (local)* daher, dorther; *de ~ (cause)* davon

la¹ [la] *art 1.* die; *pron 2.* sie (Singular)
la² [la] *m MUS* A *n*
là-bas [labɑ] *adv* dahin, dorthin
label [labɛl] *m 1. (de qualité)* Qualitätsbezeichnung *f; 2. (marque déposée)* Warenzeichen *n; 3. (éditeur de disques)* Label *n,* Schallplattenfirma *f*
labeur [labœʀ] *m LIT* harte Arbeit *f*
labial [labjal] *adj* Lippen...
labile [labil] *adj* labil
laborantin(e) [labɔʀɑ̃tɛ̃/labɔʀɑ̃tin] *m/f* Laborant(in) *m/f*
laboratoire [labɔʀatwaʀ] *m 1.* Labor *n; 2. ~ de langues* Sprachlabor *n; 3. ~ spatial* (Welt-)Raumlabor *n*
laborieux [labɔʀjø] *adj 1.* emsig; *2. (de longue haleine)* langwierig; *3. (pénible)* mühevoll, mühsam
labour [labuʀ] *m AGR* Pflügen *n,* Feldarbeit *f*
labourage [labuʀaʒ] *m AGR (activité)* Ackerbau *m*
labourer [labuʀe] *v 1. AGR* pflügen; *2. se ~ le visage* (Gesicht) zerkratzen
lac [lak] *m* See *m; ~ de Constance* Bodensee *m; ~ de Garde* Gardasee *m; ~ Léman* Genfer See *m*
laçage [lasaʒ] *m* Zusammennähen *n*
lacer [lase] *v* schnüren
lacérer [laseʀe] *v* zerreißen, zerfetzen, zerstückeln
lacet [lasɛ] *m 1.* Schnur *f; 2. (de chaussure)* Schnürsenkel *m,* Schuhband *n; 3. (de montagne)* Serpentine *f; 4. (piège)* Schlinge *f*
lâche [lɑʃ] *adj 1.* feig; *2. (peu serré)* locker, lose; *m 3.* Feigling *m*
lâcher [lɑʃe] *v 1.* loslassen; *2. (vapeur)* ablassen; *3. (machine)* versagen; *4. (abandonner)* fallen lassen, im Stich lassen; *~ la proie pour l'ombre* eine sichere Sache für eine unsichere aufgeben; *5. ~ le morceau* das Stück herausrücken; *m 6.* Freilassen *n,* Aufsteigenlassen (von Tauben oder Ballons) *n*
lâcheté [lɑʃte] *f* Feigheit *f*
lâcheur [lɑʃœʀ] *m (fam)* treulose Tomate *f*
laconique [lakɔnik] *adj* wortkarg
lacrymal [lakʀimal] *adj 1. ANAT* Tränen... *glandes ~es* Tränendrüsen *f/pl; 2. (fig) un film ~* ein Film der auf die Tränendrüse drückt
lacté [lakte] *adj* Milch..., milchig; *une farine ~e* Nährmehl *n,* Kindermehl *n; la Voie ~e* die Milchstraße *f*
lacunaire [lakynɛʀ] *adj* lückenhaft
lacustre [lakystʀ] *adj* See..., in Seen vorkommend, an Seen vorkommend; *une cité ~* ein Pfahldorf *n*
lacune [lakyn] *f* Lücke *f; sans ~* lückenlos
là-dedans [ladədɑ̃] *adv (local)* darin
là-dessous [ladəsu] *adv* darunter
là-dessus [ladəsy] *adv* darüber, darauf
ladite [ladit] *adj* (die) besagte; *~ personne* besagte Person
lagon [lagɔ̃] *m GEOL* Lagune *f*
lagune [lagyn] *f GEOL* Lagune *f*
là-haut [lao] *adv* da oben
laïc [laik] *m 1. REL* Laie *m; adj 2. REL* weltlich
laïcité [laisite] *f REL* Laizität *f,* Trennung von Staat und Kirche *f*
laid [lɛ] *adj 1.* hässlich, unansehnlich, unschön; *~ à faire peur (fig)* hässlich wie die Nacht; *2. (fig)* abscheulich, niederträchtig
laideron [lɛdʀɔ̃] *m (fam)* hässliches Entlein *n*
laideur [lɛdœʀ] *f* Hässlichkeit *f*
laine [lɛn] *f* Wolle *f*
laineux [lɛnø] *adj* wollig
laisse [lɛs] *f* Leine *f,* Hundeleine *f*
laissé-pour-compte [lesepuʀkɔ̃t] *adj 1. ECO* Ausschuss..., ausgesondert, unverkauft; *2. (abandonné)* (Mensch) ausgestoßen, (Sache) ausrangiert

laisser [lɛse] *v 1.* lassen; *~ à l'abandon* verkommen lassen; *se ~ descendre* sich herablassen; *se ~ faire* sich gefallen lassen; *se ~ prendre (fam)* anbeißen; *se ~ entraîner dans* sich einlassen auf, sich einlassen mit; *se ~ aller* sich gehen lassen; *ne pas ~ les choses aller si loin* die Dinge nicht so weit kommen lassen; *2. (derrière soi)* hinterlassen, zurücklassen; *3. (céder)* überlassen

laisser-aller [leseale] *m 1.* Nachlässigkeit *f; 2. (insouciance)* Sorglosigkeit *f*
laissez-passer [lesepɑse] *m* Passierschein *m*

L

lait [lɛ] *m* Milch *f; GAST ~ caillé* Dickmilch *f; ~ de vache* Kuhmilch *f; ~ écrémé* Magermilch *f; ~ en poudre* Trockenmilch *f; ~ entier* Vollmilch *f*
laiterie [lɛtʀi] *f* Molkerei *f*
laiteux [lɛtø] *adj* milchig, Milch...; *d'un blanc ~* milchweiß; *une lumière laiteuse* ein milchiges Licht *n*
laitier [lɛtje] *adj 1.* Milch..., Milch gebend; *l'industrie laitière* die Milchindustrie *f; une vache laitière* eine Milchkuh *f; m 2.* Milchverkäufer *m,* Milchmann *m*
laitue [lɛty] *f (~ pommée) BOT* Kopfsalat *m*
laïus [lajys] *m faire un ~ (fam)* eine Rede schwingen, eine Rede halten
lambeau [lɑ̃bo] *m* Lumpen *m*
lambin(e) [lɑ̃bɛ̃/lɑ̃bin] *m/f (fam)* Trödler(in) *m/f,* Bummler(in) *m/f*
lambris [lɑ̃bʀi] *m* Holztäfelung *f,* Deckengetäfel *n*
lambrisser [lɑ̃bʀise] *v* täfeln
lame [lam] *f 1.* Klinge *f; 2. (couteau)* Messer *n; 3. (vague)* Welle *f,* Woge *f; 4. (pièce plate)* Lamelle *f,* Metallplättchen *n*
lamé [lame] *m* Lamé *m*
lamentable [lamɑ̃tabl] *adj 1.* erbärmlich, jämmerlich; *2. (affligeant)* kläglich, beklagenswert
lamentations [lamɑ̃tasjɔ̃] *f/pl* Gejammer *n,* Gewimmer *n*
lamenter [lamɑ̃te] *v se ~ sur* jammern über, klagen über, sich beklagen über
laminer [lamine] *v 1. (métal) TECH* walzen; *2. (fig: réduire)* stark reduzieren, verringern
lampadaire [lɑ̃padɛʀ] *m 1.* Stehlampe *f; 2. (réverbère)* Laterne *f*
lampe [lɑ̃p] *f 1.* Lampe *f,* Leuchte *f,* Tischlampe *f; ~ de poche* Taschenlampe *f; ~ témoin* Kontrolllampe *f; 2. ~ à souder TECH* (Weichlöten) Lötlampe *f; 3. s'en mettre plein la ~* sich voll saufen, sich den Wanst voll hauen
lampée [lɑ̃pe] *f* Zug *m,* Schluck *m; boire àgrandes ~s* in langen Zügen austrinken
lampion [lɑ̃pjɔ̃] *m* Lampion *m*
lance [lɑ̃s] *f 1.* Lanze *f,* Speer *m; 2. ~ d'incendie* Strahlrohr *n*
lancée [lɑ̃se] *f* Schwung *m; sur sa ~* mit dem gleichen Schwung
lance-flammes [lɑ̃sflam] *m (arme) MIL* Flammenwerfer *m*
lancement [lɑ̃smɑ̃] *m 1.* Werfen *n,* Schleudern *n; le ~ du disque* das Diskuswerfen *n; le ~ du javelot* das Speerwerfen *n; 2. (fig)* Starten *n,* Beginn *m,* Einführung *f,* Einleitung *f; le ~ d'une campagne publicitaire* die Einleitung einer Werbekampagne *f; le ~ d'un nouveau produit sur le marché* die Einführung eines neuen Produkts auf dem Markt *f*
lance-missiles [lɑ̃smisil] *m MIL* Trägerrakete *f*
lance-pierres [lɑ̃spjɛʀ] *m* Steinschleuder *f; manger avec un ~ (fig)* schnell essen, schlingen
lancer [lɑ̃se] *v 1.* werfen, schleudern; *2. (ballon) SPORT* stoßen, werfen; *3. (fig)* ankurbeln; *4. (un produit) ECO* einführen; *5. (commencer)* starten; *6. se ~* sich begeben, sich in etw stürzen; *se ~ dans l'aventure* sich in ein Abenteuer stürzen *m; 7.* Freilassen *n,* Loslassen *n; un ~ de ballons*
lancinant [lɑ̃sinɑ̃] *adj* stechend; *une douleur ~e* ein stechender Schmerz *m*
lanciner [lɑ̃sine] *v (MED)* stechen, reißen
land [land] *m ~ fédéral POL* Bundesland *n*
landau [lɑ̃do] *m* Kinderwagen *m*
landes [lɑ̃d] *f/pl GEOL* Heide *f*
langage [lɑ̃gaʒ] *m 1.* Rede *f,* Redeweise *f; 2. ~ familier* Umgangssprache *f; 3. ~ des signes* Taubstummensprache *f; 4. ~ de programmation INFORM* Programmiersprache *f*
lange [lɑ̃ʒ] *m* Wickeltuch *n,* Windel *f; être dans les langes (fig)* in Kindesbeinen stecken
langer [lɑ̃ʒe] *v* wickeln
langoureux [lɑ̃guʀø] *adj* sehnsüchtig, schmachtend, verführerisch; *un regard ~* ein schmachtender Blick *m*
langouste [lɑ̃gust] *f ZOOL* Languste *f*
langoustine [lɑ̃gustin] *f ZOOL* Kaiserhummer *m,* kleine Languste *f*
langue [lɑ̃g] *f 1. ANAT* Zunge *f; ne pas avoir la ~ dans sa poche* nicht auf den Mund gefallen sein; *2. (langage)* Sprache *f; ~ étrangère* Fremdsprache *f; ~ maternelle* Muttersprache *f; ~ officielle* Amtssprache *f; ~ universelle* Weltsprache *f; ~ vivante* lebende Sprache *f; ~ technique* Fachsprache der Technik *f; ~ du barreau* Rechtssprache *f*
languette [lɑ̃gɛt] *f TECH* Lasche *f*
langueur [lɑ̃gœʀ] *f (mélancolie)* Sehnsucht *f,* Melancholie *f,* Schmachten *n; la ~ amoureuse* die schmachtende Liebe *f; des yeux pleins de ~* die Augen voller Sehnsucht
languir [lɑ̃giʀ] *v 1.* verkümmern; *2. ~ d'amour* aus Liebe verschmachten; *3. (attendre)* die Zeit nicht abwarten können; *Il languit de la revoir.* Er kann es nicht erwarten, sie wiederzusehen. *4. (péricliter)* stocken, ins Sto-

L

cken geraten; *La discussion languit.* Die Diskussion gerät ins Stocken. *5. se ~* sich verzehren

languissant [lɑ̃gisɑ̃] *adj 1.* lahm; *2. (sans entrain)* lustlos; *3. (qui périclite)* stockend, stagnierend

lanière [lanjɛʀ] *f* Streifen *m,* Riemen *m; découper qc en ~s* etw in Streifen schneiden

lanterne [lɑ̃tɛʀn] *f 1.* Laterne *f; faire prendre à qn des vessies pour des ~s* jdm ein X für ein U vormachen; *2. ~ rouge (fig)* Schlusslicht *n*

lanterner [lɑ̃tɛʀne] *v* sich lange besinnen, zaudern, zögern

lapalissade [lapalisad] *f* Binsenweisheit *f*

laper [lape] *v* schlürfen

lapidaire [lapidɛʀ] *adj 1.* Diamantschleifer...; *2. (fig)* kurz, bündig

lapider [lapide] *v 1.* steinigen, mit Steinen bewerfen; *2. ~ qn* jdn hart kritisieren

lapidifier [lapidifje] *v GEOL* versteinern

lapin [lapɛ̃] *m ZOOL* Kaninchen *n; courir comme un ~* sausen, flitzen; *poser un ~ à qn* jdn versetzen

laps [laps] *m un ~ de temps* (gewisse) Zeitspanne *f*

lapsus [lapsys] *m* Fehler *m; faire un ~* sich versprechen, sich verschreiben

laquage [lakaʒ] *m* Lackierung *f*

laquais [lakɛ] *m* Lakai *m,* unterwürfiger Mensch *m*

laque [lak] *f 1.* Haarspray *n; 2. (d'une voiture)* Lack *m*

laquelle [lakɛl] *pron 1. (relatif)* die, welche; *2. (interrogatif)* welche

laquer [lake] *v* lackieren

larcin [laʀsɛ̃] *m LIT 1.* Diebesgut *n; 2. (vol)* Diebstahl *m*

lard [laʀ] *m 1. GAST* Speck *m; 2. faire du ~ (fam)* Speck ansetzen, (vor Faulheit) dick und fett werden; *3. une tête de ~ (fam)* Dickkopf *m,* Querkopf *m*

larder [laʀde] *v GAST* spicken

lardon [laʀdɔ̃] *m 1. GAST* Speckscheibe *f,* Speckstreifen *m; 2. (fam: enfant)* Knirps *m,* Balg *n*

large [laʀʒ] *adj 1.* breit; *en long et en ~* lang und breit; *2. (ample)* weit; *gagner le ~/prendre le ~* das Weite suchen/abhauen *(fam)*; *3. (généreux)* liberal, offen; *4. (important)* weitgehend; *adv 5.* großartig, bequem

largement [laʀʒəmɑ̃] *adv* weitgehend

largesse [laʀʒɛs] *f* großzügige Spende *f,* Großzügigkeit *f; combler qn de ~s* jdn mit großzügigen Geschenken überhäufen; *prodiguer des ~s* großzügig sein

largeur [laʀʒœʀ] *f 1.* Breite *f; 2. ~ de bande TECH* Bandbreite *f*

larguer [laʀge] *v 1.* werfen, loslassen; *~ des bombes* Bomben werfen; *~ des parachutistes* Fallschirmspringer absetzen; *2. (amarres) NAUT* losmachen; *3. (fam)* fallen lassen, im Stich lassen; *~ ses vieilles affaires* seine alten Bekanntschaften fallen lassen; *~ son petit ami* seinen Freund verlassen; *se faire ~* verlassen werden, abgehängt werden

larme [laʀm] *f* Träne *f; pleurer à chaudes ~s* in Tränen zerfließen; *avoir la ~ facile* nah am Wasser gebaut sein; *verser des ~s de crocodile* Krokodilstränen vergießen; *avoir les ~s aux yeux* Tränen in den Augen haben

larmoyant [laʀmwajɑ̃] *adj* rührselig

larmoyer [laʀmwaje] *v* tränen

larron [laʀɔ̃] *m* Dieb *m,* Gauner *m; le troisième ~* der lachende Dritte *m; Ils s'entendent comme ~s en foire (fam)* sich ausgezeichnet verstehen; *L'occasion fait le ~.* Gelegenheit macht Diebe.

larve [laʀv] *f 1. ZOOL* Larve *f,* Made *f; 2. (fig: minable)* Niete *f,* Null *f*

larvé [laʀve] *adj* verschleiert, verhüllt, versteckt; *conflit ~* schwelender Konflikt

las [lɑ] *adj 1.* müde; *2. (dégoûté)* überdrüssig; *être ~ de tout* alles satt haben

lascar [laskaʀ] *m* indischer Matrose *m, (fam)* Haudegen *m*

lascif [lasif] *adj* wollüstig, lasziv, schlüpfrig, zweideutig; *une démarche lascive* ein lasziver Gang *m*

lasciveté [lasivte] *f* Geilheit *f,* Unzüchtigkeit *f*

laser [lazɛʀ] *m PHYS* Laser *m; une opération au ~* eine Laseroperation *f; un faisceau ~* ein Laserstrahl *m*

lasser [lɑse] *v se ~* ermüden

lassitude [lɑsityd] *f 1.* Ermüdung *f; 2. (dégoût)* Müdigkeit *f,* Verdrossenheit *f*

lasure [lazyʀ] *f* Lasur *f*

latent [latɑ̃] *adj* latent

latéral [lateʀal] *adj* seitlich, Seiten...

latin [latɛ̃] *m 1.* Latein *n; en perdre son ~* mit seiner Weisheit am Ende sein; *adj 2. (langue)* romanisch, lateinisch

latitude [latityd] *f 1. GEO* Breitengrad *m; 2. (fig)* Spielraum *m*

latte [lat] *f* Latte *f*

laudatif [lodatif] *adj* lobrednerisch, Lob...

lauréat(e) [lɔʀea(t)] *m/f* Preisträger(in) *m/f*
laurier [lɔʀje] *m BOT* Lorbeer *m; se reposer sur ses ~s* sich auf seinen Lorbeeren ausruhen
lavable [lavabl] *adj* waschbar, abwaschbar; *Ce pull est ~ à l'eau froide.* Der Pullover muss mit kaltem Wasser gewaschen werden.
lavabo [lavabo] *m* Waschbecken *n*
lavage [lavaʒ] *m (activité)* Wäsche *f; ~ à la main* Handwäsche *f; ~ de cerveau* Gehirnwäsche *f*
lavande [lavɑ̃d] *f BOT* Lavendel *m*
lavasse [lavas] *f (fam)* (dünne Suppe oder Soße) Spülwasser *n*
lave [lav] *f GEOL* Lava *f*
lave-glace [lavglas] *m (d'une voiture)* Scheibenwaschanlage *f*
lave-linge [lavlɛ̃ʒ] *m* Waschmaschine *f*

laver [lave] *v 1. ~ qc* etw waschen; *2. (vaisselle)* abspülen, spülen; *3. se ~* sich waschen, sich abwaschen; *4. ~ qn d'une accusation* jdn von einer Beschuldigung freisprechen; *5. ~ la tête à qn (fig)* jdm den Kopf waschen; *6. ~ son linge sale en famille* seine schmutzige Wäsche nicht in der Öffentlichkeit waschen

laverie [lavʀi] *f 1.* Wäscherei *f; 2. (station de lavage)* Waschanlage *f*
lavette [lavɛt] *f 1.* Abwaschlappen *m; 2. (fam: homme mou)* Waschlappen *m*
laveur [lavœʀ] *m ~ de vitres* Fensterputzer *m*
lave-vaisselle [lavvɛsɛl] *m* Geschirrspülmaschine *f*
lavoir [lavwaʀ] *m* Waschraum *m,* Waschküche *f; un ~ public* ein Waschsalon *m*
laxatif [laksatif] *adj 1.* mild abführend; *tisane laxative* Abführtee *m; m 2. MED* Abführmittel *n*
laxisme [laksism] *m* Nachgiebigkeit *f*
laxiste [laksist] *adj* lax, weitherzig
layette [lɛjɛt] *f* Babywäsche *f*
le [lə] *art 1.* der, das; *pron 2.* ihn, es
leader [lidœʀ] *m 1.* Führer(in) *m/f,* Chef(in) *m/f; 2. SPORT* Spitzenreiter(in) *m/f*
leasing [liziŋ] *m FIN* Leasing *n*
lèche [lɛʃ] *f faire de la ~ (fam)* schleimen
lécher [leʃe] *v 1.* lecken, schlecken; *2. ~ les bottes à qn (fig)* jdm die Stiefel lecken
lèche-vitrines [lɛʃvitʀin] *m* Schaufensterbummel *m; faire du ~* einen Schaufensterbummel machen
leçon [ləsɔ̃] *f 1.* Lektion *f; faire réciter une ~ (à l'école)* abhören; *2. (enseignement)* Unterricht *m,* Unterrichtsstunde *f; ~ de conduite* Fahrstunde *f; 3. (doctrine)* Lehre *f,* Lehrsatz *m; 4. (réprimande)* Vortrag *m,* Lektion *f,* Belehrung *f; donner une ~ à qn* jdm eine Lektion erteilen
lecteur [lɛktœʀ] *m 1.* Leser *m; 2. (à l'université)* Lektor *m; 3. ~ de CD* CD-Spieler *m; 4. INFORM* Laufwerk *n*
lecture [lɛktyʀ] *f 1.* Lektüre *f; 2. POL* Lesung *f; 3. ~ de l'Evangile REL* Lesung *f; 4. faire la ~* verlesen; *5. ~ numérique INFORM* numerische Zählung *f*
ledit [lədi] *adj* (der) besagte
légal [legal] *adj* gesetzlich, legal, rechtmäßig, gesetzmäßig
légalisation [legalizasjɔ̃] *f* amtliche Beglaubigung *f,* Bestätigung *f*
légalité [legalite] *f* Legalität *f*
légat [lega] *m (du Pape) REL* Legat *m,* Gesandter *m*
légendaire [leʒɑ̃dɛʀ] *adj 1.* legendär; *2. (fabuleux)* sagenhaft
légende [leʒɑ̃d] *f* Legende *f,* Märchen *n,* Sage *f*

léger [leʒe] *adj 1. (pas lourd)* leicht; *être ~ comme une plume* federleicht sein; *prendre les choses à la légère* die Dinge auf die leichte Schulter nehmen; *2. (superficiel)* oberflächlich; *3. (liquide)* dünn; *4. (fig)* locker; *à la légère* flüchtig, oberflächlich, unbedacht

légèreté [leʒɛʀte] *f 1. (d'esprit)* Leichtfertigkeit *f; 2. (aisance)* Leichtigkeit *f,* Ungezwungenheit *f; 3. (caractère superficiel)* Oberflächlichkeit *f*
légiférer [leʒifeʀe] *v* Gesetze geben, Gesetze machen
légion [leʒjɔ̃] *f 1. MIL* Legion *f; s'engager dans la ~* in die Fremdenlegion eintreten; *la ~ étrangère* die Fremdenlegion *f; 2. (fig)* Heer *n,* Unzahl *f,* große Menge *f,* Schar *f; une ~ de moustiques* ein Fliegenschwarm *m; faire ~* eine große Menge darstellen; *Ils sont ~.* Sie kommen in Scharen. *3. ~ d'honneur* Ehrenlegion *f*
légionnaire [leʒjɔnɛʀ] *m MIL* Legionssoldat *m,* Fremdenlegionär *m*
législateur [leʒislatœʀ] *m POL* Gesetzgeber *m*
législatif [leʒislatif] *adj 1. POL* gesetzgebend; *m 2. (pouvoir) POL* Legislative *f*
législation [leʒislasjɔ̃] *f 1.* Gesetz *n; 2. (ensemble des lois) POL* Gesetzgebung *f*

L

législatives [leʒislativ] *f/pl POL* Parlamentswahlen *f/pl*
législature [leʒislatyʀ] *f POL* Legislaturperiode *f*
légiste [leʒist] *m JUR* Jurist *m,* Rechtsgelehrter *m; médecin-~ m* Rechtsmediziner *m,* Gerichtsmediziner *m*
légitimation [leʒitimasjɔ̃] *f* Legitimation *f,* Legitimierung *f*
légitime [leʒitim] *adj 1.* berechtigt; *2. (légal)* gesetzlich, legitim, recht, rechtmäßig; *3. (conjugal)* ehelich; *un enfant ~* ein eheliches Kind *n*
légitimer [leʒitime] *v* legitimieren
légitimité [leʒitimite] *f* Rechtmäßigkeit *f,* Gesetzmäßigkeit *f*
legs [lɛg] *m 1. LIT* Erbe *n; 2. (testament)* Vermächtnis *n*
léguer [lege] *v* vermachen, vererben
légume [legym] *f (fam) grosse ~* hohes Tier *n*
légumes [legym] *m/pl* Gemüse *n*
leitmotiv [lajtmɔtif] *m* Leitmotiv *n*
lendemain [lɑ̃dəmɛ̃] *m 1. le ~* am nächsten Tag *m,* am folgenden Tag *m; le ~ matin* am nächsten Morgen *m; le ~ de la fête* der Tag nach der Feier *m; au ~ de la guerre* kurz nach dem Krieg; *remettre qc au ~* etw auf den nächsten Tag verschieben; *du jour au ~* in kurzer Zeit; *2. (avenir)* Zukunft *f,* Morgen *n,* Folge *f; songer au ~* an die Zukunft denken; *un bonheur sans ~* ein kurzes Glück *n; des ~s qui chantent* eine glückliche Zukunft *f*
lénifier [lenifje] *v* lindern, beruhigen, mildern
lent [lɑ̃] *adj 1.* langsam; *être ~ à comprendre* schwer von Begriff sein; *2. (traînant)* schleppend
lente [lɑ̃t] *f (ZOOL)* Nisse *f*
lentement [lɑ̃tmɑ̃] *adv 1.* langsam; *2. (nonchalant)* gemächlich
lenteur [lɑ̃tœʀ] *f* Langsamkeit *f,* Trägheit *f,* Schwerfälligkeit *f; la ~ d'esprit* die Trägheit des Geistes *f; les ~s de l'administration* die Schwerfälligkeit der Verwaltung *f*
lentille [lɑ̃tij] *f 1.* Brennglas *n; 2. BOT* Linse *f; 3. ~s de contact pl* Kontaktlinsen *pl*
léopard [leɔpaʀ] *m 1. ZOOL* Leopard *m; 2. tenue ~ MIL* Leopardengewand *n*
lèpre [lɛpʀ] *f 1. MED* Lepra *f,* Aussatz *m; La ~ sévit encore dans le Tiers Monde.* Die Lepra wütet immer noch in den Ländern der Dritten Welt. *2. (fig: taches)* Fleck *m; un mur couvert de ~* eine fleckige Mauer *f; 3. (fig: mal)* Plage *f,* Übel *n,* Seuche *f; une ~ morale* ein moralisches Übel *n*
lépreux [lepʀø] *adj 1. MED* leprakrank, aussätzig; *2. (fig)* Pest...
lequel [ləkɛl] *pron 1. (relatif)* der/das, welcher/welches; *2. (interrogatif)* welcher/welches
les [le] *pron* sie *pl; ~ uns ~ autres* einander
lesbienne [lɛsbjɛn] *adj* lesbisch
léser [leze] *v ~ qn* jdm schaden, jdn benachteiligen
lésiner [lezine] *v ~ sur qc* mit etw geizen, an etw sparen; *~ sur tout* er spart an allem; *Il ne lésine pas sur les moyens.* Er geizt nicht mit seinen Mitteln.
lésion [lezjɔ̃] *f 1. MED* Verletzung *f; 2. ~ discale MED* Bandscheibenschaden *m; 3. ~s corporelles pl JUR* Körperverletzung *f*
lessivable [lɛsivabl] *adj* waschbar
lessivage [lesivaʒ] *m* Wischen *n,* Schrubben *n,* Abwaschen *n*
lessive [lesiv] *f 1.* Lauge *f; 2. (à laver)* Wäsche *f; 3. (produit)* Waschmittel *n; ~ pour lainages* Wollwaschmittel *n*
lessiver [lesive] *v 1.* abwaschen, abputzen; *~ les murs avant de les peindre* die Mauern vor dem Streichen abwaschen; *2. ~ qn (fam)* jdn ausbooten, jdn entlassen
lessiveuse [lɛsivøz] *f* Wäscherin *f,* Waschfrau *f*
lest [lɛst] *m* Ballast *m; lâcher du ~* Ballast abwerfen; *prendre du ~* Ballast aufnehmen
leste [lɛst] *adj 1.* behände, flink, gewandt, hurtig; *2. (grivois)* lose, ungezwungen, frei
lester [lɛste] *v* mit Ballast beladen
létal [letal] *adj* letal, tödlich
léthargie [letaʀʒi] *f 1. MED* Lethargie *f,* Schlafsucht *f,* Schläfrigkeit *f; 2. (fig)* Lethargie *f,* Teilnahmslosigkeit *f,* Abgestumpftheit *f,* Trägheit *f; tirer qn de sa ~* jdn aus seiner Lethargie reißen
léthargique [letaʀʒik] *adj* todähnlich, bleiern, tief, *(fig)* stumpf
lettre [lɛtʀ] *f 1.* Buchstabe *m; avoir des ~s* belesen sein; *prendre qc à la ~* etw wörtlich nehmen; *au pied de la ~* wortwörtlich; *2. (missive)* Brief *m; ~ recommandée* Einschreibebrief *m; ~ d'amour* Liebesbrief *m; ~ d'adieu* Abschiedsbrief *m; ~ par exprès/~ en exprès* Eilbrief *m; ~ à la rédaction* Leserbrief *m; ~ de cachet* Steckbrief *m; ~ de voiture* Frachtbrief *m; ~ de gage* Pfandbrief *m; ~ de change* Wechsel *m; 3. (document)* Schreiben *n; ~ de candidature* Bewerbungsschreiben *n;*

L

~ de remerciements Dankschreiben *n; ~ de recommandation* Empfehlungsschreiben *n; ~ de condoléances* Kondolenzschreiben *n; ~ de rappel* Mahnschreiben *n; 4. ~s pl* Geisteswissenschaften *pl*
lettré [letʀe] *adj* belesen, gebildet, kultiviert
leu [lø] *m à la queue ~ ~* im Gänsemarsch
leur [lœʀ] *pron 1. (à eux)* ihnen; *2. (possessif)* ihr(e); *Mes livres sont neufs, les ~s sont vieux.* Meine Bücher sind neu, die ihrigen sind alt. *adj 3. (possessif)* ihr(e); *~ livre* ihr Buch; *~s livres* ihre Bücher
leurre [lœʀ] *m 1.* Köder *m; 2. (fig)* Lockvogel *m*
leurrer [løʀe] *v 1. (fig)* täuschen, ködern, anlocken; *se laisser ~* sich täuschen lassen; *2. se ~* sich irren, sich täuschen, sich etw vormachen; *se ~ sur les intentions de qn* sich in jds Absichten täuschen
levage [ləvaʒ] *m TECH* Heben *n,* Anheben *n,* Hochheben *n*
levain [ləvɛ̃] *m GAST* Hefeteig *m*
levant [ləvɑ̃] *m* Morgenland *n*
levée [ləve] *f 1. (du courrier)* Leerung *f; 2. TECH* Hub *m; 3. (enlèvement)* Entfernung *f,* Wegnahme *f; 4. ~ de séquestre JUR* Freigabe *f; 5. ~ d'écrou JUR* Haftentlassung *f*
lève-glaces [lɛvglas] *m TECH* Fensterheber *m/pl*
lever [ləve] *m 1. (du soleil)* Aufgang *m; v 2. (soulever)* heben, erheben, aufheben, hochheben; *~ la main* die Hand heben; *~ les yeux* hochblicken; *~ la consigne* das Verbot aufheben; *~ le camp* abziehen; *3. (pâte)* aufgehen; *4. se ~* sich erheben, aufstehen; *Déjà levé?* Schon auf? *Le jour se lève.* Der Tag bricht an. *Le soleil se lève.* Die Sonne geht auf.; *5. le vent se lève* Wind kommt auf
lève-tôt [lɛvto] *m* Frühaufsteher *m*
levier [ləvje] *m 1. TECH* Hebel *m; 2. ~ de commande* Schaltknüppel *m; 3. ~ de changement de vitesse* Schalthebel *m*
lévitation [levitasjɔ̃] *f* Schweben *n,* Levitation *f*
lèvre [lɛvʀ] *f 1. ANAT* Lippe *f; 2. avoir le sourire aux ~s* ein Lächeln auf den Lippen haben; *3. être suspendu aux ~s de qn* an jds Lippen hängen; *4. du bout des ~s* von oben herab, verächtlich
levure [ləvyʀ] *f 1.* Hefe *f; 2. (chimique)* Backpulver *n*
lexique [lɛksik] *m 1.* Wörterbuch *n; 2. (vocabulaire)* Lexik *f*
lézard [lezaʀ] *m ZOOL* Eidechse *f*
lézarde [lezaʀd] *f (fissure)* Riss *m*
lézarder [lezaʀde] *v 1.* rissig machen; *Les intempéries ont lézardé le mur.* Durch das Unwetter wurde die Mauer rissig. *2. (paresser)* faulenzen, sich aalen; *~ au soleil* sich in der Sonne aalen; *(fam: se bronzer)* Sonne tanken
liaison [ljɛzɔ̃] *f 1. (jonction)* Verbindung *f,* Bindung *f; 2. (rapport)* Verhältnis *n,* Beziehung *f; 3. (enchaînement)* Verkettung *f,* Verknüpfung *f*
liant [ljɑ̃] *adj* kontaktfreudig
liasse [ljas] *f* Bündel *n,* Stapel *m,* Stoß *m; une ~ de billets* ein Bündel Geldscheine *n*
libation [libasjɔ̃] *f* Trankopfer *n,* Zechgelage *n*
libeller [libɛle] *v* aufsetzen, abfassen, formulieren; *~ un chèque à l'ordre de qn* einen Scheck auf jdn ausstellen
libellule [libɛlyl] *f ZOOL* Libelle *f*
libéral [libeʀal] *adj 1.* liberal; *2. profession ~e* freier Beruf; *3. (tolérant)* liberal
libéralisation [libeʀalizasjɔ̃] *f POL* Liberalisierung *f*
libéralisme [libeʀalism] *m POL* Liberalismus *m*
libérateur [libeʀatœʀ] *adj* Befreiungs..., befreiend; *une guerre libératrice* ein Befreiungskrieg *m*
libération [libeʀasjɔ̃] *f 1.* Befreiung *f; front de ~* Freiheitsbewegung *f; 2. (mise en liberté)* Freilassung *f,* Entlassung *f; 3. (~ du capital) FIN* Kapitaleinzahlung *f; 4. (~ d'énergie) PHYS* Energiefreisetzung *f*
libérer [libeʀe] *v 1.* befreien; *2. (mettre en liberté)* freilassen, entlassen; *3. (fig)* entladen; *4. se ~* sich frei machen, sich befreien
libertaire [libɛʀtɛʀ] *adj* anarchistisch
liberté [libɛʀte] *f* Freiheit *f; prendre des ~s (fig)* sich Freiheiten herausnehmen; *agir en toute ~ (fig)* völlig freie Hand haben/volle Handlungsfreiheit haben; *~ de mouvement* Bewegungsfreiheit *f; ~ de la presse* Pressefreiheit *f; ~ du culte* Religionsfreiheit *f*
libertin [libɛʀtɛ̃] *adj 1.* unanständig; *m 2.* Wüstling *m*
libertinage [libɛʀtinaʒ] *m* Zügellosigkeit *f,* Ausschweifung *f*
libidineux [libidinø] *adj* sinnlich, wollüstig, geil
libido [libido] *f PSYCH* Libido *f,* Geschlechtstrieb *m,* Begierde *f*
libraire [libʀɛʀ] *m/f* Buchhändler(in) *m/f*
librairie [libʀɛʀi] *f* Buchhandlung *f*

L

libre [libʀ] *adj 1. (indépendant)* frei; *Libre à vous de ...* Es steht Ihnen frei ... *2. (vide)* leer; *3. (inoccupé)* unbesetzt, frei; *Avez-vous une heure de ~?* Haben Sie eine Stunde Zeit? *Etes-vous ~ ce soir?* Sind Sie heute Abend frei?/Haben Sie heute Abend Zeit? *4. (gratuit)* frei, gratis; *5. (fig)* ungezwungen

libre-échange [libʀeʃɑ̃ʒ] *m ECO* Freihandel *m; une zone de ~* eine Freihandelszone *f*

libre-service [libʀəsɛʀvis] *m* Selbstbedienung *f*

lice [lis] *f (fig)* Arena *f,* Kampfplatz *m; entrer en ~* die Arena betreten, eingreifen

licence [lisɑ̃s] *f 1. (permission)* Konzession *f; 2. (autorisation)* Lizenz *f; 3. ECO* Gewerbeschein *m; 4. ~ d'exportation ECO* Ausfuhrgenehmigung *f; 5. (grade universitaire)* Licence *f,* Diplom *n; une ~ ès lettres* ein Diplom in Geisteswissenschaften *n; un certificat de ~* ein Diplomzeugnis *n; 6. (liberté)* Zwanglosikeit *f,* Freiheit *f; se permettre des ~s avec qn*

licencié [lisɑ̃sje] *adj 1. (diplômé)* den Lizenziatengrad innehabend; *2. (congédié)* beurlaubt, entlassen, verabschiedet

licenciement [lisɑ̃simɑ̃] *m* Entlassung *f,* Kündigung *f; ~ collectif* Massenentlassung *f*

licencier [lisɑ̃sje] *v 1.* entlassen, kündigen; *2. (congédier)* verabschieden

licencieux [lisɑ̃sjø] *adj 1.* ausschweifend; *2. (fig: libertin)* anstößig

lichette [liʃɛt] *f* Scheibchen *n,* Streifen *m; couper une ~ de pain* eine Scheibe Brot abschneiden

licite [lisit] *adj* erlaubt, statthaft

licol [likɔl] *m* Halfter *m*

licorne [likɔʀn] *f (animal fabuleux)* Einhorn *n*

lie [li] *f (fig)* Abschaum *m*

liège [ljɛʒ] *m BOT* Kork *m*

lien [ljɛ̃] *m 1.* Band *n; 2. (liaison)* Bindung *f; 3. ~s pl (entre les personnes)* Verbundenheit *f; 4. INFORM* Link *m*

lier [lje] *v 1.* binden, verbinden, zubinden; *J'ai les mains liées.* Mir sind die Hände gebunden. *2. (lacer)* verschnüren, verknüpfen, fesseln; *3. ~ amitié avec qn* mit jdm Freundschaft schließen; *être lié à qn* mit jdm befreundet sein; *se ~ d'amitié avec qn* sich mit jdm anfreunden

lierre [ljɛʀ] *m BOT* Efeu *m*

liesse [ljɛs] *f* Freude *f,* Ausgelassenheit *f,* Übermut *m; une foule en ~* eine ausgelassene Menge *f*

lieu [ljø] *m 1.* Ort *m; en temps et ~* zu gegebener Zeit (und gegebenem Ort); *se rendre sur les ~x* sich an Ort und Stelle begeben; *Ce n'est pas le ~ pour ...* Das ist hier nicht der richtige Ort, um ... *~ d'excursion* Ausflugsort *m; ~ de destination* Bestimmungsort *m; ~ de repos* Erholungsort *m; ~ de vacances* Ferienort *m; ~ de naissance* Geburtsort *m; ~ du crime* Tatort *m; 2. (endroit)* Stelle *f,* Platz *m; ~ public* öffentlicher Platz *m; ~ de rendez-vous* Treffpunkt *m; en ce ~* hier; *en premier ~* an erster Stelle, erstens; *en dernier ~* zuletzt; *3. (place)* Stätte *f; ~ commémoratif* Gedenkstätte *f; (ne pas) avoir ~* (nicht) stattfinden; *au ~ de* anstatt/statt; *au ~ que* anstatt, dass; *4. ~x pl* Örtlichkeiten *pl*

lieue [ljø] *f* Meile *f*

lieutenant [ljøtnɑ̃] *m (officier) MIL* Leutnant *m*

lièvre [ljɛvʀ] *m 1. ZOOL* Hase *m; 2. courir deux ~s à la fois (fig)* zwei Sachen zugleich betreiben; *3. lever un ~ (fig)* den Stein ins Rollen bringen

ligne [liɲ] *f 1.* Linie *f,* Strich *m; ~ de chemin de fer* Bahnlinie *f; ~ aérienne* Luftlinie *f; ~ de tir (fig)* Schusslinie *f; grandes ~s (fig)* Gerüst *n; en ~ droite* geradlinig; *2. (rangée)* Reihe *f,* Zeile *f; lire entre les ~s (fig)* zwischen den Zeilen lesen; *3. (de téléphone)* Leitung *f; ~ principale* Hauptanschluss *m; 4. (de pêche)* Angel *f; 5. n ~ INFORM* online

lignée [liɲe] *f 1.* Nachkommenschaft *f; 2. s'inscrire dans la ~ de qn (fig)* ganz wie ... sein, sich einordnen in die Linie von jdm

ligoter [ligɔte] *v* fesseln

ligue [lig] *f* Liga *f*

liguer [lige] *v se ~ avec qn* sich mit jdm verbünden

lilas [lilɑ] *adj 1.* lila; *m 2. BOT* Flieder *m*

lilliputien [lilipysjɛ̃] *adj* zwergenhaft

limace [limas] *f ZOOL* Nacktschnecke *f*

limaçon [limasɔ̃] *m 1. ZOOL* Schnirkelschnecke *f; 2. (~ de l'oreille) ANAT* Schnecke *f*

limage [limaʒ] *m* Feilen *n*

limaille [limaj] *f* Feilspäne *m/pl,* Feilstaub *m*

limbes [lɛ̃b] *f/pl REL* Vorhölle *f; être encore dans les ~* noch nicht ausgereift sein

lime [lim] *f* Feile *f; ~ à ongles* Nagelfeile *f*

limer [lime] *v* feilen

L

limier [limje] *m 1. (chien) ZOOL* Jagdhund *m,* Spürhund *m; 2. (fig)* Spürhund *m,* findiger Mensch *m,* Spitzel *m; un fin ~* ein guter Spürhund *m*
liminaire [liminɛʀ] *adj* einführend, einleitend
limitatif [limitatif] *adj* einschränkend, begrenzend
limitation [limitasjɔ̃] *f* Einschränkung *f,* Beschränkung *f,* Begrenzung *f; ~ de vitesse* Tempolimit *n; ~ des débouchés* Absatzbeschränkung *f; ~ des ventes* Absatzbeschränkung *f; ~ des importations* Einfuhrbeschränkung *f,* Importbeschränkung *f; ~ des armements* Rüstungsbeschränkung *f*
limite [limit] *f* Grenze *f,* Grenzbereich *m; ~ d'âge* Altersgrenze *f; ~ des neiges éternelles* Schneegrenze *f; ~ de la rédaction* Redaktionsschluss *m*
limité [limite] *adj 1.* beschränkt; *2. (peu)* knapp
limiter [limite] *v* einschränken, beschränken, begrenzen; *se ~ à* sich beschränken auf
limitrophe [limitʀɔf] *adj* aneinander grenzend; *être ~ de* grenzen an
limogeage [limɔʒaʒ] *m* Kaltstellen *n,* Ausbooten *n*
limoger [limɔʒe] *v* entlassen, versetzen, strafversetzen, kaltstellen; *~ un officier* einen Offizier entlassen; *~ un haut fonctionnaire* einen hohen Beamten strafversetzen
limon [limɔ̃] *m* Schlamm *m*
limoneux [limɔnø] *adj* schlammig, Schlamm...
limousine [limuzin] *f (voiture)* Limousine *f*
limpide [lɛ̃pid] *adj 1. (liquide)* klar; *2. (clair comme de l'eau de roche)* glasklar
limpidité [lɛ̃pidite] *f* Klarheit *f*
lin [lɛ̃] *m 1.* Leinen *n; 2. BOT* Flachs *m*
linceul [lɛ̃sœl] *m* Leichentuch *n,* Bahrtuch *n,* Totentuch *n; le ~ blanc de la neige (fig)* die weiße Schneedecke *f*
linéaire [lineɛʀ] *adj* linear
linge [lɛ̃ʒ] *m* Wäsche *f,* Wäschestück *n; ~ pour bébé* Babywäsche *f; ~ de couleur* Buntwäsche *f; ~ à laver à la main* Handwäsche *f*
lingerie [lɛ̃ʒʀi] *f* Unterwäsche *f*
lingot [lɛ̃go] *m (d'or)* Barren *m*
linguiste [lɛ̃gɥist] *m/f* Linguist(in) *m/f,* Sprachwissenschaftler(in) *m/f*
linguistique [lɛ̃gɥistik] *adj 1.* linguistisch, sprachlich; *f 2.* Linguistik *f,* Sprachwissenschaft *f*
liniment [linimɑ̃] *m MED* Liniment *n,* Mittel zum Einreiben *n*
linteau [lɛ̃to] *m (bâtiment) TECH* Fenstersturz *m,* Türsturz *m*
lion [ljɔ̃] *m 1. ZOOL* Löwe *m; 2. (fig)* Löwe *m; se battre comme un ~* wie ein Löwe kämpfen; *se tailler la part du ~* sich den Löwenanteil sichern
lionne [ljɔn] *f ZOOL* Löwin *f*
lippe [lip] *f faire la ~* maulen, schmollen
liquéfier [likefje] *v 1.* verflüssigen; *2. se ~* schmelzen, zergehen
liquette [likɛt] *f (fam)* Hemd *n*
liqueur [likœʀ] *f* Likör *m*
liquidation [likidasjɔ̃] *f 1.* Ausverkauf *m; ~ totale* Räumungsverkauf *m; 2. (dissolution) ECO* Abwicklung *f; 3. (règlement)* Endabrechnung *f; 4. (déduction)* Abrechnung *f; 5. (paiement)* Abzahlung *f; 6. (écoulement) ECO* Liquidation *f*
liquide [likid] *adj 1.* flüssig; *m 2.* Flüssigkeit *f; 3. ~ de refroidissement (pour voiture)* Kühlwasser *n; 4. ~ vaisselle* Spülmittel *n; 5. ~ de frein TECH* Bremsflüssigkeit *f; 6. (argent)* Geld *n,* Bargeld *n,* flüssige Mittel *pl; payer en ~* bar bezahlen; *manquer de ~* nicht genügend Bargeld haben
liquider [likide] *v 1. (travail)* erledigen; *2. (vendre)* ausverkaufen; *3. (problème)* bereinigen; *4. ECO* liquidieren
liquidités [likidite] *f/pl FIN* Liquidität *f,* Barmittel *pl,* flüssiges Kapital *n; les ~ d'une entreprise* die Liquidität eines Unternehmens *f*

lire [liʀ] *v irr 1.* lesen; *~ un livre* ein Buch lesen; *2. ~ sur* ablesen von; *3. (à haute voix)* vorlesen

lis [lis] *m BOT* Lilie *f*
liseron [lizʀɔ̃] *m BOT* Winde *f*
lisibilité [lizibilite] *f* Lesbarkeit *f*
lisible [lizibl] *adj* leserlich
lisière [lizjɛʀ] *f* Rand *m,* Kante *f*
lisse [lis] *adj* eben, glatt
lisser [lise] *v 1.* glätten; *2. ~ les imperfections de la peau* liften
liste [list] *f 1.* Liste *f; faire la ~* auflisten; *~ des prix* Preisliste *f; 2. (inventaire)* Verzeichnis *n*
lit [li] *m 1.* Bett *n; ~ de plume* Daunenbett *n; ~ à deux personnes* Doppelbett *n; ~ conjugal* Ehebett *n; ~ à barreaux* Gitterbett *n; ~ pliant* Klappbett *n; ~ de camp* Pritsche *f; ~ de mort* Totenbett *n; ~ de l'ongle* Nagelbett *n; 2. (couche)* Lager *n; 3. ~ d'un fleuve GEO* (Fluss) Bett *n*
litanie [litani] *f (fam)* Litanei *f,* Leier *f*
liteau [lito] *m* Leiste *f*

literie [litʀi] *f* Bettzeug *n,* Bettzubehör *n; une bonne ~* ein gutes Bettzeug *n; un magasin de ~* ein Bettengeschäft *n*
lithosphère [litosfɛʀ] *f GEO* Erdrinde *f*
litière [litjɛʀ] *f (pour animaux)* Streu *f,* Stroh *n,* Strohlager *n*
litige [litiʒ] *m JUR* Rechtsstreit *m*
litigieux [litiʒjø] *adj* strittig
litre [litʀ] *m* Liter *m*
littéraire [liteʀɛʀ] *adj* literarisch
littéralement [liteʀalmɑ̃] *adv* buchstäblich, wörtlich
littérateur [liteʀatœʀ] *m* Literat *m,* Schriftsteller *m*
littérature [liteʀatyʀ] *f* Literatur *f; ~ spécialisée* Fachliteratur *f; ~ triviale* Trivialliteratur *f*
littoral [litɔʀal] *adj 1.* Küsten..., Ufer...; *m 2.* Küste *f,* Ufer *n*
liturgie [lityʀʒi] *f REL* Liturgie *f*
livide [livid] *adj* blass, fahl, bleich, aschgrau; *un visage ~* ein fahles Gesicht *n*
livrable [livʀabl] *adj* lieferbar
livraison [livʀɛzɔ̃] *f 1.* Lieferung *f,* Belieferung *f; 2. (rendement)* Abgabe *f,* Ablieferung *f; 3. ~ des bagages* Gepäckausgabe *f; 4. ~ complémentaire* Nachlieferung *f; 5. ~ à domicile* Lieferung ins Haus

livre[1] [livʀ] *m 1.* Buch *n; ~ d'images* Bilderbuch *n; ~ de cuisine* Kochbuch *n; ~ spécialisé* Sachbuch *n; ~ de poche* Taschenbuch *n; ~ de prières* Gebetbuch *n; ~ de cantiques* Gesangbuch *n; ~ de lecture* Lesebuch *n; 2. lire en qn à ~ ouvert (fig)* jdm von den Gedanken ablesen

livre[2] [livʀ] *f 1. (unité de mesure)* Pfund *n; 2. ~ sterling (unité monétaire)* Pfund *n*
livre audio [livʀodjo] *m* Hörbuch *n*
livrée [livʀe] *f (habit)* Livree *f; en ~* in Livree *f*
livrer [livʀe] *v 1.* liefern, abliefern, zustellen; *2. (par traîtrise)* verraten; *3. ~ plus tard* nachliefern; *4. (dévoiler)* preisgeben; *5. se ~ à qc* etw treiben, betreiben
livret [livʀɛ] *m 1. ~ d'épargne (de la poste)* Sparbuch *n,* Postsparbuch *n; 2. ~ de famille* Stammbuch *n; 3. ~ d'opéra MUS* Textbuch *n,* Libretto *n*
livreur [livʀœʀ] *m 1.* Lieferant *m; 2. (courrier)* Laufbursche *m*
lobby [lɔbi] *m* Lobby *f*
lobe [lɔb] *m 1. ANAT* Lappen *m; 2. ~ de l'oreille ANAT* Ohrläppchen *n; 3. ~ du poumon ANAT* Lungenlappen *m*
local [lɔkal] *adj 1.* einheimisch, heimisch; *2. (régional)* örtlich, lokal; *m 3.* Lokal *n,* Raum *m; pl 4. locaux* Räumlichkeiten *pl*
localisation [lɔkalizasjɔ̃] *f 1.* Lokalisierung *f,* Auffinden *n,* Lokalisieren *n,* Ortsbestimmung *f; la ~ d'un navire en détresse* die Lokalisierung eines Schiffes in Seenot *f; 2. (limitation)* Begrenzung *f,* Eingrenzen *n,* Eindämmen *n; la ~ d'un conflit* die Begrenzung eines Konflikts *f; la ~ d'un incendie* das Eindämmen eines Feuers *n*
localiser [lɔkalize] *v 1.* lokalisieren, ausmachen, finden, örtlich festlegen, orten; *~ un bruit* ein Geräusch lokalisieren; *~ l'ennemi* einen Feind ausmachen; *2. (limiter)* eindämmen, einschränken, begrenzen; *~ une épidémie* eine Seuche eindämmen; *3. se ~* sich auf einen Ort beschränken, sich einschränken
localité [lɔkalite] *f* Ortschaft *f,* Ort *m*
locataire [lɔkatɛʀ] *m/f* Mieter(in) *m/f*
location [lɔkasjɔ̃] *f 1. (loyer)* Miete *f; prendre en ~* mieten; *2. (concession)* Verleih *m,* Vermietung *f, ~ de voiture* Autovermietung *f; 3. (réservation)* Vorbestellung *f; 4. ~ des places THEAT* Vorverkauf *m*
lock-out [lɔkawt] *m (grève) ECO* Aussperrung *f*
locomotive [lɔkɔmɔtiv] *f* Lokomotive *f*
locuteur [lɔkytœʀ] *m* Sprecher *m,* sprechende Person *f*
locution [lɔkysjɔ̃] *f* Redensart *f*
loge [lɔʒ] *f 1. THEAT* Loge *f; être aux premières ~s* aus nächster Nähe miterleben; *2. ~ de concierge* Pförtnerloge *f; 3. ~ de francs-maçons* Freimaurerloge *f*
logement [lɔʒmɑ̃] *m 1.* Wohnung *f,* Quartier *n; ~ ancien* Altbauwohnung *f; 2. ~ de fortune* Notunterkunft *f*
loger [lɔʒe] *v 1.* unterbringen; *2. se ~* unterkommen, Unterkunft finden; *3. (placer)* unterbringen, hinsetzen, hinstellen, hinlegen
logeur [lɔʒœʀ] *m* Vermieter *m,* Wirt *m*
logeuse [lɔʒøz] *f* Vermieterin *f,* Wirtin *f*
logiciel [lɔʒisjɛl] *m INFORM* Software *f; ~ d'application* Anwenderprogramm *n; ~ de navigation* Browser *m*
logicien(ne) [lɔʒisjɛ̃/lɔʒisjɛn] *m/f* Logiker(in) *m/f*
logique [lɔʒik] *adj 1.* konsequent, folgerichtig; *2. (cohérent)* logisch; *f 3.* Konsequenz *f,* Folgerichtigkeit *f; avec ~* konsequent; *4. (cohérence)* Logik *f*
logis [lɔʒi] *m 1.* Unterkunft *f; 2. (auberge)* Herberge *f; 3. corps de ~* Hauptgebäude *n*

L

logistique [lɔʒistik] *f* Logistik *f*
logo [logo] *m (emblème)* Logo *n,* Firmenzeichen *n,* Label *n; le ~ d'une entreprise* das Firmenlogo *n*
logopédie [lɔgɔpedi] *f* Logopädie *f*
logorrhée [lɔgɔʀe] *f* Redeschwall *m*
loi [lwa] *f* Gesetz *n; avoir la ~ pour soi* das Recht auf seiner Seite haben; *d'après la ~* gesetzmäßig; *faire la ~ (fig)* den Ton angeben; *~ sur l'avortement* Abtreibungsgesetz *n; ~ fondamentale* Grundgesetz *n; ~ sur la protection des jeunes* Jugendschutzgesetz *n*
loin [lwɛ̃] *adv* weit entfernt; *Nous en sommes encore ~.* So weit sind wir noch lange nicht. *Loin de moi cette idée!* Dieser Gedanke liegt mir völlig fern. *de ~ en ~* hin und wieder
lointain [lwɛ̃tɛ̃] *adj 1.* entfernt; *2. (local)* fern; *m 3.* Ferne *f; 4. (étendue)* Weite *f*
loir [lwaʀ] *m ZOOL* Siebenschläfer *m; dormir comme un ~* schlafen wie ein Murmeltier
loisible [lwazibl] *adj* erlaubt, gestattet
loisir [lwaziʀ] *m 1.* Muße *f; 2. ~s pl* Freizeit *f*
lombes [lɔ̃b] *m/pl ANAT* Lende *f*
lombric [lɔ̃bʀik] *m ZOOL* Regenwurm *m*

L

long [lɔ̃] *adj 1. (local)* lang; *être ~ comme un jour sans pain* endlos lang sein; *en savoir ~ sur qc* sich gut auskennen mit etw; *être ~ à faire qc* lange brauchen, um etw zu tun; *le ~ de* entlang; *m 2. ~ métrage CINE* Spielfilm *m; adv 3.* lang, (zu)viel; *en ~* der Länge nach; *tout du ~* die ganze Zeit (über)

long-courrier [lɔ̃kuʀje] *m* Langstreckenflugzeug *n*
longe [lɔ̃ʒ] *f (corde)* Laufleine *f,* Longe *f*
longer [lɔ̃ʒe] *v (en voiture)* entlangfahren
longévité [lɔ̃ʒevite] *f* Langlebigkeit *f*
longiligne [lɔ̃ʒiliŋ] *adj* langgliedrig; *une femme ~* eine Frau mit langen Gliedmaßen *f*
longitude [lɔ̃ʒityd] *f GEO* Längengrad *m*
longitudinalement [lɔ̃ʒitydinalmɑ̃] *adv* längs
longtemps [lɔ̃tɑ̃] *adv* lange; *Je n'en ai pas pour ~.* Ich brauche nicht mehr lange. *il y a ~* schon längst/lange her
longuement [lɔ̃gmɑ̃] *adv* lange
longuet [lɔ̃gɛ] *adj (fam)* länglich, lang; *Son récit est un peu ~.* Sein Bericht ist etw lang.
longueur [lɔ̃gœʀ] *f 1. (local)* Länge *f; en ~* längs; *2. (largeur)* Weite *f,* Länge *f; ~ excessive* Überlänge *f; 3. ~ d'onde PHYS* Wellenlänge *f; 4. avoir des ~s (fig)* langatmig geschrieben; *5. à ~ de* (seiten)lang; *Elle voyage à ~ d'année.* Sie reist das ganze Jahr über.
longue-vue [lɔ̃gvy] *f* Fernrohr *n*
look [luk] *m (fam: aspect physique)* Look *m,* Aussehen *n,* Erscheinung *f*
loquace [lɔkas] *adj* gesprächig, redselig, geschwätzig
loque [lɔk] *f 1. (fam)* Wrack *n; une ~ humaine* ein menschliches Wrack *n; 2. (haillons) pl* Lumpen *pl,* Fetzen *pl; être en ~* zerlumpt sein
loquet [lɔkɛ] *m* Klinke *f,* Riegel *m*
loqueteux [lɔktø] *adj* zerlumpt
lorgner [lɔʀɲe] *v 1.* beobachten, observieren, beäugen; *~ les passants* die Passanten beobachten; *2. (fig: convoiter)* schielen nach, begehren; *~ un héritage* auf eine Erbschaft hoffen; *~ une place* nach einem Platz schielen
lorgnette [lɔʀɲɛt] *f (au spectacle)* Opernglas *n,* Lorgnette *f; regarder qc par le bout de la ~ (fig)* etw aus den Augenwinkeln betrachten/nur einen Teil betrachten
lorgnon [lɔʀŋɔ̃] *m* Lorgnon *n,* Kneifer *m,* Zwicker *m,* Stielbrille *f*
lorrain [lɔʀɛ̃] *adj GEO* lothringisch; *quiche ~ne* Speckkuchen
Lorraine [lɔʀɛn] *f (région de France) GEO* Lothringen *n*
lors [lɔʀ] *prep ~ de (temporel)* bei
lorsque [lɔʀsk] *konj 1. (simultanéité)* als; *2. (quand)* wenn
loser [luzœʀ] *m (fam)* Loser *m,* Verlierer *m*
lot [lo] *m 1. (de marchandises)* Posten *m; 2. (de loterie)* Los *n; 3. gros ~* Hauptgewinn *m*
loterie [lɔtʀi] *f* Lotterie *f*
lotir [lɔtiʀ] *v* aufteilen; *2. être mal loti (fig)* es schlecht (getroffen) haben
lotissement [lɔtismɑ̃] *m* Siedlung *f*
loto [lɔto] *m (jeu)* Lotto *n*
louable [lwabl] *adj* lobenswert
louage [lwaʒ] *m* Mietvertrag *m*
louange [lwɑ̃ʒ] *f* Lob *n*
louangeur [lwɑ̃ʒœʀ] *adj* lobrednerisch, Lobes...
loubard [lubaʀ] *m (fam)* Mitglied einer Jugendgang *n*
louche[1] [luʃ] *adj 1. (fam)* faul; *C'est ~!* Da stimmt etw nicht!/Da ist etw faul! *2. (sordide)* verrufen; *3. (fig: personne)* undurchsichtig
louche[2] [luʃ] *f* Schöpfkelle *f,* Schöpflöffel *m*
loucher [luʃe] *v* schielen
louer[1] [lwe] *v* loben, preisen, rühmen; *Dieu soit loué!* Gottlob!/Gott sei Dank!

louer² [lwe] *v 1. (en tant que locataire)* mieten, pachten; *2. (en tant que propriétaire)* vermieten
loueur [lwœʀ] *m* Vermieter *m*
loueuse [lwøz] *f* Vermieterin *f,* Verleiherin *f*
loufiat [lufja] *m (fam)* Mädchen für alles
loufoque [lufɔk] *adj (fam)* verrückt
loup [lu] *m 1. ZOOL* Wolf *m; à pas de ~* auf Zehenspitzen; *être connu comme le ~ blanc* bekannt sein wie ein bunter Hund; *avoir une faim de ~* einen Bärenhunger haben; *2. mon petit ~* mein kleiner Liebling; *3. (bar) ZOOL* Seewolf *m; 4. ~ de mer* Seehund *m; 5. (masque)* Wolf im Schafspelz *m*
loupe [lup] *f 1.* Lupe *f; 2. PHYS* Brennglas *n; 3. ~ de noyer* Nussbaum *m*
louper [lupe] *v (fam)* verfehlen
loup-garou [lugaʀu] *m* Werwolf *m*
loupiot(te) [lupjo/lupjɔt] *m/f (fam)* Balg *m,* Gör *n,* Kind *n*
loupiote [lupjɔt] *f (fam: lampe)* Funzel *f,* kleine Lampe *f*
lourd [luʀ] *adj 1.* schwer; *en avoir ~ sur le cœur* sich zu Herzen nehmen; *2. (temps)* schwül; *3. (maladroit)* schwerfällig, unbeholfen; *4. avoir la main ~e* fest zuschlagen, unbeholfen sein; *adv 5.* schwer(wiegend), gewichtig, erheblich; *peser ~* schwer sein
lourdaud [luʀdo] *m 1. (personne)* Trampel *m; adj 2. (maladroit)* plump; *3. (embarrassé)* schwerfällig
lourder [luʀde] *v (fam: renvoyer)* feuern
lourdeur [luʀdœʀ] *f 1. (pesanteur)* Gewicht *n,* Schwere *f; la ~ d'un colis* das Gewicht eines Päckchens *n; une ~ d'estomac* eine Schwere im Magen *f; 2. (fig: défaut)* Schwerfälligkeit *f,* Trägheit *f,* Langsamkeit *f; la ~ du style* die Schwerfälligkeit eines Stils *f; s'exprimer avec ~* sich ungeschickt ausdrücken; *3. (fig: difficulté)* Last *f,* Gewicht *n,* Schwere *f; la ~ d'une responsabilité* die Last der Verantwortung *f*
lourdingue [luʀdɛ̃g] *adj (fam: lourd, manque de finesse)* schweres Paket *n, (humour)* schwer verdaulich
loustic [lustik] *m (fam)* Kasper *m,* Witzbold *m,* Spaßvogel *m,* Kerl *m; faire le ~* den Kasper machen; *un drôle de ~* ein seltsamer Vogel *m*
louve [luv] *f ZOOL* Wölfin *f*
louvoiement [luvwamɑ̃] *m* Fahren im Zick-Zack-Kurs *n*
louvoyer [luvwaje] *v 1. (bateau) NAUT* luven, kreuzen; *2. (fig)* Umwege machen, Haken schlagen, Winkelzüge machen
lover [lɔve] *v se ~* sich zusammenrollen
loyal [lwajal] *adj* treu, fair, loyal; *à la ~e* fair
loyalisme [lwajalism] *m POL* Treue *f,* loyales Verhalten *n,* Unterwürfigkeit *f*
loyauté [lwajote] *f 1.* Fairness *f,* Loyalität *f; 2. (honnêteté)* Offenheit *f; 3. (fidélité)* Redlichkeit *f,* Treue *f*
loyer [lwaje] *m 1.* Miete *f,* Mietzins *m; 2. FIN ~ de l'argent* Zinssatz *m*
lubie [lybi] *f* Laune *f,* verrückter Einfall *m,* Flausen *pl; avoir des ~s* verrückte Ideen haben
lubricité [lybʀisite] *f* Wollust *f,* Zügellosigkeit *f,* Lüsternheit *f*
lubrifiant [lybʀifjɑ̃] *m TECH* Schmiermittel *n*
lubrification [lybʀifikasjɔ̃] *f* Einschmieren *n,* Einfetten *n*
lubrifier [lybʀifje] *v 1.* ölen; *2. TECH* abschmieren
lubrique [lybʀik] *adj* lüstern
lucarne [lykaʀn] *f* Dachfenster *n,* Dachluke *f*
lucide [lysid] *adj* hell, klar, scharfsinnig; *un esprit ~* ein heller Kopf *m; Le malade est resté ~ jusqu'à sa mort.* Der Kranke war bis zu seinem Tod bei vollem Bewusstsein.
lucidité [lysidite] *f (d'esprit)* Klarheit *f*
luciole [lysjɔl] *f ZOOL* Glühwürmchen *n*
lucratif [lykʀatif] *adj* ergiebig, Gewinnbringend, rentabel
lucre [lykʀ] *m* Gewinn *m*
ludique [lydik] *adj* Spiel..., verspielt; *une activité ~* das Spielen *n*
ludothèque [lydɔtɛk] *f* Spielothek *f*
lueur [lɥœʀ] *f* Schimmer *m; ~ d'espoir* Hoffnungsschimmer *m*
luge [lyʒ] *f 1. SPORT* Rodelschlitten *m; faire de la ~* rodeln; *2. (petit traîneau)* Schlitten *m*
lugubre [lygybʀə] *adj* düster
lui [lɥi] *pron 1.* er; *Lui seul est coupable.* Nur er ist schuldig. *2. (complément d'attribution)* ihm/ihr; *Le courage ~ manque.* Ihm fehlt der Mut./Ihr fehlt der Mut. *3. (complément d'objet indirect)* ihn, ihm; *On a parlé de ~.* Man hat über ihn gesprochen.
luire [lɥiʀ] *v irr* leuchten
luisant [lɥizɑ̃] *adj 1.* glänzend, schimmernd, leuchtend; *un métal ~* ein blitzendes Metall *n; une peau ~e* eine schimmernde Haut *f; 2. ver ~ ZOOL* Glühwürmchen *n,* Leuchtkäfer *m*

L

lumière [lymjɛʀ] *f* *1.* Licht *n*; *~ des projecteurs* Flutlicht *n*; *~ rouge* Rotlicht *n*; *~ infrarouge* Infrarotlicht *n*; *2. (lueur)* Lichtschein *m*; *3. (luminosité)* Helligkeit *f*; *4. (lampe)* Leuchte *f*; *f 5. faire la ~ sur qc (fig)* etw klarstellen; *6. (homme brillant)* Glanzlicht *n*, Leuchte *f*; *Siècle des Lumières* Zeitalter der Aufklärung *n*
lumignon [lymiɲɔ̃] *m* brennender (Kerzen)Docht *m*
luminaire [lyminɛʀ] *m* Beleuchtungskörper *m*
luminescence [lyminɛsɑ̃s] *f PHYS* Nachleuchten *n*, Lumineszenz *f*
luminescent [lyminɛsɑ̃] *adj PHYS* selbstleuchtend
lumineux [lyminø] *adj 1. (clair)* leuchtend; *2. (fig: lucide)* einleuchtend, klar, glänzend
luminosité [lyminɔzite] *f* Leuchten *n*, Helligkeit *f*, Glanz *m*; *la ~ du ciel* das Leuchten des Himmels *n*; *la ~ de son regard* der Glanz in seinem Blick *m*
lunaire [lynɛʀ] *adj 1. ASTR* Mond...; *une année ~* das Mondjahr *n*; *un cycle ~* ein Mondzyklus *m*; *2. (qui évoque la lune)* Mond..., mondartig; *un paysage ~* eine Mondlandschaft *f*; *3. (fig)* Mond... *une face ~* ein Mondgesicht *n*; *4. BOT* Mondviole *f*
lunatique [lynatik] *adj* launenhaft
lunch [lœ̃ʃ] *m* Erfrischung *f*, kaltes Buffet *n*
lundi [lœ̃di] *m* Montag *m*; *le ~* montags

lune [lyn] *f 1.* Mond *m*; *nouvelle ~* Neumond *m*; *pleine ~* Vollmond *m*; *~ de miel* Flitterwochen *pl*; *2. promettre la ~* Himmel und Hölle versprechen; *3. vouloir attrapper la ~* Unmögliches verlangen; *4. être dans la ~* nicht bei der Sache sein, ganz woanders sein; *5. (fam: fesses)* Hintern *m*

luné [lyne] *adj être bien ~* gut gelaunt sein
lunette [lynɛt] *f 1. ~ arrière* Heckscheibe *f*; *2. ~s* Brille *f*; *~s de soleil* Sonnenbrille *f*; *~s de plongée* Taucherbrille *f*
lunule [lynyl] *f 1.* Mondsichel *f*, Halbmond *m*; *2. ~ de l'ongle ANAT* Mond des Fingernagels *m*
lupanar [lypanaʀ] *m (fam)* Bordell *n*
lurette [lyʀet] *f il y a belle ~* es ist (schon) lange her
luron(ne) [lyʀɔ̃] *m/f (fam)* flotter Kerl *m*, tolles Weib *n*; *joyeux ~* lustiger Geselle *m*
lustre [lystʀ] *m 1. (lampe)* Lüster *m*, Kronleuchter *m*; *un ~ de cristal* ein Kristallleuchter *m*; *2. (brillant)* Glanz *m*; *donner du ~ à qc* einer Sache Glanz verleihen; *Cette distinction lui rend un peu de ~. (fig)* Diese Auszeichnung ist ihm etwas zu Kopf gestiegen. *3. (longue période)* Ewigkeit *f*, lange Zeit *f*, fünf Jahre *pl*; *depuis des ~s* seit langer Zeit
luth [lyt] *m MUS* Laute *f*
lutin [lytɛ̃] *m* Kobold *m*
lutiner [lytine] *v (courtiser)* schäkern
lutte [lyt] *f 1.* Kampf *m*; *2. SPORT* Wettkampf *m*, Wettstreit *m*; *~ romaine* Ringkampf *m*; *faire de la ~* ringen
lutter [lyte] *v 1.* kämpfen; *~ contre qn* mit jdm kämpfen/gegen jdn kämpfen; *~ contre qc* gegen etw ankämpfen; *2. SPORT* ringen
lutteur [lytœʀ] *m* Kämpfer *m*
lutteuse [lytøz] *f* Kämpferin *f*, Streiterin *f*
luxation [lyksasjɔ̃] *f MED* Verrenkung *f*
luxe [lyks] *m 1.* Luxus *m*; *2. (splendeur)* Pracht *f*
luxembourgeois [lyksɑ̃buʀʒwa] *adj* luxemburgisch
luxer [lykse] *v MED* verrenken
luxueusement [lyksɥøzmɑ̃] *adv* luxuriös
luxueux [lyksɥø] *adj* luxuriös, prunkvoll
luxure [lyksyʀ] *f* Unzucht *f*
luxuriant [lyksyʀjɑ̃] *adj* üppig
lycée [lise] *m* Gymnasium *n*, Oberschule *f*
lycéen(ne) [liseɛ̃/liseɛn] *m/f* Gymnasiast(in) *m/f*
lymphatique [lɛ̃fatik] *adj (fig: lent)* phlegmatisch, träge, langsam; *un tempérament ~* Phlegma *n*
lynchage [lɛ̃ʃaʒ] *m* Lynchjustiz *f*
lyncher [lɛ̃ʃe] *v* lynchen
lynx [lɛ̃ks] *m ZOOL* Luchs *m*
lyophilisation [ljɔfilizasjɔ̃] *f* Gefriertrocknung *f*, Gefriertrockenverfahren *n*
lyre [liʀ] *f MUS* Lyra *f*
lyrique [liʀik] *adj LIT* lyrisch
lyrisme [liʀism] *m LIT* Lyrik *f*

L

M

ma [ma] *adj (possessif)* mein(e)
macabre [makabʀ] *adj* makaber, grauenvoll
macadam [makadam] *m 1. (revêtement)* Makadam *m,* Straßenbelag *m; 2. (rue)* Schotterstraße *f*
macaque [makak] *m 1. (singe) ZOOL* Makak *m; 2. (fam)* potthässlicher Mensch *m*
macaron [makaʀɔ̃] *m 1. (pâtisserie) GAST* Makrone *f,* Mandeltörtchen *n; 2. (coiffure)* Schnecke *f; 3. (vignette)* Plakette *f,* Vignette *f*
macérer [maseʀe] *v* mazerieren, einlegen, einweichen; *faire ~ des cornichons dans du vinaigre* Gurken in Essig einlegen
mâche [mɑʃ] *f BOT* Feldsalat *m*
mâcher [mɑʃe] *v 1.* kauen; *ne pas ~ ses mots* kein Blatt vor den Mund nehmen; *2. ~ le travail à qn* die ganze Arbeit für jdn erledigen; *3. (mal couper)* zerkauen
machette [maʃɛt] *f* Baumsäge *f*
machiavélique [makjavelik] *adj* machiavelistisch, rücksichtslos
machin [maʃɛ̃] *m (fam)* Ding *n*
machinal [maʃinal] *adj* maschinell, mechanisch
machinateur [maʃinatœʀ] *m (fig)* Drahtzieher *m*
machinations [maʃinajɔ̃] *f/pl* Machenschaften *pl*
machine [maʃin] *f 1.* Maschine *f; ~ à écrire* Schreibmaschine *f; ~ à laver* Waschmaschine *f; ~ à café* Kaffeemaschine *f; ~ à coudre* Nähmaschine *f; 2. ~ à calculer* Rechenmaschine *f; 3. (moteur) NAUT* Motor *m; 4. (fig)* Dingsda *n*
machine-outil [maʃinuti] *f* Werkzeugmaschine *f*
machiner [maʃine] *v (fig)* aushecken
machinerie [maʃinʀi] *f 1. (ensemble de machines)* Maschinerie *f; 2. (local)* Maschinenraum *m; 3. THEAT* Maschinerie *f*
machiniste [maʃinist] *m/f 1.* Maschinist(in) *m; 2. (de théâtre)* Bühnenarbeiter(in) *m/f*
machisme [matʃism] *m* Chauvinismus *m,* Machismo *m*
macho [matʃo] *adj* macho
mâchoire [mɑʃwaʀ] *f 1. ANAT* Kiefer *m; ~ supérieure* Oberkiefer *n; ~ inférieure* Unterkiefer *n; 2. TECH* Backe *f,* Klemme *f*
mâchonner [mɑʃɔne] *v 1.* kauen, zerbeißen; *~ un brin d'herbe* einen Grashalm kauen; *~ son crayon* an einem Stift kauen; *2. (fig)* murmeln, brummen; *~ des excuses* eine Entschuldigung brummeln
mâchouiller [mɑʃuje] *v (fam)* kauen
maçon [masɔ̃] *m* Maurer *m*
maçonner [masɔne] *v* mauern, bauen
maçonnerie [masɔnʀi] *f 1.* Mauerarbeit *f,* Mauerwerk *n; 2. ~ brute* Rohbau *m; 3. entreprise de ~* Baufirma *f; 4. (secteur)* Maurerhandwerk *f; 5. (francmaçonnerie)* Freimaurerei *f*
maculé [makyle] *adj* fleckig
maculer [makyle] *v (tacher)* beflecken, beschmutzen, verdrecken; *~ ses habits* seine Kleider verschmutzen; *~ un papier d'encre* ein Blatt mit Tinte bespritzen; *~ de sang* mit Blut beflecken
Madame [madam] *f (allocution)* Frau *f*
Madeleine [madlɛn] *f pleurer comme une ~* wie ein Schlosshund heulen
Mademoiselle [madmwazɛl] *f* Fräulein *n*
Madone [madɔn] *f REL* Madonna *f*
madré [madʀe] *adj 1.* gemasert, geädert, marmoriert; *2. (fig)* gerissen, durchtrieben

> **magasin** [magazɛ̃] *m 1.* Geschäft *n,* Laden *m; grand ~* Kaufhaus *n,* Warenhaus *n; ~ de produits diététiques* Reformhaus *n; ~ de chaussures* Schuhgeschäft *n; ~ de jouets* Spielwarengeschäft *n; ~ spécialisé* Fachgeschäft *n; 2. (pour marchandises) ECO* Lager *n,* Warenlager *n*

magasinier [magazinje] *m* Lagerverwalter *m,* Lagerist *m*
magazine [magazin] *m 1.* Zeitschrift *f,* Magazin *n; 2. (émission)* Magazin *n*
mage [maʒ] *m 1. (magicien)* Magier *m,* Zauberer *m,* Wahrsager *m; 2. (dans la Bible) REL les trois ~s* die Drei Weisen aus dem Morgenland *pl*
magicien(ne) [maʒisjɛ̃/maʒisjɛn] *m/f* Zauberer/Zauberin *m/f*
magie [maʒi] *f* Magie *f,* Zauber *m; faire de la ~* zaubern
magique [maʒik] *adj* magisch
magistral [maʒistʀal] *adj 1.* schulmeisterlich; *2. (parfait)* meisterhaft
magistrat [maʒistʀa] *m* Justizbeamter/Justizbeamtin *m/f*
magistrature [maʒistʀatyʀ] *f 1. (charge)* hohes Amt *n,* Richteramt *n,* Amt des

Staatsanwalts *n; la ~ suprême* das höchste Amt *n; faire carrière dans la ~* Karriere als Richter oder Staatsanwalt machen; *2. (fonction judicière) JUR* richterliche Funktion *f*, Funktion eines Richters oder Staatsanwalts *n*

magma [magma] *m 1. GEO* Magma *n; 2. (fig)* Verwirrung *f*, Vermischung *f*

magnanime [maŋanim] *adj* edel, großzügig, großherzig

magnanimité [maɲanimite] *f LIT* Großmut *f*, Edelmut *m*, Großzügigkeit *f*

magnat [magna] *m ECO* Magnat *m*, Großindustrieller *m; les ~s de la finance* ein Finanzmagnat *m; un ~ de l'industrie* ein Großindustrieller *m; un ~ du pétrole* ein Ölmagnat *m*

magner [maɲe] *f se ~ (fam)* sich beeilen; *Magne-toi!* Beeil dich!

magnétique [maɲetik] *adj 1.* Magnet..., magnetisch; *2. bande ~* Magnetband; *3. (fig)* hypnotisch, faszinierend

magnétophone [maɲetɔfɔn] *m* Tonbandgerät *n; ~ à cassettes* Kassettenrekorder *m*

magnétoscope [maɲetɔskɔp] *m* Videorekorder *m*

M

magnificence [maɲifisɑ̃s] *f 1.* Großzügigkeit *f; 2. (splendeur)* Pracht *f*

magnifique [maɲifik] *adj* großartig, herrlich, prächtig, wunderbar

magnitude [maŋityd] *f 1. (d'un astre) ASTR* Größe *f; 2. (d'un tremblement de terre)* Magnitude *f*, Stärke *f*

magot [mago] *m (fam: argent)* Zaster *m*, Schatz *m*, Rücklage *f*, Ersparnisse *pl*

magouille [maguj] *f (fam)* Intrigen *f/pl*, Betrug *m*

magouiller [maguje] *v (fam)* kungeln, mauscheln, intrigieren

mahométan [maɔmetɑ̃] *adj* mohammedanisch

mai [mɛ] *m* Mai *m*

maigre [mɛgʀ] *adj 1.* dürftig, karg, spärlich; *2. (mince)* mager, dünn, hager; *être ~ comme un clou* spindeldürr sein; *m 3.* flache Stelle *f*

maigreur [mɛgʀœʀ] *f 1.* Dürre *f; 2. (pauvreté)* Unergiebigkeit *f*

maigrichon [mɛgʀiʃɔ̃] *adj* schmächtig

maigrir [mɛgʀiʀ] *v* abnehmen, abmagern

maille [mɑj] *f 1. (tricot)* Masche *f; ~ sautée/~ filée* Laufmasche *f; avoir ~ à partir avec qn* mit jdm aneinander geraten/mit jdm Streit haben; *passer à travers les ~s du filet* durch die Maschen gehen/entkommen; *2. débit sur ~s TECH* radialer Längsschnitt *m; 3. avoir ~ à partir* mit jdm ein Hühnchen zu rupfen haben

maillon [mɑjɔ̃] *m 1. (de chaîne)* Glied *n; 2. (raccord)* Verbindungsglied *n*

maillot [majo] *m 1. ~ de bain* Badeanzug *m; 2. ~ de corps* Unterhemd *n; 3. (pull)* Trikot *n; 4. ~ de sport* Trikot *n*

main [mɛ̃] *f 1.* Hand *f; donner un coup de ~ à qn* jdm helfen; *passer de ~ en ~* von Hand zu Hand gehen; *J'en mettrais ma ~ au feu.* Dafür würde ich meine Hand ins Feuer legen. *faire ~ basse sur qc* etw rauben; *gagner haut la ~* mit Abstand gewinnen; *en venir aux ~s* handgreiflich werden/sich prügeln; *à la ~* manuell/mit der Hand; *fait à la ~* handgearbeitet; *en un tour de ~* im Handumdrehen; *2. demander la ~ de qn* um jmds Hand anhalten *f; 3. avoir la ~ (au jeu de cartes)* geben *f; 4. petite ~ (en couture)* Nähmädchen *f*

main-d'œuvre [mɛ̃dœvʀ] *f* Arbeitskraft *f; ~ étrangère* Gastarbeiter(in) *m/f*

mainmise [mɛ̃miz] *f* Aneignung *f*, Beherrschung *f*, Einfluss *m*

maint [mɛ̃] *adj* manche(r,s)

maintenance [mɛ̃tnɑ̃s] *f 1.* Instandhaltung *f; 2. TECH* Wartung *f*

maintenant [mɛ̃tnɑ̃] *adv* jetzt, nun

maintenir [mɛ̃tniʀ] *v 1. se ~* sich behaupten; *2. (fig)* wach halten; *3. (soutenir)* unterstützen, unterhalten

maintien [mɛ̃tjɛ̃] *m 1.* Erhaltung *f; 2. (du corps)* Haltung *f*, Körperhaltung *f*

maire [mɛʀ] *m* Bürgermeister(in) *m/f*

mairie [mɛʀi] *f* Rathaus *n*

maïs [mais] *m BOT* Mais *m*

mais [mɛ] *konj* aber, sondern

maison [mɛzɔ̃] *f 1.* Haus *n; être à la ~* zu Hause sein; *aller à la ~* nach Hause gehen; *~ d'arrêt* Gefängnis *n; ~ de réclusion* Zuchthaus *n; ~ de correction* Jugendstrafanstalt *f; ~ de santé* Privatklinik *f; ~ de repos* Sanatorium *n; ~ de vacances* Ferienhaus *n; ~ de retraite* Altersheim *n; ~ d'enfants* Kinderheim *n; ~ close* Bordell *n*, Freudenhaus *n; ~ individuelle* Einfamilienhaus *n; ~ mitoyenne* Reihenhaus *n; ~ familiale* Elternhaus *n; ~ à colombages* Fachwerkhaus *n; fait ~* hausgemacht; *2. ECO* Firma *f; ~ d'édition* Verlag *m; ~ de vente par correspondance* Versandhaus *n; ~d'exportation* Exportgeschäft *n*

maisonnée [mɛzɔne] *f* Hausbewohner *pl,* Familie *f; Toute la ~ était réunie.* Alle Hausbewohner waren versammelt.
maisonnette [mɛzɔnɛt] *f* Häuschen *n,* kleines Haus *n*
maître [mɛtʀ] *m 1. (chef, patron)* Herrscher *m,* Gebieter *m,* Herr *m; être ~ de la situation* Herr der Lage sein/über der Situation stehen; *être passé ~ en qc* etw vollkommen beherrschen; *~ d'ouvrage* Bauherr *m; 2. (dans l'artisanat)* Meister *m; de ~* meisterhaft; *~ d'hôtel* Oberkellner *m; ~ de conférence* Dozent *m; ~ chanteur* Erpresser *m; ~ nageur* Bademeister *m; 3. (titre) JUR* Titel eines Rechtsanwalts *m,* Herr *m; adj 4.* meisterhaft, Ober..., Haupt..., wichtigste(r,s); *~ assistant à l'université* Dozent an der Universität *m*
maîtresse [mɛtʀɛs] *f 1.* Geliebte *f; 2. (institutrice)* Grundschullehrerin *f; 3. ~ de maison* Hausfrau *f*
maîtrise [mɛtʀiz] *f 1.* Herrschaft *f; 2. (fig)* Beherrschung *f; ~ d'une langue étrangère* Beherrschung einer Fremdsprache *f; ~ de soi* Selbstbeherrschung *f; 3. (choeur) MUS* Singschule *f; 4. (diplôme universitaire)* Magister *n*
maîtriser [mɛtʀize] *v 1.* meistern; *2. (soumettre)* bezwingen, überwältigen; *3. (dompter)* bändigen, zügeln, zähmen; *4. se ~* sich beherrschen, sich zusammennehmen
majesté [maʒɛste] *f 1.* Herrlichkeit *f; 2. (noblesse)* Majestät *f; 3. (dignité)* Würde *f*
majestueux [maʒɛstɥø] *adj 1.* majestätisch; *2. (grandiose)* grandios, herrlich
majeur [maʒœʀ] *adj 1.* mündig, volljährig; *2. (principal)* hauptsächlich; *m 3. ANAT* Mittelfinger *m; m 4. (adulte)* Volljähriger *m*
major [maʒɔʀ] *m 1. (officier) MIL* Major *m; 2. (premier)* Erster *m,* Bester *m; être ~ de promotion* der Beste im Auswahlverfahren für die Grandes Ecoles sein
majoration [maʒɔʀasjɔ̃] *f* Anhebung *f,* Erhöhung *f,* Anstieg *m,* Höherbewertung *f; la ~ des salaires* die Lohnerhöhung *f*
majorer [maʒɔʀe] *v* heraufsetzen, erhöhen
majoritaire [maʒɔʀitɛʀ] *adj 1.* mehrheitlich; *2. ECO* Mehrheits..., in der Mehrheit befindend; *actionnaire ~* Mehrheitsaktionär *m*
majorité [maʒɔʀite] *f 1.* Mehrzahl *f,* Mehrheit *f; en ~* vorwiegend; *2. JUR* Volljährigkeit *f; 3. POL* Mehrheit *f*
majuscule [maʒyskyl] *f* Großbuchstabe *m,* Majuskel *f; Ce mot prend une ~* Dieses Wort beginnt mit einem Großbuchstaben.
mal [mal] *adv 1.* schlecht; *~ tourner* schief gehen; *pas ~* nicht schlecht; *Il n'y a pas de ~.* Das macht nichts. *~ à propos* ungelegen, ungehörig; *m 2.* Schaden *m; Il ne ferait pas de ~ à une mouche.* Er könnte keiner Fliege etw zu Leide tun. *Mal lui en prit.* Es war sein Schaden. *3. (douleur)* Schmerz *m; ~ au ventre* Bauchschmerzen *pl; ~ aux oreilles* Ohrenschmerzen *pl; ~ au cœur* Übelkeit *f; 4. (malaise)* Übel *n,* Unheil *n; Je n'y vois aucun ~.* Ich finde nichts Schlimmes dabei. *5. (souffrance)* Leiden *n; ~ du pays* Heimweh *n; 6. (peine)* Mühe *f; 7. dire du ~ de qn* jmd etwas Übles nachsagen, schlecht über jmd reden *f; 8. le Bien et le Mal* das Gute und das Böse
malabar [malabaʀ] *m (fam)* kräftiger Kerl *m,* Schrank *m (fig)*

malade [malad] *adj 1.* krank; *être ~ comme un chien* sich hundeelend fühlen; *être ~ à mourir* todkrank sein; *gravement ~* schwer krank; *m/f 2.* Patient(in) *m/f,* Kranke(r) *m/f; ~ mental(e)* Geisteskranke(r) *m/f*

maladie [maladi] *f 1.* Krankheit *f,* Erkrankung *f; ~ infantile* Kinderkrankheit *f; ~ de la civilisation* Zivilisationskrankheit *f; ~ congénitale/~ héréditaire* Erbkrankheit *f; ~ mentale* Geisteskrankheit *f; ~ vénérienne* Geschlechtskrankheit *f; 2. (manie)* Manie *f; ~ de la vache folle* Rinderwahnsinn *m*
maladif [maladif] *adj 1.* kränkelnd; *2. (fig)* krankhaft
maladresse [maladʀɛs] *f 1. (gaucherie)* Ungeschicktheit *f,* Ungeschicklichkeit *f; 2. (gaffe)* Fehltritt *m,* Taktlosigkeit *f*
maladroit [maladʀwa] *adj 1.* ungeschickt, unbeholfen, schwerfällig; *2. (fig: gauche)* eckig, plump
mal-aimé [malɛme] *adj* ungeliebt
malaisé [maleze] *adj 1. (difficile)* schwierig, schwer, heikel; *une entreprise ~e* ein schwieriges Unterfangen; *il est ~ de* es ist schwierig; *2. (incommode)* beschwerlich, anstrengend, mühsam
malaise [malɛz] *f 1.* Unbehagen *n,* Unwohlsein *n 2. (angoisse)* Unbehagen *n,* Missbehagen *n*
malandrin [malɑ̃dʀɛ̃] *m LIT* Räuber *m,* Strolch *m,* Landstreicher *m*
malappris [malapʀi] *m* Rüpel *m,* Flegel *m*
malavisé [malavize] *adj* unklug, unbesonnen, unüberlegt, unbedacht

M

malaxer [malakse] *v 1.* kneten; *2. (remuer)* kneten, massieren
malaxeur [malaksœʀ] *m TECH* Knetmaschine *f,* Mischmaschine *f,* Rührwerk *n*
malchance [malʃɑ̃s] *f 1.* Unglück *n; 2. (fam: poisse)* Pech *n; 3. (malheur)* Missgeschick *n*
malchanceux [malʃɑ̃sø] *m 1.* Pechvogel *m; adj 2.* vom Pech verfolgt
malcommode [malkɔmɔd] *adj* unbequem
maldonne [maldɔn] *f 1. (aux cartes)* Fehler beim Kartengeben *m; faire ~* falsch geben; *2. (fam)* Missverständnis *n,* Irrtum *m,* Fehler *m; Il y a ~.* Es liegt ein Irrtum vor.
mâle [mɑl] *adj 1.* männlich; *2. TECH* Dorn..., Stift..., Stempel..., Bolzen... *3. (viril)* männlich, mannhaft; *m 4. le ~ et la femelle* das Männchen und das Weibchen *n*
malédiction [malediksjɔ̃] *f 1.* Fluch *m,* Drohung *f,* Verwünschung *f; donner sa ~ à qn* jdn verfluchen;*2. (malchance)* Fluch *m,* Verfluchung *f,* Verwünschung *f*
maléfice [malefis] *m* Verhexung *f,* Fluch *m; écarter les ~s* das Böse vertreiben; *jeter des ~s sur qn* jdn verhexen
maléfique [malefik] *adj* unheilvoll, Unglück bringend; *les astres ~s* die Unglückssterne *pl*
malencontreux [malɑ̃kɔ̃tʀø] *adj* ärgerlich, ungünstig, unpassend, unglücklich
mal-en-point [malɑ̃pwɛ̃] *adj* krank, in schlechtem Zustand
malentendant(e) [malɑ̃tɑ̃dɑ̃] *m/f* Schwerhörige(r) *f/m*
malentendu [malɑ̃tɑ̃dy] *m* Missverständnis *n,* Irrtum *m*
mal-être [malɛtʀ] *m* Unwohlsein *n*
malfaçon [malfasɔ̃] *f* Fehler *m,* Defekt *m*
malfaisant [malfəzɑ̃] *adj 1.* schädlich; *2. (fig)* verderblich
malfaiteur [malfɛtœʀ] *m* Missetäter *m,* Übeltäter *m,* Verbrecher *m*
malfamé [malfame] *adj* berüchtigt, verrufen; *un quartier ~* ein verrufenes Viertel *n*
malformation [malfɔʀmasjɔ̃] *f* Missbildung *f; ~ cardiaque* Herzfehler *m*
malgré [malgʀe] *prep* trotz; *~ tout* trotzdem; *~ soi* ungern/unfreiwillig
malheur [malœʀ] *m 1.* Unglück *n; Un ~ n'arrive jamais seul.* Ein Unglück kommt selten allein. *par ~* unglücklicherweise; *2. (misère)* Misere *f,* Übel *n; 3. (calamité)* Unheil *n,* Verhängnis *n; 4. faire un ~ (fam)* einen Bombenerfolg haben
malheureusement [malørøzmɑ̃] *adv* leider, unglücklicherweise
malheureux [malørø] *adj 1.* unglücklich; *2. (douloureux)* schmerzlich, beklagenswert; *3. (fâcheux)* erbärmlich, jämmerlich; *4. (raté)* ärgerlich, ungeschickt; *5. (négligeable)* bedauerlich; *m 6.* Unglücklicher *m; 7. (miséreux)* Notleidender *m,* Elender *m*
malhonnête [malɔnɛt] *adj* unehrlich
malice [malis] *f* Heimtücke *f,* Tücke *f; ne pas entendre ~* keine bösen Absichten haben
malicieux [malisjø] *adj* schadenfroh
maligne [maliɲ] *f* Schlaukopf *m*
malignité [maliɲite] *f 1.* Gemeinheit *f,* Bosheit *f,* Böswilligkeit *f; 2. (gravité) MED* Bösartigkeit *f,* Malignität *f*
malin [malɛ̃] *adj 1.* bösartig; *2. (sournois)* schlau, listig; *m 3. (fam)* Schlawiner *m; 3. ce n'est pas ~ (fam)* das ist nicht schwierig; *m 4. faire le ~ (fam)* Schlaukopf *m*
malingre [malɛ̃gʀ] *adj* schwach, kränklich, zart, delikat
malintentionné [malɛ̃tɑ̃sjɔne] *adj* böswillig
malle [mal] *f 1. (coffre)* Koffer *m; une ~ d'osier* ein Weidenkoffer *m; faire sa ~* seine Koffer packen; *se faire la ~ (fam)* abhauen, verschwinden; *2. (coffre de voiture)* Kofferraum *m*
malléable [maleabl] *adj 1.* formbar; *2. (fig)* biegsam, geschmeidig
malléole [maleɔl] *f ANAT* Knöchel *m*
mallette [malɛt] *f* Aktentasche *f,* kleiner Koffer *m*
mal-logé(e) [mallɔʒe] *m/f* Obdachlose(r) *f/m*
malmener [malməne] *v 1.* schlecht behandeln; *2. (fig)* mitnehmen
malnutrition [malnytʀisjɔ̃] *f* falsche Ernährung *f*
malodorant [malɔdɔʀɑ̃] *adj* übel riechend
malotru [malɔtry] *m* Lümmel *m,* Tölpel *m*
malpoli [malpɔli] *adj (fam)* unhöflich, unfreundlich
malpropre [malpʀɔpʀ] *adj 1.* schmutzig; *2. (indécent)* unsauber, schmutzig, anstößig; *3. (malhonnête)* anrüchig, unanständig
malpropreté [malpʀɔpʀəte] *f 1.* Unsauberkeit *f; 2. (fig)* Unanständigkeit *f*
malsain [malsɛ̃] *adj 1. (nuisible)* ungesund; *2. (maladif)* nicht gesund; *3. (fig)* sittenwidrig, sittlichkeitsgefährdend
malséant [malseɑ̃] *adj* unpassend, deplatziert, taktlos

M

malsonnant [malsɔnɑ̃] *adj* ungebührlich, unpassend, anstößig, unsittlich
malt [malt] *m* Malz *n*
maltraiter [maltʀɛte] *v* misshandeln
malveillance [malvɛjɑ̃s] *f* *1.* Missgunst *f; 2. (intention criminelle)* Böswilligkeit *f,* Übelwollen *n,* feindliche Gesinnung *f*
malveillant [malvɛjɑ̃] *adj 1.* böswillig; *2. (regard)* feindselig
malvenu [malvəny] *adj 1.* nicht berechtigt; *2. (déplacé)* unpassend, unberechtigt
malversation [malvɛʀsasjɔ̃] *f* Unterschlagung *f,* Veruntreuung *f*
malvoyant(e) [malvwajɑ̃(t)] *m/f* Sehbehinderte(r) *f/m*
maman [mamɑ̃] *f (fam)* Mama *f*
mamelle [mamɛl] *f 1. ANAT* Brust *f; 2. ~ de vache* Kuheuter *f*
mamelon [mamlɔ̃] *m 1. ANAT* Brustwarze *f; 2. GEO* Bergkuppe *f,* Hügel *m*
mamie [mami] *f (fam: grand-mère)* Oma *f*
mammifère [mamifɛʀ] *m ZOOL* Säugetier *n*
manager [manadʒɛʀ] *m 1.* Manager(in) *m/f; v 2.* [manadʒɛ] leiten, managen
managérial [manadʒɛʀjal] *adj* Manager...
Manche [mɑ̃ʃ] *f GEO* Ärmelkanal *m*
manche[1] [mɑ̃ʃ] *f 1.* Ärmel *m; faire la ~* betteln ; *C'est une autre paire de ~s.* Das ist ein anderes Paar Stiefel.; *2. retrousser ses ~* die Ärmel hochkrempeln; *3. avoir qn dans sa ~* jmd in Reserve haben; *4. (tuyau) TECH* Schlauch *m,* Rohr *n; 5. (au jeu)* Runde *f*
manche[2] [mɑ̃ʃ] *m 1. (poignée)* Heft *n,* Griff *m,* Stiel *m; branler dans le manche* unsicher sein *2. ~ à balai* Besenstiel *m, (d'un avion)* Steuerknüppel *m*
manchette [mɑ̃ʃɛt] *f 1. (de chemise)* Manschette *f; 2. (de journal)* Schlagzeile *f*
manchot [mɑ̃ʃo] *m ZOOL* Pinguin *m*
manchot(e) *m/f* 1. Einarmige(r) *f/m; 2. (fam: maladroit) être ~* zwei linke Hände haben
mandant(e) [mɑ̃dɑ̃(t)] *m/f ECO* Auftraggeber(in) *m/f,* Mandant(in) *m/f*
mandarin [mɑ̃daʀɛ̃] *m 1. (en Chine) HIST* Mandarin *m; 2. (fig: lettré)* Intellektueller *m*
mandat [mɑ̃da] *m 1. (pouvoir)* Auftrag *m,* Vollmacht *f,* Mandat *n; 2. (de paiement)* Anweisung *f; ~ postal* Postanweisung *f; 3. JUR* Mandat *n,* Gerichtsbefehl *m; ~ d'arrêt* Haftbefehl *m*
mandater [mɑ̃date] *v* beauftragen, anweisen; *2. FIN* eine Zahlungsanweisung ausstellen
mander [mɑ̃de] *v LIT* herbeirufen, bestellen
mandrin [mɑ̃dʀɛ̃] *m TECH* Dorn *m*
manège [manɛʒ] *m 1.* Karussell *n,* Manege *f; faire un tour de ~* Karussell fahren; *2. SPORT* Pferdedressur *f,* Reitkunst *f*
manette [manɛt] *f TECH* Hebel *m*
mangeoire [mɑ̃ʒwaʀ] *m* Krippe *f,* Futterkrippe *f*

manger [mɑ̃ʒe] *v 1.* essen, speisen; *faire ~ à qn* jdm zu essen geben; *~ bruyamment* schmatzen; *~ comme un porc* wie ein Schwein essen/sich einsauen; *~ du bout des dents* im Essen herumstochern/widerwillig essen; *~ ses mots* Wörter beim Sprechen verschlucken; *ne pas ~ à sa faim* hungern; *2. (animaux)* fressen; *m 3. (repas)* Essen *n*

mangeur [mɑ̃ʒœʀ] *m* Esser *m; C'est un gros ~.* Er ist ein großer Esser.
maniable [manjabl] *adj* griffig, handlich, wendig
maniaco-dépressif [manjakodepresif] *adj MED* manisch-depressiv
maniaque [manjak] *adj* manisch
manie [mani] *f 1.* Manie *f; 2. (tic)* Tick *m; 3. MED* Sucht *f*
maniement [manimɑ̃] *m 1.* Bedienung *f,* Handhabung *f; 2. (conduite)* Behandlung *f*
manier [manje] *v 1.* behandeln, umgehen; *2. (manœuvrer)* handhaben; *3. (mélanger)* hantieren, gebrauchen, umgehen; *4. se ~ (fam)* sich beeilen, sich bewegen
manière [manjɛʀ] *f 1.* Weg *m,* Weise *f,* Art und Weise *f; à la ~ de* nach Art von; *de ~ à ce que* so, dass; *de cette ~* auf diese Weise; *de toute ~* auf jeden Fall; *faire des ~s* Umstände machen; *de quelque ~ que ce soit* wie dem auch sei; *~ d'agir* Handlungsweise *f,* Verhalten *n; ~ d'être* Wesensart *f; ~ de vivre* Lebensweise *f; ~ de voir* Ansicht *f,* Meinung *f; 2. (simagrées)* Manier *f; 3. ~s pl* Betragen *n,* Manieren *pl*
manifestant(e) [manifɛstɑ̃(t)] *m/f* Demonstrant(in) *m/f; un cortège de ~s* ein Demonstrationszug *m*
manifestation [manifɛstasjɔ̃] *f 1.* Veranstaltung *f; ~ sportive* Sportveranstaltung *f; ~ de bienfaisance/~ de charité* Wohtätigkeitsveranstaltung *f; 2. POL* Demonstration *f,* Kundgebung *f*
manifeste [manifɛst] *adj 1.* offensichtlich, offenbar, unverkennbar; *2. (clair)* einleuchtend; *m 3. POL* Manifest *n*

M

manifester [manifɛste] *v 1.* bekunden; *2. se ~* sich offenbaren; *3. POL* demonstrieren
manigancer [manigɑ̃se] *v* anstiften, anzetteln; *~ un mauvais coup* eine Gemeinheit anzetteln
manigances [manigɑ̃s] *f/pl* Machenschaften *pl*
manipulateur [manipylatœʀ] *m 1.* Assistent *m; un ~ de laboratoire* ein Laborassistent *m; adj 2.* behandelnd, handhabend
manipulation [manipylasjɔ̃] *f 1.* Manipulation *f; 2.* Bedienung *f,* Handhabung *f*
manique [manik] *f* Handleder *n*
manivelle [manivɛl] *f* Kurbel *f*
manne [man] *f* großer Korb *m,* Waschkorb *m*
mannequin [mankɛ̃] *m 1.* Modell *n,* Mannequin *n; 2. (d'une vitrine)* Schaufensterpuppe *f*
manœuvre [manœvʀ] *f 1. TECH* Bedienung *f; 2. MIL* Manöver *n; 3. ~s frauduleuses pl* Schiebung *f; m 4. (salarié)* Hilfsarbeiter *m*
manœuvrer [manœvʀe] *v 1.* manövrieren; *2. TECH* betätigen; *3. (fig)* umgehen, lenken, leiten, manövrieren
manoeuvrier [manœvʀije] *m 1.* Handarbeiter *m,* Tagelöhner *m; 2. (fig)* geschickter Stratege *m*
manqué [mɑ̃ke] *adj 1.* verpasst, verfehlt, versäumt, misslungen; *2. garçon ~* Mädchen, das sich kleidet und benimmt wie ein Junge
manquement [mɑ̃kmɑ̃] *m 1.* Verletzung *f; 2. (échec)* Verfehlung *f; 3. (omission)* Versäumnis *n; 4. (infraction)* Verstoß *m*

manquer [mɑ̃ke] *v 1.* fehlen; *~ à sa parole* sein Wort brechen; *2. (rater)* versäumen; *Vous n'avez rien manqué.* Sie haben nichts versäumt. *Je n'y ~ai pas.* Sie können sich auf mich verlassen. *3. (échapper)* entgehen; *4. (faire défaut)* mangeln; *5. (échouer)* missglücken; *6. (fam)* verfehlen; *~ son coup* sein Ziel verfehlen; *7. (perdre)* verpassen; *8. (défaillir)* versagen; *9. (fig)* abgehen; *10. (fig: regretter)* vermissen

mansuétude [mɑ̃sɥetyd] *f LIT* Milde *f,* Güte *f,* Nachgiebigkeit *f*
manteau [mɑ̃to] *m 1. (vêtement)* Mantel *m; 2. (fig)* Vorwand *m; 3. sous le ~ (fig)* unter der Hand; *4. ~ de cheminée* Teil des Kamins über der Feuerstelle
manucure [manykyʀ] *m* Maniküre *f*
manuel [manɥɛl] *m 1.* Handbuch *n; ~ scolaire* Schulbuch *n; adj 2.* manuell; *3. travail ~* Handarbeit *f*
manufacture [manyfaktyʀ] *f* Manufaktur *f,* Fabrik *f; une ~ d'armes* eine Waffenfabrik *f; une ~ de porcelaine* eine Porzellanmanufaktur *f*
manufacturer [manyfaktyʀe] *v* verfertigen, herstellen, verarbeiten
manufacturier [manyfaktyʀje] *adj* industriell, gewerbetreibend, Gewerbe..., Industrie...
manuscrit [manyskʀi] *m 1.* Manuskript *n,* Niederschrift *f,* Handschrift *f; adj 2.* handschriftlich
manutention [manytɑ̃sjɔ̃] *f 1. (transport)* Verladen *n,* Umladen *n,* Transport *m; 2. (local de ~)* Lager *n*
manutentionnaire [manytɑ̃sjɔnɛʀ] *m/f* Lagerarbeiter(in) *m/f*
mappemonde [mapmɔ̃d] *f 1. (carte)* Weltkarte *f; 2. (globe)* Globus *m; 3. ~ céleste* Sternenkarte *f*
maquer [make] *v se ~ (fam)* zusammenziehen
maquereau[1] [makʀo] *m ZOOL* Makrele *f*
maquereau[2] [makʀo] *m (fam)* Zuhälter *m*
maquette [makɛt] *f 1.* Modell *n; 2. (ébauche)* Entwurf *m*
maquignon [makiŋɔ̃] *m (fig)* Pferdehändler *m*
maquignonnage [makiŋɔnaʒ] *m 1.* Pferdehandel *m; 2.* Rosstäuschertricks *m/pl; 3.* Kuhhandel *m*
maquillage [makijaʒ] *m 1.* Schminke *f,* Make-up *n; 2. (dissimulation)* Verschleiern *n*
maquiller [makije] *v 1.* schminken; *2. se ~* sich schminken; *3. (fig)* verschleiern
maquilleur [makijœʀ] *m* Maskenbildner *m*
maquilleuse [makijøz] *f* Maskenbildnerin *f*
maquisard [makizaʀ] *m (combattant)* Maquisard *m,* Widerstandskämpfer *m*
maraîcher [maʀɛʃe] *adj 1.* Gemüse... *un jardin ~* ein Gemüsegarten *m; la culture maraîchère* der Gemüseanbau *m; m 2.* Gemüseanbauer *m*
marais [maʀɛ] *m 1.* Moor *n,* Sumpf *m,* Ried *n; 2. ~ salant* Meersaline *f; 3. (fig)* Morast *m,* Bruch *m,* Moor *n*
marasme [maʀasm] *m 1. (fig)* Talsohle *f,* Flaute *f; 2. ~ économique* Stillstand *m; 3. MED* Abzehrung *f,* Entkräftung *f*
marâtre [maʀɑtʀ] *f* Rabenmutter *f*
maraudage [maʀodaʒ] *m* Mundraub *m*
marauder [maʀode] *v 1. (taxi)* durch die Straßen fahren auf der Suche nach Kunden,

Leerfahrt machen; *2. (fam: voler)* klauen, stibitzen, Mundraub begehen

marbre [marbʀ] *m 1.* Marmor *m; être de ~* nicht zu erschüttern sein; *2. TECH* Richtplatte *f*

marbré [marbʀe] *adj 1.* marmoriert; *un bois ~* ein marmoriertes Holz *n; du papier ~* marmoriertes Papier *n; 2. gâteau ~ GAST* Marmorkuchen *m; 3. (fig)* übersät mit, voller

marbrure [marbʀyʀ] *f 1.* Marmorierung *f; 2. (fig: sur la peau)* Flecken *pl*

marc [maʀ] *m 1. (résidu de fruits)* Trester *m,* Obstabfall *m;2. (eau-de-vie)* Tresterbranntwein *m; 3. ~ de café* Kaffeesatz *m*

marchand [maʀʃɑ̃] *m 1.* Händler *m,* Kaufmann *m; ~ ambulant* Hausierer *m,* fliegender Händler *m; ~ de sable* Sandmännchen *n; 2. (fig)* Krämer *m; adj 3.* kaufmännisch, handelstreibend; *4. galerie ~e* Einkaufszentrum *n; 5. marine ~e* Handelsmarine *f; 6. ECO prix ~* Einkaufspreis *m,* Handelspreis *m*

marchandage [maʀʃɑ̃daʒ] *m 1.* Handeln *n,* Feilschen *n; 2. (fig)* Abmachung *f,* Übereinkommen *n,* Übereinkunft *f,* Kuhhandel *m*

marchander [maʀʃɑ̃de] *v 1.* feilschen, handeln; *2. (fig)* feilschen, schachern; *ne pas ~ son appui à qn* jdn bereitwillig unterstützen; *ne pas ~ les louanges* mit seinem Lob nicht sparen

marchandise [maʀʃɑ̃diz] *f 1.* Ware *f,* Gut *n; ~s encombrantes* Sperrgut *n; ~s en stock* Lagerbestand *m; 2. ECO* Artikel *m*

marche [maʀʃ] *f 1.* Lauf *m,* Betrieb *m,* Gang *m; laisser en ~* anlassen, eingeschaltet lassen; *2. (allure)* Gehen *n,* Gang *m; se mettre en ~* aufbrechen; *mettre qc en ~* etw in Gang bringen; *en état de ~* betriebsbereit; *3. (déroulement)* Hergang *m,* Verlauf *m,* Ablauf *m; 4. (d'escalier)* Stufe *f,* Treppenstufe *f; 5. MIL* Marsch *m*

marché [maʀʃe] *m 1.* Markt *m; bon ~* billig; *2. ECO* Absatz *m; ~ des actions* Aktienmarkt *m; ~ des changes* Devisenmarkt *m; ~ intérieur* Binnenmarkt *m; 3. (affaire) ECO* Geschäft *n,* Handel *m; 4. (conclusion d'un ~) ECO* Vertrag *m,* Geschäftsabschluss *m; 5. Marché commun* gemeinsamer Markt *m*

marchepied [maʀʃpje] *m* Trittbrett *n*

marcher [maʀʃe] *v 1.* gehen, laufen; *~ à quatre pattes* krabbeln; *~ en tête* vorangehen; *faire ~ (radio, TV)* anstellen; *ne pas se laisser ~ sur les pieds* sich nicht auf der Nase herumtanzen lassen; *Je ne marche pas.* Da mache ich nicht mit. *Rien ne marche.* Nichts klappt. *2. MIL* marschieren; *3. (fonctionner)* funktionieren, gehen, laufen; *La radio ne marche plus.* Das Radio geht nicht mehr. *4. faire ~ qn* jdn täuschen, jdn in die Irre leiten

mardi [maʀdi] *m 1.* Dienstag *m; Il vient toujours le ~.* Er kommt immer dienstags.; *2. ~ gras* Fastnacht *f,* Mardi Gras *m*

mare [maʀ] *f 1.* Pfütze *f,* Tümpel *m; 2. (fig)* Lache *f*

marécage [maʀekaʒ] *m* Moor *n,* Ried *n,* Sumpf *m*

maréchal [maʀeʃal] *m (officier) MIL* Marschall *m*

maréchal-ferrant [maʀeʃalfɛʀɑ̃] *m* Hufschmied *m*

maréchaussée [maʀeʃose] *f (fam: gendarmerie)* Gendarmerie *f*

marée [maʀe] *f 1.* Gezeiten *pl; ~ basse* Ebbe *f; ~ haute* Flut *f,* Hochwasser *n; 2. ~ noire* Ölpest *f; 3. (produits de la mer)* frische Seefische *m/pl*

marge [maʀʒ] *f 1.* Rand *m,* Seitenrand *m; 2. (fig) ECO* Spielraum *m,* Spanne *f; ~ d'appréciation* Ermessensspielraum *m; ~ d'action* Handlungsspielraum *m; ~ bénéficiaire/~ de bénéfice* Gewinnspanne *f*

marginal [maʀʒinal] *adj 1.* Rand... *notes ~es* Randbemerkungen *pl; 2. (secondaire)* Rand..., Neben...; *m 3.* Aussteiger *m*

marginaliser [maʀʒinalize] *v* an den Rand drängen, ausschließen

margoulin [maʀgulɛ̃] *m (fam)* skrupelloser Verkäufer *m,* Krämer *m*

mari [maʀi] *m 1.* Mann *m,* Ehemann *m; 2. prendre qn pour ~* jmd zum Ehemann nehmen

mariage [maʀjaʒ] *m 1.* Ehe *f; demander une femme en ~* um die Hand einer Frau anhalten; *2. (noce)* Heirat *f,* Hochzeit *f; ~ blanc* Scheinehe *f; faire-part de ~* Heiratsanzeige *f; 3. (fig) ~ de couleurs* Vermischen von Farben *n,* Mischehe *f*

marié(e) [maʀje] *m/f 1. (le jour des noces)* Bräutigam/Braut *m/f; 2. se plaindre que la mariée est trop belle* sich unnötig beschweren, sich über etw Positives beklagen

marier [maʀje] *v 1.* verheiraten, trauen; *2. se ~* heiraten, sich verheiraten; *3. se ~ (fig)* vereinigen, verbinden

marieur [maʀjœʀ] *m (fam)* Kuppler *m,* Ehestifter *m*

M

marin [marɛ̃] *m 1.* Matrose *m,* Seemann *m; adj 2.* Meer..., See... *l'air ~* die Meerluft *f; une brise ~e* eine Brise Seeluft *f; du sel ~* Meersalz *n; 3. avoir le pied ~* seefest sein
marine [marin] *f 1.* Marine *f; 2. ~ marchande* Handelsmarine *f; 3. ART* Seestück *n; adj 4. (bleu ~)* dunkelblau
mariner [marine] *v 1. GAST* marinieren, einlegen, mazerieren; *2. (fam: attendre)* festsitzen, warten, versauern; *faire ~ qn* jdn warten lassen
marinier [marinje] *m* Seemann *m*
marin-pêcheur [marɛ̃pɛʃœr] *m* Fischer *m*
marital [marital] *adj* ehemännlich, Ehe...
maritime [maritim] *adj 1.* maritim; *2. transport ~* Schiffstransport *m*
marivauder [marivode] *v* sich sehr gewählt ausdrücken, galante Dinge sagen
mark [mark] *m HIST ~ allemand* Deutsche Mark *f,* DM *f*
marketing [markɛtiŋ] *m ECO* Marketing *n; le service de ~ d'une entreprise* die Marketingabteilung eines Unternehmens *f; faire des études de ~* Marktforschungen durchführen

M

marmelade [marməlad] *f 1.* Mus *n; f 2. en ~ (fig)* zu Mus zerquetscht
marmite [marmit] *f 1.* großer Kochtopf *m,* Kochkessel *m; 2. faire bouillir la marmite* für den Unterhalt der Familie sorgen; *3. ~ de géants GEOL* Kolk *m,* Strudeltopf m
marmiton [marmitɔ̃] *m* Küchenjunge *m,* Küchenlehrling *m*
marmonner [marmɔne] *v* murmeln, brummeln, flüstern; *~ des prières* Gebete murmeln
marmot [marmo] *m (fam)* Knirps *m*
marmotte [marmɔt] *f ZOOL* Murmeltier *n; dormir comme une ~* wie ein Murmeltier schlafen
marmotter [marmɔte] *v* in den Bart murmeln, undeutlich vor sich hin reden
maroquinerie [marɔkinri] *f (magasin)* Lederwarengeschäft *n*
marotte [marɔt] *f 1. (manie)* Gewohnheit *f,* Marotte *f,* fixe Idee *f,* Schrulle *f; Il a la ~ des mots croisés.* Er löst gern Kreuzworträtsel. *C'est devenu une ~.* Das ist eine Gewohnheit geworden. *C'est sa nouvelle ~.* Das ist seine neueste Marotte. *2. (tête)* Hutform *f,* Kopfform *f*
marquant [markɑ̃] *adj* markant
marque [mark] *f 1.* Marke *f,* Markierung *f; ~ au fer rouge* Brandzeichen *n; 2. (signe)* Merkmal *n,* Zeichen *n; ~ d'infamie* Schandmal *n; ~ de naissance* Muttermal *n; ~ distinctive* Kennzeichen *n,* Merkmal *n; ~ de fabrication* Warenzeichen *n; 3. (repère)* Markierung *f,* Bezugspunkt *m; 4. (trace)* Spur *f;* Abdruck *m*
marqué [marke] *adj (fig)* markant, deutlich
marque-page [markpaʒ] *m* Lesezeichen *n*
marquer [marke] *v 1.* anzeigen, kennzeichnen, markieren; *~ le pas* auf der Stelle treten; *2. (noter)* vermerken; *3. ~ qn (fig)* jdn abstempeln; *4. SPORT* ein Tor schießen, werfen; *5. ~ un adversaire SPORT* einen Gegner decken; *6. (manifester)* äußern; *~ son intérêt pour qc* Interesse an etw bekunden
marqueter [markəte] *v* tüpfeln, sprenkeln
marqueterie [markɛtri] *f* Einlegearbeit *f,* Intarsien *pl,* Marketerie *f; une table en ~* ein Tisch mit Einlegearbeit *m*
marqueur [markœr] *m (crayon-feutre)* Marker *m,* Leuchtstift *m*
marquis [marki] *m (titre de noblesse)* Marquis *m,* Markgraf *m*
marquise [markiz] *f 1. (noble)* Markgräfin *f,* Fürstin *f; 2.* Markise *f; 3. ~ au chocolat GAST* Schokoladencharlotte *f; 4. (fauteuil)* niedriger Sessel *m*
marraine [marɛn] *f 1. (d'un enfant)* Patin *f,* Patentante *f; 2. ~ de guerre* junges Mädchen, das sich um einen Soldaten kümmert und ihm Päckchen schickt *n*
marrant [marɑ̃] *adj (fam: drôle)* witzig, lustig, komisch
marre [mar] *adv (fam)* genug; *en avoir ~* genug davon haben
marrer [mare] *v se ~ (fam: rire)* sich kaputtlachen, sich amüsieren
marri [mari] *adj LIT* betrübt, traurig, ärgerlich
marron [marɔ̃] *m 1. BOT* Esskastanie *f; 2. ~ d'Inde BOT* Rosskastanie *f; 3. tirer les ~s du feu* die Kastanien aus dem Feuer holen; *4. (couleur)* (Kastanien-)Braun *n; adj 5.* (kastanien)braun; *avoir des yeux ~* (kastanien)-braune Augen haben; *6. être ~* der Dumme sein, angeschmiert sein; *7. (illégal)* gepfuscht
mars [mars] *m* März *m*
marteau [marto] *m 1.* Hammer *m; ~ pneumatique* Presslufthammer *m; 2. lancer de ~ SPORT* Hammerwerfen *m; 3. requin ~ ZOOL* Hammerhai *m; adj 4. (fam)* behämmert
marteler [martəle] *v 1* hämmern; *2. (fig)* stark betonen, hervorheben

martial [maʀsjal] *adj 1. (guerrier)* Kriegs..., kriegerisch, martialisch, grimmig; *un discours ~* eine kriegerische Rede *f; prendre un air ~* grimmig aussehen; *2. JUR* Stand... *la loi ~e* das Standrecht *n; la cour ~e* das Standgericht *n*
martien [maʀsjɛ̃] *m/pl* Marsbewohner *m,* Marsmensch *m*
martyr [maʀtiʀ] *m* Märtyrer *m*
martyre [maʀtiʀ] *f 1.* Märtyrerin *f; m 2. (mort) REL* Märtyrertod *m;3. (souffrance)* Martyrium *n,* Leiden *n,* Qual *f; souffrir le ~* das Martyrium erleiden
marxisme [maʀksism] *m POL* Marxismus *m*
mas [mɑ] *m (en Provence)* Bauernhaus in der Provence *n*
mascarade [maskaʀad] *f 1. (déguisement)* Verkleidung *f,* Maskierung *f; 2. (fig: tromperie)* Täuschung *f,* Maskerade *f,* Heuchelei *f*
mascotte [maskɔt] *f* Maskottchen *n*
masculin [maskylɛ̃] *adj 1.* männlich, Mannes..., Männer...; *m 2. LING* Maskulinum *m*
masculiniser [maskylinize] *v* vermännlichen
masculinité [maskylinite] *f* Männlichkeit *f*
masochisme [mazoʃism] *m* Masochismus *m*
masochiste [mazɔʃist] *adj 1.* masochistisch; *m/f 2.* Masochist(in) *m/f*
masquage [maskaʒ] *m* Maskieren *n*
masque [mask] *m* Maske *f,* Larve *f; ~ à gaz* Gasmaske *f*
masqué [maske] *adj* maskiert, vermummt; *un enfant ~ pour le carnaval* ein zum Karneval verkleidetes Kind *n; un bandit ~* ein maskierter Gangster *m; un bal ~* ein Maskenball *m*
masquer [maske] *v 1.* kaschieren; *2. se ~* sich maskieren; *3. (bloquer)* versperren; *~ la vue* die Aussicht versperren
mass media [masmedja] *m/pl* Massenmedien *pl*
massacrant [masakʀɑ̃] *adj* rabiat, bärbeißig
massacre [masakʀ] *m 1.* Gemetzel *n,* Massaker *n; 2. (fam)* Flickwerk *n; 3. jeu de ~* Wurfspiel *n*
massacrer *v 1.* niedermetzeln, niedermachen, ein Blutbad anrichten; *2. (fam)* zerhacken, verschnippeln, verhunzen
massage [masaʒ] *m* Massage *f; ~ cardiaque MED* Herzmassage *f*
masse [mas] *f 1.* Menge *f,* Masse *f; en ~* massenweise/massenhaft; *2. PHYS* Masse *f; 3. (marteau)* Hammer *m*
massepain [maspɛ̃] *m* Marzipan *n*
masser [mase] *v 1.* gruppieren; *2. (avec les mains)* massieren; *3. se ~* sich versammeln
masseur [masœʀ] *m* Masseur *m*
masseuse [masøz] *f* Masseurin *f*
massicoter [masikɔte] *v TECH* Papier schneiden
massif [masif] *m 1.* Beet *n; 2. GEO Massif central* Zentralmassiv *n; ~ montagneux* Gebirgsmassiv *n; adj 3. (objet)* klobig; *4. (imposant)* massiv
massue [masy] *f 1.* Keule *f; 2. (fig)* schwerer, harter Schlag *m*
mastic [mastik] *m 1.* Kitt *m; adj 2. (couleur)* kittfarben, weißlich grau
mastiquer [mastike] *v 1.* kauen; *2. TECH* verkitten
mastoc [mastɔk] *adj (fam)* klotzig, klobig
masturber [mastyʀbe] *v* masturbieren; *se ~* sich selbst befriedigen
masure [mazyʀ] *f* Bruchbude *f*
mât [mɑ] *m* Mast *m; ~ de drapeau* Fahnenmast *m*
mat [mat] *adj* matt; *(aux échecs)* (schach)-matt
match [matʃ] *m 1. (concours)* Kampf *m,* Wettkampf *m; 2. (jeu)* Partie *f; 3. SPORT* Spiel *n; ~ international* Länderspiel *n*
matelas [matla] *m* Matratze *f; ~ pneumatique* Luftmatratze *f*
matelassé [matlase] *adj* gesteppt, Stepp..., wattiert; *un tissu ~* ein gesteppter Stoff *m; un manteau ~* ein Steppmantel *m*
matelasser [matlase] *v* polstern
matelot [matlo] *m* Matrose *m*
mater [mate] *v 1. (aux échecs)* matt setzen; *2. (fig: soumettre)* unterwerfen, niederschlagen, zerschlagen, bändigen; *~ une rébellion* eine Rebellion niederschlagen; *~ les fortes têtes* die Rebellen bändigen; *3. (fam)* anstarren, mustern; *4. (dépolir)* mattieren
matérialiser [mateʀjalize] *v 1.* darstellen, symbolisieren, konkretisieren, umsetzen; *~ un projet* einen Plan verwirklichen; *~ une promesse* ein Versprechen erfüllen; *2. se ~* sich verwirklichen, sich erfüllen
matérialiste [mateʀjalist] *adj 1.* materialistisch; *m/f 2.* Materialist(in) *m/f*
matérialité [mateʀjalite] *f* Stofflichkeit *f,* Körperlichkeit *f,* Körperwelt *f,* körperliche Welt *f*

matériau [mateʀjo] *m 1. (matière)* Stoff *m,* Materie *f; 2. (de chantier)* Werkstoff *m; 3. ~x pl* Material *n; ~x de construction* Baumaterial *n*
matériel [mateʀjɛl] *m 1.* Material *n,* Zeug *n; 2. INFORM* Hardware *f; adj 3.* materiell, sachlich *dégâts ~s* Sachschäden *f*
maternel [matɛʀnɛl] *adj 1.* mütterlich *2. langue ~le* Muttersprache *f; 3. école ~le* Kindergarten *m*
materner [matɛʀne] *v* bemuttern
maternité [matɛʀnite] *f 1.* Mutterschaft *f; 2. MED* Entbindungsstation *f*
mathématicien(ne) [matematisjɛ̃/matematisjɛn] *m/f* Mathematiker(in) *m/f*
mathématiques [matematik] *f/pl* Mathematik *f*
maths [mat] *f/pl (fam)* Mathe *f,* Mathematik *f; le prof de ~* der Mathelehrer *m; être fort en ~* gut in Mathe sein
matière [matjɛʀ] *f 1.* Material *n; faire travailler sa ~ grise* seine grauen Zellen anstrengen; *2. (substance)* Stoff *m,* Materie *f; ~ grasse* Fett *n; ~ première* Rohstoff *m; ~s fécales* Kot *m; 3. (objet)* Gegenstand *m,* Thema *n; 4. (dans l'enseignement)* Lehrfach *n,* Unterrichtsfach *n; ~ obligatoire* Pflichtfach *n; 5. (domaine)* Sachgebiet *n*

matin[1] [matɛ̃] *m 1.* Morgen *m; de grand ~* in aller Herrgottsfrüh/am frühen Morgen; *du ~ au soir* von früh bis spät/von morgens bis abends; *le ~* morgens; *2. (matinée)* Vormittag *m; le ~* vormittags; *adv 3. se lever ~* früh aufstehen

mâtin[2] [matɛ̃] *m* Hofhund *m*
matinal [matinal] *adj 1.* Morgen..., morgendlich, früh; *la fraîcheur ~e* die Morgenfrische *f; à une heure ~e* zu einer frühen Stunde; *2. (personne)* früh aufstehend; *être ~* Frühaufsteher sein
matinée [matine] *f 1.* Vormittag *m; faire la grasse ~* bis in die Puppen schlafen/sich ordentlich ausschlafen; *2. (matin)* Morgen *m; 3. THEAT* Morgenvorstellung *f,* Nachmittagsvorstellung *f*
matois [matwa] *adj LIT* gewitzt, listig, pfiffig, findig
matos [matos] *m (fam)* Material *n*
matraque [matʀak] *f (gourdin)* Knüppel *m*
matraquer [matʀake] *v 1. (frapper)* knüppeln, schlagen; *2. (fig)* einhämmern; *~ le public de slogans* die Öffentlichkeit mit Werbesprüchen bombardieren; *3. (fam: dans un restaurant)* eine saftige Rechnung präsentieren
matriarcal [matʀijaʀkal] *adj* matriarchalisch, Mutter..., mutterrechtlich
matriarcat [matʀijaʀka] *m* Matriarchat *n*
matricide [matʀisid] *m/f* Muttermord *m*
matrimonial [matʀimɔnjal] *adj* Ehe..., Heirats..., ehelich; *le régime ~* der Güterstand *m; une agence ~* eine Heiratsvermittlung *f*
matrone [matʀɔn] *f (fam)* Matrone *f,* Weibstück *n,* alte Schachtel *f*
maturation [matyʀasjɔ̃] *f 1. BOT* Reifen *n,* Reifwerden *n; la ~ des fruits* das Reifen von Früchten *n; une cave de ~* ein Keller zum Reifen *m; 2. (fig)* Heranreifen *n,* Reifen *n,* Entwicklung *f,* Entfaltung *f; la ~ d'un projet* das Heranreifen eines Plans *n*
mature [matyʀ] *adj (fig: personne)* reif, erwachsen; *un jeune homme assez ~* ein reifer junger Mann *m*
maturité [matyʀite] *f 1.* Reife *f; 2. (fig)* Reife *f,* Reifung *f,* Vollendung *f*
maudire [modiʀ] *v irr* verdammen, verfluchen
maudit [modi] *adj* verdammt, verflucht, ärgerlich, unglücklich; *un artiste ~* ein verdammter Künstler *m; une ~e histoire* eine unglückliche Geschichte *f; Maudit garnement!* Verfluchter Gauner!
maussade [mosad] *adj 1. (temps)* unfreundlich; *2. (morose)* griesgrämig

mauvais [movɛ] *adj 1.* schlecht, schlimm, übel; *2. (méchant)* böse, bösartig, boshaft; *être ~ comme une teigne* ein Giftzwerg sein/eine Giftspritze sein; *3. (faux)* falsch; *prendre par le ~ bout* am falschen Ende anfassen; *adv 4. sentir ~* übel riechen; *Il fait ~.* Das Wetter ist schlecht.

mauve [mov] *adj 1. (couleur)* malvenfarben, malvenfarbig, lila; *f 2. BOT* Malve *f*
maximal [maksimal] *adj* maximal
maximaliser [maksimalize] *v* maximieren
maxime [maksim] *f* Grundsatz *m,* Leitspruch *m,* Maxime *f*
maximum [maksimɔm] *m 1.* Maximum *n; 2. au ~* höchstens, maximal
mazout [mazut] *m* Heizöl *n,* Öl *n*
me [mə] *pron 1. (atone)* mich; *Tu ~ connais.* Du kennst mich. *2. (à moi)* mir; *Il ~ parle.* Er spricht mit mir.
mea-culpa [meakulpa] *m faire son ~* seine Schuld bekennen/zugeben

M

méandre [meɑ̃dʀ] *m* *1.* Mäander *m*, Schlinge *f*, Kurve *f*; *les ~s d'un fleuve* die Mäander eines Flusses *pl*; *décrire des ~s* Kurven beschreiben; *2. (fig)* Wirren *pl*, Winkelzüge *pl*, Hakenschlagen *n*
mec [mɛk] *m (fam)* Kerl *m*, Typ *m*
mécanicien [mekanisjɛ̃] *m* *1.* Mechaniker *m*; *~ automobile* Automechaniker *m*; *2. (conducteur de locomotive)* Lokomotivführer *m*
mécanicien-dentiste [mekanisjɛ̃dɑ̃tsit] *m* Zahntechniker *m*
mécanique [mekanik] *adj* *1.* maschinell, mechanisch; *f* *2.* Mechanik *f*
mécanisation [mekanizasjɔ̃] *f* Mechanisierung *f*, Automatisierung *f*; *la ~ agricole* die Mechanisierung in der Landwirtschaft *f*
mécanisme [mekanism] *m* *1.* Mechanismus *m*; *2. (mécanique)* Triebwerk *n*; *3. (dispositif)* Vorrichtung *f*
mécène [mesɛn] *m* Mäzen *m*, Gönner *m*, Kunstfreund *m*
méchanceté [meʃɑ̃ste] *f* *1.* Bösartigkeit *f*; *2. (malveillance)* Tücke *f*, Bosheit *f*
méchant [meʃɑ̃] *adj* *1.* böse, gemein; *2. (malin)* boshaft, hämisch, tückisch; *3. (ignoble)* arg; *4. (mauvais)* schlecht; *5. (vilain)* unartig
mèche [mɛʃ] *f* *1.* Docht *m*; *éventer la ~* den Braten riechen, die Lunte riechen; *vendre la ~* ein Geheimnis verraten; *2. TECH* (Sprial-)Bohrer *m*; *3. MED* Drain *m*; *4. ~ de cheveux* Haarsträhne *f*; *5. être de ~ avec qn* mit jdm unter einer Decke stecken
méconnaître [mekɔnɛtʀ] *v irr* verkennen, falsch einschätzen
méconnu [mekɔny] *adj* verkannt, unterschätzt, nicht anerkannt; *un talent ~* ein verkanntes Talent *n*
mécontent [mekɔ̃tɑ̃] *adj* *1.* unzufrieden, unbefriedigt; *2. (fâché)* ungehalten
mécontentement [mekɔ̃tɑ̃tmɑ̃] *m* Unzufriedenheit *f*
médaille [medaj] *f* Medaille *f*; *~ d'or* Goldmedaille *f*
médaillé(e) [medaje] *m/f* Medaillengewinner(in) *m/f*, Preisträger(in) *m/f*
médaillon [medajɔ̃] *m* *1. (bijou)* Medaillon *n*; *2. GAST* Medaillon *n*; *3. (portrait)* Bildnismedaillon *n*

médecin [medsɛ̃] *m* *1.* Arzt *m*; *~ conseil* Amtsarzt *m*; *~ d'entreprise* Betriebsarzt *m*; *~ chef* Chefarzt *m*;*~ de famille* Hausarzt *m*; *~ conventionné* Kassenarzt *m*; *~ pour enfants* Kinderarzt *m*; *2. femme ~* Ärztin *f*; *3. ~ légiste JUR* Gerichtsmediziner *m*

médecine [medsin] *f* *1.* Medizin *f*; *~ légale JUR* Gerichtsmedizin *f*; *2. (remède)* Heilmittel *n*, Medizin *f*; *3. ~ naturelle* Naturheilmittel *f*
média [medja] *m* Medium *n*; *les ~s* die (Massen)Medien *n/pl*
médiat [medja] *adj* mittelbar, indirekt
médiateur [medjatœʀ] *m* *1.* Mittelsmann *m*, Vermittler *m*; *adj* *2.* vermittelnd
médiation [medjasjɔ̃] *f (transmission)* Vermittlung *f*
médiatiser [medjatize] *v* in den Medien verbreiten, mediatisieren; *Cet événement a été médiatisé par la presse.* Dieses Ereignis ging durch die ganze Presse.
médiatrice [medjatʀis] *f* Vermittlerin *f*, Mittelsperson *f*
médical [medikal] *adj* medizinisch, ärztlich
médicament [medikamɑ̃] *m* Arznei *f*, Medikament *n*, Medizin *f*; *~ analgésique* Betäubungsmittel *n*
médico-légal [medikɔlegal] *adj* gerichtsmedizinisch, gerichtsärztlich; *institut ~* Institut für Gerichtsmedizin *n*
médiéval [medjeval] *adj* mittelalterlich
médiocre [medjɔkʀ] *adj* *1.* mittelmäßig; *2. (mauvais)* schlecht; *3. (école)* mangelhaft; *4. (insuffisant)* dürftig
médiocrité [medjɔkʀite] *f* Mittelmäßigkeit *f*, Geringfügigkeit *f*, Unvollkommenheit *f*, Unzulänglichkeit *f*
médire [mediʀ] *v irr ~ de qn* über jdn lästern
médisance [medizɑ̃s] *f* üble Nachrede *f*
médisant [medizɑ̃] *adj* verleumderisch
méditatif [meditatif] *adj* besinnlich, nachdenklich
méditation [meditasjɔ̃] *f* *1.* Meditation *f*; *2. REL* Andacht *f*
méditer [medite] *v* *1.* überdenken, überlegen, sinnieren; *2. (penser)* meditieren
Méditerranée [mediterane] *f GEO* Mittelmeer *n*
méditerranéen [mediteʀaneɛ̃] *adj* Mittelmeer... *le bassin ~* das Mittelmeerbecken *n*; *les régions ~nes* die Mittelmeerregionen *pl*

M

médium [medjɔm] *m* *1.* Medium *n;* *2.* *MUS* Mittellage *f*
médius [medjys] *m* Mittelfinger *m*
méduse [medyz] *f* *ZOOL* Qualle *f*
médusé [medyze] *adj* *(fig)* wie versteinert
méduser [medyze] *v* verblüffen, einen Schrecken einjagen
meeting [mitiŋ] *m* *1.* *POL* Meeting *n,* Treffen *n,* Versammlung *f;* *se rendre à un ~ politique* zu einem politischen Treffen gehen; *tenir un ~* ein Meeting abhalten; *2.* *(réunion sportive)* *SPORT* Sportveranstaltung *f,* Wettbewerb *m*
méfait [mefɛ] *m* Missetat *f*
méfiance [mefjɑ̃s] *f* Misstrauen *n*
méfiant [mefjɑ̃] *adj* argwöhnisch, misstrauisch
méfier [mefje] *v* *se ~ de* etw/jmd misstrauen; sich vor etw/jmd hüten; *Méfie-toi!* Nimm dich in Acht!
mégalomane [megalɔman] *m/f* *MED* Größenwahnsinnige(r) *m/f*
méga-octet [megaɔktɛ] *m* *INFORM* Megabyte *n*
mégarde [megaʀd] *f* *par ~* versehentlich, aus Versehen

M

mégère [meʒɛʀ] *f* *(fam: femme méchante)* Furie *f,* böses Weib *n,* Giftspritze *f,* Drachen *m*
mégot [mego] *m* *(bout de cigarette)* Kippe *f,* Zigarettenstummel *m*
mégoter [megote] *v* *(fam)* geizen
meilleur [mɛjœʀ] *adj* *1.* besser; *2.* *le ~ possible* der Bestmögliche; *3.* *le ~ de tous* der Allerbeste; *4.* *le ~* beste(r,s); *mes ~s vœux* meine besten Wünsche; *m* *5.* *le ~/la ~e* der/die/das Beste
méjuger [meʒyʒe] *v* *~ de qn* *LIT* jdn gering schätzen, jdn unterschätzen
mélancolie [melɑ̃kɔli] *f* *1.* Melancholie *f,* Schwermut *f;* *2.* *(nostalgie)* Wehmut *f*
mélancolique [melɑ̃kɔlik] *adj* *1.* melancholisch, schwermütig; *2.* *(nostalgique)* trübsinnig, wehmütig
mélange [melɑ̃ʒ] *m* *1.* Mischung *f;* *2.* *(amalgame)* Gemisch *n*
mélanger [melɑ̃ʒe] *v* *1.* mischen; *2.* *~ à* beimischen, untermengen, untermischen; *3.* *(mixer)* mixen, anrühren, vermischen; *4.* *(fig)* durcheinander werfen; *5.* *se ~* sich vermengen
mélangeur [melɑ̃ʒœʀ] *m* Mischgerät *m,* Mischbatterie *f,* Mischpult *n*
mélasse [melas] *f* *1.* Melasse *f;* *2.* *(fam)* Durcheinander *n,* Chaos *n,* Schwierigkeit *f,* Problem *n;* *être dans la ~* in einer schwierigen Lage sein
mêlée [mɛle] *f* *1.* *(combat)* Schlägerei *f,* Handgemenge *n;* *2.* *(au rugby)* Getümmel *n,* Schlägerei *f;* *3.* *(fig)* Knäuel *n*
mêler [mɛle] *v* *1.* mischen; *2.* *se ~ à* sich einschalten in; *3.* *se ~ de qc* sich in etw einmischen; *Mêlez-vous de ce qui vous regarde.* Kümmern Sie sich um Ihre eigenen Angelegenheiten.
méli-mélo [melimelo] *m* *(fam)* Wirrwarr *n,* Kuddelmuddel *n,* Durcheinander *n*
mélo [melo] *adj* *(fam)* theatralisch; *un film ~* ein Filmmelodram
mélodie [melɔdi] *f* *1.* Melodie *f;* *2.* *(fig)* Wohlklang *m*
mélodieux [melɔdjø] *adj* melodisch, harmonisch, zart, sanft; *un air ~* ein melodisches Stück *n,* eine Melodie *f*
mélodique [melɔdik] *adj* *1.* *MUS* melodisch; *2.* *(fig)* wohlklingend
mélodramatique [melɔdʀamatik] *adj* melodramatisch, leidenschaftlich, tränenreich, theatralisch
mélodrame [melɔdʀam] *m* *1.* *THEAT* Melodram *n,* Melodrama *n;* *2.* *(fig)* Melodram *n,* tränenreicher Konflikt *m,* leidenschaftliche Auseinandersetzung *f;* *Ce film tourne au ~.* Der Film wird kitschig.
mélomane [melɔman] *m/f* Musikliebhaber(in) *m/f*
membrane [mɑ̃bʀan] *f* *1.* *ANAT* Membran *f,* Membrane *f;* *2.* *PHYS* Membran *f,* Membrane *f*
membre [mɑ̃bʀ] *m* *1.* Mitglied *n;* *2.* *ANAT* *~s supérieurs* obere Gliedmaßen *n/pl;* *~s inférieurs* untere Gliedmaßen *n/pl*
même [mɛm] *pron* *1.* *le/la ~* derselbe/dieselbe/dasselbe, der/die/das gleiche; *adj* *2.* gleich; *adv* *3.* sogar, selbst; *de ~* desgleichen/ebenso; *quand ~* trotzdem; *tout de ~* dennoch; *~ pas* nicht einmal; *~ si* selbst wenn
mémé [meme] *f* *(fam)* Oma *f*
mémento [memɛ̃to] *m* *1.* *(carnet de notes)* Merkbuch *n,* Notizbuch *n,* Memorandum *m;* *2.* *(livre)* Handbuch *n,* Lehrbuch *n*
mémère [memɛʀ] *f* *(fam)* Oma *f*
mémoire[1] [memwaʀ] *f* *1.* Gedächtnis *n;* *garder qc en ~* etw im Gedächtnis behalten; *graver qc dans sa ~* sich etw einprägen; *2.* *(souvenir)* Andenken *n;* *3.* *(de données)* *INFORM* Speicher *m*
mémoire[2] [memwaʀ] *m* *(petite thèse)* Denkschrift *f,* Aufsatz *m;* *~ de maîtrise* Diplomarbeit *f,* Magisterarbeit *f*
mémorable [memɔʀablə] *adj* denkwürdig

mémorandum [memɔRɑ̃dɔm] *m* Notizbuch *n*
mémorial [memɔRjal] *m 1. (écrit)* Denkschrift *f; 2. (monument)* Denkmal *n*
mémoriser [memɔRize] *v 1. (personne)* auswendig lernen, sich merken, sich einprägen; *~ un poème* sich ein Gedicht einprägen; *2. INFORM* abspeichern, speichern
menaçant [mənasɑ̃] *adj* bedrohlich
menace [mənas] *f* Androhung *f,* Drohung *f,* Bedrohung *f*
menacer [mənase] *v 1.* androhen, bedrohen; *2. ~ qn* jdm drohen
ménage [menaʒ] *m 1.* Haushalt *m; Le ~ n'est pas encore fait.* Es ist noch nicht aufgeräumt. *2. ~ à trois* Dreiecksverhältnis *n; 3. (entretien)* Haushaltung *f,* Hausarbeit *f; 4. se mettre en ~* zusammen ziehen; *5. faire bon ~ avec* sich gut mit jmd verstehen
ménager [menaʒe] *v 1.* aussparen; *se ~ une porte de sortie* sich eine Hintertür offen halten; *~ une surprise à qn* jdm eine Überraschung bereiten; *2. ~ qn* jdn schonen; *3. se ~* sich schonen
ménagère [menaʒɛR] *f 1.* Hausfrau *f; 2. (service de couverts)* Besteckgarnitur *f*
ménagerie [menaʒRi] *f* Menagerie *f,* Tierschau *f,* Tierpark *m*
mendiant [mɑ̃djɑ̃] *m 1.* Bettler *m; 2. (confiserie)* Studentenfutter *n*
mendicité [mɑ̃disite] *f* Betteln *n,* Bettlerei *f,* Bettlertum *n*
mendier [mɑ̃dje] *v 1. (aumône)* betteln; *2. (prier avec insistance)* betteln
menées [məne] *f/pl* Intrigen *f/pl*
mener [məne] *v 1.* bringen; *2. ~ à* führen zu; *~ qn à la baguette* jdn nach seiner Pfeife tanzen lassen; *~ à bien* glücklich zu Ende führen; *~ grand train* viel Aufsehen machen/ein großes Leben führen; *Cela ne vous mène à rien.* Das ist sinnlos./Das führt zu nichts. *3. (guider)* lenken
menhir [meniR] *m* Menhir *m*
méninges [menɛ̃ʒ] *f/pl (fam)* Hirn *n,* graue Zellen *pl; ne pas se fatiguer les ~* sich nicht den Kopf zerbrechen; *faire travailler ses ~* seine grauen Zellen beanspruchen
menotte [mənɔt] *f (petite main)* Händchen *n*
menotter [mənɔte] *n ~ qn* jdm Handschellen anlegen
menottes [mənɔt] *f/pl* Handschellen *pl*
mensonge [mɑ̃sɔ̃ʒ] *m* Erfindung *f,* Lüge *f; pieux ~* Notlüge *f; ~ de circonstance* Notlüge *f*
mensonger [mɑ̃sɔ̃ʒe] *adj* trügerisch, unwahr
mensualiser [mɑ̃sɥalize] *v ~ un paiement* in monatlichen Raten zahlen
mensualité [mɑ̃sɥalite] *f ECO* Rate *f*
mensuel [mɑ̃sɥɛl] *adj 1.* monatlich, Monats... *m 2.* Monatslohnempfänger *m*
mensuration [mɑ̃syRasjɔ̃] *f* Messen *n*
mental [mɑ̃tal] *adj 1. PSYCH* mental, geistig, Geistes... *une maladie ~e* eine Geisteskrankheit *f; l'âge ~* das Alter der mentalen Entwicklung *n; 2.* geistig, Kopf... *calcul ~* Kopfrechnen *n; une image ~e* ein Bild vor seinem geistigen Auge *n; m 3.* Geist *m,* Geisteszustand *m*
mentalité [mɑ̃talite] *f* Denkart *f,* Mentalität *f*
menteur [mɑ̃tœR] *m 1.* Lügner *m; adj 2.* lügnerisch, Lügner...
menteuse [mɑ̃tøz] *f* Lügnerin *f*
mention [mɑ̃sjɔ̃] *f 1.* Hinweis *m,* Erwähnung *f; faire ~* erwähnen; *2. (jugement)* Prädikat *n; 3. (remarque)* Vermerk *m; ~ officielle* Amtsvermerk *m; 4. (à un examen)* Note *f,* Auszeichung *f*
mentionner [mɑ̃sjɔne] *v 1.* erwähnen; *2. (noter)* vermerken
mentir [mɑ̃tiR] *v irr 1.* lügen, schwindeln; *~ comme un arracheur de dents* lügen wie gedruckt; *2. ~ à qn* jdn belügen, jdn anlügen
menton [mɑ̃tɔ̃] *m 1. ANAT* Kinn *n; 2. ~ en galoche (fam)* Nussknackergesicht *n; 3. double ~* Doppelkinn *n*
mentor [mɑ̃tɔR] *m LIT* Mentor *m,* Ratgeber *m*
menu[1] [məny] *adj 1.* klein; *2. (peu important)* klein, gering, belanglos, unbedeutend; *adv 3. hacher ~* in kleine Stücke hacken
menu[2] [məny] *m 1. GAST* Menü *n; 2. (carte des plats)* Karte *f,* Speisekarte *f; 3. INFORM* Menü *n*
menuet [mənɥɛ] *m MUS* Menuett *n*
menuiserie [mənɥizRi] *f 1.* Schreinerwerkstatt *f,* Tischlerei *f,* Schreinerei *f; 2.* Tischlerarbeit *f,* Schreinerarbeit *f*
menuisier [mənɥizje] *m* Tischler *m,* Schreiner *m,* Zimmermann *m*
méprendre [mepRɑ̃dR] *v irr 1. se ~ sur qn* sich in jdm täuschen; *2. à s'y ~* zum Verwechseln *Elles se ressemblent à s'y ~.* Sie sehen sich zum Verwechseln ähnlich.
mépris [mepRi] *m 1.* Geringschätzung *f,* Missachtung *f; 2. (dédain)* Verachtung *f*
méprisable [mepRizabl] *adj* niederträchtig, verachtenswert

M

méprisant [meprizɑ̃] *adj* abschätzig, verächtlich
méprise [mepriz] *f* Missverständnis *n*, Verwechslung *f*
mépriser [meprize] *v* *1.* missachten; *2. (dédaigner)* verachten
mer [mɛr] *f* Meer *n*, See *f*; *~ du Nord* Nordsee *f*; *~ Baltique* Ostsee *f*; *~Adriatique* Adria *f*; *~ Egée* Ägäis *f*; *niveau de la ~* Meeresspiegel *m*; *Ce n'est pas la ~ à boire.* Das ist halb so schlimm./Das ist nicht die Welt.
mercantile [mɛrkɑ̃til] *adj* *1. ECO* merkantil, kaufmännisch, Handels... *le système ~* das Merkantilsystem *n*, der Merkantilismus *m*; *2. (péjoratif)* berechnend, kleinlich; *un esprit ~* eine Krämerseele *f*; *des calculs ~s* kleinliche Berechnungen *pl*
mercantilisme [mɛrkɑ̃tilism] *m* *1. ECO* Merkantilismus *m*, staatliche Wirtschaftslenkung *f*; *2. (péjoratif)* Krämergeist *m*, Profitgier *f*
mercenaire [mɛrsənɛr] *m* Söldner *m*
mercerie [mɛrsəri] *f* *1.* Kurzwaren; *2. (magasin)* Kurzwarengeschäft *n*
merci [mɛrsi] *interj* *1.* danke; *Merci d'être venu.* Danke, dass Sie gekommen sind. *f 2. (pitié)* Gnade *f*, Mitleid *n*; *une lutte sans ~* ein gnadenloser Kampf *m*; *être à la ~ de qn* jdm ausgeliefert sein; *tenir qn à sa ~* jdn in seiner Gewalt haben
mercredi [mɛrkrədi] *m* Mittwoch *m*; *~ des Cendres* Aschermittwoch *m*
mercure [mɛrkyr] *m CHEM* Quecksilber *n*
merde [mɛrd] *f (fam)* Scheiße *f*
merder [mɛrde] *v (fam: rater)* vermasseln, Scheiße bauen
merdier [mɛrdje] *m (fam)* Durcheinander *n*
Mère [mɛr] *f* *~ de Dieu REL* Muttergottes *f*
mère [mɛr] *f 1.* Mutter *f*; *2. ~ patrie* Vaterland *n*; *3. maison ~ ECO* Hauptgeschäftsstelle *f*
méridien [meridjɛ̃] *adj* *1. ASTR* Meridian... *le plan ~* der Meridianplan *m*; *m 2. GEO* Längenkreis *m*, Meridian *m*; *le ~ d'origine* der Nullmeridian *m*
méridional [meridjɔnal] *adj* südlich, Süd...
mérite [merit] *m* Verdienst *n*; *Tout le ~ lui en revient.* Das ist alles sein Verdienst.; *avoir du ~* Verdienste haben
mériter [merite] *v (louange)* verdienen; *Il l'a bien mérité!* Das geschieht ihm recht!
méritoire [meritwar] *adj* lobenswert, verdienstvoll, anerkennenswert
merveille [mɛrvɛj] *f* *1.* Wunder *n*; *à ~* großartig; *Il se porte à ~.* Es geht ihm glänzend./Es geht ihm ausgezeichnet.; *2. faire ~ (fig)* Wunder wirken; *3. promettre monts et ~s* goldene Berge versprechen
merveilleux [mɛrvɛjø] *adj* *1.* wunderbar, wundervoll; *2. (fabuleux)* fabelhaft, sagenhaft, traumhaft
mésalliance [mezaljɑ̃s] *f* nicht standesgemäße Heirat *f*
mésaventure [mezavɑ̃tyr] *f* Missgeschick *n*
Mesdames [medam] *f/pl (allocution)* meine Damen *f/pl*
Mesdemoiselles [medmwazɛl] *f/pl (allocution)* meine Damen *f/pl*
mésentente [mezɑ̃tɑ̃t] *f* Missstimmung *f*, Unstimmigkeit *f*
mésestime [mezɛstim] *f LIT* Verachtung *f*, Geringschätzung *f*, Herabwürdigung *f*; *tenir qn en ~* jdn verachten
mesquin [mɛskɛ̃] *adj* kleinlich, engstirnig
mesquinerie [mɛskinri] *f* Engstirnigkeit *f*, Kleinlichkeit *f*; *agir avec ~ à l'égard de qn* sich kleinlich gegenüber jdm verhalten
message [mesaʒ] *m* *1.* Botschaft *f*, Nachricht *f*; *2. (communiqué)* Mitteilung *f*, Meldung *f*; *3. (radiophonique, à la gare)* Durchsage *f*; *4. ~ radio* Funkspruch *m*
messager [mesaʒe] *m* Bote *m*, Kurier *m*
messageries [mesaʒri] *f/pl (service de transport)* Transportunternehmen *n*, Paketdienst *m*, Botendienst *m*; *un entrepreneur de ~* ein Transportunternehmer *m*; *les ~ de presse* der Zeitungsvertrieb *m*
messe [mɛs] *f REL* Messe *f*; *~ pour les défunts* Totenmesse *f*; *~ solennelle* Hochamt *n*; *~ de minuit* Mitternachtsmesse *f*; *faire des ~s bas* stille Messen abhalten
Messie [mesi] *m REL* Erlöser *m*
messieurs [mɛsjø] *m/pl* meine Herren *m/pl*
mesurable [məzyrabl] *adj* messbar
mesure [məzyr] *f* *1. (unité de mesure)* Maß *n*; *~ métrique* Metermaß *n*; *être en ~ de* imstande sein; *prendre des ~s énergiques* durchgreifen; *sur ~* nach Maß; *garder la ~* Maß halten; *outre ~* maßlos; *La ~ est comble!* Das Maß ist voll! *2. (action)* Maßnahme *f*; *~ préventive* Präventivmaßnahme *f*, Vorbeugungsmaßnahme *f*; *au fur et à ~* nach und nach; *sans commune ~* nicht vergleichbar; *~ de sécurité* Sicherheitsmaßnahme *f*; *par ~ de sécurité* sicherheitshalber; *3. MUS* Takt *m*
mesuré [məzyre] *adj* gemäßigt
mesurer [məzyre] *v* *1.* messen; *2. (métrer)* abmessen, ausmessen; *3. (calculer)* ermessen;

4. se ~ avec qn (fig) sich mit jdm messen; *5. ~ ses paroles (fig)* seine Worte abwägen
métairie [metɛʀi] *f AGR* Pacht *f,* Pachtgut *n*
métal [metal] *m* Metall *n; ~ précieux* Edelmetall *n; ~ léger* Leichtmetall *n*
métallifère [metalifɛʀ] *adj* metallhaltig, erzhaltig
métallique [metalik] *adj* metallisch
métallisé [metalize] *adj* Metallic..., mit metallischem Glanz; *une peinture ~e* eine Metalliclackierung *f; une voiture gris ~* ein metallicgrauer Wagen *m*
métallurgie [metalyʀʒi] *f (industrie)* Metallindustrie *f*
métallurgiste [metalyʀʒist] *m (ouvrier)* Metallarbeiter *m; la grève des ~s* der Metallarbeiterstreik *m*
métamorphose [metamɔʀfoz] *f* Verwandlung *f*
métaphorique [metafɔʀik] *adj* bildlich
métaphysique [metafizik] *f* Metaphysik *f*
météo [meteo] *f (fam)* Wettervorhersage *f,* Wetterbericht *m; Que prévoit la ~ pour demain?* Was sagt der Wetterbericht für morgen?
météore [meteɔʀ] *m* Meteor *m*
météorite [meteɔʀit] *f ASTR* Meteorit *m,* Aerolith *m,* Meteorstein *m*
météorologie [meteɔʀɔlɔʒi] *f* Meteorologie *f,* Wetterkunde *f*
métèque [metɛk] *m (péjoratif)* unerwünschter Ausländer
méthode [metɔd] *f 1.* Methode *f; 2. (procédé)* Verfahren *n; 3. (ordre)* Einteilungsprinzip *n; 4. (manuel)* Anleitung *f,* Anweisung *f,* Leitfaden *m*
méthodique [metɔdik] *adj* methodisch, systematisch
méthodologie [metɔdɔlɔʒi] *f* Methodologie *f,* Methodenlehre *f*
méticuleux [metikylø] *adj* peinlich genau, sorgfältig, akkurat, penibel
métier [metje] *m 1.* Beruf *m; 2. (artisanat)* Handwerk *n; connaître son ~* sein Handwerk verstehen/sich in seinem Fach auskennen; *3. ECO* Gewerbe *n; 4. (expérience)* Berufserfahrung *f; 5. ~ à tisser* Webstuhl *m*
métis [metis] *m* Mischling *m*
métissage [metisaʒ] *m 1.* Rassenmischung *f; 2. ~ culturel* kulturelle Mischung *f*
métrage [metʀaʒ] *m 1.* Vermessung *f; 2. (de tissu)* Metermaß *n; 3. CINE* Länge *f, long ~* Spielfilm *m, court ~* Kurzfilm *m*
mètre [mɛtʀ] *m 1.* Meter *m; ~ cube* Kubikmeter *m; ~ carré* Quadratmeter *m; ~ pliant* Zollstock *m; 2. ~ ruban* Bandmaß *n*
métreur [metʀœʀ] *m TECH* Vermesser *m*
métrique [metʀik] *adj 1.* metrisch; *le système ~* das metrische Maßsystem *n; f 2. LIT* metrisch
métro [metʀo] *m* U-Bahn *f,* Untergrundbahn *f*
métrologie [metʀɔlɔʒi] *f* Messtechnik *f*
métronome [metʀɔnɔm] *m MUS* Metronom *n,* Taktmesser *m*
métropole [metʀɔpɔl] *f* Hauptstadt *f,* Metropole *f*
métropolitain [metʀɔpɔlitɛ̃] *adj 1.* Mutterlands..., zum Mutterland gehörend; *le territoire ~* das Gebiet des Mutterlandes *n; m 2.* Hauptstädter *m,* Einwohner einer Metropole *m*
mets [mɛ] *m 1.* Speise *f,* Gericht *n; ~ préféré* Lieblingsspeise *f; ~ délicat* Delikatesse *f; ~ tout préparé* Fertiggericht *n; 2. (plat) GAST* Gang *m*
mettable [mɛtabl] *adj (mode)* tragbar
metteur [mɛtœʀ] *m 1. ~ en scène CINE* Regisseur *m; 2. ~ en page TECH* Metteur *m,* Zurichter *m; 3. ~ au point TECH* Regler *m,* Einstellungsgerät *n*

mettre [mɛtʀ] *v irr 1. (lieu)* setzen, stellen, legen, hängen; *~ le couvert* den Tisch decken; *~ son chapeau* seinen Hut aufsetzen; *~ la radio* das Radio anstellen; *~ bas* Junge zur Welt bringen; *~ fin à qc* etw beenden/ein Ende mit etw machen; *~ une lettre à la poste* einen Brief aufgeben; *~ qc à la disposition de qn* jdm etw zur Verfügung stellen; *~ à l'envers* auf den Kopf stellen/umstülpen; *~ à la porte* entlassen; *~ au monde* gebären; *~ au jour* ans Licht bringen; *~ au courant* auf dem Laufenden halten; *~ de côté* beiseite legen, zurücklegen; *~ en ordre* ordnen; *~ en scène* inszenieren; *~ en doute* anzweifeln; *2. (temps)* brauchen, verwenden; *~ trois heures pour qc* drei Stunden für etw brauchen; *Le train met huit heures pour aller à Rouen.* Der Zug braucht acht Stunden bis Rouen. *3. se ~ (se placer)* sich setzen, sich stellen, sich legen; *se ~ debout* sich aufrichten/sich aufsetzen; *se ~ à qc* etw anfangen; *se ~ qc dans la tête* sich etw in den Kopf setzen; *se ~ d'accord avec qn* sich mit jdm einigen; *se ~ en colère* zornig werden/wütend werden; *se ~ en marche* sich in Bewegung setzen/anfahren; *se ~ en*

M

avant sich vordrängen; *4. se ~ (s'habiller)* sich kleiden, sich anziehen; *Il est bien mis.* Er ist gut gekleidet.

meuble [mœbl] *m 1.* Möbelstück *n,* Möbel *pl; ~s encastrés* Einbaumöbel *pl; ~s rembourrés/~ capitonnés* Polstermöbel *pl; ~s de rangement* Schränke *pl; 2. JUR biens ~s* bewegliches Vermögen *n; adj 3. terre ~* weiche Erde *f*
meublé [mœble] *adj 1.* möbliert; *m 2.* möbliertes Zimmer *n,* möblierte Wohnung *f*
meubler [mœble] *v 1.* einrichten, möblieren; *2. (décorer)* ausstatten, gestalten
meuf [mœf] *f (fam)* Frau *f,* Alte *f*
meugler [møgle] *v (bovin)* muhen, brüllen
meule [møl] *f 1. (de fromage) GAST* Käselaib *m; 2. TECH* Schleifkörper *m; 3. ~ de foin* Heusilo *m,* Heuhaufen *m*
meuler [møle] *v TECH* schleifen
meuleuse [møløz] *f TECH* Schleifmaschine *f*
meulière [møljɛʀ] *f (pierre)* Mahlstein *m*
meunier [mønje] *m* Müller *m*
meunière [møljɛr] *f 1.* Müller(in) *f; 2. truite ~ GAST* Forelle nach Müllerinnenart *f*
meurtre [mœʀtʀ] *m 1.* Mord *m; 2. (assassinat)* Ermordung *f; 3. JUR* Totschlag *m*
meurtrier [mœʀtʀije] *adj 1.* mörderisch, tödlich; *m 2.* Mörder *m,* Totschläger *m*
meurtrière [mœʀtʀijɛʀ] *f 1.* Mörderin *f,* Totschlägerin *f; 2. (ouverture)* Schießscharte *f*
meurtrir [mœʀtʀiʀ] *v 1.* schlagen, drücken, quetschen; *~ qn de coups* jdn schlagen; *2. (fig)* verletzen, zerfurchen, zerreißen; *~ un cœur* ein Herz zerreißen
meute [møt] *f 1. (de chiens)* Meute *f; 2. (fig)* Bande *f,* Haufen *m,* Schar *f*
mézigue [mezig] *pron (fam: moi) C'est pour ~.* Das ist für meine Wenigkeit.
miauler [mjole] *v* miauen
mi-bas [mibɑ] *m* Kniestrumpf *m*
miche [miʃ] *f 1.* Brotlaib *m; f/pl 2. ~s (fam)* Hintern *m*
mi-chemin [miʃmɛ̃] *adv à ~* auf halbem Weg, auf halber Strecke;
mi-clos [miklo] *adj* halb geschlossen; *les yeux ~* die Augen halb geschlossen
mi-côte [mikot] *adv à ~* auf halber Höhe
mi-course [mikuʀs] *adv à ~* auf halber Strecke
micro [mikʀo] *m* Mikro *n,* Mikrofon *n; devant le ~* vor dem Mikro
microbe [mikʀɔb] *m* Bakterie *f*
micro-onde [mikʀoɔ̃d] *f* Mikrowelle *f; un four à ~s* ein Mikrowellenherd *m*
micro-organisme [mikʀoɔʀganism] *m BIO* Mikroorganismus *m,* Mikrobe *f*
microphone [mikʀɔfɔn] *m* Mikrofon *n*
microprocesseur [mikʀɔpʀɔsɛsœʀ] *m INFORM* Mikroprozessor *m*
microscope [mikʀɔskɔp] *m* Mikroskop *n,* Vergrößerungsglas *n*
midi [midi] *m* Mittag *m; le ~* mittags; *du Midi* aus dem Süden; *chercher ~ à quatorze heures* die Sache unnötig komplizieren
mie [mi] *f 1. ~ de pain* weiches Inneres *n; 2. pain de ~* Toastbrot *n*
miel [mjɛl] *m* Honig *m,* Bienenhonig *m; être tout ~* überfreundlich sein/zuckersüß sein; *2. lune de ~* Honigmond *m*
mielleux [mjɛlø] *adj (fig: doucereux)* schleimig, zuckersüß
mien [mjɛ̃] *pron 1. le ~* meine(r,s); *m 2.* das Mein(ig)e *n*
miette [mjɛt] *f 1.* Krümel *m; 2. (éclat) mettre qc en ~s* etw in kleine Stücke zerschlagen; *3. (fig) ne laisser que des ~s* nichts als Krümel übrig lassen
mieux [mjø] *adv* besser, lieber; *Il vaut ~ ...* Es ist besser ...; *Il va ~.* Es geht ihm besser. *de ~ en ~* immer besser; *aimer ~* bevorzugen; *faire de son ~* sein Bestes tun; *au ~* bestens; *Je ne demande pas ~.* Ich könnte mir nichts Besseres wünschen.
mièvre [mjɛvʀ] *adj* fad, abgestanden, langweilig
mignard [miŋaʀ] *adj* geziert, affektiert
mignardise [miŋaʀdiz] *f 1. (petit gâteau) GAST* kleiner Kuchen *m; 2. (manière)* Affektiertheit *f,* affektiertes Benehmen *n*
mignon [miɲɔ̃] *adj* nett, niedlich, süß, goldig
migrant [migʀɑ̃] *m* Ein- bzw. Auswanderer *m,* Gastarbeiter *m*
migrateur [migʀatœʀ] *adj* wandernd, Wander...; *un oiseau ~* ein Zugvogel *m*
migration [migʀasjɔ̃] *f 1. ~ des peuples HIST* Völkerwanderung *f; 2. ~ des oiseaux* Ziehen der Vögel *n,* Vogelwanderung *f; 3. MED* Wirtswechsel *m*
migrer [migʀe] *v* migrieren, wandern
mijaurée [miʒoʀe] *f* Frauchen *n,* Zierpuppe *f; faire la ~* sich zieren
mijoter [miʒɔte] *v 1. GAST* köcheln, brutzeln; *~ de bons petits plats* leckere Gerichte zubereiten; *2. (fig)* ausbrüten, aushecken;

M

Qu'est-ce qu'il mijote? Was denkt er sich da aus?
milice [milis] *f* Miliz *f,* Truppe für den Bedarfsfall *f*

milieu [miljø] *m 1.* Mitte *f; le juste ~* der goldene Mittelweg *m; 2. (environnement)* Umwelt *f; 3. (entourage social)* Milieu *n; 4. (de la mafia)* Unterwelt *f; 5. au ~ de* mitten in, mitten unter

militaire [militɛʀ] *adj* militärisch, Militär...; *service ~* Militärdienst *m*
militer [milite] *v 1. POL* kämpfen, sich einsetzen, sich engagieren; *~ dans un parti* sich in einer Partei engagieren; *2. (plaider)* sich einsetzen, sprechen für, eintreten für; *~ pour qn* sich für jdn einsetzen; *~ contre qn* gegen jdn sprechen; *~ en faveur de qn* sich für jdn einsetzen
mille [mil] *m 1.* Meile *f; taper dans le ~* ins Schwarze treffen/den Nagel auf den Kopf treffen; *num 2.* tausend, eintausend; *pour ~* Promille *n; Mille tonnerres! (fam)* Donnerwetter!
millefeuille [milfœj] *m 1. (gâteau) GAST* Blätterteiggebäck *n; 2. BOT* Schafgarbe *f*
millénaire [milenɛʀ] *m 1.* Jahrtausend *n; adj 2.* tausendjährig
mille-pattes [milpat] *m ZOOL* Tausendfüßler *m*
millésime [milezim] *m* Jahrgang *m,* Jahreszahl *f; une bouteille au ~ d'une grande année* eine Flasche Wein aus einem guten Jahrgang *f*
milliard [miljaʀ] *m* Milliarde *f; (fig) dépenser des ~s* Unsummen ausgeben
milliardaire [miljaʀdɛʀ] *m/f* Milliardär(in) *m/f*
millième [miljɛm] *adj 1.* tausendste(r,s); *m 2. (fraction) MATH* Tausendstel *n; un ~ de millimètre* ein Tausendstelmillimeter *m; m/f 3.* Tausendste(r) *m/f*
millier [milje] *m* Tausend *n,* ungefähr Tausend, tausende *pl; des ~s de gens* tausende von Menschen *pl; par ~s* zu tausenden
million [miljɔ̃] *m* Million *f; ~ de milliards* Billiarde *f; ~ de millions* Billion *f*
millionnaire [miljɔnɛʀ] *m/f* Millionär(in) *m/f*
mimer [mime] *v* nachahmen, durch Mimik darstellen; *~ qn* jdn nachahmen; *~ des sentiments passionnés* leidenschaftliche Gefühle darstellen
mimique [mimik] *f* Mimik *f*
minable [minabl] *adj 1.* armselig; *2. (miteux)* schäbig; *m/f 3.* Niete *f,* Null *f*
minaret [minaʀɛ] *m* Minarett *n*
minauder [minode] *v* sich zieren, sich affektiert verhalten
minauderie [minodʀi] *f* Ziererei *f,* Affektiertheit *f*
mince [mɛ̃s] *adj 1.* dünn; *~ comme un fil* hauchdünn; *2. (étroit)* schlank, schmal; *3. (court)* gering; *4. (fin)* fein; *interj 5. Mince alors!* So ein Mist!
minceur [mɛ̃sœʀ] *f 1.* Dünne *f; la ~ d'une feuille de papier* ein dünnes Blatt Papier *n; 2. (d'une personne)* Schlankheit *f,* Magerkeit *f,* Schmalheit *f; Elle est d'une ~ effrayante.* Sie ist erschreckend dünn.
mincir [mɛ̃siʀ] *v* schlank werden
mine [min] *f 1. (apparence)* Erscheinung *f,* Aussehen *n; 2. (figure)* Miene *f; faire grise ~* ein finsteres Gesicht machen; *3. MIN* Bergwerk *n,* Grube *f,* Mine *f; ~ de charbon* Kohlenbergwerk *n; ~ de sel* Salzbergwerk *n; ~ d'argent* Silberbergwerk *n; ~ d'or (fig)* Goldgrube *f; 4. (de stylo)* Mine *f; 5. (engin explosif) MIL* Mine *f*
miner [mine] *v 1. (creuser)* unterminieren, unterhöhlen, untergraben; *2. (placer des explosifs)* Minen legen; *3.* aufzehren; *4. se ~* sich verzehren
minerai [minʀɛ] *m MIN* Erz *n; ~ de fer* Eisenerz *n*
minéral [mineʀal] *m 1.* Mineral *n; 2. (roche) GEO* Gestein *n; adj 3.* Mineral...
minéralogique [mineʀalɔʒik] *adj 1.* mineralogisch; *une collection ~* eine Mineraliensammlung *f; 2. (voiture)* die Autonummer betreffend, das Kennzeichen betreffend; *le numéro ~* die Autonummer *f; la plaque ~* das Nummernschild *n*
minerve [minɛʀv] *f* Halskrause *f*
minette [minɛt] *f 1. (fam: chatte)* Kätzchen *n; 2. (fam)* Muttersöhnchen *n*
mineur[1] [minœʀ] *adj 1.* minderjährig, unmündig; *2. (peu important)* klein, gering; *3. gamme ~e MUS* Molltonleiter *f*
mineur[2] [minœʀ] *m MIN* Kumpel *m,* Bergmann *m,* Bergarbeiter *m*
mineur(e) [minœʀ] *m/f (personne de moins de 18 ans)* Minderjährige(r) *m/f*
miniature [minjatyʀ] *f 1. ART* Miniatur *f; 2. en ~* in Miniatur(ausgabe) *f*
minibus [minibys] *m* Kleinbus *m*
minicassette [minikasɛt] *m* Kassettenrekorder *m*

M

minichaîne [miniʃɛn] *m (stéréo)* kleine Stereoanlage *f*
minijupe [miniʒyp] *f* Minirock *m*
minima(l) [minima(l)] *adj* minimal
minime [minim] *adj 1.* klein; *2. (peu)* gering; *m/f 3. (jeune sportif)* Jugendliche(r) *m/f*
minimiser [minimize] *v 1.* verniedlichen; *2. (dédramatiser)* verharmlosen
minimum [minimɔm] *adj 1.* minimal; *m 2. (point le plus bas)* Minimum *n; ~ vital* Existenzminimum *n; 3. (strict ~)* Mindestmaß *n; 4. (fig: moral à zéro)* Tiefpunkt *m*
ministère [ministɛʀ] *m 1. POL* Ministerium *n; ~ de l'Agriculture* Landwirtschaftsministerium *n; ~ de l'Education nationale* Kultusministerium *n; ~ de l'Intérieur* Innenministerium *n; ~ de la Défense* Verteidigungsministerium *n; ~ de la Justice* Justizministerium *n; ~ des Affaires culturelles* Kultusministerium *n; ~ des Affaires étrangères* Außenministerium *n; ~ des Transports* Verkehrsministerium *n; 2. (conseil des ministres) POL* Kabinett *n; 3. ~ public JUR* Staatsanwaltschaft *f,* Anklagevertreter *m; 4. saint ~ REL* Priesteramt *n*

M

ministériel [ministeʀjɛl] *adj* Minister..., ministerial, Ministerial..., Regierungs... *une crise ~le* eine Regierungskrise *f; un arrêté ~* ein Ministerialerlass *m*
ministre [ministʀ] *m 1. POL* Minister *m; ~ des Affaires étrangères* Außenminister *m; ~ des Finances* Finanzminister *m; ~ fédéral* Bundesminister *m; premier ~* Premierminister *m; ~ plénipotentiaire* bevollmächtigte(r) Minister *m; 2. ~ du culte REL* Pastor *m,* Pfarrer *m*
minitel [minitɛl] *m INFORM* Minitel *m,* Bildschirmtext *m,* Btx *m*
minois [minwa] *m* hübsches Gesicht *n,* freundliches Gesicht *n*
minorer [minɔʀe] *v* unterbewerten
minoritaire [minɔʀitɛʀ] *adj* Minderheits..., Minderheiten... *un courant ~* eine Minderheitenströmung *f; le parti ~* die Minderheitspartei *f*
minorité [minɔʀite] *f 1.* Minderheit *f; 2. JUR* Minderjährigkeit *f,* Unmündigkeit *f*
minuit [minɥi] *m* Mitternacht *f*
minuscule [minyskyl] *adj 1.* klein, winzig; *f 2.* kleiner Buchstabe *m*
minutage [minytaʒ] *m* Festlegen eines genauen Zeitplans *n*
minute [minyt] *f 1.* Minute *f; à la ~* auf die Minute (genau); *2.* Augenblick *m; une ~!* einen Moment!; *3. d'une ~ à l'autre* jedenMoment; *4. JUR* Urschrift *f,* Original *n*
minuter [minyte] *v 1.* zeitlich genau festlegen, auf die Minute genau organisieren; *~ un exposé* einen Vortrag zeitlich festlegen; *~ une cérémonie* eine Feier auf die Minute genau organisieren; *2. JUR* (eine Urkunde) abfassen, eine Urkunde aufsetzen, die zeitliche Dauer festlegen
minutieux [minysjø] *adj 1.* peinlich genau; *2. (détaillé)* eingehend; *3. (méticuleux)* penibel
mioche [mjɔʃ] *m (enfant)* Knirps *m*
miracle [miʀɑkl] *m 1.* Wunder *n; ~ économique* Wirtschaftswunder *n; 2. crier ~* sich nicht genug wundern können
miraculeux [miʀakylø] *adj 1. (qui tient du miracle)* Wunder..., mirakulös, wunderbar, wundersam; *un remède ~* ein Wunderheilmittel *n; une guérison miraculeuse* eine Wunderheilung *f; 2. (étonnant)* wunderbar, erstaunlich, außergewöhnlich
mirador [miʀadɔʀ] *m* Loggia *f,* Aussichtsterrasse *f,* Wachturm *m*
mirage [miʀaʒ] *m 1.* Trugbild *n; 2. (fig)* Trug-bild *n,* Wahnvorstellung *f; 3. (examen)* Prüfung *f*
mire [miʀ] *f (d'une arme)* Ziel *n; le cran de ~* die Kimme *f; la ligne de ~* die Schusslinie *f; être le point de ~ (fig)* im Mittelpunkt des Interesses stehen
mirer [miʀe] *v 1. se ~ LIT* sich spiegeln, sich betrachten; *se ~ dans l'eau* sich im Wasser spiegeln; *2. (examiner)* prüfen
mirettes [miʀɛt] *f/pl (fam)* Gucker *m/pl,* Augen *n/pl*
mirifique [mirifik] *adj* umwerfend, erstaunlich, wundervoll; *une promesse ~* ein tolles Versprechen *n*
miro [miʀo] *adj (fam)* mies, (arg) kurzsichtig, blind
mirobolant [miʀɔbɔlɑ̃] *adj* erstaunlich, außergewöhnlich, wunderbar; *une promesse ~e* ein außergewöhnliches Versprechen *n*
miroir [miʀwaʀ] *m 1.* Spiegel *m; 2. (fig)*(spiegelglatte) Fläche *f; 3. ~ aux alouettes* etw, was stark anzieht
miroitement [miʀwatmɑ̃] *m* Spiegelung *f*
miroiter [miʀwate] *v* spiegeln, schillern; *faire ~ qc aux yeux de qn* jdm etw vorspiegeln/jdm etw vorgaukeln
misanthrope [mizɑ̃tʀɔp] *m/f* Misanthrop *m,* Menschenfeind *m*
miscible [misibl] *adj CHEM* mischbar

mise [miz] *f* *1.* Setzen *n*, Stellen *n*, Legen *n*; *~ en route* Einführung *f*; *~ en bière* Aufbahrung *f*; *~ en pratique* Inangriffnahme *f*; *~ en service* Inbetriebnahme *f*; *~ en échec* Vereitelung *f*; *~ en garde* Verwarnung *f*, Warnung *f*; *~ en mémoire* Abspeicherung *f*; *~ en scène* Regie *f*; *~ au point* Regulierung *f*, Einstellung *f*; *~ en demeure JUR* Aufforderung *f*; *2. (au jeu)* Einsatz *m*; *3. sauver la ~ à qn* jds Kragen retten, jds Haut retten; *4. (tenue)* Kleidung *f*, Tracht *m*; *5. être de ~* üblich sein, gang und gäbe sein, zeitgemäß sein, modern sein

miser [mize] *v (risquer)* einsetzen; *~ sur* tippen auf

misérable [mizeʀabl] *adj 1.* armselig, bettelarm, jämmerlich; *2. (piteux)* miserabel, kümmerlich; *se sentir ~* sich hundeelend fühlen; *3. (pauvre)* lausig, schäbig; *m 4.* Schuft *m*

misère [mizɛʀ] *f 1. (pauvreté)* Elend *n*, Not *f*, Armut *f*; *2. (malheur)* Jammer *m*, Elend *n*; *3. (mal)* Misere *f*; *faire des ~s à qn* jdn schikanieren/jdm das Leben schwer machen; *interj 4. Misère!* Weh!/Wehe!; *5. (bagatelle)* Kleinigkeit *f*, Lappalie *f*, Dreck *m*

miséricorde [mizeʀikɔʀd] *f 1.* Erbarmen *n*; *2. REL* Gnade *f*

missel [misɛl] *m REL* Missal *n*, Messbuch *n*

missile [misil] *m MIL* Rakete *f*; *un ~ antichar* eine Panzerabwehrrakete *f*; *des ~s stratégiques* strategische Raketen *pl*

mission [misjɔ̃] *f (tâche)* Mission *f*, Auftrag *m*; *~ suicide* Himmelfahrtskommando *n*

missionnaire [misjɔnɛʀ] *m/f REL* Missionar(in) *m/f*

mitaine [mitɛn] *f* Fäustling *m*

mité [mite] *adj* mottenzerfressen

mi-temps [mitɑ̃] *f SPORT* Halbzeit *f*

miteux [mitø] *adj* ärmlich, heruntergekommen; *un appartement ~* eine Wohnung in erbärmlichem Zustand *f*

mitigé [mitiʒe] *adj 1.* abgeschwächt, gemildert; *2. (fig)* zwiespältig

mitiger [mitiʒe] *v* mildern, herabsetzen, (er)mäßigen, abschwächen

mitonner [mitɔne] *v 1. GAST* köcheln, auf kleiner Flamme lange garen; *2. (fig)* langsam vorbereiten, sanft vorbereiten, vorsichtig einfädeln; *~ une affaire* ein Geschäft vorbereiten

mitraille [mitʀɑj] *f 1. (balles) MIL* Kugelhagel *m*; *s'enfuir sous la ~* im Kugelhagel fliehen; *2. (fam: monnaie)* Kleingeld *n*, Münzen *pl*

mitrailler [mitʀɑje] *v 1. MIL* mit dem Maschinengewehr feuern; *2. (fig)* bombardieren, überschütten; *~ qn de questions* jdn mit Fragen bombardieren; *3. (fig: photographier)* pausenlos fotografieren;

mitraillette [mitʀajɛt] *f* Maschinenpistole *f*

mitrailleuse [mitʀɑjøz] *f* Maschinengewehr *n*

mitre [mitʀ] *f* Mitra *f*, Inful *f*; *~ episcopale* Bischofsmütze *f*

mi-voix [mivwa] *adv à ~* halblaut; *parler à ~* mit gesenkter Stimme sprechen

mixer [mikse] *v* mixen

mixeur [miksœʀ] *m (appareil ménager) GAST* Mixer *m*

mixte [mikst] *adj 1.* gemischt; *2. école ~* Gemeinschaftsschule *f*; *3. mariage ~* Mischehe *f*; *4. économie ~* Mischwirtschaft *f*

mixture [mikstyʀ] *f (mélange)* Mischung *f*, Gemisch *n*

mnémonique [mnemɔnik] *adj* Gedächtnis..., das Gedächtnis unterstützend

mobile [mɔbil] *adj 1.* verstellbar; *2. (mouvant)* beweglich, mobil; *m 3.* Beweggrund *m*; *4. (impulsion)* Motiv *n*; *5. ART* Mobile *n*

mobilier [mɔbilje] *m 1.* Möbel *pl*; *2. ~ urbain* städtische Einrichtungen *f/pl*; *adj 3. JUR* bewegliche Vermögensstücke *n/pl*, Fahrnisse *f/pl*

mobilisation [mɔbilizasjɔ̃] *f 1. (crédit) ECO* Abruf *m*; *2. MIL* Mobilmachung *f*

mobiliser [mɔbilize] *v 1.* mobilisieren; *2. FIN* ein unbewegliches Gut zu einer beweglichen Sache erklären; *3. MED* mobilisieren

mobilité [mɔbilite] *f* Mobilität *f*

mobylette [mɔbilɛt] *f* Moped *n*

moche [mɔʃ] *adj 1. (fam: laid)* hässlich, kitschig, blöd, schlecht; *2. (fam)* mies; *C'est ~ de ta part.* Das ist nicht sehr nett von dir.

mocheté [mɔʃte] *f (fam)* Schreckschraube *f*, Hässlichkeit in Person *f*

modalité [mɔdalite] *f* Modalität *f*, Art und Weise *f*, Bedingung *f*; *les ~s d'application* die Anwendungsbestimmungen *pl*; *préciser les ~s de paiement* die Zahlungsbedingungen festlegen

mode[1] [mɔd] *f 1.* Mode *f*, Trend *m*; *passé de ~* altmodisch, veraltet; *à la ~* modern, in; *2. (habillement)* Bekleidung *f*; *3. à la ~ de* nach Art

mode[2] [mɔd] *m 1. (façon)* Art *f*, Weise *f*; *~ d'emploi* Gebrauchsanleitung *f*, Bedienungs-

M

anweisung *f; ~ de pensée* Denkweise *f; 2. (manière)* Modus *m; 3. MUS* Tonart *f; ~ majeur* Dur *n; ~ mineur* Moll *n*
modelage [mɔdlaʒ] *m* Modellieren *n,* Formen *n*
modèle [mɔdɛl] *m 1. (exemple)* Modell *n,* Vorbild *n; ~ standard* Standardmodell *n; 2. (échantillon)* Muster *n,* Vorlage *f; 3. (exemple)* Leitbild *n; 4. (décalque)* Schablone *f; 5. (type)* Typ *m; 6. (idéal)* Wunschbild *n*
modeler [mɔdle] *v* formen, modellieren
modélisme [mɔdelism] *m* Modellbau *m*
modéliste [mɔdelist] *m/f* Modellzeichner(in) *m/f*
modem [mɔdɛm] *m TEL* Modem *n*
modérateur [mɔdeʀatœʀ] *adj* beschwichtigend, besänftigend, regulierend; *l'élément ~ d'une assemblée* das mäßigende Element einer Versammlung *n*
modération [mɔdeʀasjɔ̃] *f 1.* Bescheidenheit *f; 2. JUR* Abschwächung *f,* Dämpfung *f,* Einschränkung *f; 3. (diminution)* Mäßigung *f,* Milderung *f,* Verminderung *f*
modéré [mɔdeʀe] *adj 1.* bescheiden, mäßig, gemäßigt; *2. (bas)* niedrig
modérer [mɔdeʀe] *v 1.* abmildern, mildern; *2. (mesurer)* mäßigen; *3. se ~* Maß halten, sich mäßigen
moderne [mɔdɛʀn] *adj 1.* modern, modisch; *2. (contemporain)* zeitgemäß
modernisation [mɔdɛʀnizasjɔ̃] *f* Modernisierung *f*
moderniser [mɔdɛʀnize] *v 1.* modernisieren; *2. TECH* umrüsten
modeste [mɔdɛst] *adj 1.* bescheiden, anspruchslos, mäßig; *2. (simple)* einfach, schlicht; *3. (pudique)* sittsam, züchtig, rein
modestie [mɔdɛsti] *f 1.* Anspruchslosigkeit *f,* Bescheidenheit *f; 2. (simplicité)* Bescheidenheit *f,* Anspruchslosigkeit *f,* Schlichtheit *f,* Einfachheit *f; 3. (pudeur)* Sittsamkeit *f,* Keuschheit *f*
modicité [mɔdisite] *f* Bescheidenheit *f,* Mäßigkeit *f; la ~ d'un salaire* ein bescheidenes Gehalt *n*
modification [mɔdifikasjɔ̃] *f 1.* Veränderung *f,* Änderung *f,* Wandel *m; ~ de la loi* Gesetzesänderung *f; ~ de la Constitution* Verfassungsänderung *f; 2. (changement)* Wechsel *m*
modifier [mɔdifje] *v 1.* ändern; *~ un texte* einen Text umschreiben; *~ l'ordre* umschichten; *2. (transformer)* verändern, umändern, abwandeln; *3. (changer)* wechseln
modique [mɔdik] *adj 1. (peu)* gering, klein; *2. (somme)* niedrig
modulation [mɔdylasjɔ̃] *f 1.* Modulation *f; une ~ de fréquence* eine Frequenzmodulation *f; 2. MUS* Modulation *f*
module [mɔdyl] *m 1. INFORM* Modul *n; 2.* Bauelement *n*
moduler [mɔdyle] *v 1.* modulieren; *2. (fig)* anpassen, umwandeln, wechseln
moelle [mwal] *f 1. ANAT* Mark *n; ~ osseuse* Knochenmark *n; ~ épinière* Rückenmark *n; 2. jusqu'à la ~ (fig)* durch Mark und Bein, durch und durch
moelleux [mwalø] *adj 1.* weich, flauschig; *2. (savoureux)* weich und voll, mild; *3. (gracieux)* zart, sanft
moellon [mwalɔ̃] *m* Bruchstein *m*
mœurs [mœʀ(s)] *f/pl 1. (coutumes)* Sitten *pl; 2. (façon de vivre)* Lebenswandel *m; 3. bonnes ~ JUR* gute Sitten *f/pl*
moi [mwa] *pron 1.* ich; *C'est à ~!* Ich bin dran! *2. (tonique)* mich, mir, meiner; *C'est à ~.* Das gehört mir.; *m 3. PSYCH* Ich *n,* Selbst *n,* Ichsucht *f,* Egoismus *m*
moindre [mwɛ̃dʀ] *adj le/la ~* mindeste(r, s)
moine [mwan] *m 1. REL* Mönch *m; 2. gras comme un ~* fett wie ein Mönch; *3. l'habit ne fait pas le ~* Kleider machen keine Leute
moineau [mwano] *m ZOOL* Spatz *m,* Sperling *m*

moins [mwɛ̃] *adv 1.* weniger, geringer, minder; *au ~* mindestens; *du ~* wenigstens/immerhin/zumindest; *le ~* am wenigsten; *pour le ~* zumindest; *2. ECO à ~* zu einem niedrigeren Preis; *prep 3. Il était ~ une.* Es war kurz vor eins.

moins-value [mwɛ̃valy] *f FIN* Wertminderung *f,* Fehlbetrag *m,* Verlust *m,* Ausfall *m*
mois [mwa] *m* Monat *m; par ~* monatlich; *pendant des ~* monatelang
moisi [mwazi] *adj 1.* schimmlig; *m 2. BOT* Schimmel *m*
moisir [mwaziʀ] *v 1.* schimmeln, verschimmeln; *2. (fig)* hier nicht alt werden, hier nicht lange bleiben
moisissure [mwazisyʀ] *f BOT* Schimmelpilz *m*
moisson [mwasɔ̃] *f AGR* Ernte *f*
moissonneuse-batteuse [mwasɔnøzbatøz] *f AGR* Mähdrescher *m*
moite [mwat] *adj* feucht
moitié [mwatje] *f* Hälfte *f; à ~* halb
moka [mɔka] *m (café)* Mokka *m*

mol [mɔl] *adj (voir "mou")*
môle [mɔl] *m 1.* Mole *f; 2. MED* Mole *f; 3. ZOOL* Mondfisch *m*
molécule [mɔlekyl] *f CHEM* Molekül *n*
molester [mɔlɛste] *v* misshandeln, brutal behandeln
moleter [mɔlte] *v TECH* rändeln, kordeln
mollasse [mɔlas] *adj* weichlich, verweichlicht, zu schlaff
mollement [mɔlmɑ̃] *adv* schlapp
mollesse [mɔlɛs] *f* Nachgiebigkeit *f,* Trägheit *f,* Faulheit *f,* Schläfrigkeit *f; la ~ d'un père* die Nachgiebigkeit eines Vaters *f*
mollet [mɔlɛ] *m 1. ANAT* Wade *f; adj 2.* (dick und) weich, flaumig; *œuf ~* weich gekochtes Ei *n*
mollir [mɔliʀ] *v 1.* abflauen; *2. (céder)* weichen, nachgeben, zurückgehen; *3. ~ un câble NAUT* ein Kabel nachlassen
mollo [mɔlo] *adv (fam)* sachte
mollusque [mɔlysk] *m 1. ZOOL* Muschel *f; 2. (fig)* Schlappschwanz *m,* Weichei *n*
môme [mom] *m 1. (enfant)* Knirps *m; f 2. (fam: jeune fille)* Kleine *f; adj 3. tout ~* als Kind
moment [mɔmɑ̃] *m 1.* Augenblick *m,* Moment *m; à un ~ donné* im gegebenen Augenblick; *à mes ~s perdus* in meinen Mußestunden; *pour le ~* momentan; *en un ~* im Nu; *dans un ~* bald, gleich; *à tout ~* jederzeit; *du ~ que* sobald; *2. (laps de temps)* Weile *f; 3. (occasion)* Gelegenheit *f; 4. PHYS* Moment *n*
momentané [mɔmɔ̃tane] *adj* augenblicklich, momentan
momie [mɔmi] *f* Mumie *f*
momifier [mɔmifje] *v 1.* mumifizieren; *2. (fig)* (geistig und körperlich) einrosten, abmagern
mon [mɔ̃] *adj (possessif)* mein(e)
monacal [mɔnakal] *adj* mönchisch, Mönchs...; *une vie ~e* ein mönchisches Leben *n*
monarchie [mɔnaʀʃi] *f* Monarchie *f*
monastère [mɔnastɛʀ] *m REL* Kloster *n*
monastique [mɔnastik] *adj REL* mönchisch, klösterlich, Kloster...
monceau [mɔ̃so] *m* Haufen *m,* Stoß *m; un ~ de ruines* ein Trümmerhaufen *m; un ~ de fautes (fig)* ein Haufen Fehler *m*
mondain [mɔ̃dɛ̃] *adj 1.* gesellschaftlich, mondän, weltlich; *2. police ~e* Weltpolizei *f*
mondanités [mɔ̃danite] *f/pl* große Welt *f,* mondänes Leben *n; passer sa vie dans les ~s* ein mondänes Leben führen

monde [mɔ̃d] *m 1.* Welt *f; Ainsi va le ~.* Das ist der Lauf der Welt. *ce ~* Diesseits *n; de ce ~* irdisch; *l'autre ~* Jenseits *n; venir au ~* zur Welt kommen; *2. (gens)* Leute *pl; avoir du ~* viel los sein; *3. (création du ~)* Schöpfung *f; 4. tout le ~* alle Leute *pl,* jeder(mann)

monder [mɔ̃de] *v* enthüllen, schälen, entkernen, entsteinen
mondial [mɔ̃djal] *adj* weltweit
mondialiser [mɔ̃djalize] *v* weltweit verbreiten, weltweit einführen
monégasque [mɔnegask] *adj* monegassisch, aus Monaco
monétaire [mɔnetɛʀ] *adj* Währungs..., monetär; *le système ~* das Währungssystem *n; la politique ~ d'un pays* die Währungspolitik eines Landes *f*
monétique [mɔnetik] *f* elektronisches Zahlungssystem *n*
moniale [mɔnjal] *f* Nonne im Kloster *f*
moniteur [mɔnitœʀ] *m 1.* Lehrer *m,* Betreuer *m; ~ d'auto-école* Fahrlehrer *m; 2. (écran d'ordinateur) TECH* Monitor *m; 3. MED* Monitor *m,* Überwacher *m*
monnaie [mɔnɛ] *f 1.* Geld *n; petite ~* Kleingeld *n,* Wechselgeld *n; pièce de ~* Geldstück *n; ~ fiduciaire* Papiergeld *n; 2. (pièce)* Münze *f; 3. (devise)* Währung *f; ~ nationale* Landeswährung *f; C'est ~ courante.* Das ist gang und gäbe.; *f 4. rendre la ~ de sa pièce à qn* jmd etw mit gleicher Münze heimzahlen
monnayer [mɔnɛje] *v (vendre)* zu Geld machen, verkaufen; *~ des actions* Aktien verkaufen; *~ son talent (fig)* sein Talent zu Geld machen;
monoculture [monokyltyʀ] *f AGR* Monokultur *f*
monologue [mɔnɔlɔg] *m* Monolog *m,* Selbstgespräch *n*
monoplace [mɔnoplas] *adj* Einsitzer *m; un avion ~* ein Einsitzerflugzeug *n; une voiture de course ~* ein einsitziger Rennwagen *m*
monosyllabe [mɔnosillab] *f LING* Einsilber *m,* Einsilbler *m; ne répondre que par ~s (fig)* nur sehr einsilbig antworten
monotone [mɔnɔtɔn] *adj 1.* eintönig, monoton; *2. (fig)* öde
monotonie [mɔnɔtɔni] *f 1.* Monotonie *f; 2. (train-train)* Einerlei *n*
Monseigneur [mɔ̃sɛɲœʀ] *m REL* Hochwürden *m*

M

monsieur [məsjø] *m 1.* Herr *m; 2. (allocution)* (mein) Herr
monstre [mɔ̃stʀ] *m 1.* Scheusal *n,* Ungeheuer *n,* Ungetüm *n; 2. (brute)* Unmensch *m; 3. (fig)* Missgeburt *f; adj 4. (exceptionnel)* ungeheuer, Bomben..., Wahnsinns...
monstrueux [mɔ̃stʀyø] *adj 1.* haarsträubend; *adv 2. (fam)* kolossal
monstruosité [mɔ̃stʀɥozite] *f 1. (malformation) MED* Monstrosität *f,* Missbildung *f; 2. (caractère)* Ungeheuerlichkeit *f,* Monstrosität *f,* Grausamkeit *f; la ~ d'un crime* die Ungeheuerlichkeit eines Verbrechens *f; 3. (chose)* Ungeheuerlichkeit *f,* Unerhörtheit *f; Cette calomnie est une ~.* Diese Verleumdung ist ungeheuerlich.
mont [mɔ̃] *m 1. (nom) GEO* Berg *m* (in geografischen Namen); *le ~ Blanc* der Mont Blanc *m; le ~ des Oliviers* der Ölberg *m; le ~ Sinai* das Sinaigebirge *n; 2. ~s pl* Gebirge *n; promettre ~s et merveilles* das Blaue vom Himmel herunter versprechen/goldene Berge versprechen; *3. aller par ~s et par vaux LIT* durch das ganze Land reisen; *4. ~ de Vénus ANAT* Venushügel *m,* Schamhügel *m*
montage [mɔ̃taʒ] *m 1.* Einbau *m,* Montage *f; 2. (assemblage)* Zusammenbau *m; 3. CINE* Schnitt *m*
montagnard(e) [mɔ̃taɲaʀ(d)] *m/f* Bergbewohner(in) *m/f*
montagne [mɔ̃taɲ] *f 1.* Berg *m; ~s russes* Achterbahn *f; 2. (monts)* Gebirge *n; haute ~* Hochgebirge *n*
montagneux [mɔ̃taɲø] *adj* bergig
montant [mɔ̃tɑ̃] *m 1.* Betrag *m,* Summe *f; ~ total* Gesamtbetrag *m; ~ partiel* Teilbetrag *m; 2. (d'une vente) ECO* Erlös *m; 3. (de bâtiment)* Pfosten *m,* Pfeiler *m,* Stütze *f; adj 4.* steigend, hinauffahrend, hinaufgehend-
mont-de-piété [mɔ̃dpjete] *m* Pfandhaus *n,* Pfandleihe *f; mettre qc au ~* etw verpfänden
monte-charge [mɔ̃tʃaʀʒ] *m* Lift *m*
montée [mɔ̃te] *f 1. (augmentation)* Anstieg *m; 2. (évolution)* Aufstieg *m; 3. (pente)* Steigung *f,* Anstieg *m*
monter [mɔ̃te] *v 1.* aufsteigen, hinaufsteigen, emporsteigen; *~ à cheval* reiten; *2. (pour franchir)* herübersteigen; *3. (grimper)* steigen; *~ à la tête* zu Kopf steigen; *être monté contre qn* gegen jdn aufgebracht sein; *4. (installer)* aufbauen, aufstellen, einbauen, montieren; *5. (fig)* inszenieren; *6. se ~ à* ausmachen, sich belaufen auf

M

monteur [mɔ̃tœʀ] *m 1.* Monteur *m; 2. CINE* Cutter *m*
monticule [mɔ̃tikyl] *m GEO* Hügel *m,* Anhöhe *f*
montre [mɔ̃tʀ] *f 1.* Uhr *f; ~ à quartz* Quartzuhr *f; 2. course contre la ~ SPORT* Zeitlaufen *n; 3. faire ~ de qc* etw zur Schau stellen, zeigen
montre-bracelet [mɔ̃tʀəbʀaslɛ] *f* Armbanduhr *f*
montrer [mɔ̃tʀe] *v 1.* zeigen, vorzeigen; *~ le bout du nez* herausschauen/hervorschauen; *~ à qn comment faire qc* jdm etw vormachen; *2. (faire remarquer qc à qn)* weisen, hinweisen, beweisen; *3. se ~* erscheinen, sich sehen lassen, sich zeigen
monture [mɔ̃tyʀ] *f 1. (de bijoux)* Fassung *f; ~ de lunettes* Brillengestell *n; 2. (cheval) LIT* Reittier *n,* Pferd *n; Qui veut voyager loin ménage sa ~.* Gut Ding will Weile haben./Eile mit Weile.
monument [mɔnymɑ̃] *m 1.* Denkmal *n,* Monument *n; ~ commémoratif* Mahnmal *n; 2. (~ aux morts)* Ehrenmal *n*
monumental [mɔnymɑ̃tal] *adj* gewaltig
moquer [mɔke] *v se ~* scherzen, verspotten; *se ~ de qc* sich über etw lustig machen; *se ~ de qn* jdn auslachen/jdn verspotten; *se ~ pas mal de qc* sich einen Dreck um etw kümmern; *se ~ de qc comme de sa première chemise* sich gar nichts aus etw machen
moquerie [mɔkʀi] *f 1.* Gespött *n,* Spott *m; 2. (dérision)* Hohn *m; 3. (persiflage)* Verspottung *f*
moquette [mɔkɛt] *f* Teppichboden *m*
moqueur [mɔkœʀ] *adj* höhnisch, spöttisch
moral [mɔʀal] *adj 1.* moralisch; *2. (psychique)* seelisch; *m 3. avoir le ~ à zéro* stimmungsmäßig auf dem Nullpunkt sein; *remonter le ~ à qn* jdm Mut zusprechen
morale [mɔʀal] *f 1.* Moral *f; 2. (éthique)* Ethik *f; 3. (doctrine)* Lehre *f,* Lehrsatz *m*
moraliser *v* sittlich heben, Vorhaltungen machen, moralisieren, moralische Betrachtungen anstellen
moralité [mɔʀalite] *f* Moral *f*
moratoire [mɔʀatwaʀ] *adj 1. JUR* aufschiebend, stundend; *m 2. JUR* Aufschub *m,* Fristverlängerung *f,* Mo-ratorium *n*
morbide [mɔʀbid] *adj (fig)* krankhaft
morbleu [mɔʀblø] *interj ~!* verdammt!/ zum Kuckuck!
morceau [mɔʀso] *m 1. (part)* Stück *n,* Teil *m; 2. (bouchée)* Bissen *m,* Happen *m; ~ de*

choix Leckerbissen *m; 3. (bout)* Brocken *m; 4. manger un ~* ein Stück essen; *5. lâcher le ~ (fam)* zugeben; *6. MUS* Stück *n*
morceler [mɔʀsəle] *v* aufteilen, aufstückeln, zerstückeln
morcellement [mɔʀsɛlmɑ̃] *m* Teilung *f*
mordant [mɔʀdɑ̃] *m 1.* Schärfe *f; adj 2.* stachelig, kratzig; *3. (fig)* beißend, bissig
mordiller [mɔʀdije] *v* herumbeißen, knabbern
mordre [mɔʀdʀ] *v 1.* beißen; *~ dans* anbeißen/beißen in; *2. (empiéter)* übergreifen, eingreifen
mordu(e) [mɔʀdy] *m/f* Fan *m,* begeisterte(r) Anhänger(in) *m/f,* Liebhaber(in) *m/f; un ~ de football* ein absoluter Fußballfan *m; C'est un ~ du jazz.* Er ist ein Jazzliebhaber.
morfondre [mɔʀfɔ̃dʀ] *v irr se ~* sich die Zeit lang werden lassen, sich langweilen
morgue[1] [mɔʀg] *f (arrogance)* Arroganz *f,* Hochnäsigkeit *f,* Stolz *m,* Überheblichkeit *f*
morgue[2] [mɔʀg] *f* Leichenhalle *f,* Leichenhaus *n*
moribond [mɔʀibɔ̃] *adj* todkrank; *une entreprise ~e* eine marode Firma *f*
morne [mɔʀn] *adj 1.* düster, freudlos; *2. (fig: apathique)* schwermütig
mornifle [mɔʀnifl] *f (fam)* Backpfeife *f*
morose [mɔʀoz] *adj 1.* verdrießlich; *2. (chagrin)* missmutig; *3. (fig)* sauer
morosité [mɔʀozite] *f* Missmut *m,* Trübsinn *m*
morpion [mɔʀpjɔ̃] *m 1. (fam: enfant)* Kind *n,* Gör *n,* Fratz *m,* Knirps *m; 2. (jeu)* Kinderspiel, bei dem fünf gleiche Zeichen in einer Reihe sein müssen *n; 3. (fam: pou)* Lausbub *m,* Lausejunge *m*
mors [mɔʀ] *m (du cheval)* Trensengebiss *n; prendre le ~ aux dents* lospreschen/sich mit Energie in die Arbeit stürzen
morsure [mɔʀsyʀ] *f* Biss *m*
mort [mɔʀ] *adj 1.* tot, leblos; *~ de fatigue* todmüde/übermüdet; *2. (décédé)* abgestorben; *m 3.* Toter *m; 4. (au combat)* Gefallener *m; 5. (fig)* Strohmann *m; f 6. (disparition)* Tod *m; ~ des arbres* Baumsterben *n; ~ des forêts* Waldsterben *n; ~ apparente* Scheintod *m; ~ d'homme JUR* Totschlag *m; f 7. avoir la ~ dans l'âme* tiefbekümmert sein; *8. en vouloir à ~ à qn* jdm die Pest an den Hals wünschen
mortalité [mɔʀtalite] *f* Sterblichkeit *f,* Mortalität *f; le taux de ~* die Sterblichkeitsrate *f; la ~ infantile* die Kindersterblichkeit *f*
mort-aux-rats [mɔʀoʀa] *f* Rattengift *n*
mortel [mɔʀtɛl] *adj 1.* tödlich; *2. (périssable)* sterblich; *3. (fam: ennuyeux)* tödlich (langweilig); *m 4.* Sterblicher *m*
morte-saison [mɔʀtsɛzɔ̃] *f ECO* Flaute *f,* Saure-Gurken-Zeit *f*
mortier [mɔʀtje] *m 1.* Mörtel *m; 2. (récipient)* Mörser *m; 3. MIL* Mörser *m*
mortifiant [mɔʀtifjɑ̃] *adj* demütigend, kränkend
mortifier [mɔʀtifje] *v 1. (humilier)* demütigen, verletzen, kränken; *2. (chairs) REL* mortifizieren, abtöten, tilgen, kasteien; *3. (faisander)* mürbe machen
mort-né [mɔʀne] *adj* tot geboren
mortuaire [mɔʀtyɛʀ] *adj* Toten..., Begräbnis..., Sterbe..., Leichen...; *une couronne ~* ein Grabkranz *m; la chambre ~* das Sterbezimmer *n; un masque ~* eine Totenmaske *f*
morveux [mɔʀvø] *m (fam)* Rotznase *f,* Rotzlöffel *m*
mosaïque [mɔzaik] *f* Mosaik *n*
mosquée [mɔske] *f* Moschee *f*

mot [mo] *m 1.* Wort *n,* Vokabel *f; ~ étranger* Fremdwort *n; ~ de passe* Kennwort *n; ~ tendre/~ doux* Kosewort *n; ~ d'ordre* Parole *f; ~ de la fin* Pointe *f; ~ clé* Stichwort *n; ~s croisés* Kreuzworträtsel *n; à ces ~s* daraufhin; *avoir toujours le ~ pour rire* immer zum Scherzen aufgelegt sein; *jouer sur les ~s* Wortklauberei treiben; *ne pas souffler ~* kein Sterbenswörtchen sagen; *se donner le ~* sich absprechen; *2. (billet)* ein paar Worte *n/pl,* ein kurzer Brief *m*

motard [mɔtaʀ] *m 1. (fam)* Motorradfahrer *m; 2. (gendarme motocycliste)* Polizist auf einem Motorrad *m*
moteur [mɔtœʀ] *m 1.* Motor *m; ~ à combustion interne* Verbrennungsmotor *m; ~ à injection* Einspritzmotor *m; ~ hors-bord* Außenbordmotor *m; ~ d'entraînement* Triebwerk *n; 2. (appareil)* Maschine *f; 3. (fig: motif)* Motor *m,* Anreiz *m; adj 4.* bewegend, treibend, antreibend
motif [mɔtif] *m 1.* Ursache *f; 2. (raison)* Anlass *m; 3. (mobile)* Beweggrund *m,* Grund*m,* Motiv *n; 4. MUS* Leitmotiv *n*
motion [mosjɔ̃] *f POL* Antrag *m,* Vorschlag *m; ~ de censure* Misstrauensantrag *m*
motivation [mɔtivasjɔ̃] *f 1.* Motivation *f; 2. étude de ~ ECO* Motivforschung *f; 3. lettre de ~* Bewerbungsschreiben *n*
motiver [mɔtive] *v* motivieren

M

moto [moto] *f* Motorrad *n; ~ aquatique* Jetski *m*
motocyclette [mɔtɔsiklɛt] *f* Motorrad (mit Beiwagen) *n*
motoriser [mɔtɔʀize] *v* mit einem Motor versehen, einen Motor einbauen, motorisieren, auf Lastkraftwagen verladen
motoriste [mɔtɔʀist] *m 1. TECH* Kraftfahrzeughändler *m; 2. (constructeur)* Kraftfahrzeughersteller *m*
motrice [mɔtʀis] *f* Triebwagen *m*
motricité [mɔtʀisite] *f* Motorik *f*
motte [mɔt] *f 1.* Scholle *f,* Klumpen *m; ~ de terre* Erdscholle *f; 2. ~ de beurre* Butterklumpen *m*
motus [mɔtys] *interj* Schweigen bewahren, nichts verraten; *~ et bouche cousue!* Nichts verraten!
mou [mu] *adj 1.* weich; *2. (instable)* haltlos; *3. (flasque)* schlaff, schlapp; *4. (amorphe)* träge
mouchard(e) [muʃaʀ(d)] *m/f (fam)* Verräter(in) *m/f,* Denunziant(in) *m/f,* Petzer(in) *m/f*
moucharder [muʃaʀde] *v (fam)* ausspionieren, verraten, petzen
mouche [muʃ] *f ZOOL* Fliege *f; faire la ~ du coche* sich wichtig machen/sich für unentbehrlich halten; *faire ~* ins Schwarze treffen
moucher [muʃe] *v 1. (nez)* putzen; *2. se ~* sich schnäuzen; *3. ~ qn (fig)* jdn herunterputzen, jdn heruntermachen, jdn abkanzeln; *4. (éteindre une bougie)* ausdrücken
moucheté [muʃte] *adj* scheckig, gefleckt; *le pelage ~ d'un animal* das gefleckte Fell eines Tieres *n; un foulard ~ de rouge* ein Schal mit roten Tupfen *m*
mouchoir [muʃwaʀ] *m 1. (de poche)* Taschentuch *n; 2. ~ en papier* Papiertaschentuch *n; 3. grand comme un ~* klein wie ein Taschentuch (Bezeichnung für etw, was man eigentlich als groß erwartet)
moudre [mudʀ] *v irr* mahlen
moue [mu] *f* Schnute *f,* Schmollmund *m,* Flappe *f; faire la ~* schmollen; *faire une ~ de dédain* die Mundwinkel verächtlich nach unten ziehen
mouette [mwɛt] *f ZOOL* Möwe *f*
moufle [mufl] *f* Fäustling *m*
mouillage [mujaʒ] *m 1. (lieu) NAUT* Ankerplatz *m; être au ~* ankern/vor Anker gehen; *chercher un ~ sûr* einen sicheren Ankerplatz suchen; *2.* Anfeuchten *n,* Befeuchten *n,* Verdünnen *n*
mouillé [muje] *adj 1.* nass; *2. yeux ~s* feuchte Augen *n/pl; 3. consonne ~e LING* mouillierter Konsonant *m*
mouiller [muje] *v 1.* anfeuchten, befeuchten; *2. ~ l'ancre* ankern; *3. (rajouter du liquide)* einweichen, verdünnen; *4. (fam)* verrückt sein; *5. se ~* baden
moulant [mulɑ̃] *adj (fam)* hauteng, knalleng
moule[1] [mul] *m 1.* Gussform *f; ~ à tarte* Backform *f; 2. (fig)* Dummkopf *m*
moule[2] [mul] *f ZOOL* Miesmuschel *f*
mouler [mule] *v 1. ~ le corps* eng anliegen, sich anschmiegen; *2.* gießen, abformen
moulin [mulɛ̃] *m 1.* Mühle *f; ~ à café* Kaffeemühle *f; ~ à poivre* Pfeffermühle *f; ~ à vent* Windmühle *f; 2. entrer comme dans un ~* eintreten, ohne dazu aufgefordert worden zu sein; *3. apporter de l'eau au ~ de qn* Wasser auf die Mühlen gießen; *4. (fam: moteur)* Mühle *f; 5. être un ~ à paroles (fam)* wie ein Buch reden
mouliner [muline] *v (soie)* zwirnen, *(percebois)* zerfressen
moulinet [mulinɛ] *m* Rolle *f*
moulu [muly] *adj 1.* gemahlen, gerieben; *du café ~* gemahlener Kaffee *m; 2. (fig)* gerädert, erschöpft, mitgenommen, ausgelaugt; *être ~ de fatigue* vor Müdigkeit gerädert sein
moulure [mulyʀ] *f 1.* Leiste *f; 2. ~ électrique* Leiste für Leitungsverlegung *f*
moumoute [mumut] *f* Toupet *n*
mourant [muʀɑ̃] *adj 1. (personne)* sterbend; *être ~* im Sterben liegen; *2. (fig)* nachlassend, leiser werdend, schwächer werdend;
mourant(e) [muʀɑ̃(t)] *m/f* Sterbende(r) *m/f; se tenir au chevet d'un ~* an jds Sterbebett wachen

mourir [muʀiʀ] *v irr 1.* sterben, umkommen; *~ de froid* erfrieren; *~ de faim* verhungern; *~ de soif* verdursten; *2. (dépérir)* verenden; *3. (animal, plante)* eingehen; *4. (espèce animale, espèce végétale)* aussterben

mouron [muʀɔ̃] *m 1. se faire du ~ (fam)* sich Sorgen machen, sich graue Haare wachsen lassen; *2. BOT* Sternkraut *n*
moussant [musɑ̃] *adj* schäumend
mousse[1] [mus] *f 1. BOT* Moos *n; 2.* Schaum *m; ~ à raser* Rasierschaum *m; 3. (crème) GAST* Mousse *f; une ~ au chocolat* eine Mousse au Chocolat *f; 4. caoutchouc ~* Schaumgummi *m*

M

mousse² [mus] *m (marin) NAUT* Matrosenlehrling *m,* Schiffsjunge *m*
mousseline [muslin] *f 1. (tissu)* Musselin *m; une ~ de coton* ein Baumwollmusselin *m; une robe de ~* ein Musselinkleid *n; adj 2. la sauce ~* Sauce Hollandaise mit Sahne *f; pommes ~* Kartoffelbrei mit Sahne *m*
mousser [muse] *v 1.* schäumen; *2. se faire ~ (fig)* sich Gedanken machen, sich Sorgen machen
mousseux [musø] *m GAST* Schaumwein *m,* Sekt *m*
mousson [musɔ̃] *f METEO* Monsun *m*
moustache [mustaʃ] *f* Schnurrbart *m*
moustiquaire [mustikɛʀ] *f* Moskitonetz *n,* Mückennetz *n,* Fliegennetz *n*
moustique [mustik] *m ZOOL* Mücke *f,* Moskito *m,* Stechmücke *f*
moutard [mutaʀ] *m (fam)* Bübchen *n*
moutarde [mutaʀd] *f GAST* Senf *m*
mouton [mutɔ̃] *m 1. ZOOL* Schaf *n; laine de ~* Schafswolle *f; 2. (viande) GAST* Hammel *m*
moutonner [mutɔne] *v* schäumen; *La mer moutonne.* Das Meer schäumt.
mouvant [muvɑ̃] *adj 1.* sich bewegend, instabil, unbeständig, unsicher; *un terrain ~* ein schwankender Boden *m; les sables ~s* der Treibsand *m; avancer en terrain ~ (fig)* sich in ein unbekanntes Gebiet vorwagen; *2. (instable)* schwankend, sich ändernd, unbeständig; *des reflets ~s* flackernder Schein *m; des opinions ~es* wechselnde Meinungen *pl*
mouvement [muvmɑ̃] *m 1. (geste)* Gang *m; 2. (animation)* Regung *f,* Bewegung *f; ~ pour la libération de la femme* Frauenbewegung *f; ~ de libération* Freiheitsbewegung *f; ~ d'horlogerie* Uhrwerk *n; ~ politique des citoyens* Bürgerinitiative *f*
mouvementé [muvmɑ̃te] *adj* unruhig
mouvoir [muvwaʀ] *v irr 1.* bewegen; *2. être mu* (an)getrieben werden
moyen [mwajɛ̃] *adj 1.* durchschnittlich, mittelmäßig; *2. (placé au milieu)* mittlerer/mittleres; *m 3.* Mittel *n,* Hilfsmittel *n,* Weg *m; ~ de défense* Abwehr *f; ~ de transport* Transportmittel *n,* Beförderungsmittel *n; ~ subsidiaire* Behelf *m; ~ de lutte contre* Bekämpfungsmittel *n; ~ de pression* Druckmittel *n; ~ mnémotechnique* Gedächtnisstütze *f; ~s d'existence* Lebensunterhalt *m; ~s de diffusion* Massenmedien *pl; ~s propres de financement* Eigenfinanzierung *f; trouver ~ de faire qc* Mittel und Wege finden, etw zu tun; *les grands ~s* schweres Geschütz *n; 4. avoir les ~s (fam)* Mittel haben, begütert sein; *5. au ~ de* mittels, mithilfe von
Moyen-Age [mwajɛnɑʒ] *m HIST* Mittelalter *n*
moyenâgeux [mwajɛnɑʒø] *adj* mittelalterlich
moyennant [mwajɛnɑ̃] *prep* mittels
moyenne [mwajɛn] *f* Durchschnitt *m; en~* durchschnittlich, im Mittel
moyeu [mwajø] *m* Radnabe *f*
muer [mɥe] *v 1. ZOOL* häuten, mausern, Fell abwerfen; *2. (voix)* im Stimmbruch sein
muet [mɥɛ] *adj 1.* stumm, wortlos; *2. (fig)* sprachlos
muet(te) [mɥɛ(t)] *m/f* Stumme(r) *m/f*
mufle [myfl] *adj 1.* rüpelhaft; *m 2. (museau)* Schnauze *f; 3. (fam: goujat)* Lümmel *m*
mugir [myʒiʀ] *v 1. (bêtes, vent)* brüllen; *2. (gronder)* tosen
mule [myl] *f (pantoufle)* Pantoffel *m,* Schlappen *pl*
multicolore [myltikɔlɔʀ] *adj* bunt, mehrfarbig
multiculturel [myltikyltyʀɛl] *adj* multikulturell
multilingue [myltilɛ̃g] *adj* mehrsprachig
multimédia [myltimedja] *adj* Multimedia..., mehrerer Medien
multiple [myltipl] *adj 1.* mehrfach; *2. (de nombreuses fois)* vielfach, x-fach
multiplication [myltiplikasjɔ̃] *f 1.* Vermehrung *f; 2. (reproduction)* Vervielfältigung *f; 3. MATH* Multiplikation *f*
multiplicité [myltiplisite] *f* Vielfalt *f*
multiplier [myltiplije] *v 1.* vermehren; *2. (reproduire)* vervielfältigen; *3. se ~* sich vermehren, sich fortpflanzen
multiprise [myltipʀiz] *f TECH* Mehrfachsteckdose *f,* Universalzange *f*
multitude [myltityd] *f* Menge *f*
municipal [mynisipal] *adj 1.* kommunal; *2. Conseil ~* Stadtverordnetenversammlung *f,* Gemeinderat *m,* Stadtrat *m*
municipalité [mynisipalite] *f* Gemeinde *f,* Stadt *f*
munir [myniʀ] *v 1.* versorgen, ausstatten, ausrüsten; *~ les voyageurs de vivres* die Reisenden mit Verpflegung ausstatten; *2. se ~ de qc* sich mit etw wappnen, etw nehmen, etw mitnehmen; *se ~ de patience* sich mit Geduld wappnen

M

mûr [myʀ] *adj 1.* reif; *2. (approfondi)* reiflich; *après ~e réflexion* nach reiflicher Überlegung
mur [myʀ] *m 1.* Mauer *f; mettre qn au pied du ~ (fig)* jdn in die Enge treiben; *2. (paroi)* Wand *f; ~ extérieur* Außenwand *f*
muraille [myʀɑj] *f 1.* Mauer *f; 2. (paroi)* Steilwand *f*
mural [myʀal] *adj* Mauer..., Wand...; *une peinture ~e* eine Wandmalerei *f; des plantes ~es* Mauerpflanzen *pl*
mûrement [myʀmɑ̃] *adv* reiflich
murer [myʀe] *v 1.* einmauern, mit einer Mauer umgeben; *~ une porte* eine Tür zumauern; *~ un prisonnier* einen Gefangenen einmauern; *~ une ville* eine Stadt mit einer Mauer umgeben; *2. se ~ (fig)* sich verstecken, sich einschließen, sich isolieren, sich zurückziehen
mûrir [myʀiʀ] *v* reifen
murmure [myʀmyʀ] *m* Geflüster *n,* Gemurmel *n*
murmurer [myʀmyʀe] *v* murmeln
musarder [myzaʀde] *v* trödeln
muscle [myskl] *m* Muskel *m; ~ abdominal* Bauchmuskel *m*
musclé [myskle] *adj 1.* muskulös; *2. (fig)* energisch, hart, durchgreifend, unnachgiebig; *une politique ~e* eine durchgreifende Politik *f*
muscler [myskle] *v 1.* Muskeln bekommen, kräftigen; *Ces exercices musclent le ventre.* Diese Übungen kräftigen die Bauchmuskeln. *Le sport l'a musclé.* Durch den Sport hat er Muskeln bekommen. *2. se ~* Muskeln bekommen, sich stärken, sich kräftigen
musculaire [myskylɛʀ] *adj ANAT* muskulär, Muskel...
musculature [myskylatyʀ] *f* Muskulatur *f*
musculeux [myskylø] *adj* muskulös
muse [myz] *f* Muse *f*
museau [myzo] *m (bête)* Schnauze *f,* Maul *n*
musée [myze] *m* Museum *n*
museler [myzle] *v 1. ~ un chien* einem Hund einen Maulkorb anlegen; *2. (fig)* Maulkorb anlegen, zum Schweigen bringen; *~ la presse* der Presse den Maulkorb anlegen; *~ l'opposition* die Opposition zum Schweigen bringen
muselière [myzəljɛʀ] *f* Maulkorb *m*
musette [myzɛt] *f 1.* Brotbeutel *m; 2. MUS* Dudelsack *m*
musical [myzikal] *adj* musikalisch
musicalité [myzikalite] *f* Klangfülle *f,* Klang *m; la ~ d'un enregistrement* der Klang einer Aufnahme *m; la ~ d'un vers* die Klangfülle eines Verses *f*
music-hall [mysikol] *m THEAT* Varietee *n*
musicien(ne) [myzisjɛ̃/myzisjɛn] *m/f* Musiker(in) *m/f*

musique [myzik] *f* Musik *f; faire de la ~* musizieren; *~ de danse* Tanzmusik *f; ~ légère* Unterhaltungsmusik *f; ~ de fanfare* Blasmusik *f*

must [mœst] *m un ~* ein Muss *n*
Musulman [myzylmɑ̃] *m REL* Moslem *m*
mutant [mytɑ̃] *adj 1. BIO* mutiert; *m 2. BIO* Mutant *m*
mutation [mytasjɔ̃] *f 1.* Veränderung *f; 2. (pour un fonctionnaire)* Versetzung *f*
muter [myte] *v (fonctionnaire)* versetzen
mutilation [mytilasjɔ̃] *f* Verstümmelung *f,* Mutilation *f*
mutilé [mytile] *m* Verstümmelter *m,* Versehrter *m; un ~ de guerre* ein Kriegsversehrter *m*
mutiler [mytile] *v 1.* verstümmeln; *2. (détériorer)* verhunzen, entstellen, versauen
mutin [mytɛ̃] *adj 1.* schnippisch; *2. (espiègle)* schelmisch, listig, verschmitzt; *un air ~* ein schelmischer Blick *m; 3.* lebhaft, quicklebendig, ausgelassen, schalkhaft
mutiner [mytine] *v se ~* meutern, Gehorsam verweigern
mutinerie [mytinʀi] *f* Meuterei *f*
mutisme [mytism] *m* Stummheit *f,* Schweigsamkeit *f,* Schweigen *n*
mutualité [mytɥalite] *f* Gegenseitigkeit *f*
mutuel [mytɥɛl] *adj* beiderseitig, gegenseitig
myope [mjɔp] *adj MED* kurzsichtig
myrtille [miʀtij] *f BOT* Heidelbeere *f*
mystère [mistɛʀ] *m 1.* Geheimnis *n,* Rätsel *n; 2. REL* Mysterium *n; 3. GAST* Mystère *m; 4. ne pas faire ~ de qc* aus etw kein Geheimnis machen
mystifier [mistifje] *v* täuschen, hereinlegen, irreführen, Streich spielen
mystique [mistik] *adj* mystisch
mythe [mit] *m* Mythos *m*
mythique [mitik] *adj* mystisch, geheimnisvoll, sagenumwoben, rätselhaft
mythologie [mitɔlɔʒi] *f* Mythologie *f*
mythomane [mitɔman] *m/f MED* Märchenerzähler(in) *m/f,* Mythomane/Mythomanin *m/f,* Lügenerzähler(in) *m/f*

M

N

nabot [nabo] *m* Zwerg *m*
nacelle [nasɛl] *f* Gondel *f*
nacre [nakʀ] *f* Perlmutt *n*
nacré [nakʀe] *adj* schimmernd, perlmuttern
nage [naʒ] *f* *1.* Schwimmen *n; ~ libre* Freistil *m; à la ~* schwimmend; *2. (fig)* Schweiß *m,* Schwitzen *n; être en ~* schweißgebadet sein; *mettre qn en ~* jdn ins Schwitzen bringen; *se mettre en ~* ins Schwitzen geraten; *3. à la ~ GAST* in Saft gekocht
nageoire [naʒwaʀ] *f ZOOL* Flosse *f*
nager [naʒe] *v* schwimmen
nageur [naʒœʀ] *m* Schwimmer *m; C'est un très bon ~.* Er ist ein sehr guter Schwimmer. *un maître ~* ein Bademeister *m*
naguère [nagɛʀ] *adv* unlängst
naïade [najad] *f* Quellnymphe *f,* Flussnymphe *f*
naïf [naif] *adj 1.* einfältig, leichtgläubig, naiv; *2. (naturel)* unverdorben
nain [nɛ̃] *m* Zwerg *m*
naissance [nɛsɑ̃s] *f 1.* Geburt *f; faire-part de ~* Geburtsanzeige *f; de ~* angeboren; *2. (origine)* Entstehung *f; 3. (fig: commencement)* Geburt *f,* Entstehung *f,* Beginn *f*
naissant [nɛsɑ̃] *adj* entstehend, wachsend, beginnend; *une barbe ~e* ein sprießender Bart *m; des sentiments ~s* erwachende Gefühle *pl; au jour ~* bei Tagesanbruch

naître [nɛtʀ] *v irr 1.* geboren werden, zur Welt kommen; *2. (fig)* entstehen

naïveté [naivte] *f 1.* Naivität *f; 2. (candeur)* Natürlichkeit *f,* Unbefangenheit *f*
nana [nana] *f (fam: femme)* Tussi *f*
nanan [nanɑ̃] *m c'est du ~* das ist etw Feines
nanti [nɑ̃ti] *adj 1.* wohlhabend, begütert, reich; *m 2.* gut Betuchter *m,* Begüteter *m; les ~s* die Reichen *pl*
nantir [nɑ̃tiʀ] *v* versorgen, versehen
nantissement [nɑ̃tismɑ̃] *m ECO* Verpfändung *f*
napoléon [napɔleɔ̃] *m (pièce d'or)* Napoleon *m,* französische Goldmünze *f*
nappage [napaʒ] *m GAST* Tischtuch *n*
nappe [nap] *f 1.* Tischdecke *f; 2. (couche)* Schicht *f,* Schleier *m,* Fläche *f; une ~ d'eau* eine Wasserschicht *f; une ~ d'huile* eine Ölschicht *f; une ~ de brouillard* ein Nebelschleier *m; la ~ phréatique* das Grundwasser *n*
napper [nape] *v GAST* überziehen, umhüllen, glasieren; *~ un gâteau de crème* einen Kuchen mit Creme überziehen
napperon [napʀɔ̃] *m* Tischset *n,* kleines Deckchen *n,* Serviette *f*
narcisse [naʀsis] *m 1. BOT* Narzisse *f; 2. (homme narcissique)* Narzisst *m*
narcissisme [naʀsisism] *m* Narzissmus *m*
narcodollars [naʀkɔdɔlar] *m/pl* Drogendollars *m/pl*
narcose [naʀkoz] *f MED* Narkose *f*
narcotique [naʀkɔtik] *m MED* Betäubungsmittel *n*
narcotrafiquant [naʀkɔtʀafikɑ̃] *m* Drogenhändler *m*
narguer [naʀge] *v* herausfordern, mit Verachtung entgegentreten
narguilé [naʀgile] *m* Wasserpfeife *f*
narine [naʀin] *f ANAT* Nasenloch *n*
narquois [naʀkwa] *adj* herausfordernd, ironisch, spöttisch
narrateur [naʀatœʀ] *m* Erzähler *m*
narratif [naʀatif] *adj* erzählend, die Einzelheiten darlegend
narratrice [naʀatʀis] *f* Erzählerin *f*
narrer [naʀe] *v LIT* erzählen, berichten
nasal [nazal] *adj 1. ANAT* Nasen... *2. LING* nasal; *une consonne ~e* ein Nasal *m,* ein Nasallaut *m; une voyelle ~e* ein Nasalvokal *m*
nase [naz] *adj (fam: être en mauvais état)* hinüber, im Eimer, besoffen
naseau [nazo] *m ZOOL* Nüster *f,* Nasenloch *n*
nasillard [nazijaʀ] *adj* näselnd; *une voix ~e* eine näselnde Stimme *f*
nasiller [nazije] *v 1. (personne)* näseln, durch die Nase sprechen; *2. (objet)* näseln, näselnde Geräusche machen
nasse [nas] *f (pêche)* Reuse *f,* Falle *f*
natal [natal] *adj* Heimat..., Geburts...; *le pays ~* das Heimatland *n; la ville ~e* die Geburtsstadt *f*
natalité [natalite] *f* Geburtenrate *f*
natation [natasjɔ̃] *f SPORT* Schwimmen *n*
natif [natif] *adj 1.* einheimisch; *m 2.* Eingeborener *m*
nation [nasjɔ̃] *f* Volk *n,* Nation *f*

N

national [nasjɔnal] *adj 1.* national, inländisch; *marché ~* Binnenmarkt *m; fête ~e* Nationalfeiertag *m; 2. (étatique)* staatlich
nationaliser [nasjɔnalize] *v POL* nationalisieren, verstaatlichen
nationalisme [nasjɔnalism] *m* Nationalismus *m*
nationaliste [nasjɔnalist] *m/f* Nationalist(in) *m/f*
nationalité [nasjɔnalite] *f* Nationalität *f,* Staatsangehörigkeit *f*
national-socialisme [nasjɔnalsɔsjalism] *m POL* Nationalsozialismus *m*
Nations Unies [nɑsjɔ̃zyni] *f/pl (ONU) POL* Vereinte Nationen (UNO) *pl*
Nativité [nativite] *f REL* Christi Geburt *f,* Weihnachten *n*
natte [nat] *f 1.* Matte *f; 2. (de cheveux)* Zopf *m; se faire une ~* sich einen Zopf flechten
natter [nate] *v* einen Zopf machen, flechten; *~ ses cheveux* sich die Haare flechten
naturalisation [natyʀalizasjɔ̃] *f 1. POL* Einbürgerung *f; 2. (acclimatation)* Naturalisation *f; 3. (empaillage) ZOOL* Naturalisation *f*
naturaliser [natyʀalize] *v 1.* naturalisieren, einbürgern; *2. (acclimater)* naturalisieren; *3. (empailler)* ausstopfen

N

nature [natyʀ] *f 1.* Natur *f; C'est dans la ~ même de la chose.* Das liegt in der Natur der Sache. *2. (état)* Beschaffenheit *f; 3. (caractère)* Wesen *n; 4. mauvaise ~* Bösartigkeit *f; 5. ~ morte ART* Stillleben *n*

naturel [natyʀɛl] *adj 1.* natürlich; *2. (candide)* unbefangen; *m 3. (caractère)* Wesen *n; d'un bon ~* umgänglich; *4. (spontanéité)* Natürlichkeit *f*
naturellement [natyʀɛlmɑ̃] *adv 1.* natürlich, auf natürliche Weise, selbstverständlich; *2. (inévitablement)* von selbst; *3. (spontanément)* ohne weiteres
naturisme [natyʀism] *m* Naturismus *m,* Freikörperkultur *f,* Nudismus *m; pratiquer le ~* FKK betreiben
naturiste [natyʀist] *m/f* Naturist(in) *m/f,* Nudist(in) *m/f,* Anhänger(in) der Freikörperkultur *m/f; un camp de ~s* ein FKK-Gelände *n*
naturopathie [natyʀɔpati] *f MED* Naturheilkunde *f*
naufrage [nofʀaʒ] *m 1.* Schiffbruch *m; faire ~* Schiffbruch erleiden; *2. (fig)* Untergang *m*
naufragé(e) [nofʀaʒe] *m/f* Schiffbrüchige(r) *m/f*
nauséabond [nozeabɔ̃] *adj* Ekel erregend
nausée [noze] *f 1.* Übelkeit *f; 2. (fig)* Ekel *m*
nauséeux [nozeø] *adj 1.* Übelkeit erregend, Brechreiz erregend; *2. (fig)* zum Kotzen
nautique [notik] *adj NAUT* Wasser..., nautisch; *les sports ~s* der Wassersport *m; faire du ski ~* Wasserski fahren
nautisme [notism] *m SPORT* Wassersport *m*
naval [naval] *adj 1. NAUT* Schiffs...; *un chantier ~* eine Werft *f; les constructions ~es* der Schiffsbau *m; 2. MIL* See..., Marine...; *une bataille ~e* eine Seeschlacht *f*
navet [navɛ] *m 1. BOT* weiße Rübe *f; 2. (fig: mauvais film)* schlechter Film *m,* Schund *m,* Mistfilm *m*
navette [navɛt] *f 1. service de ~* Pendelverkehr *m; 2. ~ spatiale* Raumfähre *f; 3. faire la ~ (fig)* pendeln; *4.* Weberschiffchen *n*
navigable [navigablə] *adj NAUT* befahrbar, schiffbar
navigateur [navigatœʀ] *m 1. NAUT* Seemann *m; 2. ~ Web INFORM* Browser *m*
navigation [navigasjɔ̃] *f 1.* Schifffahrt *f,* Navigation *f; ~ fluviale* Binnenschifffahrt *f; ~ à vapeur* Dampfschifffahrt *f; 2. ~ spatiale* Raumfahrt *f*
naviguer [navige] *v 1.* mit dem Schiff fahren, navigieren; *2. (diriger)* steuern; *3. (fig)* lenken, leiten
navire [naviʀ] *m 1.* Schiff *n; 2. lancement d'un ~ NAUT* Stapellauf eines Schiffes *m*
navrant [navʀɑ̃] *adj* traurig, bedrückend, betrüblich, schmerzlich; *un spectacle ~* ein trauriges Schauspiel *n*
navré [navʀe] *adj j'en suis navré* es tut mir sehr leid
navrer [navʀe] *v ~ qn* jdn bedrücken, jdn betrüben, jdn schmerzen
né [ne] *adj 1.* geboren; *2. ~ à/~ en* gebürtig aus
ne [nə] *adv ~ ... pas* nicht
néanmoins [neɑ̃mwɛ̃] *adv* dessen ungeachtet, trotzdem, nichtsdestoweniger
néant [neɑ̃] *m* Nichts *n,* Nichtigkeit *f; réduire à ~* zunichte machen, vernichten
nébuleux [nebylø] *adj 1. (ciel)* neblig, nebelverhangen, bewölkt; *2. (fig)* dunkel, verschwommen, düster; *des idées nébuleuses* vage Vorstellungen *pl*
nébulisation [nebylizasjɔ̃] *f* Zerstäubung *f*
nécessaire [nesesɛʀ] *adj 1.* erforderlich, nötig, notwendig; *m 2. ~ de couture* Nähzeug *n; 3. faire le ~* das Nötige besorgen

nécessairement [nesesɛʀmɑ̃] *adv* notgedrungen, unbedingt

nécessité [nesesite] *f* *1.* Erfordernis *n*, Bedürfnis *n; 2. (besoin)* Not *f; faire de ~ vertu* aus der Not eine Tugend machen; *~ vitale* Lebensnotwendigkeit *f; de première ~* lebenswichtig; *3. (cas de force majeure)* Zwangslage *f*

nécessiter [nesesite] *v* bedürfen, benötigen, erfordern
nécessiteux [nesesitø] *adj* bedürftig, Not leidend
nécrologie [nekʀɔlɔʒi] *f* Nachruf *m*, Todesanzeigen *pl*, Traueranzeigen *pl*
nécromancie [nekʀɔmɑ̃si] *f* Geisterbeschwörung *f*
nécrophage [nekʀɔfaʒ] *adj* aasfressend
nectar [nɛktaʀ] *m 1. (des fleurs) BOT* Nektar *m; 2. (boisson)* Nektar *m*, Trank der Götter *m*
néerlandais [neɛʀlɑ̃dɛ] *adj* niederländisch
Néerlandais(e) [neɛʀlɑ̃dɛ(z)] *m/f* Niederländer(in) *m/f*
nef [nɛf] *f 1. ARCH* Schiff *n; la ~ d'une église* das Kirchenschiff *n; 2. (navire) LIT* Schiff *n*
néfaste [nefast] *adj* unheilvoll, verhängnisvoll
négateur [negatœʀ] *m* Widerspruchsgeist *m*, Leugner *m*
négatif [negatif] *adj 1.* negativ; *2. (défavorable)* abfällig, ablehnend; *m 3. FOTO* Negativ *n*
négation [negasjɔ̃] *f* Verneinung *f*
négationnisme [negasjɔnism] *m* Anschauung, bei der der Holocaust verleugnet wird
négligé [negliʒe] *adj 1.* verwahrlost, nachlässig, ungepflegt; *m 2. (laisser-aller)* Gehenlassen *n; 3. (déshabillé)* Negligee *n*, Hauskleid *n*, Morgenrock *m*
négligeable [negliʒabl] *adj* unbedeutend, unwesentlich, geringfügig
négligence [negliʒɑ̃s] *f 1.* Achtlosigkeit *f*, Nachlässigkeit *f; par ~* versehentlich; *2. (omission)* Versäumnis *n; 3. JUR* Fahrlässigkeit *f*
négligent [negliʒɑ̃] *adj* fahrlässig, nachlässig
négliger [negliʒe] *v 1.* vernachlässigen; *2. (omettre)* versäumen
négoce [negɔs] *m ECO* Handel *m*
négociabilité [negɔsjabilite] *f ECO (titre)* Begebbarkeit *f*, Übertragbarkeit *f*, Bankfähigkeit *f*
négociable [negɔsjabl] *adj 1.* verhandelbar; *2. (vendable)* marktfähig; *3. (documents)* übertragbar
négociant [negɔsjɑ̃] *m ECO* Kaufmann *m*, Händler *m*
négociateur [negɔsjatœʀ] *m* Unterhändler *m*
négociation [negɔsjasjɔ̃] *f 1.* Verhandlung *f; 2. ~s tarifaires pl* Tarifverhandlung *f; 3. ~s sur le désarmement pl MIL* Abrüstungsverhandlung *f*
négociatrice [negɔsjatʀis] *f* Unterhändlerin *f*, Vermittlerin *f*
négocier [negɔsje] *v 1.* aushandeln, verhandeln; *2. (affaires, sujet)* abschließen; *3. (écouler)* umsetzen
nègre [nɛgʀ] *m (péjoratif)* Neger *m*
négresse [negʀɛs] *f (péjoratif)* Negerin *f*
négrier [negʀije] *m HIST* Sklavenhändler *m*, Sklavenschiff *n*
neige [nɛʒ] *f 1.* Schnee *m; blanc comme ~* schneeweiß; *boule de ~* Schneeball *m; faire boule de ~ (fig)* lawinenartig anwachsen; *2. ~ poudreuse* Pulverschnee *m; 3. de ~* Schnee..., Winter...; *vacances de ~* Skiurlaub *m; classe de ~* Skilager *n; 4. (fig: blanc)* schneeweiß; *5. GAST* Eischnee *m; battre les œufs en ~ das Eiweiß zu Schnee schlagen*
neiger [neʒe] *v* schneien
neigeux [nɛʒø] *adj* schneebedeckt
néné [nene] *m (fam: sein)* Busen *m*
néolithique [neɔlitik] *adj* neolithisch, jungsteinzeitlich
néologisme [neɔlɔʒism] *m LING* Neologismus *m*, Wortneubildung *f*
néon [neɔ̃] *m 1. CHEM* Neon *n; un tube au ~* eine Neonröhre *f; 2. (lampe)* Neonlampe *f*
néonatal [neɔnatal] *adj* Neugeborenen...
néonazi [neɔnazi] *adj* Neonazi *m*
néophyte [neofit] *m/f* Neuling *m*, neue(r) Anhänger(in) *m/f*
népotisme [nepɔtism] *m (fam)* Vetternwirtschaft *f*
nerf [nɛʀ] *m 1. ANAT* Nerv *m; Il avait les ~s en boule.* Seine Nerven waren zum Zerreißen gespannt. *être à bout de ~s (fam)* am Ende sein, fertig sein; *taper sur les ~s à qn* jdm auf die Nerven gehen; *Cela me porte sur les ~s.* Das geht mir auf die Nerven. *2. malade des ~s* nervenkrank; *3. paquet de ~s (fig)* Nervenbündel *n; 4. (fig: énergie)* Kraft *f*, Stärke *f*,

N

Triebfeder *f; avoir du* ~ Mumm in den Knochen haben; *manquer de* ~ antriebslos sein, schlapp sein; *L'argent est le ~ de la guerre.* Geld ist der Motor des Krieges.

nerveusement [nɛʀvøzmɑ̃] *adv (avec vigueur)* kraftvoll, lebhaft

nerveux [nɛʀvø] *adj 1. ANAT* Nerven..., nervös, nervenleidend; *le système* ~ Nervensystem *n; 2. PSYCH* nervenleidend; *dépression nerveuse* nervöse Erschöpfung *f; 4. (fig: vigoureux)* stark; *un moteur* ~ ein spritziger Motor *m; 5. viande nerveuse* zähes Fleisch *n,* sehniges Fleisch *n*

nervosité [nɛʀvozite] *f* Nervosität *f,* Gereiztheit *f*

nervure [nɛʀvyʀ] *f 1. BIO* Blattäderung *f,* Blattader *f;* Äderung eines Insektenflügels *f; 2. ARCH* Rippe *f*

net [nɛt] *adj 1.* deutlich, klar; *2. (propre)* rein, sauber; *adv 3. ECO* netto; *4. (tout d'un coup)* plötzlich, ohne Umschweife; *Elle s'est arrêtée ~.* Sie ist plötzlich stehen geblieben. *5. (carrément)* rundweg, ohne Umschweife

netteté [nɛtte] *f 1.* Deutlichkeit *f; 2. (propreté)* Sauberkeit *f*

nettoyage [nɛtwajaʒ] *m* Reinigung *f,* Säuberung *f*

N

nettoyant [netwajɑ̃] *m* Reinigungsmittel *n,* Putzmittel *n*

nettoyer [nɛtwaje] *v 1.* putzen, reinigen, sauber machen; *2. (fam: vider)* ausräumen, leeren; *L'appartement a été nettoyé par les cambrioleurs.* Die Wohnung wurde von Einbrechern ausgeräumt. *3. (fam: éliminer)* ausheben, säubern

neuf[1] [nœf] *adj* neu; *être flambant* ~ funkelnagelneu sein

neuf[2] [nœf] *num* neun

neurasthénie [nøʀasteni] *f MED* Neurasthenie *f,* Übererregbarkeit *f,*

neurologie [nøʀɔlɔʒi] *f* Neurologie *f,* Nervenheilkunde *f*

neurologue [nøʀɔlɔg] *m/f* Nervenarzt/Nervenärztin *m/f,* Neurologe/Neurologin *m/f*

neurone [nøʀɔn] *m 1. ANAT* Neuron *n; 2. (fam: esprit)* Geist *m,* Kopf *m*

neutralisation [nøtʀalisasjɔ̃] *f* Neutralisation *f,* Neutralisieren *n,* Neutralisierung *f*

neutraliser [nøtʀalize] *v* neutralisieren, unwirksam machen, unschädlich machen

neutralisme [nøtʀalism] *m POL* Neutralismus *m,* neutrale Haltung *f*

neutralité [nøtʀalite] *f* Neutralität *f*

neutre [nøtʀ] *adj 1.* neutral, überparteilich; *2. GRAMM* sächlich; *3. CHEM* neutral; *4. (fig)* neutral, unparteilich, unparteiisch

neuvième [nœvjɛm] *adj 1.* neunte(r,s); *m/f 2.* Neunte(r) *m/f*

névé [neve] *m* Firn *m*

neveu [nəvø] *m* Neffe *m*

névralgie [nevʀalʒi] *f MED* Neuralgie *f*

névrose [nevʀoz] *f MED* Neurose *f*

névrosé [nevʀoze] *adj* neurotisch

nez [ne] *m 1.* Nase *f; avoir le ~ retroussé* eine Stupsnase haben; *avoir qn dans le* ~ jdn nicht riechen können; *Tu as le ~ dessus.* Es steht vor deiner Nase. *ne pas fourrer le ~ dehors* keinen Fuß vor die Tür setzen; *ne pas voir plus loin que son* ~ einen beschränkten Horizont haben; *se casser le* ~ vor verschlossener Türe stehen; *mener qn par le bout du* ~ jdm auf der Nase herumtanzen; *2. (visage)* Visage *f,* Gesicht *n; montrer son* ~ den Kopf zur Tür hineinstrecken; *fourrer son ~ dans les affaires de qn* seine Nase in jds Angelegenheiten stecken; *3. (odorat)* Nase *f,* Gespür *n; avoir le ~ fin* eine feine Nase haben; *avoir du ~ (fig)* den richtigen Riecher haben

ni [ni] *konj* ~ ... ~ weder ... noch

niais [njɛ] *adj 1.* albern; *m 2.* Einfaltspinsel *m*

niaiserie [njɛzʀi] *f* Albernheit *f*

Nice [nis] *f GEO* Nizza *n*

niche[1] [niʃ] *f 1.* Nische *f; 2. (pour un chien)* Hundehütte *f; 3.(fig)* Nische *f,* Nest *n,* Wandnische *f; ~ fiscale* Steuernische *f; ~ technologique* technologische Nische *f*

niche[2] [niʃ] *f* Streich *m,* Scherz *m; faire des ~s à qn* jdm Streiche spielen, mit jdm Schabernack treiben

nichée [niʃe] *f* Brut *f,* Nachkommenschaft von Tieren *f,* Kinder *pl*

nicher [niʃe] *v 1.* nisten; *2. se* ~ sich einnisten, sich festsetzen

nichoir [niʃwaʀ] *m* Brutkasten *m,* Brutkäfig *m,* Nistkasten *m*

nichon [niʃɔ̃] *m (fam: sein)* Titte *f*

niçois [niswa] *adj* Nizzer, aus Nizza

Nicolas [nikɔla] *m Saint* ~ Heiliger Nikolaus *m*

nid [ni] *m 1.* Nest *n; 2. faire son* ~ nisten; *3. (fig)* Nest *n,* Nestvoll *n,* Horst *m,* Unterschlupf *m; C'est un vrai nid de bandits.* Das ist ein wahres Räubernest.

nièce [njɛs] *f* Nichte *f*

nier [nje] *v 1.* leugnen, ableugnen; *2. (démentir)* verneinen

nigaud [nigo] *adj 1. (fam)* dämlich; *m 2.* Einfaltspinsel *m*
nipper [nipe] *v 1. (fam)* herausputzen, (sich) aufmotzen; *2. se ~ (fam)* sich ausstaffieren, sich Klamotten kaufen
nippes [nip] *f/pl (fam)* Habseligkeiten *pl,* Klamotten *f/pl*
nippon [nipɔ̃] *adj* japanisch
Nippon(ne) [nipɔ̃/nipɔn] *m/f* Japaner(in) *m/f*
nique [nik] *f faire la ~ à qn* jdn verspotten, jdn auslachen, jdm trotzen
nival [nival] *adj* Schnee...
niveau [nivo] *m 1.* Höhe *f; 2. (fig)* Ebene *f,* Niveau *n; être mis au même ~* gleichgestellt sein; *de ~* waagerecht; *3. (phase)* Stufe *f,* Stadium *n; 4. (des eaux)* Pegel *m*
niveler [nivle] *v* planieren, einebnen
nivellement [nivɛlmɑ̃] *m* Nivellieren *n,* Nivellement *n,* Einebnen *n,* Gleichmachen *n*
noble [nɔbl] *adj 1.* adlig; *2. (distingué)* vornehm; *m/f 3.* Adlige(r) *m/f; 4. ~s pl* Adel *m*
noblesse [nɔblɛs] *f 1.* Adel *m; 2. (dignité)* Adel *m,* Würde *f,* Hoheit *f*
noce [nɔs] *f 1.* Hochzeit *f; ne pas être à la ~* in einer kritischen Lage sein; *2. ~s d'argent pl* Silberhochzeit *f*
noceur [nɔsœʀ] *m (fam)* Lebemann *m*
nocif [nɔsif] *adj* schädlich
nocivité [nɔsivite] *f* Schädlichkeit *f*
noctambule [nɔktɑ̃byl] *m/f* Nachtschwärmer(in) *m/f*
nocturne [nɔktyʀn] *adj 1.* nächtlich; *m 2. MUS* Notturno *n*
Noël [nɔɛl] *m* Weihnachten *n; nuit de ~* Heiligabend *m; père ~* Weihnachtsmann *m*
nœud [nø] *m 1.* Knoten *m; faire un ~* knoten/einen Knoten machen; *2. ~ coulant* Schlaufe *f,* Schlinge *f,* Schleife *f; 3. (ferroviaire, de communication)* Knotenpunkt *m; 4. ANAT* Knöchel *m; 5. ~ papillon* Fliege *f; 6. BOT* Ast *m*

> **noir** [nwaʀ] *adj 1.* schwarz; *~ comme du charbon* schwarz wie die Nacht/rabenschwarz; *être ~ comme dans un four/faire ~ comme dans un four* stockfinster sein; *C'est écrit ~ sur blanc.* Da steht es schwarz auf weiß. *voir tout en ~* alles schwarz sehen; *être ~ comme du cirage* pechschwarz sein; *broyer du ~* schwarzen Gedanken nachhängen; *2. (sombre)* dunkel, finster; *m 3.(obscurité)* dunkel, düster, trüb(e)

Noir(e) [nwaʀ] *m/f* Schwarze(r) *m/f*
noirceur [nwaʀsœʀ] *f 1.* Schwärze *f; la ~ de l'ébène* die Schwärze von Ebenholz *f; 2. (fig)* Schwärze *f,* Schrecklichkeit *f,* Abscheulichkeit *f; la ~ de son âme* seine Boshaftigkeit *f,* seine Gemeinheit *f; la ~ de son ingratitude* sein großer Undank *m*
noircir [nwaʀsiʀ] *v 1.* schwärzen, schwarz färben; *~ ses cils* sich die Wimpern schwarz färben; *~ ses mains de charbon* sich die Hände mit Kohle schmutzig machen; *2. (fig)* beschmutzen, beflecken, in düsteren Farben beschreiben; *~ la situation* eine düstere Lage beschreiben; *~ la réputation de qn* jds Ruf beflecken; *3. se ~* schwarz werden; *4. se ~ (fig)* sich betrinken, sich anklagen, sich beschuldigen
noire [nwaʀ] *f 1. MUS* Viertelnote *f; 2.* Schwarze *f*
noise [nwaz] *f chercher ~ à qn* mit jdm Streit suchen
noisette [nwazɛt] *f BOT* Haselnuss *f*
noix [nwa] *f 1. BOT* Walnuss *f; 2. ~ de coco* Kokosnuss *f*
nom [nɔ̃] *m 1.* Name *m; du même ~* gleichnamig; *du ~ de* namens; *2. ~ d'artiste* Künstlername *m; 3. GRAMM* Substantiv *n; 4. ~ de famille* Nachname *m,* Familienname *m,* Zuname *m; 5. ~ de jeune fille* Mädchenname *m; 6. ~ propre* Eigenname *m; 7. au ~ de* im Namen von, im Auftrag von
nomade [nɔmad] *m* Nomade *m*
nomadiser [nɔmadize] *v* auf Wanderschaft sein, umherziehen
nombre [nɔ̃bʀ] *m 1.* Zahl *f,* Anzahl *f; 2. (foule)* Menge *f; en grand ~* zahlreich; *3. en ~ suffisant (pour un vote) POL* beschlussfähig; *4. être du ~* dazugehören; *5. ~ d'habitants* Einwohnerzahl *f; 6. ~ ordinal* Ordnungszahl *f; 7. ~ de tours (d'un moteur) TECH* Drehzahl *f; 8. ~ cardinal MATH* Kardinalzahl *f; 9. ~ binaire INFORM* Binärzahl *f*
nombreux [nɔ̃bʀø] *adj 1.* zahlreich; *2. de ~* viel(e)
nombril [nɔ̃bʀil] *m 1.* Nabel *m; 2. (fig)* Bauchnabel *m,* Mittelpunkt *m; Il se prend pour le ~ du monde.* Er hält sich für den Nabel der Welt.
nombrilisme [nɔ̃bʀilism] *m* Egozentrismus *m*
nomenclature [nɔmɑ̃klatyʀ] *f* Nomenklatur *f*
nominal [nɔminal] *adj 1.* namentlich; *2. (de valeur théorique) ECO* nominell

N

nominatif [nɔminatif] *adj 1.* namentlich *m; 2. LING* Nominativ *m*
nomination [nɔminasjɔ̃] *f* Ernennung *f*
nominé [nɔmine] *adj* nominiert, berufen, aufgestellt
nommé [nɔme] *adj 1. ~ ci-dessus* oben genannt; *2. à point ~* gerade recht, wie gerufen; *m 3.* gewisse(r); *La maison appartient à un ~ Dupuis.* Das Haus gehört einem gewissen Dupuis.
nommément [nɔmemɑ̃] *adv* namentlich
nommer [nɔme] *v 1.* ernennen; *2. (appeler)* heißen, nennen; *3. ~ qn (à un emploi)* jdn bestellen
non [nɔ̃] *adv* nein
nonagénaire [nɔnaʒenɛʀ] *adj* neunzigjährig
non-agression [nɔnagʀɛsjɔ̃] *f POL* Nichtangriff *m; un pacte de ~* ein Nichtangriffspakt *m*
non-alignement [nɔnaliɲmɑ̃] *m POL* Blockfreiheit *f*
non-assistance [nɔnasistɑ̃s] *f JUR* unterlassene Hilfeleistung *f; ~ à personne en danger* unterlassene Hilfeleistung *f*
nonchalamment [nɔ̃ʃalamɑ̃] *adv 1.* lässig, nachlässig; *2. (indolent)* gemächlich
nonchalance [nɔ̃ʃalɑ̃s] *f* Nachlässigkeit *f*
nonchalant [nɔ̃ʃalɑ̃] *adj 1.* nachlässig; *2. (indolent)* gemächlich
non-conducteur [nɔ̃kɔ̃dyktœʀ] *m PHYS* Nichtleiter *m,* Isolator *m*
non-croyant [nɔ̃kʀwajɑ̃] *adj* nichtgläubig
non-dit [nɔ̃di] *m* Nichtgesagtes *n,* das, was zwischen den Zeilen steht
non-fumeur [nɔ̃fymœʀ] *m* Nichtraucher *m*
non-ingérence [nɔ̃nɛ̃ʒeʀɑ̃s] *f POL* Nichteinmischung *f*
non-inscrit(e) [nɔ̃nɛ̃skri(t)] *m/f POL* Parteilose(r) *m/f*
non-intervention [nɔnɛ̃tɛʀvɑ̃sjɔ̃] *f POL* Nichteingriff *m,* Nichteinmischung *f; une politique de ~* eine Politik der Nichteinmischung *f*
nonne [nɔn] *f REL* Nonne *f*
nonobstant [nɔnɔpstɑ̃] *prep* ungeachtet
non-retour [nɔ̃ʀətuʀ] *m atteindre le point de ~* den Punkt erreichen, von dem aus es kein Zurück gibt
non-sens [nɔ̃sɑ̃s] *m 1. (absurdité)* Unsinn *m,* Nonsens *m,* Absurdität *f; 2. (faute)* Sinnfehler *m,* Unsinniges *n; faire des ~ dans une traduction* etw unverständlich übersetzen
non-stop [nɔnstɔp] *adj* ohne Unterbrechung, non stop, direkt; *un vol ~* ein Non-Stop-Flug *m,* ein Direktflug *m; une émission ~* eine Sendung ohne Unterbrechungen *f*
non-violence [nɔ̃vjɔlɑ̃s] *f POL* Gewaltfreiheit *f,* Gewaltlosigkeit *f*
nord [nɔʀ] *m* Norden *m; perdre le ~* den Kopf verlieren; *du ~* nördlich
nord-africain [nɔʀafʀikɛ̃] *adj* nordafrikanisch
Nord-Africain(e) [nɔʀafʀikɛ̃/nɔʀafʀikɛn] *m/f* Nordafrikaner(in) *m/f*
nordique [nɔʀdik] *adj* nordisch, nördlich; *les pays ~s* die nördlichen Länder *pl; les langues ~s* die nordischen Sprachen *pl*
normal [nɔʀmal] *adj* normal, üblich
normale [nɔʀmal] *f* Durchschnitt *m,* Normales *n,* Übliches *n; une intelligence supérieure à la ~* eine überdurchschnittliche Intelligenz *f; revenir à la ~* sich wieder normalisieren; *une ~ saisonnière* ein Normalwert entsprechend der Jahreszeit *m*
normalement [nɔʀmalmɑ̃] *adv* normalerweise, regulär, regelmäßig, üblicherweise
normalien(ne) [nɔʀmaljɛ̃/nɔʀmaljɛn] *m/f* Schüler(in) der Ecole Normale Supérieure *m/f*
normalité [nɔʀmalite] *f* Normalität *f*
normand [nɔʀmɑ̃] *adj* Normandie...
Normandie [nɔʀmɑ̃di] *f (région de France)* Normandie *f*
normatif [nɔʀmatif] *adj* als Norm geltend, maßgebend, Normen setzend, normativ
norme [nɔʀm] *f 1.* Norm *f; 2. (fig)* Maßstab *m*
normé [nɔʀme] *adj* genormt
Norvège [nɔʀvɛʒ] *f GEO* Norwegen *n*
norvégien [nɔʀveʒjɛ̃] *adj* norwegisch; *une omelette ~ne* Nachtisch aus Eis, Baiser und Sahne *m*
Norvégien(ne) [nɔʀveʒjɛ̃/nɔʀveʒjɛn] *m/f* Norweger(in) *m/f*
nos [no] *adj (possessif)* unsere
nostalgie [nɔstalʒi] *f 1.* Sehnsucht *f; avec ~* sehnsuchtsvoll; *avoir la ~ de* sich sehnen nach; *2. (mal du pays)* Heimweh *n*
nostalgique [nɔstalʒik] *adj* sehnsuchtsvoll, wehmütig
notabilité [nɔtabilite] *f 1.* Ansehen *n; 2. ~s pl* Honoratioren *pl*
notable [nɔtabl] *adj 1.* namhaft, nennenswert; *m 2. être un ~* bekannt sein; *3. ~s pl* Prominenz *f*
notaire [nɔtɛʀ] *m JUR* Notar *m; devant ~* notariell

N

notamment [nɔtamɑ̃] *adv* hauptsächlich, insbesondere
notarial [nɔtaʀjal] *adj JUR* notariell
notariat [nɔtaʀja] *m JUR* Notariat *n,* Notarstand *m*
notation [nɔtasjɔ̃] *f* Notiz *f,* Aufzeichnung *f,* Benotung *f,* Notation *f*
note [nɔt] *f 1. (à l'école)* Note *f,* Schulnote *f,* Zensur *f; 2. (remarque)* Anmerkung *f,* Notiz *f,* Vermerk *m,* Bemerkung *f; prendre en ~* aufzeichnen; *prendre ~* anmerken/notieren; *prendre ~ de qc* etw merken; *J'en prends bonne ~.* Ich werde daran denken. *3. (annotation)* Aufzeichnung *f; 4. (mention)* Prädikat *n; 5. MUS* Note *f; dernière ~* Ausklang *m; 6. ~ de débit ECO* Lastschrift *f; 7. ~ de frais* Spesenrechnung *f; 8. ~ marginale* Randbemerkung *f; 9. ~ de service* Hausmitteilung *f*
noter [nɔte] *v* notieren, schreiben, verzeichnen, aufzeichnen
notice [nɔtis] *f 1.* Beipackzettel *m; 2. (fiche signalétique)* Merkblatt *n*
notifier [nɔtifje] *v* bekannt geben
notion [nosjɔ̃] *f 1.* Begriff *m,* Vorstellung *f,* Idee *f; avoir perdu la ~ de la realité* den Sinn für die Realität verloren haben; *2. avoir des ~s de qc* Grundkenntnisse von etw haben
notoire [nɔtwaʀ] *adj 1.* notorisch; *2. (manifeste)* offenkundig
notoriété [nɔtɔʀjete] *f 1.* Bekanntheit *f,* Offenkundigkeit *f; être de ~ publique* allgemein bekannt sein; *2. (célébrité)* Ruf *m,* Bekanntheit *f,* Name *m; avoir une certaine ~* einen gewissen Ruf haben
notre [nɔtʀ] *adj* unser(e)
nôtre [notʀ] *pron 1. le ~/la ~* unsere(r,s); *m/pl 2. les ~s* die Unsern *pl,* die Unsrigen *pl*
Notre Père [nɔtʀəpɛʀ] *m REL* Vaterunser *n*
nouer [nwe] *v 1.* verknoten, verknüpfen; *2. (lier)* binden, knoten; *3. (fig: relation)* knüpfen; *4. se ~* sich anschließen, sich anbahnen, in Gang kommen
noueux [nuø] *adj* verknotet, knotig, knorrig
nouille [nuj] *f 1. (fam)* Flasche *f; 2. ~s pl GAST* Nudeln *pl; 3. style ~ ART* Jugendstil *m*
nounou [nunu] *f (Kindersprache)* Amme *f*
nourri [nuʀi] *adj 1.* dick, stark, voll, dicht; *2. (fig) une fusillade ~e* eine gewaltige Schießerei
nourrice [nuʀis] *f 1.* Amme *f; 2. ~ agréée* Pflegemutter *f; 3. (réservoir)* Behälter *m,* Betriebsbehälter vor dem Motor *m,* Servicetank *m*
nourrir [nuʀiʀ] *v 1.* nähren; *2. se ~* sich ernähren; *3. ~ qn* jdn füttern, jdn speisen, jdn verpflegen, jdn verköstigen
nourrissant [nuʀisɑ̃] *adj* nahrhaft
nourrisson [nuʀisɔ̃] *m* Säugling *m*
nourriture [nuʀityʀ] *f 1.* Nahrung *f,* Speise *f,* Kost *f; 2. (approvisonnement)* Verpflegung *f; 3. ~ faite maison* Hausmannskost *f; 4. (pour animaux)* Futter *n*
nous [nu] *pron* wir

> **nouveau** [nuvo] *adj 1.* neu; *Qu'y a-t-il de ~?* Was gibt es Neues? *jusqu'à nouvel ordre* bis auf weiteres; *2. de ~* nochmals, wieder, abermals, erneut; *m 3.* Neuling *m*

nouveau-né [nuvone] *m* Neugeborenes *n*
nouveauté [nuvote] *f* Neuheit *f;* Neuerscheinung *f*
nouvel [nuvɛl] *adj (voir „nouveau")*
nouvelle [nuvɛl] *f 1.* Neuigkeit *f; 2. (annonce)* Nachricht *f,* Meldung *f; pas de ~s* keine Nachrichten; *bonnes ~s* gute Nachrichten; *3. (information)* Nachricht *f,* Funknachricht *f; 4. (récit)* Novelle *f*
nouvellement [nuvɛlmɑ̃] *adv* neuerdings, kürzlich, neulich
novateur [nɔvatœʀ] *adj* innovativ; *une idée novatrice* eine innovative Idee
novembre [nɔvɑ̃bʀ] *m* November *m*
novice [nɔvis] *adj 1.* unerfahren; *2. (amateur)* laienhaft; *m 3.* Neuling *m,* Anfänger(in) *m/f; 4. (amateur)* Laie *m; 5. REL* Novize/Novizin *m/f*
noyau [nwajo] *m 1. (de fruits)* Kern *m,* Stein *m; fruits à ~* Steinobst *n; 2. ~ de l'atome PHYS* Atomkern *m; 3. BIO* Nukleus *m,* Zellkern *m; 4. (fig: centre)* Kern *m*
noyautage [nwajotaʒ] *m POL* Unterwanderung *f,* Infiltration *f*
noyauter [nwajote] *v (fig)* Zellen bilden, unterwandern
noyé [nwaje] *adj* ertrunken, ertränkt, ersäuft; *avoir des yeux ~s de pleurs (fig)* Tränen in den Augen stehen haben; *être noyé (fig)* untergehen, verschluckt werden
noyé(e) [nwaje] *m/f* Ertrunke(r) *m/f*
noyer[1] [nwaje] *v 1. se ~* ertrinken; *se ~ dans des détails* sich in Einzelheiten verlieren; *2. (inonder)* überschwemmen, überfluten; *3. (faire disparaître)* ertränken, ersaufen (lassen), versenken, überschwemmen
nu [ny] *adj 1.* nackt; *être ~ comme un ver* splitternackt sein; *2. (sans végétation)* kahl; *3. (découvert)* bloß; *à l'œil ~* mit bloßem

N

Auge; *m 4. ART* Akt *m; 4. à ~* nackt, unverhüllt, ungeschützt; *mettre son cœur à ~* sein Herz ausschütten, seine innersten Gedanken offenbaren

nuage [nɥaʒ] *m 1.* Wolke *f; 2. ~s pl* Bewölkung *f*

nuageux [nɥaʒø] *adj* bewölkt, wolkig

nuance [nɥɑ̃s] *f 1. (fig)* Übergang *m,* Abstufung *f,* Feinheit *f; 2. MUS* Tonlage *f*

nuancer [nɥɑ̃se] *v* abstufen, nuancieren

nuancier [nɥɑ̃sje] *m* Farbpalette *f*

nucléaire [nykleɛʀ] *adj 1.* atomar; *m 2.* Kernenergie *f*

nudisme [nydism] *m* Freikörperkultur *f*

nudité [nydite] *f 1.* Nacktheit *f,* Blöße *f; 2. (fig)* Nacktheit *f,* Schamlosigkeit *f*

nue [ny] *f porter qn aux ~s* jdn anhimmeln, jdn vergöttern; *tomber des ~s (fig)* aus allen Wolken fallen

nuée [nɥe] *f 1. LIT* Wolke *f; 2. (fig)* Schwarm *m; une ~ de sauterelles* ein Heuschreckenschwarm

nuire [nɥiʀ] *v irr 1. ~ à qn* jdm schaden; *2. ~ à (porter préjudice à)* beeinträchtigen; *3. se ~* sich schaden, sich schädigen

nuisance [nɥizɑ̃s] *f* Schaden *m,* Schädliches *n,* Belästigung *f*

N

nuisette [nɥizɛt] *f* (kurzes) Damennachthemd *n*

nuisibilité [nɥizibilite] *f* Schädlichkeit *f*

nuisible [nɥizibl] *adj 1.* schädlich; *2. (préjudiciable)* abträglich

nuit [nɥi] *f 1.* Nacht *f; passer une ~ blanche* eine schlaflose Nacht verbringen; *la ~* nachts; *passer la ~* übernachten; *~ de noces* Hochzeitsnacht *f; c'est le jour et la ~* das ist ein Unterschied wie Tag und Nacht, *2. ~ tombante* Abenddämmerung *f; 3. (~ée)* Übernachtung *f*

nuitée [nɥite] *f* Nacht *f,* Übernachtung *f*

nul [nyl] *pron 1.* keine(r,s); *adj 2.* nichtig, ungültig

nullement [nylmɑ̃] *adv* keineswegs, keinesfalls

nullité [nylite] *f 1.* Nichtigkeit *f,* Ungültigkeit *f; 2. (personne)* Niete *f,* Null *f*

numéraire [nymeʀɛʀ] *m FIN* Münzgeld *n,* Bargeld *n; un apport en ~* eine Geldeinlage *f; payer en ~* bar bezahlen

numérateur [nymeʀatœʀ] *m (~ d'une fraction) MATH* Zähler *m*

numération [nymeʀasjɔ̃] *f* Zählung *f,* Zahlensystem *n,* Nummerierung *f*

numérique [nymeʀik] *adj* numerisch

numérisation [nymeʀizasjɔ̃] *f INFORM* Digitalisierung *f*

numériser [nymeʀize] *f INFORM* digitalisieren

numéro [nymeʀo] *m 1.* Nummer *f; 2. ~ gagnant* Gewinnzahl *f; 3. ~ d'immatriculation* Zulassungsnummer *f; 4. ~ d'identification* Kennziffer *f; 5. ~ de compte* Kontonummer *f; 6. ~ collectif* Sammelnummer *f; 7. ~ de téléphone* Telefonnummer *f*

numérotation [nymeʀɔtasjɔ̃] *f* Zählung *f,* Zahlensystem *n*

numéroter [nymeʀɔte] *v* nummerieren

nu-pied [nypje] *m* barfuß

nuptial [nypsjal] *adj* Hochzeits..., Braut...; *la bénédiction ~e* die kirchliche Trauung *f; la chambre ~e* das Hochzeitszimmer *n*

nuque [nyk] *f ANAT* Genick *n,* Nacken *m*

nurse [nœʀs] *f* Kindermädchen *n,* Kinderfrau *f*

nutritif [nytʀitif] *adj* nahrhaft

nutrition [nytʀisjɔ̃] *f* Ernährung *f,* Nahrungsaufnahme *f*

nutritionniste [nytʀisjɔnist] *m/f MED* Ernährungsphysiologe/Ernährungsphysiologin *m/f,* Ökotrophologe/Ökotrophologin *m/f*

nyctalopie [niltalɔpi] *f* Tagblindheit *f*

nymphe [nɛ̃f] *f* Nymphe *f*

nymphomane [nɛ̃fɔman] *f PSYCH* Nymphomanin *f*

O

oasis [ɔazis] *f* Oase *f*
obédience [ɔbedjɑ̃s] *f REL* Gehorsam *m*
obéir [ɔbeiʀ] *v 1.* gehorchen, sich fügen, folgen; *2. (suivre)* befolgen
obéissance [ɔbeisɑ̃s] *f* Gehorsam *m*
obéissant [ɔbeisɑ̃] *adj* gehorsam, folgsam, brav, artig
obélisque [ɔbelisk] *m* Obelisk *m*
obésité [ɔbezite] *f* Fettleibigkeit *f*
objecter [ɔbʒɛkte] *v 1. (fig)* einwenden, einwerfen; *Rien à ~?* Keine Einwände? *2. (fig: rétorquer)* entgegenhalten, vorhalten
objecteur [ɔbʒɛktœʀ] *m ~ de conscience MIL* Wehrdienstverweigerer *m*
objectif [ɔbʒɛktif] *adj 1.* nüchtern, sachlich; *2. (impartial)* objektiv; *m 3. FOTO* Objektiv *n; m 4. (cible) MIL* Ziel *n,* Zweck *m; 5. (but)* Ziel *n,* Zweck *m; atteindre un ~* ein Ziel erreichen
objection [ɔbʒɛksjɔ̃] *f 1.* Einwand *m; faire des ~s* einwenden; *2. JUR* Einspruch *m; 3. (critique)* Widerrede *f; 4. ~ de conscience* Wehrdienstverweigerung *f*
objectivité [ɔbʒɛktivite] *f* Objektivität *f,* Sachlichkeit *f*
objet [ɔbʒɛ] *m 1.* Gegenstand *m,* Sache *f,* Ding *n,* Objekt *n; avoir pour ~* bezwecken; *~ volé* Diebesgut *n; ~ trouvé* Fund *m; ~ usuel* Gebrauchsgegenstand *m; ~ de valeur* Wertgegenstand *m; ~ du contrat* Vertragsgegenstand *m; 2. (dans une lettre)* Betreff *m; 3. (but)* Gegenstand *m,* Aufgabe *f,* Zweck *m,* Ziel *n; 4. (du verbe) GRAMM* Objekt *n*
objurgation [ɔbʒyʀgasjɔ̃] *f* Rüge *f,* Tadel *m,* scharfer Verweis *m*
obligataire [ɔbligatɛʀ] *adj 1. FIN* Obligations...; *un emprunt ~* eine Obligationsanleihe *f; m/f 2. FIN* Inhaber(in) einer Obligation *m/f*
obligation [ɔbligasjɔ̃] *f 1.* Pflicht *f,* Verpflichtung *f,* Bindung *f,* Verbindlichkeit *f; ~ de déclaration* Anmeldepflicht *f; ~ d'attacher sa ceinture* Anschnallpflicht *f; ~s militaires* Wehrpflicht *f; 2. (contrainte)* Zwang *m; 3. ECO* Obligation *f; ~ alimentaire* Unterhaltspflicht *f*
obligatoire [ɔbligatwaʀ] *adj 1.* verpflichtend, obligatorisch; *2. (inévitable)* zwangsläufig
obligé [ɔbliʒe] *adj 1.* notgedrungen; *être ~ de* müssen; *2. (reconnaissant)* verpflichtet
obligeance [ɔbliʒɑ̃s] *f* Liebenswürdigkeit *f,* Güte *f,* Freundlichkeit *f; avoir l'~ de* die Güte haben etw zu tun; *être d'une extrême ~* außerordentlich liebenswürdig sein
obligeant [ɔbliʒɑ̃] *adj (poli)* verbindlich

> **obliger** [ɔbliʒe] *v 1.* verpflichten; *Rien ne vous y oblige.* Nichts zwingt Sie dazu.; *2. (assujettir) JUR* verpflichten, unterwerfen; *3. (aider)* jdm eine Gefälligkeit erweisen

oblique [ɔblik] *adj* schief, schräg
oblitérateur [ɔbliteʀatœʀ] *m TECH (billets)* Entwerter *m,* Vernichter *m*
oblitération [ɔbliteʀasjɔ̃] *f 1.* Unleserlichwerden *n,* Unkenntlichwerden *n,* Verwittern *n, (poste)* Entwertung *f; 2. (occlusion) MED* Verstopfung *f,* Verödung *f*
oblitérer [ɔbliteʀe] *v 1. (timbre)* abstempeln; *2. (obstruer) MED* (Gefäß) verstopfen
oblong [ɔblɔ̃] *adj* lang gezogen, oval; *un visage ~* ein längliches Gesicht *n*
obnubiler [ɔbnybile] *v* benebeln, verdunkeln, beherrschen; *La passion obnubile son jugement.* Die Leidenschaft beeinträchtigt sein Urteilsvermögen.
obole [ɔbɔl] *f* Obolus *m,* kleine Spende *f,* kleiner Beitrag *m; apporter son ~* seinen Obolus entrichten
obscène [ɔpsɛn] *adj* obszön
obscur [ɔpskyʀ] *adj 1.* dunkel, finster, düster; *2. (fig)* unklar, unverständlich, undeutlich; *3. (inconnu)* unklar, undeutlich, versteckt, verborgen
obscurcir [ɔpskyʀsiʀ] *v 1.* verdunkeln, abdunkeln; *2. (fig: aveugler)* trüben, verschleiern, verdunkeln; *3. s'~* sich verdunkeln
obscurité [ɔpskyʀite] *f 1.* Finsternis *f,* Dunkelheit *f; 2. (fig)* Unklarheit *f; 3. (médiocrité)* Unklarheit *f,* Niedrigkeit *f*
obsédant [ɔpsedɑ̃] *adj* eindringlich, hartnäckig, beharrlich; *un souvenir ~* eine hartnäckige Erinnerung *f; une chanson ~e* ein eingängiges Lied *n*
obsédé(e) [ɔpsede] *m/f* Besessene(r) *m/f,* Fanatiker(in) *m/f; un ~ de l'ordre* ein Ordnungsfanatiker *m; une ~e de la propreté* eine Sauberkeitsfanatikerin *f; un ~ sexuel* ein Sexbesessener *m*
obséder [ɔpsede] *v* verfolgen, zu schaffen machen, quälen

O

obsèques [ɔpsɛk] *f/pl* Beerdigung *f,* Begräbnis *n,* Beisetzung *f*
obséquieux [ɔpsekjø] *adj* schleimig, verbindlich, überfreundlich
observance [ɔpsɛʀvɑ̃s] *f 1. (exécution)* Einhaltung *f,* Befolgung *f; l'~ des cérémonies* die Wahrung der Förmlichkeiten *f; 2. (règle) REL* Ordensregel *f,* Observanz *f*
observateur [ɔpsɛʀvatœʀ] *m 1.* Beobachter *m; être là en ~* als Beobachter anwesend sein; *l'~ officiel d'un pays à un congrès* der offizielle Beobachter eines Landes bei einer Konferenz *m; un ~ de l'ONU* ein UNO-Beobachter *m; adj 2.* aufmerksam, aufgeweckt; *un esprit ~* eine aufgeweckte Person *m; être très ~* ein scharfer Beobachter sein
observation [ɔpsɛʀvasjɔ̃] *f 1.* Beobachtung *f; 2. (respect)* Einhaltung *f; 3. (remarque)* Anmerkung *f,* Bemerkung *f*
observatoire [ɔpsɛʀvatwaʀ] *m 1.* Sternwarte *f; 2. MIL* Beobachtungsstand *m*
observatrice [ɔpsɛʀvatʀis] *f* Späher(in) *f,* Beobachter(in) *f*
observer [ɔpsɛʀve] *v 1.* beobachten; *2. (respecter)* einhalten; *3. (remarquer)* bemerken, anmerken; *faire ~ qc à qn* jdn auf etw aufmerksam machen; *4. (épier)* erspähen, heimlich beobachten; *5. s'~* sich in Acht nehmen, aufpassen
obsession [ɔpsɛsjɔ̃] *f* Zwangsvorstellung *f,* Obsession *f,* fixe Idee *f*
obsessionnel(le) [ɔpsɛsjɔnɛl] *m/f PSYCH* Person, die Zwangsvorstellungen hat *f*
obsolète [ɔpsɔlɛt] *adj* veraltet, ungebräuchlich, obsolet
obstacle [ɔpstakl] *m 1.* Barriere *f,* Hindernis *n; 2. faire ~ à (fig)* jmd behindern, jdm Hindernisse in den Weg stellen
obstétrique [ɔpstetʀik] *f* Geburtshilfe *f*
obstination [ɔpstinasjɔ̃] *f* Eigensinn *m,* Trotz *m*
obstiné [ɔpstine] *adj 1.* stur, starrköpfig, eigensinnig; *2. (buté)* verbohrt; *3.* eigensinnig, halsstarrig, hartnäckig
obstiner [ɔpstine] *v s'~ dans/s'~ à* beharren auf, bestehen auf, halsstarrig sein; *s'~ dans son erreur* auf seinem Fehler bestehen; *s'~ à faire qc* etw unbedingt machen wollen
obstructif [ɔpstʀyktif] *adj* verstopfend
obstructionnisme [ɔpstʀyksjɔnism] *m POL* Verschleppungstaktik *f,* Verschleppungspolitik *f*
obstruer [ɔpstʀye] *v* hindern, hemmen, verhindern, obstruieren
obtempérer [ɔptɑ̃peʀe] *v* gehorchen, sich unterwerfen, Folge leisten
obtenir [ɔptəniʀ] *v irr 1.* bekommen, erhalten, kriegen; *~ par la force* erzwingen; *2. (résultat)* bewerkstelligen; *3. (atteindre)* erzielen, erlangen
obtention [ɔptɑ̃sjɔ̃] *f* Erhalt *m,* Empfang *m,* Entgegennahme *f; l'~ d'un diplôme* der Erhalt eines Diploms *m*
obturation [ɔptyʀasjɔ̃] *f 1. MED* Zahnfüllung *f; 2. (fermeture)* Verschluss *m,* Verstopfung *f*
obturer [ɔptyʀe] *v 1.* verschließen, verstopfen; *2. (dent)* füllen
obtus [ɔpty] *adj 1. MATH* stumpf; *un angle ~* ein stumpfer Winkel *m; 2. (fig)* beschränkt, einfältig
occase [ɔkaz] *f (fam)* Gelegenheitskauf *m,* Schnäppchen *n*
occasion [ɔkazjɔ̃] *f* Anlass *m,* Gelegenheit *f; d'~* gebraucht; *à l'~ de* anlässlich
occasionnel [ɔkazjɔnɛl] *adj* gelegentlich
occasionner [ɔkazjɔne] *v 1. (dégât)* verursachen; *2. (entraîner)* bewirken, herbeiführen
Occident [ɔksidɑ̃] *m* Abendland *n*
occident [ɔksidɑ̃] *m* Westen *m*
occlusion [ɔklysjɔ̃] *f MED* Verstopfung *f,* Verschließung *f; ~ intestinale* Darmverstopfung *f*
occultation [ɔkyltasjɔ̃] *f 1. ASTR* Bedeckung *f; 2. (dissimulation)* Verdunkelung *f,* Geheimhaltung *f,* Verborgenhalten *n*
occulte [ɔkylt] *adj* verborgen, heimlich, geheim, okkult; *des puissances ~s* geheime Mächte *pl; les sciences ~s* die okkulten Wissenschaften *pl*
occulter [ɔkylte] *v 1. ASTR* bedecken; *La lune occulte une étoile.* Der Mond bedeckt einen Stern. *2. (dissimuler)* verbergen, verstecken, überdecken.
occultisme [ɔkyltism] *m* Okkultismus *m*
occupation [ɔkypasjɔ̃] *f 1. (emploi)* Tätigkeit *f,* Beschäftigung *f; 2. (loisirs)* Freizeitbeschäftigung *f; 3. MIL* Besetzung *f; 4. (troupes d'~) MIL* Okkupation *f,* Besatzung *f*
occupé [ɔkype] *adj 1.* beschäftigt, beansprucht; *Je suis très ~ en ce moment.* Ich bin gerade sehr beschäftigt. *2. zone ~e MIL* besetzte Zone *f*
occuper [ɔkype] *v 1.* besetzen, einnehmen, innehaben; *2. (fig)* beschäftigen, verwenden; *~ son temps à qc* seine Zeit für etw verwenden; *~ des employés* Angestellte beschäfti-

O

gen; *3. s'~ de* sich beschäftigen mit, sich befassen mit; *4. s'~ de (se soucier de)* sich kümmern um, sorgen für; *Je m'en occupe.* Ich kümmere mich darum.; *5. (couvrir)* einnehmen, bedecken, ausfüllen, dauern; *L'appartement occupe tout le premier étage.* Die Wohnung nimmt das ganze erste Stockwerk ein. *6. (habiter)* bewohnen; *7. ~ un poste* eine Stelle besetzen

occurence [ɔkyʀɑ̃s] *f* Fall *m,* Umstand *m,* Gegebenheit *f; en l'~* in diesem Fall; *en toute autre ~* bei jeder anderen Gelegenheit

océan [ɔseɑ̃] *m 1.* Meer *n,* Ozean *m; 2. (fig: étendue)* ungeheure Menge *f,* ~ Weite *f*

ocre [ɔkʀ] *f 1. MIN* Ocker *m; 2. (couleur)* Ocker *m*

octet [ɔktɛ] *m INFORM* Byte *n*

octobre [ɔktɔbʀ] *m* Oktober *m*

octogénaire [ɔktɔʒenɛʀ] *adj 1.* achtzigjährig; *m/f 2.* Achtzigjährige(r) *m/f*

octroi [ɔktʀwa] *m* Bewilligung *f,* Verleihung *f*

octroyer [ɔktʀwaje] *v 1.* bewilligen, genehmigen, zubilligen, gewähren; *2. s'~ qc (fam)* sich etw gönnen, sich etw zugestehen; *s'~ un peu de repos* sich etwas Ruhe gönnen; *(tâche)* erteilen

oculaire [ɔkylɛʀ] *adj* Augen..., Aug...; *le globe ~* der Augapfel *m; un témoin ~* ein Augenzeuge *m*

oculiste [ɔkylist] *m/f MED* Augenarzt/Augenärztin *m/f*

ode [ɔd] *f LIT* Ode *f*

odeur [ɔdœʀ] *f 1.* Geruch *m,* Duft *m; bonne ~* Wohlgeruch *m; mauvaise ~* Gestank *m; 2. ne pas être en ~ de sainteté auprès de qn* bei jdm schlecht angeschrieben sein

odieux [ɔdjø] *adj* unausstehlich

odorant [ɔdɔʀɑ̃] *adj* duftend, riechend; *une substance ~e* ein Duftstoff *m*

odorat [ɔdɔʀa] *m* Geruchssinn *m,* Geruch *m*

œcuménique [ekymenik] *adj REL* ökumenisch; *un concile ~* ein ökumenisches Konzil *n*

œil [œj] *m 1.* Auge *n; avoir le compas dans l'~* ein gutes Augenmaß haben; *tenir qn à l'~* ein Auge auf jdn haben; *Je m'en bats l'~.* Ich mache mir nichts daraus. *jeter un coup d'~ sur qc* einen kurzen Blick auf etw werfen; *faire les yeux doux à qn* mit jdm liebäugeln; *~ perçant (fig)* Adlerauge *n; ~ de connaisseur* Kennerblick *m; ~ de perdrix* Hühnerauge *n; 2. (ouverture) TECH* Auge *n,* Ohr *n,* Öse *f; 3. des yeux dans le potage* Fettaugen *pl; 4. (bourgeon) BOT* Knospe *f,* Knospenstelle *f*

œillade [œjad] *f* Blick *m,* Augenzwinkern *n; lancer une ~ à qn* jdm kokette Blicke zuwerfen; *faire des ~ à qn* jdm schöne Augen machen

œillère [œjɛʀ] *f* Scheuklappen *pl*

œillet [œjɛ] *m 1. BOT* Nelke *f; 2. TECH* Auge *n,* Ohr *n,* Öse *f*

œnologue [enɔlɔg] *m/f* Weinspezialist(in) *m/f,* Weinbaukenner(in) *m/f*

œstrogène [ɛstrɔʒɛn] *adj BIO* Östrogen *n*

œuf [œf] *m 1.* Ei *n; ~ sur le plat* Spiegelei *n; ~ à la coque* weich gekochtes Ei *n; ~s brouillés* Rührei *n; en forme d'~* eiförmig; *étouffer qc dans l'~* etw im Keim ersticken; *2. (fig) mettre tous ses ~s dans le même panier* alles auf eine Karte setzen; *être avare à tondre un ~* ein Geizhals sein; *marcher sur des ~s* wie auf Eiern gehen

œuvre [œvʀ] *f 1.* Werk *n,* Arbeit *f,* Stück *n; mettre tout en ~ pour faire qc* alle Hebel in Bewegung setzen, um etw zu tun; *~ de débutant* Erstlingswerk *n; ~ de maître* Meisterstück *n; ~ d'art* Kunstwerk *n; 2. LIT* Werk *n; les ~s complètes d'un auteur* das vollständige Werk eines Autors *n; 3. ARCH* Bauwerk *n; gros ~* Rohbau *m; 4. ~s charitables pl (institution)* Mission *f; 5. être à pied d'~* unmittelbar am Bau

œuvrer [œvʀe] *v* arbeiten, handeln; *~ pour une cause* sich für eine Sache einsetzen

offense [ɔfɑ̃s] *f 1.* Beleidigung *f,* Kränkung *f,* Verletzung *f; 2. (péché) REL* Sünde *f*

offenser [ɔfɑ̃se] *v 1.* beleidigen; *sans vous ~* nichts für ungut; *2. (pécher) REL* sündigen

offensif [ɔfɑ̃sif] *adj* offensiv

offensive [ɔfɑ̃siv] *f* Offensive *f*

office [ɔfis] *m 1.* Amt *n; 2. (service)* Dienst *m; ~ religieux* Gottesdienst *m,* Messe *f; 3. (bureau)* Büro *n; ~ de tourisme* Fremdenverkehrsamt *n; 4. (pièce)* Bedienstetenraum *m*

officiel [ɔfisjɛl] *m 1.* Amtsblatt *n,* Bundesgesetzblatt *n,* Bundesanzeiger *m; 2.* ~s (prominente) Persönlichkeiten des öffentlichen Lebens *f/pl; adj 2.* amtlich, offiziell

officiellement [ɔfisjɛlmɑ̃] *adv* offiziell, amtlich, behördlich

officier [ɔfisje] *m 1. MIL* Offizier *m; 2. (titulaire d'un office)* Beamter *m; ~ de justice* Justizbeamter *m; ~ de l'état civil* Standesbeamter *m*

O

officieux [ɔfisjø] *adj* halboffiziell; *de source officieuse* aus halboffizieller Quelle *f*
offrant [ɔfʀɑ̃] *m le plus ~* Meistbietender *m; vendre au plus ~* meistbietend verkaufen
offre [ɔfʀ] *f 1.* Angebot *n,* Offerte *f; ~ spéciale* Sonderangebot *n; ~ d'emploi* Stellenangebot *n; 2. (proposition)* Vorschlag *m,* Anerbieten *n*

offrir [ɔfʀiʀ] *v 1.* schenken; *2. (proposer)* darbieten, anbieten; *3. (fam)* spendieren; *4. s'~ qc* sich etw gönnen; *5. s'~ à* sich eröffnen, sich bieten, sich anbieten

offusquer [ɔfyske] *v 1.* missfallen
ogre [ɔgʀ] *m* Menschenfresser *m; manger comme un ~ (fig)* wie ein Scheunendrescher essen
oh [o] *interj 1.* oh! *NAUT* ahoi! *Oh que c'est beau!* Oh, wie schön! *Oh là là!* Achje! *m 2. pousser des ~! et des ah!* och und ach jammern
ohé [oe] *interj ~! (fam)* he(da)! *Ohé! Du bateau!*
oie [wa] *f 1.* Gans *f; ~ rôtie* Gänsebraten *m; 2. une ~ blanche (fig)* die Unschuld vom Lande
oignon [ɔɲɔ̃] *m 1. BOT* Zwiebel *f; 2. en rang d'~s* in einer Reihe; *3. s'occuper de ses ~ (fam)* seiner Wege gehen, vor der eigenen Tür kehren, sich um seine eigenen Angelegenheiten kümmern; *Ce ne sont pas tes ~.* Das geht dich nichts an. *4. (bulbe) BOT* Zwiebel *f; 5. (cor) MED* Ballen *m; 6. (montre)* Taschenuhr *f*
oindre [wɛ̃dʀ] *v irr REL* salben
oiseau [wazo] *m 1.* Vogel *m; ~ chanteur* Singvogel *m; être comme l'~ sur la branche* im Ungewissen schweben; *perspective à vol d'~* aus der Vogelperspektive; *2. (fam: individu)* Kauz *m,* komischer Vogel *m; Quel drôle d'~!* Was für ein seltsamer Kauz!
oiseux [wazø] *adj* nutzlos, vergeblich, umsonst, überflüssig
oisif [wazif] *adj* müßig
oisillon [wazijɔ̃] *m* Vögelchen *n,* Vöglein *n*
oisiveté [wazivte] *f* Müßiggang *m,* Nichtstun *n*
oléagineux [ɔleaʒinø] *adj 1.* Öl..., ölhaltig; *une plante oléagineuse* eine ölhaltige Pflanze *f; m/pl 2. BOT* Ölfrüchte *pl,* Ölpflanzen *pl*
oléoduc [ɔleɔdyk] *m* Pipeline *f,* Erdölleitung *f*
oligarchie [ɔligaʀʃi] *f POL* Oligarchie *f*
oligo-élément [ɔligoelemɑ̃] *m BIO* Spurenelement *n*
olive [ɔliv] *f 1. BOT* Olive *f; adj 2.* olivgrün
olivier [ɔlivje] *m 1. BOT* Olivenbaum *m,* Ölbaum *m; 2. (bois)* Olivenholz *n; une coupe en ~* eine Schale aus Olivenholz *f*
olympique [ɔlɛ̃pik] *adj* olympisch
ombilical [ɔ̃bilikal] *adj ANAT* Nabel... *cordon ~* Nabelschnur *f*
ombrage [ɔ̃bʀaʒ] *m 1.* Schatten spendendes Blattwerk *n,* Schatten der Bäume *m,* Blätterdach *n; 2. (fig)* Misstrauen *n,* Neid *m; porter ~ à qn* jdn kränken/jdn in seinem Stolz verletzen; *prendre ~ de qc* etw scheuen/etw übel nehmen
ombragé [ɔ̃bʀaʒe] *adj* schattig
ombrageux [ɔ̃bʀaʒø] *adj 1. (cheval)* scheu, schreckhaft, ängstlich; *2. (personne)* misstrauisch, verletzlich, empfindlich, reizbar
ombre [ɔ̃bʀ] *f 1.* Schatten *m; avoir peur de son ~* Angst vor seinem eigenen Schatten haben; *suivre qn comme son ~* jdm auf Schritt und Tritt folgen; *2. (clandestinité)* Verborgenheit *f; m 3. (fig)* Spur *f*
ombrelle [ɔ̃bʀɛl] *f* Schirm *m,* kleiner Sonnenschirm *m*
omettre [ɔmɛtʀ] *v irr 1.* versäumen, unterlassen; *2. (supprimer)* auslassen, weglassen
omission [ɔmisjɔ̃] *f* Versäumnis *n*
omnibus [ɔmnibys] *m* Vorstadtzug *m,* Nahverkehrszug *m*
omnipotent [ɔmnipɔtɑ̃] *adj LIT* allmächtig, omnipotent
omnipraticien(ne) [ɔmnipʀatisjɛ̃/ɔmnipʀatisjɛn] *m/f MED* Allgemeinpraktiker(in) *m/f*
omniprésent [ɔmnipʀezɑ̃] *adj* allgegenwärtig
omniscient [ɔmnisjɑ̃] *adj* allwissend
on [ɔ̃] *pron* man, wir; *Alors, ~ y va?* Also, gehen wir hin? *Nous, ~ n'y peut rien.* Wir können doch nichts dafür.
once [ɔ̃s] *f* Unze *f, (fig)* ein bisschen; *ne pas avoir une ~ de bon sens. (fig)* Kein Fünkchen Verstand haben.
oncle [ɔ̃kl] *m* Onkel *m*
onction [ɔ̃ksjɔ̃] *f REL* Salbung *f,* Ölung *f; l'~ du baptême* die Salbung bei einer Taufe *f; l'extrême-~* die Letzte Ölung *f*
onctueux [ɔ̃ktɥø] *adj 1.* ölig, samtig, weich, geschmeidig; *une crème onctueuse* eine geschmeidige Creme *f; 2. (fig)* salbungs-

O

voll, feierlich, sanft; *des manières onctueuses* salbungsvolles Verhalten *n*
onde [ɔ̃d] *f 1.* Welle *f; 2. PHYS* Welle *f; ~ de choc* Schockwelle *f; ~s ultra-courtes* Ultrakurzwellen *pl; ne pas être sur la même longueur d'~* nicht auf der gleichen Wellenlänge sein
ondée [ɔ̃de] *f METEO* Platzregen *m*
ondine [ɔ̃din] *f* Nixe *f*
on-dit [ɔ̃di] *m* Gerücht *n,* Gerede *n,* Klatsch *m; Il faut se méfier des ~.* Man muss sich vor Gerüchten in Acht nehmen.
ondoyer [ɔ̃dwaje] *v* flattern, wehen, wogen; *Les drapeaux ondoient dans le vent.* Die Fahnen flattern im Wind.
ondulé [ɔ̃dyle] *adj 1.* Well..., gewellt, geriffelt; *2. (cheveux)* onduliert
onduler [ɔ̃dyle] *v* wogen, sich bewegen; *Les herbes ondulent sous le vent.* Das Gras wiegt sich im Wind.
onéreux [ɔneʀø] *adj 1.* kostspielig, teuer; *2. (coûteux)* aufwändig
ongle [ɔ̃gl] *m ANAT* Fingernagel *m*
onirique [ɔniʀik] *adj* Traum..., traumhaft; *des visions ~s* Traumvisionen *pl; un décor ~* eine traumhafte Szenerie *f*
onze [ɔ̃z] *num 1.* elf; *m 2. (le ~ de France) SPORT* (Fußball)Elf Frankreichs *f*
onzième [ɔ̃zjɛm] *adj 1.* elfte(r,s)
opacité [ɔpasite] *f* Unduchsichtigkeit *f,* Trübung *f,* Trübung *f*
opaque [ɔpak] *adj 1.* trüb; *2. (non transparent)* undurchsichtig
opéra [ɔpeʀa] *m 1.* Oper *f; 2.* Opernhaus *n*
opérateur [ɔpeʀatœʀ] *m CINE* Kameramann *m*
opération [ɔpeʀasjɔ̃] *f 1. MED* Operation *f; ~ chirurgicale* chirurgischer Eingriff *m; ~ de chirurgie esthétique* Schönheitsoperation *f; 2. (action)* Wirken *n,* Arbeitsgang *m,* Operation *f; 3. (affaire) ECO* Geschäft *n,* Handel *m; ~ de bourse* Börsenhandel *m; ~ d'exportation* Exportgeschäft *n; ~ commerciale* Handelsgeschäft *n; ~ spéculative* Spekulationsgeschäft *n; 4. MATH* Operation *f*
opérationnel [ɔpeʀasjɔnɛl] *adj 1. MIL* Operations..., Kampf... *un secteur ~* das Kampfgebiet *n,* das Einsatzgebiet *n; une base ~le* eine Kampfbasis *f; 2. TECH* einsatzfähig, einsatzbereit, funktionsfähig; *une arme ~le* eine einsatzfähige Waffe *f; Cette usine sera ~le dans un mois.* Diese Fabrik kann in einem Monat funktionieren.
opératrice [ɔpeʀatʀis] *f* Bedienerin *f*
opercule [ɔpɛʀkyl] *m 1. TECH* Innenhütchen *n; 2. BOT* Deckel *m*
opérer [ɔpeʀe] *v 1.* operieren; *2. (causer)* bewirken; *~ des miracles* Wunder wirken
opiner [ɔpine] *v* zustimmen, einwilligen, beipflichten; *~ de la tête* nickend zustimmen; *~ du bonnet* vollkommen einer Meinung sein
opiniâtre [ɔpinjɑtʀ] *adj 1.* beharrlich, hartnäckig, verbissen; *2. (entêté)* starrköpfig
opiniâtreté [ɔpinjɑtʀəte] *f 1.* Beharrlichkeit *f; 2. (entêtement)* Hartnäckigkeit *f,* Starrsinn *m*

opinion [ɔpinjɔ̃] *f 1.* Ansicht *f,* Meinung *f; Je suis de votre ~.* Ich bin Ihrer Meinung. *2. (jugement)* Urteil *n; 3. (point de vue)* Anschauung *f,* Gesinnung *f*

opiomane [ɔpjɔman] *adj* opiumabhängig
opium [ɔpjɔm] *m* Opium *n*
opportun [ɔpɔʀtœ] *adj 1.* passend, opportun, gelegen; *2. (à temps)* zeitgemäß
opportunisme [ɔpɔʀtynism] *m* Opportunismus *m*
opportuniste [ɔpɔʀtynist] *m/f* Opportunist(in) *m/f*
opportunité [ɔpɔʀtynite] *f* Zweckmäßigkeit *f,* günstige Gelegenheit *f; saisir une ~* eine Gelegenheit beim Schopf ergreifen
opposant(e) [ɔpozɑ̃(t)] *m/f POL* Gegner(in) *m/f; les ~s au régime* die Regierungsgegner *pl*
opposé [ɔpoze] *m 1.* Gegenteil *n; à l'~* entgegen/wider; *2. (contraire)* Gegensatz *m; adj 3.* entgegengesetzt, gegensätzlich, gegenläufig; *4. (adverse)* gegnerisch
opposer [ɔpoze] *v 1. (fig)* einwerfen; *2. (fig: rétorquer)* entgegenhalten; *3. (confronter)* gegenüberstellen; *4. s'~ à* sich widersetzen
opposition [ɔpozisjɔ̃] *f 1.* Gegenüberstellung *f; 2. (contraire)* Gegensatz *m; 3. (contradiction)* Widerspruch *m; 4. POL* Opposition *f; 5. JUR* Einwand *m*
oppositionnel [ɔpɔzisjɔnɛl] *adj* oppositionell, gegnerisch
oppressant [ɔpʀesɑ̃] *adj 1. (angoissant)* beklemmend; *2. (étouffant)* schwül
oppresser [ɔpʀese] *v* bedrücken, drücken
presseur [ɔpʀɛsœʀ] *adj 1.* schwer lastend, bedrückend; *m 2.* Bedrücker *m*
oppressif [ɔpʀesif] *adj* bedrückend, unterdrückend, Zwangs...
oppression [ɔpʀesjɔ̃] *f 1. (de personnes)* Unterdrückung *f; 2. (fig)* Druck *m*

O

opprimer [ɔpʀime] *v 1. ~ qn* jdn unterdrücken; *2. (fig)* drücken
opter [ɔpte] *v* stimmen für, sich entscheiden für, wählen; *~ pour une solution* sich für eine Lösung entscheiden
opticien(ne) [ɔptisjɛ̃/ɔptisjɛn] *m/f* Optiker(in) *m/f*
optimal [ɔptimal] *adj* optimal
optimiser [ɔptimize] *v* optimieren
optimisme [ɔptimism] *m* Optimismus *m*
optimiste [ɔptimist] *m 1.* Optimist *m; adj 2.* optimistisch
optimum [ɔptimɔm] *m* Bestwert *m,* Optimum *n*
option [ɔpsjɔ̃] *f 1.* Option *f,* Wahl *f; 2. JUR* Vorkaufsrecht *n; 3. (matière)* Wahlfach *n*
optionnel [ɔptjɔnɛl] *adj* fakultativ, Wahl...
optique [ɔptik] *f 1.* Optik *f; adj 2.* optisch; *3. (perspective)* Perspektive *f; 4. (fig)* Standpunkt *m,* Meinung *f*
opulence [ɔpylɑ̃s] *f* Überfluss *m*
opulent [ɔpylɑ̃] *adj 1.* reich, wohlhabend; *un homme ~* ein wohlhabender Mann *m; 2. (forme)* üppig, korpulent
or[1] [ɔʀ] *m* Gold *n,* Geld *n; en ~* golden; *pas pour tout l'~ du monde* nicht um alles Gold der Welt; *avoir un cœur d'~* ein Herz aus Gold haben
or[2] [ɔʀ] *konj 1.* nun, also, folglich; *adv 2. d'ores et déjà* ab sofort
oracle [ɔʀakl] *m (fig)* Augur *m,* Prophet *m*
orage [ɔʀaʒ] *m 1.* Gewitter *n; 2. (tourmente)* Unwetter *n; 3. (fig)* Gewitter *n,* Sturm *m; Il y a de l'orage dans l'air.* Ein Gewitter liegt in der Luft.
orageux [ɔʀaʒø] *adj 1.* gewittrig; *2. (fig)* stürmisch
oraison [ɔʀɛzɔ̃] *f REL* Gebet *n*
oral [ɔʀal] *m adj 1.* mündlich; *2.* mündliche Prüfung *f*
orangeade [ɔʀɑ̃ʒad] *f GAST* Orangenlimonade *f*
orateur [ɔʀatœʀ] *m* Redner *m*
oratrice [ɔʀatʀis] *f* Rednerin *f,* Sprecherin *f,* Wortführerin *f*
orbe [ɔʀb] *f ASTR* Planetenbahn *f,* Kometenbahn *f*
orbital [ɔʀbital] *adj ASTR* Kreisbahn...
orbite [ɔʀbit] *f 1. ASTR* Umlaufbahn *f; 2. (de l'œil) ANAT* Augenhöhle *f*
orchestration [ɔʀkɛstʀasjɔ̃] *f MUS* Instrumentierung *f,* Orchestrierung *f*
orchestre [ɔʀkɛstʀ] *m 1.* Orchester *n; ~ symphonique* Sinfonieorchester *n; ~ philharmonique* Philharmonieorchester *n; 2. (de village)* Musikkapelle *f; ~ de cuivres* Blaskapelle *f; 3. THEAT* Parkett *n*
orchestrer [ɔʀkɛstʀe] *v (fig)* organisieren, starten; *~ une campagne de presse* eine Pressekampagne starten
ordinaire [ɔʀdinɛʀ] *adj 1.* gewöhnlich, üblich; *2. JUR* ordentlich; *m 3.* gewöhnlich, alltäglich, mittelmäßig, alltagsmäßig; *4. (nourriture)* Alltagskost *f*
ordinal [ɔʀdinal] *adj GRAMM* Ordnungs..., Ordinal...
ordinateur [ɔʀdinatœʀ] *m INFORM* Computer *m,* EDV-Anlage *f*
ordiphone [ɔʀdifɔn] *m TEL* Smartphone *n*
ordonnance [ɔʀdɔnɑ̃s] *f 1.* Anordnung *f,* Verordnung *f; ~ médicale* Rezept *n; 2. (décret)* Erlass *m; ~ pénale* Bußgeldbescheid *m; 3. officier d'~ MIL* Adjutant *m*
ordonnateur [ɔʀdɔnatœʀ] *m* Ordner *m*
ordonné [ɔʀdɔne] *adj* ordnungsliebend
ordonner [ɔʀdɔne] *v 1.* befehlen; *2. (disposer de qn)* verfügen; *3. (ranger)* ordnen, einrichten; *4. MED* verschreiben, verordnen; *5. (un prêtre) REL* weihen

ordre [ɔʀdʀ] *m 1.* Ordnung *f,* Anordnung *f; ~ de grandeur* Größenordnung *f; ~ hiérarchique* Rangordnung *f; ~ de succession* Reihenfolge *f; ~ du jour* Tagesordnung *f; non conforme à l'~* ordnungswidrig; *de second ~* zweitrangig; *2. (instruction)* Befehl *m,* Vorschrift *f; ~ de grève* Streikaufruf *m; 3. MIL* Orden *m; ~ du mérite* Verdienstorden *m; 4. REL* Orden *m; 5. JUR* Verfügung *f; 6. ECO* Auftrag *m; ~ permanent* Dauerauftrag *m; par ~* im Auftrag

ordures [ɔʀdyʀ] *f/pl* Abfall *m,* Müll *m; ~ nocives* Sondermüll *m*
ordurier [ɔʀdyʀje] *adj* obszön, derb, anrüchig, anstößig
orée [ɔʀe] *f* Rand *m; l'~ du bois* der Waldrand *m; l'~ du jour* das Tagesende *n*
oreille [ɔʀɛj] *f 1.* Ohr *n; 2. (ouïe)* Gehör *n; 3. (d'un vase)* Henkel *m; 4. (fig)* Aufmerksamkeit *f,* Gehör *n; se faire tirer l'~* die Ohren langgezogen kriegen; *dormir sur ses deux ~s* tief und fest schlafen; *mettre la puce à l'~ de qn* jdm einen Floh ins Ohr setzen
oreiller [ɔʀɛje] *m* Kopfkissen *n*
orfèvre [ɔʀfɛvʀ] *m* Goldschmied *m*
organe [ɔʀgan] *m 1.* Organ *n; ~s génitaux* Geschlechtsorgane *pl; ~s respiratoires* Atmungsorgane *pl; ~s des sens* Sinnesorgane

pl; 2. (voix) Stimme *f; 3. (fig)* Werkzeug *n,* Instrument *n,* Stimme *f; un ~ de presse* ein Presseorgan *n; les ~s de l'État* die Staatsorgane *pl*
organique [ɔʀganik] *adj* organisch
organisateur [ɔʀganizatœʀ] *m 1.* Organisator *m,* Veranstalter *m; adj 2.* organisatorisch
organisation [ɔʀganizasjɔ̃] *f 1.* Veranstaltung *f; 2. (construction)* Aufbau *m,* Gliederung *f; 3. (formation)* Gestaltung *f; 4. (structuration)* Organisation *f*
organisatrice [ɔʀganizatʀis] *f* Organisatorin *f*
organisé [ɔʀganize] *adj* organisiert
organiser [ɔʀganize] *v 1.* organisieren, veranstalten, ausrichten; *2. (temps)* einteilen; *3. (aménager)* gestalten; *4. s'~* sich einrichten
organisme [ɔʀganism] *m 1.* Organismus *m; 2. (être vivant)* Lebewesen *n; 3. (corporation)* Körperschaft *f*
organiste [ɔʀganist] *m MUS* Organist *m*
orgasme [ɔʀgasm] *m* Orgasmus *m*
orgiaque [ɔʀʒjak] *adj* orgiastisch
orgie [ɔʀʒi] *f* Orgie *f*
orgue [ɔʀg] *m MUS* Orgel *f; ~ de Barbarie* Leierkasten *m*
orgueil [ɔʀgœj] *m* Hochmut *m,* Stolz *m; bouffi d'~* protzig
orgueilleux [ɔʀgœjø] *adj* hochmütig; *être ~ comme un paon* stolz wie ein Pfau sein
Orient [ɔʀjɑ̃] *m* Morgenland *n,* Orient *m*
oriental [ɔʀjɑ̃tal] *adj 1.* östlich; *2. (provenant d'Orient)* orientalisch
orientation [ɔʀjɑ̃tasjɔ̃] *f 1.* Lage *f; 2. (tendance)* Richtung *f; 3. (direction)* Orientierung *f; ~ nouvelle* Kurswechsel *m; 4. ~ professionnelle* berufliche Orientierung *f*
orienter [ɔʀjɑ̃te] *v 1.* orientieren; *être orienté vers* tendieren zu; *2. s'~* sich zurechtfinden
orienteur [ɔrjɑ̃tœʀ] *m* Berufsberater *m*
orifice [ɔʀifis] *m* Öffnung *f*
originaire [ɔʀiʒinɛʀ] *adj* ursprünglich; *être ~ de* abstammen von; *~ de* gebürtig
original [ɔʀiʒinal] *adj 1.* echt; *2. (d'origine)* original; *3. (spécial)* originell; *m 4.* Original *n; 5. (excentrique)* Eigenbrötler *m*
originalité [ɔʀiʒinalite] *f* Originalität *f*
origine [ɔʀiʒin] *f 1.* Abstammung *f,* Ursprung *m; à l'~* ursprünglich; *d'~ allemande* deutschstämmig; *2. (apparition)* Aufkommen *n; 3. (naissance)* Entstehung *f; 4. (provenance)* Herkunft *f; 5. (fig)* Quelle *f*
originel [ɔʀiʒinɛl] *adj 1.* ursprünglich, angeboren; *l'instinct ~* der angeborene Instinkt *m; le sens ~ d'un mot* der ursprüngliche Sinn eines Wortes *m; 2. REL le péché ~* die Erbsünde *f*
ornement [ɔʀnəmɑ̃] *m 1.* Ornament *n; 2. (décoration)* Dekor *m/n,* Verzierung *f*
ornemental [ɔʀnəmɑ̃tal] *adj* Zier..., schmückend; *une plante ~e* eine Zierpflanze *f*
ornementation [ɔʀnəmɑ̃tasjɔ̃] *f* Ornamentik *f,* Dekorationsmalerei *f,* Stuckarbeit *f*
ornementer [ɔʀnəmɑ̃te] *v* (mit Ornament) verzieren
orner [ɔʀne] *v 1.* ausschmücken, schmücken, verzieren; *2. (garnir)* behängen
ornière [ɔʀnjɛʀ] *f 1.* Wagenspur *f,* Spur *f; s'enfoncer dans une ~* in einer Wagenspur versinken; *2. (fig)* vorgezeichneter Weg *m,* Routine *f; sortir de l'~* die ausgetretenen Pfade verlassen
ornithologue [ɔʀnitɔlɔg] *m/f* Ornithologe/Ornithologin *m/f*
orogénie [ɔʀɔʒeni] *f GEOL* Gebirgsbildung *f*
orpailleur [ɔʀpajœʀ] *m* Goldwäscher *m*
orphelin(e) [ɔʀfəlɛ̃/ɔʀfəlin] *m/f* Waise *f; ~ de père/~ de mère* Halbwaise *f*
orphelinat [ɔʀfəlina] *m* Waisenhaus *n*
orphéon [ɔʀfeɔ̃] *m* (Männer)Gesangverein *m,* Musikverein *m,* Liedertafel *f*
orteil [ɔʀtɛj] *m ANAT* Zehe *f*
orthodontie [ɔʀtɔdɔ̃ti] *f MED* Kieferorthopädie *f*
orthodoxe [ɔʀtɔdɔks] *adj* orthodox
orthodoxie [ɔʀtɔdɔksi] *f* Orthodoxie *f,* Rechtgläubigkeit *f,* Strenggläubigkeit *f*
orthogénie [ɔʀtɔʒeni] *f MED* Familienplanung *f*
orthogonal [ɔʀtɔgɔnal] *adj* rechtwinklig
orthographique [ɔʀtɔgʀafik] *adj* orthografisch
orthopédie [ɔʀtɔpedie] *f MED* Orthopädie *f*
orthophoniste [ɔʀtɔfɔnist] *m/f MED* Logopäde/Logopädin *m/f*
os [ɔs] *m ANAT* Knochen *m; être trempé jusqu'aux ~* völlig durchnässt sein/nass bis auf die Haut sein; *Il y a un ~.* Die Sache hat einen Haken./An der Sache ist etw faul.
oscillant [ɔsilɑ̃] *adj* schwingend, vibrierend, pendelnd
oscillation [ɔsilasjɔ̃] *f* Schwingung *f,* Vibration *f*
osciller [ɔsile] *v* wanken

O

osé [oze] *adj* gewagt, verwegen
oseille [osɛj] *f* *1. BOT* Sauerampfer *m; 2. (fam: argent)* Knete *f,* Kohle *f*
oser [oze] *v* wagen, sich trauen, sich getrauen
osier [ozje] *m* Weide *f,* Weidenrute *f; un panier d'~* ein Weidenkorb *m*
osmose [ɔsmoz] *f* *1. BIO* Osmose *f; 2. (fig) LIT* gegenseitiger Einfluss *m,* gegenseitige Durchdringung *f*
ossature [ɔsatyʀ] *f* *1. ANAT* Gerippe *n,* Knochenbau *m; 2. (fig)* Gerüst *n*
ossements [ɔsmɑ̃] *m/pl* Gebeine *pl; des ~ blanchis au soleil* von der Sonne gebleichte Gebeine *pl*
osseux [ɔsø] *adj* *1. ANAT* Knochen..., knöchern; *le tissu ~* das Knochengewebe *n; une maladie osseuse* eine Knochenkrankheit *f; 2.* knochig, mager; *un visage ~* ein mageres Gesicht *n; une main osseuse* eine knochige Hand *f*
ostensible [ɔstɑ̃sibl] *adj* offenkundig, unverhohlen; *un mépris ~* eine unverhohlene Verachtung *f*
ostentation [ɔstɑ̃tasjɔ̃] *f* Zurschaustellung *f,* Prahlerei *f,* Angabe *f*
ostentatoire [ɔstɑ̃tatwaʀ] *adj* protzig
ostéopathie [ɔsteɔpati] *f* *MED* Osteopathie *f,* Knochenleiden *n*
ostracisme [ɔstʀasism] *m* *(exclusion)* Ausschluss *m; être frappé d'~* ausgeschlossen werden
ostréiculture [ɔstʀeikyltyʀ] *f* Austernzucht *f*
otage [ɔtaʒ] *m* Geisel *f*
otalgie [ɔtalʒi] *f* *MED* Ohrenschmerzen *m/pl*
ôter [ote] *v* *1.* wegnehmen; *~ le droit à qn* jdm das Recht absprechen; *Ote-toi de là que je m'y mette!* Lass mich auf deinen Platz! *2. (un vêtement)* ablegen, ausziehen; *3. MATH* abziehen; *4. (faire disparaître)* wegsetzen, wegstellen, hinausschaffen
oto-rhino-laryngologiste [ɔtɔʀinolaʀɛ̃gɔlɔʒist] *m/f* *MED* Hals-Nasen-Ohrenarzt/Hals-Nasen-Ohrenärztin *m/f*
ottoman [ɔtɔmɑ̃] *adj* *HIST* osmanisch; *l'Empire ~* das Osmanische Reich *n*

> **ou** [u] *konj* oder; *~ ... ~* entweder ... oder; *~ bien* oder auch; *~ alors* sonst; *tôt ~ tard* früher oder später

où [u] *adv* *1.* wo; *d'~* woher; *d'~ (causal)* daher; *par ~* wodurch; *Où es-tu?* Wo bist du? *Où en êtes-vous?* Wie weit sind Sie? *Où voulez-vous en venir?* Worauf wollen Sie hinaus? *2. (direction)* wohin
ouailles [wɑj] *f/pl (paroissiens) REL* Schäfchen *pl; le pasteur et ses ~* der Pfarrer und seine Schäfchen
ouais [wɛ] *interj* ei!/sieh da!/schau (mal) an!
ouate [wat] *f* *(coton)* Watte *f*
ouaté [wate] *adj* wattiert
oubli [ubli] *m* *1.* Vergessenheit *f; 2. (par distraction)* Vergesslichkeit *f*
oublier [ublije] *v* *1.* vergessen; *2. (omettre)* auslassen; *3. (désapprendre)* verlernen; *N'oubliez pas de l'appeler!* Denken Sie daran, Ihn anzurufen!; *4. s'~* die Zeit vergessen, sich vergessen, in Vergessenheit geraten, seine Notdurft (an unangemessenem Ort) verrichten; *Il ne s'est pas oublié!* Er hat sich nicht vergessen! Er hat nicht die Beherrschung verloren!
oubliettes [ublijɛt] *f/pl* Kerker *m,* Verlies *n,* Vergessen *n; tomber dans les ~ (fig)* in Vergessenheit geraten; *jeter qc aux ~ (fig)* etw beiseite legen/sich nicht mehr um etw kümmern
oublieux [ublijø] *adj* vergesslich
ouest [wɛst] *m* Westen *m; à l'~ de* westlich von

> **ouf** [uf] *interj* uff, zum Glück; *Il n'a pas eu le temps de dire ~. (fam)* Es blieb ihm nicht einmal die Zeit zum Luftholen.

oui [wi] *adv* ja; *pour un ~ ou pour un non* bei der geringsten Kleinigkeit
ouï-dire [widiʀ] *m* Hörensagen *n; apprendre qc par ~* etw vom Hörensagen wissen
ouïe [wi] *f* *1.* Gehör *n; 2. ~s pl ZOOL* Kiemen *pl*
ouille [uj] *interj ~!* Ui!
ouïr [wiʀ] *v irr* hören, verhören, vernehmen; *J'ai ouï dire que ...* Ich habe sagen hören, dass ...
ouragan [uʀagɑ̃] *m* *1. METEO* Orkan *m; 2. (d'Amérique centrale)* Hurrikan *m*
ourlet [uʀlɛ] *m* Saum *m*
ours [uʀs] *m* *1. ZOOL* Bär *m; ~ brun* Braunbär *m; ~ blanc* Eisbär *m; 2. il ne faut pas vendre la peau de l'~ avant de l'avoir tué* man soll das Fell, nicht verkaufen, ehe man den Bären hat; *3. (fig: lourdaud)* Grobian *m; C'est un ~ mal léché. adj 4.* grob, ohne Manieren; *Je le trouve un peu ~.* Ich finde ihn ein bisschen ungehobelt.

O

oust [ust] *interj (fam)* hopp, schnell, zackzack
outil [uti] *m 1.* Instrument *n,* Werkzeug *n; 2. (appareil)* Gerät *n; ~ à usages multiples*Mehrzweckgerät *n; 3. (moyen)* Hilfsmittel *n*
outilleur [utijœʀ] *m TECH* Werkzeugmacher *m*
outrageant [utʀaʒɑ̃] *adj* beleidigend
outrager [utʀaʒe] *v* verletzen, verstoßen, mit Füßen treten; *~ qn dans son honneur* jdn in seiner Ehre verletzen; *~ la morale* gegen die Moral verstoßen
outrageusement [utʀaʒøzmɑ̃] *adv* ausfallend, übermäßig, stark; *injurier ~ qn* jdn wild beschimpfen; *Elle est ~ maquillée.* Sie ist übermäßig geschminkt.
outrance [utʀɑ̃s] *f* Übertreibung *f*
outrancier [utʀɑ̃sje] *adj* übertrieben, extrem; *tenir des propos ~s* übertriebene Äußerungen machen
outre [utʀ] *konj 1.* außer, über ... hinaus, jenseits; *en ~* außerdem/ferner/übrigens; *f 2.* Schlauch *m; une ~ de vin* ein Weinschlauch *m*
outré [utʀe] *adj 1.* empört, außer sich; *2. (exagéré)* übertrieben
outre-Atlantique [utʀatlɑ̃tik] *adv* jenseits des Atlantiks
outrecuidance [utʀəkɥidɑ̃s] *f* Überheblichkeit *f*
outrecuidant [utʀəkɥidɑ̃] *adj* überheblich, anmaßend, vermessen, eingebildet
outrepasser [utrəpase] *v* überschreiten; *~ ses droits* seine Rechte überschreiten; *~ des ordres* sich nicht an Befehle halten
outrer [utʀe] *v* übertreiben
ouvert [uvɛʀ] *adj 1.* geöffnet; *être ~* offen stehen; *2. (compréhensif)* aufgeschlossen; *3. (fig)* offen
ouvertement [uvɛʀtəmɑ̃] *adv* offen, frei, ehrlich
ouverture [uvɛʀtyʀ] *f 1.* Eröffnung *f; heures d'~* Öffnungszeiten *f/pl; ~ de crédit* Kreditaufnahme *f; ~ du testament* Testamentseröffnung *f; ~ d'exploitation* Betriebseröffnung *f; 2. (trou)* Loch *n,* Spalt *m,* Öffnung *f; 3. MUS* Ouvertüre *f; 4. (début)* Einleitung *f; 5. (d'un nouveau marché)* Erschließung *f; 6. FOTO* Blende *f*
ouvrable [uvʀabl] *adj jour ~* Werktag *m*
ouvrage [uvʀaʒ] *m 1.* Werk *n; ~ de référence* Nachschlagewerk *n; 2. (construction)* Bauwerk *n*
ouvrager [uvʀaʒe] *v* sorgfältig ausarbeiten, sorgfältig bearbeiten, verzieren
ouvrant [uvʀɑ̃] *adj* Schiebe..., sich öffnend, zu öffnen; *toit ~ m* Schiebedach
ouvre-boîte [uvʀəbwat] *m* Büchsenöffner*m,* Dosenöffner *m*
ouvre-bouteille [uvʀəbutɛj] *m* Flaschenöffner *m*
ouvrer [uvʀe] *v* verarbeiten, bearbeiten
ouvrier [uvʀije] *m 1.* Arbeiter *m; ~ du bâtiment* Bauarbeiter *m; ~ qualifié/~ spécialisé* Facharbeiter *m; ~ aux pièces* Akkordarbeiter *m; 2. (artisan)* Handwerker *m; adj 3.* Arbeiter... *la classe ouvrière* die Arbeiterklasse *f*
ouvrière [uvʀijɛʀ] *f* Arbeiterin *f*

ouvrir [uvʀiʀ] *v irr 1.* öffnen, aufmachen; *~ la marche* sich an die Spitze stellen; *~ un livre* ein Buch aufschlagen; *~ les yeux à qn* jdm die Augen öffnen; *~ l'appétit* den Appetit anregen; *2. (porte)* aufschließen, aufsperren, aufziehen; *3. (magasin)* eröffnen; *4. (un nouveau marché)* erschließen; *5. s'~* sich öffnen, aufgehen; *6. s'~ à qn* sich jdm öffnen

O

ovale [ɔval] *adj 1.* oval; *m 2.* Oval *n*
ovation [ɔvasjɔ̃] *f* Beifall *m,* Ovation *f,* Huldigung *f; faire une ~ à qn* jdm eine Ovation darbringen
OVNI [ɔvni] *m (objet volant non identifié)* UFO *n,* Unbekanntes Flugobjekt *n,* Fliegende Untertasse *f*
ovulation [ɔvylasjɔ̃] *f BIO* Eisprung *m*
oxydation [ɔksidasjɔ̃] *f CHEM* Oxidation *f*
oxyder [ɔkside] *v s'~* rosten
oxygène [ɔksiʒɛn] *m CHEM* Sauerstoff *m*
oxygéner [ɔksiʒene] *v s'~ (fam)* frische Luft tanken, Luft schnappen; *s'~ les poumons* an die frische Luft gehen; *aller s'~ à la campagne* auf dem Land Sauerstoff tanken
ozone [ozon] *m CHEM* Ozon *n*

P

P.C.V. [peseve] *m (paiement contre vérification) TEL* R-Gespräch *n*
pacage [pakaʒ] *m AGR* Weide *f*, Weiden *n*
pacager [pakaʒe] *v* weiden, äsen
pacha [paʃa] *m (fig)* Pascha *m; faire le ~ (fig)* den Pascha spielen
pacifier [pasifje] *v 1.* befrieden, Frieden stiften; *~ un pays* ein Land befrieden; *2. (fig)* beruhigen, besänftigen; *~ les esprits* die Gemüter beruhigen
pacifique [pasifik] *adj* pazifistisch, friedlich, friedliebend; *manifestation ~* Friedensdemonstration
Pacifique [pasifik] *m (océan) GEO* Pazifik *m*
pacifisme [pasifism] *m POL* Pazifismus *m*
pacifiste [pasifist] *m 1.* Pazifist *m; adj 2.* pazifistisch
pack [pak] *m (emballage)* Packung *f*
pacotille [pakɔtij] *f* Ramsch *m*, Schleuderware *f; un article de ~* ein Ramschartikel *m*
pacte [pakt] *m 1.* Pakt *m*, Abkommen *n 2. signer un ~ avec le Diable (fig)* einen Pakt mit dem Teufel schließen
pactiser [paktize] *v* paktieren, Pakt schließen, gemeinsame Sache machen; *~ avec l'ennemi* einen Pakt mit dem Feind eingehen; *~ avec sa conscience (fig)* etw mit seinem Gewissen vereinbaren
pactole [paktɔl] *m* Goldgrube *f; C'est un vrai ~.* Das ist eine wahre Goldgrube.
paddock [padɔk] *m 1.* Pferdekoppel *f; 2. (fam: lit)* Bett *n*, Falle *f*
paf [paf] *interj 1. ~!* paff!; *adj 2. (fam) être complètement ~* total blau, besoffen sein
pagaille [pagaj] *f 1.* Durcheinander *n*, Unordnung *f; 2. en ~* massenhaft
paganisme [paganism] *m* Heidentum *n*
pagayer [pageje] *v* paddeln
page[1] [paʒ] *f 1. (recto/verso)* Seite *f; être à la ~* mit der Zeit gehen/auf dem Laufenden sein; *tourner la ~* einen Strich unter die Vergangenheit ziehen; *2. ~ de garde* Deckblatt *n; 3. ~ d'accueil INFORM* Homepage *f*
page[2] [paʒ] *m (jeune homme)* Page *m*
pagne [paŋ] *m* Tuch *n*, Schurz *m*
paie [pɛ] *f 1. (rémunération)* Lohn *m; 2. toucher sa ~* seinen Lohn bekommen
paiement [pɛmɑ̃] *m 1.* Bezahlung *f*, Zahlung *f; ~ complémentaire* Nachzahlung *f; ~ partiel* Teilzahlung *f; ~ d'une pension alimentaire* Unterhaltszahlungen *pl; ~ des droits de douane* Verzollung *f; ~ anticipé* Vorauszahlung *f; 2. (des dettes)* Abzahlung *f; 3. (paye)* Auszahlung *f*, Vergütung *f; 4. (versement)* Einzahlung *f; 5. ECO* Abzahlung *f; ~ échelonné* Ratenzahlung *f; ~ des intérêts* Verzinsung *f*
païen [pajɛ̃] *m REL* Heide *m*
paillardise [pajaʀdiz] *f* Anzüglichkeit *f*, Zweideutigkeit *f*
paillasson [pajasɔ̃] *m (pour les pieds)* Matte *f*
paille [pɑj] *f 1.* Stroh *n; 2. (pour boire)* Strohhalm *m; 3. (chapeau de ~)* Strohhut *m; 4. être sur la ~* am Bettelstab gehen; *5. tirer à la courte ~* etwas ausknobeln; *adj 6.* strohfarben
paillette [pɑjɛt] *f 1. (lamelle)* Paillette *f; 2. ~ d'or* Goldflitter *m*
paillis [paji] *m AGR* Streu *f*
paillote [pɑjɔt] *f* Strohhütte *f*

pain [pɛ̃] *m 1. GAST* Brot *n; ~ noir* Schwarzbrot *n; ~ grillé* Toastbrot *n; ~ de seigle* Roggenbrot *n; ~ complet* Vollkornbrot *n; ~ blanc* Weißbrot *n; avoir du ~ sur la planche (fig)* noch viel zu tun haben; *2. petit ~ GAST* Brötchen *n*, Semmel *f; se vendre comme des petits ~s* weggehen wie warme Semmeln; *3. gagner son ~* sein Brot verdienen, sein Auskommen haben; *4. ~ de viande GAST* geformtes Fleisch *n; 5. ~ de savon* Seifenstück *n*, Waschseife *f; 6. donner un ~ à qn* jdm eine Ohrfeige geben

pair[1] [pɛʀ] *adj 1. de ~* ebenbürtig; *aller de ~* Hand in Hand gehen, einhergehen mit; *être hors ~* alles übertreffen, unvergleichlich sein; *m 2. au ~* für Kost und Logis; *jeune fille au ~* Au-Pair-Mädchen *f*
pair[2] [pɛʀ] *adj MATH nombre ~* gerade Zahl
paire [pɛʀ] *f 1. (de chaussures)* Paar Schuhe *n; par ~s* paarweise; *2. (fig)* Gespann *n; 3. se faire la ~ (fig)* das Weite suchen, ausrücken
paisible [pezibl] *adj 1.* friedlich; *2. (tranquille)* ruhig, still
paître [pɛtʀ] *v irr 1.* grasen; *2. envoyer ~ qn (fam)* jdn zum Teufel schicken
paix [pɛ] *f 1.* Frieden *m; 2. (silence)* Ruhe *f; Fiche-moi la ~!* Lass mich in Ruhe!
pal [pal] *m* Pfahl *m*

P

palabrer [palabʀe] *v* palavern, unaufhörlich reden
palabres [palabʀ] *f/pl* Palaver *n,* Gerede *n*
palace [palas] *m* Palast *m,* Luxushotel *n; Cet hôtel est un véritable ~.* Dieses Hotel ist ein wahrer Palast.
palais[1] [palɛ] *m 1.* Palast *m; 2. (château)* Schloss *n; 3. ~ des congrès* Kongresshalle *f*
palais[2] [palɛ] *m ANAT* Gaumen *m*
palan [palɑ̃] *m TECH* Zugwinde *f,* Flaschenzug *m*
pâle [pɑl] *adj 1.* blass; *être ~ comme un mort/être ~ comme un linge* leichenblass sein; *2. se faire porter ~ (fam)* sich krank melden; *3. (fig) une ~ copie* eine schlechte Kopie
pale [pal] *f* Blatt *n,* Schaufel *f,* Flügel *m*
palefrenier [palfʀənje] *m* Stallbursche *m,* Reitknecht *m*
Palestine [palɛstin] *f GEO* Palästina *n*
Palestinien(ne) [palɛstinjɛ̃/palɛstinjɛn] *m/f* Palästinenser(in) *m/f*
palet [palɛ] *m* Wurfscheibe *f,* Puck *m*
palette [palɛt] *f 1. TECH* Palette *f; 2. ART* Palette *f; 3. ~ de porc GAST* Schulterstück vom Schwein *n*
pâleur [pɑlœʀ] *f* Blässe *f*
pâlichon [pɑliʃɔ̃] *adj (fam)* etwas blass, bleichlich
palier [palje] *m 1. (d'escalier)* Absatz *m; 2. (plate-forme)* Podest *n; 3. TECH* Lager *n*
pâlir [pɑliʀ] *v* verblassen
palissade [palisad] *f* Zaun *m,* Bretterzaun *m*
palliatif [paljatif] *m* Palliativ *n,* Palliativum *n,* Schmerzlinderungsmittel *n*
pallier [palje] *v* eine Notlösung anbieten, vorübergehend lindern, notdürftig beheben
palmarès [palmaʀɛs] *m* Liste der Preisträger *f,* Bestenliste *f,* Bestsellerliste *f,* Hitparade *f*
palme [palm] *f 1. (feuille de palmier)* Palmzweig *m; remporter la ~* den Sieg davontragen; *2. (de plongeur)* Flosse *f*
palmier [palmje] *m 1. BOT* Palme *f; 2. GAST* Schweinsohr *n*
palmure [palmyʀ] *f* Schwimmhaut *f*
pâlot [palo] *adj* blässlich, bleich
palpable [palpabl] *adj 1. (au toucher)* spürbar, tastbar, greifbar, fassbar; *2. (fig: évident)* handfest, greifbar, klar, offensichtlich; *une vérité ~* eine deutliche Wahrheit *f; une preuve ~* ein handfester Beweis *m*
palper [palpe] *v 1.* betasten, befühlen; *2. MED* abtasten
palpitant [palpitɑ̃] *adj* spannungsgeladen
palpitations [palpitasjɔ̃] *f/pl* Herzklopfen *n*
palpiter [palpite] *v* klopfen, pochen
paludisme [palydism] *m MED* Malaria *f,* Sumpffieber *n,* Tropenfieber *n,* Wechselfieber *n*
palustre [palystʀ] *adj 1.* Sumpf... *2. fièvre ~ MED* Sumpffieber *n*
pâmer [pɑme] *v se ~* erstarren; *se ~ d'admiration* vor Bewunderung erstarren; *se ~ d'amour* vor Liebe fast vergehen; *se ~ de rire* sich krumm lachen
pamphlet [pɑ̃flɛ] *m* Pamphlet *n,* Flugblatt *n,* Streitschrift *f*
pamplemousse [pɑ̃pləmus] *m BOT* Grapefruit *f,* Pampelmuse *f*
pan[1] [pɑ̃] *m 1. (d'un vêtement)* Schoß *m; ~ de chemise* Hemdschoß *m; 2. ~ de mur* Mauerstück *n*
pan[2] [pɑ̃] *interj ~!* bums!/pardauz!
panacée [panase] *f* Allheilmittel *n*
panache [panaʃ] *m 1. (ornement)* Federbusch *m; 2. ~ de fumée* Rauchfahne *f,* Rauchsäule *f; 3. (fig)* stolzes Auftreten *n; le goût du ~* selbstsicher sein; *avoir du ~* stolz auftreten
panaché [panaʃe] *m (boisson)* Radler *n,* Bier mit Limonade *n*
panade [panad] *f GAST* Brotsuppe *f; être dans la ~ (fig)* in Not sein
panard [panaʀ] *m (fam)* Fuß *m*
pancarte [pɑ̃kaʀt] *f* Schild *n,* Plakat *n*
pandémonium [pɑ̃demɔnjɔm] *m LIT* Stätte des Lasters *f*
pané [pane] *adj* paniert
panel [panɛl] *m* Füllwand *f,* Paneel *m*
paner [pane] *v GAST* panieren
panier [panje] *m 1.* Korb *m; 2. ~ à salade* Salatkorb *m; le ~ à salade de la police (fig)* grüne Minna *f; 3. être un ~ percé (fig)* ein Fass ohne Boden sein; *4. jeter au ~* wegwerfen/in den Papierkorb werfen; *5. le dessus du ~ (fig)* das Beste *n,* das Feinste *n*
panique [panik] *f* Panik *f,* Hektik *f*
paniquer [panike] *v 1. ~ qn (fam)* jdn in Panik versetzen, jdn verrückt machen; *Il panique tout le monde.* Er macht alle verrückt. *2. (s'affoler)* in Panik geraten, Angst bekommen, sich verrückt machen; *Il panique à l'idée de partir.* Bei dem Gedanken wegzugehen gerät er in Panik.
panne[1] [pan] *f 1.* Panne *f; être en ~ (fig)* kaputt sein/nicht weitermachen können; *2.*

P

TECH Störung *f; 3. (d'électricité)* Ausfall *m; 4. (défaut)* Versagen *n; ~ de moteur* Motorschaden *m*
panne² [pan] *f (étoffe)* Segel *n*
panne³ [pan] *f (de porc)* Bauchfett *n*
panneau [pano] *m 1.* Schild *n; tomber dans le ~* auf den Leim gehen; *~ de signalisation* Verkehrszeichen *n; ~ indicateur* Hinweisschild *n; 2. (pancarte)* Plakat *n*
panoplie [panɔpli] *f 1. (jouet)* Ausrüstung *f,* Kostüm *n; 2. (fig)* Reihe *f,* Auswahl *f,* Sortiment *n,* Arsenal *n*
panorama [panɔʀama] *m 1. (vue)* Aussicht *f,* Übersicht *f; 2. (vue d'ensemble)* Panorama *n*
pansement [pɑ̃smɑ̃] *m MED* Verband *m; ~ adhésif* Wundpflaster *n; matériel de ~* Verbandmaterial *n; faire un ~* verbinden
panser [pɑ̃se] *v 1. MED* verbinden; *2. ~ un cheval* ein Pferd striegeln
pansu [pɑ̃sy] *adj* dickbäuchig
pantalon [pɑ̃talɔ̃] *m* Hose *f*
panthère [pɑ̃tɛʀ] *f ZOOL* Panther *m*
pantoufle [pɑ̃tufl] *f* Pantoffel *m,* Hausschuh *m*
pantoufler [pɑ̃tufle] *v (fam)* den Staatsdienst quittieren
panure [panyʀ] *f GAST* Paniermehl *n*
paon [pɑ̃] *m ZOOL* Pfau *m; être vaniteux comme un ~* eitel wie ein Pfau sein
papa [papa] *m* Papa *m*
papauté [papote] *f REL* Papsttum *n*
pape [pap] *m REL* Papst *m; être sérieux comme un ~* äußerst ernst sein
papelard [paplaʀ] *m 1. (fam)* Wisch *m; adj 2. LIT* heuchlerisch, scheinheilig
paperasse [papʀas] *f* Papier *n,* Massen von Papier *pl; crouler sous la ~* unter den Papiermassen zusammenbrechen
paperassier [papʀasje] *m (fam)* Federfuchser *m,* Bürohengst *m*
papeterie [papɛtʀi] *f (magasin)* Schreibwarengeschäft *n*

papier [papje] *m 1.* Papier *n; ~ recyclé* Altpapier *n; ~ d'aluminium* Alufolie *f; ~ à lettres* Briefpapier *n; ~ glacé* Glanzpapier *n; ~ carbone* Kohlepapier *n; ~ d'emballage* Packpapier *n; ~ peint* Tapete *f; ~ hygiénique* Toilettenpapier *n; ~ de listing* Endlospapier *n; poser du ~ peint* tapezieren; *2. ~s d'identité* Ausweispapiere *pl*

papier-monnaie [papjemɔnɛ] *m* Papiergeld *n*
papillon [papijɔ̃] *m 1. ZOOL* Schmetterling *m; 2. nœud ~* Fliege *f; 3. (fam: amende)* Knöllchen *n,* Strafzettel *m*
papillotant [papijɔtɑ̃] *adj* blendend, flimmernd
papillote [papijɔt] *f 1. (coiffure)* Lockenwickler *m; 2. (bonbon)* Bonbonpapier *n; 3. GAST* gefettetes Papier *n,* Alupapier *n; un poisson en ~* in gefettetem Papier gegarter Fisch *m*
papilloter [papijɔte] *v (cligner)* flimmern, flittern
papotage [papɔtaʒ] *m* Gerede *n,* Geschwätz *n*
papouille [papuj] *f (fam)* Kitzeln *n,* Knutscherei *f,* Betätscheln *n*
paquebot [pakbo] *m* Passagierschiff *n*
Pâques [pɑk] *f/pl 1.* Ostern *n; 2. œuf de ~* Osterei *n; 3. Lundi de ~* Ostermontag *m; 4. à ~ et à la Trinité (fig)* wenn Ostern und Pfingsten auf einen Tag fallen
paquet [pakɛ] *m 1.* Packung *f; 2. (colis)* Paket *n; petit ~* Päckchen *n,* Bündel *n; 3. mettre le ~ sur qc (fig)* seine ganze Kraft einsetzen für etw, sich hinter etw klemmen
par [paʀ] *prep 1.* bei, an; *2. (à travers)* durch, über; *3. (à chaque)* je, per; *adv 4.* davon
parabole [paʀabɔl] *f 1.* Gleichnis *n; 2. TECH* Parabol-Reflektor *m*
parachever [paʀaʃəve] *v LIT* vollenden, den letzten Schliff geben
parachute [paʀaʃyt] *m* Fallschirm *m*
parachuter [paʀaʃyte] *v 1.* mit den Fallschirm abspringen lassen, mit dem Fallschirm abwerfen; *2. (fig)* abspringen
parade [paʀad] *f 1. (à l'escrime) SPORT* Deckung *f; 2. (défilé)* Parade *f,* Schau *f*
paradis [paʀadi] *m 1.* Paradies *n,* Eden *n; 2. (balcon de théâtre)* oberste Galerie *f*
paradisiaque [paʀadizjak] *adj* paradiesisch
paradoxal [paʀadɔksal] *adj* paradox
paradoxe [paʀadɔks] *m* Paradoxon *n,* Widerspruch *m; un ~ de la nature* ein Paradoxon der Natur *n; soutenir un ~* einen Widerspruch aufrechterhalten
parafoudre [paʀafudʀ] *m TECH* Blitzableiter *m,* Überspannungsableiter *m*
parages [paʀaʒ] *m/pl (environs)* Gegend *f,* Nachbarschaft *f; Il doit être dans les ~.* Er muss in der Gegend sein.
paragraphe [paʀagʀaf] *m 1.* Absatz *m,* Paragraf *m; 2. (chapitre)* Abschnitt *m*

paraître [parɛtʀ] *v irr* 1. aussehen; *A ce qu'il paraît, ...* Wie es scheint ... 2. *faire ~* bringen, herausbringen, veröffentlichen; 3. *(publier)* herauskommen, erscheinen; 4. *(sembler)* scheinen
parallèle [paʀalɛl] *adj* 1. parallel; *f* 2. Parallele *f*; *m* 3. Parallele *f*, Gegenüberstellung *f*; *établir un ~ entre deux affaires* zwischen zwei Vorfällen Parallelen ziehen
paralympique [paʀalɛ̃pik] *adj Jeux ~ SPORT* Paraolympische Spiele *n/pl*
paralysé [paʀalize] *adj* 1. *MED* gelähmt; *m* 2. Gelähmter *m*
paralyser [paʀalize] *v* lähmen
paralysie [paʀalizi] *f MED* Lähmung *f*
paranoïaque [paʀanɔjak] *adj MED* paranoid
parapente [paʀapɑ̃t] *m SPORT* Paragliding *n*
parapet [paʀapɛ] *m* Brüstung *f*
paraphe [paʀaf] *m* Handzeichen *n*, Paraphe *f*
parapher [paʀafe] *v* signieren, mit seinem Handzeichen versehen
paraphrase [paʀafʀɑz] *f* Paraphrase *f*, verdeutlichende Umschreibung *f*, Erklärung *f*, Ausweitung *f*
paraphraser [paʀafʀaze] *v* umschreiben, kommentieren
paraplégie [paʀapleʒi] *f MED* Querschnittslähmung *f*
paraplégique [paʀapleʒik] *m/f MED* Paraplegiker *m*, an beiden Beinen vollständig Gelähmter *m*
parapluie [paʀaplɥi] *m* Regenschirm *m*, Schirm *m*
parasite [paʀazit] *m* 1. *BIO* Parasit *m*, Schädling *m*; 2. *TECH* Störung *f*, Störecho *n*
parasol [paʀasɔl] *m* Sonnenschirm *m*
paratonnerre [paʀatɔnɛʀ] *m TECH* Blitzableiter *m*
parâtre [paʀɑtʀ] *m* Stiefvater *m*
paravent [paʀavɑ̃] *m* Paravent *m*, Windschirm *m*, Schutz *m*
parbleu [paʀblø] *interj ~!* bei Gott!
parc [paʀk] *m* 1. Park *m*, Parkanlage *f*; *~ national* Nationalpark *m*, Naturschutzgebiet *n*; *~ d'attractions* Vergnügungspark *m*; 2. *(réserve)* Gehege *n*; 3. *(ensemble)* Bestand *m*, Park *m*
parce que [paʀskə] *konj* weil
parchemin [paʀʃəmɛ̃] *m* Pergament *n*
parcheminé [paʀʃmine] *adj* pergamentartig, *(visage)* ledern
parcimonie [paʀsimɔni] *f* Sparsamkeit *f*, Genauigkeit *f*; *user de qc avec ~* mit etw sparsam umgehen; *accorder ses éloges avec ~* sein Lob sehr sparsam verteilen
parcimonieux [paʀsimɔnjø] *adj (avare)* kleinlich
parcmètre [paʀkmɛtʀ] *m* Parkuhr *f*
parcourir [paʀkuʀiʀ] *v irr* 1. *(accomplier)* zurücklegen; 2. *(voyager)* bereisen, durchlaufen; 3. *~ des yeux* überblicken; 4. *(fig)* überfliegen
parcours [paʀkuʀ] *m* 1. Strecke *f*; 2. *~ d'essai* Probefahrt *f*; 3. *~ de santé SPORT* Trimm-dich-Pfad *m*
pardessus [paʀdəsy] *m (vêtement)* Mantel *m*
par-dessus [paʀdəsy] *prep (local)* über
pardi [paʀdi] *interj* klar, natürlich, logisch

> **pardon** [paʀdɔ̃] *m* 1. Entschuldigung *f*, Verzeihung *f*, Vergebung *f*; *interj* 2. *Pardon!* Verzeihung! *Pardon?* Wie bitte?

pardonner [paʀdɔne] *v* 1. *~ qc à qn* jdm etw verzeihen; *Je ne me le pardonnerai jamais.* Das werde ich mir nie verzeihen. *~ à* vergeben; 2. *(fig)* nachsehen; 3. *Cela ne pardonne pas. (fig)* Das kann (so) nicht durchgehen.
pare-balles [paʀbal] *adj* kugelsicher
pare-brise [paʀbʀiz] *m (de voiture)* Windschutzscheibe *f*
pare-chocs [paʀʃɔk] *m (de voiture)* Stoßstange *f*
pareil [paʀɛj] *adj* 1. egal, gleich, dergleichen; 2. *(tel)* solcher/solches; *m* 3. *Il n'a pas son ~ pour la pâtisserie.* Keiner kann so gut backen wie er. 4. *C'est du ~ au même.* Das ist Jacke wie Hose./Das ist gehupft wie gesprungen. *f* 5. *rendre la ~le à* Gleiches mit Gleichem vergelten
pareillement [paʀɛjmɑ̃] *adv* ebenfalls, gleichfalls
parement [paʀmɑ̃] *m* Ärmelaufschlag *m*, Besetzen *n*; (Ver)Putz *m*, (sichtbare) Außenfläche *f*
parent(e) [paʀɑ̃(t)] *adj* 1. verwandt; *~ par alliance* verschwägert; *m/f* 2. Verwandte(r) *m/f*; 3. *~s pl* Eltern *pl*; *~s adoptifs* Adoptiveltern *pl*; *~s nourriciers* Pflegeeltern *pl*
parenthèse [paʀɑ̃tɛz] *f* 1. *(signe)* Klammer *f*; *par ~* beiläufig; *entre ~s* nebenbei gesagt; 2. Einschub *m*, Zwischenbemerkung *f*
parer[1] [paʀe] *v* schmücken; *se ~de qc* sich mit etw schmücken

P

parer[2] [paʀe] *v* 1. abwehren; 2. *(contrer)* kontern; 3. *(un coup) SPORT* parieren
paresse [paʀɛs] *f* Bequemlichkeit *f*, Trägheit *f*, Faulheit *f*
paresseux [paʀɛsø] *adj* 1. bequem, träge, faul; *m* 2. Faulenzer *m*, Faulpelz *m*; 3. *ZOOL* Faultier *n*
parfaire [paʀfɛʀ] *v irr* ausarbeiten
parfait [paʀfɛ] *adj* 1. ideal; 2. *(absolu)* vollkommen, mustergültig, rein; 3. *(irréprochable)* perfekt, tadellos; 4. *(excellent)* vortrefflich; *m* 5. *GRAMM* Perfekt *n*; 6. *GAST* Parfait *n*; Halbgefrorenes *n*; *~ au café* Mokkaeis *n*
parfaitement [paʀfɛtmɑ̃] *adv* gewiss, genau, perfekt, vollkommen
parfois [paʀfwa] *adv* manchmal, zuweilen
parfum [paʀfœ̃] *m* 1. Duft *m*, Hauch *m*; 2. *(produit de beauté)* Parfüm *n*; 3. *être au ~ (fig)* Wind davon haben, informiert sein
parfumé [paʀfyme] *adj* aromatisiert
parfumer [paʀfyme] *v* 1. parfümieren, wohlriechend machen, mit Parfüm besprühen; *~ son bain* sein Bad parfümieren
parfumerie [paʀfymʀi] *f* Parfümerie *f*
pari [paʀi] *m* 1. Wette *f*; 2. *Les ~s sont ouverts. (fig)* Die Wetten sind eröffnet.
paria [paʀja] *m (fig)* Paria *m*, Ausgestoßener *m*
parier [paʀje] *v* 1. wetten; 2. *~ sur* setzen auf
parigot(e) [paʀigo] *m/f (fam)* Pariser/in *m/f*
parisien [paʀizjɛ̃] *adj* Paris betreffend, aus Paris, in Paris, von Paris; *la vie ~ne* das Leben in Paris *n*; *la banlieue ~ne* die Pariser Vororte *pl*
parjure [paʀʒyʀ] *m JUR* Meineid *m*
parjurer [paʀʒyʀe] *v se ~* einen Meineid schwören
parking [paʀkiɲ] *m* 1. Parkplatz *m*; *~ sur plusieurs niveaux* Parkhaus *n*; 2. *~ souterrain* Tiefgarage *f*
parlant [paʀlɑ̃] *adj* 1. sprechend, gesprächig, redselig; *un film ~* ein Tonfilm *m*; *horloge ~e* Zeitansage *f*; 2. *(expressif)* aussagekräftig, ausdrucksstark, ausdrucksvoll-
parlement [paʀləmɑ̃] *m* 1. *POL* Parlament *n*; 2. *~ d'un land (en Allemagne) POL* Landtag *m*; 3. *~ fédéral POL* Bundestag *m*
Parlement [paʀləmɑ̃] *m* 1. *~ européen POL* Europaparlament *n*; 2. *membre du ~ POL* Parlamentarier *m*
parlementaire [paʀləmɑ̃tɛʀ] *adj* 1. parlamentarisch; *m/f* 2. Parlamentsabgeordnete(r) *m/f*

P

parler [paʀle] *v* 1. reden, sprechen; *Cela ne vaut pas la peine d'en ~.* Das ist nicht der Rede wert. *trouver à qui ~* an die richtige Adresse geraten; *sans ~ de ...* ganz zu schweigen von ... *à proprement ~* eigentlich; *faire ~ qn* jdn aushorchen; *~ politique* politisieren; *habile à ~* redegewandt; *~ tout bas* flüstern; 2. *~ de* besprechen

parloir [paʀlwaʀ] *m* Sprechzimmer *n*
parmi [paʀmi] *adv* 1. darunter; *prep* 2. unter, zwischen
parodier [paʀɔdje] *v* parodieren
parodiste [paʀɔdist] *m/f* Parodist(in) *m/f*
paroi [paʀwa] *f* 1. (Zwischen)Wand *f*; 2. *ANAT ~ nasale* Nasenscheidewand f
paroisse [paʀwas] *f REL* Pfarrgemeinde *f*, Pfarrbezirk *m*, Pfarrei *f*
parole [paʀɔl] *f* Wort *n*; *Voilà une bonne ~!* Das ist ein Wort! *Parole d'honneur!* Ehrenwort! *faire honneur à sa ~* sein Versprechen einhalten; *~ énergique* Machtwort *n*
paroxysme [paʀɔksism] *m* 1. *MED* Paroxysmus *m*, Anfall *m*; 2. *(fig)* Höhepunkt *m*, Krise *f*
parquer [paʀke] *v* parken
parquet [paʀkɛ] *m* 1. Bretterboden *m*; 2. *THEAT* Parkett *n*; 3. *JUR* Staatsanwaltschaft *f*; 4. *(à la Bourse)* Parkett *n*
parrain [paʀɛ̃] *m* Pate *m*
parrainage [paʀɛnaʒ] *m* Patenschaft *f*
parsemer [paʀsəme] *v* verstreuen, ausstreuen, verteilen; *~ de* spicken mit

part [paʀ] *f* 1. Teil *m*; *de ~ et d'autre* auf beiden Seiten; *mis à ~* ausgenommen; *à ~* extra; *C'est un fait à ~.* Das ist eine Sache für sich. *nulle ~* nirgends; *faire ~* informieren; *faire ~ à qn de qc* jdm etw mitteilen; *pour ma ~* meinerseits; *~ du lion* Löwenanteil *m*; 2. *(portion)* Anteil *m*, Portion *f*; *de toute ~* von allen Seiten; *prendre ~ à une décision* mitbestimmen; *prendre ~ à* mitmachen; 3. *~ du marché ECO* Marktanteil *m*

partage [paʀtaʒ] *m* 1. Teilung *f*; 2. *(répartition)* Aufteilung *f*, Einteilung *f*, Verteilung *f*; *m* 3. *ligne de ~ des eaux* Wasserscheide *f*; 4. *recevoir qc en ~* etw als Mitbesitz erhalten
partager [paʀtaʒe] *v* 1. *~ qc avec qn* etw mit jdm teilen; 2. *(distribuer)* aufteilen, einteilen; 3. *(~ entre)* verteilen; 4. *(fig)* spalten; 5. *(en deux)* halbieren; 6. *se ~ qc* etw unter sich aufteilen

partant [paʀtɑ̃] *adj 1. cheval ~ SPORT* startendes Pferd *n; 2. être ~ pour qc (fam)* für etw sein

partenaire [paʀtənɛʀ] *m/f 1.* Partner(in) *m/f,* Ehepartner(in) *m/f; 2. (d'affaires)* Geschäftspartner(in) *m/f; ~ contractuel(le)* Vertragspartner(in) *m/f; 3. ~s de coalition pl POL* Koalitionspartner *pl; 4. ~s sociaux pl* Tarifpartner *pl*

partenariat [paʀtənaʀja] *m* Partnerschaft *f*

parterre [paʀtɛʀ] *m 1.* Beet *n; 2. THEAT* Parkett *n*

parti [paʀti] *adv 1.* fort, weg; *m 2. ~ pris* Voreingenommenheit *f; de ~ pris* voreingenommen; *tirer ~ de qc* aus etw Nutzen ziehen; *3. POL* Partei *f*

partial [paʀsjal] *adj* parteiisch, voreingenommen; *être ~* befangen sein

partialité [paʀsjalite] *f* Befangenheit *f*

participant(e) [paʀtisipɑ̃(t)] *m/f 1.* Beteiligte(r) *m/f; 2. (à un cours)* Kursteilnehmer(in) *m/f; 3. (collaborateur/collaboratrice)* Teilnehmer(in) *m/f*

participation [paʀtisipasjɔ̃] *f 1.* Beteiligung *f,* Mitwirkung *f,* Teilnahme *f; ~ aux bénéfices* Gewinnbeteiligung *f; ~ électorale* Wahlbeteiligung *f; 2. (contribution)* Anteil *m; 3. (association)* Teilhaberschaft *f*

participer [paʀtisipe] *v* mitmachen, sich beteiligen; *~ à* teilnehmen an

particulariser [paʀtikylaʀize] *v 1.* ausführlich darlegen; *2. se ~* sich abspalten

particularité [paʀtikylaʀite] *f 1.* Einzelheit *f; 2. (originalité)* Besonderheit *f,* Eigenheit *f; 3. (caractéristique)* Eigentümlichkeit *f*

particulier [paʀtikylje] *adj 1.* besondere(r,s), eigenartig; *2. (privé)* privat; *3. en ~* insbesondere; *m 4.* Privatperson *f*

particulièrement [paʀtikyljɛʀmɑ̃] *adv (très)* besonders

partie [paʀti] *f 1.* Stück *n,* Teil *m,* Partie *f; Ce n'est pas une ~ de plaisir.* Das ist alles andere als ein Vergnügen. *Je suis de la ~.* Ich bin dabei. *majeure ~* Mehrzahl *f; faire ~ de* dazugehören; *en ~* teilweise; *prendre qn à ~* jdn anpöbeln; *~ de cartes* Kartenspiel *n; ~ du corps* Körperteil *n; ~ supérieure* Oberteil *n; ~ contractante JUR* Vertragspartner *m; ~ inférieure* Unterteil *n; ~s génitales* Genitalien *pl; 2. (membre)* Glied *n,* Bestandteil *m; 3. (région)* Abschnitt *m*

partiel [paʀsjɛl] *adj 1.* teilweise, Neben... *m 2. (examen universitaire)* Teilprüfung *f*

partiellement [paʀsjɛlmɑ̃] *adv* teilweise

partir [paʀtiʀ] *v irr 1. (train, voiture)* abfahren, ausgehen, gehen, fortgehen, weggehen; *à ~ de* ab; *~ en voyage* verreisen; *~ d'un éclat de rire* aus vollem Halse lachen; *Vous êtes mal parti.* Sie haben es falsch angefangen. *à ~ de quoi* woraus; *2. ~ pour/~ à* reisen nach; *3. (commencer)* starten; *L'affaire part bien.* Die Sache lässt sich gut an. *4. laisser ~* weglassen, gehen lassen; *5. faire ~ qn* jdn wegschicken; *6. (douleur)* vergehen; *7. (quitter)* scheiden

partisan(e) [paʀtizɑ̃/paʀtizan] *m/f 1. (adhérent(e))* Anhänger(in) *m/f; les ~s* die Anhängerschaft *f; 2. (avocat(e))* Befürworter(in) *m/f; 3. POL* Partisan *m*

partition [paʀtisjɔ̃] *f 1. MUS* Partitur *f; 2. (partage)* Verteilung *f,* Einteilung *f*

partout [paʀtu] *adv 1.* überall; *2. ~ à la ronde* ringsherum; *3. SPORT Deux ~! Egalité.* Zwei beide! Einstand.

parturition [paʀtyʀisjɔ̃] *f MED* Gebären *n*

parure [paʀyʀ] *f 1.* Schmuck *m; 2. (décor)*Zier *f*

parution [paʀysjɔ̃] *f* Erscheinen *n*

parvenir [paʀvəniʀ] *v irr 1. ~ à* erreichen; *2. (atteindre)* gelangen; *3. faire ~ à* übermitteln; *4. ~ à atteindre* erzielen

parvenu [paʀvəny] *m* Emporkömmling *m,* Neureicher *m*

pas[1] [pɑ] *m 1.* Schritt *m; C'est à deux ~ d'ici.* Das ist ein Katzensprung von hier. *faire les cent ~* auf- und abgehen; *de ce ~* sofort; *emboîter le ~ à qn* jdm auf den Fersen folgen; *mettre au ~* gleichschalten; *revenir sur ses ~* umkehren; *2. (marche)* Tritt *m; ~ à ~* schrittweise; *3. (trace)* Fußspur *f,* Fußstapfen *m; 4. (passage)* Durchgang *m; se tirer d'un mauvais ~ (fig)* den Kopf aus der Schlinge ziehen; *5. ~ de porte* Türschwelle *f,* Stufe *f; 6. ~ de vis TECH* Gang *m,* Gewindegang *m*

pas[2] [pɑ] *adv ne ~ ...* nicht; *~ du tout* gar nicht; *ne ~ ... non plus* auch nicht; *~ un/~ une* keine(r,s)

pascal [paskal] *adj 1. (chrétien) REL* Oster..., österlich; *l'agneau ~* das Osterlamm *n; 2. (juif) REL* Passah...

pas-de-porte [pɑdpɔʀt] *m ECO* Abstandszahlung *f,* Ablöse *f*

passable [pɑsabl] *adj* leidlich, annehmbar, einigermaßen

passage [pɑsaʒ] *m 1. (pour voiture)* Durchfahrt *f,* Durchgang *m,* Durchreise *f; ~ de la frontière* Grenzübertritt *m; ~ souterrain*

P

Unterführung *f; ~ à niveau* Bahnübergang *m; ~ interdit* Fahrverbot *n; ~ pour piétons* Zebrastreifen *m; 2. (en montagne)* Pass *m,* Bergpass *m; 3. (traversée)* Überfahrt *f,* Übergang *m; 4. (couloir)* Gang *m; 5. (morceau)* Abschnitt *m; 6. avoir un ~ à vide (fam)* einen Blackout haben

passager [pɑsaʒe] *m 1.* Insasse *m,* Fahrgast *m,* Passagier *m; ~ avant (en voiture)* Beifahrer *m; adj 2.* vorübergehend

passagère [pasaʒɛʀ] *f* Insassin *f,* Passantin *f*

passant(e) [pɑsɑ̃(t)] *m/f* Passant(in) *m/f*

passation [pɑsasjɔ̃] *f* Übergabe *f*

passe¹ [pɑs] *f 1. (chenal) NAUT* Enge *f,* Fahrwasser *n; 2. être en ~ de* gute Aussicht haben; *3. faire une ~ à qn SPORT* Ballabgabe *f,* Pass *m; 4. mot de ~* Kennwort *n,* Losung *f,* Passwort *n; 5. hôtel de ~* Stundenhotel *n*

passe² [pɑs] *m (fam)* Dietrich *m; être dans une bonne ~* eine Glückssträhne haben

passé [pɑse] *adj 1. (dernier)* letzte(r,s), vorig; *2. (écoulé)* vergangene(r,s); *adv 3. (temps)* vorbei, vorüber; *m 4.* Vergangenheit *f*

passe-partout [pɑspaʀtu] *m* Dietrich *m*

passe-passe [pɑspɑs] *m tour de ~* Hokuspokus *m,* Schwindelei *f*

passeport [pɑspɔʀ] *m* Reisepass *m*

passer [pɑse] *v 1.* vorbeigehen, entlanggehen, hingehen, durchgehen; *Il faut en ~ par là.* Da muss man durch. *Passez donc!* Bitte, treten Sie ein! *Passons à table!* Gehen wir zu Tisch! *2. (chez qn)* vorbeikommen, vorbeifahren; *3. (se dérouler)* vergehen, vorbeigehen; *Comme le temps passe!* Wie die Zeit vergeht! *4. (temps)* verbringen, vertreiben; *5. (tamiser)* sieben, passieren; *6. (se faner)* verleben, verblühen; *7. (un vêtement)* in ... schlüpfen, anziehen; *8. TEL* verbinden; *~ un coup de fil* anrufen; *9. (contrat)* schließen; *10. (examen)* absolvieren; *11. ~ pour* gehalten werden für; *12. ~ outre à qc* sich über etw hinwegsetzen; *13. ~ les bornes (fig)* zu weit gehen; *14. ~ par-dessus qc (fig)* sich über etw hinwegsetzen; *15. ~ de mode* aus der Mode kommen; *16. se ~* vorkommen, geschehen, sich abspielen; *se ~ de* entbehren; *se ~ de qc* sich etw verkneifen; *17. ~ à (fig: l'ennemi)* überlaufen zu

passerelle [pasʀɛl] *f 1.* Landungssteg *m,* Gangway *f; 2. (pont étroit)* Laufsteg *m*

passe-temps [pɑstɑ̃] *m 1.* Zeitvertreib *m; 2. ~ favori* Lieblingsbeschäftigung *f*

passeur [pasœr] *m* Fährmann *m*

passif [pasif] *adj 1.* passiv, untätig, willenlos; *m 2. GRAMM* Passiv *n; un verbe au ~* ein Verb im Passiv *n; mettre au ~* etw im Passiv ausdrücken; *3. ECO* Passiva *pl*

passion [pasjɔ̃] *f 1.* Leidenschaft *f; 2. (émotion)* Affekt *m; 3. (prédilection)* Liebhaberei *f; 4.* Begeisterung *f,* Schwarm *m*

passionnant [pasjɔnɑ̃] *adj* mitreißend, spannend

passionné [pasjɔne] *adj* heiß, leidenschaftlich, heißblütig

passionner [pasjɔne] *v se ~ pour (fig)* schwärmen für

passoire [paswaʀ] *f* Sieb *n*

pastel [pastɛl] *m 1. (crayon)* Pastellfarbe *f,* Pastellstift *m; un portrait au ~* ein Portrait in Pastellfarben *n; 2. (tableau) ART* Pastellmalerei *f,* Pastellzeichnung *f,* Pastell *n*

pasteur [pastœʀ] *m 1. (évangélique) REL* Geistlicher *m,* Pastor *m,* Pfarrer *m; 2. (prêtre) REL* Seelsorger *m*

pasteurisé [pastœʀize] *adj* keimfrei

pastiche [pastiʃ] *m LIT* Plagiat *n,* Nachahmung *f,* Imitation *f,* Kopie *f*

pastille [pastij] *f 1. (bonbon)* Bonbon *n; une ~ de chocolat* ein Schokoladenbonbon *n; des ~s contre la toux* Hustenbonbons *pl; 2. (motif)* Punkt *m; une robe à ~s* ein gepunktetes Kleid *n; 3. TECH* Anschlußfläche, Pastille

pastoral [pastɔʀal] *adj 1. LIT* Hirten..., Schäfer..., bukolisch, idyllisch; *un roman ~* ein Hirtenroman *m; 2. REL* Hirten..., pastoral; *une lettre ~e* ein Hirtenbrief *m*

patate [patat] *f 1. (fam: pomme de terre)* Kartoffel *f; 2. ~ douce BOT* Süßkartoffel *f; 3. en avoir gros sur la ~* sauer sein, von etw genug haben

pataud [pato] *adj* grob, klotzig, tölpelhaft

pataugeoire [patoʒwaʀ] *f* Planschbecken *n*

patauger [patoʒe] *v 1. (jouer)* planschen; *2. (fig)* sich verhaspeln, sich verwirren

pâte [pɑt] *f 1.* Teig *m; ~ feuilletée* Blätterteig *m; ~ brisée* Mürbteig *m; mettre la main à la ~* selbst Hand anlegen; *2. ~ dentifrice* Zahnpasta *f; 3. ~s pl* Teigwaren *pl; 4. ~s pl (nouilles) GAST* Nudeln *pl*

pâté [pɑte] *m 1. GAST* Pastete *f; ~ de foie gras* Gänseleberpastete *f; 2. (tache)* Klecks *m; 3. ~ de maisons* Häuserblock *m*

patente [patɑ̃t] *f ECO* Gewerbesteuer *f*

paternel [patɛʀnɛl] *adj* väterlich

paternité [patɛʀnite] *f* Vaterschaft *f*
pâteux [pɑtø] *adj 1.* mehlig, zähflüssig, dickflüssig; *une encre pâteuse* eine dickflüssige Tinte *f; Cette poire est pâteuse.* Diese Birne ist mehlig. *2. (fig)* schwerfällig; *avoir la bouche pâteuse* eine schwere Zunge haben; *avoir la langue pâteuse* Artikulationsschwierigkeiten haben
pathétique [patetik] *m 1.* Pathos *n; adj 2.* pathetisch, rührend
pathogène [patɔʒɛn] *adj MED* krankheitserregend
patibulaire [patibylɛʀ] *adj* düster, Furcht einflößend, schrecklich
patience [pasjɑ̃s] *f 1.* Geduld *f; Ma ~ est à bout.* Mir reißt der Geduldsfaden./Meine Geduld ist nun wirklich am Ende. *~ d'ange* Engelsgeduld *f; 2. BOT* Gartenampfer *m*
patient [pasjɑ̃] *adj* geduldig
patient(e) [pasjɑ̃(t)] *m/f* Patient(in) *m/f*
patienter [pasjɑ̃te] *v* abwarten, ausharren, sich gedulden
patin [patɛ̃] *m 1. ~ à roulettes SPORT* Rollschuh *m; 2. ~ à glace* Schlittschuh *m; 3. TECH* Gleiskettenglied *n,* Gleitbacke *f,* Führungskugel für Schneidkopf *f; 4. rouler un ~ à qn* mit jdm herumknutschen
patinage [patinaʒ] *m ~ artistique SPORT* Eiskunstlauf *m*
patine [patin] *f* Patina *f*
patiner [patine] *v 1. (roues)* durchdrehen; *2. SPORT* Schlittschuh laufen; *3. (donner une patine)* mit Patina überziehen
patinette [patinɛt] *f* Roller *f*
patinoire [patinwaʀ] *f 1.* Eissporthalle *f,* Eisbahn *f; 2. (fig)* Eisbahn *f,* Rutschbahn *f,* Glatteis *n; La route est une vraie ~.* Die Straße ist eine einzige Rutschbahn.
pâtir [pɑtiʀ] *v ~ de qc* unter etw leiden
pâtisserie [pɑtisʀi] *f 1.* Gebäck *n; 2. (magasin)* Konditorei *f*
pâtissier-confiseur [pɑtisjekɔ̃fizœʀ] *m* Konditor *m*
patois [patwa] *m* Patois *n,* Mundart *f; parler ~* Patois sprechen
patouiller [patuje] *v (fam)* sich verhaspeln, sich verwirren
patraque [patʀak] *adj (fam)* schlapp, kränklich, leidend, erschöpft
patriarche [pɑtʀijaʀʃ] *m* Patriarch *m*
patrie [patʀi] *f* Heimat *f,* Vaterland *n*
patrimoine [patʀimwan] *m 1.* Erbschaft *f; 2. (bien culturel)* Kulturgut *n; 3. ~ génétique BIO* Erbgut *n*
patriotisme [patʀijɔtism] *m* Patriotismus *m; ~ de clocher* Lokalpatriotismus *m*
patron(ne) [patʀɔ̃/patʀɔn] *m/f 1.* Chef(in) *m/f,* Arbeitgeber(in) *m/f; 2. (dans l'artisanat)* Meister(in) *m/f; 3. ~ d'un café* Wirt(in) *m/f; 4. (fam: chef)* Boss *m; 5. REL* Schutzpatron(in) *m/f*
patronage [patʀɔnaʒ] *m 1. (protection)* Schirmherrschaft *f; 2. REL* Patronat *n*
patronat [patʀɔna] *m* Arbeitgeber *pl,* Arbeitgeberschaft *f*
patronner [patʀɔne] *v* beschützen, beschirmen
patrouille [patʀuj] *f (de police)* Streife *f,* Polizeistreife *f*
patrouiller [patʀyje] *v* patrouillieren, Wache schieben
patte [pat] *f 1.* Pfote *f; graisser la ~ à qn* jdn schmieren; *montrer ~ blanche* sich ausweisen; *2. ZOOL* Pranke *f,* Tatze *f; 3. marcher à quatre ~s* auf allen Vieren gehen; *4. (bande)* Aufschlag *m,* Latz *m*
patte-d'oie [patdwa] *f* Straßenkreuzung *f,* Krähenfüße *m/pl*
pâturage [pɑtyʀaʒ] *m 1. (herbage)* Matte *f; 2. AGR* Alm *f; 3. (enclos)* Koppel *f; 4. (prés) BOT* Weide *f*
pâturer [pɑtyʀe] *v* weiden
paume [pom] *f ~ de la main ANAT* Handfläche *f*
paumer [pome] *v 1. (fam: perdre)* verlieren, verschlampen; *2. se ~ (fam)* sich verirren, sich verlaufen
paupériser [popeʀize] *v* verelenden
paupière [popjɛʀ] *f ANAT* Augenlid *n,* Lid *n*
pause [poz] *f 1.* Pause *f; faire une ~ de travail* kurz aussetzen; *~ de réflexion* Denkpause *f; ~ de midi* Mittagspause *f; 2. (halte)* Rast *f*
pauvre [povʀ] *adj 1.* arm; *2. (maigre)* dürftig, mager, karg; *3. (fig)* armselig; *4. (misérable)* kümmerlich, spärlich
pauvreté [povʀəte] *f* Not *f,* Armut *f*
pavaner [pavane] *v se ~* stolzieren wie ein Pfau, sich aufplustern, daherstolzieren
pavé [pave] *m 1.* Pflaster *n,* Straßenpflaster *n; être sur le ~* auf der Straße sitzen/arbeitslos sein; *2. tenir le haut du ~* Oberwasser haben; *3. être un ~ dans la mare* hohe Wellen schlagen *(fig)*; *4. ~ de bœuf GAST* dickes Filetstück *n; 5. (fig: gros livre)* Schinken *m,* Wälzer *m*
paver [pave] *v* pflastern, mit Platten belegen

P

pavillon [pavijɔ̃] *m* *1. (drapeau)* Fahne *f,* Flagge *f; 2. (maison)* Einfamilienhaus *n; 3. (de jardin)* Gartenhaus *n; 4. MUS* Schalltrichter *m; 5. (d'oreille) ANAT* Ohrmuschel *f*
pavoiser [pavwaze] *v 1.* beflaggen; *2. (fig)* schmücken, verzieren
payant [pɛjɑ̃] *adj 1.* zahlend, lohnend, einträglich; *entrée ~e* Eintritt kostenpflichtig; *stationnement ~* gebührenpflichtiger Parkplatz *m; 2. être ~* sich auszahlen
paye *f* Lohn *m,* Besoldung *f,* Gage *f*
payer [peje] *v 1.* bezahlen, zahlen; *~ d'audace* riskieren; *~ comptant* bar bezahlen; *~ de retour* erwidern/nicht um eine Antwort verlegen sein; *~ par acomptes* in Raten zahlen; *s'en ~ une tranche* sich kranklachen; *~ ultérieurement* nachzahlen; *~ à tempérament ECO* abzahlen; *2. (régler)* auszahlen, abzahlen; *3. (fam)* blechen; *4. (verser)* einzahlen; *5. (rendre)* vergelten; *6. se ~ qc* sich etw leisten
pays [pei] *m 1.* Land *n; avoir vu du ~* weit gereist sein; *~ agricole* Agrarland *n; ~ baltes* Baltikum *n; ~ du Bénélux* Beneluxstaaten *pl; ~ sous-développé* Entwicklungsland *n; ~ frontalier* Grenzland *n; ~ d'origine* Ursprungsland *n; ~ industriel* Industrieland *n; ~ de cocagne* Schlaraffenland *n; ~ producteur* Erzeugerland *n; ~ tropicaux* Tropen *pl; du ~* heimisch, inländisch, ; *2. (patrie)* Heimat *f*
paysage [peizaʒ] *m* Gegend *f,* Landschaft *f*
paysan [peizɑ̃] *adj* bäuerlich
paysan(ne) [peizɑ̃/peizan] *m/f* Bauer/Bäuerin *m/f; ~ biologique* Biobauer/Biobäuerin *m/f*
Pays-Bas [peibɑ] *m/pl GEO* Niederlande *pl*
péage [peaʒ] *m* Autobahngebühr *f; à ~ (sur l'autoroute)* gebührenpflichtig

peau [po] *f 1. ANAT* Haut *f; Je ne voudrais pas être dans sa ~.* Ich möchte nicht in seiner Haut stecken. *2. (fourrure)* Pelz *m; 3. (d'un animal)* Fell *n; 4. BOT* Schale *f; 5. (fig)* Fell *n*

peccadille [pekadij] *f* Kavaliersdelikt *n*
péché [peʃe] *m* Sünde *f; ~ de jeunesse* Jugendsünde *f; ~ capital* Todsünde *f*
pêche[1] [pɛʃ] *f BOT* Pfirsich *m*
pêche[2] [pɛʃ] *f* Fischfang *m; ~ hauturière* Hochseefischerei *f*
pêcher [pɛʃe] *v* fischen; *~ à la ligne SPORT* angeln
pécher [pɛʃe] *v REL* sündigen; *~ contre* sich versündigen
pêcheur [pɛʃœʀ] *m* Fischer *m,* Angler *m*
pécheur [peʃœʀ] *m* Sünder *m*
pectoral *adj ANAT* pektoral, Brust...
pécule [pekyl] *m* Erspartes *n,* Notgroschen *m*
pécuniaire [pekynjɛʀ] *adj* pekuniär, Geld...; *difficultés ~s* finanzielle Schwierigkeiten *f/pl,* Geldnöte *f/pl*
pédagogie [pedagɔʒi] *f* Pädagogik *f*
pédagogue [pedagɔg] *m/f* Pädagoge/Pädagogin *m/f*
pédale [pedal] *f 1.* Pedal *n; ~ d'accélération* Gaspedal *n; ~ de frein* Bremspedal *n; 2. perdre les ~s (fig)* die Kontrolle verlieren
pédaler [pedale] *v* in die Pedale treten, Rad fahren
pédant [pedɑ̃] *adj* schulmeisterhaft, belehrend; *un ton ~* ein belehrender Ton *m*
pédanterie [pedɑ̃tʀi] *f* Pedanterie *f*
pédestre [pedɛstʀ] *adj* Fuß...; *une randonnée ~* eine Fußwanderung *f; un circuit ~* ein Rundweg *m*
pédiatrie [pedjatʀi] *f MED* Pädiatrie *f,* Kinderheilkunde *f*
pédicure [pedikyʀ] *f 1.* Pediküre *f; m/f 2.* Fußpfleger(in) *m/f*
pédophile [pedɔfil] *m* Pädophile *m*
pègre [pɛgʀ] *f* Unterwelt *f*
peigne [pɛɲ] *m 1.* Kamm *m,* Haarkamm *m; 2. (fig) passer qc au ~ fin* etw durchkämmen
peigner [peɲe] *v se ~* sich kämmen
peignoir [pɛɲwaʀ] *m* Bademantel *m*
peinard [pɛnaʀ] *adj (fam)* zurückgezogen, ruhig, still, friedlich; *avoir un boulot ~* eine ruhige Kugel schieben; *rester ~ dans son coin* friedlich in seinem Eck bleiben
peindre [pɛ̃dʀ] *v irr* malen, anstreichen, anmalen, bemalen
peine [pɛn] *f 1.* Mühe *f; C'est ~ perdue.* Das ist verlorene Liebesmühe./Das ist nicht der Mühe wert. *y perdre sa ~* sich umsonst bemühen; *2. (douleur)* Schmerz *m; 3. (chagrin)* Leid *n,* Kummer *m; faire de la ~* leidtun; *Cela me fait de la ~ pour vous.* Das tut mir leid für Sie. *4. (punition) JUR* Strafe *f,* Bestrafung *f; ~ de prison* Gefängnisstrafe *f; ~ de détention* Haftstrafe *f; ~ disciplinaire* Ordnungsstrafe *f; ~ de mort/~ capitale* Todesstrafe *f; adv 5. à ~* kaum
peiner [pɛne] *v 1. (se fatiguer)* sich anstrengen, hart arbeiten, schuften; *Il peine à monter les escaliers.* Das Treppensteigen ist sehr anstrengend für ihn. *2. (attrister)* traurig stimmen, betrüben, bekümmern
peintre [pɛ̃tʀ] *m 1. (artiste)* Maler *m; 2. (en bâtiment)* Maler *m,* Anstreicher *m*

peinture [pɛ̃tyʀ] *f* *ART* Gemälde *n*, Malerei *f*; *~ à l'eau* Wasserfarben *pl*; *~ à l'huile* Ölgemälde *n*; *~ murale* Wandgemälde *n*
péjoratif [peʒɔʀatif] *adj* pejorativ, abwertend, abfällig
pelage [p(ə)laʒ] *m* *(fourrure)* Fell *n*
pelé [p(ə)le] *m* *1. (chauve)* kahl, enthaart; *quatre ~s et un tondu (fam)* wenig Leute, nur ein paar Männeken; *2. (sans végétation)* kahl
pêle-mêle [pɛlmɛl] *adj* *1. (en désordre)* durcheinander; *m* *2.* Durcheinander *n*
peler [pəle] *v* schälen, rupfen, pellen; *son nez se pèle* seine Nase schält sich
pèlerin [pɛlʀɛ̃] *m* Pilger(in) *m/f*, Wallfahrer(in) *m/f*
pèlerinage [pɛlʀinaʒ] *m* Pilgerfahrt *f*, Wallfahrt *f*
pelle [pɛl] *f* *1.* Schaufel *f*, Schippe *f*; *2. ~ à tarte* Tortenheber *m*; *3. ~ mécanique TECH* Schaufelbagger *m*, Eingefäßbagger *m*; *4. à la ~ (fig)* in Hülle und Fülle; *5. ramasser une ~ (fam)* schaufeln, schippen
pelleter [pɛlte] *v* schippen
pelleteuse [pɛltøz] *f* *TECH* Schaufelbagger *m*, Eingefäßbagger *m*
pelletier [pɛltje] *m* Kürschner *m*
pellicule [pelikyl] *f* *1. (dans les cheveux)* Schuppe *f*; *2. (photo)* Film *m*; *3. (couche)* Häutchen *n*, Bast *m*, Film *m*
pelote [p(ə)lɔt] *f* *1. ~ de laine* Wollknäuel *n*; *2. avoir les nerfs en ~* nervös sein
peloter [p(ə)lɔte] *v* *(fam)* streicheln, knutschen
peloton [p(ə)lɔtɔ̃] *m* *SPORT* Hauptfeld *n*; *le ~ de tête* die Spitzengruppe *f*, die Vordersten *pl*; *être dans le ~* sich im Hauptfeld befinden
pelotonner [p(ə)lɔtɔne] *v* *se ~* sich zusammenkauern, sich kuscheln, sich kauern; *se ~ contre qn* sich an jdn anschmiegen; *se ~ dans son lit* sich in sein Bett kuscheln
pelouse [p(ə)luz] *f* *BOT* Rasen *m*
peluche [p(ə)lyʃ] *f* Plüsch *m*
pelucher [p(ə)lyʃe] *v* fusseln
pelure [p(ə)lyʀ] *f* *(de pommes de terre)* Schale *f*, Pelle *f*
pénal [penal] *adj* *JUR* Straf..., strafrechtlich; *le Code ~* das Strafgesetzbuch *n*
pénaliser [penalize] *v* bestrafen, eine Strafe verhängen
pénalité [penalite] *f* Bußgeld *n*
penalty [penalti] *m* *SPORT* Strafstoß *m*
penchant [pɑ̃ʃɑ̃] *m* *1.* Vorliebe *f*; *2. (pour une personne)* Zuneigung *f*; *3. (fig: talent)* Hang *m*, Neigung *f*
pencher [pɑ̃ʃe] *v* *1.* neigen; *2. ~ pour* tendieren zu; *3. se ~ dehors* sich hinausbeugen; *4. se ~ en avant* sich vorbeugen
pendable [pɑ̃dabl] *adj* *jouer un tour ~ à qn* jdm einen Streich spielen
pendaison [pɑ̃dɛzɔ̃] *f* *1.* Erhängen *n*, Sichaufhängen *n*, Aufhängen *n*; *exécuter qn par ~* jdn erhängen/jdn durch Erhängen hinrichten; *2. ~ de crémaillère* Einstandsfeier *f*
pendant [pɑ̃dɑ̃] *prep* *1. (temps)* in; *2. (durant)* während; *konj* *3. ~ que* während, indem; *m* *4.* Gegenstück *n*; *5. ~ d'oreille* Ohrring *m*, Klunker *m*
pendentif [pɑ̃dɑ̃tif] *m* *(bijou)* Kettenanhänger *m*, Anhänger *m*
penderie [pɑ̃dʀi] *f* Kleiderschrank *m*, Kleiderkammer *f*
pendouiller [pɑ̃duje] *v* *(fam)* herumhängen, baumeln
pendre [pɑ̃dʀ] *v* *1.* hängen, herabhängen; *dire pis que ~ de qn* kein gutes Haar an jdm lassen; *2. se ~* sich aufhängen, sich erhängen
pendule [pɑ̃dyl] *m* *1.* Pendel *n*; *f* *2. (petite horloge)* Standuhr *f*, Wanduhr *f*
pêne [pɛn] *m* *TECH* Schlossriegel *m*, Stift *m*, Schieber *m*
pénétrer [penetʀe] *v* *1.* durchdringen, eindringen; *2. ~ dans qc* in etw hineintreten; *3. (deviner)* durchschauen, ergründen; *4. se ~ (fig)* sich einprägen, sich zu Herzen nehmen
pénible [penibl] *adj* *1.* peinlich; *2. (difficile)* mühsam; *3. (minutieux)* penibel
péninsule [penɛ̃syl] *f* *GEO* Halbinsel *f*; *la ~ ibérique* die Iberische Halbinsel *f*
pénis [penis] *m* *ANAT* Penis *m*
pénitence [penitɑ̃s] *f* *1. REL* Buße *f*; *2. (punition)* Strafe *f*, Bestrafung *f*
pénitencier [penitɑ̃sje] *m* *JUR* Strafvollzugsanstalt *f*
pénombre [penɔ̃bʀ] *f* Halbschatten *m*
pense-bête [pɑ̃sbɛt] *m* Merkzettel *m*, Merkzeichen *n*
pensée[1] [pɑ̃se] *f* *1.* Gedanke *m*, Idee *f*; *2. (réflexion)* Denken *n*

penser [pɑ̃se] *v* *1. ~ à qc* an etw denken, etw bedenken; *2. (croire)* glauben, meinen

pensif [pɑ̃sif] *adj* besinnlich, nachdenklich
pension [pɑ̃sjɔ̃] *f* *1. (maison)* Pension *f*; *~ complète* Vollpension *f*; *2. (de retraite)* Rente *f*, Pension *f*; *~ alimentaire* Unterhalt *m*; *~ de réversion/de veuve* Witwenrente *f*
pensionnaire [pɑ̃sjɔnɛʀ] *m* *(d'un foyer)* Insasse *m*

P

pensionnat [pɑ̃sjɔna] *f* Internat *n*, Pensionat *n*
pente [pɑ̃t] *f* *1. (en montagne)* Hang *m*, Abhang *m*, Steigung *f*; *remonter la ~* wieder auf die Beine kommen; *2. (inclinaison)* Gefälle *n*, Neigung *f*; *3. (talus)* Böschung *f*; *en ~* abschüssig
Pentecôte [pɑ̃tkot] *f* *REL* Pfingsten *n*
pentu [pɑ̃ty] *adj* schräg, bergig
pénurie [penyʀi] *f* *1.* Not *f*, Mangel *m*; *2. (manque)* Knappheit *f*; *~ d'eau potable* Trinkwasserknappheit *f*; *3. ~ de* Verknappung *f*; *4. ~ de personnel* Personalmangel *m*
pépère [pepɛʀ] *m* *1. (fam)* Opa *m*; *adj* *2. (fam: calme)* gemütlich
pépier [pepje] *v* *(oiseaux)* zwitschern, piepsen
pépin [pepɛ̃] *m* *1.* Obstkern *m*; *2. (fig: difficulté)* Schwierigkeit *f*, Ärger *m*, Problem *n*; *avoir un ~* ein Problem haben
pépite [pepit] *f* Klumpen *m*; *une ~ d'or* ein Goldklumpen *m*
perçant [pɛʀsɑ̃] *adj* *1.* durchdringend; *2. (fig)* messerscharf, spitz
percée [pɛʀse] *f* Durchbruch *m*
percepteur [pɛʀsɛptœʀ] *m* *(des impôts)* *ECO* Finanzbeamter *m*, Steuereinnehmer *m*
perception [pɛʀsɛpsjɔ̃] *f* *1.* Wahrnehmung *f*; *2. (bureau de paiement des impôts)* Finanzamt *n*; *3. (recouvrement) ECO* Einzug *m*
percer [pɛʀse] *v* *1. (fig)* durchschauen; *2. (transpercer)* herausschauen, hervorschauen; *3. (perforer)* lochen, perforieren, bohren; *4. (réussir)* durchschlagen, einschlagen
perceuse [pɛʀsøz] *f* *1. TECH* Bohrer *m*; *2. ~ électrique TECH* Bohrmaschine *f*
percevoir [pɛʀsəvwaʀ] *v irr* *1. (salaire)* beziehen; *2. (gagner)* einnehmen; *3.* wahrnehmen, spüren, erkennen
percher [pɛʀʃe] *v* *1.* hochlegen, hochstellen; *~ qc sur l'armoire* etw auf den Schrank stellen; *2. se ~* hochklettern, hoch oben sitzen, hinaufsteigen
perchoir [pɛʀʃwaʀ] *m* *1. (pour oiseaux)* Vogelstange *f*, Hühnerstange *f*; *2. (fig)* erhöhter Sitz *m*; *descendre de son ~* von seinem Thron herabsteigen
perclus [pɛʀkly] *adj* bewegungsunfähig, gelähmt, steif; *être ~ de douleurs* vor Schmerzen wie gelähmt sein
percussion [pɛʀkysjɔ̃] *f* *1. (choc)* Stoß *m*, Aufschlag *m*; *2. MUS* Percussion *f*, Schlaginstrumente *pl*

percutant [pɛʀkytɑ̃] *adj (fig)* überzeugend, schlagkräftig, deutlich
percuter [pɛʀkyte] *v* *1. ~ qc* gegen etw stoßen, gegen etw schlagen; *La voiture a percuté un arbre.* Das Auto ist gegen einen Baum gefahren. *2. ~ contre qc* auf etw aufschlagen, in etw hineinfahren

perdre [pɛʀdʀ] *v* *1.* verlieren; *~ les pédales* unsicher werden; *Je m'y perds.* Da komme ich nicht mehr mit. *Rien n'est perdu.* Noch ist nicht alles verloren. *2. (de l'argent)* einbüßen; *~ au change* beim Umtausch verlieren; *3. se ~* sich verlaufen, sich verirren; *4. se ~ dans (fig)* versinken in; *5. se ~ dans le lointain* ausklingen

perdurer [pɛʀdyʀe] *v* fortdauern
père [pɛʀ] *m* *1.* Vater *m*; *2. ~ Noël* Weihnachtsmann *m*; *3. ~ spirituel REL* Seelsorger *m*
Père [pɛʀ] *m (révérend) REL* Pater *m*
péremption [peʀɑ̃psj p] *f* *date de ~* Verjährungsfrist *f*
péremptoire [peʀɑ̃ptwaʀ] *adj* entschieden, bestimmt, unwiderlegbar; *un ton ~* ein entschiedener Ton *m*; *un argument ~* ein unwiderlegbares Argument *n*
pérennité [peʀenite] *f* Fortdauer *f*, Fortbestehen *n*, Weiterbestehen *n*
perfection [pɛʀfɛksjɔ̃] *f* Perfektion *f*, Vollkommenheit *f*; *à la ~* meisterhaft
perfectionner [pɛʀfɛksjɔne] *v* *1.* vervollkommnen; *2. (connaissances)* vertiefen; *3. (affiner)* veredeln; *4. se ~* sich fortbilden
perfide [pɛʀfid] *adj* tückisch, falsch
perfidie [pɛʀfidi] *f* Heimtücke *f*, Arglist *f*, Perfidie *f*
perforation [pɛʀfɔʀasjɔ̃] *f* *1. (action)* Perforation *f*; *2. MED* Durchbruch *m*
perforatrice [pɛʀfɔʀatʀis] *f* *1.* Locher *m*; *2. TECH* Bohrer *m*
perforer [pɛʀfɔʀe] *v* lochen, perforieren
perforeuse [pɛʀfɔʀøz] *f* Locher *m*
performance [pɛʀfɔʀmɑ̃s] *f* *1.* Leistungsfähigkeit *f*; *2. TECH* Leistung
perfusion [pɛʀfyzjɔ̃] *f* *MED* Infusion *f*
péricliter [peʀiklite] *v* untergehen, niedergehen
péril [peʀil] *m* Gefahr *f*, Not *f*; *à ses risques et ~s* auf eigene Gefahr/auf eigenes Risiko
périlleux [peʀijø] *adj* gefährlich, halsbrecherisch, lebensgefährlich
périmé [peʀime] *adj* ungültig; *être ~* verfallen/ungültig sein
périmer [peʀime] *v* *se ~* verfallen

P

périmètre [peʀimɛtʀ] *m* *1.* Umfang *m*, Umkreis *m*; *2. ~ interdit* Sperrbezirk *m*
période [peʀjɔd] *f* *1. (de temps)* Abschnitt *m*, Periode *f*; *2. (laps de temps)* Zeitraum *m*; *~ de pointe* Hochsaison *f*; *~ initiale* Anfangsstadium *n*; *~ d'essai* Probezeit *f*; *~ de transition* Übergangszeit *f*; *~ creuse* Flaute *f*; *~ radioactive* Halbwertszeit *f*; *~ d'incubation* Inkubationszeit *f*
périodique [peʀjɔdik] *adj* *1.* periodisch; *m 2.* Zeitschrift *f*
péripétie [peʀipesi] *f* Zwischenfall *m*, unvorhergesehenes Ereignis *n*; *un voyage riche en ~s* eine Reise voller Zwischenfälle *f*
périphérie [peʀifeʀi] *f* Peripherie *f*, Stadtrand *m*, Vorstadt *f*
périphérique [peʀifeʀik] *adj* *1.* peripher; *2. boulevard ~* Außenring *m*, Umgehungsstraße *f*
périr [peʀiʀ] *v* *1.* umkommen, zu Grunde gehen; *2. (mourir)* verenden
périssable [peʀisabl] *adj* *1.* verderblich; *2. (temporel)* vergänglich
perle [pɛʀl] *f* Perle *f*; *Cela ne s'enfile pas commes des ~s.* Das ist nicht so einfach, wie es aussieht.
perler [pɛʀle] *v* perlen, glitzern
permanence [pɛʀmanɑ̃s] *f* *1.* Dauer *f*; *2. (continuité)* Beständigkeit *f*; *en ~* immer/ständig; *3. (du service de secours)* Notdienst *m*
permanent [pɛʀmanɑ̃] *adj* *1. (continu)* ständig, permanent, dauerhaft; *2. (d'une organisation)* Funktionär *m*
permanente [pɛʀmanɑ̃t] *f* Dauerwelle *f*
perméable [pɛʀmeabl] *adj* durchlässig, undicht

> **permettre** [pɛʀmɛtʀ] *v irr* *1.* erlauben, ermöglichen; *2. (autoriser)* genehmigen, gestatten, zulassen; *3. se ~ de* wagen, sich trauen; *4. se ~ qc* sich etw gönnen

permis [pɛʀmi] *m* Erlaubnisschein *m*, Genehmigung *f*; *~ de conduire* Führerschein *m*; *~ de séjour* Aufenthaltsgenehmigung *f*; *~ de construire* Baugenehmigung *f*; *~ de port d'armes* Waffenschein *m*; *~ d'exportation ECO* Ausfuhrgenehmigung *f*
permission [pɛʀmisjɔ̃] *f* *1.* Zulassung *f*, Erlaubnis *f*; *avoir la ~* dürfen; *2. MIL* Urlaub *m*
permuter [pɛʀmyte] *v* *1.* vertauschen; *2. TECH* umschalten
pernicieux [pɛʀnisjø] *adj* *1.* gefährlich, schädlich, übel, böse; *des idées pernicieuses* böse Gedanken *pl*; *2. MED* bösartig, perniziös; *une maladie pernicieuse* eine bösartige Krankheit *f*
pérorer [peʀɔʀe] *v* schwatzen, salbadern, viele Worte machen
perpendiculaire [pɛʀpɑ̃dikylɛʀ] *adj* senkrecht
perpétrer [pɛʀpetʀe] *v JUR* begehen, verüben; *~ un crime* ein Verbrechen begehen
perpétuel [pɛʀpetɥɛl] *adj* *1.* fortwährend; *2. (à perpétuité)* lebenslänglich
perpétuité [pɛʀpetɥite] *f JUR* Fortdauer *f*; *à ~* lebenslänglich
perplexe [pɛʀplɛks] *adj* *1.* ratlos, unschlüssig; *2. (embarrassé)* verlegen; *rendre qn ~* jdn in Verlegenheit bringen
perplexité [pɛʀplɛksite] *f* Ratlosigkeit *f*
perquisition [pɛʀkizisjɔ̃] *f (de domicile) JUR* Hausdurchsuchung *f*
perroquet [peʀɔkɛ] *m ZOOL* Papagei *m*
perruche [peʀyʃ] *f* *1. ZOOL* Wellensittich *m*; *2. (fig)* Schnatterliese *f*
perruque [peʀyk] *f* Perücke *f*
persécuter [pɛʀsekyte] *v* verfolgen
persécuteur [pɛʀsekytœʀ] *m* Quäler *m*, Verfolger *m*
persécution [pɛʀsekysjɔ̃] *f* *1. POL* Verfolgung *f*; *~ des Juifs* Judenverfolgung *f*; *2. délire de ~ PSYCH* Verfolgungswahn *m*
persévérance [pɛʀseveʀɑ̃s] *f* Beharrlichkeit *f*, Ausdauer *f*
persévérer [pɛʀseveʀe] *v* ausharren, verharren
persienne [pɛʀsjɛn] *f* *1.* Fensterladen *m*; *2. (store)* Jalousie *f*
persiflage [pɛʀsiflaʒ] *m* Verspottung *f*
persil [pɛʀsi] *m BOT* Petersilie *f*
persistance [pɛʀsistɑ̃s] *f* *1. (durée)* Fortdauer *f*; *2. (persévérance)* Beharrlichkeit *f*, Hartnäckigkeit *f*; *3. (durée)* Fortdauer *f*; *4. (durabilité)* Nachhaltigkeit *f*
persister [pɛʀsiste] *v* *1.* andauern; *2. ~ dans* beharren auf
personnage [pɛʀsɔnaʒ] *m* *1.* Person *f*; *~principal* Hauptperson *f*; *2. grossier ~ (fam)* Prolet *m*; *3. jouer un ~* eine Rolle spielen
personnaliser [pɛʀsɔnalize] *v* personalisieren, auf eine Person ausrichten
personnalité [pɛʀsɔnalite] *f* *1.* Person *f*; *2. (personnage)* Persönlichkeit *f*; *manquant de ~ (personne)* farblos; *3. ~ importante* Prominenz *f*
personne[1] [pɛʀsɔn] *pron* *1.* niemand; *2. (aucun)* keiner; *Je n'y suis pour ~.* Ich bin für niemanden zu sprechen.

P

personne² [pɛʀsɔn] *f* *1. (individu)* Person *f; être infatué de sa ~* sehr von sich eingenommen sein; *en ~* persönlich; *imbu de sa ~* eingebildet; *~ interposée* Mittelsmann *m; ~ compétente* Sachbearbeiter(in) *m/f; 2. (être humain)* Mensch *m; 3. JUR* Person *f,* Rechtssubjekt *n*
personnel [pɛʀsɔnɛl] *adj 1.* eigen, persönlich, privat; *m 2.* Personal *n; ~ au sol* Bodenpersonal *n; 3. (en entreprise)* Betriebsangehörige *pl*
perspective [pɛʀspɛktiv] *f 1. (avenir)* Aussicht *f; 2. (panorama)* Ausblick *m; 3. (manière de voir)* Perspektive *f*
perspicace [pɛʀspikas] *adj 1.* scharfsinnig; *2. (fig)* scharfsichtig
perspicacité [pɛʀspikasite] *f* Scharfsinn *m*
persuader [pɛʀsɥade] *v 1.* überreden; *2. ~ qn de qc* jdn von etw überzeugen; *3. se ~ de qc* sich etw einreden, einbilden
persuasion [pɛʀsɥazjɔ̃] *f 1.* Überredung *f; 2. (conviction)* Überzeugung *f*
perte [pɛʀt] *f 1. (chute)* Untergang *m; 2. (déperdition)* Verlust *m,* Einbuße *f; à ~ de vue* endlos; *~ de connaissance* Bewusstlosigkeit *f; ~ de mémoire* Gedächtnisschwund *m; 3. MED* Abgang *m; 4. ECO* Ausfall *m,* Verlust *m; 5. ~ de temps* Zeitverlust *m; 6. jurer la ~ de qn* jdm den Untergang schwören; *7. en pure ~* ergebnislos, nutzlos; *f/pl 8. ~s de sang MED* Blutverlust *m*
pertinent [pɛʀtinɑ̃] *adj 1.* treffend; *2. (plausible)* triftig
perturbation [pɛʀtyʀbasjɔ̃] *f 1. METEO* Störung *f; une ~ atmosphérique* eine atmosphärische Störung *f;* Ruhestörung *f; 2. (fig)* Störung *f,* Unruhe *f*
perturber [pɛʀtyʀbe] *v* stören, unterbrechen, behindern
pervenche [pɛʀvɑ̃ʃ] *f 1. (fleur) BOT* Immergrün *n; adj 2. (couleur)* hellblau; *des yeux ~* hellblaue Augen *pl; 3. (fam: contractuelle)* Politesse *f*
pervers [pɛʀvɛʀ] *adj 1.* abartig, pervers; *2. avoir un effet ~* einen Umkehreffekt habend/bewirkend; *m 3. PSYCH* Perverser *m*
perversion [pɛʀvɛʀsjɔ̃] *f 1.* Verderbtheit *f,* Verfall *m; la ~ des moeurs* der Verfall der Sitten *m; 2. MED* Störung *f; la ~ de l'odorat* die Störung des Geruchssinns *f; 3. ~ sexuelle PSYCH* sexuelle Perversion
perversité [pɛʀvɛʀsite] *f 1. (d'une action)* Verkommenheit *f,* Verdorbenheit *f; 2. (d'une personne)* Perversität *f,* Bosheit *f,* Gemeinheit *f,* Niedertracht *f*
pervertir [pɛʀvɛʀtiʀ] *v 1.* verderben; *2. (altérer)* verkehren
pesant [pəzɑ̃] *adj 1.* beschwerlich; *2. (compact)* behäbig; *m 3. valoir son ~ d'or* nicht mit Gold aufzuwiegen sein
pesanteur [pəzɑ̃tœʀ] *f PHYS* Schwerkraft *f,* Schwere *f,* Erdanziehungskraft *f*
pèse-bébé [pɛzbebe] *m* Babywaage *f*
pesée [pəze] *f 1.* Wiegen *n,* Abwiegen *n; effectuer une ~* wiegen; *2. (force)* Druck *m; faire ~ sur un levier* auf einen Hebel Druck ausüben
pèse-lettres [pɛzlɛtʀ] *m* Briefwaage *f*
pèse-personne [pɛzpɛʀsɔn] *m* Personenwaage *f*
peser [pəze] *v 1. (poids)* wiegen; *2. ~ qc* etw abwiegen; *3. (considérer)* erwägen; *~ le pour et le contre* das Für und Wider abwägen; *4. (fig)* belasten, bedrücken; *5. ~ sur (fig)* lasten auf
pessimiste [pesimist] *m 1.* Pessimist *m; adj 2.* pessimistisch
peste [pɛst] *f 1. MED* Pest *f; 2. fuir qn comme la* jmd wie die Pest meiden; *3. (fig)* Geißel *f*
pester [pɛste] *v ~ contre qn* jdn verfluchen
pesticide [pɛstisid] *m CHEM* Schädlingsbekämpfungsmittel *n*
pet [pɛ] *m* Furz *m*
pétale [petal] *m BOT* Blütenblatt *n; des ~s de roses* Rosenblätter *pl*
pétanque [petɑ̃k] *f (jeu de boules)* Petanque *n,* Boule *n*
pétant [petɑ̃] *adj (fam)* genau, pünktlich; *à huit heures ~es* Punkt acht Uhr
pétarader [petaʀade] *v* knattern, rattern
pétard [petaʀ] *m 1.* Knallkörper *m; 2. faire du ~ (fam)* Skandal machen, lärmen; *3. être en ~ (fam)* auf Hundert sein
péter [pete] *v 1. (fam)* hochgehen, auffliegen; *2. (fam: casser)* zerspringen, zerplatzen; *3. ~ les plombs (fig)* die Bombe platzen lassen; *4. ~ le feu (fig)* sich aufregen, explodieren
pétiller [petije] *v 1. (feu)* knistern; *2. (picoter)* prickeln; *3. (mousser)* schäumen, sprudeln; *4. (fig)* sprühen

petit [pəti] *adj 1.* gering, klein; *~ à ~* allmählich; *très ~* winzig; *m 2. (animal) ZOOL* Junges *n*

petit-bourgeois [pətibuʀʒwa] *adj* Kleinbürger *m*

P

petite-fille [pətitfij] *f* Enkelin *f,* Enkeltochter *f*
petit-enfant [pətitɑ̃fɑ̃] *m* Enkel/Enkelin *m/f,* Enkelkind *n*
petitesse [pətites] *f* Geringfügigkeit *f,* Kleinheit *f*
petit-fils [pətifis] *m* Enkel *m*
pétition [petisjɔ̃] *f* 1. Gesuch *n;* 2. *POL* Eingabe *f,* Petition *f*
petit-lait [pətilɛ] *m* Molke *f*
petits pois [pətipwa] *m/pl* Erbsen *pl*
pétoche [petɔʃ] *f avoir la ~ (fam)* Bammel haben, die Hosen voll haben
pétrifier [petʀifje] *v* 1. versteinern, in Stein verwandeln; 2. *(fig)* erstarren; 3. *se ~* zu Stein werden
pétrin [petʀɛ̃] *m* 1. Knetmaschine *f;* 2. *(fig)* Klemme *f*
pétrir [petʀiʀ] *v* 1. kneten; 2. *être pétri de* durchdrungen sein von
pétrole [petʀɔl] *m* 1. Erdöl *n;* 2. *(huile)* Petroleum *n*
pétrolier [petʀɔlje] *m* Öltanker *m*
pétulant [petylɑ̃] *adj* übermütig
peu [pø] *adv* 1. *(quantité)* knapp, gering; *~ à ~* allmählich; *un petit ~ de* ein klein bisschen von; *un ~* etwas/ein wenig; 2. *(pas beaucoup)* wenig; *tant soit ~* wenn auch noch so wenig; *pour un ~* beinahe/um ein Haar; *sous ~* in Kürze/bald; *Peu m'importe.* Das ist mir gleichgültig.
peuplade [pøplad] *f* Stamm *m,* Horde *f,* Volksgruppe *f*
peuple [pœpl] *m* 1. Volk *n;* 2. *(population)* Bevölkerung *f*
peuplement [pœpləmɑ̃] *m* Bevölkerung *f,* Besiedlung *f*
peupler [pœple] *v* 1. bevölkern, besiedeln, bewohnen; 2. *(fig) LIT* erfüllen, beseelen

peur [pœʀ] *f* 1. Angst *f; en être quitte pour la ~* mit dem Schrecken davonkommen; *avoir une ~ bleue* eine Heidenangst haben; *avoir ~ pour qn* sich um jdn Sorgen machen; *faire ~ à qn* jdn erschrecken; 2. *(angoisse)* Furcht *f*

peureux [pøʀø] *adj* 1. ängstlich, scheu, furchtsam; *m* 2. Angsthase *m*
peut-être [pøtɛtʀ] *adv* vielleicht
phantasme [fɑ̃tasm] *m* Trugbild *n*
phare [faʀ] *m* 1. Leuchtturm *m;* 2. *(de voiture)* Scheinwerfer *m; ~ antibrouillard* Nebelscheinwerfer *m; pleins ~s* Fernlicht *n; ~ tournant* Blaulicht *n*
pharmacie [faʀmasi] *f* Apotheke *f*
pharmacien(ne) [faʀmasjɛ̃/faʀmasjɛn] *m/f* Apotheker(in) *m/f*
pharmacologie [faʀmakɔlɔʒi] *f* Pharmakologie *f*
phase [fɑz] *f* 1. Stufe *f,* Phase *f,* Stadium *n; ~ finale* Endphase *f;* 2. *être en ~ avec qn* mit jdm auf einer Wellenlänge sein
phénomène [fenɔmɛn] *m* Erscheinung *f,* Phänomen *n; ~ secondaire* Begleiterscheinung *f; ~ marginal* Randerscheinung *f*
philanthrope [filɑ̃tʀɔp] *m/f* Menschenfreund *m*
philatéliste [filatelist] *m/f* Philatelist(in) *m/f,* Briefmarkensammler(in) *m/f*
philharmonie [filaʀmɔni] *f MUS* Philharmonie *f*
philologie [filɔlɔʒi] *f* Philologie *f*
philosophe [filɔzɔf] *m/f* 1. Philosoph(in) *m/f; adj* 2. weise, gelassen, abgeklärt
philosopher [filɔzɔfe] *v* philosophieren
philosophie [filɔzɔfi] *f* Philosophie *f*
phishing [fiʃiŋ] *m INFORM* Phishing *n*
phobie [fɔbi] *f PSYCH* Phobie *f,* krankhafte Furcht *f*
phonétique [fɔnetik] *f* 1. Phonetik *f; adj* 2. phonetisch
phoque [fɔk] *m ZOOL* Robbe *f,* Seehund *m*
photo [fɔto] *f* 1. Foto *n,* Aufnahme *f; ~ d'identité* Passbild *n;* 2. *prendre qn en ~* von jdm ein Foto machen
photocopie [fɔtokɔpi] *f* Abzug *m,* Kopie *f; faire une ~* fotokopieren
photocopieur [fɔtokɔpjœʀ] *m* Kopierer *m*
photogénique [fɔtoʒenik] *adj* photogen, bildwirksam
photographe [fɔtogʀaf] *m/f* Fotograf(in) *m/f*
photographie [fɔtogʀafi] *f* Foto *n,* Lichtbild *n,* Bild *n*
photographier [fɔtogʀafje] *v* fotografieren, knipsen, aufnehmen
photosensible [fɔtosɑ̃sibl] *adj* lichtempfindlich
photosynthèse [fɔtosɛ̃tɛz] *f BIO* Photosynthese *f*
phrase [fʀɑz] *f* 1. *GRAMM* Satz *m;* 2. *~ toute faite* Floskel *f,* Redewendung *f*
physicien(ne) [fizisjɛ̃/fizisjɛn] *m/f* Physiker(in) *m/f*
physiologie [fizjɔlɔʒi] *f* Physiologie *f*
physionomie [fizjɔnɔmi] *f* Gesichtsausdruck *m*
physiothérapie [fizjoteʀapi] *f MED* Krankengymnastik *f,* Physiotherapie *f*

P

physique [fizik] *adj 1.* körperlich; *2. (selon les lois de la nature)* physikalisch; *3. (force)* physisch; *f 4.* Physik *f; ~ nucléaire* Kernphysik *f*
piaffer [pjafe] *v 1. (cheval)* mit den Hufen scharren, stampfen; *2. (fig)* stampfen; *~ d'impatience* vor Ungeduld von einem Fuß auf den anderen treten
piailler [pjaje] *v 1. (oiseaux)* piepsen; *2. (fam: crier)* kreischen, schreien
pianiste [pjanɪst] *m/f MUS* Pianist(in) *m/f*
piano [pjano] *m 1. MUS* Klavier *n; 2. ~ à queue* Flügel *m; 3. ~ à bretelles (fam)* Schifferklavier *n*
pic[1] [pik] *m 1. (outil)* Pickel *m,* Spitzhacke *f; 2. (montagne)* Bergspitze *f,* Pik *m; 3. à ~* steil; *tomber à ~* wie gerufen kommen
pic[2] [pik] *m ~ épeiche ZOOL* Buntspecht *m*
picaresque [pikaʀɛsk] *adj LIT* schelmisch, Schelmen...
pichenette [piʃnɛt] *f* Nasenstüber *m*
pichet [piʃɛ] *m* Krug *m*
pickpocket [pikpɔkɛt] *m* Taschendieb *m*
picoler [pikɔle] *v (fam)* saufen
picorer [pikɔʀe] *v 1.* picken; *2. (picoter)* herumstochern
picotement [pikɔtmɑ̃] *m* Stechen *n,* Kribbeln *n,* Kitzeln *n; avoir des ~s dans la gorge* ein Kitzeln im Hals haben
picoter [pikɔte] *v* stechen, picken, kitzeln, kribbeln; *La fumée me picote les yeux.* Der Rauch beißt mir in den Augen.

P

pièce [pjɛs] *f 1. (part)* Stück *n; 2. (chambre)* Raum *m,* Zimmer *n; ~ attenante* Nebenraum *m; 3. (de monnaie)* Münze *f; 4. (de tissu)* Flicken *m; 5. THEAT* Stück *n; ~ radiophonique* Hörspiel *n; 6. petite ~* Kammer *f,* Stube *f; 7. ~ jointe INFORM* Anhang *m*

pied [pje] *m 1. ANAT* Fuß *m; au ~ levé* unvorbereitet/aus dem Stegreif; *Je ne peux plus mettre un ~ devant l'autre.* Ich kann keinen Fuß mehr vor den anderen setzen. *mettre les ~s dans le plat* ins Fettnäpfchen treten; *ne pas savoir sur quel ~ danser* weder ein noch aus wissen; *perdre ~* den Boden unter den Füßen verlieren; *~s nus* barfuß; *~ plat* Plattfuß *m; 2. (unité de mesure)* Fuß *m; 3. (de statue, de monument)* Fuß *m,* Sockel *m; 4. BOT* Stängel *m*
pied-à-terre [pjetatɛʀ] *m* Absteigequartier *n*
pied-de-biche [pjedbiʃ] *m TECH* Brecheisen *n,* Nageleisen *n,* Nähfuß *m*
piédestal [pjedɛstal] *m* Podest *n,* Sockel *m; mettre qn sur un ~ (fig)* jdn sehr bewundern
pied-noir [pjenwaʀ] *m/f* Algerienfranzose/Algerienfranzösin *m/f*
piège [pjɛʒ] *m* Falle *f; se laisser prendre au ~* in die Falle gehen
piéger [pjeʒe] *v 1. ~ qn (fig)* jdn fangen, jdn in die Falle locken; *2. ~ une mine* eine Mine mit einer Sprengladung versehen; *~ une voiture* eine Autobombe herstellen
pierre [pjɛʀ] *f 1.* Stein *m; C'est une ~ dans mon jardin. (fig)* Das ist auf mich gemünzt. *être malheureux comme les ~s* todunglücklich sein; *~ de bordure* Bordstein *m; ~ tombale* Grabstein *m; ~ en cuivre* Kupferstein *m; 2. ~ précieuse* Juwel *n,* Edelstein *m; 3. ~s pl* Gestein *n*
pierreries [pjɛʀʀi] *f/pl* Edelsteine *m/pl*
piété [pjete] *f 1.* Pietät *f; 2. REL* Frömmigkeit *f*
piétinement [pjetinmɑ̃] *m 1.* Trampeln *n,* Stampfen *n; 2. (fig)* Stagnation *f,* Stillstand *m,* Stockung *f*
piétiner [pjetine] *v* trampeln
piéton(ne) [pjetɔ̃/pjetɔn] *m/f* Fußgänger(in) *m/f,* Passant(in) *m/f*
piètre [pjɛtʀ] *adj* armselig
pieu [pjø] *m* Pfahl *m*
pieuvre [pjœvʀ] *f ZOOL* Krake *f*
pieux [pjø] *adj REL* andächtig, fromm, gottesfürchtig
pifer [pife] *v ne pas pouvoir ~ qn* jdn nicht riechen können
pifomètre [pifɔmɛtʀ] *m au ~ (fam)* über den Daumen gepeilt
pigeon [piʒɔ̃] *m 1. ZOOL* Taube *f; 2. (fam)* Gimpel *m*
pigeonner [piʒɔne] *v (fam)* sich anführen lassen
piger [piʒe] *v (fam: comprendre)* kapieren, verstehen, begreifen
pigiste [piʒist] *m/f* freie(r) Mitarbeiter(in) *m/f*
pignon [piɲɔ̃] *m 1.* Giebel *m; 2. BOT* Pinienkern *m; 3. (roue dentée) TECH* Zahnrad *n*
pilastre [pilastʀ] *m* Pfeiler *m*
pile [pil] *f 1. (de vêtements, de livres)* Stapel *m; 2. ~ électrique TECH* Batterie *f; 3. (coté)* Schriftseite *f,* Kehrseite *f,* (Münze) Revers *n; adv 4.* plötzlich
piler [pile] *v 1. (écraser)* zerstoßen, zerkleinern, zerhacken, zerbröseln; *2. (fam: s'arrêter)* abbremsen, plötzlich bremsen

pilier [pilje] *m 1.* Säule *f,* Pfeiler *m; 2. (support)* Ständer *m*
pillage [pijaʒ] *m* Plünderung *f*
piller [pije] *v* plündern, ausplündern
pilon [pilɔ̃] *m 1.* Stampfe *f; 2. GAST* Stößel *m*
pilonner [pilɔne] *v MIL* unter Beschuss nehmen, pausenlos bombardieren
pilotage [pilɔtaʒ] *m* Steuerung *f*
pilote [pilɔt] *m/f 1.* Lotse/Lotsin *m/f; 2. (d'avion)* Pilot(in) *m/f; ~ d'essai* Testpilot(in) *m/f*
piloter [pilɔte] *v 1.* lenken, steuern; *2. (avion)* fliegen; *3. (diriger)* lotsen
pilule [pilyl] *f* Pille *f; avaler la ~* in den sauren Apfel beißen; *~ contraceptive MED* Antibabypille *f*
piment [pimɑ̃] *m ~ doux BOT* Paprika *m*
pimenter [pimɑ̃te] *v* würzen
pimpant [pɛ̃pɑ̃] *adj* anmutig, graziös, charmant, reizend; *une robe ~e* ein elegantes Kleid *n*
pin [pɛ̃] *m BOT* Kiefer *f; pomme de ~* Tannenzapfen *n*
pinailleur [pinɑjœʀ] *m* Pedant *m,* Kleinigkeitskrämer *m*
pinard [pinaʀ] *m (fam)* Wein *m*
pince [pɛ̃s] *f 1.* Zange *f,* Klemme *f; ~ coupante* Beißzange *f; 2. (à épiler)* Pinzette *f; 3. ~ à linge* Wäscheklammer *f*
pinceau [pɛ̃so] *m* Pinsel *m*
pincée [pɛ̃se] *f* Prise *f,* Messerspitze *f*
pincement [pɛ̃smɑ̃] *m* Kneifen *n,* Zwicken *n; avoir un ~ au cœur* Herzstechen *n/pl*
pince-monseigneur [pɛ̃smɔ̃sɛɲœʀ] *f TECH* Brecheisen *n*
pincer [pɛ̃se] *v 1. (coincer)* klemmen; *2. (avec les doigts)* kneifen, zwicken; *3. (fam)* erwischen, schnappen; *4. en ~ pour qn (fam)* in jdn verliebt sein
pince-sans-rire [pɛ̃ssɑ̃ʀiʀ] *m* Schelm *m,* Mensch mit einem trockenen Humor *m*
pincette [pɛ̃sɛt] *f* Pinzette *f,* Feuerzange *f; (fam) Il n'est pas à prendre avec des ~s.* Den möchte man nicht einmal mit einer Kneifzange anfassen.
pingouin [pɛ̃gwɛ̃] *m ZOOL* Pinguin *m*
pingre [pɛ̃gʀ] *m 1.* Geizkragen *m; adj 2. (fam)* knauserig
pinter [pɛ̃te] *v se ~ (fam)* sich betrinken, sich besaufen
pioche [pjɔʃ] *f* Hacke *f,* Pickel *m*
piocher [pjɔʃe] *v* hacken
piolet [pjɔlɛ] *m (outil)* Pickel *m*
pion [pjɔ̃] *m 1. (au jeu)* Stein *m,* Bauer *m; 2. (fam)* Aufseher *m*
pionnier [pjɔnje] *m 1.* Pionier *m,* Vorkämpfer *m; 2. (précurseur)* Wegbereiter *m*
pipe [pip] *f 1.* Pfeife *f; 2. par tête de ~* pro Person; *3. casser sa ~ (fig)* ins Gras beißen
piper [pipe] *v 1.* piepen, pfeifen; *2.* fälschen, locken
pipette [pipɛt] *f CHEM* Pipette *f,* Saugröhrchen *n*
piquant [pikɑ̃] *adj 1.* scharf; *2. (pointu)* spitz; *3. (épineux)* stachelig, kratzig; *4. (fig)* prickelnd; *5.* scharf, geistreich, witzig
pique [pik] *f 1.* Spieß *m; 2. (aux cartes)* Pik *n; 3. (remarque)* spitze Bemerkung *f*
pique-assiette [pikasjɛt] *m/f* Schmarotzer(in) *m/f*
pique-nique [piknik] *m* Picknick *n*
piquer [pike] *v 1.* stechen; *2. (mordre)* beißen; *3. (fam)* klauen
piquet [pikɛ] *m* Pfahl *m*
piqûre [pikyʀ] *f 1.* Stich *m; ~ d'insecte* Insektenstich *m; ~ d'abeille* Bienenstich *m; 2. (de vipère)* Biss *m; 3. MED* Spritze *f,* Injektion *f; faire une ~* eine Spritze geben
pirate [piʀat] *m 1.* Pirat *m,* Seeräuber *m; 2. ~ informatique* Hacker *m; 3. radio ~ TEL* Piratensender *m*
pirater [piʀate] *v* stehlen, plagiieren
pire [piʀ] *adj 1. (comparatif)* schlechter, schlimmer; *C'est ~ qu'avant.* Es ist schlimmer als vorher.; *2. (superlatif)* am schlechtesten, am schlimmsten; *le ~ cuisinier de la ville* der schlechteste Koch der Stadt; *3. le ~* das Schlimmste *n,* das Schlechteste *n; adv 4. au ~* schlimmstenfalls
pis[1] [pi] *m ZOOL* Euter *n*
pis[2] [pi] *adv 1. de mal en ~* immer schlimmer; *m 2. dire ~ que pendre de qn* kein gutes Haar an jdm lassen
pis-aller [pizale] *m* Notbehelf *m,* Lückenbüßer *m*
piscine [pisin] *f* Schwimmbad *n,* Becken *n; ~ couverte* Hallenbad *n; ~ en plein air* Freibad *n*
pissenlit [pisɑ̃li] *m BOT* Löwenzahn *m; manger les ~s par la racine* ins Gras beißen
pistache [pistaʃ] *f BOT* Pistazie *f*
piste [pist] *f 1.* Piste *f; ~ cyclable* Fahrradweg *m; ~ d'atterrissage* Landebahn *f; ~ de danse* Tanzfläche *f; 2. ~ de cirque* Manege *f*
pister [piste] *v ~ qn* jdn verfolgen, jdm auf der Spur sein; *Le policier piste un suspect.* Die Polizei verfolgt einen Verdächtigen.

P

pistolet [pistɔlɛ] *m* Pistole *f*
piston [pistɔ̃] *m 1. (de moteur)* Kolben *m; 2. TECH* Stempel *m; 3. (fam)* Beziehungen *pl,* Vitamin B *n; avoir qc par ~* etw über Beziehungen bekommen
pistonner [pistɔne] *v (fam)* unterstützen, fördern, begünstigen, protegieren
pitié [pitje] *f 1.* Mitleid *n; C'est ~ que de voir cela.* Es ist ein Jammer, das mit anzusehen. *avoir ~ de* bemitleiden; *faire ~* Mitleid erregen; *2. (miséricorde)* Erbarmen *n*
piton [pitɔ̃] *m (d'une montagne)* Spitze *f,* Gipfel *m; un ~ rocheux* eine Felsspitze *f*
pitoyable [pitwajabl] *adj 1.* bedauernswert, bemitleidenswert; *2. (misérable)* erbärmlich, jämmerlich; *3. REL* gnädig
pitre [pitʀ] *m* Narr *m*
pitreries [pitʀəʀi] *f/pl (fam)* Faxen *pl*
pittoresque [pitɔʀɛsk] *adj* malerisch
pivot [pivo] *m 1. TECH* Zapfen *m,* Bolzen *m; 2. (fig)* Basis *f,* Grundlage *f,* Mittelpunkt *m,* Dreh- und Angelpunkt *m*
pivotant [pivɔtɑ̃] *adj* drehbar
placard [plakaʀ] *m 1.* Schrank *m; ~ de cuisine* Küchenschrank *m; 2. mettre qn au ~ (fig)* jdn einlochen, jdn aus dem Verkehr ziehen
placarder [plakaʀde] *v* anschlagen, plakatieren

place [plas] *f 1. (lieu)* Ort *m,* Stelle *f,* Platz *m; ~ de stationnement* Stellplatz *m; ~ du marché* Marktplatz *m; ~ à l'université* Studienplatz *m; à la ~ de* anstatt; *laisser sur ~* dalassen; *~ d'apprentissage* Lehrstelle *f; 2. (espace libre)* Platz *m; 3. (emploi)* Posten *m; 4. (siège)* Sitz *m; ~ assise* Sitzplatz *f*

placement [plasmɑ̃] *m 1.* Investition *f; 2. ~ de capitaux ECO* Kapitalanlage *f*
placer [plase] *v 1.* legen, stellen; *~ qc* etw hinlegen; *2. (caser)* unterbringen; *3. (investir)* investieren, anlegen; *4. (mettre)* platzieren; *5. se ~* Platz nehmen, sich hinsetzen
placide [plasid] *adj* sanft, ruhig, friedfertig, unerschütterlich
plafond [plafɔ̃] *m 1.* Zimmerdecke *f; fresque de ~ ART* Deckengemälde *n; 2. (hauteur de vol)* Flughöhe *f; 3. FIN* Plafond *m,* Höchstgrenze *f*
plafonner [plafɔne] *v (fig)* den Höchstwert erreichen, an die Höchstgrenze stoßen
plage [plaʒ] *f 1.* Strand *m; ~ de sable* Sandstrand *m; 2. (partie)* Bereich *m; 3. ~ arrière (d'une automobile)* Ablagefäche hinter der Rückbank *f*

P

plagier [plaʒje] *v* abschreiben, plagiieren
plaider [plede] *v 1. (une cause)* plädieren; *2. (contre) JUR* prozessieren
plaideur [plɛdœʀ] *m* Prozessführer *m,* prozesssüchtiger Mensch *m*
plaidoyer [plɛdwaje] *m 1. JUR* Verteidigung *f; 2. (défense)* Plädoyer *n*
plaie [plɛ] *f 1.* Wunde *f; 2. (fléau)* Plage *f; 3. (blessure superficielle) MED* Platzwunde *f*
plaignant [plɛɲɑ̃] *m JUR* Ankläger *m,* Kläger *m*
plain [plɛ̃] *adj 1. (plat)* eben; *m 2. (marée)* Hochwasser *n*
plaindre [plɛ̃dʀ] *v irr 1. se ~* sich beklagen, sich beschweren, jammern, klagen; *2. (regretter)* bedauern, bemitleiden
plaine [plɛn] *f GEOL* Ebene *f*
plain-pied [plɛ̃pje] *adv de ~* eben, auf gleicher Höhe
plainte [plɛ̃t] *f 1. JUR* Strafanzeige *f; 2. (dénonciation)* Anzeige *f; porter ~ contre qn* jdn anzeigen; *~ écrite* Klageschrift *f; 3. (réclamation)* Klage *f,* Beschwerde *f*
plaintif [plɛ̃tif] *adj* klagend
plaire [plɛʀ] *v irr 1. ~ à qn* jdm gefallen; *2. (fig: aimer)* ansprechen, zusagen; *3. comme il vous plaira* wie Sie befehlen, wie es Ihnen gefällt, wie Sie wünschen; *s'il vous plaît* bitte schön; *4. se ~* einander gefallen, sich verstehen; *Ils se sont plu tout de suite.* Sie haben sich sofort gut verstanden. *5. se ~* sich gern aufhalten, sich wohlfühlen; *Vous vous plaisez ici?* Gefällt es Ihnen hier? *6. se ~ à qc* Gefallen finden an etw
plaisance [plɛzɑ̃s] *f de ~* Ausflugs..., Vergnügungs..., Freizeit...; *un bateau de ~* ein Ausflugsboot *n; la navigation de ~* die Vergnügungsschifffahrt *f; un port de ~* ein Freizeithafen *m*
plaisant [plɛzɑ̃] *adj 1. (drôle)* lustig; *2. (agréable)* nett; *3. (railleur)* scherzhaft; *m 4. un mauvais ~* ein Scherzkeks *m*
plaisanter [plɛzɑ̃te] *v 1.* spaßen; *2. (badiner)* scherzen; *Je ne plaisante pas.* Das ist kein Scherz.
plaisanterie [plɛzɑ̃tʀi] *f* Scherz *m,* Witz *m*
plaisir [pleziʀ] *m 1.* Belieben *n; 2. (satisfaction)* Gefallen *m; 3. (délectation)* Genuss *m,* Lust *f,* Freude *f,* Vergnügen *n; avec ~* gerne, mit Vergnügen; *~ suprême* Hochgenuss *m*

plan[1] [plɑ̃] *m 1. ARCH* Entwurf *m,* Abriss *m; laisser qn en ~* jdn im Stich lassen; *~ transversal* Querschnitt *m; premier ~* Vordergrund *m; gros ~* Großaufnahme *f; 2. (carte)* Plan *m,* Zeichnung *f; ~ d'aménagement* Bebauungsplan *m; ~ de vol* Flugplan *m; ~ de bataille* Schlachtplan *m; ~ de la ville* Stadtplan *m; ~ de désarmement* Abrüstungsplan *m; 3. (concept)* Konzept *n; 4. (fig)* Ebene *f; 5. (projet)* Vorhaben *n*

plan[2] [plɑ̃] *adj* flach, eben, glatt; *surface ~e* ebene Oberfläche *f*

planche [plɑ̃ʃ] *f 1.* Brett *n; ~ à repasser* Bügelbrett *n; 2. (illustration)* Bildtafel *f; 3. ~ de salut (fig)* Rettungsanker *m; 4. faire la ~* auf dem Rücken schwimmen, den toten Mann machen; *f/pl 5. les ~s* Bühne *f*

plancher[1] [plɑ̃ʃe] *m 1.* Fußboden *m,* Bretterboden *m; 2. (niveau)* Boden *m,* Diele *f*

plancher[2] [plɑ̃ʃe] *v* ausgefragt werden, geprüft werden

planchiste [plɑ̃ʃist] *m/f SPORT* Windsurfer(in) *m/f*

planer [plane] *v* schweben

planétaire [planetɛʀ] *adj 1. ASTR* planetarisch, Planeten...; *le système ~* das Planetensystem *n; 2. (mondial)* weltweit, Welt...; *une guerre ~* ein weltweiter Krieg *m*

planète [planɛt] *f ASTR* Planet *m*

planeur [planœʀ] *m* Segelflugzeug *n,* Gleitflugzeug *n*

planification [planifikasjɔ̃] *f* Planung *f; ~ urbaine* Stadtplanung *f*

planifier [planifje] *v* planen

planning [planiɲ] *m* Planung *f; ~ familial* Familienplanung *f*

planquer [plɑ̃ke] *v 1. (fam: cacher)* verstecken, verbergen; *~ qn dans sa cave* jdn im Keller verstecken; *2. se ~ (fam)* sich verstecken, Schutz suchen

plant [plɑ̃] *m 1. (jeune plante)* Pflänzchen *n,* Setzling *m; des ~s de salade* junge Salatpflanzen *pl; 2. (ensemble)* Anpflanzung *f*

plantation [plɑ̃tasjɔ̃] *f 1.* Anpflanzung *f,* Bepflanzung *f; 2. (exploitaton agricole)* Plantage *f*

plante[1] [plɑ̃t] *f 1.* Pflanze *f; ~ médicinale* Arzneipflanze *f; ~ grimpante* Kletterpflanze *f; 2. (fig)* Scheitern *n*

plante[2] [plɑ̃t] *f ~ du pied* Fußsohle *f*

planter [plɑ̃te] *v 1.* setzen, pflanzen, anpflanzen; *tout ~ là* alles hinschmeißen; *2. (jardin)* anlegen, bepflanzen; *3. (enfoncer)* einpflanzen; *4. ~ là qn (fam)* jdn im Stich lassen; *5. se ~ (fam)* sich irren; *6. se ~ (fam)* in die Falle tappen, durchfallen

plantureux [plɑ̃tyʀø] *adj* üppig

plaque [plak] *f 1.* Platte *f; 2. ~ minéralogique* Nummernschild *n; 3. (de porte)* Türschild *n; 4. ~ tournante* Umschlagplatz *m,* Drehscheibe *f; 5. ~ dentaire MED* Zahnbelag *m; 6. être à côté de la ~* etwas daneben sein

plaqué [plake] *m* Furnier *n*

plaquer [plake] *v 1. TECH* beschichten; *2. ~ qn (fam)* jdn fallen lassen, jdn versetzen; *v 3. se ~* sich hinwerfen

plastic [plastik] *m (explosif)* plastischer Sprengstoff *m*

plastique [plastik] *adj 1.* formbar; *2. (en relief)* plastisch; *3. matière ~* Plastik *n,* Kunststoff *m*

plastiquer [plastike] *v* einen Bombenanschlag verüben

plastronner [plastʀɔne] *v* sich brüsten

plat [pla] *m 1.* Schüssel *f,* Tortenplatte *f; 2. GAST* Gang *m; mettre les petits ~s dans les grands* sich in Unkosten stürzen; *faire tout un ~ de qc* viel Aufhebens um etw machen; *3. (repas) GAST* Gericht *n; ~ préféré* Leibgericht *n; ~ favori* Lieblingsspeise *f; ~ tout préparé* Fertiggericht *n; ~ de résistance* Hauptgericht *n; adj 4.* eben, flach; *à ~* erschöpft; *être à ~* einen Platten haben; *~ pays* Flachland *n*

plateau [plato] *m 1.* Tablett *n; 2. GEO* Hochebene *f; 3. ~ de la balance* Waagschale *f; 4. ~ de télévision* Fernsehtisch *m*

plate-bande [platbɑ̃d] *f 1.* Beet *n; 2. (fig)* Gehege *n*

plate-forme [platfɔʀm] *f 1.* Plattform *f; 2. ~ de forage* Bohrinsel *f; 3. ~ de chargement* Ladebühne *f; 4. ~ d'élévation TECH* Hebebühne *f*

platine [platin] *m 1. CHEM* Platin *n; f 2. TECH* Platine *f*

platitude [platityd] *f* Plattheit *f,* Geschmacklosigkeit *f,* Banalität *f*

plâtre [plɑtʀ] *m 1. MIN* Gips *m; battre qn comme ~* jdn windelweich schlagen; *2. MED* Gips *m; avoir une jambe dans le ~* ein Gipsbein haben *3. essuyer les ~s (fig)* eine Neubauwohnung trockenwohnen

plâtrer [plɑtʀe] *v 1.* gipsen, vergipsen *2. MED* eingipsen

plausible [plozibl] *adj* plausibel, triftig

plébiscite [plebisit] *m POL* Plebsizit *n,* Volksentscheid *m,* Volksbefragung *f*

P

plein [plɛ̃] *adj 1.* voll, völlig, ganz; *en avoir ~ le dos* es gründlich satt haben; *faire le ~* voll tanken; *de ~ gré* aus freiem Antrieb; *en ~ hiver* mitten im Winter; *en ~ soleil* in der prallen Sonne; *battre son ~* in vollem Gange sein; *2. ZOOL* trächtig

plein-temps [plɛ̃tɑ̃] *m* Vollzeitbeschäftigung *f*

plénipotentiaire [plenipɔtɑ̃sjɛʀ] *adj* bevollmächtigt, beauftragt

plénitude [plenityd] *f* Fülle *f,* Überfluss *m*

pléthore [pletɔʀ] *f* Überfluss *m*

pléthorique [pletɔʀik] *adj* vollblütig, im Überfluss

pleurer [plœʀe] *v 1.* weinen; *~ comme une Madeleine/~ comme un veau* wie ein Schlosshund heulen; *C'est bête à ~!* Es ist zum Weinen! *2. ~ qc* etw bejammern; *3. ~ qn (mort)* jdn beweinen; *4. (fam)* heulen

pleurnicher [plœʀniʃe] *v (fam)* heulen, quengeln

pleurs [plœʀ] *m/pl* Tränen *pl; en ~* in Tränen aufgelöst

pleutre [pløtʀ] *adj* memmenhaft, feige

pleuvoir [pløvwaʀ] *v irr* regnen; *~ à verse* in Strömen regnen; *Il va ~.* Es wird gleich Regen geben. *Il pleut de grosses gouttes.* Es regnet dicke Tropfen. *Les critiques pleuvaient sur lui.* Er wurde mit Kritik überschüttet.

P

pli [pli] *m 1.* Falte *f; Cela ne fait pas un ~.* Das geht wie geschmiert. *prendre un mauvais ~ (fig)* eine schlechte Gewohnheit annehmen; *2. (de pantalon)* Bügelfalte *f; 3. (d'un papier)* Knick *m; 4. mise en ~s* wassergewellt*; 5. (lettre)* Umschlag *m*

pliant [plijɑ̃] *adj* faltbar; *siège ~* Klappstuhl *m*

plier [plije] *v 1.* einbiegen; *2. (courber)* beugen, biegen, verbiegen; *être plié en deux* sich biegen vor Lachen; *3. (froisser)* falten, knicken, zusammenlegen; *4. (papier)* umknicken; *5. se ~ à* sich fügen, sich beugen

plisser [plise] *v* knicken, falten

plomb [plɔ̃] *m 1.* Blei *n; sans ~* bleifrei; *2. (amalgame)* Plombe *f*

plombage [plɔ̃baʒ] *m (d'une dent)* Plombe *f,* Zahnfüllung *f*

plomberie [plɔ̃bʀi] *f* Installation *f,* Klempnerei *f,* Klempnerhandwerk *n*

plombier [plɔ̃bje] *m* Klempner *m,* Installateur *m,* Schweißer *m*

plonge [plɔ̃ʒ] *f (fam)* Spülen *n,* Tellerwaschen *n; faire la ~* das Geschirr abwaschen

plongée [plɔ̃ʒe] *f 1.* Tauchen *n,* Tauchgang *m; faire de la ~ sous-marine* Tauchsport betreiben, tiefseetauchen; *un sous-marin en ~* ein U-Boot auf Tauchstation *n; 2. (prise de vue) CINE* Aufnahme von oben *f*

plongeoir [plɔ̃ʒwaʀ] *m* Sprungturm *m,* Sprungbrett *n*

plongeon [plɔ̃ʒɔ̃] *m SPORT* Kopfsprung *m*

plonger [plɔ̃ʒe] *v 1.* tauchen; *2. (tremper dans qc)* untertauchen, eintauchen; *3. se ~ dans qc* sich in etw versenken

plouc [pluk] *m (fam)* Tölpel *m*

ployer [plwaje] *v 1. (fig)* nachgeben; *2. (courber)* biegen, krümmen

pluie [plɥi] *f METEO* Regen *m; ~ diluvienne* Platzregen *m; ~ torrentielle* Wolkenbruch *m; ~ verglaçante* Eisregen *m*

plume [plym] *f 1.* Feder *f; laisser des ~s* Federn lassen; *léger comme une ~* federleicht; *2. ~ d'oie* Gänsefeder *f*

plumeau [plymo] *m* Staubwedel *m*

plumer [plyme] *v 1. (oiseau)* rupfen; *~ un poulet* ein Huhn rupfen; *2. ~ qn (fam)* jdn rupfen, jdn ausnehmen

plupart [plypaʀ] *f 1. la ~* die meisten; *2. pour la ~* größtenteils

pluralité [plyʀalite] *f* Mehrheit *f*

pluriel [plyʀjɛl] *m GRAMM* Mehrzahl *f,* Plural *m*

plus [ply(s)] *adv 1. de ~* außerdem, ferner, hinzu, neben; *2. ~ ..., ~ ...* je ... desto ... *3. en ~ (supplémentaire)* dazu; *4. MATH* plus; *5. le ~ de* die meisten; *6. (davantage)* mehr; *J'en ai ~ qu'assez.* Ich habe es mehr als satt. *7. ~ d'un* mehrere

plusieurs [plyzjœʀ] *pron* mehrere, etliche, einige

plus-value [plyvaly] *f ECO* Mehrwert *m,* Wertzuwachs *m,* Wertsteigerung *f*

plutôt [plyto] *adv* eher, lieber

pluvieux [plyvjø] *adj* regnerisch, regenreich; *un temps ~* Regenwetter *n*

pneu [pnø] *m 1.* Reifen *m; 2. ~ à plat* platter Reifen *m; 3. ~ à clous* Spikereifen *m; 4. ~ d'hiver* Winterreifen *m*

pneumatique [pnømatik] *m 1. TECH* Pneumatik *f; adj 2.* pneumatisch; *3. matelas ~* Luftmatratze *f; 4. canot ~ NAUT* Schlauchboot *n*

poche [pɔʃ] *f (sur un vêtement)* Tasche *f; mettre qn dans sa ~* jdn in die Tasche stecken; *C'est dans la ~!* Das hätten wir./Das ist so gut wie sicher. *avoir des ~s sous les yeux* Augenringe haben; *en être de sa ~ (fig)* draufzahlen

pocher [pɔʃe] *v 1. GAST* pochieren; *~ des œufs* Eier pochieren, verlorene Eier kochen; *2. ~ un œil à qn (fam)* jdm ein blaues Auge schlagen; *3. (dessiner) ART* skizzieren

pochette [pɔʃɛt] *f 1. (mouchoir)* Ziertaschentuch *n; 2. (sachet)* Hülle *f,* kleine Tüte *f,* kleiner Umschlag *m; une ~ de disque* eine Plattenhülle *f; 3. (sac)* Handtasche *f,* Unterarmtasche *f*

pochoir [pɔʃwaʀ] *m ART* Schablone *f*

podcast [pɔtkast] *m INFORM* Podcast *m*

poêle[1] [pwal] *m* Ofen *m; ~ de faïence* Kachelofen *m*

poêle[2] [pwal] *f GAST* Pfanne *f; ~ à frire* Bratpfanne *f*

poêler [pwɛle] *v GAST* in der Pfanne braten

poème [pɔɛm] *m* Gedicht *n*

poésie [pɔezi] *f 1.* Poesie *f; 2. (poème) LIT* Dichtung *f; 3. ~ lyrique LIT* Lyrik *f*

poète [pɔɛt] *m* Dichter(in) *m/f,* Poet(in) *m/f*

poids [pwa] *m 1.* Gewicht *n; perdre du ~* abnehmen; *~ brut* Bruttogewicht *n; ~ plume* Federgewicht *n; ~ mouche* Fliegengewicht *n; ~ lourd* Lastkraftwagen *m; ~ net* Nettogewicht *n; manque de ~* Untergewicht *n; 2. (fardeau)* Last *f; 3. ne pas faire le ~ (fig)* nicht den Anforderungen entsprechen; *4. avoir deux ~* mit zweierlei Maß messen

poignant [pwaɲɑ̃] *adj* herzergreifend

poignard [pwaɲaʀ] *m* Dolch *m*

poignarder [pwaɲaʀde] *v* erstechen, mit einem Messer verletzen, erdolchen

poigne [pwaɲ] *f* Händedruck *m,* Energie *f,* Kraft *f; avoir de la ~* eine eiserne Faust haben

poignée [pwaɲe] *f 1. (sur une porte)* Türgriff *m,* Klinke *f; ~ de porte* Türklinke *f; 2. (coup de main)* Handgriff *m; ~ de main* Händeschütteln *n; une ~ de* eine Hand voll; *3. (anse)* Henkel *m*

poignet [pwaɲɛ] *m ANAT* Handgelenk *n*

poil [pwal] *m 1.* Haar *n; Il s'en est fallu d'un ~.* Um Haaresbreite. *2. (animal)* Fell *n; 3. à ~ (fam)* splitternackt

poilant [pwalɑ̃] *adj (fam)* komisch, ulkig

poilu [pwaly] *adj 1.* behaart; *être ~ comme un singe/être ~ comme un ours* behaart sein wie ein Affe; *m 2. (fam) HIST* Landser *m*

poinçon [pwɛ̃sɔ̃] *m* Stempel *m*

poinçonner [pwɛ̃sɔne] *v 1.* lochen, stanzen; *2. (tamponner)* stempeln; *3. TECH* eichen

poindre [pwɛ̃dʀ] *v (aube)* tagen

poing [pwɛ̃] *m* Faust *f; dormir à ~s fermés* wie ein Murmeltier schlafen; *gros comme le ~* faustgroß; *coup de ~* Fausthieb *m*

point[1] [pwɛ̃] *m 1.* Punkt *m; mettre les ~s sur les i (fig)* es klipp und klar sagen; *être au ~ mort* den toten Punkt erreicht haben; *être sur le ~ de partir* auf dem Sprung sein; *faire le ~ de qc* Bilanz ziehen; *mettre les choses au ~* etw richtig stellen, etw auf den Punkt bringen; *~ de repère* Anhaltspunkt *m; ~ d'application* Ansatzpunkt *m; ~ de départ* Ausgangspunkt *m; ~ d'exclamation* Ausrufezeichen *n; ~ d'interrogation* Fragezeichen *n; ~ virgule* Strichpunkt *m; ~ d'achoppement* Angriffspunkt *m; ~s communs* Gemeinsamkeiten *pl; ~ mort* Leerlauf *m; ~ final* Schlussstrich *m; ~ de fusion* Schmelzpunkt *m; ~ faible* Schwachstelle *f; ~ de côté* Seitenstechen *n; ~ cardinal* Himmelsrichtung *f; bon ~* Pluspunkt *m; ~ du jour* Tagesanbruch *m; 2. ~ de vue* Meinung *f,* Standpunkt *m,* Gesichtspunkt *m,* Blickpunkt *m; 3. (en couture)* Stich *m*

point[2] [pwɛ̃] *adv (pas)* gar nicht

pointage [pwɛ̃taʒ] *m* Richten *n,* Einstellen *n*

pointe [pwɛ̃t] *f 1.* Spitze *f; ~ des pieds* Zehenspitze *f; de ~* führend; *~ de couteau* Messerspitze *f; heures de ~* Stoß-verkehr *m; 2. (clou de l'histoire)* Pointe *f; 3.TECH* Nagel *m*

pointer [pwɛ̃te] *v 1.* abhaken; *2. MUS* punktieren; *3. (diriger)* anvisieren; *4. se ~ (fam)* sich einstellen

pointeuse [pwɛ̃tøz] *f* Stechuhr *f*

pointillé [pwɛ̃tije] *m (ligne)* punktierte Linie *f,* Perforation *f; découper suivant le ~* an der punktierten Linie entlang schneiden

pointilleux [pwɛ̃tijø] *adj* peinlich genau, pedantisch, spitzfindig, kleinkariert

pointu [pwɛ̃ty] *adj 1.* spitz, zugespitzt; *2. (fig)* spitzfindig, bösartig

pointure [pwɛ̃tyʀ] *f* Größe *f*

poire [pwaʀ] *f 1.* Birne *f; couper la ~ en deux* einen Kompromiss schließen/halbehalbe machen; *2. (fam: visage)* Birne *f; adj 3. (fam)* trottelig

poireau [pwaʀo] *m 1. BOT* Lauch *m,* Porree *m; 2. faire le ~ (fam)* sich die Beine in den Bauch stehen

P

poireauter [pwarɔte] *v (fam)* schmoren
pois [pwa] *m 1.* Erbse *f; 2. (point)* Tupfen *m; 3. ~ chiche BOT* Kichererbse *f; 4. petit ~* Erbse *f*
poison [pwazɔ̃] *m 1.* Gift *n; 2. (fig)* Giftzahn *m*
poisse [pwas] *f (fam: malheur)* Unglück *n,* Schlamassel *m*
poisser [pwase] *v* anschmieren, beschmieren
poisson [pwasɔ̃] *m 1. ZOOL* Fisch *m; 2. ~ frit* Bratfisch *m; 3. ~ rouge* Goldfisch *m; 4. être heureux comme un ~* munter wie ein Fisch im Wasser sein; *5. finir en queue de ~* wie das Homberger Schießen ausgehen
poissonnerie [pwasɔnʀi] *f* Fischgeschäft *n,* Fischladen *m*
poitrail [pwatʀaj] *m (d'un animal)* Brust *f*
poitrine [pwatʀin] *f 1.* Brust *f; 2. (buste)* Büste *f*
poivre [pwavʀ] *m 1.* Pfeffer *m; ~ de Cayenne* Cayennepfeffer *m; 2. cheveux ~ et sel* grau meliertes Haar *n*
poivrer [pwavʀe] *v* pfeffern
poivron [pwavʀɔ̃] *m BOT* Paprikaschote *f*
poivrot [pwavʀo] *m (fam: ivrogne)* Betrunkener *m,* Besoffener *m*
poix [pwa] *f* Pech *n*
polaire [pɔlɛʀ] *adj 1. GEO* Polar... *le cercle ~* der Polarkreis *m; une expédition ~* eine Polarexpedition *f; un froid ~ (fig)* eine Eiseskälte *f; 2. l'étoile ~ ASTR* Polarstern *m,* Nordstern *m*
polar [pɔlaʀ] *m (fam)* Krimi *m*
polariser [pɔlaʀize] *v 1. PHYS* polarisieren; *2. (fig)* anziehen, versammeln, konzentrieren; *~ l'attention* die Aufmerksamkeit auf sich lenken
pôle [pol] *m* Pol *m; ~ négatif* Minuspol *m; ~ Nord* Nordpol *m; ~ positif* Pluspol *m*
polémique [pɔlemik] *f 1.* Polemik *f; adj 2.* polemisch
poli[1] [pɔli] *adj 1.* höflich; *2. (attentionné)* rücksichtsvoll
poli[2] [pɔli] *m 1.* Politur *f; adj 2.* glatt, poliert

> **police**[1] [pɔlis] *f* Polizei *f; ~ judiciaire* Kriminalpolizei *f; ~ des moeurs* Sittenpolizei *f; ~ de la route* Verkehrspolizei *f; ~ secours* Überfallkommando *n*

police[2] [pɔlis] *f ~ d'assurance* Versicherungspolice *f*
polichinelle [pɔliʃinɛl] *m 1. (marionnette)* Pulcinella *m; C'est un secret de ~.* Das ist ein offenes Geheimnis. *2. (fig)* Kasper *m,* Witzbold *m; faire le ~* den Kasper spielen
policier [pɔlisje] *m 1.* Polizist *m; 2. roman ~* Krimi *m; adj 3.* polizeilich
polir [pɔliʀ] *v 1. (lisser)* glätten; *2. (affiner)* verfeinern; *3. TECH* abschleifen, schleifen, polieren
politesse [pɔlitɛs] *f* Höflichkeit *f*
politicien(ne) [pɔlitisjɛ̃/pɔlitisjɛn] *m/f* Politiker(in) *m/f*
politique [pɔlitik] *adj 1.* politisch; *f 2.* Politik *f; ~ agricole* Agrarpolitik *f; ~ de l'éducation* Bildungspolitik *f; ~ familiale* Familienpolitik *f; ~ de marché* Absatzpolitik *f; ~ de dissuasion* Abschreckungspolitik *f; ~ extérieure* Außenpolitik *f; ~ de détente* Entspannungspolitik *f; ~ financière* Finanzpolitik *f; ~ de paix* Friedenspolitik *f; ~ commerciale* Handelspolitik *f; ~ intérieure* Innenpolitik *f; ~ réaliste* Realpolitik *f; ~ sociale* Sozialpolitik *f; ~ monétaire* Währungspolitik *f; ~ économique* Wirtschaftspolitik *f; m 3.* Politiker *m,* Staatsmann *m*
politologue [pɔlitɔlɔg] *m/f* Politologe/Politologin *m/f*
pollen [pɔlɛn] *m* Blütenstaub *m*
polluant [pɔlɥɑ̃] *m 1.* Schadstoff *m; adj 2. (contre l'environnement)* umweltfeindlich, umweltschädlich; *3. peu ~* schadstoffarm
polluer [pɔlɥe] *v* verschmutzen, verunreinigen
pollution [pɔlysjɔ̃] *f 1.* Verschmutzung *f,* Verunreinigung *f; ~ de l'air* Luftverschmutzung *f; ~ de l'environnement* Umweltverschmutzung *f; 2. ~ sonore* Lärmbelästigung *f*
polochon [pɔlɔʃɔ̃] *m (fam: traversin)* Nackenrolle *f; faire une bataille de ~s* eine Kissenschlacht machen
Pologne [pɔlɔɲ] *f GEO* Polen *n*
Polonais(e) [pɔlɔnɛ(z)] *m/f* Pole/Polin *m/f*
poltron [pɔltʀɔ̃] *adj 1.* feig; *m 2.* Angsthase *m,* Feigling *m*
polychrome [pɔlikʀom] *adj* mehrfarbig
polycopier [pɔlikɔpje] *v* vervielfältigen, kopieren
polyglotte [pɔliglɔt] *adj* mehrsprachig, polyglott
polype [pɔlip] *m 1. ZOOL* Polyp *m; 2. MED* Polyp *m*
polyphonie [pɔlifɔni] *f MUS* Polyphonie *f,* Vielstimmigkeit *f*

P

polytechnicien(ne) *m/f* Schüler(in) einer polytechnischen Schule *m/f*
polytechnique [pɔlitɛknik] *f (école)* Ecole Polytechnique *f,* eine der Grandes Ecoles in Frankreich *f*
polythéisme [pɔliteism] *m* Polytheismus *m,* Vielgötterei *f*
polyvalent [pɔlivalɑ̃] *adj* polyvalent; *salle ~e* vielseitig nutzbarer Raum *m*
pommade [pɔmad] *f 1.* Salbe *f,* Pommade *f; 2. passer de la ~ à qn (fig)* jdm Honig ums Maul schmieren
pomme [pɔm] *f 1.* Apfel *m; 2. pour ma ~ (fam)* für mich; *3. tomber dans les ~* in Ohnmacht fallen; *4. ~ de douche* Duschbrause *f; 5. ~ d'arrosoir* Brausekopf *m; 6. ~ de discorde (fig)* Zankapfel *m*
pommeau [pɔmo] *m* Knauf *m,* Griff *m,* Knopf *m; le ~ d'une canne* der Knauf eines Spazierstocks *m; le ~ d'une épée* der Schwertknauf *m; le ~ d'une selle* der Sattelknopf *m; un ~ de douche* ein Duschkopf *m*
pomme de terre [pɔmdətɛʀ] *f BOT* Kartoffel *f; ~ en robe de chambre* Pellkartoffel *f; pommes de terre sautées* Bratkartoffeln *pl*
pommelé [pɔmle] *adj* mit Schäfchenwolken bezogen
pommette [pɔmɛt] *f ANAT* Backenknochen *m; avoir des ~s saillantes* hervorstehende Backenknochen haben
pommier [pɔmje] *m 1. BOT* Apfelbaum *m; 2. (bois)* Apfelbaumholz *m*
pompé [pɔ̃pe] *adj (fam: fatigué)* kaputt, erschöpft, fertig
pompe[1] [pɔ̃p] *f 1.* Pumpe *f; ~ à air* Luftpumpe *f; 2. (fam: chaussure)* Botten *f/pl,* Treter *m/pl; 3. SPORT* Liegestütz *m*
pompe[2] [pɔ̃p] *f 1. (faste)* Prunk *m; 2. Pompes funèbres pl* Bestattungsinstitut *n*
pomper [pɔ̃pe] *v 1.* pumpen; *2. (absorber)* an sich ziehen; *3. ~ l'air à qn (fam)* jdn nerven
pompeux [pɔ̃pø] *adj* prunkvoll
pompier [pɔ̃pje] *m 1.* Feuerwehrmann *m; 2. ~s pl* Feuerwehr *f*
pompiste [pɔ̃pist] *m* Tankwart *m*
pompon [pɔ̃pɔ̃] *m 1.* Pompon *m,* Quaste *f,* Troddel *f; le ~ rouge des bonnets de marin* der rote Pompon der Matrosenmützen; *2. (fam)* erster Platz *m,* Sieg *m; avoir le ~* alle anderen übertreffen; *décrocher le ~* den Vogel abschießen; *C'est le ~!* Das ist die Höhe!
ponceau [pɔ̃so] *adj* hochrot
poncer [pɔ̃se] *v TECH* abschmirgeln
ponceuse [pɔ̃søz] *f TECH* Schleifgerät *n,* Abschleifer *m*
poncif [pɔ̃sif] *m (fig)* schablonenhaft, abgedroschen
ponction [pɔ̃ksjɔ̃] *f 1. MED* Punktion *f; 2. ~ d'argent* Abheben von Geld *n*
ponctualité [pɔ̃ktɥalite] *f* Pünktlichkeit *f*
ponctuation [pɔ̃ktɥasjɔ̃] *f GRAMM* Zeichensetzung *f; les signes de ~* die Satzzeichen *pl; mettre la ~* die Satzzeichen setzen
ponctuel [pɔ̃ktɥɛl] *adj* pünktlich, prompt
ponctuer [pɔ̃ktɥe] *v 1. ~ un texte* Satzzeichen in einen Text einfügen; *2. (fig)* untermalen, bekräftigen; *~ un discours de gestes* eine Rede mit Gesten unterstreichen
pondérer [pɔ̃deʀe] *v* abwägen, ausgleichen, bewerten, gerecht verteilen
pondre [pɔ̃dʀ] *v 1. (œuf)* legen; *2. (fam)* Kind bekommen, werfen; *3. (fig)* verfassen
poney [pɔnɛ] *m ZOOL* Pony *n*
pont [pɔ̃] *m 1.* Brücke *f; faire le ~* einen Brückentag nehmen; *2. NAUT* Deck *n; 3. ~ arrière (d'une voiture)* Hinterachse *f; 4. ~ supérieur (d'un bateau)* Oberdeck *n; 5. ~ élévateur* Hebebühne *f*
pontife [pɔ̃tif] *m REL* Pontifex *m,* Oberpriester *m,* Bischof *m; le souverain ~* der Pontifex Maximus *m,* der Papst *m*
pont-levis [pɔ̃ləvi] *m* Zugbrücke *f*
ponton [pɔ̃tɔ̃] *m* Ponton *m; attacher un bateau au ~* ein Schiff am Ponton festmachen
populace [pɔpylas] *f* Pöbel *m*
populaire [pɔpylɛʀ] *adj 1.* beliebt, populär; *2. (danse)* volkstümlich
populariser [pɔpylaʀize] *v* popularisieren, im Volk verbreiten, populär machen
popularité [pɔpylaʀite] *f* Beliebtheit *f,* Popularität *f*
population [pɔpylasjɔ̃] *f 1.* Bevölkerung *f; ~ rurale* Landbevölkerung *f; 2. (nombre d'habitants)* Einwohnerzahl *f; 3. ~ locale* Einheimische *pl*
populo [pɔpylo] *m (fam)* Pöbel *m,* Mob *m*
porcelaine [pɔʀsəlɛn] *f* Porzellan *n*
poreux [pɔʀø] *adj* porös
pornographie [pɔʀnɔgʀafi] *f* Pornografie *f*
port[1] [pɔʀ] *m* Hafen *m; ville portuaire* Hafenstadt *f; ~ de pêche* Fischereihafen *m*
port[2] [pɔʀ] *m (affranchissement)* Porto *n*
port[3] [pɔʀ] *m 1.* Tragen *n,* Führen *n; 2. ~ d'armes* Tragen von Waffen *n*

P

portable [pɔʀtabl] *adj 1.* tragbar; *un ordinateur* ~ ein tragbarer Computer *m,* ein Laptop *m,* ein Notebook *n; un (téléphone)* ~ ein Handy *n; 2. (mode)* tragbar
portail [pɔʀtaj] *m 1. (porte)* Tor *n; 2. (d'un château)* Portal *n*
portant [pɔʀtɑ̃] *adj 1.* tragend, stützend; *2. bien* ~ gesund, wohlauf; *3. à bout* ~ in nächster Nähe
portatif [pɔʀtatif] *adj (appareil)* tragbar
porte [pɔʀt] *f 1.* Tür *f; mettre qn à la* ~ jdn vor die Tür setzen; *ouvrir la* ~ *à qc* einer Sache Tür und Tor öffnen; *défendre sa* ~ *à qn* jdm sein Haus verbieten; *frapper à la* ~ anklopfen; ~ *tournante* Drehtür *f;* ~ *à double battant* Flügeltür *f; 2. (conciergerie)* Pforte *f; 3. (d'un ville)* Stadttor *n*
porte-à-porte [pɔʀtapɔʀt] *m* Hausieren *n,* Verkauf von Haus zu Haus *m; faire du* ~ von Haus zu Haus gehen, hausieren
porte-avions [pɔʀtavjɔ̃] *m* Flugzeugträger *m*
porte-bébé [pɔrtbebe] *m* Babytrage *f*
porte-bonheur [pɔʀtbɔnœʀ] *m* Glücksbringer *m,* Maskottchen *n,* Talismann *m*
porte-clés [pɔʀtəkle] *m* Schlüsselanhänger *m,* Schlüsseletui *n*
porte-documents [pɔʀtdɔkymɑ̃] *m* Aktentasche *f*
portée [pɔʀte] *f 1.* Reichweite *f; à* ~ *de la main* griffbereit; ~ *d'émission* Sendebereich *m; 2. (envergure)* Spannweite *f,* Tragweite *f; de longue* ~ weit reichend; *3. MUS* Notensystem *n,* Notenlinien *f/pl*
portefeuille [pɔʀtəfœj] *m 1.* Brieftasche *f; 2.* ~ *de titres ECO* Effektenbestand *m*
portemanteau [pɔʀtmɑ̃to] *m* Bügel *m*
porte-monnaie [pɔʀtmɔnɛ] *m* Geldbeutel *m,* Geldbörse *f*
porte-parole [pɔʀtəpaʀɔl] *m 1.* Sprecher(in) *m/f,* Wortführer(in) *m/f; 2.* ~ *du gouvernement POL* Regierungssprecher(in) *m/f*

porter [pɔʀte] *v 1. (vêtement)* anhaben, tragen; *2. (ap~)* bringen; *se* ~ *comme un charme* sich pudelwohl fühlen/kerngesund sein; ~ *bonheur* Glück bringen; ~ *qn aux nues* jdn bis in den Himmel heben; ~ *à* überbringen; ~ *à la connaissance du public* bekannt geben; *se* ~ *garant pour qn* für jdn bürgen; *se* ~ *candidat* kandidieren; *Il se porte bien.* Es geht ihm gut. *3. en porte à faux* schief; *4.* ~ *sur qc* auf etw ruhen, auf etw aufliegen

porteur [pɔʀtœʀ] *m 1.* Bote *m,* Überbringer *m; 2. (support)* Träger *m; adj 3.* tragend, stützend; *4. une mère porteuse* Leihmutter *f*
porte-voix [pɔrtəvwa] *m* Sprecher *m,* Wortführer *m*
portier [pɔʀtje] *m 1.* Pförtner *m,* Portier *m; 2. (concierge)* Hausmeister *m*
portière [pɔʀtjɛʀ] *f (d'un véhicule)* Fahrzeugtür *f*
portion [pɔʀsjɔ̃] *f 1.* Portion *f; 2. (quantité)* Stück *n,* Teil *m*
portique [pɔʀtik] *m 1. (support)* Gerüst *n; un* ~ *de gymnastique* ein Turngerüst *n; 2.(galerie)* Säulengang *m*
portrait [pɔʀtʀɛ] *m 1.* Abbild *n,* Ebenbild *n; 2. (tableau) ART* Portrait *n; faire le* ~ porträtieren; *3.* ~ *robot* Phantombild *n*
portugais [pɔʀtygɛ] *adj* portugiesisch
Portugais(e) [pɔʀtygɛ(z)] *m/f* Portugiese/Portugiesin *m/f*
Portugal [pɔʀtygal] *m GEO* Portugal *n*
pose [poz] *f 1.* Pose *f; 2. (de câbles) TECH* Verlegung *f*
posé [poze] *adj* besonnen
poser [poze] *v 1.* legen; *2. (placer debout)* stellen; *3.* ~ *sur* aufsetzen; *4. (pansement) MED* anlegen; *5. (câble) TECH* verlegen; *6. ART* Modell sitzen, posieren; *7. se* ~ auftreten, sich aufspielen; *8. se* ~ *comme* sich geben als
poseur [pozœʀ] *m (fig)* Wichtigtuer *m,* Angeber *m*
positif [pozitif] *adj 1.* positiv; *m 2. FOTO* Positiv *n*
position [pozisjɔ̃] *f 1.* Lage *f,* Position *f;* ~ *de pointe* Spitzenposition *f; être dans une* ~ *difficile* sich in einer schwierigen Lage befinden; *2. (point de vue)* Standpunkt *m,* Stellung *f;* ~ *debout* Stand *m;* ~ *dominante* Vormachtstellung *f;* ~ *sociale* Status *m; 3. (poste de travail)* Anstellung *f*
positionner [pozisjɔne] *v TECH* einsetzen, anbringen
posséder [pɔsede] *v 1.* besitzen, haben; *2. (fig: maîtriser)* beherrschen; *3. (fam)* hintergehen, hereinlegen
possesseur [pɔsesœʀ] *m (propriétaire)* Inhaber *m*
possessif [pɔsesif] *adj 1. GRAMM* Possessiv..., besitzanzeigend; *un adjectif* ~ attributives Possessivpronomen *n; un pronom* ~ besitzanzeigendes Fürwort *n; 2.* besitzergreifend, einnehmend; *un père trop* ~ ein besitzergreifender Vater *m*

P

possession [pɔsesjɔ̃] *f 1.* Besitz *m; 2. avoir en sa ~* innehaben, besitzen
possibilité [pɔsibilite] *f* Möglichkeit *f; ~ de promotion professionnelle* Aufstiegsmöglichkeit *f; ~ échappatoire* Ausweichmöglichkeit *f*
possible [pɔsibl] *adj 1.* möglich; *2. le mieux ~* bestmöglich; *3. le plus ... ~* möglichst ...; *m 4.* (das) Mögliche *n*
postal [pɔstal] *adj code ~* Postleitzahl *f*
postdater [pɔstdate] *v* vordatieren; *~ un chèque* einen Scheck vordatieren
poste¹ [pɔst] *f 1.* Postamt *n; 2. (courrier)* Post *f; ~ aérienne* Luftpost *f; bureau de ~* Postamt *n; ~ restante* postlagernd
poste² [pɔst] *m 1. (place)* Stelle *f; ~ de commande* Steuerzentrale *f; 2. (posture)* Positur *f; 3. (emploi)* Stellung *f,* Posten *m,* Arbeitsstelle *f; ~ de police* Polizeiposten *m; ~ de secours* Unfallstation *f; f 4. (appareil)* Gerät *n,* Anlage *f; ~ de télévision* Fernsehgerät *n; ~ émetteur-récepteur* Funkgerät *n; ~ fixe* Festnetzanschluss *m*
poster [pɔste] *v 1. (courrier)* einwerfen, auf die Post geben, aufgeben; *2. se ~* sich postieren, sich aufstellen
postérieur [pɔsterjœr] *adj 1.* nachträglich, später; *m 2. (fam)* Hintern *m,* Po *m*
postérité [pɔsterite] *f 1.* Nachwelt *f; 2. (descendance)* Nachkommenschaft *f*
posthume [pɔstym] *adj* postum; *un ouvrage ~* ein nach dem Tod erschienenes Werk *n; à titre ~* postum
postiche [pɔstiʃ] *adj 1. (faux)* falsch; *m 2.* Toupet *n*
postier [pɔstje] *m* Postbediensteter *m,* Postler *m*
postière [pɔtjɛr] *f* Postbedienstete *f,* Postlerin *f*
postillon [pɔstijɔ̃] *m 1.* Postillion *m; 2. (de salive)* Speicheltropfen *m; envoyer des ~s* eine feuchte Aussprache haben
postulant(e) [pɔstylɑ̃/pɔstylɑt] *m/f* Bewerber(in) *m/f*
postuler [pɔstyle] *v ~ pour/~ à* sich bewerben um
posture [pɔstyr] *f 1.* Haltung *f; 2. se trouver en mauvaise ~ (fig)* sich in einer schwierigen Lage befinden
pot [po] *m 1.* Topf *m; ~ de fleurs* Blumentopf *m; 2. (cruche)* Kanne *f; 3. (fam)* Umtrunk *m; 4. ~ d'échappement TECH* Auspuff *m; 5. ~ catalytique TECH* Katalysator *m; 6. découvrir le ~ aux roses (fig)* hinter ein Geheimnis kommen; *7. tourner autour du ~ (fig)* wie die Katze um den heißen Brei gehen
potable [pɔtabl] *adj* trinkbar
potage [pɔtaʒ] *m* Suppe *f; ~ de légumes GAST* Gemüsesuppe *f*
potager [pɔtaʒe] *m jardin ~* Gemüsegarten *m*
potasser [pɔtase] *v (fam)* pauken
pot-au-feu [potofø] *m GAST* Feuertopf *m,* Eintopf *m*
pot-de-vin [podəvɛ̃] *m* Schmiergeld *n*
pote [pɔt] *m (fam)* Kumpel *m*
poteau [pɔto] *m 1.* Pfahl *m,* Pfosten *m; 2. ~ indicateur* Wegweiser *m*
potelé [pɔtle] *adj (gros)* mollig, pummelig, rundlich
potence [pɔtɑ̃s] *f 1.* Galgen *m; 2. TECH* Ausleger *m,* Strebe *f*
potentat [pɔtɑ̃ta] *m* Machthaber *m,* Fürst *m*
potentiel [pɔtɑ̃sjɛl] *m 1.* Potenzial *n; adj 2.* potenziell
poterie [pɔtri] *f 1.* Töpferhandwerk *n; 2. (récipient)* irdenes Tongeschirr *n,* Töpferware *f/pl*
potier [pɔtje] *m* Töpfer *m*
potiner [pɔtine] *v (fam)* tratschen
potins [pɔtɛ̃] *m/pl (fam)* Gerede *n*
potion [pɔsjɔ̃] *f* Arzneitrank *m*
pou [pu] *m 1. ZOOL* Laus *f; 2. chercher des ~x à qn (fam)* jdn schikanieren
poubelle [pubɛl] *f* Abfalleimer *m,* Mülleimer *m*
pouce [pus] *m 1. ANAT* Daumen *m; 2. (unité de mesure)* Zoll *m; 3. donner un coup de ~ à qn (fig)* jdn begünstigen (Karriere); *4. se tourner les ~s (fam)* die Daumen drehen, die Hände in den Schoß legen; *5. ne pas bouger d'un ~* keinen Finger krumm machen; *interj 6. ~ !* (zu Kindern) Frieden!/Pause!/gilt nicht!
poudre [pudr] *f 1.* Puder *m,* Pulver *n; prendre la ~ d'escampette (fam)* sich aus dem Staub machen; *~ à canon* Schießpulver *n; 2. mettre le feu aux ~s (fig)* die Bombe platzen lassen; *3. Il n'a pas inventé la ~* Er hat das Pulver nicht erfunden. *4. jeter de la ~ aux yeux de qn* jmd Sand in die Augen streuen
poudrière [pudrijɛr] *f 1.* Pulvermagazin *n,* Pulverfass *n; 2. (fig)* Pulverfass *n*
pouf [puf] *m 1. (siège)* Puff *m,* Sitzkissen *n; interj 2. ~!* plumps!
pouffer [pufe] *v* losprusten, loslachen; *~ de rire* in lautes Gelächter ausbrechen; *~ derrière qn* hinter jdm losprusten

P

pouilleux [pujø] *adj (misérable)* lausig
poulailler [pulɑje] *m 1. (abri pour volailles)* Hühnerstall *m; 2. (fig) THEAT* Olymp *m*
poulain [pulɛ̃] *m 1. ZOOL* Fohlen *n; 2. (fig)* Favorit *m*
poule [pul] *f 1. ZOOL* Henne *f,* Huhn *n; avoir la chair de ~* eine Gänsehaut haben; *2. ~ mouillée* Hasenfuß *m,* Memme *f; 3. Quand les ~s auront des dents. (fig)* Wenn die Fische fliegen lernen... *4. ~ d'eau ZOOL* Wasserhuhn *n,* Blässhuhn *n*
poulet [pulɛ] *m 1. GAST* Hähnchen *n; 2.~rôti* Brathuhn *n; 3. (gendarme)* Bulle *m*
pouls [pu] *m 1.* Puls *m; 2. tâter le ~ de qn (auch fig)* jdm den Puls fühlen
poumon [pumɔ̃] *m 1. ANAT* Lunge *f; 2. respirer à pleins ~* aus voller Lunge atmen
poupe [pup] *f* Heck *n*
poupée [pupe] *f* Puppe *f*
poupon [pupɔ̃] *m 1.* Baby *n,* Kind *n,* Pausback *m; 2. (poupée)* Püppchen *n*
pouponner [pupɔne] *v* hätscheln, liebkosen
pouponnière [pupɔnjɛʀ] *f* Hort *m,* Kinderhort *m,* Kinderkrippe *f*

pour [puʀ] *prep 1.* für; *~ des prunes* für nichts und wieder nichts; *~ tout de bon* ganz im Ernst; *konj 2. (par)* um ... zu; *~ dire vrai* um die Wahrheit zu sagen; *~ en avoir le cœur net* um im Klaren zu sein; *3. ~ que* damit; *adv 4. ~ quoi* wozu; *prep 5.* pro

P

pourboire [puʀbwaʀ] *m* Trinkgeld *n*
pourcentage [puʀsɑ̃taʒ] *m* Prozent *n*
pourchasser [puʀʃase] *v 1.* jagen, verfolgen; *2. (fig)* hetzen
pourfendre [puʀf ɑdʀ] *v* mit einem Hieb spalten, kurz und klein schlagen
pourlécher [puʀleʃe] *v se ~ les babines* sich den Mund lecken
pourparlers [puʀpaʀle] *m/pl* Verhandlung *f*
pourpre [puʀpʀ] *adj 1.* purpurfarben, purpurrot, purpurn; *m 2. (couleur)* Purpur *m*
pourquoi [puʀkwa] *adv 1.* warum, wieso, weshalb; *2. c'est ~* deshalb, darum, daher, deswegen
pourrir [puʀiʀ] *v 1.* verderben, faulen, verfaulen; *2. (putréfier)* vermodern
pourriture [puʀityʀ] *f 1.* Verwesung *f,* Verfaulen *n,* Fäule *f; une odeur de ~* ein Fäulnisgeruch/Modergeruch *m; 2. (fig)* Verkommenheit *f,* moralischer Verfall *m,* Verrohung *f; sombrer dans la ~* in moralischer Verkommenheit versinken; *3. (maladie des végétaux) BOT* Fäule *f*
poursuite [puʀsɥit] *f* Verfolgung *f,* Jagd *f*
poursuivant [puʀsɥivɑ̃] *m* Verfolger *m; distancer ses ~s* seine Verfolger abschütteln
poursuivre [puʀsɥivʀ] *v irr 1.* fortsetzen, fortfahren; *2. (chasser)* jagen, verfolgen, nachlaufen; *3. (son chemin)* weitergehen; *4. (en justice) JUR* belangen
pourtant [puʀtɑ̃] *konj* doch, jedoch
pourtour [puʀtuʀ] *m* Umfang *m,* Umrandung *f*
pourvoi [puʀvwa] *m 1.* Einspruch *m; 2. JUR* Berufung *f*
pourvoir [puʀvwaʀ] *v irr 1. (équiper)* ausstatten; *2. ~ à* vorsorgen; *3. se ~ JUR* gerichtlich vorgehen
pourvoyeur [puʀvwajœʀ] *m* Lieferant *m*
pourvu [puʀvykə] *konj ~ que* unter der Bedingung, dass, hoffentlich; *Tu peux rester, ~ que tu te taises.* Du kannst bleiben, unter der Bedingung, dass du ruhig bist. *Pourvu qu'il fasse beau!* Hoffentlich gibt es schönes Wetter!
pousse [pus] *f 1. BOT* Wachstum *n; 2. (bourgeon) BOT* Trieb *m*
poussée [puse] *f 1.* Auftrieb *m; 2. (pression)* Drang *m; 3. PHYS* Schub *m,* Schubkraft *f*
pousser [puse] *v 1. (grandir)* aufwachsen, wachsen; *2. (faire avancer)* schieben, anschieben, aufschieben; *3. BOT* treiben; *4. (en avant)* treiben, antreiben; *5. ~ à* anregen, ermuntern, anspornen; *6. (se bousculer)* drängeln
poussette [pusɛt] *f (fam)* Kinderwagen *m*
poussière [pusjɛʀ] *f 1.* Staub *m; 2. mordre la ~ (fig)* ins Gras beißen; *3. ... et des ~s (fam)* ...und ein paar Cent
poussiéreux [pusjeʀø] *adj* staubig
poussif [pusif] *adj 1. (personne)* schwer atmend, keuchend; *2. (moteur)* keuchend
poussin [pusɛ̃] *m 1. ZOOL* Küken *n; 2. SPORT* junger Sportler (ca. 8 - 10 Jahre) *m*
poutre [putʀ] *f* Balken *m*

pouvoir [puvwaʀ] *m 1.* Macht *f,* Herrschaft *f; 2. (puissance)* Gewalt *f; ~ discrétionnaire* Verfügungsgewalt *f; la séparation des ~s* die Gewaltenteilung *f; ~s présidentiels* Präsidialgewalt *f; ~ gouvernemental* Regierungsgewalt *f; pleins ~s* Vollmacht *f; 3. (faculté)* Können *n,* Vermögen *n; 4. POL* Vollmacht *f,* Befugnis *f; v irr 5.* dürfen, können

pragmatique [pʀagmatik] *adj* pragmatisch
prairie [pʀeʀi] *f* Wiese *f*

praliné [pʀaline] *adj* in Zucker geröstet, gebrannt; *un bonbon ~* ein Bonbon auf der Grundlage von gebrannten Mandeln *n*
praticable [pʀatikabl] *adj* befahrbar
praticien(ne) [pʀatisjɛ̃/pʀatisjɛn] *m/f MED* praktizierender Arzt/praktizierende Ärztin *m/f*
pratiquant [pʀatikɑ̃] *adj REL* fromm
pratique [pʀatik] *f 1.* Praxis *f; 2. (exercice)* Übung *f,* Routine *f; adj 3. (confortable)* bequem, praktisch; *4. travaux ~s* praktische Arbeiten *f/pl*
pratiquer [pʀatike] *v 1.* üben; *2. (appliquer)* praktizieren *3. se ~* sich üben
pré [pʀe] *m* Wiese *f*
préalable [pʀealabl] *adj 1.* vorausgehend, vorherig, vorhergehend; *un avertissement ~* eine Vorwarnung *f; un accord ~* ein Vorabkommen *n; sans avis ~* ohne vorherige Ankündigung *f; 2. question ~ POL* Antrag, über einen Tagesordnungspunkt nicht zu beraten *m; m 3. (condition)* Vorbedingung *f; rejeter le ~* die Vorbedingung zurückweisen; *4. au ~* vorher, zuvor
préalablement [pʀealabləmɑ̃] *adv* vorher
préambule [pʀeɑ̃byl] *m* Vorwort *n*
préau [pʀeo] *m* Innenhof *m,* überdachter Schulhof *m*
préavis [pʀeavi] *m délai de ~ JUR* Kündigungsfrist *f*
précaire [pʀekɛʀ] *adj (douteux)* unsicher
précarité [pʀekaʀite] *f 1.* Unsicherheit *f; 2. (caractère éphémère)* Vergänglichkeit *f; 3. JUR* Unmittelbarkeit *f*
précaution [pʀekosjɔ̃] *f 1.* Umsicht *f; avec ~* umsichtig; *2. (disposition)* Vorbeugung *f; prendre des ~s* vorsehen; *3. (prudence)* Vorsichtigkeit *f*
précédent [pʀesedɑ̃] *adj 1.* vergangene(r,s), vorhergehend, vorig; *m 2.* Präzedenzfall *m; 3. sans ~* noch nie dagewesen, beispiellos
précéder [pʀesede] *v 1.* vorausgehen; *2. (exister avant)* früher dagewesen sein
précepte [pʀesɛpt] *m* Vorschrift *f*
précepteur [pʀesɛptœʀ] *m* Privatlehrer *m,* Erzieher *m*
préchauffer [pʀeʃofe] *v 1. TECH* vorheizen, vorwärmen, vorglühen; *2. ~ un four* einen Ofen vorheizen
prêche [pʀɛʃ] *m* Predigt *f*
prêcher [pʀeʃe] *v REL* predigen
précieux [pʀesjø] *adj 1.* kostbar, wertvoll; *2. (de luxe)* edel; *3. (recherché)* gesucht
préciosité [pʀesjɔzite] *f LIT* Affektiertheit *f,* Geziertheit *f*
précipice [pʀesipis] *m* Abgrund *m*
précipitamment [pʀesipitamɑ̃] *adv* fluchtartig, voreilig
précipitation [pʀesipitasjɔ̃] *f 1.* Hast *f; 2. ~s pl METEO* Niederschlag *m*
précipiter [pʀesipite] *v 1. se ~* überstürzen; *2. se ~ (vers, à)* rennen; *3. se ~ sur qc* sich auf etw stürzen; *4. (jeter)* herabwerfen, herniederwerfen
précis [pʀesi] *adj 1. (bien)* bestimmt, gewiss; *2. (exact)* deutlich, genau, exakt; *3. (fin)* präzise, fein; *m 4.* Abriss *m*
préciser [pʀesize] *v* verdeutlichen
précision [pʀesizjɔ̃] *f 1.* Genauigkeit *f; 2. (clarté)* Deutlichkeit *f; 3. (finesse)* Präzision *f; 4. (explication)* genauere Angabe *f*
précoce [pʀekɔs] *adj* früh, frühzeitig
préconçu [pʀekɔ̃sy] *adj idées ~es* vorgefasste Meinung *f*
préconiser [pʀekɔnize] *v* empfehlen
précuit [pʀekɥi] *adj* vorgekocht
précurseur [pʀekyʀsœʀ] *m 1.* Vorbote *m; 2. (pionnier)* Vorläufer *m*
prédateur [pʀedatœʀ] *m BIO* Raubtier *n,* Beutegreifer *m*
prédation [pʀedasjɔ̃] *f* Verfolgung *f*
prédécesseur [pʀedesesœʀ] *m 1.* Vorgänger *m; 2. ~s pl* Vorfahren *pl*
prédestination [pʀedɛstinasjɔ̃] *f 1. REL* Vorbestimmung *f,* Prädestination *f; 2. (détermination) LIT* Prädestination *f,* Entschluss *m*
prédestiner [pʀedɛstine] *v* prädestinieren, auserwählen, vorbestimmen
prédéterminer [pʀedetɛʀmine] *v* vorherbestimmen, im Voraus festlegen
prédication [pʀedikasjɔ̃] *f REL* Predigt *f*
prédiction [pʀediksjɔ̃] *f* Prophezeiung *f,* Vorhersage *f*
prédilection [pʀedilɛksjɔ̃] *f* Vorliebe *f*
prédire [pʀediʀ] *v irr 1.* vorhersagen; *2. (pronostiquer)* voraussagen
prédisposer [pʀedispoze] *v* vorbereiten, vorher festlegen; *~ qn à qc* jdm die Veranlagung zu etw mitgeben; *Son caractère le prédisposait à la cruauté.* Er war zur Grausamkeit veranlagt.
prédisposition [pʀedispɔzisjɔ̃] *f* Anlage *f,* Veranlagung *f,* Geneigtheit *f*
prédominer [pʀedɔmine] *v 1.* überwiegen; *2. (dominer)* vorherrschen
préélectoral [pʀeelɛktɔʀal] *adj période ~e* Wahlkampfzeit *f*

P

préemption [pReɑ̃psjɔ̃] *f droit de ~ JUR* Vorkaufsrecht *n*
préfabriqué [pRefabRike] *adj* vorgefertigt, schlüsselfertig; *un élément ~* ein Fertigteil *n; une maison ~e* ein Fertighaus *n*
préface [pRefas] *f* Vorwort *n*
préfecture [pRefɛktyR] *f 1. POL* Präfektur; *2. ~ de police* Polizeipräsidium *n*
préférence [pRefeRɑ̃s] *f 1.* Vorzug *m,* Vorrang *m; de ~* eher/lieber; *2. (faveur)* Begünstigung *f,* Bevorzugung *f; 3. (priorité)* Priorität *f; 4. (prédilection)* Vorliebe *f; 5. (primauté)* Vorrang *m*
préférer [pRefeRe] *v 1.* bevorzugen; *2. (fig)* vorziehen; *3. si tu préfères* wenn du es so lieber willst
préfet [pRefɛ] *m (haut fonctionnaire)* Präfekt *m,* hoher Verwaltungsbeamter *m; ~ de région* der Präfekt einer Region *m; ~ de police* Polizeipräfekt *m*
préhistorique [pReistɔRik] *adj* prähistorisch
préjudice [pReʒydis] *m* Schaden *m; porter ~ à* beeinträchtigen
préjudiciable [pReʒydisjabl] *adj* nachteilig, abträglich
préjugé [pReʒyʒe] *m* Vorurteil *n*
prélèvement [pRelɛvmɑ̃] *m 1.* Entnahme *f; 2. ~ automatique ECO* Dauerauftrag *m; 3. (retrait) ECO* Erhebung *f; 4. MED* Abnahme *f; ~ sanguin* Blutabnahme *f*
prélever [pRelve] *v 1. (argent)* abheben; *2. (impôts, taxe)* erheben
préliminaire [pRelimineR] *adj* Vor..., vorhergehend, vorausgehend; *un discours ~* eine Einleitung *f*
préliminaires [pRelimineR] *m/pl* Vorgespräche *pl,* Vorverhandlungen *pl,* Präliminarien *pl*
prélude [pRelyd] *m (fig) MUS* Vorspiel *n*
prématuré [pRematyRe] *adj 1.* früh; *2. (précoce)* frühzeitig; *3. (anticipé)* voreilig, vorzeitig; *4. (fig)* frühreif
prématuré(e) [pRematyRe] *m/f* Frühgeburt *f*
préméditation [pRemeditasjɔ̃] *f JUR* Vorsatz *m*
premier [pRəmje] *adj 1.* erste(r,s); *2.* vordere(r,s); *3. le ~ venu* der nächstbeste; *4. (suprême)* oberste(r,s); *5. (initial)* anfänglich
première [pRəmjɛR] *f THEAT* Premiere *f,* Uraufführung *f,* Erstaufführung *f*
premièrement [pRəmjɛRmɑ̃] *adv* erst, vorerst, erstens
premier-né(e) [pRəmjene] *m/f* Erstgeborene(r) *m/f*
prémonition [pRemɔnisjɔ̃] *f* Vorahnung *f,* Vorgefühl *n,* Vermutung *f; avoir la ~ d'un malheur* ein Unglück vorausahnen
prémunir [pRemyniR] *v se ~ contre qc* sich gegen etw schützen
prenant [pRənɑ̃] *adj 1. (captivant)* fesselnd, spannend; *un livre ~* ein spannendes Buch *n; une intrigue très ~e* eine fesselnde Handlung *f; 2. (absorbant)* zeitraubend; *un métier ~* ein Beruf, der viel Zeit in Anspruch nimmt *m*
prénatal [pRenatal] *adj* vorgeburtlich, für werdende Mütter

prendre [pRɑ̃dR] *v irr 1.* nehmen; *~ le deuil* Trauerkleidung anlegen; *C'est à ~ ou à laisser.* Aufs Handeln lasse ich mich nicht ein. *~ une bonne tournure* eine gute Wende nehmen; *~ qn à part* jdn auf die Seite nehmen; *~ le chemin des écoliers* trödeln; *~ qc à contre-sens* etw verkehrt herum auffassen; *~ de* entnehmen; *~ qc à la légère* etw leicht nehmen/etw auf die leichte Schulter nehmen; *~ mal* übel nehmen; *~ le dessus sur* überhand nehmen; *2. (saisir)* greifen, fassen, langen; *Bien m'en a pris.* Das war wohl richtig./Ich habe wohl daran getan. *Cela ne prend pas!* Das zieht bei mir nicht! *Je vous y prends!* Jetzt hab ich Sie! *Qu'est-ce qui te prend?* Was fällt dir denn ein? *Si vous n'êtes pas pris ce soir ...* Wenn Sie heute Abend nichts vorhaben ... *~ la poudre d'escampette* fliehen; *3. (attraper)* fangen; *4. (fig)* ergreifen; *s'en ~ à qn pour qc* jdn für etw verantwortlich machen; *~ fait et cause pour qc* für etw Partei ergreifen; *~ qn sur le fait* jdn auf frischer Tat ertappen; *~ qn au dépourvu* jdn überraschen/jdn in Verlegenheit bringen; *5. (un médicament)* einnehmen; *6. (une direction)* einschlagen; *7. (des informations)* einholen, einziehen; *8. (décision)* fällen; *9. (accepter)* hinnehmen; *10. ~ pour* halten für; *11. savoir s'y ~* etw zu nehmen wissen

preneur [pRənœR] *m 1. ECO* Abnehmer *m; 2. ~ d'otages* Geiselnehmer *m; 3. trouver ~ pour qc* einen Abnehmer für etw finden
prénom [pRenɔ̃] *m* Vorname *m; ~ usuel* Rufname *m*
préoccupant [pReɔkypɑ̃] *adj 1.* bedenklich; *2. (inquiétant)* Besorgnis erregend
préoccupation [pReɔkypasjɔ̃] *f* Besorgnis *f*

P

préoccuper [pReɔkype] *v 1. ~ qn* jdn beschäftigen, jdn beunruhigen, jdm Sorgen machen; *Sa santé me préoccupe.* Ich mache mir Sorgen um seine Gesundheit. *Cette affaire le préoccupe.* Diese Angelegenheit beschäftigt ihn. *2. se ~ de qc* sich um etw kümmern, sich über etw Gedanken machen

préparatifs [pReparatif] *m/pl (dispositions)* Vorbereitungen *pl,* Vorkehrungen *pl; ~ du départ* Reisevorbereitungen *pl*

préparation [pReparasjɔ̃] *f 1. CHEM* Präparat *n; 2. GAST* Vorbereitung *f,* Zubereitung *f; 3. (dispositif)* Vorrichtung *f*

préparatoire [pReparatwaR] *adj* vorbereitend, Vorbereitungs... *le cours ~* der Vorbereitungskurs *m*

préparer [pRepaRe] *v 1.* vorbereiten; *2. (accomoder)* zubereiten, bereiten, herrichten; *~ un piège (fig)* eine Falle stellen; *3. (mettre à la disposition de qn)* bereitstellen; *4. ~ la voie* anbahnen; *5. se ~ à* sich vorbereiten auf; *6. se ~* sich zusammenbrauen, im Anzug sein

prépayer [pRepɛje] *v* im Vorab zahlen, vorher bezahlen, im Voraus bezahlen

prépondérant [pRepɔ̃deRɑ̃] *adj 1.* überwiegend; *2. (dominant)* vorherrschend; *3. (prédominant)* vorwiegend

préposé(e) [pRepoze] *m/f* Angestellte(r) *m/f,* Untergebene(r) *m/f; le ~ des postes* der Briefträger *m*

préposer [pRepɔze] *v ~ qn à qc* jdn beauftragen mit etw

préretraite [pReRətRɛt] *f* Vorruhestand *m*

prérogative [pReRɔgativ] *f* Vorrecht *n*

près [pRɛ] *adv 1. à peu ~* circa, ungefähr; *à peu de chose ~* fast; *surveiller de ~* scharf überwachen; *prep 2. ~ de* nah(e), bei, neben; *tout ~* ganz in der Nähe

présage [pRezaʒ] *m* Omen *n*

présager [pRezaʒe] *v* ahnen lassen, bedeuten, voraussagen

presbyte [pRɛsbit] *adj MED* weitsichtig

presbytère [pRɛsbitɛR] *m REL* Pfarramt *n*

préscolaire [pReskɔlɛR] *adj* Vorschul...

prescription [pRɛskRipsjɔ̃] *f 1.* Vorschrift *f; 2. JUR* Verfall *m,* Verjährung *f*

prescrire [pRɛskRiR] *v irr 1.* verschreiben; *2. (fig)* verhängen; *3. MED* verordnen; *4. (fig: ordonner)* vorschreiben; *5. se ~ JUR* verjähren

présence [pRezɑ̃s] *f 1.* Anwesenheit *f,* Gegenwart *f; 2. avoir de la ~* Ausstrahlung haben; *3. ~ d'esprit* Geistesgegenwart *f; 4. en ~ de* in Gegenwart von, in Anwesenheit von

présent [pRezɑ̃] *adj 1.* anwesend; *à ~* jetzt, nun; *2. (existant)* vorhanden; *3. (actuel)* gegenwärtig; *m 4. (cadeau)* Geschenk *n,* Gabe *f; 5. GRAMM* Gegenwart *f*

présentable [pRezɑ̃tabl] *adj* vorzeigbar

présentateur [pRezɑ̃tatœR] *m* Ansager *m,* Moderator *m*

présentation [pRezɑ̃tasjɔ̃] *f 1.* Vorstellung *f; 2. (emballage)* Aufmachung *f; 3. (exposition)* Aufstellung *f; 4. THEAT* Auftritt *m; 5. (proposition)* Präsentation *f; 6. (remise)* Überreichung *f; 7. (au cinéma)* Vorführung *f; 8. (démonstration)* Vorlage *f; 9. ~ de mode* Modenschau *f*

présenter [pRezɑ̃te] *v 1.* vorzeigen, vorlegen; *2. (montrer)* aufweisen; *~ ses remerciements* Dank abstatten; *3. (décrire)* darbieten, schildern; *4. (offrir)* bieten; *Si l'occasion se présente ...* Wenn sich die Gelegenheit bietet ... *5. ~ des excuses* sich entschuldigen; *6. (donner)* geben; *7. se ~ (événement)* eintreten, eintreffen; *8. (fig)* entgegenhalten; *9. (tendre)* herausstrecken; *10. (proposer)* präsentieren; *11. (soumettre)* unterbreiten; *12. (fournir)* vorbringen; *13. (démontrer)* vorführen; *14. (faire voir)* vorweisen; *15. se ~* sich vorstellen, auftreten, erscheinen; *Permettez-moi de me ~.* Gestatten Sie, dass ich mich vorstelle.

présentoir [pRezɑ̃twaR] *m* Verkaufsständer *m,* Verkaufsregal *n,* Ausstellungsregal *n*

préservateur [pResɛRvatœR] *adj 1.* vorbeugend, schützend; *m 2. CHEM* Vorbeugungsmittel *n,* Schutzmittel *n*

préservatif [pRezɛRvatif] *m 1.* Verhütungsmittel *n,* Kondom *n; adj 2.* vorbeugend

préservation [pRezɛRvasjɔ̃] *f* Sicherung *f*

préserver [pRezɛRve] *v 1.* schonen, behüten; *2. (protéger)* schützen; *3. se ~* sich schonen

présidence [pRezidɑ̃s] *f 1.* Präsidium *n; 2. (siège)* Vorsitz *m*

président [pRezidɑ̃] *m 1.* Präsident *m; 2. ECO* Vorstand *m; 3. (directeur)* Vorsitzender *m,* Präsident *m; 4. ~ du conseil municipal* Oberbürgermeister *m; 5. ~ d'un groupe parlementaire POL* Fraktionsvorsitzender *m*

présidentiel [pRezidɑ̃sjɛl] *adj* Präsidentschafts..., Präsidial...; *les élections ~les* die Präsidentschaftswahlen *pl; un régime ~* eine Präsidialregierung *f; l'allocution ~le* die Ansprache des Präsidenten *f*

P

présider [pʀezide] *v* *1.* vorstehen; *2.* *~ à qc* etw leiten
présomption *f* *1.* *(opinion)* Vermutung *f,* Mutmaßung *f,* Annahme *f;* *2.* Überheblichkeit *f*
présomptueux [pʀezɔ̃ptɥø] *adj* überheblich
presque [pʀɛsk] *adv* beinahe, fast
presqu'île [pʀɛskil] *f* *1.* Halbinsel *f;* *2.* *(langue de terre) GEO* Landzunge *f*
pressage [pʀɛsaʒ] *f* Pressen *n,* Druck *m*
pressant [pʀɛsɑ̃] *adj* *1.* zwingend; *2.* *(urgent)* eilig; *3.* *(pénétrant)* eindringlich
presse [pʀɛs] *f* *1.* Presse *f;* *~ à sensation* Boulevardpresse *f;* *~ du cœur* Regenbogenpresse *f;* *2.* *TECH* Presse *f*
pressé [pʀɛse] *adj* *1.* dringend, eilig; *être ~* es eilig haben, hetzen; *m* *2.* *parer au plus ~* dem Dringendsten abhelfen
presse-citron [pʀɛssitʀɔ̃] *m* Zitronenpresse *f*
pressentiment [pʀesɑ̃timɑ̃] *m* *1.* Ahnung *f;* *2.* *(intuition)* Vorahnung *f*
pressentir [pʀesɑ̃tiʀ] *v* *1.* ahnen; *2.* *~ qn pour qc* vorfühlen bei jdm wegen einer Sache
presser [pʀese] *v* *1.* drücken; *2.* *(pressurer)* auspressen, pressen, quetschen; *3.* *~ pour faire sortir* ausdrücken; *4.* *~ des raisins* Trauben keltern; *5.* *se ~* sich beeilen, eilen; *6.* *(hâter)* zur Eile antreiben, drängen; *7.* *se ~ (foule)* sich drängen, sich drängeln
pressing [pʀesiŋ] *m* Reinigung *f*
pression [pʀɛsjɔ̃] *f* *1.* Drang *m;* *faire ~ sur* drängen auf; *2.* *(contrainte)* Nötigung *f;* *3.* *(charge)* Belastung *f;* *4.* *TECH* Druck *m;* *haute ~* Hochdruck *m;* *~ atmosphérique* Luftdruck *m*
pressoir [pʀɛswaʀ] *m* *TECH* Presse *f*
pressurer [pʀesyʀe] *v* keltern
prestataire [pʀɛstatɛʀ] *m* Empfänger *m*
prestation [pʀɛstasjɔ̃] *f* *1.* *~ de service* Dienstleistung *f;* *2.* *~ de serment* Vereidigung *f;* *3.* *(allocation)* Beihilfe *f,* Zulage *f;* *4.* *faire une belle ~* eine gute Leistung liefern
prestige [pʀɛstiʒ] *m* Ansehen *n,* Prestige *n*
prestigieux [pʀɛstiʒjø] *adj* bekannt, angesehen, von Rang, glänzend
présumé [pʀezyme] *adj* mutmaßlich, vermutlich
présumer [pʀezyme] *v* *1.* vermuten, mutmaßen; *2.* *trop ~ de ses forces* seine Kräfte überschätzen
présupposer [pʀesypoze] *v* voraussetzen
prêt[1] [pʀɛ] *adj* *1.* fertig, bereit; *~ à être imprimé* druckreif; *~ à intervenir* einsatzbereit; *~ à partir* marschbereit, startbereit; *~ à fonctionner* betriebsbereit; *2.* *(à manger)* gar; *3.* *(préparé)* parat
prêt[2] [pʀɛ] *m* *1.* Vorschuss *m;* *2.* *~ bancaire ECO* Bankdarlehen *n*
prêt-à-porter [pʀɛtapɔʀte] *m* Konfektion *f,* Konfektionskleidung *f*
prêté [pʀɛte] *adj* *1.* verliehen; *m* *2.* *un ~ pour un rendu (fig)* wie du mir, so ich dir
prétendant [pʀetɑ̃dɑ̃] *m* *(d'une jeune-fille)* Verlobter *m,* Bräutigam *m,* Freier *m*
prétendre [pʀetɑ̃dʀ] *v* *1.* *(fig)* behaupten, vorgeben; *2.* *~ à qc* streben nach etw, sich bemühen um etw
prétendu [pʀetɑ̃dy] *adj* *1.* angeblich; *2.* *(supposé)* vermeintlich
prête-nom [pʀɛtnɔ̃] *m* *(fig)* Strohmann *m*
prétentieux [pʀetɑ̃sjø] *adj* *1.* anmaßend; *2.* *(exigeant)* anspruchsvoll; *3.* *(emphatique)* hochtrabend; *4.* *(affecté)* unbescheiden, geziert
prétention [pʀetɑ̃sjɔ̃] *f* *1.* Anmaßung *f;* *2.* *(exigence)* Anspruch *m*
prêter [pʀete] *v* *1.* borgen, leihen, verleihen; *2.* *~ qc* sich etw ausleihen; *3.* *~ assistance à qn* jdm beistehen; *4.* *~ serment* schwören; *5.* *~ l'oreille à qn* jdn anhören; *6.* *~ à* zur Verfügung stellen, gewähren, anbieten; *7.* *se ~ à (convenir)* sich eignen für
prêteur [pʀetœʀ] *m* *~ d'argent* Geldgeber *m*
prétexte [pʀetɛkst] *m* *1.* Vorwand *m;* *prendre ~ de qc* etw zum Vorwand nehmen; *2.* *(excuse)* Ausrede *f;* *3.* *(subterfuge)* Ausflüchte *pl*
pretium doloris [pʀesjɔmdɔlɔʀis] *m* *JUR* Schmerzensgeld *n*
prétoire [pʀetwaʀ] *m* *(d'un tribunal) JUR* Gerichtssaal *m*
prêtre [pʀɛtʀ] *m* *1.* *REL* Priester *m;* *2.* *~ catholique REL* Geistlicher *m*
prêtresse [pʀɛtʀɛs] *f* *REL* Priesterin *f*
preuve [pʀœv] *f* *1.* Beweis *m;* *faire ~ de* zeigen; *2.* *(justification)* Nachweis *m;* *3.* *~ convaincante* Überführung *f,* Schuldnachweis *m;* *4.* *JUR* Beweismittel *n;* *5.* *~ par le contraire MATH* Gegenprobe *f*
prévaloir [pʀevalwaʀ] *v irr* *1.* *~ sur* sich durchsetzen; *2.* *se ~ de qc* Nutzen ziehen aus
prévenance [pʀevnɑ̃s] *f* *1.* Entgegenkommen *n;* *2.* *(obligeance)* Kulanz *f*
prévenant [pʀevnɑ̃] *adj* zuvorkommend, gefällig, taktvoll; *être ~* entgegenkommen
prévenir [pʀevniʀ] *v* *1.* warnen; *2.* *(écarter)* abwenden, verhüten; *3.* *~ les intentions*

P

de qn jdm vorgreifen; *4. (informer)* voher benachrichtigen, in Kenntnis setzen; *5. (prévoir)* warnen
préventif [pʀevɑ̃tif] *adj 1.* vorbeugend; *2. détention préventive JUR* Untersuchungshaft *f*
prévention [pʀevɑ̃sjɔ̃] *f 1.* Verhütung *f; 2. (précaution)* Vorbeugung *f; 3. (parti pris)* Voreingenommenheit *f; 4. ~ contre le cancer MED* Krebsvorsorge *f; 5. (détention) JUR* Verdacht(sgründe) *m/pl,* Untersuchungshaft *f*
prévenu [pʀevny] *adj ~ contre* voreingenommen gegen
prévenu(e) [pʀevny] *m/f JUR* Angeklagte(r) *m/f*
prévision [pʀevizjɔ̃] *f 1.* Prognose *f; 2. (prédiction)* Vorhersage *f; 3. ECO* Prognose *f; 4. ~s météorologiques pl* Wettervorhersage *f*
prévoir [pʀevwaʀ] *v irr 1.* berechnen; *2. (prédire)* absehen, voraussehen, vorhersehen; *~ le pire* mit dem Schlimmsten rechnen; *3. (calculer avec)* einkalkulieren; *4. ~ une solution de rechange* umdisponieren
prévoyance [pʀevwajɑ̃s] *f 1.* Vorsorge *f; 2. (perspicacité)* Weitblick *m; 3. ~ sociale* Wohlfahrt *f*
prévoyant [pʀevwajɑ̃] *adj* vorsorglich
prier [pʀije] *v 1. REL* beten; *2. ~ de* bitten; *3. ~ qn de faire qc* jdn bitten etw zu tun; *4. Je vous en prie.* Bitte schön.
prière [pʀijɛʀ] *f 1.* Bitte *f; 2. (demande)* Anliegen *n; 3. REL* Andacht *f,* Gebet *n*
primaire [pʀimɛʀ] *adj 1.* primär; *2. école ~* Grundschule *f*
primauté [pʀimote] *f* Vorrang *m,* Vorherrschaft *f,* Primat *n,* Vorrangstellung *f; avoir la ~* den Vorrang haben; *la ~ du pape* das Primat des Papstes *n*
prime[1] [pʀim] *f 1.* Belohnung *f; 2. (distinction)* Preis *m; 3. ~ de risques* Gefahrenzulage *f; 4. ~ d'encouragement* Gratifikation *f; 5. (bonification)* Prämie *f; ~ d'assurance* Versicherungsprämie *f*
prime[2] [pʀim] *adj* Prämien..., Zulage...
primer [pʀime] *v* prämieren
primeur [pʀimœʀ] *f avoir la ~ de qc* der Erste bei etw sein, als Erster etw haben
primitif [pʀimitif] *adj 1.* primitiv; *2. (naturel)* urwüchsig
primo [pʀimo] *adv* erstens
primordial [pʀimɔʀdjal] *adj* vorrangig, Haupt..., wichtig; *jouer un rôle ~* eine Hauptrolle spielen
prince(sse) [pʀɛ̃s(ɛs)] *m/f 1.* Prinz(essin) *m/f; 2. (souverain(e))* Fürst(in) *m/f; 3. ~ héritier/~sse héritière* Kronprinz(essin) *m/f; 4. être bon prince (fam)* großzügig sein; *5. aux frais de la princesse* auf Regimentskosten, auf Staatskosten
princier [pʀɛ̃sje] *adj* fürstlich
principal [pʀɛ̃sipal] *adj 1.* hauptsächlich, Haupt... *m 2.* Hauptsache *f; 3. (essentiel)* Schwerpunkt *m*
principauté [pʀɛ̃sipote] *f* Fürstentum *n*
principe [pʀɛ̃sip] *m 1.* Ursprung *m; 2. (maxime)* Grundsatz *m; en ~* grundsätzlich; *3. (structure)* Aufbau *m; 4. (doctrine)* Leitspruch *m; 5. (règle)* Prinzip *n; en ~* prinzipiell
printanier [pʀɛ̃tanje] *adj* frühlingshaft, Frühlings... *un temps ~* Frühlingswetter *n*

printemps [pʀɛ̃tɑ̃] *m* Frühjahr *n,* Frühling *m*

prioritaire [pʀijɔʀitɛʀ] *adj 1.* vorrangig; *2. (très urgent)* vordringlich
priorité [pʀijɔʀite] *f 1.* Vorrang *m,* Vorzug *m,* Priorität *f; en ~* vorrangig; *2. (route)* Vorfahrt *f; 3. avoir la ~ (fig)* vorgehen
prise [pʀiz] *f 1.* Entnahme *f,* Nehmen *n; ~ d'influence* Einflussnahme *f; ~ d'otage* Geiselnahme *f; ~ de parti* Parteinahme *f; ~ de position* Stellungnahme *f; ~ en charge* Übernahme *f; ~ de sang* Blutprobe *f; ~ du pouvoir* Machtübernahme *f; 2. (pincée)* Prise *f; 3. (en judo)* Griff *m; 4. MIL* Einnahme *f; 5. ~ de courant* Steckdose *f; 6. TECH* Nehmen *n,* Ergreifen *n,* Abgriff *m,* Steckdose *f; 7. ~ de vue CINE* Aufnahme *f; 8. ~ de sang MED* Blutabnahme *f*
priser[1] [pʀize] *v (du tabac)* (Tabak) schnupfen
priser[2] [pʀize] *v (apprécier)* hochschätzen, Wert legen
prison [pʀizɔ̃] *f* Gefängnis *n; ~ de haute sécurité* Hochsicherheitsgefängnis *n*
prisonnier [pʀizɔnje] *m 1.* Gefangener *m; ~ de guerre* Kriegsgefangener *m; adj 2.* Gefängnis..., Gefangenen...
privation [pʀivasjɔ̃] *f 1.* Entbehrung *f; 2. ~ de sortie* Hausarrest *m; 3. JUR* Aberkennung *f; 4. ~ de pouvoir POL* Entmachtung *f; 5. ~ de liberté JUR* Freiheitsstrafe *f*
privatiser [pʀivatize] *v ECO* privatisieren
privauté [pʀivote] *f* plumpe Vertraulichkeit *f*
privé [pʀive] *adj 1.* privat; *en ~* privat; *2. à titre ~* pivat, außerdienstlich; *3. le secteur ~*

P

Privatsektor *m,* Privatbereich *m; m 4. (détective ~)* Privatdetektiv *m*
priver [pʀive] *v 1. ~ de* berauben; *2. ~ qn de qc* jdm etw vorenthalten; *3. se ~ de qc* etw entbehren
privilège [pʀivilɛʒ] *m 1.* Vorzug *m,* Privileg *n,* Vorrecht *n; 2. (avantage)* Vergünstigung *f; 3. ~ exclusif* Monopol *n*

prix [pʀi] *m 1.* Preis *m; hors de ~* unerschwinglich; *sans ~* unschätzbar; *~ du trajet* Fahrpreis *m; premier ~* Hauptgewinn *m; ~ d'achat* Kaufpreis *m; ~ littéraire* Literaturpreis *m; ~ Nobel* Nobelpreis *m; ~ indicatif* Richtpreis *m; à un ~ dérisoire* spottbillig; *~ de consolation* Trostpreis *m; ~ de vente* Verkaufspreis *m; ~ promotionnel* Angebotspreis *m; majoration de ~* Preiserhöhung *f; ~ de liquidation* Ausverkaufspreis *m; ~ de lancement* Einführungspreis *m; ~ d'usine* Fabrikpreis *m; ~ net* Nettopreis *m; ~ fixe* Festpreis *m; ~ de revient* Selbstkostenpreis *m; 2. (valeur)* Wert *m; 3. au ~ de* zum Wert von, auf Kosten von; *4. à tout ~* um jedem Preis

probabilité [pʀɔbabilite] *f* Wahrscheinlichkeit *f*
probable [pʀɔbabl] *adj 1.* wahrscheinlich; *2. (vraisemblable)* mutmaßlich, vermutlich
probité [pʀɔbite] *f* Gewissenhaftigkeit *f*
problématique [pʀɔblematik] *adj 1.* zweifelhaft, fraglich, problematisch; *f 2.* Problematik *f*
problème [pʀɔblɛm] *m 1.* Problem *n; 2. poser un ~* ein Problem darstellen; *3. ~ de géométrie* Geometrie-aufgabe *f*
procédé [pʀɔsede] *m 1.* Prozess *m,* Vorgang *m; 2. (processus)* Vorgehen *n; ~ de sélection* Ausleseverfahren *n*
procéder [pʀɔsede] *v* verfahren, vorgehen
procédure [pʀɔsedyʀ] *f 1.* Prozedur *f; 2. JUR* Verfahren *n; ~ d'avertissement* Mahnverfahren *n; ~ de faillite* Konkursverfahren *n; ~ disciplinaire* Disziplinarverfahren *n; ~ judiciaire* Gerichtsverfahren *n*
procès [pʀɔsɛ] *m 1. JUR* Prozess *m; intenter un ~ à qn* jdn belangen; *2. faire un ~ d'intentions à qn (fig)* jdm Unterstellungen machen; *3. sans autre forme de ~ (fig)* ohne weiteres, kurzerhand
processeur [pʀɔsesœʀ] *m INFORM* Prozessor *m*
procession [pʀɔsesjɔ̃] *f 1. (défilé)* Umzug *m; 2. REL* Prozession *f*
processus [pʀɔsesys] *m* Prozess *m,* Vorgang *m; ~ d'apprentissage* Lernprozess *m*
procès-verbal [pʀɔsɛvɛʀbal] *m JUR* Protokoll *n*
prochain [pʀɔʃɛ̃] *adj 1.* nächste(r,s); *m 2.* Mitmensch *m*
prochainement [pʀɔʃɛnmɑ̃] *adv* demnächst
proche [pʀɔʃ] *adj 1.* nah(e); *~ parent* Angehörige(r) *m/f; 2. ~ de la réalité* wirklichkeitsnah; *prep 3. ~ de (local)* bei
Proche-Orient [pʀɔʃɔʀjɑ̃] *m GEO* Naher Osten *m*
proclamation [pʀɔklamasjɔ̃] *f 1.* Ankündigung *f,* Bekanntgabe *f,* Bekanntmachung *f,* Verkündigung *f; 2. (déclaration)* Aufruf *m; 3. (explication)* Erklärung *f; 4. POL* Proklamation *f*
proclamer [pʀɔklame] *v 1.* ausrufen; *2. (annoncer)* ankündigen; *3. (convoquer)* aufbieten; *4. (déclarer)* erklären, verkünden; *5. (verdict)* proklamieren
procuration [pʀɔkyʀasjɔ̃] *f 1.* Vollmacht *f,* Ermächtigung *f; ~ générale* Generalvollmacht *f; 2. vote par ~* Wahl per Stimmrechtsvollmacht *f*
procurer [pʀɔkyʀe] *v 1.* beschaffen, besorgen; *2. (apporter)* bereiten; *3. (obtenir)* verschaffen; *4. (passer)* vermitteln; *5. se ~* sich anschaffen
procureur [pʀɔkyʀœʀ] *m 1. ~ de la République JUR* Oberstaatsanwalt *m; 2. ~ général JUR* Generalstaatsanwalt *m*
prodigalité [pʀɔdigalite] *f* Verschwendungssucht *f,* Fülle *f,* Übermaß *n*
prodige [pʀɔdiʒ] *m 1.* Wunder *n; 2. enfant ~* Wunderkind *n*
prodigieux [pʀɔdiʒjø] *adj* wunderbar, wundervoll
prodigue [pʀɔdig] *adj 1.* verschwenderisch; *m/f 2.* Verschwender(in) *m/f*
prodiguer [pʀɔdige] *v 1. (dépenser)* verschwenden, vergeuden, verausgaben; *2. (des conseils)* (mit Ratschlägen) überhäufen
producteur [pʀɔdyktœʀ] *m 1.* Hersteller *m; 2. CINE* Produzent *m; adj 3.* herstellend
productif [pʀɔdyktif] *adj 1.* produktiv; *2. (rentable)* ertragreich
production [pʀɔdyksjɔ̃] *f ECO 1.* Herstellung *f,* Produktion *f,* Fertigung *f; 2.* Ertrag *m; 3. ~ excédentaire* Überschussproduktion *f*
productivité [pʀɔdyktivite] *f 1. ECO* Produktivität *f; 2. (rentabilité)* Ertragsfähigkeit *f; 3. (performance)* Leistungsfähigkeit *f*

P

produire [pRɔdɥiR] *v irr* *1.* erzeugen, herstellen, produzieren, hervorbringen; *2. (occasionner)* verursachen, bewirken; *~ un effet durable* nachwirken; *3. (faire)* leisten; *4. (fournir)* vorbringen; *5. (créer)* stiften; *6. CINE* darstellen; *7. se ~* entstehen, vorkommen, erfolgen, auftreten
produit [pRɔdɥi] *m* *1.* Erzeugnis *n,* Produkt *n; ~ agricole* Agrarerzeugnis *n; ~ chimique* Chemikalie *f; ~ d'épicerie fine* Feinkost *f; ~ de fabrication* Fabrikat *n; ~ de remplacement* Ersatz *m; ~ fini* Fertigprodukt *n; ~ laitier* Milchprodukt *n; ~ national brut* Bruttosozialprodukt *n; ~ naturel* Naturprodukt *n; ~ toxique* Schadstoff *m; ~s d'entretien* Putzmittel *pl; ~s de la terre* Naturalien *pl; ~s neuroleptiques* Psychopharmaka *pl; 2. (recette)* Erlös *m; 3. (rendement) ECO* Ertrag *m; 4. (de la récolte)* Ernte *f*
proéminent [pRɔeminɑ̃] *adj* vorspringend
prof [pRɔf] *m/f (fam)* Prof *m,* Lehrer(in) *m/f*
profane [pRɔfan] *adj* *1.* laienhaft; *2. REL* weltlich; *m 3.* Laie *m*
profaner [pRɔfane] *v* *1. REL* entweihen; *2. (fig)* schänden, entwürdigen, herabsetzen
proférer [pRɔfeRe] *v* hervorbringen
professeur [pRɔfɛsœR] *m* *1.* Lehrer *m; 2. (~ certifié)* Studienrat *m; 3. (d'université)* Professor *m,* Dozent *m*
profession [pRɔfɛsjɔ̃] *f* *1.* Beruf *m,* Tätigkeit *f; 2. ~ de foi REL* Glaubensbekenntnis *n; 3. les ~s libérales* die freien Berufe *m/pl; 4. embrasser une ~* einen Beruf ergreifen; *5. faire ~ de qc (fig)* etw zum Beruf machen
professionnalisme [pRɔfɛsjɔnalism] *m* Professionalität *f*
professionnel [pRɔfɛsjɔnɛl] *m* *1.* Profi *m; adj 2.* beruflich; *3. (relatif au métier)* berufsbezogen; *4. (spécialisé)* fachkundig; *5. ECO* gewerblich
professorat [pRɔfɛsɔRa] *m (de l'enseignement supérieur)* Professur *f*
profil [pRɔfil] *m* *1.* Profil *n; 2. (tracé)* Umriss *m*
profilé [pRɔfile] *adj* profiliert
profiler [pRɔfile] *v* *1. se ~* sich profilieren; *v 2. TECH* profilieren
profit [pRɔfi] *m* *1.* Nutzen *m; 2. (gain)* Profit *m,* Gewinn *m; mettre à ~* wahrnehmen; *au ~ de* zu Gunsten; *3. tirer ~ de qc* aus etw Gewinn ziehen
profitable [pRɔfitabl] *adj* *1.* nützlich; *être ~* sich lohnen; *2. (lucratif)* Gewinn bringend; *3. (avantageux)* vorteilhaft
profiter [pRɔfite] *v* *1.* profitieren; *2. (fig)* gewinnen; *3. ~ de qc* Nutzen haben von etw, profitieren von etw *~ d'une occasion* von einer Gelegenheit profitieren; *4. (se développer)* gedeihen, fortkommen, dicker werden
profiteur [pRɔfitœR] *m* Nutznießer *m,* Person, die aus etw Profit zieht *f*
profond [pRɔfɔ̃] *adj* *1.* gründlich; *2. (bas)* tief; *peu ~* seicht; *~ soupir* Seufzer *m; 3. (intime)* innerlich; *4. au plus ~ de son cœur* von ganzem Herzen
profondeur [pRɔfɔ̃dœR] *f* *1.* Tiefe *f; 2. ~ de champ PHOTO* Tiefenschärfe *f; 3. (fig)* Tiefe *f,* Weite *f,* Tiefsinn *m*
profusion [pRɔfyzjɔ̃] *f* Überfluss *m; à ~* reichlich
progéniture [pRɔʒenityR] *f* Nachwuchs *m,* Nachkommenschaft *f,* Kinder *pl,* Sprößlinge *(fam) m/pl*
programmateur [pRɔgRamatœR] *m* *TECH* Programmierer *m*
programmation [pRɔgRamasjɔ̃] *f* *1.* Planung *f; 2. INFORM* Programmierung *f*
programme [pRɔgRam] *m* Programm *n; selon le ~* programmgemäß; *~ de cinéma* Kinoprogramm *n; ~ scolaire/~ d'études* Lehrplan *m*
programmer [pRɔgRame] *v* *1. INFORM* programmieren; *2.* ins Programm aufnehmen, auf den Spielplan setzen
progrès [pRɔgRɛ] *m* *1.* Fortschritt *m; 2. (augmentation)* Steigen *n,* Zunahme *f; 3. (amélioration)* Fortschritt *m,* Vorankommen *n*
progresser [pRɔgRɛse] *v* *1.* fortschreiten; *2. (avancer)* vordringen; *3. ~ dans* vorwärtskommen in
progressif [pRɔgRɛsif] *adj* *1.* allmählich, progressiv; *2. (graduel)* progressiv, vorwärtsschreitend, steigend, zunehmend
progression [pRɔgRɛsjɔ̃] *f* *1. (action)* Vorstoß *m,* Voranschreiten *n,* Ausbreitung *f; la ~ de l'ennemi* der Vormarsch des Feindes *m; 2. (développement)* Fortschreiten *n,* Weiterentwicklung *f,* Wachstum *n,* Ansteigen *n; la ~ d'une maladie* das Fortschreiten einer Krankheit *n; la ~ de la criminalité* die Zunahme der Kriminalität *f; 3. MATH* Reihe *f,* Steigerung *f*
prohiber [pRɔibe] *v* untersagen
prohibition [pRɔibisjɔ̃] *f* *1.* Verbot *n,* Untersagen *n; la ~ de la chasse* das Jagdverbot *n; des mesures de ~* Verbotsmaßnahmen *pl; 2. (aux Etats-Unis) HIST* Prohibition *f,* Alkoholverbot *n*

P

proie [pʀwa] *f* *1.* Beute *f; 2. oiseau de ~* Raubvogel *m,* raubgieriger Mensch *m; 3. être la ~ de (fig)* Opfer sein von jdm
projecteur [pʀɔʒɛktœʀ] *m 1.* Projektor *m; 2. CINE* Scheinwerfer *m*
projectile [pʀɔʒɛktil] *m* Geschoss *n,* Projektil *n*
projection [pʀɔʒɛksjɔ̃] *f 1. CINE* Projektion *f; 2. (Film)* Vorführung *f*
projet [pʀɔʒɛ] *m 1.* Entwurf *m,* Plan *m,* Projekt *n; ~ de loi* Gesetzesentwurf *m; 2. (intention)* Vorhaben *n*
projeter [pʀɔʒ(ə)te] *v 1.* planen; *2. ~ de* beabsichtigen; *3. CINE* vorführen; *4. (lancer)* werfen, schleudern, spritzen, projizieren
projet-pilote [pʀɔʒɛpilɔt] *m* Pilotprojekt *n*
prolétariat [pʀɔletaʀja] *m* Proletariat *n; le ~ ouvrier* das Industrieproletariat *n*
prolifération [pʀɔlifeʀasjɔ̃] *f 1. (multiplication) BIO* Proliferation *f,* Vermehrung *f,* Wucherung *f; 2. (fig)* Weitergabe *f,* Weiterverbreitung *f,* Proliferation *f; la ~ des armes nucléaires* die Weitergabe von Kernwaffen *f*
proliférer [pʀɔlifeʀe] *v* wuchern
prolifique [pʀɔlifik] *adj 1. BIO* fruchtbar, sich schnell vermehrend; *une espèce ~* eine Tierart, die sich schnell und stark vermehrt *f; 2. (fig)* erfolgreich, fruchtbar
prolixité [pʀɔliksite] *f* Weitschweifigkeit *f*
prolo [pʀɔlo] *m (fam)* Prolet *m*
prologue [pʀɔlɔg] *m LIT* Prolog *m,* Einleitung *f,* Vorwort *n*
prolongation [pʀɔlɔ̃gasjɔ̃] *f 1.* Verlängerung *f; 2. jouer les ~s SPORT* Verlängerung spielen
prolonger [pʀɔlɔ̃ʒe] *v 1.* verlängern; *2. se ~* sich hinziehen
promenade [pʀɔmnad] *f 1.* Spaziergang *m; faire une ~* spazieren gehen; *~ à cheval* Ritt *m; ~ à vélo* Fahrradtour *f; 2. (voyage)* Tour *f; 3. (lieu de ~)* Promenade *f*
promener [pʀɔmne] *v 1. se ~* spazieren gehen; *2. se ~ (déambuler)* herumgehen, umherlaufen; *3. ~ qn* jdn herumführen, jdn hin- und herschicken; *4. (transporter)* führen, tragen; *5. ~ son regard sur* seinen Blick schweifen lassen, seinen Blick gleiten lassen; *6. envoyer ~ qn (fam)* jdn zum Teufel jagen
promesse [pʀɔmɛs] *f 1.* Versprechen *n,* Versprechung *f; ~ de vente* Verkaufsvorvertrag *m; 2. (solennelle)* Verheißung *f; 3. (engagement)* Zusage *f*
prometteur [pʀɔmɛtœʀ] *adj* Erfolg versprechend, viel versprechend

promettre [pʀɔmɛtʀ] *v irr 1. ~ qc à qn* jdm etw versprechen; *2. (solennellement)* verheißen; *3. se ~ de faire qc* sich etw vornehmen; *4. (annoncer)* versprechen, ankündigen, zusagen, verheißen

promiscuité [pʀɔmiskɥite] *f* Vermischung *f,* Nachbarschaft *f,* Nebeneinander *n,* Zusammenleben *n*
promontoire [pʀɔmɔ̃twaʀ] *m GEO* Kap *n,* Vorgebirge *n*
promoteur [pʀɔmɔtœʀ] *m* Urheber *m,* Initiator *m*
promotion [pʀɔmosjɔ̃] *f 1.* Förderung *f,* Beförderung *f; 2. (à l'école)* Jahrgang *m; 3. ~ immobilière* Baugeschäft; *4. article en ~* Sonderangebot *m*
promouvoir [pʀɔmuvwaʀ] *v irr 1.* fördern; *2. ECO* befördern
prompt [pʀɔ̃] *adj 1.* rasch, schnell, flink; *C'est un esprit ~.* Er hat eine rasche Auffassungsgabe. *2. (rapide)* umgehend, prompt, geschwind
promulguer [pʀɔmylge] *v ~ une loi* ein Gesetz veröffentlichen, ein Gesetz verkün den
prononcer [pʀɔnɔ̃se] *v 1. LING* aussprechen; *2. (un jugement)* verkünden, fällen; *3. ~ le divorce JUR* scheiden; *4. se ~* sich bemerkbar machen, hervortreten; *5. se ~ pour qc* sich für etw aussprechen
prononciation [pʀɔnɔ̃sjasjɔ̃] *f LING* Aussprache *f*
pronostic [pʀɔnɔstik] *m MED* Prognose *f*
pronostiquer [pʀɔnɔstike] *v* voraussagen, vorhersagen, eine Prognose machen
propagande [pʀɔpagɑ̃d] *f* Propaganda *f*
propagation [pʀɔpagasjɔ̃] *f* Vermehrung *f;* Ausbreitung *f*
propager [pʀɔpaʒe] *v 1. se ~* sich vermehren, sich fortpflanzen; *2. se ~ (se répandre)* sich ausbreiten, sich fortpflanzen; *3. (divulguer)* propagieren
propension [pʀɔpɑ̃sjɔ̃] *f* Neigung *f,* Hang *m; une ~ à consommer* die Konsumneigung *f*
prophète [pʀɔfɛt] *m 1. REL* Prophet *m; 2. (fig) ~ de malheur* Schwarzseher *m; Nul n'est ~ en son pays.* Der Prophet gilt nichts im eigenen Lande.
prophétie [pʀɔfesi] *f* Prophezeiung *f*
propice [pʀɔpis] *adj* günstig
proportion [pʀɔpɔʀsjɔ̃] *f* Ausmaß *n,* Proportion *f,* Verhältnis *n*

P

proportionné [pʀɔpɔʀsjɔne] *adj* proportioniert; *être bien ~* gut gebaut sein
proportionnel [pʀɔpɔʀsjɔnɛl] *adj 1.* proportional; *2. (exprimé en pourcentage)* prozentual
propos [pʀɔpo] *m 1.* Thema *n; à tout ~* bei jeder sich bietenden Gelegenheit; *à ~* übrigens; *2. (paroles)* Worte *pl; ~ médisants* üble Nachrede *f*
proposer [pʀɔpoze] *v 1.* anbieten, bieten; *2. (présenter)* vorschlagen; *3. (soumettre)* vorlegen; *4. se ~* sich bewerben; *5. se ~ de* sich vornehmen zu, sich etw zum Ziel setzen
proposition [pʀɔpozisjɔ̃] *f 1.* Satz *m; 2. (présentation)* Vorschlag *m,* Anregung *f; ~ de modification* Änderungsvorschlag *m; 3. (offre) ~ de mariage* Heiratsantrag *m*
propre [pʀɔpʀ] *adj 1.* eigen; *C'est du ~!* Das ist mir was Rechtes! *2. (personnel)* eigentlich; *3. (net)* rein, sauber; *4. ~ à* dienlich, eigentümlich; *m 5. ~ à rien* Taugenichts *m*
proprement [pʀɔpʀmɑ̃] *adv 1. manger ~* anständig essen; *2. (correctement) se conduire ~* sich anständig verhalten; *3. (exactement) à ~ parler* genau genommen; *~ dit* eigentlich
propreté [pʀɔpʀəte] *f* Sauberkeit *f*
propriétaire [pʀɔpʀietɛʀ] *m/f 1.* Besitzer(in) *m/f; ~ foncier* Großgrundbesitzer *m; 2. (possesseur)* Eigentümer(in) *m/f*
propriété [pʀɔpʀijete] *f 1.* Anwesen *n; 2. (possession)* Besitz *m,* Eigentum *n; ~ foncière* Grundbesitz *m; ~ nationale* Staatseigentum *n; ~ privée* Privateigentum *n; 3. (qualité)* Eigenschaft *f*
propulser [pʀɔpylse] *v 1. TECH* antreiben, vorantreiben
propulseur [pʀɔpylsœʀ] *m TECH* Antriebsmaschine *f,* Triebwerk *n*
propulsion [pʀɔpylsjɔ̃] *f* Antrieb *m; ~ arrière (d'une voiture)* Hinterradantrieb *m; ~ à réaction* Düsenantrieb *m*
prorogation [pʀɔʀɔgasjɔ̃] *f* Vertagung *f*
proroger [pʀɔʀɔʒe] *v* vertagen, verlängern, aufschieben
proscrire [pʀɔskʀiʀ] *v irr 1.* verbannen; *2. (du pays)* verweisen; *3. (interdire)* unterdrücken, verfolgen, verbieten, abschaffen
proscrit [pʀɔskʀi] *m 1.* Verbannter *m,* Geächteter *m; 2.* unterdrückt, verboten, geächtet, abgeschafft
prose [pʀoz] *f LIT* Prosa *f*
prospecter [pʀɔspɛkte] *v 1. MIN* schürfen, nach Lagerstätten suchen, erkunden, durchforschen; *2.* erforschen, erkunden; *3. ECO* Kunden aquirieren
prospection [pʀɔspɛksjɔ̃] *f 1. MIN* Schürfung *f; 2. ~ commerciale* Kundenwerbung *f,* Werbetätigkeit *f*
prospectus [pʀɔspɛktys] *m* Prospekt *m; ~ publicitaire* Werbeprospekt *m*
prospère [pʀɔspɛʀ] *adj* blühend, florierend, wachsend
prospérer [pʀɔspeʀe] *v 1.* gut gehen, florieren; *2. (se développer)* gedeihen
prospérité [pʀɔspeʀite] *f 1.* Wohl *n; 2. (fig)* Blüte *f; 3. (richesse)* Wohlstand *m*
prosterner [pʀɔstɛʀne] *v se ~* sich tief verbeugen, sich tief verneigen; *se ~ devant*
prostitué [pʀɔstitɥe] *m* Prostituierter *m*
prostituée [pʀɔstitɥe] *f 1.* Prostituierte *f; 2. (fam: putain)* Hure *f*
prostituer [pʀɔstitɥe] *v 1. se ~* sich erniedrigen, sich verkaufen, sich prostituieren; *2. (avilir)* in entehrender Weise hergeben; *3. ~ qn* jdn entwürdigen
prostitution [pʀɔstitysjɔ̃] *f 1.* Prostitution *f; 2. (fig)* Entwürdigung *f,* Erniedrigung *f*
prostration [pʀɔstʀasjɔ̃] *f 1. MED* Erschöpfung *f,* Prostration *f; 2. (abattement)* Niedergeschlagenheit *f,* Verzagtheit *f*
prostré [pʀɔstʀe] *adj* betrübt, verzagt, niedergeschlagen
protecteur [pʀɔtɛktœʀ] *m 1.* Beschützer *m; 2. (patron)* Schirmherr *m; 3. société protectrice des animaux* Tierschutzverein; *4. (dédaigneux) un ton ~* gönnerhafter Ton
protection [pʀɔtɛksjɔ̃] *f 1.* Schutz *m,* Abschirmung *f; ~ des espèces* Artenschutz *m; ~ des données personnelles* Datenschutz *m; ~ contre le bruit* Lärmschutz *m; indice de ~* Lichtschutzfaktor *m; ~ des locataires* Mieterschutz *m; ~ de la nature* Naturschutz *m; mesure de ~* Schutzmaßnahme *f; ~ de l'environnement* Umweltschutz *m; ~ des consommateurs* Verbraucherschutz *m; 2. (garde)* Obhut *f; 3. (patronage)* Schirmherrschaft *f; 4. (en boxe)* Deckung *f; 5. ~ périodique féminine* Damenbinde; *6. prendre qn sous sa ~* jdn unter seinen Schutz nehmen
protectionnisme [pʀɔtɛksjɔnism] *m ECO* Protektionismus *m*
protégé [pʀɔteʒe] *m 1.* Schützling *m; adj 2.* sicher, gefahrlos; *3. (abrité)* geschützt
protéger [pʀɔteʒe] *v 1.* beschützen, schützen, behüten; *2. (assurer)* absichern; *3. (conserver)* wahren; *4. MIL* abschirmen

P

protestable [pʀɔtɛʃtabl] *adj JUR* anfechtbar
protestant [pʀɔtɛstɑ̃] *adj REL* evangelisch, protestantisch
protestation [pʀɔtɛstasjɔ̃] *f 1.* Widerspruch *m*, Einspruch *m; 2. (réclamation)* Protest *m; 3. (assurance) des ~s d'amitié* Sympathiebekundung *f*
protester [pʀɔtɛste] *v 1.* protestieren; *2. ~ de* beteuern; *3. ~ contre* sich verwahren gegen/Einspruch erheben gegen
protocole [pʀɔtɔkɔl] *m POL* Protokoll *n; ~ d'accord* Vertragsprotokoll *n*
protubérance [pʀɔtyberɑ̃s] *f* Vorsprung *m*
prou [pʀu] *adv peu ou ~* mehr oder weniger
proue [pʀu] *f 1. NAUT* Bug *m; 2. figure de ~* Bugfigur *f*
prouesse [pʀuɛs] *f* Heldentat *f*
prouver [pʀuve] *v 1.* beweisen; *~ qc par a+b* etw klipp und klar beweisen; *~ son identité* sich legitimieren; *2. (démontrer)* nachweisen; *3. FIN* belegen
provenance [pʀɔvnɑ̃s] *f 1. (lieu, pays)* Abstammung *f; en ~ de* von, aus; *2. (origine)* Herkunft *f*, Ursprung *m*
provenir [pʀɔvniʀ] *v ~ de* abstammen von, stammen aus
proverbe [pʀɔvɛʀb] *m* Sprichwort *n*
proverbial [pʀɔvɛʀbjal] *adj* sprichwörtlich
providence [pʀɔvidɑ̃s] *f 1. (divine) REL* Vorsehung *f; 2. être la ~ de qn (fig)* der Schutzengel von jdm sein; *3. Etat ~* Wohlfahrtsstaat
province [pʀɔvɛ̃s] *f 1.* Provinz *f; 2. (au Canada: Etat) POL* Provinz *f; 3. (région)* Gegend *f*, Land *n; 4. Cette ville fait très ~.* Diese Stadt wirkt sehr provinziell.
provision [pʀɔvizjɔ̃] *f 1. ECO* Deckungsbetrag *m; 2. ~s pl* Vorrat *m; 3. faire ~ de qc* sich etw beschaffen, sich mit etw versorgen
provisoire¹ [pʀɔvizwaʀ] *adj 1.* vorläufig; *2. (de fortune)* behelfsmäßig
provisoire² [pʀɔvizwaʀ] *m* Provisorium *n*
provocation [pʀɔvɔkasjɔ̃] *f 1.* Herausforderung *f; 2. (incitation)* Provokation *f*
provoquer [pʀɔvɔke] *v 1.* anstiften, auslösen; *2. (défier)* herausfordern; *3. (exciter)* provozieren, reizen; *4. (fig)* hervorrufen, verursachen; *5. ~ à* aufhetzen
proxénète [pʀɔksenɛt] *m* Kuppler *m*, Zuhälter *m*
proximité [pʀɔksimite] *f* Nähe *f*
prude [pʀyd] *adj* prüde
prudence [pʀydɑ̃s] *f 1.* Vorsicht *f*, Umsicht *f; par ~* vorsichtshalber *2. (réserve)* Behutsamkeit *f*
prudent [pʀydɑ̃] *adj 1.* klug; *2. (précautionneux)* vorsichtig, umsichtig
pruderie [pʀydʀi] *f* Prüderie *f*, geheuchelte Sittsamkeit *f*
prud'homme [pʀydɔm] *m JUR* Arbeitsrichter *m; le Conseil de ~s* Arbeitsgericht *n*
prune [pʀyn] *f 1. BOT* Pflaume *f*, Zwetsch(g)e *f; 2. pour des ~s (fam)* für nichts und wieder nichts
pruneau [pʀyno] *m 1.* Backpflaume *f; 2. noir comme un ~* schwarz wie eine Backpflaume; *3. (fam: balle)* blaue Bohne *f*
prunelle [pʀynɛl] *f ANAT* Pupille *f*
prunier [pʀynje] *m BOT* Pflaumenbaum *m*, Zwetschgenbaum *m; secouer qn comme un ~ (fam)* jdn heftig schütteln
psychanalyse [psikanaliz] *f PSYCH* Psychoanalyse *f*
psyché [psiʃe] *f 1.* Psyche *f; 2. (miroir)* großer Drehspiegel *m*
psychiatrie [psikjatʀi] *f PSYCH* Psychiatrie *f*, Seelenheilkunde *f*
psychique [psiʃik] *adj PSYCH* psychisch
psychologie [psikɔlɔʒi] *f* Psychologie *f*
psychologue [psikɔlɔg] *m/f PSYCH* Psychologe/Psychologin *m/f*
psychopathe [psikɔpat] *m/f PSYCH* Psychopath(in) *m/f*
psychose [psikoz] *f PSYCH* Psychose *f*
psychothérapie [psikoteʀapi] *f PSYCH* Psychotherapie *f*
psychotique [psikɔtik] *m/f PSYCH* Psychotiker(in) *m/f*
puant [pɥɑ̃] *adj 1.* übel riechend, stinkend; *2. (fig)* eingebildet, hochnäsig
puanteur [pɥɑ̃tœʀ] *f* Gestank *m*
pub¹ [pœb] *m (café)* Pub *m*
pub² [pyb] *f (fam)* Werbung *f*
pubère [pybɛʀ] *adj* geschlechtsreif
puberté [pybɛʀte] *f 1.* Pubertät *f; 2. (adolescence)* Pubertätszeit *f*
public [pyblik] *adj 1.* öffentlich; *2. (manifeste)* offenkundig; *3. (étatique)* staatlich; *m 4.* Öffentlichkeit *f; 5. (auditoire)* Publikum *n*
publication [pyblikasjɔ̃] *f 1.* Bekanntgabe *f*, Kundgebung *f; ~ des bancs du mariage* Heiratsanzeige *f; 2. (édition)* Publikation *f*, Veröffentlichung *f; 3. (ouvrage)* Veröffentlichung *f*, Publikation *f*, Herausgabe *f*
publiciste [pyblisist] *m/f* Verleger(in) *m/f*, Journalist(in), Publizist(in) *m/f*

P

publicitaire [pyblisitɛʀ] *adj 1. film ~* Werbefilm *m,* Reklamefilm *m; m/f 2.* Werbefachmann/Werbefachfrau *m/f*
publicité [pyblisite] *f 1.* Werbung *f; ~ clandestine* Schleichwerbung *f; ~ télévisée* Werbefernsehen *n; 2. (réclame)* Reklame *f*
publier [pyblije] *v 1. (livre)* verlegen, bringen, veröffentlichen, herausbringen; *2. (les bans)* aushängen; *3. (éditer)* publizieren; *4. ~ une annonce* annoncieren
publiphone [pyblifɔn] *m TEL* Kartentelefon *n*
puce [pys] *f 1. ZOOL* Floh *m; mettre la ~ à l'oreille de qn* bei jdm Zweifel erwecken; *2. INFORM* Chip *m; 3. marché au ~s* Flohmarkt *m; 4. manteau ~* rotbrauner Mantel
puceau [pyso] *m (fam)* unschuldiger Knabe *m,* grüner Junge *m*
pucelle [pysɛl] *f* Jungfrau *f,* Jungfer *f*
pudeur [pydœʀ] *f 1.* Scham *f; 2. outrage à la ~ JUR* Erregung öffentlichen Ärgernisses *f; 3. (réserve)* Zurückhaltung *f,* Takt *m*
pudique [pydik] *adj 1.* keusch, schamhaft; *2. (discret)* schamhaft, sittsam, züchtig, rein
puer [pɥe] *v 1. (fam)* stinken; *2. (fig) (~ au nez à qn)* jdm zum Halse heraushängen
pugnacité [pygnasite] *f LIT* Streitsüchtigkeit *f*
puîné [pɥine] *adj* später geboren, jünger
puis [pɥi] *adv 1. (temporel)* dann, darauf; *2. (plus loin) à droite , ~ à gauche* nach rechts, dann nach links; *3. Il a gagné ... et ~, il l'a bien mérité.* Er hat ... gewonnen und außerdem hat er es verdient. *Et ~ alors?* Na und?
puiser [pɥize] *v 1.* schöpfen; *~ de l'eau dans une mare* Wasser aus einem Teich schöpfen; *2. (fig)* herausholen, schöpfen, entnehmen; *~ dans son porte-monnaie* Geld aus seiner Geldbörse entnehmen; *3. ~ aux sources* aus den Quellen schöpfen
puisque [pɥisk(ə)] *konj 1.* da; *2. (justification)* da ja, da (nun) einmal, weil doch; *3. (exclamation) Puisque je vous le dis!* Ich habe es euch doch gesagt!
puissance [pɥisɑ̃s] *f 1.* Kraft *f; ~ d'imagination* Einbildungskraft *f; ~ créatrice* Schaffenskraft *f; 2. (force)* Macht *f,* Stärke *f,* Gewalt *f; ~ maximum* Spitzenleistung *f; ~ mondiale* Weltmacht *f; grande ~* Großmacht *f; ~ coloniale* Kolonialmacht *f; ~ protectrice* Schutzmacht *f; 3. (en décibels)* Lautstärke *f;4. MATH* Potenz *f; 5. en ~* abhängig
puissant [pɥisɑ̃] *adj 1.* gewaltig, stark, mächtig; *2. (sonore)* lautstark; *3. (efficace) un ~ remède* ein hochwirksames Medikament; *4. TECH moteur ~* leistungsfähiger Motor; *freins ~s* starke Bremsen
puits [pɥi] *m 1.* Brunnen *m; 2. (tunnel)* Schacht *m; 3. ~ d'amour GAST* Blätterteigtörtchen *n*
pull [pyl] *m* Pullover *m*
pull-over [pulɔvɛʀ] *m* Pullover *m*
pulluler [pylyle] *v* überwuchern, wimmeln
pulpe [pylp] *f (d'un fruit)* Fruchtfleisch *n,* Fruchtmark *n; la ~ d'une orange* das Fruchtfleisch einer Orange *n*
pulsation [pylsasjɔ̃] *f 1. ~ cardiaque* Herzschlag *m; 2. PHYS* Schwingung *f*
pulser [pylse] *v TECH* pulsieren, schwingen, pulsen
pulsion [pylsjɔ̃] *f 1.* Trieb *m; 2. ~s sexuelles* sexueller Trieb *m*
pulvériser [pylveʀize] *v 1.* zerreiben; *2. (un liquide)* zerstäuben; *3. ~ un record (fig)* einen Rekord brechen
punaise [pynɛz] *f 1.* Reißzwecke *f; 2. ZOOL* Wanze *f; 3. ~! Pas possible!* Mein lieber Schwan! Nicht möglich!
punir [pyniʀ] *v* strafen, bestrafen
punition [pynisjɔ̃] *f 1.* Strafe *f; 2. (sanction)* Bestrafung *f*
pupitre [pypitʀ] *m 1.* Schreibpult *n,* Lesepult *n,* Rednerpult *n; 2. TECH* Steuerpult *n*
pur [pyʀ] *adj 1. (air)* klar, rein; *2. (sans adjonction)* pur; *3. (sans défaut)* makellos; *4. (sans nuage)* wolkenlos; *5. ~ et dur* klar und deutlich; *m 6.* Hundertprozentiger *m*
purée [pyʀe] *f 1.* Brei *m,* Püree *n; 2. (fam)* Schlamassel *m; être dans la ~* in der Tinte sitzen
purement [pyʀmɑ̃] *adv* rein
pureté [pyʀte] *f 1. (de l'air)* Klarheit *f; 2. (fig)* Reinheit *f,* Klarheit *f,* Unberührtheit *f*
purifier [pyʀifje] *v 1.* reinigen; *2. (moralement)* läutern
pur-sang [pyʀsɑ̃] *m* Vollblutpferd *n*
purulent [pyʀylɑ̃] *adj MED* eitrig
pus [py] *m MED* Eiter *m*
pusillanime [pyzilanim] *adj* kleinmütig
pustule [pystyl] *f* Pickel *m,* Pustel *f*
putain [pytɛ̃] *f (fam)* Nutte *f,* Hure *f*
putatif [pytatif] *adj JUR* vermeintlich
pute [pyt] *f (fam)* Nutte *f,* Hure *f*
putréfier [pytʀefje] *v se ~* verfaulen, vermodern
pyramide [piʀamid] *f* Pyramide *f*
pyrotechnique [piʀɔtɛknik] *adj TECH spectacle ~* Feuerwerksspektakel

P

Q

quadrillage [kadʀijaʒ] *m* ~ *informatique systématique* Rasterfahndung *f*
quadragésime [kwadʀaʒezim] *f REL* Fastenzeit *f*
quadrangulaire [kwadʀɑ̃gylɛʀ] *adj* viereckig
quadrant [kadʀɑ̃] *m 1. MATH* Quadrant *m,* Viertelkreis *m; 2. NAUT* Quadrant *m*
quadratique [kwadʀatik] *adj MATH* quadratisch
quadrature [kwadʀatyʀ] *f 1. MATH* Quadratur *f; la ~ du cercle* die Quadratur des Kreises *f; 2. ASTR* Quadratur *f*
quadrillage [kadʀijaʒ] *m 1. (lignes)* Karomuster *n,* Einteilung in Karos *f; le ~ des rues* das Gitternetz der Straßen *n; 2. (contrôle) MIL* Einteilung in Kontrollsektoren *f*
quadrille [kadʀij] *f (danse)* Quadrille *f,* Kontertanz *m,* Lancier *m*
quadrillé [kadʀije] *adj* kariert
quadriller [kadʀije] *v 1.* in Karos einteilen, kästeln, karieren; *~ une feuille blanche* ein weißes Blatt Papier kästeln; *2. (contrôler) MIL* in Kontrollsektoren einteilen
quadrimoteur [kwadrimɔtœʀ] *adj 1. TECH* viermotorig; *m 2. TECH* viermotoriges Flugzeug *n*
quadrupède [kwadʀypɛd] *adj 1. ZOOL* vierbeinig, vierfüßig; *m 2. ZOOL* Vierbeiner *m,* Vierfüßer *m*
quadrupler [kwadʀyple] *v* (sich) vervierfachen
quadruplés [kwadʀyple] *m/pl* Vierlinge *pl*
quai [ke] *m 1.* Kai *m; 2. (de gare)* Bahnsteig *m*
quaker(esse) [kwɛkœʀ/kwɛkʀɛs] *m/f REL* Quäker(in) *m/f*
qualifiable [kalifjable] *adj 1.* charakterisierend, beschreibend; *Sa conduite n'est pas ~.* Für sein Verhalten gibt es keine Beschreibung. *2. SPORT* teilnahmeberechtigt
qualificatif [kalifikatif] *adj 1. adjectif ~ GRAMM* Eigenschaftswort *n,* Adjektiv *n; m 2.* Bezeichnung *f,* Ausdruck *m*
qualification [kalifikasjɔ̃] *f 1.* Qualifikation *f,* Befähigung *f,* Eignung *f; 2. (désignation)* Bezeichnung *f; 3. SPORT* Qualifikation *f,* Qualifizieren *n; obtenir sa ~ en finale* die Qualifikation für das Finale erhalten; *les épreuves de ~* die Ausscheidungskämpfe *pl,* die Qualifikationswettkämpfe *pl; 4. GRAMM* Bestimmung *f*
qualifié [kalifje] *adj 1. ~ pour* geeignet für, qualifiziert zu; *2. (pour, en)* sachkundig; *adj 3. ouvrier ~* Facharbeiter *m; 4. vol ~ JUR* Diebstahl mit erschwerenden Umständen *m*
qualifier [kalifje] *v se ~* sich qualifizieren
qualitatif [kalitatif] *adj* qualitativ
qualité [kalite] *f 1.* Eigenschaft *f; en ~ de* als; *2. (valeur)* Qualität *f; de première ~* erstklassig; *3. (compétence)* Befugnis *f*

> **quand** [kɑ̃] *adv 1.* wann; *2. ~ même* dennoch; *konj 3.* als; *4. (temps)* wenn; *depuis ~* seit wann

quant [kɑ̃t] *prep 1. ~ à* bezüglich; *2. ~ à moi* meinerseits
quant-à-soi [kɑ̃taswa] *m* Zurückgezogenheit *f,* Zurückhaltung *f,* Reserviertheit *f; rester sur son ~* sich zurückhalten; *se tenir sur son ~* sich reserviert zeigen
quantième [kɑ̃tjɛm] *adj le ~ du mois* der Soundsovielte des Monats
quantification [kɑ̃tifikasjɔ̃] *f* Quantifizierung *f*
quantitatif [kɑ̃titatif] *adj* quantitativ, mengenmäßig
quantité [kɑ̃tite] *f 1.* Quantität *f,* Menge *f; 2. (teneur)* Gehalt *m*
quantum [kwɑ̃tɔm] *m PHYS* Quantum *n; théorie des quanta* Quantentheorie *f*
quarantaine [kaʀɑ̃tɛn] *f 1.* Vierzig *f,* vierzig Jahre *n/pl; avoir la ~* etwa vierzig sein *2.* Quarantäne *f*
quarante [kaʀɑ̃t] *num* vierzig
quarantième [kaʀɑ̃tjɛm] *adj 1.* vierzigste(r,s); *m/f 2.* Vierzigste(r) *m/f*
quart [kaʀ] *m 1. MATH* Viertel *n; 2. ~ d'heure* Viertelstunde *f; 3. les trois ~s du temps* meist(ens); *4. ~ de finale SPORT* Viertelfinale *n; 5. être de ~ NAUT* Wache haben, Wache schieben
quarteron [kartəʀɔ̃] *m 1. (quart)* Viertelhundert *n; 2. (fig)* kleiner Haufen *m,* eine Handvoll *f*
quartette [kwaʀtɛt] *m MUS* Quartett *n*
quartier [kaʀtje] *m 1. (d'une ville)* Viertel *n; Je vous laisse ~ libre.* Ich lasse Ihnen freie Hand. *~ sordide* Elendsviertel *n; ~ urbain* Stadtviertel *n; ~ résidentiel* Wohnviertel *n; 2.*

(cantonnement) MIL Quartier *n,* Ortsunterkunft *f,* Kaserne *f; ~s d'hiver* Winterquartiere *n/pl; 3. (fig) ne pas faire de ~* kein Pardon kennen
quasi [kazi] *adv* fast, nahezu, gewissermaßen, quasi
quasiment [kazimɑ̃] *adv (fam)* fast, beinahe, quasi
quatorze [katɔʀz] *num* vierzehn
quatorzième [katɔʀzjɛm] *adj 1.* vierzehnte(r,s); *m/f 2.* Vierzehnte(r) *m/f*
quatrain [katʀɛ̃] *m LIT* Vierzeiler *m*
quatre [katʀ] *num 1.* vier; *descendre l'escalier ~ à ~* die Treppe vier Stufen auf einmal nehmend hinuntergehen; *se mettre en ~ pour qn* für jdn durchs Feuer gehen, sich zerreißen für jdn; *2. ~ roues motrices TECH* Vierradantrieb *m*
quatre-vingt(s) [katʀəvɛ̃] *num* achtzig
quatre-vingt-dix [katrəvɛ̃dis] *num* neunzig
quatrième [katʀijɛm] *adj 1.* vierte(r,s); *m/f 2.* Vierte(r) *m/f*
quatuor [kwatɥɔʀ] *m MUS* Quartett *n*

que [kə] *konj 1. (comparatif)* als; *2. (subordination)* dass; *3. (introduisant un désir)* auf dass; *Qu'à celà ne tienne!* Na wenn schon!/Darauf kommt es nicht an! *pron 4. (relatif)* der/die/das, welche(r,s); *Advienne ~ pourra.* Komme, was wolle. *5. (interrogatif)* was; *konj 6. ne ... ~* nur ...

quel [kɛl] *pron* welche(r,s); *Quel beau temps!* Was für ein schönes Wetter!
quel(le) [kɛl] *adj* welche(r), was für ein(e); *Je ne sais quelle mouche le pique.* Was ist bloß in ihn gefahren? *Quel temps fait-il?* Wie ist das Wetter?
quelconque [kɛlkɔ̃k] *adj 1.* irgendein, x-beliebig; *2. (sans importance)* belanglos
quelque [kɛlk] *adj 1.* einige(r,s); *pendant ~temps* eine Zeitlang; *2. (plusieurs)* manche, ein paar, etliche; *... et ~* etw mehr als; *adv 3.* etwa; *4. (un peu)* ein wenig, etwas; *Je possède ~ argent. 5. ~ ... que* wie, so ... auch (immer); *~ riche qu'il soit; 6. en ~ sorte* in gewisser Weise, irgendwie
quelquefois [kɛlkəfwa] *adv* manchmal, mitunter
quelques-uns [kɛlkəzœ̃] *adj* manche, einige, etliche
quelqu'un [kɛlkœ̃] *adj* (irgend)jemand, (irgend)einer
quémander [kemɑ̃de] *v* betteln
qu'en-dira-t-on [kɑ̃diʀatɔ̃] *m* Gerede *n; sans souci du ~* ohne sich ums Gerede zu kümmern
quenelle [kənɛl] *f GAST* Knödel *m,* Kloß *m,* Röllchen *n*
quenotte [kənɔt] *f (fam)* Zähnchen *n,* kleiner Zahn eines Kindes *m*
querelle [kəʀɛl] *f* Streit *m,* Zank *m*
quereller [kəʀɛle] *v se ~ avec qn* sich mit jdm streiten, sich mit jdm zanken
quérir [keʀiʀ] *v LIT* suchen; *aller ~ qn* jdn holen
quérulence [keʀylɑ̃s] *f PSYCH* Querulanz *f*
questeur [kɥɛstœʀ] *m POL* Schatzmeister *m*
question [kɛstjɔ̃] *f 1.* Frage *f; C'est hors de ~.* Das kommt nicht in Frage. *Il n'en est pas ~.* Davon kann keine Rede sein. *poser une ~* fragen; *~ d'expérience* Erfahrungssache *f; ~ de prix* Preisfrage *f; ~ de responsabilité JUR* Schuldfrage *f; ~ de confiance POL* Vertrauensfrage *f; ~ de goût* Geschmacksache *f; 2. en ~* fraglich, bewusst; *la personne en ~* die fragliche Person; *3. (torture)* Folter *f*
questionnaire [kɛstjɔnɛʀ] *m* Fragebogen *m*
questionnement [kɛstjɔnmɑ̃] *m* Befragung *f*
questionner [kɛstjɔne] *v 1. ~ qn* jdn ausfragen; *2. ~ qn (consulter qn)* jdn befragen
questionneur [kɛstjɔnœʀ] *adj 1.* fragend, ausfragend, anfragend; *m 2.* Frager *m,* Anfrager *m,* Ausfrager
quête [kɛt] *f 1.* Suche *f; 2. REL* Kollekte *f*
quêter [kɛte] *v 1. (à la messe) REL* die Kollekte einsammeln, sammeln; *2. (fig)* heischen, verlangen, bitten, suchen; *~ des louanges* Lob erbitten; *~ un regard d'encouragement* einen aufmunternden Blick su-chen; *~ du regard l'approbation de qn* mit einem Blick jds Zustimmung erheischen
quêteur [kɛtœʀ] *m* (Geld)Sammler *m*
quêteuse [kɛtøz] *f* (Geld)Sammlerin *f*
quetsche [kwɛtʃ] *f BOT* Zwetsch(g)e *f; tarte aux ~s GAST* Zwetsch(g)enkuchen *m*
queue [kø] *f 1.* Schwanz *m; n'avoir ni ~ ni tête* weder Hand noch Fuß haben; *2. (file de personne)* Menschenschlange *f; faire la ~* Schlange stehen; *à la ~* hintereinander; *3. (manche)* Stiel *m; 4. ~ de cheval* Pferdeschwanz *m,* Zopf *m*

Q

queue-d'aronde [kødaʀɔ̃d] *f TECH* Schwalbenschwanz *m*
queue-de-pie [kødpi] *f (habit)* Frack *m,* Schwalbenschwanz *m*
queue-de-poisson [kødpwasɔ̃] *f (arg) Il lui a fait une queue-de-poisson.* Er hat ihn geschnitten.
queuter [køte] *v (fam)* vögeln, rumvögeln
queux [kø] *m maître ~ GAST* Chefkoch *m*

qui [ki] *pron 1.* das, es; *Qui vivra verra.* Es wird sich zeigen. *2. (celui/celle)* der/die/das; *3. (lequel)* welcher/welches; *ce ~* was; *4. à ~* wem; *5. (accusatif)* wen; *6. (nominatif)* wer; *Qui que vous soyez.* Ganz egal, wer Sie sind. *Qui plus est ...* Was noch dazu kommt ... *7. de ~* wessen

quiconque [kikɔ̃k] *pron* wer auch immer
quidam [kɥidam] *m* ein gewisser Jemand, eine gewisse Person
quiet [kjɛ] *adj* ruhig, still
quiétude [kjetyd] *f LIT* Stille *f,* Ruhe *f,* Seelenfriede *m; la ~ d'un lieu* die friedliche Stille eines Ortes *f; en toute ~* in aller Ruhe
quignon [kiŋɔ̃] *m (de pain)* großes Stück *n,* große Scheibe *f*
quille [kij] *f 1.* Kegel *m; recevoir qn comme un chien dans un jeu de ~s* jdn sehr ungnädig empfangen; *2. (d'un navire) NAUT* Kiel *m; 3. (fam: jambe)* Bein *n; 4. (fam: libération) MIL* Entlassung *f*
quincaillerie [kɛ̃kɑjʀi] *f 1.* Eisenwaren *pl; 2. (fam)* Klunker *m,* Modeschmuck *m*
quinine [kinin] *f MED* Chinin *n*
Q
quinquagénaire [kɛ̃kaʒenɛʀ] *adj 1.* fünfzigjährig; *m/f 2.* Fünfzigjährige(r) *m/f*
quinquennal [kɛ̃kenal] *adj* Fünfjahres..., alle fünf Jahre stattfindend, fünf Jahre dauernd; *un plan ~* ein Fünfjahresplan *m*
quinquet [kɛ̃kɛ] *m 1.* Öllampe *f; 2. (fam: œil)* Auge *n*
quintal [kɛ̃tal] *m* Zentner *m*
quinté [kɛ̃te] *m SPORT* fünf Richtige bei Pferdewetten
quintessence [kɛ̃tɛsɑ̃s] *f (fig)* Quintessenz *f,* Hauptsache *f,* Kernpunkt *m,* Wesentliches *n*
quintette [kɛ̃tɛt] *m MUS* Quintett *n*
quinteux [kɛ̃tø] *adj MED* in Anfällen auftretend
quintuple [kɛ̃typl] *adj 1.* fünffach; *m 2.* Fünffaches *n*
quintupler [kɛ̃typle] *v* verfünffachen
quintuplés [kɛ̃typle] *m/pl* Fünflinge *m/pl*
quinzaine [kɛ̃zɛn] *f 1.* ungefähr fünfzehn, um die fünfzehn; *une ~ de spectateurs* ungefähr fünfzehn Zuschauer *pl; 2. (de jours)* vierzehn Tage *pl,* zwei Wochen *pl*
quinze [kɛ̃z] *num 1.* fünfzehn; *2. dans ~ jours* in vierzehn Tagen; *m 3. (équipe de rugby) SPORT* Rugbymannschaft *f*
quinzième [kɛ̃zjɛm] *adj 1.* fünfzehnte(r,s); *m/f 2.* Fünfzehnte(f) *m/f*
quiproquo [kipʀɔko] *m* Verwechslung *f*
quittance [kitɑ̃s] *f* Quittung *f,* Empfangsbescheinigung *f*
quitte [kit] *adj 1.* quitt; *être ~* quitt sein/sich gegenseitig nichts mehr schuldig sein; *2. ~ à* auf die Gefahr hin, dass ...;
quitter [kite] *v 1.* verlassen; *2. (parti, église)* austreten; *3. ~ sa fonction* sein Amt niederlegen; *4. ne pas ~ qn des yeux* jdn nicht aus den Augen lassen; *5. se ~* sich trennen
quitus [kitys] *m JUR* Schlussquittung *f,* Schlussbescheinigung *f,* Entlastung *f*
qui-vive [kiviv] *m être sur le ~* ständig auf der Hut sein
quiz [kwiz] *m* Quiz *n*
quoi [kwa] *pron 1. (interrogatif)* was; *adv 2. après ~ (ensuite)* daraufhin; *3. en ~* darin, worin; *4. ~ qu'il en soit* jedenfalls; *5. par ~* wodurch; *6. avec ~* womit; *7. à ~* woran, wozu, worauf; *8. de ~* wovon, worum, woraus; *Au sujet de ~?* Worüber?
quoique [kwak(ə)] *konj* obgleich, obwohl, obschon
quolibet [kɔlibɛ] *m* Spott *m,* Stichelei *f,* anzügliche Bemerkung *f,* Kalauer *m; essuyer des ~s* Spott einstecken müssen
quorum [kwɔʀum] *m POL* Quorum *n,* Zahl der zur Beschlussfähigkeit erforderlichen Mitglieder *f*
quota [kɔta] *m* Quote *f*
quote-part [kɔtpaʀ] *f* Quote *f*
quotidien [kɔtidjɛ̃] *m 1.* Alltag *m; 2. (journal)* Tageszeitung *f; adj 3.* täglich
quotient [kɔsjɑ̃] *m ~ intellectuel* Intelligenzquotient *m*
quotité [kɔtite] *f JUR* Anteil *m,* Anteilssumme *f,* Betrag *m,* Quote *f*

R

rabâcher [ʀabɑʃe] *v 1. (fig)* breittreten; *2. (ressasser)* endlos wiederholen
rabâcheur [ʀabaʃœʀ] *m (fam)* Schwätzer *m*
rabais [ʀabɛ] *m 1.* Ermäßigung *f; 2. ECO* Rabatt *m,* Abzug *m*
rabaisser [ʀabese] *v 1.* niedriger stellen, herabsetzen; *2. (humilier)* demütigen; *3. se ~* senken, niedriger setzen, sich erniedrigen
rabat [ʀaba] *m* Klappe *f,* Aufschlag *m,* Patte *f; un sac à ~* eine Tasche mit Klappe *f*
rabat-joie [ʀabaʒwa] *m* Spielverderber *m*
rabattage [ʀabataʒ] *m 1.* Treibjagd *f; 2. (d'un arbre)* Stutzen *n*; *3. (fam)* Ausweiden *n*
rabatteur [ʀabatœʀ] *m 1. (à la chasse)* Treiber *m; 2. (fig)* Kundenfänger *m,* Werber *m*
rabattre [ʀabatʀ] *v irr 1.* herunterklappen, umschlagen; *2. (humilier)* demütigen; *3. (aplatir)* herabdrücken, glätten; *4. (refermer)* zuklappen, herunterklappen; *5. (diriger)* treiben; *6. se ~* sich plötzlich wenden nach; *7. se ~ sur qc (fig* sich auf etwas beschränken
rabbin [ʀabɛ̃] *m REL* Rabbi *m,* Rabbiner *m*
rabibocher [ʀabibɔʃe] *v 1. (fam)* zusammenflicken; *2. (fam réconcilier)* aussöhnen
rabiot [ʀabjo] *m 1. (fam: reste)* Rest *m,* Überbleibsel *n,* Nachschlag *m; aller chercher du ~ de soupe* die letzten Reste Suppe schöpfen; *2. (fam: surplus)* längere Dienstzeit *f,* verlängerte Arbeitszeit *f; faire du ~* länger dienen, länger arbeiten
rabioter [ʀabjɔte] *v (fam)* sich den Rest sichern, kleine Nebeneinkünfte haben, einen Zuschlag erhalten
rabique [ʀabik] *adj MED* tollwütig
râble [ʀɑbl] *m* Rücken *m*, Kreuz *n*
râblé [ʀɑble] *adj (personne)* kräftig, mit einem breiten Rücken, stämmig
rabot [ʀabo] *m TECH* Hobel *m*
raboter [ʀabɔte] *v* hobeln
raboteux [ʀabɔtø] *adj (fig)* holprig
rabougrir [ʀabugʀiʀ] *v se ~* verkümmern, zusammenschrumpfen, verkrüppeln
rabrouer [ʀabʀue] *v ~ qn (fig)* jdn anfahren, jdn anbrüllen
racaille [ʀakɑj] *f* Gesindel *n*
raccommoder [ʀakɔmɔde] *v 1. se ~ (fam)* sich versöhnen, sich aussöhnen, sich wieder vertragen; *2.* flicken
raccompagner [ʀakɔ̃paɲe] *v* heimbringen
raccord [ʀakɔʀ] *m 1.* Verbindung *f,* Übergang *m,* Zusammenfügen *n; faire un ~ de peinture* eine vergessene Stelle nachstreichen; *2. (de plans) CINE* Schnitt *m,* Zusammensetzen der Einstellungen *n; 3. TECH* Verbindungsstück *n,* Verbindung *f*
raccordement [ʀakɔʀdəmɑ̃] *m TECH* Anschluss *m; ~ secondaire* Nebenanschluss *m; ~ au réseau* Netzanschluss *m; ~ principal* Hauptanschluss *m*
raccorder [ʀakɔʀde] *v 1.* verbinden, zusammensetzen, zusammenfügen; *2. se ~* Anschluss haben, zusammenpassen
raccourci [ʀakuʀsi] *m* Abkürzung *f; prendre un ~* eine Abkürzung nehmen
raccourcir [ʀakuʀsiʀ] *v (diminuer)* kürzer werden, sich verkürzen; *Les jours raccourcissent.* Die Tage werden kürzer.
raccourcissement [ʀakuʀsismɑ̃] *m* Kürzung *f,* Verkürzung *f*
raccroc [ʀakʀo] *m* Zufallstreffer *m*
raccrocher [ʀakʀɔʃe] *v 1.* wieder anhängen; *2. (arrêter)* einhängen, auflegen; *3. se ~ à qc* sich an etwas klammern; *4. TEL* auflegen
race [ʀas] *f 1.* Rasse *f; 2. ~ humaine* Menschheit *f; 3. (tribu)* Stamm *m*
racé [ʀase] *adj* rassig
racheter [ʀaʃte] *v 1.* auslösen; *2. (acheter)* zurückkaufen; *3. (fig)* wieder gutmachen; *4. se ~* ausgleichen, sühnen, wieder gutmachen
racial [ʀasjal] *adj* Rassen... *des émeutes ~es* Rassenunruhen *pl; la question ~e* die Rassenfrage *f*
racine [ʀasin] *f 1.* Wurzel *f; couper le mal à sa ~* das Übel an der Wurzel packen; *prendre ~* Wurzeln schlagen; *2. (des cheveux)* Haaransatz *m; 3. MATH* Wurzel; *4. LING* Herkunft
racisme [ʀasism] *m* Rassismus *m*
raciste [ʀasist] *m/f 1.* Rassist(in) *m/f; adj 2.* rassistisch
racket [ʀakɛt] *m* Erpressung *f; être victime d'un ~* Opfer einer Erpressung sein
racketter [ʀakɛte] *v* erpressen
racketteur [ʀakɛtœʀ] *m* Gauner *m,* Erpresser *m*
raclée [ʀɑkle] *f* Prügel *pl*
racler [ʀɑkle] *v 1. (récurer)* auskratzen, schaben, rubbeln; *~ une allée* einen Weg

R

eben machen; *~ le fond d'une casserole* einen Topf auskratzen; *2. se ~ la gorge (fig)* sich räuspern
raclette [Raklɛt] *f 1. GAST* Raclette *n; 2.* Kratzer *m*, Spachtel *m*
racoler [Rakɔle] *v (recruter)* anwerben, anlocken, auf Kundenfang gehen

raconter [Rakɔ̃te] *v 1.* erzählen; *2. (répéter qc)* nacherzählen

racornir [RakɔRniR] *v se ~* sich zusammenziehen, zusammenschrumpfen
racornissement [Rakɔrnismɑ̃] *m* Verhärtung *f*, Verknöcherung *f*
radar [RadaR] *m* Radar *m*
radeau [Rado] *m* Floß *n*
radiant [Radjɑ̃] *adj* strahlend
radiateur [RadjatœR] *m 1.* Heizkörper *m; 2. (de voiture)* Kühler *m*
radiation [Radjasjɔ̃] *f 1. JUR* Ausschluss *m; 2. PHYS* Strahlung *f*
radical [Radikal] *adj 1.* radikal; *2. (fig)* einschneidend; *m 3. GRAMM* Stamm *m*
radicalisme [Radikalism] *m POL* Radikalismus *m*, extreme Anschauung *f*
radier [Radje] *v (exclure)* ausschließen, streichen, entfernen; *Il a été radié des listes électorales.* Er wurde von der Kandidatenliste gestrichen.
radieux [Radjø] *adj 1.* strahlend, glänzend; *2.* glückstrahlend
radin [Radɛ̃] *adj 1. (fam)* knauserig; *m 2.* Geizhals, Geizkragen
radio [Radjo] *f 1.* Funk *m*, Funkgerät *n; ~ de bord* Bordfunk *m; ~ de la police* Polizeifunk *m; 2. (transistor)* Radio *n; ~ portative* Kofferradio *n; 3. (radiodiffusion)* Rundfunk *m; 4. ~ libre* freier Rundfunksender
radioactif [Radjoaktif] *adj 1.* strahlenverseucht; *2. PHYS* radioaktiv
radiocassette [Radjokasɛt] *m* Kassettenrecorder *m*
radiodiffuser [Radjodifyze] *v* im Radio ausstrahlen, im Rundfunk übertragen
radiographier [RadjogRafje] *v MED* durchleuchten, röntgen
radiologie [Radjolɔʒi] *f MED* Radiologie *f*
radio-réveil [RadjoRevɛj] *m* Radiowecker *m*
radio-taxi [Radjotaksi] *m* Funktaxi
radiothérapie [RadjoteRapi] *f MED* Bestrahlung *f*, Strahlenbehandlung *f*
radis [Radi] *m 1. BOT* Radieschen *n; 2. (raifort) BOT* Rettich *m; 3. (fam: argent)* Heller *m*
radius [Radjys] *m ANAT* Speiche *f*
radotage [Radɔtaʒ] *m* Geschwafel *n*, Geschwätz *n*, Gewäsch *n*
radoter [Radɔte] *v (fam)* quasseln
radoteur [RadɔtœR] *m (fam)* Schwätzer
rafale [Rafal] *f 1. METEO* Bö *f; 2. ~ de mitraillette* Maschiengewehrsalve *f*
raffermir [RafɛRmiR] *v 1.* stärken, festigen; *Le sport raffermit la musculature.* Sport stärkt die Muskulatur. *2. (fig)* bekräftigen, stärken; *~ sa santé* seine Gesundheit stärken; *~ son autorité* seine Autorität bekräftigen; *~ qn dans sa résolution* jdn in seinem Entschluss bestärken; *3. se ~* sich kräftigen, sich stärken, hart werden
raffinage [Rafinaʒ] *m* Verfeinerung *f*
raffinement [Rafinmɑ̃] *m (fig)* Verfeinerung *f*
raffiner [Rafine] *v 1.* raffinieren; *2. (perfectionner)* veredeln, verfeinern
raffinerie [RafinRi] *f* Raffinerie *f*
raffoler [Rafɔle] *v ~ de qn* jdn sehr bewundern, jdn sehr gern haben
rafiot [Rafjo] *m (fam)* alter Kahn *m*
rafistolage [Rafistɔlaʒ] *m (fam)* Flickwerk *n*
rafistoler [Rafistɔle] *v (fam)* zusammenschustern, zusammenflicken
rafle [Rafl] *f* Razzia *f*
rafler [Rafle] *v (fam)* zusammenraffen, mitnehmen, etw mitgehen lassen; *Les voleurs ont tout raflé.* Die Diebe haben alles mitgehen lassen.
rafraîchir [RafRɛʃiR] *v 1.* abkühlen; *2. (œufs)* abschrecken; *3. se ~* sich erfrischen; *4. (refroidir)* kühlen; *5. (une peinture)* ein Gemälde aufarbeiten, ein Gemälde reinigen; *6. ~ la mémoire* das Gedächtnis auffrischen
rafraîchissement [RafRɛʃismɑ̃] *m 1.* Erfrischung *f; 2. (réconfort)* Labsal *n; 3. ~s pl* Stärkung *f; servir des ~s* Erfrischungen reichen
rage [Raʒ] *f 1.* Wut *f; faire ~* toben; *La tempête fait ~.* Der Sturm tobt. *2. MED* Tollwut *f*
rager [Raʒe] *v* sich ärgern, wütend machen, *faire ~ qn* jdn in Rage versetzen;
rai [Rɛ] *m* Radspeiche *f*
raid [Rɛd] *m 1. MIL* Überfall *m; ~ aérien* Luftangriff *m; 2. SPORT* Ritt *m*
raide [Rɛd] *adj 1.* starr, steif; *C'est ~!* Das ist ja allerhand! *2. (abrupt)* jäh; *tomber ~ mort* tot umfallen; *3. (roches)* schroff, steil; *4. (fam)* starkes Stück, starker Tobak
raidir [RɛdiR] *v 1. (tendre)* spannen; *2. se ~* steif werden

R

raie [rɛ] *f* *1.* Strich; *2.* Scheitel *m*
rail [rɑj] *m* *1. (train)* Schiene *f;* *2. ~ de sécurité* Leitplanke; *3. (transport ferroviaire)* Schienenverkehr *m*
railler [rɑje] *v ~ qn* über jdn spotten, jdn verspotten
raillerie [rɑjri] *f* Spott *m,* Scherz *m*
railleur [rɑjœr] *adj* *1.* scherzhaft, spöttisch; *m 2.* Spötter *m,* Schalk *m*
rainette [rɛnɛt] *f ZOOL* Laubfrosch *m*
rainure [rɛnyr] *f* Schlitz *m,* Rille *f*
raisin [rɛzɛ̃] *m* *1. BOT* Weintraube *f;* *2. ~ sec* Rosine *f*

raison [rɛzɔ̃] *f* *1.* Ursache *f,* Grund *m,* Anlass *m; C'est pour une ~ bien simple.* Das hat einen ganz einfachen Grund. *Pour quelle ~?* Warum? *en ~ de* wegen; *2. (entendement)* Verstand *m,* Vernunft *f; avoir ~ de qc* einer Sache Herr werden; *contraire à la ~* gegen jede Vernunft; *faire entendre ~ à qn* jdn zur Vernunft bringen; *3. avoir ~* recht haben *f;* *4. ~ sociale* Firmenname

raisonnable [rɛzɔnabl] *adj* *1.* vernünftig, verständig; *2. (prix)* angemessen
raisonnement [rɛzɔnmɑ̃] *m* *1. (argumentation)* Argumentation *f,* Gedankengang *m; se perdre dans ses ~s* den Faden verlieren, sich in seinen Überlegungen verlieren; *2. (pensée)* Urteilsvermögen *n; avoir une grande puissance de ~* ein gutes Urteilsvermögen haben
raisonner [rɛzɔne] *v* *1.* argumentieren, Schlussfolgerung ziehen; *2. ~ qn* jdn zur Vernunft bringen, jdm gut zureden; *3. se ~* auf die Stimme der Vernunft hören,
raisonneur [rɛzɔnœr] *m (péjoratif)* Besserwisser *m,* Nörgler *m; faire le ~* den Besserwisser spielen
rajeunir [raʒœnir] *v* *1. (rendre jeune)* jünger machen, jünger aussehen lassen; *Cette robe la rajeunit.* Das Kleid macht sie jünger. *2. (faire jeune)* jünger werden, jünger aussehen, sich verjüngen; *Il a rajeuni depuis son mariage.* Er ist jünger geworden seit seiner Heirat. *3. se ~* sich jünger machen, sich ein jüngeres Aussehen verschaffen
rajouter [raʒute] *v* hinzufügen, anfügen, beifügen; *~ quelques mots de conclusion* noch einige Schlussworte hinzufügen; *~ du sel* Salz hinzufügen, nachsalzen; *en ~ (fam)* übertreiben
rajuster [raʒyste] *v* *1.* zurechtrücken, wieder in Ordnung bringen; *~ sa cravate* seine Krawatte zurechtrücken; *~ sa toilette* seine Kleidung wieder in Ordnung bringen; *2. (remettre à niveau)* anpassen, angleichen; *~ les prix* die Preise anpassen
ralenti [ralɑ̃ti] *m* *1. (d'une voiture)* Leerlauf *m;* *2. CINE* Zeitlupe *f*
ralentir [ralɑ̃tir] *v* *1. (vitesse)* bremsen, verlangsamen; *2. (retarder)* verzögern; *3. se ~* langsamer werden
ralentissement [ralɑ̃tismɑ̃] *m* *1.* Verlangsamung *f;* *2. (retard)* Verzögerung *f;* *3. TECH* Abnahme *f*
râler [rɑle] *v* *1.* röcheln; *2. (fam: se plaindre)* meckern, motzen, sich beschweren, nörgeln; *faire ~ qn* jdn wütend machen
râleur [rɑlœr] *m (fam)* Nörgler *m,* Meckerer *m,* Motzer *m*
ralliement [ralimɑ̃] *m* *1. MIL* Sammeln *n; le ~ des troupes* das Sammeln der Truppen *n; le point de ~* der Sammelpunkt *m; sonner le ~* zum Sammeln blasen; *2. (fig)* Anschluss *m,* Beitritt *m*
rallier [ralje] *v* *1. (rassembler)* sammeln, zusammensammeln; *2. (gagner)* vereinen, gewinnen, um sich scharen; *~ qn à qc* jdn für etw gewinnen; *~ les dissidents* die Dissidenten um sich versammeln; *~ tous les suffrages* alle Stimmen auf sich vereinen; *3. (rejoindre)* sich anschließen, beitreten; *~ le gros de la troupe* sich der Haupttruppe wieder anschließen; *~ le port* den Hafen anlaufen; *4. se ~ (se rassembler)* sich zusammenschließen, sich vereinen, sich um etw scharen; *se ~ au même drapeau* sich unter einer Flagge vereinen; *5. se ~ (adhérer)* sich anschließen, beitreten
rallonge [ralɔ̃ʒ] *f* *1.* Verlängerungskabel *n;* *2. (somme)* Zuschuss *m;* *3. (table)* Ausziehplatte *f,* Ansatz *m*
rallongement [ralɔʒmɑ̃] *m* Verlängerung *f*
rallonger [ralɔ̃ʒe] *v* *1.* verlängern; *2. (grandir)* verlängern, länger machen
rallumer [ralyme] *v* *1.* wieder anzünden; *2. (fig)* neu beleben, neuen Schwung verleihen, wieder erwecken; *3. se ~* wieder erwachen, wieder ausbrechen, wieder entflammen
rallye [rali] *m* *1. SPORT* Sternfahrt *f;* *2. (fête)* Zusammentreffen *n*
ramage [ramaʒ] *m* *1. (d'un oiseau) LIT* Gesang *m,* Zwitschern *n;* *2. tissu à ~s* geblümter Stoff
ramassage [ramasaʒ] *m* *1. ~ des ordures ménagères* Müllabfuhr *f;* *2. ~ scolaire* Schülerabholdienst *m*

R

ramassé [ʀamase] *adj 1. (épais)* gedrungen; *2. (blotti)* gerafft
ramasser [ʀamɑse] *v 1.* einsammeln, aufheben, auflesen; *2. se ~* sich wieder aufrichten, wieder aufstehen; *3. (fam: attraper)* aufschnappen; *4. (collecter)* zusammensammeln; *5. (fig)* sammeln
ramasseur [ʀamɑsœʀ] *m* Sammler
ramassis [ʀamasi] *m (fam)* Haufen *m,* Ansammlung *f*
rambarde [ʀɑ̃baʀd] *f* Geländer *n,* Reling *f; s'appuyer à la ~* sich an das Geländer lehnen
rame¹ [ʀam] *f* Ruder *n*
rame² [ʀam] *f* Zug *m*
rameau [ʀamo] *m BOT* Zweig *m,* Ast *m*
ramener [ʀamne] *v 1.* zurückbringen; *2. (fam)* anbringen; *3. (reconduire)* zurückführen; *4. ~ à la raison (fig)* ernüchtern; *5. (réduire)* zurücknehmen; *6. se ~ à* s. auf etw zurückführen lassen; *7. se ~ (fam)* auf etw hinauslaufen
ramer¹ [ʀame] *v 1.* rudern; *s'y entendre comme à ~ des choux (fam)* nicht die Bohne davon verstehen; *2. (fam)* gegen den Strom schwimmen
ramer² [ʀame] *v (des plantes) AGR* mit Stützen versehen
rameur [ʀamœʀ] *m SPORT* Ruderer *m*
ramifier [ʀamifje] *v 1. se ~ BOT* sich verzweigen; *2. se ~ (fig)* sich verzweigen
ramollir [ʀamɔliʀ] *v 1.* aufweichen; *2. (fig)* verweichlichen; *3. se ~* schmelzen, erschlaffen
ramoner [ʀamɔne] *v* fegen
ramoneur [ʀamɔnœʀ] *m* Schornsteinfeger *m*
rampant [ʀɑ̃pɑ̃] *adj* schleichend
rampe [ʀɑ̃p] *f 1.* Geländer *n; ~ d'escalier* Treppengeländer *n; 2. THEAT* Rampe *f; ~ d'accès* Auffahrt *f,* Rampe *f*
ramper [ʀɑ̃pe] *v 1.* kriechen; *2. (plante)* klettern, ranken; *3. (fig)* kriechen, sich demütigen
ramure [ʀamyʀ] *f 1.* Geäst; *2.* Geweih *n*
rancard [ʀɑ̃kaʀ] *m 1. (fam: rendez-vous)* Treffen *n,* Verabredung *f,* Rendezvous *n; avoir un ~* eine Verabredung haben; *2. (fam: renseignement* Nachricht *f,* Tipp *m,* Wink *m*
rancart [ʀɑ̃kaʀ] *m mettre au ~ (fam)* wegwerfen, ausrangieren, abservieren
rance [ʀɑ̃s] *adj* ranzig
rancir [ʀɑ̃siʀ] *v* ranzig werden
rancœur [ʀɑ̃kœʀ] *f* Groll *m,* Erbitterung *f,* Verärgerung *f,* Verstimmung *f; avoir de la ~ contre qn* gegen jdn einen Groll hegen
rançon [ʀɑ̃sɔ̃] *f 1.* Lösegeld *n; 2. (fig)* Erpressung *f*
rançonner [ʀɑ̃sɔne] *v 1.* auslösen; *2. (fig)* brandschatzen, erpressen
rancune [ʀɑ̃kyn] *f* Groll *m; Sans ~!* Nichts für ungut! *garder ~ à qn (fig)* jdm gegenüber nachtragend sein
rancunier [ʀɑ̃kynje] *adj* nachtragend
randomiser [ʀɑ̃dɔmize] *v* willkürlich verteilen
randonnée [ʀɑ̃dɔne] *f* Wanderung *f,* Marsch *m; faire une ~* wandern
randonneur [ʀɑ̃dɔnœʀ] *m* Wanderer *m*
rang [ʀɑ̃] *m 1. (file)* Reihe *f,* Reihenfolge *f; 2. (qualité)* Rang *m; serrer les ~s* zusammenhalten; *rentrer dans le ~* sich zurückziehen; *de même ~* gleichgestellt
rangée [ʀɑ̃ʒe] *f* Linie *f,* Reihe *f*
rangement [ʀɑ̃ʒmɑ̃] *m* Ordnung *f*
ranger [ʀɑ̃ʒe] *v 1.* aufräumen; *2. (ordonner)* ordnen, anordnen, zuordnen; *se ~ à l'opinion de qn* sich jds Meinung anschließen; *3. (classer)* einordnen; *Où cela se range-t-il?* Wo gehört denn das nun hin? *4. (enlever)* wegräumen; *5. se ~* sich aufstellen; *6. se ~* sich eingliedern
ranimer [ʀanime] *v 1.* wieder beleben; *2. se ~ (discussion)* aufleben
rapace [ʀapas] *m 1. ZOOL* Raubvogel *m; adj 2. (fig: cupide)* gewinnsüchtig, habgierig, geldgierig, raffsüchtig
rapatriement [ʀapatʀimɑ̃] *m* Rückführung *f*
râpe [ʀɑp] *f 1.* Küchenhobel *m; 2. (lime)* Raspel *f; 3. ~ à fromage* Käsereibe *f*
râpé [ʀɑpe] *adj* gerieben, abgewetzt
râper [ʀɑpe] *v 1.* reiben; *2. (légumes)* hobeln
rapetasser [ʀaptase] *v (fam)* flicken, zusammenschustern
rapetisser [ʀaptise] *v 1. (rendre petit)* verkleinern, verringern, verkürzen; *2. (devenir petit)* kleiner werden, kürzer werden, eingehen, abnehmen; *Il rapetisse avec l'âge.* Er wird im Alter kleiner
râpeux [ʀɑpø] *adj 1.* rau; *La langue des chats est râpeuse.* Die Zunge einer Katze ist rau. *2. (fig)* herb, rau; *un vin ~* ein herber Wein *m; une voix râpeuse* eine raue Stimme *f*
rapiat [ʀapja] *adj (fam)* raffgierig, knickerig
rapide [ʀapid] *adj 1.* rasch, schnell, flott; *~ comme l'éclair* blitzschnell; *2. (fugitif)* flüchtig; *3. (immédiat)* prompt; *m 4.* Strudel *m,* Stromschnelle *f; 5. (train)* Eilzug *m*

rapidité [ʀapidite] *f* Geschwindigkeit *f,* Schnelligkeit *f*
rapiécer [ʀapjese] *v* ausbessern, flicken, einen Flicken aufnähen; *~ un habit* ein Kleidungsstück mit Flicken ausbessern
rapine [ʀapin] *f* Plünderung *f,* Raub *m*
rappel [ʀapɛl] *m 1.* Erinnerung *f,* Zahlungserinnerung *f; 2. (mise en garde)* Vorwarnung *f; 3. ~ à l'ordre JUR* Abmahnung *f; 4. SPORT* Rückruf *m*
rappeler [ʀaple] *v 1.* abberufen, zurückrufen; *2. ~ qc à qn* jdn an etw erinnern; *3. ~ à l'ordre JUR* abmahnen; *4. se ~* sich entsinnen; *5. se ~ qc* sich an etw erinnern, sich etw in Erinnerung rufen
rappeur [ʀapœʀ] *m* Rapper
rapport [ʀapɔʀ] *m 1.* Bericht *m; ~ sur la situation* Lagebericht *m; ~ annuel* Geschäftsbericht *m; 2. (attestation)* Gutachten *n; 3. (relation)* Verhältnis *n; par ~ à* verhältnismäßig; *4. ~s intimes pl* Geschlechtsverkehr *m*
rapporter [ʀapɔʀte] *v 1.* bringen, zurückbringen; *2. (bavarder)* klatschen; *3. (rendre compte)* berichten; *4. (ramener)* heimbringen; *5. ECO* abwerfen, einbringen; *6. (fig)* vortragen; *7. se ~ à qc* sich auf etw beziehen
rapporteur [ʀapɔʀtœʀ] *m 1.* Berichterstatter *m,* Referent *m; 2. (fam)* Zuträger *m,* Petze *f; 3.* Berichterstatter *m*
rapprochement [ʀapʀɔʃmɑ̃] *m 1.* Annäherung *f; 2. (fig: comparaison)* Annäherung *f; ~ des peuples* Völkerverständigung *f*
rapprocher [ʀapʀɔʃe] *v 1.* annähern, anfügen, näher rücken; *2. (fig)* vergleichen; *3. se ~* sich nähern
rapt [ʀapt] *m* Entführung *f*
raquer [ʀake] *v (fam: payer)* blechen
raquette [ʀakɛt] *f 1. ~ de tennis SPORT* Tennisschläger *m; 2. (semelle) SPORT* Schneereifen

rare [ʀɑʀ] *adj* rar, selten, knapp; *~ comme les beaux jours* ausgesprochen selten

raréfier [ʀaʀefje] *v se ~* sich rar machen, rar werden, selten vorhanden sein, weniger werden
rarement [ʀaʀmɑ̃] *adv* selten
rareté [ʀɑʀte] *f 1.* Seltenheit *f,* Rarität *f; 2. (pénurie)* Knappheit *f*
rarissime [ʀaʀisim] *adj* sehr selten, außergewöhnlich, ungewöhnlich; *un phénomène ~* ein sehr seltenes Phänomen *n*
ras [ʀɑ] *adj 1. (coupé court)* kurz geschoren, kurz, kurzhaarig; *un chat à poil ~* eine Katze mit kurzhaarigem Fell *f; une barbe ~e* ein kurz geschnittener Bart *m; des cheveux coupés à ~* kurz geschnittene Haare *pl; une pelouse tondue à ~* ein kurzgeschnittener Rasen *m; 2. en ~e campagne* auf dem flachen Land; *un pull ~ du cou* ein Pullover mit rundem Ausschnitt *m; à ~ bord* bis zum Rand; *au ~ du sol* dicht über dem Boden; *en avoir ~ le bol (fam)* die Schnauze voll haben; *faire table ~e (fig)* reinen Tisch machen
rasage [ʀɑzaʒ] *m* Rasur *f*
rasant [ʀɑzɑ̃] *adj 1.* flach, niedrig; *2. (ennuyeux)* langweilig
rase-mottes [ʀɑzmɔt] *m* Tiefflug *m*
raser [ʀɑze] *v 1.* rasieren; *2. (un bâtiment)* niederreißen, abtragen; *3. (effleurer)* roden, fällen; *4. (fam: ennuyer)* langweilen, belästigen; *5. se ~* sich rasieren
raseur [ʀɑzœʀ] *m (fam)* Langweiler *m*
ras-le-bol [ʀɑlbɔl] *m (fam)* Verdruss *m,* Verdrossenheit *f*
rasoir [ʀɑzwaʀ] *m 1.* Rasiermesser *n; 2. ~ mécanique* Rasierapparat *m; adj 3. (fam)* langweilig
rassasié [ʀasazje] *adj* satt, gesättigt
rassasier [rasazje] *v* sättigen
rassemblement [ʀasɑ̃bləmɑ̃] *m 1.* Versammlung *f,* Versammeln *n; 2. (foule)* Menschenauflauf *m; 3. (groupement)* Versammlung *f,* Auflauf *m*
rassembler [ʀasɑ̃ble] *v 1.* sammeln, versammeln; *2. se ~* sich versammeln
rassir [ʀasiʀ] *v* trocken werden
rassis [ʀasi] *adj 1. (pain)* altbacken; *2. (fig: réfléchi)* gesetzt, gelassen, besonnen
rassurant [ʀasyʀɑ̃] *adj* beruhigend
rassurer [ʀasyʀe] *v 1. ~ qn* jdn beruhigen; *2. se ~* sich beruhigen
rat [ʀa] *m 1. ZOOL* Ratte *f; 2. être fait comme un ~* in der Falle sitzen, in die Falle gegangen sein; *3. les ~s quittent le navire sombrent (fig)* die Ratten verlassen das sinkende Schiff; *4. (fam: avare)* Geizhals *m,* Geizkragen *m*
ratatiné [ʀatatine] *adj 1. (ridé)* faltig, schrumpelig, hutzlig; *une pomme ~e* ein verschrumpelter Apfel *m; un vieillard ~* ein faltiger alter Mann *m; 2. (fam: démoli)* kaputt, im Eimer, demoliert
rate [ʀat] *f 1. ANAT* Milz *f; 2. se dilater la ~* sich kranklachen

R

raté [Rate] *m 1.* Versager *m; 2. (d'un moteur)* Fehlzündung *f*
râteau [Rɑto] *m* Rechen *m*
râteler [Rɑtle] *v* rechen, harken
râtelier [Rɑtəlje] *m 1.* Futterraufe *f; manger à tous les ~s (fam)* aus allem Gewinn schlagen; *m 2. (étagère)* Raufe *f*, Futterkrippe *m*; *3. (fam: dentier)* Gebiss *n*
rater [Rate] *v 1. (fig)* versagen, schiefgehen, misslingen, scheitern; *2. (fam)* verfehlen; *3. ~ le train* den Zug verpassen; *4. ~ un examen* durch die Prüfung fallen
ratiboiser [Ratibwaze] *v (fam: ruiner)* verlieren, ruinieren, erledigen
ratification [Ratifikasjɔ̃] *f POL* Ratifizierung *f*
ratifier [Ratifje] *v POL* ratifizieren
ration [Rasjɔ̃] *f 1. MIL* Ration *f; 2. (part)* Portion *f; 3. ~ journalière* Tageszufuhr *f*
rationaliser [Rasjɔnalize] *v* rationalisieren
rationalité [Rasjɔnalite] *f* Vernünftigkeit *f*
rationnel [Rasjɔnɛl] *adj 1.* rational; *2. (rentable)* rationell; *3. MATH* berechenbar
rationnement [Rasjɔnmɑ̃] *m* Rationierung *f*, Rationieren *n; une carte de ~* eine Lebensmittelkarte *f*
rationner [Rasjɔne] *v* rationieren
ratisser [Ratise] *v 1.* rechen, harken; *~ une allée* einen Weg rechen; *2. (explorer) MIL* durchkämmen; *3. se faire ~ (fig)* s. ruinieren lassen; *4. ~ large (fig)*
ratonnade [Ratɔnad] *f (agression raciste)* Hasstirade
rattachement [Rataʃmɑ̃] *m POL* Anschluss *m*
rattacher [Rataʃe] *v 1. ~ à qc* an etw anknüpfen; *2. ~ à (relier à)* anschließen an, verbinden mit
rattrapage [RatRapaʒ] *m cours de ~* Nachhilfeunterricht *m*
rattraper [RatRape] *v 1.* aufholen, nachholen; *2. se ~* sich an etw. halten, s. an etw. festklammern; *3. se ~ sur qc* s. für etw. entschädigen, s. erholen
raturer [RatyRe] *v* durchstreichen
rauque [Rok] *adj* rau, heiser
ravagé [Ravaʒe] *adj 1.* verwüstet, zerstört; *2. (fam)* verunstaltet
ravager [Ravaʒe] *v* verwüsten
ravaler [Ravale] *v 1.* verschlucken, hinunterschlucken; *2. se ~* sich demütigen, sich erniedrigen; *3. (restaurer)* reinigen, säubern, verputzen; *(fig)* hinunterschlucken; *~ son dépit* seinen Ärger hinunterschlucken
ravauder [Ravode] *v* stopfen, flicken
ravi [Ravi] *adj* hocherfreut, entzückt; *Je suis ~ de vous revoir.* Ich bin erfreut, Sie wieder zu sehen.
ravin [Ravɛ̃] *m 1.* Kluft *f; 2. (gorge) GEO* Schlucht *f*
ravine [Ravin] *f* Gebirgsbach *m*, Schlucht *f*
ravir [RaviR] *v 1.* entführen, kidnappen; *2. (charmer)* gefallen, entzücken, begeistern
raviser [Ravize] *v se ~* seine Meinung ändern, es sich anders überlegen
ravissant [Ravisɑ̃] *adj* entzückend, hinreißend
ravissement [Ravismɑ̃] *m* Entzücken *n*
ravisseur [RavisœR] *m* Entführer *m*
ravitaillement [Ravitajmɑ̃] *m 1.* Versorgung *f*, Proviant *m; 2. MIL* Nachschub *m*
ravitailler [Ravitaje] *v 1.* verpflegen; *2. se ~* Vorrat anlegen, sich mit Lebensmitteln versorgen
raviver [Ravive] *v 1.* wieder anfachen; *~ le feu* das Feuer anfachen; *~ une flamme* eine Flamme wieder anzünden; *2. (couleurs)* auffrischen; *3. (fig)* wieder aufleben lassen, hervorrufen, auffrischen; *~ un souvenir* eine Erinnerung auffrischen;
ravoir [RavwaR] *v 1.* wiederbekommen, zurückerhalten; *2. (fam)* wieder sauber werden
rayé [Rɛje] *adj 1.* gestreift; *2. (éraflé)* geritzt
rayer [Rɛje] *v 1.* durchstreichen, streichen; *2. (érafler)* ritzen, riffeln
rayon [Rɛjɔ̃] *m 1.* Strahl *m; ~ laser* Laserstrahl *m; ~ lumineux/~ de lumière* Lichtstrahl *m; ~ de soleil* Sonnenstrahl *m; 2. (étagère)* Regal *n; 3. (rai)* Speiche *f; 4. MATH* Radius *m; ~ d'action* Reichweite *f*, Wirkungsbereich *m; 5. ~s X pl MED* Röntgenstrahlen *pl; 6. (de cire)* Wabe *f; 7. (d'un magasin)* Abteilung *f*
rayonnement [Rɛjɔnmɑ̃] *m 1. ~ de la personnalité* Ausstrahlung *f; 2. PHYS* Strahlung *f*
rayonner [Rɛjɔne] *v 1.* glänzen; *2. (de joie)* ausstrahlen; *3. (irradier)* strahlen
rayure [RɛjyR] *f 1.* Streifen *m*, Linie *f; 2. (griffure)* Schramme *f*
raz-de-marée [RɑdəmaRe] *m* Flutwelle *f*, Tsunami *m*
réacteur [ReaktœR] *m* Reaktor *m; ~ expérimental* Forschungsreaktor *m; ~ nucléaire* Kernreaktor *m*
réaction [Reaksjɔ̃] *f 1.* Reaktion *f; ~ en chaîne PHYS* Kettenreaktion *f; 2. (représailles)* Gegenmaßnahme *f; 3. ~s pl* Feedback *n*, Rückmeldung *f; 4. avion à ~* Düsenflugzeug *n*; *5. (attitude)* Reaktion *f*

R

réactionnaire [ʀeaksjɔnɛʀ] *adj POL* reaktionär
réactiver [ʀeaktive] *v* reaktivieren, wieder in Gang bringen, wieder wirksam machen
réactualisation [ʀeaktɥalizasjɔ̃] *f* Überarbeitung *f*
réadaptation [ʀeadaptasjɔ̃] *f* Wiedereingliederung *f*
réadapter [ʀeadapte] *v 1. MED* rehabilitieren; *2. se ~* sich umstellen
réagir [ʀeaʒiʀ] *v 1. ~ à qc* auf etw reagieren; *2. ~ contre qc* gegen etw angehen, gegen etw vorgehen
réalignement [ʀealiŋmɑ̃] *m (d'une monnaie) ECO* Angleichung des Wechselkurses *f*
réalisateur [ʀealizatœʀ] *m* Regisseur *m*
réalisation [ʀealizasjɔ̃] *f 1.* Verwirklichung *f*, Realisierung *f; 2. (configuration)* Gestaltung *f; 3. (exécution)* Durchführung *f*, Ausführung *f; 4. (accomplissement)* Erfüllung *f*

réaliser [ʀealize] *v 1.* verwirklichen; *2. (former)* gestalten; *3. (exécuter)* durchführen; *4. (achever)* vollbringen; *5. (accomplir)* erfüllen; *6. (atteindre)* erzielen; *7. ECO* umsetzen; *8. se ~* wahr werden, sich verwirklichen, in Erfüllung gehen

réaliste [ʀealist] *adj 1.* realistisch; *2. (proche de la réalité)* wirklichkeitsnah; *m/f 3.* Realist(in) *m/f*
réalité [ʀealite] *f 1.* Wirklichkeit *f*, Realität *f; en ~* eigentlich; *2. (fait)* Tatsache *f*
réaménagement [ʀeamenaʒmɑ̃] *m* Änderungswunsch *m*
réaménager [ʀeamenaʒe] *v* abändern, neu ordnen
réanimation [ʀeanimasjɔ̃] *f MED* Wiederbelebung *f*
réarmement [ʀeaʀməmɑ̃] *m MIL* Aufrüstung *f*
rebâtir [ʀəbɑtiʀ] *v* wieder aufbauen, erneut aufbauen, neu errichten
rebattu [ʀəbaty] *adj* abgedroschen, immer wiederkehrend, banal; *un thème ~* ein abgedroschenes Thema *n*
rebelle [ʀəbɛl] *adj 1.* aufsässig, widerspenstig; *m 2.* Rebell *m*
rebeller [ʀəbɛle] *v 1. se ~* rebellieren; *2. se ~ (se révolter)* trotzen, sich widersetzen
rébellion [ʀebɛljɔ̃] *f 1.* Auflehnung *f; 2. (révolte)* Rebellion *f*
rebiffer [ʀəbife] *v se ~ (fam)* sich sträuben, sich weigern
rebiquer [ʀəbike] *v (fam)* abstehen, sich aufstellen; *Son col de chemise rebique.* Sein Hemdkragen steht ab.
reboisement [ʀəbwazmɑ̃] *m* Aufforstung *f*, Wiederaufforstung *f*
rebondi [ʀəbɔ̃di] *adj (rond)* rund, aufgeblasen, voll; *avoir des joues bien ~es* Pausbacken haben
rebondir [ʀəbɔ̃diʀ] *v 1.* abprallen, aufprallen; *2. (fig)* wieder in Gang kommen, erneut aktuell werden
rebondissement [ʀəbɔ̃dismɑ̃] *m* Wende *f*, Wiederaufleben *n*
rebord [ʀebɔʀ] *m 1.* Sims *n; 2. (bord)* Rand *m*, Kante *f; 3. ~ de fenêtre* Fensterbank *f*
reboucher [ʀəbuʃe] *v 1.* wieder verkorken, wieder verschließen; *~ une bouteille* den Korken wieder in eine Flasche stecken; *2. (un trou)* verstopfen
rebours [ʀəbuʀ] *m à ~* gegen den Strich, in entgegengesetzter Richtung, verkehrt; *caresser à ~* gegen den Strich streicheln; *le compte à ~* der Countdown *m; aller à ~ de qc* im Gegensatz zu etw stehen
rebouter [ʀəbute] *v* wieder einrenken
rebrousse-poil [ʀbʀuspwal] *adv 1. à ~* gegen den Strich; *2. prendre qn à ~* jdn auf dem falschen Fuß erwischen, jdn falsch anfassen
rebrousser [ʀəbʀuse] *v 1. (relever)* gegen den Strich bürsten; *2. ~ chemin* kehrtmachen
rebuffade [ʀəbyfad] *f* Ablehnung *f*, Zurückweisung *f*, Abfuhr *f; essuyer une ~* eine Abfuhr einstecken
rébus [ʀebys] *m 1.* Quiz *n; 2. (fig)* Bilderrätsel *n*
rebut [ʀəby] *m 1.* Unrat *m; 2. (fig: ~ de la société)* Abschaum *m*
rebutant [ʀəbytɑ̃] *adj* abstoßend, widerwärtig
rebuter [ʀəbyte] *v 1. ~ qn* jdn abweisen, jdn abschrecken; *L'effort le rebute.* Die Arbeit schreckt ihn ab. *2. se ~* zurückschrecken, sich entmutigen lassen
recalage [ʀəkalaʒ] *m 1.* Nichtbestehen einer Prüfung *n; 2. (fam)* Sitzenbleiben *n*
récalcitrant [ʀekalsitʀɑ̃] *adj 1.* widerspenstig, störrisch, aufsässig; *m 2.* Widerspenstiger *m*, Störrischer *m*, Aufsässiger *m*
recaler [ʀəkale] *v 1. TECH* anklemmen; *2. (fam)* beim Examen durchfallen, sitzen bleiben
récapitulation [ʀekapitylasjɔ̃] *f* Zusammenfassung *f*

récapituler [ʀekapityle] *v* *1.* rekapitulieren; *2. (fig)* zusammenfassen
recel [ʀəsɛl] *m JUR* Hehlerei *f; ~ de malfaiteurs* Begünstigung *f,* Personenhehlerei *f*
receler [ʀəsle] *v 1.* bergen, enthalten; *2. JUR* hehlen, unterschlagen
receleur [ʀəslœʀ] *m* Hehler *m*
récemment [ʀesamɑ̃] *adv* kürzlich, neulich
recensement [ʀəsɑ̃smɑ̃] *m 1. (statistiques)* Erfassung *f; 2. ~ de la population* Volkszählung *f*
recenser [ʀəsɑ̃se] *v* erfassen
récent [ʀesɑ̃] *adj* jüngst, kürzlich; *le passé ~* die jüngste Vergangenheit *f; une découverte toute ~e* eine kürzlich gemachte Entdeckung *f*
récépissé [ʀesepise] *m* Empfangsbescheinigung *f*
récepteur [ʀesɛptœʀ] *m 1. TEL* Hörer *m; 2. TECH* Empfänger *m; 3. ~ radio* Rundfunkempfänger *m; adj 4.* Empfangs...
réceptif [ʀesɛptif] *adj* empfänglich, anfällig; *être ~ à qc* empfänglich für etw sein
réception [ʀesɛpsjɔ̃] *f 1.* Aufnahme *f,* Annahme *f,* Empfang *m; 2. (accueil)* Empfang *m,* Rezeption *f; 3. (recette)* Abnahme *f; 4. (achat) ECO* Abnahme *f; 5. accusé de ~* Empfangsbestätigung; *6. (gala)* Empfang *m*
réceptionniste [ʀesɛpsjɔnist] *m/f* Empfangsherr/Empfangsdame *m/f,* Angestellte(r) an der Rezeption *m/f*
recette [ʀəsɛt] *f 1. ~ medicale* ärztliches Rezept; *2. (de cuisine)* Kochrezept *n; 3. ECO* Ertrag *m; 4. ~s pl* Einkünfte *pl,* Auskommen *n; 5. faire ~* eine gute Einnahme erzielen
recevable [ʀəsvabl] *adj JUR* zulässig, berechtig; *être déclaré non ~* für unzulässig erklärt werden
receveur [ʀəsəvœʀ] *m 1.* Schaffner *m; 2. MED* Empfänger *m*

> **recevoir** [ʀəsəvwaʀ] *v irr 1.* entgegennehmen, abnehmen; *2. (obtenir)* erhalten, bekommen, empfangen; *~ régulièrement* beziehen; *3. (fam)* kriegen; *4. (accueillir)* empfangen; *5. (admettre)* anerkennen; *6. (recueillir)* erhalten, bekommen, empfangen; *7. JUR* empfangen, in Empfang nehmen, übernehmen; *8. se ~* miteinander verkehren; *9. se ~ SPORT* Boden fassen

rechange [ʀəʃɑ̃ʒ] *m 1.* Austausch *m; pièce de ~* Ersatzteil *n; 2. solution de ~* Ersatzlösung *f*
rechaper [ʀəʃape] *v TECH* runderneuern
réchapper [ʀeʃape] *v 1. en ~ (fig)* davonkommen; *2. ~ à qc* entkommen
rechargeable [ʀəʃaʀʒabl] *adj* wieder zu beladen, aufladbar
recharger [ʀəʃaʀʒe] *v 1. (batterie) TECH* aufladen; *2.* wieder beladen, wieder auffüllen; *3. ~ une route* neu beschütten, aufschottern
réchaud [ʀeʃo] *m 1.* Kocher *m; 2. ~ à gaz* Gasherd *m*
réchauffement [ʀeʃofmɑ̃] *m* Aufwärmen *n*
réchauffer [ʀeʃofe] *v 1.* wärmen; *2. (échauffer)* aufwärmen, erwärmen
rêche [ʀɛʃ] *adj 1.* grob; *2. (fig)* rau, barsch
recherche [ʀəʃɛʀʃ] *f 1.* Suche *f; 2. (d'un assassin)* Fahndung *f; 3. (étude)* Forschung *f; ~ génétique* Genforschung *f; ~ spatiale* Weltraumforschung *f; ~ nucléaire* Kernforschung *f; faire des ~s* erforschen; *4. (essai)* Versuch *m; 5. (enquête)* Untersuchung *f,* Nachforschung *f; 6. JUR* Ermittlung *f*
recherché [ʀəʃɛʀʃe] *adj 1.* begehrt, gefragt; *2. (raffiné)* ausgesucht, gefragt, selten
rechercher [ʀəʃɛʀʃe] *v 1.* suchen; *2. (enquêter)* nachforschen, erforschen; *3. ~ qc* nach etw trachten; *4. ~ qn JUR* nach jdm fahnden
rechigner [ʀəʃiɲe] *v* murren, verdrießlich sein; *~ au travail* sich lustlos an die Arbeit machen; *obéir sans ~* gehorchen, ohne zu murren
rechute [ʀəʃyt] *f MED* Rückfall *m*
rechuter [ʀəʃyte] *v* rückfällig werden
récidive [ʀesidiv] *f JUR* Rückfall *m*
récidiviste [ʀesidivist] *adj JUR* rückfällig
récif [ʀesif] *m* Riff *n*
récipiendaire [ʀesipjɑ̃dɛʀ] *m/f* Kandidat(in) *m/f*
récipient [ʀesipjɑ̃] *m 1.* Behälter *m; 2. (vase)* Gefäß *n*
réciprocité [ʀesipʀɔsite] *f* Gegenseitigkeit *f; par ~* gegenseitig
réciproque [ʀesipʀɔk] *adj 1.* beiderseitig, gegenseitig; *2.* wechselseitig, reziprok
récit [ʀesi] *m 1.* Bericht *m; ~ véridique* Tatsachenbericht *m; ~ mensonger* Vorspiegelung *f; 2. (histoire)* Geschichte *f,* Erzählung *f; 3. (nouvelle)* Kurzgeschichte *f*
récital [ʀesital] *m MUS* Konzert *n; ~ de piano* Klavierkonzert *n; ~ de chant* Liederabend *m*
récitation [ʀesitasjɔ̃] *f (à l'école)* Aufsagen *n,* Hersagen eines Textes *n,* Textstelle/Gedicht zum Auswendiglernen *f*

R

réciter [ʀesite] *v* vortragen
réclamation [ʀeklamasjɔ̃] *f 1.* Reklamation *f; faire une ~* reklamieren; *2. (revendication) JUR* Anspruch *m*
réclame [ʀeklam] *f 1.* Reklame *f; 2. faire de la ~ pour qc* für etwas werben; *3. en ~* Verkauf zu reduziertem Preis
réclamer [ʀeklame] *v 1.* verlangen, fordern, erfordern; *2. ~ qc à qn* jdm etw abverlangen; *3. (protester)* reklamieren; *4. se ~ de qc* sich auf etw berufen
reclasser [ʀəklase] *v 1.* neu einteilen, neu ordnen; *2. (affecter)* versetzen, neu einstufen
reclus [ʀəkly] *adj* eingeschlossen, zurückgezogen, isoliert
reclus(e) [ʀəkly(z)] *m/f* Person, die zurückgezogen lebt *f*
réclusion [ʀeklysjɔ̃] *f JUR* Gefängnisstrafe *f,* Haftstrafe *f,* Zuchthausstrafe *f; une peine de ~* eine Haftstrafe *f; dix ans de ~ criminelle* zehn Jahre Zuchthaus; *être condamné à la ~ à perpétuité* zu lebenslänglicher Haft verurteilt sein
recoin [ʀəkwɛ̃] *m 1.* Winkel *m; 2. (fig)* Schlupfwinkel *m*
récolement [ʀekɔlmɑ̃] *m JUR* Verlesung der Aussage *f,* Verlesungsprotokoll *n*
recoller [ʀəkɔle] *v* wieder zusammenkleben, wieder ankleben, wieder zukleben
récolte [ʀekɔlt] *f 1.* Ernte *f; 2. (fig)* Verdienst *m*
récolter [ʀekɔlte] *v 1.* ernten; *2. (fig: obtenir)* ernten
recommandable [ʀəkɔmɑ̃dabl] *adj* empfehlenswert
recommandation [ʀəkɔmɑ̃dasjɔ̃] *f* Empfehlung *f*
recommandé [ʀəkɔmɑ̃de] *m* Einschreiben *m; une lettre ~e* ein Einschreibebrief *m; un envoi en ~* eine eingeschriebene Sendung *f*
recommander [ʀəkɔmɑ̃de] *v 1.* empfehlen, raten; *2. ~ une lettre* einschreiben; *3. se ~* sich empfehlen
recommencer [ʀəkɔmɑ̃se] *v 1.* wieder anfangen; *2. (refaire)* erneut beginnen
récompense [ʀekɔ̃pɑ̃s] *f 1.* Belohnung *f,* Lohn *m; 2. (décoration)* Auszeichnung *f*
récompenser [ʀekɔ̃pɑ̃se] *v* belohnen
réconciliation [ʀekɔ̃siljasjɔ̃] *f* Versöhnung *f*
réconcilier [ʀekɔ̃silje] *v 1.* aussöhnen, versöhnen; *2. se ~ avec* sich aussöhnen mit, sich versöhnen mit
reconduire [ʀəkɔ̃dɥiʀ] *v irr 1. (accompagner)* begleiten, bringen; *~ qn jusqu'à la porte* jdn an die Tür bringen; *2. (renouveler)* verlängern, weiterführen; *~ un contrat* einen Vertrag verlängern; *~ qn dans ses fonctions* jdn in seinem Amt bestätigen
réconfort [ʀekɔ̃fɔʀ] *m* Trost *m*
réconforter [ʀekɔ̃fɔʀte] *v 1.* trösten; *2. (revigorer)* stärken; *3. se ~* sich stärken, sich erholen
reconnaissance [ʀəkɔnɛsɑ̃s] *f 1.* Anerkennung *f; 2. (gratitude)* Dankbarkeit *f; 3. MIL* Aufklärung *f; 4. ~ vocale INFORM* Spracherkennung *f*
reconnaissant [ʀəkɔnɛsɑ̃] *adj 1.* dankbar; *2. (redevable envers qn)* erkenntlich
reconnaître [ʀəkɔnɛtʀ] *v irr 1.* erkennen, wieder erkennen; *2. (avouer)* bekennen; *3. (fig)* einsehen; *4. se ~* sich zurechtfinden
reconnu [ʀəkɔny] *adj* anerkannt
reconquérir [ʀəkɔ̃keʀiʀ] *v irr* zurückerobern
reconquête [ʀəkɔ̃kɛt] *f* Wiedereroberung *f,* Wiedererlangung *f*
reconsidérer [ʀəkɔ̃sideʀe] *v* überdenken, neu betrachten; *~ une question* eine Frage neu überdenken
reconstituant [ʀəkɔ̃stitɥɑ̃] *adj 1.* stärkend; *m 2.* Stärkungsmittel *n*
reconstituer [ʀəkɔ̃stitɥe] *v 1.* wieder herstellen, wieder errichten, wieder aufbauen; *2. JUR* wieder herstellen, rekonstituieren
reconstitution [ʀəkɔ̃stitysjɔ̃] *f 1.* Wiederherstellung *f; 2. ~ d'un accident* Nachstellen eines Unfalls *n*
reconstruction [ʀəkɔ̃stʀyksjɔ̃] *f* Wiederaufbau *m*
reconstruire [ʀəkɔ̃stʀɥiʀ] *v irr 1.* rekonstruieren; *2. (rebâtir) La maison a été reconstruite après l'incendie.* Das Haus wurde nach dem Brand wieder aufgebaut.
reconversion [ʀəkɔ̃vɛʀsjɔ̃] *f 1.* Umschulung *f; 2. ECO* Konvertierung *f,* Umgestaltung *f,* Umwandlung *f*
reconvertir [ʀəkɔ̃vɛʀtiʀ] *v 1.* umstellen, umschulen, umwandeln; *2. se ~* sich umstellen, den Beruf wechseln
record [ʀəkɔʀ] *m 1.* Rekord *m; ~ mondial* Weltrekord *m; 2. SPORT* Bestleistung *f; 3. battre tous les ~* alle Rekorde schlagen
recordman [ʀəkɔʀdman] *m SPORT* Rekordler *m,* Rekordinhaber *m; le ~ du monde* der Inhaber des Weltrekords *m*
recoudre [ʀəkudʀ] *v irr* annähen

R

recouper [ʀəkupe] *v* *1.* wieder schneiden; *2. (mélanger)* sich überschneiden; *3. se ~* sich decken, übereinstimmen, identisch sein; *Tous les faits se recoupent.* Die Tatsachen stimmen überein.

recourbé [ʀəkuʀbe] *adj* gewölbt, gekrümmt, krumm; *un nez ~* eine gebogene Nase *f; des cils ~s* gebogene Wimpern *pl*

recourber [ʀəkuʀbe] *v* *1.* umbiegen, krümmen; *2. se ~* sich krümmen

recourir [ʀəkuʀiʀ] *v irr* zurücklaufen; *~ à* sich wenden an; *~ à la violence* Gewalt anwenden

recours [ʀəkuʀ] *m* *1.* Ausweg *m; 2. JUR* Berufung *f; en dernier ~* als letztes Mittel; *3. ~ en grâce* Gnadengesuch *n; 4. (demande d'indemnité) JUR* Regress *m*

recouvrement [ʀəkuvʀəmɑ̃] *m* *1. FIN* Eintreibung *f,* Einziehung *f; le ~ des impôts* die Steuereintreibung *f; 2.* Abdeckung *f,* Wiedererlangung *f,* Bedecken *n*

recouvrer [ʀəkuvʀe] *v* *1.* wiedererlangen; *2. FIN* einziehen

recouvrir [ʀəkuvʀiʀ] *v irr* *1.* bedecken, decken, zudecken; *2. ~ de* überziehen, verkleiden; *3. ~ de peinture* streichen; *4. (fig)* verbergen, beschönigen

récré [ʀekʀe] *f (fam: récréation)* Pause *f*

récréatif [ʀekʀeatif] *adj* amüsant, unterhaltend, erheiternd; *une lecture récréative* eine Unterhaltungslektüre *f*

récréation [ʀekʀeasjɔ̃] *f* *1.* Entspannung *f; 2. (à l'école)* Pause *f*

recréer [ʀəkʀee] *v* *1.* neu schaffen, wieder erschaffen; *2. se ~* sich die Zeit vertreiben, sich zerstreuen, sich erholen

récrier [ʀekʀije] *v se ~* ausrufen, sich entrüsten, protestieren; *se ~ contre qc* gegen etw protestieren

récrimination [ʀekʀiminasjɔ̃] *f* Gegenbeschuldigung *f,* Beschwerde *f,* Vorwurf *m*

récrire [ʀekʀiʀ] *v* neu schreiben

recroqueviller [ʀəkʀɔkvije] *v (personne) se ~* sich zusammenkauern, sich zusammenrollen; *se ~ sur soi pour avoir moins froid* sich zusammenrollen, um weniger zu frieren

recru [ʀəkʀy] *adj* erschöpft, matt

recrudescence [ʀəkʀydesɑ̃s] *f* Verschlechterung *f,* Ansteigen *n,* Zunahme *f,* Wiederausbruch *m*

recrue [ʀəkʀy] *f* *1. MIL* Rekrut *m; 2. nouvelle ~* neues Mitglied *n*

recrutement [ʀəkʀytmɑ̃] *m* Einstellung *f,* Rekrutierung *f*

recruter [ʀəkʀyte] *v* *1.* einstellen; *2. se ~* sich rekrutieren

recta [ʀɛkta] *adv* pünktlich, haargenau

rectangle [ʀɛktɑ̃gl] *adj* *1. MATH* rechtwinklig; *un triangle ~* ein rechtwinkliges Dreieck *n; m 2. MATH* Rechteck *n*

rectangulaire [ʀɛktɑ̃gylɛʀ] *adj* rechteckig, rechtwinklig

recteur [ʀɛktœʀ] *m* Rektor *m*

rectifier [ʀɛktifje] *v* *1.* berichtigen, richtig stellen; *2. (corriger)* korrigieren, verbessern; *3. (rendre droit)* begradigen; *4. (fam)* korrigieren, richtig stellen

rectitude [ʀɛktityd] *f* *1. (d'une ligne)* Geradlinigkeit *f,* Geradheit *f; 2. (exactitude)* Richtigkeit *f,* Schärfe *f; la ~ de pensée* die Gedankenschärfe *f; la ~ d'un jugement* die Richtigkeit eines Urteils *f*

recto [ʀɛkto] *m* *1.* Vorderseite *f; 2. ~ verso* Vorderseite und Rückseite *f*

reçu [ʀəsy] *m* *1.* Quittung *f; 2. (récépissé)* Empfangsbescheinigung *f; adj 3.* anerkannt, üblich, gebräuchlich

recueil [ʀəkœj] *m* *1.* Sammlung *f; 2. ~ de chansons* Liederbuch *n*

recueillement [ʀəkœjmɑ̃] *m* *1. REL* Andacht *f*

recueilli [ʀəkœji] *adj* andächtig

recueillir [ʀəkœjiʀ] *v irr* *1.* ernten; *2. (rassembler)* sammeln; *3. (informations)* einziehen; *4. (héberger)* aufnehmen; *5. se ~* sich sammeln, sich besinnen

recul [ʀəkyl] *m* *1.* Rückgang *m,* Zurückgehen *n; ~ des prix* Preisrückgang *m; 2. (éloignement)* Zurückgehen *n,* Zurückweichen *n; 3. prendre du ~* Abstand nehmen

reculé [ʀəkyle] *adj* entfernt, zurückliegend

reculer [ʀəkyle] *v* *1.* zurücktreten; *2. (devant)* weichen; *3. (renoncer)* zurückbringen; *4. (retarder)* zurückstellen

reculons [ʀəkylɔ̃] *adv à ~* rückwärts; *marcher à ~* rückwärts gehen

récupérable [ʀekypeʀabl] *adj* wieder verwertbar, wieder verwendbar

récupération [ʀekypeʀasjɔ̃] *f* *1.* Wiederverwertung *f; 2. (compensation)* Ausgleich *m; 3. matériel de ~* Altmaterial *n; 4. (fig)* Wiedergewinnen *n; 5. POL* Vereinnahmung *f*

récupérer [ʀekypeʀe] *v* *1.* ausschlafen; *2. (rattraper)* nachholen; *3. (utiliser)* verwerten; *4. (retrouver)* wiedererlangen; *5.* ausnutzen; *6. (se remettre)* sich erholen

récurer [ʀekyʀe] *v* scheuern; *poudre à ~* Scheuerpulver *n*

R

récurrence [ʀekyʀɑ̃s] *f* Rückläufigkeit *f*
récurrent [ʀekyʀɑ̃] *adj* rückläufig, zurücklaufend, rekursiv
récusable [ʀekyzabl] *adj JUR* anfechtbar
récuser [ʀekyze] *v JUR* zurückweisen
recyclable [ʀəsiklabl] *adj* wieder verwertbar, wieder verwendbar
recyclage [ʀəsiklaʒ] *m 1.* Recycling *n; 2. (réutilisation)* Wiederverwertung *f; 3. (reconversion)* Umschulung *f*
recycler [ʀəsikle] *v 1.* umschulen; *2. (réutiliser)* wieder verwerten, verwerten
rédacteur [ʀedaktœʀ] *m* Redakteur *m*
rédaction [ʀedaksjɔ̃] *f 1.* Redaktion *f; 2. en chef* Chefredakteur *m (élaboration d'un texte)* Ausarbeitung *f; 3. (composition)* Aufsatz *m*
reddition [ʀɛdisjɔ̃] *f MIL* Übergabe *f,* Kapitulation *f*
redéfinir [ʀədefiniʀ] *v* neu festlegen, neu bestimmen
redémarrage [ʀədemaʀaʒ] *m* Wiederanlassen *n,* Neustart *m*
redémarrer [ʀədemaʀe] *v* wieder in Gang bringen, wieder in Gang kommen
Rédempteur [ʀedɑ̃ptœʀ] *m REL* Erlöser *m*
redescendre [ʀədesɑ̃dʀ] *v* wieder hinabsteigen
redevable [ʀədəvabl] *adj 1. être ~ à qn de qc* jdm etw schulden; *2. être ~ à qn de qc (fig)* jdm etw verdanken
redevance [ʀədəvɑ̃s] *f 1.* Abgabe *f; 2. ~ télévisuelle* Fernsehgebühr *f*
redevenir [ʀədəvəniʀ] *v irr* wieder werden
rédiger [ʀediʒe] *v 1.* aufsetzen, ausarbeiten, schreiben; *2. (composer)* abfassen, redigieren
redire [ʀədiʀ] *v irr 1.* wiederholen, mehrere Male sagen, weitersagen, berichten; *2. (critiquer)* erwidern, kritisieren, verurteilen; *trouver à ~* etw auszusetzen haben; *avoir à ~* beanstanden; *Il n'y a rien à ~ à cela.* Dagegen kann man nichts sagen.
redondant [ʀədɔ̃dɑ̃] *adj* wiederholend, überflüssig, überschwänglich
redonner [ʀədɔne] *v 1.* wiedergeben, zurückgeben; *~ du courage* wieder Mut machen; *~ confiance* wieder Vertrauen einflößen; *2. ~ dans* wieder verfallen in, wieder anfangen mit
redorer [ʀədɔʀe] *v* wieder vergolden
redoublement [ʀədubləmɑ̃] *m 1.* Verdoppelung; *v 2. (augmentation)* Verstärkung; *m 3. (d'une classe)* Wiederholung *f,* Sitzenbleiben *n*
redoubler [ʀəduble] *v 1.* vermehren, verdoppeln, verstärken; *2. ~ de* verdoppeln; *3. ~ une classe* sitzen bleiben
redoutable [ʀədutabl] *adj* fürchterlich, furchtbar, gefährlich, erschrecken; *un mal ~* ein fürchterliches Übel *n*
redouter [ʀədute] *v* befürchten, fürchten
redoux [ʀədu] *m* Wärmeeinbruch *m*
redressement [ʀədʀɛsmɑ̃] *m 1. ECO* Sanierung *f; 2. mesures de ~* Sanierungsmaßnahmen *pl; 3. (ristourne)* Storno *m; 4. ~ judiciaire* Remedur *f; 5. ~ fiscal* Berichtigung der Steuererklärung *f; 6. maison de ~* Besserungsanstalt
redresser [ʀədʀɛse] *v 1.* aufrichten; *2. (rectifier)* begradigen; *3. (~ une entreprise) ECO* sanieren
réduction [ʀedyksjɔ̃] *f 1.* Verminderung *f,* Verringerung *f,* Verkleinerung *f,* Reduktion *f; ~ de la vitesse* Verlangsamung *f; 2. (prix)* Ermäßigung *f,* Nachlass *m,* Abschlag *m; ~ d'impôts* Steuerermäßigung *f; 3. (diminution)* Kürzung *f; ~ budgétaire* Etatkürzung *f; 4. (d'une fracture) MED* Einrichtung *f,* Ausrichtung *f*

réduire [ʀedɥiʀ] *v irr 1.* herabsetzen; *2. (amoindir)* verkleinern, verringern, vermindern; *~ en cendres* abbrennen; *~ en morceaux* zerkleinern; *3. (baisser)* abbauen; *4. (prix) ECO* drücken; *~ les prix* verbilligen; *5. (restreindre)* einschränken; *6. (diminuer)* kürzen, reduzieren, schmälern, verkürzen; *~ qc à néant* etw völlig vernichten; *~ au silence* zum Schweigen bringen; *se ~ à* sich verkleinern; *7. TECH* drosseln; *8. (une fracture) MED* einrichten

réduit [ʀedɥi] *adj 1.* verringert, herabgesetzt, reduziert; *un modèle ~* ein verkleinertes Modell *n; rouler à vitesse ~e* mit verringerter Geschwindigkeit fahren; *en être ~ à* begrenzt sein auf; *m 2.* kleine Kammer *f,* Abstellraum *m,* kleines Zimmer *n*
réédition [ʀeedisjɔ̃] *f* Neuausgabe *f*
rééducation [ʀeedykasjɔ̃] *f 1.* Rehabilitation *f,* Krankengymnastik *f; 2. ~ sociale* soziale Wiedereingliederung *f*
rééduquer [ʀeedyke] *v* umerziehen
réel [ʀeɛl] *adj 1.* wirklich, tatsächlich, real; *2. JUR* dinglich; *3. (notable)* wesentlich; *4.* faktisch, tatsächlich, wirklich
réélection [ʀeelɛksjɔ̃] *f POL* Wiederwahl *f*

R

réévaluation [ʀeevalɥasjɔ̃] *f* Neubewertung *f*
réévaluer [ʀeevalɥe] *v FIN* aufwerten
réexpédier [ʀeɛkspedje] *v* weitersenden, zurücksenden, nachsenden; *~ du courrier* Post nachsenden
réfaction [ʀefaksjɔ̃] *f JUR* Preisminderung *f*, Preisabzug *f*, Rückvergütung *f*
refaire [ʀəfɛʀ] *v 1.* noch einmal machen; *2. (réparer)* reparieren, ausbessern; *3. (fam)* foppen, anschwindeln, anführen; *4. se ~ une beauté* sich herrichten; *5. se ~* sich erholen, wieder zu Kräften kommen; *6.* neu machen; *Tout est à ~.* Alles muss noch einmal gemacht werden.
réfection [ʀefɛksjɔ̃] *f* Reparatur *f*, Renovierung *f*, Ausbesserung *f*; *des travaux de ~* Ausbesserungsarbeiten *pl*
réfectoire [ʀefɛktwaʀ] *m* Refektorium *n*, Kantine *f*, Speisesaal *m*; *manger au ~* in der Kantine essen
référence [ʀefeʀɑ̃s] *f 1.* Bezugnahme *f*; *2. (recommandation)* Referenz *f*; *3. (renvoi)* Verweis *m*; *4. (modèle)* Maßstab *m*
référendum [ʀefeʀɛ̃dɔm] *m POL* Referendum *n*
référer [ʀefeʀe] *v 1. se ~ à* sich beziehen auf; *2. en ~ à qn* jdm einem etw berichten
refermer [ʀəfɛʀme] *v 1.* wieder schließen, wieder zumachen; *~ la fenêtre* das Fenster wieder schließen; *2. se ~* sich wieder schließen
refiler [ʀəfile] *v ~ qc à qn (fam)* jdm etw andrehen
réfléchi [ʀefleʃi] *adj 1.* bedächtig, überlegt; *2. (renvoyé)* refklektiert; *3. LING* reflexiv
réfléchir [ʀefleʃiʀ] *v 1.* nachdenken; *C'est tout réfléchi.* Das ist schon entschieden. *2. ~ à* überlegen, erwägen; *3. (refléter)* reflektieren, widerspiegeln
réflecteur [ʀeflɛktœʀ] *m* Scheinwerfer *m*
reflet [ʀəflɛ] *m 1.* Reflex *m*; *2. (image réfléchie)* Spiegelbild *n*; *3. (réflexion)* Spiegelung *f*
refléter [ʀəflete] *v 1.* reflektieren, widerspiegeln; *2. se ~ dans* sich spiegeln in
refleurir [ʀəflœʀiʀ] *v* wieder aufblühen, wieder erblühen, wieder aufleben
réflexe [ʀeflɛks] *m* Reflex *m*
réflexion [ʀeflɛksjɔ̃] *f 1.* Erwägung *f*, Überlegung *f*; *2. (miroitement)* Spiegelung *f*; *3. (remarque)* Äußerung *f*, Anmerkung *f*
refluer [ʀəflɥe] *v* zurückströmen, zurückfließen; *faire ~ la foule* die Menge zurückweisen
reflux [ʀəfly] *m 1. (de la mer)* Ebbe *f*; *2. (fig)* Zurückweichen *n*, Zurückströmen *n*
refonte [ʀəfɔ̃t] *f* Umändern *n*, Überarbeitung *f*; *la ~ d'un ouvrage* die Überarbeitung eines Werkes *f*
réformateur [ʀefɔʀmatœʀ] *adj 1.* reformatorisch, umgestaltend, verbessernd; *m 2.* Reformer *m*, Reformator *m*, Erneuerer *m*
réforme [ʀefɔʀm] *f 1.* Reform *f*; *~ agraire* Agrarreform *f*; *~ monétaire* Währungsreform *f*; *2. (libération) MIL* Verabschieden *n*, Entlasen *n*
Réforme [ʀefɔʀm] *f la ~ REL* die Reformation *f*
réformer [ʀefɔʀme] *v* reformieren
refoulement [ʀəfulmɑ̃] *m 1.* Zurücktreibung *f*, Stauung *f*; *2. PSYCH* Verdrängung *f*
refouler [ʀəfule] *v 1.* verdrängen, zurückdrängen; *2. ~ qc (fig)* etw zurückhalten
réfractaire [ʀefʀaktɛʀ] *adj 1.* widerspenstig; *2. (résistant) TECH* feuerfest
réfraction [ʀefʀaksjɔ̃] *f PHYS* Brechung *f*, Refraktion *f*; *la ~ de la lumière* die Lichtbrechung *f*
refrain [ʀəfʀɛ̃] *m 1. MUS* Kehrreim *m*; *2. ~ populaire* Gassenhauer *m*
réfrigérant [ʀefʀiʒeʀɑ̃] *adj 1.* Kühl..., Kälte... *un appareil ~* ein Kühlschrank *m*; *un produit ~* ein Kälteprodukt *n*; *2. (fig)* kühl, kalt, frostig; *un accueil ~* ein frostiger Empfang *m*
réfrigérateur [ʀefʀiʒeʀatœʀ] *m* Eisschrank *m*, Kühlschrank *m*
réfrigérer [ʀefʀiʒeʀe] *v 1.* kühlen; *2. être réfrigéré (personne)* durchgefroren sein
refroidi [ʀəfʀwadi] *adj 1. ~ par air TECH* luftgekühlt; *2. ~ par eau TECH* wassergekühlt
refroidir [ʀəfʀwadiʀ] *v 1.* abkühlen; *2. (rafraîchir)* kühlen; *3. (décourager)* dämpfen; *4. (fam: assassiner)* kalt machen; *5. se ~* sich erkälten
refroidissement [ʀəfʀwadismɑ̃] *m 1.* Abkühlung *f*; *2. MED* Erkältung *f*; *m 3. (fig)* Entfremdung
refuge [ʀəfyʒ] *m 1.* Zufluchtsort *m*, Unterschlupf *m*; *2. (de haute montagne)* Berghütte *f*; *3. ~ pour piétons* Verkehrsinsel *f*
réfugié(e) [ʀefyʒje] *m/f* Flüchtling *m*
réfugier [ʀefyʒje] *v se ~* Zuflucht suchen, sich flüchten, Schutz suchen; *se ~ chez qn* bei jdm Zuflucht suchen; *se ~ auprès de qn* sich zu jdm flüchten
refus [ʀəfy] *m 1.* Verweigerung *f*; *~ de recevoir* Annahmeverweigerung *f*; *~ d'obéis-*

R

sance Befehlsverweigerung *f; 2. (rejet)* Ablehnung *f,* Absage *f; Ce n'est pas de ~!* Da kann man ja nicht Nein sagen!
refuser [ʀəfyze] *v 1. ~ de* verweigern; *se ~ à faire qc* sich weigern, etw zu tun; *2. (dénier)* ablehnen, absagen; *3. (repousser)* abschlagen; *4. JUR* aberkennen
réfutable [ʀefytabl] *adj* widerlegbar
réfuter [ʀefyte] *v* entkräften, widerlegen
regain [ʀəgɛ̃] *m (fig)* Wiedererlangen *n,* Aufschwung *m,* Zunahme *f; un ~ de jeunesse* eine wiedererlangte Jugend *f; connaître un ~ d'activité* eine Neubelebung erfahren
régal [ʀegal] *m 1.* Delikatesse *f,* Gaumenfreude *f,* Leckerbissen *m; 2. (fig)* Freude *f*
régaler [ʀegale] *v se ~* sich eine Freude machen, einen Leckerbissen essen, schlemmen, genießen
regard [ʀəgaʀ] *m 1.* Blick *m; en ~ de* angesichts; *~ de connaisseur* Kennerblick *m; 2. (vue)* Anblick *m; 3. donner à qn avoir droit de ~ dans qc* jdm Einblick gewähren; *4. au ~ de* neben, verglichen mit, was ... anbetrifft; *5. TECH* Schauöffnung *f,* Schauloch *n*
regardant [ʀəgaʀdɑ̃] *adj* sparsam, zu genau

regarder [ʀəgaʀde] *v 1.* anschauen, ansehen, anblicken, schauen; *~ la télévision* fernsehen; *~ qn* jdn ansehen; *~ qn comme une bête curieuse* jdn anstarren; *~ fixement* anstarren; *~ dehors* herausschauen; *~ par ici* herüberblicken; *~ autour de soi* sich umsehen; *~ qn de haut* auf jdn herabsehen; *2.* angehen; *Cela ne regarde que moi.* Das geht nur mich etw an. *3. (voir)* sehen; *~ le danger en face* der Gefahr ins Auge sehen; *~ qn de travers* jdn schief ansehen; *y ~ qc à deux fois* sich etw zweimal überlegen; *4. (observer)* zuschauen, zusehen

régate [ʀegat] *f SPORT* Regatta *f*
régence [ʀeʒɑ̃s] *f POL* Regentschaft *f*
régénération [ʀeʒeneʀasjɔ̃] *f 1. BIO* Regeneration *f; 2. (fig)* Wiederherstellung *f,* Erneuerung *f,* Wiedergeburt *f*
régénérer [ʀeʒeneʀe] *v 1.* regenerieren, wieder erzeugen; *2. se ~* sich regenerieren
régenter [ʀeʒɑ̃te] *v* lehren, schulen, schulmeistern
régie [ʀeʒi] *f 1. (gestion) JUR* Regie *f,* staatliches Unternehmen *n; 2. CINE* Regieassistenz *f; 3. ~ immobilière* Hausverwaltung *f*
regimber [ʀəʒɛ̃be] *v 1. (cheval)* sich sträuben, ausschlagen, bocken; *2. (fig: personne)* sich weigern, sich sträuben

régime[1] [ʀeʒim] *m 1. POL* Regime *n; 2. (nourriture)* Schonkost *f; ~ alimentaire* Diät *f; 3. TECH* Drehzahl *f*
régiment [ʀeʒimɑ̃] *m 1. MIL* Regiment *n; 2. (fig)* große Anzahl *f*
région [ʀeʒjɔ̃] *f 1.* Gebiet *n,* Raum *m; ~ naturelle* natürlicher Lebensraum *m; ~ frontalière* Grenzgebiet *n; ~ industrielle* Industriegebiet *n; ~ sinistrée* Katastrophengebiet *n; 2. (paysage)* Gegend *f; 3. (coin)* Region *f*
régional [ʀeʒjɔnal] *adj 1.* landschaftlich; *2. (provincial)* provinziell; *3. (local)* regional; *f/pl 4. les ~es POL* Landesregierung *f,* Bezirksabgeordnete *pl*
régir [ʀeʒiʀ] *v 1. (déterminer)* bestimmen, lenken, regeln; *La loi régit les rapports entre les hommes.* Das Gesetz regelt das Zusammenleben der Menschen. *2. GRAMM* regieren, fordern, nach sich ziehen
régisseur [ʀeʒisœʀ] *m 1. THEAT* Regieassistent *m,* Studioassistent *m,* Aufnahmeleiter *m; 2. (administrateur)* Verwalter *m*
registre [ʀəʒistʀ] *m 1.* Verzeichnis *n,* Register *n; ~ du commerce* Handelsregister *n; 2. MUS* Register *n; 3. (fig)* Tonart *f*
réglable [ʀeglabl] *adj 1.* einstellbar; *2. (ajustable)* verstellbar
réglage [ʀeglaʒ] *m* Einstellung *f,* Regulierung *f*
règle [ʀɛgl] *f 1.* Lineal *n; 2. (échelle)* Maßstab *m; 3. (norme)* Norm *f,* Regel *f; 4. ~s pl MED* Menstruation *f*
réglé [ʀegle] *adj 1.* liniert; *2. (fixé)* festgesetzt, geregelt; *3. jeune fille ~e* ordentliches Mädchen; *4. TECH* regelmäßig
règlement [ʀɛgləmɑ̃] *m 1.* Ordnung *f; non conforme au ~* ordnungswidrig; *2. (paiement)* Bezahlung *f; 3. (instruction)* Vorschrift *f,* Anordnung *f; ~ intérieur* Hausordnung *f; 4. (règle)* Regelung *f; 5. (réglementation)* Satzung *f; 6. ECO* Abrechnung *f*
réglementaire [ʀɛgləmɑ̃tɛʀ] *adj* ordnungsgemäß
réglementation [ʀɛgləmɑ̃tasjɔ̃] *f* Regelung *f*

régler [ʀegle] *v 1.* bestimmen, festsetzen; *2. (effectuer)* erledigen; *3. (régulariser)* regeln; *être réglé comme une horloge* genau geregelt sein; *4. (payer)* zahlen; *montant à ~* Rechnungsbetrag *m; 5. (mettre au point)*

R

einstellen, regulieren; *6. ECO* abwickeln; *7. (facture) ECO* begleichen; *8. ~ du papier* linieren; *9. se ~* sich nach etw richten

réglisse [ʀeglis] *m* Lakritze *f*
règne [ʀɛɲ] *m 1.* Herrschaft *f; 2. (gouvernement)* Regierung *f*, Herrschaft *f*, Reich *n*; *m 3. ~ végétal* Pflanzenwelt *f*
régner [ʀeɲe] *v* herrschen, regieren
regorger [ʀəgɔʀʒe] *v ~ de qc* überquellen vor etw, reichlich von etw haben, viel von etw haben; *Le magasin regorge de marchandises.* Das Geschäft ist mit Waren voll gestopft
régresser [ʀegʀɛse] *v* zurückgehen, abnehmen
régressif [ʀegʀɛsif] *adj* rückläufig
régression [ʀegʀɛsjɔ̃] *f (fig)* Rückgang *m*
regret [ʀəgʀɛ] *m 1.* Bedauern *n; 2. (repentir)* Reue *f; 3. à ~* ungern, wider Willen
regretter [ʀəgʀɛte] *v 1.* bedauern; *2. ~ qc (déplorer)* etw beklagen; *3. (se repentir)* bereuen; *4. ~ l'absence de qn* jdn vermissen; *5. (s'excuser)* bedauern
regroupement [ʀəgʀupmɑ̃] *m* Umgruppierung *f*, Zusammenlegung *f*
regrouper [ʀəgʀupe] *v* zusammenlegen, vereinigen
régulariser [ʀegylaʀize] *v 1.* regeln; *2. (régler)* regulieren
régularité [ʀegylaʀite] *f 1. (uniformité)* Gleichmäßigkeit *f*, Regelmäßigkeit *f; la ~ d'un mouvement* die Gleichmäßigkeit einer Bewegung *f; 2. (harmonie)* Harmonie *f*, Ebenmäßigkeit *f; la ~ des traits d'un visage* die Ebenmäßigkeit von Gesichtszügen *f; 3. (conformité)* Vorschriftsmäßigkeit *f*, Korrektheit *f; la ~ d'une procédure* die Ordnungsmäßigkeit eines Verfahrens *f*
régulation [ʀegylasjɔ̃] *f 1.* Regulierung *f*, Regelung *f*, Steuerung *f; la ~ du trafic sur le réseau routier* die Steuerung des Verkehrsnetzes *f; la ~ des phénomènes économiques* die Regelung der Wirtschaft *f; 2. ~ des naissances* Geburtenregelung *f; 3. ANAT* Regulation *f*, Regelung *f; la ~ hormonale* die Hormonregelung *f*
réguler [ʀegyle] *v* regulieren
régulier [ʀegylje] *adj 1.* regelmäßig, gleichmäßig; *2. (réglementaire)* ordnungsgemäß; *3. (conforme)* regulär; *4. (habituel)* regulär, ordnungsmäßig, ordentlich; *5. (correct)* genau, ordnungsmäßig; *6. clergé ~* Ordensgeistlicher *m; m 7.* Berufssoldat *m*

R

régulière [ʀegyljɛʀ] *f (fam)* ständige Partnerin *f*
rehaussement [ʀəosmɑ̃] *m* Erhöhung *f*
rehausser [ʀəose] *v 1. TECH* erhöhen, höher machen; *~ un mur* eine Mauer höher machen; *2. (fig)* hervorheben, unterstreichen, betonen; *~ l'éclat d'un visage* die Schönheit eines Gesichtes besser zur Geltung bringen
réifier [ʀeifje] *v* verdinglichen
réimporter [ʀeɛ̃pɔʀte] *v* wieder einführen
réimpression [ʀeɛ̃pʀesjɔ̃] *f* Neudruck *m*, Nachdruck *m*
rein [ʀɛ̃] *m 1. ANAT* Niere *f; 2. ~s pl ANAT* Lenden *pl; 3. avoir les ~s solides (fig)* zahlungskräftig sein; *4. casser les ~s à qn (fam)* jdm den Hals brechen
réincarnation [ʀeɛ̃kaʀnasjɔ̃] *f REL* Reinkarnation *f*, Wiedergeburt *f*
réincorporer [ʀeɛ̃kɔʀpɔʀe] *v MIL* wieder eingliedern
reine [ʀɛn] *f 1.* Königin *f; ~ de beauté* Schönheitskönigin *f; 2. la petite ~* Fahrrad *n*
réinscrire [ʀeɛ̃skʀiʀ] *v irr se ~* sich wieder anmelden, sich erneut einschreiben; *se ~ à un examen* sich erneut für eine Prüfung eintragen
réinsérer [ʀeɛ̃seʀe] *v* wieder eingliedern, resozialisieren
réinsertion [ʀeɛ̃sɛʀsjɔ̃] *f ~ sociale* Resozialisierung *f*
réintégration [ʀeɛ̃tegʀasjɔ̃] *f* Wiedereingliederung *f*
réintégrer [ʀeɛ̃tegʀe] *v 1.* wieder einsetzen, wieder eingliedern; *~ qn dans ses fonctions* jdn wieder in sein Amt einsetzen; *2. (rentrer)* wieder zurückkehren; *~ son domicile* in seine Wohnung zurückkehren
réintroduction [ʀeɛ̃tʀɔdyksjɔ̃] *f* Neueinführung, Wiedereinführung
réitéré [ʀeiteʀe] *adj* nochmalig
réitérer [ʀeiteʀe] *v* wiederholend, erneuern
reître [ʀɛtʀ] *m (fig)* Haudegen *m*
rejaillir [ʀəʒajiʀ] *v 1.* hochspritzen, wegspritzen; *2. (fig)* sich auswirken, zurückfallen; *Le scandale a rejailli sur ses proches.* Der Skandal fiel auf seine Angehörigen zurück.
rejet [ʀəʒɛ] *m 1.* Auswurf *m; 2. (refus)* Verweigerung *f; 3. ~ des eaux usées* Abgabe von Schmutzwasser *n*; *4. LIT* Zeilensprung *m*; *5. MED* Abstoßung *f*, Zurückweisung *f*; *6. BOT* Schössling *m*, Spross *m*, Ableger *m*
rejeter [ʀəʒ(ə)te] *v 1.* abweisen, zurückweisen; *2. (rendre)* erbrechen; *3. ~ qc MED* etw abstoßen; *4. ~ sur qn d'autre* auf jdn ab-

wälzen, auf jdn abschieben; *5. (exclure)* verwerfen, zurückweisen; *6. se ~ en arrière* sich zurückwerfen
rejeton [ʀəʒtɔ̃] *m 1.* Spross *m,* Ableger *m; 2. (fig)* Sprössling *m,* Stammhalter *m*
rejoindre [ʀəʒwɛ̃dʀ] *v irr 1.* wieder zusammenfügen; *2. ~ qn* jdn treffen; *3. se ~* sich treffen, sich wieder treffen
rejouer [ʀəʒwe] *v 1. (à un jeu)* weiterspielen, wieder spielen; *2. ~ qc* etw nochmal spielen; *~ un air* ein Musikstück wiederholen; *~ une pièce de théâtre* ein Theaterstück nochmal spielen
réjoui [ʀeʒwi] *adj* fröhlich
réjouir [ʀeʒwiʀ] *v 1.* erfreuen; *2. se ~* sich freuen
réjouissance [ʀeʒwisɑ̃s] *f 1.* Erheiterung *f; 2. les ~s* Vergnügung *f,* Lustbarkeit *f*
réjouissant [ʀeʒwisɑ̃] *adj* erfreulich
relâche [ʀəlɑʃ] *f 1. THEAT* Spielpause *f,* keine Vorstellung *f; 2. sans ~* ohne Unterlass, ununterbrochen, ohne Pause
relâché [ʀəlɑʃe] *adj 1.* lasch; *2. (détaché)* lose, locker
relâchement [ʀəlɑʃmɑ̃] *m 1.* Lockerung *f,* Entspannung *f; le ~ des muscles* die Entspannung der Muskeln *f; 2. (fig)* Nachlassen *n,* Verfall *m,* Lockerung *f; le ~ dans la discipline* die Lockerung der Disziplin *f; le ~ dans le travail* der mangelnde Eifer bei der Arbeit *m; le ~ des moeurs* der Sittenverfall *m*
relâcher [ʀəlɑʃe] *v 1.* freilassen; *2. (desserrer)* lockern, nachlassen; *3. (fig)* lockern; *4. se ~* sich lockern, nachgeben
relais [ʀəlɛ] *m 1.* Ablösung *f; prendre le ~ de qn* jdn ablösen; *2. TECH* Relais *n; 3. course de ~ SPORT* Staffellauf *m; 4. (étape)* Sta-tion *n*
relance [ʀəlɑ̃s] *f (de l'économie) ECO* Aufschwung *m,* Erholung *f*
relancer [ʀəlɑ̃se] *v 1.* zurückschleudern; *2. (solliciter)* bedrängen; *3. ECO* ankurbeln, neu starten
relaps [ʀəlaps] *adj* rückfällig
relater [ʀəlate] *v* berichten
relatif [ʀəlatif] *adj 1.* relativ; *~ à ce sujet* diesbezüglich; *2. (insuffisant)* bedingt; *3. GRAMM* relativ
relation [ʀəlasjɔ̃] *f 1.* Beziehung *f; 2. (connaissance)* Kontakt *m; 3. (liaison)* Verbindung *f,* Beziehung *f; 4. (rapport)* Verhältnis *n,* Proportion *f; 5. (avec qc)* Zusammenhang *m; 6. ~s pl* Bekanntenkreis *m; ~s sexuelles pl* Geschlechtsverkehr *m; 7. ~s publiques pl* Öffentlichkeitsarbeit *f*
relativement [ʀəlativmɑ̃] *adv 1.* verhältnismäßig, vergleichsweise; *2. ~ à qc* mit Rücksicht auf, in Bezug auf
relax [ʀəlaks] *adj 1.* entspannend, erholsam; *une soirée ~* ein ruhiger Abend *m; adv 2.* bequem, salopp, ungezwungen; *Il s'habille ~.* Er kleidet sich salopp.
relaxation [ʀəlaksasjɔ̃] *f* Entspannung *f*
relaxe [ʀəlaks] *f JUR* Freilassung *f,* Freispruch *m*
relaxer [ʀəlakse] *v 1. JUR* freisprechen; *2. se ~* sich entspannen
relayer [ʀəlɛje] *v 1.* ablösen; *2. TEL* übertragen, übernehmen; *3. se ~* sich ablösen, sich abwechseln
relégation [ʀəlegasj p] *f* Strafversetzung *f*
reléguer [ʀəlege] *v* verbannen, ausweisen, abschieben; *~ qn à la campagne* jdn aufs Land verbannen; *~ qc au grenier* etw auf dem Speicher abstellen; *~ qn au second plan* jdn in den Hintergrund drängen
relent [ʀəlɑ̃] *m* Gestank *m,* übler Geruch *m; des ~s de cuisine* Küchengerüche *pl*
relève [ʀəlɛv] *f 1.* Ablösung *f; 2. (nouvelle génération)* Nachwuchs *m*
relevé [ʀəlve] *m 1.* Liste *f; faire le ~* verzeichnen; *2. (mesure)* Vermessung *f; adj 3.* scharf
relèvement [ʀəlɛvmɑ̃] *m 1.* Wiederaufstellen *n,* Wiederaufrichten *n; le ~ d'un mât* das Wiederaufrichten eines Mastes *n; 2. (augmentation)* Anhebung *f,* Erhöhung *f; le ~ des salaires* die Erhöhung der Gehälter *f*
relever [ʀəlve] *v 1.* aufheben; *2. (remonter)* hochklappen; *3. GAST* würzen; *4. (compteur)* messen; *5. (niveau)* anheben; *6. (remplacer)* entheben, ersetzen, ablösen; *7. (libérer)* lossprechen; *8. ~ de* entbinden; *9. se ~* sich erheben, wieder aufstehen
relief [ʀəljɛf] *m 1. ART* Relief *n; 2. GEO* Bodenprofil *n; 3. mettre qc en ~ etw* hervorheben, etw unterstreichen
relier [ʀəlje] *v 1.* verbinden; *2. ~ à qc* an etw anknüpfen; *3. (livre)* einbinden; *4. ~ à la terre TECH* erden
relieur [ʀəljœʀ] *m* Buchbinder *m*
religieuse [ʀəliʒjøz] *f 1. REL* Nonne *f,* Ordensschwester *f; 2. GAST* Windbeutel *m*
religieux [ʀəliʒjø] *adj 1.* religiös; *m 2. REL* Ordensbruder *m,* Mönch *m*
religion [ʀəliʒjɔ̃] *f 1.* Religion *f; 2. (foi)* Glaube *m; 3. (culte) REL* Konfession *f*
reliquaire [ʀəlikɛʀ] *m* Reliquienschrein *m*
reliquat [ʀəlika] *m ECO* Restbetrag *m*

relique [Rəlik] *f* 1. *REL* Reliquie *f*; *la ~ d'un saint* die Reliquie eines Heiligen *f*; 2. *(fig)* Reliquie *f*, Andenken *n*; *garder qc comme une ~* etw wie eine Reliquie aufbewahren; 3. *BIO* Relikt n

reliure [RəljyR] *f* Einband *m*

relooker [Rəluke] *v (fam)* neu stylen

reluire [RəlɥiR] *v* 1. *(briller)* glänzen, schimmern, blinken; 2. *(manier la brosse)* putzen, blank machen; polieren

reluisant [Rəlɥizɑ̃] *adj* 1. blank; 2. *(brillant)* blitzblank; 3. *(fig)* glänzend; *(personne)* vertrauenserweckend

reluquer [Rəlyke] *v (fam)* neugierig betrachten, schielen nach, mit Blicken verfolgen

remâcher [Rəmɑʃe] *v* 1. durchkauen, wiederkäuen, ausgrübeln; 2. *(fig)* immer wieder über etw nachdenken, nicht loskommen

remaniement [Rəmanimɑ̃] *m* 1. Umgestaltung *f*; 2. *~ ministériel POL* Kabinettsumbildung

remarquable [RəmaRkabl] *adj* bemerkenswert, beachtlich

remarque [RəmaRk] *f* 1. Anmerkung *f*, Bemerkung *f*; 2. *(note)* Vermerk *m*

remarquer [RəmaRke] *v* 1. wahrnehmen; 2. *~ qc* etw merken; 3. *faire ~* bemerken; 4. *se faire ~* sich bemerkbar machen, sich hervordrängen; 5. *se ~* sichtbar sein

remballer [Rɑ̃bale] *v* 1. wieder einwickeln, wieder einpacken; 2. *(fam)* nicht loswerden, behalten, sitzen bleiben auf; *~ sa marchandise* seine Ware nicht loskriegen

rembarquement [Rɑ̃baRkəmɑ̃] *m* Wiedereinschiffen *n*, Wiedereinschiffung *f*

R

rembarrer [Rɑ̃baRe] *v ~ qn (fam)* jdn abweisen, jdn zurückweisen

rembobiner [Rɑ̃bɔbine] *v* zurückspulen; *~ une cassette* eine Kassette zurückspulen; *~ un film* einen Film zurückspulen

remboîter [Rɑ̃bwate] *v* wieder einrenken, wieder einfügen, wieder einpassen; *~ un os* einen Knochen wieder einrenken; *~ un bras de fauteuil* eine Armlehne wieder einfügen

rembourrage [Rɑ̃buRaʒ] *m* Polstern *n*

rembourré [Rɑ̃buRe] *adj* 1. aufgepolstert, ausgestopft; 2. *(fam)* gut im Futter

rembourrer [Rɑ̃buRe] *v* polstern

remboursement [Rɑ̃buRsəmɑ̃] *m* 1. Rückzahlung *f*; 2. *(rémunération)* Rückvergütung *f*; 3. *(indemnité)* Wiedererstattung *f*, Zurückzahlung *f*

rembourser [Rɑ̃buRse] *v* 1. zurückzahlen, rückerstatten; 2. *(rémunérer)* vergüten; 3. *ECO* tilgen; 4. *se ~* sich bezahlt machen

remède [Rəmɛd] *m* 1. Heilmittel *n*; 2. *(médicament)* Arznei *f*; 3. *(secours)* Abhilfe *f*; *C'est sans ~.* Da kann man gar nichts machen. *y porter ~* Abhilfe schaffen

remédier [Rəmedje] *v ~ à* entgegenwirken, Abhilfe schaffen; *~ à des abus* Missstände beheben; *~ à une défaillance* einer Schwäche entgegenwirken; *pour y ~* als Abhilfe

remerciement [RəmɛRsimɑ̃] *m* 1. Dank *m*; 2. *(~ par écrit)* Danksagung *f*; 3. *REL* Danksagung *f*

remercier [RəmɛRsje] *v* 1. danken; *Je ne sais comment vous ~.* Ich weiß nicht, wie ich Ihnen danken soll. 2. *(dire merci à qn)* sich bedanken; 3. *(renvoyer qn)* entlassen

remettre [RəmɛtR] *v irr* 1. wieder anziehen; 2. *(replacer)* wieder hinstellen, wieder hinsetzen, wieder hinlegen; 3. *(reconnaître)* wieder erkennen; 4. *(présenter)* überreichen; 5. *~ qc à qn* jdm etw übergeben, jdm etw überbringen; 6. *(délivrer)* abgeben, abliefern; 7. *~ à plus tard* aufschieben, verschieben; 8. *se ~* sich erholen; 9. *se ~ (se ressaisir)* sich fassen; 10. *s'en ~ à qn* sich auf jdn verlassen

réminiscence [Reminisɑ̃s] *f* 1. Erinnerung *f*, Anklang *m*; 2. *PHIL* Reminiszenz *f*

remise [Rəmiz] *f* 1. Übergabe *f*; 2. *(présentation)* Überreichung *f*; *~ des prix* Siegerehrung *f*; 3. *(distribution)* Zustellung *f*; 4. *(report)* Aufschiebung *f*; 5. *(délivrance)* Ablieferung *f*; 6. *(cagibi)* Abstellkammer *f*; 7. *(diminution des prix)* Ermäßigung *f*; 8. *ECO* Abzug *m*, Rabatt *m*

remiser [Rəmize] *v* abstellen; *(fam) ~ qn* jdn zurechtweisen

remmener [Rɑ̃mne] *v* wieder mit zurücknehmen, zurückbringen, zurückbegleiten

remodelage [Rəmɔdlaʒ] *m* Neugestaltung *f*, Umstrukturierung *f*

remodeler [Rəmɔdle] *v* 1. eine schönere Form geben, umformen; 2. *(modifier)* umgestalten, umstrukturieren; *~ un secteur de l'économie* einen Wirtschaftssektor umstrukturieren

remontée [Rəmɔ̃te] *f* 1. *(action)* Wiederaufstieg *m*, Hinaufsteigen *n*; 2. *SPORT* Aufholen *n*; *Il a fait une belle ~.* Er hat ganz schön aufgeholt. 3. *~ mécanique* Seilbahn *f*, Skilift *m*; 4. *(bourse)* erneuter Anstieg *m*

remonte-pente [Rəmɔ̃tpɑ̃t] *m* Schlepplift *m*

remonter [ʀəmɔ̃te] *v 1. (montre)* aufziehen; *2. ~ (le moral de) qn* jdn aufrichten; *3. ~ à qc* auf etw zurückgehen; *4.* hinaufgehen, wieder hinaufbringen
remontrance [ʀəmɔ̃tʀɑ̃s] *f* Ermahnung *f*
remontrer [ʀəmɔ̃tʀe] *v 1.* wieder aufzeigen, erneut hinweisen, noch einmal zeigen; *2. en ~ à qn* es jdm zeigen, jdm seine Überlegenheit zeigen; *vouloir en ~ à tout le monde* immer alles besser wissen
remords [ʀəmɔʀ] *m/pl* Gewissensbisse; *avoir des ~* Gewissensbisse haben
remorque [ʀəmɔʀk] *f 1.* Anhänger *m; 2. (cable de ~)* Abschleppseil *n*, Schlepptau *n*; *3. prendre qc en ~* etw. ins Schlepptau nehmen; *4. être à la ~ de qn* im Schlepptau von jdm sein
remorquer [ʀəmɔʀke] *v 1.* abschleppen, schleppen; *2. (fig)* ins Schlepptau nehmen
rémouleur [ʀemulœʀ] *m* Scherenschleifer *m*
rempart [ʀɑ̃paʀ] *m* Wall *m*
remplaçant(e) [ʀɑ̃plasɑ̃(t)] *m/f* Vertreter(in) *m/f*
remplacement [ʀɑ̃plasmɑ̃] *m* Vertretung *f*
remplacer [ʀɑ̃plase] *v 1.* ersetzen; *2. (représenter)* vertreten; *v 3. (succéder à)* nachfolgen; *4. se ~* sich ablösen, wechseln
remplir [ʀɑ̃pliʀ] *v 1.* füllen, stopfen; *2. (verser)* einschenken, voll machen; *3. (combler)* ausfüllen; *4. (réaliser)* erfüllen; *5. ~ une fonction* ein Amt inne haben
remplissage [ʀɑ̃plisaʒ] *m 1.* Füllung *f; 2. faire du ~ (fig)* Lückenfüller verwenden, Füllsel anbringen
remporter [ʀɑ̃pɔʀte] *v 1.* zurücktragen, erlangen; *2.* gewinnen
rempoter [ʀɑ̃pɔte] *v ~ une plante* eine Pflanze umtopfen
remuant [ʀəmɥɑ̃] *adj* rührig
remue-ménage [ʀəmymenaʒ] *m* Krach *m,* Lärm *m,* Durcheinander *n,* Unordnung *f; faire du ~* Krach machen
remuer [ʀəmɥe] *v 1.* bewegen; *ne ~ ni pied ni patte* sich nicht mehr rühren; *2. (mélanger)* umrühren; *3. (chien)* wedeln; *4. (fig)* erschüttern, rühren; *5. se ~* sich rühren, sich regen, eilen; *6. se ~ (fam)* sich Mühe geben
remugle [ʀəmygl] *m* muffiger Geruch *m*
rémunération [ʀemyneʀasjɔ̃] *f 1.* Lohn *m,* Entlohnung *f; 2. (indemnisation)* Vergütung *f*
rémunérer [ʀemyneʀe] *v 1.* entlohnen, vergüten; *2. ECO* verzinsen
renâcler [ʀənɑkle] *v 1. (animal)* schnauben; *2. (personne)* schnauben, sich sträuben, sich weigern; *~ au travail* sich gegen die Arbeit sträuben
renaissance [ʀənɛsɑ̃s] *f* Wiedererwachen *n,* Wiederauferstehen *n,* Wiederkehr *f,* Wiederaufblühen *n*
renaître [ʀənɛtʀ] *v irr 1.* wieder aufleben, wieder erstehen, wieder geboren werden, wieder aufblühen; *faire ~ le passé* die Vergangenheit wieder aufleben lassen; *se sentir ~* sich wie neugeboren fühlen; *2. ~ à qc* wieder zu etw finden; *~ à la vie* wiederaufleben; *~ au bonheur* wieder glücklich werden
renard [ʀənaʀ] *m ZOOL 1.* Fuchs *m; être rusé comme un ~* gerissen sein; *2. (fourrure)* Fuchs; *3. TECH* Leck *n*, Grundbruch *m*, Riss *m*
renarde [ʀənaʀd] *f ZOOL* Füchsin *f,* Fähe *f*
renchérir [ʀɑ̃ʃeʀiʀ] *v 1. ~ sur* überbieten; *2. (augmenter)* verteuern, aufschlagen
rencogner [ʀɑ̃kɔɲe] *v se ~* zu Hause hocken, sich verbergen
rencontre [ʀɑ̃kɔ̃tʀ] *f 1.* Treffen *n; ~ scolaire* Klassentreffen *n; 2. (entrevue)* Begegnung *f; ~ internationale* Länderspiel *n; 3. (réunion)* Zusammentreffen *n; 4. ~ sportive* Veranstaltung *f,* Treffen *n*; *5. aller à la ~ de* entgegen gehen, eilen
rencontrer [ʀɑ̃kɔ̃tʀe] *v 1.* treffen; *2. ~ qn* jdm begegnen; *3. (trouver)* antreffen; *4. (coïncider)* zusammentreffen; *5. se ~* sich begegnen; *6. se ~ (se trouver)* vorkommen, vorhanden sein; *7. se ~* zusammenstoßen
rendement [ʀɑ̃dmɑ̃] *m 1. ECO* Ertrag *m; 2. FIN* Rendite *f; 3. (production) ECO* Leistung *f*
rendez-vous [ʀɑ̃devu] *m 1.* Verabredung *f; donner ~ à qn* sich mit jdm verabreden; *Avez-vous pris ~?* Sind Sie angemeldet? *2. (amoureux)* Rendezvous *n; 3. (lieu de ~)* Treffpunkt *m*, Versammlungsort *m*
rendormir [ʀɑ̃dɔʀmiʀ] *v irr 1.* wieder zum Einschlafen bringen; *~ un bébé* ein Baby wieder zum Einschlafen bringen; *2. se ~* wieder einschlafen
rendre [ʀɑ̃dʀ] *v 1.* zurückgeben, herausgeben, wiedergeben, erwidern; *~ sa carte de membre* austreten; *~ l'âme* die Seele aushauchen, den Geist aufgeben; *2. (rembourser)* zurückzahlen; *3. (vomir)* erbrechen; *4. (un jugement) JUR* fällen; *5. (faire)* abstatten; *~ visite à qn* jdm einen Besuch abstatten; *~ grâce à qn* jdm Dank abstatten; *6. se ~ à* sich begeben; *7. se ~ (capituler)* sich ergeben

R

renégat(e) [Rənega(t)] *m/f* Renegat(in) *m/f,* Abtrünnige(r) *m/f,* Verräter(in) *m/f*
rênes [Rɛn] *f/pl* Zügel *m*
renfermé [Rɑ̃fɛRme] *adj 1. (fig)* verschlossen; *2. sentir le ~* Stickluft, dumpfer Geruch
renfermer [Rɑ̃fɛRme] *v 1.* einschließen; *2. (fig)* bergen; *3. se ~* sich einschließen
renflé [Rɑ̃fle] *adj* bauchig
renfoncement [Rɑ̃fɔ̃smɑ̃] *m* Nische *f,* Vertiefung *f; le ~ d'une porte* die Türnische *f; se cacher dans le ~ d'un mur* sich in einer Mauernische verstecken
renforcement [Rɑ̃fɔ̃Rsəmɑ̃] *m* Verstärkung *f*
renforcer [Rɑ̃fɔRse] *v* verstärken
renfort [Rɑ̃fɔR] *m 1. MIL* Verstärkung *f; une troupe de ~* eine Verstärkungstruppe *f; réclamer du ~* Verstärkung fordern; *recevoir des ~s* Unterstützung erhalten; *2. à grand ~ de* unter reichlicher Zuhilfenahme von, mit viel; *3. TECH* Achselung *f*
renfrogné [Rɑ̃fRɔɲe] *adj* verstimmt
renfrogner [Rɑ̃fRɔɲe] *v se ~* verdrießlich werden, ein saures Gesicht machen, die Augenbrauen runzeln
rengaine [Rɑ̃gɛn] *f 1.* Schnulze *f; 2. (banalité) (fam)* alte Leier *f,* abgedroschenes Zeug *n*
rengorger [Rɑ̃gɔRʒe] *v se ~ (fig)* sich aufplustern
reniement [Rənimɑ̃] *m* Verleugnung *f*
renier [Rənje] *v 1.* abschwören; *2. (répudier)* verleugnen; *3. se ~* seine Meinung verhehlen
renifler [Rənifle] *v 1.* schnüffeln; *2. (avec bruit)* schnauben, pusten, schnüffeln
renommé [Rənɔme] *adj* bekannt
renommée [Rənɔme] *f* Ruf *m*
renommer [Rənɔme] *v* wieder ernennen
renoncer [Rənɔ̃se] *v 1. ~ à qc* etw aufgeben, verzichten auf; *J'y renonce.* Ich geb's auf. *2. ~ à (cesser)* lassen, aufhören
renonciation [Rənɔ̃sjasjɔ̃] *f ~ à qc* Verzicht auf etw *m*
renouer [Rənwe] *v 1.* neu binden, wieder zuknüpfen, wieder verknoten; *~ sa cravatte* seine Krawatte neu binden; *2. (fig)* erneuern, wieder anknüpfen, wieder aufnehmen; *~ la conversation* das Gespräch wieder aufnehmen; *~ une amitié* eine Freundschaft erneuern; *3. ~ avec* wieder aufnehmen, wieder anknüpfen; *~ avec un ami* den Kontakt zu einem Freund wieder aufnehmen; *~ avec les traditions* wieder an die Traditionen anknüpfen

renouveau [Rənuvo] *m 1. (printemps) LIT* Lenz *m,* Frühling *m; 2. (fig)* Wiederaufleben *n,* neue Blütezeit *f; le ~ du romantisme* die Wiederkehr der Romantik *f; connaître un ~ de succès* wieder Erfolg haben
renouvelable [Rənuvlabl] *adj* erneuerbar, verlängerbar, wiederholbar
renouvelé [Rənuvle] *adj* erneut
renouveler [Rənuvle] *v 1.* erneuern; *2. ~ l'air* lüften; *3. ~ une offre* erneut anbieten; *4. (changer)* erneuern, ersetzen; *5. (reconduire)* wieder in Kraft setzen; *6. se ~* sich erneuern, wechseln; *7. se ~ (se répéter)* sich wiederholen
renouvellement [Rənuvɛlmɑ̃] *m 1.* Erneuerung *f; 2. (prolongation)* Verlängerung *f,* Ergänzung *f; 3. (répétition)* Wiederholung *f,* Auffrischung *f,* Wiederaufnahme *f; 4. (changement)* Veränderung *f*
rénovation [Renɔvasjɔ̃] *f 1.* Erneuerung *f,* Renovierung *f; 2. ~ des vieux quartiers* Altstadtsanierung *f*
rénover [Renɔve] *v 1.* renovieren, restaurieren, auffrischen, wiederbeleben; *2. (transformer)* umbauen
renseignement [Rɑ̃sɛɲmɑ̃] *m 1.* Hinweis *m; 2. (information)* Auskunft *f; 3. ~s pl* Erkundigung *f; 4. ~s généraux pl POL* Geheimdienst *m*
renseigner [Rɑ̃seɲe] *v 1. se ~* sich erkundigen, anfragen; *2. se ~ (demander)* nachfragen; *3. ~ qn* jdn unterrichten, jdn informieren
rentabiliser [Rɑ̃tabilize] *v ECO* wirtschaftlich machen, einträglich machen
rentabilité [Rɑ̃tabilite] *f 1.* Wirtschaftlichkeit *f; 2. ECO* Rentabilität *f*
rentable [Rɑ̃tabl] *adj* rentabel; *être ~* sich rentieren
rente [Rɑ̃t] *f 1.* Rente *f; ~ viagère* Leibrente *f; ~ de veuve* Witwenrente *f; 2. vivre de ses ~s* von seinen Zinsen leben
rentier [Rɑ̃tje] *m 1.* Privatier *m,* Rentier *m; 2. mener une vie de ~* als Privatier leben
rentré [Rɑ̃tRe] *adj 1.* eingebracht, hereingenommen; *m 2.* Umschlag *m*
rentrée [Rɑ̃tRe] *f 1.* Rückkehr *f; 2. ~ scolaire* Schulanfang *m; 3. ~ d'argent ECO* Eingang *m*
rentrer [Rɑ̃tRe] *v 1.* zurückkommen, zurückgehen; *2. (pénétrer)* hineingehen; *3. ~ dans (fam)* anfahren; *vouloir ~ sous terre* vor Scham am liebsten im Boden versinken; *4. faire ~ (argent, impôts) ECO* einziehen; *5. (reprendre le travail)* wieder aufnehmen; *6. ~*

R

dans ses frais auf seine Kosten kommen; *7. (s'emboîter)* sich ~ ineinander fügen; *8. (transporter)* hereinbringen, hereintragen
renversant [ʀɑ̃vɛʀsɑ̃] *adj* verblüffend
renversé [ʀɑ̃vɛʀse] *adj 1.* umgekehrt, verkehrt; *2. (tombé)* umgefallen, umgekippt
renversement [ʀɑ̃vɛʀsəmɑ̃] *m 1.* Umkehrung *f; 2. (révolution)* Umsturz *m*
renverser [ʀɑ̃vɛʀse] *v 1.* umkippen, umstoßen, umreißen; *2. (écraser)* überfahren; *3. (faire tomber)* zerstören; *4. (répandre)* verschütten; *5. se ~* umfallen
renvoi [ʀɑ̃vwa] *m 1.* Entlassung *f; 2. (référence)* Verweis *m; 3. faire un ~ (fam)* rülpsen; *4. (réexpédition)* Rücksendung *f; 5. (report)* Rücksendung *f*
renvoyer [ʀɑ̃vwaje] *v 1.* entlassen; *2. (ajourner)* vertagen; *3. ~ à* verweisen auf; *~ l'ascenseur* sich revanchieren; *4. (réexpédier)* zurücksenden
réorganiser [ʀeɔʀganize] *v* reorganisieren
réorienter [ʀeɔʀjɑ̃te] *v* umorientieren, neu orientieren, neu ausrichten; *~ un élève* einen Schüler umschulen
réouverture [ʀeuvɛʀtyʀ] *f* Neueröffnung *f*
repaire [ʀəpɛʀ] *m 1.* Unterschlupf *m,* Höhle *f; 2. (fig)* Unterschlupf *m,* Schlupfwinkel *m; un ~ de brigands* eine Räuberhöhle *f*
répandre [ʀepɑ̃dʀ] *v 1.* verstreuen, verschütten, vergießen; *2. (étendre)* verbreiten; *3. (émettre)* ausströmen; *4. se ~* sich ausbreiten; *5. se ~ en paroles* sich in Worten verlieren
réparable [ʀepaʀabl] *adj* reparabel, zu beheben
reparaître [ʀəpaʀɛtʀ] *v irr* auftauchen
réparation [ʀepaʀasjɔ̃] *f 1.* Reparatur *f,* Instandsetzung *f; 2. (remède)* Abhilfe *f; 3. (compensation)* Wiedergutmachung *f; 4. SPORT surface de ~* Strafraum *m*
réparer [ʀepaʀe] *v 1.* reparieren, richten; *2. (remplacer)* ersetzen; *3. (restaurer)* wiederherstellen; *4. ~ une faute* einen Fehler ausmerzen, wiedergutmachen
reparler [ʀəpaʀle] *v* noch einmal sprechen, wieder sprechen; *Nous en reparlerons.* Wir werden noch einmal darüber sprechen.
repartie [ʀepaʀti] *f* Antwort *f,* Erwiderung *f; avoir la ~ facile* nie um eine Antwort verlegen sein; *avoir l'esprit de ~* ein Widerspruchsgeist sein
répartir [ʀepaʀtiʀ] *v 1. ~ entre* verteilen unter; *2. (dividendes) ECO* ausschütten; *3. se ~* sich verteilen
repartir [ʀəpaʀtiʀ] *v irr 1.* wieder losfahren, weiterfahren, wieder anfangen; *~ à zéro* wieder von vorn anfangen; *C'est bien reparti.* Jetzt geht es wieder gut./Es hat gut angefangen. *2. (répliquer)* erwidern, entgegnen
répartition [ʀepaʀtisjɔ̃] *f 1.* Aufteilung *f,* Verteilung *f; 2. ~ des dividendes ECO* Dividendenausschüttung *f; 3. ~ des bénéfices ECO* Gewinnausschüttung *f*
reparution [ʀəpaʀysjɔ̃] *f* Neuherausgabe *f*

repas [ʀəpɑ] *m* Essen *n,* Mahlzeit *f; ~ du soir* Abendessen *n; ~ du midi* Mittagessen *n; aux heures des ~* zur Essenszeit

repassage [ʀəpasaʒ] *m 1.* Bügeln *n; 2. (aiguisage)* Abziehen *n,* Schleifen *n*
repasser [ʀəpase] *v 1.* bügeln; *2. (retraverser)* wieder vorbeigehen; *3. (faire passer)* wieder reichen, herumgeben; *4. (réviser)* noch einmal durchgehen, repetieren, wiederholen; *5. (aiguiser)* schleifen, schärfen
repayer [ʀəpɛje] *v* zurückzahlen
repêcher [ʀəpɛʃe] *v 1.* herausfischen, herausziehen; *2. ~ qn (fig)* jdn durch eine Prüfung drücken, jdm aus der Klemme helfen; *~ un candidat* einen Prüfungskandidaten durchkommen lassen
repeindre [ʀəpɛ̃dʀ] *v irr* neu streichen, überstreichen, übermalen
repenser [ʀəpɑ̃se] *v 1. ~ à qn* wieder an jdn denken; *2. ~ qc* etw überdenken; *~ un article* einen Artikel noch einmal überdenken
repentant [ʀəpɑ̃tɑ̃] *adj* reumütig
repentir [ʀəpɑ̃tiʀ] *m 1.* Reue *f; v irr 2. se ~* bereuen; *se ~ de ses fautes* seine Fehler bereuen
repérage [ʀəpeʀaʒ] *m* Aufspüren *n,* Auffinden *n,* Ausfindigmachen *n; le ~ des lieux* die Standortbestimmung *f*
répercussion [ʀepɛʀkysjɔ̃] *f* Auswirkung *f*
répercuter [ʀepɛʀkyte] *v 1. (renvoyer)* zurückwerfen; *L'écho répercute les cris.* Das Echo lässt die Rufe widerhallen. *2.* übertragen, abwälzen; *~ l'augmentation des salaires sur les prix* die Lohnerhöhung an die Preise weitergeben; *3. se ~* widerhallen; *4. se ~ sur qc (fig)* sich auf etw auswirken
repère [ʀəpɛʀ] *m 1.* Kennzeichen *n; 2. (marque)* Markierung *f; 3. point de ~* Marke, Anhaltspunkt
repérer [ʀəpeʀe] *v 1.* aufspüren, entdecken; *~ une faute dans un texte* einen Fehler in einem Text aufspüren; *~ l'objectif* das Ziel

R

ausfindig machen; *se faire ~ (fam)* entdeckt werden; *2. se ~ (fam)* sich zurechtfinden

répertoire [ʀepɛʀtwaʀ] *m 1. THEAT* Spielplan *m; 2. ~ par secteur d'activité* Branchenverzeichnis *n; 3. (d'un chanteur)* Repertoir *n*

répertorier [ʀepɛʀtɔʀje] *v* auflisten, in ein Verzeichnis eintragen

répéter [ʀepete] *v 1.* wiederholen; *2. (raconter)* nacherzählen; *3. THEAT* proben; *4. ~ qc à qn* jdm etw weitersagen; *5. se ~* sich wiederholen

répétitif [ʀepetitif] *adj* sich wiederholend; *un travail ~* eine eintönige Arbeit *f*

répétition [ʀepetisjɔ̃] *f 1. THEAT* Probe *f; ~ générale* Generalprobe *f; 2. (réitération)* Wiederholung *f; 3. (leçon)* Nachhilfestunde *f*

repeuplement [ʀəpœpləmɑ̃] *m* Wiederbevölkerung *f*, Wiederbepflanzung *f*

repiquer [ʀəpike] *v 1. (un enregistrement)* überspielen; *2. (dans un jardin)* versetzen, umpflanzen, pikieren; *~ des salades* Salat versetzen

répit [ʀepi] *m* Pause *f*, Ruhe *f; s'accorder un moment de ~* sich einen Moment Ruhe gönnen; *sans ~* pausenlos

replacer [ʀəplase] *v 1.* zurückstellen, wieder hinrücken, wieder hinstellen; *~ un meuble* ein Möbelstück wieder aufstellen; *~ une phrase dans son contexte (fig)* einen Satz wieder in den richtigen Zusammenhang stellen; *2. ~ qn* jdn auf einen neuen Posten setzen, jdm eine neue Stelle geben

replet [ʀəplɛ] *adj* dicklich

repli [ʀəpli] *m 1.* Falte *f; 2. (ondulation) GEO* Windung *f*, Krümmung *f; un ~ de terrain* eine Geländekrümmung *f; 3. (recul) MIL* Rückzug *m; un ~ stratégique* ein strategischer Rückzug *m; 4. (fig)* verborgener Winkel *m; les ~s de l'âme humaine* die heimlichen Winkel der menschlichen Seele *pl; 5. ECO* Rückgang *m; ~ de l'euro* Sinken des Euro

replier [ʀəplije] *v 1.* wieder zusammenfalten, wieder zusammenklappen; *~ un journal* eine Zeitung wieder zusammenfalten; *~ ses ailes* seine Flügel anlegen; *~ une chaise* einen Stuhl wieder zusammenklappen; *2. MIL* zurückziehen; *faire ~ les troupes* den Rückzug der Truppen veranlassen; *3. se ~ (reculer) MIL* sich zurückziehen; *L'armée se replie.* Das Heer zieht sich zurück. *4. se ~ sur soi-même* sich zurückziehen, sich abkapseln

réplique [ʀeplik] *f 1. (réponse)* Antwort *f*, Erwiderung *f; 2. (objection)* Einwand *m*, Widerspruch *m; Pas de ~!* Keine Widerrede! *3. THEAT* Antwort *f*, Stichwort *n*, Gegenrede *f; donner la ~ à un acteur* einem Schauspieler das Stichwort geben; *4. (copie)* Replik *f*, Nachahmung *f*, Kopie *f*

répliquer [ʀeplike] *v* antworten, entgegnen, erwidern

replonger [ʀəplɔ̃ʒe] *v 1.* wieder eintauchen; *2. se ~ (dans l'eau)* wieder untertauchen, wieder eintauchen, wieder ins Wasser springen; *3. se ~ (fig)* sich wieder vertiefen, wieder eintauchen; *se ~ dans sa lecture* sich wieder in seine Lektüre vertiefen

repolissage [ʀəpɔlisaʒ] *m* Aufpolieren *n*

répondant [ʀepɔ̃dɑ̃] *m 1. (caution)* Bürge *m*, Gewährsmann *m; avoir du ~* Geld auf der Seite haben

répondeur [ʀepɔ̃dœʀ] *m ~ (téléphonique) TEL* Anrufbeantworter *m*

répondre [ʀepɔ̃dʀ] *v 1.* entgegnen, erwidern; *2. ~ à* antworten, beantworten; einwenden, widerlegen; *~ à un argument* einen Beweis widerlegen; *~ du tac au tac* Schlag auf Schlag antworten; *3. ~ de qn* für jdn bürgen; *4. ~ par l'affirmative* bejahen; *5. ~ à un critère* entsprechen; *6. (réagir)* antworten, erwidern

réponse [ʀepɔ̃s] *f 1.* Antwort *f; 2. (correspondance)* Antwortschreiben *n; 3. ~ négative* Verneinung *f; 4. avoir ~ à tout* um keine Antwort verlegen sein; *5. (solution)* Antwort *f*; *6. droit de ~* Erwiderungsrecht *n*

report [ʀəpɔʀ] *m 1. FIN* Übertrag *m; 2. (renvoi)* Rücksendung *f*, *3. (transfert)* Transport *m*

reportage [ʀəpɔʀtaʒ] *m 1.* Berichterstattung *f; 2. (enquête)* Reportage *f; 3. ~ photographique* Bildbericht *m*

reporter[1] [ʀəpɔʀte] *v 1. ~ à* verlegen nach; *2. ~ sur* zuwenden; *3. se ~ à qc* auf etw zurückgreifen

reporter[2] [ʀəpɔʀtɛʀ] *m/f 1. (d'un journal)* Berichterstatter(in) *m/f; 2. (envoyé(e) spécial(e))* Reporter(in) *m/f; v 3. (transcrire)* berichten

repos [ʀəpo] *m 1.* Erholung *f*, Ruhe *f; 2. (pause)* Rast *f; m 3. jour de ~* Ruhetag *m*; *4. prendre du ~* Urlaub nehmen

reposant [ʀəpozɑ̃] *adj* erholsam

reposé [ʀəpoze] *adj 1.* zurückgelegt, entspannt; *2. à tête ~e* mit klarem Kopf, wohl überlegt

repose-pied [ʀəpozpje] *m* Fußbank *f*

R

reposer[1] [Rəpoze] *v 1.* ausruhen; *2. (être placé sur qc)* liegen; *3. ~ sur* beruhen auf; *4. se ~* sich erholen, sich ausruhen, ruhen; *5. (être étendu)* sich hinlegen, auf einen vertrauen; *6. se ~ sur qn* sich auf jdn verlassen
reposer[2] [Rəpoze] *v 1. (replacer)* hinlegen; *2. ~ une question* erneut eine Frage stellen
repose-tête [Rəpoztɛt] *m* Kopfstütze *f*
repoussant [Rəpusɑ̃] *adj 1.* widerlich; *2. (effrayant)* abschreckend, abstoßend
repousser [Rəpuse] *v 1.* abstoßen; *2. (refouler)* zurückdrängen; *3. (refuser)* zurückweisen; *4. (retarder)* zurückstellen; *5. (végétation)* neu ausschlagen
répréhensible [RepReɑ̃sibl] *adj 1.* verwerflich; *2. JUR* strafbar
reprendre [RəpRɑ̃dR] *v irr 1.* übernehmen; *On ne m'y reprendra plus.* Das soll mir keinesfalls wieder passieren. *2. (retirer)* zurücknehmen; *3. ~ haleine* verschnaufen, wieder zu Atem kommen; *4. se ~* sich verbessern; *5. se ~* sich fassen
représaille [RəpRezɑj] *f mesure de ~* Vergeltungsmaßnahme *f*
représentant(e) [RəpRezɑ̃tɑ̃(t)] *m/f 1.* Vertreter(in) *m/f,* Repräsentant(in) *m/f; 2. (~ d'un ministère)* Beisitzer(in) *m/f; 3. ~ de commerce ECO* Handelsvertreter(in) *m/f*
représentatif [RəpRezɑ̃tatif] *adj 1. POL* repräsentativ, stellvertretend; *le système ~* das Repräsentativsystem *n; une assemblée représentative* ein Parlament *n,* eine gewählte Volksvertretung *f; 2. (typique)* stellvertretend, typisch, beispielhaft; *Il est ~ de son époque.* Er ist typisch für seine Zeit.
représentation [RəpRezɑ̃tasjɔ̃] *f 1.* Darstellung *f; 2.* Repräsentation *f; 3. (remplacement)* Vertretung *f; ~ générale ECO* Generalvertretung *f; 4. THEAT* Aufführung *f,* Vorstellung *f*
représenter [RəpRezɑ̃te] *v 1.* darstellen, abbilden, repräsentieren; *2. (remplacer)* vertreten, repräsentieren; *3. (illustrer)* veranschaulichen; *4. se ~ qc* sich etw vorstellen
répressif [RepRɛsif] *adj* repressiv, hemmend, unterdrückend; *une loi répressive* ein repressives Gesetz *n*
répression [RepRɛsjɔ̃] *f* Unterdrückung *f,* Niederschlagung *f*
réprimande [RepRimɑ̃d] *f 1.* Tadel *m; 2. (remontrance)* Verweis *m*
réprimander [RepRimɑ̃de] *v* tadeln
réprimer [RepRime] *v 1. ~ qc* etw unterdrücken; *2. (étouffer)* erdrücken
repris [RəpRi] *m ~ de justice JUR* Vorbestrafte(r) *m/f*
reprise [RəpRiz] *f 1.* Rücknahme *f; 2. SPORT* Runde *f; 3. (prise en charge)* Übernahme *f; à plusieurs ~s* mehrfach; *4. ~ économique* Wiederbelebung *f,* Aufwärtsbewegung *f; 5. (couture)* Stopfen *n,* Ausbessern *n; 6. (accélération)* Beschleunigung *f; 7. (d'un appartement)* Abstandssumme *f*
repriser [RəpRize] *v* stopfen, flicken
réprobateur [RepRɔbatœR] *adj* vorwurfsvoll
réprobation [RepRɔbasjɔ̃] *f* Missbilligung *f*
reproche [RəpRɔʃ] *m* Vorwurf *m,* Tadel *m*
reprocher [RəpRɔʃe] *v 1. ~ à* vorwerfen; *Je ne vous reproche rien.* Das soll kein Vorwurf sein. *2. ~ qc à qn* jdm etw vorhalten
reproduction [RəpRɔdyksjɔ̃] *f 1.* Fortpflanzung *f; 2. (copie)* Abbild *n,* Darstellung *f; 3. (réimpression)* Nachdruck *m; 4. (tirage)* Vervielfältigung *f*
reproduire [RəpRɔdɥiR] *v irr 1.* kopieren; *2. (redonner)* wiedergeben; *3. (imprimer)* abdrucken; *4. se ~* sich fortpflanzen; *5. se ~ (se répéter)* sich wiederholen
réprouvable [RepRuvabl] *adj* verdammenswert, verurteilungswürdig, verwerflich; *une conduite ~* ein verwerfliches Verhalten *n*
réprouvé(e) [RepRuve] *m/f* Verdammte(r) *m/f*
réprouver [RepRuve] *v 1.* missbilligen; *2. (condamner)* verdammen
repu [Rəpy] *adj* satt, gesättigt
républicain [Repyblikɛ̃] *adj POL* republikanisch; *le calendrier ~* der Kalender der Französischen Revolution *m; le Parti ~* die Republikanische Partei *f*
République [Repyblik] *f 1. ~ fédérale d'Allemagne POL* Bundesrepublik Deutschland *f; 2. ~ tchèque POL* tschechische Republik *f*
répudier [Repydje] *v 1. ~ qc* aufgeben, etw von sich weisen; *2. ~ son épouse* seine Ehefrau verstoßen; *3. JUR* verzichten, ausschlagen
répugnance [Repyɲɑ̃s] *f* Abneigung *f,* Widerwille *m,* Ekel *m; avoir de la ~ pour qn* eine Abneigung gegen jdn haben
répugnant [Repyɲɑ̃] *adj* widerlich
répugner [Repyɲe] *v 1. (dégoûter)* anekeln, anwidern, abstoßen; *Son aspect me répugne.* Sein Aussehen stößt mich ab. *2. ~ à qn* anwidern

réputation [ʀepytasjɔ̃] *f* 1. Leumund *m;* 2. *(renommée)* Ruf *m;* 3. *jouir d'une bonne ~* sich eines guten Rufes erfreuen; 4. *connaître qn de nom ~* jdn vom Namen her kennen
réputé [ʀepyte] *adj* berühmt
requérir [ʀəkeʀiʀ] *v irr* 1. *(réclamer)* fordern, anfordern; *~ la force armée* Truppen anfordern; 2. *(demander en justice) JUR* fordern, beantragen; *~ des dommages-intérêts* Schadenersatz fordern; 3. *(nécessiter)* erfordern, benötigen; *Cela requiert tous vos soins.* Das erfordert Ihre ganze Pflege
requête [ʀəkɛt] *f* 1. Ersuchen *n;* 2. *(demande)* Gesuch *n;* 3. *à la ~ de qn* auf Betreiben von
requin [ʀəkɛ̃] *m* 1. *ZOOL* Hai *m;* 2. *(fig)* Schieber *m*
requis [ʀəki] *adj* erforderlich; *posséder les diplômes ~* die erforderlichen Zeugnisse besitzen; *avoir l'âge ~* das erforderliche Alter haben
réquisitionner [ʀekizisjɔne] *v* 1. beschlagnahmen; 2. *(fig)* mit Beschlag belegen
réquisitoire [ʀekizitwaʀ] *m* 1. *JUR* Plädoyer des Staatsanwalts *n;* 2. *(fig)* Vorwürfe *pl,* Anschuldigungen *pl*
rescapé(e) [ʀɛskape] *m/f (d'une catastrophe)* Überlebende(r) *m/f*
rescousse [ʀɛskus] *f à la ~* zu Hilfe; *aller à la ~ de qn* jdm zu Hilfe kommen; *appeler à la ~* um Hilfe rufen
réseau [ʀezo] *m* 1. Netz *n; ~ ferroviaire* Eisenbahnnetz *n; ~ routier* Straßennetz *n;* 2. *(groupement)* Netz *n,* Verbund *m*
réservation [ʀesɛʀvasjɔ̃] *f* 1. Buchung *f;* 2. *(de billets)* Vorbestellung *f*
réserve [ʀezɛʀv] *f* 1. Vorbehalt *m; faire ses ~s* Vorbehalte haben; *sous toutes ~s* ohne jede Gewähr; 2. *(stock)* Vorrat *m;* 3. *(provision)* Reserve *f;* 4. *(retenue)* Zurückhaltung *f;* 5. *~ naturelle* Naturschutzgebiet *n;* 6. *~ de chasse* Jagdrevier *n;* 7. *ECO* Bestand *m;* 8. *MIL* Reserve *f*
réservé [ʀezɛʀve] *adj* zurückhaltend, umsichtig, verschwiegen
réserver [ʀezɛʀve] *v* 1. reservieren, vorbestellen; 2. *(place)* belegen; 3. *(mettre de côté)* zurücklegen; 4. *se ~ de qc* sich etw vorbehalten; 5. *(destiner)* reservieren, zudenken; 6. *se ~ qc* sich etw vorausbedingen
réservoir [ʀezɛʀvwaʀ] *m* 1. Behälter *m;* 2. *(citerne)* Tank *m; ~ d'essence* Benzintank *m*
résidant [ʀezidɑ̃] *adj* sesshaft, wohnhaft
résidence [ʀezidɑ̃s] *f* 1. Wohnort *m;* 2. *~ secondaire* Zweitwohnsitz *m;* 3. *(groupe d'immeubles)* Residenz *f,* Wohnanlage *f*

R

résident(e) [ʀezidɑ̃(t)] *m/f (immigré)* Ausländer(in) *m/f*
résidentiel [ʀezidɑ̃sjɛl] *adj* Wohn... *un quartier ~* ein Wohnviertel *n*
résider [ʀezide] *v* 1. wohnen; 2. *(fig)* liegen
résidu [ʀezidy] *m* 1. *CHEM* Rückstand *m;* 2. *(déchet)* Abfall *m,* Rückstand *m*
résiduel [ʀezidɥɛl] *adj* Rest..., zurückbleibend
résignation [ʀeziɲasjɔ̃] *f* 1. Resignation *f;* 2. *JUR* Verzichtleistung *f*
résigné [ʀeziɲe] *adj* ergeben
résigner [ʀesiɲe] *v* 1. *se ~* resignieren; 2. *JUR* verzichten
résiliation [reziljasjɔ̃] *f* Kündigung *f*
résilier [ʀezilje] *v* 1. kündigen; 2. *(annuler)* aufheben
résille [ʀezij] *f* Netz *n; des bas ~* Netzstrümpfe *pl*
résine [ʀezin] *f* Harz *n*
résistance [ʀezistɑ̃s] *f* 1. Widerstand *m;* 2. *MIL* Abwehr *f;* 3. *(endurance)* Haltbarkeit *f;* 4. *(solidité)* Widerstandskraft *f;* 5. *TECH* Beständigkeit *f,* Widerstand *m*; 6. *plat de ~* Hauptgericht
résistant [ʀezistɑ̃] *adj* 1. fest, haltbar, stark; 2. *~ aux intempéries* wetterbeständig; 3. *(solide)* widerstandsfähig
résistant(e) [ʀezistɑ̃(t)] *m/f HIST* Widerstandskämpfer *m*
résister [ʀeziste] *v* 1. standhalten; 2. *~ à* widersetzen; 3. *~ à qc/qn (s'opposer à) jdm/etw* widerstehen *f*
resocialisation [ʀəsɔsjalizasjɔ̃] *f* Resozialisierung *f*
résolu [ʀezɔly] *adj* 1. entschlossen; 2. *(hardi)* resolut
résolution [ʀezɔlysjɔ̃] *f* 1. Entschluss *m; de haute ~ INFORM* hochauflösend; 2. *MED* Resolution *f,* Lösung *m*; 3. *PHYS* Trennung *f,* Auflösung *f*; 4. *~ d'un problème* Lösung eines Problems *f*
résonance [ʀezɔnɑ̃s] *f* Resonanz *f,* Widerhall *m; la ~ d'une église* die Akustik in einer Kirche *f; une caisse de ~* ein Resonanzkasten *m*
résonner [ʀezɔne] *v* 1. hallen, widerhallen; 2. *(sonner)* klingen, tönen
résorber [ʀezɔʀbe] *v* 1. *MED* resorbieren, aufnehmen, aufsaugen; 2. *(fig)* aufsaugen; 3. *se ~* zurückgehen
résoudre [ʀezudʀ] *v irr* 1. lösen; 2. *se ~ à* sich entschließen zu
respect [ʀɛspɛ] *m* 1. Respekt *m,* Achtung *f;* 2. *(vénération)* Ehrfurcht *f;* 3. *~ de soi-*

même Selbstachtung *f; 4. manquer de ~ à qn* sich unehrerbietig gegenüber jdm benehmen, jdm zu nahe treten; *5. tenir qn en ~* jdm Furcht einflößen, jdm in Schach halten; *6. sauf votre ~* mit Verlaub

respectable [ʀɛspɛktabl] *adj* achtbar, ehrwürdig

respecter [ʀɛspɛkte] *v 1.* achten, beachten, respektieren, einhalten; *2. se faire ~* sich Achtung verschaffen

respectif [ʀɛspɛktif] *adj* jeweilig

respectivement [ʀɛspɛktivmɑ̃] *adv* beziehungsweise, jeweils

respectueux [ʀɛspɛktɥø] *adj 1.* ehrerbietig; *2. (plein de respect)* respektvoll

respiration [ʀɛspiʀasjɔ̃] *f 1.* Atmung *f; 2. (souffle)* Atem *m; 3. ~ artificielle MED* künstliche Beatmung *f*

respirer [ʀɛspiʀe] *v 1.* atmen; *2. (reprendre haleine)* aufatmen; *3. (fig)* leben, aufatmen, verschnaufen

resplendir [ʀɛsplɑ̃diʀ] *v* glänzen

resplendissant [ʀɛsplɑ̃disɑ̃] *adj* glänzend

responsabiliser [ʀɛspɔ̃sabilize] *v* verantwortlich machen, haftbar machen

responsabilité [ʀɛspɔ̃sabilite] *f 1.* Verantwortung *f,* Verantwortlichkeit *f; prendre la ~ de* verantworten; *2. JUR* Haftung *f; 3. ~ civile* Haftpflicht *f*

responsable [ʀɛspɔ̃sabl] *adj 1. (~ pour)* zuständig, verantwortlich; *2. (fautif)* schuldig; *3. être ~* schuld sein; *m/f 4.* Verantwortliche(r) *m/f*

resquilleur [ʀɛskijœʀ] *m* Schwarzfahrer *m;* Zaungast *m;* blinder Passagier *m*

ressac [ʀəsak] *m* Brandung *f*

ressaisir [ʀəseziʀ] *v se ~ (fig)* sich fassen, sich zusammenreißen

ressemblance [ʀəsɑ̃blɑ̃s] *f* Ähnlichkeit *f*

ressemblant [ʀəsɑ̃blɑ̃] *adj* ähnlich; *un portrait ~* ein originalgetreues Porträt *n*

ressembler [ʀəsɑ̃ble] *v 1. ~ à* ähneln; *2. ~ à qn/qc (avoir l'air de)* aussehen wie jdn/etw; *3. ~ à qn/qc (être similaire) jdm/etw* gleichen; *se ~ comme deux gouttes d'eau* sich gleichen wie ein Ei dem anderen; *Cela lui ressemble.* Das sieht ihm ähnlich. *4.* neu besohlen

ressentiment [ʀəsɑ̃timɑ̃] *m* Verbitterung *f,* Groll *m*

ressentir [ʀəsɑ̃tiʀ] *v 1.* fühlen; *2. (éprouver)* empfinden; *3. (remarquer)* spüren; *4. se ~ de qc* spüren, unter den Nachwirkungen leiden

resserre [ʀəsɛʀ] *f* Rumpelkammer *f*

resserrement [ʀəsɛʀmɑ̃] *m* Verengung *f*

resserrer [ʀəseʀe] *v 1.* nachziehen, zusammenziehen; *2. (rétrécir)* verengen; *3. se ~* sich zusammenschnüren, sich verengen

ressort[1] [ʀəsɔʀ] *m 1.* Bereich *m,* Sachgebiet *n; 2. (district)* Amtsbezirk *m*

ressort[2] [ʀəsɔʀ] *m TECH* Feder *f*

ressortir [ʀəsɔʀtiʀ] *v 1.* auskramen; *2. faire ~* unterstreichen, hervorheben; *3. (sortir de nouveau* wieder ausgehen; *4. il ressort de là* daraus geht hervor, dass ..., daraus ergibt sich, dass ...; *5. ~ qc* etwas hervorholen; *6. (fam)* erhellen

ressortissant(e) [ʀəsɔʀtisɑ̃(t)] *m/f* Staatsangehörige(r) *m/f*

ressource [ʀəsuʀs] *f 1. ~ monétaire* Geldquelle *f; 2. ~s pl* Mittel *pl; 3. ~s pl (revenu)* Auskommen *n; 4. ~s pl (recettes)* Einkünfte *pl; 5. avoir de la ~* Mittel haben

ressurgir [ʀəsyʀʒiʀ] *v* wieder auftauchen, wieder erscheinen, wieder hochkommen

ressusciter [ʀesysite] *v 1. REL* auferwecken; *2. (fig)* wieder aufleben

restant [ʀɛstɑ̃] *adj 1.* übrig; *2. (de reste)* restlich; *m 3.* Rest *m,* Überbleibsel *n*

restaurant [ʀɛstɔʀɑ̃] *m 1.* Restaurant *n; 2. (auberge)* Gaststätte *f; 3. ~ universitaire* Mensa *f*

restaurateur [ʀɛstɔʀatœʀ] *m 1.* Gastwirt *m; 2. ~ d'objets d'art* Restaurator *m; adj 3.* wiederherstellen; bewirtend

restauration [ʀɛstɔʀasjɔ̃] *f 1.* Renovierung *f; 2. ~ des vieux quartiers* Altstadtsanierung *f; 3. (gastronomie)* Gaststättengewerbe *n; 4. (rétablissement)* Wiederherstellung *f,* Erneuerung *f,* Ergänzung *f*

restauratrice [ʀɛstɔʀatʀis] *f 1.* Gastronomin *f,* Gastwirtin *f; 2. ~ de tableaux* Restauratorin *f*

restaurer [ʀɛstɔʀe] *v 1.* erneuern, renovieren, restaurieren; *2. ~ l'ordre* wiederherstellen; *3. se ~* sich erquicken, sich kräftigen

reste [ʀɛst] *m 1.* Rest *m; Fichez-vous du ~.* Das Weitere kann Ihnen egal sein. *laisser de ~* übrig lassen; *de ~* restlich; *ne pas être en ~ avec qn* jdm nichts schuldig bleiben; *2. (vestiges)* Überbleibsel *n; 3. (débris)* Überrest *m; 4. du ~* im Übrigen, außerdem, sonst

rester [ʀɛste] *v 1.* bleiben; *J'en reste à ce que j'ai dit.* Ich bleibe dabei. *Restons-en là!* Lassen wir's genug sein! *ne pas être en reste avec qn* jdm nichts schuldig bleiben;

R

2. *(subsister)* übrig bleiben; *C'est tout ce qui reste.* Das ist alles, was noch übrig ist. 3. *(séjourner)* verweilen, bleiben; 4. *~ fidèle à (sa parole)* zu (seinem Wort) stehen; 5. *~ en dehors de qc* sich aus etw heraushalten; 6. *~ coincé* klemmen, festsitzen; 7. *il reste que ...* immerhin ...,jedenfalls ...

restituer [ʀɛstitɥe] *v* wiedergeben, zurückgeben
restitution [ʀɛstitysjɔ̃] *f* 1. Rückgabe *f*, Rückerstattung *f*, Wiedergutmachung *f*, Wiedergabe *f*; 2. *(reconstruction)* Wiederherstellung *f*, Wiedereinsetzung *f*; 3. *TECH* Entzerrung *f*, Wiedergabe *f*
restoroute [ʀɛstoʀut] *m* Autobahnraststätte *f*
restreindre [ʀɛstʀɛ̃dʀ] *v irr* 1. beschränken, einschränken; 2. *(réduire)* einengen; 3. *se ~* sich vermindern, sich beschränken
restreint [ʀɛstʀɛ̃] *adj* beschränkt
restrictif [ʀɛstʀiktif] *adj* einschränkend, restriktiv
restriction [ʀɛstʀiksjɔ̃] *f* 1. Vorbehalt *m*; 2. *~ à l'exportation ECO* Ausfuhrbeschränkung *f*; *~ à l'importation* Importbeschränkung *f*; 3. *~ en matière de change FIN* Devisenbeschränkung *f*
restructuration [ʀəstʀyktyʀasjɔ̃] *f* Umstrukturierung *f*
restructurer [ʀəstʀyktyʀe] *v* umstrukturieren, neu strukturieren
résultat [ʀezylta] *m* 1. Ergebnis *n*, Resultat *n*; *~ du vote* Abstimmungsergebnis *n*; *~ final* Endergebnis *n*; *~ de l'enquête* Untersuchungsergebnis *n*; *~ des élections* Wahlergebnis *n*; 2. *(conséquence)* Wirkung *f*; 3. *(bilan)* Erkenntnis *f*, Fazit *n*
résulter [ʀezylte] *v* 1. *~ de* resultieren aus, herauskommen; 2. *~ de (se cristalliser)* sich herauskristallisieren aus; 3. *il en résulte que* daraus ergibt sich, dass ...
résumé [ʀezyme] *m* 1. Zusammenfassung *f*; 2. *en ~* kurz, alles zusammengefasst; *adj* 3. zusammengefasst
résumer [ʀezyme] *v* 1. zusammenfassen; 2. *se ~* sich kurz fassen
rétablir [ʀetabliʀ] *v* 1. wiederherstellen, wieder einsetzen, rekonstruieren; *~ la paix* den Frieden wiederherstellen; *~ les faits* die Fakten rekonstruieren; *~ qn dans ses fonctions* jdn wieder in sein Amt einsetzen; 2. *se ~ (guérir)* sich erholen, wieder gesund werden, genesen; 3. *se ~ (après une maladie)* wiederhergestellt werden, wieder gesund werden, genesen
rétablissement [ʀetablismɑ̃] *m* 1. Genesung *f*, Gesundung *f*; *Prompt ~!* Gute Besserung! 2. *(remise)* Wiederherstellung; 3. *~ financier* Finanzsanierung *f*
retailler [ʀətaje] *v* zurechtschneiden, neu spitzen, umändern
retape [ʀətap] *f* *faire la ~ (fam)* Reklame machen, auf den Strich gehen
retaper [ʀətape] *v* 1. *(fam: réparer)* ausbessern, flicken, notdürftig reparieren; 2. *se ~ (fam)* sich aufrappeln
retard [ʀətaʀ] *m* 1. Verspätung *f*; *être en ~* sich verspäten; *en ~* überfällig; 2. *(ajournement)* Aufschub *m*; 3. *(ralentissement)* Verzögerung *f*; 4. *(délai)* Verzug *m*
retardataire [ʀətaʀdatɛʀ] *m* 1. Nachzügler *m*; *adj* 2. säumig
retardé [ʀətaʀde] *adj MED* zurückgeblieben
retardement [ʀətaʀdəmɑ̃] *m à ~* nachträglich, mit zeitlicher Verzögerung; *une bombe à ~* eine Bombe mit Zeitzünder *f*
retarder [ʀətaʀde] *v* 1. *(montre)* nachgehen; 2. *(ralentir)* verzögern; 3. *(repousser)* verzögern, hinziehen; 4. *~ sur son époque* hinter seiner Zeit bleiben
retenir [ʀətəniʀ] *v irr* 1. zurückbehalten; 2. *(cacher)* vorenthalten, einbehalten; *se ~* sich zurückhalten; *~ qn* jdn aufhalten; 3. *(noter)* vormerken; 4. *(remarquer qc)* merken; 5. *(freiner)* hemmen; 6. *(accepter)* vormerken, reservieren
retentir [ʀətɑ̃tiʀ] *v* 1. dröhnen; 2. *(exploser)* knallen; 3. *(résonner)* widerhallen; 4. *~ sur qc* auf etw zurückwirken
retentissant [ʀətɑ̃tisɑ̃] *adj* 1. laut, geräuschvoll, dröhnend, schallend; *une voix ~e* eine dröhnende Stimme *f*; 2. *(fig)* folgenreich, Aufsehen erregend, eklatant
retentissement [ʀətɑ̃tismɑ̃] *m* Auswirkung *f*; *avoir un grand ~* großes Aufsehen hervorrufen
retenu [ʀətny] *adj* verhalten, gedämpft
retenue [ʀətny] *f* 1. Zurückhaltung *f*, Mäßigung *f*, Zurückbehaltung *f*; 2. *~ d'eau* Stauung *f*; 3. *(punition)* Arrest *m*, Nachsitzen *n*; 4. Reserve *f*
réticence [ʀetisɑ̃s] *f (réserve)* Zurückhaltung *f*, Reserviertheit *f*
réticent [ʀetisɑ̃] *adj (réservé)* zurückhaltend, reserviert, zögernd; *être ~ à l'égard de qc* zurückhaltend gegenüber etw sein

R

rétif [ʀetif] *adj* bockig, störrisch, unzugänglich; *un caractère ~* ein unzugänglicher Charakter *m*
retiré [ʀətiʀe] *adj 1.* zurückgezogen; *2. (village)* abgeschieden, entlegen
retirer [ʀətiʀe] *v 1.* zurückziehen; *2. (enlever)* herausnehmen; *3. (de l'argent) ECO* abheben; *4. se ~* sich zurückziehen; *5. se ~ (eau)* abebben; *6. (gagner)* gewinnen
retombées [ʀətɔ̃be] *f/pl* Nachwirkung *f*
retomber [ʀətɔ̃be] *v 1.* erneut fallen, wieder hinfallen; *2. ~ sur* fallen auf, landen auf, aufkommen auf; *~ sur ses pieds* wieder auf die Füße fallen; *Le chat retombe sur ses pattes.* Die Katze landet auf ihren Pfoten. *3. ~ dans (fig)* zurückfallen in, wieder verfallen in; *~ dans l'anarchie* wieder in Anarchie versinken; *~ dans les mêmes défauts* wieder die gleichen Fehler machen; *4. (pendre)* fallen, reichen, hängen; *Le rideau retombe jusqu'à terre.* Der Vorhang reicht bis auf den Boden.
retordre [ʀətɔʀdʀ] *v irr* zwirnen, auswringen; *donner du fil à ~ à qn (fig)* jdm zu schaffen machen
rétorquer [ʀetɔʀke] *v* antworten, erwidern, als Gegenargument benutzen
retors [ʀətɔʀ] *adj (fig)* listig, schlau, durchtrieben; *un personnage ~* eine gerissene Person *f*
rétorsion [ʀetɔʀsjɔ̃] *f* Vergeltung *f; mesure de ~* Vergeltungsmaßnahme *f*
retouche [ʀətuʃ] *f 1.* Überarbeitung *f; 2. (couture)* Nachbesserung *f,* Nacharbeitung *f*
retoucher [ʀətuʃe] *v* überarbeiten
retour [ʀətuʀ] *m 1.* Rückkehr *f; Bon ~!* Kommen Sie gut nach Hause! *être de ~* zurückgekehrt sein; *par ~ du courrier* umgehend, postwendend; *sans ~* endgültig, unwiederbringlich; *en ~* dagegen; *2. (en voiture)* Rückfahrt *f,* Heimfahrt *f; 3. (renversement)* Umkehr *f; 4. ~ à la raison* Ernüchterung *f; 5. ~ d'âge MED* Wechseljahre *pl; 6. de ~* zurück
retourner [ʀətuʀne] *v 1.* umdrehen; *~ qn comme une crêpe* jdn im Handumdrehen umstimmen; *s'en ~ comme on est venu* unverrichteter Dinge wieder abziehen; *2. (en voiture)* zurückfahren; *3. (renversement)* umgraben; *4. se ~* sich umwenden; *5. se ~ (chercher)* sich umsehen; *6. (renvoyer)* zurücksenden; *7. (repartir)* zurückkehren; *8. de quoi il retourne* was gibt es, was ist los; *9. se ~ contre qn* sich gegen jdn wenden; *10. s'en ~* umkehren, zurückgehen
retracer [ʀətʀase] *v (fig: raconter)* nachzeichnen, schildern, erzählen
rétractable [ʀetʀaktabl] *adj* widerruflich
rétractation [ʀetʀaktasjɔ̃] *f* Zusammenziehung, Verkürzung
rétracter [ʀetʀakte] *v* widerrufen; *1. (fig: nier)* leugnen, zurückziehen, zurücknehmen; *2. se ~ (se contracter)* sich zusammenziehen; *Un muscle se rétracte.* Ein Muskel zieht sich zusammen. *3. JUR se ~ (fig)* zurücknehmen, widerrufen; *Le témoin s'est rétracté.* Der Zeuge hat seine Aussage widerrufen.
retrait [ʀətʀɛ] *m 1.* Abfall *m,* Rückgang *m; 2. MIL* Abzug *m; 3. ~ du permis de conduire* Fahrverbot *n; 4. ~ d'argent* Einziehen *n; 5. en ~* eingerückt; *6. TECH* Schwund *m,* Schrumpfung *f,* Volumenkontraktion *f*
retraité(e) [ʀətʀɛte] *m/f* Rentner(in) *m/f*
retraitement [ʀətʀɛtmɑ̃] *m 1. (du combustile nucléaire) PHYS* Wiederaufbereitung *f; 2. ~ des déchets* Abfallaufbereitung *f*
retraiter [ʀətʀɛte] *v 1. (uranium)* aufbereiten; *2. (déchets nucléaires)* wieder aufbereiten; *3. (~ les ordures ménagères)* wieder aufbereiten
retranchement [ʀətʀɑ̃ʃmɑ̃] *m 1. MIL* Verteidigungsanlage *f,* Schützengraben *m,* Verschanzung *f,* Deckung *f; pousser qn dans ses derniers ~s (fig)* jdn in die Enge treiben; *2. (suppression)* Auslassung *f,* Streichung *f*
retrancher [ʀətʀɑ̃ʃe] *v 1. (enlever)* entfernen, wegnehmen, kürzen, streichen; *2. (soustraire)* abziehen; *3. (exclure)* ausschließen; *~ qn du nombre des participants* jdn von der Teilnahme ausschließen; *4. se ~ MIL* sich verschanzen; *5. se ~ (fig)* Schutz suchen, sich verstecken, sich verschanzen; *se ~ derrière qc* sich hinter etw verstecken; *se ~ derrière l'autorité de qn* sich hinter jds Autorität verstecken; *se ~ dans le silence* sich in Schweigen hüllen
retransmission [ʀətʀɑ̃smisjɔ̃] *f (à la radio, à la TV)* Sendung *f,* Übertragung *f*
retravailler [ʀətʀavaje] *v 1.* wieder arbeiten, Arbeit wieder aufnehmen; *2. (améliorer)* überarbeiten, umarbeiten; *~ un discours* eine Rede noch einmal überarbeiten
rétréci [ʀetʀesi] *adj 1.* verengt, eingeschrumpft; *2. (fig)* beschränkt
rétrécir [ʀetʀesiʀ] *v 1.* einengen; *2. (resserrer)* verengen; *3. se ~* schrumpfen, eingehen; *4. se ~ (au lavage)* eingehen (beim Waschen), kleiner werden
rétribuer [ʀetʀibɥe] *v* bezahlen, entlohnen
rétribution [ʀetʀibysjɔ̃] *f 1.* Bezahlung *f,* Entgelt *n; 2. (récompense)* Belohnung *f*

R

rétro [ʀetʀo] *adj 1.* nostalgisch; *m 2. (fam: rétroviseur)* Rückspiegel *m*
rétroactif [ʀetʀoaktif] *adj* rückwirkend
rétrogradation [ʀetʀɔgʀadasjɔ̃] *f 1. SPORT* Abstieg *m; 2. (régression)* Rückwärtsbewegung *f*
rétrograde [ʀetʀɔgʀad] *adj 1.* rückläufig; *2. (fig: démodé)* rückständig; *3. être ~ SPORT* absteigen
rétrograder [ʀetʀograde] *v 1. (en voiture)* herunterschalten, zurückschalten; *2. (retourner en arrière)* zurückkehren, zurückweichen; *3. (régresser)* zurückgehen, rückläufig sein, absteigen, zurückfallen; *4. ~ qn* jdn degradieren, jdn zurückstufen
rétropédalage [ʀetʀɔpedalaʒ] *m* Rücktritt *m*
rétrospectif [ʀetʀɔspɛktif] *adj 1.* rückblickend; *2. (après coup)* zurückblickend, retrospektiv
retroussé [ʀətʀuse] *adj* aufgeworfen, aufgestülpt
retrousser [ʀətʀuse] *v* krempeln, umkrempeln, schürzen
retrouvailles [ʀətʀuvaj] *f/pl (fam)* Wiedersehen *n; fêter des ~* das Wiedersehen feiern
retrouver [ʀətʀuve] *v 1.* wiedererlangen; *2. (trouver à nouveau)* wiederfinden; *3. (rejoindre)* wieder treffen, wiederfinden; *4. se ~* sich wieder treffen, einander wiederfinden; *5. se ~ (s'orienter)* sich zurechtfinden, sich auskennen
rétroviseur [ʀetʀɔvizœʀ] *m* Rückspiegel *m*
réunification [ʀeynifikasjɔ̃] *f POL* Wiedervereinigung *f*
réunifier [ʀeynifje] *v* wieder vereinigen
réunion [ʀeynjɔ̃] *f 1.* Vereinigung *f,* Versammlung *f; ~ publique* Bürgerversammlung *f; ~ d'anciens élèves* Klassentreffen *n; 2. (session)* Tagung *f,* Sitzung *f; 3. (rencontre)* Treffen *n; 4. (assemblée)* Zusammenkunft *f*
réunir [ʀeyniʀ] *v 1.* sammeln, vereinigen; *2. (assembler)* vereinen, versammeln; *3. (regrouper)* zusammenlegen, zusammenbringen; *4. se ~* zusammenfließen
réussi [ʀeysi] *adj* gelungen
réussir [ʀeysiʀ] *v 1.* gelingen; *2. (à un examen)* bestehen; *3. (parvenir à qc)* glücken; *4. (fig)* klappen; *5. ne pas ~ (fig)* scheitern
réussite [ʀeysit] *f 1.* Erfolg *m; 2. ~ sociale* gesellschaftlicher Erfolg *m; 3. (jeu)* Sieg *m*
réutilisable [ʀeytilizabl] *adj* wieder verwendbar
réutilisation [ʀeytilizasjɔ̃] *f* Wiederverwertung *f*
revaloir [ʀəvalwaʀ] *v irr ~ qc à qn* jdm etw heimzahlen, jdm etw mit gleicher Münze vergelten; *Je vous revaudrai cela.* Ich werde mich Ihnen erkenntlich zeigen.
revalorisation [ʀəvalɔʀizasjɔ̃] *f FIN* Aufwertung *f*
revanche [ʀəvɑ̃ʃ] *f 1.* Revanche *f; en ~* dagegen; *2. à charge de ~* zu Gegendiensten bereit
rêvasser [ʀɛvase] *v* vor sich hin träumen, seine Gedanken schweifen lassen
rêve [ʀɛv] *m 1.* Traum *m; 2. faire un ~* träumen
rêvé [ʀɛve] *adj 1.* geträumt, phantasiert; *2. (idéal)* erträumt
revêche [ʀəvɛʃ] *adj 1.* abweisend, unfreundlich; *2. (fig)* spröde
réveil [ʀevɛj] *m 1.* Wecker *m; 2. (du sommeil)* Aufwachen *n; 3. (fig)* Wiedererwachen *n,* erneuter Ausbruch *m; le ~ de la nature* das Wiedererwachen der Natur *n; le ~ d'un volcan* der erneute Ausbruch eines Vulkans *m*
réveiller [ʀevɛje] *v 1.* aufwecken, wecken; *2. (fig)* leben; *3. se ~* erwachen, aufwachen
réveillon [ʀevɛjɔ̃] *m ~ du jour de l'An* Silvester *n*
révélateur [ʀevelatœʀ] *adj 1.* aufschlussreich; *2. FOTO* Entwickler
révélation [ʀevelasjɔ̃] *f 1. (fig)* Enthüllung *f; 2. faire des ~s* Entdeckungen machen; *3. FOTO* Entwicklung *f*
révéler [ʀevele] *v 1. (fig)* enthüllen; *2. (secret)* aufdecken; *3. se ~* sich offenbaren; *4. se ~ (se trouver)* an den Tag kommen, sich offenbaren, sich erweisen
revenant [ʀəvnɑ̃] *m 1.* Geist *m,* Gespenst *n; 2. (fam)* Spuk *m*
revendeur [ʀəvɑ̃dœʀ] *m* Weiterverkäufer *m,* Wiederverkäufer *m,* Trödler *m*
revendication [ʀəvɑ̃dikasjɔ̃] *f 1.* Forderung *f; 2. (réclamation)* Anspruch *m*
revendiquer [ʀəvɑ̃dike] *v 1.* fordern; *2. (demander)* verlangen; *3. (réclamer)* beanspruchen; *4. (fig)* pochen auf
revendre [ʀəvɑ̃dʀ] *v irr* weiterverkaufen, wieder verkaufen; *avoir qc à ~ (fig)* etw im Überfluss haben
revenez-y [ʀəvnezi] *m avoir un goût de ~* das schmeckt nach mehr

R

revenir [ʀəvniʀ] *v irr 1.* wiederkommen, zurückkommen; *~ au même* auf dasselbe hinauslaufen; *~ sur ses pas* umkehren/kehrtmachen; *~ à la charge* wieder zurückkommen auf; *~ sur une décision* einen Entschluss umstoßen; *Cela revient à dire que ...* Das heißt mit anderen Worten, dass ... *Je n'en reviens pas!* Ich fasse es nicht! *être revenu de tout* alles satt haben; *Il m'est revenu que ...* Es ist mir eingefallen, dass ... *2. (en tête)* wieder einfallen; *3. (coûter)* zu stehen kommen; *4. ne pas ~ à qn (fig)* jdm nicht zukommen; *5. faire ~* zurückberufen

revente [ʀəvɑ̃t] *f* Wiederverkauf *m*

revenu [ʀəvny] *m 1.* Einkommen *n; ~ net* Nettoeinkommen *n; ~ brut* Bruttoeinkommen *n; 2. ECO* Ertrag *m; 3. ~s pl* Auskommen *n; 4. ~s pl (recettes)* Einkünfte *pl; 5. ~ minimum d'insertion R.M.I.)* Mindesteinkommen *n*

rêver [ʀɛve] *v 1. ~ de/à qc* träumen von etw; *2. (songer)* sinnieren; *3. On croit ~!* Man glaubt zu träumen!

réverbération [ʀevɛʀbeʀasjɔ̃] *f* Widerspiegeln *n,* Rückstrahlung *f,* Widerhall *m*

réverbère [ʀevɛʀbɛʀ] *m* Laterne *f*

réverbérer [ʀevɛʀbeʀe] *v 1.* zurückstrahlen, widerspiegeln; *2. se ~* sich widerspiegeln, zurückstrahlen

révérend [ʀeveʀɑ̃] *adj 1. REL* ehrwürdig; *~ Père* ehrwürdiger Vater *m; ~e Mère* ehrwürdige Mutter *f; m 2. (pasteur anglican) REL* Reverend *m*

révérer [ʀeveʀe] *v* ehren, achten, fürchten; *~ Dieu* Gott fürchten; *~ la mémoire de qn* jds Andenken in Ehren halten

rêverie [ʀɛvʀi] *f* Träumerei *f; s'abandonner à la ~* in Träumereien schwelgen; *se laisser aller à la ~* sich Träumereien hingeben

revers [ʀəvɛʀ] *m 1. (de vêtement)* Aufschlag *m; 2. (contrecoup)* Rückschlag *m; ~ de fortune* Schicksalsschlag *m; 3. (fig)* Kehrseite *f; le ~ de la médaille* die Kehrseite der Medaille *f; 4. (fig: humiliation)* Nackenschlag *m,* Demütigung *f; 5. SPORT* Rückhandwurf *m; 6. essuyer un ~* Unglück erfahren

reversement [ʀəvɛʀsmɑ̃] *m FIN* Zurückzahlung *f*

reverser [ʀəvɛʀse] *v 1.* wieder zurückgießen; *2. ~ à boire* nachschenken, erneut einschenken; *3. (reporter)* übertragen; *~ une somme sur un compte* eine Summe auf ein Konto einzahlen

réversible [ʀevɛʀsibl] *adj 1.* übertragbar, umkehrbar, reversibel; *2. (tissu)* beidseitig verwendbar; *un manteau ~* ein beidseitig tragbarer Mantel *m*

revêtement [ʀəvɛtmɑ̃] *m 1. TECH* Verkleidung *f; 2. (housse)* Bezug *m; 3. (de sol) TECH* Belag *m; 4. (chemise, enveloppe)* Umkleidung *f,* Bekleidung *f*

revêtir [ʀəvɛtiʀ] *v irr 1.* auskleiden, auslegen; *2. (mettre)* anziehen; *3. (investir)* ausstatten; *4.* bekleiden, überziehen, versehen

rêveur [ʀɛvœʀ] *adj 1.* verträumt; *2. (pensif)* nachdenklich; *m 3.* Träumer *m*

revigorer [ʀəvigɔʀe] *v* wieder kräftigen, wieder stärken

revirement [ʀəviʀmɑ̃] *m (fig)* Umschwung *m*

réviser [ʀevize] *v 1. (contrôler)* überholen; *2. ~ ses conceptions* umdenken; *3. (apprendre)* wiederholen, lernen

révision [ʀevizjɔ̃] *f 1. (de voiture)* Inspektion *f; 2. (vérification)* Überprüfung *f; 3. (remaniement)* Überarbeitung *f; 4. ~s pl* Wiederholen *n,* Lernen *n; faire ses ~s en vue d'un concours* den Stoff für eine Prüfung wiederholen; *Il est en pleines ~s.* Er ist mitten im Lernen. *5. ~ d'un procès JUR* Wiederaufnahmeverfahren *n; 6. conseil de ~ MIL* Aushebungskommission *f,* Ersatzkommission *f*

revisser [ʀəvise] *v* wieder festschrauben, wieder anschrauben

revitalisant [ʀəvitalizɑ̃] *adj* revitalisierend, belebend, kräftigend

revitaliser [ʀəvitalize] *v* beleben, wieder kräftigen

revivifier [ʀəvivifje] *v LIT* zu neuem Leben erwecken, wieder beleben

revivre [ʀəvivʀ] *v irr 1.* aufleben; *2. faire ~* wieder ins Leben rufen, heraufbeschwören, wieder aufleben lassen; *3. (éprouver de nouveau)* noch einmal durchleben

révocable [ʀevɔkabl] *adj* widerruflich, absetzbar

révocation [ʀevɔkasjɔ̃] *f 1.* Widerruf *m,* Aufhebung *f; la ~ de l'Edit de Nantes* die Aufhebung des Edikts von Nantes *f; 2. (renvoi)* Absetzung *f,* Entlassung *f,* Abberufung *f; la ~ d'un magistrat* die Abberufung eines Richters *f*

revoici [ʀəvwasi] *prep* wieder hier

revoilà [ʀəvwala] *prep* wieder da

revoir [ʀəvwaʀ] *v irr 1.* wieder sehen, wieder treffen; *Au ~!* Auf Wiedersehen! *2. (retoucher)* nachbereiten

révoltant [ʀevɔltɑ̃] *adj* schockierend, empörend
révolte [ʀevɔlt] *f* 1. Empörung *f;* 2. *(indignation)* Entrüstung *f;* 3. *(révolution)* Revolte *f,* Aufstand *m*
révolté [ʀevɔlte] *adj* 1. empört; 2. *(rebelle)* aufständisch
révolter [ʀevɔlte] *v* 1. *se ~ contre* sich auflehnen gegen; 2. *se ~ contre (se soulever)* sich empören über; 3. *se ~ (s'indigner)* sich entrüsten; 4. *se ~ (se mutiner)* meutern; 5. *se ~ (se rebeller)* rebellieren
révolu [ʀevɔly] *adj* vergangen, abgelaufen; *avoir trente ans ~s* das dreißigste Lebensjahr vollendet haben
révolution [ʀevɔlysjɔ̃] *f* 1. Revolution *f;* 2. *(renversement)* Umsturz *m;* 3. *(fig)* Umbruch *m;* 4. *(des astres)* Wechsel *m*
révolutionnaire [ʀevɔlysjɔnɛʀ] *adj* 1. revolutionär; 2. umwälzend, weltbewegend; *m/f* 3. Revolutionär
révolutionner [ʀevɔlysjɔne] *v* 1. *(troubler)* bewegen, verwirren, bestürzen; *~ les esprits* die Gemüter in Aufruhr versetzen; 2. *(transformer)* grundlegend verändern, revolutionieren
révoquer [ʀevɔke] *v* 1. *JUR* widerrufen; 2. *(reprendre)* zurückziehen; 3. *(destituer)* absetzen, entlassen, kaltstellen
revue [ʀəvy] *f* 1. Zeitschrift *f;* *~ illustrée* Illustrierte *f;* *~ spécialisée* Fachzeitschrift *f;* 2. *(théâtre)* Schau *f;* 3. *MIL* Parade *f;* 4. *passé en ~* gemustert
révulser [ʀevylse] *v* 1. *(retourner)* verdrehen; *avoir les yeux révulsés* die Augen verdrehen; 2. *(choquer)* schockieren, empören, abstoßen; *Ses procédés nous révulsent.* Sein Vorgehen schockiert uns. 3. *se ~* sich verdrehen, sich verziehen
rez-de-chaussée [ʀedʃose] *m* Erdgeschoss *n,* Parterre *n;* *~ surélevé* Hochparterre *n*
rhabillage [ʀabijaʒ] *m* 1. Flickarbeit *f,* Ausflicken *n;* 2. *TECH* Instandsetzung *f,* Überholung *f*
rhabiller [ʀabije] *v* 1. wieder anziehen; 2. *se ~* sich wieder anziehen, sich wieder ankleiden; *Il peut aller se ~. (fam)* Er kann einpacken. 3. *TECH* verschmieren, ausbessern
rhéteur [ʀetœʀ] *m* Rhetoriker
rhétoricien(ne) [ʀetɔʀisjɛ̃/ʀetɔʀisjɛn] *m/f* Rhetoriker(in) *m/f*
rhétorique [ʀetɔʀik] *f* Rhetorik *f,* Redekunst *f;* *une figure de ~* eine rhetorische Figur *f*
Rhin [ʀɛ̃] *m GEO* Rhein *m*
rhinocéros [ʀinɔseʀɔs] *m ZOOL* Nashorn *n*
rhum [ʀɔm] *m* Rum *m;* *un baba au ~* ein Baba au Rhum *n,* ein Rumtörtchen *n*
rhumatisme [ʀymatism] *m* 1. *MED* Rheuma *n;* 2. *~ articulaire* Gelenkrheumatismus
rhume [ʀym] *m* 1. *(refroidissement)* Erkältung *f;* 2. *~ des foins MED* Heuschnupfen *m;* 3. *MED* Katarr *m*
riant [ʀijɑ̃] *adj* heiter, angenehm
ribambelle [ʀibɑ̃bɛl] *f* Reihe *f,* Haufen *m,* Menge *f;* *une ~ d'enfants* eine Kinderschar *f*
ribote [ʀibɔt] *f* *faire ~ (fam)* zechen
ricain [ʀikɛ̃] *adj (fam: américain)* amerikanisch
ricanements [ʀikanmɑ̃] *m/pl* Gelächter *n,* Gekicher *n*
ricaner [ʀikane] *v* 1. höhnisch lachen; 2. *(rire sous cape)* kichern
ricaneur [ʀikanœʀ] *adj* 1. höhnisch grinsend, albern lächelnd, spöttisch grinsend; *un air ~* ein höhnisches Grinsen *n;* *m* 2. höhnischer Mensch *m,* alberner Kerl *m,* Spötter *m*
richard(e) [ʀiʃaʀ(d)] *m/f (fam)* stinkreicher Mann/stinkreiche Frau *m/f*
riche [ʀiʃ] *adj* 1. reich; *nouveau ~* neureich; 2. *(fortuné)* begütert; 3. *(abondant)* ergiebig; 4. *(fig)* gehaltvoll; *m/f* 5. Reiche(r) *m/f*
richesse [ʀiʃɛs] *f* 1. Reichtum *m;* 2. *~s pl (trésor)* Schatz *m;* 3. *~s minières pl* Bodenschätze *pl;* 4. *(abondance)* Reichtum *m,* Fülle *f*
richissime [ʀiʃisim] *adj (fam)* steinreich
ricin [ʀisɛ̃] *m BOT* Wunderbaum *m;* *l'huile de ~* das Rizinusöl *n*
ricocher [ʀikɔʃe] *v* abprallen
ricochet [ʀikɔʃɛ] *m* 1. Abprall *m;* *faire des ~s* Steine auf dem Wasser hüpfen lassen; 2. *par ~ (fig)* indirekt
rictus [ʀiktys] *m* verzerrter Mund *m;* *un ~ sarcastique* ein verächtliches Lächeln *n*
ride [ʀid] *f* Falte *f,* Runzel *f*
ridé [ʀide] *adj* runzelig; *être ~ comme une pomme* ein runzeliges Gesicht haben
rideau [ʀido] *m* 1. Vorhang *m;* 2. *(fixe)* Gardine *f;* 3. *tirer le ~* den Vorhang aufziehen, zuziehen; 4. *~ de fer* 5. Rollkasten *m,* Rollladen *m;* 6. *POL* der eiserne Vorhang
rider [ʀide] *v* 1. runzeln; 2. *se ~* runzlig werden, schrumpfen, kräuseln
ridicule [ʀidikyl] *adj* 1. lächerlich; 2. *(grotesque)* grotesk; *m* 3. Lächerlichkeit *f;* 4. *(comportement)* Komik *f*
ridiculiser [ʀidikylize] *v* lächerlich machen

rien [ʀjɛ̃] *pron 1.* nichts; *De ~!* Gern geschehen!/Keine Ursache! *en un ~ de temps* in null Komma nichts, im Nu; *n'avoir ~ à se mettre sous la dent* nichts zu beißen haben; *Il ne se prend pas pour ~.* Er ist mächtig von sich eingenommen. *ne comprendre ~ à ~* überhaupt nichts wissen; *pour ~* umsonst; *m 2.* Nichts *n*; *3. un moins que ~* ein Niemand *m*

rieur [ʀijœʀ] *adj 1.* lachend, fröhlich; *m 2.* Lacher *m,* fröhliche Person *f,* lachende Person *f; mettre les ~s de son côté* die Lacher auf seiner Seite haben; *3. mouette rieuse ZOOL* Spottvogel *m*
rigide [ʀiʒid] *adj 1. (fig)* starr; *2. (raide)* steif, starr
rigidité [ʀiʒidite] *f 1. avec ~ (fig)* starr; *2.* Strenge *f,* Steifheit *f,* Erstarrung *f; 3.* Starrköpfigkeit *f*
rigolade [ʀigɔlad] *f (fam)* Spaß *m,* Witz *m,* Ulk *m,* Unterhaltung *f; prendre qc à la ~* etw von der witzigen Seite sehen; *C'est de la ~.* Das ist ein Spaß.
rigolard [ʀigɔlaʀ] *adj (fam)* witzig, spaßig
rigole [ʀigɔl] *f 1.* Abzugsgraben *m; 2. (gouttière)* Rinne *f*
rigoler [ʀigɔle] *v (fam)* lachen; *Tu rigoles!* Das ist doch nicht dein Ernst! *Tu me fais ~!* Du machst mir vielleicht Spaß!
rigolo [ʀigɔlo] *adj 1.* ulkig; *m/f 2.* Spaßvogel *m*, lustiger Kumpan *m*
rigorisme [ʀigɔʀism] *m* Strenge *f,* Härte *f,* Unerbittlichkeit *f,* Rigorismus *m*
rigoriste [ʀigɔʀist] *adj* unnachsichtig
rigoureux [ʀiguʀø] *adj 1.* streng, hart; *2. (rude)* rigoros; *3. (sévère)* strikt
rigueur [ʀigœʀ] *f 1.* Strenge *f,* Schwere *f,* Härte *f,* Ernst *m*; *2. (précision)* Genauigkeit *f; 3. à la ~* allenfalls, äußerstenfalls, zur Not, im Zweifelsfalle; *Il est de ~.* Es ist Vorschrift. *à la ~* strenggenommen
rimailler [ʀimaje] *v (péjoratif)* schlecht reimen können, schlechte Reime machen
rime [ʀim] *f 1. LIT* Reim *m; 2. sans ~ ni raison* ohne Sinn und Verstand
rimer [ʀime] *v LIT* reimen; *À quoi ça rime?* Was hat das für einen Sinn?
rinçage [ʀɛ̃saʒ] *m* Spülen *n*, Schwenkung *f*
rincer [ʀɛ̃se] *v 1.* spülen; *2. se faire ~ (fam)* vom Regen durchnässt werden; *3. se ~ l'œil (fam)* Stielaugen machen; *4. se ~ la dalle* einen hinter die Binde gießen
ring [ʀiŋ] *m SPORT* Ring *m; monter sur le ~* in den Ring steigen
ringard [ʀɛ̃gaʀ] *adj 1. (fam: démodé)* mittelmäßig, altmodisch; *m 2.* Schürhaken *m*
ringardiser [ʀɛ̃gaʀdize] *v (fam)* altmodisch tun
ripaille [ʀipɑj] *f (fam)* Gelage *n; faire ~* schlemmen
riper [ʀipe] *v 1. (glisser)* rutschen, gleiten; *L'échelle a ripé.* Die Leiter ist verrutscht. *2. TECH* kratzen, schaben, verrücken
ripoliner [ʀipɔline] *v* mit Glanzlack versehen
riposte [ʀipɔst] *f 1. (réponse)* Antwort *f,* Erwiderung *f; être prompt à la ~* nie um eine Antwort verlegen sein; *2. (contre-attaque) MIL* Gegenangriff *m,* Gegenschlag *m*
riposter [ʀipɔste] *v 1.* erwidern; *2. (contre-attaquer) MIL* einen Gegenangriff führen, Gegenschlag führen
riquiqui [ʀikiki] *adj (fam)* klein, mickrig, winzig, dürftig
rire [ʀiʀ] *v irr 1.* lachen; *~ au nez de qn* jdm ins Gesicht lachen; *~ aux éclats* aus vollem Halse lachen; *~ aux larmes* Tränen lachen; *dire qc pour ~* etw aus Spaß sagen; *~ comme un bossu* sich totlachen; *~ du bout des lèvres* gezwungen lächeln; *se pâmer de ~* sich totlachen; *~ sous cape* sich ins Fäustchen lachen; *Vous me faites ~!* Das ist ja lächerlich! *2. ~ de qn* über jdn spotten, jdn auslachen; *3. se ~ de qc* über etw lachen, *m 4.* Lachen *n; 5. ~s pl* Gelächter *n; m 6. avoir le fou ~* unbändiges Lachen
risée [ʀize] *f 1.* Gespött *n; être la ~ de tous* das Gespött aller Leute sein; *Il est la ~ du village.* Das ganze Dorf macht sich über ihn lustig. *2. (vent)* Böe *f*
risette [ʀizɛt] *f* kindliches Lachen *n*
risible [ʀizibl] *adj* lächerlich
risque [ʀisk] *m 1.* Risiko *n; à ses ~s et périls* auf eigene Gefahr; *2. (danger)* Gefahr *f; ~ de contagion* Ansteckungsgefahr *f*
risqué [ʀiske] *adj* gewagt
risquer [ʀiske] *v 1.* riskieren; *2. (oser)* wagen; *3. ~ de* Gefahr laufen, riskieren, wagen; *4. se ~* sich hinwagen
risque-tout [ʀiskətu] *m* Drahtseilakt *m*
rissoler [ʀisɔle] *v GAST* bräunen; *faire ~ des oignons* Zwiebeln anbräunen
ristourne [ʀistuʀn] *f 1.* Rückvergütung *f; 2. ECO* Rabatt *m*
rite [ʀit] *m 1. REL* Ritus *m,* Brauch *m,* Kulthandlung *f; 2. (fig: coutume)* Brauch *m,* Gewohnheit *f,* Gepflogenheit *f*
ritualiser [ʀitɥalize] *v* ritualisieren

rituel [ʀitɥɛl] *m 1.* Ritual *n; adj 2.* rituell
rivage [ʀivaʒ] *m* Ufer *n*
rival [ʀival] *adj* wetteifernd, rivalisierend
rival(e) [ʀival] *m/f 1.* Gegner(in) *m/f; 2.* Gegenspieler(in) *m/f; 3.* Konkurrent(in) *m/f*
rivaliser [ʀivalize] *v ~ avec qn* mit jdm wetteifern
rivalité [ʀivalite] *f* Konkurrenz *f,* Rivalität *f*
rive [ʀiv] *f 1.* Ufer *n; 2. (berge)* Flussufer *n*
river [ʀive] *v 1. ~ un clou* einen Nagel umschlagen; *~ son clou à qn (fig)* jdm über den Mund fahren; *2. (fig)* heften, fixieren, verbinden; *être rivé à son travail* er ist mit seiner Arbeit verheiratet; *avoir les yeux rivés sur qc* den Blick auf etw heften; *La maladie l'a rivé au lit.* Die Krankheit hat ihn ans Bett gefesselt.
riverain [ʀivʀɛ̃] *m 1.* Anlieger *m; adj 2.* angrenzend, Grenz...
rivet [ʀivɛ] *m TECH* Niet *m*
riveter [ʀivte] *v TECH* nieten, aufnieten, zusammennieten
rivière [ʀivjɛʀ] *f 1. GEO* Fluss *m; 2. (fig)* Fluss; *3. ~ de diamants* Diamantenhalsband
rixe [ʀiks] *f 1. (fam)* Keilerei *f; 2. (querelle)* Rauferei *f; 3. (bagarre)* Schlägerei *f*
riz [ʀi] *m 1. BOT* Reis *m; 2. (chapeau de paille)* Strohhut *m*
rizière [ʀizjɛʀ] *f* Reisfeld *n*
robe [ʀɔb] *f 1.* Kleid *n; ~ du soir* Abendkleid *n; ~ de mariée* Brautkleid *n; ~ de chambre* Morgenrock *m; ~ de grossesse* Umstandskleid *n; 2. (de magistrat)* Amtsrobe *f; 3. REL* Talar *m; les gens de ~* Richter und Anwälte; *4. (couleur)* Farbe *m/pl; 5. (pelage)* Pelz *m,* Fell *n; 6. (pommes de terre) GAST* Kartoffelschale *f*
robinet [ʀɔbinɛ] *m 1. TECH* Hahn *m; ~ à gaz* Gashahn *m; 2. (d'eau)* Wasserhahn *m*
robinetterie [ʀɔbinɛtʀi] *f (ensemble)* Armaturen *pl*
roboratif [ʀɔbɔʀatif] *adj* stärkend
robot [ʀɔbo] *m 1.* Roboter *m; 2. ~ ménager* Küchenmaschine *f; 3. portrait- ~* Phantombild *n*
robotisation [ʀɔbɔtizasjɔ̃] *f* Automatisierung *f*
robuste [ʀɔbyst] *adj 1.* stark; *2. (fort)* kräftig; *3. (vigoureux)* robust; *4. (résistant)* widerstandsfähig; *5. (solide)* stämmig; *6. (stable)* stabil
roc [ʀɔk] *m 1.* Felsen *m; 2. dur comme un ~* felsenhart
rocade [ʀɔkad] *f* Umgehungsstraße *f*
rocaille [ʀɔkaj] *f 1. (sol)* Steinboden *m,* steiniger Boden *m; 2. (ouvrage)* Muschelwerk *n,* Rocaille *n*
roche [ʀɔʃ] *f 1.* Fels; *2. clair comme de l'eau de ~* sonnenklar; *3. il y a anguille* es steckt etw dahinter, damit hat es was auf sich; *4. cristal de ~ MIN* Felskristall
rocher [ʀɔʃe] *m 1.* Felsen *m; 2. (pâtisserie) GAST* Kugel *f; un ~ à la noix de coco* eine Kokoskugel *f*
roches [ʀɔʃ] *f/pl* Gestein *n*
rochet [ʀɔʃɛ] *m TECH* Knarre *f*
rocheux [ʀɔʃø] *adj* felsig, Fels..., Felsen...; *une côte rocheuse* eine Felsenküste *f; une paroi rocheuse* eine Felswand *f*
rococo [ʀɔkoko] *adj 1.* Rokoko...; *des vases ~* Rokokovasen *pl; 2. (fig)* altmodisch, kitschig; *m 3. ART* Rokoko *n*
rodage [ʀɔdaʒ] *m 1.* Einarbeitung *f; 2. (d´une voiture) TECH* Einfahren
rôder [ʀode] *v* herumschleichen, umherstreifen, herumstreunen; *~ autour de qn* um jdn herumschleichen
roder [ʀɔde] *v 1. TECH* einfahren, einschleifen; *~ un moteur* einen Motor einfahren; *~ une voiture* ein Auto einfahren; *2. (fig)* ausbauen, einüben, einspielen, vervollständigen; *~ une organisation* eine Organisation ausbauen; *3. se ~* sich einspielen, sich einarbeiten
rôdeur [ʀodœʀ] *m* Herumtreiber *m*
rodomontade [ʀɔdɔmɔ̃ʀtad] *f* Großtuerei *f*
rogaton [ʀɔgatɔ̃] *m (fam: reste)* Rest *m*
rogne [ʀɔɲ] *f 1. (fam: colère)* Wut *f,* Gereiztheit *f,* Zorn *m,* schlechte Laune *f; être en ~* schlecht gelaunt sein; *mettre qn en ~* jdn reizen; *2. TECH* Schneider *m*
rogner [ʀɔɲe] *v 1. (fig)* murren, gereizt sein, schlecht gelaunt sein; *2. (diminuer)* beschneiden, kürzen, stutzen; *3. TECH* zustutzen
rognon [ʀɔɲɔ̃] *m GAST* Niere *f*
rognure [ʀɔɲyʀ] *f 1. TECH* Abfallholz, Schnittabfall *m,* Verschnitt *m*; *2. (fig)* Schnippel *m,* Schrott *m*
rogue [ʀɔg] *adj* hochmütig, schroff, unwirsch, barsch
roi [ʀwa] *m* König *m; travailler pour le ~ de Prusse* für nichts und wieder nichts arbeiten; *être plus royaliste que le ~* päpstlicher als der Papst sein
roide [ʀwad] *adj* starr, steif
rôle [ʀol] *m THEAT* Rolle *f; ~ principal/premier ~ CINE* Hauptrolle *f*

R

romain [ʀɔmɛ̃] *adj* römisch
romaine [ʀɔmɛn] *f 1. (balance)* Schnellwaage *f*, Balkenwaage *f*; *2. (salade) BOT* Römersalat *m*
roman [ʀɔmɑ̃] *adj 1. ART* romanisch; *m 2.* Roman *m; ~ d'aventures LIT* Abenteuerroman *m; 3. ~ policier* Kriminalroman *m*
romance [ʀɔmɑ̃s] *f* Romanze *f*
romancier [ʀɔmɑ̃sje] *m* Romanautor *m*, Romanschriftsteller *m*
romancière [ʀɔmɑ̃sjɛʀ] *f* Romanautorin *f*, Romanschriftstellerin *f*
romanesque [ʀɔmanɛsk] *adj* romantisch
roman-feuilleton [ʀɔmɑ̃fœjtɔ̃] *m* Fortsetzungsroman *m*
romanichel(le) [ʀɔmaniʃɛl] *m/f (péjoratif)* Zigeuner(in) *m/f*
roman-photo [ʀɔmɑ̃fɔto] *m* Fotoroman *m*
romantique [ʀɔmɑ̃tik] *adj* romantisch
romantisme [ʀɔmɑ̃tism] *m* Romantik *f*
rombière [ʀɔ̃bjɛʀ] *f (fam)* Vettel *f*
rompre [ʀɔ̃pʀ] *v irr 1.* brechen, auseinander brechen, abbrechen; *2. ~ avec* aussteigen aus; *3. (contrat)* abbrechen; *4. se ~* zerbrechen, durchbrechen, entzweigehen
rompu [ʀɔ̃py] *adj 1.* gebrochen; *être ~ aux affaires* in Geschäften sehr gewandt sein; *2. parler à bâtons ~s* gebrochen reden, durcheinander reden, zusammenhanglos reden
ronceux [ʀɔ̃sø] *adj 1. chemin ~* dorniger Weg *m*; *m 2. (bois)* knotig
ronchon [ʀɔ̃ʃɔ̃] *adj (fam)* mürrisch, brummig, bärbeißig
ronchonner [ʀɔ̃ʃɔne] *v (fig)* meckern, quengeln, nörgeln
ronchonneur [ʀɔ̃ʃɔnœʀ] *m (fam)* Nörgler *m*, Brummbär *m*, Meckerer *m*
rond [ʀɔ̃] *adj 1.* rund, rundlich; *dire les choses tout ~* die Dinge beim rechten Namen nennen; *Ça ne tourne pas ~ chez toi.* Bei dir ist wohl eine Schraube locker. *n'avoir pas un ~* keine Kohle haben; *être ~ comme une queue de pelle (fam)* sternhagelblau sein; *m 2. (cercle)* Ring *m*, Kreis *m*, Kringel *m; un ~ de fumée* ein Rauchkringel *m; un ~ de ser-viette* ein Serviettenring *m; en ~* im Kreis; *3. rester comme deux ~s de flan* erstaunt sein, verdutzt sein; *4. faire des ~s de* herumschawenzeln
rond-de-cuir [ʀɔ̃dkɥiʀ] *m (fam)* Büroangestellter *m*
ronde [ʀɔ̃d] *f 1.* Rundgang *m; 2. (danse)* Ringelreihen; *3. MUS* Rondo; *4. à la ~* im Kreis herum, ringsherum, der Reihe nach
rondeau [ʀɔ̃do] *m TECH* Scheibe *f*
rondelet [ʀɔ̃dlɛ] *adj 1.* dicklich; *2. (dodu)* mollig
rondelle [ʀɔ̃dɛl] *f 1. (tranche)* Scheibe *f*, Rädchen *n; une ~ de saucisson* eine Scheibe Wurst *f; une ~ de citron* eine Zitronenscheibe *f; couper un concombre en ~s* eine Gurke in Scheiben schneiden; *2. TECH* Scheibe *f*, Ring *m*
rondement [ʀɔ̃dmɑ̃] *adv (vite)* prompt, schnell, zügig; *mener une affaire ~* ein Geschäft prompt erledigen
rondeur [ʀɔ̃dœʀ] *f 1.* Rundung *f; les ~s féminines* die weiblichen Rundungen *pl; 2. (bonhomie)* Freimut *m*
rondin [ʀɔ̃dɛ̃] *m (tronc)* Rundholz *n*, rundes Stück Holz *n; une cabane en ~s* eine Blockhütte *f*
rond-point [ʀɔ̃pwɛ̃] *m* Kreisverkehr *m*
ronflant [ʀɔ̃flɑ̃] *adj 1. (fig)* hohl, hochtrabend, emphatisch, großspurig; *des phrases ~es* leere Phrasen *pl; 2.* schnarchend, surrend, brummend
ronflement [ʀɔ̃fləmɑ̃] *m 1. (d'une personne)* Schnarchen *n; 2. (d'un moteur)* Brummen *n*, Summen *n*, Gebrumme *n*
ronfler [ʀɔ̃fle] *v 1.* schnarchen; *2. (fam)* sägen; *3. (ronronner)* brummen; *4. (bourdonner)* summen
ronger [ʀɔ̃ʒe] *v 1. (os)* abnagen; *2. (nuire)* angreifen, zerfressen; *3. MED* auszehren; *4. (acide) CHEM* ätzen; *5. se ~ les ongles* sich an den Nägeln kauen; *6. se ~ les sangs* sich um etw den Kopf machen; *7. se ~ de qc* sich vor etw verzehren
ronron [ʀɔ̃ʀɔ̃] *m 1. (d'un chat)* Schnurren *n; faire ~* schnurren; *2. (d'une machine)* Surren *n*, Brummen *n*, Summen *n*
ronronnement [ʀɔ̃ʀɔnmɑ̃] *m* Schnurren *n*
ronronner [ʀɔ̃ʀɔne] *v 1.* schnurren; *2. (machine)* surren; *3. (fig: être monot one)* schnurren
roque [ʀɔk] *m* Rochade *f*
roquet [ʀɔkɛ] *m (chien)* Mopps *m*, kleiner Kläffer *m*
rosaire [ʀozɛʀ] *m REL* Rosenkranz *m*
rosâtre [ʀozɑtʀ] *adj* rosenfarbig
rosbif [ʀɔzbif] *m 1. GAST* Roastbeef *n; 2. (fam: Anglais)* Engländer
rose [ʀoz] *adj 1.* rosa; *voir tout en ~* alles durch eine rosa Brille sehen; *2. (rosé)* rosig; *f 3. (fleur) BOT* Rose *f; 4. eau de ~* Rosenwasser *n; 5. ne pas sentir la ~* übel riechen, stinken; *6. envoyer qn sur les ~s* jdn abblit-

R

zen lassen; *7. ~ des vents METEO* Windrose *f*, Kompassrose *f*; *m 8.* Rosa *n*
rosé [ROZE] *adj 1.* rosig; *m 2. (vin)* Rosé *m*, Weißherbst *m*
roseau [ROZO] *m BOT* Rohr *n*
rosée [ROZE] *f* Tau *m*
roseraie [ROZRƐ] *f* Rosengarten *m*, Rosenbeet *n*
rosette [ROZƐt] *f 1. (nœud)* Rosette *f*, runde Stoffschleife *f*; *avoir la ~ de la Légion d'honneur* Offizier der Ehrenlegion sein; *2. ~ de Lyon GAST* Schweinswurst mit Speck und Knoblauch *f*
rosier [ROZje] *m BOT* Rosenstrauch *m*, Rosenstock *m*; *un ~ grimpant* eine Kletterrose *f*
rosir [ROZIR] *v* leicht erröten; *Son visage a rosi de plaisir.* Er errötete vor Freude.
rosse [RƆS] *f 1. (mauvais cheval) LIT* Klepper *m*, Schindmähre *f*, Schinder *m*; *2. (fam: personne méchante)* gemeine Person *f*, fieser Mensch *m*, harte Person *f*; *adj 3. (fam: méchant)* gemein, fies, ungerecht
rossée [RƆSe] *f (fam)* Tracht Prügel *f*, Schläge *pl*, Abreibung *f*; *flanquer une ~ à qn* jdm eine Abreibung verpassen
rosser [RƆSe] *v* verprügeln, verhauen, verdreschen
rosserie [RƆSRi] *f* Unverschämtheit *f*
rossignol [RƆsiɲƆl] *m 1. ZOOL* Nachtigall *f*; *2. avoir une voix de ~* eine Stimme wie eine Nachtigall haben; *3. (passe-partout) TECH* Dietrich *m*; *4. vendre des vieux ~s* Ladenhüter verkaufen
rostre [RƆStR] *m ZOOL* Schnabel *m*, Rüssel *m*
rot [RO] *m* Rülpser *m*; *faire un ~* rülpsen
rotation [RƆtasjɔ̃] *f 1.* Drehung *f*; *2. (tour)* Umdrehung *f*; *3. TECH* Rotation *f*; *4. (renouvellement)* Umschlag *m*, Umlauf *m*
roter [RƆte] *v 1.* aufstoßen; *2. (fam)* rülpsen
rôti [Roti] *m 1.* Braten *m*; *~ d'oie* Gänsebraten *m*; *~ d'agneau* Lammbraten *m*; *~ de porc* Schweinebraten *m*; *2. (viande)* Bratenfleisch *n*; *adj 3.* gebraten
rôtie [Roti] *f* Toast *m*, geröstete Brotschnitte *f*
rotin [RƆtɛ̃] *m* Rotang *m*, Peddigrohr *n*, spanisches Rohr *n*; *un fauteuil en ~* ein Korbsessel *m*
rôtir [RotiR] *v 1.* rösten; *2. faire ~ (au four)* braten; *3. se ~ au soleil (fig)* in der Sonne braten
rôtisserie [RotisRi] *f* Grillrestaurant *n*
rotondité [RƆtɔ̃dite] *f* Rundheit *f*
rotule [RƆtyl] *f 1. ANAT* Kniescheibe; *f 2. TECH* Kugelgelenk *n*
rouages [Rwaʒ] *m/pl 1.* Triebwerk *n*; *2. ~ d'une montre* Uhrwerk *n*; *3. (fig)* Getriebe *n*
roublard [RublaR] *adj (fam)* gewitzt, findig, listig, verschlagen
roublardise [RublaRdiz] *f (fam)* Gewitztheit *f*, Findigkeit *f*, Schläue *f*
rouble [Rubl] *m (monnaie russe)* Rubel *m*
roucouler [Rukule] *v 1. (pigeons)* gurren; *2. (fig)* tuscheln, zärtlich flüstern, turteln
roue [Ru] *f* Rad *n*; *faire la ~* ein Rad schlagen; *faire la ~ (fig)* sich brüsten, sich aufspielen; *être la cinquième ~ du carrosse* das fünfte Rad am Wagen sein; *~ de secours* Ersatzreifen *m*; *~ avant* Vorderrad *n*; *~ dentée TECH* Zahnrad *n*
roué [Rwe] *adj (rusé)* pfiffig, listig, gerissen, durchtrieben
rouer [Rwe] *v ~ de coups* verprügeln
rouerie [RuRi] *f* List *f*, Trick *m*, Schläue *f*
rouet [RwƐ] *m* Spinnrad *n*
rouflaquette [RuflakƐt] *f (fam)* Schmalzlocke *f*

> **rouge** [Ruʒ] *adj 1.* rot; *être ~ comme une écrevisse* rot angelaufen sein, schamrot sein; *2. (incandescent)* glühend; *m 3. ~ à lèvres* Lippenstift *m*; *4. (fam)* Roter *m*; *5. Le ~ lui est monté à la tête.* Die Röte ist ihm ins Gesicht gestiegen. *6. chauffer qc au ~* etw rot glühend erhitzen; *adv 7.* puterrot

rougeâtre [RuʒɑtR] *adj* leicht rot, rötlich
rougeaud [Ruʒo] *adj* knallrot, hochrot
rougeoiment [Ruʒwamɑ̃] *m* rötliche Färbung *f*, roter Schimmer *m*, rötlicher Schein *m*; *le ~ du couchant* die Abendröte *f*
rougeoyant [Ruʒwajɑ̃] *adj* aufglühend, anglimmend
rougeur [RuʒœR] *f 1.* Röte *f*; *2. MED* Rubor *m*, Rötung *f*
rougir [RuʒiR] *v 1. (rendre rouge)* röten, rot färben; *Les larmes lui ont rougi les yeux.* Sie hat vom Weinen gerötete Augen. *2. (devenir rouge)* rot werden, sich röten, erröten; *~ de honte* vor Scham erröten; *~ jusqu'au blanc des yeux* bis in die Haarspitzen erröten; *ne ~ de rien (fig)* vor nichts zurückschrecken
rouille [Ruj] *f 1. CHEM* Rost *m*; *2. GAST* Knoblauchmajonäse; *adj 3.* geröstet,
rouiller [Ruje] *v 1.* rosten, verrosten; *2. se ~* anrosten, durchrosten
roulage [Rulaʒ] *m* Fahren *n*, Fuhre *f*, Speditionsgeschäft *n*

R

roulant [ʀulɑ̃] *adj 1.* Roll..., rollend, fahrbar; *un fauteuil ~* ein Rollstuhl *m; une table ~e* ein Servierwagen *m; un escalier ~* eine Rolltreppe *f; le personnel ~* die Fahrer *pl; 2. un feu ~* Trommelfeuer *n*

roulé [ʀule] *adj 1.* gerollt, gewälzt; *2. R ~ LING* gerolltes R *n*; *3. bien ~e (fam)* gut gebaut

rouleau [ʀulo] *m 1.* Lockenwickler *m; 2. (de papier)* Rolle *f; 3. ~ à pâtisserie* Rollholz *n*, Nudelholz *n*; *4. ~ compresseur TECH* Straßenwalze *f*; *5. être au bout du ~* erledigt sein

roulement [ʀulmɑ̃] *m 1. ~ à billes* Kugellager *n; 2. (alternance)* Wechsel *m; travailler par ~* in Schichten arbeiten; *3. (bruit)* Rasseln *n*, Kollern *n*, Trommeln *n*, Gerumpel *n*; *4. FIN* Umsatz *m*, Umlauf *m*

rouler [ʀule] *v 1.* rollen; *2. (enrouler)* wickeln; *3.* fahren; *~ très vite* rasen; *~ à tombeau ouvert* rasen; *4. (passer au rouleau)* walzen; *5. ~ qn (fam)* jdn hintergehen; *6. se ~ en boule* sich rollen, sich kugeln; *7. se faire ~* sich prellen lassen

roulette [ʀulɛt] *f 1. (roue)* Rolle *f*, Röllchen *n*; *2. TECH* Transportrolle *f*, Pausrädchen *f*, Bandmaß *n*, Walze *f*; *3. (jeu)* Roulette *n*

roulis [ʀuli] *m* Schwanken *n*, Schlingern *n*

roulotte [ʀulɔt] *f* Wohnwagen *m*

roupie [ʀupi] *f 1.* Nasentropfen *m/pl*; *2. (monnaie)* Rupie *f*

roupiller [ʀupije] *v (fam: dormir)* schlafen, pennen, ratzen

rouquin(e) [ʀukɛ̃/ʀukin] *m/f* Rothaarige(r) *m/f*

rouspéter [ʀuspete] *v 1.* schimpfen; *2. (brailler)* keifen

rouspéteur [ʀuspetœʀ] *m* Nörgler *m*

roussâtre [ʀusɑtʀ] *adj* rötlich

rousse [ʀus] *f (personne)* Rothaarige *f; Il aime les ~s.* Er mag Rothaarige.

rousseur [ʀuʃœʀ] *f* Röte *f*, rote Farbe *f*, rötliche Farbe *f; des taches de ~* Sommersprossen *pl*

roussi [ʀusi] *adj 1. (odeur)* angebrannt; *m 2. sentir le ~ (fig)* angebrannt riechen, brenzlig riechen

roussir [ʀusiʀ] *v 1. (rendre roux)* versengen, ansengen; *~ un mouchoir en le repassant* ein Taschentuch beim Bügeln versengen; *2. (devenir roux)* rot werden, sich rötlich färben; *Les feuilles roussissent en automne.* Im Herbst färben sich die Blätter rot.

route [ʀut] *f 1.* Straße *f; ~ fédérale* Bundesstraße *f; ~ nationale* Landstraße *f; ~ de raccordement* Verbindungsstraße *f; ~ prioritaire* Vorfahrtsstraße *f; ~ d'accès* Zufahrtsstraße *f; 2. (chemin)* Weg *m; en ~* unterwegs; *3. (distance)* Weg *m; 4. (direction)* Kurs *m; 5. (itinéraire)* Route *f; 6. mettre en ~* in Gang setzen

routier [ʀutje] *m 1.* Fernfahrer *m; adj 2.* Straßen... *le réseau ~* das Straßennetz *n; une carte routière* eine Straßenkarte *f; 3. (restaurant)* Fernfahrergaststätte *f*

routine [ʀutin] *f 1.* Routine *f; 2. (train-train)* Trott *m*

routinier [ʀutinje] *adj 1.* gewohnheitsmäßig, gleichmäßig, altgewohnt; *m 2.* Gewohnheitsmensch *m*

rouvrir [ʀuvʀiʀ] *v irr 1.* wieder geöffnet werden, wieder offen sein; *L'école rouvre demain.* Die Schule ist ab morgen wieder geöffnet. *2. ~ qc* etw wieder eröffnen, etw wieder aufschlagen, etw wieder aufmachen; *~ un magasin* einen Laden wieder eröffnen; *~ un livre* ein Buch erneut aufschlagen; *3. se ~* sich wieder öffnen, wieder aufgehen; *Ses yeux se rouvrent.* Seine Augen öffnen sich wieder. *La plaie s'est rouverte.* Die Wunde ist wieder aufgegangen.

roux [ʀu] *adj 1.* rot, gelbrot, rotorange, rötlich; *avoir les cheveux ~* rote Haare haben; *m 2. (personne)* Rothaariger *m; 3. GAST* Mehlschwitze *f*

royal [ʀwajal] *adj* königlich

royaume [ʀwajom] *m 1.* Königreich *n; 2. (empire)* Reich *n*

Royaume-Uni [ʀwajomyni] *m GEO* Vereinigtes Königreich *n*

royauté [ʀwajote] *f* Königtum *n*, Krone *f; aspirer à la ~* die Krone anstreben; *le déclin de la ~* der Niedergang der Krone *m*

ruade [ʀɥad] *f (d'un cheval)* Ausschlagen *n; lancer une ~* ausschlagen

ruban [ʀybɑ̃] *m 1.* Band *n; ~ adhésif* Klebeband *n; ~ encreur* Farbband *n; ~ magnétique* Magnetband *n; 2. (de papier)* Streifen *m*

rubis [ʀybi] *m 1. MIN* Rubin *m; 2. payer ~ sur l'ongle* auf Heller und Pfennig bezahlen, pünktlich bezahlen

rubrique [ʀybʀik] *f 1.* Rubrik *f; 2. (de journal)* Sparte *f; ~ des faits divers* Klatschspalte *f*

ruche [ʀyʃ] *f 1. (des abeilles)* Bienenkorb *m*, Bienenstock *m; 2. (fig)* Beute *f*; *3. (dentelle)* Rüsche *f*

R

ruché [ʀyʃe] *m* Miete *f*, Garbe *f*
rude [ʀyd] *adj 1.* barsch; *2. (brusque)* grob; *3. (grossier)* derb; *4. (rugueux)* holperig; *5. (fam)* mordsmäßig; *6. (difficile)* mühsam
rudement [ʀydmɑ̃] *adv 1.* scharf, arg; *2. (fam: très)* furchtbar, schrecklich
rudesse [rydɛs] *f (rigueur)* Härte *f*
rudiment [ʀydimɑ̃] *m (indice)* Ansatz *m*
rudimentaire [ʀydimɑ̃tɛʀ] *adj* rudimentär, ungenügend, unzureichend; *un confort ~* ein geringer Komfort *m; un savoir ~* ein rudimentäres Wissen *n*
rudoyer [ʀydwaje] *v ~ qn (fam)* jdn anfahren, jdn grob behandeln

rue [ʀy] *f 1.* Straße *f; ~ à sens unique* Einbahnstraße *f; ~ transversale* Querstraße *f; ~ principale* Hauptstraße *f; ~ latérale* Seitenstraße *f; 2. (fig)* Gosse *f; 3. être à la ~* auf der Straße sitzen; *4. Cela court les ~s.* Das ist gang und gäbe./Das ist stadtbekannt. *5. avoir pignon sur ~* wohlhabend sein, gut situiert sein

ruée [ʀɥe] *f* Ansturm *m*
ruelle [ʀɥɛl] *f* Gasse *f*
ruer [ʀɥe] *v 1. (cheval)* ausschlagen; *2. se ~* sich stürzen, losstürzen; *se ~ sur qn* sich auf jdn stürzen; *se ~ sur les soldes* sich auf die Sonderangebote stürzen; *se ~ vers la sortie* zum Ausgang stürzen; *se ~ à l'attaque* zum Angriff übergehen; *3. ~ dans les brancards* widerspenstig werden, über die Stränge schlagen, sich widersetzen
rugir [ʀyʒiʀ] *v 1. (bêtes)* brüllen; *2. (fig)* brüllen, toben, rasen, heulen
rugissement [ʀyʒismɑ̃] *m 1. (fig)* Gebrüll *n,* Toben *n,* Brüllen *n; 2. ~s pl (bêtes)* Gebrüll *n*
rugosité [ʀygɔzite] *f* Rauheit *f*
rugueux [ʀygø] *adj 1. (rêche)* rau; *2. (grossier)* grob
ruine [ʀɥin] *f 1.* Ruine *f; 2. (déclin)* Ruin *m; mener à la ~* abwirtschaften; *3. (descente)* Untergang *m; 4. (détérioration)* Verderben *n; 5. (d'un bâtiment)* Verfall *m; 6. (délabrement)* Zerfall *m; 7. (anéantissement)* Zerstörung *f; 8. ~s pl* Trümmer *pl; 9. ~s pl (décombres)* Schutt *m; 10. ~s pl (vestiges)* Überrest *m*
ruiner [ʀɥine] *v 1.* ruinieren, vernichten, zerstören; *2. (ravager)* zu Grunde richten; *3. se ~* sich ruinieren, verarmen; *se ~ à force de boire* sich totsaufen
ruineux [ʀɥinø] *adj* ruinös, zum Ruin führend, teuer
ruisseau [ʀɥiso] *m 1.* Bach *m; 2. (rigole)* Gosse *f; 3. tirer qn du ~* jmd aus der Gosse holen
ruisselet [ʀɥislɛ] *m* Bächlein, Rinnsal
ruissellement [ʀɥisɛlmɑ̃] *m 1.* Rinnen *n,* Rieseln *n,* Glitzern *n,* Funkeln *n; 2. GEOL* Wegfließen *n,* Abfließen *n; les eaux de ~* das abfließende Wasser *n*
rumeur [ʀymœʀ] *f 1. (bruit)* Lärm *m,* Getöse *n*; *2. la ~ publique* allgemeines Gerücht *n,* Stadtgespräch *n*
ruminant [ʀyminɑ̃] *adj* wiederkäuend
ruminer [ʀymine] *v 1.* grübeln; *2. (fig)* immer wieder überdenken, nachsinnen, grübeln; *~ un projet* sich ein Projekt durch den Kopf gehen lassen; *~ sa vengeance* nach Rache sinnen
rupin [ʀypɛ̃] *adj 1.* steinreich; *m 2.* Krösus *m,* Geldsack *m*
rupture [ʀyptyʀ] *f 1.* Trennung *f; 2. (cassure)* Aufbruch *m,* Bruch *m; ~ de style* Stilbruch *m; ~ d'essieux* Achsenbruch *m; 3. (effondrement)* Einbruch *m; 4. (contrat) JUR* Bruch *m; ~ de contrat* Vertragsbruch *m; 5. en ~ de stock ECO* mangelnder Vorrat *m*
rural [ʀyʀal] *adj 1.* ländlich; *2. (agricole)* landwirtschaftlich
ruse [ryz] *f 1.* List *f; 2. ~ de guerre* Kriegslist *f; 3. employer des ~s* Kunstgriffe anwenden, Tricks anwenden
rusé [ʀyze] *adj 1.* schlau; *2. (fourbe)* hinterlistig; *3. (astucieux)* listig; *4. (malin)* pfiffig; *m 5. (fam)* Schlawiner *m*
ruser [ʀyze] *v* listig sein, Tricks anwenden, eine List gebrauchen
russe [ʀys] *adj 1.* russisch; *m 2. LING* Russisch
Russe [ʀys] *m/f* Russe/Russin *m/f*
Russie [ʀysi] *f GEO* Russland *n*
rustaud [ʀysto] *adj* ungehobelt, trampelig, plump
rusticité [ʀystisite] *f 1.* Ungehobeltheit *f,* Grobschlächtigkeit *f,* Plumpheit *f; 2. (résistance)* Derbheit *f,* Einfachheit *f*
rustine [ʀystin] *f* Gummiflicken *m*
rustique [ʀystik] *adj 1.* rustikal; *2. (mobilier) ~* ländlich, bäuerlich; *3. (résistant)* roh, derb
rustre [ʀystʀ] *m 1.* Bauer *m; 2. (lourdaud)* Tölpel *m; adj 3.* ungehobelt
rut [ʀyt] *m* Brunst *f*
rutilant [ʀytilɑ̃] *adj (brillant)* glänzend, schimmernd, glitzernd, funkelnd
rythme [ʀitm] *m* Rhythmus *m*

R

S

sa [sa] *pron (possessif)* seine/ihre
sabbat [saba] *m 1. REL* Sabbat *m; 2. (assemblée de sorciers)* Hexenversammlung *f,* Hexensabbat *m*
sabbatique [sabatik] *adj année ~* Sabbatjahr *n,* Ruhejahr *n*
sable [sɑbl] *m 1.* Sand *m; m/pl 2. ~s mouvants* Triebsand *m,* Flugsand *m,* Treibsand *m; m 3. bâtir sur le ~ (fig)* auf Sand bauen; *adj 4.* sandfarben
sabler [sable] *v 1.* Sand streuen, mit Sand bestreuen; *~ une route* eine Straße mit Sand streuen; *2. ~ le champagne* viel Champagner trinken; *3. TECH* besanden, mit Sand bestreuen, Sand streuen
sableux [sɑblø] *adj* sandig
sablier [sɑblije] *m* Sanduhr *f*
sablière [sɑblijɛʀ] *f 1.* Sandgrube *f,* Kiesgrube *f; 2. TECH* Sandstreuer *m,* Sandstreuvorrichtung *f*
saborder [sabɔʀde] *v 1. (bateau)* versenken; *2. (entreprise)* einstellen
saboter [sabɔte] *v 1.* sabotieren; *2. (fam)* verpfuschen
saboteur [sabɔtœʀ] *m* Saboteur *m*
sabre [sɑbʀ] *m* Säbel *m*
sabrer [sabʀe] *v 1.* kürzen, streichen; *2. ~ un article* zusammenstreichen; *3. (fam: personne)* durchfallen lassen, heruntermachen

sac [sak] *m 1.* Sack *m,* Tasche *f; L'affaire est dans le ~.* Die Sache ist so gut wie erledigt./Die Sache ist unter Dach und Fach. *mettre tout dans le même ~* alles in einen Topf werfen; *prendre qn la main dans le ~* jdn auf frischer Tat ertappen; *~ à provisions* Einkaufstasche *f; ~ à main* Handtasche *f; ~ à dos* Rucksack *m; ~ en plastique* Plastiktüte *f; ~ de sable* Sandsack *m; ~ de couchage* Schlafsack *m; ~ en bandoulière* Umhängetasche *f; 2. (cartable)* Ranzen *m; 3. (fam)* Summe *f*

saccader [sakade] *v* abhacken
saccage [sakaʒ] *m 1. (pillage)* Plünderung *f; 2. (ravage)* Verwüstung *f*
saccager [sakaʒe] *v 1.* plündern; *2. (dévaster)* verwüsten
sacerdoce [sasɛʀdɔs] *m 1. REL* Priesteramt *n,* Priestertum *n; 2. (fig)* Heiligkeit *f,* heiliges Amt *n*
sachet [saʃɛ] *m* Beutel *m,* Tüte *f; un ~ de thé* ein Teebeutel *m; un ~ de sucre vanillé* ein Päckchen Vanillezucker *n; un potage en ~* eine Tütensuppe *f*
sacoche [sakɔʃ] *f 1.* Geldtasche *f; 2. (en bandoulière)* Umhängetasche *f*
sac-poubelle [sakpubɛl] *m* Müllsack *m*
sacraliser [saɪʀalize] *v REL* als heilig verehren
sacre [sakʀ] *m 1. (d'un roi)* Krönung *f,* Salbung *f; 2. (d'un prêtre) REL* Bischofsweihe *f*
sacré [sakʀe] *adj 1. REL* heilig; *2. (fam)* ganz schön; *m 3.* heilig, geweiht, gesalbt
sacrément [sakʀemɑ̃] *adv (fam)* gewaltig
sacrement [sakʀəmɑ̃] *m REL* Sakrament *n*
sacrer [sakʀe] *v 1.* weihen, krönen, salben; *~ un roi* einen König salben; *~ un évêque* einen Bischof weihen; *2. (fig)* auszeichnen, ernennen; *Il fut sacré le plus grand peintre de son époque.* Er wurde zum größten Maler seiner Zeit ernannt.
sacrifice [sakʀifis] *m 1. (fig) REL* Opfer *n; m 2. (fig)* Opfer *n,* Verzicht *m; faire des ~s* Opfer bringen
sacrifier [sakʀifje] *v 1.* opfern, verzichten; *2. (renoncer à)* preisgeben, aufgeben; *3. se ~* sich aufopfern; *4. se ~ (fig)* sich opfern
sacrilège [sakʀilɛʒ] *m 1. REL* Gotteslästerung *f; adj 2.* Sakrileg *n,* Entheiligung *f,* Entweihung *f*
sadique [sadik] *m 1.* Sadist *m; adj 2.* sadistisch
sadisme [sadism] *m* Sadismus *m*
sadomasochisme [sadɔmazɔʃism] *m PSYCH* Sadomasochismus *m*
sagace [sagas] *adj* scharfsinnig
sagacité [sagasite] *f* Scharfsinn *m*
sage [saʒ] *adj 1.* weise; *2. (intelligent)* klug; *3. (raisonnable)* vernünftig; *m 4.* Weise(r) *m/f*
sage-femme [saʒfam] *f* Hebamme *f*
sagesse [saʒɛs] *f 1.* Weisheit *f; 2. (intelligence)* Klugheit *f; 3. (tranquillité)* Zurückhaltung *f,* Sittsamkeit *f*
sagittaire [saʒitɛʀ] *m 1. ASTR* Schütze *m*
saignant [sɛɲɑ̃] *adj* blutend, nicht durchgebraten
saigner [sɛɲe] *v 1.* bluten; *2. ~ qn* jdn zur Ader lassen; *3. ~ un animal* ein Tier abstechen; *4. se ~ aux quatre veines (fig)* sein Letztes hergeben

sain [sɛ̃] *adj 1.* gesund; *~ et sauf* heil; *2. (fig)* richtig, wahr, vernünftig
saint [sɛ̃] *adj REL* heilig; *Saint Sacrement* Fronleichnam *m*
saint(e) [sɛ̃(t)] *m/f 1. REL* Heilige(r) *m/f; 2. ne pas savoir à quel ~ se vouer* nicht aus noch ein wissen
Saint-Esprit [sɛ̃tɛspʀi] *m le ~ REL* der Heilige Geist *m*
sainteté [sɛ̃tte] *f* Heiligkeit *f*
Saint-Père [sɛ̃pɛʀ] *m REL* Papst *m*
Saint-Siège [sɛ̃sjɛʒ] *m REL* Heiliger Stuhl *m*
saisie [sezi] *f 1.* Beschlagnahme *f; 2. JUR* Pfändung *f; 3. ~ de données statistiques* statistische Erfassung *f*
saisir [seziʀ] *v 1.* angreifen, greifen, packen; *2. (comprendre)* begreifen, verstehen; *3. (toucher)* fassen, ergreifen; *4. ~ au vol* auffangen; *5. JUR* beschlagnahmen, pfänden; *6. GAST* anbraten; *7. ~ des données INFORM* Daten erfassen, Daten eingeben; *8. se ~ de qc* sich einer Sache bemächtigen
saison [sɛzɔ̃] *f 1.* Jahreszeit *f; 2. (période)* Saison *f; ~ balnéaire* Badezeit *f; pleine ~* Hauptsaison *f; ~ des pluies* Regenzeit *f*
saisonnier [sɛzɔnje] *adj* Saison..., jahreszeitlich, saisonal; *travail ~* Saisonarbeit *f*
salace [salas] *adj* schlüpfrig, anzüglich, laszív, zweideutig; *des plaisanteries ~s* schlüpfrige Witze *pl*
salade [salad] *f 1.* Salat *m; ~ de volaille* Geflügelsalat *m; ~ de pommes de terre* Kartoffelsalat *m; ~ de fruits* Obstsalat *m; 2. (désordre)* Durcheinander *n,* Mischmasch *m; 3. raconter des ~s* Mist erzählen
saladier [saladje] *m* Salatschüssel *f,* Schüssel *f*
salaire [salɛʀ] *m* Gehalt *n,* Lohn *m; ~ de début* Anfangsgehalt *n; ~ de famine* Hungerlohn *m; ~ minimum* Mindestlohn *m; ~ de pointe* Spitzenlohn *m; ~ contractuel* Tariflohn *m; ~ aux pièces* Akkordlohn *m; ~ brut* Bruttolohn *m; ~ horaire* Stundenlohn *m*
salarié(e) [salaʀje] *m/f 1.* Arbeitnehmer(in) *m/f; 2. (employé(e))* Erwerbstätige(r)*; 3. (travailleur/travailleuse)* Lohnempfänger(in)
salaud [salo] *m (fam)* Mistkerl *m,* Schwein *n*
sale [sal] *adj 1.* dreckig, schmutzig; *2. (fig)* unanständig, widerlich, gemein; *Il fait un ~ temps!* Das ist ein Sauwetter!
salé [sale] *adj 1.* salzig; *2. (fig)* gesalzen; *3. (grivois)* schlüpfrig, zotig, scharf, gewagt; *plaisanterie ~e* gewagter Scherz, schlüpfriger Witz*; m 4. petit ~ GAST* gekochte(s) Schweinefleisch *n*
saler [sale] *v 1.* salzen; *2. ~ l'addition (fam)* eine gepfefferte Rechnung stellen
saleté [salte] *f 1.* Schmutz *m,* Dreck *m; 2. (malpropreté)* Unreinheit *f; 3. (fam: cochonnerie)* Schweinerei *f*
salière [saljɛʀ] *f* Salzstreuer *m*
salin [salɛ̃] *adj* salzhaltig, salzig; *des roches ~es* Salzfelsen *pl,* Salzgestein *n*
saline [salin] *f MIN* Salzbergwerk *n*
salir [saliʀ] *v 1.* beflecken; *2. (souiller)* beschmutzen; *3. (polluer)* verschmutzen; *4. se ~ (fam)* kleckern
salissure [salisyʀ] *f* Verunreinigung *f*
salive [saliv] *f 1.* Speichel *m; 2. (crachat)* Spucke *f*

> **salle** [sal] *f 1.* Saal *m,* Zimmer *n; ~ d'attente* Wartesaal *m; ~ de séjour* Wohnzimmer *n; ~ des fêtes* Aula *f; ~ de cours/~ de conférences* Hörsaal *m; ~ plénière* Plenarsaal *m; 2. (hall)* Halle *f; ~ de gymnastique* Turnhalle *f*

salon [salɔ̃] *m 1.* Salon *m; ~ de massage* Massagesalon *m; 2. (salle de séjour)* Wohnzimmer *n; 3. Salon de l'automobile* Automobilausstellung *f*
salope [salɔp] *f (fam)* Schlampe *f,* Flittchen *n*
saloper [salɔpe] *v (fam)* pfuschen, schludern, murksen
saloperie [salɔpʀi] *f (fam)* Ramsch *m*
saltimbanque [saltɛ̃bɑ̃k] *m/f* Gaukler(in) *m/f,* Straßenkünstler(in) *m/f*
salubre [salybʀ] *adj* gesund, wohl tuend, heilsam; *un climat ~* ein gesundes Klima *n*
salubrité [salybʀite] *f* heilsame Wirkung *f,* gesundheitsfördernde Wirkung *f,* Hygiene *f*
saluer [salɥe] *v* begrüßen, grüßen
salut [saly] *m 1.* Gruß *m; 2. (santé)* Wohl *n; 3. (bien)* Heil *n; interj 4.* tschüs/hallo
salutation [salytasjɔ̃] *f* Gruß *m; meilleures ~s* mit freundlichen Grüßen
samaritain [samaʀitɛ̃] *m faire le bon ~* der gute Samariter sein
samedi [samdi] *m* Samstag *m; le ~* samstags
SAMU [samy] *m (Service d'aide médicale d'urgence)* medizinischer Notdienst *m; médecin du ~* Notarzt *m*
sanatorium [sanatɔʀjɔm] *m* Sanatorium *n*
sanctifier [sɑ̃ktifje] *v REL* heilig halten, heiligen

S

sanction [sɑ̃ksjɔ̃] *f* 1. Bestrafung *f;* 2. *(confirmation)* Sanktion *f*
sanctionner [sɑ̃ksjɔne] *v* 1. bestrafen; 2. *(confirmer)* bestätigen, billigen, Gesetzeskraft verleihen
sanctuaire [sɑ̃ktɥɛʀ] *m REL* Heiligtum *n*
sandale [sɑ̃dal] *f* Sandale *f*
sandalette [sɑ̃dalɛt] *f* Sandalette *f*
sandwich [sɑ̃dwitʃ] *m* 1. *GAST* Sandwich *n;* 2. *être pris en ~* in der Klemme sitzen
sang [sɑ̃] *m* Blut *n; suer ~ et eau* sich abrackern; *Ne vous faites pas de mauvais ~.* Lassen Sie sich keine grauen Haare wachsen.
sang-froid [sɑ̃fʀwɑ] *m* Gelassenheit *f,* Gemütsruhe *f*
sanglant [sɑ̃glɑ̃] *adj* blutig
sangle [sɑ̃gl] *f* Gurt *m*
sanglot [sɑ̃glo] *m* Schluchzer *m*
sangloter [sɑ̃glɔte] *v* schluchzen
sanguin [sɑ̃gɛ̃] *adj* 1. Blut... *la circulation ~e* der Blutkreislauf *m; le groupe ~* die Blutgruppe *f;* 2. *(fig)* blutrot, lebhaft, heiter, sanguinisch; *un visage ~* ein rotes Gesicht *n; un tempérament ~* ein lebhaftes Temperament *n*
sanisette [sanizɛt] *f* Toilettenhäuschen *n*
sanitaire [sanitɛʀ] *adj* Gesundheits..., Hygiene... *des mesures ~s* Hygienemaßnahmen *pl; ~s* Sanitäranlagen *pl*
sans [sɑ̃] *prep* 1. ohne; *~ cesse* unaufhörlich; *~ doute* gewiss; *~ aucun doute* zweifellos; *~ plus* ohne weiteres; *konj* 2. *~ que* ohne dass
sans-abri [sɑ̃zabʀi] *m/f* Obdachlose(r)
sans-cœur [sɑ̃kœʀ] *adj* herzlos
sans-emploi [sɑ̃zɑ̃plwa] *m/f* Arbeitslose(r), Erwerbslose(r)

> **santé** [sɑ̃te] *f* 1. Gesundheit *f; de ~ délicate* anfällig; *plein de ~* kerngesund; 2. *(bien)* Wohl *n;* 3. *A votre ~!* Prost!/Auf Ihr Wohl!/Zum Wohl!

saoul [su] *adj être ~* betrunken sein
saouler [sule] *v se ~* sich betrinken
sapeur [sapœʀ] *m* Pionier *m*
sapeur-pompier [sapœʀpɔ̃pje] *m* Feuerwehrmann *m*
sapin [sapɛ̃] *m* 1. *BOT* Tanne *f; ~ de Noël* Tannenbaum *m;* 2. *bois de ~* Tannenwald *m,* Tannenholz *n*
sarcasme [saʀkasm] *m* Sarkasmus *m*
sarcastique [saʀkastik] *adj* sarkastisch
sarcler [saʀkle] *v* jäten
sarcophage [saʀkɔfaʒ] *m* Sarkophag *m*
sardine [saʀdin] *f ZOOL* Sardine *f; ~ à l'huile GAST* Ölsardine *f*
satanique [satanik] *adj* satanisch, teuflisch
satellite [satelit] *m* 1. Satellit *m; ~ espion MIL* Aufklärungssatellit *m;* 2. *Etat-~* Satellitenstaat *m*
satiné [satine] *adj* glänzend, schimmernd; *du papier ~* Satinpapier *n une peau ~e (fig)* eine samtige Haut *f*
satire [satiʀ] *f LIT* Satire *f*
satirique [satiʀik] *adj* satirisch, spöttisch, beißend; *un écrivain ~* ein Satireschriftsteller *m,* ein Satiriker *m; avoir l'esprit ~* einen beißenden Humor haben
satisfaction [satisfaksjɔ̃] *f* 1. Genugtuung *f;* 2. *(contentement)* Zufriedenheit *f;* 3. *(assouvissement)* Befriedigung *f*
satisfaire [satisfɛʀ] *v irr* 1. befriedigen; 2. *(suffire)* zufriedenstellen; 3. *~ à* nachkommen; 4. *se ~ de* sich zufrieden geben mit
satisfaisant [satisfəzɑ̃] *adj* befriedigend
satisfait [satisfɛ] *adj* 1. zufrieden; 2. *~ de soi-même* selbstgefällig
satyre [satiʀ] *m (fig)* Lüstling *m,* Wüstling *m,* Lustmolch *m*
sauce [sos] *f* 1. Soße *f; ~ de rôti* Bra-tensoße *f; ~ de salade* Dressing *n; ~ tomate* Tomatensoße *f;* 2. *(le fait de saucer) GAST* Tunke *f; f* 3. *mettre qn à toutes les ~s* jdn für alles Mögliche benutzen; 4. *allonger la ~ (fig)* längen, in die Länge ziehen; 5. *(fam: pluie)* (Regen)Guss *m*
saucière [sosjɛʀ] *f* Sauciere *f,* Soßenschüssel *f*
saucisse [sosis] *f GAST* Wurst *f*
saucisson [sosisɔ̃] *m GAST* 1. Wurst *f;* 2. *(pain)* langes rundes Weißbrot *n*
sauf [sof] *prep* 1. ausgenommen; 2. *(à part)* außer; 3. *(sous réserve de)* vorbehaltlich; *adj* 4. unbeschädigt, unverletzt, wohlbehalten; *sain et ~* wohlbehalten
saumon [somɔ̃] *m* 1. *ZOOL* Lachs *m; ~ fumé* Räucherlachs; *m adj* 2. lachsfarben
saurer [sɔʀe] *v* Fisch räuchern
sauriens [sɔʀjɛ̃] *m/pl ZOOL* Echsen *f/pl,* Eidechsen *f/pl*
saut [so] *m* 1. Sprung *m; au ~ du lit* beim Aufstehen; *~ à la perche SPORT* Stabhochsprung *m;* 2. *(bond)* Absprung *m;* 3. *~ d'obstacles SPORT* Hürdenlauf *m*
saute [sot] *f (changement)* abrupter Wechsel *m,* Umschlag *m; une ~ de vent* eine plötzliche Änderung der Windrichtung *f; une ~ de*

S

température eine plötzliche Temperaturänderung *f*
sauté [sote] *adj 1.* gebraten; *2. ~ de veau GAST* Kalbsragout *n*
sauter [sote] *v 1.* springen; *~ sur l'occasion* die Gelegenheit beim Schopfe packen; *~ le pas* zu einem Entschluss kommen; *2. (bondir)* hüpfen; *3. (attaquer)* anspringen; *4. (fondre)* durchbrennen; *5. (exploser)* explodieren; *6. faire ~* sprengen; *7. ~ par-dessus* überspringen; *8. (page d'un livre)* überschlagen; *9. GAST* in Butter schmoren
sauterelle [sotʀɛl] *f ZOOL* Heuschrecke *f*
sauteur [sotœr] *m 1. SPORT* Springer *m; ~ en longueur* Weitspringer *m; adj 2. scie sauteuse* Stichsäge *f*
sautillant [sotijɑ̃] *adj* hüpfend, abgehackt
sautiller [sotije] *v* hüpfen
sauvage [sovaʒ] *adj 1.* wild; *2. (naturel)* unberührt; *3.* menschenscheu
sauvegarder [sovgaʀde] *v 1.* wahren, schützen; *2.* sichern
sauver [sove] *v 1.* retten; *2. (mettre en sûreté)* bergen; *3. se ~* davongehen, flüchten, weglaufen; *4. se ~ en courant* fortlaufen
sauvetage [sovtaʒ] *m 1.* Bergung *f; 2. (délivrance)* Rettung *f*
sauveteur [sovtœʀ] *m 1.* Lebensretter *m; 2. (sauveur)* Retter *m*
Sauveur [sovœʀ] *m REL* Erlöser *m,* Heiland *m*
sauveur [sovœʀ] *m* Retter *m*
savant [savɑ̃] *adj 1.* gelehrt; *2. (recherché)* gelehrt, sachkundig, sehr bewandert; *mots ~s; 3. (habile)* geschickt, gewiegt, firm, gekonnt; *manœuvre ~e* geschicktes Manöver
savant(e) [savɑ̃(t)] *m/f* Wissenschaftler(in) *m/f,* Gelehrte(r) *m/f*
saveur [savœʀ] *f 1.* Geschmack *m; 2. (arôme)* Würze *f*

savoir [savwaʀ] *v irr 1.* wissen; *C'est bon à ~.* Das ist gut zu wissen. *Reste à ~ si ...* Erst mal abwarten, ob .../Es wird sich schon noch zeigen, ob ... *~ le reste* schon längst wissen; *~ se retourner* sich in allen Lagen zurechtfinden; *ne pas ~ s'y prendre* sich ungeschickt anstellen; *Pas que je sache.* Nicht dass ich wüsste. *2. (être capable de)* können; *3. (connaître)* kennen; *m 4.* Wissen *n; 5. (pouvoir)* Können *n; 6. (sagesse)* Weisheit *f; 7. (science)* Wissenschaft *f*

savoir-faire [savwaʀfɛʀ] *m* Wissen *n,* Können *n,* Know-how *n*
savoir-vivre [savwaʀvivʀ] *m* Benehmen *n,* Lebensklugheit *f; manque de ~* Taktlosigkeit *f*
savon [savɔ̃] *m 1.* Seife *f; ~ de Marseille* Kernseife *f; 2. passer un ~ à qn (fig)* jdm den Kopf waschen, jdm eine Standpauke halten
savonner [savɔne] *v 1.* einseifen; *2. se ~* sich einseifen; *se ~ les mains* sich die Hände mit Seife waschen
savourer [savuʀe] *v 1. ~ qc* etw genießen; *2. (déguster)* (aus)kosten
savoureux [savuʀø] *adj 1. (délicieux)* köstlich; *2. (ayant du goût)* schmackhaft
scalpel [skalpɛl] *m MED* Skalpell *n*
scalper [skalpe] *v* skalpieren
scandale [skɑ̃dal] *m 1.* Skandal *m; presse à ~* Skandalpresse; *2.* Ärgernis *n; 3.* Entrüstung *f; 4.* Krach *m,* Randale *f* (fam)
scandaleux [skɑ̃dalø] *adj 1.* skandalös; *2. (fig)* unerhört
scanner [skanɛʀ] *m 1. TECH* Scanner *m,* Abtaster *m; v 2. INFORM* einscannen; *~ une image* ein Bild einscannen
scaphandre [skafɑ̃dʀ] *m* Taucheranzug *m,* Tauchergerät *n; ~ d'astronaute* Astronautenanzug *m,* Raumfahreranzug *m*
sceau [so] *m* Siegel *n*
scellé [sɛle] *m JUR* gerichtliches Siegel *n; mettre les ~s* amtlich versiegeln
sceller [sele] *v* versiegeln
scénario [senaʀjo] *m CINE* Drehbuch *n*
scénariste [senaʀist] *m/f CINE* Drehbuchautor(in) *m/f*
scène [sɛn] *f 1.* Bühne *f,* Schaubühne *f; 2. (décor)* Bühnenbild *n; 3. (lieu)* Schauplatz *m; 4. (action)* Szene *f; 5. CINE* Szene *f*
scénique [senik] *adj THEAT* Bühnen..., Theater..., bühnenwirksam; *décoration ~* Bühnendekoration
scepticisme [sɛptisism] *m* Skepsis *f*
sceptique [sɛptik] *adj* skeptisch
sceptre [sɛptʀ] *m* Zepter *n*
schéma [ʃema] *m 1. (structure)* Aufbau *m; 2. (dessin)* Schema *n; 3. (fig)* Gerüst *n*
schématique [ʃematik] *adj* schematisch
schématiser [ʃematize] *v* schematisieren, in ein Schema bringen, in einem Schema darstellen
schisme [ʃism] *m 1. REL* Schisma *n,* Kirchenspaltung *f; 2. (division)* Spaltung *f*
schizophrénie [skizɔfʀeni] *f MED* Schizophrenie *f*
scie [si] *f TECH* Säge *f; Quelle ~!* Was für ein lästiger Mensch! *~ circulaire* Kreissäge *f; ~ à découper/~ à chantourner* Laubsäge *f*

S

science [sjɑ̃s] *f* Wissenschaft *f; ~ nautique* Nautik *f; ~ médicale MED* Heilkunde *f; ~s humaines* Geisteswissenschaften *pl; ~s physiques et naturelles* Naturwissenschaften *pl*
science-fiction [sjɑ̃sfiksjɔ̃] *f* Sciencefiction *f; un film de ~* ein Sciencefictionfilm *m*
scientifique [sjɑ̃tifik] *m/f 1.* Wissenschaftler(in) *m/f; adj 2.* wissenschaftlich
scier [sje] *v 1.* sägen; *2. (fig)* absägen
scierie [siʀi] *f* Sägewerk *n*
scinder [sɛ̃de] *v 1.* teilen, spalten, zerlegen; *2. se ~* sich teilen, sich aufspalten; *Le parti s'est scindé en deux groupes.* Die Partei hat sich in zwei Gruppen gespalten.
scintillant [sɛ̃tijɑ̃] *adj* funkelnd, flimmernd, glänzend
scintillement [s tijmɑ̃] *m* Funkeln *n,* Glimmern *n,* Glitzern *n*
scintiller [sɛ̃tije] *v 1.* blinken; *2. (vibrer)* flimmern; *3. (étinceler)* funkeln; *4. (flamboyer)* glitzern
scission [sisjɔ̃] *f 1.* Teilung *f,* Spaltung *f,* Aufspaltung *f; faire ~* sich abspalten, sich teilen; *2. PHYS* Spaltung *f*
scolaire [skɔlɛʀ] *adj* Schul..., schulisch; *l'année ~* das Schuljahr *n; les vacances ~s* die Schulferien *pl*
scolariser [skɔlaʀize] *v* einschulen
scolarité [skɔlaʀite] *f 1.* Schulbesuch *m; les années de ~* die Schulzeit *f,* die Schuljahre *pl; le taux de ~* die Rate der eingeschulten Kinder *f,* die Schulbesuchsquote *f; le certificat de ~* die Bescheinigung über den Schulbesuch *f; 2. (études)* Schulzeit *f; prolonger la ~* die Schulzeit verlängern
scoop [skup] *m* Scoop *m,* Exklusivmeldung *f,* Knüller *m*
scooter [skutœʀ] *m* Motorroller *m*
score [skɔʀ] *m 1. SPORT* Ergebnis *n,* Spielstand *m; le ~ final* das Endergebnis *n; 2. POL* Resultat *n,* Ergebnis *n; le ~ électoral* das Wahlergebnis *n*
scotch[1] [skɔtʃ] *m (ruban adhésif)* Tesafilm *m,* Klebeband *n,* Klebestreifen *m*
scotch[2] [skɔtʃ] *m* Scotch (schottischer Whisky) *m*
scout [skut] *m* Pfadfinder *m*
script [skʀipt] *m 1. (type d'écriture)* Druckschrift *f,* Blockschrift *f; écrire en ~* in Druckschrift schreiben; *2. (scénario) CINE* Drehbuch *n*
scrupule [skʀypyl] *m 1.* Skrupel *m; 2. (soin)* Sorgfalt *f,* Gewissenhaftigkeit *f; 3. ~s pl (remords)* Gewissensbisse *pl*
scrupuleux [skʀypylø] *adj 1.* gewissenhaft; *2. (très méticuleux)* peinlich genau
scrutin [skʀytɛ̃] *m 1. (vote) POL* Abstimmung *f,* Wahl *f; 2. ~ majoritaire POL* Mehrheitswahlrecht *n; 3. ~ proportionnel POL* Verhältniswahlrecht *n*
sculpter [skylte] *v ~ sur bois* schnitzen
sculpteur [skyltœʀ] *m 1.* Bildhauer *m; 2. femme ~* Bildhauerin *f*
sculpture [skyltyʀ] *f 1. ART* Skulptur *f; 2. (plastique)* Plastik *f*
se [sə] *pron* sich
séance [seɑ̃s] *f 1.* Sitzung *f; ~ tenante* auf der Stelle, sofort; *~ du conseil des ministres POL* Kabinettssitzung *f; 2. ~ de cinéma* Kinovorstellung *f*
seau [so] *m* Eimer *m,* Kübel *m*

sec [sɛk] *adj 1.* trocken, herb; *2. (maigre)* hager; *être ~ comme un haricot* eine Bohnenstange sein

séchage [seʃaʒ] *m* Trocknen *n*
sèche-cheveux [sɛʃʃəvø] *m* Föhn *m*
sèche-linge [sɛʃlɛ̃ʒ] *m* Wäschetrockner *m*
sécher [seʃe] *v 1.* trocknen, abtrocknen, austrocknen; *2. ~ un cours (fam)* Unterricht schwänzen
sécheresse [seʃʀɛs] *f 1.* Trockenheit *f; 2. (aridité)* Dürre *f; 3. (insensibilité)* Lieblosigkeit *f,* Härte *f*
séchoir [seʃwaʀ] *m 1.* Trockenhaube *f; 2. (à linge)* Wäschetrockner *m,* Gestell *n*
second [səgɔ̃] *adj* zweite(r,s)
secondaire [səgɔ̃dɛʀ] *adj 1.* zweitrangig; *2. (accessoire)* nebensächlich; *3. GEOL* sekundär
seconde [səgɔ̃d] *f* Sekunde *f; faire qc en cinq ~s* etw im Handumdrehen machen
seconder [səgɔ̃de] *v ~ qn* jdm beistehen
secouer [səkwe] *v 1.* schütteln; *2. (bousculer)* angreifen, berühren; *3. (agiter)* rütteln; *4. (traumatiser)* mitnehmen, strapazieren
secourir [səkuʀiʀ] *v irr 1.* helfen; *2. (soutenir)* unterstützen; *3. (aider)* aushelfen
secourisme [səkuʀism] *m* Erste Hilfe *f; prendre des cours de ~* einen Erste-Hilfe-Kurs machen
secours [səkuʀ] *m 1.* Hilfe *f; Au ~!* Hilfe! *les premiers ~* erste Hilfe *f; 2. sortie de ~* Notausgang *m; 3. (aide)* Aushilfe *f; 4. (assistance publique)* Fürsorge *f; 5. (contribution)* Zuschuss *m; 6. ~ en montagne* Bergwacht *f*
secousse [səkus] *f 1.* Schlag *m,* Stoß *m,* Ruck *m; 2. (fig)* Schock *m,* Schlag *m*

S

secret [səkʀɛ] *m* 1. Geheimnis *n;* ~ *postal* Briefgeheimnis *n;* ~ *professionnel* Dienstgeheimnis *n,* Schweigepflicht *f;* ~ *d'Etat* Staatsgeheimnis *n;* ~ *de la confession* Beichtgeheimnis *n;* ~ *de fabrication* Betriebsgeheimnis *n;* ~ *du vote* Wahlgeheimnis *n; en* ~ heimlich; *adj* 2. geheim; 3. *(furtif)* heimlich; 4. *(caché)* verborgen; 5. *(réservé)* verschwiegen
secrétaire [səkʀetɛʀ] *m/f* 1. Sekretär(in) *m/f;* ~ *de direction* Chefsekretär(in) *m/f;* ~ *d'Etat* Staatssekretär(in) *m/f;* 2. *(sténodactylo)* Schriftführer(in) *m/f*
secte [sɛkt] *f REL* Sekte *f*
secteur [sɛktœʀ] *m* 1. Revier *n,* Gebiet *n;* 2. *(section)* Abschnitt *m,* Gebiet *n;* 3. *(zone)* Sektor *m;* ~ *d'activité* Betätigungsfeld *n;* ~ *industriel* Industriezweig *m*
section [sɛksjɔ̃] *f* 1. Abteilung *f;* 2. *(morceau)* Stück *n,* Teilstück *n;* 3. *(coupe)* Schnittfläche *f;* 4. ~ *transversale* Querschnitt *m;* 5. *SPORT* Riege *f*
sectionner [sɛksjɔne] *v* 1. *(couper)* abschneiden, durchtrennen; 2. *(diviser)* einteilen, aufteilen, unterteilen; ~ *un service administratif* eine Verwaltungsabteilung unterteilen
séculariser [sekylaʀize] *v* säkularisieren, verweltlichen; ~ *l'enseignement* das Unterrichtswesen von der Kirche auf den Staat übertragen
séculier [sekylje] *adj REL* weltlich
secundo [səgɔ̃do] *adv* zweitens
sécuriser [sekyʀize] *v* beruhigen, jdm Geborgenheit bieten
sécurité [sekyʀite] *f* 1. Sicherheit *f,* Schutz *m; par mesure de* ~ sicherheitshalber; *mesures de* ~ Sicherheitsmaßnahmen *pl;* 2. *Sécurité sociale* Sozialversicherung *f*
sédatif [sedatif] *m* Beruhigungsmittel *n,* Sedativ *n,* Sedativum *n*
sédentaire [sedɑ̃tɛʀ] *adj* 1. häuslich; 2. *(établi)* sesshaft
sédimentaire [sedimɑ̃tɛʀ] *adj* sedimentär, Ablagerungs...
sédiments [sedimɑ̃] *m/pl (dépôt) GEOL* Ablagerungen *pl,* Sedimente *pl; les* ~ *fluviaux* die Flussablagerungen *pl; des* ~ *calcaires* die Kalkablagerungen *pl*
sédition [sedisjɔ̃] *f POL* Aufruhr *m*
séducteur [sedyktœʀ] *adj* 1. verführerisch, verlockend; *m* 2. Verführer *m; C'est un grand* ~. Er ist ein großer Verführer.
séduction [sedyksjɔ̃] *f* 1. Verführung *f;* 2. *(fig: charme)* Reiz *m*
séductrice [sedyktʀis] *f* Verführerin *f*
séduire [sedɥiʀ] *v irr* 1. verführen; 2. *(conquérir)* verführen; *Ce projet me séduit.* Dieses Projekt gefällt mir.
séduisant [sedɥizɑ̃] *adj* 1. attraktiv; 2. *(ravissant)* reizend; 3. *(séducteur)* verführerisch
segment [sɛgmɑ̃] *m* Segment *n*
segmenter [sɛgmɛ̃te] *v* 1. segmentieren; 2. *se* ~ sich teilen, sich in Abschnitte zergliedern
ségrégation [segʀegasjɔ̃] *f* Trennung *f,* Absonderung *f,* Ausscheidung *f,* Segregation *f; la* ~ *raciale* die Rassentrennung *f*
seigneur [sɛɲœʀ] *m* 1. Herr *m; jouer au grand* ~ den Großzügigen spielen; 2. *HIST* Lehnsherr *m*
Seigneur [sɛɲœʀ] *m REL* Herr *m; Notre* ~ unser Herr *m; le jour du* ~ der Tag des Herrn *m*
sein [sɛ̃] *m* 1. *ANAT* Busen *m;* 2. *(fig)* Schoß *m;* 3. ~*s pl* Brüste *f;* 4. *(centre)* Mitte *f,* Zentrum *n*
séisme [seism] *m* Beben *n,* Erdbeben *n*
seize [sɛz] *num* sechzehn
seizième [sɛzjɛm] *adj* 1. sechzehnte(r,s); *m/f* 2. Sechzehnte(r) *m/f*
séjour [seʒuʀ] *m* 1. Aufenthalt *m;* 2. *(villégiature)* Verbleib *m;* 3. *(salon)* Wohnzimmer
séjourner [seʒuʀne] *v* sich aufhalten, verweilen

sel [sɛl] *m* 1. Salz *n;* 2. *(fig)* Geist *m,* Würze *f,* Witz *m*

sélectif [selɛktif] *adj* wählerisch
sélection [selɛksjɔ̃] *f* 1. Wahl *f,* Auswahl *f;* 2. *(choix de qualité)* Auslese *f;* 3. *match de* ~ *SPORT* Ausscheidungskampf *m*
sélectionné [selɛksjɔne] *adj* 1. auserwählt; *m* 2. Erwählter *m,* Aufgestellter *m,* Nominierter *m*
sélectionner [selɛksjɔne] *v* 1. aussuchen; 2. *(choisir)* wählen, auswählen
selle [sɛl] *f* 1. Sattel *m; être bien en* ~ fest im Sattel sitzen; 2. ~ *de chevreuil GAST* Rehrücken *m;* 3. ~*s pl* Stuhlgang *m*
seller [sele] *v* satteln
selon [səlɔ̃] *prep* 1. laut; 2. *(d'après)* nach, gemäß; ~ *le plan* planmäßig; *konj* 3. ~ *que* je; *adv* 4. ~ *quoi* wonach
semaine [səmɛn] *f* Woche *f; en* ~ wochentags; *par* ~ wöchentlich; ~ *sainte REL* Karwoche *f*
semblable [sɑ̃blabl] *adj* 1. solche(r,s), derartig; 2. ~ *à* ähnlich; *m* 3. Mitmensch *m*
semblant [sɑ̃blɑ̃] *m* Anschein *m; faire* ~ so tun, als ob, sich den Anschein geben, vortäu-

schen; *faire ~ de dormir* so tun, als ob man schläft; *faire ~ de rien* Unschuld vortäuschen, Unwissenheit vortäuschen
sembler [sɑ̃ble] *v 1.* erscheinen, scheinen; *faire semblant de* vortäuschen; *2. (paraître)* scheinen, den Anschein haben; *3. il me semble que ...* es scheint mir, dass...
semelle [səmɛl] *f 1.* Schuhsohle *f; ne pas reculer d'une ~* keinen Fußbreit zurückweichen; *f 2. TECH* Druckplatte *f*
semence [səmɑ̃s] *f 1.* Samen *m,* Saat *f; 2. BOT* Blumensamen *m; 3. TECH* Verstärkungsstab *m,* Spickelement *n,* Saatelement *n*
semer [səme] *v 1.* säen; *2. (fig)* verbreiten; *3. ~ qn* jdn abschütteln, jdn loswerden
semestre [səmɛstʀ] *m 1.* Halbjahr *n; 2. (~ d'études)* Semester *n*
semestriel [səmɛstʀijɛl] *adj* halbjährlich
semi-conducteur [səmikɔ̃dyktœʀ] *m TECH* Halbleiter *m*
séminaire [seminɛʀ] *m 1.* Lehrgang *m; 2. (conférence)* Seminar *n*
semis [səmi] *m* Sämlinge *m/pl,* Säen *n*
semoule [səmul] *f GAST* Grieß *m*
sénat [sena] *m POL* Senat *m*
sénateur [senatœʀ] *m POL* Senator *m*
sénile [senil] *adj* senil, greisenhaft
sénilité [senilite] *f* Senilität *f,* Greisenhaftigkeit *f,* Altersschwäche *f*

sens [sɑ̃s] *m 1.* Richtung *f; ~ de la marche* Fahrtrichtung *f; ~ inverse* Gegenfahrbahn *f; ~ giratoire* Kreisverkehr *m; ~ dessus dessous* durcheinander, unordentlich; *mettre tout ~ dessus dessous* alles auf den Kopf stellen; *2. (sensation)* Sinn *m,* Empfinden *n; ne pas avoir le ~ du commun* nicht über gesunden Menschenverstand verfügen; *~ de l'orientation* Orientierungssinn *m; ~ de la langue* Sprachgefühl *n; ~ des aiguilles d'une montre* Uhrzeigersinn *m; 3. (raison)* Verstand *m; manque de bon ~* Unvernunft *f*

sensation [sɑ̃sasjɔ̃] *f 1.* Empfindung *f; ~ d'angoisse* Angstgefühl *n; ~ d'oppression* Beklemmung *f; 2. (scandale)* Aufsehen *n; 3. (extraordinaire)* Sensation *f*
sensationnel [sɑ̃sasjɔnɛl] *adj* Aufsehen erregend, sensationell
sensé [sɑ̃se] *adj 1.* vernünftig; *2. (compréhensible)* verständig
senseur [sɑ̃sœʀ] *m TECH* Sensor *m*
sensibiliser [sɑ̃sibilize] *v 1. (à la lumière) FOTO* sensibilisieren, lichtempfindlich machen; *2. (fig)* empfänglich machen, sensibilisieren; *~ qn à qc* jdn für etw empfänglich machen; *~ l'opinion publique* die Öffentlichkeit aufmerksam machen
sensibilité [sɑ̃sibilite] *f* Sensibilität *f,* Empfindlichkeit *f; plein de ~* gefühlvoll/sensibel
sensible [sɑ̃sibl] *adj 1.* empfindlich; *~ à la lumière* lichtempfindlich; *2. (notable)* merklich; *3. (délicat)* sensibel; *4. (fig)* spürbar
sensualité [sɑ̃sɥalite] *f* Sinnlichkeit *f*
sensuel [sɑ̃sɥɛl] *adj* sinnlich
sentence [sɑ̃tɑ̃s] *f 1.* Ausspruch *m; 2. JUR* Urteil *n*
senteur [sɑ̃tœʀ] *f* Duft *m*
sentier [sɑ̃tje] *m 1.* Pfad *m; 2. ~ de promenade* Spazierweg *m*
sentiment [sɑ̃timɑ̃] *m 1.* Gefühl *n; ~ de bonheur* Glücksgefühl *n; ~ de plaisir* Lustgefühl *n; ~ de culpabilité* Schuldgefühl *n; ~ de solidarité* Zusammengehörigkeitsgefühl *n; ~ de bien-être* Behaglichkeit *f; 2. (sensation)* Empfindung *f; 3. (intuition)* Gespür *n*
sentimental [sɑ̃timɑ̃tal] *adj 1.* rührselig, sentimental; *m 2.* Gefühlsmensch *m*
sentimentalité [sɑ̃timɑ̃talite] *f* Sentimentalität *f*
sentinelle [sɑ̃tinɛl] *f 1.* Wachposten *m; 2. être en ~* Posten stehen, auf der Lauer liegen *(fig),* aufpassen

sentir [sɑ̃tiʀ] *v 1.* fühlen, empfinden; *2. (exhaler)* riechen, Geruch abgeben; *~ qc* an etw riechen; *~ mauvais* stinken; *~ bon* duften; *3. (pressentir)* spüren; *4. (avoir un goût de)* schmecken; *~ le bouchon* nach Korken schmecken; *5. se ~* sich fühlen, sich befinden, merken, verspüren; *6. se ~ le courage de ...* sich stark genug fühlen zu... *7. (fam: supporter)* ausstehen

seoir [swaʀ] *v irr* kleiden, gut stehen
séparation [sepaʀasjɔ̃] *f 1.* Absonderung *f,* Trennung *f; 2. ~ des pouvoirs POL* Gewaltenteilung *f; 3. ~ des biens JUR* Gütertrennung *f*
séparatisme [sepaʀatism] *m POL* Separatismus *m*
séparatiste [sepaʀatist] *adj POL* Separatist *m*
séparé [sepaʀe] *adj 1.* getrennt; *2. (distinct)* verschieden
séparer [sepaʀe] *v 1.* absondern, trennen, scheiden; *2. (partager)* teilen; *3. se ~* auseinander gehen, sich trennen

S

sept [sɛt] *num 1.* sieben; *m 2.* Sieben *f*
septembre [sɛptɑ̃bʀ] *m* September *m*
septennat [sɛptena] *m* siebenjährige Amtszeit *f; le ~ du président de la République* die siebenjährige Amtszeit des Staatspräsidenten *f*
septième [sɛtjɛm] *adj 1.* siebte(r,s); *m/f 2.* Siebte(r) *m/f*
septuagénaire [sɛptɥaʒenɛʀ] *adj 1.* siebzigjährig; *m/f 2.* Siebzigjährige(r) *m/f*
séquelles [sekɛl] *f/pl 1. (d'une maladie)* Folgen *pl,* Nachwirkungen *pl; 2.* Konsequenzen *pl,* Auswirkungen *pl,* Nachwirkungen *pl; les ~ de la crise économique* die Folgen der Wirtschaftskrise *pl*
séquence [sekɑ̃s] *f 1.* Sequenz *f; 2. (suite)* Folge *f*
séquentiel [sekɑ̃sjɛl] *adj* sequentiell, Serien...
séquestration [sekɛstʀasjɔ̃] *f JUR* Freiheitsberaubung *f*
séquestrer [sekɛstʀe] *v 1. ~ qn* jdn einsperren, jdn der Freiheit berauben; *2. ~ qc JUR* etw sequestrieren/in Beschlag nehmen
serein [səʀɛ̃] *adj 1.* heiter, sonnig, wolkenlos; *2. (heureux)* seelenruhig, glücklich
sérénité [seʀenite] *f 1.* Gelassenheit *f; 2. (d'un visage)* Heiterkeit *f*
serf [sɛʀf] *m HIST* Leibeigener *m*
sergent [sɛʀʒɑ̃] *m (sous-officier) MIL* Unteroffizier *m,* Sergeant *m*
série [seʀi] *f 1.* Reihe *f,* Serie *f; 2. (suite)* Folge *f; 3. ~ d'émissions* Sendereihe *f; 4. (cycle)* Zyklus *m; 5. (foule)* Satz *m,* Menge *f; 6. ~ noire* Pechsträhne *f*
sériel [seʀjɛl] *adj INFORM* seriell
sérier [seʀje] *v* (systematisch) aufgliedern

sérieux [seʀjø] *adj 1.* ernst; *2. (vrai)* wirklich, wahr; *3. (sûr)* seriös, solide; *m 4.* Ernst *m; perdre son ~* nicht mehr ernst bleiben können; *manque de ~* Unzuverlässigkeit *f; 5. prendre au ~* ernst nehmen

seringue [səʀɛ̃g] *f* Spritze *f*
serment [sɛʀmɑ̃] *m* Schwur *m,* Eid *m; prêter ~* schwören; *~ de fidélité* Treueschwur *m*
sermon [sɛʀmɔ̃] *m REL* Predigt *f; faire un ~* predigen
sermonner [sɛʀmɔne] *v (fig)* predigen
serpent [sɛʀpɑ̃] *m 1. ZOOL* Schlange *f; ~ à sonnettes* Klapperschlange *f; 2. langue de ~ (fig)* böse Zunge *f; 3. ~ monétaire européen FIN* europäische Währungsschlange *f,* europäischer Währungsverbund *m*
serpenter [sɛʀpɑ̃te] *v* sich schlängeln
serre [sɛʀ] *f 1.* Gewächshaus *n,* Treibhaus *n; 2. ZOOL* Kralle *f*
serré [seʀe] *adj 1.* dicht gedrängt; *2. (étroit)* knapp, eng; *3. (épais)* fest, dicht; *4. jouer ~* vorsichtig spielen, sich keine Blöße geben
serrement [sɛʀmɑ̃] *m (de cœur)* Beklemmung *f*
serrer [seʀe] *v 1.* pressen, drücken; *~ qn contre soi (dans ses bras)* jdn an sich drücken; *2. (écraser)* quetschen; *3. (ficeler)* festziehen; *4. (vis) TECH* anziehen
serrure [seʀyʀ] *f 1.* Schloss *n,* Verschluss *m; 2. ~ électrique* Türöffner *m*
serrurier [seʀyʀje] *m* Schlosser *m*
sertir [sɛʀtiʀ] *v* einfassen
sertissure [sɛʀtisyʀ] *f* Fassung *f*
servage [sɛʀvaʒ] *m* Knechtschaft *f*
servant [sɛʀvɑ̃] *m REL* Messdiener *m*
servante [sɛʀvɑ̃t] *f 1.* Hausmädchen *n; 2. TECH* Stütze *f*
serveur [sɛʀvœʀ] *m 1.* Kellner *m,* Ober *m; 2. INFORM* Server *m*
serveuse [sɛʀvøz] *f* Bedienung *f,* Kellnerin *f*
serviabilité [sɛʀvjabilite] *f* Hilfsbereitschaft *f*
serviable [sɛʀvjabl] *adj 1.* gefällig, zuvorkommend; *2. (secourable)* hilfsbereit
service [sɛʀvis] *m 1.* Dienst *m; ~ de remorquage* Abschleppdienst *m; ~ extérieur* Außendienst *m; ~ public* öffentlicher Dienst *m; ~ intérieur* Innendienst *m; ~ après-vente* Kundendienst *m; ~ de nuit* Nachtdienst *m; ~ d'urgence* Notdienst *m; ~ civil* Zivildienst *m; ~ militaire* Wehrdienst *m; 2. (personnel)* Bedienung *f; 3. (bureau)* Abteilung *f,* Dienststelle *f; ~ administratif* Verwaltungsbehörde *f; ~ de télécommunication* Telefonamt *n; ~ d'accueil pour étrangers* Ausländerbehörde *f; ~ préfectoral d'enregistrement* Einwohnermeldeamt *n; ~ du personnel* Personalabteilung *f; 4. (complaisance)* Gefallen *m; 5. (prestation)* Dienstleistung *f; 6. (des clients)* Abfertigung *f; 7. (administration)* Referat *n; 8. (en tennis) SPORT* Aufschlag *m*
serviette [sɛʀvjɛt] *f 1.* Handtuch *n; ~ de bain* Badetuch *n; 2. (cartable)* Mappe *f,* Tasche *f; 3. ~ hygiénique* Damenbinde *f*
serviette-éponge [sɛʀvjɛtepɔ̃ʒ] *f* Frottierhandtuch *n*
servile [sɛʀvil] *adj* unterwürfig
servilité [sɛʀvilite] *f* Unterwürfigkeit *f,* Servilität *f,* Demütigkeit *f,* Willfährigkeit *f*

S

servir [sɛʀviʀ] *v irr 1.* dienen; *2. (plats)* servieren; *3. (à boire)* einschenken; *4. (plat)* auftragen; *5. ~ qn* jdn bedienen; *se ~* sich bedienen; *Servez-vous!* Bedienen Sie sich! *6. se ~ de* gebrauchen, bedienen; *7. (tennis)* aufschlagen

serviteur [sɛʀvitœʀ] *m* Diener *m*

servodirection [sɛʀvɔdiʀɛksjɔ̃] *f TECH* Servolenkung *f*

session [sesjɔ̃] *f* Sitzung *f*, Tagung *f*

seuil [sœj] *m 1.* Schwelle *f*, Übergang *m; 2. (pas de la porte)* Türschwelle *f; 3. ~ de blocage/~ d'inhibition PSYCH* Hemmschwelle *f; 4. ~ de rentabilité ECO* Rentabilitätsschwelle *f*, Rentabilitätsgrenze *f*

seul [sœl] *adj 1.* allein; *2. (isolé)* einsam, verlassen; *3. (unique)* einzig; *4. (solitaire)* allein stehend; *5. (seulement)* nur, ausschließlich; *être le ~* der Einzige sein

seulement [sœlmɑ̃] *adv 1.* allein; *2. (uniquement)* bloß, nur; *3. (tout juste)* erst

sévère [sevɛʀ] *adj 1.* streng; *2. (grave)* schwer, schlimm

sévérité [seveʀite] *f* Härte *f*, Strenge *f*

sévices [sevis] *m/pl* Misshandlung *f*

sévir [seviʀ] *v 1.* streng vorgehen; *2. (faire rage)* grassieren

sexagénaire [sɛksageneʀ] *adj 1.* sechzigjährig; *m/f 2.* Sechzigjährige(r) *m/f*

sexe [sɛks] *m 1.* Geschlecht *n; 2. (sexualité)* Sex *m; 3. (organe sexuel)* Geschlecht *n*, Geschlechtsteile *n/pl*

sexisme [sɛksism] *m* Sexismus *m*

sextuor [sɛkstɥɔʀ] *m MUS* Sextett *n*

sexualité [sɛksɥalite] *f* Sexualität *f*

sexuel [sɛksɥɛl] *adj 1.* sexuell; *2. rapports ~s* Geschlechtsverkehr *m*

seyant [sɛjɑ̃] *adj* passend, kleidsam; *une coiffure ~e* eine passende Frisur *f*

shampooing [ʃɑ̃pwɛ̃] *m* Shampoo *n*

shampouiner [ʃɑ̃pwine] *v* schampunieren, Kopf waschen

shooter [ʃute] *v (ballon)* schießen

short [ʃɔʀt] *m* Shorts *pl*

si [si] *konj 1.* doch; *2. (au cas où)* falls, wenn; *3. (question indirecte)* ob; *4. (dans la mesure où)* sofern; *adv 5.* so, ja, doch; *C'est ~ beau.* Das ist so schön. *On n'est jamais ~ bien servi que par soi-même.* Selbst ist der Mann. *6. ~ bien que* ...so dass; *7. ~ ... que* so ... auch; *~ peu que ce soit* und wenn es noch so wenig ist

siamois [sjamwa] *adj* siamesisch; *un chat ~* eine Siamkatze *f; des frères ~* siamesische Zwillingsjungen *pl; des sœurs ~es* siamesische Zwillingsmädchen *pl*

sida [sida] *m MED* Aids *n*

sidérant [sideʀɑ̃] *adj* verblüffend

sidérer [sideʀe] *v* erstaunen, verblüffen, überraschen

sidérurgie [sideʀyʀʒi] *f* Eisenindustrie *f*

siècle [sjɛkl] *m 1.* Jahrhundert *n; 2. (époque)* Zeitalter *n; 3. Siècle des Lumières HIST* Aufklärung *f*

siège [sjɛʒ] *m 1.* Sitz *m; ~ du passager avant* Beifahrersitz *m; ~ pliant* Klappstuhl *m; ~ arrière* Rücksitz *m; ~ éjectable* Schleudersitz *m; ~ du gouvernement* Regierungssitz *m; 2. MIL* Belagerung *f; 3. ANAT naissance par le ~* Geburt in der Steißlage *f*

siéger [sjeʒe] *v* tagen

sien(ne) [sjɛ̃/sjɛn] *pron le ~/la ~ne* sein(e)/ihr(e); *y mettre du ~* sein Schärflein beitragen

sieste [sjɛst] *f* Schläfchen *n*

siffler [sifle] *v 1.* pfeifen; *~ comme un merle* sehr gut pfeifen; *~ la fin de la partie* abpfeifen; *2. (serpent)* zischen; *3. (fam)* hinunterstülpen, hinunterstürzen; *~ un verre*

sifflet [siflɛ] *m* Pfeife *f; couper le ~ à qn* jdm über den Mund fahren

sigle [sigl] *m* Sigel *n*, Wortkürzung *f*, Abkürzungszeichen *n*

signal [siɲal] *m* Signal *n; ~ d'alarme* Alarmsignal *n; ~ lumineux* Leuchtsignal *n; ~ avertisseur* Warnsignal *n*

signalement [siɲalmɑ̃] *m* Beschreibung *f*

signaler [siɲale] *v 1.* signalisieren; *2. (communiquer)* melden, mitteilen; *3. (fig)* hinweisen; *4. se ~* sich hervortun, sich auszeichnen

S

signalisation [siɲalizasjɔ̃] *f ~ routière* Straßenbeschilderung *f*

signaliser [siɲalize] *v* signalisieren, Zeichen geben

signature [siɲatyʀ] *f* Unterschrift *f*

signe [siɲ] *m 1.* Zeichen *n; C'est bon ~.* Das ist ein gutes Zeichen. *faire ~ à qn* jdm winken; *~ de vieillesse* Alterserscheinung *f; ~ de la main* Handzeichen *n; ~ de vie* Lebenszeichen *n; ~ du zodiaque* Tierkreiszeichen *n; ~ distinctif* Wahrzeichen *n; 2. (geste)* Wink *m; 3. ~ caractéristique* Merkmal *n; 4. (symptôme)* Anzeichen *n; 5. MATH* Vorzeichen *n; 6. langage des ~s* Zeichensprache *f*

signer [siɲe] *v* *1.* unterzeichnen, zeichnen; *2. (souscrire)* abzeichnen, unterschreiben; *3. se ~ REL* sich bekreuzigen
signifiant [siɲifjɑ̃] *adj* *1.* bedeutend, bedeutungsvoll; *m 2. LING* Signifikant *m*
significatif [siɲifikatif] *adj* bedeutsam, vielsagend
signification [siɲifikasjɔ] *f* Sinn *m*, Bedeutung *f*
signifier [siɲifje] *v* *1.* bedeuten, heißen; *2. (notifier)* mitteilen, dartun, auseinandersetzen
silence [silɑ̃s] *m* *1.* Ruhe *f*, Stille *f*; *~ du tombeau* Grabesstille *f*; *en ~* lautlos; *passer sous ~* verschweigen; *2. (mutisme)* Schweigen *n*; *3. (discrétion)* Schweigsamkeit *f*
silencieux [silɑ̃sjø] *adj* *1.* schweigsam, stumm; *2. (paisible)* still, lautlos; *m 3. TECH* Auspufftopf *m*, Schalldämpfer *m*
silhouette [silwɛt] *f* *1.* Figur *f*, Körper *m*; *2. (profil)* Silhouette *f*; *3. (contour)* Umriss *m*
similaire [similɛʀ] *adj* ähnlich, gleichartig
similarité [similaʀite] *f* Gleichartigkeit *f*
similitude [similityd] *f* Ähnlichkeit *f*
simple [sɛ̃pl] *adj* *1.* einfach; *2. (facile)* leicht; *C'est ~ comme bonjour.* Das ist kinderleicht. *3. (naturel)* natürlich; *4. (sans prétention)* anspruchslos; *5. (pas compliqué)* unkompliziert; *m 6. (tennis ~)* Einzel *n*; *adj 7. ~ d'esprit* geistlos, ohne Witz; *m/pl 8. les ~s BOT* (einheimische) Heilkräuter *n/pl*
simplet [sɛ̃plɛ] *adj (fam)* etwas einfältig
simplicité [sɛ̃plisite] *f* Einfachheit *f*, Natürlichkeit *f*
simplifier [sɛ̃plifje] *v* vereinfachen
simpliste [sɛ̃plist] *adj* einseitig, zu einfach; *un esprit ~* ein Mensch, der die Dinge zu sehr vereinfacht *m*
simulateur [simylatœʀ] *m* *1.* Simulant *m*; *2. TECH* Simulator *m*, Nachbildner *m*, Analogmodell *n*
simulation [simylasjɔ̃] *f* *1.* Vortäuschung *f*; *2. TECH* Nachbildung *f*, Simulation *f*
simuler [simyle] *v* *1.* fingieren; *2. (feindre)* heucheln, vortäuschen
simultané [simyltane] *adj* *1.* gleichzeitig; *2. (traduction)* simultan
simultanéité [simyltaneite] *f* Gleichzeitigkeit *f*, Simultanität *f*
sincère [sɛ̃sɛʀ] *adj* *1.* aufrichtig, ehrlich,redlich; *2. (ouvert)* offen
sincérité [sɛ̃seʀite] *f* Aufrichtigkeit *f*, Ehrlichkeit *f*, Offenheit *f*, Redlichkeit *f*

S

singe [sɛ̃ʒ] *m* *1. ZOOL* Affe *m*; *2. faire le ~* herumkaspern, den Clown spielen; *3.* Witzbold *m*, Kasper *m*

singer [sɛ̃ʒe] *v ~ qn* jdn nachäffen
singeries [sɛ̃ʒʀi] *f/pl (fam)* Faxen *pl*
singulariser [sɛ̃gylaʀize] *v* *1.* unterscheiden, auszeichnen; *2. se ~* sich abheben, sich unterscheiden, auffallen
singularité [sɛ̃gylaʀite] *f* *1.* Besonderheit *f*; *2. (originalité)* Eigenheit *f*
singulier [sɛ̃gylje] *adj* *1.* merkwürdig; *2. (particulier)* einzigartig; *3. (bizarre)* seltsam, sonderbar; *m 4. GRAMM* Singular *m*
sinistre [sinistʀ] *m* *1.* Unglück *n*, Katastrophe *f*; *adj 2.* unheilvoll, unheimlich
sinistré [sinistʀe] *adj* *1.* von einem Unglück betroffen, Katastrophen..., geschädigt; *une région ~e* ein Katastrophengebiet *n*; *m 2.* Opfer *n*, Katastrophenopfer *n*, Geschädigter *m*; *recueillir les ~s* die Opfer bergen
sinon [sinɔ̃] *konj* *1.* sonst, andernfalls; *2. (autrement)* ansonsten; *3. ~ ... du moins ...* wenn nicht ... so doch ...; *4. (sauf)* außer
sinueux [sinɥø] *adj* *1.* kurvenreich; *2. (fig)* langwierig, verschlungen
sinuosité [sinɥozite] *f* *1.* Kurven *pl*, Windungen *pl*, Biegungen *pl*; *les ~s d'une rivière* die Windungen eines Flusses *pl*; *décrire des ~s* Kurven beschreiben; *2.* Kurve *f*, Windung *f*, Bogen *m*; *la ~ d'un contour* ein gewundener Umriss *m*
sinus [sinys] *m* *1. ANAT* Sinus *m*, Vertiefung *f*, Höhlung *f*, Ausbuchtung *f*; *le ~ frontal* die Stirnhöhle *f*; *le ~ maxillaire* die Kieferhöhle *f*; *2. MATH* Sinus *m*
sionisme [sjɔnism] *m* Zionismus *m*
sire [siʀ] *m HIST* Herr *m*, *(titre)* Majestät *f*
sirène [siʀɛn] *f* *1. (avertisseur)* Sirene *f*; *2. (ondine)* Nixe *f*, Sirene *f*
siroter [siʀɔte] *v* nippen
sismique [sismik] *adj* seismisch, Erdbeben...; *une onde ~* eine seismische Welle *f*; *une secousse ~* ein Erdbeben *n*, ein Erdstoß *m*
sismologie [sismɔlɔʒi] *f GEO* Erdbebenkunde *f*
site [sit] *m* *1.* Landschaft *f*; *2. ~ naturel protégé* Naturschutzgebiet *n*
sitôt [sito] *adv* sofort, sogleich, so bald; *~ après le déjeuner* sofort nach dem Essen; *pas de ~* nicht so bald; *Sitôt dit, ~ fait.* Gesagt, getan.
situation [sitɥasjɔ̃] *f* *1.* Lage *f*, Situation *f*; *~ critique* Notlage *f*; *~ financière* finanzielle Lage *f*; *2. (position)* Stellung *f*; *3. (statut)*

Stand *m; ~ de famille* Familienstand *m; 4. (état)* Verfassung *f,* Zustand *m*

situer [sitɥe] *v 1.* platzieren, hinstellen; *2. se ~* liegen, sich befinden, stattfinden

six [sis] *num 1.* sechs; *m 2.* Sechs

sixième [sizjɛm] *adj 1.* sechste(r,s); *m/f 2.* Sechste(r) *m/f*

sketch [skɛtʃ] *m* Sketch *m,* lustiger Einakter *m*

ski [ski] *m* Ski *m; faire du ~* Ski fahren; *~ nautique* Wasserski *m; 2. ~ de fond* Langlaufski *m*

skier [skje] *v SPORT* Ski fahren

skieur [skjœʀ] *m SPORT* Skifahrer *m*

skiff [skif] *m NAUT* Skiff *n*

slave [slav] *adj 1.* slawisch; *m/f 2.* Slawe/Slawin *m/f*

slogan [slɔgɑ̃] *m* Schlagwort *n*

sloop [slup] *m NAUT* Schlup *f*

slovaque [slɔvak] *adj* slowakisch

Slovaquie [slɔvaki] *f GEO* Slowakei *f*

slovène [slɔvɛn] *adj* slowenisch

Slovénie [slɔveni] *f GEO* Slowenien *n*

slow [slo] *m* Slow *m*

smog [smɔg] *m* Smog *m*

smoking [smɔkiŋ] *m* Smoking *m*

sniffer [snife] *v (fam)* sniffen, schnüffeln

snob [snɔb] *adj 1.* snobistisch; *m/f 2.* Snob *m*

snober [snɔbe] *v* jdn von oben herab behandeln, sich zu gut sein für etw

snobisme [snɔbism] *m* Snobismus *m*

soap-opéra [sopɔpeʀa] *m* Seifenoper *f,* Soap *f*

sobre [sɔbʀ] *adj 1.* nüchtern, enthaltsam; *2. (simple)* einfach; *3. (fig)* maßvoll

sobriété [sɔbʀijete] *f 1.* Mäßigkeit *f; 2. (abstinence)* Enthaltsamkeit *f*

sobriquet [sɔbʀikɛ] *m* Spitzname *m,* Beiname *m*

soc [sɔk] *m* Pflugschar *f*

sociabilité [sɔsjabilite] *f* Geselligkeit *f,* Kontaktfähigkeit *f,* Ansprechbarkeit *f*

sociable [sɔsjabl] *adj* gesellig

social [sɔsjal] *adj 1.* sozial; *problèmes sociaux* soziale Probleme *n/pl; 2. (de la societé)* gesellschaftlich; *3. ECO* Gesellschafts...; *siège ~ d'une entreprise* Firmensitz *m*

social-démocrate [sɔsjaldemɔkʀat] *adj* sozialdemokratisch

socialisme [sɔsjalism] *m POL* Sozialismus *m*

socialiste [sɔsjalist] *m/f POL* Sozialist(in) *m/f*

société [sɔsjete] *f 1.* Gesellschaft *f; ~ anonyme (S.A.)* Aktiengesellschaft (AG) *f; ~ des chemins de fer fédéraux* Bundesbahn *f; ~ de consommation* Konsumgesellschaft *f; ~ de services* Dienstleistungsgesellschaft *f; ~ d'abondance* Wohlstandsgesellschaft *f; ~ de contrôle* Dachgesellschaft *f; ~ de capitaux* Kapitalgesellschaft *f; ~ fiduciaire* Treuhandgesellschaft *f; ~ de distribution* Vertriebsgesellschaft *f; 2. (association)* Verein *m; ~ protectrice des animaux* Tierschutzverein *m*

socle [sɔkl] *m* Fuß *m,* Sockel *m*

socquette [sɔkɛt] *f* Socke *f,* Söckchen *n*

sœur [sœʀ] *f 1.* Schwester *f; 2. REL* Nonne *f*

sofa [sɔfa] *m* Sofa *n*

software [sɔftvwɛʀ] *m INFORM* Software *f*

soi [swa] *pron* sich; *chez ~* zu Hause

soi-disant [swadizɑ̃] *adj* so genannt, angeblich

soie [swa] *f 1.* Seide *f; 2. (de porc)* Borste *f*

soif [swaf] *f 1.* Durst *m; 2. ~ de* Gier nach *f; ~ de liberté* Freiheitsdrang *m; ~ de pouvoir* Herrschsucht *f; avoir ~ de (fig)* hungern nach

soignant [swaʒɑ̃] *adj* Pflege...; *personnel ~* Pflegepersonal *n*

soigné [swaɲe] *adj 1.* gepflegt; *2. (ordonné)* ordentlich, sorgfältig

soigner [swaɲe] *v 1.* pflegen; *2. (entretenir)* schonen; *3. (guérir) MED* kurieren; *4. (traiter)* behandeln; *5. se ~* sich pflegen, auf seine Gesundheit Acht geben

soigneux [swaɲø] *adj* sorgfältig

soin [swɛ̃] *m 1.* Sorge *f,* Pflege *f; 2. (précaution)* Sorgfalt *f; 3. (prise en charge)* Pflege *f; prendre ~ de* pflegen; *prendre ~ de qn* für jdn sorgen; *~s corporels* Körperpflege *f; être aux petits ~s pour qn* jdm jeden Wunsch von den Augen ablesen

soir [swaʀ] *m 1.* Abend *m; le ~* abends; *du ~* abendlich; *2. ~ de la vie (fig)* Lebensabend *m*

soirée [swaʀe] *f 1.* Abend *m; 2. (fête)* Party *f*

soit [swa] *konj 1. ~ ... ~* entweder ... oder; *2. (c'est à dire)* das heißt; [swat] *interj 3. ~!* meinetwegen!/(nun) gut!/na schön!

soixantaine [swasɑ̃tɛn] *f 1. (environ soixante)* ungefähr sechzig; *2. (âge)* ungefähr sechzig Jahre *pl; approcher de la ~* auf die Sechzig zugehen

soixante [swasɑ̃t] *num* sechzig

soixante-dix [swasɑ̃tdis] *num* siebzig

S

soixante-dixième [swasɑ̃tdizjɛm] *adj 1.* siebzigste(r, s); *m 2.* Siebzigstel *n*
soixante-huitard(e) [swasɑ̃tɥitaʀ] *m/f (fam)* Achtundsechziger(in) *m/f*
soixantième [swasɑ̃tjɛm] *adj 1.* sechzigste(r,s); *m/f 2.* Sechzigste(r) *m/f*
sol [sɔl] *m 1.* Boden *m,* Grund *m; ~ glaiseux* Lehmboden *m; 2. (plancher)* Fußboden *m*
solaire [sɔlɛʀ] *adj* Sonnen..., Solar... *le système ~* das Sonnensystem *n; l'énergie ~* die Solarenergie *f; un cadran ~* eine Sonnenuhr *f; une crème ~* eine Sonnencreme *f*
soldat [sɔlda] *m* Soldat *m*
solde [sɔld] *m 1. ECO* Saldo *m; f 2. MIL* Besoldung *f; 3. être à la ~ de qn* in jds Diensten stehen
solder [sɔlde] *v 1. FIN* abbezahlen; *2. (brader)* im Ausverkauf absetzen, verramschen
soldes [sɔld] *m/pl* Ausverkauf *m; ~ d'été* Sommerschlussverkauf *m; ~ d'hiver* Winterschlussverkauf *m*
soleil [sɔlɛj] *m 1.* Sonne *f; Il fait du ~.* Die Sonne scheint. *2. BOT* Sonnenblume *f*
solennel [sɔlanɛl] *adj 1.* feierlich, festlich; *2. (grave)* gewichtig, bedeutend, feierlich
solennité [sɔlanite] *f* Feierlichkeit *f,* Erhabenheit *f*
solidaire [sɔlidɛʀ] *adj* solidarisch
solidariser [sɔlidaʀize] *v 1.* gemeinsam verantwortlich machen; *2. se ~ avec qn* sich mit jdm solidarisch erklären
solidarité [sɔlidaʀite] *f 1.* Solidarität *f; 2. (union)* Verbundenheit *f*
solide [sɔlid] *adj 1.* fest, stark, kräftig; *2. (durable)* dauerhaft; *3. (résistant)* widerstandsfähig; *4. (fig: sérieux)* solide; *5. (sûr)* sicher, gefahrlos; *6. (stable)* stabil, robust; *être ~ comme un roc* wie ein Fels in der Brandung stehen; *m 7. PHYS* Festkörper *m*
solidité [sɔlidite] *f 1.* Haltbarkeit *f; 2. (fig)* Stabilität *f*
soliste [sɔlist] *m/f MUS* Solist(in) *m/f*

solitaire [sɔlitɛʀ] *adj 1.* einsam; *m 2.* Einzelgänger *m; 3. (ermite)* Einsiedler *m; 4. (diamant)* Solitär *m*

solitude [sɔlityd] *f 1.* Einsamkeit *f; 2. (isolement)* Abgeschiedenheit *f; 3. (mise à l'écart)* Vereinsamung *f*
sollicitation [sɔlisitasjɔ̃] *f 1.* Gesuch *n,* Ersuchen *n; 2. (charge)* Beanspruchung *f*
solliciter [sɔlisite] *v* beantragen, beanspruchen
sollicitude [sɔlisityd] *f 1.* Betreuung *f; plein de ~* fürsorglich; *2. (soin)* Sorge *f,* Fürsorge *f,* Pflege *f*
solstice [sɔlstis] *m ASTR* Sonnenwende *f*
soluble [sɔlybl] *adj* löslich
solution [sɔlysjɔ̃] *f 1.* Lösung *f,* Klärung *f; ~ provisoire* Übergangslösung *f; 2. (fig)* Schlüssel *m; 3. (d'une énigme)* Auflösung *f*
solutionner [sɔlysjɔne] *v* lösen, klären
solvable [sɔlvabl] *adj ECO* zahlungsfähig, solvent
solvant [sɔlvɑ̃] *m CHEM* Lösungsmittel *n*
sombre [sɔ̃bʀ] *adj 1.* finster, dunkel; *2. (lugubre)* düster; *3. (mélancolique)* schwermütig; *4. (morne)* trübsinnig
sombrer [sɔ̃bʀe] *v 1.* untergehen, sinken; *2. (fig)* Schiffbruch erleiden
sommaire [sɔmɛʀ] *m 1.* Inhaltsangabe *f; 2. (résumé)* Zusammenfassung *f; adj 3. (court)* zusammengefasst, gedrängt, gerafft, summarisch; *4. (superficiel)* kurz; *toilette ~* Katzenwäsche *f*
sommation [sɔmasjɔ̃] *f 1.* Mahnung *f,* Aufforderung *f; 2. lettre de ~* Mahnschreiben *n*
somme [sɔm] *f* Summe *f,* Betrag *m; ~ totale* Gesamtsumme *f; ~ forfaitaire* Pauschalsumme *f*
sommeil [sɔmɛj] *m 1.* Schlaf *m; ~ hivernal ZOOL* Winterschlaf *m; 2. avoir ~* müde sein
sommeiller [sɔmɛje] *v 1.* schlummern; *v 2. (fig)* schlummern, dösen
sommelier [sɔməlje] *m* Kellermeister *m,* Weinkellner *m,* Wirtschafter *m*
sommer [sɔme] *v ~ de* auffordern, mahnen
sommet [sɔmɛ] *m 1. GEO* Gipfel *m,* Höhe *f,* Spitze *f; 2. MATH* Scheitelpunkt *m; 3. POL* Gipfel *m*
sommier [sɔmje] *m 1.* Bettrahmen *m; 2. ~ à lattes* Lattenrost *m*
somnifère [sɔmnifɛʀ] *m* Schlaftablette *f*
somnolent [sɔmnɔlɑ̃] *adj 1.* schläfrig; *2. (endormi)* schlaftrunken
son[1] [sɔ̃] *m 1.* Klang *m; 2. (volume)* Ton *m,* Laut *m*
son[2] [sɔ̃] *m BOT* Kleie *f*
son[3] [sɔ̃] *pron* sein(e)/ihr(e)
sondable [sɔ̃dabl] *adj* messbar
sondage [sɔ̃daʒ] *m 1.* Umfrage *f; ~ d'opinion* Meinungsumfrage *f; 2. (prospection)* Überprüfung *f*
sonde [sɔ̃d] *f TECH* Sonde *f; ~ lunaire* Mondsonde *f; ~ spatiale* Raumsonde *f*
sonder [sɔ̃de] *v 1. ~ qn (fig)* jdn aushorchen; *2. (forer)* sondieren, untersuchen; *3. (relever)* peilen

S

songer [sɔ̃ʒe] *v 1. ~ à* denken an; *2. ~ à qc* sich etw überlegen, Acht geben auf etw, nachdenken über etw; *Il faut ~ au départ.* Erst denken, dann handeln. *3. (envisager)* vorhaben, ins Auge fassen
songerie [sɔ̃ʒʀi] *f* Träumerei *f,* Spinnerei *f*
sonner [sɔne] *v 1.* klingeln, läuten; *On ne vous a pas sonné.* Ich habe Sie nicht nach Ihrer Meinung gefragt. *2. (heure)* schlagen; *3. (résonner)* tönen, klingen; *4. (fam: assommer)* umlegen, umhauen, zu Boden schlagen; *Le choc l'a sonné.* Der Schock hat ihn umgehauen.
sonnerie [sɔnʀi] *f* Klingeln *n,* Läuten *n; la ~ du téléphone* das Läuten des Telefons *n*
sonnet [sɔnɛ] *m LIT* Sonett *n*
sonnette [sɔnɛt] *f 1.* Klingel *f; 2. (de la porte)* Türglocke *f*
sonore [sɔnɔʀ] *adj* tönend, klingend
sonorisation [sɔnɔʀizasjɔ̃] *f 1.* Vertonung *f,* Synchronisation *f; 2. TECH* Schallaufzeichnung *f*
sophisme [sɔfism] *m* Trugschluss *m*
sophistication [sɔfistikasjɔ̃] *f* Verfälschung *f*
sophistiqué [sɔfistike] *adj 1. (artificiel)* gekünstelt, unecht, unnatürlich; *une beauté ~e* eine unnatürliche Schönheit *f; 2. (recherché)* ausgesucht, erlesen, elegant, vornehm; *un public ~* ein erlesenes Publikum *n; un maquillage ~* ein elegantes Make-up; *3. (perfectionné)* vollkommen, ausgeklügelt, perfekt, hoch entwickelt
sorcellerie [sɔʀsɛlʀi] *f* Hexerei *f,* Zauberei *f; Cela tient de la ~. (fig)* Das grenzt an Hexerei.
sorcier [sɔʀsje] *m 1.* Zauberer *m,* Hexenmeister *m; un apprenti ~* ein Zauberlehrling *m; adj 2. (fam)* schwierig, tückisch; *Ce n'est pas ~.* Das ist kein Kunststück./Das ist nicht schwer./Da gehört nicht viel dazu.
sorcière [sɔʀsjɛʀ] *f* Hexe *f*
sort [sɔʀ] *m 1.* Schicksal *n,* Zufall *m,* Geschick *n; 2. (fortune)* Los *n; 3. tirer au ~* losen; *4. jeter un ~ à qn* jdn verhexen
sorte [sɔʀt] *f* Art *f,* Sorte *f,* Weise *f; de ~ que* so, sodass; *en quelque ~* in gewisser Weise, gewissermaßen
sortie [sɔʀti] *f 1.* Ausgang *m,* Ausfahrt *f,* Ausstieg *m; ~ de secours* Notausgang *m; ~ de service* Hinterausgang *m; 2. (d'un pays)* Ausreise *f; 3. (de l'école)* Abgang *m; 4. (de devises) ECO* Abfluss *m; 5. THEAT* Abgang *m*
sortilège [sɔʀtilɛʒ] *m* Zauber *m,* Magie *f,* Bann *m*

sortir [sɔʀtiʀ] *v 1.* ausgehen, weggehen; *~ du pays* ausreisen; *~ de (association)* austreten aus; *~ de* herrühren von; *~ avec violence* herausbrechen; *s'en ~* herausfinden; *~ de ses gonds* ausrasten; *~ de scène (au théâtre)* abgehen; *2. (quitter)* heraustreten, hinausgehen, ausfahren; *3. (en boîte)* fortgehen; *4. (disque)* herausbringen; *5. (publier)* herauskommen, veröffentlichen; *6. (prendre)* herausnehmen, nehmen

sot [so] *adj (bête)* dumm, töricht
sottise [sɔtiz] *f 1.* Torheit *f; 2. faire des ~s* Dummheiten machen; *3. dire ses ~s à qn* jdm seine Dummheiten erzählen
sou [su] *m (fig)* Cent *m; une machine à ~s* ein Spielautomat *m; être sans le ~* keinen Cent haben; *n'avoir pas un ~ vaillant* keine müde Mark haben; *un bijou de quatre ~s* ein Klunker *m,* ein billiges Schmuckstück *n*
soubassement [subasmɑ̃] *m* Grundmauer *f,* Unterbau *m*
soubrette [subʀɛt] *f* Kammerzofe *f*
souci [susi] *m 1.* Sorge *f,* Kummer *m; C'est le dernier de mes ~s.* Das ist meine geringste Sorge. *2. (inquiétude)* Besorgnis *f; 3. BOT* Ringelblume *f*
soucier [susje] *v se ~ de qc* sich um etw sorgen, sich um etw kümmern, sich um etw Gedanken machen
soucoupe [sukup] *f* Untertasse *f; ~ volante* fliegende Untertasse *f*
soudage [sudaʒ] *m TECH* Schweißarbeit *f,* Schweißen *n,* Schweißung *f*
soudain [sudɛ̃] *adj* jäh, plötzlich
soudainement [sudɛ̃nmɑ̃] *adv* unerwartet, plötzlich
souder [sude] *v 1. TECH* schweißen; *2. (braser) TECH* löten; *3. fer à ~* Lötkolben *m; 4. (fig)* zusammenschweißen
soudeur [sudœʀ] *m* Schweißer *m,* Kabellöter *m*
soudoyer [sudwaje] *v (fam)* schmieren, bestechen
souffle [sufl] *m 1.* Hauch *m,* Atem *m; 2. (haleine)* Puste *f; 3. TECH* Druckwelle *f*
soufflé [sufle] *m 1. GAST* Auflauf *m,* Soufflee *n; adj 2.* geblasen; *3. (fam: étonné)* baff, verdutzt
souffler [sufle] *v 1.* blasen; *2. (susurrer)* hauchen; *ne pas ~ mot de qc* etw verschweigen; *3. (vent)* wehen; *4. (détruire)* auslöschen; *5. (étonner)* den Atem rauben

S

soufflet [suflɛ] *m 1.* Blasebalg *m,* Faltenbalg *m; 2. (gifle)* Ohrfeige *f*
souffleur [suflœʀ] *m 1. THEAT* Souffleur *m,* Einsager *m; 2. ~ de verre* Glasbläser *m*
souffrance [sufʀɑ̃s] *f 1.* Schmerz *m,* Leid *n,* Pein *f; 2. (torture)* Qual *f*
souffrant [sufʀɑ̃] *adj 1.* krank; *adv 2.* unwohl
souffreteux [sufʀətø] *adj être ~* kränkeln
souffrir [sufʀiʀ] *v 1.* leiden; *2. ne pas ~ qn* jdn nicht ausstehen können, jdn nicht ertragen
souhait [swɛ] *m 1.* Wunsch *m; 2. à ~* nach Wunsch, denkbar
souhaitable [swɛtabl] *adj* wünschenswert
souhaiter [swɛte] *v 1.* wünschen; *2. (désirer)* erwünschen
souiller [suje] *v* beschmutzen, verunreinigen
souillon [sujɔ̃] *m/f (fam)* Schmutzfink *m*
souillure [sujyʀ] *f 1.* Verunreinigung *f; 2. (fig)* Schandfleck *m*
souk [suk] *m 1.* (arabischer) Markt *m; 2. (fig)* Durcheinander *n,* Unordnung *f*
soulagement [sulaʒmɑ̃] *m 1.* Erleichterung *f; 2. (réconfort)* Labsal *n; 3. (apaisement)* Linderung *f*
soulager [sulaʒe] *v 1.* entlasten; *2. (alléger)* erleichtern; *3. (calmer)* lindern; *4. (libérer)* entladen, befreien
soulèvement [sulɛvmɑ̃] *m 1. POL* Aufstand *m,* Aufruhr *m; 2. (indignation)* Empörung *f*
soulever [sulve] *v 1.* aufheben, anheben, hochheben; *2. se ~* aufstehen, sich erheben
souligner [suliɲe] *v* unterstreichen
soumettre [sumɛtʀ] *v 1.* unterwerfen; *2. (présenter)* unterbreiten, vorlegen; *3. ~ à* unterordnen; *4. se ~ à* sich fügen in
soumis [sumi] *adj* unterwürfig; *~ à une taxe* gebührenpflichtig
soumission [sumisjɔ̃] *f 1.* Unterwerfung *f; 2. (offre) ECO* Offerte *f*
soupape [supap] *f TECH* Ventil *n*
soupçon [supsɔ̃] *m 1.* Argwohn *m,* Verdacht *m; 2. (fig)* Hauch *m*
soupçonner [supsɔne] *v 1.* mutmaßen; *2. (suspecter)* verdächtigen
soupçonneux [supsɔnø] *adj* argwöhnisch, misstrauisch
soupe [sup] *f 1. GAST* Suppe *f; ~ de poisson* Fischsuppe *f; ~ de légumes* Gemüsesuppe *f; 2. ~ populaire* Volksküche *f; 3. être ~ au lait* leicht hochgehen, aufbrausen; *4. être trempé comme une ~* pudelnass sein
soupeser [supəze] *v* abwiegen
soupière [supjɛʀ] *f* Suppenschüssel *f*
soupir [supiʀ] *m 1.* Seufzer *m; 2. rendre le dernier ~* den letzten Atemzug tun
soupirail [supiʀaj] *m* Kellerfenster *n,* Kelleröffnung *f*
soupirant [supiʀɑ̃] *m* Verehrer *m*
soupirer [supiʀe] *v 1.* seufzen; *2. ~ après qn* sich nach jdm sehnen
souple [supl] *adj 1.* biegsam, weich; *2. (agile)* gelenkig; *3. (flexible)* schmiegsam; *4. (docile)* fügsam; *5. (fig)* nachgiebig; *6. (adaptable)* an-passungsfähig; *être ~ comme une anguille* geistig sehr beweglich sein
souplesse [suplɛs] *f 1.* Biegsamkeit *f; 2. (adaptation)* Anpassungsfähigkeit *f; 3. (facilité)* Nachgiebigkeit *f*
source [suʀs] *f 1.* Quelle *f; Cela coule de ~.* Das liegt auf der Hand. *prendre sa ~* entspringen; *~ d'argent* Geldquelle *f; ~ d'information* Informationsquelle *f; 2. (origine)* Ursprung *m*
sourcil [suʀsi] *m ANAT* Augenbraue *f*
sourd [suʀ] *adj 1.* taub; *être ~ comme un pot* stocktaub sein; *2. (fig)* dumpf, gedämpft; *3. (secret)* heimlich, versteckt
sourd(e) [sur(d)] *m/f* Gehörlose *m/f*
sourdine [suʀdin] *f 1. TECH* Schalldämpfer *m; 2. mettre une ~ (fig)* einen Dämpfer aufsetzen, bei etw zurückstecken
sourd-muet [suʀmɥɛ] *adj* taubstumm
souriant [suʀjɑ̃] *adj* lächelnd, freundlich, fröhlich; *une personne ~e* ein fröhlicher Mensch *m; un visage ~* ein freundliches Gesicht *n*
souricière [suʀisjɛʀ] *f* Mausefalle *f*
sourire [suʀiʀ] *m 1.* Lächeln *n; v irr 2.* lächeln; *3. ~ à qn* jdn anlachen, jdm zusagen; *4. ~ de qc* etw belächeln
souris [suʀi] *f 1. ZOOL* Maus *f; 2. INFORM* Maus *f*
sournois [suʀnwa] *adj* heimtückisch, hinterhältig
sournoiserie [suʀnwazʀi] *f* Tücke *f*
sous [su] *prep 1. (local)* unter; *2. (temps)* unter, während
sous-alimentation [suzalimɑ̃tsjɔ̃] *f* Unterernährung *f*
souscrire [suskʀiʀ] *v irr* unterschreiben, unterzeichnen
sous-développé [sudevlɔpe] *m* unterentwickelt
sous-emploi [suzɑ̃plwa] *m* Unterbeschäftigung *f*

sous-entendu [suzɑ̃tɑ̃dy] *adv* 1. unterschwellig; *m* 2. Hintergedanke *m*
sous-estimer [suzɛstime] *v* unterschätzen
sous-locataire [sulɔkatɛʀ] *m* Untermieter *m*
sous-louer [sulwe] *v* untervermieten, weitervermieten, zur Untermiete wohnen
sous-main [sumɛ̃] *m* 1. Schreibunterlage *f;* 2. *recevoir de l'argent en ~* heimlich Geld erhalten
sous-marin [sumaʀɛ̃] *m* 1. U-Boot *n; adj* 2. unterseeisch, U-Boot..., Unterwasser...
sous-sol [susɔl] *m* Untergeschoss *n*
sous-titre [sutitʀ] *m* Untertitel *m*
soustraire [sustʀɛʀ] *v irr* 1. unterschlagen; 2. *(spéculer)* veruntreuen; 3. *MATH* abziehen
sous-traiter [sutʀɛte] *v* von Zulieferbetrieben herstellen lassen, (Industrieaufträge) als Zulieferer ausführen, (Aufträge) an Zulieferer vergeben
sous-vêtement [suvɛtmɑ̃] *m* Unterbekleidung *f,* Unterwäsche *f,* Leibwäsche *f*
soute [sut] *f* Laderaum *m*
soutenable [sutnabl] *adj* stichhaltig, vertretbar, haltbar
soutenance [sutnɑ̃s] *f (à l'université)* Verteidigung *f; une ~ de thèse* die Verteidigung einer Doktorarbeit *f*
souteneur [sutnœʀ] *m* Zuhälter *m*
soutenir [sutniʀ] *v* 1. halten; 2. *(assister)* unterstützen, stützen; 3. *(défendre)* verteidigen; 4. *(opinion)* behaupten; 5. *se ~ mutuellement* zusammenhalten, einander beistehen
soutenu [sutny] *adj (langue)* gewählt
souterrain [suteʀɛ̃] *m* 1. Tunnel *m; adj* 2. unterirdisch, heimlich, geheim
soutien [sutjɛ̃] *m* 1. Unterstützung *f;* 2. *(support)* Stütze *f;* 3. *(fig: appui)* Rückhalt *m*
soutien-gorge [sutjɛ̃gɔʀʒ] *m* Büstenhalter *m,* BH *m*
souvenir [suvniʀ] *m* 1. Andenken *n,* Erinnerung *f; garder le ~ de* gedenken; *~s d'enfance* Kindheitserinnerungen *pl;* 2. *(objet)* Souvenir *n;* 3. *(de voyage)* Reiseandenken *n; v* 4. *se ~ de qc* sich an etw erinnern, sich einer Sache entsinnen
souvent [suvɑ̃] *adv* 1. häufig, oft; 2. *le plus ~* meist, meistens
souverain [suv(ə)ʀɛ̃] *adj* 1. souverän; 2. *(arbitraire)* selbstherrlich; *m* 3. Herrscher *m;* 4. *(monarque)* Machthaber *m;* 5. *(chef de l'État)* Staatsoberhaupt *n*
souveraineté [suv(ə)ʀɛnte] *f* 1. Hoheit *f;* 2. *(autorité suprême)* Souveränität *f;* 3. *~ territoriale* Gebietshoheit *f*
soviétique [sɔvjetik] *adj HIST* sowjetisch, Sowjet...; *l'Union ~ HIST* die Sowjetunion *f; la Russie ~* das sowjetische Russland *n*
spam [spɛm] *m INFORM* Spam-Mail *f; filtre ~* Spam-Filter *m*
sparadrap [spaʀadʀa] *m* Wundpflaster *n*
spartiate [spaʀsjat] *adj* spartanisch
spasme [spasm] *m MED* Krampf *m*
spatial [spasjal] *adj* 1. räumlich; 2. *vaisseau ~* Raumschiff *n; sonde ~e* Raumsonde *f*
spatieux [spasjø] *adj* geräumig
spatule [spatyl] *f* Rührlöffel *m,* Spachtel *f,* Spatel *m*
speaker(ine) [spikœʀ/spikʀin] *m/f* Sprecher(in) *m/f,* Ansager(in) *m/f*

> **spécial** [spesjal] *adj* 1. speziell; 2. *(particulier)* besondere(r,s); 3. *(bizarre)* sonderbar

spécialement [spesjalmɑ̃] *adv* 1. besonders; 2. *(exprès)* speziell, eigens
spécialisation [spesjalizasjɔ̃] *f* Spezialisierung *f*
spécialiser [spesjalize] *v se ~ dans* sich spezialisieren auf
spécialiste [spesjalist] *m* 1. Spezialist *m;* 2. *(homme du métier)* Fachmann *m;* 3. *médecin ~ MED* Facharzt *m*
spécialité [spesjalite] *f* 1. Spezialität *f;* 2. *(domaine)* Fach *n,* Sachgebiet *n*
spécieux [spesjø] *adj* scheinbar, mit einem Schein der Wahrheit
spécification [spesifikasjɔ̃] *f* Spezifizierung *f*
spécificité [spesifisite] *f* Besonderheit *f,* Eigenart *f,* Eigentümlichkeit *f*
spécifique [spesifik] *adj* 1. eigentümlich; 2. *(détaillé)* spezifisch
spécimen [spesimɛn] *m* Muster *n,* Probe *f*
spectacle [spɛktakl] *m* 1. Schauspiel *n;* 2. *(à la télévision)* Show *f;* 3. *~ de puces dressées* Flohzirkus *m;* 4. *à grand ~* Ausstattungs...
spectaculaire [spɛktakylɛʀ] *adj* 1. effektvoll; 2. *(impressionnant)* spektakulär
spectateur [spɛktatœʀ] *m* 1. Zuschauer *m;* 2. *(au théâtre)* Theaterbesucher *m;* 3. *~s pl THEAT* Publikum *n*
spectatrice [spɛktatʀis] *f* Zuschauerin *f*
spectral [spɛktʀal] *adj* gespenstisch
spectre [spɛktʀ] *m* 1. Geist *m,* Gespenst *n;* 2. *(fig)* Spektrum *n*

spéculateur [spekylatœʀ] *m FIN* Spekulant *m*
spéculatif [spekylatif] *adj 1. FIN* Spekulations..., spekulativ; *des valeurs spéculatives* Spekulationspapiere *pl; 2. PHIL* spekulativ, gedanklich
spéculation [spekylasjɔ̃] *f* Spekulation *f*
spéculer [spekyle] *v ~ sur FIN* spekulieren mit
sperme [spɛʀm] *m BIO* Samen *m,* Sperma *n*
sphère [sfɛʀ] *f 1. ASTR* Sphäre *f; 2. MATH* Kugel *f; 3. (domaine)* Bereich *m,* Gebiet *n* kugelförmig; *2. (nature) MATH* sphärisch, kugelförmig, Kugel...
spirale [spiʀal] *f* Spirale *f; cahier à ~* Spiralheft *n*
spiritualité [spiʀitɥalite] *f* Geistigkeit *f,* Unkörperlichkeit *f*
spirituel [spiʀitɥɛl] *adj 1.* geistlich; *2. (intellectuel)* geistreich; *3. (amusant)* geistreich
spiritueux [spiʀitɥø] *m* Spirituose *f*
splendeur [splɑ̃dœʀ] *f 1.* Herrlichkeit *f; 2. (faste)* Pracht *f; 3. (fig)* Glanz *m*
splendide [splɑ̃did] *adj* prächtig, wunderbar, großartig
spontané [spɔ̃tane] *adj 1.* freiwillig; *2. (instinctif)* spontan; *3. (de soi-même)* unaufgefordert
spontanéité [spɔ̃taneite] *f* Spontaneität *f*
spontanément [spɔ̃tanemɑ̃] *adv* spontan
sporadique [spɔʀadik] *adj* sporadisch
sport [spɔʀ] *m 1.* Sport *m; faire du ~* Sport treiben; *~ de compétition* Leistungssport *m; ~ d'hiver* Wintersport *m; 2. (fig)* schwierig, gefährlich; *Il va y avoir du ~!* Da wird´s was geben! *adj 3.* sportlich, sportbegeistert, Sport...
sportif [spɔʀtif] *adj 1.* sportlich; *2. (honnête)* fair; *m 3.* Sportler *m*
sportive [spɔʀtiv] *f* Sportlerin *f*
spot [spɔt] *m 1. (tache lumineuse)* Lichtpunkt *m; 2. (lampe)* Spotlight *n,* Punktlicht *n; 3. ~ publicitaire* Werbespot *m*
sprint [spʀint] *m* Endspurt *m; battre qn au ~* jdn im Endspurt schlagen; *piquer un ~* zum Spurt ansetzen
squat [skwat] *m* Hausbesetzung *f*
squatteur [skwatœʀ] *m* Hausbesetzer *m*
squelette [skəlɛt] *m 1. ANAT* Skelett *n; 2. (carcasse)* Knochengerüst *n,* Gerippe *n*
stabilisation [stabilizasjɔ̃] *f* Stabilisierung *f,* Festigung *f; la ~ de la situation* die Stabilisierung der Lage *f; un plan de ~ économique* ein Plan zur wirtschaftlichen Stabilisierung *m*
stabiliser [stabilize] *v 1.* stabilisieren; *2. se ~* sich festigen
stabilité [stabilite] *f 1.* Beständigkeit *f; 2. (constance)* Stabilität *f*
stable [stabl] *adj 1.* beständig, dauerhaft; *2. (constant)* stabil, konstant
stade [stad] *m 1.* Stadium *n; ~ initial* Anfangsstadium *n; 2. (terrain de sport)* Sportplatz *m,* Stadion *n; 3. (fig)* Phase *f*
stage [staʒ] *m 1.* Praktikum *n; 2. (séminaire)* Lehrgang *m*
stagiaire [staʒjɛʀ] *m/f 1.* Praktikant(in) *m/f; 2. JUR* Referendar(in) *m/f*
stagnant [stagnɑ̃] *adj 1.* stockend; *2. (fig)* stagnierend
stagnation [stagnasjɔ̃] *f 1.* Stillstand *m; 2. ECO* Stagnation *f; 3. ~ des ventes ECO* Absatzflaute *f*
stagner [stagne] *v* stagnieren, (still)stehen
stand [stɑ̃d] *m (de foire, d'exposition)* Messestand *m*
standard [stɑ̃daʀ] *m 1.* Standard *m; ~ de vie* Lebensstandard *m; 2. (norme)* Norm *f; 3. TEL* Telefonzentrale *f*
standardisation [stɑ̃daʀdizasjɔ̃] *f* Normierung *f,* Vereinheitlichung *f,* Standardisierung *f*
standardiser [stɑ̃daʀdize] *v* normalisieren
standardiste [stɑ̃daʀdist] *m/f* Telefonist(in) *m/f,* Angestellte(r) in der Telefonzentrale *m/f*
standing [stɑ̃diŋ] *m* Niveau *n,* Klasse *f,* Rang *m,* Stellung *f; avoir un bon ~* ein gutes Ansehen haben; *un immeuble de grand ~* ein Gebäude mit Luxuswohnungen *n*
star [staʀ] *f 1. THEAT* Bühnenstar *m,* Diva *f; 2. ~ de cinéma* Filmstar *m*
statif [statif] *m TECH* Stativ *n*

station [stasjɔ̃] *f 1.* Haltestelle *f,* Stelle *f,* Aufenthalt *m; ~ de lavage automatique de voiture* Autowaschanlage *f; ~ balnéaire* Badeort *m; ~ d'épuration* Kläranlage *f; ~ thermale/~ climatique* Kurort *m; ~ de taxis* Taxistand *m; ~ de soins intensifs* Intensivstation *f; Elle ne supporte pas la ~ debout.* Sie verträgt das Stehen nicht. *2. ~ spatiale* Raumstation *f; 3. ~ de radio* Funkstation *f,* Radiostation *f*

stationnaire [stasjɔnɛʀ] *adj* gleich bleibend, unverändert; *L'état du blessé reste ~.*

S

Der Zustand des Verletzten bleibt unverändert.
stationnement [stasjɔ̃nmɑ̃] *m* Parken *n; ~ interdit* Parkverbot *n*
stationner [stasjɔ̃ne] *v* parken
station-service [stasjɔ̃sɛʀvis] *f* Tankstelle *f*
statisticien(ne) [statistisjɛ̃/statistisjɛn] *m/f* Statistiker(in) *m/f*
statistique [statistik] *f 1.* Statistik *f; adj 2.* statistisch
statuaire [statɥɛʀ] *m (sculpteur)* Bildhauer *m*
statue [staty] *f 1.* Standbild *n; 2. (monument)* Statue *f; 3. (œuvre d'art) ART* Figur *f,* Statue *f*
statuer [statɥe] *v ~ sur qc* über etw entscheiden; *~ sur un cas particulier* über einen besonderen Fall entscheiden
stature [statyʀ] *f 1.* Körperbau *m; 2 (envergure)* Statur *f*
statut [staty] *m 1. JUR* Satzung *f; 2. (position)* Stellung *f,* Status *m*
stèle [stɛl] *f* Stele *f,* (Grab)Säule *f*
sténo-dactylo [stenodaktilo] *m/f* Stenotypist(in) *m/f*
sténographie [stenɔgʀafi] *f* Steonographie *f,* Kurzschrift *f*
steppe [stɛp] *f GEO* Steppe *f*
stéréotypé [steʀeɔtipe] *adj* stereotyp
stérile [steʀil] *adj 1.* steril, keimfrei; *2. (non fertile)* unfruchtbar
stérilisation [steʀilizasjɔ̃] *f 1.* Sterilisation *f,* Sterilisierung *f; 2. MED* Sterilisation *f,* Sterilisierung *f,* Unfruchtbarmachung *f*
stériliser [steʀilize] *v MED* sterilisieren, unfruchtbar machen
stérilité [steʀilite] *f* Sterilität *f,* Unfruchtbarkeit *f*
stigmate [stigmat] *m 1. (cicatrice)* Stigma *n,* Narbe *f; 2. BOT* Narbe; *3. (fig)* Zeichen
stigmatisé [stigmatize] *adj (fig)* gezeichnet
stigmatiser [stigmatize] *v 1. REL* stigmatisieren; *2. (condamner)* brandmarken
stimulant [stimylɑ̃] *adj 1.* anregend; *m 2.* Reizmittel *n,* Anreiz *m*
stimulateur [stimylatœʀ] *m ~ cardiaque MED* Herzschrittmacher *m*
stimulation [stimylasjɔ̃] *f* Anreiz *m*
stimuler [stimyle] *v 1.* reizen, anregen; *2. (fig)* anfachen, anspornen
stimulus [stimylys] *m* Stimulus *m*
stipulation [stipylasjɔ̃] *f ECO* Vertragsbestimmung *f*
stipuler [stipyle] *v JUR* vorschreiben
stock [stɔk] *m ECO* Bestand *m,* Vorrat *m*
stockage [stɔkaʒ] *m 1. (des déchets atomiques)* Endlagerung *f; 2. ECO* Lagerung *f; 3. ~ des informations INFORM* Informationsspeicherung *f*
stocker [stɔke] *v 1.* lagern; *2. (accumuler)* horten; *3. INFORM* speichern
stoïque [stɔik] *adj* stoisch, gleichmütig, gelassen, unerschütterlich; *demeurer ~ dans la souffrance* das Leiden mit stoischer Ruhe ertragen
stop [stɔp] *interj 1.* halt; *m 2. (feu arrière de voiture)* Bremslicht *n; 3. faire du ~ (fam)* per Anhalter fahren, trampen
stopper [stɔpe] *v 1.* einhalten, anhalten; *2. (arrêter)* stoppen, anhalten
stoppeur [stɔpœʀ] *m (fam: auto-~)* Tramper *m,* per Anhalter Reisender *m*
store [stɔʀ] *m* Markise *f*
strate [stʀat] *f* Lage *f,* Schicht *f*
stratège [stʀatɛʒ] *m* Stratege *m*
stratégie [stʀateʒi] *f* Strategie *f*
stratégique [stʀateʒik] *adj* strategisch, kriegswichtig
stratifier [stʀatifje] *v* schichten
stresser [stʀese] *v (fam)* Stress machen, stressen, Hektik verbreiten; *Il stresse pour un rien.* Er macht unnötig Stress.
strict [stʀikt] *adj 1.* rigoros; *2. (sévère)* strikt; *au sens ~ du terme* genau genommen
strident [stʀidɑ̃] *adj* gellend, schrill
strophe [stʀɔf] *f* Strophe *f*
structurant [stʀyktyʀɑ̃] *adj* strukturierend, eine Struktur bildend
structuration [stʀyktyʀasɔ̃] *f* Strukturierung *f,* Bildung einer Struktur *f*
structure [stʀyktyʀ] *f 1.* Aufbau *m,* Struktur *f; 2. (dessin)* Gebilde *n; 3. (texture)* Gefüge *n; 4. (composition)* Gliederung *f,* Aufbau *m; 5. ~ modulaire* Modulbauweise *f*
structurel [stʀyktyʀɛl] *adj* strukturell
structurer [stʀyktyʀe] *v 1.* strukturieren; *v 2. se ~* sich aufgliedern, sich aufbauen
stucateur [stykatœʀ] *m TECH* Stuckarbeiter *m,* Stuckateur *m*
studieux [stydjø] *adj* fleißig, eifrig, strebsam; *un élève ~* ein fleißiger Schüler *m; des vacances studieuses* mit Lernen ausgefüllte Ferien
studio [stydjo] *m 1.* Appartement *n,* Studio *n; 2. (de cinéma)* Atelier *n*
stupéfaction [stypefaksjɔ̃] *f* Verblüffung *f,* Bestürzung *f*

S

stupéfait [stypefɛ] *adj 1.* entgeistert; *être ~* verblüfft sein; *2. (perplexe)* perplex; *3. (sidéré)* verdutzt
stupéfiant [stypefjɑ̃] *adj 1.* verblüffend; *m 2. MED* Betäubungsmittel *n,* Rauschgift *n*
stupéfier [stypefje] *v* erstaunen, verblüffen, verwundern
stupeur [stypœʀ] *f* Bestürzung *f*
stupide [stypid] *adj 1.* albern, dumm, blöd; *2. (insensé)* stumpfsinnig
stupidité [stypidite] *f 1.* Albernheit *f; 2. (idiotie)* Blödsinn *m; 3. (bêtise)* Dummheit *f; 4. (abrutissement)* Stumpfsinn *m*
style [stil] *m* Stil *m; ~ télégraphique* Telegrammstil *m; ~ architectural* Baustil *m; ~ Restauration/~ Louis-Philippe* Biedermeier *n*
styliser [stilize] *v* stilisieren
styliste [stilist] *m (de mode)* Designer *m,* Stylist *m*
stylistique [stilistik] *adj 1.* Stil..., stilistisch; *une analyse ~* eine Stilanalyse *f; f 2.* Stilistik *f,* Stilkunde *f*
stylo [stilo] *m ~ à bille* Kugelschreiber *m; ~-feutre* Filzstift *m,* Filzschreiber *m*
suave [sɥav] *adj* lieblich
suavité [sɥavite] *f* Süße *f,* Lieblichkeit *f,* Sanftheit *f,* Anmut *f*
subalterne [sybaltɛʀn] *m/f* Untergebene(r) *m/f*
subconscient [sypkɔ̃sjɑ̃] *m 1.* Unterbewusstsein *n; adj 2.* unbewusst
subdiviser [sybdivize] *v* unterteilen, untergliedern
subir [sybiʀ] *v 1.* leiden, erleiden; *2. (accepter)* dulden, hinnehmen; *3. (fig)* mitmachen, leiden; *4. PHYS* spalten
subit [sybi] *adj* plötzlich, unerwartet, schlagartig
subjectif [sybʒɛktif] *adj 1.* subjektiv; *2. (imprécis)* unsachlich
subjectivité [sybʒɛktivite] *f* Subjektivität *f*
sublime [syblim] *adj 1.* erhaben; *2. (fam)* großartig
sublimer [syblime] *v 1. CHEM* sublimieren; *2. (fig)* sublimieren, läutern, verfeinern
submergé [sybmɛʀʒe] *adj* überlaufen, überschwemmt
submerger [sybmɛʀʒe] *v 1.* überschwemmen; *2. (fig)* überwältigen
subordonné [sybɔʀdɔne] *adj 1. GRAMM* untergeordnet; *une proposition ~e* ein Nebensatz *m; 2. ~ à qn* jdm untergeordnet, abhängig von jdm
subordonné(e) [sybɔʀdɔne] *m/f* Untergebene(r) *m/f*
subordonner [sybɔʀdɔne] *v ~ à* unterordnen, unterstellen
subornation [sybɔʀnasjɔ̃] *f* Anstiftung *f,* Verführung *f,* Bestechung *f*
suborner [sybɔʀne] *v* bestechen
subroger [sybʀɔʒe] *v JUR* in die Rechte eines andern einsetzen, Rechte übertragen
subside [sypsid] *m* Beisteuer *f,* Beihilfe *f,* Zuschuss *m*
subsidiaire [sypzidjɛʀ] *adj* zusätzlich, Zusatz... *des moyens ~s* zusätzliche Mittel *pl; une question ~* eine Zusatzfrage *f,* eine Stichfrage *f*
subsistance [sybzistɑ̃s] *f* Lebensunterhalt *m*
subsister [sybziste] *v 1.* übrig bleiben; *2. (survivre)* überleben, fortbestehen
substance [sypstɑ̃s] *f* Stoff *m,* Materie *f,* Substanz *f*
substantiel [sypstɑ̃sjɛl] *adj* gehaltvoll
substituer [sypstitɥe] *v* ersetzen, austauschen
substitut [sypstity] *m* Ersatz *m*
substitution [sypstitysjɔ̃] *f 1.* Ersetzen *n,* Ersetzung *f,* Ersatz *m; une ~ d'enfant* eine Kindesunterschiebung *f; 2. CHEM* Substitution *f; réactions de ~* Substitutionsprozess *m*
substrat [sypstʀa] *m* Substrat *n,* Grund *m,* Unterlage *f*
subtil [syptil] *adj 1.* schlau; *C'est trop ~ pour moi.* Das ist mir zu spitzfindig. *2. (intelligence)* messerscharf
subtiliser [syptilize] *v* unterschlagen
subtilité [syptilite] *f* Geschick *n,* Geschicklichkeit *f,* Spitzfindigkeit *f,* Feinheit *f; la ~ d'un tacticien* der Scharfsinn eines Taktikers *m;*
subvenir [sybvəniʀ] *v irr 1. ~ aux besoins de* für jds Unterhalt aufkommen; *2. ~ à* bestreiten
subvention [sybvɑ̃sjɔ̃] *f 1.* Beihilfe *f,* Unterstützung *f,* Zuschuss *m; 2. ECO* Subvention *f; ~ à l'agriculture* Agrarsubvention *f*
subventionner [sybvɑ̃sjɔne] *v* bezuschussen, subventionieren
subversif [sybvɛʀsif] *adj* subversiv, umstürzlerisch, zerstörend, umstürzend; *une activité subversive* eine subversive Tat *f; une guerre subversive* ein umstürzlerischer Krieg *m; des menées subversives* subversive Machenschaften *pl*

S

subversion [sybvɛʀsjɔ̃] *f* Subversion *f*, Umsturz *m*, Staatsumsturz *m*; *un mouvement de ~* eine Umsturzbewegung *f*
succéder [syksede] *v ~ à qn* jdm nachfolgen, auf jdn folgen; *Il a succédé à son père.* Er ist der Nachfolger seines Vaters.

succès [syksɛ] *m 1.* Erfolg *m*, Sieg *m*; *~ fou* Bombenerfolg *m*; *~ auprès du public* Publikumserfolg *m*; *2. (résonance)* Anklang *m*; *3. (chanson à la mode)* Schlager *m*

successeur [syksɛsœʀ] *m* Nachfolger *m*
successif [syksɛsif] *adj* aufeinander folgend
succession [syksɛsjɔ̃] *f 1.* Reihe *f*, Serie *f*; *2. (remplacement)* Ablösung *f*, Nachfolge *f*; *3. JUR* Erbfolge *f*, Erbschaft *f*
successivement [syksɛsivmɑ̃] *adv* nacheinander
succinct [syksɛ̃] *adj* bündig, kurz, zusammenfassend; *une description ~e* eine kurze Beschreibung *f*
succomber [sykɔ̃be] *v 1.* unterliegen, besiegt werden; *2. (mourir)* umkommen
succulent [sykylɑ̃] *adj* saftig
succursale [sykyʀsal] *f ECO* Zweigstelle *f*
sucer [syse] *v 1.* lutschen; *2. (têter)* saugen; *3. ~ qn jusqu'à la moelle (fig)* jdn aussaugen
sucette [sysɛt] *f 1.* Lutscher *m*; *2. (tétine)* Schnuller *m*
suçoter [sysote] *v* lutschen, saugen
sucre [sykʀ] *m 1.* Zucker *m*; *~ candi* Kandiszucker *m*; *~ glace* Puderzucker *m*; *~ vanillé* Vanillezucker *m*; *2. être tout ~ et tout miel (fig)* Honig um den Mund schmieren *m*; *3. casser du ~ sur le dos de qn* über jdn herziehen
sucré [sykʀe] *adj 1.* süß; *2. (fig)* zuckersüß, süßlich; *prendre un air ~* süß aussehen
sucrer [sykʀe] *v 1.* zuckern; *2. (fam: supprimer)* beseite schaffen, aufheben; *3. se ~* absahnen; *Il s'est bien sucré dans cette affaire.* Er hat gut abgesahnt in dieser Sache.
sucreries [sykʀəʀi] *f/pl* Süßigkeiten *pl*
sucrette [sykʀɛt] *f* Süßstoff *n*
sucrier [sykʀije] *m 1.* Zuckerdose *f*; *adj 2.* Zucker..., zuckerhaltig, zuckersüß; *betterave sucrière* Zuckerrübe
sud [syd] *m* Süden *m*; *du ~* südlich
Suède [sɥɛd] *f GEO* Schweden *n*
suédois [sɥedwa] *adj* schwedisch
Suédois(e) [sɥedwa/sɥedwaz] Schwede/Schwedin *m/f*
suer [sɥe] *v 1.* schwitzen; *2. faire ~ (fig)* nerven, zum Halse heraushängen; *Tu commences à me faire ~.* Du nervst mich langsam. *3. faire ~ des légumes* Gemüse kochen; *4. ~ sang et eau (fig)* Blut und Wasser schwitzen
sueur [sɥœʀ] *f* Schweiß *m*; *avoir des ~s froides* Blut und Wasser schwitzen
suffire [syfiʀ] *v irr 1.* genügen, ausreichen, langen *(fam)*; *Ça suffit!* Jetzt reicht's! *2. il suffit de ...* es reicht, dass ..., es genügt zu; *3. se ~ à soi-même* sich selbst genügen
suffisamment [syfizamɑ̃] *adv 1.* genug; *2. (assez)* ausreichend
suffisance [syfizɑ̃s] *f 1. à ~* zu Genüge, genug, ausreichend; *du vin à ~* zu haben was man braucht; *avoir à manger en ~* genug zu essen haben
suffisance [syfizɑ̃s] *f* Anmaßung *f*
suffisant [syfizɑ̃] *adj 1.* ausreichend; *2. (vaniteux)* selbstgefällig
suffocant [syfɔkɑ̃] *adj 1.* erstickend, stickig; *des gaz ~s* Stickgase *pl*; *une atmosphère ~e* eine stickige Luft *f*; *2. (fig: étonnant)* erstaunlich, verblüffend; *3. (chaleur)* erdrückend
suffocation [syfɔkasjɔ̃] *f MED* Atemnot *f*, Ersticken *n*
suffragette [syfʀaʒɛt] *f* Frauenrechtlerin *f*
suggérer [sygʒeʀe] *v* anregen, vorschlagen
suggestible [sygʒɛstibl] *adj* empfehlenswert
suggestif [sygʒɛstif] *adj* anregend
suggestion [sygʒɛstjɔ̃] *f* Empfehlung *f*, Vorschlag *m*
suicidaire [sɥisidɛʀ] *adj 1.* Selbstmord..., selbstmörderisch, selbstzerstörerisch; *des tendances ~s* Hang zum Selbstmord *m*; *m/f 2.* Suizident *m*, Suizidant *m*
suicide [sɥisid] *m* Selbstmord *m*
suicider [sɥiside] *v se ~* Selbstmord begehen, sich umbringen, sich das Leben nehmen
suie [sɥi] *f* Ruß *m*; *particules de ~* Feinstaub *m*
suinter [sɥɛ̃te] *v* sickern
suisse [sɥis] *adj* schweizerisch
Suisse [sɥis] *f 1. GEO* Schweiz *f*; *m/f 2. (Helvète)* Schweizer(in) *m/f*
suite [sɥit] *f 1.* Folge *f*, Fortsetzung *f*; *par ~ de* infolge; *à la ~ de* hinter; *2. (chaîne)* Kette *f*, Serie *f*; *3. (alignement)* Reihe *f*; *4. (cortège)* Gefolge *n*; *5. (fig)* Nachspiel *n*; *6. ~s pl* Folge *f*, Auswirkung *f*, Nachwirkung *f*
suivant [sɥivɑ̃] *adj 1.* folgend, anschließend, darauf folgend, nächste; *prep 2.* laut, nach, gemäß; *adv 3.* danach, dementsprechend
suiveur [sɥivœʀ] *m* Mitläufer *m*

S

suivi [sɥivi] *adj 1.* fortlaufend; *2. (continu)* ununterbrochen; *m 3.* Verfolgen *n,* Aufrechterhalten *n; assurer le ~ d'une affaire* an einer Sache bleiben

suivre [sɥivʀ] *v irr 1.* folgen, verfolgen; *~ qn du regard* jdm nachsehen; *faire ~* nachsenden; *se ~* aufeinander folgen; *~ l'exemple de qn (fig)* jds Beispiel folgen; *2. (aller avec qn)* mitgehen; *3. (exemple)* befolgen; *4. (obéir)* folgen, gehorchen; *5. (loi)* nachkommen; *6. (fam: comprendre)* mitkommen, begreifen

sujet [syʒɛ] *m 1.* Thema *n; aborder un ~* ein Thema anschneiden; *à ce ~* diesbezüglich; *~ de conversation* Gesprächsstoff *m; ~ à caution* fragwürdig; *2. (objet)* Gegenstand *m; 3. (matière)* Materie *f; 4. (motif)* Veranlassung *f; 5. GRAMM* Subjekt *n*

super [sypɛʀ] *adv 1.* toll, super; *m 2.* Super *n; Le ~ est plus cher que le gasoil.* Super ist teurer als Diesel.

superbe [sypɛʀb] *adj* herrlich, prächtig

supercherie [sypɛʀʃəʀi] *f* Betrug *m,* Vorspiegelung falscher Tatsachen *f,* Täuschung *f*

supérette [sypeʀɛt] *f* Selbstbedienungsladen *m*

superficie [sypɛʀfisi] *f* Fläche *f*

superficiel [sypɛʀfisjɛl] *adj* flüchtig, oberflächlich

superflu [sypɛʀfly] *adj 1.* überflüssig; *2. (inutile)* unnötig

supérieur [sypeʀjœʀ] *m 1.* Leiter *m,* Vorgesetzter *m; adj 2.* obere(r,s), höher; *3. (exquis)* vorzüglich; *4. ~ à la moyenne* überdurchschnittlich; *5. (du point de vue hiérarchique)* übergeordnet

supermarché [sypɛʀmaʀʃe] *m* Supermarkt *m*

superposer [sypɛʀpoze] *v* übereinanderlegen

superproduction [sypɛʀpʀɔdyksɔ̃] *f* Monumentalfilm *m*

superpuissance [sypɛʀpɥisɑ̃s] *f* Supermacht *f*

superstitieux [sypɛʀstisjø] *adj REL* abergläubisch

superstition [sypɛʀstisjɔ̃] *f REL* Aberglaube *m*

superviser [sypɛʀvize] *v* beaufsichtigen, überprüfen, überwachen, durchsehen

supplanter [syplɑ̃te] *v* ausschalten, ersetzen, verdrängen, ausstechen; *~ un rival* einen Rivalen verdrängen, einen Rivalen ausstechen

suppléant(e) [sypleɑ̃(t)] *m/f* Stellvertreter(in) *m/f*

supplément [syplemɑ̃] *m 1.* Ergänzung *f; ~ de salaire* Gehaltszulage *f; 2. (additif)* Zusatz *m; 3. (surplus)* Zuschlag *m; à ~* zuschlagpflichtig; *payer un ~* nachzahlen; *4. (annexe)* Nachtrag *m; 5. (dans un journal)* Beilage *f; 6. (extra)* Zugabe *f*

supplémentaire [syplemɑ̃tɛʀ] *adj* weiter, zusätzlich

suppliant [syplijɑ̃] *adj* flehentlich

supplication [syplikasjɔ̃] *f* inständiges Bitten *n,* Drängen *n,* Flehen *n*

supplice [syplis] *m 1.* Qual *f; 2. (torture)* Folter *f*

supplicier [syplisje] *v* foltern

supplier [syplije] *v 1.* anflehen; *2. (implorer)* flehen

supplique [syplik] *f* Bittschrift *f*

support [sypɔʀ] *m 1.* Träger *m,* Stütze *f; 2. (tréteau)* Gestell *n; 3. (pour vêtements)* Ständer *m; 4. (d'appareil photographique)* Stativ *n; 5. (base)* Unterlage *f; 6. ~ magnétique de données INFORM* Datenträger *m; 7. TECH* Fassung *f,* Auflage *f*

supporter[1] [sypɔʀte] *v 1.* aushalten; *2. (souffrir)* leiden, erleiden; *3. (tolérer)* dulden, ertragen

supporter[2] [sypɔʀtɛʀ] *m (d'une équipe de football)* Fan *m*

supposé [sypoze] *adj 1.* angenommen, geschätzt; *2. (présumé)* mutmaßlich, vermeintlich

supposer [sypoze] *v 1.* glauben, vermuten; *2. (estimer)* schätzen, annehmen; *3. (présumer)* mutmaßen

supposition [sypozisjɔ̃] *f 1.* Vermutung *f; 2. (estimation)* Schätzung *f,* Annahme *f*

suppôt [sypo] *m* Handlanger *m,* Helfershelfer *m; ~ de Satan* die rechte Hand des Teufels

suppression [sypʀesjɔ̃] *f 1.* Abschaffung *f; 2. (abolition)* Aufhebung *f; 3. (élimination)* Beseitigung *f; 4. (répression)* Unterdrückung *f*

supprimer [sypʀime] *v 1.* abschaffen; *2. (réprimer)* unterdrücken; *3. (fam)* beseitigen, töten; *4. (éliminer)* weglassen, auslassen; *5. INFORM* löschen

supputation [sypytasjɔ̃] *f* Berechnung *f,* Schätzung *f,* Überschlag *m*

supputer [sypyte] *v* abschätzen, abwägen, ausrechnen; *~ ses chances de succès* seine Erfolgschancen ausrechnen

S

suprématie [sypʀemasi] *f* 1. Vorherrschaft *f;* 2. *(supériorité)* Überlegenheit *f*
suprême [sypʀɛm] *adj* 1. oberste(r,s); 2. *(dernier)* letzte(r,s)

sûr [syʀ] *adj* 1. sicher, gewiss; 2. *(digne de confiance)* zuverlässig; 3. *(sans danger)* gefahrlos; 4. *~ de soi* selbstbewusst; *prep* 5. auf, über; 6. *(contre)* an, auf, gegen

surabondance [syʀabɔ̃dɑ̃s] *f ~ de* Überfluss an *m*
suranné [syʀane] *adj* veraltet
surbooké [syʀbuke] *adj* ausgebucht
surcharge [syʀʃaʀʒ] *f* Überlastung *f*
surcharger [syʀʃaʀʒe] *v* 1. überlasten; 2. *(camion)* überladen
surchauffe [syʀʃof] *f* Spannung *f; ~ de l'économie (fig)* wirtschaftliche Spannung *f*
surchauffer [syʀʃofe] *v* überheizen, überhitzen
surclasser [syʀklase] *v ~ qn* jdm weit überlegen sein
surcoût [syʀku] *m ECO* Kostenvermehrung *f*
surcroît [syʀkʀwa] *m ~ de dépenses* Mehraufwand *m; de ~* überdies
surdité [syʀdite] *f MED* Taubheit *f*
surdosage [syʀdozaʒ] *m* Überdosierung *f*
surélevé [syʀelve] *adj* überhöht
sûrement [syʀmɑ̃] *adv* 1. bestimmt, sicherlich; 2. *(certainement)* gewiss; 3. *(assurément)* sicher, zweifellos
surestimation [syʀɛstimasjɔ̃] *f* Überbewertung *f*
surestimer [syʀɛstime] *v* 1. überschätzen; 2. *(surévaluer)* überbewerten
sûreté [syʀte] *f* 1. Sicherheit *f;* 2. *(fiabilité)* Verlässlichkeit *f,* Zuverlässigkeit *f;* 3. *ECO* Sicherheit *f,* Gewähr *f*
surexposition [syʀɛkspɔzisjɔ̃] *f TECH* Überbelichtung *f*
surf [sœʀf] *m SPORT* Surfsport *m,* Surfen *n*
surface [syʀfas] *f* 1. Fläche *f,* Grundfläche *f; ~ portante* Tragfläche *f; ~ habitable* Wohnfläche *f; ~ cultivée* Anbaufläche *f;* 2. *(superficie)* Oberfläche *f*
surfait [syʀfɛ] *adj* überschätzt, in den Himmel gehoben
surfer [sœʀfe] *v* 1. *SPORT* surfen; 2. *(sur Internet) INFORM* surfen
surgélateur [syʀʒelatœʀ] *m* 1. Gefriertruhe *f; adj* 2. Tiefkühl…
surgeler [syʀgəle] *v* tiefgefrieren, einfrieren; *~ des plats cuisinés* tiefgefrorene Gerichte zubereiten
surgir [syʀʒiʀ] *v* 1. *~ de (apparaître)* plötzlich auftauchen, hochkommen, plötzlich hervorkommen; 2. *(se manifester)* sich zeigen, auftreten, auftauchen, zu Tage treten; *faire ~ une difficulté* eine Schwierigkeit aufzeigen
surgissement [syʀʒismɑ̃] *m* Auftauchen *n,* Aufkommen *n*
surhomme [syʀɔm] *m* Übermensch *m*
surhumain [syʀymɛ̃] *adj* übermenschlich
surlendemain [syʀlɑ̃dmɛ̃] *m* übernächste Tag *m; Il vint le lendemain et le ~.* Er kommt den nächsten Tag und den übernächsten Tag.
surmené [syʀməne] *adj* übermüdet
surmener [syʀməne] *v* 1. überanstrengen; 2. *se ~* sich übernehmen
surmonter [syʀmɔ̃te] *v* 1. besiegen; 2. *(difficulté)* bewältigen, überwinden; 3. *(maîtriser)* überbrücken
surnaturel [syʀnatyʀɛl] *m* 1. Übersinnliches *n; adj* 2. übernatürlich
surnom [syʀnɔ̃] *m* Spitzname *m*
surnombre [syʀnɔ̃bʀ] *m* Überzahl *f*
surpasser [syʀpase] *v* 1. überbieten; 2. *(dépasser)* überflügeln, übertreffen
surpeuplé [syʀpœple] *adj* überbevölkert
surpeuplement [syʀpœpləmɑ̃] *m* Überbevölkerung *f*
surplus [syʀply] *m* Plus *n,* Überschuss *m*
surpopulation [syʀpɔpylasjɔ̃] *f* Überbevölkerung *f*
surprenant [syʀpʀənɑ̃] *adj* 1. seltsam, erstaunlich; 2. *(étonnant)* überraschend, verwunderlich

surprendre [syʀpʀɑ̃dʀ] *v irr* 1. überraschen; 2. *(prendre au dépourvu)* überrumpeln

surpression [syʀpʀɛsjɔ̃] *f TECH* Überdruck *m*
surpris [syʀpʀi] *adj* 1. überrascht; *être ~ de qc* sich über etw wundern; 2. *(déconcerté)* stutzig
surprise [syʀpʀiz] *f* 1. Überraschung *f;* 2. *(stupéfaction)* Erstaunen *n,* Staunen *n;* 3. *(étonnement)* Verwunderung *f*
surproduction [syʀpʀɔdyksjɔ̃] *f* Überproduktion *f*
sursaut [syʀso] *m* Hochschrecken *n,* Aufschrecken *n,* Zusammenfahren *n,* Zusammenzucken *n; faire un ~* hochschrecken,

S

zusammenfahren; *se réveiller en ~* aus dem Schlaf schrecken
sursauter [syʀsote] *v* aufschrecken
sursis [syʀsi] *m 1. JUR* Bewährungsfrist *f; 2. (délai)* Aufschub *m,* Frist *f,* Stundung *f; Tu as un ~ de deux jours.* Du hast einen Aufschub von zwei Tagen.
surtaxe [syʀtaks] *f 1.* Nachgebühr *f; 2. (postale)* Strafporto *n*
surtout [syʀtu] *adv 1.* besonders, vor al-lem; *2. (en particulier)* hauptsächlich, insbesondere; *3. ~ que (fam) (d'autant plus que)* zumal
surveillance [syʀvɛjɑ̃s] *f 1.* Kontrolle *f; 2. (contrôle)* Aufsicht *f; 3. (garde)* Bewachung *f; 4. MED* Beobachtung *f*
surveillant(e) [syʀvɛjɑ̃(t)] *m/f 1.* Aufseher(in) *m/f; 2. (garde)* Wärter(in) *m/f*
surveiller [syʀvɛje] *v 1.* bewachen; *2. (contrôler)* beaufsichtigen; *3. se ~* auf sich Acht geben, aufpassen, beobachten; *Le médecin t'a dit de te ~.* Der Arzt hat gesagt du sollst auf dich Acht geben
survenir [syʀvəniʀ] *v irr 1.* sich ereignen; *2. (événement)* dazwischenkommen; *3. (fig: arriver)* zustoßen, geschehen
survêtement [syʀvɛtmɑ̃] *m* Trainingsanzug *m*
survie [syʀvi] *f* Überleben *n,* Fortleben *n,* Weiterleben *n; les chances de ~* die Überlebenschancen *pl; C'est une question de ~.* Das ist eine Frage des Überlebens.
survivant(e) [syʀvivɑ̃(t)] *m/f* Überlebende(r)
survivre [syʀvivʀ] *v irr* überleben
survoler [syʀvɔle] *v 1.* überfliegen; *2. (un texte)* überfliegen
susciter [sysite] *v 1.* wecken, hervorrufen; *2. (provoquer)* verursachen, auslösen
suspect [syspɛ] *adj* verdächtig
suspecter [syspɛkte] *v* verdächtigen
suspendre [syspɑ̃dʀ] *v 1.* aufhängen; *2. (accrocher)* anhängen; *3. (arrêter)* einstellen, unterbrechen; *4. SPORT* sperren
suspendu [syspɑ̃dy] *adj* Hänge..., hängend, aufgehängt; *un pont ~* eine Hängebrücke *f; être ~ aux lèvres de qn (fig)* an jds Lippen hängen
suspens [syspɑ̃] *adj en ~ (fig)* offen, unentschieden
suspense [syspɛns] *m* Spannung *f; une histoire à ~* eine spannende Geschichte *f*
suspicieux [syspisjø] *adj* misstrauisch, argwöhnisch
suspicion [syspisjɔ̃] *f 1.* Verdacht *m; 2. (soupçon)* Verdächtigung *f*
suture [sytyʀ] *f* Naht *f*
syllabe [silab] *f* Silbe *f*
sylphe [silf] *m* Elfe *f,* Sylphe *f*
symbiose [sɛ̃bjoz] *f 1. BIO* Symbiose *f; 2. (fig)* enges Zusammenleben *n,* enge Gemeinschaft *f; vivre en ~* eng zusammenleben
symbole [sɛ̃bɔl] *m 1.* Sinnbild *n,* Symbol *n; 2. (parabole)* Gleichnis *n*
symboliser [sɛ̃bɔlize] *v* symbolisieren, darstellen, versinnbildlichen
symétrie [simetʀi] *f* Symmetrie *f,* Spiegelgleichheit *f,* Gleichmaß *n*
symétrique [simetʀik] *adj* symmetrisch
sympa [sɛ̃pa] *adj (fam)* nett, sympathisch
sympathie [sɛ̃pati] *f 1.* Mitgefühl *n; 2. (gentillesse)* Sympathie *f*
sympathique [sɛ̃patik] *adj* sympathisch
sympathisant [sɛ̃patizɑ̃] *adj 1.* gleich gesinnt; *m 2.* Mitläufer *m; 3. (adhérent)* Sympathisant *m*
symphonie [sɛ̃fɔni] *f MUS* Sinfonie *f*
symptôme [sɛ̃ptom] *m* Anzeichen *n,* Symptom *n*
synchronisation [sɛ̃kʀɔnizasjɔ̃] *f* Abstimmung *f,* Anpassung *f*
synchroniser [sɛ̃kʀɔnize] *v 1.* abstimmen, anpassen; *2. CINE* synchronisieren
syndicaliste [sɛ̃dikalist] *m/f* Gewerkschaftler(in) *m/f*
syndicat [sɛ̃dika] *m 1.* Gewerkschaft *f; 2. (association)* Verband *m,* Vereinigung *f; 3. ~ d'initiative* Fremdenverkehrsbüro *n; 4. ~ des salariés* Angestelltengewerkschaft *f; 5. membre d'un ~* Gewerkschaftsmitglied *n*
synthèse [sɛ̃tɛz] *f 1.* Synthese *f,* Zusammenfassung *f; 2. CHEM* Synthese *f*
synthétique [sɛ̃tetik] *adj 1.* synthetisch; *une méthode ~* eine synthetische Methode *f; 2. CHEM* synthetisch, künstlich hergestellt, Synthese...; *des fibres ~s* Kunstfasern *pl*
systématiser [sistematize] *v* in ein System bringen, systematisch einteilen
système [sistɛm] *m 1.* System *n; ~ d'alarme* Alarmanlage *f; ~ immunitaire* Immunsystem *n; ~ antiblocage des roues* Antiblockiersystem *n; ~ d'irrigation* Bewässerungsanlage *f; ~ politique* Regime *n; ~ d'épuration des eaux* Umwälzanlage *f; ~ monétaire* Währungssystem *n; ~ d'exploitation INFORM* Betriebssystem *n; ~ nerveux* Nervensystem *n; 2. (ordre)* Plan *m,* Ordnung *f*

S

T

ta [ta] *pron* dein(e)
tabac[1] [taba] *m 1.* Tabak *m; 2. ~s pl* Tabakwaren *pl; 3. (commerce)* Tabakladen *m; un bar-~* Tabakladen mit Wirtschaft
tabac[2] [taba] *m passer qn à ~* jdn verprügeln; *faire un ~* großen Erfolg haben
tabasser [tabase] *v (fam)* verprügeln, vermöbeln, verdreschen

table [tabl] *f 1.* Tisch *m; ~ pliante* Klapptisch *m; ~ de conférence* Konferenztisch *m; ~ de nuit* Nachttisch *m; 2. (index)* Verzeichnis *n; ~ des matières* Inhaltsverzeichnis *n; ~ des calories* Kalorientabelle *f; 3. faire ~ rase de qc* reinen Tisch machen *m; 4. se mettre à ~ (fig)* sich an den Tisch setzen *m; 5. verser des dessous de ~* Bestechungsgeld zustecken *f*

tableau [tablo] *m 1.* Bild *n,* Gemälde *n; 2. (plaque)* Tafel *f,* Brett *n; ~ de commande* Schalttafel *f; ~ d'affichage* Anschlagtafel *f; 3. MATH* Tabelle *f*
tabler [table] *v ~ sur qc* mit etw rechnen
tablette [tablɛt] *f* Brett *n,* Sims *n; ~ de chocolat* Tafel Schokolade *f; ~ de cheminée* Kaminsims *m; inscrire qc sur ses ~s* sich etw hinter die Ohren schreiben
tablier [tablije] *m 1.* Schürze *f; 2. (blouse)* Kittel *m; rendre son ~* seinen Hut nehmen/ kündigen; *3. ~ de cheminée* Zugregler *m; 4. ~ d'un pont* Brückenbelag *m; 5. TECH* Fahrbahn *f*
tabou [tabu] *1. m* Tabu *n; adj 2.* tabu; *un sujet ~* ein Tabu-Thema
tabouret [tabuʀɛ] *m 1.* Schemel *m,* Hocker *m; 2. (de bar)* Barhocker *m*
tabulaire [tabylɛʀ] *adj* Tabellen..., tabellarisch
tache [taʃ] *f 1.* Fleck *m,* Klecks *m; ~ de graisse* Fettfleck *m; ~ de vin* Weinfleck *m; ~s de rousseur* Sommersprossen *pl; faire des ~s* kleckern; *faire ~ d'huile (fig)* sich ausbreiten, um sich greifen; *2. (défaut)* Makel *m,* Schandfleck *m; 3. (fig)* Makel *m,* Fehler *m; une réputaion sans ~* ein makelloser Ruf; *4. ASTR ~ solaire* Sonnenfleck *m*
tâche [tɑʃ] *f 1.* Pensum *n; 2. (travail)* Aufgabe *f,* Arbeit *f*
taché [taʃe] *adj* fleckig
tâcher [tɑʃe] *v ~ de* versuchen, sich bemühen; *~ que* zusehen, dass, sich bemühen dass
tacher [taʃe] *v* beflecken
tacheté [taʃte] *adj* scheckig, fleckig
tachygraphe [takigʀaf] *m TECH* Fahrtenschreiber *m*
tachymètre [takimɛtʀ] *m* Tachometer *m*
tacite [tasit] *adj* stillschweigend
taciturne [tasityʀn] *adj 1.* schweigsam; *2. (renfermé)* wortkarg, verschlossen
tact [takt] *m 1.* Takt *m; manque de ~* Taktlosigkeit *f; plein de ~* taktvoll; *2. (doigté)* Fingerspitzengefühl *n*
tacticien(ne) [taktisjɛ̃/taktisjɛn] *m/f* Taktiker(in) *m/f*
tactile [taktil] *adj* Tast... *des perceptions ~s* die Tastempfindungen *pl*
tactique [taktik] *adj 1.* taktisch; *f 2.* Taktik *f; ~ de camouflage* Verschleierungstaktik *f*
tag [tag] *m* Graffiti *n*
taguer [tage] *v* mit Graffiti versehen
tagueur [tagœʀ] *m* Sprayer(in) *m/f*
taie [tɛ] *f 1.* Überzug *m,* Bezug *m; ~ d'oreiller* Kopfkissenbezug *m; 2. MED* weißer Hornhautfleck *m*
taille [tɑj] *f 1.* Schneiden *n,* Schnitt *m; 2. (polissage)* Schleifen *n,* Schliff *m; 3. ~ de confection* Konfektionsgröße *f; 4. (stature)* Körpergröße *f; de grande ~* groß; *5. (ceinture)* Taille *f; 6. ~ des arbres* Baumschere *f*
taillé [taje] *adj 1.* geschnitten, gemacht; *2. (bâti)* gebaut; *visage ~ à coups de serpe* eckiges Gesicht; *3. être ~ pour qc* zugeschnitten
taille-crayon [tɑjkʀɛjɔ̃] *f* Bleistiftspitzer *m*
tailler [taje] *v 1.* schneiden; *~ qc en pièces* etw in Stücke reißen; *~ une bavette* ein Schwätzchen halten; *2. (aiguiser)* spitzen, zuspitzen, anspitzen; *3. (polir)* schleifen; *4. se ~ la part du lion* sich den Löwenanteil nehmen; *5. se ~ (fam)* sich beeilen
tailleur [tajœʀ] *m 1.* Kostüm *n,* Kleidungsstück *n; 2. (couturier)* Schneider *m; 3. ~ de pierres* Steinmetz *m; 4. assis en ~,* Schneidersitz *m*
taillis [taji] *m* Unterholz *n,* niedriges Gehölz *n,* Niederholz *n*
tain [tɛ̃] *m TECH* Folie *f,* Stanniol *n,* Spiegelbelag *m*

taire [tɛʀ] *v irr 1.* verschweigen, verhehlen; *2. se ~* schweigen; *3. faire ~ qn* schweigen

talent [talɑ̃] *m* Begabung *f,* Talent *n,* Gabe *f*
talentueux [talɑ̃tɥø] *adj* talentiert
taler [tale] *v ~ un fruit* eine Frucht zerquetschen, eine Frucht auspressen
talon [talɔ̃] *m 1.* Schuhabsatz *m; 2. ANAT* Ferse *f,* Hacken *m; ~ d'Achille* Achillesferse *f; 3. (bout)* Ende *n,* letztes Stück *n*
talonner [talɔne] *v 1.* bedrängen; *2. ~ un cheval* einem Pferd die Sporen geben; *3. SPORT* jdn verfolgen
talus [taly] *m 1.* Abhang *m; 2. (berge)* Böschung *f*
tambour [tɑ̃buʀ] *m 1.* Trommel *f; ~ de frein* Bremstrommel *f; 2. (joueur de ~)* Trommler *m*
tambourin [tɑ̃buʀɛ̃] *m MUS* Tamburin *n*
tambouriner [tɑ̃buʀine] *v 1.* trommeln; *2. (fig)* austrompeten, ausposaunen
tamis [tami] *m* Sieb *n*
tamiser [tamize] *v* sieben, passieren
tampon [tɑ̃pɔ̃] *m 1.* Pfropfen *m,* Stöpsel *m; ~ d'ouate* Wattebausch *m; 2. (cachet)* Stempel *m; ~ encreur* Stempelkissen *n; 3. (fig)* Puffer *m; servir de ~ entre deux adversaires* als Puffer zwischen zwei Gegnern dienen; *un Etat ~* ein Pufferstaat *m*
tamponner [tɑ̃pɔne] *v 1.* stempeln; *2. (tapoter avec un tampon)* tupfen; *3. se ~* kollidieren, zusammenstoßen
tandem [tɑ̃dɛm] *m 1. (bicyclette)* Tandem *n; 2. (fig: association)* Gespann *n*
tandis que [tɑ̃di(s)k(ə)] *konj 1.* indessen, während; *2. (pourtant)* dahingegen
tanière [tanjɛʀ] *f* Bau *m,* Tierbau *m,* Höhle *f,* Unterschlupf *m*
tank [tɑ̃k] *m 1. MIL* Panzer *m; 2. (citerne)* Tank *m*
tannage [tanaʒ] *m* Gerben *n,* Gerbung *f,* Gerberei *f*
tanné [tane] *adj 1.* gegerbt; *2. (fig)* gebräunt; *visage ~ par le soleil* sonnengebräuntes Gesicht
tannée [tane] *f (fam)* Sonnenbrand *m*
tanner [tane] *v 1.* gerben; *2. (fig) ~ qn* jdn nerven, jdm auf den Wecker fallen, jdn löchern; *Il nous tanne avec ses questions.* Er löchert uns mit seinen Fragen.
tanneur [tanœʀ] *m* Gerber *m*
tant [tɑ̃] *adv 1.* so, so viel, so viele; *~ mieux* umso besser, desto besser; *Tant pis.* Schade./Da kann man nichts machen. *~ que* so lange; *2. (tellement)* so sehr; *3. ~ et si bien que* so lange, bis ...; *4. en ~ que ...* als ...
tante [tɑ̃t] *f* Tante *f*
tantôt [tɑ̃to] *adv 1.* vorhin; *2. (bientôt)* bald; *3. (parfois)* bald, später, vorhin; *m 4.* Nachmittag *m*
tapage [tapaʒ] *m* Krach *m,* Lärm *m*
tapageur [tapaʒœʀ] *adj* Aufsehen erregend, auffallend, marktschreierisch, skandalös; *un luxe ~* ein skandalöser Luxus *m; une publicité tapageuse* eine marktschreierische Reklame *f*
tape [tap] *f* Schlag *m,* Pochen *n*
taper [tape] *v 1.* schlagen, hauen, klapsen; *~ à la machine* auf der Maschine schreiben; *~ dans l'œil* ins Auge stechen; *C'est à se ~ la tête contre les murs.* Das ist zum Verrücktwerden. *2. (claquer)* klappern; *3. ~ de l'argent à qn (fam)* jdn anpumpen; *4. ~ sur qn (fig)* hauen, schlagen; *5. se ~* machen, schaffen, aushalsen, sich gönnen; *se ~ tout le travail* die ganze Arbeit machen; *se ~ un bon repas* sich eine gute Mahlzeit gönnen; *6. s'en ~ (fam)* keine Notiz von etw nehmen, ignorieren; *Il s'en tape.* Ihm ist es total egal.
tapette [tapɛt] *f 1. (tape)* Klaps *m; 2.* Teppichklopfer *m; 3. (souricière)* Mausefalle, Falle *f; 4. (fam: langue)* Schwätzer(in) *m/f; avoir une fière ~* wie ein Buch reden; *5. (péjoratif)* Schwuler *m*
tapin [tapɛ̃] *m (prostitution)* Strich *m*
tapiner [tapine] *v* trommeln
tapir [tapiʀ] *v se ~* sich kauern
tapis [tapi] *m 1.* Teppich *m; ~ d'escalier* Läufer *m; ~ persan/~ de Perse* Perserteppich *m; 2. SPORT* Matte *f; 3. ~ roulant* Rollsteg *m; 4. amener une affaire sur le ~* eine Frage aufs Tapet bringen/ansprechen
tapisser [tapise] *v* tapezieren
tapisserie [tapisʀi] *f 1.* Tapete *f; 2. (tenture)* Tapete *f; 3. faire ~ (fig)* beim Tanz sitzen bleiben *n,* ein Mauerblümchen sein *n*
tapotement [tapɔtmɑ̃] *m* Klopfen *n,* Klimpern *n*
tapoter [tapɔte] *v* leicht klopfen, leicht hämmern, klimpern, tätscheln; *~ la joue d'un enfant* einem Kind die Wange tätscheln; *~ du piano* auf dem Klavier klimpern
taquin [takɛ̃] *adj* schelmisch, neckisch, schalkhaft
taquiner [takine] *v* necken
taquinerie [takinʀi] *f* Schelmenhaftigkeit *f,* Neckerei *f,* Foppen *n*

T

tard [taʀ] *adv 1.* spät; *plus ~* später/nachher/nachträglich; *tôt ou ~* früher oder später; *m 2.* am späten Abend *m; partir sur le ~* am späten Abend fahren; *Il a découvert la musique sur le ~.* Er hat die Musik erst spät im Leben entdeckt.

tarder [taʀde] *v 1.* zögern, lange brauchen; *Ne tardez pas!* Wartet nicht so lange! *Sa réponse n'a pas tardé.* Seine Antwort kam prompt. *sans ~* sofort, ohne Umschweife, unverzüglich; *2. ~ à faire qc* auf etw warten lassen, zögern, etw zu tun; *~ à partir* mit dem Weggehen zögern; *Il ne va pas ~ à pleuvoir.* Es wird bald regnen. *3.* es eilig haben, ungeduldig auf etw warten; *Il me tarde de le revoir.* Ich möchte ihn bald wieder sehen

tardif [taʀdif] *adj* zu spät, verspätet, Spät... *un repentir ~* eine verspätete Reue *f; une réponse tardive* eine späte Antwort *f; arriver à une heure tardive* zu später Stunde ankommen

tare [taʀ] *f 1.* Makel *m; 2. (défaut)* Mangel *m,* Defekt *m,* Fehler *m,* Makel *m; 3. (poids)* Tara *f,* Verpackungsgewicht *n*

taré [taʀe] *adj (fam: fou)* verrückt; *Il est complètement ~.* Er ist komplett verrückt.

tarif [taʀif] *m 1.* Gebühr *f; ~ collectif ECO* Manteltarif *m; 2. (barème)* Tarif *m; ~ douanier* Zolltarif *m; 3. ~s pl* Preisliste *f*

tarir [taʀiʀ] *v 1.* versiegen lassen, austrocknen; *La sécheresse a tari les sources.* Die Hitze hat die Quellen versiegen lassen. *2. (cesser de couler)* versiegen, aufhören zu fließen; *Cette source n'a jamais tari.* Diese Quelle ist nie versiegt. *Ses larmes ne tariront jamais.* Ihre Tränen werden nie versiegen. *3. (fig)* sich erschöpfen, erschöpfen; *ne pas ~ sur un sujet* von einem Thema nicht loskommen; *ne pas ~ d'éloges sur qn* jdn gar nicht genug loben können; *4. se ~* sich erschöpfen, versiegen; *La rivière s'est tarie.* Der Fluss ist versiegt. *Son inspiration se tarit. (fig)* Seine Inspiration hat sich erschöpft.

tarissement [taʀismɑ̃] *m* Austrocknen *n,* Versiegen *n*

tarot [taʀo] *m (jeu de cartes)* Tarock *n; jouer au ~* Tarock spielen

tarte [taʀt] *f 1. GAST* Kuchen *m,* Tarte *f; 2. ~ à l'oignon GAST* Zwiebeltorte *f; 3. (gifle)* Ohrfeige *f; mettre des ~s à qn* jdm eine Ohrfeige geben; *adj 4.* hässlich, dumm, lächerlich, langweilig; *Ce que tu as l'air ~!* Wie langweilig du aussiehst!

tartine [taʀtin] *f 1. GAST* Brotschnitte *f,* Butterbrot *n; 2. (fam)* endlose Rede *f,* langweiliger Artikel *m,* Roman *m,* Tirade *f; écrire une ~* Romane schreiben

tartiner [taʀtine] *v (pain)* bestreichen

tartuffe [taʀtyf] *m* Heuchler *m,* Scheinheiliger *m*

tartufferie [taʀtyfʀi] *f* Heuchelei *f,* Scheinheiligkeit *f*

tas [tɑ] *m 1.* Haufen *m; ~ de fumier* Misthaufen *m; 2. (pile)* Stapel *m; 3. (fig)* Menschenauflauf *m; 4. sur le ~* am Arbeitsplatz, bei der Arbeit*; grève sur le ~* Sitzstreik; *apprendre son métier sur le ~* seinen Beruf in der Praxis erlernen

tasse [tas] *f 1.* Tasse *f; ~ à café* Kaffeetasse *f; 2. boire la ~ (fig)* Wasser schlucken

tasser [tɑse] *v 1.* stopfen, zusammendrücken, zusammenpferchen, abdrängen; *2. se ~* sich senken, in sich zusammensinken; *3. se ~ contre qc* sich drängen, sich drücken; *La foule se tassait sur la place.* Die Menge drängte sich auf den Platz. *4. (s'arranger)* sich legen, sich geben; *L'affaire finira par se ~.* Das wird sich schon noch geben.

tâter [tɑte] *v 1.* befühlen, abtasten, betasten; *2. (essayer)* ausprobieren, sondieren; *3. se ~* sondieren, mit sich selbst zu Rate gehen

tâtonner [tɑtɔne] *v* sich vorwärts tasten, herumtasten; *~ dans l'obscurité* in der Dunkelheit herumtasten; *chercher qc en tâtonnant* nach etw tasten

tatouage [tatwaʒ] *m* Tätowierung *f*

tatouer [tatwe] *v* tätowieren

taudis [todi] *m* Baracke *f,* Elendsquartier *n*

taulard(e) [tolaʀ] *m/f* Gefangene(r) *m/f*

taule [tol] *f (fam)* Knast *m*

taupe [top] *f 1. ZOOL* Maulwurf *m; 2. TECH* Werre *f; 3. (classe préparatoire)* Vorbereitungsklasse *f; 4. (espion)* Spion *m*

taureau [toʀo] *m 1.* Stier *m; être fort comme un ~* bärenstark sein; *2. (en âge de reproduction)* Bulle *m*

tauromachie [tɔʀɔmaʃi] *f* Stierkampf *m*

taux [to] *m 1.* Prozentsatz *m; ~ de cas non élucidés* Dunkelziffer *f; ~ de prêt/~ de louage* Leihgebühr *f; ~ de change* Wechselkurs *m; ~ de cholestérol* Cholesterinspiegel *m; ~ d'albumine* Eiweißgehalt *m; ~ d'acidité* Säuregehalt *m; ~ d'escompte* Diskontsatz *m; 2. (indice)* Rate *f; ~ d'inflation* Inflationsrate *f; ~ de croissance* Wachstumsrate *f*

taverne [tavɛʀn] *f* Taverne *f,* rustikaler Gasthof *m,* rustikales Restaurant *n,* Schänke *f*

T

taxable [taksabl] *adj FIN* versteuerbar
taxation [taksasjɔ̃] *f FIN* Besteuerung *f*
taxe [taks] *f 1.* Gebühr *f; ~ d'enregistrement* Anmeldegebühr *f; ~ de séjour* Kurtaxe *f; 2. (impôt)* Steuer *f,* Abgabe *f; ~ sur la valeur ajoutée* Mehrwertsteuer *f; ~ communale/~ locale* Gemeindesteuer *f; ~ sur les véhicules* Kraftfahrzeugsteuer *f; ~ d'importation* Einfuhrzoll *m; ~ sur le chiffre d'affaires* Umsatzsteuer *f*
taxer [takse] *v 1.* besteuern; *2. ~ qn (fig)* jdn beschuldigen, jdn bezichtigen, jdn bezeichnen als, jdn erklären für; *~ qn d'égoisme* jdn für egoistisch erklären
taxi [taksi] *m 1.* Taxi *n; 2. (chauffeur de ~)* Taxifahrer *m*
taximètre [taksimɛtʀ] *m* Taxameter *m*
tchèque [tʃɛk] *adj 1.* tschechisch; *2. République ~* Tschechische Republik *f*
Tchèque [tʃɛk] *m/f* Tscheche/Tschechin *m/f*
te [tə] *pron 1.* dich; *2. (à toi)* dir
technicien(ne) [tɛknisjɛ̃/tɛknisjɛn] *m/f* Techniker(in) *m/f; ~(ne) en électronique* Elektrotechniker(in) *m/f*
technique [tɛknik] *f 1.* Technik *f; ~ des communications* Nachrichtentechnik *f; ~ analogique* Analogtechnik *f; adj 2.* technisch
techno [tɛkno] *adj 1.* Techno... *f 2. MUS* Technomusik *f*
technologie [tɛknɔlɔʒi] *f* Technologie *f; ~ génétique* Gentechnologie *f*
tee-shirt [tiʃœʀt] *m* T-Shirt *n*
teindre [tɛ̃dʀ] *v irr* tönen, färben; *~ en blond* blond färben
teint [tɛ̃] *m 1.* Teint *m; grand ~* farbecht; *adj 2.* gefärbt; *cheveux ~s* gefärbte Haare
teinte [tɛ̃t] *f* Färbung *f*
teinter [tɛ̃te] *v 1. (bois)* beizen; *2. (colorer)* tönen, färben
teinture [tɛ̃tyʀ] *f 1. (opération)* Färben *n,* Einfärben *n; 2. (matière)* Farbstoff *m,* Farbe *f; 3. (solution)* Farblösung *f,* Farbtinktur *f; la ~ d'iode* die Jodtinktur *f*
teinturerie [tɛ̃tyʀʀi] *f (magasin)* chemische Reinigung *f,* Färberei *f*
tel [tɛl] *konj 1. ~ que* so wie; *adj 2. ~ ..., ~ ...* wie ..., so ...; *~ père, ~ fils* wie der Vater, so der Sohn
tel(le) [tɛl] *adj 1.* solche(r,s); *~ quel* unverändert, im selben Zustand; *2. (pareil(le))* derartig
télé [tele] *f TEL (fam)* Fernsehgerät *n*
téléachat [teleaʃa] *m ECO* Versandkauf *m*
télécabine [telekabin] *f* Kabinenseilbahn *f*
télécarte [telekaʀt] *f TEL* Telefonkarte *f*
télécommande [telekɔmɑ̃d] *f TECH* Fernbedienung *f,* Fernsteuerung *f*
télécopie [telekɔpi] *f TEL* Telefax *n*
télécrochet [telekʀɔʃɛ] *m* Castingshow *f*
télégraphier [telegʀafje] *v TEL* telegrafieren
télégraphique [telegʀafik] *adj 1. TEL* telegrafisch; *2. (fig)* abgekürzt; *style ~* im telegrafischen Stil
téléguidage [telegidaʒ] *m* Fernsteuerung *f*
téléguider [telegide] *v* fernsteuern
télématique [telematik] *f 1. TEL* Telekommunikation...; *adj 2.* Telekommunikations...; *services ~s* Dienstleistungen der Telekommunikation
téléphérique [telefeʀik] *m* Seilbahn *f*
téléphone [telefɔn] *m TEL 1.* Telefon *n; 2. (appareil)* Fernsprecher *m; par ~* telefonisch; *~ fixe* Festnetzanschluss *m*
téléphoner [telefɔne] *v* telefonieren; *~ à qn* jdn anrufen, mit jdm telefonieren
téléphonie [telefɔni] *f ~ (numérique) mobile TECH* Mobilfunk *m*
télescope [telɛskɔp] *m* Teleskop *n*
télescoper [teleskɔpe] *v 1.* aufprallen auf, hineinfahren in, zusammenstoßen mit; *Le camion a téléscopé la voiture.* Der Lastwagen ist auf das Auto aufgefahren. *2. se ~* zusammenstoßen, sich ineinander schieben; *Les deux trains se sont télescopés.* Die beiden Züge haben sich ineinander ge-schoben.
télésiège [telesjɛʒ] *m* Sessellift *m*
téléski [teleski] *m* Skilift *m*
téléspectateur [telespɛktatœʀ] *m* Fernsehzuschauer *m*
téléspectatrice [telespɛktatʀis] *f* Fernsehzuschauerin *f*
télétraitement [teletʀɛtmɑ̃] *m ~ de données INFORM* Datenübertragung *f*
télévision [televizjɔ̃] *f* Fernsehen *n; ~ par câble* Kabelfernsehen *n; ~ à péage* Pay-TV *n*
tellement [tɛlmɑ̃] *adv 1.* so, so sehr, derartig, so viel; *2. ~ ... que* dermaßen; *Il est ~ heureux qu'il en pleure.* Er ist so glücklich, dass er vor Freude weint.
témérité [temeʀite] *f* Vermessenheit *f*
témoignage [temwaɲaʒ] *m 1.* Zeugnis *n,* Bezeugen *n; 2. (preuve)* Beweis *m,* Zeichen *n; ~ de sympathie* Sympathiebekundung *f; ~ d'amitié* Freundschaftsbeweis *m*
témoigner [temwaɲe] *v 1. JUR* bezeugen, als Zeuge aussagen; *~ de son innocence*

seine Unschuld bezeugen/beweisen; *2. (fig)* zeigen, zum Ausdruck bringen; *3. (montrer)* äußern, zeigen, bezeugen

témoin [temwɛ̃] *m 1.* Zeuge/Zeugin *m/f; ~ oculaire* Augenzeuge *m; ~ à décharge* Entlastungszeuge *m; ~ à charge* Belastungszeuge *m; ~ principal/~ numéro un* Kronzeuge *m; Je vous prends à ~!* Sie sind mein Zeuge! *~ à un mariage* Trauzeuge/Trauzeugin *m/f; 2. (fig)* Zeichen *n; 3. (repère) TECH* Kontroll...; *lampe ~* Kontrolllampe; *4. SPORT* Markierung *f*

tempe [tɑ̃p] *f ANAT* Schläfe *f; ~s dégarnies (fig)* Geheimratsecken *pl*

tempérament [tɑ̃peʀamɑ̃] *m 1.* Ausgleich *m,* Linderung *f; 2. (nature)* Temperament *n,* Natur *f; 3. ECO* Ratenzahlung *f,* Teilzahlung *f; vente à ~* Verkauf mit Ratenzahlung *m*

tempérant [tɑ̃peʀɑ̃] *adj* gemäßigt, beherrscht, enthaltsam

température [tɑ̃peʀatyʀ] *f 1.* Temperatur *f; 2. (fièvre)* Fieber *n*

tempéré [tɑ̃peʀe] *adj* mild, gemäßigt; *climat ~* gemäßigtes Klima *n*

tempête [tɑ̃pɛt] *f 1.* Sturm *m,* Unwetter *n; ~ de sable* Sandsturm *m; 2. (orage)* Gewitter *n; 3. (fig)* Streit *m,* Krach *m,* Lärm *m,* Auseinandersetzung *f; 4. (tonnerre)* Sturm *m; une ~ d'applaudissements* ein stürmischer Applaus *m*

tempêter [tɑ̃pɛte] *v* toben, tollen

temple [tɑ̃pl] *m 1.* Tempel *m; 2. (église protestante)* Kirche *f*

temporaire [tɑ̃pɔʀɛʀ] *adj 1.* vorläufig; *2. (passager)* vorübergehend

temporel [tɑ̃pɔʀɛl] *adj 1.* zeitlich, Zeit...; *2. REL* weltlich

temps[1] [tɑ̃] *m* Zeit *f; ~ d'exposition FOTO* Belichtungszeit *f; ~ perdu* Zeitverschwendung *f; ~ libre* Mußezeit *f; ~ modernes* Neuzeit *f; un laps de ~* eine Weile *f; en même ~* gleichzeitig/zugleich; *de ~ en ~* hin und wieder, gelegentlich; *pendant ce ~* indessen; *la plupart du ~* meistens; *par les ~ qui courent* heutzutage; *avoir fait son ~* ausgedient haben, aus der Mode gekommen sein; *Il n'y a pas de ~ à perdre.* Es ist keine Zeit zu verlieren. *Cela prendrait trop de ~.* Das würde zu viel Zeit in Anspruch nehmen.

temps[2] [tɑ̃] *m (conditions atmosphériques)* Wetter *n; gros ~* Sturm *m; ~ de chien* Hundewetter *n; Le ~ est à la pluie.* Es sieht nach Regen aus. *faire la pluie et le beau ~ (fig)* tonangebend sein

tenace [tənas] *adj 1.* zäh; *2. (entêté)* hartnäckig

ténacité [tenasite] *f* Hartnäckigkeit *f,* Starrsinn *m*

tenailler [tənɑje] *v* quälen

tenailles [tənɑj] *f/pl 1.* Zange *f; 2. (pince coupante) TECH* Beißzange *f*

tendance [tɑ̃dɑ̃s] *f 1.* Tendenz *f,* Trend *m; avoir une ~ vers* tendieren zu; *~ à la baisse ECO* Abwährtsentwicklung *f; 2. POL* Richtung *f; 3. (penchant)* Hang *m,* Neigung *f; ~ à se plaindre* Wehleidigkeit *f; avoir ~ à (fig)* neigen zu

tendanciel [tɑ̃dɑ̃sjɛl] *adj* tentenziell

tendancieux [tɑ̃dɑ̃sjø] *adj* tendenziös

tendre[1] [tɑ̃dʀ] *adj 1.* sanft, weich, zart; *2. (fig)* jung, zart; *~ enfance* zarte Kindheit; *un bleu ~* ein zartes Blau; *3. (affectueux)* zärtlich

tendre[2] [tɑ̃dʀ] *v 1.* strecken, dehnen, spannen, bespannen; *~ un arc* einen Bogen spannen; *~ l'oreille (fig)* lauschen, horchen; *2. (accrocher)* aufhängen, behängen, aufstellen; *~ un piège* eine Falle aufstellen; *3. (donner)* reichen, geben; *~ la main à qn* jdm die Hand geben; *4. ~ à qc* nach etw trachten, etw anstreben

tendresse [tɑ̃dʀɛs] *f 1.* Zärtlichkeit *f; f/pl 2.* Zärtlichkeit *f,* Liebkosungen *f/pl*

tendu [tɑ̃dy] *adj 1.* gespannt, angespannt; *2. (fig)* straff, prall, stramm; *3. (avancé) politique de la main ~e* Versöhnungspolitik *f,* Politik der ausgestreckten Hand *f*

ténèbres [tenɛbʀ] *f/pl* Dunkel *n,* Dunkelheit *f,* Finsternis *f*

ténébreux [tenebʀø] *adj 1.* finster, dunkel, düster, undurchsichtig; *une ténébreuse affaire* eine dunkle Angelegenheit *f*

teneur [tənœʀ] *f 1.* Gehalt *m; ~ en or* Goldgehalt *m; ECO ~ de livres* Quantität *f; 2.* Inhalt *m;* Tenor *m*

tenir [təniʀ] *v irr 1.* halten, festhalten; *~ prêt* bereithalten; *~ à la disposition* bereithalten; *~ compte* berücksichtigen; *~ bon* durchhalten/standhalten; *~ le coup* durchhalten; *~ ferme* standhalten; *~ secret* verheimlichen; *~ en lieu sûr* verwahren; *ne pas ~ en place* nicht ruhig bleiben können; *Qu'à cela ne tienne!* Das macht nichts./Darauf soll es nicht ankommen! *~ la jambe à qn* jdn mit seinem Gerede aufhalten/jdm das Ohr

T

ablabern *(fam)*; *2. (s'occuper de)* führen; *~ le ménage* den Haushalt führen; *~ un chien en laisse* einen Hund an der Leine führen; *3. ~ à qc* auf etw Wert legen; *Cela me tient à cœur.* Das liegt mir am Herzen. *Si vous y tenez ...* Wenn Sie darauf bestehen ... *4. ~ de* haben von, grenzen an, ähneln; *Il tient beaucoup de son père.* Er ist seinem Vater sehr ähnlich. *Cela tient du miracle.* Das grenzt an ein Wunder. *5. (dépendre de)* abhängen; *A quoi cela tient-il?* Woran liegt es? *Il ne tient qu'à elle.* Es hängt nur von ihr ab. *6. (contenir)* umfassen, enthalten; *Cette bouteille tient un litre.* Diese Flasche enthält einen Liter. *7. MIL* einnehmen; *~ le premier rang* die erste Stelle einnehmen; *8. se ~* sich halten, sich verhalten; *s'en ~ à qc* sich an etw halten; *se ~ debout* sich aufrecht halten; *se ~ bien* sich wohl verhalten/sich benehmen

tennis [tenis] *m SPORT* Tennis *n; ~ de table* Tischtennis *n*

tension [tɑ̃sjɔ̃] *f* Anspannung *f,* Spannung *f; haute ~* Hochspannung *f; ~ du secteur* Netzspannung *f; ~ artérielle* Blutdruck *m*

tentacule [tɑ̃takyl] *f ZOOL* Tentakel *m,* Fangarm *m; les ~s de la pieuvre* die Fangarme der Krake *pl*

tentant [tɑ̃tɑ̃] *adj* ansprechend

tentateur [tɑ̃tatœʀ] *adj 1.* verführerisch; *m 2.* Verführer *m*

tentation [tɑ̃tasjɔ̃] *f 1.* Verlockung *f; 2. (désir)* Versuchung *f*

tentative [tɑ̃tativ] *f* Versuch *m; ~ d'approche* Annäherungsversuch *m; ~ de meurtre* versuchter Mord *m; ~ de suicide* Selbstmordversuch *m*

tentatrice [tɑ̃tatʀis] *f* Verführerin *f*

tente [tɑ̃t] *f* Zelt *n*

tenter [tɑ̃te] *v 1.* versuchen; *~ sa chance* sein Glück versuchen; *2. (séduire)* verführen; *être tenté de faire qc* große Lust verspüren, etw zu tun; *3. Il ne faut pas ~ le diable.* Man soll nicht mit dem Feuer spielen.

tenu [təny] *adj 1. être ~ à qc* verpflichtet sein zu etw, an etw gebunden sein; *être ~ au secret professionnel* an das Berufsgeheimnis gebunden sein; *être ~ à la discretion* zur Diskretion verpflichtet sein; *2. être ~ de faire qc* verpflichtet sein zu etw, etw tun müssen, gehalten sein, etw zu tun; *être ~ de se taire* zum Schweigen angehalten sein; *3. bien/mal ~* in gutem/schlechtem Zustand sein, (un)gepflegt sein, (un)ordentlich sein

tenue [təny] *f 1.* Haltung *f,* Verhalten *n; 2. (habillement)* Montur *f,* Kleidung *f; ~ de bain* Badeanzug *m; 3. manquer de ~* keinen Anstand haben*; 4. ~ des livres ECO* Buchführung *f,* Buchhaltung *f; 5. ~ de route d'un véhicule TECH* Straßenkleidung *f*

terme[1] [tɛʀm] *m* Ausdruck *m,* Begriff *m,* Wort *n; ~ technique* Fachausdruck *m; ~ général/~ générique* Oberbegriff *m; ~s de l'accord* Abmachung *f; en d'autres ~s* mit anderen Worten; *en ~s formels* förmlich; *être en mauvais ~s avec qn* mit jdm auf schlechtem Fuß stehen

terme[2] [tɛʀm] *m (délai)* Frist *f; à court ~* kurzfristig; *à long ~* langfristig; *3. (échéance)* Abschluss *m,* Ende *n; ~ de la vie/~ de l'existence* Lebensende *n; ~ de la liquidation ECO* Abschlussstichtag *m*

terminaison [tɛʀminɛzɔ̃] *f 1. GRAMM* Endung *f,* Auslaut *m; 2. ~ nerveuse ANAT* Nervenende *n,* Nervenendung *f*

terminal [tɛʀminal] *adj 1.* abschließend; *m 2. (aérogare)* Terminal *n; 3. (d'ordinateur) INFORM* Computerterminal *n,* Endgerät *n*

terminé [tɛʀmine] *adj* fertig, beendet

terminer [tɛʀmine] *v 1.* absolvieren, vollenden; *2. (achever)* abschließen, beenden, fertig machen; *pour ~* zum Abschluss; *3. se ~* enden, auslaufen; *se ~ bien/mal* gut/schlecht ausgehen

terminologie [tɛʀminɔlɔʒi] *f* Fachsprache *f,* Terminologie *f*

terminus [tɛʀminys] *m* Endstation *f*

ternir [tɛʀniʀ] *v 1.* trüben, matt machen, trüb machen; *~ l'éclat de qc* den Glanz von etw trüben; *L'humidité a terni le miroir.* Die Feuchtigkeit hat den Spiegel matt gemacht. *2. (fig)* beeinträchtigen, schmälern, verringern; *~ la réputation de qn* jds Ruf schmälern; *3. se ~* trübe werden, matt werden, an Glanz verlieren, anlaufen

terrain [tɛʀɛ̃] *m 1.* Gelände *n; ~ industriel* Fabrikgelände *n; connaître le ~* sich auskennen; *2. (terre)* Land *n,* Grundstück *n; ~ à bâtir* Bauland *n; 3. (emplacement)* Platz *m; ~ de jeu* Spielplatz *m; ~ de sport* Sportplatz *m; ~ de manœuvre* Übungsplatz *m; ~ de camping* Campingplatz *m; 4. (fig)* Realität *m,* Wirklichkeit *f; un homme de ~* ein bodenständiger Mann; *travailler sur le ~* direkt vor Ort arbeiten; *5. ménager le ~* Grundstück *n; 6. chercher un ~ d'entente* eine Verständigungsgrundlage suchen*; 7. tout-~* geländegängig; *vélo tout-~* Mountainbike *n; 8. MED* Feld *n,* Milieu *n; ~ prédisposé* geignetes Millieu

T

terrasse [tɛʀas] *f* Terrasse *f*, Dachterrasse *f*

terre [tɛʀ] *f* *1.* Boden *m*, Erde *f*; *~ glaise* Lehmboden *m*; *rentrer sous ~* vor Scham im Boden versinken; *Voilà tous nos projets par ~.* Alle unsere Pläne sind über den Haufen geworfen. *2. (terrain)* Land *n*; *~ ferme* Festland *n*; *~ nouvelle/~ inconnue* Neuland *n*; *3. (monde)* Welt *f*, Erde *f*; *4. mettre en ~* beerdigen

terreau [tɛʀo] *m* Kompost *m*, Humus *m*, Blumenerde *f*

terrer [tɛʀe] *v AGR* mit Erde bedecken, eingraben; *~ un arbre* einen Baum pflanzen

terrestre [tɛʀɛstʀ] *adj 1.* irdisch; *2.* irdisch, Land..., Erd...; *transport par voie ~* Landtransport

terreur [tɛʀœʀ] *f 1.* Terror *m*; *2. (effroi)* Schrecken *m*; *3. HIST* Schreckensherrschaft *f*; *4. (fig)* Schrecken *m*; *Cet enfant est une vraie ~.* Dieses Kind ist wirklich schrecklich.

terreux [tɛʀø] *adj* erdig

terrible [teʀibl] *adj 1.* fürchterlich, schrecklich, grässlich; *2. (fam)* wahnsinnig gut

terrifiant [teʀifjɑ̃] *adj* erschreckend

terrifier [teʀifje] *v* erschrecken, in Angst und Schrecken versetzen, ängstigen

terrine [teʀin] *f 1.* Schüssel *f*; *2. (écuelle)* Napf *m*; *3. (pâté) GAST* Fleischpastete *f*

territoire [teʀitwaʀ] *m 1.* Gebiet *n*; *~ inoccupé* Niemandsland *n*; *~ national* Hoheitsgebiet *n*; *2. POL* Territorium *n*

territorial [teʀitɔʀjal] *adj* territorial, Gebiets..., Hoheits... *les limites ~es* die Staatsgrenzen *pl*; *les eaux ~es* die Hoheitsgewässer *pl*; *l'armée ~e* die Landwehr *f*; *l'intégrité ~e* die Unverletzlichkeit des Hoheitsgebiets *f*

terroir [tɛʀwaʀ] *m* Boden *m*, Weinbauland *n*, Landscholle *f*, Region *f*; *l'accent du ~* der regionale Dialekt *m*

terroriser [tɛʀɔʀize] *v* terrorisieren, in Angst und Schrecken versetzen, in Angst und Schrecken halten

terrorisme [teʀɔʀism] *m* Terrorismus *m*

terroriste [tɛʀɔʀist] *m/f 1.* Terrorist(in) *m/f*; *adj 2.* terroristisch

tertiaire [tɛʀsjɛʀ] *adj 1. GEOL* Tertiär..., zum Tertiär gehörig; *l'ère ~* das Tertiär *n*; *un terrain ~* eine Tertiärformation *f*; *2. ECO* dienstleistend; *secteur ~* Dienstleistungssektor; *3. MED* letzte; *phase ~ d'une maladie* die letzte Phase einer Krankheit

tertio [tɛʀsjo] *adv* drittens

tesson [tesɔ̃] *m* Scherbe *f*

test [tɛst] *m 1.* Prüfung *f*, Test *m*; *2. (expérience)* Versuch *m*, Experiment *n*, Erprobung *f*; *~ de grossesse* Schwangerschaftstest *m*

testament [tɛstamɑ̃] *m* Testament *n*, Vermächtnis *n*

Testament [tɛstamɑ̃] *m (Bible) REL* Testament *n*; *l'Ancien ~* das Alte Testament *n*; *le Nouveau ~* das Neue Testament *n*

tester¹ [tɛste] *v* testen, erproben

tester² [tɛste] *v JUR* sein Testament machen, letztwillig verfügen

testicules [tɛstikyl] *m/pl ANAT* Hoden *pl*

tétanos [tetanos] *m MED* Tetanus *m*

tête [tɛt] *f 1.* Kopf *m*; *~ chauve* Glatze *f*; *~ carrée (fam)* Querkopf *m*; *~ de Turc* Sündenbock *m*; *~ de mort* Totenkopf *m*; *~ de cochon (fam)* Trotzkopf *m*; *la ~ la première* kopfüber; *perdre la ~ (fam)* durchdrehen; *avoir une idée derrière la ~* einen Hintergedanken haben; *avoir la ~ à l'envers* ganz durcheinander sein; *y aller ~ baissée* kopflos handeln, überstürzt handeln; *en avoir par-dessus la ~* es satt haben; *avoir la ~ ailleurs* mit den Gedanken woanders sein; *avoir la ~ dure* schwer von Begriff sein; *casser la ~ à qn* jdm auf die Nerven gehen; *prendre la ~ à qn* jdm auf die Nerven fallen; *2. (chef)* Haupt *n*; *3. (fig)* Spitze *f*; *en ~* vorn(e), voraus; *être à la ~* leiten, führen, an der Spitze liegen; *4. (fig: esprit)* Kopf *m*, Geist *m*; *perdre la ~* den Kopf verlieren; *avoir toute sa ~* den Geist beisammen haben

tête-à-queue [tɛtakø] *m* plötzliche Kehrtwende *f*; *faire un ~* plötzlich kehrtmachen

tête-à-tête [tɛtatɛt] *m* Tête-à-Tête *n*, Gespräch unter vier Augen *n*, Alleinsein *n*

tétée [tete] *f* Stillen *n*, Babymahlzeit *f*; *donner la ~ à un enfant* ein Baby stillen; *C'est l'heure de la ~.* Es ist Zeit für das Stillen.

téter [tete] *v* saugen

têtu [tety] *adj* eigensinnig, hartnäckig, stur

texte [tɛkst] *m* Text *m*, Wortlaut *m*

textile [tɛkstil] *adj* Textil...; *fibre ~* Textilfaser; *l'industrie ~* Textilindustrie *f*

textiles [tɛkstil] *m/pl* Textilien *pl*

texto [tɛksto] *m (fam) TEL* SMS *f*

textuel [tɛkstɥɛl] *adj* wörtlich

texture [tɛkstyʀ] *f* Struktur *f*, Textur *f*, Zusammensetzung *f*; *la ~ d'une roche* die Textur eines Felsens *f*

T

thé [te] *m* schwarzer Tee *m*
théâtral [teɑtʀal] *adj* theatralisch
théâtre [teɑtʀ] *m 1.* Theater *n,* Schauspielhaus *n; pièce de ~* Theaterstück *n,* Schauspiel *n; 2. (scène)* Bühne *f; ~ de plein air* Freilichtbühne *f; ~ ambulant* Wanderbühne *f; 3. (fig)* Schauplatz *m; 4. LIT* Theater *n; le ~ antique* das Theater der Antike
théière [tejɛʀ] *f* Teekanne *f*
thématiser [tematize] *v* thematisieren

thème [tɛm] *m 1.* Thema *n; C'est un fort en ~.* Er ist ein Musterschüler. *2. (objet)* Gegenstand *m,* Thema *n; ~ du débat* Gesprächsgegenstand *m; 3. MUS* Leitmotiv *n; 4. (traduction)* Übersetzung von der Muttersprache in die Fremdsprache *f; un fort en ~ (fig)* ein guter Schüler; *5. ~ astral ASTR* Sternbild *n*

théologie [teɔlɔʒi] *f* Theologie *f*
théologique [teɔlɔʒik] *f* theologisch
théoricien(ne) [teɔʀisjɛ̃/teɔʀisjɛn] *m/f* Theoretiker(in) *m/f; un ~ de l'économie* ein Wirtschaftstheoretiker *m; les ~s du socialisme* die Ideologen des Sozialismus *pl*
théorie [teɔʀi] *f 1.* Theorie *f; ~ des ensembles MATH* Mengenlehre *f; 2. en ~* theoretisch
théorique [teɔʀik] *adj* theoretisch
thérapeute [teʀapøt] *m/f MED* Therapeut(in) *m/f*
thérapeutique [teʀapøtik] *adj 1.* therapeutisch, heilend; *vertus ~s des plantes* heilende Wirkung von Pflanzen; *2. MED* Therapeutik *f,* Heilkunde *f; ~ naturelle* Naturheilkunde *f*
thérapie [teʀapi] *f* Therapie *f; ~ de groupe* Gruppentherapie *f*
thermal [tɛʀmal] *adj* Thermal..., thermal; *une cure ~e* eine Badekur *f; une station ~e* ein Badekurort *m*
thermes [tɛʀm] *m/pl* Badeanstalt *f*
thermique [tɛʀmik] *adj PHYS* thermisch, Thermik..., Thermo..., Wärme...; *une centrale ~* ein Wärmekraftwerk *n*
thermomètre [tɛʀmɔmɛtʀ] *m* Thermometer *n; ~ médical* Fieberthermometer *n*
thermos [tɛʀmos] *f* Thermosbehälter *m,* Thermoskanne *f*
thèse [tɛz] *f 1.* These *f; 2. (traité)* Abhandlung *f; ~ de doctorat (d'Université)* Dissertation *f*
thon [tɔ̃] *m ZOOL* Thunfisch *m*
tic [tik] *m 1. MED* Tic *m,* Zucken *n; ~ nerveux* nervöse Zuckung
ticket [tikɛ] *m 1.* Fahrschein *m; 2. (billet d'entrée)* Eintrittskarte *f; 3. ~-restaurant* Restaurantgutschein *m; 4. ~ modérateur* Anteil *m,* Selbstbeteiligung *f; 5. avoir un ~ avec qn* das Interesse von jmd geweckt haben
tic-tac [tiktak] *m faire ~* ticken
tiède [tjɛd] *adj 1.* lauwarm; *2. (fig)* lau, schwach
tien(ne) [tjɛ̃/tjɛn] *pron le ~/la ~ne (possessif)* der/die/das Deinige; *les ~s* die Deinen; *C'est le ~.* Das gehört dir. *A la ~ne!* Auf dein Wohl!
tiens [tjɛ̃] *interj Tiens!* Schau, schau!/Aha!/Ach nee!
tiers [tjɛʀ] *m 1.* Drittel *n; 2.* andere *m/f; en parler à un ~* eine(n) andere(n) fragen; *adj 3.* dritte; *une tierce personne* eine dritte Person, ein Dritter
tiers-monde [tjɛʀmɔ̃d] *m POL* Dritte Welt
tif [tif] *m (fam)* Haare *m/pl; Va te faire couper les ~s!* Lass dir mal die Haare schneiden
tige [tiʒ] *f 1.* Stange *f; 2. (queue)* Stiel *m; 3. (paille) BOT* Halm *m,* Stängel *m*
tigre [tigʀ] *m ZOOL* Tiger *m*
tigré [tigʀe] *adj* getigert, gefleckt, geflammt, gestreift; *un chat ~* eine getigerte Katze *f*
tigresse [tigʀɛs] *f 1. ZOOL* Tigerin *f; 2. (fig)* Furie *f*
tilleul [tijœl] *m 1. BOT* Linde *f; 2. (tisane)* Lindenblüte *f; 3. (bois de ~)* Linde *f*
timbale [tɛ̃bal] *f 1.* Becher *m; 2. MUS* Pauke *f*
timbre [tɛ̃bʀ] *m 1.* Briefmarke *f; 2. (son)* Klang *m; 3. MUS* Klangfarbe *f; 4. ~ fiscal* Steuermarke *f; 5. MED* Pastille *f*
timbré [tɛ̃bʀe] *adj 1. (fam: fou)* bekloppt, meschugge, nicht ganz dicht; *2. MUS* volltönend; *une voix bien ~e* eine volltönende Stimme; *3. papier ~* Stempelpapier *n; 4. enveloppe ~e* frankierter Umschlag *m*
timbrer [tɛ̃bʀe] *v 1. (lettre)* frei machen, frankieren; *2. (document)* stempeln, Marke aufkleben
timide [timid] *adj* scheu, schüchtern
timidité [timidite] *f 1.* Scheu *f,* Schüchternheit *f; 2. (appréhension)* Ängstlichkeit *f*
timonier [timɔnje] *m* Steuermann *m*
tinette [tinɛt] *f* Holzgefäß *n,* Kübel *m*
tintement [tɛ̃tmɑ̃] *m 1.* Geläute *n,* Klingeln *n,* Bimmeln *n,* Geklirr *n; le ~ des cloches* das Glockengeläute *n; 2. ~ d'oreilles* Ohrenklingen *n,* Ohrensausen *n*

tinter [tɛ̃te] *v 1.* klirren; *2. (sonner)* läuten, klingen
tir [tiʀ] *m* Schießen *n,* Beschießung *f,* Feuer *n; faire du ~* schießen; *~ à l'arc* Bogenschießen *n; ~ aux pigeons* Tontaubenschießen *n; ~ forain* Schießbude *f*
tirage [tiʀaʒ] *m 1.* Ziehen *n,* Ziehung *f; ~ de la loterie* Losziehung *f; ~ au sort* Auslosung *f,* Verlosung *f; 2. (reproduction)* Abdruck *m,* Nachbildung *f,* Ausdruck *m; faire un ~* abdrucken/ausdrucken; *3. (d'un livre)* Auflage *f; premier ~* Erstauflage *f*
tiraillements [tiʀajmɑ̃] *m/pl 1.* ziehende Schmerzen *pl,* krampfartiges Zusammenziehen *n; des ~ d'estomac* Magenkrämpfe *pl; 2. (fig)* Reibungen *pl,* Konflikte *pl,* Aneinandergeraten *n; Ce sont des ~ continuels entre les deux frères.* Die beiden Brüder geraten ständig aneinander.
tirailler [tiʀɑje] *v 1.* zerren; *2. (fig)* hin- und herreißen; *être tiraillé entre plusieurs possibilités* zwischen mehreren Möglichkeiten hin- und hergerissen sein
tirailleur [tiʀajœʀ] *m MIL* Schütze *m,* Freischärler *m,* Infanterist *m*
tire [tiʀ] *f 1. vol à la ~* Taschendiebstahl *m; 2. (fam: voiture)* Karre *f*
tire-bouchon [tiʀbuʃɔ̃] *m* Korkenzieher *m*
tirelire [tiʀliʀ] *f* Sparbüchse *f*

tirer [tiʀe] *v 1.* ziehen; *~ au sort* auslosen; *~ au clair* aufklären; *2. (faire feu)* schießen, feuern; *3. (faire sortir)* herausziehen, entnehmen; *4. (fig)* entnehmen, daraus schließen; *5. s'en ~ (fig)* davonkommen; *6. (aller)* zu Ende gehen; *~ à sa fin* dem Ende zu gehen; *un rouge qui tire sur l'orange* ein Rot, das ins Orange übergeht; *7. se ~ (fam)* abhauen; *Tire-toi!* Hau ab!

tiret [tiʀɛ] *m* Bindestrich *m*
tireur [tiʀœʀ] *m ~ d'élite* Scharfschütze *m*
tiroir [tiʀwaʀ] *m* Schublade *f; racler les fonds de ~s* die letzten Cent zusammenkratzen
tiroir-caisse [tiʀwaʀkɛs] *m* Registrierkasse *f*
tisane [tizan] *f* Kräutertee *m*
tisonner [tizɔne] *v ~ le feu* das Feuer schüren
tisonnier [tizɔnje] *m* Schürhaken *m,* Schüreisen *n*
tissage [tisaʒ] *m* Weberei *f*
tisser [tise] *v 1.* weben; *2. (fig)* knüpfen; *~ des liens* Beziehungen knüpfen
tissu [tisy] *m 1.* Gewebe *n; ~ conjonctif ANAT* Bindegewebe *n; 2. (étoffe)* Stoff *m; ~ éponge* Frottee *n; 3. ~ de mensonges (fig)* Netz *n; 4. (milieu)* Millieu *n,* Netz *n; ~ social* das soziale Millieu; *~ industriel* das industrielle Netz
titan [titɑ̃] *m LIT* Titan *m,* Riese *m,* Gigant *m; une œuvre de ~ (fig)* ein gigantisches Werk *n*
titre [titʀ] *m 1.* Titel *m,* Doktortitel *m; à ~ gracieux* gratis; *à ~ provisoire* vorübergehend; *à ~ honorifique* ehrenamtlich; *à ~ professionnel* hauptamtlich; *à ~ d'information* zur Kenntnisnahme; *à ~ de comparaison* vergleichsweise; *à juste ~* mit vollem Recht; *2. (de journal)* Überschrift *f; gros ~* Schlagzeile *f; 3. (diplôme)* Urkunde *f; 4. ~ de noblesse* Adelstitel *m; 5. (appréciation)* Prädikat *n,* Bewertung *f; 6. ~ de créance ECO* Schuldschein *m; 7. ~ d'or fin* Feingehalt *m; 8. ECO* Effekten *pl*
titrer [titʀe] *v 1. (journal)* übertiteln, mit einer Schlagzeile überschreiben, mit einer Überschrift versehen; *~ sur cinq colonnes* eine fünfspaltige Schlagzeile bringen; *~ en première page* auf dem Titelblatt als Schlagzeile bringen; *2. (solution) CHEM* titrieren; *Cette solution titre quinze degrés.* Diese Lösung hat fünfzehn Volumenprozent.
tituber [titybe] *v* taumeln, torkeln
titulaire [titylɛʀ] *m/f 1.* Amtsinhaber(in) *m/f; 2. ~ d'un prix* Preisträger(in) *m/f*
titularisation [titylaʀizasjɔ̃] *f* Festanstellung *f,* Verbeamtung *f*
titulariser [titylaʀize] *v* fest anstellen; *~ un fonctionnaire* verbeamten
toboggan [tɔbɔgɑ̃] *m* Rutschbahn *f*
tocsin [tɔksɛ̃] *m* Sturmglocke *f,* Alarmglocke *f; sonner le ~* Sturm läuten
toi [twa] *pron 1. (tonique)* du; *2. (accusatif)* dich; *3. à ~* dir
toile [twal] *f 1.* Tuch *n,* Stoff *m; 2. (drap)* Laken *n; 3. (filet)* Netz *n; ~ d'araignée* Spinnennetz *n; ~ contre les mouches* Fliegengitter *n; 4. (de lin)* Leinen *n; 5. ART* Leinwand *f,* Ölgemälde *n,* Gemälde *n*
toilette [twalɛt] *f 1.* Toilette *f,* Klosett *n,* Abort *m,* Klo *n (fam); faire sa ~* sich waschen; *2. (tenue)* Kleidung *f; 3. (mise)* Aufmachung *f,* Zier *f; 4. ~s pl* Toilette *f,* WC *n,* Klo *n; aller aux ~s* zur Toilette gehen
toiletter [twalɛte] *v* sich waschen, sich fertig machen, sich ankleiden
toise [twaz] *f (règle graduée)* Messstab *m; passer qn à la ~* jds Größe messen

T

toit [twa] *m* *1.* Dach *n;* *crier qc sur tous les ~s* etw an die große Glocke hängen/etw hinausposaunen; *vivre sous le même ~* unter einem Dach wohnen/zusammen wohnen; *2. ~ ouvrant* Schiebedach *n*

toiture [twatyʀ] *f* *1.* Dach *n;* *2. (couverture)* Überdachung *f*

tôle[1] [tol] *f* Blech *n*

tôle[2] [tol] *f* *(voir "taule")*

tolérance [tɔleʀɑ̃s] *f* Nachsicht *f,* Toleranz *f*

tolérant [tɔleʀɑ̃] *adj* nachsichtig, tolerant

tolérer [tɔleʀe] *v* *1.* tolerieren; *2. (supporter)* dulden, ertragen; *3. (endurer qc)* vertragen; *4. (subir)* tragen, ertragen *(fig)*

tollé [tɔle] *m* Aufschrei *m*

tomate [tɔmat] *f* *1. BOT* Tomate *f;* *2. être rouge comme une ~* rot wie eine Tomate sein *f;* *3. (boisson)* Getränk mit Pastis und rotem Sirup

tombal [tɔ̃bal] *adj* Grab... *une pierre ~e* ein Grabstein *m*

tombant [tɔ̃bɑ̃] *adj* *1.* fallend, abfallend, hängend; *des épaules ~es* Hängeschultern *pl;* *des cheveux ~s* offen herabhängende Haare *pl;* *2.* einfallend, hereinbrechend, anbrechend; *à la nuit ~e* bei Einbruch der Dunkelheit

tombe [tɔ̃b] *f* *1.* Grab *n,* Gruft *f;* *2. se retourner dans sa ~ (fig)* sich im Grabe umdrehen

tombeau [tɔ̃bo] *m* Grab *n;* *rouler à ~ ouvert* wie ein Irrer rasen

tombée [tɔ̃be] *f* *(du jour, de la nuit)* Anbruch *m*

tomber [tɔ̃be] *v* *1.* nachlassen, schwächer werden; *2. (sombrer)* sinken; *3. (s'effondrer)* stürzen, fallen, umfallen, herunterfallen; *faire ~ qc* etw fallen lassen; *4. (nuit)* anbrechen, beginnen; *5. (foudre)* einschlagen; *6. ~ à pic* genau zur rechten Zeit kommen, genau richtig kommen, hinhauen; *7. ~ eruine* einstürzen; *8. ~ malade* erkranken; *9. ~ amoureux de* sich verlieben in; *10. laisser ~ qn* jdn abhängen, jdn fallen lassen; *11. ~ dans le panneau* hereinfallen, getäuscht werden, in die Falle gehenn *ruine* einstürzen; *8. ~ malade* erkranken; *9. ~ amoureux de* sich verlieben in; *10. laisser ~ qn* jdn abhängen, jdn fallen lassen; *11. ~ dans le panneau* hereinfallen, getäuscht werden, in die Falle gehen

tome [tɔm] *m* Band *m*

tom-pouce [tɔmpus] *m* Knirps *m;* Taschenschirm *m*

ton[1] [tɔ̃] *pron* dein; *~ semblable* deinesgleichen

ton[2] [tɔ̃] *m* *1.* Klang *m;* *2. (façon de parler)* Umgangston *m;* *Si vous le prenez sur ce ~ ...* Wenn Sie so einen Ton anschlagen ... *d'un ~ tranchant* entschieden; *3. MUS* Ton *m;* *donner le ~* den Ton angeben; *sortir du ~* vom Ton abweichen; *4. (attitude)* Sprache *f,* Redeweise *f;* *être de bon ~* geschmackvoll sein; *5. (couleur)* Farbton *m;* *des ~s pastels* Pastellfarben; *~ sur ~* Ton in Ton

tondeuse [tɔ̃døz] *f* *1. (à cheveux)* Rasierapparat *m;* *2. ~ à gazon* Rasenmäher *m*

tondre [tɔ̃dʀ] *v irr* *1.* scheren; *~ la laine d'un mouton* ein Schaf scheren; *~ un chien* einen Hund scheren; *~ un soldat* einem Soldaten den Kopf scheren; *se faire ~* sich die Haare kurz rasieren lassen; *2. (faucher)* mähen, schneiden, scheren, stutzen; *~ le gazon* den Rasen mähen; *~ une haie* eine Hecke stutzen; *3. ~ qn (fam: dépouiller)* jdn ausnehmen; *~ le client* den Kunden ausnehmen

tondu [tɔ̃dy] *adj* *1.* rasiert, gemäht; *cheveux ~s* rasierte Harre; *pelouse ~e* gemähter Rasen; *m* *2.* Kahlgeschorene(r) *m/f* *Il y avait trois pelés et un ~ (fam).* Es waren nur wenig Leute da.

tonifier [tɔnifje] *v* stärken, kräftigen, beleben, anregen; *L'eau froide tonifie la peau.* Kaltes Wasser belebt die Haut.

tonique [tɔnik] *adj* *1. (stimulant)* anregend, stimulierend; *médicament ~* Tonikum *n,* Reizmittel *n;* *2. (fig)* belebend, erfrischend, Reiz... *climat ~* Reizklima *n;* *3. (accentué) LING* betont; *accent ~* dynamischer Akzent *m;* *voyelle ~* betonter Vokal *m;* *m* *4. (lotion)* Gesichtswasser *n;* *f* *5. (note) MUS* Tonika *f,* Grundton einer Tonleiter *m;* *6.* Stärkungsmittel *n*

tonnage [tɔnaʒ] *m* *1. (d'un navire) NAUT* Tonnage *f,* Rauminhalt *m;* *le ~ brut* der Bruttotonnengehalt *m;* *un bâtiment de fort ~* ein großes Schiff *n;* *2. (de plusieurs navires) NAUT* Gesamttonnage *f*

tonnant [tɔnɑ̃] *adj* *1.* dröhnend, donnernd; *une voix ~e* eine dröhnende Stimme *f;* *2. CHEM* Knall...; *un gaz ~* ein Knallgas *n*

tonne [tɔn] *f* *1.* Tonne *f;* *2. (fam: grande quantité)* Riesenmenge *f,* Unmenge *f;* *Il y a une ~ de travail.* Es gibt einen Haufen zu tun.

T

tonneau [tɔno] *m* Tonne *f*, Fass *n*; *faire un ~ (en voiture)* sich überschlagen
tonner [tɔne] *v 1.* donnern; *2. (fig)* donnern
tonnerre [tɔnɛʀ] *m 1.* Donner *m*; *Tonnerre de Brest!* Donnerwetter! *2. un ~ de (fig)* wahnsinnig; *un ~ d'applaudissements* ein wahnsinniger Applaus; *3. du ~ (fam)* genial; *une musique du ~* geniale Musik
tonte [tɔ̃t] *f (des moutons)* Schur *f*, Scheren *n*, Schurwolle *f*
top [tɔp] *m 1. (signal sonore)* Zeitzeichenton *m*, Signal *n*; *Au quatrième ~, il sera exactement cinq heures.* Beim vierten Ton des Zeitzeichens ist es genau fünf Uhr. *donner le ~ de départ* das Signal zum Aufbruch geben; *2. (fam)* top, super; *~ secret* hochgeheim; *~ niveau* hohes Niveau
toper [tɔpe] *v* einschlagen, durch Handschlag besiegeln; *Topez là!* Schlagen Sie ein!
topo [tɔpo] *m (fam)* Ausführungen *pl*; *faire un ~* ausführen; *C'est toujours le même ~.* Das ist immer dieselbe Leier.
topographie [tɔpɔgʀafi] *f 1. (représentation)* topografische Darstellung *f*; *2. (technique)* Topografie *f*, Vermessung *f*; *3. (configuration)* topografische Beschaffenheit *f*, topografische Lage *f*; *décrire la ~ des lieux* das Gelände beschreiben; *étudier la ~ d'un quartier* die Räumlichkeiten einer Unterkunft untersuchen
toquade [tɔkad] *f (fam: caprice)* Spleen *m*, Vernarrtheit *f*, Marotte *f*; *avoir une ~ pour qn* in jdn vernarrt sein; *Ce n'est qu'une ~.* Das ist nur eine Marotte.
toque [tɔk] *f* Kappe *f*
toqué [tɔke] *adj (fam: fou)* nicht ganz dicht, bekloppt, einen Klaps haben
toquer [tɔke] *v 1. ~ à la porte* an die Tür klopfen; *2. se ~ de qn (fam)* sich in jdn vergucken, sich in jdn verknallen
torche [tɔʀʃ] *f 1.* Fackel *f*; *2. ~ électrique* Taschenlampe *f*; *3. parachute en ~* Fallschirm, der sich verheddert hat *m*
torchère [tɔʀʃɛʀ] *f 1.* Leuchter *m*; *2. TECH* Stehlampe *f*, Lampenständer *m*
torchis [tɔʀʃi] *m* Lehm *m*
torchon [tɔʀʃɔ̃] *m 1.* Tuch *n*; *2. (chiffon)* Lappen *m*, Abtrockentuch *n*
tordant [tɔʀdɑ̃] *adj (fam: drôle)* witzig, urkomisch, zum Schießen, zum Totlachen; *une histoire ~e* eine witzige Geschichte
tordre [tɔʀdʀ] *v 1. se ~ qc* sich etw ausrenken; *2. se ~ (fam)* sich kaputtlachen; *3. (plier)* krümmen; *4. (courber)* verbiegen, verdrehen
toréador [tɔʀeadɔʀ] *m* Stierkämpfer *m*, Torero *m*
tornade [tɔʀnad] *f* Tornado *m*, Wirbelsturm *m*; *entrer comme une ~ (fig)* hereinstürmen
torpeur [tɔʀpœʀ] *f* Lethargie *f*, Apathie *f*, Benommenheit *f*, Erschlaffung *f*; *être plongé dans la ~* benommen sein; *faire sortir qn de sa ~* jdn aus seiner Benommenheit reißen
torpide [tɔʀpid] *adj* erstarrt, gefühllos, apathisch, stumpf
torpiller [tɔʀpije] *v 1. MIL* torpedieren; *2. (fig)* zu Fall bringen; *~ une négociation de paix* eine Friedensverhandlung zu Fall bringen
torréfier [tɔʀefje] *v (café)* rösten
torrent [tɔʀɑ̃] *m 1.* Wildbach *m*, Sturzbach *m*, Wildwasser *n*; *un ~ de lave* ein Lavastrom *m*; *Il pleut à ~s.* Es regnet in Strömen. *2. (fig)* Sturzflut *f*, Strom *m*, Schwall *m*, Flut *f*; *un ~ d'injures* eine Flut von Beschimpfungen *f*; *des ~s de larmes* Tränenströme *pl*
torrentiel [tɔʀɑ̃sjɛl] *adj 1.* Wildwasser... *des eaux ~les* Wildwasser *n*; *2. (violent)* gewaltig, ungestüm, reißend; *pluie ~le* strömender Regen *m*
torride [tɔʀid] *adj* dörrend, heiß, glühend; *un climat ~* ein heißes Klima *n*
tors [tɔʀ] *adj 1. (tordu)* krumm, schief, unförmig, verdreht; *2. TECH* Drall *m*
torse [tɔʀs] *m 1. ANAT* Oberkörper *m*; *2. bomber le ~* sich in die Brust werfen; *3. ART* Torso *m*
torsion [tɔʀsjɔ̃] *f* Verdrehen *n*, Verdrehung *f*, Verzerrung *f*, Zerrung *f*
tort [tɔʀ] *m 1.* Unrecht *n*; *à ~ ou à raison* zu Recht oder Unrecht; *à ~* fälschlich; *à ~ et à travers* ohne zu überlegen/ins Blaue hinein; *2. (détriment)* Benachteiligung *f*; *faire ~ à qn* jdn schädigen
tortionnaire [tɔʀsjɔnɛʀ] *m* Folterer *m*, Folterknecht *m*
tortue [tɔʀty] *f ZOOL* Schildkröte *f*; *avancer comme une ~* im Schneckentempo vorankommen
tortueux [tɔʀtɥø] *adj 1.* schlängelig, gewunden, verschlungen, kurvig; *un chemin ~* ein gewundener Weg *m*; *2. (fig)* undurchsichtig, verworren, verborgen, schräg; *des manœuvres tortueuses* undurchsichtige Machenschaften *pl*; *une âme tortueuse* eine verwirrte Seele *f*
torture [tɔʀtyʀ] *f 1.* Folter *f*, Qual *f*, Tortur *f*, Quälerei *f*; *2. (fig)* Qual *f*; *les ~s du doute* die Qualen des Zweifels

T

torturer [tɔʀtyʀe] *v 1.* foltern, quälen; *2. se ~* sich abquälen
tôt [to] *adv 1.* zeitig, früh; *2. plus ~* früher; *3. (de bonne heure)* frühzeitig; *4. pas de si ~* nicht so bald; *5. (vite)* bald, schnell; *Il aura ~ fait de comprendre.* Er wird schnell verstanden haben.
total [tɔtal] *adj 1.* total; *2. (entier)* ganz, gesamt; *m 3.* Summe *f; 4. (montant)* Gesamtbetrag *m; 5. au ~* im Großen und Ganzen *n,* Gesamtbetrag *m,* Summe *f; Au ~, rien n'a changé.* Im Großen und Ganzen hat sich nichts verändert.
totaliser [tɔtalize] *v 1. (atteindre)* erreichen, auf sich vereinen, erzielen; *Le candidat totalise cent voix.* Der Kandidat vereinigt hundert Stimmen auf sich. *La population de la ville totalise dix mille personnes.* Die Stadt hat zehntausend Einwohner. *2. (additionner)* zusammenrechnen, zusammenzählen
totalitarisme [tɔtalitaʀism] *m POL* Totalitarismus *m*
totalité [tɔtalite] *f 1.* Ganzes *n; en ~* insgesamt; *2. (ensemble)* Gesamtheit *f*
toton [tɔtɔ̃] *m* Kreisel *m*
toubib [tubib] *m (fam: médecin)* Arzt *m,* Doktor *m,* Medikus *m*
touchant [tuʃɑ̃] *adj 1.* rührend; *2. (concernant)* betreffs, bezüglich, in Bezug auf
touche [tuʃ] *f 1.* Taste *f; 2. (fam)* Anbeißen *n; faire une ~* eine Eroberung machen; *avoir une ~* einen Aufriss machen, aufreißen; *3. (en peinture) ART* Pinselstrich *m,* Pinselführung *f,* Farbgebung *f; une ~ de lumière* ein aufgesetztes Licht *n; procéder par petites ~s* mit einem feinen Pinsel malen; *4. (fam: allure)* Haltung *f,* Aussehen *n,* Erscheinungsbild *n; Il a une drôle de ~.* Er hat eine merkwürdiges Erscheinungsbild. *5. SPORT* Linie *f; ligne de ~* Spielfeldlinie; *juge de ~* Linienrichter; *6. être mis sur la ~ (fig)* ausgebootet werden

toucher [tuʃe] *v 1.* berühren, anfassen; *sans avoir l'air d'y ~* als ob man von nichts wüsste; *ne pas être touché par (fig)* darüber stehen; *2. se ~* sich berühren, sich anfassen, aneinander grenzen; *deux terrains qui se touchent* zwei aneinander grenzende Grundstücke; *3. (de l'argent)* bekommen, beziehen, einnehmen; *4. ~ terre* landen; *5. (atteindre)* treffen; *6. ~ à* angrenzen an; *7. ne pas ~ (fig)* kalt lassen; *8. se ~* berühren, aneinander grenzen

touffu [tufy] *adj 1.* dicht, buschig, üppig; *un bois ~* ein dichter Wald *m; une barbe ~e* ein buschiger Bart *m; 2. (fig: confus)* durcheinander, verwirrend, unübersichtlich; *un livre ~* ein unübersichtliches Buch *n*
toujours [tuʒuʀ] *adv 1.* immer; *2. (constamment)* stets; *On peut ~ essayer.* Man kann es wenigstens versuchen.; *3. ~ est-il qu ...* trotzdem, jedenfalls, immerhin, so viel ist sicher; *Toujours est-il que ça n'a rien donné.* Trotzdem hat es nichts gebracht.
toupet [tupɛ] *m 1. (audace)* Dreistigkeit *f,* Unverfrorenheit *f,* Unverschämtheit *f; avoir du ~* dreist sein; *Il a eu le ~ de venir.* Er hatte die Unverfrorenheit zu kommen. *Il ne manque pas de ~.* Er ist ganz schön unverschämt.; *2. ~ de cheveux* Haartolle *f,* Haarschopf *m*
toupie [tupi] *f 1. (jeu)* Kreisel *m; jouer à la ~* mit einem Kreisel spielen; *faire tourner une ~* einen Kreisel drehen; *2. TECH* Fräsmaschine *f*
tour[1] [tuʀ] *m 1.* Umdrehung *f; à ~ de rôle* nacheinander/abwechselnd; *C'est mon ~.* Ich bin an der Reihe./Ich bin dran. *rire et pleurer ~ à ~* bald lachen, bald weinen; *~ à ~* abwechselnd; *2. ~ de scrutin* Wahlgang *m; 3. ~ d'honneur* Ehrenrunde *f; 4. ~ de main* Handgriff *m; 5. ~ de force* Kunststück *n; 6. ~ d'horizon* Überblick *m; 7. (voyage)* Wanderung *f,* Tour *f,* Reise *f; ~ du monde* Weltreise *f; ~ en ville* Stadtbummel *m*
tour[2] [tuʀ] *f 1. (haute construction)* Turm *m; 2. ~ de forage TECH* Bohrturm *m*
tour[3] [tuʀ] *m (d'un potier) TECH* Drehscheibe *f*
tourbillon [tuʀbijɔ̃] *m 1.* Wirbel *m; un ~ de vent* ein Wirbelwind *m; un ~ de poussière* ein Staubwirbel *m; un ~ de neige* ein Schneegestöber *n; 2. (d'eau)* Strudel *m,* Sog *m; 3. (fig)* Strudel *m,* Trubel *m,* Taumel *m; le ~ des plaisirs* der Freudentaumel *m*
tourbillonner [tuʀbijɔne] *v 1.* wirbeln, aufwirbeln, umherwirbeln; *Les feuilles mortes tourbillonnent.* Die herabgefallenen Blätter wirbeln umher. *Le sable tourbillonne.* Der Sand wird aufgewirbelt. *Les danseurs tourbillonnent.* Die Tänzer wirbeln herum. *2. (fig)* herumschwirren; *Toutes ces idées tourbillonnaient dans sa tête.* All diese Ideen wirbelten in seinem Kopf herum.
touret [tuʀɛ] *m TECH* kleine Drehbank *f*
tourisme [tuʀism] *m 1.* Fremdenverkehr *m,* Tourismus *m; 2. de ~* Fremdenverkehrs...; *un avion de ~* Reiseflugzeug *n*

T

touriste [tuʀist] *m/f* Tourist(in) *m/f*
tourmente [tuʀmɑ̃t] *f 1. (tempête)* Sturm *m,* Unwetter *n; être pris dans une ~* in einen Sturm geraten; *2. (fig)* Unruhen *pl,* Wirren *pl; la ~ révolutionnaire* die Wirren der Revolution *pl*
tourmenté [tuʀmɑ̃te] *adj 1.* geplagt; *un esprit ~* eine geplagte Seele; *2. (agité)* unruhig; *mer ~e* unruhige See; *3. (irrégulier)* gequält, stürmisch, verstört; *relief ~* geschraubtes Relief; *côte ~e* stürmische Küste
tourmenter [tuʀmɑ̃te] *v 1.* plagen; *2. se ~ (s'inquiéter)* sich ängstigen; *3. (torturer)* quälen
tournage [tuʀnaʒ] *m CINE* Dreharbeiten *pl*
tournant [tuʀnɑ̃] *m 1.* Kehre *f,* Wende *f; 2.(fig)* Wendepunkt *m,* Wende *f; être à un ~ de sa vie* am Wendepunkt seines Lebens stehen; *marquer un ~* eine Wende darstellen; *prendre un ~ décisif* eine entscheidende Wendung *f; adj 3.* Dreh..., drehbar, Umgehungs..., verschlungen; *un escalier ~* eine Wendeltreppe *f; une grève ~e* ein Streik mit wechselndem Schwerpunkt; *un mouvement ~* eine Drehbewegung *f; une plaque ~e* eine Drehscheibe *f*
tourné [tuʀne] *adj 1. (lait)* sauer, geronnen; *2. bien/mal ~* gut/nicht gelungen, optimistisch/pessimistisch veranlagt; *une lettre bien ~e* ein gelungener Brief *m; avoir l'esprit mal ~* immer gleich Schlechtes denken; *3. (orienté)* gerichtet, gewandt, gelegen, liegend; *maison ~e au nord* ein nach Norden gewandtes Haus
tournebouler [tuʀnəbule] *v (fam: bouleverser)* durcheinander bringen, aus dem Konzept bringen
tourne-disques [tuʀnədisk] *m* Plattenspieler *m*
tournée [tuʀne] *f 1. THEAT* Gastspiel *n; être en ~* gastieren; *2. (voyage)* Tournee *f*

tourner [tuʀne] *v 1.* drehen; *2. (obliquer)* abbiegen; *~ à gauche* nach links abbiegen; *3. (re~)* umdrehen; *~ au tragique* eine tragische Wende nehmen; *~ qn en ridicule* jdn ins Lächerliche ziehen; *4. ~ les pages* umblättern; *5. ~ le bouton* andrehen, einschalten; *6. ~ dans le vide (roues)* durchdrehen; *7. ~ autour de* kreisen um; *8. mal ~* missglücken, missraten, verkommen; *9. (mélanger)* rühren, umrühren; *10. CINE* drehen; *~ comme une girouette* sein Fähnchen in den Wind hängen; *~ qn en dérision* jdn zum Narren halten; *La tête me tourne.* Mir wird ganz schwindlig. *avoir l'esprit mal tourné* immer auf schlechte Gedanken kommen; *11. se ~* sich drehen, sich wenden, sich zuwenden; *se ~ vers l'avenir* sich der Zukunft zuwendenganz schwindlig. *avoir l'esprit mal tourné* immer auf schlechte Gedanken kommen; *11. se ~* sich drehen, sich wenden, sich zuwenden; *se ~ vers l'avenir* sich der Zukunft zuwenden

tournesol [tuʀnəsɔl] *m BOT* Sonnenblume *f*
tourneur [tuʀnœʀ] *m 1.* Drechsler *m; 2. (organisateur de tournées)* Tourneeveranstalter *m; adj 3.* tanzend, sich drehend
tournevis [tuʀnəvis] *m TECH* Schraubenzieher *m*
tournicoter [tuʀnikɔte] *v* wirbeln, drehen, hin und her gehen
tourniquet [tuʀnikɛ] *m 1.* Drehtür *f; 2. ~de cartes postales* Drehständer *m; 3. ~ d'arrosage* Rasensprenkler *m*
tournoi [tuʀnwa] *m (compétition)* Turnier *n,* Wettkampf *m; un ~ de tennis* ein Tennisturnier *n; un ~ de bridge* ein Bridgeturnier *n; un ~ d'échecs* ein Schachturnier *n*
tournoiement [tuʀnwamɑ̃] *m* Drehen *n,* Wirbeln *n*
tournoyer [tuʀnwaje] *v* kreisen, sich im Kreis drehen; *Les vautours tournoient au-dessus des morts.* Die Geier kreisen über den Toten. *Les feuilles tournoient en tombant.* Die Blätter fallen kreisend zu Boden. *faire ~ qn* jdn herumwirbeln
tournure [tuʀnyʀ] *f 1.* Gestalt *f,* Aussehen *n; 2. (expression)* Redewendung *f; 3. ~ d'esprit* Geisteshaltung *f; 4. prendre ~* Gestalt annehmen, sich abzeichnen
tour-opérateur [tuʀɔpeʀatœʀ] *m* Reiseveranstalter *m*
tous [tu(s)] *pron pl 1.* alle; *adj 2. ~ les* alle; *~ les deux* alle beide; *~ les mois* monatlich; *~ les lundis* montags; *~ les après-midis* nachmittags; *~ les ans* alljährlich; *~ ensemble* alle zusammen
Toussaint [tusɛ̃] *f REL* Allerheiligen *n*
tousser [tuse] *v 1.* husten; *2. (moteur)* stottern

tout [tu] *pron 1.* alles; *~ bien compté* alles wohl bedacht; *risquer le ~ pour le ~* alles auf eine Karte setzen *(fig)*; *adj 2. (entier)* ganz; *~ droit* geradeaus; *~ à l'heure* gleich; *~e l'année* das ganze Jahr über; *~ au plus*

T

höchstens; *en ~* insgesamt; *~ bas* leise; *~ de suite* sofort; *~ de même* trotzdem; *~ d'abord* zunächst; *~ à fait* durchaus; *~ à l'envers* durcheinander, verwirrt; *~ autant* ebenso; *pas du ~* keinesfalls; *~ neuf* nagelneu; *~ autour* rundherum; *à ~e force* mit aller Gewalt, unbedingt; *3. (chacun)* jeder/jedes; *~ le monde* alle; *m 4.* Ganze *n*

tout-à-l'égout [tutalegu] *m* Abwasserkanalisation *f*

toutefois [tutfwa] *adv* jedoch, indessen, gleichwohl

toute-puissance [tutpɥisɑ̃s] *f* Allmacht *f,* Omnipotenz *f*

toutes [tut] *pron f/pl 1.* alle; *adj 2. ~ les fois que* jedes Mal wenn; *~ les semaines* wöchentlich; *~ sortes de* allerlei

toutou [tutu] *m (fam)* Wauwau *m,* Hündchen *n*

tout-petit [tupəti] *m* Kleinkind *n,* Baby *n; l'alimentation des ~s* die Kleinkindnahrung *f,* die Babynahrung *f*

tout-puissant [tupɥisɑ̃] *adj 1.* allmächtig, omnipotent; *m 2. le Tout-Puissant* der Allmächtige *m*

tout-terrain [tutɛʀɛ̃] *m* Geländefahrt *f,* Fahrt querfeldein *f; faire du ~* eine Geländefahrt machen

toux [tu] *f MED* Husten *m*

toxicomanie [tɔksikɔmani] *f MED* Sucht *f*

toxique [tɔksik] *adj 1. CHEM* giftig; *m 2.* Giftstoff *m*

trac [tʀak] *m 1.* Lampenfieber *n; avoir le ~* Lampenfieber haben; *2. tout à ~* blind drauf los; *raconter qc tout à ~* etw blind drauf los erzählen

tracasser [tʀakase] *v 1. ~ qn* jdn quälen, jdn schikanieren, jdn bekümmern, jdm Sorgen bereiten; *Cette histoire le tracasse.* Diese Geschichte lässt ihm keine Ruhe. *2. se ~* sich sorgen, sich den Kopf zerbrechen, sich den Kopf zermartern

tracassier [tʀakasje] *m 1.* Quälgeist *m; adj 2.* quälend, schikanös, auf die Nerven gehend

trace [tʀas] *f 1.* Spur *f,* Abdruck *m; 2. (soupçon)* Hauch *m,* geringe Menge *f; 3. (piste)* Fährte *f; 4. ~ de sang* Blutspur *f; 5. ~ de freinage TECH* Bremsspur *f; 6. sans ~* spurlos

tracé [tʀase] *m 1.* Zeichnung *f; 2. ~ d'une autoroute* Verlauf *m; 3. ~ d'un fleuve* Verlauf *m*

tracement [tʀasmɑ̃] *m* Planung *f*

tracer [tʀase] *v 1.* zeichnen; *2. (marquer)* markieren, kennzeichnen; *3. (ouvrir)* trassieren; *~ une piste* eine Piste trassieren; *4. (fam)* rasen, flitzen; *une voiture qui trace* ein rasendes Auto; *5. BOT* kriechen, am Boden ranken; *racine qui trace* Wurzel die am Boden rankt

tract [tʀakt] *m* Flugblatt *n,* Handzettel *m*

tractations [tʀaktasjɔ̃] *f/pl* geheime Verhandlungen *pl,* Machenschaften *pl; se livrer à des ~* sich an Machenschaften beteiligen; *mener des ~ avec qn* mit jdm geheime Verhandlungen führen

tracter [tʀakte] *v (remorquer)* ziehen, schleppen

tracteur [tʀaktœʀ] *m 1. AGR* Traktor *m; 2. ~ de semi-remorque* Sattelschlepper *m; adj 3.* ziehend; *véhicule ~* ziehendes Fahrzeug

traction [tʀaksjɔ̃] *f 1.* Ziehen *n,* Antrieb *n; la ~ avant* der Frontantrieb *m; 2. TECH* Zug *m,* Beförderung *f; résistance des matériaux à la ~* Zugfestigkeit der Werkstoffe; *3. SPORT* das Bespannen von Pferden

tradition [tʀadisjɔ̃] *f 1.* Tradition *f; 2. (transmission)* Überlieferung *f*

traditionaliste [tʀadisjɔnalist] *adj* traditionsbewusst

traditionnel [tʀadisjɔnɛl] *adj* altehrwürdig, herkömmlich, traditionell

traducteur [tʀadyktœʀ] *m 1.* Übersetzer *m; 2. INFORM* Übersetzer *m*

traduction [tʀadyksjɔ̃] *f* Übersetzung *f*

traductrice [tʀadyktʀis] *f* Übersetzerin *f*

traduire [tʀadɥiʀ] *v irr 1.* übersetzen; *2. ~ en justice JUR* belangen; *3. (fig)* umsetzen, übertragen, sich offenbaren; *4. se ~* zum Ausdruck kommen, sich ausdrücken, sich darlegen; *La fatigue se traduit par différents symptômes.* Die Müdigkeit kommt durch verschiedene Symptome zum Ausdruck.

trafic [tʀafik] *m 1.* Verkehr *m; ~ aérien* Flugverkehr *m,* Luftverkehr *m; ~ frontalier* Grenzverkehr *m; ~ des marchandises* Güterverkehr *m; ~ ferroviaire* Schienenverkehr *m; ~ suburbain* Nahverkehr *m; ~ de va-et-vient* Pendelverkehr *m; ~ routier* Straßenverkehr *m; ~ de transit* Transitverkehr *m; 2. ~ de drogue* Rauschgifthandel *m; 3. ~ illicite* illegaler Handel *m*

trafiquant [tʀafikɑ̃] *m ~ de drogue* Drogenhändler *m*

trafiquer [tʀafike] *v 1.* unerlaubten Handel treiben, Schwarzhandel treiben; *2. ~ qc* etw panschen, etw fälschen, etw verfälschen; ~

T

du vin Wein panschen; ~ *un chèque* einen Scheck fälschen; *3. (fam)* hantieren, machen, basteln; *Qu'est-ce que tu trafiques encore?* Was machst du denn da schon wieder?

tragédie [tʀaʒedi] *f 1.* Tragödie *f,* Drama *n; 2. (catastrophe)* Tragödie *n; 3. (fig)* Trauerspiel *n*

tragi-comique [tʀaʒikɔmik] *adj* tragikomisch

tragique [tʀaʒik] *m 1.* Tragik *f; adj 2.* tragisch

trahir [tʀaiʀ] *v 1.* verraten; *2. se ~ en bavardant* sich verplappern; *3. ~ la confiance de qn* jds Vertrauen missbrauchen; *4. (tromper)* betrügen, verraten; *~ des serments* einen Schwur nicht halten; *5. (révéler)* verraten, preisgeben, enthüllen

trahison [tʀaizɔ̃] *f* Verrat *m; haute ~ POL* Hochverrat *m*

train [tʀɛ̃] *m 1.* Zug *m,* Eisenbahn *f; ~ de banlieue* Vorortzug *m; ~ express* D-Zug *m; ~ de marchandises* Güterzug *m; ~ fantôme* Geisterbahn *f; 2. (de voitures)* Fahrwerk *n; 3. (de pneus)* Satz *m; 4. ~ d'atterrissage TECH* Fahrwerk *n; 5. (allure)* Lauf *m,* Verlauf *m; aller son ~* seinen normalen Gang gehen; *mener grand ~* auf großem Fuß leben; *6. (série)* Serie *f,* Kette *f,* Reihe *f; ~ de mesures sociales* Serie von sozialen Maßnahmen; *7. en ~* in Form, in Fahrt, im Gange*; mettre une affaire en ~* eine Sache auf den Weg schicken; *Je ne suis pas en ~.* Ich bin schlecht aufgelegt. *8. être en ~ de faire qc* gerade dabei sein, etw zu tun

traînard [tʀɛnaʀ] *m* Nachzügler *m*

traîne [tʀɛn] *f 1. (d'une robe de mariée)* Schleppe *f; 2. être à la ~ (fam)* zurückbleiben, hinterherhinken; *3. pêche à la ~* Schleppnetz *n; 4. (au Canada: traîneau)* Brautschleier *m*

traîneau [tʀɛno] *m 1.* Schlitten *m; 2. (filet)* Schleppnetz *n*

traînée [tʀɛne] *f (trace)* Spur *f,* Streifen *m,* Schweif *m; une ~ de poudre* ein Lauffeuer *n; une ~ lumineuse* ein Lichtstreifen *m; la ~ d'une fusée* der Feuerstrahl einer Rakete *m; une ~ de brume* ein Nebelstreifen *m; une ~ de sang* eine Blutspur *f*

traînement [tʀɛnmɑ̃] *m* Schleppen *n,* Schleifen *n,* Her-/Fort-/Nachziehen *n*

traîner [tʀɛne] *v 1. se ~* kriechen, sich herumtreiben; *2. laisser ~* liegen lassen, vergessen; *3. ~ après soi* nachziehen, hinterherziehen; *4. (remorquer)* schleifen, schleppen; *5. (fam)* schlendern; *Ça ne va pas ~.* Das wird nicht lange auf sich warten lassen.

traire [tʀɛʀ] *v irr* melken

trait [tʀɛ] *m 1.* Strich *m; avoir ~ à qc* sich auf etw beziehen/mit etw zu tun haben; *2. (ligne)* Linie *f,* Pfeil *m; 3. ~ d'union* Bindestrich *m; 4. ~ de caractère* Charakterzug *m,* Wesenszug *m; 5. ~ d'esprit* Geistesblitz *m; 6. ~ de lumière* Lichtstrahl *m; 7. ~s du visage pl* Gesichtszüge *pl*

traitant [tʀɛtɑ̃] *adj* handeln von, behandelnd; *médecin ~* Hausarzt

traité [tʀɛte] *m 1. (thèse)* Abhandlung *f; 2. ~ imposé POL* Diktat *n,* Zwang *m; 3. POL* Vertrag *m,* Konvention *f; ~ de paix POL* Friedensvertrag *m; ~ sur le désarmement* Abrüstungsabkommen *n*

traitement [tʀɛtmɑ̃] *m 1.* Behandlung *f; 2. (salaire)* Gehalt *n,* Lohn *m; 3. (hospitalité)* Bewirtung *f; 4. (façon)* Verarbeitung *f,* Bearbeitung *f; 5. ~ de données* Datenverarbeitung *f; 6. ~ de textes* Textverarbeitung *f*

traiter [tʀɛte] *v 1.* behandeln; *2. (façonner)* verarbeiten, bearbeiten; *3. ~ qn* mit jdm umgehen, jdn behandeln; *4. (négocier)* bearbeiten, erledigen; *5. (sujet)* abhandeln; *6. (minerai)* aufbereiten; *7. ~ qn de qc* jdn als etw beschimpfen; *8. MED* behandeln; *9. ~ de* behandeln, bearbeiten, durchnehmen; *Ce livre traite de philosophie.* Dieses Buch behandelt die Philosophie.

traiteur [tʀɛtœʀ] *m* Essenslieferant *m,* Feinkostgeschäft *n,* Partyservice *m,* Catering *n*

traître [tʀɛtʀ] *adj* verräterisch

traître(sse) [tʀɛtʀ(ɛs)] *m/f* Verräter(in) *m/f,* Schurke/Schurkin *m/f*

traîtrise [tʀɛtʀiz] *f* Heimtücke *f,* Verrat *m*

trajectoire [tʀaʒɛktwaʀ] *f* Flugbahn *f*

trajet [tʀaʒɛ] *m 1.* Weg *m,* Strecke *f; 2. (voyage)* Fahrt *f*

tram [tʀam] *m* Straßenbahn *f*

trame [tʀam] *f 1.* Schuss *m,* Einschuss *m,* Faden *m; 2. (fig)* Grundlage *f,* Hintergrund *m,* Struktur *f; la ~ d'un roman* die Romanstruktur *f*

tramer [tʀame] *v 1. (fig)* anzetteln, anstiften, ausklügeln; *~ un complot* ein Komplott schmieden; *2. se ~* sich anbahnen, sich zusammenbrauen; *Il se trame qc.* Es braut sich etw zusammen.

tranchant [tʀɑ̃ʃɑ̃] *adj 1.* messerscharf; *2. (fig)* schneidend, scharf; *paroles ~es* schneidende Worte; *m 3.* Klinge *f,* Schneide *f; ~ d'un sabre* die Schneide eines Säbels; *à double ~ (fig)* zweischneidig; *C'est un argu-*

T

ment à double ~. Das ist ein zweischneidiges Argument.
tranche [tʀɑ̃ʃ] *f 1.* Scheibe *f; ~ de pain* Brotscheibe *f; 2. (fig)* Teil *m,* Abschnitt *m; ~ imposable* nicht zu versteuernder Teil; *~ de vie* Lebensabschnitt; *3. (bord)* Rand *m; ~ d'une pièce de monnaie* der schmale Rand einer Münze
tranché [tʀɑ̃ʃe] *adj 1.* in Scheiben geschnitten; *pain ~* Brot in Scheiben; *2. (fig)* geteilt; *opinion bien ~e* geteilte Meinung
tranchée [tʀɑ̃ʃe] *f* Graben *m; ~ de tir MIL* Schützengraben *m*
trancher [tʀɑ̃ʃe] *v 1. (couper)* schneiden, abschneiden, durchschneiden; *~ la tête à qn* jdn köpfen; *2. ~ sur qc* über etw entscheiden, über etw urteilen; *3. ~ dans le vif* energische Maßnahmen ergreifen; *4. (contraster)* abstechen, sich abheben; *couleurs qui tranchent* Farben die sich abheben
tranchoir [tʀɑ̃ʃwaʀ] *m* Hackbrett *n,* Holzteller *m*
tranquille [tʀɑ̃kil] *adj* ruhig, still; *Laisse-moi ~!* Lass mich in Ruhe!
tranquillement [tʀɑ̃kilmɑ̃] *adv* gemütlich, ruhig
tranquillisant [tʀɑ̃kilizɑ̃] *adj 1.* beruhigend; *m 2. MED* Beruhigungsmittel *n*
tranquilliser [tʀɑ̃kilize] *v se ~* sich beruhigen
tranquillité [tʀɑ̃kilite] *f 1. ~ d'esprit* Gemütsruhe *f; 2. (calme)* Stille *f*
transaction [tʀɑ̃zaksjɔ̃] *f 1.* Transaktion *f,* Geschäft *n; 2. JUR* Vergleich *m; 3. ~s boursières pl FIN* Börsenhandel *m*
transatlantique [tʀɑ̃zatlɑ̃tik] *adj 1.* transatlantisch; *croisière ~* transatlantische Kreuzfahrt; *m 2.* Überseedampfer *m,* Ozeandampfer *m; traverser l'océan sur un ~* den Ozean mit einem Überseedampfer überqueren; *m 3.* Liegestuhl *m*
transborder [tʀɑ̃sbɔʀde] *v* umschlagen, umladen
transcendance [tʀɑ̃sɑ̃dɑ̃s] *f PHIL* Transzendenz *f*
transcendant [tʀɑ̃sɑ̃dɑ̃] *adj 1. PHIL* transzendent, übersinnlich; *2. (supérieur)* höherer Art, höherer Natur; *un esprit ~* ein überlegener Geist *m; Ce n'est pas ~. (fam)* Das reißt einen nicht vom Hocker.
transcendental [tʀɑ̃sɑ̃dɑ̃tal] *adj* transzendental
transcender [tʀɑ̃sɑ̃de] *v PHIL* transzendieren
transcripteur [tʀɑ̃skʀiptœʀ] *m* Übertrager *m*
transcription [tʀɑ̃skʀipsjɔ̃] *f* Übertragung *f,* Umschreibung *f,* Transkription *f,* Transkribieren *n; la ~ d'un manuscrit* die Übertragung eines Manuskripts *f; la ~ phonétique* die phonetische Umschreibung *f; la ~ musicale* die Transkription eines Musikstücks *f*
transcrire [tʀɑ̃skʀiʀ] *v irr* umschreiben, anders ausdrücken
transe [tʀɑ̃s] *f 1.* Trance *f; 2. entrer en ~* in einen Trancezustand treten *m; f/pl 3. être dans les ~s* große Angst haben *f,* sich in einem Trancezustand befinden
transeuropéen [tʀɑ̃sørɔpeɛ̃] *adj* transeuropäisch, durch Europa
transférer [tʀɑ̃sfeʀe] *v 1.* verlagern; *2. ~ à* übertragen auf; *3. JUR* überschreiben; *4. (transporter)* überführen, transportieren; *5. ECO* übertragen; *6. ~ de compte à compte* umbuchen
transfert [tʀɑ̃sfɛʀ] *m 1.* Verlagerung *f; 2. (virement)* Übertragung *f,* Auftrag *m; 3. (de patients)* Überweisung *f; 4. FIN* Transfer *m; 5. JUR* Übertragung *f; 6. PSYCH* Übertragung *f; ~ des sentiments* Übertragung von Gefühlen
transformateur [tʀɑ̃sfɔʀmatœʀ] *m 1. TECH* Transformator *m; adj 2.* Transformator..., ...verarbeitend
transformation [tʀɑ̃sfɔʀmasjɔ̃] *f 1.* Veränderung *f; 2. (du bâtiment)* Umbau *m,* Umwandlung *f,* Verwandlung *f; 3. (changement)* Wandlung *f*
transformer [tʀɑ̃sfɔʀme] *v 1.* verändern; *2. ~ en* umwandeln in, verwandeln in
transfrontalier [trɑ̃sfrɔ̃talje] *adj* grenzüberschreitend
transfusion [tʀɑ̃sfyzjɔ̃] *f MED* Transfusion *f; ~ sanguine* Bluttransfusion *f*
transgénique [tʀɑ̃sʒenik] *adj BIO* genmanipuliert
transgresser [tʀɑ̃sgʀɛse] *v 1.* übertreten; *2. (loi)* verletzen
transgression [tʀɑ̃sgʀɛsjɔ̃] *f 1.* Überschreitung *f,* Übertretung *f; 2. (infraction)* Verstoß *m*
transi [tʀɑ̃zi] *adj* erstarrt, starr, steif; *~ de froid* steif vor Kälte
transiger [tʀɑ̃ziʒe] *v 1. JUR* einen Vergleich schließen, sich vergleichen; *2. (fig)* nachgeben, Abstriche machen, Kompromiss schließen; *~ avec sa conscience* eine

T

Vereinbarung mit seinem Gewissen treffen; *ne pas ~ sur l'honneur* es sehr genau in Sachen Ehre nehmen

transir [tʀɑ̃ziʀ] *v* erstarren lassen, erstarren, steif/starr werden lassen

transistor [tʀɑ̃zistɔʀ] *m* Transistorradio *n*

transit [tʀɑ̃zit] *m 1.* Transit *m; 2. ECO* Durchfuhr *f; 3. ~ intestinal* Verdauung *m*

transitaire [tʀɑ̃zitɛʀ] *adj ECO* Durchgangs..., Transit..., Durchfuhr... *un pays ~* ein Transitland *n; le commerce ~* der Transithandel *m*

translucide [tʀɑ̃slysid] *adj* lichtdurchlässig, durchscheinend, durchschimmernd, transparent; *un papier ~* ein Transparentpapier *n*

transmetteur [tʀɑ̃smɛtœʀ] *m TEL* Sender *m*

transmettre [tʀɑ̃smɛtʀ] *v irr 1.* übergeben, weitergeben, weiterleiten, überbringen; *2. ~ qc à qn* jdm etw ausrichten, jdm etw übermitteln; *3. (une nouvelle)* ausrichten, benachrichtigen, eine Nachricht überbringen; *4. (à ses héritiers)* hinterlassen; *~ par héritage* vererben; *5. (livrer)* überliefern; *6. ~ à (charge)* übertragen; *7. MED* übertragen, anstecken; *8. se ~ BIO* vererben

transmissible [tʀɑ̃smisibl] *adj MED* übertragbar

transmission [tʀɑ̃smisjɔ̃] *f 1.* Übermittlung *f; 2. (cession)* Überlassung *f; 3. (tradition)* Überlieferung *f; 4. ~ par succession* Vererbung *f; 5. ~ de pensée* Gedankenübertragung *f; 6. MED* Übertragung *f; 7. (engrenage) TECH* Übersetzung *f; 8. (propulseur) TECH* Getriebe *n; courroie de ~* Treibriemen *m; 9. ~ de données INFORM* Datenübertragung *f*

transmutation [tʀɑ̃smytasjɔ̃] *f* Verwandlung *f,* Umwandlung *f; ~ nucléaire* Kernumwandlung *f*

transparaître [tʀɑ̃spaʀɛtʀ] *v irr 1.* hindurchscheinen, durchscheinen, sich abzeichnen; *~ à travers qc* durch etw hindurchscheinen; *2.* erscheinen, sichtbar werden, sich zeigen, zum Vorschein kommen; *laisser ~ son embarras* seinen Ärger erkennen lassen

transparence [tʀɑ̃spaʀɑ̃s] *f* Transparenz *f,* Klarheit *f*

transparent [tʀɑ̃spaʀɑ̃] *adj 1.* klar, durchsichtig, transparent; *m 2.* Klarsichtfolie *f*

transpercer [tʀɑ̃spɛʀse] *v 1.* durchstechen, durchbohren; *2. (pénétrer)* durchdringen; *La pluie transperce les vêtements.* Der Regen durchnässt die Kleidung. *être transpercé par le froid* von der Kälte durchgefroren sein; *3. (fig)* durchbohren, zerreißen; *La douleur transperce son cœur.* Der Schmerz zerreißt ihr das Herz.

transpiration [tʀɑ̃spiʀasjɔ̃] *f* Schweiß *m,* Schwitzen *n,* Transpiration *f*

transpirer [tʀɑ̃spiʀe] *v 1.* schwitzen; *2. (fig)* herauskommen, durchsickern

transplantation [tʀɑ̃splɑ̃tasjɔ̃] *f MED* Transplantation *f; ~ cardiaque* Herztransplantation *f*

transplanter [tʀɑ̃splɑ̃te] *v 1.* verpflanzen; *2. (déplacer)* umsiedeln; *3. MED* transplantieren, verpflanzen

transport [tʀɑ̃spɔʀ] *m 1.* Transport *m; ~ en commun* Sammeltransport *m; les moyens de ~ en commun* die öffentlichen Verkehrs- und Transportmittel *pl; ~ ferroviaire* Bahntransport *m; 2. (de marchandises) ECO* Warenbeförderung *f; 3. (évacuation)* Abtransport *m; 4. ~ de passion* Gefühlsausbruch *m*

transporté [tʀɑ̃spɔʀte] *adj 1.* transportiert, befördert; *matériel ~ par camion* befördertes Material pro LKW; *2. (ému)* entzückt, hin und weg, hingerissen; *~ de joie* außer sich vor Freude; *~ d'admiration* vor Bewunderung hin und weg

transporter [tʀɑ̃spɔʀte] *v 1.* überführen, transportieren; *2. (marchandises) ECO* befördern; *3. (fig)* befördern, transportieren; *~ une idée dans un roman* eine Idee durch einen Roman führen; *4. (exalter)* hinreißen, verzücken, begeistern

transporteur [tʀɑ̃spɔʀtœʀ] *m 1.* Spediteur *m; 2. (entreprise de transports)* Transportunternehmen *n; 3. ECO* Frachtführer *m*

transposition [tʀɑ̃spozisjɔ̃] *f 1.* Umstellen *n,* Umstellung *f; 2. MUS* Transponierung *f,* Transposition *f; 3. (fig)* Umsetzung *f*

transsexuel [tʀɑ̃ssɛksɥɛl] *adj* transsexuell

transversal [tʀɑ̃svɛʀsal] *adj* Quer..., transversal, quer liegend, quer laufend; *une route ~e* eine Querstraße *f,* eine Seitenstraße *f; une coupe ~e* ein Querschnitt *m*

trapèze [tʀapɛz] *m 1.* Trapez *n; 2. SPORT* Trapez *n; adj 3.* Trapez... *muscle ~* Trapezmuskel; *os ~* Trapezknochen

trappe [tʀap] *f 1.* Klappe *f; 2. (piège)* Falle *f; 3. THEAT* Versenkung *f; 4. ~ de départ d'un avion* Ausstieg *m,* Klapptür *f*

T

traque [tʀak] *f* *(chasse)* Treibjagd *f*, Jagd *f*
traquenard [tʀaknaʀ] *m* Falle *f*
traquer [tʀake] *v* verfolgen, hetzen
trauma [tʀoma] *m* *1. MED* Trauma *n; 2. PSYCH* Trauma *n*
traumatique [tʀomatik] *adj MED* traumatisch, Wund... *un choc ~* ein traumatischer Schock *m*
traumatiser [tʀomatize] *v* in ein Trauma versetzen, in Schock versetzen, schocken; *Cette chute l'a traumatisé.* Bei diesem Sturz hat er einen Schock erlitten. *L'enfant est traumatisé par le divorce de ses parents.* Das Kind ist durch die Scheidung seiner Eltern traumatisiert.
traumatisme [tʀomatism] *m MED* Trauma *n*

travail [tʀavaj] *m 1.* Arbeit *f; journée de ~* Arbeitstag *m; heures de ~* Arbeitszeit *f; ~ aux pièces ECO* Akkordarbeit *f; ~ de bureau* Büroarbeit *f; ~ occasionnel* Gelegenheitsarbeit *f; ~ à mi-temps* Halbtagsbeschäftigung *f; ~ manuel* Handarbeit *f; ~ à domicile* Heimarbeit *f; ~ saisonnier* Saisonarbeit *f; ~ par équipes* Schichtarbeit *f; ~ au noir* Schwarzarbeit *f; ~ de force* Schwerarbeit *f; ~ d'équipe* Teamarbeit *f; ~ à temps partiel* Teilzeitbeschäftigung *f; ~ temporaire/~ intérimaire* Zeitarbeit *f; 2. (place)* Stelle *f*, Anstellung *f; 3. (façonnage)* Bearbeitung *f; 4. (charge)* Belastung *f*, Beanspruchung *f*

travailler [tʀavaje] *v 1.* arbeiten; *~ comme une bête* hart arbeiten, schuften; *~ comme un forçat* wie ein Sträfling arbeiten; *Le temps travaille pour nous.* Die Zeit arbeitet für uns. *2. ~ à* bearbeiten, erledigen, erarbeiten; *3. (produire)* schaffen; *4. ~ avec excès* sich überarbeiten; *5. ~ en collaboration avec* zusammenarbeiten mit; *6. TECH* bearbeiten; *7. (tourmenter)* beschäftigen, sorgen; *Cette histoire le travaille.* Diese Geschichte beschäftigt ihn.
travailleur [tʀavajœʀ] *m 1.* Arbeiter *m; adj 2.* werktätig, schaffend
travailleuse [tʀavajøz] *f 1.* Arbeiterin *f; ~ sociale* Sozialarbeiterin *f; 2. (table de couture)* Nähkasten *m*
travers [tʀavɛʀ] *prep 1. à ~ (local)* durch; *de ~* krumm; *de ~/en ~* quer; *à ~/au ~* hindurch; *m 2.* Quere *f; 3. (défaut)* Fehler *m*, Mangel *m; Chacun a ses petits ~.* Jeder hat sein Laster.
traverse [tʀavɛʀs] *f 1.* Querstraße *f; 2. (de voie ferrée)* Eisenbahnschwelle *f; 3. TECH* Querbalken *m*
traversée [tʀavɛʀse] *f 1. (en voiture)* Durchfahrt *f; 2. (passage)* Überfahrt *f; 3. ~ interdite* Fahrverbot *n; 4. (en mer)* Seefahrt *f; f 5. ~ du désert (fig)* Verschwinden aus der Öffentlichkeit

traverser [tʀavɛʀse] *v 1.* überqueren; *2. (passer)* überfahren; *3. (croiser)* kreuzen; *4. (en voiture)* durchfahren; *5. (fig)* mitmachen, leiden, durchmachen; *~ une crise* eine Krise durchmachen; *6. faire ~ (fleuve)* übersetzen

travesti [tʀavɛsti] *m 1. (homosexuel)* Transvestit *m; adj 2.* verkleidet; *bal ~* Kostümball *m*
travestir [tʀavɛstiʀ] *v 1.* verkleiden, maskieren; *2. se ~* sich verkleiden, sich kostümieren
trébuchant [tʀebyʃɑ̃] *adj 1.* stolpernd, strauchelnd; *démarche ~e* stolpriger Gang *m; lecture ~e* stolpriges Lesen *n; 2. espèces sonnantes et ~es* klingende Münze
trébuchement [tʀebyʃmɑ̃] *m* Stolpern *n*
trébucher [tʀebyʃe] *v ~ sur* stolpern über
trèfle [tʀɛfl] *m 1. BOT* Klee *m; 2. (carte de jeu)* Kreuz *n*
treillage [tʀɛjaʒ] *m* Gitterwerk *n*, Lattenwerk *n*
treille [tʀɛj] *f* Weinspalier *m*, Weinlaube *f; le jus de la ~* der Rebensaft *m*
treillis [tʀɛji] *m 1.* Drahtgitter *n*, Maschendraht *m*, Fliegengitter *n; un jardin clos par un ~* ein mit Maschendraht umzäunter Garten *m; poser un ~ à la fenêtre* ein Drahtgitter am Fenster anbringen, ein Fliegengitter am Fenster anbringen; *2. (vêtement)* Drillich *m*, Drillichanzug *m*
treize [tʀɛz] *num* dreizehn
treizième [tʀɛzjɛm] *adj 1.* dreizehnte(r,s); *m/f 2.* Dreizehnte(r) *m/f*
tremblant [tʀɑ̃blɑ̃] *adj* zitterig
tremblé [tʀɑ̃ble] *adj 1.* zittrig, unsicher; *écriture ~e;* zittrige Schrift; *2. voix ~e* zitternde Stimme *f*
tremblement [tʀɑ̃bləmɑ̃] *m 1.* Zittern *n*, Beben *n; ~ de terre* Erdbeben *n; 2. et tout le ~* und alles Übrige, und der ganze Krempel; *Un mariage avec champagne, caviar et tout le ~.* Eine Hochzeit mit Champagner, Kaviar und allem Pipapo.
trembler [tʀɑ̃ble] *v 1.* zittern; *2. (terre)* beben; *3. (vaciller)* flackern

trembleur [tʀɑ̃blœʀ] *m TECH* Unterbrecher *m,* Wackelkontakt *m*
tremblotant [tʀɑ̃blɔtɑ̃] *adj* zitterig, *(bougie)* flackernd
tremblotement [tʀɑ̃blɔtmɑ̃] *m* leichtes Zittern *n,* Flimmern *n*
trembloter [tʀɑ̃blɔte] *v* leicht zittern, schaudern
trempage [tʀɑ̃paʒ] *m* Einweichen *n,* Anfeuchten *n; le ~ du linge avant le lavage* das Einweichen der Wäsche vor dem Waschen *n; le ~ du papier* das Anfeuchten des Papiers *n*
trempé [tʀɑ̃pe] *adj* nass; *~ jusqu'aux os* patschnass
tremper [tʀɑ̃pe] *v 1.* durchnässen; *2. ~ dans* tunken in, eintunken in; *3. (métal) TECH* abschrecken; *4. (fig)* teilnehmen, teilhaben; *~ dans une affaire louche* Komplize sein
tremplin [tʀɑ̃plɛ̃] *m 1. SPORT* Schanze *f; ~ de ski* Sprungschanze *f; 2. (planche)* Sprungbrett *n; 3. (fig)* Sprungbrett *n; servir de ~ à qn* jdm als Sprungbrett dienen
trentaine [tʀɑ̃tɛn] *f 1. (environ trente)* etwa dreißig; *2. (âge)* Dreißiger *pl*
trente [tʀɑ̃t] *num 1.* dreißig; *m 2.* der Dreißigste; *être payé le ~; am Dreißigsten jeden Monats bezahlt zu werden; se mettre sur son ~ et un* sich in Schale werfen
trente-six [tʀɑ̃tsis] *num 1.* sechsunddreißig; *2. voir ~ chandelles* Sternchen sehen; *m 3. tous les ~ du mois (fam)* alle Jubeljahre; *4. (fam: une grande quantité)* zig, x, hundert; *~ - ~ fois* x-mal, zig-mal; *avoir ~ - ~ mille choses à faire* tausend Dinge zu tun haben
trentième [tʀɑ̃tjɛm] *adj 1.* dreißigste(r,s); *m/f 2.* Dreißigste(r) *m/f*
trépidant [tʀepidɑ̃] *adj* vibrierend, pulsierend, hektisch; *un rythme ~* ein synkopierter Rhythmus *m; la vie ~e des grandes villes* das hektische Großstadtleben *n*
trépider [tʀepide] *v* zucken
trépied [tʀepje] *m* Stativ *n*
trépigner [tʀepiɲe] *v* trampeln

très [tʀɛ] *adv 1.* sehr, viel; *2. (fig)* unheimlich

trésor [tʀezɔʀ] *m 1.* Schatz *m,* Kostbarkeit *f; 2. (fig)* Kleinod *n; 3. (fortune)* Schatz *m,* Vermögen *n; dépenser des ~s* ein Vermögen ausgeben; *4. (fig)* Schatz *m,* Liebling *m; 5. Trésor Public FIN* Staatskasse *f*
trésorerie [tʀezɔʀʀi] *f* Schatzamt *n,* Finanzverwaltung *f,* Zahlmeisterei *f,* verfügbare Geldmittel *pl*
trésorier [tʀezɔʀje] *m* Kassenwart *m,* Schatzmeister *m,* Kassenführer *m*
tressaillement [tʀesajmɑ̃] *m* Erschaudern *n,* Zusammenzucken *n,* Schauder *m*
tressaillir [tʀesajiʀ] *v irr* zucken
tressauter [tʀesote] *v* zusammenzucken, zusammenfahren, erschaudern; *faire ~ qn* jdn zusammenzucken lassen
tresse [tʀɛs] *f* Zopf *m*
tresser [tʀese] *v* flechten
treuil [tʀœj] *m* Winde *f*
treuiller [tʀœje] *v TECH* Lasten heben mittels einer Kurbel
tri [tʀi] *m* Sortieren *n,* Verteilen *n,* Auswahl *f; le ~ des lettres* das Briefesortieren *n; faire un ~* eine Auslese treffen; *le centre de ~* die Sortierstelle *f*
triage [tʀijaʒ] *m 1.* Aussortieren *n,* Aussondern *n,* Verlesen *n; le ~ des lentilles* das Verlesen von Linsen *n; le ~ du linge* das Aussondern von Wäsche *n; 2. (des trains)* Rangieren *n,* Verschieben *n; une voie de ~* ein Rangiergleis *n; la gare de ~* der Verschiebebahnhof *m*
triangle [tʀijɑ̃gl] *m 1. MATH* Dreieck *n; 2. ~ de signalisation* Warndreieck *n; 3. MUS* Triangel *f*
triangulaire [tʀijɑ̃gylɛʀ] *adj 1.* dreieckig; *2. (fig) élection ~* Wahl mit drei Kandidaten *f*
tribord [tʀibɔʀ] *m NAUT* Steuerbord *n*
tribulations [tʀibylasjɔ̃] *f/pl* Leiden *pl,* Plackereien *pl,* Mühsale *pl,* Missgeschicke *pl*
tribun [tʀibœ̃] *m (fig: orateur)* Redner *m,* Volksredner *m*
tribunal [tʀibynal] *m 1. JUR* Gericht *n; ~ cantonal* Amtsgericht *n; ~ de grande instance* Landgericht *m; ~ d'échevins* Schöffengericht *n; ~ constitutionnel* Verfassungsgericht *n; ~ administratif* Verwaltungsgericht *n; ~ pour enfants* Jugendgericht *n; 2. (parquet)* Forum *n*
tribune [tʀibyn] *f 1.* Podium *n; 2. (estrade)* Tribüne *f; 3. ~ de presse* Pressetribüne *f; ~ libre* freie Presse *f*
tribut [tʀiby] *m 1. HIST* Tribut *m,* Zins *m; lever un ~ sur* Steuern erheben auf; *payer ~ à qn* jdm Tribut entrichten; *2. (fig)* Tribut *m; payer un lourd ~ à son pays* seinem Land einen hohen Tribut zollen; *payer son ~ au climat* unter dem Klima zu leiden haben
tributaire [tʀibytɛʀ] *adj être ~ de* angewiesen sein auf

T

tricentenaire [tʀisɑ̃tnɛʀ] *m 1.* Dreihundertjahrfeier *f; adj 2.* dreihundertjährig; *arbre ~* dreihundertjähriger Baum

triche [tʀiʃ] *f (fam)* Schummelei *f,* Betrug *m,* Mogelei *f; C'est de la ~.* Das ist Betrug./Da ist geschummelt worden.

tricher [tʀiʃe] *v* betrügen, schummeln

tricheur [tʀiʃœʀ] *m* Betrüger *m*

tricolore [tʀikɔlɔʀ] *adj 1. (bleu blanc rouge)* blauweißrot; *le drapeau ~* die Trikolore *f; la cocarde ~* die blauweißrote Kokarde *f; l'équipe ~* die französische Nationalmannschaft *f; 2. (de trois couleurs)* dreifarbig; *les feux ~s* die Verkehrsampeln *pl*

tricot [tʀiko] *m 1.* Trikot *n; 2. faire du ~* stricken; *3. veste en ~* Strickjacke *f*

tricotages [tʀikɔtaʒ] *m/pl* Strickwaren *pl*

tricoter [tʀikɔte] *v 1.* stricken; *2. aiguilles à ~* Stricknadeln *pl*; *3. ~ des jambes (fam)* schnell laufen, sich entfernen

trictrac [tʀiktʀak] *m (jeu)* Tricktrack *n,* Backgammon *n; une partie de ~* eine Partie Tricktrack *f*

tricycle [tʀisikl] *m* Dreirad *n*

trident [tʀidɑ̃] *m (fourche)* Dreizack *m,* dreizinkige Gabel *f*

tridimensionnel [tʀidimɑ̃sjɔnɛl] *adj* dreidimensional

trie [tri] *f* Lese *f; ~ du raisin* Weintraubenlese *f*

trier [tʀije] *v 1.* aussuchen; *2. (classer)* sortieren, aussortieren, aussondern; *3. (ranger)*rangieren

trieur [tʀijœʀ] *m* Sortiermaschine *f,* Sortierer *m*

trifouiller [tʀifuje] *v (fam)* durchwühlen, wühlen, in etw stöbern, herumkramen

trigone [tʀigɔn] *adj* dreieckig, dreiflächig

trilatéral [tʀilateʀal] *adj* dreiseitig; *accord ~* dreiseitige Vereinbarung

trillion [tʀiljɔ̃] *m* Trillion *f,* Billion *f* (bis 1948)

trimestre [tʀimɛstʀ] *m* Quartal *n*

trimestriel [tʀimɛstʀijɛl] *adj* vierteljährlich

tringle [tʀɛ̃gl] *f 1.* Stange *f; 2. TECH* Latte *f; 3. (liteau)* Leiste *f*

Trinité [tʀinite] *f REL* Dreieinigkeit *f*

trinquer [tʀɛ̃ke] *v 1.* anstoßen, zuprosten; *2. (boire)* trinken; *3. (fam: recevoir)* mit den Gästen anstoßen; *Les parents boivent, les enfants trinquent.* Die Eltern trinken, die Kinder stoßen an. *4. (fig)* die Zeche bezahlen müssen, etw ausbaden müssen

trio [tʀijo] *m 1. MUS* Trio *n,* Terzett *n; 2. (groupe de trois)* Trio *n,* Dreiergrüppchen *n; Ils forment un joli ~.* Sie sind ein nettes Trio.

triomphal [tʀijɔ̃fal] *adj* triumphal

triomphant [tʀijɔ̃fɑ̃] *adj* triumphierend, siegreich, Sieger... *un air ~* eine Siegermiene *f; un rire ~* ein triumphierendes Lächeln *n*

triomphateur [tʀijɔ̃fatœʀ] *adj 1.* siegreich; *m 2.* Sieger *m,* Triumphator *m*

triomphe [tʀijɔ̃f] *m 1.* Triumph *m; 2. (sur)* Überwindung *f; 3. (succès)* Triumph *m,* Erfolg *m; Ce film est un ~.* Dieser Film ist ein Erfolg. *Il a remporté un ~.* Er hat einen Preis gebracht.

triompher [tʀijɔ̃fe] *v* siegen, triumphieren

tripes [tʀip] *f/pl 1. (d'animaux) ANAT* Eingeweide *pl; 2. GAST* Innereien *f/pl; ~ à la mode de Caen* Innereien nach der Art aus Caen; *3. (fam)* Gedärme *n,* Eingeweide *n; Cette musique vous prend aux ~.* Diese Musik geht euch durch Mark und Bein.

triple [tʀipl] *adj 1.* dreifach; *m 2.* Drei..., dreifach

triplement [tʀipləmɑ̃] *adv 1.* dreifach; *m 2.* Verdreifachung *f*

tripler [tʀiple] *v* verdreifachen

triplés [tʀiple] *m/pl* Drillinge *pl*

tripot [tʀipo] *m* Spielbank *f*

tripotage [tʀipɔtaʒ] *m* Intrigen *f/pl; ~s électoraux* Wahlintrigen *f/pl*

tripotée [tʀipɔte] *f (fam: grand nombre)* Haufen *m,* Sack voll *m; une ~ d'enfants* ein Haufen Kinder *m*

tripoter [tʀipɔte] *v (fam)* fummeln an, befummeln

trique [tʀik] *f* Knüppel *m; un coup de ~* ein Schlag mit dem Knüppel *m; mener les gens à la ~ (fig)* die Menschen tyrannisieren; *être sec comme un coup de ~ (fig)* klapperdürr sein

trisaïeul(e) [tʀizajœl] *m/f* Urgroßvater/-mutter *m/f*

triste [tʀist] *adj 1.* traurig; *2. (fig)* öde, trostlos; *3. faire ~ mine* traurig/betrübt aussehen; *4. (pénible)* betrüblich, erbärmlich, jämmerlich; *une ~ histoire* eine tragische/traurige Geschichte

tristement [tristəmɑ̃] *adv 1.* trauriger Art *f; 2. (cruellement)* auf bösartige Art *f,* auf jämmerliche Art *f*

tristesse [tʀistɛs] *f* Traurigkeit *f*

tristounet [tʀistunɛ] *adj (fam)* bedrückt, traurig

T

trituration [tʀityʀasjɔ̃] *f* Zerreiben *n,* Zerstoßen *n*
triturer [tʀityʀe] *v 1.* zerkleinern, zermalmen, kneten, zerknüllen; *~ nerveusement son mouchoir* aus Nervosität sein Taschentuch zerknüllen; *2. se ~ les méninges (fam)* sich das Hirn zermartern
trivial [tʀivjal] *adj* ordinär
trivialité [tʀivjalite] *f* Trivialität *f,* Banalität *f,* Derbheit *f,* Vulgarität *f*
troc [tʀɔk] *m* Tausch *m,* Umtausch *m,* Tauschhandel *m*
trogne [tʀɔɲ] *f (fam: visage)* gerötetes Gesicht *n,* rotbäckiges Gesicht *n; Il a une bonne ~.* Er hat einen roten Kopf.
trois [tʀwa] *num 1.* drei; *~ fois* dreimal; *2. ~ cents* dreihundert; *3. ~ quarts* drei viertel
troisième [tʀwazjɛm] *adj 1.* dritte(r,s); *m/f 2.* Dritte(r) *m/f*
troisièmement [tʀwazjɛmmɑ̃] *adv* drittens
trois-mâts [tʀwɑmɑ] *m NAUT* Dreimaster *m*
trombe [tʀɔ̃b] *f ~ de vent* Windhose *f; en ~* wie ein Wirbelsturm, wie der Blitz; *arriver en ~* angeschossen kommen; *passer en ~* vorbeisausen
tromblon [tʀɔ̃blɔ̃] *m (fam)* Knarre *f*
trombone [tʀɔ̃bɔn] *m 1.* Büroklammer *f; 2. MUS* Posaune *f*
tromboniste [tʀɔ̃bɔnist] *m/f MUS* Posaunenbläser(in) *m/f,* Posaunist(in) *m/f*
trompe [tʀɔ̃p] *f 1. ANAT* Eileiter *m; 2. (éléphant) ZOOL* Rüssel *m; 3. MUS* Jagdhorn *n*
trompe-l'œil [tʀɔ̃plœj] *m 1.* optische Täuschung *f,* trügerische Fassade *f; un décor en ~* eine perspektivisch gemalte Bühnenkulisse *f; 2. (fig)* trügerischer Schein *m*
tromper [tʀɔ̃pe] *v 1.* betrügen, täuschen, anschwindeln; *2. ~ qn* jdn täuschen, jdn hintergehen; *3. se ~* sich irren; *4. se ~ de route* sich verfahren; *5. se ~ en parlant* sich versprechen
tromperie [tʀɔ̃pʀi] *f 1.* Betrug *m,* Täuschung *f,* Überlistung *f; 2. (illusion)* Vorspiegelung *f*
trompette [tʀɔ̃pɛt] *f 1. MUS* Trompete *f; m 2. MUS* Trompeter *m*
trompeur [tʀɔ̃pœʀ] *m 1.* Betrüger *m; adj 2.* betrügerisch
tronc [tʀɔ̃] *m 1. BOT* Stamm *m; 2. (pour les aumônes)* Sammelbüchse *f; 3. ANAT* Rumpf *m; 4. ~ commun* Kernzeit *f*
tronçon [tʀɔ̃sɔ̃] *m 1.* Stummel *m,* Ende *n,* Stück *n; 2. ~ d'autoroute* Autobahnabschnitt *m*
tronçonner [tʀɔ̃sɔne] *v* in Stücke teilen, zerstückeln, zerschneiden
trône [tʀon] *m* Thron *m*
trôner [tʀone] *v* thronen, prangen; *Le directeur trône derrière son bureau.* Der Direktor thront hinter seinem Schreibtisch. *Ses diplômes trônent sur la cheminée.* Seine Diplome prangen über dem Kamin.

trop [tʀo] *adv* zu, allzu, zu viel; *~ peu* zu wenig

trophée [tʀɔfe] *m* Trophäe *f*
tropical [tʀɔpikal] *adj* tropisch
tropique [tʀɔpik] *m 1. ~s GEO* Tropen *pl; 2. ASTR* Wendekreis *m*
troquer [tʀɔke] *v 1.* eintauschen; *2. (changer)* tauschen
troquet [tʀɔkɛ] *m (fam: café)* Café *n,* Kneipe *f,* Wirtschaft *f*
trot [tʀo] *m 1.* Trab *m,* Traben *n; 2. SPORT course de ~* Trabrennen *n; 3. au ~!* fix!/los!/zu!
trotter [tʀɔte] *v 1. (cheval)* traben; *2.* hin- und hertraben, hin- und herlaufen; *Les souris trottent dans le grenier.* Die Mäuse huschen auf dem Dachboden herum. *J'ai trotté toute la journée.* Ich bin den ganzen Tag herumgelaufen. *3. (fig)* herumgehen, herumschwirren; *Cette idée lui trotte dans la tête.* Diese Idee schwirrt ihm im Kopf herum.
trotteur [tʀɔtœʀ] *m 1. (cheval)* Traber *m,* Trabrennpferd *n; 2. (chaussure)* Trotteurschuh *m*
trotteuse [tʀɔtøz] *f (aiguille des secondes)* Sekundenzeiger *m*
trottinette [tʀɔtinɛt] *f* Kinderroller *m*
trottoir [tʀɔtwaʀ] *m 1.* Bürgersteig *m,* Gehweg *m; 2. faire le ~* auf den Straßenstrich gehen; *3. ~ roulant* Rollteppich *m*
trou [tʀu] *m 1.* Loch *n; faire le ~ normand* zwischen zwei Gängen ein Gläschen Schnaps trinken; *~ de serrure* Schlüsselloch *n; ~ dans la couche d'ozone* Ozonloch *n; 2. (fossé)* Grube *f; 3. (fig)* Knast *m; 4. ~ de mémoire* Gedächtnislücke *f; 5. ~ d'aiguille* Nadelöhr *n; 6. ~ noir ASTR Schwarzes Loch n*
troublant [tʀublɑ̃] *adj* verwirrend, beunruhigend, störend; *une ressemblance ~e* eine verblüffende Ähnlichkeit *f*
trouble [tʀubl] *adj 1.* trüb, undurchsichtig, unklar; *m 2. (perturbation)* Ruhestörung *f; 3.*

T

foyer de ~s Unruheherd *m; 4. ~ de l'équilibre MED* Gleichgewichtsstörung *f; 5. ~ carentiel MED* Mangelerscheinung *f*
troublé [tʀuble] *adj* verwirrt, benebelt *(fig); être ~* irritiert sein
trouble-fête [tʀubləfɛt] *m/f* Spielverderber(in) *m/f*
troubler [tʀuble] *v 1. ~ qn* jdn beunruhigen; *2. (déranger)* trüben; *3. (perturber)* durcheinander bringen, verwirren, beunruhigen; *~ le sommeil* schlafstörend sein; *4. (émouvoir)* trüben, stören, bewegen, erregen; *~ le cœur de qn* jdn emotional bewegen, jdm zu Herzen gehen
trouée [tʀue] *f 1.* Schneise *f,* Durchgang *m,* Loch *n; la ~ d'un bois* die Waldschneise *f; la ~ d'une haie* die Lücke in einer Hecke *f; 2. (entre deux montagnes) GEO* Pforte *f,* Senke *f; 3. (percée militaire) MIL* Durchbruch *m,* Bresche *f*
trouer [tʀue] *v 1.* lochen; *2. se ~* Löcher bekommen
trouillard(e) [tʀujaʀ(d)] *m/f (fam)* Angsthase *m,* Bangbüxe *f,* Feigling *m*
troupe [tʀup] *f 1.* Schar *f,* Herde *f; 2. (bande)* Rudel *n; 3. (essaim)* Schwarm *m; 4. MIL* Truppe *f; 5. THEAT* Truppe *f,* Ensemble *n*
troupeau [tʀupo] *m 1.* Herde *f; 2. (fig)* Gruppe *f,* Truppe *f; un ~ d'admiratrices* eine Gruppe von Anhängerinnen *f*
trousse [tʀus] *f 1. ~ de couture* Nähzeug *n; ~ de secours* Verbandskasten *m; ~ de toilette* Kulturbeutel *m; 2. avoir qn à ses ~s* jdn auf den Fersen haben, von jdm verfolgt werden
trousseau [tʀuso] *m 1.* Aussteuer *f; 2. (de clés)* Schlüsselbund *m*
trousser [tʀuse] *v 1. (une volaille)* zusammenbinden, zusammenpacken; *2. (relever)* hochraffen, hochschlagen, aufschürzen; *3. ~ un poème* ein Gedicht rasch und geschickt anfertigen; *un article bien troussé* ein gut verfasster Artikel; *4. ~ les femmes (fam)* ein Schürzenjäger sein
trouvable [tʀuvabl] *adj* auffindbar
trouvaille [tʀuvaj] *f 1.* Fund *m,* glücklicher Fund *m; faire une ~* einen glücklichen Fund machen; *2. (idée originale)* genialer Einfall *m,* Geistesblitz *m; un style plein de ~s* ein einfallsreicher Stil *m; C'est sa dernière ~.* Das ist seine neueste Masche.
trouvé [tʀuve] *adj 1.* gefunden; *enfant ~* Findelkind; *2. C'est tout ~.* Alles klar!/Ich hab's!

trouver [tʀuve] *v 1.* finden; *~ une bonne excuse* eine gute Ausrede finden, sich herausreden; *~ un abri* eine Unterkunft finden, unterkommen; *~ une situation* eine Stellung finden, unterkommen; *~ la sortie* den Ausgang finden, hinausfinden; *2. (re~)* herausfinden, finden; *3. ~ à redire* bemängeln; *4. (deviner)* antreffen; *5. (découvrir)* entdecken; *6. se ~ à (un rendez-vous)* sich einfinden zu; *7. se ~ (local)* stehen, sich befinden, sein; *8. se ~ (exister)* vorkommen

truand [tʀyɑ̃] *m* Gauner *m,* Ganove *m*
truander [tʀyɑ̃de] *v (fam)* gaunern, übers Ohr hauen; *se faire ~* sich übers Ohr hauen lassen
truc [tʀyk] *m 1. (fam)* Ding *n; 2. (astuce)* Trick *m; Maintenant, je connais le ~.* Jetzt hab ich den Dreh heraus.
truchement [tʀyʃmɑ̃] *m (intermédiaire)* Vermittlung *f; par le ~ de qn* über jdn, durch jdn, durch jds Vermittlung
truculence [tʀykylɑ̃s] *f* Urwüchsigkeit
truffe [tʀyf] *f 1. BOT* Trüffel *m; 2. (confiserie) GAST* Trüffel *m; des ~s en chocolat* Schokoladentrüffel *pl; 3. (nez du chien) ZOOL* Nase *f*
truie [tʀɥi] *f ZOOL* Sau *f*
truisme [tʀɥism] *m* Banalität *f,* Binsenweisheit *f,* Trivialität *f*
truite [tʀɥit] *f 1. ZOOL* Forelle *f; 2. ZOOL ~ saumonée* Lachsforelle *f; 3. ZOOL ~ arc-en-ciel* Regenbogenforelle *f*
truquage [tʀykaʒ] *m 1.* Fälschung *f; ~ des élections* Wahlfälschung *f; 2. CINE* Fotomontage *f,* Trickaufnahme *f*
truquer [tʀyke] *v 1.* verfälschen, auf alt zurechtmachen; *~ une élection* ein Wahlergebnis verfälschen; *2. (fig)* frisieren
truqueur [tʀykœʀ] *m* Schwindler *m,* Fälscher *m*
truquiste [tʀykist] *m/f CINE* Person die sich um Fotomontage und Trickaufnahme kümmert
tsar [tsaʀ] *m HIST* Zar *m*
tsigane [tsigan] *adj 1.* Zigeuner...; *la musique ~* die Zigeunermusik *f; m/f 2.* Zigeuner(in) *m/f*
tu [ty] *pron* du; *être à ~ et à toi avec qn* mit jdm auf Du und Du sein
tuant [tɥɑ̃] *adj (fam)* tödlich, anstrengend, ermüdend; *un travail ~* eine ermüdende Arbeit *f; Elle est ~e.* Sie ist ganz schön nervig.

T

tub [tyb] *m* Wanne *f,* Zuber *m*
tuba [tyba] *m* *1. SPORT* Schnorchel *m; 2. (instrument de musique) MUS* Tuba *f*
tube [tyb] *m* *1.* Rohr *n,* Leitung *f; 2. ~ au néon* Neonlicht *n; 3. ~ cathodique TECH* Bildröhre *f; 4. MUS* Schlager *m,* Hit *m; 5. ~ digestif ANAT* Verdauungskanal *m; 6.~ d'échappement TECH* Auspuffrohr *n; 7. ~ de dentifrice* Zahnpasta *f; 8. à pleins ~s* mit voller Kraft *f; écouter la musique à pleins ~s* auf voller Lautstärke Musikhören; *9. (haut-de-forme)* Rohr *n,* Röhre *f,* Reagenzglas *n*
tuber [tybe] *v* Rohre einsetzen, verrohren
tubercule [tybɛʀkyl] *m BOT* Knolle *f*
tuberculeux [tybɛʀkylø] *adj 1.* lungenkrank; *2. plante tuberculeuse BOT* knotig, knollig; *m 3.* Tuberkulosekranker *m*
tubérosité [tybeʀɔzite] *f 1. ANAT* Knoten *m,* Knollen *m; 2. BOT* Auswuchs *m,* Anschwellung *f,* Knoten *m,* Knollen *m*
tubulaire [tybylɛʀ] *adj 1.* röhrenförmig, Röhren... *un conduit ~* eine Rohrleitung *f; 2.* aus Metallrohren bestehend, Stahlrohr...; *un échafaudage ~* ein Stahlgerüst *n; des meubles ~s* Stahlrohrmöbel *pl*
tudesque [tydesk] *adj LIT* germanisch, deutsch, teutonisch
tuer [tɥe] *v 1.* töten, umbringen, ermorden, abmurksen *(fam); 2. (temps)* herumbekommen; *~ le temps* die Zeit totschlagen; *3. se ~* sich kaputtmachen *(fam); 4. se ~ au travail* schuften; *5. se ~* sich umbringen, sich töten, ums Leben kommen; *6. Ça me tue! (fam)* Das bringt mich um./Das macht mich fertig.
tuerie [tyʀi] *f* Gemetzel *n,* Massaker *n*
tue-tête [tytɛt] *adv à ~* aus vollem Hals, mit aller Kraft, lauthals; *chanter à ~* aus vollem Hals singen
tueur [tɥœʀ] *m 1.* Mörder *m,* Killer *m; un ~ à gages* ein Berufskiller *m; 2. TECH* Schlächter *m*
tuile [tɥil] *f 1.* Dachziegel *m; 2. (fam)* Pech *n; Quelle ~!* Dumm gelaufen! *3. (biscuit) GAST* Petitfour *n,* Gebäck *n,* Keks *m*
tuilerie [tɥilʀi] *f* Ziegelei *f*
tulipe [tylip] *f BOT* Tulpe *f*
tulle [tyl] *m* Tüll *m*
tuméfier [tymefje] *v* anschwellen lassen
tumescence [tymɛsɑ̃s] *f MED* Schwellung *f*
tumeur [tymœʀ] *f 1.* Auswuchs *m; 2. MED* Tumor *m; ~ au cerveau* Gehirntumor *m*
tumulte [tymylt] *m 1.* Tumult *m; 2. (tapage)* Krawall *m*
tumultueux [tymyltɥø] *adj 1. (orageux)* stürmisch, lärmend, brausend; *une séance tumultueuse* eine turbulente Sitzung *f; 2. (furieux)* heftig, tobend; *des flots ~* tosende Wellen *pl; 3. (désordonné)* turbulent, bewegt, stürmisch
turban [tyʀbɑ̃] *m* Turban *m*
turbin [tyʀbɛ̃] *m (fam)* Arbeit *f; aller au ~* zur Arbeit gehen
turbine [tyʀbin] *f TECH* Turbine *f*
turbo [tyʀbo] *m 1.* Turbo...; *mettre le ~ (fig)* den Turbo einlegen; *adj 2.* durch Turbinen angetrieben; *3. réussite ~* Riesenerfolg
turbulence [tyʀbylɑ̃s] *f 1.* Lebhaftigkeit *f,* Sprunghaftigkeit *f; 2. METEO* Turbulenz *f; les ~s atmosphériques* die Luftturbulenzen *pl*
turbulent [tyʀbylɑ̃] *adj 1.* ausgelassen; *2. (remuant)* quirlig
turc [tyʀk] *adj* türkisch
Turc [tyʀk] *m* Türke *m*
turf [tœʀf] *m* Pferderennbahn *f,* Turf *m*
turpitude [tyʀpityd] *f* Schandtat *f*
Turque [tyrk] *f* Türkin *f*
Turquie [tyʀki] *f GEO* Türkei *f*
turquoise [tyʀkwaz] *adj 1.* türkis; *f 2. MIN* Türkis *m*
tutelle [tytɛl] *f 1.* Bevormundung *f; 2. JUR (curatelle)* Vormundschaft *f*
tuteur [tytœʀ] *m 1. ~ exclusif d'un enfant* Alleinerziehende *m; 2. JUR (curateur)* Vormund *m; être ~ de qn* jds Vormund sein; *nommer un ~ à qn* jdn bevormunden; *m 3. AGR* Stütze *f*
tutoyer [tytwaje] *v 1.* duzen; *2. se ~* sich duzen; *Nous nous tutoyons.* Wir sind per du.
tutrice [tytʀis] *f JUR* Vormund *m*
tuyau [tɥijo] *m 1.* Rohr *n,* Leitung *f; 2. (d'orgue)* Pfeife *f; 3. ~ d'échappement TECH* Auspuffrohr *n; 4. (fam: conseil)* Geheimtipp *m; donner un ~ à qn* jdm einen Tipp/Wink geben; *5. ~ souple* Schlauch *m*
tuyauter [tɥijote] *v (renseigner)* vertrauliche Mitteilung machen, vorsagen
tuyère [tɥiɛʀ] *f TECH* Düse *f*
typage [tipaʒ] *m* Typisierung *f*
type [tip] *m 1.* Typ *m; 2. (gars)* Bursche *m,* Kerl *m; 3. (genre)* Art *f,* Typus *m,* Marke *f; 4. TECH* Modell *n,* Baumuster *n; ~ d'un véhicule* Modell des Vehikels
typhon [tifɔ̃] *m* Taifun *m*
typique [tipik] *adj* typisch
typographie [tipɔgʀafi] *f* Typografie *f,* Druck *m,* Buchdruckerkunst *f*
tyran [tiʀɑ̃] *m* Tyrann *m*
tyranniser [tiʀanize] *v* tyrannisieren

T

U

ubiquité [ybikɥite] *f* Allgegenwart *f*
ubuesque [ybyɛsk] *adj (grotesque)* grotesk, verzerrt, absurd
UE [yø] *f (Union européenne)* EU *f; pays membre de l'~* EU-Land *n*
ulcère [ylsɛʀ] *m MED* Geschwür *n*
ulcérer [ylseʀe] *v 1. MED* Geschwür bilden, Geschwür verursachen, ulzerieren; *2. ~ qn (fig)* jdn tief kränken
ultérieur [ylteʀjœʀ] *adj 1.* nachträglich; *2. (futur)* später, ferner
ultérieurement [ylteʀjœʀmɑ̃] *adv* später, in der Folge, hernach
ultimatum [yltimatɔm] *m* Ultimatum *n*
ultime [yltim] *adj* letzte(r,s)
ultra [yltʀa] *m POL* Extremist *m,* Ultra *m,* Radikaler *m*
ultraconfidentiel [yltʀakɔ̃fidɛ̃sjɛl] *adj* streng vertraulich; *une lettre ~le* ein streng vertrauliches Schreiben *n*
ultracourt [yltʀakuʀ] *adj ondes ~es TEL* Ultrakurzwellen *pl*
ultrafin [yltʀafɛ̃] *adj* extra dünn, extra fein
ultraléger [yltʀaleʒe] *adj* extra leicht, sehr leicht
ultramoderne [yltʀamɔdɛʀn] *adj* hypermodern
ultrasensible [yltʀasɑ̃sibl] *adj* hoch empfindlich; *une balance ~* eine hoch empfindliche Waage *f*
ultrason [yltʀasɔ̃n] *m* Ultraschall *m*
ultrasonique [yltʀasɔnik] *adj PHYS* Ultraschall...
ultraviolet [yltʀavjɔlɛ] *adj 1.* ultraviolett; *rayons ~s* ultraviolette Strahlen; *m 2. PHYS* Ultraviolett *n*

un(e) [œ̃/yn] *pron 1.* eine(r,s); *pas ~* keine(r,s); *l'~ et l'autre* beide; *l'~ sur l'autre* aufeinander; *l'~ l'autre* einander; *l'~ envers l'autre* gegeneinander; *l'~ derrière l'autre* hintereinander; *l'~ à côté de l'autre* nebeneinander; *~ par ~* einer nach dem anderen; *l'~ vers l'autre* zueinander; *l'~ dans l'autre* durchschnittlich; *art 2.* ein(e); *num 3.* eins; *~ et demi(e)* eineinhalb, anderthalb; *ne faire ni ~e ni deux* nicht lange fackeln; *Il était moins ~e.* Es war fünf vor zwölf.

unanime [ynanim] *adj* einstimmig, einhellig
unanimité [ynanimite] *f* Einstimmigkeit *f; à l'~* einstimmig
uni [yni] *adj 1.* vereint, einig; *2. (unicolore)* einfarbig; *3. (en bonne entente)* vereinigt, verbunden, einig; *famille ~e* eine harmonisch zusammenlebende Familie; *4. (monotone)* ungemustert, einfarbig, eintönig
uniaxe [yniaks] *adj PHYS* einaxig
unicellulaire [ynisɛlylɛʀ] *adj BIO* einzellig; *Les bactéries sont ~s.* Bakterien sind einzellige Lebewesen.
unicité [ynisite] *f* Einmaligkeit *f,* Einzigartigkeit *f*
unicolore [ynikɔlɔʀ] *adj* einfarbig, uni
unidirectionnel [ynidiʀɛksjɔnɛl] *adj* einseitig gerichtet; *une antenne ~le* nach einer Seite gerichtete Antenne *f*
unième [ynjɛm] *adj* erste(r,s); *la cent et ~ page* die hundertunderste Seite *f; cent ~* hundertunderste(r,s); *la mille et ~ nuit* Tausendundeine Nacht *f*
unificateur [ynifikatœʀ] *adj* einigend, vereinend
unification [ynifikasjɔ̃] *f 1. POL* Vereinigung *f; 2. (accord)* Einigung *f*
unifier [ynifje] *v 1.* vereinigen, vereinen; *2. (uniformiser)* vereinheitlichen
uniforme [ynifɔʀm] *m 1.* Uniform *f; adj 2.* gleichmäßig, einheitlich; *3. (monotone)* monoton, eintönig
uniformément [ynifɔʀmemɑ̃] *adv* gleichförmig
uniformisation [ynifɔʀmizasjɔ̃] *f* Vereinheiltlichung *f,* Uniformierung *f*
uniformiser [ynifɔʀmize] *v* vereinheitlichen
uniformité [ynifɔʀmite] *f 1.* Einerlei *n; 2. (ressemblance)* Gleichförmigkeit *f*
unilatéral [ynilateʀal] *adj* einseitig
unilingue [ynilɛ̃g] *adj* einsprachig
uniment [ynimɑ̃] *adv* regelmäßig, gleichmäßig
uninominal [yninɔminal] *adj scrutin ~ POL* Persönlichkeitswahl *f,* Einzelwahl *f*
union [ynjɔ̃] *f 1. POL* Bund *m,* Verband *m; 2. (alliance) POL* Bündnis *n,* Union *f; Union européenne* Europäische Union *f; 3. (concorde)* Einigkeit *f; 4. (association)* Vereinigung *f;* Zusammenschluss *m; 5. ~ conjugale* Ehe *f; 6. ~ charnelle* Geschlechtsakt *m*

unique [ynik] *adj 1.* einzig, alleinig; *~ en son genre* einzigartig; *rue à sens ~* Ein-bahnstraße *f; 2. (incomparable)* einmalig, unvergleichlich
uniquement [ynikm] *adv* einzig und allein

unir [yniʀ] *v 1.* vereinigen; *2. (marier)* verheiraten, trauen; *3. s'~* sich vereinigen, sich zusammenschließen, sich vermählen

unisexe [ynisɛks] *adj* Unisex..., für beide Geschlechter, sowohl für Männer als auch für Frauen; *une veste ~* eine Jacke für Männer und Frauen *f*
unisexué [ynisɛksɥe] *adj BIO* eingeschlechtig; *une fleur ~e* eine eingeschlechtige Blume *f; un organisme ~* ein eingeschlechtiger Organismus *m*
unisson [ynisɔ̃] *m 1.* Einklang *m; 2. (fig)* Harmonie *f*
unitaire [ynitɛʀ] *adj 1.* einheitlich, Einheits...; *le prix ~ des tuiles* der Einheitspreis von Dachziegeln *m; 2. POL* einheitlich, unitarisch; *un programme ~* ein unitarisches Programm *n; 3. REL* unitarisch
unité [ynite] *f 1.* Einheit *f; à l'~* einzeln/pro Stück; *~ monétaire ECO* Währungseinheit *f; 2. ~ de valeur (à l'université)* Schein *m; 3. (cohésion)* Einheitlichkeit *f; 4. ~ de mesure* Einheit *f*
univers [ynivɛʀ] *m 1.* Weltall *n,* Universum *n; 2. (Terre)* Welt *f; 3. (fig: milieu)* Universum *n*
universaliser [ynivɛʀsalize] *v* allgemein verbreiten, verallgemeinern, globalisieren; *~ l'instruction* das Wissen allgemein verbreiten
universalisme [ynivɛʀsalism] *m REL* Universalismus *m*
universalité [ynivɛʀsalite] *f 1.* Universalität *f,* Vielseitigkeit *f,* Allgemeingültigkeit *f; l'~ d'une loi* die Allgemeingültigkeit eines Gesetzes *f; l'~ d'une croyance* die Universalität des Glaubens *f; 2. (totalité) JUR* Gesamtheit *f*
universaux [ynivɛʀso] *m/pl concepts ~* Allgemeinkonzept *n*
universel [ynivɛʀsɛl] *adj 1.* universal; *exposition ~le* Weltausstellung *f; 2. suffrage ~ POL* allgemeines Wahlrecht *n*
universellement [ynivɛʀsɛlmɑ̃] *adv* allgemeingültig
universitaire [ynivɛʀsitɛʀ] *adj 1.* Universitäts..., universitär; *m/f 2.* Hochschuldozent(in) *m/f*
université [ynivɛʀsite] *f* Universität *f,* Hochschule *f; ~ populaire* Volkshochschule *f*
univocité [ynivɔsite] *f* Eindeutigkeit *f*
univoque [ynivɔk] *adj* eindeutig
Untel [œ̃tɛl] *pron* Herr Sowieso *m,* Frau Soundso *f; monsieur ~* Herr Sowieso *m; dîner dans la famille ~* bei Familie Soundso essen
upérisation [ypɛrizasjɔ̃] *f TECH* Ultrahocherhitzung *f*
uppercut [ypɛʀkyt] *m SPORT (boxe)* Kinnhaken *m*
uranographie [yʀanɔgʀafi] *f ASTR* Himmelsbeschreibung *f*
urbain [yʀbɛ̃] *adj 1.* städtisch; *2. (poli)* höflich; *un homme très ~* ein sehr höflicher Mann
urbanisation [yʀbanizasjɔ̃] *f* Verstädterung *f,* Urbanisation *f*
urbaniser [yʀbanize] *v* verstädtern, urbanisieren; *une zone à ~ en priorité (Z.U.P.)* ein problematisches Viertel mit mangelnder Infrastruktur *n*
urbanisme [yʀbanism] *m* Städtebau *m*
urbaniste [yʀbanist] *m* Städteplaner *m,* Städtebauer *m*
urbanistique [yʀbanistik] *adj* städtebaulich
urbanité [yʀbanite] *f* Höflichkeit *f*
urgence [yʀʒɑ̃s] *f 1.* Dringlichkeit *f; de toute ~* vordringlich; *2. ~s pl* Notaufnahme *f; 3. d'~* dringend; *4. état d'~ POL* Notstand *m,* Ausnahmezustand *m*
urgent [yʀʒɑ̃] *adj* dringend, eilig; *très ~ (fam)* brandeilig
urger [yʀʒe] *v (fam)* drängen, dringend sein, eilen
urine [yʀin] *f* Harn *m,* Urin *m*
uriner [yʀine] *v* urinieren, Wasser lassen
urinoir [yʀinwaʀ] *m* öffentliche Toilette *f,* Pissoir *n*
urne [yʀn] *f* Urne *f; ~ électorale POL* Wahlurne *f*
us [ys] *m/pl ~ et coutumes* Sitten und Gebräuche *pl*

usage [yzaʒ] *m 1.* Gebrauch *m; faire ~ de* gebrauchen; *2. (coutume)* Sitte *f,* Brauch *m,* Gewohnheit *f; être d'~* üblich sein; *3. JUR droit d'~* Nutzungsrecht

usagé [yzaʒe] *adj* gebraucht, genutzt; *un vêtement ~* ein häufig getragenes Kleidungsstück *n*
usager [yzaʒe] *m* Benutzer *m,* Teilnehmer *m; ~ de la route* Verkehrsteilnehmer *m*

U

usé [yze] *adj 1.* verbraucht; *2. (vêtement)* schäbig, abgetragen; *être ~ jusqu'à la corde* gänzlich abgenutzt sein
user [yze] *v 1.* gebrauchen; *mal ~ de qc* etw missbrauchen; *~ d'autorité* durchgreifen; *2. (consommer)* verbrauchen, abnutzen, verschleißen; *3. ~ de qc* Gebrauch machen von etw, sich einer Sache bedienen, etw anwenden; *~ de persuasion* seine Überzeugungkraft anwenden; *~ de sa puissance* von seiner Macht Gebrauch machen; *~ de termes choisis* sich gewählt ausdrücken; *4. s'~* sich abnutzen, sich abgreifen, sich verbrauchen, sich aufbrauchen; *Ce tissu s'use vite.* Dieser Stoff ist schnell verschlissen.
usinage [yzinaʒ] *m* Verarbeitung *f,* Bearbeitung *f*
usine [yzin] *f 1.* Anlage *f,* Fabrik *f,* Werk *n; ~ de retraitement* Aufbereitungsanlage *f; ~ électrique* Elektrizitätswerk *n; ~ à gaz* Gaswerk *n; ~ hydraulique* Wasserwerk *n; 2. ~ de retraitement des déchets radioactifs ECO* Wiederaufbereitungsanlage *f; 3. (fig) Ce restaurant est une véritable usine.* Dieses Restaurant ist die reinste Fabrik.
usiner [yzine] *v 1.* verarbeiten, bearbeiten; *2. TECH* bearbeiten
usité [yzite] *adj* in Gebrauch, geläufig, gebräuchlich; *un mot encore ~* ein Wort, das noch in Gebrauch ist *n; une locution peu ~e* eine kaum gebräuchliche Redewendung *f*
ustensile [ystɑ̃sil] *m 1. ~ de ménage* Haushaltsgerät *n,* Hausrat *m; 2. ~s pl* Utensilien *pl*
usuel [yzɥɛl] *adj* gewöhnlich, gebräuchlich, üblich
usufruit [yzyfʀɥi] *m JUR* Nießbrauch *m,* Nutzungsrecht *n,* Ususfruktus *m*
usuraire [yzyʀɛʀ] *adj* Wucher..., wucherisch; *un taux ~* ein Wucherzins *m*
usure [yzyʀ] *f 1.* Abnutzung *f,* Verschleiß *m; 2. (intérêt excessif)* Wucher *m*
usurier [yzyʀje] *m* Kredithai *m*
usurpateur [yzyʀpatœʀ] *m* Usurpator *m*
usurpation [yzyʀpasjɔ̃] *f JUR* Usurpation *f,* widerrechtlicher Übergriff *m,* widerrechtlicher Eingriff *m,* Amtsanmaßung *f; l'~ d'un droit* die Anmaßung eines Rechts *f; l'~ de titres* das unbefugte Führen von Titeln *n; une ~ de pouvoir* ein widerrechtlicher Eingriff in die Zuständigkeit eines Gerichts *m*
usurper [yzyʀpe] *v (~ un droit)* sich anmaßen
ut [yt] *m MUS* C *n; la clef d'~* der C-Schlüssel *m,* der Altschlüssel *m; en ~ majeur* in C-Dur; *en ~ mineur* in C-Moll
utérin [yteʀɛ̃] *adj 1. ANAT* Gebärmutter..., Uterus... *l'artère ~e* die Gebärmutterschlagader *f; la trompe ~e* der Eileiter *m; 2. JUR* Halb…, mütterlicherseits; *des frères ~s* Halbbrüder mütterlicherseits *pl*
utérus [yteʀys] *m ANAT* Gebärmutter *f*

utile [ytil] *adj 1.* nützlich; *Si je peux vous être ~ en qc ...* Wenn ich Ihnen irgendwie behilflich sein kann ...; *m 2.* Nützliches *n; joindre l'~ à l'agréable* das Angenehme mit dem Nützlichen verbinden; *3. en temps ~* zu gegebener Zeit

utilement [ytilmɛ̃] *adv* nützlicherweise, brauchbarerweise
utilisable [ytilizabl] *adj* brauchbar, verwendbar
utilisateur [ytilizatœʀ] *m 1.* Benutzer *m; 2. ~ final ECO* Endverbraucher *m*
utilisation [ytilizasjɔ̃] *f 1.* Verwendung *f,* Gebrauch *m,* Benutzung *f; 2. (exploitation)* Ausnutzung *f; 3. (emploi)* Einsatz *m; 4. ~ abusive de données* Datenmissbrauch *m; 5.~ des déchets* Abfallverwertung *f*
utilisatrice [ytilizatʀis] *f* Benutzerin, Verbraucherin, Abnehmerin, Anwenderin
utiliser [ytilize] *v 1.* benutzen, brauchen, verwenden, anwenden; *2. (exploiter)* ausnutzen
utilitaire [ytilitɛʀ] *adj 1.* Nutz..., Gebrauchs...; *un véhicule ~* ein Nutzfahrzeug *n; 2. (matériel)* auf den Nutzen ausgerichtet, materialistisch, profitgerichtet; *un calcul strictement ~* eine reine Nutzenrechnung *f*
utilité [ytilite] *f* Nützlichkeit *f,* Nutzen *m*
utopie [ytɔpi] *f* Utopie *f*
utopique [ytɔpik] *adj* utopisch
utopiste [ytɔpist] *m/f* Utopist *m/f*

V

vacance [vakɑ̃s] *f 1.* offene Stelle *f,* unbesetzte Stelle *f,* Vakanz *f; combler une ~* eine offene Stelle besetzen; *2. ~s pl* Ferien *pl,* Urlaub *m; ~s scolaires* Schulferien *pl; ~s d'été* Sommerferien *pl*

vacant [vakɑ̃] *adj* leer, frei; *un poste ~* eine freie Arbeitsstelle *f*

vacataire [vakatɛʀ] *m/f* Aushilfe *f,* Aushilfskraft *f*

vaccin [vaksɛ̃] *m MED 1.* Impfstoff *m; 2. ~ antitétanique* Tetanusimpfung *f*

vaccination [vaksinasjɔ̃] *f MED* Impfung *f; ~ anti-variolique* Pockenimpfung *f; ~ par voie buccale* Schluckimpfung *f*

vacciner [vaksine] *v 1. ~ contre* impfen gegen; *2. (fig)* immun machen; *Elle est vaccinée contre le mariage!* Die ist gegen das Heiraten geimpft!

vache [vaʃ] *f 1. ZOOL* Kuh *f; être gros comme une ~* dick wie eine Tonne sein, dick wie ein Fass sein; *parler français comme une ~ espagnole* ein miserables Französisch sprechen; *adj 2. (fam)* gemein, schuftig

vacherie [vaʃʀi] *f (fam)* Gemeinheit *f,* Sauerei *f; faire une ~ à qn* sich jdm gegenüber gemein verhalten

vacillant [vasijɑ̃] *adj 1.* wackelig; *2. (fig: indécis)* schwankend, flackernd

vacillation [vasijasjɔ̃] *f* Schwanken *n,* Wackeln *n*

vaciller [vasije] *v 1.* schwanken, taumeln; *2. (lumière)* flackern; *3. (fig)* schwanken, unschlüssig sein, unbeständig sein

vacuité [vakɥite] *f* Leere *f*

vacuole [vakɥɔl] *f* Höhlung *f,* Hohlraum *m*

vacuum [vakɥɔm] *m* Vakuum *n*

vadrouille [vadʀuj] *f (fam: promenade)* Bummel *m; partir en ~* spazieren gehen

va-et-vient [vaevjɛ̃] *m 1.* Kommen und Gehen *n; un ~ incessant* ein ständiges Kommen und Gehen *n; Il y a beaucoup de ~ dans ces bureaux.* In diesem Büro herrscht viel Kommen und Gehen. *2. (mouvement)* Hin- und Herbewegung *f,* Auf- und Abbewegung *f; le ~ d'un balancier* das Hin- und Herschwingen eines Pendels *n*

vagabond [vagabɔ̃] *m 1.* Landstreicher *m; adj 2.* unstet, ruhelos, herumziehend, Wander...; *avoir une existence ~e* ein Wanderleben führen; *une imagination ~e (fig)* eine blühende Fantasie *f*

vagabondage [vagabɔ̃daʒ] *m 1.* Vagabundendasein *n,* Vagabundenleben *n,* Landstreicherei *f; le délit de ~* die Landstreicherei *f; 2. (fig)* Herumträumerei *f*

vagabonder [vagabɔ̃de] *v 1.* umherschlendern; *2. (traîner)* vagabundieren

vagin [vaʒɛ̃] *m ANAT* Scheide *f*

vaginal [vaʒinal] *adj ANAT* vaginal, Vaginal..., Scheiden...

vagissant [vaʒisɑ̃] *adj* wimmernd, schreiend

vagissement [vaʒismɑ̃] *m,* Babygeschrei *n*

vague[1] [vag] *f 1.* Woge *f,* Welle *f; ~ de froid* Kältewelle *f; ~ de chaleur* Hitzewelle *f; ~ de grippe MED* Grippewelle *f; 2. (fig)* Woge *f,* Welle *f; Les touristes arrivent par ~.* Die Touristen kommen schubweise an. *une ~ de violence* eine Welle der Gewalt

vague[2] [vag] *adj 1. (terrain)* öde, unbebaut; *2.* unklar, vage, verschwommen; *3. (large)* unbestimmt, weitläufig; *4. (insignifiant)* vage, undeutlich, verschwommen, unklar; *une ~ formation* eine vage Ausbildung

vaillamment [vajamɑ̃] *adv* tapfer

vaillance [vajɑ̃s] *f* Tapferkeit *f*

vaillant [vajɑ̃] *adj* tapfer

vain [vɛ̃] *adj 1.* vergeblich, umsonst; *en ~* vergeblich; *2. (sans effet)* nichtig; *3. (inutile)* unnütz; *4. (vaniteux)* eitel

vaincre [vɛ̃kʀ] *v irr 1.* besiegen, überwältigen; *2. (maîtriser)* meistern; *3. (fig)* überwinden; *4. (battre)* schlagen, besiegen

vaincu [vɛ̃ky] *adj 1.* besiegt, unterlegen; *les ennemis ~s* die besiegten Feinde *pl; s'avouer ~* sich geschlagen geben; *être ~ d'avance* keine Chance haben; *m 2.* Besiegter *m,* Verlierer *m*

vainement [vɛnmɑ̃] *adv* umsonst, vergebens, vergeblich

vainqueur [vɛ̃kœʀ] *m* Sieger *m*

vaisseau [vɛso] *m 1.* Schiff *n; ~ spatial* Raumschiff *n; 2. ANAT* Gefäß *n; ~x sanguins* Blutgefäße *pl*

vaisselle [vɛsɛl] *f 1.* Geschirr *n; 2. (activité)* Abwasch *m,* Geschirrspülen *n; faire la ~* das Geschirr spülen/den Abwasch machen; *produit pour la ~* Geschirrspülmittel *n*

val [val] *m 1. GEO* Tal *n; le ~ de Loire* das Loiretal *n; 2. par monts et par vaux* über Berg und Tal
valable [valabl] *adj 1.* gültig; *être ~* gelten; *2. (pertinent)* triftig; *3. JUR* rechtsgültig
valeur [valœʀ] *f 1.* Wert *m; J'y attache beaucoup de ~.* Das liegt mir sehr am Herzen. *de ~* kostbar; *de peu de ~* minderwertig; *~ en bourse* Börsenwert *m; ~ nominale* Schätzwert *m,* Nennwert *m; ~ sentimentale* Gefühlswert *m; ~ d'amateur* Liebhaberwert *m; ~ de référence* Richtwert *m; ~ limite* Grenzwert *m; à ~ fixe* wertbeständig; *de ~ stable* wertbeständig; *2. (mérite)* Tüchtigkeit *f; 3. ECO* Wertpapier *n; ~s mobilières* Aktien und Obligationen *pl*
valeureux [valøʀø] *adj* tapfer
validation [validasjɔ̃] *f* Anerkennung *f,* Gültigkeitserklärung *f,* Anrechnung *f,* Entwertung von Fahrscheinen *f*
valide [valid] *adj 1. JUR* rechtsgültig; *2. (sain)* gesund
valider [valide] *v* anerkennen, anrechnen, für gültig erklären, entwerten; *~ un diplôme* ein Diplom anerkennen; *~ un titre de transport* einen Fahrschein entwerten
validité [validite] *f* Gültigkeit *f*
valise [valiz] *f 1.* Koffer *m; faire ses ~s* Koffer packen; *2. ~s pl (fam: cernes)* Triefaugen *pl,* Ringe unter den Augen *pl; 3. ~ diplomatique* Aktenkoffer *m,* diplomatisches Gepäck *n*
vallée [vale] *f 1.* Tal *n; 2. fond de la ~* Talsohle *f*
vallonné [valɔne] *adj* hügelig

valoir [valwaʀ] *v irr 1. (prix)* kosten; *2. (être utile à qn)* taugen; *Autant vaudrait...* Genauso gut könnte man... *3. ~ la peine* sich lohnen; *4. se ~* gelten; *se faire ~* angeben, sich Geltung verschaffen; *5. ~ qc à qn* jdm die Ehre erweisen etw zu tun *f; Qu'est-ce qui me vaut ce plaisir?* Was gibt mir die Ehre?

V

valorisation [valɔʀizasjɔ̃] *f* Valorisierung *f,* Bewertung *f,* Aufwertung *f*
valoriser [valɔʀize] *v* aufwerten
valse [vals] *f 1. MUS* Walzer *m; 2. (fig)* Walzer *m*
valser [valse] *v 1. (danser)* Walzer tanzen; *2. (fam) envoyer ~ qn* jdn hinausschmeißen/jdn vor die Tür setzen; *envoyer ~ qc contre un mur* etw gegen eine Mauer werfen; *faire ~ l'argent* mit Geld um sich werfen
vamp [vɑ̃p] *f* Vamp *m*
vampiriser [vɑ̃piʀize] *v* Blut saugen
van [vɑ̃] *m (fourgon)* Pferdetransporter *m*
vandale [vɑ̃dal] *m* Vandale *m,* Rowdy *m,* mutwilliger Zerstörer *m; une bande de ~s* eine Rowdybande *f*
vandaliser [vɑ̃dalize] *v* randalieren, zerstören
vandalisme [vɑ̃dalism] *m* Vandalismus *m,* Zerstörungswut *f*
vanille [vanij] *f BOT* Vanille *f*
vanillé [vanije] *adj* mit Vanillearoma; *du sucre ~* Vanillezucker *m; un parfum ~* ein Vanilleduft *m*
vanité [vanite] *f 1.* Einbildung *f; 2. (coquetterie)* Eitelkeit *f*
vaniteux [vanitø] *adj 1.* eitel; *être ~ comme un paon* eitel wie ein Pfau sein; *2. (arrogant)* eingebildet; *m 3.* eingebildeter Mensch *m,* Geck *m*
vannerie [vanʀi] *f* Korbflechterei *f,* Korbwaren *pl,* Flechtarbeiten *pl; faire de la ~* Körbe flechten
vantail [vɑ̃taj] *m* Türflügel *m,* Fensterflügel *m; une porte à double ~* eine Flügeltür *f*
vanter [vɑ̃te] *v 1. se ~* prahlen, angeben; *Il n'y a pas de quoi se ~.* Das ist wirklich kein Ruhmesblatt. *2. (louer)* preisen, rühmen, loben
vapeur [vapœʀ] *f 1.* Dampf *m; 2. (émanation)* Dunst *m; 3. ~ d'eau* Wasserdampf *m; cuire des légumes à la ~* Gemüse im Dampfbad kochen; *un bain de ~* ein Dampfbad; *4. à toute ~* mit Volldampf *m,* in Windeseile *f; 5. avoir des ~s* Durcheinander *n,* Verwirrung *f; m 6. (bateau) NAUT* Dampfer *m*
vaporeux [vapɔʀø] *adj* luftig, duftig, locker fallend, weich fallend; *un tissu ~* ein luftiger Stoff *m*
vaporisateur [vapɔʀizatœʀ] *m* Zerstäuber *m*
vaporisation [vapɔʀizasjɔ̃] *f* Verdampfung *f*
vaporiser [vapɔʀize] *v 1.* sprühen; *2. se ~* verdunsten
varappe [vaʀap] *f* Klettern *n,* Kletterei *f; faire de la ~* klettern
varappeur [vaʀapœʀ] *m* Kletterer *m*
variabilité [vaʀjabilite] *f* Veränderlichkeit *f,* Variabilität *f*
variable [vaʀjabl] *adj 1.* unbeständig, veränderlich; *2. (changeant)* wechselhaft; *f 3. MATH* Variable *f*
variance [vaʀjɑ̃s] *f* Varianz *f*

variante [vaʀjɑ̃t] *f* Variante *f*
variation [vaʀjasjɔ̃] *f* 1. Schwankung *f,* Abweichung *f;* 2. *MUS* Variation *f*
varié [vaʀje] *adj* 1. abwechslungsreich, vielfältig; 2. *(différent)* unterschiedlich, verschieden; *des hors-d'œuvre ~s* verschiedene Vorspeisen
varier [vaʀje] *v* 1. schwanken, abweichen; 2. *(modifier)* variieren; 3. *~ sur qc* verschiedener Meinung sein über, nicht übereinstimmen in; *Les avis varient sur ce point.* Die Meinungen gehen hier auseinander.
variété [vaʀjete] *f* 1. Vielfalt *f;* 2. *~s pl THEAT* Varieté *n*
vase[1] [vaz] *m* Gefäß *n,* Vase *f; vivre en ~ clos* sehr zurückgezogen leben/sich abkapseln
vase[2] [vaz] *f (boue)* Schlamm *m*
vaseux [vazø] *adj* 1. schlammig; *un cours d'eau ~ ein Verlauf von schlammigem Wasser;* 2. *(fam: malade)* matschig, etw neben sich stehend, etw benommen, tranig; *se sentir ~* sich nicht ganz wohl fühlen; 3. *(fam: confus)* verworren, undurchsichtig, verschwommen; *un discours ~* eine verworrene Rede *f; des excuses vaseuses* schwammige Ausreden *f pl*
vaste [vast] *adj* 1. breit, ausgedehnt; 2. *(spacieux)* umfangreich, umfassend
vaudou [vodu] *m* Wodu *m,* Vodoo *m*
vautour [votuʀ] *m ZOOL* Geier *m*
vautrer [votʀe] *v se ~* sich wälzen, sich rekeln, sich fläzen; *se ~ dans la boue* sich im Schlamm suhlen; *se ~ sur son lit* sich auf dem Bett rekeln
va-vite [vavit] *adv à la ~* oberflächlich, in Eile; *faire qc à la ~* etw oberflächlich/in Eile machen
veau [vo] *m* 1. *ZOOL* Kalb *n; pleurer comme un ~* wie ein Schlosshund heulen; 2. *viande de ~ GAST* Kalbfleisch *n;* 3. *~ marin ZOOL* Seehund *m;* 4. *(cuir)* Kalbleder *n;* 5. *(fam)* Kalb *n; Cet homme est un ~!* Dieser Mann ist ein Schaf! *Ta voiture est vraiment un ~.* Dein Auto ist wirklich unbrauchbar.
vecteur [vɛktœʀ] *m MATH* Vektor *m*
vécu [veky] *m* Erfahrung *f,* Erlebtes *n,* Erlebnis *n*
vedette [vədɛt] *f* 1. *~ de cinéma* Filmstar *m;* 2. *CINE* Hauptdarsteller *m;* 3. *avoir la ~* die Hauptrolle spielen *f;* 4. *NAUT* Vorpostenboot *n*
végétal [veʒetal] *m* 1. Pflanze *f; adj* 2. pflanzlich
végétalisme [veʒetalism] *m* Veganismus *m,* strenger Vegetarismus *m*
végétarien [veʒetaʀjɛ̃] *m* 1. Vegetarier *m; adj* 2. vegetarisch
végétarisme [veʒetaʀism] *m* Vegetarismus *m*
végétatif [veʒetatif] *adj BIO* vegetativ; *le système neuro-~* das vegetative Nervensystem
végétation [veʒetasjɔ̃] *f* 1. Vegetation *f;* 2. *~s MED* Polypen *pl*
végéter [veʒete] *v* vor sich hin kümmern, verkümmern, vor sich hin vegetieren
véhémence [veemɑ̃s] *f* Heftigkeit *f; parler avec ~* leidenschaftlich sprechen
véhément [veemɑ̃] *adj* 1. vehement, heftig; 2. *(passionné)* leidenschaftlich
véhicule [veikyl] *m* 1. Fahrzeug *n;* 2. *(voiture)* Wagen *m*

> **veille** [vɛj] *f* 1. Wache *f;* 2. *(soir d'avant)* Vorabend *m;* 3. *~ de Noël* Heiliger Abend *m,* Heiligabend *m*

veillée [vɛje] *f* 1. Nachtwache *f,* Abendstunden *f/pl;* 2. *~ funèbre* Totenwache *f*
veiller [veje] *v* 1. *~ à* achten auf; 2. *~ à faire qc* für etw sorgen; 3. *(garder)* wachen; *~ au grain (fig)* auf der Hut sein
veilleur [vɛjœʀ] *m* Wächter *m; ~ de nuit* Nachtwächter *m*
veilleuse [vɛjøz] *f* Nachtlampe *f,* Nachtbeleuchtung *f,* Standlicht *n,* Sparflamme *f; mettre qc en ~* etw auf Sparflamme stellen/etw auf Eis legen
veine [vɛn] *f* 1. *ANAT* Vene *f; se saigner aux quatre ~s* sein Letztes geben; 2. *(artère) ANAT* Ader *f; avoir de la ~ (fig)* Schwein haben; 3. *MIN* Ader *f;* 4. *(fig)* dichterische Ader *f,* gute Stimmung *f*
véliplanchiste [veliplɑ̃ʃist] *m/f* Windsurfer(in) *m/f*
vélo [velo] *m (fam)* Fahrrad *n; ~ de course* Rennrad *n*
véloce [velɔs] *adj* schnell
vélocipède [velɔsipɛd] *m* Fahrrad *n*
vélocité [velɔsite] *f* Geschwindigkeit *f,* Gewandtheit *f*
vélodrome [velodʀom] *m* Rennbahn *f,* Radbahn *f*
vélomoteur [velɔmɔtœʀ] *m* Fahrrad mit Hilfsmotor *n*
velours [vəluʀ] *m* 1. Samt *m; Ça va comme sur du ~.* Das läuft wie geschmiert. *jour sur le ~* auf Nummer sicher gehen; 2. *(fig)*

samtige Weiche *f,* Samtglanz *m; faire patte de ~* ein Wolf im Schafspelz sein*; faire des yeux de ~* sanft blicken, Samtaugen machen; *3. cuir ~* Veloursleder *n*

velouté [vəlute] *adj 1.* weich, samtig; *une peau ~e* eine samtige Haut *f; 2. GAST* sämig; *un potage ~* eine sämige Suppe *f; une sauce ~e* eine sämige Soße *f; m 3. (douceur)* Weichheit *f,* Samtband *n,* Veloursdecke/Flordecke *f; 4. GAST* Soßenfond *m,* Cremesuppe *f; un ~ de tomates* eine Tomatencremesuppe

vélux [velyks] *m* Dachfenster *n*

venaison [vənɛzɔ̃] *f* Wildbret *n*

vénal [venal] *adj 1.* käuflich; *2. (fam)* bestechlich

vendable [vɑ̃dabl] *adj 1.* verkäuflich; *2. ECO* absetzbar, verkäuflich

vendange [vɑ̃dɑ̃ʒ] *f 1.* Weinlese *f; 2.* gelesene Weintrauben *f/pl*

vendeur [vɑ̃dœʀ] *m* Verkäufer *m*

vendeuse [vɑ̃døz] *f* Verkäuferin *f*

vendre [vɑ̃dʀ] *v 1.* verkaufen; *2. (fam)* verraten; *3. ECO* absetzen; *4. ~ aux enchères* versteigern; *5. se ~* sich verkaufen, sich bestechen lassen

vendredi [vɑ̃dʀədi] *m* Freitag *m; le ~* freitags; *Vendredi saint REL* Karfreitag *m*

vendu [vɑ̃dy] *adj 1. ~ totalement* ausverkauft; *2. (fig)* verraten; *un politicien ~* ein verratener Politiker

vénéneux [venenø] *adj BOT* giftig

vénérien [veneʀjɛ̃] *adj MED* Geschlechts... *les maladies ~nes* die Geschlechtskrankheiten *pl*

vengeance [vɑ̃ʒɑ̃s] *f* Rache *f*

venger [vɑ̃ʒe] *v 1. ~ qn* jdn rächen; *2. se ~ de qn* sich an jdm rächen

vengeur [vɑ̃ʒœʀ] *m* Rächer *m*

venimeux [vənimø] *adj ZOOL* giftig

venin [vənɛ̃] *m 1.* Gift *n; 2. (fig)* Bösartigkeit *f*

venir [vəniʀ] *v irr 1.* kommen; *~ comme un cheveu sur la soupe* ungelegen kommen/fehl am Platz sein; *~ à point nommé* kommen wie gerufen/genau im richtigen Augenblick kommen; *~ à bout de* bezwigen, zu Stande bringen, fertig werden mit; *~ à l'esprit* einfallen; *~ au devant de* entgegenkommen; *~ à la rencontre de* entgegenkommen; *~ de* kommen von, kommen aus, herkommen; *~ avec* mitkommen; *~ en aide à qn* jdm zu Hilfe kommen; *~ à maturité* reifen; *~ au jour* auf die Welt kommen; *~ voir qn* jdn besuchen kommen; *faire ~* herbeischaffen; *à ~* zukünftig; *2. (arriver)* herkommen, hereinkommen, heraufkommen; *3. ~ de faire qc* gerade etw getan haben; *Il vient de partir.* Er ist gerade weggegangen. *4. ~ à* reichen, kommen

vent [vɑ̃] *m 1.* Wind *m; Autant en emporte le ~.* Das sind nur leere Worte. *avoir ~ de qc* Wind von etw bekommen; *~ contraire* Gegenwind *m; force du ~* Windstärke *f; 2. avoir des ~s MED* Blähungen haben; *3. instrument à ~ MUS* Blasinstrument *n*

vente [vɑ̃t] *f 1.* Verkauf *m,* Absatz *m,* Vertrieb *m; 2. en ~ chez* erhältlich bei; *3. ~ exclusive ECO* Alleinvertrieb *m; 4. ~ aux enchères* Versteigerung *f*

venté [vɑ̃te] *adj* windig

venteux [vɑ̃tø] *adj* windig

ventilateur [vɑ̃tilatœʀ] *m* Ventilator *m*

ventilation [vɑ̃tilasjɔ̃] *f 1.* Lüftung *f; 2. MED* Beatmung *f; 3. JUR* Abschätzung *f; 4. ECO* Verteilung *f*

ventiler [vɑ̃tile] *v* lüften, belüften; *~ un entrepôt* eine Lagerhalle belüften; *~ un moteur* einen Motor belüften

ventre [vɑ̃tʀ] *m 1. ANAT* Bauch *m; 2. (fig)* Leib *m; 3. (caractère)* Bach *m; remettre du cœur au ~ à qn* jdm Mut geben, jdm Auftrieb geben

ventru [vɑ̃tʀy] *adj* bauchig

venu [vəny] *adj bien ~* gut gelungen; *Vous seriez mal ~ de lui faire des reproches.* Sie haben es gerade nötig, ihm Vorwürfe zu machen.

venu(e) [vəny] *m/f 1.* Angekommene(r) *m/f; le premier ~* der Erstbeste *m; un nouveau ~* ein Neuankömmling *m,* ein neu Hinzukommender *m; f 2.* Ankunft *f,* Kommen *n*

vénus [venys] *f 1. (beauté)* Venus *f; Sa femme est une ~.* Seine Frau ist eine echte Venus. *2. ZOOL* Venusgürtel *m*

vêpres [vɛpʀ] *f/pl REL* Vesper *f,* Vespergottesdienst *m*

ver [vɛʀ] *m 1. ZOOL* Wurm *m; 2. (larve)* Made *f; 3. ~ luisant* Glühwürmchen *n; 4. ~ solitaire* Bandwurm *m; 5. n'être pas piqué des ~s (fam)* ein starkes Stück sein *n; 6. tirer les ~s du nez à qn* jdm alles aus der Nase ziehen

véracité [veʀasite] *m* Wahrhaftigkeit *f*

V

verbal [vɛʀbal] *adj* mündlich, verbal
verbe [vɛʀb] *m 1. GRAMM* Verb *n; 2. (ton)* Wort *n; avoir le ~ haut* sehr laut sprechen
verbeux [vɛʀbø] *adj (péjoratif)* wortreich, weitschweifig, geschwafelt, redselig
verdict [vɛʀdikt] *m 1. JUR* Urteilsspruch *m; 2. (fig)* Urteil *n; le ~ de la critique* das Urteil der Kritik
verdir [vɛʀdiʀ] *v (devenir vert)* grünen, grün werden; *Les arbres verdissent.* Die Bäume grünen. *~ de peur* vor Angst bleich werden
verdoyer [vɛʀdwaje] *v* grünen, grün sein
verdure [vɛʀdyʀ] *f 1.* Gemüse *n,* Blattsalat *n,* Grünzeug *n; 2. en pleine ~* mitten im Grünen; *un tapis de ~* ein grüner Rasenteppich *m*
véreux [veʀø] *adj 1. (fruit)* wurmig, wurmstichig; *2. (fig)* zwielichtig, dubios, zweifelhaft, unredlich; *un homme d'affaires ~* ein dubioser Geschäftsmann *m*
verge [vɛʀʒ] *f 1. ANAT* Penis *m; 2. (canne à pêche)* Rute *f; 3. TECH* Zeiger *m; la ~ d'une ancre*
verger [vɛʀʒe] *m* Obstgarten *m*
verglacé [vɛʀglase] *adj* vereist, mit Glatteis bedeckt, übereist; *une route ~e* eine vereiste Straße *f*
verglas [vɛʀgla] *m* Glatteis *n*
véridicité [veʀidisite] *f* Wahrhaftigkeit *f*
véridique [veʀidik] *adj* wahrheitsgetreu, wahrheitsgemäß
vérifiable [veʀifjabl] *adj* nachweisbar
vérificateur [veʀifikatœʀ] *m ~ des comptes ECO* Rechnungsprüfer *m*
vérificatif [verifikatif] *adj* prüfend
vérification [veʀifikasjɔ̃] *f 1.* Kontrolle *f,* Überprüfung *f,* Untersuchung *f; 2. ~ des comptes ECO* Rechnungsprüfung *f; 3. (confirmation)* Überprüfung *f,* Kontrolle *f,* Feststellung *f,* Untersuchung *f*
vérifier [veʀifje] *v 1.* bestätigen; *2. (contrôler)* nachsehen, kontrollieren; *3. (examiner)* prüfen, nachprüfen, überprüfen; *4. (les comptes)* nachrechnen; *5. se ~* sich bewahrheiten
véritable [veʀitabl] *adj 1.* echt; *2. (vrai)* wahr; *C'est devenu un ~ vice.* Das ist zu einer wahren Sucht geworden.
vérité [veʀite] *f 1.* Wahrheit *f; dire ses quatre ~s à qn* jdm die Meinung ins Gesicht sagen; *2. ~ de La Palice* Binsenweisheit *f; 3. (exactitude)* Wahrhaftigkeit *f,* Wirklichkeit *f*
verlan [vɛʀlɑ̃] *m* Umgangssprache, bei der die Silben bestimmter Wörter verdreht werden
vermine [vɛʀmin] *f 1. ZOOL* Ungeziefer *n; 2. (fig)* Abschaum *m,* Schmarotzer *m,* Tauge-nichts *m*
vermoulu [vɛʀmuly] *adj* wurmstichig, wurmzerfressen; *une poutre ~e* ein wurmzerfressener Balken *m*
vernaculaire [vɛʀnakylɛʀ] *adj* einheimisch
vernal [vɛʀnal] *adj* Frühlings...
verni [vɛʀni] *adj 1.* lackiert, glasiert; *2. (fig)* glücklich, Glück habend; *Tu es vraiment ~!* Du hast vielleicht ein Glück!
vernir [vɛʀniʀ] *v 1. TECH* glasieren; *2. (laquer)* lackieren
vernis [vɛʀni] *m 1. TECH* Glasur *f; 2. (en cosmétique)* Lack *m; ~ à ongles* Nagellack *m; 3. (fig)* Anstrich *m,* Schein *m; un ~ de culture* ein kultureller Anstrich
vernissage [vɛʀnisaʒ] *m 1.* Lackieren *n,* Glasieren *n,* Firnissen *n; 2. (inauguration)* Vernissage *f,* Kunstausstellungseröffnung *f*
vernissé [vɛʀnise] *adj 1.* lackiert, glasiert; *2. une feuille ~e* ein glänzendes Blatt *n*
vernisseur [vɛʀnisœʀ] *m* Lackierer *m*

verre [vɛʀ] *m 1.* Glas *n; laine de ~* Glaswolle *f; ~ à recycler* Altglas *n; ~ à lait* Milchglas *n; ~ grossissant* Vergrößerungsglas *n; de ~* gläsern; *2. ~s de lunettes pl* Brillengläser *pl; 3. avoir un ~ dans le nez* angeheitert sein

verrier [vɛʀje] *m* Glasbläser *m*
verrière [vɛʀjɛʀ] *f 1.* Gläserbecken *n,* Gläserkorb *m; 2. ART* gemaltes Kirchenfenster *n*
verrou [vɛʀu] *m 1.* Riegel *m; 2. être sous les ~s* hinter Schloss und Riegel sein
verrouillage [vɛʀujaʒ] *m* Verriegelung *f; ~ central des portes TECH* Zentralverriegelung *f*
verrouiller [vɛʀuje] *v 1.* verriegeln; *2. (région)* abriegeln
verrue [vɛʀy] *f MED* Warze *f*
vers[1] [vɛʀ] *prep 1. (local)* gegen, nach, zu; *2. (temporel)* gegen, um
vers[2] [vɛʀ] *m LIT* Vers *m*
versant [vɛʀsɑ̃] *m* Abhang *m*
versé [vɛʀse] *adj être ~ dans qc* in etw bewandert sein
verseau [vɛʀso] *m ASTR* Wassermann *m*
versement [vɛʀsəmɑ̃] *m 1. FIN* Einzahlung *f; 2. ~ anticipé* Vorauszahlung *f*
verser [vɛʀse] *v 1.* einzahlen; *2. (remplir)* gießen, einschenken; *3. ~ dans* eingießen in; *4. (renverser)* verschütten, vergießen

verset [vɛʀsɛ] *m (d'un livre sacré) REL* Vers *m; un ~ de la Bible* ein Bibelvers *m; un ~ du Coran* ein Koranvers *m*
version [vɛʀsjɔ̃] *f 1.* Ausführung *f; 2. (traduction)* Übersetzung *f; 3. (variante)* Version *f,* Fassung *f,* Darstellung *f,* Auffassung *f; film en ~ originale* Film in der Originalfassung; *4. MED* Wendung *f*
verso [vɛʀso] *m* Rückseite *f*

vert [vɛʀ] *adj 1.* grün; *les Verts POL* die Grünen; *2. (pas mûr)* unreif

vertèbre [vɛʀtɛbʀ] *f ANAT* Wirbel *m*
vertébré [vɛʀtebʀe] *adj 1. ZOOL* Wirbel...; *m 2.* Wirbeltier *n*
vertement [vɛʀtəmɑ̃] *adv* derb, rauh
vertical [vɛʀtikal] *adj* senkrecht, vertikal
verticalité [vɛʀtikalite] *f* senkrechte Stellung *f,* senkrechte Ausrichtung *f*
vertige [vɛʀtiʒ] *m* Taumel *m,* Schwindel *m; être pris de ~* taumeln
vertigineux [vɛʀtiginø] *adj* schwindlig, Schwindel erregend; *dépenser des sommes vertigineuses* Schwindel erregende Summen ausgeben
vertu [vɛʀty] *f 1.* Tugend *f; en ~ de* kraft; *2. (chasteté)* Tugend *f; 3. (pouvoir)* Kraft *f,* Vermögen *n,* Wirksamkeit *f; les ~s digestives de la verveine* die Wirksamkeit des Eisenkrauts für die Verdauung
vertueux [vɛʀtɥø] *adj* sittsam, tugendhaft
verve [vɛʀv] *f* Lebhaftigkeit *f,* Feuer *n,* Schwung *m,* Begeisterung *f; un discours plein de ~* eine mitreißende Rede *f; être en ~* in Schwung sein/in seinem Element sein; *exercer sa ~ contre qn* seinen Witz gegen jdn richten
verveine [vɛʀvɛn] *f 1. BOT* Eisenkraut *n,* Verbene *f; 2. (tisane)* Eisenkrauttee *m*
vesce [vɛs] *f BOT* Wicke *f*
vésical [vezikal] *adj ANAT* Blasen...
vésicant [vezikɑ̃] *adj MED* Blasen ziehend
vésicule [vezikyl] *f ANAT* Blase *f,* Sack *m,* Bläschen *n; la ~ biliaire* die Gallenblase *f*
vespasienne [vɛspazjɛn] *f* öffentliche Toilette *f*
vespéral [vɛspeʀal] *adj* abendlich
vesse-de-loup [vɛsdəlu] *f BOT* Bovist *m*
vessie [vɛsi] *f 1. ANAT* Harnblase *f; 2. prendre des ~s pour des lanternes* jdm ein X für ein U vormachen
veste [vɛst] *f 1.* Jacke *f; 2. (veston)* Jackett *n; 3. (fig)* Fiasko *n,* Reinfall *m; prendre une ~* einen Reinfall erleben; *un politicien qui retourne sa ~* ein Politiker der sich plötzlich anders verhält als vorher
vestiaire [vɛstjɛʀ] *m 1.* Garderobe *f; 2. (vêtements)* Kleiderablage *f,* Garderobe *f; m/pl 3.* Umkleideraum *m*
vestibule [vɛstibyl] *m 1.* Diele *f,* Flur *m; 2. ANAT* Halle *f,* Diele *f,* Flur *m,* Vorplatz *m*
vestige [vɛstiʒ] *m 1. (fig)* Spur *f; 2. ~s pl* Überbleibsel *n*
vestimentaire [vɛstimɑ̃tɛʀ] *adj* Kleider..., Kleidungs...; *les dépenses ~s* die Ausgaben für Kleidung *pl; un problème ~* eine Kleiderfrage *f; Il est connu pour son élégance ~.* Er ist für seine elegante Garderobe bekannt.
veston [vɛstɔ̃] *m 1.* Jackett *n,* Sakko *n; 2. (veste)* Jacke *f*
vêtement [vɛtmɑ̃] *m* Kleidung *f,* Kleidungsstück *n*
vétéran [veteʀɑ̃] *m MIL* Veteran *m*
vétérinaire [veteʀinɛʀ] *m/f* Tierarzt/Tierärztin *m/f*
vététiste [vetetist] *m/f SPORT* Mountainbikefahrer(in) *m/f*
vétille [vetij] *f* Kleinigkeit *f,* Bagatelle *f,* Lappalie *f*
vêtir [vɛtiʀ] *v irr 1. se ~* sich kleiden; *2. ~ de* bekleiden mit
véto [veto] *m POL* Veto *n; le droit de ~* das Vetorecht *n; opposer son ~ à qc* sein Veto gegen etw einlegen
vêtu [vety] *adj* bekleidet sein, gekleidet sein; *être bien ~* gut gekleidet sein
vétuste [vetyst] *adj* baufällig, alt
vétusté [vetyste] *f* hohes Alter *n,* verfallener Zustand *m,* Baufälligkeit *f*

veuf [vœf] *m 1.* Witwer *m; adj 2.* verwitwet

veule [vœl] *adj* schwach, willenlos, energielos, schlapp
veuve [vœv] *f* Witwe *f*
vexant [vɛksɑ̃] *adj 1. (blessant)* verletzend, beleidigend, kränkend
vexation [vɛksasjɔ̃] *f* Kränkung *f*
vexer [vɛkse] *v 1.* kränken; *2. se ~* sich ärgern, beleidigt sein; *Tu te vexes d'un rien.* Du ärgerst dich um nichts.
viabilité [vjabilite] *f 1. MED* Lebensfähigkeit *f; la ~ d'un foetus* die Lebensfähigkeit eines Fötus; *2. (d'un terrain à bâtir)* Erschließung *f*
viager [vjaʒe] *adj* lebenslang, auf Lebenszeit, Leib... *une rente viagère* eine Leibrente *f*

V

viande [vjɑ̃d] *f* *1.* Fleisch *n;* *~ hachée* Hackfleisch *n;* *2. (fig)* Kadaver *m,* Körper *m;* *Bouge ta ~.* Beweg dich. *dormir dans un sac à ~ (fam)* in einem Schlafsack schlafen
vibrage [vibʀaʒ] *m* *TECH* Schwingung *f*
vibrant [vibʀɑ̃] *adj* *1.* leidenschaftlich; *2. (ton)* schwingend
vibration [vibʀasjɔ̃] *f* Vibration *f,* Schwingung *f*
vibrer [vibʀe] *v* *1. (ton)* schwingen; *2. (osciller)* vibrieren; *3. (fig)* hingerissen sein, mitschwingen, zittern
vicaire [vikɛʀ] *m* *REL* Vikar *m*
vice [vis] *m* *1.* Laster *n;* *2. (défaut)* Fehler *m,* Mangel *m*
vice versa [visvɛrsa] *adv* umgekehrt
vice-... [vis] *pref* Vize...
vicier [visje] *v* verderben
vicieux [visjø] *adj* *1.* fehlerhaft; *2. (dépravé)* lasterhaft; *mulet ~* störrischer Maulesel *m;* *le cercle ~* der Teufelskreis *m*
vicinal [visinal] *adj* Gemeinde..., Land...; *chemin ~* Gemeindestraße
victime [viktim] *f* *1.* Opfer *n;* *2. (souffre-douleur)* Leidtragende(r) *m/f;* *3. être ~ d'un accident* verunglücken
victoire [viktwaʀ] *f* Sieg *m*
victorieux [viktɔʀjø] *adj* siegreich
victuailles [viktɥaj] *f/pl* Lebensmittel *pl,* Nahrungsmittel *pl,* Esswaren *pl,* Vorräte *pl*
vidange [vidɑ̃ʒ] *f* *1.* Entleerung *f,* Ablassen *n;* *2. ~ d'huile* Ölwechsel *m*
vidanger [vidɑ̃ʒe] *v* entleeren
vide [vid] *adj* *1.* leer, öde; *2. (fig)* hohl; *m* *3.* Leere *f,* Nichts *n,* Lücke *f,* Vakuum *n*
vidéocassette [videokasɛt] *f* Videokassette *f*
vidéo-projecteur [videopʀɔʒɛtœʀ] *m* *INFORM* Beamer *m*
vide-ordures [vidɔʀdyʀ] *m* Müllschlucker *m*
vidéosurveillance [videosyʀvɛjɑ̃s] *f* Kameraüberwachung *f*
vidéothèque [videotɛk] *f* Videothek *f*
vide-poches [vidpɔʃ] *m* kleiner Ablagetisch *m,* Ablage *f,* Handschuhfach *n*
vider [vide] *v* *1.* leeren, ausleeren; *2. ~ son verre* sein Glas austrinken; *3. (eau)* ablassen; *4. (objets)* ausräumen; *5. (gibier, poisson)* ausnehmen; *6. (querelle)* austragen; *7. ~ qn (fam)* jdn rauswerfen; *Il s'est fait ~ du lycée.* Er ist aus dem Gymnasium geworfen worden. *8. se ~* sich leeren; *Les rues se vident.* Die Straßen leeren sich.

vie [vi] *f* *1.* Leben *n;* *C'est la ~.* So ist das Leben. *Ce n'est pas une ~.* Das ist doch kein Leben. *de ma ~* zeit meines Lebens; *à ~* lebenslänglich; *plein de ~* lebhaft; *~ de famille* Familienleben *n;* *~ privée* Privatleben *n;* *2. (manière de vivre)* Lebensart *f;* *3. (existence)* Lebenszeit *f,* Lebenslauf *m;* *4. (subsistance)* Lebensunterhalt *m;* *5. ~ quotidienne* Alltag *m*

vieil [vjɛj] *adj (voir „vieux")*
vieillard [vjɛjaʀ] *m* Greis *m*
vieille [vjɛj] *f* Alte *f,* Greisin *f*
vieilleries [vjɛjʀi] *f/pl* Trödel *m*
vieillesse [vjɛjɛs] *f* Alter *n,* hohes Lebensalter *n,* Bejahrtheit *f;* *avoir une ~ heureuse* einen schönen Lebensabend haben; *mourir de ~* an Altersschwäche sterben
vieilli [vjɛji] *adj* gealtert, veraltet
vieillir [vjɛjiʀ] *v* *1.* altern, veralten; *2. (décliner)* an Kraft verlieren *f,* nachlassen, abnehmen; *3. faire ~ un vin* Wein reifen lassen *m;* *Cet alcool mérite de ~.* Dieser Alkohol muss noch reifen; *4. (rendre vieux)* altern, älter machen; *Cette robe te vieillit.* Dieses Kleid macht dich älter.
vieillissant [vjɛjisɑ̃] *adj* alternd, veraltend, älter werdend
vieillissement [vjɛjismɑ̃] *m* Altern *n,* Überalterung *f*
vieillot [vjɛjo] *adj* alter Mann *m,* Greis *m*
viennois [vjɛnwa] *adj* wienerisch, Wiener; *chocolat ~* Wiener Schokolade
viennoiserie [vjɛnwazʀi] *f* *GAST* Kuchenbäckerei *f,* Konditorei *f*
vierge [vjɛʀʒ] *f* *1.* Jungfrau *f;* *la Sainte Vierge* die Heilige Jungfrau *f;* *adj* *2.* jungfräulich; *3. (pur)* unberührt, rein
Viêt-nam [vjɛtnam] *m* *GEO* Vietnam *n*
vietnamien [vjɛtnamjɛ̃] *adj* vietnamesisch

vieux [vjø] *adj* *1.* alt; *être ~ comme Mathusalem/être ~ comme Hérode/être ~ comme le monde* steinalt sein, uralt sein; *2. (usagé)* gebraucht, abgenutzt; *porter des ~ vêtements* abgenutzte Kleidung tragen; *couleur vieil or* vergilbte Farbe; *3. (ancien)* alt; *un vieil ami* ein alter Freund; *être ~ garçon* Jungeselle sein; *m* *4. (fam)* Greis *m,* Alter *m;* *5. prendre un coup de ~* älter werden

vif [vif] *adj* *1.* lebendig; *être touché au ~* ins Mark getroffen sein; *2. (alerte)* lebhaft; *avoir l'esprit ~* aufgeweckt sein, blitzschnell sein;

V

3. (actif) rege; *4. (lumière)* hell, grell; *de vive force* mit roher Gewalt; *m 5. ~ du sujet* Kern der Sache *m,* Wesentliches *n; 6. sur le ~* direkt, hautnah
vif-argent [vifaʀʒɑ̃] *m CHEM* Quecksilber *n; C'est du ~!* Der ist wie Quecksilber!
vigie [viʒi] *f NAUT* Ausguck *m,* Ausguckposten *m*
vigilance [viʒilɑ̃s] *f* Wachsamkeit *f*
vigilant [viʒilɑ̃] *adj* wachsam
vigile [viʒil] *m (garde)* Nachtwächter *m,* Wachperson *f,* Angehöriger eines privaten Wachdienstes *m*
vigne [viɲ] *f 1. BOT* Rebe *f; 2. ~s pl* Weinberg *m; être dans les ~s du Seigneur* in weinseliger Laune sein; *3. ~ vierge BOT* wilder Wein *m*
vigneron(ne) [viɲ(ə)ʀɔ̃/viɲ(ə)ʀɔn] *m/f* Winzer(in) *m/f*
vignette [viɲɛt] *f 1.* Gebührenmarke *f,* Preisschild *n; 2. (automobile)* Steuerplakette *f; 3. (livre)* Vignette *f,* Buchschmuck *m,* Zierbild *n*
vignoble [viɲɔbl] *m* Weinberg *m*
vigoureux [viguʀø] *adj 1.* kräftig; *2. (fig)* handfest
vigueur [vigœʀ] *f 1.* Kraft *f; 2. JUR* Geltung *f,* Gültigkeit *f; 3. en ~* wirksam, geltend
vil [vil] *adj 1.* gemein, böse, nieder *(fig); 2. (ignoble)* niederträchtig; *3. ~ prix ECO* Schleuderpreis *m*
vilain [vilɛ̃] *adj* böse, verrucht, schurkig, hässlich
vilebrequin [vilbʀəkɛ̃] *m TECH* Kurbelwelle *f*
vilenie [vileni] *f LIT* Schandtat *f,* Verruchtheit *f,* Verdorbenheit
villa [vila] *f* Villa *f,* Sackgasse mit Einfamilienhäusern und Villen *f*
village [vilaʒ] *m* Dorf *n*
villageois(e) [vilaʒwa(z)] *m/f* Dorfbewohner(in) *m/f*
ville [vil] *f* Stadt *f; grande ~* Großstadt *f; petite ~* Kleinstadt *f; vieille ~* Altstadt *f; ~ portuaire* Hafenstadt *f; ~ satellite* Trabantenstadt *f*
villégiature [vileʒjatyʀ] *f* Erholungsurlaub *m,* Sommerurlaub *m,* Sommerfrische *f; être en ~* im Sommerurlaub sein; *partir en ~* in den Sommerurlaub fahren
villosité [vilozite] *f ANAT* Behaartheit *f,* zottiges Fell *n*

vin [vɛ̃] *m 1.* Wein *m; être entre deux ~s* angeheitert sein; *mettre de l'eau dans son ~* seine Anforderungen zurückschrauben; *être pris de ~* betrunken sein; *~ de cru* Auslesewein *m; ~ de qualité (supérieur)* Qualitätswein *m; ~ rouge* Rotwein *m; ~ blanc* Weißwein *m; ~ chaud* Glühwein *m; 2. ~ mousseux* Sekt *m; 3. tache de ~ MED* Muttermal

vinaigre [vinɛgʀ] *m 1.* Essig *m; 2. tourner au ~ (fig)* schlecht ausgehen; *3. faire ~* schnell machen, rennen
vinaigrette [vinɛgʀɛt] *f GAST* Salatsoße *f*
vindicatif [vɛ̃dikatif] *adj* rachsüchtig
vindicte [vɛ̃dikt] *f* Verfolgung *f*
vingt [vɛ̃] *num* zwanzig
vingtaine [vɛ̃tɛn] *f (environ vingt)* ungefähr zwanzig
vingtième [vɛ̃tjɛm] *adj 1.* zwanzigste(r,s); *le ~ siècle* das Zwanzigste Jahrhundert *n; m 2. (fraction) MATH* Zwanzigstel *n,* zwanzigster Teil *m; m/f 3.* Zwanzigste(r) *m/f*
viniculture [vinikyltyʀ] *f AGR* Weinbau *m,* Weinerzeugung *f*
vinification [vinifikasjɔ̃] *f* Weinbereitung *f*
vinifier [vinifje] *v* Wein bereiten *m*
vinyle [vinil] *m 1. CHEM* Vinyl...; *2. (disque)* Schallplatte *f*
viol [vjɔl] *m* Vergewaltigung *f*
violation [vjɔlasjɔ̃] *f 1.* Übertretung *f,* Verletzung *f; ~ du Code de la Route* Verletzung der Straßenverkehrsordnung *f; 2. ~ de domicile JUR* Hausfriedensbruch *m; 3. ~ de contrat JUR* Vertragsbruch *m*
violemment [vjɔlamɑ̃] *adv* heftig
violence [vjɔlɑ̃s] *f 1.* Gewalt *f; 2. faire ~ à qn* jdm Gewalt antun *f; 3. se faire ~* sich zwingen, sich zusammennehmen, sich zusammenreißen; *f/pl 4.* Gewalt *f; subir des ~s* Opfer von Gewalt sein
violent [vjɔlɑ̃] *adj 1.* heftig; *2. (brutal)* gewalttätig, gewaltsam; *3. (impétueux)* ungestüm
violenter [vjɔlɑ̃te] *v* vergewaltigen
violer [vjɔle] *v 1.* vergewaltigen; *2. (fig)* verletzen, übertreten; *3. REL* entweihen
violet [vjɔlɛ] *adj* violett
violette [vjɔlɛt] *f BOT* Veilchen *n*
violeur [vjɔlœʀ] *m* Vergewaltiger *m*
violon [vjɔlɔ̃] *m 1. MUS* Geige *f; 2. (musicien) MUS* Geiger *m; 3. ~ d'Ingres* Liebhaberei *f; 4. (fam: prison)* Arrestlokal *n,* Polizeigewahrsam *n*

violoniste [vjɔlɔnist] *m/f MUS* Geiger(in) *m/f*
vipère [vipɛʀ] *f 1. ZOOL* Otter *f,* Viper *f; langue de ~* Lästerzunge *f; 2. (fig: personne)* Giftzahn *m,* Schlange *f*
virage [viʀaʒ] *m 1.* Kurve *f; ~ en épingle à cheveux* Haarnadelkurve *f; 2. (courbe)* Kehre *f,* Bogen *m; 3. (tournant)* Wende *f; prendre un ~* eine Wende nehmen; *4. ~ d'une photo* Tonung *f,* Tonbad *n*
virago [viʀago] *f* Mannweib *n*
viral [viʀal] *adj MED* Virus...; *une infection ~e* eine Virusinfektion *f*
virement [viʀmɑ̃] *m 1. ~ de compte à compte* Umbuchung *f; 2. ECO* Wendung *f; 3. ~ postal* Postüberweisung *f; 4. (transfert) ECO* Überweisung *f,* Giro *n; 5. ~ de bord NAUT* Wende *f*
virer [viʀe] *v 1.* sich drehen, sich wenden; *2. (transférer) ECO* überweisen; *3. (fam: renvoyer) ~ qn* jdn hinauswerfen, jdn rausschmeißen, jdn feuern; *Il s'est fait ~.* Er ist gefeuert worden. *4. (passer)* werden, wechseln zu; *~ à l'aigre* sauer werden, umschlagen; *~ au bleu* blau werden, in blau umschlagen; *Le feu a viré au rouge.* Die Ampel ist auf Rot umgesprungen. *5. (tourner)* abbiegen, einbiegen, wenden, eine Kurve fahren; *~ à droite* nach rechts abbiegen; *~ à gauche* nach links abbiegen; *~ de bord (fig)* wenden, umschwenken
vireux [viʀø] *adj* giftig
virevolter [viʀvɔlte] *v* kehrtmachen, wenden, sich umdrehen, herumwirbeln
virevoltant [viʀvɔltɑ̃] *adj* schnelle ganze Wendungen ausführend *f*
virginal [viʀʒinal] *adj* jungfräulich, unberührt, rein; *être d'une innocence ~e* unschuldig wie eine Jungfrau sein; d'*une blancheur ~e* jungfräulich weiß
virginité [viʀʒinite] *f* Unschuld *f,* Jungfräulichkeit *f*
virgule [viʀgyl] *f* Komma *n*
viril [viʀil] *adj 1.* männlich; *2. (fig)* mannhaft
virilité [viʀilite] *f* Männlichkeit *f,* Manneskraft *f,* Mannbarkeit *f,* Virilität *m*
virtualité [viʀtɥalite] *f* Virtualität *f,* Möglichkeitenpotenzial *n,* Wirkungsvermögen *n*
virtuel [viʀtɥɛl] *adj* virtuell
virtuose [viʀtɥoz] *m/f 1. MUS* Virtuose/Virtuosin *m/f; 2. (personne douée)* Meister *m,* Genie *n,* Talent *n*
virtuosité [viʀtɥozite] *f 1. MUS* Virtuosität *f,* meisterhafte Beherrschung eines Instruments *f; 2. (talent)* meisterhaftes Talent *n,* Kunstfertigkeit *f*
virulent [viʀylɑ̃] *adj 1. MED* virulent, ansteckend, krankheitserregend; *un germe ~* ein Krankheitserreger *m,* ein Krankheitskeim *m; 2. (violent)* heftig, scharf, bissig; *des critiques ~es* scharfe Kritiken *pl*
virus [viʀys] *m 1. MED* Virus *n; 2. (fig)* Ansteckung *f; attrapper le ~ du collectionneur* sich vom Sammeln anstecken lassen; *3. INFORM* Virus *m*
vis [vis] *f 1.* Schraube *f; 2. pas de ~ TECH* Schraubengewinde *n; 3. escalier à ~* Wendeltreppe *f; 4. serrer la ~ à qn (fig)* jdn strenger halten, jdn knapper halten; *f/pl 5. ~ platinées TECH* Platinschrauben *f/pl*
visa [viza] *m 1.* Visum *n,* Sichtvermerk *m; 2. ~ de sortie* Ausreisevisum *n*

visage [vizaʒ] *m 1.* Gesicht *n,* Angesicht *n,* Antlitz *n; 2. faire bon ~* jdn freundlich empfangen; *3. se montrer à ~ découvert* sich ohne Maske zeigen *f*

visagiste [vizaʒist] *m/f* Gesichtschirurg(in) *m/f,* Kosmetiker(in) *m/f*
vis-à-vis [visavi] *prep 1. (local)* gegenüber; *m 2.* Visavis *n,* Gegenüber *n; un charmant ~* ein reizendes Gegenüber
viscéral [viseʀal] *adj 1. ANAT* Eingeweide...; *2. (fig)* tief sitzend; *un haine ~e* tief sitzender Hass
viscères [visɛʀ] *m/pl ANAT* Eingeweide *pl*
viscose [viskoz] *f* Viskose *f*
viscosité [viskozite] *f* Zähflüssigkeit *f*
visées [vize] *f/pl* Ambitionen *pl,* Ziele *pl,* Pläne *pl,* Absichten *pl; avoir des ~ sur qn* ein Auge auf jdn werfen; *avoir de hautes ~* hoch hinaus wollen
viser [vize] *v 1.* abzielen; *2. ~ à* bezwecken
viseur [vizœʀ] *m (d'une arme à feu)* Visier *n; regarder dans le ~* anvisieren/ins Visier nehmen
visibilité [vizibilite] *f* Sicht *f*
visible [vizibl] *adj* sichtbar
visiblement [viziblәmɑ̃] *adv* offensichtlich, augenscheinlich
visière [vizjɛʀ] *f* Helmvisier *n,* Mützenschirm *m,* Augenschutz *m; la ~ d'une casquette* das Visier eines Helmes *n; mettre sa main en ~* seine Augen mit der Hand abschirmen
vision [vizjɔ̃] *f 1.* Sehvermögen *n; 2. REL* Vision *f,* Erscheinung *f; 3. ~ du monde* Weltanschauung *f*

V

visionnaire [vizjɔnɛʀ] *adj 1.* visionär, seherisch, fantastisch; *un écrivain ~* ein überspannter Schriftsteller *m; m/f 2.* Fantast(in) *m/f,* Seher(in) *m/f*
visiophone [vizjɔfɔn] *m TEL* Bildtelefon *n*
visite [vizit] *f 1.* Besuch *m; rendre ~ à qn* jdn besuchen; *heures de ~ (à l'hôpital)* Besuchszeit *f; 2. (inspection)* Besichtigung *f; 3. ~ guidée* Fremdenführung *f; 4. ~ officielle* Staatsbesuch *m; 5. ~ du médecin* Arztbesuch *m,* Visite *f; passer une ~ médicale* einen Arztbesuch machen; *6. droit de ~ JUR* Besuchsrecht *n*
visiter [vizite] *v 1. (personne)* besuchen; *2. (musée)* besichtigen; *3. (pays)* bereisen
visiteur [vizitœʀ] *m* Besucher *m; ~ médical* Krankenbesucher *m*
visiteuse [vizitøz] *f* Besucherin *f*
vison [vizɔ̃] *m 1. ZOOL* Nerz *m; 2. manteau de ~* Nerzmantel *m*
visqueux [viskø] *adj 1.* zähflüssig; *2. (collant)* zähflüssig, leimartig, viskos; *3. (fig)* abstoßend; *un sourire ~* ein abstoßendes Lächeln
vissage [visaʒ] *m TECH* Verschraubung *f,* Schraubenverbindung *f*
visser [vise] *v 1.* schrauben; *2. (fermer)* anschrauben, festschrauben, aufschrauben, zuschrauben; *3. ~ qn (fig)* jdn tüchtig rankriegen
visualiser [vizɥalize] *v* in Bilder umsetzen, visualisieren, visuell darstellen, sichbar machen
visuel [vizɥɛl] *adj* visuell, optisch, Blick..., Gesichts... *le champ ~* das Blickfeld *n; avoir une mémoire ~le* ein visuelles Gedächtnis haben
vital [vital] *adj* lebenswichtig
vitalité [vitalite] *f* Lebenskraft *f*
vitamine [vitamin] *f* Vitamin *n*
vitaminé [vitamine] *adj* vitaminversetzt, vitaminangereichert; *une boisson ~e* ein Vitamindrink *m*

V

vite [vit] *adv 1.* rasch, schnell, geschwind; *prendre qc à la va-~* die Dinge überstürzen wollen; *2. au plus ~* eiligst, schnellstens; *3. (bientôt)* schnell, rasch, geschwind; *Tu seras ~ guéri.* Du wirst schnell wieder gesund werden

vitesse [vitɛs] *f 1.* Geschwindigkeit *f; ~ maximum* Höchstgeschwindigkeit *f; ~ de la lumière PHYS* Lichtgeschwindigkeit *f; ~ du son* Schallgeschwindigkeit *f; ~ de pointe* Spitzengeschwindigkeit *f; 2. (rapidité)* Schnelligkeit *f; se laisser gagner de ~* sich überholen lassen; *à toute ~* in aller Eile; *3. (d'une voiture)* Gang *m; 4. ~ très lente* Schritttempo *n*
viticulteur [vitikyltœʀ] *m* Winzer *m*
viticulture [vitikyltyʀ] *f* Weinbau *m*
vitrail [vitʀɑj] *m* Kirchenfenster *n,* Glasmosaik *n,* Glasmalerei *f*
vitre [vitʀ] *f 1.* Fensterscheibe *f; ~ teintée* getönte Scheibe *f; 2. (carreau)* Glasscheibe *f*
vitré [vitʀe] *adj* verglast, Glas... *une baie ~e* ein großes Glasfenster *n; une porte ~e* eine Glastür *f*
vitrer [vitʀe] *v* verglasen
vitreux [vitʀø] *adj* glasig
vitrier [vitʀije] *m* Glaser *m*
vitrifier [vitʀifje] *v 1.* verglasen; *2. (parquet)* versiegeln
vitrine [vitʀin] *f 1.* Schaufenster *n; 2. (meuble)* Vitrine *f,* Glaschrank *m*
vivace [vivas] *adj 1.* lebendig, lebhaft; *2.* hartnäckig, zäh, beharrlich, ausdauernd
vivacité [vivasite] *f 1.* Lebhaftigkeit *f; 2. (force)* Heftigkeit *f,* Lebhaftigkeit *f; 3. (emportement)* Aufgewecktheit *f,* Regsamkeit *f*
vivant [vivɑ̃] *adj 1.* lebendig, lebend; *2. être ~* Lebewesen *n; 3. (fig)* lebhaft; *un quartier ~* ein lebendiges Viertel; *4. être le ~ portrait de qn* von jmd das Abbild sein; *5. (actuel)* lebendig, lebend, am Leben; *langue ~e* lebendige Sprache; *m 6.* Lebemann *m; les ~s et les morts* die Lebendigen und die Toten; *être bon ~* ein Lebemann sein; *7. du ~ de qn* zu jds Lebzeiten
vive [viv] *interj* es lebe...; *~ la République!* es lebe die Republik!
vivement [vivmɑ̃] *adv 1.* lebhaft; *2. (fortement)* kräftig; *3. (rapidement)* schnell
vivifiant [vivifjɑ̃] *adj* belebend, anregend, erfrischend; *l'air ~ de la montagne* die erfrischende Luft der Berge *f; un climat ~* ein belebendes Klima *n*
vivifier [vivifje] *v* beleben, beseelen, mit Leben erfüllen
vivoter [vivɔte] *v* vegetieren, kümmerlich leben

vivre [vivʀ] *v irr 1.* existieren, leben; *apprendre à ~ à qn* jdm den Kopf zurechtsetzen; *~ comme un coq en pâte* leben wie Gott in Frankreich; *avoir de quoi ~* sein

Auskommen haben; *~ en parasite* schmarotzen *(fam)*; *~ au jour le jour* von der Hand in den Mund leben; *2. (un événement)* erleben, miterleben; *3. faire ~ (fig)* ernähren

vivres [vivʀ] *m/pl* Verpflegung *f*, Proviant *m*
vocable [vɔkabl] *m* Vokabel *f*
vocabulaire [vɔkabylɛʀ] *m* Wortschatz *m*, Vokabular *n*
vocal [vokal] *adj* Stimm..., Gesangs..., Vokal...; *les cordes ~es* die Stimmbänder *pl*; *la musique ~e* die Vokalmusik *f*
vocation [vɔkasjɔ̃] *f* Berufung *f*, Lebensaufgabe *f*
vocifération [vɔsifeʀasjɔ̃] *f* Geschrei *n*, Gebrüll *n*, Gezeter *n*
vociférer [vɔsifeʀe] *v* schreien, brüllen
vodka [vɔdka] *f* Wodka *m*
vœu [vø] *m 1. REL* Gelübde *n*; *2. (souhait)* Glückwunsch *m*; *faire ~ de* geloben
vogue [vɔg] *f* Beliebtheit *f*; *être en ~* in Mode sein
voguer [vɔge] *v 1. LIT* dahinsegeln, fahren; *2. vogue la galère* lassen wir die Sache laufen, warten wir ab
voici [vwasi] *prep 1.* hier, da; *2. (il y a)* hier, da ist/sind; jetzt; *Voici un an qu'elle est partie.* Jetzt ist es schon ein Jahr her, dass sie fortgegangen ist.
voie [vwa] *f 1.* Weg *m*; *être en bonne ~* auf dem richtigen Weg sein; *mettre qn sur la ~* jdm auf die Sprünge helfen; *par les ~s légales* gerichtlich; *par ~ de terre* Landstraße *f*; *~ lactée* Milchstraße *f*; *~ rapide* Schnellstraße *f*; *~ d'accès* Zubringerstraße *f*; *2. (d'autoroute)* Fahrspur *f*; *à une seule ~* einspurig; *~ de dépassement* Überholspur *f*; *3. ~ ferrée* Gleis *n*; *~ de garage* Abstellgleis *n*; *à une seule ~* eingleisig; *4. (chemin)* Pfad *m*; *5. ~ sans issue* Sackgasse *f*; *6. ~s de fait pl JUR* Tätlichkeit *f*; *7. ~ hiérarchique* Dienstweg *m*
voilà [vwala] *prep 1.* da; *2. ~ l'homme* hier ist der Mann; *3. (maintenant)* jetzt, nun, hiermit; *Vous ~ content!* Sind Sie jetzt zufrieden? *4. en veux-tu, en ~* viel, so viel man möchte; *5. (il y a)* da, dort, hier ist/sind
voilage [vwalaʒ] *m* Schleier *m*, Store *m*
voile[1] [vwal] *m* Schleier *m*; *faire tomber le ~ (d'un monument)* enthüllen
voile[2] [vwal] *f 1. (toile)* Segel *n*; *faire de la ~* segeln; *2. mettre les ~s (fam)* verlassen, weggehen; *3. vol à ~ SPORT* Segelflug *m*
voilé[1] [vwale] *adj* verschleiert, verhüllt, verwischt, belegt; *un ciel ~* ein bedeckter Himmel *m*; *un regard ~ de larmes* ein von Tränen verschleierter Blick *m*; *une voix ~e* eine belegte Stimme *f*; *parler en termes ~s* sich undeutlich ausdrücken
voilé[2] [vwale] *adj* verbogen; *être ~ (roue de bicyclette)* eiern *(fam)*
voiler [vwale] *v* verhüllen, verschleiern
voilier [vwalje] *m* Segelboot *n*
voilure [vwalyʀ] *f* Tragfläche *f*

voir [vwaʀ] *v irr 1.* sehen; *~ les choses comme elles sont* die Dinge sehen, wie sie sind; *C'est à ~.* Das wäre zu überlegen. *ne pas pouvoir ~ qn* jdn nicht ausstehen können; *Qu'est-ce qu'il ne faut pas ~.* Es bleibt einem doch nichts erspart. *Cela n'a rien à ~ ici.* Das hat hier nichts zu suchen. *Cela se voit.* Das merkt man. *9. se ~* sich ... fühlen, sich treffen; *2. (regarder)* ansehen; *Viens ~!* Komm mal her!/Da, schau mal! *3. ~ venir avec satisfaction* begrüßen; *4. (considérer)* anschauen; *5. (un événement)* erleben; *C'est tout vu!* Das ist ein für alle Mal erledigt! *6. ne pas ~* übersehen; *7. faire ~* vorzeigen; *8. ~ du pays* herumkommen, reisen

voirie [vwaʀi] *f* öffentliches Straßennetz *n*, Straßenverwaltung *f*, städtische Mülldeponie *f*
voisin [vwazɛ̃] *adj 1.* benachbart; *2. (proche)* nah(e), angrenzend
voisin(e) [vwazɛ̃/vwazin] *m/f* Nachbar(in) *m/f*
voisinage [vwazinaʒ] *m* Nachbarschaft *f*
voiture [vwatyʀ] *f 1.* Wagen *m*; *~ de location* Leihwagen *m*; *~ tout-terrain* Geländewagen *m*; *~ d'enfant* Kinderwagen *m*; *~ d'occasion* Gebrauchtwagen *m*; *~ de livraison* Lieferwagen *m*; *~ de tourisme* Personenkraftwagen *m*; *~ de course* Rennwagen *m*; *~ de patrouille* Streifenwagen *m*; *2. (automobile)* Auto *n*; *3. ~ de collection* Oldtimer *m*; *4. ~ électrique TECH* Elektroauto *n*; *5. ~ décapotable* Kabriolett *n*; *6. ~ hybride* Hybridauto *n*
voiture-couchettes [vwatyʀkuʃɛt] *f* Liegewagen *m*
voiturette [vwatyʀɛt] *f* Handwagen *m*, Kleinwagen *m*

voix [vwa] *f 1.* Stimme *f*; *de vive ~* mündlich; *à une ~* einstimmig; *à haute ~* laut; *à ~ basse* leise; *la mue de la ~* der Stimmbruch *m*; *2. POL* Wahlstimme *f*; *majorité des ~* Stimmenmehrheit *f*; *3. GRAMM ~ passive* Passiv; *~ active* Aktiv

V

vol¹ [vɔl] *m* 1. *(d'un avion)* Flug *m; ~ à basse altitude* Tiefflug *m; ~ régulier* Linienflug *m; ~ en altitude* Höhenflug *m;* 2. *SPORT ~ à voile* Segelflug *m;* 3. *(d'oiseaux) ZOOL* Schar *f,* Vogelschar *f,* Vogelschwarm *m; à ~ d'oiseau* aus der Vogelperspektive/in der Luftlinie
vol² [vɔl] *m* 1. *(cambriolage)* Diebstahl *m;* 2. *~ de voiture* Autodiebstahl *m;* 3. *~ à main armée* Raubüberfall *m*
volaille [vɔlaj] *f ZOOL* Geflügel *n*
volant¹ [vɔlɑ̃] *m* 1. Lenkrad *n,* Steuer *n;* 2. *jouer au ~ SPORT* Federball spielen; 3. *(de tissu)* Falbel *f,* Faltenbesatz *m*
volant² [vɔlɑ̃] *adj* 1. fliegend, schwebend, flatternd; *soucoupe ~e* fliegende Untertasse; 2. lose, locker
volcan [vɔlkɑ̃] *m* 1. *GEO* Vulkan *m;* 2. *(fig)* Pulverfass *n; être assis sur un ~* auf einem Pulverfass sitzen
volcanique [vɔlkanik] *adj* Vulkan..., vulkanisch, Lava...; *une roche ~* ein Vulkangestein *n; l'activité ~* die Tätigkeit eines Vulkans *f; une éruption ~* ein Vulkanausbruch *m*

voler¹ [vɔle] *v* 1. fliegen; *~ de bouche en bouche (fig)* von Mund zu Mund gehen; 2. *~ en éclats* splittern; 3. *~ au secours de qn* jdm zur Hilfe eilen

voler² [vɔle] *v* 1. *(cambrioler)* rauben, stehlen; 2. *~ qn* jdn bestehlen; 3. *il ne l'a pas volé* er hat es nicht gestohlen
volet [vɔlɛ] *m* 1. Fensterladen *m;* 2. *~ roulant* Rollladen *m;* 3. *TECH* (Verschluss)Klappe *f,* Drossel(klappe) *f; ~ de carburateur* Vergaserklappe; 4. *trié sur le ~* sorgfältig aussuchen; 5. *(fig)* Abschnitt *m,* Teil *m; comporter plusieurs ~s* mehrere Teile beinhalten
voleter [vɔlte] *v* flattern
voleur [vɔlœʀ] *adj* 1. diebisch; *m* 2. Räuber *m,* Dieb *m; ~ à la tire* Taschendieb *m;* 3. *(fam: filou)* Spitzbube *m,* Gauner *m*
volière [vɔljɛʀ] *f* Vogelgehege *n*
volley-ball [vɔlɛbol] *m SPORT* Volleyball *n*
volontaire [vɔlɔ̃tɛʀ] *adj* 1. freiwillig; 2. *(entêté)* eigenwillig; 3. *(délibéré)* vorsätzlich
volontariat [vɔlɔ̃taʀja] *m* Volontariat *n*
volonté [vɔlɔ̃te] *f* 1. Wille *m; Ce n'est pas de la mauvaise ~.* Es ist kein böser Wille. *bonne ~* Bereitwilligkeit *f;* 2. *plein de bonne ~* gutwillig; 3. *avoir la ~ de* wollen; 4. *à ~* nach Belieben, nach Wunsch; *boire et manger à ~* Essen und Trinken so viel man möchte
volontiers [vɔlɔ̃tje] *adv* gern
volt [vɔlt] *m* Volt *n*
voltage [vɔltaʒ] *m TECH* Spannung *f*
volte-face [vɔltfas] *f* Kehrtwendung *f*
voltige [vɔltiʒ] *f (acrobatie)* Hochseilakrobatik *f,* Trapezakrobatik *f,* Kunstreiten *n,* Voltigieren *n; un numéro de haute ~* eine Trapeznummer *f*
voltiger [vɔltiʒe] *v* 1. flattern; 2. *~ autour de* umschwärmen
voltigeur [vɔltiʒœʀ] *m MIL* Seiltänzer *m*
volubile [vɔlybil] *adj* 1. *(bavard)* redegewandt, zungenfertig; 2. *plante ~ BOT* Kletterpflanze *f,* Schlingpflanze *f*
volubilis [vɔlybilis] *f BOT* Winde *f*
volubilité [vɔlybilite] *f* Sprechfertigkeit *f,* Zungenfertigkeit *f*
volume [vɔlym] *m* 1. *(livre)* Band *m;* 2. *(quantité)* Volumen *n;* 3. *(du son)* Lautstärke *f;* 4. *(fig)* Umfang *m,* Ausmaß *n*
volumineux [vɔlyminø] *adj* umfangreich
voluptueux [vɔlyptɥø] *adj* sinnlich

vomir [vɔmiʀ] *v* 1. brechen, erbrechen; 2. *(cracher)* ausspeien; *C'est à ~.* Das ist Ekel erregend./Da wird einem übel. 3. *(fig)* speien, herausschleudern, ausstoßen; *~ des injures* Flüche ausstoßen, fluchen

vomissements [vɔmismɑ̃] *m/pl MED* Brechdurchfall *m*
vomitif [vɔmitif] *m MED* Brechmittel *n*
vorace [vɔʀas] *adj* 1. gefräßig, gierig; *une personne ~* eine gefräßige Person *f; un appétit ~* ein großer Appetit *m,* Gefräßigkeit *f;* 2. *(fig)* gierig, voller Begierde, leidenschaftlich, begehrlich; *un usurier ~* ein gieriger Wucherer *m*
voracité [vɔʀasite] *f* 1. Gefräßigkeit *f,* Gier *f, manger avec ~* mit Heißhunger essen; 2. *(fig)* Begierde *f,* Gier *f,* Unmäßigkeit *f*
vos [vo] *pron pl* 1. eure(r,s); 2. *(forme de politesse)* Ihre(r,s)
Vosges [voʒ] *f/pl (montagne) GEO* Vogesen *pl*
votant(e) [vɔtɑ̃(t)] *m/f* Abstimmende(r) *m/f,* Stimmberechtigte(r) *m/f*
vote [vɔt] *m* 1. Abstimmung *f;* 2. *(d'une loi)* Verabschiedung *f;* 3. *POL* Wahlstimme *f;* 4. *~ à la proportionnelle POL* Verhältniswahlrecht *n;* 5. *(élections) POL* Wahl *f*
voter [vɔte] *v* 1. abstimmen, wählen; 2. *(une loi)* verabschieden
votre [vɔtʀ] *pron* 1. eure(r,s); 2. *(forme de politesse)* Ihre(r,s)
vôtre [vɔtʀ] *pron le ~/la ~* Ihre(r,s)

V

vouer [vwe] *v se ~ à qc* sich einer Sache verschreiben, sich einer Sache widmen

vouloir [vulwaʀ] *v irr 1.* wollen; *Je veux bien.* Ich habe nichts dagegen./Das ist mir recht. *2. (désirer)* mögen, wollen; *3. ~ dire* bedeuten; *4. en ~ à qn (fig)* jdm böse sein; *5. s'en ~ de qc* etwas bereuen, sich über sich selbst ärgern; *Je m'en veux d'avoir fait ça.* Ich ärgere mich, dass ich das gemacht habe./Ich könnte mir in den Hintern beißen. *(fam) 6. en ~* zürnen, trachten, böse sein

voulu [vuly] *adj* erforderlich, vorgeschrieben, beabsichtigt; *en temps ~* bei Zeiten

vous [vu] *pron 1.* Sie; *dire ~ à qn* jdn siezen; *2. (sujet)* ihr; *3. (datif/réflectif)* euch; *4. (forme de politesse, datif pluriel)* Ihnen; *5. à ~* Ihnen

voûte [vut] *f ARCH* Gewölbe *n*

voûté [vute] *adj* gewölbt, gebogen, gekrümmt

vouvoyer [vuvwaje] *v* siezen

voyage [vwajaʒ] *m 1.* Reise *f; faire un ~* eine Reise antreten, reisen; *(découvrir un pays)* Entdeckungsreise *f; ~ d'affaires* Geschäftsreise *f; ~ de noces* Hochzeitsreise *f; 2. (trajet)* Fahrt *f; Bon ~!* Gute Fahrt!/Gute Reise! *3. ~ inaugural* Jungfernfahrt *f*

voyager [vwajaʒe] *v* reisen

voyageur [vwajaʒœʀ] *m 1.* Reisender *m; 2. (passager)* Fahrgast *m; 3. ~ de commerce* Handlungsreisender *m*

voyagiste [vwajaʒist] *m/f* Reiseveranstalter(in) *m/f*

voyance [vwajɑ̃s] *f* hellseherische Fähigkeit *f,* zweites Gesicht *n*

voyant [vwajɑ̃] *adj 1.* auffallend; *m 2.* Hellseher *m; 3. TECH* Kontrolllicht *n; 4. ~s lumineux* Leuchtzeichen *n*

voyante [vwajɑ̃t] *f* Wahrsagerin *f*

voyelle [vwajɛl] *f* Vokal *m*

voyeur [vwajœʀ] *m* Voyeur *m*

voyeurisme [vwajœʀism] *m* Voyeurismus *m*

voyou [vwaju] *m (fam)* Gassenjunge *m*

vrac [vʀak] *adv 1. en ~ (sans emballage)* lose; *2. (fig)* Unordentlichkeit *f; tout raconter en ~* alles durcheinander erzählen

vrai [vʀɛ] *adj 1.* wahr; *à ~ dire/à dire ~* eigentlich; *il est ~ que* allerdings, zwar; *2. (véritable)* wahrhaft; *3. (authentique)* echt

vraiment [vʀɛmɑ̃] *adv* wirklich

vraisemblable [vʀɛsɑ̃blabl] *adj* wahrscheinlich

vraisemblance [vʀɛsɑ̃blɑ̃s] *f* Wahrscheinlichkeit *f*

vraquier [vʀakje] *m NAUT* Schüttguttransporter *m*

vrille [vʀij] *f 1. BOT* Ranke *f; les ~s de la vigne* die Weinranken *pl; 2. (mèche) TECH* Bohrer *m; 3. (en avion)* Trudeln *n; descendre en ~* trudelnd herunterkommen

vriller [vʀije] *v (fig)* durchbohren, gellen; *Ce bruit vrille les tympans.* Dieser Lärm zerreißt einem das Trommelfell. *La douleur lui vrille les tempes.* Er hat hämmernde Kopfschmerzen.

vrombir [vʀɔ̃biʀ] *v* dröhnen, surren; *L'avion vrombit.* Das Flugzeug brummt. *La mouche vrombit.* Die Fliege surrt.

vu [vy] *prep 1.* angesichts, in Anbetracht, aufgrund; *~ les circonstances* in Anbetracht der Umstände; *~ le temps* in Anbetracht des Wetters; *~ ses dons* aufgrund seiner Begabung; *2. ~ que* in Anbetracht dessen, dass, mit Rücksicht darauf, dass

vue [vy] *f 1.* Sehkraft *f; avoir une bonne ~* scharfe/gute Augen haben; *~ basse* Kurzsichtigkeit *f; A perte de ~.* So weit das Auge reicht. *2. (visibilité)* Sicht *f; à ~* auf Sicht; *perdre de ~* aus den Augen verlieren; *3. (panorama)* Blick *m,* Ausblick *m; avoir des ~s sur qn* jdn ins Visier nehmen *avoir des ~s sur qc* etw im Auge haben; *en ~ de* angesichts; *4. (fig)* Auffassung *f,* Meinung *f,* Ansicht *f*

vulcanisation [vylkanizasjɔ̃] *f CHEM* Vulkanisierung *f*

vulgaire [vylgɛʀ] *adj* gewöhnlich, ordinär, vulgär; *langue ~* Volkssprache *f; tomber dans le ~* vulgär werden

vulgarisation [vylgaʀizasjɔ̃] *f* allgemeine Verbreitung *f*

vulgariser [vylgaʀize] *v* allgemein verständlich ausdrücken

vulgarité [vylgaʀite] *f* Gewöhnlichkeit *f,* Vulgarität *f,* ordinäres Auftreten *n*

vulnérabilité [vylneʀabilite] *f* Verwundbarkeit *f*

vulnérable [vylneʀabl] *adj 1.* verwundbar; *2. (fig)* empfindlich, verletzlich; *un point ~* eine Schwachstelle *f*

V

W/X/Y/Z

wagon [vagɔ̃] *m 1.* Waggon *m; 2. ~ de marchandises* Güterwagen *m*
wagon-lit [vagɔ̃li] *m* Schlafwagen *m*
wagon-restaurant [vagɔ̃ʀɛstɔʀɑ̃] *m* Speisewagen *m*
week-end [wikɛnd] *m* Wochenende *n*
Wi-Fi [wifi] *m INFORM* WLAN *n*
xénon [gzenɔ̃] *m CHEM* Xenon *n*
xénophile [gzenofil] *adj* ausländerfreundlich, xenophil
xénophilie [gzenofili] *f* Ausländerfreundlichkeit *f,* Xenophilie *f*
xénophobe [gzenofɔb] *adj* ausländerfeindlich, xenophob
xénophobie [gzenofɔbi] *f* Ausländerfeindlichkeit *f,* Xenophobie *f*
xérès [gzeʀɛs] *m GAST* Sherry *m*
x-fois [iksəfwa] *adv* x-mal
xylographie [gzilɔgʀafi] *f TECH* Holzschneidekunst *f*
xylophone [gzilofɔn] *m MUS* Xylophon *n*
y [i] *adv 1.* dort, dorthin; *pron 2.* darin, daran, darauf
yacht [jɔt] *m* Jacht *f*
yack [jak] *m ZOOL* Yak *m*
yaourt [jauʀt] *m GAST* Joghurt *n*
yeuse [jøz] *f BOT* Stecheiche *f*

yeux [jø] *m/pl ANAT* Augen *pl; faire les gros ~ à qn* jdn streng anblicken/jdn tadelnd ansehen; *fermer les ~* ein Auge zudrücken; *coûter les ~ de la tête* ein Vermögen kosten; *dévorer qn des ~* jdn mit Blicken verschlingen; *aux ~ bleus* blauäuig; *avoir les ~ battus* übernächtigt aussehen; *faire les ~ doux à qn* mit jdm liebäugeln

yiddisch [jidiʃ] *adj* jiddisch
yole [jɔl] *f NAUT* Jolle *f,* Beiboot *n*
yucca [juka] *m BOT* Yucca *f*
zapper [zape] *v* zappen, hin und her schalten
zèbre [zɛbʀ] *m 1. ZOOL* Zebra *n; 2. fam* Kerl *m; un drôle de ~* ein komischer Kerl
zébu [zeby] *m ZOOL* Zebu *m*
zèle [zɛl] *m 1.* Eifer *m,* Fleiß *m; faire du ~* viel Wind machen/übereifrig sein; *2. (pour apprendre)* Lerneifer *m*
zélé [zele] *adj* eifrig, fleißig; *trop ~* übereifrig
zénith [zenit] *m* Zenit *m,* Scheitelpunkt *m; être au ~ de sa gloire* auf dem Höhepunkt seines Ruhms sein
zéphyr [zefiʀ] *m 1.* sanfter Wind *m; 2. (étoffe)* Zephir *m*
zéro [zeʀo] *m 1.* Null *f; 2. point ~* Nullpunkt *m; avoir le moral à ~* seelisch auf dem Nullpunkt angelangt sein; *repartir à ~* wieder von vorn anfangen; 3. *(la plus basse note à l'école)* Null; *attrapper un ~* sich eine Sechs einheimsen; *~ de conduite* Null Benehmen
zeste [zɛst] *m* Orangenschale *f,* Zitronenschale *f*
zézayer [zezeje] *v* lispeln
zibeline [ziblin] *f ZOOL* Zobel *m*
zigoto [zigɔto] *m fam* Wichtigtuer *m; faire le ~* den Wichtigtuer spielen
zigouiller [ziguje] *v (fam)* abmurksen
zinc [zɛ̃g] *m 1. CHEM* Zink *n; 2. (fam: comptoir)* Theke *f,* Schanktisch *m; 3. (fam: avion)* Kiste *f*
zizanie [zizani] *f* Uneinigkeit *f,* Zwietracht *f; semer la ~* Uneinigkeit stiften

zone [zon] *f 1.* Gebiet *n; C'est la ~ ici! (fam)* Hier ist tote Hose! *~ interdite* Sperrgebiet *n; ~ de basse pression* Tiefdruckgebiet *n; ~ résidentielle* Wohngebiet *n; ~ de tension POL* Spannungsgebiet *n; 2. (espace)* Zone *f,* Raum *m; ~ dangereuse* Gefahrenzone *f; ~ piétonne* Fußgängerzone *f; ~ non-fumeurs* Nichtraucherzone *f; ~ de libre-échange ECO* Freihandelszone *f; ~ euro* Eurozone *f; 3. ~ industrielle* Industriegebiet *n; 4. ~ morte* Niemandsland *n; 5. ~ d'émission* Sendebereich *m; 6. ~ d'action/~ d'activité* Wirkungsbereich *m; 7. ~ hors couverture TEL* Funkloch *n*

zoo [zoo] *m* Zoo *m*
zoologique [zoolɔʒik] *adj* zoologisch
zoomer [zume] *v INFORM* zoomen
zouave [zuav] *m 1. MIL* Zuave *m; 2. (fam)* Draufgänger(in) *m/f*
zut [zyt] *interj Zut (alors)!* Verflixt!

Deutsch – Französisch

A

Aal [aːl] *m ZOOL* anguille *f; sich winden wie ein ~* se tortiller comme une anguille
aalen ['aːlən] *v sich ~* se prélasser
aalglatt ['aːl'glat] *adj (fig)* souple comme une anguille, difficile à saisir
Aas [aːs] *n ZOOL* charogne *f*, bête crevée *f*

ab [ap] *prep 1. (zeitlich)* à partir de, dès; *2. (örtlich)* en partant de, à partir de; *3. Bestellungen ~ zwanzig Euro* commandes à partir de vingt euros; *adv 4. ~ und zu* de temps en temps; *von heute ~* à partir d'aujourd'hui; *Ab durch die Mitte! (fig)* Vite!/ Dépêchons-nous!

abarbeiten ['aparbaɪtən] *v 1.* travailler pour s'acquitter de ses dettes, abattre de la besogne *(fig)*, abattre du travail *(fig)*; *2. sich ~* s'épuiser, se tuer au travail, s'éreinter
Abart ['apaːrt] *f* variété *f*, variante *f*
abartig ['apaːrtɪç] *adj* anormal, pervers
Abbau ['apbau] *m 1. (Zerlegung)* démontage *m*, démolition *f; 2. (Verringerung)* diminution *f*, réduction *f; 3. CHEM* décomposition *f; 4. MIN* exploitation *f*, abattage *m*
abbaubar ['apbaubaːr] *adj* dégradable
abbauen ['apbauən] *v 1. (zerlegen)* démonter, démolir; *2. (verringern)* réduire, diminuer; *3. CHEM* décomposer, résorber; *4. MIN* exploiter
abbeizen ['apbaɪtsən] *v 1. (Farbe)* décaper; *2. (beizen) TECH* corroder, décaper
abberufen ['apbəruːfən] *v irr* rappeler
abbestellen ['apbəʃtɛlən] *v* décommander, annuler, résilier
abbezahlen ['apbətsaːlən] *v* achever de payer, solder, amortir
abbiegen ['apbiːgən] *v irr 1.* courber; *2. (Weg)* tourner
Abbild ['apbɪlt] *n 1. (Darstellung)* reproduction *f; 2. (Ebenbild)* portrait *m*, image *f*
abbilden ['apbɪldən] *v* faire une reproduction, représenter
Abbildung ['apbɪldʊŋ] *f* graphique *f*, copie *f*, illustration *f*
Abbitte ['apbɪtə] *f* excuses *f/pl; ~ leisten* faire amende honorable
abblasen ['apblaːzən] *v irr 1. (wegblasen)* enlever en soufflant; *den Staub ~* enlever la poussière en soufflant dessus; *2. (entweichen lassen)* émettre; *Gas ~* émettre un gaz; *3. (fig)* supprimer, annuler; *einen Streik ~* annuler une grève
abblättern ['apblɛtərn] *v* éclater, effeuiller, s'écailler
abblenden ['apblendən] *v 1. (Licht/Auto)* masquer, voiler, baisser, mettre les feux de croisement; *2. FOTO* diaphragmer, fermer en fondu
Abblendlicht ['apblɛndlɪçt] *n TECH* feux de croisement *m/pl; das ~ anschalten* mettre les feux de croisement
abbrechen ['apbrɛçən] *v irr 1. (zerbrechen)* briser, casser; *2. (Verhandlungen, Beziehungen)* rompre, arrêter; *3. (Rede)* couper court à
abbremsen ['apbrɛmzən] *v* freiner, stopper; *Der Fahrer konnte gerade noch ~.* Le conducteur a pu freiner de justesse.
abbrennen ['apbrɛnən] *v irr 1.* brûler, réduire en cendres; *2. (Feuer)* s'éteindre
abbringen ['apbrɪŋən] *v irr* détourner, faire changer d'avis, écarter du sujet
abbröckeln ['apbrœkəln] *v* s'émietter, s'effriter
Abbruch ['apbrux] *m 1. (eines Gebäudes)* démolition *f; 2. (fig)* rupture *f*, interruption *f; einer Sache ~ tun* porter atteinte à qc
abbuchen ['apbuːxən] *v 1. (Betrag)* prélever; *2. (vom Konto)* porter une somme en décharge; *3. ECO* débiter un compte
Abbuchung ['apbuːxuŋ] *f ECO* déduction *f*, amortissement *m*
abbürsten ['apbyrstən] *v 1. (bürsten)* brosser; *2. etw ~* enlever à la brosse
abchecken ['abtʃɛkən] *v* vérifier, contrôler; *die Passagierliste ~* vérifier la liste des passagers
ABC-Waffen [aːbeː'tseːvafən] *pl MIL* armes atomiques, biologiques et chimiques *f/pl*
abdämpfen ['apdɛmpfən] *v 1. (Stoß)* atténuer, amortir; *2. (Geräusch)* amortir
abdanken ['apdaŋkən] *v 1. (Minister) POL* démissionner; *2. (König) POL* abdiquer
abdecken ['apdɛkən] *v 1. (Dach)* découvrir; *2. (zudecken)* couvrir; *3. (Tisch)* desservir
Abdeckung ['apdɛkuŋ] *f 1. (Bedeckung)* couverture *f*, chape *m*, revêtement *m*, couvercle *m; 2. (von Schulden)* couverture d'une dette *f*

abdichten ['apdɪçtən] *v TECH* étancher
abdrängen ['apdrɛŋən] *v* repousser, refouler, écarter
abdrehen ['apdreːən] *v 1. (zudrehen)* fermer; *2. (Schiff)* changer de cap
Abdruck ['apdruk] *m 1. (Spur)* empreinte *f; 2. (Nachbildung)* tirage *m,* épreuve *f,* reproduction *f*
abdrücken ['apdrykən] *v 1. (schießen)* appuyer, lâcher la détente, faire partir le coup; *ein Gewehr ~* décharger un fusil; *2. (umarmen)* serrer dans ses bras, étreindre, embrasser; *Die Mutter drückte ihr Kind ab.* La mère serre son enfant dans ses bras. *3. (sich ~)* s'empreindre; *Die Spur hatte sich im Erdboden abgedrückt.* La trace s'était imprimée sur le sol.
abebben ['apɛbən] *v 1. (Wasser)* baisser, se retirer; *2. (fig)* se calmer peu à peu, baisser

Abend ['aːbənt] *m 1.* soir *m; heute ~* ce soir; *gestern ~* hier soir; *am ~* le soir; *eines ~s* un soir/un beau soir; *Es wird ~.* Le soir tombe. *Es ist noch nicht aller Tage ~.* Tout n'est pas joué. *Heiliger ~* veille de Noël *f; 2. (im Verlauf)* soirée *f*

Abenddämmerung ['aːbəntdɛməruŋ] *f* crépuscule *m*
Abendessen ['aːbəntɛsən] *n* dîner *m,* repas du soir *m*
Abendland ['aːbəntlant] *n* Occident *m*
abends ['aːbənts] *adv* le soir
Abenteuer ['aːbəntɔyər] *n* aventure *f*
Abenteuerfilm ['aːbəntɔyərfɪlm] *m CINE* film d'aventures *m*
abenteuerlich ['aːbəntɔyərlɪç] *adj 1.* aventureux; *2. (außergewöhnlich)* extravagant, excentrique
abenteuerlustig ['aːbəntɔyərlustɪç] *adj* aventureux, assoiffé d'aventures
Abenteurer ['aːbəntɔyrər] *m* aventurier *m*

aber ['aːbər] *konj* mais

Aberglaube ['aːbərglaubə] *m REL* superstition *f*
abergläubisch ['aːbərglɔybɪʃ] *adj REL* superstitieux
aberkennen ['apɛrkɛnən] *v JUR jdm etw ~* contester qc à qn, refuser
abermals ['aːbərmaːls] *adv* de nouveau, derechef, une nouvelle fois
abfahren ['apfaːrən] *v irr 1.* partir; *2. (mit dem Auto)* démarrer; *eine Strecke ~* couvrir une distance
Abfahrt ['apfaːrt] *f 1. (Abreise)* départ *m; 2. SPORT* ski de piste *m,* descente *f*
Abfall ['apfal] *m 1. (Müll)* déchets *m/pl,* ordures *f/pl; radioaktive Abfälle* déchets radioactifs *m/pl; 2. (Rückgang)* défection *f,* retrait *m*
Abfallbeseitigung ['apfalbəzaɪtɪguŋ] *f TECH* enlèvement des ordures ménagères *m*
Abfalleimer ['apfalaɪmər] *m* poubelle *f*
abfallen ['apfalən] *v irr 1. (Obst)* tomber; *2. (übrig bleiben)* rester
abfällig ['apfɛlɪç] *adj* négatif, défavorable
abfangen ['apfaŋən] *v irr* attraper, intercepter, saisir
abfärben ['apfɛrbən] *v 1. ~ auf* déteindre sur; *2. (fig)* déteindre sur, influencer
abfassen ['apfasən] *v 1. (Text)* rédiger, composer; *2. (fam: jdn erwischen)* choper, serrer, coincer
abfertigen ['apfɛrtɪgən] *v 1. (Kunden)* servir; *2. (am Zoll)* dédouaner; *3. (fig) jdn ~* envoyer promener qn
Abfertigung ['apfɛrtɪguŋ] *f 1. (eines Kunden)* service *m; 2. (Zollabfertigung)* dédouanement *m*
abfeuern ['apfɔyərn] *v* faire feu sur, tirer, décharger, canarder *(fam),* flinguer *(fam)*
abfinden ['apfɪndən] *v irr 1. sich ~ mit* se contenter de; *2. jdn ~* indemniser qn, dédommager qn, défrayer qn
Abfindung ['apfɪnduŋ] *f 1. ECO* dédommagement *m,* indemnisation *f,* accommodement *m; 2. JUR* transaction *f*
abflachen ['apflaxən] *v* aplanir, niveler, aplatir, égaliser
abflauen ['apflauən] *v 1.* mollir; *2. ECO* diminuer, baisser, fléchir
abfliegen ['apfliːgən] *v irr* décoller, partir
abfließen ['apfliːsən] *v irr* s'écouler, dégorger, se décharger
Abflug ['apfluːk] *m* départ *m,* décollage *m*
Abfluss ['apflus] *m 1.* écoulement *m; 2. ECO* écoulement *m,* sortie *f*
abfordern ['apfɔrdərn] *v (Dinge)* exiger, réclamer, requérir, demander
Abfrage ['apfraːgə] *f* interrogation *f*
abfragen ['apfraːgən] *v 1. (in der Schule)* faire réciter; *jdn lateinische Vokabeln ~* faire réciter à qn le vocabulaire latin; *2. INFORM* interroger, scanner, balayer, lire; *einen bestimmten Speicherbereich ~* balayer une zone de mémoire
Abfuhr ['apfuːr] *f 1. (von Müll)* service de nettoiement *m,* service de voirie *m,* service

des ordures ménagères *m,* services sanitaires *m/pl; 2. (fam: Zurückweisung)* rebuffade *f*
abführen ['apfy:rən] *v 1. (Verbrecher)* emmener; *2. (Gelder) ECO* verser, acquitter, payer; *3. MED* évacuer, purger
abfüllen ['apfylən] *v (in Flaschen)* mettre en bouteilles, remplir
Abgabe ['apga:bə] *f 1. (Ablieferung)* livraison *f; 2. (Gepäckabgabe)* mise en consigne des bagages *f; 3. (Steuer) ECO* taxe *f,* impôts *m/pl,* contribution *f*
Abgabetermin ['apga:bətɛrmi:n] *m* date limite *f,* jour limite de remise *m*
Abgang ['apgaŋ] *m 1. (von der Schule)* sortie *f; 2. MED* fausse couche *f; 3. (von Waren) ECO* écoulement *m,* débit *m,* vente *f; 4. THEAT* sortie de scène *f; 5. einen ~ machen (fam)* tirer sa révérence
Abgangszeugnis ['apgaŋstsɔyknɪs] *n* certificat de sortie d'école *m,* diplôme de fin d'études *m*
Abgas ['apga:s] *n TECH* gaz d'échappement *m*
abgearbeitet ['apgəarbaɪtət] *adj (überarbeitet)* surmené, éreinté, exténué, harassé
abgeben ['apge:bən] *v irr* remettre, donner, offrir, céder
abgebrannt ['apgəbrant] *adj (fam: blank)* fauché, raide; *~ sein* être dans la dèche
abgebrüht ['apgəbry:t] *adj (fam)* endurci, insensible
abgedroschen ['apgədrɔʃən] *adj (fig)* rebattu, rabâché, banal
abgeflacht ['apgəflaxt] *adj* aplati, aplani, nivelé, égalisé, à niveau égal
abgegriffen ['apgəgrɪfən] *adj 1. (fig)* fatigué; *2. (Buch)* usé
abgehackt ['apgəhakt] *adj 1. (Ast)* coupé; *2. (Sprechweise)* haché, saccadé
abgehärtet ['apgəhɛrtət] *adj* endurci, aguerri contre
abgekartet ['apgəkartət] *adj eine ~e Sache* un coup monté *m*
abgeklärt ['apgəklɛ:rt] *adj 1. (souverän)* serein, sage; *2. (abgesprochen)* convenu
abgelegen ['apgəle:gən] *adj* situé à l'écart, isolé
abgelten ['apgɛltən] *v irr 1. (Schuld)* s'acquitter de, régler, payer; *2. (ausgleichen)* indemniser, compenser, rembourser
abgeneigt ['apgənaɪkt] *adj ~ von* défavorable à, hostile à
abgenutzt ['apgənutst] *adj* usé, râpé, élimé; *eine ~e Kleidung* un vêtement usé *m*
Abgeordnete(r) ['apgəɔrdnətə(r)] *m/f POL* député *m*
Abgeordnetenhaus ['apgəɔrdnətənhaus] *n POL* chambre des députés *f*
abgeschieden ['apgəʃi:dən] *adj* solitaire, isolé, retiré
abgeschlagen ['apgəʃla:gən] *adj 1. (erschöpft)* épuisé, exténué, harassé; *2. (weit zurückliegend)* loin derrière
abgeschlossen ['apgəʃlɔsən] *adj 1. (beendet)* terminé, fini, achevé; *2. (abgesperrt)* barré, fermé
abgesehen ['apgəze:ən] *adj ~ von* sauf, à part
abgespannt ['apgəʃpant] *adj* épuisé, fatigué, mort *(fig)*
abgestimmt ['apgəʃtɪmt] *adj 1. (im Einklang)* convenu, harmonisé; *2. (nach Stimmabgabe)* voté
abgestorben ['apgəʃtɔrbən] *adj* mort
abgestumpft ['apgəʃtumpft] *adj 1. (Gegenstand)* émoussé; *2. (Person)* insensible, indifférent
abgewetzt ['apgəvɛtst] *adj (Kleidung)* élimé, rapé, usé jusqu'à la corde
abgewinnen ['apgəvɪnən] *v irr (Gefallen finden)* prendre goût à, trouver goût à
abgewöhnen ['apgəvø:nən] *v sich etw ~* se déshabituer de qc, perdre l'habitude de qc, se désaccoutumer de qc
abgöttisch ['apgœtɪʃ] *adj REL* idolâtre
abgrenzen ['apgrɛntsən] *v* délimiter, fixer les limites, séparer
Abgrenzung ['apgrɛntsuŋ] *f* délimitation *f,* séparation *f,* démarcation *f*
Abgrund ['apgrunt] *m* gouffre *m,* abîme *m,* précipice *m*
abgründig ['apgryndɪç] *adj* insondable
abhacken ['aphakən] *v* couper à la hache
abhaken ['apha:kən] *v 1.* dégrafer; *2. (eine Liste)* pointer
abhalten ['aphaltən] *v irr 1. (hindern)* empêcher; *2. (Versammlung)* tenir; *3. (Gottesdienst) REL* célébrer
abhandeln ['aphandəln] *v 1. (Geschäft)* négocier, débattre; *2. (Thema)* traiter
Abhandlung ['aphandluŋ] *f* dissertation *f,* thèse *f,* traité *m,* essai *m,* étude *f*
Abhang ['aphaŋ] *m* pente *f,* flanc *m,* versant *m*
abhängen[1] ['aphɛŋən] *v irr von jdm ~* dépendre de qn
abhängen[2] ['aphɛŋən] *v 1. etw ~* décrocher qc; *2. jdn ~* déplacer qn

A

abhängig ['aphɛŋɪç] *adj ~ von* dépendant de, tributaire de, soumis à
Abhängigkeit ['aphɛŋɪçkaɪt] *f* dépendance *f*
abhärten ['aphɛrtən] *v* endurcir
Abhärtung ['aphɛrtuŋ] *f* endurcissement *m,* insensibilité *f (fig)*
abhauen ['aphauən] *v irr 1. (abhacken)* couper, trancher; *die Äste mit der Axt ~* couper les branches avec la cognée; *2. (fam: verschwinden)* se barrer, se débiner, se tirer, se casser, se faire la belle; *Hau ab!* Va-t'en!/Fous le camp!/Dégage!
abheben ['apheːbən] *v irr 1.* ôter, soulever; *den Hörer ~* décrocher le téléphone; *2. (Flugzeug)* décoller; *3. (Geld) ECO* prélever, retirer; *4. sich ~ von* se détacher de, ressortir
abheften ['aphɛftən] *v* classer, ranger, ficher, archiver
abheilen ['aphaɪlən] *v* guérir
abhelfen ['aphɛlfən] *v irr einer Sache ~* remédier à qc, porter remède à qc
abhetzen ['aphɛtsən] *v sich ~* s'éreinter
Abhilfe ['aphɪlfə] *f* secours *m,* remède *m; ~ schaffen* remédier à

abholen ['aphoːlən] *v jdn ~* aller chercher qn, aller prendre qn

abholzen ['apholtsən] *v* déboiser
abhören ['aphøːrən] *v 1. TEL* mettre sur écoute, intercepter une conversation; *2. (in der Schule)* faire réciter une leçon
Abitur [abi'tuːr] *n* baccalauréat *m,* bac *m; das ~ machen* passer le bac
Abiturprüfung [abi'tuːrpryːfuŋ] *f* baccalauréat *m*
abkanzeln ['apkantsəln] *v jdn ~ (fig)* sermonner qn, morigéner qn, chapitrer qn
abkaufen ['apkaufən] *v 1.* acheter, racheter; *2. (fam: glauben) jdm etw ~* croire qc de qn/avaler qc de qn
Abkehr ['apkeːr] *f* abandon *m,* délaissement *m,* éloignement *m*
abkehren ['apkeːrən] *v 1. (Tisch)* enlever avec la balayette; *2. sich ~* se détourner, s'éloigner, abandonner, délaisser
Abklatsch ['apklatʃ] *m (fam)* mauvaise copie *f,* imitation *f*
abklingen ['apklɪŋən] *v irr 1. (Lärm)* s'effacer, s'évanouir, se perdre dans le lointain; *2. MED* être en voie de guérison, diminuer
abklopfen ['apklopfən] *v 1. (Schmutz)* faire tomber en tapotant, décrépir *2.* (fig*: prüfen)* sonder, approfondir, explorer
abknallen ['apknalən] *v (fam: erschießen)* descendre, abattre, tuer
abknicken ['apknɪkən] *v 1. (Ast)* plier, rompre en pliant; *2. (Straße)* faire un coude
abknöpfen ['apknœpfən] *v jdm etw ~* soutirer qc à qn, carotter qc à qn *(fam)*
Abkommen ['apkɔmən] *n* convention *f,* accord *m,* pacte *m*
Abkömmling ['apkœmlɪŋ] *m* descendant(e) *m/f*
abkratzen ['apkratsən] *v 1.* enlever en grattant, racler, ratisser; *alte Farbe ~* gratter la peinture; *2. (fam: sterben)* claquer, crever, casser sa pipe; *Er wird wohl bald ~.* Il va bientôt crever.
abkühlen ['apkyːlən] *v 1.* refroidir, rafraîchir; *2. (Zorn)* calmer
abkürzen ['apkyrtsən] *v* abréger, écourter
Abkürzung ['apkyrtsuŋ] *f 1. (eines Wortes)* abréviation *f; 2. (für einen Weg)* raccourci *m; eine ~ nehmen* prendre un raccourci
abladen ['aplaːdən] *v* décharger, se décharger
ablagern ['aplaːgərn] *v sich ~* se déposer
ablassen ['aplasən] *v irr 1. (Dampf)* lâcher; *2. Dampf ~ (fam)* se défouler; *3. (Wasser)* évacuer, vider; *4. von etw ablassen* abandonner qc
Ablauf ['aplauf] *m 1. (Abfluss)* écoulement *m; 2. (Geschehen)* déroulement *m; 3. (Frist) ECO* terme *m,* échéance *f*
ablaufen ['aplaufən] *v irr 1. (abfließen)* s'écouler; *2. (Geschehen)* se dérouler, se passer; *3. (Frist) ECO* écouler, expirer
ablecken ['aplɛkən] *v* lécher
ablegen ['apleːgən] *v 1. (Kleidung)* enlever, ôter; *Legen Sie doch ab!* Mettez-vous à l'aise! *2. (Karten)* écarter; *3. (Akten)* classer; *4. (fig)* se défaire de
ablehnen ['apleːnən] *v* refuser, décliner
Ablehnung ['apleːnuŋ] *f* refus *m*
ableiten ['aplaɪtən] *v 1. (Wasser)* détourner; *2.* (fig*: folgern)* déduire, conclure
Ableitung ['aplaɪtuŋ] *f 1. (von Wasser)* dérivation *f,* évacuation *f; 2. (Folgerung)* déduction *f,* conclusion *f,* inférence *f*
ablenken ['aplɛŋkən] *v ~ von* détourner de, distraire de, écarter de
Ablenkung ['aplɛŋkuŋ] *f* distraction *f*
ablesen ['apleːzən] *v irr 1. (Messgerät)* relever; *2. (Text)* lire
ablichten ['aplɪçtən] *v* faire des photocopies

abliefern ['apli:fərn] *v* livrer, remettre
ablösen ['aplø:zən] *v 1. (entfernen)* détacher; *2. jdn ~ (im Dienst)* relever qn, prendre le relais de qn; *3. sich ~ (sich abwechseln)* se relayer, se relever; *4. (tilgen) ECO* rembourser
abmachen ['apmaxən] *v 1. (entfernen)* enlever, détacher; *2. (übereinkommen)* convenir; *Abgemacht!* Entendu!/D'accord!
abmagern ['apma:gərn] *v* maigrir
abmahnen ['apma:nən] *v JUR* rappeler à l'ordre
Abmahnung ['apma:nuŋ] *f JUR* rappel à l'ordre *m*
abmelden ['apmɛldən] *v sich ~* faire son changement de résidence, déclarer son départ
abmessen ['apmɛsən] *v irr* mesurer
abmildern ['apmɪldərn] *v* modérer, atténuer, adoucir, calmer
abmontieren ['apmɔnti:rən] *v* démonter
abmühen ['apmy:ən] *v sich ~* se donner du mal, se donner de la peine
abnabeln ['apna:bəln] *v 1. MED* couper le cordon ombilical; *2. (fig) sich ~* se séparer, prendre son autonomie
abnagen ['apna:gən] *v (Knochen)* ronger
Abnahme ['apna:mə] *f 1. (Entgegennahme)* réception *f; 2. (Verminderung)* affaiblissement *m,* diminution *f; 3. (Kauf) ECO* réception *f,* achat *m; 4. TECH* ralentissement *m,* baisse *f*
abnehmen ['apne:mən] *v irr 1. (an Gewicht)* maigrir, perdre du poids; *2. (entfernen)* détacher, enlever; *3. (entgegennehmen)* recevoir; *4. TECH* démonter, détacher; *5. (Telefonhörer)* décrocher
Abneigung ['apnaɪguŋ] *f* aversion *f,* répulsion *f*
abnutzen ['apnutsən] *v* user
Abnutzung ['apnutsuŋ] *f* usure *f*
abonnieren [abɔ'ni:rən] *v* s'abonner à
abordnen ['apɔrdnən] *v* déléguer
abpassen ['appasən] *v (fam: auflauern) jdn ~* attendre qn, guetter qn
abprallen ['appralən] *v 1. (Ball)* rebondir, ricocher; *2. (fig)* n'être touché par rien
abpumpen ['appumpən] *v 1. (Flüssigkeit, Gase)* pomper, évacuer; *2. (Wasser, Öl)* pomper
abrackern ['aprakərn] *v (fam) sich ~* s'éreinter, se claquer, suer sang et eau; *Racker dich nicht so ab!* Ne te casse pas le tronc!
abrasieren ['aprazi:rən] *v* raser
abraten ['apra:tən] *v irr* déconseiller
abräumen ['aprɔymən] *v 1.* débarrasser, déblayer; *2. (Tisch)* desservir
abreagieren ['apreagi:rən] *v sich ~* se défouler
abrechnen ['aprɛçnən] *v 1. (abziehen)* déduire; *2. (Konto) ECO* liquider
Abrechnung ['aprɛçnuŋ] *f 1. (Abzug)* déduction *f; 2. ECO* liquidation *f,* règlement *m,* déduction *f; 3.* (fig*: Vergeltung)* vengeance *f,* représailles *f/pl*
Abrede ['apre:də] *f etw in ~ stellen* mettre qc en doute, démentir qc
abregen ['apre:gən] *v (fam) sich ~* se calmer, s'apaiser
abreiben ['apraɪbən] *v irr* user en frottant, polir, frotter
Abreise ['apraɪzə] *f* départ *m*
abreisen ['apraɪzən] *v* partir en voyage; *mit Sack und Pack ~* partir avec armes et bagages
abreißen ['apraɪsən] *v irr 1. (Gebäude)* démolir, abattre; *2. (Papier)* arracher
abriegeln ['apri:gəln] *v (Tür)* verrouiller
abringen ['aprɪŋən] *v irr 1. jdm etw ~* arracher qc à qn; *2. sich etw ~* se forcer
Abriss ['aprɪs] *m 1. (eines Gebäudes)* démolition *f; 2. (Zusammenfassung)* abrégé *m,* précis *m*
abrollen ['aprɔlən] *v* dérouler, dévider
abrücken ['aprykən] *v 1. von jdm ~* s'éloigner de qn, s'écarter de qn; *2. (Truppeneinheit) MIL* partir, s'éloigner
Abruf ['apru:f] *m 1. ECO* appel de fonds *m,* mobilisation *f; 2. INFORM* appel *m*
abrufen ['apru:fən] *v irr 1. ECO* faire rentrer de l'argent; *2. INFORM* appeler
abrunden ['aprundən] *v* arrondir
abrupt [ap'rupt] *adj* brusque
abrüsten ['aprystən] *v MIL* désarmer, démilitariser
Abrüstung ['aprystuŋ] *f MIL* désarmement *m,* démilitarisation *f*
abrutschen ['aprutʃən] *v 1.* glisser, déraper; *Das Messer ist ihm abgerutscht.* Le couteau lui a glissé des mains. *2.* (fig*: in Leistungen nachlassen)* se relâcher, faiblir, s'amoindrir; *Seine Leistungen rutschen immer mehr ab.* Son rendement diminue sans cesse.
Absage ['apza:gə] *f* résponse négative *f*
absagen ['apza:gən] *v* décommander
absägen ['apzɛ:gən] *v 1. (Ast)* scier; *2. (fam: jdn absetzen)* débarquer qn, limoger qn, dégommer qn

A

absahnen ['apza:nən] *v (fam)* se sucrer; *Der Staat sahnt Steuern ab.* L'État se sucre avec les impôts.
Absatz ['apzats] *m 1. (Abschnitt)* paragraphe *m; 2. (Treppenabsatz)* palier *m; 3. (Schuhabsatz)* talon *m; 4. ECO* débouché *m,* marché *m,* distribution *f,* vente *f*
absaugen ['apzaugən] *v 1.* aspirer; *2. (Staub saugen)* passer l'aspirateur, aspirer la poussière, nettoyer à l'aspirateur
abschaffen ['apʃafən] *v* supprimer, abolir
abschalten ['apʃaltən] *v 1. etw ~* couper qc, arrêter qc; *2.* (fig*: sich entspannen)* se détendre, décrocher *(fam)*
abschätzen ['apʃɛtsən] *v* estimer, évaluer
abschätzig ['apʃɛtsɪç] *adj* méprisant
Abschaum ['apʃaum] *m (fig)* lie *f,* rebut de la société *m*
Abscheu ['apʃɔy] *m/f* aversion *f,* horreur *f,* répulsion *f,* dégoût *m*
abscheulich [ap'ʃɔylɪç] *adj* affreux, repoussant, horrible
abschicken ['apʃɪkən] *v* envoyer, expédier
abschieben ['apʃi:bən] *v irr (ausweisen) POL* expulser, interdire de séjour
Abschied ['apʃi:t] *m* départ *m,* adieux *m/pl,* congé *m*
abschießen ['apʃi:sən] *v irr* abattre
abschirmen ['apʃɪrmən] *v 1.* protéger, isoler; *2. (fig) jdn ~* protéger qn
Abschlag ['apʃla:k] *m 1. SPORT* rebondissement *m,* rebond *m; 2. (Rate) ECO* acompte *m; 3. (Preissenkung) ECO* réduction *f; 4. (Kursabschlag) FIN* diminution *f,* différence *f*
abschlagen ['apʃla:gən] *v irr 1. (abschneiden)* abattre, couper; *2.* (fig*: ablehnen)* refuser, décliner
abschleifen ['apʃlaɪfən] *v irr TECH* polir
Abschleppdienst ['apʃlɛpdi:nst] *m* service de dépannage *m*
abschleppen ['apʃlɛpən] *v* remorquer, dépanner
abschließen ['apʃli:sən] *v irr 1. (zuschließen)* fermer à clé; *2. (beenden)* terminer, achever; *3. (Vertrag) JUR* conclure; *4. (Geschäft) ECO* passer, conclure

Abschluss ['apʃlus] *m 1. (Beendigung)* clôture *f; 2. (einer Schule)* diplôme de fin d'études *m; 3. (eines Vertrages) JUR* conclusion d'un contrat *f,* signature *f; 4. (Geschäftsabschluss) ECO* marché *m,* affaire conclue *f; 5. (Bilanz) ECO* bilan *m,* clôture *f*

Abschlussprüfung ['apʃlusprγ:fuŋ] *f 1. (in der Schule)* examen de fin d'études *m; 2. ECO* vérification des comptes *f*
Abschlusszeugnis ['apʃlustsɔyknɪs] *n* diplôme de fin d'études *m*
abschmecken ['apʃmɛkən] *v* goûter, juger au goût
abschminken ['apʃmɪŋkən] *v sich ~* se démaquiller
abschnallen ['apʃnalən] *v 1. (Gurt)* déboucler; *2. (Gürtel)* enlever; *3. Da schnallst du ab! (fig)* T'en restes sur le cul! *(fam)* Les bras t'en tombent!
abschneiden ['apʃnaɪdən] *v irr 1.* couper; *2. (fig) jdm den Weg ~* couper la route à qn; *jdm das Wort ~* couper la parole à qn; *bei einer Prüfung gut ~* bien s'en tirer à un examen
Abschnitt ['apʃnɪt] *m 1. (Kapitel)* paragraphe *m; 2. (Zeit)* période *f; 3. (Gebiet)* secteur *m,* partie *f*
abschnüren ['apʃny:rən] *v* serrer avec une corde *f,* ligaturer
abschöpfen ['apʃœpfən] *v 1. (Rahm)* écrémer; *2. ECO* résorber
abschotten ['apʃɔtən] *v (fig) sich gegen etw ~* se fermer à qc, se couper de qc
abschrauben ['apʃraubən] *v* dévisser
abschrecken ['apʃrɛkən] *v 1. (abhalten)* intimider, dissuader, effrayer; *2. (Eier)* rafraîchir, passer sous l'eau froide; *3. (Metall) TECH* tremper
abschreiben ['apʃraɪbən] *v irr 1.* copier; *2. ECO* amortir, déduire
Abschuss ['apʃus] *m* décharge *f,* destruction *f; ~ eines Flugzeuges* destruction d'un avion *f*
abschüssig ['apʃysɪç] *adj* en pente
abschütteln ['apʃytəln] *v 1.* faire tomber en secouant, secouer; *2. jdn ~ (fam: jdn loswerden)* semer qn, se débarrasser de qn
abschwächen ['apʃvɛçən] *v* affaiblir, atténuer, amortir
abschweifen ['apʃvaɪfən] *v (fig)* s'écarter du sujet
abschwören ['apʃvø:rən] *v 1. (sich lossagen)* abjurer, se dédire; *2. (negieren)* renier
absehbar ['apze:ba:r] *adj* proche; *in ~er Zeit* dans un avenir peu éloigné/dans un avenir proche
absehen ['apze:ən] *v irr 1. (voraussehen)* prévoir; *2. von etw ~ (etw nicht beachten)* ne pas tenir compte de qc

abseilen ['apzaɪlən] *v* *1. (Bergsteigen) SPORT* descendre à la corde*; 2. (fam) sich ~* filer à l'anglaise

abseits ['apzaɪts] *adv* à l'écart, à part

Abseits ['apzaɪts] *n im ~ SPORT* hors jeu

absenden ['apzɛndən] *v irr (einen Brief, ein Paket)* expédier, envoyer

absenken ['apzɛŋkən] *v* baisser, abaisser

abservieren ['apzɛrviːrən] *v 1. (fam)* renvoyer, débarquer, limoger; *2. (Geschirr)* desservir

absetzen ['apzɛtsən] *v 1. (hinstellen)* déposer; *2. (Hut)* enlever, ôter; *3. (kündigen)* révoquer, destituer; *4. (König)* détrôner, déposer; *5. (verkaufen) ECO* vendre, commercialiser; *6. (Steuern) ECO* déduire; *7. sich ~ CHEM* se déposer; *8. (sich abheben)* ressortir, se démarquer; *9. (fam: weggehen)* partir, s'en aller, déguerpir *(fam)*

absichern ['apzɪçərn] *v 1.* protéger; *2. sich ~* se couvrir contre un risque

> **Absicht** ['apzɪçt] *f* intention *f; keine bösen ~en haben* ne pas avoir de mauvaises intentions

absinken ['apzɪŋkən] *v irr* baisser, diminuer, décroître

absitzen ['apzɪtsən] *v irr 1. (vom Pferd)* descendre de cheval*; 2. eine Strafe ~* purger une peine

absolut [apzo'luːt] *adj* absolu

absolvieren [apzɔl'viːrən] *v 1. (Studien)* terminer; *2. (Examen)* passer; *3. (fam: erledigen)* régler, faire

absonderlich [ap'zɔndərlɪç] *adj* particulier, étrange, bizarre

absondern ['apzɔndərn] *v 1. sich ~* s'isoler, s'exclure; *2. (trennen)* séparer; *3. MED* sécréter

abspalten ['apʃpaltən] *v 1. (Partei) POL* séparer, dissocier; *2. (Molekül) CHEM* séparer, éliminer

abspecken ['apʃpɛkən] *v (fam)* maigrir

abspenstig ['apʃpɛnstɪç] *adj (machen)* prendre, enlever

absperren ['apʃpɛrən] *v 1. (zuschließen)* barrer, bloquer, fermer; *2. (Gebiet)* isoler

abspielen ['apʃpiːlən] *v 1. (CD)* passer; *2. (Ball) SPORT* lancer; *3. sich ~* se passer, se dérouler, avoir lieu

absplittern ['apʃplɪtərn] *v 1.* sauter en éclats; *2. (Gruppierung)* se détacher

Absprache ['apʃpraːxə] *f* accord *m,* convention *f*

absprechen ['apʃprɛçən] *v irr 1. (vereinbaren)* convenir de; *sich ~* se donner le mot, se consulter; *2. (aberkennen) JUR* dénier, ôter le droit à

abspringen ['apʃprɪŋən] *v irr 1. (herunterspringen)* sauter; *2. (sich lösen)* sauter, se détacher; *3. (fig)* changer soudain d'avis, changer soudain de projet

abspritzen ['apʃprɪtsən] *v* arroser

Absprung ['apʃpruŋ] *m 1. (mit dem Fallschirm)* saut *m; 2. (Meinungsänderung)* brusque changement *m; den ~ finden (fig)* sauter le pas

abspulen ['apʃpuːlən] *v 1. (Band) TECH* dévider, dérouler, débobiner; *2. (fam: Rede)* débiter, déblatérer

abspülen ['apʃpyːlən] *v (Geschirr)* faire la vaisselle, laver

abstammen ['apʃtamən] *v 1. ~ von (Herkunft)* provenir de, être originaire de; *2. ~ von (Ursprung)* être issu de, descendre de

Abstammung ['apʃtamuŋ] *f 1. (Herkunft)* provenance *f; 2. (Ursprung)* origine *f,* souche *f,* descendance *f*

Abstand ['apʃtant] *m* écart *m; ~ halten* tenir ses distances

abstechen ['apʃtɛçən] *v irr 1. (fam)* égorger, saigner; *2. (erstechen)* poignarder, planter *(fam)*

Abstecher ['apʃtɛçər] *m* crochet *m; einen ~ machen* pousser une pointe, faire un détour

abstecken ['apʃtɛkən] *v 1. (markieren)* délimiter, jalonner; *2. (Saum)* tracer la bordure, tracer la lisière; *3. (Ziel)* fixer, prendre en point de mire

abstehen ['apʃteːən] *v irr 1. (Ohren)* être décollé*; 2. ~ von* être distant de, être loin de; *3. (Getränk)* devenir tiède, s'éventer

absteigen ['apʃtaɪgən] *v irr 1. ~ von* descendre de; *2. ~ in (im Hotel)* descendre dans; *3. SPORT* avoir rétrogradé

Absteiger ['apʃtaɪgər] *m SPORT* club relégué *m*

abstellen ['apʃtɛlən] *v 1. (ausschalten)* éteindre, arrêter; *2. (in der Garage)* garer, remiser; *3. (Wasser)* couper

Abstellgleis ['apʃtɛlglaɪs] *n* voie de garage *f; jdn auf das ~ schieben* tenir qn à l'écart/mettre qn sur la touche

Abstellkammer ['apʃtɛlkamər] *f* remise *f,* débarras *m*

abstempeln ['apʃtɛmpəln] *v 1. (Briefmarke)* oblitérer; *2. (fig) jdn ~* qualifier qn, classer qn, marquer qn

absterben ['apʃtɛrbən] *v irr 1. MED* devenir insensible, s'atrophier, se nécroser; *2. BOT* se dessécher, se flétrir
Abstieg ['apʃtiːk] *m 1. (Hinuntersteigen)* descente *f; 2. SPORT* rétrogradation *f,* recul *m; 3.* (fig*: Niedergang)* décadence *f,* déclin *m*
abstillen ['apʃtɪlən] *v (Säugling)* sevrer
abstimmen ['apʃtɪmən] *v 1. (wählen)* voter; *2.* (fig*: anpassen)* accorder, synchroniser, coordonner
Abstimmung ['apʃtɪmuŋ] *f 1. (Wahl)* vote *m,* scrutin *m; ~ per Handzeichen* vote à main levée *m; 2.* (fig*: Anpassung)* accord *m,* synchronisation *f*
Abstinenz [apsti'nɛnts] *f* abstinence *f*
abstoßen ['apʃtoːsən] *v irr 1. (wegstoßen)* repousser; *2. (anekeln)* dégoûter; *3. (verkaufen)* liquider, solder
abstoßend ['apʃtoːsənt] *adj* repoussant, dégoûtant, écœurant
abstrampeln ['apʃtrampəln] *v (fam) sich ~* faire des efforts répétés, se casser le tronc
abstreifen ['apʃtraɪfən] *v* enlever, ôter, retirer
abstreiten ['apʃtraɪtən] *v irr jdm etw ~* contester qc à qn, dénier qc à qn
abstufen ['apʃtuːfən] *v 1. farblich ~* dégrader, nuancer; *2. (staffeln)* étager, échelonner
abstumpfen ['apʃtumpfən] *v 1.* émousser; *2. (fig)* abrutir, rendre indifférent
Absturz ['apʃturts] *m* chute *f*
abstürzen ['apʃtyrtsən] *v* tomber à pic, faire une chute
abstützen ['apʃtytsən] *v 1. etw ~* étayer qc; *einen Stollen mit Balken ~* étayer une galerie avec des poutres; *2. sich ~* s'appuyer contre
Abt [apt] *m REL* abbé *m*
abtasten ['aptastən] *v 1.* tâter; *2. MED* palper; *3. INFORM* lire
abtauchen ['aptauxən] *v 1.* plonger; *2.* (fig*: verschwinden)* disparaître, se planquer
abtauen ['aptauən] *v 1.* dégeler; *2. (Kühlschrank)* dégivrer
Abteil [ap'taɪl] *n* compartiment *m*
abteilen ['aptaɪlən] *v* diviser, classer, compartimenter
Abteilung [ap'taɪluŋ] *f* section *f,* division *f,* département *m,* service *m*
abtragen ['aptraːgən] *v irr 1. (entfernen)* déblayer, enlever; *die Erde ~* déblayer la terre; *2. (Geschirr)* desservir, débarrasser; *Speisen und Geschirr vom Tisch ~* desservir la table; *3. (abbauen)* démolir, raser; *ein Bauwerk ~* raser un édifice; *4. (abnutzen)* user; *den Anzug ~* user le costume; *5. (Schulden)* acquitter, amortir
abträglich ['aptrɛːklɪç] *adj* nuisible, préjudiciable, nocif, néfaste
abtransportieren ['aptransportiːrən] *v 1.* emporter, emmener, transporter; *2. MIL* transporter
abtreiben ['aptraɪbən] *v irr MED* avorter
Abtreibung ['aptraɪbuŋ] *f MED* avortement *m,* I.V.G. (interruption volontaire de grossesse) *f*
Abtreibungspille ['aptraɪbuŋspɪlə] *f MED* pilule abortive *f,* abortif *m*
abtrennen ['aptrɛnən] *v* détacher, séparer, découdre, disjoindre, écarter
abtreten ['aptreːtən] *v irr 1. (überlassen)* remettre, céder; *2. THEAT* sortir de scène
abtrocknen ['aptrɔknən] *v* sécher, essuyer
abtropfen ['aptrɔpfən] *v 1.* dégoutter; *Der Regen tropft von den Bäumen ab.* La pluie dégoutte des arbres. *2. ~ lassen* égoutter; *die Nudeln ~ lassen* égoutter les pâtes
abwägen ['apvɛːgən] *v irr* considérer, examiner avec soin
abwählen ['apvɛːlən] *v POL* rejeter
abwälzen ['apvɛːltsən] *v* (fig*: abschieben) ~ auf* rejeter sur
abwandern ['apvandərn] *v* émigrer

abwarten ['apvartən] *v* attendre, patienter; *erst mal ~, ob ...* reste à savoir si ...

abwärts ['apvɛrts] *adv* en aval, vers le bas
abwaschbar ['apvaʃbaːr] *adj* lavable
abwaschen ['apvaʃən] *v irr 1.* faire la vaisselle; *2. sich ~* se laver
Abwasser ['apvasər] *n* eaux usées *f/pl*
abwechseln ['apvɛksəln] *v sich ~* se relayer, alterner
abwechselnd ['apvɛksəlnt] *adj* alternativement, tour à tour, à tour de rôle
Abwechslung ['apvɛksluŋ] *f 1. (Wechsel)* alternance *f; 2. (Zerstreuung)* distraction *f,* divertissement *m*
abwechslungsreich ['apvɛksluŋsraɪç] *adj* varié, divers, multiple
Abweg ['apveːk] *m (fig)* fausse route *f; auf ~e geraten* sortir du droit chemin
abwegig ['apveːgɪç] *adj* aberrant
Abwehr ['apveːr] *f 1. (Zurückweisung)* résistance *f,* lutte *f; 2. (Verteidigung)* moyen de défense *m; 3. SPORT* défense *f,* arrières *m/pl*

abwehren ['apveːrən] *v* *1. (zurückweisen)* parer; *2. (abwenden)* détourner
Abwehrkraft ['apveːrkraft] *f* *MED* pouvoir défensif *m,* capacités défensives *f/pl*
abweichen ['apvaɪçən] *v irr* *1. (vom Weg)* dévier; *2. (Werte)* différer
Abweichler ['apvaɪçlər] *m* *POL* dissident *m,* non-conformiste *m,* scissioniste *m,* déviationniste *m*
Abweichung ['apvaɪçuŋ] *f* *1.* écart *m; 2. (Unterschied)* différence *f*
abweisen ['apvaɪzən] *v irr* refuser, repousser, rejeter, éconduire
abweisend ['apvaɪzənt] *adj* négatif, qui a une attitude de rejet, qui a une attitude négative
abwenden ['apvɛndən] *v irr* *1.* détourner; *2. (verhüten)* prévenir, écarter; *3. sich ~ von* se détourner de, se détacher de
abwerben ['apvɛrbən] *v irr* *ECO* débaucher
abwerfen ['apvɛrfən] *v irr* *1. (hinunterwerfen)* jeter à terre; *2. (einbringen) ECO* rapporter
abwerten ['apveːrtən] *v* *1.* déprécier; *2. FIN* dévaluer
abwertend ['apveːrtənt] *adj* disqualifiant
abwesend ['apveːzənt] *adj* absent
Abwesenheit ['apveːzənhaɪt] *f* absence *f; durch ~ glänzen* briller par son absence
abwickeln ['apvɪkəln] *v* *1.* dérouler; *2. (Geschäft)* réaliser
abwiegeln ['apviːgəln] *v* apaiser
abwiegen ['apviːgən] *v irr* peser, soupeser
abwimmeln ['apvɪməln] *v (fam) jdn ~* envoyer promener qn
abwinken ['apvɪŋkən] *v irr* faire signe que non, refuser d'un signe de la main
abwischen ['apvɪʃən] *v* *1. (trocknen)* essuyer; *2. (sauber machen)* nettoyer
Abwurf ['apvurf] *m* *1. (Herunterwerfen)* action de jeter en bas *f; 2. ECO* rendement *m*
abwürgen ['abvyrgən] *v* *1.* étrangler; *2. (den Motor)* caler; *3. (eine Sache)* étouffer; *eine Diskussion ~* étouffer une discussion
abzahlen ['aptsaːlən] *v* *1. (Schulden)* rembourser, payer; *2. (Raten) ECO* payer à tempérament
abzählen ['aptsɛːlən] *v* dénombrer
abzapfen ['aptsapfən] *v* *1.* soutirer, extraire; *2. (Blut ~)* prendre du sang, saigner; *3. jdm Geld ~* soutirer de l'argent à qn
Abzeichen ['aptsaɪçən] *n* insigne *m,* emblème *m*
abzeichnen ['aptsaɪçnən] *v* *1. (kopieren)* reproduire; *2. (unterschreiben)* signer; *3. sich ~* se distinguer
Abziehbild ['aptsiːbɪlt] *n* décalque *m*
abziehen ['aptsiːən] *v irr* *1. (entfernen)* enlever; *2. MATH* soustraire; *3. (Rabatt) ECO* faire un rabais, déduire; *4. MIL* lever le camp
abzielen ['aptsiːlən] *v* viser
abzocken ['aptsɔkən] *v (fam)* plumer
Abzug ['aptsuːk] *m* *1. (Kopie)* photocopie *f,* tirage *m; 2. (einer Waffe)* détente *f; 3. (eines Fotos)* épreuve *f; 4. MATH* soustraction *f; 5. (Rabatt)* rabais *m,* remise *f; 6. MIL* départ des troupes *m,* retrait *m*
abzüglich ['aptsyːklɪç] *prep* *ECO* déduction faite de
abzweigen ['aptsvaɪgən] *v* *1. (abbiegen)* bifurquer; *2. (fam)* prélever des fonds, détourner des fonds
Abzweigung ['aptsvaɪguŋ] *f* bifurcation *f,* embranchement *m*
ach [ax] *interj* ah, hélas, eh oui
Achse ['aksə] *f* *TECH* essieu *m; auf ~ sein* être sur la brèche
Achsel ['aksəl] *f* *ANAT* aisselle *f; mit der ~ zucken* hausser les épaules
Achselhöhle ['aksəlhøːlə] *f* *ANAT* creux de l'aisselle *m,* aisselle *f*
Achselzucken ['aksəltsukən] *n* haussement d'épaules *m*
Acht [axt] *f* *1.* attention *f; ~ geben auf* faire attention à; *2. sich in ~ nehmen* faire attention, prendre garde; *3. außer ~ lassen* négliger; *4. Gib ~!* Fais attention!/Tiens-toi sur tes gardes!
acht [axt] *num* huit
achtbar ['axtbaːr] *adj* respectable, honorable
achte(r,s) ['axtə(r,s)] *adj* huitième
Achtel ['axtəl] *n* huitième *m*
Achtelfinale ['axtəlfinaːlə] *n* *SPORT* huitième de finale *m*
achten ['axtən] *v* *1. (schätzen)* estimer; *2. (beachten)* respecter
ächten ['ɛçtən] *v* mettre au ban, mettre „hors la loi", bannir, proscrire
Achterbahn ['axtərbaːn] *f* grand huit *m,* montagnes russes *f/pl*
achtfach ['axtfax] *adj* huit fois autant, huit fois plus, multiplié par huit, octuple
achtlos ['axtloːs] *adj* inattentif, sans égard
achtsam ['axtzaːm] *adj* attentif, soigneux
Achtsamkeit ['axtzaːmkaɪt] *f* attention *f,* soins *m/pl*

A

Achtung ['axtuŋ] *f 1. (Hochachtung)* estime *f,* considération *f,* respect *m; 2. (Beachtung)* attention *f; 3. ~! (Ausruf)* Attention! *4. ~! SPORT* A vos marques!
Ächtung ['ɛçtuŋ] *f* mise hors la loi, bannissement *m,* proscription *f*
achtzehn ['axtse:n] *num* dix-huit
achtzig ['axtsɪç] *num* quatre-vingt
Achtziger ['axtsɪgər] *pl 1. (Mensch) in den ~n sein* avoir dans les quatre-vingts ans; *2. (Jahrzehnt) die ~* les années quatre-vingts *f/pl*
ächzen ['ɛçtsən] *v (Person)* gémir, geindre
Acker ['akər] *m* champ *m*
Ackerbau ['akərbau] *m 1.* agriculture *f; 2. (Tätigkeit)* labourage *m*
ackern ['akərn] *v* (fig*: schwer arbeiten)* bûcher, travailler d'arrache-pied
adäquat [adɛ'kva:t] *adj* adéquat
addieren [a'di:rən] *v MATH* ajouter, additionner, faire la somme de
ade [a'de:] *interj* adieu, au revoir
Adel ['a:dəl] *m* noblesse *f,* nobles *m/pl*
adeln ['a:dəln] *v* annoblir, ennoblir
Ader ['a:dər] *f 1. MIN* filon *m; 2. ANAT* veine *f,* artère *f; 3.* (fig*: Wesenszug)* fibre *f; eine ~ für etw haben* avoir qc dans le sang
Aderlass ['a:dərlas] *m 1. MED* hémorragie *f,* saignée *f; 2.* (fig*: Weggang vieler Leute)* exode *m,* émigration *f*
Adler ['a:dlər] *m ZOOL* aigle *m*
Adlerauge ['a:dləraugə] *n (fig)* œil perçant *m*
adlig ['a:dlɪç] *adj* noble
Adoption [adɔp'tsjo:n] *f* adoption *f*
Adoptiveltern [adɔp'ti:fɛltərn] *pl* parents adoptifs *m/pl*
Adoptivkind [adɔp'ti:fkɪnt] *n* enfant adoptif *m*
Adressat [adrɛ'sa:t] *m* destinataire *m*
Adresse [a'drɛsə] *f* adresse *f; an die richtige ~ geraten* trouver à qui parler
adressieren [adrɛ'si:rən] *v* adresser
adrett [a'drɛt] *adj* vif, propre
Affäre [a'fɛ:rə] *f* affaire *f,* scandale *m; sich geschickt aus der ~ ziehen* tirer son épingle du jeu

Affe ['afə] *m ZOOL* singe *m; Mich laust der ~.* J'en suis comme deux ronds de flan. *(fam)*/Je n'en reviens pas. *seinem ~n Zucker geben* enfourcher son dada/forcer la mise

Affekt [a'fɛkt] *m* émotion *f,* passion *f*
Affekthandlung [a'fɛkthandluŋ] *f JUR* acte passionnel *m*
affektiert [afɛk'ti:rt] *adj* affecté, maniéré
affig ['afɪç] *adj (fam)* ridicule
Affinität [afini'tɛ:t] *f* affinité *f*
Afrika ['afrika] *n GEO* Afrique *f*
Afrikaner(in) [afri'ka:nər(ɪn)] *m/f* Africain(e) *m/f*
afrikanisch [afri'ka:nɪʃ] *adj* africain, d'Afrique
Afroamerikaner(in) ['afroamerika:nər(ɪn)] *m/f* Afro-américain(ne) *m/f*
afroamerikanisch ['afroamerika:nɪʃ] *adj* afro-américain
Agentur [agɛn'tu:r] *f ECO* agence *f*
aggressiv [agrɛ'si:f] *adj* agressif
agieren [a'gi:rən] *v ~ als* agir comme
agil [a'gi:l] *adj* agil, souple
Ägypten [ɛ'gyptən] *n GEO* Egypte *f*
Ägypter(in) [ɛ'gyptər(ɪn)] *m/f* Egyptien(ne) *m/f*
ägyptisch [ɛ'gyptɪʃ] *adj* égyptien
ah [a:] *interj 1. (Ausdruck des Staunens)* ha; *Ah! Das wusste ich nicht.* Ha! Je ne le savais pas. *2. (Ausdruck der Erleichterung)* ah; *Ah, so ist das!* Ah! C'est donc cela. *3. Ah so!* Tiens!
äh [ɛ:] *interj 1. (Verwunderung ausdrückend)* oh; *2. (Ekel ausdrückend)* pouah; *Äh! Das ist ekelhaft.* Pouah! C'est dégoûtant.
aha [a'ha] *interj* ah, tiens, tiens
ahnden ['a:ndən] *v* punir, réprimer
Ahne ['a:nə] *m* ancêtre *m,* aïeul *m*
ähneln ['ɛ:nəln] *v* ressembler à
ahnen ['a:nən] *v 1. (voraussehen)* pressentir; *2. (befürchten)* redouter

ähnlich ['ɛ:nlɪç] *adv* semblable à; *Das sieht ihm ~.* Cela lui ressemble.

Ähnlichkeit ['ɛ:nlɪçkaɪt] *f* similitude *f,* ressemblance *f; Er hat ~ mit jdm, den ich kenne.* Il a des faux airs de qn que je connais.
Ahnung ['a:nuŋ] *f 1. (Vorgefühl)* pressentiment *m,* intuition *f; nicht die leiseste ~ von etw haben/keine blasse ~ von etw haben* ne pas avoir la moindre idée de qc; *2. (Befürchtung)* soupçon *m,* crainte *f*
ahnungslos ['a:nuŋslo:s] *adj* qui ne se doute de rien, inconscient
Ahnungslosigkeit ['a:nuŋslozɪçkaɪt] *f* ignorance *f*
Ahorn ['a:hɔrn] *m BOT* érable *m*
Ähre ['ɛ:rə] *f BOT* épi *m*
Aids [eɪdz] *n MED* sida *m*
aidsinfiziert ['eɪdzɪnfizi:rt] *adj MED* atteint du sida

Aidskranke(r) ['eɪdzkraŋkə(r)] *m/f MED* sidéen(ne) *m/f*
Akademie [akade'miː] *f* académie *f*
Akademiker(in) [aka'deːmɪkər(ɪn)] *m/f* diplomé(e) *m/f*
akademisch [aka'deːmɪʃ] *adj* académique
akklimatisieren [aklimati'ziːrən] *v sich ~* s'acclimater
Akkord [a'kɔrt] *m 1. MUS* accord de musique *m; 2. im ~ arbeiten ECO* travailler aux pièces
akkurat [aku'raːt] *adj* exact, méticuleux, tatillon, scrupuleux, maniaque
Akne ['aknə] *f MED* acné *f*
akribisch [ak'riːbiʃ] *adj* méticuleux, minutieux
Akt [akt] *m 1. (Tat)* acte *m,* action *f; 2. (Zeremonie)* acte *m,* cérémonie *f; 3. JUR* acte juridique *m; 4. MED* acte médical *m; 5. THEAT* acte *m; 6. ART* nu *m*
Akte ['aktə] *f* dossier *m,* acte *m,* document *m,* pièce *f*
Aktenablage ['aktənaplaːgə] *f* classeur *m*
Aktentasche ['aktəntaʃə] *f* serviette *f*
Aktenzeichen ['aktəntsaɪçən] *n* référence *f,* numéro de dossier *m*
Akteur [ak'tøːr] *m* acteur *m,* lot d'actions *m*
Aktie ['aktsjə] *f FIN* action *f*
Aktion [ak'tsjoːn] *f* action *f,* œuvre de charité *f; ~ Sorgenkind* œuvre en faveur de l'enfance handicapée *f*
Aktionär [aktsjo'nɛːr] *m FIN* actionnaire *m,* porteur *m*
aktiv [ak'tiːf] *adj* actif
aktivieren [akti'viːrən] *v 1.* activer, stimuler; *2. ECO* porter à l'actif
Aktivität [aktivi'tɛːt] *f* activité *f*
aktualisieren [aktuali'ziːrən] *v* actualiser, mettre à jour
aktuell [aktu'ɛl] *adj* actuel
akupunktieren [akupuŋk'tiːrən] *v* faire de l'acuponcture, se faire de l'acuponcture
Akustik [a'kustɪk] *f* acoustique *f*
akustisch [a'kustɪʃ] *adj* acoustique
akut [a'kuːt] *adj* aigu, urgent
Akzent [ak'tsɛnt] *m* accent *m; mit ~ sprechen* avoir un accent; *ohne ~ sprechen* parler sans accent
akzentuieren [aktsɛn'tuiːrən] *v* accentuer, mettre l'accent sur, insister sur
akzeptabel [aktsɛp'taːbəl] *adj* acceptable
Alarm [a'larm] *m* alarme *f; ~ geben* donner l'alerte; *blinder ~* fausse alerte *f*
alarmbereit [a'larmbəraɪt] *adj* se tenir prêt à répondre à l'état d'alerte
alarmieren [alar'miːrən] *v* alarmer, alerter
albern ['albərn] *adj* niais, sot, stupide
Album ['album] *n* album *m*
Algen ['algən] *pl BOT* algues *f/pl*
Alimente [ali'mɛntə] *pl JUR* pension alimentaire *f*
Alkohol ['alkohoːl] *m* alcool *m*
alkoholabhängig [alko'hoːlaphɛŋɪç] *adj* alcoolique
Alkoholabhängigkeit [alko'hoːlaphɛŋɪçkaɪt] *f* alcoolisme *m*
Alkopop ['alkopɔp] *n* pré-mix *m,* premix *m,* alcopop *m*
All [al] *n* univers *m*
alle ['alə] *pron 1.* tous/toutes; *adj 2.* tous les/toutes les
alledem [alə'deːm] *pron* tout ça
Allee [a'leː] *f* allée *f*
allegorisch [ale'goːrɪʃ] *adj* allégorique

> **allein** [a'laɪn] *adj* seul; *~ stehend* seul, célibataire, non marié; *~ erziehend* monoparental

Alleinerbe [a'laɪnɛrbə] *m JUR* héritier unique *m,* seul héritier *m*
Alleinerziehende(r) [a'laɪnɛrtsiːəndə(r)] *m/f* père/mère élevant seul(e) son enfant *m/f*
Alleinherrscher(in) [a'laɪnhɛrʃər(ɪn)] *m/f* souverain(e) absolu(e) *m/f*
alleinig [a'laɪnɪç] *adj* unique, exclusif
allemal [alə'maːl] *m* de toute façon; *Allemal!* bien sûr!
allenfalls [alən'fals] *adv* au besoin, à la rigueur, tout au plus
allenthalben ['alənt'halbən] *adv* partout, en tous lieux
allerbeste(r,s) ['alər'bɛstə(r,s)] *adj* le meilleur de tous/la meilleure de toutes; *das Allerbeste* le fin du fin *m*/le dessus du panier *m*
allerdings [alər'dɪŋs] *adv 1.* assurément, bien entendu; *2. (einschränkend)* pourtant, cependant
allererste(r,s) ['alər'erstə(r,s)] *adj* le premier de tous/la première de toutes; *Strümpfe ~r Wahl* des chaussettes de premier choix
allergisch [a'lɛrgɪʃ] *adj MED* allergique
allerhand ['alər'hant] *adj 1. (viel)* beaucoup de, bien de; *2. (vielerlei)* toutes sortes de; *3. (fam)* gonflé; *Das ist ~!* C'est gonflé!/C'est du propre!

Allerheiligen [alər'haılıgən] *n REL* Toussaint *f*
allerhöchste(r,s) [alər'høːçstə(r,s)] *adj* maximum, plus haut(e), plus élevé(e)
allerhöchstens ['alər'høːçstəns] *adv* tout au plus
allerlei ['alər'laı] *adj* toutes sortes de
Allerlei ['alərlaı] *n 1.* pot-pourri *m; 2. GAST* macédoine *f*
allerletzte(r,s) [alər'lɛtstə(r,s)] *adj* ultime
allerliebste(r,s) ['alər'liːpstə(r,s)] *adj* adorable, ravissant
Allerseelen [alər'zeːlən] *n REL* fête des morts *f*
allerseits [alər'zaıts] *adv* tout le monde *m*

alles ['aləs] *pron* tout; *~ in allem* après tout/tout compte fait

allesamt ['alə'zamt] *adv* tous/toutes ensemble
allgegenwärtig [al'geːgənvɛrtıç] *adj* omniprésent
allgemein [algə'maın] *adj 1.* général; *adv 2.* d'une façon générale, généralement, en général; *~ bildend* de culture générale; *~ gültig* valable partout, établi; *~ verständlich* intelligible
Allgemeinheit [algə'maınhaıt] *f* généralité *f*, communauté *f*
Allianz [al'jants] *f* alliance *f*
alliiert [ali'iːrt] *adj POL* allié *m*
alljährlich [al'jɛːrlıç] *adj 1.* annuel; *adv 2.* annuellement, tous les ans
allmächtig [al'mɛçtıç] *adj 1.* omnipuissant; *2. (Gott) REL* omnipuissant
allmählich [al'mɛːlıç] *adj 1.* progressif, graduel; *adv 2.* progressivement, petit à petit, peu à peu
Allradantrieb ['alratantriːp] *m TECH* quatre roues motrices *f/pl*, véhicule tout terrain *m*
Allrounder ['ɔːl'raʊndə] *m* personne polyvalente *f*
allseits ['alzaıts] *adv* de tous côtés
Alltag ['altaːk] *m* quotidien *m*, vie quotidienne *f*
Alltagssprache ['altaːksʃpraːxə] *f* langue de tous les jours *f*
Allüre [a'lyːrə] *f* allure *f*
allwissend ['al'vısənt] *adj* omniscient
allzu ['altsu] *adv* trop
Alm [alm] *f* pâturage *m*, alpage *m*
Almosen ['almoːzən] *pl* aumône *f*
Alpen ['alpən] *pl GEO* Alpes *f/pl*
alphabetisch [alfa'beːtıʃ] *adj* alphabétique; *~ anordnen* classer par ordre alphabétique
Alptraum ['alptraum] *m* cauchemar *m; Davon bekomme ich Alpträume.* Ça me donne des cauchemars.
als [als] *konj 1. (gleichzeitig)* quand, lorsque; *2. (in der Eigenschaft)* en tant que, comme, en qualité de; *3. (Komparativ)* que, de, de plus de
alsbald [als'bald] *adv* aussitôt, tout de suite, sur-le-champ
also ['alzo] *konj* donc

alt [alt] *adj* vieux, ancien; *jdn für soundso ~ halten* donner un âge à qn; *Alles ist beim Alten.* Rien n'a changé. *~ aussehen (fig)* avoir l'air fin/avoir l'air malin; *Das ist ein ~er Hut. (fig)* Ce n'est pas nouveau. *~es Haus (fig)* vieille branche *f*, vieux pote *m*

altbacken ['altbakən] *adj 1. GAST* rassis; *2.* (fig*: altmodisch)* réchauffé
altbekannt ['altbə'kant] *adj* connu depuis longtemps, bien connu
altbewährt ['altbə'vɛːrt] *adj* éprouvé par une longue expérience
Alte(r) ['altə(r)] *m/f 1. (alter Mensch)* vieux/vieille *m/f; 2. (Vorfahr)* ancêtre *m/f; Wie die ~n sungen, so zwitschern die Jungen.* Tel père, tel fils. *3. (fam: Elternteil) meine Alten* mes vieux *m/pl; 4. (fam: Chef(in))* chef *m*
altehrwürdig ['alt'eːrvyrdıç] *adj* vénérable, respectable
alteingesessen ['alt'aıngəzɛsən] *adj* anciennement établi

Alter ['altər] *n* âge *m; Man sieht ihm sein ~ nicht an.* On ne lui donne pas son âge./Il ne fait pas son âge. *Er ist in meinem ~.* Il est de mon âge.

älter ['ɛltər] *adj* aîné, plus vieux, plus âgé; *Er ist zwei Jahre ~ als ich.* Il a deux ans de plus que moi.
altern ['altərn] *v* vieillir
alternativ [altərna'tiːf] *adj* alternatif
Alternative(r) [altərna'tiːvə(r)] *m/f 1. POL* alternatif/alternative *m/f; 2. (Angehörige(r) der Umweltbewegung)* écologiste *m/f*
altersbedingt ['altərsbədıŋkt] *adj* dû à l'âge
altersgerecht ['altərsgərɛçt] *adj* adapté à l'âge
Altersheim ['altərshaım] *n* maison de retraite *f*, foyer du troisième âge *m*

Altersklasse ['altərsklasə] *f* classe d'âge *f*
Altersrente ['altərsrɛntə] *f* retraite *f*
altersschwach ['altərsʃvax] *adj* sénile, décrépit
Altersschwäche ['altərsʃvɛçə] *f* sénilité *f,* affaiblissement par l'âge *m,* décrépitude *f*
Altertum ['altərtu:m] *n HIST* Antiquité *f*
altertümlich ['altərtymlɪç] *adj* antique, ancien
Älteste(r) ['ɛltəstə(r)] *m/f* ainé(e) *m/f*
Ältestenrat ['ɛltəstənra:t] *m* conseil des anciens *m*
althergebracht [alt'he:rgəbraxt] *adj* traditionnel, ancien, antique
altklug ['altklu:k] *adj* de blanc-bec; *den Altklugen spielen* prendre des airs de grande personne; *~ sein* être un blanc-bec
Altlasten ['altlastən] *f/pl* pollution *f/pl,* décharges desaffectées *f/pl*
Altmaterial ['altmaterja:l] *n TECH* matériau de récupération *m*
altmodisch ['altmo:dɪʃ] *adj* démodé, passé de mode
Altöl ['altø:l] *m TECH* huile usée *f,* huile de vidange *f*
Altpapier ['altpapi:r] *n* papier à recycler *m,* vieux papiers *m/pl,* papier recyclé *m*
Altstadt ['altʃtat] *f* vieille ville *f,* cité *f,* vieux quartiers *m/pl*
Altweibersommer [alt'vaɪbərzɔmər] *m* été de la Saint-Martin *m*
Alufolie ['alufo:ljə] *f* papier d'aluminium *m,* feuille d'aluminium *f*
am *(= an dem) (siehe „an")*
Amazonas [ama'tso:nas] *m GEO* Amazone *f*
Amazone [ama'tso:nə] *f* amazone *f*
ambitioniert [ambitsjo'ni:rt] *adj* ambitieux
ambivalent [ambiva'lɛnt] *adj* ambivalent, double
Amboss ['ambɔs] *m TECH* enclume *f*
ambulant [ambu'lant] *adj MED* ambulatoire, en consultation externe
Ambulanz [ambu'lants] *f 1. (Wagen) MED* ambulance *f; 2. (Abteilung) MED* service ambulatoire *m*
Ameise ['a:maɪzə] *f ZOOL* fourmi *f*
Ameisenbär ['a:maɪzənbɛ:r] *m ZOOL* fourmilier *m*
Ameisenhaufen ['a:maɪzənhaufən] *m ZOOL* fourmilière *f*
Amen ['a:mən] *n* amen *m; zu allem Ja und ~ sagen* dire amen à tout; *so sicher wie das ~ in der Kirche* aussi sûr que deux et deux font quatre; *sein ~ zu etwas geben* donner son consentement à qc
Amerika [a'me:rika] *n GEO* Amérique *f*
Amerikaner(in) [ameri'ka:nər(ɪn)] *m/f* Américain(e) *m/f*
amerikanisch [ameri'ka:nɪʃ] *adj* américain
Amme ['amə] *f* nourrice *f*
Amokläufer ['amoklɔyfər] *m* forcené *m,* fou furieux *m*
amoralisch ['amora:lɪʃ] *adj* amoral
amourös [amu'rø:s] *adj* relatif à une liaison amoureuse, amoureux
Ampel ['ampəl] *f* feux de signalisation *m/pl,* feu *m*
amphibisch [am'fi:bɪʃ] *adj BOT* amphibie
amputieren [ampu'ti:rən] *v MED* amputer
Amsel ['amzəl] *f ZOOL* merle *m*
Amt [amt] *n 1. (Behörde)* service *m,* bureau *m,* office *m,* administration *f; 2. (Stellung)* poste *m,* fonction *f; 3. (Telefonamt)* service des télécommunications *m*
amtieren [am'ti:rən] *v* être en fonction
amtlich ['amtlɪç] *adj* officiel
Amtsanmaßung ['amtsanma:suŋ] *f JUR* usurpation de fonctions *f,* abus d'autorité *m*
Amtsantritt ['amtsantrɪt] *m* entrée en fonction *f*
Amtsarzt ['amtsartst] *m* médecin de la Sécurité Sociale *m,* médecin conseil *m*
Amtsblatt ['amtsblat] *n* bulletin administratif *m,* bulletin officiel (B.O.) *m*
Amtsdeutsch ['amtsdɔytʃ] *n* jargon administratif allemand *m*
Amtseid ['amtsaɪt] *m JUR* serment de fidélité *m*
Amtsgericht ['amtsgərɪçt] *n JUR* tribunal de première instance *m*
Amtshandlung ['amtshandluŋ] *f* exercice d'une fonction publique *m,* acte officiel *m*
Amtsinhaber(in) ['amtsɪnha:bər(ɪn)] *m/f* détenteur d'une fonction/détentrice d'une fonction *m/f*
Amtskirche ['amtskɪrçə] *f REL* Eglise officielle *f*
Amtsmissbrauch ['amtsmisbraux] *m* abus de pouvoir *m*
Amtsschimmel ['amtsʃɪməl] *m (fam)* paperasserie *f,* bureaucratie *f*
Amtszeit ['amtstsaɪt] *f* mandat *m,* durée de la fonction *f,* durée de la charge *f*
Amulett [amu'lɛt] *n* amulette *f*
amüsant [amy'zant] *adj* amusant

A

Amüsement [amys'mɑ̃ː] *n* amusement *m*
amüsieren [amy'ziːrən] *v sich ~* s'amuser

an [an] *prep 1. (nahe bei)* près de, auprès de; *am Feuer* près du feu; *Stadt ~ einem Fluss* ville sur une rivière *f; 2. (örtlich)* à, contre; *~ der Tür* à la porte; *jdn am Arm packen* saisir qn par le bras; *~ der Hand* à la main; *~ etw liegen* venir de qc; *~ etw leiden* souffrir de qc; *~ etw sterben* mourir de qc; *arm ~* pauvre en; *reich ~* riche en; *~ den See fahren* aller sur les bords du lac/aller sur les rives du lac; *3. (zeitlich)* à; *am Abend* le soir; *von ... ~* dès ...; *von jetzt ~* à partir de ce moment; *~ einem Tag* un jour; *am Tag seiner Geburt* le jour de sa naissance; *am hellen Tag* en plein jour; *Es ist ~ der Zeit zu ...* Il est temps de ...; *von diesem Zeitpunkt ~* à partir de ce moment-là/à partir de là; *4. (in)* dans, en; *~ einem Ort* dans un endroit/en un endroit; *5. (für) Das Paket ist ~ Sie.* Le colis est pour vous. *~ den Direktor* au directeur *6. ~ sein* être allumé, être branché, être en service

anachronistisch [anakro'nɪstɪʃ] *adj* anachronique
Analphabet ['analfabeːt] *m* analphabète *m,* illettré *m*
Analyse [ana'lyːzə] *f* analyse *f*
Ananas ['ananas] *f BOT* ananas *m*
Anarchie [anar'çiː] *f POL* anarchie *f*
anatomisch [ana'toːmɪʃ] *adj* anatomique
anbaggern ['anbagərn] *v (fam) jdn ~* draguer qn
anbahnen ['anbaːnən] *v* frayer, préparer la voie
Anbau ['anbau] *m 1. (Gebäude)* construction annexe *f,* aile *f,* agrandissement *m; 2. AGR* culture *f,* exploitation *f*
anbauen ['anbauən] *v 1. (Gebäude)* adosser, ajouter; *2. AGR* cultiver, exploiter
anbehalten ['anbəhaltən] *v irr* garder
anbei [an'baɪ] *adv* ci-joint, ci-inclus, sous ce pli
anbeißen ['anbaɪsən] *v irr 1. (beißen)* mordre dans; *Der Fisch beißt an.* Le poisson mord à l'hameçon. *2. (fam)* se laisser prendre, gober
anbelangen ['anbəlaŋən] *v* concerner
anberaumen ['anbəraumən] *v* fixer, déterminer
anbeten ['anbeːtən] *v* adorer
Anbetracht ['anbətraxt] *m* considération *f; in ~* en considération de, vu; *in ~ der Tatsache, dass ...* attendu que.../étant donné que...
Anbetung ['anbeːtuŋ] *f* adoration *f*
anbiedern ['anbiːdərn] *v sich ~* faire le gentil auprès de, faire des avances
anbieten ['anbiːtən] *v irr* proposer, offrir
Anbieter ['anbiːtər] *m 1. (einer Ware) ECO* offrant *m; 2. (einer Dienstleistung)* prestataire de services *m*
anbinden ['anbɪndən] *v irr 1.* attacher; *2. mit jdm ~* chercher querelle à qn, prendre qn à partie
Anbindung ['anbɪnduŋ] *f* liaison *f,* connexion *f; 2. (Verkehr)* voie de raccordement *f*
Anblick ['anblɪk] *m* regard *m,* coup d'œil *m,* vue *f,* aspect *m*
anblicken ['anblɪkən] *v* regarder
anbraten ['anbraːtən] *v irr GAST* rôtir légèrement, saisir
anbrechen ['anbrɛçən] *v irr 1.* entamer, écorner; *2. (fig)* se lever
anbrennen ['anbrɛnən] *v irr 1.* brûler, prendre feu; *2. (Zigarre)* allumer; *3. nichts ~ lassen* ne pas en rater une
anbringen ['anbrɪŋən] *v irr 1. (befestigen)* fixer, attacher; *2. (vortragen)* exposer, bien exposer; *3. (fam: herbringen)* ramener
Andacht ['andaxt] *f REL* méditation *f,* recueillement *m,* prière *f*
andächtig ['andɛçtɪç] *adj 1.* attentif, recueilli; *2. REL* pieux, religieux, dévot
andauern ['andauərn] *v* durer, persister
Andenken ['andɛŋkən] *n (Erinnerung)* souvenir *m,* mémoire *f*

andere(r,s) ['andərə(r,s)] *adj 1.* autre; *Ich habe schon ganz ~ Dinge erlebt.* J'en ai vu bien d'autres. *Das ist etw ~s.* C'est une autre paire de manches. *pron 2.* l'autre/d'autres

andererseits ['andərərzaɪts] *adv* d'un autre côté, d'autre part
andermal ['andərmaːl] *adv ein ~* une autre fois, à l'avenir
ändern ['ɛndərn] *v 1. etw ~* modifier qc, changer qc; *2. sich ~* changer
andernfalls ['andərnfals] *adv* autrement, sinon, dans le cas contraire
anders ['andərs] *adj* différent, autre; *~ denkend POL* dissident; *~ lautend* contraire, divergent
andersherum ['andərshɛrum] *adv* inversement, en d'autres termes
anderthalb ['andərt'halp] *num* un et demi
Änderung ['ɛndəruŋ] *f* modification *f,* changement *m*

andeuten ['andɔytən] *v* faire allusion à
Andeutung ['andɔytuŋ] *f* allusion *f; ~en machen* faire des sous-entendus
andeutungsweise ['andɔytuŋsvaɪzə] *adv* vaguement
andichten ['andɪçtən] *v jdm etw ~* imputer qc à qn, attribuer faussement qc à qn
Andrang ['andraŋ] *m* affluence *f*
andrehen ['andreːən] *v 1. (einschalten)* tourner le bouton pour allumer; *2. (fam) jdm etw ~* refiler qc à qn
androhen ['androːən] *v* menacer, annoncer
anecken ['anɛkən] *v (fig) bei jdm ~* choquer qn, heurter qn
aneignen ['anaɪgnən] *v sich ~* s'approprier
aneinander [anaɪ'nandər] *adv* l'un près de l'autre, l'un contre l'autre; *~ fügen* joindre l'un à l'autre; *mit jdm ~ geraten* se heurter à qn, se heurter avec qn, avoir une prise de bec avec qn; *~ reihen* mettre en file, mettre à la file; *~ reihen (Gedanken)* enchaîner; *~ grenzen* se toucher; *~ grenzend* attenant, contigu, limitrophe
anekeln ['aneːkəln] *v (fam)* dégoûter
anerkannt ['anɛrkant] *adj* reconnu
anerkennen ['anɛrkɛnən] *v irr* reconnaître, accepter, admettre
anerkennend ['anɛrkɛnənt] *adj 1.* reconnaissant; *adv 2.* avec reconnaissance
anerkennenswert ['anɛrkɛnənsveːrt] *adj* digne de reconnaissance, digne d'être reconnu, louable, méritoire
Anerkennung ['anɛrkɛnuŋ] *f* reconnaissance *f*
anfachen ['anfaxən] *v 1. (Feuer)* attiser; *2.* (fig*: anspornen)* aiguillonner, stimuler
anfahren ['anfaːrən] *v irr 1. (fahren gegen)* heurter, accrocher, rentrer dans *(fam)*; *2. (losfahren)* démarrer, se mettre en marche; *3. (Maschine) TECH* mettre en marche; *4.* (fig*: schimpfen) jdn ~* engueuler qn, rabrouer qn
Anfahrt ['anfaːrt] *f 1. (Fahrt)* arrivée *f; 2. (Zufahrt)* accès *m*
anfallen ['anfalən] *v (Kosten)* être généré
anfällig ['anfɛlɪç] *adj* de santé délicate, fragile, chétif, malingre
Anfälligkeit ['anfɛlɪçkaɪt] *f* faiblesse *f,* fragilité *f*

> **Anfang** ['anfaŋ] *m* début *m,* commencement *m; Das ist der ~ vom Ende.* C'est le commencement de la fin. *noch am ~ stehen* n'en être qu'à ses débuts; *von ~ an* dès le début

anfangen ['anfaŋən] *v irr* commencer, débuter; *Das fängt ja gut an.* Ça commence bien. *Sie haben es falsch angefangen.* Vous êtes mal parti.
Anfänger(in) ['anfɛŋər(ɪn)] *m/f* débutant(e) *m/f; noch ~ sein* en être à son coup d'essai/être un débutant
anfangs ['anfaŋs] *adv* au commencement, au début, initialement; *gleich ~* dès le début, de prime abord
Anfangsbuchstabe ['anfaŋsbuːxʃtaːbə] *m* initiale *f*
anfassen ['anfasən] *v 1. (berühren)* toucher à; *2. (greifen)* saisir, empoigner
anfauchen ['anfauxən] *v 1. (Katze)* cracher, souffler; *2. (fam: Menschen)* enguirlander, rabrouer, engueuler
anfechtbar ['anfɛçtbaːr] *adj 1.* discutable, contestable; *2. (angreifbar) JUR* attaquable
Anfechtbarkeit ['anfɛçtbaːrkaɪt] *f* contestabilité *f*
anfechten ['anfɛçtən] *v irr 1.* attaquer, combattre, contester; *2. JUR* contester la validité de, faire appel
Anfeindung ['anfaɪnduŋ] *f* hostilité *f*
anfertigen ['anfɛrtɪgən] *v 1.* fabriquer, confectionner; *2. (Schriftstück)* rédiger
anfeuchten ['anfɔyçtən] *v* humecter, mouiller, humidifier
anfeuern ['anfɔyərn] *v (fig)* enflammer, animer, exciter
anflehen ['anfleːən] *v* implorer, supplier
anfliegen ['anfliːgən] *v irr* s'approcher de, voler sur, se diriger vers
Anflug ['anfluːk] *m 1. (eines Flugzeugs)* arrivée *f; 2. ~ von* (fig*: Hauch)* brin de *f,* idée de *f,* soupçon de *m*
anfordern ['anfɔrdərn] *v* commander
Anforderung ['anfɔrdəruŋ] *f 1. (Anspruch)* exigence *f; seine ~en zurückschrauben* mettre de l'eau dans son vin; *2. (Bestellung)* demande *f,* commande *f*
Anfrage ['anfraːgə] *f 1.* demande d'information *f; 2. POL* interpellation *f*
anfragen ['anfraːgən] *v* se renseigner, prendre des informations
anfreunden ['anfrɔyndən] *v sich ~* se lier d'amitié
anführen ['anfyːrən] *v 1. (führen)* conduire, amener; *2. (zitieren)* citer, donner
Anführer(in) ['anfyːrər(ɪn)] *m/f* meneur/meneuse *m/f,* chef *m/f*
Anführungszeichen ['anfyːruŋstsaɪçən] *pl* guillemets *m/pl; in ~* entre guillemets

A

Angabe ['anga:bə] *f 1.* indication *f; 2. (fam: Prahlerei)* vantardise *f,* frime *f; 3. ~n pl (Daten) TECH* données *f/pl,* instruction *f*
angeben ['ange:bən] *v irr 1.* indiquer; *2. (fam: prahlen)* se vanter, se faire valoir, fanfaronner, frimer, crâner
Angeber ['ange:bər] *m (fam)* vantard *m,* crâneur *m,* fanfaron *m*
Angebetete(r) ['angəbe:tətə(r)] *m/f* adoré(e) *m/f,* bien-aimé(e) *m/f*
angeblich ['ange:plıç] *adj* soi-disant, prétendu, supposé
angeboren ['angəbo:rən] *adj 1.* de naissance, inné; *2. MED* congénital
Angebot ['angəbo:t] *n* offre *f*
angebracht ['angəbraxt] *adj* convenable, de circonstance, opportun
angebrannt ['angəbrant] *adj 1.* brûlé; *2. (Geruch)* roussi
angebrochen ['angəbrɔxən] *adj 1. (Knochen)* fêlé; *2.* (fig*: Abend)* tombé, commencé; *3. (Büchse)* entamé
angebunden ['angəbundən] *adj kurz ~* brusque, peu aimable
angegeben ['angəge:bən] *adj 1. (bezeichnet)* mentionné; *v 2. (geprahlt)* crâner
angegossen ['angəgɔsən] *adj wie ~ passen* aller comme un gant
angegraut ['angəgraut] *adj* grisonnant
angegriffen ['angəgrıfən] *adj 1. MIL* attaqué, assailli; *2. (Gesundheit)* fatigué, souffrant
angeheiratet ['angəhaıra:tət] *adj* par alliance
angeheitert ['angəhaıtərt] *adj* guilleret, gai, éméché, pompette
angehen ['ange:ən] *v irr 1. (beginnen)* commencer; *2. (fam: Licht)* s'allumer; *3. (betreffen)* concerner; *jdn ~* regarder qn/concerner qn; *4. (bitten) jdn um etw ~* demander qc à qn; *Er ging mich um Geld an.* Il me demanda de l'argent.
angehend ['ange:ənt] *adj* futur, nouveau, approchant
angehören ['angəhø:rən] *v* faire partie de, appartenir à
Angehörige(r) ['angəhø:rıgə(r)] *m/f 1. (eines Staates)* ressortissant(e) *m/f; 2. (Verwandte(r))* famille *f,* membre *m; 3. (eines Unternehmens)* personnel *m*
angeklagt ['angəkla:kt] *adj JUR* accusé, inculpé, présumé innocent
Angeklagte(r) ['angəkla:ktə(r)] *m/f JUR* accusé(e) *m/f,* inculpé(e) *m/f,* prévenu(e) *m/f*
angeknackst ['angəknakst] *adj* légèrement fêlé, ébréché
Angel ['aŋəl] *f 1. SPORT* ligne *f; 2. (Türangel)* gond *m; die Welt aus den ~n heben* refaire le monde; *zwischen Tür und ~* sur le pas de la porte/entre deux portes
angelegen ['angəle:gən] *adj sich etw ~ sein lassen* s'occuper de qc, prendre soin de qc, se charger de qc
Angelegenheit ['angəle:gənhaıt] *f* affaire *f; Das ist eine lästige ~.* C'est une corvée.
angeln ['aŋəln] *v* pêcher (à la ligne)
angemessen ['angəmɛsən] *adj* approprié, convenable, juste

> **angenehm** ['angəne:m] *adj* agréable; *ein ~es Leben führen* mener une vie agréable; *das Angenehme mit dem Nützlichen verbinden* joindre l'utile à l'agréable; *Angenehm!* Enchanté(e)!

angenommen ['angənɔmən] *adj 1. (adoptiert)* adopté; *2. (geschätzt)* supposé, estimé, accepté
angepasst ['angəpast] *adj 1.* adapté; *2. (fig)* conformiste
angeregt ['angəre:kt] *adj* animé
angereichert ['angəraıçərt] *adj* enrichi
angeschlagen ['angəʃla:gən] *adj 1. (beschädigt)* endommagé, détérioré; *2. (erschöpft)* épuisé; *~e Gesundheit* mauvaise santé *f*
angesehen ['angəze:ən] *adj ~ sein* être bien vu, être bien considéré, être un notable
Angesicht ['angəzıçt] *n* visage *m,* figure *f,* face *f; jdm von ~ zu ~ gegenüberstehen* se trouver face à face avec qn
angesichts ['angəzıçts] *prep 1.* en face de, en présence de, vis-à-vis de; *2.* (fig*: im Hinblick auf)* eu égard à, quant à
angespannt ['angəʃpant] *adj* tendu
angestellt ['angəʃtɛlt] *adj* employé, embauché, nommé
Angestellte(r) ['angəʃtɛltə(r)] *m/f* employé(e) *m/f*
angestrengt ['angəʃtrɛŋt] *adj 1. (erschöpft)* épuisé; *2. (bemüht)* zélé
angetan ['angəta:n] *adj 1. ~ sein von* être conquis, être charmé; *2. dazu ~ sein* être fait pour qc
angewiesen ['angəvi:zən] *adj auf etw ~ sein* dépendre de qc, être tributaire de qc
angewöhnen ['angəvø:nən] *v 1. jdm etw ~* habituer qn à qc; *2. sich etw ~* prendre l'habitude de qc, s'accoutumer à qc

Angewohnheit ['angəvo:nhaɪt] *f* habitude *f,* pli *m*
angewurzelt ['angəvurtsəlt] *adj wie ~ dastehen* être complètement figé, être comme paralysé, être cloué sur place; *wie ~* comme une souche, comme figé
anglikanisch [aŋgli'ka:nɪʃ] *adj REL* anglican
angreifen ['angraɪfən] *v irr 1.* attaquer, assaillir; *2. (Gemüt)* saisir, affecter, secouer, émouvoir; *3. (schaden)* attaquer, ronger; *4. (beschädigen)* endommager
angrenzen ['angrɛntsən] *v ~ an* toucher à, être limitrophe de, être en bordure de
Angriff ['angrɪf] *m* attaque *f*

Angst [aŋst] *f* peur *f; es mit der ~ zu tun kriegen* serrer les fesses

Angsthase ['aŋstha:zə] *m* peureux *m,* froussard *m,* poltron *m*
ängstigen ['ɛŋstɪgən] *v 1. jdn ~* inquiéter qn; *2. sich ~* se tourmenter, s'inquiéter
ängstlich ['ɛŋstlɪç] *adj* craintif, peureux, inquiet, anxieux
Angstschweiß ['aŋstʃvaɪs] *m der ~* sueur d'angoisse *f*
angstvoll ['aŋstfɔl] *adj* angoissé, plein d'angoisse
angurten ['angurtən] *v sich ~* mettre la ceinture *f,* s'attacher
anhaben ['anha:bən] *v irr 1. (Kleidung)* porter; *2. (fig)* avoir prise sur; *Er kann mir nichts ~.* Il n'a pas de prise sur moi.
anhalten ['anhaltən] *v irr 1. (stehen bleiben)* s'arrêter; *2. (fortdauern)* durer, être continu; *3. (zurückhalten)* retenir
Anhalter ['anhaltər] *m* auto-stoppeur *m; per ~ fahren* faire du stop/voyager en stop
Anhaltspunkt ['anhaltspuŋkt] *m* point de départ *m,* point d'appui *m*
anhand [an'hant] *prep* à l'aide de
Anhang ['anhaŋ] *m* annexe *f,* supplément *m,* appendice *m*
anhängen ['anhɛŋən] *v 1. (befestigen)* accrocher; *2. (zugehörig sein)* adhérer
Anhänger ['anhɛŋər] *m 1. (Wagen)* remorque *f; 2. (Schild)* étiquette *f; 3. (Schmuck)* pendentif *m,* pendeloque *f; 4. (Befürworter)* partisan *m,* adhérent *m*
anhänglich ['anhɛŋlɪç] *adj* attaché, dévoué, fidèle, loyal
Anhängsel ['anhɛŋsəl] *n (fam)* breloque *f*
anhauchen ['anhauxən] *v* faire de la buée, souffler sur
anhäufen ['anhɔyfən] *v* entasser, accumuler, amasser, empiler, amonceler
anheben ['anhe:bən] *v irr 1. (hochheben)* soulever; *2. (erhöhen)* relever
anheften ['anhɛftən] *v* agrapher, fixer
anheuern ['anhɔyərn] *v* engager, inscrire au rôle d'équipage
Anhieb ['anhi:p] *m auf ~* du premier coup
anhimmeln ['anhɪməln] *v* adorer, porter aux nues, idôlatrer
Anhöhe ['anhø:ə] *f* hauteur *f,* colline *f,* butte *f,* mont *m*
anhören ['anhø:rən] *v 1. jdn ~* prêter l'oreille à ce que dit qn, écouter qn; *2. sich gut ~* avoir l'air intéressant
Anhörung ['anhø:ruŋ] *f 1. JUR* audience *f; 2. (eines Zeugen) JUR* audition *f*
Animateur [anima'tø:r] *m* animateur *m*
animieren [ani'mi:rən] *v* inciter, inviter
ankämpfen ['ankɛmpfən] *v gegen etw ~* lutter contre qc, se battre contre qc
Ankauf ['ankauf] *m* achat *m,* acquisition *f*
ankaufen ['ankaufən] *v* acheter, faire l'acquisition de, acquérir
Anker ['aŋkər] *m* ancre *f*
ankern ['aŋkərn] *v* jeter l'ancre, mouiller, amarrer le navire
anketten ['ankɛtən] *v* enchaîner
Anklage ['ankla:gə] *f 1. (Beschuldigung)* accusation *f; 2. JUR* inculpation *f*
anklagen ['ankla:gən] *v 1. (beschuldigen)* accuser, incriminer; *2. JUR* inculper
Ankläger ['anklɛ:gər] *m JUR* accusateur *m,* plaignant *m*
ankleiden ['anklaɪdən] *v 1. jdn ~* habiller qn; *2. sich ~* s'habiller
anklingen ['anklɪŋən] *v irr etw ~ lassen* évoquer qc, faire allusion *f*
anknüpfen ['anknypfən] *v an etw ~* rattacher à qc, relier à qc
Anknüpfungspunkt ['anknypfuŋspuŋkt] *m* point de rattachement *m*

ankommen ['ankɔmən] *v irr 1.* arriver; *2. (Zustimmung finden)* être accepté, être admis; *3. ~ auf* dépendre de; *Es kommt darauf an.* Cela dépend.

ankreiden ['ankraɪdən] *v 1.* garder rancune; *2. jdm etw ~ (fig)* reprocher qc à qn, accuser qn de qc
ankreuzen ['ankrɔytsən] *v* marquer d'une croix *f,* cocher
ankündigen ['ankyndɪgən] *v* annoncer
Ankunft ['ankunft] *f* arrivée *f*

A

ankurbeln ['ankurbəln] *v* (fig*: beleben)* lancer, mettre en marche, animer
Anlage ['anla:gə] *f 1. (Veranlagung)* aptitude *f; 2. (Geldanlage) FIN* placement financier *m,* investissement *m; 3. (Briefanlage) ECO* placement en obligations *m; 4. (Parkanlage)* parc *m; 5. (Fabrik)* usine *f,* établissement *m,* boîte *f (fig)*
Anlass ['anlas] *m 1. (Gelegenheit)* occasion *f; 2. (Grund)* raison *f,* motif *m*
anlassen ['anlasən] *v irr 1. (Motor)* démarrer; *2. (anbehalten)* garder, ne pas ôter; *3. (eingeschaltet lassen)* laisser en marche, laisser allumé
anlaufen ['anlaufən] *v irr 1. (beginnen)* démarrer, commencer; *2. (Maschinen) TECH* démarrer, se mettre en marche; *3. (beschlagen)* s'embuer
Anlaufzeit ['anlauftsaɪt] *f* temps de démarrage *m,* période de démarrage *f,* temps de mise en route *m*
anlegen ['anle:gən] *v 1. (Kleid, Schmuck)* mettre; *2. (Geld) FIN* placer; *3. (Akte)* établir; *4. (Schiff)* accoster; *5. (Garten)* planter; *5. (Leiter)* appuyer contre; *6. (Verband) MED* mettre, poser
Anlegestelle ['anle:gəʃtɛlə] *f NAUT* embarcadère *m,* débarcadère *m*
anlehnen ['anle:nən] *v 1. ~ an (Gegenstand)* appuyer contre; *2. (Tür)* entrebâiller, entrouvrir; *3. sich ~ an* s'appuyer contre, s'adosser à, s'adosser contre
anleiern ['anlaɪərn] *v (fam)* encourager, stimuler, relancer
Anleihe ['anlaɪə] *f ECO* emprunt *m*
anleimen ['anlaɪmən] *v TECH* coller à
anleiten ['anlaɪtən] *v* diriger, donner des instructions, instruire
Anleitung ['anlaɪtuŋ] *f* instructions *f/pl,* mode d'emploi *m*
anlernen ['anlɛrnən] *v 1.* instruire; *2. (Personal)* former
anliefern ['anli:fərn] *v* livrer
Anlieferung ['anli:fəruŋ] *f* livraison *f*
Anliegen ['anli:gən] *n* demande *f,* prière *f*
anliegen ['anli:gən] *v irr 1. (bevorstehen)* être imminent; *2. (angrenzen)* être riverain
anliegend ['anli:gənt] *adj 1. (eng ~)* collant, moulant; *2. (beiliegend)* ci-joint, ci-inclus
Anlieger ['anli:gər] *m* riverain *m,* voisin *m*
anlocken ['anlɔkən] *v* séduire, attirer, allécher, appâter, affriander
anlügen ['anly:gən] *v irr jdn ~* mentir à qn
anmachen ['anmaxən] *v 1. (befestigen)* attacher, fixer; *2. (einschalten)* allumer; *3. (würzen)* assaisonner, accommoder; *4. (fam: ansprechen) jdn ~* baratiner qn, draguer qn
anmahnen ['anma:nən] *v* exhorter
anmalen ['anma:lən] *v* peindre, passer une couche de peinture
Anmarsch ['anmarʃ] *m 1. (Näherkommen) MIL* approche *f; 2. (Wegstrecke) MIL* trajet *m; 3. (fig)* approche *f*
anmaßend ['anma:sənt] *adj* prétentieux
Anmaßung ['anma:suŋ] *f* prétention *f,* suffisance *f,* arrogance *f*
anmelden ['anmɛldən] *v 1.* déclarer, annoncer; *Sind Sie angemeldet?* Avez-vous pris rendez-vous? *2. (amtlich ~)* déclarer à l'Etat civil, déclarer aux autorités; *3. (Student)* inscrire, immatriculer
Anmeldung ['anmɛlduŋ] *f 1. (Ankunft)* annonce *f; 2. (amtliche ~)* déclaration *f; 3. (Einschreibung)* inscription *f,* immatriculation *f; 4. (Patent)* dépot *m*
anmerken ['anmɛrkən] *v* noter, prendre note, observer, remarquer
Anmerkung ['anmɛrkuŋ] *f* note *f,* remarque *f,* observation *f*
anmotzen ['anmɔtsən] *v (fam)* enguirlander, rabrouer, engueuler
Anmut ['anmu:t] *f* grâce *f,* charme *m*
anmuten ['anmu:tən] *v* sembler, donner l'impression
anmutig ['anmu:tɪç] *adj* gracieux, charmant, joli, ravissant
annageln ['anna:gəln] *v* clouer, fixer avec des clous; *wie angenagelt* comme cloué sur place
annähen ['annɛ:ən] *v* coudre à
annähern ['annɛ:ərn] *v sich ~* s'approcher
annähernd ['annɛ:ərnt] *adj 1.* approchant, approximatif; *adv 2.* appoximativement
Annäherung ['annɛ:əruŋ] *f* approche *f*
Annäherungsversuch ['annɛ:əruŋsfɛrzu:x] *m* avance *f,* tentative d'approche *f,* tentative de rapprochement *f*
Annahme ['anna:mə] *f 1. (Entgegennahme)* réception *f,* admission *f; 2. (Zustimmung)* acceptation *f; 3.* (fig*: Vermutung)* supposition *f*
annehmbar ['anne:mba:r] *adj* acceptable, admissible
annehmen ['anne:mən] *v irr 1. (entgegennehmen)* accepter, adopter, prendre en charge; *2. (zustimmen)* accepter, admettre; *3.* (fig*: vermuten)* supposer

annehmlich ['anneːmlɪç] *adj* agréable
Annehmlichkeit ['anneːmlɪçkaɪt] *f* commodités *f/pl,* agrément *m*
annektieren [anɛk'tiːrən] *v POL* annexer
Annexion [anɛks'joːn] *f POL* annexion *f*
Annonce [a'nɔ̃ːsə] *f* annonce *f,* petite annonce *f*
annoncieren [anɔ̃'siːrən] *v* faire passer une annonce, publier une annonce, mettre une petite annonce
annullieren [anu'liːrən] *v* annuler, révoquer, supprimer, abroger
anordnen ['anɔrdnən] *v 1. (ordnen)* ordonner, ranger, disposer; *2. (befehlen)* ordonner, commander, diriger
Anordnung ['anɔrdnuŋ] *f 1. (Ordnung)* ordre *m; 2. (Befehl)* règlement *m,* ordre *m; 3. ARCH* ordonnance *f,* disposition *f*
anorganisch ['anɔrganɪʃ] *adj* inorganique; *~e Chemie f* chimie minérale *f*
anpacken ['anpakən] *v 1.* saisir; *2. (eine Aufgabe)* aborder
anpassen ['anpasən] *v 1. (fig)* adapter, approprier; *2. sich ~* s'adapter
Anpfiff ['anpfɪf] *m 1. SPORT* coup d'envoi*m; 2. (fam: Schimpfen)* engueulade *f*
anpflanzen ['anpflantsən] *v* planter
anprangern ['anpraŋərn] *v* dénoncer, clouer au pilori, trahir
anpreisen ['anpraɪzən] *v irr* préconiser, recommander
Anprobe ['anproːbə] *f* essayage *m*
anprobieren ['anprobiːrən] *v* essayer, faire un essayage
anquatschen ['ankvatʃən] *v (fam)* baratiner
anraten ['anraːtən] *v irr* conseiller, recommander, suggérer
anrechnen ['anrɛçnən] *v 1.* porter au compte, facturer; *2. (fig)* attribuer à; *jdm etw hoch anrechnen* savoir gré à qn de qc
Anrecht ['anrɛçt] *n ~ auf* droit à *m*
Anrede ['anreːdə] *f 1. (Ansprache)* allocution *f,* discours *m; 2. (Titel)* titre *m,* civilité *f*
anreden ['anreːdən] *v* aborder
anregen ['anreːgən] *v 1. (vorschlagen)* suggérer, proposer; *2. (veranlassen)* inciter à, pousser à, prendre l'initiative de
Anregung ['anreːguŋ] *f 1. (Vorschlag)* proposition *f; 2. (Veranlassung)* incitation *f*
anreichern ['anraɪçərn] *v* enrichir
Anreise ['anraɪzə] *f* arrivée *f*
anreisen ['anraɪzən] *v* arriver
anreißen ['anraɪsən] *v irr 1. (Packung)* entamer; *2. (erwähnen)* évoquer, faire allusion *f; 3. (vorzeichnen) TECH* tracer
Anreiz ['anraɪts] *m* stimulation *f,* impulsion *f,* incitation *f*
anrempeln ['anrɛmpəln] *v* bousculer
anrichten ['anrɪçtən] *v 1. (Schaden)* causer, occasionner; *2. (Essen)* servir, préparer; *3. (fam: anstellen)* en faire de belles
anrüchig ['anryːçɪç] *adj* suspect, mal famé, de mauvaise réputation
anrücken ['anrykən] *v 1.* arriver, s'approcher, s'avancer; *2.* (fig*: ankommen)* s'amener, rappliquer, se radiner
Anruf ['anruːf] *m TEL* appel *m,* coup de téléphone *m,* coup de fil *m*
Anrufbeantworter ['anruːfbəantvɔrtər] *m TEL* répondeur automatique *m*
anrufen ['anruːfən] *v irr* appeler
Anrufung ['anruːfuŋ] *f 1. JUR* appel *m; 2. REL* invocation *f*
anrühren ['anryːrən] *v 1. (berühren)* toucher à; *2. (vermischen)* mélanger
ans *(= an das) (siehe „an“)*
Ansage ['anzaːgə] *f* annonce *f,* communiqué *m,* avis *m*
ansagen ['anzaːgən] *v* annoncer, faire un communiqué, communiquer
Ansager(in) ['anzaːgər(ɪn)] *m/f 1.* présentateur/présentatrice *m/f; 2. (Radioansager(in))* speaker(ine) *m/f*
ansammeln ['anzaməln] *v 1. sich ~* se rassembler; *2. sich ~ (Gegenstände)* s'accumuler, s'amonceler
ansässig ['anzɛsɪç] *adj* établi, domicilié; *sich ~ machen* s'installer, s'établir
Ansatz ['anzats] *m 1. (Anfang)* commencement *m,* début *m; 2. (Ablagerung)* alluvion *m,* dépôt *m; 3. (Haaransatz)* racine *f,* plante *f,* naissance des cheveux *f; 4. (Anzeichen)* rudiment *m,* signe *m*
Ansatzpunkt ['anzatspuŋkt] *m* point de départ *m*
ansatzweise ['anzatsvaɪzə] *adv* dans les grandes lignes, en gros
ansaufen ['anzaufən] *v irr sich einen ~ (fam)* prendre une cuite, se cuiter
ansaugen ['anzaugən] *v irr TECH* aspirer, pomper, prélever
anschaffen ['anʃafən] *v* procurer, acquérir, acheter
Anschaffung ['anʃafuŋ] *f* acquisition *f,* achat *m*

A

anschalten ['anʃaltən] *v* mettre le contact, allumer, mettre en marche
anschauen ['anʃauən] *v* regarder, voir, contempler; *jdn schief ~* regarder qn de travers
anschaulich ['anʃaulıç] *adj* clair, évident, expressif, suggestif, parlant
Anschauung ['anʃauuŋ] *f 1.* conception *f; 2. (Meinung)* opinion *f*
Anschein ['anʃaın] *m* apparence *f,* semblant *m,* air *m,* impression *f*
anscheinend ['anʃaınənt] *adv* apparemment, vraisemblablement
anschicken ['anʃıkən] *v sich ~* se préparer, se disposer, s'apprêter
anschieben ['anʃiːbən] *v irr* pousser
anschießen ['anʃiːsən] *v 1. (mit einer Waffe)* blesser, toucher; *2. (Tor)* toucher
Anschlag ['anʃlaːk] *m 1. (Plakat)* affiche *f; 2. (Schreibmaschinenanschlag)* frappe *f; 3. (Attentat) POL* attentat *m; 4. ARCH* butée *f,* butoir *m*
anschleichen ['anʃlaıçən] *v irr sich ~* approcher furtivement, approcher à pas feutrés, approcher à pas de loup
anschließen ['anʃliːsən] *v irr 1. (verbinden) ~ an* attacher à, rattacher à, connecter à; *2. sich jdm ~* se joindre à qn; *3. sich jdm ~ (jdm zustimmen)* se ranger à l'opinion de qn, se ranger à l'avis de qn, adopter l'avis de qn, être de l'avis de qn; *4.* (fig*: anfügen)* joindre
anschließend ['anʃliːsənt] *adj 1. (räumlich)* contigu; *2. (zeitlich)* suivant; *adv 3. (zeitlich)* ensuite, après

Anschluss ['anʃlus] *m 1. (Verbindung)* raccordement *m; 2. (Zuganschluss)* correspondance *f; 3. POL* annexion *f,* rattachement *m; 4.* (fig*: Bekanntschaft)* relations *f/pl,* contacts *m/pl,* liens *m/pl*

anschmiegen ['anʃmiːgən] *v* se serrer, se blottir contre, se pelotonner
anschmiegsam ['anʃmiːkzam] *adj* câlin
anschnallen ['anʃnalən] *v 1.* attacher, boucler; *2. (Gurt)* mettre sa ceinture de sécurité
anschneiden ['anʃnaıdən] *v irr 1. (schneiden)* faire une entaille dans, couper, tailler dans; *2.* (fig*: Thema)* aborder
anschrauben ['anʃraubən] *v TECH* revisser, serrer avec des vis
anschreiben ['anʃraıbən] *v irr 1. (schreiben)* inscrire, écrire; *2. ~ lassen* acheter à crédit
anschreien ['anʃraıən] *v irr jdn ~* engueuler qn, houspiller qn
anschuldigen ['anʃuldıgən] *v* accuser, inculper, incriminer
Anschuldigung ['anʃuldıguŋ] *f* accusation *f,* inculpation *f*
anschwärzen ['anʃvɛrtsən] *v (fig) jdn ~* dire du mal de qn, dénigrer qn, diffamer qn
anschwellen ['anʃvɛlən] *v irr 1. (anwachsen)* enfler, gonfler, grossir; *2. MED* enfler, gonfler
ansehen ['anzeːən] *v irr* considérer, voir, examiner, regarder
Ansehen ['anzeːən] *n* considération *f,* prestige *m; ~ genießen* avoir du crédit
ansehnlich ['anzeːnlıç] *adj 1.* remarquable, important; *2. (schön)* de belle apparence
ansetzen ['anzɛtsən] *v 1. Fett ~* s'engraisser, prendre du ventre; *2. jdn auf eine Person ~* mettre qn sur la piste de qn; *3. (festlegen)* fixer, assigner
Ansicht ['anzıçt] *f 1. (Meinung)* opinion *f,* avis *m; seine ~ ändern* changer d'idée/changer sa façon de voir; *2. (Aussicht)* vue *f,* panorama *m*
ansichtig ['anzıçtıç] *adv jds ~ werden (jdn erblicken)* voir qn, apercevoir qn
Ansichtskarte ['anzıçtskartə] *f* carte postale *f*
Ansichtssache ['anzıçtzaxə] *f* affaire d'opinion *f,* affaire de goût *f*
ansiedeln ['anziːdəln] *v 1. etw ~* donner une place à qc; *2. sich ~* s'établir
Ansiedlung ['anziːdluŋ] *f* colonisation *f,* colonie *f,* établissement *m*
Ansinnen ['anzınən] *n 1. (Bitte)* requête *f,* exigence *f; 2. (Idee)* idée *f*
ansonsten [an'zɔnstən] *adv* sinon, autrement
anspannen ['anʃpanən] *v 1. (Kräfte)* bander, tendre, appliquer; *2. (Pferd)* atteler
Anspielung ['anʃpiːluŋ] *f* allusion *f*
Ansporn ['anʃpɔrn] *m* aiguillon *m,* excitation *f,* stimulation *f*
anspornen ['anʃpɔrnən] *v* aiguillonner, stimuler, pousser
Ansprache ['anʃpraːxə] *f* allocution *f*
ansprechbar ['anʃprɛçbaːr] *adj 1. (gut gelaunt)* de bonne humeur; *2. (Patient)* réceptif
ansprechen ['anʃprɛçən] *v irr 1. jdn ~* aborder qn, s'adresser à qn; *2. (reagieren)* réagir à; *3.* (fig*: gefallen)* plaire, intéresser
anspringen ['anʃprıŋən] *v irr* démarrer
Anspruch ['anʃprux] *m* revendication *f,* prétention *f,* réclamation *f*

anspruchslos ['anʃpruxsloːs] *adj* simple, modeste, peu exigeant
anspruchsvoll ['anʃpruxsfɔl] *adj* exigeant, prétentieux
anspucken ['anʃpukən] *v* cracher sur
anstacheln ['anʃtaxəln] *v 1. (antreiben)* stimuler; *2. (provozieren)* aiguillonner
Anstalt ['anʃtalt] *f* institution *f,* établissement *m*
Anstand ['anʃtant] *m* convenances *f/pl*
anständig ['anʃtɛndɪç] *adj* correct, convenable, décent, honnête
anstarren ['anʃtarən] *v* regarder fixement, fixer du regard; *jdn ~* regarder qn comme une bête curieuse
anstatt [an'ʃtat] *prep* au lieu de
anstauen ['anʃtauən] *v 1. (Flüssigkeit)* se barrer, se hausser, refouler; *2.* (fig*: Emotionen)* s'amasser, s'accumuler
anstechen ['anʃtɛçən] *v irr 1.* piquer, percer; *1. (Fass)* mettre en perce
anstecken ['anʃtɛkən] *v 1. (Brosche)* épingler; *2. (anzünden)* allumer; *3. MED* contaminer, infecter
anstehen ['anʃteːən] *v irr 1. (Schlange stehen)* faire la queue, être dans la file d'attente; *2. (bevorstehen)* être imminent
ansteigen ['anʃtaɪgən] *v irr 1. (in die Höhe führen)* monter, aller en montant; *2. (höher werden)* être en crue, monter, croître; *Im Frühling steigt der Fluss an.* Au printemps, le fleuve est en crue.
anstelle [an'ʃtɛlə] *prep* au lieu de, à la place de
anstellen ['anʃtɛlən] *v 1. (einschalten)* mettre, allumer, faire marcher; *2. (beschäftigen)* employer, engager, nommer; *3. sich ~ (Schlange)* faire la queue; *4. etw ~ (fig)* faire une bêtise, faire une connerie *(fam)*
Anstellung ['anʃtɛluŋ] *f 1. (Einstellung)* nomination *f; 2. (Stellung)* situation *f,* position *f,* fonction *f*
ansteuern ['anʃtɔyərn] *v* viser, aller dans la direction voulue, se diriger vers
Anstieg ['anʃtiːk] *m 1. (Steigung)* montée *f; 2. (Erhöhung)* montée *f,* augmentation *f; 3. ECO* hausse *f*
anstiften ['anʃtɪftən] *v* provoquer, susciter, être l'instigateur de
Anstifter ['anʃtɪftər] *m 1.* instigateur *m; 2. (Anführer)* meneur *m*
Anstiftung ['anʃtɪftuŋ] *f 1.* provocation *f,* incitation *f; 2. JUR* instigation *f,* incitation *f,* provocation *f*
Anstoß ['anʃtoːs] *m 1. (Anregung)* initiative *f,* impulsion *f; den ~ geben* mettre en branle/ouvrir la voie; *2. (Skandal)* scandale *m; 3. SPORT* coup d'envoi *m*
anstoßen ['anʃtoːsən] *v irr 1. (stoßen)* heurter, cogner; *2. (in Bewegung setzen)* mettre en mouvement; *3. (zuprosten)* trinquer
anstößig ['anʃtøːsɪç] *adj* choquant, scandaleux, inconvenant, indécent
anstrahlen ['anʃtraːlən] *v 1. (Lampe)* illuminer; *2. jdn ~* (fig*: jdn glücklich ansehen)* regarder qn d'un air radieux
anstreben ['anʃtreːbən] *v* aspirer à, tendre à
anstrengen ['anʃtrɛŋən] *v sich ~* s'efforcer, se donner de la peine, faire des efforts
anstrengend ['anʃtrɛŋənt] *adj* fatigant
Anstrengung ['anʃtrɛŋuŋ] *f* efforts *m/pl,* fatigues *f/pl; keinerlei ~en machen* ne faire aucun effort
Anstrich ['anʃtrɪç] *m* couche de peinture *f,* apparence *f (fig),* air *m (fig)*
Ansturm ['anʃturm] *m* assaut *m,* attaque *f,* ruée *f*
anstürmen ['anʃtyrmən] *v* donner l'assaut, assaillir, attaquer, se ruer
Antarktis [ant'arktɪs] *f GEO* Antarctique *f*
Anteil ['antaɪl] *m 1.* part *f; 2. (Teilnahme)* participation *f*
anteilig ['antaɪlɪç] *adj 1.* proportionnel; *adv 2.* proportionnellement
Anteilnahme ['antaɪlnaːmə] *f 1.* témoignage de sympathie *m; 2. (anlässlich eines Todesfalls)* condoléances *f/pl*
Antialkoholiker [antialko'hoːlɪkər] *m* personne qui ne boit pas d'alcool *f,* antialcoolique *m/f*
antiautoritär [antiautori'tɛːr] *adj* antiautoritaire
Antibabypille [anti'beːbipɪlə] *f MED* pilule contraceptive *f*
antifaschistisch [antifa'ʃɪstɪʃ] *adj POL* antifasciste
Antiheld(in) ['antihɛlt/'antihɛldɪn] *m/f* antihéros/antihéroïne *m/f*
antik [an'tiːk] *adj* antique
Antike [an'tiːkə] *f HIST* antiquité *f*
Antiquariat [antikva'rjaːt] *n 1.* bouquinerie *f; 2. modernes ~* librairie ancienne et moderne *f*
antiquiert [anti'kviːrt] *adj* vieux, démodé, désuet, archaïque

A

Antiquitäten [antikvi'tɛːtən] *pl* antiquités *f/pl*
Antisemit(in) [antize'miːt(ɪn)] *m/f POL* antisémite *m/f*
antisemitisch [antize'miːtɪʃ] *adj POL* antisémite
Antisemitismus [antizemi'tɪsmus] *m POL* antisémitisme *m*
Antlitz ['antlɪts] *n* visage *m,* face *f*
antörnen ['antœrnən] *v (fam)* allumer
Antrag ['antraːk] *m* demande *f*
Antragsformular ['antraːksfɔrmulaːr] *n* formulaire de demande *m*
Antragsteller ['antraːkʃtɛlər] *m* personne qui fait la demande *f,* requérant *m*
antreffen ['antrɛfən] *v irr* rencontrer, trouver, rejoindre
antreiben ['antraɪbən] *v irr 1.* pousser qn à faire qc, faire avancer; *2. TECH* actionner, entraîner
Antreiber ['antraɪbər] *m* garde-chiourme *m (fam)*
antreten ['antreːtən] *v irr 1. (Stelle)* prendre un poste; *2. (Reise)* partir en voyage, faire un voyage
Antrieb ['antriːp] *m 1. TECH* transmission *f,* entraînement *m; 2. (fig)* impulsion *f*
Antriebskraft ['antriːpskraft] *f 1. TECH* force motrice *f; 2. (fig)* élan *m*
Antrittsrede ['antrɪtsreːdə] *f* discours inaugural *m,* discours de réception *m,* discours d'investiture *m*
antun ['antuːn] *v irr 1. (anziehen)* mettre, enfiler; *Ich tue mir nur die Jacke an.* J'enfile juste ma veste. *2. jdm etw ~* faire qc à qn; *jdm Ehre ~* faire honneur à qn; *3. es jdm ~ (jdm gefallen)* charmer qn
Antwort ['antvɔrt] *f* réponse *f*

> **antworten** ['antvɔrtən] *v* répondre à; *jdm lebhaft ~* renvoyer l'ascenseur à qn; *Schlag auf Schlag ~* répondre du tac au tac; *jdm entschieden ~* river le clou à qn

anvertrauen ['anfɛrtrauən] *v jdm etw ~* confier qc à qn
anvisieren ['anviziːrən] *v* viser, prendre pour cible, repérer
anwachsen ['anvaksən] *v irr 1. (zunehmen)* augmenter; *2. (Wurzeln schlagen)* s'enraciner *m*
Anwalt ['anvalt] *m* avocat *m*
Anwärter ['anvɛrtər] *m* candidat à un emploi civil *m*
Anweisung ['anvaɪzuŋ] *f 1. (Anordnung)* ordre *m,* instructions *f/pl; 2. FIN* mandat *m,* chèque *m*
anwendbar ['anvɛntbaːr] *adj* applicable
anwenden ['anvɛndən] *v irr* appliquer
anwerben ['anvɛrbən] *v irr 1.* recruter, embaucher; *2. MIL* enrôler
Anwesen ['anveːzən] *n* propriété *f,* domaine *m,* patrimoine *m*
anwesend ['anveːzənt] *adj* présent
anwidern ['anviːdərn] *v* dégoûter
Anwohner(in) ['anvoːnər(ɪn)] *m/f* riverain(e) *m/f*
Anzahl ['antsaːl] *f* nombre *m*
anzahlen ['antsaːlən] *v* payer un acompte, verser un acompte, payer des arrhes
Anzahlung ['antsaːluŋ] *f* acompte *m*
anzapfen ['antsapfən] *v 1.* mettre en perce; *ein Fass ~* percer un fût; *2. (Telefonleitung)* brancher; *eine Leitung ~* brancher une ligne; *3.* (fig*: Geldquelle)* taper, soutirer de l'argent; *jdn ~ (fam)* taper qn; *4.* (fig*: fragen)* demander, soutirer
Anzeichen ['antsaɪçən] *n* signe *m,* symptôme *m,* signal *m*
anzeichnen ['antsaɪçnən] *v 1. (zeichnen)* dessiner; *2. (kennzeichnen)* marquer qc
Anzeige ['antsaɪgə] *f 1. (Annonce)* annonce *f; 2. JUR* plainte *f,* assignation *f*
anzeigen ['antsaɪgən] *v 1.* annoncer; *2. jdn ~ JUR* porter plainte contre qn, assigner qn en justice
Anzeigetafel ['antsaɪgətaːfəl] *f 1.* tableau d'affichage *m,* tableau indicateur *m; 2. SPORT* tableau d'affichage *m*
anziehen ['antsiːən] *v irr 1. (Kleidung)* mettre, passer; *2. (Schraube) TECH* serrer; *3. (fig)* attirer, intéresser
anziehend ['antsiːənt] *adj* attirant
Anziehungskraft ['antsiːuŋskraft] *f* force d'attraction *f*
Anzug ['antsuːk] *m* costume *m*
anzüglich ['antsyːklɪç] *adj* piquant, équivoque
anzünden ['antsyndən] *v* allumer
anzweifeln ['antsvaɪfəln] *v* mettre en doute
apart [a'part] *adj* original, à part, spécial
Apathie [apa'tiː] *f* apathie *f*
apathisch [a'paːtɪʃ] *adj* apathique
Apfel ['apfəl] *m* pomme *f; in den sauren ~ beißen müssen (fig)* devoir avaler le morceau
apokalyptisch [apoka'lyptɪʃ] *adj REL* apocalyptique
Apostel [a'pɔstəl] *m* apôtre *m*

Apostroph [apɔ'stroːf] *m* apostrophe *f*
apostrophieren [apɔstro'fiːrən] *v jdn als etw ~* apostropher qn
Apotheke [apo'teːkə] *f* pharmacie *f*
Apotheker(in) [apo'teːkər(ɪn)] *m/f* pharmacien(ne) *m/f*
Apparat [apa'raːt] *m* appareil *m*
appellieren [apɛ'liːrən] *v ~ an* en appeler à, se reférer à, s'en remettre à
Appetit [ape'tiːt] *m* appétit *m; Der ~ kommt beim Essen.* L'appétit vient en mangeant.
appetitanregend [ape'tiːtanreːgənt] *adj* qui met en appétit, qui donne de l'appétit
appetitlich [ape'tiːtlɪç] *adj 1.* appétissant; *Das Lammragout duftet ~.* Le ragoût de mouton sent délicieusement bon.
Appetitlosigkeit [ape'tiːtloːzɪçkaɪt] *f* absence d'appétit *f*
applaudieren [aplau'diːrən] *v* applaudir
Applaus [a'plaus] *m* applaudissements *m/pl,* ovation *f*
approbiert [apro'biːrt] *adj MED* agréé par l'Etat *m*
Aprikose [apri'koːzə] *f BOT* abricot *m*
April [a'prɪl] *m* avril *m; jdn in den ~ schicken (fam)* faire un poisson d'avril à qn
apropos [apro'poː] *adv* à propos
Aquarell [akva'rɛl] *n ART* aquarelle *f*
Äquator [ɛ'kvaːtɔr] *m GEO* Equateur *m*
Ara ['aːra] *m ZOOL* ara *m*
Ära ['ɛːra] *f* ère *f,* époque *f*
Araber(in) ['arabər] *m/f* Arabe *m/f*
Arbeit ['arbaɪt] *f* travail *m; ~ suchen* chercher du boulot *(fam)*/chercher du travail; *An die ~!* Au boulot! *(fam)*/Au travail!
arbeiten ['arbaɪtən] *v* travailler; *an einem Arbeitstag, der zwischen zwei Feiertage fällt, nicht ~* faire le pont; *hart ~* travailler comme une bête
Arbeiter(in) ['arbaɪtər(ɪn)] *m/f* travailleur/travailleuse *m/f,* ouvrier/ouvrière *m/f*
Arbeitgeber(in) ['arbaɪtgeːbər(ɪn)] *m/f* patron(ne) *m/f,* employeur/employeuse *m/f*
Arbeitnehmer(in) ['arbaɪtneːmər(ɪn)] *m/f* salarié(e) *m/f,* employé(e) *m/f*
Arbeitsamt ['arbaɪtsamt] *n* pôle emploi *m*
Arbeitsbeschaffung ['arbaɪtsbəʃafuŋ] *f* création d'emplois *f*
Arbeitskampf ['arbaɪtskampf] *m POL* conflit social *m*
Arbeitskraft ['arbaɪtskraft] *f* main-d'œuvre *f,* ouvriers *m/pl*
Arbeitslager ['arbaɪtslaːgər] *n* camp de travail *m*
arbeitslos ['arbaɪtsloːs] *adj* au chômage, en chômage, sans emploi
Arbeitslose(r) ['arbaɪtsloːzə(r)] *m/f ECO* chômeur/chômeuse *m/f*
Arbeitsmarkt ['arbaɪtsmarkt] *m* marché du travail *m*
Arbeitsstelle ['arbaɪtsʃtɛlə] *f* poste de travail *m,* emploi *m*
Arbeitssuche ['arbaɪtszuːxə] *f ECO* recherche d'un emploi *f*
Arbeitstag ['arbaɪtstaːk] *m* journée de travail *f,* journée ouvrée *f*
Arbeitsteilung ['arbaɪtstaɪluŋ] *f ECO* répartition du travail *f,* division du travail *f*
arbeitsunfähig ['arbaɪtsunfɛːɪç] *adj* en arrêt de travail, en incapacité de travail
Arbeitszeit ['arbaɪtstsaɪt] *f* temps de travail *f,* heures de travail *f/pl,* durée du travail *f*
Arbeitszimmer ['arbaɪtstsɪmər] *n* bureau *m,* cabinet *m*
archaisch [ar'çaːɪʃ] *adj* archaïque
Archäologe [arçɛo'loːgə] *m* archéologue *m*
Arche ['arçə] *f* arche *f*
Architektur [arçɪtɛk'tuːr] *f* architecture *f*
Archiv [ar'çiːf] *n* archives *f/pl*
arg [arg] *adj* mauvais, méchant, grave
Argentinien [argən'tiːnjən] *n GEO* Argentine *f*
argentinisch [argɛn'tiːnɪʃ] *adj* argentin
Ärger ['ɛrgər] *m* irritation *f,* contrariété *f,* colère *f; sich ~ ersparen* s'épargner des ennuis; *seinen ~ in sich hineinfressen* ronger son frein; *seinen ~ hinunterschlucken* ravaler son dépit
ärgerlich ['ɛrgərlɪç] *adj* fâcheux, agaçant; *Das ist sehr ~!* C'est bien ennuyeux!
ärgern ['ɛrgərn] *v 1.* irriter, contrarier, agacer; *2. sich ~* se fâcher, se mettre en colère
Ärgernis ['ɛrgərnɪs] *n* contrariété *f*
Arglist ['arglɪst] *f* sournoiserie *f,* perfidie *f,* fourberie *f*
arglistig ['arglɪstɪç] *adj* sournois, perfide
arglos ['argloːs] *adj* ingénu, innocent
argumentieren [argumɛn'tiːrən] *v* argumenter
Argwohn ['arkvoːn] *m* méfiance *f*
argwöhnisch ['arkvøːnɪʃ] *adj* soupçonneux, méfiant, suspicieux
arktisch ['arktɪʃ] *adj GEO* arctique
arm [arm] *adj* pauvre

A

Arm [arm] *m ANAT* bras *m; ~ in ~* bras dessus, bras dessous; *jdn auf den ~ nehmen* charrier qn/mettre qn en boîte; *jdm in die ~e laufen* tomber sur qn; *einen langen ~ haben (fig)* avoir le bras long; *jdm unter die ~e greifen* donner un coup de main à qn

Armaturenbrett [arma'tuːrənbrɛt] *n TECH* tableau de bord *m*
Armband ['armbant] *n* bracelet *m*
Armbanduhr ['armbantuːr] *f* montre-bracelet *f*
Armbrust ['armbrust] *f* arbalète *f*
Arme(r) ['armə(r)] *m/f* pauvre *m/f,* indigent(e) *m/f*
Armee [ar'meː] *f MIL* armée *f*
Ärmel ['ɛrməl] *m* manche *f; etw aus dem ~ schütteln* faire qc les doigts dans le nez *(fam)*/faire qc très facilement; *etw im ~ haben* avoir encore un atout pour qc
Ärmelkanal ['ɛrməlkanaːl] *m* Manche *f*
Armlehne ['armleːnə] *f* accoudoir *m,* bras *m,* repose-bras *m,* appuie-bras *m*
Armleuchter ['armlɔyçtər] *m 1.* chandelier à branches *m,* girandole *f,* candélabre *m; 2. (als Schimpfwort)* crétin *m,* imbécile *m*
ärmlich ['ɛrmlɪç] *adj* pauvre, misérable
armselig ['armzeːlɪç] *adj* pauvre, misérable, piètre, minable
Armut ['armuːt] *f* pauvreté *f,* misère *f*
Aroma [a'roːma] *n* arôme *m*
arrangieren [arɑ̃'ʒiːrən] *v* arranger, faire un arrangement, organiser
Arrest [a'rɛst] *m* arrêts *m/pl; ~ haben* être aux arrêts
Arroganz [aro'gants] *f* arrogance *f*
Arsch [arʃ] *m (fam) 1. (Hintern)* cul *m; Du kannst mich mal am ~ lecken! (fam)* Je t'emmerde!/Vas te faire foutre! *2. (Idiot)* salaud *m*
Art [aːrt] *f 1.* genre *m,* espèce *f,* sorte *f; Das ist nicht meine ~ .* Ce n'est pas mon genre. *aus der ~ schlagen* se distinguer du reste de la tribu; *2. (Weise)* manière *f,* façon *f,* mode *f*
artig ['aːrtɪç] *adj 1.* gentil, bien élevé; *2. (Kind)* sage
Artikel [ar'tɪkəl] *m 1. (Bericht)* article *m; 2. GRAMM* article *m; 3. ECO* article *m,* marchandise *f*
artikulieren [artɪku'liːrən] *v* articuler
Artist(in) [ar'tɪst(ɪn)] *m/f* artiste *m/f*
artistisch [ar'tɪstɪʃ] *adj* artistique
Arznei [aːrts'naɪ] *f* remède *m,* médicament *m*

Arzt [artst] *m* médecin *m*

Asbest [as'bɛst] *m MIN* amiante *m*
aschblond ['aʃblɔnt] *adj* blond cendré
Asche ['aʃə] *f* cendre *f; in Schutt und ~ legen* réduire en cendres
Aschenbecher ['aʃənbɛçər] *m* cendrier *m*
Aschenputtel ['aʃənputəl] *n* cendrillon *f; das ~ der Familie sein (fig)* être le souffre-douleur de la famille
Aschermittwoch [aʃər'mɪtvɔx] *m* mercredi des Cendres *m*
asiatisch [azi'aːtɪʃ] *adj* asiatique
Asien ['aːzjən] *n GEO* Asie *f*
Askese [as'keːzə] *f REL* ascèse *f*
asketisch [as'keːtɪʃ] *adj* ascétique
asozial ['aːzotsjaːl] *adj* marginal, asocial
asphaltieren [asfal'tiːrən] *v* bitumer, asphalter, goudronner, macadamiser
Aspik [as'piːk] *m GAST* aspic *m*
Aspirant(in) [aspi'rant(ɪn)] *m/f* aspirant(e) *m/f*
Ass [as] *n 1. (beim Kartenspiel)* as *m; 2. (Person) SPORT* champion *m,* as *m*
assimilieren [asimi'liːrən] *v* assimiler
Assistent(in) [asɪs'tɛnt(ɪn)] *m/f* assistant(e) *m/f*
assistieren [asɪs'tiːrən] *v* assister, aider, soutenir, accompagner
assoziieren [asotsi'iːrən] *v* associer
Ast [ast] *m* branche *f,* rameau *m; sich einen ~ lachen* se fendre la poire/se fendre la pipe/se dilater la rate; *auf dem absteigenden ~ sein* être sur le déclin/être en perte de vitesse/baisser; *den ~ absägen, auf dem man sitzt* scier la branche sur laquelle on est assis
ästhetisch [ɛs'teːtɪʃ] *adj* esthétique
Astloch ['astlɔx] *n* trou provenant d'un nœud d'arbre *m*
Astrologie [astrolo'giː] *f* astrologie *f*
astronomisch [astro'noːmɪʃ] *adj* astronomique; *2.* (fig*: Zahl)* astronomique
Asyl [a'zyːl] *n* asile *m*
asymmetrisch ['azymeːtrɪʃ] *adj* asymétrique
Aszendent [astsɛn'dɛnt] *m* ascendant *m*
Atelier [atəl'jeː] *n 1.* atelier *m; 2. (beim Film)* studio *m*
Atem ['aːtəm] *m* respiration *f; wieder zu ~ kommen* rependre haleine; *den ~ anhalten* retenir son souffle; *jdm den ~ verschlagen* couper le souffle à qn
atemberaubend ['aːtəmbəraubənt] *adj* époustouflant, étonnant
atemlos ['aːtəmloːs] *adj 1.* essoufflé; *adv 2.* hors d'haleine

Atheismus [ate'ɪsmus] *m REL* athéisme *m*
Äthiopier(in) [ɛ'tjoːpjər(ɪn)] *m/f* Ethiopien(ne) *m/f*
Athlet(in) [at'leːt(ɪn)] *m/f* athlète *m/f*
atmen ['aːtmən] *v* respirer
Atmosphäre [atmɔs'fɛːrə] *f 1. PHYS* atmosphère *f; 2. (fig)* atmosphère *f,* ambiance *f,* climat *m*
atmosphärisch [atmɔs'fɛːrɪʃ] *adj* atmosphérique, météore
Atmung ['aːtmuŋ] *f* respiration *f*
atomar [ato'maːr] *adj* atomique, nucléaire
Atomkraftwerk [a'toːmkraftvɛrk] *n* centrale nucléaire *f*
Attacke [a'takə] *f* attaque *f*
Attentat [atən'taːt] *n* attentat *m*
Attest [a'tɛst] *n* certificat médical *m,* attestation *f*
attestieren [atɛs'tiːrən] *v* attester, certifier, authentifier, garantir
attraktiv [atrak'tiːf] *adj* séduisant, attrayant, attractif
Attribut [atri'buːt] *n 1.* attribut *m; 2. GRAMM* attribut *m*
ätzen ['ɛtsən] *v CHEM* ronger
ätzend ['ɛtsənt] *adj 1.* corrosif, corrodant, caustique; *~e Chemikalien* produits chimiques corrosifs *m/pl; ~er Rauch* fumée âcre *f; 2. (fam: furchtbar)* mordant; *echt ~* ça craint
au [au] *interj 1.* aïe; *2. (begeistert)* aïe
auch [aux] *konj* même, aussi
Audienz [au'djɛnts] *f POL* audience *f*
auf [auf] *prep 1. (örtlich)* sur; *~ dem Tisch* sur la table; *~ dem Boden* à terre/par terre; *~ einer Insel* dans une île/sur une île; *~ der Treppe* dans l'escalier; *~ der Straße* dans la rue; *~ der Welt* au monde; *~ der ganzen Welt* dans le monde entier; *~ dieser Seite* de ce côté; *~ dem Bahnhof* à la gare; *~ dem Land* à la campagne; *~ dem Weg* en chemin; *~ diesem Weg* par ce chemin; *~ dem schnellsten Weg* le plus vite possible; *~ seinem Posten* à son poste; *~ Urlaub* en vacances; *~ Reise* en voyage; *~ Besuch* en visite; *sich ~ den Weg machen* se mettre en route; *2. (zeitlich) ~ immer* pour toujours/à jamais; *~ einmal* subitement/soudain/tout à coup; *~ der Stelle* sur-le-champ; *~ den Abend zu* vers le soir; *~ morgen* à demain; *~ Wiedersehen* au revoir; *~ einen Montag fallen* tomber un lundi; *von Kindheit ~* dès l'enfance; *von klein ~* depuis tout petit; *~ eine Woche* pour une semaine; *3. (Art und Weise) ~ diese Art* de cette manière/de cette façon/de la sorte; *~ gut Glück* au hasard; *~ Französisch* en français; *~ Anfrage* sur demande; *~ meinen Befehl* sur mon ordre; *~ jds Wunsch/~ jds Bitte* à la demande de qn; *~ Drohung von* sur menace de; *~ Rat von* sur conseil de; *~ Verdacht* sur simple soupçon; *~ meine Kosten* à mes frais; *Schlag ~ Schlag* coup sur coup; *~ einen Zug* d'un trait; *~ alle Fälle* en tout cas; *~ und ab* de haut en bas; *~ und ab gehen* faire les cent pas; *~ und davon fliegen* s'envoler; *sich ~ und davon machen* se sauver; *adj 4. (offen) ~ sein* être ouvert; *5. (wach) ~ sein* être debout, être levé; *Schon ~?* Déjà levé?
aufarbeiten ['aufarbaɪtən] *v 1. (erledigen)* achever; *2. (Material)* remettre à neuf
aufatmen ['aufaːtmən] *v 1.* reprendre haleine, respirer; *2. (erleichtert sein)* être soulagé
aufbacken ['aufbakən] *v irr* réchauffer au four, passer au four
Aufbahrung ['aufbaːruŋ] *f* exposition funéraire *f*
Aufbau ['aufbau] *m 1. (Anordnung)* organisation *f,* principe *m; 2. (Struktur)* structure *f*
aufbauen ['aufbauən] *v 1. (montieren)* monter; *2. (Gerüst)* échafauder; *3. (fig)* construire, édifier
aufbauschen ['aufbauʃən] *v* enfler, gonfler, exagérer
aufbegehren ['aufbəgeːrən] *v* protester, s'insurger contre, se rebeller
aufbereiten ['aufbəraɪtən] *v 1. (Mineral)* traiter; *2. (Uran)* retraiter
Aufbereitung ['aufbəraɪtuŋ] *f 1. (Vorbereitung)* préparation *f; 2. (radioaktives Material)* traitement *m*
aufbessern ['aufbɛsərn] *v* améliorer, réparer, remettre en état, augmenter
aufbewahren ['aufbəvaːrən] *v* conserver, garder
Aufbewahrung ['aufbəvaːruŋ] *f* conservation *f,* garde *f,* dépôt *m*
aufbieten ['aufbiːtən] *v irr 1.* mobiliser, proclamer; *2. (Hochzeit)* publier
aufbinden ['aufbɪndən] *v irr 1. (Knoten öffnen)* dénouer, défaire, déficeler; *2. jdm einen Bären ~ (fig)* monter un bateau à qn
aufblasbar ['aufblasbar] *adj* gonflable
aufblasen ['aufblaːzən] *v irr* gonfler
aufbleiben ['aufblaɪbən] *v irr 1. (nicht schlafen gehen)* rester debout, veiller; *lange ~* veiller tard; *2. (fam: offen bleiben)* rester ouvert

aufblenden ['aufblɛndən] *v* mettre les pleins phares
aufblicken ['aufblɪkən] *v 1.* lever les yeux; *2. zu jdm ~ (fig)* admirer qn
aufblitzen ['aufblɪtsən] *v 1. (Licht)* étinceler, briller, jeter une lueur vive, scintiller; *2. (plötzlich auftauchen)* jaillir
aufbrauchen ['aufbrauxən] *v* épuiser
aufbrausen ['aufbrauzən] *v 1.* bouillonner, entrer en effervescence, éclater, retentir; *2. (Meer)* bouillonner; *3. (fig)* s'emporter
aufbrechen ['aufbrɛçən] *v irr 1. (öffnen)* ouvrir en brisant, éventrer, forcer, enfoncer; *2. (fig)* s'en aller, se mettre en route
aufbringen ['aufbrɪŋən] *v irr 1. jdn gegen sich ~* se faire des ennemis, s'aliéner des sympathies; *2. (Schiff) NAUT* arraisonner
Aufbruch ['aufbrux] *m 1. (Erneuerung)* renouveau *m; 2. (Abreise)* départ *m*
aufbrühen ['aufbryːən] *v* faire bouillir
aufbürden ['aufbyrdən] *v* mettre sur le dos, imputer, mettre à charge
aufdecken ['aufdɛkən] *v 1. (bloßlegen)* dévoiler, mettre à nu; *2.* (fig*: Geheimnis)* révéler, divulguer
aufdrängen ['aufdrɛŋən] *v* imposer
aufdrehen ['aufdreːən] *v 1. (öffnen)* ouvrir; *2. (Lautstärke)* augmenter, monter; *3. (aufziehen)* monter, installer, remonter; *4. (lockern)* desserrer; *5. (aufdröseln)* désentortiller; *6. (aufrollen: Haar)* dénouer; *(Schnurrbart)* dérouler; *7. (lebhaft werden)* s'exciter
aufdringlich ['aufdrɪŋlɪç] *adj* importun
Aufdruck ['aufdruk] *m 1.* impression *f; 2. (Briefmarke)* surcharge *f*
aufeinander [aufaɪn'andər] *adv 1. (örtlich)* l'un sur l'autre; *2. (zeitlich)* l'un après l'autre; *3. ~ folgen* se suivre; *4. ~ treffen* se heurter
Aufenthalt ['aufɛnthalt] *m* séjour *m*
Aufenthaltsort ['aufɛnthaltsɔrt] *m* lieu de séjour *m,* lieu de résidence *m*
Aufenthaltsraum ['aufɛnthaltsraum] *m* salle de réunion *f,* salle d'études *f*
auferlegen ['aufɛrleːgən] *v jdm etw ~* imposer qc à qn
Auferstehung ['aufɛrʃteːuŋ] *f REL* résurrection *f*
aufessen ['aufɛsən] *v irr* terminer, manger tout
auffahren ['auffaːrən] *v irr 1. (vorfahren)* se présenter devant; *2. auf etw ~* heurter qc; *3. dicht ~* se télescoper; *4. (aufbrausen)* s'emporter; *5. aus dem Schlaf ~* se réveiller en sursaut, sursauter; *6. (aufsteigen) REL* monter qc; *7. (~ lassen)* mobiliser
Auffahrt ['auffaːrt] *f 1. (zu einem Haus)* rampe d'accès *f; 2. (zur Autobahn)* bretelle d'accès *f*
auffallen ['auffalən] *v irr* frapper, attirer l'attention, éveiller l'attention
auffallend ['auffalent] *adj* qui attire l'œil, frappant, remarquable
auffällig ['auffɛlɪç] *adj 1.* frappant, étonnant, surprenant; *2. (Kleidung)* voyant, tape-à-l'œil; *3. (Verhalten) sich ~ benehmen* se singulariser
auffangen ['auffaŋən] *v irr 1.* saisir au vol; *2. (fig)* accueillir; *3. (Briefe)* intercepter
auffassen ['auffasən] *v (geistig)* saisir, comprendre, interpréter
auffordern ['auffɔrdərn] *v ~ zu* exhorter à, inviter à, sommer de, inciter à
Aufforstung ['auffɔrstuŋ] *f* reboisement *m,* reforestation *f*
auffressen ['auffrɛsən] *v irr* manger, dévorer, se gaver
auffrischen ['auffrɪʃən] *v 1. (Wind)* fraîchir; *2. (Möbel)* rénover; *3. (Kenntnisse)* renouveler; *4. (Gedächtnis)* réveiller; *5. (Make-up)* rafraîchir; *6. (Farben)* raviver
aufführen ['auffyːrən] *v THEAT* représenter, jouer, donner
auffüllen ['auffylən] *v* remplir
Aufgabe ['aufgaːbə] *f 1. (Versand)* expédition *f; 2. (Arbeit)* devoir *m,* tâche *f; 3. (Verzicht)* renoncement *m,* abandon *m*
Aufgang ['aufgaŋ] *m (Sonnenaufgang)* lever *m*
aufgeben ['aufgeːbən] *v irr 1. (versenden)* expédier; *2. (verzichten)* renoncer; *Ich geb's auf.* J'y renonce./J'abandonne. *3. (beauftragen)* charger d'une tâche
aufgeblasen ['aufgəblaːzən] *adj 1. (aufgepumpt)* gonflé; *2.* (fig*: angeberisch)* vaniteux, infatué
Aufgebot ['aufgəboːt] *n 1. (Anzahl)* nombre *m; 2. (Eheaufgebot)* publication des bans *f*
aufgedonnert ['aufgədɔnərt] *adj (fam)* sur son trente et un, tiré à quatre épingles
aufgedreht ['aufgədreːt] *adj 1. (Lautstärke)* augmenté, monté; *2.* (fig*: Mensch)* excité
aufgedunsen ['aufgədunzən] *adj* gonflé
aufgehen ['aufgeːən] *v irr 1. (Teig)* lever; *Der Teig geht auf.* La pâte lève. *~ wie eine Dampfnudel (fig)* grossir/prendre du poids; *2. (Sonne)* se lever; *3. (Blume)* s'ouvrir

aufgeklärt ['aufgəklɛːrt] *adj 1. (informiert)* informé; *2. (sexuell)* informé
aufgelegt ['aufgəleːkt] *adj gut/schlecht ~* bien/mal disposé, de bonne/mauvaise humeur, bien/mal luné *(fam)*
aufgeräumt ['aufgərɔymt] *adj 1. (Zimmer)* rangé; *2. (guter Stimmung)* en train *m,* de bonne humeur *f*
aufgeregt ['aufgəreːkt] *adj* nerveux, excité, énervé
aufgeschlossen ['aufgəʃlɔsən] *adj* ouvert, compréhensif
aufgeschmissen ['aufgəʃmɪsən] *adj (fam)* perdu, fichu, foutu
aufgeweckt ['aufgəvɛkt] *adj* éveillé, dégourdi, intelligent
aufgreifen ['aufgraɪfən] *v irr* ramasser, saisir au vol
aufgrund [auf'grunt] *prep* en raison de, à cause de
aufhalten ['aufhaltən] *v irr 1. (Tür)* tenir ouvert; *2. jdn ~* retenir qn; *3. sich ~* séjourner; *sich nicht mit Einzelheiten ~* ne pas s'arrêter à des détails; *4. sich ~ in* se tenir dans
aufhängen ['aufhɛŋən] *v 1.* suspendre; *2. sich ~* se pendre
Aufhänger ['aufhɛŋər] *m* attache *f*
aufheben ['aufheːbən] *v irr 1. (vom Boden)* ramasser, relever; *2. (aufbewahren)* mettre de côté, garder; *3. (beenden)* mettre fin à, dissoudre; *4. (viel Aufhebens machen von)* faire tout un plat de
Aufhebung ['aufheːbuŋ] *f 1.* suppression *f,* abolition *f; 2. JUR* annulation *f*
aufheitern ['aufhaɪtərn] *v* égayer
aufheizen ['aufhaɪtsən] *v 1. (Wohnung)* chauffer; *2.* (fig*: Stimmung)* réchauffer
aufhelfen ['aufhɛlfən] *v irr jdm ~* aider qn à se relever
aufhellen ['aufhɛlən] *v* éclaircir, élucider; *Der Himmel hellt sich auf.* Le temps se dégage./Le ciel s'éclaircit.
aufhetzen ['aufhɛtsən] *v* fanatiser, exciter, provoquer à
aufheulen ['aufhɔylən] *v 1. (vor Schmerz)* hurler; *2. (Motor) TECH* hurler
aufholen ['aufhoːlən] *v* rattraper
aufhorchen ['aufhɔrçən] *v* tendre l'oreille, dresser l'oreille
aufhören ['aufhøːrən] *v* arrêter, cesser
aufkaufen ['aufkaufən] *v* acheter
aufklappen ['aufklapən] *v* ouvrir, déplier
aufklären ['aufklɛːrən] *v 1.* tirer au clair, éclairer; *einen Mord ~* élucider une affaire de meurtre, résoudre une affaire de meurtre; *2. jdn ~* ouvrir les yeux à qn
Aufklärung ['aufklɛːruŋ] *f 1.* explication *f,* éclaircissements *m/pl; 2. HIST* Siècle des lumières *m; 3. MIL* reconnaissance *f,* exploration *f*
aufkleben ['aufkleːbən] *v* coller; *eine Briefmarke auf den Brief ~* affranchir la lettre
aufkommen ['aufkɔmən] *v irr 1. (entstehen)* faire son apparition; *2. (heraufziehen)* pousser, grandir
Aufkommen ['aufkɔmən] *n 1. (Entstehung)* origine *f; 2. ECO* recettes *f/pl*
aufladen ['auflaːdən] *v irr 1. (beladen)* charger; *2. (Batterie) TECH* recharger; *3. jdm etw ~* (fig*: aufbürden)* imposer qc à qn
Auflage ['auflaːgə] *f 1. (Bedingung)* condition *f; 2. (eines Buches)* tirage *m,* édition *f*
auflauern ['auflauərn] *v* guetter, épier
Auflauf ['auflauf] *m 1. (Menschenauflauf)* attroupement *m,* rassemblement *m; 2. GAST* soufflé *m*
aufleben ['aufleːbən] *v 1. (Person)* revivre, s'épanouir; *2. (Diskussion)* se ranimer
auflegen ['aufleːgən] *v TEL* raccrocher
auflehnen ['aufleːnən] *v 1. sich mit dem Ellenbogen ~* s'appuyer sur le coude; *2. sich ~ gegen* se révolter contre
auflesen ['aufleːzən] *v irr* ramasser, cueillir, glaner
aufleuchten ['auflɔyçtən] *v 1.* se mettre à briller; *2.* (fig*: Gesicht)* s'éclairer, s'épanouir
auflisten ['auflɪstən] *v* dresser la liste
auflockern ['auflɔkərn] *v 1. (Stimmung)* détendre; *2. (Regelung)* assouplir
Auflockerung ['auflɔkəruŋ] *f* dissipation *f,* dispersion *f,* aération *f,* ameublissement *m*
auflösen ['aufløːzən] *v 1. (Pulver)* dissoudre; *2. (Geschäft) ECO* cesser les activités
Auflösung ['aufløːzuŋ] *f 1. (eines Rätsels)* solution *f; 2. (eines Geschäftes) ECO* cessation d'activité *f*
aufmachen ['aufmaxən] *v* ouvrir; *den Mund nicht ~* ne pas desserrer les dents
aufmerksam ['aufmɛrkzaːm] *adj* attentif; *jdn auf etw ~ machen* faire observer qc à qn/attirer l'attention de qn sur qc
Aufmerksamkeit ['aufmɛrkzaːmkaɪt] *f 1. (Vorsicht)* attention *f; jds ~ fesseln* captiver qn; *2. (Zuvorkommenheit)* attention *f*
aufmüpfig ['aufmypfɪç] *adj* récalcitrant, audacieux

A

Aufnahme ['aufna:mə] *f 1. (Empfang)* réception *f; 2. (in eine Organisation)* admission *f; 3. (von Nahrung)* prise *f,* absorption *f; 4. FOTO* photographie *f,* photo *f,* cliché *m; 5. CINE* prise de vue *f*
Aufnahmeprüfung ['aufna:məpryfuŋ] *f* examen d'entrée *m*
aufnehmen ['aufne:mən] *v irr 1. (fassen)* prendre; *2. (Beziehung)* commencer; *3. (Arbeit)* prendre; *4. (empfangen)* accueillir, recevoir; *5. (fotografieren)* photographier, prendre en photo; *6. es mit jdm ~* tenir tête à qn, affronter qn, défier qn
aufopfern ['aufɔpfərn] *v sich ~* se sacrifier, se dévouer
aufpassen ['aufpasən] *v ~ auf* faire attention à, être attentif à
Aufpasser ['aufpasər] *m 1. (Beaufsichtigender)* surveillant *m; 2. (Beobachter)* observateur *m*
aufpeitschen ['aufpaɪtʃən] *v* (fig*: Stimmung)* exciter, stimuler
aufpolieren ['aufpoli:rən] *v* repolir
Aufprall ['aufpral] *m* collision *f,* choc *m*
aufprallen ['aufpralən] *v* heurter, s'écraser, se crasher
aufputschen ['aufputʃən] *v* doper, regonfler à bloc, exalter
aufräumen ['aufrɔymən] *v* ranger, débarrasser, faire le ménage; *Es ist noch nicht aufgeräumt.* Le ménage n'est pas encore fait.
aufrecht ['aufrɛçt] *adj 1.* droit, debout; *2. (senkrecht)* vertical
aufrechterhalten ['aufrɛçtɛrhaltən] *v irr* maintenir, tenir, garder

aufregen ['aufre:gən] *v 1. jdn ~* énerver qn; *2. sich ~* s'émouvoir, s'énerver, s'exciter; *sich nicht ~* ne pas s'en faire

aufreiben ['aufraɪbən] *v irr 1. (vernichten)* exterminer, anéantir; *2. (erschöpfen)* épuiser, exténuer; *3. (Haut)* écorcher, érafler
aufreibend ['aufraɪbənt] *adj* tuant
aufreihen ['aufraɪən] *v 1. (in einer Reihe anordnen)* aligner; *2. (auf Schnur, Faden)* enfiler
aufreißen ['aufraɪsən] *v irr* ouvrir violemment, arracher
aufreizend ['aufraɪtsənt] *adj* excitant, crispant, provocant
aufrichten ['aufrɪçtən] *v 1. (Mauern)* élever, dresser; *2. (fig) jdn ~* consoler qn
aufrichtig ['aufrɪçtɪç] *adj* sincère, franc
aufrücken ['aufrykən] *v* monter en grade, gagner une place
Aufruf ['aufru:f] *m* appel *m,* proclamation *f*
aufrufen ['aufru:fən] *v irr 1.* appeler, rappeler; *2. (Erinnerung)* évoquer; *3. INFORM* appeler
Aufruhr ['aufru:r] *m POL* sédition *f,* émeute *f,* soulèvement *m*
aufrührerisch ['aufry:rərɪʃ] *adj* révolté, rebelle, séditieux
aufrunden ['aufrundən] *v MATH* arrondir au chiffre supérieur
aufrüsten ['aufrystən] *v POL* réarmer
aufsässig ['aufzɛsɪç] *adj* récalcitrant
Aufsatz ['aufzats] *m* dissertation *f,* composition *f,* rédaction *f*
aufschauen ['aufʃauən] *v 1.* lever les yeux; *2. zu jdm ~* respecter qn
aufscheuchen ['aufʃɔyçən] *v* effrayer, effaroucher, apeurer
aufschichten ['aufʃɪçtən] *v* empiler, superposer, accumuler
aufschieben ['aufʃi:bən] *v irr* différer, remettre à plus tard
Aufschlag ['aufʃla:k] *m 1. (Kleidung)* revers *m; 2. (beim Tennis) SPORT* service *m; 3. (Preisaufschlag) ECO* hausse *f,* augmentation *f,* inflation *f*
aufschlagen ['aufʃla:gən] *v irr 1. (öffnen)* ouvrir; *2. (montieren)* monter; *3. (Tennis) SPORT* servir
aufschließen ['aufʃli:sən] *v irr* ouvrir, desserrer
aufschlussreich ['aufʃlusraɪç] *adj* instructif, révélateur
aufschnappen ['aufʃnapən] *v 1.* attraper, happer, apprendre, prendre; *2. (öffnen)* s'ouvrir brusquement
aufschneiden ['aufʃnaɪdən] *v irr 1. (schneiden)* ouvrir en coupant, fendre en deux; *2.* (fig*: angeben)* se vanter, fanfaronner
Aufschneider ['aufʃnaɪdər] *m* vantard *m,* fanfaron *m,* frimeur *m*
aufschrauben ['aufʃraubən] *v* dévisser
Aufschrei ['aufʃraɪ] *m* cri strident *m,* tollé *m*
aufschreiben ['aufʃraɪbən] *v irr* noter
aufschreien ['aufʃraɪən] *v* s'écrier, crier
Aufschrift ['aufʃrɪft] *f 1.* adresse *f,* étiquette *f; 2. (Überschrift)* titre de chapitre *m*
Aufschub ['aufʃu:p] *m* ajournement *m,* délai *m,* remise *f,* report *m*
aufschürfen ['aufʃyrfən] *v* s'érafler
Aufschwung ['aufʃvuŋ] *m ECO* expansion *f,* essor *m*
aufsehen ['aufze:ən] *v irr 1.* lever les yeux; *2. zu jdm ~* respecter qn

Aufsehen ['aufze:ən] *n* sensation *f,* bruit *m,* éclat *m; viel ~ machen* mener grand train; *~ erregend* sensationnel
Aufseher(in) ['aufze:ər(ın)] *m/f* surveillant(e) *m/f,* gardien(ne) *m/f*
aufsetzen ['aufzɛtsən] *v 1.* mettre, poser sur; *2. (schreiben)* composer, rédiger
Aufsicht ['aufzıçt] *f* surveillance *f,* contrôle *m,* inspection *f*
aufsitzen ['aufzıtsən] *v irr 1. (Pferd)* monter à cheval, monter en selle; *2. bei jdm ~* monter derrière
aufspielen ['aufʃpi:lən] *v sich ~* se donner de l'importance, faire l'intéressant
aufspringen ['aufʃprıŋən] *v irr 1.* se lever d'un bond, sauter dans; *2. (Tür, Tor)* s'ouvrir; *3. (Haut)* gercer
aufspüren ['aufʃpy:rən] *v* dépister
aufstacheln ['aufʃtaxəln] *v* aiguillonner
Aufstand ['aufʃtant] *m* soulèvement *m,* émeute *f,* révolte *f*
Aufständische(r) ['aufʃtɛndıʃə(r)] *m/f POL* insurgé(e) *m/f*

> **aufstehen** ['aufʃte:ən] *v irr* se lever; *mit dem linken Fuß zuerst ~* se lever du pied gauche; *beim Aufstehen* au saut du lit

aufsteigen ['aufʃtaıgən] *v irr 1.* monter, s'élever; *2. (im Beruf)* monter en grade, avoir de l'avancement, prendre du galon *(fam)*
aufstellen ['aufʃtɛlən] *v 1. (montieren)* monter, installer; *2. (Kandidaten)* présenter; *3. (Mannschaft)* composer
Aufstieg ['aufʃti:k] *m 1. (bei einem Berg)* ascension *f,* montée *f; 2. (Entwicklung)* montée *f; 3. (Karriere)* carrière *f*
aufstoßen ['aufʃto:sən] *v irr 1. (öffnen)* ouvrir, défoncer; *2. (rülpsen)* éructer, roter
aufstrebend ['aufʃtre:bənt] *adj* ambitieux
aufstützen ['aufʃtytsən] *v sich ~* s'appuyer
aufsuchen ['aufzu:xən] *v 1.* aller voir; *2. (Arzt)* consulter, aller chez
Auftakt ['auftakt] *m* ouverture *f,* début *m*
auftauchen ['auftauxən] *v* apparaître, reparaître, faire surface, émerger
auftauen ['auftauən] *v* dégeler; *~ lassen* décongeler
aufteilen ['auftaılən] *v* partager
auftischen ['auftıʃən] *v 1. (bewirten)* servir à table; *2. (belügen)* débiter des racontars
Auftrag ['auftra:k] *m 1. (Aufgabe)* mission *f,* charge *f; 2. ECO* commande *f,* ordre *m*
auftragen ['auftra:gən] *v irr 1. (Speisen)* servir, mettre sur la table; *2. (be~)* charger de; *3. (bestreichen)* appliquer, passer; *4. dick ~* exagérer, forcer la dose, forcer la note
Auftraggeber(in) ['auftra:kge:bər(ın)] *m/f ECO* donneur d'ordre/donneuse d'ordre *m/f,* mandant(e) *m/f*
Auftragnehmer(in) ['auftra:kne:mər(ın)] *m/f ECO* mandataire *m*
auftreiben ['auftraıbən] *v irr 1. (beschaffen)* trouver, dénicher; *2. (aufblähen)* gonfler; *3. (Tiere) Vieh auf die Bergweiden ~* mener paître le bétail
auftrennen ['auftrɛnən] *v* découdre
auftreten ['auftre:tən] *v irr 1. (erscheinen)* apparaître, se présenter; *2. THEAT* se produire en public, entrer en scène
Auftritt ['auftrıt] *m 1. (Erscheinen)* apparition *f,* présentation *f; 2. THEAT* entrée en scène *f*
aufwachen ['aufvaxən] *v* se réveiller
aufwachsen ['aufvaksən] *v irr 1. (Pflanzen)* pousser, croître; *2. (Menschen)* grandir
Aufwand ['aufvant] *m 1. (Einsatz)* dépense *f,* étalage *m; Es lohnt den ~ nicht.* Le jeu n'en vaut pas la chandelle. *2. (Kosten) ECO* frais *m/pl,* dépenses *f/pl*
aufwärmen ['aufvɛrmən] *v 1.* réchauffer; *2. (fig)* réveiller, ressusciter, rabâcher
aufwärts ['aufvɛrts] *adv 1.* vers le haut; *2. (Fluss)* en amont
aufwecken ['aufvɛkən] *v* réveiller
aufweichen ['aufvaıçən] *v* (r)amollir, ramollir, détremper
aufweisen ['aufvaızən] *v irr* montrer, présenter, faire voir *(fam)*
aufwenden ['aufvɛndən] *v irr 1.* mettre en œuvre; *2. (Geld)* dépenser beaucoup, dépenser sans compter
aufwerten ['aufvɛrtən] *v FIN* réévaluer, revaloriser
Aufwertung ['aufve:rtuŋ] *f 1.* revalorisation *f; 2. (Währung) FIN* réévaluation *f*
aufwiegeln ['aufvi:gəln] *v* soulever, provoquer la désobéissance
Aufwind ['aufvınt] *m 1. METEO* courant d'air ascendant *m,* courant d'air ascensionnel, ascendance *f; 2. (fig)* relance *f,* essor *m*
aufwirbeln ['aufvırbəln] *v 1.* soulever des tourbillons, faire tourbillonner; *2. (Staub)* lever, soulever
aufwischen ['aufvıʃən] *v* essuyer, torcher
aufwühlen ['aufvy:lən] *v (fig)* bouleverser
aufzählen ['auftsɛ:lən] *v* énumérer
Aufzählung ['auftsɛ:luŋ] *f* énumération *f*

A

aufzehren ['auftseːrən] *v (aufessen)* consommer, épuiser, dépenser
aufzeichnen ['auftsaɪçnən] *v 1. (zeichnen)* dessiner; *2. (notieren)* enregistrer, prendre note, noter; *3. (Musik)* enregistrer
Aufzeichnung ['auftsaɪçnuŋ] *f 1. (Zeichnung)* dessin *m; 2. (Notiz)* note *f; 3. (Videoaufzeichnung)* enregistrement *m*
aufzeigen ['auftsaɪgən] *v* mettre en évidence, montrer, indiquer
aufziehen ['auftsiːən] *v irr 1. (öffnen)* ouvrir; *2. (großziehen)* élever; *3. (Uhr)* remonter; *4. jdn ~* se payer la tête de qn, se foutre de qn *(fam)*
Aufzug ['auftsuːk] *m 1. TECH* ascenseur *m; 2. (Aufmachung)* accoutrement *f*
aufzwingen ['auftsvɪŋən] *v irr jdm etw ~* imposer qc à qn
Augapfel ['aukapfəl] *m ANAT* prunelle *f,* pupille *f; hüten wie seinen ~* tenir comme à la prunelle de ses yeux

Auge ['augə] *n ANAT* œil *m,* yeux *m/pl; jdm tief in die ~n blicken* regarder qn dans le blanc des yeux; *ein ~ auf jdn werfen* jeter son dévolu sur qn; *Ich habe auf ihn ein ~ geworfen.* Il m'a tapé dans l'œil. *mit bloßem ~* à l'œil nu; *jdn ständig im ~ behalten* tenir qn à l'œil, garder un œil sur qn; *soweit das ~ reicht* à perte de vue; *ein ~ zudrücken* fermer les yeux; *ins ~ gehen* mal tourner, mal finir; *~en machen* ouvrir de grands yeux; *jdm ein Dorn im ~ sein* déranger qn, être la bête noire de qn; *sich die ~n ausweinen* pleurer toutes les larmes de son corps; *etw ins ~ fassen* envisager qc; *ins ~ stechen* sauter aux yeux; *die ~n vor etw verschließen* ne pas vouloir regarder qc en face; *seinen ~n nicht trauen können* ne pas en croire ses yeux; *mit offenen ~n ins Unglück rennen* se jeter dans la gueule du loup; *etw mit einem lachenden und einem weinenden ~ sehen* être mi-figue, mi-raisin; *jdm etw aufs ~ drücken* mettre qc sur le dos de qn; *Das passt wie die Faust aufs ~.* Ça va comme un tablier à une vache./Ça hurle.

Augenarzt ['augənartst] *m* ophtalmologiste *m,* oculiste *m*
Augenblick ['augənblɪk] *m* instant *m,* moment *m; sich einen ~ sehen lassen* faire acte de présence; *jeden ~* d'une minute à l'autre; *im gegebenen ~* à un moment donné; *ohne einen ~ zu zögern* ne faire ni une ni deux, sans hésiter un moment
augenblicklich ['augənblɪklɪç] *adj 1.* instantané, momentané; *adv 2.* pour l'instant, momentanément, pour le moment
augenfällig ['augənfɛlɪç] *adj* évident, clair, manifeste, flagrant
Augenmaß ['augənmaːs] *n (fig) ein gutes ~ haben* avoir le compas dans l'œil; *nach ~* à vue de nez
Augenmerk ['augənmɛrk] *n* attention *f*
Augenschein ['augənʃaɪn] *m 1.* apparence *f; 2.* examen *m,* inspection *f; 3. (Wahrnehmung)* examen *m*
Augenwinkel ['augənvɪŋkəl] *m* coin de l'œil *m*
Augenzeuge ['augəntsɔygə] *m JUR* témoin oculaire *m*
Augenzwinkern ['augəntsvɪŋkərn] *n* clignement de l'œil *m*
August [au'gust] *m* août *m; im ~* en août/au mois d'août
Auktion [auk'tsjoːn] *f* vente aux enchères *f*
Aula ['aula] *f* salle des fêtes *f*

aus [aus] *prep 1. (örtlich)* de, hors de; *~ der Stadt* de la ville; *Zug ~ München* train venant de Munich/train en provenance de Munich; *~ einem Glas trinken* boire dans un verre; *~ dem Fenster sehen* regarder par la fenêtre; *etw ~ einem Schrank nehmen* prendre qc dans une armoire; *von hier ~* d'ici; *jdn ~ dem Haus werfen* mettre qn à la porte; *~ guter Quelle* de bonne source; *~ erster Hand* de première main; *~ der Mode* passé de mode; *vom Fenster aus* depuis la fenêtre; *nicht ~ noch ein wissen* ne savoir que faire; *von dort ~* de là; *2. (zeitlich) ~ der Zeit von* du temps de; *3. (Art und Weise) ~ allen Kräften* de toutes ses forces; *~ vollem Hals* à tue-tête; *4. (kausal) ~ diesem Grund* pour cette raison; *~ Furcht vor* de peur de/par crainte de; *~ Liebe* par amour; *~ Achtung* par respect; *~ Erfahrung* par expérience; *~ Mangel an* faute de; *~ Spaß* pour rire/pour s'amuser; *~ Rache* pour se venger; *5. (Stoff)* de, en; *~ Holz* de bois/en bois; *adj 6. (zu Ende)* fini; *Es ist ~.* C'est fini./C'est terminé.

ausarbeiten ['ausarbaɪtən] *v* élaborer, mettre au point, parfaire
ausatmen ['ausaːtmən] *v* expirer
ausbaden ['ausbaːdən] *v (fig)* payer les pots cassés, trinquer *(fam)*
ausbaggern ['ausbagərn] *v TECH* excaver, draguer

Ausbau ['ausbau] *m* 1. *(Vergrößerung)* élargissement *m;* 2. *(eines Gebäudes)* achèvement *m;* 3. *(von Beziehungen)* développement *m;* 4. *(eines Motors)* démontage *m,* dépose *f*

ausbauen ['ausbauən] *v* 1. *(Gebäude)* finir de construire; 2. *(Beziehungen)* cultiver; 3. *(herausnehmen)* démonter, déposer

ausbessern ['ausbɛsərn] *v* 1. réparer; 2. *(Kleidung)* repriser; 3. *(Gemälde)* restaurer

ausbeulen ['ausbɔylən] *v* décabosser

ausbeuten ['ausbɔytən] *v* exploiter

Ausbeuter(in) ['ausbɔytər(ɪn)] *m/f* exploiteur

Ausbeutung ['ausbɔytuŋ] *f* exploitation *f*

ausbilden ['ausbɪldən] *v* former, instruire

ausblasen ['ausbla:zən] *v irr* éteindre en soufflant

ausbleichen ['ausblaɪçən] *v* décolorer

Ausblick ['ausblɪk] *m* vue *f,* perspective *f*

ausbooten ['ausbo:tən] *v* 1. débarquer; 2. *(fig)* débarquer, limoger

ausborgen ['ausbɔrgən] *v* 1. *(bei jdm etw ~)* emprunter qc à qn; 2. *(jdm etw ~)* prêter qc à qn

ausbrechen ['ausbrɛçən] *v irr* 1. *(herausbrechen)* arracher; 2. *(entfliehen)* s'évader, s'échapper; 3. *(Krieg)* éclater, apparaître subitement

Ausbrecher(in) ['ausbrɛçər(ɪn)] *m/f* évadé(e) *m/f*

ausbreiten ['ausbraɪtən] *v* 1. étendre, étaler, déployer; 2. *sich ~* se répandre, se propager, diverger; 3. *sich ~ (verbreiten)* faire tache d'huile

Ausbreitung ['ausbraɪtuŋ] *f* propagation *f,* extension *f,* expansion *f*

Ausbruch ['ausbrux] *m* 1. *(Flucht)* évasion *f;* 2. *(Vulkanausbruch)* éruption *f;* 3. *(einer Krankheit)* apparition *f;* 4. *(Entfesselung)* déchaînement *m*

ausbürgern ['ausbyrgərn] *v* déclarer déchu de sa nationalité, retirer la nationalité

Ausdauer ['ausdauər] *f* endurance *f,* persévérance *f,* résistance *f*

ausdehnen ['ausde:nən] *v* 1. *(örtlich)* étendre, élargir; 2. *(zeitlich)* étendre, allonger, prolonger

Ausdehnung ['ausde:nuŋ] *f* 1. *(örtlich)* extension *f,* étendue *f,* allongement *m;* 2. *(zeitlich)* extension *f,* étendue *f*

ausdenken ['ausdɛŋkən] *v irr sich ~* imaginer, envisager

Ausdruck ['ausdruk] *m* 1. *(Wort)* expression *f,* terme *m;* 2. *(Gesichtsausdruck)* expression *f;* 3. *(Druck)* tirage *m*

ausdrucken ['ausdrukən] *v* imprimer, tirer, faire un tirage

ausdrücken ['ausdrykən] *v* 1. *(auspressen)* exprimer, presser pour faire sortir; 2. (fig*: äußern)* exprimer, extérioriser

Ausdünstung ['ausdynstuŋ] *f* exhalaison *f,* émanation *f,* miasmes *m/pl*

auseinander [ausaɪn'andər] *adv* séparément; *~ brechen* casser, rompre; *~ bringen* séparer; *~ fallen* tomber en ruine, s'écrouler; *~ gehen* se séparer, se disloquer; *~ halten* séparer, distinguer; *~ nehmen* démonter, défaire; *~ reißen* déchirer, séparer; *sich ~ setzen mit* s'expliquer avec, se confronter à, s'occuper de

Auseinandersetzung [ausaɪn'andərzɛtsuŋ] *f* explication *f,* démêlé *m,* confrontation *f; mit jdm eine ~ haben* avoir une prise de bec avec qn

auserlesen ['ausɛrle:zən] *adj* choisi, sélectionné

auserwählt ['ausɛrvɛ:lt] *adj* élu, choisi, sélectionné

ausfahren ['ausfa:rən] *v irr* 1. sortir en voiture; 2. *(Fahrgestell) TECH* sortir

Ausfahrt ['ausfa:rt] *f* 1. *(Autobahnausfahrt)* sortie *f;* 2. *(bei einem Haus)* sortie de garage *f*

Ausfall ['ausfal] *m* 1. *(von Haaren)* chute des cheveux *f;* 2. *(Störung)* panne *f;* 3. *(Verlust) ECO* perte *f,* déficit *m*

ausfallen ['ausfalən] *v irr* 1. *(Haare)* tomber; 2. *(nicht stattfinden)* ne pas avoir lieu, être supprimé; 3. *(Maschine)* tomber en panne, s'arrêter de fonctionner

ausfallend ['ausfalənt] *adj* agressif

Ausfallstraße ['ausfalʃtra:sə] *f* route de sortie *f*

ausfertigen ['ausfɛrtɪgən] *v* rédiger, établir, dresser, libeller

Ausfertigung ['ausfɛrtɪguŋ] *f* 1. exemplaire *m;* 2. *zweite ~* duplicata *m,* double *m*

ausfindig ['ausfɪndɪç] *adj* 1. *~ machen* trouver, découvrir, déterrer; 2. *jdn ~ machen (aufspüren)* repérer qn

ausflippen ['ausflɪpən] *v (fam)* déconner

Ausflüchte ['ausflyçtə] *pl* tergiversations *f/pl,* prétextes *m/pl*

Ausflug ['ausflu:k] *m* excursion *f*

Ausformung ['ausfɔrmuŋ] *f* formation *f*

ausfragen ['ausfra:gən] *v jdn ~* questionner qn, interroger qn

A

Ausfuhr ['ausfuːr] *f* *ECO* exportation *f*
ausführen ['ausfyːrən] *v* *1. (durchführen)* exécuter, accomplir; *2. (darlegen)* exposer, développer; *3. ECO* exporter; *4. (spazieren führen)* faire sortir
ausführlich ['ausfyːrlɪç] *adj* *1.* détaillé; *adv 2.* en détail, par le menu
Ausführlichkeit [aus'fyːrlɪçkaɪt] *f* exhaustivité *f*
Ausführung ['ausfyːruŋ] *f* exécution *f*, réalisation *f*, accomplissement *m*
ausfüllen ['ausfylən] *v* remplir, combler; *ein Formular ~* remplir un formulaire
Ausgabe ['ausgaːbə] *f* *1. (Geldausgabe)* dépense *f*; *2. (Buchausgabe)* édition *f*
Ausgang ['ausgaŋ] *m* *1.* sortie *f*, issue *f*, dénouement *m*; *2. (Ende)* fin *f*, issue *f*; *3. (Ergebnis)* dénouement *m*
Ausgangssperre ['ausgaŋsʃpɛrə] *f* couvre-feu *m*
ausgeben ['ausgeːbən] *v irr* dépenser
ausgebucht ['ausgəbuːxt] *adj* complet
Ausgeglichenheit ['ausgəglɪçənhaɪt] *f* équilibre *m*, harmonie *f*
ausgehen ['ausgeːən] *v irr* *1. (weggehen)* sortir, partir; *2. (enden)* finir; *3. (erlöschen)* s'éteindre; *4. (Vorräte)* s'épuiser
ausgießen ['ausgiːsən] *v irr* verser
Ausgleich ['ausglaɪç] *m* *1. ECO* balance *f*, équilibre *m*; *2. SPORT* égalisation *f*; *3. (fig)* contrepoids *m*, compensation *f*; *4. (Urlaubstag)* récupération *f*
ausgleichen ['ausglaɪçən] *v irr* *1. (Konto) ECO* équilibrer; *2. SPORT* égaliser; *3. (fig)* compenser, rééquilibrer, arranger; *4. (Rechnung)* régler, payer
ausgraben ['ausgraːbən] *v irr* déterrer
Ausguss ['ausgus] *m* *1.* évier *m*, bec verseur *m*; *2. (Becken)* bassin d'évier, évier *m*

aushalten ['aushaltən] *v irr* supporter; *Das ist nicht zum Aushalten!* C'est infernal!/C'est insupportable!

aushängen ['aushɛŋən] *v irr* *1. (Anzeige)* afficher; *2. (aus den Angeln heben)* sortir des gonds
Aushängeschild ['aushɛŋəʃɪlt] *n* enseigne *f*, panneau *m*
ausharren ['ausharən] *v* persévérer, patienter
ausheben ['ausheːbən] *v irr* *1.* ôter, enlever; *2. (Loch)* creuser; *3. (fig)* débusquer
aushecken ['aushɛkən] *v* couver, faire éclore, machiner
ausheilen ['aushaɪlən] *v* guérir complètement
aushelfen ['aushɛlfən] *v irr* assister, secourir, porter secours
Aushilfe ['aushɪlfə] *f* aide *f*
aushilfsweise ['aushɪlfsvaɪzə] *adv* à titre provisoire, provisoirement
aushöhlen ['aushøːlən] *v* *1. (hohl machen)* creuser, évider; *2. (untergraben)* saper
aushorchen ['aushɔrçən] *v* *jdn ~* faire parler qn, sonder qn
aushungern ['aushuŋərn] *v* affamer
auskennen ['auskɛnən] *v irr* *sich ~* s'y retrouver, s'y connaître
ausklammern ['ausklamərn] *v* mettre entre parenthèses, exclure
Ausklang ['ausklaŋ] *m* dernière note *f*, phase finale *f*
ausklappen ['ausklapən] *v* déplier
ausklingen ['ausklɪŋən] *v irr* se perdre, mourir *(fig)*, s'achever, se terminer
ausklügeln ['ausklyːgəln] *v* élaborer
ausknipsen ['ausknɪpsən] *v* *(fam)* éteindre, fermer
auskommen ['auskɔmən] *v irr* *mit jdm ~* s'accorder avec qn, s'entendre avec qn
Auskommen ['auskɔmən] *n* ressources *f/pl*, revenus *m/pl*
auskosten ['auskɔstən] *v* *(genießen)* goûter, savourer
Auskunft ['auskunft] *f* *1. (Information)* renseignement *m*, information *f*; *2. (Büro)* bureau de renseignements *m*
auslachen ['auslaxən] *v* *jdn ~* se moquer de qn, se ficher de qn *(fam)*
ausladen ['auslaːdən] *v irr* *1. (Gepäck)* décharger; *2. (fig: Gäste)* retirer une invitation, décommander l'invitation de, désinviter
ausladend ['auslaːdənt] *adj (breit)* large
Auslage ['auslaːgə] *f* *1. (Schaufensterauslage)* étalage *m*; *2. (Geld)* frais *m/pl*
auslagern ['auslaːgərn] *v* *ECO* mettre en lieu sûr, sortir du stock, sortir de l'entrepôt
Ausland ['auslant] *n* étranger *m*
Ausländer(in) ['auslɛndər(ɪn)] *m/f* étranger/étrangère *m/f*
ausländisch ['auslɛndɪʃ] *adj* étranger
auslassen ['auslasən] *v irr* *1. (unterlassen)* omettre, oublier; *2. seinen Zorn ~* passer sa colère sur, laisser éclater sa colère
auslasten ['auslastən] *v* *1.* occuper à plein temps; *Damit ist er ausgelastet.* Cela l'occupe à plein temps. *2. (Maschine)* utiliser à plein, charger

auslaufen ['auslaufən] *v irr 1. (Flüssigkeit)* couler, fuir; *2. (Schiff)* appareiller, sortir du port; *3. (fig)* se terminer, finir
ausleben ['ausle:bən] *v sich* ~ vivre sa vie, se donner du bon temps
ausleeren ['ausle:rən] *v* vider, vidanger
auslegen ['ausle:gən] *v 1. (Waren)* étaler; *2. (Geld)* avancer; *3. (deuten)* interpréter
Auslegung ['ausle:guŋ] *f* interprétation *f*
ausleihen ['auslaɪən] *v irr 1. jdm etw* ~ prêter qc à qn; *2. sich etw* ~ emprunter qc
auslesen ['ausle:zən] *v irr 1.* choisir, sélectionner; *2. (Buch)* finir de lire, lire jusqu'au bout
ausliefern ['ausli:fərn] *v 1.* livrer, expédier; *2. JUR* extrader
auslöschen ['auslœʃən] *v 1. (Feuer)* éteindre; *2. (fig)* effacer
auslosen ['auslo:zən] *v* tirer au sort
auslösen ['auslø:zən] *v 1. (in Gang setzen)* déclencher, mettre en marche, mettre en route; *2.* (fig*: verursachen)* déclencher, causer, provoquer; *3. (loskaufen)* racheter
ausloten ['auslo:tən] *v 1. NAUT* sonder; *2. (fig)* sonder
auslüften ['auslyftən] *v* aérer, ventiler
ausmachen ['ausmaxən] *v 1. (löschen)* éteindre; *2. (übereinkommen)* convenir, décider; *3. (sich belaufen auf)* se monter à, faire; *4. (bedeuten)* faire, signifier
ausmalen ['ausma:lən] *v 1. (bunt anmalen)* peindre; *2.* (fig*: sich vorstellen)* s'imaginer, se figurer
Ausmaß ['ausma:s] *n* dimension *f,* proportion *f*
ausmerzen ['ausmertsən] *v 1. (aussondern)* éliminer; *2. (vernichten)* éliminer, supprimer; *3. (streichen)* supprimer
ausmisten ['ausmɪstən] *v 1.* nettoyer; *2. (fig)* nettoyer, ranger, donner un coup de balai
Ausnahme ['ausna:mə] *f* exception *f*
Ausnahmezustand ['ausna:mətsuʃtant] *m* état d'exception *m,* état exceptionnel *m*
ausnahmslos ['ausna:mslo:s] *adj* sans exception
ausnahmsweise ['ausna:msvaɪzə] *adv* exceptionnellement
ausnehmen ['ausne:mən] *v irr 1. (ausschließen)* exclure; *2. (Tiere)* vider; *3. (auslassen)* excepter, faire exception de; *4. (ausbeuten)* exploiter, plumer
ausnüchtern ['ausnyçtərn] *v* dégriser, désenivrer
ausnutzen ['ausnytsən] *v* exploiter, utiliser
auspacken ['auspakən] *v* déballer
ausparken ['ausparkən] *v* quitter le stationnement, déboîter
auspeitschen ['auspaɪtʃən] *v* fouetter
Ausprägung ['auspre:guŋ] *f 1. (Deutlichkeit)* clarté *f,* netteté *f,* lisibilité *f; 2. (einer Münze)* monnayage *m,* empreinte *f*
auspressen ['ausprɛsən] *v 1.* presser, extraire; *2. (Saft)* exprimer; *3. (fig)* exploiter
ausprobieren ['ausprobi:rən] *v* essayer, éprouver, expérimente
Auspuff ['auspuf] *m TECH* échappement *m*
auspumpen ['auspumpən] *v 1. (Keller)* pomper, vider; *2. (Magen) MED* faire un lavage d'estomac
auspusten ['auspu:stən] *v* éteindre en soufflant
ausquartieren ['auskvarti:rən] *v* déloger; *sich* ~ changer de logement
ausquetschen ['auskvɛtʃən] *v 1.* presser, pressurer; *2. jdn* ~ *(fig)* harceler qn de questions, questionner qn, interroger qn
ausradieren ['ausradi:rən] *v* effacer
ausrangieren ['ausraŋʒi:rən] *v* mettre au rebut
ausrasten ['ausrastən] *v 1. (ausklinken)* (se) déclencher; *2.* (fig*: Fassung verlieren)* sortir de ses gonds, perdre son calme
ausrauben ['ausraubən] *v* dévaliser, dépouiller
ausräumen ['ausrɔymən] *v 1. (Gegenstände)* démeubler, débarrasser, vider; *2.* (fig*: Zweifel)* écarter, éliminer
ausrechnen ['ausreçnən] *v* calculer, estimer; *seine Chancen* ~ calculer ses chances
Ausrede ['ausre:də] *f* prétexte *m; Das sind faule ~n.* C'est du baratin.
ausreden ['ausre:dən] *v 1. (zu Ende reden)* finir de parler, achever de parler; *2. jdm etw* ~ dissuader qn, faire changer qn d'avis
ausreichen ['ausraɪçən] *v* suffire
ausreisen ['ausraɪzən] *v* partir en voyage à l'étranger, sortir du pays
ausreißen ['ausraɪsən] *v irr 1.* se détacher; *Er ist seinen Konkurrenten ausgerissen.* Il a pris de l'avance sur ses concurrents. *1. (sich lösen)* se dissoudre, se détacher; *2. (Unkraut)* arracher; *3. (davonlaufen)* détaler, décamper, déguerpir; *4. sich kein Bein* ~ ne pas se mettre en quatre, ne pas se casser la tête

ausrenken ['ausrɛŋkən] *v sich etw ~* se tordre qc, se démettre qc

ausrichten ['ausrɪçtən] *v 1. (aufstellen)* redresser, dresser; *2. (veranstalten)* arranger, organiser; *3. (benachrichtigen)* transmettre une nouvelle

Ausrichtung ['ausrɪçtuŋ] *f 1. (Stellung)* position *f; 2. (Veranstaltung)* manifestation *f*

ausrotten ['ausrɔtən] *v 1. (Pflanzen, Tiere)* exterminer; *2. (Art)* détruire

Ausrottung ['ausrɔtuŋ] *f* extermination *f*

Ausruf ['ausru:f] *m* appel *m,* cri *m,* exclamation *f*

ausrufen ['ausru:fən] *v irr* crier, proclamer

Ausrufungszeichen ['ausru:fuŋstsaɪçən] *n* point d'exclamation *m*

ausruhen ['ausru:ən] *v sich ~* se reposer

ausrüsten ['ausrystən] *v* équiper

ausrutschen ['ausrutʃən] *v* glisser, déraper

Aussage ['aussa:gə] *f 1.* déclaration *f,* dires *m/pl; 2. JUR* déposition *f*

aussagekräftig ['ausza:gəkrɛftɪç] *adj* expressif, éloquent

aussagen ['ausza:gən] *v 1.* déclarer, expliquer, rapporter; *2. JUR* déposer, témoigner de

ausschaben ['ausʃa:bən] *v* gratter, râper, cureter

ausschachten ['ausʃaxtən] *v* excaver, creuser

ausschalten ['ausʃaltən] *v 1. (Licht)* éteindre; *2. (Maschine)* arrêter; *3. (Telefon)* débrancher; *4. (fig)* éliminer, exclure, isoler, déconnecter

ausschauen ['ausʃauən] *v 1. ~ nach* chercher; *2. (aussehen)* ressembler

ausscheiden ['ausʃaɪdən] *v irr 1. (ausschließen)* éliminer, retirer, écarter; *2. SPORT* éliminer; *3. MED* sécréter

Ausscheidung ['ausʃaɪduŋ] *f 1. (Sekret)* excrétion *f; 2. (Wettkampf) SPORT* épreuve éliminatoire *f*

ausscheren ['ausʃe:rən] *v* déboîter

ausschildern ['ausʃɪldərn] *v* signaler une route

ausschlachten ['ausʃlaxtən] *v 1. (Tiere)* abattre; *2. (fig)* exploiter

ausschlafen ['ausʃla:fən] *v irr* dormir, récupérer, dormir tout son soûl

Ausschlag ['ausʃla:k] *m 1. MED* éruption cutanée *f,* eczéma *m; 2. den ~ geben* faire pencher la balance, être déterminant

ausschlagen ['ausʃla:gən] *v irr 1. (Fenster)* garnir, revêtir; *2. (Pferd)* ruer, regimber; *3. (Angebot)* refuser, renoncer à, répudier

ausschlaggebend ['ausʃla:kge:bənt] *adj* déterminant, décisif

ausschließen ['ausʃli:sən] *v irr 1. jdn ~* exclure qn, éliminer qn; *2. (aussperren)* enfermer dehors, mettre dehors

ausschließlich ['ausʃli:slɪç] *adj* exclusif

ausschlürfen ['ausʃlyrfən] *v* gober, déguster, siroter

Ausschluss ['ausʃlus] *m 1.* exclusion *f; 2. (Ausstreichen)* radiation *f*

ausschmücken ['ausʃmykən] *v* orner, décorer, embellir

ausschneiden ['ausʃnaɪdən] *v irr 1.* découper; *2. MED* exciser

Ausschnitt ['ausʃnɪt] *m 1. (eines Kleides)* décolleté *m; 2. (Zeitungsausschnitt)* extrait *m,* coupure de journal *f; 3. (Detail)* détail *m*

ausschöpfen ['ausʃœpfən] *v* épuiser, vider

ausschreiben ['ausʃraɪbən] *v irr 1. (vollständig schreiben)* écrire en toutes lettres; *2. (Stelle)* déclarer vacant; *3. (Scheck) FIN* émettre un chèque

Ausschreibung ['ausʃraɪbuŋ] *f (Stelle)* annonce d'emploi vacant *f; (Wettbewerb)* annonce de concours *f*

Ausschreitung ['ausʃraɪtuŋ] *f* excès *m,* transgression *f*

Ausschuss ['ausʃus] *m 1. (Abfall) ECO* rebut *m,* déchet *m; 2. (Kommission)* comité *m,* commission *f*

ausschütteln ['ausʃytəln] *v* secouer

ausschütten ['ausʃytən] *v 1.* verser, répandre; *2. (Dividenden) ECO* verser, répartir

ausschwärmen ['ausʃvɛrmən] *v 1. (Bienen)* essaimer; *2. MIL* essaimer

ausschweifend ['ausʃvaɪfənt] *adj* extravagant, débauché, licencieux

Ausschweifung ['ausʃvaɪfuŋ] *f* digression *f;* débordement *m,* excès *m*

ausschwitzen ['ausʃvɪtsən] *v 1.* suer, exsuder; *2. (Zwiebeln)* faire fondre

> **aussehen** ['ausse:ən] *v irr* paraître, avoir l'air, ressembler à; *gut ~* avoir bonne mine; *müde ~* avoir l'air fatigué; *nach nichts ~* n'avoir l'air de rien; *anständig ~* avoir l'air comme il faut; *jung ~* faire jeune; *Das sieht ganz danach aus.* Ça en a tout l'air.

Aussehen ['ausseːən] *n* aspect *m,* mine *f,* air *m*
außen ['ausən] *adv* 1. au dehors, à l'extérieur; 2. *~ vor bleiben* être ignore
Außendienst ['ausəndiːnst] *m* service extérieur *m*
Außenminister ['ausənmɪnɪstər] *m POL* ministre des Affaires étrangères *m*
Außenministerium ['ausənmɪnɪsteːrjum] *n POL* ministère des Affaires étrangères *m*
Außenpolitik ['ausənpolitiːk] *f POL* politique extérieure *f*
Außenseiter ['ausənzaɪtər] *m* outsider *m,* marginal *m,* désadapté(e) *m/f*
außer ['ausər] *prep* sauf
außerdem ['ausərdeːm] *konj* en plus, de plus, en outre
äußere(r,s) ['ɔysərə(r,s)] *adj* externe, extérieur(e)
außerehelich ['ausəreːəlɪç] *adj* 1. extraconjugal; 2. *(Kind)* adultérin
Äußeres ['ɔysərəs] *n* 1. extérieur *m,* dehors *m/pl;* 2. *(Aussehen)* apparences *f/pl*
außergewöhnlich ['ausərgəvøːnlɪç] *adj* extraordinaire, inhabituel
außerhalb ['ausərhalp] *prep* 1. à l'extérieur de, en dehors de; *adv* 2. à l'extérieur, en dehors
außerirdisch ['ausərɪrdɪʃ] *adj* extraterrestre
äußerlich ['ɔysərlɪç] *adj* 1. externe, extérieur; *adv* 2. extérieurement, en apparence, vu du dehors
Äußerlichkeit ['ɔysərlɪçkaɪt] *f* 1. extérieur *m; pl* 2. *~en* apparences *f/pl*
äußern ['ɔysərn] *v* exprimer; *sich zu etw ~* donner son opinion sur qc
außerordentlich ['ausərɔrdəntlɪç] *adj* exceptionnel
äußerst ['ɔysərst] *adv* extrêmement, au plus haut degré, au dernier point; *ein ~ schwieriger Fall* un cas extrêment difficile *m*
außerstande [ausər'ʃtandə] *adv* ne pas être en mesure
äußerste(r,s) ['ɔysərstə(r,s)] *adj* 1. *(räumlich)* le plus éloigné/la plus éloignée; *im ~n Norden* dans le Grand Nord; 2. *(zeitlich)* le dernier/la dernière; 3. *(fig)* extrême; *am ~n Ende* à l'extrémité
äußerstenfalls ['ɔysərstənfals] *adv* à la rigueur
Äußerung ['ɔysəruŋ] *f* déclaration *f,* expression *f,* manifestation *f*
aussetzen ['aussɛtsən] *v* 1. *(Tier)* abandonner; 2. *(Arbeit)* interrompre, faire une pause; 3. *(Motor)* arrêter, avoir des ratés; 4. *(Urteil) JUR* surseoir à; 5. *an allem etw auszusetzen haben* trouver à redire à tout
Aussicht ['aussɪçt] *f* 1. *(Ausblick)* vue *f,* perspective *f,* panorama *m; etw in ~ haben* avoir qc en vue; 2. *(fig)* chances *f/pl*
aussichtslos ['aussɪçtsloːs] *adj* qui n'a aucune chance, voué à l'échec
Aussichtspunkt ['aussɪçtspuŋkt] *m* point de vue *m*
aussichtsreich ['auszɪçtsraɪç] *adj* prometteur, autorisant tous les espoirs
aussieben ['ausziːbən] *v* 1. cribler, tamiser, filtrer; 2. *(fig)* choisir, sélectionner
aussiedeln ['aussiːdəln] *v* 1. *jdn ~* évacuer; 2. *(auswandern)* émigrer
Aussiedler ['aussiːdlər] *m* émigrant *m*
aussitzen ['auszɪtsən] *v irr etw ~* attendre
aussöhnen ['auszøːnən] *v sich ~* se réconcilier
Aussöhnung ['auszøːnuŋ] *f* reconciliation *f*
aussondern ['auszɔndərn] *v* 1. trier, mettre à part; 2. *CHEM* extraire
aussortieren ['auszɔrtiːrən] *v* trier, classer, mettre à part
ausspannen ['ausʃpanən] *v* 1. *(sich ausruhen)* se détendre, se reposer, se relaxer; 2. *(fam) jdm seine Freundin ~* chiper la copine de qn; 3. *(durch schmeicheln erhalten) jdm etw ~* soutirer qc à qn; 4. *(Pferde)* dételer; 5. *(etw ~)(ausbreiten)* déployer qc, dérouler qc
aussparen ['ausʃpaːrən] *v* épargner, ménager
Aussparung ['ausʃpaːruŋ] *f* ouverture *f,* place *f,* fait d'éviter de parler de qc *m*
ausspeien ['ausʃpaɪən] *v irr* cracher
aussperren ['ausʃpɛrən] *v* 1. *(ausschließen) jdn ~* fermer la porte à qn, exclure qn; 2. *(Streik) ECO* lock-outer
ausspielen ['ausʃpiːlən] *v* 1. *ausgespielt haben* avoir fait son temps; 2. *(Karte: ins Spiel bringen)* jouer; 3. *(auslosen)* mettre en loterie; 4. *jdn gegen einen anderen ~* se servir de qn contre qn
Ausspielung ['ausʃpiːluŋ] *f* mise en loterie *f,* tirage *m*
ausspionieren ['ausʃpioniːrən] *v* espionner
Aussprache ['ausʃpraːxə] *f* 1. prononciation *f;* 2. *(Gespräch)* explication *f,* discussion *f*

A

aussprechen ['ausʃprɛçən] *v irr* 1. prononcer; 2. *(äußern)* exprimer, déclarer; 3. *sich ~* donner ses raisons, s'expliquer
Ausspruch ['ausʃprux] *m* sentence *f*
ausspucken ['ausʃpukən] *v* 1. cracher; 2. *(fig)* cracher au bassinet; *Geld ~* donner de l'argent à contrecœur
ausspülen ['ausʃpy:lən] *v* 1. *(Geschirr)* laver, rincer; 2. *(Ufer)* creuser, ronger
Ausstand ['ausʃtant] *m* 1. *(Forderung) ECO* créance *f;* 2. *(Streik)* grève *f*
ausstanzen ['ausʃtantsən] *v TECH* découper à l'emporte-pièce
ausstatten ['ausʃtatən] *v* 1. *(einrichten)* équiper; 2. *(versehen)* pourvoir, équiper; 3. *(Zimmer)* meubler
Ausstattung ['ausʃtatuŋ] *f* 1. *(Einrichtung)* équipement *m,* ameublement *m;* 2. *(Ausrüstung)* équipement *m*
ausstechen ['ausʃtɛçən] *v irr* 1. *(Gebäck)* découper; 2. *(besser sein) jdn ~* surpasser qn, l'emporter sur qn
ausstecken ['ausʃtɛkən] *v TECH* débrancher
ausstehen ['ausʃte:ən] *v irr* 1. *jdn ~ (ertragen)* supporter qn, souffrir qn; *jdn nicht ~ können* ne pas pouvoir sentir qn; 2. *(noch fehlen)* manquer, être absent
aussteigen ['ausʃtaɪgən] *v irr* 1. *aus einem Fahrzeug ~* descendre de voiture; 2. *(fig)* couper les ponts, rompre avec, reprendre ses billes
Aussteiger ['ausʃtaɪgər] *m* marginal *m*
ausstellen ['ausʃtɛlən] *v* 1. *(Waren)* exposer; 2. *(Dokumente)* délivrer
Aussteller(in) ['ausʃtɛlər(ɪn)] *m/f ECO* exposant(e) *m/f*
Ausstellung ['ausʃtɛluŋ] *f* 1. *ART* exposition *f;* 2. *ECO* exposition *f;* 3. *(von Dokumenten)* délivrance *f;* 4. *(einer Rechnung)* établissement *m*
aussterben ['ausʃtɛrbən] *v irr* disparaître, mourir, être en voie de disparition
Aussteuer ['ausʃtɔyər] *f* trousseau *m,* dot *f*
Ausstieg ['ausʃti:k] *m* 1. sortie *f;* 2. *(fig)* rupture avec son métier *f,* rupture avec la société *f,* abandon *m*
ausstopfen ['ausʃtɔpfən] *v* empailler
ausstoßen ['ausʃto:sən] *v irr* 1. *(Abgas)* émettre; 2. *(Nahrung)* rejeter; 3. *jdn ~* éliminer qn, exclure qn
ausstrahlen ['ausʃtra:lən] *v* 1. *(Wärme)* répandre; 2. *(Sendung)* diffuser; 3. *(übertragen)* irradier; 4. *(Freude)* faire passer, rayonner, respirer
Ausstrahlung ['ausʃtra:luŋ] *f;* 1. *(fig)* carisme *m;* 2. *(Fernseh-/Radiosendung)* diffusion *f*
ausstrecken ['ausʃtrɛkən] *v* étendre
aussuchen ['aussu:xən] *v* trier, sélectionner, choisir
Austausch ['austauʃ] *m* 1. échange *m;* 2. *(Ersatz) TECH* rechange *m,* échange *m*
austauschbar ['austauʃba:r] *adj* interchangeable, permutable
austauschen ['austauʃən] *v* 1. échanger; 2. *(ersetzen) TECH* remplacer par une pièce de rechange, échanger, changer
Austauschmotor ['austauʃmo:tɔr] *m TECH* moteur de remplacement *m,* moteur d'échange *m,* moteur standard *m*
Austauschstudent(in) ['austauʃʃtudɛnt(ɪn)] *m/f* étudiant(e) qui fait un échange *m/f*
austeilen ['austaɪlən] *v* distribuer
Auster ['austər] *f ZOOL* huître *f*
austoben ['austo:bən] *v* 1. *den Zorn ~* donner libre cours à sa colère; 2. *sich ~* se défouler
austragen ['austra:gən] *v irr* 1. *SPORT* disputer; 2. *(Streit)* régler, vider; 3. *(Pakete)* distribuer
Austragung ['austra:guŋ] *f* 1. *(Lieferung)* distribution *f,* livraison *f;* 2. *(eines Ereignisses)* organisation *f*
austreiben ['austraɪbən] *v irr* 1. *(Geister)* exorciser; 2. *(Flausen) jdm etw ~* faire passer à qn l'envie de faire qc, faire passer à qn le goût de faire qc
austreten ['austre:tən] *v irr* 1. *(aus einer Partei, aus der Kirche)* quitter, rendre sa carte de membre; 2. *(aus einem Verein)* sortir de; 3. *(ausströmen)* s'échapper; 4. *(eine Zigarette, ein Feuer)* éteindre avec le pied; 5. *(zur Toilette gehen)* aller aux toilettes
austricksen [austrɪksən] *v jmd ~* arnaquer qn
austrinken ['austrɪŋkən] *v irr* vider son verre
Austritt ['austrɪt] *m* démission *f*
austrocknen ['austrɔknən] *v* désécher
ausüben ['ausy:bən] *v* exercer
ausufern ['ausu:fərn] *v* 1. devenir démesuré; 2. (fig: *ausarten)* dégénérer
Ausverkauf ['ausfɛrkauf] *m* soldes *m/pl,* liquidation *f*
ausverkauft ['ausfɛrkauft] *adj* épuisé

auswachsen ['ausvaksən] *v irr Das ist zum Auswachsen!* C'est désespérant!
Auswahl ['ausva:l] *f* choix *m*
auswählen ['ausvɛ:lən] *v* choisir
auswandern ['ausvandərn] *v* émigrer
auswärtig ['ausvɛrtɪç] *adj 1. (nicht einheimisch)* extérieur, étranger; *2. (Beziehungen zum Ausland betreffend)* étranger; *Auswärtiges Amt* ministère des Affaires étrangères *m*
auswärts ['ausvɛrts] *adv* à l'extérieur
auswechselbar ['ausvɛksəlba:r] *adj* interchangeable, qui peut être échangé
auswechseln ['ausvɛksəln] *v 1.* échanger, changer; *2. (ersetzen)* remplacer
Ausweg ['ausve:k] *m* issue *f,* échappatoire *f,* solution *f*
ausweglos ['ausve:klo:s] *adj* sans issue, sans espoir
ausweichen ['ausvaɪçən] *v irr jdm ~* éviter qn; *einer Frage ~* éluder une question
ausweichend ['ausvaɪçənt] *adj* évasif
Ausweichmanöver ['ausvaɪçmanø:vər] *n MIL* manœuvre pour éviter qn
Ausweis ['ausvaɪs] *m* pièce d'identité *f*
ausweisen ['ausvaɪzən] *v irr 1. jdn ~* expulser qn; *2. sich ~* décliner son identité, montrer ses papiers
Ausweiskontrolle ['ausvaɪskɔntrɔlə] *f* contrôle d'identité *m*
Ausweisung ['ausvaɪzuŋ] *f* expulsion *f*
ausweiten ['ausvaɪtən] *v* répandre, étendre, elargir
auswendig ['ausvɛndɪç] *adv* par cœur; *etw in- und ~ kennen* connaître qc par cœur
auswerten ['ausve:rtən] *v* exploiter, interpréter
Auswertung ['ausve:rtuŋ] *f* évaluation *f*
auswirken ['ausvɪrkən] *v sich ~ auf* avoir un effet sur, exercer un effet sur
auswischen ['auswɪʃən] *v jdm eins ~* faire une crasse à qn, faire un mauvais coup à qn
Auswuchs ['ausvu:ks] *m 1.* excroissance *f; 2. MED* tumeur *f*
auszahlen ['austsa:lən] *v 1.* payer; *2. sich ~* en valoir la peine, être payant
Auszahlung ['austsa:luŋ] *f* paiement *m*
auszehren ['austse:rən] *v* consumer, ronger, miner
auszeichnen ['austsaɪçnən] *v 1. (würdigen) jdn ~* distinguer qn, remettre un prix à qn, remettre une distinction à qn, décorer qn; *2. (Waren) ECO* étiqueter
Auszeichnung ['austsaɪçnuŋ] *f* distinction *f,* décoration *f*
ausziehbar ['austsi:ba:r] *adj* extensible
ausziehen ['austsi:ən] *v irr 1. (Kleidung)* enlever, ôter; *2. sich ~* se déshabiller; *3. (Wohnung wechseln)* déménager
Auszubildende(r) ['austsubɪldəndə(r)] *m/f* apprenti(e) *m/f*
Auszug ['austsu:k] *m 1. (Umzug)* déménagement *m; 2. (Zusammenfassung)* extrait *m; 3. (Kontoauszug)* extrait de compte *m,* relevé de compte *m*
autark [au'tark] *adj ECO* autarcique
authentisch [au'tɛntɪʃ] *adj* authentique
autistisch [au'tɪstɪʃ] *adj MED* autistique

Auto ['auto] *n* auto *f,* automobile *f,* voiture *f; ~ fahren* aller en voiture, conduire

Autobahn ['autoba:n] *f* autoroute *f*
Autobus ['autobus] *m* autobus *m*
Autodidakt(in) [autodɪ'dakt(ɪn)] *m/f* autodidacte *m/f*
Autofahrer(in) ['autofa:rər(ɪn)] *m/f* automobiliste *m/f*
Autogramm [auto'gram] *n* autographe *m*
Automat [auto'ma:t] *m* appareil automatique *m,* distributeur automatique *m*
Automatik [auto'ma:tɪk] *f TECH* automatisme *m*
Automation [automa'tsjo:n] *f TECH* automation *f*
automatisch [auto'ma:tɪʃ] *adj* automatique
Automatisierung [automati'zi:ruŋ] *f* automatisation *f,* automation *f*
Automechaniker ['automeça:nɪkər] *m* mécanicien automobile *m,* garagiste *m*
Automobilindustrie [automo'bi:lɪndustri:] *f* industrie automobile *f*
autonom [auto'no:m] *adj* autonome
Autonomie [autono'mi:] *f POL* autonomie *f*
Autonomiebewegung [autono'mi:bəve:guŋ] *f POL* mouvement d'autonomie *m*
Autonummer ['autonumər] *f (fam: Autokennzeichen)* plaque *f,* plaque d'immatriculation *f*
Autopilot ['autopilo:t] *m TECH* pilote automatique *m*
Autopsie [autop'si:] *f MED* autopsie *f*
Autor(in) ['autɔr/au'tɔ:rɪn] *m/f* auteur *m*
Autoreifen ['autoraɪfən] *m* pneu *m*
autoritär [autori'tɛ:r] *adj* autoritaire
Autorität [autori'tɛ:t] *f* autorité *f; sich ~ verschaffen* inspirer du respect/se faire respecter

B

Baby ['be:bi] *n* bébé *m; noch ein richtiges ~ sein* être encore au biberon

babysitten ['be:bisɪtən] *v* faire du babysitting

Bach [bax] *m* ruisseau *m; Das ist den ~ hinunter!* C'est la fin des haricots! *(fam)*/C'est la fin de tout!

Backe ['bakə] *f 1. ANAT* joue *f; 2. TECH* mâchoire *f*

backen ['bakən] *v irr* faire cuire au four

Backenzahn ['bakəntsa:n] *m ANAT* molaire *f*

Bäcker(in) ['bɛkər(ɪn)] *m/f* boulanger/boulangère *m/f*

Bäckerei [bɛkə'raɪ] *f* boulangerie *f*

Backofen ['bako:fən] *m* four *m*

Backstein ['bakʃtaɪn] *m* brique *f*

Bad [ba:t] *n 1.* bain *m; das ~ in der Menge nehmen* se mêler à la foule; *das Kind mit dem ~e ausschütten* jeter le bébé avec l'eau du bain; *2. (Raum)* salle de bains *f*

Badeanzug ['ba:dəantsu:k] *m* maillot de bain *m,* tenue de bain *f*

Badehose ['ba:dəho:zə] *f* slip de bain *m,* caleçon de bain *m*

Badekappe ['ba:dəkapə] *f* bonnet de bain *m*

Bademantel ['ba:dəmantəl] *m* peignoir de bain *m*

Bademeister ['ba:dəmaɪstər] *m* maître-nageur *m*

baden ['ba:dən] *v* se baigner, prendre un bain

Badewanne ['ba:dəvanə] *f* baignoire *f*

Badezimmer ['ba:dətsɪmər] *n* salle de bains *f,* salle d'eau *f*

baff [baf] *adj ~ sein (fam)* être baba

Bagatellbetrag [baga'tɛlbətra:k] *m* montant insignifiant *m,* montant négligeable *m,* petite somme *f,* menue somme *f*

bagatellisieren [bagatɛlɪ'zi:rən] *v* réduire à peu de chose, minimiser l'importance

Bagatellsache [baga'tɛlzaxə] *f* affaire mineure *f,* cause peu importante *f,* affaire de simple police *f*

Bagger ['bagər] *m TECH* drague *f,* excavatrice *f*

baggern ['bagərn] *v 1.* excaver; *2. (fig)* draguer

Bahn [ba:n] *f 1. (Eisenbahn)* chemin de fer *m; 2. (Straßenbahn)* tramway *m; 3. (Fahrbahn)* chaussée *f; 4. (fig) freie ~ haben* avoir le champ libre; *auf die schiefe ~ kommen* être parti sur la mauvaise voie/filer un mauvais coton; *jdn aus der ~ werfen* déséquilibrer qn/désaxer qn/déboussoler qn; *jdn in die richtige ~ lenken* remettre qn dans le droit chemin; *5. (Umlaufbahn) ASTR* révolution *f,* trajectoire *f,* orbite *f*

bahnbrechend ['ba:nbrɛçənt] *adj* précurseur, avant-gardiste

Bahndamm ['ba:ndam] *m* talus *m*

bahnen ['ba:nən] *v sich den Weg ~* se frayer la voie

Bahnfahrkarte ['ba:nfa:rkartə] *f* billet de chemin de fer *m*

Bahnhof ['ba:nho:f] *m* gare *f; Ich verstehe immer nur ~.* C'est du chinois pour moi. Je n'y comprends rien.

Bahnschranke ['ba:nʃraŋkə] *f* barrière de passage à niveau *f*

Bahnsteig ['ba:nʃtaɪk] *m* quai *m*

Bahre ['ba:rə] *f 1. (für Kranke)* brancard *m,* civière *f; 2. (für Tote)* bière *f*

Baisse ['bɛ:sə] *f FIN* baisse *f*

Bakterie [bak'te:rjə] *f BIO* bactérie *f,* microbe *m*

bakteriell [bakte'rjɛl] *adj BIO* bactériel

balancieren [balɑ̃'si:rən] *v* se tenir en équilibre, se balancer

bald [balt] *adv* bientôt; *~ ... ~* tantôt ... tantôt; *~ lachen, ~ weinen* rire et pleurer tour à tour

baldig ['baldɪç] *adj Ich hoffe auf ein ~es Wiedersehen.* A bientôt, j'espère.

baldmöglichst ['baltmø:klɪçst] *adv* dès que possible, le plus tôt possible

Balg[1] [balk] *m (Kind)* môme *m,* gosse *m*

Balg[2] [balk] *m (Tierhaut)* peau *f*

Balg[3] [balk] *m FOTO* soufflet *m*

balgen ['balgən] *v sich ~* se chamailler, s'accrocher

Balkan ['balka:n] *m* Balkans *m/pl*

Balken ['balkən] *m* poutre *f*

Balkenwaage ['balkənva:gə] *f* balance à fléau *f*

Balkon [bal'kɔŋ] *m 1.* balcon *m; 2. THEAT* balcon *m*

Ball[1] [bal] *m 1.* balle *f; am ~ bleiben* s'accrocher; *jdm die Bälle zuwerfen* pistonner qn; *2. (Fußball)* ballon de football *m,* football *m*
Ball[2] [bal] *m (Tanz)* bal *m*
Ballade [bal'laːdə] *f LIT* ballade *f*
ballen ['balən] *v 1.* mettre en boules; *2. (Faust)* serrer les poings; *3. sich ~* se concentrer
Ballen ['balən] *m 1. (Fußballen) ANAT* plante; *2. (Handballen) ANAT* paume *f; 3. ECO* balle *f,* ballot *m*
Ballett [ba'lɛt] *n THEAT* ballet *m,* danse classique *f*
Ballkleid ['balklaɪt] *n* robe de bal *f*
Ballon [ba'lɔŋ] *m* ballon *m*
Ballungsgebiet ['baluŋsgəbiːt] *n* concentration urbaine *f,* conurbation *f*
banal [ba'naːl] *adj* banal
Banalität [banali'tɛːt] *f* banalité *f*
Banause [ba'nauzə] *m* ignare *m*
Band [bant] *n 1. (Buch)* tome *m,* volume *m; Bände sprechen* en dire long; *2. (Streifen)* bande *f,* ruban *m; am laufenden ~* à la chaîne; *3. (Tonband)* bande magnétique *f*
Bandbreite ['bantbraɪtə] *f 1. ECO* marge *f,* fourchette *f; 2. TECH* marge *f,* largeur *f*
Bande ['bandə] *f (Gruppe)* bande *f*
bändigen ['bɛndɪgən] *v 1. (Tiere)* dompter, apprivoiser; *2. (Wut)* maîtriser
Bandmaß ['bantmaːs] *n TECH* mètre (à) ruban *m*
Bandscheibe ['bantʃaɪbə] *f ANAT* disque intervertébral *m*
bangen ['baŋən] *v 1.* craindre, trembler; *2. (Angst haben)* avoir peur, redouter

Bank[1] [baŋk] *f 1. (Sitzbank)* banc *m; 2. (Schulbank)* banc *m; 3. (fig) etw auf die lange ~ schieben* faire traîner qc/repousser éternellement qc; *durch die ~* sans exception
Bank[2] [baŋk] *f FIN* banque *f*

Bankfiliale ['baŋkfɪljaːlə] *f FIN* filiale de banque *f,* succursale *f*
Bankleitzahl ['baŋklaɪttsaːl] *f FIN* code bancaire *m*
Banknote ['baŋknoːtə] *f FIN* billet de banque *m*
Bankraub ['baŋkraup] *m* hold-up d'une banque *m*
Bankräuber ['baŋkrɔybər] *m* auteur d'un hold-up *m*
Bankrott [baŋk'rɔt] *m FIN* banqueroute *f,* faillite *f; ~ machen* faire faillite
Bankverbindung ['baŋkfɛrbɪnduŋ] *f FIN* relation bancaire *f,* coordonnés bancaires *f/pl*
Bankwesen ['baŋkveːzən] *n FIN* système bancaire *m,* organisation bancaire *f,* institutions bancaires *f/pl*
Bann [ban] *m jdn in seinen ~ ziehen* tenir qn sous son charme
bannen ['banən] *v 1. (fesseln)* envoûter, fasciner, charmer, captiver; *2. (vertreiben)* bannir, mettre au ban, jeter l'anathème, frapper d'anathème; *(Gefahr)* conjurer; *(böse Geister)* conjurer; *3. (festhalten)* captiver
bar [baːr] *adj* comptant, liquide; *etw für ~e Münze nehmen* prendre qc pour argent comptant

Bär [bɛːr] *m 1. ZOOL* ours *m; 2. (fig) jdm einen ~en aufbinden* faire prendre à qn des vessies pour des lanternes; *Da ist der ~ los.* Il y a une ambiance du tonnerre!

Baracke [ba'rakə] *f* baraque *f*
Barbarei [barba'raɪ] *f* barbarie *f*
barbarisch [bar'baːrɪʃ] *adj* barbare
barbusig ['baːrbuːzɪç] *adj* à sein nu
barfuß ['barfuːs] *adv* pieds nus
Bargeld ['baːrgɛlt] *n* argent liquide *m,* espèces *f/pl*
barmherzig [barm'hɛrtsɪç] *adj* charitable
Barmherzigkeit [barm'hɛrtsɪçkaɪt] *f* charité *f*
Barock [ba'rɔk] *m/n ART* baroque *m*
Barren ['barən] *m (Goldbarren)* lingot d'or *m*
Barrikade [bari'kaːdə] *f* barricade *f*
barsch [barʃ] *adj* âpre, rude, rogue
Bart ['baːrt] *m* barbe *f; einen Dreitagebart haben* avoir une barbe de trois jours; *um des Kaisers ~ streiten* se disputer pour trois fois rien/se bouffer le nez
Bartstoppel ['baːrtʃtɔpəl] *f ~n pl* poil de barbe *m*
Barvermögen ['baːrfɛrmøːgən] *n FIN* fortune en liquide *f*
Base[1] ['baːzə] *f CHEM* base *f*
Base[2] ['baːzə] *f (Kusine)* cousine *f*
basieren [ba'ziːrən] *v ~ auf* se baser sur, se fonder sur
Basilikum [ba'ziːlikum] *m/n BOT* basilic *m*
Basis ['baːzɪs] *f* base *f,* fondement *m*
Basisdemokratie ['baːzɪsdemokratiː] *f POL* démocratie de base *f*
Baske ['baskə] *m* Basque *m*

B

Baskenmütze ['baskənmytsə] *f* béret basque *m*
Bassist(in) [ba'sɪst(ɪn)] *m/f* *(Musiker(in))* *MUS* bassiste *m*
Bast [bast] *m* filasse *f,* raphia *m,* fibre végétale *f*
Bastard ['bastart] *m* bâtard *m*
basteln ['bastəln] *v* bricoler
Bastler(in) ['bastlər(ɪn)] *m/f* bricoleur/bricoleuse *m/f*
Batterie [batə'riː] *f* *TECH* batterie *f,* pile électrique *f*
Batzen ['batsən] *m* *ein ~ Geld (fam)* magot *m,* masse *f*
Bau [bau] *m* *1. (Konstruktion)* construction *f,* édifice *m;* *2. (Tierbau)* terrier *m,* tanière *f*
Bauarbeiter ['bauarbaɪtər] *m* ouvrier du bâtiment *m*
Bauch [baux] *m* ventre *m;* *sich den ~ voll schlagen* s'en mettre plein la lampe/se remplir la panse; *eine Wut im ~ haben* être dans une rage folle/être ivre de rage; *sich den ~ vor Lachen halten* être plié en deux/se tenir les côtes
bauchig ['bauxɪç] *adj* ventru, renflé, bombé
Bauchnabel ['bauxnaːbəl] *m* *ANAT* nombril *m*
Bauchredner(in) ['bauxreːdnər(ɪn)] *m/f* ventriloque *m/f*
Bauchschmerzen ['bauxʃmɛrtsən] *pl* colique *f,* mal au ventre *m*
Bauchtanz ['bauxtants] *m* danse du ventre *f*
bauen ['bauən] *v* construire, édifier, dresser, planter; *auf etw ~* tabler sur qc
Bauer ['bauər] *m* *1.* paysan *m,* fermier *m;* *2. (Spielkarte)* valet *m;* *3. (Schachfigur)* pion *m*
Bäuerin ['bɔyərɪn] *f* paysanne *f*
bäuerlich ['bɔyərlɪç] *adj* paysan
Bauernfänger ['bauərnfɛŋər] *m* attrape-nigaud *m*
Bauernhof ['bauərnhoːf] *m* ferme *f*
baufällig ['baufɛlɪç] *adj* vétuste, délabré
Baufirma ['baufɪrma] *f* entreprise de construction *f*
Baugerüst ['baugəryst] *n* échafaudage *m*
Baugewerbe ['baugəvɛrbə] *n* industrie du bâtiment *f,* bâtiment *m*
Bauholz ['bauhɔlts] *n* bois de construction *m*
Bauindustrie ['bauɪndustriː] *f* industrie du bâtiment *f*
Bauingenieur ['bauɪnʒenjøːr] *m* ingénieur du génie civil *m,* ingénieur des travaux publics *m*
Baukasten ['baukastən] *m* jeu de construction *m*
Bauklötze ['baukløetsə] *pl* cubes *m/pl;* *~ staunen (fam)* ne pas en revenir
baulich ['baulɪç] *adj* architectural

> **Baum** [baum] *m* arbre *m;* *Bäume ausreißen können (fig)* soulever des montagnes; *Das ist ja zum auf die Bäume klettern!* C'est à se taper la tête contre les murs!

Baumaterial ['baumaterjaːl] *n* matériau de construction *m*
baumeln ['bauməln] *v* pendre, pendiller; *die Beine ~ lassen* balancer les jambes
Baumkrone ['baumkroːnə] *f* *BOT* cime *f*
Baumrinde ['baumrɪndə] *f* *BOT* écorce *f*
Baumschule ['baumʃuːlə] *f* pépinière *f*
Baumstamm ['baumʃtam] *m* tronc *m*
Baumstumpf ['baumʃtumpf] *m* souche d'arbre *f*
Baumwolle ['baumvɔlə] *f* coton *m*
Bauplan ['bauplaːn] *m* plan de construction *m*
Bausatz ['bauzats] *m* jeu de pièces détachées *m*
Baustein ['bauʃtaɪn] *m* *1.* pierre à bâtir *f,* parpaing *m,* moellon *m;* *2. (Bauklotz)* élément constitutif *m,* bloc de construction *m;* *3. (fig)* élément constitutif *m*
Baustelle ['bauʃtɛlə] *f* chantier de construction *m*
Baustil ['bauʃtiːl] *m* *ARCH* style architectural *m*
Bautrupp ['bautrup] *m* équipe de montage *f*
Bauwerk ['bauvɛrk] *n* ouvrage *m,* édifice *m*
bayerisch ['baɪərɪʃ] *adj* bavarois
Bayern ['baɪərn] *n* *GEO* Bavière *f*
Bazillus [ba'tsɪlus] *m* *BIO* bacille *m*
beabsichtigen [bə'apzɪçtɪgən] *v* *~, etw zu tun* avoir l'intention de faire qc, projeter de faire qc, compter faire qc
beachten [bə'axtən] *v* *1.* faire attention à; *jdn ~* prêter attention à qn; *2. (Rat)* écouter, respecter
beachtenswert [bə'axtənsveːrt] *adj* remarquable
Beachtung [bə'axtuŋ] *f* attention *f,* respect *m,* considération *f;* *jdm ~ schenken* prêter attention à qn

Beamer ['biːmər] *m INFORM* beamer *m*, projecteur *m*
Beamter [bə'amtər] *m* fonctionnaire *m*
Beamtin [bə'amtɪn] *f* fonctionnaire *f*
beängstigend [bə'ɛŋstɪgənt] *adj* angoissant, redoutable
beanspruchen [bə'anʃpruxən] *v 1.* revendiquer, solliciter; *2. TECH* fatiguer
beanstanden [bə'anʃtandən] *v* critiquer, faire des objections, formuler des critiques
beantragen [bə'antraːgən] *v* demander, solliciter
beantworten [bə'antvɔrtən] *v* répondre
bearbeiten [bə'arbaɪtən] *v 1. TECH* travailler, usiner, façonner; *2. (erledigen)* travailler à; *3. (Thema)* traiter; *4. (Akten)* s'occuper de; *5. AGR* cultiver
Bearbeitung [bə'arbaɪtuŋ] *f 1.* travail *m; 2. (eines Stoffes)* traitement *m; 3. (eines Textes)* adaptation *f*
beatmen [bə'aːtmən] *v MED* pratiquer la respiration artificielle
beaufsichtigen [bə'aufzɪçtɪgən] *v* surveiller, contrôler
beauftragen [bə'auftraːgən] *v* mandater, charger, déléguer
Beauftragte(r) [bə'auftraːktə(r)] *m/f* commis *m*, délégué(e) *m/f*, délégataire *m/f*, mandataire *m*
bebauen [bə'bauən] *v 1.* bâtir, construire sur; *2. (landwirtschaftlich)* cultiver
Bebauung [bə'bauuŋ] *f* construction *f*, occupation des sols *f*
Beben ['beːbən] *n (Erdbeben)* tremblement de terre *m*
beben ['beːbən] *v* trembler
Becher ['bɛçər] *m* gobelet *m*, timbale *f*
bechern ['bɛçərn] *v (fam)* picoler
Becken ['bɛkən] *n 1. (Waschbecken)* lavabo *m*, cuvette *f; 2. (Schwimmbecken)* bassin *m*, piscine *f; 3. ANAT* bassin *m*
bedacht [bə'daxt] *adj auf etw ~ sein* songer à qc, avoir grand soin de qc
bedächtig [bə'dɛçtɪç] *adj* circonspect, prudent, réfléchi, qui pèse ses mots
bedanken [bə'daŋkən] *v sich ~* remercier
Bedarf [bə'darf] *m* besoins *m/pl; bei ~* en cas de besoin
bedauerlich [bə'dauərlɪç] *adj* regrettable, déplorable
bedauern [bə'dauərn] *v* regretter, déplorer
bedauernswert [bə'dauərnsveːrt] *adj* regrettable, pitoyable, déplorable
bedecken [bə'dɛkən] *v 1.* couvrir, recouvrir; *2. (umhüllen)* envelopper
bedenken [bə'dɛŋkən] *v irr* considérer, penser à, ne pas oublier
bedenkenlos [bə'dɛŋkənloːs] *adj* sans hésitation, sans scrupule
bedenkenswert [bə'dɛŋkənsveːrt] *adj* digne de réflexion *f*
bedenklich [bə'dɛŋklɪç] *adj 1.* qui donne à penser, préoccupant; *2. (ernst)* critique
bedeuten [bə'dɔytən] *v* signifier, vouloir dire, représenter
bedeutend [bə'dɔytənt] *adj* important, considérable
Bedeutung [bə'dɔytuŋ] *f 1.* signification *f; 2. (Wichtigkeit)* importance *f; von größter ~ sein* être d'un intérêt capital
bedeutungslos [bə'dɔytuŋsloːs] *adj 1. (ohne Sinn)* qui n'a pas de sens; *2. (unwichtig)* sans importance, insignifiant, futile
Bedeutungslosigkeit [bə'dɔytuŋsloːzɪçkaɪt] *f* insignifiance *f*, futilité *f*, caractère futile *m*, caractère anodin *m*
bedeutungsvoll [bə'dɔytuŋsfɔl] *adj* important, significatif

bedienen [bə'diːnən] *v 1. jdn ~* servir qn; *2. sich ~* se servir; *sich einer Sache ~* se servir de qc/employer qc; *Bedienen Sie sich!* Servez-vous! *3. (eine Maschine) TECH* servir

bedient [bə'diːnt] *adj ~ sein (fig)* avoir sa dose
Bedienung [bə'diːnuŋ] *f 1.* service *m*, maniement *m; 2. (Kellner(in))* garçon de café *m*, serveur/serveuse *m/f; 3. TECH* emploi *m*, manœuvre *f*, maniement *m*
bedingt [bə'dɪŋkt] *adj 1.* causé par, provoqué par, suscité par; *2. (beschränkt)* conditionnel, sous réserve
Bedingung [bə'dɪŋuŋ] *f* condition *f*
bedrängen [bə'drɛŋən] *v* talonner, importuner; *in bedrängter Lage* dans l'embarras
Bedrängnis [bə'drɛŋnɪs] *f 1.* embarras *m*, gêne *f; 2. (Not)* détresse *f*
bedrängt [bə'drɛŋt] *adj* être dans l'embarras, être dans la gêne
bedrohen [bə'droːən] *v* menacer
Bedrohung [bə'droːuŋ] *f* menace *f*
bedrücken [bə'drykən] *v* accabler, oppresser; *bedrückt sein* être soucieux
bedürfen [bə'dyrfən] *v irr einer Sache ~* avoir besoin de qc, nécessiter qc; *Es bedarf nur eines Wortes.* Il suffit d'une parole.

B

bedürftig [bə'dyrftɪç] *adj* nécessiteux, indigent
beeilen [bə'aɪlən] *v sich ~* se dépêcher
beeindrucken [bə'aɪndrukən] *v* impressionner, faire grande impression sur
beeinflussbar [bə'aɪnflusbaːr] *adj* influençable
beeinflussen [bə'aɪnflusən] *v* influencer
Beeinflussung [bə'aɪnflusuŋ] *f* influence *f,* prise d'influence *f*
beeinträchtigen [bə'aɪntrɛçtɪgən] *v* nuire à, porter préjudice à, porter atteinte à
Beeinträchtigung [bə'aɪntrɛçtɪguŋ] *f* préjudice *m,* tort *m*
beenden [bə'ɛndən] *v* finir, terminer, mettre fin à
Beendigung [bə'ɛndɪguŋ] *f* achèvement *m,* liquidation *f,* conclusion *f*
beengen [bə'ɛŋən] *v 1.* serrer, gêner, oppresser, étouffer; *2. (fig)* gêner, oppresser, étouffer
beengt [bə'ɛŋt] *adj* serré; *sich ~ fühlen* se sentir gêné, se sentir à l'étroit
beerben [bə'ɛrbən] *v jdn ~* hériter de qn
beerdigen [bə'eːrdɪgən] *v* enterrer, inhumer
Beerdigung [bə'eːrdɪguŋ] *f* enterrement *m,* obsèques *f/pl,* inhumation *f*
Beere ['beːrə] *f 1. BOT* baie *f; 2. (Traube)* grain de raisin *m*
Beet [beːt] *n* parterre *m,* massif *m,* platebande *f*
befähigen [bə'fɛːɪgən] *v* rendre qn capable, rendre apte à
Befähigung [bə'fɛːɪguŋ] *f ~ zu* aptitude à *f,* capacité de *f,* qualification pour *f*
befahrbar [bə'faːrbaːr] *adj 1.* carrossable, praticable; *2. NAUT* navigable
befahren [bə'faːrən] *v irr 1.* circuler, desservir; *adj 2. (Straße)* circuler, desservir
befallen [bə'falən] *v irr* envahir qc
befangen [bə'faŋən] *adj 1. ~ sein* être gêné, être embarrassé; *2. ~ sein (voreingenommen) JUR* être partial
Befangenheit [bə'faŋənhaɪt] *f 1.* embarras *m,* perplexité *f; 2. (Unbeholfenheit)* gaucherie *f; 3. (Voreingenommenheit) JUR* partialité *f*
befassen [be'fasən] *v sich ~ mit* s'occuper de, traiter
befehlen [bə'feːlən] *v irr* ordonner, commander, donner un ordre
Befehlshaber [bə'feːlshaːbər] *m MIL* commandant *m*
befestigen [bə'fɛstɪgən] *v* fixer, consolider, attacher
Befestigung [bə'fɛstɪguŋ] *f 1.* fixation *f,* attache *f; 2. MIL* fortification *f*
befeuchten [bə'fɔyçtən] *v* humidifier, mouiller, humecter
Befinden [bə'fɪndən] *n 1. (Gesundheit)* état de santé *m; 2. (Meinung)* avis *m*
befinden [bə'fɪndən] *v irr sich ~* se trouver
beflissen [bə'flɪsən] *adj* appliqué, zélé, empressé
beflügeln [bə'flyːgəln] *v 1.* donner des ailes, hâter qc, accélérer qc, presser le pas; *2. (fig)* donner des ailes
befolgen [bə'fɔlgən] *v 1. (Befehl)* exécuter; *2. (Regel)* obéir; *3. (Beispiel)* suivre
befördern [bə'fœrdərn] *v 1. (transportieren)* transporter; *2. (beruflich)* promouvoir, faire avancer en grade
Beförderung [bə'fœrdəruŋ] *f 1. (Transport)* transport *m; 2. (im Beruf)* promotion *f,* avancement *m*
befragen [bə'fraːgən] *v jdn ~* questionner qn, interviewer qn, consulter qn; *(Zeugen)* interroger
Befragung [bə'fraːguŋ] *f* consultation *f,* enquête *f,* interview *f*
befreien [bə'fraɪən] *v 1.* libérer, délivrer; *2. (von Steuern) ECO* exonérer
befremden [bə'frɛmdən] *v* paraître étrange à, sembler étranger à, surprendre, déconcerter
befreunden [bə'frɔyndən] *v sich mit jdm ~* se lier d'amitié avec qn, nouer des relations d'amitié avec qn
befreundet [bə'frɔyndət] *adj mit jdm ~ sein* être ami avec qn
befrieden [bə'friːdən] *v 1. POL* pacifier qc; *2. jdn ~* apaiser qn, calmer qn
befriedigen [bə'friːdɪgən] *v* satisfaire, contenter
befristen [bə'frɪstən] *v* fixer un délai à, soumettre un délai à
befristet [bə'frɪstət] *adj* à durée déterminée, à terme
Befruchtung [bə'fruxtuŋ] *f BIO* fécondation *f*
Befugnis [bə'fuːknɪs] *f* pouvoirs *m/pl,* autorisation *f*
befugt [bə'fuːkt] *adj* en droit, en qualité de, compétent
Befund [bə'funt] *m MED* diagnostic *m*
befürchten [bə'fyrçtən] *v* craindre, redouter, avoir peur de

Befürchtung [bə'fyrçtuŋ] *f* crainte *f,* inquiétude *f*
befürworten [bə'fyːrvɔrtən] *v 1.* recommander; *2. (eine Bitte)* appuyer
Befürworter(in) [bə'fyːrvɔrtər(ɪn)] *m/f* partisan(e) *m/f,* préconisateur *m*
begabt [bə'gaːpt] *adj* doué
Begabung [bə'gaːbuŋ] *f* don *m,* talent *m,* aptitude *f*
begatten [bə'gatən] *v ZOOL* s'accoupler, copuler
begeben [bə'geːbən] *v irr sich ~* se rendre à
Begebenheit [bə'geːbənhaɪt] *f* événement *m*
begegnen [bə'geːgnən] *v jdm ~* rencontrer qn; *sich ~* se rencontrer
Begegnung [bə'geːgnuŋ] *f* rencontre *f*
begehen [bə'geːən] *v irr 1. (Verbrechen)* commettre; *2. (Fest)* célébrer, fêter
begehren [bə'geːrən] *v* désirer
begehrlich [bə'geːrlɪç] *adj* plein de convoitise, concupiscent
begehrt [bə'geːrt] *adj* recherché, couru, demandé
begeistern [bə'gaɪstərn] *v jdn ~* enthousiasmer qn; *sich ~ für* s'enthousiasmer pour
Begierde [bə'giːrdə] *f* désir *m,* envie *f*
begierig [bə'giːrɪç] *adj ~ nach* très désireux de
begießen [bə'giːsən] *v irr 1.* arroser; *2. (ein frohes Ereignis)* arroser *(fam),* fêter
Beginn [bə'gɪn] *m* début *m,* commencement *m*
beginnen [bə'gɪnən] *v irr* commencer à
beglaubigen [bə'glaubɪgən] *v* certifier, attester
Beglaubigung [bə'glaubɪguŋ] *f* attestation *f; zur ~ dessen* en foi de quoi
begleichen [bə'glaɪçən] *v irr 1. (Schuld) ECO* rembourser; *2. (Rechnung)* régler
begleiten [bə'glaɪtən] *v* accompagner
Begleiter(in) [bə'glaɪtər(ɪn)] *m/f* accompagnateur/accompagnatrice *m/f*
Begleitung [bə'glaɪtuŋ] *f* accompagnement *m,* personne qui accompagne *f*
beglückwünschen [bə'glykvynʃən] *v jdn ~ zu etw* féliciter qn de qc
begnadet [bə'gnaːdət] *adj* divinement doué, béni des dieux
begnadigen [bə'gnaːdɪgən] *v JUR* gracier, amnistier
Begnadigung [bə'gnaːdɪguŋ] *f JUR* grâce *f,* amnistie *f*
begnügen [bə'gnyːgən] *v sich mit etw ~* se contenter de qc
begraben [bə'graːbən] *v irr 1. (beerdigen)* enterrer; *2. etw ~ (fig)* faire une croix sur
Begräbnis [bə'grɛpnɪs] *n* enterrement *m,* obsèques *f/pl,* sépulture *f*
begradigen [bə'graːdɪgən] *v* rectifier, aligner, redresser
begreifen [bə'graɪfən] *v irr* comprendre, saisir
begrenzen [bə'grɛntsən] *v* limiter, borner

Begriff [bə'grɪf] *m* notion *f,* concept *m; schwer von ~ sein* être lent à comprendre/avoir la tête dure

begriffsstutzig [bə'grɪfsʃtutsɪç] *adj* stupide, lent
begründen [bə'gryndən] *v* justifier, donner des arguments, donner des raisons
Begründer(in) [bə'gryndər(ɪn)] *m/f* fondateur/fondatrice *m/f*
begründet [bə'gryndət] *adj ~ sein* être fondé
Begründung [bə'gryndʊŋ] *f* justification *f,* raisons *f/pl,* motifs *m/pl*
begrüßen [bə'gryːsən] *v* saluer, voir venir avec satisfaction, être heureux que
Begrüßung [bə'gryːsuŋ] *f* salutations *f/pl*
begünstigen [bə'gynstɪgən] *v* favoriser, avantager
begutachten [bə'guːtaxtən] *v* expertiser
behaart [bə'haːrt] *adj 1. (Kopf)* chevelu; *2. (Körper)* velu, poilu; *~ wie ein Affe sein* être poilu comme un singe/être poilu comme un ours
behäbig [bə'hɛːbɪç] *adj 1. (Personen)* qui aime ses aises, flegmatique; *2. (Dinge)* confortable, commode
Behäbigkeit [bə'hɛːbɪçkaɪt] *f* flegme *m,* placidité *f*
Behagen [bə'haːgən] *n 1.* plaisir *m,* bien-être *m,* agrément *m; 2. (Zufriedenheit)* bien-être *m*
behaglich [bə'haːklɪç] *adj* agréable, qui se sent à son aise
Behaglichkeit [bə'haːklɪçkaɪt] *f* sentiment de bien-être *m,* aise *f,* confort *m*
behalten [bə'haltən] *v irr* garder, conserver
Behälter [bə'hɛltər] *m* réservoir *m,* conteneur *m,* récipient *m*
behände [bə'hɛndə] *adj* alerte, agile, leste
behandeln [bə'handəln] *v 1.* traiter, manier; *2. MED* traiter, soigner

B

Behandlung [bə'handluŋ] *f 1.* traitement *m,* maniement *m; 2. MED* traitement *m,* soins *m/pl*
behängen [bə'hɛŋən] *v* tendre, orner
beharren [bə'harən] *v ~ auf* insister sur qc
beharrlich [bə'harlıç] *adj* persévérant, assidu, opiniâtre
Beharrlichkeit [bə'harlıçkaıt] *f* persévérance *f,* opiniâtreté *f*
behaupten [bə'hauptən] *v 1.* affirmer; *2. (seine Stellung)* défendre; *3. sich ~* se maintenir, tenir ferme; *4. (seine Meinung)* soutenir
Behauptung [bə'hauptuŋ] *f* affirmation *f*
beheben [bə'he:bən] *v irr 1. (Schaden)* réparer; *2. (fig)* faire disparaître, remédier à
beheizen [bə'haıtsən] *v* chauffer
Behelf [bə'hɛlf] *m* chose provisoire *m,* expédient *m*
behelfen [bə'hɛlfən] *v irr sich ~* se débrouiller
behelfsmäßig [bə'hɛlfsmɛ:sıç] *adj* provisoire
behelligen [bə'hɛlıgən] *v 1.* importuner, embêter *(fam)*; *2. jdn ~* importuner qn, faire suer qn *(fam)*, prendre la tête à qn *(fam)*
beherbergen [bə'hɛrbɛrgən] *v* héberger, loger
beherrschen [bə'hɛrʃən] *v 1. POL* dominer, être maître de; *2.* (fig*: können)* posséder, savoir; *etw vollkommen ~* être passé maître en qc; *3. sich ~* se maîtriser, se dominer
Beherrschtheit [bə'hɛrʃthaıt] *f* maîtrise *f*
Beherrschung [bə'hɛrʃuŋ] *f 1. (Selbstbeherrschung)* maîtrise de soi *f; die ~ verlieren* perdre son calme/perdre son sang-froid; *2.* (fig*: Können)* maîtrise *f; 3. POL* contrôle *m,* domination *f*
beherzigen [bə'hɛrtsıgən] *v* prendre à cœur, suivre
beherzt [bə'hɛrtst] *adj* courageux, résolu, hardi
behilflich [bə'hılflıç] *adj jdm ~ sein* aider qn, donner un coup de main à qn *(fam)*, apporter son aide à qn; *Wenn ich Ihnen irgendwie ~ sein kann ...* Si je peux vous être utile en qc ...
behindern [bə'hındərn] *v* empêcher, gêner
behindert [bə'hındərt] *adj* handicapé
Behinderung [bə'hındəruŋ] *f 1.* empêchement *m,* gêne *f; 2. MED* handicap *m,* infirmité *f*
Behörde [bə'hœ:rdə] *f* administration *f,* autorités *f/pl*
behördlich [bə'hø:rtlıç] *adj* administratif
behüten [bə'hy:tən] *v* protéger, préserver de, garder
behutsam [bə'hu:tza:m] *adj* prudent
Behutsamkeit [bə'hu:tza:mkaıt] *f* prudence *f*

bei [baı] *prep 1. (örtlich)* près de, auprès de, proche de, contre, sur; *2. (zeitlich)* lors de, par, en, pendant; *3. (während)* pendant; *4. (Begleitumstand)* par, à, en, de; *~m Auswählen der Artikel* en choisissant les articles; *5. (Person)* chez; *6. ~ aller Vorsicht* malgré toutes les précautions

beibehalten ['baıbəhaltən] *v irr* conserver, garder
beibringen ['baıbrıŋən] *v irr 1. (beschaffen)* fournir, apporter; *2. jdm etw ~ (jdn etw lehren)* apprendre qc à qn
beichten ['baıçtən] *v REL* confesser
beide ['baıdə] *adj 1.* deux; *pron 2.* tous deux, tous les deux, l'un et l'autre
beiderlei ['baıdərlaı] *adj* des deux sortes, les deux sortes
beiderseits ['baıdər'zaıts] *adv 1.* de part et d'autre; *prep 2.* des deux côtés
beidseitig ['baıtzaıtıç] *adj 1.* des deux côtés; *2. in ~em Einvernehmen* en accord commun avec
beieinander [baıaı'nandər] *adv* l'un avec l'autre, les uns près des autres, ensemble
Beifahrer ['baıfa:rər] *m (in einem Auto)* passager avant *m*
Beifall ['baıfal] *m 1. (Applaus)* applaudissements *m/pl; 2. (Billigung)* approbation *f*
beifügen ['baıfy:gən] *v 1.* joindre; *2. (beilegen)* annexer
Beigabe ['baıga:bə] *f* complément *m,* additif *m*
beigeben ['baıge:bən] *v irr klein ~* céder
Beigeschmack ['baıgəʃmak] *m* arrière-goût *m*
beikommen ['baıkɔmən] *v irr jdm ~ (die Oberhand über jdn gewinnen)* venir à bout de qn, avoir prise sur qn
Beil [baıl] *n* hache *f*
Beilage ['baıla:gə] *f 1. GAST* garniture *f; mit ~* garni; *2. (Zeitungsbeilage)* supplément *m*
beiläufig ['baılɔyfıç] *adj 1.* accessoire; *adv 2.* par parenthèse, entre parenthèse, en passant
beilegen ['baıle:gən] *v 1. (hinzufügen)* joindre; *2.* (fig*: schlichten)* mettre fin à
beileibe [baı'laıbə] *adv ~ nicht* pas du tout

Beileid ['baılaıt] *n* condoléances *f/pl*
beiliegend ['baıli:gənt] *adj* ci-joint, ci-inclus
beim *(= bei dem) (siehe „bei")*
beimessen ['baımɛsən] *v irr 1.* attribuer à; *2. (Schuld)* imputer à
beimischen ['baımıʃən] *v* ajouter à, mélanger à, additionner à

Bein [baın] *n ANAT* jambe *f; sich nicht mehr auf den ~en halten können* ne plus tenir debout; *wieder auf die ~e kommen* remonter la pente; *sich ein ~ ausreißen* travailler d'arrache-pied; *sich kein ~ ausreißen* ne pas se fouler; *jdm auf die ~e helfen* aider qn à se refaire une santé/aider qn à reprendre pied; *mit einem ~ im Grabe stehen* avoir déjà un pied dans la tombe/être au bord de la tombe; *mit den ~en fest im Leben stehen* avoir les pieds sur terre; *auf eigenen ~en stehen* voler de ses propres ailes; *sich auf die ~e machen* se mettre en route; *jdm ~e machen* déloger qn/faire décamper qn/mettre qn dehors; *sich die ~e vertreten* se dégourdir les jambes; *die ~e unter den Arm nehmen* prendre ses jambes à son cou; *sich die ~e in den Leib stehen* faire le pied de grue/poireauter *(fam)*; *von einem ~ auf das andere treten* être sur des charbons ardents

beinahe [baı'na:ə] *adv* presque, pour un peu
Beiname ['baına:mə] *m* surnom *m,* sobriquet *m*
Beinbruch ['baınbrux] *m MED* fracture de la jambe *f; Hals- und ~!* Bonne chance! *Das ist kein ~.* Ce n'est pas la fin du monde.
beinhalten [bə'ınhaltən] *v* contenir
beipflichten ['baıpflıçtən] *v* approuver, se ranger à l'avis de, abonder dans le sens de
Beirat ['baırat] *m* conseil *m,* conseiller *m*
beisammen [baı'zamən] *adv* ensemble, tous ensemble
Beischlaf ['baıʃla:f] *m* acte sexuel *m*
beiseite [baı'zaıtə] *adv* à part, de côté; *Geld ~ legen* mettre de l'argent de côté; *Spaß ~!* Trêve de plaisanteries! *etw ~ schaffen* mettre qc de côté
Beisetzung ['baızɛtsuŋ] *f* inhumation *f,* obsèques *f/pl*
Beispiel ['baıʃpi:l] *n* exemple *m; zum ~* par exemple; *sich ein ~ an jdm nehmen* prendre modèle sur qn/prendre exemple sur qn; *ohne ~ sein* être sans précédent; *mit gutem ~ vorangehen* donner le bon exemple
beispielhaft ['baıʃpi:lhaft] *adj* exemplaire
beispiellos ['baıʃpi:llo:s] *adj* inouï, sans précédent, sans exemple
beispielsweise ['baıʃpi:lsvaızə] *adv* par exemple
beißen ['baısən] *v irr* mordre; *nichts zu ~ haben* ne rien avoir à se mettre sous la dent
beißend ['baısənt] *adj 1. (Geruch)* caustique; *2. ~er Schmerz* douleur cuisante *f; 3. (fig: Spott)* cinglant, mordant
Beißzange ['baıstsaŋə] *f TECH* pince coupante *f,* tenailles *f/pl*
beistehen ['baıʃte:ən] *v irr jdm ~* prêter assistance à qn, seconder qn
beisteuern ['baıʃtɔyərn] *v* contribuer à, donner sa contribution à
Beitrag ['baıtra:k] *m 1.* contribution *f; 2. (Zeitungsartikel)* article *m; 3. (Versicherungsbeitrag)* cotisation *f*
beitragen ['baıtra:gən] *v irr* contribuer à; *zu etw ~* contribuer à qc
beitreten ['baıtre:tən] *v irr* adhérer à, devenir membre
Beitritt ['baıtrıt] *m* adhésion *f,* entrée *f*
Beiwagen ['baıva:gən] *m* side-car *m*
beizeiten [baı'tsaıtən] *adv* à temps, de bonne heure
beizen ['baıtsən] *v 1. (Holz)* teinter; *2. TECH* décaper, corroder
bejahen [bə'ja:ən] *v 1. (Frage)* répondre affirmativement, répondre par l'affirmative; *2. (billigen)* accepter; *3. (befürworten)* approuver
bejubeln [bə'ju:bəln] *v* acclamer, saluer par des cris de joie
bekämpfen [bə'kɛmpfən] *v* combattre, lutter contre

bekannt [bə'kant] *adj* connu; *~ sein wie ein bunter Hund* être connu comme le loup blanc; *~ geben* communiquer/porter à la connaissance du public/faire savoir officiellement, *~ machen* rendre connu; *(ankündigen)* annoncer, notifier

Bekannte(r) [bə'kantə(r)] *m/f* relation *f,* connaissance *f*
bekanntlich [bə'kantlıç] *adv* notoirement, comme on (le) sait
Bekanntmachung [bə'kantmaxuŋ] *f* proclamation *f,* avis au public *m*
Bekanntschaft [bə'kantʃaft] *f* connaissance *f; die ~ von jdm machen* faire la connaissance de qn

bekehren [bə'keːrən] *v* *1. REL* convertir; *2.* (fig*: überzeugen)* faire changer d'opinion, convaincre
bekennen [bə'kɛnən] *v irr* *1. (zugeben)* avouer, reconnaître, confesser une faute; *2. sich ~ zu REL* professer
Bekenntnis [bə'kɛntnɪs] *n* *1. (Geständnis)* aveu *m; 2. (Konfession) REL* confession *f,* profession de foi *m*
beklagen [bə'klaːgən] *v* *1. etw ~* regretter, déplorer; *2. sich ~* se plaindre; *sich über etw bei jdm ~* se plaindre de qc auprès de
beklagenswert [bə'klaːgənsweːrt] *adj* digne de pitié, déplorable, lamentable
Beklagte(r) [bə'klaːktə(r)] *m/f JUR* défendeur/défenderesse *m/f*
beklatschen [bə'klatʃən] *v* applaudir
bekleckern [bə'klɛkərn] *v* barbouiller, tacher; *Er hat sich nicht gerade mit Ruhm bekleckert.* Il ne s'est pas couvert de gloire.
bekleiden [bə'klaɪdən] *v* *1.* vêtir de, habiller de; *2. ein Amt ~* être revêtu d' une charge, être investi d'une charge, être investi d'une fonction; *einen Posten ~* occuper un poste
Bekleidung [bə'klaɪduŋ] *f* vêtements *m/pl,* revêtement *m*
beklemmend [bə'klɛmənt] *adj* angoissant, étouffant, oppressant
Beklemmung [bə'klɛmuŋ] *f* serrement de cœur *m,* sensation d'oppression *f,* angoisse *f*
beklommen [be'klɔmən] *adj* apeuré, angoissé, serré
Beklommenheit [bə'klɔmənhaɪt] *f* peur *f,* angoisse *f*
bekommen [bə'kɔmən] *v irr* *1. (erhalten)* recevoir, obtenir; *2. (finden)* trouver; *3. Hunger ~* commencer à avoir faim
bekömmlich [bə'kœmlɪç] *adj* digestible, qui se digère bien
bekräftigen [bə'krɛftɪgən] *v* affirmer, confirmer
bekriegen [bə'kriːgən] *v POL* faire la guerre à
bekritteln [bə'krɪtəln] *v* critiquer mesquinement
bekümmern [bə'kymərn] *v* affliger; *sich ~* s'inquiéter
bekunden [bə'kundən] *v* faire preuve de, montrer, manifester
beladen [bə'laːdən] *v irr* charger, accabler
Belag [bə'laːk] *m* *1. (Schicht)* couche *f,* enduit *m; 2. (Brotbelag)* garniture *f; 3. (Bodenbelag) TECH* revêtement *m; 4. (Zahnbelag) MED* tartre *m,* plaque dentaire *f*
Belagerung [bə'laːgəruŋ] *f MIL* siège *m*
belangen [bə'laŋən] *v JUR* traduire en justice, intenter un procès, poursuivre
belanglos [bə'laŋloːs] *adj* sans importance, futile
belassen [bə'lasən] *v irr* laisser
belastbar [bə'lastbaːr] *adj* qui supporte beaucoup
belasten [bə'lastən] *v* *1.* charger; *2.* (fig*: beanspruchen)* accabler, surcharger; *3.* (fig*: bedrücken)* accabler, peser sur, peser; *4. JUR* accabler, accuser, donner tort; *5. (Konto) FIN* débiter; *6. (Haus) FIN* hypothéquer
belastend [bə'lastənt] *adj* éprouvant, accablant
belästigen [bə'lɛstɪgən] *v* importuner
Belästigung [bə'lɛstɪguŋ] *f* importunité *f,* tracasserie *f,* harcèlement *m*
Belastung [bə'lastuŋ] *f* *1.* charge *f; 2.* (fig*: Beanspruchung)* travail *m,* sollicitation *f; 3.* (fig*: Druck)* charge *f,* fardeau *m,* pression *f; 4. JUR* charges *f/pl; 5. (Kontobelastung) FIN* débit *m; 6. (Steuerbelastung) FIN* charges fiscales *f/pl*
Belastungszeuge [bə'lastuŋstsɔygə] *m JUR* témoin à charge *m*
belauern [bə'lauərn] *v* guetter qn, surveiller qn
belaufen [bə'laufən] *v irr sich ~ auf ECO* s'élever à
belauschen [bə'lauʃən] *v* épier
beleben [bə'leːbən] *v* animer, égayer, éveiller, stimuler
belebt [bə'leːpt] *adj* animé, plein de vie
Belebung [bə'leːbuŋ] *f* animation *f*
Beleg [bə'leːk] *m* *1. FIN* quittance *f; 2. (Beweis) JUR* pièce justificative *f*
belegbar [bə'leːkbaːr] *adj* prouvable, justifiable, constatable par une pièce justificative
belegen [bə'leːgən] *v* *1. (Brot)* tartiner; *2. (Kurs)* s'inscrire à; *3. (Platz)* occuper; *4. (beweisen) JUR* prouver, donner comme preuve; *5. FIN* prouver
Belegschaft [bə'leːkʃaft] *f* équipe *f,* effectif *m*
belehren [bə'leːrən] *v* informer, faire comprendre, instruire
beleibt [bə'laɪpt] *adj* corpulent, qui a de l'embonpoint
beleidigen [bə'laɪdɪgən] *v* insulter, injurier, offenser, blesser
Beleidigung [bə'laɪdɪguŋ] *f* insulte *f,* injure *f,* offense *f*

belesen [bə'leːzən] *adj* qui a beaucoup lu, lettré; *~ sein* être lettré/être instruit
beleuchten [bə'lɔyçtən] *v 1.* éclairer, illuminer; *2. (fig)* examiner
belgisch ['bɛlgɪʃ] *adj* belge
belichten [bə'lɪçtən] *v FOTO* exposer
Belieben [bə'liːbən] *n* plaisir *m,* gré *m,* goût *m; nach ~* au gré de, à volonté
beliebig [bə'liːbɪç] *adj* arbitraire, n'importe quel(le)
beliebt [bə'liːpt] *adj* aimé, populaire, en vogue
beliefern [bə'liːfərn] *v* livrer, fournir
bellen ['bɛlən] *v* aboyer; *Hunde, die bellen, beißen nicht. (fig)* Chien qui aboie ne mord pas.
Belletristik [bɛle'trɪstɪk] *f* belles-lettres *f/pl*
belohnen [bə'loːnən] *v* récompenser, rétribuer, payer
belüften [bə'lyftən] *v* aérer, ventiler
Belüftung [bə'lyftuŋ] *f* aération *f*
belügen [bə'lyːgən] *v irr jdn ~* mentir à
belustigen [bə'lustɪgən] *v* divertir, amuser, distraire
bemächtigen [bə'mɛçtɪgən] *v* s'emparer de, se saisir de, prendre, capturer
bemalen [bə'maːlən] *v* peindre, couvrir de peinture
bemängeln [bə'mɛŋəln] *v* trouver à redire, critiquer
bemerkbar [bə'mɛrkbaːr] *adj* perceptible
bemerken [bə'mɛrkən] *v 1. (wahrnehmen)* remarquer, s'apercevoir de; *2. (aufmerksam machen)* faire remarquer, observer
Bemerkung [bə'mɛrkuŋ] *f 1. (Äußerung)* remarque *f,* observation *f; 2. (Anmerkung)* note *f,* annotation *f*
bemessen [bə'mɛsən] *v irr 1.* calculer, fixer, déterminer, mesurer; *2. (einteilen)* proportionner à, approprier à
bemitleiden [bə'mɪtlaɪdən] *v* avoir pitié de, s'apitoyer sur
bemitleidenswert [bə'mitlaɪdənsvɛːrt] *adj* digne de pitié, pitoyable
bemittelt [bə'mɪtəlt] *adj* aisé, cossu, riche
bemühen [bə'myːən] *v sich ~ um* s'efforcer de, faire des efforts pour
Bemühung [bə'myːuŋ] *f* effort *m,* empressement *m,* peine *f*
benachrichtigen [bə'naːxrɪçtɪgən] *v jdn von etw ~* informer qn de qc
Benachrichtigung [bə'naːxrɪçtɪguŋ] *f* information *f,* avertissement *m*
benachteiligen [bə'naːxtaɪlɪgən] *v* désavantager, défavoriser
benebeln [bə'neːbəln] *v* troubler, perturber, étourdir, tourneboule
benebelt [bə'neːbəlt] *adj (fig)* troublé
Benehmen [bə'neːmən] *n* comportement *m,* conduite *f*
benehmen [bə'neːmən] *v irr sich ~* se conduire, se tenir; *sich gut ~* bien se conduire/bien se tenir; *sich daneben ~* ne pas se comporter dans les règles
beneiden [bə'naɪdən] *v* envier; *jdn um etw ~* envier qn de qc
beneidenswert [bə'naɪdənsvɛːrt] *adj* enviable
benennen [bə'nɛnən] *v irr 1. (einen Namen geben)* donner un nom à, appeler, dénommer, baptiser; *2. (für ein Amt)* nommer, désigner
benetzen [bə'nɛtsən] *v* asperger, humecter, mouiller
Bengel ['bɛŋəl] *m* gamin *m,* polisson *m*
benommen [bə'nɔmən] *adj ~ sein* être étourdi
benoten [bə'noːtən] *v* mettre une note, donner une note
benötigen [bə'nøːtɪgən] *v* avoir besoin de, nécessiter
Benotung [bə'noːtuŋ] *f* notation *f*
benutzen [bə'nutsən] *v* utiliser, employer
Benutzung [bə'nutsuŋ] *f* utilisation *f*
Benzin [bɛn'tsiːn] *n* essence *f*
beobachten [bə'oːbaxtən] *v* observer
Beobachter(in) [bə'oːbaxtər(ɪn)] *m/f* observateur/observatrice *m/f*
Beobachtung [bə'oːbaxtuŋ] *f 1.* observation *f; 2. (Feststellung)* remarque *f,* observation *f; 3. MED* observation *f,* surveillance *f*

bequem [bə'kveːm] *adj 1. (behaglich)* commode, pratique, confortable; *Machen Sie es sich ~!* Mettez-vous à votre aise! *2. (träge)* paresseux

bequemen [bə'kveːmən] *v sich ~ etw zu tun* condescendre à faire qc, daigner faire qc, consentir à faire qc
Bequemlichkeit [bə'kveːmlɪçkaɪt] *f 1. (Behaglichkeit)* commodité *f,* confort *m; 2. (Trägheit)* paresse *f*
beraten [bə'raːtən] *v irr 1. (Rat erteilen)* conseiller; *2. über etw ~ (sprechen)* délibérer sur qc; *3. sich ~* tenir conseil, délibérer
Berater(in) [bə'raːtər(ɪn)] *m/f* conseiller/conseillère *m/f,* consultant(e) *m/f*

B

Beratung [bə'raːtuŋ] *f* délibération *f*, conseils *m/pl*
berauben [bə'raubən] *v* ravir, priver de, voler
berauschen [bə'rauʃən] *v 1.* griser, enivrer; *2. sich ~* se griser, s'enivrer; *3. sich ~ an (fig)* se griser avec, s'enivrer avec
berechenbar [bə'rɛçənbaːr] *adj 1. (abschätzbar)* calculable; *2. MATH* rationnel
Berechenbarkeit [bə'rɛçənbaːrkaɪt] *f 1.* calcul *m*, évaluation *f*, estimation *f*; *2. MATH* caractère calculable
berechnen [bə'rɛçnən] *v 1.* calculer; *2. (vorhersehen)* prévoir
berechnend [bə'rɛçnənt] *adj* calculateur
Berechnung [bə'rɛçnuŋ] *f* calcul *m*
berechtigen [bə'rɛçtɪgən] *v* autoriser
berechtigt [bə'rɛçtɪçt] *adj 1. (befugt)* autorisé à, qualifié pour; *2. (begründet)* fondé sur
Berechtigte(r) [bə'rɛçtɪçtə(r)] *m/f* ayant droit *m/f*, titulaire d'un droit *m/f*
Berechtigung [bə'rɛçtɪguŋ] *f 1. (Befugnis)* autorisation *f*, droit *m*, qualité pour *f*; *2. (Begründetsein)* justification *f*
beredsam [bə'reːtzaːm] *adj* éloquent, disert
Bereich [bə'raɪç] *m 1. (Gebiet)* domaine *m*, sphère *f*; *2. (Fachbereich)* Unité d'Etudes et de Recherche *f*, département *m*; *3. (Amt)* ressort *m*
bereichern [bə'raɪçərn] *v 1.* enrichir; *2. sich ~* s'enrichir
bereinigen [bə'raɪnɪgən] *v 1. (Problem)* régler; *2. (Rechnung)* régler
Bereinigung [bə'raɪnɪguŋ] *f* règlement *m*, arrangement *m*, liquidation *f*
bereit [bə'raɪt] *adj ~ sein zu* être prêt à, être disposé à
bereiten [bə'raɪtən] *v 1. (zu~)* préparer; *2. (zufügen)* causer; *jdm Schmerz ~* causer de la peine à qn
bereithalten [bə'raɪthaltən] *v irr* tenir prêt, tenir à la disposition de
bereitlegen [bə'raɪtleːgən] *v* mettre à portée de main, préparer, rendre disponible
bereits [bə'raɪts] *adv* déjà
Bereitschaft [bə'raɪtʃaft] *f* disposition *f*
bereitstehen [bə'raɪtʃteːən] *v irr* se trouver prêt
bereitstellen [bə'raɪtʃtɛlən] *v* tenir prêt, tenir à la disposition, préparer
bereitwillig [bə'raɪtvɪlɪç] *adj* prêt, disposé, empressé, de bon gré
Bereitwilligkeit [bə'raɪtvɪlɪçkaɪt] *f* bonne volonté *f*, complaisance *f*, obligeance *f*, serviabilité *f*
bereuen [bə'rɔyən] *v* regretter, se repentir de, s'en mordre les doigts *(fam)*; *es bitter ~* s'en mordre les doigts/regretter amèrement

Berg [bɛrk] *m* montagne *f*; *über den ~ sein* avoir passé le cap/avoir passé le plus difficile; *über alle ~e sein* être loin/avoir pris le large; *mit etw hinter dem ~ halten* cacher qc/faire mystère de qc

bergab [bɛrk'ap] *adv* en descendant, à la descente; *Es geht mit ihm ~.* Ses affaires vont mal.
Bergarbeiter ['bɛrkarbaɪtər] *m MIN* mineur *m*
bergauf [bɛrk'auf] *adv* en montant, à la montée
Bergbau ['bɛrkbau] *m MIN* industrie minière *f*, exploitation des mines *f*
bergen ['bɛrgən] *v irr 1. (retten)* sauver; *2.* (fig*: enthalten)* renfermer, contenir, recéler
Bergsteigen ['bɛrkʃtaɪgən] *n SPORT* alpinisme *m*
Bergung ['bɛrguŋ] *f 1. (von Menschen)* sauvetage *m*; *2. (von Schiffen)* sauvetage en mer *m*
Bericht [bə'rɪçt] *m* rapport *m*, exposé *m*, récit *m*, compte rendu *m*
berichten [bə'rɪçtən] *v über etw ~* informer de qc, relater qc, faire un rapport sur qc
berichtigen [bə'rɪçtɪgən] *v* rectifier, corriger
Berichtigung [bə'rɪçtɪguŋ] *f* rectification *f*, correction *f*
Berieselung [bə'riːzəluŋ] *f 1. (mit Wasser)* irrigation *f*, arrosage *m*
Bernstein ['bɛrnʃtaɪn] *m MIN* ambre jaune *m*
berüchtigt [bə'ryçtɪçt] *adj* mal famé, de fâcheuse réputation, de mauvaise réputation
berücksichtigen [bə'rykzɪçtɪgən] *v* prendre en considération, tenir compte de
Beruf [bə'ruːf] *m* profession *f*, métier *m*
beruflich [bə'ruːflɪç] *adj* professionnel
berufsbedingt [bə'ruːfsbədɪŋkt] *adj* professionnel, dans le cadre du métier
Berufskleidung [bə'ruːfsklaɪduŋ] *f* vêtement de travail *m*
Berufskrankheit [bə'ruːfskraŋkhaɪt] *f* maladie professionnelle *f*
Berufsleben [bə'ruːfsleːbən] *n* vie professionnelle *f*

Berufsschule [bə'ruːfsʃuːlə] *f* école professionnelle *f,* centre professionnel *m*
berufstätig [bə'ruːfstɛːtɪç] *adj* qui excerce un métier, actif, en activité
Berufstätigkeit [bə'ruːfstɛːtɪçkaɪt] *f* *ECO* activité professionnelle *f*
Berufsverbot [bə'ruːfsfɛrboːt] *n jdm ~ erteilen* interdire à qn d'exercer une profession
Berufung [bə'ruːfuŋ] *f 1. (Lebensaufgabe)* vocation *f; 2. JUR* pourvoi *m,* recours *m,* appel *m*
beruhen [bə'ruːən] *v ~ auf* reposer sur
beruhigen [bə'ruːɪgən] *v 1. jdn ~* rassurer; *2. sich ~* se calmer, se tranquilliser
beruhigend [bə'ruːɪgənt] *adj* rassurant, tranquillisant
Beruhigung [bə'ruːɪguŋ] *f* apaisement *m,* soulagement *m*
Beruhigungsmittel [bə'ruːɪguŋsmɪtəl] *n* *MED* calmant *m,* tranquillisant *m*
berühmt [bə'ryːmt] *adj* célèbre, illustre, fameux
berühren [bə'ryːrən] *v (anfassen)* toucher; *leicht ~* effleurer
Berührung [bə'ryːruŋ] *f* contact *m; in ~ bringen* mettre en contact
Berührungsangst [bə'ryːruŋsaŋst] *f* peur de contacts *f*
besagen [bə'zaːgən] *v* dire, signifier
besagt [bə'zaːkt] *adj* mentionné, susdit, susmentionné
besänftigen [bə'zɛnftɪgən] *v* adoucir, apaiser, calmer
Besatzung [bə'zatsuŋ] *f 1. NAUT (eines Schiffes)* équipage *m; 2. (Mannschaft)* équipe *f; 3. MIL* troupes d'occupation *f/pl,* garnison *f*
beschädigen [bə'ʃɛːdɪgən] *v* endommager, détériorer
beschaffen [bə'ʃafən] *v* procurer
Beschaffenheit [bə'ʃafənhaɪt] *f* état *m,* condition *f,* nature *f,* qualité *f*
beschäftigen [bə'ʃɛftɪgən] *v 1. jdn ~* employer qn, occuper qn; *2. sich mit etw ~* s'occuper de qc, s'employer à qc
Beschäftigung [bə'ʃɛftɪguŋ] *f* occupation *f,* activité *f*
beschämen [bə'ʃɛːmən] *v jdn ~* faire honte à qn, remplir qn de honte
beschatten [bə'ʃatən] *v 1. (Schatten geben)* ombrager, couvrir d'ombre, donner de l'ombre; *2. (beobachten)* filer, prendre en filature, monter la garde
beschaulich [bə'ʃaulɪç] *adj 1.* contemplatif, paisible; *2. (ruhig)* paisible
Beschaulichkeit [bə'ʃaulɪçkaɪt] *f* vie paisible *f,* contemplation *f*
Bescheid [bə'ʃaɪt] *m 1. (Auskunft)* renseignement *m; 2. (Nachricht)* information *f,* nouvelle *f; 3. JUR* jugement *m,* arrêt *m; einstweiliger ~* arrêt interlocutoire *m,* arrêt provisoire *m*
bescheiden [bə'ʃaɪdən] *adj* modeste, modéré, discret
Bescheidenheit [bə'ʃaɪdənhaɪt] *f* modestie *f,* modération *f,* discrétion *f*
bescheinigen [bə'ʃaɪnɪgən] *v* certifier, attester
Bescheinigung [bə'ʃaɪnɪguŋ] *f* certificat *m,* attestation *f*
beschenken [bə'ʃɛŋkən] *v jdn ~* faire un cadeau à qn
Bescherung [bə'ʃeːruŋ] *f 1.* distribution de cadeaux *f; 2. (fam: negatives Ereignis)* cadeau *m; Das ist eine schöne ~!* Ce n'est pas un cadeau!/Nous voilà dans de beaux draps!
bescheuert [bə'ʃɔyərt] *adj* dingue, tapé
beschichten [bə'ʃɪçtən] *v TECH* plaquer, recouvrir d'une couche
Beschilderung [bə'ʃɪldəruŋ] *f* signalisation *f*
beschimpfen [bə'ʃɪmpfən] *v* insulter, injurier, engueuler *(fam)*
Beschimpfung [bə'ʃɪmpfuŋ] *f (Beleidigung)* insulte *f*
beschirmen [bə'ʃɪrmən] *v* protéger, prendre sous sa protection
Beschlag [bə'ʃlaːk] *m (Fenster)* buée *f; jdn mit ~ belegen (fig)* mettre le grappin sur qn
beschlagen [bə'ʃlaːgən] *v irr 1. (Tür)* garnir de ferrures; *2. (Tier)* ferrer; *3. (sich ~) (Glas)* se recouvrir de buée; *adj 4. (Kenntnisse haben)* être cultivé, *in einer Sache gut ~ sein* en connaître un rayon, être rompu au métier, être ferré sur qc
beschlagnahmen [bə'ʃlaːknaːmən] *v* saisir, confisquer
beschleunigen [bə'ʃlɔynɪgən] *v* accélérer, presser, hâter
beschließen [bə'ʃliːsən] *v irr 1. (entscheiden)* décider, décréter; *2. (beenden)* fermer, finir
Beschluss [bə'ʃlus] *m* décision *f,* arrêté *m,* décret *m*
beschlussfähig [bə'ʃlusfɛːɪç] *adj POL* en nombre suffisant pour voter
beschmieren [bə'ʃmiːrən] *v 1.* barbouiller, enduire; *2. (bekritzeln)* griffonner
beschmutzen [bə'ʃmutsən] *v* salir

B

B

beschönigen [bə'ʃøːnɪgən] *v* embellir qc, enjoliver qc
beschränken [bə'ʃrɛŋkən] *v* *1. (einschränken)* limiter, restreindre; *2. sich ~ auf* se limiter à
beschränkt [bə'ʃrɛŋkt] *adj* limité, restreint, étroit
Beschränkung [bə'ʃrɛŋkuŋ] *f* restriction *f*, limitation *f*
beschreiben [bə'ʃraɪbən] *v irr* décrire
Beschreibung [bə'ʃraɪbuŋ] *f* description *f*; *Das spottet jeder ~!* On n'a pas idée d'une chose pareille.
beschriften [bə'ʃrɪftən] *v* faire une inscription sur, mettre une inscription sur
Beschriftung [bə'ʃrɪftuŋ] *f* *1.* inscription *f*, marquage *m*; *2. (Bildunterschrift)* légende *f*
beschuldigen [bə'ʃuldɪgən] *v* accuser, incriminer, inculper
Beschuldigung [bə'ʃuldɪguŋ] *f* accusation *f*, inculpation *f*
Beschuss [bə'ʃus] *m* *unter ~ geraten* être sur la sellette
beschützen [bə'ʃytsən] *v* protéger, défendre contre
Beschützer(in) [bə'ʃytsər(ɪn)] *m/f* protecteur/protectrice *m/f*, défenseur/défenseuse *m/f*
Beschwerde [bə'ʃveːrdə] *f* *1.* plainte *f*; *2. ~n pl (Schmerzen)* douleurs *f/pl*, malaise *m*
beschweren [bə'ʃveːrən] *v* *sich bei jdm über etw ~* se plaindre de qc à qn
beschwerlich [bə'ʃveːrlɪç] *adj* pénible, gênant
beschwichtigen [bə'ʃvɪçtɪgən] *v* apaiser, calmer, tranquilliser
beschwingt [bə'ʃvɪŋt] *adj* gai, léger
beschwipst [bə'ʃvɪpst] *adj* légèrement ivre, éméché
beschwören [bə'ʃvøːrən] *v irr* *1. (anflehen)* adjurer, conjurer; *2. JUR* jurer; *Man kann es nicht ~.* On ne saurait jurer de rien.
beseitigen [bə'zaɪtɪgən] *v* *1. (entfernen)* enlever, éloigner, écarter; *2. (Zweifel)* dissiper; *3. (fam: töten)* supprimer, éliminer
Beseitigung [bə'zaɪtɪguŋ] *f* suppression *f*, élimination *f*
Besen ['beːzən] *m* balai *m*; *Wenn das wahr ist, fresse ich einen ~!* Si c'est vrai, je veux bien être pendu!
Besessenheit [bə'zɛsənhaɪt] *f* fanatisme *m*, passion *f*, obsession *f*
besetzen [bə'zɛtsən] *v* occuper
besetzt [bə'zɛtst] *adj* *1. TEL* occupé; *2. (Toilette)* occupé
besichtigen [bə'zɪçtɪgən] *v* *1. (Museum)* visiter; *2. (überprüfen)* inspecter
Besichtigung [bə'zɪçtɪguŋ] *f* *1.* visite *f*; *2. (Überprüfung)* inspection *f*
besiedeln [bə'ziːdəln] *v* coloniser
besiegeln [bə'ziːgəln] *v* sceller qc
besiegen [bə'ziːgən] *v* vaincre, surmonter, battre *(fig)*
Besiegte(r) [bə'ziːktə(r)] *m/f* vaincu(e) *m/f*, perdant(e) *m/f*
besinnlich [bə'zɪnlɪç] *adj* pensif, songeur, méditatif
Besinnung [bə'zɪnuŋ] *f* connaissance *f*, conscience *f*; *die ~ verlieren* perdre connaissance
besinnungslos [bə'zɪnuŋsloːs] *adj* sans connaissance, évanoui
Besitz [bə'zɪts] *m* possession *f*, propriété *f*
Besitzanspruch [bə'zɪtsanʃprux] *m* *JUR* possession *f*, titre de possession *m*

besitzen [bə'zɪtsən] *v irr* posséder, détenir

Besitzer(in) [bə'zɪtsər(ɪn)] *m/f* propriétaire *m/f*
besoffen [bə'zɔfən] *adj* *(fam)* bourré, beurré
besondere(r,s) [bə'zɔndərə(r,s)] *adj* *1.* particulier/particulière; *2. (speziell)* spécial(e); *zur ~n Verwendung* à des fins spéciales; *3. (bestimmt)* déterminé(e)
Besonderheit [bə'zɔndərhaɪt] *f* *1.* particularité *f*, singularité *f*; *2. (Absonderlichkeit)* bizzarerie *f*
besonders [bə'zɔndərs] *adv* *1. (sehr)* particulièrement; *2. (außergewöhnlich)* spécialement; *3. (vor allem)* avant tout, surtout
besonnen [bə'zɔnən] *adj* réfléchi, posé
Besonnenheit [bə'zɔnənhaɪt] *f* réflexion *f*, prudence *f*
besorgen [bə'zɔrgən] *v* *1. (beschaffen)* procurer; *2. (ausführen)* s'occuper de, se charger de
Besorgnis [bə'zɔrknɪs] *f* souci *m*, préoccupation *f*; *~ erregend* inquiétant
besorgt [bə'zɔrkt] *adj* *~ sein* être inquiet, être soucieux
bespannen [bə'ʃpanən] *v* *1. (mit Stoff)* tendre; *2. (Wagen)* atteler
bespitzeln [bə'ʃpɪtsəln] *v* *jdn ~* espionner qn, surveiller qn
besprechen [bə'ʃprɛçən] *v irr* discuter de, parler de
Besprechung [bə'ʃprɛçuŋ] *f* discussion *f*, conversation *f*, entretien *m*

besser ['bɛsər] *adv* mieux; *immer ~* de mieux en mieux; *umso ~* tant mieux
bessere(r,s) ['bɛsərə(r,s)] *adj* meilleur(e); *die ~ Hälfte* ma moitié *f; bis sich etw Besseres findet* en attendant mieux; *in Ermangelung eines Besseren* faute de mieux
bessern ['bɛsərn] *v sich ~* s'améliorer
Besserwisser(in) ['bɛsərvɪsər(ɪn)] *m/f* pédant(e) *m/f*
Besserwisserei [bɛsərvɪsə'raɪ] *f* manie de tout savoir mieux *f,* pédanterie *f*
Bestand [bə'ʃtant] *m 1. (Vorhandenes)* existence *f; 2. (Vorrat) ECO* stock *m,* réserve *f; 3. von ~ sein* être durable
beständig [bə'ʃtɛndɪç] *adj 1. (dauerhaft)* constant; *2. (widerstandsfähig)* stable, durable, résistant
Beständigkeit [bə'ʃtɛndɪçkaɪt] *f 1. (Dauer)* durée *f,* stabilité *f,* persistance *f; 2. (Widerstandskraft)* stabilité *f,* persévérance *f*
Bestandteil [bə'ʃtanttaɪl] *m* composant *m,* élément constituant *m*
bestärken [bə'ʃtɛrkən] *v* renforcer
bestätigen [bə'ʃtɛːtɪgən] *v* confirmer, vérifier
Bestätigung [bə'ʃtɛːtɪguŋ] *f 1.* confirmation *f; 2. ECO* accusé de réception *m*
bestatten [bə'ʃtatən] *v* enterrer, inhumer
Bestattung [bə'ʃtatuŋ] *f 1. (Beerdigung)* inhumation *f,* enterrement *m; 2. (Einäscherung)* incinération *f*
Bestattungsinstitut [bə'ʃtatuŋsɪnstituːt] *n* pompes funèbres *f/pl*
bestäuben [bə'ʃtɔybən] *v 1. GAST* saupoudrer; *2. BIO* féconder
bestaunen [bə'ʃtaunən] *v* s'étonner de
beste(r,s) ['bɛstə(r,s)] *adj 1.* le meilleur/la meilleure; *meine ~n Wünsche* mes meilleurs vœux; *jdn zum Besten halten* se jouer de qn/se moquer de qn; *adv 2.* au mieux, pour le mieux
bestechen [bə'ʃtɛçən] *v irr* corrompre
bestechlich [bə'ʃtɛçlɪç] *adj* corruptible, vénal
Bestechlichkeit [bə'ʃtɛçlɪçkaɪt] *f* corruption *f*
Bestechungsgeld [bə'ʃtɛçuŋsgelt] *n* pots de vin *m/pl*
Besteck [bə'ʃtɛk] *n* couvert *m*
bestehen [bə'ʃteːən] *v irr 1. ~ aus* se composer de, être composé de; *2. ~ auf* insister sur, exiger que; *Wenn Sie darauf ~ ...* Si vous y tenez ... *3. (Prüfung)* réussir à, être reçu à; *4. (vorhanden sein)* exister
bestehlen [bə'ʃteːlən] *v irr jdn ~* voler qn
besteigen [bə'ʃtaɪgən] *v irr* gravir, faire l'ascension de
bestellen [bə'ʃtɛlən] *v 1. (in Auftrag geben)* commander, passer commande de; *nicht viel zu ~ haben* ne rien avoir à dire; *2. (ernennen)* nommer
Bestellung [bə'ʃtɛluŋ] *f 1. (Auftrag)* commande *f; 2. (Ernennung)* nomination *f*
bestenfalls ['bɛstən'fals] *adv* au mieux, dans le cas le plus favorable
bestens ['bɛstəns] *adv* le mieux, du mieux possible, au mieux
besteuern [bə'ʃtɔyərn] *v* imposer, taxer
Besteuerung [bə'ʃtɔyəruŋ] *f FIN* imposition *f,* taxation *f*
bestialisch [bɛstj'aːlɪʃ] *adj* bestial
Bestie ['bɛstjə] *f* bête féroce *f,* brute *f*
bestimmen [bə'ʃtɪmən] *v 1. (festlegen)* déterminer; *2. (definieren)* définir; *3. (zuweisen)* affecter à, destiner à

bestimmt [bə'ʃtɪmt] *adj 1. (entschieden)* décidé, catégorique; *2. (gewiss)* certain, bien précis; *adv 3. (sicherlich)* certainement, sûrement, sans faute

Bestimmtheit [bə'ʃtɪmthaɪt] *f 1. (Gewissheit)* certitude *f,* assurance *f; 2. (Entschiedenheit)* détermination *f,* décision *f*
Bestimmung [bə'ʃtɪmuŋ] *f 1. (Zweck)* destination *f,* affectation *f; 2. (Vorschrift)* dispositions *f/pl,* prescription *f,* règlement; *3. (Schicksal)* destin *m; göttliche ~* providence *f*
bestmögliche(r,s) ['bɛstmøːklɪçə(r,s)] *adj 1.* le meilleur/la meilleure; *adv 2.* le mieux possible, au mieux, pour le mieux
bestrafen [bə'ʃtraːfən] *v* punir, sanctionner
Bestrafung [bə'ʃtraːfuŋ] *f* punition *f,* châtiment *m,* sanction *f*
bestrahlen [bə'ʃtraːlən] *v 1.* irradier; *2. MED* traiter par les rayons X
Bestrahlung [bə'ʃtraːluŋ] *f 1.* irradiation *f; 2. MED* radiothérapie *f,* séance de rayons *f*
Bestreben [bə'ʃtreːbən] *n* ambition *f*
bestrebt [bə'ʃtreːpt] *adj ~ sein etw zu tun* s'efforcer à faire qc
Bestrebung [bə'ʃtreːbuŋ] *f* effort *m*
bestreichen [bə'ʃtraɪçən] *v irr 1.* enduire; *2. (Brot)* tartiner
bestreiken [bə'ʃtraɪkən] *v etw ~* faire la grève dans qc, lutter contre qc en faisant la grève

bestreiten [bə'ʃtraɪtən] *v irr 1. (streitig machen)* contester; *Das ist nicht zu ~.* Il n'y a pas à dire. *2. (finanzieren)* faire face aux dépenses, subvenir à
bestreuen [bə'ʃtrɔyən] *v ~ mit* couvrir, joncher, parsemer, saupoudrer
Bestsellerautor(in) ['bɛstzɛlərautɔr(ɪn)] *m/f LIT* auteur à succès *m*
bestürmen [bə'ʃtyrmən] *v* assaillir
bestürzt [bə'ʃtyrtst] *adj ~ sein* être consterné, être stupéfait, être perplexe
Bestürzung [bə'ʃtyrtsuŋ] *f* consternation *f,* stupeur *f*
Bestzeit ['bɛsttsaɪt] *f SPORT* record *m,* meilleur temps *m*
Besuch [bə'zuːx] *m 1. (Gäste)* invités *m/pl; ~ haben* avoir de la visite/avoir du monde; *2. (Schulbesuch)* fréquentation *f*
besuchen [bə'zuːxən] *v 1. jdn ~* rendre visite à qn, aller voir qn; *2. (besichtigen)* visiter; *3. (Schule)* fréquenter, aller à
Besucher [bə'zuːxər] *m 1.* invité *m; 2. (einer Ausstellung)* visiteur *m*
betagt [bə'taːkt] *adj* âgé, d'un grand âge, d'un âge avancé
betasten [bə'tastən] *v* tâter, palper
betätigen [bə'tɛːtɪgən] *v 1. sich ~* s'occuper, exercer une activité, faire; *2. TECH* actionner, manoœuvrer
Betätigung [bə'tɛːtɪguŋ] *f 1. (Aktivität)* activité *f; 2. TECH* mise en action *f,* manœuvre *f,* commande *f*
betäuben [bə'tɔybən] *v MED* insensibiliser, endormir
beteiligen [bə'taɪlɪgən] *v 1. sich ~ an* participer à; *2. jdn an etw ~* faire participer qn à qc, intéresser qn à qc
Beteiligte(r) [bə'taɪlɪçtə(r)] *m/f 1.* participant(e) *m/f; 2. (Betroffene(r))* intéressé(e) *m/f*
beten ['beːtən] *v REL* prier, faire sa prière, dire une prière
beteuern [bə'tɔyərn] *v* affirmer, protes-ter de
Beteuerung [bə'tɔyəruŋ] *f* protestation *f,* affirmation *f,* assurance solennelle *f*
betiteln [bə'titəln] *v 1.* traiter qn de qc; *2. (Zeitungsartikel)* intituler, donner un titre
Beton [be't ɔŋ] *m* béton *m*
betonen [bə'toːnən] *v 1. (hervorheben)* insister sur; *2. (Aussprache)* accentuer, mettre l'accent sur
betonieren [betɔ'niːrən] *v* bétonner
Betracht [bə'traxt] *m* considération *f*
betrachten [bə'traxtən] *v 1. (anschauen)* regarder; *2.* (fig*: beurteilen)* juger, considérer
Betrachter(in) [bə'traxtər(ɪn)] *m/f* observateur/observatrice *m/f*
beträchtlich [bə'trɛçtlɪç] *adj* considérable, notable
Betrachtung [bə'traxtuŋ] *f 1. (Anschauen)* contemplation *f,* considération *f; 2.* (fig*: Überlegung)* réflexion *f*
Betrachtungsweise [bə'traxtuŋsvaɪzə] *f* manière de considérer, façon de considérer
Betrag [bə'traːk] *m* montant *m*
Betragen [bə'traːgən] *n* conduite *f,* attitude *f,* manières *f/pl*
betragen [bə'traːgən] *v irr 1. (sich belaufen auf)* faire, se monter à, s'élever à; *2. sich ~* se comporter, se tenir, se conduire
betrauen [bə'trauən] *v jdn mit etw ~* confier qc à qn
betrauern [bə'trauərn] *v* pleurer, porter le deuil
Betreff [bə'trɛf] *m* objet *m; im ~/betreffs* à l'égard de/en ce qui concerne/au sujet de
betreffen [bə'trɛfən] *v irr* concerner; *was mich betrifft* pour mon compte/en ce qui me concerne
betreffend [bə'trɛfənt] *prep 1.* concerné, intéressé, en question; *adj 2. (einschlägig)* concerné, en question; *3. (erwähnt)* mentionné, en question
Betreffende(r) [bə'trɛfəndə(r)] *m/f* personne concernée *f,* personne en question *f*
betreiben [bə'traɪbən] *v irr ECO* exercer, faire, poursuivre
Betreiber [bə'traɪbər] *m ECO* propriétaire *m*
Betreten [bə'treːtən] *n* accès *m; Das ~ des Rasens ist verboten.* Il est interdit de marcher sur la pelouse.
betreten [bə'treːtən] *v irr 1. (hineingehen)* entrer dans; *adj 2. (fig)* confus, gêné
Betretenheit [bə'treːtənhaɪt] *f* embarras*m,* gêne *f*
betreuen [bə'trɔyən] *v* s'occuper de, se charger de
Betreuer(in) [bə'trɔyər(ɪn)] *m/f 1.* accompagnateur/accompagnatrice *m/f; 2. SPORT* guide *m/f,* moniteur/monitrice *m/f*
Betreuung [bə'trɔyuŋ] *f (Verantwortung)* prise en charge *f,* soin *m,* sollicitude *f*
Betrieb [bə'triːp] *m 1. (Treiben)* animation *f; 2. (Tätigkeit) ECO* fonctionnement *m; 3. (Werk) ECO* service *m,* exploitation *f; 4. (Firma) ECO* entreprise *f*

betrieblich [bə'tri:plıç] *adj ECO* d'entreprise
betriebsam [bə'tri:pza:m] *adj* actif, agissant
Betriebsangehörige(r) [bə'tri:psangəhø:rıgə(r)] *m/f* employé(e) *m/f*
Betriebsausflug [bə'tri:psausflu:k] *m* excursion d'entreprise *f*
betriebsbereit [bə'tri:psbəraıt] *adj TECH* en état de marche, prêt à fonctionner
betriebsblind [bə'tri:psblınt] *adj* aveuglé par la routine professionnelle
Betriebsklima [bə'tri:pskli:ma] *n* atmosphère au travail *f*, climat de travail *m*
Betriebskosten [bə'tri:pskɔstən] *pl ECO* frais d'exploitation *m/pl*
Betriebsrat [bə'tri:psra:t] *m ECO* comité d'entreprise *m*
Betriebsunfall [bə'tri:psunfal] *m* accident du travail *m*
Betriebswirt(in) [bə'tri:psvırt(ın)] *m/f* conseil/conseillère en gestion *m/f*
Betriebswirtschaft [bə'tri:psvırtʃaft] *f ECO* économie d'entreprise *f*, gestion d'entreprise *f*
Betriebswirtschaftslehre [bə'tri:psvırtʃaftsle:rə] *f ECO* sciences de gestion *f/pl*
betrinken [bə'trıŋkən] *v irr sich ~* s'enivrer, se saouler
betroffen [bə'trɔfən] *adj ~ sein* être affecté par, être troublé, être consterné
Betroffenheit [bə'trɔfənhaıt] *f* consternation *f*, désarroi *m*, bouleversement *m*, atterrement *m*
betrübt [bə'try:pt] *adj ~ sein* être attristé, être désolé, être affligé
Betrug [bə'tru:k] *m* tromperie *f*, tricherie *f*, escroquerie *f*
betrügen [bə'try:gən] *v irr* tromper, tricher, escroquer; *jdn ~* duper qn
Betrüger(in) [bə'try:gər(ın)] *m/f* trompeur/trompeuse *m/f*, tricheur/tricheuse *m/f*
betrügerisch [bə'try:gərıʃ] *adj 1. (Person)* trompeur, fourbe; *2. (Dinge)* trompeur, frauduleux
betrunken [bə'truŋkən] *adj ~ sein* être ivre, (s')être enivré, être saoul
Betrunkene(r) [bə'truŋkənə(r)] *m/f* homme/femme ivre *m/f*

Bett [bɛt] *n 1.* lit *m; 2. (Flussbett)* lit *m*

Bettbezug ['bɛtbətsu:k] *m* draps de lit *m/pl*
Bettdecke ['bɛtdɛkə] *f* couverture *f*
bettelarm ['bɛtəl'arm] *adj* misérable
betteln ['bɛtəln] *v 1. (um Almosen)* mendier; *2. (bitten)* quémander, mendier
bettlägerig ['bɛtlɛ:gərıç] *adj* grabataire, alité
Bettlaken ['bɛtla:kən] *n* drap de lit *m*
Bettler ['bɛtlər] *m* mendiant *m*
Bettnässer ['bɛtnɛsər] *m* enfant qui fait pipi au lit *m*, incontinent *m*
Bettruhe ['bɛtru:ə] *f* repos au lit *m*
Betttuch ['bɛttu:x] *n* drap de lit *m*
beugen ['bɔygən] *v 1. (biegen)* plier, courber; *2. sich ~* s'incliner, se courber; *3. (fig: brechen)* briser; *4. sich ~ (fig: sich fügen)* se plier à
Beule ['bɔylə] *f 1. MED* bosse *f*, enflure *f*; *2. TECH* bosse *f*; *voller ~n* cabossé
beunruhigen [bə'unru:ıgən] *v 1. jdn ~* inquiéter qn, troubler qn; *2. sich ~* s'inquiéter
beurlauben [bə'u:rlaubən] *v* donner un congé à, congédier, licencier
beurteilen [bə'urtaılən] *v 1.* juger de, porter un jugement sur; *2. (abschätzen)* apprécier
Beurteilung [bə'urtaıluŋ] *f* jugement *m*, appréciation *f*
Beute ['bɔytə] *f* butin *m*, proie *f*
beuteln ['bɔytəln] *v 1. (schütteln)* malmener qn, maltraiter qn; *2. (Hose: sich bauschen)* se gonfler, s'enfler
bevölkern [bə'fœlkərn] *v 1.* peupler, coloniser qc; *2. sich ~* se peupler
Bevölkerung [bə'fœlkəruŋ] *f* population *f*
Bevölkerungsschicht [bə'fœlkəruŋsʃıçt] *f* couche de la population *f*
bevollmächtigen [bə'fɔlmɛçtıgən] *v JUR* donner procuration, donner pouvoir
bevor [bə'fo:r] *konj* avant que, avant de
bevormunden [bə'fo:rmundən] *v* être tuteur de, nommer un tuteur à
bevorstehen [bə'fo:rʃte:ən] *v irr* être sur le point d'arriver, être imminent
bevorzugen [bə'fo:rtsu:gən] *v* préférer, avantager, favoriser
bewachen [bə'vaxən] *v* garder, surveiller
bewachsen [bə'vaksən] *v irr* recouvrir de, recouvert de
Bewachung [bə'vaxuŋ] *f* garde *f*, surveillance *f*
bewaffnen [bə'vafnən] *v* armer
bewahren [bə'va:rən] *v 1. (aufheben)* garder, conserver; *2. (fig: beibehalten)* conserver

bewähren [bə'vɛːrən] *v sich ~* se confirmer, répondre à l'attente
bewahrheiten [bə'vaːrhaɪtən] *v sich ~* se confirmer, se vérifier, s'avérer
bewährt [bə'vɛːrt] *adj 1. (Sache)* éprouvé; *2. (Person)* qui a fait ses preuves, confirmé
Bewahrung [bə'vaːruŋ] *f* conservation *f,* préservation *f,* protection *f*
Bewährung [bə'vɛːruŋ] *f 1.* épreuve *f; 2. JUR* sursis *m*
bewältigen [bə'vɛltɪgən] *v 1. (Schwierigkeit)* surmonter; *2. (Aufgabe)* assumer, faire face à; *3. (Problem)* résoudre, régler
Bewältigung [bə'vɛltɪguŋ] *f 1. (eines Problems)* action de résoudre *f; 2. (einer Aufgabe)* accomplissement *m*
bewandert [bə'vandərt] *adj ~ sein in etw* être versé dans qc, posséder qc
bewässern [bə'vɛsərn] *v* arroser, irriguer
Bewässerung [bə'vɛsəruŋ] *f* arrosage *m,* irrigation *f*
bewegen [bə'veːgən] *v 1.* faire bouger, remuer, agiter; *2. sich ~* bouger, marcher; *3.* (fig*: rühren)* émouvoir, attendrir, toucher
bewegend [bə'veːgənt] *adj (fig)* émouvant
Beweggrund [bə'veːkgrunt] *m* motif *m,* mobile *m*
beweglich [bə'veːklɪç] *adj 1.* mobile; *2. (flink)* agile; *3.* (fig*: flexibel)* souple; *geistig sehr ~ sein* comprendre rapidement/être vif
bewegt [bə'veːkt] *adj 1. (Leben)* agité; *2. (Meer)* agité, houleux
Bewegung [bə'veːguŋ] *f* mouvement *m; Etw gerät in ~.* Ça bouge. *in ~ setzen* mettre en branle
beweinen [bə'vaɪnən] *v* pleurer, pleurer sur, déplorer

Beweis [bə'vaɪs] *m* preuve *f,* argument *m,* témoignage *m*

Beweisaufnahme [bə'vaɪsaufnaːmə] *f JUR* audition des témoins *f*
beweisbar [bə'vaɪsbaːr] *adj* prouvable
beweisen [bə'vaɪzən] *v irr 1.* prouver; *etw klipp und klar ~* prouver qc par a+b; *2.* (fig*: zeigen)* faire preuve de
beweiskräftig [bə'vaɪszkrɛftɪç] *adj* probant, concluant
Beweisstück [bə'vaɪsʃtyk] *n JUR* pièce à conviction *f*
bewerben [bə'vɛrbən] *v irr sich ~ um etw* poser sa candidature à qc, postuler à qc
Bewerber(in) [bə'vɛrbər(ɪn)] *m/f* candidat(e) *m/f,* postulant(e) *m/f*
Bewerbung [bə'vɛrbuŋ] *f* candidature *f*
Bewerbungsunterlagen [bə'vɛrbuŋsuntərlaːgən] *pl* dossier de candidature *m*
bewerfen [bə'vɛrfən] *v irr* jeter qc à, jeter qc sur
bewerkstelligen [bə'vɛrkʃtɛlɪgən] *v 1. (durchführen)* effectuer, accomplir; *2. (erreichen)* réaliser, obtenir
bewerten [bə'veːrtən] *v* évaluer, interpréter
Bewertung [bə'veːrtuŋ] *f* évaluation *f,* estimation *f,* interprétation *f*
bewilligen [bə'vɪlɪgən] *v* consentir à, accorder, autoriser
Bewilligung [bə'vɪlɪguŋ] *f* consentement *m,* autorisation *f*
bewirken [bə'vɪrkən] *v* produire, causer, occasionner
bewirten [bə'vɪrtən] *v* héberger
bewirtschaften [bə'vɪrtʃaftən] *v 1. (verwalten)* administrer; *2. (bestellen) AGR* exploiter
Bewirtschaftung [bə'vɪrtʃaftuŋ] *f 1. (Verwaltung)* gestion *f,* administration *f; 2. (landwirtschaftliche ~) AGR* exploitation *f*
bewohnbar [bə'voːnbaːr] *adj* habitable
bewohnen [bə'voːnən] *v* habiter dans
Bewohner(in) [bə'voːnər(ɪn)] *m/f* habitant(e) *m/f*
bewölken [bə'vœlkən] *v sich ~ METEO* se couvrir de nuages, se rembrunir
bewölkt [bə'vœlkt] *adj* nuageux, couvert
Bewunderer [bə'vundərər] *m* admirateur *m*
bewundern [bə'vundərn] *v* admirer
bewundernswert [bə'vundərnsveːrt] *adj* admirable, merveilleux, étonnant
Bewunderung [bə'vundəruŋ] *f* admiration *f,* émerveillement *m*
bewusst [bə'vust] *adj* conscient; *jdm etw ~ machen* rendre qn conscient de qc
bewusstlos [bə'vustloːs] *adj 1.* sans connaisance; *2. (unbewusst)* inconscient
Bewusstlosigkeit [bə'vustloːzɪçkaɪt] *f* évanouissement *m,* perte de connaissance *f; bis zur ~* jusqu'à tomber raide
Bewusstsein [bə'vustzaɪn] *n* conscience *f*
bezahlen [bə'tsaːlən] *v 1.* payer, rétribuer; *bar ~* payer comptant; *2. (belohnen)* récompenser
Bezahlung [bə'tsaːluŋ] *f* paiement *m,* rétribution *f,* règlement *m*
bezähmen [bə'tsɛːmən] *v* apprivoiser, dompter

bezaubern [bə'tsaubərn] *v* charmer, fasciner, enchanter
bezeichnen [bə'tsaɪçnən] *v* désigner
bezeichnend [bə'tsaɪçnənt] *adj* significatif, caractéristique
Bezeichnung [bə'tsaɪçnuŋ] *f* désignation *f*, qualification *f*
bezeugen [bə'tsɔygən] *v* *JUR* attester, témoigner de
bezichtigen [bə'tsɪçtɪgən] *v* accuser de
beziehen [bə'tsiːən] *v irr* *1. (einziehen)* s'installer dans une maison, s'établir; *2. (abonnieren)* être abonné à, recevoir régulièrement; *3. (überziehen)* couvrir; *ein Bett ~* faire un lit; *4. (Gehalt)* percevoir, toucher; *5. (Meinung)* tirer une opinion de; *6. sich auf etw ~* se référer à qc, se rapporter à qc
Beziehung [bə'tsiːuŋ] *f* *1.* relation *f*; *2. (Liebesbeziehung)* relation amoureuse *f*; *3. in jeder ~* à tous les égards
beziehungsweise [bə'tsiːuŋsvaɪzə] *adv* respectivement, ou bien, ou encore, ou
beziffern [bə'tsɪfərn] *v* *1.* chiffrer; *2. (schätzen)* chiffrer, évaluer; *3. sich ~ auf* s'élever à, se monter à
Bezirk [bə'tsɪrk] *m* district *m*, circonscription *f*, arrondissement *m*
bezirzen [bə'tsɪrtsən] *v* envoûter, émerveiller
bezogen [bə'tsoːgən] *adj ~ auf* tiré
Bezug [bə'tsuːk] *m* *1. (Kissenbezug)* taie d'oreiller *f*; *2. (Überzug)* revêtement *m*, garniture *f*; *3. (Kauf)* achat *m*; *4. (Beziehung) auf etw ~ nehmen* se référer à, prendre pour référence
bezüglich [bə'tsyːklɪç] *prep* concernant, quant à, en ce qui concerne
Bezugnahme [bə'tsuːknaːmə] *f* référence *f*; *unter ~ auf* en référence à
bezuschussen [bə'tsuːʃusən] *v* subventionner
bezwecken [bə'tsvɛkən] *v* avoir pour but, avoir pour objet, viser à
bezweifeln [bə'tsvaɪfəln] *v* douter de, mettre en doute; *Es ist nicht zu ~.* C'est hors de doute.
bezwingbar [bə'tsvɪŋbaːr] *adj* que l'on peut vaincre
bezwingen [bə'tsvɪŋən] *v irr* maîtriser, venir à bout de
Bezwinger(in) [bə'tsvɪŋər(ɪn)] *m/f* vainqueur *m/f*
bibbern ['bɪbərn] *v* grelotter, claquer des dents
Bibel ['biːbəl] *f* *REL* Bible *f*
Biber ['biːbər] *m* *ZOOL* castor *m*
Bibliografie [bibliogra'fiː] *f* bibliographie *f*
Bibliothek [biblio'teːk] *f* bibliothèque *f*
Bibliothekar(in) [bibliote'kaːr(ɪn)] *m/f* bibliothécaire *m/f*
biblisch ['biːblɪʃ] *adj* *REL* biblique
bieder ['biːdər] *adj* brave, bon garçon, droit
biegen ['biːgən] *v irr* courber, arquer
biegsam ['biːkzaːm] *adj* flexible, souple
Biegsamkeit ['biːkzaːmkaɪt] *f* flexibilité *f*, souplesse *f*, malléabilité *f*
Biegung ['biːguŋ] *f* *1.* courbe *f*; *2. (einer Straße)* virage *m*
Biene ['biːnə] *f* *1. ZOOL* abeille *f*; *2. (fam: Mädchen)* jolie fille *f*; *dufte ~* belle nana *f*
Bienenstock ['biːnənʃtɔk] *m* ruche *f*
Bier [biːr] *n* bière *f*; *Das ist nicht mein ~!* Ce ne sont pas mes affaires!/Ce ne sont pas mes oignons!
Bierbrauer ['biːrbrauər] *m* brasseur *m*
Bierdeckel ['biːrdɛkəl] *m* dessous de verre *m*, rond à bière *m*, sous-bock *m*
Biest [biːst] *n* *1. (Tier)* bête féroce *f*, bête sauvage *f*; *2. (Person)* brûte *f*, peau de vache *f* *(fam)*
bieten ['biːtən] *v irr* offrir, proposer, présenter; *Wer bietet mehr?* Qui dit mieux?
Bigamie [biːga'miː] *f* bigamie *f*
bigott [bi'gɔt] *adj* bigot
Bilanz [bi'lants] *f* *1. FIN* bilan *m*, balance *f*; *2. (fig)* bilan *m*
bilanzieren [bilan'tsiːrən] *v* dresser le bilan, faire un bilan, établir le bilan

> **Bild** [bɪlt] *n* *1. (Gemälde)* tableau *m*; *2. FOTO* photographie *f*, photo *f*; *3. CINE* image *f*; *4. (fig) ein ~ für die Götter* à mourir de rire; *über etw im ~e sein* se rendre compte de qc; *sich ein ~ von jdm machen* se faire une idée de qn

Bildarchiv ['bɪltarçiːf] *n* archives d'images *f/pl*, photothèque *f*
Bildausschnitt ['bɪltausʃnɪt] *m* extrait d'image *m*
Bildband ['bɪltbant] *m* livre-album *m*
Bildbericht ['bɪltbərɪçt] *m* reportage illustré par l'image *m*, reportage photographique *m*
bilden ['bɪldən] *v* *1. (gestalten)* former; *2. sich ~ (entstehen)* se former; *3. sich ~ (lernen)* s'instruire, se cultiver

Bildfläche ['bɪltflɛçə] *f von der ~ verschwinden* disparaître de la circulation
Bildhauer ['bɪlthauər] *m* sculpteur *m*
Bildhauerkunst ['bɪlthauərkunst] *f ART* sculpture *f*
bildhübsch ['bɪlthypʃ] *adj* très joli(e), beau/belle comme un astre, beau/belle comme le soleil
bildlich ['bɪltlɪç] *adj* figuratif, imagé, allégorique, métaphorique
Bildnis ['bɪldnɪs] *n* portrait *f,* effigie *f*
Bildröhre ['bɪltrøːrə] *f TECH* tube cathodique *m*
Bildschärfe ['bɪltʃɛrfə] *f TECH* netteté de l'image *f*
Bildschirm ['bɪltʃɪrm] *m* écran *m*
Bildstörung ['bɪltʃtøːruŋ] *f TECH* perturbation de l'image *f*
Bildtelefon ['bɪlttelefoːn] *n INFORM* téléphone en phonévision *m*
Bildung ['bɪlduŋ] *f 1. (Gestaltung)* formation *f,* façonnement *m; 2. (Schulbildung)* éducation scolaire *f*
Bildungsurlaub ['bɪlduŋsuːrlaup] *m* congé de formation *m*
Bildungswesen ['bɪlduŋsveːzən] *n* enseignement *m,* éducation *f*
Bildunterschrift ['bɪltuntərʃrɪft] *f* légende *f*
Bildwörterbuch ['bɪltvœrtərbuːx] *n* dictionnaire illustré *m*
Billard ['bɪljart] *n* billard *m*
Billiarde [bɪl'jardə] *f* million de milliards *m*
billig ['bɪlɪç] *adj 1. (preiswert)* bon marché, pas cher; *2. (fig)* facile, de moindre qualité
billigen ['bɪlɪgən] *v* approuver, autoriser
Billigware ['bɪlɪçvaːrə] *f ECO* marchandise bon marché *f*
Billion [bil'joːn] *f* billion *m,* million de millions *m*
Binde ['bɪndə] *f 1. (Damenbinde)* serviette hygiénique *f; 2. MED* bande *f,* bandage *m,* bandeau *m; 3. sich einen hinter die ~ gießen (fam)* se prendre une biture
Bindegewebe ['bɪndəgəveːbə] *n ANAT* tissu conjonctif *m*
Bindehaut ['bɪndəhaut] *f ANAT* conjonctive *f*
binden ['bɪndən] *v irr* lier, attacher, nouer; *Mir sind die Hände gebunden.* J'ai les mains liées.
Bindestrich ['bɪndəʃtrɪç] *m GRAMM* trait d'union *m,* tiret *m*
Bindewort ['bɪndəwɔrt] *n GRAMM* conjonction *f*
Bindfaden ['bɪndfaːdən] *m* ficelle *f; Es regnet Bindfäden.* Il pleut à verse./Il tombe des cordes.
Bindung ['bɪnduŋ] *f 1. (Verbundenheit)* lien *m,* liaison *f; 2. (moralische ~)* engagement *m; 3. (Verpflichtung)* contrainte *f,* obligation *f; 4. (Skibindung)* fixation *f*
binnen ['bɪnən] *prep* en, dans l'espace de
Binsenweisheit ['bɪnzənvaɪshaɪt] *f* vérité de la Palisse *f*
Biobauer ['biobauər] *m AGR* agriculteur bio(logique) *m*
Biochemie ['bioçe'miː] *f* chimie biologique *f,* biochimie *f*
biochemisch [bio'çeːmɪʃ] *adj* biochimique
Biodiesel ['biodiːzəl] *m* biodiesel *m*
Biogas ['biːogaːs] *n* gaz biologique *m*
Biograf(in) [bio'graːf(ɪn)] *m/f LIT* biographe *m/f*
Biografie [biogra'fiː] *f* biographie *f*
Biokost ['biːokɔst] *f* alimentation à base de produits biologiques *f,* régime alimentaire macrobiotique *m*
Biologie [biolo'giː] *f* biologie *f*
biologisch [bio'loːgɪʃ] *adj* biologique
Birke ['bɪrkə] *f BOT* bouleau *m*
Birkenholz ['bɪrkənhɔlts] *n* bouleau *m*
Birnbaum ['bɪrnbaum] *m BOT* poirier *m*
Birne ['bɪrnə] *f 1. (Obst)* poire *f; 2. (Glühbirne)* ampoule électrique *f*
birnenförmig ['bɪrnənfœrmɪç] *adj* en forme de poire
bis [bɪs] *prep 1. (zeitlich)* jusqu'à, jusque; *2. (örtlich) Bis dorthin sind es 2 km.* C'est à 2 km./Il faut compter 2 km. *konj 3. (nicht länger als)* jusqu'à ce que
Bischof ['bɪʃɔf] *m REL* évêque *m*
bischöflich ['bɪʃœflɪç] *adj REL* épiscopal
Bischofssitz ['bɪʃɔfszɪts] *m REL* siège épiscopal *m*
bisexuell ['biːzɛksuɛl] *adj* bisexuel, bisexué
bisher [bɪs'heːr] *adv* jusqu'alors, jusqu'ici, jusqu'à présent
bisherig [bɪs'heːrɪç] *adj* ce qui était jusqu'à présent, ce qui durait jusqu'à présent
bislang [bɪs'laŋ] *adv* jusqu'ici
Biss [bɪs] *m 1.* morsure *f; 2. (Schlangenbiss)* piqûre *f*
bisschen ['bɪsçən] *adj 1.* un petit peu de, un peu de; *adv 2.* un peu; *3. Ach du liebes ~!*

C'est pas vrai!/C'est pas possible!/Sans blague!

Bissen ['bɪsən] *m* bouchée *f,* morceau *m; jdm keinen ~ gönnen* être jaloux de qn/être jaloux du succès de qn; *keinen ~ anrühren* ne toucher à rien

bissig ['bɪsɪç] *adj 1.* qui mord, mordant; *Vorsicht, ~er Hund!* Chien méchant! *2. (fig)* mordant, hargneux; *~ sein* être teigneux

Bissigkeit ['bɪsɪçkaɪt] *f* causticité *f,* virulence *f*

bisweilen [bɪs'vaɪlən] *adv* quelquefois, parfois, de temps en temps, par moments

bitte ['bɪtə] *adv 1. (bittend)* s'il vous plaît/s'il te plaît; *2. (Antwort auf Dank)* je vous en prie, je t'en prie, il n'y a pas de quoi; *3. (fragend)* pardon, comment, plaît-il; *4. (Bejahung)* bien sûr, je vous en prie

Bitte ['bɪtə] *f* demande *f,* prière *f*

bitten ['bɪtən] *v irr ~ um* prier de, demander de; *sich ~ lassen* se faire prier

bitter ['bɪtər] *adj 1. (Geschmack)* amer; *2.* (fig*: schmerzlich)* douloureux, sévère

Bitter ['bɪtər] *m (Getränk)* boisson amère *f,* amer *m*

bitterernst [bɪtər'ɛrnst] *adj* très sérieux, extrêmement sérieux

bitterkalt [bɪtər'kalt] *adj* très froid, extrêmement froid

Bitterkeit ['bɪtərkaɪt] *f 1. (Geschmack)* amertume *f; 2. (fig)* acrimonie *f,* mordant *m*

bitterlich ['bɪtərlɪç] *adv* amèrement

Bitternis ['bɪtərnɪs] *f* amertume *f*

Bittgesuch ['bɪtgəzu:x] *n* requête *f*

Bittsteller(in) ['bɪtʃtɛlər(ɪn)] *m/f* solliciteur/solliciteuse *m/f,* pétitionnaire *m/f*

bizarr [bi'tsar] *adj* bizarre

Bizeps ['bi:tsɛps] *m ANAT* biceps *m*

blähen ['blɛ:ən] *v MED* gonfler, enfler

Blähungen ['blɛ:uŋən] *pl MED* vents *m/pl,* gaz intestinaux *m/pl*

blamabel [bla'ma:bəl] *adj* honteux

Blamage [bla'ma:ʒə] *f* honte *f*

blamieren [bla'mi:rən] *v 1. jdn ~* discréditer qn, ridiculiser qn; *2. sich ~* se rendre ridicule, se couvrir de ridicule

blank [blaŋk] *adj 1.* clair, brillant, reluisant; *2. ~ sein* être dans la dèche

blanko ['blaŋko] *adj FIN* en blanc

Blase ['bla:zə] *f 1.* bulle *f; 2. MED* ampoule *f,* cloque *f; 3. ANAT* vessie *f*

blasen ['bla:zən] *v irr 1.* souffler; *2. (ein Instrument spielen) MUS* jouer de

blasiert [bla'zi:rt] *adj* blasé

Blasinstrument ['bla:sɪnstrumɛnt] *n MUS* instrument à vent *m*

Blaskapelle ['bla:skapɛlə] *f MUS* fanfare *f,* orchestre de cuivres *m*

Blasmusik ['bla:smuzi:k] *f MUS* musique de fanfare *f*

Blasphemie [blasfe'mi:] *f REL* blasphémie *f*

blasphemisch [blas'fe:mɪʃ] *adj REL* blasphématoire

blass [blas] *adj* pâle, blême

Blässe ['blɛsə] *f* pâleur *f,* absence de couleur *f*

Blatt [blat] *n 1. (Papier)* feuille *f; 2. BOT* feuille *f; 3. (fig) Das steht auf einem anderen ~.* C'est une autre histoire. *kein ~ vor den Mund nehmen* ne pas mâcher ses mots; *ein unbeschriebenes ~* un parfait inconnu *m; Das ~ hat sich gewendet.* La situation s'est complètement retournée.

blättern ['blɛtərn] *v* feuilleter

Blätterteig ['blɛtərtaɪk] *m GAST* pâte feuilletée *f*

Blattgold ['blatgɔlt] *n ART* or en feuille *m,* or battu *m*

Blattwerk ['blatvɛrk] *n BOT* feuillage *m*

blau [blau] *adj 1.* bleu; *ins Blaue hinein reden* parler dans le vide; *jdm das Blaue vom Himmel versprechen* promettre monts et merveilles à qn/promettre la lune à qn; *2. (fam: betrunken)* ivre

blauäugig ['blauɔygɪç] *adj 1.* aux yeux bleus, qui a les yeux bleus; *2. (fig)* naïf

Blaubeere ['blaube:rə] *f BOT* airelle *f,* myrtille *f*

Blauhelm ['blauhɛlm] *m* casque bleu *m*

bläulich ['blɔylɪç] *adj* bleuâtre

Blaulicht ['blaulɪçt] *n* girophare *m*

blaumachen ['blaumaxən] *v (fam: nicht arbeiten)* chômer, faire l'école buissonnière

Blaumann ['blauman] *m* bleu de travail *m*

Blaupause ['blaupauzə] *f* photocalque bleu *m*

Blech [blɛç] *n* tôle *f,* fer-blanc *m*

Blechblasinstrument ['blɛçbla:sɪnstrumɛnt] *n MUS* cuivre *m*

Blechdose ['blɛçdo:zə] *f* boîte de ferblanc *f,* boîte de conserve *f*

blechen ['blɛçən] *v (fam: bezahlen)* payer, casquer

Blechlawine ['blɛçlavi:nə] *f (fig)* déferlement de voitures *m*

Blechschaden ['blɛçʃa:dən] *m* dégâts matériels *m/pl*
Blei [blaɪ] *n* plomb *m; Glieder schwer wie ~ haben* avoir des membres de plomb
bleiben ['blaɪbən] *v irr* rester; *Ich bleibe dabei.* J'en reste à ce que j'ai dit.
bleich ['blaɪç] *adj* blême, blafard
bleichen ['blaɪçən] *v* blanchir
bleifrei ['blaɪfraɪ] *adj* sans plomb
bleihaltig ['blaɪhaltɪç] *adj* qui contient du plomb, plombifére
Bleistift ['blaɪʃtɪft] *m* crayon *m*
Blende ['blɛndə] *f 1. (Abschirmung)* écran *m; 2. FOTO* diaphragme *m*
blenden ['blɛndən] *v 1. (Licht)* aveugler, éblouir; *2.* (fig*: täuschen)* éblouir; *3. (verzaubern)* fasciner, tromper
blendend ['blɛndənt] *adj 1. (leuchtend)* éblouissant, aveuglant; *2.* (fig*: bezaubernd)* éblouissant, éclatant, brillant
Blick [blɪk] *m 1. (Schauen)* regard *m,* coup d'œil *m; die ~e auf sich ziehen* attirer les regards; *Liebe auf den ersten ~* coup de foudre *m; jdn mit ~en verschlingen* manger qn des yeux; *einen bösen ~ haben* avoir le mauvais regard; *einen ~ hinter die Kulissen werfen (fig)* jeter un œil dans les coulisses; *einen ~ für etwas haben* avoir l'œil pour qc; *jdn keines ~es würdigen* ignorer superbement qn; *auf den ersten ~* à première vue/à priori; *2. (Aussicht)* vue *f*
blicken ['blɪkən] *v* regarder; *streng ~* faire les gros yeux
Blickfang ['blɪkfaŋ] *m* tape-à-l'œil *m,* point de mire *m*
Blickfeld ['blɪkfɛlt] *n* champ visuel *m*
Blickwinkel ['blɪkvɪŋkəl] *m 1.* angle visuel *m; 2. (fig)* point de vue *m,* perspective *f*
blind [blɪnt] *adj* aveugle
Blinddarm ['blɪntdarm] *m ANAT* appendice *m*
Blinde(r) ['blɪndə(r)] *m/f* aveugle *m/f; Das sieht ja ein ~r mit Krückstock!* Cela saute aux yeux!
Blindenhund ['blɪndənhunt] *m* chien d'aveugle *m*
Blindenschrift ['blɪndənʃrɪft] *f* braille *m*
Blindheit ['blɪnthaɪt] *f 1.* cécité *f; 2. (fig)* aveuglement *m*
blinken ['blɪŋkən] *v 1. TECH* clignoter; *2. (glitzern)* briller, scintiller, étinceler
blinzeln ['blɪntsəln] *v* cligner des yeux, clignoter
Blitz [blɪts] *m* éclair *m,* foudre *f; schnell wie ein geölter ~ sein* être vif comme un éclair; *wie ein ~ aus heiterem Himmel* comme un coup de tonnerre/sans crier gare; *wie vom ~ getroffen* comme frappé par la foudre
Blitzableiter ['blɪtsaplaɪtər] *m TECH* paratonnerre *m*
blitzblank ['blɪtsblaŋk] *adj* reluisant, net
blitzen ['blɪtsən] *v 1. METEO* faire des éclairs, étinceler; *2. FOTO* prendre une photo à la lumière d'un flash
Blitzer ['blɪtsər] *m (fam)* radar *m*
Blitzlicht ['blɪtslɪçt] *n FOTO* flash *m*
Block [blɔk] *m 1.* bloc *m,* billot *m; 2. (Gebäude)* bloc *m,* pâté de maisons *m; 3. (Notizblock)* bloc de papier *m,* bloc-notes *m*
Blockflöte ['blɔkflø:tə] *f MUS* flûte à bec *f*
blockieren [blɔ'ki:rən] *v* bloquer
Blockschrift ['blɔkʃrɪft] *f* écriture en lettres majuscules/capitales *f*
blöd [blø:t] *adj* stupide, idiot, bête
Blödsinn ['blø:tzɪn] *m* stupidité *f,* idiotie *f,* bêtise *f*
blödsinnig ['blø:tzɪnɪç] *adj 1.* imbécile, idiot; *2. MED* faible d'esprit
Blog [blɔg] *m INFORM* blog *m*
bloggen ['blɔgən] *v INFORM* bloguer
blöken ['blø:kən] *v* bêler
blond [blɔnt] *adj* blond; *~ gefärbt* teint en blond
bloß [blo:s] *adj 1.* nu, découvert; *adv 2.* simplement, seulement, uniquement
Blöße ['blø:sə] *f* point faible *m; sich eine ~ geben* dévoiler son talon d'Achille
bloßlegen ['blo:sle:gən] *v* mettre à nu, dégager qc, révéler qc, montrer qc
bloßstellen ['blo:sʃtɛlən] *v* mettre à nu
blühen ['bly:ən] *v 1.* fleurir; *2. (fig)* prospérer, faire florès; *Das kann dir auch ~!* Cela peut t'arriver aussi!/Ça te pend au nez!
blühend ['bly:ənt] *adj 1.* fleuri, en fleur; *2. (fig)* éclatant, florissant
Blume ['blu:mə] *f* fleur *f; durch die ~ sprechen* parler à demi-mot
Bluse ['blu:zə] *f* chemisier *m,* corsage *m*

Blut [blu:t] *n* sang *m; blaues ~ haben* avoir le sang bleu/avoir le sang noble; *~ lecken* prendre goût à qc; *Er schwitzte ~ und Wasser.* Il a sué sang et eau. *ins ~ gehen* exciter les sens/passer dans le sang; *Das liegt ihm im ~.* Il a ça dans le sang. *Ruhig ~!* Du calme!

blutarm ['blu:tarm] *adj MED* anémique
Blutbad ['blu:tba:t] *n* bain de sang *m*
Blutbahn ['blu:tba:n] *f MED* veines *f/pl*, circuit sanguin *m*
Blüte ['bly:tə] *f 1.* fleur *f; 2. (fig)* prospérité *f; in der ~ seiner Jahre* à la fleur de l'âge/dans la fleur de l'âge
bluten ['blu:tən] *v* saigner
Bluter ['blu:tər] *m MED* hémophile *m*
Bluterguss ['blu:tεrgus] *m MED* hématome *m*, ecchymose *f*, hémorragie *f*
Blütezeit ['bly:tətsaɪt] *f 1. die ~ von etw BOT* époque de la floraison *f; 2. (fig)* apogée *m*
Blutgefäß ['blu:tgəfε:s] *n ANAT* vaisseau sanguin *m*
blutig ['blu:tɪç] *adj* sanglant, ensanglanté
Blutschande ['blu:tʃandə] *f* inceste *m*
Blutvergießen ['blu:tfεrgi:sən] *n* effusion de sang *f*, carnage *m*
Bö [bø:] *f* rafale *f*, grain *m*
Bob [bɔb] *m SPORT* bobsleigh *m*, bob *m*
Bock [bɔk] *m 1. SPORT* cheval d'arçons *m; 2. ZOOL* bouc *m*, bélier *m; 3. einen ~ schießen (fam)* faire une gaffe, faire une bavure
bocken ['bɔkən] *v 1. (Tier)* être rétif; *2. (schmollen)* faire grise mine, bouder
Bockspringen ['bɔkʃprɪŋən] *n SPORT* saute-mouton *m*
Boden ['bo:dən] *m 1. (Erde)* sol *m*, terre *f; 2. (Fußboden)* sol *m*, plancher *m; 3. (Grund)* base *f*, fondement *m; 4. (fig) am ~ zerstört sein* être effondré, être déprimé; *festen ~ unter den Füßen haben* avoir les choses bien en main; *den ~ unter den Füßen verlieren* perdre pied, se troubler; *an ~ gewinnen* gagner du terrain; *wie Pilze aus dem ~ schießen* se développer rapidement, fleurir; *vor Scham im ~ versinken* mourir de honte, vouloir rentrer dans un trou de souris
Bodenbelag ['bo:dənbəla:k] *m* revêtement de sol *m*, revêtement du sol *m*
bodenlos ['bo:dənlo:s] *adj 1.* sans fond; *2. (unerhört)* inouï
Bodenpersonal ['bo:dənpεrzona:l] *n 1.* personnel au sol *m; 2. NAUT* personnel non navigant *m; 3. MIL* rampants *m/pl*
Bodensatz ['bo:dənzats] *m 1.* dépôt *m*, fond *m; 2. (von Kaffee)* dépôt *m*
Bodenschätze ['bo:dənʃεtsə] *pl* richesses minières *f/pl*, richesses du sol *f/pl*, richesses du sous-sol *f/pl*
bodenständig ['bo:dənʃtεndɪç] *adj 1.* être terre à terre; *2. (seit langem ansässig)* natif, autochtone
Bogen ['bo:gən] *m 1. (Kurve)* courbe *f; einen ~ um etw machen* éviter qc; *jdn in hohem ~ hinauswerfen* flanquer qn à la porte, virer qn avec perte et fracas; *2. (Waffe)* arc *m; den ~ überspannen* trop tirer sur la ficelle, aller trop loin; *3. (Papier)* feuille de papier *f; 4. (im Straßenverlauf)* virage *m; 5. ARCH* arc *m*, cintre *m; den ~ heraushaben* attraper le coup de main
böhmisch ['bœ:mɪʃ] *adj* bohémien; *Das sind für mich ~e Dörfer.* C'est du chinois pour moi!/C'est de l'hébreu pour moi!
Bohne ['bo:nə] *f 1. (Hülsenfrucht)* haricot *m*, fayot *m (fam); ~n in den Ohren haben* ne pas écouter, ne pas faire attention; *2. (Kaffeebohne)* grain de café *m; 3. Nicht die ~.* Pas le moins du monde!/Absolument pas!
Bohnenstange ['bo:nənʃtaŋə] *f 1. AGR* rame des haricots; *2. dünn wie eine ~ sein (fig)* être sec comme un haricot
Bohnenstroh ['bo:nənʃtro:] *n dumm wie ~ sein (fam)* être bête à manger du foin, être bête comme ses pieds
bohnern ['bo:nərn] *v* frotter, cirer, encaustiquer
bohren ['bo:rən] *v* percer
Bohrer ['bo:rər] *m TECH* perceuse *f*, mèche *f*, perforatrice *f*
Bohrinsel ['bo:rɪnzəl] *f* plate-forme de forage *f*
Bohrung ['bo:ruŋ] *f TECH* forage *m*
Boje ['bo:jə] *f NAUT* bouée *f*, balise *f*
Bolivianer(in) [boli'vja:nər(ɪn)] *m/f* Bolivien(ne) *m/f*
Bollwerk ['bɔlvεrk] *n* bastion *m*, rempart *m*
Bolzen ['bɔltsən] *m TECH* boulon *m*, cheville *f*, piston *m*
bombardieren [bɔmbar'di:rən] *v MIL* bombarder
Bombe ['bɔmbə] *f MIL* bombe *f*
Bombenangriff ['bɔmbənangrɪf] *m MIL* raid aérien *m*
Bombenerfolg ['bɔmbənεr'fɔlk] *m (fam)* succès éclatant *m*, succès fou *m*, succès du tonnerre *m*
Bombengeschäft ['bɔmbəngəʃεft] *n (fam)* affaires juteuses *f/pl*, affaires en or *f/pl*, commerce juteux *m*
bombensicher [bɔmbən'zɪçər] *adj (fam)* sûr et certain
Bon [bɔ̃ŋ] *m 1.* bon *m; 2. (Kassenbon)* bon de caisse *m*

B

Bonbon [bɔ̃'bɔ̃] *n* bonbon *m*
Bonität [boːni'tɛːt] *f FIN* solvabilité *f*
Bonze ['bɔntsə] *m (fam)* ponte *m,* bonze *m*
boomen ['buːmən] *v* s'accroître
Boot [boːt] *n* bateau *m,* barque *f*
Bord[1] [bɔrt] *n (Brett)* étagère *f,* rayon *m,* tablette *f*
Bord[2] [bɔrt] *n 1. (Rand)* bord *m,* bordure *f; m 2. (Einfassung)* bord *m,* ceinture *f,* bande *f; 3. (Schiffsrand)* bord *m; an ~* à bord; *etw über ~ werfen (fig)* jeter qc par-dessus bord; *Mann über ~!* Un homme à la mer!
Bordell [bɔr'dɛl] *n* bordel *m,* maison de tolérance *f,* maison close *f*
Bordkante ['bɔrtkantə] *f* bordure *f*
Bordstein ['bɔrtʃtaɪn] *m* bordure de trottoir *f,* pierre de bordure *f*
borgen ['bɔrgən] *v 1. (verleihen)* prêter, faire crédit de; *2. (entleihen)* emprunter
borniert [bɔr'niːrt] *adj* borné
Börse ['bœrzə] *f 1. (Geldbörse)* bourse *f,* porte-monnaie *m; 2. FIN* Bourse *f*
Börsenbericht ['bœrzənbərɪçt] *m FIN* bulletin de bourse *m*
borstig ['bɔrstɪç] *adj 1.* qui porte des soies; *2. (fig)* rébartif, rogue, revêche
Borte ['bɔrtə] *f* bord *m,* bordure *f,* galon *m*
bösartig ['bøːsartɪç] *adj 1.* mauvais, malin; *2. MED* maligne
Bösartigkeit ['bøːsartɪçkaɪt] *f* mauvaise nature *f,* méchanceté *f*
Böschung ['bœʃuŋ] *f* talus *m,* pente *f*
böse ['bøːzə] *adj 1. (verärgert)* fâché, irrité; *jdm ~ sein* en vouloir à qn; *2. (schlimm)* mauvais, méchant, grave, fort
Bösewicht ['bøːzəvɪçt] *m* méchant *m,* malfaisant *m*
boshaft ['boːshaft] *adj* méchant, mauvais
Bosheit ['boːshaɪt] *f* méchanceté *f*
böswillig ['bøːsvɪlɪç] *adj 1.* malveillant, qui est de mauvaise foi, malintentionné; *~es Verlassen* abandon *m; 2. JUR* malveillant, de mauvaise foi
Böswilligkeit ['bøːsvɪlɪçkaɪt] *f* malveillance *f,* méchanceté *f*
Botanik [bo'taːnɪk] *f* botanique *f*
Botaniker(in) [bo'taːnɪkər(ɪn)] *m/f* botaniste *m/f*
botanisch [bo'taːnɪʃ] *adj* botanique
Bote ['boːtə] *m* messager *m,* porteur *m*
Botengang ['boːtəngaŋ] *m* course *f,* commission *f*
Botschaft ['boːtʃaft] *f 1. (Nachricht)* message *m,* nouvelle *f; 2. POL* ambassade *f*
Botschafter ['boːtʃaftər] *m POL* ambassadeur *m*
Boulevardblatt [bulə'vaːrblat] *n* feuille de chou *f*
Boxhandschuh ['bɔkshantʃuː] *m SPORT* gant de boxe *m*
Boxkampf ['bɔkskampf] *m SPORT* combat de boxe *m,* match de boxe *m*
boykottieren [bɔykɔ'tiːrən] *v* boycotter
brach [braːx] *adj AGR* en friche
brachliegen ['braːxliːgən] *v irr AGR* être en friche, être en jachère
Branche ['brɑ̃ʃə] *f ECO* branche *f*
Brand [brant] *m* incendie *m*
brandaktuell [brantaktu'ɛl] *adj* très actuel
Brandanschlag ['brantanʃlaːk] *m* attentat incendiaire *m*
Brandbekämpfung ['brantbəkɛmpfuŋ] *f* lutte contre l'incendie *f*
Brandblase ['brantblaːzə] *f* cloque *f*
brandeilig [brant'aɪlɪç] *adj (fam)* très pressé, très urgent
Brandmal ['brantmaːl] *n 1.* cicatrice de brûlure *f,* stigmate *m,* flétrissure *f; 2. (fig)* stigmate *m,* flétrissure *f*
brandmarken ['brantmarkən] *v jdn ~* marquer qn au fer rouge
brandneu [brant'nɔy] *adj* flambant neuf
Brandsalbe ['brantzalbə] *f MED* pommade contre les brûlures *f,* onguent *m*
Brandschaden ['brantʃaːdən] *m* dégâts causés par l'incendie *m/pl,* pertes dues à l'incendie *f/pl,* dommages dûs à l'incendie *m/pl*
Brandstifter(in) ['brantʃtɪftər(ɪn)] *m/f* pyromane *m/f*
Brandstiftung ['brantʃtɪftuŋ] *f* incendie volontaire *m,* incendie criminel *m*
Brandung ['branduŋ] *f* déferlement des vagues *m,* ressac *m,* coup de mer *m,* brisant *m*
Brandwunde ['brandvundə] *f MED* brûlure *f*
Brandzeichen ['branttsaɪçən] *n* marque *f*
Branntwein ['brantvaɪn] *m GAST* eau-de-vie *f,* alcool *m*

Braten ['braːtən] *m GAST* rôti *m; den ~ riechen (fig)* flairer un piège, sentir l'arnaque; *Der ~ ist aus. (fam)* Il n'ya plus de rôti.

braten ['braːtən] *v irr 1. (im Ofen)* faire rôtir; *2. (in Fett)* faire frire
Bratspieß ['braːtʃpiːs] *m* broche à rôtir *f*
Bratwurst ['braːtvurst] *f GAST* saucisse grillée *f*

Brauch [braux] *m* coutume *f,* usage *m,* tradition *f,* us et coutumes *m/pl; Das ist so ~.* C'est la coutume.
brauchbar ['brauxbaːr] *adj* utilisable, qui peut servir; *~e Kleider* vêtements mettables *m/pl*
Brauchbarkeit ['brauxbaːrkaɪt] *f* utilité *f*
brauchen ['brauxən] *v 1. (nötig haben)* avoir besoin de; *2. (benutzen)* utiliser; *3. (müssen)* il faut
Brauchtum ['brauxtuːm] *n* coutumes *f/pl*
Braue ['brauə] *f* sourcil *m; die ~n runzeln* froncer les sourcils
Brauerei [brauə'raɪ] *f* brasserie *f*
braun [braun] *adj 1.* brun; *2. (sonnengebräunt)* bronzé
Bräune ['brɔynə] *f* bronzage *m*
bräunen ['brɔynən] *v 1. (Haut)* bronzer; *2. (anbraten)* faire dorer
Brause ['brauzə] *f 1. (Dusche)* douche *f; 2. (Getränk)* boisson gazeuse *f*
brausen ['brauzən] *v 1. (duschen)* prendre une douche, se doucher; *2. (rasen)* passer en trombe, passer à grand fracas
Brausepulver ['brauzəpulvər] *n* poudre effervescente *f*
Braut [braut] *f* fiancée *f,* mariée *f*
Brautführer ['brautfyːrər] *m* garçon d'honneur *m*
Bräutigam ['brɔytɪgam] *m* fiancé *m,* marié *m*
Brautjungfer ['brautjuŋfər] *f* demoiselle d'honneur *f*
Brautkleid ['brautklaɪt] *n* robe de mariée *f*
Brautpaar ['brautpaːr] *n* mariés *m/pl,* nouveaux époux *m/pl*
Brautstrauß ['brautʃtraus] *m* bouquet de la mariée *m*
brav [braːf] *adj* brave, gentil, sage
brechen ['brɛçən] *v irr 1. (ab~)* rompre, briser, casser; *2.* (fig*: Vertrag)* rompre; *3. (sich übergeben)* vomir; *4. sich etw ~ (Knochen) MED* se briser qc, se fracturer qc
Brechmittel ['brɛçmɪtəl] *n MED* vomitif *m*
Brechreiz ['brɛçraɪts] *m* envie de vomir *f,* mal au cœur *m*
Brechstange ['brɛçʃtaŋə] *f 1. TECH* pied-de-biche *m; 2. (fig) etw mit der ~ erreichen wollen* y aller à la brute
Brei [braɪ] *m* bouillie *f,* purée *f; um den heißen ~ herumreden (fig)* tourner autour du pot; *jdn zu ~ schlagen (fig)* casser la gueule à qn

breit [braɪt] *adj 1.* large; *lang und ~* en long et en large; *sich ~ machen* faire l'important/s'implanter; *2. (ausgedehnt)* vaste, étendu; *3. (bei Stoffen)* ample

Breite ['braɪtə] *f* largeur *f; in die ~ gehen (fam)* forcir, engraisser
Breitengrad ['braɪtəngraːt] *m GEOL* degré de latitude *m*
breittreten ['braɪttreːtən] *v irr 1.* élargir, aplatir; *2. (fig)* rabâcher
Bremse ['brɛmzə] *f 1. TECH* frein *m; 2. ZOOL* taon *m*
bremsen ['brɛmzən] *v 1.* freiner; *2. (fig) sich ~ können* pouvoir se retenir
Bremsung ['brɛmzuŋ] *f* freinage *m*
brennbar ['brɛnbaːr] *adj* inflammable, combustible
Brennelement ['brɛnelemɛnt] *n TECH* combustible *m*
brennen ['brɛnən] *v irr 1.* brûler; *2. (Licht)* être allumé; *3. (Wunde)* cuire; *4. (Schnaps)* distiller
Brenner ['brɛnər] *m TECH* brûleur *m*
Brennglas ['brɛnglaːs] *n* loupe *f,* lentille *f*
Brennholz ['brɛnhɔlts] *n* bois de chauffage *m*
Brennstoff ['brɛnʃtɔf] *m 1.* combustible *m; 2. (beim Auto)* carburant *m*
brenzlig ['brɛntslɪç] *adj* qui sent le brûlé, qui sent le roussi; *Die Sache wird ~.* L'affaire devient délicate.
Bresche ['brɛʃə] *f (fig)* brèche *f,* chemin *m,* voie *f; für jdn in die ~ springen (fig)* prendre la relève de qn
Brettspiel ['brɛtʃpiːl] *n* jeu de société *m*
Brezel ['breːtsəl] *f GAST* bretzel *m*
Brief [briːf] *m* lettre *f; jdm ~ und Siegel geben* promettre à qn/jurer à qn; *einen blauen ~ bekommen* redoubler une classe
Briefbeschwerer ['briːfbəʃveːrər] *m* presse-papiers *m*
Briefblock ['briːfblɔk] *m* bloc de papier à lettre *m*
Briefbogen ['briːfboːgən] *m* feuille à lettres *f*
Briefkasten ['briːfkastən] *m* boîte aux lettres *f*
Briefkastenfirma ['briːfkastənfɪrma] *f ECO* entreprise fictive *f,* société fictive *f,* entreprise fantôme *f,* société fantôme *f*
Briefkopf ['briːfkɔpf] *m* en-tête *m*
brieflich ['briːflɪç] *adj* par lettre, par écrit
Brieftasche ['briːftaʃə] *f* portefeuille *m*

B

Brieftaube ['bri:ftaubə] *f* pigeon voyageur *m*
Briefträger ['bri:ftrɛ:gər] *m* facteur *m*
Briefwahl ['bri:fva:l] *f POL* vote par correspondance *m*
Brillanz [brɪl'jants] *f* brillant *m*
Brille ['brɪlə] *f* lunettes *f/pl*
brillieren [brɪl'ji:rən] *v* briller

bringen ['brɪŋən] *v irr 1.* apporter, porter, amener, mener; *2. (Gewinn)* rapporter; *3. (begleiten)* mettre, accompagner; *4. (veröffentlichen)* publier, faire paraître

brisant [bri'zant] *adj* brûlant, dangereux, explosif, au cœur du débat
Brise ['bri:zə] *f* brise *f*
Brite ['britə] *m* Britannique *m*
Britin ['britɪn] *f* Britannique *f*
britisch ['britɪʃ] *adj* britannique
bröckeln ['brœkəln] *v* émietter, s'émietter
Brocken ['brɔkən] *m 1.* morceau *m,* fragment *m; 2. (fam: Bissen)* bouchée *f; 3. (einer Fremdsprache)* bribes *f/pl*
Bronzezeit ['brɔ̃sətsaɪt] *f HIST* âge du bronze *m*
Brosche ['brɔʃə] *f* broche *f*
Broschüre [brɔ'ʃy:rə] *f* brochure *f*
bröseln ['brø:zəln] *v* s'émietter
Brot [bro:t] *n GAST* pain *m*
Brötchen ['brø:tçən] *n GAST* petit pain *m*
brotlos ['bro:tlo:s] *adj* ingrat, sans ressources, sans travail; *eine ~e Kunst (fig)* une profession qui n'est pas lucrative
Browser ['braʊzər] *m INFORM* logiciel de navigation *m,* navigateur *m*
Bruch [brux] *m 1.* rupture *f,* cassure *f; zu ~ gehen* se casser/se briser; *2. (Knochenbruch) MED* fracture *f; 3. MATH* fraction *f; 4. (Vertragsbruch) JUR* rupture *f*
bruchfest ['bruxfɛst] *adj* résistant à la rupture
brüchig ['bryçɪç] *adj* cassant, fragile
Bruchlandung ['bruxlandʊŋ] *v eine ~ machen* faire de la casse
bruchrechnen ['bruxrɛçnən] *v MATH* faire un calcul de fractions
bruchsicher ['bruxzɪçər] *adj* résistant à la rupture, résistant à l'écrasement
Bruchstelle ['bruxʃtɛlə] *f* cassure *f*
Bruchstück ['bruxʃtyk] *n* fragment *m*
bruchstückhaft ['bruxʃtykhaft] *adj* par fragments, fragmentaire
Bruchteil ['bruxtaɪl] *m* fraction *f,* partie *f*
Brücke ['brykə] *f 1.* pont *m; alle ~n hinter sich abbrechen* brûler ses vaisseaux/couper les ponts/brûler les ponts derrière soi; *2. (Teppich)* carpette *f; 3. (Zahnersatz) MED* bridge *m*
Bruder ['bru:dər] *m* frère *m*
Brüderlichkeit ['bry:dərlɪçkaɪt] *f* fraternité *f*
Brühe ['bry:ə] *f GAST* bouillon *m*
Brühwürfel ['bry:vyrfəl] *m GAST* cube de consommé *m*
brüllen ['brylən] *v 1.* hurler, vociférer, beugler; *zum Brüllen sein* être à hurler de rire; *Er brüllt wie am Spieß.* Il crie comme un sourd. *2. (Tiere, Wind)* mugir
Brummbär ['brumbɛ:r] *m (fam)* bougon *m,* ronchonneur *m,* ronchon *m*
brummen ['brumən] *v* bougonner, bourdonner
brummig ['brumɪç] *adj* grognon, grincheux
brünett [bry'nɛt] *adj* brun, brunet
Brunnen ['brunən] *m* fontaine *f,* puits *m*
brüskieren [brys'ki:rən] *v* brusquer, rudoyer
Brust [brust] *f* poitrine *f; mit geschwellter ~* fier comme Artaban; *sich einen zur ~ nehmen (fig)* s'enfiler un petit verre d'alcool, picoler
Brustbein ['brustbaɪn] *n ANAT* sternum *m,* os sternal *m,* bréchet *m*
brüsten ['brystən] *v sich ~* fanfaronner, bomber le torse, plastronner, faire la roue; *sich mit etw ~* faire étalage de qc
Brustkorb ['brustkɔrp] *m ANAT* cage thoracique *f,* torax *m*
Brüstung ['brystuŋ] *f* parapet *m,* balustrade *f*
Brustwarze ['brustvartsə] *f ANAT* mamelon *m,* bout du sein *m*
Brut [bru:t] *f 1.* incubation *f; 2. (bei Vögeln)* couvée *f*
brutal [bru'ta:l] *adj* brutal
Brutalität [brutalɪ'tɛ:t] *f* brutalité *f*
Brutapparat ['bru:tapara:t] *m* couveuse *f*
brüten ['bry:tən] *v 1.* couver; *2. über etw ~ (fig)* méditer qc
Brüter ['bry:tər] *m schneller ~ TECH* surgénérateur à haute compression *m*
Brutkasten ['bru:tkastən] *m MED* couveuse *f*
brutto ['bruto] *adj* brut
Bruttoeinkommen ['brutoaɪnkɔmən] *n FIN* revenus bruts *m/pl*
Bub [bu:b] *m* garçon *m,* gamin *m*

Buch [buːx] *n* livre *m; wie ein ~ reden* parler comme un moulin/être un moulin à paroles; *Das ist für mich ein ~ mit sieben Siegeln.* C'est pour moi un vrai mystère. *Er ist für mich ein offenes ~.* Je le connais comme si je l'avais fait. *~ führen* mener la comptabilité

Buchbinder ['buːxbɪndər] *m* relieur *m*
Buchdruck ['buːxdruk] *m 1.* imprimerie *f*, typographie *f; 2. (Druckverfahren)* impression *f*
Buche ['buːxə] *f BOT* hêtre *m*
Bucheinband ['buːxaɪnbant] *m* couverture *f*
buchen ['buːxən] *v 1.* comptabiliser; *2. (eine Reise)* réserver
Bücherei [byːçə'raɪ] *f* bibliothèque *f*
Bücherregal ['byːçərregaːl] *n* rayon *m*, étagère *f*
Buchführung ['buːxfyːruŋ] *f ECO* comptabilité *f*
Buchhalter(in) ['buːxhaltər(ɪn)] *m/f ECO* comptable *m/f*
Buchhaltung ['buːxhaltuŋ] *f ECO* comptabilité *f*
Buchhandel ['buːxhandəl] *m* commerce du livre *m*
Buchhändler(in) ['buːxhɛndlər(ɪn)] *m/f* libraire *m/f*
Buchhandlung ['buːxhandluŋ] *f* librairie *f*
Buchprüfung ['buːxpryːfuŋ] *f ECO* contrôle des livres *m*
Buchse ['buksə] *f TECH* boîte *f*, douille *f*, coussinet *m*
Büchse ['byksə] *f 1.* boîte de conserve *f; 2. (Gewehr)* fusil *m*
Büchsenöffner ['byksənœfnər] *m* ouvre-boîte *m*
Buchstabe ['buːxʃtaːbə] *m* lettre *f; großer ~* lettre majuscule *f*, capitale *f; kleiner ~* lettre minuscule *f; sich auf seine vier ~n setzen* poser ses fesses
buchstabieren [buːxʃta'biːrən] *v* épeler
buchstäblich ['buːxʃtɛːplɪç] *adj* littéral, textuel
Bucht [buxt] *f* baie *f*
Buchung ['buːxuŋ] *f 1. (Reservierung)* commande *f*, réservation *f; 2. ECO* comptabilisation *f*
Buckel ['bukəl] *m* bosse *f; einen breiten ~ haben (fig)* bien encaisser, être solide comme un roc; *etw auf dem ~ haben* porter qc sur le dos, porter le poids de qc sur les épaules; *Rutsch mir den ~ runter! (fam)* Fous-moi la paix!
bücken ['bykən] *v sich ~* se baisser, se courber, s'incliner
Bückling ['byklɪŋ] *m* courbette *f*, salamalecs *f/pl;*
Bückling[2] ['byklɪŋ] *m (Hering)* hareng saur *m*
Buddhismus [bu'dɪsmus] *m REL* bouddhisme *m*
Bude ['buːdə] *f 1. (Geschäft)* boutique *f*, échoppe *f; 2. (Zimmer)* chambre d'étudiant *f*, piaule *f (fam); jdm auf die ~ rücken* tomber sur le paletot de qn; *jdm die ~ einrennen* ne plus lâcher les baskets à qn; *die ~ auf den Kopf stellen* faire une fête de tous les diables; *Mir fällt die ~ auf den Kopf.* Je craque./Je n'en peux plus! *3. (kleiner Hügel)* tertre *m*, butte *f*
büffeln ['byfəln] *v (pauken)* travailler dur, bosser *(fam)*
Bug [buːk] *m NAUT* proue *f*
Bügel ['byːgəl] *m 1. (Kleiderbügel)* cintre *m*, porte-manteau *m; 2. (Steigbügel)* étrier *m*
bügelfrei ['byːgəlfraɪ] *adj* infroissable, qui n'a pas besoin d'être repassé
bügeln ['byːgəln] *v* repasser, passer un coup de fer, donner un coup de fer
bugsieren [buk'siːrən] *v 1. (jdn ~)* pousser qn, diriger qn; *2. (Schiff)* remorquer
Bühne ['byːnə] *f* scène *f*, théâtre *m; etw glatt über die ~ bringen* réussir qc/régler qc sans problème; *über die ~ sein* être rêglé/être torché *(fam)*
Bühnenbild ['byːnənbɪlt] *n THEAT* décor *m*
Bühnenkulisse ['byːnənkulɪsə] *f THEAT* coulisses *f/pl*
bulgarisch [bul'gaːrɪʃ] *adj* bulgare
Bulimie [buli'miː] *f MED* boulimie *f*
Bulldogge ['buldɔgə] *f ZOOL* bouledogue *m*
Bulle ['bulə] *m 1. ZOOL* taureau *m; 2. (fam: Polizist)* flic *m*, cogne *m*, poulet *m; 3. (Hund) ZOOL* dogue *m*
bullig ['bulɪç] *adj* trapu, costaud
bummeln ['buməln] *v 1.* se balader, flâner, se promener; *2. (flanieren)* flâner, traîner; *3. (trödeln)* lambiner
Bummelzug ['buməltsuːk] *m* train de banlieue *m*, petit train *m*, tortillard *m*
Bums [bums] *m* boum *m*, crac *m; Bums!* Boum!/Patatras!
Bund [bunt] *m 1. (Rockbund)* ceinture *f; 2. (Schlüsselbund)* trousseau *m; 3. (Verbindung)*

B

liaison *f,* jonction *f; den ~ fürs Leben schließen* se marier; *mit jdm im ~e stehen* être de mèche avec qn; *4. POL* union *f,* alliance *f,* fédération *f*

Bundeskanzler ['bundəskantslər] *m POL* chancelier de l'Allemagne fédérale *f*

Bundesland ['bundəslant] *n POL* land fédéral *m,* land *m; die neuen Bundesländer* les nouveaux länder *m/pl*

Bundesminister ['bundəsminɪstər] *m POL* ministre fédéral *m*

Bundesministerium ['bundəsminɪsteːr-jum] *n POL* ministère fédéral *m*

Bundespräsident ['bundəsprɛzidɛnt] *m POL* président de la République fédérale allemande

Bundesrat ['bundəsraːt] *m POL* conseil des länder *m,* conseil fédéral *m*

Bundesregierung ['bundəsregiːruŋ] *f POL* gouvernement fédéral *m*

Bundesrepublik ['bundəsrepubliːk] *f POL* République fédérale allemande *f*

Bundesstaat ['bundəsʃtaːt] *m* Etat fédéral *m*

Bundesstraße ['bundəsʃtraːsə] *f* route fédérale *f,* route nationale *f*

Bundestag ['bundəstaːk] *m POL* parlement fédéral *m,* diète fédérale *f*

bundesweit ['bundəsvaɪt] *adj* au niveau national

bündig ['byndɪç] *adj 1. (kurz)* concis, bref, sans phrase; *adv 2. ~ abschließen* arriver au même niveau

Bündnis ['byntnɪs] *n POL* union *f,* alliance *f,* confédération *f,* fédération *f*

bunt [bunt] *adj 1.* multicolore, de toutes les couleurs, bariolé; *2. (fig) Mir wird es jetzt zu ~!* Ç'en est trop!/C'est trop fort!

Burg [burk] *f* château fort *m,* château *m*

bürgen ['byrgən] *v für jdn ~* se porter garant pour qn, répondre de qn

Bürger(in) ['byrgər(ɪn)] *m/f* citoyen(ne) *m/f*

Bürgerkrieg ['byrgərkriːk] *m POL* guerre civile *f*

bürgerlich ['byrgərlɪç] *adj 1. (mittelständisch)* bourgeois, de la classe moyenne; *2. (gesetzlich) JUR* civil

Bürgermeister(in) ['byrgərmaɪstər(ɪn)] *m/f* maire *m*

bürgernah ['byrgərnaː] *adj* proche du citoyen *m*

Bürgerrecht ['byrgərrɛçt] *n* droit civil *m*

Bürgerschaft ['byrgərʃaft] *f POL* assemblée des citoyens *f,* citoyens *m/pl*

Bürgersteig ['byrgərʃtaɪk] *m* trottoir *m*

Bürgertum ['byrgərtuːm] *n* bourgeoisie *f*

Bürgschaft ['byrkʃaft] *f* caution *f,* garantie *f,* cautionnement *m*

Büro [by'roː] *n* bureau *m*

Büroangestellte(r) [by'roːangəʃtɛltə(r)] *m/f* employé(e) de bureau *m/f*

Bürohengst [by'roːhɛŋst] *m (fam)* employé de bureau *m,* gratte-papier *m*

Büroklammer [by'roːklamər] *f* trombone *m,* agrafe *f*

Bürokrat(in) [byro'kraːt(ɪn)] *m/f* bureaucrate *m/f*

Bürokratie [byrokra'tiː] *f* bureaucratie *f*

Bursche ['burʃə] *m* garçon *m,* jeune homme *m,* type *m (fam),* gars *m*

Burschenschaft ['burʃənʃaft] *f* association d'étudiants *f*

Bürste ['byrstə] *f* brosse *f*

bürsten ['byrstən] *v* brosser

Bus [bus] *m* bus *m,* autobus *m,* car *m*

Busbahnhof ['busbaːnhoːf] *m* gare routière *f*

Busch [buʃ] *m 1.* buisson *m; 2. (Urwald)* brousse tropicale *f,* forêt vierge *f; 3. Da ist etwas im ~. (fig)* Il y a anguille sous roche.

Büschel ['byʃəl] *n 1.* poignée *f; 2. (Haarbüschel)* touffe *f,* toupet *m,* épi *m*

Busen ['buːzən] *m ANAT* sein *m; am ~ der Natur* en plein air

Buße ['buːsə] *f* amende *f,* pénitence *f*

büßen ['byːsən] *v* expier, payer

Bußgeld ['buːsgɛlt] *n* amende *f*

Büste ['byːstə] *f* buste *m,* poitrine *f*

Büstenhalter ['byːstənhaltər] *m* soutien-gorge *m*

Butter ['butər] *f* beurre *m; sich nicht die ~ vom Brot nehmen lassen* ne pas se laisser faire/ne pas se laisser tondre la laine sur le dos; *Alles in ~.* Tout se passe bien./Ça baigne. *(fam)*

C

campen ['kɛmpən] *v* camper, faire du camping
Camping ['kɛmpɪŋ] *n* camping *m*
Campinganhänger ['kɛmpɪŋanhɛŋər] *m* remorque de caravane *f,* caravane *f,* roulotte *f*
Campingplatz ['kɛmpɪŋplats] *m* terrain de camping *m*
Castingshow ['kastiŋʃoʊ] *m* télécrochet *m*
CD [tse'de:] *f* disque compact *m*
CD-ROM [tse:de:'rɔm] *f INFORM* CD-ROM *f*
CD-Spieler [tse'de:ʃpi:lər] *m* lecteur (de) CD *m*
Cello ['tʃɛlo:] *n MUS* violoncelle *m*
Cembalo ['tʃɛmbalo] *n MUS* clavecin *m*
Chamäleon [ka'mɛ:ljon] *n ZOOL* caméléon *m*
Champagner [ʃam'panjər] *m GAST* champagne *m*
Champignon ['ʃampɪnjɔ̃] *m BOT* champignon de couche *m,* champignon de Paris *m,* champignon de culture *m*
Chance ['ʃɑ̃sə] *f* chance *f*
Chancengleichheit ['ʃɑ̃sənglaɪçhaɪt] *f* égalité des chances *f*
Chaos ['ka:ɔs] *n* chaos *m*
Chaot [ka'o:t] *m* anarchiste *m,* personne qui vit de façon non conventionnelle *f,* bordelique *m (fam)*
chaotisch [ka'o:tɪʃ] *adj* chaotique, anarchique
Charakter [ka'raktər] *m* caractère *m; verträglicher ~* caractère facile *m*
Charaktereigenschaft [ka'raktəraɪgənʃaft] *f* trait de caractère *m*
charakterfest [ka'raktərfɛst] *adj* d'un caractère ferme
charakterisieren [karaktəri'zi:rən] *v* caractériser
charakteristisch [karaktər'ɪstɪʃ] *adj* caractéristique, typique
charakterlos [ka'raktərlo:s] *adj* sans caractère, versatile, faible
Charakterlosigkeit [ka'raktərlo:zɪçkaɪt] *f* manque de caractère *m*
Charakterschwäche [ka'raktərʃvɛçə] *f* faiblesse de caractère *f*
Charakterstärke [ka'raktərʃtɛrkə] *f* force de caractère *f*
Charakterzug [ka'raktərtsu:k] *m* trait de caractère *m*
charismatisch [karɪs'ma:tɪʃ] *adj* charismatique
charmant [ʃar'mant] *adj* charmant
Charme ['ʃarm] *m* charme *m*
Charmeur [ʃar'mø:r] *m* charmeur *m*
Charta ['karta] *f POL* charte *f*
Charterflug ['tʃartərflu:k] *m* vol charter *m,* charter *m*
chartern ['tʃartərn] *v* affréter un charter, voyager en charter, prendre un charter
Chat [tʃæt] *m INFORM* chat *m*
chatten [tʃætən] *v INFORM* chatter
chauffieren [ʃɔ'fi:rən] *v* conduire
Chauvinismus [ʃo:vi'nɪsmus] *m 1. POL* chauvinisme *m; 2. männlicher ~* phallocratie *f*
Chauvinist [ʃo:vi'nɪst] *m 1.* chauvin *m; 2. (Macho)* machiste *m,* phallocrate *m*
chauvinistisch [ʃo:vi'nɪstɪʃ] *adj 1.* chauvin; *2.* phallocrate
checken ['tʃɛkən] *v 1. TECH* contrôler, vérifier; *2. (fam: prüfen)* contrôler; *3. (fam: verstehen)* piger

Chef(in) [ʃɛf(ɪn)] *m/f (Leiter)* chef *m/f,* patron(ne) *m/f*

Chefarzt ['ʃɛfartst] *m MED* médecin en chef *m*
Chefredakteur(in) ['ʃɛfredaktø:r(ɪn)] *m/f* rédacteur en chef/rédactrice en chef *m/f*
Chefsekretärin ['ʃɛfzekretɛ:rɪn] *f* secrétaire de direction *f*
Chemie [çe'mi:] *f* chimie *f*
Chemiefaser [çe'mi:fa:zər] *f* fibre synthétique *f*
Chemieindustrie [çe'mi:industri:] *f* industrie chimique *f*
Chemielabor [çe'mi:labo:r] *n* laboratoire de chimie *m*
Chemikalie [çemɪ'ka:ljə] *f* produit chimique *m*
Chemiker ['çe:mɪkər] *m* chimiste *m*
chemisch ['çe:mɪʃ] *adj* chimique; *~e Reinigung* pressing *m*
Chemotherapie ['çe:mote:rapi:] *f MED* chimiothérapie *f*
Chiffre ['ʃɪfrə] *f (Geheimzahl)* code secret *m; unter ~* sous le numéro
chiffrieren [ʃɪ'fri:rən] *v* chiffrer

chilenisch [tʃɪ'leːnɪʃ] *adj* chilien
Chimäre [çi'mɛːrə] *f* chimère *f*
China ['çiːna] *n GEO* Chine *f*
Chinakohl ['çiːnakoːl] *m GAST* chou de Chine *m*
Chinese [çɪ'neːzə] *m* Chinois *m*
Chinesin [çɪ'neːzɪn] *f* Chinoise *f*
chinesisch [çɪ'neːzɪʃ] *adj* chinois
Chinin [çɪ'niːn] *n MED* quinine *f*
Chip [tʃɪp] *m 1. (Spielchip)* jeton *m; 2. INFORM* puce *f; 3. ~s pl (Kartoffelchips)* chips *m/pl*
Chipkarte ['tʃɪpkartə] *f INFORM* carte à puce *f*
Chiropraktiker(in) [çiro'praktɪkər(ɪn)] *m/f MED* chiropracticien(ne) *m/f*
Chirurg(in) [çi'rurg(ɪn)] *m/f MED* chirurgien(ne) *m/f*
Chirurgie [çirur'giː] *f MED* chirurgie *f*
chirurgisch [çi'rurgɪʃ] *adj* chirurgical
Chlor [kloːr] *n CHEM* chlore *m*
Choleriker [ko'leːrɪkər] *m* colérique *m*
cholerisch [ko'leːrɪʃ] *adj* colérique
Cholesterin [koləstə'riːn] *n MED* cholestérol *m*
Chor [koːr] *m 1. MUS (groupe)* chœur *m; im ~ singen* chanter en chœur; *2. ARCH* chœur *m*
Choral [ko'raːl] *m MUS* choral *m*
Choreograf(in) [koːrjɔ'graːf(ɪn)] *m/f THEAT* chorégraphe *m/f*
Choreografie [koːrjɔgra'fiː] *f THEAT* chorégraphie *f*
Chorleiter ['koːrlaɪtər] *m* directeur du chœur *m*
Christ(in) [krɪst(ɪn)] *m/f REL* chrétien(ne)
Christbaum ['krɪstbaum] *m* arbre de Noël *m,* sapin de Noël *m*
Christdemokrat(in) ['krɪstdemokraːt(ɪn)] *m/f POL* chrétien-démocrate/chrétienne-démocrate *m/f*
christdemokratisch ['krɪstdemokraːtɪʃ] *adj POL* chrétien-démocrate
Christenheit ['krɪstənhaɪt] *f REL* chrétienté *f*
Christentum ['krɪstəntuːm] *n* christianisme *m*
Christi Himmelfahrt ['krɪstɪ 'hɪməlfaːrt] *f REL* Ascension de Jésus-Christ *f*
Christkind ['krɪstkɪnt] *n REL das ~* l'enfant Jésus *m*
christlich ['krɪstlɪç] *adj REL* chrétien
Christus ['krɪstus] *m REL* Jésus-Christ *m*
Chronik ['kroːnɪk] *f* chronique *f*
chronisch ['kroːnɪʃ] *adj* chronique
Chronist(in) [kro'nɪst(ɪn)] *m/f HIST* chroniqueur *m*
chronologisch [krono'loːgɪʃ] *adj* chronologique
Cineast(in) [siːne'ast(ɪn)] *m/f 1. (Fan, Filmkenner)* cinéphile *m; 2. (Filmemacher(in))* cinéaste *m/f*
circa ['tsɪrka] *adv* environ, à peu près
Claqueur [kla'køːr] *m THEAT* qui fait partie de la claque
clean [kliːn] *adj (fam: ohne Alkohol oder Drogen)* clean
Clique ['klɪkə] *f 1.* clique *f,* coterie *f; 2. (im positiven Sinne)* clan *m*
Clou [kluː] *m* clou *m*
coachen ['kəʊːtʃən] *v SPORT* entraîner
CO_2-Bilanz [tseːoː'tsvaɪbɪlants] *f* empreinte carbone *f*
Comic ['komɪk] *m* bande dessinée *f,* bédé *f,* B.D. *f*
Comicheft ['kɔmɪkhɛft] *n* bandes dessinées *f/pl*
Computer [kom'pjuːtər] *m INFORM* ordinateur *m*
Computerdiagnostik [kom'pjuːtərdiagnɔstɪk] *f MED* diagnostic par ordinateur *m*
computergesteuert [kom'pjuːtərgəʃtɔyərt] *adj* guidé par ordinateur, commandé par ordinateur
computergestützt [kom'pjuːtərgəʃtytst] *adj TECH* assisté par ordinateur
Computergrafik [kom'pjuːtərgraːfɪk] *f INFORM* graphique informatique *m*
Couchtisch ['kautʃtɪʃ] *m* table de divan *f,* table de canapé *f*
Coupon [kuː'pɔ̃] *m* coupon *m*
Cousin(e) [ku'zɛ̃/ku'ziːnə] *m/f* cousin(e) *m/f*
Crack ['kræk] *m 1. (Sportler)* crack *m; 2. (Rauschgift)* crack *m*
Creme ['kreːmə] *f* crème *f; zur ~ der Gesellschaft gehören* faire partie du gratin/faire partie de la crème
cremefarben ['kreːmfarbən] *adj* couleur crème
cremig ['kreːmɪç] *adj* crémeux
Currywurst ['kœrivurst] *f GAST* saucisson au curry *m*
Cursor ['køːrsər] *m INFORM* curseur *m*

D

da [daː] *adv 1. (örtlich)* là, ici; *~ sein* être présent, être là; *2. (zeitlich)* alors; *konj 3.* comme, puisque, étant donné que
dabei [da'baɪ] *adv 1. (örtlich)* auprès, y; *~ sein* y être, participer; *Ich bin ~.* Je suis de la partie. *2. (zeitlich)* sur le point de, en même temps
dabeibleiben [da'baɪblaɪbən] *v irr 1.* rester auprès de, rester près de; *2. Es bleibt dabei!* Je ne change pas d'avis.
dabeihaben [da'baɪhaːbən] *v irr etw ~ (fig: mit sich führen)* porter qc
dabeistehen [da'baɪʃteːən] *v irr* se trouver, être auprès de
dableiben ['daːblaɪbən] *v irr* rester auprès de, demeurer, s'en tenir à

Dach [dax] *n 1.* toit *m,* toiture *f; unter einem ~ wohnen* vivre sous le même toit; *kein ~ über dem Kopf haben* ne pas avoir de toit sur la tête; *2. (fig) eins aufs ~ bekommen* se prendre une claque

Dachboden ['daxboːdən] *m* combles *m/pl,* grenier *m*
Dachdecker ['daxdɛkər] *m* couvreur *m*
Dachfenster ['daxfɛnstər] *n* lucarne *f,* fenêtre de mansarde *f*
Dachgeschoss ['daxgəʃɔs] *n* étage mansardé *m*
Dachgesellschaft ['daxgəzɛlʃaft] *f ECO* holding *m,* société de contrôle *f*
Dachorganisation ['daxɔrganizatsjoːn] *f* organisme dirigeant *m,* organisme de contrôle *m,* organisation de coordination *f*
Dachrinne ['daxrɪnə] *f* gouttière *f,* chéneau *m*
Dachs ['daks] *m ZOOL* blaireau *m*
Dachschaden ['daxʃaːdən] *m einen kleinen ~ haben (fam)* avoir une case de vide, avoir une case en moins
Dachstuhl ['daxsʃtuːl] *m* charpente *f,* combles *m/pl*
Dachverband ['daxfɛrbant] *m* organisme dirigeant *m,* organisme de contrôle *m*
Dachwohnung ['daxvoːnuŋ] *f 1.* logement sous les toits *m; 2. (Penthouse)* penthouse *m*
Dackel ['dakəl] *m ZOOL* basset allemand *m,* teckel *m*
dadurch ['daːdurç] *adv 1. (örtlich)* par là, par ici; *2. (folglich)* en conséquence, par ce fait, par là; *3. (auf diese Weise)* de cette façon, ainsi, par ce moyen
dafür [da'fyːr] *adv 1.* pour cela; *etw ~ können (schuldig sein)* être coupable de qc; *Ich kann nichts ~.* Je n'y peux rien. *2. (anstatt)* à la place, en revanche, au lieu de cela; *3. (als Ausgleich)* en échange
dagegen [da'geːgən] *adv 1. (örtlich)* contre cela, à cela; *2. (im Vergleich)* en comparaison, auprès de cela; *3. (dafür)* en échange, en retour; *konj 4.* en revanche, au contraire, par contre
dagegenhalten [da'geːgənhaltən] *v irr* opposer, objecter
dagegensetzen [da'geːgənzɛtsən] *v (fig)* opposer
daheim [da'haɪm] *adv* à la maison, chez soi
daher [da'heːr] *adv 1. (örtlich)* de là, de ce côté; *2. (kausal)* de là, d'où; *konj 3.* c'est pourquoi, à cause de cela, pour cette raison
dahin [da'hɪn] *adv 1. (örtlich)* là, là-bas; *2. (zeitlich) bis ~* jusque-là, d'ici là
dahindämmern [da'hɪndɛmərn] *v (fig)* végéter
dahingegen [dahɪn'geːgən] *konj* tandis que, au lieu que, au lieu de
dahingehend ['daːhɪngeːənt] *adv* en ce sens
dahingestellt [da'hɪngəʃtelt] *adj etw ~ sein lassen* laisser qc en suspens, ne pas se prononcer sur qc
dahinleben [da'hɪnleːbən] *v 1.* couler des jours heureux; *2. (ohne Aufgabe leben)* végéter
dahinschwinden [da'hɪnʃwɪndən] *v irr 1.* passer, fondre, s'épuiser; *2. (Mensch)* dépérir
dahinter [da'hɪntər] *adv 1.* derrière, là derrière; *2. ~ kommen* éclaircir la chose, découvrir le mystère, découvrir le pot-aux-roses; *3. ~ stecken (örtlich)* être caché derrière; *4. ~ stecken (fig)* être l'instigateur de; *5. sich ~ klemmen (fig)* parsuivre avec détermination; *6. sich ~ knien (fig)* s'efforcer; *7. ~ stehen (fig)* appuyer, être conconvaincu; *8. sich ~ klemmen (fig)* poursuivre avec détermination
dalassen ['daːlasən] *v irr* laisser sur place, ne pas toucher à

daliegen ['daːliːgən] *v irr (fig)* être étendu
Dalmatiner [dalma'tiːnər] *m ZOOL* dalmatien *m*
damalig ['daːmalɪç] *adj* de ce temps-là, de cette époque, d'alors, de l'époque
damals ['daːmals] *adv* en ce temps-là, dans le temps, alors, à cette époque, à l'époque
Dame ['daːmə] *f 1. (Frau)* dame *f,* grande dame *f; eine ~ von Welt sein* être une femme du monde; *2. (Schachfigur)* reine *f*
Damenbinde ['daːmənbɪndə] *f* serviette hygiénique *f*
Damespiel ['daːməʃpiːl] *n* jeu de dames *m*
damit [da'mɪt] *adv 1.* avec cela; *2. (dadurch)* par là, par ce moyen; *konj 3.* afin de, afin que, pour que, pour
dämlich ['dɛːmlɪç] *adj (fam)* stupide, idiot
Damm [dam] *m 1.* digue *f,* barrage *m,* remblai *m; 2. (Hafen)* quai *m; 3. auf dem ~ sein (fig)* avoir la forme, avoir la santé
dämmen ['dɛmən] *v 1.* isoler du froid; *2. (Fluss)* endiguer
Dämmerlicht ['dɛmərlɪçt] *n 1. (morgens)* lueur de l'aube *f; 2. (abends)* lueur du crépuscule *f*
dämmern ['dɛmərn] *v 1. (morgens)* poindre; *2. (abends)* tomber
Dämmerung ['dɛməruŋ] *f 1. (Morgendämmerung)* aube *f,* pointe du jour *f; 2. (Abenddämmerung)* crépuscule *m,* nuit tombante *f*
Dämmerzustand ['dɛmərtsuːʃtant] *m* état de somnolence *m*
Dämmung ['dɛmuŋ] *f TECH* isolation acoustique *f,* insonorisation *f,* isolation thermique *f*
Dämon ['dɛːmɔn] *m* démon *m*
dämonisch [dɛ'moːnɪʃ] *adj* démoniaque
Dampf [dampf] *m* vapeur *f; ~ hinter etw machen* mettre le turbo à qc/accélérer qc; *~ ablassen (fig)* se défouler
Dampfbad ['dampfbaːt] *n* bain de vapeur *m*
dampfen ['dampfən] *v* dégager de la vapeur, dégager des vapeurs
dämpfen ['dɛmpfən] *v 1. (Lärm)* étouffer, isoler, assourdir; *2. TECH* amortir; *3. GAST* (faire) cuire à l'étuvée
Dampfer ['dampfər] *m* bateau à vapeur *m; auf dem falschen ~ sein (fig)* se fourrer le doigt dans l'œil
Dämpfer ['dɛmpfər] *m jdm einen ~ aufsetzen (fig)* faire redescendre qn sur terre; *einen ~ bekommen* se faire doucher/se faire refroidir
Dampfkessel ['dampfkɛsəl] *m 1.* chaudière à vapeur *f; 2. (eines Atomkraftwerks)* générateur *m*
Dampfkochtopf ['dampfkɔxtɔpf] *m* autocuiseur *m,* cocotte-minute *f*
Dämpfung ['dɛmpfuŋ] *f 1. (Verringerung)* atténuation *f; 2. (von Lärm)* isolation *f; 3. TECH* amortissement *m*
Dampfwalze ['dampfvaltsə] *f* rouleau compresseur *m*
danach [da'naːx] *adv 1. (zeitlich)* après, après cela, après quoi; *2. (dementsprechend)* d'après, suivant, conformément à cela
Däne ['dɛːnə] *m* Danois *m*
daneben [da'neːbən] *adv 1. (örtlich)* à côté; *2. (außerdem)* en plus, en outre
danebenbenehmen [da'neːbənbəneːmən] *v irr sich ~ (fam)* se conduire mal, faire une gaffe, gaffer, commettre un impair
danebengehen [da'neːbəngeːən] *v irr 1.* marcher à côté; *2. (fig)* rater, échouer, manquer
danebenliegen [da'neːbənliːgən] *v irr (fig)* se tromper
danebentreffen [da'neːbəntrɛfən] *v* rater, manquer, louper *(fam)*
Dänemark ['dɛːnəmark] *n GEO* Danemark *m*
dänisch ['dɛːnɪʃ] *adj* danois
Dank [daŋk] *m* remerciement *m; Haben Sie ~, dass Sie gekommen sind.* Merci d'être venu. *jdm ~ abstatten* rendre grâce à qn
dank [daŋk] *prep* grâce à
dankbar ['daŋkbaːr] *adj 1.* reconnaissant; *adv 2.* avec reconnaissance
Dankbarkeit ['daŋkbaːrkaɪt] *f* reconnaissance *f,* gratitude *f*
danke ['daŋkə] *adv* merci, merci bien

danken ['daŋkən] *v* remercier; *jdm für etw ~* remercier qn de qc; *Ich weiß nicht, wie ich Ihnen ~ soll.* Je ne sais comment vous remercier.

dankenswert ['daŋkənsveːrt] *adj* digne de reconnaissance
Dankeschön ['daŋkəʃøːn] *n* remerciement *m*
Danksagung ['daŋkzaːguŋ] *f* remerciement *m*
Dankschreiben ['daŋkʃraɪbən] *n 1.* lettre de remerciements *f; 2. (literarisch)* retour de château *m*

dann [dan] *adv 1.* ensuite, alors, en outre; *~ und wann* par intervalles; *2. (in dem Falle)* dans ce cas
daran [da'ran] *adv* y, à cela; *Ich denke ~.* J'y pense. *Daran hängt dein Glück.* De cela dépend ta fortune. *Da ist etw Wahres dran.* Il y a du vrai là-dedans.
darangeben [da'range:bən] *v irr (fig)* se mettre à faire, finir par faire; *alles ~* faire son possible pour
daranmachen [da'ranmaxən] *v sich ~ (fig)* s'y mettre
daransetzen [da'ranzɛtsən] *v* mettre en œuvre
darauf [da'rauf] *adv 1. (örtlich)* là-dessus, sur cela; *2. (zeitlich)* ensuite, après, là-dessus, puis; *~ folgend* suivant; *am ~ folgenden Tag* le lendemain; *3. (folglich)* en conséquence, par conséquent, dès lors
daraufhin [darauf'hɪn] *adv 1. (zeitlich)* là-dessus, à ces mots; *2. (folglich)* d'après cela, d'après quoi
daraus [da'raus] *adv* de là, de celà, en
darbieten ['da:rbi:tən] *v irr 1. (anbieten)* offrir; *2. (aufführen)* présenter
Darbietung ['da:rbi:tuŋ] *f 1. (Angebot)* offre *f; 2. (Aufführung)* présentation *f,* représentation *f*
darein [da'raɪn] *adv* là-dedans
darin [da'rɪn] *adv 1. (örtlich)* là-dedans, dedans, y; *2. (diesbezüglich)* en cela, en quoi
darlegen ['da:rle:gən] *v* exposer, faire voir, expliquer
Darlegung ['da:rle:guŋ] *f* exposition *f,* exposé *m,* explication *f*
Darlehen ['da:rle:ən] *n ECO* prêt *m*
Darm [darm] *m ANAT* intestin *m*
Darmtätigkeit ['darmtɛ:tɪçkaɪt] *f MED* activité intestinale *f*
darreichen ['da:rraɪçən] *v* présenter, tendre, offrir
darstellbar ['da:rʃtɛlba:r] *adj* représentable
darstellen ['da:rʃtɛlən] *v 1. (beschreiben)* représenter; *2. (fig: bedeuten)* constituer; *3. CINE* jouer, produire
Darsteller(in) ['da:rʃtɛlər(ɪn)] *m/f CINE* acteur/actrice *m/f,* interprète *m/f*
Darstellung ['da:rʃtɛluŋ] *f 1. (Beschreibung)* description *f,* représentation *f; 2. CINE* film *m,* production cinématographique *f*
darüber [da'ry:bər] *adv 1. (örtlich)* au-dessus, dessus, sur cela; *~ stehen* être au-dessus de; *2. ~ hinaus* au delà; *3. ~ stehen (fig)* ne pas être touché par; *4. Darüber sind wir uns einig.* Nous sommes d'accord là-dessus.
darum [da'rum] *adv 1. (örtlich)* autour; *konj 2. (kausal)* c'est la raison pour laquelle, c'est pourquoi, c'est pour cela que, c'est pour cette raison que
darunter [da'runtər] *adv 1. (örtlich)* là-dessous, au-dessous, par-dessous, dessous; *~ liegen (fig)* être en-dessous; *Da geht alles drunter und drüber.* C'est la foire totale./C'est le cirque complet. *2. (mengenmäßig)* parmi, en, dans le nombre
das [das] *art 1.* le; *pron 2. (relativ)* qui; *3. (demonstrativ)* ce, ceci, cela, ça, celui-ci; *Auch ~ noch.* Il ne manquait plus que ça. *Das kommt davon.* C'est bien fait.
Dasein ['da:zaɪn] *n* existence *f,* vie *f*
dasitzen ['da:zɪtsən] *v irr* être assis, ne rien faire
dasjenige ['dasje:nɪgə] *pron* celui qui
dass [das] *konj* que
dasselbe [das'zɛlbə] *pron* la même chose
dastehen ['da:ʃte:ən] *v irr* être là, être debout; *mit offenem Munde ~* rester planté là
Datei [da'taɪ] *f 1.* fichier *m; 2. INFORM* ensemble de données *m*
Daten ['da:tən] *pl* données *f/pl*
Datenautobahn ['da:tənautoba:n] *f INFORM* autoroute de l'information *f*
Datenerfassung ['da:tənɛrfasuŋ] *f INFORM* enregistrement de données *m,* saisie de données *f*
Datenträger ['da:təntrɛ:gər] *m INFORM* support magnétique de données *m*
datieren [da'ti:rən] *v* dater
Datierung [da'ti:ruŋ] *f* datation *f*
Dativ ['da:ti:f] *m GRAMM* datif *m*
dato ['da:to:] *adv bis ~* jusqu'à ce jour
Dattel ['datəl] *f BOT* datte *f*
Datum ['da:tum] *n* date *f*
Datumsangabe ['da:tumsanga:bə] *f* indication de la date *f*
Dauer ['dauər] *f* durée *f*
dauerarbeitslos ['dauərarbaɪtslo:s] *adj ECO* chômeur de longue durée *m*
Dauerbeschäftigung ['dauərbəʃɛftɪguŋ] *f ECO* emploi permanent *m,* emploi durable *m*
Dauerbrenner ['dauərbrɛnər] *m 1. (Thema)* thème qui reste actuel *m; 2. (Erfolg)* succès durable *m*
dauerhaft ['dauərhaft] *adj 1. (anhaltend)* durable; *2. (widerstandsfähig)* solide, stable, résistant

D

dauern ['dauərn] *v* durer; *Das wird drei Stunden ~.* Nous en avons pour trois heures. *lange ~* faire long feu

dauernd ['dauərnt] *adj 1.* constant, durable, continu; *adv 2.* constamment, en permanence

Dauerwelle ['dauərvɛlə] *f* permanente *f*

Dauerzustand ['dauərtsuːʃtant] *m* état constant *m,* état permanent *m,* régime permanent *m*

Däumchen ['dɔymçən] *n ~ drehen (fam)* se tourner les pouces

Daumen ['daumən] *m ANAT* pouce *m; jdm den ~ aufs Auge drücken* mettre le couteau sous la gorge à qn; *über den ~ peilen* juger au pifomètre/juger à vue de nez

Daune ['daunə] *f* duvet *m*

Daunenbett ['daunənbɛt] *n* édredon *m,* lit de plume *m*

davon [da'fɔn] *adv 1. (örtlich)* de là, en, par; *2. (Teil von etw)* en; *Nimm ~!* Prends-en! *3. (dadurch) ~ wird man ...* celà vous rend ...

davonfahren [da'fɔnfaːrən] *v irr* partir

davongehen [da'fɔngeːən] *v irr* s'en aller, se sauver *(fam),* filer *(fam)*

davonkommen [da'fɔnkɔmən] *v irr (fig)* s'en tirer, en réchapper

davonlassen [da'fɔnlasən] *v irr die Finger ~* ne pas y toucher

davonlaufen [da'fɔnlaufən] *v irr* s'enfuir, détaler, filer

davonmachen [da'fɔnmaxən] *v sich ~* s'enfuir, se sauver, s'échapper de

davonstehlen [da'fɔnʃteːlən] *v irr sich ~* s'éclipser

davontragen [da'fɔntraːgən] *v irr 1. (wegtragen)* emporter; *2. (fig: Schaden)* subir; *3. (fig: Sieg)* emporter, remporter

davor [da'foːr] *adv 1. (örtlich)* devant; *~ hängen* mettre devant; *~ stehen* se trouver devant; *2. (zeitlich)* avant

dazu [da'tsuː] *adv 1.* à cela, auprès de cela; *2. (Zweck)* pour cela, à cet effet; *3. (außerdem)* en plus, de plus, en outre

dazugeben [da'tsuːgeːbən] *v irr* ajouter, donner en plus

dazugehören [da'tsuːgəhøːrən] *v* faire partie de, être du nombre

dazukommen [da'tsuːkɔmən] *v irr* s'ajouter à; *was noch dazu kommt ...* s'y ajoute que ...

dazulernen [da'tsuːlɛrnən] *v (fig)* apprendre

dazurechnen [da'tsuːrɛçnən] *v 1.* additionner; *2. (fig)* additionner

dazutun [da'tsuːtuːn] *v irr* ajouter, rajouter

dazuverdienen [da'tsuːfɛrdiːnən] *v* gagner de l'argent en plus, gagner de l'argent à côté, gagner de l'argent en supplément

dazwischen [da'tsvɪʃən] *adv 1. (örtlich)* entre cela; *2. (zeitlich)* entre temps, d'ici là

dazwischenkommen [da'tsvɪʃənkɔmən] *v irr Mir ist etw dazwischengekommen.* J'ai en un empêchement.

dazwischenliegen [da'tsvɪʃənliːgən] *v irr* se trouver au milieu, être intercalé, être interposé

dazwischenreden [da'tsvɪʃənreːdən] *v* se mêler à la conversation, intervenir, couper la parole à qn

dazwischenrufen [da'tsvɪʃənruːfən] *v irr* intervenir en interrompant, faire une intervention, interrompre

dazwischentreten [da'tsvɪʃəntreːtən] *v irr* intervenir

dealen ['diːlən] *v (fam: mit Rauschgift handeln)* faire du trafic de drogue

Debakel [de'baːkəl] *n* débâcle *f*

Debatte [de'batə] *f 1.* débat *m,* discussion *f; 2. POL* débat *m*

debattieren [deba'tiːrən] *v ~ über* débattre de, discuter de

debil [de'biːl] *adj* débile

Debüt [de'byː] *n* début *m*

Debütant(in) [debyː'tant(ɪn)] *m/f* débutant(e) *m/f*

dechiffrieren [deʃɪ'friːrən] *v* déchiffrer

Dechiffrierung [deʃɪ'friːruŋ] *f* déchiffrage *m*

Deck [dɛk] *n NAUT* pont *m*

Deckblatt ['dɛkblat] *n* couverture *f,* page de garde *f*

Decke ['dɛkə] *f 1. (Bettdecke)* couverture *f; mit jdm unter einer ~ stecken* être de connivence avec qn; *2. (Tischdecke)* nappe *f; 3. (Zimmerdecke)* plafond *m; sich nach der ~ strecken* s'adapter aux circonstances; *vor Freude an die ~ springen* sauter de joie/bondir de joie; *an die ~ gehen* se mettre en colère/éclater; *Mir fällt langsam die ~ auf den Kopf.* Je commence à craquer./Je ne tiens plus.

Deckel ['dɛkəl] *m 1.* couvercle *m; 2. eins auf den ~ bekommen (fig)* se faire sonner les cloches, se faire remettre à sa place

decken ['dɛkən] *v 1. (zu~)* couvrir, recouvrir; *2. den Tisch ~* mettre la table, mettre le couvert, dresser la table; *3. jdn ~ (fig)* couvrir qn; *4. ZOOL* couvrir
Deckname ['dɛkna:mə] *m* pseudonyme *m,* nom d'emprunt *m*
Deckung ['dɛkuŋ] *f 1. MIL* couvert *m; in ~ gehen* se mettre à couvert; *2. (beim Fechten) SPORT* parade *f; 3. (beim Boxen) SPORT* protection *f,* garde *f; 4. ECO* couverture *f,* provision *f; ohne ~* à découvert/sans provision; *5. (fig: Schutz)* protection *f*
Deckungsbetrag ['dɛkuŋsbətra:k] *m ECO* provision *f,* couverture *f*
decodieren [deko'di:rən] *v* décoder
defekt [de'fɛkt] *adj* défectueux, détérioré
Defekt [de'fɛkt] *m* défaut *m,* défectuosité *f*
defensiv [defɛn'zi:f] *adj* défensif
Defensive [defɛn'zivə] *f* défensive *f; in der ~ bleiben* rester sur la défensive
definierbar [defɪ'ni:rba:r] *adj* définissable
definieren [defɪ'ni:rən] *v* définir
Defizit ['de:fɪtsɪt] *n* déficit *m*
defizitär [de:fɪtsɪ'tɛ:r] *adj* déficitaire
Deformation [defɔrma'tsjo:n] *f* déformation *f*
deftig ['dɛftɪç] *adj 1. (Mahlzeit)* consistant; *2. (Witz)* grossier
degenerieren [degenə'ri:rən] *v* dégénérer, se dégénérer
degradieren [degra'di:rən] *v 1.* dégrader; *2. MIL* dégrader
dehnbar ['de:nba:r] *adj 1.* extensible, élastique, expansible; *2. (fig)* mal défini
Dehnbarkeit ['de:nba:rkaɪt] *f 1.* extensibilité *f,* élasticité *f,* souplesse *f; 2. (fig)* extensibilité *f*
dehnen ['de:nən] *v 1. (strecken)* tendre, étirer; *2. (verlängern)* allonger; *3. (erweitern)* élargir
Dehnung ['de:nuŋ] *f 1. (Streckung)* extension *f,* étirement *m,* dilatation *f; 2. (Verlängerung)* allongement *m; 3. (Erweiterung)* élargissement *m*
Deich [daɪç] *m* digue *f*
Deichbruch ['daɪçbrux] *m* rupture de digue *f*
deichseln ['daɪksəln] *v (fam)* arranger une affaire, goupiller une affaire
dein(e) [daɪn/'daɪnə] *pron (maskulin)* ton; *(feminin)* ta; *(Plural)* tes
deinerseits ['daɪnərzaɪts] *adv* de ta part, de ton côté
deinesgleichen ['daɪnəsglaɪçən] *pron* ton semblable/ta semblable/tes semblables
deinetwegen ['daɪnətve:gən] *adv* à cause de toi, par amour pour toi
Dekade [de'ka:də] *f* décade *f*
dekadent [deka'dɛnt] *adj* décadent
Dekadenz [deka'dɛnts] *f 1.* décadence *f; 2. BIO* dégénérescence *f*
deklamieren [dekla'mi:rən] *v LIT* déclamer
Deklaration [deklara'tsjo:n] *f POL* déclaration *f*
deklarieren [dekla'ri:rən] *v* déclarer
deklassieren [dekla'si:rən] *v* déclasser
Deklination [deklina'tsjo:n] *f GRAMM* déclinaison *f*
deklinieren [dekli'ni:rən] *v* décliner
Dekolletee [dekɔl'te:] *n* décolleté *m*
Dekorateur(in) [dekɔra'tø:r(ɪn)] *m/f* décorateur/décoratrice *m/f*
dekorieren [deko'ri:rən] *v* décorer
Dekret [de'kre:t] *n JUR* décret *m*
Delegation [delega'tsjo:n] *f (Personen)* délégation *f*
delegieren [dele'gi:rən] *v* déléguer
Delegierte(r) [dele'gi:rtə(r)] *m/f POL* délégué *m*
Delfin [dɛl'fi:n] *m ZOOL* dauphin *m*
delikat [delɪ'ka:t] *adj GAST* délicat, fin, délicieux
Delikt [de'lɪkt] *n JUR* délit *m*
Delinquent [delɪŋ'kvɛnt] *m* délinquant *m*
Delirium [de'li:rɪum] *n* délire *m,* délirium tremens *m*
deliziös [deli'tsjø:s] *adj* délicieux
Delle ['dɛlə] *f* bosselure *f,* enfoncement *f,* dépression *f,* creux *m,* bosse *f*
Delta ['dɛlta] *n GEO* delta *m*
dem [de:m] *art* au, à la; *Ich gebe dem Mädchen ein Buch.* Je donne un livre à la fille.
Demagogie [demago'gi:] *f POL* démagogie *f*
demagogisch [dema'go:gɪʃ] *adj* démagogique
Demarkationslinie [demarka'tsjo:nsli:njə] *f POL* ligne de démarcation *f*
demaskieren [demas'ki:rən] *v* démasquer
Dementi [de'mɛnti] *n* démenti *m*
dementieren [demɛn'ti:rən] *v* démentir
dementsprechend ['de:mɛnt'ʃprɛçənt] *adj 1.* conforme, correspondant; *adv 2.* conformément à cela, en conséquence

D

D

demgegenüber ['deːmgeːgən'yːbər] *adv* *1. (im Vergleich dazu)* comparé à; *2. (andererseits)* en revanche, au contraire, par contre
demgemäß ['deːmgəmɛːs] *adv* en conséquence, conformément à cela
demilitarisieren [demilitari'ziːrən] *v* *POL* démilitariser
demnach ['deːmnax] *adv* *1.* d'après cela, *2. (conséquence)* en conséquence, par conséquent
demnächst ['deːmnɛːçst] *adv* sous peu, prochainement; *Bis ~!* A un de ces jours!
Demokrat [demo'kraːt] *m* démocrate *m*
Demokratie [demokra'tiː] *f* *POL* démocratie *f*
demokratisch [demo'kraːtɪʃ] *adj* *POL* démocratique
Demokratisierung [demokrati'ziːruŋ] *f* *POL* démocratisation *f*
demolieren [demo'liːrən] *v* démolir
Demonstration [demɔnstra'tsjoːn] *f* *1. (Darlegung)* démonstration *f; 2. POL* manifestation *f*
demonstrativ [demɔnstra'tiːf] *adj* démonstratif
Demonstrativpronomen [demɔnstra'tiːfpronoːmən] *n* *GRAMM* pronom démonstratif *m*
demonstrieren [demɔn'striːrən] *v* *1. (darlegen)* démontrer; *2. POL* manifester
Demontage [demɔn'taːʒə] *f* *TECH* démontage *m*
demontieren [demɔn'tiːrən] *v* démonter
demoralisieren [demoralɪ'ziːrən] *v* démoraliser
Demoskopie [demɔsko'piː] *f* démoscopie *f*
Demut ['deːmuːt] *f* humilité *f*
demütig ['deːmyːtɪç] *adj* humble
demütigen ['deːmyːtɪgən] *v* humilier
Demütigung ['deːmyːtɪguŋ] *f* humiliation *f*
demzufolge ['deːmtsu'fɔlgə] *adv* en conséquence, conséquemment
den [deːn] *art* le, la; *Ich trage den Koffer.* Je porte la valise.
Den Haag [den haːk] *m* *GEO* La Haye *f*
Denkansatz ['dɛŋkanzats] *m* approche *f,* principe *f,* postulat *m*
Denkanstoß ['dɛŋkanʃtoːs] *m* suggestion *f,* incitation à réfléchir *f*
Denkart ['dɛŋkaːrt] *f* façon de penser *f,* manière de penser *f,* mentalité *f,* vues *f/pl*
denkbar ['dɛŋkbaːr] *adj* pensable, imaginable, concevable

denken ['dɛŋkən] *v irr* *an jdn ~* penser à qn; *Man denkt auch nicht an alles.* On ne s'avise jamais de tout. *Ich werde daran ~.* J'en prends bonne note. *jdm zu ~ geben* donner à penser à qn/faire réfléchir qn; *Wo denkst du hin?* N'importe quoi! *Ich denke nicht daran!* Il n'en est pas question!/C'est hors de question!

Denken ['dɛŋkən] *n* pensée *f*
Denker(in) ['dɛŋkər(ɪn)] *m/f* *PHIL* penseur/penseuse *m/f*
Denkerstirn ['dɛŋkərʃtɪrn] *f (fam)* front de penseur *m*
Denkfähigkeit ['dɛŋkfɛːɪçkaɪt] *f* capacité de penser *f*
Denkfehler ['dɛŋkfeːlər] *m* erreur de raisonnement *f*
Denkmal ['dɛŋkmaːl] *n* monument *m; sich ein ~ setzen* faire qc pour la postérité
Denkmalschutz ['dɛŋkmaːlʃuts] *m* protection des monuments *f*
Denkvermögen ['dɛŋkfərmøːgən] *n* faculté de penser *f*
Denkweise ['dɛŋkvaɪzə] *f* manière de penser *f,* mentalité *f*
denkwürdig ['dɛŋkvyrdɪç] *adj* mémorable
Denkzettel ['dɛŋktsɛtəl] *m (fig)* avertissement *m,* leçon *f,* correction *f,* souvenir *m; jdm einen ~ verpassen* donner une leçon à qn
denn [dɛn] *konj* car, en effet
dennoch ['dɛnɔx] *konj* cependant
Dentallabor [dɛn'taːllaboːr] *n* *MED* laboratoire dentaire *m*
Denunziant [denun'tsjant] *m* *POL* dénonciateur *m*
Denunziation [denuntsja'tsjoːn] *f* *POL* dénonciation *f*
denunzieren [denun'tsiːrən] *v* dénoncer qn, trahir, balancer *(fam)*
Depesche [de'pɛʃə] *f* dépêche *f*
deplatziert ['deplatsiːrt] *adj* déplacé
Deponie [depo'niː] *f* décharge *f,* dépôt *m*
deponieren [depo'niːrən] *v* déposer, mettre à la décharge
Deportation [depɔrta'tsjoːn] *f* *POL* déportation *f*
deportieren [depɔr'tiːrən] *v* déporter
Depot [de'poː] *n* dépôt *m,* entrepôt *m*
Depp [dɛp] *m* benêt *m,* andouille *f*
Depression [deprɛs'joːn] *f* dépression *f*

depressiv [deprə'siːf] *adj* dépressif, déprimé
deprimieren [deprɪ'miːrən] *v* déprimer
deprimierend [deprɪ'miːrənt] *adj* déprimant
deprimiert [deprɪ'miːrt] *adj* déprimé
der [deːr] *art 1.* le; *2. (Genitiv von „die")* à la, de la, des; *pron 3. (relativ)* qui; *4. (demonstrativ)* celui-ci
derart ['deːraːrt] *adv 1.* de telle manière, de cette façon-là; *2. (so sehr)* tellement, tant
derartig ['deːraːrtɪç] *adj 1.* semblable, pareil, tel; *adv 2.* de ce genre, si
derb [dɛrp] *adj* grossier; *(Witz)* cru
Derbheit ['dɛrphaɪt] *f* grossièreté *f*
deren ['deːrən] *pron 1. (relativ)* dont, duquel; *(einer Sache)* de laquelle; *2. (possessiv)* dont; *(einer Sache)* de laquelle; *(Plural)* desquels/desquelles
derentwillen [deːrənt'vɪlən] *adv 1. (wegen der Personen) um ~* à cause d'eux, pour eux; *2. (wegen der Frau) um ~* à cause d'elle
dergleichen [deːr'glaɪçən] *adj 1.* tel, pareil, semblable; *pron 2.* tel, pareil, semblable; *nichts ~ tun* n'en rien faire; *Nichts ~!* Pas de ça!
derjenige ['deːrjeːnɪgə] *pron* celui
dermatologisch [dɛrmato'loːgɪʃ] *adj MED* dermatologique
derselbe [deːr'zɛlbə] *pron* le même
derzeit ['deːrtsaɪt] *adv* actuellement, à présent
des [dɛs] *art* du; *Der Bruder ~ Mädchens* le frère de la fille *m*
Deserteur [dezɛr'tøːr] *m MIL* déserteur *m*
desgleichen [dɛs'glaɪçən] *adv 1.* pareillement, autant; *konj 2.* de même
deshalb ['dɛshalp] *konj 1.* c'est pourquoi, pour cette raison, c'est pour ça que; *adv 2.* pour cela, à cette fin, à cet effet
Designerdroge [di'zaɪnərdroːgə] *f* drogue de synthèse *f*
desillusionieren [dɛsɪluzjoː'niːrən] *v* désillusionner, désabuser
Desinfektion [desɪnfɛk'tsjoːn] *f MED* désinfection *f*
Desinfektionsmittel [desɪnfɛk'tsjoːnsmɪtəl] *n MED* désinfectant *m*
desinfizieren [desɪnfi'tsiːrən] *v MED* désinfecter
Desinformation [dɛsɪnfɔrma'tsjoːn] *f* désinformation *f*
Desinteresse ['desɪntərɛsə] *n* désintérêt *m,* manque d'intérêt *m*
desinteressiert ['dɛsɪntərɛsiːrt] *adj* désintéressé
desolat [deso'laːt] *adj* désolant, désespérant, esseulé
despotisch [dɛs'poːtɪʃ] *adj POL* despotique
dessen ['dɛsən] *pron 1. (possessiv)* son; *2. (relativ)* dont; *3. ~ ungeachtet* malgré cela, néanmoins
dessentwegen ['dɛsənt'veːgən] *adv 1. (demonstrativ)* à cause de lui; *2. (relativ)* à cause duquel
dessentwillen ['dɛsənt'vɪlən] *adv um ~* pour qui
Destabilisierung [deʃtabili'ziːruŋ] *f POL* déstabilisation *f*
destillieren [dɛstɪ'liːrən] *v* distiller
desto ['dɛsto] *adv* d'autant; *je ... ~ ...* plus ... plus ...
destruktiv [destruk'tiːf] *adj* destructif, destructeur
Destruktivität [destruktivi'tɛːt] *f* destructivité *f*
deswegen ['dɛsveːgən] *konj* c'est pourquoi, à cause de cela, pour cette raison
detailgetreu [deː'taɪgətrɔy] *adj* fidèle aux détails *m/pl*
Detailkenntnis [de'taɪkɛntnɪs] *f* connaissance des détails *f*
detailliert [deːtaɪ'jiːrt] *adj* détaillé
Detektiv [detɛk'tiːf] *m* détective *m*
Detektivbüro [detɛk'tiːfbyroː] *n* bureau de détectives *m*
detonieren [deto'niːrən] *v* détonner
deuten ['dɔytən] *v 1. (auslegen)* expliquer, faire comprendre, interpréter; *2. (zeigen auf etw)* montrer, indiquer
deutlich ['dɔytlɪç] *adj* clair, précis, distinct, net
Deutlichkeit ['dɔytlɪçkaɪt] *f* netteté *f,* clarté *f,* précision *f*
deutsch [dɔytʃ] *adj* allemand
Deutsch [dɔytʃ] *n LING* Allemand *m; Sprechen Sie ~?* Parlez-vous allemand? *auf gut ~ (fig)* en bon français/en clair
Deutschland ['dɔytʃlant] *n GEO* Allemagne *f*
deutschsprachig ['dɔytʃʃpraːxɪç] *adj* de langue allemande, germanophone
deutschstämmig ['dɔytʃʃtɛmɪç] *adj* d'origine allemande
Deutung ['dɔytuŋ] *f* interprétation *f*

Devise [de'viːzə] *f* *1. (Wahlspruch)* devise *f; 2. FIN* devise *f*
Devisen [de'viːzən] *pl FIN* devises *f/pl*
Devisenhandel [de'viːzənhandəl] *m FIN* marché des changes *m,* commerce de change *m,* opérations de change *f/pl*
Devisenkurs [de'viːzənkurs] *m FIN* taux de change *m,* cours des changes *m*
devot [de'voːt] *adj* dévot, humble, soumis
Dezember [de'tsɛmbər] *m* décembre *m*
dezent [de'tsɛnt] *adj* décent, discret
dezentralisieren [detsɛntralɪ'ziːrən] *v* décentraliser
Dezentralisierung [detsɛntralɪ'ziːruŋ] *f POL* décentralisation *f*
Dezibel [detsi'bɛl] *n* décibel *m*
dezidiert [detsi'diːrt] *adj* déterminé, résolu, énergique
Dezimalsystem [detsi'maːlzysteːm] *n MATH* système décimal *m*
Dezimeter [detsi'meːtər] *m* décimètre *m*
dezimieren [detsi'miːrən] *v* décimer
Dia ['diːa] *n* diapo *f,* diapositive *f*
diabetisch [dia'beːtɪʃ] *adj MED* diabétique
diabolisch [dia'boːlɪʃ] *adj* diabolique
Diadem [dia'deːm] *n* diadème *m*
Diagnose [dia'gnoːzə] *f* diagnostic *m*
diagnostizieren [diagnɔstɪ'tsiːrən] *v* diagnostiquer
Diagonale [diago'naːlə] *f* diagonale *f*
Diagramm [dia'gram] *n* diagramme *m*
Dialekt [dia'lɛkt] *m* dialecte *m*
Dialog [dia'loːk] *m* dialogue *m*
dialogfähig [dia'loːkfɛːɪç] *adj INFORM* interactif, dialogué, de dialogue *m*
Diamant [dia'mant] *m MIN* diamant *m*
Diät [di'ɛːt] *f 1.* régime alimentaire *m; ~ halten* suivre un régime/être à la diète; *2. ~en pl POL* indemnité parlementaire *f,* jeton de présence *m*
diätetisch [diɛ'teːtɪʃ] *adj* diététique
dich [dɪç] *pron 1. (unbetont)* te; *Er sieht ~.* Il te voit. *2. (betont)* toi; *Dich liebt er auch.* Toi aussi il t'aime.
dicht [dɪçt] *adj 1. (kompakt)* dense, compact, concentré; *~ bevölkert* très peuplé, à forte concentration de population; *~ bewachsen* couvert d'une épaisse végétation; *~ gedrängt* compact, serré, en rangs serrés; *2. (undurchlässig)* étanche, hermétique, imperméable; *3. (nah) ~ am Boden* tous près du sol; *4. nicht ganz ~ sein (fam)* avoir une araignée au plafond
Dichte ['dɪçtə] *f 1. (Kompaktheit)* densité *f,* concentration *f; 2. (Undurchlässigkeit)* étanchéité *f,* imperméabilité *f*
dichten ['dɪçtən] *v LIT* composer des vers, faire de la poésie, écrire des poèmes
Dichter(in) ['dɪçtər(ɪn)] *m/f* poète *m,* écrivain *m*
dichthalten ['dɪçthaltən] *v irr (fam)* garder pour soi, ne rien dire, savoir se taire
dichtmachen ['dɪçtmaxən] *v 1. (fam: schließen)* fermer; *2. (beim Fußball) SPORT* bloquer
Dichtung ['dɪçtuŋ] *f 1. TECH* joint *m; 2. LIT* poésie *f*
Dichtungsring ['dɪçtuŋsrɪŋ] *m TECH* anneau de joint *m*
dick [dɪk] *adj 1. (Gegenstand)* épais; *2. (Person)* gros, corpulent; *3. (Flüssigkeit)* épais, figé; *4. etw ~ haben* en avoir assez, en avoir ras-le-bol, en avoir marre
Dickdarm ['dɪkdarm] *m ANAT* gros intestin *m,* côlon *m*
Dicke ['dɪkə] *f* épaisseur *f;* grosseur *f; (Mensch)* corpulence *f*
dickflüssig ['dɪkflyːsɪç] *adj* épais, visqueux
Dickkopf ['dɪkkɔpf] *m* tête dure *f,* cabochard *m (fam),* entêté *m*
dicklich ['dɪklɪç] *adj* dodu, replet, rondelet
Dickmilch ['dɪkmɪlç] *f* lait caillé *m*
didaktisch [di'daktɪʃ] *adj* didactique
die [diː] *art 1. (feminin)* la; *(Plural)* les; *pron 2. (relativ)* qui, que; *3. (demonstrativ)* celle, celles, ceux
Dieb [diːp] *m* voleur *m*
Diebesgut ['diːbəsguːt] *n* butin *m,* larcin *m,* objet volé *m*
diebisch ['diːbɪʃ] *adj 1.* voleur; *2. (schelmisch)* malin; *sich ~ freuen* s'amuser royalement, se frotter les mains; *mit ~er Freude* avec un malin plaisir
Diebstahl ['diːpʃtaːl] *m* vol *m,* larcin *m*
Diebstahlsicherung ['diːpʃtaːlzɪçəruŋ] *f* dispositif antivol *m*
Diebstahlversicherung ['diːpʃtaːlfɛrzɪçəruŋ] *f* assurance contre le vol *f*
diejenige ['diːjeːnɪgə] *pron* celle qui
Diele ['diːlə] *f* vestibule *m,* entrée *f*
dienen ['diːnən] *v* servir
Dienerschaft ['diːnərʃaft] *f* domestiques *m/pl,* employés de maison *m/pl,* domesticité *f*
dienlich ['diːnlɪç] *adj* utile à, propre à; *zu etw ~ sein* servir à qc

Dienst ['diːnst] *m* *1.* service *m; sich in den ~ einer Sache stellen* plaider la cause de qc, embrasser la cause; *gute ~e leisten* rendre de grands services; *~ habend* de service, de jour; *2. Öffentlicher ~* service public *m,* fonction publique *f; 3. (Stelle)* emploi *m*
Dienstag ['diːnstaːk] *m* mardi *m*
Dienstbote ['diːnstboːtə] *m* domestique *m,* serviteur *m*
diensteifrig ['diːnstaɪfrɪç] *adj* zélé, assidu
Dienstleistung ['diːnstlaɪstuŋ] *f* prestation de service *f,* service *m*
dienstlich ['diːnstlɪç] *adj* *1.* du service, de service, de fonction, des fonctions; *adv 2.* dans l'exercice de ses fonctions
diensttauglich ['diːnsttauglɪç] *adj* apte au service
Dienstunfähigkeit ['diːnstunfɛːɪçkaɪt] *f* incapacité de travail *f*
Dienstwaffe ['diːnstvafə] *f* arme de service *f*
dies [diːs] *pron* ceci; *von ~em und jenem sprechen* parler de choses et d'autres
diesbezüglich ['diːsbətsyːklɪç] *adj* concernant cette affaire, à ce sujet, relatif à ce sujet

diese(r,s) ['diːzə(r,s)] *pron* ce/cet/cette, ceci/celui-ci, ceux-ci/celle(s)-ci; *~s oder jenes* ceci ou cela; *und noch dies und noch das* et patati et patata

dieselbe [diː'zɛlbə] *pron* la même, celle-ci
diesig ['diːzɪç] *adj* brumeux
diesmal ['diːsmaːl] *adv* cette fois-ci
diesseitig ['diːszaɪtɪç] *adj* *1.* de ce côté-ci; *2. REL* ici-bas
diesseits ['diːssaɪts] *adv* de ce côté-ci, en deçà
Dietrich ['diːtrɪç] *m* passe-partout *m,* passe *m (fam)*
diffamieren [dɪfa'miːrən] *v* diffamer
Diffamierung [dɪfa'miːruŋ] *f* diffamation *f*
Differenz [dɪfə'rɛnts] *f* *1. (Unterschied)* différence *f; 2. (Streit)* différend *m,* désaccord *m*
differenzieren [dɪfərɛn'tsiːrən] *v* différencier, distinguer
diffus [dɪ'fuːs] *adj* *1.* diffus; *2. (unklar)* diffus
digitalisieren [digitali'ziːrən] *v TECH* numériser, digitaliser
Diktat [dɪk'taːt] *n* *1.* dictée *f; 2. (Zwang)* injonction *f; 3. POL* traité imposé *m*
Diktator [dɪk'taːtɔr] *m POL* dictateur *m*
diktatorisch [dɪkta'toːrɪʃ] *adj POL* dictatorial
Diktatur [dikta'tuːr] *f POL* dictature *f*
diktieren [dɪk'tiːrən] *v* *1.* dicter; *2. (aufzwingen)* dicter, imposer
Diktiergerät [dɪk'tiːrgərɛːt] *n TECH* dictaphone *m*
dilettantisch [dɪlɛ'tantɪʃ] *adv* en dilettante, en amateur
Dilettantismus [dɪlɛtan'tɪsmus] *m* dilettantisme *m*

Ding [dɪŋ] *n* *1. (fam)* chose *f,* truc *m,* machin *m,* bidule *m; den ~en ihren Lauf lassen* laisser aller les choses; *jdm ein ~ verpassen* faire une crasse à qn/faire une vacherie à qn *(fam)*; *Das geht nicht mit rechten ~en zu.* Ça n'est pas dans l'ordre des choses./Ça n'est pas normal. *unverrichteter ~e abziehen* s'en retourner bredouille; *über den ~en stehen* être au-dessus de la mêlée; *Aller guten ~e sind drei.* Jamais deux sans trois. *(fam) ein ~ drehen* faire un mauvais coup, monter un coup

dingfest ['dɪŋfɛst] *adj jdn ~ machen* arrêter qn, écrouer qn
Dingsbums ['dɪŋsbums] *m/f/n* *1. (fam)* machin *m,* truc *m; 2. (Person)* machin *m,* chose *f; Herr ~* Monsieur Chose; *Frau ~* Madame Machin
Dingsda ['dɪŋsdaː] *n* truc *m,* machin *m*
Dinosaurier [dino'zauriər] *m ZOOL* dinosaure *m*
Diözese [diø'tseːzə] *f REL* diocèse *m*
Dip [dɪp] *m GAST* sauce *f*
Diplom [di'ploːm] *n* diplôme *m*
Diplomarbeit [di'ploːmarbaɪt] *f* mémoire de fin d'études *m*
Diplomat [diplo'maːt] *m POL* diplomate *m*
Diplomatenlaufbahn [diplo'maːtənlaufbaːn] *f POL* carrière diplomatique *f*
Diplomatie [diploma'tiː] *f POL* diplomatie *f*
diplomatisch [diplo'maːtɪʃ] *adj* diplomatique
Diplomingenieur(in) [di'ploːmɪnʒenjøːr(ɪn)] *m/f* ingénieur diplômé *m*
Diplomkauffrau [di'ploːmkauffrau] *f* diplômée d'études commerciales supérieures *f*
Diplomkaufmann [di'ploːmkaufman] *m* diplômé d'études commerciales supérieures *m*

D

Diplomphysiker(in) [di'ploːmfyːzɪkər(ɪn)] *m/f* physicien(ne) diplômé(e) *m/f*
dir [diːr] *pron* te, à toi
direkt [di'rɛkt] *adj* direct
Direktflug [di'rɛktfluːk] *m* vol direct *m*
Direktion [dirɛk'tsjoːn] *f* direction *f*
Direktive [dirɛk'tiːvə] *f* directive *f*, instruction *f*
Direktmandat [di'rɛktmandaːt] *n POL* mandat direct *m*
Direktor(in) [di'rɛktɔr/dirɛk'toːr(in)] *m/f* directeur/directrice *m/f*
Direktorat [dirɛktɔ'raːt] *n 1.* secrétariat de direction *m; 2. (Zimmer)* bureau du directeur *m*
Direktorium [dirɛk'toːrjum] *n* directoire *m*, comité directeur *m*
Direktübertragung [di'rɛktybərtraːguŋ] *f* transmission en direct *f*
Direktverkauf [di'rɛktfɛrkauf] *m ECO* vente directe au consommateur *f*
Dirigent [diri'gɛnt] *m* chef d'orchestre *m*
Dirigentenstab [diri'gɛntənʃtaːp] *m MUS* baguette de chef d'orchestre *f*
dirigieren [diri'giːrən] *v 1.* diriger; *2. (Orchester)* conduire
Dirndl ['dɪrndl] *n 1. (Kleid)* costume bavarois *m; 2. (Mädchen)* fille *f*
Dirne ['dɪrnə] *f (fam)* fille facile *f*, femme légère *f*, fille de joie *f*, prostituée *f*
Discount [dɪs'kaunt] *m ECO* discount *m*
disharmonisch ['dɪsharmoːnɪʃ] *adj 1. MUS* discordant; *2.* discordant
Diskont [dɪs'kɔnt] *m ECO* escompte *m*
diskontieren [dɪskɔn'tiːrən] *v ECO* escompter
Diskontinuität [dɪskɔntinui'tɛːt] *f* discontinuité *f*
Diskrepanz [dɪskre'pants] *f* décalage *m*, différence *f*, fossé *m*, écart *m*
diskret [dɪs'kreːt] *adj* discret
Diskretion [dɪskre'tsjoːn] *f* discrétion *f*
diskriminieren [dɪskrɪmɪ'niːrən] *v* discriminer
Diskriminierung [dɪskrɪmɪ'niːruŋ] *f* discrimination *f*
Diskurs [dɪs'kurs] *m* discours *m*
Diskus ['dɪskus] *m SPORT* disque *m*
Diskussion [dɪskus'joːn] *f* discussion *f*; *etw zur ~ stellen* soumettre qc à la discussion
Diskussionsleiter [dɪskus'joːnslaɪtər] *m* meneur du débat, des débats *m*
diskutieren [dɪsku'tiːrən] *v ~ über* discuter de
disponieren [dɪspɔ'niːrən] *v* disposer
Disposition [dɪspɔzɪ'tsjoːn] *f 1. (Vorbereitung)* dispositions *f/pl; 2. (Verfügung)* disposition *f; 3. (Gliederung)* disposition *f*, arrangement *m*, répartition *f*, ordonnancement *m; 4. (Empfänglichkeit)* disposition *f*
Dispositionskredit [dɪspɔzɪ'tsjoːnskrediːt] *m ECO* crédit disponible *m*, crédit spécial *m*
disproportioniert [dɪsproportsjo'niːrt] *adj* disproportionné
Disput [dɪs'puːt] *m* dispute *f*, discussion *f*, altercation *f*
disqualifizieren [dɪskvalɪfɪ'tsiːrən] *v* disqualifier
Dissonanz [dɪso'nants] *f 1.* dissonance *f*; *2. MUS* dissonance *f*
Distanz [dɪs'tants] *f* distance *f*
distanzieren [dɪstan'tsiːrən] *v sich ~* prendre ses distances; *sich von jdm ~* prendre ses distances par rapport à qn
distanziert [dɪstan'tsiːrt] *adj* qui est distant, qui se tient à distance
Distel ['dɪstəl] *f BOT* chardon *m*
distinguiert [dɪstɪŋ'giːrt] *adj* distingué
Disziplin [dɪstsi'pliːn] *f* discipline *f*
Disziplinarverfahren [dɪstsi'plinaːrfɛrfaːrən] *n JUR* procédure disciplinaire *f*, mesure disciplinaire *f*
disziplinieren [dɪstsipli'niːrən] *v* discipliner
diszipliniert [dɪstsipli'niːrt] *adj* discipliné
disziplinlos [dɪstsi'pliːnloːs] *adj* indiscipliné
divergieren [divɛr'giːrən] *v* diverger
Dividende [divi'dɛndə] *f ECO* dividende *m*
dividieren [divi'diːrən] *v MATH* diviser
DNA-(Analyse) [deːɛn'aːanalyːzə] *f* analyse ADN *f*
doch [dɔx] *konj 1.* pourtant; *Komm ~!* Viens donc! *Du weißt ~, dass ...* Tu sais bien que ... *Du wirst ~ kommen?* Tu viendras, j'espère? *Du hast es ihr ~ erzählt?* Tu le lui as raconté, au moins? *Wenn sie ~ nur aufhörte zu rauchen.* Si seulement elle arrêtait de fumer. *2. (bejahend)* si; *Ja ~!* Mais si!/Mais oui! *Nicht ~!* Mais non!
Docht [dɔxt] *m* mèche *f*
Dock [dɔk] *n 1.* dock *m*, cale *f; 2. NAUT* bassin de construction *m*
Dogmatiker(in) [dɔg'maːtɪkər(ɪn)] *m/f* dogmaticien(ne) *m/f*
dogmatisch [dɔg'maːtɪʃ] *adj* dogmatique

Dogmatismus [dɔgma'tɪsmus] *m* dogmatisme *m*
Doktor ['dɔktɔr] *m* docteur *m; ~ der Medizin* docteur en médicine *m*
Doktorand(in) [dɔktɔ'rant/dɔktɔ'randɪn] *m/f* doctorant(e) *m/f*
Doktorarbeit ['dɔktɔrarbaɪt] *f* thèse de doctorat *f,* doctorat *m*
doktrinär [dɔktri'nɛːr] *adj* doctrinaire
Dokument [doku'mɛnt] *n* document *m*
Dokumentarfilm [dokumɛn'taːrfɪlm] *m CINE* documentaire *m*
Dokumentation [dokumɛnta'tsjoːn] *f* documentation *f*
dokumentieren [dokumɛn'tiːrən] *v* documenter
Dokusoap ['doːkuːsoʊp] *f* émission de téléréalité *f*
Dolch [dɔlç] *m* poignard *m*
Dollar ['dɔlar] *m FIN* dollar *m*
dolmetschen ['dɔlmɛtʃən] *v* travailler comme interprète
Dolmetscher(in) ['dɔlmɛtʃər(ɪn)] *m/f* interprète *m/f*
Dom [doːm] *m* cathédrale *f*
domestizieren [domɛstɪ'tsiːrən] *v ZOOL* domestiquer
Dominanz [domɪ'nants] *f* dominance *f*
dominieren [domi'niːrən] *v* dominer
Dominikaner [domini'kaːnər] *m REL* dominicain *m*
Domizil [domi'tsiːl] *n* domicile *m*
Donau ['doːnau] *f GEO* Danube *m*
Donner ['dɔnər] *m* tonnerre *m; Ich bin wie vom ~ gerührt.* Je suis comme frappé par la foudre.
donnern ['dɔnərn] *v* tonner, gronder
Donnerschlag ['dɔnərʃlaːk] *m* coup de tonnerre *m*
Donnerstag ['dɔnərstaːk] *m* jeudi *m*
Donnerwetter ['dɔnərvɛtər] *n ~! (fam)* Sapristi!/Mille tonnerres!/Tonnerre de Brest!
doof [doːf] *adj* bête, idiot, stupide, gourde
dopen ['doːpən] *v SPORT* doper
Doppel ['dɔpəl] *n 1. (Duplikat)* double *m; 2. (beim Tennis) SPORT* double *m*
Doppelbett ['dɔpəlbɛt] *n* lit (à) deux places *m,* lits jumeaux *m/pl*
Doppeldecker ['dɔpəldɛkər] *m 1.* autobus impérial *m; 2. (Flugzeug)* biplan *m*
doppeldeutig ['dɔpəldɔytɪç] *adj* équivoque, ambigu, à double sens
Doppeldeutigkeit ['dɔpəldɔytɪçkaɪt] *f* ambiguïté *f*
Doppelgänger(in) ['dɔpəlgɛŋər(ɪn)] *m/f* sosie *m,* double *m*
Doppelname ['dɔpəlnaːmə] *m* nom composé *m,* nom double *m*
Doppelpunkt ['dɔpəlpuŋkt] *m GRAMM* deux points *m/pl*
doppelsinnig ['dɔpəlzɪnɪç] *adj* ambigu, équivoque
doppelt ['dɔpəlt] *adj 1.* double; *adv 2. ~ sehen (fig)* être saoul, être plein
Doppelverdiener ['dɔpəlfɛrdiːnər] *m* cumulard *m,* personne qui cumule les emplois rémunérés *f*
doppelzüngig ['dɔpəltsyŋɪç] *adj* faux en paroles
Dorf [dɔrf] *n* village *m*
Dorfbewohner(in) ['dɔrfbəvoːnər(ɪn)] *m/f* villageois(e) *m/f*
Dorn [dɔrn] *m 1. BOT* épine *f; jdm ein ~ im Auge sein* déranger qn, être la bête noire de qn; *2. TECH* ergot *m,* mandrin *m,* ardillon *m*
dornig ['dɔrnɪç] *adj* épineux
dort [dɔrt] *adv* là, là-bas, y
dorther ['dɔrtheːr] *adv* de là, de ce côté-là
dorthin ['dɔrthɪn] *adv* là-bas, y
Dose ['doːzə] *f* boîte de conserve *f,* conserve *f*
dösen ['døːzən] *v* sommeiller, somnoler, rêvasser
Dosenmilch ['doːzənmɪlç] *f GAST* lait en boîte *m*
Dosenöffner ['doːzənœfnər] *m* ouvre-boîte *m*
dosieren [do'ziːrən] *v* doser
Dosierung [do'ziːruŋ] *f MED* dosage *m*
Dosis ['doːzɪs] *f* dose *f,* quantité *f*
dotieren [dɔ'tiːrən] *v 1. ECO* doter de, assortir de, affecter à, allouer à; *2. (von Posten) ECO* rémunérer, alimenter
Dotter ['dɔtər] *n/m* jaune d'œuf*m*
Dozent(in) [do'tsɛnt(ɪn)] *m/f* professeur d'université *m/f,* maître de conférence *m/f*
dozieren [do'tsiːrən] *v 1.* professer, enseigner; *2. (fig: belehrend vorbringen)* parler avec autorité
Drache ['draxə] *m* dragon *m*
Drachen ['draxən] *m (Spielzeug)* cerf-volant *m*
Drachenfliegen ['draxənfliːgən] *n SPORT* deltaplane *m*
Draht [draːt] *m* fil de fer *m,* câble *m; auf ~ sein* assurer, carburer au quart de tour; *einen guten ~ zu jdm haben* bien s'entendre avec qn/être ami avec qn

D

D

drahtig ['dra:tɪç] *adj (fig)* noueux, sec comme une trique
drahtlos ['dra:tlo:s] *adj TECH* sans fil
Drahtzaun ['dra:ttsaun] *m* grillage *m,* clôture en fil de fer *f,* clôture grillagée *f,* clôture métal-lique *f*
Drahtzieher ['dra:ttsi:ər] *m (fig)* personne qui tire les ficelles *f,* meneur d'intrigues *m*
drall [dral] *adj (Mädchen)* vigoureuse
Drama ['dra:ma] *n LIT* tragédie *f,* drame *m*
Dramatiker [dra'ma:tɪkər] *m LIT* auteur dramatique *m*
dramatisch [dra'ma:tɪʃ] *adj* dramatique
dramatisieren [dramatɪ'zi:rən] *v (fig)* dramatiser, faire un drame de
dran *(siehe „daran")*
Drang [draŋ] *m* pulsion *f,* impulsion *f,* poussée *f,* pression *f,* besoin *m*
drängeln ['drɛŋəln] *v* pousser, bousculer
drängen ['drɛŋən] *v* pousser, faire pression
drangsalieren [draŋza'li:rən] *v* brimer, tracasser, tourmenter
drankommen ['drankɔmən] *v irr 1. (an der Reihe sein)* être à son tour; *Wer kommt dran?* C'est à qui le tour? *2. (abgefragt werden) Du kommst dran!* C'est à toi de répondre!
drastisch ['drastɪʃ] *adj 1.* drastique; *adv 2.* d'une façon énergique
drauf ['drauf] *adv gut ~ sein* être en forme/avoir la forme/avoir la pêche; *nichts ~ haben* ne rien savoir faire/être nul *(fam)*; *(siehe „darauf")*
Draufgänger(in) ['draufgɛŋər(ɪn)] *m/f (fam)* casse-cou *m/f,* risque-tout *m/f*
draufgehen ['draufge:ən] *v irr (fam: sterben)* y passer, casser sa pipe
draufhaben ['draufha:bən] *v irr (fam) etw ~* être calé
draufmachen ['draufmaxən] *v einen ~* faire la fête, faire la bringue *(fam)*
draufzahlen ['drauftsa:lən] *v (fig)* y laisser des plumes
draußen ['drausən] *adv* dehors, à l'extérieur
Dreck [drɛk] *m* saleté *f,* ordure *f,* boue *f; ~ am Stecken haben* ne pas avoir sa conscience en paix/avoir un poids sur la conscience; *der Letzte ~ sein (fig)* être de la merde *(fam)*/être la dernière des ordures; *jdn aus dem ~ ziehen* sortir qn de la mouise/enlever à qn une épine du pied
dreckig ['drɛkɪç] *adj* sale, crotté
Drecksack ['drɛkzak] *m (fam)* salaud *m*
Drecksarbeit ['drɛksarbaɪt] *f* travaux bas *m/pl*
Dreharbeiten ['dre:arbaɪtən] *pl CINE* tournage *m*
drehbar ['dre:ba:r] *adj* tournant, orientable, pivotant
Drehbuch ['dre:bu:x] *n CINE* scénario *m*
Drehbuchautor(in) ['dre:bu:xautɔr(ɪn)] *m/f CINE* scénariste *m*
drehen ['dre:ən] *v 1.* tourner; *2. CINE* tourner
Dreher ['dre:ər] *m TECH* tourneur *m*
Drehkreuz ['dre:krɔyts] *n* tourniquet *m,* plaque tournante *f*
Drehscheibe ['dre:ʃaɪbə] *f 1. (Töpfern)* tour *m; 2. TECH* plaque tournante *f; 3. (Glücksspiel)* tourniquet *m*
Drehtür ['dre:ty:r] *f* porte tournante *f,* tourniquet *m*
Drehung ['dre:uŋ] *f 1.* tour *m,* rotation *f; 2. (beim Tanz)* pirouette *f*
Drehwurm ['dre:vurm] *m (fam)* tournis *m; einen ~ haben* avoir le tournis
Drehzahl ['dre:tsa:l] *f TECH* nombre de tours *m,* régime *m*
Drehzahlmesser ['dre:tsa:lmɛsər] *m* tachymètre *m,* indicateur du nombre de tours *m,* cinémomètre *m*
drei [draɪ] *num* trois; *~ viertel* trois quarts
dreidimensional ['draɪdimɛnzjona:l] *adj* tridimensionnel, en trois dimensions
Dreieck ['draɪɛk] *n MATH* triangle *m*
dreieckig ['draɪɛkɪç] *adj* triangulaire
Dreiecksverhältnis ['draɪɛksfɛrhɛltnɪs] *n* ménage à trois *m,* liaison à trois *f*
dreifach ['draɪfax] *adj* triple
Dreifaltigkeit [draɪ'faltɪçkaɪt] *f* trinité *f*
Dreikäsehoch [draɪ'kɛ:zəho:x] *m* demi-portion *f, ~ sein* être haut comme trois pommes
dreimal ['draɪma:l] *adv* trois fois; *Dreimal darfst du raten.* Devine!
Dreirad ['draɪra:t] *n* tricycle *m*
Dreisatz ['draɪzats] *m MATH* règle de trois *f*
Dreisprung ['draɪʃpruŋ] *m SPORT* triple saut *m*
dreißig ['draɪsɪç] *num* trente
Dreißiger ['draɪsɪgər] *pl 1. in den ~n sein (Mensch)* personne qui a la trentaire *f; 2. die ~ (Jahrzehnt)* les années trente *f/pl*
dreist [draɪst] *adj* hardi, impertinent, effronté

Dreistigkeit ['draɪstɪgkaɪt] *f* aplomb *m*, impudence *f*, audace *f*
dreiteilig ['draɪtaɪlɪç] *adj 1.* en trois parties, tripartite; *2. (Kostüm)* costume trois-pièces *m*
dreizehn ['draɪtseːn] *num* treize; *Jetzt schlägt's ~!* C'est le comble!/C'est plus fort que du roquefort!
dreschen ['drɛʃən] *v irr (Getreide)* battre
dressieren [drɛ'siːrən] *v* dresser
Dressur [drɛ'suːr] *f* dressage *m*
dribbeln ['drɪbəln] *v SPORT* dribbler
driften ['drɪftən] *v NAUT* dériver
drillen ['drɪlən] *v 1. MIL* mener dur, entraîner; *2. AGR* semer en ligne; *3. TECH* forer
Drillinge ['drɪlɪŋə] *pl* triplés *m/pl*
drin *(siehe „darin")*
dringen ['drɪŋən] *v irr 1.* entrer; *2. (Flüssigkeit)* pénétrer; *3. in jdn ~* presser qn; *4. auf etw ~* insister sur qc
dringend ['drɪŋənt] *adj 1.* urgent, pressé; *adv 2.* d'urgence
dringlich ['drɪŋlɪç] *adj* pressant, urgent
Dringlichkeit ['drɪŋlɪçkaɪt] *f* urgence *f*
drinnen ['drɪnən] *adv* à l'intérieur
dritte(r,s) ['drɪtə(r,s)] *adj* troisième; *der lachende Dritte* le troisième larron *m*
Drittel ['drɪtəl] *n* tiers *m*
drittens ['drɪtəns] *adv* troisièmement
Droge ['droːgə] *f* drogue *f*
Drogenabhängige(r) ['droːgənaphɛŋɪgə(r)] *m/f* toxicomane *m/f*
Drogenabhängigkeit ['droːgənaphɛŋɪçkaɪt] *f* toxicomanie *f*
Drogenhändler(in) ['droːgənhɛndlər(ɪn)] *m/f* trafiquant/trafiquante de drogue *m/f*, dealer *m/f*
Drogenmissbrauch ['droːgənmɪsbraux] *m* abus de drogues *m*
drogensüchtig ['droːgənzyxtɪç] *adj* drogué, dépendant de la drogue
Drogenszene ['droːgənstseːnə] *f* milieu de la drogue *m*
Drogerie [droːgə'riː] *f* droguerie *f*
Drohbrief ['droːbriːf] *m* lettre de menace *f*
drohen ['droːən] *v* menacer
Drohne ['droːnə] *f ZOOL* faux bourdon *m*, abeille mâle *f*
dröhnen ['drøːnən] *v 1. (Erde)* trembler; *2. (Donner)* gronder, retentir
Drohung ['droːuŋ] *f* menace *f*
drollig ['drɔlɪç] *adj* drôle, mignon, amusant, cocasse
Dromedar [dromə'dar] *n ZOOL* dromadaire *m*
Drossel ['drɔsəl] *f ZOOL* grive *f*
drosseln ['drɔsəln] *v TECH* réduire, mettre au ralenti
drüben ['dryːbən] *adv* de l'autre côté
Druck [druk] *m 1.* pression *f*; *2. (fig)* pression *f*, oppression *f*; *auf jdn ~ ausüben* faire pression sur qn; *jdn unter ~ setzen* faire chanter qn/faire pression sur qn; *unter ~ stehen* être stressé; *3. TECH* impression *f*, tirage *m*
drucken ['drukən] *v* imprimer; *er lügt wie gedruckt* il ment comme un arracheur de dents
drücken ['drykən] *v 1.* appuyer, presser, exercer une pression sur, serrer; *Da drückt der Schuh.* C'est là que le bât blesse. *2. (fig: be~)* oppresser, opprimer; *3. jdn ~ (umarmen)* serrer qn contre soi; *4. (Preise) ECO* faire baisser, réduire
drückend ['drykənt] *adj 1. (schwer)* lourd; *2. (Hitze)* accablant
Drucker ['drukər] *m 1. (Person)* imprimeur *m*; *2. (Gerät) INFORM* imprimante *f*
Druckerei [drukə'raɪ] *f* imprimerie *f*
Druckerschwärze ['drukərʃvɛrtsə] *f* encre d'imprimerie *f*, encre d'impression *f*
Druckfehler ['drukfeːlər] *m* faute d'impression *f*, coquille *f*, erratum *m*, errata *m/pl*
druckfertig ['drukfɛrtɪç] *adj* imprimable
druckfrisch ['drukfrɪʃ] *adj* qui vient d'être imprimé, qui vient de sortir des presses; *2. (fig)* très récent, de la dernière actualité
Druckknopf ['drukknɔpf] *m 1. (am Kleid)* bouton-pression *m*; *2. TECH* bouton-poussoir *m*
Druckluft ['drukluft] *f TECH* air comprimé *m*
Druckmittel ['drukmɪtəl] *n* moyen de pression *m*
druckreif ['drukraɪf] *adj* prêt à être imprimé
Drüse ['dryːzə] *f ANAT* glande *f*
Dschungel ['dʒuŋəl] *m* jungle *f*
DSL [deːəs'əl] *n INFORM* ADSL *m*

du [duː] *pron 1. (unbetont)* tu; *mit jdm auf Du und Du sein* être à tu et à toi avec qn; *2. (betont)* toi

dual [du'aːl] *adj* duel
Dualismus [dua'lɪsmus] *m* dualisme *m*
Dübel ['dyːbəl] *m TECH* cheville *f*
dubios [dubi'oːs] *adj* douteux
ducken ['dukən] *v 1. sich ~* baisser la tête, courber l'échine; *2. (fig)* abaisser, rabaisser
Duckmäuser ['dukmɔyzər] *m* sournois *m*, dissimulateur *m*, cachotier *m*

D

D

Dudelsack ['duːdəlzak] *m MUS* cornemuse *f, (in der Bretagne)* biniou *m*
Duell [du'ɛl] *n* duel *m*
Duett [du'ɛt] *n MUS* duo *m*
Duft [duft] *m* parfum *m,* odeur agréable *f,* senteur *f*
duften ['duftən] *v* sentir bon, fleurer bon, dégager une odeur agréable
duftig ['duftɪç] *adj* parfumé, embaumé
Duftnote ['duftnoːtə] *f* note parfumée *f*
Duftstoff ['duftʃtɔf] *m* matière odorante *f,* substance odorante *f,* substance aromatique *f*
Duftwolke ['duftvɔlkə] *f* nuage odorant *m*
dulden ['duldən] *v 1. (hinnehmen)* souffrir, subir, endurer; *2. (ertragen)* tolérer, supporter
duldsam ['duldzam] *adj* tolérant
Duldsamkeit ['duldzamkaɪt] *f* tolérance *f*
dumm [dum] *adj* sot, stupide, bête, idiot; *dümmer sein als die Polizei erlaubt* être bête comme ses pieds; *~ wie Bohnenstroh sein* être bête à manger du foin/être bête comme un âne; *sich ~ stellen* feindre de ne rien comprendre; *jdn für ~ verkaufen* prendre qn pour un idiot; *jdm ~ kommen* être insolent avec qn/être effronté envers qn
dummdreist ['dumdraɪst] *adj (fam)* bête et méchant
Dumme(r) ['dumə(r)] *m/f* gros bête, grosse bêtasse *m/f; der ~ sein* être le dindon de la farce; *einen ~n finden* trouver une bonne poire
Dummheit ['dumhaɪt] *f* stupidité *f,* idiotie *f,* bêtise *f*
Dummkopf ['dumkɔpf] *m* imbécile *m,* âne *m*
dumpf [dumpf] *adj* sourd
Düne ['dyːnə] *f* dune *f*
düngen ['dyŋən] *v AGR* mettre de l'engrais, répandre de l'engrais
Dünger ['dyŋər] *m AGR* engrais *m*
dunkel ['duŋkəl] *adj 1.* sombre, obscur, noir; *2. (Farbe)* foncé
Dunkel ['duŋkəl] *n* obscurité *f,* mystère *m; im ~n tappen* avancer à tâtons; *Im ~n ist gut munkeln.* L'obscurité est proprie aux confidences.
Dünkel ['dyŋkəl] *m* outrecuidance *f,* suffisance *f,* présomption *f*
dünkelhaft ['dyŋkəlhaft] *adj* outrecuidant, présomptueux
Dunkelheit ['duŋkəlhaɪt] *f* obscurité *f*
Dunkelkammer ['duŋkəlkamər] *f FOTO* chambre noire *f*
Dunkelziffer ['duŋkəltsɪfər] *f* taux de cas non élucidés *m,* chiffres non connus *m/pl*
dünn [dyn] *adj 1. (Sache)* mince, peu épais, léger; *2. (Person)* mince, fluet, maigre; *3. (Flüssigkeit)* très fluide, très liquide; *4. (spärlich)* clairsemé; *~ gesät sein (fig)* être rare/ne pas courir les rues
Dünndarm ['dyndarm] *m ANAT* intestin grêle *m*
Dunst [dunst] *m* vapeur *f,* exhalaison *f,* émanation *f; keinen blassen ~ von etw haben (fam)* ne pas avoir la moindre idée de qc
dünsten ['dynstən] *v GAST* faire cuire à l'étuvée
dunstig ['dunstɪç] *adj 1. (Wetter)* brumeux, vaporeux; *2. (Raum)* enfumé
Duplikat [dupli'kaːt] *n* double *m*
Dur [duːr] *n MUS* mode majeur *m*

durch [durç] *prep 1. (örtlich)* par, à travers; *~ die Post* par la poste; *~ einen Fluss schwimmen* traverser une rivière à la nage; *~ und ~ nass sein* être trempé jusqu'aux os; *~ und ~ kennen* connaître à fond; *Hier darf man nicht ~!* On ne passe pas ici!/Défense de passer! *2. (zeitlich)* pendant, durant; *die ganze Nacht ~* toute la nuit; *3. (mittels)* par, au moyen de; *~ Zufall* par hasard/par accident; *4. (kausal)* par; *5. neun ~ drei* neuf par trois, neuf divisé par trois

durcharbeiten ['durçarbaɪtən] *v 1.* étudier à fond, travailler, travailler sans interruption; *2. etw ~* examiner qc, étudier qc à fond, venir à bout de qc, se frayer un passage dans qc; *3. sich durch etw ~* se frayer un passage dans qc, se frayer un chemin dans qc
durchatmen ['durçaːtmən] *v tief ~* respirer à fond
durchaus [durç'aus] *adv* tout à fait, absolument, entièrement
durchbiegen ['durçbiːgən] *v irr sich ~* se plier
durchblättern ['durçblɛtərn] *v* feuilleter
Durchblick ['durçblɪk] *m (fig)* vision claire *f,* vision nette *f*
durchblicken ['durçblɪkən] *v 1. (hindurchblicken)* voir, regarder à travers; *2. (fig: verstehen)* piger; *3. etw ~ lassen* laisser entrevoir, donner à entendre
Durchblutung [durç'bluːtuŋ] *f MED* irrigation (sanguine) *f*
durchbohren [durç'boːrən] *v* percer, perforer
durchbrechen ['durçbrɛçən] *v irr 1. (fig: durchstoßen)* rompre, enfoncer, percer, forcer; *irr 2. (fig: übertreffen)* pulvériser

durchbrennen ['durçbrɛnən] *v irr 1. (Sicherung)* fondre; *2. (fig: davonlaufen)* filer, prendre la fuite, lever le pied
durchbringen ['durçbrɪŋən] *v irr 1.* faire passer, adopter; *2. (Kinder)* subvenir aux besoins de; *3. (verschwenden)* dilapider
durchdrehen ['durçdreːən] *v 1. (Räder)* patiner, tourner dans le vide; *2. (fam)* perdre la tête, devenir fou, s'affoler
durchdringen [durç'drɪŋən] *v irr* pénétrer, transpercer
durcheinander [durçaɪn'andər] *adj 1. (unordentlich)* pêle-mêle, sens dessus dessous, en désordre; *2. (fam: verwirrt)* tout à l'envers, bouleversé; *~ sein* ne plus s'y retrouver/ne plus savoir à quel saint se vouer/être bouleversé; *ganz ~ aussehen* avoir l'air tout perturbé; *adv 3. ~ bringen* mettre en désordre, confondre, mélanger, embrouiller; *~ reden* parler tous à la fois; *~ rufen* répondre dans le désordre, répondre dans la confusion; *~ werfen (fig: verwechseln)* mélanger
Durcheinander [durçaɪn'andər] *n* désordre *m,* pêle-mêle *m,* confusion *f,* pagaille *f*
durchfahren [durç'faːrən] *v irr 1.* traverser; *irr 2. (ohne Stopp)* traverser d'une seule traite
Durchfahrt ['durçfaːrt] *f* traversée *f,* passage *m*
Durchfall ['durçfal] *m MED* diarrhée *f*
durchfallen ['durçfalən] *v irr (bei einer Prüfung)* échouer, se faire coller
durchfechten ['durçfɛçtən] *v irr 1. etw ~* mener qc à son terme; *2. sich ~* venir à bout de, faire triompher en luttant
durchfließen ['durçfliːsən] *v irr* couler à travers, traverser qc, parcourir qc
durchfluten [durç'flutən] *v* inonder
durchforsten [durç'fɔrstən] *v (fig)* éplucher qc, passer qc au crible
durchfragen ['durçfraːgən] *v sich ~ (fam)* arriver au but en demandant son chemin
durchführbar ['durçfyrbaːr] *adj* exécutable, réalisable
durchführen ['durçfyːrən] *v 1. (leiten)* conduire à travers; *2. (ausführen)* exécuter, réaliser, accomplir
Durchführung ['durçfyːruŋ] *f* exécution *f,* réalisation *f*
Durchgang ['durçgaŋ] *m 1. (Weg)* passage *m; 2. (Wahldurchgang) POL* tour de scrutin *m*
durchgeben ['durçgeːbən] *v irr* passer, faire circuler, transmettre
durchgehen ['durçgeːən] *v irr 1. (überprüfen)* examiner; *2. (genehmigt werden)* être adopté après vérification, *3. (fam: weglaufen)* s'enfuir, filer, prendre la poudre d'escampette; *4. (durchqueren)* parcourir
durchgehend ['durçgeːənt] *adj* sans interruption, en permanence, continu
durchgeistigt [durç'gaɪstɪgt] *adj* empreint d'esprit, pénétré d'esprit
durchgreifen ['durçgraɪfən] *v irr* prendre des mesures énergiques, trancher net, user d'autorité
durchhalten ['durçhaltən] *v irr* tenir bon, ne pas céder, tenir le coup *(fam)*
durchhelfen ['durçhɛlfən] *v irr* aider
durchkämpfen ['durçkɛmpfən] *v 1.* soutenir; *2. etw ~ (etw durchsetzen)* faire passer, adopter; *3. sich ~* s'imposer, se battre
durchkommen ['durçkɔmən] *v irr 1.* parvenir; *2. (finanziell)* arriver; *gerade ~* avoir juste de quoi vivre; *3. (sich zurechtfinden)* trouver son chemin; *4. (hervorragen)* percer; *Die Zähne kommen durch.* Les dents percent. *5. mit etw ~* y arriver; *6. (bestehen)* passer; *7. (überleben)* guérir, s'en tirer
durchkreuzen ['durçkrɔytsən] *v 1.* barrer d'une croix; [durç'krɔytsən] *2. (fig: Pläne)* contrarier, contrecarrer, se mettre en travers
durchlassen ['durçlasən] *v irr* laisser passer
durchlässig ['durçlɛsɪç] *adj* perméable
durchlaufen [durç'laufən] *v irr* parcourir, faire le tour de
durchleben [durç'leːbən] *v (fig)* vivre
durchlesen ['durçleːzən] *v irr* lire
durchleuchten [durç'lɔyçtən] *v 1. MED* examiner aux rayons X, radiographier; *2. (fig: überprüfen)* passer au crible, examiner de près
durchlüften ['durçlyftən] *v* aérer
durchmachen ['durçmaxən] *v 1. die ganze Nacht ~* veiller; *2. (etw ~)* supporter qc; *3. (Operation, Wandlung)* subir
Durchmesser ['durçmɛsər] *m* diamètre *m,* calibre *m*
durchnässen [durç'nɛsən] *v* tremper; *völlig durchnässt sein* être trempé jusqu'aux os
durchorganisieren ['durçɔrgani'ziːrən] *v* organiser minutieusement
durchpausen ['durçpauzən] *v* décalquer
durchqueren [durç'kveːrən] *v* traverser
Durchreise ['durçraɪzə] *f* passage *m*
durchringen ['durçrɪŋən] *v irr sich zu etw ~* finir par être convaincu
durchsägen ['durçzɛːgən] *v* scier en deux

durchschauen [durç'ʃauən] *v* percer, comprendre, deviner
durchschlafen ['durçʃlaːfən] *v irr* dormir d'une traite, ne faire qu'un somme
Durchschlag ['durçʃlaːk] *m* double *m*, copie *f*
durchschlagen ['durçʃlaːgən] *v irr 1.* couper en deux; *2. (zerteilen)* diviser; *3. (durchpausen)* calquer; *4. (durch ein Sieb passieren)* filtrer; *5. sich ~* se débrouiller
Durchschlagskraft ['durçʃlaːkskraft] *f 1. (Überzeugungskraft)* force de conviction *f*; *2. MIL* impact *m*, force de perforation *f*
durchschneiden ['durçʃnaɪdən] *v irr 1.* couper, trancher; [durç'ʃnaɪdən] *irr 2.* découper; *3. (fig: Schrei)* couper, traverser
durchschnittlich ['durçʃnɪtlɪç] *adj 1.* moyen; *adv 2.* en moyenne
durchsetzen ['durçzɛtsən] *v 1. sich ~* s'imposer, prendre le dessus, faire école, entrer dans l'usage; *2. mit etw durchsetzt sein* être entremêlé
durchsichtig ['durçzɪçtɪç] *adj* transparent
durchsickern ['durçzɪkərn] *v 1.* suinter à travers, filtrer; *2. (Nachricht)* s'ébruiter
durchstehen ['durçʃteːən] *v irr (fig)* supporter
durchstellen ['durçʃtɛlən] *v (fig: telefonisch) TEL* passer sur une autre ligne
durchstöbern [durç'ʃtøːbərn] *v* fouiller, fureter
durchstreichen ['durçʃtraɪçən] *v irr* barrer, rayer, raturer
durchstreifen [durç'ʃtraɪfən] *v* flâner par, parcourir, vagabonder par
durchsuchen [durç'zuːxən] *v* perquisitionner
durchtrennen [durç'trɛnən] *v* couper
durchtrieben [durç'triːbən] *adj* rusé
Durchwahl ['durçvaːl] *f TEL* sélection directe *f*, sélection automatique *f*
durchweg ['durçveːk] *adv* tous, toutes, sans exception
durchwühlen [durç'vyːlən] *v (durchsuchen)* farfouiller dans
durchzählen ['durçtsɛːlən] *v* compter un à un
durchziehen ['durçtsiːən] *v irr 1.* passer, parcourir, traverser, silloner; *2. (Luft) Es zieht durch.* Il ya un courant d'air; *3. (etw ~)* mener qc à bien, réaliser qc, parcourir qc, traverser qc; *(Plan)* mener à bien, réaliser; [durç'tsiːən] *4.* traverser, parcourir, silloner
Durchzug ['durçtsuːk] *m 1. (das Durchziehen)* passage *m*; *2. (Luftbewegung)* courant d'air *m*

dürfen ['dyrfən] *v irr* pouvoir, avoir le droit de, avoir la permission de

dürr [dyr] *adj* grêle, aride, desséché
Dürre ['dyrə] *f 1.* sécheresse *f*; *2. (einer Person)* maigreur *f*
Durst [durst] *m* soif *f*
dürsten ['dyrstən] *v 1. Mich dürstet.* J'ai soif. *2. ~ nach* avoir soif de
durstig ['durstɪç] *adj* assoiffé, qui a soif
Dusche ['duːʃə] *f* douche *f*
duschen ['duːʃən] *v* doucher, donner une douche, prendre une douche
Düsenflugzeug ['dyːzənfluːktsɔyk] *n* avion à réaction *m*
düster ['dyːstər] *adj 1.* sombre, obscur; *2. (fig)* morne, lugubre; *adv 3.* sans lumière
Düsterkeit ['dyːstərkaɪt] *f* obscurité *f*, ténèbres *f/pl*
Dutzend ['dutsənt] *n* douzaine *f*
DVD [deːfau'deː] *f INFORM* DVD *m*; *~-Spieler* lecteur DVD *m*
Dynamik [dy'naːmɪk] *f* dynamique *f*
dynamisch [dy'naːmɪʃ] *adj* dynamique
Dynamit [dyna'miːt] *n* dynamite *f*
Dynastie [dynas'tiː] *f HIST* dynastie *f*

E

Ebbe ['ɛbə] *f* marée basse *f; Es herrscht ~ in meinem Geldbeutel.* Je suis fauché comme les blés./Je suis sans un radis./Je suis à sec.
eben ['eːbən] *adj 1.* plat, lisse; *adv 2.* justement, juste
Ebenbild ['eːbənbɪlt] *n* portrait *m*
ebenbürtig ['eːbənbyrtɪç] *adj* égal, de pair; *Die Frau ist dem Mann ~.* La femme est l'égale de l'homme. *einander ~ sein* se valoir
Ebene ['eːbənə] *f 1. GEOL* plaine *f; 2. (fig)* plan *m,* niveau *m,* domaine *m*
ebenfalls ['eːbənfals] *adv* pareillement, aussi, de même
Ebenholz ['eːbənhɔlts] *n BOT* ébène *m*
ebenmäßig ['eːbənmɛːsɪç] *adj* régulier, harmonieux, bien proportionné
ebenso ['eːbənzoː] *adv* pareillement, tout autant, de la même façon; *~ gut* tout aussi bien; *~ sehr* tout autant, autant; *~ lange* tout aussi longtemps
Eber ['eːbər] *m ZOOL* sanglier *m,* verrat *m*
ebnen ['eːbnən] *v 1.* aplatir, aplanir; *2. (Weg)* aplanir, frayer
Echo ['ɛço] *n* écho *m*
echoen ['ɛçoən] *v* faire écho
Echse ['ɛksə] *f ZOOL* lézard *m*
echt [ɛçt] *adj* vrai, authentique
Eckbank ['ɛkbaŋk] *f* banquette en coin *f,* banquette d'angle *f*
Eckdaten ['ɛkdaːtən] *pl ECO* données de référence *f/pl,* références *f/pl*
Ecke ['ɛkə] *f* coin *m,* angle *m; jdn um die ~ bringen (fam)* descendre qn/se débarrasser discrètement de qn; *an allen ~n und Enden* pour tout/partout; *mit jdm um fünf ~n verwandt sein* être cousin à la mode de Bretagne
eckig ['ɛkɪç] *adj 1.* anguleux, carré; *2. (fig: unbeholfen)* maladroit, gauche
edel ['eːdəl] *adj* noble, sélectionné, délicat
Edelmann ['eːdəlman] *m* gentilhomme *m,* noble *m*
Edelmetall ['eːdəlmetal] *n MIN* métal précieux *m*
edelmütig ['eːdəlmyːtɪç] *adj* noble, magnanime
Edelstahl ['eːdəlʃtaːl] *m MET* acier inoxydable *m,* acier fin *m,* acier spécial *m*
Efeu ['eːfɔy] *n BOT* lierre *m*
Effekt [e'fɛkt] *m* effet *m*
effektvoll [e'fɛktfɔl] *adj* spectaculaire
effizient [ɛfi'tsjɛnt] *adj* efficace

egal [e'gaːl] *adj* égal, indifférent, pareil; *Das ist mir völlig ~.* Je m'en fiche pas mal. *Ganz ~, wer Sie sind.* Qui que vous soyez. *Das Weitere kann Ihnen ~ sein.* Fichez-vous du reste.

eh [eː] *adv 1. seit ~ und je* depuis toujours; *2. (sowieso)* de toute façon
Ehe ['eːə] *f* mariage *m,* union conjugale *f*
ehe ['eːə] *konj* avant que
eheähnlich ['eːəɛːnlɪç] *adj* en concubinage, en union libre
Ehebruch ['eːəbrux] *m* adultère *m,* infidélité conjugale *f*
Ehefrau ['eːəfrau] *f* épouse *f*
ehelich ['eːəlɪç] *adj 1.* conjugal; *2. (Kind)* légitime; *3. JUR* matrimonial
ehemalig ['eːəmaːlɪç] *adj* ancien, d'autrefois
ehemals ['eːəmaːls] *adv* autrefois, dans le temps, jadis
Ehemann ['eːəman] *m* époux *m*
Ehepaar ['eːəpaːr] *n* époux *m/pl,* couple *m*
eher ['eːər] *adv 1. (früher)* plus tôt, avant; *2. (lieber)* plutôt, de préférence; *Eher wollte sie sterben als nachgeben.* Elle préférait plutôt mourir que de céder.
ehrbar ['eːrbaːr] *adj* honorable, respectable, honnête
Ehre ['eːrə] *f* honneur *m; etw in ~n halten* prendre soin de qc/soigner qc/entretenir qc; *sich alle ~ machen* se faire honorer; *jdm die letzte ~ erweisen* rendre à qn les derniers devoirs/rendre à qn les honneurs funèbres; *jdn bei seiner ~ packen* piquer qn au vif/en appeler à l'honneur de qn
ehren ['eːrən] *v* honorer
ehrenamtlich ['eːrənamtlɪç] *adj 1.* bénévole; *adv 2.* pour l'honneur, à titre honorifique
Ehrenrettung ['eːrənrɛtuŋ] *f* réhabilitation *f,* apologie *f*
ehrenrührig ['eːrənryːrɪç] *adj* injurieux, infamant, humiliant
Ehrenrunde ['eːrənrundə] *f 1.* tour d'honneur *m; 2. eine ~ drehen (fig)* redoubler une classe
ehrerbietig ['eːrɛrbiːtɪç] *adj* respectueux, déférent

E

Ehrfurcht ['eːrfurçt] *f* *1.* respect *m;* *2.* *REL* vénération *f*
ehrfürchtig ['eːrfyrçtɪç] *adj* respectueux, plein de vénération
Ehrgeiz ['eːrgaɪts] *m* ambition *f*
ehrgeizig ['eːrgaɪtsɪç] *adj* ambitieux
ehrlich ['eːrlɪç] *adj* honnête, sincère; *Seien wir ~!* Soyons franc!
Ehrlichkeit ['eːrlɪçkaɪt] *f* sincérité *f,* honnêteté *f*
ehrlos ['eːrloːs] *adj* déshonoré, malhonnête
Ehrung ['eːruŋ] *f* *1.* hommage *m,* acte d'honorer qn *m,* acte de décorer qn *m;* *2.* *(Medaille)* décoration *f*
ehrwürdig ['eːrvyrdɪç] *adj* respectable, vénérable

Ei [aɪ] *n* œuf*m;* *wie aus dem ~ gepellt sein* avoir l'air de sortir d'une armoire/être tiré à quatres épingles/être nickel *(fam)*; *sich gleichen wie ein ~ dem Anderen* se ressembler comme deux gouttes d'eau; *jdn wie ein rohes ~ behandeln* traiter qn avec beaucoup d'égard; *wie auf ~ern gehen* marcher sur des oeufs; *nicht das Gelbe vom ~ sein* ne pas être idéal/ne pas être le fin du fin

Eiche ['aɪçə] *f* *BOT* chêne *m*
Eid [aɪt] *m* *JUR* serment *m;* *einen ~ leisten* prêter serment
eidesstattlich ['aɪdəsʃtatlɪç] *adj* *(Erklärung)* *JUR* sur l'honneur, tenant lieu de serment, formel
Eifer ['aɪfər] *m* zèle *m;* *im ~ des Gefechts* dans le feu de l'action
Eiferer ['aɪfərər] *m* zélateur *m,* partisan zélé *m,* apôtre ardent *m*
eifern ['aɪfərn] *v* fulminer contre qn, soupirer après
eifersüchtig ['aɪfərzyçtɪç] *adj* jaloux; *schrecklich ~ sein* être jaloux comme un tigre
eiförmig ['aɪfœrmɪç] *adj* en forme d'oeuf, ovale
eifrig ['aɪfrɪç] *adj* *1.* zélé; *adv* *2.* avec zèle, de son mieux
eigen ['aɪgən] *adj* propre, personnel
Eigenart ['aɪgənaːrt] *f* *1.* particularité *f,* caractéristique *f,* trait distinctif *m,* caractère spécifique *m;* *2.* *(Wesensmerkmal)* caractéristique *f,* trait distinctif *m*
eigenartig ['aɪgənaːrtɪç] *adj* particulier, étrange, curieux, bizarre
eigenhändig ['aɪgənhɛndɪç] *adv* de sa propre main, de ses mains
Eigenheim ['aɪgənhaɪm] *n* maison individuelle *f*
eigenmächtig ['aɪgənmɛçtɪç] *adj* *1.* autoritaire, arbitraire; *adv* *2.* de sa propre autorité, de son propre chef, arbitrairement
Eigenname ['aɪgənnaːmə] *m* nom propre *m*
Eigennutz ['aɪgənnuts] *m* intérêt personnel *m,* intérêt particulier *m*
eigennützig ['aɪgənnytsɪç] *adj* intéressé, égoïste
eigens ['aɪgəns] *adv* exprès, spécialement, particulièrement
Eigenschaft ['aɪgənʃaft] *f* qualité *f,* propriété *f*
Eigensinn ['aɪgənzɪn] *m* obstination *f,* entêtement *m*
eigensinnig ['aɪgənzɪnɪç] *adj* entêté, têtu, obstiné, buté
eigentlich ['aɪgəntlɪç] *adj* *1.* propre, véritable, vrai; *adv* *2.* à proprement parler, précisément, en réalité, proprement dit
Eigentum ['aɪgəntuːm] *n* propriété *f*
Eigentümer(in) ['aɪgəntyːmər(ɪn)] *m/f* propriétaire *m/f*
eigentümlich ['aɪgəntyːmlɪç] *adj* propre à, particulier, étrange, curieux
eigentümlicherweise ['aɪgəntyːmlɪçərvaɪzə] *adv* curieusement
Eigentümlichkeit ['aɪgəntyːmlɪçkaɪt] *f* particularité *f,* singularité *f*
Eigentumswohnung ['aɪgəntuːmsvoːnuŋ] *f* appartement en copropriété *m*
eigenverantwortlich ['aɪgənfɛrantvɔrtlɪç] *adj* autonome
eigenwillig ['aɪgənvɪlɪç] *adj* volontaire, entêté, qui n'en fait qu'à sa tête
eignen ['aɪgnən] *v* *sich ~ für* convenir à, être qualifié pour
Eignung ['aɪgnuŋ] *f* qualification *f,* aptitude *f*
Eile ['aɪlə] *f* hâte *f,* vitesse *f;* *in aller ~* à toute vitesse, en toute hâte
eilen ['aɪlən] *v* se presser, se dépêcher
eilig ['aɪlɪç] *adj* pressé, pressant, urgent; *Es ist nicht ~.* Il n'y a pas le feu au lac.
eiligst ['aɪlɪçst] *adv* au plus vite, en toute hâte
Eiltempo ['aɪltɛmpo] *n* *im ~* à toute vitesse
Eimer ['aɪmər] *m* seau *m;* *im ~ sein (fig)* être foutu/être fichu
ein(e) [aɪn/'aɪnə] *art* un(e); *mein Ein und Alles* mon unique trésor

einander [aɪn'andər] *adv* l'un l'autre, les uns les autres, mutuellement, réciproquement

einarbeiten ['aɪnarbaɪtən] *v 1. jdn ~* former qn, initier qn à un travail; *2. sich ~* familiariser avec, s'initier à un travail

einarmig ['aɪnarmɪç] *adj* manchot

einäschern ['aɪnɛʃərn] *v 1.* réduire en cendres; *2. (Leichnam)* incinérer

einatmen ['aɪnaːtmən] *v* inspirer, inhaler, aspirer

einäugig ['aɪnɔygɪç] *adj* borgne

Einbahnstraße ['aɪnbaːnʃtraːsə] *f* sens unique *m,* rue à sens unique *f*

einbalsamieren ['aɪnbalzamiːrən] *v* embaumer

Einband ['aɪnbant] *m* reliure *f*

Einbau ['aɪnbau] *m* installation *f,* montage *m*

einbauen ['aɪnbauən] *v* encastrer, installer, monter

einbehalten ['aɪnbəhaltən] *v irr* retenir, déduire

einberufen ['aɪnbəruːfən] *v irr 1. (Treffen)* convoquer; *2. MIL* incorporer, appeler sous les drapeaux

einbetten ['aɪnbɛtən] *v 1.* implanter; *2. (Rohr)* encastrer, insérer, enrober

einbeziehen ['aɪnbətsiːən] *v irr* inclure

einbiegen ['aɪnbiːgən] *v irr* plier, courber en dedans; *in einen Weg ~* prendre un chemin

einbilden ['aɪnbɪldən] *v sich ~* s'imaginer, se croire; *Darauf brauchst du dir gar nichts einzubilden.* Il n'y a pas de quoi être fier.

einbinden ['aɪnbɪndən] *v irr (Buch)* relier

einblenden ['aɪnblɛndən] *v CINE* enchaîner, intercaler

einbläuen ['aɪnblɔyən] *v (fam) jdm etw ~* faire entrer dans la tête, instiller

Einblick ['aɪnblɪk] *m 1.* coup d'œil *m; 2. (fig)* aperçu *m*

einbrechen ['aɪnbrɛçən] *v irr 1. (durchbrechen)* se rompre, s'effondrer, s'écrouler; *2. (stehlen)* pénétrer par effraction, cambrioler; *Bei mir ist eingebrochen worden.* J'ai été cambriolé. *3. (fig: beginnen)* tomber

Einbrecher(in) ['aɪnbrɛçər(ɪn)] *m/f* cambrioleur/ cambrioleuse *m/f,* voleur/voleuse *m/f*

einbringen ['aɪnbrɪŋən] *v irr 1.* déposer, apporter; *2. (Geld)* rapporter

Einbruch ['aɪnbrux] *m 1. (Einsturz)* effondrement *m,* rupture *f; 2. (Diebstahl)* effraction *f,* cambriolage *m; 3. (der Nacht)* tombée *f; 4. MIL* irruption *f*

einbürgern ['aɪnbyrgərn] *v POL* naturaliser

eindecken ['aɪndɛkən] *v 1. sich mit etw ~* s'approvisionner en qc, s'équiper de qc; *2. jdn mit etw ~* submerger qn

eindeutig ['aɪndɔytɪç] *adj 1.* clair, non équivoque, univoque; *adv 2.* clairement, sans équivoque, nettement

eindringen ['aɪndrɪŋən] *v irr* pénétrer

eindringlich ['aɪndrɪŋlɪç] *adj 1.* pénétrant, pressant, insistant; *adv 2.* avec insistance

Eindruck ['aɪndruk] *m 1.* impression *f; beim ersten ~* au premier abord; *2. (Spur)* marque *f; 3. (Prägung)* empreinte *f*

eindrücken ['aɪndrykən] *v 1.* enfoncer, défoncer, démolir; *2. (Fenster)* enfoncer

eindrucksvoll ['aɪndruksfɔl] *adj* impressionnant, qui fait de l'effet

eine(r,s) ['aɪnə(r,s)] *pron* un(e)

einebnen ['aɪneːbnən] *v* aplanir, niveler, égaliser, régaler

eineinhalb [aɪnaɪn'halp] *num* un et demi, une et demie

einengen ['aɪnɛŋən] *v* restreindre, réduire

einerlei [aɪnər'laɪ] *adj* de la même espèce, une et même chose, la même chose

Einerlei ['aɪnərlaɪ] *n* uniformité *f,* monotonie *f,* train-train *m*

einerseits ['aɪnərzaɪts] *adv* d'une part

> **einfach** ['aɪnfax] *adj* simple; *Das ist ganz ~.* Cela va tout seul.

einfädeln ['aɪnfɛːdəln] *v 1.* enfiler; *2. (fig: Sache)* entamer, amorcer adroitement; *3. (mit dem Auto) sich ~* s'insérer dans la file de voitures

einfahren ['aɪnfaːrən] *v irr 1. (Auto)* roder; *2. NAUT* rentrer, engranger; *3. (fig: Sieg)* engranger

Einfahrt ['aɪnfaːrt] *f 1. (Ankunft)* arrivée *f; 2. (Zufahrt)* entrée *f,* accès *m*

Einfall ['aɪnfal] *m 1. (Idee)* idée *f; 2. MIL* invasion *f,* irruption *f*

einfallen ['aɪnfalən] *v irr 1. (eine Idee haben)* venir à l'esprit; *Was fällt dir ein?* Qu'est-ce qui te prend? *Das wäre mir nicht einmal im Traum eingefallen.* Cela ne me serait même pas venu à l'esprit. *Es ist mir eingefallen, dass ...* Il m'est revenu que ... *2. MIL* envahir, faire irruption

einfallslos ['aɪnfalsloːs] *adj* qui n'a pas d'idée, qui a peu d'idée, sans idée

einfallsreich ['aɪnfalsraɪç] *adj* plein de bonnes idées, rempli d'idées

E

Einfallsreichtum ['aɪnfalsraɪçtuːm] *m* ingéniosité *f*
Einfalt ['aɪnfalt] *f* naïveté *f,* candeur *f*
einfangen ['aɪnfaŋən] *v irr* capturer, attraper, recueillir, récolter
einfarbig ['aɪnfarbɪç] *adj* uni(colore)
einfassen ['aɪnfasən] *v 1.* mettre une bordure à, encadrer; *2. (Edelsteine)* sertir, monter; *3. TECH* sertir, monter
Einfassung ['aɪnfasuŋ] *f* encadrement *m,* châssis *m,* monture *f*
einfetten ['aɪnfɛtən] *v* graisser, enduire de graisse, lubrifier
einfinden ['aɪnfɪndən] *v irr sich ~* se trouver à, se rendre à, venir, être présent
einflechten ['aɪnflɛçtən] *v irr 1.* entrelacer dans, entremêler; *2. (fig)* entremêler, insérer
einfließen ['aɪnfliːsən] *v irr 1.* couler dans; *2. (fig: mit in etw eingehen)* glisser dans, être alloué à
einflößen ['aɪnfløːsən] *v 1. jdm etw ~* faire prendre qc à, faire ingurgiter qc à qn; *2. (fig) jdm etw ~* inspirer qc à qn
Einfluss ['aɪnflus] *m* influence *f; einen ~ ausüben auf* exercer une influence sur
einfordern ['aɪnfɔrdərn] *v FIN* exiger, réclamer, demander
einförmig ['aɪnfœrmɪç] *adj* uniforme, monotone
Einfriedung ['aɪnfriːduŋ] *f* clôture *f,* enceinte *f,* enclos *m*
einfrieren ['aɪnfriːrən] *v irr 1. (Nahrungsmittel)* congeler; *2. (Verhandlungen) ECO* geler
einfügen ['aɪnfyːgən] *v* introduire, insérer; *sich ~* s'intégrer
einfühlen ['aɪnfyːlən] *v sich ~ in* sentir, sentir comme, s'identifier à
einfühlsam ['aɪnfyːlzaːm] *adj* sensible
einführen ['aɪnfyːrən] *v 1. (hineinschieben)* introduire; *2. (Person)* instaurer, introduire; *in eine Tätigkeit ~* initier à un poste; *3. (etw Neues ~)* lancer; *4. (importieren) ECO* importer
Einführung ['aɪnfyːruŋ] *f 1. (Hineinschieben)* introduction *f; 2. (von etw Neuem)* introduction *f,* installation *f,* instauration *f; 3. (Import) ECO* importation *f*
einfüllen ['aɪnfylən] *v 1.* verser; *2. in Flaschen ~* mettre en bouteilles
Eingabe ['aɪngaːbə] *f 1. (Antrag) POL* demande par écrit *f,* pétition *f; 2. (Dateneingabe) INFORM* entrée *f,* saisie *f*

Eingang ['aɪngaŋ] *m 1.* entrée *f,* accès *m; 2. (Wareneingang) ECO* entrée de marchandise *f,* arrivage *m; 3. (Geldeingang) ECO* rentrée d'argent *f*

eingeben ['aɪngeːbən] *v irr 1. (einreichen)* remettre; *2. (Daten) INFORM* entrer; *3. (verabreichen) MED* administrer, faire prendre
eingebildet ['aɪngəbɪldət] *adj 1. (unwirklich)* imaginaire; *2. (überheblich)* vaniteux, imbu de sa personne
Eingeborene(r) ['aɪngəboːrənə(r)] *m/f* indigène *m/f,* natif/native *m/f*
Eingebung ['aɪngeːbuŋ] *f (fig)* inspiration *f,* idée *f,* suggestion *f; seiner ~ folgen* suivre son inspiration
eingefallen ['aɪngəfalən] *adj 1. (Gesicht)* émacié; *2. (Augen)* enfoncé; *3. (Wangen)* creux, cave
eingefleischt ['aɪngəflaɪʃt] *adj* endurci, convaincu, invétéré, enraciné
eingehen ['aɪngeːən] *v irr 1. (sterben)* crever, mourir; *2. (Tierart)* disparaître; *3. (Pflanzen)* dépérir; *4. (kleiner werden)* rétrécir; *5. (auf einen Vorschlag)* admettre, accepter, se déclarer d'accord; *6. eine Verpflichtung ~* prendre un engagement, souscrire à une obligation; *7. (ankommen)* arriver; *8. (Schulden)* rentrer
eingehend ['aɪngeːənt] *adj* détaillé, minutieux
eingekeilt ['aɪngəkaɪlt] *adj* coincé, calé
eingenommen ['aɪngənɔmən] *adj sehr von sich ~ sein* être imbu de sa personne; *Er ist mächtig von sich ~.* Il ne se croit pas rien.
eingerahmt ['aɪngəraːmt] *adj* encadré
eingestehen ['aɪngəʃteːən] *v irr* avouer
eingetragen ['aɪngətraːgən] *adj* inscrit, enregistré, déclaré
Eingeweide ['aɪngəvaɪdə] *pl 1. ANAT* entrailles *f/pl,* intestins *m/pl,* viscères *m/pl; n 2. GAST* tripes *f/pl*
Eingeweihte(r) ['aɪngəvaɪtə(r)] *m/f* adepte *m/f,* initié(e) *m/f*
eingewöhnen ['aɪngəvøːnən] *v sich ~* s'habituer
eingießen ['aɪngiːsən] *v irr* verser
eingleisig ['aɪnglaɪzɪç] *adj 1. (Strecke)* à une seule voie, à voie unique; *2. (fig)* dans une seule direction
eingraben ['aɪngraːbən] *v irr 1.* mettre en terre, enterrer; *2. (eingravieren)* graver; *3. sich ~ MIL* se retrancher, se terrer; *4. sich ins Gedächtnis ~* se graver dans la mémoire

eingreifen ['aɪngraɪfən] *v irr 1. (einschreiten)* intervenir, entrer dans; *2. TECH* engrener, être en prise

Eingriff ['aɪngrɪf] *m 1. (Einschreiten)* intervention *f; 2. TECH* engrenage *m; 3. MED* intervention chirurgicale *f,* opération chirurgicale *f*

einhaken ['aɪnha:kən] *v 1. (unterbrechen)* intervenir; *2. (etw ~)* accrocher qc; *3. sich bei jdm ~* prendre le bras de qn

einhalten ['aɪnhaltən] *v irr 1. (Frist)* respecter; *2. (beibehalten)* conserver, observer; *3. (anhalten)* arrêter, stopper

Einhaltung ['aɪnhaltuŋ] *f 1. (Befolgung)* respect *m,* observation *f; 2. (Beibehaltung)* conservation *f*

einhängen ['aɪnhɛŋən] *v irr 1. (Tür)* poser; *2. (auflegen)* mettre, accrocher; *3. sich bei jdm ~* se raccrocher à qn

einheften ['aɪnhɛftən] *v (Akten)* classer qc

Einheimische(r) ['aɪnhaɪmɪʃə(r)] *m/f* personne du pays *f,* population locale *f,* gens d'ici *m/pl,* indigène *m/f*

Einheit ['aɪnhaɪt] *f* unité *f*

einheitlich ['aɪnhaɪtlɪç] *adj* homogène, cohérent

Einheitlichkeit ['aɪnhaɪtlɪçkaɪt] *f* uniformité *f,* homogénéité *f*

einheizen ['aɪnhaɪtsən] *v 1.* chauffer; *2. (Feuer machen)* chauffer; *3. etw ~* chauffer qc; *4. jdm ~ (fig)* secouer les puces à qn

Einhelligkeit ['aɪnhɛlɪçkaɪt] *f* unanimité *f*

einhergehen [aɪn'he:rge:ən] *v irr 1.* aller, se promener; *2. ~ mit (fig)* s'accompagner de

einholen ['aɪnho:lən] *v 1. (Läufer)* rattraper; *2. (Vorsprung, Zeit)* rattraper; *3. (empfangen)* obtenir; *4. (Netze)* haler; *5. (Fahne)* amener

einhüllen ['aɪnhylən] *v* envelopper, s'envelopper dans, se plonger dans

einig ['aɪnɪç] *adj* uni, d'accord

einige ['aɪnɪgə] *pron* quelques, quelques-uns/quelques-unes

einigeln ['aɪni:gəln] *v 1. sich ~* se retrancher; *2. sich ~ MIL* se rouler en boule, rentrer dans sa coquille

einigen ['aɪnɪgən] *v sich ~* s'entendre, se mettre d'accord

einigermaßen [aɪnɪgər'ma:sən] *adv* en quelque sorte, dans une certaine mesure

Einigkeit ['aɪnɪçkaɪt] *f* union *f,* accord *m,* concorde *f*

Einigung ['aɪnɪguŋ] *f* unification *f,* entente *f,* accord *m,* conciliation *f*

einjagen ['aɪnja:gən] *v jdm Angst ~* inspirer la peur à qn, faire peur à qn

einjährig ['aɪnjɛ:rɪç] *adj 1. (ein Jahr dauernd)* annuel; *2. (Kind)* d'un an; *3. (Pflanze)* annuelle

einkalkulieren ['aɪnkalkuli:rən] *v* prévoir, tenir compte de

Einkauf ['aɪnkauf] *m* achat *m*

einkaufen ['aɪnkaufən] *v* faire des achats, faire les courses *(fam)*

E

einkehren ['aɪnke:rən] *v 1. (im Gasthaus)* entrer se restaurer; *2. (fig: kommen)* s'installer, arriver, venir

Einkerbung ['aɪnkɛrbuŋ] *f* entaille *f,* encoche *f*

einkesseln ['aɪnkɛsəln] *v MIL* encercler

einklagen ['aɪnkla:gən] *v* réclamer juridiquement le recouvrement de

einklammern ['aɪnklamərn] *v* mettre entre parenthèses, mettre entre crochets

Einklang ['aɪnklaŋ] *m* harmonie *f,* unisson *m; im ~ sein* être sur la même longueur d'onde/être en harmonie

einklemmen ['aɪnklɛmən] *v etw in etw ~* coincer qc dans qc

einklinken ['aɪnklɪŋkən] *v 1. (Tür)* fermer; *2. sich bei etw ~ (fig: mitmachen)* se joindre à qc, se connecter à qc, accéder à qc

einknicken ['aɪnknɪkən] *v 1.* se tordre, s'incliner, capituler; *2. (Knie)* se tordre; *3. (etw ~)* plier; *4. (Papier)* corner, plier

Einkommen ['aɪnkɔmən] *n* revenu *m*

einkreisen ['aɪnkraɪzən] *v* encercler

einladen ['aɪnla:dən] *v irr 1. (Gäste)* inviter; *2. (Gepäck)* charger, embarquer

Einladung ['aɪnla:duŋ] *f* invitation *f*

Einlage ['aɪnla:gə] *f 1. (Programmeinlage)* intermède *m; 2. (Suppeneinlage)* garniture *f;3. ECO* dépôt *m*

einlagern ['aɪnla:gərn] *v* entreposer, emmagasiner

Einlass ['aɪnlas] *m 1.* admission *f,* entrée *f,* accès *m; 2. (Tür)* entrée *f*

einlassen ['aɪnlasən] *v irr 1. (her~)* faire entrer, laisser entrer, admettre; *2. (Schiff, Zug)* faire entrer, faire arriver; *3. sich ~ auf* s'engager dans, s'embarquer dans, se laisser entraîner dans, se commettre avec

einlaufen ['aɪnlaufən] *v irr 1. (Mannschaft)* entrer; *2. (hineinfließen)* couler; *3. (in Hafen)* gagner un port; *4. (Stoff)* rétrécir; *5. (eingehen)* arriver; *6. (Schuhe)* élargir; *sich ~* se roder

einleben ['aınle:bən] *v sich ~* s'acclimater, s'habituer

einlegen ['aınle:gən] *v 1.* mettre; *Protest ~* élever une protestation; *eine Pause ~* faire une pause; *2. (Geld)* déposer, verser; *3. (Haar)* arranger; *Ich muss mir die Haare ~.* Je dois m'arranger les cheveux. *4. (Holz)* inscruster, marqueter; *5. (Heringe)* mariner

einleiten ['aınlaıtən] *v 1. (einführen)* introduire; *2. (beginnen)* entamer, inaugurer

Einleitung ['aınlaıtuŋ] *f 1.* introduction *f; 2. MUS* prélude *m,* ouverture *f*

einlesen ['aınle:zən] *v irr 1. sich ~ in* se familiariser avec un texte; *2. INFORM* lire, saisir dans, mémoriser

einleuchten ['aınlɔyçtən] *v jdm ~ (fig)* paraître évident, paraître clair, être évident

Einlieferung ['aınli:fəruŋ] *f (ins Krankenhaus)* hospitalisation *f, (ins Gefängnis)* incarcération *f*

einlösen ['aınlø:zən] *v 1. sein Versprechen ~* tenir sa parole, faire honneur à sa parole, rester fidèle à sa parole; *2. (Scheck)* encaisser; *(Wechsel)* honorer

einmachen ['aınmaxən] *v (Früchte) GAST* faire des conserves, mettre en conserve

einmal ['aınma:l] *adv 1.* une fois; *Kommen Sie mich doch ~ besuchen!* Venez donc me voir un jour! *2. (früher)* autrefois, jadis

Einmaleins ['aınma:laıns] *n 1.* table de multiplication *f; 2. (fig: Grundwissen)* le B.A.-BA

einmalig ['aınma:lıç] *adj* unique, exceptionnel

einmischen ['aınmıʃən] *v sich ~ in* s'immiscer dans; *sich nicht ~* rester en dehors

Einmündung ['aınmynduŋ] *f 1. (eines Flusses)* embouchure *f; 2. (einer Straße)* débouché *m*

Einnahme ['aınna:mə] *f 1. (Ertrag)* recette *f,* perception *f,* rentrée *f; 2. MIL* conquête *f*

einnehmen ['aınne:mən] *v irr 1. (Arznei)* prendre; *2. (seinen Platz)* prendre, occuper; *3. (verdienen)* percevoir, toucher, encaisser-

einnisten ['aınnıstən] *v sich ~ (fig)* se nicher dans, s'implanter, s'installer dans

Einöde ['aınø:də] *f* endroit isolé *m,* coin perdu *m,* étendue déserte *f*

einordnen ['aınɔrdnən] *v 1.* ranger, classer; *2. sich ~* s'adapter; *3. sich ~ (mit dem Auto)* se mettre dans la bonne file

einpacken ['aınpakən] *v* emballer, envelopper, empaqueter, *(Koffer)* mettre (dans une valise); *Damit kannst du ~. (fig)* Tu peux faire tes valises!

einplanen ['aınpla:nən] *v* prévoir, budgétiser

einprägen ['aınprɛ:gən] *v sich etw ~* graver qc dans sa mémoire, s'imprimer qc dans la mémoire

einrahmen ['aınra:mən] *v* encadrer

einräumen ['aınrɔymən] *v 1. (Regal, Schrank)* ranger, mettre en place; *2. (Zimmer)* aménager; *3. (zugeben)* admettre, convenir; *4. jdm einen Kredit ~* faire crédit à qn

einreichen ['aınraıçən] *v 1. (Dokument)* déposer; *2. (Entlassung)* remettre, présenter

einreihig ['aınraıhıç] *adj (Jackett)* costume à veston droit *m,* costume droit *m*

Einreise ['aınraızə] *f* entrée *f*

einreisen ['aınraızən] *v* entrer dans un pays

einreißen ['aınraısən] *v irr 1.* faire une déchirure à, faire un accroc à; *2. etw ~ lassen (fig)* laisser se propager qc, laisser se répandre qc, laisser s'étendre qc

einrichten ['aınrıçtən] *v* aménager, installer, meubler

Einrichtung ['aınrıçtuŋ] *f 1. (das Einrichten)* aménagement *m,* installation *f; 2. (Institution)* institution *f,* organisation *f,* service *m*

einrühren ['aınry:rən] *v* délayer

eins [aıns] *num* un

einsam ['aınza:m] *adj* solitaire, seul, retiré

Einsamkeit ['aınza:mkaıt] *f* solitude *f,* isolement *m*

einsammeln ['aınzaməln] *v* collecter, ramasser; *Stimmen ~* récupérer des voix

Einsatz ['aınzats] *m 1. (beim Glücksspiel)* mise *f,* enjeu *m; 2. (Aufwand)* dépense *f,* déploiement *m; mit vollem ~ arbeiten* travailler à plein/se donner à fond; *3. (Anwendung)* emploi *m,* utilisation *f; 4. (Topfeinsatz)* panier *m,* accessoire *m; 5. MIL* intervention *f*

einsatzbereit ['aınzatsbəraıt] *adj* disponible, prêt à intervenir

Einsatzleiter(in) ['aınzatslaıtər(ın)] *m/f* chef des secours *m*

einschalten ['aınʃaltən] *v 1. (anschalten)* brancher, allumer *(fam),* mettre *(fam); 2. (hinzuziehen)* intercaler, faire intervenir, faire entrer en jeu; *3. sich ~ in* intervenir dans, se mêler de

einschätzen ['aınʃɛtsən] *v* estimer, évaluer

Einschätzung ['aınʃɛtsuŋ] *f* estimation *f,* évaluation *f,* appréciation *f*

einschenken ['aınʃɛŋkən] *v* verser à boire, remplir un verre, servir à boire

einschieben ['aɪnʃiːbən] *v irr* *1.* introduire, ajouter; *2. (Satz)* insérer; *3. (zeitlich)* intercaler; *Da kann ich Sie noch ~.* Je peux encore vous intercaler.
einschlafen ['aɪnʃlaːfən] *v irr* s'endormir
einschläfern ['aɪnʃlɛːfərn] *v* *1.* endormir, assoupir; *2. (Gewissen)* taire
Einschlag ['aɪnʃlaːk] *m* point d'impact *m,* rempli *m,* trame *f,* braquage *m*
einschlagen ['aɪnʃlaːgən] *v irr* *1. (Nagel)* enfoncer; *2. (Fenster)* casser les vitres; *3. (Richtung)* prendre; *4. (Blitz)* tomber; *wie ein Blitz ~* faire l'effet d'une bombe
einschlägig ['aɪnʃlɛːgɪç] *adj* se rapportant, correspondant, relatif
einschleichen ['aɪnʃlaɪçən] *v irr* *1. sich ~* se glisser, s'introduire furtivement, s'infiltrer dans; *2. sich ~ (fig: Fehler)* se glisser
einschleppen ['aɪnʃlɛpən] *v (Krankheit)* introduire, amener, importer
einschleusen ['aɪnʃlɔyzən] *v etw ~* faire entrer qc par une écluse, faire entrer qc clandestinement
einschließen ['aɪnʃliːsən] *v irr* *1.* inclure, renfermer, enfermer; *sich in seinem Zimmer ~* se boucler dans sa chambre; *2. (umfassen)* comprendre, inclure, contenir
einschließlich ['aɪnʃliːslɪç] *prep* *1.* y compris; *adv* *2.* inclusivement, y compris
einschneidend ['aɪnʃnaɪdənt] *adj (fig)* décisif, radical
Einschnitt ['aɪnʃnɪt] *m* *1. (Schnitt)* incision *f,* entaille *f,* fente *f;* *2. (fig)* moment décisif *m,* événement décisif *m,* coupure *f*
einschränken ['aɪnʃrɛŋkən] *v* limiter, restreindre, réduire
Einschränkung ['aɪnʃrɛŋkuŋ] *f* *1.* réduction *f,* limitation *f,* restriction *f,* réserve *f;* *2. (Vorbehalt)* réserve *f*
Einschreiben ['aɪnʃraɪbən] *n per ~* en recommandé
einschreiben ['aɪnʃraɪbən] *v irr sich ~* s'inscrire
Einschreibung ['aɪnʃraɪbuŋ] *f* inscription *f,* enregistrement *m*
einschreiten ['aɪnʃraɪtən] *v irr* intervenir
einschrumpfen ['aɪnʃrumpfən] *v* rétrécir, se ratatiner, se rider
einschüchtern ['aɪnʃyçtərn] *v* intimider qn
Einschulung ['aɪnʃuːluŋ] *f* scolarisation *f*
einschweißen ['aɪnʃvaɪsən] *v* *1. (Metall)* souder qc; *2. (Buch)* emballer sous plastique
Einsehen ['aɪnzeːən] *n ein ~ haben* comprendre, avoir de l'indulgence, être compréhensif, se rendre à la raison
einsehen ['aɪnzeːən] *v irr* *1. (Einblick nehmen)* jeter un coup d'œil; *2. (fig: verstehen)* comprendre, reconnaître, saisir; *3. (akzeptieren)* reconnaître, se rendre à la raison
einseifen ['aɪnzaɪfən] *v* *1.* savonner; *2. (fam: betrügen)* rouler
einseitig ['aɪnzaɪtɪç] *adj* d'un seul côté, qui n'a qu'un côté, unilatéral, déséquilibré
einsenden ['aɪnzɛndən] *v irr* envoyer, expédier, adresser
Einsender ['aɪnzɛndər] *m* expéditeur *m*
einsetzen ['aɪnzɛtsən] *v* *1. (anwenden)* employer, utiliser; *2. jdn ~ (Amt übertragen)* nommer qn à, installer qn; *3. (riskieren)* miser, risquer, mettre en jeu; *4. (einfügen)* insérer, mettre dans, engager
Einsicht ['aɪnzɪçt] *f (fig)* raison *f,* avis *m,* compréhension *f*
einsichtig ['aɪnzɪçtɪç] *adj* raisonnable
Einsichtnahme ['aɪnzɪçtnaːmə] *f* prise de connaissance *f,* examen *m,* vérification *f*
Einsiedler ['aɪnziːdlər] *m* ermite *m,* solitaire *m*
Einsilbigkeit ['aɪnzɪlbɪçkaɪt] *f* mutisme *f,* caractère taciturne *m,* taciturnité *f*
einsortieren ['aɪnzɔrtiːrən] *v* trier, répartir, ranger, classer
einsparen ['aɪnʃpaːrən] *v* économiser, épargner, faire l'économie
einsperren ['aɪnʃpɛrən] *v (ins Gefängnis)* enfermer, mettre en prison, emprisonner
einsprachig ['aɪnʃpraːxɪç] *adj* unilingue
einspringen ['aɪnʃprɪŋən] *v irr für jdn ~* remplacer qn
Einspruch ['aɪnʃprux] *m* *1.* réclamation *f,* protestation *f;* *2. JUR* opposition *f;* *gegen etw ~ erheben* faire opposition à qc/mettre opposition à qc
einspurig ['aɪnʃpuːrɪç] *adj* *1. (Straße)* à voie unique; *2. (Gleis)* à une seule voie
einst [aɪnst] *adv* *1. (Vergangenheit)* autrefois, jadis; *2. (Zukunft)* un jour
einstampfen ['aɪnʃtampfən] *v TECH* mettre au pilon *f*
Einstand ['aɪnʃtant] *m* *1.* entrée en fonction *f;* *2. (Tennis)* égalité *f*
einstecken ['aɪnʃtɛkən] *v* *1. (in die Tasche)* mettre, fourrer dans la poche; *2. (~ und mitnehmen)* empocher; *3. (Stecker)* brancher; *4. (fig: hinnehmen)* encaisser, trinquer, supporter

E

einsteigen ['aɪnʃtaɪgən] *v irr 1. (in ein Auto)* monter; *2. (in ein Geschäft)* s'associer, prendre une participation
Einsteiger(in) ['aɪnʃtaɪgər(ɪn)] *m/f* débutant(e) *m/f*

einstellen ['aɪnʃtɛlən] *v 1. (regulieren)* régler, mettre au point; *2. (Arbeitskräfte)* recruter, embaucher, engager; *3. (beenden)* cesser, interrompre, arrêter, suspendre

E

Einstellung ['aɪnʃtɛluŋ] *f 1. (Regulierung)* réglage *m,* mise au point *f; 2. (von Arbeitskräften)* recrutement *m,* embauche *f,* engagement *m; 3. (Beendigung)* suspension *f,* arrêt *m; 4. (von Zahlungen)* cessation
Einstieg ['aɪnʃtiːk] *m* entrée *f*
einstimmig ['aɪnʃtɪmɪç] *adj 1. MUS* à une voix, unanime; *adv 2. (fig)* à l'unanimité
Einstimmigkeit ['aɪnʃtɪmɪçkaɪt] *f (fig)* unanimité *f*
einstmals ['aɪnstmaːls] *adv* autrefois
einstudieren ['aɪnʃtudiːrən] *v* étudier, répéter, apprendre
einstufen ['aɪnʃtuːfən] *v* classer, grouper, hiérarchiser
Einstufung ['aɪnʃtuːfuŋ] *f* classement *m*
einstürmen ['aɪnʃtyrmən] *v ~ auf* se précipiter sur, assaillir
Einsturz ['aɪnʃturts] *m* éboulement *m,* écroulement *m,* effondrement *m*
einstürzen ['aɪnʃtyrtsən] *v* s'écrouler, s'effondrer, tomber en ruine
eintauschen ['aɪntauʃən] *v* échanger, troquer
einteilen ['aɪntaɪlən] *v 1.* diviser, partager; *2. (Zeit)* organiser, graduer
Einteilung ['aɪntaɪluŋ] *f* division *f,* partage *m,* classement *m*
Eintrag ['aɪntraːk] *m* inscription *f,* enregistrement *m*
eintragen ['aɪntraːgən] *v irr* inscrire
einträglich ['aɪntrɛːkliç] *adj* lucratif
eintreffen ['aɪntrɛfən] *v irr 1.* arriver; *2. (sich erfüllen)* se réaliser
eintreiben ['aɪntraɪbən] *v irr (Geld)* recouvrer

eintreten ['aɪntreːtən] *v irr 1. (hineingehen)* entrer; *Bitte, treten Sie ein!* Entrez donc! *2. (eintreffen)* arriver, avoir lieu, se présenter; *3. (beitreten)* entrer dans, entrer à; *4. für etw ~ (sich für etw einsetzen)* s'investir pour qc

Eintritt ['aɪntrɪt] *m 1. (Betreten)* entrée *f; sich bei jdm den ~ erzwingen* forcer la porte de qn; *2. (Beitritt)* entrée *f*
einüben ['aɪnyːbən] *v 1.* réviser, répéter; *2. mit jdm etw ~* s'exercer à qc avec qn
einverleiben ['aɪnfɛrlaɪbən] *v* incorporer, intégrer, annexer
Einvernehmen ['aɪnfɛrneːmən] *n* accord *m,* entente *f; im gemeinsamen ~* d'un commun accord
einvernehmlich ['aɪnfɛrneːmlɪç] *adj* consuel, à l'amiable
einverstanden ['aɪnfɛrʃtandən] *adj* d'accord, entendu; *~ sein* être d'accord
Einverständnis ['aɪnfɛrʃtɛntnɪs] *n 1.* accord *m,* bonne intelligence *f; im gegenseitigen ~* à l'amiable; *2. JUR* consentement *m*
Einwand ['aɪnvant] *m 1.* objection *f; Keine Einwände?* Rien à objecter? *2. JUR* opposition *f*
Einwanderer ['aɪnvandərər] *m* immigrant *m,* immigré *m*
einwandfrei ['aɪnvantfraɪ] *adj* incontestable, irréprochable; *nicht ~* pas net
einwärts ['aɪnvɛrts] *adv* vers l'intérieur
Einwegflasche ['aɪnveːkflaʃə] *f* bouteille jetable *f,* bouteille non consignée *f*
einweihen ['aɪnvaɪən] *v* inaugurer, initier; *eine Wohnung ~* pendre la crémaillère
einweisen ['aɪnvaɪzən] *v irr 1. (anleiten)* affecter, initier, donner une instruction; *2. (einliefern)* hospitaliser; *3. (in die Psychiatrie)* interner
Einweisung ['aɪnvaɪzuŋ] *f 1. (Instruktionen)* instruction *f,* directive *f; 2. MED* hospitalisation *f*
einwenden ['aɪnvɛndən] *v irr* objecter
einwerfen ['aɪnvɛrfən] *v irr 1. (einschlagen)* casser, briser; *2. (Post)* poster, mettre dans la boîte aux lettres; *3. (Münze)* mettre dans un distributeur automatique; *4. (fig: Meinung)* objecter, opposer
einwickeln ['aɪnvɪkəln] *v 1.* envelopper, emballer, entortiller; *2. jdn ~ (fig)* faire du baratin à qn
einwilligen ['aɪnvɪlɪgən] *v ~ in* donner son consentement à, consentir à
einwirken ['aɪnvɪrkən] *v* influer sur, avoir une action sur, agir sur, opérer sur
Einwohner(in) ['aɪnvoːnər(ɪn)] *m/f* habitant(e) *m/f*
Einwurf ['aɪnvurf] *m 1. (Bemerkung)* interjection *f,* remarque *f; 2. (Öffnung)* fente *f,* ouverture *f; 3. SPORT* touche *f,* remise en jeu *f*

einzahlen ['aɪntsaːlən] *v* verser, payer; *(auf ein Sparkonto)* déposer
einzäunen ['aɪntsɔynən] *v* enclore, clôturer, palissader
Einzelfall ['aɪntsəlfal] *m* cas isolé *m*
Einzelgänger(in) ['aɪntsəlgɛŋər(ɪn)] *m/f* solitaire *m/f*
Einzelhaft ['aɪntsəlhaft] *f* *JUR* détention cellulaire *f*
Einzelhändler ['aɪntsəlhɛndlər] *m* *ECO* détaillant *m,* commercant en détail *m*
Einzelheit ['aɪntsəlhaɪt] *f* particularité *f,* détail *m*
Einzelkämpfer ['aɪntsəlkɛmpfər] *m* *1. (fig)* individualiste *m; 2. MIL* combattant individuel *m*
Einzelkind ['aɪntsəlkɪnt] *n* enfant unique *m*
Einzeller ['aɪntsɛlər] *m* *BIO* organisme unicellulaire *m*
einzeln ['aɪntsəln] *adj* *1.* seul, séparé, isolé, différent; *adv 2.* séparément, individuellement, en particulier
einziehen ['aɪntsiːən] *v irr 1. (in eine Wohnung)* emménager; *2. (beschlagnahmen)* confisquer, recouvrer; *3. (Geld, Steuern) ECO* encaisser, faire rentrer; *4. (über etw Informationen ~)* prendre, recueillir
einzig ['aɪntsɪç] *adj 1.* seul, unique; *adv 2.* uniquement; *~ und allein* purement et simplement
einzigartig ['aɪntsɪçartɪç] *adj* singulier, unique (en son genre)
Einzug ['aɪntsuːk] *m 1. (in eine Wohnung)* emménagement *m; ~ halten* faire son entrée; *2. (Beschlagnahmung)* confiscation *f; 3. (von Informationen)* recherche *f,* prise *f; 4. MIL* incorporation *f,* appel sous les drapeaux *m; 5. (von Geld) ECO* encaissement *m; 6. (von Steuern)* perception *f; 7. (Einbau)* construction d'une cloison *f*
einzwängen ['aɪntsvɛŋən] *v 1.* serrer, coincer; *2. (fig)* serrer, coincer

> **Eis** [aɪs] *n* glace *f; etw auf ~ legen (fig)* remettre qc à plus tard; *das ~ brechen (fig)* rompre la glace/briser la glace

Eisbär ['aɪsbɛːr] *m* *ZOOL* ours blanc *m*
Eisberg ['aɪsbɛrk] *m* *GEOL* iceberg *m*
Eisbrecher ['aɪsbrɛçər] *m* *NAUT* brise-glace *m*
Eiscreme ['aɪskreːm] *f* *GAST* crème glacée *f*
Eisen ['aɪzən] *n* fer *m; zum alten ~ gehören* être mis au rancart/avoir fait son temps; *mehrere ~ im Feuer haben* avoir plus d'une corde à son arc
Eisenbahn ['aɪzənbaːn] *f* chemin de fer *m; Es ist höchste ~!* Il n'y a pas une minute à perdre./Le temps presse.
Eisenbahnschaffner ['aɪzənbaːnʃafnər] *m* contrôleur *m*
eisenhaltig ['aɪzənhaltɪç] *adj* ferrugineux, qui contient du fer
eisern ['aɪzərn] *adj 1. (aus Eisen)* en fer, de fer; *2. (fig)* de fer, infatigable, inébranlable; *adv 3. (fig)* avec une très grande fermeté, obstinément, mordicus
Eisfach ['aɪsfax] *n* compartiment de glace *m,* freezer *m*
eisfrei ['aɪsfraɪ] *adj* sans verglas
Eisglätte ['aɪsglɛtə] *f* *METEO* verglas *m*
eisig ['aɪzɪç] *adj 1. (kalt)* glacé, glacial; *2. (fig)* de glace, glacé, glacial
eiskalt ['aɪs'kalt] *adj 1. (kalt)* glacé, glacial; *2. (fig)* de glace, glacé, glacial, sans aucune émotion
Eiskunstlauf ['aɪskunstlauf] *m* *SPORT* patinage artistique *m*
Eislauf ['aɪslauf] *m* *SPORT* patinage *m*
Eispickel ['aɪspɪkəl] *m* piolet *m*
Eisprung ['aɪʃpruŋ] *m* *BIO* ovulation *f*
Eisschrank ['aɪsʃraŋk] *m* glacière *f,* réfrigérateur *m,* frigidaire *m,* frigo *m (fam)*
Eisvogel ['aɪsfoːgəl] *m* *ZOOL* martin-pêcheur *m*
Eiszeit ['aɪstsaɪt] *f* *GEOL* ère glaciaire *f,* époque glaciaire *f,* glaciation *f*
Eitelkeit ['aɪtəlkaɪt] *f* vanité *f,* coquetterie *f,* futilité *f*
Eiter ['aɪtər] *m* *MED* pus *m*
eitern ['aɪtərn] *v* *MED* suppurer
eitrig ['aɪtrɪç] *adj* *MED* purulent
Eiweiß ['aɪvaɪs] *n 1. (vom Ei)* blanc d'œuf*m; 2. BIO* protéine *f,* albumine *m*
Eizelle ['aɪtsɛlə] *f* *BIO* ovule *m*
Ekel ['eːkəl] *m* dégoût *m,* nausée *f,* écœurement *m; ~ erregend* écœurant, nauséabond; *Das ist ~ erregend.* C'est à vomir.
ekelhaft ['eːkəlhaft] *adj 1.* dégoûtant, répugnant; *2. (unangenehm)* affreux, terrible
ekeln ['eːkəln] *v sich ~ vor* être dégoûté par, avoir le cœur levé par, avoir le cœur soulevé par
Eklat [e'klaː] *m* éclat *m,* scandale *m*
eklatant [ekla'tant] *adj 1.* éclatant; *2. (offenkundig)* flagrant, manifeste
elastisch [e'lastɪʃ] *adj* élastique

E

Elastizität [elastɪtsɪ'tɛːt] *f* élasticité *f*
Elch [ɛlç] *m ZOOL* élan *m*
Elefant [ele'fant] *m* éléphant *m; wie ein ~ im Porzellanladen* comme un éléphant dans un magasin de porcelaine
elegant [ele'gant] *adj* élégant
Elektrik [e'lɛktrɪk] *f 1. TECH* électricité *f; 2. (Elektrotechnik)* électrotechnique *f*
Elektriker [e'lɛktrɪkər] *m* électricien *m*
elektrisch [e'lɛktrɪʃ] *adj* électrique
Elektrizität [elɛktritsi'tɛːt] *f* électricité *f*
Elektrizitätswerk [elɛktritsi'tɛːtsvɛrk] *n* centrale électrique *f,* usine électrique *f*
Elektroauto [e'lɛktroauto] *n* voiture électrique *f*
Elektronik [elɛk'troːnɪk] *f* électronique *f*
elektronisch [elɛk'troːnɪʃ] *adj* électronique
Elektrotechniker(in) [e'lɛktrotɛçnɪkər(ɪn)] *m/f* technicien(ne) en électricité *m/f,* électricien(ne) *m/f*
elektrotechnisch [e'lɛktrotɛçnɪʃ] *adj TECH* électrotechnique
Element [ele'mɛnt] *n* élément *m; in seinem ~ sein* être dans son élément
elementar [elemɛn'taːr] *adj* élémentaire, fondamental
elend ['eːlɛnt] *adj* misérable, lamentable, miséreux
Elend ['eːlɛnt] *n* misère *f,* dénuement *m,* détresse *f; wie ein Häufchen ~ sein* avoir l'air misérable, être très malheureux; *jdn (finanziell) ins ~ stürzen* causer la perte de qn
Elendsviertel ['eːlɛntsfɪrtəl] *n* îlot insalubre *m,* quartier sordide *m*
elf [ɛlf] *num* onze
Elfe ['ɛlfə] *f* elfe *m,* sylphe *m,* sylphide *f*
Elfenbein ['ɛlfənbaɪn] *n* ivoire *m*
Eliminierung [elimi'niːruŋ] *f* élimination *f*
elitär [elɪ'tɛːr] *adj* élitiste
Ell(en)bogen [ɛl(ən)boːgən] *m ANAT* coude *m; die ~ gebrauchen (fig)* jouer des coudes
Elle ['ɛlə] *f ANAT* cubitus *m*
Elsass ['ɛlzas] *n GEO* Alsace *f*
Elsässer(in) ['ɛlzɛsər(ɪn)] *m/f* Alsacien(ne) *m/f*
Elster ['ɛlstər] *f ZOOL* pie *f*
elterlich ['ɛltərlɪç] *adj* parental

Eltern ['ɛltərn] *pl* parents *m/pl; nicht von schlechten ~ sein (fam)* ne pas être piqué des vers

Elternabend ['ɛltərnaːbənt] *m* réunion de parents d'élèves *f*
Elternhaus ['ɛltərnhaus] *n* maison familiale *f*
Email [e'maːj] *n* émail *m*
E-Mail ['iːmeɪl] *f INFORM* courriel *m,* courrier électronique *m,* e-mail *m*
Emanze [e'mantsə] *f (fam)* féministe *f*
Emanzipation [emantsɪpa'tsjoːn] *f* émancipation *f*
Emission [emɪs'joːn] *f 1. ECO* émission *f; 2. PHYS* émission *f,* rayonnement *m*
Empfang [ɛm'pfaŋ] *m 1. (Erhalt)* réception *f; den ~ bestätigen* accuser réception; *2. (Begrüßung)* réception *f,* accueil *m; jdm einen festlichen ~ bereiten* faire la fête à qn; *3. (Rezeption)* réception *f; 4. (Veranstaltung)* réception *f; 5. (eines Fernsehgeräts) TECH* réception *f*
empfangen [ɛm'pfaŋən] *v irr 1. (erhalten)* recevoir; *2. (begrüßen)* recevoir, accueillir; *3. (Fernsehen) TECH* recevoir, capter
Empfänger [ɛm'pfɛŋər] *m 1. (Adressat)* destinataire *m; 2. (Gerät) TEL* récepteur *m*
empfänglich [ɛm'pfɛŋlɪç] *adj 1.* sensible à, réceptif à, accessible à; *2. (aufnahmebereit)* accessible à, réceptif à
Empfängnis [ɛm'pfɛŋnɪs] *f BIO* conception *f*
Empfängnisverhütung [ɛm'pfɛŋnɪsfɛrhyːtuŋ] *f BIO* contraception *f*
empfehlen [ɛm'pfeːlən] *v irr* recommander
empfehlenswert [ɛm'pfeːlənsveːrt] *adj* recommandable
empfinden [ɛm'pfɪndən] *v irr* éprouver, ressentir, sentir
empfindlich [ɛm'pfɪntlɪç] *adj 1.* sensible à, délicat, fragile; *adv 2.* sensiblement, vivement; *~ treffen* toucher le point sensible
Empfindlichkeit [ɛm'pfɪntlɪçkaɪt] *f* sensibilité *f*
empfindsam [ɛm'pfɪntzaːm] *adj* sensible, sentimental, émotif
Empfindsamkeit [ɛm'pfɪntzaːmkaɪt] *f* sensibilité *f,* sentimentalité *f*
Empfindung [ɛm'pfɪnduŋ] *f* sensation *f,* sentiment *m*
empor [ɛm'poːr] *adv* en haut, vers le haut, en l'air, au ciel
empören [ɛm'pøːrən] *v sich ~* s'indigner, se révolter, s'insurger
emporkommen [ɛm'poːrkɔmən] *v irr* monter, parvenir, faire son chemin

Emporkömmling [ɛm'poːrkœmlɪŋ] *m* parvenu *m*
emporragen [ɛm'poːraːgən] *v* surplomber, dépasser, se dresser au-dessus, s'élever au-dessus
empört [ɛm'pøːrt] *adj 1.* indigné, révolté, outré; *adv 2.* avec indignation
Empörung [ɛm'pøːruŋ] *f* indignation *f*
emsig ['ɛmzɪç] *adj 1.* laborieux, actif, appliqué; *adv 2.* avec ardeur

Ende ['ɛndə] *n* fin *f; am ~* en fin de compte; *einer Sache ein ~ setzen* mettre fin à qc; *Das nimmt kein ~.* C'est à n'en plus finir. *am ~ seiner Kraft sein* être à bout de force; *am falschen ~ anfassen* prendre par le mauvais bout; *letzten ~s* en fin de compte; *das ~ vom Lied* la fin des haricots *f; zu ~ gehen* toucher à sa fin; *Das dicke ~ kommt noch.* Le plus dur est à venir. *am ~ sein (fig)* être épuisé/ne plus en pouvoir; *Mit ihm geht es zu ~.* C'est le commencement de la fin pour lui./Il approche de sa fin.

Endeffekt ['ɛndefɛkt] *m im ~* en définitive, en dernière analyse, au final
enden ['ɛndən] *v* finir, se terminer
endgültig ['ɛntgyltɪç] *adj* définitif
Endgültigkeit ['ɛntgyltɪçkaɪt] *f* caractère définitif *m,* irrévocabilité *f*
Endlagerung ['ɛntlaːgəruŋ] *f PHYS* stockage définitif des déchets nucléaires *m*
endlich ['ɛntlɪç] *adj 1.* final, dernier, définitif; *adv 2.* enfin, finalement
endlos ['ɛntloːs] *adj 1.* sans fin, infini, interminable; *adv 2.* à l'infini, à perte de vue
Endung ['ɛnduŋ] *f LING* terminaison *f*
Endziffer ['ɛnttsɪfər] *f MATH* dernier chiffre *m,* unité *f*
Energie [enɛr'giː] *f* énergie *f*
Energiebündel [enɛr'giːbyndəl] *n (fam)* paquet d'énergie *m*
Energiesparlampe [enɛr'giːʃpaːrlampə] *f* lampe basse consommation *f*
Energieverbrauch [enɛr'giːfɛrbraux] *m* consommation d'énergie *f*
Energieversorgung [enɛr'giːfɛrzɔrguŋ] *f* approvisionnement en énergie *m*
Energiewirtschaft [enɛr'giːvɪrtʃaft] *f* économie énergétique *f*
energisch [e'nɛrgɪʃ] *adj 1.* énergique; *adv 2.* avec énergie
eng [ɛŋ] *adj* étroit, serré; *~ befreundet* très lié; *etw nicht so ~ sehen* ne pas être trop pointilleux sur qc
Engagement [ɑ̃ngaʒ'mɑ̃] *n 1. (Einsatz)* engagement *m; 2. (Anstellung)* engagement *m,* embauche *f*
engagieren [ɑ̃nga'ʒiːrən] *n 1. jdn ~* engager qn, embaucher qn; *2. sich ~* s'engager
Enge ['ɛŋə] *f* étroitesse *f,* brièveté *f,* exiguité *f; jdn in die ~ treiben* mettre qn au pied du mur, pousser qn dans ses derniers retranchements
Engel ['ɛŋəl] *m* ange *m*
Engelsgeduld ['ɛŋəlsgədult] *f* patience d'ange *f,* patience à toute épreuve *f*
Engelszungen ['ɛŋəlstsuŋən] *pl mit ~ reden (fig)* parler sur un ton enjôleur
England ['ɛŋlant] *n GEO* Angleterre *f*
englisch ['ɛŋlɪʃ] *adj* anglais
engmaschig ['ɛŋmaʃɪç] *adj 1.* à mailles serrées; *2. (fig)* serré, dense
Engpass ['ɛŋpas] *m (fig)* difficultés financières *f/pl,* goulot d'étranglement *m*
engstirnig ['ɛŋʃtɪrnɪç] *adj* borné
Enkel(in) ['ɛŋkəl(ɪn)] *m/f* petit-fils/petite-fille *m/f; die ~ pl* les petits-enfants *m/pl*
enorm [e'nɔrm] *adj* énorme
entbehren [ɛnt'beːrən] *v* se passer de, être privé de
entbehrlich [ɛnt'beːrlɪç] *adj* superflu, dont on peut se passer
Entbehrung [ɛnt'beːruŋ] *f* privation *f*
entbinden [ɛnt'bɪndən] *v irr 1. (befreien)* détacher, délier; *2. MED* accoucher
Entbindung [ɛnt'bɪnduŋ] *f 1. (Befreiung)* délivrance *f; 2. MED* accouchement *m*
Entbindungsstation [ɛnt'bɪnduŋsʃtatsjoːn] *f MED* maternité *f,* service obstétrical *m,* service des accouchements *m*
entblößen [ɛnt'bløːsən] *v* découvrir qc, dénuder qn
entbrennen [ɛnt'brɛnən] *v irr 1.* éclater; *2. (fig: Gefühle für jdn)* s'enflammer
entdecken [ɛnt'dɛkən] *v 1.* découvrir, trouver, éventer; *2. (Spur)* dépister
Entdecker(in) [ɛnt'dɛkər(ɪn)] *m/f* explorateur *m,* inventeur/inventrice *m/f*
Ente ['ɛntə] *f 1. ZOOL* canard *m; watscheln wie eine ~* marcher comme un canard; *eine lahme ~ (fig)* une chiffe molle *f; 2. (Zeitungsente)* fausse nouvelle *f,* canular *m; 3. (fam: Auto)* 2 CV
entehren [ɛnt'eːrən] *v* déshonorer
enteignen [ɛnt'aɪgnən] *v JUR* déposséder, exproprier
Enteignung [ɛnt'aɪgnuŋ] *f JUR* expropriation *f*

E

E

enterben [ɛnt'ɛrbən] *v* déshériter
Enterich ['ɛntərɪç] *m ZOOL* canard *m*
entfachen [ɛnt'faxən] *v 1. (Feuer)* attiser; *2. (fig: Streit)* engendrer, déclencher
entfallen [ɛnt'falən] *v irr 1. (ausfallen)* n'avoir pas lieu, être supprimé; *2. (fig: vergessen)* échapper, oublier; *Sein Name ist mir ~.* Son nom m'a échappé.
entfalten [ɛnt'faltən] *v 1.* déplier; *2. (Persönlichkeit)* épanouir
entfärben [ɛnt'fɛrbən] *v* décolorer, changer de couleur
entfernen [ɛnt'fɛrnən] *v 1. sich ~ (weggehen)* s'éloigner; *2. (wegnehmen)* enlever, éliminer, écarter
entfernt [ɛnt'fɛrnt] *adj* éloigné, distant; *weit ~* lointain
Entfernung [ɛnt'fɛrnuŋ] *f 1. (Distanz)* distance *f,* éloignement *m; 2. (Wegnahme)* élimination *f; 3. MED* ablation *f*
entfesseln [ɛnt'fɛsəln] *v (fig)* déchaîner, déclencher
entflammen [ɛnt'flamən] *v 1. (entzünden)* enflammer; *2. (fig: für jdn)* s'enflammer pour
entfliehen [ɛnt'fliːən] *v irr* s'enfuir, échapper, s'échapper
Entfremdung [ɛnt'frɛmduŋ] *f 1.* aliénation *f; 2. (fig)* refroidissement *m*
entführen [ɛnt'fyːrən] *v 1.* enlever, ravir; *2. (Flugzeug)* détourner
Entführer [ɛnt'fyːrər] *m* ravisseur *m*
Entführung [ɛnt'fyːruŋ] *f 1.* enlèvement *m,* rapt *m; 2. (Flugzeugentführung)* détournement *m*
entgegen [ɛnt'geːgən] *prep 1. (örtlich)* au-devant de, à la rencontre de; *2. (wider)* contraire à, opposé à, contre
entgegenblicken [ɛnt'geːgənblɪkən] *v* attendre, envisager
entgegengehen [ɛnt'geːgəngeːən] *v irr 1.* aller à la rencontre de; *2. (fig)* braver, affronter
entgegengesetzt [ɛnt'geːgəngəzɛtst] *adj 1. (örtlich)* opposé; *2. (gegensätzlich)* opposé, contraire
entgegenhalten [ɛnt'geːgənhaltən] *v irr 1.* tendre vers; *2. (fig: einwenden)* objecter, opposer; *3. (präsentieren)* présenter
entgegenkommen [ɛnt'geːgənkɔmən] *v irr 1.* venir au-devant de, venir à la rencontre de; *2. (fig: eingehen)* être prévenant
entgegennehmen [ɛnt'geːgənneːmən] *v irr* recevoir, accueillir, réceptionner
entgegensetzen [ɛnt'geːgənzɛtsən] *v 1. Widerstand ~* s'opposer à; *2. einer Sache etw ~* opposer qc à
entgegentreten [ɛnt'geːgəntreːtən] *v irr jdm ~* s'opposer à qn
entgegenwirken [ɛnt'geːgənvɪrkən] *v* contrecarrer, contrarier
entgegnen [ɛnt'geːgnən] *v* répondre, répliquer
entgehen [ɛnt'geːən] *v irr* échapper à, manquer; *sich eine Gelegenheit nicht ~ lassen* ne pas laisser échapper une occasion; *Ihm entgeht nichts.* Rien ne lui échappe.
entgeistert [ɛnt'gaɪstərt] *adj 1.* ébahi, stupéfait, hébété; *adv 2.* avec stupéfaction, avec ébahissement, d'un air abasourdi
Entgelt [ɛnt'gɛlt] *n* dédommagement *m,* rétribution *f*
entgleisen [ɛnt'glaɪzən] *v 1. (Zug)* dérailler; *2. (fig)* dérailler, commettre une bévue, faire une gaffe
enthaaren [ɛnt'haːrən] *v* épiler
enthalten [ɛnt'haltən] *v irr 1. (beinhalten)* contenir; *2. sich einer Sache ~* se retenir de qc, s'abstenir de qc, se garder de qc
enthaltsam [ɛnt'haltzaːm] *adj 1.* abstinent, sobre, chaste; *adv 2.* avec abstinence, sobrement, avec tempérance
Enthaltung [ɛnt'haltuŋ] *f* abstention *f*
enthärten [ɛnt'hɛrtən] *v* adoucir
enthaupten [ɛnt'hauptən] *v* décapiter
entheben [ɛnt'heːbən] *v irr 1. (der Verantwortung)* délivrer, dispenser; *2. (eines Amtes)* démettre de, destituer de
enthüllen [ɛnt'hylən] *v 1. (Denkmal)* enlever le voile, dévoiler, faire tomber le voile, inaugurer; *2. (fig)* révéler, dévoiler
entjungfern [ɛnt'juŋfərn] *v* déflorer, dépuceler
entkalken [ɛnt'kalkən] *v* détartrer
Entkalkungsmittel [ɛnt'kalkuŋsmɪtəl] *n* détartrant *m*
entkernen [ɛnt'kɛrnən] *v* dénoyauter
entkleiden [ɛnt'klaɪdən] *v* déshabiller, dévêtir
entkoffeiniert [ɛntkɔfei'niːrt] *adj* décaféiné
entkommen [ɛnt'kɔmən] *v irr* s'échapper, se sauver, s'enfuir
entkorken [ɛnt'kɔrkən] *v* déboucher
entkräften [ɛnt'krɛftən] *v 1.* affaiblir, priver de ses forces; *2. (widerlegen)* infirmer, réfuter
Entkräftung [ɛnt'krɛftuŋ] *f* affaiblissement *m,* exténuation *f,* épuisement *m*

entladen [ɛnt'laːdən] *v irr 1. (abladen)* décharger; *2. (fig: befreien)* soulager, libérer
entlang [ɛnt'laŋ] *prep* le long de
entlarven [ɛnt'larfən] *v* démasquer

entlassen [ɛnt'lasən] *v irr 1. (Arbeitskräfte)* licencier, renvoyer, mettre à la porte; *2. (Gefangene)* libérer, remettre en liberté; *3. MIL* démobiliser, libérer

Entlassung [ɛnt'lasuŋ] *f 1. (von Arbeitskräften)* licenciement *m,* renvoi *m,* mise à la porte *f; 2. (von Gefangenen)* libération *f; 3. (von Patienten)* sortie de l'hôpital *f; 4. MIL* démobilisation *f,* libération *f*
entlasten [ɛnt'lastən] *v 1.* décharger, soulager; *2. (steuerlich)* exonérer; *3. JUR* décharger, disculper
Entlastung [ɛnt'lastuŋ] *f 1.* aide *f,* assistance *f,* dégagement *m; 2. (eines Angeklagten) JUR* disculpation *f,* décharge *f*
entleeren [ɛnt'leːrən] *v* vider
entlegen [ɛnt'leːgən] *adj* éloigné, lointain, isolé, écarté
entlocken [ɛnt'lɔkən] *v jdm etw ~ (Geständnis, Geheimnis)* arracher qc à qn, soutirer qc à qn
entlohnen [ɛnt'loːnən] *v* rémunérer, rétribuer, payer
entlüften [ɛnt'lyftən] *v* désaérer, aérer, ventiler
entmachten [ɛnt'maxtən] *v POL jdn ~* destituer qn, priver qn de son pouvoir, renverser qn
Entmachtung [ɛnt'maxtuŋ] *f POL* privation du pouvoir *f,* dépossession du pouvoir *f*
entmilitarisieren [ɛntmilitari'ziːrən] *v POL* démilitariser
entmündigen [ɛnt'myndɪgən] *v JUR* mettre sous tutelle, interdire
Entmündigung [ɛnt'myndɪguŋ] *f JUR* interdiction judiciaire *f,* interdiction civile *f*
entmutigen [ɛnt'muːtɪgən] *v* décourager, démoraliser
Entnahme [ɛnt'naːmə] *f* prélèvement *m,* prise *f*
Entnazifizierung [ɛntnatsifi'tsiːruŋ] *f POL* dénazification *f*
entnehmen [ɛnt'neːmən] *v irr 1. (herausnehmen)* tirer de, prendre de, emprunter à; *2. (fig: schließen)* conclure, tirer de
entpuppen [ɛnt'pupən] *v sich ~ als (fig)* se révéler comme, s'avérer comme; *Er entpuppte sich als ein gefährlicher Verbrecher.* Il se révéla comme un dangereux criminel.
enträtseln [ɛnt'rɛːtsəln] *v* résoudre, déchiffrer
entrichten [ɛnt'rɪçtən] *v (einen Geldbetrag)* régler, payer, verser
entrinnen [ɛnt'rɪnən] *v irr* échapper à, s'échapper à
entrücken [ɛnt'rykən] *v jdn einer Sache ~* enlever qc à qn, dérober qc à qn, faire disparaître qc de la vue de qn
entrüsten [ɛnt'rystən] *v sich ~* s'indigner, se révolter, se fâcher
Entrüstung [ɛnt'rystuŋ] *f* indignation *f,* irritation *f,* révolte *f*
entschädigen [ɛnt'ʃɛːdɪgən] *v* dédommager, indemniser
entscheiden [ɛnt'ʃaɪdən] *v irr* décider; *Das ist schon entschieden.* C'est tout réfléchi.
entscheidend [ɛnt'ʃaɪdənt] *adj* déterminant, décisif
Entscheidung [ɛnt'ʃaɪduŋ] *f* décision *f; Die ~ liegt bei Ihnen.* C'est à vous de choisir.
entschieden [ɛnt'ʃiːdən] *adj 1.* décidé, déterminé; *mit ~em Ton* d'un ton tranchant; *adv 2.* décidément, résolument, catégoriquement
Entschiedenheit [ɛnt'ʃiːdənhaɪt] *f* détermination *f*
entschließen [ɛnt'ʃliːsən] *v irr sich ~* se décider, se résoudre
Entschließung [ɛnt'ʃliːsuŋ] *f* décision *f*
entschlossen [ɛnt'ʃlɔsən] *adj 1.* décidé, résolu; *Ich bin fest dazu ~.* J'y suis décidé. *adv 2.* sans hésitation, délibérément
Entschlossenheit [ɛnt'ʃlɔsənhaɪt] *f* résolution *f,* détermination *f,* fermeté *f*
Entschluss [ɛnt'ʃlus] *m* décision *f,* résolution *f; einen ~ umstoßen* revenir sur une décision
entschuldigen [ɛnt'ʃuldɪgən] *v 1. etw ~* excuser qc, pardonner qc; *2. sich ~* s'excuser, demander pardon, faire des excuses, présenter des excuses

Entschuldigung [ɛnt'ʃuldɪguŋ] *f* excuse *f,* pardon *m; ~en stammeln* balbutier des excuses

entsenden [ɛnt'zɛndən] *v irr* envoyer, mandater
Entsetzen [ɛnt'zɛtsən] *n* effroi *m,* horreur *f,* épouvante *f*
entsetzen [ɛnt'zɛtsən] *v* épouvanter, horrifier
entsetzlich [ɛnt'zɛtslɪç] *adj* épouvantable, horrible, effroyable

E

entsetzt [ɛnt'zɛtst] *adj* épouvanté, indigné, horrifié
entsinnen [ɛnt'zɪnən] *v irr sich ~* se souvenir de, se rappeler
entsorgen [ɛnt'zɔrgən] *v* éliminer, stocker; *etw ~* se débarrasser de qc
Entsorgung [ɛnt'zɔrguŋ] *f 1.* élimination *f*, stockage *m; 2. (von Müll) TECH* traitement *m*
entspannen [ɛnt'ʃpanən] *v sich ~* se détendre, se décontracter, se relaxer
Entspannung [ɛnt'ʃpanuŋ] *f 1.* détente *f*, décontraction *f*, relaxation *f; 2. POL* détente *f*
entsprechen [ɛnt'ʃprɛçən] *v irr* correspondre à, être conforme
entsprechend [ɛnt'ʃprɛçənt] *adj* correspondant
Entsprechung [ɛnt'ʃprɛçuŋ] *f 1.* correspondance *f*, équivalent *m*, analogie *f*, conformité *f*
entspringen [ɛnt'ʃprɪŋən] *v irr 1. (herrühren)* sortir de, venir de; *2. (Fluss)* prendre sa source
entstammen [ɛnt'ʃtamən] *v einer Sache ~* provenir de, procéder de
entstehen [ɛnt'ʃteːən] *v irr 1.* naître; *2. (verursacht werden)* être causé par
Entstehung [ɛnt'ʃteːuŋ] *f* origine *f*, naissance *f*, commencement *m*
entstellen [ɛnt'ʃtɛlən] *v* défigurer, déformer
enttäuschen [ɛnt'tɔyʃən] *v* décevoir
Enttäuschung [ɛnt'tɔyʃuŋ] *f* déception *f*
entwachsen [ɛnt'vaksən] *v irr* sortir de, quitter, ne plus avoir l'âge de
entwaffnen [ɛnt'vafnən] *v 1. MIL* désarmer; *2. (fig)* désarmer
entwarnen [ɛnt'varnən] *v* donner la fin de l'alerte
entwässern [ɛnt'vɛsərn] *v 1.* drainer, assécher; *2. MED* déshydrater
entweder ['ɛntveːdər] *konj ~ ... oder* ou ... ou, soit ... soit, ou bien ... ou bien; *Entweder dies oder nichts!* C'est à prendre ou à laisser!
entweichen [ɛnt'vaɪçən] *v irr* échapper à, s'échapper à, fuire de
entweihen [ɛnt'vaɪən] *v REL* profaner, violer
Entweihung [ɛnt'vaɪuŋ] *f REL* profanation *f*
entwenden [ɛnt'vɛndən] *v* détourner, dérober
entwerfen [ɛnt'vɛrfən] *v irr* dessiner, ébaucher, esquisser
entwerten [ɛnt'vɛrtən] *v 1. (Fahrkarte)* composter; *2. (Geld) ECO* démonétiser, dévaluer; *3. (fig)* dénigrer, avilir, déprécier
entwickeln [ɛnt'vɪkəln] *v* développer, déployer; *sich ~* être en progrès
Entwicklung [ɛnt'vɪkluŋ] *f* développement *m*, évolution *f*
entwicklungsgeschichtlich [ɛnt'vɪkluŋsgəʃɪçtlɪç] *adj BIO* génétique, ontogénique, phylogénétique
Entwicklungshilfe [ɛnt'vɪkluŋshɪlfə] *f* aide aux pays en voie de développement *f*
Entwicklungsland [ɛnt'vɪkluŋslant] *n* pays en voie de développement *m*
entwinden [ɛnt'vɪndən] *v irr jdm etw ~* arracher qc à qn
entwirren [ɛnt'vɪrən] *v 1.* démêler; *2. (fig)* démêler, éclaircir
entwischen [ɛnt'vɪʃən] *v* s'échapper, s'évader, s'esquiver, échapper à
entwöhnen [ɛnt'vøːnən] *v* sevrer, déshabituer, désaccoutumer, désintoxiquer
entwürdigend [ɛnt'vyrdɪgənt] *adj* avilissant, dégradant
Entwurf [ɛnt'vurf] *m ARCH* plan *m*, projet *m*, ébauche *f*, esquisse *f*
entwurzeln [ɛnt'vurtsəln] *v 1. BOT* déraciner; *2. (fig)* désacclimater
entziehen [ɛnt'tsiːən] *v irr 1. sich einer Sache ~* se retirer de qc, se soustraire de qc, se dérober à qc; *2. (etw ~)* retirer qc
Entziehungskur [ɛnt'tsiːuŋskuːr] *f MED* cure de désintoxication *f*
entziffern [ɛnt'tsɪfərn] *v* déchiffrer
entzückend [ɛnt'tsykənt] *adj* ravissant, charmant
Entzug [ɛnt'tsuːk] *m MED* sevrage *m*, désintoxication *f*
entzündbar [ɛnt'tsyndbaːr] *adj* inflammable
entzünden [ɛnt'tsyndən] *v 1. (Feuer)* allumer; *2. sich ~ MED* s'enflammer
Entzündung [ɛnt'tsynduŋ] *f MED* inflammation *f*, irritation *f*
entzweien [ɛnt'tsvaɪən] *v* diviser, brouiller, désunir
entzweigehen [ɛnt'tsvaɪgeːən] *v irr* se casser en deux, se rompre, se briser
Entzweiung [ɛnt'tsvaɪuŋ] *f 1.* désunion *f*, division *f; 2. (Streit)* brouille *f*, différend *m*
Enzian ['ɛntsjan] *m BOT* gentiane *f*
Epik ['eːpɪk] *f LIT* littérature épique *f*
Epoche [e'pɔxə] *f HIST* époque *f*
Epos ['epɔs] *n* épopée *f*

er [eːr] *pron 1.* il; *2. (betont)* lui

Erachten [ɛr'axtən] *n meines ~s* à mon avis, selon moi
erachten [ɛr'axtən] *v* croire, juger, estimer
erahnen [ɛr'aːnən] *v* deviner, pressentir
erarbeiten [ɛr'arbaɪtən] *v* élaborer, travailler à, acquérir par son travail
Erbanlagen ['ɛrpanlaːgən] *pl BIO* caractère héréditaire *m,* disposition héréditaire *f*
Erbarmen [ɛr'barmən] *n* pitié *f,* miséricorde *f*
erbarmen [ɛr'barmən] *v sich ~* avoir pitié de, être pris de pitié
erbärmlich [ɛr'bɛrmlɪç] *adj* pitoyable, lamentable
erbarmungslos [ɛr'barmuŋsloːs] *adj* impitoyable
erbauen [ɛr'bauən] *v* bâtir, fonder
erbaulich [ɛr'baulɪç] *adj* édifiant
Erbauung [ɛr'bauuŋ] *f 1. (Gebäude)* construction *f,* édification *f; 2. REL* édification *f*
Erbe ['ɛrbə] *n 1.* héritage *m; m 2. (Person)* héritier *m*
erbeben [ɛr'beːbən] *v* trembler
erben ['ɛrbən] *v* hériter; *ein Haus ~* hériter d'une maison; *Sie hat ihre Schönheit von ihrer Mutter geerbt.* Elle tient sa beauté de sa mère.
erbeuten [ɛr'bɔytən] *v* s'emparer de
Erbfolge ['ɛrpfɔlgə] *f* succession *f*
erbieten [ɛr'biːtən] *v irr sich ~ etw zu tun* se proposer de faire qc
Erbin ['ɛrbɪn] *f* héritière *f*
erbitten [ɛr'bɪtən] *v irr sich etw von jdm ~* demander qc à qn, prier qn de faire qc, solliciter qc de qn
erbittert [ɛr'bɪtərt] *adj 1. (Kampf)* acharné; *adv 2.* avec acharnement
erblassen¹ [ɛr'blasən] *v (blass werden)* pâlir, blêmir
erblassen² ['ɛrplasən] *v (hinterlassen)* transmettre
erblich ['ɛrplɪç] *adj* héréditaire
erblinden [ɛr'blɪndən] *v* perdre la vue, devenir aveugle, être frappé de cécité
Erbmasse ['ɛrpmasə] *f 1. BIO* génotype *m; 2. JUR* masse successorale *f*
Erbrechen [ɛr'brɛçən] *n 1.* fait de vomir *m,* vomissement *m,* nausée *f; 2. bis zum ~ (fig)* jusqu'à l'écœurement
erbrechen [ɛr'brɛçən] *v irr* vomir, rendre, rejeter
Erbse ['ɛrpsə] *f BOT* pois *m; grüne ~n* petits pois *m/pl*
Erbstück ['ɛrpʃtyk] *n* bien reçu en héritage *m,* objet hérite *m*
Erbsünde ['ɛrpzyndə] *f REL* péché originel *m*
Erdbeben ['eːrtbeːbən] *n* tremblement de terre *m*
Erdbeere ['eːrtbeːrə] *f BOT* fraise *f*
Erdbevölkerung ['eːrtbəfœlkəruŋ] *f* population mondiale *f*
Erdboden ['eːrtboːdən] *m* sol *m,* surface de la terre *f; etw dem ~ gleichmachen* raser qc/détruire complètement qc; *vom ~ verschwinden* être décimé/être exterminé; *wie vom ~ verschluckt* avoir disparu sans laisser de trace

Erde ['eːrdə] *f* terre *f; jdn unter die ~ bringen* envoyer qn dans l'au-delà; *auf der ~ bleiben (fig)* garder les pieds sur terre; *etw aus der ~ stampfen (fig)* créer qc à partir de rien

erden ['eːrdən] *v TECH* relier à la terre, mettre à la masse
erdenklich [ɛr'dɛŋklɪç] *adj* imaginable, concevable
Erdgas ['eːrtgaːs] *n* gaz naturel *m*
Erdgeschoss ['eːrtgəʃɔs] *n* rez-de-chaussée *m*
erdichten [ɛr'dɪçtən] *v* imaginer, inventer, fabriquer de toutes pièces
erdig ['eːrdɪç] *adj 1.* terreux; *2. (Geruch)* de terre
Erdkunde ['eːrtkundə] *f* géographie *f*
Erdnuss ['eːrtnus] *f BOT* cacahuète *f,* arachide *f*
Erdöl ['eːrtøːl] *n* pétrole brut *m; ~ exportierend* exportateur de pétrole
erdrosseln [ɛr'drɔsəln] *v* étrangler
erdrücken [ɛr'drykən] *v* écraser, étouffer, réprimer, accabler
Erdrutsch ['eːrtrutʃ] *m GEOL* glissement de terrain *m,* éboulement *m*
erdulden [ɛr'duldən] *v* supporter, souffrir
ereifern [ɛr'aɪfərn] *v sich ~* s'emporter, s'échauffer, s'emballer
ereignen [ɛr'aɪgnən] *v sich ~* arriver, survenir, avoir lieu
Ereignis [ɛr'aɪgnɪs] *n* événement *m*
ererbt [ɛr'ɛrpt] *adj* hérité
erfahren [ɛr'faːrən] *v irr 1. (mitgeteilt bekommen)* apprendre; *adj 2.* expérimenté, expert; *in etw ~ sein* être versé dans qc/s'y connaître dans un domaine

E

Erfahrung [ɛr'faːrʊŋ] *f* expérience *f*
erfassen [ɛr'fasən] *v 1. (greifen)* saisir, empoigner; *2. (fig: verstehen)* concevoir, comprendre; *3. (statistisch)* recenser, chiffrer statistiquement
Erfassung [ɛr'fasʊŋ] *f (von Statistiken)* recensement *m,* chiffrage statistique *m,* saisie de données statistiques *f*
erfinden [ɛr'fɪndən] *v irr* inventer, découvrir, imaginer; *frei erfunden* inventé de toutes pièces
Erfinder(in) [ɛr'fɪndər(ɪn)] *m/f* inventeur/inventrice *m/f*
erfinderisch [ɛr'fɪndərɪʃ] *adj* inventif, ingénieux, imaginatif
Erfolg [ɛr'fɔlk] *m* succès *m; zum ~ führen* mener à bien; *überall ~e verbuchen können* gagner sur tous les tableaux; *~ versprechend* prometteur, promis au succès
erfolgen [ɛr'fɔlgən] *v 1.* résulter, s'ensuivre; *2. (geschehen)* se produire, avoir lieu
erfolglos [ɛr'fɔlkloːs] *adj 1.* infructueux; *adv 2.* sans succès, sans résultat
erfolgreich [ɛr'fɔlkraɪç] *adj* couronné de succès, qui réussit, qui a réussi
Erfolgserlebnis [ɛr'fɔlksɛrleːpnɪs] *n* expérience valorisante *f,* satisfaction *f*
erforderlich [ɛr'fɔrdərlɪç] *adj* nécessaire, indispensable, exigé; *falls ~* si nécessaire/au besoin
erfordern [ɛr'fɔrdərn] *v* nécessiter, exiger, réclamer, demander; *viel Aufmerksamkeit ~* avoir besoin de beaucoup d'attention
erforschen [ɛr'fɔrʃən] *v 1.* explorer; *2. (prüfen)* examiner, sonder
erfragen [ɛr'fraːgən] *v* demander
erfreuen [ɛr'frɔyən] *v* réjouir, faire plaisir à, enchanter, charmer
erfreulich [ɛr'frɔylɪç] *adj* qui fait plaisir
erfreut [ɛr'frɔyt] *adj* enchanté; *Sehr ~, Sie kennen zu lernen.* Enchanté de faire votre connaissance. *Ich bin ~, Sie wieder zu sehen.* Je suis ravi de vous revoir.
erfrieren [ɛr'friːrən] *v irr 1. (Person)* geler, mourir de froid; *2. (Pflanze)* geler
erfrischen [ɛr'frɪʃən] *v sich ~* se rafraîchir, se désaltérer
erfüllbar [ɛr'fylbaːr] *adj* réalisable
erfüllen [ɛr'fylən] *v 1.* remplir de; *2. (Pflicht)* accomplir, faire, assumer; *3. (Wunsch)* exaucer, combler, réaliser
Erfüllung [ɛr'fylʊŋ] *f 1. ~ finden* se réaliser, s'accomplir; *2. (einer Pflicht)* accomplissement *m; 3. (eines Wunsches)* réalisation *f*
ergänzen [ɛr'gɛntsən] *v* compléter
ergeben [ɛr'geːbən] *v irr 1. (zum Ergebnis haben)* avoir pour résultat; *2. (sich erweisen)* se montrer, se révéler; *3. (betragen)* monter, chiffrer; *4. (abwerfen)* rapporter; *5. sich ~ (Situation)* se rendre, résulter, se dégager; *6. sich ~ (aufgeben)* se rendre, capituler; *sich auf Gnade oder Ungnade ~* se rendre sans condition; *7. sich einer Sache ~* s'abandonner à qc, se resigner à
Ergebenheit [ɛr'geːbənhaɪt] *f* résignation *f,* dévouement *m,* fidélité *f*
Ergebnis [ɛr'geːpnɪs] *n* résultat *m*
ergebnislos [ɛr'geːpnɪsloːs] *adj* infructueux, sans résultat
ergehen [ɛr'geːən] *v irr 1. Wie ist es ihm ergangen?* Qu'est-il devenu?/Comment ça s'est passé? *2. (erteilt werden)* être prononcé; *3. etw über sich ~ lassen* essuyer qc, endurer qc, supporter qc, subir qc; *4. sich ~ in (fig)* se répandre en
ergiebig [ɛr'giːbɪç] *adj* lucratif, rentable, riche
ergießen [ɛr'giːsən] *v irr 1. sich ~ in* se répandre dans, se répandre sur, se répandre en; *2. (Fluss)* se jeter
ergötzen [ɛr'gœtsən] *v 1.* amuser; *2. sich an etw ~* s'amuser de qc
ergrauen [ɛr'graυən] *v (fig: altern)* grisonner, blanchir
ergreifen [ɛr'graɪfən] *v irr 1. (greifen)* prendre, saisir; *2. (Maßnahmen)* prendre; *3. (festnehmen)* appréhender, arrêter; *4. (fig: bewegen)* toucher, émouvoir
ergreifend [ɛr'graɪfənt] *adj (fig)* émouvant, bouleversant
Ergriffenheit [ɛr'grɪfənhaɪt] *f* émotion *f,* saisissement *m*
ergründen [ɛr'gryndən] *v 1.* élucider, pénétrer dans; *2. (erforschen)* élucider, examiner
erhaben [ɛr'haːbən] *adj 1.* saillant, proéminent, sublime, grandiose; *2. (über anderen stehend)* être au-dessus de; *3. über etw ~ sein* être au-dessus de; *4. (Anblick)* sublime, grandiose, majestueux
erhalten [ɛr'haltən] *v irr 1. (bekommen)* recevoir; *2. (bewahren)* conserver, garder
erhältlich [ɛr'hɛltlɪç] *adj ~ bei* en vente chez
Erhaltung [ɛr'haltʊŋ] *f 1. (Erhalt)* réception *f; 2. (Bewahrung)* conservation *f,* maintien *m; 3. (Instandhaltung)* entretien *m*
erhängen [ɛr'hɛŋən] *v sich ~* se pendre

erhärten [ɛr'hɛrtən] *v* 1. corroborer, confirmer, durcir; 2. *(bestätigen)* confirmer, corroborer, étayer, renforcer
erhaschen [ɛr'haʃən] *v* attraper, saisir
erheben [ɛr'heːbən] *v irr* 1. *(hochheben)* lever, élever; 2. *(Steuern) ECO* prélever, lever; 3. *Klage ~ gegen JUR* porter plainte contre; 4. *sich ~* s'élever, se lever, se dresser; 5. *sich ~ (Flugzeug)* décoller
erhebend [ɛr'heːbənt] *adj* exaltant
erheblich [ɛr'heːplɪç] *adj* considérable
Erhebung [ɛr'heːbuŋ] *f* 1. *(Berg)* éminence *f;* 2. *(einer Statistik)* sondage *m,* enquête *f;* 3. *(von Steuern) ECO* collecte *f,* perception *f,* prélèvement *m;* 4. *(Klageerhebung) JUR* dépôt d'une plainte *m*
erheitern [ɛr'haɪtərn] *v* égayer, divertir, amuser
erhellen [ɛr'hɛlən] *v* 1. éclairer qc, éclaircir qc; 2. *(fig: aufklären)* éclaircir qc; 3. *sich ~* s'éclaircir
erhitzen [ɛr'hɪtsən] *v* faire chauffer, échauffer
erhoffen [ɛr'hɔfən] *v* espérer, attendre avec espoir
erhöhen [ɛr'høːən] *v* 1. élever, hausser; 2. *(Preise) ECO* augmenter, hausser
erholen [ɛr'hoːlən] *v sich ~* se reposer, se remettre
Erholung [ɛr'hoːluŋ] *f* repos *m,* détente *f*
erholungsbedürftig [ɛr'hoːluŋsbədyrftɪç] *adj* qui a besoin de repos, qui a besoin de se reposer
erhören [ɛr'høːrən] *v* exaucer, accéder à
erinnern [ɛr'ɪnərn] *v* 1. *jdn an etw ~* rappeler qc à qn; 2. *sich an etw ~* se souvenir de qc, se rappeler qc
Erinnerung [ɛr'ɪnəruŋ] *f* souvenir *m*
erkalten [ɛr'kaltən] *v* 1. se refroidir; 2. *(fig: Gefühle)* se refroidir
erkälten [ɛr'kɛltən] *v sich ~* prendre froid, s'enrhumer
erkämpfen [ɛr'kɛmpfən] *v* se battre pour
erkaufen [ɛr'kaufən] *v* payer, acquérir
erkennbar [ɛr'kɛnbaːr] *adj* reconnaissable, perceptible
erkennen [ɛr'kɛnən] *v irr* reconnaître
erkenntlich [ɛr'kɛntlɪç] *adj* reconnaissant
Erkenntnis [ɛr'kɛntnɪs] *f* 1. *(Einsicht)* conclusion *f,* cognition *f;* 2. *(Entdeckung)* découverte *f*
erklären [ɛr'klɛːrən] *v* 1. *(verdeutlichen)* expliquer, éclaircir; 2. *(verkünden)* déclarer, proclamer
Erklärung [ɛr'klɛːruŋ] *f* 1. *(Verdeutlichung)* explication *f,* éclaircissements *m/pl;* 2. *(Verkündung)* déclaration *f,* proclamation *f*
erklimmen [ɛr'klɪmən] *v irr* escalader, grimper sur, grimper à
erklingen [ɛr'klɪŋən] *v irr* se faire entendre, résonner, retentir
erkranken [ɛr'kraŋkən] *v* tomber malade, être atteint de
Erkrankung [ɛr'kraŋkuŋ] *f MED* maladie *f,* affection *f*
erkunden [ɛr'kundən] *v* 1. explorer, s'informer de, se renseigner sur, s'enquérir de; 2. *(feststellen)* reconnaître, constater
erkundigen [ɛr'kundɪgən] *v sich ~* se renseigner, aller prendre des nouvelles
Erkundigung [ɛr'kundɪguŋ] *f* renseignements *m/pl,* informations *f/pl*
erlahmen [ɛr'laːmən] *v* 1. diminuer, décroître, s'attiédir, se refroidir; 2. *(nachlassen)* diminuer, décroître
erlangen [ɛr'laŋən] *v* atteindre, obtenir
Erlass [ɛr'las] *m* 1. *(Verordnung)* ordonnance *f,* arrêté *m,* décret *m;* 2. *(Befreiung)* dispense *f,* exemption *f*
erlassen [ɛr'lasən] *v irr* 1. *(befreien)* dispenser de, exempter de; 2. *(verordnen)* décréter, arrêter
erlauben [ɛr'laubən] *v* autoriser, permettre; *Was ~ Sie sich?* Quel culot!/Quel toupet!
Erlaubnis [ɛr'laupnɪs] *f* autorisation *f,* permission *f*
erläutern [ɛr'lɔytərn] *v* expliquer, éclaircir, commenter
erleben [ɛr'leːbən] *v* voir, vivre, faire l'expérience de; *Du kannst etw ~. (fig)* Tu vas voir de quel bois je me chauffe!
Erlebnis [ɛr'leːpnɪs] *n* événement *m,* expérience vécue *f*
erledigen [ɛr'leːdɪgən] *v* régler, expédier, liquider; *erledigt sein* être fini; *Die Sache ist so gut wie erledigt.* L'affaire est dans le sac. *Das ist ein für alle Mal erledigt.* C'est tout vu.
Erledigung [ɛr'leːdɪguŋ] *f* 1. *(eines Geschäfts)* expédition *f;* 2. *(eines Auftrags)* exécution *f*
erlegen [ɛr'leːgən] *v* abattre, tuer
erleichtern [ɛr'laɪçtərn] *v* soulager, faciliter; *(Gewicht)* alléger
erleiden [ɛr'laɪdən] *v irr* 1. subir; 2. *(Schmerz)* supporter; 3. *(Niederlage)* essuyer
erlernen [ɛr'lɛrnən] *v* apprendre
erleuchten [ɛr'lɔyçtən] *v* éclairer, illuminer, *(fig)* inspirer

E

erliegen [ɛr'liːgən] *v irr 1. (einem Gegner)* succomber à; *2. (einer Krankheit)* succomber à
Erlös [ɛr'løːs] *m ECO* produit *m,* montant *m,* recette *f*
erlöschen [ɛr'lœʃən] *v irr* s'éteindre, s'effacer; *(Rechte)* expirer
erloschen [ɛr'lɔʃən] *adj 1. (Vulkan)* éteint; *2. (fig: Gefühle)* éteint, mort
erlösen [ɛr'løːzən] *v 1.* délivrer, sauver; *2. REL* racheter
Erlöser [ɛr'løːzər] *m REL* Sauveur *m,* Rédempteur *m,* Messie *m*
Erlösung [ɛr'løːzuŋ] *f 1.* délivrance *f; 2. REL* rédemption *f*
ermächtigen [ɛr'mɛçtɪgən] *v 1.* autoriser; *2. JUR* habiliter, donner le pouvoir
Ermächtigung [ɛr'mɛçtɪguŋ] *f* autorisation *f,* pleins pouvoirs *m/pl,* mandat *m,* procuration *f*
ermahnen [ɛr'maːnən] *v* exhorter
Ermahnung [ɛr'maːnuŋ] *f* exhortation *f,* admonition *f*
ermäßigen [ɛr'mɛːsɪgən] *v* baisser, faire une remise sur, réduire
Ermäßigung [ɛr'mɛːsɪguŋ] *f* remise *f,* réduction *f,* rabais *m*
ermatten [ɛr'matən] *v* être épuisé, être exténué, être harassé
Ermessen [ɛr'mɛsən] *n* avis *m,* jugement *m,* appréciation *f; nach meinem ~* selon moi; *nach menschlichem ~* dans la mesure on l'on peut en juger/d'après tout ce qu'on sait
ermessen [ɛr'mɛsən] *v* mesurer, juger, apprécier
ermitteln [ɛr'mɪtəln] *v 1.* découvrir, vérifier; *2. JUR* faire des recherches
Ermittlung [ɛr'mɪtluŋ] *f 1.* enquête *f,* recherche *f; 2. JUR* instruction *f*
ermöglichen [ɛr'møːklɪçən] *v* permettre, faciliter, rendre possible
ermorden [ɛr'mɔrdən] *v* assassiner, tuer
Ermordung [ɛr'mɔrduŋ] *f* assassinat *m,* meurtre *m*
ermüden [ɛr'myːdən] *v* se fatiguer, se lasser, devenir las
ermüdend [ɛr'myːdənt] *adj* fatigant, lassant
ermuntern [ɛr'muntərn] *v* encourager, inciter à, pousser à
ermutigen [ɛr'muːtɪgən] *v* donner du courage, encourager
ernähren [ɛr'nɛːrən] *v 1. sich ~* se nourrir, s'alimenter; *2. jdn ~* faire vivre qn
Ernährung [ɛr'nɛːruŋ] *f* alimentation *f,* nourriture *f*
ernennen [ɛr'nɛnən] *v irr* nommer
Ernennung [ɛr'nɛnuŋ] *f* nomination *f*
erneuern [ɛr'nɔyərn] *v* remettre en état, remettre à neuf, renouveler, restaurer
erneut [ɛr'nɔyt] *adj 1.* répété, renouvelé; *adv 2.* de nouveau, à nouveau, une fois de plus
erniedrigen [ɛr'niːdrɪgən] *v* abaisser, humilier, avilir
Erniedrigung [ɛr'niːdrɪguŋ] *f* humiliation *f,* avilissement *m*

ernst [ɛrnst] *adj 1.* sérieux, grave; *nicht mehr ~ bleiben können* perdre son sérieux; *2. ~ gemeint* serieux; *adv 3. ~ zu nehmend* à prendre au sérieux vraiment, pour de bon

Ernst [ɛrnst] *m* sérieux *m,* gravité *f; in allem ~* pour tout de bon; *Das ist doch nicht dein ~!* Tu rigoles!/Tu n'es pas sérieux! *~ machen* mettre ses menaces à exécution/ passer à l'acte; *Jetzt wird es ernst.* C'est fini de rire.
Ernte ['ɛrntə] *f 1. (Tätigkeit)* récolte *f,* moisson *f; 2. (Obsternte)* cueillette *f; 3. (Ertrag)* produit *m,* rendement *m*
ernten ['ɛrntən] *v* récolter, moissonner
ernüchtern [ɛr'nyçtərn] *v (fig)* ramener à la raison, redescendre sur terre, dégriser, remettre les pieds sur terre
Ernüchterung [ɛr'nyçtəruŋ] *f (fig)* retour à la raison *m,* désenchantement *m*
erobern [ɛr'oːbərn] *v* conquérir
Eroberung [ɛr'oːbəruŋ] *f* conquête *f*
eröffnen [ɛr'œfnən] *v* ouvrir, inaugurer
Eröffnung [ɛr'œfnuŋ] *f 1.* ouverture *f; 2. (Einweihung)* inauguration *f; 3. (Ansprache)* discours inaugural *m,* allocution d'ouverture *f*
erörtern [ɛr'œrtərn] *v* discuter de, débattre de
Erotik [e'roːtɪk] *f* érotisme *m*
erpressen [ɛr'prɛsən] *v jdn ~* exercer un chantage sur qn, faire chanter qn, extorquer qc à qn
Erpresser [ɛr'prɛsər] *m* maîtrechanteur *m,* racketteur *m*
erproben [ɛr'proːbən] *v* tester, expérimenter, essayer
erprobt [ɛr'proːpt] *adj* éprouvé
erquickend [ɛr'kvɪkənt] *adj* réparateur, désaltérant, réconfortant

erraten [ɛr'ra:tən] *v irr* deviner
errechnen [ɛr'rɛçnən] *v* calculer, déterminer par le calcul, faire le calcul de
erregbar [ɛr're:kba:r] *adj* excitable
erregen [ɛr're:gən] *v 1. Aufsehen ~* faire sensation, avoir du retentissement; faire du bruit *2. (aufregen)* exciter, irriter; *3. sich ~* s'exciter, s'énerver
Erreger [ɛr're:gər] *m MED* agent pathogène *m*
Erregung [ɛr're:guŋ] *f in ~ bringen* mettre en émoi
erreichbar [ɛr'raɪçba:r] *adj* accessible; *Ich bin jederzeit ~.* On peut me joindre à tout moment.
erreichen [ɛr'raɪçən] *v* atteindre, joindre, parvenir à, accéder à; *Wo kann ich ihn ~?* Où puis-je le joindre?
errichten [ɛr'rɪçtən] *v 1.* élever, dresser; *2. (gründen)* fonder, créer
erringen [ɛr'rɪŋən] *v irr* gagner, remporter; *den Sieg ~* remporter la victoire
erröten [ɛr'rø:tən] *v 1.* rougir; *2. (vor Verlegenheit)* rougir
Ersatz [ɛr'zats] *m* produit de substitution *m,* substitut *m,* succédané *m,* ersatz *m*
Ersatzmann [ɛr'zatsman] *m* remplaçant *m*
Ersatzreifen [ɛr'zatsraɪfən] *m* roue de secours *f*
ersäufen [ɛr'zɔyfən] *v (fam)* noyer
erschaffen [ɛr'ʃafən] *v irr* créer
erscheinen [ɛr'ʃaɪnən] *v irr 1. (sich sehen lassen)* apparaître, se montrer, se faire voir; *2. (scheinen)* sembler; *3. (veröffentlicht werden)* paraître, être publié; *4. (vor Gericht)* comparaître devant le tribunal; *nicht ~* faire défaut
Erscheinung [ɛr'ʃaɪnuŋ] *f 1. (Aussehen)* mine *f,* prestance *f; 2. (Phänomen)* apparition *f,* phénomène *m*
erschießen [ɛr'ʃi:sən] *v irr* abattre, fusiller
Erschießung [ɛr'ʃi:suŋ] *f* exécution *f*
erschlaffen [ɛr'ʃlafən] *v 1.* se relâcher, perdre de sa vigueur; *2. (Seil)* se relâcher; *3. (ermüden)* se relâcher, se fatiguer; *4. (Interesse)* se relâcher
erschlagen [ɛr'ʃla:gən] *v irr 1.* assommer tuer par des coups, foudroyer; *adj 2. ~ sein (erschöpft)* être épuisé, exténué, harassé; *3. ~ sein (verblüfft)* être déconcerté, être décontenancé
erschließen [ɛr'ʃli:sən] *v irr 1. (Baugelände)* viabiliser; *2. (Märkte) ECO* ouvrir
erschöpfen [ɛr'ʃœpfən] *v 1.* épuiser; *2. sich ~* s'épuiser; *3. sich in etw ~* s'épuiser à qc, s'épuiser sur qc
erschöpft [ɛr'ʃœpft] *adj* épuisé, pompé *(fam),* crevé *(fam),* à plat *(fam)*
Erschöpfung [ɛr'ʃœpfuŋ] *f* épuisement *m,* éreintement *m*
erschüttern [ɛr'ʃytərn] *v 1.* secouer, ébrauler; *2. (fig: psychologisch)* boulverser qn
erschütternd [ɛr'ʃytərnt] *adj* bouleversant, émouvant
Erschütterung [ɛr'ʃytəruŋ] *f 1.* choc *m,* commotion *f; 2. (fig)* bouleversement *m,* émotion *f,* choc *m*
erschweren [ɛr'ʃve:rən] *v* compliquer, rendre plus difficile
erschwinglich [ɛr'ʃvɪŋlɪç] *adj* accessible, abordable; *Die Karte war für mich kaum ~.* J'ai eu du mal à avoir la carte.
ersehen [ɛr'ze:ən] *v irr* voir qc
ersetzen [ɛr'zɛtsən] *v 1. (austauschen)* remplacer, substituer; *2. (entschädigen)* réparer, dédommager, indemniser
ersparen [ɛr'ʃpa:rən] *v 1.* économiser, épargner, mettre de côté; *2. (fig)* épargner, éviter; *Es bleibt einem doch nichts erspart.* Qu'est-ce qu'il ne faut pas voir!
Ersparnis [ɛr'ʃpa:rnɪs] *f (Einsparung)* économie *f,* gain *m*
erst [e:rst] *adv* premièrement, en premier lieu, d'abord, seulement
erstarren [ɛr'ʃtarən] *v 1.* s'engourdir, se solidifier, être paralysé, être stupéfait; *2. (vor Kälte)* s'engourdir; *3. (Flüssigkeit)* se solidifier, se figer
erstatten [ɛr'ʃtatən] *v 1. (Kosten)* rembourser; *2. Anzeige ~* porter, déposer; *3. Bericht ~* faire un rapport
Erstaunen [ɛr'ʃtaunən] *n* étonnement *m,* surprise *f*
erstaunlich [ɛr'ʃtaunlɪç] *adj* étonnant, surprenant
erste(r,s) ['e:rstə(r,s)] *adj* premier/première
erstechen [ɛr'ʃtɛçən] *v irr* poignarder
erstehen [ɛr'ʃte:ən] *v irr (kaufen)* acquérir, acheter
ersteigen [ɛr'ʃtaɪgən] *v irr* monter, gravir, escalader
ersteigern [ɛr'ʃtaɪgərn] *v* acheter aux enchères
erstellen [ɛr'ʃtɛlən] *v 1.* établir; *2. (Rechnung, Übersicht)* établir
erstens ['e:rstəns] *adv* premièrement

Erstgeborene(r) ['eːrstgəboːrənə(r)] *m/f* aîné(e) *m/f*
ersticken [ɛr'ʃtɪkən] *v* étouffer, suffoquer
Erstickungsgefahr [ɛr'ʃtɪkuŋsgəfaːr] *f MED* risque d'asphyxie *m*
erstklassig ['eːrstklasɪç] *adj* de première qualité, excellent, de premier choix
erstmals ['eːrstmaːls] *adv* pour la première fois
erstreben [ɛr'ʃtreːbən] *v* s'efforcer d'atteindre, s'efforcer d'obtenir
erstrecken [ɛr'ʃtrɛkən] *v 1. sich ~ auf* s'appliquer à; *2. sich ~ (betreffen)* s'étendre, se rapporter
erstürmen [ɛr'ʃtyrmən] *v MIL* assaillir
ersuchen [ɛr'zuːxən] *v* demander, prier, requérir
ertappen [ɛr'tapən] *v* prendre, attraper; *jdn auf frischer Tat ~* prendre qn sur le fait/prendre qn en flagrant délit
erteilen [ɛr'taɪlən] *v 1. (geben)* donner, accorder; *2. (gewähren)* octroyer, accorder, conférer
ertönen [ɛr'tøːnən] *v* retentir, résonner
Ertrag [ɛr'traːk] *m ECO* produit *m,* revenu *m,* recette *f*
ertragen [ɛr'traːgən] *v irr* supporter, endurer, tolérer
ertragreich [ɛr'traːkraɪç] *adj* productif, qui a un bon rendement
ertränken [ɛr'trɛŋkən] *v* noyer
erträumen [ɛr'trɔymən] *v sich etw ~* rêver de qc, imaginer qc
ertrinken [ɛr'trɪŋkən] *v irr* se noyer, périr en mer
erübrigen [ɛr'yːbrɪgən] *v 1. (Geld)* épargner, économiser; *2. (Zeit)* gagner, économiser; *3. sich ~* être inutile, être superflu, ne pas être nécessaire
Erwachen [ɛr'vaxən] *n* réveil *m*
erwachen [ɛr'vaxən] *v* se réveiller, s'éveiller
Erwachsene(r) [ɛr'vaksənə(r)] *m/f* adulte *m/f*
erwägen [ɛr'vɛːgən] *v irr* envisager, examiner avec soin
erwähnen [ɛr'vɛːnən] *v* mentionner, faire mention de
erwärmen [ɛr'vɛrmən] *v* réchauffer
Erwärmung [ɛr'vɛrmuŋ] *f* réchauffement *m*
erwarten [ɛr'vartən] *v* s'attendre à
Erwartung [ɛr'vartuŋ] *f* attente *f,* espoir *m*
erwehren [ɛr'veːrən] *v sich ~* se défendre de qc
erweichen [ɛr'vaɪçən] *v jdn ~* fléchir qn
erweisen [ɛr'vaɪzən] *v irr* prouver, témoigner, manifester, montrer
erweitern [ɛr'vaɪtərn] *v* élargir, étendre, augmenter
Erweiterung [ɛr'vaɪtəruŋ] *f* extension *f,* élargissement *m,* expansion *f*
erwerben [ɛr'vɛrbən] *v irr* acquérir, gagner
erwerbsunfähig [ɛr'vɛrpsunfɛːɪç] *adj* incapable de travailler
erwidern [ɛr'viːdərn] *v 1. (antworten)* répondre, répliquer, payer de retour; *2. (Gleiches zurückgeben)* riposter, rendre la pareille
erwirken [ɛr'vɪrkən] *v* obtenir
erwischen [ɛr'vɪʃən] *v* prendre, surprendre, attraper, pincer *(fam)*
erwünscht [ɛr'vynʃt] *adj* souhaité, désiré
erwürgen [ɛr'vyrgən] *v* étrangler
Erz [ɛrts] *n MIN* minerai *m*
erzählen [ɛr'tsɛːlən] *v* raconter, dire
Erzähler(in) [ɛr'tsɛːlər(ɪn)] *m/f LIT* narrateur/narratrice *m/f,* conteur/conteuse *m/f*
erzählerisch [ɛr'tsɛːlərɪʃ] *adj LIT* narratif
Erzählung [ɛr'tsɛːluŋ] *f* récit *m,* histoire *f,* nouvelle *f,* conte *m*
Erzbischof ['ɛrtsbɪʃɔf] *m REL* archevêque *m*
erzeugen [ɛr'tsɔygən] *v 1. (herstellen)* produire, fabriquer; *2. (hervorrufen)* provoquer, causer
Erzeugnis [ɛr'tsɔyknɪs] *n* produit *m*
Erzfeind ['ɛrtsfaɪnt] *m* ennemi juré *m,* ennemi mortel *m*
erziehen [ɛr'tsiːən] *v irr* éduquer, élever
Erzieher(in) [ɛr'tsiːər(ɪn)] *m/f* éducateur/éducatrice *m/f*
Erziehung [ɛr'tsiːuŋ] *f* éducation *f*
erzielen [ɛr'tsiːlən] *v* réaliser, parvenir à atteindre, obtenir
erzwingen [ɛr'tsvɪŋən] *v irr* obtenir par la force, extorquer, forcer à

es [ɛs] *pron 1. (Nominativ)* il; *2. (Akkusativ)* le/la

Esche ['ɛʃə] *f BOT* frêne *m*
Esel ['eːzəl] *m ZOOL* âne *m,* baudet *m; störrisch wie ein ~* têtu comme un âne
Eselsbrücke ['eːzəlsbrykə] *f (fig)* pense-bête *m,* guide-âne *m*
Eselsohr ['eːzəlsoːr] *n* corne *f*

Espe ['ɛspə] *f BOT* tremble *m*
Espenlaub ['ɛspənlaup] *n zittern wie ~* trembler comme une feuille
essbar ['ɛsbaːr] *adj* comestible, mangeable
Esse ['ɛsə] *f 1. (Schornstein)* cheminée *f; 2. (offene Feuerstelle)* forge *f*
Essecke ['ɛsɛkə] *f* coin repas *m*
essen ['ɛsən] *v irr* manger; *gern und gut ~* aimer la bonne chère; *etw zu ~ kaufen* acheter à manger

Essen ['ɛsən] *n* repas *m,* manger *m; etw zum ~ kaufen* acheter à manger

Essig ['ɛsɪç] *m GAST* vinaigre *m*
Esstisch ['ɛstɪʃ] *m* table à manger *f*
Esszimmer ['ɛstsɪmər] *n* salle à manger *f*
Estrich ['ɛstrɪç] *m* aire en ciment *f,* sol en ciment *m*
etablieren [eta'bliːrən] *v sich ~* s'établir
Etage [e'taːʒə] *f* étage *m*
Etappe [e'tapə] *f* étape *f*
etappenweise [e'tapənvaɪzə] *adv* par étapes
Etat [e'taː] *m* budget *m*
etepetete [eːtəpe'teːtə] *adj* délicat, difficile, maniéré, affecté
Ethik ['eːtɪk] *f* éthique *f,* morale *f*
ethisch ['eːtɪʃ] *adj* éthique
Etikett [eti'kɛt] *n* étiquette *f*
Etikette [eti'kɛtə] *f* protocole *m,* cérémonial *m*
etikettieren [etikɛ'tiːrən] *v* étiqueter qc
etliche ['ɛtlɪçə] *pron* bon nombre de
Etui [e'tviː] *n* étui *m*
etwa ['ɛtva] *adv* environ, à peu près, quelque
etwaig ['ɛtvaɪç] *adj* éventuel
etwas ['ɛtvas] *pron 1.* quelque chose; *adv 2.* un peu, quelque peu
EU [eː'uː] *f* UE *f*
euch [ɔyç] *pron* vous
euer ['ɔyər] *pron* votre
Eule ['ɔylə] *f ZOOL* hibou *m,* chouette *f*
eure(s) ['ɔyrə(s)] *pron 1. (Singular)* votre; *2. (Plural)* vos
Euro ['ɔyro] *m FIN* Euro *m*
Europa [ɔy'roːpa] *n GEO* Europe *f*
Europäer(in) [ɔyro'pɛːər(ɪn)] *m/f* Européen(ne) *m/f*
europäisch [ɔyro'pɛːɪʃ] *adj* européen
Europäische Gemeinschaft [ɔyro'pɛːɪʃə gə'maɪnʃaft] *f POL* communauté européenne *f*
Europarat [ɔy'roːparaːt] *m POL* Conseil de l'Europe *m*
europaweit [ɔyroːpa'vaɪt] *adj* au niveau européen, à l'échelle européenne
Eurozone ['ɔyrotsoːnə] *f* zone euro *f*
Euter ['ɔytər] *n ZOOL* pis *m*
evakuieren [evaku'iːrən] *v* évacuer
evangelisch [evan'geːlɪʃ] *adj 1. REL* protestant; *2. (Evangelium) REL* évangélique
eventuell [evɛntu'ɛl] *adj* éventuel
Evolution [evolu'tsjoːn] *f* évolution *f*
evolutionär [evolutsjo'nɛːr] *adj 1.* évolutif; *2. BIO* relatif à l'évolution
ewig ['eːvɪç] *adj* éternel; *~ und drei Tage* une éternité, très longtemps
Ewigkeit ['eːvɪçkaɪt] *f* éternité *f*
exakt [ɛ'ksakt] *adj* exact, précis
Examen [ɛ'ksaːmən] *n* examen *m*
Exempel [ɛ'ksɛmpəl] *n* exemple *m; ein ~ statuieren* faire un exemple
Exemplar [ɛksɛm'plaːr] *n* exemplaire *m*
exerzieren [ɛkser'tsiːrən] *v* s'exercer à
existieren [ɛksis'tiːrən] *v 1. (leben)* exister, vivre; *2. (bestehen)* exister
exklusiv [ɛksklu'ziːf] *adj 1.* exclusif, distingué; *adv 2.* exclusivement
exkommunizieren [ɛkskɔmuni'tsiːrən] *v REL* excommunier
Exkurs [ɛks'kurs] *m 1. (Abschweifung)* digression *f; 2. (Anhang)* traité supplémentaire *m*
exmatrikulieren [ɛksmatriku'liːrən] *v sich ~ lassen* se faire rayer de la liste des étudiants, quitter l'université
expandieren [ɛkspan'diːrən] *v ECO* s'étendre, prendre de l'extension
Expertise [ɛkspɛr'tiːzə] *f* expertise *f*
explodieren [ɛksplo'diːrən] *v* exploser, sauter
Explosion [ɛksplo'zjoːn] *f* explosion *f,* détonation *f*
explosiv [ɛksplo'ziːf] *adj 1. (Sache)* explosif; *2. (Person)* qui explose facilement
Exponat [ɛkspo'naːt] *n ART* pièce d'exposition *f*
exportieren [ɛkspɔr'tiːrən] *v ECO* exporter
extra ['ɛkstra] *adj 1.* spécial, en supplément, à part; *adv 2.* exprès, spécialement
Extrakt [ɛks'trakt] *m* extrait *m,* essence *f*
Extremität [ɛkstremi'tɛːt] *f 1. (äußerstes Ende)* extrémité *f; pl 2. ~en (Gliedmaßen) ANAT* extrémités *f/pl*
exzellent [ɛkstsɛ'lɛnt] *adj* excellent

E

F

Fabel ['fa:bəl] *f* fable *f*
fabelhaft ['fa:bəlhaft] *adj 1.* merveilleux, formidable, épatant; *adv 2.* à merveille, formidablement bien
Fabrik [fa'bri:k] *f* usine *f*, fabrique *f*
Fabrikant [fabri'kant] *m* fabricant *m*
Fabrikation [fabrika'tsjo:n] *f ECO* fabrication *f*
Fabrikationsfehler [fabrika'tsjo:nsfe:lər] *m* défaut de fabrication *f*
Facette [fa'sɛtə] *f* facette *f*
Fach [fax] *n 1. (Ablagefach)* casier *m; 2. (Unterrichtsfach)* matière *f; 3. (Wissensgebiet)* spécialité *f*, discipline *f*
Facharbeiter(in) ['faxarbaıtər(ın)] *m/f* ouvrier qualifié/ouvrière qualifiée *m/f*
Facharzt ['faxartst] *m MED* médecin spécialiste *m*, spécialiste *m*
Fachausdruck ['faxausdruk] *m* terme technique *m*, terme de metier *m*
Fachbereich ['faxbəraıç] *m 1.* branche *f; 2. (einer Universität)* unité d'étude et de recherche *f*, département *m*
Fachbuch ['faxbu:x] *n* ouvrage spécialisé *m*, livre spécialisé *m*
Fächer ['fɛçər] *m* éventail *m*
Fachgebiet ['faxgəbi:t] *n* domaine *m*, spécialité *f*
Fachgeschäft ['faxgəʃɛft] *n ECO* commerce spécialisé *m*, magasin spécialisé *m*
Fachhandel ['faxhandəl] *m* commerce spécialisé *m*
Fachhochschule ['faxho:xʃu:lə] *f* Ecole supérieure spécialisée *f*
fachkundig ['faxkundıç] *adj* compétent, expert
Fachliteratur ['faxlitəratu:r] *f* littérature spécialisée *f*
fachmännisch ['faxmɛnıʃ] *adj* compétent, de spécialiste
Fachpresse ['faxprɛsə] *f* presse spécialisée *f*
Fachrichtung ['faxrıçtuŋ] *f* branche *f*
Fachsprache ['faxʃpra:xə] *f* langage technique *m*, terminologie *f*
Fachwerkhaus ['faxvɛrkhaus] *n* maison à colombage *f*
Fachzeitschrift ['faxtsaıtʃrıft] *f* revue spécialisée *f*, revue professionnelle *f*
Fackel ['fakəl] *f* flambeau *m*, torche *f*
fade ['fa:də] *adj 1. (geschmacklos)* fade, insipide; *2. (langweilig)* ennuyeux
Faden ['fa:dən] *m* fil *m*, filament *m; Es hängt am seidenen ~.* Il s'en faut d'un cheveu./Cela tient à un fil. *die Fäden in der Hand haben* tirer les ficelles; *den ~ verlieren* perdre le fil
fadenscheinig ['fa:dənʃaınıç] *adj (fig)* cousu de fil blanc
Fagott [fa'gɔt] *n MUS* basson *m*
fähig ['fɛ:ıç] *adj* capable, compétent
Fähigkeit ['fɛ:ıçkaıt] *f* capacité *f*, aptitude *f*, faculté *f*
fahl [fa:l] *adj* blême, blafard
fahnden ['fa:ndən] *v ~ nach* rechercher
Fahnder(in) ['fa:ndər(ın)] *m/f* agent enquêteur *m*
Fahndung ['fa:nduŋ] *f* recherche *f*
Fahndungsliste ['fa:nduŋslıstə] *f* liste des personnes recherchées *f*
Fahne ['fa:nə] *f* drapeau *m*, pavillon *m; die ~ hochhalten* lever l'étendard; *die ~ nach dem Winde drehen* retourner sa veste; *mit fliegenden ~n zu etw übergehen* se rallier brusquement à l'avis de qn
Fähre ['fɛ:rə] *f* bac *m*, ferry-boat *m*

> **fahren** ['fa:rən] *v irr 1.* aller; *Der Wagen fährt 240 Kilometer in der Stunde.* La voiture fait du 240 à l'heure. *2. (steuern)* rouler en, conduire; *rückwärts ~* faire marche arrière

Fahrer(in) ['fa:rər(ın)] *m/f* conducteur/conductrice *m/f*, automobiliste *m/f*
Fahrerflucht ['fa:rərfluxt] *f JUR* délit de fuite *m*
Fahrersitz ['fa:rərzıts] *m* siège du conducteur *m*
Fahrkarte ['fa:rkartə] *f* billet *m*, ticket *m*
Fahrkosten ['fa:rkɔstən] *pl* frais de transport *m/pl*
fahrlässig ['fa:rlɛsıç] *adj 1.* négligent, imprudent; *2. JUR* par imprudence
Fahrlässigkeit ['fa:rlɛsıçkaıt] *f 1.* négligence *f*, imprudence *f; 2. JUR* négligence *f; grobe ~* grave négligence *f*
Fahrlehrer(in) ['fa:rle:rər(ın)] *m/f* moniteur/monitrice d'auto-école *m/f*
Fahrplan ['fa:rpla:n] *m* horaire *m*, indicateur *m*, dépliant des horaires *m*

Fahrprüfung ['fa:rpry:fuŋ] *f* examen du permis de conduire *m*
Fahrrad ['fa:ra:t] *n* bicyclette *f,* vélo *m (fam),* bécane *f (fam),* clou *m (fam)*
Fahrschein ['fa:rʃaɪn] *m* billet *m,* ticket *m*
Fahrschule ['fa:rʃu:lə] *f* auto-école *f*
Fahrschüler(in) ['fa:rʃy:lər(ɪn)] *m/f* élève d'auto-école *m/f*
Fahrspur ['fa:rʃpu:r] *f* voie *f*
Fahrstuhl ['fa:rʃtu:l] *m* ascenseur *m*
Fahrt [fa:rt] *f* voyage *m,* trajet *m,* course *f; in voller ~* à toute allure/à fond
fahrtauglich ['fa:rtauklɪç] *adj* en état de marche
Fährte ['fɛ:rtə] *f* trace *f,* foulée *f; jdn auf die falsche ~ führen* induire qn en erreur/mettre qn sur la mauvaise voie
Fahrtrichtung ['fa:rtrɪçtuŋ] *f* sens de la marche *m; vorgeschriebene ~* sens obligatoire *m*
fahrtüchtig ['fa:rtyçtɪç] *adj 1. (Person)* capable de conduire, en état de conduire; *2. (Auto)* en état de marche
Fahrverbot ['fa:rfɛrbo:t] *n 1. (Durchfahrverbot)* traversée interdite *f,* défense de passer *f,* passage interdit *m; 2. (Führerscheinentzug)* retrait du permis de conduire *m*
Fahrzeug ['fa:rtsɔyk] *n* véhicule *m*
fair [fɛ:r] *adj 1.* loyal, sportif; *~ sein* être fair-play; *adv 2.* avec fair-play, loyalement, à la loyale
Fäkalien [fɛ'ka:ljən] *pl* excréments *m/pl*
Fakt [fakt] *m* fait *m*
Fall[1] [fal] *m 1. (Sturz)* chute *f; 2. (fig: Niedergang)* chute *f; jdn zu ~ bringen* renverser qn
Fall[2] [fal] *m 1. (Umstand)* cas *m; Wenn das der ~ ist ...* Si tel est le cas ...; *für alle Fälle* à tout hasard; *ein hoffnungsloser ~* un cas désespéré *m; jds ~ sein* être le genre de qn/plaire à qn; *2. JUR* cause *f,* cas *m*
Falle ['falə] *f* piège *m,* traquenard *m,* embûche *f; in die ~ geraten* tomber dans le panneau/tomber dans le piège; *in die ~ gehen* se laisser prendre au piège

fallen ['falən] *v irr 1. (stürzen)* tomber, faire une chute; *2. (fig: sinken)* baisser, chuter; *3. etw ~ lassen* laisser tomber qc; *Er ließ das Messer fallen.* Le couteau lui échappa. *4. jdn ~ lassen (fig)* laisser tomber qn

fällen ['fɛlən] *v 1. (Baum)* abattre; *2. (Entscheidung)* prendre; *3. (Urteil) JUR* prononcer, rendre
fällig ['fɛlɪç] *adj ECO* échu, échéant, arrivé à échéance
Fälligkeit ['fɛlɪçkaɪt] *f ECO* échéance *f*
falls [fals] *konj* au cas où, dans le cas où, si
Fallschirm ['falʃɪrm] *m* parachute *m*
Fallschirmspringer(in) ['falʃɪrmʃprɪŋər(ɪn)] *m/f* parachutiste *m/f*
Falltür ['falty:r] *f* trappe *f,* abattant *m*
falsch [falʃ] *adj 1. (unwahr)* faux; *an den Falschen geraten* être mal renseigné/être à la mauvaise enseigne; *2. (fehlerhaft)* erroné, mauvais; *Sie liegen völlig ~.* Vous n'y êtes pas du tout. *~ parken* mal se garer *3. (unecht)* faux, imité, postiche; *4. (fig: unaufrichtig)* faux, qui n'est pas sincère; *~ spielen* tricher
Falschaussage ['falʃausza:gə] *f JUR* fausse déposition *f*
fälschen ['fɛlʃən] *v* falsifier, contrefaire
Fälscher(in) ['fɛlʃər(ɪn)] *m/f 1.* altérateur *m,* adultérateur *m,* falsificateur *m,* faussaire *m; 2. (von Banknoten)* faux-monnayeur *m*
Falschheit ['falʃhaɪt] *f 1.* fausseté *f; 2. (einer Person)* duplicité *f*
Falschspieler(in) ['falʃʃpi:lər(ɪn)] *m/f* tricheur/tricheuse *m/f*
Fälschung ['fɛlʃuŋ] *f* falsification *f,* contrefaçon *f,* trucage *m*
fälschungssicher ['fɛlʃuŋszɪçər] *adj* infalsifiable, inimitable
Faltblatt ['faltblat] *n* dépliant *m*
Falte ['faltə] *f 1.* pli *m; 2. (Haut)* ride *f*
falten ['faltən] *v 1.* plier; *2. (die Hände falten)* joindre les mains
faltig ['faltɪç] *adj 1.* ridé; *2. (Haut)* ridé; *3. (zerknittert)* froissé
Falz [falts] *f* pliure *f*
falzen ['faltsən] *v* plier
familiär [famil'jɛ:r] *adj* familier; *aus ~en Gründen* pour des raisons de famille

Familie [fa'mi:ljə] *f* famille *f; in der ~ bleiben* rester dans la famille; *Das kommt in den besten ~n vor.* Ça arrive même chez les gens bien. *eine ~ gründen* fonder une famille

Familienbetrieb [fa'mi:ljənbətri:p] *m* entreprise familiale *f*
Familienname [fa'mi:ljənna:mə] *m* nom de famille *m*
Familienoberhaupt [fa'mi:ljəno:bərhaupt] *n* chef de famille *m*
Familienpackung [fa'mi:ljənpakuŋ] *f* paquet familial *m*
Familienstand [fa'mi:ljənʃtant] *m* situation de famille *f,* situation familiale *f*

famos [fa'moːs] *adj* fameux, épatant
Fang [faŋ] *m 1.* prise *f*, capture *f*; *2. (Todesstoß)* coup de grâce *m*; *3. (Kralle) ZOOL* griffe *f*, serre *f*; *4. (Falle)* capture *f*, pêche *f*, prise *f*; *5. (Reißzahn) ZOOL* canine *f*
fangen ['faŋən] *v irr* attraper, capturer, prendre
Fangfrage ['faŋfraːgə] *f* question piège *f*, colle *f*
Fantasie [fanta'ziː] *f 1.* imagination *f*, fantaisie *f*; *2. (Trugbild)* chimère *f*

F

fantasieren [fanta'ziːrən] *v 1.* s'abandonner à son imagination; *2. MED* délirer; *3. MUS* improviser; *4. (faseln)* dérailler
fantasievoll [fanta'ziːvol] *adj* riche en imagination, plein d'imagination
fantastisch [fan'tastɪʃ] *adj* fantastique, délirant, incroyable, inouï
Farbband ['farpbant] *n* ruban encreur *m*
Farbe ['farbə] *f* couleur *f*; *~ bekennen* montrer patte blanche
farbecht ['farpɛçt] *adj* bon teint, grand teint
färben ['fɛrbən] *v* teindre, colorer; *ein Tuch blau ~* teindre un drap en bleu
farbenblind ['farbənblɪnt] *adj* daltonien
farbenfroh ['farbənfroː] *adj* très coloré
farbig ['farbɪç] *adj* coloré, en couleur, de couleur
Farbige(r) ['farbɪgə(r)] *m/f* homme/femme de couleur *m/f*
Farbkopierer ['farpkopiːrər] *m TECH* photocopieuse couleur *f*
farblos ['farploːs] *adj 1. (Sache)* incolore, sans couleur; *2. (Person)* sans caractère, sans personnalité
Farbstift ['farpʃtɪft] *m 1.* stylo à bille de couleur *m*; *2. (Buntstift)* crayon de couleur *m*
Farbstoff ['farpʃtof] *m* colorant *m*, agent de coloration *m*
Farbton ['farptoːn] *m* teinte *f*, ton *m*, tonalité *f*, nuance *f*
Färbung ['fɛrbuŋ] *f* teinte *f*, coloration *f*
Farce [fars] *f* farce *f*
Farn [farn] *m BOT* fougère *f*
Fasan [fa'zaːn] *m ZOOL* faisan *m*
Fasching ['faʃɪŋ] *m* carnaval *m*
Faschismus [fa'ʃɪsmus] *m POL* fascisme *m*
faschistisch [fa'ʃɪstɪʃ] *adj POL* fasciste
faseln ['faːzəln] *v* dérailler, divaguer, radoter; *dummes Zeug ~* dire n'importe quoi
Faser ['faːzər] *f* fibre *f*; *mit jeder ~ ihres Herzens* de tout son cœur
faserig ['faːzərɪç] *adj* fibreux
Fass [fas] *n* tonneau *m*, barrique *f*, pièce *f*, baril *m*; *ein ~ ohne Boden sein* être le tonneau des Danaïdes; *Das schlägt dem ~ den Boden aus!* Ça dépasse les bornes!
Fassade [fa'saːdə] *f* façade *f*
fassen ['fasən] *v 1. (greifen)* prendre, saisir; *2. (beinhalten)* contenir; *3. sich ~ (fig)* se remettre, se ressaisir, se calmer, se reprendre
Fassung ['fasuŋ] *f 1. (Lampenfassung)* douille *f*; *2. (bei Schmuck)* monture *f*, sertissure *f*; *3. (Selbstbeherrschung)* maîtrise de soi *f*, calme *m*, contenance *f*
fassungslos ['fasuŋsloːs] *adj* décontenancé, déconcerté, démonté
Fassungslosigkeit ['fasuŋsloːzɪçkaɪt] *f* perte de contenance *f*, manque de contenance *m*
Fassungsvermögen ['fasuŋsfɛrmøːgən] *n* contenance *f*, capacité *f*
fast [fast] *adv* presque, quasi, quasiment, à peu de chose près
fasten ['fastən] *v* jeûner
Fastenzeit ['fastəntsaɪt] *f REL* carême *m*
Fastnacht ['fastnaxt] *f* carnaval *m*
fatal [fa'taːl] *adj 1. (peinlich)* fâcheux, désagréable, ennuyeux; *2. (verhängnisvoll)* fatal
fauchen ['fauxən] *v (Tier)* feuler
faul [faul] *adj 1. (verdorben)* pourri, gâté; *2. (träge)* paresseux, fainéant; *3. (fam: bedenklich)* louche, douteux, suspect; *Da ist etw ~.* Ce n'est pas très catholique. *4. eine ~e Ausrede* une mauvaise excuse *f*
faulen ['faulən] *v* pourrir
faulenzen ['faulɛntsən] *v* paresser, fainéanter, avoir la flemme
Faulenzer ['faulɛntsər] *m* paresseux *m*, feignant *m*
Faulheit ['faulhaɪt] *f* paresse *f*, fainéantise *f*; *vor ~ stinken* être paresseux comme une couleuvre/être paresseux comme un lézard
Fäulnis ['fɔylnɪs] *f* décomposition *f*, putréfaction *f*, pourriture *f*
Faultier ['faultiːr] *n 1. ZOOL* paresseux *m*; *2. (fam: Mensch)* paresseux *m*, faignant *m*
Faust [faust] *f* poing *m*; *etw auf eigene ~ machen* faire qc de son propre chef/faire qc de sa propre initiative; *passen wie die ~ aufs Auge* aller comme un gant; *die ~ im Nacken spüren* sentir le couteau sous la gorge; *mit der ~ auf den Tisch hauen (fig)* taper du poing sur la table
Fäustchen ['fɔystçən] *n sich ins ~ lachen* rire dans sa barbe

faustdick ['faust'dɪk] *adj es ~ hinter den Ohren haben* être rusé comme un vieux renard, être malin comme un singe
Faustfeuerwaffe ['faustfɔyərvafə] *f MIL* arme de poing *f*
Fausthandschuh ['fausthandʃuː] *m* moufle *f*
Fausthieb ['fausthiːp] *m* coup de poing *m*
favorisieren [favori'ziːrən] *v* favoriser
Favorit(in) [favo'riːt(ɪn)] *m/f* favori(te) *m/f*
Fax [faks] *n TEL* fax *m,* téléfax *m,* télécopie *f*
Faxen ['faksən] *pl (fam)* clowneries *f/pl,* pitreries *f/pl,* singeries *f/pl; ~ im Kopf haben* n'avoir que des bêtises en tête
faxen ['faksən] *v TEL* envoyer par téléfax, envoyer par fax
Fazit ['faːtsɪt] *n* bilan *m,* résultat *m; das ~ ziehen* tirer le bilan/faire le point
Februar ['feːbruar] *m* février *m*
fechten ['fɛçtən] *v irr 1. SPORT* faire de l'escrime; *2. (fam: betteln)* mendier
Feder ['feːdər] *f 1. ZOOL* plume *f; ~n lassen* y laisser des plumes; *sich mit fremden ~n schmücken* se parer des plumes du paon; *2. (Schreibfeder)* plume *f; 3. (Bettfeder)* duvet *m,* plume d'oie *f; in den ~n (fam)* au pieu/au plumard; *4. TECH* ressort *m,* languette *f*
federführend ['feːdərfyːrənt] *adj ~ sein* être responsable
Federhalter ['feːdərhaltər] *m* porte-plume *m*
federleicht ['feːdər'laɪçt] *adj* léger comme une plume
Federmäppchen ['feːdərmɛpçən] *n* trousse en cuir *f*
Federmesser ['feːdərmɛsər] *n* grattoir *m*
federn ['feːdərn] *v 1.* équiper de ressorts, munir d'une suspension, langueter; *2. (rupfen)* plumer; *3. (als Strafe) HIST* plumer; *4. sich ~* perdre des plumes
Federung ['feːdəruŋ] *f TECH* suspension *f,* ressorts *m/pl*
Federzeichnung ['feːdərtsaɪçnuŋ] *f* dessin à la plume *m*
Fee [feː] *f* fée *f*
Fegefeuer ['feːgəfɔyər] *n REL* purgatoire *m*
fegen ['feːgən] *v* balayer
Fehde ['feːdə] *f* querelle *f,* démêlé *m*
fehl [fɛːl] *adv ~ am Platze sein* être déplacé
Fehlanzeige ['feːlantsaɪgə] *f* état néant *m*
Fehlbetrag ['feːlbətraːk] *m ECO* déficit *m,* manque *m*
Fehldiagnose ['feːldiagnoːzə] *f* diagnostic erroné *m*

> **fehlen** ['feːlən] *v* manquer, faire défaut; *Es hat nicht viel gefehlt.* Il s'en est fallu de peu. *Das fehlt mir gerade noch. (fig)* Il ne manquait plus que cela!

Fehlentwicklung ['feːlɛntvɪkluŋ] *f* mauvaise évolution *f*
Fehler ['feːlər] *m 1.* faute *f,* erreur *f,* défaut *m; 2. (Defekt)* défaut *m,* vice *m*
fehlerfrei ['feːlərfraɪ] *adj* exempt d'erreurs, sans erreurs
fehlerhaft ['feːlərhaft] *adj* défectueux, incorrect, qui contient une erreur, erroné
fehlerlos ['feːlərloːs] *adj* sans faute, correct, sans défaut
Fehlgeburt ['feːlgəburt] *f MED* fausse couche *f*
Fehlgriff ['feːlgrɪf] *m* faute *f,* erreur *f*
Fehlschlag ['feːlʃlaːk] *m* échec *m*
fehlschlagen ['feːlʃlaːgən] *v irr* échouer
Fehlschuss ['feːlʃus] *m* coup manqué *m,* coup raté *m*
Fehlstart ['feːlʃtart] *m SPORT* faux départ *m*
Fehltritt ['feːltrɪt] *m* faux pas *m*
Fehlurteil ['feːlurtaɪl] *n JUR* erreur de jugement *f,* jugement erroné *m*
Fehlverhalten ['feːlfɛrhaltən] *n* conduite répréhensible *f,* écart de conduite *m*
Fehlzündung ['feːltsynduŋ] *f* allumage raté *m,* allumage défectueux *m*
Feier ['faɪər] *f* cérémonie *f,* fête *f,* célébration *f,* réunion *f*
Feierabend ['faɪəraːbənt] *m* fin de la journée de travail *f; nach ~* après le travail; *Damit ist ~. (fam)* C'est terminé.
feierlich ['faɪərlɪç] *adj* solennel, cérémonieux; *Das ist schon nicht mehr ~! (fig)* C'est insupportable!
Feierlichkeit ['faɪərlɪçkaɪt] *f 1.* solennité *f; 2. ~en pl* festivités *f/pl,* réjouissances *f/pl*
feiern ['faɪərn] *v* fêter, faire une fête
Feiertag ['faɪərtaːk] *m* jour férié *m,* jour de fête *m*
feig [faɪk] *adj* lâche, poltron, couard
Feige ['faɪgə] *f BOT* figue *f*
Feigheit ['faɪkhaɪt] *f* lâcheté *f,* couardise *f*
Feigling ['faɪklɪŋ] *m* lâche *m,* poltron *m*
feilbieten ['faɪlbiːtən] *v irr* offrir, mettre en vente
Feile ['faɪlə] *f* lime *f*
feilen ['faɪlən] *v 1.* limer; *2. (fig)* polir

F

feilschen ['faılʃən] *v* marchander; *um etw ~* marchander qc
fein [faın] *adj 1. (dünn)* fin, mince; *2. (zart)* délicat, subtil, fin; *3. (vornehm)* distingué, fin, bon; *4. (präzise)* précis, subtil; *5. ~ heraus sein (fam)* avoir eu de la chance/du pot
Feind [faınt] *m* ennemi *m; Das ist sein ärgster ~.* C'est son pire ennemi.
feindlich ['faıntlıç] *adj 1.* ennemi, hostile à; *adv 2.* en ennemi, avec hostilité
Feindschaft ['faıntʃaft] *f* inimitié *f,* hostilité *f*
feindselig ['faıntze:lıç] *adj 1.* hostile; *adv 2.* en ennemi, avec hostilité
Feingefühl ['faıngəfy:l] *n* doigté *f,* délicatesse *f,* sensibilité *f*
Feinheit ['faınhaıt] *f 1.* finesse *f,* subtilité *f,* nuance *f,* détail *m; 2. (Zartheit)* délicatesse *f*
Feinmechanik ['faınmeça:nık] *f TECH* mécanique de précision *f*
Feinmechaniker(in) ['faınmeça:nıkər(ın)] *m/f* mécanicien(ne) de précision *m/f*
Feinschmecker(in) ['faınʃmɛkər(ın)] *m/f* gourmet *m,* fine bouche *f*
feinsinnig ['faınzınıç] *adj* subtil
Feinstaub ['faınʃtaup] *m* particules fines *f/pl*
feist [faıst] *adj* gras
Feld [fɛlt] *n* champ *m; ein weites ~ sein* être un vaste sujet; *das ~ behaupten* défendre son terrain; *das ~ räumen* vider les lieux; *jdm das ~ überlassen* céder le terrain à qn; *gegen jdn zu ~e ziehen* partir en guerre contre qn
Felge ['fɛlgə] *f* jante *f*
Fell [fɛl] *n* peau *f,* fourrure *f,* poil *m; ein dickes ~ haben (fig)* ne se formaliser de rien/être insensible à/être dur à cuire; *jdm das ~ gerben* tanner le cuir à qn/rosser qn; *Dich juckt das ~.* Tu cherches une râclée.
Fels [fɛls] *m* rocher *m; ein ~ in der Brandung sein (fig)* être un rocher dans la tempête
Felsen ['fɛlzən] *m* rocher *m,* roc *m*
felsig ['fɛlzıç] *adj* rocheux
Felsspalte ['fɛlsʃpaltə] *f* crevasse *f,* fissure *f,* fente dans le rocher *f*
Felswand ['fɛlsvant] *f* paroi rocheuse *f*
Fenster ['fɛnstər] *n* fenêtre *f*
Fensterladen ['fɛnstərla:dən] *m* volet *m,* persienne *f,* contrevent *m*
Fensterrahmen ['fɛnstərra:mən] *m* châssis de (la) fenêtre *m*
Fensterscheibe ['fɛnstərʃaıbə] *f* vitre *f,* carreau *m*
Fenstersims ['fɛnstərzıms] *m/n* rebord de fenêtre *m*
Ferien ['fe:rjən] *pl* vacances *f/pl*
fern [fɛrn] *adj 1.* lointain, éloigné; *2. ~ halten* tenir éloigné, tenir à l'écart; *jdn von sich ~ halten* tenir qn à l'écart de soi; *3. Dieser Gedanke liegt mir völlig ~.* Loin de moi cette idée./Cela ne me vient pas à l'esprit. *prep 4.* loin de
Fernbedienung ['fɛrnbədi:nuŋ] *f* télécommande *f*
fernbleiben ['fɛrnblaıbən] *v* rester absent, ne pas assister à, ne pas paraître
Ferne ['fɛrnə] *f* lointain *m; in der ~* au loin, dans le lointain
ferner ['fɛrnər] *konj 1.* de plus, en plus, en outre; *2. unter ~ liefen sein* ne pas faire partie du peloton de tête
Fernfahrer ['fɛrnfa:rər] *m* routier *m*
Ferngespräch ['fɛrngəʃprɛ:ç] *n* communication téléphonique interurbaine *f*
Fernglas ['fɛrngla:s] *n* jumelles *f/pl,* paire de jumelles *f*
Fernkurs ['fɛrnkurs] *m* cours par correspondance *m*
Fernlicht ['fɛrnlıçt] *n* feux de route *m/pl,* pleins phares *m/pl*
Fernrohr ['fɛrnro:r] *n* longue-vue *f,* lunette d'approche *f*
fernsehen ['fɛrnze:ən] *v* regarder la télévision
Fernsehgerät ['fɛrnze:gərɛ:t] *n* téléviseur *m;* télé *f (fam)*
Fernsehreportage ['fɛrnze:repɔrta:ʒə] *f* reportage pour la télévision *m*
Fernsteuerung ['fɛrnʃtɔyəruŋ] *f* téléguidage *m,* télécommande *f*
Ferse ['fɛrsə] *f* talon *m; jdn auf den ~n haben* avoir qn à ses trousses; *sich an jds ~n heften* être pendu aux basques de qn/coller qn *(fam)*; *jdm auf den ~n bleiben* être aux trousses de qn/talonner qn

fertig ['fɛrtıç] *adj 1. (beendet)* fini, terminé, achevé; *etw ~ machen* finir qc, terminer qc, achever qc; *mit jdm ~ sein* ne plus vouloir entendre parler de qn; *2. (bereit)* prêt, tout préparé, déjà préparé; *3. (fam: erschöpft)* pompé, crevé, à plat, épuisé; *Ich bin völlig ~.* Ça m'a coupé bras et jambes. *4. jdn ~ machen (fig)* écraser qn, achever qn; *mit jdm ~ werden* venir à bout de qn; *v irr 5. ~ bringen* mener à bien; *(imstande sein)* être en mesure de faire; *6. ~ stellen* achever, finir, terminer, accomplir

Fertiggericht ['fɛrtɪçgərɪçt] *n GAST* plat tout préparé *m,* mets tout préparé *m*
Fertighaus ['fɛrtɪçhaus] *n* maison préfabriquée *f*
Fertigprodukt ['fɛrtɪçprɔdukt] *n* produit fini *m*
Fertigstellung ['fɛrtɪçʃtɛluŋ] *f* achèvement *m,* exécution *f,* finition *f*
Fertigung ['fɛrtɪguŋ] *f* production *f,* fabrication *f,* confection *f*
fesch [fɛʃ] *adj* chic, pimpant, coquet, chouette
Fessel[1] ['fɛsəl] *f 1.* lien *m; 2. (fig)* entrave *f; die ~n sprengen* rompre les liens
Fessel[2] ['fɛsəl] *f ANAT* attaches *f/pl; Sie hat schlanke ~n.* Elle a les attaches fines.
fesseln ['fɛsəln] *v* lier, attacher, ligoter
fest [fɛst] *adj 1. (hart)* ferme; *2. (stark)* solide, résistant; *3. (dicht)* consistant, serré; *4. (gleichbleibend)* stable, permanent, fixe, régulier
Fest [fɛst] *n* fête *f*
Festakt ['fɛstakt] *m* cérémonie *f*
festbinden ['fɛstbɪndən] *v irr* attacher
Festessen ['fɛstɛsən] *n* banquet *m*
festfahren ['fɛstfa:rən] *v irr 1.* damer; *2. NAUT* toucher le fond, échouer; *3. (fig)* se bloquer, s'arrêter, ne plus avancer
festhalten ['fɛsthaltən] *v irr 1.* retenir, fixer, rester attaché, tenir; *2. (merken)* retenir, remarquer; *(schriftlich)* consigner par écrit; *3. sich ~ an* se tenir à, s'accrocher à
festigen ['fɛstɪgən] *v 1. (stärken)* consolider; *2. sich ~* s'affermir, se consolider, se stabiliser
Festiger ['fɛstɪgər] *m* fixateur *m*
Festigkeit ['fɛstɪçkaɪt] *f* fermeté *f,* solidité *f,* stabilité *f,* consistance *f*
festkleben ['fɛstkle:bən] *v 1.* coller; *2. (etw ~)* coller qc
Festland ['fɛstlant] *n* continent *m,* terre ferme *f*
festlegen ['fɛstle:gən] *v 1.* déterminer, établir, fixer; *2. (verpflichten)* obliger, engager, fixer; *3. sich ~* se lier, s'engager
festlich ['fɛstlɪç] *adj* solennel, de fête
festmachen ['fɛstmaxən] *v 1. (befestigen)* fixer, assujettir, attacher, serrer; *2. (Boot)* amarrer; *3. (vereinbaren)* convenir de, conclure; *4. etw an etw ~* mettre en rapport, lier à
Festnahme ['fɛstna:mə] *f* arrestation *f*
festnehmen ['fɛstne:mən] *v irr jdn ~* arrêter qn, appréhender qn
Festnetzanschluss ['fɛstnɛtsanʃlus] *m TEL* ligne fixe *f*
Festplatte ['fɛstplatə] *f INFORM* disque dur *m*
festsetzen ['fɛstzɛtsən] *v* fixer, établir, arrêter
festsitzen ['fɛstzɪtsən] *v irr 1.* tenir solidement, bien tenir; *2. (fig)* être immobilisé, *(ein Fahrzeug)* être bloqué
feststehen ['fɛstʃte:ən] *v irr* être certain, être sûr, être bien établi
feststellen ['fɛstʃtɛlən] *v* constater, établir, déterminer
Feststellung ['fɛstʃtɛluŋ] *f 1. (Bemerkung)* constat *m,* constatation *f; 2. (Erkenntnis)* détermination *f,* identification *f,* constatation *f; 3. (Ermitteln)* détermination *f,* identification *f,* constatation *f*
Festtag ['fɛstta:k] *m 1. (Feiertag)* jour de fête *m,* jour férié *m; 2. REL* fête *f; 3. (Tag mit einem besonderen Ereignis)* fête *f,* célébration *f*
Festung ['fɛstuŋ] *f* forteresse *f,* place forte *f*
festverzinslich ['fɛstfɛrtsɪnslɪç] *adj FIN* à revenu fixe, à intérêt fixe, à taux fixe
fett [fɛt] *adj (Person)* gros, qui a de l'embonpoint; *~ gedruckt* imprimé en caractères gras
Fett [fɛt] *n* graisse *f,* matière grasse *f; Er hat sein ~ weg.* Il en a eu pour son compte. *das ~ abschöpfen* se tailler la part du lion/tirer la couverture à soi; *sein ~ abbekommen* se faire tirer les oreilles/se prendre un savon
fettarm ['fɛtarm] *adj* pauvre en graisse, peu gras
fetten ['fɛtən] *v 1.* graisser, lubrifier; *2. etw ~* graisser qc, lubrifier qc
Fettnäpfchen ['fɛtnɛpfçən] *n ins ~ treten* mettre les pieds dans le plat
Fettschicht ['fɛtʃɪçt] *f* couche de graisse *f,* couche adipeuse *f*
Fetzen ['fɛtsən] *m 1. (Papier)* lambeau *m; 2. (Lumpen)* haillon *m,* guenille *f,* loque *f; in ~ herunterhängen* tomber en loques
feucht [fɔyçt] *adj* humide, moite; *~ werden* devenir humide, s'humidifier
Feuchtigkeit ['fɔyçtɪçkaɪt] *f* humidité *f*

Feuer ['fɔyər] *n 1.* feu *m; Haben Sie ~?* Avez-vous du feu? *2. (fig) ~ und Flamme sein* être tout feu tout flamme; *~ fangen* s'enthousiasmer/s'enflammer; *~ hinter etw machen* mettre le turbo à qc; *für jdn durchs ~ gehen* se mettre en quatre pour qn; *mit dem ~ spielen* jouer avec le feu

F

Feueralarm ['fɔyəralarm] *m* alerte d'incendie *f*
feuerbeständig ['fɔyərbəʃtɛndɪç] *adj* ignifuge, incombustible, ininflammable
Feuerbestattung ['fɔyərbəʃtatuŋ] *f* incinération *f*, crémation *f*
Feuereifer ['fɔyəraɪfər] *m* ardeur *f*, ferveur *f*
feuerfest ['fɔyərfɛst] *adj* réfractaire, qui résiste au feu, incombustible, ininflammable
Feuergefahr ['fɔyərsgəfaːr] *f* risque d'incendie *m*
Feuerholz ['fɔyərhɔlts] *n* bois de chauffage *m*
Feuerleiter ['fɔyərlaɪtər] *f* échelle à incendie *f*
Feuerlöscher ['fɔyərlœʃər] *m* extincteur *m*
Feuermelder ['fɔyərmɛldər] *m* avertisseur d'incendie *m*
feuern ['fɔyərn] *v 1. jdn ~ (fam)* renvoyer qn, virer qn; *2. jdm eine ~* flanquer une gifle à qn, donner une gifle à qn
Feuerwehr ['fɔyərveːr] *f* pompiers *m/pl*, sapeurs-pompiers *m/pl*
Feuerwehrmann ['fɔyərveːrman] *m* pompier *m*, sapeur-pompier *m*
Feuerwerk ['fɔyərvɛrk] *n* feu d'artifice *m*, spectacle pyrotechnique *m*
Feuerzeug ['fɔyərtsɔyk] *n* briquet *m*
feurig ['fɔyrɪç] *adj 1.* ardent, enflammé, fougueux; *2. (Wein)* généreux, chaud
Fibel ['fiːbəl] *f (Buch)* abécédaire *m*
Fichte ['fɪçtə] *f BOT* épicéa *m*
fidel [fi'deːl] *adj* joyeux, gai
Fieber ['fiːbər] *n MED* fièvre *f*, température *f*; *~ haben* faire de la température/avoir de la fièvre
fiebern ['fiːbərn] *v 1. MED* être fiévreux; *2. (fig) ~ nach* attendre fébrilement
Fieberthermometer ['fiːbərtɛrmomeːtər] *n MED* thermomètre médical *m*
fies [fiːs] *adj (fam)* dégueulasse *(fam)*, répugnant, repoussant, abject
Figur [fi'guːr] *f 1. (Körper)* figure *f*, silhouette *f*; *eine gute ~ machen* faire bonne figure; *2. (Statue) ART* statue *f*
fiktiv [fɪk'tiːf] *adj* fictif
Filiale [fil'jaːlə] *f ECO* succursale *f*
filigran [fili'graːn] *adj* filigrane, finement
Film [fɪlm] *m 1. CINE* film *m*, pellicule *f*; *2. (dünne Schicht)* film *m*, couche mince *f*
filmen ['fɪlmən] *v* filmer
Filmkamera ['fɪlmkamərа] *f* caméra *f*
Filmschauspieler(in) ['fɪlmʃauʃpiːlər(ɪn)] *m* acteur de cinéma/actrice de cinéma *m/f*
Filter ['fɪltər] *m/n* filtre *m*
filtern ['fɪltərn] *v* filtrer
Filz [fɪlts] *m* feutre *m*
Filzstift ['fɪltsʃtɪft] *m* feutre *m*
Finanzamt [fɪ'nantsamt] *n 1. (Gebäude)* centre des impôts *m*; *2. (Behörde)* fisc *m*, administration des finances *f*
Finanzbuchhaltung [fɪ'nantsbuːxhaltuŋ] *f ECO* comptabilité financière *f*
Finanzen [fɪ'nantsən] *pl* finances *f/pl*
finanziell [fɪnan'tsjɛl] *adj* financier
Finanzier [fɪnan'tsjeː] *m FIN* financier *m*
finanzieren [fɪnan'tsiːrən] *v* financer
Finanzierung [fɪnan'tsiːruŋ] *f* financement *m*
Finanzkrise [fɪ'nantskriːzə] *f* crise financière *m*
Finanzminister [fɪ'nantsministər] *m POL* ministre des finances *m*
finden ['fɪndən] *v irr 1.* trouver; *2. (dafürhalten)* trouver
Finder(in) ['fɪndər(ɪn)] *m/f* trouveur/trouveuse *f*
Finderlohn ['fɪndərloːn] *m* récompense *f*
findig ['fɪndɪç] *adj* ingénieux

Finger ['fɪŋər] *m ANAT* doigt *m*; *keinen ~ rühren/keinen ~ krumm machen* ne pas lever le petit doigt; *~ weg!* Bas les pattes! *lange ~ machen* chaparder/chiper; *den ~ draufhaben* veiller au grain; *die ~ im Spiel haben* être mêlé; *die ~ von jdm lassen (fig)* ne pas se frotter à qn; *sich nicht die ~ schmutzig machen* ne pas vouloir se salir les mains; *sich die ~ verbrennen* se brûler les ailes/se brûler les doigts; *sich etw an zehn ~n abzählen können* se voir comme le nez au milieu de la figure; *jdm auf die ~ klopfen (fig)* taper sur les doigts à qn; *jdm auf die ~ schauen* avoir l'œil sur qn/avoir qn à l'œil; *sich etw aus den ~n saugen* inventer qc de toutes pièces; *etw mit dem kleinen ~ machen* faire qc les doigts dans le nez; *mit dem ~ auf jdn zeigen (fig)* montrer qn du doigt; *nur mit dem kleinen ~ zu winken brauchen* n'avoir qu'à lever le petit doigt; *jdn zwischen die ~ bekommen* attraper qn/tomber sur qn

Fingerabdruck ['fɪŋərapdruk] *m* empreintes digitales *f/pl*
Fingerfertigkeit ['fɪŋərfɛrtɪçkaɪt] *f* dextérité *f*, habileté des doigts *f*

Fingernagel ['fɪŋərna:gəl] *m ANAT* ongle *m*
Fingerspitze ['fɪŋərʃpɪtsə] *f* bout du doigt *m; bis in die ~n* jusqu'au bout des doigts, extrêmement
Fingerspitzengefühl ['fɪŋərʃpɪtsəngəfy:l] *n* doigté *m,* tact *m*
Fingerzeig ['fɪŋərtsaɪk] *m 1.* signe *m,* indication *f; 2. (~ Gottes)* signe *f*
fingieren [fɪŋ'gi:rən] *v* feindre, simuler
Fink [fɪŋk] *m ZOOL* pinson *m*
Finne[1] ['fɪnə] *m* Finnois *m,* Finlandais *m*
Finne[2] ['fɪnə] *f (Rückenflosse beim Wal) ZOOL* nageoire dorsale *f*
finnisch ['fɪnɪʃ] *adj* finnois, finlandais
Finnland ['fɪnlant] *n GEO* Finlande *f*
finster ['fɪnstər] *adj 1. (dunkel)* sombre, obscur, noir; *2. (grimmig)* sombre, gris; *ein ~es Gesicht machen* faire grise mine
Finsternis ['fɪnstərnɪs] *f* obscurité *f*
Firlefanz ['fɪrləfants] *m* futilités *f/pl,* bêtises *f/pl,* sottises *f/pl,* fanfreluches *f/pl*
Firma ['fɪrma] *f ECO* maison *f,* entreprise *f,* firme *f*
Firmament [fɪrma'mɛnt] *n ASTR* firmament *m*
firmen ['fɪrmən] *v REL* confirmer
Firmenchef(in) ['fɪrmənʃɛf(ɪn)] *m/f ECO* chef d'entreprise *m*
Firmenregister ['fɪrmənregɪstər] *n ECO* liste des entreprises *f,* registre du commerce *f*
Firmung ['fɪrmuŋ] *f REL* confirmation *f*
Fisch [fɪʃ] *m ZOOL* poisson *m; munter sein wie ein ~ im Wasser* être heureux comme un poisson dans l'eau; *ein dicker ~ (fig)* un beau coup de filet *m; weder ~ noch Fleisch sein (fig)* n'être ni chair ni poisson; *Das sind kleine ~e.* Ce n'est que du menu fretin.
Fischbestand ['fɪʃbəʃtant] *m* réserves en poissons *f/pl*
fischen ['fɪʃən] *v* pêcher; *im Trüben ~ (fig)* pêcher en eaux troubles
Fischer ['fɪʃər] *m* pêcheur *m*
Fischgeschäft ['fɪʃgəʃɛft] *n* poissonnerie *f*
Fischkutter ['fɪʃkutər] *m NAUT* chalutier *m*
Fiskus ['fɪskus] *m FIN* fisc *m*
fit [fɪt] *adj* en forme
fix [fɪks] *adj ~ und fertig* tout prêt
fixen ['fɪksən] *v (fam: sich Rauschgift spritzen)* se shooter, se piquer
Fixer(in) ['fɪksər(ɪn)] *m/f* drogué(e) *m/f*
fixieren [fɪk'si:rən] *v 1. (anstarren)* fixer; *2. (festmachen)* fixer; *3. (festlegen)* fixer, décider; *4. FOTO* fixergle *m*
FKK-Strand [ɛfka:'ka:ʃtrant] *m* plage pour nudistes *f*
flach [flax] *adj* plat
Flachbildschirm ['flaxbɪltʃɪrm] *m* écran plat *m*
Flachdach ['flaxdax] *n* toit plat *m*
Fläche ['flɛçə] *f* surface *f,* superficie *f*
flächendeckend ['flɛçəndɛkənt] *adj* qui s'étend sur une grande surface
Flächeninhalt ['flɛçənɪnhalt] *m* superficie *f,* aire *f,* surface *f*
Flachland ['flaxlant] *n GEOL* pays plat *m,* plaine *f*
flackern ['flakərn] *v* vaciller, trembler
Fladen ['fla:dən] *m 1. (Pfannkuchen)* galette *f; 2. (Brot)* galette *f; 3. (Kuhfladen)* bouse *f*
Flagge ['flagə] *f* pavillon *m,* drapeau *m; ~ zeigen (fig)* choisir son camp; *unter falscher ~ segeln* faire semblant/feindre
Flame ['fla:mə] *m* Flamand *m*
Flämin ['flɛmɪn] *f* Flamande *f*
flämisch ['flɛ:mɪʃ] *adj* flamand
Flamme ['flamə] *f* flamme *f; in ~n stehen* être la proie des flammes/être dévoré par les flammes
Flammenwerfer ['flamənvɛrfər] *m* lance-flammes *m*
Flasche ['flaʃə] *f 1.* bouteille *f; zu tief in die ~ schauen* boire un coup de trop/avoir un petit coup dans le nez; *2. (fam: Versager)* nouille *f,* empoté *m,* ganache *f*
Flaschenöffner ['flaʃənœfnər] *m* décapsuleur *m,* ouvre-bouteille *m*
Flaschenpfand ['flaʃənpfant] *n* consigne *f*
Flaschenzug ['flaʃəntsu:k] *m TECH* palan *m,* moufle *f*
Flatrate ['flætrɛɪt] *f (Telefon, Internet)* forfait illimité *m*
flatterhaft ['flatərhaft] *adj* volage, inconstant
flattern ['flatərn] *v* voltiger, voleter
flau [flau] *adj* faible, tiède, inactif, fade, indolent, flou, calme
Flaum [flaum] *m 1. (Federn)* duvet *m; 2. (Bartwuchs)* poil follet *m,* duvet *m*
flauschig ['flauʃɪç] *adj* moelleux
Flausen ['flauzən] *pl* bêtises *f/pl,* histoires *f/pl,* chichis *m/pl,* façons *f/pl*
Flaute ['flautə] *f 1. (Windstille)* calme *m,* accalmie *f; 2. ECO* période creuse *f*

Flechte ['flɛçtə] *f MED* dartre *f*
flechten ['flɛçtən] *v irr* tresser
Fleck [flɛk] *m 1. (Schmutzfleck)* tache *f; pas einen ~ auf der weißen Weste haben (fig)* ne avoir d'honneur intact/avoir mauvaise réputation; *2. (Flicken)* pièce *f; 3. blauer ~* bleu *m,* ecchymose *f; 4. (Ort)* endroit *m,* place *f,* lieu *m; sich nicht vom ~ rühren* ne pas bouger; *am falschen ~* au mauvais endroit; *vom ~ weg* tout de suite/immédiatement; *nicht vom ~ kommen (fig)* ne pas avancer d'un pouce

F

fleckig ['flɛkɪç] *adj* taché, maculé
Fledermaus ['fleːdərmaus] *f ZOOL* chauve-souris *f*
Flegel ['fleːgəl] *m* voyou *m,* goujat *m*
flegelhaft ['fleːgəlhaft] *adj* rustre, grossier
Flegeljahre ['fleːgəljaːrə] *pl* âge ingrat *m*
flehen ['fleːən] *v* supplier, implorer
Fleisch [flaɪʃ] *n* viande *f; nicht Fisch, nicht ~ sein* n'être ni chair ni poisson; *sein eigen ~ und Blut (fig)* son propre sang/la chair de sa chair; *in ~ und Blut übergehen* faire siens/faire siennes; *sich ins eigene ~ schneiden* se faire tort à soi même; *vom ~ fallen* maigrir/fondre comme neige au soleil
Fleischbrühe ['flaɪʃbryːə] *f GAST* consommé *m,* bouillon *m,* bouillon de viande *m*
Fleischer ['flaɪʃər] *m* boucher *m,* charcutier *m,* boucher-charcutier *m*
fleischlich ['flaɪʃlɪç] *adj 1. (aus Fleisch)* carné; *2. (körperlich) REL* charnel
Fleischwolf ['flaɪʃvɔlf] *m* hachoir à viande *m*
Fleiß [flaɪs] *m* application *f,* assiduité *f,* zèle *m*
fleißig ['flaɪsɪç] *adj* appliqué, assidu, zélé
flexibel [flɛk'siːbəl] *adj* flexible, souple
Flexibilisierung [flɛksibɪlɪ'ziːruŋ] *f* flexibilisation *m*
Flexibilität [flɛksibɪlɪ'tɛːt] *f* flexibilité *f,* souplesse *f*
flicken ['flɪkən] *v* raccommoder
Flieder ['fliːdər] *m BOT* lilas *m*
Fliege ['fliːgə] *f 1. ZOOL* mouche *f; zwei ~n mit einer Klappe schlagen* faire d'une pierre deux coups; *2. (Kleidungsstück)* nœud papillon *m; 3. eine ~ machen (fam)* disparaître rapidement, se tirer vite fait
fliegen ['fliːgən] *v irr* voler; aller en avion
Flieger(in) ['fliːgər(ɪn)] *m/f 1. (Pilot(in))* pilote *m/f; 2. (Soldat der Fliegertruppe)* aviateur *m,* pilote *m; 3. (Radrennfahrer) SPORT* pilote *m; 4. (fam: Flugzeug)* avion *m*
fliehen ['fliːən] *v irr* fuir, s'enfuir, prendre la fuite
Fliehkraft ['fliːkraft] *f PHYS* force centrifuge *f*
Fliese ['fliːzə] *f* carreau *m,* dalle *f*
fliesen ['fliːzən] *v* carreler, daller
Fließband ['fliːsbant] *n* chaîne de montage *f,* tapis roulant *m*
fließen ['fliːsən] *v irr* couler, s'écouler
fließend ['fliːsənt] *adj 1. (Sprache)* couramment; *adv 2. Er spricht ~ Englisch.* Il parle couramment anglais.
flimmern ['flɪmərn] *v* scintiller
flink [flɪŋk] *adj* agile, alerte, preste, leste
Flinte ['flɪntə] *f (Schrotflinte)* fusil *m,* carabine *f; die ~ ins Korn werfen (fig)* jeter le manche après la cognée
Flittchen ['flɪtçən] *n (fam)* fille facile *f*
Flitterwochen ['flɪtərvɔxən] *pl* lune de miel *f*
flitzen ['flɪtsən] *v* filer comme une flèche
Flocke ['flɔkə] *f* flocon *m*
Floh [floː] *m ZOOL* puce *f; jdm einen ~ ins Ohr setzen* donner une idée à qn
Flohmarkt ['floːmarkt] *m* marché aux puces *m*
Florett [flo'rɛt] *n SPORT* fleuret *m*
florieren [flo'riːrən] *v* être florissant, être prospère, prospérer
Floskel ['flɔskəl] *f* formule toute faite *f,* phrase toute faite *f*
Floß [floːs] *n* radeau *m*
Flosse ['flɔsə] *f 1. ZOOL* nageoire *f; 2. (Taucherflosse)* palme *f*
Floßfahrt ['floːsfaːrt] *f* descente en radeau *f*
Flöte ['fløːtə] *f MUS* flûte *f*
flöten ['fløːtən] *v ~ gehen (fam)* être perdu, être fichu
Flötist(in) [fløː'tɪst(ɪn)] *m/f MUS* flûtiste *m/f*
flott [flɔt] *adj 1. (schick)* chic; *2. (schnell)* rapide
Flotte ['flɔtə] *f* flotte *f*
Flottenstützpunkt ['flɔtənstytspuŋkt] *m NAUT* base navale *f*
Fluch [fluːx] *m* juron *m*
fluchen ['fluːxən] *v* jurer, pester
Flucht [fluxt] *f* fuite *f; die ~ ergreifen* prendre la fuite; *jdn in die ~ schlagen* mettre qn en fuite/faire fuir qn
flüchten ['flyçtən] *v* fuir, s'enfuir, se sauver, prendre la fuite
flüchtig ['flyçtɪç] *adj 1. (fliehend)* en fuite, fugitif; *2. (kurz)* rapide; *3. (oberfläch-*

lich) superficiel, bâclé, peu soigneux; *4. (kurz)* en passant, rapidement, brièvement

Flüchtigkeit ['flyçtıçkaıt] *f 1.* volatilité *f; 2. (Oberflächlichkeit)* négligence *f*

Flüchtigkeitsfehler ['flyçtıçkaıtsfe:lər] *m* faute d'inattention *f*

Flüchtling ['flyçtlıŋ] *m* réfugié *m*

Fluchtversuch ['fluxtfɛrzu:x] *m* tentative d'évasion *f*

Fluchtweg ['fluxtve:k] *m* chemin pris par un fugitif *m*

Flug [flu:k] *m* vol *m; wie im ~e* très vite/à toute vitesse

Flugbahn ['flu:kba:n] *f* trajectoire *f*

Flugbenzin ['flu:kbɛntsi:n] *n TECH* kérosène *m*

Flugblatt ['flu:kblat] *n* tract *m*

Flügel ['fly:gəl] *m 1.* aile *f; die ~ stutzen (fig)* rogner les ailes; *2. (Klavier)* piano à queue *m*

Flügeltür ['fly:gəlty:r] *f* porte à double battant *f,* porte à deux battants *f*

Fluggast ['flu:kgast] *m* passager d'un avion *m*

flügge ['flygə] *adj ZOOL* capable de voler, prêt à quitter le nid

Fluggesellschaft ['flu:kgəzɛlʃaft] *f* compagnie aérienne *f*

Flughafen ['flu:kha:fən] *m* aéroport *m*

Flughöhe ['flu:khø:ə] *f* altitude de vol *f*

Fluglinie ['flu:kli:njə] *f 1. (Strecke)* ligne aérienne *f; 2. (Fluggesellschaft)* compagnie aérienne *f*

Flugplan ['flu:kpla:n] *m* plan de vol *m*

Flugplatz ['flu:kplats] *m* aérodrome *m*

Flugreise ['flu:kraızə] *f* voyage en avion *m*

Flugsicherung ['flu:kzıçəruŋ] *f* sécurité de la navigation aérienne *f*

Flugstunde ['flu:kʃtundə] *f* heure de vol *f; ~n nehmen* apprendre à piloter

Flugverbindung ['flu:kvɛrbınduŋ] *f* correspondance aérienne *f*

Flugverkehr ['flu:kvɛrke:r] *m* trafic aérien *m*

Flugwesen ['flu:kve:zən] *n* aviation *f,* aéronautique *f*

Flugzeug ['flu:ktsɔyk] *n* avion *m,* appareil *m; per ~* par avion

Flugzeugabsturz ['flu:ktsɔykapʃturts] *m* accident d'avion *m*

Flugzeugentführer(in) ['flu:ktsɔykɛntfy:rər(ın)] *m/f* pirate de l'air *m/f*

Flunkerei [fluŋkə'raı] *f 1.* fanfaronnade *f; 2. (kleine Lüge)* bobard *m*

flunkern ['fluŋkərn] *v* mentir, fanfaronner, conter des sornettes

Flur[1] [flu:r] *m (Gang)* couloir *m,* vestibule *m,* entrée *f*

Flur[2] [flu:r] *f (Feld)* campagne *f,* champs *m/pl; allein auf weiter ~ (fig)* complètement isolé/coupé du reste du monde

Fluss [flus] *m 1. GEO* fleuve *m,* rivière *f,* cours d'eau *m; 2. (Fließen)* flux *m*

flussabwärts [flus'apvɛrts] *adj* en aval du fleuve

Flussarm ['flusarm] *m GEO* affluent

flussaufwärts [flus'aufvɛrts] *adj* en amont du fleuve

Flussbett ['flusbɛt] *n* lit *m*

flüssig ['flysıç] *adj 1. (nicht fest)* liquide, fondu; *2. (fig: fließend)* aisé

Flüssigkeit ['flysıçkaıt] *f* liquide *m*

Flusslauf ['fluslauf] *m* cours d'un fleuve *m,* cours d'une rivière *m*

Flussmündung ['flusmynduŋ] *f* embouchure *f,* estuaire *m*

Flusspferd ['fluspfe:rt] *n ZOOL* hippopotame *m*

Flussufer ['flusu:fər] *n* rive *f,* bord de la rivière *m,* berge *f*

flüstern ['flystərn] *v* chuchoter

Flüsterton ['flystərto:n] *m* en chuchotant

Flut [flu:t] *f 1. (Wasserhochstand)* marée haute *f,* marée montante *f; 2. (fig: große Menge)* flot *m*

Flutlicht ['flu:tlıçt] *n* lumière des projecteurs *f*

Flutwelle ['flu:tvɛlə] *f* raz de marée *m*

föderal [fødə'ra:l] *adj POL* fédéral

Föderalismus [fødəra'lısmus] *m POL* fédéralisme *m*

Fohlen ['fo:lən] *n ZOOL* poulain *m*

Folge ['fɔlgə] *f 1. (Auswirkung)* conséquence *f,* suites *f/pl; 2. (Reihenfolge)* série *f,* séquence *f,* succession *f; 3. (Fortsetzung)* suite *f*

folgen ['fɔlgən] *v 1. (hinterhergehen)* suivre; *jdm auf Schritt und Tritt ~* suivre qn comme son ombre; *2. (aufeinander ~)* se suivre, se succéder; *3. (gehorchen)* suivre, obéir à

folgend ['fɔlgənt] *adj* suivant

folgendermaßen ['fɔlgəndər'ma:sən] *adv* de la façon suivante, de la manière suivante, comme suit

F

folgenschwer ['fɔlgənʃveːr] *adj* lourd de conséquences
folgerichtig ['fɔlgərɪçtɪç] *adj* conséquent, logique
Folgerichtigkeit ['fɔlgərɪçtɪçkaɪt] *f* logique *f*
folgern ['fɔlgərn] *v* déduire de, conclure de
Folgerung ['fɔlgəruŋ] *f* conclusion *f,* déduction *f*
folglich ['fɔlklɪç] *konj* par conséquent, donc; ainsi
folgsam ['fɔlkzaːm] *adj* obéissant, docile
Folie ['foːljə] *f* feuille d'aluminium *f,* feuille transparente *f*
Folter ['fɔltər] *f* torture *f,* supplice *m*
Folterkammer ['fɔltərkamər] *f* 1. salle de torture *f,* chambre de torture *f;* 2. *(fig: Kraftraum)* salle de torture *f*
foltern ['fɔltərn] *v* torturer, supplicier
Fön [føːn] *m* sèche-cheveux *m*
fönen ['føːnən] *v sich die Haare ~* se sécher les cheveux au sèche-cheveux
foppen ['fɔpən] *v* 1. *(necken)* duper, berner; 2. *(täuschen)* faire marcher
forcieren [fɔr'siːrən] *v* pousser, faire avancer, exagérer
Förderer ['fœrdərər] *m* bienfaiteur *m,* promoteur *m*
förderlich ['fœrdərlɪç] *adj* profitable, utile
Fördermenge ['fœrdərmɛŋgə] *f* quantité extraite *f,* débit *m*
fördern ['fœrdərn] *v* 1. *(unterstützen)* promouvoir, aider, soutenir; 2. *(abbauen) MIN* extraire
fordern ['fɔrdərn] *v* exiger, revendiquer
Förderung ['fœrdəruŋ] *f* 1. *(Unterstützung)* aide *f,* encouragement *m,* promotion *f;* 2. *(Abbau) MIN* extraction *f,* production *f*
Forderung ['fɔrdəruŋ] *f* 1. *(Verlangen)* exigence *f,* revendication *f;* 2. *(Geldforderung) ECO* créance *f*
Forelle [fo'rɛlə] *f ZOOL* truite *f*
Form [fɔrm] *f* 1. forme *f; nicht in ~ sein* ne pas être dans son assiette; *zu großer ~ auflaufen* avoir la forme/se mettre en forme; 2. *(Stil)* forme *f,* façon *f; in aller ~* en bonne et due forme/solennellement; 3. *(Gussform)* moule *m*
Formalität [fɔrmali'tɛːt] *f* formalité *f*
Format [fɔr'maːt] *n* 1. *(Maß)* format *m;* 2. *(fig)* classe *f,* envergure *f; ~ haben* avoir de la classe/avoir de l'envergure
Formation [fɔrma'tsjoːn] *f* formation *f*
formbar ['fɔrmbaːr] *adj* malléable
Formbarkeit ['fɔrmbaːrkaɪt] *f* plasticité *f,* malléabilité *f*
formbeständig ['fɔrmbəʃtɛndɪç] *adj* indéformable
Formel ['fɔrməl] *f* formule *f*
formelhaft ['fɔrməlhaft] *adj* succinct
formell [fɔr'mɛl] *adj* 1. formel, fait dans les formes; *adv* 2. formellement, dans les formes
formen ['fɔrmən] *v* façonner, modeler, donner une forme
Formfehler ['fɔrmfeːlər] *m* 1. vice de forme *m;* 2. *(gesellschaftlich)* inconvenance *f*
förmlich ['fœrmlɪç] *adj* 1. dans les formes, en bonne et due forme; *adv* 2. dans les formes, en termes formels, formellement
Förmlichkeit ['fœrmlɪçkaɪt] *f* formalité *f,* cérémonial *m,* formes *f/pl*
formlos ['fɔrmloːs] *adj* 1. sans forme, in-forme; *~er Antrag* demande sur papier libre *f;* 2. *(fig)* dépourvu de formes, sans formalité; *adv* 3. *(fig)* sans façon, sans formalité
Formsache ['fɔrmzaxə] *f* affaire de forme *f*
formschön ['fɔrmʃøːn] *adj* d'une belle forme
Formular [fɔrmu'laːr] *n* formulaire *m*
formulieren [fɔrmu'liːrən] *v* formuler
Formulierung [fɔrmu'liːruŋ] *f* formulation *f*
formvollendet ['fɔrmfɔlɛndət] *adj* parfait, de forme parfaite
forsch [fɔrʃ] *adj* 1. robuste, fringant; 2. *(flott)* dégagé, dégourdi, déluré; 3. *(wagemutig)* audacieux
forschen ['fɔrʃən] *v* faire de la recherche
Forscher(in) ['fɔrʃər(ɪn)] *m/f* chercheur/ chercheuse *m/f*
Forschung ['fɔrʃuŋ] *f* recherche *f*
Forst [fɔrst] *m* forêt *f*
Forstwirtschaft ['fɔrstvɪrtʃaft] *f* économie forestière *f,* exploitation forestière *f*
fort [fɔrt] *adv* parti, sorti, absent
fortbestehen ['fɔrtbəʃteːən] *v irr* continuer à exister, se perpétuer
fortbewegen ['fɔrtbəveːgən] *v* déplacer, mouvoir
fortbilden ['fɔrtbɪldən] *v sich ~* faire de la formation continue, se perfectionner
Fortbildung ['fɔrtbɪlduŋ] *f* formation (continue) *f,* formation pour adultes *f*
fortentwickeln ['fɔrtɛntvɪkəln] *v (un produit)* améliorer

fortfahren ['fɔrtfaːrən] *v irr 1. (wegfahren)* partir; *2. (fortsetzen)* continuer, poursuivre; *Fahren sie bitte fort!* Continuez s'il vous plaît!/Poursuivez s'il vous plaît!
fortführen ['fɔrtfyːrən] *v 1.* poursuivre; *2. (wegführen)* enlever, emporter, emmener
fortgehen ['fɔrtgeːən] *v irr* s'en aller, partir, sortir
fortgeschritten ['fɔrtgəʃrɪtən] *adj* avancé; *in ~em Alter* d'un âge avancé
fortjagen ['fɔrtjaːgən] *v* chasser, mettre à la porte
fortkommen ['fɔrtkɔmən] *v irr 1. (wegkommen)* réussir à partir; *2. (vorankommen)* avancer, réussir
fortlaufen ['fɔrtlaufən] *v irr* se sauver en courant, prendre la fuite
fortlaufend ['fɔrtlaufənt] *adj* continu
fortpflanzen ['fɔrtpflantsən] *v sich ~* se reproduire, se propager
Fortpflanzung ['fɔrtpflantsuŋ] *f* reproduction *f,* propagation *f*
fortreißen ['fɔrtraɪsən] *v irr 1.* emporter, entraîner; *2. (Strom)* emporter
fortschaffen ['fɔrtʃafən] *v* emmener, enlever, faire disparaître
fortschreiten ['fɔrtʃraɪtən] *v irr* progresser, avancer
Fortschritt ['fɔrtʃrɪt] *m* progrès *m*
fortschrittlich ['fɔrtʃrɪtlɪç] *adj* progressiste, avancé
fortsetzen ['fɔrtzɛtsən] *v* continuer, poursuivre
Fortsetzung ['fɔrtzɛtsuŋ] *f* suite *f,* poursuite *f,* continuation *f*
fortwährend ['fɔrtvɛːrənt] *adv* continuel, perpétuel, constant
Foto ['foːto] *n* photo *f,* photographie *f*
Fotoapparat ['foːtoaparaːt] *m* appareil photo(graphique) *m,* appareil photo *m*
fotogen [foːto'geːn] *adj* photogénique
Fotograf(in) [foːto'graːf(ɪn)] *m/f* photographe *m/f*
fotografieren [foːtogra'fiːrən] *v* photographier
fotokopieren [foːtoko'piːrən] *v* photocopier
Fotokopierer [foːtoko'piːrər] *m* photocopieuse *f*
Fracht [fraxt] *f 1. (Ware) ECO* marchandises transportées *f/pl,* fret *m,* chargement *m; 2. (Preis) ECO* frais de transport *m/pl,* fret *m*
Frachter ['fraxtər] *m* cargo *m*
Frachtgut ['fraxtguːt] *n ECO* cargaison *f;* marchandise à petite vitesse *f*
Frachtraum ['fraxtraum] *m NAUT* soute à fret *f*
Frack [frak] *m* habit *m; im ~* en habit

Frage ['fraːgə] *f 1.* question *f; Das kommt nicht in ~!* C'est hors de question! *2. (Angelegenheit)* question *f,* affaire *f; eine ~ des Geschmacks* une affaire de goût *f*

Fragebogen ['fraːgəboːgən] *m* questionnaire *m*
fragen ['fraːgən] *v* demander, poser une question; *nach jdm ~* demander qn
fragend ['fraːgənt] *adj* interrogateur
Fragesatz ['fraːgəzats] *m GRAMM* phrase interrogative *f*
Fragezeichen ['fraːgətsaɪçən] *n* point d'interrogation *m*
fraglich ['fraːklɪç] *adj* douteux, problématique, incertain
fragwürdig ['fraːkvyrdɪç] *adj* contestable, suspect, équivoque
Fraktion [frak'tsjoːn] *f POL* groupe parlementaire *m,* fraction parlementaire *f*
Fraktionsausschuss [frak'tsjoːnsausʃus] *m POL* comité parlementaire *m*
Fraktionsvorsitzende(r) [frak'tsjoːnsfoːrzɪtsəndə(r)] *m/f POL* président(e) du groupe parlementaire *m/f*
frankieren [fraŋ'kiːrən] *v* affranchir
Frankreich ['fraŋkraɪç] *n GEO* France *f*
Franse ['franzə] *f 1. (Ziersaum)* crépine *f,* passementerie *f; 2. (loser Faden)* frange *f*
Franziskaner [frantsɪs'kaːnər] *m REL* franciscain *m*
Franzose [fran'tsoːzə] *m* Français *m*
Französin [fran'tsøːzɪn] *f* Française *f*
französisch [fran'tsøːzɪʃ] *adj* français
Französisch [fran'tsøːzɪʃ] *n LING* français *m*
fräsen ['frɛːzən] *v 1.* fraiser; *2. (Holz)* mortaiser
Fraß [fras] *m 1.* tambouille *f,* ravages *m/pl; 2. (fam: schlechtes Essen)* tambouille *f*
Fratze ['fratsə] *f 1. (Grimasse)* grimace *f; eine ~ schneiden* faire des grimaces; *2. (fam: Gesicht)* gueule *f; 3. (entstelltes Gesicht)* visage déformé *m,* visage défiguré *m*

Frau [frau] *f 1.* femme *f; eine ~ von Welt sein* être une femme du monde; *2. (Ehefrau)* femme *f,* épouse *f; zur ~ nehmen* prendre pour femme; *3. (Anrede)* Madame *f*

Frauenarzt ['frauənartst] *m MED* gynécologue *m*

Frauenbeauftragte ['frauənbəauftra:gtə] *f* déléguée à la condition féminine *f*
Frauenbewegung ['frauənbəve:guŋ] *f* mouvement pour la libération de la femme *m,* mouvement d'émancipation féminine *m*
frauenfeindlich ['frauənfaɪntlɪç] *adj* misogyne
Frauenhaus ['frauənhaus] *n* foyer d'accueil pour femmes battues *m*
Frauenklinik ['frauənkli:nɪk] *f* *MED* service de gynécologie *m*
Fräulein ['frɔylaɪn] *n* demoiselle *f,* Mademoiselle *f*
frech [frɛç] *adj* effronté, insolent, culotté *(fam)*
Frechheit ['frɛçhaɪt] *f* insolence *f,* impertinence *f*
Fregatte [fre'gatə] *f* *NAUT* frégate *f*
frei [fraɪ] *adj 1. (ungebunden)* libre; *es steht Ihnen ~ zu...* libre à vous de ...; *Sind Sie heute Abend ~?* Êtes-vous libre ce soir? *2. (nicht besetzt)* libre; *3. (kostenlos)* gratuit, libre; *4. (Stelle)* vacant; *5. (Sitzplatz)* inoccupé
Freibad ['fraɪba:t] *n* piscine en plein air *f*
freiberuflich ['fraɪbəru:flɪç] *adj 1.* indépendant, qui exerce une profession libérale; *adv 2.* à son compte
Freibetrag ['fraɪbətra:k] *m* somme exonérée d'impôts *f,* montant non imposable *m*
freigeben ['fraɪge:bən] *v irr 1.* débloquer, libérer, ouvrir, autoriser; *2. (entlassen)* libérer, élargir; *3. (beurlauben) jdm ~* donner congé à qn
freihaben ['fraɪha:bən] *v irr* être en congé
freihalten ['fraɪhaltən] *v irr 1. (Platz)* garder, réserver; *2. jdn ~* garder qn, protéger qn; *3. „Ausfahrt ~"* „Sortie de voitures"
Freiheit ['fraɪhaɪt] *f* liberté *f*
Freiheitsbewegung ['fraɪhaɪtsbəve:guŋ] *f* *POL* mouvement de libération *m,* front de libération *m*
Freiheitsdrang ['fraɪhaɪtsdraŋ] *m* soif de liberté *f*
Freiheitsentzug ['fraɪhaɪtsɛntsu:k] *m* *JUR* privation de la liberté *f*
Freiheitskampf ['fraɪhaɪtskampf] *m* *POL* combat pour la liberté *m*
freiheitsliebend ['fraɪhaɪtsli:bənt] *adj* qui aime la liberté, amoureux de la liberté
Freiheitsstatue ['fraɪhaɪtsʃta:tuə] *f* *die ~* la statue de la liberté *f*
Freikarte ['fraɪkartə] *f* carte d'entrée gratuite *f,* place gratuite *f*
Freikörperkultur ['fraɪkœrpərkultu:r] *f* nudisme *m*
freilassen ['fraɪlasən] *v irr* libérer, relaxer, relâcher
Freilassung ['fraɪlasuŋ] *f* libération *f*
freilegen ['fraɪle:gən] *v* révéler, mettre au jour, découvrir
Freilegung ['fraɪle:guŋ] *f* mise au jour *f*
freimachen ['fraɪmaxən] *v 1. (befreien) sich ~* se libérer, s'émanciper; *2. (entkleiden) sich ~* se déshabiller; *sich den Oberkörper ~* se mettre torse nu; *3. (frankieren)* affranchir
freimütig ['fraɪmy:tɪç] *adj 1.* franc, sincère; *adv 2.* à cœur ouvert, franchement, sincèrement
Freiraum ['fraɪraum] *m* liberté d'action *f*
freisprechen ['fraɪʃprɛçən] *v irr 1.* disculper, déclarer non coupable, absoudre; *2. (von Schuld)* disculper, absoudre, acquitter, innocenter; *3. jdn von einem Verdacht ~* disculper qn; *4. (Lehrling)* reconnaître l'aptitude professionnelle
Freispruch ['fraɪʃprux] *m* *JUR* acquittement *m*
freistehen ['fraɪʃte:ən] *v irr 1. (Haus)* être inoccupé; *2. SPORT* être libre, être disponible
freistellen ['fraɪʃtɛlən] *v 1. jdn von etw ~* libérer qn; *2. jdm etw ~* laisser le choix; *3. sich ~ SPORT* se démarquer
Freistellung ['fraɪʃtɛluŋ] *f* franchise *f,* exemption *f,* exonération *f*
Freistoß ['fraɪʃto:s] *m* *SPORT* coup franc *m*
Freitag ['fraɪta:k] *m* vendredi *m*
freitags ['fraɪta:ks] *adv* le vendredi, tous les vendredis
freiwillig ['fraɪvɪlɪç] *adj 1.* volontaire, bénévole, spontané; *adv 2.* bénévolement, volontairement, de plein gré
Freiwillige(r) ['fraɪvɪlɪgə(r)] *m/f* volontaire *m/f*
Freizeit ['fraɪtsaɪt] *f* loisirs *m/pl,* temps libre *m*
freizügig ['fraɪtsy:gɪç] *adj 1.* libre, libéral; *2. (moralisch ~)* libre, libéral; *3. (reichlich)* abondant
fremd [frɛmt] *adj 1. (unbekannt)* inconnu, étranger; *2. (ausländisch)* qui n'est pas d'ici, étranger; *3. (anderen gehörig)* d'autrui
fremdartig ['frɛmta:rtɪç] *adj* étrange, bizarre
Fremdartigkeit ['frɛmta:rtɪçkaɪt] *f* étrangeté *f,* bizarrerie *f*

Fremde(r) ['frɛmdə(r)] *m/f* étranger/étrangère *m/f*, personne qui n'est pas d'ici *f*
Fremdenführer ['frɛmdənfyːrər] *m* *1. (Buch)* guide *m; 2. (Person)* guide *m/f*
Fremdenlegion ['frɛmdənlegjoːn] *f* légion étrangère *f*
Fremdenzimmer ['frɛmdəntsɪmər] *n* chambre à louer *f*, chambre d'hôte *f*
fremdgehen ['frɛmtgeːən] *v irr (fam)* être infidèle, découcher
Fremdherrschaft ['frɛmthɛrʃaft] *f POL* domination étrangère *f*
Fremdkapital ['frɛmtkapitaːl] *n ECO* capital dû aux tiers *m*
fremdländisch ['frɛmtlɛndɪʃ] *adj 1.* exotique; *2. (exotisch)* exotique
Fremdsprache ['frɛmtʃpraːxə] *f* langue étrangère *f*
Fremdverschulden ['frɛmtfɛrʃuldən] *n* faute de tiers *f*, faute d'autrui *f*
Fremdwörterbuch ['frɛmtvœrtərbuːx] *n* dictionnaire de mots savants et de mots étrangers *m*
fressen ['frɛsən] *v irr 1. (Tiere)* manger; *2. (fam)* bouffer, bâfrer
Fressgier ['frɛsgiːr] *f 1.* voracité *f*, gloutonnerie *f; 2. (eines Menschen)* goinfrerie *f*
Fressnapf ['frɛsnapf] *m* écuelle *f*
Freude ['frɔydə] *f* joie *f*
Freudenfeuer ['frɔydənfɔyər] *n* feu de joie *m*
Freudenhaus ['frɔydənhaus] *n* maison close *f*, maison de tolérance *f*, maison de passe *f*
freudig ['frɔydɪç] *adj 1.* joyeux, heureux; *adv 2.* avec joie, de bon cœur
freudlos ['frɔytloːs] *adj* sans joie, triste, morne
freuen ['frɔyən] *v sich ~* être heureux, être content, se réjouir

Freund(in) [frɔynt/'frɔyndɪn] *m/f 1.* ami(e) *m/f*, copain/copine *m/f (fam)*, petit(e) ami(e) *m/f (fam)*, petit copain/petite copine *m/f (fam)*; *unter ~en sein* être entre amis; *Sie sind nicht gerade dicke ~e.* Ils ne sont pas copain-copain. *langjähriger ~* ami de longue date *m*, vieil ami *m; 2. (Partner(in))* partenaire *m/f*

freundlich ['frɔyntlɪç] *adj* aimable; *Es ist sehr ~ von Ihnen, dass Sie gekommen sind.* C'est bien aimable à vous d'être venu.
Freundlichkeit ['frɔyntlɪçkaɪt] *f* amabilité *f*
Freundschaft ['frɔyntʃaft] *f 1.* amitié *f; 2. (Liebesbeziehung)* amitié intime *f*
freundschaftlich ['frɔyntʃaftlɪç] *adj 1.* amical; *adv 2.* amical
Frevel ['freːfəl] *m 1.* sacrilège *m; 2. (Untat)* crime *m*
Frieden ['friːdən] *m* paix *f*; *~ schließen* faire la paix; *dem ~ nicht trauen* ne pas se fier aux apparences; *jdn in ~ lassen* laisser qn tranquille/foutre la paix à qn *(fam)*
Friedensnobelpreis [friːdənsno'bɛlpraɪs] *m* prix Nobel pour la paix *m*
friedfertig ['friːtfɛrtɪç] *adj* pacifique
Friedfertigkeit ['friːtfɛrtɪçkaɪt] *f* caractère pacifique *m*, humeur pacifique *f*
Friedhof ['friːthoːf] *m* cimetière *m*
friedlich ['friːtlɪç] *adj* paisible
frieren ['friːrən] *v irr 1.* geler; *2. (Person)* avoir froid, cailler *(fam)*
Fries [friːs] *m* frise *f*
friesisch ['friːzɪʃ] *adj* frison
Frikadelle [frɪka'dɛlə] *f GAST* boulette (de viande hachée) *f*
frisch [frɪʃ] *adj* frais
Frischhaltebeutel ['frɪʃhaltəbɔytəl] *m* sac fraîcheur *m*
Frischluft ['frɪʃluft] *f* air frais *f*
Friseur(in) [fri'zœːr(ɪn)] *m/f* coiffeur/coiffeuse *m/f*
Friseursalon [frɪ'zøːrzal ɔ] *m* salon de coiffure *m*
Friseuse [frɪ'zøːzə] *f* coiffeuse *f*
frisieren [frɪ'ziːrən] *v 1.* coiffer; *2. (fig)* truquer, trafiquer
Frist [frɪst] *f* délai *m*, terme *m*
fristgerecht ['frɪstgərɛçt] *adj* dans les délais
fristlos ['frɪstloːs] *adj* sans préavis, immédiatement, séance tenante, sans délai
Frisur [fri'zuːr] *f* coiffure *f*
fritieren [frɪ'tiːrən] *v GAST* faire frire
frivol [fri'voːl] *adj 1. (schlüpfrig)* libre, gaillard, équivoque, osé; *2. (leichtfertig)* frivole
Frivolität [frivoli'tɛːt] *f 1. (Schlüpfrigkeit)* incongruité *f; 2. (Äußerung)* incongruité *f; 3. (Leichtfertigkeit)* légèreté *f*
froh [froː] *adj* heureux, content, joyeux
fröhlich ['frøːlɪç] *adj* joyeux, gai, réjoui
Fröhlichkeit ['frøːlɪçkaɪt] *f* bonne humeur *f*, gaieté *f*, entrain *m*
Frohsinn ['froːzɪn] *m* bonne humeur *f*, gaieté *f*, enjouement *m*
fromm [frɔm] *adj REL* pratiquant, pieux, dévot

F

Frömmelei [frœmə'laɪ] *f* fausse dévotion *f*, bigoterie *f*
frömmeln ['frœməln] *v REL* être confit en dévotion
Frömmigkeit ['frœmɪçkaɪt] *f REL* piété *f*, dévotion *f*
Fronleichnam [froːn'laɪçnaːm] *m REL* Fête-Dieu *f*, Saint Sacrement *m*
frontal [frɔn'taːl] *adj* frontal
Frontalzusammenstoß [frɔn'taːltsuzamənʃtoːs] *m* collision de front *f*, collision de plein fouet *f*, collision de face *f*
Frontantrieb ['frɔntantriːp] *m TECH* traction avant *f*
Frosch [frɔʃ] *m* grenouille *f*; *einen ~ im Hals haben* avoir un chat dans la gorge; *Sei kein ~!* Ne fais pas d'histoires!
Froschperspektive ['frɔʃpɛrspɛktiːvə] *f* perspective à ras de terre *f*
Frost [frɔst] *m* gelée *f*, gel *m*
frösteln ['frœstəln] *v* grelotter, frissonner
frostig ['frɔstɪç] *adj 1. (kalt)* gelé, glacé; *2. (fig)* glacial, glaçant
Frostschutzmittel ['frɔstʃutsmɪtəl] *n TECH* produit antigel *m*
Frottee [frɔ'teː] *n* tissu éponge *m*
frottieren [frɔ'tiːrən] *v* frictionner
Frucht [fruxt] *f* fruit *m*
fruchtbar ['fruxtbaːr] *adj (Erde)* fertile, fécond
Fruchtbarkeit ['fruxtbaːrkaɪt] *f* fertilité *f*, fécondité *f*
fruchtig ['fruxtɪç] *adj* fruité
Fruchtsaft ['fruxtzaft] *m GAST* jus de fruits *m*
Fruchtwasser ['fruxtvasər] *n MED* liquide amniotique *m*
früh [fryː] *adv 1.* tôt; *von ~ bis spät* du matin au soir; *adj 2.* précoce, de jeunesse, prématuré
Frühaufsteher(in) ['fryːaufʃteːər(ɪn)] *m/f* lève-tôt *m/f (fam)*, personne matinale *f*
Frühe ['fryːə] *f 1. in der ~* de bon matin; *2. (Anfang)* autrefois
früher ['fryːər] *adj 1.* ancien; *adv 2.* autrefois, jadis
Früherkennung ['fryːɛrkenuŋ] *f MED* dépistage précoce *m*
frühestens ['fryːəstəns] *adv* au plus tôt
Frühgeburt ['fryːgəburt] *f MED* accouchement avant terme *m*, accouchement prématuré *m*
Frühjahr ['fryːjaːr] *n* printemps *m*, début de l'année *m*
Frühjahrsputz ['fryːjaːrsputs] *m (fam)* nettoyage de printemps *m*
Frühling ['fryːlɪŋ] *m* printemps *m*
frühmorgens [fryː'mɔrgəns] *adv* tôt le matin
frühreif ['fryːraɪf] *adj (fig)* précoce, prématuré
Frührentner(in) ['fryːrɛntnər(ɪn)] *m/f* retraité précoce *m*
Frühstadium ['fryːʃtaːdjum] *n* stade précoce *m*
Frühstück ['fryːʃtyk] *n* petit déjeuner *m*
frühstücken ['fryːʃtykən] *v* prendre son petit déjeuner
Frühwarnsystem ['fryːvarnzysteːm] *n* système de surveillance électronique *m*
frühzeitig ['fryːtsaɪtɪç] *adj 1.* précoce, prématuré, fait assez tôt; *adv 2.* tôt, de bonne heure, d'une façon précoce
Frust [frust] *m (fam)* frustration *f*
frustrieren [frus'triːrən] *v* frustrer
Fuchs [fuks] *m ZOOL* renard *m*
fuchsrot ['fuksroːt] *adj 1.* roux, rouquin; *2. (Pferd)* roux
fuchsteufelswild ['fukstɔyfəlsvɪlt] *adj* fou de rage
Fuchtel ['fuxtəl] *f jdn unter der ~ haben* avoir qn sous sa coupe
fuchteln ['fuxtəln] *v ~ mit* gesticuler avec, agiter qc
Fuge ['fuːgə] *f aus den ~n geraten* s'effondrer, être désarçonné
fügen ['fyːgən] *v sich ~* se soumettre à, se plier à, obéir à
fügsam ['fyːkzaːm] *adj* souple, docile, facile
Fügung ['fyːguŋ] *f (des Schicksals)* hasard providentiel *m*, décret du destin *m*, décision du destin *f*, décision de la providence *f*
fühlbar ['fyːlbaːr] *adj 1. (tastbar)* sensible; *2. (spürbar)* sensible; *3. (deutlich)* prononcé
fühlen ['fyːlən] *v* sentir, ressentir; *sich wohl ~* se sentir à l'aise
Fühler ['fyːlər] *m* corne *f*, capteur *m*, sondeur *m*

führen ['fyːrən] *v* conduire, mener, guider; *Das würde zu weit ~.* Cela nous entraînerait trop loin. *glücklich zu Ende ~* mener à bien

Führer ['fyːrər] *m 1. (Chef)* leader *m*, chef *m*, dirigeant *m*; *2. (Fahrer)* conducteur *m*; *3. (Fremdenführer)* guide *m/f*

Führerschein ['fy:rərʃaɪn] *m* permis de conduire *m; seinen ~ machen* passer son permis de conduire
Führerscheinentzug ['fy:rərʃaɪnɛntsu:k] *m* retrait du permis de conduire *m*
Führung ['fy:ruŋ] *f* *1. (Leitung)* direction *f,* commandement *m; 2. (Fremdenführung)* visite guidée *f,* visite accompagnée *f; 3. (Benehmen)* conduite *f*
Führungskraft ['fy:ruŋskraft] *f* cadre supérieur *m*
Führungszeugnis ['fy:ruŋstsɔyknɪs] *n* certificat de bonne conduite *m; polizeiliches ~* extrait du casier judiciaire *m*
Fülle ['fylə] *f* *1.* ampleur *f; 2. (volles Maß)* en abondance, en profusion, ampleur *f; 3. (Leibesumfang)* embonpoint *m*
füllen ['fylən] *v* remplir, emplir
Füller ['fylər] *m* stylo-plumes *m*
Füllung ['fyluŋ] *f* *1. (das Füllen)* remplissage *m; 2. (Polsterung)* rembourrage *m; 3. (Zahnfüllung) MED* plombage *m,* amalgame *m,* obturation *f; 4. GAST* farce *f; 5. (Kuchenfüllung) GAST* crème *f*
fummeln ['fuməln] *v (fam)* tripoter, peloter
Fund [funt] *m* objet trouvé *m*
Fundament [funda'mɛnt] *n* *1. (eines Hauses)* fondations *f/pl; 2. (fig: Grundlage)* base *f,* fondement *m*
Fundbüro ['funtbyro:] *n* bureau des objets trouvés *m*
Fundgrube ['funtgru:bə] *f* *1.* coin des bonnes affaires *m,* coin des soldes *m; 2. (fig)* mine *f*
fundiert [fun'di:rt] *adj* fondé, justifié, réfléchi, approfondi
fündig ['fyndɪç] *adj ~ werden* trouver
Fundort ['fundɔrt] *m* lieu de la découverte *m;* lieu de la trouvaille *m*
fünf [fynf] *num* cinq; *~ gerade sein lassen* ne pas y regarder de trop près/faire preuve de clémence; *~ Minuten vor zwölf (fig)* moins une
Fünfeck ['fynfɛk] *n* pentagone *m*
fünfte(r,s) [fynftɔ(r,s)] *adj* cinquième
fünftens ['fynftəns] *adv* cinquièmement
fünfzehn ['fynftse:n] *num* quinze
fünfzig ['fynftsɪç] *num* cinquante
fungieren [fuŋ'gi:rən] *v ~ als* faire fonction de, assumer une fonction, exercer la fonction de
Funk [fuŋk] *m* radio *f*
Funke ['fuŋkə] *m* étincelle *f; keinen ~n gesunden Menschenverstand haben* ne pas avoir un grain de bon sens
funkeln ['fuŋkəln] *v* étinceler, scintiller
funken ['fuŋkən] *v* *1. (übermitteln)* transmettre; *2. (kapieren) Es hat bei ihm gefunkt.* Il a pigé. *3. Zwischen ihnen hat's gefunkt.* Ça a marché entre eux. *4. (fam: funktionieren)* fonctionner, marcher; *5. (Funken von sich geben)* étinceler, lancer
Funker ['fuŋkər] *m* *1.* radio *m,* radiotélégraphiste *m; f 2. (Amateurfunker)* cibiste *m*
Funkgerät ['fuŋkgərɛ:t] *n* radio *f,* poste émetteur-récepteur *m*
Funkkontakt ['fuŋkkɔntakt] *m* contact radio *m*
Funkloch ['fuŋklɔx] *n TEL* zone d'ombre *f*
Funkspruch ['fuŋkʃprux] *m* message radio *m,* radiotélégramme *m*
Funkstille ['fuŋkʃtɪlə] *f* *1. TECH* silence radio *m; 2. (fig)* silence *m*
Funkstreife ['fuŋkʃtraɪfə] *f* policiers en voitures radio *m/pl*
Funkturm ['fuŋkturm] *m* tour émettrice de radio *f*
funktionieren [fuŋktjo'ni:rən] *v* fonctionner
funktionstüchtig [fuŋk'tsjo:nstyçtɪç] *adj* en état de marche

für [fy:r] *prep* pour; *Tag ~ Tag* jour après jour/de jour en jour; *an und ~ sich* en fait/en principe

Fürbitte ['fy:rbɪtə] *f* intercession *f*
Furche ['furçə] *f* sillon *m*
Furcht [furçt] *f* crainte *f,* peur *f*
furchtbar ['furçtba:r] *adj* terrible, effroyable, horrible, affreux
fürchten ['fyrçtən] *v* craindre, redouter, appréhender
fürchterlich ['fyrçtərlɪç] *adj* terrible, affreux, épouvantable, horrible
furchtlos ['furçtlo:s] *adj* sans crainte, sans peur
furchtsam ['furçtza:m] *adj* craintif, peureux
füreinander [fy:raɪ'nandər] *adv* l'un pour l'autre
Furie ['fu:rjə] *f* furie *f*
Furnierholz [fur'ni:rhɔlts] *n* bois de placage *m*
Furore [fu'ro:rə] *f/n ~ machen* faire fureur
Fürsorge ['fy:rzɔrgə] *f* assistance *f,* aide *f,* secours *m*
fürsorglich ['fy:rzɔrglɪç] *adj* attentionné, plein de sollicitude
Fürsprache ['fy:rʃpra:xə] *f* intervention *f,* intercession *f,* médiation *f*

Fürsprecher(in) ['fy:rʃprɛçər(ɪn)] *m/f* intercesseur *m,* avocat(e) *m/f*
Fürstentum ['fyrstəntu:m] *n* principauté *f*
fürstlich ['fyrstlɪç] *adj 1.* princier, de prince; *2. (fig: üppig)* comme un prince
Furunkel [fu'ruŋkəl] *m MED* furoncle *m*
Fusion [fu'zjo:n] *f* fusion *f*
fusionieren [fuzjo'ni:rən] *v 1. ECO* fusionner; *2. TECH* fusionner

F

Fuß [fu:s] *m 1. ANAT* pied *m; keinen ~ vor die Türe setzen* ne pas fourrer le nez dehors; *Ich kann keinen ~ mehr vor den anderen setzen.* Je ne peux plus mettre un pied devant l'autre. *mit jdm auf schlechtem ~ stehen* être en mauvais terme avec qn; *auf großem ~ leben* mener grand train; *~ fassen* s'établir/creuser son trou; *auf freiem ~ sein* être libre; *mit einem ~ im Grabe stehen* avoir un pied dans la tombe; *mit dem linken ~ zuerst aufstehen (fig)* se lever du pied gauche; *kalte Füße bekommen (fig)* battre en retraite/avoir la pétoche; *sich die Füße vertreten* se dégourdir les jambes; *jdm auf die Füße treten (fig)* blesser qn/vexer qn; *sich auf eigene Füße stellen* voler de ses propres ailes; *etw mit Füßen treten* fouler qc aux pieds; *jdm zu Füßen liegen* être aux pieds de qn; *2. (Sockel)* pied *m,* socle *m; 3. (Zoll)* pied *m*

Fußabstreifer ['fu:sapʃtraɪfər] *m 1.* décrottoir *m; 2. (Matte)* paillasson *m*
Fußball ['fu:sbal] *m 1. (Spiel) SPORT* football *m,* foot *m (fam); 2. (Ball)* ballon de football *m,* ballon de foot *m (fam)*
Fußboden ['fu:sbo:dən] *m* plancher *m,* sol *m*
Fussel ['fusəl] *m/f* poil *m,* fil *m*
fusseln ['fusəln] *v* pelucher, boulocher
Fußgänger(in) ['fu:sgɛŋər(ɪn)] *m/f* piéton(ne) *m/f*
Fußgängerampel ['fu:sgɛŋərampəl] *f* feu pour piétons *m/pl*
Fußgängerzone ['fu:sgɛŋərtso:nə] *f* zone piétonne *f*
Fußgelenk ['fu:sgəlɛŋk] *n* articulation du pied *f*
Fußnote ['fu:sno:tə] *f* note en bas de page *f,* remarque *f*
Fußsohle ['fu:szo:lə] *f* plante du pied *f*
Fußspur ['fu:sʃpu:r] *f* trace de pas *f*
Fußtritt ['fu:strɪt] *m* coup de pied *m; jdm einen ~ versetzen (fam)* donner un coup de pied/botter les fesses de qn
Fußweg ['fu:sve:k] *m* sentier *m,* chemin réservé aux piétons *m,* chemin piétonnier *m*
Futter¹ ['futər] *n 1. (Nahrung)* fourrage *m,* nourriture *f*
Futter² ['futər] *n 1. (Material)* rembourrage*m,* garnissage *m,* doublure *f*
füttern ['fytərn] *v (Tiere)* donner à manger, nourrir
Futterneid ['futərnaɪd] *m (fig)* jalousie *f,* envie *f,* jalousie professionnelle *f*
Futur [fu'tu:r] *n GRAMM* futur *m*

G

Gabe ['ga:bə] *f* *1. (Geschenk)* cadeau *m,* présent *m; 2. (fig: Talent)* don *m,* talent *m,* faculté *f*
Gabel ['ga:bəl] *f* *1. (Besteck)* fourchette *f; 2. (eines Fahrrads)* fourche *f*
Gabelung ['ga:bəluŋ] *f* bifurcation *f*
gaffen ['gafən] *v* reluquer, regarder avec curiosité
Gage ['ga:ʒə] *f* gages *m/pl,* cachet *m*
gähnen ['gɛ:nən] *v* bâiller
Galerie [galə'ri:] *f* *1. ART* galerie *f; 2. THEAT* galerie *f*
Galerist(in) [galə'rɪst(ɪn)] *m/f (Galerieleiter(in))* galeriste *m/f*
Galgen ['galgən] *m* potence *f,* gibet *m; jdn an den ~ bringen (fig)* envoyer qn à l'échafaud
Galgenfrist ['galgənfrɪst] *f* ultime délai *m; jdm eine ~ geben* accorder un terme de grâce à qn, accorder un délai de grâce à qn
Galgenhumor ['galgənhumo:r] *m* humour macabre *m,* humour noir *m*
Galle ['galə] *f* *ANAT* bile *f; Da läuft mir die ~ über.* Ça m'échauffe la bile.
Galopp [ga'lɔp] *m* galop *m; im ~ reiten* aller au galop, galoper
galoppieren [galɔ'pi:rən] *v* galoper
Gammler ['gamlər] *m (fam)* clochard *m*
Gang [gaŋ] *m* *1. (Gehen)* fonctionnement *m,* mouvement *m,* marche *f; in ~ bringen* mettre en action; *2. (Verlauf)* cours *m; seinen normalen ~ gehen* aller son train; *in ~ sein* marcher, fonctionner; *in ~ kommen* s'amorcer, commencer; *etw in ~ setzen* mettre qc en marche, amorcer qc; *im ~e sein* se passer, se préparer; *3. (Flur)* passage *m,* couloir *m; 4. (eines Autos)* vitesse *f; erster ~* première vitesse *f; einen ~ zulegen (fig)* accélérer, passer le turbo *(fam); einen ~ zurückschalten (fig)* ralentir, rétrograder; *5. GAST* mets *m,* plat *m*
Gangart ['gaŋa:rt] *f* *1.* allure *f,* démarche *m,* rythme *m; 2. (Tempo)* allure *f*
gängeln ['gɛŋəln] *v jdn ~* tenir sous sa tutelle
gängig ['gɛŋɪç] *adj* *1. (üblich)* courant; *2. (gefragt) ECO* de bon débit, demandé
Ganove [ga'no:və] *m* bandit *m,* malfaiteur *m,* brigand *m,* crapule *(fam),* canaille *(fam)*
Ganovin [ga'no:vɪn] *f* truande *f*
Gans [gans] *f* *ZOOL* oie *f; eine dumme ~* une dinde *f,* une bécasse *f*
Gänseblümchen ['gɛnzəbly:mçən] *n* *BOT* pâquerette *f*
Gänsebraten ['gɛnzəbra:tən] *m* *GAST* rôti d'oie *m,* oie rôtie *f*
Gänsehaut ['gɛnzəhaut] *f* peau d'oie *f; eine ~ haben* avoir la chair de poule
Gänsemarsch ['gɛnzəmarʃ] *m* file indienne *f; im ~ gehen* marcher à la queue leu leu, marcher en file indienne
Gänserich ['gɛnzərɪç] *m Zool* jars *m*

> **ganz** [gants] *adj* *1.* entier, total, complet, tout; *adv* *2.* tout à fait, entièrement, totalement, absolument

Ganze ['gantsə] *n* *1.* tout *m,* totalité *f,* ensemble *m; 2. aufs ~ gehen* mettre le paquet, risquer le tout pour le tout; *Es geht ums ~.* Ça passe ou ça casse.
Ganzheit ['gantshaɪt] *f* ensemble *m,* totalité *f,* étendue *f,* intégralité *f*
ganzheitlich ['gantshaɪtlɪç] *adj* global
ganzjährig ['gantsjɛ:rɪç] *adj* toute l'année
gänzlich ['gɛntslɪç] *adj* *1.* total, entier, complet; *adv* *2.* totalement, entièrement, complètement
ganztägig ['gantstɛ:gɪç] *adj* pendant toute la journée, à plein temps
ganztags ['gantsta:ks] *adv* *1.* toute la journée; *2. (arbeiten)* à plein temps
gar [ga:r] *adj* *1. (gekocht)* bien cuit, prêt à manger; *adv* *2. ~ nicht* ne ... pas du tout; *sich ~ nicht um die Meinung der Leute kümmern* se moquer du tiers et du quart
Garantie [garan'ti:] *f* garantie *f; unter ~ (fig)* à coup sûr, à tous les coups *(fam)*
garantieren [garan'ti:rən] *v* garantir
Garaus ['ga:raus] *m jdm den ~ machen* donner le coup de grâce à qn, achever qn
Garbe ['garbə] *f* *1. (Korngarbe)* gerbe *f; 2. (fig: Schüsse)* rafale *f*
Garde ['gardə] *f* garde *f*
Garderobe [gardə'ro:bə] *f* *1. (Ablage)* portemanteau *m; 2. (Aufbewahrung)* vestiaire *m; 3. (Kleiderbestand)* garde-robe *f*
Gardine [gar'di:nə] *f* rideau *m; hinter schwedischen ~ (fig)* sous les verrous
Gardinenstange [gar'di:nənʃtaŋə] *f* tringle à rideaux *f*

G

garen ['gaːrən] *v GAST* faire cuire
gären ['gɛːrən] *v irr* lever, fermenter; *Es gärt im Volke.* Le peuple s'agite.
Garn [garn] *n* fil *m*
garnieren [gar'niːrən] *v* garnir
Garnison [garni'zoːn] *f MIL* garnison *f*
garstig ['garstɪç] *adj* laid, sale, méchant; *~es Wetter* temps affreux *m*
Garten ['gartən] *m* jardin *m*
Gartenbau ['gartənbau] *m* jardinage *m,* horticulture *f,* arboriculture *f*
Gärtner ['gɛrtnər] *m* jardinier *m,* horticulteur *m,* arboriculteur *m*
Gärung ['gɛːruŋ] *f* fermentation *f*
Garzeit ['gaːrtsaɪt] *f GAST* temps de cuisson *m*
Gas [gaːs] *n* gaz *m*
Gasflasche ['gaːsflaʃə] *f* bouteille à gaz *f*
gasförmig ['gaːsfœrmɪç] *adj* gazeux
Gaspedal ['gaːspedaːl] *n* pédale d'accélérateur *f,* champignon *m (fam)*
Gasse ['gasə] *f* ruelle *f*

Gast [gast] *m 1.* visiteur *m,* hôte *m; 2. (in einem Restaurant)* consommateur *m,* client *m*

Gastarbeiter ['gastarbaɪtər] *m* main-d'œuvre étrangère *f*
Gastdozent(in) ['gastdotsɛnt(ɪn)] *m/f* professeur invité *m*
Gästebett ['gɛstəbɛt] *n* lit pour les invités *m,* lit d'appoint *m*
gastfreundlich ['gastfrɔyntlɪç] *adj* hospitalier, occueillant
Gastfreundschaft ['gastfrɔyntʃaft] *f* hospitalité *f*
Gastgeber(in) ['gastgeːbər(ɪn)] *m/f* hôte(sse) *m/f*
Gasthaus ['gasthaus] *n* maison d'hôtes *f,* auberge *f*
Gasthof ['gasthoːf] *m* hôtel *m,* auberge *f,* restaurant *m*
Gasthörer(in) ['gasthøːrər(ɪn)] *m/f* auditeur libre/auditrice libre *m/f*
gastieren [gas'tiːrən] *v THEAT* être en tournée, jouer sur une scène étrangère
Gastlichkeit ['gastlɪçkaɪt] *f* hospitalité *f*
Gastspiel ['gastʃpiːl] *n 1. THEAT* tournée *f,* représentation d'acteurs de passage *f; 2. SPORT* tournée *f*
Gastwirtschaft ['gastvɪrtʃaft] *f* restaurant *m,* café *m*
Gatte ['gatə] *m* époux *m,* mari *m; ihr werter ~* son cher époux
Gattin ['gatɪn] *f* épouse *f,* femme *f*
Gattung ['gatuŋ] *f* espèce *f,* sorte *f,* genre *m,* catégorie *f*
Gaul [gaul] *m ZOOL* vieux cheval *m; Einem geschenkten ~ schaut man nicht ins Maul.* À cheval donné on ne regarde pas la bride.
Gaumen ['gaumən] *m ANAT* palais *m; einen feinen ~ haben* être un fin palais
Gaumenfreude ['gaumənfrɔydə] *f* gourmandise *f,* friandise *f*
Gauner ['gaunər] *m* escroc *m,* filou *m*
geächtet [gə'ɛçtət] *adj 1.* proscrit, banni, exilé; *2. (fig)* proscrit
Gebälk [gə'bɛlk] *n* charpente *f,* poutrage *m*
Gebärde [gə'bɛːrdə] *f* geste *m; ~n machen* gesticuler
gebärden [gə'bɛːrdən] *v sich ~* se conduire comme; *sich wie ein Wilder ~* se démener comme un sauvage
gebären [gə'bɛːrən] *v irr* accoucher de, mettre au monde, enfanter
Gebäude [gə'bɔydə] *n* bâtiment *m,* édifice *m,* immeuble *m*

geben ['geːbən] *v irr 1.* donner, offrir, présenter; *viel darum ~* donner cher; *Wo gibt's denn so was?* Où est-ce qu'on est? *2. es jdm ~* frotter les oreilles de qn, corriger qn; *3. auf etw nichts ~* n'accorder aucune importance à qc, se ficher de qc *(fam)*

Gebet [gə'beːt] *n REL* prière *f,* oraison *f; jdn ins ~ nehmen (fig)* demander des comptes à qn, prendre qn entre quatre yeux
Gebiet [gə'biːt] *n 1.* domaine *m,* région *f,* territoire *m; 2. (fig: Sachgebiet)* ressort *m,* spécialité *f,* domaine *m*
gebieten [gə'biːtən] *v irr 1. (verlangen)* exiger, réclamer; *2. (befehlen)* commander, ordonner; *3. (angebracht sein) Es scheint geboten.* Il semble opportun. *4. über etw ~* disposer de qc, avoir qc
Gebieter(in) [gə'biːtər(ɪn)] *m/f* maître(sse) *m/f,* dirigeant(e) *m/f*
Gebilde [gə'bɪldə] *n 1.* chose *f; 2. GEO* formation *f,* structure *f*
gebildet [gə'bɪldət] *adj* cultivé, instruit, érudit, fort *(fam),* calé *(fam)*
Gebirge [gə'bɪrgə] *n* montagne *f,* monts *m/pl*
gebirgig [gə'bɪrgɪç] *adj* montagneux
Gebirgsmassiv [gə'bɪrksmasiːf] *n GEO* massif montagneux *m*
Gebiss [gə'bɪs] *n 1. ANAT* dents *f/pl,* denture *f; 2. künstliches ~* prothèse *f,* dentier *m*

geblümt [gə'blyːmt] *adj* à fleurs, fleuri
gebogen [gə'boːgən] *adj* plié, recourbé
geboren [gə'boːrən] *adj* né
geborgen [gə'bɔrgən] *adj* *1. (sich ~ fühlen)* en sécurité; *2. (Wrack)* sauvé
Geborgenheit [gə'bɔrgənhaɪt] *f* abri *m,* sentiment de sécurité *m,* sécurité *f*
Gebot [gə'boːt] *n* *1.* commandement *m,* ordre *m; 2. REL* commandement *m; die zehn ~e* les dix commandements *m/pl; 3. (Angebot)* offre *f,* proposition *f*
gebraten [gə'braːtən] *adj* rôti
Gebräu [gə'brɔy] *n* breuvage *m,* mixture *f*
Gebrauch [gə'braux] *m* emploi *m,* usage *m,* utilisation *f; in ~ kommen* devenir commun
gebrauchen [gə'brauxən] *v* employer, utiliser, faire usage de, se servir de
gebräuchlich [gə'brɔyçlɪç] *adj* usuel, courant, familier, commun
gebraucht [gə'brauxt] *adj* d'occasion
Gebrechen [gə'brɛçən] *n MED* défaut physique *m,* infirmité *f*
gebrechlich [gə'brɛçlɪç] *adj MED* fragile, infirme, sénible
gebrochen [gə'brɔxən] *adj* *1. (zerbrochen)* brisé; *2. (sprechen)* étranglé, brisé; *3. (psychisch)* brisé
Gebrüder [gə'bryːdər] *pl* frères *m/pl*
Gebrüll [gə'bryl] *n* *1.* hurlements *m/pl; 2. (Tiergebrüll)* rugissements *m/pl,* mugissements *m/pl,* beuglements *m/pl*
Gebühr [gə'byːr] *f* taxe *f,* tarif *m*
Gebühren [gə'byːrən] *pl* droits *m/pl,* taxes *f/pl,* redevance *m,* frais *m/pl*
gebührend [gə'byːrənt] *adj* dû, approprié, convenable
gebunden [gə'bundən] *adj* *1. (gefesselt)* lié, ligoté; *2. (fig: in einer Zweierbeziehung)* lié; *3. (fig) Mir sind die Hände ~.* J'ai les mains liées.
Geburt [gə'burt] *f* naissance *f,* venue au monde *f; eine schwere ~ (fig)* un accouchement difficile *m*
geburtenschwach [gə'burtənʃvax] *adj* à faible natalité
geburtenstark [gə'burtənʃtark] *adj* à forte natalité
Geburtsdatum ['gəburtsdaːtum] *n* date de naissance *f*
Geburtsort [gə'burtsɔrt] *m* lieu de naissance *m*
Geburtstag [gə'burtstaːk] *m* anniversaire *m*
Gebüsch [gə'byʃ] *n* buissons *m/pl*
Gedächtnis [gə'dɛçtnɪs] *n* mémoire *f; ein ~ wie ein Sieb haben* avoir une mémoire de lièvre/une mémoire comme une passoire; *etw im ~ behalten* garder qc en mémoire
Gedächtnisfeier [gə'dɛçtnɪsfaɪər] *f* fête commémorative *f*
Gedächtnislücke [gə'dɛçtnɪslykə] *f* trou de mémoire *m*
Gedächtnisstütze [gə'dɛçtnɪsʃtytsə] *f* moyen mnémotechnique *m*

Gedanke [gə'daŋkə] *m* pensée *f,* idée *f; mit den ~n woanders sein* avoir la tête ailleurs; *immer auf schlechte ~n kommen* avoir l'esprit mal tourné; *~n lesen können* deviner/pouvoir lire les pensées; *mit dem ~n spielen* envisager/penser; *seine ~n beisammen haben* avoir la tête à ce qu'on fait; *etw in ~n tun* faire qc machinalement

Gedankenaustausch [gə'daŋkənaustauʃ] *m* échange d'idées *m*
Gedankenfreiheit [gə'daŋkənfraɪhaɪt] *f* liberté de conscience *f*
Gedankengang [gə'daŋkəngaŋ] *m* cheminement de la pensée *m*
gedankenlos [gə'daŋkənloːs] *adj* irréfléchi, inconsidéré, distrait, étourdi
Gedankenlosigkeit [gə'daŋkənloːzɪçkaɪt] *f* étourderie *f,* irréflexion *f*
Gedankenstrich [gə'daŋkənʃtrɪç] *m* tiret *m,* trait
Gedankenübertragung [gə'daŋkənyːbərtraːguŋ] *f* transmission de pensée *f*
gedankenvoll [gə'daŋkənfɔl] *adj* pensif, soucieux
gedanklich [gə'daŋklɪç] *adj* mentalement
Gedeck [gə'dɛk] *n* couvert *m*
gedeihen [gə'daɪən] *v irr* prospérer
gedenken [gə'dɛŋkən] *v irr* *1. (erinnern)* garder le souvenir de; *2. (vorhaben)* avoir l'intention de
Gedenkfeier [gə'dɛŋkfaɪər] *f* fête commémorative *f*
Gedenkstätte [gə'dɛŋkʃtɛtə] *f* lieu commémoratif *m*
Gedicht [gə'dɪçt] *n* poème *m; ein ~ sein (fig)* être un délice
gediegen [gə'diːgən] *adj* *1. (Metall)* natif, vierge, pur, massif; *2. (geschmackvoll)* convenable, avec goût; *3. (haltbar)* solide, robuste; *4. (Wissen)* solide
Gedränge [gə'drɛŋə] *n* foule *f,* cohue *f*
gedrängt [gə'drɛŋt] *adj* concis, succinct

G

gedrungen [gə'druŋən] *adj (Mensch)* trapu, ramassé, *(Objekt)* massif

Geduld [gə'dult] *f* patience *f; Meine ~ geht allmählich zu Ende.* Ma patience a des limites. *Die ~ verlieren* perdre patience; *Meine ~ ist nun wirklich zu Ende.* Ma patience est à bout

geduldig [gə'duldɪç] *adj 1.* patient, indulgent; *adv 2.* patiemment

geehrt [gə'eːrt] *adj Sehr ~er Herr Meier! ...* Monsieur, ...

geeignet [gə'aɪgnət] *adj* approprié, apte, propre à; *~ sein* convenir

G

Gefahr [gə'faːr] *f* danger *m,* risque *m,* péril *m; der ~ ins Auge sehen* regarder le danger en face; *~ laufen* courir le danger; *auf eigene ~* à ses risques et périls

gefährden [gə'fɛːrdən] *v* mettre en danger

gefährlich [gə'fɛːrlɪç] *adj* dangereux, périlleux, risqué

Gefährlichkeit [gə'fɛːrlɪçkaɪt] *f* dangerosité *f*

gefahrlos [gə'faːrloːs] *adj* sans risque

Gefahrlosigkeit [gə'faːrloːzɪçkaɪt] *f* absence de risque *f,* innocuité *f*

Gefährt [gə'fɛːrt] *n* engin *m,* véhicule *m*

Gefährte [gə'fɛːrtə] *m* compagnon *m*

Gefälle [gə'fɛlə] *n* pente *f,* inclinaison *f*

gefallen [gə'falən] *v irr* plaire à; *es sich ~ lassen* se laisser faire, se laisser marcher sur les pieds

Gefallen [gə'falən] *m* complaisance *f,* service *m,* plaisir *m; jdm einen ~ tun* rendre un service à qn; *an etw ~ finden* prendre goût à qc

gefällig [gə'fɛlɪç] *adj 1. (zuvorkommend)* prévenant, serviable, avenant; *2. (angenehm)* agréable, plaisant

Gefälligkeit [gə'fɛlɪçkaɪt] *f* complaisance *f,* obligeance *f*

gefangen [gə'faŋən] *adj ~ halten* tenir en captivité, retenir prisonnier; *~ nehmen* arrêter, capturer, emprisonner

Gefangene(r) [gə'faŋənə(r)] *m/f 1.* prisonnier/prisonnière *m/f,* captif/captive *m/f,* détenu(e) *m/f; 2. MIL* prisonnier/prisonnière de guerre *m/f*

Gefängnis [gə'fɛŋnɪs] *n* prison *f,* maison d'arrêt *f*

Gefängnisstrafe [gə'fɛŋnɪsʃtraːfə] *f* peine de prison *f,* peine d'emprisonnement *f*

Gefängniswärter(in) [gə'fɛŋnɪsvɛrtər(ɪn)] *m/f* gardien(ne) de prison *m/f*

Gefäß [gə'fɛːs] *n 1.* vase *m,* récipient *m; 2. ANAT* vaisseau sanguin *m*

gefasst [gə'fast] *adj* calme, préparé; *auf etw ~ sein* s'attendre à qc

Gefecht [gə'fɛçt] *n MIL* combat *m,* bataille *f; jdn außer ~ setzen* mettre qn hors de combat, mettre qn hors d'état de nuire

gefeit [gə'faɪt] *adj ~ sein gegen* être invulnérable à, être immunisé contre

Gefieder [gə'fiːdər] *n ZOOL* plumage *m*

gefleckt [gə'flɛkt] *adj* taché

geflissentlich [gə'flɪsəntlɪç] *adj* intentionnel, prémédité, prévu

Geflügel [gə'flyːgəl] *n ZOOL* volaille *f*

Geflüster [gə'flystər] *n* chuchotement *m,* murmure *m,* susurrement *m*

Gefolge [gə'fɔlgə] *n* suite *f,* cortège *m,* escorte *f*

Gefolgschaft [gə'fɔlkʃaft] *f 1. (Treue)* fidélité *f; 2. (Leute)* partisans *m/pl,* disciples *m/pl,* adeptes *m/pl; 3. (fig)* suite *f*

gefragt [gə'fraːkt] *adj ~ sein* être demandé, être recherché

gefräßig [gə'frɛsɪç] *adj* vorace

gefrieren [gə'friːrən] *v irr* geler

gefriergetrocknet [gə'friːrgətrɔknət] *adj* lyophilisé

Gefüge [gə'fyːgə] *n* assemblage *m,* structure *f,* agencement *m*

gefügig [gə'fyːgɪç] *adj* docile, accommodant, facile, calme

Gefügigkeit [gə'fyːgɪçkaɪt] *f* docilité *f*

Gefühl [gə'fyːl] *n 1. (körperlich)* sensation *f; mit gemischten ~en* avec des sentiments mêlés; *das höchste der ~e* le maximum *m,* le nec plus ultra *m; 2. (seelisch)* sentiment *m; 3. (Ahnung)* impression *f; etw im ~ haben* pressentir qc/sentir qc

gefühllos [gə'fyːlloːs] *adj 1. (körperlich)* insensible, froid; *2. (seelisch)* impassible, apathique, indifférent

Gefühllosigkeit [gə'fyːlloːzɪçkaɪt] *f* insensibilité *f,* indifférence *f*

Gefühlsduselei [gəfyːlsduzə'laɪ] *f (fam)* sensiblerie *f*

Gefühlsregung [gə'fyːlsreːguŋ] *f* émotion *f,* émoi *m*

gefühlvoll [gə'fyːlfɔl] *adj* sensible, plein de sentiment, émotif

gegebenenfalls [gə'geːbənənfals] *adv* le cas échéant, à l'occasion

Gegebenheit [gə'geːbənhaɪt] *f* fait *m,* circonstance *f*

gegen ['ge:gən] *prep 1. (zeitlich)* vers, autour de; *2. (örtlich)* contre; *3. (wider)* contre; *etw ~ jdn haben* avoir qc contre qn; *4. (im Austausch)* contre, en échange de; *jdm etw ~ Quittung geben* donner qc à qn contre reçu

Gegenbeweis ['ge:gənbəvaɪs] *m JUR* preuve contraire *f,* preuve du contraire *f*
Gegend ['ge:gənt] *f 1. (Landschaft)* paysage *m,* région *f,* contrée *f; 2. (Umgebung)* alentours *m/pl,* environs *m/pl; die ~ unsicher machen* traîner/errer/hanter les lieux
gegeneinander ['ge:gənaɪnandər] *adv* l'un contre l'autre, l'un envers l'autre, mutuellement, réciproquement
Gegenfahrbahn ['ge:gənfa:rba:n] *f* voie opposée *f*
Gegenkandidat ['ge:gənkandida:t] *m POL* candidat de l'opposition *m*
gegenläufig ['ge:gənlɔyfɪç] *adj* contraire, opposé
Gegenleistung ['ge:gənlaɪstuŋ] *f* compensation *f,* contrepartie *f*
Gegenmaßnahme ['ge:gənmasna:mə] *f* contre-mesure *f,* mesure de représailles *f*
Gegenmittel ['ge:gənmɪtəl] *n* antidote *m*
Gegensatz ['ge:gənzats] *m* contraire *m,* opposé *m,* contraste *m,* contradiction *f; Gegensätze ziehen sich an.* Les contraires s'attirent.
gegensätzlich ['ge:gənzɛtslɪç] *adj* contraire, opposé, contradictoire
Gegensätzlichkeit ['ge:gənzɛtslɪçkaɪt] *f* contradiction *f*
gegenseitig ['ge:gənzaɪtɪç] *adj 1.* mutuel, réciproque; *adv 2.* mutuellement, par réciprocité, réciproquement
Gegenseitigkeit ['ge:gənzaɪtɪçkaɪt] *f* réciprocité *f,* mutualité *f*
Gegenspieler(in) ['ge:gənʃpi:lər(ɪn)] *m/f* adversaire *m/f,* concurrent(e) *m/f,* rival(e) *m/f*
Gegenstand ['ge:gənʃtant] *m 1.* objet *m; 2. (Thema)* objet *m,* thème *m,* sujet *m*
gegenständlich ['ge:gənʃtɛntlɪç] *adj ART* figuratif
gegenstandslos ['ge:gənʃtantslo:s] *adj* sans objet, sans intérêt, sans raison d'être
Gegenstimme ['ge:gənʃtɪmə] *f POL* voix contre *f*
Gegenstück ['ge:gənʃtyk] *n* pendant *m,* homologue *m*
Gegenteil ['ge:gəntaɪl] *n* contraire *m,* opposé *m*
gegenüber [ge:gən'y:bər] *prep 1. (örtlich)* en face, vis-à-vis; *2. (im Hinblick)* envers, à l'égard de; *prep 3. (im Vergleich)* par rapport à
Gegenüber [ge:gən'y:bər] *n 1. (Person)* vis-à-vis *m, 2. (Haus)* maison d'en face *f*
gegenüberstehen [ge:gən'y:bərʃte:ən] *v irr 1.* être en face de, se faire face; *2. (fig)* se confronter
gegenüberstellen [ge:gən'y:bərʃtɛlən] *v 1. (vergleichen)* comparer, opposer à; *2. (konfrontieren)* confronter
Gegenüberstellung [ge:gən'y:bərʃtɛluŋ] *f 1. (Vergleich)* comparaison *f; 2. (Konfrontation)* confrontation *f,* opposition *f*
Gegenverkehr ['ge:gənfɛrke:r] *m* trafic en sens inverse *m*
Gegenvorschlag ['ge:gənfo:rʃla:k] *m* contre-proposition *f*
Gegenwart ['ge:gənvart] *f 1.* présent *m; 2. (Anwesenheit)* présence *f; in ~ von* en présence de; *3. GRAMM* présent *m*
gegenwärtig ['ge:gənvɛrtɪç] *adj 1. (jetzig)* actuel, du moment; *2. (anwesend)* présent
Gegenwehr ['ge:gənve:r] *f* défense *f,* résistance *f,* opposition *f*
Gegenwert ['ge:gənvɛrt] *m* contre-valeur *f,* équivalent *m*
Gegenwind ['ge:gənvɪnt] *m* vent contraire *m*
gegenzeichnen ['ge:gəntsaɪçnən] *v* contresigner, apposer un contreseing
Gegner ['ge:gnər] *m* adversaire *m,* rival *m,* ennemi *m; einen ebenbürtigen ~ finden* trouver son égal
gegnerisch ['ge:gnərɪʃ] *adj* adverse, opposé, ennemi
Gegröle [gə'grø:lə] *n* beuglement *m*
Gehabe [gə'ha:bə] *n* manières *f/pl,* affectation *f*
Gehalt [gə'halt] *n 1. (Lohn)* salaire *m,* traitement *m; 2. (Inhalt)* contenu *m,* contenance *f,* teneur *f*
gehaltlos [gə'haltlo:s] *adj 1. (Essen)* peu nutritif; *2. (fig)* inconsistant
gehässig [gə'hɛsɪç] *adj* haineux, hargneux
Gehässigkeit [gə'hɛsɪçkaɪt] *f* haine *f,* hargne *f,* méchanceté *f*
gehbehindert ['ge:bəhɪndərt] *adj* à mobilité réduite
Gehbehinderung ['ge:bəhɪndəruŋ] *f* mobilité réduite *f*

Gehege [gə'heːgə] *n* enclos *m,* parc *m,* réserve *f*
geheim [gə'haɪm] *adj* secret, confidentiel; *~ halten* garder secret, tenir secret
Geheimhaltung [gə'haɪmhaltuŋ] *f* conservation du secret *f,* préservation du secret *f,* sauvegarde du secret *f,* confidentialité *f*
Geheimnis [gə'haɪmnɪs] *n* secret *m,* mystère *m; ein offenes ~* un secret de polichinelle *m*
geheimnisvoll [gə'haɪmnɪsfɔl] *adj* mystérieux
Geheimtipp [gə'haɪmtɪp] *m (fig)* tuyau *m*
Geheiß [gə'haɪs] *n* ordre *f*
gehemmt [gə'hɛmt] *adj ~ sein* être inhibé, être complexé
Gehemmtheit [gə'hɛmthaɪt] *f* inhibition *f*

gehen ['geːən] *v irr 1.* aller; *zu jdm ~* aller chez qn; *auf und ab ~* faire les cent pas; *zu weit ~ (fig)* passer les bornes; *in sich ~* faire le point sur soi-même; *2. (zu Fuß)* marcher; *3. (weggehen)* partir; *4. (ergehen) Wie geht es Ihnen?* Comment allez-vous? *Wie geht's?* Ça va? *5. (sich handeln) Es geht um* ... Il s'agit de ... *6. ~ lassen* laisser partir; *7. sich ~ lassen* se laisser aller

geheuer [gə'hɔyər] *adj nicht ~ sein* ne pas inspirer confiance
Gehgips ['geːgɪps] *m MED* plâtre pour marcher *m*
Gehilfe [gə'hiːlfə] *m* aide *m,* assistant *m,* adjoint *m,* auxilliaire *m*
Gehilfin [gə'hɪlfɪn] *f* aide *f*
Gehirn [gə'hɪrn] *n ANAT* cerveau *m*
Gehirnerschütterung [gə'hɪrnɛrʃyːtəruŋ] *f MED* commotion cérébrale *f*
Gehirnschlag [gə'hɪrnʃlaːk] *m MED* congestion cérébrale *f,* apoplexie *f*
Gehirnwäsche [gə'hɪrnvɛʃə] *f* lavage de cerveau *m*
Gehölz [gə'hœlts] *n 1.* bosquet *m; 2. (Dickicht)* fourré *m*
Gehör [gə'høːr] *n* ouïe *f,* oreille *f; ein gutes ~ haben* avoir l'ouïe fine/avoir l'oreille fine; *sich ~ verschaffen* se faire entendre/trouver un auditoire; *~ finden* se faire écouter/trouver une oreille attentive
gehorchen [gə'hɔrçən] *v* obéir
gehören [gə'høːrən] *v* appartenir à, faire partie de; *wie es sich gehört* comme de juste
gehörlos [gə'høːrloːs] *adj MED* sourd, atteint de surdité
Gehörlosigkeit [gə'høːrloːzɪçkaɪt] *f* surdité *f*
gehorsam [gə'hoːrzaːm] *adj* obéissant, docile
Gehorsam [gə'hoːrzaːm] *m* obéissance *f,* docilité *f*
Gehsteig ['geːʃtaɪk] *m* trottoire *m*
Gehweg ['geːveːk] *m* trottoir *m,* chemin *m*
Geier ['gaɪər] *m ZOOL* vautour *m; Weiß der ~!* Aucune idée!/Dieu seul le sait!
Geige ['gaɪgə] *f MUS* violon *m; die erste ~ spielen (fig)* donner le ton/jouer le premier rôle; *nach jds ~ tanzen* se laisser mener par qn/dire amen à tout ce que dit qn
Geiger ['gaɪgər] *m MUS* violoniste *m,* joueur de violon *m*
geil [gaɪl] *adj 1. (erregt)* agité, excité, luxuriant; *2. (fam: toll)* super, délirant; *Der Typ ist echt ~.* Ce type me botte.
Geisel ['gaɪzəl] *f* otage *m/f*
Geist [gaɪst] *m 1. (Seele)* esprit *m,* âme *f; 2. (Verstand)* intelligence *f,* entendement *m; 3. (Gespenst)* fantôme *m,* spectre *m,* revenant *m; von allen guten ~ern verlassen sein* être complètement cinglé/ne plus savoir ce qu'on fait; *4. den ~ aufgeben (fig)* rendre l'âme, rendre le dernier soupir
Geisterbahn ['gaɪstərbaːn] *f* train fantôme *m*
Geistesabwesenheit ['gaɪstəsapveːzənhaɪt] *f* absence *f*
Geistesblitz ['gaɪstəsblɪts] *m* trait d'esprit *m,* éclair de génie *m*
Geistesgegenwart ['gaɪstəsgeːgənvart] *f* présence d'esprit *f*
geistesgegenwärtig ['gaɪstəsgeːgənvɛrtɪç] *adj* qui fait preuve de présence d'esprit
geistesgestört ['gaɪstəsgəʃtøːrt] *adj MED* aliéné, désiquilibré
geisteskrank ['gaɪstəskraŋk] *adj* malade mentale
geistig ['gaɪstɪç] *adj* intellectuel; *~ arbeiten* travailler intellectuellement
geistlich ['gaɪstlɪç] *adj* spirituel
Geistlicher ['gaɪstlɪçər] *m 1. REL* ecclésiastique *m; 2. (katholisch) REL* prêtre *m; 3. (evangelisch) REL* pasteur *m*
geistlos ['gaɪstloːs] *adj* sans esprit, stupide, idiot
geistreich ['gaɪstraɪç] *adj* spirituel, qui a de l'esprit, brillant
Geiz [gaɪts] *m* avarice *f*
Geizhals ['gaɪtshals] *m* avare *m*

geizig ['gaɪtsɪç] *adj* avare, avaricieux
Gejammer [gə'jamər] *n* plaintes *f/pl*, lamentations *f/pl*
Gekicher [gə'kɪçər] *n* rires étouffés *m/pl*, ricanements *m/pl*
Geklimper [gə'klɪmpər] *n* 1. *(fam: am Klavier)* pianotage *m*; 2. *(auf der Gitarre)* raclage *m*; 3. *(von Münzen)* cliquetis *m*
geknickt [gə'knɪkt] *adj* 1. *(abgebrochen)* cassé, rompu; 2. *(fig)* abattu, accablé
Gekreische [gə'kraɪʃə] *n (fam)* piaillement *m*
Gekritzel [gə'krɪtsəl] *n* griffonnage *m*
gekünstelt [gə'kynstəlt] *adj* artificiel
Gelächter [gə'lɛçtər] *n* rires *m/pl*, ricanements *m/pl*
geladen [gə'la:dən] *adj* 1. chargé; 2. *(fig) ~ sein* être furieux
Gelage [gə'la:gə] *n HIST* 1. banquet *m*, festin; 2. *(Saufgelage)* beuverie *f*
gelähmt [gə'lɛ:mt] *adj* paralysé
Gelähmte(r) [gə'lɛ:mtə(r)] *m/f* paralytique *m/f*, paralysé(e) *m/f*
Gelände [gə'lɛndə] *n* terrain *m*
Geländelauf [gə'lɛndəlauf] *m SPORT* cross-country *m*
Geländer [gə'lɛndər] *n* balustrade *f*, parapet *m*, rampe *f*
gelangen [gə'laŋən] *v* parvenir, atteindre
gelangweilt [gə'laŋvaɪlt] *adj* ennuyé
gelassen [gə'lasən] *adj ~ sein* être calme, être tranquille, garder son calme
geläufig [gə'lɔyfɪç] *adj* courant
gelaunt [gə'launt] *adj gut/schlecht ~ sein* être de bonne/mauvaise humeur
gelb [gɛlp] *adj* jaune
gelblich ['gɛlplɪç] *adj* jaunâtre

Geld [gɛlt] *n* argent *m*; *hinter dem ~ her sein* courir après l'argent; *viel ~ verdienen* gagner beaucoup d'argent; *~ wie Heu haben* avoir du fric plein les poches *(fam)*/être plein aux as *(fam)*; *das ~ unter die Leute bringen* dépenser de l'argent sans compter; *in ~ schwimmen* rouler sur l'or; *sich für ~ sehen lassen können* être un phénomène /être un original; *Ihm rinnt das ~ durch die Finger.* L'argent lui fond dans les mains. *~ stinkt nicht.* L'argent n'a pas d'odeur.

Geldangelegenheit ['gɛltangəle:gənhaɪt] *f* affaire d'argent *f*, question d'argent *f*
Geldanlage ['gɛltanla:gə] *f* placement d'argent *m*, placement de fonds *m*, placement de capitaux *m*
Geldautomat ['gɛltautoma:t] *m* distributeur automatique de billets *m*
Geldbeutel ['gɛltbɔytəl] *m* porte-monnaie *m*, bourse *f*
Geldbuße ['gɛltbu:sə] *f* amende *f*
Geldentwertung ['gɛltɛntvɛrtuŋ] *f ECO* dépréciation monétaire *f*
Geldgier ['gɛltgi:r] *f* âpreté au gain *f*
Geldhahn ['gɛltha:n] *m jdm den ~ zudrehen* couper le crédit à qn, couper les vivres à qn
Geldschein ['gɛltʃaɪn] *m* billet de banque *m*
Geldstrafe ['gɛltʃtra:fə] *f* amende *f*
Geldstück ['gɛltʃtyk] *n* pièce de monnaie *f*
Geldwäsche ['gɛltvɛʃə] *f* blanchissage d'argent *m*
Geldwechsel ['gɛltvɛksəl] *m* change *m*
gelegen [gə'le:gən] *adj* 1. *(liegend)* situé; 2. *(fig)* opportun, à propos; *Das kommt mir sehr ~.* Cela m'arrive à propos.
Gelegenheit [gə'le:gənhaɪt] *f* occasion *f*; *die ~ beim Schopfe packen* saisir la balle au bond/sauter sur l'occasion; *bei passender ~* en temps et lieu; *Wenn sich die ~ bietet ...* Si l'occasion se présente ...; *bei jeder sich bietenden ~* à tout propos
gelegentlich [gə'le:gəntlɪç] *adj* 1. occasionnel; *adv* 2. occasionnellement, de temps en temps, des fois
gelehrig [gə'le:rɪç] *adj* docile, intelligent
gelehrsam [gə'le:rza:m] *adj* érudit
Gelehrsamkeit [gə'le:rzamkaɪt] *f* érudition *f*, savoir *m*
gelehrt [gə'le:rt] *adj* instruit, savant, érudit
Gelehrte(r) [gə'le:rtə(r)] *m/f* savant(e) *m/f*, érudit(e) *m/f*
Gelehrtheit [gə'le:rthaɪt] *f* érudition *f*
Geleit [gə'laɪt] *n* accompagnement *m*, convoi *m*, escorte *f*
geleiten [gə'laɪtən] *v* escorter
Gelenk [gə'lɛŋk] *n* 1. *TECH* joint *m*; 2. *ANAT* articulation *f*
gelenkig [gə'lɛŋkɪç] *adj* articulé, souple
Geliebte(r) [gə'li:ptə(r)] *m/f* amant(e) *m/f*
geliefert [gə'li:fərt] *v ~ sein (fam)* être fichu, être flambé, être foutu
gelinde [gə'lɪndə] *adj* 1. doux, modéré, faible; *adv* 2. *~ gesagt* au bas mot, pour ne rien dire de plus
gelingen [gə'lɪŋən] *v irr* réussir; *Es ist mir gelungen, ihn davon zu überzeugen.* J'ai réussi à l'en convaincre.

Gelingen [gə'lɪŋən] *n* réussite *f*
gellend ['gɛlənt] *adj* perçant, strident
geloben [gə'lo:bən] *v* promettre, faire vœu de
gelockt [gə'lɔkt] *adj 1. (lockig)* bouclé; *2. (angezogen von)* attiré
gelöst [gə'lø:st] *adj 1. (entspannt)* détendu; *2. (enträtselt)* résolu; *3. (Knoten)* dénoué
gelten ['gɛltən] *v irr* valoir, être valable; *Das gilt ein für alle Mal.* C'est dit une fois pour toutes.
geltend ['gɛltənt] *adj* en vigueur, valable
Geltung ['gɛltuŋ] *f 1. (Gültigkeit)* validité *f; 2. (Ansehen)* importance *f,* autorité *f; jdm ~ verschaffen* faire respecter qn; *etw zur ~ bringen* faire valoir qc/mettre qc en valeur; *zur ~ kommen* être mis en valeur
gelungen [gə'luŋən] *adj* réussi
gemächlich [gə'mɛ:çlɪç] *adj 1.* nonchalant; *adv 2.* à son aise, nonchalamment, lentement
Gemälde [gə'mɛ:ldə] *n* peinture *f,* tableau *m,* toile *f*
gemäß [gə'mɛ:s] *prep* conformément à, selon, suivant
gemäßigt [gə'mɛ:sɪçt] *adj 1.* modéré; *2. (Klima)* tempéré
gemein [gə'maɪn] *adj 1. (gewöhnlich)* commun, ordinaire; *2. (böse)* vil, vilain, infâme, méchant; *Sei nicht so ~!* Ne sois pas vache!
Gemeinde [gə'maɪndə] *f 1. POL* commune *f; 2. (Gemeinschaft)* communauté *f*
gemeingefährlich [gə'maɪngəfɛ:rlɪç] *adj* constituant un danger public
Gemeingut [gə'maɪngu:t] *n* bien commun *m*
Gemeinheit [gə'maɪnhaɪt] *f* bassesse *f,* vulgarité *f,* infamie *f*
Gemeinkosten [gə'maɪnkɔstən] *pl ECO* frais généraux *m/pl*
gemeinnützig [gə'maɪnnytsɪç] *adj* d'utilité publique, d'intérêt général
Gemeinplatz [gə'maɪnplats] *m* lieu commun *m,* banalité *f*
gemeinsam [gə'maɪnza:m] *adj 1.* commun; *adv 2.* en commun, ensemble
Gemeinsamkeit [gə'maɪnza:mkaɪt] *f* points communs *m/pl*
Gemeinschaft [gə'maɪnʃaft] *f* communauté *f,* collectivité *f*
Gemeinwesen [gə'maɪnve:zən] *n* communauté *f*
Gemeinwohl [gə'maɪnvo:l] *n* intérêt général *m*
Gemenge [gə'mɛŋə] *n* mélange *m,* cohue *f,* fouillis *m,* corps-à-corps *m*
gemessen [gə'mɛsən] *adj 1.* mesuré, réservé; *in ~er Haltung* dans une attitude réservée; *2. (an~)* convenable, approprié, conforme, adéquat
Gemetzel [gə'mɛtsəl] *n* massacre *m,* carnage *m,* boucherie *f (fig)*
gemischt [gə'mɪʃt] *adj* mélangé, mixte
Gemurmel [gə'murməl] *n* murmures *m/pl*
Gemüse [gə'my:zə] *n* légumes *m/pl*
gemustert [gə'mustərt] *adj* avec motifs, façonné
Gemüt [gə'my:t] *n* âme *f; sich etw zu ~e führen* réfléchir à qc/méditer sur qc; *ein sonniges ~ haben* avoir un heureux caractère/être de nature gaie; *aufs ~ schlagen* démonter le moral
gemütlich [gə'my:tlɪç] *adj 1. (Person)* agréable, débonnaire; *2. (Sache)* confortable, agréable, intime; *adv 3.* tranquillement, doucement, agréablement
Gemütlichkeit [gə'my:tlɪçkaɪt] *f* confort *m,* intimité *f*
gemütskrank [gə'my:tskraŋk] *adj* dépressif
Gemütsruhe [gə'my:tsru:ə] *f* quiétude *f,* tranquillité *f,* sang-froid *m*
Gen [ge:n] *n BIO* gène *m*

> **genau** [gə'nau] *adj 1.* exact, précis, juste; *adv 2.* exactement, précisément; *~ genommen* strictement parlant, au sens strict du terme; *interj 3.* exactement, c'est ça

Genauigkeit [gə'nauɪçkaɪt] *f* exactitude *f,* précision *f*
genauso [gə'nauzo:] *adv* aussi; *~ gut* aussi bien; *Genauso gut könnte man ...* Autant pourrait-on ...
genehmigen [gə'ne:mɪgən] *v 1.* autoriser, consentir, permettre; *2. sich einen ~ (fam)* boire un petit coup, boire un verre
Genehmigung [gə'ne:mɪguŋ] *f* autorisation *f,* consentement *m,* approbation *f*
geneigt [gə'naɪgt] *adj* incliné, penché; *zu etw ~ sein (fig)* avoir un penchant pour qc
Generalkonsulat [genə'ra:lkɔnzula:t] *n POL* consulat général *m*
Generalprobe [genə'ra:lpro:bə] *f THEAT* répétition générale *f*
Generalstreik [genə'ra:lʃtraɪk] *m* grève générale *f*
Generalüberholung [genə'ra:ly:bərho:luŋ] *f TECH* révision générale *f*

Generalversammlung [genə'raːlfɛrzamluŋ] *f* assemblée générale *f*
Generalvertretung [genə'raːlfɛrtreːtuŋ] *f ECO* représentation générale *f*
Generalvollmacht [genə'raːlfɔlmaxt] *f JUR* procuration générale *f*
Generation [genəra'tsjoːn] *f* génération *f*
generell [gɛnə'rɛl] *adj* général
genesen [gə'neːzən] *v irr 1.* guérir; *2. (gebären) eines Kindes ~* accoucher d'un enfant
Genesung [gə'neːzuŋ] *f* guérison *f,* rétablissement *m,* convalescence *f*
genial [gen'jaːl] *adj* génial
Genialität [genjalɪ'tɛːt] *f* génie *m*
Genick [gə'nɪk] *n ANAT* nuque *f,* cou *m; sich das ~ brechen (fig)* se rompre le cou
Genie [ʒe'niː] *n* génie *m*
genieren [ʒe'niːrən] *v sich ~* éprouver de la gêne, être gêné
genießbar [gə'niːsbaːr] *adj 1.* mangeable, comestible; *2. (Getränk)* potable
genießen [gə'niːsən] *v irr 1.* manger, boire, savourer; *2. (fig: etw erhalten)* jouir de, recevoir
Genießer [gə'niːsər] *m 1.* jouisseur *m; 2. (Feinschmecker)* gourmet *m*
Genitalien [geni'taːljən] *pl ANAT* parties génitales *f/pl,* organes génitaux *m/pl*
Genörgel [gə'nœrgəl] *n* ergotage *m*
genormt [gə'nɔrmt] *adj* normalisé, standardisé
Genosse [gə'nɔsə] *m 1.* camarade *m; 2. POL* camarade *m*
Genossenschaft [gə'nɔsənʃaft] *f* association *f,* coopérative *f*
genug [gə'nuːk] *adv* assez, suffisamment; *Lassen wir's ~ sein!* Restons-en là!
Genüge [gə'nyːgə] *f jdm ~ tun* satisfaire qn; *jds Ansprüchen ~ tun* satisfaire aux exigences de qn
genügen [gə'nyːgən] *v* suffire, satisfaire à
genügend [gə'nyːgənt] *adj* suffisant
genügsam [gə'nyːkzaːm] *adj* sobre, facile à satisfaire
Genügsamkeit [gə'nyːkzaːmkaɪt] *f* frugalité *f,* modération *f*
Genugtuung [gə'nuːktuːuŋ] *f* satisfaction *f,* contentement *m*
Genuss [gə'nus] *m* jouissance *f,* plaisir *m; in den ~ von etw kommen* jouir de qc, bénéficier de qc
Genussmittel [gə'nusmɪtəl] *n* stimulant *m,* produit stimulant *m*
geöffnet [gə'œfnət] *adj* ouvert
Geograf [geo'graːf] *m* géographe *m*
geordnet [gə'ɔrdnət] *adj* ordonné
Gepäck [gə'pɛk] *n* bagage *m*
Gepäckträger [gə'pɛktrɛːgər] *m 1.* porteur *m; 2. (eines Fahrrads)* porte-bagages *m*
Gepard [ge'part] *m ZOOL* guépard *m*
gepflegt [gə'pfleːkt] *adj 1. (Person)* soigné; *2. (Sache)* bien tenu, bien entretenu; *3. (fig: Sprache)* soigné, soutenu
Geplapper [gə'plapər] *n* babillage *m,* bavardages *m/pl*
Geplauder [gə'plaudər] *n* bavardage *m*
Gepolter [gə'pɔltər] *n* tapage *m,* vacarme *m,* fracas *m*
gerade [gə'raːdə] *adj 1. (eben)* droit, aligné; *~ biegen* redresser; *eine Sache ~ biegen (fig)* arranger qc, rectifier qc; *2. (aufrichtig)* droit, sincère, franc; *~ stehen* se tenir droit; *adv 3.* juste, justement, précisément
geradeaus [gəraːdə'aus] *adv* tout droit
geradeheraus [gəraːdəhɛ'raus] *adv* franchement, sans détours carrément *(fam)*
geradewegs [gə'raːdəveːks] *adv* directement
geradlinig [gə'raːtliːnɪç] *adj 1.* en ligne droite; *2. (fig)* franc, droit
Gerangel [gə'raŋəl] *n 1.* bousculade *f; 2. (fig)* bagarre *f*
Geraschel [gə'raʃəl] *n* bruissement *m*
Gerät [gə'rɛːt] *n* outil *m,* appareil *m*
geraten[1] [gə'raːtən] *v irr 1. (ausfallen)* devenir, finir par être, réussir; *2. (sich entwickeln)* devenir; *3. (zufällig gelangen)* se retrouver, tomber sur; *4. (stoßen auf)* tomber sur; *an den Richtigen ~* bien tomber; *in jds Hände ~* tomber entre les mains de qn
geraten[2] [gə'raːtən] *adj für ~ halten* juger à propos
Geräteturnen [gə'rɛːtəturnən] *n SPORT* gymnastique aux agrès *f,* exercice aux agrès *m*
geräumig [gə'rɔymɪç] *adj* vaste, spacieux
Geräusch [gə'rɔyʃ] *n* bruit *m*
geräuscharm [gə'rɔyʃarm] *adj* silencieux
Geräuschkulisse [gə'rɔyʃkulɪsə] *f* bruit de fond *m,* bruitage *m,* fond sonore *m*
geräuschlos [gə'rɔyʃloːs] *adj* sans bruit
geräuschvoll [gə'rɔyʃfɔl] *adj* bruyant
gerben ['gɛrbən] *v* tanner
gerecht [gə'rɛçt] *adj* juste, équitable, légitime; *Das ist nur ~.* Ce n'est que justice.
gerechtfertigt [gə'rɛçtfɛrtɪçt] *adj* justifié
Gerechtigkeit [gə'rɛçtɪçkaɪt] *f* justice *f*

G

G

Gerede [gə'reːdə] *n 1.* verbiage *m,* bavardage *m; 2. (Gerücht)* racontars *m/pl; 3. (fam: Klatsch)* potins *m/pl; jdn ins ~ bringen* décrier qn/dénigrer qn; *ins ~ kommen* faire parler de soi
geregelt [gə'reːgəlt] *adj 1.* réglé; *2. (Katalysator) TECH* réglé
gereizt [gə'raɪtst] *adj* irrité, énervé
Gereiztheit [gə'raɪtsthaɪt] *f* irritation *f*
Gericht [gə'rɪçt] *n 1. JUR* tribunal *m,* cour de justice *f; mit jdm ins ~ gehen* remettre qn à sa place; *2. GAST* mets *m,* plat *m*
gerichtlich [gə'rɪçtlɪç] *adj 1. JUR* judiciaire, juridique; *adv 2. JUR* juridiquement, par les voies légales
Gerichtsbarkeit [gə'rɪçtsbaːrkaɪt] *f JUR* juridiction *f*
Gerichtsmedizin [gə'rɪçtsmeditsiːn] *f JUR* médecine légale *f*
Gerichtsstand [gə'rɪçtsʃtant] *m JUR* compétence judiciaire *f*
Gerichtsverfahren [gə'rɪçtsfɛrfaːrən] *n JUR* procédure judiciaire *f*
Gerichtsverhandlung [gə'rɪçtsfɛrhandluŋ] *f JUR* audience *f,* débat judiciaire *m*
Gerichtsvollzieher [gə'rɪçtsfɔltsiːər] *m JUR* huissier *m*
geriffelt [gə'rɪfəlt] *adj* cannelé, strié
gering [gə'rɪŋ] *adj 1. (kurz)* petit, mince; *2. (wenig)* faible; *3. (niedrig)* bas, modique; *kein Geringerer als* nul autre que, en personne; *~ achten* mépriser, dédaigner, faire fi de
geringelt [gə'rɪŋəlt] *adj* à rayures horizontales, à anneaux
geringfügig [gə'rɪŋfyːgɪç] *adj 1.* insignifiant, futile; *adv 2.* de peu d'importance, accessoirement
Geringfügigkeit [gə'rɪŋfyːgɪçkaɪt] *f* insignifiance *f,* petitesse *f*
geringhalten [gə'rɪŋhaltən] *v irr* limiter
geringschätzig [gə'rɪŋʃɛtsɪç] *adj* dédaigneux, méprisant
Geringschätzung [gə'rɪŋʃɛtsuŋ] *f* mépris *m,* dédain *m*
gerinnen [gə'rɪnən] *v irr* se figer, se coaguler, cailler
Gerippe [gə'rɪpə] *n ANAT* squelette *m,* ossature *f*
gerissen [gə'rɪsən] *adj (schlau)* malin, futé, roublard, rusé
Gerissenheit [gə'rɪsənhaɪt] *f* roublardise *f,* rouerie *f,* ruse *f*
Germane [gɛr'maːnə] *m HIST* Germain *m*
germanisch [gɛr'maːnɪʃ] *adj* germanique
Germanist(in) [gɛrma'nɪst(ɪn)] *m/f* germaniste *m/f*

gern [gɛrn] *adv* volontiers, avec plaisir, de bon gré; *etw ~ tun* adorer faire qc/aimer bien faire qc

Geröll [gə'rœl] *n GEOL* éboulis *m,* galets *m/pl*
geröstet [gə'rœstət] *adj 1. GAST* grillé; *2. (fig: sonnengebräunt)* grillé
Gerte ['gɛrtə] *f 1. (Rute)* verge *f,* baguette *f; 2. (Reitgerte)* badine *f,* gaule *f*
gertenschlank ['gɛrtən'ʃlaŋk] *adj (fam)* mince comme une baguette, sec comme un coup de trique, svelte
Geruch [gə'rux] *m 1.* odeur *f; 2. (Geruchssinn)* odorat *m*
geruchlos [gə'ruxloːs] *adj* inodore, sans odeur
Geruchssinn [gə'ruxzɪn] *m* odorat *m*
Gerücht [gə'ryçt] *n* bruit *m,* rumeur *f; Es geht ein ~.* Il court un bruit.
gerührt [gə'ryːrt] *adj (fig)* touché, ému, attendri
geruhsam [gə'ruːzaːm] *adj* calme, paisible, tranquille
Geruhsamkeit [gə'ruːzaːmkaɪt] *f* tranquillité *f,* calme *m*
Gerümpel [gə'rympəl] *n* bric-à-brac *m,* fatras *m,* bordel *(fam)*
Gerundium [ge'rund] *n GRAMM* gérondif *m*
Gerüst [gə'ryst] *n 1. (Baugerüst)* échafaudage *m; 2. (fig)* schéma *m,* ossature *f,* grandeslignes *f/pl*
gesalzen [gə'zaltsən] *adj 1. GAST* salé; *2. (fig: Preise)* salé
gesamt [gə'zamt] *adj* total, tout entier
Gesamtansicht [gə'zamtanzɪçt] *f* vue d'ensemble *f,* vue générale *f*
Gesamtausgabe [gə'zamtausgaːbə] *f LIT* édition des œuvres complètes *f*
Gesamtbetrag [gə'zamtbətraːk] *m* montant total *m,* somme totale *f,* total *m*
Gesamteindruck [gə'zamtaɪndruk] *m* impression générale *f*
Gesamtheit [gə'zamthaɪt] *f* totalité *f,* ensemble *m,* globalité *f*
Gesandte(r) [gə'zantə(r)] *m/f 1. POL* envoyé(e) *m/f; 2. (Geheimbote)* émissaire *m*
Gesandtschaft [gə'zantʃaft] *f POL* légation *f,* députation *f*
Gesang [gə'zaŋ] *m 1.* chant *m; 2. REL* cantique *m*

Gesangbuch [gə'zaŋbuːx] *n REL* livre de cantiques *m*
Gesangsunterricht [gə'zaŋsuntərɪçt] *m MUS* cours de chant *m*
Gesäß [gə'zɛːs] *n* postérieur *m,* derrière *m*
gesättigt [gə'zɛtɪçt] *adj 1. (satt)* rassasié, repu; *2. CHEM* saturé; *3. ECO* saturé
Geschäft [gə'ʃɛft] *n 1. (Laden)* magasin *m,* commerce *m,* boutique *f; 2. (Handelsgeschäft) ECO* affaire *f,* marché *m,* opération commerciale *f; ein ~ mit etw machen* faire une affaire avec qc; *3. JUR* contrat *m*
Geschäftemacher [gə'ʃɛftəmaxər] *m (fam)* affairiste *m*
geschäftig [gə'ʃɛftɪç] *adj* affairé, empressé, actif
Geschäftigkeit [gə'ʃɛftɪçkaɪt] *f* affairement *m,* grande activité *f,* empressement *m*
geschäftlich [gə'ʃɛftlɪç] *adj 1.* commercial, d'affaire; *adv 2.* pour affaires
Geschäftsauflösung [gə'ʃɛftsauflø:zuŋ] *f ECO* liquidation d'un commerce *f,* cessation d'activité *f*
Geschäftsbericht [gə'ʃɛftsbərɪçt] *m ECO* rapport annuel *m*
Geschäftseröffnung [gə'ʃɛftsɛrœfnuŋ] *f 1. ECO* ouverture d'une affaire *f,* ouverture d'un commerce *f,* ouverture d'un établissement commercial *f; 2. (eines Ladens)* ouverture d'un magasin *f*
Geschäftsfähigkeit [gə'ʃɛftsfɛːɪçkaɪt] *f JUR* capacité de contracter *f*
Geschäftsfrau [gə'ʃɛftsfrau] *f ECO* femme commerçante *f*
Geschäftsführer [gə'ʃɛftsfyːrər] *m ECO* directeur *m,* administrateur *m,* gérant *m*
Geschäftsführung [gə'ʃɛftsfyːruŋ] *f 1. ECO* direction *f,* gestion *f,* administration *f; 2. (Personen)* directeur *m,* gérant *m,* administrateur *m*
Geschäftsinhaber(in) [gə'ʃɛftsɪnhaːbər(ɪn)] *m/f ECO* propriétaire de l'affaire *m/f,* chef de la maison *m,* chef de l'entreprise *m*
Geschäftsleitung [gə'ʃɛftslaɪtuŋ] *f ECO* direction *f,* gestion des affaires *f*
Geschäftsmann [gə'ʃɛftsman] *m ECO* homme d'affaires *m,* négociant *m,* commerçant *m*
geschäftsschädigend [gə'ʃɛftsʃɛːdɪgənt] *adj* préjudiciable à l'entreprise
Geschäftsstelle [gə'ʃɛftsʃtɛlə] *f* bureau *m,* agence commerciale *f*
geschäftstüchtig [gə'ʃɛftstyçtɪç] *adj* habile en affaires
geschehen [gə'ʃeːən] *v irr* arriver, se passer, se produire, avoir lieu; *Das geschieht ihm recht.* C'est bien fait pour lui. *Geschehen ist ~!* Ce qui est fait est fait!
Geschehnis [gə'ʃeːnɪs] *n* événement *m,* fait *m*
gescheit [gə'ʃaɪt] *adj* intelligent, raisonnable, sensé; *Du bist wohl nicht recht ~!* Tu n'es pas bien!/Tu es cinglé!
Geschenk [gə'ʃɛŋk] *n* cadeau *m,* présent *m; ein ~ des Himmels* un don du ciel *m*
Geschenkartikel [gə'ʃɛŋkartɪkəl] *m* article cadeau *m,* cadeau *m*
Geschenkpapier [gə'ʃɛŋkpapiːr] *n* papier cadeau *m*
Geschichte [gə'ʃɪçtə] *f 1. (Vergangenheit)* histoire *f; ~ machen* passer à la postérité; *2. (Erzählung)* histoire *f,* conte *m,* récit *m; schöne ~n machen* en faire de belles; *Das ist eine lange ~.* C'est toute une histoire.
geschichtlich [gə'ʃɪçtlɪç] *adj* historique
Geschichtsbuch [gə'ʃɪçtsbuːx] *n* livre d'histoire *m*
Geschichtsschreiber [gə'ʃɪçtsʃraɪbər] *m* historien *m,* historiographe *m*
Geschichtsschreibung [gə'ʃɪçtsʃraɪbuŋ] *f* historiographie *f*
Geschichtsunterricht [gə'ʃɪçtsuntərɪçt] *m* cours d'histoire *m*
Geschick [gə'ʃɪk] *n* sort *m,* destin *m,* destinée *f; sein ~ selbst in die Hand nehmen* prendre son destin en main
Geschicklichkeit [gə'ʃɪklɪçkaɪt] *f* habileté *f,* adresse *f*
geschickt [gə'ʃɪkt] *adj* habile, adroit; *~ sein* être adroit (de ses mains)
geschieden [gə'ʃiːdən] *adj* divorcé
Geschirr [gə'ʃɪr] *n 1.* vaisselle *f; 2. sich ins ~ legen* donner un coup de collier
Geschirrspülmaschine [gə'ʃɪrʃpyːlmaʃiːnə] *f* lave-vaisselle *m*
Geschlecht [gə'ʃlɛçt] *n 1. weibliches ~/männliches ~* sexe féminin/sexe masculin *m; 2. (Adelsgeschlecht)* famille *f,* lignée *f*
Geschlechtsakt [gə'ʃlɛçtsakt] *m* acte sexuel *m*
Geschlechtskrankheit [gə'ʃlɛçtskraŋkhaɪt] *f MED* maladie vénérienne *f*
geschlechtsreif [gə'ʃlɛçtsraɪf] *adj BIO* mûr sexuellement
geschlechtsspezifisch [gə'ʃlɛçts-ʃpet↓siːfɪʃ] *adj* spécifique au sexe
Geschlechtstrieb [gə'ʃlɛçtstriːp] *m BIO* instinct sexuel *m*

G

Geschlechtsverkehr [gə'ʃlɛçtsfɛrkeːr] *m* relations sexuelles *f/pl,* rapports intimes *m/pl,* rapports sexuels *m/pl*
Geschlechtswort [gə'ʃlɛçtsvɔrt] *n* GRAMM article *f*
geschliffen [gə'ʃlɪfən] *adj 1. (Edelstein)* poli; *2. (fig: Rede)* poli, affiné, stylé, policé
geschlossen [gə'ʃlɔsən] *adj* fermé, clos
Geschlossenheit [gə'ʃlɔsənhaɪt] *f 1. (Form)* compacité *f; 2. (Einheit)* unité *f*
Geschmack [gə'ʃmak] *m 1. (von Speisen)* goût *m,* saveur *f; 2. (Sinn für Schönes)* goût *m; Das ist ganz nach meinem ~.* C'est à mon goût. *~ an etw finden* prendre goût à qc

G

geschmacklos [gə'ʃmakloːs] *adj 1. (fade)* fade, insipide; *2. (fig: hässlich)* de mauvais goût, laid; *3. (fig: taktlos)* sans tact, de mauvais goût
Geschmacklosigkeit [gə'ʃmakloːzɪçkaɪt] *f 1. (fig: Hässlichkeit)* mauvais goût *m; 2. (fig: Taktlosigkeit)* manque de tact *m*
geschmackvoll [gə'ʃmakfɔl] *adj (fig)* de bon goût, élégant, chic *(fam)*
geschmeidig [gə'ʃmaɪdɪç] *adj 1.* souple, flexible, malléable; *2. (elastisch)* flexible, malléable; *3. (glatt)* doux; *4. (gewandt)* souple
Geschmeidigkeit [gə'ʃmaɪdɪçkaɪt] *f 1.* souplesse *f,* flexibilité *f,* malléabilité *f; 2. (Elastizität)* souplesse *f,* malléabilité *f; 3. (Glätte)* douceur *f; 4. (Gewandtheit)* souplesse *f,* aisance *f*
Geschmier [gə'ʃmiːr] *n* barbouillage *m,* gribouillage *m*
Geschöpf [gə'ʃœpf] *n* créature *f*
Geschoss [gə'ʃɔs] *n 1. (Stockwerk)* étage *m; 2. (Projektil)* projectile *m*
Geschrei [gə'ʃraɪ] *n* cris *m/pl,* tapage *m*
geschützt [gə'ʃytst] *adj 1.* protégé, à l'abri; *2. (gesetzlich ~) JUR* protégé par la loi, breveté
Geschwader [gə'ʃwaːdər] *n MIL* escadre *f,* escadrille *f*
Geschwafel [gə'ʃvaːfəl] *n (fam)* bavardages *m/pl,* papotage *m,* jacasseries *f/pl*
Geschwätz [gə'ʃvɛts] *n* bavardages *m/pl,* papotage *m,* jacasseries *f/pl,* verbiage *m*
geschwätzig [gə'ʃvɛtsɪç] *adj* bavard, loquace; *Sie ist ~.* C'est une vraie concierge.
geschweige [gə'ʃvaɪgə] *konj ~ denn* encore moins, sans parler de; *Er kann kaum reden, ~ denn singen.* Il peut à peine parler, encore moins chanter.
geschwind [gə'ʃvɪnt] *adj 1.* rapide, prompt; *adv 2.* vite, rapidement
Geschwindigkeit [gə'ʃvɪndɪçkaɪt] *f* vitesse *f,* rapidité *f*
Geschwister [gə'ʃvɪstər] *pl* frère(s) et soeur(s) *m/f/pl*
geschwollen [gə'ʃvɔlən] *adj 1. ANAT* enflé, tuméfié; *2. (fig)* exprimé de façon compliquée
Geschworene(r) [gə'ʃvoːrənə(r)] *m/f JUR* juré(e) *m/f*
Geschwür [gə'ʃvyːr] *n MED* ulcère *m,* abcès *m*
Geselle [gə'zɛlə] *m* compagnon *m*
Gesellenprüfung [gə'zɛlənpryːfuŋ] *f* examen de fin d'apprentissage *m*
gesellig [gə'zɛlɪç] *adj* sociable; *~es Beisammensein* réunion amicale *f*
Gesellschaft [gə'zɛlʃaft] *f 1.* société *f,* association *f; 2. (Begleitung)* compagnie *f; jdm ~ leisten* tenir compagnie à qn; *sich in guter ~ befinden* être en bonne compagnie; *3. ECO* société *f,* entreprise *f,* compagnie *f*
Gesellschafter [gə'zɛlʃaftər] *m ECO* sociétaire *m,* associé *m*
gesellschaftlich [gə'zɛlʃaftlɪç] *adj* social, mondain
Gesetz [gə'zɛts] *n* loi *f,* législation *f*
Gesetzbuch [gə'zɛtsbuːx] *n 1. JUR* code *m; 2. bürgerliches ~ JUR* Code civil *m; 3. (Strafgesetzbuch) JUR* code pénal *m*
Gesetzentwurf [gə'zɛtsɛntvurf] *m POL* projet de loi *m*
Gesetzesänderung [gə'zɛtsəsɛndəruŋ] *f POL* modification de la loi *f,* amendement *m*
Gesetzesbrecher(in) [gə'zɛtsəsbrɛçər(ɪn)] *m/f* contrevenant(e) *m/f*
gesetzgebend [gə'zɛtsgeːbənt] *adj POL* législatif
Gesetzgeber [gə'zɛtsgeːbər] *m POL* législateur *m*
Gesetzgebung [gə'zɛtsgeːbuŋ] *f POL* législation *f*
gesetzlich [gə'zɛtslɪç] *adj* légal, conforme à la loi, légitime
Gesetzlichkeit [gə'zɛtslɪçkaɪt] *f* légalité *f*
gesetzlos [gə'zɛtsloːs] *adj* sans loi, anarchique
gesetzmäßig [gə'zɛtsmɛːsɪç] *adj 1.* conforme à la loi, légal; *adv 2.* d'après la loi
gesetzt [gə'zɛtst] *adj 1. (ruhig)* posé; *prep 2. ~ den Fall ...* admettons, supposé
gesetzwidrig [gə'zɛtsviːdrɪç] *adj* contraire à la loi, illégal

Gesicht [gə'zɪçt] *n* visage *m,* figure *f,* face *f; Er ist seinem Vater wie aus dem ~ geschnitten.* C'est son père tout craché./Il est tout le portrait de son père. *Er hat es ihm ins ~ gesagt.* Il le lui a dit en face. *ein runzliges ~ haben* être ridé comme une pomme; *den Tatsachen ins ~ sehen* regarder les choses en face; *jdm nicht ins ~ sehen können* ne pas pouvoir regarder qn en face; *das ~ verlieren* perdre la face, perdre contenance; *im ~ geschrieben stehen* se lire sur le visage; *sein ~ wahren* sauver la face; *ein langes ~ machen* faire un drôle de nez, faire la mauvaise tête

Gesichtsausdruck [gə'zɪçtsausdruk] *m* expression du visage *f,* physionomie *f*
Gesichtspunkt [gə'zɪçtspuŋkt] *m* point de vue *m,* aspect *m*
Gesichtszüge [gə'zɪçtstsyːgə] *pl* traits du visage *m/pl*
Gesinde [gə'zɪndə] *n* personnel *m,* domestiques *m/pl*
Gesindel [gə'zɪndəl] *n* canaille *f,* racaille *f,* mauvaise graine *f*
Gesinnung [gə'zɪnuŋ] *f* manière de penser *f,* conviction *f,* opinion *f*
gesittet [gə'zɪtət] *adj 1. (Person)* bien élevé; *2. (zivilisiert)* civilisé, policé
gespalten [gə'ʃpaltən] *adj 1.* fendu, divisé, partagé, divergeant; *2. (fig: psychisch)* schizophrène
Gespann [gə'ʃpan] *n 1. (Pferdegespann)* attelage *m; 2. (fig)* couple *m,* paire *f*
gespannt [gə'ʃpant] *adj 1.* tendu, bandé; *2. (fig: Beziehung)* tendu; *3. (fig: erwartungs voll)* impatient, curieux
Gespenst [gə'ʃpɛnst] *n* fantôme *m,* spectre *m,* revenant *m*
gesperrt [gə'ʃpɛrt] *adj 1. (verboten)* barré, interdit; *2. (Konto) ECO* bloqué
Gespinst [gə'ʃpɪnst] *n 1.* fils *m/pl,* tissu *m; 2. (einer Raupe)* cocon *m,* coque *f; 3. (Garn)* fils *m/pl,* tissu *m*
Gespött [gə'ʃpœt] *n* moquerie *f,* raillerie *f; jdn zum ~ machen* railler qn, ridiculiser qn

Gespräch [gə'ʃprɛːç] *n 1. (Unterhaltung)* conversation *f; 2. (Unterredung)* entretien *m,* discussion *f; im ~ sein* être discuté, être débattu; *3. (Dialog)* dialogue *m; mit jdm im ~ bleiben* rester en contact avec qn; *3. (Telefon) ein ~ für Sie!* un appel pour vous! *ein ~ führen* parler au téléphone

gesprächig [gə'ʃprɛːçɪç] *adj* loquace, bavard, communicatif
Gesprächsstoff [gə'ʃprɛçsʃtɔf] *m* sujet de conversation *m,* thème du débat *m*
Gespür [gə'ʃpyːr] *n* flair *m,* sentiment *m*
Gestalt [gə'ʃtalt] *f 1. (Figur)* forme *f,* figure *f; 2. (Aussehen)* allure *f,* tournure *f; 3. (fig)* apparence *f,* forme *f*
gestalten [gə'ʃtaltən] *v 1. (formen)* former, façonner; *2. (einrichten)* organiser, arranger, aménager; *3. (verwirklichen)* réaliser
Gestaltung [gə'ʃtaltuŋ] *f 1. (Formgebung)* formation *f,* façonnement *m; 2. (Einrichtung)* organisation *f,* arrangement *m,* aménagement *m; 3. (Verwirklichung)* réalisation *f*
Gestammel [gə'ʃtaməl] *n* balbutiement *m*
gestanden [gə'ʃtandən] *adj 1.* chevronné, mûr; *2. ~es Mannsbild* homme confirmé, homme affirmé
Geständnis [gə'ʃtɛntnɪs] *n JUR* aveu *m*
Gestank [gə'ʃtaŋk] *m* puanteur *f*
gestatten [gə'ʃtatən] *v* permettre, accorder; *Gestatten Sie, dass ich mich vorstelle.* Permettez-moi de me présenter.
Geste ['gɛstə] *f* geste *m*
gestehen [gə'ʃteːən] *v irr* avouer, confesser, admettre
Gestein [gə'ʃtaɪn] *n GEOL* pierres *f/pl,* roches *f/pl,* minéral *m*
Gestell [gə'ʃtɛl] *n 1.* support *m,* bâti *m; 2. (Brillengestell)* monture *f*
gestern ['gɛstərn] *adv* hier; *nicht von ~ sein* ne pas être tombé de la dernière pluie
Gestik ['gɛstɪk] *f* gestes *m/pl,* gestuelle *f*
gestikulieren [gɛstɪku'liːrən] *v* gesticuler
Gestirn [gə'ʃtɪrn] *n ASTR* astre *m,* étoile *f*
gestohlen [gə'ʃtoːlən] *adj* volé; *jdm ~ bleiben können* pouvoir aller au diable, pouvoir aller voir ailleurs
gestreift [gə'ʃtraɪft] *adj* rayé, à rayures
gestrig ['gɛstrɪg] *adj* d'hier
Gesuch [gə'zuːx] *n* demande *f,* requête *f*
gesund [gə'zunt] *adj 1. (Person)* sain, en bonne santé, bien portant; *2. (Nahrungsmittel)* sain, bon pour la santé
Gesundheit [gə'zunthaɪt] *f* santé *f*
gesundheitlich [gə'zunthaɪtlɪç] *adj* de santé, sanitaire, hygiénique
gesundheitsschädlich [gə'zunthaɪtsʃɛːdlɪç] *adj* nocif, insalubre, malsain
Gesundheitszustand [gə'zunthaɪtstsuʃtant] *m* état de santé *m*

G

getauft [gə'tauft] *adj 1. REL* baptisé; *2. (benannt)* nommé, baptisé
geteilt [gə'taɪlt] *adj 1.* partagé, séparé, découpé; *2. (Meinung)* partagé
Getöse [gə'tøːzə] *n* vacarme *m,* tumulte *m*
getragen [gə'traːgən] *adj 1. (Kleidung)* porté; *2. (feierlich)* solennel
Getränk [gə'trɛŋk] *n* boisson *f,* breuvage *m*
Getreide [gə'traɪdə] *n AGR* céréales *f/pl,* grains *m/pl*
Getreideanbau [gə'traɪdəanbau] *m AGR* culture de céréales *f*

G

getrennt [gə'trɛnt] *adj* séparé
Getrenntschreibung [gə'trɛntʃraɪbuŋ] *f GRAMM* écriture en deux mots *f*
getreu [gə'trɔy] *adj* fidèle
Getriebe [gə'triːbə] *n 1. TECH* engrenage *m,* transmission *f,* boîte de vitesses *f; 2. (fig)* agitation *f,* train *m,* engrenage *m*
getrost [gə'troːst] *adj 1.* avec confiance, en toute tranquillité; *adv 2. (unbesorgt)* avec confiance, en toute tranquillité, sans crainte
Getue [gə'tuːə] *n 1.* manières *f/pl; 2. (umständliches Gehaben)* affectation *f,* manières *f/pl*
Getümmel [gə'tyməl] *n (fam)* mêlée *f,* cohue *f*
Gewächs [gə'vɛks] *n 1. MED* excroissance *f; 2. BOT* plante *f,* végétation *f*
gewachsen [gə'vaksən] *v 1. gut ~ sein* être bien fait; *2. jdm ~ sein (fig)* être à la hauteur de qn, être capable de tenir tête à qn
gewagt [gə'vaːkt] *adj* osé, risqué, hasardeux, hardi, audacieux
gewählt [gə'vɛːlt] *adj* choisi, élu
Gewähr [gə'vɛːr] *f* garantie *f,* caution *f; ohne jede ~* sous toutes réserves
gewähren [gə'vɛːrən] *v* accorder, procurer, offrir, donner
Gewahrsam [gə'vaːrzaːm] *m 1.* garde *f; 2. (Haft)* détention *f; jdn in ~ nehmen* placer qn en garde à vue
Gewalt [gə'valt] *f 1.* violence *f,* force *f; mit roher ~* de vive force; *mit aller ~* à tout prix; *2. (Macht)* pouvoir *m,* puissance *f; höhere ~* force majeure *f*
Gewaltanwendung [gə'valtanvɛnduŋ] *f* emploi de la violence *m,* usage de la force *m*
Gewaltenteilung [gə'valtəntaɪluŋ] *f POL* séparation des pouvoirs *f*
gewaltig [gə'valtɪç] *adj 1.* puissant, fort, violent; *2. (fam)* sacrément; *adv 3.* grandement
Gewaltlosigkeit [gə'valtloːzɪçkaɪt] *f* non-violence *f*
gewaltsam [gə'valtzaːm] *adj 1.* violent; *2. (blutig)* sanglant; *adv 3.* de force, par force
gewalttätig [gə'valttɛːtɪç] *adj* violent, brutal
Gewaltverzicht [gə'valtfɛrtsɪçt] *m* renoncement à la violence *m*
Gewand [gə'vant] *n 1.* habit *m,* vêtement *m,* robe *f; 2. (fig: äußere Erscheinung)* habit *m,* vêtement *m*
gewandt [gə'vant] *adj* adroit, agile, leste, souple; *in Geschäften sehr ~ sein* être rompu aux affaires
Gewandtheit [gə'vanthaɪt] *f 1.* adresse *f,* agilité *f,* savoir-faire *m; 2. (des Ausdrucks)* aisance *f*
Gewäsch [gə'vɛʃ] *n* bavardages *m/pl,* papotage *m,* jacasseries *f/pl,* verbiage *m*
Gewässer [gə'vɛsər] *n* eaux *f/pl*
Gewebe [gə'veːbə] *n 1. (Stoff)* tissu *m; 2. BIO* tissu *m*
Gewehr [gə'veːr] *n* fusil *m; ~ bei Fuß stehen* être prêt à intervenir/se tenir prêt
Gewehrlauf [gə'veːrlauf] *m* canon de fusil *m*
Geweih [gə'vaɪ] *n* bois *m,* ramure *f*
Gewerbe [gə'vɛrbə] *n ECO* métier *m,* commerce *m*
Gewerbebetrieb [gə'vɛrbəbətriːp] *m ECO* exploitation industrielle *f,* exploitation commerciale *f*
Gewerbetreibende(r) [gə'vɛrbətraɪbəndə(r)] *m/f ECO* petit(e) exploitant(e) *m/f*
gewerblich [gə'vɛrblɪç] *adj ECO* commercial, professionnel, industriel
Gewerkschaft [gə'vɛrkʃaft] *f* syndicat *m,* union *f,* association syndicale *f,* organisation syndicale *f*
Gewerkschaftler(in) [gə'vɛrkʃaftlər(ɪn)] *m/f* syndicaliste *m/f*
gewerkschaftlich [gə'vɛrkʃaftlɪç] *adj* syndical, syndicaliste
Gewicht [gə'vɪçt] *n 1.* poids *m; 2. (fig: Wichtigkeit)* importance *f; ins ~ fallen* être décisif/avoir de l'importance; *auf etw ~ legen* accorder de l'importance à qc
gewichten [gə'vɪçtən] *v etw stärker ~* attacher plus d'importance à qc
Gewichtheben [gə'vɪçtheːbən] *n SPORT* haltérophilie *f*
gewichtig [gə'vɪçtɪç] *adj 1.* de poids, important; *2. (einflussreich)* de poids; *3. (wichtig tuend)* important

gewillt [gə'vɪlt] *adj ~ sein, etw zu tun* avoir l'intention de faire qc, être disposé à faire qc
Gewimmel [gə'vɪməl] *n 1.* grouillement *m,* fourmillement *m,* pullulement *m; 2. (Menge)* grouillement *m,* fourmillement *m,* pullulement *m*
Gewimmer [gə'vɪmər] *n (fam)* gémissements *m/pl,* lamentations *f/pl*
Gewinde [gə'vɪndə] *n (Schraubengewinde) TECH* pas de vis *m,* filet *m*
Gewinn [gə'vɪn] *m 1. (in einem Spiel)* gain *m; den ~ teilen* partager le gâteau; *2. ECO* profit *m,* bénéfice *m; ~ bringend* profitable, lucratif; *3. (fig: Nutzen)* avantage *m,* profit *m*
gewinnen [gə'vɪnən] *v irr 1.* gagner; *jdn für eine Sache ~* gagner qn pour une cause; *2. (siegen)* gagner, remporter, vaincre; *mit Abstand ~* gagner haut la main; *3. (fig: profitieren)* profiter, tirer profit; *4. (fördern) MIN* extraire
Gewinner(in) [gə'vɪnər(ɪn)] *m/f* gagnant(e) *m/f,* vainqueur *m*
Gewirr [gə'vɪr] *n 1. (Durcheinander)* embrouillement *m; 2. (Straßengewirr)* labyrinthe *m*
gewiss [gə'vɪs] *adj 1.* certain, sûr, assuré; *das ~e Etwas* le je-ne-sais-quoi *m,* le petit truc *m; adv 2.* sûrement, assurément, à coup sûr
Gewissen [gə'vɪsən] *n* conscience *f; jdm ins ~ reden* faire grief de qc à qn; *ein gutes ~* une bonne conscience*; etw auf dem ~ haben* avoir qc sur la con-science
gewissenhaft [gə'vɪsənhaft] *adj* consciencieux, scrupuleux, méticuleux
Gewissenhaftigkeit [gə'vɪsənhaftɪçkaɪt] *f* conscience *f,* probité *f*
Gewissenlosigkeit [gə'vɪsənlo:zɪçkaɪt] *f* absence de scrupules *f*
Gewissensbisse [gə'vɪsənsbɪsə] *pl* remords *m/pl,* scrupules *m/pl*
Gewissensfrage [gə'vɪsənsfra:gə] *f* cas de conscience *m*
Gewissenskonflikt [gə'vɪsənskɔnflɪkt] *m* conflit de conscience *m*
gewissermaßen [gə'vɪsərma:sən] *adv* en quelque sorte, pour ainsi dire
Gewissheit [gə'vɪshaɪt] *f* certitude *f,* assurance *f*
Gewitter [gə'vɪtər] *n* orage *m,* tempête *f*
gewöhnen [gə'vø:nən] *v sich ~ an* s'habituer à, se familiariser avec; *Man gewöhnt sich an alles.* On se fait à tout. *Ich bin es gewöhnt.* J'y suis habitué.
Gewohnheit [gə'vo:nhaɪt] *f* habitude *f,* usage *m,* pratique *f; jdm zur ~ werden* entrer dans les habitudes de qn; *eine schlechte ~ annehmen* prendre un mauvais pli, prendre une mauvaise habitude
gewohnheitsmäßig [gə'vo:nhaɪtsmɛsɪç] *adj 1.* habituel, routinier; *adv 2.* par habitude, de coutume
Gewohnheitsrecht [gə'vo:nhaɪtsrɛçt] *n JUR* droit coutumier *m*
gewöhnlich [gə'vø:nlɪç] *adj 1. (gebräuchlich)* habituel, usuel; *2. (normal)* ordinaire, commun; *3. (unfein)* vulgaire; *adv 4. (üblicherweise)* d'habitude, d'ordinaire
gewohnt [gə'vo:nt] *adj ~ sein an* être habitué à, avoir l'habitude de
Gewöhnung [gə'vø:nuŋ] *f* accoutumance *f,* habitude *f*
Gewölbe [gə'vœlbə] *n* voûte *f*
Gewühl [gə'vy:l] *n (Gedränge)* foule *f,* cohue *f,* masse *f (fig)*
Gewürze [gə'vyrtsə] *pl* épice *f,* condiment *m*
gezackt [gə'tsakt] *adj* denté, dentelé
Gezanke [gə'tsaŋkə] *n* querelle *f,* bagarre *f (fam)*
gezeichnet [gə'tsaɪçnət] *adj (fig)* stigmatisé, marqué
Gezeiten [gə'tsaɪtən] *pl* marées *f/pl*
gezielt [gə'tsi:lt] *adj 1.* visé, ciblé, délibéré, orienté; *adv 2.* exprès, de façon ciblée, délibérément, intentionnellement
geziert [gə'tsi:rt] *adj (fig)* affecté, maniéré
Gezwitscher [gə'tsvɪtʃər] *n* gazouillement *m,* gazouillis *m*
gezwungen [gə'tsvuŋən] *adj 1.* contraint, forcé; *2. (Stimmung)* forcé, contraint, guindé
gezwungenermaßen [gə'tsvuŋənərma:sən] *adv* obligatoirement
Gicht [gɪçt] *f MED* goutte *f,* arthrite *f*
Giebel ['gi:bəl] *m* pignon *m,* fronton *m*
Gier [gi:r] *f* avidité *f,* soif *f*
gierig ['gi:rɪç] *adj* avide, âpre, cupide
gießen ['gi:sən] *v irr 1. (Blumen)* arroser; *2. (einschenken)* verser; *3. in Strömen ~* pleuvoir à verse, pleuvoir à torrents; *4. (schmelzen) TECH* fondre, couler
Gießkanne ['gi:skanə] *f* arrosoir *m*
Gift [gɪft] *n* poison *m,* venin *m; ~ für jdn sein* avoir une mauvaise influence sur qn; *~ und Galle spucken* décharger sa bile/sortir de ses gonds/cracher son venin; *Darauf kannst du ~ nehmen.* Tu peux en mettre ta main au feu./Tu peux en mettre ta main à couper.

G

Giftgas ['gɪftgaːs] *n CHEM* gaz toxique *m*
giftig ['gɪftɪç] *adj 1. ZOOL* venimeux; *2. BOT* vénéneux; *3. CHEM* toxique; *4. (fig)* envenimé, empoisonné, haineux
Giftmüll ['gɪftmyl] *m* déchets toxiques *m/pl*
Giftschlange ['gɪftʃlaŋə] *f ZOOL* serpent venimeux *m*
Giftstoffe ['gɪftʃtɔfə] *pl* produits toxiques *m/pl,* toxines *f/pl*
Giftzahn ['gɪfttsaːn] *m 1. ZOOL* crochet à venin *m; 2. (fig)* poison *m,* vipère *f*
Gipfel ['gɪpfəl] *m 1. GEO* sommet *m,* cime *f,* point culminant *m; 2. (fig: Höhepunkt)* point culminant *m,* comble *m; 3. POL* sommet *m*
Gipfelkonferenz ['gɪpfəlkɔnferɛnts] *f POL* conférence au sommet *f*
gipfeln ['gɪpfəln] *v in etw ~* culminer en qc
Gips [gɪps] *m* gypse *m,* plâtre *m*
Gipsbein ['gɪpsbaɪn] *n* jambe plâtrée *f,* jambe cassée *f*
Gipsverband ['gɪpsfɛrbant] *m MED* plâtre *m*
Giraffe [gi'rafə] *f ZOOL* girafe *f*
Girlande [gɪr'landə] *f* guirlande *f*
Girokonto ['ʒiːrokɔnto] *n ECO* compte courant *m*
Gischt [gɪʃt] *f* embrun *m,* poudrin *m*
Gitarre [gi'tarə] *f MUS* guitare *f*
Gitter ['gɪtər] *n* grille *f,* grillage *m; hinter ~n sitzen* être sous les verrous/être en taule *(fam); jdn hinter ~ bringen* mettre qn en prison/coffrer qn *(fam)*
Gitterrost ['gɪtərrɔst] *m* grille *f*
Glacéhandschuh [gla'seːhantʃuː] *m jdn mit ~en anfassen* prendre des gants avec qn
Glanz [glants] *m 1.* éclat *m; 2. (fig)* splendeur *f,* gloire *f; mit ~ und Gloria* haut la main
glänzen ['glɛntsən] *v* briller, resplendir, rayonner; *durch Abwesenheit ~* briller par son absence
glänzend ['glɛntsənt] *adj 1.* brillant, éclatant, resplendissant, rayonnant; *adv 2.* avec éclat, brillamment
Glanzleistung ['glantslaɪstuŋ] *f* brillante performance *f*
Glanzpapier ['glantspapiːr] *n* papier glacé *m*
Glanzzeit ['glantstsaɪt] *f 1.* apogée *m,* âge d'or *m; 2. (Blütezeit)* fleur de l'âge *f*
Glas [glaːs] *n 1. (Material)* verre *m; 2. (Trinkglas)* verre *m; zu tief ins ~ schauen* boire un verre de trop/se piquer le nez *(fam)*
Glaser ['glaːzər] *m* vitrier *m*
gläsern ['glɛːzərn] *adj 1.* de verre; *2. (Klang)* cristallin
Glasfaser ['glaːsfaːzər] *f* fibre de verre *f*
glasig ['glaːzɪç] *adj* vitreux
glasklar ['glaːs'klaːr] *adj* limpide, clair comme de l'eau de roche
Glasperle ['glaːspɛrlə] *f* perle de verre *f*
Glasscheibe ['glaːsʃaɪbə] *f* vitre *f,* carreau de verre *m*
Glasur [gla'zuːr] *f 1. TECH* émail *m,* vernis *m; 2. GAST* glaçage *m*
glatt [glat] *adj 1. (faltenlos)* lisse, plat, sans rides; *2. (rutschig)* glissant; *3. (fig: eindeutig)* net; *4. (fig: mühelos)* simple, aisé; *Er hat es glatt geschafft.* Il s'en est bien sorti. *5. (fig: heuchlerisch)* flatteur, mielleux
Glatteis ['glataɪs] *n* verglas *m; jdn aufs ~ führen* faire marcher qn/faire courir qn
glätten ['glɛtən] *v (glatt machen)* lisser, polir, dérider
Glatze ['glatsə] *f* tête chauve *f,* calvité *f,* crâne dénudé *m; eine ~ haben* être poilu comme un oeuf
Glatzkopf ['glatskɔpf] *m 1.* chauve *m; 2. (Kopf)* chauve *m*
glatzköpfig ['glatskœpfɪç] *adj* chauve
Glaube ['glaubə] *m REL* croyance *f,* foi *f,* religion *f; einer Sache ~n schenken* ajouter foi à qc; *in gutem ~n* de bonne foi
glauben ['glaubən] *v* croire, penser, supposer; *jdm etw ~ machen* faire croire qc à qn; *Das ist doch nicht zu ~!* Ce n'est pas croyable!
glaubhaft ['glauphaft] *adj* croyable, crédible, vraisemblable
Glaubhaftigkeit ['glauphaftɪçkaɪt] *f* crédibilité *f,* authenticité *f*
gläubig ['glɔybɪç] *adj REL* croyant, fidèle
Gläubige(r) ['glɔybɪgər(r)] *m/f REL* croyant(e) *m/f,* fidèle *m/f*
Gläubiger ['glɔybɪgər] *m ECO* créancier *m,* créditeur *m*
Gläubigkeit ['glɔybɪçkaɪt] *f REL* foi *f*
glaubwürdig ['glaupvyrdɪç] *adj* digne de foi, crédible

gleich [glaɪç] *adj 1.* égal, identique, même, pareil; *aufs Gleiche hinauslaufen* être bonnet blanc et blanc bonnet; *Gleiches mit Gleichem vergelten* rendre la pareille/rendre la monnaie de sa pièce; *sich ~ bleiben* revenir au même; *~ bleibend* toujours égal, invariable, fixe; *~ gesinnt* sympathisant; *adv 2.* aussitôt, d'emblée, tout à l'heure, immédiatement

gleichaltrig ['glaɪçaltrɪç] *adj* du même âgµ
gleichbedeutend ['glaɪçbədɔytənt] *adj* *1.* synonyme, identique, équivalent; *2. (fig)* synonyme, identique, équivalent
gleichberechtigt ['glaɪçbərɛçtɪçt] *adj* égal en droits
Gleichberechtigung ['glaɪçbərɛçtɪguŋ] *f* égalité des droits *f*
gleichen ['glaɪçən] *v irr* ressembler à, être semblable à; *sich ~ wie ein Ei dem anderen* se ressembler comme deux gouttes d'eau
gleichfalls ['glaɪçfals] *adv* également, pareillement, de même
gleichförmig ['glaɪçfœrmɪç] *adj* uniforme, régulier, pareil
gleichgestellt ['glaɪçgəʃtɛlt] *adj* du même rang, mis au même niveau
Gleichgewicht ['glaɪçgəvɪçt] *n* équilibre *m; aus dem ~ bringen* déséquilibrer/déboussoler
Gleichgewichtsstörung ['glaɪçgəvɪçtsʃtøːruŋ] *f MED* trouble de l'équilibre *m,* déséquilibre *m*
gleichgültig ['glaɪçgyltɪç] *adj* indifférent, désintéressé, insensible; *einer Sache ~ gegenüberstehen* être indifférent à qc; *Das ist mir ~.* Peu m'importe.
Gleichgültigkeit ['glaɪçgyltɪçkaɪt] *f* indifférence *f,* désintéressement *m*
Gleichheit ['glaɪçhaɪt] *f 1.* égalité *f; 2. (Übereinstimmung)* égalité *f; 3. (Ähnlichkeit)* ressemblance *f*
Gleichheitsprinzip ['glaɪçhaɪtsprɪntsiːp] *n* principe d'égalité *m*
Gleichklang ['glaɪçklaŋ] *m* unisson *m,* consonance *f,* homophonie *f*
gleichkommen ['glaɪçkɔmən] *v irr jdm ~* égaler qn, être l'égal de qn
gleichlaufend ['glaɪçlaufənd] *adj* parallèle, synchronisé
gleichmäßig ['glaɪçmɛːsɪç] *adj* régulier, homogène, pareil
Gleichmäßigkeit ['glaɪçmɛːsɪçkaɪt] *f* régularité *f*
Gleichmut ['glaɪçmuːt] *m* constance *f,* égalité d'âme, impassibilité *f*
gleichmütig ['glaɪçmyːtɪç] *adj 1. (gelassen)* calme, impassible, patient; *2. (leidenschaftslos)* indolent, flegmatique
gleichrangig ['glaɪçraŋɪç] *adj* du même rang
gleichsam ['glaɪçzam] *adv* pour ainsi dire, quasiment, en quelque sorte
gleichschalten ['glaɪçʃaltən] *v* synchroniser, uniformiser
gleichsetzen ['glaɪçzɛtsən] *v* égaler, mettre sur le même plan
Gleichstellung ['glaɪçʃtɛluŋ] *f* assimilation *f,* émancipation *f*
Gleichstrom ['glaɪçʃtroːm] *m TECH* courant continu *m*
gleichwertig ['glaɪçvertɪç] *adj* équivalent, de force égale *f*
Gleichwertigkeit ['glaɪçveːrtɪçkaɪt] *f* équivalence *f,* égalité *f*
gleichzeitig ['glaɪçtsaɪtɪç] *adj 1.* simultané, concomitant, synchrone; *zwei Dinge ~ tun* faire deux choses à la fois; *adv 2.* en même temps, simultanément
Gleis [glaɪs] *n* voie ferrée *f; jdn aus dem ~ werfen* déséquilibrer qn/désaxer qn/déboussoler qn; *etw ins rechte ~ bringen* mettre de l'ordre dans qc
gleiten ['glaɪtən] *v irr 1.* glisser; *2. (mit dem Auto)* déraper
Gleitmittel ['glaɪtmɪtəl] *n* lubrifiant *m*
Gleitzeit ['glaɪttsaɪt] *f* horaires aménagés *m/pl,* horaire flexible *m*
Gletscher ['glɛtʃər] *m* glacier *m*
Gletscherspalte ['glɛtʃərʃpaltə] *f* crevasse *f*
Glied [gliːt] *n 1. (Bestandteil)* partie *f,* élément *m; 2. (Mitglied)* membre *m; 3. (Kettenglied)* maillon *m,* chaînon *m; 4. (Körperteil)* membre *m; in den ~ern stecken* faire souffrir, tourmenter; *5. männliches ~* verge *f*
gliedern ['gliːdərn] *v 1. (aufteilen)* diviser; *2. (anordnen)* classer, grouper
Gliederung ['gliːdəruŋ] *f 1. (Aufbau)* organisation *f,* structure *f; 2. (Anordnung)* groupement *m,* classification *f,* disposition *f*
Gliedmaßen ['gliːtmaːsən] *pl ANAT* membres *m/pl,* extrémités *f/pl*
glimmen ['glɪmən] *v irr* jeter une faible lueur, brûler sans flamme, couver
glimpflich ['glɪmpflɪç] *adj* modéré; *~ davonkommen* s'en tirer à bon compte; *jdn ~ behandeln* user de bons procédés envers qn
glitschig ['glɪtʃɪç] *adj (fam)* glissant, dérapant
glitzern ['glɪtsərn] *v* étinceler, scintiller
Globus ['gloːbus] *m 1.* globe *m; 2. (Erdkugel)* globe terrestre *m*
Glocke ['glɔkə] *f 1.* cloche *f; etw an die große ~ hängen* crier qc sur les toits; *2. (einer Lampe)* globe *m*

G

Glockenblume ['glɔkənbluːmə] *f BOT* campanule *f,* clochette *f*
Glockenspiel ['glɔkənʃpiːl] *n* carillon *m*
Glockenturm ['glɔkənturm] *m* clocher *m,* beffroi *m*
glorifizieren [glorifi'tsiːrən] *v* glorifier
Glossar [glɔ'saːr] *n* glossaire *m*
glotzen ['glɔtsən] *v (fam)* faire de grands yeux

Glück [glyk] *n* chance *f,* fortune *f,* bonheur *m; Es war sein ~.* Bien lui en prit. *auf gut ~* au petit bonheur/à tout hasard; *Viel ~!* Bonne chance! *sein ~ versuchen* tenter sa chance; *~ haben* avoir de la veine *(fam); ~ bringen* porter bonheur

glücken ['glykən] *v* réussir
gluckern ['glukərn] *v* gargouiller
glücklich ['glyklɪç] *adj* heureux
glücklicherweise [glyklɪçər'vaɪzə] *adv* heureusement, par bonheur
Glücksbringer ['glyksbrɪŋər] *m* porte-bonheur *m*
glückselig [glyk'zeːlɪç] *adj* bienheureux
glucksen ['gluksən] *v 1.* glousser; *2. (Henne)* glousser; *3. (lachen)* glousser
Glücksfall ['glyksfal] *m* coup de chance *m,* aubaine *f,* coup de pot *m*
Glücksgefühl ['glyksgəfyːl] *n* sentiment de bonheur *m*
Glückspilz ['glykspɪlts] *m* veinard *m*
Glückssache ['glykszaxə] *f* coup de chance *m,* coup de pot *m (fam)*
Glücksspiel ['glyksʃpiːl] *n* jeu de hasard *m*
glückstrahlend ['glykʃtraːlənt] *adj* rayonnant de bonheur, radieux
Glückwunsch ['glykvunʃ] *m 1.* souhaits de bonheur *m/pl,* compliments *m/pl; 2. (zum Geburtstag)* vœux *m/pl; 3. (zur Hochzeit, zur Geburt)* félicitations *f/pl*
Glühbirne ['glyːbɪrnə] *f* ampoule (électrique) *f*
glühen ['glyːən] *v 1.* être ardent; *2. (fig)* brûler, briller
Glühwein ['glyːvaɪn] *m GAST* vin chaud *m*
Glut [gluːt] *f 1. (Feuer)* braise *f,* ardeur *f; 2. (Hitze)* chaleur torride *f,* chaleur ardente *f; 3. (fig)* ardeur *f,* feu *m,* passion *f,* ferveur *f*
Gnade ['gnaːdə] *f 1. (Nachsicht)* indulgence *f,* clémence *f,* pitié *f; 2. REL* grâce *f,* miséricorde *f; 3. JUR* grâce *f; ~ vor Recht ergehen lassen* préférer miséricorde à justice
Gnadenerlass ['gnaːdənɛrlas] *m JUR* amnistie *f*
Gnadenfrist ['gnaːdənfrɪst] *f* délai de grâce *m*
Gnadengesuch ['gnaːdəngəzuːx] *n JUR* recours en grâce *m*
gnadenlos ['gnaːdənloːs] *adj* impitoyable, cruel
Gnadenstoß ['gnaːdənʃtoːs] *m jdm den ~ geben* donner le coup de grâce à qn
gnädig ['gnɛːdɪç] *adj 1. (nachsichtig)* indulgent, clément; *2. (wohl wollend)* bienveillant, complaisant; *3. REL* pitoyable, avec clémence
Gold [gɔlt] *n* or *m; ~ wert sein* valoir son pesant d'or
Goldbarren ['gɔltbarən] *m* lingot d'or *m*
golden ['gɔldən] *adj 1.* d'or, en or; *2. (Farbe)* doré
Goldgräber ['gɔltgrɛːbər] *m* chercheur d'or *m*
Goldgrube ['gɔltgruːbə] *f (fig)* mine d'or *f*
goldig ['gɔldɪç] *adj 1.* doré; *2. (fig)* mignon, joli, choux *(fig)*
goldrichtig ['gɔlt'rɪçtɪç] *adj* très juste
Goldschmied ['gɔltʃmiːt] *m* orfèvre *m*
Goldschmuck ['gɔltʃmuk] *m* bijou en or *m*
Goldwaage ['gɔltvaːgə] *f jedes Wort auf die ~ legen* peser ses mots
Goldwährung ['gɔltvɛːruŋ] *f ECO* étalon-or *m*
Golf[1] [gɔlf] *m GEO* golfe *m*
Golf[2] [gɔlf] *n SPORT* golf *m*
Golfkrieg ['gɔlfkriːg] *m* guerre du Golfe *f*
Golfkrise ['gɔlfkriːzə] *f* crise du Golfe *f*
Golfplatz ['gɔlfplats] *m SPORT* terrain de golf *m*
Gondel ['gɔndəl] *f 1.* gondole *f; 2. (in der Luftfahrt)* nacelle *f*
gönnen ['gœnən] *v 1. sich etw ~* s'accorder qc, se permettre qc, s'offrir qc; *sich nichts ~* se priver de tout; *2. jdm etw ~* accorder qc à qn, concéder qc à qn
gönnerhaft ['gœnərhaft] *adj 1.* condescendant, complaisant; *adv 2.* avec complaisance, complaisamment
Gör [gøːr] *n 1.* petit enfant *m,* gosse *m; 2. (Balg)* gamin *m,* marmot *m,* moutard *m*
Gosse ['gɔsə] *f 1.* caniveau *m,* ruisseau *m; 2. (fig)* rue *f; durch die ~ ziehen* traîner dans la boue; *in der ~ enden* mal finir/tomber dans le ruisseau; *jdn aus der ~ auflesen* ramasser qn dans le ruisseau

gotisch ['goːtɪʃ] *adj* gothique

Gott [gɔt] *m REL* Dieu *m; Ach ~ !* Mon Dieu! *Das wissen die Götter!* Dieu seul le sait! *wie ein junger ~* comme un dieu; *von allen Göttern verlassen sein* être fou/ne plus avoir toute sa tête; *in ~es Namen* si tu veux/si vous voulez; *bei ~* certainement/sûrement/vraiment; *~ bewahre!* Dieu vous en préserve!/Dieu t'en préserve! *Gnade dir ~!* Tu ne l'emporteras pas au paradis! *~ und die Welt* le monde entier

Götterspeise ['gœtərʃpaɪzə] *f GAST* gelée de fruits *f,* ambroisie *f*
Gottesdienst ['gɔtəsdiːnst] *m REL* office religieux *m,* culte *m*
gottesfürchtig ['gɔtəsfyrçtɪç] *adj REL* pieux, craignant Dieu
Gottesgabe ['gɔtəsgaːbə] *f* don du ciel *m*
Gottheit ['gɔthaɪt] *f REL* divinité *f*
Göttin ['gœtɪn] *f* déesse *f*
göttlich ['gœtlɪç] *adj 1. REL* divin; *2. (köstlich)* sublime, divin
gottlos ['gɔtloːs] *adj* athée, impie
Götze ['gœtsə] *m* idole *f,* faux dieu *m*
Gouverneur [guvɛr'nøːr] *m POL* gouverneur *m*
Grab [graːp] *n* tombe *f,* tombeau *m,* sépulcre *m; sich sein eigenes ~ schaufeln (fam)* creuser sa tombe; *etw mit ins ~ nehmen (fam)* emporter qc dans la tombe; *sich im ~ umdrehen (fam)* se retourner dans sa tombe, *zu ~e tragen* enterrer
graben ['graːbən] *v irr* creuser, fouiller
Graben ['graːbən] *m* fossé *m,* tranchée *f,* rigole *f,* canal *m*
Grabesstille ['graːbəsʃtɪlə] *f* silence de mort *m*
Grabmal ['graːpmaːl] *n 1.* tombeau *m; 2. (Grabstein)* tombeau *m; 3. (Ehrenmal)* monument *m*
Grabrede ['graːpreːdə] *f* discours funèbre *m,* oraison funèbre *f*
Grabstätte ['graːpʃtɛtə] *f* sépulture *f*
Grabstein ['graːpʃtaɪn] *m* pierre tombale *f,* pierre funéraire *f*
Grabung ['graːbuŋ] *f* fouille *f*
Grad [graːt] *m 1.* degré *m; sich um hundertachtzig ~ drehen (fig)* dire une fois blanc une fois noir; *2. (Abstufung)* grade *m; 3. (Maßeinheit)* degré *m,* grade *m*
Gradmesser ['graːtmɛsər] *m (fig)* indicateur *m,* baromètre *m*
graduell [gradu'ɛl] *adj* graduel
graduiert [gradu'iːrt] *adj* gradué, gradé
Graf [graːf] *m* comte *m*
Graffiti [gra'fɪti] *n* graffiti *m*
Grafik ['graːfik] *f* graphique *m*
Grafiker(in) ['graːfikər(ɪn)] *m/f* graphiste *m/f,* dessinateur/dessinatrice *m/f*
Gräfin ['grɛːfɪn] *f* comtesse *f*
Grafschaft ['graːfʃaft] *f* comté *m*
Gram [graːm] *m* chagrin *m,* tourment *m*
grämen ['grɛːmən] *v sich ~* se chagriner, s'affliger
Grammatik [gra'matɪk] *f* grammaire *f*
Granate [gra'naːtə] *f MIL* grenade *f*
grandios [grandɪ'oːs] *adj* grandiose
Granit [gra'niːt] *m MIN* granit *m; bei jdm auf ~ beißen* se casser les dents sur qn
Granulat [granu'laːt] *n TECH* granulat *m,* granulé *m*
Gras [graːs] *n* herbe *f; ins ~ beißen (fam)* manger les pissenlits par la racine/passer l'arme à gauche/casser sa pipe; *~ über etw wachsen lassen* laisser le temps passer sur qc
grasen ['graːzən] *v* paître, brouter
Grashalm ['graːshalm] *m* brin d'herbe *m*
grassieren [gra'siːrən] *v* régner, sévir
grässlich ['grɛslɪç] *adj* horrible, affreux, terrible, abominable
Grat [graːt] *m 1. (Bergkamm)* crête *f,* arête *f; 2. (überstehende Kante)* arête *f*
Gräte ['grɛːtə] *f* arête *f*
Gratifikation [gratɪfɪka'tsjoːn] *f* gratification *f,* prime d'encouragement *f*
gratis ['graːtɪs] *adv* gratis, gratuit, à titre gracieux
Gratisprobe ['graːtɪsproːbə] *f* échantillon gratuit *m*
Gratulation [gratula'tsjoːn] *f* félicitation *f,* congratulation *f*
gratulieren [gratu'liːrən] *v* féliciter; *sich ~ können* pouvoir s'estimer heureux
Gratwanderung ['graːtvandəruŋ] *f eine ~ machen (fig)* être sur le fil du rasoir
grau [grau] *adj* gris
Grauen ['grauən] *n* horreur *f,* effroi *m*
grauen ['grauən] *v (Furcht haben) Mir graut vor ...* J'ai horreur de ..., J'ai la hantise de ...
grauenhaft ['grauənhaft] *adj* horrible, affreux, épouvantable
grauhaarig ['grauhaːrɪç] *adj* aux cheveux gris, grisonnant
Graupe ['graupə] *f GAST* orge *m,* blé mondé *m,* blé perlé *m*
graupeln ['graupəln] *v Es graupelt.* Il tombe du grésil.

Graupelschauer ['graupəlʃauər] *m* *METEO* giboulée *f*
grausam ['grauza:m] *adj* cruel, féroce, inhumain, abominable
Grausamkeit ['grauza:mkaɪt] *f* cruauté *f*, férocité *f*, méchanceté *f*
grausen ['grauzən] *v* *jdm ~* faire horreur à qn
grausig ['grauzɪç] *adj* horrible, épouvantable, affreux, atroce
gravieren [gra'vi:rən] *v* graver
gravierend [gra'vi:rənt] *adj* grave
Gravur [gra'vu:r] *f* gravure *f*
Grazie ['gra:tsjə] *f* grâce *f*
grazil [gra'tsi:l] *adj* gracile, gracieux
graziös [gra'tsjø:s] *adj* gracieux, charmant
greifbar ['graɪfba:r] *adj* palpable, disponible, tangible
greifen ['graɪfən] *v irr* prendre, saisir; *zum Greifen nah sein* être très près/être à proximité immédiate
Greis(in) [graɪs/'graɪzɪn] *m/f* vieillard/vieille *m/f*
greisenhaft ['graɪzənhaft] *adj* sénile
grell [grɛl] *adj* cru, voyant, criard, vif
Gremium ['gre:mjum] *n* *1. (Körperschaft) POL* comité *m*, assemblée *f*, instance *f*, collège *m*; *2. (Ausschuss)* comité *m*, assemblée *f*, instance *f*, collège *m*
Grenzbeamter ['grɛntsbəamtər] *m* douanier *m*
Grenzbereich ['grentsbəraɪç] *m* *(fig)* cas limite *m*, limite *f*
Grenze ['grɛntsə] *f* *1.* frontière *f*; *2. (fig)* limite *f*; *Alles hat eine ~.* Il y a des limites à tout. *keine ~n kennen* ne pas avoir de limites; *sich in ~n halten* ne pas dépasser les bornes
grenzen ['grɛntsən] *v* *1.* toucher, être attenant; *2. (fig)* friser, tenir de; *Das grenzt an Unverschämtheit.* Cela frise l'insolence.
grenzenlos ['grɛntsənlo:s] *adj* *1.* sans bornes, infini; *2. (fig)* immense; *adv* *3.* à l'infini, sans bornes; *4. (fig)* énormément
Grenzenlosigkeit ['grɛntsənlo:zɪçkaɪt] *f* immensité *f*, vastitude *f*, infini *m*
Grenzfall ['grɛntsfal] *m* cas limite *m*, cas extrême *m*
Grenzwert ['grɛntsve:rt] *m* valeur limite *f*, limite *f*
Grieche ['gri:çə] *m* Grec *m*
Griechenland ['gri:çənlant] *n* *GEO* Grèce *f*
Griechin ['gri:çɪn] *f* Grecque *f*
griechisch ['gri:çɪʃ] *adj* grec
griesgrämig ['gri:sgrɛ:mɪç] *adj* grincheux, grognon
Griff [grɪf] *m* *1. (Stiel)* manche *m*; *2. (Türgriff)* poignée *f*; *3. (Zugriff)* prise *f*; *etw in den ~ bekommen* venir à bout de qc
griffbereit ['grɪfbəraɪt] *adj* à portée de main
grillen ['grɪlən] *v* griller
Grimasse [grɪ'masə] *f* grimace *f*; *~n schneiden* faire des grimaces
grimmig ['grɪmɪç] *adj* *1.* farouche, enragé; *~e Kälte* froid de canard *m*; *2. (zornig)* irrité, furieux
grinsen ['grɪnzən] *v* *(fam)* grimacer, ricaner
Grippe ['grɪpə] *f* *MED* grippe *f*
grob [gro:p] *adj* *1. (derb)* gros; *aus dem Gröbsten heraus sein* avoir fait le plus dur/avoir passé le plus dur; *2. (rau)* rêche, rugueux; *3. (fig: unhöflich)* grossier; *4. (fig: ungefähr)* approximatif
Grobheit ['gro:phaɪt] *f* *1. (Benehmen)* grossièreté *f*, rudesse *f*, brutalité *f*; *2. jdm ~ensagen* insulter qn
grölen ['grø:lən] *v* beugler
Groll [grɔl] *m* ressentiment *m*, amertume *f*
grollen ['grɔlən] *v* gronder; *Der Donner grollt.* Le tonnerre gronde.
Groschen ['grɔʃən] *m* *HIST* sou *m*

groß [gro:s] *adj* *1.* grand; *~e Augen machen* ouvrir de grands yeux; *2. (~ gewachsen)* de grande taille; *3. (fig: älter)* grand, adulte; *mein ~er Bruder* mon grand frère; *4. (fig: ernst)* sérieux, important; *5. (fig: berühmt)* grand, connu; *~e Männer* de grands hommes

großartig ['gro:sa:rtɪç] *adj* *1.* magnifique, grandiose, sublime; *adv* *2.* à merveille; *Das haben Sie ~ gemacht.* Vous vous en êtes tiré à merveille.
Großbritannien [gro:sbri'tanjən] *n* *GEO* Grande-Bretagne *f*, Angleterre *f*
Großbuchstabe ['gro:sbu:xʃta:bə] *m* majuscule *f*, capitale *f*
Größe ['grø:sə] *f* *1.* grandeur *f*, grosseur *f*; *2. (Körpergröße)* taille *f*; *3. (Kleidergröße)* taille *f*, *4. (Schuhgröße)* pointure *f*; *Welche ~ haben Sie?* Quelle est votre pointure? *5. (Raum)* dimension *f*; *6. (fig: Wichtigkeit)* importance *f*
Großeinkauf ['gro:saɪnkauf] *m* *ECO* achat en gros *m*

Großeltern ['gro:sɛltərn] *pl* grandsparents *m/pl*
Größenwahn ['grø:sənva:n] *m* folie des grandeurs *f*
großflächig ['gro:sflɛçıç] *adj* vaste, étendu, déployé
Großgrundbesitzer ['gro:sgruntbəzıtsər] *m* grand propriétaire *m*, propriétaire foncier *m*
Großhandel ['gro:shandəl] *m* *ECO* commerce de gros *m*, commerce en gros *m*
Großhändler ['gro:shɛ:ndlər] *m* *ECO* grossiste *m*
Großherzigkeit ['gro:shɛrtsıçkaıt] *f* générosité *f*, magnanimité *f*
Großhirn ['gro:shırn] *n* *ANAT* cerveau *m*
Großindustrie ['gro:sındustri:] *f* grande industrie *f*
Großmacht ['gro:smaxt] *f* *POL* grande puissance *f*
Großmaul ['gro:smaul] *n* vantard *m*, hâbleur *m*, fanfaron *m*, grande gueule *f*
großmütig ['gro:smy:tıç] *adj* généreux, magnanime, bon
Großmutter ['gro:smutər] *f* grand-mère *f*
Großraumbüro ['gro:sraumbyro:] *n* *ECO* bureau collectif *m*, bureau en espace ouvert *m*
Großstadt ['gro:sʃtat] *f* grande ville *f*
größtenteils ['grø:stəntaıls] *adv* en majeure partie, en grosse partie
großtun ['gro:stu:n] *v irr 1. sich ~* se donner des grands airs, faire étalage de, se targuer de, se vanter de; *2. mit etw ~* faire étalage de qc, se targuer de qc, se vanter de qc
Großvater ['gro:sfa:tər] *m* grand-père *m*
Großwild ['gro:svılt] *n* gros gibier *m*
großziehen ['gro:stsi:ən] *v irr* élever
großzügig ['gro:stsy:gıç] *adj* généreux, large d'esprit; *~ sein* avoir l'esprit large
Großzügigkeit ['gro:stsy:gıçkaıt] *f* générosité *f*
grotesk [gro'tɛsk] *adj* grotesque, bizarre, ridicule
Grotte ['grɔtə] *f* grotte *f*
Grübchen ['gry:bçən] *n* fossette *f*
Grube ['gru:bə] *f 1.* fosse *f*, trou *m*; *Wer anderen eine ~ gräbt, fällt selbst hinein.* Tel est pris qui croyait prendre. *2. MIN* mine *f*
grübeln ['gry:bəln] *v* ruminer
Gruft [gruft] *f* caveau *m*, tombe *f*
grün [gry:n] *adj* vert; *mitten im Grünen* en pleine verdure; *jdn ~ und blau schlagen* battre qn comme plâtre
Grünanlage ['gry:nanla:gə] *f* espace vert *m*, îlot de verdure *m*

Grund [grunt] *m 1. (Erdboden)* terre *f*, sol *m*; *auf eigenem ~ und Boden* sur ses terres; *festen ~ unter den Füßen haben* tenir debout; *von ~ auf (fig)* de fond en comble; *2. (Meeresboden)* fond *m*; *~ haben* avoir pied; *3. (Motiv)* raison *f*, cause *f*, motif *m*; *auf ~ von* en raison de; *aus diesem ~* pour cette raison; *Aus welchem ~?* Pour quel motif? *aus gesundheitlichen Gründen* pour raisons de santé; *4. zu ~e gehen* périr; *5. zu ~e legen* prendre pour base; *6. etw zu ~e liegen* être à la base de qc; *7. zu ~e richten* ruiner

Grundausstattung ['gruntausʃtatuŋ] *f* équipement de base *m*
Grundbegriff ['gruntbəgrıf] *m* concept fondamental *m*, concept de base *m*
Grundbesitz ['gruntbəzıts] *m* propriété foncière *f*
gründen ['gryndən] *v* fonder, créer; *sich ~ auf* se reposer sur, se fonder sur
Gründer ['gryndər] *m* fondateur *m*, créateur *m*
Grundfläche ['gruntflɛçə] *f* surface *f*
Grundgesetz ['gruntgəzɛts] *n* *POL* constitution *f*, loi fondamentale *f*
Grundlage ['gruntla:gə] *f* fondement *m*, base *f*; *die ~n legen* jeter les fondements
grundlegend ['gruntle:gənt] *adj* fondamental
gründlich ['gryntlıç] *adj 1.* rigoureux, profond, détaillé; *adv 2.* à fond
Gründlichkeit ['gryntlıçkaıt] *f* minutie *f*
grundlos ['gruntlo:s] *adj 1.* sans fond, insondable; *adv 2. (ohne Motiv)* sans raison
Grundnahrungsmittel ['gruntna:ruŋsmıtəl] *n* aliment de base *m*
Grundrecht ['gruntrɛçt] *n* *POL* droit fondamental *m*
Grundsatz ['gruntzats] *m* principe *m*, maxime *f*; *ein Mensch mit Grundsätzen* une personne à principes *f*
grundsätzlich ['gruntzɛtslıç] *adj* en principe
Grundschule ['gruntʃu:lə] *f* école primaire *f*, école élémentaire *f*
Grundstück ['gruntʃtyk] *n* bien foncier *m*, terrain *m*
Gründung ['grynduŋ] *f* fondation *f*, création *f*, réalisation *f*
Grünfläche ['gry:nflɛçə] *f* espace vert *m*

Gruppe ['grupə] *f 1.* groupe *m; 2. (Gattung)* catégorie *f; 3. (Mannschaft)* équipe *f*
Gruselgeschichte ['gru:zəlgəʃɪçtə] *f* histoire d'horreur *f*
Gruß [gru:s] *m* salut *m,* salutation *f; viele Grüße (in einem Brief)* avec toutes mes amitiés; *mit freundlichen Grüßen (in einem Geschäftsbrief)* veuillez agréer l'expression de mes sentiments distingués
grüßen ['gry:sən] *v* saluer; *2. Grüß Gott!* Bonjour!
gucken ['gukən] *v* regarder, lorgner; *aus dem Fenster ~* regarder par la fenêtre
gültig ['gyltɪç] *adj* valable
Gültigkeit ['gyltɪçkaɪt] *f* validité *f,* admissibilité *f*
Gummi ['gumi] *m/n* gomme *f*
Gummibärchen ['gumibɛ:rçən] *n* nounours *m,* ourson gélifié *m*
Gunst [gunst] *f* faveur *f,* grâce *f; eine ~ gewähren* accorder une faveur; *zu jds ~en* en faveur de qn/au bénéfice de qn/au profit de qn; *jds ~ genießen* être dans les bonnes grâces de qn
günstig ['gynstɪç] *adj* propice, favorable
Günstling ['gynstlɪŋ] *m* favori *m,* chouchou *m*
Gurgel ['gurgəl] *f* gosier *m,* gorge *f; jdm an die ~ gehen* prendre qn à la gorge
gurgeln ['gurgəln] *v 1.* se gargariser; *2. (Geräusch)* gargouiller
Gurke ['gurkə] *f BOT* concombre *m*
Gurt [gurt] *m 1.* sangle *f,* courroie *f,* ceinture *f; 2. (Sicherheitsgurt)* ceinture de sécurité *f*
Gürtel ['gyrtəl] *m* ceinture *f; den ~ enger schnallen* se serrer la ceinture
Guss [gus] *m 1. (Gießen)* fonte *f,* coulée *f; 2. (Regen)* averse *f; 3. (Zuckerguss)* glaçage *m*
Gusseisen ['gusaɪzən] *n* fonte *f*

gut [gu:t] *adj 1.* bon; *es mit etw ~ sein lassen* laisser tomber qc; *für etw ~ sein* être toujours prêt à faire qc; *sein Gutes haben* avoir de bons côtés; *zu viel des Guten sein* exagérer/forcer la dose; *Du bist ~!* T'es bien!/T'es marrant! *Ende ~, alles ~.* Tout est bien qui finit bien. *2. (Mensch)* brave, correct; *adv 3.* bon, bien; *~ tun* faire du bien; *~ daran tun* faire bien de/faire mieux de; *Hier ist ~ leben.* Il fait bon vivre ici. *Dieses Kleid steht ihr ~.* Cette robe lui va bien. *~ lachen haben* pouvoir bien rire; *~ und gern* bien/au moins

Gut [gu:t] *n 1. (Besitz)* bien *m; materielle Güter* biens matériels *m/pl; geistige Güter* biens immatériels *m/pl; 2. (Landbesitz)* terre *f,* propriété *f; 3. (~shof)* domaine *m; 4. (Ware) ECO* marchandise *f*
Gutachter(in) ['gu:taxtər(ɪn)] *m/f JUR* expert(e) *m/f*
gutartig ['gu:ta:rtɪç] *adj 1.* d'un bon naturel, inoffensif; *2. MED* bénin
Gutdünken ['gu:tdyŋkən] *n* bon plaisir *m,* fantaisie *f; nach Ihrem ~* à votre guise
Güte ['gy:tə] *f 1.* bonté *f; Du meine ~!* Mon Dieu! *2. (Qualität)* bonne qualité *f*
Güterbahnhof ['gy:tərba:nho:f] *m* gare des marchandises *f*
Güterverkehr ['gy:tərfɛrke:r] *m* trafic des marchandises *m*
gutgläubig ['gu:tglɔybɪç] *adj* de bonne foi
Gutgläubigkeit ['gu:tglɔybɪçkaɪt] *f* bonne foi *f*
Guthaben ['gu:tha:bən] *n ECO* avoir *m,* crédit *m*
gutheißen ['gu:thaɪsən] *v irr* approuver, autoriser, agréer
gutherzig ['gu:thɛrtsɪç] *adj* doux, bon
gütig ['gy:tɪç] *adj* bon, aimable, complaisant
gütlich ['gy:tlɪç] *adj 1.* à l'amiable; *2. sich an etw ~ tun* se régaler de qc
gutmütig ['gu:tmy:tɪç] *adj* débonnaire, bonhomme
Gutmütigkeit ['gu:tmy:tɪçkaɪt] *f* bonté *f*
Gutschein ['gu:tʃaɪn] *m* bon *m*
gutschreiben ['gu:tʃraɪbən] *v irr* porter au crédit, créditer
Gutschrift ['gu:tʃrɪft] *f ECO* crédit *m,* avoir *m*
gutwillig ['gu:tvɪlɪç] *adj* plein de bonne volonté, complaisant
Gymnasiallehrer(in) [gymna'zja:lle:rər(ɪn)] *m/f* professeur de lycée *m/f*
Gymnasiast(in) [gymna:zj'ast(ɪn)] *m/f* lycéen(e) *m/f*
Gymnasium [gym'na:zjum] *n* lycée *m*
Gymnastik [gym'nastɪk] *f SPORT* gymnastique *f*

H

Haar [haːr] *n 1.* cheveu *m,* poil *m; sich die ~e schneiden lassen* se faire couper les cheveux; *an den ~en herbeigezogen* tiré par les cheveux; *immer ein ~ in der Suppe finden* chercher la petite bête; *sich die ~e raufen* s'arracher les cheveux; *sich graue ~e wachsen lassen* se faire des cheveux blancs/se faire du mauvais sang; *kein gutes ~ an jdm lassen* dire pis que pendre de qn; *~e auf den Zähnen haben* avoir toujours le dernier mot; *jdm kein ~ krümmen* ne pas toucher à un cheveux de qn; *an einem ~ hängen* ne tenir qu'à un fil; *jdm die ~e vom Kopf fressen* vivre aux frais de qn/bouffer qn *(fam)*; *sich in die ~e kriegen* se prendre aux cheveux/se crêper le chignon; *sich in den ~en liegen* se quereller/se battre; *um ein ~* à un cheveu près; *Mir stehen die ~e zu Berge.* Mes cheveux se dressent sur la tête. *2. (Pferdehaar)* crin *m*

Haarausfall ['haːrausfal] *m* chute des cheveux *f*

haargenau ['haːrgə'nau] *adj* très exact

haarig ['haːrɪç] *adj* poilu

haarklein ['haːr'klaɪn] *adv* très exactement; *~ erzählen* raconter dans les moindres détails

Haarnadelkurve ['haːrnaːdəlkurvə] *f* virage en épingle à cheveux *m*

haarscharf ['haːrʃarf] *adj 1.* de très près, d'extrême justesse; *2. (Beschreibung)* très précis; *3. (Gedächtnis)* très précis

Haarspalterei [haːrʃpaltə'raɪ] *f* critique mesquine *f; ~ betreiben* couper les cheveux en quatre

Haarspange ['haːrʃpaŋə] *f* épingle à cheveux *f*

haarsträubend ['haːrʃtrɔybənt] *adj* horrible, monstrueux; *Das ist ja ~!* C'est à vous faire dresser les cheveux sur la tête!

haben ['haːbən] *v irr* avoir, posséder; *Zeit ~* avoir le temps; *Mitleid ~* avoir pitié; *Je mehr man hat, umso mehr will man.* L'appétit vient en mangeant. *Jetzt ~ wir's!* Ça y est! *Das hätten wir!* C'est dans la poche! *Jetzt hab ich Sie!* Je vous y prends! *Sie hat viel von ihrer Mutter.* Elle tient beaucoup de sa mère. *Das ist nicht mehr zu ~.* On n'en trouve plus. *Ich habe zu tun.* J'ai à faire. *Den wie vielten ~ wir?* Quel jour sommes-nous? *Wir ~ den 20. November.* Nous sommes le 20 novembre. *Ich habe es eilig.* Je suis pressé. *gern ~* aimer bien; *lieber ~* préférer/aimer mieux; *Geld bei sich ~* avoir de l'argent sur soi; *Er hat das an sich.* Il est comme ça. *etw für sich ~* avoir qc de bon; *noch zu ~ sein* être encore libre; *für etw zu ~ sein* être prêt pour qc; *etw gegen jdn ~* avoir qc contre qn/avoir une dent contre qn; *etw hinter sich ~* avoir passé qc/avoir vécu qc; *wie gehabt* comme d'habitude/comme toujours

Habgier ['haːpgiːr] *f* cupidité *f,* avidité *f*

habgierig ['haːpgiːrɪç] *adj* avide, cupide, intéressé

habhaft ['haːphaft] *adj jds ~ werden* mettre la main sur qn

Habseligkeiten ['haːpzeːlɪçkaɪtən] *pl* biens de peu de valeur *m/pl,* nippes *f/pl,* frusques *f/pl (fam)*

Hacke ['hakə] *f (Werkzeug)* pioche *f,* houe *f*

hacken ['hakən] *v* hacher, *(Holz)* fendre; *(Erde)* piocher; *(picken)* donner des coups de bec

Hackfleisch ['hakflaɪʃ] *n* viande hachée *f; aus jdm ~ machen* battre qn comme plâtre/faire de la chair à pâté de qn

Hafen ['haːfən] *m* port *m; aus dem ~ auslaufen* sortir du port; *in den ~ der Ehe einlaufen* se caser/convoler en justes noces

Hafenamt ['haːfənamt] *n NAUT* bureau du port *m,* direction portuaire *f*

Hafenarbeiter ['haːfənarbaɪtər] *m* docker *m;* ovrier de chantier naval *m*

Hafenviertel ['haːfənfɪrtəl] *n* quartier portuaire *m*

Hafer ['haːfər] *m BOT* avoine *f*

Haferflocken ['haːfərflɔkən] *pl* flocons d'avoine *m/pl*

Haft [haft] *f JUR* emprisonnement *m,* incarcération, détention *f; zu acht Tagen ~ verurteilen* condamner à huit jours de prison

Haftanstalt ['haftanʃtalt] *f JUR* maison d'arrêt *f,* prison *f,* maison de détention *f*

haftbar ['haftbaːr] *adj ~ sein* être responsable; *~ machen* rendre responsable

Haftbefehl ['haftbəfeːl] *m JUR* mandat d'arrêt *m*

haften ['haftən] *v 2. (bürgen)* se porter garant; *1. (kleben)* adhérer, coller

Haftentlassung ['haftɛntlasuŋ] *f JUR* levée d'écrou *f*

H

Häftling ['hɛftlɪŋ] *m JUR* détenu *m,* prisonnier *m*
haftpflichtversichert ['haftpflɪçtfɛrzɪçərt] *adj* assuré en responsabilité civile
Haftpflichtversicherung ['haftpflɪçtfɛrzɪçəruŋ] *f JUR* assurance à responsabilité civile *f*
Haftstrafe ['haftʃtraːfə] *f JUR* peine de détention *f*
Haftung ['haftuŋ] *f JUR* responsabilité *f; die ~ ablehnen* décliner la responsabilité; *Gesellschaft mit beschränkter ~ (GmbH)* Société à responsabilité limitée (S.A.R.L.) *f*
Hagebutte ['haːgəbutə] *f BOT* cynorhodon *m,* fruit de l'églantier *m*

H

Hagel ['haːgəl] *m METEO* grêle *f*
hageln ['haːgəln] *v* grêler
hager ['haːgər] *adj* maigre, sec
Hahn [haːn] *m 1. (Wasserhahn)* robinet *m; den ~ aufdrehen* ouvrir le robinet; *2. ZOOL* coq *m; der ~ im Korb (fam)* le coq du village *m; Kein ~ kräht danach. (fam)* Tout le monde s'en fiche./Tout le monde s'en tape.
Hähnchen ['hɛːnçən] *n GAST* poulet *m*
Hai [haɪ] *m ZOOL* requin *m*
Hain [haɪn] *m* bosquet *m,* boqueteau *m*
häkeln ['hɛːkəln] *v* faire du crochet
Häkelnadel ['hɛkəlnaːdəl] *f* crochet *m*
Haken ['haːkən] *m 1.* crochet *m; 2. (Kleiderhaken)* portemanteau *m; 3. (Angelhaken)* hameçon *m; 4. einen ~ schlagen (fig)* faire un crochet
Hakenkreuz ['haːkənkrɔyts] *n POL* croix gammée *f*
halb [halp] *adj 1.* demi, mi, la moité de; *~er Preis* demi-tarif *m,* moitié prix *m; zum ~en Preis* à moitié prix; *eine ~e Portion sein* être une demi-portion; *nichts Halbes und nichts Ganzes* ni fait ni à faire; *um ~ drei* à deux heures et demie; *2. ~ fertig* demi-fini *adv 3.* à demi, à moitié
Halbbruder ['halpbruːdər] *m* demi-frère *m,* frère consanguin *m,* frère utérin *m*
halbdunkel ['halpduŋkəl] *adj* dans la pénombre
halbherzig ['halphɛrtsɪç] *adj 1.* pas enthousiaste; *adv 2.* sans entrain
halbieren [hal'biːrən] *v* partager en deux, couper en deux
Halbinsel ['halpɪnzəl] *f GEO* presqu'île *f*
Halbjahr ['halpjaːr] *n* semestre *m*
halbjährlich ['halpjɛːrlɪç] *adj 1.* semestriel; *adv 2.* tous les six mois, par semestre
Halbkreis ['halpkraɪs] *m* demi-cercle *m*
Halbkugel ['halpkuːgəl] *f* hémisphère *m*
halblaut ['halplaut] *adj* à mi-voix
halbmast ['halpmast] *adv* en berne
Halbmond ['halpmoːnt] *m* demi-lune *f*
Halbpension ['halppɛnsjoːn] *f* demi-pension *f*
Halbschlaf ['halpʃlaːf] *m* demi-sommeil *m*
Halbschwester ['halpʃvɛstər] *f* demi-sœur *f,* sœur consanguine *f,* sœur utérine *f*
halbtags ['halptaːks] *adv* à temps partiel, à mi-temps
Halbwaise ['halpvaɪzə] *f* orphelin(e) de père *m/f,* orphelin(e) de mère *m/f*
halbwegs ['halpveːks] *adv* passablement, à peu prés
Halbzeit ['halptsaɪt] *f SPORT* mi-temps *f*
Halde ['haldə] *f 1. (Hang)* coteau *m,* versant *m; 2. (Abbauhalde)* terril *m,* terri *m,* crassier *m,* dépôt *m; 3. auf ~ nehmen (Ware)* réaliser des surstocks, réaliser des stocks sur le carreau
Hälfte ['hɛlftə] *f* moitié *f*
Halfter ['halftər] *m/n 1. (Pferde~)* licol *m,* licou *m; 2. (für Pistole)* gaine *f*
Halle ['halə] *f* salle *f,* hall *m*
hallen ['halən] *v* résonner
Hallenbad ['halənbaːt] *n SPORT* piscine couverte *f*
hallo ['haloː] *interj 1.* hé, ho, holà; *2. (am Telefon)* allô
Halm [halm] *m BOT* brin *m,* tige *f*

Hals [hals] *m 1. ANAT* cou *m; jdn am ~ haben* avoir qn sur les bras; *jdm um den ~ fallen* sauter au cou de qn; *den ~ kosten* coûter la tête; *den ~ aus der Schlinge ziehen* se tirer d'affaire; *den ~ nicht voll kriegen* être insatiable/n'en avoir jamais assez; *sich jdm an den ~ werfen* se jeter au cou de qn; *bis über den ~ in Schulden stecken* avoir des dettes jusqu'au cou; *etw in den falschen ~ bekommen (fig)* comprendre qc de travers/mal comprendre qc; *jdm vom ~ bleiben* laisser qn tranquille/ne pas embêter qn *(fam); sich etw vom ~ halten* se débarrasser de qc; *jdm zum ~ heraushängen* avoir par dessus la tête de qn; *jdm bis zum ~ stehen* exaspérer qn/prendre la tête à qn *(fam); ~ über Kopf* la tête la première/sans réfléchir; *jdm den ~ umdrehen* tordre le cou à qn; *2. (Kehle) ANAT* gorge *f,* gosier *m; im ~ stecken bleiben* rester en travers de la gorge; *3. (Flaschenhals)* col *m*

Halsabschneider ['halsabʃnaɪdər] *m* vautour *µ*
Halsband ['halsbant] *n* 1. *(Schmuck)* collier *m;* 2. *(Hundehalsband)* collier *m*
halsbrecherisch ['halsbrɛçərɪʃ] *adj* 1. périlleux; *adv* 2. casse-cou, à se casser le cou
Halskette ['halskɛtə] *f* chaîne *f,* collier *m*
Hals-Nasen-Ohrenarzt [halsna:zən'o:rənartst] *m MED* oto-rhino-laryngologiste *m*
Halsschlagader ['halsʃla:ka:dər] *f ANAT* carotide *f*
Halsschmerzen ['halsʃmɛrtsən] *pl MED* mal de gorge *m; ~ haben* avoir mal à la gorge
halsstarrig ['halsʃtarɪç] *adj* obstiné, entêté, têtu, opiniâtre
Halstuch ['halstu:x] *n* foulard *m*
Halt[1] [halt] *m* arret *m ~ machen* s'arrêter; *vor etw nicht ~ machen (fig)* ne pas reculer devant qc/ne pas se laisser démonter par qc
Halt[2] [halt] *m* 1. appui *m,* support *m,* assise *f,* arrêt *m;* 2. *(Stütze)* appui *m,* support *m,* assise *f,* prise *f;* 3. *(Aufenthalt)* arrêt *m*
halt[1] [halt] *interj* halte-là, holà, stop
halt[2] [halt] *adv* justement, ma foi, c'est que
haltbar ['haltba:r] *adj* (de) longue conservation
Haltbarkeit ['haltba:rkaɪt] *f* durée de conservation *f*
Haltbarkeitsdatum ['haltba:rkaɪtsda:tum] *n* date limite *f*

halten ['haltən] *v irr* 1. tenir, soutenir; *jdn an der Hand ~* tenir qn par la main; *ge~ werden für* passer pour; *es für angebracht ~* juger à propos/juger bon de; *sich vor Lachen nicht ~ können* ne plus en pouvoir/être plié de rire; 2. *(frisch bleiben)* se conserver; *Das hält lan-ge.* Cela se conserve longtemps. 3. *(Rede)* fai-re, tenir; *eine Rede ~* tenir un discours; 4. *(dauern)* durer, tenir

Haltestelle ['haltəʃtɛlə] *f* arrêt *m,* station *f*
Halteverbot ['haltəfɛrbo:t] *n* interdiction de stationner *f*
haltlos ['haltlo:s] *adj* 1. *(unbeständig)* inconsistant, mou, instable; 2. *(unbegründet)* sans fondement
Haltung ['haltuŋ] *f* 1. attitude *f;* 2. *(Körperhaltung)* tenue *f,* maintien *m; ~ annehmen* se mettre au garde-à-vous; 3. *(Verhalten)* conduite *f,* tenue *f;* 4. *(Selbstbeherrschung)* contenance *f; die ~ verlieren* perdre contenance; 5. *(Geisteshaltung)* position *f,* avis *m*
Haltungsfehler ['haltuŋsfe:lər] *m ANAT* malformation du squelette *f*
Halunke [ha'luŋkə] *m (fam)* coquin *m,* canaille *f*
hämisch ['hɛ:mɪʃ] *adj* méchant, malicieux, sournois
Hammel ['haməl] *m ZOOL* mouton *m*
Hammer ['hamər] *m* marteau *m; unter den ~ kommen* être vendu aux enchères; *einen ~ haben* être fou/être dérangé/être détraqué
hämmern ['hɛmərn] *v* marteler, donner de coups de marteau
Hampelmann ['hampəlman] *m* pantin *m*

Hand [hant] *f ANAT* main *f; eine ~ voll* une poignée de *f; mit beiden Händen* des deux mains; *aus erster ~* de première main; *das Heft fest in der ~ haben* mener la barque; *Hände weg!* Bas les mains! *die Hände in den Schoß legen* se croiser les bras/se tourner les pouces; *von der ~ in den Mund leben* vivre au jour le jour; *von ~ zu ~ gehen* passer de main en main; *Dafür könnte ich meine ~ ins Feuer legen.* J'en mettrais ma main au feu. *~ in ~ gehen* aller de pair; *Ich lasse Ihnen freie ~.* Je vous laisse carte blanche. *~ und Fuß haben* tenir debout; *weder ~ noch Fuß haben* n'avoir ni queue ni tête; *jds rechte ~ sein* être le bras droit de qn; *sich die ~ abhacken lassen (fig)* en mettre sa main à couper; *selbst mit ~ anlegen* mettre la main à la pâte; *seine ~ aufhalten (fig)* tendre la main; *die ~ gegen jdn erheben* lever la main sur qn; *eine glückliche ~ haben* avoir la main heureuse; *auf der ~ liegen* être évident; *mit der linken ~* les doigts dans le nez; *sich in der ~ haben* être maître de soi; *sich nicht von der ~ weisen lassen* être évident/se voir comme le nez au milieu de la figure; *jdm zur ~ gehen* donner un coup de main à qn; *hinter vorgehaltener ~* en secret/officieusement; *Ihm rutscht leicht die ~ aus.* Il a la main leste./Sa main est vite partie. *in die Hände fallen* tomber entre les mains; *in guten Händen sein* être en de bonnes mains; *mit Händen und Füßen reden* parler avec les mains; *sich mit Händen und Füßen wehren* se défendre comme un lion; *die Hände über dem Kopf zusammenschlagen* lever les bras au ciel; *sich die Hände reiben* se frotter les mains; *seine Hände in Unschuld waschen* s'en laver les mains

Handarbeit ['hantarbaɪt] *f* travail manuel *m;* travail artisanal *m*
Handbreit ['hantbraɪt] *f eine ~* une largeur de main *f*

Handbremse ['hantbrɛmzə] *f TECH* frein à main *m*
Handbuch ['hantbuːx] *n* manuel *m*
Händedruck ['hɛndədruk] *m* poignée de main *f*
Handel ['handəl] *m ECO* commerce *m,* négoce *m,* marché *m; nicht im ~* hors commerce; *in den ~ bringen* lancer sur le marché; *etw aus dem ~ ziehen* retirer qc du marché
handeln ['handəln] *v 1. (tätig sein)* agir, passer à l'action; *unüberlegt ~* agir sans réfléchir; *2. (Handel treiben)* faire du commerce; *3. (feilschen)* marchander; *4. sich ~ um* s'agir de, y aller de; *Es handelt sich um ...* Il s'agit de .../Il y va de ...

H

händeringend ['hɛndərɪŋənt] *adv* en se tordant les mains, en suppliant
Handfläche ['hantflɛçə] *f ANAT* paume de la main *f*
handgearbeitet ['hantgəarbaɪtət] *adj* fait à la main
Handgelenk ['hantgəlɛŋk] *n ANAT* poignet *m; aus dem ~ heraus* en un tour de main/les doigts dans le nez *(fam)*
Handgepäck ['hantgəpɛk] *n* bagage à main *m*
handgreiflich ['hantgraɪflɪç] *adj ~ werden* passer à des voies de fait, en venir aux mains
Handgriff ['hantgrɪf] *m 1. (Griff)* poignée *f; 2. (kleine Mühe)* tour de main *m*
handhaben ['hanthaːbən] *v* manier, employer; *leicht zu ~* maniable
Handhabung ['hanthaːbuŋ] *f* maniement *m,* emploi *m*
Handlanger ['hantlaŋər] *m* manœuvre *m,* homme de peine *m*
Händler(in) ['hɛndlər(ɪn)] *m/f* commerçant(e) *m/f,* marchand(e) *m/f*
handlich ['hantlɪç] *adj* pratique, commode, maniable
Handlung ['handluŋ] *f 1. (Tat)* acte *m,* fait *m; 2. (Geschehen) LIT* action *f; Einheit der ~* unité d'action *f*
Handschellen ['hantʃɛlən] *f/pl* menottes *f/pl*
Handschrift ['hantʃrɪft] *f 1.* écriture *f; 2. (Manuskript)* manuscrit *m*
handschriftlich ['hantʃrɪftlɪç] *adj 1.* écrit à la main, manuscrit; *adv 2.* par écrit
Handschuh ['hantʃuː] *m* gant *m*
Handschuhfach ['hantʃuːfax] *n* boîte à gants *f*
Handtasche ['hanttaʃə] *f* sac à main *m*
Handtuch ['hanttuːx] *n* serviette *f,* essuie-main *m; das ~ werfen* rendre son tablier
Handwerk ['hantvɛrk] *n* métier *m,* artisanat *m; ein ~ lernen* apprendre un métier; *sein ~ verstehen* connaître son métier; *jdm ins ~ pfuschen* marcher sur les plates-bandes de qn
Handwerker ['hantvɛrkər] *m* artisan *m*
Handwerkskammer ['hantvɛrkskamər] *f ECO* chambre des métiers *f,* chambre artisanale *f*
Handy ['hɛndiː] *n TEL (téléphone)* portable *m*
Handzeichen ['hanttzaɪçən] *n* signe de la main *m*
Handzettel ['hanttsɛtəl] *m* tract *m*
Hanf [hanf] *m BOT* chanvre *m*
Hang [haŋ] *m 1. (Abhang)* pente *f; 2. (fig: Neigung)* penchant *m,* tendance *f*
Hängebrücke ['hɛŋəbrykə] *f* pont suspendu *m*
Hängematte ['hɛŋəmatə] *f* hamac *m*
hängen ['hɛŋən] *v irr 1. (herab~)* pendre, être suspendu; *2. (auf~)* suspendre, accrocher; *3. (befestigt sein)* être accroché; *4. (fig: gern haben) an etw ~* tenir à qc, être attaché à qc; *5. mit Hängen und Würgen* à grand-peine, difficilement; *6. ~ bleiben* rester en suspens; *7. im Gedächtnis ~ bleiben* rester en mémoire; *8. ~ bleiben (in der Schule)* redoubler; *9. ~ bleiben (an einem Ort)* prendre racine; *10. ~ bleiben (Blick)* rester suspendu; *11. ~ lassen (fig)* laisser tomber, oublier
hänseln ['hɛnzəln] *v jdn ~* se moquer de qn
Hanswurst ['hansvurst] *m 1.* pitre *m,* clown *m,* polichinelle *m*
Hantel ['hantəl] *f SPORT* haltère *m*
hantieren [han'tiːrən] *v* manier, manipuler
hapern ['haːpərn] *v 1. (fam) es hapert an etw* il manque qc; *2. Bei ihm hapert es mit der Aussprache.* Ce n'est pas folichon.
Happen ['hapən] *m* morceau *m,* bouchée *f*
Harfe ['harfə] *f MUS* harpe *f*
harmlos ['harmloːs] *adj* inoffensif, bénin
harmonieren [harmo'niːrən] *v ~ mit* s'accorder avec
Harn [harn] *m* urine *f*
Harpune [har'puːnə] *f* harpon *m*
hart [hart] *adj 1.* dur, ferme; *2. (schwierig)* difficile; *3. (streng)* sévère, rigoureux
Härte ['hɛrtə] *f 1.* dureté *f,* trempe *f; 2. (Strenge)* sévérité *f,* dureté *f,* rudesse *f*
Härtefall ['hɛrtəfal] *m* cas social grave *m,* cas social *m*
hartherzig ['harthɛrtsɪç] *adj* dur, impitoyable

Hartherzigkeit ['harthɛrtsɪçkaɪt] *f* dureté de cœur *f*, sécheresse de cœur *f*
hartköpfig ['hartkœpfɪç] *adj 1.* à la tête dure; *2. (schwer von Begriff)* têtu
hartnäckig ['hartnɛkɪç] *adj 1.* opiniâtre, tenace, têtu; *adv 2.* avec acharnement, avec instance
Hartnäckigkeit ['hartnɛkɪçkaɪt] *f* opiniâtreté *f*, ténacité *f*, entêtement *m*
Harz [harts] *m* résine *f*
Haschisch ['haʃɪʃ] *n* haschisch *m*
Hase ['haːzə] *m ZOOL* lièvre *m*, lapin *m*; *ein alter ~ sein* être un vieux renard; *Mein Name ist ~, ich weiß von nichts.* Je ne sais rien./Je ne suis au courant de rien. *wissen, wie der ~ läuft* y voir clair/connaître la musique
Haselnuss ['haːzəlnus] *f BOT* noisette *f*
Hass [has] *m* haine *f*
hassen ['hasən] *v* haïr, détester
hasserfüllt ['hasɛrfylt] *adj* rempli de haine, haineux
hässlich ['hɛslɪç] *adj* laid, affreux; *~ wie die Nacht sein* être laid à faire peur
hasten ['hastən] *v* se hâter, se précipiter, se bousculer
hastig ['hastɪç] *adj 1.* précipité, rapide; *adv 2.* en hâte
hätscheln ['hɛtʃəln] *v* caresser, cajoler, choyer, dorloter
Haube ['haubə] *f 1.* bonnet *m*, coiffe *f*; *2. (Motorhaube)* capot *m*; *3. jdn unter die ~ bringen* caser qn, marier qn
Hauch [haux] *m 1. (Atem)* souffle *m*; *2. (Luft)* souffle *m*; *3. (Duft)* odeur *f*, parfum *m*; *4. (geringe Menge)* soupçon *m*, trace *f*
hauchdünn ['haux'dyn] *adj* mince comme un fil
hauchen ['hauxən] *v 1.* souffler; *2. (flüstern)* chuchoter
hauen ['hauən] *v irr* battre, frapper; *sich ~* se battre; *jdn übers Ohr ~* duper qn
Haufen ['haufən] *m* tas *m*, amas *m*, masse *f*; *einen ~ Geld ausgeben* dépenser une fortune; *etw über den ~ werfen* faire foirer qc, foutre qc en l'air; *Alle unsere Pläne sind über den ~ geworfen.* Voilà tous nos projets par terre. *jdn über den ~ fahren* renverser qn, passer sur qn
häufen ['hɔyfən] *v* entasser, accumuler, amasser
häufig ['hɔyfɪç] *adv 1.* fréquemment, souvent; *Das kommt ~ vor.* C'est courant. *adj 2.* fréquent, répété
Häufigkeit ['hɔyfɪçkaɪt] *f* fréquence *f*
Häufung ['hɔyfuŋ] *f* entassement *m*, accumulation *f*, amoncellement *m*
Haupt [haupt] *n* tête *f*, patron *m*; *mit entblößtem ~* à tête nue
Hauptbahnhof ['hauptbaːnhoːf] *m* gare centrale *f*
hauptberuflich ['hauptbəruːflɪç] *adj* professionnel, relatif à l'activité professionnelle principale
Hauptfach ['hauptfax] *n* matière principale *f*
Hauptfigur ['hauptfiguːr] *f LIT* personnage principal *m*, personnage centrale *m*
Hauptgebäude ['hauptgəbɔydə] *n* bâtiment principal *m*
Häuptling ['hɔyptlɪŋ] *m* chef de tribu *m*
Hauptmann ['hauptman] *m* capitaine *m*
Hauptquartier ['hauptkvartiːr] *n* quartier général *m*
Hauptrolle ['hauptrɔlə] *f CINE* rôle principal *m*, premier rôle *m*
Hauptsache ['hauptzaxə] *f* chose principale *f*, principal *m*, essentiel *m*
hauptsächlich ['hauptzɛçlɪç] *adj 1.* principal, essentiel, majeur; *adv 2.* principalement, notamment, surtout
Hauptsaison ['hauptsɛzɔ̃] *f* haute saison *f*, saison de pointe *f*
Hauptsatz ['hauptzats] *m 1. GRAMM* proposition principale *f*; *2. (alleinstehend) GRAMM* proposition indépendante *f*; *3. PHYS* principe *m*
Hauptschlagader ['hauptʃlaːkaːdər] *f ANAT* aorte *f*
Hauptstadt ['hauptʃtat] *f* capitale *f*, métropole *f*
Hauptstraße ['hauptʃtraːsə] *f* rue principale *f*, artère principale *f*, grand-rue *f*
Hauptverhandlung ['hauptfɛrhandluŋ] *f JUR* audience principale *f*
Hauptversammlung ['hauptfɛrzamluŋ] *f* assemblée générale *f*
Hauptwohnsitz ['hauptvoːnzɪts] *m* domicile principal *m*, résidence principale *f*
Hauptwort ['hauptvɔrt] *m GRAMM* substantif *m*, nom *m*

Haus [haus] *n 1. (Gebäude)* maison *f*, bâtiment *m*, édifice *m*; *jdm sein ~ verbieten* interdir à qn d'entrer, interdir à qn l'entrée de sa maison; *jdm das ~ einrennen (fig)* assiéger qn; *mit der Tür ins ~ fallen* ne pas y aller par quatre chemins, aller droit au but;

H

aller par quatre chemins, aller droit au but; *ins ~ stehen* être imminent; *jdm ins ~ schneien* débarquer chez qn; *außer ~ sein* ne pas être chez soi, ne pas être à la maison; *~ halten (Haushalt führen)* tenir le ménage, tenir la maison; *~ halten (sparsam sein)* économiser; *2. (Zuhause)* chez-soi *m; zu ~e sein* être à la maison, être chez soi; *nach ~e gehen* aller à la maison, aller chez soi; *Kommen Sie gut nach ~e!* Bon retour!/ Rentrez bien!

Hausangestellte(r) ['hausangəʃtɛltə(r)] *m/f* employé(e) de maison *m/f*, gens de maison *m/pl*, domestique *m/f*

Hausarbeit ['hausarbaɪt] *f* travaux domestiques *m/pl*, travaux ménagers *m/pl*

Hausarrest ['hausarɛst] *m* privation de sortie *f*

Hausarzt ['hausartst] *m MED* médecin de famille *m*, médecin habituel *m*

Hausaufgaben ['hausaufgaːbən] *pl* devoirs *m/pl; seine ~ nicht gemacht haben (fig)* ne pas avoir bien appris sa leçon

Hausbesetzer(in) ['hausbəzɛtsər(ɪn)] *m/f* squatter *m*

Hausbesitzer(in) ['hausbəzɪtsər(ɪn)] *m/f* propriétaire d'une maison *m/f*

Hausbewohner(in) ['hausbəvoːnər(ɪn)] *m/f* habitant(e) d'une maison *m/f*

Hausdurchsuchung ['hausdurçzuːçuŋ] *f JUR* perquisition de domicile *f*, fouille *f*

hausen ['hauzən] *v 1.(wohnen)* habiter, vivre; *2. (Zerstörung anrichten)* saccager

Häuserblock ['hɔyzərblɔk] *m* pâté de maison *m*, bloc d'habitation *f*

Hausflur ['hausfluːr] *m* vestibule *m*

Hausfrau ['hausfrau] *f* ménagère *f*, femme au foyer *f*

hausgemacht ['hausgəmaxt] *adj* fait maison, maison

Haushalt ['haushalt] *m 1.* ménage *m; 2. (Staatshaushalt)* budget *m*

Haushälterin ['haushɛltərɪn] *f* gouvernante *f*

Haushaltsdebatte ['haushaltsdebatə] *f POL* débat budgétaire *m*, discussion budgétaire *f*

Haushaltsführung ['haushaltsfyːruŋ] *f* gestion budgétaire *f*

Haushaltsgerät ['haushaltsgərɛːt] *n* appareil ménager *m*, ustensile de ménage *m*

Haushaltswaren ['haushaltsvaːrən] *pl* articles ménagers *m/pl*

Hausherr(in) ['haushɛr(ɪn)] *m/f 1. (Familienoberhaupt)* maître/maîtresse de maison *m/f*, maître/maîtresse de céans *m/f*, chef de famille *m/f*, chef de ménage *m/f 2. (Gastgeber(in))* hôte *m; 3. (Vermieter(in))* propriétaire d'un immeuble *m*

Hausierer [hau'ziːrər] *m* colporteur *m*, marchand ambulant *m*

häuslich ['hɔyslɪç] *adj 1.* domestique, sédentaire; *2. (an ~en Dingen interessiert)* casanier

Hausmädchen ['hausmɛdçən] *n* servante *f*, bonne *f*

Hausmeister(in) ['hausmaɪstər(ɪn)] *m/f* concierge *m/f*, portier/portière *m*, homme à tout faire/femme à tout faire *m/f*

Hausschlüssel ['hausʃlysəl] *m* clé de la maison *f*

Hausschuh ['hausʃuː] *m* chausson *m*, pantoufle *f*

Haustier ['haustiːr] *n* animal domestique *m*

Hausverbot ['hausfɛrboːt] *n* interdiction d'entrer *f*

Hausverwaltung ['hausfɛrvaltuŋ] *f* gérance d'immeubles *f*

Haut [haut] *f ANAT* peau *f; mit heiler ~ davonkommen* s'échapper belle, s'en tirer, s'en sortir sain et sauf; *Ich möchte nicht in seiner ~ stecken.* Je ne voudrais pas être dans sa peau. *nur noch ~ und Knochen sein* n'avoir que la peau et les os; *seine eigene ~ retten* sauver sa peau; *sich seiner ~ wehren* se défendre, défendre son bifteck; *sich auf die faule ~ legen* paresser, se tourner les pouces, glandouiller *(fam)*; *aus der ~ fahren* éclater, sortir de ses gonds; *nicht aus seiner ~ können* être comme on est; *mit ~ und Haaren* corps et âme; *unter die ~ gehen* émouvoir, toucher

Hautarzt ['hautartst] *m MED* dermatologue *m*

Hautausschlag ['hautausʃlaːk] *m MED* exanthème *m*

häuten ['hɔytən] *v* enlever la peau, dépouiller

hauteng ['haut'ɛŋ] *adj* moulant, qui moule les formes, collant

Hautkrankheit ['hautkraŋkhaɪt] *f MED* maladie de la peau *f*, dermatose *f*

hautnah ['hautnaː] *adj* corps à corps, joue à joue

Hautpflege ['hautpfleːgə] *f* soins de la peau *m/pl*

hautverträglich ['hautfɛrtrɛːklɪç] *adj* inoffensif pour la peau, neutre pour la peau
Havarie [hava'riː] *f NAUT* avarie *f*
Hebamme ['heːbamə] *f* sage-femme *f*
Hebebühne ['heːbəbyːnə] *f TECH* plate-forme d'élévation *f,* pont élévateur *m*
Hebel ['heːbəl] *m TECH* levier *m,* manette *f; alle ~ in Bewegung setzen* mettre tout en œuvre pour faire qc/faire tout son possible
heben ['heːbən] *v irr 1. (hoch~)* soulever, hausser; *einen ~* trinquer/boire un verre; *2. (steigern)* hausser, augmenter; *3. (bergen)* renflouer
Heck [hɛk] *n 1. (eines Autos)* arrière *m; 2. (eines Schiffes)* poupe *f*
Heckantrieb ['hɛkantriːp] *m TECH* propulsion à l'arrière *f*
Hecke ['hɛkə] *f BOT* haie *f*
Heckenrose ['hɛkənroːzə] *f BOT* églantier *m*
Heckenschütze ['hɛkənʃytsə] *m* franc-tireur *m*
Heckklappe ['hɛkklapə] *f TECH* hayon *m*
Heer [heːr] *n MIL* armée *f*
Heerführer ['heːrfyːrər] *m MIL* chef de l'armée *m,* commandant de l'armée *m*
Hefe ['heːfə] *f* levure *f*
Heft[1] [hɛft] *n (Schreibheft)* cahier *m*
heften ['hɛftən] *v 1. (befestigen)* fixer, agrafer, épingler, coller; *2. (nähen)* épingler
heftig ['hɛftɪç] *adj* violent, fort
Heftklammer ['hɛftklamər] *f* agrafe *f*
Heftpflaster ['hɛftpflastər] *n* sparadrap *m*
hegen ['heːgən] *v 1. (pflegen)* entourer de soins; *2. (empfinden)* nourrir
Hehler ['heːlər] *m* receleur *m*
Hehlerei [heːlə'raɪ] *f JUR* recel *m*
Heide[1] ['haɪdə] *m REL* païen *m*
Heide[2] ['haɪdə] *f GEOL* landes *f/pl*
Heidelbeere ['haɪdəlbeːrə] *f BOT* myrtille *f,* airelle *f*
Heidentum ['haɪdəntum] *n* paganisme *m*
heidnisch ['haɪdnɪʃ] *adj REL* païen
heikel ['haɪkəl] *adj* délicat, épineux
heil [haɪl] *adj 1. (ganz)* entier; *2. (unbeschädigt)* intact, indemne; *3. (gesund)* sain et sauf
Heil [haɪl] *n 1.* salut *m,* bonheur *m,* félicité *f; 2. REL* salut *m*
Heiland ['haɪlant] *m REL* le Sauveur *m*
Heilanstalt ['haɪlanʃtalt] *f* maison de santé *f,* sanatorium *m*
heilbar ['haɪlbaːr] *adj* guérissable, curable
heilen ['haɪlən] *v 1.* guérir; *2. (Wunde)* se cicatriser
heilig ['haɪlɪç] *adj REL* saint, sacré; *~ sprechen* canoniser
Heiligabend [haɪlɪç'aːbənt] *m* soir de Noël *m,* veille de Noël *f,* réveillon *m*
Heilige(r) ['haɪlɪgə(r)] *m/f REL* saint(e) *m/f*
Heiligenschein ['haɪlɪgənʃaɪn] *m REL* auréole *f,* nimbe *m*
Heiligtum ['haɪlɪgtuːm] *n* chose sacrée *f,* sanctuaire *m,* lieu saint *m*
Heilkraft ['haɪlkraft] *f MED* vertu curative *f,* vertu thérapeutique *f,* vertu médicinale *f*
Heilkunde ['haɪlkundə] *f MED* médecine *f,* science médicale *f*
heillos ['haɪlloːs] *adj (fam)* sans remède, déplorable
Heilmittel ['haɪlmɪtəl] *n 1. MED* remède *m,* médicament *m; 2. (fig)* remède *m*
Heilpflanze ['haɪlpflantsə] *f MED* plante médicinale *f*
Heilpraktiker(in) ['haɪlpraktɪkər(ɪn)] *m/f* thérapeute *m/f,* guérisseur/guérisseuse *m/f*
Heilquelle ['haɪlkvɛlə] *f* source d'eau minérale *f*
Heilsarmee ['haɪlsarmeː] *f* armée du salut *f*
Heilung ['haɪluŋ] *f MED* guérison *f*
heim [haɪm] *adv* à la maison, chez soi
Heim [haɪm] *n* domicile *m,* habitation *f,* foyer *m*
Heimat ['haɪmat] *f* pays *m,* patrie *f*
Heimatfilm ['haɪmatfɪlm] *m CINE* film régional *m,* film local et sentimental *m*
Heimatkunde ['haɪmatkundə] *f* régionalisme *m*
heimatlich ['haɪmatlɪç] *adj* natal
heimatlos ['haɪmatloːs] *adj* sans patrie, apatride
Heimatstadt ['haɪmatʃtat] *f* ville natale *f*
Heimatvertriebene(r) ['haɪmatfɛrtriːbənə(r)] *m/f* expulsé(e) *m/f*
heimbringen ['haɪmbrɪŋən] *v irr 1.* rapporter; *2. (Person)* accompagner, ramener
Heimfahrt ['haɪmfaːrt] *f* retour *m*
heimgehen ['haɪmgeːən] *v irr 1. (nach Hause gehen)* rentrer; *2. (sterben)* décéder
heimisch ['haɪmɪʃ] *adj 1. (heimatlich)* local, du pays; *2. (vertraut)* familier
heimkehren ['haɪmkeːrən] *v* rentrer, retourner chez soi
Heimleiter(in) ['haɪmlaɪtər(ɪn)] *m/f* directeur/directrice d'une maison *m/f,* directeur/directrice d'un foye *m/f*

H

heimlich ['haɪmlɪç] *adj 1.* secret, clandestin; *etw ~ tun* faire qc à la dérobée/faire qc en cachette; *adv 2.* en secret, en cachette
Heimlichkeit ['haɪmlɪçkaɪt] *f* clandestinité *f*
Heimlichtuer(in) ['haɪmlɪçtuːər(ɪn)] *m* cachottier *m*/cachottière *f*
Heimsuchung ['haɪmzuːxuŋ] *f (Plage)* fléau *m,* plaie *f*
Heimtücke ['haɪmtykə] *f* malice *f,* traîtrise *f,* perfidie *f*
heimtückisch ['haɪmtykɪʃ] *adj 1.* malicieux, malin, sournois; *adv 2.* en traître
Heimweg ['haɪmveːk] *m* retour *m,* chemin du retour *m*
Heimweh ['haɪmveː] *n* mal du pays *m,* nostalgie *f*
Heimwerker ['haɪmvɛrkər] *m* bricoleur *m*
heimzahlen ['haɪmtsaːlən] *v es jdm ~* rendre la pareille à qn, payer qn de retour
Heirat ['haɪraːt] *f* mariage *m*
heiraten ['haɪraːtən] *v jdn ~* épouser qn, se marier avec qn
Heiratsantrag ['haɪraːtsantraːk] *m* demande en mariage *f*
Heiratsanzeige ['haɪraːtsantsaɪgə] *f* faire-part de mariage *m,* publication de mariage *f*
heiratsfähig ['haɪratsfɛːɪç] *adj* nubile
heiser ['haɪzər] *adj* enroué, rauque

heiß [haɪs] *adj 1.* chaud, brûlant; *ein ~es Eisen* un problème épineux *m,* un thème brûlant *m; ~e Luft* du vent; *Da läuft es einem ~ und kalt über den Rücken.* On en frissonne./On en a des sueurs froides. *2. (heftig)* ardent, fervent, passionné; *~ geliebt* aimé passionnément; *~ umstritten* très disputé

heißblütig ['haɪsblytɪç] *adj* chaud, passionné, fougueux
heißen ['haɪsən] *v irr 1. (bezeichnet werden)* appeler, nommer; *Wie heißt das auf Französisch?* Comment ça se dit en français? *2. (bedeuten)* vouloir dire, signifier; *das heißt* cela veut dire que/c'est-à-dire
heiter ['haɪtər] *adj 1. (sonnig)* clair, serein, ensoleillé; *2. (fröhlich)* gai, joyeux; *3. Das kann ja ~ werden!* Ça promet!
Heiterkeit ['haɪtərkaɪt] *f* gaieté *f,* sérénité *f,* hilarité *f*
heizen ['haɪtsən] *v* chauffer
Heizkessel ['haɪtskɛsəl] *m* chaudière *f*
Heizkörper ['haɪtskœrpər] *m* radiateur *m,* appareil de chauffage *m,* chauffage *m*
Heizöl ['haɪtsøːl] *n* mazout *m,* fuel *m*
Heizung ['haɪtsuŋ] *f* chauffage *m*
Heizungskeller ['haɪtsuŋskɛlər] *m* chaufferie *f,* chambre de chauffe *f*
Hektar ['hɛktar] *n* hectare *m*
Hektik ['hɛktɪk] *f* agitation *f,* panique *f*
hektisch ['hɛktɪʃ] *adj 1.* agité, nerveux; *adv 2.* fiévreusement, fébrilement
Hektoliter ['hɛktoliːtər] *m* hectolitre *m*
Held [hɛlt] *m* héros *m*
heldenhaft ['hɛldənhaft] *adj* héroïque
Heldentat ['hɛldəntaːt] *f* acte héroïque *m,* action héroïque *f,* exploit *m,* prouesse *f*
Heldentum ['hɛldəntum] *n* héroïsme *m*

helfen ['hɛlfən] *v irr* aider, assister, secourir; *sich zu ~ wissen* savoir se débrouiller; *jdm ~* donner un coup de main à qn

Helfer(in) ['hɛlfər(ɪn)] *m/f* aide *m/f,* assistant(e) *m/f*
hell [hɛl] *adj 1. (Licht)* vif, éclatant; *2. (beleuchtet)* éclairé; *3. (fig: aufgeweckt)* éveillé, dégourdi, clairvoyant; *4. (Klang)* clair
hellhörig ['hɛlhøːrɪç] *adj 1. (schalldurchlässig)* sonore; *2. (fig: wachsam)* vigilant
Hellhörigkeit ['hɛlhøːrɪçkaɪt] *f 1. (scharfes Gehör)* clarté *f; 2. (Schalldurchlässigkeit)* sonorité *f; 3. (fig: Aufmerksamkeit)* attention *f*
Helligkeit ['hɛlɪçkaɪt] *f* clarté *f,* lumière *f*
Hellseher(in) ['hɛlzeːər(ɪn)] *m/f* voyant(e) *m/f*
hellseherisch ['hɛlzeːərɪʃ] *adj (fam: prophetisch)* voyant
Helm [hɛlm] *m 1. (Sturzhelm)* casque de protection *m; 2. MIL* casque *m*
Hemd [hɛmt] *n* chemise *f; sein letztes ~ hergeben* donner jusqu'à sa dernière chemise; *kein ~ mehr auf dem Leib haben* ne plus rien avoir à se mettre sur le dos
hemdsärmelig ['hɛmtsɛrməlɪç] *adj* en manches de chemise
hemmen ['hɛmən] *v 1.* arrêter, retenir, freiner; *2. (hindern)* empêcher
Hemmung ['hɛmuŋ] *f PSYCH* inhibition *f; keine ~en kennen* être sans gêne
hemmungslos ['hɛmuŋsloːs] *adj 1.* effréné; *adv 2.* sans frein, avec impétuosité
Hemmungslosigkeit ['hɛmuŋsloːzɪçkaɪt] *f* excès *m*
Hengst [hɛŋst] *m ZOOL* étalon *m*
Henkel ['hɛŋkəl] *m* anse *f,* oreille *f,* poignée *f*
Henker ['hɛŋkər] *m* bourreau *m*
Henkersmahlzeit ['hɛŋkərsmaːltsaɪt] *f* dernier repas du condamné *m*

Henne ['hɛnə] *f* *ZOOL* poule *f*
her [heːr] *adv* *1. (örtlich)* par ici, de ce côté-ci; *Komm ~!* Viens ici!/Approche! *von weit ~* de loin; *Wo kommen Sie ~?* De quel pays venez-vous? *hinter jdm ~ sein* être aux trousses de qn/poursuivre qn; *hinter etw ~ sein* être à la poursuite de qc; *hin und ~* ça et là/d'un côté et de l'autre; *hin und ~ gehen* aller et venir; *hin und ~ überlegen* ruminer; *2. es ist ... ~ (zeitlich)* il y a ...; *von alters ~* de tout temps; *Wie lange ist es ~, dass ...?* Combien de temps cela fait-il que ...? *Es ist einen Monat ~, dass ...* Il y a un mois que ... *3. von ... ~* depuis ... *4. Mit ihm ist es nicht viel ~.* Il ne vaut pas grand chose.
herab [hɛ'rap] *adv* en bas, vers le bas
herablassend [hɛ'raplasənt] *adj 1.* condescendant, dédaigneux; *adv 2.* avec condescendance
herabsehen [hɛ'rapzeːən] *v irr auf jdn ~ (fig)* regarder qn de haut
herabsetzen [hɛ'rapzɛtsən] *v 1. (vermindern)* abaisser, réduire, diminuer; *2. (herabwürdigen)* abaisser, dégrader
herabsteigen [hɛ'rapʃtaɪgən] *v irr* descendre
herabstürzen [hɛ'rapʃtyrtsən] *v* se précipiter, tomber
herabwürdigen [hɛ'rapvyːrdɪgən] *v 1.* rabaisser; *2. sich ~* s'abaisser, s'avilir
heran [hɛ'ran] *adv (örtlich: nahe bei)* tout près de
heranbilden [hɛ'ranbɪldən] *v* former, éduquer
heranführen [hɛ'ranfyːrən] *v jdn an etw ~* initier qn à qc, amener à proximité de, faire venir
herankommen [hɛ'rankɔmən] *v irr 1.* s'approcher, arriver; *2. an jdn ~ (jdm gleichkommen)* égaler qn
heranmachen [hɛ'ranmaxən] *v 1. (nähern)* s'approcher; *2. sich an jdn ~* accoster qn
heranschleichen [hɛ'ranʃlaɪçən] *v irr sich ~* s'approcher tout doucement, s'approcher à pas de loup
herantragen [hɛ'rantraːgən] *v irr 1.* apporter; *2. etw an jdn ~ (fig)* soumettre qc à qn
heranwachsen [hɛ'ranvaksən] *v irr* grandir, croître
Heranwachsende(r) [hɛ'ranvaksəndə(r)] *m/f* jeune homme/jeune fille *m/f,* adolescent(e) *m/f*
herauf [hɛ'rauf] *adv* en haut, vers le haut
heraufbeschwören [hɛ'raufbəʃvøːrən] *v irr 1.* évoquer, provoquer; *2. (Gefahr)* déclencher
heraufkommen [hɛ'raufkɔmən] *v irr* monter
heraufsetzen [hɛ'raufzɛtsən] *v 1. (erhöhen)* hausser, augmenter; *2. (Preise)* majorer
heraufziehen [hɛ'rauftsiːən] *v irr 1. (etw ~)* monter, remonter; *2. (Gewitter)* approcher
heraus [hɛ'raus] *adv* en dehors, de dedans
herausarbeiten [hɛ'rausarbaɪtən] *v etw ~* faire ressortir qc, mettre qc en relief
herausbekommen [hɛ'rausbəkɔmən] *v irr 1. (Wechselgeld)* revenir; *Ich bekomme ... heraus.* Il me revient .../On me doit ... *2. (fig: herausfinden)* trouver, deviner, découvrir
herausbrechen [hɛ'rausbrɛçən] *v irr 1.* sortir avec violence, détacher; *2. (Zahn)* casser; *3. (zerplatzen)* éclater
herausbringen [hɛ'rausbrɪŋən] *v irr 1.* porter dehors, sortir; *2. (Menschen)* faire partir, faire sortir; *3. (veröffentlichen)* éditer, publier; *4. (Film)* porter à l'écran; *5. (fam: herausfinden)* deviner
herausfinden [hɛ'rausfɪndən] *v irr 1.* trouver, découvrir; *2. (den Ausgang finden)* trouver la sortie; *3. (fig)* s'en sortir, se débrouiller
Herausforderer [hɛ'rausfɔrdərər] *m* *SPORT* challenger *m,* challengeur *m*
herausfordern [hɛ'rausfɔrdərn] *v* défier, provoquer
herausfordernd [hɛ'rausfɔrdərnt] *adj 1.* provocant, provocateur; *adv 2.* avec défi, avec arrogance, avec provocation
Herausforderung [hɛ'rausfɔrdəruŋ] *f* provocation *f,* défi *m; eine ~ annehmen* relever un défi
herausgeben [hɛ'rausgeːbən] *v irr 1. (Geld)* rendre; *2. (Buch)* éditer, publier; *3. (Waren)* délivrer
Herausgeber(in) [hɛ'rausgeːbər(ɪn)] *m/f* éditeur/éditrice *m/f,* directeur/directrice de publication *m/f*
heraushalten [hɛ'raushaltən] *v irr sich aus etw ~* rester en dehors de qc
herausholen [hɛ'rausholːən] *v 1. (herausnehmen)* sortir, retirer; *2. jdn aus etw ~* délivrer qn de qc, extraire qn, sortir qn; *3. (Gewinn erzielen)* obtenir
herauskommen [hɛ'rauskɔmən] *v irr 1.* sortir, déboucher de; *2. (resultieren aus)* résulter de; *3. (bekannt werden)* transpirer, s'ébruiter; *4. (Buch)* paraître, sortir; *5. aufs Gleiche ~* revenir au même

H

herausnehmen [hɛ'rausne:mən] *v irr 1. (nehmen)* sortir, retirer, ôter; *2. sich ~* prendre des libertés
herausragen [hɛ'rausra:gən] *v 1.* dépasser, dominer, s'élever au-dessus de; *2. (fig)* dépasser qc
herausragend [hɛ'rausra:gənt] *adj* remarquable, dominant
herausreißen [hɛ'rausraɪsən] *v irr 1.* arracher; *2. (fig: retten)* sauver la mise
herausschauen [hɛ'rausʃauən] *v 1.* regarder dehors; *2. (hervorschauen)* montrer le bout du nez
herausstellen [hɛ'rausʃtɛlən] *v 1.* mettre dehors; *2. (hervorheben)* mettre en évidence, mettre en vedette; *3. sich ~ als* se montrer comme, se révéler comme
herausstrecken [hɛ'rausʃtrɛkən] *v 1.* tendre, présenter; *2. (Zunge)* tirer la langue
herausstreichen [hɛ'rausʃtraɪçən] *v irr 1. (streichen)* rayer; *2. (hervorheben)* souligner
heraussuchen [hɛ'rauszu:xən] *v* choisir
herauswerfen [hɛ'rausvɛrfən] *v irr* jeter dehors; (entlassen) mettre à la porte
herausziehen [hɛ'raustsi:ən] *v irr* retirer, arracher
herb [hɛrp] *adj 1. (Geschmack)* âpre, amer; *2. (fig)* amer, acerbe, rude
herbei [hɛr'baɪ] *adv* par ici, de ce côté-ci
herbeiführen [hɛr'baɪfy:rən] *v* causer, occasionner, provoquer
herbeireden [hɛr'baɪre:dən] *v Probleme ~* provoquer qc à force d'en parler
herbeischaffen [hɛr'baɪʃafən] *v 1.* apporter, procurer; *2. (etw kommen lassen)* faire venir
Herberge ['hɛrbɛrgə] *f 1.* gîte *m,* logis *m; 2. (Jugendherberge)* auberge de jeunesse *f*
herbestellen ['he:rbəʃtɛlən] *v* faire venir
herbringen ['he:rbrɪŋən] *v irr 1. (Sache)* apporter; *2. (Person)* amener
Herbst [hɛrpst] *m* automne *m*
Herbstzeitlose ['hɛrpsttsaɪtlo:zə] *f BOT* colchique *m*
Herd [he:rt] *m 1. (zum Kochen)* fourneau *m,* cuisinière *f; 2. (fig)* foyer *m,* âtre *m*
Herde ['he:rdə] *f* troupe *f,* troupeau *m*
Herdplatte ['he:rtplatə] *f* plaque de fourneau *f*
herein [hɛ'raɪn] *adv 1.* en dedans, à l'intérieur; *interj 2.* entrez, par ici
hereinbitten [hɛ'raɪnbɪtən] *v irr jdn ~* prier qn d'entrer
hereinbrechen [hɛ'raɪnbrɛçən] *v irr 1.* faire irruption, fondre; *2. (fig)* tomber, descendre, arriver
hereinfallen [hɛ'raɪnfalən] *v irr 1.* tomber dedans; *2. (fig: getäuscht werden)* tomber dans le piège, donner dans le panneau
hereinholen [hɛ'raɪnho:lən] *v 1. (hereinbringen)* faire entrer; *2. (aufholen)* rattraper
hereinkommen [hɛ'raɪnkɔmən] *v irr* entrer
hereinlassen [hɛ'raɪnlasən] *v irr* faire entrer, laisser entrer
hereinlegen [hɛ'raɪnle:gən] *v jdn ~* tromper qn, duper qn, attraper qn
hereintreten [hɛ'raɪntre:tən] *v irr (betreten)* entrer dans, pénétrer dans
herfahren ['he:rfa:rən] *v irr 1.* amener, rentrer, entrer; *2. Ich bin mit dem Zug hergefahren.* Je suis venu en train. *3. hinter jdm ~* suivre qn
Hergang ['he:rgaŋ] *m* marche *f*
hergeben ['he:rge:bən] *v irr* donner, passer, remettre
herholen ['he:rho:lən] *v 1.* aller chercher; *2. (fig) weit hergeholt* tiré par les cheveux; *3. FOTO* zoomer
Hering ['he:rɪŋ] *m ZOOL* hareng *m*
herkommen ['he:rkɔmən] *v irr 1. (näher kommen)* s'approcher; *2. (herstammen)* venir de, provenir de, être issu de
herkömmlich ['he:rkœmlɪç] *adj* traditionnel, d'usage
Herkunft ['he:rkunft] *f* origine *f,* provenance *f*
Heroinsüchtige(r) [hero'i:nzyçtɪgə(r)] *m/f* héroïnomane *m/f*
heroisch [he'ro:ɪʃ] *adj* héroïque

Herr [hɛr] *m 1.* monsieur *m; 2. (Gebieter)* maître *m; ~ der Lage sein* être maître de la situation; *einer Sache ~ werden* se rendre maître de qc, maîtriser qc; *der ~ im Haus sein* porter la culotte; *über jdn ~ werden* venir à bout de qn

Herrenhaus ['hɛrənhaus] *n* maison de maître *f,* hôtel particulier *m,* maison seigneuriale *f*
herrenlos ['hɛrənlo:s] *adj 1.* abandonné; *2. (Hund)* sans maître
Herrentoilette ['hɛrəntoalɛtə] *f* toilettes pour hommes *f/pl*
herrichten ['he:rrɪçtən] *v 1.* arranger, préparer; *2. (reparieren)* réparer
Herrin ['hɛrɪn] *f* maîtresse *f,* dame *f*

herrisch ['hɛrɪʃ] *adj* 1. de maître; 2. *(Ton)* magistral
herrlich ['hɛrlɪç] *adj* magnifique, superbe, grandiose, somptueux
Herrlichkeit ['hɛrlɪçkaɪt] *f* splendeur *f,* magnificence *f,* majesté *f*
Herrschaft ['hɛrʃaft] *f* 1. pouvoir *m,* règne *m;* 2. *(Beherrschung)* maîtrise *f*
Herrschaftsform ['hɛrʃaftsfɔrm] *f POL* forme de domination *f*
herrschaftlich ['hɛrʃaftlɪç] *adj* seigneurial, de maître
herrschen ['hɛrʃən] *v* 1. *(regieren)* régner, gouverner, dominer; 2. *(bestehen)* régner
Herrscher(in) ['hɛrʃər(ɪn)] *m/f* maître *m/f,* souverain(e) *m/f*
Herrscherhaus ['hɛrʃərhaus] *n POL* dynastie régnante *f*
herrschsüchtig ['hɛrʃzyxtɪç] *adj* despotique, dominateur
herrühren ['he:rry:rən] *v ~ von* venir de, provenir de
herschauen ['he:rʃauən] *v* regarder dans la direction de
herstellen ['he:rʃtɛlən] *v* 1. *(erzeugen)* produire, fabriquer; 2. *(fig: realisieren)* réaliser, établir
Hersteller ['he:rʃtɛlər] *m ECO* fabricant *m,* producteur *m*
Herstellung ['he:rʃtɛluŋ] *f* 1. *(Erzeugung)* fabrication *f,* production *f;* 2. *(Realisierung)* réalisation *f,* établissement *m*
herüber [hɛ'ry:bər] *adv* par ici, de ce côté ci
herüberkommen [hɛ'ry:bərkɔmən] *v irr* venir vers
herum [hɛ'rum] *adv* 1. autour de; 2. *(ungefähr)* vers, autour; 3. *(in der Umgebung von)* aux environs de
herumbekommen [hɛ'rumbəkɔmən] *v irr* 1. *jdn ~* convaincre qn, faire changer d'avis à qn, gagner qn à ses idées; 2. *(Zeit)* faire passer, occuper, tuer
herumdrehen [hɛ'rumdre:ən] *v* 1. retourner; 2. *sich ~* faire demi-tour
herumführen [hɛ'rumfy:rən] *v* mener, conduire; *jdn an der Nase ~* mener qn par le bout du nez
herumkommen [hɛ'rumkɔmən] *v irr* 1. *(reisen)* courir le monde, voyager beaucoup, voir du pays; 2. *um etw ~ (fig)* échapper à qc, couper à qc
herumkriegen [hɛ'rumkri:gən] *v jdn ~* amadouer qn, faire changer d'avis à qn
herumlaufen [hɛ'rumlaufən] *v irr* se promener, flâner
herumlungern [hɛ'rumluŋərn] *v* glander, traîner
herumreichen [hɛ'rumraɪçən] *v* faire passer, faire circuler
herumsitzen [hɛ'rumzɪtsən] *v irr* rester à ne rien faire
herumsprechen [hɛ'rumʃprɛçən] *v irr sich ~* se répandre, se divulguer
herumtreiben [hɛ'rumtraɪbən] *v irr sich ~* glander, traîner
herunter [hɛ'runtər] *adv* en bas, à terre, du haut
herunterdrücken [hɛ'runtərdrykən] *v* 1. presser vers le bas; 2. *(fig: herabsetzen)* baisser, faire baisser, réduire
herunterfallen [hɛ'runtərfalən] *v irr* tomber par terre
herunterkommen [hɛ'runterkɔmən] *v irr* 1. descendre, descendre de; 2. *(fig)* se dégrader, sombrer dans la déchéance, décrocher de
heruntermachen [hɛ'runtərmaxən] *v* 1. baisser, desendre; 2. *(kritisieren)* dénigrer, engueuler *(fam)*
herunterreißen [hɛ'runtərraɪsən] *v irr* 1. arracher, tirer *(fam),* purger; 2. *(heftig stoßen)* faire tomber; 3. *(kritisieren)* dénigrer, engueuler *(fam)*
herunterschlucken [hɛ'runtərʃlukən] *v* avaler
herunterwerfen [hɛ'runtərvɛrfən] *v irr* jeter en bas
hervor [hɛr'fo:r] *adv* en avant, dehors
hervorbringen [hɛr'fo:rbrɪŋən] *v irr* 1. *(erzeugen)* produire, créer, engendrer; 2. *(sagen)* proférer, articuler
hervorgehen [hɛr'fo:rge:ən] *v irr* 1. *aus etw ~* sortir de qc, provenir de qc; *Aus dieser Ehe gingen zwei Kinder hervor.* Deux enfants sont nés de ce mariage. *Er ging aus dem Wettkampf als Sieger hervor.* Il est sorti vainqueur de ce combat. 2. *(zu folgern sein)* ressortir, résulter; *Daraus geht hervor, dass ...* Il en résulte que ...
hervorheben [hɛr'fo:rhe:bən] *v irr* faire ressortir, mettre en valeur, mettre en évidence, souligner, mettre l'accent sur
hervorragend [hɛr'fo:rra:gənt] *adj* 1. saillant, proéminent; 2. *(fig)* remarquable, exceptionnel
hervorrufen [hɛr'fo:rru:fən] *v irr (fig)* provoquer, susciter, engendrer

hervorstechen [hɛr'foːrʃtɛçən] *v irr (fig)* frapper, se faire remarquer

Herz [hɛrts] *n ANAT* cœur *m; seinem ~en folgen* écouter son cœur; *sich ein ~ fassen* prendre son courage à deux mains; *sich etw zu ~en nehmen* prendre qc à cœur; *sein ~ ausschütten* vider son sac/ouvrir son cœur; *Das liegt mir sehr am ~en.* Cela me tient à cœur./J'y attache beaucoup de valeur. *ein ~ und eine Seele sein* être inséparable; *jdm das ~ brechen* briser le cœur à qn; *das ~ auf der Zunge tragen* parler à cœur ouvert; *jdm sein ~ schenken* offrir son cœur à qn; *jdm das ~ schwer machen* bouleverser qn; *seinem ~en Luft machen* dire tout ce qu'on a sur le cœur; *jdm ans ~ wachsen* prendre qn en affection/se prendre d'amitié pour qn; *etw auf dem ~en haben* avoir qc sur le cœur; *jdm aus dem ~en sprechen* être sur la même longueur d'onde que qn/avoir les mêmes idées que qn; *aus tiefstem ~en* de tout cœur/sincèrement; *jdn in sein ~ schließen* porter qn dans son cœur; *jdn ins ~ treffen* blesser qn au vif/toucher qn au plus profond; *etw nicht übers ~ bringen* ne pas avoir le courage de faire qc; *leicht ums ~ werden* être soulagé; *Das ~ ist ihm in die Hose gerutscht.* Il a la pétoche./Il a les jetons./Il a la trouille. *Das ~ wurde ihr schwer.* Elle eut le cœur gros.

Herzensbrecher ['hɛrtsənsbrɛçər] *m* bourreau des cœurs *m*
herzergreifend ['hɛrtsɛrgraɪfənt] *adj* poignant, émouvant, saisissant, bouleversant
Herzfehler ['hɛrtsfeːlər] *m MED* déficience cardiaque *f,* malformation cardiaque *f*
herzhaft ['hɛrtshaft] *adj 1. (Geschmack)* savoureux; *2. (Lachen)* de bon cœur
Herzinfarkt ['hɛrtsɪnfarkt] *m MED* infarctus *m*
Herzkammer ['hɛrtskamər] *f ANAT* ventricule *m*
Herzklopfen ['hɛrtsklɔpfən] *n* palpitations *f/pl,* battements de cœur *m/pl*
Herzkrankheit ['hɛrtskraŋkhaɪt] *f MED* maladie du cœur *f,* affectation cardiaque *f*
herzlich ['hɛrtslɪç] *adj* cordial, sincère
Herzlichkeit ['hɛrtslɪçkaɪt] *f* cordialité *f,* chaleur *f*
herzlos ['hɛrtsloːs] *adj* sans cœur, insensible
Herzlosigkeit ['hɛrtsloːzɪçkaɪt] *f* manque de cœur *m,* sécheresse de cœur *f*
Herzog(in) ['hɛrtsoːk/'hɛrtsoːgɪn] *m/f* duc(hesse) *m/f*
herzoglich ['hɛrtsoːklɪç] *adj* ducal
Herzogtum ['hɛrtsoːktum] *n* duché *m*
Herzschlag ['hɛrtsʃlaːk] *m 1.* pulsation cardiaque *f; 2. (Herzstillstand) MED* arrêt du cœur *m,* insuffisance cardiaque *f*
Herzschrittmacher ['hɛrtsʃrɪtmaxər] *m MED* stimulateur cardiaque *m,* pacemaker *m*
Herzschwäche ['hɛrtsʃvɛçə] *f MED* insuffisance cardiaque *f*
Herzstillstand ['hɛrtsʃtɪlʃtant] *m MED* arrêt cardiaque *m*
hetzen ['hɛtsən] *v 1. (eilen)* être pressé, se dépêcher; *2. jdn ~* pourchasser qn, traquer qn, persécuter qn
Heu [hɔy] *n BOT* foin *m*
Heuchelei [hɔyçə'laɪ] *f* hypocrisie *f*
heucheln ['hɔyçəln] *v* feindre, faire l'hypocrite
Heuchler(in) ['hɔyçlər(ɪn)] *m/f* hypocrite *m/f*
heulen ['hɔylən] *v 1. (fam: weinen)* pleurer, pleurnicher; *~ wie ein Schlosshund* pleurer comme une Madeleine/pleurer comme un veau; *zum Heulen sein* être à pleurer/être à chialer *(fam)*; *2. (Sirene)* hurler

heute ['hɔytə] *adv* aujourd'hui; *von ~ auf morgen* du jour au lendemain

heutig ['hɔytɪç] *adj* d'aujourd'hui
Hexe ['hɛksə] *f* sorcière *f*
Hexenkessel ['hɛksənkɛsəl] *m (fig)* chaudron de sorcière *m,* enfer *m*
Hexenschuss ['hɛksənʃus] *m MED* lumbago *m,* lombago *m*
Hieb [hiːp] *m* coup *m*

hier [hiːr] *adv 1.* ici, en ce lieu; *~ bleiben* rester ici; *2.* voilà

hieran ['hiːran] *adv* à cela
hieraus ['hiːraus] *adv* d'ici, de là
hierbei ['hiːrbaɪ] *adv* à ceci, ci-joint
hierdurch ['hiːrdurç] *adv (kausal)* comme cela, ainsi, de cette façon, par là
hierher ['hiːrheːr] *adv* par ici
hiermit ['hiːrmɪt] *adv 1.* avec cela, en cela; *2. (in einem Brief)* par la présente
hiervon ['hiːrfɔn] *adv* de cela, à ce sujet
hierzu ['hiːrtsuː] *adv 1.* à ceci; *2. (außerdem)* en outre
hiesig ['hiːzɪç] *adj* d'ici, de cet endroit, du coin *(fam)*
Hilfe ['hɪlfə] *f 1.* aide *f,* secours *m,* assistance *f; ohne fremde ~* sans aucune aide;

jdm zu ~ kommen venir en aide à qn; *2. (Sozialhilfe)* assistance sociale *f,* aide sociale *f; 3. (Katastrophenhilfe)* assistance aux personnes sinistrées *f; interj 4. ~!* Au secours!/ À l'aide!
Hilferuf ['hɪlfəruːf] *m* cri de détresse *m*
hilflos ['hɪlfloːs] *adj 1. (ohne Hilfe)* impuissant, embarrassé; *2. (verlassen)* abandonné, délaissé; *3. (krank)* impotent
Hilflosigkeit ['hɪlfloːzɪçkaɪt] *f 1. (ohne Hilfe)* impuissance *f,* détresse *f,* embarras *m; 2. (Verlassenheit)* abandon *m*
hilfreich ['hɪlfraɪç] *adj* d'une grande aide, secourable, utile
hilfsbedürftig ['hɪlfsbədyrftɪç] *adj* démuni, qui a besoin d'être aidé
hilfsbereit ['hɪlfsbəraɪt] *adj* secourable, serviable
Hilfsbereitschaft ['hɪlfsbəraɪtʃaft] *f* serviabilité *f*
Hilfskraft ['hɪlfskraft] *f* aide *m/f,* auxiliaire *m/f*
Hilfsmittel ['hɪlfsmɪtəl] *n 1.* moyen *m,* expédient *m; 2. (Werkzeug)* outil *m*
Hilfsorganisation ['hɪlfsɔrganizatsjoːn] *f* organisation de secours *f,* organisation d'aide *f*
Hilfsverb ['hɪlfsvɛrp] *v GRAMM* verbe auxiliaire *m*
Himbeere ['hɪmbeːrə] *f BOT* framboise *f*

Himmel ['hɪməl] *m* ciel *m; im siebten ~ sein* être aux anges/être au septième ciel; *Dich schickt der ~.* C'est le ciel qui t'envoie. *~ und Hölle in Bewegung setzen* remuer ciel et terre; *der ~ auf Erden sein* être le paradis sur terre; *jdm den ~ auf Erden versprechen* promettre monts et merveilles à qn; *aus heiterem ~* tout d'un coup/sans crier gare; *Ach du lieber ~!* Ce n'est pas possible./Ce n'est pas vrai! *Weiß der ~!* Dieu seul le sait! *Um ~s willen!* Pour l'amour de Dieu!

Himmelbett ['hɪməlbɛt] *n* lit à baldaquin *m*
Himmelfahrt ['hɪməlfaːrt] *f 1. Christi ~ REL* Ascension de Jésus-Christ *f; 2. Mariä ~ REL* Assomption de la Vierge *f*
Himmelfahrtskommando ['hɪməlfaːrtskɔmando] *n* mission suicide *f*
Himmelskörper ['hɪməlskœrpər] *m* corps céleste *m*
himmlisch ['hɪmlɪʃ] *adj 1. REL* céleste; *2. (göttlich)* divin; *3. (fig)* sublime, superbe
hin[1] [hɪn] *adv 1. (örtlich)* y, là; *Wo ist er ~?* Où est-il allé? *~ und her* ça et là/d'un côté et de l'autre; *~ und zurück* aller et retour; *~ und her schwanken* hésiter; *~ und her gerissen sein* ne pas pouvoir se décider; *nach langem Hin und Her* après avoir longtemps pesé le pour et le contre/après longue hésitation; *auf die Gefahr ~, dass ...* au risque de ... *2. (zeitlich) ~ und wieder* de loin en loin, de temps en temps, parfois
hinab [hɪn'ap] *adv* vers le bas, en descendant, en bas
hinauf [hɪn'auf] *adv* vers le haut, en montant, en haut
hinaufgehen [hɪn'aufgeːən] *v irr* monter
hinaufsteigen [hɪn'aufʃtaɪgən] *v irr* monter
hinaus [hɪn'aus] *adv* dehors
hinausbegleiten [hɪ'nausbəglaɪtən] *v jdn ~* accompagner qn dehors
hinausgehen [hɪn'ausgeːən] *v irr* sortir, aller dehors
hinauslaufen [hɪn'auslaufən] *v irr 1.* sortir en courant; *2. (fig) auf etw ~* équivaloir à qc, avoir pour but, aboutir à
hinausschieben [hɪn'ausʃiːbən] *v irr 1.* pousser dehors; *2. (zeitlich)* remettre, repousser, ajourner
hinauswerfen [hɪn'ausvɛrfən] *v irr 1.* jeter dehors; *2. (Person)* mettre à la porte
hinauswollen [hɪn'ausvɔlən] *v irr (fig) Worauf willst du hinaus?* Où veux-tu en venir? rechercher, vouloir en venir à
hinauszögern [hɪ'naustsøːgərn] *v etw ~* différer qc
Hinblick ['hɪnblɪk] *m im ~ auf* en considération de, eu égard à, en vue de
hinbringen ['hɪnbrɪŋən] *v irr* apporter, faire parvenir à
hinderlich ['hɪndərlɪç] *adj ~ sein* gênant, être un handicap à
hindern ['hɪndərn] *v* empêcher, entraver, gêner
Hindernis ['hɪndərnɪs] *n* obstacle *m,* empêchement *m*
hindurch [hɪn'durç] *adv 1. (örtlich)* à travers de, au travers de; *2. (zeitlich)* pendant, durant
hinein [hɪn'aɪn] *adv* dans, dedans
hineingehen [hɪn'aɪngeːən] *v irr* entrer dans, pénétrer dans
hineinpassen [hɪn'aɪnpasən] *v in etw ~* entrer dans qc, tenir dans qc
hineinplatzen [hɪn'aɪnplatsən] *v* faire irruption
hineinreden [hɪn'aɪnreːdən] *v 1.* se mêler de; *2. (fam)* mettre son grain de sel

hineinstecken [hɪn'aɪnʃtɛkən] *v 1. ~ in* mettre dans, fourrer dans; *2. (fig: investieren)* engager son argent, investir
hineinsteigern [hɪn'aɪnʃtaɪgərn] *v sich ~* se laisser emporter
hineinversetzen [hɪn'aɪnfɛrzɛtsən] *v sich ~ in* se mettre à la place de
hineinziehen [hɪn'aɪntsiːən] *v irr 1.* traîner dans; *2. (fig) jdn in etw ~* impliquer qn dans qc
hinfahren ['hɪnfaːrən] *v irr* conduire
Hinfahrt ['hɪnfaːrt] *f* aller *m; auf der ~* à l'aller
hinfallen ['hɪnfalən] *v irr 1.* tomber par terre; *2. (sich fallen lassen)* s'affaler
hinfällig ['hɪnfɛlɪç] *adj 1. (gebrechlich)* décrépit; *2. (gegenstandslos)* vain, sans objet, caduc
Hinflug ['hɪnfluːk] *m* vol aller *m*
Hingabe ['hɪngaːbə] *f* don de soi *m,* abandon *m,* dévouement *m*
hingegen [hɪn'geːgən] *konj* au contraire, par contre
hingehen ['hɪngeːən] *v irr 1.* aller chercher; *2. (sterben)* mourir; *3. (vorübergehen)* passer; *4. (erträglich sein)* être admissible
hingerissen ['hɪngərɪsən] *v von etw ~ sein* être ravi de qc, être enthousiasme
hinhalten ['hɪnhaltən] *v irr 1.* tendre, présenter; *2. jdn ~* faire attendre qn, retenir qn
hinken ['hɪŋkən] *v* boiter
hinkommen ['hɪnkɔmən] *v irr 1.* venir à, arriver; *2. (erreichen können)* y arriver, parvenir à, venir à; *3. (klappen)* marcher; *4. (auskommen)* y arriver; *5. (hingehören)* arriver à, joindre
hinlänglich ['hɪnlɛŋlɪç] *adj 1.* suffisant; *adv 2.* assez
hinlegen ['hɪnleːgən] *v 1. etw ~* mettre, déposer, placer; *2. sich ~* s'étendre, se coucher, s'allonger
hinnehmen ['hɪnneːmən] *v irr* prendre, accepter, supporter
hinreichend ['hɪnraɪçənt] *adj* suffisant
hinrichten ['hɪnrɪçtən] *v* exécuter
Hinrichtung ['hɪnrɪçtuŋ] *f* exécution *f*
hinsehen ['hɪnzeːən] *v irr* y regarder; *genau ~* regarder de près; *ohne hinzusehen* sans regarder
Hinsicht ['hɪnzɪçt] *f in gewisser ~* à certains égards; *in dieser ~* à cet égard, sous ce rapport
hinsichtlich ['hɪnzɪçtlɪç] *prep* à l'égard de, quant à, en ce qui concerne
hinstellen ['hɪnʃtɛlən] *v 1.* mettre, poser, placer; *2. sich ~* se mettre debout

hinter ['hɪntər] *prep* derrière; *etw ~ sich lassen* en finir avec qc; *~ den anderen zurückbleiben* rester loin derrière les autres; *zwei km ~ München* deux km après Munich; *~ jdm zurückstehen* rester dans l'ombre de qn

Hinterachse ['hɪntəraksə] *f* essieu arrière *m,* pont arrière *m*
Hinterbliebene(r) [hɪntər'bliːbənə(r)] *m/f 1. (Erbe)* héritier/héritière *m/f; 2. JUR* ayants droit *m/pl,* famille du défunt *f*
hintere(r,s) ['hɪntərə(r,s)] *adj* arrière, de derrière, du fond
hintereinander [hɪntəraɪ'nandər] *adv 1.* l'un derrière l'autre; *2. (zeitlich)* l'un après l'autre
hinterfragen [hɪntər'fraːgən] *v* questionner, interroger, remettre en question
Hintergedanke ['hɪntərgədaŋkə] *m* arrière-pensée *f; einen ~n haben* avoir une idée derrière la tête
hintergehen [hɪntər'geːən] *v irr jdn ~* tromper qn, duper qn, rouler qn *(fam)*
Hintergrund ['hɪntərgrunt] *m 1.* fond *m; 2. (fig)* arrière-plan *m,* dessous *m/pl; die Hintergründe kennen* connaître le dessous des cartes; *in den ~ treten* passer à l'arrière-plan
Hinterhalt ['hɪntərhalt] *m* embuscade *f,* guet-apens *m*
hinterhältig ['hɪntərhɛltɪç] *adj* sournois, dissimulé
hinterher [hɪntər'heːr] *adv 1.* après les autres; *2. (örtlich)* derrière; *3. (zeitlich)* plus tard, après coup
Hinterhof ['hɪntərhoːf] *m* arrière-cour *f*
hinterlassen [hɪntər'lasən] *v irr (vererben)* laisser, transmettre
Hinterlassenschaft [hɪntər'lasənʃaft] *f* héritage *m,* succession *f*
hinterlegen [hɪntər'leːgən] *v* déposer, consigner
Hinterlist ['hɪntərlɪst] *f* ruse *f,* subterfuge *m*
hinterlistig ['hɪntərlɪstɪç] *adj* rusé, astucieux, sournois
Hintern ['hɪntərn] *m (fam)* derrière *m,* postérieur *m,* fesses *f/pl; sich auf den ~ setzen* en tomber sur le derrière; *sich in den ~ beißen* s'en mordre les doigts; *jdm in den ~ treten* donner un coup de pied aux fesses à qn; *jdm in den ~ kriechen* cirer les bottes à qn/lécher les bottes à qn

Hinterrad ['hɪntərraːt] *n* roue arrière *f*
hinterrücks ['hɪntərryks] *adv* par derrière
Hinterteil ['hɪntərtaɪl] *n* *1.* partie arrière *f;* *2. (Gesäß)* postérieur *m*
hinterziehen [hɪntər'tsiːən] *v irr (Steuern)* détourner, frauder
hinüber [hɪ'nyːbər] *adv* au-delà, de l'autre côté
hinüberwerfen [hɪ'nyːbərvɛrfən] *v irr* *etw ~* lancer qc de l'autre côté, jeter qc de l'autre côté
hinunter [hɪ'nuntər] *adv* en bas, par terre
hinuntereilen [hɪ'nuntəraɪlən] *v* descendre en courant, dévaler
hinuntergehen [hɪ'nuntərgeːən] *v irr* descendre
hinunterschlucken [hɪ'nuntərʃlukən] *v* *1.* avaler; *2. (fig)* ravaler; *3. (verschlingen)* engloutir
hinunterwerfen [hɪ'nuntərvɛrfən] *v irr* jeter en bas
Hinweg ['hɪnweːk] *m* chemin aller *m*
hinweghelfen [hɪn'vɛkhɛlfən] *v irr jdm über ein Problem ~* aider qn à surmonter une difficulté
hinwegkommen [hɪn'vɛkkɔmən] *v irr über etw ~* surmonter qc
hinwegsehen [hɪn'vɛkzeːən] *v irr 1. über etw ~* regarder par-dessus qc; *2. (fig) über etw ~* ne pas tenir compte de qc
hinwegsetzen [hɪn'vɛkzɛtsən] *v sich über etw ~* se mettre au-dessus de qc, passer par-dessus qc, passer outre à qc
hinwegtrösten [hɪn'vɛktrøːstən] *v jdn über etw ~* consoler qn de qc
Hinweis ['hɪnvaɪs] *m* *1.* indication *f,* mention *f;* *2. (Auskunft)* renseignement *m*
hinweisen ['hɪnvaɪzən] *v irr* signaler, indiquer; *jdn auf etw ~* faire observer qc à qn
hinziehen ['hɪntsiːən] *v irr sich ~* s'étendre, se prolonger
hinzufügen [hɪn'tsuːfyːgən] *v* ajouter
hinzuziehen [hɪn'tsuːtsiːən] *v irr* faire prendre part, faire appel à, faire participer à
Hiobsbotschaft ['hiɔpsboːtʃaft] *f* funeste nouvelle *f,* nouvelle désastreuse *f*
Hirn [hɪrn] *n ANAT* cerveau *m,* cervelle *f*
Hirngespinst ['hɪrngəʃpɪnst] *n* chimère *f*
Hirsch [hɪrʃ] *m ZOOL* cerf *m*
Hirse ['hɪrzə] *f BOT* millet *m,* mil *m*
Hirte [hɪrtə] *m* *1.* pâtre *m,* pasteur *m,* berger *m;* *2. (fig) REL* pasteur *m*
Hirtenhund ['hɪrtənhunt] *m ZOOL* chien de berger *m*
historisch [hɪ'stoːrɪʃ] *adj* historique
Hitparade ['hɪtparaːdə] *f MUS* hit-parade *m*
Hitze ['hɪtsə] *f* *1.* chaleur *f,* grande chaleur *f;* *vor ~ umkommen* crever de chaleur; *in der ~ des Gefechts* dans le feu de l'action; *2. (Zorn)* emportement *m*
hitzig ['hɪtsɪç] *adj* *1. (ungestüm)* impétueux, ardent; *2. (reizbar)* irritable; *3. (fiebrig) MED* fébrile
hitzköpfig ['hɪtskœpfɪç] *adj* soupe au lait
Hitzschlag ['hɪtsʃlaːk] *m MED* insolation *f,* coup de chaleur *m*
Hobel ['hoːbəl] *m* *1.* rabot *m;* *2. (Küchenhobel)* râpe *f*
hobeln ['hoːbəln] *v* *1. (Gemüse)* râper; *2. TECH* raboter

> **hoch** [hoːx] *adj* haut, élevé; *Das ist mir zu ~.* C'est trop calé pour moi./C'est trop dur pour moi. *jdm etw ~ und heilig versprechen* jurer qc à qn sur la tête de sa mère; *~ entwickelt* hautement élaboré/très poussé/de pointe

Hochachtung ['hoːxaxtuŋ] *f* haute considération *f,* grande estime *f,* profond respect *m*
hochachtungsvoll ['hoːxaxtuŋsfɔl] *adv (in einem Geschäftsbrief)* veuillez agréer l'expression de mes sentiments distingués, veuillez agréer l'expression de nos sentiments distingués
hochauflösend ['hoːxaufløːzənt] *adj INFORM* de haute résolution
Hochbau ['hoːxbau] *m* bâtiment *m*
Hochbetrieb ['hoːxbətriːp] *m* activité intense *f,* (pleine) effervescence *f*
Hochdeutsch ['hoːxdɔytʃ] *n* haut allemand *m*
Hochebene ['hoːxeːbənə] *f GEOL* haut plateau *m*
hochfahren ['hoːxfaːrən] *v irr* *1.* monter; *2. jdn ~* monter qn en voiture; *3. aus dem Schlaf ~* se réveiller en sursaut, sursauter; *4. (plötzlich aufbrausen)* s'emporter soudainement; *5. (einen Rechner) INFORM* démarrer
Hochfinanz ['hoːxfɪnants] *f FIN* haute finance *f*
Hochform ['hoːxfɔrm] *f* en grande forme *f,* superforme *f*
Hochgebirge ['hoːxgəbɪrgə] *n GEOL* haute montagne *f*
Hochgenuss ['hoːxgənus] *m* délice *m,* volupté *f,* plaisir suprême *m*

Hochgeschwindigkeitszug ['hoːxgəʃwɪndɪçkaɪtstsuːk] *m* train à grande vitesse *m*
Hochglanz ['hoːxglants] *m etw auf ~ bringen* faire briller qc, faire reluire qc
hochgradig ['hoːxgraːdɪç] *adj 1.* d'un haut degré; *2. (fig)* intense, extrême
Hochhaus ['hoːxhaus] *n* immeuble *m*
hochkant ['hoːxkant] *adv jdn ~ hinauswerfen* chasser qn avec perte et fracas, jeter qn dehors
hochkarätig ['hoːxkarɛːtɪç] *adj* de grande classe, de valeur, extrêmement compétent
Hochkonjunktur ['hoːxkɔnjuŋktuːr] *f 1. ECO* conjoncture très favorable *f,* boom économique *m; 2. (fig)* haute conjoncture *f*
Hochland ['hoːxlant] *n* haut plateau *m*
hochleben ['hoːxleːbən] *v jdn ~ lassen* acclamer qn, fêter qn, faire un ban à qn
Hochleistung ['hoːxlaɪstuŋ] *f 1.* haut rendement *m; 2. SPORT* haute performance *f,* haut niveau *m*
Hochmut ['hoːxmuːt] *m* orgueil *m,* arrogance *f*
hochmütig ['hoːxmyːtɪç] *adj* hautain, orgueilleux, arrogant
hochnäsig ['hoːxnɛːzɪç] *adj* arrogant, hautain, suffisant
hochnehmen ['hoːxneːmən] *v irr jdn ~* abuser de qn, gruger qn *(fam),* rouler qn
Hochofen ['hoːxoːfən] *m TECH* haut fourneau *m*
hochrangig ['hoːxraŋɪç] *adj 1. (berühmt)* de haut rang; *2. (mit hohem Rang)* de haut rang
Hochrechnung ['hoːxrɛçnuŋ] *f* estimation *f*
hochrüsten ['hoːxrystən] *v MIL* équiper
Hochsaison ['hoːxzɛz ɔ] *f* pleine saison *f,* période de pointe *f,* haute saison *f*
hochschätzen ['hoːxʃɛtsən] *v* tenir en haute estime
Hochschule ['hoːxʃuːlə] *f* université *f,* école supérieure *f*
Hochschulreife ['hoːxʃuːlraɪfə] *f* baccalauréat *m*
Hochsommer ['hoːxzɔmər] *m* plein été *m; im ~* en plein été
Hochspannung ['hoːxʃpanuŋ] *f TECH* haute tension *f*
höchst [høːçst] *adv* tout à fait, extrêmement
Hochstapler(in) ['hoːxʃtaplər(ɪn)] *m/f* imposteur *m/f,* escroc *m/f*
höchste(r,s) ['høːçstə(r,s)] *adj* le plus haut/la plus haute, le plus grand/la plus grande
höchstens ['høːçstəns] *adv* tout au plus, au maximum
höchstpersönlich ['høːçstpɛr'zøːnlɪç] *adj 1.* en personne; *adv 2.* en personne
höchstwahrscheinlich ['høːçstvaːrʃaɪnlɪç] *adv* très probablement, selon toute probabilité
hochtrabend ['hoːxtraːbənt] *adj* emphatique, prétentieux, grandiloquent
Hochwasser ['hoːxvasər] *n 1.* crue *f,* inondation *f; 2. (Flut)* marée haute *f*
hochwertig ['hoːxvertɪç] *adj* haut de gamme
Hochwürden ['hoːxvyrdən] *m REL* Monseigneur *m,* Votre Excellence *f*
Hochzeit ['hɔxtsaɪt] *f* mariage *m,* noces *f/pl; auf allen ~en tanzen* vouloir être partout à la fois, être au four et au moulin
Hochzeitsreise ['hɔxtsaɪtsraɪzə] *f* voyage de noces *m*
Hochzeitstag ['hɔxtsaɪtstaːk] *m 1. (Jahrestag)* anniversaire de mariage *m; 2. (Tag der Hochzeit)* jour du mariage *m*
hocken ['hɔkən] *v 1.* être accroupi; *2. (fam: sitzen)* être assis, ne pas bouger; *über den Büchern ~* sécher sur ses livres; *immer zu Hause ~* être casanier
Höcker ['hœkər] *m* bosse *f*
Hocker ['hɔkər] *m* tabouret *m,* escabeau *m*
Hoden ['hoːdən] *m/pl ANAT* testicules *m/pl*
Hof [hoːf] *m 1. (Haus)* cour *f; 2. (Königshof)* cour *f; 3. (Hinterhof)* arrière-cour *f; 4. (Bauernhof)* ferme *f; 5. jdm den ~ machen* faire la cour à qn
Hofdame ['hoːfdaːmə] *f* dame d'honneur *f*
hoffen ['hɔfən] *v* espérer
hoffentlich ['hɔfəntlɪç] *adv* espérons que, il faut espérer que, j'espère que
Hoffnung ['hɔfnuŋ] *f* espoir *m,* espérance *f; guter ~ sein* être enceinte
hoffnungslos ['hɔfnuŋsloːs] *adj* désespéré, sans espoir; *Das ist ~.* C'est sans espoir./C'est sans remède.
Hoffnungslosigkeit ['hɔfnuŋsloːzɪçkaɪt] *f* désespoir *m*
hoffnungsvoll ['hɔfnuŋsfɔl] *adj 1.* plein d'espoir, rempli d'espoir; *2. (viel versprechend)* prometteur; *adv 3.* dans l'espoir que ..., en espérant que ...
höflich ['høːflɪç] *adj 1.* poli, courtois; *so ~ sein, wie man nur kann* être on ne peut plus poli; *adv 2.* poliment, avec courtoisie

H

Höflichkeit ['hø:flɪçkaɪt] *f* politesse *f,* courtoisie *f*
Höhe ['hø:ə] *f* *1.* hauteur *f,* altitude *f; die ~n und Tiefen* les hauts et les bas; *auf der ~ sein* être en pleine forme; *in die ~ gehen* s'énerver/se mettre en colère/monter sur ses grands chevaux; *Das ist doch die ~!* C'est le bouquet/C'en est trop! *2. (Gipfel)* sommet *m*
Höhenangst ['hø:ənaŋst] *f* acrophobie *f*
Höhensonne ['hø:ənzɔnə] *f* lampe à rayons ultraviolets *f*
Höhepunkt ['hø:əpuŋkt] *m* *1.* point culminant *m; auf dem ~ seines Ruhms sein* être au zénith de sa gloire/avoir atteint le sommet de la gloire; *2. (fig)* comble *m*
höher ['hø:ər] *adj* *1.* plus haut, plus élevé, supérieur à; *adv* *2.* plus haut
hohl [ho:l] *adj* *1.* creux; *2. (fig: gehaltlos)* creux, vide, vain, futile
Höhle ['hø:lə] *f* *1.* caverne *f,* cavité *f,* creux *m; 2. (Bau)* terrier *m; sich in die ~ des Löwen wagen* prendre son courage à deux mains
Hohlmaß ['ho:lma:s] *n* mesure de capacité *f,* verre mesureur *m*
Hohlraum ['ho:lraum] *m* espace vide *m,* cavité *f*
Hohn [ho:n] *m* dérision *f,* moquerie *f,* raillerie *f; Das ist der reinste ~.* C'est complètement absurde.
höhnen ['hø:nən] *v* railler, bafouer
höhnisch ['hø:nɪʃ] *adj* *1.* railleur, moqueur, ironique; *adv* *2.* d'un air moqueur
holen ['ho:lən] *v* aller chercher, venir chercher, aller prendre, venir prendre; *Bei ihm ist nichts zu ~.* On ne peut rien tirer de lui.
Hölle ['hœlə] *f* enfer *m; jdm die ~ heiß machen* rendre à qn la vie difficile/tanner qn *(fam); die ~ auf Erden* un enfer *m; jdm das Leben zur ~ machen* rendre à qn la vie infernale; *Zur ~ mit ihm!* Qu'il aille se faire voir./Qu'il aille au diable!
Höllenlärm [hœlən'lɛrm] *m* bruit infernal *m,* vacarme infernal *m*
höllisch ['hœlɪʃ] *adj* *1. (fam)* infernal; *adv* *2.* de l'enfer
holperig ['hɔlpərɪç] *adj* *1.* cahoteux, rude, inégal, raboteux; *2. (ruckweise)* par à-coups; *3. (fig: stockend)* hésitant
holpern ['hɔlpərn] *v (rüttelnd fahren)* cahoter
Holunder [ho'lundər] *m BOT* sureau *m*
Holz [hɔlts] *n* *1.* bois *m; ~ in den Wald tragen (fig)* porter de l'eau à la rivière; *2. (Brennholz)* bois de chauffage *m*
hölzern ['hœltsərn] *adj* *1.* en bois, de bois; *2. (fig)* raide, sec, lourd
Holzfäller ['hɔltsfɛlər] *m* bûcheron *m*
Holzkohle ['hɔltsko:lə] *f* charbon de bois *m*
Homepage ['houmpeɪdʒ] *f INFORM* page d'accueil *f*
Homosexualität [homozɛksualɪ'tɛ:t] *f* homosexualité *f*
homosexuell [homozɛksu'ɛl] *adj* homosexuel
Homosexuelle(r) [homozɛksu'ɛlə(r)] *m/f* homosexuel(le) *m/f*
Honig ['ho:nɪç] *m* miel *m; jdm ~ ums Maul schmieren (fig)* cirer les bottes à qn/passer de la pommade à qn
Honorar [hono'ra:r] *n* honoraires *m/pl*
honorieren [hono'ri:rən] *v* *1. (anerkennen)* honorer, accepter; *2. (bezahlen)* faire honneur à, honorer; *3. (belohnen)* récompenser
Hopfen ['hɔpfən] *m BOT* houblon *m; Bei ihr ist ~ und Malz verloren.* On ne peut rien tirer d'elle.
hörbar ['hø:rba:r] *adj* perceptible, audible
horchen ['hɔrçən] *v* écouter, prêter l'oreille
Horde ['hɔrdə] *f* claie *f,* horde *f,* bande *f*

hören ['hø:rən] *v* *1.* entendre; *Ich habe davon gehört.* J'en ai entendu parler. *es von jdm gehört haben* le tenir de qn; *sich ~ lassen können* paraître raisonnable/paraître acceptable; *etw von sich ~ lassen* donner de ses nouvelles; *von jdm ~* entendre parler de qn; *Du bekommst etw von mir zu ~.* Je vais te tirer les oreilles./Je vais te passer un savon. *Da vergeht einem Hören und Sehen!* On en voit trente-six chandelles!/On ne sait plus où l'on en est. *2. (zuhören)* écouter; *Hören Sie nicht auf ihn!* N'écoutez pas ce qu'il dit! *3. (erfahren)* apprendre

Hörensagen ['hø:rənza:gən] *n etw vom ~ kennen* savoir qc par ouï-dire *m*
Hörer ['hø:rər] *m* *1. (Person)* auditeur *m; 2. (Telefonhörer)* combiné *m*
Hörfunk ['hø:rfuŋk] *m* radio *f*
Hörgerät ['hø:rgərɛ:t] *n* appareil auditif *m*
hörgeschädigt ['hø:rgəʃɛ:dɪçt] *adj* malentendant
hörig ['hø:rɪç] *adj* asservi; *jdm ~ sein* être entièrement soumis à qn
Hörigkeit ['hø:rɪçkaɪt] *f* soumission *f,* sujétion *f,* servage *m,* esclavage *m*
Horizont [hori'tsɔnt] *m* horizon *m; einen beschränkten ~ haben* ne pas voir plus loin que son nez

H

hormonell [hɔrmo'nɛl] *adj BIO* hormonal
Horn [hɔrn] *n 1. ZOOL* corne *f; sich die Hörner abstoßen* jeter sa gourme; *jdm Hörner aufsetzen* faire porter des cornes à qn; *2. (Material)* corne *f; 3. MUS* cor *m; ins gleiche ~ blasen* être du même avis/partager un avis
Hörnchen ['hœrnçən] *n GAST* croissant *m*
Hornhaut ['hɔrnhaut] *f 1. (Schwiele)* durillon *m; 2. ANAT* cornée *f*
Hornisse [hɔr'nɪsə] *f ZOOL* frelon *m*
Hornist(in) [hɔr'nɪst(ɪn)] *m/f MUS* corniste *m/f*
Hörsaal ['hø:rsa:l] *m* salle de conférences *f,* amphi(théâtre) *m*

H

Hörspiel ['hø:rʃpi:l] *n* pièce radiophonique *f*
Hörsturz ['hø:rʃturts] *m MED* brusque surdité *f*
Hort [hɔrt] *m 1. (Kinderhort)* crèche *f,* garderie *f; 2. (Kleinkinderhort)* pouponnière *f; 3. (Zuflucht)* asile *m,* retraite *f*
horten ['hɔrtən] *v 1.* accumuler, stocker; *2. (Geld)* thésauriser
Hose ['ho:zə] *f* pantalon *m,* culotte *f; die ~ anhaben* porter la culotte; *jdm die ~n stramm ziehen* donner une fessée à qn/corriger qn/punir qn; *in die ~ gehen* rater/échouer/foirer *(fam); sich in die ~ machen* faire dans son froc *(fam),* avoir la trouille
Hosenbein ['ho:zənbaɪn] *n* jambe de pantalon *f*
Hosentasche ['ho:zəntaʃə] *f* poche de pantalon *f*
Hosenträger ['ho:zəntrɛ:gər] *m/pl* bretelles *f/pl*
Hospital [hɔspɪ'ta:l] *n* hôpital *m*
Hostess [hɔs'tɛs] *f* hôtesse *f*
Hostie ['hɔstjə] *f REL* hostie *f*
Hotel [ho'tɛl] *n* hôtel *m*
Hotelzimmer [ho'tɛltsɪmər] *n* chambre d'hôtel *f*
Hubraum ['hu:praum] *m* cylindrée *f*
hübsch [hypʃ] *adj* joli, beau, mignon; *sich ~ machen* se faire beau
Hubschrauber ['hu:pʃraubər] *m* hélicoptère *m*
Huf [hu:f] *m ZOOL* sabot *m*
Hufeisen ['hu:faɪzən] *n* fer à cheval *m*
Hüfte ['hyftə] *f ANAT* hanche *f*
Hügel ['hy:gəl] *m* colline *f,* butte *f*
hügelig ['hy:gəlɪç] *adj* vallonné, accidenté
Huhn [hu:n] *n ZOOL* poule *f; mit den Hühnern ins Bett gehen* se coucher avec les poules; *mit den Hühnern aufstehen* se lever avec les poules
Hühnchen ['hy:nçən] *n GAST* poulet *m; mit jdm ein ~ zu rupfen haben* avoir uncompte à régler avec qn
Hühnerauge ['hy:nəraugə] *n MED* cor *m,* œil-de-perdrix *m*
Hühnerbrühe ['hy:nərbry:ə] *f GAST* bouillon de poule *m*
Hühnerhund ['hy:nərhunt] *m ZOOL* chien d'arrêt *m*
huldigen ['huldɪgən] *v jdm ~* rendre hommage à qn
Huldigung ['huldɪguŋ] *f* hommage *m*
Hülle ['hylə] *f* enveloppe *f,* étui *m*
hüllen ['hylən] *v* envelopper
Hülse ['hylzə] *f 1. (Schote)* cosse *f,* gousse *f; 2. (Waffenhülse)* douille *f*
Hülsenfrucht ['hylzənfruxt] *f BOT* légumineuse *f*
human [hu'ma:n] *adj* humain
Humanismus [huma'nɪsmus] *m HIST* humanisme *m*
humanistisch [huma'nɪstɪʃ] *adj* humaniste, classique
humanitär [humani'tɛ:r] *adj* humanitaire
Humanität [humanɪ'tɛ:t] *f* humanité *f*
Hummel ['huməl] *f ZOOL* bourdon *m; ~n im Hintern haben* ne pas rester en place/avoir le feu aux fesses *(fam)*
Hummer ['humər] *m ZOOL* homard *m*
Humor [hu'mo:r] *m* humour *m*
humoristisch [humo'rɪstɪʃ] *adj 1.* humoristique; *adv 2.* humoristique
humorlos [hu'mo:rlo:s] *adj* sans humour
Humorlosigkeit [hu'mo:rlo:zɪçkaɪt] *f* absence d'humour *f*
humorvoll [hu'mo:rfɔl] *adj* humoristique, plein d'humour
humpeln ['humpəln] *v* boiter, clopiner

Hund [hunt] *m ZOOL* chien *m; auf den ~ kommen* baisser/se laisser aller; *vor die ~e gehen (verkommen)* tomber dans la misère; *bekannt wie ein bunter ~* connu comme le loup blanc

Hundeleine ['hundəlaɪnə] *f* laisse de chien *f*
Hundemarke ['hundəmarkə] *f* plaque de chien *f*
hundemüde ['hundə'my:də] *adj (fam)* lessivé, exténué, crevé, pompé
hundert ['hundərt] *num* cent; *vom Hundertsten ins Tausendste kommen* sauter du coq à l'âne

Hunderter ['hundərtər] *adj 1.* centaine *f; m 2. (Geldschein)* billet de cent *m*
Hundertjahrfeier [hundərt'ja:rfaɪər] *f* centenaire *m*
hundertprozentig ['hundərtprotsɛntɪç] *adj 1.* à cent pour cent; *2. (ganz)* entièrement; *adv 3.* à cent pour cent
Hündin ['hyndɪn] *f* chienne *f*
hundsgemein [hundsgə'maɪn] *adj 1. (fam: Mensch)* salaud; *2. (Wetter, Schmerz)* à crever
Hüne ['hy:nə] *m* géant *m*
Hunger ['huŋər] *m* faim *f*
Hungerlohn ['huŋərlo:n] *m* salaire de famine *m,* salaire de misère *m*
hungern ['huŋərn] *v 1.* ne pas manger à sa faim; *2. (fig) ~ nach* avoir soif de; *3. (fasten)* jeûner, faire diète
Hungersnot ['huŋərsno:t] *f* famine *f*
Hungerstreik ['huŋərʃtraɪk] *m* grève de la faim *f*
Hungertod ['huŋərto:t] *m den ~ sterben* mourir d'inamition *f*
Hungertuch ['huŋgərtu:x] *n am ~ nagen* crever de faim
hungrig ['huŋrɪç] *adj* affamé, ayant faim; *~ wie ein Wolf sein* avoir une faim de loup
Hunne ['hunə] *m HIST* hun *m*
Hupe ['hu:pə] *f* avertisseur *m,* klaxon *m*
hupen ['hu:pən] *v* klaxonner, corner
hüpfen ['hypfən] *v* sautiller, bondir, sauter
Hürde ['hyrdə] *f 1. (fig)* obstacle *m; 2. SPORT* haie *f*
Hürdenlauf ['hyrdənlauf] *m SPORT* course de haies *f,* saut d'obstacles *m*
Hure ['hu:rə] *f (fam)* putain *f,* prostituée *f*
Hurrikan ['hœrɪkən] *m* ouragan *m*
hurtig ['hurtɪç] *adj* rapide
huschen ['huʃən] *v* se glisser, passer rapidement
hüsteln ['hy:stəln] *v* toussoter
Husten ['hu:stən] *m MED* toux *f*
husten ['hu:stən] *v* tousser; *Ich werde dir etw ~.* Tu peux toujours courir.
Hustensaft ['hustənzaft] *m MED* sirop contre la toux *m*
Hut [hu:t] *m* chapeau *m; seinen ~ nehmen* rendre son tablier; *ein alter ~ sein* être une vieille histoire/être du réchauffé; *vor jdm den ~ ziehen* tirer son chapeau à qn; *sich etw an den ~ stecken* pouvoir garder qc/pouvoir se mettre qc où on pense *(fam)*; *mit jdm nichts am ~ haben* ne pas avoir d'atomes crochus avec qn/ne pas avoir d'affinités avec qn; *jdm eins auf den ~ geben* passer un savon à qn; *etw unter einen ~ bringen* accorder qc
hüten ['hy:tən] *v* garder, surveiller
Hüter(in) ['hy:tər(ɪn)] *m/f* gardien(ne) *m/f*
Hutkrempe ['hu:tkrɛmpə] *f* bord du chapeau *m*
Hütte ['hytə] *f 1. (Häuschen)* cabane *f,* hutte *f; 2. (Eisenhütte, Stahlhütte)* aciérie *f,* fonderie *f,* forge *f*
Hüttenindustrie ['hytənɪndustri:] *f ECO* industrie métallurgique *f*
Hyäne [hy'ɛ:nə] *f ZOOL* hyène *f*
Hyazinthe [hyat'sɪntə] *f BOT* jacinthe *f*
Hybridauto [hy'brɪtauto] *n* voiture hybride *f*
Hydrant [hy'drant] *m* bouche d'incendie *f*
Hydraulik [hy'draulɪk] *f PHYS* hydraulique *f*
hydraulisch [hy'draulɪʃ] *adj PHYS* hydraulique
Hydrokultur [hydrokul'tu:r] *f BOT* hydroculture *f*
Hygiene [hyg'je:nə] *f* hygiène *f*
hygienisch [hyg'je:nɪʃ] *adj* hygiénique
Hypnose [hyp'no:zə] *f* hypnose *f*
hypnotisieren [hypno:ti'zi:rən] *v* hypnotiser
Hypochonder [hypo'xɔndər] *m* hypocondriaque *m*
hypochondrisch [hypo'xɔndrɪʃ] *adj* hypocondriaque
Hypothek [hypo'te:k] *f* hypothèque *f*
Hysterie [hyste'ri:] *f PSYCH* hystérie *f*
hysterisch [hys'te:rɪʃ] *adj PSYCH* hystérique

H

I

ich [ɪç] *pron 1. (mit Verb verbunden)* je; *2. (unverbunden)* moi

Ich [ɪç] *n* moi *m; sein zweites ~* son alter ego
ichbezogen ['ɪçbətsoːgən] *adj* égocentrique
Ich-Erzähler ['ɪçɛrtsɛːlər] *m LIT* narrateur à la première personne *m*
Ichform ['ɪçfɔrm] *f* première personne *f*
ideal [ide'aːl] *adj* idéal, parfait
Ideal [ide'aːl] *n* idéal *m*
idealisieren [ideali'ziːrən] *v* idéaliser
Idealist [idea'lɪst] *m* idéaliste *m*
idealistisch [idea'lɪstɪʃ] *adj* idéaliste
Idealzustand [ide'aːltsuːʃtant] *m* état idéal *m,* situation idéale *f*
Idee [i'deː] *f 1.* idée *f; nicht die leiseste ~ von etw haben* ne pas avoir la moindre idée de qc; *2. (Vorstellung)* conception *f; 3. (Begriff)* notion *f; 4. (Gedanke)* pensée *f*
ideell [ide'ɛl] *adj 1.* idéel; *2. PHIL* idéal
Ideenlosigkeit [i'deːənloːzɪçkaɪt] *f* absence d'idées *f,* manque d'imagination *m*
Ideenreichtum [i'deːənraɪçtuːm] *m* créativité *f,* inventivité *f*
identifizieren [idɛntifi'tsiːrən] *v* identifier
identisch [i'dɛntɪʃ] *adj* identique
Identität [idɛnti'tɛːt] *f* identité *f*
Idiot(in) [id'joːt(ɪn)] *m/f* idiot(e) *m/f,* imbécile *m/f*
idiotisch [id'joːtɪʃ] *adj* idiot, fou
Idol [i'doːl] *n* idole *f*
idyllisch [i'dylɪʃ] *adj* idyllique
Igel ['iːgəl] *m ZOOL* hérisson *m*
Iglu ['iːglu] *m* igloo *m*
ignorant [igno'rant] *adj* ignorant *m*
Ignoranz [igno'rants] *f* ignorance *f*
ignorieren [igno'riːrən] *v* ignorer; *etw ~* ne pas tenir compte de qc
ihm [iːm] *pron* lui, à lui
ihn [iːn] *pron* le, lui; *An ~ richte ich das Wort.* C'est à lui que j'adresse la parole.
Ihnen ['iːnən] *pron (Höflichkeitsform)* vous, à vous
ihnen ['iːnən] *pron (weiblich)* leur, à elles, elles; *(männlich)* leur, à eux, eux
Ihr [iːr] *pron (Höflichkeitsform)* vous, votre
ihr [iːr] *pron 1. (Dativ)* lui, à elle; *2. der/die/das Ihre* le leur/la leur; *3. (Plural)* vous; *4. (Possessivpronomen)* son, sa
Ihre(r,s) ['iːrə(r,s)] *pron (Höflichkeitsform)* vôtre, vos
ihre(r,s) ['iːrə(r,s)] *pron* sien(ne), ses
Ihrerseits ['iːrərzaɪts] *adv (Höflichkeitsform)* de votre part, de votre côté
ihrerseits ['iːrərzaɪts] *adv 1.* de sa part, de son côté; *2. (Plural)* de leur part, de leur côté
ihresgleichen ['iːrəs'glaɪçən] *adv 1. (Frau)* semblable; *2. (mehrere Personen)* semblables
Ihresgleichen ['iːrəs'glaɪçən] *adv* pareille; *2. (mehrere Personen)* pareilles
Ihretwegen ['iːrətveːgən] *adv (Höflichkeitsform)* à cause de vous, pour vous
ihretwegen ['iːrətveːgən] *adv* à cause d'elle(s), à cause d'eux, pour elle(s), pour eux
Ikone [i'koːnə] *f ART* icône *f*
illegal ['ɪlegaːl] *adj* illégal
illegitim [ɪlegi'tiːm] *adj 1.* illégitime; *adv 2.* indûment
Illegitimität [ɪlegitimi'tɛːt] *f* illégitimité *f*
illoyal ['ɪlɔy'jaːl] *adj* déloyal
Illoyalität [ɪlɔyjali'tɛːt] *f* déloyauté *f*
Illusion [ɪluz'joːn] *f* illusion *f*
illusionär [ɪluzjo'nɛːr] *adj* illusoire, chimérique
illusionslos [ɪlu'zjoːnsloːs] *adj ~ sein* être sans illusion, être désillusionné, être désabusé
illusorisch [ɪlu'zoːrɪʃ] *adj* illusoire
Illustration [ɪlustra'tsjoːn] *f* illustration *f*
illustrieren [ɪlu'striːrən] *v* illustrer
Illustrierte [ɪlu'striːrtə] *f* revue illustrée *f,* magazine *m*
Iltis ['ɪltɪs] *m ZOOL* putois *m*
im *(= in dem) (siehe „in")*
Imagepflege ['ɪmɪdʒpfleːgə] *f* soin de l'image de marque *m*
imaginär [ɪmagi'nɛːr] *adj* imaginaire
Imbiss ['ɪmbɪs] *m GAST* collation *f,* casse-croûte *m*
Imitation [ɪmɪta'tsjoːn] *f 1.* imitation *f; 2. (Fälschung)* contrefaçon *f*
imitieren [ɪmɪ'tiːrən] *v* imiter, contrefaire
Imker ['ɪmkər] *m* apiculteur *m*
Immatrikulation [ɪmatrikula'tsjoːn] *f* inscription *f*
immatrikulieren [ɪmatriku'liːrən] *v sich ~* s'inscrire
immens [ɪ'mɛns] *adj* immense

immer ['ɪmər] *adv* toujours, sans cesse, constamment, en permanence; *Auf ~!* À tout jamais! *auf ~ und ewig* à tout jamais/pour toujours; *wie auch ~* de quelque façon que ce soit/de toutes manières

immerhin ['ɪmərhɪn] *adv* toujours est-il que, toutefois, en tout cas, du moins
Immigration [ɪmigra'tsjoːn] *f* immigration *f*
immigrieren [ɪmi'griːrən] *v* immigrer
Immobilien [ɪmo'biːljən] *pl* biens immobiliers *m/pl,* immeubles *m/pl*
immun [ɪ'muːn] *adj* immunisé
Immunität [ɪmuːni'tɛːt] *f 1. MED* immunité *f; 2. POL* immunité *f*
Immunschwäche [ɪ'muːnʃvɛçə] *f MED* déficience immunitaire *f*
Imperativ ['ɪmperatiːf] *m 1. GRAMM* impératif *m; 2. kategorischer ~ PHIL* impératif catégorique *m*
Imperfekt ['ɪmpɛrfɛkt] *n GRAMM* imparfait *m*
Imperialismus [ɪmperja'lɪsmus] *m POL* impérialisme *m*
Imperium [ɪm'pɛrjum] *n* empire *m*
Impertinenz [ɪmpɛrti'nɛnts] *f* impertinence *f*
impfen ['ɪmpfən] *v* vacciner
Impfpass ['ɪmpfpas] *m MED* carnet de vaccination *m*
Impfstoff ['ɪmpfʃtɔf] *m MED* vaccin *m*
Impfung ['ɪmpfuŋ] *f MED* vaccination *f*
Implantat [ɪmplan'taːt] *n MED* implant *m*
implizieren [ɪmpli'tsiːrən] *v* impliquer
imponieren [ɪmpo'niːrən] *v jdm ~* impressionner qn, en imposer à qn
imponierend [ɪmpo'niːrənt] *adj* imposant, impressionnant
Import [ɪm'pɔrt] *m ECO* importation *f*
Importeur [ɪmpɔr'tøːr] *m ECO* importateur *m*
importieren [ɪmpɔr'tiːrən] *v* importer
imposant [ɪmpo'zant] *adj* imposant
Impotenz ['ɪmpotɛnts] *f MED* impuissance *f*
imprägnieren [ɪmprɛg'niːrən] *v 1.* imprégner; *2. (durchtränken)* imbiber de
impressionistisch [ɪmprɛsjo'nɪstɪʃ] *adj ART* impressionniste
Impressum [ɪm'prɛsum] *n* enseigne d'imprimeur *f*
improvisieren [ɪmprovi'ziːrən] *v* improviser
Impuls [ɪm'puls] *m 1.* impulsion *f; 2. (Einfluss)* influence *f*
impulsiv [ɪmpul'ziːf] *adj* impulsif
in flagranti [in fla'granti] *adv* en flagrant délit

in[1] [ɪn] *prep 1. (örtlich)* dans, en, à; *im Garten unserer Nachbarn* dans le jardin de nos voisins; *~ München* à Munich; *~ Deutschland* en Allemagne; *~ Brasilien* au Brésil; *~ den USA* aux Etats-Unis; *~ der Stadt (außer Haus)* en ville; *~ der Stadt (Gegensatz zu Land)* à la ville; *~ die Stadt gehen* aller en ville; *2. (zeitlich)* dans, pendant; *~ zwei Wochen (nach Ablauf von)* dans deux semaines; *~ zwei Wochen (innerhalb von)* en deux semaines; *im Jahr 1970* en 1970; *im Februar* en février, au mois de février; *im Sommer* en été; *im Frühling* au printemps; *~ der Nacht* pendant la nuit; *im Alter von* à l'âge de; *~ diesen Tagen* ces jours-ci; *~ der nächsten Woche* la semaine prochaine; *~ diesem Jahr* cette année; *~ meinem ganzen Leben* de toute ma vie; *~ kurzem* sous peu; *3. (Stoff)* de, en; *~ Holz* de bois, en bois

in[2] [ɪn] *adj (modern)* in
inakzeptabel ['ɪnaktsɛptaːbəl] *adj* inacceptable, inadmissible
Inanspruchnahme [ɪn'anʃpruxnaːmə] *f* utilisation *f,* occupation *f,* mise à contribution *f*
Inbegriff ['ɪnbəgrɪf] *m 1.* substance *f; 2. (Verkörperung)* incarnation *f,* personnification *f*
inbegriffen ['ɪnbəgrɪfən] *adj* compris, inclus
Inbetriebnahme [ɪnbə'triːpnaːmə] *f TECH* mise en service *f*
Inbrunst ['ɪnbrunst] *f* ferveur *f,* ardeur *f*
inbrünstig ['ɪnbrynstɪç] *adj* fervent, ardent
indem [ɪn'deːm] *konj 1. (dadurch, dass)* grâce à; *2. (während)* pendant que
Inder(in) ['ɪndər(ɪn)] *m/f* Indien(ne) *m/f*
indessen [ɪn'dɛsən] *konj 1.* tandis que; *adv 2. (während)* pendant ce temps, en attendant; *3. (dennoch)* pourtant, néanmois
Indianer(in) [ɪn'djaːnər(ɪn)] *m/f* Indien(ne) (d'Amérique) *m/f*
indianisch [ɪn'djaːnɪʃ] *adj* indien
Indien ['ɪndjən] *n GEO* l'Inde *f*
Indio ['ɪndjo] *m* Indien d'Amérique latine *m*
indirekt ['ɪndirɛkt] *adj* indirect

I

indisch ['ɪndɪʃ] *adj* indien
indiskret ['ɪndɪskreːt] *adj* indiscret
Indiskretion [ɪndɪskrɛ'tsjoːn] *f* indiscrétion *f*, indélicatesse *f*
indiskutabel ['ɪndiskutaːbəl] *adj* indiscutable
indisponiert ['ɪndɪsponiːrt] *adj* indisposé
Indisponiertheit ['ɪndɪsponiːrthaɪt] *f* indisposition *f*
Individualismus [ɪndividua'lɪsmus] *m* individualisme *m*
individualistisch [ɪndividua'lɪstɪʃ] *adj* individualiste
Individualität [ɪndividuali'tɛːt] *f* individualité *f*
individuell [ɪndividu'ɛl] *adj* individuel
Individuum [ɪndi'viːduum] *n* individu *m*
Indiz [ɪn'diːts] *n JUR* indice *m*
indoeuropäisch ['ɪndoɔyropɛːɪʃ] *adj LING* indo-européen
indogermanisch ['ɪndogɛrmaːnɪʃ] *adj LING* indo-germanique
industrialisieren [ɪndustriali'ziːrən] *v* industrialiser
Industrialisierung [ɪndustrialɪ'ziːruŋ] *f* industrialisation *f*
Industrie [ɪndus'triː] *f* industrie *f*
Industrie- und Handelskammer [ɪndus'triːunt'handəlskamər] *f* Chambre de commerce et d'industrie *f*
industriell [ɪndustri'ɛl] *adj* industriel
Industrielle(r) [ɪndustri'jɛlə(r)] *m/f* industriel(le) *m/f*
Industriemüll [ɪndus'triːmyl] *m ECO* déchets industriels *m/pl*
Industriestandort [ɪndus'triːʃtantɔrt] *m ECO* site industriel *m*
Industrieunternehmen [ɪndus'triːuntərneːmən] *n ECO* entreprise industrielle *f*
Industriezweig [ɪndus'triːtsvaɪk] *m* branche industrielle *f*, secteur industriel *m*
Ineffektivität [ɪnɛfɛktivi'tɛːt] *f* inefficacité *f*
ineffektiv ['ɪnɛfɛktiːf] *adj* inefficace
ineinander [ɪnaɪ'nandər] *adv* l'un dans l'autre, les uns dans les autres; *~ greifen (fig)* s'enchaîner, s'engrener
infam [ɪn'faːm] *adj* infâme, ignoble, abject
Infamie [ɪnfa'miː] *f* infamie *f*
infantil [ɪnfan'tiːl] *adj* infantil, puéril
Infantilität [ɪnfantili'tɛːt] *f* infantilisme *m*, puérilisme *m*, puérilité *f*
Infarkt [ɪn'farkt] *m MED* infarctus *m*
Infektion [ɪnfek'tsjoːn] *f MED* infection *f*
Infektionsgefahr [ɪnfɛk'tsjoːnsgəfaːr] *f MED* risque d'infection *m*
Infektionskrankheit [ɪnfek'tsjoːnskraŋkhaɪt] *f MED* maladie infectieuse *f*
infiltrieren [ɪnfɪl'triːrən] *v POL* infiltrer, noyauter
Infinitiv ['infinitiːf] *m GRAMM* infinitif *m*
infizieren [ɪnfi'tsiːrən] *v* infecter
Inflation [ɪnflats'joːn] *f ECO* inflation *f*
inflationär [ɪnflatsjo'nɛːr] *adj ECO* inflationniste
infolge [ɪn'fɔlgə] *prep* par suite de
infolgedessen [ɪnfɔlgə'dɛsən] *konj* dès lors, par conséquent
Informatik [ɪnfɔr'maːtɪk] *f* informatique *f*
Informatiker(in) [ɪnfɔr'maːtɪkər(ɪn)] *m/f* informaticien(ne) *m/f*
Information [ɪnfɔrma'tsjoːn] *f* information *f*; *zur ~* à titre d'information
Informationsmaterial [ɪnfɔrma'tsjoːnsmaterjaːl] *n* matériel d'information *m*
informativ [ɪnfɔrma'tiːf] *adj* informatif
informell [ɪnfɔr'mɛl] *adj* informel
informieren [ɪnfɔr'miːrən] *v* informer
Infrastruktur ['ɪnfraʃtruktuːr] *f* infrastructure *f*
Infusion [ɪnfus'joːn] *f MED* perfusion *f*
Ingenieur(in) [ɪnʒɛn'jøːr(ɪn)] *m/f* ingénieur(e) *m/f*
Ingenieurwesen [ɪnʒən'jøːrveːzən] *n* ingénierie *f*
Ingwer ['ɪŋvər] *m BOT* gingembre *m*
Inhaber ['ɪnhaːbər] *m 1. (Eigentümer)* propriétaire *m; 2. (Besitzer)* possesseur *m*, détenteur *m; 3. (Amtsinhaber)* titulaire *m*
inhaftieren [ɪnhaf'tiːrən] *v* arrêter, emprisonner
Inhaftierung [ɪnhaf'tiːruŋ] *f* incarcération *f*, emprisonnement *m*
inhalieren [ɪnha'liːrən] *v MED* inhaler, faire des inhalations
Inhalt ['ɪnhalt] *m 1.* contenu *m; 2. (fig)* matière *f*, fond *m*, sujet *m*
Inhaltsangabe ['ɪnhaltsangaːbə] *f* résumé *m*, sommaire *m*, abrégé *m*
Inhaltsverzeichnis ['ɪnhaltsfɛrtsaɪçnɪs] *n* table des matières *f*
Initialen [ɪnɪ'tsjaːlən] *pl* initiales *f/pl*
Initiative [ɪnɪtsja'tiːvə] *f* initiative *f*
initiieren [ɪnɪ'tsiiːrən] *v* initier
Injektion [ɪnjɛk'tsjoːn] *f MED* injection *f*, piqûre *f*
Inkasso [ɪn'kaso] *n FIN* recouvrement *m*, encaissement *m*

inklusive [ɪnklu'ziːvə] *prep* compris, y compris
Inkonsequenz [ɪnkɔnzə'kvɛnts] *f* inconséquence *f*
In-Kraft-Treten [ɪn'krafttreːtən] *n* entrée en vigueur *f*
Inland ['ɪnlant] *n* intérieur du pays *m*
inmitten [ɪn'mɪtən] *prep* au milieu de
innehaben ['ɪnəhaːbən] *v irr 1.* avoir, avoir en sa possession; *2. (Amt)* occuper, exercer; *3. (Titel)* détenir
innehalten ['ɪnəhaltən] *v irr* arrêter
innen ['ɪnən] *adv* à l'intérieur, au dedans, en dedans
Innenarchitekt(in) ['ɪnənarçɪtɛkt(ɪn)] *m/f* architecte-décorateur/architecte-décoratrice *m/f*
Innenausstattung ['ɪnənausʃtatuŋ] *f 1.* aménagement intérieur *m,* installation intérieure *f; 2. (eines Autos)* garniture intérieure *f*
Innendienst ['ɪnəndiːnst] *m 1.* service de bureau *m; 2. MIL* service intérieur *m,* service interne *m*
Inneneinrichtung ['ɪnənaɪnrɪçtuŋ] *f* aménagement intérieur *m,* agencement intérieur *m,* ameublement *m*
Innenhof ['ɪnənhoːf] *m* cour intérieure *f*
Innenminister ['ɪnənministər] *m POL* ministre de l'Intérieur *m*
Innenministerium ['ɪnənmɪnɪsteːrjum] *n POL* ministère de l'Intérieur *m*
Innenpolitik ['ɪnənpolitiːk] *f POL* politique intérieure *f*
Innenraum ['ɪnənraum] *m* pièce intérieure *f,* intérieur *m*
Innenseite ['ɪnənzaɪtə] *f* côté intérieur *m,* page intérieure *f*
Innenstadt ['ɪnənʃtat] *f 1.* centre de la ville *m,* centre-ville *m; 2. (Altstadt)* vieille ville *f*
Innentasche ['ɪnəntaʃə] *f* poche intérieure *f*
innerbetrieblich ['ɪnərbətriːplɪç] *adj* à l'intérieur de l'entreprise, interne
innere(r,s) ['ɪnərə(r,s)] *adj* intérieur, interne
Innereien [ɪnər'aɪən] *pl GAST* abats *m/pl,* tripes *f/pl*
innerhalb ['ɪnərhalp] *prep 1. (örtlich)* à l'intérieur de, dans, au sein de; *2. (zeitlich)* en l'espace de, en
innerparteilich ['ɪnərpartaɪlɪç] *adj POL* à l'intérieur du parti
innerstaatlich ['ɪnərʃtaːtlɪç] *adj POL* national, intérieur, interne
innewohnen ['ɪnəvoːnən] *v* être inhérent
innig ['ɪnɪç] *adj 1.* fervent, intime; *2. (herlich)* cordial; *3. (aufrichtig)* sincère
innovativ [ɪnnova'tiːf] *adj* innovateur
Innung ['ɪnuŋ] *f* corporation *f,* corps de métier *m*
inoffiziell [ɪnɔfi'tsjɛl] *adj* non officiel
ins *(= in das) (siehe „in")*
Insasse ['ɪnzasə] *m 2. (Fahrgast)* occupant *m; 1. (einer Anstalt)* pensionnaire *m/f; 3. (Fluggast)* passager *m*
Insassenversicherung ['ɪnzasənfɛrzɪçəruŋ] *f* assurance passager *f*
insbesondere [ɪnsbə'zɔndərə] *adv* surtout, particulièrement, en particulier, notamment
Inschrift ['ɪnʃrɪft] *f* inscription *f*
Insekt [ɪn'zɛkt] *n ZOOL* insecte *m*
Insektenstich [ɪn'zɛktənʃtɪç] *m* piqûre d'insecte *f*
Insektenvertilgungsmittel [ɪn'zɛktənfɛrtɪlguŋsmɪtəl] *n CHEM* insecticide *m*
Insel ['ɪnzəl] *f GEO* île *f; reif für die ~ sein* être bon pour l'asile
Inselbewohner(in) ['ɪnzəlbəvoːnər(ɪn)] *m/f* insulaire *m/f,* habitant(e) de l'île *m/f*
Inselgruppe ['ɪnzəlgrupə] *f GEO* groupe d'îles *m*
Inselstaat ['ɪnzəlʃtaːt] *m POL* Etat insulaire *m*
Inselwelt ['ɪnzəlvɛlt] *f* archipel *m*
Inserat [ɪnzə'raːt] *n* annonce *f*
inserieren [ɪnzə'riːrən] *v* mettre une annonce, annoncer
insgeheim [ɪnsgə'haɪm] *adv* secrètement, en secret, en cachette, à part soi
insgesamt [ɪnsgə'zamt] *adv* en tout, en totalité, dans l'ensemble
insistieren [ɪnzɪs'tiːrən] *v* insister sur
insofern [ɪn'zofɛrn] *konj 1.* dans la mesure où, en tant que; *adv 2.* dans cette mesure, dans ce cas-là; [ɪnzo'fɛrn]
Insolvenz ['ɪnzɔlvɛnts] *f ECO* insolvabilité *f*
Inspektion [ɪnspɛk'tsjoːn] *f 1.* inspection *f,* contrôle *m; 2. (Autoinspektion)* révision *f*
Inspektor(in) [ɪn'spɛktɔr(ɪn)] *m/f 1.* inspecteur/inspectrice *m/f; 2. (Aufseher(in))* inspecteur/inspectrice *m/f*
inspirieren [ɪnspi'riːrən] *v* inspirer
inspizieren [ɪnspi'tsiːrən] *v* inspecter
instabil ['ɪnʃtabiːl] *adj* instable

I

Instabilität ['ɪnʃtabili'tɛːt] *f* instabilité *f*
Installateur [ɪnstala'tøːr] *m* 1. installateur *m*; 2. *(Elektroinstallateur)* électricien *m*
installieren [ɪnsta'liːrən] *v* installer, équiper
Instandhaltung [ɪn'ʃtanthaltuŋ] *f* entretien *m*, maintenance *f*
inständig ['ɪnʃtɛndɪç] *adj* 1. pressant, instant; *adv* 2. instamment, avec insistance
Instandsetzung [ɪn'ʃtantzɛtsuŋ] *f* 1. remise en état *f*, réparation *f*; 2. *(eines Autos, eines Motorrads)* dépannage *m*
Instanz [ɪn'stants] *f* *JUR* instance *f*
Instanzenweg [ɪn'stantsənveːk] *m* *JUR* voie judiciaire *f*
Instinkt [ɪn'stɪŋkt] *m* instinct *m*
instinktiv [ɪnstɪŋk'tiːf] *adj* instinctif
Institut [ɪnsti'tuːt] *n* institut *m*, établissement *m*
institutionell [ɪnstitutsjo'nɛl] *adj* *POL* institutionnel
instruieren [ɪnstru'iːrən] *v* 1. *(Anweisungen geben)* donner des instructions; 2. *(informieren)* instruire, informer
Instrument [ɪnstru'mɛnt] *n* 1. *MUS* instrument; *ein ~ spielen* jouer d'un instrument; 2. *(Werkzeug)* instrument *m*, outil *m*
instrumental [ɪnstrumɛn'taːl] *adj* *MUS* instrumental
Instrumentalmusik [ɪnstrumɛn'taːlmuziːk] *f* *MUS* musique instrumentale *f*
Instrumentenbau [ɪnstru'mɛntənbau] *m* construction d'instruments *f*
inszenieren [ɪnstse'niːrən] *v* mettre en scène, monter
Inszenierung [ɪnstse'niːruŋ] *f* mise en scène *f*
intakt [ɪn'takt] *adj* intact
integer [ɪn'teːgər] *adj* *ein integrer Mann* un homme intègre
Integration [ɪntegra'tsjoːn] *f* intégration *f*, insertion *f*
integrieren [ɪnte'griːrən] *v* intégrer
Integrität [ɪntegri'tɛːt] *f* intégrité *f*
Intellekt [ɪntɛ'lɛkt] *m* intellect *m*
intellektuell [ɪntɛlɛktu'ɛl] *adj* intellectuel
Intellektuelle(r) [ɪntɛlɛktu'ɛlə(r)] *m/f* intellectuel(le) *m/f*
intelligent [ɪnteli'gɛnt] *adj* intelligent
Intelligenz [ɪntɛli'gɛnts] *f* intelligence *f*
Intelligenztest [ɪntɛli'gɛntstɛst] *m* test d'intelligence *m*
Intendant [ɪntɛn'dant] *m* intendant *m*, directeur général *m*
Intensität [ɪntɛnzi'tɛːt] *f* intensité *f*
intensiv [ɪntɛn'ziːf] *adj* intensif, intense
intensivieren [ɪntɛnzi'viːrən] *v* intensifier
Intensivkurs [ɪntɛn'ziːfkurs] *m* cours intensif *m*
Intensivstation [ɪntɛn'ziːfʃtatsjoːn] *f* *MED* service de réanimation *m*, station de soins intensifs *f*
Interaktion [ɪntərak'tsjoːn] *f* interaction *f*
interessant [ɪntərɛ'sant] *adj* 1. intéressant; 2. *(anziehend)* attirant, attrayant
Interesse [ɪntə'rɛsə] *n* intérêt *m*; *einer Sache ~ entgegenbringen* attacher de l'intérêt à qc; *Das liegt in Ihrem eigenen ~.* C'est dans votre propre intérêt.
Interessenausgleich [ɪntə'rɛsənausglaɪç] *m* péréquation des intérêts *f*
Interessenkonflikt [ɪntə'rɛsənkɔnflɪkt] *m* conflit d'intérêts *m*
Interessent [ɪntərɛ'sɛnt] *m* intéressé *m*
interessieren [ɪntərɛ'siːrən] *v* 1. intéresser; 2. *sich für etw ~* s'intéresser à qc
intern [ɪn'tɛrn] *adj* interne
Internat [ɪntɛr'naːt] *n* internat *m*
international [ɪntɛrnatsjo'naːl] *adj* international
Internationaler Währungsfonds ['ɪntɛrnatsjonaːlər 'vɛːruŋsfɔ̃] *m* *FIN* Fonds monétaire international *m*
Internet [ɪntɛrnɛt] *n* *INFORM* internet *m*
Interpret(in) [ɪntɛr'preːt(ɪn)] *m/f* interprète *m/f*
interpretieren [ɪntɛrprɛ'tiːrən] *v* interpréter
Interpunktion [ɪntɛrpuŋk'tsjoːn] *f* *GRAMM* ponctuation *f*
Intervall [ɪntɛr'val] *n* intervalle *m*
intervenieren [ɪntɛrve'niːrən] *v* intervenir
Intervention [ɪntɛrven'tsjoːn] *f* intervention *f*
interviewen [ɪntɛr'vjuːən] *v* interviewer
intim [ɪn'tiːm] *adj* intime
Intimität [ɪntimi'tɛːt] *f* intimité *f*
Intimsphäre [ɪn'tiːmsfɛːrə] *f* sphère d'intimité *f*, sphère intime *f*
intolerant ['ɪntolə'rant] *adj* intolérant
Intoleranz ['ɪntolə'rants] *f* intolérance *f*
intransitiv ['ɪntranzitiːf] *adj* intransitif
intravenös [ɪntrave'nøːs] *adj* *MED* intraveineux
intrigant [ɪntri'gant] *adj* intrigant
Intrigant(in) [ɪntri'gant(ɪn)] *m/f* intrigant(e) *m/f*
Intrige [ɪn'triːgə] *f* intrigue *f*

Invalide [ɪnva'liːdə] *m* invalide *m*
Invalidenrente [ɪnva'liːdənrɛntə] *f* pension d'invalidité *f*
Invasion [ɪnvas'joːn] *f* *POL* invasion *f*
Inventar [ɪnvɛn'taːr] *n* inventaire *m*
Inventur [ɪnvɛn'tuːr] *f* inventaire *m*
investieren [ɪnvɛ'stiːrən] *v* investir, placer
Investition [ɪnvɛsti'tsjoːn] *f* investissement *m*, placement *m*
Investmentfonds [ɪn'vɛstmɛntfɔ̃] *m* *ECO* fonds commun de placement *m*
inwiefern [ɪnvi'fɛrn] *adv* dans quelle mesure, jusqu'à quel point
inwieweit [ɪnvi'vaɪt] *adv* dans quelle mesure, jusqu'à quel point
Inzest ['ɪntsɛst] *m* inceste *m*
Inzucht ['ɪntsuxt] *f* *BIO* inceste *m*
inzwischen [ɪn'tsvɪʃən] *adv* entre-temps, en attendant
Irak [i'raːk] *m* *GEO* Iraq *m*
Iraker(in) [i'raːkər(ɪn)] *m/f* Irakien(ne) *m/f*
irakisch [i'raːkɪʃ] *adj* irakien
Iran [i'raːn] *m* *GEO* Iran *m*
Iraner(in) [i'raːnər(ɪn)] *m/f* Iranien(ne) *m/f*
iranisch [i'raːnɪʃ] *adj* iranien
irden ['ɪrdən] *adj* en terre cuite
irdisch ['ɪrdɪʃ] *adj* terrestre, de ce monde
Ire ['iːrə] *m* Irlandais *m*
irgendein ['ɪrgəntaɪn] *adv* n'importe quel, quelconque
irgendetwas ['ɪrgənt'ɛtvas] *adv* n'importe quoi, quelque chose
irgendjemand ['ɪrgənt jeːmant] *adv* quelqu'un
irgendwann ['ɪrgəntvan] *adv* un jour ou l'autre
irgendwelche(r,s) ['ɪrgəndvɛlçə(r,s)] *adv* quelconque
irgendwie ['ɪrgəntviː] *adv* n'importe comment
irgendwo ['ɪrgəntvoː] *adv* n'importe où, quelque part
irisch ['iːrɪʃ] *adj* irlandais
Irland ['ɪrlant] *n* *GEO* Irlande *f*
ironisch [i'roːnɪʃ] *adj* ironique
irrational ['ɪratsjonaːl] *adj* irrationnel
irre ['ɪrə] *adj* *1. (verrückt)* fou, dément; *2. (fam: super)* génial, super
Irre(r) ['ɪrə(r)] *m/f* fou/folle *m/f*, aliéné(e) *m/f*
irreführen ['ɪrəfyːrən] *v* induire en erreur, égarer; *jdn ~* donner le change à qn
irregulär ['ɪregulɛːr] *adj* irrégulier
irren ['ɪrən] *v* *1.* errer; *2. sich ~* être dans l'erreur, se tromper, se mettre le doigt dans l'œil; *Ich müsste mich sehr ~.* Ou je ne m'y-connais pas.
Irrenanstalt ['ɪrənanʃtalt] *f* asile d'aliénés *m*
Irrenhaus ['ɪrənhaus] *n* asile d'aliénés *m*, maison de fous *f*
Irrfahrt ['ɪrfaːrt] *f* odyssée *f*
Irrgarten ['ɪrgartən] *m* *1.* labyrinthe *m*; *2. (fig)* labyrinthe *m*
Irrsinn ['ɪrzɪn] *m* folie *f*, démence *f*
irrsinnig ['ɪrzɪnɪç] *adj* *1. MED* dément, aliéné, aberrant; *2. (fig)* dingue, terrible, terriblement, vachement; *adv* *3. (äußerst)* terriblement, vachement
Irrtum ['ɪrtum] *m* *1.* erreur *f*; *sich im ~ befinden* avoir tort/faire erreur/se tromper; *2. (Missverständnis)* malentendu *m*
irrtümlich ['ɪrtyːmlɪç] *adj* *1.* erroné; *adv* *2.* par erreur
Irrweg ['ɪrveːk] *m* *(fig)* fausse piste *f*
Ischias ['ɪʃias] *m* *ANAT* sciatique *f*
ISDN [iːɛsdeː'ɛn] *n* RNIS *m*
Islam [ɪs'laːm] *m* *REL* Islam *m*
islamisch [ɪs'laːmɪʃ] *adj* *REL* islamique
Islamismus [isla'mɪsmus] *m* *REL* islamisme *m*
Islamist(in) [isla'mɪst(ɪn)] *m/f* *REL* islamiste *m/f*
islamistisch [ɪsla'mɪstɪʃ] *adj* islamiste
Island ['iːslant] *n* *GEO* Islande *f*
Isländer(in) ['iːslændər(ɪn)] *m/f* Islandais(e) *m/f*
Isolationshaft [izola'tsjoːnshaft] *f* *JUR* isolement cellulaire *m*
Isolierband [izo'liːrbant] *n* *TECH* ruban isolant *m*, chatterton *m*
isolieren [izo'liːrən] *v* isoler
Isoliermaterial [izo'liːrmaterjaːl] *n* *TECH* isolant *m*, matière isolante *f*, diélectrique *m*
Isolierung [izo'liːruŋ] *f* *1.* isolement *m*; *2. TECH* isolation *f*
Israel ['israeːl] *n* *GEO* Israël *m*
Israeli [isra'eːli] *m* Israélien *m*
israelisch [ɪsra'eːlɪʃ] *n* israélien
Italien [i'taːljən] *n* *GEO* Italie *f*
Italiener(in) [ital'jeːnər(ɪn)] *m/f* Italien(ne) *m/f*
italienisch [ital'jeːnɪʃ] *adj* italien, d'Italie
Italienisch [ital'jeːnɪʃ] *n* *LING* Italien *m*

I

J

ja [jaː] *adv* oui, bien; *aber ~* mais si
Jacht [jaxt] *f NAUT* yacht *m*
Jacke ['jakə] *f 1. (Stoffjacke)* veste *f*, veston *m*, blouson *m*; *~ wie Hose sein* être du pareil au même/être bonnet blanc et blanc bonnet/être kif-kif bourricot; *die ~ voll kriegen* être battu comme plâtre/être battu comme un sourd; *2. (Strickjacke)* veste en laine *f*, cardigan *m*
Jackett [ʒa'kɛt] *n* veste *f*, veston *m*
Jade ['jaːdə] *m/f MIN* jade *m*
Jagd [jaːkt] *f 1.* chasse *f*; *2. (Verfolgung)* poursuite *f*
Jagdflinte ['jaːktflɪntə] *f* fusil de chasse *m*
Jagdflugzeug ['jaːktfluːktsɔyk] *n MIL* avion de chasse *m*, chasseur *m*
Jagdgewehr ['jaːktgəveːr] *n* fusil de chasse *m*
Jagdgründe ['jaːktgryndə] *pl in die ewigen ~ eingehen* rejoindre le pays de ses ancêtres
Jagdrennen ['jaːktrɛnən] *n* steeple-chase *m*
Jagdrevier ['jaːktreviːr] *n* terrain de chasse *m*
Jagdschein ['jaːktʃaɪn] *m* permis de chasse *m*
jagen ['jaːgən] *v 1.* chasser; *jdn mit etw ~ können* dégoûter qn avec qc; *2. (verfolgen)* poursuivre, pourchasser
Jäger(in) ['jɛːgər(ɪn)] *m/f* chasseur/chasseuse *m/f*
Jägerlatein ['jɛːgərlataɪn] *n* galéjades *f/pl*
jäh [jɛː] *adj 1. (plötzlich)* soudain, brusque; *2. (steil)* escarpé, raide, abrupt

> **Jahr** [jaːr] *n 1.* an *m*; *in die ~e kommen* vieillir/prendre de la bouteille *(fam)*; *in den besten ~en* à la fleur de l'âge; *2. (im Verlauf)* année *f*

jahrelang ['jaːrəlaŋ] *adj 1.* des années; *adv 2.* pendant des années
jähren ['jɛːrən] *v sich ~* être l'anniversaire de; *heute jährt es sich* ily a aujord'hui un an
Jahresabonnement ['jaːrəsabɔnəmɑ̃] *n* abonnement annuel *m*
Jahrestag ['jaːrəstaːk] *m* anniversaire *m*, jour anniversaire *m*
Jahreswechsel ['jaːrəsvɛksəl] *m* nouvel an *m*, nouvelle année *f*
Jahreszahl ['jaːrəstsaːl] *f* année *f*
Jahreszeit ['jaːrəstsaɪt] *f* saison *f*
Jahrgang ['jaːrgaŋ] *m 1.* année *f*; *2. (Schuljahrgang)* promotion *f*; *3. MIL* classe *f*
Jahrhundert [jaːr'hundərt] *n* siècle *m*
Jahrhundertereignis [jaːr'hundərtɛraɪknɪs] *n (fig)* événement du siècle *m*
jährlich ['jɛːrlɪç] *adj 1.* annuel; *adv 2.* par an
Jahrmarkt ['jaːrmarkt] *m* foire *f*
Jahrtausend [jaːr'tauzənt] *n* millénaire *m*
Jahrzehnt [jaːr'tseːnt] *n* décennie *f*
Jähzorn ['jɛːtsɔrn] *m* accès de colère *m*
jähzornig ['jɛːtsɔrnɪç] *adj* colérique, coléreux, irascible
Jalousie [ʒalu'ziː] *f* jalousie *f*, persienne *f*
Jammer ['jamər] *m 1. (Elend)* misère *f*, détresse *f*; *ein ~ sein* être malheureux/être vraiment dommage; *2. (Klagen)* plaintes *f/pl*, lamentations *f/pl*
jämmerlich ['jɛmərlɪç] *adj* lamentable, pitoyable, misérable
jammern ['jamərn] *v* se plaindre, se lamenter, gémir
Januar ['januaːr] *m* janvier *m*
Japan ['jaːpan] *n GEO* Japon *m*
Japaner(in) [ja'paːnər(ɪn)] *m/f* Japonais(e) *m/f*, Nippon(ne) *m/f*
japanisch [ja'paːnɪʃ] *adj* japonais, nippon, du Japon
japsen ['japsən] *v (fam)* haleter
jäten ['jɛːtən] *v* sarcler, désherber
Jauche ['jauxə] *f* purin *m*
jauchzen ['jauxtsən] *v* pousser des cris de joie, exulter, jubiler
jaulen ['jaulən] *v* glapir
jawohl [ja'voːl] *interj* oui, parfaitement
Jawort ['jaːvɔrt] *n jdm das ~ geben (in die Heirat einwilligen)* dire oui à qn pour l'épouser, consentir à épouser qn
Jazzgymnastik ['dʒæzgymnastɪk] *f SPORT* gymnastique de jazz *f*, aérobic *f*
Jazzkeller ['dʒæzkɛlər] *m MUS* cave de jazz *f*, caveau de jazz *m*
je [jeː] *adv 1. (~mals)* jamais; *prep 2. (pro)* par, chaque, chacun; *konj 3. ~ nachdem, ob* selon que; *4. ~ ..., desto ...* plus ..., plus ...
Jeans ['dʒiːns] *f* jean *m*
Jeansjacke ['dʒiːnsjakə] *f* veste de jean *f*

J

Jeansstoff ['dʒiːnsʃtɔf] *m* jean *m*
jede(r,s) ['jeːdə(r,s)] *pron 1.* chacun(e); *adj 2.* chaque, tout
jedenfalls ['jeːdənfals] *adv* en tout cas, de toute façon, quoi qu'il en soit
jedermann ['jeːdərman] *pron 1.* chacun; *2. (jeder Beliebige)* le premier venu, n'importe qui
jederzeit ['jeːdərtsaɪt] *adv* à tout moment, à toute heure
jedoch [je'dɔx] *konj* pourtant, cependant, toutefois
jedweder *pron (siehe „jeder")*
jegliche(r,s) ['jeːklɪçə(r,s)] *pron* chaque, chacun(e)
jeher ['jeː'her] *adv seit ~* de tout temps, depuis toujours
jemals ['jeːmals] *adv* jamais; *wenn ~* si jamais
jemand ['jeːmant] *pron* quelqu'un
Jemen ['jeːmən] *m GEO* Yémen *m*
jene(r,s) ['jeːnə(r,s)] *pron 1.* celui-là/celle-là; *adj 2.* ce(tte)
Jenseits ['jeːnzaɪts] *n* l'au-delà *m,* l'autre monde *m*
jenseits ['jeːnzaɪts] *prep* de l'autre côté, au-delà de
jetzt [jɛtst] *adv* maintenant, à présent; *Jetzt oder nie!* C'est l'occasion ou jamais!
Jetzt [jɛtst] *n das ~* le présent *m*
jeweilig ['jeːvaɪlɪç] *adj 1.* respectif, correspondant, actuel; *2. (vorherrschend)* prédominant
jeweils ['jeːvaɪls] *adv 1.* respectivement; *2. (jedes Mal)* chaque fois
jiddisch ['jɪdɪʃ] *adj* yiddisch
jobben ['dʒɔbən] *v* travailler, bosser
Joch [jɔx] *n* joug *m*
Jochbein ['jɔxbaɪn] *n ANAT* os de la pommette *m,* os malaire *m*
Jod [joːt] *n CHEM* iode *m*
jodeln ['joːdəln] *v* iodler, jodler
jodhaltig ['joːthaltɪç] *adj CHEM* qui contient de l'iode
joggen ['dʒɔgən] *v SPORT* faire du jogging
Jogginganzug ['dʒɔgɪŋantsuːk] *m SPORT* tenue de jogging *f*
Joggingschuhe ['dʒɔgɪŋʃuːə] *pl SPORT* chaussures de jogging *f/pl*
Joghurt ['joːgurt] *m/n GAST* yaourt *m,* yogourt *m*
Johannisbeere [jo'hanɪsbeːrə] *f 1. BOT*
johlen ['joːlən] *v* hurler, beugler
Jolle ['jɔlə] *f NAUT* canot *m,* yole *f*
Jongleur(in) [ʒɔŋ'gløːr(ɪn)] *m/f* jongleur/jongleuse *m/f*
jonglieren [ʒɔŋ'gliːrən] *v* jongler
Jordanien [jor'daːnjən] *n GEO* Jordanie *f*
Jordanier(in) [jor'daːnjər(ɪn)] *m/f* Jordanien(ne) *m/f*
Journalismus [ʒurna'lɪsmus] *m* journalisme *m*
Journalist(in) [ʒurna'lɪst(ɪn)] *m/f* journaliste *m/f*
journalistisch [ʒurna'lɪstɪʃ] *adj* journalistique
jovial [jo'vjaːl] *adj 1.* jovial; *adv 2.* d'un air jovial
Jubel ['juːbəl] *m* jubilation *f,* exultation *f,* cris de joie *m/pl*
jubeln ['juːbəln] *v* jubiler, exulter, pousser des cris de joie
Jubiläum [juːbi'lɛːum] *n* anniversaire *m*
jucken ['jukən] *v 1.* démanger; *2. (kratzen)* gratter
Juckreiz ['jukraɪts] *m MED* démangeaison *f*
Judaistik [juda'ɪstɪk] *f* science du judaïsme *f/pl*
Jude ['juːdə] *m* juif *m*
Judentum ['juːdəntuːm] *n REL* judaïsme *m*
Judenverfolgung ['juːdənfɛrfɔlguŋ] *f* persécution des Juifs *f*
Jüdin ['jyːdɪn] *f* juive *f*
jüdisch ['jyːdɪʃ] *adj 1.* juif; *2. REL* judaïque
Jugend ['juːgənt] *f* jeunesse *f; die ~ von heute* la jeunesse d'aujourd'hui
Jugendamt ['juːgəntamt] *n* office de la jeunesse *m,* office pour la jeunesse *m*
Jugendarbeitslosigkeit ['juːgəntarbaɪtsloːzɪçkaɪt] *f* chômage des jeunes *m*
Jugenderinnerung ['juːgəntɛrɪnəruŋ] *f* souvenir de jeunesse *m*
jugendfrei ['juːgəntfraɪ] *adj* permis aux mineurs, autorisé aux mineurs
Jugendfreund(in) ['juːgəntfrɔynt/'juːgəntfrɔyndɪn] *m/f* ami(e) d'enfance *m/f*
Jugendherberge ['juːgənthɛrbɛrgə] *f* auberge de jeunesse *f*
Jugendkriminalität ['juːgəntkrɪminalitɛːt] *f* délinquance juvénile *f*
jugendlich ['juːgəntlɪç] *adj* juvénile, jeune, de jeunesse
Jugendliche(r) ['juːgəntlɪçə(r)] *m/f* adolescent(e) *m/f*

J

Jugendliebe ['ju:gəntli:bə] *f 1.* amour de jeunesse *m; m/f 2. (Person)* amour de jeunesse *m*
Jugendorganisation ['ju:gəntɔrganizatsjo:n] *f* organisation de jeunes *f*
Jugendrichter(in) ['ju:gəntrɪçtər(ɪn)] *m/f JUR* juge pour enfants *m/f*, juge siégeant dans une juridiction pour enfants *m/f*
Jugendschutzgesetz ['ju:gəntʃutsgəzɛts] *n JUR* loi sur la protection des jeunes *f*
Jugendstil ['ju:gəntʃti:l] *m ART* Art nouveau *m*, style 1900 *m; 2. ARCH* Art déco *m*, style 1900 *m*
Jugendstrafanstalt ['ju:gəntʃtra:fanʃtalt] *f JUR* maison de correction *f*
Jugendsünde ['ju:gəntzyndə] *f* péché de jeunesse *m*
Jugendwerk ['ju:gəntve:rk] *n 1.* œuvre sociale pour la jeunesse *f; 2. LIT* œuvre de jeunesse *f*
Jugendzeit ['ju:gənttsaɪt] *f* jeunesse *f*, jeune âge *m*, adolescence *f*
Jugendzentrum ['ju:gənttsɛntrum] *n* Maison des jeunes et de la culture *f*
Jugoslawien [ju:go'sla:vjən] *n HIST* Yougoslavie *f*
Juli ['ju:li] *m* juillet *m*

> **jung** [juŋ] *adj* jeune; *~ geblieben* jeune de caractère; *Jung und Alt* jeunes et vieux; *~es Gemüse (fig)* la jeunesse *f*, la verte jeunesse *f; der Jüngste Tag* le jour du Jugement dernier *m*

Junge ['juŋə] *m* garçon *m*
Jünger ['jyŋər] *m REL* disciple *m*
Jungfernfahrt ['juŋfərnfa:rt] *f* voyage inaugural *m*
Jungfrau ['juŋfrau] *f* vierge *f*, pucelle *f*
jungfräulich ['juŋfrɔylɪç] *adj 1. MED* vierge; *2. (fig)* virginal
Jungfräulichkeit ['juŋfrɔylɪçkaɪt] *f 1.* virginité *f; 2. (fig)* virginité *f*
Junggeselle ['juŋgəzɛlə] *m* célibataire *m*, vieux garçon *m*
Jüngling ['jyŋlɪŋ] *m* adolescent *m*, jeune homme *m*
jüngst ['jyŋst] *adv (vor kurzem)* dernièrement, tout récemment
jüngste(r,s) ['jyŋstə(r,s)] *adj* le plus jeune/la plus jeune, le dernier/la dernière
Jungsteinzeit ['juŋʃtaɪntsaɪt] *f HIST* néolithique *m*
Jungtier ['juŋti:r] *n ZOOL* jeune animal *m*, jeune bête *f*, jeune *m*
Jungunternehmer(in) ['juŋuntərne:mər(ɪn)] *m/f ECO* jeune entrepreneur/entrepreneuse *m/f*
Jungverheiratete(r) ['juŋfɛrhaɪratətə(r)] *m/f* jeune marié(e) *m/f*
Jungwähler(in) ['juŋvɛ:lər(ɪn)] *m/f* jeune électeur/électrice *m/f*
Juni ['ju:ni] *m* juin *m*
Junikäfer ['ju:nikɛ:fər] *m ZOOL* hanneton de la Saint-Jean *m*
Junior ['ju:njɔr] *m 1. (Sohn)* fils *m; 2. SPORT* junior *m*
Juniorchef ['ju:njɔrʃɛf] *m* chef junior *m*, fils du patron *m*
Juniorpartner(in) ['ju:njɔrpartnər(ɪn)] *m/f ECO* jeune associé(e) *m/f*
Junta ['xunta] *f POL* junte *f*
Jura ['ju:ra] *n* droit *m*
Jurist(in) [ju:'rɪst(ɪn)] *m/f* juriste *m/f*, homme de loi/femme de loi *m/f*
juristisch [ju'rɪstɪʃ] *adj* juridique, de droit
Juror(in) ['ju:rɔr/ju'ro:rɪn] *m/f JUR* juré(e) *m/f*
Jury [ʒy'ri:] *f* jury *m*
justieren [jus'ti:rən] *v* ajuster, régler
Justiz [jus'ti:ts] *f* justice *f*
Justizbeamter [jus'ti:tsbəamtər] *m* magistrat de justice *m*, officier de justice *m*
Justizbehörde [jus'ti:tsbəhø:rdə] *f* autorités judiciaires *f/pl*
Justizminister(in) [jus'ti:tsmɪnɪstər(ɪn)] *m/f POL* ministre de la Justice *m*
Justizministerium [jus'ti:tsmɪnɪsterjum] *n* Ministère de la Justice *m*
Justizmord [jus'ti:tsmɔrt] *m JUR* condamnation à mort d'un innocent *f*
Jute ['ju:tə] *f BOT* jute *m*
Juwel [ju've:l] *n* joyau *m*, bijou *m*, pierre précieuse *f*
Juwelier [juvə'li:r] *m* bijoutier *m*, joaillier *m*
Juweliergeschäft [juvə'li:rgəʃɛft] *n* bijoutier *m*
Jux [juks] *m* plaisanterie *f*, farce *f*, blague *f; einen ~ machen* faire une farce; *aus lauter ~ und Tollerei* pour rigoler

K

Kabarett [kaba'rɛt] *n* *THEAT* cabaret *m*
Kabarettist(in) [kabarə'tɪst(ɪn)] *m/f* *THEAT* fantaisiste *m/f,* chansonnier *m*
Kabel ['kaːbəl] *n* câble *m*
Kabeljau ['kaːbəljau] *m* *ZOOL* cabillaud *m,* morue *f*
Kabine [ka'biːnə] *f* cabine *f*
Kabinett [kabi'nɛt] *n* *POL* cabinet *m,* ministère *m*
Kachel ['kaxel] *f* carreau de faïence *m*
kacheln ['kaxəln] *v* carreler
Kachelofen ['kaxəloːfən] *m* poêle en faïence *m,* poêle de faïence *m*
Kadaver [ka'daːvər] *m* *1.* cadavre *m;* *2.* *(Aas)* charogne *f*
Kadenz [ka'dɛnts] *f* *MUS* cadence *f*
Kader ['kaːdər] *m* *1.* cadre *m;* *2.* *SPORT* sélection *f,* équipe sélectionnée *f*
Käfer ['kɛːfər] *m* *ZOOL* coléoptère *m,* scarabée *m*
Kaffee ['kafeː] *m* café *m;* *Das ist ja kalter ~.* C'est du réchauffé.
Kaffeebohne ['kafeboːnə] *f* *GAST* grain de café *m*
Kaffee-Ersatz ['kafeɛrzats] *m* succédané de café *m,* ersatz de café *m*
Kaffeefahrt ['kafefaːrt] *f* excursion publicitaire organisée *f*
Kaffeefilter ['kafefɪltər] *m* filtre à café *m*
Kaffeekanne ['kafekanə] *f* cafetière *f*
Kaffeelöffel ['kafelœfəl] *m* cuiller à café *f*
Kaffeemaschine ['kafemaʃiːnə] *f* cafetière électrique *f*
Kaffeesatz ['kafezats] *m* marc de café *m*
Käfig ['kɛːfɪç] *m* cage *f;* *im goldenen ~ sitzen* être enfermé dans une cage dorée
kahl [kaːl] *adj* *1.* *(unbewachsen)* pelé, dégarni, nu; *2.* *(glatzköpfig)* chauve; *3.* *(ohne Blätter)* sans feuilles, défeuillé, nu; *4.* *(leer)* dénudé, nu, dépouillé, dégarni; *5.* *~ fressen* dévorer, ravager, dénuder
Kahlkopf ['kaːlkɔpf] *m* chauve *m*
Kahn [kaːn] *m* *1.* canot *m,* barque *f;* *einen im ~ haben (fam)* être bourré; *2.* *(Schleppkahn)* péniche *f,* choland *m*
Kai [kaɪ] *m* quai *m*
Kaiser(in) ['kaɪzər(ɪn)] *m/f* empereur/impératrice *m/f*
kaiserlich ['kaɪzərlɪç] *adj* impérial
Kaiserreich ['kaɪzərraɪç] *n* empire *m*
Kaiserschnitt ['kaɪzərʃnɪt] *m* *MED* césarienne *f*
Kajak ['kaːjak] *n* *SPORT* kajak *m*
Kajal [ka'jaːl] *m* khôl *m*
Kajüte [ka'jyːtə] *f* cabine *f*
Kakadu ['kakadu] *m* *ZOOL* cacatoès *m*
Kakao [ka'kau] *m* cacao *m;* *jdn durch den ~ ziehen (fig)* se payer la tête de qn/tourner qn en ridicule
Kakerlake ['kaːkərlakə] *m* *ZOOL* cafard *m*
Kalauer ['kaːlauər] *m* *(fam: Wortwitz)* calembour *m*
Kalb [kalp] *n* *ZOOL* veau *m*
Kalbsschnitzel ['kalpsʃnɪtsəl] *n* *GAST* escalope de veau *f*
Kalender [ka'lɛndər] *m* *1.* calendrier *m;* *etw rot im ~ anstreichen* marquer qc d'une croix; *2.* *(Taschenkalender)* agenda *m*
Kalenderjahr [ka'lɛndərjaːr] *n* année civile *f*
Kaliber [ka'liːbər] *n* calibre *m*
Kalif [ka'liːf] *m* *HIST* calife *m*
Kalk [kalk] *m* *CHEM* chaux *f*
Kalkstein ['kalkʃtaɪn] *m* calcaire *m*
Kalkül [kal'kyːl] *n* calcul *m*
Kalkulation [kalkula'tsjoːn] *f* calcul des coûts *m*
kalkulieren [kalku'liːrən] *v* calculer
Kalorie [kalo'riː] *f* *PHYS* calorie *f*
kalorienarm [kalo'riːənarm] *adj* pauvre en calories

> **kalt** [kalt] *adj* froid; *~ lassen* ne faire ni chaud ni froid *(fam)*; *der Kalte Krieg* la Guerre Froide *f;* *~ stellen (fig)* mettre sur la touche, mettre sur une voie de garage

kaltblütig ['kaltblyːtɪç] *adj* *1.* qui a du sang-froid, qui garde la tête froide; *adv* *2.* de sang-froid, avec sang-froid, froidement
Kälte ['kɛltə] *f* *1.* froid *m,* froideur *f;* *Man kommt hier vor ~ um.* On se gèle ici./On meurt de froid ici. *2.* *(fig)* froideur *f*
Kältewelle ['kɛltəvɛlə] *f* *METEO* vague de froid *f*
kaltherzig ['kalthɛrtsɪç] *adj* froid, insensible, sans cœur
Kaltmiete ['kaltmiːtə] *f* loyer hors charges *m*
kaltschnäuzig ['kaltʃnɔytsɪç] *adj* *(fam)* culotté, insensible, insolent

K

Kamel [ka'meːl] *n ZOOL* chameau *m*
Kamera ['kaməra] *f 1. (Fotokamera)* appareil photographique *m,* appareil photo *m; 2. (Filmkamera) CINE* caméra *f*
Kamerad [kamə'raːt] *m* camarade *m,* compagnon *m,* copain *m (fam),* pote *m (fam)*
Kameradschaft [kamə'raːtʃaft] *f* camaraderie *f,* amitié *f*
Kamille [ka'mɪlə] *f BOT* camomille *f*
Kamin [ka'miːn] *m* cheminée *f*
Kaminkehrer [ka'miːnkeːrər] *m* ramoneur *m*
Kamm [kam] *m 1. (Haarkamm)* peigne *m; 2. (Bergkamm)* crête *f,* arête *f; 3. (fig) alles über einen ~ scheren* mélanger les torchons et les serviettes; *den ~ voll haben* en avoir marre/en avoir plein le dos; *sich den ~ volllaufen lassen* boire comme un trou/boire jusqu'à plus soif; *Mir schwillt der ~!* J'en ai jusque là!/J'en ai par dessus la tête!
kämmen ['kɛmən] *v* peigner, donner un coup de peigne
Kammer ['kamər] *f 1.* petite pièce *f,* petite chambre *f; 2. POL* chambre *f; 3. (Herzkammer) ANAT* ventricule *m*
Kampagne [kam'panjə] *f* campagne *f*
Kampf [kampf] *m 1.* combat *m,* lutte *f,* bataille *f; 2. (Wettkampf)* compétition *f,* championnat *m,* concours *m,* match *m*
kämpfen ['kɛmpfən] *v* combattre, se battre, lutter, assaillir
Kämpfer ['kɛmpfər] *m 1.* combattant *m,* lutteur *m,* militant *m; 2. (Krieger)* guerrier *m; 3. (Wettkämpfer)* concurrent *m*
kämpferisch ['kɛmpfərɪʃ] *adj* combatif, batailleur, militant
kampfunfähig ['kampfunfɛːɪç] *adj* inapte au combat, incapable de se battre, hors de combat
kampieren [kam'piːrən] *v* camper
Kanada ['kanada] *n GEO* Canada *m*
kanadisch [ka'naːdɪʃ] *adj* canadien, du Canada
Kanal [ka'naːl] *m 1.* canal *m; 2. (Abwasserkanal)* égout *m*
Kanaldeckel [ka'naːldɛkəl] *m* plaque d'égout *m*
Kanalisation [kanaliza'tsjoːn] *f 1.* canalisation *f; 2. (Abwasser)* égouts *m/pl*
kanalisieren [kanali'ziːrən] *v 1. (Fluss)* canaliser; *2. (Stadt)* canaliser, créer des égouts
Kanarienvogel [ka'naːrjənfoːgəl] *m ZOOL* canari *m,* serin *m*
Kandare [kan'daːrə] *f jdn an die ~ nehmen* serrer la vis à qn/tenir la bride haute à qn; *jdn an der ~ haben* mener qn à la baguette
Kandidat(in) [kandi'daːt(ɪn)] *m/f* candidat(e) *m/f*
Kandidatur [kandida'tuːr] *f* candidature *f*
kandidieren [kandi'diːrən] *v* poser sa candidature, se porter candidat
kandiert [kan'diːrt] *adj* confit; *~e Früchte* fruits confits *m/pl*
Kaninchen [ka'niːnçən] *n ZOOL* lapin *m*
Kanister [ka'nɪstər] *m 1.* bidon *m; 2. (Benzinkanister)* jerrycan *m*
Kanne ['kanə] *f 1.* pot *m,* bidon *m; 2. (Gießkanne)* arrosoir *m*
Kanonenkugel [ka'noːnənkuːgəl] *f* boulet de canon *m*
Kante ['kantə] *f 1.* arête *f; etw auf die hohe ~ legen* mettre de l'argent de côté; *2. (Rand)* bord *m,* rebord *m,* bordure *f,* lisière *f*
kantig ['kantɪç] *adj* à arêtes vives, anguleux, équarri
Kantine [kan'tiːnə] *f* cantine *f*
Kanton [kan'toːn] *m GEO* canton *m*
Kanu ['kaːnu] *n* canoë *m*
Kanüle [ka'nyːlə] *f MED* canule *f*
Kanzel ['kantsəl] *f 1. REL* chaire *f; 2. (Flugzeug)* cockpit
Kanzlei [kants'laɪ] *f 1.* cabinet *m; 2. (Anwaltskanzlei)* étude *f,* bureau *m; 3. POL* chancellerie *f*
Kanzler ['kantslər] *m POL* chancelier *m*
Kanzleramt ['kantsləramt] *n POL* fonctions de chancelier *f/pl,* chancellerie *f*
Kap [kap] *n GEO* cap *m*
Kapazität [kapatsi'tɛːt] *f 1.* capacité *f; 2. (Person)* expert *m,* autorité *f,* as *m (fam)*
Kapelle [ka'pɛlə] *f 1. REL* chapelle *f; 2. MUS* orchestre *m; 3. MIL* fanfare *f*
kapern ['kaːpərn] *v (fam)* prendre, capturer, enlever, s'emparer
kapieren [ka'piːrən] *v* comprendre, saisir, piger *(fam)*
Kapital [kapi'taːl] *n* capital *m,* fonds *m/pl; aus etw ~ schlagen* tirer profit de qc/exploiter qc
Kapitalismus [kapita'lɪsmus] *m POL* capitalisme *m*
kapitalistisch [kapita'lɪstɪʃ] *adj POL* capitaliste
Kapitän [kapi'tɛːn] *m 1. (Schiffskapitän)* capitaine *m; 2. (Flugkapitän)* commandant de bord *m*
Kapitel [ka'pɪtəl] *n* chapitre *m*

kapitulieren [kapitu'li:rən] *v* capituler
Kappe ['kapə] *f 1. (Kopfbedeckung)* bonnet *m,* toque *f; etw auf seine ~ nehmen* prendre qc sous son bonnet; *2. (eines Mönchs)* calotte *f; 3. (Verschlusskappe)* chape *f; 4. (Stöpsel)* bouchon *m*
kappen ['kapən] *v 1.* couper; *2. (Baum)* étêter
Kapsel ['kapsəl] *f 1.* capsule *f; 2. (Behältnis)* boîte *f,* étui *m; 3. (Hülle)* enveloppe *f*
kaputt [ka'put] *adj 1. (entzwei)* cassé, fichu *(fam); 2. (fam: müde)* crevé, pompé
kaputtgehen [ka'putge:ən] *v irr* se casser, s'abîmer
kaputtlachen [ka'putlaxən] *v sich ~ (fam)* se tordre de rire, mourir de rire
kaputtmachen [ka'putmaxən] *v 1.* casser, abîmer, détériorer; *2. sich ~ (fam)* se tuer
kaputtschlagen [ka'putʃla:gən] *v irr* détruire, démolir
Kapuze [ka'pu:tsə] *f 1.* capuche *f,* capuchon *m; 2. (Mönch)* capuce *m*
Kapuziner [kapu'tsi:nər] *m (Mönch)* capucin *m*
Karabiner [kara'bi:nər] *m MIL* carabine *f,* mousqueton *m*
Karacho [ka'raxo] *n (fam) mit ~* à toute vitesse, à fond la caisse
Karaffe [ka'rafə] *f* carafe *f,* carafon *m*
Karambolage [karambo'la:ʒə] *f 1. SPORT* carambolage *m; 2. (Autokarambolage)* collision *f*
Karamell [kara'mɛl] *m GAST* caramel *m*
Karat [ka'ra:t] *n* carat *m*
Karate [ka'ratə] *n SPORT* karaté *m*
Karawane [kara'va:nə] *f* caravane *f*
Kardinal [kardi'na:l] *m REL* cardinal *m*
Karfreitag [ka:r'fraɪta:k] *m REL* Vendredi saint *m,* vendredi de Pâques *m*
karg [kark] *adj 1.* maigre, pauvre; *2. (trocken)* aride; *3. (geizig)* avare
kärglich ['kɛ:rglɪç] *adj* frugal
Karibik [ka'ri:bɪk] *f die ~ GEO* les Caraïbes *f/pl*
karibisch [ka'ri:bɪʃ] *adj* caraïbe
kariert [ka'ri:rt] *adj 1.* à carreaux; *2. (Papier)* quadrillé
Karikatur [karika'tu:r] *f* caricature *f*
karikieren [kari'ki:rən] *v* caricaturer
kariös [ka'rjø:s] *adj MED* carié
karitativ [karita'ti:f] *adj* caritatif
karminrot [kar'mi:nro:t] *adj* carmin
Karneval ['karnəval] *m* carnaval *m*
Karo ['ka:ro] *n 1. (Viereck)* carré *m,* quadrilatère *m; 2. (als Muster)* carreau *m; 3. (als Kartenspiel)* carreau *m*
Karosserie [karɔsə'ri:] *f TECH* carrosserie *f,* châssis *m*
Karosseriebau [karɔsə'ri:bau] *m TECH* construction de carrosserie *f,* fabrication de carrosserie *f*
Karotte [ka'rɔtə] *f BOT* carotte *f*
Karpfen ['karpfən] *m ZOOL* carpe *f*
Karren ['karən] *m 1.* charrette *f,* chariot *m; den ~ aus dem Dreck ziehen* sortir qc de l'ornière; *jdm an den ~ fahren* dénigrer qn/ tirer à boulet rouge sur qn; *2. (Schubkarren)* brouette *f*
Karriere [ka'rjɛ:rə] *f* carrière *f*

> **Karte** ['kartə] *f 1. (Eintrittskarte)* billet *m,* ticket *m; 2. (Ansichtskarte)* carte postale *f; 3. (Landkarte)* carte géographique *f; 4. (Speisekarte)* menu *m,* carte *f; 5. (Spielkarte)* carte à jouer *f; mit offenen ~n spielen* jouer cartes sur table; *alles auf eine ~ setzen* risquer le tout pour le tout; *seine ~n auf den Tisch legen* abattre son jeu; *alle ~n in der Hand haben* avoir tous les atouts dans son jeu; *schlechte ~n haben* ne pas avoir de chance; *jdm in die ~ n schauen* voir clair dans le jeu de qn; *mit gezinkten ~n spielen* jouer avec des cartes truquées

Kartei [kar'taɪ] *f* fichier *m*
Karteikarte [kar'taɪkartə] *f* fiche *f,* feuillet *m*
Karteikasten [kar'taɪkastən] *m* fichier *m,* boîte à fiches *f*
Kartell [kar'tɛl] *n ECO* cartel *m*
Kartellamt [kar'tɛlamt] *n ECO* autorités réglementant les cartels *f/pl*
Kartenhaus ['kartənhaus] *n wie ein ~ zusammenstürzen* s'écrouler comme un château de cartes
Kartenleger(in) ['kartənle:gər(ɪn)] *m/f* tireur/tireuse de cartes *m/f,* cartomancien(ne) *m/f*
Kartenspiel ['kartənʃpi:l] *n* jeu de cartes *m,* partie de cartes *f*
Kartentelefon ['kartəntelefo:n] *n* téléphone à carte *m*
Kartenvorverkauf [kartən'fo:rfɛrkauf] *m* location de cartes *f*
Kartoffel [kar'tɔfəl] *f BOT* pomme de terre *f; jdn fallen lassen wie eine heiße ~* laisser tomber qn comme une vieille chaussette
Karton [kar'tɔŋ] *m 1. (Material)* carton *m; 2. (Schachtel)* carton *m*

K

Karussell [karu'sɛl] *n* manège *m*
Karwoche ['kaːrvɔxə] *f* *REL* semaine sainte *f*
kaschieren [ka'ʃiːrən] *v* cacher, dissimuler, masquer, camoufler
Kaschmir ['kaʃmiːr] *m* cachemire *m*
Käse ['kɛːzə] *m* *1. GAST* fromage *m; 2. (fam: Unsinn)* idioties *f/pl,* bêtises *f/pl,* âneries *f/pl*
Käseblatt ['kɛːzəblat] *n (fam)* feuille de chou *f*
Käsereibe ['kɛːzəraɪbə] *f* râpe à fromage *f*
Kaserne [ka'zɛrnə] *f* *MIL* caserne *f*
Kasper ['kaspər] *m* pantin *m,* guignol *m*
Kasperletheater ['kaspərleteaːtər] *n* *THEAT* guignol *m*
Kasse ['kasə] *f* *1.* caisse *f; gut bei ~ sein* avoir de l'argent/être plein aux as *(fam); tief in die ~n greifen müssen* payer cher/devoir allonger la sauce *(fam); jdn zur ~ bitten (fig)* rappeler une facture à qn; *2. (Sparkasse)* caisse d'épargne *f; 3. (Krankenkasse)* caisse d'assurance maladie *f*

K

Kassenbestand ['kasənbəʃtant] *m* *ECO* avoir *m,* solde *m,* argent en caisse *m*
Kassenbon ['kasənb ɔ] *m* ticket de caisse *m*
Kassenschalter ['kasənʃaltər] *m* *1.* guichet *m; 2. (in einer Bank)* guichet *m*
Kassenzettel ['kasəntsɛtəl] *m* bordereau de vente *m,* bon de caisse *m*
Kassette [ka'sɛtə] *f* cassette *f*
Kassettenrekorder [ka'sɛtənrekɔrdər] *m* *TECH* magnétophone à cassettes *m*
kassieren [ka'siːrən] *v* encaisser
Kassierer(in) [ka'siːrər(ɪn)] *m/f* caissier/caissière *m/f*
Kastanie [kas'taːnjə] *f* *1. BOT* châtaigne *f; 2. (Esskastanie) BOT* marron *m; für jdn die ~n aus dem Feuer holen (fig)* tirer les marrons du feu pour qn
Kästchen ['kɛstçən] *n* *1. (kleine Kiste)* coffret *m,* écrin *m; 2. (auf Schreibpapier)* case *f*
Kaste ['kastə] *f* caste *f,* clan *m*
Kasten ['kastən] *m* boîte *f,* coffre *m,* caisse *f; etw auf dem ~ haben* avoir la tête bien faite; *etw im ~ haben CINE* avoir fait une bonne prise
kastrieren [kas'triːrən] *v* *MED* castrer, châtrer, émasculer
Katakombe [kata'kɔmbə] *f* catacombe *f*
Katalog [kata'loːk] *m* catalogue *m*
Katalysator [kataly'zaːtor] *m* catalyseur *m,* pot catalytique *m*
Katarr [ka'tar] *m* *MED* catarrhe *m*
katastrophal [katastro'faːl] *adj* catastrophique
Katastrophe [kata'stroːfə] *f* catastrophe *f; Was für eine ~!* Quelle catastrophe!
Katastrophenalarm [katas'troːfənalarm] *m* alerte au sinistre *f*
Katechismus [katɛ'çɪsmus] *m* *REL* catéchisme *m*
Kategorie [katego'riː] *f* catégorie *f*
kategorisch [kate'goːrɪʃ] *adj* catégorique
Kater[1] ['kaːtər] *m* *ZOOL* chat *m,* matou *m*
Kater[2] ['kaːtər] *m (fam)* gueule de bois *f; einen ~ haben* avoir la gueule de bois
Kathedrale [kate'draːlə] *f* *REL* cathédrale *f*
katholisch [ka'toːlɪʃ] *adj* *REL* catholique
Katholizismus [katoli'tsɪsmus] *m* *REL* catholicisme *m*

Katze ['katsə] *f* *ZOOL* chat *m; die ~ im Sack kaufen* acheter les yeux fermés; *die ~ aus dem Sack lassen* vendre la mèche; *mit jdm Katz und Maus spielen* jouer au chat et à la souris avec qn; *für die Katz sein* être pour des prunes, être pour du beurre

Kauderwelsch ['kaudərvɛlʃ] *n* charabia *m,* baragouin *m; ~ reden* baragouiner
kauen ['kauən] *v* mâcher, mastiquer
kauern ['kauərn] *v* *1.* être accroupi; *2. sich ~* s'accroupir, se tapir
Kauf [kauf] *m* achat *m,* acquisition *f; etw in ~ nehmen* devoir accepter qc, s'accomoder de qc, faire avec qc *(fam)*

kaufen ['kaufən] *v* acheter, acquérir; *sich jdn ~* acheter qn

Käufer(in) ['kɔyfər(ɪn)] *m/f* acheteur/acheteuse *m/f,* acquéreur/acquéreuse *m/f*
Kauffrau ['kauffrau] *f* *ECO* commerçante *f,* marchande *f*
Kaufhaus ['kaufhaus] *n* grand magasin *m,* grande surface *f*
Kaufkraft ['kaufkraft] *f* *ECO* pouvoir d'achat *m*
käuflich ['kɔyflɪç] *adj* *1.* achetable, à vendre; *2. (fig: bestechlich)* corruptible, vénal
Kaufmann ['kaufman] *m* marchand *m,* commerçant *m,* négociant *m*
kaufmännisch ['kaufmɛnɪʃ] *adj* commercial, de commerce
Kaufpreis ['kaufpraɪs] *m* prix d'achat *m*
Kaufvertrag ['kauffɛrtraːk] *m* contrat de vente *m*
Kaugummi ['kaugumi] *m/n* chewing-gum *m*

kaum [kaum] *adv* à peine, ne ... guère
Kaution [kau'tsjo:n] *f* caution *f*, garantie *f*; *~ stellen* verser une caution
Kautschuk ['kautʃuk] *m* caoutchouc *m*
Kauz [kauts] *m 1. ZOOL* chouette *f*, chathuant *m*, chevêche *f*; *2. (fig)* drôle d'oiseau *m*, drôle de paroissien *m*, drôle de type *m*
kauzig ['kautsɪç] *adj* excentrique, bizarre
Kavalier [kava'li:r] *m* galant homme *m*, gentleman *m*
Kavaliersdelikt [kava'li:rsdelɪkt] *n* peccadille *f*
keck [kɛk] *adj 1.* hardi; *adv 2.* hardiment, avec hardiesse, impudemment
Kegel ['ke:gəl] *m MATH* cône *m*
kegeln ['ke:gəln] *v* jouer aux quilles, jouer au bowling
Kehle ['ke:lə] *f ANAT* gorge *f*, gosier *m*; *jdm die ~ zuschnüren* serrer la gorge à qn; *sich die ~ aus dem Hals schreien (fig)* crier à gorge déployée; *eine trockene ~ haben* avoir la gorge sèche; *etw in die falsche ~ bekommen (fig)* comprendre qc de travers; *Jetzt geht es ihm an die ~.* Il est menacé maintenant.
Kehlkopf ['ke:lkɔpf] *m ANAT* larynx *m*
Kehrbesen ['ke:rbe:zən] *m* balai *m*
Kehre ['ke:rə] *f* tournant *m*, virage *m*
kehren ['ke:rən] *v 1.* balayer; *2. in sich gekehrt* perdu dans ses pensées
Kehricht ['ke:rɪçt] *m* ordures *f/pl*, détritus *m/pl*, saletés *f/pl*
Kehrschaufel ['ke:rʃaufəl] *f* pelle à poussière *f*
Kehrseite ['ke:rzaɪtə] *f 1. (Rückseite)* envers *m*; *2. (fig)* revers *m*; *die ~ der Medaille* le revers de la médaille *m*
kehrtmachen ['ke:rtmaxən] *v* revenir sur ses pas, rebrousser chemin, faire demi-tour
Kehrtwendung ['ke:rtvɛnduŋ] *f (fig)* volte-face *f*, retournement *m*
keifen ['kaɪfən] *v* gronder, rouspéter
Keil [kaɪl] *m* coin *m*, cale *f*
keilförmig ['kaɪlfœrmɪç] *adj* en forme de coin, cunéiforme
Keim [kaɪm] *m 1. BIO* germe *m*; *2. MED* germe *m*; *3. (fig)* embryon *m*, semence *f*; *etw im ~ ersticken* étouffer qc dans l'oeuf, tuer qc dans l'oeuf
Keimdrüse ['kaɪmdry:zə] *f BIO* glande génitale *f*, gonade *f*
keimen ['kaɪmən] *v* germer
keimfrei ['kaɪmfraɪ] *adj* stérilisé, pasteurisé, aseptique
Keimzelle ['kaɪmtsɛlə] *f 1. BIO* cellule germinale *f*, gamète *m*; *2. (fig)* foyer *m*, source *f*, semence *f*
kein ['kaɪn] *pron 1. ~(e)* ne ... pas, pas; *Ich habe ~e Zeit.* Je n'ai pas le temps. *2. (substantivisch) ~e(r,s)* aucun(e), nul(le), personne, pas un(e); *Ich kenne ~ nen der beiden.* Je ne connais aucun des deux.
keinerlei ['kaɪnərlaɪ] *adj* aucun, nul
keinesfalls ['kaɪnəsfals] *adv* en aucun cas, nullement, aucunement, pas du tout
keineswegs ['kaɪnəsve:ks] *adv* en aucune façon, nullement
Keks [ke:ks] *m GAST* biscuit *m*, gâteau sec *m*; *jdm auf den ~ gehen (fam)* taper sur le système à qn
Kelch [kɛlç] *m* calice *m*, coupe *f*
Kelle ['kɛlə] *f 1. (Schöpfkelle)* louche *f*; *2. (Maurerkelle)* truelle *f*
Keller ['kɛlər] *m* cave *f*, cellier *m*
Kellerwohnung ['kɛlərvo:nuŋ] *f* logement en sous-sol *m*, logement au sous-sol *m*
Kellner(in) ['kɛlnər(ɪn)] *m/f* garçon *m*, serveur/serveuse *m/f*
keltern ['kɛltərn] *v* presser, pressurer

> **kennen** ['kɛnən] *v irr* connaître; *Da kennt er gar nichts!* Il ne veut rien savoir! *jdn ~ lernen* faire la connaissance de qn

Kenner(in) ['kɛnər(ɪn)] *m/f* connaisseur/connaisseuse *m/f*, expert(e) *m/f*
Kennkarte ['kɛnkartə] *f* carte d'identité *f*
Kenntnis ['kɛntnɪs] *f* connaissance *f*; *in voller ~ der Sachlage* en connaissance de cause; *etw zur ~ nehmen* prendre connaissance de qc; *Das entzieht sich meiner ~.* Je ne sais pas. *jdn von etw in ~ setzen* informer qn de qc/mettre qn au courant de qc
Kenntnisnahme ['kɛntnɪsna:mə] *f zur ~* à titre d'information
Kennwort ['kɛnvɔrt] *n* mot de passe *m*
Kennzeichen ['kɛntsaɪçən] *n 1. (Merkmal)* caractéristique *f*, signe particulier *m*; *2. (Autokennzeichen)* plaque d'immatriculation *f*
kennzeichnen ['kɛntsaɪçnən] *v* marquer, caractériser, indiquer
Kennzeichnung ['kɛntsaɪçnuŋ] *f* marque *f*, marquage *m*
Kennziffer ['kɛntsɪfər] *f* numéro d'identification *m*, index *m*, code *m*
kentern ['kɛntərn] *v* chavirer
Keramik [ke'ra:mɪk] *f* céramique *f*

K

Kerbe ['kɛrbə] *f* entaille *f,* encoche *f,* cran *m; in die gleiche ~ hauen* poursuivre le même but/s'entendre comme larrons en foire
Kerl [kɛrl] *m* gars *m,* type *m,* mec *m*
Kern [kɛrn] *m 1. (Obstkern)* noyau *m,* pépin *m; 2. (fig: Mittelpunkt)* noyau *m,* centre *m; 3. (fig: das Wesentliche)* cœur *m,* fin fond *m*
Kernenergie ['kɛrnenɛrgiː] *f PHYS* énergie nucléaire *f*
Kerngedanke ['kɛrngədaŋkə] *m* idée fondamentale *f,* idée centrale *f*
kerngesund ['kɛrngə'zunt] *adj* en pleine forme, en pleine santé
kernig ['kɛrnɪç] *adj 1. (robust)* vigoureux, robuste, puissant; *2. (Sprüche)* vigoureux
Kernkraftwerk ['kɛrnkraftvɛrk] *n* centrale nucléaire *f,* centrale atomique *f*
Kernseife ['kɛrnzaɪfə] *f* savon de Marseille *m*
Kernzeit ['kɛrntsaɪt] *f* plage fixe de travail *f,* horaire de base *m*

K

Kerze ['kɛrtsə] *f* bougie *f,* chandelle *f*
kerzengerade ['kɛrtsəngə'raːdə] *adj* droit comme un cierge, droit comme un I
Kerzenständer ['kɛrtsənʃtɛndər] *m* chandelier *m,* bougeoir *m*
kess ['kɛs] *adj* déluré, fripon
Kessel ['kɛsəl] *m 1. (Kochgefäß)* marmite *f,* chaudron *m; 2. (Heizkessel)* chaudière *f*
Ketchup ['kɛtʃap] *m/n* ketchup *m*
Kette ['kɛtə] *f 1.* chaîne *f; jdn an die ~ legen* mettre qn aux fers/mater qn; *an der ~ liegen* être dans les fers; *2. (Halskette)* chaîne *f,* chaînette *f,* collier *m; 3. (Serie)* chaîne *f,* enchaînement *m,* suite *f*
Kettenreaktion ['kɛtənreaktsjoːn] *f PHYS* réaction en chaîne *f*
Ketzer(in) ['kɛtsər(ɪn)] *m/f REL* hérétique *m/f,* apostat(e) *m/f*
keuchen ['kɔyçən] *v* haleter
Keuchhusten ['kɔyçhuːstən] *m MED* coqueluche *f*
Keule ['kɔylə] *f 1.* massue *f; 2. GAST* cuisse *f,* gigot *m*
keusch ['kɔyʃ] *adj 1.* chaste; *2. (schamhaft)* pudique
Keuschheit ['kɔyʃhaɪt] *f 1.* chasteté *f, 2. (Scham)* pudicité *f*
kichern ['kɪçərn] *v* ricaner
kicken ['kɪkən] *v 1. (fam)* pousser du pied; *2. (Fußball spielen) SPORT* jouer au football
kidnappen ['kɪtnɛpən] *v* kidnapper, enlever, ravir
Kiefer[1] ['kiːfər] *m ANAT* mâchoire *f*
Kiefer[2] ['kiːfər] *f BOT* pin *m*
Kiel [kiːl] *m NAUT* quille *f,* carène *f*
Kielwasser ['kiːlvasər] *n* sillage *m; in jds ~ schwimmen* faire cause commune avec qn
Kieme ['kiːmə] *f ZOOL* branchie *f,* ouïe *f* *etw zwischen die ~n bekommen* se mettre qc sous la dent
Kies [kiːs] *m* gravier *m,* cailloux *m/pl*
Kieselstein ['kiːzəlʃtaɪn] *m* galet *m,* caillou *m*
kiffen ['kɪfən] *v (fam)* fumer du hash
Kilometer [kilo'meːtər] *m* kilomètre *m*
Kilometerpauschale [kilo'meːtərpauʃaːlə] *f* forfait kilométrique *m*
Kilometerzähler [kiːlo'meːtərtsɛːlər] *m* compteur kilométrique *m*

> **Kind** [kɪnt] *n* enfant *m; kein ~ von Traurigkeit sein* ne pas être le dernier à faire la fête; *bei jdm lieb ~ sein* se faire bien voir de qn; *das ~ beim richtigen Namen nennen* appeler un chat un chat; *mit ~ und Kegel* avec toute la smala/avec armes et bagages; *Wir werden das ~ schon schaukeln!* On va s'en occuper!

Kinderarbeit ['kɪndərarbaɪt] *f* travail des enfants *m*
Kinderarzt ['kɪndərartst] *m* pédiatre *m,* médecin pour enfants *m*
Kinderermäßigung ['kɪndərɛrmɛːsɪguŋ] *f* réduction pour enfants *f*
Kindererziehung ['kɪndərɛrtsiːuŋ] *f* éducation des enfants *f*
kinderfeindlich ['kɪndərfaɪntlɪç] *adj* hostile aux enfants
Kindergarten ['kɪndərgartən] *m* jardin d'enfants *m,* maternelle *f*
Kindergeld ['kɪndərgɛlt] *n* allocations familiales *f/pl*
Kinderheim ['kɪndərhaɪm] *n* foyer de la DDASS *m,* foyer d'enfants *m*
Kinderhort ['kɪndərhɔrt] *m* crèche *f,* garderie *f*
Kinderkrankheit ['kɪndərkraŋkhaɪt] *f* maladie infantile *f*
kinderleicht [kɪndər'laɪçt] *adj* facile, enfantin; *Das ist ~.* C'est facile comme tout.
kinderlos ['kɪndərloːs] *adj* sans enfant
Kindermädchen ['kɪndərmɛːtçən] *n* bonne d'enfants *f*
Kinderspiel ['kɪndərʃpiːl] *n 1.* jeu pour enfants *m; 2. ein ~ (fig)* jeu d'enfant *m*
Kinderwagen ['kɪndərvaːgən] *m* landau *m,* poussette *f*

Kinderzimmer ['kɪndərtsɪmər] *n* chambre d'enfants *f*
Kindesmisshandlung ['kɪndəsmɪshandluŋ] *f* maltraitance des enfants *f*
kindgerecht ['kɪntgərɛçt] *adj* adapté aux enfants
Kindheit ['kɪnthaɪt] *f* enfance *f*
kindisch ['kɪndɪʃ] *adj* puéril, naïf; *Sei nicht ~!* Ne fais pas l'enfant!
kindlich ['kɪndlɪç] *adj* *1.* enfantin; *2. (unschuldig)* candide, innocent
Kinkerlitzchen ['kɪŋkərlɪtsçən] *n ~ machen* faire des sottises, faire des bêtises
Kinn [kɪn] *n ANAT* menton *m*
Kinnhaken ['kɪnha:kən] *m (beim Boxen) SPORT* crochet à la mâchoire *m,* uppercut *m*
Kinnlade ['kɪnla:də] *f* mâchoire inférieure *f*
Kino ['ki:no] *n CINE* cinéma *m,* ciné *m (fam),* cinoche *m (fam)*
Kippe ['kɪpə] *f auf der ~ stehen* ne tenir qu'à un fil
kippen ['kɪpən] *v* *1.* basculer, faire basculer, renverser; *2. (um~)* culbuter
Kippfenster ['kɪpfɛnstər] *n* fenêtre à bascule *f,* fenêtre basculante *f,* vasistas *m*
Kirche ['kɪrçə] *f* église *f; die ~ im Dorf lassen* ne pas faire d'une montagne une taupinière; *die ~ ums Dorf tragen* couper les cheveux en quatre
Kirchenchor ['kɪrçənko:r] *m* chorale paroissiale *f,* maîtrise *f*
Kirchendiener ['kɪrçəndi:nər] *m* sacristain *m*
kirchlich ['kɪrçlɪç] *adj* *1.* de l'Eglise, ecclésiastique; *2. (religiös)* religieux
Kirchturm ['kɪrçturm] *m* clocher *m*
Kirchweih ['kɪrçvaɪ] *f* kermesse *f,* fête paroissiale *f*
Kirsche ['kɪrʃə] *f BOT* cerise *f; Mit ihm ist nicht gut ~n essen!* On ne peut pas s'entendre avec lui!
Kissen ['kɪsən] *n* *1.* coussin *m;* *2. (Kopfkissen)* oreiller *m*
Kiste ['kɪstə] *f* *1.* caisse *f,* boîte *f;* *2. (fam: Auto)* bagnole *f,* tacot *m*
kitschig ['kɪtʃɪç] *adj* kitsch, tape-à-l'œil, de mauvais goût
Kitt [kɪt] *m* *1. (Klebkitt)* colle *f;* *2. (Fensterkitt)* mastic *m*
Kittchen ['kɪtçən] *n (fam)* taule *f,* bloc *m; jdn ins ~ bringen* mettre qn en prison/mettre qn sous les verrous/coffrer qn *(fam)*
Kittel ['kɪtəl] *m* blouse *f,* tablier *m*
kitten ['kɪtən] *v* cimenter
kitzelig ['kɪtsəlɪç] *adj* *1.* chatouilleux; *2. (fig)* délicat, épineux
kitzeln ['kɪtsəln] *v* *1.* chatouiller; *2. (fig: Gaumen)* flatter
klaffen ['klafən] *v* être béant, béer
kläffen ['klɛfən] *v* japper, glapir
Klage ['kla:gə] *f* *1.* plainte *f,* lamentation *f;* *2. JUR* plainte *f,* demande *f,* action *f; ~ erheben* intenter une action
klagen ['kla:gən] *v* *1.* se plaindre, se lamenter; *2. JUR* porter plainte, déposer une plainte
Kläger ['klɛ:gər] *m JUR* plaignant *m*
Klageschrift ['kla:gəʃrɪft] *f JUR* plainte écrite *f,* demande *f,* requête *f*
kläglich ['klɛ:klɪç] *adj* *1. (beklagenswert)* lamentable, déplorable; *2. (jammernd)* plaintif
Klamauk [kla'mauk] *m* *1.* chahut *m,* boucan *m,* potin *m;* *2. (Aufregung)* cirque *m*
klamm [klam] *adj* *1. (feucht)* froid et humide; *2. (steif)* engourdi
Klamm [klam] *f GEO* gorge *f,* ravin *m*
Klammer ['klamər] *f* *1. (Büroklammer)* trombone *m,* attache lettres *f;* *2. (Heftklammer)* agrafe *f;* *3. (Wäscheklammer)* pince à linge *f,* épingle à linge *f;* *4. (Zeichen)* parenthèse *f*
klammern ['klamərn] *v* *1.* fixer avec des pinces; *2. sich ~ an* se raccrocher à
Klamotten [kla'mɔtən] *pl* fringues *f/pl,* nippes *f/pl,* frusques *f/pl*
Klang [klaŋ] *m* *1.* ton *m,* son *n;* *2. (Klangfarbe)* timbre *m,* tonalité *f*
klanglos ['klaŋlo:s] *adv sang- und ~* sans tambour ni trompette
klangvoll ['klaŋfɔl] *adj* *1.* sonore, vibrant; *2. (Stimme)* étoffé; *3. (fig)* qui sonne bien
Klappe ['klapə] *f* *1.* abattant *m;* *2. (bei einer Tür)* trappe *f;* *3. TECH* clapet *m,* valve *f;* *4. (fam: Mund)* bec *m,* gueule *f; Halt die ~!* Boucle-la!/Ferme-la! *eine große ~ haben (fam)* avoir une grande gueule; *jdm eins auf die ~ geben* mettre sa main sur la figure à qn
klappen ['klapən] *v (fig: gelingen)* réussir, bien marcher, coller; *Nichts klappt.* Rien ne marche.
klapperdürr ['klapər'dyr] *adj* maigre comme un clou
klapperig ['klapərɪç] *adj* *1. (Sache)* branlant, fragile; *2. (Person)* fragile, rabougri
klappern ['klapərn] *v* faire du bruit, claquer
Klaps [klaps] *m* *1.* tape *f,* claque *f,* taloche *f;* *2. Er hat einen ~.* Il a une araignée au plafond.

K

Klapsmühle ['klapsmyːlə] *f (fam)* maison de fous *f*

klar [klaːr] *adj 1. (Wetter)* clair, dégagé, se-rein; *2. (Luft)* pur; *3. (Flüssigkeit)* clair, limpide, transparent; *Das ist ~ wie Kloßbrühe!* C'est clair comme de l'eau de roche! *4. (Aussage)* clair, net, évident; *Ich habe klipp und ~ gesagt, was ich dachte.* J'ai dit carrément ce que je pensais. *es klipp und ~ sagen* mettre les points sur les i; *5. ~ sehen (verstehen)* comprendre; *~ werden* analyser

Kläranlage ['klɛːranlaːgə] *f* station d'épuration *f*
klären ['klɛːrən] *v 1.* décanter, clarifier; *2. (reinigen)* nettoyer, épurer; *3. (Situation)* clarifier, tirer au clair, élucider; *Die Sache hat sich geklärt.* Le problème est réglé./La question ne se pose plus.
Klarheit ['klaːrhaɪt] *f 1. (der Luft)* pureté *f; 2. (einer Flüssigkeit)* clarté *f,* limpidité *f; 3. (klarer Verstand)* lucidité *f*

K

Klarinette [klari'nɛtə] *f MUS* clarinette *f*
klarkommen ['klaːrkɔmən] *v irr* comprendre, s'en sortir
klarmachen ['klaːrmaxən] *v 1. (erklären)* expliquer, faire comprendre, exposer; *2. (bereitmachen)* apprêter; *3. (ein Schiff)* appareiller
Klärschlamm ['klɛːrʃlam] *m* boues d'épuration *f/pl,* boues de décantation *f/pl*
Klarsichthülle ['klaːrzɪçthylə] *f* chemise transparente *f,* pochette perforée *f*
klarstellen ['klaːrʃtɛlən] *v* éclaircir, tirer au clair, mettre en évidence, mettre au clair
Klarstellung ['klaːrʃtɛluŋ] *f* éclaircissement *m,* mise à jour *f*
Klärung ['klɛːruŋ] *f 1. (Reinigung)* épuration *f,* décantation *f; 2. (Klarstellung)* clarification *f,* éclaircissement *m,* élucidation *f*
klasse ['klasə] *adj (fam)* super, génial
Klasse ['klasə] *f 1. (Kategorie)* classe *f,* catégorie *f,* groupe *m,* division *f; 2. (Schulklasse)* classe scolaire *f; 3. (soziale ~)* classe sociale *f*
Klassenkamerad(in) ['klasənkaməraːt/ 'klasənkamə'raːdɪn] *m/f* camarade de classe *m/f*
Klassensprecher(in) ['klasənʃprɛçər(ɪn)] *m/f* délégué(e) de classe *m/f,* responsable de classe *m/f*
Klassenzimmer ['klasəntsɪmər] *n* salle de classe *f*
Klassifizierung [klasifi'tsiːruŋ] *f* classification *f; 2. SPORT* classement *m*
Klassik ['klasɪk] *f 1. (Zeitabschnitt)* époque classique *f,* classicisme *m; 2. (Stil)* style classique *m; 3. MUS* musique classique *f*
Klatsch [klatʃ] *m (fam)* commérages *m/pl*
klatschen ['klatʃən] *v 1.* claquer; *jdm eine ~* gifler qn/en coller une à qn *(fam)*; *2. (Beifall ~)* applaudir; *3. (negativ reden)* caqueter, jaser, rapporter
klatschnass ['klatʃ'nas] *adj* trempé jusqu'aux os
Klaue ['klauə] *f 1.* griffe *f,* ongle *m; in jds ~n geraten* tomber sous les griffes de qn; *2. (fam: Hand)* patte *f; 3. (fam: unleserliche Schrift)* gribouillis *m,* griffonnage *m*
klauen ['klauən] *v (fam)* faucher, piquer, barboter
Klausel ['klauzəl] *f JUR* clause *f*
Klausur [klau'zuːr] *f 1. (Abgeschiedenheit)* clôture *f,* ermitage *m,* isolement *m,* solitude *f; 2. (Prüfung)* examen écrit *m,* épreuve écrite *f*
Klavier [kla'viːr] *n MUS* piano *m*
kleben ['kleːbən] *v 1. (an~)* coller; *jdm eine ~ (fam)* gifler qn; *2. (haften)* adhérer, coller; *3. ~ bleiben* rester collé; *(fig: nicht versetzt werden)* redoubler, repiquer
Klebestreifen ['kleːbəʃtraɪfən] *m* ruban adhésif *m*
klebrig ['kleːbrɪç] *adj* collant, adhésif, gluant
Klebstoff ['kleːpʃtɔf] *m* colle *f,* glu *f*
kleckern ['klɛkərn] *v 1. (fam)* se salir, faire des taches; *2. (tröpfeln)* goutter
Klee [kleː] *m BOT* trèfle *m; jdn über den grünen ~ loben* porter qn aux nues
Kleid [klaɪt] *n 1. (für Frauen)* robe *f; 2. (Kleidungsstück)* habit *m,* vêtement *m*
kleiden ['klaɪdən] *v 1. sich ~* s'habiller, se vêtir; *schlecht gekleidet sein* être mal habillé/être fagoté comme un sac; *2. jdn ~ (gut aussehen an jdm)* aller bien à qn
Kleiderschrank ['klaɪdərʃraŋk] *m* armoire (à habits) *f,* penderie *f,* garde-robe *f*
Kleiderständer ['klaɪdərʃtɛndər] *m* portemanteau *m*
kleidsam ['klaɪtzaːm] *adj* seyant, élégant
Kleidung ['klaɪduŋ] *f 1.* habits *m/pl,* vêtements *m/pl,* habillement *m; 2. (für Frauen)* toilette *f*
Kleidungsstück ['klaɪduŋsʃtyk] *n* vêtement *m,* habit *m*
Kleie [klaɪə] *f BOT* son *m*

klein [klaɪn] *adj* petit, menu, minuscule, minime; *~ kariert* à petits carreaux

Kleinanzeige ['klaɪnantsaɪgə] *f* petite annonce *f*
Kleinbuchstabe ['klaɪnbuːxʃtaːbə] *m* lettre minuscule *f*
kleinbürgerlich ['klaɪnbyrgərlɪç] *adj* petit bourgeois, de la petite bourgeoisie
Kleingeld ['klaɪngɛlt] *n* monnaie *f*
Kleinholz ['klaɪnhɔlts] *n* petit bois *m*, menu bois *m*
Kleinigkeit ['klaɪnɪçkaɪt] *f* petit rien *m*, bagatelle *f*, futilité *f*; *Er regt sich wegen jeder ~ auf.* Il se fâche pour un rien.
kleinkariert ['klaɪnkariːrt] *adj (fig)* étroit d'esprit, borné, pointilleux
Kleinkind ['klaɪnkɪnt] *n* petit enfant *m*, enfant en bas âge *m*
Kleinkrieg ['klaɪnkriːk] *m 1. MIL* guérilla *m; 2. (fig)* petite guerre *f*
kleinlaut ['klaɪnlaut] *adj* penaud, décontenancé, confus
kleinlich ['klaɪnlɪç] *adj 1. (engstirnig)* étroit d'esprit, borné, mesquin; *Man sollte nicht zu ~ sein.* Il ne faut pas être chien. *2. (geizig)* pingre, chiche, avare, parcimonieux
kleinmütig ['klaɪnmyːtɪç] *adj 1.* pusillanime, craintif; *2. (ängstlich)* timoré
Kleinod ['klaɪnoːt] *n 1.* bijou *m*, joyau *m; 2. (fig)* trésor *m*
Kleinstadt ['klaɪnʃtat] *f* petite ville *f*, ville de province *f*
Kleinwagen ['klaɪnvaːgən] *m* voiture de faible cylindrée *f*, petite voiture *f*
kleistern ['klaɪstərn] *v* coller
Klemme ['klɛmə] *f 1.* pince *f; 2. (fig)* pétrin *m*, embarras *m; in der ~ sitzen (fam)* être dans le pétrin
klemmen ['klɛmən] *v 1. (einzwängen)* pincer, serrer, presser; *2. (festsitzen)* rester coincé
Klempner ['klɛmpnər] *m* plombier-zingueur *m*
Kleriker ['kleːrikər] *m* ecclésiastique *m*
Klerus ['kleːrus] *m REL* clergé *m*
Klette ['klɛtə] *f 1. BOT* bardane *f*, glouteron *m; 2. (fam)* crampon *m*, pot de colle *m*
klettern ['klɛtərn] *v* grimper, escalader
Kletterpflanze ['klɛtərpflantsə] *f BOT* plante grimpante *f*
Klettverschluss ['klɛtfɛrʃlus] *m* fermeture velcro *f*
klicken ['klɪkən] *n* cliquer, cliqueter
Klient(in) [kli'ɛnt(ɪn)] *m/f* client(e) *m/f*
Klima ['kliːma] *n* climat *m*
Klimaanlage ['kliːmaanlaːgə] *f* climatisation *f*, climatiseur *m*
Klimakatastrophe ['kliːmakatastroːfə] *f* catastrophe climatique *f*
Klimawandel ['kliːmavandəl] *m* changement climatique *m*
klimpern ['klɪmpərn] *v 1.* faire sonner, faire tinter; *2. (schlecht Klavier spielen)* pianoter; *3. mit den Wimpern ~* battre des cils
Klinge ['klɪŋə] *f 1.* lame *f; 2. (Schwert)* épée *f; eine scharfe ~ führen* avoir la dent dure/avoir la langue bien affûtée; *jdn über die ~ springen lassen* éliminer qn/passer qn au fil de l'épée
Klingel ['klɪŋəl] *f* sonnette *f*
klingeln ['klɪŋəln] *v* sonner; *Jetzt klingelt's bei mir!* Ça fait tilt!/J'ai pigé!
klingen ['klɪŋən] *v irr* sonner, résonner
Klinik ['kliːnɪk] *f* clinique *f*
Klinke ['klɪŋkə] *f* poignée *f*, loquet *m; sich die ~ in die Hand geben* s'enchaîner; *~n putzen (fig)* faire du porte à porte
Klippe ['klɪpə] *f 1.* falaise *f*, écueil *m*, brisant *m*, récif *m; 2. (fig)* écueil *m*
klirren ['klɪrən] *v* tinter, vibrer, cliqueter
klirrend ['klɪrənt] *adj 1. (Ton)* vibrant; *2. (Kälte)* glacial; *~e Kälte* froid de canard *m*
Klischee [klɪ'ʃeː] *n* cliché *m*
Kloake [klo'aːkə] *f* cloaque *m*, bourbier *m*, décharge *f*
klobig ['kloːbɪç] *adj* massif, trapu, grossier
Klobrille ['kloːbrɪlə] *f* lunette des W.-C. *f*
klonen ['kloːnən] *v BIO* cloner
klopfen ['klɔpfən] *v 1.* frapper, battre; *2. (Herz)* battre, palpiter; *3. (Motor)* cogner
Kloster ['kloːstər] *n REL* couvent *m*, monastère *m*
Klotz [klɔts] *m 1.* bloc de bois *m*, bûche *f*, billot *m; sich einen ~ ans Bein binden* se mettre un fil à la patte; *einen ~ am Bein haben* traîner un boulet/avoir un fil à la patte; *2. (Bauklotz)* cube *m; 3. (Mensch)* lourdaud *m*, rustre *m*
Kluft [kluft] *f 1. (Abgrund)* faille *f*, crevasse *f; 2. (fig: Gegensatz)* fossé *m*, faille *f; 3. (fam: Kleidung)* frusques *f/pl*, fringues *f/pl*

klug [kluːk] *adj* intelligent, sage, prudent; *aus jdm nicht ~ werden* ne pas comprendre qn/ne pas savoir où l'on en est avec qn

Klugheit ['kluːkhaɪt] *f* intelligence *f*, sagesse *f*

K

klumpen ['klumpən] *v* faire des grumeaux, se grumeler
Klumpen ['klumpən] *m 1.* boule *f,* pelote *f; 2. (Blutklumpen)* caillot *f; 3. (Goldklumpen)* pépite *f; 4. (Leute)* amas *m*
knabbern ['knabərn] *v* grignoter; *an etw zu ~ haben (fig)* longtemps souffrir de qc
knabenhaft ['kna:bənhaft] *adj (kindlich)* enfantin, puéril, d'enfant
Knäckebrot ['knɛkəbro:t] *n GAST* pain suédois *m,* galette suédoise *f*
knacken ['knakən] *v 1. (knarren)* craquer; *2. (Nüsse)* casser; *3. (fam: aufbrechen)* casser, forcer, défoncer
knackig ['knakɪç] *adj* croquant, craquant
Knall [knal] *m 1.* éclatement *m; 2. (Schuss)* coup de feu *m,* détonation *f; 3. (Aufprall)* choc *m*
knallen ['knalən] *v 1.* éclater, claquer, retentir; *jdm eine ~* gifler qn/mettre la main sur la gueule à qn *(fam); 2. (Schuss)* détoner
knalleng ['knal'ɛŋ] *adj (fam)* collant, moulant
knallhart ['knal'hart] *adj* très dur, brutal, rude
Knallkörper ['knalkœrpər] *m* pétard *m*
knapp [knap] *adj 1. (eng)* étroit, serré, trop juste; *2. (gering)* maigre, rare, limité, réduit; *~ bei Kasse sein* être à court d'argent; *3. (fig: kurz gefasst)* concis; *adv 4.* peu, de justesse; *5. jdn ~ halten (fam)* rationner qn, serrer la vis à qn *(fig)*
Knappheit ['knaphaɪt] *f 1. (der Kleidung)* étroitesse *f,* justesse *f; 2. (Mangel)* rareté *f,* pénurie *f,* manque *m*
Knarre ['knarə] *f 1. (Rassel)* crécelle *f; 2. (fam: Gewehr)* flingue *m*
knarren ['knarən] *v* grincer, craquer
Knast [knast] *m (fam)* taule/tôle *f,* cabane *f,* bloc *f,* trou *m*
Knäuel ['knɔyəl] *n/m 1. (Wollknäuel)* pelote de laine *f; 2. (fig: Menschenknäuel)* attroupement *m,* mêlée *f,* tas *m*
Knauf [knauf] *m* pommeau *m,* bouton *m*
knauserig ['knauzərɪç] *adj (fam)* pingre, radin, avare
Knautschzone ['knautʃtso:nə] *f (Auto)* zone déformable *f*
Knebel ['kne:bəl] *m* bâillon *m,* garrot *m*
knebeln ['kne:bəln] *v* bâilloner, museler
Knecht [knɛçt] *m* valet *m,* serviteur *m*
knechten ['knɛçtən] *v* asservir, assujettir
Knechtschaft ['knɛçtʃaft] *f* servitude *f,* esclavage *m,* servage *m*
kneifen ['knaɪfən] *v irr 1. (zwicken)* pincer; *2. (fam: sich drücken)* se dérober, se dégonfler
Kneifzange ['knaɪftsaŋə] *f* tenailles *f/pl*
Kneipe ['knaɪpə] *f* bar *m,* bistrot *m*
kneten ['kne:tən] *v* pétrir, malaxer
Knetmasse ['kne:tmasə] *f* pâte à modeler *f*
Knick [knɪk] *m 1. (Biegung)* coude *m; einen ~ in der Optik haben* ne pas avoir les yeux en face des trous; *2. (Papierknick)* pli *m,* pliure *f; 3. (Straßenknick)* virage *m*
knicken ['knɪkən] *v 1. (falten)* plier, plisser; *2. (ab~)* briser; *3. (fig)* affliger, accabler
knickrig ['knɪkrɪç] *adj (fam)* radin, pingre, rapiat
Knicks [knɪks] *m* révérence *f*

Knie [kni:] *n ANAT* genou *m; jdn in die ~ zwingen* faire plier qn/mater qn; *weiche ~ bekommen* avoir les genoux qui flageolent; *vor jdm auf den ~n rutschen* plier l'échine devant qn; *jdn übers ~ legen (fam)* rosser qn, flanquer une raclée à qn, tabasser qn

Kniebeuge ['kni:bɔygə] *f 1.* flexion des genoux *f; 2. REL* génuflexion *f*
Kniekehle ['kni:ke:lə] *f ANAT* jarret *m*
knien ['kni:ən] *v* être à genoux
Kniestrumpf ['kni:ʃtrumpf] *m* chaussette montante *f,* demi-bas *m*
kniffelig ['knɪfəlɪç] *adj (fam)* épineux, difficile, délicat
Knirps [knɪrps] *m 1. (Kind)* mioche *m,* marmot *m,* gosse *m,* môme *m; 2. (kleiner Mensch)* nabot *m*
knirschen ['knɪrʃən] *v 1.* crisser; *2. mit den Zähnen ~* grincer des dents
knistern ['knɪstərn] *v 1. (Feuer)* crépiter, pétiller; *2. (Papier)* craqueter; *3. (fig: Spannung)* être excitant
knitterfrei ['knɪtərfraɪ] *adj* infroissable
knittern ['knɪtərn] *v* se froisser, se chiffonner, se friper
knobeln ['kno:bəln] *v 1. (nachdenken)* cogiter; *2. (würfeln)* jouer aux dés; *3. (Stein, Schere, Papier)* jouer au sort
Knoblauch ['kno:blaux] *m BOT* ail *m*
Knöchel ['knœçəl] *m 1. (Fußknöchel) ANAT* cheville *f,* malléole *f; 2. (Fingerknöchel) ANAT* nœud *m*
Knochen ['knɔxən] *m ANAT* os *m; meine alten ~* ma vieille carcasse; *bis auf die ~* jusqu'aux os; *in die ~ fahren* bouleverser
Knochenbau ['knɔxənbau] *m ANAT* ossature *f,* charpente osseuse *f*

Knochenbruch ['knɔxənbrux] *m MED* fracture *f*
Knochengerüst ['knɔxəngəryst] *n ANAT* squelette *m*
knochentrocken [knɔxən'trɔkən] *adj (fig)* très sec
knöchern ['knœçərn] *adj* en os, osseux
knochig ['knɔxɪç] *adj* osseux, anguleux
Knödel ['knøːdəl] *m GAST* boulette *f*
Knolle ['knɔlə] *f BOT* tubercule *m*, bulbe *m*
Knopf [knɔpf] *m* bouton *m*
knöpfen ['knœpfən] *v* boutonner
Knopfloch ['knɔpflɔx] *n* boutonnière *f*
Knorpel ['knɔrpəl] *m ANAT* cartilage *m*
knorpelig ['knɔrpəlɪç] *adj* cartilagineux
Knospe ['knɔspə] *f BOT* bouton *m*, bourgeon *m*
knoten ['knoːtən] *v* nouer, faire un nœud
Knoten ['knoːtən] *m 1.* nœud *m; sich einen ~ ins Taschentuch machen* faire un nœud à son mouchoir; *Der ~ ist bei ihm ge-platzt.* Il a enfin pigé. *2. MED* nodosité *f*, nodule *m*, ganglion *m*
knuffen ['knufən] *v (fam)* donner un petit coup, donner une légère bourrade
knüpfen ['knypfən] *v 1. (binden)* nouer, attacher; *2. (Teppich)* nouer; *3. (fig: Beziehung)* nouer, lier, contracter des liens
Knüppel ['knypəl] *m 1. (Stock)* bâton *m*, gourdin *m; jdm ~ zwischen die Beine werfen* mettre des bâtons dans les roues à qn; *2. (Polizei)* matraque *f; 3. (Schaltknüppel)* levier de commande *m*, manette de commande *f*
knurren ['knurən] *v 1. (Hund)* gronder, grogner; *2. (Magen)* gargouiller; *3. (fig: meckern)* bougonner, grogner, ronchonner
knusprig ['knusprɪç] *adj* croustillant
knutschen ['knuːtʃən] *v (fam)* se bécoter
koalieren [koa'liːrən] *v POL* se coaliser
Koalition [koali'tsjoːn] *f POL* coalition *f*
Kobold ['koːbɔlt] *m* kobold *m*, lutin *m*
Koch [kɔx] *m* cuisinier *m*

kochen ['kɔxən] *v 1. (zubereiten)* cuisiner, faire la cuisine; *Kaffee ~* faire du café/prendre du café; *2. (garen)* cuire, faire cuire; *3. (sieden)* bouillir, faire bouillir

kochend ['kɔxənt] *adj* bouillant, en ébullition
Kocher ['kɔxər] *m* réchaud *m*
Köchin ['kœçɪn] *f* cuisinière *f*
Kochlöffel ['kɔxlœfəl] *m* cuiller en bois *f*
Kochrezept ['kɔxretsɛpt] *n* recette de cuisine *f*
Kochsalz ['kɔxzalts] *n GAST* sel de cuisine *m*
Kochtopf ['kɔxtɔpf] *m* casserole *f*, fait-tout *m*, marmite *f*
Köder ['køːdər] *m 1.* appât *m*, amorce *f; 2. (fig: Lockvogel)* leurre *m*
ködern ['køːdərn] *v* appâter
Koffein [kɔfe'iːn] *n* caféine *f*
koffeinfrei [kɔfe'iːnfraɪ] *adj* décaféiné
Koffer ['kɔfər] *m* valise *f; die ~ packen* faire ses valises
Kofferraum ['kɔfərraum] *m* coffre *m*
Kognak ['kɔnjak] *m GAST* cognac *m*
Kohl [koːl] *m BOT* chou *m*
Kohle ['koːlə] *f 1.* charbon *m; wie auf glühenden ~n sitzen* être sur des charbons ardents; *2. (Steinkohle)* houille *f*
Kohlefaser ['koːləfaːzər] *f TECH* fibre de carbone *f*
Kohlenbergwerk ['koːlənbɛrkvɛrk] *n* mine de charbon *f*
Koje ['koːjə] *f* cabine *f*, couchette *f*
Kokain [koka'iːn] *n* cocaïne *f*
kokett [ko'kɛt] *adj* coquet
Kokon [ko'kɔ̃ː] *m ZOOL* cocon *m*
Kokosnuss ['koːkɔsnus] *f BOT* noix de coco *f*
Koks [koːks] *m* coke *m*
Kolben ['kɔlbən] *m 1. (Maiskolben)* épi de maïs *m; 2. (eines Gewehrs)* crosse *f; 3. (eines Motors)* piston *m*
Kolik [koː'lɪk] *f MED* colique *f*
kollabieren [kɔla'biːrən] *v MED* être victime d'un collapsus
kollaborieren [kɔlabo'riːrən] *v POL* collaborer, coopérer
Kollaps [kɔ'laps] *m MED* collapsus *m*
Kollateralschaden [kolateraːlʃaːdən] *m* dommage collatéral *m*
Kollege [kɔ'leːgə] *m 1.* collègue *m; 2. (Fachkollege)* confrère *m*
kollegial [kɔle'gjal] *adj 1.* de collègue, confraternel; *adv 2.* en bon collègue
Kollegin [kɔ'leːgɪn] *f* collègue *f*
Kollegium [kɔ'leːgjum] *n 1. (Lehrerkollegium)* corps enseignant *m*, enseignants *m/pl*, professeurs *m/pl; 2. (fig)* assemblée *f*
Kollekte [kɔ'lɛktə] *f REL* quête *f*
kollidieren [kɔli'diːrən] *v* entrer en collision, heurter
Kollision [kɔlizj'oːn] *f 1.* collision *f; 2. (fig: Streit)* conflit *m*
Kolonialismus [kolonja'lɪsmus] *m POL* colonialisme *m*

K

Kolonie [kolo'niː] *f POL* colonie *f*
Kolonne [ko'lɔnə] *f* colonne *f*, équipe *f*
Koloss [ko'lɔs] *m* colosse *m*, géant *m*, hercule *m*
kolossal [kolo'saːl] *adj* colossal, faramineux, monstrueux *(fam)*; *einen ~n Erfolg haben* avoir un succès monstre
Kolumne [ko'lumnə] *f (in einer Zeitung)* colonne *f*
Kombination [kɔmbina'tsjoːn] *f 1. (Verknüpfung)* combinaison *f*; *2. (der Kleidung)* combinaison *f*, ensemble *m*
kombinieren [kɔmbi'niːrən] *v 1. (verknüpfen)* combiner; *2. (zusammenstellen)* assembler; *3. (vermuten)* conjecturer
Kombiwagen ['kɔmbivaːgən] *m* voiture familiale *f*, voiture commerciale *f*, break *m*
Kombizange ['kɔmbitsaŋə] *f TECH* pince universelle *f*
Kombüse [kɔm'byːzə] *f NAUT* cuisine de bord *f*, cuisine d'un navire *f*
Komet [ko'meːt] *m ASTR* comète *f*
kometenhaft [ko'meːtənhaft] *adj (fig)* fulgurant, foudroyant
Komfort [kɔm'foːr] *m* confort *m*
komfortabel [kɔmfɔr'taːbəl] *adj* confortable, cosy, douillet
Komik ['koːmɪk] *f* comique *m*
Komiker ['koːmɪkər] *m* comique *m*
komisch ['koːmɪʃ] *adj 1. (spaßig)* comique, amusant, drôle; *2. (eigenartig)* bizarre, étrange, drôle
Komitee [kɔmi'teː] *n* comité *m*
Komma ['kɔma] *n* virgule *f*
kommandieren [kɔman'diːrən] *v* commander, donner des ordres
Kommanditgesellschaft [kɔman'ditgəzɛlʃaft] *f ECO* société en commandite *f*
Kommando [kɔ'mando] *n* commandement *m*
Kommandozentrale [kɔ'mandotsɛntraːlə] *f* poste central de commandement

> **kommen** ['kɔmən] *v irr* venir, arriver; *Ich komme schon!* J'arrive! *wie gerufen ~* venir à point nommé; *Komm mal her!* Viens voir! *auf jdn nichts ~ lassen* défendre qn/ne pas dire du mal de qn; *im Kommen sein* revenir à la mode; *wieder zu sich ~* revenir à soi/reprendre conscience/reprendre ses esprits; *wenn's hoch kommt* tout au plus; *Das kommt davon!* Voilà ce qui arrive!/C'était à prévoir!

Kommen ['kɔmən] *n im ~ sein* en vogue
Kommentar [kɔmen'taːr] *m* commentaire *m*, explication *f*
Kommerz [kɔ'mɛrts] *m* commerce *m*
kommerziell [kɔmɛrts'jɛl] *adj* commercial
Kommilitone [kɔmili'toːnə] *m* camarade d'études *m*, condisciple *m*
Kommissar(in) [kɔmɪ'saːr(ɪn)] *m/f* commissaire *m*
Kommission [kɔmɪs'joːn] *f 1. (Ausschuss)* commission *f*, comité *m*; *2. (Auftrag) ECO* commission *f*, ordre *m*
kommunal [kɔmu'naːl] *adj* communal, municipal
Kommune [kɔ'muːnə] *f 1. (Wohngemeinschaft)* communauté *f*; *2. (Gemeinde) POL* commune *f*
Kommunikation [kɔmunika'tsjoːn] *f* communication *f*, expression *f*
kommunikativ [kɔmunika'tiːf] *adj* communicatif, expansif
Kommunismus [kɔmu'nɪsmus] *m POL* communisme *m*
kommunizieren [kɔmuni'tsiːrən] *v 1.* communiquer; *2. REL* communier
Komödiant [kɔmød'jant] *m* comédien *m*, acteur *m*, artiste *m*
Komödie [kɔ'møːdjə] *f* comédie *f*
Kompagnon [kɔmpa'njɔ̃] *m* associé *m*
kompakt [kɔm'pakt] *adj* compact
Kompass ['kɔmpas] *m* boussole *f*, compas *m*
kompensieren [kɔmpen'ziːrən] *v* compenser
kompetent [kɔmpə'tɛnt] *adj* compétent, qualifié, capable
Kompetenz [kɔmpə'tɛnts] *f* compétence *f*, attributions *f/pl*
komplett [kɔm'plɛt] *adj* complet
Komplex [kɔm'plɛks] *m 1. PSYCH* complexe *m*; *2. (Häuserkomplex)* pâté de maisons *m*; *3. ARCH* ensemble *m*
Komplexität [kɔmplɛksi'tɛːt] *f* complexité *f*
Komplikation [kɔmplika'tsjoːn] *f* complication *f*
Kompliment [kɔmpli'mɛnt] *n* compliment *m*; *jdm ein ~ machen* adresser un compliment à qn; *Mein ~!* Mes compliments!
Komplize [kɔm'pliːtsə] *m* complice *m*
komplizieren [kɔmpli'tsiːrən] *v* compliquer, embrouiller, obscurcir
kompliziert [kɔmpli'tsiːrt] *adj* compliqué
Komplott [kɔm'plɔt] *n 1. POL* complot *m*; *2. (Verschwörung)* conspiration *f*, complot *m*;

K

ein ~ schmieden ourdir un complot/tramer un complot
Komponente [kɔmpo'nɛntə] *f* composante *f*, élément *m*
komponieren [kɔmpo'ni:rən] *v MUS* composer, créer
Komponist [kɔmpo'nɪst] *m MUS* compositeur *m*
Kompost [kɔm'pɔst] *m AGR* compost *m*
kompostieren [kɔmpɔs'ti:rən] *v* composter
komprimieren [kɔmpri'mi:rən] *v 1.* comprimer; *2. (fig)* comprimer
Kompromiss [kɔmpro'mɪs] *m* compromis *m; einen ~ schließen* couper la poire en deux/trouver un compromis
Kompromissbereitschaft [kɔmpro'mɪsbəraɪtʃaft] *f* attitude conciliante *f*
kompromittieren [kɔmpromɪ'ti:rən] *v* compromettre, exposer, impliquer
Kondenswasser [kɔn'dɛnsvasər] *n* eau de condensation *f*
Kondition [kɔndi'tsjo:n] *f 1. (Leistungsfähigkeit)* condition physique *f; 2. (Bedingung)* condition *f*
Konditor [kɔn'di:tɔr] *m* pâtissier confiseur *m*
Konditorei [kɔndito'raɪ] *f* pâtisserie-confiserie *f*
kondolieren [kɔndo'li:rən] *v* offrir ses condoléances, présenter ses condoléances
Kondom [kɔn'do:m] *n* préservatif *m*, capote (anglaise) *f*, condom *m*
Konfekt [kɔn'fɛkt] *n GAST* confiserie *f*, sucreries *f/pl*
Konfektion [kɔnfɛk'tsjo:n] *f* confection *f*, prêt-à-porter *m*
Konfektionsgröße [kɔnfɛk'tsjo:nsgrø:sə] *f* taille *f*
Konferenz [kɔnfe'rɛnts] *f* conférence *f*
Konferenzschaltung [kɔnfe'rɛntsʃaltuŋ] *f* multiplex *m*
Konfession [kɔnfɛs'jo:n] *f REL* religion *f*, confession *f*
konfessionslos [kɔnfɛs'jo:nslo:s] *adj* sans religion, sans confession
Konfirmation [kɔnfɪrma'tsjo:n] *f REL* confirmation *f*
konfiszieren [kɔnfɪs'tsi:rən] *v* confisquer
Konfitüre [kɔnfi'ty:rə] *f GAST* confiture *f*
Konflikt [kɔn'flɪkt] *m* conflit *m*
Konfliktstoff [kɔn'flɪktʃtɔf] *m* source de conflits *f*
konform [kɔn'fɔrm] *adj* conforme à
Konfrontation [kɔnfrɔnta'tsjo:n] *f* confrontation *f*, comparaison *f*
konfus [kɔn'fu:s] *adj* confus, troublé
Konfusion [kɔnfu'zjo:n] *f* confusion *f*
Kongress [kɔn'grɛs] *m* congrès *m*
Kongresshalle [kɔn'grɛshalə] *f* palais des congrès *m*
König(in) ['kø:nɪç/'kø:nɪgɪn] *m/f* roi/reine *m/f*
königlich ['kø:nɪklɪç] *adj* royal, du roi
Königreich ['kø:nɪkraɪç] *n* royaume *m*
Königtum ['kø:nɪktu:m] *n POL* royauté *f*
Konjugation [kɔnjuga'tsjo:n] *f GRAMM* conjugation *f*
konjugieren [kɔnju'gi:rən] *v* conjuguer
Konjunktion [kɔnjuŋk'tsjo:n] *f GRAMM* conjonction *f*
Konjunktiv ['kɔnjuŋkti:f] *m LING* subjonctif *m*
Konjunktur [kɔnjuŋk'tu:r] *f ECO* conjoncture *f*, situation *f*
Konjunkturentwicklung [kɔnjuŋk'tu:rɛntvɪkluŋ] *f ECO* évolution de la conjoncture *f*, évolution conjecturelle *f*
konkret [kɔn'kre:t] *adj 1.* concret; *2. (greifbar)* réel, tangible
konkretisieren [kɔnkreti'zi:rən] *v* concrétiser
Konkurrent(in) [kɔnku'rɛnt(ɪn)] *m/f* concurrent(e) *m/f*, rival(e) *m/f*
Konkurrenz [kɔnku'rɛnts] *f 1.* concurrence *f; 2. (Wettbewerb)* compétition *f*, rivalité *f*
konkurrenzfähig [kɔnku'rɛntsfɛ:ɪç] *adj* compétitif
konkurrenzlos [kɔnku'rɛntslo:s] *adj* sans concurrence, défiant toute concurrence
konkurrieren [kɔnku'ri:rən] *v* concurrencer, faire concurrence à, concourir
Konkurs [kɔn'kurs] *m JUR* faillite *f*, banqueroute *f*, liquidation *f*

können ['kœnən] *v irr 1. (in der Lage sein)* pouvoir, être capable de, être en mesure, être à même de; *2. (beherrschen, wissen)* pouvoir, savoir; *3. (dürfen)* pouvoir, avoir le droit, avoir la permission de; *4. für etw nichts ~* ne pas être responsable de qc, ne rien pouvoir pour qc; *Wir ~ doch nichts dafür.* Nous, on n'y peut rien. *5. Du kannst mich mal! (fam)* Tu peux aller te faire voir!

Können ['kœnən] *n* pouvoir *m*, capacité *f*, faculté *f*, savoir-faire *m; an jds ~ zweifeln* douter de la capacité de qn

K

Konsens [kɔn'zɛns] *m* *1. (Einwilligung)* assentiment *m; 2. (Übereinstimmung)* consensus *m,* unanimité *f,* accord *m*
konsequent [kɔnze'kvɛnt] *adj* conséquent, logique
Konsequenz [kɔnze'kvɛnts] *f 1. (Folge)* conséquence *f,* suite logique *f; 2. (Folgerichtigkeit)* logique *f; 3. (fig)* résultat *m; aus etw ~en ziehen* tirer les conséquences de qc
konservativ [kɔnzɛrva'tiːf] *adj* conservateur
Konservatorium [kɔnzɛrva'toːrjum] *n MUS* conservatoire *m*
konservieren [kɔnzɛr'viːrən] *v* conserver
Konservierungsmittel [kɔnzɛr'viːruŋsmɪtəl] *n* conservateur *m,* produit de conservation *m*
Konsistenz [kɔnzɪs'tɛnts] *f* consistance *f*
Konsole [kɔn'zoːlə] *f* console *f*
konsolidieren [kɔnzoli'diːrən] *v* consolider, renforcer, fortifier
Konsonant [kɔnzo'nant] *m LING* consonne *f*
Konspiration [kɔnspira'tsjoːn] *f POL* conspiration *f,* complot *m,* conjuration *f*
konspirativ [kɔnspira'tiːf] *adj* séditieux
konstant [kɔns'tant] *adj* constant, stable
konstitutionell [kɔnstitutsjo'nɛl] *adj POL* constitutionnel
konstruieren [kɔnstru'iːrən] *v 1.* construire; *2. (Auto)* concevoir; *3. (fig)* inventer
Konstrukteur(in) [kɔnstruk'tøːr(ɪn)] *m/f TECH* constructeur/constructrice *m/f*
Konstruktion [kɔnstruk'tsjoːn] *f 1.* construction *f; 2. (eines Autos)* conception *f; 3. (fig)* invention *f*
Konsulat [kɔnzu'laːt] *n POL* consulat *m*
konsultieren [kɔnzul'tiːrən] *v* consulter
Konsum [kɔn'zuːm] *m* consommation *f*
Konsumdenken [kɔn'zuːmdɛŋkən] *n* esprit de consommation *m*
Konsumgesellschaft [kɔn'zuːmgəzɛlʃaft] *f* société de consommation *f*
konsumieren [kɔnzu'miːrən] *v* consommer, user, utiliser
Kontakt [kɔn'takt] *m 1.* contact *m; 2. (fig: Beziehung)* relation *f,* rapport *m*
Kontaktaufnahme [kɔn'taktaufnaːmə] *f* prise de contact *f*
kontaktfreudig [kɔn'taktfrɔydɪç] *adj* sociable
kontaktieren [kɔntak'tiːrən] *v* contacter
Kontaktlinsen [kɔn'taktlɪnzən] *pl* lentilles de contact *f/pl,* verres de contact *m/pl*

K

Kontamination [kɔntamina'tsjoːn] *f* contamination *f,* contagion *f*
kontern ['kɔntərn] *v* parer, contrer, riposter
Kontinent [kɔnti'nɛnt] *m* continent *m*
Kontingent [kɔntɪŋ'gɛnt] *n MIL* contingent *m*
kontinuierlich [kɔntinu'iːrlɪç] *adj 1.* continu, incessant; *adv 2.* continuellement, de façon continue, incessamment, constamment
Kontinuität [kɔntinui'tɛːt] *f* continuité *f*
Konto ['kɔnto] *n* compte *m; auf jds ~ gehen* être de la faute de qn
Kontoauszug ['kɔntoaustsuːk] *m* extrait de compte *m,* relevé de compte *m*
Kontoinhaber(in) ['kɔntoɪnhaːbər(ɪn)] *m/f* titulaire d'un compte *m*
Kontonummer ['kɔntonumər] *f* numéro de compte *m*
Kontostand ['kɔntoʃtant] *m* montant de compte *m,* solde de compte *m*
Kontrahent [kɔntra'hɛnt] *m JUR* contractant *m,* partie contractante *f*
konträr [kɔn'trɛːr] *adj* contraire
Kontrast [kɔn'trast] *m* contraste *m*
kontrastreich [kɔn'trastraɪç] *adj* contrasté, riche en contrastes
Kontrolle [kɔn'trɔlə] *f* contrôle *m,* surveillance *f,* vérification *f*
Kontrollleuchte [kɔn'trɔllɔyçtə] *f TECH* lampe témoin *f,* voyant lumineux *m*
kontrollieren [kɔntrɔ'liːrən] *v* contrôler, surveiller, vérifier
kontrovers [kɔntro'vɛrs] *adj* controversé
Kontroverse [kɔntro'vɛrzə] *f* controverse *f*
Kontur [kɔn'tuːr] *f* contour *m*
Konvention [kɔnvɛn'tsjoːn] *f 1. (Brauch)* convention *f,* coutume *f,* usage *m; 2. POL* convention *f,* accord *m,* traité *m*
konventionell [kɔnvɛntsjo'nɛl] *adj 1.* conventionnel; *adv 2.* par convention
Konversation [kɔnvɛrza'tsjoːn] *f* conversation *f,* discussion *f*
konvertieren [kɔnvɛr'tiːrən] *v 1. FIN* convertir; *2. REL* se convertir; *3. (Daten) INFORM* convertir
Konzentrat [kɔntsɛn'traːt] *n* concentré *m*
Konzentration [kɔntsɛntra'tsjoːn] *f* concentration *f*
Konzentrationslager [kɔntsɛntra'tsjoːnslaːgər] *n POL* camp de concentration *m*
Konzentrationsschwäche [kɔntsɛntra'tsjoːnsʃvɛçə] *f* manque de concentration *m*

konzentrieren [kɔntsɛn'triːrən] *v 1.* concentrer; *2. sich ~* se concentrer
Konzept [kɔn'tsɛpt] *n* ébauche *f,* brouillon *m,* plan *m; jdm nicht ins ~ passen* ne pas convenir à qn/ne pas plaire à qn; *aus dem ~ kommen* ne plus savoir où l'on en est/perdre pied
Konzeption [kɔntsɛp'tsjoːn] *f* conception *f*
Konzern [kɔn'tsɛrn] *m ECO* groupe industriel *m,* consortium *m*
Konzert [kɔn'tsɛrt] *n MUS* concert *m,* concerto *m,* récital *m*
konzertiert [kɔntsɛr'tiːrt] *adj POL* concerté
Konzession [kɔntsɛ'sjoːn] *f 1. (Erlaubnis)* concession *f,* licence *f; 2. (Zugeständnis)* concession *f,* aveu *m*
Konzil [kɔn'tsiːl] *n REL* concile *m*
konzipieren [kɔntsi'piːrən] *v* concevoir, ébaucher, faire un brouillon
Kooperation [koɔpəra'tsjoːn] *f* coopération *f*
kooperieren [koɔpə'riːrən] *v* coopérer
Koordinaten [koɔrdɪ'naːtən] *pl MATH* coordonnées *f/pl*
Koordination [koɔrdina'tsjoːn] *f* coordination *f,* organisation *f*
koordinieren [koɔrdi'niːrən] *v* coordonner, organiser

Kopf [kɔpf] *m ANAT* tête *f; sich den ~ zerbrechen* se creuser la tête; *nicht mehr wissen, wo einem der ~ steht* ne plus savoir où donner de la tête; *den ~ verlieren* perdre le nord; *alles auf den ~ stellen* mettre tout sens dessus dessous; *jdm den ~ zurechtsetzen* apprendre à vivre à qn; *den ~ kosten* coûter la tête; *den ~ aus der Schlinge ziehen* tirer son épingle du jeu; *den ~ hängen lassen* baisser les bras; *den ~ in den Sand stecken* pratiquer la politique de l'autruche; *~ und Kragen riskieren* risquer sa tête; *jdm ~ und Kragen kosten* coûter la vie à qn; *jdm den ~ verdrehen* tourner la tête à qn; *den ~ vollhaben* avoir la tête pleine; *sich einen ~ um etw machen* se faire du mouron pour qc; *jdm den ~ zurechtrücken* remettre qn en place/passer un savon à qn; *einen kühlen ~ bewahren* garder la tête froide/conserver son sang-froid; *nicht auf den ~ gefallen sein* être débrouillard; *sich etw aus dem ~ schlagen* laisser tomber qc/se sortir qc de la tête; *über jds ~ hinweg* derrière le dos de qn; *über den ~ wachsen* être au-dessus de ses forces; *von ~ bis Fuß* de pied en cap/des pieds à la tête; *jdn vor den ~ stoßen* vexer qn/froisser qn/piquer qn; *jdm den ~ waschen (fig)* laver la tête à qn; *jdm etw an den ~ werfen* jeter qc à la tête de qn; *sich etw durch den ~ gehen lassen* réfléchir à qc; *etw im ~ haben* avoir qc en tête; *etw im ~ behalten* retenir qc/garder qc dans un coin de la tête; *Mir schwirrt der ~.* J'ai le cerveau en ébullition. *~ hoch!* Courage!

Kopfarbeit ['kɔpfarbaɪt] *f* travail intellectuel *m*
Kopfball ['kɔpfbal] *m SPORT* tête *f*
köpfen ['kœpfən] *v 1. (enthaupten)* décapiter, guillotiner; *2. (Blumen)* étêtage *m; 3. (Fußball) SPORT* jouer de la tête
Kopfende ['kɔpfɛndə] *n* chevet *m,* tête *f*
Kopfhaut ['kɔpfhaut] *f ANAT* cuir chevelu *m*
Kopfhörer ['kɔpfhøːrər] *m* casque (d'écoute) *m,* écouteur *m*
Kopfkissen ['kɔpfkɪsən] *n* oreiller *m*
kopflos ['kɔpfloːs] *adj 1.* écervelé, étourdi, irréfléchi; *adv 2.* sans réfléchir, par étourderie; *~ handeln* y aller tête baissée
Kopfnicken ['kɔpfnɪkən] *n* hochement de la tête *m*
Kopfrechnen ['kɔpfrɛçnən] *n MATH* calcul mental *m*
Kopfsalat ['kɔpfzalaːt] *m BOT* laitue *f,* salade verte *f*
Kopfschmerzen ['kɔpfʃmɛrtsən] *pl MED* mal de tête *m,* migraine *f; jdm ~ bereiten* faire de la peine à qn
Kopfsprung ['kɔpfʃprʊŋ] *m SPORT* plongeon *m*
Kopfstütze ['kɔpfʃtytsə] *f TECH* appui-tête *m*
Kopftuch ['kɔpftuːx] *n* foulard *m,* fichu *m*
kopfüber [kɔpf'yːbər] *adv 1.* la tête la première; *2. (fig)* à corps perdu
Kopfzerbrechen ['kɔpftsɛrbrɛçən] *n* casse-tête *m*
Kopie [ko'piː] *f 1.* copie *f; 2. (fig)* imitation *f*
kopieren [ko'piːrən] *v* copier, imiter, reproduire, photocopier
Koppel ['kɔpəl] *f 1. (Weide)* pâture *f,* pâturage *m; 2. (Gürtel)* ceinturon *f*
koppeln ['kɔpəln] *v 1.* jumeler; *2. (Ziele)* réunir, fixer; *3. (Hunde)* coupler, accoupler
Koralle [ko'ralə] *f BOT* corail *m*
Korallenriff [ko'ralənrɪf] *n GEO* récif de corail *m*

K

Korb [kɔrp] *m* panier *m,* corbeille *f; einen ~ bekommen (fig)* essuyer un refus, se prendre une veste *(fam)*
Korbmöbel ['kɔrpmøːbəl] *pl* meubles en rotin *m/pl*
Kord [kɔrt] *m* tissu côtelé *m,* velours côtelé *m*
Kordel ['kɔrdəl] *f* cordon *m,* cordelette *f*
Kork [kɔrk] *m BOT* liège *m*
Korken ['kɔrkən] *m* bouchon *m*
Korkenzieher ['kɔrkəntsiːər] *m* tire-bouchon *m*
Korn [kɔrn] *n 1. (Krümchen)* grain *m; 2. (Getreide)* grains *m/pl,* céréales *f/pl; 3. jdn aufs ~ nehmen* avoir qn dans le collimateur
körnig ['kœrnɪç] *adj* granuleux, granulé

Körper ['kœrpər] *m 1.* corps *m; 2. ANAT* corps *m*

Körperbau ['kœrpərbau] *m* morphologie *f,* constitution *f,* stature *f,* anatomie *f*

K

Körpergeruch ['kœrpərgərux] *m* odeur du corps *f,* odeur corporelle *f*
Körpergröße ['kœrpərgrøːsə] *f* taille *f*
körperlich ['kœrpərlɪç] *adj* corporel, physique
Körperpflege ['kœrpərpfleːgə] *f* hygiène corporelle *f,* soins corporels *m/pl*
Körperschaft ['kœrpərʃaft] *f* corps *m,* corporation *f,* organisme *m,* société *f*
Körperteil ['kœrpərtaɪl] *n* partie du corps *f*
Körperverletzung ['kœrpərfɛrlɛtsuŋ] *f JUR* coups et blessures *m/pl,* lésions corporelles *f/pl*
korrekt [kɔ'rɛkt] *adj* correct
Korrektur [kɔrɛk'tuːr] *f* correction *f*
korrespondieren [kɔrɛspɔn'diːrən] *v* correspondre, être en correspondance
Korridor ['kɔridoːr] *m* couloir *m,* corridor *m*
korrigieren [kɔri'giːrən] *v* corriger, rectifier, améliorer, revoir
Korrosion [kɔro'zjoːn] *f CHEM* corrosion *f,* désagrégation *f*
Korruption [kɔrup'tsjoːn] *f* corruption *f*
Korsika ['kɔrzika] *n GEO* Corse *f*
korsisch ['kɔrzɪʃ] *adj* corse
Kosename ['koːzənaːmə] *m* petit nom *m*
Kosewort ['koːzəvɔrt] *n* mot tendre *m,* mot doux *m*
Kosmetik [kɔs'meːtɪk] *f* soins de beauté *m/pl,* soins cosmétiques *m/pl*
Kosmetikerin [kɔs'meːtɪkərɪn] *f* esthéticienne *f*
kosmopolitisch [kɔsmopo'liːtɪʃ] *adj* cosmopolite
Kosmos ['kɔsmɔs] *m ASTR* cosmos *m,* univers *m,* espace *m*
kostbar ['kɔstbaːr] *adj 1.* précieux, de valeur; *2. (selten)* rare
Kostbarkeit ['kɔstbaːrkaɪt] *f 1.* objet précieux *m; 2. (Juwel)* joyau *m; 3. (Seltenheit)* rareté *f*
kosten[1] ['kɔstən] *v 1. (Preis)* coûter; *2. (wert sein)* valoir; *sich eine Sache etw ~ lassen* mettre le prix pour qc, ne pas lésiner sur qc *(fam)*, ne pas mégoter sur qc *(fam)*
kosten[2] ['kɔstən] *v (versuchen)* goûter
Kosten ['kɔstən] *pl* coûts *m/pl,* frais *m/pl,* dépenses *f/pl; auf ~ anderer leben* vivre aux dépens d'autrui; *auf seine ~ kommen* rentrer dans ses frais
kostenlos ['kɔstənloːs] *adj* gratuit
kostenpflichtig ['kɔstənpflɪçtɪç] *adj* payant
Kostenvoranschlag ['kɔstənvoːranʃlaːk] *m* devis *m,* estimation *f*
köstlich ['kœstlɪç] *adj 1. (hervorragend)* délicieux, savoureux, exquis; *2. (amüsant)* amusant, drôle; *adv 3.* merveilleusement bien; *4. (fam)* drôlement bien
Kostprobe ['kɔstproːbə] *f 1.* dégustation *f; 2. (Muster)* échantillon *m*
kostspielig ['kɔstʃpiːlɪç] *adj* coûteux, cher, onéreux, lourd *(fig)*
Kostüm [kɔs'tyːm] *n (Kleidungsstück)* tailleur *m,* costume *m*
Kostümierung [kɔsty'miːruŋ] *f* travestissement *m,* déguisement *m*
Kot [koːt] *m 1.* excréments *m/pl,* matières fécales *f/pl; 2. (Schmutz)* boue *f,* gadoue *f*
Kotelett [kɔt'lɛt] *n GAST* côtelette *f*
Koteletten [kɔt'lɛtən] *pl (Frisur)* favoris *m/pl,* pattes *f/pl*
Kotflügel ['koːtflyːgəl] *m* aile *f,* rouflaquettes *f/pl*
kotzen ['kɔtsən] *v (fam)* dégueuler, dégobiller; *Das kotzt mich an.* Ça me dégoûte.
Krabbe ['krabə] *f ZOOL* crabe *m,* crevette *f*
krabbeln ['krabəln] *v 1. (Kinder)* marcher à quatre pattes; *2. (kratzen)* chatouiller, gratter
Krach [krax] *m 1. (Lärm)* bruit *m,* chahut *m,* tapage *m; 2. (Streit)* dispute *f,* grabuge *m*
krachen ['kraxən] *v 1. (knallen)* gronder, éclater, claquer; *2. (fam) sich ~* se disputer, se chamailler, se quereller
krächzen ['krɛçtsən] *v 1. (Mensch)* parler d'une voix rauque; *2. (Vogel)* croasser

kraft [kraft] *prep* en vertu de, par
Kraft [kraft] *f* force *f,* puissance *f,* énergie *f; seine Kräfte missbrauchen* abuser de ses forces; *über jds Kräfte gehen* être au-dessus des forces de qn; *Das geht über meine Kräfte!* C'est plus fort que moi! *nach besten Kräften* de son mieux; *Kräfte sammeln* prendre des forces; *etw außer ~ setzen* abolir qc; *in ~ sein* être valable/être en vigueur; *mit jdm seine Kräfte messen* se mesurer à qn, mesurer ses forces avec qn; *bei Kräften sein* être en possession de tous ses moyens
Kraftaufwand ['kraftaufvant] *m* dépense d'énergie *f,* déploiement de forces *m*
Kraftausdruck ['kraftausdruk] *m* gros mot *m,* vulgarité *f*
Kraftbrühe ['kraftbryːə] *f GAST* consommé *m,* bouillon *m*
Kräfteverhältnis ['krɛftəfɛrhɛltnɪs] *n* rapports de force *m/pl*
Kraftfahrer ['kraftfaːrər] *m 1.* chauffeur *m,* conducteur *m,* automobiliste *m; 2. (LKW-Fahrer)* camionneur *m,* routier *m*
Kraftfahrzeug ['kraftfaːrtsɔyk] *n* véhicule *m,* moyen de locomotion *m*
kräftig ['krɛftɪç] *adj* fort, vigoureux, robuste, solide
kräftigen ['krɛftɪgən] *v* revigorer
Kräftigung ['krɛftɪguŋ] *f* rétablissement *m,* amélioration *f,* raffermissement *m*
kraftlos ['kraftloːs] *adj* sans force, sans énergie, sans vigueur, faible
Kraftprobe ['kraftproːbə] *f* épreuve de force *f,* tour de force *m*
Kraftstoff ['kraftʃtɔf] *m* carburant *m,* combustible *m,* essence *f*
kraftvoll ['kraftfɔl] *adj* vigoureux, puissant, solide
Kraftwerk ['kraftvɛrk] *n 1.* centrale électrique *f; 2. (Kernkraftwerk)* centrale nucléaire *f*
Kragen ['kraːgən] *m* col *m; jdm den ~ kosten* coûter la vie à qn/payer de sa vie; *jdn beim ~ packen* prendre qn au collet; *jdm an den ~ wollen* rosser qn/flanquer une volée à qn; *Jetzt geht es ihm an den ~! (fam)* Il va y laisser sa peau!
Kragenweite ['kraːgənvaɪtə] *f* encolure *f; jds ~ sein (fig)* être le style de qn, être le genre de qn
Krähe ['krɛːə] *f ZOOL* corneille *f*
Kralle ['kralə] *f ZOOL* griffe *f,* serre *f; jdm die ~n zeigen* montrer les griffes à qn; *etw in die ~n bekommen* avoir raison de qc
Kram [kraːm] *m (fam)* fourbi *m; jdm nicht in den ~ passen* ne pas arranger qn/venir pour qn mal à propos
kramen ['kraːmən] *v* fouiller, farfouiller
Krampf [krampf] *m MED* crampe *f,* spasme *m*
krampfhaft ['krampfhaft] *adj 1. (Lachen)* convulsif; *adv 2.* convulsivement, de façon spasmodique, avec acharnement *(fig),* comme un fou *(fam)*
Kran [kraːn] *m* grue *f*

krank [kraŋk] *adj* malade, souffrant; *sich ~ stellen* faire le malade

kränkeln ['krɛŋkəln] *v* être souffreteux, être maladif, avoir une santé fragile
kranken ['kraŋkən] *v an etw ~* souffrir de qc
kränken ['krɛŋkən] *v* blesser, froisser, vexer, offenser, désobliger
Krankenbericht ['kraŋkənbərɪçt] *m MED* rapport médical *m*
Krankenbesuch ['kraŋkənbəzuːx] *m* visite à domicile *f*
Krankengeld ['kraŋkəngɛlt] *n* indemnité journalière de maladie *f*
Krankengymnastik ['kraŋkəngymnastɪk] *f MED 1.* kinésithérapie *f; 2. (Heilgymnastik)* rééducation *f*
Krankenhaus ['kraŋkənhaus] *n* hôpital *m,* centre hospitalier *m*
Krankenkasse ['kraŋkənkasə] *f* caisse d'assurance maladie *f*
Krankenpflege ['kraŋkənpfleːgə] *f* soins *m/pl*
Krankenpfleger ['kraŋkənpfleːgər] *m* infirmier *m,* aide-soignant *m,* garde-malade *m*
Krankenschein ['kraŋkənʃaɪn] *m* feuille de maladie *f,* feuille de soin *f*
Krankenschwester ['kraŋkənʃvɛstər] *f* infirmière *f,* aide-soignante *f*
Krankenversicherung ['kraŋkənfɛrzɪçəruŋ] *f* assurance maladie *f*
Krankenwagen ['kraŋkənvaːgən] *m* ambulance *f*
krankfeiern ['kraŋkfaɪərn] *v* se porter malade sans l'être
krankhaft ['kraŋkhaft] *adj 1. MED* pathologique; *2. (fig)* maladif, morbide
Krankheit ['kraŋkhaɪt] *f* maladie *f,* affection *f; sexuell übertragbare ~en* maladies sexuellement transmissibles (MST) *f/pl*
kranklachen ['kraŋklaxən] *v sich ~ (fam)* se payer une tranche, rire comme une baleine

K

kränklich ['krɛŋklɪç] *adj* maladif, souffreteux, malingre
krankmelden ['kraŋkmɛldən] *v sich ~* se porter malade
krankschreiben ['kraŋkʃraɪbən] *v irr* mettre en arrêt de maladie
Kränkung ['krɛŋkuŋ] *f* offense *f,* vexation *f*
Kranz [krants] *m* couronne *f*
krass [kras] *adj* fort, extrême
Krater ['kra:tər] *m GEOL* cratère *m*
kratzbürstig ['kratsbyrstɪç] *adj* revêche, récalcitrant
kratzen ['kratsən] *v* gratter
kraulen ['kraulən] *v 1. (streicheln)* gratter doucement, caresser; *2. (schwimmen)* nager le crawl
kraus [kraus] *adj 1. (gelockt)* frisé, crépu; *2. (fig)* confus, embrouillé
kräuseln ['krɔyzəln] *v 1. (Haar)* frisotter, froncer, rider; *2. (Wasser)* rider
Kraut [kraut] *n 1. (Kohl)* chou *m; wie ~ und Rüben* sens dessus dessous; *ins ~ schießen* foisonner/se multiplier; *2. (Würzkraut, Heilkraut)* herbes *f/pl,* plantes médicinales *f/pl; Dagegen ist kein ~ gewachsen.* Il n'y a pas de remède miracle contre ça.
Krawall [kra'val] *m* tumulte *m,* échauffourée *f,* bagarre *f,* chahut *m*
Krawatte [kra'vatə] *f* cravate *f*
Kreativität [kreativi'tɛ:t] *f* créativité *f*
Kreatur [krea'tu:r] *f* créature *f*
Krebs [kre:ps] *m 1. ZOOL* crabe *m,* écrevisse *f; 2. MED* cancer *m; ~ erregend* cancérigène
Kreide ['kraɪdə] *f 1. GEOL* craie *f; 2. (Schreibkreide)* craie *f*
kreieren [kre'i:rən] *v* créer
Kreis [kraɪs] *m 1.* cercle *m; sich im ~ bewegen* tourner en rond; *immer weitere ~e ziehen* se répandre/faire des ricochets; *Mir dreht sich alles im ~!* J'ai la tête qui tourne. *2. (Verwaltungseinheit)* circonscription *f,* district *m; 3. (Freundeskreis)* cercle d'amis *m*
kreischen ['kraɪʃən] *v 1. (Mensch)* brailler; *2. (Vogel)* piailler; *3. (Räder)* grincer
Kreisel ['kraɪzəl] *m* toupie *f*
kreisen ['kraɪzən] *v* décrire des cercles, tourner autour
kreisförmig ['kraɪsfœrmɪç] *adj* circulaire
Kreislauf ['kraɪslauf] *m 1.* circuit *m,* cycle *m; 2. MED* circulation sanguine *f,* tension arténielle *f*
Kreislaufstörung ['kraɪslaufʃtø:ruŋ] *f MED* troubles circulatoires *m/pl*
Kreissäge ['kraɪszɛ:gə] *f* scie circulaire *f*
Kreißsaal ['kraɪsza:l] *m MED* salle de travail *f*
Kreisstadt ['kraɪsʃtat] *f* chef-lieu *m*
Kreisumfang ['kraɪsumfaŋ] *m MATH* circonférence *f*
Kreisverkehr ['kraɪsfɛrke:r] *m* trafic circulaire *m,* sens giratoire *m*
Krempel ['krɛmpəl] *m (fam)* fourbi *m,* camelotte *f*
krepieren [kre'pi:rən] *v 1. (Bombe)* éclater; *2. (fam: elend sterben)* crever
Kreuz [krɔyts] *n 1.* croix *f; drei ~e machen* mettre un point final; *sein ~ auf sich nehmen* supporter son lot; *2. (Spielkarte)* trèfle *m; 3. ANAT* reins *m/pl; aufs ~ fallen* tomber des nues; *jdn aufs ~ legen* tromper qn/rouler qn/pigeonner qn *(fam)*
kreuzen ['krɔytsən] *v 1. (verschränken)* croiser; *2. BIO* croiser; *3. NAUT* traverser
Kreuzfahrt ['krɔytsfa:rt] *f NAUT* croisière *f*
Kreuzfeuer ['krɔytsfɔyən] *n ins ~ geraten* être sur la sellette, être critiqué
Kreuzigung ['krɔytsɪguŋ] *f REL* crucifixion *f*
Kreuzschmerz ['krɔytsʃmɛrts] *m ~en pl MED* douleurs lombaires *f/pl*
Kreuzspinne ['krɔytsʃpɪnə] *f ZOOL* épeire *f,* araignée des jardins *f*
Kreuzung ['krɔytsuŋ] *f 1. (Straßenkreuzung)* croisement *m,* carrefour *m; 2. BIO* croisement *m*
Kreuzverhör ['krɔytsfɛrhø:r] *n JUR* confrontation *f,* interrogatoire contradictoire *m*
Kreuzweg ['krɔytsve:k] *m 1. REL* chemin de croix *m; 2. (fig)* carrefour *m*
Kreuzworträtsel ['krɔytsvɔrtrɛ:tsəl] *n* mots croisés *m/pl*
kribbelig ['krɪbəlɪç] *adj 1.* irritable, nerveux; *2. (ungeduldig)* impatient
kribbeln ['krɪbəln] *v* picoter, démanger
kriechen ['kri:çən] *v irr 1.* ramper; *2. (sich schleppen)* se traîner
Krieg [kri:k] *m* guerre *f; ~ führend* belligérant, en guerre
kriegen ['kri:gən] *v 1. (bekommen)* obtenir, recevoir; *2. (fangen)* attraper
Kriegerdenkmal ['kri:gərdɛŋkma:l] *n* monument aux morts *m*
kriegerisch ['kri:gərɪʃ] *adj* guerrier, belliqueux, en guerre
kriegsbeschädigt ['kri:ksbəʃɛ:dɪçt] *adj* mutilé de guerre

K

Kriegsdienst ['kri:ksdi:nst] *m* service militaire *m*
Kriegsdienstverweigerer ['kri:ksdi:nstfɛrvaɪgərər] *m* objecteur de conscience *m*
Kriegsende ['kri:ksɛndə] *n* fin de la guerre *f*, fin des hostilités *f*
Kriegserklärung ['kri:ksɛrklɛ:ruŋ] *f* déclaration de guerre *f*
Kriegsgefangener ['kri:ksgəfaŋənə] *m* prisonnier de guerre *m*
Kriegsgegner ['kri:ksge:gnər] *m* adversaire *m*, ennemi *m*
Kriegsgericht ['kri:ksgərɪçt] *n JUR* conseil de guerre *m*, cour martiale *f*
Kriegsinvalide ['kri:ksɪnvali:də] *m* mutilé de guerre *m*
Kriegsopfer ['kri:ksɔpfər] *n* victime de guerre *f*
Kriegsschauplatz ['kri:ksʃauplats] *m* théâtre des opérations *m*, zone de combat *f*
Kriegsteilnehmer ['kri:kstaɪlne:mər] *m* *1.* belligérant *m*; *2. (ehemaliger Soldat)* ancien combattant *m*
Kriegsverbrecher ['kri:ksfɛrbrɛçər] *m* criminel de guerre *m*
Krimi ['krɪmi] *m* polar *m*
Kriminalbeamte(r) [krɪmi'na:lbəamtə(r)] *m/f* fonctionnaire de la police judiciaire *m/f*
Kriminalfilm [krɪmi'na:lfɪlm] *m* film policier *m*, polar *(fam) m*
Kriminalität [krɪminali'tɛ:t] *f* criminalité *f*
Kriminalpolizei [krɪmi'na:lpolitsaɪ] *f* police judiciaire *f*
Kriminalroman [krɪmi'na:lroma:n] *m* roman policier *m*
kriminell [krɪmi'nɛl] *adj* criminel
Krippe ['krɪpə] *f* *1. (Futterkrippe)* mangeoire *f*; *2. REL* crèche *f*; *3. (Kinderkrippe)* crèche *f*
Krise ['kri:zə] *f* crise *f*
kriseln ['kri:zeln] *v* *Es kriselt.* Une crise se prépare./Il ya des problèmes dans l'air. *(fig)*
krisenfest ['kri:zənfɛst] *adj* à l'abri d'une crise
Kristall [krɪs'tal] *m/n* *1.* cristal *m*; *2. MIN* cristal *m*
Kriterium [kri'te:rjum] *n* critère *m*
Kritik [kri'ti:k] *f* *1. (Beurteilung)* critique *f*; *2. (Tadel)* critique *f*, reproche *m*; *Er wurde mit ~ überschüttet.* Les critiques pleuvaient sur lui.
Kritiker(in) ['kri:tikər(ɪn)] *m/f* critique *m/f*
kritiklos [kri'ti:klo:s] *adj* *1.* qui manque d'esprit critique, sans critique; *adv* *2.* sans critiquer, sans esprit critique
kritisch ['kri:tɪʃ] *adj* *1.* critique; *adv* *2.* de façon critique, d'un air critique
kritisieren [kriti'zi:rən] *v* critiquer
kritteln ['krɪtəln] *v* ergoter, chicaner, chinoiser, tergiverser, pinailler *(fam)*
Kritzelei [krɪtsə'laɪ] *f* griffonnage *m*
kritzeln ['krɪtsəln] *v* griffonner
Kroatien [kro'a:tsjən] *n GEO* Croatie *f*
Krokant [kro'kant] *m GAST* nougatine *f*
Krokodil [kroko'di:l] *n ZOOL* crocodile *m*
Krokodilstränen [kroko'di:lstrɛ:nən] *pl ~ vergießen (fam)* verser des larmes de crocodile
Krokus ['kro:kus] *m BOT* crocus *m*
Krone ['kro:nə] *f* couronne *f*; *Das setzt doch allem die ~ auf!* C'est le comble!/C'est le bouquet!
krönen ['krø:nən] *v* couronner
Kronkorken ['kro:nkɔrkən] *m* capsule *f*
Kronprinz ['kro:nprɪnts] *m* *1.* prince héritier *m*; *2. (in Frankreich)* dauphin *m*
Krönung ['krø:nuŋ] *f* couronnement *m*
Kronzeuge ['kro:ntsɔygə] *m JUR* témoin numéro un *m*, témoin-clé *m*
Kropf [krɔpf] *m* *1. (eines Vogels)* gésier *m*; *2. MED* goitre *m*
Kröte ['krø:tə] *f ZOOL* crapaud *m*
Krücke ['krykə] *f* béquille *f*
Krug [kru:k] *m* cruche *f*, pichet *m*, broc *m*
Krume ['kru:mə] *f* *1. (Krümel)* miette *f*; *2. (Schicht des Erdbodens)* terre arable *f*
Krümel ['kry:məl] *m* miette *f*
krumm [krum] *adj* *1.* courbé, voûté; *2. (verbogen)* tordu; *3. (schief)* de travers; *4. ~ nehmen (fam)* prendre mal, prendre de travers; *jdm etw ~ nehmen* en vouloir à qn/tenir rigueur à qn/garder rancune à qn
krümmen ['krymən] *v* courber, plier, tordre, incurver, déformer
Krümmer ['krymər] *m TECH* coude *m*, raccord coudé *m*, tuyau coudé *m*
Krümmung ['krymuŋ] *f* *1. (Wölbung)* courbure *f*, voûte *f*, incurvation *f*; *2. (Biegung)* courbure *f*, courbe *f*, coude *m*
Krüppel ['krypəl] *m* estropié *m*, infirme *m*, invalide *m*, éclopé *m* *(fam)*
Kruste ['krustə] *f* *1. (Brotkruste)* croûte *f*; *2. (Schorf)* croûte *f*, escarre *f*
Krustentier ['krustənti:r] *n ZOOL* crustacé *m*
Kübel ['ky:bəl] *m* seau *m*, baquet *m*
Kubikmeter [ku'bi:kme:tər] *m* mètre cube *m*artérielle *f*
Küche ['kyçə] *f* *1. (Raum)* cuisine *f*; *2. (Kochkunst)* cuisine *f*, art culinaire *m*

K

Kuchen ['kuːxən] *m* gâteau *m*
Küchenchef(in) ['kyçənʃɛf(ɪn)] *m/f* *GAST* chef de cuisine *m/f*
Küchenherd ['kyçənheːrt] *m* *1.* fourneau *m;* *2. (mit Gas)* cuisinière *f*
Küchenmaschine ['kyçənmaʃiːnə] *f* robot ménager *m*
Küchenschrank ['kyçənʃraŋk] *m* placard de cuisine *m,* buffet *m*
Kuchenteig ['kuːxəntaɪk] *m* *GAST* pâte à gâteau *f*
Kuckucksuhr ['kukuksuːr] *f* coucou *m*
Kufe ['kuːfə] *f* *1. (Gleitschiene)* patin *m,* lame *f;* *2. (eines Flugzeuges)* patin *m*
Kugel ['kuːgəl] *f* *1. (bei einem Spiel)* boule *f,* bille *f;* *eine ruhige ~ schieben* se la couler douce; *2. (Erdkugel)* globe *m;* *3. MATH* sphère *f;* *4. MIL* balle *f,* boulet *m*
kugelförmig ['kuːgəlfœrmɪç] *adj* sphérique, rond
Kugelschreiber ['kuːgəlʃraɪbər] *m* stylo à bille *m,* bic *m (fam)*
kugelsicher ['kuːgəlzɪçər] *adj* à l'épreuve des balles, pare-balles
Kugelstoßen ['kuːgəlstoːsən] *n* *SPORT* lancer de poids
Kuh [kuː] *f* *ZOOL* vache *f*
kühl [kyːl] *adj* *1. (kalt)* frais; *2. (fig)* froid
kühlen ['kyːlən] *v* *1.* refroidir, réfrigérer; *2. (ab~)* rafraîchir
Kühler ['kyːlər] *m* *(Auto)* radiateur *m*
Kühlerhaube ['kyːlərhaubə] *f* capot *m*
Kühlfach ['kyːlfax] *n* bac à glace *m,* freezer *m*
Kühlflüssigkeit ['kyːlflysɪçkaɪt] *f* *TECH* liquide de refroidissement *m,* liquide frigorifique *m*
Kühlschrank ['kyːlʃraŋk] *m* réfrigérateur *m,* frigidaire *m,* frigo *m (fam)*
Kühltasche ['kyːltaʃə] *f* glacière *f*
Kühltruhe ['kyːltruːə] *f* congélateur *m*
Kühlung ['kyːluŋ] *f* refroidissement *m,* réfrigération *f,* afraîchissement *m*
kühn [kyːn] *adj* hardi, audacieux, téméraire, aventureux, intrépide
Kühnheit ['kyːnhaɪt] *f* *1.* audace *f,* témérité *f,* hardiesse *f;* *2. (Keckheit)* audace *f,* témérité *f,* hardiesse *f*
Küken ['kyːkən] *n* *ZOOL* poussin *m*
kulant [ku'lant] *adj* arrangeant, accomodant, coulant *(fig),* conciliant
Kulanz [ku'lants] *f* *1.* obligeance *f;* *2. ECON* geste commercial *m*
kulinarisch [kuli'naːrɪʃ] *adj* culinaire
Kulisse [ku'lɪsə] *f* *1. THEAT* coulisse *f,* décors *m/pl;* *2. (fig)* coulisses *f/pl;* *hinter die ~n schauen* regarder derrière les coulisses
kulminieren [kulmi'niːrən] *v* culminer
Kult [kult] *m* culte *m*
Kultfigur ['kultfiguːr] *f* idole *f,* monstre sacré *m*
kultivieren [kulti'viːrən] *v* cultiver
kultiviert [kulti'viːrt] *adj* cultivé, soigné
Kultur [kul'tuːr] *f* *1.* culture *f,* civilisation *f;* *2. BIO* culture *f*
kulturell [kultu'rɛl] *adj* *1.* culturel; *adv* *2.* au niveau culturel, du point de vue culturel
Kulturgeschichte [kul'tuːrgəʃɪçtə] *f* histoire de la civilisation *f*
Kulturgut [kul'tuːrguːt] *n* patrimoine culturel *m,* bien culturel *m*
Kulturpflanze [kul'tuːrpflantsə] *f* plante cultivée *f*
Kultusministerium ['kultusmɪnɪsteːrjum] *n* *POL* ministère de l'Education nationale *m*
Kümmel ['kyməl] *m* *BOT* cumin *m*
Kummer ['kumər] *m* chagrin *m,* peine *f,* soucis *m/pl;* *jdm ~ bereiten* faire du chagrin à qn; *großen ~ haben* en avoir gros sur le cœur
kümmerlich ['kymərlɪç] *adj* pauvre, misérable, pitoyable

> **kümmern** ['kymərn] *v* *sich ~ um* s'occuper de; *Kümmern Sie sich um Ihre eigenen Angelegenheiten!* Mêlez-vous de ce qui vous regarde!

kummervoll ['kumərfɔl] *adj* *1.* plein de chagrin; *2. (besorgt)* soucieux; *adv* *3.* avec beaucoup de chagrin, avec beaucoup de peine
Kumpel ['kumpəl] *m* *1. (Bergmann)* mineur *m,* gueule noire *m (fam);* *2. (fam)* copain *m,* pote *m*
kündbar ['kyntbaːr] *adj* résiliable
Kunde ['kundə] *m* client *m;* *Der ~ ist König.* Le client est roi.
Kundendienst ['kundəndiːnst] *m* service après-vente *m*
Kundgebung ['kuntgeːbuŋ] *f* *1.* manifestation *f,* démonstration *f;* *2. (Erklärung)* déclaration *f;* *3. (Veröffentlichung)* publication *f*
kündigen ['kyndɪgən] *v* *1. (vom Arbeitnehmer aus)* démissionner, donner sa démission, donner son congé; *2. (vom Arbeitgeber aus)* *jdm ~* congédier qn, donner congé à qn, licencier qn, mettre qn à la porte *(fam);* *3. (Vertrag)* résilier, rompre

Kündigung ['kyndɪguŋ] *f* *1. (einer Stellung)* démission *f; 2. (eines Vertrags)* résiliation *f; 3. (Entlassung)* licenciement *m*
Kundschaft ['kuntʃaft] *f* clientèle *f*
künftig ['kynftɪç] *adj 1.* futur, à venir; *adv 2.* à l'avenir, dorénavant, désormais

Kunst [kunst] *f 1.* art *m; eine brotlose ~* un art peu lucratif *m; 2. (fig: ~fertigkeit)* habilité *f,* adresse *f; mit seiner ~ am Ende sein* y perdre son latin; *Das ist keine ~!* Ce n'est pas sorcier!

Kunstdünger ['kunstdyŋər] *m AGR* engrais chimique *m*
Kunstfaser ['kunstfa:zər] *f* fibre synthétique *f*
Kunstfehler ['kunstfe:lər] *m MED* faute professionnelle *f,* bavure médicale *f*
kunstfertig ['kunstfɛrtɪç] *adj* adroit, habile
Kunstgriff ['kunstgrɪf] *m* artifice *m,* procédé *m*
Kunstleder ['kunstle:dər] *n* cuir artificiel *m,* imitation cuir *f*
Künstler(in) ['kynstlər(ɪn)] *m/f* artiste *m/f*
künstlerisch ['kynstlərɪʃ] *adj 1.* artistique; *adv 2.* sur le plan artistique
Künstlername ['kynstlərna:mə] *m* pseudonyme *m,* nom d'artiste *m*
künstlich ['kynstlɪç] *adj* artificiel; *~e Intelligenz INFORM* intelligence artificielle *f*
Kunstmaler(in) ['kunstma:lər(ɪn)] *m/f* artiste peintre *m/f*
Kunstsammlung ['kunstzamluŋ] *f* collection d'objets d'art *f*
Kunststoff ['kunstʃtɔf] *m* matière plastique *f,* plastique *m*
kunstvoll ['kunstfɔl] *adj* artistique
Kunstwerk ['kunstvɛrk] *n* œuvre d'art *f*
kunterbunt ['kuntərbunt] *adj 1. (vielfarbig)* bariolé, bigarré; *2. (Gruppe)* hétéroclite; *3. ein ~es Durcheinander* un désordre hétéroclite, un pêle-mêle
Kupfer ['kupfər] *n CHEM* cuivre *m*
Kupferstein ['kupfərʃtaɪn] *m* pierre en cuivre *f*
Kuppe ['kupə] *f 1. (Bergkuppe)* sommet *m; 2. (Fingerkuppe)* bout du doigt *m*
Kuppel ['kupəl] *f ARCH* coupole *f,* dôme *m*
Kuppelei [kupə'laɪ] *f 1. (fam)* œuvre d'un entremetteur *m; 2. JUR* incitation à la débauche *f,* proxénétisme *m*
kuppeln ['kupəln] *v 1. (fam)* jouer l'entremetteur, jouer l'entremetteuse, accoupler; *2. (verbinden)* coupler, atteler, réunir; *3. (Auto: ein~)* embrayer; *(Auto: aus~)* débrayer
Kuppler(in) ['kuplər(ɪn)] *m/f* entremetteur/entremetteuse *m/f*
Kupplung ['kupluŋ] *f* embrayage *m*
Kur [ku:r] *f MED* cure *f*
Kuratorium [kura'to:rjum] *n* conseil d'administration *m,* comité *m*
Kurbel ['kurbəl] *f* manivelle *f*
kurbeln ['kurbəln] *v* tourner la manivelle
kurdisch ['kurdɪʃ] *adj* kurde
Kurier [ku'ri:r] *m* coursier *m,* messager *m*
kurieren [ku'ri:rən] *v* traiter, soigner, guérir
kurios [kur'jo:s] *adj* curieux, drôle, bizarre
Kurort ['ku:rɔrt] *m* station thermale *f*
Kurpfuscher ['ku:rpfuʃər] *m* charlatan *m*
Kurs [kurs] *m 1. (~us)* cours *m; 2. (Richtung)* route *f,* cap *m; 3. (Aktienkurs)* cours *m*
Kürschner ['kyrʃnər] *m* fourreur *m,* pelletier *m*
Kursgewinn ['kursgəvɪn] *m FIN* gain sur les cours *m,* plus-value sur les cours *f*
kursieren [kur'zi:rən] *v 1.* circuler; *2. (Geltung haben)* avoir cours; *3. (Gerücht)* courir
kursiv [kur'zi:f] *adj* italique
Kursteilnehmer(in) ['kurstaɪlne:mər(ɪn)] *m/f* participant(e) (à un cours) *m/f,* auditeur/auditrice *m/f,* stagiaire *m/f*
Kurswechsel ['kursvɛksəl] *m POL* changement de cap *m,* nouvelle orientation *f*
Kurswert ['kursve:rt] *m* cours du change *m,* cote d'une action *f*
Kurve ['kurfə] *f 1.* courbe *f; 2. (Straßenkurve)* virage *m,* tournant *m; die ~ kriegen* y arriver; *die ~ kratzen (fam)* se tirer, ficher le camp
kurven ['kurfən] *v (fam: herumkurven)* virer, sillonner
kurvenförmig ['kurfənfœrmɪç] *adj* en forme de virage
kurvenreich ['kurfənraɪç] *adj* sinueux
kurvig ['kurfɪç] *adj* sinueux

kurz [kurts] *adj 1. (zeitlich)* court, bref; *Fassen Sie sich ~!* Soyez bref! *um es ~ zu machen* pour être bref; *~ und bündig* en bref; *~ und gut* autrement dit; *~ und schmerzlos* vite fait bien fait; *seit ~em* depuis peu, depuis peu de temps; *vor ~em* dernièrement, récemment; *2. (räumlich)* court; *den Kürzeren ziehen* avoir le dessous;

K

zu ~ kommen ne pas avoir son compte, être défavorisé; *etw ~ und klein schlagen* réduire qc en miettes, détruire complètement qc; *~ treten (fam: sparen)* réduire ses dépenses; *kürzer treten (fig)* se restreindre, se serrer la ceinture; *~ und schmerzlos* en y allant carrément

kurzärmelig ['kurtsɛrməlɪç] *adj* à manches courtes
kurzatmig ['kurtsaːtmɪç] *adj MED* poussif, dyspnéique
Kürzel ['kyrtsəl] *n* signe sténographique *m,* sigle *m*
kürzen ['kyrtsən] *v 1. (kürzer machen)* raccourcir; *2. (zeitlich)* écourter, abréger; *3. (herabsetzen)* diminuer, réduire
kurzerhand ['kurtsərhant] *adv* sans hésiter, sans autre forme de procès
Kurzfassung ['kurtsfasuŋ] *f* version courte *f*
Kurzfilm ['kurtsfɪlm] *m CINE* court-métrage *m*
kurzfristig ['kurtsfrɪstɪç] *adj* à courte échéance, à court terme
Kurzgeschichte ['kurtsgəʃɪçtə] *f* nouvelle *f,* récit *m*
kürzlich ['kyrtslɪç] *adv* dernièrement, récemment
Kurzmeldung ['kurtsmɛlduŋ] *f* flash d'information *m*
Kurzschluss ['kurtsʃlus] *m 1. TECH* court-circuit *m; 2. (fig)* acte irréfléchi *m,* décision irrationelle *f*
kurzsichtig ['kurtszɪçtɪç] *adj 1. MED* myope; *2. (fig)* qui a la vue courte, à courte vue à courte échéance
Kurzstreckenwaffen ['kurtsʃtrɛkənvafən] *pl MIL* missiles à courte portée *m/pl*
kurzum [kurts'um] *adv* bref, en un mot, enfin, en bref
Kürzung ['kyrtsuŋ] *f 1.* raccourcissement *m,* diminution *f; 2. (Herabsetzung)* réduction *f*
kurzweilig ['kurtsvaɪlɪç] *adj* divertissant, amusant, plaisant
kurzzeitig ['kurtstsaɪtɪç] *adj* de courte durée
kuscheln ['kuʃəln] *v* peloter, se blottir contre
Kuscheltier ['kuʃəltiːr] *n* animal en peluche *m*
Kuss [kus] *m* baiser *m,* bise *f*
küssen ['kysən] *v* embrasser, baiser, donner un baiser, se faire la bise
Küste ['kystə] *f* côte *f,* littoral *m*
Kutsche ['kutʃə] *f* calèche *f,* fiacre *m,* carrosse *m,* diligence *f*
Kutscher ['kutʃər] *m* cocher *m*
kutschieren [kutʃiːrən] *v* se balader
Kutter ['kutər] *m NAUT* cotre *m,* chalutier *m,* trawler *m*
Kuvert [ku'veːr] *n* enveloppe *f*

K

L

labil [la'biːl] *adj* instable, variable, inconstant
Labor [la'boːr] *n* laboratoire *m,* labo *m*
Laborant(in) [labo'rant(ɪn)] *m/f* laborantin(e) *m/f,* chimiste *m/f,* préparateur/préparatrice *m/f*
Laboratorium [labora'toːrium] *n* laboratoire *m*
Labsal ['laːpzaːl] *n 1. (Erfrischung)* rafraîchissement *f; 2. (fig: Trost)* consolation *f,* soulagement *m,* réconfort *m,* baume *m*
Labyrinth [laby'rɪnt] *n* labyrinthe *m*
Lache[1] ['laːxə] *f (Pfütze)* flaque *f*
Lache[2] ['laxə] *f (fam: Art zu lachen)* rire *m*
lächeln ['lɛçəln] *v* sourire; *gezwungen ~* rire du bout des lèvres
Lächeln ['lɛçəln] *n* sourire *m*

> **lachen** ['laxən] *v* rire, rigoler *(fam); aus vollem Halse ~* rire aux éclats; *jdm ins Gesicht ~* rire au nez de qn; *sich ins Fäustchen ~* rire sous cape; *nichts zu ~ haben* ne pas être à la noce; *zum Lachen sein* ne pas être sérieux/être un comique; *sich vor Lachen biegen* se tordre de rire

Lachen ['laxən] *n* rire *m; Dir wird das Lachen noch vergehen!* Tu ne riras pas longtemps!/Rira bien qui rira le dernier!
lächerlich ['lɛçərlɪç] *adj* ridicule, risible; *Das ist ja ~!* Vous me faites rire!/C'est ridicule! *etw ins Lächerliche ziehen* tourner qc au ridicule
lachhaft ['laxhaft] *adj* ridicule, risible
Lachs [laks] *m ZOOL* saumon *m*
Lack [lak] *m* laque *f,* vernis *m*
lackieren [la'kiːrən] *v* laquer, vernir
Lackiererei [lakiːrə'raɪ] *f* atelier de tôlerie-peinture *m*
Lackierung [la'kiːruŋ] *f* couche de vernis *f,* laquage *m*
Lackschuhe ['lakʃuːə] *pl* chaussures vernies *f/pl,* souliers vernis *m/pl*
Ladefläche ['laːdəflɛçə] *f* surface de chargement *f*
Ladegerät ['laːdəgərɛːt] *n TECH* dispositif de chargement *m,* chargeur de batteries *m,* groupe de charge *m*
laden ['laːdən] *v irr 1.* charger; *einen ge~ haben* être rond comme un petit pois/être fait comme un camembert; *2. NAUT* embarquer; *3. (ein~)* inviter; *4. (vor~) JUR* citer en justice, convoquer en justice
Laden ['laːdən] *m* magasin *m,* boutique *f; den ~ schmeißen* bien se débrouiller/mener la baraque; *Er kann seinen ~ dichtmachen.* Il peut fermer boutique.
Ladendieb(in) ['laːdəndiːb(ɪn)] *m/f* voleur/voleuse à l'étalage *m/f*
Ladenhüter ['laːdənhyːtər] *m (fig)* rossignol *m*
Ladenschluss ['laːdənʃlus] *m* heure de fermeture des magasins *f,* fermeture des magasins *f*
Ladentisch ['laːdəntɪʃ] *m* comptoir *m*
Ladeplatz ['laːdəplats] *m* embarcadère *m,* débarcadère *m,* quai de débarquement *m,* quai d'embarquement *m*
Ladung ['laːduŋ] *f 1.* charge *f,* chargement *m; 2. elektrische ~* charge électrique *f; 3. (Schiffsladung)* cargaison *f,* fret *m; 4. (Vorladung) JUR* citation *f,* convocation en justice *f*
Lage ['laːgə] *f 1. (Situation)* situation *f,* état *m; die ~ meistern* faire face à la situation; *in einer kritischen ~ sein* ne pas être à la noce/être dans une situation critique; *in einer peinlichen ~ sein* être dans ses petits souliers/être dans une situation embarrassante; *Herr der ~ sein* être maître de la situation; *die ~ peilen* tâter le terrain; *nach ~ der Dinge* vu l'état des choses/vu la situation; *2. (Umstände)* circonstances *f/pl; 3. (Bedingungen)* conditions *f/pl; 4. (Position)* position *f,* emplacement *m; 5. (Schicht)* couche *f,* strate *f*
Lageplan ['laːgəplaːn] *m* plan *m*
Lager ['laːgər] *n 1. (Zeltlager)* camp *m; ein ~ aufschlagen* dresser un camp; *ins feindliche ~ überlaufen* passer dans le camp de l'ennemi; *2. (Bett)* lit *m,* couche *f; 3. (Warenlager) ECO* magasin *m,* dépôt *m,* entrepôt *m,* stock *m; 4. TECH* palier *m,* coussinet *m*
Lagerbestand ['laːgərbəʃtant] *m ECO* stock *m,* marchandises en stock *f/pl*
Lagerhalle ['laːgərhalə] *f* hangar *m,* entrepôt *m*
Lagerhaltung ['laːgərhaltuŋ] *f* entreposage *m,* stockage *m,* magasinage *m,* dépôt en entrepôt *m*
lagern ['laːgərn] *v ECO* stocker, emmagasiner, entreposer
Lagerraum ['laːgərraum] *m* entrepôt *m*

L

Lagerung ['la:gəruŋ] *f ECO* stockage *m,* emmagasinage *m*
Lagune [la'gu:nə] *f GEOL* lagon *m,* lagune *f*
lahm [la:m] *adj 1. (hinkend) MED* boiteux; *~ sein* aller mal/marcher mal; *2. (gelähmt) MED* paralysé; *3. (fam: langweilig)* languissant
lahmen ['la:mən] *v* boîter
lähmen ['lɛ:mən] *v* paralyser
Laib [laɪp] *m 1. (Brotlaib)* miche *f; 2. (Käselaib)* meule *f*
laichen ['laɪçən] *v BIO* frayer
Laie ['laɪə] *m 1.* profane *m,* amateur *m; 2.REL* laïc *m; 3. (Neuling)* novice *m*
laienhaft ['laɪənhaft] *adj* profane, d'amateur, en novice
Lakai [la'kaɪ] *m* valet *m,* laquais *m*
Laken ['la:kən] *n* drap *m,* toile *f*
Lakritze [la'krɪtsə] *f* réglisse *f*
lallen ['lalən] *v* bredouiller, balbutier
Lamelle [la'mɛlə] *f* lame *f,* lamelle *f*
lamentieren [lamɛn'ti:rən] *v* se lamenter
Lamm [lam] *n ZOOL* agneau *m*
Lammfleisch ['lamflaɪʃ] *n GAST* viande d'agneau *f*
lammfromm ['lam'frɔm] *adj ~ sein* être doux comme un agneau
Lampe ['lampə] *f* lampe *f*
Lampenfieber ['lampənfi:bər] *n* trac *m; ~ haben* avoir le trac
Lampenschirm ['lampənʃɪrm] *m* abat-jour *m*
Lampion ['lampjɔ̃] *m* lampion *m*
lancieren [lɑ̃'si:rən] *v* lancer

Land [lant] *n 1. (Staat)* pays *m; außer ~es* hors du pays; *2. (ländliche Gegend)* campagne *f; aufs ~ fahren* aller à la campagne; *3. (Grundstück)* terre *f,* terrain *m; 4. (fig) wieder ~ sehen* arriver au bout du tunnel; *jdn an ~ ziehen* récupérer qn/gagner qn; *~ gewinnen* disparaître/ficher le camp *(fam)*

Landbesitz ['lantbəzɪts] *m* propriété rurale *f,* domaine rural *m*
Landbevölkerung ['lantbəfœlkəruŋ] *f* population rurale *f*
Landebahn ['landəba:n] *f* piste d'atterrissage *f*
landen ['landən] *v 1. (mit dem Flugzeug)* atterrir; *2. (anlegen)* toucher terre, accoster, aborder; *3. (ankommen)* arriver, débarquer; *4. (fam)* arriver, tomber
Landenge ['lantɛŋə] *f GEO* isthme *m*
Landeplatz ['landəplats] *m 1. NAUT* terrain d'atterrissage *m,* aérodrome *m,* mouillage *m; 2. (eines Flugzeuges)* terrain d'atterrissage *m,* aérodrome *m*
Ländereien [lɛndə'raɪən] *pl* terres *f/pl,* biens ruraux *m/pl,* domaines *m/pl*
Länderspiel ['lɛndərʃpi:l] *n SPORT* match international *m*
Landesgrenze ['landəsgrɛntsə] *f* frontière *f*
Landesinnere [landəs'ɪnərə] *n* intérieur du pays *m,* arrière-pays *m*
Landeskunde ['landəskundə] *f* étude de la civilisation *f*
Landesregierung ['landəsregi:ruŋ] *f POL* gouvernement *m*
Landessprache ['landəsʃpra:xə] *f* langue nationale *f*
landesüblich ['landəsy:plɪç] *adj* selon l'usage du pays, en usage dans le pays
Landesverrat ['landəsfɛrra:t] *m JUR* haute trahison *f*
Landeswährung ['landəsvɛ:ruŋ] *f FIN* monnaie nationale *f,* devise du pays *f*
landesweit ['landəsvaɪt] *adj* au niveau national
Landflucht ['lantfluxt] *f* exode rural *m*
Landfriedensbruch ['lantfri:dənsbrux] *m JUR* atteinte à l'ordre public *f,* voies de fait sur la voie publique *f/pl*
Landgericht ['lantgərɪçt] *n JUR* tribunal de grande instance *m*
Landgut ['lantgu:t] *n* exploitation rurale *f,* domaine rural *m*
Landhaus ['lanthaus] *m* maison de campagne *f*
Landkarte ['lantkartə] *f* carte géographique *f*
Landkreis ['lantkraɪs] *m POL* district *m,* arrondissement *m,* canton rural *m*
Landleben ['lantle:bən] *n* vie à la campagne *f,* vie rurale *f,* vie agricole *f*
ländlich ['lɛndlɪç] *adj* champêtre, rural, campagnard
Landluft ['lantluft] *f* air de la campagne *m*
Landpartie ['lantparti:] *f* partie à la campagne *f,* excursion à la campagne *f*
Landplage ['lantpla:gə] *f* fléau *m*
Landrat ['lantra:t] *m POL* sous-préfet *m*
Landschaft ['lantʃaft] *f 1.* paysage *m; 2. (Gebiet)* contrée *f*
landschaftlich ['lantʃaftlɪç] *adj 1.* du paysage; *2. (regional)* régional
Landsitz ['lantzɪts] *m* domaine rural *m,* propriété à la campagne *f*
Landsmann ['lantsman] *m* compatriote *m*

Landsmännin ['lantsmɛnɪn] *f* compatriote *f*
Landstraße ['lantʃtraːsə] *f* route nationale *f*, route départementale *f*, grand-route *f*
Landstreicher ['lantʃtraɪçər] *m* vagabond *m*
Landstreitkräfte ['lantʃtraɪtkrɛftə] *pl MIL* armée de terre *f*, forces terrestres *f/pl*
Landtag ['lanttaːk] *m 1. POL* diète parlementaire *f; 2. (in Deutschland)* parlement d'un land *m*
Landtagswahl ['lanttaːksvaːl] *f POL* élections pour le parlement du land *f/pl*
Landung ['landuŋ] *f 1. (Flugzeuglandung)* atterrissage *m; 2. (eines Schiffs) NAUT* accostage *m; 3. MIL* débarquement *m*
Landungssteg ['landuŋsʃteːk] *m* passerelle *f*, ponton *m*
landwärts ['landvɛrts] *adv* vers la terre
Landweg ['lantveːk] *m auf dem ~* par voie de terre
Landwein ['lantvaɪn] *m GAST* vin du pays *m*
Landwirt(in) ['lantvɪrt(ɪn)] *m/f* agriculteur/agricultrice *m/f*, cultivateur/cultivatrice *m/f*, fermier/fermière *m/f*
Landwirtschaft ['lantvɪrtʃaft] *f* agriculture *f*, exploitation agricole *f*
landwirtschaftlich ['lantvɪrtʃaftlɪç] *adj 1.* agricole, agronomique; *2. (ländlich)* rural
Landzunge ['landtsuŋə] *f 1.* pointe de terre *f; 2. (Halbinsel) GEO* presqu'île *f*
lang [laŋ] *adj 1. (örtlich)* long, grand; *zehn Meter ~* d'une longueur de dix mètres; *2. (zeitlich)* long, de longue durée; *~ gestreckt (ausgestreckt)* allongé, étiré
langärmelig ['laŋɛrməlɪç] *adj* à manches longues
langatmig ['laŋaːtmɪç] *adj* de longue haleine
lange ['laŋə] *adv* longtemps, longuement; *Es ist schon ~ her, dass ...* Il y a longtemps que ... *~ brauchen, um etw zu tun* être long à faire qc; *Ich brauche nicht mehr ~.* Je n'en ai plus pour longtemps. *es nicht mehr ~ machen* ne plus aller loin/ne plus avoir longtemps à vivre
Länge ['lɛŋə] *f 1. (örtlich)* longueur *f; etw in die ~ ziehen* faire traîner qc en longueur; *2. (zeitlich)* durée *f; etw in die ~ ziehen* faire traîner qc en longueur
langen ['laŋən] *v 1. (genügen)* suffire; *Jetzt langt es!* Ça suffit maintenant! *2. (greifen)* prendre, saisir; *jdm eine ~* coller une gifle à qn; *3. (erreichen)* attraper, atteindre
Längengrad ['lɛŋəngraːt] *m GEO* degré de longitude *m*
Langeweile ['laŋəvaɪlə] *f* ennui *m; vor ~ umkommen* mourir d'ennui
langfristig ['laŋfrɪstɪç] *adj* à longue échéance, à long terme
langjährig ['laŋjɛːrɪç] *adj* de longue date
Langlauf ['laŋlauf] *m SPORT* ski de fond *m*
langlebig ['laŋleːbɪç] *adj* qui vit longtemps, à longue durée de vie
Langlebigkeit ['laŋleːbɪçkaɪt] *f* longévité *f*
länglich ['lɛŋlɪç] *adj* allongé, de forme allongée
längs [lɛŋs] *prep 1.* le long de; *adv 2.* en longueur, dans le sens de la longueur, longitudinalement
Längsachse ['lɛŋsaksə] *f* axe longitudinal *m*
langsam ['laŋzaːm] *adj* lent
Langschläfer ['laŋʃlɛːfər] *m* grand dormeur *m*, personne aimant faire la grasse matinée *f*
längst [lɛŋst] *adv 1. (schon lange)* depuis longtemps, il y a longtemps; *2. ~ nicht* beaucoup moins, loin d'être
Languste [laŋ'gustə] *f ZOOL* langouste *f*
langweilen ['laŋvaɪlən] *v sich ~* s'ennuyer
Langweiler(in) ['laŋvaɪlər(ɪn)] *m/f* raseur/raseuse *m/f*
langweilig ['laŋvaɪlɪç] *adj 1.* ennuyeux, insipide; *Das ist ~!* Quelle barbe! *2. (ermüdend)* fatigant
langwierig ['laŋviːrɪç] *adj 1.* qui dure longtemps, de longue haleine; *2. (mühsam)* pénible, laborieux
Langzeitarbeitslose(r) ['laŋtsaɪtarbaɪtsloːzə(r)] *m/f ECO* chômeur/chômeuse de longue durée *m/f*
Lanze ['lantsə] *f* lance *f*
lapidar [lapi'daːr] *adj* lapidaire
Lappalie [la'paːljə] *f* bagatelle *f*, futilité *f*, babiole *f (fam)*
Lappen ['lapən] *m 1.* chiffon *m; jdm durch die ~ gehen* filer entre les doigts à qn; *2. (Putzlappen)* chiffon *m; 3. ANAT* lobe *m*
läppisch ['lɛpɪʃ] *adj* puérile, stupide
Laptop ['lɛptɔp] *n INFORM* ordinateur portable *m*
Lärm [lɛrm] *m* bruit *m*, vacarme *m*, tapage *m; viel ~ um nichts machen* faire beaucoup de bruit pour rien

L

Lärmbelästigung ['lɛrmbəlɛstɪgʊŋ] *f* nuisances sonores *f/pl*, pollution sonore *f*
lärmempfindlich ['lɛrmɛmpfɪntlɪç] *adj* sensible au bruit
lärmen ['lɛrmən] *v* faire du bruit
larmoyant [larmwa'jant] *adj* larmoyant
Larve ['larfə] *f* *1. ZOOL* larve *f*; *2. (Maske)* loup *m*
lasch [laʃ] *adj* *1. (lässig)* nonchalant; *2. (schlaff)* mou, flasque, molasse
Laserstrahl ['leɪzərʃtraːl] *m* rayon laser *m*

lassen ['lasən] *v irr* *1.* laisser; *die Dinge nicht so weit kommen ~* ne pas laisser les choses aller si loin; *sich alles gefallen ~* se laisser faire/se laisser marcher sur les pieds; *jdn im Stich ~* laisser qn en plan; *Lass mich damit in Ruhe!* Ne m'embête pas avec ça! *2. (über~)* laisser, céder, accorder; *Das muss man ihr ~. (fig)* Il faut lui reconnaître ça. *3. (veran~)* faire faire; *4. (aufhören)* abandonner, arrêter, renoncer à; *es nicht ~ können* ne pas pouvoir s'empêcher

L

lässig ['lɛsɪç] *adj* nonchalant, indolent
Lässigkeit ['lɛsɪçkaɪt] *f* *1.* nonchalance *f*, indolence *f*; *2. (Gleichgültigkeit)* indifférence *f*
Last [last] *f* *1.* charge *f*, poids *m*; *2. (Bürde)* fardeau *m*; *jdm zur ~ fallen* être à la charge de qn; *jdm etw zur ~ legen* accuser qn de qc/mettre qc sur le compte de qn; *3. ~en pl (Steuern)* charges *f/pl*, impôts *m/pl*
lasten ['lastən] *v (fig) ~ auf* peser sur, s'appesantir sur
Lastenaufzug ['lastənauftsuːk] *m* monte-charges *m*
Laster[1] ['lastər] *n* vice *m*
Laster[2] ['lastər] *m* *(fam: Lastkraftwagen)* camion *m*, poids lourd *m*
lasterhaft ['lastərhaft] *adj* vicieux, immoral, débauché
lästern ['lɛstərn] *v* *1.* médire, calomnier, diffamer; *2. REL* blasphémer
lästig ['lɛstɪç] *adj* désagréable; *~ sein* être casse-pieds
Lastwagen ['lastvaːgən] *m* camion *m*, poids lourd *m*
Lastzug ['lasttsuːk] *m* train routier *m*, convoi routier *m*, poids lourd avec remorque *m*
lasziv [las'tsiːf] *adj* lascif
Latein [la'taɪn] *n* latin *m*, langue latine *f*; *mit seinem ~ am Ende sein* en perdre son latin/être au bout de son latin
Laterne [la'tɛrnə] *f* *1.* lanterne *f*; *2. (Straßenlaterne)* lampadaire *m*, réverbère *m*
Laternenpfahl [la'tɛrnənpfaːl] *m* pylône de lampadaire *m*, colonne de réverbère *f*; *ein Wink mit dem ~* une allusion claire et nette *f*
Latschen ['laːtʃən] *m* *1.* pantoufles *m/pl*; *2. aus den ~ kippen* en tomber sur le cul *(fam)*, en tomber à la renverse, tomber dans les pommes
latschen ['laːtʃən] *v* traîner les pieds
Latte ['latə] *f* *1.* latte *f*, tringle *f*; *2. SPORT* barre *f*
Lattenkiste ['latənkɪstə] *f* caisse à claire-voie *f*, cageot *m*
Lattenrost ['latənrɔst] *m* caillebotis *m*, sommier à lattes *m*
Lattenzaun ['latəntsaun] *m* clôture en lattis *m*, palissade *f*
Lätzchen ['lɛtsçən] *n* bavoir *m*, bavette *f*
Latzhose ['latshoːzə] *f* salopette *f*
lau [lau] *adj* *1. (lauwarm)* tiède; *2. (mild)* doux
Laub [laup] *n* *BOT* feuilles *f/pl*, feuillage *m*
Laubbaum ['laupbaum] *m* *BOT* feuillu *m*, arbre à feuilles *m*
Laube ['laubə] *f* tonnelle *f*, cabane de jardin *f*
Laubengang ['laubəngaŋ] *m* allée couverte *f*, arcades de feuillage *f/pl*, pergola *f*
Laubfrosch ['laupfrɔʃ] *m* *ZOOL* rainette *f*
Laubsäge ['laupzɛːgə] *f* *TECH* scie à découper *f*, scie à chantourner *f*
Laubwald ['laupvalt] *m* *BOT* bois feuillu *m*, forêt à essences feuillues *f*
Lauch [laux] *m* *BOT* poireau *m*
Lauer ['lauər] *f* *sich auf die ~ legen* se mettre à l'affût, être sur le qui-vive; *auf der ~ liegen* être aux aguets
lauern ['lauərn] *v* guetter, épier; *auf etw ~* attendre qc avec impatience
Lauf [lauf] *m* *1. (~en)* course *f*, marche *f*; *2. (fig: Verlauf)* cours *m*, marche *f*, train *m*; *3. (Gewehrlauf)* canon *m*
Laufbahn ['laufbaːn] *f* carrière *f*; *eine ~ einschlagen* suivre une carrière
Laufbursche ['laufburʃə] *m* *1.* garçon de courses *m*; *2. (Austräger)* livreur *m*; *3. (Lehrling)* arpète *m*

laufen ['laufən] *v irr* *1. (gehen)* aller, marcher; *Alles läuft wie am Schnürchen.* Tout marche comme sur des roulettes. *2. (rennen)* courir; *3. (fließen)* couler

laufend ['laufənt] *adj* courant; *auf dem Laufenden sein* être au courant
Lauffeuer ['lauffɔyər] *n* *sich wie ein ~ verbreiten* se répandre comme une traînée de poudre

Laufgitter ['laufgɪtər] *n* lisière *f*
läufig ['lɔyfɪç] *adj ZOOL* en chaleur
Laufmasche ['laufmaʃə] *f* maille filée *f*
Laufpass ['laufpas] *m den ~ bekommen* se faire virer, se faire jeter
Laufplanke ['laufplaŋkə] *f NAUT* planche *f*, passerelle *f*
Laufschritt ['laufʃrɪt] *m 1.* pas de course *m*, pas de gymnastique *m*; *2. MIL* pas de course *m*, pas de gymnastique *m*
Laufsteg ['laufʃteːk] *m* podium *m*
Laufwerk ['laufvɛrk] *n INFORM* lecteur *f*
Laufzeit ['lauftsaɪt] *f 1.* durée d'exploitation *f*; *2. (Geltungsdauer) ECO* durée de validité *f*
Lauge ['laugə] *f 1. (Seifenlauge)* lessive *f*; *2. CHEM* base *f*, solution alcaline *f*
Laune ['launə] *f* humeur *f*, caprice *m*; *einer ~ nachgeben* suivre un caprice; *~ machen* être agréable/mettre de bonne humeur; *jdn bei ~ halten* entretenir la bonne humeur de qn; *jdm die ~ verderben* gâcher le plaisir de qn/mettre qn de mauvaise humeur
launisch ['launɪʃ] *adj 1.* lunatique; *2. (veränderlich)* instable, variable
Laus [laus] *f ZOOL* pou *m*; *Ihm ist eine ~ über die Leber gelaufen.* Il est d'une humeur exécrable.
Lausbub ['lausbuːp] *m (fam)* gamin *m*, garnement *m*, polisson *m*, galopin *m*
Lauschangriff ['lauʃangrɪf] *m POL* écoute sauvage *f*
lauschen ['lauʃən] *v 1. (zuhören)* écouter attentivement; *2. (horchen)* tendre l'oreille, prêter l'oreille, espionner
lauschig ['lauʃɪç] *adj* douillet, cosy, intime
laut¹ [laut] *adj 1. (geräuschvoll)* bruyant, fort; *2. (hörbar)* perceptible; *adv 3.* fort, haut, à haute voix
laut² [laut] *prep* conformément à, d'après, selon, suivant
Laut [laut] *m 1. (Ton)* son *m*; *2. (Geräusch)* bruit *m*
lauten ['lautən] *v (besagen)* dire, exprimer, signifier
läuten ['lɔytən] *v* sonner; *Ich habe ~ gehört, dass ... (fig)* J'ai entendu dire que .../Le bruit court que ...
lauter ['lautər] *adv 1. (nichts als)* rien ... que, ne ... que; *Vor ~ Glück habe ich ...* J'étais si heureux que ... *adj 2. (rein, echt)* pur, net, clair; *3. (aufrichtig)* sincère, droit, franc; *~e Absichten* des intentions honnêtes
läutern ['lɔytərn] *v* rendre meilleur, amender qc, améliorer qc
lauthals ['lauthals] *adv* à tue-tête, à gorge déployée
lautlos ['lautloːs] *adj 1.* silencieux, sans bruit; *adv 2.* silencieusement, en silence, sans bruit
Lautschrift ['lautʃrɪft] *f* phonétique *f*
Lautsprecher ['lautʃprɛçər] *m* haut-parleur *m*
lautstark ['lautʃtark] *adj* fort, puissant, intense
Lautstärke ['lautʃtɛrkə] *f* volume *m*, intensité du son *f*, puissance du son *f*
lauwarm ['lauvarm] *adj* tiède
Lava ['laːva] *f GEOL* lave *f*
Lavendel [la'vɛndəl] *m BOT* lavande *f*
Lawine [la'viːnə] *f* avalanche *f*
Lawinengefahr [la'viːnəngəfaːr] *f* danger d'avalanche *m*
Lazarett [latsa'rɛt] *n MIL* hôpital militaire *m*, infirmerie *f*
leasen ['liːzən] *v ECO* acheter en leasing, acheter en crédit-bail

> **leben** ['leːbən] *v* vivre, exister; *~ wie Gott in Frankreich* vivre comme un coq en pâte; *Man muss schließlich ~!* Il faut bien vivre! *wie er leibt und lebt* comme il est/tout craché

Leben ['leːbən] *n* vie *f*, existence *f*; *jdn das ~ kosten* coûter la vie à qn; *Das ~ meint es gut mit ihm.* La vie lui sourit. *So ist das ~.* C'est la vie. *Das ist doch kein ~.* Ce n'est pas une vie. *etw für sein ~ gern tun* adorer qc/être fou de qc/être dingue de qc *(fam)*; *etw ins ~ rufen* fonder qc; *mit dem ~ davonkommen* en réchapper; *jdm nach dem ~ trachten* vouloir attenter à la vie de qn; *nie im ~* jamais de la vie; *sich das ~ nehmen* se suicider; *mit seinem ~ spielen* jouer avec sa vie; *jdm das ~ schenken* donner la vie à qn; *sein ~ lassen* perdre la vie; *auf ~ und Tod* à la vie et à la mort; *wie aus dem ~ gegriffen* pris sur le vif
lebendig [le'bɛndɪç] *adj 1. (lebend)* vivant, vif; *2. (lebhaft)* plein de vie, actif, vivace
Lebendigkeit [le'bɛndɪçkaɪt] *f 1. (Lebendigsein)* vivacité *f*, entrain *m*, pétulance *f*; *2. (Lebhaftigkeit)* vivacité *f*, entrain *m*, pétulance *f*
Lebensabend ['leːbənsaːbənt] *m* vieux jours *m/pl*, soir de la vie *m*
Lebensanschauung ['leːbənsanʃauuŋ] *f* conception de la vie *f*, conception de l'existence *f*

L

Lebensart ['le:bənsa:rt] *f* 1. mode de vie *m,* style de vie *m;* 2. *(gute Umgangsformen)* culture *f;* 3. *(Stil)* mode de vie *m,* style de vie *m*
Lebensaufgabe ['le:bənsaufga:bə] *f* mission d'une vie *f,* œuvre de vie *f*
Lebensbedingungen ['le:bənsbədɪŋuŋən] *pl* conditions de vie *f/pl,* conditions d'existence *f/pl*
Lebensende ['le:bənsɛndə] *n* terme de la vie *m,* terme de l'existence *m; bis ans ~* jusqu'à la mort
Lebenserfahrung ['le:bənsɛrfa:ruŋ] *f* expérience de la vie *f,* expérience du monde *f*
Lebenserwartung ['le:bənsɛrvartuŋ] *f* espérance de vie *f*
lebensfremd ['le:bənsfrɛmt] *adj* qui ne connaît rien de la vie
Lebensfreude ['le:bənsfrɔydə] *f* joie de vivre *f*
Lebensgefahr ['le:bənsgəfa:r] *f* danger de mort *m*
lebensgefährlich ['le:bənsgəfɛ:rlɪç] *adj* périlleux, très dangereux; *Das ist ja ~!* C'est casse-gueule!/C'est casse-cou!
Lebensgefährte ['le:bənsgəfɛ:rtə] *m* 1. compagnon *m;* 2. *(Gatte)* époux *m*
Lebensgefährtin ['le:bənsgəfɛ:rtɪn] *f* 1. compagne *f;* 2. *(Gattin)* épouse *f*
Lebenskraft ['le:bənskraft] *f* vitalité *f,* force vitale *f*
Lebenskünstler ['le:bənskynstlər] *m ein ~ sein* s'entendre à vivre
lebenslänglich ['le:bənslɛŋlɪç] *adj* 1. perpétuel, à vie; 2. *JUR* à perpétuité
Lebenslauf ['le:bənslauf] *m* curriculum vitae *m,* C.V. *m*
Lebensmittel ['le:bənsmɪtəl] *pl* aliments *m/pl,* vivres *m/pl,* nourriture *f,* denrées alimentaires *f/pl*
Lebensmittelgeschäft ['le:bənsmɪtəlgəʃɛft] *n* épicerie *f,* magasin d'alimentation *m*
lebensmüde ['le:bənsmy:də] *adj* las de vivre, dégoûté de la vie
lebensnotwendig ['le:bənsno:tvɛndɪç] *adj* vital, indispensable à l'existence, absolument indispensable, nécessaire à la vie
Lebensretter ['le:bənsrɛtər] *m* sauveteur *m,* sauveur *m*
Lebensstandard ['le:bənsʃtandart] *m* standard de vie *m,* niveau de vie *m*
Lebensunterhalt ['le:bənsuntərhalt] *m* moyens d'existence *m/pl,* subsistance *f; seinen ~ verdienen* gagner sa vie
Lebensversicherung ['le:bənsfɛrzɪçəruŋ] *f* assurance vie *f*
Lebenswandel ['le:bənsvandəl] *m* manière de vivre *f,* conduite *f,* moeurs *f/pl*
lebenswert ['le:bənsve:rt] *adj* qui vaut la peine d'être vécu
lebenswichtig ['le:bənsvɪçtɪç] *adj* 1. vital; 2. *(sehr wichtig)* de première nécessité, essentiel
Lebenszeit ['le:bənstsaɪt] *f* durée de la vie *f*
Leber ['le:bər] *f ANAT* foie *m; frei von der ~ weg* ouvertement/sans y aller par quatre chemins
Leberfleck ['le:bərflɛk] *m* 1. *(Muttermal)* tache de vin *f,* naevus *m;* 2. *(Hautfärbung)* naevus *m*
Leberpastete ['le:bərpaste:tə] *f GAST* pâté de foie *m*
Lebewesen ['le:bəve:zən] *n* être vivant *m,* organisme *m,* organisme vivant *m*
Lebewohl [le:bə'vo:l] *n* adieu *m; jdm ~ sagen* dire adieu à qn
lebhaft ['le:phaft] *adj* 1. *(munter)* plein de vie, vif, éveillé, actif; 2. *(rege)* fort, intense, animé; 3. *(begeistert)* enthousiaste
Lebhaftigkeit ['le:phaftɪçkaɪt] *f* vivacité *f*
Lebkuchen ['le:pku:xən] *m GAST* pain d'épice *m*
leblos ['le:plo:s] *adj* 1. sans vie, inanimé; 2. *(tot)* mort
lechzen ['lɛçtsən] *v nach etw ~* avoir envie de, brûler de
Leck [lɛk] *n* trou *m,* voie d'eau *f; ein ~ bekommen* faire eau
lecken[1] ['lɛkən] *v (schlecken)* lécher
lecken[2] ['lɛkən] *v (auslaufen)* couler
lecker ['lɛkər] *adj* délicieux, appétissant; *~ aussehen* être appétissant
Leckerbissen ['lɛkərbɪsən] *m* gourmandise *f,* friandise *f,* morceau de choix *m*
LED [ɛle'de:] *f* LED, DEL (diode électroluminescente) *f*
Leder ['le:dər] *n* cuir *m; jdm ans ~ wollen* voler dans les plumes à qn
Lederjacke ['le:dərjakə] *f* veste de cuir *f*
ledern ['le:dərn] *adj* 1. en cuir; 2. *(zäh)* coriace, tanné
ledig ['le:dɪç] *adj* 1. célibataire; 2. *einer Sache ~ sein* être débarrassé de qc, être délivré de qc
Ledige(r) ['le:dɪgə(r)] *m/f* célibataire *m/f*
lediglich ['le:dɪglɪç] *adv* uniquement

L

leer [leːr] *adj 1. (nichts enthaltend)* vide, vidé; *2. (frei)* libre, inoccupé, vacant; *3. (unbeschrieben)* blanc, vierge
Leere ['leːrə] *f 1.* vide *m; 2. (fig)* vanité *f*
leeren ['leːrən] *v* vider, vidanger, évacuer
Leergewicht ['leːrgəvɪçt] *n* poids à vide *m*
Leergut ['leːrguːt] *n* emballage vide *m,* bouteilles consignées *f/pl*
Leerlauf ['leːrlauf] *m TECH* point mort *m,* ralenti *m*
Leerstelle ['leːrʃtɛlə] *f INFORM* place libre *f,* place vierge *f,* lacune *f*
Leertaste ['leːrtastə] *f* barre d'espacement *f*
Leerung ['leːruŋ] *f 1.* vidage *m,* vidange *f; 2. (Briefkastenleerung)* levée *f*
legal [le'gaːl] *adj* légal
legalisieren [legali'ziːrən] *v* légaliser
Legalisierung [legali'ziːruŋ] *f* légalisation *f*
Legalität [legali'tɛːt] *f* légalité *f; sich im Rahmen der ~ bewegen* rester dans le cadre de la légalité
Legasthenie [legaste'niː] *f* dyslexie *f*
Legebatterie ['leːgəbatəriː] *f* élevage en batterie *m*
Legehenne ['leːgəhɛnə] *f ZOOL* poule pondeuse *f*
legen ['leːgən] *v 1.* mettre, placer, poser; *2. (Ei)* pondre
legendär [legɛn'dɛːr] *adj* légendaire
Legende [le'gɛndə] *f* légende *f*
leger [le'ʒeːr] *adj* décontracté; *1. (salopp)* décontracté; *2. (breit)* décontracté; *3. (bequem)* décontracté
Legierung [le'giːruŋ] *f MIN* alliage *m*
Legislative [legisla'tiːvə] *f POL* pouvoir législatif *m,* législatif *m*
Legislaturperiode [legisla'tuːrperjoːdə] *f POL* législature *f*
legitim [leːgi'tiːm] *adj* légitime
legitimieren [legiti'miːrən] *v sich ~* se légitimer, prouver son identité, justifier de sa personne
Legitimität [legitimi'tɛːt] *f POL* légitimité *f*
Lehm [leːm] *m* argile *f,* glaise *f*
lehmfarben ['leːmfarbən] *adj* couleur argile
lehmig ['leːmɪç] *adj 1. (lehmhaltig)* glaiseux, argileux; *2. (mit Lehm beschmiert)* glaiseux, argileux; *3. (lehmartig)* glaiseux, argileux
Lehne ['leːnə] *f 1. (Armlehne)* accoudoir *m,* bras *m; 2. (Rückenlehne)* dos *m,* dossier *m*
lehnen ['leːnən] *v 1.* appuyer, adosser; *2. sich ~* s'appuyer, s'adosser; *sich aus dem Fenster ~* se pencher par la fenêtre
Lehnstuhl ['leːnʃtuːl] *m* fauteuil *m*
Lehramt ['leːramt] *n 1. (Beruf)* fonction d'enseignant *f,* enseignement *m,* professorat *m,* charge d'enseignant *f; 2. (Stelle)* poste d'enseignant *m; 3. (Beamtenstatus)* fonction d'enseignant *f,* professorat *m,* charge d'enseignant *f*
Lehrbuch ['leːrbuːx] *n* manuel scolaire *m,* traité *m,* précis *m,* abrégé *m*
Lehre ['leːrə] *f 1. (Unterrichtung)* enseignement *m,* instruction *f; 2. (Ausbildung)* apprentissage *m; 3. (Lehrsatz)* morale *f,* leçon *f,* enseignement *m; 4. (fig: Ermahnung)* avertissement *m,* leçon *f; jdm eine ~ sein* servir de leçon à qn; *5. (Maßlehre) TECH* cali-bre *m,* jauge *f,* gabarit *m*
lehren ['leːrən] *v jdn etw ~* apprendre qc à qn, enseigner qc à qn
Lehrer(in) ['leːrər(ɪn)] *m/f 1.* enseignant(e) *m/f; 2. (an einer Grundschule)* instituteur/institutrice *m/f; 3. (an einer höheren Schule)* professeur *m*
Lehrgang ['leːrgaŋ] *m* stage *m,* séminaire *m,* cours *m*
Lehrgeld ['leːrgɛlt] *n* frais d'apprentissage *m/pl; ~ zahlen* apprendre à ses dépens
Lehrkraft ['leːrkraft] *f 1.* enseignant *m; 2. (an Universität)* professeur *m,* enseignant *m*
Lehrling ['leːrlɪŋ] *m 1.* apprenti *m,* arpète *m (fam); 2. (fig: Anfänger)* novice *m*
Lehrplan ['leːrplaːn] *m 1. (beim Studium)* programme d'études *m,* plan d'études *m; 2. (in der Schule)* programme scolaire *m*
lehrreich ['leːrraɪç] *adj* instructif
Lehrstelle ['leːrʃtɛlə] *f* place d'apprentissage *f,* place d'apprenti *f*
Lehrstoff ['leːrʃtɔf] *m 1.* matière d'enseignement *f; 2. (eines Jahres)* contenu d'enseignement *m*
Lehrstuhl ['leːrʃtuːl] *m* chaire *f*
Leib [laɪp] *m 1.* corps *m; etw zu ~e rücken* s'attaquer à qc; *jdm wie auf den ~ zugeschnitten sein* aller comme un gant à qn; *etw am eigenen ~ erfahren* faire soi-même l'expérience de qc; *mit ~ und Seele* corps et âme; *2. (Bauch)* ventre *m; 3. (Unterleib)* abdomen *m,* bas-ventre *m*
Leibesfülle ['laɪbəsfylə] *f* corpulence *f,* embonpoint *m*
Leibesübungen ['laɪbəsyːbuŋən] *pl 1.* exercices physiques *m/pl,* culture physique *f,*

L

gymnastique *f; 2. (Sportunterricht)* exercices physiques *m/pl,* culture physique *f,* gymnastique *f*
Leibesvisitation ['laɪbəsvizitatsjo:n] *f* fouille *f*
Leibgericht ['laɪpgərɪçt] *n GAST* mets favori *m,* plat préféré *m*
leibhaftig ['laɪphaftɪç] *adj 1.* incarné, personnifié; *adv 2.* en personne, en chair et en os
Leibwächter ['laɪpvɛçtər] *m* garde du corps *m*
Leiche ['laɪçə] *f* cadavre *m,* corps d'un mort *m; Er gleicht einer wandelnden ~.* Il a l'air d'un cadavre ambulant. *~n im Keller haben* avoir qc à se reprocher; *über ~n gehen* être prêt à tuer père et mère/être sans scrupule; *Nur über meine ~!* Il faudra me passer sur le corps!
Leichenbeschauer(in) ['laɪçənbəʃauər(ɪn)] *m/f* médecin légiste *m/f*
Leichenbestatter(in) ['laɪçənbəʃtatər(ɪn)] *m/f* pompes funèbres *m/pl*
leichenblass ['laɪçənblas] *adj* pâle comme un mort, blanc comme un linge
Leichenhalle ['laɪçənhalə] *f* morgue *f*
Leichenschauhaus ['laɪçənʃauhaus] *n* institut médico-légal *m*
Leichentuch ['laɪçəntu:x] *n* linceul *m,* suaire *m*
Leichenwagen ['laɪçənva:gən] *m* corbillard *m,* fourgon funéraire *m*
Leichnam ['laɪçna:m] *m* cadavre *m*

leicht [laɪçt] *adj 1. (nicht schwer)* léger; *2. (nicht schwierig)* facile, simple; *Nichts ~er als das!* C'est du beurre! *~ zu verstehen* facile à comprendre; *Das ist ~er gesagt als getan.* C'est plus facile à dire qu'à faire. *~ reden haben* avoir beau dire, pouvoir bien parler; *~ gesagt* facile à dire; *ein Leichtes sein* être un jeu pour qn, être très facile; *3. (geringfügig)* insignifiant, de peu d'importance; *adv 4. (geringfügig)* peu, légèrement, de façon insignifiante; *5. etw ~ nehmen* prendre qc à la légère

Leichtathlet(in) ['laɪçtatle:t(ɪn)] *m/f SPORT* athlète *m/f*
Leichtathletik ['laɪçtatle:tɪk] *f SPORT* athlétisme *m*
leichtfertig ['laɪçtfɛrtɪç] *adj 1.* étourdi; *2. (unüberlegt)* irréfléchi, inconsidéré; *adv 3.* à la légère, de façon inconsidérée
leichtfüßig ['laɪçtfy:sɪç] *adj* au pied léger, agile, alerte
Leichtgewicht ['laɪçtgəvɪçt] *n SPORT* poids léger *m*
leichtgläubig ['laɪçtglɔybɪç] *adj 1.* naïf, crédule; *adv 2.* naïvement, avec crédulité, ingénument
Leichtigkeit ['laɪçtɪçkaɪt] *f 1.* légèreté *f,* souplesse *f,* aisance *f; 2. (Mühelosigkeit)* facilité *f*
leichtlebig ['laɪçtle:bɪç] *adj* insouciant
Leichtsinn ['laɪçtzɪn] *m* insouciance *f,* imprudence *f,* étourderie *f*
leichtsinnig ['laɪçtzɪnɪç] *adj* irréfléchi, insouciant, imprudent
Leid [laɪt] *n 1.* peine *f,* souffrance *f,* chagrin *m Er könnte keiner Fliege etw zu ~e tun.* Il ne ferait pas de mal à une mouche. *2. (Schmerz)* douleur *f*
leiden ['laɪdən] *v irr 1. (ertragen)* souffrir, subir, supporter, endurer; *2. (mögen)* aimer; *jdn nicht ~ können* prendre qn en grippe, ne pas pouvoir sentir qn
Leiden ['laɪdən] *n 1. MED* mal *m,* maladie *f,* affection *m; 2. (Kummer)* peine *f,* chagrin *m*
Leidenschaft ['laɪdənʃaft] *f* passion *f,* emportement *m,* feu *m*
leidenschaftlich ['laɪdənʃaftlɪç] *adj 1.* passionné, fougueux, ardent; *2. (verrückt)* fou
Leidensgefährte ['laɪdənsgəfɛ:rtə] *m* compagnon d'infortune *m*
Leidensweg ['laɪdənsve:k] *m 1. (Zeit des Leidens)* chemin de croix *m,* calvaire *m; 2. (~ Christi) REL* chemin de croix *m,* calvaire *m*
leider ['laɪdər] *adv 1.* malheureusement; *interj 2.* hélas
leidlich ['laɪdlɪç] *adj 1.* passable, supportable; *adv 2.* passablement, pas trop mal
Leidtragende(r) ['laɪttra:gəndə(r)] *m/f 1. (Trauernde(r))* celui/celle qui est en deuil *m/f; 2. (Geschädigte(r)) victime *f; der ~ bei etw sein* faire les frais de qc, être la victime de qc
leidtun ['laɪttu:n] *v* regretter; *Er tut mir leid.* Je le plains./Il me fait pitié. *Es tut mir leid.* J'en suis désolé.
Leier ['laɪər] *f die alte ~* la même chanson *f,* la même histoire *f*
Leierkasten ['laɪərkastən] *m* orgue de Barbarie *m*
leiern ['laɪərn] *v 1. (kurbeln)* tourner la manivelle; *2. (Kassette)* traîner
Leiharbeit ['laɪarbaɪt] *f ECO* travail intérimaire *m*
leihen ['laɪən] *v irr 1. (ver~)* prêter; *2. (ver~ gegen Geld)* louer; *3. (sich etw ~ gegen Geld)* emprunter

Leihgabe ['laɪgaːbə] *f* prêt *m*, taxe de prêt *f*, prix de louage *m*
Leihgebühr ['laɪgəbyːr] *f* droits de prêt *m/pl*, taux de prêt *m*, taux de louage *m*
Leihmutter ['laɪmutər] *f* mère porteuse *f*
Leihwagen ['laɪvaːgən] *m* voiture de location *f*
leihweise ['laɪvaɪzə] *adv* à titre de prêt
Leim [laɪm] *m* colle *f*, glu *f*; *jdm auf den ~ gehen* se laisser attraper par qn, mordre à l'hameçon de qn; *aus dem ~ gehen* décliner, prendre du poids
leimen ['laɪmən] *v 1. (kleben)* coller, encoller; *2. (fam: täuschen)* duper, rouler, berner
Leine ['laɪnə] *f 1.* corde *f*, cordeau *m; 2. (Hundeleine)* laisse *f*; *an der langen ~ sein (fig)* avoir la bride sur le cou
Leinen ['laɪnən] *n* toile *f*
Leinsamen ['laɪnzaːmən] *m GAST* graine de lin *f*, linette *f*
Leintuch ['laɪntuːx] *n* toile de lin *f*
Leinwand ['laɪnvant] *f 1. CINE* écran *m; 2. ART* toile *f*
leise ['laɪzə] *adj 1. (nicht laut)* bas, faible; *2. (ruhig)* léger, doux; *3. (schwach)* faible; *adv 4. (nicht laut)* tout bas, à voix basse, sans bruit; *ganz ~ sprechen* parler tout bas
Leiste ['laɪstə] *f 1.* tringle *f*, liteau *m; 2. (Zierleiste)* baguette *f*, moulure *f*; *3. ANAT* aine *f*
leisten ['laɪstən] *v 1.* faire, accomplir, produire; *2. sich etw ~* s'offrir qc, se permettre qc
Leistung ['laɪstuŋ] *f 1. (Ergebnis)* résultat *m; 2. (Ertrag) ECO* rendement *m; 3. (Produktion)* production *f*; *4. TECH* puissance *f*; *5. SPORT* performance *f*
Leistungsdruck ['laɪstuŋsdruk] *m* pression du rendement *f*
leistungsfähig ['laɪstuŋsfɛːɪç] *adj* capable de haut rendement, puissant, efficient
Leistungsfähigkeit ['laɪstuŋsfɛːɪçkaɪt] *f 1.* performance *f*; *2. ECO* productivité *f*, capacité de rendement *f*
Leistungsgesellschaft ['laɪstuŋsgəzɛlʃaft] *f* société de rendement *f*
Leistungssport ['laɪstuŋsʃpɔrt] *m* sport de compétition *m*
Leistungssteigerung ['laɪstuŋsʃtaɪgəruŋ] *f* augmentation de la performance *f*, augmentation du rendement *f*, augmentation de la productivité *f*
Leistungstest ['laɪstuŋstɛst] *m 1. (in der Schule)* test de performance *m; 2. TECH* essai *m*, banc d'essai *m*
Leitartikel ['laɪtartɪkəl] *m* éditorial *m*, article de fond *m*
Leitbild ['laɪtbɪlt] *n* modèle *m*
leiten ['laɪtən] *v 1.* diriger, être à la tête de; *2. (führen) jdn ~* conduire qn; *3. (lenken)* diriger, conduire, guider; *4. (Strom) TECH* conduire
leitend ['laɪtənt] *adj 1.* dirigeant, directeur; *2. TECH* conducteur
Leiter[1] ['laɪtər] *m 1. (Vorgesetzter)* directeur *m*, chef *m*, supérieur *m; 2. TECH* conducteur *m*
Leiter[2] ['laɪtər] *f* échelle *f*
Leitfaden ['laɪtfaːdən] *m 1.* fil conducteur*m; 2. (Buch)* manuel *m*, guide *m*
leitfähig ['laɪtfɛːɪç] *adj TECH* conducteur, conductile
Leitgedanke ['laɪtgədaŋkə] *m* idée directrice *f*, idée fondamentale *f*, idée-force *f*
Leitplanke ['laɪtplaŋkə] *f* glissière de sécurité *f*
Leitung ['laɪtuŋ] *f 1. (Geschäftsleitung)* direction *f*, gestion *f*; *2. (Rohrleitung)* tuyauterie *f*, conduit *m*, conduite *f*; *3. (Kabel)* fil électrique *m*, câble électrique *m; eine lange ~ haben (fig)* être dur de la détente
Leitungsmast ['laɪtuŋsmast] *m 1. (aus Holz) TECH* poteau télégraphique *m; 2. (aus Beton) TECH* pylône pour conduites *m*
Leitungsnetz ['laɪtuŋsnɛts] *n 1. (Versorgungsnetz) TECH* réseau de distribution *m*, secteur électrique *m; 2. (Stromnetz) TECH* réseau électrique *m*, secteur électrique *m*
Leitungsrohr ['laɪtuŋsroːr] *n TECH* conduit *m*, tube conducteur *m*, tube de conduite *m*, tuyau d'oléoduc *m*
Leitungswasser ['laɪtuŋsvasər] *n* eau du robinet *f*
Leitwerk ['laɪtvɛrk] *n TECH* gouvernes *f/pl*, empennages *m/pl*
Leitzins ['laɪttsɪns] *m FIN* taux directeur *m*
Lektion [lɛk'tsjoːn] *f* leçon *f*
Lektor(in) ['lɛktor/lɛk'toːrɪn] *m/f* lecteur/lectrice *m/f*
Lektüre [lɛk'tyːrə] *f* lecture *f*
Lende ['lɛndə] *f 1. GAST* filet *m; 2. ~n pl ANAT* reins *m/pl*, lombes *m/pl*
Lendenschurz ['lɛndənʃurts] *m* pagne *m*
Lendenwirbel ['lɛndənvɪrbəl] *m ANAT* vertèbre lombaire *f*
lenkbar ['lɛŋkbaːr] *adj 1. TECH* manœuvrable, directeur, dirigeable, maniable; *(Rakete)* dirigeable; *2. (Mensch)* manœuvrable, corvéable, manipulable

L

lenken ['lɛŋkən] *v* 1. *(steuern)* conduire, piloter; 2. *(leiten)* conduire, diriger, mener; 3. *(Aufmerksamkeit, Blick)* attirer
Lenker ['lɛŋkər] *m* 1. *(am Auto)* volant *m;* 2. *(am Fahrrad, am Motorrad)* guidon *m;* 3. *TECH* barre conductrice *f,* barre directrice *f,* tige conductrice *f,* bielle *f*
Lenker(in) ['lɛŋkər(ɪn)] *m/f* 1. *(Fahrer(in))* conducteur *m;* 2. *(fig: koordinierende Person)* organisateur *m*
Lenkrad ['lɛŋkraːt] *n* volant *m*
Lenkung ['lɛŋkuŋ] *f* 1. *(eines Autos)* conduite *f;* 2. *(Leitung)* direction *f*
Lerche ['lɛrçə] *f ZOOL* alouette *f*
lernen ['lɛrnən] *v* apprendre, étudier, s'instruire
lernfähig ['lɛrnfɛːɪç] *adj* capable d'assimiler, capable de retenir
lesbar ['leːsbaːr] *adj* 1. *(leserlich)* lisible; 2. *(Stil)* lisible, agréable
lesbisch ['lɛsbɪʃ] *adj* lesbienne
Lesebuch ['leːzəbuːx] *n* 1. livre de lecture *m;* 2. *(Fibel)* abécédaire *m*

L

lesen ['leːzən] *v irr* 1. lire; *zwischen den Zeilen ~* lire entre les lignes; 2. *(entziffern)* déchiffrer; 3. *(ernten)* cueillir, recueillir, récolter; *Ähren ~* glaner; *Wein ~* vendanger

Leser(in) ['leːzər(ɪn)] *m/f* lecteur/lectrice *m/f*
Leserbrief ['leːzərbriːf] *m* courrier des lecteurs *m,* lettre à la rédaction *f*
Leserkreis ['leːzərkraɪs] *m* cercle de lecteurs *m,* public *m*
leserlich ['leːzərlɪç] *adj* 1. lisible; 2. *(entzifferbar)* déchiffrable
Leserzuschrift ['leːzərtsuːʃrɪft] *f* courrier de lecteur *m*
Lesezeichen ['leːzətsaɪçən] *n* marque-page *m,* signet *m*
Lesung ['leːzuŋ] *f* 1. lecture *f;* 2. *POL* lecture *f; in erster ~* en première lecture; 3. *REL* lecture de l'Evangile *f*
letzte(r,s) ['lɛtstə(r,s)] *adj* 1. dernier/dernière, final(e), ultime; *der ~ Schrei* le dernier cri *m; zu guter Letzt* pour finir dans la bonne humeur; *das Letzte sein* être nul, être insupportable; *bis aufs Letzte* complètement, totalement; 2. *(vorig)* passé(e)
letztendlich [lɛtst'ɛntlɪç] *adv* finalement, en dernière analyse, au final
letztens ['lɛtstəns] *adv* dernièrement, récemment, en dernier lieu
letztgenannt ['lɛtstgənant] *adj* mentionné en dernier lieu
letztlich ['lɛtslɪç] *adv* au bout du compte, en fin de compte, en dernière analyse
Leuchte ['lɔyçtə] *f* 1. lumière *f,* lampe *f;* 2. *(fig)* lumière *f; Er ist keine große ~.* Ce n'est pas un génie./Il n'est pas une lumière.
leuchten ['lɔyçtən] *v* 1. *(be~)* éclairer; 2. *(glänzen)* luire, briller
Leuchter ['lɔyçtər] *m* chandelier *m,* bougeoir *m*
Leuchtfeuer ['lɔyçtfɔyər] *n* feu *m,* balise lumineuse *f*
Leuchtkugel ['lɔyçtkuːgəl] *f* fusée éclairante *f,* fusée de signalisation *f*
Leuchtpistole ['lɔyçtpɪstoːlə] *f* pistolet lance-fusées *m,* pistolet à fusées *m*
Leuchtrakete ['lɔyçtrakeːtə] *f* fusée éclairante *f*
Leuchtreklame ['lɔyçtreklaːmə] *f* réclame lumineuse *f,* publicité lumineuse *f*
Leuchtsignal ['lɔyçtzɪgnaːl] *n* signal lumineux *m*
Leuchtturm ['lɔyçtturm] *m* phare *m*
leugnen ['lɔygnən] *v* nier, dénier, démentir, désavouer
Leumund ['lɔymunt] *m* réputation *f,* renom *m,* renommée *f*
Leumundszeugnis ['lɔymuntstsɔyknɪs] *n* certificat de bonne conduite *m*

Leute ['lɔytə] *pl* gens *m/pl (f/pl),* monde *m; unter die ~ kommen* être ébruité, être mis au grand jour

Leutnant ['lɔytnant] *m MIL* sous-lieutenant *m*
leutselig ['lɔytzeːlɪç] *adj* 1. affable; 2. *(wohl wollend)* bienveillant
Leutseligkeit ['lɔytzeːlɪçkaɪt] *f* 1. *(Kontaktfreudigkeit)* affabilité *f,* bienveillance *f,* gentillesse *f;* 2. *(gegenüber Untergebenen)* affabilité *f,* bienveillance *f,* gentillesse *f*
Lexikon ['lɛksikɔn] *n* 1. *(Wörterbuch)* dictionnaire *m;* 2. *(Enzyklopädie)* encyclopédie *f*
Libelle [li'bɛlə] *f ZOOL* libellule *f,* demoiselle *f*
liberal [libə'raːl] *adj* 1. libéral; 2. *(großzügig)* généreux, large; *adv* 3. libéralement, avec générosité
Liberale(r) [libe'raːlə(r)] *m/f* 1. personne libérale *f;* 2. *(Mitglied einer liberalen Partei) POL* libéral(e) *m/f*
liberalisieren [liberali'ziːrən] *v* 1. *(freier gestalten) POL* libéraliser qc; 2. *(beseitigen) ECO* libéraliser qc

licht [lɪçt] *adj 1. (hell)* clair, lumineux; *2. (nicht dicht)* clairsemé, éclairci, épars
Licht [lɪçt] *n 1.* lumière *f; Du stehst mir im ~.* Tu me caches le jour. *grünes ~ geben* donner le feu vert; *das ~ der Welt erblicken* voir le jour; *kein großes ~ sein* ne pas être une lumière; *sich ins rechte ~ rücken* se faire valoir; *sein ~ unter den Scheffel stellen* mettre la lumière sous le boisseau/taire ses mérites; *jdn hinters ~ führen* donner le change à qn/tromper qn; *Das wirft kein gutes ~ auf dich.* Tu ne fais pas bonne impression./Ça ne te met pas en valeur. *Da geht mir ein ~ auf!* J'ai pigé *(fam)*!/J'ai compris! *2. (Beleuchtung)* éclairage *m; 3. (Helligkeit)* clarté *f*
Lichtblick ['lɪçtblɪk] *m* trait de lumière *m,* lueur d'espoir *f,* perspective réjouissante *f*
lichtempfindlich ['lɪçtɛmpfɪndlɪç] *adj 1.* sensible à la lumière; *2. (Ding)* photosensible
lichten ['lɪçtən] *v 1. (Wald)* éclaicir qc; *2. sich ~* s'éclaircir; *3. sich ~ (Nebel)* se dissiper; *4. den Anker ~ NAUT* lever l'ancre
Lichterkette ['lɪçtərkɛtə] *f* chaîne de lumières *f*
Lichtermeer ['lɪçtərme:r] *n (fig)* océan de lumières *m*
Lichtmaschine ['lɪçtmaʃi:nə] *f 1. (Gleichstrom) TECH* dynamo d'éclairage *f,* génératrice *f; 2. (Drehstrom) TECH* dynamo d'éclairage *f,* génératrice *f*
Lichtschacht ['lɪçtʃaxt] *m 1. (vor Kellerfenstern) TECH* soupirail *m; 2. (glasgedeckt) TECH* cour intérieure *f; 3. FOTO* cour intérieure *f,* soupirail *m,* puits de lumière *m*
Lichtschalter ['lɪçtʃaltər] *m* interrupteur *m,* commutateur *m*
Lichtschranke ['lɪçtʃraŋkə] *f* barrière optique *f,* barrage photoélectrique *m*
Lichtstrahl ['lɪçtʃtra:l] *m* rayon lumineux *m,* rayon de lumière *m,* trait de lumière *m*
Lichtung ['lɪçtuŋ] *f 1. (Waldlichtung)* clairière *f; 2. (eines Ankers)* levée *f*
Lid [li:t] *n ANAT* paupière *f*

lieb [li:p] *adj 1.* cher, aimé; *jdm ~ und teuer sein* être très cher à qn; *jdn ~ gewinnen* prendre qn en affection, se prendre d'affection pour qn, se prendre d'amitié pour qn; *jdn ~ haben* aimer qn, affectionner qn, avoir qn en affection; *2. (liebenswürdig)* gentil, aimable, charmant

liebäugeln ['li:pɔygəln] *v 1. mit jdm ~* faire les yeux doux à qn; *2. mit etw ~* convoiter qc, caresser l'idée de faire qc
Liebe ['li:bə] *f* amour *m; bei aller ~* même en se forçant; *~ auf den ersten Blick* coup de foudre *m*
lieben ['li:bən] *v* aimer, chérir
liebenswert ['li:bənsve:rt] *adj* charmant, digne d'amour, digne d'être aimé
liebenswürdig ['li:bənsvyrdɪç] *adj* aimable, gentil
Liebenswürdigkeit ['li:bənsvyrdɪçkaɪt] *f* amabilité *f,* gentillesse *f*
lieber ['li:bər] *adv* plutôt, mieux, de préférence, plus volontiers; *nichts, was ich ~ täte* je ne demande pas mieux
Liebesbrief ['li:bəsbri:f] *m* lettre d'amour *f,* billet doux *m*
Liebeserklärung ['li:bəsɛrklɛ:ruŋ] *f* déclaration d'amour *f*
Liebeskummer ['li:bəskumər] *m* chagrin d'amour *m,* dépit amoureux *m*
Liebeslied ['li:bəsli:t] *n* chanson d'amour *f*
Liebesnacht ['li:bəsnaxt] *f* nuit d'amour *f*
Liebespaar ['li:bəspa:r] *n* couple d'amoureux *m*
Liebesroman ['li:bəsroma:n] *m LIT* roman d'amour *m*
liebevoll ['li:bəfɔl] *adj* affectueux, tendre, avec amour
Liebhaber ['li:pha:bər] *m 1. (Geliebter)* amant *m,* amoureux *m; 2. (Kenner)* expert *m,* connaisseur m.
Liebhaberei [li:pha:bə'raɪ] *f* passion *f,* goût *m,* violon d'Ingres *m*
liebkosen [li:p'ko:zən] *v* caresser, cajoler, câliner, faire de mamours *(fam)*; *jdn ~* faire un câlin à qn
lieblich ['li:plɪç] *adj* gracieux, agréable, charmant, suave
Lieblichkeit ['li:plɪçkaɪt] *f 1. (Anmut)* caractère charmant *m; 2. (von Wein) GAST* suavité *f; 3. (Wohlklang) MUS* plein de grâces; *4. (Heiterkeit)* plaisant; *5. (eines Duftes)* captivant
Liebling ['li:plɪŋ] *m 1.* chéri(e) *m/f,* bien-aimé(e) *m/f; 2. (als Anredeform)* chéri(e) *m/f*
lieblos ['li:plo:s] *adj 1.* sans cœur, insensible; *2. (kaltherzig)* froid; *adv 3.* avec froideur
Lieblosigkeit ['li:plo:zɪçkaɪt] *f* sécheresse de cœur *f,* insensibilité *f,* froideur *f*
Liebreiz ['li:praɪts] *m* charmes *m/pl,* grâces *f/pl,* attraits *m/pl*
liebreizend ['li:praɪtsənt] *adj 1. (Person)* charmant; *2. (Bewegung)* plein de grâces; *3. (Aussehen)* charmant, plaisant

L

Liebste(r) ['liːpstə(r)] *m/f* bien-aimé(e) *m/f,* chéri(e) *m/f*
Lied [liːt] *n* 1. chanson *f,* chant *m; immer wieder das alte ~ anstimmen* toujours ressortir le même refrain; 2. *(Kirchenlied)* cantique *m*
liederlich ['liːdərlıç] *adj* 1. débauché, libertin; 2. *(unordentlich)* désordonné; 3. *(nachlässig)* négligent
Liedermacher(in) ['liːdərmaxər(ın)] *m/f* *MUS* chansonnier/chansonnière *m/f,* auteur-compositeur *m/f*
Lieferant [liːfə'rant] *m* *ECO* fournisseur *m,* livreur *m*
lieferbar ['liːfərbaːr] *adj* *ECO* livrable, disponible
liefern ['liːfərn] *v* livrer, fournir; *geliefert sein (fig)* être fichu/être flambé/être foutu
Lieferung ['liːfəruŋ] *f* 1. livraison *f,* fourniture *f;* 2. *(Zusendung)* envoi *m*
Lieferwagen ['liːfərvaːgən] *m* voiture de livraison *f,* camionnette *f,* fourgonnette *f*
Liege ['liːgə] *f* 1. chaise longue *f,* divan *m;* 2. *(auf dem Schiff, im Zug)* couchette *f*

liegen ['liːgən] *v irr* 1. être couché, être allongé; 2. *(ausruhen)* reposer; 3. *(sich befinden)* se trouver, être situé; 4. *richtig ~* avoir raison, être dans le vrai; 5. *~ bleiben (in waagerechter Lage sein)* rester couché; 6. *~ bleiben (Schnee)* tenir; 7. *~ bleiben (Arbeit)* rester en souffrance; 8. *~ bleiben (Auto)* rester en panne; 9. *~ lassen (vergessen)* laisser traîner, oublier, abandonner; *alles stehen und ~ lassen* tout laisser tel quel, tout plaquer

liegend ['liːgənt] *adj* 1. couché; *adv* couché; 2. couché
Liegesitz ['liːgəzıts] *m* siège couchette *m*
Liegestuhl ['liːgəʃtuːl] *m* chaise longue *f,* transatlantique *m*
Liegestütz ['liːgəʃtyts] *f* *SPORT* appui-avant *m,* pompe *f (fam)*
Liegewagen ['liːgəvaːgən] *m* voiture-couchettes *f*
liften ['lıftən] *v* faire un lifting, lisser les imperfections de la peau
Liga ['liːga] *f* ligue *f*
Likör [li'køːr] *m* *GAST* liqueur *f*
Lilie ['liːljə] *f* *BOT* lis *m*
Limonade [limo'naːdə] *f* *GAST* limonade *f,* limo *f (fam)*
Limone [li'moːnə] *f* *BOT* citron vert *m*
Linde ['lındə] *f* *BOT* tilleul *m*
lindern ['lındərn] *v* apaiser, calmer, adoucir, soulager
Linderung ['lındəruŋ] *f* apaisement *m,* soulagement *m*
Lineal [line'aːl] *n* règle *f; ein ~ verschluckt haben (fig)* avoir avalé son parapluie
Linguistik [lıŋ'gwıstık] *f* linguistique *f*
Linie ['liːnjə] *f* 1. *(Strich)* trait *m,* ligne *f; auf der ganzen ~* sur toute la ligne; 2. *(Zeile)* ligne *f;* 3. *(Reihe)* rangée *f,* ligne *f*
Linienflug ['liːnjənfluːk] *m* vol régulier *m*
linientreu ['liːnjəntrɔy] *adj* dans la ligne, fidèle à la ligne
Linienverkehr ['liːnjənfɛrkeːr] *m* service régulier *m,* ligne régulière *f*
Linke(r) ['lıŋkə(r)] *m/f* *POL* parti de gauche *m,* homme de gauche/femme de gauche *m/f*
linke(r,s) ['lıŋkə(r,s)] *adj* 1. gauche; 2. *~ Seite (eines Kleidungsstücks)* envers *m*
linken ['lıŋkən] *v (fam)* arnaquer qn, entuber qn
linkisch ['lıŋkıʃ] *adj* gauche

links ['lıŋks] *adv* 1. à gauche, du côté gauche; *jdn ~ liegen lassen (fig)* laisser qn de côté/ignorer qn; *etw mit ~ machen (fig)* faire qc les doigts dans le nez; 2. *(auf der Rückseite)* à l'envers

Linkshänder(in) ['lıŋkshɛndər(ın)] *m/f* gaucher/gauchère *m/f*
Linkskurve ['lıŋkskurvə] *f (Straße)* virage à gauche *m*
Linolschnitt [li'noːlʃnıt] *m* *ART* linogravure *f*
Linse ['lınzə] *f* 1. *BOT* lentille *f;* 2. *(in der Optik)* lentille *f*
Lippe ['lıpə] *f* lèvre *f; eine dicke ~ riskieren* se permettre des impertinences/fanfaronner; *etw nicht über die ~n bringen* ne pas oser dire qc; *leicht von den ~n gehen* venir facilement à la bouche
Lippenbekenntnis ['lıpənbəkɛntnıs] *n* *(fig) ~ zu etw ablegen* simple déclaration d'intentions *f*
Lippenstift ['lıpənʃtıft] *m* bâton de rougeà lèvres *m,* rouge à lèvres *m,* stick
Liquidation [lıkvida'tsjoːn] *f* *ECO* liquidation *f*
liquidieren [lıkvı'diːrən] *v* *ECO* liquider
Liquidität [lıkvıdi'tɛːt] *f* 1. *(Zahlungsfähigkeit)* *ECO* solvabilité *f,* trésorerie *f;* 2. *(Zahlungsmittel)* *ECO* solvabilité *f,* trésorerie *f*
lispeln ['lıspəln] *v* 1. zézayer, zozoter *(fam);* 2. *(flüstern)* susurrer, chuchoter
List [lıst] *f* ruse *f,* astuce *f,* artifice *m*

Liste ['lɪstə] *f* *1.* liste *f,* relevé *m;* *2.* *(Katalog)* catalogue *m*
listig ['lɪstɪç] *adj* *1.* rusé, astucieux; *2.* *(verschlagen)* malin; *3.* *(klug)* fin; *adv* *4.* astucieusement, avec ruse
Litanei [lita'naɪ] *f* *1.* *REL* litanies *f/pl;* *2.* *(fam)* litanie *f*
Liter ['liːtər] *m* litre *m*
literarisch [litə'raːrɪʃ] *adj* littéraire
Literat(in) [lɪtə'raːt(ɪn)] *m/f* *LIT* homme/femme de lettres *m/f*
Literatur [litəra'tuːr] *f* littérature *f*
Literaturverzeichnis [litəra'tuːrfɛrtsaɪçnɪs] *n* bibliographie *f*
literweise ['liːtərvaɪzə] *adj* *1.* par litres; *2.* *(fig)* par litres
Litfaßsäule ['lɪtfaszɔylə] *f* colonne d'affichage *f,* colonne Morris *f*
Lithograf [lɪto'graːf] *m* lithographe *m*
Litze ['lɪtsə] *n* *1.* galon *m,* tresse *f;* *2.* *TECH* tresse *f*
Live-Musik ['laɪfmuziːk] *f* *MUS* musique en direct *f,* musique live *f*
Livestream ['laɪfstriːm] *m* livestream *m*
Lizenz [li'tsɛnts] *f* licence *f*
Lizenzgebühr [li'tsɛntsgəbyːr] *f* *FIN* taxe d'exploitation de licence *f,* redevance d'exploitation de licence *f*
Lob [loːp] *n* louange *f,* éloge *m*
loben ['loːbən] *v* *1.* louer, faire l'éloge de; *jdn übermäßig ~* porter qn aux nues; *2.* *(rühmen)* vanter, célébrer
lobenswert ['loːbənsvɛrt] *adj* louable, digne d'éloge
Loch [lɔx] *n* *1.* trou *m;* *2.* *(Öffnung)* ouverture *f;* *3.* *(fig)* *aus dem letzten ~ pfeifen* être au bout du rouleau; *jdm ein ~ in den Bauch reden* soûler qn de paroles; *Löcher in die Luft starren* être dans la lune
lochen ['lɔxən] *v* poinçonner, perforer, trouer, percer
Locher ['lɔxər] *m* perforatrice *f,* perforeuse *f*
löchern ['lœçərn] *v* *jdn ~* *(fam)* tanner qn
löchrig ['lœçrɪç] *adj* troué
Locke ['lɔkə] *f* boucle *f*
locken[1] ['lɔkən] *v* *1.* *(Haare)* boucler; *2.* *(in Wellen legen)* faire des boucles, friser
locken[2] ['lɔkən] *v* *1.* *(fig)* allécher, appâter, attirer, séduire; *2.* *(verführen)* séduire
Lockenwickler ['lɔkənvɪklər] *m* bigoudi *m,* rouleau *m*
locker ['lɔkər] *adj* *1.* *(lose)* lâche, mal serré, desserré; *2.* *(entspannt)* détendu, relâché; *3.* *(fig: ungezwungen)* léger, libertin, peu sévère
Lockerheit ['lɔkərhaɪt] *f* *1.* *(Gewebe)* souplesse *f;* *2.* *(Erde)* caractère meuble *m;* *3.* *(Seil)* relâchement *m;* *4.* *(Kuchen)* légèreté *f;* *5.* *(Wesen)* douceur *f,* souplesse *f*
Lockerung ['lɔkəruŋ] *f* *1.* *(Seil)* relâchement *m;* *2.* *(Vorschrift)* assouplissement *m*
lockig ['lɔkɪç] *adj* bouclé, frisé
Lockruf ['lɔkruːf] *m* *1.* *(eines Tieres)* *ZOOL* appel *m;* *2.* *(des Jägers)* appel *m*
Lockvogel ['lɔkfoːgəl] *m* *(fig)* appât *m,* leurre *m*
lodern ['loːdərn] *v* flamboyer, flamber
Löffel ['lœfəl] *m* *1.* cuiller *f;* *2.* *(Mengenangabe)* cuillère *f;* *3.* *(Schöpflöffel)* louche *f*
löffeln ['lœfəln] *v* *1.* *(mit dem Löffel essen)* manger avec une cuillère; *2.* *(fam: begreifen)* piger qc, gober qc
Logbuch ['lɔkbuːx] *n* *NAUT* journal de bord *m,* livre de loch *m*
Loge ['loːʒə] *f* *1.* *THEAT* loge *f;* *2.* *(Vereinigung)* loge *f*
Logik ['loːgɪk] *f* logique *f*
logisch ['loːgɪʃ] *adj* logique
Logistik [lo'gɪstɪk] *f* logistique *f*
Logopäde [logo'pɛːdə] *m* orthophoniste *m*
Logopädin [logo'pɛːdɪn] *f* orthophoniste *f*
Lohn [loːn] *m* *1.* *(Bezahlung)* salaire *m,* paie *f,* rémunération *f;* *2.* *(Belohnung)* récompense *f*
Lohnausgleich ['loːnausglaɪç] *m* compensation de salaire *f,* ajustement des salaires *m*
Lohnempfänger(in) ['loːnɛmpfɛŋər(ɪn)] *m/f* salarié(e) *m/f*
lohnen ['loːnən] *v* *sich ~* être profitable, être rentable, valoir la peine
lohnenswert ['loːnənsveːrt] *adj* qui vaut le coup
Lokal [lo'kaːl] *n* local *m,* bar *m,* café *m,* établissement *m*
Lokalität [lokali'tɛːt] *f* *1.* *(örtliche Beschaffenheit)* localité *f;* *2.* *(Raum)* local *m;* *3.* *(Toilette)* toilettes *f/pl*
Lokalpatriotismus [lo'kaːlpatrɪotɪsmus] *m* patriotisme de clocher *m,* particularisme *m*
Lokaltermin [lo'kaːltɛrmiːn] *m* *JUR* descente de justice sur les lieux *f*
Lokomotive [lokomo'tiːvə] *f* locomotive *f*
Lorbeer ['lɔrbeːr] *m* *BOT* laurier *m;* *~en ernten* cueillir des lauriers, récolter des lauriers; *sich auf seinen ~en ausruhen* se reposer sur ses lauriers
los [loːs] *adv* *Was ist ~?* Qu'est-ce qu'il y a?/Que se passe-t-il? *Mit ihm ist nicht viel ~.* Il

L

ne sait pas faire grand chose. *Los!* Allons!/Allez!/Vas-y!/Partez!/En avant!
Los [loːs] *n 1. (Lotterielos)* billet de loterie *m*, lot *m; mit jdm das große ~ gezogen haben (fig)* avoir gagné le gros lot avec qn; *2. (Schicksal)* sort *m*, destin *m*
lösbar [ˈløːsbar] *adj 1. (Problem)* résoluble, soluble; *2. CHEM* soluble
losbinden [ˈloːsbɪndən] *v irr* délier, détacher
losbrechen [ˈloːsbrɛçən] *v irr 1.* s'arracher à, détacher qc, éclater; *2. etw ~* arracher qc, détacher qc
Löschblatt [ˈlœʃblat] *n* buvard *m*
löschen [ˈlœʃən] *v 1. (Feuer)* éteindre, étouffer; *2. (Licht)* éteindre; *3. (Fracht)* décharger; *4. INFORM* annuler, supprimer, effacer
Löschtaste [ˈlœʃtastə] *f INFORM* touche d'effacement *f*
lose [ˈloːzə] *adj 1. (locker)* lâche, relâché, mou; *2. (beweglich)* volant; *3. (unverpackt)* sans emballage, en vrac, non emballé; *4. (fig: leichtfertig)* frivole, licencieux
Lösegeld [ˈløːzəgɛlt] *n* rançon *f*
lösen [ˈløːzən] *v 1. (losbinden)* détacher, desserrer, dénouer; *2. (beenden)* annuler, rompre; *3. (klären)* résoudre, solutionner; *4. (Rätsel)* deviner; *5. (zergehen lassen)* dissoudre, faire fondre; *6. (Fahrkarte)* prendre, acheter
losen [ˈloːzən] *v* tirer au sort
losfahren [ˈloːsfaːrən] *v irr 1.* partir; *2. (mit dem Fahrzeug)* démarrer
losgehen [ˈloːsgeːən] *v irr 1. (weggehen)* s'en aller, partir; *2. (Schuss)* partir; *3. auf jdn ~* se ruer sur qn; *4. (anfangen)* commencer
loskommen [ˈloːskɔmən] *v irr* partir, quitter qc
loslassen [ˈloːslasən] *v irr* lâcher, lâcher prise
loslaufen [ˈloːslaufən] *v irr 1. (losgehen)* s'en aller; *2. (losrennen)* partir en courant
löslich [ˈløːslɪç] *adj* soluble
Löslichkeit [ˈløːslɪçkaɪt] *f* solubilité *f*
loslösen [ˈloːsløːzən] *v* décoller, détacher qc, enlever qc
losreißen [ˈloːsraɪsən] *v irr 1.* arracher, détacher; *2. (fig) sich ~ von* se détacher de, s'arracher à
lossagen [ˈloːszaːgən] *v sich ~* se dédire, répudier
lossprechen [ˈloːsʃprɛçən] *v irr REL* absoudre
Lösung [ˈløːzuŋ] *f 1. (Losmachen)* séparation *f*, desserrage *m; 2. (Klärung)* solution *f; 3. CHEM* solution *f*
Lösungsmittel [ˈløːzuŋsmɪtəl] *n* dissolvant *m*
Lot [loːt] *n TECH* fil à plomb *m; etw wieder ins rechte ~ bringen* arranger qc; *ins ~ kommen* être remis à flot, être reparti
löten [ˈløːtən] *v* souder
Lotse [ˈloːtsə] *m* pilote *m*
lotsen [ˈloːtsən] *v 1.* piloter; *2. (fig: leiten)* piloter, guider
Lotterie [lɔtəˈriː] *f* loterie *f*
Löwe [ˈløːvə] *m ZOOL* lion *m*
Löwenanteil [ˈløːvənantaɪl] *m* part du lion *f*
Löwenmaul [ˈløːvənmaul] *n BOT* gueule-de-loup *f*, muflier *m*
Löwenzahn [ˈløːvəntsaːn] *m BOT* pissenlit *m*
Löwin [ˈløːvɪn] *f ZOOL* lionne *f*
loyal [loˈjaːl] *adj* loyal
Loyalität [lojaːlɪˈtɛːt] *f* loyauté *f*
Luchs [luks] *m ZOOL* lynx *m*
Lücke [ˈlykə] *f 1.* lacune *f*, brèche *f; 2. (Leere)* vide *m*
Lückenbüßer(in) [ˈlykənbyːsər(ɪn)] *m/f* bouche-trou *m/f*
lückenhaft [ˈlykənhaft] *adj 1.* lacunaire; *2. (fehlerhaft)* défectueux; *3. (unvollständig)* incomplet; *adv 4.* avec des lacunes
lückenlos [ˈlykənloːs] *adj 1.* sans lacune; *2. (vollständig)* complet

Luft [luft] *f* air *m*, atmosphère *f; frische ~ schöpfen* prendre l'air; *jdn an die frische ~ setzen* ficher qn à la porte, virer qn *(fam)*, jeter qn dehors; *dicke ~* de l'orage dans l'air; *die ~ rauslassen* respirer un grand coup; *jdn wie ~ behandeln* ignorer qn; *jdm die ~ abdrehen* ruiner qn, mettre qn sur la paille; *die ~ anhalten (fig)* manquer d'air, retenir sa respiration; *aus der ~ gegriffen sein* être inventé de toutes pièces; *in der ~ hängen* être en suspens; *in die ~ gehen* monter sur ses grands chevaux; *sich ~ machen* se soulager, évacuer sa bile, cracher son venin; *Da bleibt mir die ~ weg!* J'en suis soufflé!

Luftangriff [ˈluftangrɪf] *m MIL* attaque aérienne *f*, raid aérien *m*
Luftaufnahme [ˈluftaufnaːmə] *f PHOTO* photo aérienne *f*
Luftballon [ˈluftbalɔ̃] *m* ballon *m*

L

Luftbild ['luftbɪlt] *n FOTO* photo aérienne *f*
Luftblase ['luftbla:zə] *f* bulle d'air *f*
Luftbrücke ['luftbrykə] *f* pont aérien *m*
Lüftchen ['lyftçən] *n* souffle de vent *m*, vent léger *m*, brise *f*
luftdicht ['luftdɪçt] *adj* hermétique, étanche
Luftdruck ['luftdruk] *m PHYS* pression atmosphérique *f*
lüften ['lyftən] *v 1. (Raum)* aérer, renouveler l'air; *2. (Kleider)* aérer, mettre à l'air; *3. (fig: enthüllen)* lever le voile, dévoiler
Luftfahrt ['luftfa:rt] *f* aviation *f*, aéronautique *f*
Luftfeuchtigkeit ['luftfɔyçtɪçkaɪt] *f* humidité de l'air *f*, humidité atmosphérique *f*
luftgekühlt ['luftgəky:lt] *adj TECH* refroidi par air, à refroidissement par air
luftgetrocknet ['luftgətrɔknət] *adj* séché à l'air
Luftgewehr ['luftgəve:r] *n* carabine à air comprimé *f*, fusil à air comprimé *m*
luftig ['luftɪç] *adj 1.* exposé à l'air, bien aéré, léger, volage; *2. in ~er Höhe* exposé à l'air, aéré
luftleer ['luftle:r] *adj* vide d'air
Luftlinie ['luftli:njə] *f* ligne aérienne *f*, ligne droite *f*; *in der ~* à vol d'oiseau
Luftmatratze ['luftmatratsə] *f* matelas pneumatique *m*
Luftpumpe ['luftpumpə] *f TECH* pompe à air *f*, gonfleur *m*
Luftröhre ['luftrø:rə] *f ANAT* trachée-artère *f*
Lüftung ['lyftuŋ] *f* aération *f*, ventilation *f*
Luftveränderung ['luftfɛrɛndəruŋ] *f 1.* changement d'air *m*; *2. (fig)* changement d'air *m*
Luftverschmutzung ['luftfɛrʃmutsuŋ] *f* pollution de l'air *f*
Luftzug ['lufttsu:k] *m* courant d'air *m*
Lüge ['ly:gə] *f* mensonge *m*

> **lügen** ['ly:gən] *v irr* mentir; *~ wie gedruckt* mentir comme un arracheur de dents/mentir comme on respire

Lügner(in) ['ly:gnər(ɪn)] *m/f* menteur/menteuse *m/f*
Luke ['lu:kə] *f 1. (Durchreiche)* passe-plat *m*; *2. (Dachluke)* lucarne *f*, tabatière *f*
lukrativ [lukra'ti:f] *adj* lucratif
Lümmel ['lyməl] *m* mufle *m*, goujat *m*, malotru *m*
Lump [lump] *m 1. (gewissenloser Mensch)* homme sans scrupules *m*, va-nu-pieds *m*; *2. (Schlingel)* polisson *m*, galopin *m*
lumpen ['lumpən] *v sich nicht ~ lassen* ne pas être chiche, bien faire les choses
Lumpen ['lumpən] *m* lambeau *m*, chiffon *m*, haillons *m/pl*, guenilles *f/pl*
Lunge ['luŋə] *f ANAT* poumon *m*
Lunte ['luntə] *f ~ riechen* avoir le nez creux, sentir l'arnaque *(fam)*
Lupe ['lu:pə] *f* loupe *f*; *etw mit der ~ suchen können (fig)* pouvoir chercher longtemps qc; *jdn unter die ~ nehmen* regarder qn à la loupe
lupenrein ['lu:pənraɪn] *adj (fig)* brillant, exemplaire
Lust [lust] *f 1. (Freude)* joie *f*, plaisir *m*; *Wenn Sie ~ dazu haben!* Si ça vous chante! *Ich habe keine ~ dazu.* Je n'en ai pas envie. *nach ~ und Laune* comme on veut/à son gré; *2. (Verlangen)* désir *m*, envie *f*
lüstern ['lystərn] *adj* concupiscent, voluptueux, lubrique
lustig ['lustɪç] *adj 1. (fröhlich)* joyeux, gai, enjoué; *2. (komisch)* amusant, plaisant, drôle
lustlos ['lustlo:s] *adj* sans entrain, sans envie
Lustlosigkeit ['lustlo:zɪçkaɪt] *f 1.* morosité *f*, manque d'entrain *m*, langueur *f*; *2. FIN* langueur *f*
lustvoll ['lustfɔl] *adj 1.* voluptueux; *adv 2.* voluptueux
lutschen ['lutʃən] *v* sucer
Lutscher ['lutʃər] *m* sucette *f*, tétine *f*
luxuriös [luksur'jø:s] *adj* luxueux, somptueux, fastueux
Luxus ['luksus] *m* luxe *m*, somptuosité *f*, faste *m*
Lymphdrüse ['lympfdry:zə] *f ANAT* ganglion lymphatique *m*
Lynchjustiz ['lynçjusti:ts] *f* justice sommaire *f*, lynchage *m*
Lyrik ['ly:rɪk] *f LIT* poésie lyrique *f*, lyrisme *m*

L

M

Machart ['maxa:rt] *f* façon *f*, coupe *f*, genre *m*, facture *f*
machbar ['maxbar] *adj* faisable, réalisable

machen ['maxən] *v* faire; *nichts zu ~* rien à faire; *Er glaubte, es richtig zu ~.* Il a cru bien faire. *Gut gemacht.* Bien joué. *sich wenig aus etw ~* ne pas tenir à qc; *sich gar nichts aus etw ~* se moquer de qc comme de sa première chemise; *Ich mache mir nichts daraus.* Je m'en bats l'œil./Je m'en fiche. *Mach dir nichts daraus!* Ne t'en fais pas!/T'en as rien à faire! *Das macht nichts!* Ça ne fait rien! *es mit jdm ~ können* pouvoir faire de qn ce qu'on veut

Machenschaften ['maxənʃaftən] *pl* machinations *f/pl*, manigances *f/pl*
Macht [maxt] *f 1. (Herrschaft)* empire *m*, autorité *f*, pouvoir *m; 2. (Stärke)* puissance *f*, force *f; 3. (Einfluss)* influence *f*
Machthaber ['maxtha:bər] *m 1.* homme au pouvoir *m*, dirigeant *m; 2. (Herrscher)* maître *m*, souverain *m*
mächtig ['mɛçtɪç] *adj 1. (stark)* puissant; *2. (gewaltig)* énorme, colossal; *3. (einflussreich)* influent; *seiner selbst nicht mehr ~ sein* ne plus pouvoir se contrôler/ne plus pouvoir se maîtriser/ne plus être maître de soi; *4. (fig: sehr groß)* énorme; *adv 5. (fig)* énormément, considérablement, extrêmement
machtlos ['maxtlo:s] *adj 1.* impuissant, sans autorité; *2. (schwach)* faible
Macke ['makə] *f 1. (Spleen)* excentricité *f*, bizarrerie *f; Der hat ja 'ne ~!* Qu'il est bizarre! *2. (Beschädigung)* détérioration *f*, dégradation *f*
Mädchen ['mɛ:tçən] *n* fille *f*, gamine *f; ~ für alles sein* être bonne à tout faire
mädchenhaft ['mɛ:tçənhaft] *adj 1.* de jeune fille; *adv 2.* de fillette
Mädchenname ['mɛ:tçənna:mə] *m* nom de jeune fille *m*
Made ['ma:də] *f ZOOL* asticot *m*, ver *m*
madig ['ma:dɪç] *adj 1.* véreux; *2. (Obst)* véreux, pourri; *3. jdm etw ~ machen* dénigrer qc; *4. jdn ~ machen* dénigrer qn
Magazin [maga'tsi:n] *n 1. (Lager)* magasin *m*, dépôt *m*, entrepôt *m; 2. (einer Waffe)* chargeur *m; 3. (Zeitschrift)* magazine *m; 4. (Trommel)* barillet *m*
Magd [ma:kt] *f 1. (Hausangestellte)* servante *f; 2. (veraltet: Mädchen)* vieille fille *f*
Magen ['ma:gən] *m ANAT* estomac *m; schwer im ~ liegen* rester sur l'estomac; *jdm auf den ~ schlagen* rester sur l'estomac à qn *(fam)*/faire un coup à qn; *Da dreht sich mir der ~ um!* Je suis écœuré!
Magenbeschwerden ['ma:gənbəʃve:rdən] *pl MED* troubles de l'estomac *m/pl*
mager ['ma:gər] *adj 1. (dünn)* maigre; *2. (abgezehrt)* décharné; *3. (dürftig)* pauvre
Magermilch ['ma:gərmɪlç] *f GAST* lait écrémé *m*
Magie [ma'gi:] *f* magie *f*
Magier ['ma:gjər] *m* magicien *m*, prestigiditateur *m*
magisch ['ma:gɪʃ] *adj* magique
Magnet [mag'ne:t] *m* aimant *m*
Magnetband [mag'ne:tbant] *n* ruban magnétique *m*, bande magnétique *f*
magnetisch [mag'ne:tɪʃ] *adj* magnétique
Magnetismus [magne'tɪsmus] *m* magnétisme *m*
Mähdrescher ['mɛ:drɛʃər] *m* faucheuse-batteuse *f*, moissonneuse-batteuse *f*
mähen ['mɛ:ən] *v 1.* faucher; *2. (ernten)* moissonner
Mahl [ma:l] *n 1.* repas *m; 2. (Festmahl)* festin *m*, banquet *m*
mahlen ['ma:lən] *v irr 1.* moudre, broyer; *2. (zermalmen)* écraser
Mahlzeit ['ma:ltsaɪt] *f* repas *m; ~!* Bon appétit!
Mähne ['mɛ:nə] *f* crinière *f*
mahnen ['ma:nən] *v 1. (warnen)* avertir, exhorter; *2. (auffordern)* sommer de, exhorter à
Mahngebühr ['ma:ngəby:r] *f* taxe d'avertissement *f*, frais de sommation *m/pl*, frais de recouvrement *m/pl*
Mahnmal ['ma:nma:l] *n* mémorial *m*, monument commémoratif *m*
Mahnung ['ma:nuŋ] *f 1. (Warnung)* avertissement *m; 2. (Aufforderung)* sommation *f*, exhortation *f*
Mai [maɪ] *m* mai *m*
Maibaum ['maɪbaum] *m* arbre de mai *m*
Maiglöckchen ['maɪglœkçən] *n BOT* muguet *m*
Maikäfer ['maɪkɛ:fər] *m ZOOL* hanneton *m*
Mais [maɪs] *m BOT* maïs *m*

M

Majestät [majɛs'tɛːt] *f* majesté *f*
majestätisch [majɛs'tɛːtɪʃ] *adj* majestueux
makaber [ma'kaːbər] *adj* macabre
Makel ['maːkəl] *m* 1. tache *f*, souillure *f*; 2. *(Fehler)* défaut *m*
makellos ['maːkəlloːs] *adj* 1. sans tache, pur; 2. *(rein)* pur, immaculé; 3. *(tadellos)* impeccable
Makellosigkeit ['maːkəlloːzɪçkaɪt] *f* 1. *(Fehlerlosigkeit)* caractère immaculé *m*, pureté absolue *f*, pureté *f*, transparence *f*; 2. *(moralisch)* caractère irréprochable *m*; 3. *(Reinheit)* caractère immaculé *m*, pureté absolue *f*, pureté *f*; 4. *(Haut)* caractère immaculé *m*, pureté absolue *f*, pureté *f*; 5. *(Kleidung)* impeccable
mäkeln ['mɛːkəln] *v an etw ~* trouver à redire à qc
Make-up ['mɛɪkʌp] *n* maquillage *m*
Makler ['maːklər] *m* courtier *m*, agent *m*
Maklergebühr ['maːklərgəbyːr] *f* frais de courtage *m/pl*, taxe de courtage *f*, commission *f*, courtage *m*
Makrele [ma'kreːlə] *f* ZOOL maquereau *m*

mal [maːl] *adv* 1. *(fam: einmal)* fois; *Komm ~ her!* Viens donc! *Guck ~!* Regarde-moi ça! *Das ist nun ~ so.* C'est comme ça. *Schauen wir ~.* Voyons voir. *nicht ~ ...* ne ... même pas; 2. *(früher)* autrefois, déjà; *Warst du schon ~ in Paris?* Es-tu déjà allé à Paris? 3. *(in Zukunft)* une fois, à l'avenir; 4. *(multipliziert mit)* fois

Mal [maːl] *n* 1. *(Zeichen)* signe *m*, marque *f*; 2. *(Zeitpunkt)* fois *f*; *mit einem ~* tout d'un coup/soudain/tout à coup; *von ~ zu ~* d'une fois sur l'autre/à chaque fois un peu plus; *ein für alle ~(e)* une fois pour toutes/en un mot comme en cent; *jedes ~* chaque fois/toutes les fois (que); *ein paar ~* quelquefois/plusieurs fois
malen ['maːlən] *v* peindre
Maler(in) ['maːlər(ɪn)] *m/f* 1. *(Künstler)* peintre *m/f*; 2. *(Anstreicher)* peintre *m/f*
Malerei [maːlə'raɪ] *f* peinture *f*
malerisch ['maːlərɪʃ] *adj* pittoresque
Maltechnik ['maːltɛçnɪk] *f* ART technique de peinture *f*, technique picturale *f*
Malve ['malvə] *f* BOT mauve *f*
Malz [malts] *n* malt *m*
Malzeichen ['maːltsaɪçən] *n* MATH signe de multiplication *m*
Mama ['mama] *f (fam)* maman *f*
Mammutbaum ['mamutbaum] *m* BOT séquoia *m*
mampfen ['mampfən] *v* se bâfrer, manger gloutonnement, se goinfrer
man [man] *pron* on; *Wie ~ so sagt.* Comme dit l'autre.
Management ['mɛnɛdʒmənt] *n* ECO gestion *f*, management *m*
Manager ['mɛnɛdʒər] *m* 1. manager *m*; 2. *(Leiter)* dirigeant *m*; 3. *(höherer Angestellter)* cadre supérieur *m*
manch [manç] *pron* 1. maint; 2. *~ ein* maint
manche(r,s) ['mançə(r,s)] *adj* maint, certain, plus d'un
mancherlei ['mançərlaɪ] *adv* divers, différent
manchmal ['mançmaːl] *adv* parfois, quelquefois
Mandant(in) [man'dant(ɪn)] *m/f* JUR mandant(e) *m/f*
Mandat [man'daːt] *n* 1. JUR mandat *m*; 2. POL mandat *m*; 3. *(Machtbefugnis)* pouvoir *m*
Mandel ['mandəl] *f* 1. BOT amande *f*; 2. ANAT amygdale *f*
Manege [ma'neːʒə] *f* 1. manège *m*; 2. *(Bahn)* piste *f*, arène *f*
Mangel[1] ['maŋəl] *m* 1. *(Fehlen)* absence *f*, manque *m*, défaut *m*; 2. *(Fehler)* défaut *m*, vice *m*; 3. *(Unvollkommenheit)* imperfection *f*
Mangel[2] ['maŋəl] *f (Heißmangel)* calandre *f*; *jdn in die ~ nehmen (fig)* en avoir après qn/tracasser qn
mangelhaft ['maŋəlhaft] *adj* 1. *(fehlerhaft)* défectueux; 2. *(unvollständig)* incomplet, imparfait; 3. *(Schulnote)* insuffisant, médiocre
mangeln[1] ['maŋəln] *v (fehlen)* manquer, faire défaut
mangeln[2] ['maŋəln] *v (Wäsche)* calandrer, repasser à la machine
Mängelrüge ['mɛŋgəlryːgə] *f* ECO contestation à propos d'un défaut *f*
mangels ['maŋəls] *prep* faute de, à défaut de, en l'absence de
Manieren [ma'niːrən] *pl* manières *f/pl*, façons *f/pl*
Manifest [manɪ'fɛst] *n* POL manifeste *m*
Maniküre [mani'kyːrə] *f* manucure *m*
manipulieren [manipu'liːrən] *v* manipuler
manisch ['maːnɪʃ] *adj* maniaque
Manko ['maŋko] *n* 1. *(Mangel)* manque *m*, lacune *f*, déficit *m*, trou *m*; 2. *(Fehlbetrag)* ECO déficit *m*, différence en moins *f*

Mann [man] *m 1.* homme *m; der kleine ~* les petites gens *m/pl; der ~ auf der Straße* l'homme de la rue *m; ein ~ von Welt* un homme du monde *m; ein gemachter ~* un homme arrivé *m; ein toter ~* un homme mort *m; den starken ~ markieren* jouer l'homme fort; *seinen ~ stehen* être tout à fait capable/se montrer à la hauteur de sa tâche; *mit ~ und Maus* corps et biens; *etw an den ~ bringen* faire passer qc/vendre qc; *2. (Ehemann)* mari *m,* époux *m*

Männchen ['mɛnçən] *n 1. (kleiner Mann)* petit homme *m; 2. (männliches Tier)* mâle *m; 3. ~ bauen (Soldat)* se mettre au garde-à-vous; *4. ~ machen (Hund)* faire le beau

männlich ['mɛnlıç] *adj* mâle, masculin, viril

Mannschaft ['manʃaft] *f 1. SPORT* équipe *f; 2. (Besatzung)* équipage *m,* hommes de troupe *m/pl*

manövrieren [manø'vriːrən] *v* manoeuvrer, faire des manœuvres

manövrierunfähig [manø'vriːrunfɛːıç] *adj* non manoeuvrable

Mansarde [man'zardə] *f* mansarde *f*

Manschette [man'ʃɛtə] *f 1. (eines Hemdes)* manchette *f; 2. (um Blumentöpfe)* cache-pot *m; 3. (Dichtung) TECH* manchon *m,* rondelle *f,* collier de serrage *m*

Manschettenknopf [man'ʃɛtənknɔpf] *m* bouton de manchette *m*

Mantel ['mantəl] *m 1. (Kleidungsstück)* manteau *m; 2. (Überzieher)* pardessus; *3. (Hülle, Verkleidung) TECH* gaine *f,* chape *f,* revêtement *m*

Manteltarif ['mantəltariːf] *m ECO* tarif collectif *m*

manuell [manu'ɛːl] *adj 1.* manuel; *adv 2.* manuellement, à la main

Manuskript [manus'krıpt] *n* manuscrit *m*

Mappe ['mapə] *f 1. (Brieftasche)* portefeuille *m; 2. (Tasche)* serviette *f,* cartable *m; 3. (Sammelmappe)* chemise *f,* classeur *m,* dossier *m*

Marathonläufer ['maːratɔnlɔyfər] *m* coureur de marathon *m,* marathonien *m*

Märchen ['mɛːrçən] *n 1.* conte *m; 2. (Legende)* légende *f; 3. (Fabel)* fable *f*

Märchenbuch ['mɛːrçənbuːx] *n LIT* livre de contes *m,* recueil de contes *m*

märchenhaft ['mɛːrçənhaft] *adj* fabuleux, féerique

Marder ['mardər] *m ZOOL* martre *f*

Margarine [marga'riːnə] *f GAST* margarine *f*

Marge ['marʒə] *f ECO* marge *f*

Margerite [margə'riːtə] *f BOT* marguerite *f*

Marginalie [margi'naːljə] *f* note marginale *f,* annotation en marge *f,* apostille *f*

marginalisieren [marginali'ziːrən] *v* marginaliser qn

Marienkäfer [ma'riːənkɛːfər] *m ZOOL* coccinelle *f,* bête à bon Dieu *f (fam)*

Marine [ma'riːnə] *f* marine *f,* forces navales *f/pl*

Marinestützpunkt [ma'riːnəʃtytspuŋkt] *m MIL* base navale *f*

Marionette [mario'nɛtə] *f THEAT* marionnette *f*

Marionettenregierung [marjo'nɛtənregiːruŋ] *f (fig) POL* gouvernement de marionnettes *m,* gouvernement fantoche *m*

maritim [mari'tiːm] *adj* maritime

Mark[1] [mark] *f HIST Deutsche ~* mark allemand *m*

Mark[2] [mark] *n 1. GAST* concentré *m; 2. (von Früchten)* pulpe *f; 3. ANAT* moelle *f; ins ~ getroffen sein* être touché au vif; *durch ~ und Bein dringen* pénétrer jusqu'à la moelle/passer partout; *jdm das ~ aus den Knochen saugen* sucer qn jusqu'au trognon/sucer qn jusqu'à la moelle; *bis ins ~* jusqu'à la moelle

markant [mar'kant] *adj* marquant, marqué, prononcé

Marke ['markə] *f* marque *f*

Markenartikel ['markənartıkəl] *m ECO* article de marque *m*

Markenzeichen ['markəntsaıçən] *n 1. ECO* marque de fabrique *f,* emblème *m,* griffe *f; 2. (fig: Charakteristisches)* image de marque *f*

markerschütternd ['markɛrʃytərnt] *adj* qui va jusqu'à la moelle, déchirant

markieren [mar'kiːrən] *v 1. (kennzeichnen)* marquer; *2. (fam: vortäuschen)* faire semblant de, simuler, feindre; *3. (abstecken)* jalonner, tracer

Markierung [mar'kiːruŋ] *f* marquage *m,* marque *f,* repère *m*

markig ['markıç] *adj 1.* énergique, vigoureux; *2. (Sprüche)* énergique, vigoureux

Markise [mar'kiːzə] *f* marquise *f,* store *m*

Markt [markt] *m* marché *m; etw auf den ~ bringen* mettre qc sur le marché/lancer qc sur le marché

Markthalle ['markthalə] *f* marché ouvert *m,* halle *f*

M

Marktwirtschaft ['marktvɪrtʃaft] *f ECO* économie de marché *f*
Marmelade [marmə'la:də] *f GAST* confiture *f*
Marmor ['marmor] *m* marbre *m*
marode [ma'ro:də] *adj* épuisé
Marone [ma'ro:nə] *f BOT* marron *m*
Marotte [ma'rɔtə] *f* marotte *f,* caprice *f,* dada *m*
Marsch [marʃ] *m 1. (Wanderung)* randonnée *f,* marche *f; 2. MIL* marche *f; jdm den ~ blasen* botter les fesses à qn/remettre qn à sa place/réprimander qn; *3. MUS* marche *f*
marschieren [mar'ʃi:rən] *v* marcher
martialisch [mar'tsja:lɪʃ] *adj* martial
Märtyrer(in) ['mɛrtyrər] *m/f* martyr(e) *m/f*
Marxismus [mark'sɪsmus] *m POL* marxisme *m*
März [mɛrts] *m* mars *m*
Marzipan ['martsipa:n] *n GAST* massepain *m,* pâte d'amandes *f*
Masche ['maʃə] *f 1. (in der Handarbeit)* maille *f; durch die ~n gehen* passer à travers les mailles du filet; *2. (fig)* combine *f,* truc *m,* filon *m*
Maschendraht ['maʃəndra:t] *m* grillage métallique *m*
Maschine [ma'ʃi:nə] *f 1.* machine *f; ~ schreiben (Schreibmaschine schreiben)* écrire à la machine, taper à la machine; *2. (Motor)* moteur *m; 3. (Apparat)* appareil *m*
maschinell [maʃi'nɛl] *adj* mécanique, machinal
Maschinenschlosser [ma'ʃi:nənʃlɔsər] *m* serrurier-mécanicien *m*
Masern ['ma:zərn] *pl MED* rougeole *f*
Maserung ['ma:zəruŋ] *f* veinure *f,* madrure *f*
Maske ['maskə] *f 1.* masque *m; die ~ fallen lassen* lever le masque, ôter le masque; *jdm die ~ vom Gesicht reißen* arracher le masque à qn; *2. (fig: Schein)* façade *f*
Maskenball ['maskənbal] *m* bal masqué *m,* bal costumé *m*
Maskenbildner(in) ['maskənbɪltnər(ɪn)] *m/f* maquilleur/maquilleuse *m/f*
Maskerade [maskə'ra:də] *f 1.* mascarade *f; 2. (Maskenball)* mascarade *f,* bal masqué *m; 3. (fig: Täuschung)* mascarade *f*
maskieren [mas'ki:rən] *v 1. sich ~* se masquer, se déguiser; *2. sich ~ (sich schminken)* se maquiller
Maskottchen [mas'kɔtçən] *n* mascotte *f,* fétiche *m,* porte-bonheur *m*
maskulin ['maskuli:n] *adj 1.* masculin; *2. GRAMM* masculin
Masochismus [mazɔ'xɪsmus] *m* masochisme *m*

Maß [ma:s] *n 1. (Maßeinheit)* mesure *f; Das ~ ist voll!* La mesure est comble!/Ça suffit comme ça! *mit zweierlei ~ messen* avoir deux poids, avoir deux mesures; *über alle ~en* par-dessus tout; *nach ~* sur mesure; *~ halten* garder la mesure, se modérer; *in zunehmendem ~* de plus en plus; *2. (Abmessung)* dimension *f,* proportions *f/pl*

Massagesalon [ma'sa:ʒəzalɔ̃] *m* salon de massage *m*
Massaker [ma'sa:kər] *n* massacre *m*
Maßanzug ['ma:santsu:k] *m* costume sur mesure *m*
Maßarbeit ['ma:sarbaɪt] *f* travail sur mesure *m; Das ist ~!* C'est du travail d'horloger! *(fam)*
Maßband ['ma:sbant] *n* décamètre à ruban *m*
Masse ['masə] *f 1. (große Menge)* masse *f; 2. (Volksmenge)* masse *f,* foule *f; 3. (Stoff)* masse *f; 4. PHYS* masse *f*
Maßeinheit ['ma:saɪnhaɪt] *f* unité de mesure *f*
massenhaft ['masənhaft] *adj 1. (riesig)* énorme; *adv 2.* en masse, massivement
maßgebend ['ma:sge:bənt] *adj 1. (entscheidend)* décisif, déterminant; *2. (zuständig)* compétent; *~ sein* faire autorité
massieren [ma'si:rən] *v* masser
mäßig ['mɛ:sɪç] *adj 1.* modéré; *2. (maßvoll)* mésuré; *3. (bescheiden)* modeste
mäßigen ['mɛ:sigən] *v 1.* modérer, tempérer; *2. (Geschwindigkeit)* ralentir; *3. sich ~* se modérer
Mäßigung ['mɛ:siguŋ] *f* modération *f,* ralentissement *m,* adoucissement *m*
massiv [ma'si:f] *adj 1.* massif, solide; *2. (schwer)* lourd
Massiv [ma'si:f] *n GEO* massif
Maßkrug ['ma:skru:k] *m* chope *f*
maßlos ['ma:slo:s] *adj 1.* démesuré, immodéré, extrême; *adv 2.* démesurément, outre mesure, extrêmement
Maßnahme ['ma:sna:mə] *f* mesure *f; vorzeitig ~n ergreifen* prendre les devants
maßregeln ['ma:sre:gəln] *v* rappeler à l'ordre, sanctionner
Maßstab ['ma:sʃta:p] *m 1.* échelle *f,* règle *f; 2. (fig)* norme *f,* critère *m*

M

maßvoll ['maːsfɔl] *adj* modéré, mesuré, plein de mesure
Mast [mast] *m* *1. (Schiffsmast)* mât *m;* *2. (Telefonmast)* poteau *m,* pylône *m;* *3. (Fahnenmast)* mât de drapeau *m,* hampe *f*
masturbieren [mastur'biːrən] *v* se masturber
Material [mate'rjaːl] *n* *1.* matériel *m;* *2. (Stoff)* matière *f;* *3. (Werkstoff)* matériaux *m/pl;* *4. (Beweismaterial)* documentation *f*
Materialkosten [mate'rjaːlkɔstən] *pl* *1.* frais de matériel *m/pl;* *2. ECO* dépenses en matériels *f/pl*
Materie [ma'teːrjə] *f* *1.* matière *f,* substance *f;* *2. (Thema)* sujet *m,* thème *m*
materiell [mate'rjɛl] *adj* matériel
Mathematik [matema'tiːk] *f* mathématiques *f/pl*
Mathematiker(in) [mate'maːtɪkər(ɪn)] *m/f* mathématicien(ne) *m/f*
mathematisch [mate'maːtɪʃ] *adj* mathématique
Matratze [ma'tratsə] *f* matelas *m,* sommier *m*
Mätresse [mɛ'trɛsə] *f* maîtresse *f*
Matrose [ma'troːzə] *m* marin *m,* matelot *m*
Matsch [matʃ] *m* boue *f,* gadoue *f,* bouillie *f,* gâchis *m*
matschig ['matʃɪç] *adj* *1.* boueux; *2. (Früchte)* blet
matt [mat] *adj* *1. (trübe)* mat, terne, sans éclat; *2. (schwach)* faible, épuisé, abattu, las; *3. jdn ~ setzen* mettre qn échec et mat
Matte ['matə] *f* *1. (Fußmatte)* paillasson *m;* *auf der ~ stehen* être au rendez-vous, être à pied d'œuvre; *2. SPORT* tapis *m;* *jdm auf die ~ legen (fig)* blouser qn *(fam),* arnaquer qn *(fam),* rouler qn
Mattigkeit ['matɪçkaɪt] *f* faiblesse *f,* fatigue *f,* langueur *f,* matité *f*
Mattscheibe ['matʃaɪbə] *f* *1. FOTO* verre dépoli *m;* *2. (fam: Fernseher)* écran *m;* *vor der ~ sitzen* être assis devant l'écran; *3. (fig) eine ~ haben* avoir un trou, avoir un trou de mémoire, être dans le cirage *(fam)*
Mauer ['mauər] *f* mur *m,* muraille *f;* *gegen eine ~ reden* parler à un mur
Mauersegler ['mauərzeːglər] *m* *ZOOL* grand martinet *m*
Maul [maul] *n* *1. (eines Tiers)* gueule *f,* museau *m;* *2. (eines Menschen)* gueule *f;* *jdm das ~ stopfen* clouer le bec à qn, rabattre le caquet à qn; *den Leuten aufs ~ schauen* guetter la réaction du public
Maulesel ['mauleːzəl] *m* *ZOOL* mule *f,* mulet *m*
Maulheld ['maulhɛlt] *m* *(fam)* fort en gueule *m,* hâbleur *m*
Maulkorb ['maulkɔrp] *m* *1.* muselière *f;* *2. (fig)* muselière *f*
Maultier ['maultiːr] *n* *ZOOL* mulet *m*
Maulwurf ['maulvurf] *m* *ZOOL* taupe *f*
Maurer ['maurər] *m* maçon *m*
Maus [maus] *f* *1. ZOOL* souris *f;* *weiße Mäuse sehen* voir des éléphants roses; *2. INFORM* souris *f*
Mauschelei [mauʃə'laɪ] *f* magouille *f*
Mausefalle ['mauzəfalə] *f* souricière *f*
mausern ['mauzərn] *v* *1. sich ~* se muer, se muer en; *2. sich zu etw ~ (fig)* devenir qn
Mautgebühr ['mautgəbyːr] *f* péage *m*
maximal [maksi'maːl] *adj* *1.* maximal; *adv* *2.* au maximum
Maxime [mak'siːmə] *f* maxime *f*
Mäzen [mɛ'tseːn] *m* *ART* mécène *m*
Mechanik [me'çaːnɪk] *f* mécanique *f*
Mechaniker(in) [me'çaːnɪkər(ɪn)] *m/f* mécanicien(ne) *m/f*
mechanisch [me'çaːnɪʃ] *adj* mécanique, machinal
Mechanismus [meçaː'nɪsmus] *m* mécanisme *m*
meckern ['mɛkərn] *v* *1. (Tier)* bêler, chevroter; *2. (fam: nörgeln)* rouspéter, grogner, bougonner
Medaille [me'daljə] *f* médaille *f*
Medaillon [medal'jɔ̃] *n* *1. (Schmuck)* médaillon *m;* *2. GAST* médaillon *m*
Medien ['meːdjən] *pl* moyens de diffusion *m/pl,* médias *m/pl,* mass media *m/pl*
Medikament [medika'mɛnt] *n* médicament *m,* remède *m*
Meditation [medita'tsjoːn] *f* méditation *f*
mediterran [meditɛ'raːn] *adj* *GEO* méditerranéen
meditieren [medi'tiːrən] *v* méditer
Medizin [medi'tsiːn] *f* *1. (Heilkunde)* médecine *f;* *2. (Medikament)* médicament *m,* remède *m*
Mediziner(in) [medi'tsiːnər(ɪn)] *m/f* *1. MED* médecin/femme médecin *m/f;* *m* *2. (Medizinstudent(in)) MED* étudiant(e) en médecine *m/f*
medizinisch [medi'tsiːnɪʃ] *adj* *1. (ärztlich)* médical; *2. (arzneilich)* médicinal
Meer [meːr] *n* mer *f,* océan *m*
Meerbusen ['meːrbuːzən] *m* golfe *m*
Meerenge ['meːrɛŋə] *f* détroit *m*

M

Meeresbiologie ['meːrəsbiologiː] *f BIO* océanologie *f*
Meeresbucht ['meːrəsbuxt] *f* baie *f*
Meeresfrüchte ['meːrəsfryçtə] *f/pl GAST* fruits de mer *m/pl*
Meeresgrund ['meːrəsgrunt] *m* fond marin *m,* fond de la mer *m*
Meeresspiegel ['meːrəsʃpiːgəl] *m* niveau de la mer *m,* surface de la mer *f*
Meerestiefe ['meːrəstiːfə] *f* profondeur marine *f,* fond *m*
Meerrettich ['meːrrɛtɪç] *m BOT* raifort *m*
Meerschweinchen ['meːrʃvaɪnçən] *n ZOOL* cochon d'Inde *m*
Megaphon [mega'foːn] *n* mégaphone *m,* porte-voix *m*
Mehl [meːl] *n* farine *f*

mehr [meːr] *adv* plus, davantage; *~ und ~* de plus en plus; *~ oder minder* plus ou moins; *nicht ~ und nicht weniger* ni plus ni moins; *nicht ~* ne ... plus

mehrdeutig ['meːrdɔytɪç] *adj* ambigu, équivoque
Mehrdeutigkeit ['meːrdɔytɪçkaɪt] *f* ambiguité *f,* équivoque *f,* polysémie *f*
mehrere ['meːrərə] *pron* plusieurs, plus d'un(e)
mehrfach ['meːrfax] *adj 1.* multiple, répété, plural; *adv 2.* plusieurs fois, à plusieurs reprises
mehrfarbig ['meːrfarbɪç] *adj* polychrome, multicolore
Mehrheit ['meːrhaɪt] *f* majorité *f,* pluralité *f*
mehrmals ['meːrmaːls] *adv* plusieurs fois, à plusieurs reprises
mehrsprachig ['meːrʃpraːxɪç] *adj* polyglotte, multilingue
mehrstellig ['meːrʃtɛlɪç] *adj* à plusieurs chiffres, à plusieurs caractères
Mehrwegflasche ['meːrveːkflaʃə] *f* bouteille consignée *f*
Mehrwertsteuer ['meːrveːrtʃtɔyər] *f FIN* taxe à la valeur ajoutée (T.V.A.) *f*
Mehrzahl ['meːrtsaːl] *f 1. (Mehrheit)* majorité *f,* majeure partie *f,* la plupart; *2. GRAMM* pluriel *m*
meiden ['maɪdən] *v irr* éviter, fuir
Meile ['maɪlə] *f* mille *m,* lieue *f*
Meilenstein ['maɪlənʃtaɪn] *m 1.* borne *f,* pierre milliaire *f; 2. (fig: Etappe)* étape *f; 3. (fig: Wendepunkt)* tournant *m*
meilenweit ['maɪlənvaɪt] *adv* à plusieurs lieues de distance
Meiler ['maɪlər] *m 1. (Atommeiler)* réacteur nucléaire *m; 2. (Kohlenmeiler)* meule de charbonnier *f,* pile à charbon *f*
mein(e) [maɪn/'maɪnə] *pron (maskulin)* mon; *(feminin)* ma; *(Plural)* mes; *der/die/das meine* le mien/la mienne
Meineid ['maɪnaɪt] *m JUR* parjure *m,* faux serment *m; einen ~ leisten* se parjurer, faire un faux serment

meinen ['maɪnən] *v* être d'avis que, penser, croire, vouloir dire; *es gut mit jdm ~* vouloir du bien à qn

meinerseits ['maɪnərzaɪts] *adv* pour ma part, de ma part, quant à moi, de mon côté
meinetwegen ['maɪnətveːgən] *adv* à cause de moi; *Meinetwegen!* Soit!/D'accord!
meinige ['maɪnigə] *pron 1. der/die/das ~* le mien/la mienne; *2. (feminin Plural)* les miennes; *3. (maskulin Plural)* les miens
Meinung ['maɪnuŋ] *f 1.* avis *m,* opinion *f; der ~ sein, dass ...* être d'avis que ... *Dem werde ich meine ~ sagen.* Je vais lui dire ma façon de penser. *sich eine ~ bilden* se faire une opinion; *Ich bin Ihrer ~.* Je suis de votre avis. *Ich habe Sie nicht um Ihre ~ gefragt.* Je ne vous ai pas demandé votre avis. *jdm gehörig die ~ sagen* sonner les cloches à qn *(fam)*/dire ses quatre vérités à qn; *2. (Standpunkt)* point de vue *m*
Meinungsfreiheit ['maɪnuŋsfraɪhaɪt] *f* liberté d'expression *f,* liberté d'opinion *f*
Meinungsumfrage ['maɪnuŋsumfraːgə] *f* sondage d'opinion *m*
Meinungsverschiedenheit ['maɪnuŋsfɛrʃiːdənhaɪt] *f* divergence d'opinions *f*
Meise ['maɪzə] *f ZOOL* mésange *f*
Meißel ['maɪsəl] *m* ciseau *m,* burin *m*
meißeln ['maɪsəln] *v* ciseler qc, travailler au ciseau
meistbietend ['maɪstbiːtənt] *adj* le plus offrant; *~ verkaufen* vendre au plus offrant
meiste [maɪstə] *adj der/die/das ~* la plupart de, le plus de
meistens ['maɪstəns] *adv* la plupart du temps, le plus souvent
Meister ['maɪstər] *m 1. (Handwerker)* contremaître *m,* patron *m; 2. SPORT* champion *m; 3. (Könner)* as *m,* crack *m; Es ist noch kein ~ vom Himmel gefallen.* Il y a un commencement à tout.
meisterhaft ['maɪstərhaft] *adj 1.* de maître, magistral; *2. (vollkommen)* parfait; *adv 3.* en maître, avec art, à la perfection

M

meistern ['maɪstərn] *v (mit etw fertig werden)* venir à bout de, maîtriser, vaincre
Meisterprüfung ['maɪstərpryːfuŋ] *f* examen de maîtrise *m,* épreuve de maître *f*
Meisterschaft ['maɪstərʃaft] *f SPORT* championnat *m*
melancholisch [melaŋ'koːlɪʃ] *adj* mélancolique
melden ['mɛldən] *v 1. (ankündigen)* annoncer; *2. (mitteilen)* signaler, avertir, informer; *nichts zu ~ haben (fig)* ne rien avoir à dire, ne rien avoir à ajouter; *3. (sich an~)* s'inscrire
meldepflichtig ['mɛldəpflɪçtɪç] *adj 1.* soumis à l'obligation de déclaration; *2. MED* soumis à l'obligation de déclaration
Meldung ['mɛlduŋ] *f 1. (Ankündigung)* annonce *f; 2. (Mitteilung)* message *m,* nouvelle *f,* information *f; 3. (Anmeldung)* inscription *f*
melken ['mɛlkən] *v irr 1.* traire; *2. jdn ~ (fig: ausbeuten)* exploiter qn, soutirer de l'argent à qn
Melodie [mɛlo'diː] *f MUS* mélodie *f,* air *m*
melodiös [melo'djøːs] *adj MUS* mélodieux
melodramatisch [melodra'maːtɪʃ] *adj* mélodramatique

M

Melone [me'loːnə] *f 1. BOT* melon *m; 2. (Wassermelone) BOT* pastèque *f*
Membran [mɛm'braːn] *f 1.* membrane *f; 2. TECH* membrane *f*
Memme ['mɛmə] *f* poltron *m,* couard *m,* dégonflé *m*
Memoiren [me'mwaːrən] *pl* mémoires *f/pl*
Menge ['mɛŋə] *f 1. (bestimmte Anzahl)* quantité *f; 2. (große Anzahl)* grand nombre *m,* masse *f,* multitude *f; 3. (Volksmenge)* foule *f*
Mengenlehre ['mɛŋənleːrə] *f MATH* théorie des ensembles *f*
Mengenrabatt ['mɛŋənrabat] *m ECO* rabais *m,* prix de gros *m,* remise de quantité *f*
Mensa ['mɛnza] *f* restaurant universitaire (R.U.) *m*

Mensch [mɛnʃ] *m 1.* homme *m,* être humain *m; Der ~ ist das Maß aller Dinge.* L'homme est la mesure de toute chose. *wie der erste ~* comme une andouille *(fam)*; *nur noch ein halber ~ sein* n'être plus que l'ombre de soi-même; *ein neuer ~ werden* devenir un autre homme, faire peau neuve; *von ~ zu ~* en tête à tête, entre quatre yeux; *2. (Person)* personne *f,* individu *m; Es ist kein ~ da.* Il n'y a pas un chat.

Menschenaffe ['mɛnʃənafə] *m ZOOL* singe anthropomorphe *m,* anthropoïde *m*
Menschenauflauf ['mɛnʃənauflauf] *m* attroupement *m*
Menschenfeind(in) ['mɛnʃənfaɪnt/'mɛnʃənfaɪndɪn] *m/f* misanthrope *m/f*
Menschenfreund(in) ['mɛnʃənfrɔynt/'mɛnʃənfrɔyndɪn] *m/f* philanthrope *m/f* altruiste *m/f*
Menschenhandel ['mɛnʃənhandəl] *m* traite des esclaves *f*
Menschenkenntnis ['mɛnʃənkɛntnɪs] *f* connaissance des hommes *f*
menschenleer ['mɛnʃənleːr] *adj* désert
Menschenmenge ['mɛnʃənmɛŋə] *f* foule *f,* masse *f,* multitude *f*
menschenmöglich [mɛnʃən'møklɪç] *adj Wir werden alles Menschenmögliche tun.* Nous ferons l'impossible./Nous ferons tout notre possible.
Menschenrechte ['mɛnʃənrɛçtə] *pl JUR* droits de l'Homme *m/pl*
menschenscheu ['mɛnʃənʃɔy] *adj 1.* sauvage; *2. (schüchtern)* timide
menschenunwürdig ['mɛnʃənunvyrdɪç] *adj 1.* indigne d'un homme; *2. (unmenschlich)* inhumain
Menschenverstand ['mɛnʃənfɛrʃtant] *m über gesunden ~ verfügen* avoir le sens du commun
Menschenwürde ['mɛnʃənvyrdə] *f* dignité humaine *f*
menschenwürdig ['mɛnʃənvyrdɪç] *adj* humain, digne d'un homme
Menschheit ['mɛnʃhaɪt] *f* humanité *f,* genre humain *m,* race humaine *f*
menschlich ['mɛnʃlɪç] *adj* humain
Menschlichkeit ['mɛnʃlɪçkaɪt] *f* humanité *f*
Mentalität [mentali'tɛːt] *f* mentalité *f*
Merkblatt ['mɛrkblat] *n 1.* feuille de renseignements *f,* aide-mémoire *m; 2. (Notiz)* notice *f*

merken ['mɛrkən] *v 1. (wahrnehmen) etw ~* apercevoir qc, s'apercevoir de qc, remarquer qc; *Sie ~ aber auch alles.* On ne peut rien vous cacher. *gar nichts ~* n'y voir que du feu; *Das merkt man.* Cela se voit. *2. sich etw ~* retenir qc, prendre note de qc; *3. (auf etw achten)* faire attention à

merklich ['mɛrklɪç] *adj 1.* sensible, perceptible; *2. (sichtbar)* visible; *3. (offenbar)* manifeste

Merkmal ['mɛrkma:l] *n* marque *f,* signe *m,* caractéristique *f*
merkwürdig ['mɛrkvyrdɪç] *adj* curieux, singulier, étrange
Merkwürdigkeit ['mɛrkvyrdɪçkaɪt] *f* bizarrerie *f,* fait curieux *m,* fait insolite *m*
meschugge [me'ʃugə] *adj* maboul *m,* cinglé *m,* dingue *m*
messbar ['mɛsba:r] *adj* mesurable
Messbecher ['mɛsbɛçər] *m* verre doseur *m,* gobelet gradué *m*
Messdiener ['mɛsdi:nər] *m 1. REL* servant de messe *m; 2. (Chorknabe) REL* enfant de choeur *m*
Messe ['mɛsə] *f 1. REL* messe *f,* office religieux *m; 2. (Ausstellung)* foire *f*
Messegelände ['mɛsəgəlɛndə] *n* parc des expositions *m,* terrain de la foire *m*
messen ['mɛsən] *v irr 1.* mesurer; *2. sich mit jdm ~ (fig)* se mesurer avec qn
Messer ['mɛsər] *n 1.* couteau *m; auf des ~s Schneide stehen* ne tenir qu'à un fil; *jdm ins offene ~ laufen* être une proie facile pour qn/être la victime toute trouvée de qn; *jdm das ~ an die Kehle setzen* mettre le couteau sous la gorge à qn; *bis aufs ~* à outrance/à la vie à la mort; *2. (Rasiermesser)* rasoir *m,* lame *f; 3. MED* bistouri *m; unters ~ kommen* passer sur le billard
messerscharf ['mɛsər'ʃarf] *adj 1.* tranchant, coupant comme un rasoir; *2. (fig: Verstand)* pénétrant, perçant, subtil
Messerspitze ['mɛsərʃpɪtsə] *f 1.* pointe de couteau *f; 2. (Maßangabe)* pincée *f*
Messerstich ['mɛsərʃtɪç] *m 1.* coup de couteau *m; 2. (Wunde)* blessure au couteau *f*
Messestand ['mɛsəʃtant] *m* stand de foire exposition *m*
Messing ['mɛsɪŋ] *n MIN* laiton *m,* cuivre jaune *m*
Messung ['mɛsuŋ] *f* mesurage *m,* mensuration *f*
Messwert ['mɛsve:rt] *m* valeur mesurée *f*
Metall [me'tal] *n* métal *m*
Metallarbeiter(in) [me'talarbaɪtər(ɪn)] *m/f ECO* ouvrier métallurgiste *m*
Metalllegierung [me'tallegi:ruŋ] *f TECH* alliage de métaux *m*
Metallindustrie [me'talɪndustri:] *f ECO* industrie métallurgique *f,* métallurgie *f*
metallisch [me'talɪʃ] *adj* métallique
metaphorisch [meta'fo:rɪʃ] *adj* métaphorique
Meteorit [meteo'ri:t] *m ASTR* météorite *m*
Meteorologe [meteoro'lo:gə] *m* météorologiste *m*
Meteorologin [meteoro'lo:gɪn] *f* météorologiste *f*
Meter ['me:tər] *m* mètre *m*
Methode [me'to:də] *f* méthode *f*
methodisch [me'to:dɪʃ] *adj* méthodique
Metropole [metro'po:lə] *f* métropole *f*
Metzger ['mɛtsgər] *m* boucher-charcutier *m*
Metzgerei [mɛtsgə'raɪ] *f* boucherie-charcuterie *f*
Meuchelmörder ['mɔyçəlmœrdər] *m* assassin *m,* meurtrier *m*
Meute ['mɔytə] *f (von Tieren, von Menschen)* meute *f,* foule *f*
Meuterei [mɔytə'raɪ] *f* mutinerie *f*
meutern ['mɔytərn] *v 1. (Gehorsam verweigern)* se mutiner, se révolter; *2. (fam: murren)* grogner, râler, rouspéter
miauen [mi'auən] *v* miauler
mich [mɪç] *pron 1. (betont)* moi; *2. (unbetont)* me
mickerig ['mɪkərɪç] *adj* maigrichon, chétif, malingre, frêle
Miederwaren ['mi:dərva:rən] *pl* articles corsetiers *m/pl*
miefen ['mi:fən] *v (fam)* fouetter, schlinguer
Miene ['mi:nə] *f* mine *f,* air *m; gute ~ zum bösen Spiel machen* faire bon cœur contre mauvaise fortune; *keine ~ verziehen* ne pas sourciller
mies [mi:s] *adj (fam)* moche
Miesepeter ['mi:zəpe:tər] *m (fam)* éternel mécontent *m,* renfrogné *m,* acariâtre *m*
Miesmuschel ['mi:smuʃəl] *f ZOOL* moule *f*
Miete ['mi:tə] *f 1. (Mietzins)* loyer *m; Das ist schon die halbe ~.* La partie est déjà presque gagnée. *2. (Mieten)* location *f*
mieten ['mi:tən] *v* louer, prendre en location
Mieter(in) ['mi:tər(ɪn)] *m/f* locataire *m/f*
Mieterschutz ['mi:tərʃuts] *m* protection des locataires *f*
Mietpreisbindung ['mi:tpreɪsbɪnduŋ] *f* fixation impérative du loyer *f*
Mietshaus ['mi:tshaus] *n* maison louée *f,* immeuble à usage locatif *m,* immeuble de rapport *m*
Mietvertrag ['mi:tfɛrtra:k] *m* contrat de location *m,* bail *m*
Mietwagen ['mi:tva:gən] *m* voiture de location *f*

M

Mietwohnung ['miːtvoːnuŋ] *f* appartement loué *m*
Mieze ['miːtsə] *f 1. (Katze)* chat *m*, chatte *f*, minette *f*; *2. (fam: Mädchen)* minette *f*; *eine flotte ~* une fille délurée *f*
Migräne [mi'grɛːnə] *f MED* migraine *f*
Mikrochip ['miːkrotʃɪp] *m INFORM* microcircuit intégré *m*, puce *f*, chip *m*
Mikrofon [miːkro'foːn] *n* microphone *m*
Mikrokosmos [miːkro'kɔsmɔs] *m* microcosme *m*
Mikrowellenherd ['miːkrovɛlənheːrt] *m* four à micro-ondes *m*
Milbe ['mɪlbə] *f ZOOL* acarien *m*
Milch [mɪlç] *f* lait *m*; *Da wird bei mir aber langsam die ~ sauer. (fig)* Je commence à en avoir ma claque.
Milchflasche ['mɪlçflaʃə] *f* bouteille à lait *f*, biberon *m*
Milchkaffee ['mɪlçkafeː] *m GAST* café au lait *m*, café-crème *m*, crème *m*
Milchstraße ['mɪlçʃtraːsə] *f ASTR* voie lactée *f*
Milchzahn ['mɪlçtsaːn] *m ANAT* dent de lait *f*
mild [mɪlt] *adj 1. (Wetter)* doux, tempéré, clément; *2. (Wesen)* indulgent, clément, charitable
Milde ['mɪldə] *f 1. (des Wetters)* clémence *f*; *2. (des Wesens)* indulgence *f*, clémence *f*
mildern ['mɪldərn] *v 1. (abschwächen)* atténuer, alléger; *2. (lindern)* adoucir, atténuer; *3. (mäßigen)* modérer
mildtätig ['mɪlttɛːtɪç] *adj* charitable, généreux, bienfaisant, secourable
Milieu [mɪ'ljøː] *n* milieu *m*
Militär [mili'tɛːr] *n* militaires *m/pl*, troupes *f/pl*, armée *f*
Militärbündnis [mili'tɛːrbyntnɪs] *n POL* alliance militaire *f*
Militärdiktatur [mili'tɛːrdɪktatuːr] *f POL* dictature militaire *f*
Militärflughafen [mili'tɛːrfluːkhaːfən] *m MIL* aéroport militaire *m*
militärisch [mili'tɛːrɪʃ] *adj* militaire
Militärputsch [mili'tɛːrputʃ] *m POL* coup d'Etat militaire *m*, coup de force militaire *m*
Militärregierung [mili'tɛːrregiːruŋ] *f POL* gouvernement militaire *m*
Miliz [mi'liːts] *f* milice *f*
Milliardär(in) [mɪljar'dɛːr(ɪn)] *m/f* milliardaire *m/f*
Milliarde [mɪl'jardə] *f* milliard *m*
Million [mil'joːn] *f* million *m*
Millionär(in) [mɪljo'nɛːr(ɪn)] *m/f* millionnaire *m/f*
Milz [mɪlts] *f ANAT* rate *f*
Mimik ['miːmɪk] *f* mimique *f*
minderbemittelt ['mɪndərbəmɪtəlt] *adj 1. (finanziell ~)* peu fortuné, indigent; *2. (geistig schwach)* attardé mentalement
Minderheit ['mɪndərhaɪt] *f* minorité *f*
minderjährig ['mɪndərjɛːrɪç] *adj* mineur
Minderjährige(r) ['mɪndərjɛːrɪgə(r)] *m/f* mineur(e) *m/f*
mindern ['mɪndərn] *v 1. (verringern)* diminuer, réduire, amoindrir; *2. (mildern)* atténuer, adoucir
Minderung ['mɪndəruŋ] *f* diminution *f*, réduction *f*, rabaissement *m*
minderwertig ['mɪndərveːrtɪç] *adj* inférieur, d'une valeur inférieure
Minderwertigkeitskomplex ['mɪndərveːrtɪçkaɪtskɔmplɛks] *m* complexe d'infériorité *m*
mindeste(r,s) ['mɪndəstə(r,s)] *adj 1.* le moins, la moindre chose; *nicht im Mindesten* pas le moins du monde; *2. der/die/das ~* le/la moindre
mindestens ['mɪndəstəns] *adv* au moins, pour le moins, au minimum
Mine ['miːnə] *f 1. (Bergwerk)* mine *f*; *2. (Sprengkörper)* mine *f*; *3. (im Kugelschreiber)* mine *f*, cartouche *f*
Minenfeld ['miːnənfɛlt] *n MIL* champ de mines *m*
Mineralöl [mine'raːløːl] *n* huile minérale *f*
Mineralwasser [minə'raːlvasər] *n GAST* eau minérale *f*
Minigolf ['mɪnigɔlf] *n SPORT* golfe miniature *m*
minimal [mɪni'maːl] *adj* minimum, minimal, minime, minima
Minirock ['mɪnirɔk] *m* mini-jupe *m*
Minister(in) [mi'nɪstər] *m/f POL* ministre *m/f*
ministeriell [minɪste'rjɛl] *adj POL* ministériel
Ministerium [minɪ'steːrjum] *n POL* ministère *m*
Ministerpräsident(in) [mi'nɪstərprɛzidɛnt(ɪn)] *m 1. POL* président du Conseil des ministres *m*; *2. (eines Bundeslandes) POL* ministre-président *m*
minus ['miːnus] *adv* moins
Minus ['miːnus] *n ECO* déficit *m*
Minusrekord ['miːnusrekɔrt] *m* record déficitaire *m*

M

Minuszeichen ['miːnustsaɪçən] *n MATH* signe moins *m*

Minute [mi'nuːtə] *f* minute *f; in letzter ~* au dernier moment; *auf die ~ genau* à la minute près

minutiös [minu'tsjøːs] *adj* minutieux
mir [miːr] *pron 1. (betont)* moi; *2. (unbetont)* me
mischen ['mɪʃən] *v* mélanger, mêler
Mischling ['mɪʃlɪŋ] *m* métis *m,* bâtard *m*
Mischung ['mɪʃuŋ] *f* mélange *m,* mixture *f*
Mischwald ['mɪʃvalt] *m* forêt mixte *f*
miserabel [mizə'raːbəl] *adj* misérable, pitoyable; *miserables Französisch sprechen* parler français comme une vache espagnole
Misere [mi'zeːrə] *f 1.* misère *f,* situation déplorable *f; 2. (Unglück)* malheur *m*
missachten [mɪs'axtən] *v 1.* mépriser, dédaigner; *2. (vernachlässigen)* négliger
Missachtung [mɪs'axtuŋ] *f* mépris *m,* dédain *m*
Missbildung ['mɪsbɪlduŋ] *f* malformation *f,* déformation *f*
missbilligen [mɪs'bɪlɪgən] *v* désapprouver, réprouver, désavouer
Missbrauch ['mɪsbraux] *m 1.* abus *m,* emploi abusif *m; 2. (Schändung) REL* profanation *f*
missbrauchen [mɪs'brauxən] *v* abuser de, mal user de
missdeuten [mɪs'dɔytən] *v* mal interpréter, se méprendre sur
Misserfolg ['mɪsɛrfɔlk] *m* échec *m; einen ~ haben* subir une défaite
Missernte ['mɪsɛrntə] *f AGR* mauvaise récolte *f,* récolte déficitaire *f*
Missetat ['mɪsətaːt] *f 1.* méfait *m,* forfait *m; 2. (Verbrechen)* délit *m,* crime *m*
Missetäter ['mɪsətɛtər] *m 1.* malfaiteur *m; 2. (Verbrecher)* délinquant *m,* criminel *m*
Missfallen ['mɪsfalən] *n 1.* déplaisir *m; 2. (Unzufriedenheit)* mécontentement *m*
missfallen [mɪs'falən] *v irr 1.* déplaire, offusquer; *2. (schockieren)* choquer
missgebildet ['mɪsgəbɪldət] *adj* mal formé
Missgeschick ['mɪsgəʃɪk] *n* petit malheur *m,* déconvenue *f*
missglücken [mɪs'glykən] *v* échouer, manquer, rater, mal tourner
missgönnen [mɪs'gœnən] *v jdm etw ~* envier qc à qn
Missgriff ['mɪsgrɪf] *m* faute *f,* erreur *f*
Missgunst ['mɪsgunst] *f 1.* envie *f,* jalousie *f; 2. (Boshaftigkeit)* malveillance *f*
missgünstig ['mɪsgynstɪç] *adj 1.* envieux, jaloux; *2. (boshaft)* malveillant
misshandeln [mɪs'handəln] *v* maltraiter, brutaliser
Missionar(in) [misjo'naːr(ɪn)] *m/f REL* missionnaire *m/f*
missionieren [mɪsjo'niːrən] *v REL* évangéliser
Missklang ['mɪsklaŋ] *m MUS* faux accord *m,* dissonance *f*
Misskredit ['mɪskrediːt] *m 1.* discrédit *m; 2. (Ungnade)* défaveur *f; in ~ kommen* tomber en disgrâce/tomber en discrédit
misslich ['mɪslɪç] *adj* désagréable, déplaisant, fâcheux, contrariant
misslingen [mɪs'lɪŋən] *v irr* échouer, ne pas réussir, rater
Missmut ['mɪsmuːt] *m* mauvaise humeur *f,* morosité *f*
missmutig ['mɪsmuːtɪç] *adj* d'humeur sombre, de mauvaise humeur, chagrin
missraten [mɪs'raːtən] *v irr* ne pas réussir, mal tourner
Misstrauen ['mɪstrauən] *n* méfiance *f,* défiance *f*
misstrauen [mɪs'trauən] *v* se méfier de, se défier de
Misstrauensvotum ['mɪstrauənsvoːtum] *n POL* motion de censure *f*
misstrauisch ['mɪstrauɪʃ] *adj 1.* méfiant, défiant, soupçonneux; *adv 2.* avec méfiance
Missverhältnis ['mɪsfɛrhɛltnɪs] *n* disproportion *f,* déséquilibre *m,* disparité *f*
missverständlich ['mɪsfɛrʃtɛntlɪç] *adj* équivoque, qui prête à des malentendus
Missverständnis ['mɪsfɛrʃtɛntnɪs] *n* malentendu *m,* méprise *f; um ~sen vorzubeugen* pour éviter toute équivoque/pour éviter tout malentendu
missverstehen ['mɪsfɛrʃteːən] *v irr* mal comprendre, se méprendre sur
Mist [mɪst] *m 1.* fumier *m; Das ist nicht auf meinem ~ gewachsen.* Ce n'est pas de mon cru. *2. (Pferdemist)* crottin *m; 3. (fig: Unsinn)* bêtises *f/pl,* inepties *f/pl,* âneries *f/pl; So ein ~!* Mince alors! *~ bauen* faire des bêtises
Mistkerl ['mɪstkɛrl] *m (fam)* salaud *m,* ordure *f*

mit [mɪt] *prep* avec, à, par, de; *Ich habe das ~ berücksichtigt.* Je l'ai aussi pris en considération./J' y ai aussi pensé.

M

Mitarbeit ['mɪtarbaɪt] *f* collaboration *f*, coopération *µ*
mitarbeiten ['mɪtarbaɪtən] *v* collaborer, coopérer
Mitarbeiter(in) ['mɪtarbaɪtər(ɪn)] *m/f* 1. collaborateur/collaboratrice *m/f;* 2. *(Angestellte(r))* employé(e) *m/f*
mitbekommen ['mɪtbəkɔmən] *v irr* 1. *(erhalten)* avoir en dot, recevoir; 2. *(verstehen)* piger, comprendre
Mitbenutzung ['mɪtbənutsuŋ] *f* utilisation commune *f*, usage en commun *m*
Mitbestimmung ['mɪtbəʃtɪmuŋ] *f ECO* cogestion *f*
Mitbewohner(in) ['mɪtbəvoːnər(ɪn)] *m/f* cohabitant (e) *m/f*
mitbringen ['mɪtbrɪŋən] *v irr* ramener, rapporter, amener, apporter
Mitbringsel ['mɪtbrɪŋzəl] *n* petit cadeau *m*
Mitbürger(in) ['mɪtbyrgər(ɪn)] *m/f* concitoyen(ne) *m/f*
miteinander [mɪtaɪn'andər] *adv* ensemble, en commun, les uns avec les autres
miterleben ['mɪtɛrleːbən] *v* 1. assister à, vivre; 2. *(sehen)* voir
Mitesser ['mɪtɛsər] *m MED* comédon *m*, point noir *m*
mitfahren ['mɪtfaːrən] *v irr mit jdm ~* partir avec qn, accompagner qn
Mitfahrgelegenheit ['mɪtfaːrgəleːgənhaɪt] *f* possibilité d'amener qn en voiture *f*
mitfühlend ['mɪtfyːlənt] *adj* 1. compatissant; *adv* 2. avec compassion, avec sympathie
mitführen ['mɪtfyːrən] *v (dabeihaben)* porter, transporter
mitgeben ['mɪtgeːbən] *v irr jdm etw ~* donner à qn qc à emporter
Mitgefühl ['mɪtgəfyːl] *n* sympathie *f*, compassion *f*
mitgehen ['mɪtgeːən] *v irr* 1. *mit jdm ~* aller avec qn, accompagner qn; 2. *(folgen)* suivre; 3. *etw ~ lassen (stehlen)* piquer qc *(fam)*, chourer qc, chaparder qc
Mitgift ['mɪtgɪft] *f* dot *f*
Mitglied ['mɪtgliːt] *n* membre *m*, adhérent(e) *m/f*
Mitgliederversammlung ['mɪtgliːdərfɛrzamluŋ] *f* assemblée des membres *f*
Mitgliedschaft ['mɪtgliːtʃaft] *f* affiliation *f*, adhésion *f*, appartenance *f*
Mitgliedsland ['mɪtgliːtslant] *n* pays membre *m*
mitkommen ['mɪtkɔmən] *v irr* 1. *mit jdm ~* venir avec qn, accompagner qn; 2. *(fam: begreifen)* suivre, arriver à suivre, comprendre; *Da komme ich nicht mehr mit.* Je m'y perds./Je ne suis plus.
Mitläufer(in) ['mɪtlɔyfər(ɪn)] *m/f* suiveur/suiveuse *m/f*, sympathisant(e) *m/f*
Mitlaut ['mɪtlaut] *m GRAMM* consonne *f*
Mitleid ['mɪtlaɪt] *n* pitié *f*, compassion *f*; *~ erregend* pitoyable, qui fait pitié
Mitleidenschaft ['mitlaidənʃaft] *f etw in ~ ziehen* avoir des réperaissions sur qc
mitleidig ['mɪtlaɪdɪç] *adj* 1. compatissant; *adv* 2. avec pitié, avec compassion
mitmachen ['mɪtmaxən] *v* 1. *(sich beteiligen)* participer à, prendre part à; *Da mache ich nicht mit.* Je ne marche pas. 2. *(fig: leiden)* subir, endurer, traverser
Mitmensch ['mɪtmɛnʃ] *m* prochain *m*
mitnehmen ['mɪtneːmən] *v irr* 1. prendre avec soi; 2. *(fig: strapazieren)* secouer, malmener, éprouver, épuiser; 3. *(Ding)* emporter; 4. *(Mensch)* emmener
mitrechnen ['mɪtrɛçnən] *v* inclure dans le compte, comprendre dans le compte, ajouter
mitreden ['mɪtreːdən] *v* 1. avoir son mot à dire, avoir voix au chapitre; 2. *ein Wörtchen ~* avoir son mot à dire, avoir voix au chapitre
mitreißen ['mɪtraɪsən] *v irr* emporter, entraîner, enthousiasmer, enlever
mitreißend ['mɪtraɪsənt] *adj* captivant, passionnant, fascinant
mitschreiben ['mɪtʃraɪbən] *v irr* 1. prendre des notes; 2. *etw ~* pendre en notes
Mitschuld ['mɪtʃult] *f* coresponsabilité *f*, complicité *f*
Mitschüler(in) ['mɪtʃyːlər(ɪn)] *m/f* condisciple *m*, camarade d'école *m/f*
mitspielen ['mɪtʃpiːlən] *v* 1. prendre part à, participer au jeu, être de la partie, jouer; 2. *(in einem Theaterstück)* jouer, figurer dans; 3. *(wichtig sein)* entrer en jeu, jouer un rôle, entrer en ligne de compte; 4. *jdm ~* jouer un mauvais tour à qn
Mitspieler(in) ['mɪtʃpiːlər(ɪn)] *m/f* 1. camarade de jeu *m/f*, partenaire *m/f*, adversaire *m/f;* 2. *(Mannschaftssport) SPORT* coéquipier/coéquipière *m/f*, partenaire *m/f*
Mitspracherecht ['mɪtʃpraxərɛçt] *n* droit d'intervention *m*
Mittag ['mɪtaːk] *m* midi *m; heute ~* ce midi/à midi; *gestern ~* hier à midi/hier midi
Mittagessen ['mɪtaːkɛsən] *n* déjeuner *m*, repas de midi *m*

M

mittags ['mɪtaːks] *adv* à midi, le midi
Mittagspause ['mɪtaːkspauzə] *f* pause de midi *f*

Mitte ['mɪtə] *f* *1. (örtlich)* milieu *m,* centre *m; die goldene ~ wählen* couper la poire en deux; *2. (zeitlich)* milieu *m; ~ Mai* à la mi-mai; *~ 40* entre 40 et 50 ans

mitteilen ['mɪttaɪlən] *v* communiquer, faire part, informer, aviser; *jdm etw ~* faire part à qn de qc
Mitteilung ['mɪttaɪluŋ] *f* communication *f,* avis *m,* message *m,* information *f*
Mittel ['mɪtəl] *n* *1. (Hilfsmittel)* moyen *m; ein ~ finden* trouver un biais; *ein ~ zum Zweck* un moyen d'arriver à ses fins; *~ und Wege suchen* trouver moyen; *2. (Heilmittel)* remède *m; 3. (Ausweg)* expédient *m; 4. (Durchschnitt)* moyenne *f; im ~* en moyenne; *pl 5. (Geld)* moyens financiers *m/pl,* ressources *f/pl,* capitaux *m/pl*
Mittelalter ['mɪtəlaltər] *n HIST* Moyen Âge *m*
mittelalterlich ['mɪtəlaltərlɪç] *adj* médiéval, moyenâgeux, du Moyen Age
Mittelamerika [mɪtəla'meːrika] *n GEO* Amérique centrale *f*
Mittelding ['mɪtəldɪŋ] *n* chose intermédiaire *f,* un mélange de deux choses
Mitteleuropa ['mɪtəlɔyroːpa] *n GEO* Europe centrale *f*
Mittelfinger ['mɪtəlfɪŋər] *m ANAT* doigt du milieu *m,* majeur *m*
mittelfristig ['mɪtəlfrɪstɪç] *adj* à moyen terme
mittelgroß ['mɪtəlgroːs] *adj* de grandeur moyenne, de moyenne grandeur, de taille moyenne
mittellos ['mɪtəlloːs] *adj* dépourvu de ressources, démuni de ressources, sans ressources
mittelmäßig ['mɪtəlmɛːsɪç] *adj* moyen, médiocre
Mittelmeer ['mɪtəlmeːr] *n GEO* Méditerranée *f*
Mittelpunkt ['mɪtəlpuŋkt] *m* centre *m,* cœur *m; im ~ des Interesses stehen* être le point de mire de tout le monde
mittels ['mɪtəls] *prep* au moyen de, à l'aide de, moyennant
Mittelscheitel ['mɪtəlʃaɪtəl] *m* raie au milieu *f*
Mittelsmann ['mɪtəlsman] *m* intermédiaire *m,* personne interposée *f,* médiateur *m*
Mittelstand ['mɪtəlʃtant] *m* classe moyenne *f*
Mittelstreifen ['mɪtəlʃtraɪfən] *m* bande médiane *f*
Mittelstürmer ['mɪtəlʃtyːrmər] *m SPORT* avant-centre *m*
Mittelweg ['mɪtəlveːk] *m* *1.* juste milieu *m,* moyen terme *m; 2. (Kompromiss)* compromis *m*
mitten ['mɪtən] *adv ~ in/~ auf/~ bei* au beau milieu de, en plein centre de, au cœur de; *~ aus* du milieu de; *~ ins Gesicht* en pleine figure; *~ unter uns* parmi nous; *~ durch* à travers, au travers de
mittendrin [mɪtən'drɪn] *adv* juste au milieu
Mitternacht ['mɪtərnaxt] *f* minuit *m*
mittlere(r,s) ['mɪtlərə(r,s)] *adj* *1.* central(e), du milieu, médian; *2. (durchschnittlich)* moyen(ne); *3. (verbindend)* intermédiaire
mittlerweile ['mɪtlərvaɪlə] *adv* entretemps, en attendant
Mittwoch ['mɪtvɔx] *m* mercredi *m*
mitunter [mɪt'untər] *adv* parfois, quelquefois, de temps en temps
Mitverantwortung ['mɪtfɛrantvɔrtuŋ] *f* coresponsabilité *f*
mitwirken ['mɪtvɪrkən] *v* apporter son concours, contribuer à, prendre part à
Mitwirkung ['mɪtvɪrkuŋ] *f* *1.* concours *m,* collaboration *f,* coopération *f; 2. (Teilnahme)* participation *f*
Mitwisser ['mɪtvɪsər] *m* *1.* confident *m; 2. (Mittäter)* complice *m*
mixen ['mɪksən] *v* mélanger, mixer
Mixer ['mɪksər] *m* *1. (Gerät)* mixer *m; 2. (Barmixer)* barman *m; 3. (Tonmeister)* mixeur *m*
Mob [mɔp] *m* populace *f,* lie du peuple *f*
Möbel ['møːbəl] *n* meuble *m,* mobilier *m*
Möbelwagen ['møːbəlvaːgən] *m* voiture de déménagement *f*
mobil [mo'biːl] *adj* *1.* mobile; *~ machen* mobiliser; *2. (flink)* alerte
Mobilfunk [mo'biːlfuŋk] *m* radiocommunication mobile *f,* service mobile de radiocommunications *m,* radiotéléphonie du service mobile *f,* téléphonie mobile *f*
mobilisieren [mobili'ziːrən] *v* mobiliser
Mobilmachung [mo'biːlmaxuŋ] *f MIL* mobilisation *f*
Mobiltelefon [mo'biːltelefoːn] *n TEL* (téléphone) portable *m,* téléphone sans fil *m*

möblieren [mø'bliːrən] *v* meubler
Mode ['moːdə] *f* mode *f; in ~ sein* être en vogue/être à la mode; *von ~ reden* parler chiffons; *aus der ~ kommen* passer de mode
Modedesigner ['moːdədɪzaɪnər] *m* créateur *m*
Modell [mo'dɛl] *n 1. (Vorbild)* modèle *m; 2. (Mannequin)* mannequin *m; 3. ~ stehen* poser
Modellbau [mo'dɛlbau] *m* modelage *m,* modèlerie *f,* construction de modèles réduits *f,* construction modèle *f*
modellieren [modɛ'liːrən] *v* modeler, façonner, former
Modellversuch [mo'dɛlfɛrzuːx] *m* essai sur modèle réduit *m,* expérience sur maquette *f,* essai sur prototype *m,* expérimentation *f*
Modem ['moːdəm] *m/n INFORM* modem *m*
Modenschau ['moːdənʃau] *f* présentation de mode *f,* défilé de mode *m*
Moder ['moːdər] *m* pourriture *f,* pourri *m*
moderig ['moːdərɪç] *adj 1.* pourri, moisi, putréfié; *2. (faulig)* moisi, putréfié
modern [mo'dɛrn] *adj* moderne, à la mode, d'aujourd'hui
Moderne [mo'dɛrnə] *f* modernité *f*
modernisieren [modɛrni'ziːrən] *v* moderniser, mettre au goût du jour
Modeschmuck ['moːdəʃmuk] *m* bijou fantaisie *m*
Modeschöpfer(in) ['moːdəʃœpfər(ɪn)] *m/f* couturier/couturière *m/f,* créateur de mode/créatrice de mode *m/f*
modifizieren [modifi'tsiːrən] *v* modifier qc
modisch ['moːdɪʃ] *adj 1.* moderne, à la mode; *adv 2.* au goût du jour
Modul [mo'duːl] *n* module *m*
Modulbauweise [mo'duːlbauvaɪzə] *f* structure modulaire *f*
Modus ['moːdus] *m* mode *m*
Mofa ['moːfa] *n* cyclomoteur *m,* mobylette *f,* mob *m (fam)*
mogeln ['moːgəln] *v* tricher, piper, frauder

mögen ['møːgən] *v irr 1. (gern haben)* bien aimer, apprécier; *2. (wollen)* vouloir, avoir envie de

möglich ['møːklɪç] *adj 1.* possible; *etw für ~ halten* considérer qc come possible; *Wir werden alles Mögliche tun.* Nous ferons l'impossible. *2. (machbar)* faisable
möglicherweise ['møːklɪçərvaɪzə] *adv* éventuellement, le cas échéant, peut-être
Möglichkeit ['møːklɪçkaɪt] *f* possibilité *f,* éventualité *f*
möglichst ['møːklɪçst] *adv 1.* le plus ... possible; *2. (äußerst)* au possible
Mohn [moːn] *m BOT* pavot *m,* coquelicot *m*
Möhre ['møːrə] *f BOT* carotte *f*
mokieren [mo'kiːrən] *v sich ~ über* se moquer de qn
Mokka ['mɔka] *m GAST* moka *m*
Mole ['moːlə] *f* môle *m,* jetée *f*
Molekül [mole'kyːl] *n CHEM* molécule *f*
molekular [moleku'laːr] *adj CHEM* moléculaire
Molke ['mɔlkə] *f GAST* petit-lait *m*
Molkerei [mɔlkə'raɪ] *f* laiterie *f*
Moll [mɔl] *n MUS* mode mineur *m*
mollig ['mɔlɪç] *adj 1. (behaglich)* douillet; *2. (warm)* à bonne température; *3. (dicklich)* potelé, rondelet, grassouillet
Moment [mo'mɛnt] *m 1.* moment *m,* instant *m; n 2. PHYS* moment *n; 3. (fig: Umstand)* facteur *m,* élément *m*
momentan [momɛn'taːn] *adj 1.* momentané, actuel, présent; *adv 2.* momentanément, pour le moment, en ce moment, pour l'instant
Momentaufnahme [mo'mɛntaufnaːmə] *f 1. FOTO* instantané *m; 2. (fig: Stand in bestimmtem Moment)* instantané *m*
Monarchie [monar'çiː] *f POL* monarchie *f*
Monat ['moːnat] *m* mois *m*
monatelang ['moːnatəlaŋ] *adj 1.* qui dure des mois entiers; *adv 2.* pendant des mois
monatlich ['moːnatlɪç] *adj 1.* mensuel; *adv 2.* par mois, tous les mois, mensuellement
Mönch [mœnç] *m REL* moine *m*
Mönchsorden ['mœnçsɔrdən] *m REL* ordre religieux *m,* ordre monastique *m*

Mond [moːnt] *m* lune *f; jdn auf den ~ schießen* envoyer qn au diable; *hinter dem ~ leben* ne pas être à la page

mondän [mon'dɛːn] *adj* mondain
Mondfinsternis ['moːntfɪnstərnɪs] *f* éclipse de lune *f*
Mondlandung ['moːntlanduŋ] *f ASTR* alunissage *m;* alunissage *m*
Mondschein ['moːntʃaɪn] *m* clair de lune *m*
mondsüchtig ['moːntzyçtɪç] *adj* somnambule
Mongolei [mɔŋgo'laɪ] *f GEO* Mongolie *f*
Monitor ['moːnɪtoːr] *m* moniteur *m*
Monolog [mono'loːk] *m* monologue *m*
Monopol [mono'poːl] *n* monopole *m,* privilège exclusif *m*

M

monoton [mono'toːn] *adj 1.* monotone; *adv 2.* avec monotonie, de façon monotone
Monotonie [monoto'niː] *f* monotonie *f*
Monstrum ['mɔnstrum] *n* monstre *m*
Monsun [mɔn'zuːn] *m METEO* mousson *f*
Montag ['moːntaːk] *m* lundi *m*
Montage [mɔn'taːʒə] *f TECH* montage *m,* assemblage *m*
Montagehalle [mɔn'taːʒəhalə] *f TECH* hall de montage *m*
Montanindustrie [mɔn'taːnɪndustriː] *f ECO* industrie minière *f,* industrie du charbon et de l'acier *f,* industrie charbonnière et sidérurgique *f*
Monteur [mɔn'tøːr] *m* monteur *m,* ajusteur *m*
montieren [mɔn'tiːrən] *v* monter, installer, ajuster
Montur [mɔn'tuːr] *f 1. (Kleidung)* tenue *f; 2. MIL* uniforme *m*
Monument [monu'mɛnt] *n* monument *m,* édifice *m*
monumental [monumɛn'taːl] *adj* monumental
Moor [moːr] *n* marais *m,* marécage *m*
Moos [moːs] *n BOT* mousse *f*
Mopp [mɔp] *m* balai à franges *m*
Moped ['moːpɛt] *n* cyclomoteur *m*
Mops [mɔps] *m 1. ZOOL* carlin *m; 2. (fam: Pummel)* petit(e) gros(se) *m/f*
Moral [mo'raːl] *f* morale *f,* moralité *f*
moralisch [mo'raːlɪʃ] *adj* moral
moralisieren [morali'ziːrən] *v* moraliser
Moralpredigt [mo'raːlpreːdɪkt] *f* homélie *f,* sermon *m*
Morast [mo'rast] *m* bourbe *f,* boue *f*
morbid [mɔr'biːt] *adj* morbide, dépravé
Morbidität [mɔrbidi'tɛːt] *f 1. (Brüchigkeit)* morbidité *f; 2. MED* morbidité *f*
Mord [mɔrt] *m* meurtre *m,* assassinat *m; Es gibt noch ~ und Totschlag.* Il va y avoir des morts./Il va y avoir du sang.
Mordanschlag ['mɔrtanʃlaːk] *m* attentat à la vie *m,* tentative de meurtre *f*
Mörder(in) ['mœrdər(ɪn)] *m/f* meurtrier/meurtrière *m,* assassin(e) *m*
mörderisch ['mœrdərɪʃ] *adj 1.* meurtrier; *2. (fig: furchtbar)* terrible; *3. (tödlich)* mortel
Mordfall ['mɔrtfal] *m* affaire de meurtre *f*
Mordkommission ['mɔrtkɔmɪsjoːn] *f* police judiciaire *f,* enquêteurs *m/pl,* brigade de la police *f,* groupe d'enquête de la police *m*
Mordprozess ['mɔrtprotsɛs] *m* procès pour meutre *m*
Mordskerl ['mɔrts'kɛrl] *m (Riese)* type épatant *m,* type balèze *m*
mordsmäßig ['mɔrtsmɛːsɪç] *adj 1. (fam)* rude, énorme, terrible; *adv 2. (fam)* vachement
Mordverdacht ['mɔrtfɛrdaxt] *m unter ~ stehen* être soupçonné d'un meurtre
Mordversuch ['mɔrtfɛrzuːx] *m 1.* tentative de meurtre *f; 2. (versuchtes Attentat)* tentative d'assassinat *f,* attentat *m*
morgen ['mɔrgən] *adv* demain; *~ früh* demain matin
Morgen ['mɔrgən] *m* matin *m,* matinée *f*
Morgendämmerung ['mɔrgəndɛmərʊŋ] *f* aube *f,* petit jour *m,* pointe du jour *f,* crépuscule du matin *m*
morgendlich ['mɔrgəntlɪç] *adj* du matin, matinal
Morgenland ['mɔrgənlant] *n GEO* Orient *m,* Levant *m*
Morgenmantel ['mɔrgənmantəl] *m* peignoir *m,* robe de chambre *f,* déshabillé *m*
Morgenrot ['mɔrgənroːt] *n* aurore *f*
morgens ['mɔrgəns] *adv* le matin; *um sieben Uhr ~* à sept heures du matin
Mormone [mɔr'moːnə] *m REL* mormone *m*
Morphium ['mɔrfjum] *n MED* morphine *f*
morsch [mɔrʃ] *adj* pourri
morsen ['mɔrzən] *v NAUT* télégraphier, émettre en morse
Mörser ['mœrzər] *m* mortier *m*
Mörtel ['mœrtəl] *m* mortier *m*
Moschee [mo'ʃeː] *f* mosquée *f*
mosern ['moːzɛrn] *v (fam: maulen)* faire la gueule, faire la moue
Moskito [mɔs'kiːto] *m ZOOL* moustique *m*
Moslem ['mɔslɛm] *m REL* musulman *m*
moslemisch [mɔs'leːmɪʃ] *adj REL* musulman
Most [mɔst] *m GAST 1. (unvergorener Fruchtsaft)* moût *m; 2. (vergorener Fruchtsaft)* mistelle *f; 3. (Apfelmost)* cidre *m*
Motiv [mo'tiːf] *n 1.* motif *m; 2. LIT* thème *m; 3. (Anlass)* mobile *m*
motivieren [moti'viːrən] *v* motiver
Motor ['moːtoːr] *m* moteur *m*
Motorboot ['moːtɔrboːt] *n* bateau à moteur *m*
Motorik [mo'toːrɪk] *f* motricité *f*
Motorrad ['moːtɔrraːt] *n* moto(cyclette) *f*
Motorroller ['moːtɔrrɔlər] *m* scooter *m*
Motte ['mɔtə] *f ZOOL* mite *f*
Motto ['mɔto] *n* devise *f*
Möwe ['møːvə] *f ZOOL* mouette *f*

Mücke ['mykə] *f ZOOL* moucheron *m*, moustique *m; aus einer ~ einen Elefanten machen* faire d'une mouche un éléphant/faire une montagne d'un rien; *eine ~ machen (fam)* foutre le camp/se tirer
Mückenstich ['mykənʃtɪç] *m* piqûre de moustique *f*
müde ['myːdə] *adj* fatigué, las; *Ich bin es ~.* J'en suis las. *zum Umfallen ~ sein* dormir debout
Müdigkeit ['myːdɪçkaɪt] *f* fatigue *f*, lassitude *f*
muffig ['mufɪç] *adj 1.* qui sent le renfermé, qui sent le moisi; *2. (muffelig)* grincheux, grognon, bougon

Mühe ['myːə] *f 1.* peine *f; Es ist nicht der ~ wert.* Le jeu n'en vaut pas la chandelle. *Er hat sich keine große ~ gegeben.* Il ne s'est pas trop fatigué. *2. (Anstrengung)* effort *m; sich ~ geben* se donner du mal; *die ~ wert sein* valoir le coup; *mit Müh und Not* à grand peine/difficilement; *3. (Schwierigkeit)* difficulté *f*

mühelos ['myːəloːs] *adj 1.* facile, aisé; *adv 2.* sans peine; *scheinbar ~* sans le moindre effort
mühen ['myːən] *v sich ~* se donner du mal
mühevoll ['myːəfɔl] *adj* pénible, laborieux
Mühle ['myːlə] *f 1.* moulin *m; 2. (Kaffeemühle)* moulin à café *m*
Mühsal ['myːzaːl] *f* peines *f/pl*, tourments *m/pl*, labeurs *m/pl*
mühsam ['myːzaːm] *adj 1.* pénible, laborieux, fatigant; *adv 2.* avec peine, avec difficulté
Mulatte [mu'latə] *m* mulâtre *m*
Mulattin [mu'latɪn] *f* mulâtresse *f*
Mulde ['muldə] *f* creux *m*, cavité *f*
Müll [myl] *m* ordures *f/pl*
Müllabfuhr ['mylapfuːr] *f* ramassage des ordures ménagères *m*, service de nettoiement *f*
Müllbeutel ['mylbɔytəl] *m* sac-poubelle *m*
Mullbinde ['mulbɪndə] *f* bande de gaze *f*
Müllcontainer ['mylkɔnteɪnər] *m* conteneur de déchets *m*
Mülldeponie ['myldeponiː] *f* décharge publique *f*
Mülleimer ['mylaɪmər] *m* boîte à ordures *f*, poubelle *f*
Müller ['mylər] *m* meunier *m*
Müllkippe ['mylkɪpə] *f* décharge *f*, voirie *f*
Müllschlucker ['mylʃlukər] *m* vide-ordures *m*
Mülltonne ['myltɔnə] *f* poubelle *f*
Müllverbrennung ['mylfɛrbrɛnuŋ] *f* incinération des ordures *f*
Müllvermeidung ['mylfɛrmaɪduŋ] *f* évitement de déchets *m*
Müllwagen ['mylvaːgən] *m* camion d'enlèvement des ordures ménagères *m*
mulmig ['mulmɪç] *adj (fam)* bizarre, scabreux
multikulturell [multikultu'rɛl] *adj* multiculturel
multiplizieren [multipli'tsiːrən] *v MATH* multiplier
Mumie ['muːmjə] *f* momie *f*
mumifizieren [mumifi'tsiːrən] *v* momifier qc

Mund [munt] *m* bouche *f; in aller ~e sein* être dans toutes les bouches; *Sprich nicht mit vollem ~!* Ne parle pas la bouche pleine! *jdm den ~ stopfen* rabattre le caquet à qn; *jdm den ~ wässerig machen* faire venir l'eau à la bouche à qn; *Sie täten besser daran, den ~ zu halten.* Vous feriez mieux de vous taire. *nicht auf den ~ gefallen sein* ne pas avoir sa langue dans sa poche; *kein Blatt vor den ~ nehmen* ne pas mâcher ses mots; *von ~ zu ~* de bouche à oreille; *sich den ~ verbrennen* se mordre la langue; *den ~ nicht aufbekommen* ne pas ouvrir la bouche, ne pas desserrer les dents; *den ~ voll nehmen* fanfaronner, ouvrir sa grande gueule *(fam)*; *einen großen ~ haben* avoir une grande gueule *(fam)*; *den ~ halten* fermer sa gueule *(fam)*, tenir sa langue; *sich den ~ fusselig reden* dépenser beaucoup de salive pour rien; *jdm den ~ verbieten* interdire à qn de parler; *jdm nach dem ~ reden* abonder dans le sens de qn; *jdm über den ~ fahren* couper la parole à qn, couper le sifflet à qn

Mundart ['muntaːrt] *f LING* dialecte *m*, patois *m*
Mündel ['myndəl] *n JUR* pupille *f*
münden ['myndən] *v 1. (in einen Fluss) ~ in* se jeter dans; *2. (in eine Straße) ~ in* déboucher dans
Mundharmonika ['muntharmoːnɪka] *f MUS* harmonica *m*
mündig ['myndɪç] *adj* majeur
Mündigkeit ['myndɪçkaɪt] *f JUR* majorité *f*, responsabilité *f*
mündlich ['myndlɪç] *adj* oral, verbal, de vive voix
Mundstück ['muntʃtyk] *n 1.* bout *m*, bec *m*, bouquin *m*, embouchure *f; 2. (einer Zigarette)* bout *m*

mundtot ['munttoːt] *adj ~ machen* réduire au silence
Mündung ['mynduŋ] *f 1. (Flussmündung)* embouchure *f; 2. (Gewehrmündung)* bouche *f,* gueule *f*
Munition [muni'tsjoːn] *f* munition *f*
munter ['muntər] *adj 1.* éveillé, vif, alerte, allègre; *2. (fröhlich)* gai; *adv 3.* avec entrain
Münze ['myntsə] *f* monnaie *f,* pièce de monnaie *f,* pièce *f; etw für bare ~ nehmen* prendre qc pour argent comptant; *jdm mit gleicher ~ heimzahlen* rendre à qn la monnaie de sa pièce
mürbe ['myrbə] *adj 1.* tendre, fondant, friable; *2. (zerbrechlich)* friable, cassant, fragile; *jdn ~ machen* mater qn/briser qn
Mürbteig ['myrbtaɪk] *m GAST* pâte brisée *f*
murmeln ['murməln] *v* murmurer, susurrer
Murmeltier ['murməltiːr] *n ZOOL* marmotte *f; schlafen wie ein ~* dormir comme un loir, dormir comme une marmotte, dormir à poings fermés
murren ['murən] *v* gronder, grogner, bougonner
mürrisch ['myrɪʃ] *adj 1.* hargneux, grognon, grincheux; *adv 2.* avec morosité, d'un air grognon
Muschel ['muʃəl] *f 1. ZOOL* coquillage *m,* moule *f; 2. (Weichtier)* mollusque *m*
Museum [mu'zeːum] *n* musée *m*
Musik [mu'ziːk] *f* musique *f*
musikalisch [muzi'kaːlɪʃ] *adj* musical; *~ sein* être doué pour la musique
Musiker(in) ['muːzikər(ɪn)] *m/f* musicien(ne) *m/f*
Musikinstrument [mu'ziːkɪnstrumɛnt] *n* instrument de musique *m*
Musikunterricht [mu'ziːkuntərɪçt] *m 1. (Schulfach)* cours de musique *m; 2. (Stunden)* leçons de musique *f/pl*
musisch ['muːzɪʃ] *adj* sensible aux arts
musizieren [muzi'tsiːrən] *v* faire de la musique
Muskatnuss [mus'kaːtnus] *f BOT* noix muscade *f*
Muskel ['muskəl] *m ANAT* muscle *m; die ~n spielen lassen* rouler les/des mécaniques
Muskelkater ['muskəlkaːtər] *m* douleur musculaire *f,* courbature *f*
Muskulatur [muskula'tuːr] *f* musculature *f*
muskulös [musku'løːs] *adj* musclé, musculeux
Muss [mus] *n ein ~* nécessité *f,* must *m*
Muße ['muːsə] *f* loisir *m,* temps libre *m*

> **müssen** ['mysən] *v irr* devoir, être obligé de, falloir; *Da muss man durch.* Il faut en passer par là.

müßig ['myːsɪç] *adj 1.* oisif, inactif, désoeuvré; *2. (überflüssig)* inutile
Muster ['mustər] *n 1. (Design)* dessin *m; 2. (Vorlage)* modèle *m; 3. (Probe)* échantillon *m,* spécimen *m*
mustern ['mustərn] *v 1.* examiner, inspecter; *2. jdn ~ (für den Wehrdienst)* examiner qn pour savoir s'il est apte
Musterung ['mustəruŋ] *f MIL* revue *f,* révision *f*
Mut [muːt] *m 1.* courage *m,* bravoure *f; jdm wieder ~ machen* remonter le moral à qn; *frohen ~es sein* être confiant/être heureux; *mit frohem ~* quand on y croit; *2. (Kühnheit)* audace *f,* hardiesse *f*
mutig ['muːtɪç] *adj 1.* courageux, brave, hardi; *adv 2.* avec courage
mutlos ['muːtloːs] *adj 1.* sans courage, abattu; *2. (entmutigt)* découragé
mutmaßen ['muːtmaːsən] *v* présumer, supposer, soupçonner
mutmaßlich ['muːtmaːslɪç] *adj* présumé, supposé, probable

> **Mutter** ['mutər] *f 1.* mère *f; wie bei ~n* comme à la maison; *2. TECH* écrou *m*

mütterlich ['mytərlɪç] *adj* maternel
Muttermal ['mutərmaːl] *n* grain de beauté *m,* marque de naissance *f*
Mutterschaft ['mutərʃaft] *f* maternité *f*
Mutterschutz ['mutərʃuts] *m* protectionde la maternité *f,* assistance maternelle *f*
Muttersprache ['mutərʃpraːxə] *f* langue maternelle *f*
Muttertag ['mutərtaːk] *m* fête des mères *f*
mutwillig ['muːtvɪlɪç] *adj 1. (boshaft)* malicieux; *2. (schelmisch)* espiègle; *adv 3.* exprès, délibérément, intentionnellement
Mütze ['mytsə] *f* casquette *f,* bonnet *m; eine ~ voll Schlaf bekommen* faire une petite sieste/piquer un petit roupillon
mysteriös [myster'jøːs] *adj* mystérieux
mystisch ['mystɪʃ] *adj* mystique
Mythos ['myːtɔs] *m* mythe *m*

M

N

na [na] *interj* allons, eh bien; *Na so was!* Ça alors! *Na und?* Et alors? *Na wenn schon!* Qu'à cela ne tienne!
Nabel ['naːbəl] *m ANAT* nombril *m; der ~ der Welt* le nombril du monde *m,* le centre de la terre *m*

nach [naːx] *prep 1. (örtlich)* vers, à destination de, à; *Mir ~!* Suis-moi!/Suivez-moi! *2. (zeitlich)* après, au bout de; *~ dem Essen* après manger; *~ und ~* peu à peu, au fur et à mesure; *Bitte ~ Ihnen!* Après vous, je vous en prie. *3. (gemäß)* d'après, selon, suivant

nachäffen ['naːxɛfən] *v (fam)* singer qn
nachahmen ['naːxaːmən] *v* imiter, copier
Nachahmung ['naːxaːmuŋ] *f* imitation *f,* copie *f*
Nachbar(in) ['naxbaːr(ɪn)] *m/f* voisin(e) *m/f*
Nachbarschaft ['naxbaːrʃaft] *f* voisinage *m*
Nachbarstaat ['naxbaːrʃtaːt] *m* État limitrophe *m,* État voisin *m*
Nachbeben ['naːxbeːbən] *n GEOL* séisme ultérieur *m,* séisme postérieur *m*
nachbessern ['naːxbɛsərn] *v* remanier qc, retravailler qc, reprendre qc
nachbestellen ['naːxbəʃtɛlən] *v* passer une seconde commande, repasser une commande
Nachbestellung ['naːxbəʃtɛluŋ] *f ECO* seconde commande *f,* nouvelle commande *f*
nachbeten ['naːxbeːtən] *v 1. REL* répéter qc; *2. (fig)* répéter qc, répéter machinalement
nachbilden ['naːxbɪldən] *v* reproduire, imiter, copier
nachblicken ['naːxblɪkən] *v jdm ~* suivre qn des yeux
nachbohren ['naːxboːrən] *v 1. (Loch)* reforer qc, revider qc, réaléser qc; *2. (fig: nachfragen)* revenir à la charge, tirer les vers du nez
nachdem [naːx'deːm] *adv 1. je ~* selon le cas; *konj 2.* après que
nachdenken ['naːxdɛŋkən] *v irr* réfléchir, méditer
nachdenklich ['naːxdɛŋklɪç] *adj 1.* pensif, méditatif; *2. (träumerisch)* rêveur; *adv 3.* d'un air songeur, d'un air pensif

Nachdruck ['naːxdruk] *m 1. (Kopie)* reproduction *f,* copie *f,* double *m,* contrefaçon *f; 2. (Betonung)* insistance *f; einer Sache ~ verleihen* insister lourdement sur qc, souligner qc
nachdrücklich ['naːxdrykIɪç] *adj 1.* insistant, ferme, énergique; *adv 2.* avec insistance, avec fermeté
nacheifern ['naːxaɪfərn] *v jdm ~* chercher à égaler qn, prendre qn pour modèle
nacheinander [naːxaɪ'nandər] *adv* l'un après l'autre, à tour de rôle, successivement
nachempfinden ['naːxɛmpfɪndən] *v irr* comprendre les sentiments de
Nachfahre ['naːxfaːrə] *m* descendant *m*
Nachfolge ['naːxfɔlgə] *f* succession *f*
nachfolgen ['naːxfɔlgən] *v 1. jdm ~* suivre qn; *2. (fig: zum Vorbild nehmen) jdm ~* suivre l'exemple de qn
nachforschen ['naːxfɔrʃən] *v* rechercher, faire des recherches
Nachforschung ['naːxfɔrʃuŋ] *f* recherche *f,* enquête *f*
Nachfrage ['naːxfraːgə] *f 1. (Erkundigung)* informations *f/pl; 2. (Bedarf) ECO* demande *f*
nachfragen ['naːxfraːgən] *v* s'informer, se renseigner
nachfühlen ['naːxfyːlən] *v jdm etw ~* partager les sentiments de qn, entrer dans les sentiments de qn
nachfüllen ['naːxfylən] *v 1.* remplir; *2. (vervollständigen)* compléter; *3. (Benzintank)* faire le plein
nachgeben ['naːxgeːbən] *v irr 1.* fléchir, ployer; *2. (Boden)* se dérober; *3. (fig)* céder, fléchir
nachgehen ['naːxgeːən] *v irr 1. (folgen) jdm ~* suivre qn; *2. (erforschen)* faire des recherches, enquêter; *3. (Uhr)* retarder
Nachgeschmack ['naːxgəʃmak] *m 1.* arrière-goût *m; 2. (fig: Eindruck)* souvenir *m,* impression *f*
nachgiebig ['naːxgiːbɪç] *adj (fig)* conciliant, souple, accommodant
Nachgiebigkeit ['naːxgiːbɪçkaɪt] *f* flexibilité *f,* souplesse *f*
nachgießen ['naːxgiːsən] *v irr 1.* ajouter en versant; *2. jdm ~* resservir qn
nachgrübeln ['naːxgryːbəln] *v ~ über* secreuser la tête, s'ingénier

nachhaltig ['na:xhaltɪç] *adj 1.* durable, persistant; *2. (beharrlich)* persévérant; *adv 3.* avec persévérance; *4. (beharrlich)* avec persistance
Nachhaltigkeit ['na:xhaltɪçkaɪt] *f (Umwelt)* développement durable *m*
nachhelfen ['na:xhɛlfən] *v irr* aider, venir en aide
nachher [na:x'he:r] *adv* plus tard, après
Nachhilfe ['na:xhɪlfə] *f* aide *f*, soutien *m*, assistance *f*
Nachholbedarf ['na:xho:lbədarf] *m* besoin de compensation *m*
nachholen ['na:xho:lən] *v 1.* rattraper; *2. (wiedererlangen)* récupérer
nachkaufen ['na:xkaufən] *v* racheter qc, se réapprovisionner
Nachkomme ['na:xkɔmə] *m* descendant *m*
nachkommen ['na:xkɔmən] *v irr 1. jdm ~* suivre qn, rejoindre qn; *2. (fig: Verpflichtungen)* satisfaire à, remplir, faire honneur à; *3. (Gesetz)* suivre
nachkontrollieren ['na:xkɔntrɔli:rən] *v* revérifier qc, recontrôler qc
Nachkriegszeit ['na:xkri:kstsaɪt] *f HIST* après-guerre *m*
Nachlass ['na:xlas] *m 1. (Preisnachlass)* réduction *f*, remise *f*; *2. (Erbe)* succession *f*
nachlassen ['na:xlasən] *v irr 1. (schwächer werden)* tomber, diminuer, faiblir, baisser; *2. (lockern)* relâcher, lâcher; *3. (Preis)* faire une remise, accorder une remise; *4. (hinterlassen)* laisser, léguer
nachlässig ['na:xlɛsɪç] *adj 1.* négligent; *2. (bequem)* nonchalant
Nachlässigkeit ['na:xlɛsɪçkaɪt] *f 1.* négligence *f*; *2. (Lässigkeit)* nonchalance *f*
nachlaufen ['na:xlaufən] *v irr 1. jdm ~* courir après qn; *2. (verfolgen)* poursuivre
nachlegen ['na:xle:gən] *v* rajouter qc, remettre qc
nachliefern ['na:xli:fərn] *v* fournir plus tard, livrer plus tard, fournir après coup, livrer après coup
nachmachen ['na:xmaxən] *v* imiter, copier
Nachmittag ['na:xmɪta:k] *m* après-midi *m*; *jeden ~* tous les après-midi; *nachmittags* l'après-midi
Nachnahme ['na:xna:mə] *f* remboursement *m*; *per ~* contre remboursement
Nachname ['na:xna:mə] *m* nom de famille *m*
nachprüfen ['na:xpry:fən] *v* contrôler, vérifier, examiner
nachrechnen ['na:xrɛçnən] *v* vérifier les comptes, recompter
Nachrede ['na:xre:də] *f üble ~* propos malveillants *m/pl*, propos médisants *m/pl*, médisance *f*
nachreichen ['na:xraɪçən] *v* remettre qc ultérieurement, remettre qc plus tard
Nachricht ['na:xrɪçt] *f 1.* nouvelle *f*, information *f*; *keine ~en* pas de nouvelles; *gute ~en* bonnes nouvelles *f/pl*; *2. (Botschaft)* message *m*; *3. ~en pl* nouvelles *f/pl*, informations *f/pl*, bulletin d'information *m*
Nachrichtenagentur ['na:xrɪçtənagɛntu:r] *f* agence de presse *f*
Nachrichtensendung ['na:xrɪçtənzɛndʊŋ] *f* émission d'informations *f*
nachrücken ['na:xrykən] *v 1.* prendre la place de qn, suivre, avancer; *2. (an jds Stelle)* prendre la place de qn; *3. (Truppen)* suivre qn
Nachruf ['na:xru:f] *m 1.* nécrologie *f*, article nécrologique *m*; *2. (Grabrede)* oraison funèbre *f*
nachrüsten ['na:xrystən] *v 1. (Gerät) TECH* suréquiper qc, moderniser qc; *2. MIL* augmenter le potentiel militaire
nachsagen ['na:xza:gən] *v 1. (wiederholen)* répéter; *2. jdm etw ~* dire qc de qn
Nachsaison ['na:xzɛzɔŋ] *f* arrière-saison *f*; *in der ~* hors saison
Nachschlag ['na:xʃla:k] *m 1. (fam: Essen)* portion supplémentaire *f*, deuxième portion *f*; *2. MUS* note de complément *f*
nachschlagen ['na:xʃla:gən] *v irr* consulter, compulser, rechercher
Nachschlagewerk ['na:xʃla:gəvɛrk] *n LIT* ouvrage de référence *m*
Nachschub ['na:xʃu:p] *m* ravitaillement *m*
nachsehen ['na:xze:ən] *v irr 1. (nachblicken) jdm ~* suivre qn du regard; *2. (fig: verzeihen)* pardonner, fermer les yeux; *3. (kontrollieren)* contrôler, vérifier, examiner
Nachsehen ['na:xze:ən] *n das ~ haben* en être pour ses frais; *1. (Verzeihung)* indulgence *f*; *2. (Nachteil)* réexpédier qc
nachsenden ['na:xzɛndən] *v irr* faire suivre; *Bitte ~!* Prière de faire suivre!
Nachsicht ['na:xzɪçt] *f* indulgence *f*, tolérance *f*
nachsichtig ['na:xzɪçtɪç] *adj 1.* indulgent, tolérant, complaisant; *adv 2.* avec indulgence
nachsitzen ['na:xzɪtsən] *v irr* être en retenue, avoir une colle

N

Nachspann ['na:xʃpan] *m CINE* amorce de film *f*
Nachspeise ['na:xʃpaɪzə] *f GAST* dessert *m*
Nachspiel ['na:xʃpi:l] *n 1. (Folge)* suite *f; 2. THEAT* épilogue *m*
nachspionieren ['na:xʃpioni:rən] *v jdm ~* épier qn, espionner qn
nachsprechen ['na:xʃprɛçən] *v irr* répéter qc
nächstbeste(r,s) ['nɛ:çstbɛstə(r,s)] *adj* premier venu/première venue
nächste(r,s) ['nɛ:çstə(r,s)] *adj* suivant(e), prochain(e), plus proche
nachstellen ['na:xʃtɛlən] *v 1. (regulieren)* régler, ajuster; *2. (fig) jdm ~* poursuivre qn
Nächstenliebe ['nɛ:çstənli:bə] *f 1.* amour du prochain *m; 2. (Mildtätigkeit)* charité *f*
nachsuchen ['na:xzu:xən] *v 1.* rechercher qc, faire des recherches; *2. um etw ~* solliciter qc, demander qc, faire une demande de qc

Nacht [naxt] *f* nuit *f; schwarz wie die ~ sein* être noir comme du charbon; *jede ~* toutes les nuits; *die ~ zum Tage machen* passer une nuit blanche/ne pas se coucher; *sich die ~ um die Ohren schlagen* veiller toute la nuit; *jdm schlaflose Nächte bereiten* faire passer des nuits blanches à qn; *bei ~ und Nebel* à la faveur de la nuit/clandestinement; *über ~* tout d'un coup

nachtblind ['naxtblɪnt] *adj MED* héméralope
Nachteil ['na:xtaɪl] *m* désavantage *m,* inconvénient *m; ~e haben* avoir des inconvénients
nachteilig ['na:xtaɪlɪç] *adj* désavantageux, préjudiciable
nächtelang ['nɛçtəlaŋ] *adv* pendant des nuits entières
Nachtfalter ['naxtfaltər] *m ZOOL* papillon de nuit *m*
Nachtgebet ['naxtgəbe:t] *n* prière nocturne *f,* prière de nuit *f*
Nachthemd ['naxthɛmt] *n* chemise de nuit *f*
Nachthimmel ['naxthɪməl] *m* ciel nocturne *m*
Nachtigall ['naxtɪgal] *f ZOOL* rossignol *m*
Nachtisch ['na:xtɪʃ] *m GAST* dessert *m*
nächtlich ['nɛçtlɪç] *adj* nocturne
Nachtrag ['na:xtra:k] *m* supplément *m,* additif *m,* annexe *f*
nachtragen ['na:xtra:gən] *v irr 1. (hinterhertragen) jdm etw ~* porter qc derrière qn; *2. (ergänzen)* compléter, ajouter; *3. (fig) jdm etw ~* garder rancune à qn, en vouloir à qn
nachträglich ['na:xtrɛ:klɪç] *adj 1.* ultérieur, postérieur, complémentaire; *adv 2.* plus tard, après coup
nachtrauern ['na:xtrauərn] *v* regretter qn
Nachtruhe ['naxtru:ə] *f 1. (Schlaf)* sommeil *m; 2. (Anstaltsvorschrift)* repos de nuit *m*
nachts [naxts] *adv* la nuit, de nuit
Nachtschicht ['naxtʃɪçt] *f* équipe de nuit *f*
Nachttarif ['naxttari:f] *m* tarif de nuit *m*
Nachttisch ['naxttɪʃ] *m* table de nuit *f*
Nachuntersuchung ['na:xuntərzu:xuŋ] *f MED* examen de contrôle *f,* examen postopératoire *m*
nachvollziehbar ['na:xfɔltsi:ba:r] *adj* que l'on peut reconstituer, que l'on peut se représenter, que l'on peut comprendre
nachvollziehen ['na:xfɔltsi:ən] *v irr* comprendre qc
nachwachsen ['na:xvaksən] *v irr (Generation)* prendre la place de qn
Nachwehen ['na:xve:ən] *pl 1. (nach der Geburt) MED* tranchées utérines *f/pl,* douleurs après l'accouchement *f/pl; 2. (fig: Folgewirkung)* suites *f/pl,* séquelles *f/pl,* conséquences *f/pl*
nachweinen ['na:xvaɪnən] *v* regretter qn, déplorer qc
Nachweis ['na:xvaɪs] *m* pièce justificative *f,* document *m,* preuve *f*
nachweisbar ['na:xvaɪsba:r] *adj* démontrable, vérifiable, qui peut être prouvé
nachweisen ['na:xvaɪzən] *v irr 1.* prouver, démontrer; *2. (rechtfertigen)* justifier
nachweislich ['na:xvaɪslɪç] *adj 1.* démontrable, prouvable, prouvé, avéré; *adv 2. Es ist ~ ...* prouvé, avéré
Nachwelt ['na:xvɛlt] *f* postérité *f*
nachwerfen ['na:xvɛrfən] *v irr 1. (hinterherwerfen)* lancer après qn; *2. (fig: Münzen einwerfen)* remettre qc
nachwirken ['na:xvɪrkən] *v* avoir des répercussions, avoir des retombées, produire un effet durable
Nachwirkung ['na:xvɪrkuŋ] *f 1. (Folgen)* retombées *f/pl,* suites *f/pl; 2. (Rückwirkung)* répercussions *f/pl*
Nachwort ['na:xvɔrt] *n* épilogue *m,* postface *f*
Nachwuchs ['na:xvu:ks] *m 1.* jeunes *m/pl,* nouvelle génération *f; 2. (Ablösung)* relève *f*

N

Nachwuchskräfte ['na:xvu:kskrɛftə] *pl* nouvelles recrues *f/pl,* jeunes entrés dans la vie active *m/pl*
nachzahlen ['na:xtsa:lən] *v* payer un supplément
nachzählen ['na:xtsɛ:lən] *v* recompter qc
Nachzahlung ['na:xtsa:luŋ] *f* paiement complémentaire *m,* versement complémentaire *m,* supplément *m,* rappel *m*
nachziehen ['na:xtsi:ən] *v irr 1. (hinterherziehen)* tirer après soi, traîner après soi; *2. (Schraube)* resserrer; *3. (nach sich ziehen)* entraîner
Nachzügler ['na:xtsy:glər] *m* retardataire *m,* traînard *m*
Nacken ['nakən] *m ANAT* nuque *f; jdm im ~ sitzen* être sur les talons de qn, être aux trousses de qn; *jdn im ~ haben* avoir qn sur les talons, avoir qn aux trousses; *jdm den ~ stärken* donner un coup d'épaule à qn, soutenir qn; *Ihm sitzt der Schalk im ~.* C'est un grand farceur./C'est un rigolo. *(fam)*
nackt [nakt] *adj* nu, dénudé
Nacktheit ['nakthaɪt] *f 1. (eines Menschen)* nudité *f; 2. (einer Landschaft)* nudité *f*
Nadel ['na:dəl] *f* aiguille *f,* épingle *f; an der ~ hängen (fam)* être accro
Nadelbaum ['na:dəlbaum] *m BOT* conifère *m,* résineux *m*
Nadeldrucker ['na:dəldrukər] *m INFORM* imprimante matricielle *f*
Nadelöhr ['na:dəløːr] *n* trou d'aiguille *m,* chas *m*
Nadelstich ['na:dəlʃtɪç] *m 1. (beim Nähen)* coup d'épingle *m,* coup d'aiguille *m; 2. (fig)* coup d'épingle *m*
Nadelstreifen ['na:dəlʃtraɪfən] *pl* fines rayures *f/pl*
Nagel ['na:gəl] *m 1. TECH* clou *m,* pointe *f,* cheville *f; den ~ auf den Kopf treffen* mettre le doigt dessus, taper dans le mille, toucher juste; *etw an den ~ hängen* jeter qc aux orties, déclarer forfait pour qc; *Nägel mit Köpfen machen* ne pas faire les choses à moitié; *2. (Fingernagel) ANAT* ongle *m; Die Arbeit brennt mir unter den Nägeln.* Je dois finir le travail de toute urgence.
Nagelfeile ['na:gəlfaɪlə] *f* lime à ongles *f*
Nagellack ['na:gəllak] *m* vernis à ongles *m*
nageln ['na:gəln] *v* clouer
nagelneu ['na:gəl'nɔy] *adj* tout neuf, flambant neuf
nagen ['na:gən] *v 1. (Tier, Mensch)* ronger, grignoter; *2. (Kummer)* ronger

> **nah(e)** [na:(ə) *adj 1.* proche; *jdm ~ sein* être proche de qn; *jdm zu ~e treten* aller trop loin avec qn; *jdm etw ~e bringen* faire comprendre qc à qn, expliquer qc à qn; *~e gehen* toucher de près; *jdm etw ~e legen* donner à entendre qc à qn, faire comprendre qc à qn; *~e liegend* facile à comprendre, facile à imaginer; *(benachbart)* voisin; *adv 2.* près de, à proximité de; *prep 3.* près de

Nahaufnahme ['na:aufna:mə] *f* gros-plan *m*
Nähe ['nɛ:ə] *f 1.* proximité *f; aus nächster ~ miterleben* être aux premières loges; *Das ist ganz in der ~.* C'est à deux pas d'ici. *2. (Umgebung)* environs *m/pl; 3. (Nachbarschaft)* voisinage *m*
nahen ['na:ən] *v* s'approcher
nähen ['nɛ:ən] *v 1.* coudre; *2. MED* suturer
Näherin ['nɛ:ərɪn] *f* couturière *f*
näher ['nɛ:ər] *adj 1.* plus pres, plus proche; *2. ~ kommen* s'approcher de qn; *3. sich ~ kommen (fig)* devenir proche
nähern ['nɛ:ərn] *v sich ~* s'approcher, se rapprocher
nähertreten ['nɛ:ərtre:tən] *v irr einer Sache ~* approcher de qc
nahezu ['na:ə'tsu:] *adv* à peu de chose près, presque, peu s'en faut
Nähgarn ['nɛ:garn] *n* fil à coudre *m*
Nahkampf ['na:kampf] *m MIL* corps à corps *m,* combat rapproché *m*
Nähmaschine ['nɛ:maʃi:nə] *f* machine à coudre *f*
Nähnadel ['nɛ:na:dəl] *f* aiguille à coudre *f*
Nährboden ['nɛ:rbo:dən] *m 1.* milieu nutritif *m,* bouillon de culture *m; 2. (fig: für Gedanken)* terreau *m*
nähren ['nɛ:rən] *v* nourrir
nahrhaft ['na:rhaft] *adj* nutritif, nourrissant
Nahrung ['na:ruŋ] *f* nourriture *f*
Nahrungsaufnahme ['na:ruŋsaufna:mə] *f BIO* absorption de nourriture *f*
Nahrungsmangel ['na:ruŋsmaŋəl] *m BIO* pénurie alimentaire *f,* manque de nourriture *m*
Nahrungsmittel ['na:ruŋsmɪtəl] *n* aliment *m,* denrée *f*
Nahrungsquelle ['na:ruŋskvɛlə] *f BIO* source d'alimentation *f*
Naht [na:t] *f 1.* couture *f; aus allen Nähten platzen* être obèse; *2. (Schweißnaht)* soudure *f; 3. MED* suture *f*

N

nahtlos ['naːtloːs] *adj 1.* sans couture; *2. (fig)* sans transition
Nahtstelle ['naːtʃtɛlə] *f* soudure *f,* point de jonction *m,* interface *f*
Nahverkehr ['naːfɛrkeːr] *m* trafic local *m,* trafic de banlieue *m,* trafic suburbain *m*
Nahverkehrszug ['naːfɛrkeːrstsuːk] *m* train de banlieue *m*
Nahziel ['naːtsiːl] *n* objectif à court terme *m*
naiv [na'iːf] *adj* naïf, ingénu
Naivität [naivi'tɛːt] *f* naïveté *f,* ingénuité *f*
Name ['naːmə] *m* nom *m,* appellation *f,* dénomination *f; im ~n von* au nom de; *beim ~n nennen* appeler les choses par leur nom, appeler un chat un chat; *in seinem ~n* en son nom; *sich einen ~n machen* se faire un nom; *einen guten ~n haben* avoir une bonne réputation, jouir d'une bonne réputation; *seinem ~n alle Ehre machen* faire honneur à son nom
namenlos ['naːmənloːs] *adj* anonyme, sans nom
namens ['naːməns] *adv* du nom de, appelé, dénommé
Namensschild ['naːmənsʃɪlt] *n* plaque *f*
Namenstag ['naːmənstaːk] *m* fête *f*
Namenszug ['naːmənstsuːk] *m 1.* signature *f,* griffe *f,* paraphe *m; 2. (Monogramm)* signature *f,* paraphe *m*
namentlich ['naːməntlɪç] *adj 1.* nominal, nominatif; *adv 2.* nommément
namhaft ['naːmhaft] *adj 1.* renommé, connu, notable; *2. (berühmt)* réputé
nämlich ['nɛːmlɪç] *konj* à savoir, c'est-à-dire, c'est que ...
Napf [napf] *m* écuelle *f,* bol *m*
Narbe ['narbə] *f* cicatrice *f*
Narkose [nar'koːzə] *f MED* narcose *f,* anesthésie *f*
Narr [nar] *m* fou *m,* bouffon *m,* pitre *m; jdn zum ~en halten* se payer la tête de qn, se foutre de qn *(fam),* tourner qn en dérision; *an jdm einen ~en gefressen haben* s'être toqué de qn *(fam),* s'être entiché de qn
Narrenhaus ['narənhaus] *n* maison de fous *f*
narzisstisch [nar'tsɪstɪʃ] *adj* narcissique
naschen ['naʃən] *v* manger des friandises, manger par gourmandise
naschhaft ['naʃhaft] *adj 1.* friand, gourmant; *2. (bei herzhaften Dingen)* friand, gourmant; *3. ein ~er Mensch* un homme friand
Naschsucht ['naʃzuxt] *f* gourmandise *f*

Nase ['naːzə] *f* nez *m; seine ~ in alles stecken* fourrer son nez partout; *sich nicht auf der ~ herumtanzen lassen* ne pas se laisser marcher sur les pieds, ne pas se laisser mener par le bout du nez; *die ~ voll haben* en avoir marre; *direkt vor deiner ~* sous ton nez; *Es steht vor deiner ~.* Tu as le nez dessus. *die ~ rümpfen* froncer le nez, faire la moue; *sich an die eigene ~ fassen* faire son autocritique; *jdm etw auf die ~ binden* rapporter qc à qn; *jdm etw unter die ~ reiben* mettre qc sous le nez de qn; *jdm etw vor der ~ wegschnappen* prendre qc sous le nez de qn; *eine feine ~ haben* avoir le nez fin, avoir le nez creux; *die ~ hoch tragen* être prétentieux, péter plus haut que son cul *(fam); die ~ vorn haben* avoir une longueur d'avance; *eins auf die ~ bekommen* se faire taper sur les doigts; *sich eine goldene ~ verdienen* s'en mettre plein les poches, se faire un fric monstre *(fam)*

näseln ['nɛːzəln] *v* nasiller
Nashorn ['naːshɔrn] *n ZOOL* rhinocéros *m*
nass [nas] *adj* mouillé, trempé, humide
Nässe ['nɛsə] *f* humidité *f*
nässen ['nɛsən] *v (einer Wunde)* suinter
Nation [na'tsjoːn] *f* nation *f*
national [natsjo'naːl] *adj* national
nationalistisch [natsjona'lɪstɪʃ] *adj POL* nationaliste
Nationalität [natsjonali'tɛːt] *f* nationalité *f*
Nationalsozialismus [natsjo'naːlzotsɪalɪsmus] *m HIST* national-socialisme *m,* nazisme *m*
Nationalstaat [natsjo'naːlʃtaːt] *m POL* Etat national *m,* Etat-nation *m*
Natter ['natər] *f 1. ZOOL* couleuvre *f; 2. (fig)* vipère *f*
Natur [na'tuːr] *f 1.* nature *f; Das liegt in der ~ der Sache.* C'est dans la nature même des choses. *2. (Wesen)* tempérament *m,* caractère *m,* nature *f*
Naturalien [natu'raːljən] *pl* produits du sol *m/pl*
naturalisieren [naturali'ziːrən] *v* naturaliser
Naturell [natu'rɛl] *n* naturel *m*
naturfarben [na'tuːrfarbən] *adj* de couleur naturelle
Naturforscher(in) [na'tuːrfɔrʃər(ɪn)] *m/f* naturaliste *m/f*
naturgemäß [na'tuːrgəmɛːs] *adj* conforme à la nature, naturel

Naturgesetz [na'tuːrgəzɛts] *n* loi naturelle *f*, loi de la nature *f*
naturgetreu [na'tuːrgətrɔy] *adj* fidèle à la réalité, fidèlement
Naturheilkunde [na'tuːrhaɪlkundə] *f* *MED* thérapeutique naturelle *f*
natürlich [na'tyːrlɪç] *adj 1.* naturel; *adv 2.* naturellement, évidemment, bien sûr
Natürlichkeit [na'tyːrlɪçkaɪt] *f 1.* naturel *m*, naïveté *f*; *2. (Einfachheit)* simplicité *f*
naturnah [na'tuːrnaː] *adj* proche de la nature
naturrein [na'tuːrraɪn] *adj* naturel
Naturreligion [na'tuːrreligjoːn] *f REL* religion naturelle *f*
Naturschutz [na'tuːrʃuts] *m* protection de la nature *f*, défense de la nature *f*
Naturzustand [na'tuːrtsuːʃtant] *m* état naturel *m*
Nautik ['nautɪk] *f* art de la navigation *m*, science nautique *f*
Navigation [naviga'tsjoːn] *f NAUT* navigation *f*
Nazidiktatur ['naːtsidɪktatuːr] *f POL* dictature nazie *f*
Nebel ['neːbəl] *m METEO* brouillard *m*, brume *f*
nebelhaft ['neːbəlhaft] *adj* brumeux, nébuleux
nebelig ['neːbəlɪç] *adj* brumeux, nébuleux

neben ['neːbən] *prep 1.* près de, à côté de; *2. (außerdem)* en plus de, en outre; *~ anderen Dingen* entre autres choses/entre autres

nebenan [neːbən'an] *adv* à côté; *von ~* d'à côté
nebenbei [neːbən'baɪ] *adv 1.* accessoirement, incidemment; *2. (beiläufig)* accessoirement; *3. (außerdem)* en outre, de plus
nebenberuflich ['neːbənbəruːflɪç] *adj* de profession accessoire, extra-professionnel
nebeneinander ['neːbənaɪnandər] *adv 1.* l'un à côté de l'autre, côte à côte, l'un près de l'autre; *2.* mettre côte à côte
Nebenfach ['neːbənfax] *n* matière secondaire *f*
Nebenfigur ['neːbənfiguːr] *f LIT* personnage secondaire *m*
Nebenfluss ['neːbənflus] *m* affluent *m*
Nebengeräusch ['neːbəngərɔyʃ] *n* bruit parasite *m*, friture *f*, crachement *m*
nebenher [neːbən'heːr] *adv 1.* à côté; *2. (im Vorbeigehen)* en passant
Nebenhöhle ['neːbənhøːlə] *f ANAT* sinus *m*
Nebenkosten ['neːbənkɔstən] *pl 1.* frais supplémentaires *m/pl*; *2. (Wohnung)* charges *f/pl*
Nebenprodukt ['neːbənprodukt] *n* produit dérivé *m*, produit secondaire *m*, produit accessoire *m*, sous-produit *m*
nebensächlich ['neːbənzɛçlɪç] *adj 1.* accessoire, secondaire; *Das ist völlig ~.* C'est tout à fait accessoire./C'est tout à fait secondaire. *seine Zeit mit ~en Dingen vertun* perdre son temps à des bagatelles; *2. (unwichtig)* sans importance
Nebensatz ['neːbənzats] *m GRAMM* proposition subordonnée *f*, subordonnée *f*
Nebenwirkung ['neːbənvɪrkuŋ] *f* effet secondaire *m*
necken ['nɛkən] *v* taquiner, agacer
neckisch ['nɛkɪʃ] *adj 1.* malicieux, espiègle, taquin, drôle; *2. (Kleidungsstück)* olé olé
Neffe ['nɛfə] *m* neveu *m*
negativ ['neːgatiːf] *adj 1.* négatif; *2. (ungünstig)* défavorable
negieren [ne'giːrən] *v* nier qc
nehmen ['neːmən] *v irr 1.* prendre; *etw auf sich ~* prendre qc sous son bonnet/prendre qc à son compte; *2. (an~)* recevoir, accepter
Neid [naɪt] *m* envie *f*, jalousie *f*; *vor ~ platzen* être malade de jalousie
Neider ['naɪdər] *m* envieux *m*, jaloux *m*
neidisch ['naɪdɪʃ] *adj* jaloux
neidlos ['naɪdloːs] *adj* sans envie
Neige ['naɪgə] *f zur ~ gehen* tirer à sa fin
neigen ['naɪgən] *v 1.* pencher, incliner; *2. (Kopf)* baisser; *3. (zu Ende gehen)* baisser, tirer à sa fin; *4. (fig) ~ zu* tendre à, avoir tendance à, être enclin à
Neigung ['naɪguŋ] *f 1.* pente *f*, inclinaison *f*; *2. (fig)* penchant *m*, inclination *f*
nein [naɪn] *adv* non; *Da kann man ja nicht Nein sagen!* Ce n'est pas de refus!
Nektar ['nɛktar] *m 1.* nectar *m*; *2. (Trank der griechischen Mythologie)* nectar *m*; *3. (Fruchtgetränk) GAST* nectar *m*
Nektarine [nɛkta'riːnə] *f BOT* nectarine *f*
Nelke ['nɛlkə] *f 1. BOT* œillet *m*; *2. (Gewürznelke)* clou de girofle *m*

nennen ['nɛnən] *v irr 1. (be~)* nommer; *die Dinge beim rechten Namen ~* dire les choses tout rond; *2. (heißen)* s'appeler; *das Kind beim Namen ~* appeler un chat un chat

nennenswert ['nɛnənsveːrt] *adj* notable, appréciable, remarquable

N

Nenner ['nɛnər] *m MATH* dénominateur *m; gemeinsamer ~ (fig)* dénominateur commun *m*
Nennwert ['nɛnveːrt] *m FIN* valeur nominale *f*
Neonazi [neo'naːtsi] *m* néonazi *m*
Nepp [nep] *m* arnaque *f*
Nerv [nɛrf] *m ANAT* nerf *m; jdm auf die ~en gehen* casser les pieds à qn/taper sur les nerfs de qn; *Seine ~en waren zum Zerreißen gespannt.* Il avait les nerfs en boule. *Das geht mir auf die ~en.* Cela me tape sur les nerfs. *den ~ haben* avoir le courage; *~en wie Drahtseile haben* avoir des nerfs d'acier/avoir des nerfs solides; *die ~en verlieren* perdre son sang froid; *mit den ~en herunter sein* être à bout de nerfs
nerven ['nɛrfən] *v (fam)* agacer qn, tanner qn, énerver qn
nervenaufreibend ['nɛrfənaufraɪbənt] *adj* énervant
Nervenbelastung ['nɛrfənbəlastuŋ] *f (fig)* fatigue nerveuse *f*
Nervenentzündung ['nɛrfənɛnttsyndunŋ] *f MED* inflammation des nerfs *f,* névrite *f*
Nervengas ['nɛrfəngaːs] *n CHEM* gaz neurotoxique *m*
Nervengift ['nɛrfəngɪft] *n CHEM* neurotoxine *f*
Nervenheilanstalt ['nɛrfənhaɪlanʃtalt] *f* maison de santé *f*
Nervenkitzel ['nɛrfənkɪtsəl] *m* sensations fortes *f/pl,* frissons *m/pl*
nervenkrank ['nɛrfənkraŋk] *adj* malade des nerfs, neurasthénique
Nervenkrieg ['nɛrfənkriːk] *m (fig)* guerre des nerfs *f*
Nervenschwäche ['nɛrfənʃvɛçə] *f* faiblesse des nerfs *f,* nervosité *f*
nervenstark ['nɛrfənʃtaːk] *adj Er ist ~.* Il a les nerfs solides
Nervensystem ['nɛrfənzysteːm] *n ANAT* système nerveux *m*
Nervenzusammenbruch ['nɛrfəntsusamənbrux] *m MED* dépression nerveuse *f,* crise de nerfs *f*
nervig ['nɛrfɪç] *adj (fam: ärgerlich)* fâcheux, contrarié
nervlich ['nɛrflɪç] *adj (fig)* nerveux
nervös [nɛr'vøːs] *adj* nerveux; *~ sein* avoir les nerfs en pelote
Nervosität [nɛrvozi'tɛːt] *f* nervosité *f,* énervement *m*
nervtötend ['nɛrftøːtənt] *adj (fig)* agaçant, énervant

Nerzmantel ['nɛrtsmantəl] *m* manteau de vison *m*
Nessel ['nɛsəl] *f sich in die ~n setzen* se mettre dans de beaux draps
Nest [nɛst] *n* nid *m; sich ins gemachte ~ setzen* s'installer dans un nid tout fait/avoir les pieds au chaud
nesteln ['nɛstəln] *v an etw ~* tripoter qc
Nesthäkchen ['nɛsthɛːkçən] *n* benjamin *m,* petit dernier/petite dernière *m/f*
Nestwärme ['nɛstvɛrmə] *f (fig)* douceur du foyer *f,* chaleur du foyer *f*
nett [nɛt] *adj 1.* gentil; *Das ist nicht sehr ~ von dir.* C'est moche de ta part. *2. (niedlich)* mignon, coquet; *3. (hübsch)* joli; *adv 4.* gentiment
netto ['nɛto] *adj ECO* net
Netz [nɛts] *n 1.* filet *m; jdm ins ~ gehen* tomber dans le panneau de qn; *2. (Straßennetz)* réseau *m*
Netzgerät ['nɛtsgərɛːt] *n TECH* poste-secteur *m,* unité d'alimentation de courant *f,* boîte d'alimentation de courant *f,* alimentation *f*
Netzwerk ['nɛtsvɛrk] *n INFORM* réseau *m*

neu [nɔy] *adj* neuf, nouveau; *Was gibt es Neues?* Qu'y a-t-il de nouveau? *aufs Neue* tout le temps, de nouveau; *auf ein Neues versuchen* tenter un nouvel essai; *von ~em* de nouveau, à nouveau, depuis le début

Neuanfang ['nɔyanfaŋ] *m* nouveau départ *m*
neuartig ['nɔyaːrtɪç] *adj* inédit, d'un nouveau genre
Neubau ['nɔybau] *m* nouvelle construction *f,* bâtiment neuf *m*
Neubauwohnung ['nɔybauvoːnuŋ] *f* logement neuf *m,* immeuble neuf *m*
Neubeginn ['nɔybəgɪn] *m* nouveau départ *m*
Neubildung ['nɔybɪlduŋ] *f 1.* remaniement *m,* néologisme *m,* néoformation *f,* néoplasme *m; 2. (einer Regierung)* remaniement *m; 3. (Wortgut)* néologisme *m; 4. (Geschwulst) MED* néoformation *f,* néoplasme *m,* néoplasie *f*
Neuentwicklung ['nɔyɛntvɪkluŋ] *f* nouvelle évolution *f*
neuerdings ['nɔyərdɪŋs] *adv* récemment, dernièrement, depuis peu
Neueröffnung ['nɔyɛrœfnuŋ] *f 1. (Wiedereröffnung)* réouverture *f; 2. (Einweihung)* inauguration *f*
Neuerscheinung ['nɔyɛrʃaɪnuŋ] *f 1.* nouveauté *f,* nouvelle parution *f,* nouvelle

N

publication *f,* dernière publication *f;* *2. (Neuheit)* nouvelle parution *f,* nouvelle publication *f,* dernière publication *f*
Neuerung ['nɔyəruŋ] *f* innovation *f*
Neugeborene ['nɔygəboːrənə] *n* nouveau-né *m*
Neugestaltung ['nɔygəʃtaltuŋ] *f* réorganisation *f,* restructuration *f,* transformation *f,* refonte *f*
Neugier ['nɔygiːr] *f* curiosité *f,* indiscrétion *f*
neugierig ['nɔygiːrɪç] *adj* curieux, indiscret
Neuheit ['nɔyhaɪt] *f* nouveauté *f*
Neuigkeit ['nɔyɪçkaɪt] *f* nouvelle *f*
Neujahr ['nɔyjaːr] *n* jour de l'an *m,* nouvel an *m*
Neuland ['nɔylant] *n* *1.* terre nouvelle *f,* terre inconnue *f;* *2. (fig)* nouveau domaine *m,* domaine inconnu *m*
neulich ['nɔylɪç] *adj* récent, dernier
Neuling ['nɔylɪŋ] *m* novice *m,* débutant *m,* nouveau *m*
Neumond ['nɔymoːnt] *m* nouvelle lune *f*
neun [nɔyn] *num* neuf
neunmalklug ['nɔynmaːlkluːk] *adj* blanc-bec *m*
neunte(r,s) [nɔyntə(r,s)] *adj* neuvième
neunzehn ['nɔyntseːn] *num* dix-neuf
neunzig ['nɔyntsɪç] *num* quatre-vingt-dix
Neunziger ['nɔyntsɪgər] *pl* *1. in den ~n sein (Mensch)* années quatre-vingt-dix *f/pl;* *2. die ~ (Jahrzehnt)* nonagénaire *m*
neuralgisch [nɔy'ralgɪʃ] *adj* *1. MED* névralgique; *2. (fig: problematisch)* névralgique
neureich ['nɔyraɪç] *adj* nouveau riche
Neurotiker(in) [nɔy'roːtɪkər(ɪn)] *m/f MED* nevrosé(e) *m/f*
neurotisch [nɔy'roːtɪʃ] *adj MED* névrosé, névropathe
Neuschnee ['nɔyʃneː] *m* neige fraîche *f*
neutral [nɔy'traːl] *adj* neutre, objectif
Neutralität [nɔytrali'tɛːt] *f* neutralité *f*
Neutrum ['nɔytrum] *n GRAMM* neutre *m*
Neuverschuldung ['nɔyfɛrʃulduŋ] *f* *ECO* nouvel endettement *m,* endettement supplementaire *m*
Neuwert ['nɔyveːrt] *m* valeur à l'état neuf *f*
neuwertig ['nɔyveːrtɪç] *adj* comme neuf
Neuzeit ['nɔytsaɪt] *f* temps modernes *m/pl*
nicht [nɪçt] *adv* ne ... pas, non ... *gar ~* pas du tout
Nichte ['nɪçtə] *f* nièce *f*
Nichterfüllung ['nɪçtɛrfyluŋ] *f* manquement *m,* non-accomplissement *m*
Nichterscheinen ['nɪçtɛrʃaɪnən] *n* non-apparition *f,* non-comparution *f,* défaut *m,* contumace *f*
nichtig ['nɪçtɪç] *adj* *1.* vain, futile; *2. (ungültig)* nul
Nichtraucher(in) ['nɪçtrauxər(ɪn)] *m/f* non-fumeur/non-fumeuse *m/f*

> **nichts** [nɪçts] *pron* rien; *Das macht ~.* Il n'y a pas de mal. *überhaupt ~ wissen* ne savoir rien de rien; *arbeiten für ~ und wieder ~* travailler pour le roi de Prusse; *Nichts für ungut!* Pardon!/Excusez-moi!/Excuse-moi! *Von ~ kommt ~.* On n'a rien sans rien. *~ sagend* insignifiant, futile; *~ ahnend* pris au dépourvu

Nichts [nɪçts] *n* *1.* néant *m;* *vor dem ~ stehen* ne plus rien avoir; *2. (Leere)* vide *m*
Nichtschwimmer(in) ['nɪçtʃvɪmər(ɪn)] *m/f* non-nageur/non-nageuse *m/f*
nichtsdestotrotz [nɪçtsdɛsto'trɔts] *adv* néanmoins, nonobstant, malgré tout
nichtsdestoweniger [nɪçtsdɛsto'veːnɪgər] *adv* néanmoins, nonobstant, malgré tout
Nichtsnutz ['nɪçtsnuts] *m* bon à rien *m,* vaurien *m*
nichtsnutzig ['nɪçtsnutsɪç] *adj* méchant, inutile
nichtswürdig ['nɪçtsvyːrdɪç] *adj* vil, infâme, misérable, indigne
nicken ['nɪkən] *v* incliner la tête, faire un signe de tête
Nickerchen ['nɪkərçən] *n* *(fam)* petit somme *m,* roupillon *m;* *ein ~ machen* faire un somme/piquer un roupillon *(fam)*
nie [niː] *adv* jamais; *Jetzt oder ~!* Maintenant ou jamais! *~ und nimmer* plus jamais de la vie/au grand jamais; *Nie im Leben!* Jamais de la vie!
Niedergang ['niːdərgaŋ] *m (fig)* décadence *f,* déclin *m*
niedergeschlagen ['niːdərgəʃlaːgən] *adj* découragé, abattu, résigné
Niedergeschlagenheit ['niːdərgəʃlaːgənhaɪt] *f* découragement *m,* abattement *m,* accablement *m*
niederknien ['niːdərkniːən] *v* s'agenouiller
niederkommen ['niːdərkɔmən] *v irr (gebären)* accoucher
Niederkunft ['niːdərkunft] *f* accouchement *m,* couches *f/pl*

Niederlage ['niːdərlaːgə] *f* défaite *f,* échec *m*
Niederlande ['niːdərlandə] *pl GEO* Pays-Bas *m/pl*
Niederländer(in) ['niːdərlɛndər(ɪn)] *m/f* Néerlandais(e) *m/f,* Hollandais(e) *m/f*
niederländisch ['niːdərlɛndɪʃ] *adj* néerlandais, hollandais
niederlassen ['niːdərlasən] *v irr 1. (herunterlassen)* abaisser, descendre; *2. sich ~* prendre place, s'établir, s'installer
Niederlassung ['niːdərlasuŋ] *f 1.* établissement *m; 2. (Kolonie)* colonie *f; 3. (Filiale)* succursale *f*
niederlegen ['niːdərleːgən] *v 1. (Kranz)* déposer; *2. (Amt)* démissionner, quitter sa fonction; *3. (Arbeit)* cesser
Niederlegung ['niːdərleːguŋ] *f 1. (eines Kranzes)* dépôt *m; 2. (eines Amtes) POL* démission *f,* résignation *f; 3. (der Arbeit) ECO* arrêt *m,* cessation *f,* débrayage *m; 4. (schriftliche Darlegung)* rédaction *f,* mise par écrit *f*
niedermachen ['niːdərmaxən] *v 1. (töten)* massacrer, exterminer; *2. (fig: scharf zurechtweisen)* réprimander fortement
Niederschlag ['niːdərʃlaːk] *m METEO* précipitations *f/pl*
niederschlagen ['niːdərʃlaːgən] *v irr 1. (Feind)* battre, abattre; *2. (Augen)* baisser; *3. (fig: Zweifel)* écarter, faire disparaître
niederschmetternd ['niːdərʃmɛtərnt] *adj* boulversant, accablant
niederschreiben ['niːdərʃraɪbən] *v irr* mettre qc par écrit, rédiger qc, coucher qc par écrit, consigner par écrit
Niederschrift ['niːdərʃrɪft] *f* consignation par écrit *f,* exposé *m,* manuscrit *m,* texte *m*
niederstrecken ['niːdərʃtrɛkən] *v jdn ~* abattre qn, tuer d'un coup de feu
Niedertracht ['niːdərtraxt] *f* bassesse *f,* infamie *f*
niederträchtig ['niːdərtrɛçtɪç] *adj 1.* bas, vil, infâme; *2. (verächtlich)* méprisable
Niederträchtigkeit ['niːdərtrɛçtɪçkaɪt] *f* bassesse *f,* vilénie *f,* infamie *f,* ignominie *f*
Niederung ['niːdəruŋ] *f* dépression *f,* creux *m*
niederwerfen ['niːdərvɛrfən] *v irr 1. (fig: besiegen)* abattre qn, terrasser qn, renverser qn, vaincre qn; *2. (unterdrücken)* réprimer qn, écraser qn
niedlich ['niːtlɪç] *adj* mignon, joli
niedrig ['niːdrɪç] *adj 1.* bas; *2. (mäßig)* modique, modéré
niemals ['niːmaːls] *adv* jamais
niemand ['niːmant] *pron* personne, aucun
Niemandsland ['niːmantslant] *n* territoire inoccupé *m,* zone neutre *f*
Niere ['niːrə] *f 1. ANAT* rein *m; jdm an die ~en gehen* bouleverser qn/offenser qn; *2. GAST* rognon *m*
nieseln ['niːzəln] *v* bruiner
niesen ['niːzən] *v* éternuer
Niete ['niːtə] *f 1. (in der Lotterie)* billet non gagnant *m,* numéro perdant *m; 2. (fig: Person)* nullité *f*
Nihilismus [nihi'lɪsmus] *m PHIL* nihilisme *m*
Nikolaus ['nɪkolaus] *m Heiliger ~* Saint Nicolas *m*
Nikotin [niko'tiːn] *n* nicotine *f*
nikotinhaltig [niko'tiːnhaltɪç] *adj* qui contient de la nicotine, nicotiné
Nilpferd ['niːlpfeːrt] *n ZOOL* hippopotame *m*
Nimbus ['nɪmbus] *m 1.* nimbe *f,* auréole *f; 2. (fig)* auréole *f,* prestige *m*
nimmer ['nɪmər] *adv 1.* jamais; *nie und ~* au grand jamais; *2. (nicht mehr)* ne ... plus
nippen ['nɪpən] *v* siroter, boire à petits coups, boire à petites gorgées
Nippes ['nɪpəs] *m* bibelots *m/pl,* colifichets *m/pl*
nirgends ['nɪrgənts] *adv* nulle part
nirgendwo ['nɪrgəntvoː] *adv* nulle part
Nische ['niːʃə] *f* niche *f*
nisten ['nɪstən] *v* nicher, faire son nid
Niveau [ni'voː] *n 1. (Höhe)* niveau *m,* hauteur *f; 2. (fig)* niveau *m*
niveaulos [ni'voːloːs] *adj* médiocre, sans niveau, sans valeur
niveauvoll [ni'voːfɔl] *adj* d'un bon niveau, d'un haut niveau
nivellieren [nivɛ'liːrən] *v* niveler qc
Nivellierung [nivɛ'liːruŋ] *f* nivellement *m*
Nixe ['nɪksə] *f* sirène *f,* nymphe *f,* ondine *f*
nobel ['noːbəl] *adj 1.* noble, distingué; *2. (großzügig)* généreux
Nobelpreis [no'bɛlpraɪs] *m (Auszeichnung)* prix Nobel *m*

noch [nɔx] *adv 1.* encore; *Alles muss ~ einmal gemacht werden.* Tout est à refaire. *konj 2. ~ bevor* avant même que

nochmalig ['nɔxmaːlɪç] *adj* répété, réitéré, nouveau
nochmals ['nɔxmaːls] *adv* encore une fois, de nouveau

N

Nomade [no'maːdə] *m* nomade *m*
Nomen ['noːmən] *n GRAMM* nom *m*, substantif *m*
Nominativ ['nominatiːf] *m GRAMM* nominatif *m*
nominell [nomi'nɛl] *adj 1.* nominal; *adv 2.* de nom
nominieren [nomi'niːrən] *v* nommer qn, désigner qn
Nominierung [nomi'niːruŋ] *f* nomination *f*, désignation *f*
Nonkonformismus [nɔnkɔnfɔr'mɪsmus] *m* non-conformisme *m*
Nonne ['nɔnə] *f REL* nonne *f*, religieuse *f*, sœur *f*
Nonsens ['nɔnzɛns] *m* non-sens *m*, absurdité *f*
Nordafrika [nɔrt'afrika] *n GEO* Afrique du Nord *f*
nordafrikanisch ['nɔrtafrikaːnɪʃ] *adj* nord-africain
Nordamerika [nɔrta'meːrɪka] *n GEO* Amérique du Nord *f*
nordamerikanisch ['nɔrtamerikaːnɪʃ] *adj* nord-américain
Norddeutschland ['nɔrtdɔytʃlant] *n GEO* Allemagne du Nord *f*
Norden ['nɔrdən] *m* nord *m*
Nordeuropa ['nɔrtɔyropa] *n GEO* Europe du Nord *f*
nordeuropäisch ['nɔrtɔyropɛːɪʃ] *adj* de l'Europe septentrionale
nördlich ['nœrtlɪç] *adj 1.* septentrional, du nord, boréal; *adv 2.* au nord de
Nordlicht ['nɔrtlɪçt] *n 1.* aurore boréale *f*; *2. (Norddeutscher)* Allemand du Nord *m*
Nordpol ['nɔrtpoːl] *m GEO* pôle nord *m*
Nordsee ['nɔrtzeː] *f* mer du Nord *f*
Nörgelei [nœrgə'laɪ] *f* dénigrement *m*, critique *f*, chicane *f*
nörgeln ['nœrgəln] *v* ergoter, chicaner, chercher la petite bête
Norm [nɔrm] *f* norme *f*, règle *f*, standard *m*
normal [nɔr'maːl] *adj* normal
Normalbenzin [nɔr'maːlbɛntsiːn] *n* essence ordinaire *f*
normalisieren [nɔrmali'ziːrən] *v* normaliser, standardiser
Normalität [nɔrmali'tɛːt] *f* normalité *f*
Normalverbraucher [nɔr'maːlfɛrbrauxər] *m* consommateur normal *m*, consommateur ordinaire *m*
normieren [nɔr'miːrən] *v* normaliser qc, standardiser qc, uniformiser qc
Nostalgie [nɔstal'giː] *f* nostalgie *f*
nostalgisch [nɔs'talgɪʃ] *adj* nostalgique
Not [noːt] *f 1. (Armut)* misère *f*, pauvreté *f*; *2. (Mangel)* besoin *m*, nécessité *f*, manque *m*, pénurie *f*; *aus der ~ eine Tugend machen* faire de nécessité vertu; *zur ~* à la rigueur; *3. (Gefahr)* détresse *f*, péril *m*, danger *m*; *4. (fig) seine liebe ~ mit jdm haben* avoir bien du mal avec qn; *wo ~ am Mann ist* où besoin est; *mit knapper ~* de justesse
Notar [no'taːr] *m JUR* notaire *m*
notariell [notar'jɛl] *adj 1. JUR* notarial; *adv 2. JUR* par devant notaire, par acte notarié
Notarzt ['noːtartst] *m* médecin d'urgence *m*, médecin du SAMU (service d'assistance médicale d'urgence) *m*
Notdienst ['noːtdiːnst] *m* service de secours *m*, permanence *f*
notdürftig ['noːtdyrftɪç] *adj 1.* indigent, nécessiteux; *2.* provisoire; *3. (knapp ausreichend)* à peine suffisant
Note ['noːtə] *f 1. (Schulnote)* note *f*; *2. (Banknote)* billet *m*; *3. MUS* note *f*
Notebook [noʊtbuk] *n INFORM* (ordinateur) portable *m*, notebook *m*
Notenbank ['noːtənbaŋk] *f ECO* banque d'émission *f*
Notenständer ['noːtənʃtɛndər] *m MUS* pupitre *m*

Notfall ['noːtfal] *m* cas d'urgence *m*; *im ~* en cas d'urgence

notfalls ['noːtfals] *adv* en cas de besoin, au besoin
notgedrungen ['noːtgədruŋən] *adj* contraint, forcé, obligé
notieren [no'tiːrən] *v 1.* noter, prendre note, inscrire; *2. FIN* coter
Notierung [no'tiːruŋ] *f 1.* notation *f*; *2. FIN* cotation *f*
nötig ['nøːtɪç] *adj* nécessaire, indispensable; *~ haben* avoir besoin de; *Du hast es gerade ~!* Ça te va bien!/Tu en as bien besoin!
nötigen ['nøːtɪgən] *v 1. (dringend bitten)* inviter qn, prier qn; *2. (durch Drohung zwingen)* faire pression sur qn, forcer qn, contraindre, astreindre qn; *3. (zwingen)* obliger qn, forcer qn, contraindre, astreindre qn
Nötigung ['nøːtɪguŋ] *f* obligation *f*, contrainte *f*, pression *f*
Notiz [no'tiːts] *f 1. (Angabe)* note *f*; *von etw ~ nehmen* prende acte de qc; *~ von jdm nehmen* s'aviser de la présence de qn; *2. (Zeitungsnotiz)* entrefilet *m*

N

Notizbuch [no'ti:tsbu:x] *n* carnet *m*, agenda *m*
Notlage ['no:tla:gə] *f* situation critique *f*, détresse *f*
notlanden ['no:tlandən] *v* faire un atterrissage forcé
Notlösung ['no:tlø:zuŋ] *f* expédient *m*, solution de fortune *f*, solution de provisoire *f*
Notlüge ['no:tly:gə] *f* pieux mensonge *m*, mensonge de circonstances *m*
notorisch [no'to:rɪʃ] *adj* notoire
Notruf ['no:tru:f] *m* appel au secours *m*
Notstand ['no:tʃtant] *m* état d'urgence *m*, état d'alerte *m*
Notwehr ['no:tve:r] *f* légitime défense *f*
notwendig ['no:tvɛndɪç] *adj* nécessaire, indispensable; *Das ist ein ~es Übel.* Il faut en passer par là.
Notwendigkeit [no:t'vɛndɪçkaɪt] *f* nécessité *f*
November [no'vɛmbər] *m* novembre *m*
Nu [nu:] *m im ~* en moins de rien, en un rien de temps
nüchtern ['nyçtərn] *adj 1. (ohne Alkohol)* sobre; *2. (ohne Essen)* à jeun; *3. (sachlich)* objectif, réaliste
nuckeln ['nukəln] *v* sucer une tétine
Nudeln ['nu:dəln] *pl GAST* nouilles *f/pl*, pâtes *f/pl*
Nuklearmacht [nukle'a:rmaxt] *f POL* puissance nucléaire *f*
null [nul] *num* zéro; *gleich ~ sein* être pratiquement nul; *in ~ Komma nichts* en un rien de temps
Null [nul] *f 1.* zéro *m; 2. (Person)* nullité *f*
Nullpunkt ['nulpuŋkt] *m* point zéro *m*
Nullrunde ['nulrundə] *f ECO* blocage des salaires *m*, gel des salaires *m*
Nulltarif ['nultari:f] *m* gratuité *f*
numerisch [nu'mɛrɪʃ] *adj* numérique

> **Nummer** ['numər] *f 1. (Zahl)* numéro *m; 2. (Größe)* taille *f*, pointure *f; 3. (Exemplar)* numéro *m; 4. (fig) auf ~ Sicher gehen* ne pas prendre de risques/assurer ses arrières; *Das ist mir eine ~ zu groß.* Je n'ai pas la carrure./Je ne suis pas de taille. *eine ~ abziehen* faire tout un cinéma/se donner de grands airs

nummerieren [numə'ri:rən] *v* numéroter
nun [nu:n] *adv* maintenant, à présent; *von ~ an* désormais, à l'avenir
nunmehr ['nu:nme:r] *adv 1. (jetzt)* à présent, maintenant; *2. (von jetzt an)* désormais
nur [nu:r] *adv* seulement
nuscheln ['nuʃəln] *v* bredouiller
Nuss [nus] *f BOT* noix *f*, noisette *f; eine harte ~ zu knacken haben (fig)* avoir un problème épineux à résoudre
Nüster ['nystər] *f* narine *f*, naseau *m*
Nut [nu:t] *f TECH* rainure *f*, gorge *f*
Nutte ['nutə] *f (fam)* putain *f*, pute *f*, garce *f*
Nutzanwendung ['nutsanvɛnduŋ] *f 1. (praktische Anwendung)* utilisation *m*, application *f*, utilité pratique *f; 2. (moralischer Wert)* morale *f*
nutzbar ['nutsba:r] *adj* utilisable, utile, productif, lucratif
nütze ['nytsə] *adj* utile, être bon à qc
nutzen ['nutsən] *v* utiliser, exploiter, mettre à profit
Nutzen ['nutsən] *m 1.* utilité *f*, profit *m*, intérêt *m; ~ aus etw ziehen* tirer profit de qc/tirer parti de qc; *2. (Vorteil)* avantage *m*
nützen ['nytsən] *v 1. (= "nutzen")* utiliser qc, exploiter qc, mettre à profit, profiter; *2. (nützlich sein)* être utile
nützlich ['nytslɪç] *adj* utile, profitable
Nützlichkeit ['nytslɪçkaɪt] *f* utilité *f*
nutzlos ['nutslo:s] *adj 1.* inutile, vain; *2. (ohne Interesse)* sans intérêt
Nutznießer(in) ['nutsni:sər(ɪn)] *m/f* bénéficiaire *m*, usufruitier *m*
Nutzung ['nutsuŋ] *f* utilisation *m*, usage *m*, exploitation *f*, rapport *m*
Nymphe ['nymfə] *f* nymphe *f*
nymphoman [nymfo'ma:n] *adj* nymphomane

N

O

o [oː] *interj O doch!* Mais si! *O weh!* Misère!
Oase [o'aːzə] *f* oasis *f*
ob [ɔp] *konj* si; *als ~* comme si
Obacht ['oːbaxt] *f* attention *f,* soin *m; ~ geben* faire attention; *~!* Prends garde!
Obdach ['ɔpdax] *n* abri *m,* gîte *m*
obdachlos ['ɔpdaxloːs] *adj* sans abri
Obdachlose(r) ['ɔpdaxloːzə(r)] *m/f* sans-logis *m/f,* sans-abri *m/f*
Obduktion [ɔpduk'tsjoːn] *f MED* autopsie *f*
obduzieren [ɔpdu'tsiːrən] *v MED* faire une autopsie, pratiquer une autopsie
O-Beine ['oːbaɪnə] *pl* jambes arquées *f/pl*
Obelisk [obe'lɪsk] *m* obélisque *m*

oben ['oːbən] *adv* en haut; *Der Befehl kommt von ~.* L'ordre vient d'en haut. *von ~ bis unten* de haut en bas; *~ ohne* aux seins nus; *~ genannt* nommé ci-dessus, cité ci-dessus, susmentionné, susnommé

obenan [oːbən'an] *adv* tout en haut, en tête, à la première place, à la place d'honneur
obenauf [oːbən'auf] *adv 1.* dessus, à la surface, au-dessus, en haut; *2. (munter)* être en pleine forme
obendrein [oːbən'draɪn] *adv* par-dessus le marché, de plus, en outre
Ober ['oːbər] *m* garçon *m*
Oberarzt ['oːbərartst] *m MED* médecin-chef *m*
Oberbefehl ['oːbərbəfeːl] *m MIL* commandement supérieur *m,* commandement suprême *m,* commandement en chef *m*
Oberbegriff ['oːbərbəgrɪf] *m* terme général *m,* terme générique *m*
Oberbekleidung ['oːbərbəklaɪduŋ] *f* vêtement de dessus *m*
Oberbürgermeister ['oːbərbyrgərmaɪstər] *m 1.* président du conseil; *2. (in Deutschland)* premier bourgmestre *m; 3. (in Frankreich)* maire *m*
Oberdeck ['oːbərdɛk] *n NAUT* pont supérieur *m*
obere(r,s) ['oːbərə(r,s)] *adj* supérieur(e), d'en haut, plus élevé(e)
Oberfläche ['oːbərflɛçə] *f* surface *f,* superficie *f*
oberflächlich ['oːbərflɛçlɪç] *adj* superficiel, léger
Oberflächlichkeit ['oːbərflɛçlɪçkaɪt] *f* caractère superficiel *m,* légèreté *f,* superficialité *f*
Obergeschoss ['oːbərgəʃɔs] *n* étage supérieur *m*
oberhalb ['oːbərhalp] *prep 1.* au-dessus de, en amont de; *adv 2.* en haut
Oberhand ['oːbərhant] *f die ~ gewinnen* prendre le dessus
Oberhaupt ['oːbərhaupt] *n* chef *m,* leader *m*
Oberhaus ['oːbərhaus] *n POL* Chambre des lords *f*
Oberin ['oːbərɪn] *f REL* Mère supérieure *f*
oberirdisch ['oːbərɪrdɪʃ] *adj* au-dessus du sol, aérien
Oberkiefer ['oːbərkiːfər] *m ANAT* mâchoire supérieure *f*
Oberkommando ['oːbərkɔmando] *n MIL* haut commandement *m,* commandement suprême *m,* commandement en chef *m*
Oberkörper ['oːbərkœrpər] *m ANAT* buste *m,* torse *m*
Oberleitung ['oːbərlaɪtuŋ] *f TECH* ligne aérienne *f,* caténaire *f*
Oberlicht ['oːbərlɪçt] *n 1.* imposte *f,* lucarne *f,* jour à plomb *m,* toit vitré *m; 2. (über einer Tür)* imposte *f*
Oberlippe ['oːbərlɪpə] *f ANAT* lèvre supérieure *f*
Oberschenkel ['oːbərʃɛŋkəl] *m ANAT* cuisse *f*
Oberschicht ['oːbərʃɪçt] *f (Gesellschaftsschicht)* couche supérieure *f*
Oberst ['oːbərst] *m MIL* colonel *m*
oberste(r,s) ['oːbərstə(r,s)] *adj 1.* plus haut(e), plus élevé(e), suprême; *2. (erste(r,s))* premier/première
Oberstufe ['oːbərʃtuːfə] *f 1. (elfte bis dreizehnte Klasse)* second cycle *m; 2. (Schüler(in) der ~)* élève du second cycle *m/f*
Oberteil ['oːbərtaɪl] *n* partie supérieure *f,* dessus *m*
Oberwasser ['oːbərvasər] *n ~ haben* avoir le dessus
obgleich [ɔp'glaɪç] *konj* bien que, quoique, encore que
Obhut ['ɔphuːt] *f* garde *f,* protection *f; jdn in seine ~ nehmen* prendre qn sous sa protection

O

obige(r,s) ['oːbɪgə(r,s)] *adj* ci-dessus mentionné, susmentionné, susnommé, susdit
Objekt [ɔp'jɛkt] *n 1. GRAMM* complément *m,* complément d'objet *m; 2. (Gegenstand)* objet *m*
objektiv [ɔpjɛk'tiːf] *adj 1.* objectif; *2. (unparteiisch)* impartial
Objektiv [ɔpjɛk'tiːf] *n FOTO* objectif *m*
Objektivität [ɔpjɛktivi'tɛːt] *f 1.* objectivité *f; 2. (Unvoreingenommenheit)* impartialité *f*
Oblate [o'blaːtə] *f 1. GAST* oublie *f; 2. REL* hostie *f*
obliegen [ɔp'liːgən] *v irr* incomber à
Obligation [ɔbliga'tsjoːn] *f ECO* obligation *f*
obligatorisch [ɔbliga'toːrɪʃ] *adj* obligatoire
Obrigkeit ['oːbrɪçkaɪt] *f* autorités *f/pl,* pouvoirs publics *m/pl*
Obrigkeitsdenken ['oːbrɪçkaɪtsdɛŋkən] *n* esprit d'autorité *m*
obschon [ɔp'ʃoːn] *konj* bien que, quoique
Observation [ɔpzɛrva'tsjoːn] *f (durch die Polizei)* observation *f*
observieren [ɔpzɛr'viːrən] *v* observer, surveiller
obskur [ɔps'kuːr] *adj* obscur, peu clair
Obskurität [ɔpskuri'tɛːt] *f* obscurité *f*
Obst [oːpst] *n BOT* fruits *m/pl*
Obstanbau ['oːpstanbau] *m AGR* culture fruitière *f,* production fruitière *f,* arboriculture fruitière *f,* fruticulture *f*
Obstgarten ['oːpstgartən] *m* verger *m,* jardin fruitier *m*
obszön [ɔps'tsøːn] *adj* obscène
obwohl [ɔp'voːl] *konj* bien que, quoique
Ochse ['ɔksə] *m ZOOL* bœuf *m; dastehen wie der ~ vorm Berg (fam)* être empoté, être planté là comme une andouille
ocker ['ɔkər] *adj* ocre
öde ['øːdə] *adj 1.* désert, désertique, aride, désolé; *2. (fig)* monotone, triste, ennuyeux
Ödem [ø'deːm] *n MED* œdème *m*
oder ['oːdər] *konj* ou, sinon, autrement
Ödipuskomplex ['øːdipuskɔmplɛks] *m PSYCH* complexe d'Oedipe *m*
Ofen ['oːfən] *m 1. (Backofen)* four *m; 2. (Heizofen)* poêle *m,* fourneau *m; hinter dem ~ hocken* être casanier, être pantouflard; *ein Schuss in den ~ (fam)* un échec *m,* un revers *m; Der ~ ist aus. (fam)* Il n'y a plus rien à faire./C'est foutu.
Ofenrohr ['oːfənroːr] *n* tuyau de poêle *m*
offen ['ɔfən] *adj 1. (geöffnet)* ouvert; *~ bleiben* rester ouvert; *~ lassen* laisser ouvert; *~ stehen* être ouvert; *2. (fig: aufrichtig)* franc, sincère; *3. (fig: unentschieden)* ouvert, en suspens; *~ lassen* laisser en suspens, laisser indécis; *4. ~ bleiben (Ende)* rester posé, rester indécis, demeurer posé; *5. (fig: nicht besetzt)* vacant, inoccupé; *6. ~ stehen (fig: Rechnung)* être non payé, être non réglé rester impayé *7. ~ stehen (fig: Möglichkeiten)* être libre de, avoir le choix; *Es steht ihm offen zu ...* Libre à lui de ...; *8. ~ halten (unbesetzt lassen)* laisser vacant; *9. sich etw ~ halten* se reserver qc; *10. (fig)* découvrir qc, exposer qc, révéler qc, divulguer qc
offenbar ['ɔfənbaːr] *adj* manifeste, évident, apparent
offenbaren [ɔfən'baːrən] *v 1. etw ~* découvrir qc, dévoiler qc; *2. sich ~* se manifester, se révéler
Offenbarung [ɔfən'baːruŋ] *f 1. (Enthüllung)* révélation *f; 2. REL* révélation *f,* apocalypse *f*
Offenbarungseid [ɔfən'baːruŋsaɪt] *m JUR* serment déclaratoire *m*
Offenheit ['ɔfənhaɪt] *f 1.* franchise *f,* sincérité *f; 2. (Ehrlichkeit)* loyauté *f*
offenherzig ['ɔfənhɛrtsɪç] *adj* franc, sincère
offenkundig ['ɔfənkundɪç] *adj 1. (bekannt)* public, notoire; *2. (Irrtum)* flagrant; *3. (offensichtlich)* evident, apparent
offensichtlich ['ɔfənzɪçtlɪç] *adj* manifeste, évident, qui saute aux yeux
offensiv [ɔfən'ziːf] *adj* offensif
öffentlich ['œfəntlɪç] *adj 1.* public; *adv 2.* en public
Öffentlichkeit ['œfəntlɪçkaɪt] *f* public *m; in der ~* en public; *unter Ausschluss der ~* à huis clos; *in aller ~* au vu et au su de tout le monde
Öffentlichkeitsarbeit ['œfəntlɪçkaɪtsarbaɪt] *f* relations publiques *f/pl*
offerieren [ɔfə'riːrən] *v* proposer, offrir
offiziell [ɔfi'tsjɛl] *adj* officiel
Offizier [ɔfi'tsiːr] *m MIL* officier *m*
offiziös [ɔfi'tsjøːs] *adj* officieux
öffnen ['œfnən] *v 1. etw ~* ouvrir qc; *2. (Flasche entkorken)* déboucher; *3. sich ~* s'ouvrir, s'épanouir; *4. sich ~ (sich entfalten)* se déployer
Öffner ['œfnər] *m 1. (Dosenöffner)* ouvre-boîtes *m; 2. (Flaschenöffner)* ouvre-bouteilles *m,* décapsuleur *m*

Öffnung ['œfnuŋ] *f* *1.* ouverture *f*, orifice *m*; *2. (Mündung)* embouchure *f*
Öffnungszeiten ['œfnuŋstsaɪtən] *pl* heures d'ouverture *f/pl*
Off-Stimme ['ɔfʃtɪmə] *f* *CINE* voix off *f*

oft [ɔft] *adv* souvent, fréquemment, bien des fois

öfter ['œftər] *adv* plus souvent
öfters ['œftərs] *adv* parfois, à plusieurs reprises, de façon réitérée, maintes fois
oftmalig ['ɔftmaːlɪç] *adj* souvent, fréquent, réitéré

ohne ['oːnə] *prep* sans; *~ dass* sans que; *nicht ~ sein* ne pas manquer de caractère; *~ weiteres* d'emblée, tout de go *(fam)*

ohnehin [oːnə'hɪn] *adv* de toute façon, sans cela, aussi bien
Ohnmacht ['oːnmaxt] *f* *1. MED* évanouissement *m*, syncope *f*; *2. (Machtlosigkeit)* impuissance *f*
ohnmächtig ['oːnmɛçtɪç] *adj* *1. (bewusstlos)* évanoui, sans connaissance; *2. (fig: machtlos)* impuissant, faible
Ohnmachtsanfall ['oːnmaxtsanfal] *m* syncope *f*

Ohr [oːr] *n* *ANAT* oreille *f*; *sich übers ~ hauen lassen* se laisser tondre; *jdn übers ~ hauen* rouler qn, avoir qn *(fam)*; *jdm etw ins ~ flüstern* dire qc dans le creux de l'oreille à qn; *jdm in den ~en liegen* casser les oreilles à qn, rabattre les oreilles à qn; *mit halbem ~ zuhören* n'écouter que d'une oreille; *ein offenes ~ haben* être à l'écoute; *~en wie ein Luchs haben* avoir l'oreille fine; *die ~en steif halten* garder le moral, ne pas se laisser abattre; *die ~en hängen lassen* baisser les bras; *es faustdick hinter den ~en haben* être malin comme un singe, être rusé comme un vieux renard; *sich etw hinter die ~en schreiben* se tenir qc pour dit; *jdm das Fell über die ~en ziehen* exploiter qn, plumer qn *(fam)*; *jdm die ~en lang ziehen* tirer les oreilles à qn; *sich aufs ~ hauen (fam)* aller se coucher, aller se pieuter; *viel um die ~en haben* avoir du travail par-dessus la tête; *jdm zu ~en kommen* venir aux oreilles de qn; *nichts für fremde ~en sein* être confidentiel; *Auf diesem ~ ist er taub!* Il fait la sourde oreille.

ohrenbetäubend ['oːrənbətɔybənt] *adj* assourdissant, à percer les oreilles
Ohrenentzündung ['oːrənɛnttsynduŋ] *f* *MED* otite *f*
Ohrensausen ['oːrənzauzən] *n* *MED* bourdonnement d'oreilles *m*
Ohrenschmalz ['oːrənʃmalts] *n* *ANAT* cérumen *m*
Ohrenschmerzen ['oːrənʃmɛrtsən] *pl* *MED* mal d'oreilles *m*
Ohrenschützer ['oːrənʃytsər] *m* protège-oreilles *m*
Ohrfeige ['oːrfaɪgə] *f* claque *f*, gifle *f*
ohrfeigen ['oːrfaɪgən] *v* *jdn ~* gifler qn, donner une gifle à qn
Ohrläppchen ['oːrlɛpçən] *n* *ANAT* lobe de l'oreille *m*
Ohrmuschel ['oːrmuʃəl] *f* *ANAT* pavillon *m*
Ohrring ['oːrrɪŋ] *m* boucle d'oreille *f*
Ohrwurm ['oːrvurm] *m* *(fam)* rengaine *f*
Okkupation [ɔkupa'tsjoːn] *f* *MIL* occupation *f*
okkupieren [ɔku'piːrən] *v* *MIL* occuper
Ökoladen ['øːkolaːdən] *m* *(fam)* magasin écologique *m*, magasin biologique *m*, magasin bio *m*
Ökologe [øko'loːgə] *m* écologiste *m*
Ökologie [økolo'giː] *f* écologie *f*
ökologisch [øko'loːgɪʃ] *adj* écologique
Ökonomie [øːkono'miː] *f* économie *f*
ökonomisch [øːko'noːmɪʃ] *adj* économique
Ökostrom ['øːkoʃtroːm] *m* courant vert *m*, courant écologique *m*
Ökosystem ['øːkozysteːm] *n* *BIO* écosystème *m*
Oktober [ɔk'toːbər] *m* octobre *m*
Oktoberfest [ɔk'toːbərfɛst] *n* Fête de la bière *f*
ökumenisch [øku'meːnɪʃ] *adj* *REL* œcuménique
Öl [øːl] *n* *1. (Erdöl)* pétrole *m*; *2. (Heizöl)* mazout *m*, fuel *m*; *(Speiseöl)* huile *f*; *~ ins Feuer gießen (fig)* jeter de l'huile sur le feu
Ölbaum ['øːlbaum] *m* *BOT* olivier *m*
Ölbild ['øːlbɪlt] *n* *ART* peinture à l'huile *f*, tableau à l'huile *m*
Ölbohrung ['øːlboːruŋ] *f* *TECH* forage de pétrole *m*
Öldruck ['øːldruk] *m* *TECH* pression d'huile *f*, impression à l'huile *f*, oléagraphie *f*, linographie *f*
ölen ['øːlən] *v* huiler, lubrifier, graisser
Ölfarbe ['øːlfarbə] *f* *ART* peinture à l'huile *f*

O

Ölförderung ['øːlfœrdəruŋ] *f* production de pétrole *f*, extraction de pétrole *f*
Ölgemälde ['øːlgəmɛːldə] *n ART* peinture à l'huile *f*, toile *f*
Ölheizung ['øːlhaɪtsuŋ] *f* chauffage au mazout *m*, chauffage au fuel *m*
ölig ['øːlɪç] *adj* huileux, graisseux
Ölkanne ['øːlkanə] *f* burette *f*
Ölkrise ['øːlkriːzə] *f ECO* crise du pétrole *f*
Ölmessstab ['øːlmɛsʃtaːp] *m TECH* jauge de niveau d'huile *f*
Ölofen ['øːloːfən] *m* poêle à mazout *m*, four à huile *m*
Ölpest ['øːlpɛst] *f* marée noire *f*
Ölpreis ['øːlpraɪs] *m* prix du pétrole *m*
Ölraffinerie ['øːlrafinəriː] *f ECO* raffinerie de pétrole *f*
Öltank ['øːltaŋk] *m* réservoir d'huile *m*, réservoir de pétrole *m*, réservoir à mazout *m*
Öltanker ['øːltaŋkər] *m* pétrolier *m*
Ölteppich ['øːltɛpɪç] *m* nappe de pétrole *f*, marée noire *f*
Ölung ['øːluŋ] *f Letzte ~ REL* extrême-onction *f*
Ölwechsel ['øːlvɛksəl] *m TECH* vidange (d'huile) *f*
Olymp [o'lymp] *m* Olympe *m*
Olympiade [olym'pjaːdə] *f SPORT* jeux olympiques *m/pl*, olympiade *f*
Olympiamannschaft [o'lympjamanʃaft] *f* équipe olympique *f*
Olympiasieger(in) [o'lympjaziːgər(ɪn)] *m/f SPORT* champion(ne) olympique *m/f*
Olympische Spiele [o'lympɪʃə 'ʃpiːlə] *pl SPORT* Jeux olympiques *m/pl*
Ölzeug ['øːltsɔyk] *n* ciré *m*
Ölzweig ['øːltsvaɪk] *m* branche d'olivier *f*, rameau d'olivier *m*
Oma ['oːma] *f* grand-mère *f*, mamie *f*, mémère *f*, mémé *f (fam)*
Omen ['oːmən] *n* augure *m*, présage *m*
ominös [omi'nøːs] *adj* fatal, de mauvais augure, suspect, douteux
Omnibus ['ɔmnibus] *m* omnibus *m*, autobus *m*
onanieren [ona'niːrən] *v* se masturber
Onkel ['ɔŋkəl] *m* oncle *m*, tonton *m (fam)*
online ['ɔnlaɪn] *adj INFORM* online, connecté
Opa ['oːpa] *m* grand-père *m*, papie *m*, pépère *m*, pépé *m (fam)*
Opal [o'paːl] *m MIN* opale *f*
Oper ['oːpər] *f 1. MUS (Werk)* opéra *m; 2. (Gebäude)* Opéra *m*

O

Operation [opera'tsjoːn] *f 1.* opération *f; 2. MED* opération chirurgicale *f*, intervention chirurgicale *f*
Operationssaal [opera'tsjoːnszaːl] *m* salle d'opérations *f*
Operationstisch [opera'tsjoːnstɪʃ] *m MED* table d'opération *f*
operativ [opera'tiːf] *adj 1. MED* chirurgical, opératoire; *2. MIL* opérationnel
Operette [ope'rɛtə] *f MUS* opérette *f*
operieren [ope'riːrən] *v* opérer
Opfer ['ɔpfər] *n 1. (Verzicht)* sacrifice *m; 2. (Person)* victime *f*
Opferbereitschaft ['ɔpfərbəraɪtʃaft] *f* dévouement *m*, abnégation *f*
Opfergabe ['ɔpfərgaːbə] *f* offrande *f*
Opferlamm ['ɔpfərlam] *n REL* agneau offert en sacrifice *m*, agneau divin *m*
opfern ['ɔpfərn] *v 1. (spenden)* offrir; *2. (verzichten)* sacrifier; *3. (fig) sich ~* se dévouer, se sacrifier
Opferstock ['ɔpfərʃtɔk] *m REL* tronc *m*
opponieren [ɔpo'niːrən] *v* s'opposer à, faire opposition
opportun [ɔpɔr'tuːn] *adj* opportun
Opportunismus [ɔpɔrtu'nɪsmus] *m* opportunisme *m*
Opportunist(in) [ɔpɔrtu'nɪst(ɪn)] *m/f* opportuniste *m/f*
opportunistisch [ɔpɔrtu'nɪstɪʃ] *adj* opportuniste
Opposition [ɔpozi'tsjoːn] *f* opposition *f*
Optik ['ɔptɪk] *f* optique *f*
Optiker(in) ['ɔptɪkər(ɪn)] *m/f* opticien(ne) *m/f*
optimal [ɔpti'maːl] *adj* optimal, optimum
optimieren [ɔpti'miːrən] *v* optimiser
Optimismus [ɔpti'mɪsmus] *m* optimisme *m*
Optimist(in) [ɔpti'mɪst(ɪn)] *m/f* optimiste *m/f*
optimistisch [ɔpti'mɪstɪʃ] *adj* optimiste
Option [ɔp'tsjoːn] *f* option *f*
optisch ['ɔptɪʃ] *adj* optique, d'optique
Orakel [o'raːkəl] *n HIST* oracle *m*
Orange [o'rɑ̃ʒə] *f BOT* orange *f*
Orangensaft [o'rɑ̃ʒənzaft] *m GAST* jus d'orange *m*, orangeade *f*
Oratorium [ora'toːrjum] *n MUS* oratorio *m*
Orchester [ɔr'kɛstər] *n* orchestre *m*
Orchidee [ɔrçi'deː] *f BOT* orchidée *f*
Orden ['ɔrdən] *m 1. (Auszeichnung)* ordre *m*, décoration *f; 2. REL* ordre *m*
Ordensbruder ['ɔrdənsbruːdər] *m REL* frère *m*, religieux *m*

Ordensschwester ['ɔrdənsʃvɛstər] *f* *REL* sœur *f*, religieuse *f*
Ordensverleihung ['ɔrdənsfɛrlaɪuŋ] *f* remise d'un ordre *f*, décoration *f*
ordentlich ['ɔrdəntlɪç] *adj 1. (aufgeräumt)* bien rangé; *2. (sorgfältig)* soigné; *nichts Ordentliches zustande bringen* ne faire rien qui vaille; *3. (ordnungsliebend)* ordonné, ayant de l'ordre; *adv 4.* bien, convenablement
ordinär [ɔrdi'nɛːr] *adj* commun, vulgaire, trivial
ordnen ['ɔrdnən] *v 1.* ranger, mettre en ordre; *2. (ein~)* classer
Ordner ['ɔrdnər] *m 1. (Person)* ordonnateur *m*, organisateur *m; 2. (Hefter)* classeur *m*
Ordnung ['ɔrdnuŋ] *f 1. (Handlung)* rangement *m*, classement *m*, règlement *m; 2. (Zustand)* ordre *m*, bon état *m; zur ~ rufen* rappeler à l'ordre
Ordnungsamt ['ɔrdnuŋsamt] *n* service communal administratif *m*
ordnungsgemäß ['ɔrdnuŋsgəmɛːs] *adj 1.* conforme au règlement, réglementaire, régulier; *adv 2.* dûment, en bonne et due forme
ordnungshalber ['ɔrdnuŋshalbər] *adv* pour la forme
Ordnungshüter(in) ['ɔrdnuŋshyːtər(ɪn)] *m/f* gardien(ne) de l'ordre *m/f*
Ordnungsliebe ['ɔrdnuŋsliːbə] *f* amour de l'ordre *m*, goût de l'ordre *m*
Ordnungssinn ['ɔrdnuŋszɪn] *m* sens de l'ordre *m*, esprit d'ordre *m*
Ordnungsstrafe ['ɔrdnuŋsʃtraːfə] *f JUR* peine disciplinaire *f*
ordnungswidrig ['ɔrdnuŋsviːdrɪç] *adj* contraire à l'ordre, contraire aux règles, non réglementaire, non conforme au règlement, irrégulier
Ordnungszahl ['ɔrdnuŋstsaːl] *f* nombre ordinal *m*
Organisation [ɔrganiza'tsjoːn] *f* organisation *f*
Organisator [ɔrgani'zaːtɔr] *m* organisateur *m*
organisatorisch [ɔrganiza'toːrɪʃ] *adj* organisateur, d'organisation
organisch [ɔr'gaːnɪʃ] *adj* organique
organisieren [ɔrgani'ziːrən] *v* organiser
organisiert [ɔrgani'ziːrt] *adj* organisé
Organisierung [ɔrgani'ziːruŋ] *f* organisation *f*
Organismus [ɔrga'nɪsmus] *m BIO* organisme *m*
Organspender [ɔr'gaːnʃpɛndər] *m* donneur d'organes *m*
Orgasmus [ɔr'gasmus] *m* orgasme *m*
Orgel ['ɔrgəl] *f MUS* orgue *m*
Orgie ['ɔrgjə] *f* orgie *f*
Orient ['oːrjɛnt] *m GEO* Orient *m*, pays du soleil, Levant *m*
orientalisch [ɔrjɛn'taːlɪʃ] *adj* oriental
orientieren [ɔrjɛn'tiːrən] *v sich ~* s'orienter, s'informer
Orientierung [ɔrjɛn'tiːruŋ] *f* orientation *f*
Orientierungssinn [ɔrjɛn'tiːruŋszɪn] *m* sens de l'orientation *m*
original [origi'naːl] *adj* original, d'origine, authentique
Originalaufnahme [origi'naːlaufnaːmə] *f 1. (Fotografie)* prise de vue originale *f; 2. (Film, Ton)* enregistrement original *m*
originalgetreu [origi'naːlgətrɔy] *adj* fidèle à l'original, conforme à l'original
Originalität [originali'tɛːt] *f 1. (Echtheit)* originalité *f; 2. (Besonderheit)* originalité *f*
originell [origi'nɛl] *adj* original, singulier
Orkan [ɔr'kaːn] *m METEO* ouragan *m*
orkanartig [ɔr'kaːnaːrtɪç] *adj METEO* semblable à un ouragan
Orkanstärke [ɔr'kaːnʃtɛrkə] *f METEO* force de l'ouragan *f*
Ornament [ɔrna'mɛnt] *n* ornement *m*
ornamental [ɔrnamɛn'taːl] *adj ART* ornemental
Ornithologe [ɔrnito'loːgə] *m* ornithologue *m*, ornithologiste *m*

Ort [ɔrt] *m 1. (Stelle)* lieu *m*, endroit *m*, place *f; sich an ~ und Stelle begeben* se rendre sur les lieux; *Hier ist nicht der ~, um darüber zu sprechen.* Ce n'est pas le lieu pour parler de cela. *2. (Ortschaft)* localité *f*

orten ['ɔrtən] *v* localiser qc, repérer qc
orthodox [ɔrto'dɔks] *adj* orthodoxe
Orthografie [ɔrtogra'fiː] *f GRAMM* orthographe *f*
orthografisch [ɔrto'graːfɪʃ] *adj* orthographique
Orthopäde [ɔrto'pɛːdə] *m MED* orthopédiste *m*
Orthopädie [ɔrtopɛ'diː] *f MED* orthopédie *f*
orthopädisch [ɔrto'pɛːdɪʃ] *adj MED* orthopédique
örtlich ['œrtlɪç] *adj* local
Örtlichkeiten ['œrtlɪçkaɪtən] *pl* lieux *m/pl*

Ortsangabe ['ɔrtsangaːbə] *f* indication du lieu *f*
ortsansässig ['ɔrtsanzɛsɪç] *adj* résidant dans la localité, établi dans la localité
Ortsbestimmung ['ɔrtsbəʃtɪmuŋ] *f (fig)* localisation *f*
Ortschaft ['ɔrtʃaft] *f* localité *f,* agglomération *f,* endroit *m*
ortsfremd ['ɔrtsfrɛmt] *adj* étranger à la localité; *~ sein (fam)* ne pas être du coin
Ortsgespräch ['ɔrtsgəʃprɛːç] *n TEL* communication locale *f,* communication urbaine *f*
Ortskern ['ɔrtskɛrn] *m* cœur de l'agglomération *m*
ortskundig ['ɔrtskundɪç] *adj* connaissant les lieux
Ortsnetz ['ɔrtsnɛts] *n TEL* réseau téléphonique local *m,* réseau téléphonique urbain *m,* réseau local *m,* réseau urbain *m*
Ortsteil ['ɔrtstaɪl] *m* quartier *m,* commune associée *f,* commune rattachée à une unité urbaine *f*
Ortsumgehung ['ɔrtsumgeːuŋ] *f* déviation autour d'une agglomération *f*
Ortszeit ['ɔrtstsaɪt] *f* heure locale *f*
Ortung ['ɔrtuŋ] *f* repérage *m,* localisation *f*
Öse ['øːzə] *f* anneau *m; etw durch die ~ ziehen* tirer qc par l'anneau
Ossi ['ɔsi] *m (fam)* Allemand de l'Est *m*
Ost [ɔst] *m* Est *m*
Ostafrika [ɔst'afrika] *n GEO* Afrique orientale *f*
ostafrikanisch ['ɔstafrikaːnɪʃ] *adj* de l'Afrique orientale
ostasiatisch ['ɔstazjaːtɪʃ] *adj* de l'Asie orientale
Ostasien [ɔst'aːzjən] *n GEO* Asie orientale *f*
Ostblock ['ɔstblɔk] *m POL* bloc de l'Est *m*
Osten ['ɔstən] *m 1.* est *m; Der Wind weht aus ~.* Le vent souffle de l'est. *2. POL* Est *m; Naher ~ GEO* Proche-Orient *m; Mittlerer ~ GEO* Moyen-Orient *m;*
Osterhase ['oːstərhaːzə] *m* lapin de Pâques *m*
Ostern ['oːstərn] *n* Pâques *f/pl*
Österreich ['øːstərraɪç] *n GEO* Autriche *f*
Österreicher(in) ['øːstərraɪçər(ɪn)] *m/f* Autrichien(ne) *m/f*
österreichisch ['øːstərraɪçɪʃ] *adj* autrichien, d'Autriche
Osteuropa ['ɔstɔyroːpa] *n GEO* Europe orientale *f,* Europe de l'Est *f*
osteuropäisch ['ɔstɔyropɛːɪʃ] *adj* de l'Europe orientale
östlich ['œstlɪç] *adj* oriental, de l'est, d'est; *~ von* à l'est de
Ostpolitik ['ɔstpolitiːk] *f POL* Ostpolitik *f*
Östrogen [œstro'geːn] *n BIO* œstrogène *m*
Ostsee ['ɔstzeː] *f GEO* mer Baltique *f*
O-Ton ['oːtoːn] *m (Originalton)* version originale *f,* mots mêmes *m/pl*
Otter[1] ['ɔtər] *m ZOOL* loutre *f*
Otter[2] ['ɔtər] *f ZOOL* vipère *f*
out [aut] *adj (fam: nicht mehr aktuell)* out
outen ['autən] *v* révéler qc
Outfit ['autfɪt] *n* tenue *f,* fringues *f/pl*
oval [o'vaːl] *adj* ovale
Ovation [ova'tsjoːn] *f* ovation *f*
Overall ['oːvərɔːl] *m* salopette *f,* combinaison *f*
oxydieren [ɔksy'diːrən] *v CHEM etw oxidiert* oxyder
Ozean ['oːtseaːn] *m* océan *m der Atlantische ~* l'océan atlantique *m; der Indische ~* l'océan indien *m; der Pazifische ~* l'océan pacifique *m*
Ozeanien [otse'aːnjən] *n GEO* Océanie *f*
ozeanisch [otse'aːnɪʃ] *adj 1. GEO* océan; *2. (von Ozeanien)* océanien
Ozon [o'tsoːn] *n CHEM* ozone *m*
Ozongehalt [o'tsoːngəhalt] *m CHEM* teneur en ozone *f*
ozonhaltig [o'tsoːnhaltɪç] *adj CHEM* qui contient de l'ozone
Ozonloch [o'tsoːnlɔx] *n* trou dans la couche d'ozone *m*
Ozonschicht [o'tsoːnʃɪçt] *f* couche d'ozone *f*
Ozonwerte [o'tsoːnwertə] *f BIO* niveau d'ozone *m*

P

paar [paːr] *adv* quelques; *mit ein ~ Worten* en peu de mots; *die ~ Groschen, die er verdient hat* les quelques sous qu'il a gagnés
Paar [paːr] *n 1. (Ehepaar)* couple *m; 2. (~ Schuhe)* paire *f*
paaren ['paːrən] *v 1.* accoupler, appareiller; *2. (fig: verbinden)* unir, joindre
Paarlauf ['paːrlauf] *m SPORT* patinage par couple *m*
Paarung ['paːruŋ] *f* accouplement *m*
paarweise ['paːrvaɪzə] *adv* par paires, par couples, deux à deux
Pacht [paxt] *f 1. (Überlassung)* bail *m; 2. (Entgelt)* fermage *m*
pachten ['paxtən] *v* prendre à bail, prendre en gérance, louer
Pächter ['pɛçtər] *m 1.* preneur *m,* tenancier *m; 2. AGR* fermier *m*
Pachtvertrag ['paxtfɛrtraːk] *m ECO* contrat de bail à ferme *m,* contrat d'affermage *m*
Pack [pak] *n (fam)* canaille *f,* populace *f*
Päckchen ['pɛkçən] *n* petit paquet *m,* petit colis *m*
Packeis ['pakaɪs] *n* banquise *f*
packen ['pakən] *v 1. (greifen)* saisir, empoigner; *2. (einpacken)* emballer, empaqueter; *Koffer ~* faire ses valises; *3. (rühren)* toucher, émouvoir
Packpapier ['pakpapiːr] *n* papier d'emballage *m*
Packung ['pakuŋ] *f 1.* emballage *m; 2. (Paket)* paquet *m; 3. MED* enveloppement *m*
Pädagoge [pɛda'goːgə] *m* pédagogue *m*
Pädagogik [pɛda'goːgɪk] *f* pédagogie *f*
pädagogisch [pɛda'goːgɪʃ] *adj* pédagogique
Paddelboot ['padəlboːt] *n (fam)* canoë *m,* kayak *m*
Paket [pa'keːt] *n* paquet *m,* colis postal *m*
Pakt [pakt] *m* pacte *m,* accord *m,* convention *f*
paktieren [pak'tiːrən] *v* pactiser avec qn
Palast [pa'last] *m 1.* palais *m; 2. (Hotel)* palace *m*
Palästina [palɛ'stiːna] *n GEO* Palestine *f*
Palästinenser(in) [palɛstɪ'nɛnzər(ɪn)] *m/f* Palestinien(ne) *m/f*
Palette [pa'lɛtə] *f 1. ART* palette *f; 2. TECH* palette *f; 3. (Auswahl)* choix *m*
Palme ['palmə] *f 1. BOT* palmier *m; wieder von der ~ herunterkommen* retrouver son calme/reprendre son sang-froid; *2. (Auszeichnung)* palme *f*
Palmsonntag ['palmzɔntaːk] *m REL* Dimanche des Rameaux *m*
Palmzweig ['palmtsvaɪg] *m* palme *f,* branche de palmier *f*
panieren [pa'niːrən] *v GAST* paner
Panik ['paːnɪk] *f* panique *f*
panisch ['paːnɪʃ] *adj 1.* panique; *2. (Person)* pris de panique
Panne ['panə] *f 1. (Schaden)* panne *f; 2. (Missgeschick)* malchance *f,* mésaventure *f*
Pannenhilfe ['panənhɪlfə] *f* service de dépannage *m*
panschen ['panʃən] *v 1. (Wein)* frelater, couper; *2. (verfälschen)* falsifier; *3. (spielen)* patauger
Pantoffel [pan'tɔfəl] *m* pantoufle *f; Er steht unter dem ~.* Sa femme porte la culotte. *den ~ schwingen* porter la culotte
pantomimisch [panto'miːmɪʃ] *adj THEAT* pantomimique
Panzer ['pantsər] *m 1. (Schutzpanzer)* cuirasse *f; 2. MIL* char d'assaut *m,* blindé *m; 3. (bei Tieren)* carapace *f*
Panzerung ['pantsəruŋ] *f 1. MIL* blindage *m; 2. ZOOL* carapace *f*
Panzerwagen ['pantsərvaːgən] *m* véhicule blindé *m*
Papa ['papa] *m* papa *m*
Papagei [papa'gaɪ] *m ZOOL* perroquet *m*
Papier [pa'piːr] *n 1.* papier *m; nur auf dem ~ stehen* n'exister que sur le papier; *etw zu ~ bringen* mettre qc noir sur blanc; *2. (Wertpapier) FIN* titre *m,* valeur mobilière *f; 3. ~e pl (Dokumente)* papiers *m/pl*
Papierkorb [pa'piːrkɔrp] *m* corbeille à papiers *f*
Papierkrieg [pa'piːrkriːk] *m* paperasserie *f,* guerre de paperasse *f*
Pappbecher ['papbɛçər] *m* gobelet en carton *m*
Pappe ['papə] *f* carton *m*
Pappkarton ['papkartɔŋ] *m* carton *m,* boîte en carton *f,* caisse en carton *f*
Pappmaché ['papmaʃeː] *f* pâte à papier *f,* carton-pâte *m,* papier mâché *m*
Pappnase ['papnaːzə] *f (fam)* nez de clown *m,* rigolo *m*

Paprika ['paprɪka] *m* *1. (Gewürz)* paprika *m; f* *2. BOT* piment doux *m,* poivron *m*
Papst [paːpst] *m* *REL* pape *m,* souverain pontife *m,* Saint-Père *m; päpstlicher als der ~ sein* être plus royaliste que le roi
päpstlich ['pɛːpstlɪç] *adj* *REL* pontifical, papal, apostolique
Parabel [pa'raːbəl] *f* *1. MATH* parabole *f;* *2. LIT* parabole *f*
Parabolantenne [para'boːlantɛnə] *f* *TECH* antenne parabolique *f*
Parade [pa'raːdə] *f* *1.* parade *f,* défilé *m;* *2. MIL* prise d'armes *f*
Paradies [para'diːs] *n* paradis *m; das ~ auf Erden* le paradis sur terre *m*
paradiesisch [para'diːzɪʃ] *adj* paradisiaque, du paradis
Paradiesvogel [para'diːsfoːgəl] *m* *ZOOL* oiseau de paradis *m*
paradox [para'dɔks] *adj* paradoxal
parallel [para'leːl] *adj* parallèle
Parasit [para'ziːt] *m* parasite *m*
parat [pa'raːt] *adj* disponible, prêt
Parcours [par'kuːr] *m* *SPORT* parcours *m*
Parfüm [par'fyːm] *n* parfum *m*
Parfümerie [parfymə'riː] *f* parfumerie *f*
parfümieren [parfy'miːrən] *v* parfumer
parieren [pa'riːrən] *v* *1. (abwehren) SPORT* parer; *2. (fam: gehorchen)* obéir
Parität [pari'tɛːt] *f* parité *f,* égalité *f*
paritätisch [pari'tɛːtɪʃ] *adj* *1.* paritaire; *adv* *2.* à égalité, à parité
Park [park] *m* parc *m*
parken ['parkən] *v* garer, parquer, stationner
Parkett [par'kɛt] *n* *1. (Fußboden)* parquet *m;* *2. THEAT* orchestre *m*
Parkhaus ['parkhaus] *n* parking à étages *m,* parking sur plusieurs niveaux *m*
Parkplatz ['parkplats] *m* place de parking *f,* place de stationnement *f,* parking *m*
Parkuhr ['parkuːr] *f* parcmètre *m*
Parkverbot ['parkfɛrboːt] *n* interdiction de stationner *f,* stationnement interdit *m,* défense de stationner *f*
Parlament [parla'mɛnt] *n* *POL* parlement *m*
Parlamentarier [parlamɛn'taːriər] *m* *POL* parlementaire *m,* membre du Parlement *m*
parlamentarisch [parlamɛn'taːrɪʃ] *adj* *POL* parlementaire
Parodie [paro'diː] *f* parodie *f*
parodieren [paro'diːrən] *v* parodier qn
Parole [pa'roːlə] *f* *1.* mot d'ordre *m;* *2. (Motto)* devise *f;* *3. MIL* mot de passe *m*
Partei [par'taɪ] *f* *POL* parti *m; für etw ~ ergreifen* prendre fait et cause pour qc
Parteichef(in) [par'taɪʃɛf(ɪn)] *m/f* *POL* chef du parti *m/f,* chef du parti *m/f*
parteiisch [par'taɪɪʃ] *adj* partial
Parteilichkeit [par'taɪlɪçkaɪt] *f* partialité *f*
parteilos [par'taɪloːs] *adj* *POL* sans étiquette politique, non inscrit à un parti
Parteimitglied [par'taɪmɪtgliːt] *n* *POL* membre de parti *m,* membre du parti *m*
Parteinahme [par'taɪnaːmə] *f* prise de parti *f,* prise de position *f*
Parteitag [par'taɪtaːk] *m* *POL* congrès du parti *m*
Parterre [par'tɛr] *n* *1. (Erdgeschoss)* rez-de-chaussée *m;* *2. THEAT* parterre *m*
Partie [par'tiː] *f* *1. (Spiel)* partie *f,* match *m;* *2. (Teil)* partie *f;* *3. eine gute ~ sein* être un beau parti
partiell [par'tsjɛl] *adj* partiel
Partikel [par'tikəl] *n* *1. PHYS* particule *f; f* *2. GRAMM* particule *f*
Partizip [parti'tsiːp] *n* *GRAMM* participe *m*
Partner ['partnər] *m* *1. (Ehepartner)* conjoint *m,* partenaire *m;* *2. (Geschäftspartner)* associé *m,* partenaire *m;* *3. (Vertragspartner)* contractant *m,* partie contractante *f*
Partnerschaft ['partnərʃaft] *f* *1. (Lebensgemeinschaft)* couple *m;* *2. (Städtepartnerschaft)* jumelage *m;* *3. ECON* partenariat *m*
Partnerstadt ['partnərʃtat] *f* ville jumelée *f*
Party ['paːrti] *f* soirée *f,* surprise-partie *f*
Parzelle [par'tsɛlə] *f* parcelle *f*
Pass [pas] *m* *1. (Ausweis)* passeport *m,* carte d'identité *f;* *2. (Bergpass)* col *m;* *3. (Durchgang)* passage *m;* *4. (Engpass)* défilé *m*
passabel [pa'saːbəl] *adj* correct, convenable, passable; *ganz ~ sein* être tout à fait passable
Passage [pa'saːʒə] *f* *1. (Durchgang)* passage *m;* *2. (Überfahrt)* traversée *f*
Passagier [pasa'ʒiːr] *m* passager *m; blinder ~* passager clandestin *m*
Passant [pa'sant] *m* *1.* passant *m;* *2. (Fußgänger)* piéton *m*
Passbild ['pasbɪlt] *n* photo d'identité *f*
passen ['pasən] *v* *1. (die richtige Größe haben)* être à la bonne taille, aller bien; *Das passt mir wie angegossen.* Ça me va comme un gant. *jdm ~* être à la taille de qn; *2. (angemessen sein)* convenir, être de mise, être de saison; *3. (recht sein)* convenir, aller; *4. (gelegen sein)* être convenable, être séant

P

passend ['pasənt] *adj* approprié, adéquat, convenable, opportun

passieren [pa'siːrən] *v 1. (geschehen)* se passer, arriver; *Das kann jedem ~.* Cela peut arriver à tout le monde. *Wie ist das passiert?* Comment cela s'est-il passé? *2. (überqueren)* passer, franchir; *3. GAST* passer, tamiser

Passierschein [pa'siːrʃaɪn] *m* laissez-passer *m*
passioniert [pasjo'niːrt] *adj* passionné
Passionsspiel [pasj'oːnsʃpiːl] *n REL* mystères de la Passion *m/pl*
passiv ['pasiːf] *adj* passif
Passivität [pasivi'tɛːt] *f* passivité *f*
Passkontrolle ['paskɔntrɔlə] *f* contrôle des passeports *m*
Passstraße ['pasʃtraːsə] *f* route de col *f,* route du col *f*
Paste ['pastə] *f* pâte *f*
Pastellfarbe [pa'stɛlfarbə] *f 1. (Farbton)* pastel *m; 2. (Pastellstift)* pastel *m*
Pastete [pa'steːtə] *f 1. GAST* pâté *m; 2. (Fleischpastete) GAST* bouchée à la reine *f*
Pastor ['pastɔr] *m 1. (evangelisch) REL* pasteur *m; 2. (katholisch) REL* curé *m*
Pate ['paːtə] *m* parrain *m; bei etw ~ stehen* être à l'origine de qc/être à la source de qc; *bei etw ~ stehen (fig)* être parrain de qc
Patenkind ['paːtənkɪnt] *n* filleul(e) *m/f*
Patenschaft ['paːtənʃaft] *f* parrainage *m*
Patent [pa'tɛnt] *n* brevet d'invention *m*
Patentanwalt [pa'tɛntanvalt] *m JUR* conseil en brevets d'invention *m*
patentieren [patɛn'tiːrən] *v* breveter
pathetisch [pa'teːtɪʃ] *adj* pathétique
Patient(in) [pats'jɛnt(ɪn)] *m/f* patient(e) *m/f,* malade *m/f*
Patin ['paːtɪn] *f* marraine *f*
patriarchalisch [patriar'çaːlɪʃ] *adj* patriarcal
patriotisch [patri'oːtɪʃ] *adj* patriotique
Patriotismus [patrio'tɪsmus] *m* patriotisme *m*
Patrone [pa'troːnə] *f 1. (Waffe)* cartouche *f; 2. (Tintenpatrone)* cartouche d'encre *f*
Patronenhülse [pa'troːnənhylzə] *f MIL* douille *f*
Patrouille [pa'truljə] *f MIL* patrouille *f*
Patsche ['patʃə] *f 1. (Notlage)* détresse *f,* situation critique *f; in der ~ sitzen* être dans le pétrin; *jdm aus der ~ helfen* tirer qn d'embarras; *2. (fam: Händchen)* menotte *f*
patschnass ['patʃ'nas] *adj* trempé jusqu'aux os
Patt [pat] *n 1. (beim Schach)* pat *m,* partie nulle *f; 2. (fig)* pat *m,* équilibre des forces en présence *m,* impasse *f*
patzig ['patsɪç] *adj* impoli, arrogant, insolent, impertinent
Pauke ['paukə] *f MUS* timbale *f,* grosse caisse *f; mit ~n und Trompeten durchfallen* échouer lamentablement
pauken ['paukən] *v (fam)* bachoter, potasser, bûcher
pausbäckig ['pausbɛkɪç] *adj* joufflu
pauschal [pau'ʃaːl] *adv 1.* à forfait, en bloc; *adj 2.* forfaitaire, global
pauschalisieren [pauʃali'ziːrən] *v* généraliser qc
Pauschalreise [pau'ʃaːlraɪzə] *f* voyage-organisé *m,* voyage tout compris *m*
Pause ['pauzə] *f 1.* pause *f; 2. (in der Schule)* récréation *f*
pausenlos ['pauzənloːs] *adv 1.* sans repos, sans arrêt, sans relâche, sans interruption; *adj 2.* continuel, incessant, ininterrompu

Pech [pɛç] *n 1.* poix *f; zusammenhalten wie ~ und Schwefel* être comme cul et chemise *(fam),* s'entendre comme larrons en foire; *2. (fig: Missgeschick)* malchance *f,* déveine *f (fam); ~ haben* avoir de la malchance

pechschwarz ['pɛç'ʃvarts] *adj* noir comme du cirage
Pechsträhne ['pɛçʃtrɛːnə] *f* série noire *f,* période de déveine *f,* période de malchance *f*
Pechvogel ['pɛçfoːgəl] *m* malchanceux *m*
Pedal [pe'daːl] *n* pédale *f*
Pedant(in) [pe'dant(ɪn)] *m/f* maniaque *m/f,* pinailleur/pinailleuse *m/f,* pointilleux/pointilleuse *m/f*
pedantisch [pe'dantɪʃ] *adj* tatillon, pointilleux, formaliste
Pein [paɪn] *f* douleur *f,* souffrance *f,* tourment *m,* peine *f*
peinigen ['paɪnɪgən] *v* faire souffrir, tourmenter, torturer, martyriser
peinlich ['paɪnlɪç] *adj 1. (unangenehm)* désagréable, pénible, embarrassant, gênant; *adv 2. ~ genau* pointilleux, minutieux, méticuleux, scrupuleux
Peinlichkeit ['paɪnlɪçkaɪt] *f (Verlegenheit)* embarras *m,* gêne *f*
Peitsche ['paɪtʃə] *f 1.* fouet *m; 2. (Reitpeitsche)* cravache *f*

P

peitschen ['paɪtʃən] *v 1. (schlagen)* fouetter; *2. (Regen)* cingler, battre violemment
Pelle ['pɛlə] *f (Kartoffel, Wurst)* peau *f*, *(Geschältes)* pelure *f*; *jdm auf der ~ sitzen* être pendu aux basques de qn; *jdm auf die ~ rücken* talonner qn, harceler qn
Pellkartoffeln ['pɛlkartɔfəln] *pl GAST* pommes de terre en robe de chambre *f/pl*
Pelz [pɛlts] *m 1. (Fell)* peau *f*, pelage *m*, poil *m*; *jdm auf den ~ rücken* presser qn, tenir la grappe à qn *(fam)*; *2. (~mantel)* fourrure *f*, manteau de fourrure *m*
pelzig ['pɛltsɪç] *adj* coriace, fibreux, flétri
Pendel ['pɛndəl] *n* pendule *m*, balancier *m*
pendeln ['pɛndəln] *v 1. (baumeln)* osciller, balancer; *2. (fig)* faire la navette
Pendelverkehr ['pɛndəlfɛrkeːr] *m* service de navette *m*
Pendler(in) ['pɛndlər(ɪn)] *m/f* personne faisant la navette *f*
penetrant [pɛnə'trant] *adj* fort, pénétrant, insistant
penibel [pe'niːbəl] *adj 1.* méticuleux, minutieux, pénible; *2. (schwierig)* difficile
Penis ['peːnɪs] *m ANAT* pénis *m*, verge *f*
pennen ['pɛnən] *v (fam)* roupiller, pioncer
Penner ['pɛnər] *m 1. (fam: Obdachloser)* clochard *m*; *2. (fam: unaufmerksamer Mensch)* endormi *m*
Pension [pɛn'zjoːn] *f 1. (Ruhestand)* retraite *f*; *2. (Rente)* pension de retraite *f*; *3. (Fremdenheim)* pension *f*
Pensionsalter [pɛn'zjoːnsaltər] *n* âge de la retraite *m*
Pensum ['pɛnzum] *n* tâche *f*
per [pɛr] *prep* par; *~ Anhalter fahren* faire de l'auto-stop
perfekt [pɛr'fɛkt] *adj* parfait, accompli
Perfekt ['pɛrfɛkt] *n GRAMM* passé composé *m*
Perfektion [pɛrfɛk'tsjoːn] *f* perfection *f*
Perfektionismus [pɛrfɛktsjo'nɪsmus] *m* perfectionnisme *m*
Perfektionist(in) [pɛrfɛktsjo'nɪst(ɪn)] *m/f* perfectionniste *m/f*
perforieren [pɛrfo'riːrən] *v* perforer, percer
Pergament [pɛrga'mɛnt] *n* parchemin *m*
Periode [per'joːdə] *f 1. (Zeitabschnitt)* période *f*; *2. (Menstruation)* règles *f/pl*
periodisch [per'joːdɪʃ] *adj* périodique, cyclique
peripher [peri'feːr] *adj 1.* périphérique; *adv 2.* à la périphérie

Perle ['pɛrlə] *f* perle *f*
perlen ['pɛrlən] *v 1. (Schweiß)* perler; *Der Schweiß perlte ihm von der Stirn.* La sueur perlait sur son front. *2. (Sekt)* pétiller; *3. (Lachen)* rire; *4. (rollen)* rouler, enrouler
Perlenkette ['pɛrlənkɛtə] *f* collier de perles *m*
Perlmutt ['pɛrlmut] *n* nacre *f*
permanent [pɛrma'nɛnt] *adj 1.* permanent, durable; *adv 2.* en permanence
perplex [pɛr'plɛks] *adj* perplexe, stupéfait, confus
Perser ['pɛrzər] *m 1. (Person)* Persan *m*, Perse *m*; *2. (Teppich)* tapis persan *m*
Persien ['pɛrziən] *n GEO* Perse *f*

Person [pɛr'zoːn] *f* personne *f*, individu *m*, personnalité *f*, personnage *m*

Personal [pɛrzo'naːl] *n 1.* personnel *m*; *2. (die Angestellten)* employés *m/pl*; *3. (Hauspersonal)* domestiques *m/pl*
Personalakte [pɛrzo'naːlaktə] *f* dossier personnel *m*, dossier individuel *m*
Personalausweis [pɛrzo'naːlausvaɪs] *m* carte d'identité *f*, pièce d'identité *f*
Personalien [pɛrzo'naːljən] *pl* identité *f*, signalement *m*
Personalpronomen [pɛrzo'naːlpronoːmən] *n GRAMM* pronom personnel *m*
Personenschaden [pɛr'zoːnənʃaːdən] *m JUR* dommage aux personnes *m*, dommage corporel *m*
personifizieren [pɛrzonifi'tsiːrən] *v* personnifier
persönlich [pɛr'zøːnlɪç] *adj 1.* personnel, individuel; *adv 2.* en personne; *etw ~ nehmen* prendre qc à cœur; *ich ~* quant à moi, je ...
Persönlichkeit [pɛr'zøːnlɪçkaɪt] *f* personnalité *f*
Perspektive [pɛrspɛk'tiːvə] *f* perspective *f*
perspektivisch [pɛrspɛk'tiːvɪʃ] *adj 1.* perspectif; *adv 2.* en perspective
Perücke [pɛ'rykə] *f* perruque *f*
pervers [pɛr'vɛrs] *adj* pervers
pervertieren [pɛrvɛr'tiːrən] *v* pervertir qc
Pessimist(in) [pɛsɪ'mɪst(ɪn)] *m/f* pessimiste *m/f*
pessimistisch [pɛsi'mɪstɪʃ] *adj* pessimiste; *etw ~ sehen* être pessimiste
Pest [pɛst] *f MED* peste *f*; *jdn hassen wie die ~* ne pas pouvoir sentir qn/ne pas pouvoir voir qn en peinture *(fam)*
Pestizid [pɛsti'tsiːt] *n CHEM* insecticide *m*, pesticide *m*

Petersilie [petər'ziːljə] *f BOT* persil *m*
petzen ['pɛtsən] *v* moucharder, rapporter
Pfad [pfaːt] *m* sentier *m,* chemin étroit *m,* voie *f; auf dem ~ der Tugend wandeln* être la vertu en personne, être sage comme une image; *auf krummen ~en wandeln* filer un mauvais coton, être sur une mauvaise pente
Pfadfinder ['pfaːtfɪndər] *m* scout *m*
Pfahl [pfaːl] *m* poteau *m,* piquet *m,* pieu *m*
Pfand [pfant] *n 1.* gage *m,* garantie *f; 2. (Leergut)* consigne *f*
Pfandbrief ['pfantbriːf] *m FIN* lettre de gage *f,* obligation hypothécaire *f*
pfänden ['pfɛndən] *v* saisir, procéder à une saisie
Pfandflasche ['pfantflaʃə] *f* bouteille consignée *f*
Pfandhaus ['pfanthaus] *n* maison de prêt *f,* maison de crédit *f,* mont-de piété *m*
Pfandleihe ['pfantlaɪə] *f (Leihhaus)* prêt sur gage *m*
Pfändung ['pfɛnduŋ] *f* saisie *f*
Pfanne ['pfanə] *f* poêle *f; jdn in die ~ hauen* ne pas rater qn/briser qn
Pfarrei [pfa'raɪ] *f 1. (Pfarrbezirk) REL* paroisse *f; 2. (Pfarramt) REL* cure *f; 3. (Pfarrhaus) REL* presbytère *m*
Pfarrer ['pfarər] *m 1. (evangelisch) REL* pasteur *m; 2. (katholisch) REL* curé *m*
Pfau [pfau] *m ZOOL* paon *m; stolz wie ein ~ sein* être fier comme un paon
Pfeffer ['pfɛfər] *m* poivre *m; ~ im Hintern haben* avoir le diable au corps; *hingehen, wo der ~ wächst* se faire voir ailleur
Pfefferminze ['pfɛfərmɪntsə] *f BOT* menthe *f*
Pfeffermühle ['pfɛfərmyːlə] *f* moulin à poivre *m*
pfeffern ['pfɛfərn] *v* poivrer, pimenter
Pfeife ['pfaɪfə] *f 1. (Tabakpfeife)* pipe *f; jdn in der ~ rauchen* pouvoir oublier qn; *2. (Trillerpfeife)* sifflet *m; nach jds ~ tanzen* se laisser mener à la baguette par qn, obéir au doigt et à l'oeil de qn; *3. (Orgelpfeife)* tuyau *m*
pfeifen ['pfaɪfən] *v irr* siffler; *auf etw ~* se balancer de qc, se foutre de qc; *sehr gut ~* siffler comme un merle; *sich eins ~* en prendre à son aise, ne pas s'embêter *(fam); Ich pfeife dir was.* Tu peux toujours courir.
Pfeil [pfaɪl] *m* flèche *f,* sagette *f*
Pfeiler ['pfaɪlər] *m 1.* pilier *m; 2. (Wandpfeiler)* pilastre *m*
pfeilschnell ['pfaɪl'ʃnɛl] *adj* rapide comme une flèche

Pfennig ['pfɛnɪç] *m HIST* pfennig *m; keinen ~ Geld haben* n'avoir pas le sou; *keinen ~ wert sein* ne pas valoir un clou; *mit jedem ~ rechnen müssen* regarder à la dépense
Pfennigfuchser ['pfɛnɪçfuksər] *m (fam)* grippe-sou *m*
Pferch [pfɛrç] *m* parc *m,* enclos *m*

Pferd [pfeːrt] *n ZOOL* cheval *m; das ~ beim Schwanz aufzäumen* mettre la charrue avant les bœuf s; *mit jdm ~e stehlen können* pouvoir compter entièrement sur qn; *das beste ~ im Stall sein* être le meilleur élément; *aufs richtige ~ setzen* parier sur le bon cheval, tirer le bon numéro; *Keine zehn ~e bringen mich dorthin.* Je n'irai pas pour tout l'or du monde.

Pferdekoppel ['pfeːrdəkɔpəl] *f* parc à chevaux *m*
Pferderennbahn ['pfeːrdərɛnbaːn] *f* hippodrome *m*
Pferdeschwanz ['pfeːrdəʃvants] *m (Frisur)* queue de cheval *f*
Pfiff [pfɪf] *m* coup de sifflet *m*
Pfifferling ['pfɪfərlɪŋ] *m BOT* chanterelle *f,* girolle *f; keinen ~ wert sein* ne pas valoir un clou/ne pas valoir tripette
pfiffig ['pfɪfɪç] *adj 1.* rusé, malin, finaud, futé; *adv 2.* avec ruse, avec finesse
Pfingsten ['pfɪŋstən] *n REL* Pentecôte *f*
Pfirsich ['pfɪrzɪç] *m BOT* pêche *f*
Pflanze ['pflantsə] *f* plante *f,* végétal *m*
pflanzen ['pflantsən] *v 1.* planter; *2. (an~)* cultiver
Pflanzenart ['pflantsənaːrt] *f* type de plante *m*
Pflanzenschutzmittel ['pflantsənʃutsmɪtəl] *n* pesticide *m*
pflanzlich ['pflantslɪç] *adj* végétal
Pflaster ['pflastər] *n 1. (Wundpflaster)* pansement adhésif *m,* tricostéril *m; 2. (Straßenpflaster)* pavé *m; ein teures ~ sein* être cher/être hors de prix
pflastern ['pflastərn] *v* paver qc
Pflaume ['pflaumə] *f BOT* prune *f; getrocknete ~* pruneau *m*
Pflege ['pfleːgə] *f 1.* soin *m; 2. (Unterhalt)* entretien *m*
pflegebedürftig ['pfleːgəbədyrftɪç] *adj* qui exige des soins, qui nécessite des soins
Pflegeeltern ['pfleːgəɛltərn] *pl* parents nourriciers *m/pl*
Pflegefall ['pfleːgəfal] *m* personne nécessitant des soins constants *f*

P

Pflegeheim ['pfle:gəhaɪm] *n* hospice *m*
Pflegekind ['pfle:gəkɪnt] *n* enfant placé *m*
pflegeleicht ['pfle:gəlaɪçt] *adj 1.* facile à entretenir; *2. (Kleidung)* facile à laver
pflegen ['pfle:gən] *v 1.* soigner, prendre-soin de; *2. (in Stand halten)* entretenir
Pflegenotstand ['pfle:gəno:tʃtant] *m* pénurie de personnel soignant *f*
Pfleger(in) ['pfle:gər(ɪn)] *m/f* infirmier/ infirmière *m/f,* aide-soignant(e) *m/f,* garde-malade *m/f*
Pflegeversicherung ['pfle:gəfɛrzɪçə-ruŋ] *f* assurance-dépendance *f*
Pflicht [pflɪçt] *f* devoir *m,* obligation *f; Die ~ ruft.* Le devoir nous appelle.
pflichtbewusst ['pflɪçtbəvust] *adj 1.* conscient de son devoir, consciencieux; *adv 2.* par devoir
Pflichtbewusstsein ['pflɪçtbəvustzaɪn] *n* sens du devoir *f*
Pflichterfüllung ['pflɪçtɛrfyluŋ] *f* accomplissement du devoir *m*
Pflichtfach ['pflɪçtfax] *n* matière obligatoire *f*
Pflichtgefühl ['pflɪçtgəfy:l] *n* sens du devoir *m*
Pflichtversicherung ['pflɪçtfɛrzɪçeruŋ] *f* assurance obligatoire *f*
Pflichtverteidiger(in) ['pflɪçtfɛrtaɪdɪ-gər(ɪn)] *m/f* avocat(e) commis(e) d'office *m/f*
Pflock [pflɔk] *m* cheville *f,* piquet *m,* taquet *m*
pflücken ['pflykən] *v* cueillir
Pflug [pflu:k] *m AGR* charrue *f*
pflügen ['pfly:gən] *v AGR* labourer
Pforte ['pfɔrtə] *f* porte *f*
Pförtner ['pfœrtnər] *m* portier *m,* concierge *m*
Pfosten ['pfɔstən] *m* poteau *m,* montant *m*
Pfote ['pfo:tə] *f* patte *f; sich die ~n verbrennen* laisser des plumes/se brûler les ailes; *jdm eins auf die ~n geben* taper sur les doigts de qn
Pfropfen ['pfrɔpfən] *m 1.* bouchon *m,* tampon *m,* caillot *m; 2. (Kork)* bouchon *m; 3. (Bausch)* tampon *m*
Pfund [pfunt] *n 1. (Maßeinheit)* livre *f; 2. (Währungseinheit)* livre sterling *f*
pfuschen ['pfuʃən] *v (fam)* bâcler, gâcher, bousiller
Pfuscher ['pfuʃər] *m* bâcleur *m,* gâcheur *m,* charlatan *m*
Pfütze ['pfytsə] *f* flaque d'eau *f,* mare *f*
Phänomen [fɛno'me:n] *n* phénomène *m*
Phantom [fan'to:m] *n* fantôme *m*
Phantombild [fan'to:mbɪlt] *n* portrait robot *m*
Pharmaindustrie ['farmaɪndustri:] *f* industrie pharmaceutique *f*
pharmazeutisch [farma'tsɔytɪʃ] *adj* pharmaceutique
Phase ['fa:zə] *f 1.* phase *f,* stade *m; 2. (Grad)* degré *m*
Philharmonie [filharmo'ni:] *f MUS* philharmonie *f,* orchestre philharmonique *m,* société philharmonique *f*
Philologie [filolo'gi:] *f* philologie *f*
Philosoph(in) [filo'zo:f(ɪn)] *m/f* philosophe *m/f*
Philosophie [filozo'fi:] *f* philosophie *f*
philosophieren [filozo'fi:rən] *v* philosopher, faire de la philosophie
philosophisch [filo'zo:fɪʃ] *adj* philosophique
Phishing ['fɪʃɪŋ] *n* phishing *m,* filoutage *m,* hameçonnage *m*
Phlegma ['flɛgma] *n* flegme *m*
phlegmatisch [flɛg'ma:tɪʃ] *adj* flegmatique
Phobie [fo'bi:] *f PSYCH* phobie *f*
phonetisch [fo'ne:tɪʃ] *adj* phonétique
Phosphor ['fɔsfo:r] *m CHEM* phosphore *m*
Phrase ['fra:zə] *f* phrase *f; leere ~n dreschen* parler pour ne rien dire
phrasenhaft ['fra:sənhaft] *adj* phraseur, verbeux
pH-Wert [pe'have:rt] *m CHEM* pH *m*
Physik [fy'zɪ:k] *f* physique *f*
physikalisch [fy:zi'ka:lɪʃ] *adj* physique
Physiker(in) ['fy:zɪkər(ɪn)] *m/f* physicien(ne) *m/f*
physiologisch [fy:zjo'lo:gɪʃ] *adj* physiologique
Physiotherapeut(in) ['fy:zjoterapɔy-t(ɪn)] *m/f MED* physiothérapeute *m*
physisch ['fy:zɪʃ] *adj* physique
Pi [pi:] *n MATH* pi *m; ~ mal Daumen* à vue de nez, à peu près
Pianist(in) [pija'nɪst(ɪn)] *m/f MUS* pianiste *m/f*
picheln ['pɪçəln] *v (fam)* siroter
Pickel ['pɪkəl] *m 1. (Werkzeug)* pic *m,* pioche *f,* piolet *m; 2. (Pustel)* bouton *m,* pustule *f*
pickelig ['pɪkəlɪç] *adj* couvert de boutons
picken ['pɪkən] *v* becqueter, donner des coups de bec, picorer, picoter
Picknick ['pɪknɪk] *n* pique-nique *m*
piekfein ['pi:kfaɪn] *adj (fam)* chic, rupin, chouette, tiré à quatre épingles

piepen ['pi:pən] *v* pépier, piauler; *zum Piepen sein* être à mourir de rire/être tordant; *Bei dem piept's wohl!* Il n'est pas bien!/Il est cinglé!/Ça va pas la tête!
piepsen ['pi:psən] *v 1. (Mensch)* piailler; *2. (Funkgerät)* grésiller; *3. (Vogel)* pépier
Pier [pi:r] *m NAUT* jetée *f*, môle *m*, débarcadère *m*, appontement *m*
Pietät [pie'tɛ:t] *f* piété *f*
pietätlos [pie'tɛ:tlo:s] *adj* impie, sans piété
pikant [pi'kant] *adj 1.* piquant, relevé; *2. (Witz)* épicé
piksen ['pi:ksən] *v (fam)* piquer qn
Pilger(in) ['pɪlgər(ɪn)] *m/f* pèlerin(e) *m/f*
Pilgerfahrt ['pɪlgərfa:rt] *f* pèlerinage *m*
pilgern ['pɪlgərn] *v 1.* se rendre, faire un pèlerinage; *2. durch die Stadt ~* déambuler
Pille ['pɪlə] *f* pilule *f*; *Das ist eine bittere ~ für mich.* J'ai du mal à avaler la pilule./J'ai du mal à avaler le morceau. *jdm eine bittere ~ zu schlucken geben* porter un coup à qn
Pilot(in) [pi'lo:t(ɪn)] *m/f 1.* pilote *m/f*; *2. (Flieger(in))* aviateur/aviatrice *m/f*
Pilz [pɪlts] *m BOT* champignon *m*
Pilzerkrankung ['pɪltsɛrkraŋkuŋ] *f MED* mycose *f*
pingelig ['pɪŋəlɪç] *adj (fam)* pédant
Pingeligkeit ['pɪŋəlɪçkaɪt] *f* pédanterie *f*
Pinguin ['pɪŋgui:n] *m ZOOL* pingouin *m*, manchot *m*
Pinienkern ['pi:njənkɛrn] *m BOT* pignon *m*, pigne *f*
pink [pɪŋk] *adj* rose
pinkeln ['pɪŋkəln] *v (fam)* pisser
Pinsel ['pɪnzəl] *m 1.* pinceau *m*, brosse *f*; *2. (Dummkopf)* niais *m*, benêt *m*
Pinzette [pɪn'tsɛtə] *f* pincettes *f/pl*, pince à épiler *f*
Pionier [pio'ni:r] *m* pionnier *m*, sapeur *m*
Pioniergeist [pio'ni:rgaɪst] *m (fig)* esprit pionnier *m*
Pirat [pi'ra:t] *m* pirate *m*
Piste ['pɪstə] *f* piste *f*
Pistole [pɪs'to:lə] *f* pistolet *m*; *jdm die ~ auf die Brust setzen (fig)* mettre le couteau sous la gorge à qn; *wie aus der ~ geschossen* du tac au tac
Plackerei [plakə'raɪ] *f* travail de forçat *m*, travail de galérien *m*
plädieren [plɛ'di:rən] *v* plaider
Plädoyer [plɛdoa'je:] *n 1. JUR* plaidoirie *f*; *2. (fig)* plaidoyer *m*
Plage ['pla:gə] *f* mal *m*, calamité *f*, fléau *m*
plagen ['pla:gən] *v sich ~* se tourmenter, se torturer
Plagiat [plag'ja:t] *n* plagiat *m*
Plakat [pla'ka:t] *n* affiche *f*, pancarte *f*; *~e ankleben verboten* défense d'afficher
plakatieren [plaka'ti:rən] *v 1.* afficher qc; *2. (fig)* afficher qc
plakativ [plaka'ti:f] *adj* à la manière d'une affiche, ostensible
Plakatwand [pla'ka:tvant] *f* mur d'affiches *m*
Plakatwerbung [pla'ka:tvɛrbuŋ] *f* publicité par affiches *f*
Plakette [pla'kɛtə] *f 1.* plaquette *f*; *2. (Abzeichen)* insigne *m*, médaille *f*, badge *m*; *3. (Gedenkmünze)* médaille commémorative *f*

> **Plan** [pla:n] *m 1.* plan *m*, projet *m*; *nach ~ verlaufen* se dérouler suivant le plan; *2. (Absicht)* dessein *m*; *3. (Stadtplan)* plan de la ville *m*; *4. jdn auf den ~ rufen* convoquer qn

Plane ['pla:nə] *f* bâche *f*
planen ['pla:nən] *v* planifier, projeter, envisager
Planet [pla'ne:t] *m* planète *f*
Planierraupe [pla'ni:rraupə] *f* bulldozer *m*
Planke ['plaŋkə] *f* planche *f*, madrier *m*, bordages *m/pl*, cloison en planches *f*
plänkeln ['plɛŋkəln] *v* tirailler qn, harceler qn
planlos ['pla:nlo:s] *adj 1.* sans plan, sans dessein préconçu; *adv 2.* au hasard, sans méthode
planmäßig ['pla:nmɛ:sɪç] *adj 1.* conforme au plan, conforme aux prévisions, méthodique; *adv 2.* selon le plan, comme prévu, avec méthode
Plantage [plan'ta:ʒə] *f* plantation *f*
Plantschbecken ['planʃbɛkən] *n* bassin pour enfants *m*, pataugeoire *f*
plantschen ['planʃən] *v* patauger, barboter; jouer dans l'eau
Planung ['pla:nuŋ] *f 1.* planification *f*, planning *m*; *2. (Programmgestaltung)* programmation *f*
Planwirtschaft ['pla:nvɪrtʃaft] *f ECO* économie dirigée *f*, économie planifiée *f*
plapperhaft ['plapərhaft] *adj* bavard
Plappermaul ['plapərmaul] *n* bavard *m*
plappern ['plapərn] *v* bavarder, jaser, jacasser
Plastik ['plastɪk] *n 1.* matière plastique *f*, plastique *m*; *f 2. ART* sculpture *f*
Plastikfolie ['plastɪkfo:ljə] *f* cellophane *f*

P

Plastiktüte ['plastɪktyːtə] *f* sac en plastique *m*
plastisch ['plastɪʃ] *adj 1. (knetbar)* plastique; *2. (fig)* en relief
Platin ['plaːtin] *n CHEM* platine *m*
Platine [pla'tiːnə] *f 1. TECH* platine *f; 2. INFORM* carte *f,* carte de circuit imprimé *f,* plaquette *f,* anode *f*
plätschern ['plɛtʃərn] *v* clapoter, murmurer, gargouiller
platt [plat] *adj 1.* plat, aplati; *2. (fig: geistlos)* plat, banal, insipide
Platte ['platə] *f 1. (Holzplatte, Metallplatte)* plaque *f; 2. (Fliese)* dalle *f,* carreau *m; 3. (Schallplatte)* disque *m; eine andere ~ auflegen* changer de disque; *4. (Tortenplatte)* plat *m; 5. (Tablett)* plateau *m*
Plattenspieler ['platənʃpiːlər] *m* tourne-disque *m*
Plattform ['platfɔrm] *f* plate-forme *f*
Plattfuß ['platfuːs] *m 1. MED* pied plat *m; 2. (fam: Reifenpanne)* pneu à plat *m*

Platz [plats] *m 1. (Stelle)* place *f,* endroit *m,* emplacement *m; jdm seinen ~ überlassen* céder sa place à qn; *Räume mir deinen ~ ein.* Ote-toi de là que je m'y mette. *fehl am ~ sein* être déplacé; *~ behalten* rester assis; *jdn auf die Plätze verweisen* remettre qn à sa place; *2. (Spielfeld)* terrain *m,* stade *m; 3. (Marktplatz)* place du marché *f; 4. (freier Raum)* place *f,* espace libre *m; ~ sparend* qui permet d'économiser de la place

Platzangst ['platsaŋst] *f* agoraphobie *f*
Plätzchen ['plɛtsçən] *n 1. (kleiner Platz)* petit coin *m; 2. (Gebäck)* petit gâteau *m*
platzen ['platsən] *v 1.* crever, éclater; *2. (misslingen)* échouer, rater
platzieren [pla'tsiːrən] *v 1.* placer; *2. (verkaufen)* écouler, vendre
Platzierung [pla'tsiːruŋ] *f* classement *m,* placement *m*
Platzmangel ['platsmaŋəl] *m* manque de place *m*
Platzpatrone ['platspatroːnə] *f* cartouche à blanc *f,* balle à blanc *f*
Platzregen ['platsreːgən] *m METEO* averse *f,* ondée *f,* pluie diluvienne *f*
Platzwunde ['platsvundə] *f MED* plaie *f,* blessure *f*
plaudern ['plaudərn] *v* causer, bavarder; *aus der Schule ~* vendre la mèche
plausibel [plau'ziːbəl] *adj* plausible, vraisemblable
Plausibilität [plauzibili'tɛːt] *f* plausibilité *f*
Plebiszit [plebɪs'tsiːt] *n POL* plébiscite *m*
pleite ['plaɪtə] *adj* en faillite; *~ sein* être fauché, être à sec
Pleite ['plaɪtə] *f 1.* faillite *f,* banqueroute *f; ~ machen/~ gehen* faire faillite; *2. (fig: Misserfolg)* échec *m,* désastre *m*
Pleitegeier ['plaɪtəgaɪər] *f Ihm sitzt der ~im Nacken.* Il est à deux doigts de la faillite.
Plenarsaal [ple'naːrzaːl] *m* salle plénière *f*
Plenum ['pleːnum] *n POL* assemblée plénière *f*
Plombe ['plɔmbə] *f 1.* plomb *m; 2. (Zahnplombe)* plombage *m,* obturation *f*
plombieren [plɔm'biːrən] *v 1.* plomber; *2. (Zahn)* plomber, obturer
plötzlich ['plœtslɪç] *adj 1.* soudain, subit, brusque; *2. (unerwartet)* inattendu; *adv 3.* soudain
plump [plump] *adj 1. (unförmig)* lourd, pesant, grossier; *2. (ungeschickt)* lourdaud, balourd, gauche, maladroit
plumpsen ['plumpsən] *v* faire pouf, tomber lourdement; *durch die Prüfung ~* rater l'examen
Plunder ['plundər] *m 1.* fatras *m,* bric-à-brac *m; 2. (Kleidung)* nippes *f/pl*
Plünderer ['plyndərər] *m* pillard *m,* pilleur *m*
plündern ['plyndərn] *v* piller, dépouiller, dévaliser, saccager
Plünderung ['plyndəruŋ] *f* pillage *m,* maraudage *m,* saccage *m*
Plural ['pluːraːl] *m GRAMM* pluriel *m*
Pluralismus [pluːra'lɪsmus] *m* pluralisme *m*
pluralistisch [pluːra'lɪstɪʃ] *adj* pluraliste
plus [plus] *adv 1. (Grad)* plus; *2. MATH* plus
Plus [plus] *n 1. (Überschuss)* surplus *m,* excédent *m; 2. (fig: Vorzug)* bon point *m,* avantage *m,* côté positif *m*
Plüsch [plyːʃ] *m* peluche *f*
Plüschtier ['plyːʃtiːr] *n* animal en peluche *m*
Pluspunkt ['pluspuŋkt] *m* point positif *m,* bon point *m*
Plusquamperfekt ['pluskvampɛrfɛkt] *n GRAMM* plus-que-parfait *m*
Pluszeichen ['plustsaɪçən] *n MATH* signe plus *m*
Po [poː] *m (fam) ANAT* derrière *m,* postérieur *m,* fesses *f/pl*

P

Pöbel ['pøːbəl] *m* plèbe *f*, populace *f*
pöbelhaft ['pøːbəlhaft] *adj* populacier, vulgaire, plébéien
pöbeln ['pøːbəln] *v (fam)* beugler
pochen ['pɔxən] *v 1. (klopfen)* battre, palpiter; *2. (fig: bestehen auf)* réclamer, revendiquer; *3. (geltend machen)* faire valoir
Pocken ['pɔkən] *pl MED* variole *f*, petite vérole *f*
Podcast ['pɔtkaːst] *m INFORM* podcast *m*
Podest [po'dɛst] *n 1. (auf einer Bühne)* estrade *f*; *2. (Treppenabsatz)* palier *m*
Podium ['poːdjum] *n* podium *m*, tribune *f*, scène *f*
Podiumsdiskussion ['poːdjumdɪskusjoːn] *f* débat public *m*
Poesie [poe'ziː] *f* poésie *f*
poetisch [po'eːtɪʃ] *adj 1.* poétique; *adv 2.* avec poésie
Pointe [po'ɛ̃ːtə] *f* pointe *f*, mot de la fin *m*
pointiert [poɛ̃'tiːrt] *adj* pointé
Pokal [po'kaːl] *m* coupe *f*
Pokalsieger [po'kaːlziːgər] *m SPORT* vainqueur de la coupe .m
Pokalspiel [po'kaːlʃpiːl] *n SPORT* match de coupe *m*
pökeln ['pøːkəln] *v* saler
Poker ['poːkər] *m 1. (Kartenspiel)* poker *m*; *2. (fig: riskantes Verhandeln)* coup de poker *m*
Pol [poːl] *m* pôle *m*; *der ruhende ~* le calme en personne *m*
polarisieren [polari'ziːrən] *v* polariser qc
Polarität [polari'tɛːt] *f* polarité *f*
Polarkreis [po'laːrkraɪs] *m GEO* cercle polaire *m*
Polarstern [po'laːrʃtɛrn] *m ASTR* étoile polaire *f*
Pole ['poːlə] *m* Polonais *m*
Polemik [po'leːmɪk] *f* polémique *f*
polemisch [po'leːmɪʃ] *adj* polémique
polemisieren [polemi'ziːrən] *v* polémiquer
Polen ['poːlən] *n GEO* Pologne *f*
Polier [po'liːr] *m* contre-maître *m*
polieren [po'liːrən] *v* faire briller, reluire, polir
Politik [poli'tiːk] *f* politique *f*
Politiker(in) [po'liːtikər(ɪn)] *m/f* homme politique/femme politique *m/f*
Politikverdrossenheit [poli'tiːkfɛrdrɔsənhaɪt] *f* lassitude de la politique *f*
politisch [po'liːtɪʃ] *adj* politique
politisieren [politi'ziːrən] *v* politiser, parler politique
Politologie [politolo'giː] *f* politologie *f*
Politur [poli'tuːr] *f* produit lustrant *m*

Polizei [poli'tsaɪ] *f* police *f*; *Achtung, da kommt die ~!* Vingt-deux, voilà les flics! *dümmer sein, als die Polizei erlaubt* être bête comme ses pieds

Polizeiapparat [poli'tsaɪaparaːt] *m* appareil policier *m*
Polizeibeamte(r) [poli'tsaɪbəamtə(r)] *m/f* fonctionnaire de police *m/f*
Polizeichef(in) [poli'tsaɪʃɛf(ɪn)] *m/f* chef de la police *m/f*
polizeilich [poli'tsaɪlɪç] *adj 1.* policier, de police; *adv 2.* par mesure de police
Polizeipräsident(in) [poli'tsaɪprɛzidɛnt(ɪn)] *m/f* préfet de police *m*
Polizeirevier [poli'tsaɪreviːr] *n* poste de police *m*, commissariat de police *m*
Polizeischutz [poli'tsaɪʃuts] *m* protection policière *f*
Polizist(in) [poli'tsɪst(ɪn)] *m/f* agent(e) de police *m/f*, (femme) policier *m/f*
Pollen ['pɔlən] *m BOT* pollen *m*
polnisch ['pɔlnɪʃ] *adj* polonais, de Pologne
Polster ['pɔlstər] *n 1.* coussin *m*, rembourrage *m*; *2. (finanzielles ~)* réserves *f/pl*
Polstermöbel ['pɔlstərmøːbəl] *pl* meubles rembourrés *m/pl*, meubles capitonnés *m/pl*
polstern ['pɔlstərn] *v* rembourrer, capitonner
Polstersessel ['pɔlstərzɛsəl] *m* fauteuil *m*, siège rembourré *m*
Polterabend ['pɔltəraːbənt] *m* veille des noces *f*
Poltergeist ['pɔltərgaɪst] *m* esprit frappeur *m*, lutin *m*
poltern ['pɔltərn] *v 1. (Geräusche machen)* tapager, faire du tapage; *2. (schimpfen)* gronder, rouspéter
Polyp [po'lyːp] *m 1. ZOOL* polype *m*, poulpe *m*, pieuvre *f*; *2. MED* polype *m*; *3. (fam: Polizist)* flic *m*, poulet *m*
Pomade [po'maːdə] *f* pommade *f*
Pommes frites [pɔm'frɪt] *pl GAST* pommes de terre frites *f/pl*, frites *f/pl*
pompös [pɔm'pøːs] *adj* pompeux, fastueux, somptueux
Pony ['pɔni] *n 1. ZOOL* poney *m*; *m 2. (Frisur)* frange *f*
Popmusik ['pɔpmuziːk] *f MUS* musique pop *f*
Popo [po'poː] *m (fam)* derrière *m*, fesses *f/pl* postérieur *m*

P

populär [popu'lɛːr] *adj* populaire
populärwissenschaftlich [popu'lɛːvɪsənʃaftlɪç] *adj* vulgarisateur
populistisch [popu'lɪstɪʃ] *adj POL* populiste
Pore ['poːrə] *f ANAT* pore *m*
Pornografie [pɔrnogra'fiː] *f* pornographie *f*
pornographisch [pɔrno'graːfɪʃ] *adj* pornographique
porös [po'røːs] *adj* poreux
Portal [pɔr'taːl] *n* portail *m*
Portier [pɔr'tjeː] *m* portier *m,* concierge *m/f*
Portion [pɔr'tsjoːn] *f 1.* portion *f; 2. (Teil)* part *f; 3. MIL* ration *f*
Porto ['pɔrto] *n* port *m,* affranchissement *m*
portofrei ['pɔrtofraɪ] *adj 1.* exempt de port, franc de port; *adv 2.* port payé, franco de port
porträtieren [pɔrtrɛ'tiːrən] *v* faire le portrait
Portugal ['pɔrtugal] *n GEO* Portugal *m*
portugiesisch [pɔrtu'giːzɪʃ] *adj* portugais, du Portugal
Portwein ['pɔrtvaɪn] *m* porto *m*
Porzellan [pɔrtsə'laːn] *n* porcelaine *f*
Posaune [pɔ'zaunə] *f MUS* trombone *m*
Pose ['poːzə] *f* pose *f*
posieren [po'ziːrən] *v* poser
Position [pozi'tsjoːn] *f 1.* position *f; 2. (Stellung)* poste *m*
positiv ['pozitiːf] *adj* positif, affirmatif
Posse ['pɔsə] *f 1.* farce *f,* facétie *f,* bouffonneries *f/pl; 2. THEAT* pièce burlesque *f*
possenhaft ['pɔsənhaft] *adj* burlesque, facétieux
Possessivpronomen [pɔsɛ'siːfpronoːmən] *n GRAMM* pronom possessif *m*
possierlich [pɔ'siːrlɪç] *adj* drôle
Post [pɔst] *f 1.* poste *f; 2. (~amt)* bureau de poste *m; 3. (Briefe)* courrier *m*
Postamt ['pɔstamt] *n* bureau de poste *m,* hôtel de la poste *m*
Postbank ['pɔstbaŋk] *f* services financiers de la poste *m/pl,* services des chèques postaux *m/pl*
Postbote ['pɔstboːtə] *m* facteur *m*
Posten ['pɔstən] *m 1. (Anstellung)* poste *m,* emploi *m,* place *f; auf dem ~ sein* avoir la pêche/avoir la frite *(fam)*; *2. (Wachposten)* poste *m,* sentinelle *f; auf verlorenem ~ stehen* défendre une cause perdue
Postfach ['pɔstfax] *n* boîte postale *f*
posthum [pɔs'tuːm] *adj* posthume
postieren [pɔs'tiːrən] *v* poster qn
Postkarte ['pɔstkartə] *f* carte postale *f*
Postleitzahl ['pɔstlaɪttsaːl] *f* code postal *m*
Poststempel ['pɔstʃtɛmpəl] *m* cachet de la poste *m*
postwendend ['pɔstvɛndənt] *adv* par retour du courrier
potent [po'tɛnt] *adj* puissant
Potenz [po'tɛnts] *f* puissance *f*
Potenzial [potɛn'tsjaːl] *n* potentiel *m*
potenziell [potɛn'tsjɛl] *adj* potentiel, virtuel
potenzieren [potɛn'tsiːrən] *v MATH* élever à la puissance
Potenzschwäche [po'tɛntsʃvɛçə] *f* faiblesse de la puissance sexuelle *f*
Pottwal ['pɔtvaːl] *m ZOOL* cachalot *m*
PR-Abteilung [peː'ɛraptaɪluŋ] *f* service de relations publiques *m*
Pracht [praxt] *f* magnificence *f,* splendeur *f,* somptuosité *f,* luxe *m; eine wahre ~ sein* être un petit bijou
prächtig ['prɛçtɪç] *adj* magnifique, splendide, somptueux, superbe
prachtvoll ['praxtfɔl] *adj* magnifique, brillant, somptueux, pompeux
prädestiniert [prɛdesti'niːrt] *adj* prédestiné
Prädikat [prɛdi'kaːt] *n 1. (Bewertung)* titre *m,* note *f,* mention *f; 2. GRAMM* prédicat *m*
Präferenz [prɛfe'rɛnts] *f* préférence *f*
prägen ['prɛːgən] *v 1. (Münzen)* frapper, battre, estamper; *2. (fig)* empreindre, forger, former
pragmatisch [prak'maːtɪʃ] *adj 1.* pragmatique; *adv 2.* avec pragmatisme
Pragmatismus [pragma'tɪsmus] *m* pragmatisme *m*
prägnant [prɛg'nant] *adj 1.* significatif, concis, précis; *2. (auffallend)* frappant
Prägung ['prɛːguŋ] *f 1. (Münzen)* frappe *f,* monnayage *m,* estampage *m; 2. (fig)* caractère *m,* empreinte *f,* création *f*
prahlen ['praːlən] *v* se vanter, fanfaronner, crâner
Prahlerei [praːlə'raɪ] *f 1.* vantardise *f; 2. (Äußerung)* fanfaronnade *f,* hâblerie *f,* jactance *f,* rodomontade *f*
praktikabel [praktɪ'kaːbəl] *adj* praticable
Praktikant(in) [praktɪ'kant(ɪn)] *m/f* stagiaire *m/f*
Praktiker(in) ['praktɪkər(ɪn)] *m/f* praticien(ne) *m/f*
Praktikum ['praktɪkum] *n* stage *m*

P

praktisch ['praktɪʃ] *adj* 1. pratique; *adv* 2. en pratique; 3. *(sozusagen)* pour ainsi dire
praktizieren [prakti'tsi:rən] *v* exercer, pratiquer
Prälat [prɛ'la:t] *m REL* prélat *m*
prall [pral] *adj* 1. *(ganz gefüllt)* bondé; 2. *(Sonne)* plein; *in der ~en Sonne* en plein soleil; 3. *(gespannt)* tendu
prallen ['pralən] *v* 1. *~ gegen* heurter contre; 2. *(Sonne)* taper
Prämie ['prɛ:mjə] *f* 1. prime *f;* 2. *(Belohnung)* récompense *f*
prämieren [prɛ'mi:rən] *v* primer, décerner un prix, récompenser
Prämierung [prɛ'mi:ruŋ] *f* récompense *f*
Prämisse [prɛ'mɪsə] *f* prémisse *f*
Pranger ['praŋər] *m (fig) an den ~ stellen* mettre au pilori
Pranke ['praŋkə] *f ZOOL* griffe *f,* patte *f*
Präparat [prɛpa'ra:t] *n* préparation *f*
präparieren [prɛpa'ri:rən] *v* préparer
Präposition [prɛpozi'tsjo:n] *f GRAMM* préposition *f*
Prärie ['prɛri:] *f* prairie *f*
Präsens ['prɛzɛns] *n GRAMM* présent *m*
präsent [prɛ'zɛnt] *adj* présent
Präsentation [prɛzəntats'jo:n] *f* présentation *f*
präsentieren [prɛzən'ti:rən] *v* présenter
Präsenz [prɛ'zɛns] *f (Anwesenheit)* présence *f*
Präservativ [prɛzərva'ti:f] *n* préservatif *m,* capote (anglaise) *f*
Präsident(in) [prɛzɪ'dɛnt(ɪn)] *m/f* président(e) *m/f*
Präsidentschaft [prɛzi'dɛntʃaft] *f POL* présidence *f*
präsidieren [prɛzi'di:rən] *v* présider, présider à
Präsidium [prɛ'zi:djum] *n* 1. *(Vorsitz)* présidence *f,* comité directeur *m;* 2. *(Polizeipräsidium)* préfecture de police *f*
prasseln ['prasəln] *v* 1. *(Regen)* tomber dru, tambouriner; 2. *(fig)* grésiller; 3. *(Feuer)* crépiter
prassen ['prasən] *v* mener joyeuse vie, faire la noce, faire bombance
Prävention [prɛvɛn'tsjo:n] *f* prévention *f*
Präventivmaßnahme [prɛvən'ti:fmasna:mə] *f* mesure préventive *f*
Praxis ['praksis] *f* 1. *(Anwendung)* pratique *f,* exercice *m; in die ~ umsetzen* mettre en pratique; 2. *(Erfahrung)* expérience *f;* 3. *(eines Arztes)* cabinet de consultation *m*
praxisnah ['praksɪsna:] *adj* proche de la pratique
Präzedenzfall [prɛtse'dɛntsfal] *m* précédent *m*
präzise [prɛ'tsi:zə] *adj* 1. précis, exact; *adv* 2. avec précision
präzisieren [prɛtsi'zi:rən] *v* préciser
Präzision [prɛtsiz'jo:n] *f* précision *f,*exactitude *f*
predigen ['pre:dɪgən] *v* 1. *REL* prêcher, faire un sermon; 2. *(fig)* sermonner, faire un sermon
Predigt ['pre:dɪçt] *f* 1. *REL* sermon *m,* prédication *f;* 2. *(Bibelinterpretation)* homélie *f;* 3. *(fig)* sermon *m*

> **Preis** [praɪs] *m* 1. *(Wertangabe)* prix *m; um keinen ~* à aucun prix; 2. *(Auszeichnung)* prix *m,* prime *f,* récompense *f*

Preisanstieg ['praɪsanʃti:k] *m* hausse des prix *f,* montée des prix *f*
Preisausschreiben ['praɪsausʃraɪbən] *n* concours *m*
Preisempfehlung ['praɪsɛmpfe:luŋ] *f ECO* prix d'orientation *m,* prix indicatif *m*
preisen ['praɪzən] *v irr* louer, vanter, prôner
Preiserhöhung ['praɪsɛrhø:uŋ] *f* augmentation des prix *f*
Preisfrage ['praɪsfra:gə] *f (fig)* question mise à concours *f*
preisgeben ['praɪsge:bən] *v irr* 1. *(aufgeben)* abandonner, sacrifier; 2. *(enthüllen)* révéler; 3. *(aussetzen)* donner en proie; 4. *(verbreiten)* divulguer
preisgekrönt ['praɪsgəkrø:nt] *adj* couronné, primé, ayant obtenu un prix
preisgünstig ['praɪsgynstɪç] *adj* 1. bon marché; 2. *(lohnend)* avantageux
Preisliste ['praɪslɪstə] *f* liste des prix *f,* tarifs *m/pl,* prix courant *m*
Preisrichter ['praɪsrɪçtər] *m* juge *m*
Preisrückgang ['praɪsrykgaŋ] *m* baisse des prix *f,* diminution des prix *f*
Preisschild ['praɪsʃɪlt] *n* étiquette de prix *f*
Preisträger ['praɪstrɛ:gər] *m* 1. lauréat *m,* titulaire d'un prix *m;* 2. *SPORT* champion *m*
preiswert ['praɪsve:rt] *adj* bon marché, avantageux
prekär [pre'kɛ:r] *adj* 1. précaire; 2. *(peinlich)* gênant, embarrassant
prellen ['prɛlən] *v* 1. *jdn ~* berner qn; 2. *die Zeche ~* partir sans payer; 3. *sich etw ~* se blesser qc; 4. *(abprallen lassen)* faire rejaillir

Prellung ['prɛluŋ] *f MED* contusion *f*
Premiere [prəm'jeːrə] *f THEAT* première *f*
Premierminister [prəm'jeːministər] *m POL* premier ministre *m*
Presse ['prɛsə] *f 1. (Zeitungswesen)* presse *f*, journaux *m/pl; 2. TECH* presse *f*
Presseagentur ['prɛsəagentuːr] *f* agence de presse *f*
Presseamt ['prɛsəamt] *n* service de presse *m*
Pressechef(in) ['prɛsəʃɛf(ɪn)] *m/f* chef du service de presse *m/f*
Presseempfang ['prɛsəempfaŋ] *m* réception de la presse *f*
Presseerklärung ['prɛsəɛrklɛːruŋ] *f 1. (mündlich)* communiqué de presse *m; 2. (schriftlich)* communiqué de presse *m*
Pressefreiheit ['prɛsəfraɪhaɪt] *f* liberté de la presse *f*
pressen ['prɛsən] *v 1.* presser; *2. (zusammendrücken)* serrer, comprimer
Pressesprecher(in) ['prɛsəʃprɛçər(ɪn)] *m/f* porte-parole *m/f*
Pressluft ['prɛsluft] *f* air comprimé *m*
Prestigedenken [prɛs'tiːʒdɛŋkən] *n* ambition sociale *f*
Prestigeverlust [prɛs'tiːʒfɛrlust] *m* perte de prestige *f*
Preußen ['prɔysən] *n GEO* Prusse
prickeln ['prɪkəln] *v 1.* picoter; *2. (Flüssigkeit)* pétiller
prickelnd ['prɪkəlnt] *adj (fig)* excitant, piquant
Priester ['priːstər] *m REL* prêtre *m*
priesterlich ['priːstərlɪç] *adj REL* sacerdotal
Priesterweihe ['priːstərvaɪə] *f REL* ordination *f*, prêtrise *f*
prima ['priːma] *adj 1.* fameux, épatant, chouette *(fam)*; *2. ECO* de premier choix; *adv 3.* à merveille, admirablement
primär [pri'mɛːr] *adj* primaire, élémentaire
Primat [pri'maːt] *m 1. (Menschenaffe)* primate *m; n 2. (Vorrang)* priorité *m*
primitiv [primi'tiːf] *adj* primitif
Primzahl ['priːmtsaːl] *f MATH* nombre premier *m*
Printmedien ['prɪntmeːdjən] *pl* presse écrite *f*
Prinz(essin) [prɪnts/prɪn'tsɛsɪn] *m/f* prince(sse) *m/f*
Prinzip [prɪn'tsiːp] *n* principe *m*
prinzipiell [prɪntsi'pjɛl] *adj 1.* de principe; *adv 2.* en principe, par principe
Priorität [priːori'tɛːt] *f 1.* priorité *f; 2. (Vorzug)* préférence *f*
Prise ['priːzə] *f* prise *f*, pincée *f*
Prisma ['prɪsmaː] *n* prisme *m*
Pritsche ['prɪtʃə] *f* lit de camp *m*, couchette *f*
Pritschenwagen ['prɪtʃənvaːgən] *m* camion à benne *m*
privat [pri'vaːt] *adj 1.* privé, personnel; *2. (einzeln)* particulier; *3. (vertraulich)* confidentiel; *adv 4.* en privé, à titre privé, à titre personnel; *5. (einzeln)* en particulier; *6. ~ versichert* être assuré par une assurance privée
Privatgespräch [pri'vaːtgəsprɛːç] *n 1.* entretien privé *m; 2. (am Telefon)* entretien privé *m*
Privatinitiative [pri'vaːtɪnɪtsjatiːvə] *f* initiative privée *f*
privatisieren [privati'ziːrən] *v ECO* privatiser
Privatisierung [privati'ziːruŋ] *f ECO* privatisation *f*
Privatleben [pri'vaːtleːbən] *n* vie privée *f*
Privatsphäre [pri'vaːtsfɛːrə] *f* sphère privée *f*
Privileg [privi'leːk] *n* privilège *m*
privilegieren [privile'giːrən] *v* privilégier
pro [proː] *prep* par, pour
Pro [proː] *n das ~ und Kontra* le pour et le contre

Probe ['proːbə] *f 1. (Versuch)* essai *m*, épreuve *f; jdn auf die ~ stellen* mettre qn à l'épreuve; *2. THEAT* répétition *f; 3. (Muster)* échantillon *m*, spécimen *m*

Probeexemplar ['proːbəɛksəmplaːr] *n* spécimen *m*
Probefahrt ['proːbəfaːrt] *f* essai *m*, parcours d'essai *m*
proben ['proːbən] *v THEAT* répéter
probeweise ['proːbəvaɪzə] *adv* à titre d'essai
Probezeit ['proːbətsaɪt] *f* période d'essai *f*
probieren [pro'biːrən] *v 1. (versuchen)* essayer, éprouver, faire l'essai de; *2. (kosten)* goûter, déguster
Problem [pro'bleːm] *n* problème *m*
Problematik [proble'maːtɪk] *f* problématique *f*
problematisch [proble'maːtɪʃ] *adj* problématique
problemlos [pro'bleːmloːs] *adj* sans problème
Produkt [pro'dukt] *n* produit *m*

P

Produktion [produk'tsjo:n] *f* production *f*
Produktionsgüter [produk'tsjo:nsgy:tər] *pl ECO* biens de production *m/pl*
produktiv [produk'ti:f] *adj* productif
Produktivität [produktivi'tɛ:t] *f ECO* productivité *f*
Produzent(in) [produ'tsɛnt(ɪn)] *m/f* producteur/productrice *m/f,* fabricant(e) *m/f*
produzieren [produ'tsi:rən] *v* produire
profan [pro'fa:n] *adj* profane
professionell [profɛsjo'nɛ:l] *adj 1.* professionnel; *adv 2.* en professionnel
Professor(in) [pro'fɛsɔr/profɛ'sɔrɪn] *m/f* professeur *m/f*
Profi ['pro:fi] *m* professionnel *m*
Profil [pro'fi:l] *n 1. (Seitenansicht)* profil *m; 2. TECH* coupe *f; 3. (fig)* profil *m*
profilieren [profi'li:rən] *v sich ~* se profiler
profillos [pro'fi:llo:s] *adj (Persönlichkeit)* sans profil
Profit [pro'fi:t] *m* profit *m,* gain *m,* bénéfice *m*
profitabel [profi'ta:bəl] *adj* profitable
profitieren [profi'ti:rən] *v* profiter, bénéficier
Prognose [prog'no:zə] *f 1. MED* pronostic *m; 2. (Vorhersage)* prévision *f*
prognostizieren [prognɔsti'tsi:rən] *v* pronostiquer qc
Programm [pro'gram] *n* programme *m*
programmieren [progra'mi:rən] *v* programmer
progressiv [progrɛ'si:f] *adj* progressif
Projekt [pro'jɛkt] *n* projet *m*
projizieren [proji'tsi:rən] *v* projeter qc
Prolet [pro'le:t] *m (fam)* grossier personnage *m,* brute *f,* rustre *m,* prolo *m*
Proletarier(in) [prole'ta:rjər(ɪn)] *m/f* prolétaire *m/f*
proletarisch [prole'ta:rɪʃ] *adj* prolétarien
Promille [pro'mɪlə] *n* pour mille *m*
Promillegrenze [pro'mɪləgrɛntsə] *f* taux d'alcoolémie maximum *m*
prominent [promi'nɛnt] *adj* connu, renommé, célèbre
Prominenz [promi'nɛnts] *f* personnalité importante *f,* notables *m/pl,* célébrité *f*
Promotion [promo'tsjo:n] *f Doktorwürde)* promotion *f*
promovieren [promo'vi:rən] *v* passer son doctorat
prompt [prɔmt] *adj 1.* prompt, immédiat; *2. (schnell)* rapide; *3. (pünktlich)* ponctuel
Pronomen [pro'no:mən] *n GRAMM* pronom *m*
Propaganda [propa'ganda] *f 1.* propagande *f; 2. (Werbung)* réclame *f,* publicité *f*
propagieren [propa'gi:rən] *v* faire de la propagande, propager
Propeller [pro'pɛlər] *m* hélice *f*
Prophet [pro'fe:t] *m REL* prophète *m*
Prophezeiung [profe'tsaɪuŋ] *f* prophétie *f,* prédiction *f*
proportional [propɔrtsjo'na:l] *adj* proportionnel
proportioniert [propɔrtsjo'ni:rt] *adj* proportionné
Prosa ['pro:za] *f LIT* prose *f*
prosaisch [pro'za:ɪʃ] *adj* prosaïque
Prospekt [pro'spɛkt] *m* prospectus *m,* dépliant *m*
prost [pro:st] *interj* à votre santé/à ta santé, à la vôtre/à la tienne
Prostituierte [prostitu'i:rtə] *f* prostituée *f*
Protektion [protɛk'tsjo:n] *f 1.* protection *f; 2. (Begünstigung)* protection *f,* favoritisme *m*
Protektionismus [protɛktsjo:'nɪsmus] *m ECO* protectionnisme *m*
Protest [pro'tɛst] *m* protestation *f*
protestantisch [protɛs'tantɪʃ] *adj REL* protestant
protestieren [protɛs'ti:rən] *v* protester
Prothese [pro'te:zə] *f MED* prothèse *f*
Protokoll [proto'kɔl] *n 1. POL* protocole *m; 2. JUR* procès-verbal *m*
Protokollführer(in) [proto'kɔlfy:rər(ɪn)] *m/f 1.* chef du protocole *m; 2. JUR* secrétaire de séance *m,* greffier *m*
protokollieren [protokɔ'li:rən] *v 1.* verbaliser, rédiger un procès-verbal; *2. JUR* dresser un procès-verbal
protzig ['prɔtsɪç] *adj* plein d'orgueil, ostentatoire
Proviant [prov'jant] *m* vivres *m/pl,* provisions *f/pl,* ravitaillement *m*
Provinz [pro'vɪnts] *f* province *f*
provinziell [provɪn'tsjɛl] *adj 1.* provincial; *2. (regional)* régional
Provision [provi'zjo:n] *f* commission *f*
provisorisch [provi'zo:rɪʃ] *adj* provisoire
Provisorium [provi'zo:rjum] *n 1. (Zwischenlösung)* solution provisoire *f; 2. (vorübergehender Zahnersatz) MED* prothèse dentaire provisoire *f*
Provokation [provoka'tsjo:n] *f* provocation *f*

P

provokativ [provoka'tiːf] *adj* provocateur
provozieren [provo'tsiːrən] *v* provoquer
Prozedur [protse'duːr] *f* procédure *f*
Prozent [pro'tsɛnt] *n* pour cent *m,* pourcentage *m*
Prozentsatz [pro'tsɛntzats] *m* taux de pourcentage *m*
prozentual [protsɛntu'aːl] *adj 1.* exprimé en pour cent; *2. (proportional)* proportionnel; *adv 3.* en pour cent
Prozess [pro'tsɛs] *m 1. JUR* procès *m; in einen ~ verwickelt sein* être impliqué dans un procès; *jdm den ~ machen* faire un procès à qn; *kurzen ~ mit jdm machen* aller droit au but avec qn; *2. (Vorgang)* processus *m,* procédé *m*
prozessieren [protsɛ'siːrən] *v gegen jdn ~ JUR* plaider contre qn, intenter un procès à qn, faire un procès à qn
Prozession [protsɛ'sjoːn] *f* procession *f*
prüde ['pryːdə] *adj* prude
Prüderie [pryːdə'riː] *f* pruderie *f*
prüfen ['pryːfən] *v 1.* examiner, inspecter, vérifier; *2. (kontrollieren)* contrôler
Prüfer ['pryːfər] *m 1.* examinateur *m; 2. (Kontrolleur)* contrôleur *m; 3. (Aufseher)* inspecteur *m; 4. (Fachmann)* expert *m*

Prüfung ['pryːfuŋ] *f 1.* examen *m,* test *m,* épreuve *f; bei einer ~ durchfallen* rater un examen; *2. (Kontrolle)* contrôle *m*

P

Prüfungsangst ['pryːfuŋsaŋst] *f* peur des examens *f*
Prüfungsausschuss ['prːfuŋsausʃus] *m* commission d'examen *f,* jury *m*
Prüfungsfach ['pryːfuŋsfax] *n* matière d'examen *f*
Prüfungsunterlagen ['pryːfuŋsuntərlaːgən] *pl* dossier d'examen *m*
Prüfungszeugnis ['pryːfuŋstsɔyknɪs] *n* diplôme *m,* certificat d'examen *m*
Prügel ['pryːgəl] *m 1. (Stock)* bâton *m,* gourdin *m; pl 2.* coups de bâton *m/pl,* volée de coups *f,* raclée *f (fam)*
Prügelknabe ['pryːgəlknaːbə] *m 1.* souffre-douleur *m; 2. (Sündenbock)* bouc émissaire *m*
prügeln ['pryːgəln] *v 1. jdn ~* donner des coups de bâton à qn, battre qn; *2. sich ~* se battre
Prügelstrafe ['pryːgəlʃtraːfə] *f* châtiment corporel *m*
Prunk [pruŋk] *m* pompe *f,* apparat *m,* faste *m*
prunksüchtig ['pruŋkzyçtɪç] *adj* avide de luxe
prunkvoll ['pruŋkfɔl] *adj* fastueux, pompeux, luxueux, somptueux
prusten ['pruːstən] *v 1. (schnaufen)* respirer fort, souffler; *2. (spritzend blasen)* arroser, asperger; *3. (lachen)* rire; *Er prustete los.* Il est parti d'un éclat de rire.
Psalm [psalm] *m REL* psaume *m*
Psychiater [psyçi'aːtər] *m* psychiatre *m*
Psychiatrie [psyçja'triː] *f MED* psychiatrie *f*
psychisch ['psyːçɪʃ] *adj* psychique
Psychologe [psyço'loːgə] *m* psychologue *m*
Psychologie [psyçolo'giː] *f* psychologie *f*
psychologisch [psyço'loːgɪʃ] *adj* psychologique
Psychopath [psyço'paːt] *m* psychopathe *m*
Psychose [psy'çoːzə] *f* psychose *f*
psychosomatisch [psyçozo'maːtɪʃ] *adj* psychosomatique
Psychoterror ['psyːçotɛrɔr] *m* terreur psychologique
Psychotherapeut [psyçotera'pɔyt] *m* psychothérapeute *m*
pubertär [pubɛr'tɛːr] *adj* pubertaire
Pubertät [pubɛr'tɛːt] *f* puberté *f*
Publikation [publika'tsjoːn] *f* publication *f*
Publikum ['publikum] *n 1.* public *m,* assistance *f; 2. (Zuhörer)* auditoire *m; 3. (Zuschauer)* spectateurs *m/pl*
publizieren [publi'tsiːrən] *v* publier
Publizist(in) [publi'tsɪst(ɪn)] *m/f* journaliste *m/f,* essayiste *m/f*
Pudding ['pudɪŋ] *m GAST* flan *m,* crème renversée *f; ~ in den Armen und Beinen haben* avoir les jambes et les bras en coton
Pudel ['puːdəl] *m ZOOL* caniche *m; wie ein begossener ~ dastehen* prendre un air de chien battu
Puder ['puːdər] *m* poudre *f*
pudern ['puːdərn] *v* poudrer qc
Pufferzone ['pufərtsoːnə] *f* zone tampon *f*
Pulk [pulk] *m (Anhäufung)* groupe *m,* cohorte *f,* détachement *m,* formation *f*
Pulle ['pulə] *f 1. (fam: Flasche)* bouteille *f; 2. volle ~ (fam)* plein pot
Pullover [pu'loːvər] *m* pull-over *m,* pull *m*
Puls [puls] *m* pouls *m; jdm den ~ fühlen (fig)* tâter le pouls de qn
Pulsader ['pulsaːdər] *f ANAT* artère *f*

pulsieren [pul'ziːrən] *v* *1.* battre; *2.* *(Blut)* circuler
Pulsschlag ['pulsʃlaːk] *m* *MED* pouls *m,* pulsation *f*
Pult [pult] *n* pupitre *m*
Pulver ['pulvər] *n* poudre *f;* *sein ~ verschossen haben (fig)* être à bout de forces
pummelig ['puməlɪç] *adj* *(fam)* rondelet, rondouillard, potelé, dodu
Pump [pump] *m* tapage *m,* crédit *m;* *etw auf ~ kaufen* acheter qc à crédit
Pumpe ['pumpə] *f* pompe *f*
pumpen ['pumpən] *v* *1.* pomper; *2.* *(fig: sich leihen)* emprunter, taper; *3.* *(fig: verleihen)* prêter
Pumps [pœmps] *pl* escarpin *m*

Punkt [puŋkt] *m* point *m;* *Mach mal einen ~!* Mets un bouchon!; *den toten ~ erreicht haben* être au point mort; *etw auf den ~ bringen* formuler qc avec pertinence; *der springende ~ sein* être le hic/être là que gît le lièvre; *einen wunden ~ berühren* toucher le point sensible

punkten ['puŋktən] *v* *1.* marquer des points; *2.* *(mit Punkten mustern)* pointiller, piquer, piqueter, tacheter
punktgleich ['puŋktglaɪç] *adj* être à égalité
punktieren [puŋk'tiːrən] *v* *1.* *MED* faire une ponction, ponctionner; *2.* *MUS* pointer
pünktlich ['pyŋktlɪç] *adj* *1.* ponctuel; *adv* *2.* à l'heure
Pünktlichkeit ['pyŋktlɪçkaɪt] *f* ponctualité *f*
punktuell [puŋktu'ɛl] *adv* ponctuel
Puppe ['pupə] *f* *1.* *(Spielzeug)* poupée *f;* *die ~n tanzen lassen (fig)* faire la fête/s'amuser; *2.* *ZOOL* cocon *m,* chrysalide *f;* *3.* *bis in die ~n* très longtemps, très tard
Puppentheater ['pupənteaːtər] *n* *1.* *(Puppenspiel)* jeu de marionnettes *m;* *2.* *(Theater für Puppenspiele)* théâtre de marionnettes *m*
pur [puːr] *adj* pur
pürieren [py'riːrən] *v* *GAST* faire de la purée
puristisch [pu'rɪstɪʃ] *adj* puriste
puritanisch [puri'taːnɪʃ] *adj* puritain
Puritanismus [purita'nɪsmus] *m* *REL* puritanisme *m*
Purpur ['purpur] *m* pourpre *f*
purpurrot ['purpurroːt] *adj* rouge pourpre *m*
Purzelbaum ['purtsəlbaum] *m* culbute *f;* *einen ~ machen/einen ~ schlagen* faire une galipette
purzeln ['purtsəln] *v* *1.* culbuter, faire une culbute, dégringoler *(fam);* *2.* *(fallen)* tomber
Puste ['puːstə] *f* souffle *m,* haleine *f;* *aus der ~* hors d'haleine
pusten ['puːstən] *v* *1.* *(blasen)* souffler; *2.* *(atmen)* haleter
Pute ['puːtə] *f* *ZOOL* dinde *f*
Putsch [putʃ] *m* *POL* coup d'Etat *m,* coup de force *m,* putsch *m*
Putschist [put'ʃist] *m* *POL* putschiste *m*
Putschversuch ['putʃfɛrzuːx] *m* *POL* tentative de putsch *f*
Putz [puts] *m* *1.* *(Zier)* toilette *f,* parure *f,* atours *m/pl,* ornements *m/pl;* *2.* *(Mörtel)* enduit *m,* crépi *m;* *auf den ~ hauen* faire péter les plombs/faire la foire
putzen ['putsən] *v* *1.* nettoyer; *2.* *(Zähne)* brosser; *3.* *(Nase)* moucher; *4.* *(Schuhe)* cirer
Putzfrau ['putsfrau] *f* femme de ménage *f*
putzig ['putsɪç] *adj* drôle, cocasse
Putzlappen ['putslapən] *m* chiffon *m*
Putzmittel ['putsmɪtəl] *n* produit de nettoyage *m,* produit d'entretien *m*
Putzzeug ['putstsɔyk] *n* ustensiles et produits de nettoyage *m/pl*
Pyjama [py'dʒaːma] *m* pyjama *m*
Pyramide [pyra'miːdə] *f* pyramide *f*
pyrotechnisch [pyro'tɛçnɪʃ] *adj* pyrotechnique
Python ['pyːtɔn] *f* *ZOOL* python *m*

P

Q

Quacksalber ['kvakzalbər] *m (fam)* guérisseur *m,* charlatan *m*
Quader ['kva:dər] *m 1. MATH* parallélépidède rectangle *m; 2. (Quaderstein)* pierre de taille équarrie *f,* carreau de pierre *m*
Quadrat [kva'dra:t] *n* carré *m; im ~ springen* sauter au plafond/piquer une colère
quadratisch [kva'dra:tɪʃ] *adj* carré
Quadratkilometer [kva'dra:tkilome:tər] *m* kilomètre carré *m*
Quadratmeter [kva'dra:tme:tər] *m* mètre carré *m*
Quadratwurzel [kva'dra:tvurtsəl] *f MATH* racine carré *f*
Quadratzahl [kva'dra:ttsa:l] *f MATH* nombre carré *m*
Quadratzentimeter [kva'dra:ttsɛntime:tər] *m* centimètre carré *m; um jeden ~ kämpfen* lutter pour chaque centimètre carré
quaken ['kva:kən] *v 1. (Frosch)* coasser; *2. (Ente)* faire coin-coin
quäken ['kvɛ:kən] *v 1.* brailler, piailler, piauler, criailler; *2. (Radio)* nasiller
Quäker(in) ['kvɛ:kər(ɪn)] *m/f* quaker/quakeresse *m/f*

> **Qual** [kva:l] *f* peine *f,* souffrance *f,* torture *f,* supplice *m; ~ der Wahl* embarras du choix *m*

quälen ['kvɛ:lən] *v 1.* tourmenter, torturer; *2. (beunruhigen)* inquiéter
Quälerei [kvɛ:lə'raɪ] *f 1.* tourments *m/pl,* tracasserie *f,* torture *f; 2. (fig: mühsame Arbeit)* torture *f*
Quälgeist ['kvɛ:lgaɪst] *m* persécuteur *m,* tracassier *m,* casse-pieds *m*
Qualifikation [kvalifika'tsjo:n] *f 1.* qualification *f; 2. (Eignung)* aptitude *f*
qualifizieren [kvalifi'tsi:rən] *v sich ~* se qualifier
qualifiziert [kvalifi'tsi:rt] *adj 1.* qualifié; *2. SPORT* qualifié
Qualität [kvali'tɛ:t] *f* qualité *f*
qualitativ [kvalita'ti:f] *adj* qualitatif
Qualitätsarbeit [kvali'tɛ:tsarbaɪt] *f* travail de qualité *m*
Qualitätsbezeichnung [kvali'tɛ:tsbətsaɪçnuŋ] *f ECO* label de qualité *m*
Qualitätswein [kvali'tɛ:tsvaɪn] *m* vin de qualité supérieure *m*
Qualle ['kvalə] *f ZOOL* méduse *f*
Qualm [kvalm] *m* fumée épaisse *f,* vapeur épaisse *f*
qualmen ['kvalmən] *v (fam: viel rauchen)* fumer comme un pompier
qualmig ['kvalmɪç] *adj* enfumé
qualvoll ['kva:lfɔl] *adj* très douloureux, cuisant, cruel, atroce
Quantentheorie ['kvantənteori:] *f PHYS* théorie quantique *f*
Quantität [kvanti'tɛ:t] *f* quantité *f*
quantitativ [kvantita'ti:f] *adj* quantitatif
Quantum ['kvantum] *n* quantité *f,* portion *f*
Quarantäne [karan'tɛ:nə] *f* quarantaine *f; unter ~ stellen* mettre en quarantaine
Quark [kvark] *m GAST* fromage blanc *m*
Quartal [kvar'ta:l] *n* trimestre *m*
Quartalsende [kvar'ta:lsɛndə] *n* fin du trimestre *f*
Quartett [kvar'tɛt] *n MUS* quatuor *m*
Quartier [kvar'ti:r] *n 1.* logement *m,* gîte *m; 2. MIL* cantonnement *m*
Quarz [kvarts] *m MIN* quartz *m*
Quarzglas ['kvartsgla:s] *n* verre de quartz *m*
Quarzuhr ['kvartsu:r] *f* montre à quartz *f*
quasi ['kva:zi] *adv* quasiment
quasseln ['kvasəln] *v (fam)* radoter, jacasser, jacter
Quasselstrippe ['kvasəlʃtrɪpə] *f (Person)* radoteur/radoteuse *m/f,* jacasse *f,* moulin à paroles *m*
Quaste ['kvastə] *f* houppe *f,* houppette *f*
Quatsch [kvatʃ] *m (fam)* sottises *f/pl,* bêtises *f/pl,* âneries *f/pl*
quatschen ['kvatʃən] *v (fam)* dire des bêtises
Quatschkopf ['kvatʃkɔpf] *m 1.* radoteur *m; 2. (Dummkopf)* imbécile *m*
Quecksilber ['kvɛkzɪlbər] *n CHEM* mercure *m*
quecksilberhaltig ['kvɛkzɪlbərhaltɪç] *adj* qui contient du mercure
Quecksilbersäule ['kvɛkzɪlbərzɔylə] *f* colonne barométrique *f,* colonne de mercure *f*
Quellbewölkung ['kvɛlbəvœlkuŋ] *f METEO* nuage *m*
Quelle ['kvɛlə] *f 1.* source *f,* fontaine *f; an der ~ sitzen* être à la source; *2. (fig: Herkunft)* source *f,* origine *f*

quellen ['kvɛlən] *v irr 1. (hervor~)* jaillir, émaner; *2. ~ lassen* tremper, faire gonfler
Quellenangabe ['kvɛlənangaːbə] *f* indication des sources *f,* indication des références *f*
Quellenforschung ['kvɛlənfɔrʃuŋ] *f* étude des sources *f*
Quellenmaterial ['kvɛlənmaterjaːl] *n* sources *f/pl*
Quellensteuer ['kvɛlənʃtɔyər] *f FIN* impôt retenu à la source *m*
Quellenstudium ['kvɛlənʃtuːdjum] *n* étude des sources *f*
Quellwasser ['kvɛlvasər] *n* eau de source *f*
Quengelei [kvɛŋə'laɪ] *f (fam)* lamentation *f,* geignement *m*
quengelig ['kvɛŋəlɪç] *adj* larmoyant, geignant
quengeln ['kvɛŋəln] *v (fam)* pleurnicher, grincher

quer [kveːr] *adv* de travers, en travers, à travers de, au travers de; *~ durch* à travers; *~ schießen (fam)* mettre des bâtons dans les roues; *~ legen* mettre en travers; *sich ~ legen (fig)* se mettre en travers

Quere ['kveːrə] *f* travers *m; jdm in die ~ kommen* contrecarrer les projets de qn
querfeldein [kveːrfɛlt'aɪn] *adv* à travers les champs
Querflöte ['kveːrfløːtə] *f MUS* flûte traversière *f*
Querformat ['kveːrfɔrmaːt] *n* format oblong *m*
Querkopf ['kveːrkɔpf] *m (fam)* esprit de travers *m,* tête carrée *f*
Querpass ['kveːrpas] *m SPORT* passe transversale *f*
Querschläger ['kveːrʃlɛːgər] *m* ricochet *m*
Querschnitt ['kveːrʃnɪt] *m* coupe transversale *f,* section transversale *f,* plan transversal *m*
querschnittsgelähmt ['kveːrʃnɪtsgəlɛːmt] *adj MED* paraplégique
Querschnittslähmung ['kveːrʃnɪtslɛːmuŋ] *f MED* paraplégie *f*
Querstraße ['kveːrʃtraːsə] *f* rue transversale *f*
Querstrich ['kveːrʃtrɪç] *m 1.* trait transversal *m,* trait horizontal *m,* barre *f; 2. (Gedankenstrich)* tiret *m; 3. einen ~ durch etw machen* tirer un trait *m*
quertreiben ['kveːrtraɪbən] *v irr (fig)* empêcher de tourner en rond
Quertreiber(in) ['kveːrtraɪbər(ɪn)] *m/f* empêcheur/empêcheuse de tourner en rond
Querulant(in) [kveru'lant(ɪn)] *m/f* râleur/râleuse *m/f*
querulieren [kveru'liːrən] *v* récriminer qc, réclamer sans cesse, râler
Querverbindung ['kveːrfɛrbɪnduŋ] *f* jonction transversale *f,* traverse *f*
Querverweis ['kveːrfɛrvaɪs] *m* renvoi *m*
quetschen ['kvɛtʃən] *v 1.* presser, serrer; *2. (zer~)* écraser
Quetschung ['kvɛtʃuŋ] *f MED* meurtrissure *f,* contusion *f,* ecchymose *f*
Quetschwunde ['kvɛtʃvundə] *f MED* contusion *f*
Quiche [kɪʃ] *f GAST* quiche *f*
quicklebendig ['kvɪkle'bɛndɪç] *adj (fam)* vif, alerte, pétillant
quieken ['kviːkən] *v 1.* pousser des cris aigus, criailler; *2. (Ferkel)* couiner; *3. Es ist zum Quieken!* C'est à hurler de rire!
quieksen ['kviːksən] *v (siehe „quieken")* couiner
quietschen ['kviːtʃən] *v 1.* pousser des cris aigus; *2. (Tür)* grincer
quietschvergnügt [kviːtʃvɛr'gnyːkt] *adj* hilare, très heureux
Quinte [kvɪnt] *f MUS* dominante *f,* quinte *f*
Quintessenz ['kvɪntɛsɛnts] *f* quintessence *f*
Quintett [kvɪn'tɛt] *n MUS* quintette *f*
Quirl [kvɪrl] *m* batteur *m*
quirlen ['kvɪrlən] *v* battre qc, agiter qc
quirlig ['kvɪrlɪç] *adj* qui remue tout le temps, turbulent, vif
quitt [kvɪt] *adj ~ sein* être quitte
Quitte ['kvɪtə] *f BOT* coing *m*
quittieren [kvɪ'tiːrən] *v 1. (bestätigen)* acquitter, donner quittance; *2. (beenden)* quitter
Quittung ['kvɪtuŋ] *f* quittance *f,* reçu *m*
Quittungsblock ['kvɪtuŋsblɔk] *m* carnet de quittances *m*
Quiz [kvɪs] *n* devinette *f,* rébus *m*
Quote ['kvoːtə] *f 1.* quota *m,* contingent *m; 2. (Anteil)* portion *f,* quote-part *f*
Quotenregelung ['kvoːtənreːgəluŋ] *f POL* pourcentage obligatoire d'hommes et de femmes *m*
Quotient [kvotsi'ɛnt] *m MATH* quotient *m*

Q

R

Rabatt [ra'bat] *m 1. ECO* rabais *m,* remise *f; einen ~ erhalten* obtenir une remise; *2. (Rückvergütung)* ristourne *f*
Rabbiner [ra'biːnər] *m* rabin *m*
Rabe ['raːbə] *m ZOOL* corbeau *m*
rabiat [rabi'aːt] *adj* furieux, furibond, brutal
Rache ['raxə] *f* vengeance *f; an jdm ~ nehmen* se venger; *die ~ des kleinen Mannes* la vengeance des petits *f; ~ ist süß.* La vengeance est un plat qui se mange froid.
Rachen ['raxən] *m 1. ANAT* pharynx *m; jdm den ~ stopfen* boucher un coin à qn; *den ~ nicht voll kriegen* n'en avoir jamais assez/n'être jamais content; *jdm etw in den ~ werfen* abandonner qc à qn; *2. (Kehle)* gosier *m*
rächen ['rɛçən] *v* venger
Rächer(in) ['rɛçər(ɪn)] *m/f* vengeur/vengeuse *m/f*
Rachsucht ['raxzuxt] *f* soif de vengeance *f*
Raclette [ra'klɛt] *n GAST* raclette *f*

Rad [raːt] *n 1.* roue *f; das fünfte ~ am Wagen sein* être la cinquième roue du carrosse; *ein ~ abhaben* être malade/être cinglé; *unter die Räder kommen* tomber dans le ruisseau/rouler dans le ruisseau; *2. (Fahrrad)* bicyclette *f,* vélo *m; ~ fahren* aller à bicyclette

Radarkontrolle [ra'daːrkɔntrɔlə] *f* contrôle radar *m*
radebrechen ['raːdəbrɛçən] *v* baragouiner
radeln ['raːdəln] *v* aller à bicyclette, pédaler, faire du vélo
Rädelsführer ['rɛːdəlsfyːrər] *m* meneur *m*
rädern ['rɛːdərn] *v sich wie gerädert fühlen* être épuisé, être claqué *(fam),* être vanné
Radfahrer(in) ['raːtfaːrər(ɪn)] *m/f* cycliste *m/f*
radieren [ra'diːrən] *v* effacer, gommer
Radiergummi [ra'diːrgumi] *m* gomme *f*
radikal [radi'kaːl] *adj 1.* radical; *2. POL* extrémiste
Radio ['raːdjo] *n* radio *f; im ~* à la radio
radioaktiv [raːdjoak'tiːf] *adj PHYS* radioactif; *~e Abfälle* déchets radioactifs *m/pl*
Radioaktivität [raːdjoaktivi'tɛːt] *f PHYS* radioactivité *f*
Radiosender ['raːdjozɛndər] *m* station radio *f,* fréquence radio *f*
Radius ['raːdjus] *m* rayon *m*
Radkappe ['raːtkapə] *f* enjoliveur *m*
Radrennbahn ['raːtrɛnbaːn] *f SPORT* vélodrome *m*
Radtour ['raːttuːr] *f* excursion à bicyclette *f; eine kleine ~ machen* se balader à bicyclette, se balader à vélo
Radweg ['raːtveːk] *m* piste cyclable *f*
raffen ['rafən] *v 1. etw an sich ~ (etw nehmen)* prendre qc; *2. (in Falten legen)* plisser; *3. (langes Kleid)* relever, retrousser; *4. (fam: kapieren) etw ~* piger qc
raffgierig ['rafgiːrɪç] *adj* avide, cupide
Raffinerie [rafinə'riː] *f* raffinerie *f*
Raffinesse [rafi'nɛsə] *f (Schlauheit)* ruse *f,* finesse *f*
raffiniert [rafi'niːrt] *adj 1. (verfeinert)* raffiné; *2. (schlau)* astucieux; *3. (außergewöhnlich)* raffiné, subtil; *adv 4.* avec raffinement
Rage ['raːʒə] *f* rogne *f,* énervement *m; in ~ sein* énervement *m*
ragen ['raːgən] *v* se dresser
Rahm [raːm] *m GAST* crème *f; den ~ abschöpfen* tirer la couverture à soi
rahmen ['raːmən] *v* encadrer
Rahmen ['raːmən] *m 1. (Bilderrahmen)* cadre *m; 2. (Fensterrahmen)* châssis *m; 3. (fig)* cadre *m,* décor *m; im ~ von ...* dans le cadre de ... *aus dem ~ fallen* sortir de l'ordinaire; *nicht in den ~ passen* être déplacé, ne pas aller avec; *im ~ bleiben* rester convenable, ne pas dépasser les bornes
Rakete [ra'keːtə] *f* fusée *f*
rammen ['ramən] *v* percuter, entrer en collision
Rampe ['rampə] *f 1. (Laderampe)* rampe d'accès *f; 2. (Bühnenrampe) THEAT* rampe *f*
Rampenlicht ['rampənlɪçt] *n THEAT* feux de la rampe *m/pl; im ~ stehen* être sous les feux de la rampe
ramponieren [rampo'niːrən] *v (fam)* amocher, endommager
Ramsch [ramʃ] *m (fam)* camelote *f*
Rand [rant] *m* bord *m,* bordure *f,* lisière *f; am ~e* en marge; *außer ~ und Band* déchaîné, surexcité; *mit etw zu ~e kommen* venir à bout de qc, se sortir de qc; *am ~e erwähnen* dire en passant
randalieren [randa'liːrən] *v* faire du chahut
Randalierer [randa'liːrər] *m* casseur *m,* hooligan *m*

R

Randerscheinung ['rantɛrʃaɪnuŋ] *f* phénomène marginal *m*
Randgruppe ['rantgrupə] *f* groupe marginal *m*
randvoll ['rantfɔl] *adj* plein à ras bord
Rang [raŋ] *m* *1. (Qualität)* rang *m,* classe *f; ersten ~es* de première classe; *von hohem ~* de haut rang; *2. (Stellung)* condition *f; jdm den ~ ablaufen* couper l'herbe sous le pied de qn, damer le pion à qn; *3. THEAT* galerie *f*
rangieren [raŋ'ʒiːrən] *v (Zug)* garer, trier, manœuvrer
Ranke ['raŋkə] *f BOT* sarment *m*
ranken ['raŋkən] *v* grimper
Ranzen ['rantsən] *m* *1. (Schultasche)* sac *m,* sacoche *f; 2. (fig)* ventre *m; sich den ~ voll schlagen (fam)* s'en mettre plein la panse, s'en mettre plein la lampe, se bâfrer *(fam)*
ranzig ['rantsɪç] *adj* rance
Rappe ['rapə] *m ZOOL* cheval noir *m,* moreau *m*
rar [raːr] *adj* rare; *sich ~ machen* se faire rare
Rarität [rari'tɛːt] *f* rareté *f*
rasant [ra'zant] *adj (fam)* très rapide
rasch [raʃ] *adj 1.* rapide; *adv 2.* vite
rascheln ['raʃəln] *v* faire un léger bruit
rasen ['raːzən] *v 1. (schnell fahren)* rouler très vite; *wie ein Irrer ~* rouler à tombeau ouvert; *2. (wütend sein)* rager
Rasen ['raːzən] *m BOT* gazon *m,* pelouse *f; jdn unter den ~ bringen* envoyer qn dans l'autre monde/faire mourir qn
rasend ['raːzənt] *adj 1. (sehr schnell)* très rapide; *2. (wütend)* enragé, furieux; *3. (sehr stark)* frénétique; *adv 4. (sehr schnell)* très vite; *5. (wütend)* avec rage
Rasenmäher ['raːzənmɛːər] *m* tondeuse à gazon *f*
Raser ['raːzər] *m (Autofahrer)* chauffard *m (fam)*
Raserei [razə'raɪ] *f 1. (Wut)* vitesse excessive *f; 2. (mit dem Auto)* fureur *f,* rage *f*
Rasierapparat [ra'ziːraparaːt] *m* rasoir mécanique *m,* rasoir électrique *m*
rasieren [ra'ziːrən] *v 1.* raser, faire la barbe; *2. sich ~* se raser
raspeln ['raspəln] *v* râper qc
Rasse ['rasə] *f* race *f*
rasseln ['rasəln] *v 1. (Geräusch machen)* cliqueter, résonner; *mit dem Säbel ~ (fig)* prendre une attitude menaçante; *2. durch die Prüfung ~ (fam)* louper un examen
rassig ['rasɪç] *adj* racé
Rassismus [ra'sɪsmus] *m* racisme *m*
Rassist(in) [ra'sɪst(ɪn)] *m/f* raciste *m/f*
Rast [rast] *f* repos *m,* pause *f; ohne ~ und Ruh* sans trêve ni repos
rasten ['rastən] *v* se reposer
Raster ['rastər] *n 1. (Schema)* trame *f,* schéma *m; 2. (im Druckwesen)* trame *f*
Rasterfahndung ['rastərfaːnduŋ] *f* quadrillage informatique systématique *m*
rastlos ['rastloːs] *adj 1. (pausenlos)* sans cesse, sans trêve, incessant; *2. (ruhelos)* sans repos
Raststätte ['rastʃtɛtə] *f (an Autobahnen) GAST* aire de repos *f*
Rasur [ra'zuːr] *f* rasage *m*

Rat [raːt] *m 1. (Ratschlag)* conseil *m,* avis *m; jdn um ~ bitten* demander conseil à qn; *Guter ~ kommt über Nacht.* La nuit porte conseil. *mit sich zu ~e gehen* délibérer avec soi-même; *jdn zu ~e ziehen* demander conseil à qn; *jdm mit ~ und Tat zur Seite stehen* prendre fait et cause pour qn/soutenir qn; *2. (Kollegium)* conseil *m; 3. (Titel)* conseiller *m*

Rate ['raːtə] *f 1. ECO* acompte *m; auf ~n zahlen* payer par acomptes/payer à crédit; *2. (Monatsrate) ECO* mensualité *f*
raten ['raːtən] *v irr 1. (Rat geben)* conseiller; *2. (empfehlen)* recommander; *3. (er~)* deviner; *Raten Sie!* Devinez!
Ratenkauf ['raːtənkauf] *m* achat à crédit *m,* achat à tempérament *m*
Ratgeber(in) ['raːtgeːbər(ɪn)] *m/f* conseiller/conseillère *m/f*
Rathaus ['raːthaus] *n* mairie *f,* hôtel de ville *m*
rational [ratsjo'naːl] *adj* rationnel
rationalisieren [ratsjonali'ziːrən] *v* rationaliser
rationell [ratsjo'nɛl] *adj* rationnel, fonctionnel
rationieren [ratsjo'niːrən] *v* rationner
ratlos ['raːtloːs] *adj 1.* perplexe, déconcerté; *adv 2.* avec perplexité
Ratlosigkeit ['raːtloːzɪçkaɪt] *f* perplexité *f,* embarras *m*
ratsam ['raːtzaːm] *adj* à conseiller, opportun
Ratschlag ['raːtʃlaːk] *m* conseil *m*
Rätsel ['rɛːtsəl] *n* énigme *f,* mystère *m; vor einem ~ stehen* se trouver devant une énigme/tomber sur un os *(fam)*; *des ~s Lösung* le mot de l'énigme *m; jdm ein ~ sein* être un mystère pour qn; *jdm ein ~ aufgeben* poser un

problème à qn; *in ~n sprechen* parler par énigmes
rätselhaft ['rɛːtsəlhaft] *adj* énigmatique, mystérieux
rätseln ['rɛːtsəln] *v 1. (grübeln)* se casser la tête; *2.* jouer aux devinettes
Ratte ['ratə] *f ZOOL* rat *m*
rattern ['ratərn] *v* pétarader
rau [rau] *adj 1. (nicht glatt)* rugueux; *2. (Hals)* rauque, enroué; *3. (grob)* grossier; *4. (fig: barsch)* rêche, rébarbatif; *adv 5. (schroff)* vertement
Raub [raup] *m 1. (Diebstahl)* vol *m; 2. (Entführung)* rapt *m,* enlèvement *m*
rauben ['raubən] *v 1. (stehlen)* voler, dérober; *etw ~* faire main basse sur qc; *2. (entführen)* enlever
Räuber ['rɔybər] *m 1.* brigand *m; 2. (Dieb)* voleur *m*
Raubüberfall ['raupyːbərfal] *m* attaque à main armée *f*
Rauch [raux] *m* fumée *f; in ~ und Flammen aufgehen* brûler/être dévoré par les flammes; *sich in ~ auflösen* s'évanouir en fumée
rauchen ['rauxən] *v* fumer
Raucher(in) ['rauxər(ɪn)] *m/f* fumeur/fumeuse *m/f*
räuchern ['rɔyçərn] *v* fumer, saurer
rauchig ['rauxɪç] *adj* fumeux
räudig ['rɔydiç] *adj* galeux
Raufbold ['raufbɔlt] *m* batailleur *m,* spadassin *m*
raufen ['raufən] *v 1.* arracher; *sich die Haare ~* s'arracher les cheveux; *2. sich ~* se chamailler, se battre
Rauferei [raufə'raɪ] *f* rixe *f*

Raum [raum] *m 1. (Platz)* place *f; 2. (Zimmer)* pièce *f,* local *m; 3. (Gebiet)* région *f,* zone *f; 4. (fig) etw in den ~ stellen* mettre qc sur le tapis; *im ~ stehen* être sur le tapis; *etw im ~ stehen lassen* laisser qc en suspens

räumen ['rɔymən] *v 1. (entfernen)* enlever; *2. (verlassen)* quitter; *3. (evakuieren)* évacuer
räumlich ['rɔymlɪç] *adj 1.* spatial; *adv 2.* dans l'espace
Räumlichkeiten ['rɔymlɪçkaɪtən] *pl* locaux *m/pl*
Räumung ['rɔymuŋ] *f 1. (Evakuierung)* évacuation *f; 2. (Entfernung)* déblaiement *m,* enlèvement *m*
raunen ['raunən] *v* murmurer, chuchoter
Raupe ['raupə] *f 1. ZOOL* chenille *f; 2. TECH* chenille *f*
Raureif ['rauraɪf] *m* givre *m*
raus [raus] *adv (siehe auch „heraus", „hinaus")* dehors; *Nun ist es ~. (fam)* Le mot est lâché.
Rausch [rauʃ] *m 1. (Alkoholrausch)* ivresse *f,* griserie *f; 2. (Begeisterungsrausch)* griserie *f,* enivrement *m*
rauschen ['rauʃən] *v 1. (Blätter)* susurrer, frémir; *2. (Bach)* bruire, murmurer
Rauschgift ['rauʃgɪft] *n* drogue *f*
rausfliegen ['rausfliːgən] *v irr (fam)* se faire jeter
räuspern ['rɔyspərn] *v sich ~* se racler la gorge
Rausschmeißer ['rausʃmaɪsər] *m 1.* videur *m; 2. (fam: letzter Tanz)* dernier tour de danse *m*
Razzia ['ratsja] *f* rafle *f*
Reagenzglas [rea'gɛntsglaːs] *n* éprouvette *f*
reagieren [rea'giːrən] *v* réagir
Reaktion [reak'tsjoːn] *f* réaction *f*
reaktionär [reaktsjo'nɛːr] *adj POL* réactionnaire
Reaktionsvermögen [reak'tsjoːnsfɛrmøːgən] *n* capacité de réaction *f*
Reaktor [re'aktɔr] *m* réacteur *m*
real [re'aːl] *adj 1.* réel, effectif; *2. (anschaulich)* concret
realisierbar [reali'ziːrbaːr] *adj* réalisable
Realisierbarkeit [reali'ziːrbaːrkaɪt] *f* faisabilité *f*
realisieren [reali'ziːrən] *v* réaliser
Realismus [rea'lɪsmus] *m* réalisme *m*
realistisch [rea'lɪstɪʃ] *adj* réaliste
Realität [reali'tɛːt] *f* réalité *f*
realitätsfremd [reali'tɛːtsfrɛmt] *adj* loin de la réalité, irréaliste
Realschule [re'aːlʃuːlə] *f* école secondaire cycle court *f*
Reanimation [reanima'tsjoːn] *f MED* réanimation *f*
Rebe ['reːbə] *f BOT* vigne *f,* sarment *m*
Rebell(in) [re'bɛl(ɪn)] *m/f* rebelle *m/f*
rebellieren [rebɛ'liːrən] *v* se rebeller, se révolter
rebellisch [re'bɛlɪʃ] *adj* rebelle
Rechen ['rɛçən] *m* râteau *m*
Rechenschaft ['rɛçənʃaft] *f* raison *f,* compte rendu *m; jdn zur ~ ziehen* demander des comptes à qn; *über etw ~ ablegen* rendre compte de qc/s'expliquer sur qc
recherchieren [reʃɛr'ʃiːrən] *v* faire des recherches

rechnen ['rɛçnən] *v* 1. compter, calculer; *mit jedem Cent ~ müssen* devoir compter chaque sou; 2. *~ mit* s'attendre à; *mit dem Schlimmsten ~* envisager le pire; *Damit musste man ~.* Il fallait s'y attendre.

Rechnung ['rɛçnuŋ] *f* 1. *MATH* calcul *m; Deine ~ geht nicht auf.* Tu t'es trompé dans tes calculs! 2. *ECO* compte *m,* facture *f; auf eigene ~* pour son propre compte; *eine ~ ausstellen* établir une facture; *einer Sache ~ tragen* tenir compte de qc; 3. *(in einem Restaurant)* addition *f; die ~ ohne den Wirt machen* compter sans son hôte, faire un mauvais calcul; *mit jdm eine ~ begleichen* régler ses comptes avec qn; *etw auf seine ~ nehmen* prendre qc à son compte

recht [rɛçt] *adj* 1. *(richtig)* droit, juste; *ganz ~* tout juste; *Gehe ich hier ~?* Est-ce que je suis sur le bon chemin? *Das ist nicht mehr als ~ und billig.* Ce n'est que trop juste. *Das geschieht ihm ~.* Il l'a bien mérité./C'est bien fait pour lui! *Das ist mir ~.* Je veux bien. *alles, was ~ ist* tout compte fait, en définitive; *jdm etw ~ machen* satisfaire qn, contenter qn; 2. *(passend)* convenable; *Das kommt mir gerade ~!* Il ne manquait plus que cela!/Ça tombe vraiment bien! *adv* 3. *(ziemlich)* assez; 4. *~ behalten* avoir finalement raison, finir par avoir raison, avoir le dernier mot; *~ haben* avoir raison; *~ bekommen* l'emporter; *jdm ~ geben* donner raison à qn

Recht [rɛçt] *n* 1. droit *m; mit ~* avec raison/de bon droit; *sein ~ behaupten* faire valoir ses droits; *jdm zu seinem ~ verhelfen* rendre justice à qn; *das ~ auf seiner Seite haben* avoir la loi pour soi; *mit vollem ~* à juste titre; *jds gutes ~ sein* être le bon droit de qn; *~ sprechen* rendre la justice; *sein ~ fordern* demander justice; *zu ~* à juste titre; 2. *(Gerechtigkeit)* justice *f;* 3. *(Erlaubnis)* autorisation *f*

Rechte(r) ['rɛçtə(r)] *f* 1. *(rechte Hand)* droite *f,* main droite *f,* côté droit *m;* 2. *(politische Richtung) POL* de droite

rechte(r,s) ['rɛçtə(r,s)] *adj* droit

Rechteck ['rɛçtɛk] *n* rectangle *m*

rechteckig ['rɛçtɛkɪç] *adj* rectangulaire

rechtens ['rɛçtəns] *adv* légal, légitime

rechtfertigen ['rɛçtfɛrtɪgən] *v* 1. justifier; 2. *sich ~ (sich entschuldigen)* se disculper, se justifier

Rechtfertigung ['rɛçtfɛrtɪguŋ] *f* justification *f,* disculpation *f*

rechthaberisch ['rɛçthaːbərɪʃ] *adj* ergoteur

rechtlich ['rɛçtlɪç] *adj JUR* juridique, légal

rechtlos ['rɛçtloːs] *adj* 1. sans droit, privé de ses droits; 2. *(gesetzlos)* anomique

rechtmäßig ['rɛçtmɛːsɪç] *adj* légitime, légal

rechts [rɛçts] *adv* à droite; *~ fahren* tenir sa droite; *weder ~ noch links schauen (fig)* aller droit au but

Rechtsanwalt ['rɛçtsanvalt] *m JUR* avocat *m*

rechtschaffen ['rɛçtʃafən] *adj* droit, honnête, intègre

Rechtschreibung ['rɛçtʃraɪbuŋ] *f* orthographe *f*

Rechtsextremismus ['rɛçtsɛkstremɪsmus] *m POL* extrême droite *f*

Rechtshänder(in) ['rɛçtshɛndər(ɪn)] *m/f* droitier/droitière *m/f*

rechtskräftig ['rɛçtskrɛːftɪç] *adj JUR* passé en loi, exécutoire

Rechtsprechung ['rɛçtʃprɛçuŋ] *f JUR* jurisprudence *f*

Rechtsradikalismus ['rɛçtsradikalɪsmus] *m POL* extrémisme de droite *m*

Rechtsstaat ['rɛçtsʃtaːt] *m* Etat constitutionnel *m*

Rechtsstreit ['rɛçtsʃtraɪt] *m JUR* litige *m*

rechtswidrig ['rɛçtsviːdrɪç] *adj JUR* contraire au droit, illégal

rechtwinklig ['rɛçtvɪŋklɪç] *adj* rectangulaire, orthogonal

rechtzeitig ['rɛçttsaɪtɪç] *adj* 1. opportun; *adv* 2. à temps; *Ich habe ~ geschaltet.* J'ai réalisé à temps.

Reck [rɛk] *n SPORT* barre fixe *f*

recken ['rɛkən] *v sich ~* s'étirer

Redakteur(in) [redak'tøːr(ɪn)] *m/f* rédacteur/rédactrice *m/f*

Redaktion [redak'tsjoːn] *f* rédaction *f*

Rede ['reːdə] *f* 1. discours *m; eine ~ halten* prononcer un discours, tenir un discours; *es ist die ~ von ...* il est question de ..., il s'agit de ... *~ und Antwort stehen müssen* être sur la sellette; *jdm ~ und Antwort stehen* rendre compte à qn, se justifier devant qn; *jdm in die ~ fallen* couper la parole à qn, interrompre qn; *jdn zur ~ stellen* demander des comptes à qn, forcer qn à parler; *Davon kann keine ~ sein!* Il n'en est pas question! 2. *(Ausdrucksweise)* langage *m;*

redegewandt ['reːdəgəvant] *adj* habile à parler, éloquent

R

reden ['reːdən] *v* parler; *Gutes über jdn ~* dire du bien de qn; *in den Wind ~* parler en l'air; *Er hat gut ~.* Il en parle à son aise. *von sich ~ machen* faire parler de soi; *Darüber lässt sich ~.* Cela peut se discuter. *mit sich ~ lassen* accepter d'en reparler, être ouvert au compromis; *~ wie ein Buch* être un vrai moulin à paroles

Redensart ['reːdənsart] *f* *1. (Redewendung)* locution *f;* *2. (Ausdrucksweise)* façon de parler *f*

redlich ['reːtlɪç] *adj* *1. (anständig)* intègre, honnête, sincère; *2. (viel)* beaucoup; *sich ~e Mühe geben* se donner beaucoup de mal; *adv* *3. (sehr)* beaucoup; *sich ~ bemühen* faire des efforts sincères

Redlichkeit ['reːtlɪçkaɪt] *f* honnêteté *f,* loyauté *f,* sincérité *f*

Redner(in) ['reːdnər(ɪn)] *m/f* orateur/oratrice *m/f*

Rednerbühne ['reːdnərbyːnə] *f* tribune *f*

redselig ['reːtzeːlɪç] *adj* loquace, bavard

Redseligkeit ['reːtzeːlɪçkaɪt] *f* loquacité *f,* faconde *f,* bavardage *m,* verbosité *f*

reduzieren [redu'tsiːrən] *v* réduire

Reeder ['reːdər] *m* armateur *m,* affréteur *m*

Reederei [reːdə'raɪ] *f* compagnie maritime *f*

reell [re'ɛl] *adj* *1.* réel; *2. ECO* honnête, loyal; *3. (Unternehmen) ECO* respectable

Referat [refe'raːt] *n* *1. (Bericht)* exposé *m;* *2. (Gebäude)* service *m*

Referendar(in) [referen'daːr(ɪn)] *m/f* stagiaire *m/f*

Referendum [refe'rɛndum] *n POL* référendum *m*

Referent(in) [refe'rɛnt(ɪn)] *m/f* *1. (Redner(in))* rapporteur/rapporteuse *m/f;* *2. (Sachbearbeiter(in))* conseiller/conseillère *m/f*

Referenz [refe'rɛnts] *f* référence *f*

referieren [refe'riːrən] *v* faire un exposé

reflektieren [reflɛk'tiːrən] *v* *1. (zurückstrahlen)* refléter; *2. (nachdenken)* réfléchir

Reflex [re'flɛks] *m* *1.* reflet *m;* *2. (~bewegung)* réflexe *m*

Reflexion [reflɛ'ksjoːn] *f* *1. (von Licht)* reflet *m;* *2. (fig: Überlegung)* réflexion *f*

Reform [re'fɔrm] *f* réforme *f*

Reformhaus [re'fɔrmhaus] *n* magasin de produits diététiques *m*

reformieren [refɔr'miːrən] *v* réformer

Regal [re'gaːl] *n* étagère *f,* rayon *m*

rege ['reːgə] *adj* actif, vif, alerte

Regel ['reːgəl] *f* *1.* règle *f;* *Keine ~ ohne Ausnahme.* Il n'y a pas de règle sans exception. *nach allen ~n der Kunst* dans les règles de l'art; *2. (Menstruation)* règles *f/pl*

regelmäßig ['reːgəlmɛːsɪç] *adj* régulier

regeln ['reːgəln] *v* régler, régulariser; *genau geregelt sein* être réglé comme une pendule

Regelung ['reːgəluŋ] *f* règlement *m,* réglementation *f*

regelwidrig ['reːgəlviːdrɪç] *adj* contraire à la règle, irrégulier

regen ['reːgən] *v sich ~* se remuer, bouger

Regen ['reːgən] *m* pluie *f;* *bei ~* par temps de pluie; *Es wird gleich ~ geben.* Il va pleuvoir. *jdn im ~ stehen lassen* laisser tomber qn/laisser qn dans l'embarras; *vom ~ in die Traufe kommen* tomber de mal en pis/tomber de Charybde en Scylla

Regenbogen ['reːgənboːgən] *m* arc-en-ciel *m*

regenerieren [regene'riːrən] *v* régénérer

Regenrinne ['reːgənrɪnə] *f* gouttière *f*

Regenschauer ['reːgənʃauər] *m METEO* ondée *f,* averse *f*

Regenschirm ['reːgənʃɪrm] *m* parapluie *m*

Regenwald ['reːgənvalt] *m* forêt tropicale *f*

Regenwurm ['reːgənvurm] *m ZOOL* ver de terre *m*

Regenzeit ['reːgəntsaɪt] *f METEO* saison des pluies *f*

Regie [re'ʒiː] *f CINE* mise en scène *f*

regieren [re'giːrən] *v* *1. (Kanzler) POL* gouverner; *2. (König) POL* régner

Regierung [re'giːruŋ] *f POL* gouvernement *m*

Regierungsbezirk [re'giːruŋsbətsɪrk] *m* circonscription *f,* district administratif *m,* département *m*

Regimekritiker [re'ʒiːmkriːtikər] *m POL* adversaire du régime *m*

Region [re'gjoːn] *f* région *f*

regional [regjo'naːl] *adj* régional

Regionalprogramm [regjo'naːlprogram] *n* *1. (Sender)* chaîne régionale *f;* *2. (Sendung)* programme régional *m*

Regisseur(in) [reʒi'søːr(ɪn)] *m/f CINE* metteur en scène/metteuse en scène *m/f*

registrieren [regɪs'triːrən] *v* enregistrer

Reglement [reglə'mɑ̃ː] *n* règlement *m*

reglementieren [reglemɛn'tiːrən] *v* réglementer qc, régler qc

Regler ['reːglər] *m TECH* régulateur *m*

R

reglos ['reːgloːs] *adj* immobile
regnen ['reːgnən] *v* pleuvoir; *wie aus Kübeln ~* pleuvoir à seaux/pleuvoir à torrents
regnerisch ['reːgnərɪʃ] *adj* pluvieux
Regress [re'grɛs] *m JUR* recours *m*
regsam ['reːkzaːm] *adj* mobile, actif, vif
regulär [regu'lɛːr] *adj* régulier
regulierbar [regu'liːrbaːr] *adj* réglable
regulieren [regu'liːrən] *v* régler
Regung ['reːguŋ] *f 1. (Bewegung)* mouvement *m; 2. (Gefühlsregung)* sentiment *m,* émotion *f*
regungslos ['reːguŋsloːs] *adj* immobile, inerte
Regungslosigkeit ['reːguŋsloːzɪçkaɪt] *f* immobilité *f*
Rehabilitation [rehabilita'tsjoːn] *f* réhabilitation *f,* rééducation *f*
rehabilitieren [rehabili'tiːrən] *v* réhabiliter, rééduquer
Rehbock ['reːbɔk] *m ZOOL* chevreuil *m*
Rehkitz ['reːkalp] *n ZOOL* faon *m*
Reibe ['raɪbə] *f* râpe *f*
reiben ['raɪbən] *v irr 1.* frotter, frictionner; *2. (raspeln)* râper
Reibereien [raɪbə'raɪən] *pl (fam)* frictions *f/pl,* conflit *m,* heurts *m/pl,* querelle *f*
Reibung ['raɪbuŋ] *f* frottement *m,* friction *f*
reibungslos ['raɪbuŋsloːs] *adj 1.* sans frottement; *2. (problemlos)* sans anicroches
reich [raɪç] *adj 1.* riche; *2. (~haltig)* abondant, fertile
Reich [raɪç] *n 1.* empire *m; 2. (Königreich)* royaume *m*
reichen ['raɪçən] *v 1. (geben)* tendre, passer, donner, offrir; *2. (aus~)* suffire; *Mir reicht es!* J'en ai marre *(fam)*/J'en ai assez! *3. (sich erstrecken) ~ bis* aller jusqu'à
reichhaltig ['raɪçhaltɪç] *adj* abondant, riche, fécond
reichlich ['raɪçlɪç] *adj 1.* copieux, abondant; *adv 2.* à profusion
Reichtum ['raɪçtuːm] *m* richesse *f,* fortune *f*
Reichweite ['raɪçvaɪtə] *f* rayon d'action *m,* portée *f*
reif [raɪf] *adj* mûr; *für etw ~ sein* être mûr pour qc
Reif [raɪf] *m 1. (Raureif)* givre *m,* frimas *m; 2. (Armreif)* bracelet *m*
Reife ['raɪfə] *f 1. (von Obst)* maturité *f; 2. (fig)* maturité *f*
reifen ['raɪfən] *v* mûrir, venir à maturité
Reifen ['raɪfən] *m 1. (Autoreifen)* pneu *m; 2. (Ring)* cercle *m*
Reifenpanne ['raɪfənpanə] *f* crevaison *f*
Reifeprüfung ['raɪfəpryːfuŋ] *f* baccalauréat *m*
reiflich ['raɪflɪç] *adj* mûr, approfondi
Reihe ['raɪə] *f 1.* suite *f,* enfilade *f; etw auf die ~ bringen* mettre bon ordre à qc; *Du bringst mich aus der ~.* Je ne sais plus où j'en suis avec toi. *außer der ~* exceptionnellement; *der ~ nach* l'un après l'autre/chacun son tour; *an die ~ kommen* être le suivant/être son tour; *2. (Serie)* série *f,* succession *f; 3. (von Menschen)* file *f; in Reih und Glied* en rang d'oignons; *aus der ~ tanzen* se distinguer/se faire remarquer
Reihenfolge ['raɪənfɔlgə] *f* ordre de succession *m*
Reihenhaus ['raɪənhaus] *n* maison mitoyenne *f*
Reim [raɪm] *m LIT* rime *f; sich keinen ~ auf etw machen* ne rien comprendre à qc/ne pas savoir à quoi rime qc; *~e schmieden* faire des vers/faire des rimes
reimen ['raɪmən] *v LIT* rimer
rein[1] [raɪn] *adj 1. (sauber)* net, propre, pur; *mit jdm ins Reine kommen* se réconcilier avec qn; *etw ins Reine schreiben* écrire qc au propre; *2. (unverfälscht)* naturel; *3. (echt)* pur, véritable; *4. (klar)* parfait, pur; *5. (nichts als)* rien que
rein[2] *(siehe „herein", „hinein")*
Reinerlös ['raɪnɛrløːs] *m ECO* produit net *m*
Reinfall ['raɪnfal] *m* déception *f*
Reinheit ['raɪnhaɪt] *f 1.* pureté *f; 2. (Sauberkeit)* propreté *f*
reinigen ['raɪnɪgən] *v* nettoyer, décrasser
Reinigung ['raɪnɪguŋ] *f 1. (Reinigen)* nettoyage *m; 2. (Geschäft)* pressing *m*
Reinigungsmittel ['raɪnɪguŋsmɪtəl] *n* produit d'entretien *m,* détergent *m,* nettoyant *m*
reinlich ['raɪnlɪç] *adj* propre
Reinlichkeit ['raɪnlɪçkaɪt] *f* propreté *f*
reinrassig ['raɪnrasɪç] *adj* de pure race
Reis [raɪs] *m BOT* riz *m*
Reise ['raɪzə] *f 1.* voyage *m; Gute ~!* Bon voyage! *seine letzte ~ antreten* rendre l'âme/rendre le dernier soupir; *2. (Rundfahrt)* tour *m*
Reisebüro ['raɪzəbyroː] *n* agence de voyage *f*
Reisebus ['raɪzəbus] *m* autocar de tourisme *m*
Reiseführer ['raɪzəfyːrər] *m (Buch)* guide touristique *m*

reisen ['raɪzən] *v* voyager, partir en voyage; *weit gereist sein* avoir vu du pays

Reisende(r) ['raɪzəndə(r)] *m/f 1.* voyageur/voyageuse *m/f,* touriste *m/f; 2. (Urlauber(in))* vacancier/vacancière *m/f*
Reisepass ['raɪzəpas] *m* passeport *m*
Reiseproviant ['raɪzəprovjant] *m* victuailles *f/pl*
Reisig ['raɪzɪç] *m* petit bois *m,* brindilles *f/pl*
Reißbrett ['raɪsbrɛt] *n* planche à dessin *m*
reißen ['raɪsən] *v irr (zer~)* déchirer
reißfest ['raɪsfɛst] *adj* résistant
Reißleine ['raɪslaɪnə] *f* corde de déchirement *f,* corde du panneau de déchirure *f*
Reißnagel ['raɪsnaːgəl] *m* punaise *f*
Reißverschluss ['raɪsfɛrʃlus] *m* fermeture éclair *f,* zip *m*
reiten ['raɪtən] *v irr* aller à cheval, monter à cheval, faire de l'équitation
Reiter(in) ['raɪtər(ɪn)] *m/f* cavalier/cavalière *m/f*
Reitgerte ['raɪtgɛrtə] *f* badine *f*
Reithose ['raɪthoːzə] *f* culotte de cheval *f,* culotte de cavalier *f*
Reitpeitsche ['raɪtpaɪtʃə] *f* cravache *f*
Reiz [raɪts] *m 1. (Reizung)* excitation *f; 2. (Anreiz)* stimulation *f,* attrait *m; 3. (Anmut)* charme *m,* attrait *m*
reizbar ['raɪtsbaːr] *adj* irritable, excitable
reizen ['raɪtsən] *v 1. (anregen)* stimuler; *2. (irritieren)* agacer, énerver; *3. (herausfordern)* provoquer
reizend ['raɪtsənt] *adj* ravissant, charmant, séduisant
reizlos ['raɪtsloːs] *adj 1.* sans charme, sans attraits; *2. (fade)* fade, insipide
Reizung ['raɪtsuŋ] *f 1.* excitation *f,* irritation *f; 2. (Anregung)* stimulation *f*
reizvoll ['raɪtsfɔl] *adj* charmant, plein de charme
Reklamation [reklama'tsjoːn] *f* réclamation *f*
Reklame [re'klaːmə] *f* publicité *f,* réclame *f*
reklamieren [rekla'miːrən] *v* faire une réclamation
rekonstruieren [rekɔnstru'iːrən] *v* reconstruire
Rekord [re'kɔrt] *m* record *m*
rekrutieren [rekru'tiːrən] *v 1. MIL* recruter qn; *2. (fig)* recruter qn
Rektor ['rɛktɔr] *m 1. (einer Schule)* directeur *m; 2. (einer Universität)* recteur *m*
Relais [rə'lɛː] *n TECH* relais *m*
relativ [rela'tiːf] *adj* relatif
relativieren [relati'viːrən] *v* relativiser qc
relevant [rele'vant] *adj* pertinent
Religion [reli'gjoːn] *f* religion *f*
religiös [reli'gjøːs] *adj* religieux
Relikt [re'lɪkt] *n* reliquat *m*
Reling ['reːlɪŋ] *f NAUT* bastingage *m*
Reliquie [re'liːkviə] *f REL* relique *f*
Reminiszenz [reminɪs'tsɛnts] *f* réminiscence *f*
rempeln ['rɛmpəln] *v jmd ~* bousculer qn, pousser qn
Ren [reːn] *n ZOOL* renne *m*
Rendite [rɛn'diːtə] *f ECO* rendement *m,* taux de rendement *m*
rennen ['rɛnən] *v irr* courir, se précipiter
Rennen ['rɛnən] *n* course *f; das ~ machen* gagner la course/l'emporter
Renommee [renɔ'meː] *n* renommée *f,* renom *m,* réputation *f*
renommiert [renɔ'miːrt] *adj* renommé
renovieren [renɔ'viːrən] *v* restaurer, rénover, remettre à neuf
Renovierung [renɔ'viːruŋ] *f* restauration *f,* rénovation *f,* remise à neuf *f*
rentabel [rɛn'taːbəl] *adj* rentable, lucratif
Rente ['rɛntə] *f 1. (Ruhestand)* retraite *f; 2. (Geld)* pension *f*
Rentenalter ['rɛntənaltər] *n* âge de la retraite *m,* âge requis pour faire valoir ses droits à une pension *m*
rentieren [rɛn'tiːrən] *v sich ~* être rentable
Rentner(in) ['rɛntnər(ɪn)] *m/f* retraité(e) *m/f*
Reparatur [repara'tuːr] *f* réparation *f*
reparaturanfällig [repara'tuːranfɛlɪç] *adj* sujet à réparation
reparieren [repa'riːrən] *v* réparer, remettre en état
Reportage [repɔr'taːʒə] *f* reportage *m*
Reporter(in) [re'pɔrtər(ɪn)] *m/f* reporter *m/f*
Repräsentant(in) [reprɛzɛn'tant(ɪn)] *m/f* représentant(e) *m/f*
repräsentativ [reprɛzɛnta'tiːf] *adj* représentatif
repräsentieren [reprɛzɛn'tiːrən] *v* représenter
reproduzieren [reprodu'tsiːrən] *v* reproduire qc
Reptil [rɛp'tiːl] *n ZOOL* reptile *m*
Republik [repu'bliːk] *f* république *f*
Republikaner(in) [republi'kaːnər(ɪn)] *m 1. (Anhänger(in) der Republik) HIST* républi-

R

cain(e) *m/f; m/f* *2. (Parteimitglied) POL* républicain(e) *m/f*
Requisiten [rekvi'ziːtən] *pl THEAT* accessoires *m/pl*
reservieren [rezɛr'viːrən] *v* réserver
reserviert [rezɛr'viːrt] *adj* réservé
Residenz [rezi'dɛnts] *f* résidence *f*
resignieren [rezɪg'niːrən] *v* se résigner
resistent [rezɪs'tɛnt] *adj 1.* résistant; *2. BIO* résistant
resolut [rezo'luːt] *adj 1.* résolu, décidé, énergique; *adv 2.* avec résolution
Resozialisierung [rezotsjali'ziːruŋ] *f* réintégration progressive *f,* réinsertion sociale *f*
Respekt [rɛ'spɛkt] *m* respect *m*
respektieren [rɛspɛk'tiːrən] *v* respecter
respektlos [rɛs'pɛktloːs] *adj* irrespectueux
respektvoll [rɛs'pɛktfɔl] *adj 1.* respectueux; *adv 2.* avec respect
Ressort [rɛ'soːr] *n 1.* département *m,* service *m; 2. (Verantwortlichkeit)* compétence *f,* attribution *f*
Rest [rɛst] *m* reste *m,* restant *m; der ~ der Welt* le reste du monde *m; sich den ~ holen (fig)* avoir reçu le coup final
restaurieren [rɛstau'riːrən] *v* restaurer, rénover, remettre en état
restlich ['rɛstlɪç] *adj* restant, de reste
restlos ['rɛstloːs] *adj 1.* sans reste; *2. (völlig)* complet; *adv 3.* sans laisser de reste, sans réserve
Resultat [rezul'taːt] *n* résultat *m*
resultieren [rezul'tiːrən] *v* résulter
resümieren [rezy'miːrən] *v* résumer qc, faire une synthèse de qc

retten ['rɛtən] *v 1.* sauver; *nicht zu ~ sein (fam)* être complètement dingo, être piqué; *2. (befreien)* délivrer; *sich vor jdm kaum ~ können* ne pas arriver à se défaire de qn; *Rette sich, wer kann!* Sauve qui peut!

Rettung ['rɛtuŋ] *f 1.* sauvetage *m; 2. (Befreiung)* délivrance *f*
Rettungsboot ['rɛtuŋsboːt] *n NAUT* canot de sauvetage *m*
retuschieren [retu'ʃiːrən] *v 1. FOTO* retoucher qc; *2. (fig: beschönigen)* faire de la retouche, enjoliver qc
Reue ['rɔyə] *f* repentir *m,* regret *m*
reumütig ['rɔymyːtɪç] *adj 1.* repentant; *adv 2.* avec repentir
Revanche [re'vɑ̃ːʃ] *f* revanche *f*
revanchieren [revɑ̃ː'ʃiːrən] *v 1. sich ~ (rächen)* se venger; *2. sich ~ (erwidern)* rendre la pareille
revidieren [revi'diːrən] *v 1. (prüfen)* contrôler qc, vérifier qc; *2. (ändern)* modifier qc
Revier [re'viːr] *n 1. (Gebiet)* secteur *m,* district *m; 2. (Polizeirevier)* commissariat de police *m*
revoltieren [revɔl'tiːrən] *v* se révolter
Revolution [revɔlu'tsjoːn] *f* révolution *f,* bouleversement *m*
revolutionär [revɔlutsjo'nɛːr] *adj* révolutionnaire
Revolver [re'vɔlvər] *m* revolver *m*
Revue [re'vy] *f 1.* revue *f; 2. THEAT* revue *f 3. etw ~ passieren lassen* passer qc en revue
Rezensent(in) [retsɛn'zɛnt(ɪn)] *m/f* critique *m,* auteur d'un compte-rendu *m*
rezensieren [retsɛn'ziːrən] *v* faire la critique, faire un compte-rendu
Rezension [retsɛn'zjoːn] *f LIT* critique *f,* compte-rendu *m*
Rezept [re'tsɛpt] *n 1. GAST* recette *f; 2. MED* ordonnance *f*
rezeptfrei [re'tsɛptfraɪ] *adj MED* sans ordonnance
Rezeption [retsɛp'tsjoːn] *f 1. (im Hotel)* réception *f; 2. (eines Rechts)* octroi *m*
Rezession [retsɛ'sjoːn] *f ECO* récession *f*
rezitieren [retsi'tiːrən] *v* réciter qc
R-Gespräch ['ɛrgəʃprɛːç] *n TEL* P.C.V. *m*
rhetorisch [re'toːrɪʃ] *adj* rhétorique
rhythmisch ['rytmɪʃ] *adj* rythmique
Rhythmus ['rytmus] *m* rythme *m,* cadence *f*
richten ['rɪçtən] *v 1. (in Ordnung bringen)* réparer, mettre en œuvre; *2. (her~)* arranger, aménager; *3. (wenden an) ~ an* diriger vers, adresser à; *4. (urteilen)* juger; *5. (verurteilen)* condamner
Richter(in) ['rɪçtər(ɪn)] *m/f JUR* juge *m/f*
richtig ['rɪçtɪç] *adj* juste, exact, vrai; *Das war wohl ~.* Bien m'en a pris. *nicht ganz ~ sein (fam)* ne pas être bien/être un peu dérangé; *~ stellen* rectifier
Richtung ['rɪçtuŋ] *f 1.* direction *f,* sens *m; 2. (Stilrichtung)* orientation *f,* tendance *f*
richtungsweisend ['rɪçtuŋsvaɪzənt] *adj 1.* novateur; *2. (fig)* novateur
Richtwert ['rɪçtveːrt] *m* valeur indicative *f,* valeur de référence *f*
riechen ['riːçən] *v irr 1. an etw ~* sentir qc; *den Braten ~* éventer la mèche; *jdn nicht ~ kön-*

R

nen ne pas pouvoir sentir qn/ne pas pouvoir pifer qn *(fam)*; *2. (Geruch abgeben)* sentir
Riecher ['riːçər] *m den richtigen ~ haben* avoir le nez creux, avoir du flair
Riegel ['riːgəl] *m 1.* petite poutre *f*, verrou *m*; *etw einen ~ vorschieben* empêcher qc/faire obstacle à qc; *2. (Schokolade)* barre *f*
Riemen ['riːmən] *m 1.* courroie *f*; *sich am ~ reißen* prendre sur soi/s'appliquer; *sich in die ~ legen* souquer ferme; *den ~ enger schnallen* se serrer la ceinture; *2. (bei Schuhen)* bride *f*
Riese ['riːzə] *m* géant *m*, colosse *m*
rieseln ['riːzəln] *v* s'écouler, ruisseler
riesengroß [riːzən'groːs] *adj* énorme, gigantesque
Riesenrad ['riːzənraːt] *n* grande roue *f*
riesig ['riːzɪç] *adj* énorme, colossal, géant
Riff [rɪf] *n* récif *m*
rigoros [rigo'roːs] *adj 1.* rigoureux; *2. (streng)* sévère, strict
Rille ['rilə] *f 1.* rainure *f*, rigole *f*; *2. (Schallplattenrille)* sillon *m*
Rind ['rɪnt] *n ZOOL* bœuf *m*, bovin *m*
Rinde ['rɪndə] *f 1. (Baumrinde)* écorce *f*; *2. (Brotrinde)* croûte *f*
Rinderwahnsinn ['rɪndərvaːnzɪn] *m* maladie de la vache folle *f*
Rindfleisch ['rɪntflaɪʃ] *n GAST* viande de bœuf *f*, bœuf *m*
Ring [rɪŋ] *m 1. (Kreis)* anneau *m*, cercle *m*; *2. (Schmuck)* bague *f*, anneau *m*; *3. (Straße)* (boulevard) périphérique *m*
ringeln ['rɪŋəln] *v 1. (winden)* tordre; *2. (Pflanze)* enrouler, grimper; *3. sich ~ (Haare)* boucler
ringen ['rɪŋən] *v irr 1. SPORT* lutter; *2. (fig)* lutter, se débattre
Ringrichter ['rɪŋrɪçtər] *m SPORT* arbitre *m*
Rinne ['rɪnə] *f 1.* rigole *f*; *2. (Dachrinne)* gouttière *f*, chéneau *m*
rinnen ['rɪnən] *v irr* couler, ruisseler
Rinnsal ['rɪnzaːl] *n* ruisseau *m*, filet d'eau *m*
Rinnstein ['rɪnʃtaɪn] *m* caniveau *m*, rigole *f*
Rippe ['rɪpə] *f ANAT* côte *f*; *sich etw nicht aus den ~n schneiden können (fig)* ne pas pouvoir tenter l'impossible
Risiko ['riːziko] *n* risque *m*
riskant [rɪs'kant] *adj* risqué, hasardeux
riskieren [rɪs'kiːrən] *v 1.* risquer; *2. (versuchen)* tenter
Riss [rɪs] *m 1.* déchirure *f*, accroc *m*; *2.(Spalte)* crevasse *f*
rissig ['rɪsɪç] *adj* fendillé, crevassé, craquelé
Ritt [rɪt] *m* chevauchée *f*, promenade à cheval *f*
Ritter ['rɪtər] *m* chevalier *m*
ritterlich ['rɪtərlɪç] *adj* chevaleresque, galant, courtois
Ritual [ritu'aːl] *n* rituel *m*
Ritze ['rɪtsə] *f* fêlure *f*, fissure *f*
ritzen ['rɪtsən] *v 1. etw ~* rayer qc; *Die Sache ist geritzt. (fig)* L'affaire est réglée. *2. sich ~* s'écorcher
Rivale [ri'vaːlə] *m* rival *m*, concurrent *m*
Rivalität [rivali'tɛːt] *f* rivalité *f*
Roaming ['roʊmɪŋ] *n* itinérance *f*, roaming *m*
Robbe ['rɔbə] *f ZOOL* phoque *m*
Robe ['roːbə] *f 1. (Abendrobe)* robe du soir *f*, robe longue *f*; *2. (Amtsrobe)* robe *f*
röcheln ['rœçəln] *v* râler
Rock [rɔk] *m 1. (Kleidungsstück für Frauen)* jupe *f*; *2. (Mantel)* redingote *f*
rodeln ['roːdəln] *v SPORT* faire de la luge
roden ['roːdən] *v 1. (Land)* essarter qc, déboiser qc, essoucher qc; *2. (Baum)* essarter qc, déboiser qc, essoucher qc
Roggen ['rɔgən] *m BOT* seigle *m*
roh [roː] *adj 1. (nicht gekocht)* cru; *2. (nicht bearbeitet)* brut; *3. (fig)* grossier, inculte, barbare; *adv 4.* à l'état brut
Rohbau ['roːbau] *m* gros œuvre *m*, maçonnerie brute *f*
Rohkost ['roːkɔst] *f GAST* crudités *f/pl*
Rohling ['roːlɪŋ] *m 1.* personne brute *f*; *2. TECH* pièce brute *f*
Rohr [roːr] *n 1. (Leitung)* conduite *f*, tuyau *m*, tube *m*; *2. BOT* roseau *m*, jonc *m*
Röhre ['røːrə] *f 1. (Rohr)* tuyau *m*, tube *m*; *in die ~ gucken (fig)* en être pour ses frais, l'avoir dans l'os *(fam)*; *2. (Backröhre)* four *m*
Rohrzucker ['roːrtsukər] *m GAST* sucre de canne *m*
Rohstoff ['roːʃtɔf] *m* matières premières *f/pl*
Rollbahn ['rɔlbaːn] *f 1.* itinéraire routier *m*; *2. (Startbahn/Landebahn)* piste *f*
Rolle ['rɔlə] *f 1.* rouleau *m*; *2. THEAT* rôle *m*; *von der ~ sein* ne plus pouvoir suivre, perdre le fil; *aus der ~ fallen (fig)* faire n'importe quoi, être complètement débridé; *sich in jds ~ hineinversetzen* se mettre à la place de qn
rollen ['rɔlən] *v* rouler; *ins Rollen kommen* être mis en marche, être lancé; *etw ins Rollen bringen* mettre qc en marche, lancer qc
Roller ['rɔlər] *m 1. (Motorroller)* scooter *m*; *2. (Kinderroller)* trottinette *f*

R

Rollfeld ['rɔlfɛlt] *n* aire de trafic *f,* aire d'atterrissage *f,* aire d'envol *f*
Rollkragen ['rɔlkra:gən] *m* col roulé *m*
Rollladen ['rɔlla:dən] *m* volet roulant *m*
Rollschuhlaufen ['rɔlʃu:laufən] *n SPORT* patinage à roulettes *m*
Rollsplit ['rɔlʃplɪt] *m* gravillons *m/pl*
Rollstuhl ['rɔlʃtu:l] *m* fauteuil roulant *m*
Rolltreppe ['rɔltrɛpə] *f* escalier roulant *m,* escalator *m*
Roman [ro'ma:n] *m* roman *m*
Romantik [ro'mantɪk] *f* romantisme *m*
romantisch [ro'mantɪʃ] *adj 1.* romantique, romanesque; *2. (malerisch)* pittoresque; *adv 3.* avec romantisme
Romanze [ro'mantsə] *f* romance *f*
römisch-katholisch ['rø:mɪʃka'to:lɪʃ] *adj REL* catholique romain
röntgen ['rœntgən] *v MED* radiographier
rosa ['ro:za] *adj* rose; *alles durch eine ~ Brille sehen* voir tout en rose
Rose ['ro:zə] *f BOT* rose *f; auf ~n gebettet sein* rouler sur l'or/être verni *(fam)*
rosig ['ro:zɪç] *adj* rosé, rose
Rosine [ro'zi:nə] *f* raisin sec *m; ~n im Kopf haben (fig)* avoir des chimères plein la tête; *sich die größten ~n herauspicken (fig)* se tailler la part du lion/prendre le meilleur
Ross [rɔs] *n von seinem hohen ~ herunterkommen* descendre de son piédestal; *auf dem hohen ~ sitzen* péroter/frimer *(fam)*
Rost[1] [rɔst] *m (Bratrost)* gril *m*
Rost[2] [rɔst] *m CHEM* rouille *f*
rösten ['rœstən] *v 1.* griller, rôtir; *2. (Kaffee)* torréfier
rosten ['rɔstən] *v* rouiller, s'oxyder
rostfrei ['rɔstfraɪ] *adj* inoxydable, antirouille
rostig ['rɔstɪç] *adj* rouillé

rot [ro:t] *adj* rouge; *~ werden* piquer un fard; *~ angelaufen sein* être rouge comme une écrevisse; *der ~e Faden (fig)* le fil conducteur *m,* le leitmotiv *m*

Rot [ro:t] *n* rouge *m;* bei ~ au rouge
rotbackig ['ro:tbakɪç] *adj* aux joues rouges
rothaarig ['ro:tha:rɪç] *adj* roux
rotieren [ro'ti:rən] *v 1. TECH* tourner sur son axe, pivoter sur son axe; *2. (fam)* tourner en rond
Rotkäppchen ['ro:tkɛpçən] *n* Petit Chaperon rouge *m*
rötlich ['rø:tlɪç] *adj* rougeâtre
rotsehen ['ro:tze:ən] *v irr (fam: wütend sein)* voir rouge
Rotwein ['ro:tvaɪn] *m* vin rouge *m*
Routine [ru'ti:nə] *f* routine *f,* pratique *f*
routiniert [ruti'ni:rt] *adj 1. (erfahren)* expérimenté; *2. (geschickt)* habile
Rübe ['ry:bə] *f 1. BOT* rave *f; 2. (Kopf)* tête *f; eins auf die ~ bekommen (fam)* se prendre une claque/se faire tailler la tronche
Rubel ['ru:bəl] *m FIN* rouble *m; Der ~ rollt. (fig)* L'argent coule à flots.
Rubin [ru'bi:n] *m* rubis *m*
Rubrik [ru'bri:k] *f* rubrique *f,* titre *m,* catégorie *f*
ruchlos ['ru:xlo:s] *adj* vil, bas, perfide, infâme
Ruck [ruk] *m sich einen ~ geben* se secouer; *in einem ~* d'un seul coup/cul sec; saccade *f,* secousse *f*
ruckartig ['ruka:rtɪç] *adj* par à-coups, par saccades, saccadé
Rückblende ['rykblɛndə] *f* rétrospective *f,* retour en arrière *m*
Rückblick ['rykblɪk] *m* rétrospective *f*

Rücken ['rykən] *m ANAT* dos *m; hinter jds ~* en cachette de qn/derrière le dos de qn; *sich den ~ frei halten* assurer ses arrières; *jdm den ~ stärken* épauler qn/soutenir qn; *jdm den ~ kehren* tourner le dos à qn

Rückenlehne ['rykənle:nə] *f* dossier *m*
Rückenschmerzen ['rykənʃmɛrtsən] *pl MED* mal au dos *m,* douleurs dorsales *f/pl*
Rückenschwimmen ['rykənʃvɪmən] *n* nage sur le dos *f*
Rückenwind ['rykənvɪnt] *m* vent de derrière *m,* vent arrière *m*
Rückfall ['rykfal] *m 1. MED* rechute *f; 2. JUR* récidive *f*
Rückflug ['rykflu:k] *m* vol retour *m*
Rückfrage ['rykfra:gə] *f* demande de précision *f,* demande de plus amples informations *f*
Rückgabe ['rykga:bə] *f* restitution *f,* retour *m*
Rückgang ['rykgaŋ] *m 1.* recul *m,* diminution *f; 2. (fig: Rückschritt)* régression *f*
rückgängig ['rykgɛŋɪç] *adj ~ machen* annuler, résilier
Rückgrat ['rykgra:t] *n ANAT* colonne vertébrale *f; ~ haben* avoir du cran/avoir de l'estomac *(fam)*
Rückhalt ['rykhalt] *m 1.* réserve *f; 2. (fig: Unterstützung)* soutien *m,* appui *m*

Rückkehr ['rykke:r] *f* retour *m*
Rückkehrer(in) ['rykke:rər(ın)] *m/f* rapatrié(e) *m/f*
rückläufig ['rykləyfıç] *adj 1.* régressif, rétrograde; *2. (abnehmend)* en baisse
rücklings ['ryklıŋs] *adv 1. (rückwärts)* en arrière; *2. (von hinten)* par derrière
Rucksack ['rukzak] *m* sac à dos *m*
Rückschlag ['rykʃla:k] *m 1.* choc en retour *m,* contrecoup *m; 2. (fig: Misserfolg)* revers *m*
Rückschluss ['rykʃlus] *m* conclusion *f,* déduction *f*
Rückschritt ['rykʃrıt] *m* pas en arrière *m,* recul *m,* régression *f,* marche rétrograde *f*
Rückseite ['rykzaıtə] *f* verso *m*
Rücksicht ['rykzıçt] *f* égard *m,* considération *f; ohne ~ auf Verluste* sans égards/sans ménagements; *auf jdn ~ nehmen* tenir compte de qn
rücksichtslos ['rykzıçtslo:s] *adj 1.* sans égards, brutal, grossier; *adv 2.* sans aucun égard
Rücksichtslosigkeit ['rykzıçtslo:zıçkaıt] *f 1.* manque d'égards *m; 2. (Härte)* rudesse *f,* grossièreté *f*
rücksichtsvoll ['rykzıçtsfɔl] *adj 1.* attentionné, plein d'égards; *2. (taktvoll)* délicat; *3. (höflich)* poli
Rücksitz ['rykzıts] *m* siège arrière *m*
Rücksprache ['rykʃpra:xə] *f* entretien *m,* consultation *f; mit jdm ~ halten* en discuter avec qn/consulter qn
Rückstand ['rykʃtant] *m 1. (Rest)* restant *m; 2. (Abfallprodukt)* résidu *m*
rückständig ['rykʃtɛndıç] *adj 1. (Zahlung)* en retard, impayé; *2. (fig: überholt)* dépassé, rétardataire
Rückstoß ['rykʃto:s] *m* choc en retour *m*
Rücktritt ['ryktrıt] *m 1. (Amtsniederlegung)* démission *f; 2. (Fahrrad)* rétropédalage *m*
Rückwand ['rykvant] *f 1. (eines Hauses)* face arrière *f; 2. (eines Schrankes)* paroi arrière *f,* paroi postérieure *f*
rückwärts ['rykvɛrts] *adv* en arrière
Rückwärtsgang ['rykvɛrtsgaŋ] *m* marche arrière *f*
Rückweg ['rykve:k] *m* retour *m,* itinéraire de repli *m; auf dem ~* sur le retour
rückwirkend ['rykvırkənt] *adj* rétroactif
Rückzahlung ['ryktsa:luŋ] *f* remboursement *m*
Rückzieher ['ryktsi:ər] *m 1. SPORT* retourné *m; 2. (Absage)* dédit *m; einen ~ machen* faire marche arrière

R

Ruder ['ru:dər] *n 1. (Riemen)* rame *f,* aviron *m; 2. (Steuerruder)* gouvernail *m,* barre *f; ans ~ kommen* prendre la barre, prendre les rênes; *am ~ sein* tenir la barre, tenir les rênes
Ruderboot ['ru:dərbo:t] *n SPORT* canot à rames *m*
Ruderer ['ru:dərər] *m 1.* rameur *m; 2. SPORT* rameur *m*
rudern ['ru:dərn] *v SPORT* ramer
rudimentär [rudimɛn'tɛ:r] *adj* rudimentaire
Ruf [ru:f] *m 1.* cri *m,* appel *m; 2. (Aufforderung)* appel *m,* invitation *f; 3. (Ansehen)* réputation *f,* renom *m,* renommée *f*

rufen ['ru:fən] *v irr* crier, appeler; *wie gerufen kommen* tomber à pic

rufschädigend ['ru:fʃɛ:dıgənt] *adj* diffamatoire
Rüge ['ry:gə] *f* blâme *m,* réprimande *f*
rügen ['ry:gən] *v* blâmer, réprimander

Ruhe ['ru:ə] *f 1. (Stille)* calme *m,* paix *f,* silence *m; Immer mit der ~!* Du calme! *Lass mich in ~!* Fiche-moi la paix!/Laisse-moi tranquille! *die ~ vor dem Sturm* le calme avant la tempête *m; die ~ selbst sein* être le calme en personne, être le calme même; *die ~ weghaben* ne pas se laisser démonter, être inébranlable; *jdn aus der ~ bringen* énerver qn, agacer qn; *~ geben* se tenir tranquille; *seine ~ haben wollen* vouloir avoir la paix, vouloir être tranquille; *in aller ~* tranquillement, paisiblement; *2. (Ausruhen)* repos *m,* détente *f; 3. (Bewegungslosigkeit)* repos *m,* immobilité *f; 4. (Frieden)* paix *f; 5. sich zur ~ setzen* prendre sa retraite; *6. jdn zur letzten ~ geleiten* accompagner qn à sa dernière demeure

ruhelos ['ru:əlo:s] *adj* sans repos, inquiet, agité
ruhen ['ru:ən] *v 1. (aus~)* se reposer; *2. (still stehen)* être immobile, se reposer; *3. ~ auf (lasten auf)* reposer sur
ruhig ['ru:ıç] *adj 1. (still)* tranquille; *2. (friedvoll)* calme, paisible; *3. (bewegungslos)* immobile; *nicht ~ bleiben können* ne pas tenir en place
Ruhm [ru:m] *m* gloire *f,* renommée *f*
rühmen ['ry:mən] *v* louer, glorifier, vanter
ruhmlos ['ru:mlo:s] *adj* sans gloire, obscur
ruhmreich ['ru:mraıç] *adj* glorieux
Rührei ['ry:raı] *n GAST* oeufs brouillés *m/pl*

rühren ['ry:rən] *v 1. (um~)* remuer, délayer; *2. (bewegen)* bouger, remuer; *sich nicht mehr ~* ne remuer ni pied ni patte; *sich kaum ~ können* ne plus avoir le temps de souffler; *3. (fig:emotional be~)* toucher, émouvoir
rührend ['ry:rənt] *adj 1.* touchant, émouvant, attendrissant; *adv 2.* avec émotion
rührselig ['ry:rze:lıç] *adj* sentimental, larmoyant
Rührseligkeit ['ry:rze:lıçkaıt] *f* sentimentalité *f,* sensiblerie *f*
Rührung ['ry:ruŋ] *f* émotion *f,* attendrissement *m*
ruinieren [rui'ni:rən] *v 1.* ruiner, détruire; *2. (vernichten)* anéantir
rülpsen ['rylpsən] *v (fam)* roter
Rummel ['ruməl] *m 1. (Jahrmarkt)* foire *f,* fête foraine *f; 2. (Lärm)* vacarme *m*
rumoren [ru'mo:rən] *v* faire du bruit, faire du raffut
Rumpelkammer ['rumpəlkamər] *f (fam)* débarras *m,* cagibi *m*
Rumpf [rumpf] *m 1. ANAT* tronc *m; 2. (Schiffsrumpf)* coque *f; 3. (Flugzeugrumpf)* fuselage *m,* carlingue *f*
rümpfen ['rympfən] *v die Nase über etw ~* faire la moue à qc, rechigner à qc
rund [runt] *adj 1.* rond; *adv 2. (circa)* environ
Runde ['rundə] *f 1. (Rundgang)* ronde *f; 2. (Gesellschaft)* cercle *m; 3. (Wettkampf) SPORT* round *m,* reprise *f; 4. (fig) die ~ machen* se répandre/faire le tour; *eine ~ schmeißen* offrir une tournée; *über die ~n bringen* passer le cap/tenir le coup; *gerade so über die ~n kommen* joindre les deux bouts
runden ['rundən] *v* arrondir, s'arrondir
Rundfunk ['runtfuŋk] *m 1. (Übertragung)* radiodiffusion *f; 2. (Anstalt)* radio *f*
Rundgang ['runtgaŋ] *m* tour *m,* ronde *f*
rundherum ['runthɛrum] *adv* tout autour
Rundkurs ['runtkurs] *m* circuit *m*
rundlich ['runtlıç] *adj* arrondi, dodu, potelé; *~ sein* être bien en chair
Rundschau ['runtʃau] *f 1.* panorama *m,* revue *f; 2. (TV)* tour d'horizon *m,* revue *f*
Rundung ['runduŋ] *f* rondeur *f,* forme arrondie *f,* galbe *m,* voussure *f*
rundweg ['runtve:k] *adv* tout net, carrément
runter ['runtər] *adv (fam) (siehe „herunter", „hinunter")*
Runzel ['runtsəl] *f* ride *f*
runzelig ['runtsəlıç] *adj* ridé
runzeln ['runtsəln] *v* rider
rüpelhaft ['ry:pəlhaft] *adj 1.* grossier, brutal, mufle; *adv 2.* avec muflerie
rupfen ['rupfən] *v 1. (ziehen)* tirer, sortir; *2. (Geflügel)* plumer; *3. (Unkraut)* arracher; *4. jdn ~ (fig)* plumer qn, soutirer de l'argent à qn
ruppig ['rupıç] *adj 1.* grossier; *2. (elend)* misérable, gueux
Rüsche ['ry:ʃə] *f* ruche *f,* jabot *m*
Ruß [ru:s] *m* suie *f*
Rüssel ['rysəl] *m 1. (beim Elefanten) ZOOL* trompe *f; 2. (beim Schwein) ZOOL* groin *m*
russisch ['rusıʃ] *adj* russe
Russland ['ruslant] *n GEO* Russie *f*
rüsten ['rystən] *v 1. MIL* armer; *zum Krieg ~* faire des préparatifs de guerre; *2. sich ~* se préparer; *3. etw ~* préparer qc
rüstig ['rystıç] *adj 1.* vigoureux, alerte; *2. (kräftig)* solide, robuste
rustikal [rusti'ka:l] *adj* rustique
Rüstung ['rystuŋ] *f 1. (Bewaffnung) MIL* armement *m; 2. (Ritterrüstung)* armure *f*
Rute ['ru:tə] *f 1. (Zweig)* baguette *f; 2. (Angelrute)* canne à pêche *f*
Rutschbahn ['rutʃba:n] *f* toboggan *m,* glissoir *m*
rutschen ['rutʃən] *v* glisser
rutschfest ['rutʃfɛst] *adj* antidérapant
rutschig ['rutʃıç] *adj* glissant
rütteln ['rytəln] *v* secouer, agiter

S

Saal [zaːl] *m* salle *f*
Saat [zaːt] *f* semailles *f/pl*, semence *f*
Saatgut ['zaːtguːt] *n AGR* semences *f/pl*
Säbel ['zɛːbəl] *m* sabre *m*
Sabotage [zabo'taːʒə] *f* sabotage *m*
sabotieren [zabo'tiːrən] *v* saboter
Sachbearbeiter(in) ['zaxbəarbaɪtər(ɪn)] *m/f ECO* responsable *m/f*, personne compétente *f*
Sachbeschädigung ['zaxbəʃɛːdɪguŋ] *f* dégâts matériels *m/pl*
Sachbuch ['zaxbuːx] *n* livre spécialisé *m*, livre technique *m*

Sache ['zaxə] *f 1. (Gegenstand)* objet *m*, chose *f; 2. (Angelegenheit)* affaire *f; mit einer ~ liebäugeln* caresser une idée; *gemeinsame ~ machen* faire cause commune; *Die ~ ist die ...* Le fait est que ... *Das ist eine ~ für sich.* C'est un fait à part. *Die ~ lässt sich gut an.* L'affaire part bien. *nicht jedermanns ~ sein* ne pas être du goût de tout le monde/ne pas plaire à tout le monde; *sich seiner ~ sicher sein* être sûr de son coup; *bei der ~ sein* être concentré/penser à ce qu'on fait; *nichts zur ~ tun* ne rien apporter/ne rien changer; *3. JUR* affaire *f*

Sachgebiet ['zaxgəbiːt] *n* domaine *m*, catégorie *f*, matière *f*, ressort *m*
Sachlage ['zaxlaːgə] *f* situation *f*
sachlich ['zaxlɪç] *adj 1.* objectif; *2. (materiell)* matériel; *3. (realistisch)* réaliste
Sachlichkeit ['zaxlɪçkaɪt] *f 1.* objectivité *f; 2. (Realismus)* réalisme *m*
Sachschaden ['zaxʃaːdən] *m* dégât matériel *m*
Sachverhalt ['zaxfɛrhalt] *m 1.* état des choses *m; 2. (Umstände)* circonstances *f/pl*
Sachverstand ['zaxfɛrʃtant] *m* compétence *f*
Sachverständige(r) ['zaxfɛrʃtɛndɪgə(r)] *m/f* expert(e) *m/f*
Sack [zak] *m* sac *m; jdn in den ~ stecken* mettre qn dans sa poche; *etw im ~ haben* avoir qc dans la poche; *mit ~ und Pack* avec armes et bagages
Sackgasse ['zakgasə] *f* impasse *f*, voie sans issue *f*, cul de sac *m*
Sadismus [za'dɪsmus] *m* sadisme *m*
sadistisch [za'dɪstɪʃ] *adj* sadique
säen ['zɛːən] *v* semer
Saft [zaft] *m 1. (Obstsaft)* jus de fruits *m; 2. (Bratensaft)* jus de viande *m; 3. ohne ~ und Kraft (fig)* sans aucun ressort, complètement affaibli
saftig ['zaftɪç] *adj 1. (grün)* juteux; *2. (fig)* vert, salé, savoureux; *3. (köstlich)* savoureux
Sage ['zaːgə] *f* légende *f*, saga *f*
Säge ['zɛːgə] *f TECH* scie *f*

sagen ['zaːgən] *v* dire; *Lassen Sie sich das gesagt sein!* Tenez-vous pour averti! *Das wäre zu viel gesagt.* C'est beaucoup dire. *Das kann man wohl ~.* C'est bien le cas de le dire. *Das sagt alles.* C'est tout dire. *Wie soll ich ~?* Comment dirais-je? *Sag doch mal!* Dis donc! *Das sagt mir nichts.* Cela ne me dit rien. *weder Ja noch Nein ~* faire une réponse de Normand; *sage und schreibe* pas moins de, pas moins que; *sich nichts mehr zu ~ haben* ne plus rien avoir à se dire; *sich etw nicht zweimal ~ lassen* ne pas avoir d'ordre à recevoir de qn; *Das ist nicht gesagt.* Ce n'est pas dit. *Das ist zu viel gesagt.* C'est exagéré. *viel ~d* évocateur, expressif, éloquent

sägen ['zɛːgən] *v 1.* scier; *2. (fam: schnarchen)* ronfler
sagenhaft ['zaːgənhaft] *adj 1.* légendaire, fabuleux; *2. (wunderbar)* merveilleux; *3. (unglaublich)* incroyable
Sahne ['zaːnə] *f GAST* crème *f*
sahnig ['zaːnɪç] *adj* crémeux
Saison [zɛ'zɔ̃] *f* saison *f*
Saisonarbeit [zɛ'zɔ̃arbaɪt] *f* travail saisonnier *m*
saisonbedingt [zɛ'zɔ̃bədɪŋkt] *adj* saisonnier
Saite ['zaɪtə] *f* corde *f*, boyau *m; andere ~n aufziehen (fig)* changer de ton; *in jdm eine ~ zum Klingen bringen* toucher la corde sensible chez qn
Sakko ['zako] *m/n* veston *m*
Sakrament [zakra'mɛnt] *n REL* sacrement *m*
säkular [zɛːku'laːr] *adj (weltlich)* séculaire
Salat [za'laːt] *m GAST* salade *f; Da haben wir den ~! (fig)* Nous voilà bien!/Nous voilà dans de beaux draps!

Salbe ['zalbə] *f* pommade *f*, baume *m*
Saldo ['zaldo] *m* FIN solde *m*
Salon [za'lɔ̃:] *m* salon *m*
salopp [za'lɔp] *adj* 1. négligé; 2. (Stil) décontracté; *adv* 3. avec négligence, avec décontraction
Salto ['zalto] *m* saut périlleux *m*, salto *m*
Salve ['zalvə] *f* 1. salve d'honneur *f*; 2. (Ehrensalve) salve d'honneur *f*; 3. (von Applaus) salve *f*
Salz [zalts] *n* sel *m*; *jdm nicht das ~ in der Suppe gönnen* ne rien laisser passer à qn; *~ auf jds Wunden streuen* remuer à qn le couteau dans la plaie, retourner à qn le fer dans la plaie
salzen ['zaltsən] *v irr* saler
Salzwasser ['zaltsvasər] *n* eau salée *f*, eau de mer *f*
Samen ['za:mən] *m* 1. (Saat) BOT semence *f*; 2. BIO sperme *m*
Samenkorn ['za:mənkɔrn] *n* BOT graine *f*
sämig ['zɛ:mɪç] *adj* velouté, lié, épais
Sammellager ['zaməlla:gər] *n* 1. centre d'accueil *m*; 2. (für Flüchtlinge) centre d'accueil *m*
sammeln ['zaməln] *v* 1. (Holz) ramasser; 2. (Briefmarken) collectionner; 3. (zusammentragen) rassembler; 4. *sich ~* (fig) se rassembler, se réunir
Sammler(in) ['zamlər(ɪn)] *m/f* collectionneur/collectionneuse *m/f*
Sammlung ['zamluŋ] *f* 1. collection *f*; 2. (Geldsammlung) collecte *f*; 3. (fig: Konzentration) recueillement *m*, concentration *f*
Samstag ['zamsta:k] *m* samedi *m*
samstags ['zamsta:ks] *adv* le samedi, tous les samedis
Samt [zamt] *m* velours *m*
Sand [zant] *m* sable *m*; *wie ~ am Meer* à la pelle (fam); *auf ~ gebaut haben* avoir bâti sur le sable; *etw in den ~ setzen* perdre qc/laisser partir qc en fumée; *im ~e verlaufen* tomber dans l'oubli/finir en queue de poisson
Sandale [zan'da:lə] *f* sandale *f*
Sandbank ['zantbaŋk] *f* banc de sable *m*
sandig ['zandɪç] *adj* sableux, sablonneux
Sandkasten ['zantkastən] *m* bac à sable *m*
Sandkorn ['zantkɔrn] *n* grain de sable *m*
Sandstrand ['zantʃtrant] *m* plage de sable *f*
sanft [zanft] *adj* 1. doux, tendre; 2. (ruhig) calme
Sänfte ['zɛnftə] *f* HIST chaise à porteurs *f*, lisière *f*
Sanftmut ['zanftmu:t] *f* douceur *f*, caractère paisible *m*
Sänger(in) ['zɛŋər(ɪn)] *m/f* chanteur/ chanteuse *m/f*
sanieren [za'ni:rən] *v* 1. assainir, prendre des mesures d'assainissement; 2. (Unternehmen) ECO redresser
Sanierung [za'ni:ruŋ] *f* 1. assainissement *m*, réorganisation *f*; 2. ECO redressement *m*
Sanitäranlage [zani'tɛ:ranla:gə] *f* installations sanitaires *f/pl*
Sanitäter [zani'tɛ:tər] *m* ambulancier *m*, infirmier *m*
Sankt [zaŋkt] *adj* saint
Sanktion [zaŋk'tsjo:n] *f* sanction *f*
sanktionieren [zaŋktsjo'ni:rən] *v* sanctionner qc
Sarg [zark] *m* cercueil *m*, bière *f*
Sarkasmus [zar'kasmus] *m* sarcasme *m*
sarkastisch [zar'kastɪʃ] *adj* sarcastique
satanisch [za'ta:nɪʃ] *adj* satanique
Satellit [zatə'li:t] *m* satellite *m*
satirisch [za'ti:rɪʃ] *adj* satirique
satt [zat] *adj* rassasié, repu; *es ~ haben* en avoir plein le dos, en avoir marre, en avoir pardessus la tête; *alles ~ haben* être las de tout; *Ich habe es mehr als ~.* J'en ai plus qu'assez. *sich ~ essen* manger à sa faim
Sattel ['zatəl] *m* selle *f*; *jdn aus dem ~ heben* désarçonner qn, évincer qn; *fest im ~ sitzen* être bien en selle, être ferme sur ses étriers
Sattelgurt ['zatəlgurt] *m* sangle *f*
satteln ['zatəln] *v* 1. seller; 2. (Reittier) bâter
Sattelschlepper ['zatəlʃlɛpər] *m* tracteur-remorque *m*, tracteur de semi-remorque *m*
sättigend ['zɛtɪgənt] *adj* nourrissant
Sättigung ['zɛtɪguŋ] *f* 1. satiété *f*; 2. ECO saturation *f*; 3. CHEM saturation *f*
Satz [zats] *m* 1. GRAMM phrase *f*, proposition *f*; 2. (Menge) jeu *m*, série *f*; 3. (bei Reifen) train *m*; 4. (Sprung) saut *m*, bond *m*; 5. (im Druckwesen: das Setzen) composition *f*; 6. (beim Tennis) SPORT set *m*; 7. MUS composition *f*
Satzung ['zatsuŋ] *f* statut *m*, règlement *m*, précepte *m*
Satzzeichen ['zatstsaɪçən] *n* signe de ponctuation *m*
Sau [zau] *f* 1. ZOOL truie *f*; *die ~ rauslassen* s'éclater (fam), faire la fête; *unter aller ~ sein* être au-dessous de tout; 2. (fam) cochon *m*, salaud *m*, salope *f*; *jdn zur ~ machen* engueuler qn comme du poisson pourri (fam), tirer à boulets rouges sur qn

sauber ['zaubər] *adj* propre, net, soigné; *~ machen* nettoyer
Sauberkeit ['zaubərkaɪt] *f* propreté *f*
säubern ['zɔybərn] *v 1.* nettoyer; *2. POL* purifier

sauer ['zauər] *adj 1.* acide, aigre; *jdm Saures geben* taper sur qn, bourrer qn de coups; *2. (fig: Person)* morose, fâché

Sauerei [zauə'raɪ] *f (fam)* cochonnerie *f*, saloperie *f*
säuerlich ['zɔyərlɪç] *adj 1. GAST* acidulé, vert; *2. (fig: verärgert)* pincé, aigre, aigrelet
Sauerstoff ['zauərʃtɔf] *m CHEM* oxygène *m*
saufen ['zaufən] *v irr 1. (Tier)* boire, s'abreuver; *2. (fam)* chopiner, picoler
Säufer(in) ['zɔyfər(ɪn)] *m/f* buveur/buveuse *m/f*, ivrogne *m/f*
saugen ['zaugən] *v irr 1.* sucer, téter; *2. (Staub ~)* passer l'aspirateur
säugen ['zɔygən] *v* allaiter qn
Säugetier ['zɔygəti:r] *n ZOOL* mammifère *m*
saugfähig ['zaugfɛ:ɪç] *adj* absorbant
Säugling ['zɔyklɪŋ] *m* nourrisson *m*
Säule ['zɔylə] *f 1.* colonne *f*; *2. (Pfeiler)* pilier *m*
Saum [zaum] *m (beim Nähen)* ourlet *m*
säuseln ['zɔyzəln] *v 1. (Blätter)* bruire; *2. (Wind)* murmurer; *3. (fig: sagen)* murmurer, susurrer
sausen ['zauzən] *v 1. (Mensch)* dévaler, se précipiter; *2. (Wind)* siffler; *3. (Ohren)* bourdonner
S-Bahn ['ɛsba:n] *f* train de banlieue *m*
schaben ['ʃa:bən] *v 1.* racler qc, ratisser qc, drayer qc; *2. (zerschneiden)* raser
Schaber ['ʃa:bər] *m* couteau-racloir *m*
Schabernack ['ʃa:bərnak] *m (fam)* niche *f*, farce *f*; *jdm einen ~ spielen* faire une niche à qn/jouer un bon tour à qn
schäbig ['ʃɛ:bɪç] *adj 1. (armselig)* minable, misérable; *2. (abgetragen)* usé, râpé; *3. (fig: mies)* mesquin
Schablone [ʃa'blo:nə] *f* modèle *m*, patron *m*
Schach [ʃax] *n* échecs *m/pl*; *~ spielen* jouer aux échecs
Schachbrett ['ʃaxbrɛt] *n* échiquier *m*
Schachfigur ['ʃaxfigu:r] *f 1.* pièce d'échecs *f*; *2. (fig)* pion *m*
schachmatt [ʃax'mat] *adj jdn ~ setzen* mettre qn échec et mat
Schachtel ['ʃaxtəl] *f* boîte *f*
Schachzug ['ʃaxtsu:k] *m 1. (im Schachspiel)* coup *m*; *2. (fig: Vorgehensweise)* tactique *f*
schade ['ʃa:də] *adj* dommage, tant pis; *Das ist sehr ~.* C'est bien dommage. *sich für nichts zu ~ sein* ne pas être trop bien pour qc
Schädel ['ʃɛ:dəl] *m 1.* crâne *m*; *2. (Kopf) sich den ~ einrennen (fam)* se cogner la tête contre les murs; *Ihm brummt der ~.* Il a mal au crâne.
schaden ['ʃa:dən] *v jdm ~* nuire à qn, porter préjudice à qn, léser qn
Schaden ['ʃa:dən] *m* mal *m*, dommage *m*, dégât *m*; *Es war sein ~.* Mal lui en prit. *zu ~ kommen* se faire (du) mal/se blesser
Schadenersatz ['ʃa:dənɛrzats] *m JUR* dommages-intérêts *m/pl*
Schadenfreude ['ʃa:dənfrɔydə] *f* malin plaisir *m*
schädigen ['ʃɛ:dɪgən] *v jdn ~* léser qn, faire tort à qn; *etw ~* endommager qc
schädlich ['ʃɛ:tlɪç] *adj* nuisible, nocif, malfaisant
Schädlichkeit ['ʃɛ:tlɪçkaɪt] *f* nocivité *f*
Schädling ['ʃɛ:tlɪŋ] *m* insecte nuisible *m*, parasite *m*
Schadstoff ['ʃa:tʃtɔf] *m* polluant *m*, produit toxique *m*
Schaf [ʃa:f] *n ZOOL* mouton *m*, brebis *f*; *das schwarze ~ sein* être la brebis galeuse
Schäfer(in) ['ʃɛ:fər(ɪn)] *m/f* berger/bergère *m/f*
schaffen[1] ['ʃafən] *v irr (schöpfen)* créer, faire; *für etw wie ge~ sein* être fait pour qc/être taillé pour qc

schaffen[2] ['ʃafən] *v (zeitlich)* arriver à finir, arriver à terminer; *Wir ~ es gerade noch.* On a juste le temps. *(arbeiten)* travailler; *sich an etw zu ~ machen* s'en prendre à qc/s'occuper de qc; *Damit hat er nichts zu ~.* Il n'a rien à voir avec ça.

Schaffensdrang ['ʃafənsdraŋ] *m* désir de travailler *m*, élan créatif *m*
Schaffenskraft ['ʃafənskraft] *f* puissance créatrice *f*
Schaffner ['ʃafnər] *m 1. (im Zug)* contrôleur *m*; *2. (im Bus)* receveur *m*
schäkern ['ʃɛ:kərn] *v 1. (scherzen)* plaisanter, badiner; *2. (flirten)* flirter, batifoler
schal [ʃa:l] *adj* éventé, fade, insipide
Schal [ʃa:l] *m* écharpe *f*, châle *m*
Schale ['ʃa:lə] *f 1. (Schüssel)* coupe *f*; *2. (Umhüllung)* pelure *f*; *sich in ~ geworfen haben*

S

être bien sapé; *sich in ~ werfen* se mettre sur son trente et un; *3. (Abfall)* épluchure *f*
schälen ['ʃɛːlən] *v* éplucher, peler
Schall [ʃal] *m* son *m,* bruit *m,* timbre *m; ~ und Rauch sein* être éphémère/être fugitif/ être du vent
Schalldämpfer ['ʃaldɛmpfər] *m 1.* silencieux *m; 2. TECH* amortisseur acoustique *m,* sourdine *f*
schalldicht ['ʃaldɪçt] *adj* insonore, insonorisé
schallen ['ʃalən] *v* résonner, retentir; *~d lachen* rire bruyamment
Schallgeschwindigkeit ['ʃalgəʃvɪndɪçkaɪt] *f* vitesse du son *f*
Schallmauer ['ʃalmauər] *f* mur du son *m*
Schallplatte ['ʃalplatə] *f* disque *m*
Schalter ['ʃaltər] *m 1. (Vorrichtung)* interrupteur *m; 2. (Bankschalter)* guichet *m*
Schaltgetriebe ['ʃaltgətriːbə] *n TECH* boîte de vitesses *f*
Schalthebel ['ʃaltheːbəl] *m* levier de changement de vitesse *m*
Schaltjahr ['ʃaltjaːr] *n* année bissextile *f*
Scham [ʃaːm] *f* honte *f,* pudeur *f*
schämen ['ʃɛːmən] *v sich ~* avoir honte
Schamgefühl ['ʃaːmgəfyːl] *n* sentiment de honte *m,* sentiment de pudeur *m*
schamhaft ['ʃaːmhaft] *adj 1.* honteux, pudique, chaste; *adv 2.* avec pudeur
schamlos ['ʃaːmloːs] *adj 1.* éhonté, impudent, effronté; *adv 2.* sans pudeur
Schande ['ʃandə] *f* honte *f,* déshonneur *m*
schänden ['ʃɛndən] *v 1.* déshonorer, outrager, souiller, mutiler; *2. (entweihen)* profaner; *3. (vergewaltigen)* violer
schändlich ['ʃɛndlɪç] *adj 1.* honteux, ignoble; *2. (abscheulich)* abominable
Schandtat ['ʃanttaːt] *f* forfait *m,* infamie *f,* turpitude *f; zu jeder ~ bereit sein* être prêt à tout
scharf [ʃarf] *adj 1. (Messer)* tranchant, coupant; *2. (Gewürz)* épicé, piquant, fort
Schärfe ['ʃɛrfə] *f* acuité *f,* âpreté *f,* sévérité *f,* précision *f*
schärfen ['ʃɛrfən] *v 1.* aiguiser; *2. (verstärken)* renforcer
Scharfschütze ['ʃarfʃytsə] *m* tireur d'élite *m*
scharfsichtig ['ʃarfzɪçtɪç] *adj 1.* qui a une bonne vue; *2. (fig)* clairvoyant, perspicace, sagace, pénétrant
Scharfsinn ['ʃarfzɪn] *m* finesse *f,* perspicacité *f,* sagacité *f*
scharfsinnig ['ʃarfzɪnɪç] *adj* perspicace, sagace
Scharlatan ['ʃarlataːn] *m* charlatan *m*
Scharnier [ʃar'niːr] *n TECH* charnière *f*
Schärpe ['ʃɛrpə] *f* écharpe *f*
scharren ['ʃarən] *v 1.* trépigner; *2. (Hund)* gratter
Schatten ['ʃatən] *m* ombre *f; nicht über seinen ~ springen können* ne pas pouvoir se dépasser/ne pas pouvoir sortir de sa réserve; *nur noch der ~ seiner selbst sein* ne plus être que l'ombre de soi-même; *einen ~ auf etw werfen* jeter un froid sur qc; *in jds ~ stehen* être dans l'ombre de qn; *sich vor seinem eigenen ~ fürchten* avoir peur de son ombre
Schattierung [ʃa'tiːruŋ] *f* dégradé *m,* nuance *f*
schattig ['ʃatɪç] *adj* ombragé
Schatulle [ʃa'tulə] *f* cassette *f,* coffret *m*
Schatz [ʃats] *m 1. (Kostbarkeit)* trésor *m,* richesses *f/pl; 2. (als Kosewort)* trésor *m,* chéri(e) *m/f*
Schatzbrief ['ʃatsbriːf] *m ECO* bon du Trésor *m*
schätzen ['ʃɛtsən] *v 1. (hoch achten)* estimer, tenir en grande estime; *solche Scherze nicht ~* ne pas apprécier ce genre de plaisanterie; *2. (ungefähr berechnen)* évaluer, estimer; *3. (annehmen)* supposer
Schatzkammer ['ʃatskamər] *f* trésor public *m,* trésorerie *f,* salle de trésor *f*
Schatzmeister(in) ['ʃatsmaɪstər(ɪn)] *m/f* trésorier *m*
Schätzung ['ʃɛtsuŋ] *f 1. (Hochachtung)* estime *f; 2. (ungefähre Berechnung)* estimation *f,* évaluation *f; 3. (Annahme)* supposition *f*
schätzungsweise ['ʃɛtsuŋsvaɪzə] *adv* approximativement, à vue de nez *(fam)*
Schau [ʃau] *f 1.* exposition *f,* étalage *m; etw zur ~ stellen* exhiber qc; *2. THEAT* revue *f; jdm die ~ stehlen* ravir la vedette à qn; *eine ~ abziehen* faire du cinéma *(fig)*; *3. MIL* parade *f*
Schaubild ['ʃaubɪlt] *n* diagramme *m,* graphique *m*
Schauder ['ʃaudər] *m* frisson *m,* frémissement *m,* tressaillement *m*
schauderhaft ['ʃaudərhaft] *adj* épouvantable, affreux, horrible
schaudern ['ʃaudərn] *v* frissonner
schauen ['ʃauən] *v* regarder, contempler
Schauer ['ʃauər] *m 1. (Regen)* averse *f; 2. (Frösteln)* frisson *m; 3. (Schreck)* peur *f*
schauerlich ['ʃauərlɪç] *adj* horrible, épouvantable, affreux

S

Schaufel ['ʃaufəl] *f* pelle *f*
schaufeln ['ʃaufəln] *v* pelleter
Schaufenster ['ʃaufɛnstər] *n* vitrine *f*
Schaufensterbummel ['ʃaufɛnstərbuməl] *m* lèche-vitrines *m*
Schaukel ['ʃaukəl] *f* balançoire *f*
schaukeln ['ʃaukəln] *v* se balancer
Schaulustige(r) ['ʃaulustɪgə(r)] *m/f* 1. badaud(e) *m/f;* 2. *(Neugierige(r))* curieux/curieuse *m/f*
Schaum [ʃaum] *m* mousse *f,* écume *f*
schäumen ['ʃɔymən] *v* mousser, pétiller, écumer
Schaumstoff ['ʃaumʃtɔf] *m* mousse *f*
Schauplatz ['ʃauplats] *m* théâtre *m,* scène *f*
schaurig ['ʃaurɪç] *adj* effrayant, horrible, épouvantable
Schauspiel ['ʃauʃpiːl] *n* pièce de théâtre *f,* spectacle *m*
Schauspieler(in) ['ʃauʃpiːlər(ɪn)] *m/f* acteur/actrice *m/f*
Schausteller ['ʃauʃtɛlər] *m* forain *m*
Scheck [ʃɛk] *m* chèque *m*
Scheibe ['ʃaɪbə] *f* 1. disque *m;* 2. *(Wurstscheibe)* tranche *f; sich von jdm eine ~ abschneiden können* prendre exemple sur qn/en prendre de la graine; 3. *(Fensterscheibe)* vitre *f*
Scheibenwischer ['ʃaɪbənvɪʃər] *m* essuie-glace *m*
Scheich [ʃaɪç] *m* cheik *m*
Scheide ['ʃaɪdə] *f* 1. *(Messerscheide)* fourreau *m,* gaine *f;* 2. ANAT vagin *m*
scheiden ['ʃaɪdən] *v irr* 1. séparer; 2. *(verlassen)* partir, quitter, se séparer; 3. *(Ehe)* JUR prononcer le divorce; *sich ~ lassen* divorcer
Scheidung ['ʃaɪduŋ] *f* divorce *m*
Schein [ʃaɪn] *m* 1. *(Licht)* lumière *f,* clarté *f,* lueur *f;* 2. *(fig: Anschein)* apparence *f,* air *m; zum ~* pour la forme; 3. *(Bescheinigung)* certificat *m;* 4. *(Banknote)* billet *m*
scheinbar ['ʃaɪnbaːr] *adj* apparent
Scheinehe ['ʃaɪneːə] *f* mariage blanc *m*

scheinen ['ʃaɪnən] *v irr* 1. *(leuchten)* briller, éclairer, luire; 2. *(fig: Anschein haben)* sembler, paraître; *wie es scheint* à ce qu'il paraît

Scheinfirma ['ʃaɪnfɪrma] *f* ECO raison sociale imaginaire *f,* société fantôme *f*
scheinheilig ['ʃaɪnhaɪlɪç] *adj* hypocrite
Scheinheiligkeit ['ʃaɪnhaɪlɪçkaɪt] *f* hypocrisie *f*
Scheintod ['ʃaɪntoːt] *m* mort apparente *f*
Scheinwerfer ['ʃaɪnvɛrfər] *m* 1. *(eines Autos)* phare *m;* 2. CINE projecteur *m*
Scheiße ['ʃaɪsə] *f (fam)* merde *f; in der ~ sitzen* être dans la merde
Scheitel ['ʃaɪtəl] *m* 1. sommet *m; vom ~ bis zur Sohle* de la tête aux pieds/des pieds à la tête/de pied en cap; 2. *(im Haar)* raie *f*
Scheitelpunkt ['ʃaɪtəlpuŋkt] *m* 1. zénith *m;* 2. *(fig)* apogée *m;* 3. MATH sommet *m*
Scheiterhaufen ['ʃaɪtərhaufən] *m* bûcher *m*
scheitern ['ʃaɪtərn] *v* 1. *(fig)* échouer, ne pas réussir; 2. *(Bankrott machen)* faire faillite
Schelm [ʃɛlm] *m* coquin *m,* fripon *m*
schelmisch ['ʃɛlmɪʃ] *adj* 1. fripon, coquin, espiègle; *adv* 2. avec espièglerie
schelten ['ʃɛltən] *v irr* gronder, réprimander, traiter de
Schema ['ʃeːma] *n* schéma *m; nach ~ F* comme d'habitude
schemenhaft ['ʃeːmənhaft] *adj* 1. *(verschwommen)* vague; 2. *(gespenstisch)* fantomatique
Schenkel ['ʃɛŋkəl] *m* ANAT cuisse *f*
schenken ['ʃɛŋkən] *v* offrir, faire un cadeau, faire cadeau de, accorder; *jdm etw ~* faire un cadeau à qn; *halb geschenkt sein* être donné/être une affaire; *sich nichts ~* ne pas se faire de cadeau
Schenkung ['ʃɛŋkuŋ] *f* JUR donation *f*
Scherbe ['ʃɛrbə] *f* 1. tesson *m;* 2. *(Glasscherbe)* éclat de verre *m*
Schere ['ʃeːrə] *f* ciseaux *m/pl*
scheren ['ʃeːrən] *v irr (schneiden)* tondre
Schererei [ʃeːrə'raɪ] *f* tracas *m*
Scherz [ʃɛrts] *m* plaisanterie *f; Das ist kein ~.* Je ne plaisante pas. *immer zu ~en aufgelegt sein* avoir toujours le mot pour rire
Scherzartikel ['ʃɛrtsartiːkəl] *m* farces et attrapes *f/pl*
scherzen ['ʃɛrtsən] *v* plaisanter
Scherzfrage ['ʃɛrtsfraːgə] *f* devinette *f*
scherzhaft ['ʃɛrtshaft] *adj* 1. plaisant; 2. *(spöttisch)* railleur; *adv* 3. *(spöttisch)* avec raillerie
scheu [ʃɔy] *adj* 1. *(schüchtern)* timide; 2. *(ängstlich)* peureux, craintif
Scheu [ʃɔy] *f* 1. *(Schüchternheit)* appréhension *f,* crainte *f;* 2. *(Ängstlichkeit)* timidité *f*
scheuchen ['ʃɔyçən] *v* chasser, faire fuir
scheuen ['ʃɔyən] *v* 1. *(Pferd)* s'emballer; 2. *(fürchten)* redouter, craindre
scheuern ['ʃɔyərn] *v* 1. nettoyer, frotter, astiquer; 2. *jdm eine ~ (fam)* mettre la main sur la figure à qn

S

Scheuklappen ['ʃɔyklapən] *pl* œillère *f*
Scheune ['ʃɔynə] *f* grange *f*
Scheusal ['ʃɔyzaːl] *n* monstre *m*
scheußlich ['ʃɔyslɪç] *adj* abominable, horrible, affreux
Schicht [ʃɪçt] *f* 1. couche *f;* 2. *(Klasse)* classe sociale *f,* couche sociale *f;* 3. *(Arbeitsschicht)* poste *m,* équipe *f*
Schichtarbeit ['ʃɪçtarbaɪt] *f* travail par équipes *m*
Schichtwechsel ['ʃɪçtvɛksəl] *m* changement d'équipe *m,* relève des équipes *f*
schick [ʃɪk] *adj* 1. chic, élégant; *adv* 2. avec chic, avec élégance
schicken ['ʃɪkən] *v* envoyer, expédier
Schickeria [ʃɪkə'riːa] *f die ~* gratin *m*
schicklich ['ʃɪklɪç] *adj* décent, convenable
Schicksal ['ʃɪkzaːl] *n* destin *m,* sort *m,* fortune *f; Seinem ~ kann man nicht entgehen.* On n'échappe pas à son destin. *jdn seinem ~ überlassen* abandonner qn à son triste sort; *~ spielen* intervenir/s'en mêler
Schicksalsschlag ['ʃɪkzaːlsʃlaːk] *m* coup du destin *m,* coup du sort *m*
Schiebedach ['ʃiːbədax] *n* toit ouvrant *m*
schieben ['ʃiːbən] *v irr* pousser, faire glisser; *die Schuld auf jdn ~* rejeter la faute sur qn
Schiebetür ['ʃiːbətyːr] *f* porte coulissante *f*
Schiedsgericht ['ʃiːtsgərɪçt] *n JUR* tribunal d'arbitrage *m,* commission d'arbitrage *f*
Schiedsrichter ['ʃiːtsrɪçtər] *m* arbitre *m*
schief [ʃiːf] *adj* 1. oblique, incliné; *jdn ~ an-sehen* regarder qn de travers; 2. *(falsch)* faux, eronné; *~ gehen* rater, mal tourner *(fam)*
Schiefer ['ʃiːfər] *m* 1. *MIN* ardoise *f;* 2. *(Splitter)* écharde *f,* esquille *f*
schielen ['ʃiːlən] *v* loucher, être atteint de strabisme
Schienbein ['ʃiːnbaɪn] *n ANAT* tibia *m*
Schiene ['ʃiːnə] *f* 1. *(Bahnschiene)* rail *m;* 2. *MED* éclisse *f*
schießen ['ʃiːsən] *v irr* 1. *(Waffe)* tirer, faire du tir; *scharf ~* tirer à balles; 2. *(Ball)* shooter, tirer au but; *ein Tor ~* marquer un but; 3. *zum Schießen sein (fig)* être à mourir de rire, être très drôle
Schießerei [ʃiːsə'raɪ] *f* fusillade *f,* échange de coups de feu *m*
Schiff [ʃɪf] *n* bateau *m, (Handelsschiff)* navire *m, (Kriegsschiff)* vaisseau *m; klar ~ machen (fig)* faire le ménage, faire le nettoyage, faire le vide
schiffbar ['ʃɪfbaːr] *adj* navigable
Schiffbruch ['ʃɪfbrux] *m* naufrage *m; ~ mit etw erleiden (fig)* échouer à qc, faire naufrage avec qc
Schiffbrüchige(r) ['ʃɪfbryçɪgə(r)] *m/f* naufragé(e) *m/f*
Schiffswerft ['ʃɪfsvɛrft] *f* chantier naval *m*
Schikane [ʃi'kaːnə] *f* chicane *f,* tracasserie *f; mit allen ~n* avec tout le tralala
schikanieren [ʃika'niːrən] *v* chicaner, faire des chicanes; *jdn ~* faire des misères à qn
Schild [ʃɪlt] *n* 1. *(Schutzschild)* bouclier *m; etw im ~e führen* manigancer qc, mijoter qc, concocter qc; 2. *(Türschild)* panneau *m,* enseigne *f,* plaque *f;* 3. *(Straßenschild)* panneau de circulation *m*
schildern ['ʃɪldərn] *v* présenter, décrire, exposer
Schilderung ['ʃɪldəruŋ] *f* exposé *m,* exposition *f,* description *f*
Schildkröte ['ʃɪltkrøːtə] *f ZOOL* tortue *f*
Schilf [ʃɪlf] *n BOT* roseau *m,* jonc *m*
schillern ['ʃɪlərn] *v* 1. chatoyer; 2. *(reflektieren)* miroiter
Schimmel ['ʃɪməl] *m* 1. *BOT* moisissure *f,* moisi *m;* 2. *(Pferd) ZOOL* cheval blanc *m*
schimmelig ['ʃɪməlɪç] *adj* moisi
schimmeln ['ʃɪməln] *v* moisir
Schimmer ['ʃɪmər] *m* lueur *f,* éclat *m; keinen ~ von etw haben* n'avoir aucune idée sur qc
schimmern ['ʃɪmərn] *v* miroiter, reluire, chatoyer
Schimpanse [ʃɪm'panzə] *m ZOOL* chimpanzé *m*

schimpfen ['ʃɪmpfən] *v* gronder, rouspéter; *auf jdn ~* pester contre qn

schimpflich ['ʃɪmpflɪç] *adj* 1. *(schmachvoll)* ignominieux, déshonorant, infamant; 2. *(beleidigend)* injurieux, ignominieux
Schimpfname ['ʃɪmpfnaːmə] *m* nom injurieux *m,* sobriquet *m*
Schimpfwort ['ʃɪmpfvɔrt] *n* injure *f,* insulte *f,* gros mot *m*
Schindel ['ʃɪndəl] *f* bardeau *m*
schinden ['ʃɪndən] *v irr* 1. *jdn ~* maltraiter qn, tourmenter qn, exploiter qn; 2. *(herausholen)* sortir; *Eindruck ~* faire de l'esbroufe; *Zeit ~* tuer le temps; 3. *sich ~* s'éreinter, s'esquinter, s'échiner
Schinderei [ʃɪndə'raɪ] *f* corvée *f*
Schinken ['ʃɪŋkən] *m GAST* jambon *m; gekochter ~* jambon cuit *m*

Schirm [ʃɪrm] *m 1. (Regenschirm)* parapluie *m; 2. (Sonnenschirm)* parasol *m*
Schirmherrschaft ['ʃɪrmhɛrʃaft] *f* protection *f*, patronage *m; unter der ~ von* sous le patronage de
schizophren [ʃitso'freːn] *adj 1. MED* schizophrène; *2. (fig: widersinnig)* absurde
Schlacht [ʃlaxt] *f* bataille *f*
schlachten ['ʃlaxtən] *v* abattre, tuer
Schlachtfeld ['ʃlaxtfɛlt] *n* champ de bataille *m*
Schlachthof ['ʃlaxthoːf] *m* abattoir *m*
Schlaf [ʃlaːf] *m* sommeil *m; den ~ des Gerechten schlafen* dormir du sommeil du juste; *etw im ~ können* savoir faire qc sur le bout des doigts, savoir faire qc les doigts dans le nez; *jdn um den ~ bringen* faire passer des nuits blanches à qn
Schlafanzug ['ʃlaːfantsuːk] *m* pyjama *m*
Schläfe ['ʃlɛːfə] *f ANAT* tempe *f*
schlafen ['ʃlaːfən] *v irr* dormir, faire dodo *(fam)*; *getrennt ~* faire chambre à part; *die ganze Nacht nicht ~* ne pas dormir de la nuit/ne pas fermer l'œil de la nuit; *Das ist nicht der richtige Augenblick, um zu ~!* Ce n'est pas le moment de s'endormir! *bis in die Puppen ~* faire la grasse matinée
schlaff [ʃlaf] *adj 1.* flasque, mou; *2. (entspannt)* distendu
Schlaflied ['ʃlaːfliːt] *n* berceuse *f*
Schlaflosigkeit ['ʃlaːfloːzɪçkaɪt] *f* insomnie *f*
Schlafmittel ['ʃlaːfmɪtəl] *n MED* somnifère *m*
schläfrig ['ʃlɛːfrɪç] *adj 1.* somnolent, qui a sommeil; *2. (verschlafen)* ensommeillé
Schläfrigkeit ['ʃlɛːfrɪçkaɪt] *f* somnolence *f*
Schlaftablette ['ʃlaːftablɛtə] *f* somnifère *m*, comprimé pour dormir *m*
Schlafwagen ['ʃlaːfvaːgən] *m* wagon-lit *m*
schlafwandeln ['ʃlaːfvandəln] *v* être somnambule
Schlafzimmer ['ʃlaːftsɪmər] *n* chambre à coucher *f*
Schlag [ʃlaːk] *m 1. (Hieb)* coup *m*, tape *f; 2. (Aufprall)* choc *m; 3. (Pochen)* battement *m; 4. elektrischer ~* décharge électrique *f; 5. (fig: schwerer ~)* coup dur *m; Was für ein harter ~!* Quelle tuile! *Das ist ein ~ ins Wasser. (fig)* C'est un coup d'épée dans l'eau. *einen vernichtenden ~ gegen jdn führen* porter un coup fatal à qn; *jdm einen ~ versetzen* donner un coup à qn; *~ auf ~* coup sur coup; *auf einen ~* d'un seul coup/d'un seul jet; *keinen ~ tun* ne pas lever le petit doigt
Schlagader ['ʃlaːkaːdər] *f ANAT* artère *f*
Schlaganfall ['ʃlaːkanfal] *m MED* attaque d'apoplexie *f*
schlagartig ['ʃlaːkartɪç] *adj* brusque, subit

schlagen ['ʃlaːgən] *v irr 1. (hauen)* battre, frapper, taper, cogner; *jdn windelweich ~* battre qn comme plâtre; *jdn mit seinen eigenen Waffen ~* battre qn avec ses propres armes; *wie wild um sich ~* se débattre comme un beau diable; *blindlings drauflos ~* frapper comme un sourd; *2. (fig: besiegen)* battre, vaincre; *3. (Uhr)* sonner

Schläger ['ʃlɛːgər] *m 1. (beim Baseball) SPORT* batte *f; (beim Golf)* club *m; (beim Tennis)* raquette *f; (beim Tischtennis)* raquette de ping-pong *f; 2. (~typ)* querelleur *m*, bagarreur *m; 3. (vom Küchenmixer)* batteur *m*
Schlägerei [ʃlɛːgə'raɪ] *f* rixe *f*, bagarre *f*
schlagfertig ['ʃlaːkfɛrtɪç] *adj* qui a le sens de la repartie
Schlaginstrument ['ʃlaːkɪnstrumɛnt] *n MUS* instrument à percussion *m*
schlagkräftig ['ʃlaːkkrɛftɪç] *adj 1.* puissant; *2. (überzeugend)* concluant
Schlagloch ['ʃlaːklɔx] *n* nid de poule *m*, trou *m*
Schlagsahne ['ʃlaːkzaːnə] *f GAST* crème fouettée *f*, crème Chantilly *f*
Schlagwort ['ʃlaːkvɔrt] *n* slogan *m*, mot d'ordre *m*
Schlagzeile ['ʃlaːktsaɪlə] *f* manchette *f*, gros titre *m; ~n machen* faire la une des journaux
Schlagzeug ['ʃlaːktsɔyk] *n MUS* batterie *f*
schlaksig ['ʃlakzɪç] *adj* dégingandé
Schlamm [ʃlam] *m* limon *m*, vase *f*, boue *f*
Schlampe ['ʃlampə] *f 1. (liederliche Frau)* traînée *f; 2. (unordentliche Frau)* femme désordonnée *f*, souillon *f*, personne négligée *f*
Schlamperei [ʃlampə'raɪ] *f* laisser-aller *m*, négligence *f*
schlampig ['ʃlampɪç] *adj 1.* négligé, débraillé; *2. (nachlässig)* bâclé; *Das ist ~ gemacht.* C'est bâclé.
Schlange ['ʃlaŋə] *f 1. ZOOL* serpent *m; 2. (Menschenschlange)* file *f*, queue *f; ~ stehen* faire la queue
schlängeln ['ʃlɛŋəln] *v 1. sich ~* serpenter; *2. sich um etw ~* s'entortiller autour de qc
Schlangengift ['ʃlaŋəngɪft] *n* venin *m*

S

schlank [ʃlaŋk] *adj* mince, svelte
schlapp [ʃlap] *adj 1.* mou, avachi, relâché; *2. (fig: erschöpft)* épuisé
schlappmachen ['ʃlapmaxən] *v (fam)* abandonner la course, renoncer, craquer
Schlappschwanz ['ʃlapʃvants] *m (fam)* chiffe molle *f,* lavette *f,* gourde *f*
schlau [ʃlau] *adj 1.* fin, rusé, subtil; *aus jdm nicht ~ werden* ne pas comprendre qn/ne pas savoir où on en est avec qn; *sich ~ machen* prendre ses renseignements/se mettre au courant; *2. (geschickt)* habile
Schlauch [ʃlaux] *m* tuyau *m; auf dem ~ stehen (fig)* pédaler dans la choucroute
Schlauchboot ['ʃlauxboːt] *n* canot pneumatique *m*
Schlaufe ['ʃlaufə] *f* boucle *f,* nœud coulant *m*
Schlauheit ['ʃlauhaɪt] *f* ruse *f,* madrerie *f*

schlecht [ʃlɛçt] *adj 1.* mauvais, médiocre, méchant; *adv 2.* mal; *~ und recht* tant bien que mal/vaille que vaille; *~ gehen* aller mal; *jdn ~ machen* médire de qn/dire du mal de qn/dénigrer qn

schlechthin ['ʃlɛçthɪn] *adv 1.* tout simplement; *2. (überhaupt)* tout simplement, purement et simplement
schleichen ['ʃlaɪçən] *v irr* se glisser, se faufiler vers
Schleichwerbung ['ʃlaɪçvɛrbuŋ] *f* publicité clandestine *f*
Schleier ['ʃlaɪər] *m* voile *m,* voilette *f; den ~ lüften* lever le voile
schleierhaft ['ʃlaɪərhaft] *adj 1. (unverständlich)* incompréhensible; *2. (geheimnisvoll)* mystérieux
Schleife ['ʃlaɪfə] *f* nœud *m,* boucle *f*
schleifen[1] ['ʃlaɪfən] *v irr 1. (schärfen)* aiguiser, tailler, affiler; *2. TECH* meuler, polir
schleifen[2] ['ʃlaɪfən] *v (schleppen)* traîner
Schleim [ʃlaɪm] *m* mucosité *f,* glaire *f,* viscosité *f*
schleimig ['ʃlaɪmɪç] *adj 1.* glaireux, muqueux; *2. (fig: scheinheilig)* doucereux
schlemmen ['ʃlɛmən] *v* faire un bon repas, faire ripaille
schlendern ['ʃlɛndərn] *v* aller tranquillement, traîner *(fam)*
Schleppe ['ʃlɛpə] *f 1. (eines Kleides)* traîne *f,* queue *f; 2. (beim Jagen)* trace *f,* piste *f*
schleppen ['ʃlɛpən] *v 1. (schwer tragen)* traîner, remorquer; *2. (ab~)* remorquer, dépanner; *3. (zur Polizei)* mettre en fourrière
schleppend ['ʃlɛpənt] *adj 1.* traînant; *2. (langsam)* lent
Schlepplift ['ʃlɛplɪft] *m* remonte-pente *m,* téléski *m*
Schleppnetz ['ʃlɛpnɛts] *n* chalut *m,* seine *f,* senne *f*
Schlepptau ['ʃlɛptau] *n* câble de remorque *m; jdn ins ~ nehmen* remorquer qn/prendre qn en charge
Schleuder ['ʃlɔydər] *f 1.* fronde *f; 2. (Wäscheschleuder)* essoreuse *f*
Schleudergefahr ['ʃlɔydərgəfaːr] *f 1.* risque de dérapage *m; 2. (Verkehrsschild)* route glissante *f*
schleudern ['ʃlɔydərn] *v 1. (werfen)* lancer, jeter; *2. (mit einem Auto)* déraper; *3. (Wäsche)* essorer
Schleuderpreis ['ʃlɔydərpraɪs] *m ECO* vil prix *m*
Schleudersitz ['ʃlɔydərzɪts] *m* siège éjectable *m*
Schleuse ['ʃlɔyzə] *f 1.* vanne *f,* barrage *m; 2. (zur Wasserregulierung)* écluse *f,* canal *m*
schleusen ['ʃlɔyzən] *v 1. NAUT* écluser qc; *2. (Wasser)* écluser qc; *3. (fig)* infiltrer qn; *4. (heimlich)* infiltrer qn
Schliche ['ʃlɪçə] *pl jdm auf die ~ kommen* découvrir le jeu de qn, voir clair dans le jeu de qn
schlicht [ʃlɪçt] *adj 1.* simple, sans artifice; *adv 2.* avec simplicité
schlichten ['ʃlɪçtən] *v 1. (Streit)* aplanir, arranger; *2. (Holz)* équarrir
schließen ['ʃliːsən] *v irr 1. (zumachen)* fermer, clore; *2. (beenden)* terminer, fermer, achever; *3. (Vertrag)* conclure, passer; *4. (folgern)* conclure, déduire
Schließfach ['ʃliːsfax] *n (im Bahnhof)* consigne automatique *f*
schließlich ['ʃliːslɪç] *adv* enfin, finalement, en fin de compte
Schliff [ʃlɪf] *m 1.* taille *f; 2. (das Schleifen)* polissage *m,* meulage *m; 3. (fig)* savoir-vivre *m,* politesse *m; etw den letzten ~ geben* fignoler qc/mettre la dernière main à qc
schlimm [ʃlɪm] *adj 1.* mauvais, grave; *Das ist nicht ~.* Ce n'est pas grave./Ce n'est pas tragique. *Ich finde nichts Schlimmes dabei.* Je n'y vois aucun mal. *2. (ärgerlich)* fâcheux; *3. (schwierig)* difficile
schlimmstenfalls ['ʃlɪmstənfals] *adv* au pire, dans le pire des cas
Schlinge ['ʃlɪŋə] *f 1.* nœud coulant *m; jdm die ~ um den Hals legen* mettre à qn le pisto-

let sur la tempe/prendre qn à la gorge; *2. (bei der Jagd)* collet *m; 3. (fig: Falle)* piège *m*
Schlingel ['ʃlɪŋəl] *m (fam)* galopin *m,* voyou *m,* polisson *m,* coquin *m*
schlingen ['ʃlɪŋən] *v irr 1.* enlacer; *2. (binden)* lier, nouer; *3. (flechten)* entrelacer, clayonner; *4. sich um etw ~* s'enrouler autour de qc, s'entortiller autour de qc
schlingern ['ʃlɪŋərn] *v NAUT* rouler
Schlips [ʃlɪps] *m* cravate *f; jdm auf den ~ treten* marcher sur les pieds de qn *(fig); sich auf den ~ getreten fühlen* se sentir froissé
Schlitten ['ʃlɪtən] *m* traîneau *m,* luge *f; mit jdm ~ fahren (fig)* rudoyer qn
schlittern ['ʃlɪtərn] *v 1. (zum Vergnügen)* glisser *f/pl; 2. (ausrutschen)* glisser, déraper; *3. (eines Fahrzeugs)* glisser, patiner
Schlittschuh ['ʃlɪtʃuː] *m* patin à glace *m*
Schlitz [ʃlɪts] *m 1.* fente *f,* fissure *f; 2. (Hosenschlitz)* braguette *f*
Schlitzohr ['ʃlɪtsoːr] *n (fam)* filou *m*
Schloss [ʃlɔs] *n 1. (Gebäude)* château *m,* palais *m; 2. (Verschluss)* serrure *f; hinter ~ und Riegel* en prison/sous les verrous
Schlosser(in) ['ʃlɔsər(ɪn)] *m/f* serrurier/serrurière *m/f*
Schlot [ʃloːt] *m* cheminée d'usine *f*
schlottern ['ʃlɔtərn] *v 1. (zittern)* flageoler, trembler; *2. (zu große Kleidung)* flotter
Schlucht [ʃluxt] *f* ravin *m,* gorge *f*
schluchzen ['ʃluxtsən] *v* sangloter
Schluchzer ['ʃluxtsər] *m* sanglot *m*
Schluck [ʃluk] *m* gorgée *f,* trait *m*
Schluckauf ['ʃlukauf] *m* hoquet *m*
schlucken ['ʃlukən] *v* avaler
schludern ['ʃluːdərn] *v (fam)* bâcler qc
schlummern ['ʃlumərn] *v* sommeiller, somnoler
Schlund ['ʃlunt] *m 1. ANAT* gosier *m; 2. (fig: Abgrund)* gouffre *m,* abîme *m*
schlüpfen ['ʃlypfən] *v 1. (anziehen)* enfiler, passer; *2. ZOOL* éclore
Schlupfloch ['ʃlupflɔx] *n 1.* trou *m,* chatière *f,* issue *f,* repaire *m; 2. (fig)* issue *f; 3. (Schlupfwinkel)* repaire *m*
schlüpfrig ['ʃlypfrɪç] *adj 1.* délicat, scabreux, grivois, lascif; *2. (fig: obszön)* grivois, obscène, scabreux
schlurfen ['ʃlurfən] *v* traîner les pieds
schlürfen ['ʃlyrfən] *v* boire/manger avec bruit, laper

Schluss [ʃlus] *m 1.* fin *f; 2. (Schließung)* clôture *f,* fermeture *f*

Schlüssel ['ʃlysəl] *m 1.* clé *f,* clef *f; 2. (Lösung)* solution *f; 3. (Kode)* code *m*
Schlüsselbein ['ʃlysəlbaɪn] *n ANAT* clavicule *f*
Schlüsseldienst ['ʃlysəldiːnst] *m 1. (Schlüsselfertigung)* clé-minute *m; 2. (Notdienst)* service de dépannage de clés *m*
Schlüsselloch ['ʃlysəllɔx] *n* trou de serrure *m*
schlussfolgern ['ʃlusfɔlgərn] *v* conclure
Schlussfolgerung ['ʃlusfɔlgəruŋ] *f* conclusion *f*
schlüssig ['ʃlysɪç] *adj 1. (entschieden)* résolu, décidé; *2. (entscheidend)* concluant, décisif
Schlusslicht ['ʃluslɪçt] *n 1. (eines Autos)* feu arrière *m; 2. (fig: Letzte(r))* lanterne rouge *f*
Schmach [ʃmaːx] *f 1.* ignominie *f,* infamie *f,* opprobre *m,* humiliation *f; 2. (Demütigung)* humiliation *f*
schmachten ['ʃmaxtən] *v 1. (leiden)* languir, soupirer, mourir de, brûler de; *2. ~ nach etw* languir de qc, brûler de qc
schmächtig ['ʃmɛçtɪç] *adj* grêle, fluet, maigrichon; *~ sein* être gros comme un moineau
schmachvoll ['ʃmaːxfɔl] *adj* outrageant
schmackhaft ['ʃmakhaft] *adj* savoureux, délicieux; *jdm etw ~ machen* faire monter l'eau à la bouche de qn
schmähen ['ʃmɛːən] *v* honnir qc, vilipender qc
schmählich ['ʃmɛːlɪç] *adj 1. (schändlich)* ignominieux, infamant; *2. (jämmerlich)* lamentable, pitoyable
schmal [ʃmaːl] *adj* étroit, mince, effilé
Schmalz [ʃmalts] *n 1. GAST* graisse fondue *f; 2. (Schweineschmalz) GAST* saindoux *m*
schmalzig ['ʃmaltsɪç] *adj 1.* sirupeux; *2. (fig)* à l'eau de rose
schmarotzen [ʃma'rɔtsən] *v (fam)* vivre en parasite, être un pique-assiette
Schmarotzer [ʃma'rɔtsər] *m (fam)* pique-assiette *m*
schmecken ['ʃmɛkən] *v 1. ~ nach* sentir, avoir le goût de; *2. gut ~* être bon, être délicieux
Schmeichelei [ʃmaɪçə'laɪ] *f* flatterie *f*
schmeichelhaft ['ʃmaɪçəlhaft] *adj 1.* flatteur; *2. (vorteilhaft)* avantageux
schmeicheln ['ʃmaɪçəln] *v* flatter
Schmeichler(in) ['ʃmaɪçlər(ɪn)] *m/f* flatteur/flatteuse *m/f*

schmeichlerisch ['ʃmaɪçlərɪʃ] *adj* flatteur, obséquieux
schmeißen ['ʃmaɪsən] *v irr 1. (fam: werfen)* jeter, lancer, balancer; *2. (mit etw fertig werden)* venir à bout de; *3. eine Vorstellung ~ THEAT* gâcher une représentation
schmelzen ['ʃmɛltsən] *v irr 1.* fondre, se liquéfier; *2. (fig: abnehmen)* fondre, se réduire à
Schmerz [ʃmɛrts] *m 1.* douleur *f,* mal *m; 2. (Leiden)* souffrance *f,* peine *f*
schmerzempfindlich ['ʃmɛrtsɛmpfɪntlɪç] *adj 1.* sensible à la douleur; *2. (zimperlich)* douillet
schmerzen ['ʃmɛrtsən] *v 1. (körperlich)* faire mal; *2. (seelisch)* faire de la peine
Schmerzensgeld ['ʃmɛrtsənsgɛlt] *n JUR* pretium doloris *m*
schmerzerfüllt ['ʃmɛrtsɛrfylt] *adj* empli de douleur
schmerzfrei ['ʃmɛrtsfraɪ] *adj* indolore
schmerzhaft ['ʃmɛrtshaft] *adj* douloureux
schmerzlich ['ʃmɛrtslɪç] *adj 1.* douloureux, cuisant; *2. (fig)* pénible
schmerzlindernd ['ʃmɛrtslɪndərnt] *adj* apaisant, calmant
Schmerzmittel ['ʃmɛrtsmɪtəl] *n MED* analgésique *m,* antalgique *m*
Schmetterling ['ʃmɛtərlɪŋ] *m ZOOL* papillon *m*
schmettern ['ʃmɛtərn] *v 1.* lancer violemment; *die Tür ins Schloss ~* faire claquer la porte; *2. (laut spielen)* faire résonner, faire retentir; *3. (laut singen)* chanter à tue-tête
Schmied [ʃmiːt] *m* forgeron *m*
schmieden ['ʃmiːdən] *v 1.* forger; *2. (bearbeiten)* travailler, façonner
schmieren ['ʃmiːrən] *v 1. (bestreichen)* enduire; *2. (einfetten)* graisser; *gehen wie geschmiert* ne pas faire un pli/tourner comme une petite machine à coudre/marcher comme sur des roulettes; *Das läuft wie geschmiert.* Ça va comme sur du velours. *3. (fam: bestechen)* soudoyer, corrompre, graisser la patte; *4. (kritzeln)* griffonner, gribouiller; *5. jdm eine ~* flanquer une gifle à qn
Schmiergeld ['ʃmiːrgɛlt] *n (fam)* pot-de-vin *m*
schmierig ['ʃmiːrɪç] *adj 1. (fettig)* graisseux; *2. (fig: dreckig)* crasseux, sale, sordide
Schmierigkeit ['ʃmiːrɪçkaɪt] *f 1.* caractère graisseux *m,* malpropreté *f; 2. (fig: kriecherischer Charakter)* obséquiosité *f*
Schminke ['ʃmɪŋkə] *f* maquillage *m*
schminken ['ʃmɪŋkən] *v* maquiller, farder
schmirgeln ['ʃmɪrgəln] *v* poncer
Schmiss [ʃmɪs] *m 1.* balafre *f,* estafilade *f,* entrain *m,* dynamisme *m; 2. (Narbe)* balafre *f,* estafilade *f; 3. (fig)* allant *m,* vivacité *f,* entrain *m,* dynamisme *m*
Schmöker ['ʃmøːkər] *m* roman de gare *m*
schmökern ['ʃmøːkərn] *v* bouquiner
schmollen ['ʃmɔlən] *v* bouder, faire la tête
schmoren ['ʃmoːrən] *v* braiser
Schmuck [ʃmuk] *m* bijou *m,* parure *f*
schmücken ['ʃmykən] *v* décorer, orner, parer
Schmuggel ['ʃmugəl] *m* contrebande *f,* fraude *f*
schmuggeln ['ʃmugəln] *v* faire de la contrebande, frauder
Schmuggelware ['ʃmugəlwaːrə] *pl* marchandise de contrebande *f*
Schmuggler ['ʃmuglər] *m* contrebandier *m,* fraudeur *m*
schmunzeln ['ʃmuntsəln] *v* sourire d'aise, sourire d'un air béat
schmusen ['ʃmuːzən] *v* câliner, faire des câlins, caresser
Schmutz [ʃmuts] *m* saleté *f,* ordure *f,* boue *f; jdn in den ~ ziehen* traîner qn dans la boue
schmutzig ['ʃmutsɪç] *adj 1.* sale, malpropre; *2. (ekelhaft)* dégoûtant; *3. (unehrlich)* malhonnête
Schnabel ['ʃnaːbəl] *m 1. ZOOL* bec *m; 2. (fam: Mund) den ~ halten* fermer sa gueule, se la boucler, se la fermer; *reden, wie einem der ~ gewachsen ist* parler à tort et à travers; *sich den ~ verbrennen* se mordre la langue
Schnalle ['ʃnalə] *f* boucle *f*
schnallen ['ʃnalən] *v 1.* boucler; *2. (mit Riemen)* attacher; *3. (enger ~/weiter ~)* serrer, desserrer; *4. (fam: begreifen)* comprendre, saisir
schnalzen ['ʃnaltsən] *v* faire claquer la langue, faire claquer les doigts
schnappen ['ʃnapən] *v 1. (beißen)* happer; *2. (erwischen)* saisir
Schnappschuss ['ʃnapʃus] *m FOTO* instantané *m*
Schnaps [ʃnaps] *m GAST* eau-de-vie *f*
schnarchen ['ʃnarçən] *v* ronfler; *fürchterlich ~* ronfler comme une forge
schnattern ['ʃnatərn] *v 1. (Ente)* cancaner; *2. (Gans)* cacarder, criarder; *3. (fig)* jacasser, caquetter

S

schnaufen ['ʃnaufən] *v* respirer difficilement, haleter, renifler
Schnauze ['ʃnautsə] *f* *1.* gueule *f,* museau *m,* mufle *m; 2. (fam: Mund) die ~ voll haben* en avoir marre, en avoir plein le dos; *die ~ halten* fermer sa gueule, se la fermer, se la boucler; *eine große ~ haben* avoir une grande gueule
schnäuzen ['ʃnɔytsən] *v sich ~* se moucher
Schnauzer ['ʃnautsər] *m 1. (Bart)* moustache *f; 2. ZOOL* schnauzer *m,* griffon *m*
Schnecke ['ʃnɛkə] *f ZOOL* escargot *m*

Schnee [ʃneː] *m* neige *f; ~ von gestern sein* être dépassé

Schneebesen ['ʃneːbeːzən] *m* batteur *m*
Schneetreiben ['ʃneːtraɪbən] *n METEO* congère *f*
schneiden ['ʃnaɪdən] *v irr 1.* couper; *2. (fig: Kurve)* couper; *3. jdn ~ (fig)* ignorer qn
Schneider(in) ['ʃnaɪdər(ɪn)] *m/f 1.* tailleur/tailleuse *m/f,* couturier/couturière *m/f; 2. aus dem ~ sein* être sorti de l'auberge
Schneiderei [ʃnaɪde'raɪ] *f 1.* atelier de couture *m; 2. (für Damen)* atelier de couture *m; 3. (Werkstatt)* atelier de couture *m*
Schneidezahn ['ʃnaɪdətsaːn] *m ANAT* incisive *f*
schneien ['ʃnaɪən] *v* neiger
schnell [ʃnɛl] *adj 1.* rapide, prompt; *So ~ geht das nicht.* Ce n'est pas pour demain. *adv 2.* vite
Schnelligkeit ['ʃnɛlɪçkaɪt] *f* rapidité *f,* vitesse *f,* promptitude *f*
schnelllebig ['ʃnelleːbɪç] *adj* éphémère à la vie trépidante
schnellstens ['ʃnɛlstəns] *adv* au plus vite, dans les plus brefs délais
Schnellstraße ['ʃnɛlʃtraːsə] *f* voie rapide *f*
Schnellverfahren ['ʃnɛlfɛrfaːrən] *n 1. JUR* procédure sommaire *f,* procédure accélérée *f; 2. (fig: rasche Abwicklung)* procédure accélérée *f*
Schnellzug ['ʃnɛltsuːk] *m* express *m*
schnippen ['ʃnɪpən] *v mit den Fingern ~* claquer des doigts
schnippisch ['ʃnɪpɪʃ] *adj 1.* insolent; *2. (keck)* mutin; *3. (verächtlich)* dédaigneux
Schnipsel ['ʃnɪpsəl] *m/n* petit morceau *m*
Schnitt [ʃnɪt] *m 1.* coupe *f; 2. (Einschnitt)* coupure *f,* encoche *f,* entaille *f*
schnittig ['ʃnɪtɪç] *adj 1. (elegant)* chic, élégant; *2. (reif)* prêt à être coupé; *adv 3. (elegant)* avec élégance
Schnittlauch ['ʃnɪtlaux] *m BOT* ciboulette *f*
Schnitzel ['ʃnɪtsəl] *n 1. GAST* escalope *f; 2. (Papierschnitzel)* découpures *f/pl*
schnitzen ['ʃnɪtsən] *v* sculpter sur bois
Schnitzer ['ʃnɪtsər] *m einen ~ machen* faire une erreur, faire une bavure
schnöde ['ʃnøːdə] *adj 1. (verachtenswert)* sordide, vil; *2. (gemein)* sordide, vil
Schnorchel ['ʃnɔrçəl] *m 1. (bei einem Tauchgerät)* tuba *m; 2. (bei einem U-Boot)* schnorchel *m*
Schnörkel ['ʃnœrkəl] *m* volute *f,* fioriture *f*
schnörkellos ['ʃnœrkelloːs] *adj* sans fioritures
schnüffeln ['ʃnyfəln] *v 1. (schnuppern)* flairer, renifler; *2. (fig)* fouiner, fureter, espionner
Schnüffler ['ʃnyflər] *m* fouineur *m,* espion *m*
Schnuller ['ʃnulər] *m* sucette *f*
Schnupfen ['ʃnupfən] *m* rhume *m*
schnuppern ['ʃnupərn] *v 1.* flairer, renifler; *2. (fig)* fouiner
Schnur [ʃnuːr] *f* cordon *m,* cordelière *f,* lacet *m*
schnüren ['ʃnyːrən] *v* ficeler, lier, lacer, serrer
schnurren ['ʃnurən] *v 1.* ronronner; *2. (Motor)* ronfler
schnurstracks ['ʃnuːrʃtraks] *adv 1.* tout droit, en ligne droite; *2. (sofort)* immédiatement
Schober ['ʃoːbər] *m 1.* meule *f; 2. (überdachter Platz)* place abritée *f*
Schock [ʃɔk] *m* choc *m*
schockieren [ʃɔk'iːrən] *v* choquer
Schöffe ['ʃœfə] *m 1. JUR* juré *m; 2. HIST* échevin *m*
Schöffengericht ['ʃœfəngərɪçt] *n JUR* tribunal d'échevins *m*
Schokolade [ʃoko'laːdə] *f 1. (eine Tafel ~)* chocolat *m,* tablette de chocolat *f; 2. (heiße ~)* chocolat chaud *m*
Scholle ['ʃɔlə] *f 1. (Erdscholle)* motte de terre *f; 2. (Eisscholle)* glaçon *m; 3. ZOOL* sole *f,* plie *f*

schön [ʃøːn] *adj 1.* beau, joli; *Das ist zu ~, um wahr zu sein.* C'est trop beau pour être vrai. *Das ist alles recht ~ und gut.* C'est bien beau. *~es Wetter haben* avoir beau temps; *2. (angenehm)* agréable; *adv 3.* bien

schon [ʃoːn] *adv 1.* déjà, bien; *~ jetzt* dès maintenant; *Es ist ~ lange her, dass ...* Il y a

S

bien longtemps que ... *2. (bestimmt)* bien; *Sie wird ~ kommen.* Elle viendra bien. *Ich weiß ~, dass ...* Je sais bien que ... *3. Schon gut!* C'est bon!/Ça suffit! *4. (nur) Schon der Gedanke, dass ...* La seule idée que .../Rien que d'y penser ...
schonen ['ʃoːnən] *v 1. jdn ~* ménager qn; *2. etw ~* soigner qc; *3. sich ~* se ménager; *4. (schützen)* préserver
Schonfrist ['ʃoːnfrɪst] *f* état de grâce *m*
Schongang ['ʃoːngaŋ] *m* lavage délicat *m*
schöngeistig ['ʃøːngaɪstɪç] *adj* esthétique
Schönheit ['ʃøːnhaɪt] *f* beauté *f*
Schonkost ['ʃoːnkɔst] *f* régime *m*, diète *f*
schöntun ['ʃøːntuːn] *v irr (fig) jdm ~* flatter qn
Schonung ['ʃoːnuŋ] *f* préservation *f*, égard *m*, enclos sylvicole *m*, plantation protégée *f*
schonungslos ['ʃoːnuŋsloːs] *adj* sans ménagements, impitoyable
Schopf [ʃɔpf] *m 1. (Haarbüschel)* toupet *m; 2. (eines Vogels)* aigrette *f*, hupe *f*
schöpfen[1] ['ʃœpfən] *v 1.* tirer, puiser; *2. (Brühe)* puiser qc; *3. (für sich entnehmen)* puiser qc, prendre pour soi; *Atem ~* reprendre haleine; *Mut aus etw ~* trouver du courage dans qc, puiser son courage dans qc
schöpfen[2] ['ʃœpfən] *v irr (schaffen)* créer, produire
Schöpfer ['ʃœpfər] *m (Urheber)* créateur *m*, auteur *m*
schöpferisch ['ʃœpfərɪʃ] *adj* créateur
Schöpflöffel ['ʃœpflœfəl] *m* louche *f*
Schöpfung ['ʃœpfuŋ] *f 1.* création *f; 2. (der Welt)* monde *m*
Schorf [ʃɔrf] *m* croûte *f*
Schorle ['ʃɔrlə] *f (Weinschorle)* vin coupé d'eau *m*
Schornstein ['ʃɔrnʃtaɪn] *m* cheminée *f*
Schornsteinfeger ['ʃɔrnʃtaɪnfeːgər] *m* ramoneur *m*
Schoß [ʃoːs] *m* giron *m*, sein *m; in den ~ fallen* tomber tout cuit/tomber du ciel
schraffieren [ʃra'fiːrən] *v* hachurer qc
schräg [ʃrɛːk] *adj 1.* oblique, incliné; *adv 2.* en biais, en diagonale
Schräge ['ʃrɛːgə] *f* biais *m*, diagonale *f*
Schrägstrich ['ʃrɛːkʃtrɪç] *m* trait de séparation *m*, trait de fraction *m*, slash avant *m*
Schramme ['ʃramə] *f* égratignure *f*, éraflure *f*
Schrank [ʃraŋk] *m 1.* armoire *f; 2. (Wandschrank)* placard *m; 3. (Küchenschrank)* buffet *m*
Schranke ['ʃraŋkə] *f 1.* barrière *f*, clôture *f; jdn in seine ~n verweisen* remettre qn à sa place, montrer ses limites à qn; *Dem sind ~n gesetzt.* C'est limité. *2. JUR* barre *f*
Schranktür ['ʃraŋktyːr] *f* porte d'armoire *f*
Schraube ['ʃraubə] *f 1.* vis *f; Bei dir ist wohl eine ~ locker.* Ça ne tourne pas rond chez toi./T'as une case de vide. *die ~ überdrehen* pousser/aller trop loin; *eine ~ ohne Ende* une vis sans fin *f; 2. (Schiffsschraube)* hélice *f*
schrauben ['ʃraubən] *v 1.* visser; *2. (fest~)* serrer
Schraubenzieher ['ʃraubəntsiːər] *m TECH* tournevis *m*
Schreck [ʃrɛk] *m* frayeur *f*, effroi *m*, épouvante *f; mit dem ~en davonkommen* en être quitte pour la peur; *Ach du ~!* Grand Dieu!/Misère!
schreckhaft ['ʃrɛkhaft] *adj 1.* peureux, craintif; *2. (empfindlich)* émotif
schrecklich ['ʃrɛklɪç] *adj* terrible, effrayant, épouvantable; *Wie ~!* Quelle horreur!
Schreckschuss ['ʃrɛkʃus] *m* coup à blanc *m*, coup de semonce *m*, menace en l'air *f*
Schrei [ʃraɪ] *m* cri *m; der letzte ~ (fig)* le dernier cri *m*

schreiben ['ʃraɪbən] *v irr 1.* écrire; *etw in den Wind ~* faire une croix sur; *2. (nieder~)* rédiger, noter

Schreiben ['ʃraɪbən] *n 1.* écrit *m; 2. (Brief)* lettre *f*, courrier *m*
Schreiber ['ʃraɪbər] *m 1. (Schriftsteller)* écrivain *m*, auteur *m; 2. (Fernschreiber) TECH* téléscripteur *m*, télex *m; 3. (Stift)* stylo *m*
schreibfaul ['ʃraɪpfaul] *adj* paresseux pour écrire
Schreibkraft ['ʃraɪpkraft] *f* dactylo *f*
Schreibmaschine ['ʃraɪpmaʃiːnə] *f* machine à écrire *f*
Schreibtisch ['ʃraɪptɪʃ] *m* bureau *m*
Schreibwaren ['ʃraɪpvaːrən] *pl* articles de papeterie *m/pl*
Schreibweise ['ʃraɪpvaɪzə] *f* orthographe *f*, écriture *f*
schreien ['ʃraɪən] *v irr* crier, pousser des cris, vociférer
Schreihals ['ʃraɪhals] *m* braillard *m*
Schreiner ['ʃraɪnər] *m* menuisier *m*

schreinern ['ʃraɪnərn] *v* faire des travaux de menuiserie
schreiten ['ʃraɪtən] *v irr 1.* marcher; *2. zur Tat ~* aller au fait; *3. (stolzieren)* parader, se pavaner
Schrift [ʃrɪft] *f 1.* écriture *f; eine krakelige ~ haben* écrire comme un chat; *2. (~stück)* écrit *m,* œuvre *f*
Schriftart ['ʃrɪftart] *f* caractère *m*
Schriftbild ['ʃrɪftbɪlt] *n 1. (einer Handschrift)* graphisme *m; 2. (einer Drucktype) TECH* typographie *f,* présentation typographique *f*
Schriftenreihe ['ʃrɪftənraɪə] *f LIT* série de revues *f*
schriftlich ['ʃrɪftlɪç] *adj 1.* écrit; *adv 2.* par écrit
Schriftsteller(in) ['ʃrɪftʃtɛlər(ɪn)] *m/f* écrivain(e) *m/f,* homme de lettres/femme de lettres *m/f*
Schriftverkehr ['ʃrɪftfɛrke:r] *m* correspondance *f*
schrill [ʃrɪl] *adj* strident, aigu

> **Schritt** [ʃrɪt] *m 1. (Gangart)* pas *m,* enjambée *m; Jetzt sind Sie keinen ~ weitergekommen.* Vous voilà bien avancé. *jdm auf ~ und Tritt folgen* suivre qn comme son ombre; *mit jdm ~ halten* garder la même cadence que qn/suivre la cadence de qn; *einen ~ zu weit gehen* aller trop loin/dépasser les bornes; *~ für ~* pas à pas; *den ersten ~ tun* faire le premier pas; *2. (fig: Maßnahme)* démarche *f,* entreprise *f; die einleitenden ~e tun* faire des ouvertures

schrittweise ['ʃrɪtvaɪzə] *adv* pas à pas, peu à peu, petit à petit
schroff [ʃrɔf] *adj 1. (Felsen)* raide, escarpé, à pic; *2. (fig: kurz angebunden)* bourru, brusque; *3. (arrogant)* rogue; *adv*
Schrot ['ʃro:t] *m/n 1. (gemahlenes Getreide)* gruau *m; 2. (Munition aus Bleistückchen)* plomb *m*
schroten ['ʃro:tən] *v* concasser qc
Schrotflinte ['ʃro:tflɪntə] *f* fusil de chasse *m,* carabine à plombs *f*
Schrott [ʃrɔt] *m 1.* ferraille *f; 2. (Abfall)* riblons *m/pl,* déchets *m/pl*
schrubben ['ʃrubən] *v* frotter, astiquer
schrumpfen ['ʃrumpfən] *v 1. (eingehen)* rétrécir; *2. (fig: vermindern)* diminuer, s'amoindrir
Schub [ʃu:p] *m 1.* poussée *f; 2. (Schubkraft) PHYS* poussée *f,* force propulsive *f*
Schubkarre ['ʃupkarə] *f* brouette *f*
Schublade ['ʃu:pla:də] *f* tiroir *m*
schubsen ['ʃupsən] *v* pousser, bousculer
schüchtern ['ʃyçtərn] *adj 1.* timide, craintif; *2. (scheu)* sauvage
Schüchternheit ['ʃyçtərnhaɪt] *f* timidité *f,* caractère craintif *m*
Schuft [ʃuft] *m* misérable *m,* gredin *m,* fripouille *f*
schuften ['ʃuftən] *v* travailler comme un forçat, se tuer au travail
Schuh [ʃu:] *m* chaussure *f,* soulier *m; jdm etw in die ~e schieben* mettre qc sur le dos de qn; *sich die ~e nach etw ablaufen* faire des pieds et des mains pour avoir qc; *So wird ein ~ draus!* C'est comme ça qu'il faut faire! *Da zieht es einem ja die ~e aus!* C'est absolument insupportable!/C'est horripilant! *(fam)*
Schuhsohle ['ʃu:zo:lə] *f* semelle *f*
Schulabschluss ['ʃu:lapʃlus] *m* diplôme de fin de scolarité *f*
Schulaufgabe ['ʃu:laufga:bə] *f* devoir *m*
Schulbildung ['ʃu:lbɪldunŋ] *f* formation scolaire *f*
schuld [ʃult] *adj ~ sein* être fautif, être responsable; *Du hast ~ daran!* C'est ta faute! *Wer ist ~?* À qui la faute?
Schuld [ʃult] *f 1.* faute *f; Das ist nicht meine ~.* Ce n'est pas de ma faute. *tief in jds ~ stehen* avoir une dette de reconnaissance envers qn; *2. JUR* culpabilité *f; 3. ~en pl (Geldschulden) ECO* dettes *f/pl*
schuldbewusst ['ʃultbəvust] *adj* coupable
schulden ['ʃuldən] *v jdm etw ~* devoir qc à qn, être redevable de qc à qn
schuldig ['ʃuldɪç] *adj 1.* coupable, responsable; *jdm etw ~ sein* devoir qc à qn; *jdm nichts ~ bleiben* ne pas être en reste avec qn; *2. JUR* coupable
schuldlos ['ʃultlo:s] *adj 1.* innocent, non coupable; *adv 2.* avec innocence
Schuldlosigkeit ['ʃultlo:zɪçkaɪt] *f* nonculpabilité *f*
Schuldner ['ʃuldnər] *m ECO* débiteur *m*
Schuldschein ['ʃultʃaɪn] *m ECO* titre de créance *m,* obligation *f*

> **Schule** ['ʃu:lə] *f* école *f; die ~ schwänzen* faire l'école buissonnière; *aus der ~ plaudern* cancanner/parler à tort et à travers; *~ machen (fig)* faire école

Schüler(in) ['ʃy:lər(ɪn)] *m/f 1.* élève *m/f,* écolier/écolière *m/f; 2. (Anhänger(in)) PHIL* disciple *m/f*

schulfrei ['ʃuːlfraɪ] *adj ~ haben* sans école
Schuljahr ['ʃuːljaːr] *n* année scolaire *f*
schulpflichtig ['ʃuːlpflɪçtɪç] *adj* soumis à la scolarité obligatoire, en âge d'être scolarisé
Schulranzen ['ʃuːlrantsən] *m* cartable *m*, sac d'école *m*
Schulstunde ['ʃuːlʃtundə] *f* cours *m*, heure de classe *f*
Schulter ['ʃultər] *f ANAT* épaule *f*; *die Dinge auf die leichte ~ nehmen* prendre les choses à la légère; *etw auf seine ~n nehmen* prendre qn sous son bonnet
Schulterblatt ['ʃultərblat] *n ANAT* omoplate *f*
Schulung ['ʃuːluŋ] *f 1.* formation *f*; *2. (Kurs)* stage *m*
Schulwesen ['ʃuːlveːzən] *n* instruction publique *f*, enseignement *m*
Schulzeit ['ʃuːltsaɪt] *f* temps de la scolarité *m*, scolarité *f*
Schulzeugnis ['ʃuːltsɔyknɪs] *n* bulletin scolaire *m*, certificat scolaire *m*
schummeln ['ʃuməln] *v* tricher, truander, frauder
Schund [ʃunt] *m* article de rebut *m*, camelote *f*
schunkeln ['ʃuŋkəln] *v* se balancer, se dandiner
Schuppe ['ʃupə] *f 1. (Haarschuppe)* pellicule *f*; *2. (Fischschuppe)* écaille *f*; *3. Es fiel ihm wie ~n von den Augen.* Les écailles lui sont tombées des yeux.
Schuppen ['ʃupən] *m* hangar *m*, remise *f*
schüren ['ʃyːrən] *v 1. (das Feuer ~)* attiser qc; *2. (fig: einen Streit ~)* attiser qc
schürfen ['ʃyrfən] *v 1. MIN* prospecter, chercher; *2. etw ~ MIN* prospecter qc; *3. (fig)* fouiller; *4. sich ~* s'écorcher, s'érafler
Schürfwunde ['ʃyrfvundə] *f* écorchure *f*
Schurke ['ʃurkə] *m* coquin *m*, gredin *m*, crapule *f*
Schurwolle ['ʃuːrvɔlə] *f* laine vierge *f*
Schürze ['ʃyrtsə] *f* tablier *m*
Schürzenjäger ['ʃyrtsənjɛːgər] *m* coureur de jupons *m*, homme à femmes *m*
Schuss [ʃus] *m* coup de feu *m*; *weitab vom ~* à l'écart, loin de la ligne de mire; *ein ~ in den Ofen* un coup pour rien *m*, une grossière erreur *f*; *ein ~ ins Schwarze* dans le mille, juste; *etw in ~ bringen* remettre qc en état de marche, réparer qc; *einen ~ haben* avoir la tête fêlée, être fêlé
schussbereit ['ʃusbəraɪt] *adj* prêt à tirer, prêt à ouvrir le feu
Schüssel ['ʃysəl] *f* plat *m*, terrine *f*, écuelle *f*; *(Salatschüssel)* saladier *m*
schusselig ['ʃusəlɪç] *adj 1.* écervelé; *2. (leichtsinnig)* étourdi; *3. (zerstreut)* distrait
Schusswaffe ['ʃusvafə] *f* arme à feu *f*
Schuster ['ʃuːstər] *m* cordonnier *m*; *auf ~s Rappen* à pinces *(fam)*, à pied
Schutt [ʃut] *m 1.* décombres *m/pl*, gravats *m/pl*. *2. (Trümmer)* ruines *f/pl*
Schüttelfrost ['ʃytəlfrɔst] *m MED* frissons *m/pl*
schütteln ['ʃytəln] *v* secouer, agiter, remuer
schütten ['ʃytən] *v 1.* verser; *2. (aus~)* répandre
Schutthalde ['ʃuthaldə] *f* crassier *m*
Schutz [ʃuts] *m* protection *f*, abri *m*; *jdn in ~ nehmen* prendre la défense de qn, prendre qn sous son aile
schutzbedürftig ['ʃutsbədyrftɪç] *adj* qui a besoin de protection
Schutzblech ['ʃutsblɛç] *n* garde-boue *m*
Schutzbrille ['ʃutsbrɪlə] *f* lunette de protection *f*
Schütze ['ʃytsə] *m 1.* tireur *m*; *2. (Tierkreiszeichen) ASTR* sagittaire *m*
schützen ['ʃytsən] *v 1.* protéger, préserver, garantir; *sich vor etw ~* se mettre à l'abri de qc; *2. (verteidigen)* défendre
Schutzengel ['ʃutsɛŋəl] *m* ange gardien *m*
Schutzhelm ['ʃutshɛlm] *m* casque *m*
Schützling ['ʃytslɪŋ] *m* protégé(e) *m/f*
schutzlos ['ʃutsloːs] *adj 1.* sans protection; *2. (ausgesetzt)* exposé
Schutzpatron ['ʃutspatroːn] *m REL* saint patron *m*, patron *m*
schwach [ʃvax] *adj* faible, frêle, délicat
Schwäche ['ʃvɛçə] *f 1.* faiblesse *f*; *eine ~ für jdn haben* avoir un faible pour qn; *2. (Ohnmacht)* malaise *m*; *3. (Zerbrechlichkeit)* fragilité *f*
Schwächling ['ʃvɛçlɪŋ] *m* faible *m/f*, faiblard *m (fam)*
Schwachsinn ['ʃvaxzɪn] *m* débilité mentale *f*, idiotie *f*
Schwachstelle ['ʃvaxʃtɛlə] *f* point faible *m*
Schwager ['ʃvaːgər] *m* beau-frère *m*
Schwägerin ['ʃvɛːgərɪn] *f* belle-sœur *f*
Schwalbe ['ʃvalbə] *f ZOOL* hirondelle *f*
Schwamm [ʃvam] *m* éponge *f*; *~ drüber!* Passons l'éponge!
schwammig ['ʃvamɪç] *adj 1. (schwammartig)* spongieux; *2. (vom Schwamm befallen)*

S

moisi; *3. (aufgedunsen)* gonflé, bouffi; *4. (vage)* évasif

Schwan [ʃvaːn] *m ZOOL* cygne *m; Mein lieber ~!* Mon vieux!/Mon gars!

schwanger ['ʃvaŋər] *adj* enceinte, grosse

Schwangerschaft ['ʃvaŋərʃaft] *f* grossesse *f*

Schwangerschaftsabbruch ['ʃvaŋərʃaftsapbrux] *m MED* interruption volontaire de grossesse *f,* avortement *m*

schwanken ['ʃvaŋkən] *v 1. (taumeln)* chanceler, vaciller; *2. (abweichen)* varier, fluctuer; *3. (fig: zaudern)* être indécis

Schwankung ['ʃvaŋkuŋ] *f* variation *f,* fluctuation *f*

Schwanz [ʃvants] *m* queue *f; kein ~ (fam)* pas un chat, personne; *jdm auf den ~ treten* vexer qn, marcher sur les pieds de qn; *den ~ einziehen* avoir la frousse, avoir la trouille

schwänzen ['ʃvɛntsən] *v die Schule ~ (fam)* faire l'école buissonnière

Schwanzflosse ['ʃvantsflɔsə] *f ZOOL* nageoire caudale *f*

Schwarm [ʃvarm] *m 1. (Bienenschwarm) ZOOL* essaim *m; (Vogelschwarm)* nuée *f,* vol *m; (Fischschwarm)* banc *m; 2. (Menschenschwarm)* attroupement *m,* foule *f; 3. (Leidenschaft)* passion *f; 4. (fig)* béguin *m; Sie ist sein ~.* Il a le béguin pour elle.

schwärmen ['ʃvɛrmən] *v ~ für* se passionner pour, s'enthousiasmer pour

Schwarte ['ʃvartə] *f 1. (Haut)* couenne *f; 2. (fig: Buch)* vieux bouquin *m; 3. (Speckschwarte)* couenne *f*

schwarz [ʃvarts] *adj* noir; *Da steht es ~ auf weiß.* C'est écrit noir sur blanc. *allzu ~ sehen* voir tout en noir; *sich ~ ärgern* se fâcher tout rouge, s'énerver; *Du kannst warten, bis du ~ wirst!* Tu peux attendre jusqu'à la Saint-Glinglin./Tu peux toujours courir.

Schwarzarbeit ['ʃvartsarbaɪt] *f* travail au noir *m*

Schwarze(r) ['ʃvartsə(r)] *m/f* Noir(e) *m/f*

Schwarzfahrer(in) ['ʃvartsfaːrər(ɪn)] *m/f* resquilleur/resquilleuse *m/f*

schwatzen ['ʃvatsən] *v* causer, bavarder, jacasser *(fam),* tailler une bavette *(fam)*

schwatzhaft ['ʃvatshaft] *adj* bavard

schweben ['ʃveːbən] *v 1.* planer, flotter; *2. (fig)* planer

Schweden ['ʃveːdən] *n GEO* Suède *f*

schwedisch ['ʃveːdɪʃ] *adj* suédois

Schwefel ['ʃveːfəl] *m CHEM* soufre *m*

Schweif [ʃvaɪf] *m* queue *f*

Schweigeminute ['ʃvaɪgəminuːtə] *f* minute de silence *f*

schweigen ['ʃvaɪgən] *v irr* se taire, ne rien dire; *ganz zu ~ von ...* sans parler de ... *~ wie ein Grab* être muet comme une carpe

Schweigen ['ʃvaɪgən] *n 1.* silence *m,* mutisme *m; jdn zum ~ bringen* réduire qn au silence/faire taire qn; *sich in ~ hüllen* se réfugier dans le silence; *2. (Verschwiegenheit)* discrétion *f*

Schweigepflicht ['ʃvaɪgəpflɪçt] *f* secret professionnel *m,* devoir de réserve *m*

schweigsam ['ʃvaɪkzaːm] *adj 1.* taciturne; *2. (verschwiegen)* discret; *3. (ruhig)* silencieux

Schwein [ʃvaɪn] *n 1. ZOOL* cochon *m,* porc *m,* pourceau *m; wie ein ~ essen* manger comme un porc; *kein ~ (fam)* pas un chat/personne; *2. (Fleisch) GAST* porc *m,* viande de porc *f; 3. (fig: Glück)* veine *f*

Schweinerei [ʃvaɪnə'raɪ] *f (fam)* cochonnerie *f,* saleté *f,* obscénités *f/pl*

Schweiß [ʃvaɪs] *m* sueur *f,* transpiration *f; im ~e meines Angesichts* à la sueur de mon front

schweißen ['ʃvaɪsən] *v TECH* souder

Schweiz [ʃvaɪts] *f GEO* Suisse *f*

schweizerisch ['ʃvaɪtsərɪʃ] *adj* suisse, helvétique

schwelgen ['ʃvɛlgən] *v ~ in* se délecter de

Schwelle ['ʃvɛlə] *f 1. (Eisenbahnschwelle)* traverse *f; 2. (Übergang)* seuil *m*

Schwellung ['ʃvɛluŋ] *f MED* tuméfaction *f,* tumescence *f*

schwellen ['ʃvɛlən] *v irr* enfler, s'enfler, se gonfler, se boursoufler

schwenken ['ʃvɛŋkən] *v 1.* agiter, brandir; *2. (ab~) CINE* changer de direction; *3. GAST* faire sauter

schwer [ʃveːr] *adj 1. (Gewicht)* lourd; *2. (schwierig)* difficile, pénible, dur; *~ zu sagen* difficile à dire; *Das ist ~ für mich.* Cela m'est difficile. *es jdm ~ machen* rendre la vie difficile à qn/rendre la vie dure à qn; *sich ~ tun* avoir du mal; *Er ist ~ von Begriff.* Il comprend lentement. *~ erziehbar* difficile à éduquer; *~ verdaulich* indigeste, difficile à digérer; *3. (mühsam)* pénible, ardu, rude; *4. (ernst)* grave, sévère; *~ beschädigt* grand mutilé, invalide, handicapé; *~ krank* gravement malade, *~ verletzt* grièvement blessé; *5. ein ~er Junge (fam)* un délinquant *m*

S

Schwerarbeit ['ʃveːrarbaɪt] *f* travail de force *m*, travail pénible *m*
Schwerbehinderte(r) ['ʃveːrbəhɪndərtə(r)] *m/f* handicapé(e) sévère *m/f*
schwerelos ['ʃveːrəloːs] *adj* en état d'apesanteur
Schwerelosigkeit ['ʃveːrəloːzɪçkaɪt] *f* apesanteur *f*
schwerfällig ['ʃveːrfɛlɪç] *adj* lourd, lourdaud, maladroit
schwerhörig ['ʃveːrhøːrɪç] *adj* *MED* mal entendant, dur d'oreille; *~ sein* être dur de la feuille
Schwerhörigkeit ['ʃveːrhøːrɪçkaɪt] *f* surdité *f*
Schwerkraft ['ʃveːrkraft] *f* *PHYS* pesanteur *f*
Schwermut ['ʃveːrmuːt] *f* mélancolie *f*, humeur sombre *f*
Schwerpunkt ['ʃveːrpuŋkt] *m* *1.* centre de gravité *m*; *2. (Hauptsache)* principal *m*
Schwert [ʃveːrt] *n* épée *f*
Schwester ['ʃvɛstər] *f* *1.* sœur *f*; *2. (Krankenschwester)* infirmière *f*
Schwiegereltern ['ʃviːgərɛltərn] *pl* beaux-parents *m/pl*
Schwiegermutter ['ʃviːgərmutər] *f* belle-mère *f*
Schwiegersohn ['ʃviːgərzoːn] *m* gendre *m*, beau-fils *m*
Schwiegertochter ['ʃviːgərtɔxtər] *f* belle-fille *m*, bru *f*
Schwiegervater ['ʃviːgərfaːtər] *m* beau-père *m*
Schwiele ['ʃviːlə] *f* *ANAT* durillon *m*
schwielig ['ʃviːlɪç] *adj* caleux
schwierig ['ʃviːrɪç] *adj* *1.* difficile; *2. (hart)* dur
Schwierigkeit ['ʃviːrɪçkaɪt] *f* difficulté *f*; *Da gibt es noch ~en.* Il y a du tirage.
Schwimmbad ['ʃvɪmbaːt] *n* piscine *f*
schwimmen ['ʃvɪmən] *v irr* nager
Schwimmweste ['ʃvɪmvɛstə] *f* gilet de sauvetage *m*
Schwindel ['ʃvɪndəl] *m* *1. MED* vertige *m*, étourdissement *m*; *~ erregend* vertigineux; *~ erregend (berauschend)* étourdissant; *2. (Lüge)* duperie *f*, escroquerie *f*, mensonges *m/pl*
schwindelfrei ['ʃvɪndəlfraɪ] *adj* qui n'est pas sujet au vertige
schwindeln ['ʃvɪndəln] *v (lügen)* mentir, bluffer, raconter des histoires
schwinden ['ʃvɪndən] *v irr* *1. (sich vermindern)* s'amoindrir, se réduire; *2. (schrumpfen)* décroître, diminuer; *3. (sich in nichts auflösen)* s'évanouir, disparaître, se dissiper
Schwindler(in) ['ʃvɪndlər(ɪn)] *m/f* menteur/menteuse *m/f*
schwindlig ['ʃvɪndlɪç] *adj* sujet au vertige; *Mir ist ~.* J'ai le vertige./La tête me tourne.
schwingen ['ʃvɪŋən] *v irr* *1. (hin- und herbewegen)* agiter; *das Tanzbein ~* danser; *2. (vibrieren)* vibrer, osciller; *3. In seinen Worten schwang ... mit.* Dans ses paroles vibrait ...
Schwingtür ['ʃvɪŋtyːr] *f* porte battante *f*
Schwingung ['ʃvɪŋuŋ] *f* *PHYS* oscillation *f*, vibration *f*
Schwips [ʃvɪps] *m* griserie *f*; *einen ~ haben* être éméché/être pompette *(fam)*
schwirren ['ʃvɪrən] *v* *1.* bruire, frémir, siffler, bourdonner; *Mir schwirrt der Kopf.* La tête me tourne. *2. (Mücken)* bourdonner
schwitzen ['ʃvɪtsən] *v* transpirer, suer, être en sueur, être en nage; *Blut und Wasser ~* suer sang et eau
schwören ['ʃvøːrən] *v irr* jurer; *Stein und Bein ~, dass ...* jurer ses grands dieux que .../jurer dur comme fer que ...
schwul [ʃvuːl] *adj (fam)* homosexuel
schwül [ʃvyːl] *adj* *1. (Wetter)* lourd; *2. (erdrückend)* oppressant, écrasant
schwülstig ['ʃvylstɪç] *adj* surchargé, ampoulé
Schwund [ʃvunt] *m* *1. (Verminderung)* diminution *f*; *2. (Schrumpfung)* rétrécissement *m*; *3. (völlige Auflösung)* dilution complète *f*; *4. MED* atrophie *f*
Schwung [ʃvuŋ] *m* *1.* élan *m*; *2. (fig: Tatkraft)* énergie *f*, dynamisme *m*; *~ haben* avoir de l'allant; *etw in ~ bringen* animer qc/donner le branle à qc; *in ~ kommen* prendre son essor/fleurir; *in ~ sein* être en plein essor/bien fonctionner
schwungvoll ['ʃvuŋfɔl] *adj* *1.* enthousiaste, dynamique; *adv* *2.* avec dynamisme
Schwur [ʃvuːr] *m* serment *m*
Schwurgericht ['ʃvuːrgərɪçt] *n* *JUR* cour d'assises *f*
sechs [zɛks] *num* six
Sechser ['zɛksər] *m* *1. (Zahl)* six *m*; *2. (Lottogewinn)* six bon numéros au loto *m/pl*
sechste(r,s) ['zɛkstə(r,s)] *adj* sixième
sechzehn ['zɛçtseːn] *num* seize
sechzig ['zɛçtsɪç] *num* soixante
Sechziger ['zɛçtsɪgər] *pl* *1. in den ~n sein (Mensch)* avoir dans les soixante ans; *2. die ~ (Jahrzehnt)* les années soixante *f/pl*

S

See [zeː] *m 1. (Binnengewässer)* lac *m; f 2. (Meer)* mer *f,* océan *m; in ~ stechen* gagner le large; *zur ~ fahren* prendre la mer
Seefahrt ['zeːfaːrt] *f 1. (Schifffahrt)* navigation *f; 2. (Überfahrt)* traversée *f*
Seegang ['zeːgaŋ] *m NAUT* houle *f*
Seeigel ['zeːiːgəl] *m ZOOL* oursin *m*
seekrank ['zeːkraŋk] *adj ~ sein* avoir le mal de mer
Seelachs ['zeːlaks] *m ZOOL* lieu noir *m,* colin *m*
Seele ['zeːlə] *f 1.* âme *f; die ~ aushauchen* rendre l'âme; *sich die ~ aus dem Leib reden* faire des pieds et des mains/tout essayer; *jdm auf der ~ brennen* démanger qn; *jdm aus der ~ sprechen* ôter les mots de la bouche à qn; *eine ~ von einem Menschen* une crème d'homme *f; aus tiefster ~* sincèrement; *mit ganzer ~* de tout son cœur; *2. (Gefühl)* sentiment *m; 3. (Charakter)* caractère *m; 4. (Wesen)* être *m*
seelenruhig ['zeːlən'ruːıç] *adj 1.* tranquille; *2. (unerschütterlich)* imperturbable; *3.(heiter)* serein
seelisch ['zeːlıʃ] *adj* psychique, moral; *~ auf dem Nullpunkt angelangt sein* avoir le moral à zéro
Seemann ['zeːman] *m 1.* marin *m; 2. (Seefahrer)* navigateur *m*
Seemannsgarn ['zeːmansgarn] *n* galéjade *f*
Seemeile ['zeːmaılə] *f NAUT* mile marin *m*
Seenot ['zeːnoːt] *f NAUT* péril en mer *m; in ~ sein* être en détresse
Seereise ['zeːraızə] *f* voyage sur mer *m,* croisière *f*
Seerose ['zeːroːzə] *f BOT* nénuphar *m*
Seestern ['zeːʃtɛrn] *m ZOOL* étoile de mer *f*
Seezunge ['zeːtsuŋə] *f GAST* sole *f*
Segel ['zeːgəl] *n* voile *f; mit vollen ~n* d'arrache-pied
Segelboot ['zeːgəlboːt] *n NAUT* voilier *m*
Segelflugzeug ['zeːgəlfluːktsɔyk] *n* planeur *m*
segeln ['zeːgəln] *v* faire de la voile
Segelschiff ['zeːgəlʃıf] *n NAUT* bâteau à voile *m*
Segeltuch ['zeːgəltux] *n* toile *f*
Segen ['zeːgən] *m 1. REL* bénédiction *f; Meinen ~ hast du.* Je te donne ma bénédiction. *jds ~ haben* avoir la bénédiction de qn; *2. (Glück)* bonheur *m*
Segler ['zeːglər] *m 1. (Mensch)* yachtman *m; 2. (Segelboot)* voilier *m; 3. (Segelflugzeug)* planeur *m; 4. (Vogel) ZOOL* martinet *m*
Segler(in) ['zeːglər(ın)] *m/f* yachtman/yachtwoman *m/f*
segnen ['zeːgnən] *v* bénir
sehen ['zeːən] *v irr 1.* voir, regarder; *Man muss den Dingen ins Auge ~.* Il faut voir les choses en face. *nicht die Hand vor Augen ~* n'y voir goutte; *die Dinge ~, wie sie sind* voir les choses comme elles sont; *etw nicht mehr ~ können* ne plus pouvoir voir qc/en avoir ras le bol *(fam); 2. (beobachten)* observer
Sehen ['zeːən] *n jdn vom ~ kennen* connaître qn de vue
sehenswert ['zeːənsveːrt] *adj* digne d'être vu, intéressant
Sehenswürdigkeit ['zeːənsvyrdıçkaıt] *f* curiosité *f*
Seher(in) ['zeːər(ın)] *m/f* prophète/prophétesse *m/f,* devin/devineresse *m/f*
Sehkraft ['zeːkraft] *f* faculté visuelle *f*
Sehne ['zeːnə] *f ANAT* tendon *m*
sehnen ['zeːnən] *v sich ~ nach* avoir la nostalgie de, soupirer après; *Ich sehne mich nach ...* Il me tarde de ...
Sehnerv ['zeːnɛrf] *m ANAT* nerf optique *m*
sehnig ['zeːnıç] *adj 1. (Mensch)* nerveux, vigoureux; *2. (Fleisch) GAST* filandreux
sehnlich ['zeːnliç] *adj 1.* nostalgique; *2. (glühend)* ardent, éperdu
Sehnsucht ['zeːnzuçt] *f* nostalgie *f,* aspiration *f,* désir ardent *m*
sehnsüchtig ['zeːnzyçtıç] *adj* nostalgique, ardent
sehr [zeːr] *adv* très, fort, vivement
Sehschwäche ['zeːʃvɛçə] *f* défaut de la vue *m,* défaut visuel *m*
seicht [zaıçt] *adj 1. (flach)* peu profond, bas; *2. (fig: ~e Unterhaltung)* vide, superficiel
Seide ['zaıdə] *f* soie *f*
seidig ['zaıdiç] *adj* soyeux
Seife ['zaıfə] *f* savon *m*
Seil [zaıl] *n* corde *f,* câble *m; ein Tanz auf dem ~ (fig)* un gros morceau *m,* une affaire difficile *f*
Seilbahn ['zaılbaːn] *f* funiculaire *m,* téléphérique *m*
Seilschaft ['zaılʃaft] *f 1. (beim Bergsteigen) SPORT* cordée *f; 2. (fig) POL* cordée *f,* clan *m,* coterie *f*
Seilspringen ['zaılʃprıŋən] *n* saut à la corde *m*
Seiltänzer(in) ['zaıltɛntsər(ın)] *m/f* funambule *m/f*

sein [zaɪn] *v irr* *1.* être; *20 Jahre alt ~* avoir 20 ans; *Mir ist kalt.* J'ai froid. *Mir ist heiß.* J'ai chaud. *Es ist lange her, dass ...* Il y a longtemps que ... *Wenn dem so ist ...* S'il en est ainsi ... *Mir ist nicht gut.* Je me sens mal. *wie dem auch sei* quoi qu'il en soit; *es sei denn, dass ...* à moins que ... *Mir ist, als ob ...* J'ai l'impression que ... *Mir ist nicht danach.* Ça ne me dit rien./Je n'ai pas envie. *Sei doch nicht so!* Ne sois pas vache! *ein Nichts ~* être insignifiant/être nul/être un moins que rien; *2. (vorhanden sein)* y avoir; *3. (leben)* exister; *4. (sich befinden)* se trouver; *5. (Wetter)* faire; *Das Wetter ist schön.* Il fait beau. *Es ist kalt.* Il fait froid. *Es ist heiß.* Il fait chaud.

sein(e) [zaɪn/'zaɪnə] *pron (maskulin)* son; *(feminin)* sa; *(Plural)* ses; *der/die/das Seine* le sien/la sienne

seinesgleichen ['zaɪnəsglaɪçən] *pron jdn wie ~ behandeln* traiter qn d'égal à égal

seinetwegen ['zaɪnətveːgən] *adv* à cause de lui, pour lui

seit [zaɪt] *prep* *1.* depuis; *~ eh und je* d'ores et déjà; *konj* *2.* depuis que

seitdem [zaɪt'deːm] *adv* *1.* depuis ce temps-là; *konj* *2.* depuis que

Seite ['zaɪtə] *f* *1. (Vorderseite, Rückseite)* côté *m; jdn auf die ~ nehmen* prendre qn à part; *etw auf der ~ haben* avoir qc de côté; *jdm nicht von der ~ weichen* ne pas lâcher les baskets à qn; *auf jds ~ stehen* être du côté de qn; *sich von seiner besten ~ zeigen* se montrer sous son bon jour; *jdm zur ~ stehen* aider qn/soutenir qn; *etw von der leichten ~ nehmen* prendre qc du bon côté; *2. (Buchseite)* page *f; 3. (fig: Aspekt)* côté *m,* aspect *m; auf beiden ~n* de part et d'autre; *4. (Gesichtspunkt)* angle *m*

seitens ['zaɪtəns] *prep* du côté de, de la part de

Seitensprung ['zaɪtənʃprʊŋ] *m (fig)* infidélité *f,* frasque *f*

seitenverkehrt ['zaɪtənfɛrkeːrt] *adj* inversé latéralement

Seitenwechsel ['zaɪtənvɛksəl] *m SPORT* changement de côté *m*

Seitenwind ['zaɪtənvɪnd] *m* vent de côté *m,* vent latéral *m*

seitlich ['zaɪtlɪç] *adj* latéral

Sekretär(in) [zekre'tɛːr(ɪn)] *f (Angestellte(r))* secrétaire *m/f*

Sekretariat [zekreta'rjaːt] *n* secrétariat *m*

Sekt [zɛkt] *m GAST* vin mousseux *m,* champagne *m*

Sekte ['zɛktə] *f REL* secte *f*

Sektor ['zɛktɔr] *m* secteur *m,* branche *f*

sekundär [zekun'dɛːr] *adj* secondaire

Sekunde [ze'kundə] *f* seconde *f*

selbst [zɛlpst] *pron* même

Selbstachtung ['zɛlpstaxtuŋ] *f* respect de soi-même *m,* amour-propre *m*

Selbstbedienung ['zɛlpstbədiːnuŋ] *f* libre-service *m*

Selbstbeherrschung ['zɛlpstbəhɛrʃuŋ] *f* maîtrise de soi *f*

Selbstbestimmung ['zɛlpstbəʃtɪmuŋ] *f* autodétermination *f*

Selbstbeteiligung ['zɛlpstbətaɪlɪguŋ] *f* participation personnelle à la couverture du risque *f,* quote-part de propre assureur *f,* quote-part à la charge de l'assuré *f*

selbstbewusst ['zɛlpstbəvust] *adj* conscient de sa propre valeur, sûr de soi

Selbstbewusstsein ['zɛlpstbəvustzaɪn] *n* conscience de soi *f*

Selbsterfahrung ['zɛlpstɛrfaːruŋ] *f* auto-expérience *f*

Selbsterhaltungstrieb ['zɛlpstɛrhaltuŋstriːp] *m* instinct de conservation *m*

selbstgefällig ['zɛlpstgəfɛlɪç] *adj* autosatisfait, satisfait de soi-même, suffisant

selbstgerecht ['zɛlpstgərɛçt] *adj* infatué, imbué, pharisaïque

selbstherrlich ['zɛlpsthɛrlɪç] *adj* souverain, despotique, autoritaire

selbstklebend ['zɛlpstkleːbənt] *adj* autocollant

Selbstkritik ['zɛlpstkritiːk] *f* autocritique *f*

selbstlos ['zɛlpstloːs] *adj* *1.* désintéressé, altruiste; *adv* *2.* avec altruisme

Selbstmitleid ['zɛlpstmɪtlaɪt] *n* apitoiement sur soi *m*

Selbstmord ['zɛlpstmɔrt] *m* suicide *m*

Selbstmordattentat ['zɛlpstmɔrtatəntaːt] *n* attentat suicide *m*

Selbstmordattentäter(in) ['zɛlpstmɔrtatəntɛːtər(ɪn)] *m/f* kamikaze *m/f*

Selbstporträt ['zɛlpstpɔrtrɛː] *n ART* autoportrait *m*

selbstsicher ['zɛlpstzɪçər] *adj* assuré, sûr de soi

Selbstsicherheit ['zɛlpstzɪçərhaɪt] *f* assurance (en soi) *f*

selbstständig ['zɛlpʃtɛndɪç] *adj* autonome

Selbstständige(r) ['zɛlpʃtɛndɪgə(r)] *f/m ECO* indépendant(e) *m/f*

S

Selbstständigkeit ['zɛlpʃtɛndɪçkaɪt] *f* autonomie *f*
selbsttätig ['zɛlpsttɛːtɪç] *adj 1.* automatique; *2. (eigenständig)* spontané
selbstverständlich ['zɛlpstfɛrʃtɛntlɪç] *adj 1.* naturel; *2. (offensichtlich)* évident
Selbstverteidigung ['zɛlpstfɛrtaɪdɪguŋ] *f* autodéfense *f*
Selbstvertrauen ['zɛlpstfɛrtrauən] *n* confiance en soi *f*, assurance en soi *f*
Selbstverwaltung ['zɛlpstfɛrvaltuŋ] *f POL* autogestion *f*
Selbstverwirklichung ['zɛlpstfɛrvɪrklɪçuŋ] *f* autoréalisation *f*, épanouissement *m*
Selbstzweck ['zɛlpsttsvɛk] *m* fin en soi *f*, but absolu *m*
selig ['zeːlɪç] *adj 1. (glücklich)* heureux, ravi, joyeux, comblé; *2. REL* bienheureux; *~ sprechen* béatifier
Seligkeit ['zeːlɪçkaɪt] *f 1. (Glücklichkeit)* félicité *f*, grande joie *f*, grand bonheur *m*; *2. REL* béatitude *f*

selten ['zɛltən] *adj* rare, curieux; *ausgesprochen ~* rare comme les beaux jours

Seltenheit ['zɛltənhaɪt] *f* rareté *f*, curiosité *f*
seltsam ['zɛltzaːm] *adj 1.* bizarre, étrange; *2. (überraschend)* surprenant
Semester [ze'mɛstər] *n* semestre *m*
Seminar [zemi'naːr] *n 1.* séminaire *m*; *2. (Kurs)* stage *m*
Semmel ['zɛməl] *f GAST* petit pain *m*; *weggehen wie warme ~n* se vendre comme des petits pains
Senat [ze'naːt] *m POL* sénat *m*
senden ['zɛndən] *v irr 1. (einen Brief)* envoyer, expédier; *2. (Radio, Fernsehen)* diffuser, retransmettre
Sender ['zɛndər] *m 1.* émetteur *m*; *2. (Radiosender)* fréquence radio *f*; *3. (Fernsehsender)* chaine de télévision *f*
Sendereihe ['zɛndəraɪə] *f (im Radio, im Fernsehen)* série d'émissions *f*
Sendung ['zɛnduŋ] *f 1. (Versand)* envoi *m*, expédition *f*; *2. (im Radio, im Fernsehen)* émission *f*, retransmission *f*
Senf [zɛnf] *m GAST* moutarde *f*; *seinen ~ dazugeben* mettre son grain de sel
Senilität [zenili'tɛːt] *f MED* sénilité *f*
Seniorenheim [zen'joːrənhaɪm] *n* foyer pour personnes âgées *m*
senken ['zɛŋkən] *v* descendre, abaisser, baisser
senkrecht ['zɛŋkrɛçt] *adj* vertical, perpendiculaire
Senkung ['zɛŋkuŋ] *f 1. (Senke)* dépression *f*; *2. (Preissenkung) ECO* baisse *f*
Sensation [zɛnza'tsjoːn] *f* sensation *f*
sensationell [zɛnzatsjo'nɛl] *adj* sensationnel
Sensationsmeldung [zenza'tsjoːnsmɛlduŋ] *f* nouvelle sensationnelle *f*
Sensationspresse [zɛnza'tsjoːnsprɛsə] *f* presse à sensation *f*, journal à sensation *m*
sensibel [zɛn'ziːbəl] *adj* sensible
Sensibilität [zɛnzibili'tɛːt] *f* sensibilité *f*
sentimental [zɛntimɛn'taːl] *adj* sentimental
separat [zepa'raːt] *adj* séparé, à part, particulier
Separatismus [zepara'tɪsmus] *m POL* séparatisme *m*
separatistisch [zepara'tɪstɪʃ] *adj POL* séparatiste
Séparée [zepa'reː] *n 1. (Nische)* niche *f*; *2. (Zimmer)* salon particulier *m*
September [zɛp'tɛmbər] *m* septembre *m*
Sequenz [ze'kvɛnts] *f* séquence *f*
Serie ['zeːrjə] *f* série *f*
seriell [ze'rjɛl] *adj INFORM* sériel
serienmäßig ['zeːrjənmɛːsɪç] *adj 1.* de série, en série; *adv 2.* en série
Serienproduktion ['zeːrjənprɔduktsjoːn] *f* production en série *f*
serienreif ['zeːrjənraɪf] *adj* prêt pour la fabrication en série
seriös [zeː'rjøːs] *adj* sérieux
Server ['sœːvər] *m INFORM* serveur *m*
Service[1] [zɛːr'viːs] *n (Geschirr)* service de table *m*, vaisselle *f*
Service[2] ['zœrvɪs] *m (Kundendienst)* service après-vente *m*
servieren [zɛr'viːrən] *v* servir, faire le service
Serviette [zɛr'vjɛtə] *f* serviette de table *f*
Servolenkung ['zɛrvoleŋkuŋ] *f TECH* direction assistée *f*
Sessel ['zɛsəl] *m* fauteuil *m*
Sessellehne ['zɛsəlleːnə] *f 1. (Rückenlehne)* dossier *m*; *2. (Armlehne)* accoudoir *m*
Sessellift ['zɛsəllɪft] *m* télésiège *m*
sesshaft ['zɛshaft] *adj* sédentaire, établi

setzen ['zɛtsən] *v 1. sich ~* s'asseoir, se placer, se mettre; *2. (etw ab~)* mettre, placer; *3. (Text)* composer; *4. Gleich setzt es was!* Ça va cogner!

S

Setzer(in) ['zɛtsər(ɪn)] *m/f* typographe *m/μ*
Setzerei [zɛtsə'raɪ] *f* atelier de composition *m*
Setzling ['zɛtslɪŋ] *m BOT* alevin *m*
Seuche ['zɔyçə] *f MED* épidémie *f,* maladie contagieuse *f*
seufzen ['zɔyftsən] *v* soupirer, gémir
Seufzer ['zɔyftsər] *m* soupir *m,* gémissement *m*
sexistisch [zɛ'ksɪstɪʃ] *adj* sexiste
Sexualität [zɛksuali'tɛ:t] *f* sexualité *f*
Sexualverbrechen [zɛksu'a:lfɛrbrɛçən] *n* crime sexuel *m*
sexuell [zɛksu'ɛl] *adj* sexuel
sezieren [ze'tsi:rən] *v 1. (Tier) MED* disséquer; *2. (Mensch) MED* autopsier, faire une autopsie
sich [zɪç] *pron 1. (unbetont)* se; *2. (betont)* soi
Sichel ['zɪçəl] *f 1.* faucille *f,* croissant *m; 2. (Mondsichel)* croissant *m*
sicher ['zɪçər] *adj 1. (zweifellos)* certain, sûr; *~ gehen* s'assurer; *2. (gefahrlos)* sûr, solide, protégé; *adv 3. (gefahrlos)* en sécurité
Sicherheit ['zɪçərhaɪt] *f 1. (Gewissheit)* certitude *f,* assurance *f; 2. (Schutz)* sécurité *f; etw in ~ bringen* mettre qc à couvert; *sich in ~ wiegen* se croire en sécurité, se croire à l'abri; *3. (Gewähr) ECO* sûreté *f,* garantie *f; 4. (Pfand)* nantissement *m*
Sicherheitsgurt ['zɪçərhaɪtsgurt] *m* ceinture de sécurité *f*
sicherheitshalber ['zɪçərhaɪtshalbər] *adv* par mesure de sécurité
Sicherheitsnadel ['zɪçərhaɪtsna:dəl] *f* épingle de sûreté *f*
sicherlich ['zɪçərlɪç] *adv* sûrement, certainement, assurément
sichern ['zɪçərn] *v* assurer, garantir
sicherstellen ['zɪçərʃtɛlən] *v 1. (sichern)* garantir, assurer; *2. (beschlagnahmen)* nantir
Sicherung ['zɪçəruŋ] *f 1. (Sichern)* sauvegarde *f,* préservation *f,* protection *f; 2. (Schmelzsicherung) TECH* fusible *m; Bei ihm ist die ~ durchgebrannt.* Il a perdu son sang-froid./Il a pété les plombs. *(fam); 3. (Vorrichtung) TECH* dispositif de sécurité *m*
Sicherungskasten ['zɪçəruŋskastən] *m* coffret à coupe-circuits fusibles blindé *m,* coupe-circuit blindé *m*
Sicht [zɪçt] *f 1.* vue *f; auf lange ~* à long terme/à longue échéance; *2. (~barkeit)* visibilité *f*
sichtbar ['zɪçtba:r] *adj* visible
Sichtbarkeit ['zɪçtba:rkaɪt] *f* visibilité *f*
sichten ['zɪçtən] *v 1. (erblicken)* apercevoir qc; *2. (prüfen)* examiner qc
sichtlich ['zɪçtlɪç] *adj* visiblement
Sichtverhältnisse ['zɪçtfɛrhɛltnɪsə] *pl* conditions de visibilité *f/pl*
Sichtvermerk ['zɪçtfɛrmɛrk] *m* visa *m*
Sie [zi:] *pron (Höflichkeitsform)* vous

> **sie** [zi:] *pron 1. (feminin)* elle; *(Akkusativ)* la; *2. (feminin Plural)* elles; *3. (maskulin Plural)* ils; *4. (Akkusativ Plural)* les

Sieb ['zi:p] *n* passoire *f,* crible *m,* tamis *m*
sieben[1] ['zi:bən] *num* sept
sieben[2] ['zi:bən] *v* tamiser, filtrer, passer au crible
Siebenschläfer ['zi:bənʃlɛ:fər] *m 1. (Tag)* les Septs Dormants *m/pl; 2. ZOOL* loir *m*
siebte(r,s) ['zi:btə(r,s)] *adj* septième
siebzehn ['zi:ptse:n] *num* dix-sept
siebzig ['zi:ptsɪç] *num* soixante-dix
siechen ['zi:çən] *v* végéter
siedeln ['zi:dəln] *v* s'établir
sieden ['zi:dən] *v* faire bouillir, porter à ébullition
Siedepunkt ['zi:dəpuŋkt] *m PHYS* point d'ébullition *m*
Siedler ['zi:dlər] *m* colon *m*
Siedlung ['zi:dluŋ] *f* lotissement *m,* cité *f*
Sieg [zi:k] *m* victoire *f; den ~ davontragen* remporter la palme
Siegel ['zi:gəl] *n* sceau *m,* cachet *m*
siegen ['zi:gən] *v* vaincre, triompher, gagner
Sieger(in) ['zi:gər(ɪn)] *m/f 1.* vainqueur *m; 2. (Gewinner(in))* gagnant(e) *m/f*
siegessicher ['zi:gəszɪçər] *adj 1.* certain-de la victoire, assuré de la victoire; *adv 2.* avec la certitude de vaincre
siegreich ['zi:kraɪç] *adj* victorieux, triomphateur
siezen ['zi:tsən] *v* vouvoyer, dire vous
signalisieren [zɪgnali'zi:rən] *v* signaler
signieren [zɪg'ni:rən] *v* signer
Silbe ['zɪlbə] *f* syllabe *f*
Silbentrennung ['zɪlbəntrɛnuŋ] *f* division en syllabes *f*
Silber ['zɪlbər] *n* argent *m*
Silberblick ['zɪlbərblɪk] *m (fam: Schielen)* strabisme *m*
silbern ['zɪlbərn] *adj* argenté, en argent
simpel ['zɪmpəl] *adj 1.* simple, facile; *2. (einfältig)* niais
Sims [zɪms] *n 1.* rebord *m; 2. ARCH* corniche *f*

S

Simulant [zimu'lant] *m* simulateur *m*
simulieren [zimu'liːrən] *v* simuler, feindre
simultan [zimul'taːn] *adj* simultané
Simultandolmetscher(in) [zimul'taːndɔlmɛtʃər(ɪn)] *m/f* traducteur en simultané/traductrice en simultané *m/f*
Sinfonie [zɪnfo'niː] *f MUS* symphonie *f*
Sinfonieorchester [zɪnfɔ'niːɔrkɛstər] *n MUS* orchestre symphonique *m*
singen ['zɪŋən] *v irr* chanter
Single ['sɪŋgl] *f 1. (Tonträger)* disque 45 tours *m; 2. (alleinlebende Person)* célibataire *m*
Singular ['zɪŋgulaːr] *m GRAMM* singulier *m*
Singvogel ['zɪŋfoːgəl] *m ZOOL* oiseau chanteur *m*
sinken ['zɪŋkən] *v irr 1.* couler, baisser, tomber; *2. (Preise)* baisser, chuter *(fam)*; *3. (Schiff) NAUT* couler, faire naufrage; *4. (fig)* baisser, tomber, diminuer; *Er ist tief gesunken.* Il est tombé bien bas.

Sinn [zɪn] *m 1. (Empfinden)* sens *m; den sechsten ~ haben* avoir des antennes; *der sechste ~* le sixième sens *m; seine fünf ~e nicht beisammen haben* ne plus avoir tous ses esprits; *nicht mehr Herr seiner ~e sein* ne plus être maître de soi/ne plus savoir ce que l'on fait; *jdm nicht aus dem ~ gehen* ne pas sortir de l'idée à qn/ne pas sortir de la tête de qn; *in den ~ kommen* avoir l'idée; *Das ist nicht im ~e des Erfinders.* Ce n'est pas pensé comme ça. *wie von ~en* comme un fou; *Danach steht mir nicht der ~.* Je n'ai pas envie./Ça ne me dit rien. *2. (Empfänglichkeit)* sentiment *m,* penchant *m; 3. (Bedeutung)* signification *f; Was hat das für einen ~?* À quoi ça rime?

Sinnbild ['zɪnbɪlt] *n* symbole *m*
sinnentleert ['zɪnɛntleːrt] *adj* vide de sens, absurde
sinnentstellend ['zɪnɛntʃtɛlənt] *adj* déformant, erroné, aldultérant
Sinneseindruck ['zɪnəsaɪndruk] *m* impression sensorielle *f*
Sinnesorgan ['zɪnəsɔrgaːn] *n BIO* organe des sens *m*
Sinnestäuschung ['zɪnəstɔyʃuŋ] *f* illusion des sens *f,* hallucination *f*
singemäß ['zɪngəmɛːs] *adj* conforme au sens, analogique
sinnieren [zi'niːrən] *v* rêver, méditer
sinnlich ['zɪnlɪç] *adj 1.* sensuel; *2. (fühlbar)* sensible
Sinnlichkeit ['zɪnlɪçkaɪt] *f* sensualité *f*
sinnlos ['zɪnloːs] *adj* insensé, absurde, stupide
Sinnlosigkeit ['zɪnloːzɪçkaɪt] *f* absurdité *f,* folie *f*
sinnverwandt ['zɪnfɛrvant] *adj* synonyme
sinnvoll ['zɪnfɔl] *adj 1. (bedeutsam)* significatif; *2. (vernünftig)* raisonnable; *3. (nützlich)* utile
Sintflut ['zɪntfluːt] *f REL* déluge *m*
sintflutartig ['zɪntfluːtaːrtɪç] *adj METEO* diluvien
Sippe ['zɪpə] *f* parenté *f,* famille *f,* clan *m*
Sippschaft ['zɪpʃaft] *f 1. (Verwandschaft)* smala *f; 2. (Bande)* racaille *f,* smala *f*
Sirene [zi'reːnə] *f* sirène *f*
Sitte ['zɪtə] *f 1. (Brauch)* usage *m,* habitude *f; 2. (Sittlichkeit)* moeurs *f/pl*
Sittenverfall ['zɪtənfɛrfal] *m* dépravation *f,* débauche *f,* démoralisation *f*
sittenwidrig ['zɪtənviːdrɪç] *adj* contraire aux bonnes moeurs
sittlich ['zɪtlɪç] *adj* conforme aux usages
Sittlichkeit ['zɪtlɪçkaɪt] *f* moralité *f*
Situation [zɪtua'tsjoːn] *f* situation *f*
situationsbedingt [zɪtua'tsjoːnsbədɪŋkt] *adj* dépendant de la situation
Sitz [zɪts] *m 1. (Platz)* place *f,* siège *m; 2. (Wohnsitz)* domicile *m; 3. (Firmensitz) ECO* siège social *m*
Sitzblockade ['zɪtsblɔkaːdə] *f* sit-in *m*
sitzen ['zɪtsən] *v irr 1.* être assis, être placé; *einen ~ haben* avoir un coup dans l'aile *(fam)*/avoir un verre dans le nez; *2. (sich befinden)* se trouver, être situé; *3. (passen)* aller bien; *4. ~ bleiben (in der Schule)* redoubler une classe; *5. jdn ~ lassen (nicht abholen)* faire faux bond à qn, poser un lapin à qn; *6. jdn ~ lassen (fig: im Stich lassen)* laisser tomber qn, faire faux bond à qn; *7. etw nicht auf sich ~ lassen* ne pas accepter qc
Sitzordnung ['zɪtsɔrdnuŋ] *f* placement *m*
Sitzplatz ['zɪtsplats] *m* place assise *f*
Sitzstreik ['zɪtsʃtraɪk] *m* grève sur le tas *f*
Sitzung ['zɪtsuŋ] *f* séance *f,* session *f,* réunion *f*
Skala ['skaːla] *f 1.* échelle *f; 2. (Preisskala)* barème *m*
Skalpell [skal'pɛl] *n MED* scalpel *m,* bistouri *m*
skalpieren [skal'piːrən] *v* scalper qn
Skandal [skan'daːl] *m* scandale *m*
skandalös [skanda'løːs] *adj* scandaleux
Skelett [ske'lɛt] *n ANAT* squelette *m*

Skepsis ['skɛpsɪs] *f* scepticisme *m*, doute *m*
skeptisch ['skɛptɪʃ] *adj* sceptique
Ski [ʃiː] *m* ski *m*; *~ fahren* faire du ski, skier
Skilehrer(in) ['ʃiːleːrər(ɪn)] *m/f* *SPORT* moniteur/monitrice de ski *m/f*
Skilift ['ʃiːlɪft] *m* téléski *m*
Skizze ['skɪtsə] *f* esquisse *f*, ébauche *f*
skizzieren [skɪ'tsiːrən] *v* *1.* esquisser qc; *2. (Plan)* dessiner qc
Sklave ['sklaːvə] *m* esclave *m*
Sklavenhandel ['sklaːvənhandəl] *m* traite des esclaves *f*
Sklaverei [sklaːvə'raɪ] *f* esclavage *m*
sklavisch ['sklaːvɪʃ] *adj* esclave
Skonto ['skɔnto] *n/m* *ECO* escompte *m*
Skorpion ['skɔr'pjoːn] *m* *ZOOL* scorpion *m*
Skrupel ['skruːpəl] *m* scrupule *m*
skrupellos ['skruːpelloːs] *adj* sans scrupules
Skrupellosigkeit ['skruːpelloːzɪçkaɪt] *f* absence de scrupules *f*
Skulptur [skulp'tuːr] *f* *ART* sculpture *f*
skurril [sku'riːl] *adj* bouffon, grotesque
Slip [slɪp] *m* *1. (Herrenslip)* slip *m*; *2. (Damenslip)* petite culotte *f*
Slum [slam] *m* bidonville *m*
Smaragd [sma'rakt] *m* *MIN* émeraude *f*
Smartphone ['smartfoːn] *n* *TEL* smartphone *m*
Smoking ['smoːkɪŋ] *m* smoking *m*
SMS [ɛsɛm'ɛs] *f* *TEL* sms *m*, texto *m*
snobistisch [sno'bɪstɪʃ] *adj* snobe
snowboarden ['snəubɔːdən] *v* faire du snowboard
so [zoː] *adv* *1.* ainsi, de cette manière, comme cela; *Da dem ~ ist ...* Puisqu'il en est ainsi ... *So endet diese Geschichte.* Ainsi finit cette histoire. *Sieh mich nicht ~ an!* Ne me regarde pas comme ça! *Mir ist ~, als ob ...* Je crois bien que .../J'ai l'impression que ... *Na ~ was!* Ben ça alors! *nicht ~ ganz* pas tout à fait comme ça; *~ genannt* ainsi nommé, dénommé; *~ viel* autant; *~ weit* dans cette mesure; *2. (im Vergleich)* aussi, autant; *konj* *3.* de sorte que
Soap(opera) ['soup(ɔpəra)] *f* soap opera *m*
sobald [zo'balt] *konj* dès que
Socke ['zɔkə] *f* chaussette *f*; *sich auf die ~n machen* filer/y aller; *von den ~n sein* être baba *(fam)* /être soufflé
Sockel ['zɔkəl] *m* socle *m*
Sodbrennen ['zoːtbrɛnən] *n* *MED* brûlures d'estomac *f/pl*
soeben [zo'eːbən] *adv* à l'instant même
Sofa ['zoːfa] *n* canapé *m*, divan *m*, sofa *m*
sofern [zo'fɛrn] *konj* dans la mesure où, si
sofort [zo'fɔrt] *adv* aussitôt, tout de suite
Sofortmaßnahme [zo'fɔrtmaːsnaːmə] *f* mesure immédiate *f*
Software ['sɔftwɛːr] *f* *INFORM* logiciel *m*
Sog [zoːk] *m* courant d'aspiration *m*
sogar [zo'gaːr] *adv* même
Sohle ['zoːlə] *f* *1. (Fußsohle)* *ANAT* plante des pieds *f*; *2. (Schuhsohle)* semelle *f*; *auf leisen ~n* à pas de loup; *eine kesse ~ aufs Parkett legen* danser avec enthousiasme, s'éclater en dansant *(fam)*; *3. MIN* fond *m*

Sohn [zoːn] *m* fils *m*

solange [zo'laŋə] *konj* aussi longtemps que
Solarenergie [zo'laːrenɛrgiː] *f* *TECH* énergie solaire *f*
solche(r,s) ['zɔlçə(r,s)] *adj* *1.* tel(le), pareil(le), semblable; *pron* *2.* tel(le)
Sold [zɔlt] *m* *MIL* solde *f*, paye *f*
Soldat [zɔl'daːt] *m* soldat *m*
Söldner ['zœldnər] *m* *MIL* mercenaire *m*
Sole ['zoːlə] *f* eau saline *f*, saumure *f*
solidarisch [zoli'daːrɪʃ] *adj* solidaire
solidarisieren [zolidari'ziːrən] *v* *sich ~* se solidariser avec
Solidarität [zolidari'tɛːt] *f* solidarité *f*
Solidaritätszuschlag [zolidari'tɛːtstsuːʃlaːk] *m* *POL* impôt de solidarité envers l'ex RDA *m*
solide [zo'liːdə] *adj* *1.* solide, robuste; *adv* *2.* avec robustesse
Solidität [zolidi'tɛːt] *f* *1. (Charakter)* sérieux *m*, moeurs rangées *f/pl*; *2. (Bauweise)* solidité *f*; *3. (Fundiertheit)* solidité *f*
Solist(in) [zo'lɪst(ɪn)] *m/f* *MUS* soliste *m/f*
Soll [zɔl] *n* *ECO* débit *m*

sollen ['zɔlən] *v* devoir, avoir le devoir de; *Was soll denn das?* Qu'est-ce que ça signifie?

solo ['soːlo] *adj* *1. MUS* disque 45 tours *m*; *2. ~ sein* être célibataire
somit [zo'mɪt] *konj* ainsi
Sommer ['zɔmər] *m* été *m*
Sommerferien ['zɔmərfeːrjən] *pl* vacances d'été *f/pl*
Sommersprossen ['zɔmərʃprɔsən] *pl* taches de rousseur *f/pl*
Sommerzeit ['zɔmərtsaɪt] *f* heure d'été *m*
Sonate [zo'naːtə] *f* *MUS* sonate *f*
Sonde ['zɔndə] *f* *TECH* sonde *f*

S

Sonderangebot ['zɔndərangəboːt] *n* *ECO* offre spéciale *f*
sonderbar ['zɔndərbaːr] *adj* étrange, bizarre, curieux
Sonderbeauftragte(r) ['zɔndərbəauftraːktə(r)] *m/f* émissaire spécial *m*, mandataire spécial *m*
sonderlich ['zɔndərlɪç] *adj* 1. étrange, singulier; *adv* 2. guère
Sonderling ['zɔndərlɪŋ] *m* personne étrange *f*
Sondermüll ['zɔndərmyl] *m* ordures nocives *f/pl*, déchets spéciaux *m/pl*
sondern ['zɔndərn] *konj* mais, mais aussi
Sonderrecht ['zɔndərrɛçt] *n* privilège *m*
sondieren [zɔn'diːrən] *v* sonder
Sonnabend ['zɔnaːbənt] *m* samedi
Sonne ['zɔnə] *f* soleil *m*
sonnen ['zɔnən] *v* *sich ~* se faire bronzer, se bronzer
Sonnenaufgang ['zɔnənaufgaŋ] *m* lever du soleil *m*, aube *f*
Sonnenbad ['zɔnənbaːt] *n* bain de soleil *m*
Sonnenblume ['zɔnənbluːmə] *f* *BOT* tournesol *m*
Sonnenbrand ['zɔnənbrant] *m* coup de soleil *m*
Sonnenbräune ['zɔnənbrɔynə] *f* bronzage *m*
Sonnenbrille ['zɔnənbrɪlə] *f* lunettes de soleil *f/pl*
Sonnencreme ['zɔnənkreːmə] *f* crème solaire *f*
Sonnenenergie ['zɔnənenɛrgiː] *f* *TECH* énergie solaire *f*
Sonnenfinsternis ['zɔnənfɪnstərnɪs] *f* *ASTR* éclipse de soleil *f*
sonnenklar ['zɔnənklaːr] *adj (fig)* évident
Sonnenlicht ['zɔnənlɪçt] *n* lumière solaire *f*, lumière du soleil *f*
Sonnenöl ['zɔnənøːl] *n* huile solaire *f*
Sonnenschein ['zɔnənʃaɪn] *m* soleil *m*
Sonnenschirm ['zɔnənʃɪrm] *m* parasol *m*, ombrelle *f*
Sonnenstich ['zɔnənʃtɪç] *m* *MED* insolation *f*
Sonnenstrahl ['zɔnənʃtraːl] *m* rayon de soleil *m*
Sonnensystem ['zɔnənzysteːm] *n* *ASTR* système solaire *m*
Sonnenuhr ['zɔnənuːr] *f* cadran solaire *m*
Sonnenuntergang ['zɔnənuntərgaŋ] *m* coucher du soleil *m*
Sonnenwende ['zɔnənvɛndə] *f* solstice *m*
sonnig ['zɔnɪç] *adj* 1. ensoleillé; 2. *(fig: lachend)* riant
Sonntag ['zɔntaːk] *m* dimanche *m*
sonntäglich ['zɔntɛːklɪç] *adj* dominical
sonor [zo'noːr] *adj* sonore
sonst [zɔnst] *adv* sinon
sonstig ['zɔnstɪç] *adj* autre
sooft [zo'ɔft] *konj* aussi souvent que
Sopran [zo'praːn] *m* *MUS* soprano *m*
Sopranistin [zopra'nɪstɪn] *f* *MUS* sopraniste *f*
Sorge ['zɔrgə] *f* 1. *(Kummer)* inquiétude *f*, souci *m*; *sich ~n machen* se faire de la bile; *andere ~n haben* avoir d'autres chats à fouetter; *jeder ~ enthoben sein* être dégagé de tout souci; *Es besteht kein Grund zur ~.* Il n'y a pas de quoi s'inquiéter. *Das ist meine geringste ~.* C'est le dernier de mes soucis./C'est le cadet de mes soucis. 2. *(Pflege)* soin *m*, sollicitude *f*

> **sorgen** ['zɔrgən] *v* 1. *für jdn ~* prendre soin de qn, s'occuper de qn; 2. *für etw ~* s'occuper de qc, veiller à faire qc; 3. *sich ~ um (sich kümmern)* s'occuper de; 4. *sich ~ (beunruhigt sein)* être inquiet, se soucier

sorgenfrei ['zɔrgənfraɪ] *adj* sans soucis, exempt de soucis
sorgenvoll ['zɔrgənfɔl] *adj* 1. soucieux, accablé de soucis; *adv* 2. avec souci
Sorgerecht ['zɔrgərɛçt] *n* *JUR* droit de garde *m*
Sorgfalt ['zɔrkfalt] *f* soin *m*, scrupule *m*
sorgfältig ['zɔrkfɛltɪç] *adj* soigneux, méticuleux
sorglos ['zɔrkloːs] *adj* 1. insouciant; 2. *(nachlässig)* négligent; *adv* 3. avec insouciance; 4. *(nachlässig)* avec négligence
Sorglosigkeit ['zɔrkloːzɪçkaɪt] *f* 1. insouciance *f*; 2. *(Nachlässigkeit)* négligence *f*, laisser-aller *m*
Sorte ['zɔrtə] *f* 1. sorte *f*, espèce *f*; 2. *~n pl* *FIN* devises étrangères *f/pl*
sortieren [zɔr'tiːrən] *v* trier, classer
Sortiment [zɔrti'mɛnt] *n* assortiment *m*
Soße ['zoːsə] *f* *GAST* sauce *f*
soufflieren [su'fliːrən] *v* *THEAT* souffler qc
souverän [suːvə'rɛːn] *adj* souverain
Souveränität [suːvərɛni'tɛːt] *f* *POL* souveraineté *f*
soviel [zo'fiːl] *konj* autant que
sowie [zo'viː] *konj* ainsi que
sowieso [zovi'zoː] *adv* de toute façon
Sowjetunion [sɔ'vjɛtunjoːn] *f* *HIST* Union soviétique *f*

S

sowohl [zo'voːl] *konj ~ ... als auch ...* non seulement ... mais encore ...
sozial [zo'tsjaːl] *adj* social
Sozialabgaben [zo'tsjaːlapgaːbən] *pl* charges sociales *f/pl*
Sozialamt [zo'tsjaːlamt] *n 1.* service social *m; 2. (Amt)* bureau d'aide sociale *m*
Sozialarbeiter(in) [zo'tsjaːlarbaɪtər(ɪn)] *m/f* assistant(e) social(e) *m/f*
Sozialdemokratie [zo'tsjaːldemokratiː] *f POL* social-démocratie *f*
sozialdemokratisch [zo'tsjaːldemokraːtɪʃ] *adj POL* social-démocrate
Sozialgericht [zo'tsjaːlgərɪçt] *n JUR* tribunal social *m,* tribunal en matière de contentieux social *m*
Sozialgesetzgebung [zo'tsjaːlgəzɛtsgeːbuŋ] *f POL* législation sociale *f*
Sozialhilfe [zo'tsjaːlhɪlfə] *f* aide sociale *f*
Sozialisation [zotsjaliza'tsjoːn] *f* socialisation *f*
Sozialismus [zotsja'lɪsmus] *m POL* socialisme *m*
Sozialist [zotsja'lɪst] *m POL* socialiste *m*
sozialkritisch [zo'tsjaːlkritɪʃ] *adj* critiquant la société
Sozialstaat [zo'tsjaːlʃtaːt] *m POL* Etat social *m*
Sozialversicherung [zo'tsjaːlfɛrzɪçəruŋ] *f* sécurité sociale *f*
Sozialwohnung [zo'tsjaːlvoːnuŋ] *f* logement social *m,* H.L.M. *m*
Soziologe [zotsjo'loːgə] *m* sociologue *m*
spachteln ['ʃpaxtəln] *v 1.* boucher, enduire de mastique; *2. (fam: essen)* s'empiffrer deqc *(fam)*, bâfrer *(fam)*
Spagat [ʃpa'gaːt] *m SPORT* grand écart *m*
spähen ['ʃpɛːən] *v 1. (genau schauen)* guetter; *2. MIL* être aux aguets, espionner
Spalier [ʃpa'liːr] *n 1.* espalier *m,* treillage *m; 2. (fig: Ehrengasse)* haie *f*
Spalt [ʃpalt] *m 1.* fente *f; 2. (Öffnung)* ouverture *f*
spaltbar ['ʃpaltbaːr] *adj 1.* fissible, fissile; *2. (atomar) PHYS* fissible, fissile
Spalte ['ʃpaltə] *f 1. (Gletscherspalte)* crevasse *f; 2. (Zeitungsspalte)* colonne *f*
spalten ['ʃpaltən] *v irr 1.* fendre, diviser; *2. (fig: teilen)* diviser, partager; *3. (Atom) PHYS* subir une fission
Spaltung ['ʃpaltuŋ] *f 1. (Auseinanderbrechen)* fendage *m; 2. (fig: Teilung)* division *f; 3. (eines Atomkerns) PHYS* fission *f*
Spam [spɛm] *n INFORM* spam *m*
Spanferkel ['ʃpaːnfɛrkəl] *n ZOOL* cochon de lait *m*
Spange ['ʃpaŋə] *f 1. (Haarspange)* barrette *f; 2. (Schließe)* fermoir *m; 3. (Zahnspange)* appareil dentaire *m*
Spanien ['ʃpaːnjən] *n GEO* Espagne *f*
spanisch ['ʃpaːnɪʃ] *adj* espagnol; *Das kommt mir ~ vor. (fig)* C'est de l'hébreu pour moi./Ça me semble bizarre.
Spann [ʃpan] *m ANAT* cou-de-pied *m*
Spanne ['ʃpanə] *f 1. (Zeitraum)* laps de temps *m; 2. (Unterschied)* différence *f,* marge *f,* écart *m; 3. (Preisspanne) ECO* marge *f*
spannen ['ʃpanən] *v* tendre, étirer, serrer
spannend ['ʃpanənt] *adj* passionnant, captivant
Spannkraft ['ʃpankraft] *f 1. PHYS* effort de tension *m,* force élastique *f,* pouvoir expansif *m,* capacité de serrage *f; 2. (fig)* vigueur *f,* tonicité *f,* élasticité *f*
Spannung ['ʃpanuŋ] *f 1. TECH* tension *f; 2. (fig)* tension *f*
Spannweite ['ʃpanvaɪtə] *f* portée *f,* envergure *f*
Sparbuch ['ʃpaːrbuːx] *n* livret de caisse d'épargne *m*
Sparbüchse ['ʃpaːrbyksə] *f* tirelire *f*
sparen ['ʃpaːrən] *v* épargner, économiser
Spargel ['ʃpargəl] *m BOT* asperge *f*
spärlich ['ʃpɛːrlɪç] *adj* peu abondant, insuffisant, pauvre, maigre
Sparmaßnahme ['ʃpaːrmaːsnaːmə] *f 1.* mesure d'épargne *f; 2. (fig)* mesure d'austérité *f*
Sparpolitik ['ʃpaːrpolitiːk] *f POL* politique d'austérité *f*
sparsam ['ʃpaːrzaːm] *adj 1.* économe; *adv 2.* avec économie
spartanisch [ʃpar'taːnɪʃ] *adj* spartiate
Sparte ['ʃpartə] *f 1.* section *f; 2. (Zeitungssparte)* rubrique *f*

Spaß [ʃpaːs] *m 1. (Witz)* blague *f; 2. (Vergnügen)* plaisir *m; etw aus ~ sagen* dire qc pour rire; *ein teuerer ~ sein* être une plaisanterie qui coûte cher; *sich einen ~ daraus machen* y prendre un malin plaisir; *seinen ~ mit jdm treiben* se payer la tête de qn/se foutre de qn *(fam)*; *Da hört aber der ~ für mich auf!* Je ne trouve plus ça drôle!

spaßen ['ʃpaːsən] *v* plaisanter, rire; *Mit ihm ist nicht zu ~!* Il ne faut plaisanter avec lui./Il n'aime pas rire.
spaßig ['ʃpaːsɪç] *adj* amusant, drôle

S

Spaßvogel ['ʃpaːsfoːgəl] *m* mauvais plaisant *m*, blagueur *m*
spastisch ['ʃpastɪʃ] *adj MED* spastique
spät [ʃpɛːt] *adj 1.* tardif, avancé; *Wie ~ ist es?* Quelle heure est-il?/Avez-vous l'heure? *zu ~* trop tard; *erst ~* sur le tard; *adv 2.* tard
Spätdienst ['ʃpɛːtdiːnst] *m* équipe du soir *f*
Spaten ['ʃpaːtən] *m* bêche *f*
später ['ʃpɛːtər] *adv* plus tard, à venir; *Bis ~!* À tout à l'heure!
spätestens ['ʃpɛːtəstəns] *adv* au plus tard
Spätfolge ['ʃpɛːtfɔlgə] *f* effet tardif *m*, séquelles *f/pl*
Spatz [ʃpats] *m ZOOL* moineau *m*; *essen wie ein ~* avoir un appétit de moineau
spazieren [ʃpa'tsiːrən] *v ~ gehen* se promener, aller se promener
spazieren [ʃpa'tsiːrən] *v* se promener
Spaziergang [ʃpa'tsiːrgaŋ] *m* promenade *f*
Spaziergänger(in) [ʃpa'tsiːrgɛŋər(ɪn)] *m/f* promeneur/promeneuse *m/f*
Specht [ʃpɛçt] *m ZOOL* pivert *m*, pic vert *m*
Speck [ʃpɛk] *m GAST* lard *m*; *sich fühlen wie die Made im ~* être comme un coq en pâte
speckig ['ʃpɛkɪç] *adj 1. (Papier)* crasseux; *2. (dick)* lardeux
Spediteur [ʃpedi'tøːr] *m* transporteur *m*
Spedition [ʃpedi'tsjoːn] *f 1. ECO* commission de transport *f*, transport *m*, expédition *f*; *2. (Firma)* maison de commission de transport *f*
Speeddating ['spiːddɛɪtɪŋ] *n* speeddating *m*
Speer [ʃpeːr] *m 1.* lance *f*; *2. SPORT* jave
Speiche ['ʃpaɪçə] *f (Radspeiche)* rayon *m*
Speichel ['ʃpaɪçəl] *m* salive *f*
S **Speicher** ['ʃpaɪçər] *m 1. (Dachboden)* grenier *m*; *2. (Lager)* entrepôt *m*; *3. INFORM* mémoire *f*
speichern ['ʃpaɪçərn] *v 1. (einlagern)* entreposer, stocker; *2. INFORM* mémoriser, sauveguarder
Speise ['ʃpaɪzə] *f 1. (Gericht)* mets *m*, plat *m*; *2. (Nahrung)* nourriture *f*, aliment *m*
Speisekammer ['ʃpaɪzəkamər] *f* garde-manger *m*
Speisekarte ['ʃpaɪzəkartə] *f* carte *f*
speisen ['ʃpaɪzən] *v 1. (essen)* manger; *2. (jdn füttern)* nourrir, donner à manger à
Speiseröhre ['ʃpaɪzərøːrə] *f ANAT* oesophage *m*
Speisesaal ['ʃpaɪzəzaːl] *m* salle à manger *f*
Speisewagen ['ʃpaɪzəvaːgən] *m* wagon-restaurant *m*
Spektakel [ʃpɛk'taːkəl] *m 1. (Lärm)* bruit *m*, tintamarre *m*; *2. (Aufregung)* chahut *m*, vacarme *m*, boucan *m*; *Das gibt einen großen ~!* Il y a un de ces vacarmes!
spektakulär [ʃpɛktaku'lɛːr] *adj* spectaculaire
Spektrum ['ʃpɛktrum] *n (fig)* spectre *m*
Spekulant [ʃpɛku'lant] *m FIN* spéculateur *m*
Spekulation [ʃpɛkula'tsjoːn] *f* spéculation *f*
Spekulationsgeschäft [ʃpɛkula'tsjoːnsgəʃɛːft] *n FIN* opération spéculative *f*
spekulieren [ʃpɛku'liːrən] *v FIN* spéculer
spendabel [ʃpɛn'daːbəl] *adj* généreux, prodigue
Spende ['ʃpɛndə] *f* don *m*
spenden ['ʃpɛndən] *v* donner, faire un don, distribuer
Spender(in) ['ʃpɛndər(ɪn)] *m/f* donateur/donatrice *m/f*
spendieren [ʃpɛn'diːrən] *v (fam)* offrir, payer
Sperma ['ʃpɛrma] *n BIO* sperme *m*
Sperre ['ʃpɛrə] *f 1. (Vorrichtung)* barrage *m*, barrière *f*; *2. (Verbot)* interdiction *f*, défense *f*; *3. (Embargo) POL* embargo *m*
sperren ['ʃpɛrən] *v 1. (abriegeln)* barrer, fermer; *2. (verbieten)* interdire; *3. (Konto)*
Sperrholz ['ʃpɛrhɔlts] *n* contreplaqué *m*
sperrig ['ʃpɛrɪç] *adj* encombrant, volumineux
Sperrmüll ['ʃpɛrmyl] *m* (déchets) encombrants *m/pl*
Sperrstunde ['ʃpɛrʃtundə] *f* couvre-feu *m*, heure de clôture *f*
Spesen ['ʃpeːzən] *pl* frais *m/pl*, dépenses *f/pl*
Spesenrechnung ['ʃpeːzənrɛçnuŋ] *f* note de frais *f*
spezialisieren [ʃpetsjali'ziːrən] *v sich ~ auf* se spécialiser dans
Spezialisierung [ʃpetsjali'ziːruŋ] *f* spécialisation *f*
Spezialist(in) [ʃpetsja'lɪst(ɪn)] *m/f* spécialiste *m/f*
Spezies ['ʃpeːtsjɛs] *f BIO* espèce *f*
spezifisch [ʃpe'tsiːfɪʃ] *adj* spécifique
Sphäre ['sfɛːrə] *f 1. ASTR* sphère *f*; *2. (fig: Bereich)* ressort *m*, domaine *m*
spicken ['ʃpɪkən] *v 1. GAST* barder; *2. (fam: abschreiben)* copier

Spickzettel ['ʃpɪktsɛtəl] *m (fam)* pompe *f*
Spiegel ['ʃpiːgəl] *m* miroir *m*, glace *f*; *jdm den ~ vorhalten (fig)* mettre le nez dedans à qn *(fam)*/montrer ses erreurs à qn
Spiegelbild ['ʃpiːgəlbɪlt] *n* reflet *m*
Spiegelei ['ʃpiːgəlaɪ] *n GAST* œufsur le plat *m*, œufau miroir *m*
spiegelglatt ['ʃpiːgəl'glat] *adj 1.* lisse comme un miroir; *2. (Straße)* complètement verglacé
spiegeln ['ʃpiːgəln] *v sich ~ in* se refléter dans

Spiel [ʃpiːl] *n 1.* jeu *m*; *ein falsches ~ spielen* cacher son jeu; *ins ~ bringen* faire entrer en jeu; *ein gewagtes ~ spielen* jouer gros jeu; *ein ~ mit dem Feuer* un jeu dangereux *m*; *mit jdm leichtes ~ haben* avoir la partie facile avec qn, avoir beau jeu avec qn; *das ~ zu weit treiben* aller trop loin, dépasser les bornes; *etw aufs ~ setzen* mettre qc en jeu; *auf dem ~ stehen* être en jeu; *jdn aus dem ~ lassen* laisser qn en dehors, ne pas mouiller qn; *mit im ~ sein* être de la partie, participer; *2. SPORT* match *m*, jeu *m*; *3. THEAT* spectacle *m*; *4. MUS* jeu *m*

Spielart ['ʃpiːlart] *f* variation *f*, variété *f*
Spielautomat ['ʃpiːlautomaːt] *m* machine à sous *f*
Spielbank ['ʃpiːlbaŋk] *f* casino *m*, tripot *m*
Spieldose ['ʃpiːldoːzə] *f* boîte à musique *f*
spielen ['ʃpiːlən] *v 1.* jouer; *2. SPORT* jouer; *3. THEAT* jouer; *4. MUS* jouer d'un instrument
Spieler(in) ['ʃpiːlər(ɪn)] *m/f 1. (Glücksspieler(in))* joueur/joueuse *m/f*; *2. SPORT* joueur/joueuse *m/f*
Spielerei [ʃpiːlə'raɪ] *f* bagatelle *f*, badinage *m*, gadget *m*
Spielfeld ['ʃpiːlfɛlt] *n SPORT* terrain de sport *m*
Spielfigur ['ʃpiːlfiguːr] *f* figure de jeu *f*
Spielfilm ['ʃpiːlfɪlm] *m CINE* film *m*, long métrage *m*
Spielkamerad ['ʃpiːlkaməraːt] *m* camarade de jeu *m*
Spielplatz ['ʃpiːlplats] *m* terrain de jeux *m*
Spielraum ['ʃpiːlraum] *m 1. TECH* jeu *m*; *2. (fig)* latitude *f*, marge *f*
Spielregeln ['ʃpiːlreːgəln] *pl* règles du jeu *f/pl*; *sich an die ~ halten* jouer le jeu/respecter les règles du jeu
Spielsachen ['ʃpiːlzaxən] *pl* jouets *m/pl*
Spielschuld ['ʃpiːlʃult] *f* dette de jeu *f*
Spielsucht ['ʃpiːlsuxt] *f* maladie du jeu *f*, manie du jeu *f*
Spielverderber(in) ['ʃpiːlfɛrdɛrbər(ɪn)] *m/f* trouble-fête *m/f*
Spielwarengeschäft ['ʃpiːlvaːrəngəʃɛft] *n* magasin de jouets *m*
Spielzeit ['ʃpiːltsaɪt] *f 1.* durée de la représentation *f*, saison *f*, temps réglementaire *m*; *2. (eines Theaterstücks)* durée de la représentation *f*, saison *f*; *3. (Dauer eines Spiels) SPORT* temps réglementaire *m*
Spielzeug ['ʃpiːltsɔyk] *n* jouet *m*
Spieß [ʃpiːs] *m 1. (Speer)* javelot *m*, pique *f*; *den ~ umdrehen (fig)* retourner la situation, échanger les rôles; *2. (Bratspieß)* broche *f*, brochette *f*
Spießbürger ['ʃpiːsbyrgər] *m (fig)* petit bourgeois *m*
Spießer(in) ['ʃpiːsər(ɪn)] *m/f (fam)* petit-bourgeois/petite-bourgeoise *m/f*
spießig ['ʃpiːsɪç] *adj* petit bourgeois
Spießrute ['ʃpiːsruːtə] *f ~ laufen HIST* passer par les verges
Spinat [ʃpi'naːt] *m BOT* épinard *m*
Spind [ʃpɪnt] *m* armoire *f*, armoire à paquetage *f*
Spinne ['ʃpɪnə] *f ZOOL* araignée *f*
spinnen ['ʃpɪnən] *v irr 1.* filer; *2. (fig)* ourdir; *3. (fam: verrückt sein)* avoir une araignée au plafond
Spinnennetz ['ʃpɪnənnɛts] *n* toile d'araignée *f*
Spinnrad ['ʃpɪnraːt] *n* rouet *m*
Spion(in) [ʃpi'oːn(ɪn)] *m/f* espion(ne) *m/f*
Spionage [ʃpio'naːʒə] *f* espionnage *m*
spionieren [ʃpio'niːrən] *v* espionner
Spirale [ʃpi'raːlə] *f* spirale *f*
spirituell [ʃpiritu'ɛl] *adj* spirituel
Spirituosen [ʃpiritu'oːzən] *pl* spiritueux *m/pl*
spitz [ʃpɪts] *adj 1.* pointu, acéré, piquant; *2. (fig)* perçant, pénétrant
spitzbübisch ['ʃpɪtsbyːbɪʃ] *adj 1.* coquin, filou; *adv 2.* en coquin
Spitze ['ʃpɪtsə] *f 1.* pointe *f*; *auf die ~ treiben* exagérer/pousser à l'extrême; *2. (Bergspitze)* sommet *m*, cime *f*; *3. (Stoff)* dentelle *f*; *4. (fig)* pointe *f*, tête *f*; *sich an die ~ stellen* ouvrir la marche
Spitzel ['ʃpɪtsəl] *m* espion *m*, mouchard *m*
spitzen ['ʃpɪtsən] *v* aiguiser, tailler
Spitzer ['ʃpɪtsər] *m* taille-crayons *m*
Spitzhacke ['ʃpɪtshakə] *f* pic *m*, pioche *f*
Spitzname ['ʃpɪtsnaːmə] *m* surnom *m*

Splitter ['ʃplɪtər] *m* éclat *m*
splittern ['ʃplɪtərn] *v* voler en éclats, se briser
splitternackt ['ʃplɪtər'nakt] *adj* nu comme un ver
Sponsor ['ʃpɔnzoːr] *m* sponsor *m*
spontan [ʃpɔn'taːn] *adj* spontané
Spontaneität [ʃpɔntanei'tɛːt] *f* spontanéité *f*
sporadisch [ʃpo'raːdɪʃ] *adj 1.* sporadique, intermittent; *adv 2.* par intermittence
Sport [ʃpɔrt] *m* sport *m*
Sportartikel ['ʃpɔrtartɪkəl] *m* article de sport *m*
Sportgeschäft ['ʃpɔrtgəʃɛft] *n* magasin de sport *m*
Sportler(in) ['ʃpɔrtlər(ɪn)] *m/f* sportif/sportive *m/f*
sportlich ['ʃpɔrtlɪç] *adj* sportif
Sportplatz ['ʃpɔrtplats] *m* stade *m*
Sportverein ['ʃpɔrtfɛraɪn] *m* association sportive *f*, club sportif *m*
Sportverletzung ['ʃpɔrtfɛrlɛtsuŋ] *f* blessure de sport *f*
Spott [ʃpɔt] *m* raillerie *f*, moquerie *f*, dérision *f*
spottbillig ['ʃpɔt'bɪlɪç] *adj* à un prix dérisoire, pour rien, pour une bouchée de pain *(fam)*
spotten ['ʃpɔtən] *v über jdn ~* railler qn, se moquer de qn, rire de qn
spöttisch ['ʃpœtɪʃ] *adj 1.* moqueur, railleur; *adv 2.* avec raillerie
Sprachbegabung ['ʃpraːxbəgaːbuŋ] *f* don des langues *m*
Sprache ['ʃpraːxə] *f 1.* langue *f*; *wieder zur ~ bringen* remettre sur le tapis; *die ~ auf etw bringen* aborder qc, mettre qc sur le tapis; *mit der ~ herausrücken* cracher le morceau, accoucher; *zur ~ kommen* être abordé, être débattu; *die gleiche ~ sprechen* être sur la même longueur d'onde; *eine deutliche ~ sprechen* parler ouvertement, ne pas mâcher ses mots; *Raus mit der ~!* Parle!/Crache le morceau! *Da verschlug es ihm die ~.* Il en est resté coi./Ça lui a coupé le sifflet! *(fam)*; *2. (Fachsprache)* langue technique *f*, terminologie *f*
Sprachführer ['ʃpraːxfyːrər] *m* guide de conversation *m*
Sprachkenntnisse ['ʃpraːxkɛntnɪsə] *pl* connaissances des langues *f/pl*
Sprachkurs ['ʃpraːxkurs] *m* cours de langue *m*
sprachlos ['ʃpraːxloːs] *adj (fig)* muet, interloqué, interdit
Sprachunterricht ['ʃpraːxuntərrɪçt] *m* enseignement des langues *m*
Spray [ʃpreɪ] *n CHEM* aérosol *m*
sprayen ['ʃpreɪən] *v* peindre à la bombe, vaporiser qc
Sprechanlage ['ʃprɛçanlaːgə] *f* interphone *m*
Sprechblase ['ʃprɛçblaːzə] *f* phylactère *m*

sprechen ['ʃprɛçən] *v irr* parler; *fließend Französisch ~* parler couramment le français; *Ich bin für niemanden zu ~.* Je n'y suis pour personne. *für sich selbst ~* être clair; *auf jdn nicht gut zu ~ sein* en vouloir à qn; *Wir ~ uns noch!* On en reparlera! *aus dem Stegreif ~* improviser

Sprecher(in) ['ʃprɛçər(ɪn)] *m/f 1. (Ansager(in))* speaker(ine) *m/f*; *2. (Wortführer(in))* porte-parole *m/f*
Sprechstunde ['ʃprɛçʃtundə] *f 1.* heure d'audience *f*; *2. (eines Arztes)* heure de consultation *f*
Sprechstundenhilfe ['ʃprɛçʃtundənhɪlfə] *f* secrétaire médical(e) *m/f*
Sprechzimmer ['ʃprɛçtsɪmər] *n* cabinet de consultation *m*
spreizen ['ʃpraɪtsən] *v 1.* écarter; *2. sich ~* se pavaner; *3. sich ~ (sich sträuben)* se hérisser
sprengen ['ʃprɛŋən] *v* faire sauter
Sprengkörper ['ʃprɛŋkœrpər] *m* engin explosif *m*, explosif *m*
Sprengladung ['ʃprɛŋlaːduŋ] *f* charge explosive *f*
Sprengstoff ['ʃprɛŋʃtɔf] *m* explosif *m*, matière explosive *f*
Sprengstoffattentat ['ʃprɛŋʃtɔfatəntaːt] *n* attentat à l'explosif *m*
Sprengung ['ʃprɛŋuŋ] *f* dynamitage *m*, destruction par explosif *f*
Spreu [ʃprɔy] *f* balle *f*; *die ~ vom Weizen trennen* séparer le bon grain de l'ivraie
Sprichwort ['ʃprɪçvɔrt] *n* proverbe *m*, adage *m*, dicton *m*
sprichwörtlich ['ʃprɪçvœrtlɪç] *adj* proverbial
sprießen ['ʃpriːsən] *v irr* pousser, poindre, croître, bourgeonner
Springbrunnen ['ʃprɪŋbrunən] *m* fontaine *f*
springen ['ʃprɪŋən] *v irr 1. (hüpfen)* sauter, bondir; *2. (fig: bersten)* éclater

S

Springer(in) ['ʃprɪŋər(ɪn)] *m/f* *1. SPORT* sauteur/sauteuse *m/f,* plongeur/plongeuse *m/f,* parachutiste *m/f; m* *2. (Schachfigur)* cavalier *m*
Springseil ['ʃprɪŋzaɪl] *n* corde à sauter *f*
sprinten ['ʃprɪntən] *v* piquer un sprint, sprinter
Spritze ['ʃprɪtsə] *f* seringue *f; MED* piqûre *f;* injection *f*
spritzen ['ʃprɪtsən] *v* *1.* arroser; *2. MED* faire une piqûre
spritzig ['ʃprɪtsɪç] *adj* *1. (Wein)* pétillant; *2. (Auto)* nerveux; *3. (Schauspiel)* entraînant; *4. (ideenreich)* spirituel
Spritzpistole ['ʃprɪtspɪsto:lə] *f* pistolet à peinture *m*
Spritztour ['ʃprɪtstu:r] *f* *(fam)* petite excursion *f,* virée *f*
spröde ['ʃprø:də] *adj* *1. (Material)* cassant; *2. (fig: abweisend)* revêche, farouche
Spross [ʃprɔs] *m* *1. BIO* pousse *f,* scion *m;* *2. (Nachkomme)* rejeton *m*
Sprosse ['ʃprɔsə] *f* échelon *m,* barreau *m,* croisillon *m*
Sprössling ['ʃprœslɪŋ] *m* *(fig)* rejeton *m*
Spruch [ʃprux] *m* *1. (Wahlspruch)* maxime *f,* sentence *f;* *2. große Sprüche klopfen* fanfaronner, crâner *(fam)*; *3. JUR* arrêt *m*
sprudeln ['ʃpru:dəln] *v* bouillonner, pétiller, jaillir
Sprühdose ['ʃpry:do:zə] *f* bombe *f,*spray *m,* vaporisateur *m,* pulvérisateur *m*
sprühen ['ʃpry:ən] *v* *1.* jaillir; *2. (fig)* étinceler, pétiller; *3. (zerstäuben)* vaporiser
Sprühregen ['ʃpry:re:gən] *m* bruine *f*
Sprung [ʃpruŋ] *m* *1. (Springen)* saut *m,* bond *m; auf dem ~ sein* être sur le point de partir; *jdm auf die Sprünge helfen* mettre qn sur la voie, donner un coup de main à qn, aider qn; *Das ist für ihn ein ~ ins kalte Wasser.* Il doit se jeter à l'eau. *nur auf einen ~* vite fait, en coup de vent; *keine großen Sprünge machen können* ne pas pouvoir aller bien loin; *2. (fig: Riss)* fente *f,* cassure *f;* *einen ~ in der Schüssel haben* avoir une case vide
Sprungbrett ['ʃpruŋbrɛt] *n* *SPORT* tremplin *m*
Sprunggelenk ['ʃpruŋgəlɛŋk] *n* *ANAT* articulation du pied *f*
sprunghaft ['ʃpruŋhaft] *adj* versatile, inconstant, changeant
Sprungtuch ['ʃpruŋtu:x] *n* toile de sauvetage *f*
Spucke ['ʃpukə] *f* salive *f,* crachat *m; Da bleibt einem ja die ~ weg!* Ça me la coupe!/Ça me coupe la chique! *(fam)*
spucken ['ʃpukən] *v* cracher, saliver, expectorer
Spuk [ʃpu:k] *m* *1. (Erscheinung)* apparition de revenants *f;* *2. (Zustand)* cauchemar *m*
spuken ['ʃpu:kən] *v* hanter
Spule ['ʃpu:lə] *f* *1.* bobine *f;* *2. TECH* tuyau *m*
Spüle ['ʃpy:lə] *f* évier *m*
spulen ['ʃpu:lən] *v* bobiner qc
spülen ['ʃpy:lən] *v* laver, rincer
Spülmaschine ['ʃpy:lmaʃi:nə] *f* lave-vaisselle *m*
Spülmittel ['ʃpy:lmɪtəl] *n* produit vaisselle *m*
Spülung ['ʃpy:luŋ] *f* *1. (Toilettenspülung)* chasse d'eau *f;* *2. MED* lavement *m,* injection *f*
Spur [ʃpu:r] *f* *1. (Abdruck)* trace *f,* empreinte *f; eine heiße ~* une piste très prometteuse *f,* un bon filon *m; jdm auf die ~ kommen* dépister qn; *jdm auf der ~ bleiben* rester sur la piste de qn, rester sur les traces de qn; *in jds ~en treten* marcher sur les traces de qn; *2. (Fahrspur)* voie *f;* *3. (fig: kleine Menge)* vestiges *m/pl; nicht die ~* absolument pas
spürbar ['ʃpy:rba:r] *adj* sensible
spüren ['ʃpy:rən] *v* sentir, éprouver, ressentir
Spurenelement ['ʃpu:rənelemɛntə] *n* *BIO* oligo-élément *m*
Spurensicherung ['ʃpu:rənzɪçəruŋ] *f* anthropométrie judiciaire *f*
Spürhund ['ʃpy:rhunt] *m* chien policier *m,* limier *m*
spurlos ['ʃpu:rlo:s] *adj* sans trace, sans laisser de trace
Spürsinn ['ʃpy:rzɪn] *m* flair *m*
Staat [ʃta:t] *m* *1.* État *m;* *2. mit etw keinen ~ machen können* en imposer avec qc
staatenlos ['ʃta:tənlo:s] *adj* apatride
staatlich ['ʃta:tlɪç] *adj* *1.* national, gouvernemental, étadique; *2. (öffentlich)* public
Staatsakt ['ʃta:tsakt] *m* acte de puissance publique *m,* cérémonie officielle *f*
Staatsangehörige(r) ['ʃta:tsangəhø:rɪgə(r)] *m/f* *1.* ressortissant(e) *m/f;* *2. (Staatsbürger(in))* citoyen(ne) *m/f*
Staatsangehörigkeit ['ʃta:tsangəhørɪçkaɪt] *f* nationalité *f*
Staatsanwalt ['ʃta:tsanvalt] *m* *JUR* procureur de la République *m*
Staatsbesuch ['ʃta:tsbəzu:x] *m* visite officielle *f*

S

Staatsbürger(in) ['ʃtaːtsbyrgər(ɪn)] *m/f* citoyen(ne) *m/f*
Staatsbürgerschaft ['ʃtaːtsbyrgərʃaft] *f JUR* nationalité *f*
Staatsdienst ['ʃtaːtsdiːnst] *m* service public *m*
Staatsexamen ['ʃtaːtsɛksaːmən] *n* diplôme d'État *m*
Staatsform ['ʃtaːtsfɔrm] *f POL* régime *m*
Staatsgeheimnis ['ʃtaːtsgəhaɪmnɪs] *n* secret d'État *m*
Staatsgewalt ['ʃtaːtsgəvalt] *f* autorité de l'État *f*
Staatsgrenze ['ʃtaːtsgrɛntsə] *f POL* frontières *f/pl*
Staatskasse ['ʃtaːtskasə] *f* Trésor public *f*, caisses de l'État *f/pl*
Staatsoberhaupt ['ʃtaːtsoːbərhaupt] *n 1. (einer Republik)* chef d'État *m; 2. (einer Monarchie)* souverain *m*
Staatspräsident(in) ['ʃtaːtsprɛzidɛnt(ɪn)] *m/f POL* président de la République *m*
Staatsstreich ['ʃtaːtsʃtraɪç] *m POL* coup d'État *m*
Stab [ʃtaːp] *m 1. (Stock)* bâton *m; über jdn den ~ brechen* jeter la pierre à qn; *2. (fig: Führungsstab) MIL* état-major *m*
stabil [ʃta'biːl] *adj 1. (robust)* solide, robuste; *2. (konstant)* stable, durable
stabilisieren [ʃtabili'ziːrən] *v* stabiliser
Stabilisierung [ʃtabili'ziːruŋ] *f* stabilisation *f*
Stabilität [ʃtabili'tɛːt] *f* stabilité *f*
Stachel ['ʃtaxəl] *m 1. BOT* épine *f; 2. ZOOL* dard *m*
Stachelbeere ['ʃtaxəlbeːrə] *f BOT* groseille à maquereau *f*
Stacheldraht ['ʃtaxəldraːt] *m* fil de fer barbelé *m*
stachelig ['ʃtaxəlɪç] *adj 1. (dornig)* armé de piquants; *2. (kratzig)* piquant, mordant
Stachelschwein ['ʃtaxəlʃvaɪn] *n ZOOL* porc-épic *m*
Stadion ['ʃtaːdjɔn] *n* stade *m*
Stadium ['ʃtaːdjum] *n 1.* stade *m,* période *f,* phase *f; 2. (Stand)* niveau *m*
Stadt [ʃtat] *f* ville *f*
Stadtbummel ['ʃtatbuməl] *m* tour en ville *m*
Städtebau ['ʃtɛtəbau] *m* urbanisme *m*
Stadtgebiet ['ʃtatgəbiːt] *n* territoire de la ville *m,* périmètre de la ville *m*
städtisch ['ʃtɛtɪʃ] *adj* urbain
Stadtmauer ['ʃtatmauər] *f* enceinte *f*
Stadtmitte ['ʃtatmɪtə] *f* centre de la ville *m*
Stadtplan ['ʃtatplaːn] *m* plan de la ville *m*
Stadtplanung ['ʃtatplaːnuŋ] *f* planification urbaine *f*
Stadtrand ['ʃtatrant] *m* périphérie *f*
Stadtrat ['ʃtatraːt] *m 1. (Versammlung) POL* conseil municipal *m; 2. (Mitglied des ~es) POL* conseiller municipal *m*
Stadtverwaltung ['ʃtatfɛrvaltuŋ] *f* administration municipale *f*
Stadtviertel ['ʃtatfɪrtəl] *n* quartier *m*
Stadtwerke ['ʃtatvɛrkə] *pl* services techniques de la ville *m/pl*
Staffel ['ʃtafəl] *f 1. MIL* escadron *m; 2. (Mannschaft) SPORT* équipe *f; 3. (Rennen) SPORT* équipe de relais *f; 4. (Stufe)* échelon *m; 5. (einer Leiter)* échelon *m*
Staffelei [ʃtafə'laɪ] *f* chevalet *m*
Staffelung ['ʃtafəluŋ] *f* échelonnement *m,* répartition *f*
stagnieren [ʃtag'niːrən] *v ECO* stagner
Stahl [ʃtaːl] *m* acier *m*
Stall [ʃtal] *m 1.* étable *f; 2. (Pferdestall)* écurie *f; 3. (Schweinestall)* porcherie *f; 4. (Hühnerstall)* poulailler *m*
Stamm [ʃtam] *m 1. (Baumstamm)* tronc *m; 2. (Volksstamm)* race *f,* tribu *f*
Stammbaum ['ʃtambaum] *m* arbre généalogique *m*
Stammbuch ['ʃtambuːx] *n* livret de famille *m*
stammeln ['ʃtaməln] *v* bredouiller qc
stammen ['ʃtamən] *v ~ aus* provenir de, descendre de, être issu de
stammesgeschichtlich ['ʃtaməsgəʃɪçtlɪç] *adj BIO* phylogénétique
Stammgast ['ʃtamgast] *m* habitué *m*
Stammhalter ['ʃtamhaltər] *m* fils aîné *m,* héritier mâle *m*
stämmig ['ʃtɛmɪç] *adj 1. (fest)* robuste, solide; *2. (untersetzt)* trapu
Stammkneipe ['ʃtamknaɪpə] *f* bistrot habituel *m*
Stammtisch ['ʃtamtɪʃ] *m 1.* table des habitués *f; 2. (Gruppe)* tablée des habitués *f*
Stammvater ['ʃtamfaːtər] *m* fondateur d'une souche *m,* aïeul *m,* ancêtre *m*
Stammwähler(in) ['ʃtamvɛːlər(ɪn)] *m/f POL* électeur/électrice habituel(le) *m/f,* électeur/électrice fidèle *m/f*
stampfen ['ʃtampfən] *v 1. (mit dem Fuß)* piétiner; *mit dem Fuß auf den Boden ~* trépigner le sol; *2. (mit Gerät)* piler, broyer; *3. (Schiff)* tanguer

S

Stand [ʃtant] *m 1. (Situation)* situation *f,* état *m; bei jdm einen guten ~ haben* avoir la cote avec qn/avoir la touche avec qn; *im ~(e) sein zu* être en mesure de/être capable de; *Er ist im ~(e) und hat es vergessen.* Il est capable de l'avoir oublié. *2. (Rang)* classe *f,* condition sociale *f; 3. (Messestand)* stand *m*

Ständer ['ʃtɛndər] *m* support *m*

Standesamt ['ʃtandəsamt] *n* bureau de l'état-civil *m,* mairie *f*

Standesbeamter ['ʃtandəsbəamtər] *m* officier d'état-civil *m*

standesbewusst ['ʃtandəsbəvust] *adj* conscient de son rang

Standesdünkel ['ʃtandəsdyŋkəl] *m* orgueil de la caste *m,* vanité *f,* arrogance *f,* présomption de la caste *f*

standesgemäß ['ʃtandəsgəmɛːs] *adj 1.* conforme à son rang; *adv 2.* selon son rang

standfest ['ʃtantfɛst] *adj 1.* stable; *2. (fig: standhaft)* ferme

standhaft ['ʃtanthaft] *adj* constant, stable, ferme, solide

Standhaftigkeit ['ʃtanthaftɪçkaɪt] *f* fermeté *f,* constance *f*

standhalten ['ʃtanthaltən] *v irr 1.* tenir ferme, tenir bon; *2. (widerstehen)* résister

ständig ['ʃtɛndɪç] *adj 1. (ununterbrochen)* permanent, continuel; *2. (fest)* fixe; *adv 3.* enpermanence

Standlicht ['ʃtantlɪçt] *n* feu de position *m*

Standort ['ʃtantɔrt] *m* place *f,* emplacement *m*

Standpunkt ['ʃtantpuŋkt] *m* point de vue *m,* position *f*

Standspur ['ʃtantʃpuːr] *f* bande d'arrêt d'urgence *f*

Standuhr ['ʃtantuːr] *f* pendule *f*

Stange ['ʃtaŋə] *f 1.* perche *f,* tige *f; jdn bei der ~ halten* motiver qn/pousser qn à continuer; *bei der ~ bleiben* s'accrocher *(fam)*/tenir bon; *2. (Vorhangstange)* tringle *f; 3. von der ~* de confection, prêt-à-porter; *4. eine ~ Geld (fam)* un tas de fric *m*

Stängel ['ʃtɛŋəl] *m BOT* tige *f,* pied *m*

stanzen ['ʃtantsən] *v* estamper

Stapel ['ʃtaːpəl] *m 1. (Haufen)* pile *m,* tas *m; 2. NAUT* chantier *m; vom ~ laufen* être mis à l'eau; *etw vom ~ lassen* lancer qc

stapeln ['ʃtaːpəln] *v* empiler

stapfen ['ʃtapfən] *v* patauger

Star[1] [ʃtaːr] *m MED* affection oculaire *f; grüner ~ MED* glaucome *m; grauer ~ MED* cataracte *f*

Star[2] [ʃtaːr] *m (Filmstar)* star de cinéma *f,* vedette de cinéma *f*

Star[3] [ʃtaːr] *m ZOOL* sansonnet *m*

stark [ʃtark] *adj* fort, puissant, résistant, solide; *Das ist dann doch ein bisschen ~!* C'est un peu fort quand même!

Stärke ['ʃtɛrkə] *f 1.* force *f,* puissance *f; Das ist seine ~.* C'est son fort. *2. (Wäschestärke)* empois *m; 3. GAST* fécule *f,* amidon *m*

stärken ['ʃtɛrkən] *v 1.* renforcer, consolider; *2. (Wäsche)* amidonner, empeser

Starkstrom ['ʃtarkʃtroːm] *m TECH* courant de haute tension *m*

Stärkung ['ʃtɛrkuŋ] *f 1. (Festigung)* renforcement *m,* consolidation *f; 2. (Mahlzeit)* collation *f*

starr [ʃtar] *adj 1.* raide; *2. (unbeweglich)* immobile; *3. (fig: unnachgiebig)* rigide, inflexible; *adv 4.* avec raideur; *5. (fig)* avec rigidité

Starre ['ʃtarə] *f* torpeur *f,* rigidité *f*

starren ['ʃtarən] *v* regarder fixement

starrköpfig ['ʃtarkœpfɪç] *adj* têtu, obstiné, opiniâtre

Starrsinn ['ʃtarzɪn] *m* entêtement *m,* ténacité *f,* opiniâtreté *f*

Start [ʃtart] *m 1. SPORT* départ *m; 2. (eines Flugzeugs)* décollage *m; 3. (Abfahrt)* départ *m,* démarrage *m*

Startbahn ['ʃtartbaːn] *f* piste d'envol *f,* piste de décollage *f*

starten ['ʃtartən] *v 1. (abreisen)* partir; *2. (Auto)* démarrer; *3. (aktivieren)* lancer, activer

Starthilfe ['ʃtarthɪlfə] *f 1. (für ein Unternehmen)* aide financière *f; 2. (in der Raumfahrt) TECH* aide au démarrage *f,* aide au décollage *f; 3. (für ein Kraftfahrzeug)* aide au démarrage *f*

Station [ʃta'tsjoːn] *f 1. (Haltestelle)* arrêt *m; ~ machen* faire une pause/s'arrêter/faire étape; *2. (Abteilung)* service *m,* division *f*

stationär [ʃtatsjo'nɛːr] *adj MED* stationnaire, traitement avec hospitalisation *m*

Stationierung [ʃtatsjo'niːruŋ] *f MIL* stationnement *m*

statisch ['ʃtaːtɪʃ] *adj 1. (unbeweglich)* statique; *2. (im Bauwesen)* statique,

Statist [ʃta'tɪst] *m CINE* figurant *m*

Statistik [ʃta'tɪstɪk] *f* statistique *f*

Statistiker(in) ['ʃta'tɪstɪkər(ɪn)] *m/f* statisticien (ne) *m/f*

statistisch [ʃta'tɪstɪʃ] *adj* statistique

Stativ [ʃta'tiːf] *n* support *m,* trépied *m*

S

statt [ʃtat] *prep* au lieu de, à la place de
Stätte ['ʃtɛtə] *f* lieu *m*, endroit *m*
stattfinden ['ʃtatfɪndən] *v irr* avoir lieu
statthaft ['ʃtathaft] *adj* permis, admissible
Statthalter ['ʃtathaltər] *m HIST* gouverneur *m*
stattlich ['ʃtatlɪç] *adj 1. (ansehnlich)* somptueux, qui a de l'allure; *2. (zahlreich)* considérable
Statue ['ʃtaːtuə] *f* statue *f*
statuieren [ʃtatu'iːrən] *v ein Exempel an jdm ~* prendre qn pour exemple
Statur [ʃta'tuːr] *f* stature *f*
Status ['ʃtaːtus] *m* état *m*, position sociale *f*
Statut [ʃta'tuːt] *n* statut *m*
Stau [ʃtau] *m* embouteillage *m*, bouchon *m*
Staub [ʃtaup] *m* poussière *f; sich aus dem ~ machen* foutre le camp/prendre la poudre d'escampette/filer/détaler; *~ aufwirbeln (fig)* faire beaucoup de bruit
stauben ['ʃtaubən] *v 1.* faire de la poussière, poudroyer; *2. (aufwirbeln)* soulever de la poussière
staubig ['ʃtaubɪç] *adj* poussiéreux
Staubsauger ['ʃtaupzaugər] *m* aspirateur *m*
Staubtuch ['ʃtauptuːx] *n* chiffon à poussière *m*
stauchen ['ʃtauxən] *v 1. (zusammendrücken)* presser; *2. (heftig stoßen)* cogner
Staudamm ['ʃtaudam] *m* digue de retenue *f*, barrage *m*
Staude ['ʃtaudə] *f BOT* sous-arbrisseau *m*, plante vivace *f*
staunen ['ʃtaunən] *v ~ über* être étonné de, être surpris par, s'étonner de
Staunen ['ʃtaunən] *n* étonnement *m*
Stausee ['ʃtauzeː] *m* lac artificiel *m*, réservoir *m*
Stauung ['ʃtauuŋ] *f 1. (Verkehrsstauung)* embouteillage *m*, encombrement *m; 2. (Stockung)* encombrement *m*, engorgement *m; 3. (von Wasser)* accumulation *f; 4. MED* congestion *f*, engorgement *m*, stase *f*
stechen ['ʃtɛçən] *v irr* piquer
Stechmücke ['ʃtɛçmykə] *f ZOOL* moustique *m*
Stechuhr ['ʃtɛçuːr] *f* pointeuse *f*
Steckbrief ['ʃtɛkbriːf] *m 1.* avis de recherche *m; 2. HIST* lettre de cachet *f*
Steckdose ['ʃtɛkdoːzə] *f* prise (de courant) *f*
stecken ['ʃtɛkən] *v irr 1. (hinein~) ~ in* mettre dans; *unter einer Decke ~* s'entendre comme larrons en foire; *jdm etw ~* faire remarquer qc à qn; *2. ~ bleiben* rester en panne, rester bloqué; *3. ~ lassen* laisser qc
Stecker ['ʃtɛkər] *m* fiche *f*, fiche d'alimentation *f*
Stecknadel ['ʃtɛknaːdəl] *f* épingle *f; eine ~ im Heuhaufen suchen* chercher une aiguille dans une botte de foin

stehen ['ʃteːən] *v irr 1. (aufrecht ~)* être debout, se tenir debout; *2. (sich befinden)* se trouver, être; *3. ~ bleiben* s'arrêter; *nicht auf halbem Weg ~ bleiben* aller jusqu'au bout *4. ~ lassen* ne pas toucher, oublier; *5. ~ lassen (fig)* laisser tomber, quitter

Stehlampe ['ʃteːlampə] *f* lampadaire *m*
stehlen ['ʃteːlən] *v irr* voler, dérober
Stehplatz ['ʃteːplats] *m* place debout *f*, promenoir *m*
Stehvermögen ['ʃteːfɛrmøːgən] *n* endurance *f*
steif [ʃtaɪf] *adj 1.* raide; *2. (fig)* guindé, raide
Steigbügel ['ʃtaɪkbyːgəl] *m* étrier *m*
steigen ['ʃtaɪgən] *v irr 1.* monter; *2. (erklimmen)* gravir
steigend ['ʃtaɪgənt] *adj* croissant
steigern ['ʃtaɪgərn] *v 1. (erhöhen)* augmenter, accroître; *2. GRAMM* mettre au comparatif/mettre au superlatif; *3. (er~)* acheter aux enchères, faire monter les enchères; *4. (zunehmen)* croître
Steigerung ['ʃtaɪgəruŋ] *f 1. (Erhöhung)* augmentation *f*, accroissement *m; 2. GRAMM* degré de comparaison *m*
Steigung ['ʃtaɪguŋ] *f* montée *f*, pente *f*
steil [ʃtaɪl] *adj* abrupt, raide, escarpé
Steilhang ['ʃtaɪlhaŋ] *m* escarpement *m*
Steilküste ['ʃtaɪlkystə] *f GEO* falaise *f*
Stein [ʃtaɪn] *m* pierre *f; einen ~ im Schuh haben* avoir un caillou dans sa chaussure; *der ~ des Anstoßes* la pierre d'achoppement *f; den ~ ins Rollen bringen* donner le branle à une affaire; *bei jdm einen ~ im Brett haben* être dans les petits papiers de qn, être dans les bonnes grâces de qn; *den ersten ~ auf jdn werfen* jeter la pierre à qn; *jdm ~e in den Weg legen* mettre des bâtons dans les roues à qn; *Da fällt mir ein ~ vom Herzen!* Ça me soulage!*~ und Bein schwören* jurer ses grands dieux, jurer dur comme fer
steinalt ['ʃtaɪnalt] *adj* très vieux, vieux comme le monde; *~ sein* être vieux comme Mathusalem, être vieux comme Hérode

S

Steinbock ['ʃtaɪnbɔk] *m* 1. *ZOOL* bouquetin *m;* 2. *ASTR* Capricorne *m*
Steinboden ['ʃtaɪnbo:dən] *m* sol piérreux *m,* dallage *m,* carrelage *m*
Steinbruch ['ʃtaɪnbrux] *m* carrière *f*
steinern ['ʃtaɪnərn] *adj* 1. *(aus Stein)* de pierre, en pierre; 2. *(fig: Gesicht)* impassible, fermé
Steingut ['ʃtaɪngu:t] *n* faïence *f,* grès *m*
steinig ['ʃtaɪnɪç] *adj* pierreux, rocailleux, caillouteux
steinigen ['ʃtaɪnɪgən] *v* lapider qn
Steinkohle ['ʃtaɪnko:lə] *f MIN* houille *f,* charbon *m*
Steinmetz ['ʃtaɪnmɛts] *m* tailleur de pierres *m*
steinreich ['ʃtaɪn'raɪç] *adj* richissime, riche comme Crésus *(fam)*
Steinschlag ['ʃtaɪnʃla:k] *m* chute de pierres *f*
Steinwüste ['ʃtaɪnvy:stə] *f* 1. *(in der Natur)* désert de pierres *m;* 2. *(Betonwüste)* désert de béton *m*
Steinzeit ['ʃtaɪntsaɪt] *f HIST* âge de pierre *m*
Stelle ['ʃtɛlə] *f* 1. *(Ort)* place *f,* lieu *m,* endroit *m; auf der ~ (sofort)* séance tenante; *auf der ~ treten* marquer le pas; *auf der ~ treten (fig)* piétiner; *zur ~ sein* être présent; 2. *(Anstellung)* travail *m,* place *f;* 3. *(Dienststelle)* autorité *f,* bureau *m,* service *m*

stellen ['ʃtɛlən] *v* poser, placer, mettre; *sich gut mit jdm ~* se mettre bien avec qn; *auf sich gestellt sein* ne pouvoir compter que sur soi

Stellenangebot ['ʃtɛlənangəbo:t] *n* offre d'emploi *f*
Stellengesuch ['ʃtɛləngəzu:x] *n* demande de d'emploi *f*
Stellenmarkt ['ʃtɛlənmarkt] *m ECO* marché du travail *m,* marché de l'emploi *m*
stellenweise ['stɛlənvaɪzə] *adv* par endroits
Stellenwert ['ʃtɛlənvɛ:rt] *m* importance *f,* valeur *f*
Stellplatz ['ʃtɛlplats] *m (Parkplatz)* place de stationnement *f*
Stellung ['ʃtɛluŋ] *f* 1. *(Haltung)* position *f; zu etw ~ nehmen* prendre position sur qc; *die ~ halten* ne pas bouger/rester là; 2. *(Anstellung)* emploi *m,* charge *f,* poste *m*
Stellungnahme ['ʃtɛluŋna:mə] *f* prise de position *f*
stellvertretend ['ʃtɛlfɛrtre:tənt] *adj* adjoint
Stellvertreter(in) ['ʃtɛlfɛrtre:tər(ɪn)] *m/f* remplaçant(e) *m/f,* suppléant(e) *m/f*
Stellvertretung ['ʃtɛlfɛrtre:tuŋ] *f* remplacement *m,* suppléance *f,* représentation *f*
stelzen ['ʃtɛltsən] *v* marcher sur des échasses
stemmen ['ʃtɛmən] *v* 1. *(heben)* lever, soulever; *Gewichte ~* soulever des poids; 2. *(fest drücken)* appuyer fortement; 3. *(stützen)* protéger; 4. *(anheben)* lever; 5. *(meißeln)* ciseler, buriner; 6. *sich gegen etw ~ (fig)* s'appuyer contre qc; 7. *(beim Skifahren) SPORT* pratiquer le stem
Stempel ['ʃtɛmpəl] *m* tampon *m,* timbre *m,* cachet *m,* poinçon *m; jdm seinen ~ aufdrücken* marquer qn de son empreinte; *den ~ von jdm tragen* porter la signature de qn
stempeln ['ʃtɛmpəln] *v* tamponner, poinçonner; *~ gehen* pointer/aller pointer
stenografieren [ʃtenogra'fi:rən] *v* prendre en sténo
Steppe ['ʃtɛpə] *f GEO* steppe *f*
Stepptanz ['ʃtɛptants] *m* claquettes *f/pl*
Sterbebett ['ʃtɛrbəbɛt] *n* lit de mort *m*
Sterbefall ['ʃtɛrbəfal] *m* cas de décès *m*
Sterbegeld ['ʃtɛrbəgɛlt] *n* indemnité de décès *f,* capital-décès *m*
Sterbehilfe ['ʃtɛrbəhɪlfə] *f* soins palliatifs *f/pl*

sterben ['ʃtɛrbən] *v irr* mourir, décéder; *wie die Fliegen ~* tomber comme des mouches

Sterbeurkunde ['ʃtɛrbəu:rkundə] *f* certificat de décès *m*
sterblich ['ʃtɛrblɪç] *adj* mortel
Sterblichkeit ['ʃtɛrplɪçkaɪt] *f* mortalité *f*
steril [ʃte'ri:l] *adj* stérile
Sterilisation [ʃteriliza'tsjo:n] *f MED* stérilisation *f*
Sterilität [ʃterili'tɛ:t] *f* stérilité *f*
Stern [ʃtɛrn] *m* étoile *f; ~e sehen* voir trente-six chandelles; *für jdn die ~e vom Himmel holen* aller décrocher la lune pour qn; *nach den ~en greifen* viser très haut; *unter einem denkbar guten ~* sous une bonne étoile
Sternbild ['ʃtɛrnbɪlt] *n* constellation *f*
sternenklar ['ʃtɛrnənkla:r] *adj* étoilé
Sternschnuppe ['ʃtɛrnʃnupə] *f* étoile filante *f*
Sternwarte ['ʃtɛrnvartə] *f* observatoire *m*

S

stetig ['ʃteːtɪç] *adj 1.* fixe, ferme; *2. (gleichmäßig)* régulier
stets [ʃteːts] *adv* toujours, en permanence, constamment
Steuer ['ʃtɔyər] *f 1. FIN* impôt *m,* taxe *f; n 2. (eines Autos)* volant *m; 3. NAUT* gouvernail *m*
Steueraufkommen ['ʃtɔyəraufkɔmən] *n ECO* produit total des impôts *m*
Steuerberater ['ʃtɔyərbəraːtər] *m ECO* conseiller fiscal *m*
Steuerbescheid [ʃtɔyərbəʃaɪt] *m ECO* avis d'imposition *m*
steuerbord ['ʃtɔyərbɔrt] *adv NAUT* tribord *m*
steuerfrei ['ʃtɔyərfraɪ] *adj ECO* exonéré d'impôts
Steuerklasse ['ʃtɔyərklasə] *f ECO* classe d'imposition *f*
Steuerknüppel ['ʃtɔyərknypəl] *m* levier de vitesse *m,* levier de commande *m*
steuerlich ['ʃtɔyərlɪç] *adj* fiscal, de l'impôt
Steuermann ['ʃtɔyərman] *m 1.* pilote *m; 2. NAUT* timonier *m,* skipper *m*
steuern ['ʃtɔyərn] *v 1. (lenken)* gouverner, conduire, piloter; *2. (regulieren)* régler
Steuernummer ['ʃtɔyərnumər] *f ECO* numéro d'impôts *m,* numéro fiscal *m*
steuerpflichtig ['ʃtɔyərpflɪçtɪç] *adj ECO* assujetti à l'impôt, astreint à l'impôt, passible de l'impôt, redevable de l'impôt
Steuerung ['ʃtɔyəruŋ] *f 1.* pilotage *m; 2. (eines Autos)* conduite *f; 3. (Kontrolle)* contrôle *m*
Steuerzahler ['ʃtɔyərtsaːlər] *m ECO* contribuable *m*
Steuerzeichen ['ʃtɔyərtsaɪçən] *n INFORM* code de contrôle *m*
Stich [ʃtɪç] *m 1. (Wespenstich)* piqûre *f; 2. (Nähstich)* point *m; 3. (Messerstich)* coup de couteau *m; 4. ART* gravure *f; 5. einen ~ haben* être malade, être timbré
Stichelei [ʃtɪçə'laɪ] *f* piques *f/pl,* persiflage *m*
sticheln ['ʃtɪçəln] *v (fig)* lancer des piques
Stichprobe ['ʃtɪçproːbə] *f* échantillon pris au hasard *m*
Stichtag ['ʃtɪçtaːk] *m* jour fixé *m,* date prévue *f*
Stichwahl ['ʃtɪçvaːl] *f POL* ballottage *m*
Stichwort ['ʃtɪçvɔrt] *n* mot clé *m*
sticken ['ʃtɪkən] *v* broder
stickig ['ʃtɪkɪç] *adj* étouffant
Stiefel ['ʃtiːfəl] *m* botte *f; jdm die ~ lecken (fig)* lécher les bottes à qn/cirer les bottes à qn; *Das sind zwei Paar ~.* Ce sont deux choses bien distinctes.
Stiefeltern ['ʃtiːfɛltərn] *pl* beaux-parents *m/pl*
Stiefmutter ['ʃtiːfmutər] *f* belle-mère *f*
Stiefmütterchen ['ʃtiːfmytərçən] *n BOT* pensée *f*
Stiefvater ['ʃtiːffaːtər] *m* beau-père *m*
Stiel [ʃtiːl] *m 1.* queue *f; 2. (Blumenstiel)* tige *f; 3. (Griff)* manche *m*
Stier [ʃtiːr] *m ZOOL* taureau *m; den ~ bei den Hörnern packen* prendre le taureau par les cornes
stieren ['ʃtiːrən] *v* regarder fixement
Stierkampf ['ʃtiːrkampf] *m* corrida *f*
Stift[1] [ʃtɪft] *m 1. (Bleistift)* crayon *m; 2. (Filzstift)* feutre *m,* crayon-feutre *m; 3. (Nagel ohne Kopf)* clou sans tête *m*
Stift[2] [ʃtɪft] *n (Hospiz)* fondation *f,* hospice *m*
stiften ['ʃtɪftən] *v 1. (schenken)* faire un don, faire une donation; *2. (gründen)* fonder, établir; *3. (fig: verursachen)* produire, créer, provoquer; *4. ~ gehen* se barrer, prendre la tangente
Stifter(in) ['ʃtɪftər(ɪn)] *m/f* fondateur/fondatrice *m/f,* donateur/donatrice *m/f*
Stiftung ['ʃtɪftuŋ] *f 1. (Schenkung)* don *m; 2. (Gründung)* fondation *f*
Stiftzahn ['ʃtɪfttsaːn] *m MED* dent à pivot *f*
Stil [ʃtiːl] *m* style *m*
Stilblüte ['ʃtiːlblyːtə] *f* perle *f*
stilisieren [ʃtili'ziːrən] *v* stiliser qc
Stilist [ʃti'lɪst] *m* styliste *m,* designer *m*
stilistisch [ʃti'lɪstɪʃ] *adj* stylistiquement
still [ʃtɪl] *adj 1. (ruhig)* tranquille; *2. (geräuschlos)* calme, silencieux; *3. (friedlich)* paisible; *adv 4. (geräuschlos)* sans bruit
Stille ['ʃtɪlə] *f 1. (Ruhe)* calme *m,* tranquillité *f; 2. (Geräuschlosigkeit)* silence *m; 3. (Frieden)* paix *f*
Stilllegung ['ʃtɪlleːguŋ] *f* arrêt *m,* fermeture *f,* cessation *f*
stillen ['ʃtɪlən] *v 1. (Kind)* allaiter; *2. (Bedürfnis)* apaiser, assouvir
stillhalten ['ʃtɪlhaltən] *v irr* se tenir
Stillleben ['ʃtɪlleːbən] *n ART* nature morte *f* tranquille
stilllegen ['ʃtɪlleːgən] *v* arrêter, stopper
Stillschweigen ['ʃtɪlʃvaɪgən] *n* silence *m,* discrétion *f*

stillschweigend [ˈʃtɪlʃvaɪgənt] *adj* tacite, sous-entendu; *etw ~ übergehen* passer qc sous silence
Stillstand [ˈʃtɪlʃtant] *m* arrêt *m,* stagnation *f,* cessation *f*
stillstehen [ˈʃtɪlʃteːən] *v irr 1. MIL* se mettre au garde-à-vous; *2. (Person)* se tenir immobile; *3. (Maschine)* être arrêté
stilvoll [ˈʃtiːlfɔl] *adj 1.* qui a du style; *adv 2.* avec style
Stimmband [ˈʃtɪmbant] *n ANAT* corde vocale *f*
stimmberechtigt [ˈʃtɪmbərɛçtɪçt] *adj POL* qui a le droit de vote
Stimmbruch [ˈʃtɪmbrux] *m* mue de la voix *f*
Stimme [ˈʃtɪmə] *f 1.* voix *f; 2. (Wahlstimme) POL* voix *f,* vote *m*
stimmen [ˈʃtɪmən] *v 1. (wahr sein)* être vrai, être exact; *Da stimmt etw nicht!* C'est louche! *2. POL* voter; *3. (Instrument) MUS* accorder
Stimmenanteil [ˈʃtɪmənantaɪl] *m POL* proportion de voix *f*
Stimmengewirr [ˈʃtɪməngəvɪr] *n* brouhaha *m*
Stimmenmehrheit [ˈʃtɪmənmeːrhaɪt] *f POL* majorité des voix *f*
Stimmenthaltung [ˈʃtɪmɛnthaltuŋ] *f POL* abstention *f*
Stimmgabel [ˈʃtɪmgaːbəl] *f MUS* diapason *m*
stimmhaft [ˈʃtɪmhaft] *adj* sonore
Stimmlage [ˈʃtɪmlaːgə] *f* registre *m*
Stimmrecht [ˈʃtɪmrɛçt] *n ECO* droit de vote *m*
Stimmung [ˈʃtɪmuŋ] *f* ambiance *f,* atmosphère *f*
Stimmzettel [ˈʃtɪmtsɛtəl] *m POL* bulletin de vote *m*
stinken [ˈʃtɪŋkən] *v irr* sentir mauvais, empester, puer *(fam)*; *Das stinkt mir ganz gewaltig!* Ça m'embête drôlement!
Stipendium [ʃtiˈpɛndjum] *n* bourse (d'études) *f*
Stippvisite [ˈʃtɪpviziːtə] *f* visite éclair *f*
Stirn [ʃtɪrn] *f ANAT* front *m; jdm die ~ bieten* tenir tête à qn; *sich an die ~ fassen (fig)* se pincer pour y croire
Stirnband [ˈʃtɪrnbant] *n* bandeau *m*
Stirnrunzeln [ˈʃtɪrnruntsəln] *n* froncement des sourcils *m,* plissement du front *m*
stöbern [ˈʃtøːbərn] *v 1. (herumsuchen)* fouiller, fureter; *2. (sauber machen)* nettoyer; *3. Es stöbert.* Il tombe des flocons.
stochern [ˈʃtɔxərn] *v im Essen ~* chipoter; *in den Zähnen ~* se curer les dents; *im Feuer ~* tisonner
Stock [ʃtɔk] *m 1. (Stab)* bâton *m; am ~ gehen* marcher avec une canne; *2. (Etage)* étage *m; 3. (fig) am ~ gehen* être dans la dèche; *über ~ und Stein* semé d'embûches/plein d'obstacles
stockdunkel [ʃtɔkˈduŋkəl] *adj* nuit noire
stocken [ˈʃtɔkən] *v 1. (zum Stillstand kommen)* s'arrêter, s'immobiliser; *Ihr stockte der Atem.* Elle s'est arrêtée de respirer. *Das Gespräch geriet ins Stocken.* La conversation devint languissante. *2. ~d sprechen* parler avec hésitation; *3. (Milch)* tourner; *4. (Herz)* s'arrêter; *5. (Geschäfte)* languir; *6. (Stockflecke bekommen)* avoir des taches d'humidité
stockend [ˈʃtɔkənt] *adj 1. (zögernd)* hésitant; *2. (gleich bleibend)* stagnant; *adv 3. (zögernd)* avec hésitation
Stockwerk [ˈʃtɔkvɛrk] *n* étage *m*
Stoff [ʃtɔf] *m 1. (Materie)* matériau *m,* matière *f,* substance *f; 2. (Textil)* tissu *m,* étoffe *f; 3. (fam: Rauschgift)* drogue *f,* dope *f*
Stoffballen [ˈʃtɔfbalən] *m* rouleau d'étoffe *m,* pièce de tissu *f*
stofflich [ˈʃtɔflɪç] *adj* matériel
Stofftier [ˈʃtɔftiːr] *n* animal en peluche *m*
Stoffwechsel [ˈʃtɔfvɛksəl] *m BIO* métabolisme *m*
stöhnen [ˈʃtøːnən] *v* gémir
Stollen [ˈʃtɔlən] *m 1. (Gebäck) GAST* stollen *m; 2. MIN* galerie *f; 3. (Sport)* crampon *m*
stolpern [ˈʃtɔlpərn] *v ~ über* trébucher sur
stolz [ʃtɔlts] *adj 1.* fier; *2. (hochmütig)* hautain, altier; *adv 3. (hochmütig)* avec hauteur
Stolz [ʃtɔlts] *m 1.* fierté *f; 2. (Hochmut)* orgueil *m*
stolzieren [ʃtɔlˈtsiːrən] *v* parader
stopfen [ˈʃtɔpfən] *v 1. (füllen)* remplir, bourrer; *2. (flicken)* repriser, ravauder
stoppen [ˈʃtɔpən] *v 1. (anhalten)* s'arrêter, stopper; *2. (messen)* chronométrer
Stöpsel [ˈʃtœpsəl] *m* bouchon *m*
Stör [ʃtøːr] *m ZOOL* esturgeon *m*
störanfällig [ˈʃtøːranfɛlɪç] *adj TECH* sujet à des perturbations, sujet à des pannes
Storch [ʃtɔrç] *m ZOOL* cigogne *f*
stören [ˈʃtøːrən] *v* gêner, déranger
Störenfried [ˈʃtørənfriːt] *m* trouble-fête *m,* empêcheur de danser en rond *m*

S

Störfaktor ['ʃtøːrfaktɔr] *m* facteur perturbateur *m*
Störfall ['ʃtøːrfal] *m* *TECH* incident *m*
stornieren [ʃtɔr'niːrən] *v* *ECO* annuler, ristourner
Stornierung [ʃtɔr'niːruŋ] *f* annulation *f*
Storno ['ʃtɔrno] *m* *ECO* annulation *f*, ristourne *f*
störrisch ['ʃtœrɪʃ] *adj 1.* opiniâtre, entêté; *adv 2.* avec opiniâtreté
Störung ['ʃtøːruŋ] *f 1.* gêne *f*, dérangement *m*; *2. TECH* panne *f*
Stoß [ʃtoːs] *m* choc *m*, coup *m*
Stoßdämpfer ['ʃtoːsdɛmpfər] *m* *TECH* amortisseur *m*
stoßempfindlich ['ʃtoːsɛmpfɪntlɪç] *adj* sensible au choc
stoßen ['ʃtoːsən] *v irr* cogner, heurter
Stoßstange ['ʃtoːsʃtaŋə] *f* *TECH* pare-chocs *m*
Stoßverkehr ['ʃtoːsfɛrkeːr] *m* heures de pointe *f/pl*
Stoßzahn ['ʃtoːstsaːn] *m* *ZOOL* défense *f*
stottern ['ʃtɔtərn] *v* bégayer
Strafanzeige ['ʃtraːfantsaɪgə] *f* *JUR* plainte *f*
Strafarbeit ['ʃtraːfarbaɪt] *f* travaux forcés *m/pl*
strafbar ['ʃtraːfbaːr] *adj* *JUR* répréhensible, punissable, passible d'une peine
Strafe ['ʃtraːfə] *f 1.* punition *f*; *2. JUR* peine *f*
strafen ['ʃtraːfən] *v* punir, corriger, châtier
straff [ʃtraf] *adj 1. (gespannt)* tendu; *2. (streng)* sévère, rigoureux; *3. (kurz)* sobre
straffällig ['ʃtraːffɛlɪç] *adj ~ werden* être passible d'une peine
straffen ['ʃtrafən] *v 1.* tendre qc, serrer qc; *2. (fig: einen Text kürzen)* écourter qc
straffrei ['ʃtraːffraɪ] *adj* *JUR* impuni, exempt de peine
Straffreiheit ['ʃtraːffraɪhaɪt] *f* *JUR* impunité *f*
Strafgefangene(r) ['ʃtraːfgəfaŋənə(r)] *m/f* détenu(e) *m/f*, prisonnier/prisonnière *m/f*, condamné(e) à la réclusion *m/f*
Strafgesetzbuch ['ʃtraːfgəzɛtsbuːx] *n* *JUR* code pénal *m*
Straflager ['ʃtraːflaːgər] *n* camp d'internement *m*
sträflich ['ʃtrɛːflɪç] *adj (fig)* impardonnable, punissable
Sträfling ['ʃtrɛːflɪŋ] *m* prisonnier *m*, détenu *m*
straflos ['straːfloːs] *adj* impuni, exempt de peine
strafmildernd ['ʃtraːfmɪldərnt] *adj* *JUR* atténuant la peine
Strafporto ['ʃtraːfpɔrto] *n* surtaxe *f*
Strafpredigt ['ʃtraːfpreːdɪçt] *f* sermon *m*
Strafprozess ['ʃtraːfprotsɛs] *m* *JUR* procès pénal *m*
Straftat ['ʃtraːftaːt] *f 1. JUR* délit *m*; *2. (Verstoß)* infraction *f*
Straftäter(in) ['ʃtraːftɛːtər(ɪn)] *m/f* *JUR* délinquant(e) *m/f*
Strafverfahren ['ʃtraːffɛrfaːrən] *n* *JUR* procédure pénale *f*
Strafvollzug ['ʃtraːffɔltsuːk] *m (System)* *JUR* régime pénitenciaire *m*
Strafzettel ['ʃtraːftsɛtəl] *m 1.* contravention *f*; *2. (für Falschparken)* contravention *f*
Strahl [ʃtraːl] *m 1. (Sonnenstrahl)* rayon *m*; *2. (Wasserstrahl)* jet *m*
strahlen ['ʃtraːlən] *v 1.* rayonner, émettre des rayons; *2. (glänzen)* briller
strahlenverseucht ['ʃtraːlənfɛrzɔyçt] *adj* contaminé par la radioactivité, radioactif
Strahler ['ʃtraːlər] *m* spot *m*, émetteur *m*, radiateur *m*, source rayonnante *f*
Strahlung ['ʃtraːluŋ] *f* *PHYS* radiation *f*
Strähne ['ʃtrɛːnə] *f 1. (Haarsträhne)* mèche *f*; *2. (Kette von Ereignissen)* suite d'événements *f*
strähnig ['ʃtrɛːnɪç] *adj* en mèches, mécheux
stramm [ʃtram] *adj 1. (fest sitzend)* ferme, décidé; *2. (kräftig)* solide, robuste; *3. (Haltung)* raide, tendu; *in ~er Haltung* au garde-à-vous; *4. ~er Max (Spiegelei auf Toast) GAST* œuf sur toast *m*; *adv 5. ~ arbeiten* travailler beaucoup
strampeln ['ʃtrampəln] *v 1. (Baby)* remuer les jambes, gigoter; *2. (beim Radfahren)* pédaler énergiquement
Strand [ʃtrant] *m* plage *f*
stranden ['ʃtrandən] *v 1.* s'échouer, faire naufrage; *2. (fig: scheitern)* échouer
Strang [ʃtraŋ] *m* cordon *m*; *am gleichen ~ ziehen* unir ses efforts/faire cause commune; *über die Stränge schlagen* dépasser les bornes/y aller fort
strangulieren [ʃtraŋgu'liːrən] *v* étrangler
Strapaze [ʃtra'paːtsə] *f* fatigue *f*, peine *f*
strapazieren [ʃtrapa'tsiːrən] *v 1.* fatiguer; *2. (abnutzen)* abîmer
strapazierfähig [ʃtrapa'tsiːrfɛːɪç] *adj* résistant, solide

S

strapaziös [ʃtrapa'tsjøːs] *adj* fatiguant, épuisant, pénible

Straße ['ʃtraːsə] *f* rue *f*, route *f*; *auf der ~ sitzen* être sur le pavé; *jdn auf die ~ werfen* jeter qn à la rue; *auf der ~ liegen* être à la rue; *auf die ~ gehen* faire le trottoir

Straßenbahn ['ʃtraːsənbaːn] *f* tramway *m*
Straßenbeleuchtung ['ʃtraːsənbəlɔyçtuŋ] *f* éclairage des rues *m*
Straßengraben ['ʃtraːsəngraːbən] *m* fossé *m*
Straßenhändler ['ʃtraːsənhɛndlər] *m* marchand ambulant *m*, camelot *m*
Straßenlärm ['ʃtraːsənlɛrm] *m* bruit de la circulation *m*
Straßennetz ['ʃtraːsənnɛts] *n* réseau routier *m*
Straßenverkehr ['ʃtraːsənfɛrkeːr] *m* circulation *f*, trafic routier *m*
Strategie [ʃtrate'giː] *f* stratégie *f*
strategisch [ʃtra'teːgɪʃ] *adj* stratégique
sträuben ['ʃtrɔybən] *v 1. sich ~* se dresser, se raidir; *Da ~ sich ihm die Haare.* Ses cheveux se dressent sur sa tête. *2. sich gegen etw ~ (sich widersetzen)* se refuser à qc, s'opposer à qc
Strauch [ʃtraux] *m BOT* buisson *m*, arbuste *m*
Strauß[1] [ʃtraus] *m (Blumenstrauß)* bouquet (de fleurs) *m*
Strauß[2] [ʃtraus] *m ZOOL* autruche *f*
Strebe ['ʃtreːbə] *f ARCH* arc-boutant *m*
Streber(in) ['ʃtreːbər(ɪn)] *m/f (fam)* arriviste *m/f*, fayot(e) *m/f*
strebsam ['ʃtreːpzam] *adj* ambitieux, appliqué
Strecke ['ʃtrɛkə] *f* distance *f*, ligne *f*, parcours *m*; *auf der ~ bleiben* rester sur le carreau; *jdn zur ~ bringen* terrasser qn/abattre qn
strecken ['ʃtrɛkən] *v* étendre, allonger
Streckenabschnitt ['ʃtrɛkənapʃnɪt] *m* tronçon *m*
Streich [ʃtraɪç] *m 1. (Schlag)* coup *m*; *auf einen ~* d'un seul coup; *2. (Schabernack)* tour *m*; *jdm einen schlechten ~ spielen* jouer un mauvais tour à qn
streicheln ['ʃtraɪçəln] *v* caresser
streichen ['ʃtraɪçən] *v irr 1. (an~)* peindre; *2. (auf~)* mettre sur, tartiner; *3. (durch~)* barrer, raturer, rayer, biffer; *4. (annullieren)* annuler; *5. (berühren)* passer
Streichholz ['ʃtraɪçhɔlts] *n* allumette *f*
Streife ['ʃtraɪfə] *f (Polizeistreife)* patrouille *f*
Streifen ['ʃtraɪfən] *m 1. (Band)* bande *f*, ruban *m*; *2. (Linie)* rayure *f*
Streifenwagen ['ʃtraɪfənvaːgən] *m* voiture de patrouille *f*
Streifzug ['ʃtraɪftsuːk] *m 1.* randonnée *f*, excursion *f*; *2. MIL* raid *m*
Streik [ʃtraɪk] *m* grève *f*
streiken ['ʃtraɪkən] *v* faire la grève, être en grève
Streikposten ['ʃtraɪkpɔstən] *m ECO* piquet de grève *m*
Streit [ʃtraɪt] *m* querelle *f*, contestation *f*, différend *m*
streitbar ['ʃtraɪtbaːr] *adj* querelleur
streiten ['ʃtraɪtən] *v irr sich mit jdm ~* sequereller avec qn, se disputer avec qn
Streitfrage ['ʃtraɪtfraːgə] *f* point litigieux *m*
Streitgegenstand ['ʃraɪtgeːgənʃtant] *m* objet de litige *m*, objet en litige *m*
Streitkräfte ['ʃtraɪtkrɛftə] *pl MIL* forces armées *f/pl*
streitlustig ['ʃtraɪtlustɪç] *adj* belliqueux
streng [ʃtrɛŋ] *adj 1.* sévère, austère, rigoureux, strict; *adv 2. ~ genommen* strict
Strenge ['ʃtrɛŋə] *f 1.* sévérité *f*; *2. (der Haltung)* sévérité *f*; *3. (des Wetters)* rigueur *f*; *4. (des Aussehens)* sévérité *f*, austérité *f*; *5. (des Geschmacks)* âpreté *f*
strenggläubig ['ʃtrɛŋglɔybɪç] *adj* orthodoxe
Streu [ʃtrɔy] *f* litière *f*
streuen ['ʃtrɔyən] *v 1.* répandre, éparpiller; *2. PHYS* disperser
Streuung ['ʃtrɔyuŋ] *f 1.* éparpillement *m*, dispersion *f*; *2. PHYS* dispersion *f*
Strich [ʃtrɪç] *m 1.* trait *m*; *einen ~ unter die Vergangenheit ziehen* tourner la page/tirer un trait sur le passé; *einen ~ unter etw ziehen* tirer un trait sur qc; *gegen den ~ gehen* dégoûter; *nach ~ und Faden* comme il faut; *2. (Linie)* ligne *f*; *3. (Pinselstrich)* coup de pinceau *m*; *4. (fam: Prostitution)* tapin *m*, trottoir *m*; *auf den ~ gehen* faire le tapin/faire le trottoir
Strichcode ['ʃtrɪçkoːt] *m INFORM* code barres *m*
Strichpunkt ['ʃtrɪçpuŋkt] *m GRAMM* point-virgule *m*
Strick [ʃtrɪk] *m* corde *f*; *wenn alle ~e reißen* si rien ne marche; *jdm aus etw einen ~ drehen* retourner qc contre qn, coincer qn avec qc
stricken ['ʃtrɪkən] *v* tricoter

S

Strickjacke ['ʃtrɪkjakə] *f* veste tricotée *f,* veste en tricot *f,* cardigan *m*
Strickleiter ['ʃtrɪklaɪtər] *f* échelle de corde *f*
Striemen ['ʃtriːmən] *m* vergetures *f/pl,* raie *f*
strikt [ʃtrɪkt] *adj* strict, rigoureux
strittig ['ʃtrɪtɪç] *adj* contestable, litigieux, discutable
Stroh [ʃtroː] *n* paille *f,* chaume *m; ~ im Kopf haben* être bête comme ses pieds
Strohdach ['ʃtroːdax] *n* toit de chaume *m*
Strohhalm ['ʃtroːhalm] *m* brin de paille *m,* paille *f; sich an einen ~ klammern* s'accrocher au moindre espoir
Strohmann ['ʃtroːman] *m 1. (fig)* homme de paille *m,* prête-nom *m; 2. (beim Kartenspiel)* mort *m*
Strom [ʃtroːm] *m 1. (Fluss) GEO* fleuve *m; 2. (elektrischer ~) TECH* courant électrique *m; 3. (Strömung)* courant *m; gegen den ~ schwimmen* nager à contre-courant; *mit dem ~ schwimmen* suivre le mouvement; *in Strömen regnen* pleuvoir à verse
Stromausfall ['ʃtroːmausfal] *m* panne de courant *f*
strömen ['ʃtrøːmən] *v 1.* couler, se répandre; *2. (Menschenmenge)* se diriger, affluer
Stromkabel ['ʃtroːmkaːbəl] *n TECH* câble électrique *m*
Stromkreis ['ʃtroːmkraɪs] *m TECH* circuit électrique *m*
stromlinienförmig ['ʃtroːmliːnjənfœrmɪç] *adj* aérodynamique
Strömung ['ʃtrøːmuŋ] *f 1.* courant *m; 2. PHYS* flux *m*
Stromzähler ['stroːmtsɛːlər] *m TECH* compteur électrique *m*
Strophe ['ʃtroːfə] *f MUS* strophe *f*
strotzen ['ʃtrɔtsən] *v ~ von* déborder de
Strudel ['ʃtruːdəl] *m 1.* tourbillon *m,* remous *m; 2. GAST* stroudel *m,* strudel *m*
Struktur [ʃtruk'tuːr] *f* structure *f*
strukturieren [ʃtruktu'riːrən] *v* structurer
Strumpf [ʃtrumpf] *m* chaussette *f,* bas *m*
Strumpfhose ['ʃtrumpfhoːzə] *f* collants
struppig ['ʃtrupɪç] *adj* hérissé *m/pl*
Stube ['ʃtuːbə] *f* chambre *f,* pièce *f*
Stubenarrest ['ʃtuːbənarɛst] *m* consigne *f; ~ haben* être aux arrêts/être consigné
Stubenhocker ['ʃtuːbənhɔkər] *m* casanier *m*

Stück [ʃtyk] *n 1. (Teil)* partie *f,* morceau *m,* pièce *f; etw in ~e reißen* tailler qc en pièces; *große ~e auf jdn halten* penser beaucoup de bien de qn/jurer par qn/faire grand cas de qn; *2. (Abschnitt)* section *f; 3. THEAT* pièce de théâtre *f*

Stücklohn ['ʃtykloːn] *m ECO* salaire à la pièce *m*
stückweise ['ʃtykvaɪzə] *adv* au détail, pièce par pièce, petit à petit
Stückzahl ['ʃtyktsaːl] *f* nombre de pièces *m*
Student(in) [ʃtu'dɛnt(ɪn)] *m/f* étudiant(e) *m/f*
Studentenausweis [ʃtu'dɛntənausvaɪs] *m* carte étudiant *f*
Studentenverbindung [ʃtu'dɛntənfɛrbɪnduŋ] *f* association d'étudiants *f*
studentisch [ʃtu'dɛntɪʃ] *adj* estudiantin
Studie ['ʃtuːdjə] *f* étude *f,* analyse *f*
Studienplatz ['ʃtuːdjənplats] *m* place à l'université *f*
Studienrat ['ʃtuːdjənraːt] *m* professeur certifié *m*
studieren [ʃtu'diːrən] *v* étudier, faire des études
Studio ['ʃtuːdjo] *n* studio *m,* atelier d'artiste *m*
Studium ['ʃtuːdjum] *n* études *f/pl*
Stufe ['ʃtuːfə] *f 1. (Treppenstufe)* marche *f; 2. (Phase)* niveau *m,* degré *m,* phase *f*
stufenlos ['ʃtuːfənloːs] *adj* continu
stufenweise ['ʃtuːfənvaɪzə] *adv* progressivement, graduellement

Stuhl [ʃtuːl] *m* chaise *f; zwischen zwei Stühlen sitzen* être assis entre deux chaises; *fast vom ~ fallen* presque tomber à la renverse; *jdn nicht vom ~ reißen* ne pas emballer qn/ne pas transporter qn de joie

Stuhlgang ['ʃtuːlgaŋ] *m* selles *f/pl*
stülpen ['ʃtylpən] *v 1. etw über etw ~* mettre qc sur qc; *den Hut auf den Kopf ~* enfoncer le chapeau sur la tête; *2. nach außen ~* tourner vers l'extérieur
stumm [ʃtum] *adj* muet
Stummel ['ʃtuməl] *m 1.* tronçon *m,* chicot *m; 2. (einer Zigarette)* bout *m,* mégot *m*
Stummfilm ['ʃtumfɪlm] *m* film muet *m*
Stümper ['ʃtympər] *m (fam: Versager)* incapable *m,* raté *m*
stümperhaft ['ʃtympərhaft] *adj* bâclé
stumpf [ʃtumpf] *adj 1. (nicht scharf)* émoussé, sans pointe; *2. (fig: glanzlos)* terne,

mat; *3. (fig: teilnahmslos)* indifférent, apathique, morne
Stumpf [ʃtumpf] *m 1. (eines Baumes)* souche *f; 2. (einer Extremität)* moignon *m*
Stumpfsinn ['ʃtumpfzɪn] *m* stupidité *f,* hébétude *f*
stumpfsinnig ['ʃtumpfzɪnɪç] *adj 1. (Person)* hébété, abruti, stupide; *2. (Arbeit)* abrutissant, stupide

Stunde ['ʃtundə] *f 1.* heure *f; die ~ X* l'heure H *f; die ~ der Wahrheit* l'heure de vérité *f; Seine letzte ~ hat geschlagen.* Son heure est venue *zur ~* à l'heure actuelle; *zu jeder ~* à toute heure; *2. (Unterricht)* cours *m*

stunden ['ʃtundən] *v ECO* ajourner, différer, proroger
Stundenkilometer ['ʃtundənkiːlomeːtər] *m TECH* kilomètre-heure *m*
stundenlang ['ʃtundənlaŋ] *adj 1.* qui dure des heures; *adv 2.* pendant des heures
Stundenlohn ['ʃtundənloːn] *m* salaire horaire *m*
Stundenplan ['ʃtundənplaːn] *m* emploi du temps *m,* horaire *m*
stündlich ['ʃtyntlɪç] *adj* par heure, horaire, toutes les heures
Stundung ['ʃtunduŋ] *f ECO* prorogation *f,* sursis de payement *m,* report *m,* délai d'exécution *m*
stupid [ʃtu'piːt] *adj 1. (Person)* stupide; *2. (Arbeit)* abrutissant
stur [ʃtuːr] *adj 1.* têtu, obstiné; *adv 2.* avec entêtement
Sturheit ['ʃtuːrhaɪt] *f* entêtement *m,* obstination *f*
Sturm [ʃturm] *m* tempête *f*
stürmen ['ʃtyrmən] *v 1. (Wind)* souffler avec violence; *Es stürmt.* Il fait de la tempête. *2. (rennen)* s'élancer, se précipiter
stürmisch ['ʃtyrmɪʃ] *adj 1. (Wetter)* orageux, agité par la tempête; *2. (fig)* impétueux, fougueux
Sturz [ʃturts] *m 1.* chute *f; 2. (Einsturz)* effondrement *m*
stürzen ['ʃtyrtsən] *v 1.* faire tomber; *2. (fallen)* tomber; *3. sich auf etw ~* se précipiter
Stute ['ʃtuːtə] *f ZOOL* jument *f*
Stütze ['ʃtytsə] *f 1.* appui *m; 2. (fig: Unterstützung)* soutien *m*
stutzen ['ʃtutsən] *v 1. (erstaunt sein)* rester coi, rester interdit; *2. (kürzen)* élaguer qc, tailler qc
stützen ['ʃtytsən] *v 1. (halten)* appuyer; *2. (fig: unter~)* soutenir
stutzig ['ʃtutsɪç] *adj 1. (erstaunt)* surpris; *2. (verwirrt)* déconcerté; *3. (zögernd)* hésitant; *adv 4. (zögernd)* avec hésitation
Stützpunkt ['ʃtytspuŋkt] *m 1.* point d'appui *m; 2. MIL* base *f*
Subjekt [zup'jɛkt] *n GRAMM* sujet *m*
subjektiv [zupjɛk'tiːf] *adj* subjectif
substanziell [zupstan'tsjɛl] *adj* substantiel
Substantiv ['zupstantiːf] *n GRAMM* substantif *m,* nom *m*
Substanz [zup'stants] *f CHEM* substance *f*
Substrat [zup'straːt] *n* substrat *m*
subtil [zup'tiːl] *adj* subtil
Subtraktion [zuptrak'tsjoːn] *f MATH* soustraction *f*
Subvention [zupvɛn'tsjoːn] *f ECO* subvention *f*
subventionieren [zupvɛntsjo'niːrən] *v* subventionner qc
Suchaktion ['zuːxaktsjoːn] *f* opération de recherche *f*
Suche ['zuːxə] *f* recherche *f,* quête *f*

suchen ['zuːxən] *v 1.* chercher, rechercher; *Das hat hier nichts zu ~.* Cela n'a rien à voir ici. *2. (nach jdm verlangen)* demander

Suchlauf ['zuːxlauf] *m TECH* recherche de données *f,* marche de détection des émetteurs *f*
Sucht [zuxt] *f 1. MED* manie *f; Das ist zu einer regelrechten ~ geworden.* C'est devenu un véritable vice. *2. (Drogensucht) MED* toxicomanie *f; 3. (Abhängigkeit)* dépendance *f*
Suchtgefahr ['zuxtgəfaːr] *f* risque de toxicomanie *m*
süchtig [zyçtɪç] *adj (drogen~) MED* toxicomane
Südafrika [zyːt'afrɪka] *n GEO* Afrique du Sud *f*
Südamerika [zyːta'meːrɪka] *n GEO* Amérique du Sud *f*
Süden ['zyːdən] *m* sud *m*
Südeuropa ['zyːtɔyroːpa] *n GEO* Europe du Sud *f*
Südfrucht ['zyːtfruxt] *f* fruit exotique *m*
südländisch ['zyːtlɛndɪʃ] *adj* méditerranéen
südlich ['zyːtlɪç] *adj 1.* du sud, du midi, méridional; *2. GEO* austral; *adv 3.* au sud
Südost [zyːt'ɔst] *m* sud-est
Südpol ['zyːtpoːl] *m GEO* pôle sud *m,* pôle antarctique *m*
Südsee ['zyːtzeː] *f GEO* mers du Sud *f/pl*

S

Südseite ['zy:tzaɪtə] *f* façade sud *f*, face sud *f*, côté sud *m*
Südwest [zy:t'vɛst] *m* sud-ouest
süffig ['zyfɪç] *adj* gouleyant, agréable en bouche, moelleux
süffisant [zyfi'zant] *adj* suffisant
Suggestivfrage [zugɛs'ti:ffra:gə] *f* question suggestive *f*
Sühne ['zy:nə] *f* *1.* expiation *f*; *2. JUR* conciliation *f*
Sülze ['zyltsə] *f* *GAST* gelée *f*, aspic *m*
Summe ['zumə] *f* somme *f*, total *m*
summen ['zumən] *v* *1.* fredonner; *2. (vor sich hin ~)* chantonner; *3. (Insekten)* bourdonner; *4. (Maschinen)* ronfler
summieren [zu'mi:rən] *v* additionner
Sumpf [zumpf] *m* *1.* marais *m*, marécage *m*; *2. (fig)* fange *f*
Sumpfgebiet ['zumpfgəbi:t] *n* marais *m*, marécage *m*
Sünde ['zyndə] *f* péché *m*
Sündenbock ['zyndənbɔk] *m* bouc émissaire *m*
Sünder(in) ['zyndər(ɪn)] *m/f* pécheur/pécheresse *m/f*
sündhaft ['zynthaft] *adj* *1.* de péchés; *adv* *2. ~ teuer* exorbitant, astronomique
sündig ['zyndɪç] *adj* coupable, pêcheur, peccable
sündigen ['zyndɪgən] *v* *REL* pécher, commettre un péché, mal agir envers
super ['zu:pər] *adj* super
Super ['zu:pər] *n (Benzin)* essence super *f*
Suppe ['zupə] *f* *GAST* soupe *f*, potage *m*; *jdm die ~ versalzen (fig)* gâcher le plaisir à qn *sich eine schöne ~ einbrocken* se mettre dans de beaux draps; *Du musst die ~ auslöffeln, die du dir eingebrockt hast.* Maintenant il faut que tu paies les pots cassés.
surfen ['zø:rfən] *v* *1. SPORT* faire du surf; *2. im Internet ~* surfer sur Internet
Surrealismus [zyrea'lɪsmus] *m* *ART* surréalisme *m*
surrealistisch [zyrea'lɪstɪʃ] *adj* *ART* surréaliste
surren ['zurən] *v* *1.* ronfler; *2. (Insekt)* vrombir, bourdonner
Surrogat [zuro'ga:t] *n* ersatz *m*, succédané *m*
suspendieren [zuspɛn'di:rən] *v* suspendre qn

süß [zy:s] *adj* *1. (Geschmack)* doux, sucré; *2. (niedlich)* mignon

Süßholz ['zy:shɔlts] *n* *BOT* réglisse *f*, bois de réglisse *m*
Süßigkeiten ['zy:sɪçkaɪtən] *pl* sucreries *f/pl*, friandises *f/pl*
süßsauer ['zys'zauər] *adj* aigre-doux
Süßstoff ['zy:sʃtɔf] *m* édulcorant *m*, aspartame *m*
Süßwasser ['sy:svasər] *n* eau douce *f*
Symbol [zym'bo:l] *n* symbole *m*
symbolisch [zym'bo:lɪʃ] *adj* symbolique
symbolisieren [zymboli'zi:rən] *v* symboliser
Symmetrie [zyme'tri:] *f* *MATH* symétrie *f*
symmetrisch [zy'me:trɪʃ] *adj* symétrique
Sympathie [zympa'ti:] *f* sympathie *f*
Sympathisant(in) [zympati'zant(ɪn)] *m/f* *POL* sympathisant(e) *m/f*
sympathisch [zym'pa:tɪʃ] *adj* sympathique; *ungeheuer ~* vachement sympathique; *eine ~e Stimme* une voix agréable
sympathisieren [zympati'zi:rən] *v ~ mit* sympathiser avec qn
Symptom [zymp'to:m] *n* symptôme *m*
symptomatisch [zympto'ma:tɪʃ] *adj* symptomatique
Synagoge [zyna'go:gə] *f* *REL* synagogue *f*
synchron [zyn'kro:n] *adj* synchrone
Synchronisation [zynkroniza'tsjo:n] *f* *CINE* synchronisation *f*
synchronisieren [zynkroni'zi:rən] *v* *CINE* synchroniser, doubler
System [zys'te:m] *n* système *m*
Szenario [stse'na:rjo] *n* scénario *m*
Szene ['stse:nə] *f* *1. CINE* scène *f*; *2. (fig: Streit)* scène *f*; *jdm eine ~ machen* faire une scène à qn

S

T

Tabak ['tabak] *m* tabac *m*
Tabakdose ['tabakdo:zə] *m* tabatière *f*
Tabelle [ta'bɛlə] *f* tableau *m*
Tabernakel [tabɛr'na:kəl] *n REL* tabernacle *m*
Tablett [ta'blɛt] *n* plateau *m*
Tablette [ta'blɛtə] *f MED* comprimé *m*, cachet *m*
tabu [ta'bu:] *adj* tabou
Tachometer [taxo'me:tər] *m* tachymètre *m*, compteur (de vitesse) *m*
Tadel ['ta:dəl] *m 1.* blâme *m*, réprobation *f*, réprimande *f; 2. (Vorwurf)* reproche *m*
tadellos ['ta:dəllo:s] *adj 1.* irréprochable, impeccable; *2. (vollkommen)* parfait
tadeln ['ta:dəln] *v 1.* blâmer, réprimander; *2. (missbilligen)* désapprouver
Tafel ['ta:fəl] *f 1. (Schultafel)* tableau *m; 2. (Schalttafel) TECH* tableau de commande *m; 3. (gedeckter Tisch)* table *f; 4. (Schokoladentafel)* tablette de chocolat *f*
tafeln ['ta:fəln] *v* faire un banquet, festoyer
täfeln ['tɛ:fəln] *v* lambrisser
Täfelung ['tɛ:fəluŋ] *f* boiserie *f*, lambrissage *m*

Tag [ta:k] *m* jour *m*, journée *f; von einem ~ auf den anderen* d'un jour à l'autre; *wie ~ und Nacht sein* être le jour et la nuit; *an den ~ kommen* éclater au grand jour, se révéler, se faire jour; *etw an den ~ legen* mettre qc au jour, mettre qc en lumière; *~ für ~* jour après jour; *pro ~* par jour; *den lieben langen ~* toute la sainte journée; *unter ~e* au fond, sous terre; *in den ~ hinein leben* vivre au jour le jour; *~ und Nacht* nuit et jour; *Guten ~!* Bonjour!

tagaus [ta:k'aus] *adv ~, tagein* jour après jour
Tagebuch ['ta:gəbu:x] *n* journal *m; ein ~ führen* tenir un journal; *~ schreiben* écrire son journal
tagen ['ta:gən] *v* siéger, délibérer
Tagesablauf ['ta:gəsaplauf] *m* déroulement de la journée *m*
Tagesanbruch ['ta:gəsanbrux] *m* pointe du jour *f*, aube *f*
Tagesgespräch ['ta:gəsgəʃprɛ:ç] *n* nouvelle du jour *f*, nouvelle dont on parle *f*
Tageskarte ['ta:gəskartə] *f 1. (Ticket)* titre de transport valable pour une journée *m; 2. (Speiseplan)* menu du jour *m*, carte du jour *f*
Tageslicht ['ta:gəslɪçt] *n* lumière du jour *f*, jour *m; das ~ scheuen* agir en eau trouble; *ans ~ kommen* mettre au jour/se révéler
Tagesordnung ['ta:gəsɔrdnuŋ] *f* ordre du jour *m; zur ~ übergehen* passer à l'ordre du jour
Tageszeitung ['ta:gəstsaɪtuŋ] *f* quotidien *m*
täglich ['tɛ:klɪç] *adj 1.* journalier, quotidien, de tous les jours; *adv 2.* par jour, tous les jours, chaque jour
tags [ta:ks] *adv ~ darauf* le lendemain; *~ zuvor* la veille
tagsüber ['ta:ksy:bər] *adv* pendant la journée, toute la journée
Tagtraum ['ta:ktraum] *m* rêve éveillé *m*
Tagung ['ta:guŋ] *f* réunion *f*, congrès *m*, session *f*
Taifun [taɪ'fu:n] *m METEO* typhon *m*
Taille ['taljə] *f* taille *f*
tailliert [taɪ'ji:rt] *adj* cintré
Takt [takt] *m 1. (Feingefühl)* tact *m*, discrétion *f; 2. MUS* mesure *f*, cadence *f; den ~ angeben* donner le ton; *aus dem ~ kommen* s'effondrer, s'écrouler, être désarçonné; *jdn aus dem ~ bringen* désarçonner qn, démonter qn, décontenancer qn
taktieren [tak'ti:rən] *v* procéder de manière prudente, user d'une tactique
Taktik ['taktɪk] *f* tactique *f*
Taktiker(in) ['taktɪkər(ɪn)] *m/f* tacticien (ne) *m/f*
taktisch ['taktɪʃ] *adj* tactique
taktlos ['taktlo:s] *adj* sans tact, indélicat, sans égards, mufle *(fam)*
Taktlosigkeit ['taktlo:zɪçkaɪt] *f* manque de tact *m*, indélicatesse *f*
taktvoll ['taktfɔl] *adj 1.* plein de tact, discret; *2. (zuvorkommend)* prévenant; *adv 3.* avec tact, avec délicatesse
Tal [ta:l] *n* vallée *f*
talentiert [talɛn'ti:rt] *adj* talentueux, doué
Talfahrt ['ta:lfa:rt] *f 1.* descencte dans la vallée *f; 2. (fig)* effondrement *m*
Talsohle ['ta:lzo:lə] *f 1.* fond de la vallée *m; 2. (fig: Tiefpunkt)* creux de la vague *m*
Tangente [taŋ'gɛntə] *f 1. MATH* tangente *f; 2. (Umgehungsstraße)* rocade *f*

Tank [taŋk] *m* *1.* réservoir *m*; *2.* *(Wassertank)* citerne *f*; *3.* *MIL* char d'assaut *m*, tank *m*
tanken ['taŋkən] *v* prendre de l'essence
Tankstelle ['taŋkʃtɛlə] *f* station-service *f*, poste d'essence *m*
Tankwart ['taŋkvart] *m* pompiste *m*
Tanne ['tanə] *f* *BOT* sapin *m*
Tante ['tantə] *f* tante *f*
Tantieme [tan'tjeːmə] *f* *1.* tantièmes *f/pl*, part sur les bénéfices *f*, quote-part sur les bénéfices *f*; *2.* *(für einen Autor)* tantièmes *f/pl*; *3.* *(Aufsichtsratstantieme)* *ECO* tantièmes *f/pl*
Tanz [tants] *m* *1.* danse *f*; *2.* *(Veranstaltung)* bal *m*
tänzeln ['tɛntsəln] *v* *1.* sautiller; *2.* *(Pferd)* piaffer
tanzen ['tantsən] *v* danser
Tänzer(in) ['tɛntsər(ɪn)] *m/f* danseur/danseuse *m/f*
Tapete [ta'peːtə] *f* tapisserie *f*, papier peint *m*; *die ~n wechseln* déménager/changer de décor
tapezieren [tapə'tsiːrən] *v* tapisser, poser du papier peint
tapfer ['tapfər] *adj* courageux, brave, valeureux, vaillant
Tapferkeit ['tapfərkaɪt] *f* courage *m*, bravoure *f*, vaillance *f*
tappen ['tapən] *v* *1.* *(gehen)* marcher; *in eine Pfütze ~* marcher dans une flaque d'eau; *2.* *(tasten) nach etw ~* chercher qc à tâtons
Tarantel [ta'rantəl] *f* *wie von der ~ gestochen* comme piqué par une mouche, comme piqué par la tarentule
Tarif [ta'riːf] *m* tarif *m*, barème *m*
Tarifgruppe [ta'riːfgrupə] *f* *ECO* groupe tarifaire *m*, échelon tarifaire *m*
tarnen ['tarnən] *v* camoufler
Tarnung ['tarnuŋ] *f* camouflage *m*
Tasche ['taʃə] *f* *1.* *(Handtasche)* sac à main *m*; *2.* *(Aktentasche)* serviette *f*, porte-documents *m*, attaché-case *m*; *3.* *(Hosentasche)* poche *f*; *jdn in die ~ stecken* mettre qn dans sa poche; *jdm auf der ~ liegen* vivre aux crochets de qn; *tief in die ~ greifen müssen* devoir allonger la sauce *(fam)*, payer cher; *etw aus eigener ~ bezahlen* payer qc de sa poche; *jdm Geld aus der ~ ziehen* soutirer de l'argent à qn
Taschenbuch ['taʃənbuːx] *n* livre de poche *m*
Taschendieb ['taʃəndiːp] *m* voleur à la tire *m*, pickpocket *m*
Taschenlampe ['taʃənlampə] *f* lampe de poche *f*
Taschentuch ['taʃəntuːx] *n* mouchoir *m*, mouchoir de poche *m*
Tasse ['tasə] *f* tasse *f*; *nicht alle ~n im Schrank haben (fig)* avoir une araignée au plafond, être complètement malade
Tastatur [tasta'tuːr] *f* clavier *m*
Taste ['tastə] *f* touche *f*
tasten ['tastən] *v* toucher, palper, tâter
Tat [taːt] *f* *1.* *(Handlung)* acte *m*, action *f*; *gute ~* bonne action *f*; *jdn auf frischer ~ ertappen* prendre qn sur le fait; *2.* *(Straftat)* délit *m*, infraction *f*
tatenlos ['taːtənloːs] *adj* inactif
Täter(in) ['tɛːtər(ɪn)] *m/f* *1.* auteur d'un acte *m*; *2.* *JUR* coupable *m/f*
tätig ['tɛːtɪç] *adj* actif, agissant, qui exerce l'activité de; *~ werden* entrer en action
tätigen ['tɛːtɪgən] *v* effectuer qc, faire, conclure qc, réaliser qc
Tätigkeit ['tɛːtɪçkaɪt] *f* *1.* activité *f*, occupation *f*; *2.* *(Beruf)* profession *f*
Tatkraft ['taːtkraft] *f* énergie *f*, activité *f*
tatkräftig ['taːtkrɛftɪç] *adj* *1.* énergique; *2.* *(entschlossen)* résolu, décidé
Tätlichkeiten ['tɛːtlɪçkaɪtən] *pl* voies de fait *f/pl*
Tatort ['taːtɔrt] *m* lieu du crime *m*
tätowieren [tɛto'viːrən] *v* tatouer
Tätowierung [tɛto'viːruŋ] *f* tatouage *m*
Tatsache ['taːtzaxə] *f* fait *m*, réalité *f*; *jdn vor vollendete ~n stellen* mettre qn devant le fait accompli; *vollendete ~n schaffen* mettre les choses au clair
tatsächlich [taːt'zɛçlɪç] *adj* effectif, réel
tätscheln ['tɛtʃəln] *v* cajoler, caresser
Tau[1] [tau] *m* rosée *f*
Tau[2] [tau] *n* *(Seil)* câble *m*, cordage *m*
taub [taup] *adj* *MED* sourd
Taube ['taubə] *f* *1.* *ZOOL* pigeon *m*; *2.* *(Symbol)* colombe *f*
Taubheit ['tauphaɪt] *f* *MED* surdité *f*
taubstumm ['taupʃtum] *adj* sourd-muet
Tauchboot ['tauxboːt] *n* bathyscaphe *m*
tauchen ['tauxən] *v* *1.* plonger; *2.* *(ein~)* immerger
Taucher(in) ['tauxər(ɪn)] *m/f* plongeur/plongeuse *m/f*
Taucherbrille ['tauxərbrɪlə] *f* lunettes de plongée *f/pl*
tauen ['tauən] *v* fondre, dégeler
Taufe ['taufə] *f* *REL* baptême *m*; *etw aus der ~ heben* fonder qc/parrainer qc

T

taufen ['taufən] *v REL* baptiser
Taufpate ['taufpaːtə] *m REL* parrain *m*
Taufpatin ['taufpaːtɪn] *f REL* marraine *f*
Taufschein ['tauffaɪn] *m REL* extrait de baptême *m*
taugen ['taugən] *v 1. (nützlich sein)* valoir, être utile à; *2. (passen)* convenir à
Taugenichts ['taugənɪçts] *m* propre à rien *m,* vaurien *m*
tauglich ['tauklɪç] *adj 1. (passend)* convenable; *2. (geeignet)* apte, bon
Tauglichkeit ['tauklɪçkaɪt] *f* caractère approprié, aptitude *f*
Taumel ['tauməl] *m 1. (Schwindel)* vertige *m; 2. (Verzückung)* extase *m,* ravissement *m*
taumeln ['tauməln] *v* tituber, chanceler, être pris de vertige
Tausch [tauʃ] *m 1.* échange *m,* troc *m; 2. (Stellentausch)* permutation *f*
tauschen ['tauʃən] *v* échanger contre, changer contre
täuschen ['tɔyʃən] *v 1. jdn ~* tromper qn, duper qn, abuser qn; *2. sich ~ in* se tromper sur, faire erreur sur, se tromper à propos de; *3. sich ~ (sich Illusionen machen)* se faire des illusions
Tauschhandel ['tauʃhandəl] *m* commerce d'échange *m,* troc *m*
Täuschung ['tɔyʃuŋ] *f 1.* tromperie *f,* duperie *f; 2. (Irrtum)* erreur *f*
tausend ['tauzənt] *num* mille
tausendfach ['tauzəntfax] *adv* des milliers de fois
Tausendfüßler ['tauzəntfyːslər] *m ZOOL* mille-pattes *m,* scolopendre *m*
Tautropfen ['tautrɔpfən] *m* goutte de rosée *f*
Tauwetter ['tauvɛtər] *n* dégel *m*
Tauziehen ['tautsiːən] *n 1.* lutte à la corde *f; 2. (fig: Kräftemessen)* épreuve de force *f*
Taxameter [taksa'meːtər] *n* taximètre *m*
Taxi ['taksi] *n* taxi *m*
taxieren [ta'ksiːrən] *v 1.* jauger qn; *2. (Wert)* estimer qc, évaluer
Taxifahrer(in) ['taksifaːrər(ɪn)] *m/f* conducteur/conductrice de taxi *m/f*
Team [tiːm] *n* équipe *f*
Teamfähigkeit ['tiːmfɛːɪçkaɪt] *f* aptitude à travailler en équipe *f*
Teamgeist ['tiːmgaɪst] *m* esprit d'équipe *m*
Technik ['tɛçnɪk] *f* technique *f*
Techniker ['tɛçnɪkər] *m* technicien *m,* agent technique *m*
technisch ['tɛçnɪʃ] *adj* technique
Technisierung [tɛçni'ziːruŋ] *f* technicisation *f*
Techtelmechtel [tɛçtəl'mɛçtəl] *n (fam)* aventure *f,* flirt *m*
Tee [teː] *m 1.* thé *m; 2. (Kräutertee)* infusion *f,* tisane *f*
Teekessel ['teːkɛsəl] *m* bouilloire *f*
Teeküche ['teːkyçə] *f* kitchenette *f*
Teer [teːr] *m* goudron *m*
teeren ['teːrən] *v* goudronner, bitumer
Teich [taɪç] *m* étang *m,* pièce d'eau *f*
Teig [taɪk] *m* pâte *f*
Teigwaren ['taɪkvaːrən] *pl* pâtes *f/pl*

Teil [taɪl] *m* partie *f,* part *f,* morceau *m; sich seinen ~ denken* avoir son idée, se faire son opinion; *für meinen ~* pour ma part; *seinen ~ kriegen* avoir sa part; *seinen ~ weghaben* avoir eu sa part

teilbar ['taɪlbaːr] *adj* divisible
Teilbetrag ['taɪlbətraːk] *m* quote-part *f,* montant partiel *m*
Teilchen ['taɪlçən] *n* particule *f*
teilen ['taɪlən] *v 1. (trennen)* séparer, diviser; *2. (fig: gemeinsam haben)* partager
Teilerfolg ['taɪlɛrfɔlk] *m* succès partiel *m*
Teilnahme ['taɪlnaːmə] *f* participation *f*
teilnahmslos ['taɪlnaːmsloːs] *adj 1.* indifférent, apathique; *adv 2.* avec indifférence
Teilnahmslosigkeit ['taɪlnaːmsloːzɪçkaɪt] *f* absence d'intérêt *f,* indifférence *f*
teilnehmen ['taɪlneːmən] *v irr 1.* participer, prendre part; *2. (sich anschließen)* s'associer; *3. (mitarbeiten)* collaborer
Teilnehmer(in) ['taɪlneːmər(ɪn)] *m/f 1.* participant(e) *m/f; 2. TEL* abonné(e) *m/f,* correspondant(e) *m/f*
teils [taɪls] *adv* en partie
Teilung ['taɪluŋ] *f* partage *m,* division *f*
teilweise ['taɪlvaɪzə] *adv* partiellement, en partie
Teilzahlung ['taɪltsaːluŋ] *f ECO* paiement partiel *m*
Teilzeitbeschäftigung ['taɪltsaɪtbəʃɛftɪguŋ] *f* travail à temps partiel *m,* travail à mi-temps *m,* mi-temps *m*
Telefax ['telefaks] *n* télécopie *f,* téléfax *m*
Telefon [tele'foːn] *n* téléphone *m*
Telefonat [telefo'naːt] *n* appel téléphonique *m*
Telefonbuch [tele'foːnbuːx] *n* annuaire (téléphonique) *m*
telefonieren [telefo'niːrən] *v* téléphoner, appeler au téléphone

T

telefonisch [tele'fo:nɪʃ] *adj 1.* téléphonique; *adv 2.* au téléphone, par téléphone
Telefonseelsorge [tele'fo:nze:lsɔrgə] *f* S.O.S. amitié *m*
Telefonzelle [tele'fo:ntsɛlə] *f* cabine téléphonique *f*
Telegramm [tele'gram] *n* télégramme *m*
Telegrammstil [tele'gramʃti:l] *m* style télégraphique *m*
telepathisch [tele'pa:tɪʃ] *adj* télépathique
Teller ['tɛlər] *m 1. (flacher ~)* assiette plate *f; 2. (tiefer ~)* assiette à soupe *f; 3. (Dessertteller)* assiette à dessert *f*
Tempel ['tɛmpəl] *m* temple *m*
Temperament [tɛmpəra'mɛnt] *n* tempérament *m*
temperamentvoll [tɛmpəra'mɛntfɔl] *adj* dynamique, plein d'entrain
Temperatur [tɛmpəra'tu:r] *f* température *f*
Tempo ['tɛmpo] *n 1. (Geschwindigkeit)* vitesse *f; ~ machen* accélérer, appuyer sur le champignon *(fam); 2. (Gang)* allure *f; 3. MUS* tempo *m,* cadence *f*
Tempolimit ['tɛmpolɪmɪt] *n* limitation de vitesse *f*
temporär [tɛmpo'rɛ:r] *adj* temporaire, passager
Tendenz [tɛn'dɛnts] *f* tendance *f*
tendenziell [tɛndɛn'tsjɛl] *adj* tendanciel
tendenziös [tɛndɛn'tsjø:s] *adj* tendancieux
tendieren [tɛn'di:rən] *v ~ zu* avoir une tendance vers, être orienté vers
Tennis ['tɛnɪs] *n SPORT* tennis *m*
Tenor [te'no:r] *m MUS* ténor *m*
Teppich ['tɛpɪç] *m* tapis *m; etw unter den ~ kehren* passer qc sous silence, taire qc; *auf dem ~ bleiben* garder les pieds sur terre
Teppichboden ['tɛpɪçbo:dən] *m* moquette *f*
Teppichklopfer ['tɛpɪçklɔpfər] *m* tapette *f*
Termin [tɛr'mi:n] *m 1. (Datum)* date *f; 2. (Frist)* délai *m; 3. (Verabredung)* rendez-vous *m; 4. (Verhandlung) JUR* audience *f*
Termindruck [tɛr'mi:ndruk] *m* pression du délai *f*
termingerecht [tɛr'mi:ngərɛçt] *adj* conforme à la date fixée, en temps voulu
Terminkalender [tɛr'mi:nkalɛndər] *m* agenda *m,* carnet de rendez-vous *m*
Terrasse [tɛ'rasə] *f* terrasse *f*
Terrine [tɛ'rinə] *f* terrine *f,* soupière *f*
territorial [tɛrito'rja:l] *adj* territorial
Territorium [tɛri'to:rjum] *n* territoire *m*
Terror ['tɛrɔr] *m* terreur *f*
Terrorakt ['tɛrɔrakt] *m POL* acte de terrorisme *m*
Terrorgefahr ['tɛrɔrgəfa:r] *f* danger terroriste *m*
terrorisieren [tɛrɔri'zi:rən] *v* terroriser qn
Terrorismus [tɛrɔ'rɪsmus] *m POL* terrorisme *m*
Terrorist(in) [tɛrɔ'rɪst(ɪn)] *m/f POL* terroriste *m/f*
Testament [tɛsta'mɛnt] *n* testament *m; sein ~ machen können (fig)* pouvoir faire son testament, pouvoir signer son arrêt de mort
testamentarisch [tɛstamɛn'ta:rɪʃ] *adj 1. JUR* testamentaire; *adv 2. JUR* par testament
testen ['tɛstən] *v* tester, essayer
Testreihe ['tɛstraɪə] *f* série de tests *f*
Teststrecke ['tɛstʃtrɛkə] *f* parcours d'essai *m*

> **teuer** ['tɔyər] *adj 1.* cher, coûteux; *Das Leben wird teurer.* Le coût de la vie augmente. *Das wird dir ~ zu stehen kommen!* Tu vas le payer!/Ça va te coûter cher! *2. (kostspielig)* onéreux

Teufel ['tɔyfəl] *m* diable *m,* démon *m; Scheren Sie sich zum ~!* Allez au diable! *Scher dich zum ~!* Va te faire foutre! *(fam); Hier hat der ~ seine Hand im Spiel.* Le diable s'en mêle. *den ~ an die Wand malen* jouer les oiseaux de mauvais augure, peindre les choses en noir; *sich einen ~ um etw scheren* ne rien avoir à foutre de qc *(fam),* se soucier de qc comme de sa première chemise; *in ~s Küche kommen* être dans de beaux draps, être dans le caca *(fam); auf ~ komm raus* le maximum, tout ce que nous pouvons; *jdn zum ~ schicken* envoyer qn au diable, envoyer promener qn; *Da ist der ~ los.* Ça gronde!/Ça ne rigole pas! *(fam); Pfui ~!* Berk!/Beurk!
Teufelskreis ['tɔyfəlskraɪs] *m (fig)* cercle vicieux *m*
teuflisch ['tɔyflɪʃ] *adj* diabolique, démoniaque, infernal
Text [tɛkst] *m* texte *m*
texten ['tɛkstən] *v 1. (Werbetext)* composer qc; *2. (Schlagertext)* composer qc
Texter(in) ['tɛkstər(ɪn)] *m/f 1. (Werbetexter(in))* rédacteur/rédactrice publicitaire *m/f; 2. MUS* parolier *m*
Textilien [tɛks'ti:ljən] *pl* textiles *m/pl*
Textverarbeitung ['tɛkstfɛrarbaɪtuŋ] *f INFORM* traitement de textes *m*
Theater [te'a:tər] *n 1. (Schauspielhaus)* théâtre *m; 2. (fig: Aufregung)* comédie *f,* cinéma *m; ~ spielen* jouer la comédie

T

Theaterstück [te'aːtərʃtyk] *n* pièce de théâtre *f*
theatralisch [tea'traːlɪʃ] *adj 1. (fig)* théâtral, affecté; *adv 2. (fig)* avec emphase
Theke ['teːkə] *f* comptoir *m*
Thema ['teːma] *n* thème *m*, sujet *m*; *das ~ wechseln* changer de sujet; *ein ~ anschneiden* aborder un sujet
Thematik [te'maːtɪk] *f* thématique *f*
thematisch [te'maːtɪʃ] *adj* thématique
Theologie [teolo'giː] *f* théologie *f*
theologisch [teo'loːgɪʃ] *adj REL* théologique
Theoretiker(in) [teo'reːtɪkər(ɪn)] *m/f* théoréticien(ne) *m/f*
theoretisch [teo'reːtɪʃ] *adj 1.* théorique; *adv 2.* en théorie
Theorie [teo'riː] *f* théorie *f*
Therapeut(in) [tera'pɔyt(ɪn)] *m/f* thérapeute *m/f*
therapeutisch [tera'pɔytɪʃ] *adj MED* thérapeutique
Therapie [tera'piː] *f* thérapie *f*
Thermalbad [tɛr'maːlbaːt] *n* station thermale *f*
Thermometer [tɛrmo'meːtər] *n* thermomètre *m*
Thermoskanne ['tɛrmɔskanə] *f* (bouteille) thermos *f*
These ['teːzə] *f* thèse *f*
Thron [troːn] *m* trône *m*; *von seinem ~ herabsteigen* descendre de son piédestal; *jdn vom ~ stoßen* chasser qn de son trône, détrôner qn; *Sein ~ wackelt gewaltig.* Il est en train de dégringoler de son piédestal.
Thronfolger ['troːnfɔlgər] *m* héritier du trône *m*, dauphin *m*
Tick [tɪk] *m* tic *m*, manie *f*
ticken ['tɪkən] *v* faire tic tac; *nicht mehr ganz richtig ~ (fig)* ne plus avoir toute sa tête

tief [tiːf] *adj 1.* profond; *~ schürfend (fig)* qui va au fond des choses; *2. (~ eingeschnitten)* encaissé; *3. (Temperatur)* bas; *4. (Schnee)* profond; *5. (Nacht)* épais

Tief [tiːf] *n* dépression *f*, zone de basse pression *f*, phase dépressive *f*
Tiefe ['tiːfə] *f* profondeur *f*
Tiefflug ['tiːffluːk] *m* vol à basse altitude *m*, rase-mottes *m*
tiefgreifend ['tiːfgraɪfənt] *adj* profond, radical
Tiefkühlfach ['tiːfkyːlfax] *n* bac à congélation *m*
Tiefkühlkost ['tiːfkyːlkɔst] *f* produits surgelés *m/pl*
Tiefpunkt ['tiːfpuŋkt] *m* minimum *m*, point le plus bas *m*
Tier [tiːr] *n* animal *m*, bête *f*; *ein hohes ~ (fam)* un gros bonnet *m*, une grosse légume *f*
Tierarzt ['tiːrartst] *m MED* vétérinaire *m*
Tierheim ['tiːrhaɪm] *n* refuge (pour animaux) *m*, fourrière *f*
tierisch ['tiːrɪʃ] *adj 1.* animal; *2. (unmenschlich)* brutal; *adv 3. ~ viel* beaucoup, énormément; *4. etw ~ ernst nehmen* prendre qc vachement au sérieux *(fam)*
Tierkreiszeichen ['tiːrkraɪstsaɪçən] *n* signe du zodiaque *m*
Tierpfleger(in) ['tiːrpfleːgər(ɪn)] *m/f* gardien d'animaux *m*
Tierquälerei [tiːrkvɛːlə'raɪ] *f* cruauté envers les animaux *f*
Tierreich ['tiːrraɪç] *n* monde animal *m*
Tiger ['tiːgər] *m ZOOL* tigre *m*
tilgen ['tɪlgən] *v ECO* effacer, amortir, acquitter
Tilgung ['tɪlguŋ] *f ECO* abolition *f*, acquittement *m*, extinction d'une dette *f*
Tinte ['tɪntə] *f* encre *f*; *in der ~ sitzen* être dans la purée, être dans le pétrin
Tintenfass ['tɪntənfas] *n* encrier *m*
Tintenfisch ['tɪntənfɪʃ] *m ZOOL* seiche *f*
Tipp [tɪp] *m 1. (fam: Rat)* conseil *m*, tuyau *m*; *2. (bei einer Wette)* pronostic *m*
tippen ['tɪpən] *v 1. (Maschine schreiben)* taper; *2. (vermuten)* supposer; *3. ~ auf (wetten)* miser sur, parier sur

Tisch [tɪʃ] *m* table *f*; *den ~ abräumen* débarrasser la table; *Gehen wir zu ~ !* Passons à table! *reinen ~ machen* faire table rase; *am runden ~* à la table ronde; *jdn über den ~ ziehen* pigeonner qn *(fam)*, duper qn; *unter den ~ fallen* être abandonné, être passé sous silence; *jdn unter den ~ trinken* faire rouler qn sous la table; *bei ~* à table

Tischler ['tɪʃlər] *m* menuisier *m*, ébéniste *m*
Titel ['tiːtəl] *m 1. (Buchtitel)* titre *m*; *2. (Doktortitel)* titre *m*
Titelbild ['tiːtəlbɪlt] *n* photo de couverture *f*, frontispice *m*
Toast [toːst] *m 1. GAST (Brot)* toast *m*, pain grillé *m*; *2. (Trinkspruch)* toast *m*; *einen ~ auf jdn ausbringen* porter un toast à qn
toben ['toːbən] *v 1. (sich entladen)* se déchaîner, faire rage, gronder; *2. (wüten)* être furieux, tempêter, fulminer

Tobsuchtsanfall ['to:pzuxtsanfal] *m* accès de folie furieuse *m,* frénésie *f*

Tochter ['tɔxtər] *f* fille *f*

Tochtergesellschaft ['tɔxtərgəzɛlʃaft] *f ECO* filiale *f*

Tod [to:t] *m 1.* mort *f,* décès *m; jdn zum ~e verurteilen* condamner qn à la peine capitale, condamner qn à mort; *tausend ~e sterben* mourir de peur, être vert de peur; *jdn auf den ~ nicht leiden können* ne pas pouvoir sentir qn, exécrer qn; *mit dem ~e ringen* être entre la vie et la mort; *in den ~ gehen* donner sa vie; *zu ~e kommen* mourir, succomber, décéder; *2. (poetisch)* trépas *m*

Todesangst ['to:dəsaŋst] *f* angoisse mortelle *f*

Todesanzeige ['to:dəsantsaɪgə] *f 1.* faire-part de décès *m; 2. (in einer Zeitung)* avis de décès *m*

Todeskampf ['to:dəskampf] *m* agonie *f*

Todesstrafe ['to:dəsʃtra:fə] *f JUR* peine de mort *f,* peine capitale *f*

Todesurteil ['to:dəsurtaɪl] *n* condamnation à mort *f,* arrêt de mort *m*

Todfeind(in) ['to:tfaɪnt/'to:tfaɪndɪn] *m/f* ennemi(e) mortel(le) *m/f*

todkrank ['to:t'kraŋk] *adj* moribond, malade à mourir; *~ sein* être malade comme un chien

todlangweilig ['to:tlaŋvaɪlɪç] *adj* ennuyeux à mourir, ennuyeux à en mourir

tödlich ['tø:tlɪç] *adj* mortel, meurtrier

todmüde ['to:t'my:də] *adj* éreinté, mort de fatigue, épuisé; *~ sein* être sur les genoux, être exténué

todsicher ['to:t'zɪçər] *adj* absolument sûr, garanti

Todsünde ['to:tzyndə] *f REL* péché mortel *m*

Toilette [toa'lɛtə] *f* toilettes *f/pl,* W.C. *m/pl*

tolerant [tɔlə'rant] *adj* tolérant

Toleranz [tɔlə'rants] *f* tolérance *f*

tolerieren [tɔlə'ri:rən] *v* tolérer

toll [tɔl] *adj 1. (verrückt)* fou; *2. (fam: super)* formidable, sensationnel, super bien

tollkühn ['tɔlky:n] *adj 1.* téméraire; *adv 2.* avec témérité

Tollpatsch ['tɔlpatʃ] *m* maladroit *m,* lourdaud *m*

tollpatschig ['tɔlpatʃɪç] *adj* gauche, maladroit, balourd

Tollwut ['tɔlvu:t] *f MED* rage *f*

Tölpel ['tœlpəl] *m* rustre *m,* malotru *m,* plouc *m (fam)*

Tomate [to'ma:tə] *f BOT* tomate *f; eine treulose ~ sein* être un lâcheur, être une lâcheuse; *~n auf den Augen haben (fig)* ne pas avoir les yeux en face des trous

Tombola ['tɔmbola] *f* tombola *f*

Ton[1] [to:n] *m 1. (Laut)* son *m,* sonorité *f; keinen ~ von sich geben* ne pas souffler mot; *keinen ~ sagen* ne pas piper mot; *2. MUS* ton *m,* sonorité *f,* timbre *m; den ~ angeben* donner le ton, donner la note; *jdn in den höchsten Tönen loben* chanter les louanges de qn; *große Töne spucken (fig)* faire de grands discours; *3. (Umgangston)* ton *m,* ton familier *m; Wenn Sie so einen ~ anschlagen ...* Si vous le prenez sur ce ton-là ... *den ~ angeben (fig)* faire la loi, faire la pluie et le beau temps; *einen anderen ~ anschlagen* changer de ton, changer de langage; *sich im ~ vergreifen* faire une fausse note, faire un couac; *Diesen Ton verbitte ich mir.* Je vous défends de me parler sur ce ton-là. *4. (Farbton)* ton *m; ~ in ~* ton sur ton

Ton[2] [to:n] *m (Lehm)* argile *f,* terre glaise *f*

tonangebend ['to:nange:bənt] *adj* qui donne le ton

Tonart ['to:nart] *f MUS* mode de tonalité *m,* ton *m; eine andere ~ anschlagen* changer de registre, changer de ton

Tonband ['to:nbant] *n* bande magnétique *f*

tönen ['tø:nən] *v 1. (klingen)* sonner, résonner, retentir; *2. (färben)* colorer, teindre, teinter; *3. (fig: prahlen)* se vanter

Tonfall ['to:nfal] *m* intonation *f*

Tonlage ['to:nla:gə] *f MUS* hauteur du ton *f*

Tonleiter ['to:nlaɪtər] *f MUS* gamme *f*

Tonne ['tɔnə] *f 1. (Gefäß)* tonneau *m,* fût *m,* baril *m; dick wie eine ~ sein* être gros comme une vache; *2. (Maßeinheit)* tonne *f*

Tönung ['tø:nuŋ] *f* coloration *f*

Topf [tɔpf] *m* pot *m,* casserole *f,* marmite *f; alles in einen ~ werfen* mettre tout dans le même panier, mettre tout dans le même sac; *wie ~ und Deckel zusammenpassen* s'entendre comme larrons en foire, aller parfaitement ensemble

Töpfer ['tœpfər] *m 1.* potier *m,* céramiste *m; 2. (Ofensetzer)* poêlier *m,* fumiste *m*

töpfern ['tœpfərn] *v* faire de la poterie

Tor[1] [to:r] *n 1. (Tür)* porte cochère *f,* portail *m; 2. (~ zum Hof)* porte cochère *f; 3. SPORT* but *m; ein ~ schießen* marquer un but

T

Tor[2] [toːr] *m (Dummkopf)* sot *m,* insensé *m,* niais *m,* fol *m*
Toreinfahrt ['toːraɪnfaːrt] *f* porte cochère *f,* entrée *f*
Torf [tɔrf] *m* tourbe *f*
torkeln ['tɔrkəln] *v* tituber, chanceler
torpedieren [tɔrpe'diːrən] *v (fig)* torpiller
Torpedo [tɔr'peːdo] *m MIL* torpille *f*
Torpfosten ['toːrpfɔstən] *m 1.* montant *m,* poteau *m; 2. SPORT* poteau de but *m*
Torte ['tɔrtə] *f 1. GAST* gâteau *m; 2. (Obsttorte)* tarte *f*
Tortur [tɔr'tuːr] *f* torture *f*
Torwart ['toːrvart] *m* gardien de but *m*
tosen ['toːzən] *v* bruire, gronder, mugir
tot [toːt] *adj* mort, défunt, décédé; *auf der Stelle ~ umfallen* tomber raide; *mehr ~ als lebendig* plus mort que vif
total [to'taːl] *adj* total, global
Totale [to'taːlə] *f CINE* plan de situation *m,* plan d'ensemble *m*
totalitär [totali'tɛːr] *adj* totalitaire
Totalschaden [to'taːlʃaːdən] *m* dommage intégral *m*
Tote(r) ['toːtə(r)] *m/f* mort(e) *m/f,* défunt(e) *m/f*
töten ['tøːtən] *v* tuer, mettre à mort
Totenbett ['toːtənbɛt] *n* lit de mort *m*
totenblass [toːtən'blas] *adj* pâle comme un mort, livide
Totengräber ['toːtəngrɛːbər] *m* fossoyeur *m,* nécrophore *m*
Totenkopf ['toːtənkɔpf] *m* tête de mort *f*
Totenstarre ['toːtənʃtarə] *f* rigidité cadavérique *f*
Totenstille ['toːtən'ʃtɪlə] *f* silence de mort *m*
Totenwache ['toːtənvaxə] *f* veillée funèbre *f*
Totgeburt ['toːtgəburt] *f* mort-né *m*
totlachen ['toːtlaxən] *v sich ~* rire comme un bossu, se pâmer de rire; *Das ist zum Totlachen.* C'est à crever de rire./C'est à hurler de rire.
Totschlag ['toːtʃlaːk] *m JUR* homicide volontaire *m,* meurtre *m,* mort d'homme *f*
toupieren [tu'piːrən] *v* crêper
Tour [tuːr] *f 1.* tour *m,* promenade *f; jdn auf ~en bringen* mettre qn en train, retaper qn *(fam); eine krumme ~* un mauvais coup *m,* une vacherie *f (fam); in einer ~* sans arrêt, d'une traite; *2. (fig)* façon *f*
Tourismus [tu'rɪsmus] *m* tourisme *m*
touristisch [tu'rɪstɪʃ] *adj* touristique
Tournee [tur'neː] *f* tournée *f*
Trab [traːp] *m* trot *m; jdn auf ~ bringen* secouer qn, secouer les puces à qn; *auf ~ sein* carburer drôlement *(fam); jdn in ~ halten* faire tourner qn en bourrique
Trabant [tra'bant] *m* traban *m,* satellite *m*
traben ['traːbən] *v* trotter, aller au trot
Tracht [traxt] *f 1.* costume *m,* habits *m/pl; 2. (Volkstracht)* costume folklorique *m*
trachten ['traxtən] *v 1. nach etw ~* aspirer à qc, rechercher qc; *2. danach ~, etw zu tun* chercher à faire qc, essayer de faire qc
trächtig ['trɛçtɪç] *adj ZOOL* pleine, gravide
Tradition [tradits'joːn] *f* tradition *f*
traditionell [traditsjoː'nɛl] *adj* traditionnel
tragbar ['traːkbaːr] *adj 1. (Apparat)* portatif; *2. (Mode)* portable, mettable; *3. (fig: er~)* supportable
Trage ['traːgə] *f* civière *f,* brancard *m*
träge ['trɛːgə] *adj 1. (faul)* paresseux, fainéant; *2. PHYS* inerte; *3. (schlaff)* mou, amorphe

tragen ['traːgən] *v irr 1.* porter; *2. (fig: er~)* supporter, tolérer

Träger ['trɛːgər] *m 1. (Person)* porteur *m; 2. (Stütze)* support *m,* montant *m; 3. (eines Kleidungsstücks)* bretelle *f*
Tragfläche ['traːkflɛçə] *f (eines Flugzeugs)* surface portante *f,* voilure *f*
Trägheit ['trɛːkhaɪt] *f 1.* paresse *f,* fainéantise *f,* indolence *f; 2. PHYS* inertie *f*
tragisch ['traːgɪʃ] *adj* tragique
Tragödie [tra'gøːdjə] *f* tragédie *f*
Tragweite ['traːkvaɪtə] *f* portée *f*
Trainee [trɛɪ'niː] *m/f ECO* formation continue *f*
Trainer ['trɛɪnər] *m* entraîneur *m*
trainieren [trɛɪ'niːrən] *v* s'entraîner, entraîner
Training ['trɛɪnɪŋ] *n* entraînement *m*
Trainingsanzug ['trɛɪnɪŋsantsuːk] *m* survêtement de sport *m,* jogging *m*
traktieren [trak'tiːrən] *v (fam)* traiter mal, régaler de
Traktor ['traktɔr] *m AGR* tracteur *m*
trällern ['trɛlərn] *v* chantonner, fredonner
trampeln ['trampəln] *v* piétiner, trépigner
Trampelpfad ['trampəlpfaːt] *m* piste battue *f*
trampen ['trɛmpən] *v* faire du stop, faire de l'auto-stop

Tramper(in) ['trɛmpər(ɪn)] *m/f* auto-stoppeur/auto-stoppeuse *m/f*
tranchieren [trɑ̃n'ʃiːrən] *v* découper
Träne ['trɛːnə] *f* larme *f,* pleur *m*
Tränke ['trɛŋkə] *f* abreuvoir *m*
tränken ['trɛŋkən] *v 1. (Tiere)* abreuver; *2. (imprägnieren)* imbiber, imprégner
Transaktion [transakts'joːn] *f* transaction *f*
transatlantisch [transat'lantɪʃ] *adj* transatlantique
Transfer [trans'feːr] *m* transfert *m*
transparent [transpa'rɛnt] *adj* transparent
Transparent [transpa'rɛnt] *n* banderole *f,* calicot *m*
Transparenz [transpa'rɛnts] *f* transparence *f*
Transpiration [transpira'tsjoːn] *f* transpiration *f*
Transplantation [transplanta'tsjoːn] *f MED* greffe *f,* transplantation *f*
Transport [trans'pɔrt] *m* transport *m*
Transporter [trans'pɔrtər] *m 1. (Lastwagen)* véhicule transporteur de marchandises *m,* camion *m,* poids lourd *m; 2. (Schiff)* navire marchand *m; 3. (Flugzeug)* avion-cargo *m*
transportieren [transpɔr'tiːrən] *v* transporter
Transportunternehmen [trans'pɔrtuntərneːmən] *n* entreprise de transport *f*
transzendent [transtsɛn'dɛnt] *adj* transcendant
Trapez [tra'peːts] *n* trapèze *m*
Trasse ['trasə] *f* tracé *m*
Tratsch [traːtʃ] *m (fam)* bavardage *m*
Traube ['traubə] *f BOT* grappe *f,* raisin *m*
Traubenzucker ['traubəntsukər] *m* sucre de raisin *m,* glucose *m*
trauen ['trauən] *v 1. (verheiraten)* marier, unir; *2. jdm ~ (ver~)* avoir confiance en qn, se fier à qn; *seinen Augen nicht ~* ne pas en croire ses yeux; *3. sich ~* oser
Trauer ['trauər] *f 1.* affliction *f,* désolation *f; 2. (bei einem Todesfall)* deuil *m*
Trauerfall ['trauərfal] *m* décès *m,* deuil *m*
Trauerkleidung ['trauərklaɪduŋ] *f ~ anlegen* prendre le deuil
Trauermarsch ['trauərmarʃ] *m* marche funèbre *f*
trauern [trauərn] *v 1.* être triste, être affligé; *2. (bei einem Todesfall)* être en deuil
Trauerspiel ['trauərʃpiːl] *n THEAT* tragédie *f*
Trauerweide ['trauərvaɪdə] *f BOT* saule pleureur *m*
Traufe [traufə] *f* égout *m,* gouttière *f*
träufeln ['trɔyfəln] *v 1.* verser goutte à goutte; *2. (etw ~)* instiller qc

> **Traum** [traum] *m* rêve *m,* songe *m; nicht im ~* pas le moins du monde; *Aus der ~!* C'est fini!/Adieu veau, vache, cochon, couvée!

Trauma ['trauma] *n 1. MED* traumatisme *m; 2. (Verletzung)* lésion *f; 3. (Schock)* choc *m*
traumatisch [trau'maːtɪʃ] *adj* traumatisant
Traumdeutung ['traumdɔytuŋ] *f* interprétation des rêves *f,* interprétation des songes *f*
träumen ['trɔymən] *v* rêver, songer; *sich etw nicht ~ lassen* ne pas oser songer/ne jamais imaginer
Träumer(in) ['trɔymər(ɪn)] *m/f* rêveur/rêveuse *m/f*
Träumerei [trɔymə'raɪ] *f* rêverie *f*
traumhaft ['traumhaft] *adj 1. (fig)* fantastique, merveilleux; *2. (unwirklich)* irréel
Traumpaar ['traumpaːr] *n* couple de rêve *m*
traurig ['traurɪç] *adj* triste, affligé, désolé
Traurigkeit ['traurɪçkaɪt] *f* tristesse *f,* affliction *f,* désolation *f*
Trauung ['trauuŋ] *f 1. (kirchlich)* bénédiction nuptiale *f; 2. (standesamtlich)* célébration du mariage *f*
Treff[1] [trɛf] *m 1. (~en)* rendez-vous *m; 2. (~punkt)* lieu de rencontre *f*
Treff[2] [trɛf] *n (Spielkarte)* trèfle *m*
treffen ['trɛfən] *v irr 1.* atteindre, toucher; *2. (begegnen)* rencontrer; *3. (fig: berühren)* toucher, émouvoir
Treffen ['trɛfən] *n* rencontre *f,* réunion *f*
treffend ['trɛfənt] *adj* juste, exact, pertinent
Treffer ['trɛfər] *m 1.* coup au but *m,* projectile bien placé *m; 2. (fig)* coup heureux *m,* coup de chance *m*
treffsicher ['trɛfzɪçər] *adj 1.* qui a la main sûre, qui a l'œil juste; *2. (fig)* à propos, pertinent
Treffsicherheit ['trɛfzɪçərhaɪt] *f* adresse *f,* justesse *f,* précision *f*
treiben ['traɪbən] *v irr 1. (auf dem Wasser)* flotter; *2. (an~)* pousser, chasser devant soi; *3. (fig: be~)* s'occuper de, se livrer à, faire; *es zu weit ~* pousser le bouchon trop loin *(fam),* pousser mémère dans les orties *(fam),* forcer

T

la note; *4. (wachsen) BOT* pousser, être en végétation
Treibgas ['traɪpgaːs] *n* gaz propulseur *m*
Treibhaus ['traɪphaus] *n* serre *f*
Treibjagd ['traɪpjaːkt] *f* battue *f*
Treibsand ['traɪpzant] *m* sable mouvant *m*
Treibstoff ['traɪpʃtɔf] *m* carburant *m*
Trend [trɛnt] *m* tendance *f,* mode *f*
trennen ['trɛnən] *v 1.* séparer, détacher; *2. (abschneiden)* couper; *3. (unterscheiden)* distinguer
Trennung ['trɛnuŋ] *f* séparation *f,* rupture *f*
Trennwand ['trɛnvant] *f* cloison de séparation *f*
Treppe ['trɛpə] *f* escalier *m; die ~ hinauffallen (fig)* monter en grade, avoir une promo *(fam)*
Treppengeländer ['trɛpəngəlɛndər] *n* rampe d'escalier *f*
Treppenhaus ['trɛpənhaus] *n* cage d'escalier *f*
Treppenstufe ['trɛpənʃtuːfə] *f* marche d'escalier *m*
Tresen ['treːzən] *m GAST* comptoir *m*
Tresor [tre'zoːr] *m* coffre-fort *m*
Tretboot ['treːtboːt] *n* pédalo *m*
treten ['treːtən] *v irr (einen Fußtritt geben)* donner un coup de pied
treu [trɔy] *adj* fidèle, loyal, dévoué
Treue ['trɔyə] *f* fidélité *f,* loyauté *f,* dévouement *m*
treuherzig ['trɔyhɛrtsɪç] *adj 1.* cordial, franc; *2. (naiv)* naïf
treulos ['trɔyloːs] *adj* infidèle, déloyal, perfide
Tribüne [tri'byːnə] *f* tribune *f,* estrade *f*
Tribut [tri'buːt] *m* tribut *m*
Trichter ['trɪçtər] *m 1.* entonnoir *m,* trémie *f; auf den richtigen ~ kommen* comprendre, piger; *jdn auf den richtigen ~ bringen* aider qn à y voir clair, éclairer qn; *2. (Schalltrichter)* pavillon *m*
Trick [trɪk] *m* artifice *m,* truc *m; ~ siebzehn* le bon truc *m*
Trickfilm ['trɪkfɪlm] *m CINE* dessin animé *m*
Trieb [triːp] *m 1.* instinct *m,* pulsion *f; 2. (Neigung)* penchant *m; 3. BOT* pousse *f*
triebhaft ['triːphaft] *adj 1.* instinctif; *adv 2.* d'instinct
Triebkraft ['triːpkraft] *f* force motrice *f*
Triebtäter ['triːptɛtər] *m* délinquant sexuel *m*
Triebwerk ['triːpvɛrk] *n* rouages *m/pl,* mécanisme *m,* engrenages *m/pl*
triftig ['trɪftɪç] *adj* pertinent, plausible, valable
Trikot [trɪ'koː] *n* maillot *m,* tricot *m*
trillern ['trɪlərn] *v* faire des trilles, triller
trinkbar ['trɪŋkbaːr] *adj* potable, buvable
trinken ['trɪŋkən] *v irr* boire; *einen ~* boire un verre/boire un coup
Trinker(in) ['trɪŋkər(ɪn)] *m/f* buveur/ buveuse *m/f,* ivrogne *m/f,* alcoolique *m/f*
trinkfest ['trɪŋkfɛst] *adj* qui supporte bien l'alcool
Trinkgeld ['trɪŋkgɛlt] *n* pourboire *m*
Trinkwasser ['trɪŋkvasər] *n* eau potable *f*
trippeln ['trɪpəln] *v* trottiner
trist [trɪst] *adj* sinistre, triste
Tritt [trɪt] *m 1.* pas *m,* marche *f; 2. (Fußtritt)* coup de pied *m*
Trittbrett ['trɪtbrɛt] *n* marchepied *m*
trittfest ['trɪtfɛst] *adj 1. (Leiter)* résistant; *2. (Teppich)* résistant à l'usure
Trittleiter ['trɪtlaɪtər] *f* escabeau *m*
Triumph [tri'umpf] *m* triomphe *m*
triumphieren [trium'fiːrən] *v* triompher
trivial [tri'vjaːl] *adj* trivial
trocken ['trɔkən] *adj 1. (nicht nass)* sec; *auf dem Trocknen sitzen* tarauder à sec, être à sec, être coincé; *2. (dürr)* desséché, aride; *3. (herb)* sec
trockenlegen ['trɔkənleːgən] *v 1. (Land)* assécher, drainer; *2. (Säugling)* changer; *ein Baby ~* changer un bébé, changer la couche d'un bébé
Trockenraum ['trɔkənraum] *m* séchoir *m,* sécherie *f*
trocknen ['trɔknən] *v* sécher, faire sécher
Troddel ['trɔdəl] *f* houppe *f*
Trödel ['trøːdəl] *m* friperie *f,* bric-à-brac *m,* vieilleries *f/pl*
trödeln ['trøːdəln] *v 1. (mit Altwaren handeln)* faire de la brocante; *2. (fam: sich nicht beeilen)* musarder, prendre le chemin des écoliers
Trödler ['trøːdlər] *m* brocanteur *m*
Trog [troːk] *m* auge *f,* baquet *m*
Trommel ['trɔməl] *f MUS* tambour *m*
Trommelfell ['trɔməlfɛl] *n ANAT* tympan *m*
trommeln ['trɔməln] *v* battre du tambour, tambouriner
Trommelwirbel ['trɔməlvɪrbəl] *m MUS* roulement de tambour *m*
Trompete [trɔm'peːtə] *f MUS* trompette *f*
Tropen ['troːpən] *pl GEO* tropiques *m/pl,* pays tropicaux *m/pl*

Tropenhelm ['tro:pənhɛlm] *m* casque colonial *m*
Tropf [trɔpf] *m 1. (Dummkopf)* benêt *m,* idiot *m; 2. MED* goutte-à-goutte *m*
tröpfeln ['trœpfəln] *v 1.* verser goutte à goutte; *2. (leicht regnen) Es tröpfelt.* Il tombe des gouttes.
tropfen ['trɔpfən] *v* verser goutte à goutte, goutter, dégoutter
Tropfen ['trɔpfən] *m* goutte *f; Es fallen dicke ~.* Il pleut de grosses gouttes. *ein ~ auf dem heißen Stein sein* être une goutte d'eau dans la mer
Tropfstein ['trɔpfʃtaɪn] *m 1. (am Boden)* stalagmite *m; 2. (an der Decke)* stalactique *m*
Tropfsteinhöhle ['trɔpfʃtaɪnhø:lə] *f* grotte de stalactites *f,* grotte de stalagmites *f*
Trophäe [tro'fɛ:ə] *f* trophée *m*
tropisch ['tro:pɪʃ] *adj* tropical
Trost [tro:st] *m* consolation *f,* réconfort *m; nicht ganz bei ~ sein* être malade, être dingue *(fam)*
trösten ['trø:stən] *v* consoler, réconforter
tröstlich ['trø:stlɪç] *adj* consolant, rassurant, réconfortant
trostlos ['tro:stlo:s] *adj 1.* désolant; *2. (verzweifelt)* désespérant
Trottel ['trɔtəl] *m (fam)* crétin *m*
trotten ['trɔtən] *v* trotter
trotz [trɔts] *prep* malgré, en dépit de
Trotz [trɔts] *m* bravade *f,* indocilité *f,* obstination *f*

trotzdem ['trɔtsde:m] *adv 1.* tout de même, malgré tout; *konj 2.* bien que, quoique

trotzen ['trɔtsən] *v 1. (widerstehen)* braver, affronter, défier; *2. (sich auflehnen)* se rebeller; *3. (schmollen)* bouder
trotzig ['trɔtsɪç] *adj* entêté, boudeur, buté, obstiné
trüb [try:p] *adj 1. (undurchsichtig)* opaque, trouble; *2. (matt)* terne, sans éclat; *3. (regnerisch)* gris, couvert
Trubel ['tru:bəl] *m* brouhaha *m,* agitation *f*
trüben ['try:bən] *v 1. (Flüssigkeit)* troubler, brouiller; *2. (fig: Stimmung)* troubler
Trübsal ['try:pza:l] *f* affliction *f,* chagrin *m,* adversité *f; ~ blasen* broyer du noir, faire triste mine, faire une tête d'enterrement
trübselig ['try:pze:lɪç] *adj* affligé, misérable
Trübsinn ['try:pzɪn] *m* humeur sombre *f,* morosité *f*
trübsinnig ['try:pzɪnɪç] *adj* sombre, morose, mélancolique
Trübung ['try:buŋ] *f 1. (des Wassers)* trouble *m; 2. (fig: des Bewusstseins)* trouble *m*
trudeln ['tru:dəln] *v 1. (Ball)* rouler; *2. (Flugzeug)* tomber en vrille
Trüffel ['tryfəl] *m BOT* truffe *f*
trügen ['try:gən] *v irr* tromper, abuser
trügerisch ['try:gərɪʃ] *adj* trompeur, mensonger
Trugschluss ['tru:kʃlus] *m* conclusion erronée *f,* sophisme *m*
Truhe ['tru:ə] *f* bahut *m,* coffre *m*
Trümmer ['trymər] *pl* ruines *f/pl,* décombres *m/pl; in ~ sinken* s'effondrer, s'écrouler; *in ~n liegen* être en ruine, être dévasté, être ravagé
Trumpf [trumpf] *m* atout *m; alle Trümpfe in der Hand haben* avoir toutes les cartes dans son jeu; *seinen letzten ~ ausspielen* jouer sa dernière carte; *~ sein (fig)* être à la mode, être in; *einen ~ ausspielen* jouer un atout; *die Trümpfe aus der Hand geben* passer la main
Trunkenbold ['truŋkənbɔlt] *m* ivrogne *m*
Trunkenheit ['truŋkənhaɪt] *f* ivresse *f,* enivrement *m*
Trupp [trup] *m 1. (Arbeits~)* équipe *f,* escouade *f; 2. MIL* peloton *m,* groupe *m*
Truppe ['trupə] *f 1. MIL* troupe *f; von der schnellen ~ sein (fam)* être du genre rapide; *2. THEAT* compagnie *f,* troupe *f*
Truthahn ['tru:tha:n] *m ZOOL* dindon *m*
Tscheche ['tʃɛçə] *m* Tchèque *m*
tschüs [tʃy:s] *interj* salut, tchao
Tsunami [tsu'nami] *m* tsunami *m*
Tube ['tu:bə] *f* tube *m; auf die ~ drücken (fig)* mettre le turbo, appuyer sur le champignon
Tuberkulose [tubɛrku'lo:zə] *f MED* tuberculose *f*
Tuch [tu:x] *n 1. (Lappen)* chiffon *m; ein rotes ~ für jdn sein (fig)* hérisser qn, faire hérisser les poils à qn, être la bête noire de qn; *2. (Stoff)* serviette *f,* torchon *m; 3. (Halstuch)* écharpe *f,* fichu *m*
tüchtig ['tyçtɪç] *adj 1.* capable, efficace, vachement; *2. (gut)* bon; *3. (qualifiziert)* qualifié; *adv 4. (fam)* très, bien
Tüchtigkeit ['tyçtɪçkaɪt] *f 1. (Wert)* valeur *f; 2. (Fähigkeit)* capacité *f; 3. (Qualifikation)* qualification *f*
Tücke ['tykə] *f* malice *f,* sournoiserie *f*
tückisch ['tykɪʃ] *adj 1.* sournois, méchant, perfide; *2. (Tier)* vicieux

T

tüfteln ['tyftəln] *v 1. an etw ~* se creuser la tête; *2. (basteln)* bricoler
Tüftler(in) ['tyftlər(ɪn)] *m/f (fam)* bricoleur *m*, songe-creux *m*, vétilleux *m*
Tugend ['tuːgənt] *f* vertu *f*
tugendhaft ['tuːgənthaft] *adj* vertueux
Tüll [tyl] *m* tulle *m*
Tulpe ['tulpə] *f BOT* tulipe *f*
Tumor ['tuːmor] *m MED* tumeur *f*
Tümpel ['tympəl] *m* flaque *f*, mare *f*
Tumult [tu'mult] *m 1.* tumulte *m; 2. (Lärm)* vacarme *m*, bruit *m*

tun [tuːn] *v irr 1.* faire, agir; *etw mit jdm zu ~ haben* avoir affaire à qn; *Ich habe zu ~.* J'ai à faire. *alle Hände voll zu ~ haben* être en plein boum, être très occupé; *Ich habe nichts damit zu ~.* Je n'y suis pour rien. *Das tut man nicht.* Ça ne se fait pas. *mit jdm nichts zu ~ haben wollen* ne pas s'y frotter; *so ~, als ob* faire semblant de; *es mit jdm zu ~ bekommen* avoir affaire à qn; *Tu, was du nicht lassen kannst!* Fais ce que tu dois faire! *Damit ist es noch nicht getan!* Ça ne suffit pas!/Ça n'est pas fini! *2. (verrichten)* accomplir; *3. (hervorrufen)* produire un effet

Tun [tuːn] *n (Verhalten)* conduite *f*, comportement *m*, manière d'agir *f*
Tunnel ['tunəl] *m* tunnel *m*, souterrain *m*
Tüpfelchen ['typfəlçən] *n das ~ auf dem i sein* être la touche finale, être la cerise sur le gateau; *das ~ auf dem „i" sein* être la dernière touche au tableau
tupfen ['tupfən] *v* tamponner

Tür [tyːr] *f* porte *f; jdn vor die ~ setzen* mettre qn à la porte; *einer Sache ~ und Tor öffnen* ouvrir la porte à qc; *offene ~en einrennen* enfoncer des portes ouvertes; *jdm eine ~ öffnen* ouvrir une porte à qn; *jdm die ~ vor der Nase zuschlagen* fermer la porte au nez de qn

Türkei [tyr'kaɪ] *f GEO* Turquie *f*
türkis [tyr'kiːs] *adj* turquoise
türkisch ['tyrkɪʃ] *adj* turc
Turm [turm] *m 1.* tour *f; 2. (Kirchturm)* clocher *m*
türmen ['tyrmən] *v 1. (schichten)* amonceler, entasser; *2. (fig: ausreißen)* s'enfuir
Turnen ['turnən] *n SPORT* gymnastique *f*
turnen ['turnən] *v SPORT* faire de la gymnastique
Turner(in) ['turnər(ɪn)] *m/f SPORT* gymnaste *m/f*
Turngerät ['turngərɛːt] *n SPORT* agrès *m/pl*
Turnhalle ['turnhalə] *f* gymnase *m*, salle de gymnastique *f*
Turnier [tur'niːr] *n* championnat *m*, compétition *f*
Turnschuh ['turnʃuː] *m* chaussure de sport *f*
Türschwelle ['tyːrʃvɛlə] *f* seuil *m*, pas de porte *m*
Türsteher ['tyːrʃteːər] *m* videur *m*
turteln ['turtəln] *v 1. (gurren)* roucouler; *2. (fig)* flirter
Tusch [tuʃ] *m MUS* mesure de fanfare *f*
Tusche ['tuʃə] *f* encre de Chine *f*
tuscheln ['tuʃəln] *v* chuchoter, murmurer
Tüte ['tyːtə] *f 1.* sac *m*, cornet *m; 2. (Eistüte)* cornet de glace *m*
Typ [tyːp] *m 1.* type *m*, modèle *m; 2. (fam: Kerl)* mec *m*
Type ['tyːpə] *f 1. (Druckbuchstabe)* lettre *f*, caractère d'imprimerie *m; 2. (fam: Kerl)* type *m*
Typhus ['tyːfus] *m MED* typhus *m*, fièvre thyphoïde *f*
typisch ['tyːpɪʃ] *adj* typique, caractéristique
Typologie [typolo'giː] *f* typologie *f*
Tyrann [ty'ran] *m* tyran *m*
tyrannisieren [tyrani'ziːrən] *v* tyranniser

T

U

U-Bahn ['uːbaːn] *f* métro *m*
übel ['yːbəl] *adj 1.* mauvais; *Mir wird ~.* J'ai mal au cœur. *Nicht ~.* Pas mal. *2. (ärgerlich)* fâcheux; *3. (unangenehm)* désagréable; *~ riechend* malodorant, puant, fétide; *4. (unheilvoll)* funeste; *adv 5.* mal; *~ gelaunt* de mauvaise humeur, maussade, mal luné *(fam)*; *jdm etw ~ nehmen* en vouloir à qn de qc
Übel ['yːbəl] *n 1.* mal *m; sich für das geringere ~ entscheiden* se décider pour le moindre mal; *das ~ an der Wurzel packen* attaquer le mal à la racine; *Das ist ein notwendiges ~.* Il faut en passer par là. *zu allem ~* par-dessus le marché, en plus de ça, pour finir; *2. (Unglück)* malheur *m; 3. (Unwohlsein)* malaise *m*
Übelkeit ['yːbəlkaɪt] *f MED* nausée *f,* mal de cœur *m,* envie de vomir *f; vor ~ ganz grün im Gesicht sein* être vert comme un poireau
Übeltäter ['yːbəltɛːtər] *m* malfaiteur *m*
üben ['yːbən] *v 1.* s'exercer, exercer; *2. (ein~)* étudier; *3. SPORT* entraîner; *4. (aus~)* pratiquer

über ['yːbər] *prep 1. (örtlich)* au-dessus de, sur, par-dessus, au-delà de; *~ der Arbeit einschlafen* s'endormir sur son travail; *~ jdm stehen (fig)* être le supérieur de qn; *2. (zeitlich)* durant, pendant; *die ganze Nacht ~* toute la nuit; *~ kurz oder lang* tôt ou tard; *~ Ostern* à Pâques, pour Pâques; *3. (quer ~)* par-dessus; *~ die Straße gehen* traverser la rue; *4. (mehr als)* plus de; *~ und ~* complètement, entièrement, tout à fait; *~ Gebühr* à l'excès, excessivement; *~ alle Maße* extrêmement/excessivement; *~ jds Kräfte gehen* dépasser les forces de qn; *Das geht mir ~ alles.* J'y tiens énormément. *5. (betreffend)* sur, au sujet de; *6. etw ~ sich bringen* avoir le courage de faire qc, avoir le cœur de faire qc; *7. ~ jdn etw bekommen* obtenir qc par l'intermédiaire de qn; *8. (via) ~ München fahren* passer par Munich; *9. es ~ haben* en avoir assez, en avoir marre

überall ['yːbəral] *adv* partout
überanstrengen [yːbər'anʃtrɛŋən] *v* surmener, dépasser ses forces
überarbeiten [yːbər'arbaɪtən] *v 1. etw ~* retoucher qc, revoir qc, remanier qc, fignoler qc *(fam)*; *2. sich ~* se surmener
überaus ['yːbəraus] *adv* très, extrêmement, infiniment
Überbeanspruchung ['yːbərbəanʃpruxuŋ] *f* surmenage *m,* surcharge *f*
Überbelastung ['yːbərbəlastuŋ] *f* surcharge *f*
überbelichten ['yːbərbəlɪçtən] *v* surexposer qc
überbewerten ['yːbərbəveːrtən] *v* surévaluer, surestimer
überbieten [yːbər'biːtən] *v irr 1. (Preis)* renchérir sur, surenchérir sur; *2. (Leistung)* surpasser, dépasser, surclasser
Überbleibsel ['yːbərblaɪpsəl] *n* reste *m,* restant *m,* vestiges *m/pl*
Überblick ['yːbərblɪk] *m 1. (Aussicht)* coup d'œil *m,* vue d'ensemble *f; 2. (Zusammenfassung)* exposé *m,* sommaire *m; 3. (fig)* vue d'ensemble *f*
überblicken [yːbər'blɪkən] *v 1.* embrasser d'un coup d'œil, parcourir des yeux; *2. (fig)* avoir une vue d'ensemble
überbringen [yːbər'brɪŋən] *v irr 1. (aushändigen)* remettre à; *2. (ausrichten)* porter à, transmettre à
überdachen [yːbər'daxən] *v* couvrir d'un toit, abriter qc
überdauern [yːbər'dauərn] *v* survivre à
überdecken [yːbər'dɛkən] *v 1.* étendre sur; *2. (fig)* recouvrir qc, couvrir
überdenken [yːbər'dɛŋkən] *v irr* réfléchir sur, méditer sur
überdies [yːbər'diːs] *adv* en outre, de plus
Überdosis ['yːbərdoːzɪs] *f* overdose *f*
Überdruss ['yːbərdrus] *m* dégoût *m,* satiété *f*
überdrüssig ['yːbərdrysɪç] *adj* dégoûté, las
Übereifer ['yːbəraɪfər] *m* excès de zèle *m*
übereifrig ['yːbəraɪfrɪç] *adj* trop zélé, qui fait des excès de zèle
Übereignung [yːbər'aɪgnuŋ] *f JUR* transfert de la propriété *m*
übereinander ['yːbəraɪnandər] *adv* l'un-sur l'autre; *~ legen* superposer
übereinkommen [yːbər'aɪnkɔmən] *v irr* se mettre d'accord sur, convenir de
übereinstimmen [yːbər'aɪnʃtɪmən] *v 1. (einig sein)* être d'accord sur; *2. (gleich sein)* concorder avec, coïncider avec

überempfindlich ['y:bərɛmpfɪntlɪç] *adj* hypersensible, hyperémotif
überfahren [y:bər'fa:rən] *v irr 1. (Fluss)* traverser; *2. (Mensch, Tier)* renverser, écraser
Überfahrt ['y:bərfa:rt] *f NAUT* traversée *f*, passage *m*
Überfall ['y:bərfal] *m* attaque par surprise *f*, agression *f*
überfallen [y:bər'falən] *v irr 1.* attaquer par surprise; *2. (Land)* envahir; *3. (bestürmen)* assaillir
überfällig ['y:bərfɛlɪç] *adj 1. (zu spät)* en retard; *2. (abgelaufen)* échu, dépassé
Überfallkommando ['y:bərfalkɔmando] *n* police-secours *f*
überfliegen [y:bər'fli:gən] *v irr 1.* survoler; *2. (fig: Text)* parcourir, survoler
Überflieger ['y:bərfli:gər] *m (fig)* personne douée *f*
Überfluss ['y:bərflus] *m* surabondance *f*, pléthore *f*, profusion *f*; *im ~ leben* vivre dans l'abondance; *zu allem ~* pour couronner le tout, le comble
überflüssig ['y:bərflysɪç] *adj* superflu, qui est de trop, inutile; *Es ist ~ zu sagen, dass ...* Il n'est pas besoin de dire ...
überfluten [y:bər'flu:tən] *v* inonder, submerger
überfordern [y:bər'fɔrdərn] *v jdn ~* demander trop à qn, exiger trop de qn
überführen [y:bər'fy:rən] *v 1. (transportieren)* transporter, transférer; *2. (Schuld nachweisen)* convaincre de
überfüllt [y:bər'fylt] *adj* surchargé, bourré
Überfunktion ['y:bərfuŋktsjo:n] *f (eines Organs)* hypertrophie *f*, fonction hypertrophique *f*
Übergang ['y:bərgaŋ] *m 1.* passage *m*, franchissement *m*; *2. (fig)* transition *f*
Übergangslösung ['y:bərgaŋslø:zuŋ] *f* solution provisoire *f*
Übergangszeit ['y:bərgaŋstsaɪt] *f* période de transition *f*
übergeben [y:bər'ge:bən] *v irr 1. jdm etw ~* remettre qc à qn, transmettre qc à qn; *2. sich ~* vomir
übergehen ['y:bərge:ən] *v irr 1. (ausbreiten)* déployer, répandre; *2. (auf Thema, System)* dépasser; *3. auf jdn ~ (vererbt werden)* transmettre à qn; *4. in etw ~ (verwandeln)* se changer en qc, se convertir en qc; *5. zu jdm ~* passer à qn; *6. (auslassen)* omettre; *7. (nicht beachten)* négliger
Übergewicht ['y:bərgəvɪçt] *n 1.* excédent de poids *m*; *2. (fig)* prépondérance *f*, suprématie *f*, supériorité *f*
überhäufen [y:bər'hɔyfən] *v* accabler, surcharger
überhaupt [y:bər'haupt] *adv 1. ~ nicht* absolument pas; *2. (im Allgemeinen)* en général; *3. (eigentlich)* somme toute
überheblich [y:bər'he:plɪç] *adj 1.* présomptueux, arrogant; *adv 2.* avec arrogance
überholen [y:bər'ho:lən] *v 1. (vorbeifahren)* doubler, dépasser; *sich von jdm ~ lassen* se faire doubler; *2. (überprüfen)* contrôler, vérifier, réviser
Überholspur [y:bər'ho:lʃpu:r] *f* voie de dépassement *f*
überholt [y:bər'ho:lt] *adj 1. ~ werden (Auto)* être doublé; *2. ~ werden (Maschine)* être révisé; *3. (veraltet)* dépassé
Überholverbot [y:bər'ho:lfɛrbo:t] *n* défense de doubler *f*, interdiction de doubler *f*
Überkapazität ['y:bərkapatsitɛ:t] *f ECO* surcapacité *f*
überkochen ['y:bərkɔxən] *v 1. (Milch)* déborder en bouillant; *2. (fig)* sortir de ses gonds
überladen [y:bər'la:dən] *v irr* surcharger
Überlagerung [y:bər'la:gəruŋ] *f 1.* superposition *f*; *2. (von Rundfunkwellen)* interférence *f*
überlassen [y:bər'lasən] *v irr 1. (verkaufen)* laisser, céder; *2. (verlassen)* abandonner; *sich selbst ~ sein* être abandonné à soi-même; *3. (anvertrauen)* s'en remettre à, faire confiance à
überlaufen ['y:bərlaufən] *v irr 1. (Gefäß)* déborder, inonder; *2. (fig: zum Gegner)* passer; *3. MIL* déserter; [y:bər'laufən] *adj 4. (überfüllt)* envahi par, submergé par
Überläufer ['y:bərlɔyfər] *m* transfuge *m*, déserteur *m*
überleben [y:bər'le:bən] *v* survivre
Überlebende(r) [y:bər'le:bəndə(r)] *m/f 1.* survivant(e) *m/f*; *2. (einer Katastrophe)* rescapé(e) *m/f*

überlegen [y:bər'le:gən] *v 1.* réfléchir, considérer; *sich etw zweimal ~* y regarder à deux fois; *ohne zu ~* à tort et à travers; *Das wäre zu ~.* C'est à voir. *adj 2. ~ sein* être supérieur à

Überlegenheit [y:bər'le:gənhaɪt] *f* supériorité *f*
Überlegung [y:bər'le:guŋ] *f* réflexion *f*, délibération *f*, considération *f*

U

Überlieferung [yːbər'liːfəruŋ] *f* *1.* transmission *f*, legs *m*; *2.* *(Tradition)* tradition *f*
überlisten [yːbər'lɪstən] *v* duper, tromper
Übermacht ['yːbərmaxt] *f* prépondérance *f*, supériorité numérique *f*
übermäßig ['yːbərmɛːsɪç] *adj* *1.* excessif, démesuré; *2.* *(übertrieben)* exagéré; *adv* *3.* *(übertrieben)* avec exagération
übermenschlich ['yːbərmɛnʃlɪç] *adj* surhumain
übermitteln [yːbər'mɪtəln] *v* transmettre à, faire parvenir à
übermorgen ['yːbərmɔrgən] *adv* après-demain
übermüdet [yːbər'myːdət] *adj* surmené, mort de fatigue *(fam)*
Übermut ['yːbərmuːt] *m* exubérance *f*, joie folle *f*
übernächste(r,s) ['yːbərnɛːçstə(r,s)] *adj* troisième; *die ~ Woche* la semaine qui suit la semaine prochaine
übernachten [yːbər'naxtən] *v* passer la nuit
übernächtigt [yːbər'nɛçtɪkt] *adj* *~ sein* avoir la mine défaite, avoir les yeux battus
Übernahme ['yːbərnaːmə] *f* *1.* *(Entgegennehmen)* prise en charge *f*, reprise *f*; *2.* *(Amtsübernahme)* entrée en fonction *f*
übernatürlich ['yːbərnatyːrlɪç] *adj* surnaturel
übernehmen [yːbər'neːmən] *v irr* *1.* *(entgegennehmen)* prendre en charge, reprendre; *2.* *(Amt)* entrer en fonction; *3.* *sich ~* vouloir trop en faire
überprüfen [yːbər'pryːfən] *v* contrôler, vérifier, examiner
Überprüfung [yːbər'pryːfuŋ] *f* contrôle *m*, vérification *f*, examen *m*
überqueren [yːbər'kveːrən] *v* traverser, franchir
überragen [yːbər'raːgən] *v* *1.* surplomber, surmonter; *2.* *(fig)* dépasser, dominer
U
überragend [yːbər'raːgənt] *adj* *(ausgezeichnet)* éminent
überraschen [yːbər'raʃən] *v* surprendre; *jdn unverhofft ~* prendre qn au dépourvu
überraschend [yːbər'raʃənt] *adj* *1.* surprenant; *adv* *2.* à l'improviste
überrascht [yːbər'raʃt] *adj* surpris, étonné; *~ werden* être pris au dépourvu
Überraschung [yːbər'raʃuŋ] *f* surprise *f*; *jdm eine ~ bereiten* préparer une surprise à qn
Überreaktion ['yːbərreaktsjoːn] *f* réaction excessive *f*
überreden [yːbər'reːdən] *v* convaincre, persuader
überreichen [yːbər'raɪçən] *v* présenter,remettre
überreizt [yːbər'raɪtst] *adj* surexcité
Überrest ['yːbərrɛst] *m* reste *m*, débris *m/pl*, ruines *f/pl*
überrumpeln [yːbər'rumpəln] *v* *1.* surprendre, prendre à l'improviste; *2.* *MIL* attaquer par surprise
überrunden [yːbər'rundən] *v* *SPORT* prendre un tour d'avance, doubler
übersättigt [yːbər'zɛtɪçt] *adj* *1.* rassasié; *2.* *(überdrüssig)* dégoûté; *3.* *(abgestumpft)* blasé; *4.* *CHEM* sursaturé
Übersättigung [yːbər'zɛtɪguŋ] *f* *1.* satiété *f*; *2.* *(Überdruss)* dégoût *m*; *3.* *CHEM* sursaturation *f*
Überschallflugzeug ['yːbərʃalfluːktsɔyk] *n* avion supersonique *m*
überschatten [yːbər'ʃatən] *v* *(fig)* ombrager
überschätzen [yːbər'ʃɛtsən] *v* surestimer, surévaluer
überschaubar [yːbər'ʃaubaːr] *adj* appréciable
überschauen [yːbər'ʃauən] *v* *(fig)* percevoir
überschäumend ['yːbərʃɔymənt] *adj* *(fig)* débordant, exubérant
Überschlag ['yːbərʃlaːk] *m* *ECO* estimation approximative *f*, approximation *f*, prévision *f*
überschlagen [yːbər'ʃlaːgən] *v irr* *1.* *(Kosten)* calculer approximativement, faire un calcul approximatif de; *2.* *(Auto)* faire plusieurs tonneaux, se retourner
überschnappen ['yːbərʃnapən] *v* *(fam)* devenir fou
überschneiden [yːbər'ʃnaɪdən] *v irr* *1.* *sich ~* *(sich kreuzen)* se croiser; *2.* *sich ~* *(zusammentreffen)* coïncider
Überschneidung [yːbər'ʃnaɪduŋ] *f* *1.* *(Kreuzung)* croisement *m*, intersection *f*; *2.* *(Zusammentreffen)* coïncidence *f*
überschreiben [yːbər'ʃraɪbən] *v irr* *1.* *(betiteln)* intituler; *2.* *JUR* transférer; *3.* *INFORM* surfrapper
überschreiten [yːbər'ʃraɪtən] *v irr* *1.* *(überqueren)* traverser, franchir; *2.* *(fig: übertreten)* dépasser, contrevenir à; *3.* *(missbrauchen)* abuser de
Überschrift ['yːbərʃrɪft] *f* *1.* titre *m*; *2.* *(Inschrift)* inscription *f*

Überschuss ['yːbərʃus] *m 1.* surplus *m,* excédent *m; 2. (Gewinn)* bénéfice *m*
überschüssig ['yːbərʃysɪç] *adj* excédentaire
überschütten [yːbər'ʃytən] *v 1. A mit B ~* asperger de, recouvrir, submerger de; *2. jdn mit etw ~ (fig)* submerger de
Überschwang ['yːbərʃvaŋ] *m 1.* surabondance *f; 2. (fig)* débordement *m*
überschwänglich ['yːbərʃvɛŋlɪç] *adj 1.* exubérant, exalté; *adv 2.* avec exaltation
überschwappen ['yːbərʃvapən] *v* déborder, se répandre
überschwemmen [yːbər'ʃvɛmən] *v* inonder, submerger, noyer
Überschwemmung [yːbər'ʃvɛmuŋ] *f* inondation *f*
Übersee ['yːbərzeː] *f* outre-mer
Überseedampfer ['yːbərzeːdampfər] *m* transatlantique *m*
übersehen [yːbər'zeːən] *v irr (nicht sehen)* ne pas voir, omettre, laisser échapper
übersenden [yːbər'zɛndən] *v irr* envoyer
Übersendung [yːbər'zɛnduŋ] *f* envoi *m,* expédition *f*

> **übersetzen** ['yːbər'zɛtsən] *v 1. (Gewässer)* faire traverser; [yːbər'zɛtsən] *2. (Sprache)* traduire; *aus dem Stegreif ~* traduire au pied levé

Übersetzer(in) [yːbər'zɛtsər(ɪn)] *m/f* traducteur/traductrice *m/f*
Übersetzung [yːbər'zɛtsuŋ] *f 1. (einer Sprache)* traduction *f; 2. TECH* transmission *f*
Übersicht ['yːbərzɪçt] *f 1. (fig)* vue d'ensemble *f; 2. (Zusammenfassung)* sommaire *m,* résumé *m*
übersichtlich ['yːbərzɪçtlɪç] *adj (klar)* clair, bien disposé
Übersichtlichkeit ['yːbərzɪçtlɪçkaɪt] *f* clarté *f,* bonne disposition *f*
übersiedeln ['yːbərziːdəln] *v* émigrer
Übersiedelung [yːbər'ziːdəluŋ] *f* émigration *f*
übersinnlich ['yːbərzɪnlɪç] *adj* surnaturel, parapsychique
überspannt [yːbər'ʃpant] *adj (fig)* surexcité, survolté
überspielen [yːbər'ʃpiːlən] *v 1. (Musik)* repiquer *(fam),* dupliquer; *2. (fig: nicht zugeben)* cacher, passer sous silence
überspitzt [yːbər'ʃpɪtst] *adj 1. (übertrieben)* outré, exagéré; *2. (Argument, Charakter)* outrancier
überspringen [yːbər'ʃprɪŋən] *v irr 1.* sauter, franchir; *2. (fig: auslassen)* omettre
überstehen [yːbər'ʃteːən] *v irr (fig)* surmonter
übersteigen [yːbər'ʃtaɪgən] *v irr 1.* dépasser qc; *2. (größer sein als)* dépasser qc
übersteuern [yːbər'ʃtɔyərn] *v TECH* survirer
überstimmen [yːbər'ʃtɪmən] *v* l'emporter sur, avoir plus de voix que, mettre qn en minorité
überstreifen ['yːbərʃtraɪfən] *v etw ~* enfiler
überströmen [yːbər'ʃtrøːmən] *v 1.* submerger de; ['yːbərʃtrøːmən] *2. (überlaufen)* déborder
Überstunde ['yːbərʃtundə] *f* heure supplémentaire *f*
überstürzen [yːbər'ʃtyrtsən] *v* précipiter, se précipiter; *die Dinge ~ wollen* vouloir aller plus vite que les violons
Überteuerung [yːbər'tɔyəruŋ] *f* renchérissement *m*
Übertrag ['yːbərtraːk] *m ECO* report *m*
übertragbar [yːbər'traːkbaːr] *adj 1. (ansteckend) MED* contagieux, transmissible; *2. (Papiere) ECO* transmissible, négociable
übertragen [yːbər'traːgən] *v irr 1. (Auftrag)* transmettre à, transférer à; *2. (Radio, Fernsehen)* retransmettre, diffuser; *3. (anstecken) MED* transmettre, contaminer; *4. (Papiere) ECO* transférer, céder; *5. (Wechsel) ECO* endosser
Überträger [yːbər'trɛːgər] *m MED* vecteur *m,* porteur *m*
Übertragung [yːbər'traːguŋ] *f 1. (eines Auftrags)* transfert *m,* cession *f; 2. (Rundfunkübertragung)* retransmission *f,* diffusion *f; 3. MED* transmission *f,* propagation *f; 4. ECO* transfert *m; 5. (eines Wechsels) ECO* endossement *m*
übertreffen [yːbər'trɛfən] *v irr* surpasser, dépasser; *alles ~* être hors pair
übertreiben [yːbər'traɪbən] *v irr* exagérer, outrer, forcer la note *(fam)*
Übertreibung [yːbər'traɪbuŋ] *f* exagération *f,* outrance *f*
übertreten [yːbər'treːtən] *v irr* enfreindre, transgresser
übertrieben [yːbər'triːbən] *adj 1.* exagéré, outré; *adv 2.* avec exagération
übertrumpfen [yːbər'trumpfən] *v (fig)* l'emporter sur, damer le pion à
übertünchen [yːbər'tynçən] *v (fig)* farder

Übervölkerung [yːbər'fœlkəruŋ] *f* surpopulation *f,* surpeuplement *m*
überwachen [yːbər'vaxən] *v* surveiller, contrôler; *scharf ~* surveiller de près
Überwachung [yːbər'vaxuŋ] *f* surveillance *f,* contrôle *m*
überwältigen [yːbər'vɛltɪgən] *v 1.* maîtriser; *2. (zähmen)* dompter; *3. (besiegen)* vaincre
überwältigend [yːbər'vɛltɪgənt] *adj* impressionnant, grandiose
überwechseln ['yːbərvɛksəln] *v 1. (örtlich, beruflich)* passer à; *2. (geistig, politisch)* passer à
überweisen [yːbər'vaɪzən] *v irr 1. (Patient)* adresser; *2. FIN* virer
Überweisung [yːbər'vaɪzuŋ] *f 1. (eines Patienten)* transfert *m; 2. FIN* virement *m*
überwiegen [yːbər'viːgən] *v irr* prédominer, prévaloir sur
überwiegend [yːbər'viːgənt] *adj 1.* prépondérant; *adv 2.* principalement
überwinden [yːbər'vɪndən] *v irr 1.* surmonter; *2. (besiegen)* vaincre; *3. sich ~* se faire violence, faire un effort sur soi-même
Überwindung [yːbər'vɪnduŋ] *f (Sieg)* victoire *f,* triomphe *m*
überwintern [yːbər'vɪntərn] *v* hiverner
Überwurf ['yːbərvurf] *m (Umhang)* cape *f*
Überzahl ['yːbərtsaːl] *f* surnombre *m,* excédent *m*
überzeugen [yːbər'tsɔygən] *v jdn von etw ~* convaincre qn de qc, persuader qn de qc
überzeugend [yːbər'tsɔygənt] *adj* convaincant, persuasif
Überzeugung [yːbər'tsɔyguŋ] *f 1.* conviction *f; 2. (Überredung)* persuasion *f*
Überzeugungskraft [yːbər'tsɔyguŋskraft] *f* force de persuasion *f*
überziehen ['yːbərtsiːən] *v irr 1. (anziehen)* mettre, enfiler; *jdm ein paar ~* battre qn; [yːbər'tsiːən] *irr 2. (verkleiden)* recouvrir de; *3. (zeitlich)* dépasser; *4. (Konto) ECO* mettre un compte à découvert
Überziehungskredit [yːbər'tsiːuŋskrediːt] *m ECO* découvert autorisé *m,* avance sur compte courant *f*
Überzug ['yːbərtsuːk] *m 1.* couverture *f,* revêtement *m,* enveloppe *f,* housse *f; 2. (Kissenüberzug)* housse *f; 3. (Beschichtung)* revêtement *m,* enduit *m,* couche *f*
üblich ['yːplɪç] *adj* usuel, habituel, normal
üblicherweise [yːplɪçər'vaɪzə] *adv* d'habitude

U-Boot ['uːboːt] *n* sous-marin *m*

übrig ['yːbrɪç] *adj 1.* restant; *Das ist alles, was noch ~ ist.* C'est tout ce qui reste. *für jdn etw ~ haben* avoir un faible pour qn; *im Übrigen* en outre; *2. ~ bleiben* rester, subsister, être de reste; *3. ~ lassen* laisser de reste

übrigens ['yːbrɪgəns] *adv* d'ailleurs, du reste
Übung ['yːbuŋ] *f 1.* exercice *m; 2. SPORT* entraînement *m; 3. (Ausübung)* pratique *f*
Ufer ['uːfər] *n 1.* rive *f,* rivage *m; 2. (Küste)* littoral *m*
uferlos ['uːfərloːs] *adj 1.* sans rivage; *2. (fig: unbegrenzt)* sans fin, illimité; *ins Uferlose gehen* n'en plus finir
Ufo ['uːfo] *n* OVNI *m*

Uhr [uːr] *f 1.* horloge *f; Seine ~ ist abgelaufen. (fig)* Il est à l'article de la mort. *2. (Armbanduhr)* montre *f*

Uhrmacher ['uːrmaxər] *m* horloger *m*
Uhrwerk ['uːrvɛrk] *n* rouages d'une montre *m/pl,* mouvement d'horlogerie *m*
Uhrzeiger ['uːrtsaɪgər] *m* aiguille de montre *f*
Uhrzeigersinn ['uːrtsaɪgərzɪn] *m* sens des aiguilles d'une montre *m*
Uhrzeit ['uːrtsaɪt] *f* heure *f*
Uhu ['uːhuː] *m ZOOL* grand duc *m*
ulkig ['ulkɪç] *adj* amusant, drôle, rigolo
Ulme ['ulmə] *f BOT* orme *m*
Ultraschall ['ultraʃal] *m* ultra-son *m*
um [um] *prep 1. (örtlich)* autour de; *~ sich greifen* se répandre, faire tache d'huile, gagner du terrain; *2. (zeitlich)* à; *3. Das ist ~ zehn Euro teurer.* C'est dix euros plus cher. *4. Es steht schlecht ~ ihn.* Il n'est pas au mieux. *(fam); Es geht ~ Geld.* C'est un problème de sous./Il s'agit d'argent. *~ und ~* de tous côtés/tout autour; *5. ~ ... willen* pour ..., à cause de ...; *konj 6.* pour
umarmen [um'armən] *v* embrasser, enlacer
Umbau ['umbau] *m* transformation *f*
umbauen ['umbauən] *v* transformer qc
umbenennen ['umbənɛnən] *v irr 1.* changer de nom; *2. (neu benennen)* renommer
umblättern ['umblɛtərn] *v* tourner les pages
umbringen ['umbrɪŋən] *v irr* assassiner, tuer
umbuchen ['umbuːxən] *v 1. (Konto)* transférer de compte à compte, virer de compte à

U

compte; *2. (Reservierung)* changer la réservation

umdenken ['umdɛŋkən] *v irr* réviser ses conceptions, orienter autrement ses idées

umdisponieren ['umdɪsponiːrən] *v* prendre d'autres dispositions, prévoir une solution de rechange

umdrehen ['umdreːən] *v* tourner, retourner

Umdrehung [um'dreːuŋ] *f* tour *m,* rotation *f*

umeinander [umaɪ'nandər] *adv 1. sich ~ kümmern* l'un pour l'autre; *2. (umher)* aux alentours

umfahren [um'faːrən] *v irr 1. (einen Umweg fahren)* faire un détour; ['umfaːrən] *irr 2. jdn ~* renverser qn

umfallen ['umfalən] *v irr 1. (zu Boden fallen)* tomber à la renverse, se renverser; *vor Müdigkeit ~* ne plus avoir de jambes; *2. (Tiere)* mourir

Umfang ['umfaŋ] *m 1. (Flächeninhalt)* circonférence *f,* périmètre *m; 2. (fig: Ausmaß)* étendue *f,* volume *m,* ampleur *f*

umfangreich ['umfaŋraɪç] *adj* très étendu, vaste, volumineux

umfassen [um'fasən] *v (enthalten)* comprendre, contenir, comporter

umfassend [um'fasənt] *adj 1.* étendu, vaste; *2. (tief greifend)* approfondi

Umfeld ['umfɛlt] *n* environnement *m,* contexte *m*

Umfrage ['umfraːgə] *f* enquête *f,* sondage *m*

Umgang ['umgaŋ] *m 1. (sozialer ~)* relations *f/pl,* fréquentations *f/pl; 2. (Rundgang)* tour *m*

umgänglich ['umgɛŋlɪç] *adj* sociable; *Er ist ~.* Il est facile à vivre.

Umgangssprache ['umgaŋsʃpraːxə] *f* langage familier *m,* langue de tous les jours *f*

umgeben [um'geːbən] *v irr* entourer de

Umgebung [um'geːbuŋ] *f 1. (einer Stadt)* environs *m/pl,* alentours *m/pl; 2. (eines Menschen)* entourage *m*

umgehen ['umgeːən] *v irr 1. (behandeln)* traiter, manier; [um'geːən] *2. (vermeiden)* éviter, contourner

umgehend ['umgeːənt] *adj 1.* immédiat; *adv 2.* par retour de courrier, sur le champ

Umgehungsstraße [um'geːuŋsʃtraːsə] *f* rocade *f*

umgekehrt ['umgəkeːrt] *adj 1.* inverse; *adv 2.* vice versa

umgestalten ['umgəʃtaltən] *v* transformer qc, réorganiser qc, remanier qc

umgraben ['umgraːbən] *v irr* retourner, bêcher

umgucken ['umgukən] *v* chercher; *Du wirst dich noch ~.* Tu en verras de belles.

Umhang ['umhaŋ] *m* cape *f*

umhängen ['umhɛŋən] *v sich etw ~* mettre qc sur ses épaules

umhauen ['umhauən] *v irr 1.* renverser qn; *2. (Baum)* abattre qc

umher [um'heːr] *adv 1.* autour, ça et là; *2. (in alle Richtungen)* en tous sens

umherblicken [um'heːrblɪkən] *v* regarder de tous côtés, promener son regard de tous les côtés

umherirren [um'heːrɪrən] *v* vagabonder, errer

umhüllen [um'hylən] *v* envelopper, recouvrir, entourer de

umkämpft [um'kɛmpft] *adj 1.* disputé avec acharnement; *2. (begehrt)* désiré

Umkehr ['umkeːr] *f 1.* retour *m; 2. (Umkehrung)* renversement *m; 3. (Bekehrung)* conversion *f*

umkehren ['umkeːrən] *v 1.* tourner, faire demi-tour, revenir sur ses pas; *2. etw ~* inverser qc

umkippen ['umkɪpən] *v 1.* se renverser, basculer; *2. (Gewässer)* s'asphyxier; *3. (fig: ohnmächtig werden)* perdre connaissance; *4. (fig: Meinung ändern)* changer d'avis

umklammern [um'klamərn] *v* étreindre qc, enlacer qc, s'accrocher à, se cramponner à

Umklammerung [um'klaməruŋ] *f 1.* étreinte *f; 2. (fig)* étreinte *f*

umklappen ['umklapən] *v* rabattre qc

Umkleidekabine ['umklaɪdəkabiːnə] *f 1. (in einem Geschäft)* cabine d'essayage *f; 2. (Garderobe)* vestiaire *m*

umkleiden ['umklaɪdən] *v* changer de vêtements

umknicken ['umknɪkən] *v 1. (Papier)* plier; *2. (mit dem Fuß)* tordre

umkommen ['umkɔmən] *v irr* périr, mourir, succomber

umkreisen [um'kraɪzən] *v* entourer, encercler

umkrempeln ['umkrɛmpəln] *v 1. (Ärmel)* retrousser; *2. (fig: ändern)* changer, transformer, réorganiser

Umlage ['umlaːgə] *f* répartition des frais *f,* ventilation *f,* cotisation *f*

U

Umlauf ['umlauf] *m* circulation *f; etw in ~ bringen* faire circuler qc, répandre qc; *in ~ kommen* se répandre, circuler
Umlaufbahn ['umlaufba:n] *f ASTR* orbite *f*
umlegen ['umle:gən] *v 1. (verlegen)* remettre, différer; *2. (zur Seite legen)* mettre de côté; *3. (verteilen)* répartir; *die Kosten auf alle Beteiligten ~* répartir les frais entre tous les participants; *4. (fam: töten)* descendre, zigouiller; *5. (Kleidung) sich etw ~* se mettre qc; *6. (Verband)* bander; *7. (niederstrecken)* étendre par terre, terrasser; *8. (Hebel)* engager; *9. (Kragen)* saisir; *10. (ein Mädchen verführen)* séduire
Umleitung ['umlaɪtuŋ] *f* déviation *f*
umlernen ['umlɛrnən] *v 1. (sich umschulen)* se recycler; *2. (umdenken)* changer sa manière de penser, se réorienter
umliegend ['umli:gənt] *adj* environnant, d'alentour
ummelden ['ummɛldən] *v* déclarer un changement de domicile
umpflanzen ['umpflantsən] *v 1.* transplanter qc, replanter qc
umprogrammieren ['umprogrami:rən] *v INFORM* reprogrammer qc
Umrahmung [um'ra:muŋ] *f* encadrement *m*
umrechnen ['umrɛçnən] *v FIN* convertir, changer
Umrechnung ['umrɛçnuŋ] *f* conversion *f*, change *m*
Umrechnungskurs ['umrɛçnuŋskurs] *m* cours *m*, taux de change *m*
umreißen ['umraɪsən] *v irr 1. (niederreißen)* renverser, abattre; [um'raɪsən] *2. (fig: kurz schildern)* esquisser, ébaucher
umringen [um'rɪŋən] *v irr* entourer, environner
Umriss ['umrɪs] *m 1.* contour *m*, silhouette *f*, profil *m; 2. (Skizze)* ébauche *f*
umrühren ['umry:rən] *v* agiter, remuer, tourner
umsatteln ['umzatəln] *v (fig: Beruf wechseln)* changer de métier
Umsatz ['umzats] *m ECO* chiffre d'affaires *m*, ventes *f/pl; ~ machen* faire son beurre *(fam)*, faire des affaires
umschalten ['umʃaltən] *v TECH* commuter, permuter
umschauen ['umʃauən] *v 1. (umherschauen)* regarder autour de soi; *2. (zurückblicken)* regarder derrière soi; *3. (fig) Da wirst du dich noch ~.* Tu en verras de belles.
Umschichtung ['umʃɪçtuŋ] *f* remaniement *m*
umschiffen [um'ʃɪfən] *v* circumnaviguer
Umschlag ['umʃla:k] *m 1. (Schutzhülle)* enveloppe *f; 2. (Briefumschlag)* enveloppe *f; 3. MED* compresse *f; 4. (Umladung)* transbordement *m; 5. (fig: Wechsel)* changement *m*, revirement *m*
umschlagen ['umʃla:gən] *v irr 1. (umblättern)* tourner; *2. (umladen)* transborder; *3. (fig: wechseln)* changer
Umschlagplatz ['umʃla:kplats] *m 1.* place de transbordement *f; 2. (fig: Drehscheibe)* plaque tournante *f*
umschließen [um'ʃli:sən] *v irr 1.* entourer, enclore qc; *2. (mit den Armen)* embrasser qc, enlacer qc; *3. (fig)* contenir, regrouper
umschlingen [um'ʃlɪŋən] *v irr 1.* embrasser qc, enlacer qc, étreindre qc; *2. etw ~ (Pflanze)* enlacer qc
umschmeißen ['umʃmaɪsən] *v irr* renverser, jeter à terre
umschnallen ['umʃnalən] *v* boucler qc, ceindre qc
umschreiben ['umʃraɪbən] *v irr 1. (ändern)* modifier un texte; [um'ʃraɪbən] *2. (anders ausdrücken)* récrire, transcrire; *3. (Eigentum) JUR* transférer à
Umschuldung ['umʃulduŋ] *f ECO* conversion de la dette *f*
Umschulung ['umʃu:luŋ] *f* reconversion *f*, recyclage *m*, formation de reconversion *f*
umschütten ['umʃytən] *v 1. (in ein anderes Gefäß)* transvaser qc; *2. (umstoßen)* renverser qc, répandre
Umschweife ['umʃvaɪfə] *pl ohne ~* sans détours, sans ambages, sans forme de procès
umschwenken ['umʃvɛnkən] *v 1.* changer de direction; *2. (fig)* changer d'opinion, virer de bord *(fam)*, changer son fusil d'épaule
umsehen ['umze:ən] *v irr 1. sich ~* regarder autour de soi; *2. sich ~ (sich umdrehen)* se retourner; *3. sich ~ nach (suchen)* chercher qc
umsetzen ['umzɛtsən] *v 1. (verwandeln)* convertir en; *2. (verkaufen)* vendre, réaliser, négocier; *3. sich ~* changer de place
Umsicht ['umzɪçt] *f* circonspection *f*, prudence *f*, précaution *f*
umsichtig ['umzɪçtɪç] *adj 1.* prudent, circonspect; *adv 2.* avec précaution

U

umsonst [um'zɔnst] *adv 1. (unentgeltlich)* gratuitement, pour rien, gratis, à titre gracieux; *2. (vergeblich)* en vain, inutilement, en pure perte; *sich ~ plagen* en être pour ses frais/y perdre sa peine

umsorgen [um'zɔrgən] *v jdn ~* entourer qn de soins

umspannen [um'ʃpanən] *v 1.* entourer qc, faire le tour; *2. (Zeitraum)* embrasser qc, recouvrir qc, s'étendre sur

Umstand ['umʃtant] *m 1.* circonstance *f; unter Umständen* le cas échéant; *2. in anderen Umständen sein (schwanger)* être dans une situation intéressante

Umstände ['umʃtɛndə] *pl 1.* circonstances *f/pl; ~ machen* faire des cérémonies; *keine ~ machen* ne pas déranger, ne pas poser de problème; *2. (Bedingungen)* conditions *f/pl; unter keinen ~n* en aucun cas; *3. (fam) in anderen ~n sein* être enceinte

umständlich ['umʃtɛntlɪç] *adj 1. (kompliziert)* compliqué; *2. (zu genau)* trop minutieux

Umstandswort ['umʃtantsvɔrt] *n GRAMM* adverbe *m*

umsteigen ['umʃtaɪgən] *v irr* changer de train

umstellen ['umʃtɛlən] *v 1. (Möbel)* changer de place, disposer autrement, changer la disposition; *2. (umorganisieren)* réorganiser; *3. (anpassen)* réadapter à

Umstellung ['umʃtɛluŋ] *f 1. (Umorganisierung)* réorganisation *f; 2. (Anpassung)* réadaptation *f*

umstimmen ['umʃtɪmən] *v (fig) jdn ~* faire changer qn d'avis

umstoßen ['umʃto:sən] *v irr 1.* renverser; *2. (fig: abschaffen)* abolir, annuler

umstritten [um'ʃtrɪtən] *adj* controversé, contesté

Umstrukturierung ['umʃtrukturi:ruŋ] *f* restructuration *f*

Umsturz ['umʃturts] *m 1.* renversement *m,* bouleversement *m; 2. (Revolution)* révolution *f*

umtauschen ['umtauʃən] *v* échanger

umtopfen ['umtɔpfən] *v (Pflanze)* transplanter qc

Umtrunk ['umtruŋk] *m* verre bu en société *m,* pot *m (fam)*

umverteilen ['umfɛrtaɪlən] *v ECO* répartir qc, distribuer qc

Umwälzung ['umvɛltsuŋ] *f* renouvellement, boulversement *m*

umwandeln ['umvandəln] *v* transformer, changer

Umwandlung ['umvandluŋ] *f 1.* transformation *f,* changement *m; 2. FIN* conversion *f*

umwechseln ['umvɛksəln] *v* changer

Umweg ['umve:k] *m 1.* détour *m; 2. (fig)* moyen détourné *m,* biais *m*

Umwelt ['umvɛlt] *f 1.* environnement *m; 2. (Menschen)* milieu *m*

Umweltbilanz ['umvɛltbilants] *f* bilan écologique *m*

umweltfeindlich ['umvɛltfaɪntlɪç] *adj* nuisible pour l'environnement, polluant

umweltfreundlich ['umvɛltfrɔyntlɪç] *adj* écologique, favorable à l'environnement, non polluant

Umweltschutz ['umvɛltʃuts] *m* protection de l'environnement *f,* écologie *f*

Umweltverschmutzung ['umvɛltfɛrʃmutsuŋ] *f* pollution de l'environnement *f*

umwerben [um'vɛrbən] *v irr* courtiser, rechercher

umwerfen ['umvɛrfən] *v irr 1.* renverser; *2. (zunichte machen)* réduire à néant, anéantir; *3. (Kleidung) sich etw ~* se mettre qc; *4. (fig)* renverser

umwickeln [um'vɪkəln] *v* envelopper de

umzäunen [um'tsɔynən] *v* clôturer, enclore

Umzäunung [um'tsɔynuŋ] *f* clôture *f*

umziehen ['umtsi:ən] *v irr 1. (Wohnung wechseln)* déménager, changer d'adresse; *2. sich ~* se changer, changer de vêtements

umzingeln [um'tsɪŋəln] *v 1.* encercler, cerner; *2. MIL* investir

Umzug ['umtsu:k] *m 1. (Wohnungswechsel)* déménagement *m; 2. (Festzug)* défilé *m,* cortège *m; 3. REL* procession *f*

unabänderlich [unap'ɛnderlɪç] *adj 1.* invariable, immuable; *2. (unwiderruflich)* irrévocable

unabdingbar [unap'dɪŋba:r] *adj 1.* indispensable, absolument nécessaire; *2. JUR* inéluctable, inaliénable

unabhängig ['unaphɛŋɪç] *adj* indépendant, autonome

Unabhängigkeit ['unaphɛŋɪçkaɪt] *f* indépendance *f,* autonomie *f*

unabkömmlich ['unapkœmlɪç] *adj* indisponible

unabsehbar [unap'ze:ba:r] *adj* imprévisible

unabsichtlich ['unapzɪçtlɪç] *adj* involontaire, non intentionnel

U

Unachtsamkeit ['unaxtza:mkaɪt] *f* *1.* inattention *f; 2. (Unvorsichtigkeit)* imprudence *f; 3. (Zerstreutheit)* distraction *f; 4. (Leichtsinn)* étourderie *f*
unanfechtbar [unan'fɛçtba:r] *adj* inattaquable, incontestable
unangebracht ['unangəbraxt] *adj* déplacé, incongru, peu convenable
unangefochten ['unangəfɔxtən] *adj* inconteste
unangemeldet ['unangəmɛldət] *adj 1.* inattendu, sans avoir prévenu; *adv 2.* à l'improviste
unangemessen ['unangəmɛsən] *adj* impropre, inconvenant, inadéquat
unangenehm ['unangəne:m] *adj* désagréable, gênant; *Es wäre mir ~, wenn ich zu spät käme.* Cela m'ennuierait d'arriver en retard.
unannehmbar ['unanne:mba:r] *adj* inacceptable, intolérable
Unannehmlichkeit ['unanne:mlɪçkaɪt] *f* désagrément *m,* ennui *m,* contrariété *f; jdm ~en machen* faire des histoires à qn
unansehnlich ['unanze:nlɪç] *adj* d'une apparence défavorable, laid
unanständig ['unanʃtɛndɪç] *adj* indécent, malhonnête, choquant, incorrect
unantastbar [unan'tastba:r] *adj* inviolable, intangible, inattaquable
unappetitlich ['unapeti:tlɪç] *adj* peu appétissant, dégoûtant
Unart ['una:rt] *f* mauvaises manières *f/pl,* mauvaise éducation *f*
unaufdringlich ['unaufdrɪŋlɪç] *adj 1.* discret; *2. (bescheiden)* effacé
unauffällig ['unauffɛlɪç] *adj* discret
unauffindbar [unauf'fɪntba:r] *adj* introuvable
unaufgeklärt ['unaufgəklɛ:rt] *adj 1. (Mensch)* non informé; *2. (Verbrechen)* non élucidé
unaufhaltsam [unauf'haltzam] *adj* irrésistible
unaufmerksam ['unaufmɛrkzam] *adj 1.* inattentif; *2. (zerstreut)* distrait
unaufrichtig ['unaufrɪçtɪç] *adj 1.* hypocrite; *2. (verstellt)* faux
unaufschiebbar [unauf'ʃi:pba:r] *adj* urgent, pressant
unausgefüllt ['unausgəfylt] *adj (fig)* inoccupé, non rempli
unausgeglichen ['unausgəglɪçən] *adj* déséquilibré, instable
unausstehlich [unaus'ʃte:lɪç] *adj* insupportable, intolérable, odieux
unausweichlich [unaus'vaɪçlɪç] *adj* inévitable
unbändig ['unbɛndɪç] *adj 1.* effréné, fou; *2. (unbezähmbar)* indomptable; *adv 3.* comme un fou
Unbarmherzigkeit ['unbarmhɛrtsɪçkaɪt] *f 1.* inflexibilité *f,* dureté du cœur *f; 2. (Grausamkeit)* cruauté *f*
unbeabsichtigt ['unbəapzɪçtɪçt] *adj* non intentionnel, involontaire
unbeachtet ['unbəaxtət] *adj* inaperçu, ignoré
unbeantwortet ['unbəantvɔrtət] *adj ~ bleiben* rester sans réponse
unbebaut ['unbəbaut] *adj* non bâti, inculte
unbedacht ['unbədaxt] *adj 1.* irréfléchi, inconsidéré; *2. (leichtsinnig)* étourdi; *adv 3.* à la légère, sans réfléchir
unbedarft ['unbədarft] *adj* naïf
unbedeckt ['unbədɛkt] *adj* découvert
unbedenklich ['unbədɛŋklɪç] *adj 1.* sans danger; *2. (ohne Nachteile)* qui n'a pas d'inconvénient; *adv 3.* sans hésiter
unbedeutend ['unbədɔytənt] *adj* insignifiant, négligeable
unbedingt ['unbədɪŋt] *adj* absolu, sans réserve
unbeeindruckt ['unbəaɪndrukt] *adj* impassible, imperturbable
unbefangen ['unbəfaŋən] *adj 1. (ohne Hemmungen)* naturel, spontané, naïf; *2. (unparteiisch)* impartial; *adv 3.* en toute impartialité
Unbefangenheit ['unbəfaŋənhaɪt] *f 1. (Natürlichkeit)* naturel *m,* naïveté *m; 2. (Unvoreingenommenheit)* impartialité *f,* objectivité *f*
unbefriedigend ['unbəfri:digənt] *adj 1.* insatisfaisant; *2. (ungenügend)* insuffisant
unbefriedigt ['unbəfri:dɪçt] *adj 1.* insatisfait, mécontent; *2. (unzufrieden)* insuffisant
unbefristet ['unbəfrɪstət] *adj* illimité
unbefugt ['unbəfu:kt] *adj 1.* non autorisé à; *2. JUR* incompétent
Unbefugte(r) ['unbəfu:ktə(r)] *m/f* personne non autorisée *f,* personne étrangère au service *f*
unbegrenzt ['unbəgrɛntst] *adj* illimité
unbegründet ['unbəgryndət] *adj* injustifié, non fondé

unbehaglich ['unbəhaːklɪç] *adj 1.* gêné; *2. (unbequem)* incommode, inconfortable; *adv 3.* mal à l'aise
unbehelligt ['unbəhɛlɪçt] *adj* sans être inquiété
unbeherrscht ['unbəhɛrʃt] *adj 1.* qui ne sait pas se maîtriser; *2. (unkontrolliert)* incontrôlé
unbeholfen ['unbəhɔlfən] *adj 1.* maladroit, gauche, lourd; *adv 2.* avec gaucherie
unbekannt ['unbəkant] *adj* inconnu
unbekümmert ['unbəkymərt] *adj 1.* insouciant; *adv 2.* avec insouciance
unbeliebt ['unbəliːpt] *adj* peu aimé, impopulaire
unbemerkt ['unbəmɛrkt] *adj* inaperçu
unbequem ['unbəkveːm] *adj* inconfortable, incommode
Unbequemlichkeit ['unbəkveːmlɪçkaɪt] *f* inconfort *m*, désagrément *m*
unberechenbar ['unbərɛçənbaːr] *adj 1.* incalculable; *2. (unvorhersehbar)* imprévisible; *3. (verwirrend)* déconcertant
unbescholten ['unbəʃɔltən] *adj* irréprochable, intègre
unbeschränkt ['unbəʃrɛŋkt] *adj 1.* illimité, absolu; *adv 2.* sans limites
unbeschreiblich ['unbəʃraɪplɪç] *adj* indescriptible, indicible, inqualifiable
unbeschwert ['unbəʃveːrt] *adj 1.* insouciant; *adv 2.* sans souci
Unbeschwertheit ['unbəʃveːrthaɪt] *f* insouciance *f*
unbesiegbar [unbə'ziːkbaːr] *adj* invincible
unbesonnen ['unbəzɔnən] *adj 1.* étourdi, irréfléchi, écervelé; *adv 2.* à la légère
unbesorgt ['unbəzɔrkt] *adj 1.* insouciant; *2. (ruhig)* tranquille; *adv 3.* sans souci
unbeständig ['unbəʃtɛndɪç] *adj 1. (veränderlich)* changeant, variable; *2. (wankelmütig)* inconstant, instable
unbestätigt ['unbəʃtɛːtɪçt] *adj* non confirmé
unbestechlich ['unbəʃtɛçlɪç] *adj* incorruptible
Unbestechlichkeit ['unbəʃtɛçlɪçkaɪt] *f* incorruptibilité *f*
unbestimmt ['unbəʃtɪmt] *adj* indéfini, indéterminé
unbestreitbar ['unbəʃtraɪtbaːr] *adj* incontestable
unbeteiligt ['unbətaɪlɪçt] *adj 1.* qui ne participe pas à; *2. (fremd)* étranger à; *3. (gleichgültig)* indifférent
unbetont ['unbətoːnt] *adj* inaccentué
unbeugsam ['unbɔykzaːm] *adj 1.* inflexible; *2. (stur)* opiniâtre
unbewacht ['unbəvaxt] *adj* non gardé, laissé sans surveillance
unbewaffnet ['unbəvafnət] *adj* non armé
unbeweglich ['unbəveːklɪç] *adj 1.* immobile; *2. (fest)* fixe; *3. (unbeugsam)* inflexible, inébranlable
unbewohnt ['unbəvoːnt] *adj 1.* inhabité, inoccupé; *2. (leer stehend)* vide
unbewusst ['unbəvust] *adj 1.* inconscient, instinctif; *2. (unfreiwillig)* involontaire
unbezahlbar [unbə'tsaːlbaːr] *adj 1. (nicht zu bezahlen)* impayable; *2. (fig: unentbehrlich)* indispensable
unbezähmbar [unbə'tsɛːmbaːr] *adj* indomptable
unbrauchbar ['unbrauxbaːr] *adj 1.* inutilisable, inutile; *etw als ~ wegwerfen* mettre qc au rebut; *2. (ungeeignet)* inapte à
unbürokratisch ['unbyrɔkraːtɪʃ] *adj* non bureaucratique
und [unt] *konj* et
Undank ['undaŋk] *m* ingratitude *f*
undankbar ['undaŋkbaːr] *adj* ingrat
undenkbar [un'dɛŋkbaːr] *adj* impensable, inconcevable
undeutlich ['undɔytlɪç] *adj 1.* indistinct, confus; *2. (dunkel)* obscur
Undeutlichkeit ['undɔytlɪçkaɪt] *f* imprécision *f*, manque de netteté *m*
undicht ['undɪçt] *adj 1.* non étanche, qui fuit; *2. (durchlässig)* perméable
Unding ['undɪŋ] *n* absurdité *f*, non-sens *m*
unduldsam ['undultzaːm] *adj* intolérant
undurchdringlich ['undurçdrɪŋlɪç] *adj* impénétrable, imperméable
undurchführbar ['undurçfyːrbaːr] *adj* irréalisable, impraticable
undurchlässig ['undurçlɛsɪç] *adj* imperméable
undurchsichtig ['undurçzɪçtɪç] *adj 1.* non transparent, opaque; *2. (fig: Person)* louche; *3. (fig: Situation)* confus
uneben ['uneːbən] *adj* inégal, irrégulier
Unebenheit ['uneːbənhaɪt] *f* inégalité *f*, aspérité *f*
unecht ['unɛçt] *adj* faux, imité, contrefait
unehelich ['uneːəlɪç] *adj* illégitime
Unehrlichkeit ['uneːrlɪçkaɪt] *f* manque de franchise *m*, fausseté *f*, insincérité *f*
uneigennützig ['unaɪgənnytsɪç] *adj 1.* désintéressé; *adv 2.* avec désintéressement

U

uneingeschränkt ['unaɪngəʃrɛŋkt] *adj* illimité, absolu
uneinig ['unaɪnɪç] *adj* désuni, divisé, brouillé
Uneinigkeit ['unaɪnɪçkaɪt] *f* désunion *f*, division *f*, désaccord *m*
uneinsichtig ['unaɪnzɪçtɪç] *f* récalcitrant
unempfänglich ['unɛmpfɛŋlɪç] *adj* insensible à, inaccessible
unempfindlich ['unɛmpfɪntlɪç] *adj* insensible
unendlich [un'ɛntlɪç] *adj* infini, sans fin
Unendlichkeit [un'ɛntlɪçkaɪt] *f* infini *m*, immensité *f*
unentbehrlich [unɛnt'beːrlɪç] *adj* indispensable
unentgeltlich ['unɛntgɛltlɪç] *adj* gratuit, bénévole
unentschieden ['unɛntʃiːdən] *adj* *1.* indécis; *2. SPORT* (match) nul
Unentschieden ['unɛntʃiːdən] *n SPORT* match nul *m*, ex aequo
unentschlossen ['unɛntʃlɔsən] *adj* *1.* indécis; *2. (zögernd)* hésitant
Unentschlossenheit ['unɛntʃlɔsənhaɪt] *f* indécision *f*
unentwegt ['unɛntveːkt] *adj* *1.* inlassable, inébranlable; *adv 2.* sans cesse, sans relâche
unerbittlich ['unɛrbɪtlɪç] *adj* inexorable, inflexible, impitoyable
unerfahren ['unɛrfaːrən] *adj* *1.* inexpérimenté; *2. (neu)* novice
unerfreulich ['unɛrfrɔylɪç] *adj* désagréable, pénible, déplaisant
unergiebig ['unɛrgiːbɪç] *adj* improductif, d'un rendement médiocre
unergründlich ['unɛrgryntlɪç] *adj* inexplorable, insondable
unerheblich ['unɛrheːplɪç] *adj* insignifiant, négligeable
unerhört ['unɛrhøːrt] *adj* *1. (fig: unglaublich)* inouï, scandaleux; *Das ist ja ~!* On n'a pas idée de cela! *2. (fabelhaft)* fabuleux
unerklärlich ['unɛrklɛrlɪç] *adj* inexplicable
unerlässlich ['unɛrlɛslɪç] *adj* indispensable
unerlaubt ['unɛrlaupt] *adj* illicite, défendu, illégal
unermesslich ['unɛrmɛslɪç] *adj* immense, incommensurable, énorme
unerreichbar ['unɛrraɪçbaːr] *adj* inaccessible, hors de portée
unersättlich ['unɛrszɛtlɪç] *adj* insatiable
unerschrocken ['unɛrʃrɔkən] *adj* *1.* intrépide; *adv 2.* avec intrépidité
unerschütterlich ['unɛrʃytərlɪç] *adj* imperturbable, inébranlable
unerschwinglich ['unɛrʃvɪŋlɪç] *adj* exorbitant, hors de prix, inabordable
unersetzbar ['unɛrzɛtsbaːr] *adj* irremplaçable
unerträglich ['unɛrtrɛːklɪç] *adj* insupportable, intolérable, intenable
unerwartet ['unɛrvartət] *adj* *1.* inattendu, imprévu; *2. (plötzlich)* subit; *3. (unverhofft)* inespéré
unerwünscht ['unɛrvynʃt] *adj* fâcheux, indésirable, importun
unfähig ['unfɛːɪç] *adj* incapable, incompétent, inapte
Unfähigkeit ['unfɛːɪçkaɪt] *f* incapacité *f*, inaptitude *f*, incompétence *f*

Unfall ['unfal] *m* accident *m*; *einen ~ haben* avoir un accident

Unfallflucht ['unfalfluxt] *f* délit de fuite *m*
unfassbar [un'fasbaːr] *adj* *1.* insaisissable; *2. (unverständlich)* incompréhensible, inconcevable
unfehlbar [un'feːlbaːr] *adj* *1.* infaillible; *2. (Instinkt)* infaillible; *adv 3. (ganz sicher)* infailliblement
Unfehlbarkeit [un'feːlbaːrkaɪt] *f* infaillibilité *f*
unfolgsam ['unfɔlkzaːm] *adj* désobéissant, indocile
Unfolgsamkeit ['unfɔlkzaːmkaɪt] *f* indocilité *f*, désobéissance *f*
unförmig ['unfœrmɪç] *adj* *1. (Gestalt)* informe, difforme; *2. (Beine)* difforme
unfreiwillig ['unfraɪvɪlɪç] *adj* involontaire, malgré soi
unfreundlich ['unfrɔyndlɪç] *adj* *1.* peu aimable, hostile, désobligeant; *2. (Wetter)* maussade; *adv 3.* avec hostilité
unfruchtbar ['unfruxtbaːr] *adj* *1.* stérile, infertile, ingrat; *2. (erfolglos)* infructueux
Unfruchtbarkeit ['unfruxtbaːrkaɪt] *f* stérilité *f*
Unfug ['unfuːk] *m* bêtise *f*
ungeachtet ['ungəaxtət] *prep* malgré, en dépit de, nonobstant
ungeahnt ['ungəaːnt] *adj* insoupçonné
ungebildet ['ungəbɪldət] *adj* inculte, sans éducation, illettré
ungebräuchlich ['ungəbrɔyçlɪç] *adj* inusité *f*, désuet

U

ungebunden ['ungəbundən] *adj 1. (partnerlos)* célibataire; *2. (Buch)* non relié; *3. (Wähler) POL* sans attaches politiques; *4. (Blumen)* non attaché; *5. (Suppe)* non velouté
ungedeckt ['ungədɛkt] *adj 1. (Tisch)* non dressé; *2. (Scheck) FIN* sans provision; *3. MIL* découvert, à découvert
Ungeduld ['ungədult] *f* impatience *f*
ungeduldig ['ungəduldɪç] *adj* impatient
ungeeignet ['ungəaɪgnət] *adj* inapproprié à, impropre à, incompétent pour

ungefähr ['ungəfɛːr] *adj 1.* approximatif; *Er kam ungefähr um achtzehn Uhr.* Il est venu vers dix-huit heures. *Es kommt nicht von ungefähr.* Ce n'est pas un hasard. *adv 2.* à peu près

Ungeheuer ['ungəhɔyər] *n* monstre *m*
ungeheuerlich [ungə'hɔyərlɪç] *adj 1.* monstrueux; *2. (empörend)* inouï
Ungehorsam ['ungəhoːrzaːm] *m 1.* désobéissance *f*, indiscipline *f*; *2. MIL* insubordination *f*
ungeklärt ['ungəklɛːrt] *adj 1. (unklar)* non éclairci, obscur; *2. (unentschieden)* indécis, confus
ungekürzt ['ungəkyrtst] *adj 1.* complet, intégral; *2. CINE* intégral
ungelegen ['ungəleːgən] *adj 1.* inopportun, fâcheux; *~ kommen* venir comme un cheveu sur la soupe; *adv 2.* mal à propos
ungelenk ['ungəlɛŋk] *adj* gauche, maladroit
ungemein ['ungəmaɪn] *adj 1.* énorme, extraordinaire, singulier; *adv 2.* très
ungenau ['ungənau] *adj 1.* inexact, imprécis; *adv 2.* avec inexactitude
Ungenauigkeit ['ungənauɪçkaɪt] *f* inexactitude *f*, imprécision *f*
ungeniert ['unʒeniːrt] *adj 1.* sans gêne, désinvolte; *adv 2.* désinvolte
ungenießbar ['ungəniːsbaːr] *adj 1. (nicht essbar)* immangeable; *2. (nicht trinkbar)* imbuvable; *3. (Pilze)* non comestible; *4. (fam: unerträglich)* insupportable, imbuvable
ungenügend ['ungənygənt] *adj* insuffisant
ungepflegt ['ungəpfleːkt] *adj 1.* négligé; *2. (äußere Erscheinung)* peu soigné
ungerade ['ungəraːdə] *adj 1.* qui n'est pas droit; *2. (Zahl) MATH* impair
ungerecht ['ungərɛçt] *adj 1.* injuste, inique; *adv 2.* à tort
ungerechtfertigt ['ungərɛçtfɛrtɪçt] *adj*
Ungerechtigkeit ['ungərɛçtɪçkaɪt] *f* injustice *f*, iniquité *f*
ungern ['ungɛrn] *adv* à contre-cœur, malgré soi
ungeschickt ['ungəʃɪkt] *adj 1.* maladroit, malhabile, gauche; *sich ~ anstellen* ne pas savoir s'y prendre; *adv 2.* maladroitement, gauchement, avec maladresse
ungeschliffen ['ungəʃlɪfən] *adj 1.* grossier, rustre, impoli; *2. (Edelstein)* brut, non taillé; *3. (fig)* grossier, rude
ungeschminkt ['ungəʃmiŋkt] *adj 1.* non maquillé; *2. (fig)* sans fard
ungeschoren ['ungəʃoːrən] *adj ~ davonkommen* s'en sortir à bon compte
ungeschrieben ['ungeʃrɪbən] *adj ein ~es Gesetz sein* être d'usage
ungestört ['ungəʃtøːrt] *adj 1.* paisible, tranquille; *adv 2.* sans être dérangé
ungestüm ['ungəʃtyːm] *adj* impétueux, fougueux, violent, emporté
Ungestüm ['ungəʃtyːm] *m* fougue *f*, véhémence *f*
ungesund ['ungəzunt] *adj 1. (schädlich)* malsain, mauvais pour la santé; *2. (nicht gesund)* maladif
Ungetüm ['ungətyːm] *n* monstre *m*
ungewiss ['ungəvɪs] *adj 1.* incertain, indécis; *im Ungewissen schweben* être comme l'oiseau sur la branche; *2. (zweifelhaft)* douteux
Ungewissheit ['ungəvɪshaɪt] *f 1.* incertitude *f*; *2. (Zweifel)* doute *m*
ungewöhnlich ['ungəvøːnlɪç] *adj 1.* inhabituel, insolite; *2. (seltsam)* étrange
ungewohnt ['ungəvoːnt] *adj* inhabituel, inaccoutumé
ungewollt ['ungəvɔlt] *adj* involontaire
Ungeziefer ['ungətsiːfər] *n ZOOL* vermine *f*, insectes nuisibles *m/pl*
ungezogen ['ungətsoːgən] *adj 1.* mal élevé, malappris, insolent, indocile; *adv 2.* avec insolence
ungezwungen ['ungətsvuŋən] *adj 1. (fig)* franc, naturel, libre, sans façon; *adv 2. (fig)* avec aisance
ungiftig ['ungɪftɪç] *adj* non toxique
Unglaube ['unglaubə] *m 1.* incrédulité *f*; *2. REL* incroyance *f*
unglaublich [un'glauplɪç] *adj* incroyable
unglaubwürdig ['unglaupvyrdɪç] *adj 1.* sujet à caution; *2. (zweifelhaft)* douteux
ungleich ['unglaɪç] *adj* inégal
Ungleichheit ['unglaɪçhaɪt] *f* inégalité *f*

U

ungleichmäßig ['unglaɪçmɛːsɪç] *adj* inégal, irrégulier
Unglück ['unglyk] *n 1. (Pech)* malheur *m,* malchance *f,* poisse *f (fam); Ein ~ kommt selten allein.* Un malheur n'arrive jamais seul. *jdn ins ~ stürzen* faire le malheur de qn; *ins ~ rennen* courir à la catastrophe; *zu allem ~* pour comble de malheur; *2. (Missgeschick)* malchance *f,* infortune *f; 3. (Unfall)* accident *m,* sinistre *m*
unglücklich ['unglyklɪç] *adj 1. (nicht glücklich)* malheureux, infortuné; *2. (kein Glück habend)* malchanceux
unglücklicherweise [unglyklɪçər'vaɪzə] *adv* par malheur
Unglücksrabe ['unglyksraːbə] *m (fam)* enfant de malheur *m*
Ungnade ['ungnaːdə] *f* disgrâce *f; bei jdm in ~ fallen* tomber en disgrâce auprès de qn, être en discrédit auprès de qn
ungültig ['ungyltɪç] *adj 1.* non valable, nul; *2. (abgelaufen)* périmé; *3. (wertlos)* sans valeur
ungünstig ['ungynstɪç] *adj* défavorable, désavantageux
unhaltbar ['unhaltbaːr] *adj (fig)* insoutenable
unhandlich ['unhantlɪç] *adj 1.* peu maniable, encombrant; *2. (schwer)* lourd
Unheil ['unhaɪl] *n* mal *m,* malheur *m,* désastre *m*
unheilbar ['unhaɪlbaːr] *adj 1.* inguérissable, incurable; *2. (fig)* irrémédiable
unheilvoll ['unhaɪlfɔl] *adj* sinistre, néfaste
unheimlich ['unhaɪmlɪç] *adj 1.* étrange et inquiétant, angoissant, sinistre; *adv 2. (sehr)* très, énormément
unhöflich ['unhøːflɪç] *adj 1.* impoli, discourtois; *adv 2.* sans courtoisie
Unhöflichkeit ['unhøːflɪçkaɪt] *f* impolitesse *f,* manque de courtoisie *m*
uninteressant ['unɪntərɛsant] *adj* inintéressant
Universität [univɛrzi'tɛːt] *f* université *f*
Universum [uni'vɛrzum] *n* univers *m*
Unkenruf ['uŋkənruːf] *m* prévision alarmiste *f*
unklar ['unklaːr] *adj 1. (trüb)* trouble; *2. (fig)* confus, embrouillé, vague; *adv 3.* avec incertitude
Unklarheit ['unklaːrhaɪt] *f* manque de clarté *m,* obscurité *f,* confusion *f*
unklug ['unkluːk] *adj* imprudent, déraisonnable
unkompliziert ['unkɔmplitsiːrt] *adj 1.* peu compliqué; *2. (einfach)* simple
unkontrollierbar ['unkɔntrɔliːrbaːr] *adj* incontrôlable
unkonzentriert ['unkɔntsɛntriːrt] *adj* non concentré
Unkonzentriertheit ['unkɔntsɛntriːrthaɪt] *f* absence de concentration *f,* manque de concentration *m*
Unkosten ['unkɔstən] *pl* frais *m/pl,* dépenses *f/pl,* coûts indirects *m/pl; Sie haben sich in ~ gestürzt.* Vous avez fait une folie. *sich in ~ stürzen* mettre les petits plats dans les grands, faire de grandes dépenses
Unkraut ['unkraut] *n 1.* mauvaise herbe *f; 2. (fig)* ivraie *f*
unkritisch ['unkriːtɪʃ] *adj* non critique
unlängst ['unlɛŋst] *adv* dernièrement, il n'y a pas longtemps
unlauter ['unlautər] *adj* déloyal, illicite
unleserlich ['unleːzərlɪç] *adj* illisible, indéchiffrable
unlogisch ['unloːgɪʃ] *adj* illogique
unlösbar ['unløːsbaːr] *adj 1.* insoluble; *2. (unauflösbar)* indissoluble
unmäßig ['unmɛːsɪç] *adj* immodéré, démesuré, excessif
Unmensch ['unmɛnʃ] *m* monstre *m,* brute *f; kein ~ sein* ne pas être un monstre
unmenschlich ['unmɛnʃlɪç] *adj 1.* inhumain, barbare; *2. (grausam)* cruel
unmerklich ['unmɛrklɪç] *adj* insensible, imperceptible
unmissverständlich ['unmɪsfɛrʃtɛntlɪç] *adj 1.* clair, sans équivoque, catégorique, formel; *adv 2.* sans équivoque
unmittelbar ['unmɪtəlbaːr] *adj 1.* immédiat, direct; *adv 2.* immédiatement, directement
unmöglich [un'møːklɪç] *adj* impossible; *jdn ~ machen* dire du mal de qn/jeter le discrédit sur qn
Unmöglichkeit [un'møːklɪçkaɪt] *f* impossibilité *f*
unmoralisch ['unmoraːlɪʃ] *adj* immoral
unmündig ['unmyndɪç] *adj JUR* mineur
Unmündigkeit ['unmyndɪçkaɪt] *f JUR* minorité *f*
Unmut ['unmuːt] *m* mauvaise humeur *f,* humeur chagrine *f,* morosité *f*
unnachahmlich ['unnaːxaːmlɪç] *adj* inimitable
unnachgiebig ['unnaxgiːbɪç] *adj (fig)* intraitable, inflexible, dur

U

unnachsichtig ['unnaxzɪçtɪç] *adj 1.* sévère, rigoriste; *adv 2.* sans indulgence
unnahbar [un'na:ba:r] *adj* inaccessible
Unnahbarkeit [un'na:ba:rkaɪt] *f* inaccessibilité *f*
unnatürlich ['unnaty:rlɪç] *adj 1.* peu naturel, dénaturé; *2. (affektiert)* affecté
unnötig ['unnø:tɪç] *adj* inutile, superflu
unnütz ['unnyts] *adj* inutile, vain
Unordnung ['unɔrdnuŋ] *f* désordre *m,* pagaille *f (fam)*
unparteiisch ['unpartaɪɪʃ] *adj 1.* impartial; *adv 2.* avec impartialité
unpassend ['unpasənt] *adj* mal choisi, qui ne convient pas, déplacé, inopportun
unpässlich ['unpɛslɪç] *adj* indisposé
Unpässlichkeit ['unpɛslɪçkaɪt] *f* indisposition *f*
unpersönlich ['unpɛrzø:nlɪç] *adj 1. (sachlich)* impersonnel; *2. (kühl)* froid; *3. (unnahbar)* distant
unpopulär ['unpopulɛ:r] *adj* impopulaire
unpünktlich ['unpyŋktlɪç] *adj 1.* inexact, non ponctuel; *adv 2.* ne pas .... à temps
Unpünktlichkeit ['unpyŋktlɪçkaɪt] *f* manque de ponctualité *m,* inexactitude *f*
Unrat ['unra:t] *m* immondices *m/pl,* ordures *f/pl*
unrealistisch ['unrealɪstɪʃ] *adj* irréaliste
Unrecht ['unrɛçt] *n* injustice *f,* tort *m*; *im ~ sein* être dans son tort; *jdn ins ~ setzen* mettre qn dans son tort
unrechtmäßig ['unrɛçtmɛ:sɪç] *adj* illégal, illégitime
unredlich ['unre:tlɪç] *adj* malhonnête, déloyal
unregelmäßig ['unre:gəlmɛ:sɪç] *adj* irrégulier, déréglé
Unregelmäßigkeit ['unre:gəlmɛ:sɪçkaɪt] *f* irrégularité *f,* dérèglement *m*
unregierbar ['unregi:rba:r] *adj POL* ingouvernable
unreif ['unraɪf] *adj 1.* pas mûr, immature; *2. (grün)* vert; *3. (zu jung)* trop jeune
Unreinheit ['unraɪnhaɪt] *f* impureté *f,* souillure *f,* saleté *f*
unrentabel ['unrɛnta:bəl] *adj ECO* non rentable
Unruhe ['unru:ə] *f 1. (Störung)* agitation *f,* bruit *m; 2. (Besorgnis)* inquiétude *f,* nervosité *f,* anxiété *f*
Unruheherd ['unru:əhe:rt] *m* foyer de troubles *m*
unruhig ['unru:ɪç] *adj 1. (laut)* bruyant; *2. (bewegt)* agité, mouvementé; *3. (besorgt)* préoccupé, inquiet, anxieux
unrühmlich ['unry:mlɪç] *adj* peu glorieux
uns [uns] *pron* nous, à nous; *unter ~* entre nous
unsachgemäß ['unzaxgəmɛ:s] *adj* incorrect, non approprié
unsachlich ['unzaxlɪç] *adj* subjectif
unsanft ['unzanft] *adj* brutalement, sans douceur
unschädlich ['unʃɛ:tlɪç] *adj* inoffensif; *jdn ~ machen (fig)* mettre qn hors d'état de nuire/neutraliser qn
unscharf ['unʃarf] *adj FOTO* imprécis
unscheinbar ['unʃaɪnba:r] *adj 1.* discret, terne; *2. (einfach)* simple
unschlüssig ['unʃlysɪç] *adj 1.* irrésolu, perplexe; *adv 2.* avec perplexité; *3. (zögernd)* avec hésitation
Unschuld ['unʃult] *f 1. (Schuldlosigkeit) JUR* innocence *f; 2. (Keuschheit)* chasteté *f,* vertu *f,* virginité *f*
unschuldig ['unʃuldɪç] *adj 1. JUR* innocent; *vollkommen ~ sein* être blanc comme neige; *2. (keusch)* candide, vierge
unsere(r,s) ['unzərə(r,s)] *pron* notre, le nôtre/la nôtre; *(Plural)* nos, les nôtres; notre
unseriös ['unzerjø:s] *adj* pas sérieux
unsicher ['unzɪçər] *adj 1.* incertain; *einen Ort ~ machen* hanter un endroit; *2. (zweifelhaft)* douteux; *~ sein* être dans le doute; *~ werden* perdre les pédales; *3. (Existenz)* précaire
Unsicherheit ['unzɪçərhaɪt] *f 1.* incertitude *f; 2. (der Existenz)* précarité *f*
unsichtbar ['unzɪçtba:r] *adj* invisible, imperceptible à l'œil; *sich ~ machen* se faire tout petit
Unsinn ['unzɪn] *m* non-sens *m,* absurdité *f*
unsinnig ['unzɪnɪç] *adj* insensé, déraisonnable, absurde
Unsitte ['unzɪtə] *f* mauvaise habitude *f*
unsolide ['unzoli:də] *adj 1.* pas sérieux; *2. (ausschweifend)* débauché
unspektakulär ['unʃpɛktakulɛ:r] *adj* non spectaculaire, peu spectaculaire
unsterblich [un'ʃtɛrplɪç] *adj* immortel
Unsterblichkeit [un'ʃtɛrplɪçkaɪt] *f* immortalité *f*
Unsumme ['unzumə] *f* somme énorme *f*
unsympathisch ['unzympa:tɪʃ] *adj* antipathique
untätig ['untɛ:tɪç] *adj 1.* inactif, désoeuvré; *2. (passiv)* passif; *adv 3.* sans rien faire

Untätigkeit ['untɛːtɪçkaɪt] *f* désœuvrement *m,* inactivité *f*
untauglich ['untauklɪç] *adj 1.* inapte à, impropre à; *2. MIL* invalide

unten ['untən] *adv* dessous, au-dessous, en bas; *bei jdm ~ durch sein* être tombé endisgrâce avec qn

unter ['untər] *prep 1.* sous; *~ der Telefonnummer ...* au ... *~ einem Thema stehen* avoir pour mot d'ordre; *~ großer Anstrengung* au prix de nombreux efforts; *2. (zwischen)* parmi; *Das bleibt ~ uns.* Ça reste entre nous.
Unterarm ['untərarm] *m* avant-bras *m*
unterbelichtet ['untərbəlɪçtət] *adj 1. FOTO* sous-exposer qc; *2. (fig: dumm)* stupide, bête
unterbewusst ['untərbəvust] *adj* subconscient
unterbinden [untər'bɪndən] *v irr (fig)* empêcher, entraver
unterbrechen [untər'brɛçən] *v irr 1.* interrompre, arrêter; *2. TEL* couper
Unterbrechung [untər'brɛçuŋ] *f* interruption *f,* cessation *f*
unterbringen ['untərbrɪŋən] *v irr 1. (schützen)* mettre à l'abri; *2. (beherbergen)* loger, héberger; *3. (in einer Firma)* placer, trouver un emploi à
Unterbringung ['untərbrɪŋuŋ] *f* hébergement *m*
unterdessen [untər'dɛsən] *adv* entretemps
unterdrücken [untər'drykən] *v 1. etw ~* réprimer qc, retenir qc; *2. jdn ~* opprimer qn; *3. (ersticken)* étouffer
Unterdrückung [untər'drykuŋ] *f 1.* répression *f,* suppression *f; 2. (von Menschen)* oppression *f*
unterdurchschnittlich ['untərdurçʃnɪtlɪç] *adj* sous la moyenne
untere(r,s) ['untərə(r,s)] *adj* bas(se), du bas, inférieur(e)
untereinander ['untəraɪnandər] *adv 1.* entre eux, entre elles; *2. (gegenseitig)* réciproquement, mutuellement
unterentwickelt ['untərɛntvɪkəlt] *adj* sous-développé
unterernährt ['untərɛrnɛːrt] *adj MED* sous-alimenté
Unterernährung ['untərɛrnɛːruŋ] *f MED* sous-alimentation *f,* dénutrition *f*
Unterfangen [untər'faŋən] *n* tentativeaudacieuse *f,* coup d'audace *m,* audace *f*
Unterführung [untər'fyːruŋ] *f* passage souterrain *m,* tunnel *m*
Unterfunktion ['untərfunktsjoːn] *f MED* fonctionnement déficient *m*
Untergang ['untərgaŋ] *m 1. (Zusammenbruch)* déclin *m,* décadence *f,* chute *f; 2. (Niedergang)* ruine *f,* perte *f; 3. (Sinken) NAUT* naufrage *m; 4. (der Sonne, des Mondes)* coucher *m*
Untergebene(r) [untər'geːbənə(r)] *m/f* subordonné(e) *m/f,* subalterne *m/f*
untergehen ['untərgeːən] *v irr 1. (zusammenbrechen)* décliner, sombrer, aller à sa perte; *2. (sinken) NAUT* sombrer; *3. (niedergehen)* sombrer, péricliter; *4. (Sonne, Mond)* se coucher
untergeordnet ['untərgəɔrdnət] *adj* subordonné, subalterne, secondaire
Untergeschoss ['untərgəʃɔs] *n* sous-sol *m*
Untergewicht ['untərgəvɪçt] *n MED* manque de poids *m,* insuffisance de poids *f*
untergraben [untər'graːbən] *v irr 1. (unterminieren)* miner qc, saper, noyauter qc; *2. (aushöhlen)* creuser qc, fouiller qc
Untergrund ['untərgrunt] *m 1.* sous-sol *m; 2. (Basis)* fond *m,* base *f*
Untergrundkämpfer(in) ['untərgruntkɛmpfər(ɪn)] *m/f POL* combattant(e) clandestin(e) *m/f*
unterhalb ['untərhalp] *prep* au-dessous de, en bas de
Unterhalt ['untərhalt] *m 1.* entretien *m,* subsistance *f; 2. (Unterhaltsbeitrag)* pension alimentaire *f*

unterhalten [untər'haltən] *v irr 1. (versorgen)* entretenir; *2. sich ~ (vergnügen)* se divertir, se distraire; *3. sich mit jdm über etw ~* discuter avec qn de qc, bavarder avec qn de qc

unterhaltsam [untər'haltzam] *adj* amusant, divertissant
Unterhaltung [untər'haltuŋ] *f 1. (Vergnügen)* divertissement *m,* distraction *f; 2. (Plaudern)* conversation *f,* discussion *f; 3. (Versorgung)* entretien *m*
Unterhändler(in) ['untərhɛndlər(ɪn)] *m/f* intermédiaire *m/f*
Unterhaus ['untərhaus] *n POL* Chambre des Communes *f*
Unterhemd ['untərhɛmt] *n* maillot de corps *m,* chemise *f*
Unterhose ['untərhoːzə] *f* slip *m,* caleçon *m*

unterirdisch ['untərɪrdɪʃ] *adj* souterrain
unterjochen [untər'jɔxən] *v* subjuguer qn, asservir qn, assujettir qn
Unterkiefer ['untərkiːfər] *m ANAT* mâchoire inférieure *f*
unterkommen ['untərkɔmən] *v irr 1. (Unterkunft finden)* trouver un abri, se loger; *2. (Stellung finden)* trouver une situation, trouver un emploi
Unterkunft ['untərkunft] *f* abri *m,* logis *m,* gîte *m,* hébergement *m*
Unterlage ['untərlaːgə] *f 1.* support *m,* base *f; 2. (Dokument)* document *m,* pièce justificative *f; 3. (Schicht)* couche *f*
unterlassen [untər'lasən] *v irr* se dispenser de, omettre de
unterlegen ['untərleːgən] *v 1. (etw unter etw legen)* mettre dessous; [untər'leːgən] *2. (mit einer Unterlage versehen)* compléter; *3. (fig)* donner; *einer Sache einen anderen Sinn ~* donner à une chose un autre sens; *adj 4. jdm ~ sein* être inférieur à qn
Unterleib ['untərlaɪp] *m ANAT* abdomen *m,* bas-ventre *m*
unterliegen [untər'liːgən] *v irr 1. (besiegt werden)* avoir le dessous par rapport à, être inférieur à, succomber; *2. (betroffen sein)* être passible de
Unterlippe ['untərlɪpə] *f ANAT* lèvre inférieure *f*
Untermiete ['untərmiːtə] *f* sous-location *f*
Untermieter(in) ['untərmiːtər(ɪn)] *m/f* sous-locataire *m/f*
untermischen ['untərmɪʃən] *v* mêler à, mélanger à
unternehmen [untər'neːmən] *v irr* entreprendre, se charger de
Unternehmen [untər'neːmən] *n 1. (Firma) ECO* entreprise *f; 2. (Vorhaben)* entreprise *f*
Unternehmer(in) [untər'neːmər(ɪn)] *m/f ECO* entrepreneur/entrepreneuse *m/f*
unternehmungslustig [untər'neːmuŋslustɪç] *adj* entreprenant, qui a l'esprit d'entreprise
unterordnen ['untərɔrdnən] *v* subordonner à, soumettre à
Unterordnung ['untərɔrdnuŋ] *f* subordination *f*
Unterredung [untər'reːduŋ] *f* entretien *m,* conversation *f,* entrevue *f*

Unterricht ['untərrɪçt] *m 1. (Lehre)* enseignement *m; 2. (Kurs)* cours *m; 3. (Lektion)* leçon *f*

unterrichten [untər'rɪçtən] *v 1. (lehren)* enseigner à, donner des cours à; *2. (informieren)* informer, faire part de
Unterrichtsstunde ['untərrɪçtsʃtundə] *f* cours *m,* classe *f,* heure de cours *f*
untersagen [untər'zaːgən] *v* interdire, prohiber
Untersatz ['untərzats] *m 1. (Platte, Teller)* dessous de plat *m; 2. (für Gläser)* dessous de verre *m; 3. (Gestell)* support *m; 4. fahrbarer ~ (fam)* support mobile *m; 5. (Logik)* mineure *f*
unterschätzen [untər'ʃɛtsən] *v* sous-estimer, mésestimer
unterscheiden [untər'ʃaɪdən] *v irr* différencier, distinguer, faire la différence
Unterscheidung [untər'ʃaɪduŋ] *f* différenciation *f*
Unterscheidungsmerkmal [untər'ʃaɪduŋsmɛrkmaːl] *n* signe caractéristique *m*
Unterschenkel ['untərʃɛŋkəl] *m ANAT* jambe *f*
Unterschied ['untərʃiːt] *m* différence *f,* distinction *f; Das ist ein ~ wie Tag und Nacht.* C'est le jour et la nuit.
unterschlagen [untər'ʃlaːgən] *v irr 1. (Geld)* soustraire, faire disparaître; *2. (verstecken)* cacher, subtiliser *(fam)*
Unterschlagung [untər'ʃlaːguŋ] *f 1.* détournement *m,* malversation *f; 2. (von Briefen)* interception *f*
Unterschlupf ['untərʃlupf] *m 1.* retraite *f,* abri *m,* refuge *m; 2. (Versteck)* cachette *f*
unterschreiben [untər'ʃraɪbən] *v irr 1.* signer; *2. (befürworten) etw ~* souscrire à qc
Unterschrift ['untərʃrɪft] *f* signature *f*
unterschwellig ['untərʃvɛlɪç] *adj* subconscient, subliminal, latent
untersetzt [untər'zɛtst] *adj* trapu, ramassé
unterste(r,s) ['untərstə(r,s)] *adj 1. (räumlich)* plus bas(se); *das Unterste zuoberst kehren* mettre sens dessus dessous; *2. (Reihenfolge)* le dernier/la dernière
unterstellen ['untərʃtɛlən] *v 1. sich ~* s'abriter; [untər'ʃtɛlən] *2. (voraussetzen)* présupposer, présumer qc; *3. jdm etw ~ (unterordnen)* subordonner à qn; *4. jdm etw ~ (unterschieben)* prêter une intention à qn
Unterstellung [untər'ʃtɛluŋ] *f 1.* subordination *f,* affectation *f; 2. (Beschuldigung)* imputation *f,* insinuation *f*
unterstreichen [untər'ʃtraɪçən] *v irr 1.* souligner; *2. (fig: hervorheben)* mettre en valeur, faire ressortir

Unterstufe ['untərʃtuːfə] *f (in der Schule)* premier cycle *m*
unterstützen [untər'ʃtytsən] *v* soutenir, appuyer, secourir, assister
Unterstützung [untər'ʃtytsuŋ] *f* appui *m,* soutien *m,* assistance *f,* aide *f*
untersuchen [untər'zuːxən] *v 1.* examiner; *2. (erforschen)* faire des recherches; *3. MED* examiner, ausculter
Untersuchung [untər'zuːxuŋ] *f 1.* examen *m,* vérification *f; 2. (Erforschung)* recherche *f; 3. MED* examen médical *m*
untertags [untər'taːks] *adv* pendant la journée
Untertasse ['untərtasə] *f* soucoupe *f*
untertauchen ['untərtauxən] *v 1. (eintauchen)* plonger, immerger; *2. (fig: verschwinden)* disparaître, se réfugier
unterteilen [untər'taɪlən] *v* subdiviser, classifier
Untertitel ['untərtiːtəl] *m* sous-titre *m*
untertreiben [untər'traɪbən] *v irr* minimiser qc
untervermieten ['untərfɛrmiːtən] *v* sous-louer, donner en sous-location
unterwandern [untər'vandərn] *v* noyauter qc
Unterwäsche ['untərvɛʃə] *f* sous-vêtements *m/pl*
unterwegs [untər'veːks] *adv 1.* en chemin, en route, chemin faisant; *2. (abgefahren) ~ sein* être parti
Unterwelt ['untərvɛlt] *f (schlechte Gesellschaft)* bas-fonds *m/pl,* pègre *f,* milieu *m*
unterwerfen [untər'vɛrfən] *v irr* soumettre, assujettir, subjuguer
Unterwerfung [untər'vɛrfuŋ] *f 1. (Untertanmachen) POL* asservissement *m; 2. (Unterordnung)* subordination *f,* soumission *f*
unterwürfig ['untərvyrfɪç] *adj* soumis, humble, servile
Unterwürfigkeit ['untərvyrfɪçkaɪt] *f* soumission *f,* servilité *f*
unterzeichnen [untər'tsaɪçnən] *v* signer, souscrire
unterziehen [untər'tsiːən] *v irr 1. sich einer Sache ~* se soumettre à qc; *2. jdn einer Sache ~* soumettre qn à qc
Untiefe ['untiːfə] *f 1. (seichte Stelle)* bas-fond *m; 2. (große Tiefe)* abîme *m,* abysse *f*
untrennbar [un'trɛnbaːr] *adj* inséparable
untreu ['untrɔy] *adj* infidèle, perfide
Untreue ['untrɔyə] *f* infidélité *f,* perfidie *f*
untypisch ['untyːpɪʃ] *adj* atypique
unüberhörbar [unyːbər'høːrbaːr] *adj* que l'on ne peut pas ne pas entendre
unüberlegt ['unyːbərleːkt] *adj 1.* irréfléchi, étourdi; *adv 2.* sans réfléchir
unübersichtlich ['unyːbərzɪçtlɪç] *adj 1. (ohne Sicht)* peu clair, sans visibilité; *2. (verworren)* confus, embrouillé
unübertrefflich [unyːbər'trɛflɪç] *adj* insurpassable, incomparable, inégalable
unüberwindbar [unyːbər'vɪntbaːr] *adj* insurmontable
unüblich ['unyːplɪç] *adj* inhabituel
unumstößlich [unum'ʃtøːslɪç] *adj* immuable, irrévocable, indiscutable, péremptoire
unumstritten [unum'ʃtrɪtən] *v* incontesté
ununterbrochen ['ununtərbrɔxən] *adj 1.* ininterrompu, continuel, incessant, suivi; *adv 2.* sans interruption, sans cesse
unveränderlich [unfɛr'ɛndərlɪç] *adj* invariable, inaltérable, stable
unverändert ['unfɛrɛndərt] *adj* inchangé
unverantwortlich [unfɛr'antvɔrtlɪç] *adj 1.* irresponsable; *adv 2.* à la légère
unverbesserlich [unfɛr'bɛsərlɪç] *adj* incorrigible, impénitent
unverbindlich ['unfɛrbɪntlɪç] *adj 1.* sans engagement, facultatif; *adv 2.* sans engagement
unvereinbar [unfɛr'aɪnbaːr] *adj* incompatible, inconciliable
unverfälscht ['unfɛrfɛlʃt] *adj 1.* non falsifié, authentique, non frelaté; *2. (Bericht)* non falsifié; *3. (Lebensmittel)* non frelaté
unverfroren ['unfɛrfroːrən] *adj (fig)* effronté, insolent, impudent
Unverfrorenheit ['unfɛrfroːrənhaɪt] *f* sans-gêne *m,* impudence *f*
unvergesslich [unfɛr'gɛslɪç] *adj* inoubliable, ineffaçable
unverhofft ['unfɛrhɔft] *adj 1.* inespéré, inopiné; *adv 2.* à l'improviste, inopinément
unverkäuflich ['unfɛrkɔyflɪç] *adj* invendable
unvermeidlich ['unfɛrmaɪtlɪç] *adj 1.* inévitable; *2. (fatal)* fatal
unvermittelt ['unfɛrmɪtəlt] *adj* immédiat, brusque
Unvermögen ['unfɛrmøːgən] *n* incapacité *f*
unvermutet ['unfɛrmuːtət] *adj 1.* inattendu, imprévu; *adv 2.* à l'improviste
Unvernunft ['unfɛrnunft] *f* déraison *f,* manque de bon sens *m*
unvernünftig ['unfɛrnynftɪç] *adj 1.* déraisonnable; *adv 2.* avec déraison

U

unverschämt ['unfɛrʃɛːmt] *adj 1.* éhonté, impudent, sans vergogne; *~ sein* être impertinent; *adv 2.* sans vergogne
Unverschämtheit ['unfɛrʃɛːmthaɪt] *f* impudence *f,* insolence *f,* culot *m (fam)*
unversehens ['unfɛrzeːəns] *adv* à l'improviste
unversehrt ['unfɛrzeːrt] *adj* indemne, intact, non endommagé
unversöhnlich ['unfɛrzøːnlɪç] *adj* rancunier
unverständlich ['unfɛrʃtɛntlɪç] *adj 1.* incompréhensible; *2. (dunkel)* obscur
unversucht ['unfɛrzuːxt] *adj nichts ~ lassen* tout essayer, tenter l'impossible; *Es blieb nichts ~.* Tous les moyens sont épuisés.
Unverträglichkeit ['unfɛrtrɛːklɪçkaɪt] *f* humeur querelleuse *f,* insociabilité *f*
unverwüstlich [unfɛr'vyːstlɪç] *adj* inusable, inaltérable
unverzeihlich ['unfɛrtsaɪlɪç] *adj* impardonnable, inexcusable
unverzichtbar [unfɛr'tsɪçtbaːr] *adj* indispensable
unvollkommen ['unfɔlkɔmən] *adj 1.* imparfait; *2. (fehlerhaft)* défectueux
Unvollkommenheit ['unfɔlkɔmənhaɪt] *f* imperfection *f*
unvollständig ['unfɔlʃtɛndɪç] *adj* incomplet, qui a des lacunes
Unvollständigkeit ['unfɔlʃtɛndɪçkaɪt] *f* caractère incomplet *m*
unvorbereitet ['unfoːrbəraɪtət] *adj 1.* improvisé, non préparé, au pied levé; *adv 2.* sans être préparé, à l'improviste
unvoreingenommen ['unfoːraɪngənɔmən] *adj 1.* sans préjugés, impartial, neutre; *adv 2.* avec impartialité
Unvoreingenommenheit ['unfoːraɪngənɔmənhaɪt] *f* absence de préjugés *f*
unvorhergesehen ['unfoːrheːrgəzeːən] *adj* imprévu
unvorsichtig ['unfoːrzɪçtɪç] *adj* imprudent, imprévoyant
Unvorsichtigkeit ['unfoːrzɪçtɪçkaɪt] *f* imprudence *f,* inconsidération *f*
unvorstellbar [unfoːr'ʃtɛlbaːr] *adj* inimaginable
unvorteilhaft ['unfoːrtaɪlhaft] *adj* désavantageux
unwahr ['unvaːr] *adj* mensonger, faux
Unwahrheit ['unvaːrhaɪt] *f* mensonge *m,* fausseté *f*
unwahrscheinlich ['unvaːrʃaɪnlɪç] *adj 1.* invraisemblable, improbable; *adv 2.* énormément
unweigerlich [un'vaɪgərlɪç] *adj* inévitable, inéluctable
Unwesen ['unwɛsən] *n sein ~ treiben* semer le trouble, hanter
unwesentlich ['unveːzəntlɪç] *adj* négligeable, secondaire, accessoire
Unwetter ['unvɛtər] *n 1. (Sturm)* orage *m; 2. (Gewitter)* tempête *f*
unwichtig ['unvɪçtɪç] *adj 1.* sans importance, insignifiant; *2. (wertlos)* inutile
unwiderruflich [unviːdər'ruflɪç] *adj* irrévocable
unwiderstehlich ['unviːdərʃteːlɪç] *adj* irrésistible
unwillig ['unvɪlɪç] *adj 1.* récalcitrant; *2. (gereizt)* irrité, agacé; *adv 3.* de mauvaise grâce, à contrecœur
unwillkürlich ['unvɪlkyːrlɪç] *adj* involontaire
unwirklich ['unvɪrklɪç] *adj* irréel
unwirksam ['unvɪrkzaːm] *adj* inefficace, inactif
unwirtlich ['unvɪrtlɪç] *adj 1. (einsam)* inhospitalier; *2. (ungastlich)* inhospitalier
unwirtschaftlich ['unvɪrtʃaftlɪç] *adj ECO* peu rentable
Unwirtschaftlichkeit ['unvɪrtʃaftlɪçkaɪt] *f ECO* manque de rentabilité *m*
unwissend ['unvɪsənt] *adj* ignorant, ignare
Unwissenheit ['unvɪsənhaɪt] *f* ignorance *f*
unwohl ['unvoːl] *adj* souffrant, indisposé, qui ne se sent pas bien
Unwohlsein ['unvoːlzaɪn] *n* indisposition *f,* malaise *m*
Unwucht ['unvuxt] *f TECH* masse non équilibrée *f*
unwürdig ['unvyrdɪç] *adj* indigne
unzählig ['untsɛːlɪç] *adj 1.* innombrable; *2. (unberechenbar viele)* incalculable
unzeitgemäß ['untsaɪtgəmɛːs] *adj 1.* intempestif, inactuel; *2. METEO* prématuré
unzeitig ['untsaɪtɪç] *adj 1.* intempestif, inopportun; *2. (vorzeitig)* prématuré
unzerbrechlich [untsɛr'brɛçlɪç] *adj* incassable
unzertrennlich [untsɛr'trɛnlɪç] *adj* inséparable, indissoluble
unzufrieden ['untsufriːdən] *adj* mécontent, insatisfait
Unzufriedenheit ['untsufriːdənhaɪt] *f* insatisfaction *f,* mécontentement *m*

U

unzugänglich ['untsugɛŋlɪç] *adj* 1. inaccessible; 2. *(fig: verschlossen)* inabordable, intraitable
unzulänglich ['untsulɛŋlɪç] *adj* insuffisant
Unzulänglichkeit ['untsulɛŋlɪçkaɪt] *f* insuffisance *f*
unzumutbar ['untsumuːtbaːr] *adj* inadmissible, déraisonnable
unzurechnungsfähig ['untsurɛçnuŋsfɛːɪç] *adj* 1. qui agit sans discernement; 2. *JUR* irresponsable
Unzurechnungsfähigkeit ['untsurɛçnuŋsfɛːɪçkaɪt] *f* 1. manque de discernement *m;* 2. *JUR* irresponsabilité *f*
unzureichend ['untsuraɪçənt] *adj* insuffisant
unzutreffend ['untsutrɛfənt] *adj* 1. inexact, non pertinent; 2. *(unwahr)* inexact
unzuverlässig ['untsufɛrlɛsɪç] *adj* peu sûr, non fiable, incertain
Unzuverlässigkeit ['untsufɛrlɛsɪçkaɪt] *f* manque de sérieux *m*
unzweckmäßig ['untsvɛkmɛːsɪç] *adj* impropre à, qui ne convient pas à
Unzweckmäßigkeit ['untsvɛkmɛːsɪçkaɪt] *f* inopportunité *f,* impropriété *f*
üppig ['ypɪç] *adj* luxuriant, abondant, somptueux, plantureux
Urahnen ['uraːnən] *pl* ancêtres *m/pl,* aïeux *m/pl*
uralt ['uːralt] *adj* très ancien, séculaire; *~ sein* être vieux comme le monde
Uraufführung ['uːrauffyːruŋ] *f THEAT* première *f,* création *f*
Ureinwohner ['uːraɪnvoːnər] *pl* premiers habitants *m/pl,* autochtones *m/pl*
Urenkel(in) ['uːrɛŋkəl(ɪn)] *m/f* arrière-petit-fils/arrière-petite-fille *m/f*
Urgroßeltern ['uːrgroːsɛltərn] *pl* arrière-grands-parents *m/pl,* bisaïeux *m/pl*
Urheber ['uːrheːbər] *m* auteur *m,* créateur *m*
Urheberrecht ['uːrheːbərrɛçt] *n JUR* droit d'auteur *m*
urig ['uːrɪç] *adj* farfelu, pittoresque
Urin [u'riːn] *m* urine *f; etw im ~ haben (fig)* pressentir qc, avoir l'intuition de qc
Urknall ['uːrknal] *m ASTR* big-bang *m; PHYS* big-bang *m*
Urkunde ['uːrkundə] *f* acte *m,* document *m,* titre *m*
Urkundenfälschung ['uːrkundənfɛlʃuŋ] *f* 1. falsification *f;* 2. *JUR* faux en écriture *m*

Urlaub ['uːrlaup] *m* 1. congé *m;* 2. *(Ferien)* vacances *f/pl;* 3. *MIL* permission *f*

Urlauber(in) ['uːrlaubər(ɪn)] *m/f* vacancier/vacancière *m/f*
Urmensch ['uːrmɛnʃ] *m* homme primitif *m,* premier homme *m*
urplötzlich [uːr'plœtslɪç] *adv* 1. soudainement, subitement; *adj* 2. soudain, subit
Ursache ['uːrzaxə] *f* cause *f,* motif *m,* raison *f; Kleine ~, große Wirkung.* Petites causes, grands effets. *Keine ~!* De rien!
Ursprung ['uːrʃpruŋ] *m* 1. origine *f,* provenance *f;* 2. *(Anfang)* principe *m;* 3. *(Quelle)* source *f*
ursprünglich ['urʃpryŋlɪç] *adj* 1. originel; 2. *(herkommend von)* originaire; 3. *(anfänglich)* initial; *adv* 4. à l'origine
Ursprungsland ['uːrʃpruŋslant] *n* pays d'origine *m*
Ursprungszeugnis ['uːrʃpruŋstsɔyknɪs] *n* certificat d'origine *m*

Urteil ['urtaɪl] *n* 1. opinion *f,* avis *m; Bilden Sie sich ein ~!* Jugez-en par vous même! 2. *JUR* jugement *m,* décision de justice *f,* sentence *f*

urteilen ['urtaɪlən] *v* 1. juger, porter un jugement; 2. *JUR* juger, décider par jugement
Urteilsspruch ['urtaɪlsʃprux] *m JUR* jugement *m,* arrêt *m,* verdict *m*
Urteilsverkündigung ['urtaɪlsfɛrkyndiguŋ] *f JUR* prononcé du jugement *m*
Urteilsvermögen ['urtaɪlsfɛrmøːgən] *n* faculté de juger *f,* jugement *m,* discernement *m*
urtümlich ['uːrtyːmlɪç] *adj* primitif, archaïque
Urwald ['uːrvalt] *m* forêt vierge *f,* jungle *f*
urwüchsig ['uːrvyːkzɪç] *adj* primitif, naïf, naturel
Urzeit ['uːrtsaɪt] *f* temps primitifs *m/pl,* temps préhistoriques *m/pl*
Utensilien [utɛn'ziːljən] *pl* ustensiles *m/pl,* attirail *m*
Utopie [uto'piː] *f* utopie *f*
utopisch [u'toːpɪʃ] *adj* utopique
UV-Strahlung [uː'vauʃtraːluŋ] *f PHYS* rayon ultraviolet *m*

V

Vagabund [vaga'bunt] *m* vagabond *m*
vage ['va:gə] *adj* vague
Vakanz [va'kants] *f* vacance *f*
vakuumverpackt ['va:kuumfɛrpakt] *adj* emballé sous vide
Vampir [vam'pi:r] *m* vampire *m*
Vandalismus [vanda'lɪsmus] *m* vandalisme *m*
variabel [vari'a:bəl] *adj* variable
variieren [vari'i:rən] *v* varier
Vase ['va:zə] *f* vase *m*

Vater ['fa:tər] *m* père *m; ~ Staat* l'État *m; der himmlische ~* Dieu *m,* l'Éternel *m,* le Très-Haut *m; zu seinen Vätern heimgehen* passer de vie à trépas

Vaterland ['fa:tərlant] *n* patrie *f*
Vaterlandsliebe ['fa:tərlantsli:bə] *f* amour de la patrie *m,* patriotisme *m*
väterlich ['fɛ:tərlɪç] *adj* paternel
väterlicherseits ['fɛ:tərlɪçərzaɪts] *adv* du côté paternel
Vaterschaft ['fa:tərʃaft] *f* paternité *f*
Vatikan [vatɪ'ka:n] *m* Vatican *m*
vegetarisch [vege'ta:rɪʃ] *adj* végétarien
Vegetation [vegeta'tsjo:n] *f* végétation *f*
vegetieren [vege'ti:rən] *v* végéter
vehement [vehe'mɛnt] *adj 1.* véhément; *adv 2.* avec véhémence
Vene ['ve:nə] *f ANAT* veine *f*
Ventil [vɛn'ti:l] *n 1. TECH* soupape *f,* clapet *m,* vanne *f; 2. (fig)* soupape *f*
verabreden [fɛr'apre:dən] *v 1. etw mit jdm ~* convenir de qc avec qn; *2. sich ~ mit* avoir rendez-vous avec, donner rendez-vous à
Verabredung [fɛr'apre:duŋ] *f (Treffen)* rendez-vous *m*
verabreichen [fɛr'apraɪçən] *v* donner qc à qn, administrer qc à qn
verabscheuen [fɛr'apʃɔyən] *v* détester, avoir en horreur
verabscheuungswürdig [fɛr'apʃɔyuŋsvyrdɪç] *adj* détestable, abominable, exécrable
verabschieden [fɛr'apʃi:dən] *v 1.* remercier, licencier; *2. (Gesetz)* adopter, voter; *3. sich ~ von* dire au revoir à, prendre congé de
Verabschiedung [fɛr'apʃi:duŋ] *f 1.* mise en congé *f,* licenciement *m; 2. (eines Gesetzes)* adoption d'une loi *f,* vote d'une loi *m*
verachten [fɛr'axtən] *v* mépriser, dédaigner; *Das ist nicht zu ~.* Ce n'est pas à dédaigner./Je ne crache pas dessus./C'est pas mal.
verächtlich [fɛr'ɛçtlɪç] *adj 1.* dédaigneux, méprisant; *adv 2.* avec mépris
Verachtung [fɛr'axtuŋ] *f* mépris *m,* dédain *m; jdn mit ~ strafen* punir qn en l'ignorant
veralbern [fɛr'albərn] *v* ridiculiser qn
verallgemeinern [fɛralgə'maɪnərn] *v* généraliser; *Man darf nicht ~.* Il ne faut pas généraliser.
veraltet [fɛr'altət] *adj 1.* vieilli, passé de mode; *2. (ungültig)* périmé

verändern [fɛr'ɛndərn] *v* modifier, changer, transformer, altérer; *Sie hat sich in der letzten Zeit sehr verändert.* Elle a beaucoup changé ces derniers temps.

Veränderung [fɛr'ɛndəruŋ] *f* modification *f,* changement *m,* transformation *f,* altération *f*
verängstigt [fɛr'ɛŋstɪçt] *adj 1.* apeuré; *2. (erschreckt)* effrayé
Veranlagung [fɛr'anla:guŋ] *f 1.* don pour *m,* disposition naturelle *f; 2. (Fähigkeiten)* capacités *f/pl*
veranlassen [fɛr'anlasən] *v 1.* amener à faire; *2. (verursachen)* donner lieu, causer
veranschaulichen [fɛr'anʃaulɪçən] *v* représenter, illustrer, concrétiser
veranstalten [fɛr'anʃtaltən] *v* organiser, arranger
Veranstaltung [fɛr'anʃtaltuŋ] *f 1.* organisation *f; 2. (Fest)* fête *f; 3. (Protestveranstaltung)* manifestation *f*
verantworten [fɛr'antvɔrtən] *v* être responsable de, prendre la responsabilité de
verantwortlich [fɛr'antvɔrtlɪç] *adj* responsable de; *jdn für etw ~ machen* tenir qn responsable de qc
Verantwortung [fɛr'antvɔrtuŋ] *f* responsabilité *f; jdn zur ~ ziehen* demander des comptes à qn
verantwortungslos [fɛr'antvɔrtuŋslo:s] *adj 1.* irresponsable; *adv 2.* avec légèreté
verantwortungsvoll [fɛr'antvɔrtuŋsfɔl] *adj* plein de responsabilité
veräppeln [fɛr'ɛpəln] *v (fam)* blaguer, tourner en ridicule; *jdn ~* se payer la tête de qn/se foutre de qn

V

verarbeiten [fɛr'arbaɪtən] *v* 1. *(bearbeiten)* traiter, façonner, usiner; 2. *(fig)* assimiler, digérer *(fam)*; 3. *(Daten)* *INFORM* traiter des données
Verarbeitung [fɛr'arbaɪtuŋ] *f* 1. *(Bearbeitung)* traitement *m,* usinage *m,* façonnage *m;* 2. *(Datenverarbeitung)* *INFORM* traitement des données *m*
verärgern [fɛr'ɛrgərn] *v* énerver, irriter, fâcher
verärgert [fɛr'ɛrgərt] *adj* énervé, fâché
verarmen [fɛr'armən] *v* s'appauvrir
Verarmung [fɛr'armuŋ] *f* appauvrissement *m*
verarzten [fɛr'artstən] *v* soigner
verausgaben [fɛr'ausga:bən] *v* 1. *sich ~ (finanziell)* dépenser trop; 2. *sich ~ (körperlich)* se dépenser, s'épuiser
veräußern [fɛr'ɔysərn] *v* aliéner, vendre
Verb [vɛrp] *n* *GRAMM* verbe *m*
Verband [fɛr'bant] *m* 1. *(Vereinigung)* association *f,* fédération *f,* union *f,* syndicat *m;* 2. *MED* pansement *m,* bandage *m*
Verbandskasten [fɛr'bantskastən] *m* 1. boîte de pansements *f;* 2. *(in einem Auto)* trousse de secours *f*
Verbandsmaterial [fɛr'bantsmatərjal] *n* matériel de pansement *m*
verbannen [fɛr'banən] *v* 1. bannir, proscrire; 2. *(ausschließen)* exclure
Verbannung [fɛr'banuŋ] *f* bannissement *m,* exil *m*
verbarrikadieren [fɛrbarika'di:rən] *v* barricader
verbauen [fɛr'bauən] *v* 1. masquer, boucher la vue, obturer, dépenser à construire; 2. *(fig)* entraver, bloquer
verbergen [fɛr'bɛrgən] *v irr* cacher, dissimuler
verbessern [fɛr'bɛsərn] *v* 1. améliorer; 2. *(korrigieren)* corriger, rectifier
Verbesserung [fɛr'bɛsəruŋ] *f* 1. amélioration *f;* 2. *(Korrektur)* correction *f,* rectification *f*
V
verbeugen [fɛr'bɔygən] *v sich ~* s'incliner
Verbeugung [fɛr'bɔyguŋ] *f* révérence *f,* courbette *f*
verbeulen [fɛr'bɔylən] *v* cabosser
verbiegen [fɛr'bi:gən] *v irr* 1. tordre, plier, déformer; 2. *(fig)* fausser

verbieten [fɛr'bi:tən] *v irr jdm etw ~* interdire à qn de faire qc, défendre à qn de faire qc

verbinden [fɛr'bɪndən] *v irr* 1. *(zusammenfügen)* joindre, associer, relier; 2. *TEL* mettre en communication, passer; 3. *MED* faire un pansement, panser
verbindlich [fɛr'bɪntlɪç] *adj* 1. *(verpflichtend)* ferme; 2. *(höflich)* obligeant, courtois
Verbindlichkeit [fɛr'bɪntlɪçkaɪt] *f* 1. *(Verpflichtung)* engagement *m,* obligation *f;* 2. *(Höflichkeit)* obligeance *f,* complaisance *f*
Verbindung [fɛr'bɪnduŋ] *f* 1. *(Zusammenfügung)* liaison *f,* jonction *f;* 2. *(Zugverbindung)* correspondance *f;* 3. *(Beziehung)* relation *f;* *sich mit jdm in ~ setzen* prendre contact avec qn; 4. *CHEM* combinaison *f;* 5. *TEL* communication *f*
verbissen [fɛr'bɪsən] *adj* acharné, opiniâtre, aigri; *etw nicht ~ sehen* ne pas prendre qc tant au sérieux
verbittern [fɛr'bɪtərn] *v* aigrir qn, rendre amer, abreuver d'amertume
verbittert [fɛr'bɪtərt] *adj* aigri, amer
Verbitterung [fɛr'bɪtəruŋ] *f* amertume *f,* aigreur *f*
verblassen [fɛr'blasən] *v* 1. pâlir, blêmir; 2. *(Stoff)* se défraîchir; 3. *(Erinnerung)* s'effacer
Verbleib [fɛr'blaɪp] *m* séjour *m,* endroit *m;* *Akten zum ~* dossiers à classer *m/pl*
verbleiben [fɛr'blaɪbən] *v irr* 1. *(bleiben)* rester; 2. *(vereinbaren)* convenir de
verbleit [fɛr'blaɪt] *adj* avec plomb
verblendet [fɛr'blɛndət] *adj* aveuglé, ébloui
Verblendung [fɛr'blɛnduŋ] *f* *(fig)* aveuglement *m*
verblichen [fɛr'blɪçən] *adj* pâli, efffacé, défraîchi, défunt
verblüffen [fɛr'blyfən] *v* déconcerter qn, décontenancer qn, confondre, ébaubir qn
Verblüffung [fɛr'blyfuŋ] *f* stupéfaction *f*
verblühen [fɛr'bly:ən] *v* 1. se faner; 2. *(verwelken)* se flétrir
verbluten [fɛr'blu:tən] *v* *MED* perdre tout son sang, mourir d'hémorragie
verbogen [fɛr'bo:gən] *adj* plié, recourbé
verbohrt [fɛr'bo:rt] *adj* obstiné
verborgen [fɛr'bɔrgən] *adj* 1. caché; 2. *(heimlich)* secret
Verbot [fɛr'bo:t] *n* interdiction *f,* défense *f;* *das ~ aufheben* lever la consigne
verboten [fɛr'bo:tən] *adj* interdit, défendu
Verbrauch [fɛr'braux] *m* consommation *f*
verbrauchen [fɛr'brauxən] *v* consommer, user

Verbraucher(in) [fɛr'brauxər(ɪn)] *m/f* consommateur/consommatrice *m/f*
verbrechen [fɛr'brɛçən] *v etw ~* commettre un délit
Verbrechen [fɛr'brɛçən] *n* crime *m,* délit *m*
Verbrecher(in) [fɛr'brɛçər(ɪn)] *m/f* criminel(le) *m/f,* malfaiteur/malfaitrice *m/f,* délinquant(e) *m/f*
verbrecherisch [fɛr'brɛçərɪʃ] *adj* criminel
verbreiten [fɛr'braɪtən] *v 1.* répandre; *sich ~* faire tache d'huile; *2. (ausbreiten)* étendre; *3. (bekannt werden)* divulguer
verbreitern [fɛr'braɪtərn] *v* élargir
Verbreiterung [fɛr'braɪtəruŋ] *f* élargissement *m*
Verbreitung [fɛr'braɪtuŋ] *f 1.* diffusion *f,* propagation *f; ~ finden* se répandre; *2. (Bekanntmachung)* divulgation *f*
verbrennen [fɛr'brɛnən] *v irr* brûler, consumer
Verbrennung [fɛr'brɛnuŋ] *f 1. (Müllverbrennung)* incinération des déchets *f; 2. (Einäscherung)* crémation *f; 3. MED* brûlure *f; 4. (beim Motor) TECH* combustion *f*
verbringen [fɛr'brɪŋən] *v irr* passer
verbrüdern [fɛr'bryːdərn] *v sich ~* fraterniser avec
verbrühen [fɛr'bryːən] *v sich ~* s'ébouillanter
verbuchen [fɛr'buːxən] *v* comptabiliser, enregistrer
verbünden [fɛr'byndən] *v sich ~ mit* s'allier à, s'allier avec, se liguer à
Verbundenheit [fɛr'bundənhaɪt] *f* solidarité *f,* attachement *m*
verbündet [fɛr'byndət] *adj* allié à, associé à, lié à
Verbündete(r) [fɛr'byndətə(r)] *m/f* allié(e) *m/f*
verbürgen [fɛr'byrgən] *v sich ~* garantir, se porter garant, cautionner
verbüßen [fɛr'byːsən] *v* purger une peine

> **Verdacht** [fɛr'daxt] *m* soupçon *m,* suspicion *f; über jeden ~ erhaben* au-dessus de tout soupçon; *auf ~* dans le doute; *~ schöpfen* commencer à avoir des soupçons

verdächtig [fɛr'dɛçtɪç] *adj 1.* suspect; *2. (zweifelhaft)* douteux
Verdächtige(r) [fɛr'dɛçtɪgə(r)] *m/f* suspect(e) *m/f*
verdächtigen [fɛr'dɛçtɪgən] *v* soupçonner, suspecter
Verdächtigung [fɛr'dɛçtɪguŋ] *f* suspicion *f*
verdammen [fɛr'damən] *v* maudire, damner, réprouver
Verdammnis [fɛr'damnɪs] *f REL* damnation éternelle *f*
verdammt [fɛr'damt] *adj 1. REL* damné; *interj 2. (fam) Verdammt!* Eh, merde! *(fam)*
verdampfen [fɛr'dampfən] *v* s'évaporer
verdanken [fɛr'daŋkən] *v* devoir à, être redevable à
verdauen [fɛr'dauən] *v* digérer
Verdauung [fɛr'dauuŋ] *f* digestion *f*
Verdeck [fɛr'dɛk] *n 1. (eines Autos)* capote *f; 2. (eines Schiffs)* pont supérieur *m*
verdecken [fɛr'dɛkən] *v 1. (zudecken)* couvrir; *2. (einhüllen)* envelopper; *3. (verbergen)* dissimuler, cacher
verderben [fɛr'dɛrbən] *v irr 1. (zerstören)* détruire, abîmer; *es sich mit jdm ~* perdre les bonnes grâces de qn/tomber en discrédit auprès de qn; *2. (schlecht werden)* pourrir, se gâter; *3. (fig: negativ beeinflussen)* corrompre
Verderben [fɛr'dɛrbən] *n 1.* corruption *f; 2. (Untergang)* perte *f,* ruine *f*
verderblich [fɛr'dɛrplɪç] *adj 1. (Lebensmittel)* périssable; *2. (fig)* malfaisant
verdeutlichen [fɛr'dɔytlɪçən] *v* préciser, expliquer
verdichten [fɛr'dɪçtən] *v 1. TECH* comprimer; *2. (fig)* condenser, comprimer
verdienen [fɛr'diːnən] *v 1. (Geld)* gagner; *viel Geld ~* gagner gros; *2. (Lob)* mériter, être digne de; *es nicht anders ~* ne rien mériter de mieux
Verdienst [fɛr'diːnst] *m 1.* gain *m,* rétribution *f; n 2. (Anspruch auf Anerkennung)* mérite *m,* services rendus *m/pl; Das ist alles sein ~.* Tout le mérite lui revient.
Verdienstausfall [fɛr'diːnstausfal] *m* manque à gagner *m*
verdient [fɛr'diːnt] *adj 1. (erarbeitet)* gagné; *2. (Lob)* mérité; *3. (Strafe)* mérité
verdoppeln [fɛr'dɔpəln] *v* doubler
Verdoppelung [fɛr'dɔpəluŋ] *f* doublement *m,* redoublement *m*
verdorben [fɛr'dɔrbən] *adj 1. (ungenießbar)* pourri; *2. (fig)* corrompu, dépravé
verdorren [fɛr'dɔrən] *v* dessécher, se dessécher
verdrängen [fɛr'drɛŋən] *v 1.* déplacer; *2. (verjagen)* chasser; *3. (Gefühl)* refouler; *4. (fig)* évincer

Verdrängung [fɛr'drɛŋuŋ] *f 1.* déplacement *m; 2. (eines Gefühls)* refoulement *m; 3. (aus der Wohnung)* expulsion *f; 4. (fig)* éviction *f*
verdrehen [fɛr'dreːən] *v 1.* tordre; *2. (fig)* altérer, fausser, déformer
Verdrossenheit [fɛr'drɔsənhaɪt] *f 1.* mauvaise humeur *f; 2. (Überdruss)* lassitude *f*
Verdruss [fɛr'drus] *m* ennui *m,* contrariété *f*
verdunkeln [fɛr'duŋkəln] *v 1. (abdunkeln)* obscurcir, assombrir; *2. (fig: verschleiern)* camoufler, maquiller
Verdunkelung [fɛr'duŋkəluŋ] *f 1. (Abdunkeln)* obscurcissement *m,* assombrissement *m; 2. (fig: Verschleierung) JUR* camouflage *m,* dissimulation *f*
verdünnen [fɛr'dynən] *v 1.* diluer, délayer, réduire; *2. (Wein)* couper
verdunsten [fɛr'dunstən] *v* s'évaporer
Verdunstung [fɛr'dunstuŋ] *f PHYS* évaporisation *f,* vaporisation *f,* volatilisation *f*
verdursten [fɛ'durstən] *v* mourir de soif
verdutzt [fɛr'dutst] *adj* déconcerté, décontenancé, stupéfait; *~ schauen* rester bouche bée
veredeln [fɛr'eːdəln] *v 1.* affiner, raffiner; *2. (vervollkommnen)* perfectionner
verehren [fɛr'eːrən] *v 1.* honorer, vénérer; *2. (respektieren)* respecter
Verehrer(in) [fɛr'eːrər(ɪn)] *m/f 1.* admirateur/admiratrice *m/f; 2. (Liebhaber)* soupirant *m*
Verehrung [fɛr'eːruŋ] *f 1.* vénération *f,* adoration *f; 2. (Respekt)* respect *m*
vereidigen [fɛr'aɪdɪgən] *v jdn ~* assermenter qn, faire prêter serment à qn
Vereidigung [fɛr'aɪdɪguŋ] *f* prestation de serment *f*
Verein [fɛr'aɪn] *m* association *f,* société *f,* club *m*

vereinbaren [fɛr'aɪnbaːrən] *v* convenir de, *wie vereinbart* comme convenu

Vereinbarkeit [fɛr'aɪnbaːrkaɪt] *f* possibilité d'entente *f,* possibilité d'accord *f*
Vereinbarung [fɛr'aɪnbaːruŋ] *f* convention *f,* accord *m*
vereinbarungsgemäß [fɛr'aɪnbaːruŋsgəmɛːs] *adv* comme convenu
vereinen [fɛr'aɪnən] *v* unifier, réunir, associer, fusionner
vereinfachen [fɛr'aɪnfaxən] *v* simplifier
vereinheitlichen [fɛr'aɪnhaɪtlɪçən] *v* uniformiser, unifier
vereinigen [fɛr'aɪnɪgən] *v 1.* unifier, réunir, joindre; *2. (bei einem Fluss)* confluer
Vereinigung [fɛr'aɪnɪguŋ] *f 1.* union *f,* réunion *f,* association *f,* fusion *f; 2. POL* unification *f*
vereinnahmen [fɛr'aɪnnaːmən] *v* encaisser, toucher
vereinsamen [fɛr'aɪnzaːmən] *v 1.* devenir solitaire; *2. (sich isolieren)* s'isoler
vereinzelt [fɛr'aɪntsəlt] *adj 1.* isolé, séparé; *2. ECO* dépareillé; *adv 3.* un par un
vereisen [fɛr'aɪzən] *v 1. (Fluss) METEO* givrer qc, se recouvrir de verglas, geler; *2. (Fläche) METEO* givrer, se recouvrir de verglas, geler; *3. MED* anesthésier
vereiteln [fɛr'aɪtəln] *v* empêcher, contrecarrer
vereitert [fɛr'aɪtərt] *adj 1. MED* qui suppure; *2. (entzündet) MED* infecté
Verelendung [fɛr'eːlɛnduŋ] *f* appauvrissement *m*
verenden [fɛr'ɛndən] *v* succomber, mourir, périr
verengen [fɛr'ɛŋən] *v* rétrécir, resserrer
Verengung [fɛr'ɛŋuŋ] *f* rétrécissement *m,* resserrement *m*
vererbbar [fɛr'ɛrpbaːr] *adj 1.* transmissible; *2. BIO* transmissible
Vererbbarkeit [fɛr'ɛrpbaːrkaɪt] *f 1.* transmissibité *f,* successibilité *f,* hérédité *f; 2. BIO* transmissibité *f*
vererben [fɛr'ɛrbən] *v 1. (Güter)* léguer, *2. BIO* se transmettre
Vererbung [fɛr'ɛrbuŋ] *f 1. (von Gütern)* transmission par succession *f; 2. BIO* hérédité *f*
verewigen [fɛr'eːvɪgən] *v 1.* éterniser, perpétuer; *2. JUR* pérenniser
verfahren [fɛr'faːrən] *v irr 1. (vorgehen)* procéder, agir; *2. sich ~* se tromper de chemin, se tromper de route, s'égarer
Verfahren [fɛr'faːrən] *n 1. (Methode)* méthode *f; 2. (Vorgehen)* procédure *f,* manière d'agir *f; 3. JUR* procédure *f*
Verfall [fɛr'fal] *m 1. (eines Gebäudes)* dégradation *f,* écroulement *m,* ruine *f,* délabrement *m; 2. (Untergang)* chute *f; 3. (Fristablauf)* terme *m,* échéance *f; 4. JUR* prescription *f*
verfallen [fɛr'falən] *v irr 1. (Gebäude)* tomber en ruine, se dégrader, se délabrer; *2. (ungültig werden)* être périmé; *3. (hörig werden)* tomber dans; *4. (abgelaufen)* périmé; *5. (Ruinen)* en ruines

Verfallsdatum [fɛr'falsda:tum] *n* 1. date de péremption *f*; 2. *ECO* date d'échéance *f*
verfänglich [fɛr'fɛŋlɪç] *adj* insidieux, embarrassant
verfärben [fɛr'fɛrbən] *v sich* ~ changer de couleur, se décolorer
verfassen [fɛr'fasən] *v* composer, rédiger, écrire
Verfasser(in) [fɛr'fasər(ɪn)] *m/f* auteur *m*, femme auteur *f*
Verfassung [fɛr'fasuŋ] *f* 1. *(Zustand)* situation *f*, disposition *f*; 2. *(Grundgesetz) POL* constitution *f*; 3. *(eines Textes)* composition *f*, rédaction *f*
verfassungsmäßig [fɛr'fasuŋsmɛ:siç] *adj* constitutionnel
verfassungswidrig [fɛr'fasuŋsvi:drɪç] *adj POL* anticonstitutionnel, contraire à la constitution
verfaulen [fɛr'faulən] *v* pourrir, se putréfier, se décomposer
verfechten [fɛr'fɛçtən] *v irr* se battre pour, combattre pour
Verfechter(in) [fɛr'fɛçtər(ɪn)] *m/f* défenseur *m*, défenderesse *f*
verfehlen [fɛr'fe:lən] *v* manquer, rater
Verfehlung [fɛr'fe:luŋ] *f* 1. manquement *m*, faute *f*; 2. *JUR* infraction *f*
verfeindet [fɛr'faɪndət] *adj* brouillé, hostile
verfeinern [fɛr'faɪnərn] *v* affiner, raffiner, polir
Verfeinerung [fɛr'faɪnəruŋ] *f* 1. raffinage *m*, polissage *m*; 2. *(fig)* raffinement *m*
verfestigen [fɛr'fɛstɪgən] *v sich* ~ se solidifier, se consolider, se durcir
verfilmen [fɛr'fɪlmən] *v CINE* filmer
verfilzen [fɛr'fɪltsən] *v* feutrer
verfinstern [fɛr'fɪnstərn] *v sich* ~ s'assombrir, s'obscurcir
verflachen [fɛr'flaxən] *v* 1. *(flach machen)* aplanir, niveler; 2. *(flach werden)* s'aplanir, se niveler; 3. *(oberflächlich werden)* tomber dans la platitude, s'affadir
Verflechtung [fɛr'flɛçtuŋ] *f* entrelacement *m*
verfliegen [fɛr'fli:gən] *v irr* 1. *(Zeit)* passer vite, s'enfuir; 2. *(Duft)* s'évaporer
verfluchen [fɛr'flu:xən] *v* maudire, envoyer au diable
verflüssigen [fɛr'flysɪgən] *v* liquéfier

verfolgen [fɛr'fɔlgən] *v* suivre, poursuivre, pourchasser, traquer

Verfolger(in) [fɛr'fɔlgər(ɪn)] *m/f* poursuivant(e) *m/f*, persécuteur/persécutrice *m/f*
Verfolgte(r) [fɛr'fɔlktə(r)] *m/f* persécuté(e) *m/f*
Verfolgung [fɛr'fɔlguŋ] *f* 1. poursuite *f*; 2. *POL* persécution *f*
Verfolgungsjagd [fɛr'fɔlguŋsjakt] *f* poursuite *f*
verformen [fɛr'fɔrmən] *v* déformer
verfrachten [fɛr'fraxtən] *v* expédier en fret, affréter, charger
verfrüht [fɛr'fry:t] *adj* prématuré
verfügbar [fɛr'fy:kba:r] *adj* 1. disponible; 2. *(vorhanden)* existant
verfügen [fɛr'fy:gən] *v* 1. *(anordnen)* décréter, ordonner; 2. ~ *über* disposer de
Verfügung [fɛr'fy:guŋ] *f* 1. *sich zur ~ stellen* se mettre à la disposition; *etw zur ~ haben* avoir qc à sa disposition; 2. *(Anordnung) JUR* décret *m*, ordonnance *f*, ordre *m*
verführen [fɛr'fy:rən] *v* 1. séduire; 2. *(zu etw verleiten)* pervertir; 3. *(verderben)* pousser
Verführer(in) [fɛr'fy:rər(ɪn)] *m/f* séducteur/séductrice *m/f*
verführerisch [fɛr'fy:rərɪʃ] *adj* séduisant
Verführung [fɛr'fy:ruŋ] *f* 1. séduction *f*; 2. *(Ablenkung)* détournement *m*
vergammeln [fɛr'gaməln] *v* 1. *(Person)* se laisser aller; 2. *(Nahrung)* moisir
vergangene(r,s) [fɛr'gaŋənə(r,s)] *adj* passé(e), précédent(e)
Vergangenheit [fɛr'gaŋənhaɪt] *f* passé *m*; *einen Strich unter die ~ ziehen* tourner la page (sur le passé)
vergänglich [fɛr'gɛŋglɪç] *adj* passager, éphémère
vergeben [fɛr'ge:bən] *v irr* 1. *(verzeihen)* pardonner à; 2. *(Auftrag)* donner, passer
vergeblich [fɛr'ge:plɪç] *adj* 1. vain, inutile; *adv* 2. en vain
Vergebung [fɛr'ge:buŋ] *f* pardon *m*
vergehen [fɛr'ge:ən] *v irr* 1. *(Zeit)* passer, s'écouler; 2. *(Schmerz)* passer, partir; 3. *sich ~ an* faillir à, transgresser, violer
Vergehen [fɛr'ge:ən] *n JUR* délit *m*, faute *f*
vergelten [fɛr'gɛltən] *v irr* venger, payer, rendre
Vergeltung [fɛr'gɛltuŋ] *f* vengeance *f*

vergessen [fɛr'gɛsən] *v irr* oublier, omettre, négliger; *Das vergesse ich dir nie!* Je n'oublierai jamais ce que tu as fait!

vergesslich [fɛr'gɛslɪç] *adj* 1. oublieux; 2. *(zerstreut)* distrait, étourdi

V

Vergesslichkeit [fɛr'gɛslɪçkaɪt] *f* *1.* oubli *m; 2. (Zerstreutheit)* étourderie *f*
vergeuden [fɛr'gɔydən] *v* gaspiller, dilapider
vergewaltigen [fɛrgə'valtɪgən] *v* violer, violenter
vergewissern [fɛrgə'vɪsərn] *v sich ~* s'assurer, vérifier
vergießen [fɛr'giːsən] *v irr* répandre, verser
vergiften [fɛr'gɪftən] *v* empoisonner
Vergleich [fɛr'glaɪç] *m 1.* comparaison *f; 2. JUR* compromis *m,* conciliation *f,* arrangement *m*
vergleichbar [fɛr'glaɪçbaːr] *adj* comparable
vergleichen [fɛr'glaɪçən] *v irr* comparer
vergleichsweise [fɛr'glaɪçsvaɪzə] *adv* relativement, à titre de comparaison
verglühen [fɛr'glyːən] *v* se consumer en brûlant, s'éteindre peu à peu
vergnügen [fɛr'gnyːgən] *v sich ~* s'amuser, se divertir
Vergnügen [fɛr'gnyːgən] *n* plaisir *m,* amusement *m; Das ist alles andere als ein ~.* Ce n'est pas une partie de plaisir.
vergnügt [fɛr'gnyːkt] *adj* gai, joyeux
Vergnügungssucht [fɛr'gnyːguŋszuçt] *f* goût des plaisirs *m,* épicurisme *m*
vergolden [fɛr'gɔldən] *v* dorer
vergöttern [fɛr'gœtərn] *v* adorer, idolâtre, porter aux nues
vergraben [fɛr'graːbən] *v irr* enterrer, ensevelir, enfouir
vergraulen [fɛr'graulən] *v* faire fuir
vergreifen [fɛr'graɪfən] *v irr 1. (am Instrument) sich ~ MUS* faire une fausse note *2. (das Falsche mitnehmen) sich ~* se méprendre; *3. sich ~ (auf der Schreibmaschine)* faire une faute de frappe; *4. (an fremdem Eigentum) sich ~* mettre la main sur le bien d'autrui, s'emparer de; *5. (an einem Kind) sich ~* s'attaquer à, s'en prendre à qn
vergriffen [fɛr'grɪfən] *adj (Buch)* épuisé
vergrößern [fɛr'grøːsərn] *v* agrandir, accroître
Vergünstigung [fɛr'gynstiguŋ] *f* avantage *m,* faveur *f,* privilège *m*
Vergütung [fɛr'gyːtuŋ] *f* rémunération *f,* paiement *m,* remboursement *m*
verhaften [fɛr'haftən] *v* arrêter, appréhender, mettre sous mandat de dépot
Verhaftung [fɛr'haftuŋ] *f* arrestation *f*
verhalten [fɛr'haltən] *v irr 1. sich ~* se comporter, se conduire; *adj 2. (ruhig)* tranquille; *3. (zurückhaltend)* réservé, contenu
Verhalten [fɛr'haltən] *n* comportement *m,* conduite *f,* attitude *f*
verhaltensgestört [fɛr'haltənsgəʃtøːrt] *adj* qui a des troubles du comportement
Verhältnis [fɛr'hɛltnɪs] *n 1. (Proportion)* rapport *m,* relation *f,* proportion *f; 2. (Beziehung)* relation *f; 3. ~se pl (Umstände)* circonstances *f/pl,* conditions *f/pl; in bescheidenen ~sen leben* vivre modestement; *über seine ~se leben* vivre au-dessus de ses moyens
verhältnismäßig [fɛr'hɛltnɪsmɛːsɪç] *adv* proportionnellement à, par rapport à
Verhältnismäßigkeit [fɛr'hɛltnɪsmɛːsɪçkaɪt] *f* proportionnalité *f*
verhandeln [fɛr'handəln] *v* négocier, discuter sur, délibérer
Verhandlung [fɛr'handluŋ] *f 1.* négociation *f,* discussion *f; 2. JUR* débats *m/pl; 3. POL* pourparlers *m/pl*
verhängen [fɛr'hɛŋən] *v 1. (verhüllen)* couvrir; *2. (fig: Strafe)* ordonner, prescrire
Verhängnis [fɛr'hɛŋnɪs] *n* malheur *m,* fatalité *f*
verhängnisvoll [fɛr'hɛŋnɪsfɔl] *adj* fatal, funeste, néfaste
verharmlosen [fɛr'harmloːzən] *v* atténuer, minimiser
verhärmt [fɛr'hɛrmt] *adj* dévoré par le chagrin, marqué par le chagrin, consumé de chagrin
verharren [fɛr'harən] *v* persister, persévérer, continuer
verhärten [fɛr'hɛrtən] *v* durcir, tremper
Verhärtung [fɛr'hɛrtuŋ] *f 1.* durcissement *m; 2. MED* callosité *f*
verhaspeln [fɛr'haspəln] *v sich ~ (fam)* s'embrouiller
verhasst [fɛr'hast] *adj* détesté, haï
verhätscheln [fɛr'hɛtʃəln] *v* choyer, dorloter, chouchouter *(fam)*
verhauen [fɛr'hauən] *v irr 1. (verprügeln)* rosser, administrer une raclée; *2. (schlecht machen)* faire mal; *3. sich ~ (sich irren)* se tromper complètement
verheilen [fɛr'haɪlən] *v* guérir, (se) cicatriser
verheimlichen [fɛr'haɪmlɪçən] *v* dissimuler, tenir secret
verheiratet [fɛr'haɪraːtət] *adj* marié
verheizen [fɛr'haɪtsən] *v 1.* brûler pour faire chauffer; *2. jdn ~ (fam)* envoyer qn au casse-pipe

verhelfen [fɛr'hɛlfən] *v irr jdm zu etw ~* aider qn à faire qc
verherrlichen [fɛr'hɛrlɪçən] *v* magnifier, glorifier
Verherrlichung [fɛr'hɛrlɪçuŋ] *f* glorification *f*
verhexen [fɛr'hɛksən] *v* ensorceler; *Das ist ja wie verhext.* C'est une malédiction.
verhindern [fɛr'hɪndərn] *v* empêcher de, contrecarrer
verhindert [fɛr'hɪndərt] *adj* empêché, retenu
Verhinderung [fɛr'hɪndəruŋ] *f* empêchement *m,* contretemps *m*
verhöhnen [fɛr'hø:nən] *v* railler, bafouer
Verhöhnung [fɛr'hø:nuŋ] *f* raillerie *f,* moquerie *f,* dérision *f*
Verhör [fɛr'hø:r] *n 1. JUR* interrogatoire *m; jdn ins ~ nehmen* interroger qn/faire subir un interrogatoire à qn; *2. (Zeugenvernehmung) JUR* audition *f*
verhören [fɛr'hø:rən] *v 1. JUR* interroger; *2. sich ~* entendre de travers
verhüllen [fɛr'hylən] *v 1.* voiler, recouvrir; *2. (verbergen)* cacher, dissimuler
verhungern [fɛr'huŋərn] *v* mourir de faim
verhüten [fɛr'hy:tən] *v 1.* empêcher; *2. (verhindern)* prévenir
Verhütung [fɛr'hy:tuŋ] *f 1.* prévention *f,* empêchement *m; 2. MED* contraception *f*
verirren [fɛr'ɪrən] *v sich ~* se perdre, s'égarer
verjagen [fɛr'ja:gən] *v* chasser, expulser, faire fuir
Verjährung [fɛr'jɛ:ruŋ] *f JUR* prescription *f*
verjubeln [fɛr'ju:bəln] *v (fam) sein Geld ~* dilapider son argent
verjüngen [fɛr'jyŋən] *v 1.* rajeunir; *2. sich ~* se rajeunir; *3. (dünner werden)* s'effiler, se rétrécir
Verjüngung [fɛr'jyŋuŋ] *f* rajeunissement *m*
verkannt [fɛr'kant] *adj* méconnu
verkanten [fɛr'kantən] *v* coincer
verkatert [fɛr'ka:tərt] *adj (fam)* vaseux
Verkauf [fɛr'kauf] *m* vente *f,* écoulement *m*

verkaufen [fɛr'kaufən] *v* vendre; *jdn für dumm ~* prendre qn pour un idiot

Verkäufer(in) [fɛr'kɔyfər(ɪn)] *m/f* vendeur/vendeuse *m/f*
Verkaufspreis [fɛr'kaufsprais] *m* prix de vente *m*

Verkehr [fɛr'ke:r] *m 1.* circulation *f,* trafic *m; jdn aus dem ~ ziehen* mettre qn hors d'état de nuire; *2. (Beziehungen)* relations *f/pl*

Verkehrsader [fɛr'ke:rsa:dər] *f* axe routier *m,* artère *f*
Verkehrsaufkommen [fɛr'ke:rsaufkɔmən] *n* densité du trafic *f*
verkehrsgünstig [fɛr'ke:rsgynstɪç] *adj* bien desservi
Verkehrsministerium [fɛr'ke:rsministerjum] *n POL* Ministère des Transports *m*
Verkehrsmittel [fɛr'ke:rsmɪtəl] *n* moyen de transport *m*
Verkehrsunfall [fɛr'ke:rsunfal] *m* accident de la route *m,* accident de la circulation *m*
Verkehrszeichen [fɛr'ke:rstsaiçən] *n* panneau de signalisation *m,* signalisation routière *f*

verkehrt [fɛr'ke:rt] *adj 1. (~ herum)* inversé, inverse; *2. (falsch)* faux; *etw ~ auffassen* prendre qc à contre-sens; *alles ~ machen* faire tout à l'envers

verkennen [fɛr'kɛnən] *v irr 1.* méconnaître; *2. (sich täuschen)* se tromper sur
Verkettung [fɛr'kɛtuŋ] *f 1.* enchaînement *m; 2. (Verbindung)* liaison *f*
verklagen [fɛr'kla:gən] *v JUR* porter plainte, intenter une action, accuser
verklappen [fɛr'klapən] *v* déguiser, affubler
verklären [fɛr'klɛ:rən] *v* transfigurer qc
Verklärung [fɛr'klɛ:ruŋ] *f* transfiguration *f*
verkleben [fɛr'kle:bən] *v* coller, calfeutrer
verkleiden [fɛr'klaidən] *v 1. (maskieren)* déguiser, travestir; *2. (überziehen) TECH* revêtir, garnir, recouvrir
Verkleidung [fɛr'klaiduŋ] *f 1. (Maskierung)* déguisement *m,* travestissement *m; 2. (Überzug) TECH* revêtement *m,* carénage *m*
verkleinern [fɛr'klainərn] *v* réduire, rabaisser, amoindrir, diminuer
Verkleinerung [fɛr'klainəruŋ] *f 1.* réduction *f,* diminution *f; 2. (fig: Abwertung)* dépréciation *f*
verklemmt [fɛr'klɛmt] *adj 1.* bloqué; *2. (fig)* coincé
verklingen [fɛr'klɪŋən] *v irr* se perdre, mourir, s'évanouir
verknacken [fɛr'knakən] *v (fam) jdn ~* condamner qn, punir qn

verknacksen [fɛr'knaksən] *v sich den Fuß ~* se fouler le pied
verknallen [fɛr'knalən] *v sich in jdn ~ (fam)* se toquer de qn
Verknappung [fɛr'knapuŋ] *f* pénurie *f,* rareté *f*
verkneifen [fɛr'knaɪfən] *v irr sich etw ~* renoncer à qc, se passer de qc
verknittern [fɛr'knɪtərn] *v* froisser
verknoten [fɛr'knoːtən] *v* nouer
verknüpfen [fɛr'knypfən] *v 1. (verknoten)* nouer; *2. (fig)* associer à, lier à
verkohlen [fɛr'koːlən] *v 1.* carboniser; *2. jdn ~ (fig)* se moquer de qn, se payer la tête de qn *(fam)*
verkommen [fɛr'kɔmən] *v irr* dépérir, être laissé à l'abandon, mal tourner
verkorken [fɛr'kɔrkən] *v* boucher
verkorksen [fɛr'kɔrksən] *v (fam)* gâter, gâcher; *einen verkorksten Magen haben* avoir l'estomac barbouillé
verkörpern [fɛr'kœrpərn] *v* personnifier, incarner
verkraften [fɛr'kraftən] *v 1. (überwinden)* surmonter; *2. (ertragen)* endurer
verkrampfen [fɛr'krampfən] *v sich ~* se crisper
verkrampft [fɛr'krampft] *adj (fig)* crispé
Verkrampfung [fɛr'krampfuŋ] *f (fig)* crispation *f*
verkriechen [fɛr'kriːçən] *v irr sich ~* se cacher, se terrer
verkrüppelt [fɛr'krypəlt] *adj MED* estropié, éclopé *(fam)*
verkrusten [fɛr'krustən] *v* se couvrir d'une croûte, s'incruster
verkühlen [fɛr'kyːlən] *v sich ~* prendre froid, s'enrhumer
verkümmern [fɛr'kymərn] *v 1.* dépérir, languir, s'étioler; *2. MED* s'atrophier
verkünden [fɛr'kyndən] *v 1.* annoncer, publier; *2. (Urteil)* prononcer
Verkündigung [fɛr'kyndɪguŋ] *f 1.* annonce *f,* proclamation *f,* publication *f; 2. REL* Annonciation *f*
verkuppeln [fɛr'kupəln] *v (fig)* réunir
verkürzen [fɛr'kyrtsən] *v* abréger, raccourcir, réduire
Verkürzung [fɛr'kyrtsuŋ] *f* raccourcissement *m,* abréviation *f,* diminution *f*
verladen [fɛr'laːdən] *v irr* charger, embarquer
Verlag [fɛr'laːk] *m* maison d'édition *f,* éditions *f/pl*
verlagern [fɛr'laːgərn] *v* déplacer, transférer

> **verlangen** [fɛr'laŋən] *v* exiger, demander, réclamer, revendiquer; *zu viel von jdm ~* demander trop à qn; *Mehr verlange ich gar nicht.* Je n'en demande pas plus. *Sie werden verlangt.* On vous demande.

Verlangen [fɛr'laŋən] *n* demande *f,* exigence *f,* désir *m*
verlängern [fɛr'lɛŋərn] *v 1.* rallonger, allonger; *2. (zeitlich)* prolonger; *3. (verdünnen)* étirer; *4. (Frist)* proroger
Verlängerung [fɛr'lɛŋəruŋ] *f 1.* rallongement *m,* allongement *m; 2. (zeitlich)* prolongation *f,* prorogation *f*
verlangsamen [fɛr'laŋzamən] *v* ralentir
Verlass [fɛr'las] *m* certitude *f,* sûreté *f; Auf ihn ist kein ~.* On ne peut pas compter sur lui.
verlassen [fɛr'lasən] *v irr 1.* quitter, abandonner, délaisser; *2. sich ~ auf* compter sur; *adj 3.* abandonné, délaissé, seul
verlässlich [fɛr'lɛslɪç] *adj* fiable, sur qui on peut compter
Verlauf [fɛr'lauf] *m 1. (Ablauf)* déroulement *m; im ~* pendant, au cours de; *2. (Entwicklung)* évolution *f,* développement *m; einen guten ~ nehmen* bien se passer
verlaufen [fɛr'laufən] *v irr 1. (ablaufen)* se dérouler; *2. (sich entwickeln)* se développer, évoluer; *3. sich ~* se perdre, s'égarer
Verlaufsform [fɛr'laufsfɔrm] *f GRAMM* forme durative *f,* forme imperfective *f*
Verlautbarung [fɛr'lautbaːruŋ] *f* divulgation *f,* communication *f,* publication *f*
verlebt [fɛr'leːpt] *adj (fig)* usé, marqué
verlegen [fɛr'leːgən] *v 1. (Kabel) TECH* installer, poser; *2. (Wohnsitz)* déplacer, changer, transférer son domicile; *3. (Termin)* reporter à; *4. (verlieren)* égarer, perdre; *5. (Buch)* éditer, publier; *adj 6.* embarrassé, gêné
Verlegenheit [fɛr'leːgənhaɪt] *f* embarras *m,* gêne *f,* confusion *f; in große ~ bringen* mettre dans une situation très embarrassante
Verleger(in) [fɛr'leːgər(ɪn)] *m/f* éditeur/ éditrice *m/f*
Verlegung [fɛr'leːguŋ] *f 1. (eines Kabels) TECH* installation *f,* pose *f; 2. (eines Wohnsitzes)* transfert *m; 3. (eines Termines)* report *m,* ajournement *m; 4. (Verlieren)* perte *f; 5. (eines Buches)* édition *f,* publication *f*
verleiden [fɛr'laɪdən] *v* dégoûter, faire perdre le goût à
Verleih [fɛr'laɪ] *m* location *f*

verleihen [fɛr'laɪən] *v irr 1. (borgen)* prêter; *2. (vermieten)* louer; *3. (Preis)* décerner
verleiten [fɛr'laɪtən] *v 1.* entraîner, inciter; *2. (ermutigen)* encourager
verlernen [fɛr'lɛrnən] *v* oublier (ce qu'on savait), perdre
verletzen [fɛr'lɛtsən] *v 1. (verwunden)* blesser; *2. (fig: kränken)* blesser, froisser; *3. (fig: übertreten)* violer, enfreindre, porter atteinte à
verletzend [fɛr'lɛtsənt] *adj (fig)* blessant
Verletzung [fɛr'lɛtsuŋ] *f 1. (Wunde)* blessure *f; 2. (fig: Kränkung)* blessure *f,* offense *f; 3. (fig: Übertretung)* atteinte *f,* violation *f*
verleugnen [fɛr'lɔygnən] *v* renier, désavouer; *sich ~ lassen* faire dire que l'on est absent
verleumden [fɛr'lɔymdən] *v* calomnier, diffamer
Verleumdung [fɛr'lɔymduŋ] *f* calomnie *f,* diffamation *f*
verlieben [fɛr'li:bən] *v sich ~ in* tomber amoureux de, s'éprendre de
verliebt [fɛr'li:pt] *adj* amoureux, épris

verlieren [fɛr'li:rən] *v irr* perdre, égarer; *das Gesicht ~* perdre la face; *Noch ist nicht al-les verloren.* Tout n'est pas perdu. *den Boden unter den Füßen ~* perdre pied

Verlierer(in) [fɛr'li:rər(ɪn)] *m/f* perdant(e) *m/f*
Verlies [fɛr'li:s] *n* oubliettes *f/pl*
verloben [fɛr'lo:bən] *v sich ~* se fiancer
Verlobte(r) [fɛr'lo:ptə(r)] *m/f* fiancé(e) *m/f,* promis(e) *m/f*
Verlobung [fɛr'lo:buŋ] *f* fiançailles *f/pl*
verlockend [fɛr'lɔkənt] *adj* attirant, séduisant
verlogen [fɛr'lo:gən] *adj 1. (Mensch)* menteur, hypocrite; *2. (Versprechung)* faux
verlosen [fɛr'lo:zən] *v* mettre en loterie
Verlosung [fɛr'lo:zuŋ] *f* tirage au sort *m,* tombola *f*
Verlust [fɛr'lust] *m 1.* perte *f; 2. ECO* déficit *m*
verlustreich [fɛr'lustraɪç] *adj* lourd en pertes
vermachen [fɛr'maxən] *v* léguer
Vermächtnis [fɛr'mɛçtnɪs] *n* legs *m,* testament *m*
vermarkten [fɛr'marktən] *v* commercialiser, vendre
vermehren [fɛr'me:rən] *v 1.* augmenter, accroître, multiplier; *2. sich ~ (sich fortpflanzen)* se multiplier, se propager
Vermehrung [fɛr'me:ruŋ] *f 1.* augmentation *f,* accroissement *m; 2. (Fortpflanzung)* multiplication *f,* propagation *f*
vermeiden [fɛr'maɪdən] *v irr* éviter de
vermeintlich [fɛr'maɪntlɪç] *adj* prétendu, supposé, présumé
Vermerk [fɛr'mɛrk] *m* remarque *f,* note *f*
vermerken [fɛr'mɛrkən] *v* marquer, mentionner
vermessen [fɛr'mɛsən] *v irr 1.* mesurer, arpenter; *adj 2.* téméraire, audacieux
Vermessenheit [fɛr'mɛsənhaɪt] *f* témérité *f,* audace *f*
Vermessung [fɛr'mɛsuŋ] *f* mesurage *m,* arpentage *m,* relevé *m*
vermieten [fɛr'mi:tən] *v* louer, donner en location
Vermieter(in) [fɛr'mi:tər(ɪn)] *m/f* loueur/loueuse *m/f*
Vermietung [fɛr'mi:tuŋ] *f* location *f*
vermindern [fɛr'mɪndərn] *v* diminuer, atténuer, réduire
vermischen [fɛr'mɪʃən] *v 1.* mélanger; *2. (kreuzen)* croiser

vermissen [fɛr'mɪsən] *v 1. jdn ~* regretter l'absence de qn; *2. etw ~ (nicht finden)* ne pas retrouver qc

vermitteln [fɛr'mɪtəln] *v 1.* servir d'intermédiaire à; *2. (etw beschaffen)* procurer; *3. (eingreifen)* intervenir
Vermittler(in) [fɛr'mɪtlər(ɪn)] *m/f* intermédiaire *m/f,* médiateur/médiatrice *m/f*
Vermittlung [fɛr'mɪtluŋ] *f 1. (Vermitteln)* entremise *f,* médiation *f; 2. (Telefonvermittlung)* central téléphonique *m*
vermodern [fɛr'mo:dərn] *v* pourrir, se putréfier, se décomposer,
Vermögen [fɛr'mø:gən] *n 1. (Können)* capacité *f,* faculté *f,* pouvoir *m; 2. (Besitz)* biens *m/pl,* fortune *f; ein ~ kosten* coûter les yeux de la tête/coûter une fortune
vermögend [fɛr'mø:gənt] *adj (wohlhabend)* aisé, fortuné
vermuten [fɛr'mu:tən] *v* supposer, présumer, se douter de
vermutlich [fɛr'mu:tlɪç] *adj* probable, vraisemblable
Vermutung [fɛr'mu:tuŋ] *f* supposition *f,* conjecture *f*
vernachlässigen [fɛr'na:xlɛsɪgən] *v* négliger, abandonner
vernarben [fɛr'narbən] *v MED* cicatriser
vernarrt [fɛr'nart] *adj* entiché

V

vernebeln [fɛr'neːbəln] *v (fig)* camoufler, dissimuler
vernehmen [fɛr'neːmən] *v irr 1. (hören)* entendre dire; *2. (verhören) JUR* interroger, entendre
Vernehmung [fɛr'neːmuŋ] *f 1. (eines Angeklagten) JUR* interrogatoire *m; 2. (von Zeugen) JUR* audition *f*
verneigen [fɛr'naɪgən] *v sich ~* s'incliner, faire la révérence
verneinen [fɛr'naɪnən] *v 1. (Nein sagen)* dire non, répondre non; *2. (ablehnen)* refuser, nier
Verneinung [fɛr'naɪnuŋ] *f 1.* négation *f,* réponse négative *f; 2. (Ablehnung)* refus *m*
vernetzen [fɛr'nɛtsən] *v INFORM* mettre en réseau
vernichten [fɛr'nɪçtən] *v* détruire, anéantir, annihiler; *etw völlig ~* réduire qc à néant
vernichtend [fɛr'nɪçtənt] *adj 1.* destructeur; *2. (Niederlage, Kritik)* impitoyable
Vernichtung [fɛr'nɪçtuŋ] *f* anéantissement *m,* destruction *f,* écrasement *m*
verniedlichen [fɛr'niːdlɪçən] *v* minimiser

Vernunft [fɛr'nunft] *f* raison *f,* jugement *m; jdn zur ~ bringen* ramener qn à la raison, faire entendre raison à qn *~ annehmen* se montrer raisonnable *zur ~ kommen* se rendre à la raison

vernünftig [fɛr'nynftɪç] *adj 1.* raisonnable, judicieux, sage; *2. (überlegt)* réfléchi
veröffentlichen [fɛr'œfəntlɪçən] *v* publier, faire paraître
verordnen [fɛr'ɔrdnən] *v 1. (bestimmen)* décréter, ordonner; *2. MED* prescrire
Verordnung [fɛr'ɔrdnuŋ] *f 1. (Bestimmung)* décret *m,* ordonnance *f; 2. MED* ordonnance *f*
verpachten [fɛr'paxtən] *v* donner à bail
Verpachtung [fɛr'paxtuŋ] *f* affermage *m,* amodiation *f,* mise en gérance *f,* location *f*
verpacken [fɛr'pakən] *v* emballer
Verpackung [fɛr'pakuŋ] *f* emballage *m,* conditionnement *m*
verpassen [fɛr'pasən] *v 1. (versäumen)* manquer, laisser échapper; *2. (fam: geben)* donner, attribuer; *jdm eine ~* flanquer une raclée à qn, donner une volée à qn
verpatzen [fɛr'patsən] *v* rater
verpesten [fɛr'pɛstən] *v (fig)* empester
verpetzen [fɛr'pɛtsən] *v* dénoncer qn
verpfänden [fɛr'pfɛndən] *v 1.* donner en gage; *2. JUR* hypothéquer
verpfeifen [fɛr'pfaɪfən] *v irr jdn ~ (fam)* balancer qn
Verpflegung [fɛr'pfleːguŋ] *f* nourriture *f,* alimentation *f,* vivres *m/pl*
verpflichten [fɛr'pflɪçtən] *v* obliger, engager, avoir l'obligation de; *Das verpflichtet zu nichts.* Cela n'engage à rien.
Verpflichtung [fɛr'pflɪçtuŋ] *f 1.* obligation *f,* engagement *m; eine ~ eingehen* prendre un engagement; *2. ECO* redevance *f*
verplappern [fɛr'plapərn] *v sich ~ (fam)* se trahir en bavardant
verplempern [fɛr'plɛmpərn] *v (fam: vergeuden)* gaspiller
verpönt [fɛr'pøːnt] *adj* mal vu, réprouvé, honni
verprügeln [fɛr'pryːgəln] *v* rouer de coups, rosser *(fam); jdn ~* casser la figure à qn, passer qn à tabac
verpuffen [fɛr'pufən] *v 1.* fuser; *2. (fig)* se perdre
Verputz [fɛr'puts] *m* enduit *m,* crépi *m*
verputzen [fɛr'putsən] *v 1. (Mauer)* crépir, enduire de crépi; *2. (fam: essen)* dévorer
Verrat [fɛr'raːt] *m 1.* trahison *f,* traîtrise *f; 2. HIST* félonie *f*
verraten [fɛr'raːtən] *v irr* trahir, livrer par traîtrise, vendre *(fam); ~ und verkauft* abandonné à son triste sort
Verräter(in) [fɛr'rɛːtər(ɪn)] *m/f* traître(sse) *m/f,* délateur/délatrice *m/f*
verrechnen [fɛr'rɛçnən] *v 1.* porter au compte, compenser; *2. sich ~* se tromper (dans le calcul)
verreisen [fɛr'raɪzən] *v* partir en voyage
verrenken [fɛr'rɛŋkən] *v MED* luxer, déboîter
Verrenkung [fɛr'rɛŋkuŋ] *f MED* luxation *f*
verrennen [fɛr'rɛnən] *v irr sich ~ (fig)* se fourvoyer dans
verrichten [fɛr'rɪçtən] *v* accomplir, exécuter, faire; *unverrichteter Dinge wieder abziehen* s'en retourner comme on est venu
verriegeln [fɛr'riːgəln] *v* verrouiller
verringern [fɛr'rɪŋərn] *v 1.* diminuer, réduire; *2. (abwerten)* déprécier
verrinnen [fɛr'rɪnən] *v irr* s'écouler, s'enfuir, fuir
Verriss [fɛr'rɪs] *m THEAT* critique impitoyable *f*
verrohen [fɛr'roːən] *v* s'endurcir, devenir insensible
verrosten [fɛr'rɔstən] *v* rouiller

verrotten [fɛr'rɔtən] *v* pourrir, se décomposer, se putréfier
verrücken [fɛr'rykən] *v* déplacer, déranger

verrückt [fɛr'rykt] *adj 1.* fou, extravagant; *komplett ~ sein* être fou à lier; *wie ~* comme un fou, comme une folle; *auf etw ~ sein* être fou de qc *(fam)*, adorer qc; *~ spielen* perdre la tête, perdre la boule *(fam)*; *adv 2.* à la folie

Verrücktheit [fɛr'rykthaɪt] *f* folie *f*
Verruf [fɛr'ru:f] *m* mauvaise réputation *f*, discrédit *m*; *in ~ kommen* tomber en discrédit; *jdn in ~ bringen* jeter le discrédit sur qn
verrufen [fɛr'ru:fən] *adj* louche, mal famé, décrié
verrußen [fɛr'ru:sən] *v* s'encrasser
verrutschen [fɛr'rutʃən] *v* glisser
Vers [fɛrs] *m* vers *m*
versagen [fɛr'za:gən] *v 1. (scheitern)* manquer, échouer; *2. (Maschine)* lâcher; *3. (verweigern)* refuser, dénier; *4. (verzichten)* refuser
Versagen [fɛr'za:gən] *n 1.* non-fonctionnement *m*, panne *f*; *2. (bei einer Person)* défaillance *f*
Versager [fɛr'za:gər] *m 1. (Mensch)* raté *m*; *2. (Motor)* raté *m*
versalzen [fɛr'zaltsən] *v 1. (Essen)* trop salé; *2. jdm etw ~* compromettre qc
versammeln [fɛr'zaməln] *v* réunir, assembler, rassembler
Versammlung [fɛr'zamluŋ] *f* réunion *f*, assemblée *f*
Versand [fɛr'zant] *m* envoi *m*, expédition *f*

versäumen [fɛr'zɔymən] *v* négliger, omettre, manquer, perdre; *Sie haben nichts versäumt!* Vous n'avez rien manqué!

Versäumnis [fɛr'zɔymnɪs] *n 1. (Unterlassung)* négligence *f*, manquement *m*, omission *f*; *2. (Verspätung)* retard *m*, absence *f*
verschaffen [fɛr'ʃafən] *v* procurer
verschämt [fɛr'ʃɛ:mt] *adj* timide
verschandeln [fɛr'ʃandəln] *v* déparer, défigurer, massacrer *(fam)*
verschärfen [fɛr'ʃɛrfən] *v 1.* aggraver, accentuer; *2. (verstärken)* renforcer
verscharren [fɛr'ʃarən] *v (fam)* enfouir
verschätzen [fɛr'ʃɛtsən] *v sich ~* se tromper dans une estimation
verschenken [fɛr'ʃɛŋkən] *v* offrir, donner en cadeau
verscheuchen [fɛr'ʃɔyçən] *v* effaroucher, faire fuir, chasser
verschicken [fɛr'ʃɪkən] *v* envoyer, expédier
verschieben [fɛr'ʃi:bən] *v irr 1. (verrücken)* déplacer, décaler; *2. (aufschieben)* ajourner, remettre
verschieden [fɛr'ʃi:dən] *adj* différent, distinct
verschiffen [fɛr'ʃɪfən] *v* embarquer, charger à bord, expédier par bateau
verschimmeln [fɛr'ʃɪməln] *v* moisir
verschlafen [fɛr'ʃla:fən] *v irr 1.* se réveiller trop tard, ne pas entendre le réveil; *2. (versäumen)* passer ... à dormir
Verschlagenheit [fɛr'ʃla:gənhaɪt] *f* malice *f*, ruse *f*, astuce *f*
verschlampen [fɛr'ʃlampən] *v (fam)* perdre, égarer, paumer
verschlechtern [fɛr'ʃlɛçtərn] *v 1.* aggraver, détériorer; *2. sich ~* se dégrader, empirer
Verschlechterung [fɛr'ʃlɛçtəruŋ] *f* aggravation *f*, dégradation *f*
verschleiern [fɛr'ʃlaɪərn] *v 1.* voiler; *2. (verbergen)* dissimuler, cacher
Verschleiß [fɛr'ʃlaɪs] *m* usure *f*
verschleppen [fɛr'ʃlɛpən] *v 1.* enlever, déporter, ajourner, traîner; *2. (entführen)* enlever, déporter; *3. (verbreiten)* transmettre; *4. (in die Länge ziehen)* faire traîner, retarder, atermoyer
verschließen [fɛr'ʃli:sən] *v irr* fermer à clé
verschlimmern [fɛr'ʃlɪmərn] *v 1. etw ~* aggraver qc; *2. sich ~* empirer
verschlossen [fɛr'ʃlɔsən] *adj (fig)* renfermé, taciturne, réservé
Verschlossenheit [fɛr'ʃlɔsənhaɪt] *f* taciturnité *f*
verschlucken [fɛr'ʃlukən] *v 1. etw ~* avaler qc, absorber qc; *Wörter beim Sprechen ~* manger ses mots; *2. sich ~* avaler de travers
Verschluss [fɛr'ʃlus] *m 1.* fermeture *f*; *2. (eines Schmuckstücks)* fermoir *m*; *3. (einer Kamera)* obturateur *m*
verschlüsseln [fɛr'ʃlysəln] *v* chiffrer, coder
verschmähen [fɛr'ʃmɛ:ən] *v* dédaigner, faire fi de
verschmelzen [fɛr'ʃmɛltsən] *v irr* fusionner, s'amalgamer
Verschmelzung [fɛr'ʃmɛltsuŋ] *f* union *f*, fusion *f*, fusionnement *m*
verschmitzt [fɛr'ʃmɪtst] *adj* futé, fin

verschmutzen [fɛr'ʃmutsən] *v* salir, encrasser, polluer
Verschmutzung [fɛr'ʃmutsuŋ] *f* pollution *f*
verschneit [fɛr'ʃnaɪt] *adj* enneigé
verschollen [fɛr'ʃɔlən] *adj* *1.* disparu; *2. JUR* absent
verschonen [fɛr'ʃoːnən] *v* ménager, épargner; *Verschone mich damit!* Fais-moi grâce de cela!/Épargne-moi cela!
Verschönerung [fɛr'ʃøːnəruŋ] *f* embellissement *m,* enjolivure *f*
verschossen [fɛr'ʃɔsən] *adj* *1. (Farbe)* décoloré; *2. in jdn ~ sein (fam)* en pincer pour qn, avoir le béguin pour qn
verschränken [fɛr'ʃrɛŋkən] *v* *1.* entrecroiser, entrelacer; *2. (Arme, Beine)* croiser
verschreiben [fɛr'ʃraɪbən] *v irr* *1. (verordnen)* prescrire, ordonner; *2. sich ~* faire un lapsus; *3. sich ~ (sich widmen)* se vouer à
verschreien [fɛr'ʃraɪən] *v* diffamer qn, calomnier qn, décrier qn, dénigrer qn
verschroben [fɛr'ʃroːbən] *adj* bizarre, extravagant, fantasque, excentrique
verschrotten [fɛr'ʃrɔtən] *v* mettre à la ferraille, mettre à la casse
verschüchtert [fɛr'ʃyçtərt] *adj* timide, effarouché, intimidé
verschulden [fɛr'ʃuldən] *v* *1. (verursachen)* être responsable de, être la cause de; *2. ECO* endetter
Verschuldung [fɛr'ʃulduŋ] *f ECO* endettement *m*
verschütten [fɛr'ʃytən] *v* *1.* renverser, répandre, verser; *2. (bedecken)* couvrir
verschwägert [fɛr'ʃvɛːgərt] *adj* parent par alliance
verschweigen [fɛr'ʃvaɪgən] *v irr etw ~* taire qc, omettre de dire qc; *jdm etw ~* cacher qc à qn/taire qc à qn
verschwenden [fɛr'ʃvɛndən] *v* gaspiller, dilapider
verschwenderisch [fɛr'ʃvɛndərɪʃ] *adj* gaspilleur, dépensier, dilapidateur
Verschwendung [fɛr'ʃvɛnduŋ] *f* gaspillage *m,* dilapidation *f*
verschwiegen [fɛr'ʃviːgən] *adj* discret, réservé, secret
Verschwiegenheit [fɛr'ʃviːgənhaɪt] *f* discrétion *f,* réserve *f*
verschwinden [fɛr'ʃvɪndən] *v irr* *1.* disparaître, se perdre; *2. (weggehen)* s'en aller
Verschwinden [fɛr'ʃvɪndən] *n* disparition *f*
verschwommen [fɛr'ʃvɔmən] *adj* *1.* estompé, vague, indécis; *2. (Foto)* flou
verschwören [fɛr'ʃvøːrən] *v sich gegen jdn ~* comploter contre qn
Verschwörer [fɛr'ʃvøːrər] *m* conspirateur *m,* conjuré *m*
Verschwörung [fɛr'ʃvøːruŋ] *f* conspiration *f,* conjuration *f*
versehen [fɛr'zeːən] *v irr* *1. (erfüllen, ausüben)* remplir qc, accomplir qc; *2. (Amt)* accomplir qc; *3. etw mit etw ~* équiper qc, nantir qn de qc; *4. jdn mit etw ~* équiper qn de qc, nantir qn de qc; *5. jdn ~ REL* administrer les derniers sacrements; *6. sich ~* se méprendre; *7. sich es ~* arriver plus vite que prévu
Versehen [fɛr'zeːən] *n* erreur *f,* inadvertance *f*
versehentlich [fɛr'zeːəntlɪç] *adv* par inadvertance, par mégarde
versenden [fɛr'zɛndən] *v irr* envoyer, expédier
versengen [fɛr'zɛŋən] *v* roussir, brûler, griller
versenken [fɛr'zɛŋkən] *v* *1. (Schiff)* couler, envoyer par le fond; *2. (Verdeck)* escamoter; *3. sich in etw ~ (fig)* se plonger dans qc, s'absorber dans qc
Versenkung [fɛr'zɛŋkuŋ] *f* *1. ~ in etw (fig)* fait d'être absorbé dans qc *m; 3. in der ~ verschwinden* disparaître comme par enchantement
versessen [fɛr'zɛsən] *adj ~ auf* fou de, acharné à, engoué de
versetzen [fɛr'zɛtsən] *v* *1. (Beamter)* déplacer, muter; *2. (Schüler)* faire passer dans la classe supérieure; *3. (fig) jdn ~* plaquer qn, poser un lapin à qn; *4. (verpfänden)* mettre en gage
Versetzung [fɛr'zɛtsuŋ] *f* *1. (eines Beamten)* déplacement *m,* mutation *f; 2. (eines Schülers)* passage *m; 3. (Verpfändung)* mise en gage *f*
verseuchen [fɛr'zɔyçən] *v* *1.* infecter, contaminer; *2. (fig)* infester
versichern [fɛr'zɪçərn] *v* *1.* affirmer, garantir; *2. jdn ~* assurer qn
Versicherte(r) [fɛr'zɪçərtə(r)] *m/f* assuré(e) *m/f,* souscripteur d'assurance *m*
Versicherung [fɛr'zɪçəruŋ] *f* *1.* assurance *f; 2. (Behauptung)* affirmation *f*
versickern [fɛr'zɪkərn] *v* s'infiltrer, s'écouler
versiegeln [fɛr'ziːgəln] *v* *1.* cacheter, sceller; *2. (Parkett)* vitrifier

V

versiert [vɛr'ziːrt] *adj* versé, expert
versilbern [fɛr'zɪlbərn] *v* argenter
versinken [fɛr'zɪŋkən] *v irr 1.* s'enfoncer, s'enliser; *vor Scham am liebsten in den Boden ~* vouloir rentrer sous terre; *2. in etw ~ (fig)* se perdre dans qc, s'abîmer dans qc
versklaven [fɛr'sklaːvən] *v* réduire à l'esclavage
versöhnen [fɛr'zøːnən] *v sich ~ mit* se réconcilier avec
versöhnlich [fɛr'zøːnlɪç] *adj* conciliant, accomodant
Versöhnung [fɛr'zøːnuŋ] *f* réconciliation *f*
versorgen [fɛr'zɔrgən] *v 1. (unterhalten)* entretenir; *2. (beliefern)* approvisionner, fournir; *3. (pflegen)* prendre soin de
Versorgung [fɛr'zɔrguŋ] *f 1. (Belieferung)* fourniture *f,* approvisionnement *m; 2. (Pflege)* soins *m/pl*
verspannt [fɛr'ʃpant] *adj MED* tendu, contracté
verspäten [fɛr'ʃpɛːtən] *v sich ~* se mettre en retard, être en retard
Verspätung [fɛr'ʃpɛːtuŋ] *f* retard *m*
versperren [fɛr'ʃpɛrən] *v 1.* barrer, barricader; *2. (Aussicht)* masquer, boucher; *3. (Weg)* barrer, couper
verspotten [fɛr'spɔtən] *v jdn ~* se moquer de qn, railler qn
versprechen [fɛr'ʃprɛçən] *v irr 1. jdm etw ~* promettre qc à qn; *viel ~d* prometteur; *2. sich ~* se tromper en parlant, faire un lapsus
Versprechen [fɛr'ʃprɛçən] *n* promesse *f,* engagement *m*
Versprecher [fɛr'ʃprɛçər] *m* lapsus *m*
verspüren [fɛr'ʃpyːrən] *v* ressentir, éprouver
verstaatlichen [fɛr'ʃtaːtlɪçən] *v* nationaliser

Verstand [fɛr'ʃtant] *m* raison *f,* intelligence *f,* sens *m; jdm den ~ rauben* couper le souffle à qn/couper le sifflet à qn *(fam)*; *Da bleibt einem doch der ~ stehen!* Ça vous la coupe! *Das geht über meinen ~!* Je n'arrive pas à comprendre!/Ça me dépasse!

verständigen [fɛr'ʃtɛndɪgən] *v 1. jdn von etw ~* informer qn de qc; *2. sich ~ mit* s'entendre avec
Verständigung [fɛr'ʃtɛndɪguŋ] *f 1.* entente *f,* arrangement *m; 2. (Benachrichtigung)* avis *m,* information *f*
verständlich [fɛr'ʃtɛntlɪç] *adj* intelligible, compréhensible, clair; *allgemein ~* intelligible, à la portée de tous
Verständlichkeit [fɛr'ʃtɛndlɪçkaɪt] *f* intelligibilité *f,* clarté *f,* netteté *f,* compréhensibilité *f*
Verständnis [fɛr'ʃtɛntnɪs] *n* compréhension *f*
verständnislos [fɛr'ʃtɛntnɪsloːs] *adj 1.* incompréhensif; *adv 2.* sans comprendre
verständnisvoll [fɛr'ʃtɛntnɪsfɔl] *adj 1.* compréhensif, entendu; *adv 2.* avec compréhension
verstärken [fɛr'ʃtɛrkən] *v 1.* renforcer, fortifier; *2. (fig)* augmenter, renforcer
Verstärkung [fɛr'ʃtɛrkuŋ] *f* renforcement *m,* augmentation *f,* accroissement *m*
verstauben [fɛr'ʃtaubən] *v* s'empoussiérer, prendre la poussière
verstauchen [fɛr'ʃtauxən] *v* fouler, se faire une entorse
Verstauchung [fɛr'ʃtauxuŋ] *f MED* foulure *f,* entorse *f,* luxation *f*
verstauen [fɛr'ʃtauən] *v 1.* mettre, placer, caser; *2. NAUT* arrimer
Versteck [fɛr'ʃtɛk] *n* cachette *f,* cache *f; ~ spielen* jouer à cache-cache
verstecken [fɛr'ʃtɛkən] *v* cacher, dissimuler; *sich neben jdm ~ müssen* se cacher derrière qn/se planquer derrière qn *(fam)*; *sich vor jdm nicht zu ~ brauchen* ne pas avoir de complexes par rapport à qn
Versteckspiel [fɛr'ʃtɛkʃpiːl] *n* cache-cache *m,* partie de cache-cache *f*

verstehen [fɛr'ʃteːən] *v irr 1.* comprendre, saisir, concevoir; *Das versteht sich von selbst.* Cela va sans dire./Cela va de soi. *Das versteht sich.* Cela se comprend. *Was ~ Sie darunter?* Qu'entendez vous par là? *nicht die Bohne davon ~* ne comprendre que dalle *(fam)*; *2. (wissen)* savoir; *jdm etw zu ~ geben* laisser entendre qc à qn

versteifen [fɛr'ʃtaɪfən] *v 1. sich ~* se raidir; *2. sich ~ auf* s'obstiner à
versteigern [fɛr'ʃtaɪgərn] *v* vendre aux enchères
Versteigerung [fɛr'ʃtaɪgəruŋ] *f* vente aux enchères *f*
versteinert [fɛr'ʃtaɪnərt] *adj 1.* pétrifié; *2. (fig)* pétrifié, médusé, saisi; *3. GEOL* fossilisé
verstellen [fɛr'ʃtɛlən] *v 1.* déplacer, déranger; *2. (regulieren)* régler, ajuster; *3. (fig) sich ~* faire semblant de, feindre, jouer la comédie

V

versteuern [fɛr'ʃtɔyərn] *v* déclarer, payer l'impôt sur
verstimmt [fɛr'ʃtɪmt] *adj 1. MUS* désaccordé; *2. (fig)* de mauvaise humeur, contrarié
Verstimmung [fɛr'ʃtɪmuŋ] *f* mauvaise humeur *f*, contrariété *f*
verstockt [fɛr'ʃtɔkt] *adj* moisi, endurci, obstiné, entêté
verstohlen [fɛr'ʃtoːlən] *adj 1.* furtif, dérobé, en coulisse *(fam)*; *adv 2.* à la dérobée
verstopft [fɛr'ʃtɔpft] *adj 1.* bouché, encrassé, encombré; *2. MED* constipé
Verstopfung [fɛr'ʃtɔpfuŋ] *f 1.* encrassement *m*, obstruction *f*; *2. MED* constipation *f*
Verstorbene(r) [fɛr'ʃtɔrbənə(r)] *m/f* défunt(e) *m/f*
verstört [fɛr'ʃtøːrt] *adj* effaré, hagard, bouleversé
Verstoß [fɛr'ʃtoːs] *m* manquement *m*, infraction *f*
verstoßen [fɛr'ʃtoːsən] *v irr 1. (verjagen)* chasser, expulser; *2. (zuwiderhandeln)* enfreindre, violer
verstreichen [fɛr'ʃtraɪçən] *v irr 1. (vergehen)* passer, s'écouler; *2. (etw ~)* étaler qc
verstreuen [fɛr'ʃtrɔyən] *v* disperser, répandre
verstricken [fɛr'ʃtrɪkən] *v (fig) sich ~ in* s'empêtrer dans
verstümmeln [fɛr'ʃtyməln] *v 1.* mutiler, estropier; *2. ZOOL* châtrer; *3. (fig)* tronquer
Verstümmelung [fɛr'ʃtyməluŋ] *f 1.* mutilement *m*; *2. (fig)* détérioration *f*
Versuch [fɛr'zuːx] *m 1.* essai *m*, tentative *f*; *2. (Experiment)* essai *m*, test *m*, expérimentation *f*, expérience *f*
versuchen [fɛr'zuːxən] *v 1.* essayer de, tenter de; *2. (kosten)* essayer, goûter
Versuchskaninchen [fɛr'zuːxskaniːnçən] *n (fig)* cobaye *m*
versuchsweise [fɛr'zuːxsvaɪzə] *adv* à titre d'essai
Versuchung [fɛr'zuːxuŋ] *f* tentation *f*, séduction *f*
versündigen [fɛr'zyndɪgən] *v sich ~* offenser, pécher contre
vertagen [fɛr'taːgən] *v* ajourner, proroger
vertauschen [fɛr'tauʃən] *v* échanger, intervertir, permuter
verteidigen [fɛr'taɪdɪgən] *v 1. JUR* défendre; *2. (unterstützen)* soutenir
Verteidiger(in) [fɛr'taɪdɪgər(ɪn)] *m/f JUR* avocat(e) *m/f*
Verteidigung [fɛr'taɪdɪguŋ] *f 1.* défense *f*; *2. JUR* plaidoyer *m*
Verteidigungsministerium [fɛr'taɪdɪguŋsmɪnɪsteːrjum] *n POL* Ministère de la Défense *m*
verteilen [fɛr'taɪlən] *v 1. (austeilen)* distribuer à; *2. (aufteilen)* répartir, partager
Verteilung [fɛr'taɪluŋ] *f 1. (Austeilen)* distribution *f*; *2. (Verteilen)* répartition *f*, partage *m*
verteufeln [fɛr'tɔyfəln] *v* diaboliser
vertiefen [fɛr'tiːfən] *v 1.* approfondir; *2. (Wissen)* approfondir, perfectionner
Vertiefung [fɛr'tiːfuŋ] *f 1. (im Boden)* creusement *m*; *2. (einer Freundschaft)* approfondissement *m*
vertikal [vɛrti'kaːl] *adj* vertical
Vertrag [fɛr'traːk] *m 1. ECO* contrat *m*, convention *f*; *2. POL* traité *m*
vertragen [fɛr'traːgən] *v irr 1. etw ~* supporter qc, tolérer qc; *2. sich ~* s'entendre; *3. (passen)* aller avec
vertraglich [fɛr'traːklɪç] *adj 1.* contractuel; *adv 2.* par contrat
verträglich [fɛr'trɛːklɪç] *adj 1. (umgänglich)* conciliant, accommodant; *2. (bekömmlich)* digeste
Verträglichkeit [fɛr'trɛːklɪçkaɪt] *f 1. (Umgänglichkeit)* caractère accommodant *m*, esprit conciliant *m*; *2. (Bekömmlichkeit)* digestibilité *f*
vertrauen [fɛr'trauən] *v jdm ~* avoir confiance en qn, se fier à qn
Vertrauen [fɛr'trauən] *n* confiance *f*; *~ erweckend* qui éveille la confiance, éprouvé
Vertrauensbeweis [fɛr'trauənsbəvaɪs] *m* témoignage de confiance *m*
Vertrauensbruch [fɛr'trauənsbrux] *m* abus de confiance *m*
vertrauensselig [fɛr'trauənszeːlɪç] *adj* trop confiant, crédule
vertrauensvoll [fɛr'trauənsfɔl] *adj 1.* confiant; *adv 2.* avec confiance
vertrauenswürdig [fɛr'trauənsvyrdɪç] *adj 1.* digne de confiance; *2. (sicher)* sûr
vertraulich [fɛr'traulɪç] *adj* confidentiel
Vertraulichkeit [fɛr'traulɪçkaɪt] *f* caractère confidentiel *m*, intimité *f*
verträumt [fɛr'trɔymt] *adj* rêveur
vertraut [fɛr'traut] *adj* intime, familier
vertreiben [fɛr'traɪbən] *v irr 1. (verjagen)* chasser, expulser; *2. (Zeit)* passer; *3. (verkaufen) ECO* vendre; *4. (aus der Wohnung)* déloger

Vertreibung [fɛr'traɪbuŋ] *f* expulsion *f*, délogement *m*
vertretbar [fɛr'treːtbaːr] *adj* justifiable, défendable
vertreten [fɛr'treːtən] *v irr 1. (repräsentieren)* représenter; *2. (ersetzen)* remplacer; *3. (Meinung ~)* être d'avis
Vertreter(in) [fɛr'treːtər(ɪn)] *m/f 1. (Repräsentant(in))* représentant(e) *m/f*; *2. (Stellvertreter(in))* remplaçant(e) *m/f*; *3. (Verfechter(in))* défenseur/défenseuse *m/f*
Vertretung [fɛr'treːtuŋ] *f 1. (Repräsentanz)* représentation *f*; *2. (Stellvertretung)* remplacement *m*; *3. (Vertreten)* représentation *f*
Vertrieb [fɛr'triːp] *m ECO* vente *f*, débit *m*, écoulement *m*
vertrocknen [fɛr'trɔknən] *v* dessécher
vertrösten [fɛr'trøːstən] *v 1.* consoler, faire prendre patience à; *2. (fig)* bercer qn de belles illusions
vertun [fɛr'tuːn] *v irr 1. (verschwenden)* gaspiller, gâcher qc; *2. sich ~* se tromper dans ses plans, se méprendre
vertuschen [fɛr'tuʃən] *v* cacher, dissimuler, camoufler, tenir secret
verübeln [fɛr'yːbəln] *v jdm etw ~* en vouloir à qn de qc, tenir rigueur à qn de qc
verunglimpfen [fɛr'unglɪmpfən] *v* diffamer, calomnier, décrier, dénigrer
verunglücken [fɛr'unglykən] *v* avoir un accident, être victime d'un accident
Verunglückte(r) [fɛr'unglyktə(r)] *m/f* accidenté(e) *m/f*, victime d'accident *f*
verunreinigen [fɛr'unraɪnɪgən] *v* salir, souiller, infecter, polluer
verunsichern [fɛr'unzɪçərn] *v jdn ~* rendre qn hésitant, désarçonner qn, déstabiliser qn
Verunsicherung [fɛr'unzɪçəruŋ] *f* hésitation *f*, manque de certitude *m*
verunstalten [fɛr'unʃtaltən] *v* défigurer, enlaidir, déformer
veruntreuen [fɛr'untrɔyən] *v* soustraire, détourner, divertir
Veruntreuung [fɛr'untrɔyuŋ] *f* détournement *m*, déprédation *f*, malversation *f*
verursachen [fɛr'urzaxən] *v* causer, provoquer, produire
Verursacher(in) [fɛr'uːrzaxər(ɪn)] *m/f* auteur(e) *m/f*, responsable *m/f*
verurteilen [fɛr'urtaɪlən] *v 1. jdn zu etw ~* condamner qn à qc; *2. (missbilligen)* désapprouver
Verurteilte(r) [fɛr'urtaɪltə(r)] *m/f JUR* condamné(e) *m/f*
Verurteilung [fɛr'urtaɪluŋ] *f* condamnation *f*, sentence *f*
vervielfältigen [fɛr'fiːlfɛltɪgən] *v* multiplier, polycopier, tirer
vervollständigen [fɛr'fɔlʃtɛndɪgən] *v* compléter
verwählen [fɛr'vɛːlən] *v sich ~* faire un faux numéro
verwahren [fɛr'vaːrən] *v 1.* garder, tenir en lieu sûr; *2. sich gegen etw ~* protester contre qc
verwahrlost [fɛr'vaːrloːst] *adj* négligé, laissé à l'abandon
Verwahrlosung [fɛr'vaːrloːzuŋ] *f* négligence *f*, abandon *m*, dépravation *f*, démoralisation *f*
verwaist [fɛr'vaɪst] *adj* orphelin, délaissé
verwalten [fɛr'valtən] *v 1.* administrer, gérer; *2. (Amt)* exercer
Verwaltung [fɛr'valtuŋ] *f* administration *f*, gestion *f*
verwandeln [fɛr'vandəln] *v* changer, transformer, convertir, métamorphoser
verwandt [fɛr'vant] *adj 1.* parent, allié, apparenté; *2. (ähnlich)* semblable
Verwandte(r) [fɛr'vantə(r)] *m/f* parent(e) *m/f*, membre de la famille *m*
Verwandtschaft [fɛr'vantʃaft] *f* parenté *f*, famille *f*
Verwandtschaftsgrad [fɛr'vantʃaftsgraːt] *m* degré de parenté *m*
verwarnen [fɛr'varnən] *v* avertir, donner un avertissement
Verwarnung [fɛr'varnuŋ] *f* avertissement *m*, mise en garde *f*
verwechseln [fɛr'vɛksəln] *v* confondre, prendre l'un pour l'autre, intervertir
Verwechslung [fɛr'vɛksluŋ] *f 1.* confusion *f*, méprise *f*; *2. (Irrtum)* erreur *f*
verwegen [fɛr'veːgən] *adj 1.* téméraire, audacieux, hardi, osé; *adv 2.* avec témérité
verweichlicht [fɛr'vaɪçlɪçt] *adj* amolli, effeminé, mou
verweigern [fɛr'vaɪgərn] *v* refuser, dénier
Verweigerung [fɛr'vaɪgəruŋ] *f* refus *m*, rejet *m*
Verweis [fɛr'vaɪs] *m 1. (Rüge)* réprimande *f*, blâme *m*; *2. (Hinweis)* référence *f*, renvoi *m*
verweisen [fɛr'vaɪzən] *v irr 1. ~ auf* renvoyer à, attirer l'attention sur; *2. (des Landes ~)* exiler, bannir, proscrire
verwelken [fɛr'vɛlkən] *v* se faner

V

verwendbar [fɛr'vɛntbaːr] *adj* utilisable
verwenden [fɛr'vɛndən] *v irr* utiliser, employer
Verwendung [fɛr'vɛnduŋ] *f* utilisation *f*, emploi *m*; *für etw ~ finden* trouver preneur pour qc/trouver un usage à qc
verwerfen [fɛr'vɛrfən] *v irr (fig)* rejeter qc
verwerflich [fɛr'vɛrflɪç] *adj 1.* condamnable, répréhensible; *2. JUR* récusable
verwertbar [fɛr'veːrtbaːr] *v* utilisable, réutilisable, recyclable
verwerten [fɛr'veːrtən] *v 1. (benutzen)* utiliser; *2. (wieder ~)* récupérer, recycler; *3. (auswerten)* exploiter, faire valoir
Verwertung [fɛr'veːrtuŋ] *f 1. (Benutzung)* utilisation *f*, emploi *m*; *2. (Wiederverwertung)* récupération *f*, réutilisation *f*, recyclage *m*; *3. (Auswertung)* exploitation *f*, réalisation *f*
verwesen [fɛr'veːzən] *v* se décomposer, se putréfier
Verwesung [fɛr'veːzuŋ] *f* décomposition *f*, putréfaction *f*
verwickeln [fɛr'vɪkəln] *v jdn in etw ~ (fig)* engager qn dans qc, impliquer qn dans qc
verwildern [fɛr'vɪldərn] *v 1.* devenir sauvage; *2. (fig)* être laissé à l'abandon
verwinkelt [fɛr'vɪŋkəlt] *adj* en coin, anguleux
verwirklichen [fɛr'vɪrklɪçən] *v* réaliser, effectuer
verwirren [fɛr'vɪrən] *v 1.* embrouiller, emmêler; *2. (fig)* confondre
verwirrt [fɛr'vɪrt] *adj* confus, décontenancé, troublé, désarçonné
Verwirrung [fɛr'vɪruŋ] *f* confusion *f*, désordre *m*, désarroi *m*
verwischen [fɛr'vɪʃən] *v 1.* brouiller; *2. sich ~* s'effacer
verwittern [fɛr'vɪtərn] *v* se décomposer, s'effriter, se dégrader
Verwitterung [fɛr'vɪtəruŋ] *f* décomposition *f*, effritement *m*, dégradation *f*, désagrégation *f*
verwitwet [fɛr'vɪtvət] *adj* veuf
verwöhnen [fɛr'vøːnən] *v* gâter, choyer, dorloter; *Sie ~ mich!* Vous me comblez!
verwöhnt [fɛr'vøːnt] *adj* gâté, dorloté, difficile à contenter
verworren [fɛr'vɔrən] *adj* confus, embrouillé, peu clair
verwundbar [fɛr'vuntbaːr] *adj* vulnérable
Verwundbarkeit [fɛr'vuntbaːrkaɪt] *f* vulnérabilité *f*
verwunden [fɛr'vundən] *v* blesser
verwunderlich [fɛr'vundərlɪç] *adj 1.* étonnant, surprenant; *Das ist nicht ~.* Il n'y a rien d'étonnant à cela. *2. (seltsam)* étrange
verwundern [fɛr'vundərn] *v* étonner, surprendre, émerveiller
Verwunderung [fɛr'vundəruŋ] *f* étonnement *m*, surprise *f*
Verwundung [fɛr'vunduŋ] *f* blessure *f*
verwünschen [fɛr'vynʃən] *v 1.* maudire; *2. (verzaubern)* jeter un sort, ensorceler
verwüsten [fɛr'vyːstən] *v* dévaster, ravager, saccager
Verwüstung [fɛr'vyːstuŋ] *f* ravage *m*, dévastation *f*, saccage *m*
verzagen [fɛr'tsaːgən] *v* perdre courage, se décourager, se laisser abattre
verzagt [fɛr'tsaːkt] *adj* découragé, abattu
verzählen [fɛr'tsɛːlən] *v sich ~* se tromperen comptant
verzaubern [fɛr'tsaubərn] *v 1.* enchanter, ensorceler; *2. in etw ~* changer en qc
Verzehr [fɛr'tseːr] *m* consommation *f*
verzehren [fɛr'tseːrən] *v 1.* manger, consommer; *2. (fig) sich ~* se consumer de
verzeichnen [fɛr'tsaɪçnən] *v* noter, inscrire, enregistrer, faire le relevé
verzeihen [fɛr'tsaɪən] *v irr* pardonner, excuser; *Das werde ich mir nie ~!* Je ne me le pardonnerai jamais!
Verzeihung [fɛr'tsaɪuŋ] *f 1.* pardon *m*, excuse *f*; *interj 2. ~!* Excuse-moi!/Excusez-moi!/Pardon!
verzerren [fɛr'tsɛrən] *v 1.* déformer, distordre, défigurer, se décomposer
verzetteln [fɛr'tsɛtəln] *v 1. (auf einzelne Zettel schreiben)* noter qc, mettre en fiches; *2. (Geld)* gaspiller; *3. (vergeuden)* gaspiller, dilapider
Verzicht [fɛr'tsɪçt] *m ~ auf* renoncement à *m*, renonciation à *f*
verzichten [fɛr'tsɪçtən] *v auf etw ~* renoncer à qc, se désister de qc
verziehen [fɛr'tsiːən] *v irr 1. das Gesicht ~* faire la moue; *2. (Pflanzen: einige herausziehen)* démarier, éclaicir; *3. (verwöhnen)* gâter, mal élever; *4. sich ~ (Gesicht)* se défigurer; *5. sich ~ (die Form verlieren)* se déformer; *6. sich ~ (fam: sich entfernen)* s'éloigner; *Verzieh' dich!* Disparais!
verzieren [fɛr'tsiːrən] *v* orner, décorer
verzinsen [fɛr'tsɪnzən] *v ECO* payer des intérêts
verzögern [fɛr'tsøːgərn] *v* ralentir, retarder, freiner

verzollen [fɛr'tsɔlən] *v* dédouaner, payer la douane, payer des droits de douane
Verzug [fɛr'tsuːk] *m 1.* retard *m,* délai *m; mit etw in ~ geraten* prendre du retard pour qc; *mit etw in ~ sein* être en retard pour qc; *Es ist Gefahr in ~.* Il y a péril en la demeure. *2. JUR* demeure *f*
verzweifeln [fɛr'tsvaɪfəln] *v* désespérer, se désespérer; *Man könnte ~!* C'est désespérant! *Es ist zum Verzweifeln!* Il y a de quoi se jeter à l'eau!
verzweifelt [fɛr'tsvaɪfəlt] *adj 1.* désespéré; *adv 2.* avec désespoir
Verzweiflung [fɛr'tsvaɪfluŋ] *f* désespoir *m*
verzweigen [fɛr'tsvaɪgən] *v 1.* se ramifier; *2. (Straße)* se ramifier
Verzweigung [fɛr'tsvaɪguŋ] *f* ramification *f*
verzwickt [fɛr'tsvɪkt] *adj* embrouillé, compliqué, inextricable
Veteran(in) [vete'raːn(ɪn)] *m/f MIL* ancien(ne) combattant(e) *m/f*
Veterinär(in) [veteri'nɛːr(ɪn)] *m/f MED* vétérinaire *m/f*
Vetter ['fɛtər] *m* cousin *m*
vibrieren [vi'briːrən] *v* vibrer, osciller
Videoaufzeichnung ['videoauftsaɪçnuŋ] *f* enregistrement vidéo *m*
Vieh [fiː] *n* bétail *m,* bêtes d'élevage *f/pl*
Viehzucht ['fiːtsuxt] *f AGR* élevage de bovins *m*
Viehzüchter(in) [fiːtsyçtər(ɪn)] *m/f* éleveur de bovins *m/f*

viel ['fiːl] *adj 1.* beaucoup, nombreux; *zu ~* trop; *adv 2.* beaucoup, très; *~ beschäftigt* très occupé

vieldeutig [fiːldɔytɪç] *adj* équivoque, ambigu
Vieldeutigkeit ['fiːldɔytɪçkaɪt] *f* ambiguité *f,* ambivalence *f*
vielfach ['fiːlfax] *adj 1.* multiple, divers; *adv 2.* de diverses manières; *3. (oft)* souvent, fréquemment
Vielfalt ['fiːlfalt] *f* diversité *f,* multiplicité *f*
vielfältig ['fiːlfɛltɪç] *adj* diversifié, varié
Vielfraß ['fiːlfraːs] *m* goinfre *f*
vielleicht [fi'laɪçt] *adv* peut-être, sans doute
vielmals ['fiːlmaːls] *adv* souvent, bien des fois; *Danke ~!* Merci beaucoup!
vielmehr ['fiːlmeːr] *adv* plutôt, bien plus
vielseitig ['fiːlzaɪtɪç] *adj 1.* varié, complexe; *2. MATH* polygonal; *adv 3.* avec complexité
Vielseitigkeit ['fiːlzaɪtɪçkaɪt] *f* diversité *f,* variété *f,* étendue *f*
Vielzahl ['fiːltsaːl] *f* grand nombre *m*
vier [fiːr] *num* quatre; *alle ~e von sich strecken* s'étirer; *auf allen ~en* à quatre pattes
vierbeinig ['fiːrbaɪnɪç] *adj* quadrupède
Viereck ['fiːrɛk] *n 1.* quadrilatère *m,* carré *m; 2. (Rechteck)* rectangle *m*
viereckig ['fiːrɛkɪç] *adj* carré, quadrangulaire
vierstellig ['fiːrʃtɛlɪç] *adj* à quatre chiffres
vierte(r,s) ['fiːrtə(r,s)] *adj* quatrième
Viertel ['fɪrtəl] *n 1. MATH* quart *m; 2. (Stadtteil)* quartier *m*
vierteljährlich ['fɪrtəljɛːrlɪç] *adj 1.* trimestriel; *adv 2.* chaque trimestre, par trimestre
Viertelstunde [fɪrtəl'ʃtundə] *f* quart d'heure *m*
viertürig ['fiːrtyːrɪç] *adj* à quatre portes
vierzehn ['fɪrtseːn] *num* quatorze
vierzig ['fɪrtsɪç] *num* quarante
Vierziger ['fɪrtsɪgər] *pl 1. (Mensch) in den ~n sein* avoir la quarantaine; *2. (Jahrzehnt) die ~* les années quarante *f/pl*
Vikar(in) [vi'kaːr(ɪn)] *m/f REL* vicaire *m/f*
violett [vio'lɛt] *adj* violet, violacé
virtuos [vɪrtu'oːs] *adj MUS* virtuose
Virus ['viːrus] *n 1. MED* virus *m; ~infektion* infection virale *f; 2. INFORM* virus *m*
Visier [vi'ziːr] *n mit offenem ~ kämpfen* agir à découvert, se battre à visage découvert
visionär [vizjo'nɛːr] *adj* visionnaire
Visitenkarte [vi'ziːtənkartə] *f* carte de visite *f*
visuell [vizu'ɛl] *adj* visuel
Visum ['viːzum] *n* visa *m*
Vitalität [vitali'tɛːt] *f* vitalité *f*
Vitamin [vita'miːn] *n* vitamine *f*
vitaminreich [vita'miːnraɪç] *adj* riche en vitamines
Vizepräsident(in) ['fiːtsəprɛzɪdɛnt(ɪn)] *m/f* vice-président(e) *m/f*
Vogel ['foːgəl] *m ZOOL* oiseau *m; den ~ abschießen (fig)* décrocher la timbale; *einen ~ haben (fig)* avoir un petit vélo dans la tête/avoir une araignée au plafond
Vogelperspektive ['foːgəlpɛrspɛktiːvə] *f aus der ~* à vol d'oiseau
Vogelscheuche ['foːgəlʃɔyçə] *f* épouvantail *m*
Vokabel [vo'kaːbəl] *f* vocable *m,* mot *m*
Vokabular [vokabu'laːr] *n* vocabulaire *m*
Vokal [vo'kaːl] *m* voyelle *f*

Volk [fɔlk] *n* 1. peuple *m,* nation *f;* 2. *(Menge)* foule *f; sich unters ~ mischen* se mêler à la foule; 3. *(Leute)* gens *m/pl; fahrendes ~* peuple nomade *m,* les gens du voyage *m/pl*
Völkermord ['fœlkərmɔrt] *m* génocide *m*
Völkerrecht ['fœlkərrɛçt] *n* droit international *m*
Volksabstimmung ['fɔlksapʃtɪmuŋ] *f POL* référendum *m*
Volksfest ['fɔlksfɛst] *n* fête populaire *f*
Volkshochschule ['fɔlksho:xʃu:lə] *f* université populaire *f*
Volkskunde ['fɔlkskundə] *f* arts et traditions populaires *pl,* folklore *m*
Volkslied ['fɔlksli:t] *n* chanson populaire *f,* chant folklorique *m*
volkstümlich ['fɔlksty:mlɪç] *adj* populaire, folklorique
Volkswirtschaft ['fɔlksvɪrtʃaft] *f ECO* économie nationale *f*
Volkszählung ['fɔlkstsɛ:luŋ] *f* recensement de la population *m*

voll [fɔl] *adj* 1. plein, rempli, comble, entier; *gesteckt ~/brechend ~* bourré, plein à craquer; *jdn nicht für ~ nehmen* ne pas prendre qn au sérieux; *sich ~ laufen lassen* se prendre une biture, se cuiter, se bourrer la gueule; *sich den Bauch ~ schlagen* s'en mettre plein la panse, se bâfrer; *~ tanken* faire le plein; *aus dem Vollen schöpfen* dépenser sans compter, faire le grand seigneur; *in die Vollen gehen* ne pas ménager sa peine, mettre le paquet *(fam) ~ packen* emballer jusqu'autrop plein; *den Koffer ~* remplir trop la valise; *das Auto ~* charger la voiture à bloc; *~ schmieren* couvrir de gribouillages; *~ spritzen* arroser, asperger; *~ stopfen* remplir, bourrer; *adv* 2. complètement, entièrement

Vollblut ['fɔlblu:t] *n ZOOL* pur sang *m*
Vollbremsung ['fɔlbrɛmsuŋ] *f* arrêt d'urgence *m*
vollbringen [fɔl'brɪŋən] *v irr* accomplir, réaliser, effectuer
vollenden [fɔl'ɛndən] *v* terminer, achever, finir
vollends ['fɔlɛnts] *adv* 1. entièrement, tout à fait; 2. *(auch noch)* complètement
Vollendung [fɔl'ɛnduŋ] *f* accomplissement *m,* parfaite exécution *f,* achèvement *m*
Vollgas ['fɔlga:s] *n* à pleins gaz *m/pl*
völlig ['fœlɪç] *adj* 1. entier, complet; *adv* 2. parfaitement
volljährig ['fɔljɛ:rɪç] *adj JUR* majeur
Volljährigkeit ['fɔljɛ:rɪçkaɪt] *f JUR* majorité *f*
Vollkaskoversicherung ['fɔlkaskofɛrzɪçəruŋ] *f* assurance tous risques *f*
vollkommen [fɔl'kɔmən] *adj* 1. parfait, accompli; *adv* 2. complètement
Vollkommenheit [fɔl'kɔmənhaɪt] *f* perfection *f*
Vollmacht ['fɔlmaxt] *f* procuration *f,* pleins pouvoirs *m/pl*
Vollmilch ['fɔlmɪlç] *f GAST* lait entier *m*
Vollmond ['fɔlmo:nt] *m* pleine lune *f*
Vollpension ['fɔlpɛnzjo:n] *f* pension complète *f*
vollschlank ['fɔlʃlaŋk] *adj* rondelet, replet
vollständig ['fɔlʃtɛndɪç] *adj* complet, entier
vollstrecken [fɔl'ʃtrɛkən] *v JUR* exécuter
Vollstrecker [fɔl'ʃtrɛkər] *m JUR* exécuteur *m*
Vollstreckung [fɔl'ʃtrɛkuŋ] *f JUR* exécution *f*
Volltreffer ['fɔltrɛfər] *m (fam)* coup dans le mille *m*
Vollwaise ['fɔlvaɪzə] *f* orphelin *m*
vollwertig ['fɔlvɛ:rtɪç] *adj* de pleine valeur, complet
Vollwertkost ['fɔlvɛrtkɔst] *f GAST* nourriture diététique *f*
vollzählig ['fɔltsɛ:lɪç] *adj* 1. complet; *adv* 2. au complet
vollziehen [fɔl'tsi:ən] *v irr* exécuter, accomplir, mettre à exécution
Volontär(in) [volɔn'tɛ:r(ɪn)] *m/f* volontaire *m/f*
Volontariat [volɔnta'ria:t] *n* volontariat *m*
Volumen [vo'lu:mən] *n* volume *m*
voluminös [volumi'nø:s] *adj* volumineux

von [fɔn] *prep* 1. *(örtlich)* de; 2. *(zeitlich)* de; *~ jeher* depuis toujours; 3. *(Herkunft)* de, en provenance de; 4. *(über)* de, au sujet de; 5. *~ mir aus* si tu veux, si vous voulez

vonnöten [fɔn'nø:tən] *adv* urgent, être nécessaire

vor [fo:r] *prep* 1. *(örtlich)* devant; 2. *(zeitlich)* avant; *etw ~ sich haben* devoir faire face à qc; 3. *(kausal)* de, contre; *~ Freude* de joie; 4. *~ allen Dingen* surtout, avant tout

Vorahnung ['fo:ra:nuŋ] *f* pressentiment *m*
voran [fo'ran] *adv* 1. *(als Erster)* devant, en tête; 2. *(vorwärts)* en avant

V

vorangehen [fo'rangeːən] *v irr* marcher en tête
vorankommen [fo'rankɔmən] *v irr* avancer
voranstellen [fo'ranʃtɛlən] *v* mettre entête, placer en tête
vorantreiben [fo'rantraɪbən] *v irr* pousser, activer, faire avancer
Vorarbeit ['foːrarbaɪt] *f* travail préparatoire *m*, préparatifs *m/pl*
voraus [for'aus] *adv 1. (örtlich)* en tête, devant; *2. (zeitlich) im ~* en avance, par avance
vorausberechnen [fo'rausbərɛçnən] *v* calculer à l'avance
vorausgehen [fo'rausgeːən] *v irr* précéder, prendre les devants
vorausgesetzt [fo'rausgəzɛtst] *konj* à condition
Voraussage [fo'rauszaːgə] *f* prévision *f*, projection *f*
voraussagen [fo'rauszaːgən] *v* prédire
voraussehen [fo'rauszeːən] *v irr* prévoir
voraussetzen [fo'rauszɛtsən] *v* présumer, supposer
Voraussetzung [fo'rauszɛtsuŋ] *f 1.* supposition *f*, hypothèse *f*; *2. (Bedingung)* condition *f*
Voraussicht [fo'rauszɪçt] *f aller ~ nach* très probablement
voraussichtlich [fo'rauszɪçtlɪç] *adj* probable
Vorbehalt ['foːrbəhalt] *m* réserve *f*, restriction *f*; *~e machen* faire des réserves
vorbehalten ['foːrbəhaltən] *v irr 1.* réserver; *jdm ~ bleiben* être réservé à qn; *2. sich ~* se réserver de
vorbehaltlich ['foːrbəhaltlɪç] *prep* sauf, sous réserve de
vorbehaltlos ['foːrbəhaltloːs] *adj* sans réserves *f/pl*
vorbei [for'baɪ] *adv 1. (örtlich)* devant; *2. (zeitlich)* passé, fini, écoulé
vorbeibringen [for'baɪbrɪŋən] *v irr* apporter en passant
vorbeifahren [for'baɪfaːrən] *v irr* passer devant
vorbeigehen [for'baɪgeːən] *v irr 1. (entlanggehen)* passer devant; *2. (vergehen)* passer; *3. (nicht stehen bleiben)* passer sans s'arrêter
vorbeikommen [for'baɪkɔmən] *v irr* passer
vorbeilassen [for'baɪlasən] *v irr* laisser passer
vorbeischauen [for'baɪʃauən] *v* faire un saut chez qn
vorbelastet ['foːrbəlastət] *adj* qui a des antécédents, influencé
Vorbemerkung ['foːrbəmɛrkuŋ] *f* remarque préliminaire *f*
vorbereiten ['foːrbəraɪtən] *v 1.* préparer; *2. sich auf etw ~* se préparer à qc
Vorbereitung ['foːrbəraɪtuŋ] *f* préparation *f*, préparatifs *m/pl*
Vorbereitungskurs ['foːrbəraɪtuŋskurs] *m* cours de préparation *m*
vorbestellen ['foːrbəʃtɛlən] *v* commander d'avance, réserver, retenir
Vorbestellung ['foːrbəʃtɛluŋ] *f* commande préalable *f*, réservation *f*, location *f*
vorbestimmt ['foːrbəʃtɪmt] *adj* déterminé, prédéterminé, prédestiné
vorbestraft ['foːrbəʃtraːft] *adj JUR* qui a un casier judiciaire
vorbeugen ['foːrbɔygən] *v 1.* pencher en avant; *2. sich ~* se pencher en avant
vorbeugend ['foːrbɔygənt] *adj* préventif
Vorbeugung ['foːrbɔyguŋ] *f* prévention *f*, précaution *f*
Vorbild ['foːrbɪlt] *n* modèle *m*, idéal *m*, exemple *m*
vorbildlich ['foːrbɪltlɪç] *adj* exemplaire
Vorbildung ['foːrbɪlduŋ] *f* formation antérieure *f*, connaissances préalables *f/pl*
Vorbote ['foːrboːtə] *m 1.* précurseur *m*; *2. (Vorzeichen)* signe précurseur *m*
vorbringen ['foːrbrɪŋən] *v irr 1.* présenter, produire; *2. (sagen)* énoncer, dire
vorchristlich ['foːrkrɪstlɪç] *adj HIST* avant l'ère chrétienne
Vordach ['foːrdax] *n ARCH* auvent *m*
vordatieren ['foːrdatiːrən] *v* antidater
Vordenker(in) ['foːrdɛŋkər(ɪn)] *m/f* précurseur *m*
Vorderachse ['fɔrdəraksə] *f TECH* essieu avant *m*
Vorderansicht ['fɔrdəranzɪçt] *f* vue de face *f*
Vorderasien ['fɔrdər'aːzjən] *n GEO* Proche-Orient *m*
Vorderausgang ['fɔrdərausgaŋ] *m* sortie de devant *f*
Vorderbein ['fɔrdərbaɪn] *n ZOOL* patte antérieure *f*
vordere(r,s) ['fɔrdərə(r,s)] *adj* premier/première, de devant, antérieur(e)
Vorderfront ['fɔrdərfrɔnt] *f* façade *f*

V

Vordergrund ['fɔrdərgrunt] *m* premier plan *m; etw in den ~ stellen* mettre qc au premier plan
vordergründig ['fɔrdərgryndɪç] *adj 1.* qui se trouve au premier plan; *2. (sichtbar)* visible; *3. (offensichtlich)* apparent
Vorderrad ['fɔrdərraːt] *n* roue avant *f*
Vorderseite ['fɔrdərzaɪtə] *f 1.* façade *f; 2. (von einem Blatt Papier)* recto *m*
vorderste(r,s) ['fɔrdərstə(r,s)] *adj* avant
Vorderteil ['fɔrdərtaɪl] *n* partie avant *f*
Vordertür ['fɔrdərtyːr] *f* porte avant *f*
vordrängen ['foːrdrɛŋən] *v sich ~* jouer des coudes, (se faufiler pour) passer devant, se mettre en avant
vordringlich ['foːrdrɪŋlɪç] *adj 1.* très urgent, prioritaire; *adv 2.* de toute urgence, en priorité
Vordruck ['foːrdruk] *m* formulaire *m*
vorehelich ['foːreːəlɪç] *adj* prénuptial
voreilig ['foːraɪlɪç] *adj 1.* précipité, prématuré, précoce, anticipé; *2. (zu schnell)* trop vite; *adv 3.* à la légère
voreingenommen ['foːraɪngənɔmən] *adj 1.* plein de préjugés qui a du parti pris, partial; *adv 2.* avec parti pris, avec partialité
vorenthalten ['foːrɛnthaltən] *v irr* retenir, priver
Vorentscheidung ['foːrɛntʃaɪduŋ] *f* décision préliminaire *f,* décision préalable *f*
vorerst ['foːreːrst] *adv* d'abord, en premier lieu, premièrement
Vorfahr ['foːrfaːr] *m* ancêtre *m,* prédécesseur *m*
Vorfahrt ['foːrfaːrt] *f* priorité *f*
Vorfahrtstraße ['foːrfaːrtʃtraːsə] *f* route prioritaire *f*
Vorfall ['foːrfal] *m* événement *m,* incident *m,* affaire *f*
vorfallen ['foːrfalən] *v irr 1. (fallen)* se passer, arriver; *2. (geschehen)* se produire
Vorfinanzierung ['foːrfinantsiːruŋ] *f ECO* préfinancement *m*
vorfinden ['foːrfɪndən] *v irr* trouver en arrivant
Vorfreude ['foːrfrɔydə] *f* joie anticipée *f*
vorführen ['foːrfyːrən] *v 1. (präsentieren)* présenter, faire une démonstration; *2. (Film)* présenter; *3. (Angeklagten)* faire paraître, amener à la barre
Vorführung ['foːrfyːruŋ] *f 1. (Präsentation)* présentation *f,* démonstration *f; 2. (Filmvorführung)* projection *f,* présentation *f; 3. (von Zeugen)* production de témoins *f*
Vorgabe ['foːrgaːbə] *f 1. SPORT* avantage *m; 2. (Richtlinie)* directive *f,* préalable *m,* contrainte *f*
Vorgang ['foːrgaŋ] *m 1. (Geschehen)* événement *m,* incident *m; 2. (Akte)* processus *m,* procédé *m*
Vorgänger(in) ['foːrgɛŋər(ɪn)] *m/f* prédécesseur/prédécesseuse *m/f*
vorgeben ['foːrgeːbən] *v irr (fig)* prétendre, prétexter
vorgeblich ['foːrgeːplɪç] *adj* prétendu
vorgehen ['foːrgeːən] *v irr 1. (handeln)* procéder, agir, faire; *2. (vorausgehen)* prendre les devants; *3. (wichtiger sein)* être plus important, avoir la priorité; *4. (Uhr)* avancer
Vorgehen ['foːrgeːən] *n* procédé *m,* manière d'agir *f*
Vorgehensweise ['foːrgeːənsvaɪzə] *f 1.* démarche *f; 2. (Verhalten)* comportement *m; 3. (Methoden)* démarche *f*
Vorgeschichte ['foːrgəʃɪçtə] *f 1. (vorherige Begebenheiten)* antécédents *m/pl; 2. (Prähistorie) HIST* préhistoire *f*
Vorgeschmack ['foːrgəʃmak] *m* avant-goût *m*
Vorgesetzte(r) ['foːrgəzɛtstə(r)] *m/f* supérieur(e) *m/f*
vorgestern ['foːrgɛstərn] *adv* avant-hier
vorgreifen ['foːrgraɪfən] *v irr* anticiper, prévenir les intentions de
vorhaben ['foːrhaːbən] *v irr* avoir l'intention de; *Wenn Sie heute Abend nichts ~ ...* Si vous n'êtes pas pris ce soir ...
vorhalten ['foːrhaltən] *v irr jdm etw ~ (fig: vorwerfen)* reprocher qc à qn
Vorhaltung ['foːrhaltuŋ] *f* remontrance *f,* réprimande *f,* reproche *m*
vorhanden [for'handən] *adj* existant, disponible, présent
Vorhang ['foːrhaŋ] *m* rideau *m*
vorher ['foːrheːr] *adv* avant, auparavant-
vorhergehend [for'heːrgeːənt] *adj* mentionné ci-dessus, précédent, antérieur
Vorherrschaft ['foːrhɛrʃaft] *f* prédominance *f,* suprématie *f*
vorherrschen ['foːrhɛrʃən] *v* prédominer, être prédominant
vorhersagen [for'heːrzaːgən] *v* prédire
vorhersehbar [for'heːrzeːbaːr] *adj* prévisible
vorhersehen [for'heːrzeːən] *v irr* prévoir
vorhin [foːr'hɪn] *adv* à l'instant, tantôt
Vorjahr ['foːrjaːr] *n* année précédente *f,* année dernière *f*

V

vorkommen ['foːrkɔmən] *v irr 1. (erscheinen)* apparaître; *2. (geschehen)* arriver, se produire, se passer; *Dass das nicht wieder vorkommt!* Que cela ne se répète pas! *3. (vorhanden sein)* se trouver, se rencontrer

Vorkommen ['foːrkɔmən] *n* présence *f*
Vorkommnis ['foːrkɔmnɪs] *n 1.* événement *m; 2. GEOL* gisement *m*
vorladen ['foːrlaːdən] *v irr JUR* citer, assigner
Vorladung ['foːrlaːduŋ] *f JUR* citation *f,* assignation *f*
Vorlage ['foːrlaːgə] *f 1. (Vorlegen)* présentation *f; 2. (Muster)* modèle *m; 3. (Entwurf)* projet *m*
vorlassen ['foːrlasən] *v irr 1.* laisser passer qn; *2. (zu sich kommen lassen)* recevoir qn
Vorläufer ['foːrlɔyfər] *m 1.* précurseur *m; 2. (bei einem Skirennen)* ouvreur *m*
vorläufig ['foːrlɔyfɪç] *adj 1.* provisoire, temporaire; *adv 2.* pour l'instant
vorlaut ['foːrlaut] *adj* qui parle trop, impertinent, infatué
vorlegen ['foːrleːgən] *v* présenter, montrer, soumettre, proposer
vorlesen ['foːrleːzən] *v irr* lire à haute voix
Vorlesung ['foːrleːzuŋ] *f* cours *m; ~en hören* suivre les cours
vorletzte(r,s) ['foːrlɛtstə(r,s)] *adj* avant-dernier/avant-dernière
Vorliebe ['foːrliːbə] *f* préférence *f,* prédilection *f*
vorliegen ['foːrliːgən] *v irr* être disponible
vorliegend ['foːrliːgənt] *adj* présent

vormachen ['foːrmaxən] *v jdm etw ~* montrer à qn comment faire qc; *sich etw ~* prendre ses désirs pour des réalités; *Machen Sie sich nichts vor.* Ne vous faites pas d'illusions. *jdm ein X für ein U ~* faire prendre à qn des vessies pour des lanternes

Vormachtstellung ['foːrmaxtʃtɛluŋ] *f* prépondérance *f,* position dominante *f*
vormals ['foːrmaːls] *adv* jadis, autrefois, anciennement
Vormarsch ['foːrmarʃ] *m MIL* marche en avant *f,* avance *f,* progression *f*
vormerken ['foːrmɛrkən] *v* retenir, prendre note de
Vormieter(in) ['foːrmiːtər(ɪn)] *m/f* locataire précédent(e) *m/f*
Vormittag ['foːrmɪtaːk] *m* matinée *f,* matin *m*
vormittags ['foːrmɪtaːks] *adv* le matin, dans la matinée
Vormund ['foːrmunt] *m JUR 1. (von Minderjährigen)* tuteur/tutrice *m/f; 2. (von Erwachsenen)* curateur/curatrice *m/f*
Vormundschaft ['foːrmuntʃaft] *f 1. (von Minderjährigen)* tutelle *f; 2. (von Erwachsenen)* curatelle *f*
vorn(e) [fɔrn(ə)] *adv* devant, en tête, par le début; *von ~ bis hinten* du début à la fin/de a à z; *von ~ (von neuem)* depuis le début
Vorname ['foːrnaːmə] *m* prénom *m*
vornehm ['foːrneːm] *adj 1.* distingué, aristocratique, noble, élégant; *adv 2.* avec distinction
vornehmen ['foːrneːmən] *v irr 1. (tun)* entreprendre, s'occuper de; *2. sich etw ~* se promettre de faire qc; *3. sich jdn ~* reprendre qn, faire la leçon à qn
Vornehmheit ['foːrneːmhaɪt] *f* distinction *f,* élégance *f,* noblesse *f*
Vorort ['foːrɔrt] *m* banlieue *f,* faubourg *m*
vorprogrammiert ['foːrprogramiːrt] *adj (fig)* préprogrammé
Vorrang ['foːrraŋ] *m* préséance *f,* priorité *f,* préférence *f*
vorrangig ['foːrraŋɪç] *adj 1.* prioritaire; *adv 2.* en premier lieu, en priorité
Vorrat ['foːrraːt] *m 1.* provisions *f/pl,* réserve *f; 2. ECO* stock *m*
vorrätig ['foːrrɛːtɪç] *adj* disponible, en stock
Vorratskammer ['foːrraːtskamər] *f* office *m,* cellier *m,* chambre à provisions *f*
Vorrecht ['foːrrɛçt] *n* privilège *m,* prérogative *f*
Vorrichtung ['foːrrɪçtuŋ] *f* dispositif *m,* mécanisme *m,* préparation *f*
vorsagen ['foːrzaːgən] *v 1. (zum Nachsagen vorsprechen)* souffler; *2. jdm etw ~* souffler qc à qn; *die Antwort ~* souffler la réponse
Vorsatz ['foːrzats] *m 1.* projet *m,* dessein *m,* intention *f; 2. JUR* préméditation *f*
vorsätzlich ['foːrzɛtslɪç] *adj 1.* volontaire, délibéré, intentionnel; *adv 2.* exprès
Vorschau ['foːrʃau] *f 1.* aperçu *m; 2. CINE* bande-annonce *f*
Vorschein ['foːrʃaɪn] *m zum ~ kommen* apparaître, venir au jour
vorschieben ['foːrʃiːbən] *v irr 1.* pousser, se retrancher derrière, prétexter, invoquer; *2.*

V

(Termin) avancer; *3. (vorschützen)* prétexter qc; *4. jdn ~* se retrancher derrière qn

Vorschlag ['foːrʃlaːk] *m* proposition *f*, offre *f*

vorschlagen ['foːrʃlaːgən] *v irr* proposer, suggérer

vorschnell ['foːrʃnɛl] *adj* trop prompt, précipité, irréfléchi, inconsidéré

vorschreiben ['foːrʃraɪbən] *v irr 1.* prescrire, ordonner; *2. JUR* stipuler

Vorschrift ['foːrʃrɪft] *f* prescription *f*, règlement *m*, instruction *f*, ordre *m*; *Es ist ~.* C'est de rigueur.

vorschriftsmäßig ['foːrʃrɪftsmɛːsɪç] *adj 1.* conforme au règlement, réglementaire; *adv 2.* en bonne et due forme

vorschriftswidrig ['foːrʃrɪftsviːdrɪç] *adj* contraire au règlement, non réglementaire

Vorschulalter ['foːrʃuːlaltər] *n* âge préscolaire *m*

Vorschule ['foːrʃuːlə] *f* école préparatoire *f*

Vorschuss ['foːrʃus] *m* avance *f*, acompte *m*, arrhes *f/pl*

vorschützen ['foːrʃytsən] *v* se retrancher derrière

vorsehen ['foːrzeːən] *v irr 1.* prévoir; *2. sich ~* prendre des précautions, prendre garde à, se méfier de

Vorsehung ['foːrzeːuŋ] *f REL* Providence *f*

vorsetzen ['foːrzɛtsən] *v 1. (vorwärts setzen)* mettre devant; *2. jdm etw ~ (Speisen)* servir qc à qn; *3. sich ~* se présenter

Vorsicht ['foːrzɪçt] *f* prudence *f*, précaution *f*

vorsichtig ['foːrzɪçtɪç] *adj 1.* prudent, précautionneux; *adv 2.* avec précaution

vorsichtshalber ['foːrzɪçtshalbər] *adv* par mesure de précaution, par prudence

Vorsichtsmaßnahme ['foːrzɪçtsmaːsnaːmə] *f* mesure de précaution *f*

Vorsilbe ['foːrzɪlbə] *f GRAMM* préfixe *m*

Vorsitz ['foːrzɪts] *m* présidence *f*

Vorsitzende(r) ['foːrzɪtsəndə(r)] *m/f* président(e) *m/f*

Vorsorge ['foːrzɔrgə] *f* prévoyance *f*, précaution *f*

vorsorgen ['foːrzɔrgən] *v* prendre les précautions contre, pourvoir à

vorsorglich ['foːrzɔrklɪç] *adj* prévoyant, par précaution

Vorspann ['foːrʃpan] *m 1. (Zugtiere)* chevaux de renfort *m/pl*; *2. (Einleitung)* préambule *m*, introduction *f*; *3. (eines Films)* générique *m*

Vorspeise ['foːrʃpaɪzə] *f GAST* hors-d'œuvre *m*, entrée *f*

vorspiegeln ['foːrʃpiːgəln] *v jdm etw ~* faire miroiter qc aux yeux de qn

vorsprechen ['foːrʃprɛçən] *v irr 1.* dire qc, prononcer pour faire répéter; *2. THEAT* auditionner devant qn; *3. jdm etw ~* dire qc à qn

Vorsprung ['foːrʃpruŋ] *m 1. (Felsvorsprung)* saillie *f*, rebord *m*; *2. (Hausvorsprung)* avancée *f*; *3. (fig)* avance *f*, avantage *m*

Vorstadt ['foːrʃtat] *f* proche banlieue *f*, périphérie *f*, faubourg *m*

Vorstand ['foːrʃtant] *m 1. ECO* comité directeur *m*, directoire *m*; *2. (Einzelperson) ECO* président *m*

vorstehen ['foːrʃteːən] *v irr 1. (leiten)* avoir la direction de, présider, diriger; *2. (hervorragen)* saillir, être proéminent, déborder

vorstellen ['foːrʃtɛlən] *v 1. sich ~* se présenter; *2. sich etw ~* se figurer qc, imaginer qc, se représenter qc; *Stell dir das mal vor!* Tu te rends compte!

Vorstellung ['foːrʃtɛluŋ] *f 1. (Bekanntmachung)* présentation *f*; *2. (Gedanke)* notion *f*, idée *f*; *Was für eine ~!* Quelle idée! *3. THEAT* représentation *f*

Vorstellungskraft ['foːrʃtɛluŋskraft] *f* imagination *f*, faculté d'imaginer *f*

Vorstoß ['foːrʃtoːs] *m 1.* avance *f*; *2. MIL* attaque *f*

Vorstrafe ['foːrʃtraːfə] *f JUR* antécédents *m/pl*

vorstrecken ['foːrʃtrɛkən] *v 1.* tendre, étendre, allonger; *2. (Geld leihen)* avancer

Vorstufe ['foːrʃtuːfə] *f 1.* premier degré *m*; *2. (Vorbereitung)* cours préparatoire *m*

Vortag ['foːrtaːk] *m* veille *f*

vortäuschen ['foːrtɔyʃən] *v* simuler, feindre

Vorteil ['foːrtaɪl] *m* avantage *m*, profit *m*, intérêt *m*; *auf seinen ~ bedacht sein* tirer la couverture à soi; *im ~ sein* avoir le dessus/avoir l'avantage; *~ aus etw ziehen* tirer profit de qc; *seinen ~ wahren* être âpre au gain

vorteilhaft ['foːrtaɪlhaft] *adj 1.* avantageux, profitable; *adv 2.* avec avantage

Vortrag ['foːrtraːk] *m* exposé *m*, conférence *f*, rapport *m*

vortragen ['foːrtraːgən] *v irr (fig)* exposer, rapporter

vortrefflich [for'trɛflɪç] *adj 1.* excellent, parfait; *adv 2.* à la perfection

vorverurteilen ['foːrfɛrurtaɪlən] *v* préjuger
Vortritt ['foːrtrɪt] *m* préséance *f*; *jdm den ~ lassen* laisser la priorité à qn
vorüber [fo'ryːbər] *adv (zeitlich)* passé
vorübergehen [fo'ryːbərgeːən] *v irr (fig)* passer
vorübergehend [fo'ryːbərgeːənt] *adj 1.* passager, transitoire, éphémère; *2. (zeitlich)* temporaire; *adv 3.* à titre provisoire
vorüberziehen [fo'ryːbərtsiːən] *v irr* passer
Vorurteil ['foːrurtaɪl] *n* préjugé *m*, idée préconçue *f*
vorurteilslos ['foːrurtaɪlsloːs] *adj* sans préjugé
vorverlegen ['foːrfɛrleːgən] *v 1. (Treffen)* avancer; *2. MIL* allonger le tir
Vorverurteilung ['foːrfɛrurtaɪluŋ] *f* préjugé *m*
Vorwahl ['foːrvaːl] *f TEL* indicatif *m*
Vorwand ['foːrvant] *m* prétexte *m*; *etw zum ~ nehmen* prendre qc comme prétexte
vorwarnen ['foːrvarnən] *v* avertir
Vorwarnung ['foːrvarnuŋ] *f* avertissement *m*, rappel *m*
vorwärts ['foːrvɛrts] *v irr 1. ~ bringen* faire avancer; *2. ~ gehen* avancer; *3. adv* en avant; *in etw ~ kommen* avancer dans qc, progresser dans qc; *rasch ~ kommen* brûler les étapes
Vorwärtsgang ['foːrvɛrtsgaŋ] *m* marche avant *f*
vorwegnehmen [for'vɛkneːmən] *v irr* anticiper
vorweisen ['foːrvaɪzən] *v irr* montrer, présenter, faire voir
vorwerfen ['foːrvɛrfən] *v irr* reprocher à, faire des reproches à
vorwiegend ['foːrviːgənt] *adj 1.* prépondérant, prédominant; *adv 2.* en majorité
vorwitzig ['foːrvɪtsɪç] *adj 1.* indiscret, trop curieux, impertinent; *adv 2.* avec impertinence, impertinemment
Vorwort ['foːrvɔrt] *n* avant-propos *m*, préface *f*, préambule *m*

Vorwurf ['foːrvurf] *m* reproche *m*, réprobation *f*, blâme *m*; *jdm einen ~ machen* faire un reproche à qn

vorwurfsvoll ['foːrvurfsfɔl] *adj 1.* réprobateur; *adv 2.* avec réprobation
Vorzeichen ['foːrtsaɪçən] *n 1. MATH* signe *m*; *2. (fig)* indice *m*, signe *m*; *mit umgekehrten ~* totalement contraire/à l'opposé
vorzeigbar ['foːrtsaɪkbaːr] *adj* présentable, montrable
vorzeigen ['foːrtsaɪgən] *v* montrer, présenter, faire voir
vorzeitig ['foːrtsaɪtɪç] *adj 1.* prématuré, anticipé, avant l'heure; *adv 2.* avant l'heure, avant terme
vorziehen ['foːrtsiːən] *v irr 1.* tirer, avancer; *2. (fig)* préférer, donner la préférence à
Vorzimmer ['foːrtsɪmər] *n* vestibule *m*
Vorzug ['foːrtsuːk] *m 1. (Vorteil)* avantage *m*, privilège *m*; *2. (Vorrang)* préférence *f*, priorité *f*; *jdm den ~ geben* préférer qn/donner la préférence à qn; *3. (gute Eigenschaft)* qualité *f*
vorzüglich [for'tsyːklɪç] *adj 1.* excellent, remarquable, supérieur; ['foːrtsyːklɪç] *adv 2.* à merveille
vorzugsweise ['foːrtsuːksvaɪzə] *adv* de préférence, à titre préférentiel
Votum ['voːtum] *n POL* vote *m*
vulgär [vul'gɛːr] *adj* vulgaire
Vulkan [vul'kaːn] *m GEO* volcan *m*

W

Waage ['vaːgə] *f* balance *f,* bascule *f; das Zünglein an der ~ sein* faire pencher la balance; *sich gegenseitig die ~ halten* se valoir/se contrebalancer
waagerecht ['vaːgərɛçt] *adj* horizontal, de niveau
Waagschale ['vaːkʃaːlə] *f* plateau de la balance *m; in die ~ werfen* mettre dans la balance; *jedes Wort in die ~ legen* peser ses mots/tourner sept fois la langue dans sa bouche *(fam)*
Wabe ['vaːbə] *f* rayon *m,* gaufre *f*
wach [vax] *adj* éveillé, réveillé; *~ halten* tenir éveillé; *~ halten (fig)* soutenir, maintenir
Wache ['vaxə] *f* garde *f,* faction *f; ~ stehen* monter la garde
wachen ['vaxən] *v* veiller
Wacholderbeere [va'xɔldərbeːrə] *f BOT* baie de genévrier *f,* genièvre *m*
wachrufen ['vaxruːfən] *v irr 1. (Erinnerungen)* évoquer qc, rappeler qc, se remémorer qc; *2. (Interesse)* susciter qc, provoquer qc
wachrütteln ['vaxrytəln] *v 1.* secouer pour réveiller; *2. (fig: Gewissen)* réveiller
Wachs [vaks] *n 1.* cire *f; 2. (Skiwachs)* fart *m*
wachsam ['vaxzaːm] *adj* vigilant, attentif
Wachsamkeit ['vaxzaːmkaɪt] *f* vigilance *f,* attention *f*
wachsen[1] ['vaksən] *v irr 1.* croître, grandir, pousser; *2. (zunehmen)* croître, augmenter, s'accroître
wachsen[2] ['vaksən] *v (polieren)* cirer, encaustiquer, farter
Wachstum ['vakstuːm] *n 1.* croissance *f,* développement *m,* accroissement *m; 2. BOT* pousse *f*
Wachstumsrate ['vakstuːmsraːtə] *f ECO* taux de croissance *m*
Wachtel ['vaxtəl] *f ZOOL* caille *f*
Wächter ['vɛçtər] *m* gardien *m,* veilleur *m*
wackelig ['vakəlɪç] *adj* branlant, vacillant
Wackelkontakt ['vakəlkɔntakt] *m TECH* contact intermittent *m*
wackeln ['vakəln] *v 1. (Dinge)* branler; *2. (Menschen)* chanceler
Wade ['vaːdə] *f ANAT* mollet *m*
Waffe ['vafə] *f* arme *f; die ~n strecken* rendre les armes, déposer les armes, se rendre; *jdn zu den ~n rufen* appeler qn, appeler qn sous les drapeaux
Waffel ['vafəl] *f GAST* gaufre *f; einen an der ~ haben (fam)* être fêlé, avoir une case de vide
Waffenstillstand ['vafənʃtɪlʃtant] *m* armistice *f*
wagemutig ['vaːgəmuːtɪç] *adj* audacieux
wagen ['vaːgən] *v 1. (sich getrauen)* oser; *2. (riskieren)* risquer; *3. (sich erlauben)* se permettre de

Wagen ['vaːgən] *m 1. (Auto)* voiture *f,* véhicule *m; 2. (Kinderwagen)* landau *m; 3. (Leiterwagen)* chariot *m; 4. sich nicht vor jds ~ spannen lassen* ne pas se laisser enrôler par qn, ne pas se laisser recruter par qn

Wagenheber ['vaːgənheːbər] *m TECH* cric *m*
Waggon [va'gɔ̃ː] *m* wagon *m*
waghalsig ['vaːkhalzɪç] *adj 1.* téméraire, aventureux, casse-cou *(fam); adv 2.* avec audace, avec témérité
Wagnis ['vaːknɪs] *n* entreprise risquée *f,* aventure *f*
Wahl [vaːl] *f 1. (Auswahl)* choix *m,* sélection *f; Ich habe keine ~.* Je n'ai pas le choix. *seine ~ treffen* faire son choix; *erste ~* de premier choix, de première qualité; *2. POL* vote *m,* scrutin *m,* suffrage *m*
wählbar ['vɛːlbaːr] *adj* éligible
wahlberechtigt ['vaːlbərɛçtɪçt] *adj POL* qui a le droit de vote
Wahlbeteiligung ['vaːlbətaɪlɪguŋ] *f POL* participation électorale *f*
wählen ['vɛːlən] *v 1. (auswählen)* choisir, sélectionner; *2. POL* élire, voter; *3. (Telefon)* composer, faire
Wähler(in) ['vɛːlər(ɪn)] *m/f POL* électeur/électrice *m/f*
wählerisch ['vɛːlərɪʃ] *adj 1.* séléctif; *2. (schwierig)* difficile; *~ sein* faire le/la difficile
Wählerstimme ['vɛːlərʃtɪmə] *f POL* voix *f*
Wahlkampf ['vaːlkampf] *m POL* campagne électorale *f*
Wahlkreis ['vaːlkraɪs] *m POL* circonscription électorale *f*
Wahllokal ['vaːllokaːl] *n POL* bureau de vote *m*
wahllos ['vaːlloːs] *adv 1.* au hasard, sans discernement; *adj 2.* sans discernement

W

Wahlrecht ['vaːlrɛçt] *n* droit de vote *m*
Wahnsinn ['vaːnzɪn] *m 1.* folie *f,* démence *f; 2. (fig: großartig) Das ist ja ~!* C'est dingue!
wahnsinnig ['vaːnzɪnɪç] *adv 1. (fam: sehr)* très; *adj 2.* fou, dément; *3. (fam: furchtbar)* effroyable, terrible
Wahnsinnige(r) ['vaːnzɪnɪgə(r)] *m/f* fou/ folle *m/f*
Wahnvorstellung ['vaːnfoːrʃtɛluŋ] *f* hallucination *f,* fantaisie *f*
wahr [vaːr] *adj* vrai, véritable, authentique; *Das darf doch nicht ~ sein!* C'est pas vrai!
wahren ['vaːrən] *v 1. (be~)* conserver, sauvegarder; *2. (schützen)* protéger, garder
während ['vɛːrənt] *prep 1.* pendant; *konj 2.* pendant que, tandis que, alors que
wahrhaben ['vaːrhaːbən] *adj irr etw nicht ~ wollen* ne pas vouloir croire qc
wahrhaftig [vaːr'haftɪç] *adj 1.* véridique; *adv 2.* véritablement

Wahrheit ['vaːrhaɪt] *f* vérité *f; um die ~ zu sagen* pour dire vrai; *jdm die ~ ins Gesicht sagen* dire ses quatre vérités à qn; *in ~* en vérité; *die nackte ~* la pure vérité *f,* l'entière vérité *m*

wahrheitsgetreu ['vaːrhaɪtsgətrɔy] *adj* véridique, fidèle
wahrnehmbar ['vaːrneːmbaːr] *adj* perceptible
wahrnehmen ['vaːrneːmən] *v irr 1. (bemerken)* remarquer, observer; *2. (nutzen)* mettre à profit
Wahrnehmung ['vaːrneːmuŋ] *f 1.* perception *f; 2. (Verteidigung)* défense *f; 3. (Bewahrung)* sauvegarde *f*
wahrsagen ['vaːrzaːgən] *v* prédire l'avenir
Wahrsagerin ['vaːrzaːgərɪn] *f* voyante *f*
wahrscheinlich [vaːr'ʃaɪnlɪç] *adj* vraisemblable, probable; *Wahrscheinlich wird es morgen regnen.* Il est probable qu'il pleuve demain.
Wahrscheinlichkeit [vaːr'ʃaɪnlɪçkaɪt] *f* vraisemblance *f,* probabilité *f*
Währung ['vɛːruŋ] *f ECO* devise *f,* monnaie *f*
Währungsabkommen ['vɛːruŋsapkɔmən] *n ECO* accord monétaire *m*
Wahrzeichen ['vaːrtsaɪçən] *n* signe distinctif *m,* emblème *m*
Waise ['vaɪzə] *f* orphelin(e) *m/f*
Waisenhaus ['vaɪzənhaus] *n* orphelinat *m*
Wal [vaːl] *m ZOOL* baleine *f*
Wald [valt] *m* forêt *f,* bois *m; Man sieht den ~ vor lauter Bäumen nicht.* Les arbres cachent la forêt.
Waldsterben ['valtʃtɛrbən] *n* dépérissement des forêts *f,* waldsterben *m*
Walkman ['wɔːkmən] *m* baladeur *m*
Wall [val] *m 1.* rempart *m; 2. (Befestigung)* fortifications *f/pl*
Wallach ['valax] *m ZOOL* hongre *m*
wallen ['valən] *v* ondoyer, onduler, flotter, bouillonner
Wallfahrer ['valfaːrər] *m REL* pèlerin *m*
Wallfahrt ['valfaːrt] *f REL* pèlerinage *m*
Walze ['valtsə] *f (Dampfwalze) TECH* cylindre *m*
walzen ['valtsən] *v 1. (rollen)* laminer qc, cylindrer qc, passer au rouleau, rouler; *2. (fam: Walzer tanzen)* danser la valse
wälzen ['vɛltsən] *v 1. (rollen)* rouler; *sich ~ in* se rouler dans, se vautrer dans; *2. (nachschlagen)* compulser; *3. (fam: nachdenken)* ressasser une idée, ruminer
Walzer ['valtsər] *m MUS* valse *f*
Wand [vant] *f* mur *m,* paroi *f,* muraille *f,* cloison *f; Das ist, um an den Wänden hochzugehen.* C'est à se taper la tête contre les murs./C'est un scandale! *jdn an die ~ drücken (fig)* éliminer qn, écarter qn; *gegen eine ~ reden* parler à un mur; *jdn an die ~ spielen* couper l'herbe sous les pieds de qn, éclipser qn; *die eigenen vier Wände* son chez-soi
Wandel ['vandəl] *m* changement *m,* modification *f*
Wanderer ['vandərər] *m* randonneur *m*
Wanderkarte ['vandərkartə] *f* carte routière *f*
wandern ['vandərn] *v* faire une randonnée, partir en randonnée, parcourir
Wanderung ['vandəruŋ] *f* randonnée *f,* excursion *f,* tour *m*
Wanderweg ['vandərveːk] *m* sentier pédestre *m*
Wandgemälde ['vantgəmɛːldə] *n ART* peinture murale *f,* fresque *f*
Wandlung ['vandluŋ] *f 1.* transformation *f,* changement *m; 2. JUR* changement *m,* annulation *f,* rédhibition *f; 3. REL* élévation *f*
Wandschirm ['vantʃɪrm] *m* paravent *m*
Wandschrank ['vantʃraŋk] *m* placard *m*
Wandtafel ['vanttaːfəl] *f* tableau noir *m*
Wandteppich ['vanttɛpɪç] *m* tapis mural *m*
Wange ['vaŋə] *f ANAT* joue *f*
Wankelmut ['vaŋkəlmuːt] *m* inconstance *f,* versalité *f,* irrésolution *f*

wankelmütig ['vaŋkəlmyːtɪç] *adj 1.* flottant; *2. (unentschlossen)* indécis, irrésolu
wanken ['vaŋkən] *v 1. (taumeln)* chanceler, branler; *2. (fig)* être ébranlé, fléchir; *jdn ins Wanken bringen* faire douter qn/ébranler qn
wann [van] *adv* quand
Wanne ['vanə] *f* cuve *f,* baignoire *f*
Wanze ['vantsə] *f ZOOL* punaise *f*
Wappen ['vapən] *n* armoiries *f/pl,* blason *m*
wappnen ['vapnən] *v sich ~* s'armer, se cuirasser
Ware ['vaːrə] *f* marchandise *f,* article *m,* denrée *f*
Warenlager ['vaːrənlaːgər] *n* entrepôt *m*
warm [varm] *adj 1.* chaud; *~ halten* tenir au chaud; *2. (~herzig)* chaleureux; *3. mit jdm ~ werden* s'entendre avec qn
Wärme ['vɛrmə] *f* chaleur *f*
wärmen ['vɛrmən] *v* chauffer, réchauffer
Wärmflasche ['vɛrmflaʃə] *f* bouillotte *f* chaud *m*
warmherzig ['varmhɛrtsɪç] *adj 1.* chaleureux; *2. (begeistert)* enthousiaste; *adv 3.* avec enthousiasme
Warndreieck ['varndraɪɛk] *n (eines Autos)* triangle de signalisation *m*
warnen ['varnən] *v* avertir, prévenir, mettre en garde
Warnung ['varnuŋ] *f* avertissement *m,* mise en garde *f*
Warte ['vartə] *f von meiner ~ aus* de mon point de vue

warten ['vartən] *v 1. ~ auf* attendre; *Darauf wartet er nur.* Il ne demande que ça. *Das wird nicht lange auf sich ~ lassen.* Ça ne va pas traîner. *2. (in Stand halten)* entretenir, assurer la maintenance

Wärter ['vɛrtər] *m* surveillant *m,* garde *m*
Wartesaal ['vartəzaːl] *m* salle d'attente *f*
Wartezeit ['vartətsaɪt] *f 1. (im Wartezimmer)* période d'attente *f; 2. (bei der Sozialversicherung)* délai de carence *m*
Wartezimmer ['vartətsɪmər] *n* salle d'attente *f*
Wartung ['vartuŋ] *f TECH* entretien *m,* maintenance *f*
warum [va'rum] *adv* pourquoi, pour quelle raison
Warze ['vartsə] *f 1. MED* verrue *f; 2. (Brustwarze)* mamelon *m*
was [vas] *pron 1.* ce que, ce qui; *Was für ein schönes Wetter!* Quel beau temps! *~ man auch immer sagen mag* quoi qu'on dise; *2. (interrogativ)* quoi, que, qu'est-ce que; *Was ist los?* Qu'est-ce qu'il y a?
waschbar ['vaʃbaːr] *adj* lavable
Waschbecken ['vaʃbɛkən] *n* lavabo *m*
Wäsche ['vɛʃə] *f 1. (Waschen)* lessive *f,* lavage *m; 2. (Gewaschenes)* linge *m; dumm aus der ~ schauen* avoir l'air fin; *3. (Unterwäsche)* lingerie *f*
waschecht ['vaʃɛçt] *adj 1.* grand teint; *2. (fig)* cent pour cent, pur sang
Wäscheklammer ['vɛʃəklamər] *f* pince à linge *f*
waschen ['vaʃən] *v irr 1. etw ~* laver qc; *2. sich ~* se laver, faire sa toilette; *sich ge~ haben (fig)* être très désagréable, être raide
Wäscherei [vɛʃə'raɪ] *f* laverie *f*
Wäschetrockner ['vɛʃətrɔknər] *m 1. (Maschine)* sèche-linge *m; 2. (Gestell)* séchoir *m,* étendage *m*
Waschgang ['vaʃgaŋ] *m 1.* lavage *m; 2. (Waschmaschine)* phase *f*
Waschküche ['vaʃkyçə] *f* buanderie *f*
Waschlappen ['vaʃlapən] *m 1.* gant de toilette *m; 2. (fig)* chiffe molle *f*
Waschmaschine ['vaʃmaʃiːnə] *f* machine à laver *f,* lave-linge *m*
Waschmittel ['vaʃmɪtəl] *n* lessive *f*
Waschpulver ['vaʃpulfər] *n* lessive en poudre *f*
Waschzeug ['vaʃtsɔyk] *n* nécessaire pour la toilette *m*

Wasser ['vasər] *n* eau *f; jdm nicht das ~ reichen können* ne pas arriver à la cheville de qn; *nah ans ~ gebaut haben* avoir la larme facile, avoir toujours la larme à l'œil; *jdm das ~ abgraben* foutre la vie de qn en l'air *(fam)*; *ins ~ fallen* tomber à l'eau; *mit allen ~n gewaschen sein* être une fine mouche, être rusé comme un vieux renard; *~ abweisend* imperméable

Wasserball ['vasərbal] *m 1. (Sportart) SPORT* water-polo *m; 2. (Ball)* ballon de water-polo *m; 3. (großer Ball für Kinder)* ballon *m*
Wasserdampf ['vasərdampf] *m* vapeur d'eau *f*
wasserdicht ['vasərdɪçt] *adj* étanche, imperméable
Wasserfall ['vasərfal] *m* cascade *f,* chute d'eau *f*
Wasserfarbe ['vasərfarbə] *f* peinture à l'eau *f,* badigeon *m*
wasserfest ['vasərfɛst] *adj* lessivable

Wasserhahn ['vasərha:n] *m* robinet *m*
wasserlöslich ['vasərlø:slɪç] *adj* soluble dans l'eau
Wassermangel ['vasərmaŋəl] *m* pénurie d'eau *f*, manque d'eau *m*
Wassermann ['vasərman] *m (Tierkreiszeichen) ASTR* Verseau *m*
Wassermelone ['vasərmelo:nə] *f BOT* pastèque *f*
Wasserwaage ['vasərva:gə] *f TECH* balance hydrostatique *f*
Wasserwerk ['vasərvɛrk] *n* centre de distribution des eaux *m*
wässrig ['vɛsrɪç] *adj* humide; *jdm den Mund ~ machen* faire venir l'eau à la bouche de qn
waten ['va:tən] *v* patauger
Watsche ['va:tʃə] *f (fam)* gifle *f; jdm eine ~ geben* donner une gifle à qn
watscheln ['va:tʃəln] *v* se dandiner
Watt[1] [vat] *n (Elektrik) TECH* watt *m*
Watt[2] [vat] *n (Wattenmeer) GEO* hauts-fonds *m/pl*
Watte ['vatə] *f* ouate *f*
wattiert [va'ti:rt] *adj 1. (Jacke)* molleté; *2. (Decke)* ouaté; *3. (Umschlag)* ouaté
weben ['ve:bən] *v* tisser
Weberei [ve:bə'raɪ] *f* tissage *m*
Web-Seite ['wɛpzaɪtə] *f INFORM* page Web *f*
Wechsel ['vɛksəl] *m 1. (Änderung)* modification *f*, changement *m; 2. (Zahlungsmittel) ECO* lettre de change *f; 3. (Geldwechsel) ECO* change *m*
Wechselgeld ['vɛksəlgɛlt] *n* petite monnaie *f*
wechselhaft ['vɛksəlhaft] *adj* changeant, variable
Wechseljahre ['vɛksəlja:rə] *pl MED* ménopause *f*, retour d'âge *m*
Wechselkurs ['vɛksəlkurs] *m FIN* cours du change *m*
wechseln ['vɛksəln] *v 1.* changer, modifier; *2. (aus~)* échanger
wechselseitig ['vɛksəlzaɪtɪç] *adj* réciproque, mutuel
Wechselwirkung ['vɛksəlvɪrkuŋ] *f* interaction *f*
wecken ['vɛkən] *v 1. (auf~)* réveiller; *2. (hervorrufen)* susciter
Wecker ['vɛkər] *m* réveil *m; jdm auf den ~ fallen (fam)* taper sur le système à qn/prendre la tête à qn
wedeln ['ve:dəln] *v 1. (Ski) SPORT* godiller; *2. (Hund)* frétiller, remuer
weder ['ve:dər] *konj ~ ... noch ...* ni ... ni ...

weg [vɛk] *adv 1. (abwesend)* absent; *2. (~gegangen)* parti; *3. (verschwunden)* disparu; *4. hin und ~ sein (fam)* être emballé, être enthousiasmé; *über etw ~ sein* accepter qc, avaler qc, digérer qc

Weg [ve:k] *m 1.* chemin *m*, route *f*, voie *f; auf dem richtigen ~ sein* être en bonne voie; *seinen ~ machen* faire son chemin; *den ~ des geringsten Widerstandes gehen* être partisan du moindre effort, éviter les difficultés; *eigene ~e gehen* suivre sa propre voie, suivre son propre chemin; *einer Sache den ~ ebnen* ouvrir la voie à qc; *jdn aus dem ~ räumen* écarter qn; *jdn auf den rechten ~ führen* remettre qn dans le droit chemin; *jdm etw mit auf den ~ geben* souhaiter le meilleur de qc à qn; *etw in die ~e leiten* préparer qc, organiser qc; *sich auf den ~ machen* se mettre en route; *2. (Strecke)* trajet *m*, route *f*, chemin *m; 3. (fig: Art und Weise)* moyen *m*, manière *f*
wegbringen ['vɛkbrɪŋən] *v irr 1. (fortbringen)* enlever, emmener; *2. (entfernen)* éloigner, emporter
wegen ['ve:gən] *prep* à cause de, en raison de
wegfahren ['vɛkfa:rən] *v irr* partir
weggeben ['vɛkge:bən] *v irr* donner qc, se défaire de qc
weggehen ['vɛkge:ən] *v irr* partir, s'en aller
weghaben ['vɛkha:bən] *v irr 1. (erledigt haben)* avoir fini, avoir réglé; *2. (beherrschen)* maîtriser, contrôler; *3. (verstehen)* comprendre; *4. (fig) Er hat seine Strafe weg.* On lui a enlevé son amende. *5. einen ~ (angetrunken sein)* avoir sa cuite; *6. einen ~ (nicht ganz bei Trost sein)* avoir une case de vide
weghören ['vɛkhø:rən] *v* ne pas écouter
wegkommen ['vɛkkɔmən] *v irr 1.* pouvoir s'en aller; *2. (verloren gehen)* s'égarer, se perdre; *3. gut/schlecht ~* bien/mal s'en tirer; *4. über etw ~* surmonter qc
weglassen ['vɛklasən] *v irr 1. (auslassen)* omettre, supprimer; *2. (gehen lassen)* laisser partir
weglaufen ['vɛklaufən] *v irr* se sauver, s'enfuir
weglegen ['vɛkle:gən] *v* mettre de côté
wegnehmen ['vɛkne:mən] *v irr* ôter, enlever
wegräumen ['vɛkrɔymən] *v* ranger, faire disparaître

W

wegrennen ['vɛkrɛnən] *v irr* partir en courant
wegschicken ['vɛkʃɪkən] *v 1. (aufgeben)* envoyer, expédier; *2. (fortschicken)* faire partir
wegschütten ['vɛkʃytən] *v* jeter dans l'évier
wegstecken ['vɛkʃtɛkən] *v* surmonter qc
wegtun ['vɛktuːn] *v irr* enlever; *Tu die Hände weg!* Enlève tes mains!
Wegweiser ['veːkvaɪzər] *m* panneau indicateur *m,* guide *m*
wegwerfen ['vɛkvɛrfən] *v irr* jeter
wegziehen ['vɛktsiːən] *v irr 1.* enlever en tirant; *2. (an einen anderen Ort ziehen)* déménager, changer de domicile
weh [veː] *adj* douloureux; *~ tun* faire mal
wehe ['veːə] *interj* hélas, misère; *Wehe mir!* Malheur à moi! *Wehe, wenn du das tust!* Tu n'as pas intérêt à faire ça!/Ne t'avise pas de faire ça!
wehen ['veːən] *v 1.* souffler; *2. (flattern)* flotter au vent
Wehen ['veːən] *pl MED* douleurs de l'accouchement *f/pl*
wehleidig ['veːlaɪdɪç] *adj 1.* dolent, geignard *(fam); 2. (griesgrämig)* morose, maussade
Wehmut ['veːmuːt] *f* mélancolie *f,* nostalgie *f*
wehmütig ['veːmyːtɪç] *adj* mélancolique
Wehr[1] [veːr] *f sich zur ~ setzen gegen* se défendre contre
Wehr[2] [veːr] *n (Staudamm)* barrage *m*
Wehrdienst ['veːrdiːnst] *m MIL* service militaire *m*
Wehrdienstverweigerer ['veːrdiːnstfɛrvaɪgərər] *m MIL* objecteur de conscience *m*
wehren ['veːrən] *v sich ~ gegen* se défendre contre, lutter contre
wehrlos ['veːrloːs] *adj* désarmé, sans défense
Weib [vaɪp] *n (abwertend)* commère *f*
Weibchen ['vaɪpçən] *n ZOOL* femelle *f*
weibisch ['vaɪbɪʃ] *adj* efféminé
weiblich ['vaɪplɪç] *adj 1.* féminin; *Sie ist sehr ~.* Elle est très femme. *2. ZOOL* femelle
Weiblichkeit ['vaɪplɪçkaɪt] *f* féminité *f*
weich [vaɪç] *adj* mou, tendre, doux, moelleux
Weiche[1] ['vaɪçə] *f 1. (Weichheit)* mollesse *f; 2. (Körperteil)* flanc *m*
Weiche[2] ['vaɪçə] *f (an Eisenbahngleisen) TECH* aiguillage *m; die ~n für etw stellen* poser les bases de qc, poser les fondements de qc
weichherzig ['vaɪçhɛrtsɪç] *adj* tendre
weichlich ['vaɪçlɪç] *adj 1.* mou, douillet; *2. (fig)* ramolli
Weichspüler ['vaɪçʃpyːlər] *m* adoucissant textile *m*
Weide ['vaɪdə] *f 1. (Wiese)* pâturage *m; 2. (Baum) BOT* saule *m*
weiden ['vaɪdən] *v 1. (Tiere)* paître, pâturer, pacager, herbager; *2. sich an etw ~* se délecter de qc
weigern ['vaɪgərn] *v sich ~* refuser de, se refuser à
Weigerung ['vaɪgəruŋ] *f* refus *m*
weihen ['vaɪən] *v REL 1. (Ding)* bénir; *2. (Kirche)* consacrer; *3. (Priester)* ordonner
Weiher ['vaɪər] *m* étang *m*
Weihnachten ['vaɪnaxtən] *n* Noël *m*
Weihnachtsabend ['vaɪnaxtsaːbənt] *m* réveillon (de Noël) *m*
Weihnachtsbaum ['vaɪnaxtsbaum] *m* arbre de Noël *m,* sapin de Noël *m*
Weihnachtsmann ['vaɪnaxtsman] *m* père Noël *m*
Weihrauch ['vaɪraux] *m REL* encens *m*
Weihwasser ['vaɪvasər] *n REL* eau bénite *f*
weil [vaɪl] *konj* parce que
Weile ['vaɪlə] *f* moment *m,* laps de temps *m*
Wein [vaɪn] *m 1.* vin *m; jdm reinen ~ einschenken (fig)* dire ses quatre vérités à qn, parler sans fard à qn; *2. (Rebe) BOT* vigne *f*
Weinanbau ['vaɪnanbau] *m* viticulture *f,* culture de la vigne *f,* industrie viticole *f*
Weinberg ['vaɪnbɛrk] *m* vignoble *m,* vignes *f/pl*
Weinbrand ['vaɪnbrant] *m* eau-de-vie *f*
weinen ['vaɪnən] *v* pleurer, verser des larmes; *bitterlich ~* pleurer à chaudes larmes; *Es ist zum Weinen!* C'est bête à pleurer!
weinerlich ['vaɪnərlɪç] *adj* pleurnichard
Weinflasche ['vaɪnflaʃə] *f* bouteille de vin *f*
Weingut ['vaɪnguːt] *n* domaine viticole *m*
Weinlese ['vaɪnleːzə] *f* vendanges *f/pl*
Weinrebe ['vaɪnreːbə] *f BOT* vigne *f*
Weintraube ['vaɪntraubə] *f BOT* raisin *m,* grappe de raisin *f*
weise ['vaɪzə] *adj* sage, avisé
Weise ['vaɪzə] *f 1. (Art und ~)* manière *f,* façon *f; auf die eine oder andere ~* d'une manière ou d'une autre; *in keiner ~* en aucun cas; *2. (Lied)* mélodie *f,* air *m*

W

Weise(r) ['vaɪzə(r)] *m/f* sage/femme sage *m/f; die drei ~n aus dem Morgenland* les trois mages *m/pl*
weisen ['vaɪzən] *v irr 1.* expulser qn, indiquer qc à qn, rejeter qc; *2. jdm etw ~* indiquer qc à qn, désigner qc; *3. etw von sich ~* rejeter qc; *4. jdn von der Schule ~* expulser qn
Weisheit ['vaɪshaɪt] *f 1.* sagesse *f; der ~ letzter Schluss* le fin du fin *m,* le nec plus ultra *m; 2. (Wissen)* savoir *m; mit seiner ~ am Ende sein* être à court d'idées, être à bout d'arguments
weiß [vaɪs] *adj* blanc; *~ wie ein Leintuch sein* être blanc comme un linge
Weissagung ['vaɪsza:guŋ] *f* prophétie *f,* présage *m*
Weißglut ['vaɪsglu:t] *f jdn zur ~ bringen* mettre qn dans une colère noire
Weißwein ['vaɪsvaɪn] *m* vin blanc *m*
Weisung ['vaɪzuŋ] *f* ordre *m,* consigne *f*

weit [vaɪt] *adj 1. (breit)* large; *2. (lang)* long; *3. (fern)* éloigné; *das Weite suchen* prendre la poudre d'escampette, prendre la clé des champs, gagner le large; *adv 4. ~ entfernt* loin; *~ gehend* large, étendu; *~ gehend (bedeutend)* important; *~ reichend* important, considérable, de grande portée; *~ verbreitet* très répandu; *~ verbreitet (geläufig)* courant; *zu ~ gehen* aller trop loin; *Das geht zu ~!* C'est un peu fort! *So ~ sind wir noch lange nicht.* Nous en sommes encore loin. *Du bist bei ~em nicht der Einzige.* Tu es loin d'être le seul. *~ und breit* à la ronde, aux alentours

weitab ['vaɪt'ap] *adv ~ von* loin de tout
weitaus ['vaɪtaus] *adv* de loin, de beaucoup, bien
Weitblick ['vaɪtblɪk] *m* clairvoyance *f*
Weite ['vaɪtə] *f 1. (Ferne)* lointain *m; 2. (Länge)* longueur *f; 3. (Breite)* étendue *f,* ampleur *f*
weiten ['vaɪtən] *v 1.* élargir qc, dilater qc; *2. sich ~* se dilater; *3. sich ~ (fig: Herz)* se dilater
weiter ['vaɪtər] *adj 1. (zusätzlich)* autre, supplémentaire; *adv 2. (außerdem)* de plus, en outre; *3. (~ weg)* plus loin
weiterarbeiten ['vaɪtərarbaɪtən] *v* continuer le travail
Weiterbildung ['vaɪtərbɪlduŋ] *f* formation complémentaire *f*
weiterentwickeln ['vaɪtərentvɪkəln] *v* améliorer
weiterführen ['vaɪtərfy:rən] *v* poursuivre
weitergeben ['vaɪtərge:bən] *v irr* transmettre
weitergehen ['vaɪtərge:ən] *v irr* continuer, poursuivre; *Wenn das so weitergeht ...* À ce train-là ...
weiterhin ['vaɪtərhɪn] *adv 1. (immer noch)* toujours, encore; *2. (künftig)* à l'avenir; *3. (außerdem)* en outre
weiterkommen ['vaɪtərkɔmən] *v* avancer, progresser
weiterleiten ['vaɪtərlaɪtən] *v* transmettre, faire suivre
weitermachen ['vaɪtərmaxən] *v* continuer
weitläufig ['vaɪtlɔyfɪç] *adj 1.* étendu, important, spacieux; *2. (fig: ausführlich)* détaillé; *3. (fig: entfernt)* éloigné
weitsichtig ['vaɪtzɪçtɪç] *adj 1. MED* presbyte; *2. (fig)* clairvoyant, perspicace
Weitsichtigkeit ['vaɪtzɪçtɪçkaɪt] *f* prévoyance *f*
Weitsprung ['vaɪtʃpruŋ] *m SPORT* saut en longueur *m*
Weizen ['vaɪtsən] *m BOT* blé *m,* froment *m*
welch [vɛlç] *pron* quel(le), quels/quelles
welche(r,s) ['vɛlçə(r,s)] *pron* lequel/ laquelle, qui/que
welk [vɛlk] *adj 1. (verblüht)* fané, flétri *2. (schlaff)* flétri;
welken ['vɛlkən] *v 1. (verblühen)* se faner, se flétrir *2. (erschlaffen)* flétrir, se faner;
Wellblech ['vɛlblɛç] *n* tôle ondulée *f*
Welle ['vɛlə] *f 1.* vague *f,* lame *f; ~n schlagen* faire des vagues; *2. (fig)* agitation *f; 3. PHYS* onde *f*
Wellengang ['vɛləngaŋ] *m* houle *f*
Wellenlänge ['vɛlənlɛŋə] *f PHYS* longueur d'onde *f; die gleiche ~ haben (fig)* être sur la même longueur d'onde
wellig ['vɛlɪç] *adj* onduleux, vallonné
Welpe ['vɛlpə] *m ZOOL* chiot *m*

Welt [vɛlt] *f* monde *m,* univers *m,* terre *f; Das ist der Lauf der ~.* Ainsi va le monde. *nicht die ~ kosten* ne pas coûter les yeux de la tête; *nicht die ~ sein* ne pas être la mer à boire; *etw in die ~ setzen* répandre qc, propager qc; *mit sich und der ~ zufrieden sein* être heureux d'être content, être très heureux; *zur ~ kommen* venir au monde; *Für sie brach eine ~ zusammen.* Elle est tombée de haut.

Weltall ['vɛltal] *n* univers *m,* cosmos *m*
Weltanschauung ['vɛltanʃauuŋ] *f* vision du monde *f,* conception du monde *f*

weltberühmt ['vɛltbəryːmt] *adj* mondialement connu
weltbewegend ['vɛltbəveːgənt] *adj* révolutionnaire
Weltbild ['vɛltbɪlt] *n* conception du monde *f*
weltfremd ['vɛltfrɛmt] *adj* ingénu, sans expérience du monde, irréaliste
Weltgeschichte ['vɛltgəʃɪçtə] *f 1.* histoire universelle *f; 2. (fam: Welt)* monde *m*
Weltkrieg ['vɛltkriːk] *m HIST* guerre mondiale *f*
weltlich ['vɛltlɪç] *adj 1.* du monde, mondain; *2. (nicht kirchlich) REL* laïque, séculier, profane; *3. (vergänglich)* temporel
Weltmacht ['vɛltmaxt] *f POL* puissance mondiale *f*
weltmännisch ['vɛltmɛnɪʃ] *adj* mondain
Weltmeister ['vɛltmaɪstər] *m SPORT* champion du monde *m*
weltoffen ['vɛltɔfən] *adj* ouvert
Weltraum ['vɛltraum] *m* espace cosmique *m,* univers *m*
Weltraumforschung ['vɛltraumfɔrʃuŋ] *f* recherche aérospatiale *f*
Weltreich ['vɛltraɪç] *n* empire *m*
Weltschmerz ['vɛltʃmɛrts] *m* mal du siècle *m*
Weltstadt ['vɛltʃtat] *f* métropole *f*
Weltuntergang ['vɛltuntərgaŋ] *m* fin du monde *f*
weltweit ['vɛltvaɪt] *adj* mondial, à l'échelle du monde, universel
wem [veːm] *pron* à qui
wen [veːn] *pron* qui
Wende ['vɛndə] *f 1.* virage *m,* changement de direction *m,* tournant *m; eine ~ nehmen* prendre un virage; *2. (Entwicklung)* évolution *f*
Wendekreis ['vɛndəkraɪs] *m 1. GEO* tropique *m; 2. (eines Autos) TECH* rayon de braquage *m*
Wendeltreppe ['vɛndəltrɛpə] *f* escalier en colimaçon *m*
wenden ['vɛndən] *v irr sich ~ an* s'adresser à
wendig ['vɛndɪç] *adj 1.* maniable, facile à manœuvrer; *2. (flink)* débrouillard
Wendigkeit ['vɛndɪçkaɪt] *f 1.* maniabilité *f,* faculté d'adaptation *f; 2. (Flinkheit)* rapidité *f,* souplesse *f*
Wendung ['vɛnduŋ] *f (fig)* changement *m,* évolution *f; eine gute ~ nehmen* prendre une bonne tournure; *eine tragische ~ nehmen* tourner au tragique
wenig ['veːnɪç] *adj 1.* quelques, peu de; *zu ~* trop peu; *adv 2.* peu, pas beaucoup; *wenn auch noch so ~* tant soit peu
wenigstens ['veːnɪçstəns] *adv* du moins, au moins; *Man kann es ~ versuchen.* On peut toujours essayer.
wenn [vɛn] *konj 1. (zeitlich)* lorsque, quand; *2. (falls)* si
wer [veːr] *pron* qui
Werbefernsehen ['vɛrbəfɛrnzeːən] *n* publicité télévisée *f*
Werbegeschenk ['vɛrbəgəʃɛŋk] *n* cadeau publicitaire *m*
werben ['vɛrbən] *v irr 1. (Werbung machen)* faire de la publicité; *2. (um etw ~)* rechercher, briguer
Werbespot ['vɛrbəspɔt] *m* spot publicitaire *m*
Werbung ['vɛrbuŋ] *f* publicité *f*
Werdegang ['veːrdəgaŋ] *m 1. (Entwicklung)* développement *m,* évolution *f; 2. (Karriere)* carrière *f*

werden ['veːrdən] *v irr 1. (Futur) Ich werde wegfahren.* Je vais partir. *2. (Passiv) Wir ~ gerufen.* Nous sommes appelés., On nous appelle. *3. (Beruf ergreifen)* devenir, être; *Sie wird Krankenschwester.* Elle devient infirmière. *4. (Entwicklung)* faire, évoluer; *alt ~* vieillir; *besser ~* s'améliorer; *selten ~* se faire rare; *modern ~* devenir la mode; *Ich werde verrückt.* Je deviens fou. *Mir wird angst.* J'ai peur. *Mir wird schlecht.* J'ai mal au cœur. *Es wird spät.* Il se fait tard. *5. (Beginn)* commencer à être; *Es wird hell.* Il commence à faire jour. *Es wird dunkel.* Il commence à faire nuit. *Es wird Tag.* Le jour se lève. *6. (geschehen)* advenir; *Was soll daraus ~?* Qu'en adviendra-t-il? *Ich frage mich, was daraus ~ soll.* Je me demande ce que ça va donner. *Das muss anders ~.* Il faut que cela change.

werfen ['vɛrfən] *v irr* jeter, lancer; *sich jdm an den Hals ~* se jeter au cou de qn; *um sich ~ (fig)* ne pas regarder à la dépense
Werft [vɛrft] *f* chantier naval *m*
Werk [vɛrk] *n 1. (Kunstwerk)* œuvre *f,* ouvrage *m; rasch ans ~ gehen* aller vite en besogne; *2. (Fabrik)* usine *f,* fabrique *f,* établissements *m/pl*
Werkbank ['vɛrkbaŋk] *f* établi *m*
Werkstatt ['vɛrkʃtat] *f* atelier *m*
Werktag ['vɛrktaːk] *m* jour ouvrable *m*
Werkzeug ['vɛrktsɔyk] *n* outil *m,* instrument *m*

wert [veːrt] *adj 1.* d'une valeur de; *2. (würdig)* digne de, qui mérite; *3. (lieb)* cher, précieux
Wert [veːrt] *m 1. (Preis)* prix *m; 2. (Bedeutung)* importance *f,* valeur *f*
wertfrei ['veːrtfraɪ] *adj* sans jugement de valeur
wertlos ['veːrtloːs] *adj* sans valeur
Wertpaket ['veːrtpakeːt] *n* colis avec valeur déclarée *m*
Wertpapier ['vertpapiːr] *n FIN* valeur *f,* effet *m,* titre *m*
Wertschätzung ['veːrtʃɛtsuŋ] *f* estime *f,* considération *f*
Wertsteigerung ['veːrtʃtaɪgəruŋ] *f* augmentation de la valeur *f,* accroissement de la valeur *m,* plus-value *f*
Wertstoff ['veːrtʃtɔf] *m* matériau recyclable *m*
Wertung ['veːrtuŋ] *f 1. (Beurteilung)* jugement *m; 2. (Schätzung)* évaluation *f,* appréciation *f; 3. SPORT* classement *m*
wertvoll ['veːrtfɔl] *adj* précieux, de prix
Wesen ['veːzən] *n 1. (Lebewesen)* être *m,* créature *f; 2. (Charakter)* nature *f,* caractère *m,* naturel *m*
wesentlich ['veːzəntlɪç] *adj 1.* essentiel, fondamental; *Es handelt sich im Wesentlichen darum.* Voici en gros de quoi il s'agit. *2. (beträchtlich)* considérable; *3. (bedeutend)* important
weshalb [vɛs'halp] *adv 1.* pourquoi, pour quelle raison; *konj 2.* c'est la raison pour laquelle
Wespe ['vɛspə] *f ZOOL* guêpe *f*
Wespennest ['vɛspənnɛst] *n 1. ZOOL* nid de guêpe *m; 2. (fig)* sale affaire *f; in ein ~ stechen* se fourrer dans un guépier, tomber dans un guépier
wessen ['vɛsən] *pron* de qui
Weste ['vɛstə] *f* gilet *m; eine weiße ~ haben (fig)* être blanc comme neige, avoir les mains propres
Westen ['vɛstən] *m* ouest *m,* occident *m*
Westeuropa ['vɛstɔyroːpa] *n GEO* Europe de l'Ouest *f,* Europe occidentale *f*
westlich ['vɛstlɪç] *adj 1.* occidental, de l'ouest; *adv 2. (~ von)* à l'ouest de
Wettbewerb ['vɛtbəvɛrp] *m* concours *m,* compétition *f,* concurrence *f*
wettbewerbsfähig ['vɛtbəvɛrpsfɛːɪç] *adj* compétitif, concurrentiel
Wettbewerbsfähigkeit ['vɛtbəvɛrpsfɛːɪçkaɪt] *f ECO* compétitivité *f*
Wettbüro ['vɛtbyroː] *n* bureau de pari mutuel *m*
Wette ['vɛtə] *f* pari *m*
wetteifern ['vɛtaɪfərn] *v* rivaliser
wetten ['vɛtən] *v* parier, gager; *Man könnte ~.* Il y a gros à parier. *mit jdm ~* mettre qn au défi, défier qn

Wetter ['vɛtər] *n 1.* temps *m; 2. (~bedingungen)* conditions météorologiques *f/pl*

Wetterbericht ['vɛtərbərɪçt] *m* bulletin météorologique *m*
wetterfest ['vɛtərfɛst] *adj* résistant aux intempéries
wetterfühlig ['vɛtərfyːlɪç] *adj* sensible aux variations atmosphériques
Wettkampf ['vɛtkampf] *m SPORT* compétition *f,* lutte *f*
Wettkämpfer ['vɛtkɛmpfər] *m SPORT* concurrent *m*
Wettlauf ['vɛtlauf] *m 1. SPORT* course de compétition *f; 2. (fig)* course *f*
wettmachen ['vɛtmaxən] *v 1. (aufwiegen)* compenser; *2. (wieder gutmachen)* réparer
Wettrüsten ['vɛtrystən] *n POL* course aux armements *f*
Wettstreit ['vɛtʃtraɪt] *m* concours *m,* lutte *m*

wichtig ['vɪçtɪç] *adj 1.* important; *Das ist nicht so ~!* Peu importe! *etw ~ nehmen* prendre qc au sérieux; *zunächst einmal das Wichtigste erledigen* aller au plus pressé; *2. (wesentlich)* essentiel; *3. (schwerwiegend)* grave; *adv 4.* avec importance; *sich ~ machen* faire la mouche du coche

Wichtigkeit ['vɪçtɪçkaɪt] *f* importance *f*
Wichtigtuer ['vɪçtɪçtuər] *m* frimeur *m,* crâneur *m*
wickeln ['vɪkəln] *v 1.* rouler, enrouler; *2. (Baby)* langer, mettre une couche à
Widder ['vɪdər] *m 1. ZOOL* bélier *m; 2. (Tierkreiszeichen) ASTR* Bélier *m*
wider ['viːdər] *prep* contre
widerfahren [viːdər'faːrən] *v irr* arriver, advenir
widerhallen ['viːdərhalən] *v* résonner
widerlegen [viːdər'leːgən] *v* réfuter
widerlich ['viːdərlɪç] *adj* répugnant, écœurant, repoussant; dé-goûtant.
widernatürlich ['viːdərnatyrlɪç] *adj* contre nature
widerrechtlich ['viːdərrɛçtlɪç] *adj* illégal, inique

W

Widerrede ['viːdərreːdə] *f* contradiction *f*, opposition *f*; *Keine ~!* Pas de discussion!
widerrufen [viːdər'ruːfən] *v irr 1. (zurücknehmen)* révoquer, rétracter; *2. (dementieren)* démentir, se dédire de
Widersacher(in) ['viːdərzaxər(ɪn)] *m/f 1.* adversaire *m/f*; *2. JUR* partie adverse *f*
widersetzen [viːdər'zɛtsən] *v sich ~* s'opposer à, résister à
widerspenstig ['viːdərʃpɛnstɪç] *adj* récalcitrant, rebelle
widerspiegeln ['viːdərʃpiːgəln] *v* refléter, réfléchir
widersprechen [viːdər'ʃprɛçən] *v irr 1.* contredire; *2. (unvereinbar sein)* être incompatible avec
Widerspruch ['viːdərʃprux] *m 1.* contradiction *f*, opposition *f*; *2. PHIL* antinomie *f*
widersprüchlich ['viːdərʃpryçlɪç] *adj* contradictoire
Widerstand ['viːdərʃtant] *m* résistance *f*; *jdm ~ leisten* résister à qn, tenir tête à qn, s'opposer à qn
Widerstandsbewegung ['viːdərʃtantsbəveːguŋ] *f POL* résistance *f*
widerstandsfähig ['viːdərʃtantsfɛːɪç] *adj* résistant, robuste, solide
Widerstandsfähigkeit ['viːdərʃtantsfɛːɪçkaɪt] *f* capacité de résistance *f*, robustesse *f*, endurance *f*
Widerstandskraft ['viːdərʃtantskraft] *f* capacité de résistance *f*, résistance *f*
widerstandslos ['viːdərʃtantsloːs] *adv 1.* sans résistance; *2. (passiv)* passivement; *3. (untergeben)* avec soumission
widerstehen [viːdər'ʃteːən] *v irr 1.* résister à; *2. (nicht nachgeben)* ne pas céder à
widerstrebend [viːdər'ʃtreːbənt] *adj 1.* à contrecœur, de mauvaise grâce, contraint, forcé; *adv 2.* à contrecœur, de mauvaise grâce, contraint, forcé
widerwärtig ['viːdərvɛrtɪç] *adj 1.* répugnant; *2. (unangenehm)* désagréable
Widerwärtigkeit ['viːdərvɛrtɪçkaɪt] *f 1.* contrariétés *f/pl*, désagréments *m/pl*, déboires *m/pl*, contretemps *m*; *2. (Scheußlichkeit)* horreur *f*, atrocité *f*, abomination *f*
Widerwille ['viːdərvɪlə] *m* dégoût *m*, aversion *f*, antipathie *f*
widerwillig ['viːdərvɪlɪç] *adj 1.* à contrecœur, à son corps défendant; *adv 2.* à contrecœur
widmen ['vɪtmən] *v* dédier à, consacrer à; *sich einer Sache ~* se consacrer à qc
Widmung ['vɪtmuŋ] *f* dédicace *f*
widrig ['viːdrɪç] *adj* contraire; *~e Umstände* circonstances fâcheuses *f/pl*
Widrigkeit ['viːdrɪçkaɪt] *f* contrariétés *f/pl*, désagréments *m/pl*, déboires *m/pl*
wie [viː] *adv 1. (Frage)* comment; *Wie weit sind Sie?* Où en êtes-vous? *~ viel* combien; *~ viele* combien de; *2. (Ausruf)* comment; *konj 3.* comme, combien
wieder ['viːdər] *adv* à nouveau, de nouveau, encore; *nie ~* plus jamais; *~ aufbereiten (Atommüll) TECH* retraiter; *~ beleben* ranimer, rappeler à la vie; *~ beleben MED* réanimer; *~ erkennen* reconnaître; *~ finden* retrouver; *~ gutmachen* réparer, compenser
Wiederaufbereitung [viːdər'aufbəraɪtuŋ] *f* retraitement *m*
wiederbekommen ['viːdərbəkɔmən] *v irr* récupérer qc
Wiederbelebung ['viːdərbəleːbuŋ] *f 1.* animation *f*, nouvelle vie *f*; *2. MED* réanimation *f*
Wiedereingliederung [viːdər'aɪngliːdəruŋ] *f* réadmission *f*, réintégration *f*
wiedererlangen ['viːdərɛrlaŋən] *v 1.* récupérer, reprendre possession de; *2. (wieder finden)* retrouver
Wiedergabe ['viːdərgaːbə] *f 1. (Darstellung)* reproduction *f*; *2. (Rückgabe)* restitution *f*
wiedergeben ['viːdərgeːbən] *v irr 1. (zurückgeben)* restituer, rendre; *2. (darstellen)* reproduire
Wiedergutmachung [viːdər'guːtmaxuŋ] *f* compensation *f*, réparation *f*
wiederherstellen [viːdər'heːrʃtɛlən] *v* remettre en état, réparer
wiederholen [viːdər'hoːlən] *v* répéter
Wiederholung [viːdər'hoːluŋ] *f* répétition *f*
wiederkäuen ['viːdərkɔyən] *v 1.* ruminer qc; *2. (fig)* ruminer qc, remâcher qc, rabâcher qc
wiederkommen ['viːdərkɔmən] *v irr* revenir
Wiedersehen ['viːdərzeːən] *n* revoir *m*; *Auf ~!* Au plaisir!/Au revoir!
wiederum ['viːdərum] *adv 1. (nochmals)* de nouveau; *2. (andererseits)* d'autre part; *3. ich ~ (meinerseits)* pour ma part
Wiederverwendung ['viːdərfɛrvɛnduŋ] *f* réutilisation *f*, recyclage *m*
Wiederverwertung ['viːdərfɛrveːrtuŋ] *f* recyclage *m*

W

Wiederwahl ['vi:dərva:l] *f POL* réélection *f*
Wiege ['vi:gə] *f* berceau *m; von der ~ bis zur Bahre* du berceau à la tombe; *in die ~ gelegt worden sein* avoir été transmis au berceau
wiegen¹ ['vi:gən] *v irr (Gewicht)* peser
wiegen² ['vi:gən] *v 1. (schaukeln)* bercer; *2. (zerkleinern) GAST* hacher
Wiegenlied ['vi:gənli:t] *n* berceuse *f*
wiehern ['vi:ərn] *v 1. (Pferd)* hennir; *2. (lachen)* rire bruyamment
Wiese ['vi:zə] *f* prairie *f*, pré *m*
Wiesel ['vi:zəl] *n ZOOL* belette *f*
wieso [vi'zo:] *adv* comment cela, pourquoi; *Wieso nur?* Pourquoi donc?
Wikinger ['vɪkɪŋər] *m HIST* Viking *m*
wild [vɪlt] *adj 1.* sauvage; *halb so ~* pas un drame; *2. (Tiere)* sauvage; *3. (fig: wütend)* furieux, en colère
Wild [vɪlt] *n ZOOL* gibier *m*
Wilderer ['vɪldərər] *m* braconnier *m*
wildern ['vɪldərn] *v* braconner
Wildheit ['vɪlthaɪt] *f* sauvagerie *f*
Wildleder ['vɪltle:dər] *n* daim *m*
Wildnis ['vɪltnɪs] *f* désert *m*, contrée sauvage *f*
Wildschwein ['vɪltʃvaɪn] *n ZOOL* sanglier *m*, porc sauvage *m*
Wildwasser ['vɪltvasər] *n* torrent *m*
Wille ['vɪlə] *m 1.* volonté *f*; *Es ist kein böser ~.* Ce n'est pas de la mauvaise volonté. *2. (Absicht)* intention *f*
willenlos ['vɪlənlo:s] *adj 1.* sans volonté, passif; *2. (gelehrig)* docile; *adv 3.* sans volonté
Willenskraft ['vɪlənskraft] *f* volonté *f*
willensschwach ['vɪlənsʃvax] *adj* faible, manquant de volonté
willensstark ['vɪlənsʃtark] *adj* énergique, volontaire; *~er Mann* homme de caractère *m*
willentlich ['vɪləntlɪç] *adj* délibéré, prémédité, intentionnel
willig ['vɪlɪç] *adj* docile
willkommen [vɪl'kɔmən] *adj* bienvenu
Willkür ['vɪlky:r] *f* arbitraire *m*
willkürlich ['vɪlky:rlɪç] *adj* arbitraire
wimmeln ['vɪməln] *v* pulluler; *~ von etw* fourmiller de qc
wimmern ['vɪmərn] *v* geindre, gémir
Wimper ['vɪmpər] *f ANAT* cil *m; ohne mit der ~ zu zucken* sans sourciller
Wind [vɪnt] *m* vent *m; viel ~ machen* faire du zèle; *~ von etw bekommen (fig)* avoir vent de qc; *in den ~ reden* prêcher dans le désert; *etw in den ~ schlagen* faire fi de qc, dédaigner qc; *jdm den ~ aus den Segeln nehmen* couper l'herbe sous les pieds de qn; *etw in den ~ schreiben* faire une croix sur qc; *~ machen (fig)* faire du bruit, exagérer; *mit dem ~ segeln* suivre le mouvement; *Er weiß, woher der ~ geht.* Il sait à quoi s'en tenir.
Winde ['vɪndə] *f 1.* vérin *m*, treuil *m; 2. BOT* liseron
Windel ['vɪndəl] *f* couche *f*
winden¹ ['vɪndən] *v Es windet. METEO* Il fait du vent.
winden² ['vɪndən] *v irr 1. (mit einer Winde befördern)* treuiller; *2. (wickeln)* rouler; *3. sich ~ (Sache)* s'enrouler; *4. sich ~ (vor Schmerzen)* se tordre; *5. (Schlange, Wurm)* serpenter
windgeschützt ['vɪntgəʃytst] *adj* abrité du vent
Windhauch ['vɪnthaux] *m* souffle *m*
windig ['vɪndɪç] *adj 1.* venteux, battu par les vents, éventé; *2. (fig)* pas serieux
Windschatten ['vɪntʃatən] *m* côté sous vent *m*, abrité du vent
windschnittig ['vɪntʃnɪtɪç] *adj* aérodynamique, caréné
Windschutzscheibe ['vɪntʃutsʃaɪbə] *f (eines Autos)* pare-brise *m*
Windstärke ['vɪntʃtɛrkə] *f* force du vent *f*
Windstille ['vɪntʃtɪlə] *f* calme *m*
Windstoß ['vɪntʃto:s] *m* coup de vent *m*, rafale *f*, bourrasque *f*
Windsurfen ['vɪntsœrfən] *n SPORT* faire de la planche à voile
Windung ['vɪnduŋ] *f 1. (Abweichung von der Geraden)* sinuosité *f*, méandre *m*, lacet *m; 2. (einer Schraube)* tour *m*, pas de vis *m; 3. (einer Spule)* spire *f*; *4. (Umdrehung)* enroulement *m*, tour *m*, détour *m*
Wink [vɪŋk] *m 1.* signe *m*, geste *m; 2. (fig: Hinweis)* indication *f*, avertissement *m*
Winkel ['vɪŋkəl] *m 1. MATH* angle *m; 2. (fig: Plätzchen)* coin *m*, recoin *m*
Winkeladvokat(in) ['vɪŋkəlatvoka:t(ɪn)] *m/f (fam)* avocaillon *m*
winkelig ['vɪŋkəlɪç] *adj* tortueux, plein de recoins
winken ['vɪŋkən] *v irr* faire signe à
Winter ['vɪntər] *m* hiver *m*
Wintereinbruch ['vɪntəraɪnbrux] *m* arrivée de l'hiver *f*
Wintergarten ['vɪntərgartən] *m* jardin d'hiver *m*
winterlich ['vɪntərlɪç] *adj* hivernal, d'hiver, hibernal

W

Winzer(in) ['vɪntsər(ɪn)] *m/f* vigneron(ne) *m/f,* viticulteur/viticultrice *m/f*
winzig ['vɪntsɪç] *adj* minuscule, infime, très petit
Wipfel ['vɪpfəl] *m* cime *f,* sommet *m*
Wippe ['vɪpə] *f* balançoire *f,* bascule *f*
wippen ['vɪpən] *v* se balancer

wir [viːr] *pron* nous, on; *Also, gehen ~ hin?* Alors, on y va?

Wirbel ['vɪrbəl] *m ANAT* vertèbre *f*
wirbeln ['vɪrbəln] *v* tourbillonner
Wirbelsäule ['vɪrbəlsɔylə] *f ANAT* colonne vertébrale *f*
Wirbelwind ['vɪrbəlvɪnt] *m 1. METEO* cyclone *m,* vent en tourbillons *m; 2. (fig: Mensch)* tornade *f*
wirken ['vɪrkən] *v 1. (tätig sein)* exercer; *2. (wirksam sein)* avoir de l'effet sur, être efficace, influer sur; *3. (Eindruck erwecken)* faire l'effet de, donner l'impression de
wirklich ['vɪrklɪç] *adj* vrai, réel, effectif
Wirklichkeit ['vɪrklɪçkaɪt] *f* réalité *f*
wirklichkeitsfern ['vɪrklɪçkaɪtsfɛrn] *adj* irréaliste
wirksam ['vɪrkzaːm] *adj 1.* efficace; *2. (aktiv)* actif; *3. (gültig)* en vigueur
Wirksamkeit ['vɪrkzaːmkaɪt] *f 1.* efficacité *f,* effet *m; 2. (Gültigkeit)* validité *f*
Wirkstoff ['vɪrkʃtɔf] *m MED* substance active *f,* agent actif *m*
Wirkung ['vɪrkuŋ] *f 1.* effet *m; ~ tun* faire son effet; *jdn um seine ~ bringen* couper ses effets à qn; *2. (Einfluss)* influence *f; 3. (Ergebnis)* résultat *m*
wirkungslos ['vɪrkuŋsloːs] *adj 1.* sans effet, inefficace; *2. (nutzlos)* inutile; *adv 3.* sans effet
wirr [vɪr] *adj* confus, désordonné
Wirren ['vɪrən] *pl POL* troubles *m/pl,* chaos *m*
Wirrwarr ['vɪrvar] *m 1.* pêle-mêle *m; 2. (von Fäden)* enchevêtrement *m; 3. (von Stimmen)* cacophonie *f*
Wirt(in) [vɪrt(ɪn)] *m/f 1.* aubergiste *m/f; 2. (eines Hotels)* hôtelier/hôtelière *m/f; 3. (eines Cafés)* patron(ne) *m/f*
Wirtschaft ['vɪrtʃaft] *f 1. ECO* économie *f; 2. (Gasthaus)* auberge *f*
wirtschaften ['vɪrtʃaftən] *v 1. (den Haushalt führen)* faire des travaux ménagers; *2. (sparsam sein)* gérer qc; *3. (gut ~)* gérer qc, gouverner qc; *4. (sich zu schaffen machen)* s'activer
wirtschaftlich ['vɪrtʃaftlɪç] *adj 1.* économique, commercial; *2. (rentabel)* rentable; *3.(finanziell)* financier
Wirtschaftsminister(in) ['vɪrtʃaftsminɪstər(ɪn)] *m/f POL* ministre de l'économie *m/f*
Wisch [vɪʃ] *m (fam)* paperasse *f*
wischen ['vɪʃən] *v 1.* essuyer, effacer, frotter; *2. (Zeichnung)* estomper
Wischlappen ['vɪʃlapən] *m* chiffon *m*
wispern ['vɪspərn] *v* parler tout bas, murmurer
wissbegierig ['vɪsbəgiːrɪç] *adj* désireux de savoir, avide d'apprendre

wissen ['vɪsən] *v irr* savoir, connaître, être au courant de, être informé de; *Das ist gut zu ~.* C'est bon à savoir. *schon längst ~* savoir le reste; *nicht dass ich wüsste* pas que je sache; *~, woran man ist* savoir à quoi s'en tenir; *als ob man von nichts wüsste* sans avoir l'air d'y toucher; *von jdm nichts ~ wollen* ne pas vouloir entendre parler de qn; *es ~ wollen* vouloir savoir où on en est

Wissen ['vɪsən] *n* savoir *m,* connaissance *f,* conscience *f; ohne jds ~* à l'insu de qn
Wissenschaft ['vɪsənʃaft] *f 1.* science *f; 2. (Wissen)* savoir *m*
Wissenschaftler(in) ['vɪsənʃaftlər(ɪn)] *m/f 1.* scientifique *m/f; 2. (Gelehrte(r))* savant(e) *m/f*
wissenschaftlich ['vɪsənʃaftlɪç] *adj* scientifique
wittern ['vɪtərn] *v* flairer, avoir vent de
Witterung ['vɪtəruŋ] *f 1. (Wetter)* temps *m 2. (Wittern)* flair *m;*
Witwe(r) ['vɪtvə(r)] *m/f* veuf/veuve *m/f*
Witz [vɪts] *m 1. (Scherz)* plaisanterie *f,* blague *f; Mach keine ~e!* Arrête tes conneries! *2. (Geschichte)* blague *f,* histoire drôle *f*
Witzbold ['vɪtsbɔlt] *m* plaisantin *m*
Witzfigur ['vɪtsfiguːr] *f* plaisantin *m*
witzig ['vɪtsɪç] *adj 1.* amusant, drôle; *adv 2.* avec esprit
witzlos ['vɪtsloːs] *adj 1. (ohne Witz)* insipide; *2. (zwecklos)* sans intérêt
WLAN ['veːlaːn] *n INFORM* wi-fi *m*
wo [voː] *adv* où, à quel endroit
woanders [vo'andərs] *adv* ailleurs
wobei [vo'baɪ] *adv 1. (interrogativ)* à quoi; *Wobei ist das passiert?* À quoi est-ce dû?/ Comment est-ce arrivé? *Wobei bist du gerade?* Où en es-tu? *2. (relativ)* ce que
Woche ['vɔxə] *f* semaine *f*

Wochenbett ['vɔxənbɛt] *n MED* couches *f/pl*
Wochenende ['vɔxənɛndə] *n* weekend *m*, fin de semaine *f*
Wochentag ['vɔxəntaːk] *m* jour de la semaine *m*
wöchentlich ['vœçəntlɪç] *adj 1.* hebdomadaire, par semaine; *adv 2.* par semaine, chaque semaine, toutes les semaines
wodurch [vo'durç] *adv* par quoi, par où, par quel moyen
wofür [vo'fyːr] *adv 1.* en échange de quoi; *2. (Frage)* pourquoi
Woge ['voːgə] *f 1. (Welle)* vague *f*, lame *f*; *2. (~ der Begeisterung)* flot *m*
wogegen [vo'geːgən] *adv* contre quoi, en échange de quoi
wogen ['voːgən] *v 1.* ondoyer, onduler, rouler, être agité; *2. (Ähren)* ondoyer; *3. (Busen)* se balancer; *4. (Kampf)* faire rage
woher [vo'heːr] *adv* d'où
wohin [vo'hɪn] *adv* où
wohl [voːl] *adv 1. (gut)* bien, agréablement; *~ oder übel* de gré ou de force; *sich sehr ~ fühlen* se porter comme un charme; *alles ~ bedacht* tout bien compté; *2. (etwa)* sans doute; *3. (wahrscheinlich)* probablement; *4. (sicher)* bien sûr, sûrement *adj 5. ~ bekannt* connu; *v irr 6. ~ tun* bien faire
Wohl [voːl] *n 1.* bien *m*, salut *m*; *2. (~ergehen)* prospérité *f*; *3. (Gesundheit)* santé *f*; *Auf Ihr ~!* À votre santé!/À la vôtre!
Wohlbefinden ['voːlbəfɪndən] *n* bien-être *m*
wohlbehalten ['voːlbəhaltən] *adj* en bon état, en bonne santé
wohlerzogen ['voːlɛrtsoːgən] *adj* bien élevé
Wohlfahrt ['voːlfaːrt] *f 1. (Wohlergehen)* prospérité *f*; *2. (öffentliche Fürsorge)* prévoyance sociale *f*, assistance publique *f*
Wohlgefallen ['voːlgəfalən] *n* plaisir *m*, complaisance *f*, satisfaction *f*
wohlgemerkt ['voːlgəmɛrkt] *adv* bien entendu
wohlgesinnt ['voːlgəzɪnt] *adj* bien intentionné à l'égard de
wohlhabend ['voːlhaːbənt] *adj* aisé
wohlschmeckend ['voːlʃmɛkənt] *adj* savoureux, délicieux
Wohlstand ['voːlʃtant] *m* prospérité *f*, aisance *f*, opulence *f*
Wohlstandsgesellschaft ['voːlʃtantsgəzɛlʃaft] *f* société d'abondance *f*
wohltätig ['voːltɛːtɪç] *adj* bienfaisant, charitable
Wohltätigkeit ['voːltɛːtɪçkaɪt] *f* bienfaisance *f*, charité *f*
Wohlwollen ['voːlvɔlən] *n* bienveillance *f*, faveur *f*
Wohnblock ['voːnblɔk] *m* grand ensemble *m*, building *m*

wohnen ['voːnən] *v* habiter, résider, demeurer

Wohnfläche ['voːnflɛçə] *f* surface habitable *f*
Wohngebiet ['voːngəbiːt] *n* zone résidentielle *f*
Wohngeld ['voːngɛlt] *n* allocation de logement *f*
wohnhaft ['voːnhaft] *adv* domicilié, demeurant
Wohnhaus ['voːnhaus] *n 1.* maison d'habitation *f*; *2. (Etagenhaus)* maison à appartements *f*, immeuble *m*, résidence *f*
Wohnheim ['voːnhaɪm] *n* foyer *m*
wohnlich ['voːnlɪç] *adj* confortable, commode
Wohnmobil ['voːnmobiːl] *n* camping-car *m*
Wohnsitz ['voːnzɪts] *m* domicile *f*
Wohnung ['voːnuŋ] *f* appartement *m*, logement *m*, habitation *f*
Wohnungsnot ['voːnuŋsnoːt] *f* crise du logement *f*
Wohnungssuche ['voːnuŋszuːxə] *f* recherche de logement *f*
Wohnviertel ['voːnfɪrtəl] *n* quartier résidentiel *m*
Wohnwagen ['voːnvaːgən] *m* caravane *f*, roulotte *f*
Wohnzimmer ['voːntsɪmər] *n* salle de séjour *f*, salon *m*
wölben ['vœlbən] *v sich ~* se voûter
Wölbung ['vœlbuŋ] *f* voûte *f*, cintre *m*, voussure *f*, bombement *m*
Wolf [vɔlf] *m 1. ZOOL* loup *m*; *unter die Wölfe kommen* être chez les sauvages; *ein ~ im Schafspelz* une sainte nitouche *f*; *mit den Wölfen heulen* hurler avec les loups; *2. (Fleischwolf)* hachoir *m*; *(fig) jdn durch den ~ drehen* hacher qn en menus morceaux, faire de qn de la chair à pâté
Wolke ['vɔlkə] *f* nuage *m*, nuée *f*; *aus allen ~n fallen* tomber de son haut, tomber des nues; *über allen ~n schweben* être dans les nuages, se perdre dans les nuages; *auf ~ sieben schweben* être au septième ciel

Wolkenbruch ['vɔlkənbrux] *m* averse *f,* pluie torrentielle *f*
Wolkendecke ['vɔlkəndɛkə] *f* *METEO* couche de nuages *f,* plafond nuageux *m*
Wolkenkratzer ['vɔlkənkratsər] *m* *ARCH* gratte-ciel *m*
wolkenlos ['vɔlkənloːs] *adj* sans nuages, dégagé, pur, serein
wolkig ['vɔlkɪç] *adj* nuageux, couvert
Wolle ['vɔlə] *f* laine *f,* lainage *m; sich in die ~ kriegen (fam)* se crêper le chignon/se bouffer le nez
wollen ['vɔlən] *v irr* vouloir, avoir la volonté de; *Wie Sie ~.* Comme vous voudrez.
Wollust ['vɔllust] *f* *1.* volupté *f,* luxure *f; 2. (Sinnlichkeit)* lascivité *f*
womit [vo'mɪt] *adv* avec quoi, en quoi
womöglich [vo'møːklɪç] *adv* si possible
wonach [vo'naːx] *adv* après quoi, selon quoi
woran [vo'ran] *adv* à quoi, de quoi; *nicht wissen, ~ man bei jdm ist* ne pas savoir à quoi s'en tenir avec qn
worauf [vo'rauf] *adv* sur quoi; *Worauf wollen Sie hinaus?* Où voulez-vous en venir?
woraufhin [vorauf'hɪn] *adv* la-dessus
woraus [vo'raus] *adv* de quoi, à partir de quoi
worin [vo'rɪn] *adv* en quoi, dans quoi, où

Wort [vɔrt] *n* mot *m,* terme *m,* parole *f; das ~ an jdn richten* adresser la parole à qn; *Man hört sein eigenes ~ nicht.* On ne s'entend pas parler. *sein ~ brechen* manquer à sa parole; *Das ist ein ~!* Voilà une bonne parole! *jdn mit schönen ~en abspeisen* payer qn de mots; *das ~ haben* avoir la parole; *das letzte ~ ha-ben* avoir le dernier mot; *im wahrsten Sinne des ~es* au sens propre du terme; *das ~ ergreifen* prendre la parole; *jdm das ~ erteilen* donner la parole à qn; *jdm das ~ entziehen* retirer la parole à qn; *jdm das ~ verbieten* refuser la parole à qn; *für jdn ein gutes ~ einlegen* intercéder en faveur de qn, toucher un mot à qn; *Sie nehmen mir das ~ aus dem Munde.* J'allais le dire. *jdm das ~ im Munde umdrehen* déformer les paroles de qn; *kein ~ über etw verlieren* ne pas dire un mot sur qc; *jdm ins ~ fallen* couper la parole à qn, interrompre qn; *sich zu ~ melden* se manifester pour donner un avis; *ums ~ bitten* demander la parole

Wortart ['vɔrtaːrt] *f* *GRAMM* classe de mots *f,* partie du discours *f*
Wörterbuch ['vœrtərbuːx] *n* dictionnaire *m,* lexique *m,* glossaire *m*
Wortführer(in) ['vɔrtfyːrər(ɪn)] *m/f* porte-parole *m/f*
wortgewandt ['vɔrtgəvant] *adj* éloquent, bon orateur
wortkarg ['vɔrtkark] *adj* taciturne, laconique, avare de paroles
wörtlich ['vœrtlɪç] *adj* *1.* littéral, textuel; *adv* *2.* au pied de la lettre; *etw ~ nehmen* prendre qc au pied de la lettre
wortlos ['vɔrtloːs] *adv* *1.* sans voix, sans mot dire, sans souffler mot; *adj* *2.* muet
Wortschatz ['vɔrtʃats] *m* vocabulaire *m*
Wortspiel ['vɔrtʃpiːl] *n* jeu de mots *m*
Wortwechsel ['vɔrtvɛksəl] *m* altercation *f,* vive discussion *f*
worüber [vo'ryːbər] *adv* sur quoi, au sujet de quoi, de quoi
worum [vo'rum] *adv* de quoi; *Worum handelt es sich?* De quoi s'agit-il?
wovon [vo'fɔn] *adv* de quoi, d'où
wovor [vo'foːr] *adv* de quoi
wozu [vo'tsuː] *adv* pour quoi; *Wozu auch?* À quoi bon?
Wrack [vrak] *n* *1. (Auto)* carcasse *f,* épave *f; 2. NAUT* épave *f; 3. (Mensch)* épave *f,* loque *f*
Wrap [vrɛp] *n* wrap *m*
Wucher ['vuːxər] *m* *FIN* usure *f,* taux usuraire *m*
wuchern ['vuːxərn] *v* *1.* faire l'usure; *2. (Pflanzen)* proliférer
Wuchs [vuːks] *m* *1. (Wachsen)* croissance *f,* accroissement *m; 2. (Körperbau)* taille *f*
Wucht [vuxt] *f* puissance *f,* force *f; mit voller ~* de tout son poids
wuchtig ['vuxtɪç] *adj* imposant, massif, énergique, violent
wühlen ['vyːlən] *v* *1. (graben)* creuser le sol, fouiller; *2. (suchen)* retourner, bouleverser
Wühlmaus ['vyːlmaus] *f* *ZOOL* rat fouineur *m,* campagnol *m*
Wühltisch ['vyːltɪʃ] *m* table à farfouille *f*
wund [vunt] *adj* *1.* blessé, écorché; *2. (fig)* sensible
Wunde ['vundə] *f* *1.* blessure *f,* plaie *f; 2. (Quetschung)* meurtrissure *f*
Wunder ['vundər] *n* miracle *m,* prodige *m,* merveille *f; Das ist kein ~.* Ce n'est pas étonnant. *sein blaues ~ erleben* en voir de belles; *wie durch ein ~* comme par miracle; *~ wirken* faire des miracles

W

wunderbar ['vundərba:r] *adj 1.* merveilleux, prodigieux; *2. (herrlich)* splendide, magnifique
Wunderkerze ['vundərkɛrtsə] *f* cierge magique *m*
Wunderkind ['vundərkɪnt] *n* enfant prodige *m*
wunderlich ['vundərlɪç] *adj 1. (erstaunlich)* étonnant; *2. (sonderbar)* étrange, bizarre; *adv 3.* étonnamment
Wundermittel ['vundərmɪtəl] *n* remède miracle *m*
wundern ['vundərn] *v sich über etw ~* s'étonner de qc, être surpris de qc
wundervoll ['vundərfɔl] *adj* merveilleux, prodigieux
Wunsch [vunʃ] *m 1.* désir *m,* souhait *m; einen ~ hegen (verspüren)* éprouver un désir; *jdm jeden ~ von den Augen ablesen* être aux petits soins envers qn; *auf jds ~* à la demande de qn; *2. (Glückwunsch)* souhaits de *m/pl*
Wunschdenken ['vunʃdɛŋkən] *n* illusion *f*
wünschen ['vynʃən] *v* souhaiter, désirer
wünschenswert ['vynʃənsve:rt] *adj* souhaitable
Wunschtraum ['vunʃtraum] *m 1.* beau rêve *m; 2. (Trugbild)* chimère *f*
Würde ['vyrdə] *f 1.* dignité *f,* noblesse *f,* majesté *f; 2. (Titel)* grade *m,* dignité *f*
würdelos ['vyrdəlo:s] *adj* indigne, sans dignité, dépourvu de dignité
Würdelosigkeit ['vyrdəlo:zɪçkaɪt] *f* manque de dignité *m*
Würdenträger(in) ['vyrdəntrɛ:gər(ɪn)] *m/f* dignitaire *m/f*
würdevoll ['vyrdəfɔl] *adj* digne, noble, majestueux
würdig ['vyrdɪç] *adj 1.* digne de, vénérable; *2. (ernst)* grave
würdigen ['vyrdɪgən] *v* estimer, apprécier
Würdigung ['vyrdɪguŋ] *f 1. (Achtung)* reconnaissance *f,* hommage *m; 2. (Bewertung)* appréciation *f*
Wurf [vurf] *m 1.* jet *m; 2. ZOOL* portée *f*
Würfel ['vyrfəl] *m 1.* dé *m,* cube *m; Die ~ sind gefallen.* Le sort en est jeté./Alea jacta est. *2. MATH* cube *m*
würfeln ['vyrfəln] *v* jouer aux dés
Würgegriff ['vyrgəgrɪf] *m* étranglement *m,* clé *f*
würgen ['vyrgən] *v 1.* étrangler, serrer la gorge; *2. (etw hinunter~)* faire des efforts pour avaler
Wurm [vurm] *m ZOOL* ver *m*
Wurst [vurst] *f GAST* saucisse *f,* saucisson *m*
Würstchen ['vyrstçən] *n 1. GAST* petite saucisse *f; 2. (fam: unbedeutender Mensch)* minus *m*
wursteln ['vurstəln] *v (fam)* continuer son petit train-train, bricoler
Wurzel ['vurtsəl] *f 1.* racine *f; 2. LING* radical *m; 3. MATH* radical *m*
würzig ['vyrtsɪç] *adj* assaisonné, épicé, aromatique
wüst [vy:st] *adj 1. (öde)* désert, vide; *2. (ausschweifend)* débauché, dépravé; *3. (widerwärtig)* répugnant
Wüste ['vy:stə] *f* désert *m*
Wüstling ['vy:stlɪŋ] *m* débauché *m,* libertin *m,* noceur *m*
Wut [vu:t] *f* colère *f,* fureur *f,* rage *f*
Wutausbruch ['vu:tausbrux] *m* accès de rage *m,* explosion de fureur *f*
wütend ['vy:tənt] *adj 1.* furieux, déchaîné; *adv 2.* avec fureur
wutschnaubend ['vu:tʃnaubənd] *adj* écumant de rage

X/Y/Z

x-Achse ['ɪksaksə] *f MATH* axe des abscisses *m*
X-Beine ['ɪksbaɪnə] *pl* jambes en X *f/pl,* jambes cagneuses *f/pl*
X-beinig ['ɪksbaɪnɪç] *adj* cagneux *m*
x-beliebig ['ɪksbəliːbɪç] *adj* quelconque, n'importe quel
x-mal ['ɪks'maːl] *adv* des centaines de fois, x fois
Xylophon [ksylo'foːn] *n MUS* xylophone *m*
Y-Achse ['ypsilɔnaksə] *f MATH* axe des ordonnées *m*
Yacht [jaxt] *f* yacht *m*
Yak [jak] *n ZOOL* yack *m*
Yoga ['joːga] *m/n SPORT* yoga *m*
Yuppie ['jupi] *m* yuppie *m/f*
zack [tsak] *interj ~!* Vlan!
Zack [tsak] *m auf ~ sein* être calé *(fam)*/en connaître un rayon; *jdn auf ~ bringen* mettre qn en train/motiver qn
Zacke ['tsakə] *f* pointe *f,* dent *f,* dentelure *f*
Zacken ['tsakən] *m sich keinen ~ aus der Krone brechen* ne pas aller contre ses principes, ne pas se compromettre
zackig ['tsakɪç] *adj 1. (gezackt)* muni de pointes; *2. (Stern)* pointu; *3. (fig: schneidig)* coupant
zaghaft ['tsaːkhaft] *adj 1. (ängstlich)* peureux, craintif; *2. (zögernd)* hésitant
zäh [tsɛː] *adj 1.* coriace, tenace; *2. (hart)* dur
zähflüssig ['tsɛːflysɪç] *adj* visqueux, gluant
Zahl [tsaːl] *f* nombre *m,* chiffre *m*
zahlen ['tsaːlən] *v* payer, acquitter, régler

> **zählen** ['tsɛːlən] *v 1.* compter, dénombrer; *2. (gehören zu) ~ zu* appartenir à

Zahlenschloss ['tsaːlənʃlɔs] *n* cadenas à combinaison *m*
Zähler ['tsɛːlər] *m 1. TECH* compteur *m; 2. MATH* numérateur d'une fraction *m*
zahllos ['tsaːlloːs] *adj* innombrable
zahlreich ['tsaːlraɪç] *adj 1.* nombreux, en grand nombre; *adv 2.* en grand nombre
Zahltag ['tsaːltaːk] *m* jour de paye *m,* échéance *f*
Zahlung ['tsaːluŋ] *f* paiement *m,* règlement *m,* versement *m*
Zahlungsaufforderung ['tsaːluŋsauffɔrdəruŋ] *f* invitation à payer *f,* sommation de payer *f,* mise en demeure *f*
Zahlungsbedingungen ['tsaːluŋsbədɪŋuŋən] *pl ECO* conditions de paiement *f/pl*
zahlungsfähig ['tsaːluŋsfɛːɪç] *adj ECO* solvable
Zahlungsfrist ['tsaluŋsfrɪst] *f ECO* délai de payement *m*
zahlungsunfähig ['tsaːluŋsunfɛːɪç] *adj ECO* insolvable
Zahlungsunfähigkeit ['tsaːluŋsunfɛːɪçkaɪt] *f ECO* insolvabilité *f*
zahm [tsaːm] *adj 1.* apprivoisé, doux; *2. (gefügig)* souple; *3. (gelehrig)* docile
zähmen ['tsɛːmən] *v* dompter, apprivoiser, domestiquer
Zähmung ['tsɛːmuŋ] *f* apprivoisement *m,* domptage *m*

> **Zahn** [tsaːn] *m ANAT* dent *f; jdm auf den ~ fühlen* sonder qn/mettre qn à l'épreuve/tâter le pouls à qn; *jdm den ~ ziehen* faire revenir qn sur terre; *einen ~ zulegen* presser le pas/accélerer; *der ~ der Zeit* l'usure du temps *f; die Zähne zusammenbeißen* serrer les dents; *sich an jdm die Zähne ausbeißen* se casser les dents sur qn/ne pas venir à bout de qn; *bewaffnet bis an die Zähne* armé jusqu'aux dents

Zahnarzt ['tsaːnartst] *m* dentiste *m*
Zahnbürste ['tsaːnbyrstə] *f* brosse à dents *f*
zahnen ['tsaːnən] *v* faire ses dents
Zahnersatz ['tsaːnɛrzats] *m* prothèse dentaire *f*
Zahnfleisch ['tsaːnflaɪʃ] *n ANAT* gencive *f*
Zahnhals ['tsaːnhals] *m ANAT* collet de la dent *m*
Zahnimplantat ['tsaːnɪmplantaːt] *n MED* implant dentaire *m*
zahnlos ['tsaːnloːs] *adj* édenté
Zahnmedizin ['tsaːnmeditsiːn] *f MED* médecine dentaire *f*
Zahnpasta ['tsaːnpasta] *f* dentifrice *m*
Zahnpflege ['tsaːnpfleːgə] *f* soins dentaires *m/pl*
Zahnrad ['tsaːnraːt] *n TECH* roue dentée *f,* roue d'engrenage *f*
Zahnschmerzen ['tsaːnʃmɛrtsən] *pl* mal de dents *m,* rage de dents *f*

Zahnstein ['tsaːnʃtaɪn] *m* *MED* tartre *m*
Zahnstocher ['tsaːnʃtɔxər] *m* cure-dents *m*
Zahnwurzel ['tsaːnvurtsəl] *f* *ANAT* racine dentaire *f*
Zange ['tsaŋə] *f* pince *f,* tenailles *f/pl; jdn in die ~ nehmen* mettre qn au pied du mur; *etw nicht mit der ~ anfassen* se méfier de qc
Zank [tsaŋk] *m* querelle *f,* dispute *f,* discorde *f*
zanken ['tsaŋkən] *v sich mit jdm ~* se disputer avec qn, se quereller avec qn, se chamailler avec qn *(fam)*
zänkisch ['tsɛːŋkɪʃ] *adj 1.* querelleur, acariâtre, hargneux; *2. (tadelsüchtig)* querelleur
Zapfhahn ['tsapfhaːn] *m* chantepleure *m,* robinet distributeur *m*
Zapfsäule ['tsapfzɔylə] *f* pompe à essence *f*
zappelig ['tsapəlɪç] *adj* remuant, frétillant, agité
zappeln ['tsapəln] *v* frétiller, s'agiter, gigoter *(fam)*; *jdn ~ lassen* faire mijoter qn
zappen ['zɛpn] *v* zapper
Zar(in) [tsaːr(ɪn)] *m/f* *HIST* tsar/tsarine *m/f*
zart [tsart] *adj 1.* tendre, délicat, sensible; *2. (zerbrechlich)* fragile
Zartgefühl ['tsaːrtgəfyːl] *n* délicatesse *f*
Zartheit ['tsaːrthaɪt] *f 1.* tendresse *f,* affection *f,* caresse *f; 2. (Zerbrechlichkeit)* finesse *f,* fragilité *f,* faiblesse *f*
zärtlich ['tsɛrtlɪç] *adj 1.* tendre, affectueux; *adv 2.* avec tendresse
Zärtlichkeit ['tsɛrtlɪçkaɪt] *f* tendresse *f*
Zauber ['tsaubər] *m 1. (Magie)* magie *f,* enchantement *m; Das ist fauler ~!* C'est du bluff!/Vaste fumisterie! *2. (fig)* charme *m*
Zauberer ['tsaubərər] *m* enchanteur *m,* magicien *m*
Zauberformel ['tsaubərfɔrməl] *f* formule magique *f*
zaubern ['tsaubərn] *v* faire de la magie
Zauberspruch ['tsaubərʃprux] *m* formule magique *f*
Zauberstab ['tsaubərʃtaːp] *m* baguette magique *f*
zaudern ['tsaudərn] *v* hésiter, tergiverser, être indécis
Zaum [tsaum] *m sich im ~ halten* se retenir, se contenir
zäumen ['tsɔymən] *v* brider
Zaumzeug ['tsaumtsɔyk] *n* bride *f*
Zaun [tsaun] *m* clôture *f,* enclos *m,* palissade *f; einen Streit vom ~ brechen* chercher querelle, chercher une querelle d'allemand
Zaungast ['tsaungast] *m* resquilleur *m*
Zaunpfahl ['tsaunpfaːl] *m ein Wink mit dem ~* un clin d'œil *m,* une allusion claire et nette *f*
Zebra ['tseːbra] *n* *ZOOL* zèbre *m*
Zebrastreifen ['tseːbraʃtraɪfən] *m* passage pour piétons *m*
Zeche ['tsɛçə] *f 1. (Rechnung)* addition *f,* écot *m,* consommation *f; 2. (Bergwerk)* mines de charbon *f/pl,* charbonnage *m,* houillière *f; die ~ bezahlen müssen* payer les pots cassés; *die ~ prellen* partir sans payer
Zecke [tsɛkə] *f* *ZOOL* tique *f*
Zeder ['tseːdər] *f* *BOT* cèdre *m*
Zehe ['tseːə] *f* doigt de pied *m,* orteil *m*
Zehenspitze ['tseːənʃpɪtsə] *f auf ~n* à pas de loup, sur la pointe des pieds
zehn [tseːn] *num* dix
Zehnkampf ['tseːnkampf] *m* *SPORT* décathlon *m*
zehnte(r,s) ['tseːntə(r,s)] *adj* dixième
Zehntel ['tseːntəl] *n* *MATH* dixième *m*
zehren ['tseːrən] *v 1. von etw ~* vivre de; *2. an etw ~* ronger qc
Zeichen ['tsaɪçən] *n 1.* signe *m,* marque *f; Das ist ein gutes ~.* C'est bon signe. *ein ~ setzen* poser des jalons, planter des jalons; *die ~ der Zeit* une caractéristique de notre époque *f; 2. INFORM* caractère *m*
Zeichensprache ['tsaɪçənʃpraːxə] *f* langage des signes *m*
Zeichentrickfilm ['tsaɪçəntrɪkfɪlm] *m* *CINE* dessin animé *m,* film d'animation *m*
zeichnen ['tsaɪçnən] *v 1.* dessiner, tracer; *2. (markieren)* marquer; *3. (unterschreiben)* signer, souscrire
Zeichnung ['tsaɪçnuŋ] *f 1.* dessin *m,* tracé *m; 2. (Plan)* plan *m; 3. (Unterschrift)* signature *f*
Zeigefinger ['tsaɪgəfɪŋər] *m* *ANAT* index *m*

zeigen ['tsaɪgən] *v 1.* montrer, désigner; *Es wird sich ~.* Qui vivra verra. *2. (beweisen)* faire preuve de

Zeiger ['tsaɪgər] *m (Uhrzeiger)* aiguille *f*
Zeigestock ['tsaɪgəʃtɔk] *m* baguette *f*
Zeile ['tsaɪlə] *f 1.* ligne *f; 2. (Reihe)* rangée *f,* file *f*
Zeilenabstand ['tsaɪlənapʃtant] *m* interligne *m*
Zeit [tsaɪt] *f 1.* temps *m; ~ haben* avoir le temps; *mit der ~ gehen* être à la page; *Wie die*

~ vergeht! Comme le temps passe! *Es ist keine ~ zu verlieren.* Il n'y a pas de temps à perdre. *Das würde zu viel ~ in Anspruch nehmen.* Cela prendrait trop de temps. *Die ~ arbeitet für uns.* Le temps travaille pour nous. *die ~ totschlagen* tuer le temps; *Es war allerhöchste ~.* Il était moins une. *irgendwo die längste ~ gewesen sein* ne plus vouloir moisir quelque part; *sich mit etw die ~ vertreiben* s'occuper à qc, passer le temps en faisant qc; *jdm ~ lassen* laisser le temps à qn; *sich für etw ~ nehmen* prendre son temps pour qc; *Das hat ~.* Cela peut attendre. *Ach du liebe ~!* Grand Dieu!/Bon sang! *2. (Uhrzeit)* heure *f*; *Haben Sie eine Stunde ~?* Avez-vous une heure de libre? *3. (Epoche)* époque *f*

Zeitalter ['tsaɪtaltər] *n* époque *f*, âge *m*

Zeitarbeit ['tsaɪtarbaɪt] *f* travail temporaire *m*, travail intérimaire *m*

Zeitaufwand ['tsaɪtaufvant] *m* investissement de temps *m*

Zeitbombe ['tsaɪtbɔmbə] *f* bombe à retardement *f*

Zeitgeist ['tsaɪtgaɪst] *m* esprit du temps *m*

zeitgemäß ['tsaɪtgəmɛːs] *adj* moderne, actuel

Zeitgenosse ['tsaɪtgənɔsə] *m* contemporain *m*

zeitgenössisch ['tsaɪtgənœsɪʃ] *adj* contemporain

Zeitgeschichte ['tsaɪtgəʃɪçtə] *f HIST* histoire contemporaine *f*

zeitig ['tsaɪtɪç] *adj 1.* précoce; *adv 2.* tôt, de bonne heure

Zeitkarte ['tsaɪtkartə] *f* carte d'abonnement *f*

zeitlebens ['tsaɪt'leːbəns] *adj* du vivant de

zeitlich ['tsaɪtlɪç] *adj 1.* temporel, séculier; *2. (vergänglich)* périssable; *das Zeitliche segnen* s'éteindre, rendre l'âme, expirer

zeitlos ['tsaɪtloːs] *adj 1. (ewig)* immortel; *2. (klassisch)* classique

Zeitlupe ['tsaɪtluːpə] *f CINE* ralenti *m*

Zeitpunkt ['tsaɪtpuŋkt] *m* moment *m*

Zeitraffer ['tsaɪtrafər] *m* accélérateur *m*

Zeitraum ['tsaɪtraum] *m* période *f*, laps de temps *m*

Zeitschrift ['tsaɪtʃrɪft] *f* revue *f*, magazine *m*, périodique *m*

Zeitung ['tsaɪtuŋ] *f* journal *m*; *Die ~en waren voll davon.* Cela a fait couler beaucoup d'encre.

Zeitungsartikel ['tsaɪtuŋsartɪkəl] *m* article de journal *m*

Zeitverschwendung ['tsaɪtfɛrʃvɛnduŋ] *f* gaspillage de temps *m*, temps perdu *m*

Zeitvertreib ['tsaɪtfɛrtraɪp] *m* passe-temps *m*, divertissement *m*

zeitweise ['tsaɪtvaɪzə] *adv (ab und zu)* par intermittence, de temps en temps

Zeitzeuge ['tsaɪttsɔygə] *m* témoin de son temps *m*

Zeitzeugin ['tsaɪttsɔygɪn] *f* témoin de son temps *f*

Zeitzünder ['tsaɪttsyndər] *m TECH* détonateur *m*

Zelle ['tsɛlə] *f 1. (Gefängniszelle)* cellule *f*; *2. BIO* cellule *f*; *seine grauen ~n anstrengen* faire travailler sa matière grise

Zellkern ['tsɛlkɛrn] *m BIO* noyau de cellule *m*

Zelt [tsɛlt] *n 1. (Campingzelt)* tente *f*; *seine ~e abbrechen* lever le camp; *die ~e irgendwo aufschlagen* planter sa tente quelque part; *2. (Bierzelt)* tente *f*; *3. (Zirkuszelt)* chapiteau *m*

zelten ['tsɛltən] *v* camper, faire du camping

Zement [tse'mɛnt] *m* ciment *m*

zementieren [tsemɛn'tiːrən] *v* cimenter

Zenbuddhismus ['zɛnbudɪsmus] *m REL* bouddhisme zen *m*

Zenit [tse'niːt] *m* zénith *m*

zensieren [tsɛn'ziːrən] *v 1. (in der Schule)* donner une note à un élève, noter un élève; *2. POL* censurer

Zensur [tsɛn'zuːr] *f 1. (in der Schule)* note *f*; *2. POL* censure *f*

Zentimeter ['tsɛntimeːtər] *m* centimètre *m*

Zentner ['tsɛntnər] *m* demi-quintal *m*

Zentnerlast ['tsɛntnərlast] *f* fardeau *m*

zentral [tsɛn'traːl] *adj* central

Zentralafrika [tsɛn'traːlafrika] *n GEO* Afrique centrale *f*

Zentralbank [tsɛn'traːlbaŋk] *f ECO* banque centrale *f*

Zentrale [tsɛn'traːlə] *f* centrale *f*

Zentralheizung [tsɛn'traːlhaɪtsuŋ] *f* chauffage central *m*

zentralistisch [tsɛntra'lɪstɪʃ] *adj POL* centralisé

Zentralverriegelung [tsɛn'traːlfɛrriːgəluŋ] *f (Auto)* verrouillage central des portes *m*

zentrieren [tsɛn'triːrən] *v* centrer

Zentrifugalkraft [tsɛntrifu'gaːlkraft] *f PHYS* force centrifuge *f*

Zentrifuge [tsɛntri'fuːgə] *f* centrifugeuse *f*

Zentrum ['tsɛntrum] *n* centre *m*

Zeppelin ['tsɛpəliːn] *m* dirigeable *m*

Zepter ['tsɛptər] *n* sceptre *m*

zerbeißen [tsɛr'baɪsən] *v irr* croquer qc

zerbrechen [tsɛr'brɛçən] *v irr 1.* casser, briser, mettre en morceaux; *2. (fig)* se rompre, se casser
zerbrechlich [tsɛr'brɛçlɪç] *adj* fragile, cassant; *sehr ~ sein* se casser comme du verre
Zerbrechlichkeit [tsɛr'brɛçlɪçkaɪt] *f 1. (von Geschirr)* fragilité *f; 2. (eines Menschen)* fragilité *f,* délicatesse *f*
zerbröckeln [tsɛr'brœkəln] *v* s'émietter, s'effriter
zerdrücken [tsɛr'drykən] *v 1.* écraser; *2. (zerknittern)* chiffonner
Zeremonie [tseremo'niː] *f* cérémonie *f*
Zerfall [tsɛr'fal] *m 1.* décadence *f,* ruine *f; 2. CHEM* décomposition *f; 3. PHYS* désintégration *f*
zerfallen [tsɛr'falən] *v irr* tomber en ruines, se délabrer
zerfetzen [tsɛr'fɛtsən] *v 1.* mettre en lambeaux, déchiqueter; *2. (fig: kritisieren)* critiquer, démolir, dénigrer, blâmer
zerfleischen [tsɛr'flaɪʃən] *v 1.* déchiqueter qc, déchirer; *2. sich ~ (fig)* se déchirer
zerfließen [tsɛr'fliːsən] *v irr* fondre, faire montre de qc
zergehen [tsɛr'geːən] *v irr (schmelzen)* fondre, se liquéfier
zerhacken [tsɛr'hakən] *v* couper en morceaux, hacher
zerkauen [tsɛr'kauən] *v* broyer avec les dents
zerkleinern [tsɛr'klaɪnərn] *v* réduire en petits morceaux, broyer, concasser
zerklüftet [tsɛr'klyftət] *adj* crevassé, fissuré, déchiqueté
zerknirscht [tsɛr'knɪrʃt] *adj* contrit, désolé
zerknittern [tsɛr'knɪtərn] *v* froisser, chiffonner, friper
zerknittert [tsɛr'knɪtərt] *adj* froissé, chiffonné
zerknüllen [tsɛr'knylən] *v* friper, froisser, chiffonner
zerlegen [tsɛr'leːgən] *v* décomposer, analyser, démonter
Zerlegung [tsɛr'leːguŋ] *f 1.* démontage *m,* décomposition *f; 2. (von Wild)* dépècement *m,* découpage *m*
zerlumpt [tsɛr'lumpt] *adj* en lambeaux, en guenilles, déguenillé, dépenaillé
zermalmen [tsɛr'malmən] *v 1.* écraser qc, broyer, anéantir qc, foudroyer qc; *2. (kräftig-zerkauen)* broyer avec les dents
zermürbend [tsɛr'myrbənt] *adj 1.* usant; *2. (entmutigend)* décourageant
zernagen [tsɛr'naːgən] *v* ronger qc
zerquetschen [tsɛr'kvɛtʃən] *v 1.* écraser-qc, broyer; *2. (Kartoffel)* écraser qc
Zerrbild ['tsɛrbɪlt] *n 1.* caricature *f,* charge *f; 2. (fig)* caricature *f*
zerreiben [tsɛr'raɪbən] *v irr* broyer, pulvériser
zerreißen [tsɛr'raɪsən] *v irr* déchirer, casser, rompre, déchiqueter; *sich für jdn ~ (fig)* se mettre en quatre pour qn
zerren ['tsɛrən] *v* tirer avec violence, arracher, tirailler
zerrinnen [tsɛr'rɪnən] *v irr 1.* s'écouler, se fondre, se dissiper; *2. (fig)* s'évanouir
Zerrissenheit [tsɛr'rɪsənhaɪt] *f* déchirement *m,* division *f,* discorde *f,* désunion *f*
Zerrung ['tsɛruŋ] *f MED* claquage *m,* froissement *m*
zerrüttet [tsɛr'rytət] *adj* délabré, ruiné, désuni, dérangé
zersägen [tsɛr'zɛːgən] *v* scier qc, découper à la scie
zerschellen [tsɛr'ʃɛlən] *v* briser, faire voler en éclats
zerschlagen [tsɛr'ʃlaːgən] *v irr 1.* casser en pièces, mettre en pièces, fracasser; *2. sich ~ (Pläne)* échouer, être réduit à néant; *adj 3. ~ sein (erschöpft sein)* être éreinté
Zerschlagung [tsɛr'ʃlaːguŋ] *f* démantèlement *m*
zerschmettern [tsɛr'ʃmɛtərn] *v* fracasser qc, écraser qc
zerschneiden [tsɛr'ʃnaɪdən] *v irr* découper qc
zersetzen [tsɛr'zɛtsən] *v 1.* décomposer qc, désagréger qc, se décomposer, se désagréger; *2. CHEM* se décomposer
Zersetzung [tsɛr'zɛtsuŋ] *f 1.* décomposition *f,* désagrégation *f,* dissolution *f; 2. CHEM* décomposition *f,* désagrégation *f,* dissolution *f*
zersplittern [tsɛr'ʃplɪtərn] *v* se fragmenter, éclater
zerspringen [tsɛr'ʃprɪŋən] *v irr 1.* voler en éclats, se briser; *2. (explodieren)* exploser
Zerstäuber [tsɛr'ʃtɔybər] *m* pulvérisateur *m,* vaporisateur *m,* atomiseur *m,* diffuseur *m*
zerstören [tsɛr'ʃtøːrən] *v* détruire, démolir, abattre, renverser
zerstörerisch [tsɛr'ʃtøːrərɪʃ] *adj* destructeur
Zerstörung [tsɛr'ʃtøːruŋ] *f 1.* destruction*f,* démolition *f; 2. (Untergang)* ruine *f; 3. (Vernichtung)* anéantissement *m*

zerstreuen [tsɛrˈʃtrɔyən] *v 1.* disperser, éparpiller, disséminer; *2. (fig)* distraire, divertir, amuser
zerstreut [tsɛrˈʃtrɔyt] *adj 1.* dispersé, éparpillé, disséminé; *2. (fig)* distrait
Zerstreutheit [tsɛrˈʃtrɔythaɪt] *f* distraction *f,* dispersion *f*
Zerstreuung [tsɛrˈʃtrɔyuŋ] *f 1.* éparpillement *m,* dispersion *f; 2. (fig)* distraction *f,* diversion *f,* divertissement *m*
Zertifikat [tsɛrtifiˈkaːt] *n* certificat *m*
zertrampeln [tsɛrˈtrampəln] *v* écraser, piétiner
zertrümmern [tsɛrˈtrymərn] *v 1.* briser qc, fracasser qc, démolir qc; *2. (Atom) PHYS* désintégrer qc, scinder qc, fissionner qc
Zerwürfnis [tsɛrˈvyrfnɪs] *n* discorde *f,* désaccord *m,* brouille *f,* désunion *f*
zetern [ˈtseːtərn] *v* criailler
Zettel [ˈtsɛtəl] *m* fiche *f,* billet *m,* feuille *f*

Zeug [tsɔyk] *n* outils *m/pl,* matériel *m,* affaires *f/pl; dummes ~ reden* raisonner comme une pantoufle; *jdm am ~ flicken* casser du sucre sur le dos de qn; *sich ins ~ legen* en mettre un coup, faire un effort, s'y mettre

Zeuge [ˈtsɔygə] *m* témoin *m*
zeugen [ˈtsɔygən] *v 1. (aussagen)* témoigner, déposer; *2. (Kind)* engendrer, procréer
Zeugenaussage [ˈtsɔygənausza:gə] *f JUR* déposition des témoins *f*
Zeugin [ˈtsɔygɪn] *f* témoin *f*
Zeugnis [ˈtsɔyknɪs] *n 1. (Bescheinigung)* certificat *m,* attestation *f; ~ ablegen für jdn* témoigner en faveur de qn; *2. (Schulzeugnis)* bulletin scolaire *m*
Zeugung [ˈtsɔyguŋ] *f* procréation *f*
zeugungsfähig [ˈtsɔyguŋsfɛːɪç] *adj BIO* apte à la génération, apte à la reproduction, apte à procréer
zeugungsunfähig [ˈtsɔyguŋsunfɛːɪç] *adj BIO* inapte à la génération, inapte à la reproduction, inapte à procréer
Zickzack [ˈtsɪktsak] *m* zig-zag *m; im ~ gehen* aller en zigzag
Ziege [ˈtsiːgə] *f ZOOL* chèvre *f*
Ziegel [ˈtsiːgəl] *m 1. (Backstein)* brique *f; 2. (Dachziegel)* tuile *f*
Ziegelstein [ˈtsiːgəlʃtaɪn] *m* brique *f*
Ziegenbart [ˈtsiːgənbart] *m 1. (eines Menschen)* barbiche *f,* barbichette *f,* impériale *f,* bouc *m; 2. (Pilz) BOT* barbiche *f*
ziehen [ˈtsiːən] *v irr 1.* tirer, étirer; *Das zieht bei mir nicht.* Cela ne prend pas. *2. (gehen)* passer, aller
Ziehharmonika [ˈtsiːharmoːnika] *f MUS* accordéon *m*
Ziehung [ˈtsiːuŋ] *f* tirage *m*
Ziel [tsiːl] *n 1.* but *m; über das ~ hinausschießen* viser trop haut, dépasser les bornes; *2. SPORT* ligne d'arrivée *f; 3. (fig: Absicht)* but *m,* objectif *m; sein ~ erreichen* arriver à ses fins, en venir à ses fins; *sein ~ verfehlen* manquer son coup; *4. MIL* cible *f*
zielen [ˈtsiːlən] *v 1.* viser qc; *2. (fig)* aspirer à
Zielfernrohr [ˈtsiːlfɛrnroːr] *n* télescope *m*
Zielgruppe [ˈtsiːlgrupə] *f* groupe cible *m*
Ziellinie [ˈtsiːlliːnjə] *f* ligne d'arrivée *f*
ziellos [ˈtsiːlloːs] *adj* sans but
Zielscheibe [ˈtsiːlʃaɪbə] *f* cible *f*
Zielsetzung [ˈtsiːlzɛtsuŋ] *f* objectif *m*
zielsicher [ˈtsiːlzɪçər] *adj 1. (Schütze)* adroit; *2. (das Ziel kennend)* déterminé
zielstrebig [ˈtsiːlʃtreːbɪç] *adj 1.* qui poursuit son but; *2. (entschlossen)* déterminé; *adv 3.* avec détermination
Zielstrebigkeit [ˈtsiːlʃtreːbɪçkaɪt] *f* ambition *f,* détermination *f*
ziemlich [ˈtsiːmlɪç] *adj 1.* passable, convenable, assez important; *adv 2.* assez, relativement
Zierde [ˈtsiːrdə] *f* ornement *m,* parure *f,* décoration *f*
zieren [ˈtsiːrən] *v sich ~* faire des manières, minauder
Zierfisch [ˈtsiːrfɪʃ] *m ZOOL* poisson d'agrément *m*
zierlich [ˈtsiːrlɪç] *adj* gracile, fin, délicat
Zierpflanze [ˈtsiːrpflantsə] *f* plante ornementale *f,* plante d'ornement *f*
Ziffer [ˈtsɪfər] *f* chiffre *m,* nombre *m*
Zifferblatt [ˈtsɪfərblat] *n* cadran *m*
Zigarette [tsigaˈrɛtə] *f* cigarette *f*
Zigarettenasche [tsigaˈrɛtənaʃə] *f* cendre de cigarette *f*
Zigarettenautomat [tsigaˈrɛtənautomaːt] *m* distributeur de cigarettes *m*
Zigarettenetui [tsigaˈrɛtənetviː] *n* porte-cigarettes *m*
Zigarettenpause [tsigaˈrɛtənpauzə] *f* pause cigarette *f*
Zigarettenschachtel [tsigaˈrɛtənʃaxtəl] *f* paquet de cigarettes *m*
Zigarettenspitze [tsigaˈrɛtənʃpɪtsə] *f* fume-cigarette *m*
Zigarre [tsiˈgarə] *f* cigare *m*

XYZ

Zigarrenkiste [tsi'garənkɪstə] *f* boîte de cigarres *f*
Zigarrenstummel [tsi'garənʃtuməl] *m* mégot de cigare *m*
Zigeuner(in) [tsi'gɔynər(ɪn)] *m/f* bohémien(ne) *m/f*, gitan(e) *m/f*, tzigane *m/f*
Zimmer ['tsɪmər] *n* pièce *f*, salle *f*, chambre *f*; *eine 2-~-Wohnung* un deux-pièces
Zimmermädchen ['tsɪmərmɛːtçən] *n* femme de chambre *f*
Zimmermann ['tsɪmərman] *m* charpentier *m*
zimmern ['tsɪmərn] *v 1.* charpenter; *2. (bauen)* construire
zimperlich ['tsɪmpərlɪç] *adj 1.* douillet, affecté, prude; *adv 2.* avec affectation
Zimt [tsɪmt] *m GAST* cannelle *f*
Zink [tsɪŋk] *m CHEM* zinc *m*
Zinn [tsɪn] *m CHEM* étain *m*
Zinne ['tsɪnə] *f 1. (einer Burg)* créneau *m*; *2. ARCH* créneau *m*
Zinnkrug ['tsɪnkruːk] *m* cruche *f*, broc d'étain *m*
zinnoberrot [tsɪ'noːbərroːt] *adj* rouge cinabre
Zinnsoldat ['tsɪnzɔldaːt] *m* soldat de plomb *m*
Zinsen ['tsɪnzən] *pl ECO* intérêts *m/pl*
Zinserhöhung ['tsɪnsɛrhøːuŋ] *f FIN* relèvement du taux de l'intérêt *m*, majoration de l'intérêt *f*, augmentation des intérêts *f*
Zinseszins ['tsɪnzəstsɪns] *m FIN* intérêt composé *m*
zinslos ['tsɪnsloːs] *adj ECO* sans intérêts
Zinssatz ['tsɪnszats] *m ECO* taux d'intérêt *m*
Zipfel ['tsɪpfəl] *m 1.* pan *m*; *2. (einer Mütze)* pointe *f*; *3. (eines Tuches)* coin *m*
Zipfelmütze ['tsɪpfəlmytse] *f* bonnet à pointe *m*, bonnet de nuit *m*
Zirkel ['tsɪrkəl] *m 1.* compas *m*; *2. (Kreis)* cercle *m*, circonférence *f*
Zirkus ['tsɪrkus] *m* cirque *m*
Zirkuszelt ['tsɪrkustsɛlt] *n* chapiteau *m*
zirpen ['tsɪrpən] *v* chanter, grésiller
Zirrhose [tsɪ'roːzə] *f MED* cirrhose *f*
zischeln ['tsɪʃəln] *v* chuchoter
zischen ['tsɪʃən] *v 1.* siffler; *2. (Schlange)* siffler; *3. THEAT* huer
Zischlaut ['tsɪʃlaut] *m LING* sifflantes *f/pl*
Zisterne [tsɪs'tɛrnə] *f* citerne *f*, réservoir *m*
Zitat [tsi'taːt] *n* citation *f*
Zither ['tsɪtər] *f MUS* cithare *f*
zitieren [tsi'tiːrən] *v 1.* citer; *2. JUR* assigner
Zitronat [tsitro'naːt] *n GAST* citronnat *m*
Zitrone [tsi'troːnə] *f* citron *m*; *jdn ausquetschen wie eine ~* presser qn comme un citron
Zitrusfrucht ['tsiːtrusfruçt] *f BOT* agrumes *m/pl*
zitterig ['tsɪtərɪç] *adj* tremblant, tremblotant

zittern ['tsɪtərn] *v* trembler, frissonner, frémir; *~ wie Espenlaub* trembler comme une feuille morte

Zitze ['tsɪtsə] *f ZOOL* trayon *m*, tette *f*
zivil [tsi'viːl] *adj 1.* civil; *2. (Preis)* modéré; *3. (vernünftig)* raisonnable
Zivil [tsi'viːl] *n* civil *m*
Zivilberuf [tsi'viːlbəruːf] *m* profession dans le civil *f*
Zivilbevölkerung [tsi'viːlbəfœlkəruŋ] *f* population civile *f*
Zivilcourage [tsi'viːlkuraːʒə] *f* courage civique *m*
Zivildienst [tsi'viːldiːnst] *m* service civil *m*
Zivilisation [tsiviliza'tsjoːn] *f* civilisation *f*
zivilisiert [tsivili'ziːrt] *adj* civilisé
Zivilist(in) [tsivi'lɪst(ɪn)] *m/f* civil(e) *m/f*
zivilistisch [tsivi'lɪstɪʃ] *adj* civil
Zivilkleidung [tsi'viːlbəklaɪduŋ] *f* vêtement civil *m*
zögerlich ['tsøːgərlɪç] *adj* hésitant
zögern ['tsøːgərn] *v* hésiter, tergiverser; *Zögern Sie nicht länger!* N'hésitez plus!
Zögern ['tsøːgərn] *n* hésitation *f*
zögernd ['tsøːgərnt] *adj 1.* hésitant; *2. (unentschlossen)* indécis; *adv 3.* avec hésitation
Zögling ['tsøːkliŋ] *m* élève *f*, pupille *m*
Zölibat [tsøːli'baːt] *n/m REL* célibat *m*
Zoll¹ [tsɔl] *m 1. (Behörde)* douane *f*; *2. (Gebühr)* droit de douane *m*
Zoll² [tsɔl] *m (Maßeinheit)* pouce *m*
Zollabfertigung ['tsɔlapfɛrtɪguŋ] *f* formalités douanières *f/pl*
Zollamt ['tsɔlamt] *n* douane *f*
Zollbeamter ['tsɔlbəamtər] *m* douanier *m*
zollfrei ['tsɔlfraɪ] *adj* exempté de douane, en franchise douanière
Zollkontrolle ['tsɔlkɔntrɔlə] *f* contrôle douanier *m*
zollpflichtig ['tsɔlpflɪçtɪç] *adj* soumis aux droits de douane
Zollstock ['tsɔlʃtɔk] *m* mètre pliant *m*

Zolltarif ['tsɔltariːf] *m* tarif douanier *m*
Zombie ['tsɔmbi] *m* zombie *m*
Zone ['tsoːnə] *f* zone *f*
Zoo [tsoː] *m* zoo *m*
zoologisch [tsoo'loːgɪʃ] *adj* zoologique
zoomen ['zuːmən] *v FOTO* zoomer qc
Zopf [tsɔpf] *m* tresse *f,* natte *f,* queue *f*
Zorn [tsɔrn] *m 1.* colère *f,* irritation *f; 2. (poetisch)* courroux *m*
zornig ['tsɔrnɪç] *adj 1.* en colère, furieux, irrité; *adv 2.* avec fureur, avec irritation
Zote ['tsoːtə] *f* grivoiserie *f,* gravelure *f,* polissonnerie *f*
zottig ['tsɔtɪç] *adj* embroussaillé, ébouriffé, emmêlé

zu [tsuː] *prep 1.* à, vers, dans, pour; *der Dom ~ Köln* la cathédrale de Cologne *f; ~ Tisch* à table; *~m Monatsende kündigen* donner son préavis pour la fin du mois; *~r Beruhigung* pour se calmer; *~m Glück* par chance/par bonheur/heureusement; *~ Hilfe kommen* venir à l'aide; *~r Belohnung* comme récompense; *~ etw werden* devenir qc; *~m Vorsitzenden wählen* élire président; *2. (Richtung)* vers; *~ jdm hinübersehen* regarder vers qn; *Das Zimmer liegt ~r Straße.* La pièce donne sur la rue. *~ beiden Seiten* des deux côtés; *adv 3. (zu viel)* trop; *~ wenig* trop peu

Zubehör ['tsuːbəhøːr] *n* accessoire *m,* garniture *f*
zubeißen ['tsuːbaɪsən] *v irr* mordre
zubereiten ['tsuːbəraɪtən] *v 1.* préparer, apprêter; *2. GAST* accommoder
Zubereitung ['tsuːbəraɪtuŋ] *f* préparation *f*
zubinden ['tsuːbɪndən] *v irr* lier, fermer, nouer
zublinzeln ['tsuːblɪntsəln] *v jdm ~* faire signe des yeux à qn, faire un clin d'œil à qn
Zucchini [tsu'kiːni] *pl GAST* courgette *f*
Zucht [tsuxt] *f 1. (Tierzucht)* élevage *m; 2. (Pflanzenzucht)* culture *f; 3. (Disziplin)* discipline *f; 4. (Erziehung)* éducation *f*
züchten ['tsyçtən] *v 1. (Tiere)* élever, faire l'élevage de; *2. (Pflanzen)* cultiver
Züchter ['tsyçtər] *m 1. (Tierzüchter)* éleveur *m; 2. (Pflanzenzüchter)* horticulteur *m*
Zuchthaus ['tsuxthaus] *n* pénitencier *m,* maison de réclusion *f*
Zuchthengst ['tsuxthɛŋst] *m* étalon *m*
Züchtung ['tsyçtuŋ] *f 1. (Züchten)* élevage *m; 2. (Zuchtart)* élevage *m*
zucken ['tsukən] *v* tressaillir, sursauter
zücken ['tsykən] *v 1. (fassen, nehmen)* tirer qc; *2. (hervorziehen)* tirer qc, sortir qc; *3. (Schwert)* tirer qc, sortir qc, dégainer
Zucker ['tsukər] *m* sucre *m*
Zuckerdose ['tsukərdoːzə] *f* sucrier *m*
Zuckererbse ['tsukərɛrpsə] *f GAST* pois gourmand *m*
Zuckerguss ['tsukərgus] *m GAST* glace *f*
zuckerkrank ['tsukərkraŋk] *adj MED* diabétique
Zuckerkrankheit ['tsuːkərkraŋkhaɪt] *f MED* diabète *m*
zuckern ['tsukərn] *v* sucrer
Zuckerrohr ['tsukərroːr] *n BOT* canne à sucre *f*
Zuckerrübe ['tsukərryːbə] *f BOT* betterave sucrière *f*
Zuckerstreuer ['tsukərʃtrɔyər] *m* saupoudreuse *f*
Zuckerwatte ['tsukərvatə] *f GAST* barbe à papa *f*
Zuckung ['tsukuŋ] *f 1.* convulsion *f; 2. (krampfhafte ~)* spasme *m*
zudecken ['tsuːdɛkən] *v* couvrir, recouvrir
zudem [tsu'deːm] *adv* de plus, en outre
zudrehen ['tsuːdreːən] *v 1.* fermer en tournant; *2. (zuschrauben)* visser
zudringlich ['tsuːdrɪŋlɪç] *adj 1.* importun, indiscret; *adv 2.* avec indiscrétion
zuerst [tsu'erst] *adv* d'abord, en premier lieu
Zufall ['tsuːfal] *m* hasard *m,* sort *m,* fortune *f; durch ~* par hasard; *nichts dem ~ überlassen* ne rien laisser au hasard
zufällig ['tsuːfɛlɪç] *adj 1.* occasionnel, fortuit; *adv 2.* par hasard
Zufallstreffer ['tsuːfalstrɛfər] *m* raccroc *m*
Zuflucht ['tsuːfluxt] *f* refuge *m,* asile *m,* abri *m*
Zufluchtsort ['tsuːfluxtsɔrt] *m* lieu de refuge *m,* lieu d'asile *m*
Zufluss ['tsuːflus] *m* affluence *f,* amenée d'eau *f*
zuflüstern ['tsuːflystərn] *v jdm etw ~* chuchoter qc à qn
zufolge [tsu'fɔlgə] *prep 1. (gemäß)* d'après, selon; *2. etw ~ (auf Grund)* en raison de qc
zufrieden [tsu'friːdən] *adj* satisfait, content; *sich ~ geben mit* se satisfaire de, se contenter de; *~ stellen* satisfaire
Zufriedenheit [tsu'friːdənhaɪt] *f* satisfaction *f,* contentement *m*

zufrieren ['tsu:fri:rən] *v irr* geler, se couvrir de glace
zufügen ['tsu:fy:gən] *v jdm etw ~* infliger qc à qn
Zufuhr ['tsu:fu:r] *f 1. (von Lebensmitteln)* approvisionnement *m,* ravitaillement *m; 2. CHEM* apport *m; 3. PHYS* amenée *f*
Zug [tsu:k] *m 1. (Eisenbahn)* train *m; im falschen ~ sitzen (fig)* s'être mis le doigt dans l'œil/s'être planté; *Dieser ~ ist abgefahren. (fig)* C'est trop tard. *2. (Umzug)* cortège *m,* défilé *m; 3. (Luftzug)* courant d'air *m; 4. (Wesenszug)* trait *m; 5. zum ~ kommen* avoir la main/avoir les atouts dans son jeu; *etw in vollen Zügen genießen* profiter pleinement de qc/se délecter de qc; *in den letzten Zügen liegen* être à l'agonie
Zugabe ['tsu:ga:bə] *f 1.* supplément *m,* extra *m; 2. (Konzertzugabe)* rappel *m*
Zugabteil ['tsu:kaptaɪl] *n* compartiment *m*
Zugang ['tsu:gaŋ] *m 1. (Eingang)* entrée *f; 2. (Zutritt)* accès *m; ~ haben zu* avoir accès à; *3. (Warenzugang) ECO* arrivage *m,* entrée *f*
zugänglich ['tsu:gɛŋlɪç] *adj 1. (erreichbar)* accessible; *~ sein* être d'un abord facile; *2. (verfügbar)* accessible, disponible
Zugbegleiter(in) ['tsu:kbəglaɪtər(ɪn)] *m/f* personnel du train *m,* contrôleur/contrôleuse *m/f*
zugeben ['tsu:ge:bən] *v irr (einräumen)* admettre
zugehen ['tsu:ge:ən] *v irr 1. (fam: rasch gehen)* faire vite; *2. (weitergehen)* continuer; *Geh zu!* Continue! *3. (sich schließen lassen)* se fermer; *4. auf etw ~* avancer vers qc; *5. (sich einem Zeitpunkt nähern)* s'approcher; *Er geht auf die Sechzig zu.* Il approche de la soixantaine. *6. (geschehen, ablaufen)* se passer, arriver; *Hier geht es ja zu!* Il y a du monde et de l'ambiance ici!/C'est la fête ici! *7. jdm ~ (Brief)* être envoyé à qn
zugehörig ['tsu:gəhø:rɪç] *adj* appartenant à, qui fait partie de
Zugehörigkeit ['tsu:gəhø:rɪçkaɪt] *f* appartenance *f*
zugeknöpft ['tsu:gəknœpft] *adj (fig)* réservé, renfermé
Zügel ['tsy:gəl] *m* bride *f,* rênes *f/pl,* guides *f/pl; die ~ fest in der Hand haben* tenir les rênes; *die ~ straffer ziehen* serrer la vis/tenir la bride haute; *die ~ schleifen lassen* laisser flotter les rênes/lâcher la bride
zügellos ['tsy:gəllo:s] *adj (fig)* déchaîné, effréné
zügeln ['tsy:gəln] *v (fig)* refréner, maîtriser
Zugeständnis ['tsu:gəʃtɛntnɪs] *n* concession *f,* aveu *m*
zugestehen ['tsu:gəʃte:ən] *v irr* admettre, reconnaître, concéder
Zugführer ['tsu:kfy:rər] *m* conducteur de train *m*
zugig ['tsu:gɪç] *adj* exposé aux courants d'air
zügig ['tsy:gɪç] *adj 1.* rapide, avancé; *adv 2.* vite
zugleich [tsu'glaɪç] *adv 1.* en même temps, à la fois; *2. (zusammen)* ensemble
Zugluft ['tsu:kluft] *f* courant d'air *m*
Zugmaschine ['tsu:kmaʃi:nə] *f* tracteur *m*
zugreifen ['tsu:graɪfən] *v irr 1. (nehmen)* prendre; *2. (bei Tisch)* se servir; *Greif zu!* Sers-toi! *3. (helfen)* aider; *4. (stramm arbeiten)* bien travailler
Zugriff ['tsu:grɪf] *m INFORM* accès *m*
zugute [tsu'gu:tə] *adv 1. jdm etw ~ halten* tenir compte de qc à qn; *2. sich etw ~ halten* tirer vanité de qc, se prévaloir de qc; *3. einer Sache ~ kommen* profiter à qc, servir qc
Zugvogel ['tsu:kfo:gəl] *m ZOOL* oiseau migrateur *m*
zuhalten ['tsu:haltən] *v irr 1.* tenir fermé, boucher; *2. (auf etw zugehen)* aller droit vers
Zuhälter ['tsu:hɛltər] *m* souteneur *m,* maquereau *m*
zuhause [tsu'hauzə] *adv* chez-soi
zuhören ['tsu:hø:rən] *v* écouter
Zuhörer(in) ['tsu:hø:rər(ɪn)] *m/f* auditeur/auditeuse *m/f*
zujubeln ['tsu:ju:bəln] *v* acclamer qn
zukleben ['tsu:kle:bən] *v* coller, cacheter
zuknöpfen ['tsu:knœpfən] *v* boutonner

Zukunft ['tsu:kunft] *f 1.* avenir *m; die ~ vor sich haben* avoir l'avenir devant soi; *2. GRAMM* futur *m*

zukünftig ['tsu:kynftɪç] *adj 1.* futur, à venir; *adv 2.* à l'avenir, désormais
Zukunftsangst ['tsu:kunftsaŋst] *f* peur de l'avenir *f*
zulächeln ['tsu:lɛçəln] *v jdm ~* sourire à qn
Zulage ['tsu:la:gə] *f* supplément *m,* allocation *f*
zulänglich ['tsu:lɛŋlɪç] *adj* suffisant
zulassen ['tsu:lasən] *v irr 1. (geschlossen lassen)* laisser fermé; *2. (gestatten)* autoriser, permettre; *3. (Auto)* immatriculer
zulässig ['tsu:lɛsɪç] *adj* autorisé, permis

Zulassung ['tsu:lasuŋ] *f* *1. (Erlaubnis)* permission *f*, autorisation *f*; *2. (eines Autos)* immatriculation *f*
Zulassungsstelle ['tsu:lasuŋsʃtɛlə] *f* bureau de délivrance des cartes grises *m*
Zulauf ['tsu:lauf] *m* affluence *f*, afflux *m*
zulegen ['tsu:le:gən] *v* *1. sich etw ~* s'acheter qc; *2. (fam: an Gewicht zunehmen)* prendre du poids; *3. (fam: Anstrengungen verstärken)* y mettre du sien
zuletzt [tsu'lɛtst] *adv* enfin; *bis ~* jusqu'à la fin
zuliebe [tsu'li:bə] *adv* pour l'amour de, pour faire plaisir à
Zulieferer ['tsu:li:fərər] *m* *ECO* sous-traitant *m*
Zulieferung ['tsu:li:fəruŋ] *f* livraison *f*
zum *(= zu dem) (siehe „zu")*
zumachen ['tsu:maxən] *v* fermer
zumal [tsu'ma:l] *adv* *1.* particulièrement, surtout; *konj* *2.* d'autant plus que
zumindest [tsu'mɪndəst] *adv* au moins, pour le moins
zumutbar ['tsu:mu:tba:r] *adj* raisonnable
Zumutbarkeit ['tsu:mu:tba:rkaɪt] *f* supportable *m*, tolérable *m*
zumute [tsu'mu:tə] *adv* *Mir ist unwohl ~.* Je ne me sens pas bien. *Wie ist dir ~?* Comment te sens-tu?
zumuten ['tsu:mu:tən] *v* demander, exiger, *sich etw ~* s'imposer qc
Zumutung ['tsu:mu:tuŋ] *f* exigence exagérée *f*, impudence *f*
zunächst [tsu'nɛ:çst] *adv* tout d'abord
Zunahme ['tsu:na:mə] *f* accroissement *m*, augmentation *f*
zünden ['tsyndən] *v* allumer, s'enflammer; *eine ~de Rede* un discours enflammé
Zündholz ['tsynthɔlts] *n* allumette *f*
Zündkerze ['tsyntkɛrtsə] *f* *(eines Autos)* bougie d'allumage *f*
Zündschlüssel ['tsyndʃlysəl] *m* *(eines Autos)* clé de contact *f*
Zündung ['tsynduŋ] *f* *(eines Autos)* allumage *m*
zunehmen ['tsu:ne:mən] *v irr* *1.* croître, augmenter, grandir, gagner; *2. (an Gewicht)* grossir
Zuneigung ['tsu:naɪguŋ] *f* penchant *m*, inclination *f*
Zunge ['tsuŋə] *f* *ANAT* langue *f*; *Das Wort liegt mir auf der ~.* J'ai le mot sur le bout de la langue. *die ~ im Zaum halten* tenir sa langue; *jdm die ~ lösen* délier la langue de qn; *sich auf die ~ beißen* se mordre la langue; *auf der ~ brennen* avoir la langue qui démange; *Es ging ihm schwer von der ~.* Il a eu du mal à ledire.
züngeln ['tsyŋəln] *v* *1. (Schlange)* darder sa langue; *2. (Flamme)* s'élever, lécher
Zungenbrecher ['tsuŋənbrɛçər] *m* mot difficile à prononcer *m*
Zungenspitze ['tsungənʃpɪtsə] *f* bout de la langue *m*; *Es liegt mir auf der ~! (fig)* Je l'ai sur le bout de la langue!
zunichte [tsu'nɪçtə] *adv* *~ machen* détruire
zuordnen ['tsu:ɔrdnən] *v* classer, attribuer, ranger
zupacken ['tsu:pakən] *v* prendre, saisir, mettre la main à la pâte *(fam)*
zupfen ['tsupfən] *v* *1. (am Ärmel)* tirer; *2. (Instrument)* pincer; *3. (Unkraut)* arracher
zurechnungsfähig ['tsu:rɛçnuŋsfɛ:ɪç] *adj* *JUR* responsable, qui a pleine jouissance de ses facultés mentales
Zurechnungsfähigkeit ['tsu:rɛçnuŋsfɛ:ɪçkaɪt] *f* *JUR* responsabilité de ses actes *f*
zurechtbiegen [tsu'rɛçtbi:gən] *v irr* *1.* plier, courber; *2. (fig: eine Sache)* arranger
zurechtfinden [tsu'rɛçtfɪndən] *v irr* *sich ~* s'orienter, se reconnaître; *sich in allen Lagen ~* savoir se retourner
zurechtkommen [tsu'rɛçtkɔmən] *v irr* *1. mit etw ~ (fertig werden)* venir à bout de qc; *2. (rechtzeitig kommen)* arriver à temps
zurechtlegen [tsu'rɛçtle:gən] *v* *1. jdm etw ~* préparer qc à qn; *2. sich etw ~ (sich ausdenken)* se préparer qc
zurechtweisen [tsu'rɛçtvaɪzən] *v irr (fig)* indiquer le chemin à, réprimander
Zurechtweisung [tsu'rɛçtvaɪzuŋ] *f* blâme *m*, réprimande *f*, admonestation *f*
zureden ['tsu:re:dən] *v* *1. jdm ~ (jdn versuchen zu überreden)* chercher à persuader qn, raisonner qn; *2. jdm (gut) ~ (jdn ermutigen)* encourager qn
zureiten ['tsu:raɪtən] *v irr* *1. (ein Pferd)* dresser, faire le débourrage, débourrer; *2. (auf etw)* se diriger vers qc en étant à cheval
zurichten ['tsu:rɪçtən] *v* *jdn ~* arranger qn
zürnen ['tsyrnən] *v* *jdm ~* être en colère contre qn, être irrité contre qn

zurück [tsu'ryk] *adv* en arrière, en retard, de retour; *Ich bin gleich wieder ~.* Je ne fais que l'aller et retour.

zurückbilden [tsu'rykbɪldən] *v* *sich ~* se résorber

XYZ

zurückbleiben [tsu'rykblaıbən] *v irr 1.* rester en arrière; *2. (dableiben)* rester
zurückblicken [tsu'rykblıkən] *v 1.* regarder en arrière; *2. (fig)* regarder en arrière
zurückbringen [tsu'rykbrıŋən] *v irr* rapporter
zurückdenken [tsu'rykdɛŋkən] *v irr* se souvenir de qc de passé
zurückdrängen [tsu'rykdrɛŋən] *v* repousser, refouler
zurückerobern [tsu'rykɛro:bərn] *v* reconquérir
zurückfahren [tsu'rykfa:rən] *v irr* retourner, rentrer
zurückfliegen [tsu'rykfli:gən] *v irr* revenir en arrière (en avion)
zurückfordern [tsu'rykfɔrdərn] *v etw ~* redemander qc, réclamer qc
zurückgeben [tsu'rykge:bən] *v irr jdm etw ~* rendre qc à qn, restituer qc à qn
zurückgeblieben [tsu'rykgəbli:bən] *adj* arriéré, déficient
zurückgehen [tsu'rykge:ən] *v irr 1.* revenir, rentrer; *2. (sinken)* diminuer, baisser; *3. ~ auf (fig)* remonter à
zurückgewinnen [tsu'rykgəvınən] *v irr 1.* regagner; *2. (Gebiet) MIL* reprendre
zurückgezogen [tsu'rykgətso:gən] *adj 1.* retiré; *adv 2.* en solitaire, dans l'isolement; *sehr ~ leben* vivre en vase clos
Zurückgezogenheit [tsu'rykgətso:gənhaıt] *f* vie solitaire *f,* solitude *f*
zurückgreifen [tsu'rykgraıfən] *v irr ~ auf* se reporter à
zurückhalten [tsu'rykhaltən] *v irr 1. etw ~* retenir qc; *2. sich ~* se retenir; *sich jdm gegenüber ~* faire le réservé avec qn; *3. (fig)* refouler, dissimuler
zurückhaltend [tsu'rykhaltənt] *adj 1.* réservé, discret; *adv 2.* avec réserve
Zurückhaltung [tsu'rykhaltuŋ] *f* réserve *f,* discrétion *f*
zurückholen [tsu'rykho:lən] *v* aller chercher, reprendre
zurückkehren [tsu'rykke:rən] *v* retourner, revenir
zurückklappen [tsu'rykklapən] *v* replier
zurückkommen [tsu'rykkɔmən] *v irr* revenir; *wieder auf etw ~* revenir à la charge
zurücklassen [tsu'ryklasən] *v irr* laisser derrière soi, laisser là
zurücklegen [tsu'rykle:gən] *v 1.* mettre en arrière; *2. (sparen)* épargner, mettre de côté; *3. (reservieren)* réserver
zurücknehmen [tsu'rykne:mən] *v irr 1.* reprendre; *2. (widerrufen)* révoquer
zurückrufen [tsu'rykru:fən] *v irr 1.* rappeler; *2. ins Gedächtnis ~* se souvenir de qc, se rappeler qc; *3. jdn ins Leben ~* réanimer qn
zurückschlagen [tsu'rykʃla:gən] *v irr 1.* repousser, renvoyer, riposter; *2. (fig)* rendre la pareille
zurückschrecken [tsu'rykʃrɛkən] *v irr vor etw ~* reculer devant qc, reculer de peur devant qc
zurücksenden [tsu'rykzɛndən] *v irr* renvoyer
zurücksetzen [tsu'rykzɛtsən] *v 1. (mit dem Auto)* reculer; *2. (zurückstellen)* repousser, remettre
Zurücksetzung [tsu'rykzɛtsuŋ] *f* manque d'attention *m*
zurückstecken [tsu'rykʃtɛkən] *v (fam)* en rabattre
zurückstellen [tsu'rykʃtɛlən] *v 1.* repousser, remettre; *2. (Heizung)* réduire qc, baisser qc; *3. (Interessen)* repousser, reléguer, ignorer *(fig)*; *4. jdn vom Wehrdienst ~ MIL* dispenser qn; *5. (Waren)* mettre de côté
zurücktreten [tsu'ryktre:tən] *v irr 1.* reculer; *2. (Rücktritt erklären)* démissionner; *3. (fig: von einem Vertrag)* résilier
zurückverfolgen [tsu'rykfɛrfɔlgən] *v* retracer qc
zurückweichen [tsu'rykvaıçən] *v irr* reculer, prendre du recul
zurückweisen [tsu'rykvaızən] *v irr 1.* rejeter; *2. JUR* récuser
Zurückweisung [tsu'rykvaızuŋ] *f* refus
zurückzahlen [tsu'ryktsa:lən] *v* rembourser
zurückziehen [tsu'ryktsi:ən] *v irr 1.* retirer; *2. sich ~* se retirer de, rentrer dans le rang
Zuruf ['tsu:ru:f] *m* appel *m*
zurufen ['tsu:ru:fən] *v irr jdm etw ~* crier qc à qn
zurzeit [tsur'tsaıt] *adv* actuellement
Zusage ['tsu:za:gə] *f 1.* accord *m,* engagement *m; 2. (Versprechen)* promesse *f*
zusagen ['tsu:za:gən] *v 1.* accepter, donner sa parole; *2. (versprechen)* promettre; *3. (fig: gefallen)* plaire à, convenir à

> **zusammen** [tsu'zamən] *adv 1. (gemeinsam)* ensemble; *2. (insgesamt)* en tout; *Das macht zusammen vierzig Euro.* Cela fait quarante euros au total.

Zusammenarbeit [tsu'zamənarbaıt] *f* collaboration *f,* coopération *f*

XYZ

zusammenarbeiten [tsu'zamənarbaɪtən] *v* collaborer avec, travailler en collaboration avec, coopérer

zusammenbauen [tsu'zamənbauən] *v* assembler, monter

zusammenbeißen [tsu'zamənbaɪsən] *v irr die Zähne ~* serrer les dents

zusammenbinden [tsu'zamənbɪndən] *virr* relier

zusammenbleiben [tsu'zamənblaɪbən] *v irr* rester ensemble

zusammenbrechen [tsu'zamənbrɛçən] *v irr* s'effondrer, s'écrouler

Zusammenbruch [tsu'zamənbrux] *m 1.* effondrement *m; 2. MED* crise de nerfs *f*

zusammendrücken [tsu'zaməndrykən] *v* presser, comprimer

zusammenfahren [tsu'zamənfa:rən] *v irr 1. (vor Schreck)* sursauter; *2. (fam: jdn überfahren)* écraser qn, renverser qn

zusammenfallen [tsu'zamənfalən] *v irr 1. (verfallen)* tomber en ruine; *2. ~ mit (fig: zeitlich)* coïncider avec

zusammenfassen [tsu'zamənfasən] *v 1. (verbinden)* réunir; *2. (fig)* résumer

zusammenfassend [tsu'zamənfasənt] *adj 1.* récapitulatif; *adv 2.* pour récapituler, sommairement

Zusammenfassung [tsu'zamənfasuŋ] *f 1.* réunion *f; 2. (fig)* résumé *m,* récapitulation *f*

zusammenfügen [tsu'zamənfy:gən] *v* assembler

zusammengehören [tsu'zaməngəhø:rən] *v* aller ensemble

Zusammengehörigkeitsgefühl [tsu'zaməngəhø:rɪçkaɪtsgəfy:l] *n* sentiment de solidarité *m*

zusammengesetzt [tsu'zaməngəzɛtst] *adj* composé

Zusammenhalt [tsu'zamənhalt] *m 1.* cohésion *f; 2. (fig)* solidarité *f*

zusammenhalten [tsu'zamənhaltən] *v irr* se soutenir mutuellement, faire bloc, serrer les rangs

Zusammenhang [tsu'zamənhaŋ] *m* rapport *m,* relation *f,* contexte *m*

zusammenhängen [tsu'zamənhɛŋən] *v irr 1. ~ mit* être lié à, être lié avec; *2. (abhängen von)* dépendre de

zusammenhängend [tsu'zamənhɛŋənt] *adj* cohérent

zusammenhangslos [tsu'zamənhaŋslo:s] *adj 1.* sans suite, incohérent, décousu; *adv 2.* sans suite, avec incohérence

zusammenklappbar [tsu'zamənklapba:r] *adj* pliable

zusammenkleben [tsu'zamənkle:bən] *v* assembler en collant, coller

Zusammenkunft [tsu'zamənkunft] *f* réunion *f,* assemblée *f,* rencontre *f*

zusammenlaufen [tsu'zamənlaufən] *v irr 1. (zusammenfließen)* confluer; *2. (Straßen)* se rencontrer

zusammenleben [tsu'zamənle:bən] *v* vivre ensemble

zusammenlegen [tsu'zamənle:gən] *v 1. (vereinigen)* réunir, regrouper; *2. (falten)* plier

zusammenpacken [tsu'zamənpakən] *v 1.* emballer, faire ses bagages; *2. (zusammenverpacken)* empaqueter

zusammenpassen [tsu'zamənpasən] *v* s'adapter à, harmoniser avec

zusammenprallen [tsu'zamənpralən] *v* se heurter

zusammenreißen [tsu'zamənraɪsən] *v irr sich ~* se ressaisir, se maîtriser; *Reiß dich zusammen!* Maîtrise-toi!

zusammenschlagen [tsu'zamənʃla:gən] *v irr 1. über jdm ~* se refermer sur qn, ensevelir qn; *2. jdn ~* battre qn comme plâtre, tabasser qn; *3. die Hände über dem Kopf ~ (fig)* lever les bras au ciel; *4. etw ~ (aneinander schlagen)* battre qc; *5. (zusammenlegen)* mettre ensemble; *6. etw ~ (zerstören, beschädigen)* démolir qc, casser qc

zusammenschließen [tsu'zamənʃli:sən] *v irr sich ~* s'associer à, fusionner avec

zusammensetzen [tsu'zamənzɛtsən] *v 1. sich ~ aus* se composer de; *2. sich ~ (fig: sich besprechen)* se réunir, se consulter

Zusammensetzung [tsu'zamənzɛtsuŋ] *f* composition *f*

zusammenstellen [tsu'zamənʃtɛlən] *v 1.* mettre ensemble, composer; *2. (fig)* établir

zusammenstoßen [tsu'zamənʃto:sən] *v irr* entrer en collision avec, heurter

zusammentragen [tsu'zaməntra:gən] *v irr* rassembler

zusammentreffen [tsu'zaməntrɛfən] *v irr* rencontrer, concorder

Zusammentreffen [tsu'zaməntrɛfən] *n* rencontre *f*

zusammenwachsen [tsu'zamənvaksən] *v irr* se souder, se joindre

zusammenzählen [tsu'zaməntsɛ:lən] *v* additionner

zusammenziehen [tsu'zaməntsi:ən] *v irr 1.* resserrer; *2. (zusammenzählen)* additionner

zusammenzucken [tsu'zaməntsukən] *v* tresaillir, sursauter
Zusatz ['tsu:zats] *m 1.* supplément *m; 2. CHEM* additif *m*
zusätzlich ['tsu:zɛtslɪç] *adj 1.* supplémentaire, additionnel; *adv 2.* en plus, de plus, en outre
zuschauen ['tsu:ʃauən] *v* regarder
Zuschauer(in) ['tsu:ʃauər(ɪn)] *m/f* spectateur/spectatrice *m/f*
Zuschauertribüne ['tsu:ʃauərtriby:nə] *f* tribune *f*
zuschicken ['tsu:ʃɪkən] *v* envoyer, expédier
Zuschlag ['tsu:ʃla:k] *m* supplément *m*
zuschlagen ['tsu:ʃla:gən] *v irr 1. (eine Tür)* refermer brutalement, faire claquer; *2. (mit der Faust)* frapper; *3. (fam: eine Gelegenheit ergreifen)* saisir
zuschließen ['tsu:ʃli:sən] *v irr* fermer à clé
zuschnappen ['tsu:ʃnapən] *v 1. (zubeißen)* mordre; *2. (schließen)* se fermer brusquement
zuschneiden ['tsu:ʃnaɪdən] *v irr* ajuster en coupant, ajuster en découpant
Zuschuss ['tsu:ʃus] *m 1.* aide *f,* secours *m,* subvention *f; 2. ECO* supplément *m*
zusehen ['tsu:ze:ən] *v irr 1.* regarder; *2. (achten auf)* veiller à
zusichern ['tsu:zɪçərn] *v* assurer, garantir
zuspielen ['tsu:ʃpi:lən] *v 1. jdm den Ball ~ SPORT* faire une passe; *2. jdm etw ~* passer qc à qn
zuspitzen ['tsu:ʃpɪtsən] *v 1. (Pfahl)* tailler; *2. (fig) sich ~* s'aggraver

> **Zustand** ['tsu:ʃtant] *m* état *m,* situation *f; Zustände kriegen* avoir les nerfs en boule

zustande [tsu'ʃtandə] *adv ~ kommen* se faire, s'organiser; *~ bringen* réaliser
zuständig ['tsu:ʃtɛndɪç] *adj 1. ~ für* compétent pour, qualifié pour; *2. ~ für (verantwortlich)* responsable pour
Zuständigkeit ['tsu:ʃtɛndɪçkaɪt] *f* compétence *f*
zusteigen ['tsu:ʃtaɪgən] *v irr* monter en cours de route; *Ist noch jemand zugestiegen?* Quelqu'un est-il monté en cours de route?
zustellen ['tsu:ʃtɛlən] *v 1.* distribuer le courrier; *2. (liefern)* livrer
Zusteller(in) ['tsu:ʃtɛlər(ɪn)] *m/f 1.* porteur *m,* préposé *m; 2. (Postbote/Postbotin)* facteur
zusteuern ['tsu:ʃtɔyərn] *v auf etw ~* se diriger vers qc, se diriger sur qc
zustimmen ['tsu:ʃtɪmən] *v* consentir à, donner son accord à, approuver
Zustimmung ['tsu:ʃtɪmuŋ] *f* approbation *f,* accord *m,* consentement *m; seine ~ geben* donner son accord
zustoßen ['tsu:ʃto:sən] *v irr (fig: geschehen)* arriver, survenir
Zutaten ['tsu:ta:tən] *pl 1.* accessoires *m/pl; 2. GAST* ingrédients *m/pl*
zutrauen ['tsu:trauən] *v jdm etw ~* croire qn capable de qc
Zutrauen ['tsu:trauən] *n* confiance *f*
zutraulich ['tsu:traulɪç] *adj* confiant, familier, intime
zutreffen ['tsu:trɛfən] *v irr 1.* concorder avec; *2. (sich verwirklichen)* se réaliser; *3. auf etw ~ (gelten für)* être valable pour qc
Zutritt ['tsu:trɪt] *m* accès *m,* entrée *f*
zuunterst [tsu'untərst] *adv* tout en bas
zuverlässig ['tsu:fɛrlɛsɪç] *adj* fiable, digne de confiance
Zuverlässigkeit ['tsu:fɛrlɛsɪçkaɪt] *f* solidité *f,* fiabilité *f*
Zuversicht ['tsu:fɛrzɪçt] *f 1.* confiance *f; voller ~* en toute confiance; *2. (Hoffnung)* espoir *m*
zuversichtlich ['tsu:fɛrzɪçtlɪç] *adj 1.* confiant; *adv 2.* avec confiance
zuvor [tsu'fo:r] *adv 1.* autrefois, avant; *2. (zuerst)* en premier lieu
zuvorkommen [tsu'fo:rkɔmən] *v irr* devancer, prévenir
zuvorkommend [tsu'fo:rkɔmənt] *adj 1.* prévenant, complaisant; *adv 2.* avec prévenance, avec complaisance
Zuwachs ['tsu:vaks] *m 1. ECO* accroissement *m,* croissance *f; 2. (fam: Baby)* naissance *f*
Zuwanderung ['tsu:vandəruŋ] *f* immigration *f*
zuweisen ['tsu:vaɪzən] *v irr* attribuer à, allouer à
Zuweisung ['tsu:vaɪzuŋ] *f 1.* attribution *f,* indication *f; 2. JUR* assignation *f*
zuwenden ['tsu:vɛndən] *v irr* tourner, consacrer à, reporter sur
Zuwendung ['tsu:vɛnduŋ] *f 1. (Geld)* secours *m,* don *m,* subvention *f; 2. (Gefühl)* affection *f*
zuwerfen ['tsu:vɛrfən] *v irr 1. die Tür ~* claquer la porte; *2. jdm etw ~* jeter qc à qn; *jdm einen Blick ~* jeter un regard à qn; *jdm*

XYZ

eine Kusshand ~ faire un baisemain à qn; *sich gegenseitig die Stichwörter* ~ se donner la réplique
zuwider [tsu'viːdər] *adv 1.* en opposition avec, en contradiction avec; *prep 2.* contrairement à, à l'encontre de
zuwiderhandeln [tsu'viːdərhandəln] *v 1. einer Sache* ~ transgresser qc, enfreindre qc; *2. (einer Vorschift)* contrevenir à
zuziehen ['tsuːtsiːən] *v irr 1. (hierher umziehen)* emménager; *2. etw* ~ attraper qc; *3. (Knoten)* serrer; *4. jdn* ~ faire appel à qn; *5. sich etw* ~ *(Krankheit)* contracter qc, attraper qc
zuzüglich ['tsutsyːklɪç] *prep* en plus, en sus
zuzwinkern ['tsuːtsvɪŋkərn] *v jdm* ~ faire un clin d'œil à qn
Zwang [tsvaŋ] *m* contrainte *f,* force *f,* obligation *f*
zwängen ['tsvɛŋən] *v* faire entrer de force, mettre de force
zwanghaft ['tsvaŋhaft] *adj* compulsif, maladif
zwanglos ['tsvaŋloːs] *adj* sans contrainte
Zwangsarbeit ['tsvaŋsarbaɪt] *f 1. (im Zuchthaus)* travail obligatoire *m,* travaux forcés *m/pl; 2. (von Kriegsgefangenen)* travaux forcés *m/pl*
Zwangsernährung ['tsvaŋsɛrnɛːruŋ] *f* alimentation forcée
Zwangsjacke ['tsvaŋsjakə] *f* camisole de force *f*
Zwangslage ['tsvaŋslaːgə] *f* nécessité *f,* cas de force majeure *m*
zwangsläufig ['tsvaŋslɔyfɪç] *adj 1.* obligatoire, forcé; *adv 2.* par la force des choses
Zwangsmaßnahme ['tsvaŋsmaːsnaːmə] *f* mesure coercitive *f*
Zwangsvollstreckung ['tsvaŋsfɔlʃtrɛkuŋ] *f JUR* exécution par contrainte *f*
zwanzig ['tsvantsɪç] *num* vingt
zwar [tsvaːr] *konj 1.* certes, à la vérité, en effet; *2. und* ~ à savoir, en l'occurence
Zweck [tsvɛk] *m* but *m,* fin *f; Der* ~ *heiligt die Mittel.* La fin justifie les moyens.
zweckdienlich ['tsvɛkdiːnlɪç] *adj 1.* utile; *2. (einschlägig)* relatif
Zweckentfremdung ['tsvɛkɛntfrɛmduŋ] *f* désaffectation *f,* détournement de son usage habituel *m*
zweckgebunden ['tsvɛkgəbundən] *adj* destiné à une fonction déterminée
zwecklos ['tsvɛkloːs] *adj* inutile
zweckmäßig ['tsvɛkmɛːsɪç] *adj* approprié à, indiqué pour
Zweckmäßigkeit ['tsvɛkmɛːsɪçkaɪt] *f* convenance *f,* adéquation *f,* conformité *f*
zwei [tsvaɪ] *num* deux
zweideutig ['tsvaɪdɔytɪç] *adj* ambigu, équivoque, à double sens
Zweideutigkeit ['tsvaɪdɔytɪçkaɪt] *f (Mehrdeutigkeit)* ambiguïté *f,* ambivalence *f*
Zweierbeziehung ['tsvaɪərbətsiːuŋ] *f* relation à deux *f,* vie à deux *f,* vie de couple *f*
Zweierreihe ['tsvaɪərraɪə] *f* rang par deux *m,* rangée de deux *f*
zweifach ['tsvaɪfax] *adj* double

Zweifel ['tsvaɪfəl] *m 1.* doute *m; ganz ohne jeden* ~ sans aucun doute; *bei jdm* ~ *erwecken* mettre la puce à l'oreille de qn; *2. (Unsicherheit)* incertitude *f; 3. (Zögern)* hésitation

zweifelhaft ['tsvaɪfəlhaft] *adj 1.* douteux; *2. (problematisch)* problématique; *3. (unsicher)* incertain
zweifellos ['tsvaɪfəlloːs] *adj 1.* indubitable; *2. (gewiss)* certain
zweifeln ['tsvaɪfəln] *v* douter de
Zweifelsfall ['tsvaɪfəlsfal] *m* cas douteux *m,* cas litigieux *m*
Zweig [tsvaɪk] *m 1. BOT* branche *f,* rameau *m,* ramification *f; auf keinen grünen* ~ *kommen* ne pas avoir de pot *(fam)*/ne pas s'en sortir; *2. (fig)* ligne *f,* branche *f,* ramification *f*
Zweigniederlassung ['tsvaɪkniːdərlasuŋ] *f* succursale *f,* filiale *f*
Zweikampf ['tsvaɪkampf] *m SPORT* combat singulier *m,* duel *m*
zweimal ['tsvaɪmaːl] *adv* deux fois; *es sich nicht* ~ *sagen lassen* ne pas se le faire redire
Zweisamkeit ['tsvaɪzaːmkaɪt] *f* tête à tête *m,* intimité à deux *f*
zweischneidig ['tsvaɪʃnaɪdɪç] *adj* à double tranchant
zweiseitig ['tsvaɪzaɪtɪç] *adj 1.* bilatéral; *2. (Buch)* à deux pages
zweisprachig ['tsvaɪʃpraːxɪç] *adj* bilingue
zweispurig ['tsvaɪʃpuːrɪç] *adj* à deux voies
zweistellig ['tsvaɪʃtɛlɪç] *adj* à deux chiffres
zweistufig ['tsvaɪʃtuːfɪç] *adj* à deux étages, à deux niveaux
zweitbeste(r,s) ['tsvaɪtbɛstə(r,s)] *adj* second(e)
zweite(r,s) ['tsvaɪtə(r,s)] *adj* deuxième
zweiteilig ['tsvaɪtaɪlɪç] *adj 1. (Anzug)* deux-pièces *m; 2. (Serie)* en deux épisodes

zweitens ['tsvaɪtəns] *adv* deuxièmement
zweitklassig ['tsvaɪtklasɪç] *adj* de deuxième classe
zweitrangig ['tsvaɪtraŋɪç] *adj* secondaire, de second ordre
Zweitstimme ['tsvaɪtʃtɪmə] *f* POL seconde voix *f*
Zweitwagen ['tsvaɪtva:gən] *m* voiture d'appoint *f*, seconde voiture *f*
Zwerchfell ['tsvɛrçfɛl] *n* ANAT diaphragme *m*
Zwerg [tsvɛrk] *m* nain *m*
Zwergwuchs ['tsvɛrkvu:ks] *m* MED nanisme *m*
Zwetschge ['tsvɛtʃkə] *f* BOT quetsche *f*, prune *f*
zwicken ['tsvɪkən] *v* pincer, tenailler
Zwickmühle ['tsvɪkmy:lə] *f* *(fig)* situation embarrassante *f*; *in einer ~ sein* être dans le pétrin
Zwieback ['tsvɪ:bak] *m* GAST biscotte *f*
Zwiebel ['tsvi:bəl] *f* BOT oignon *m*
Zwiegespräch ['tsvi:gəʃprɛ:ç] *n* dialogue *m*
Zwielicht ['tsvi:lɪçt] *n* *1.* demi-jour *m*; *2.* *(Unsicherheit)* incertitude *f*
zwielichtig ['tsvi:lɪçtɪç] *adj* *1.* *(unsicher)* incertain; *2.* *(vage)* vague; *3.* *(zweifelhaft)* douteux
Zwiespalt ['tsvi:ʃpalt] *m* tiraillement *m*, désaccord *m*
zwiespältig ['tsvi:ʃpɛltɪç] *adj* partagé, ambivalent
Zwiesprache ['tsvi:ʃpra:xə] *f* dialogue *m*
Zwietracht ['tsvi:traxt] *f* discorde *f*, désunion *f*
Zwilling ['tsvɪlɪŋ] *m* jumeau *m*, jumelle *f*
Zwillingsbruder ['tsvɪliŋsbru:dər] *m* frère jumeau *m*
Zwillingsschwester ['tsvɪlɪŋsʃvɛstər] *f* sœur jumelle *f*

zwingen ['tsvɪŋən] *v irr jdn zu etw ~* forcer qn à faire qc, contraindre qn à faire qc; *sich zu etw ~* se forcer à faire qc; *Nichts zwingt Sie dazu.* Rien ne vous y oblige.

zwingend ['tsvɪŋənt] *adj* *1.* pressant, impératif; *adj* *2.* forcément, impérativement
Zwinger ['tsvɪŋər] *m* *(Hundekäfig)* cage *f*
zwinkern ['tsvɪŋkərn] *v* cligner des yeux
Zwirn [tsvɪrn] *m* fil *m*

zwischen ['tsvɪʃən] *prep* entre, parmi

Zwischenbilanz ['tsvɪʃənbilants] *f* ECO bilan provisoire *m*, bilan intermédiare *m*
zwischendurch [tsvɪʃən'durç] *adv* *1.* *(zeitlich)* entre-temps; *2.* *(örtlich)* au travers
Zwischenergebnis ['tsvɪʃənɛrge:pnɪs] *n* résultat provisoire *m*, résultat intermédiare *m*
Zwischenfall ['tsvɪʃənfal] *m* incident *m*
Zwischenhändler(in) ['tsvɪʃənhɛndlər(ɪn)] *m/f* intermédiaire *m/f*
Zwischenlandung ['tsvɪʃənlanduŋ] *f* escale *f*
Zwischenmahlzeit ['tsvɪʃənma:ltsaɪt] *f* en-cas *m*
zwischenmenschlich ['tsvɪʃənmɛnʃlɪç] *adj* intersubjectif
Zwischenraum ['tsvɪʃənraum] *m* intervalle *m*, interstice *m*
Zwischenzeit ['tsvɪʃəntsaɪt] *f* intervalle *m*, intérim *m*
Zwist [tsvɪst] *m* discorde *f*, querelle *f*, dispute *f*, différend *m*
zwitschern ['tsvɪtʃərn] *v* gazouiller
zwölf [tsvœlf] *num* douze
zwölfte(r,s) ['tsvœlftə(r,s)] *adj* douzième; *in ~r Stunde* au dernier moment
Zyankali [tsyan'ka:li] *n* CHEM cyanure *m*
Zyklon [tsy'klo:n] *m* METEO cyclone *m*
Zyklop [tsy'klo:p] *m* cyclope *m*
Zyklus ['tsy:klus] *m* *1.* cycle *m*; *2.* *(Reihe)* série *f*
Zylinder [tsi'lɪndər] *m* *1.* *(Hut)* haut de forme *m*, gibus *m* *(fam)*; *2.* TECH cylindre *m*
Zylinderkopf [tsy'lɪndərkɔpf] *m* TECH tête de cylindre *f*
Zyniker(in) ['tsynɪkər(ɪn)] *m/f* cynique *m/f*
zynisch ['tsy:nɪʃ] *adj* *1.* cynique; *adv* *2.* avec cynisme
Zynismus [tsy'nɪsmus] *m* cynisme *m*
Zypern ['tsy:pərn] *n* GEO Chypre *f*
Zypresse [tsy'prɛsə] *f* BOT cyprès *m*
Zypriot(in) [tsypri'o:t(ɪn)] *m/f* Chypriote *m/f*
Zyste ['tsystə] *f* MED kyste *m*

Französische Grammatik

Das Adjektiv

Das Adjektiv (Eigenschaftswort) richtet sich in *Geschlecht (Genus)* und *Zahl (Numerus)* immer nach dem Substantiv, zu dem es gehört:
Voilà ma jolie robe.

Die Bildung der weiblichen Form

Die weibliche Form der meisten Adjektive wird mit der Endung *-e* gebildet: *joli/jolie.* Die Adjektive, die bereits in der maskulinen Form auf *-e* enden, behalten diese Endung in der femininen Form bei: *facile/facile.* Bei Endkonsonanten treten folgende Veränderungen ein:

Der Endkonsonant verdoppelt sich:		Der Endkonsonant ändert sich:	
maskulin	feminin	maskulin	feminin
-el	*-elle*	*-f*	*-ve*
-en	*-enne*	*-x*	*-se*
-on	*-onne*	*-c*	*-que*
-t	*-tte*	*-c*	*-che*
-eil	*-eille*	*-teur*	*-trice*
		-eur	*-euse*

Die Pluralbildung des Adjektivs

Die Mehrzahl des Adjektivs wird meistens durch Anhängen der Endung *-s* an die männliche oder weibliche Form gebildet:
Mon père m'a offert de jolies fleurs.

Die Stellung des Adjektivs

Die überwiegende Zahl der Adjektive steht *nach* dem Substantiv, manche Adjektive können jedoch auch vorgestellt werden. Dabei ändert sich der Aussagewert des Adjektivs.
Folgende kurze und häufig gebrauchte Adjektive stehen immer *vor* dem Substantiv:
grand, petit, jeune, vieux, bon, mauvais, joli, beau, haut, long

Die Steigerung des Adjektivs

Grundform	Komparativ	Superlativ
moderne	*plus moderne*	*le/la/les plus moderne(s)*

Folgende Adjektive haben unregelmäßige Steigerungsformen: *bon* „gut", *petit* in der Bedeutung „gering" und *mauvais* in der Bedeutung „schlimm"

Grundform	Komparativ	Superlativ
bon, bonne	*meilleur, -eure*	*le/la meilleur, -eure*
petit, -e	*moindre*	*le/la moindre*
mauvais, -e	*pire*	*le/la pire*

Das Adverb

Die abgeleiteten Adverbien

Man leitet ein Adverb von einem Adjektiv ab, indem man an die weibliche Form die Endung *-ment* hängt:
sérieuse → sérieusement, franche → franchement

Die meisten Adjektive auf *-ant* und *-ent* bilden das Adverb auf *-amment* bzw. *-emment:*
constant → constamment, prudent → prudemment

Folgende Adverbien werden unregelmäßig gebildet:
bon → bien, mauvais → mal, meilleur → mieux

Der Artikel

Der bestimmte Artikel

Der bestimmte Artikel lautet in der Einzahl männlich *le,* weiblich *la,* und in der Mehrzahl *les.* Folgt dem Artikel ein Substantiv, das mit einem Vokal beginnt, so verwandeln sich *le* und *la* in *l':*

	maskulin	feminin
Singular	*le garçon* *l'art*	*la femme* *l'église*
Plural	*les garçons*	*les églises*

Auch vor dem stummen *h* wird ein Apostroph gesetzt: *l'homme, l'heure, l'hôpital*
Beim *h aspiré* wird kein Apostroph gesetzt: *le hasard, le huitième, le hall, la haie*

Abweichend vom Deutschen steht im Französischen der bestimmte Artikel:
– bei Länder-, Provinz- und einigen Inselnamen
– bei Himmelsrichtungen
– bei Wochentagen und Tageszeiten, wenn damit eine Wiederholung ausgedrückt wird
– bei verallgemeinernden Angaben über Gattungen, abstrakten Begriffen und Stoffen.

Wie im Deutschen steht im Französischen kein bestimmter Artikel
– vor Monatsnamen
– vor Wochentagen
– vor Adressen.

Der unbestimmte Artikel

Der unbestimmte Artikel lautet männlich *un,* weiblich *une.* Der unbestimmte Artikel lautet in der Mehrzahl männlich und weiblich gleichermaßen *des.* Im Deutschen gibt es keine entsprechende Form. *Des* bleibt also unübersetzt. Im Großen und Ganzen wird *un/une* wie der deutsche unbestimmte Artikel gebraucht.

	maskulin	feminin
Singular	*un tableau*	*une table*
Plural	*des tableaux*	*des tables*

Der unbestimmte Artikel in der Verneinung

In verneinten Sätzen verwandeln sich *un* und *une, du, de la, de l'* und *des* nach *pas* (oder *plus, jamais* etc.) zu *de: Je n'ai pas de voiture. Je n'achète plus de sel.*
Ausnahme: Ist das Verb des Satzes *être,* so bleibt auch im verneinten Satz der vollständige Artikel erhalten: *Ce ne sont pas des Allemands.*

Der Teilungsartikel

Der Teilungsartikel ist eine Besonderheit der französischen Sprache. Er dient dazu, eine unbestimmte Menge eines Stoffes (z.B. Kaffee oder Mehl) oder einen abstrakten Begriff (z.B. Mut) auszudrücken. Der Teilungsartikel lautet männlich *du,* weiblich *de la,* vor Substantiven, die mit einem Vokal beginnen *de l': du vin, de l'eau, de la crème.*

Das Substantiv

Das Geschlecht des Substantivs
Das Französische hat zwei grammatikalische Geschlechter: männlich (maskulin) und weiblich (feminin). Man kann sie an der Endung des Substantivs erkennen.

Männlich sind die Substantive auf:		Weiblich sind die Substantive auf:		
-age	*-et*	*-ade*	*-ette*	*-tié*
-ail	*-ier*	*-ance*	*-ion*	
-al	*-isme*	*-aison*	*-ise*	
-eau	*-ment*	*-ence*	*-rie*	
-ège	*-oir*	*-elle*	*-son*	
-ent	*-on*	*-esse*	*-té*	

Die regelmäßige Pluralbildung
Die Mehrzahl wird bei männlichen und weiblichen Substantiven durch Anhängen von *-s* gebildet:
le jardin, les jardins; la fleur, les fleurs

Die unregelmäßige Pluralbildung
Substantive, die auf *-s, -z* oder *-x* enden, erhalten in der Mehrzahl kein *-s* mehr:
le bras, les bras; le nez, les nez; la croix, les croix
Substantive, die auf *-au, -eau, -eu* und *-œu* enden, bilden die Mehrzahl mit *-x:*
le tuyau, les tuyaux; le cheveu, les cheveux; le vœu, les vœux
Substantive auf *-ou* bilden die Mehrzahl teils mit *-s: le clou, les clous; le fou, les fous,* teils mit *-x: le chou, les choux; le genou, les genoux*

Die Pluralbildung bei zusammengesetzten Substantiven mit Bindestrich
Bei Zusammensetzungen, die aus zwei Substantiven, aus zwei Adjektiven oder einem Substantiv und einem Adjektiv bestehen, erhalten beide Wortteile eine Mehrzahlendung:
le chef-lieu, les chefs-lieux; le dernier-né, les derniers-nés
Bei Zusammensetzungen, die aus einem Verb und einem Substantiv bestehen, erhält nur das Substantiv eine Mehrzahlendung:
l'abat-jour, les abat-jours

Das Pronomen

Das Personalpronomen
Abweichend vom Deutschen gibt es im Französischen ein verbundenes und ein unverbundenes Personalpronomen. Das verbundene Personalpronomen steht immer in Verbindung mit einem Verb.

	Subjekt (Nominativ)	indirektes Objekt (Dativ)	direktes Objekt (Akkusativ)
Singular	*je*	*me*	*me*
	tu	*te*	*te*
	il	*lui*	*le*
	elle	*lui*	*la*
Plural	*nous*	*nous*	*nous*
	vous	*vous*	*vous*
	ils/elles	*leur*	*les*

Während das verbundene Personalpronomen immer in Verbindung mit einem Verb steht (als dessen Subjekt oder Objekt) steht das unverbundene Personalpronomen allein oder dient oft zur Hervorhebung einer Person: *Lui, il s'appelle Jean.*

Singular	Plural
moi	*nous*
toi	*vous*
lui	*eux*
elle	*elles*

Das Reflexivpronomen

Das Reflexivpronomen (rückbezügliches Fürwort) steht bei Verben, deren Handlung sich auf das Subjekt rückbezieht. Im Französischen werden die indirekten Objektpronomina als Reflexivpronomen verwendet:

je me lave, tu te laves, il/elle se lave, nous nous lavons, vous vous lavez, ils/elles se lavent

Das Possessivpronomen

Das adjektivische Possessivpronomen richtet sich in Zahl und Geschlecht nach dem Substantiv, zu dem es gehört:

Singular maskulin	Singular feminin	Plural maskulin/feminin
mon fils	*ma fille*	*mes fils/filles*
ton fils	*ta fille*	*tes fils/filles*
son fils	*sa fille*	*ses fils/filles*
notre fils	*notre fille*	*nos fils/filles*
votre fils	*votre fille*	*vos fils/filles*
leur fils	*leur fille*	*leurs fils/filles*

Das substantivische Possessivpronomen richtet sich in Zahl und Geschlecht nach dem Substantiv, das es vertritt: *A qui est ce vélo? C'est le mien.*

Singular		Plural	
männlich	weiblich	männlich	weiblich
le mien	*la mienne*	*les miens*	*les miennes*
le tien	*la tienne*	*les tiens*	*les tiennes*
le sien	*la sienne*	*les siens*	*les siennes*
le/la nôtre		*les nôtres*	
le/la vôtre		*les vôtres*	
le/la leur		*les leurs*	

Das Interrogativpronomen

Es wird nach Personen gefragt:

	einfache Form	mit *est-ce que* umschriebene Form
Nominativ	*qui*	*qui est-ce qui*
Genitiv	*de qui*	*de qui est-ce que*
Dativ	*à qui*	*à qui est-ce que*
Akkusativ	*qui*	*qui est-ce que*

Es wird nach Sachen gefragt:

	einfache Form	mit *est-ce que* umschriebene Form
Nominativ	*que*	*qu'est-ce qui*
Genitiv	*de quoi*	*de quoi est-ce que*
Dativ	*à quoi*	*à quoi est-ce que*
Akkusativ	*que*	*qu'est-ce que*

Das Demonstrativpronomen

Das adjektivische Demonstrativpronomen richtet sich in Geschlecht und Zahl nach dem Substantiv, zu dem es gehört: *cet homme, ces enfants.* Die Form *cet* wird bei männlichen Substantiven verwendet, die mit Vokal oder stummem *h* beginnen:

	maskulin	feminin
Singular	*ce/cet*	*cette*
Plural	*ces*	*ces*

Die substantivische Form des Demonstrativpronomens richtet sich in Geschlecht und Zahl nach dem Substantiv, das es vertritt: Dabei werden immer *-ci* und *-là* angehängt:
Quelle voiture est-ce que tu préfères? Celle-ci ou celle-là?

	maskulin	feminin
Singular	*celui*	*celle*
Plural	*ceux*	*celles*

Die Hilfsverben

avoir und *être*

Présent (Gegenwart)		Imparfait (1. Vergangenheit)	
j'ai	*je suis*	*j'avais*	*j'étais*
tu as	*tu es*	*tu avais*	*tu étais*
il a	*il est*	*il avait*	*il était*
nous avons	*nous sommes*	*nous avions*	*nous étions*
vous avez	*vous êtes*	*vous aviez*	*vous étiez*
ils ont	*ils sont*	*ils avaient*	*ils étaient*
Passé Composé (2. Vergangenheit)		Plus-que-parfait (3. Vergangenheit)	
j'ai eu	*j'ai été*	*j'avais eu*	*j'avais été*
tu as eu	*tu as été*	*tu avais eu*	*tu avais été*
il a eu	*il a été*	*il avait eu*	*il avait été*
nous avons eu	*nous avons été*	*nous avions eu*	*nous avions été*
vous avez eu	*vous avez été*	*vous aviez eu*	*vous aviez été*
ils ont eu	*ils ont été*	*ils avaient eu*	*ils avaient été*
Passé Simple		Passé Antérieur	
j'eus	*je fus*	*j'eus eu*	*j'eu été*
tu eus	*tu fus*	*tu eus eu*	*tu eus été*
il eut	*il fut*	*il eut eu*	*il eut été*
nous eûmes	*nous fûmes*	*nous eûmes eu*	*nous eûmes été*
vous eûtes	*vous fûtes*	*vous eûtes eu*	*vous eûtes été*
ils eurent	*ils furent*	*ils eurent eu*	*ils eurent été*
Futur I (Zukunft)		Futur II (vollendete Zukunft)	
j'aurai	*je serai*	*j'aurai eu*	*j'aurai été*
tu auras	*tu seras*	*tu auras eu*	*tu auras été*
il aura	*il sera*	*il aura eu*	*il aura été*
nous aurons	*nous serons*	*nous aurons eu*	*nous aurons été*
vous aurez	*vous serez*	*vous aurez eu*	*vous aurez été*
ils auront	*ils seront*	*ils auront eu*	*ils auront été*

Conditionnel I		Subj. I présent (Möglichkeitsform)	
j'aurais	*je serais*	*que j'aie*	*que je sois*
tu aurais	*tu serais*	*que tu aies*	*que tu sois*
il aurait	*il serait*	*qu'il ait*	*qu'il soit*
nous aurions	*nous serions*	*que nous ayons*	*que nous soyons*
vous auriez	*vous seriez*	*que vous ayez*	*que vous soyez*
ils auraient	*ils seraient*	*qu'ils aient*	*qu'ils soient*
Infinitiv Gegenwart		Infinitiv Vergangenheit	
avoir	*être*	*avoir eu*	*avoir été*
Participe Présent		Participe Passé	
ayant	*étant*	*eu*	*été*
Imperativ			
aie	*sois*		
ayons	*soyons*		
ayez	*soyez*		

Avoir und *être* bei der Bildung der Zeiten

Der überwiegende Teil der französischen Verben bildet die zusammengesetzten Zeiten mit den entsprechenden Formen des Hilfsverbs *avoir*.
Mit *être* dagegen werden gebildet:
– die reflexiven Verben:
Je ne me suis pas ennuyé du tout.
– die folgenden Verben:
aller, naître, arriver, partir, décéder, retourner, demeurer, rester, tomber, descendre, venir, entrer, parvenir, monter, revenir, mourir, devenir, etc.
Bei diesen Verben wird das Participe Passé dem Subjekt in *Geschlecht* und *Zahl* angeglichen:
Nadine est allée à Nancy.

Etre beim Passiv
Sämtliche Formen des Passivs werden mit *être* gebildet. Dabei wird das Participe Passé in *Geschlecht* und *Zahl* dem Subjekt angeglichen:
Toute la famille a été invitée.

Die Vollverben

Die Vollverben lassen sich in mehreren Gruppen einteilen: Verben auf *-er, -ir, -oir* und auf *-re.* Innerhalb dieser Gruppen ist die Bildung der verschiedenen Zeiten regelmäßig. Daneben gibt es auch viele unregelmäßige Verben, deren Konjunktionen zum Teil von den regelmäßigen Verben abweichen (s. Tabelle S. 805). Die einfachen Zeiten werden gebildet, indem man an den Wortstamm bzw. bei Futur und Konditional an den Infinitiv die jeweils erforderliche Endung anhängt. Die zusammengesetzten Zeiten werden gebildet, indem man jeweils die erforderlichen Formen von *avoir/être* mit dem Partizip Perfekt des Verbs koppelt, wobei die Änderungen des Partizips zu beachten sind.

Hinweise zur Ableitung der Verbformen

Bei den regelmäßigen Verben auf *-er, -ir, -re* lassen sich die Verbformen wie folgt ableiten:
Vom Infinitiv werden Futur I und Conditionnel I abgeleitet:
travailler, je travailler-ai/ais, vendre, je vendr-ai/ais; finir, je finir-ai/ais.
Vom Stamm der 1. Person Präsens Plural werden Imparfait und Participe Présent abgeleitet:
nous travaill-ons, je travaill-ais, travaill-ant; nous vend-ons, je vend-ais, vend-ant; nous finiss-ons, je finiss-ais, finiss-ant.

Der Satzbau

Die Wortstellung

Im Aussagesatz herrscht immer die Wortstellung Subjekt – Prädikat – Objekt, auch wenn ein Adverb steht oder es sich um einen Nebensatz handelt:

Hier, j'ai rencontré Suzanne.

Stehen zwei Objekte, so tritt das direkte Objekt (Akkusativ) vor das indirekte Objekt (Dativ):

Le concierge a donné la clé à votre femme.

Der Fragesatz

Die Intonationsfrage

Die Wortstellung des Aussagesatzes bleibt hier erhalten. Man erkennt nur an der steigenden Satzmelodie, dass es sich um eine Frage handelt (vor allem in der gesprochenen Sprache üblich):

Tu as acheté ce disque?

Die Frage mit *est-ce que*

Die Wortstellung des Aussagesatzes bleibt erhalten. Man stellt *est-ce que* an den Satzanfang. Diese Frageform ist sehr häufig:

Est-ce que tu as acheté ce disque?

Die Inversionsfrage

Subjekt und Verb werden umgestellt. Das ist jedoch nur möglich, wenn das Subjekt ein Pronomen ist:

As-tu acheté ce disque?

Das Aktiv und das Passiv

Das Passiv wird gebildet aus der entsprechenden Form von *être* und dem Participe Passé. Dabei erscheint *être* in der gewünschten Zeit, und das Participe wird in Zahl und Geschlecht dem Subjekt angeglichen:

Elle a été acceptée. Nous avons été acceptés.

Der Urheber einer Handlung wird mit der Präposition (Verhältniswort) *par* angegeben:

Il a été provoqué par son chef.

Die Verneinung

Die Verneinung besteht aus zwei Teilen. *Ne ... pas* umschließt das konjugierte Verb und die davor stehenden Pronomen:

Je ne lui réponds pas. Je ne lui ai pas répondu.

Ebenso:

ne ... guère – kaum, ne ... personne – niemand, ne ... rien – nichts, ne ... jamais – nie, ne ... ni ... ni – weder ... noch, ne ... plus – nicht mehr.

Die Grundzahlen

0	zéro	10	dix	20	vingt
1	un	11	onze	21	vingt et un
2	deux	12	douze	22	vingt-deux
3	trois	13	treize	23	vingt-trois
4	quatre	14	quatorze	24	vingt-quatre
5	cinq	15	quinze	30	trente
6	six	16	seize	31	trente et un
7	sept	17	dix-sept	40	quarante
8	huit	18	dix-huit	50	cinquante
9	neuf	19	dix-neuf	60	soixante

70	soixante-dix	91	quatre-vingt-onze
71	soixante et onze	92	quatre-vingt-douze
72	soixante-douze	99	quatre-vingt-dix-neuf
73	soixante-treize	100	cent
74	soixante-quatorze	101	cent un
80	quatre-vingts	110	cent dix
81	quatre-vingt-un	200	deux cents
82	quatre-vingt-deux	201	deux cent un
83	quatre-vingt-trois	210	deux cent dix
90	quatre-vingt-dix	289	deux cent quatre-vingt-neuf

1.000	mille
1.001	mille un
1.200	mille deux cents
1.238	mille deux cent trente-huit
2.000	deux mille
10.000	dix mille
1.000.000	un million
2.000.000	deux millions
2.240.792	deux millions deux cent quarante mille sept cent quatre-vingt-douze
1.000.000.000	un milliard

Die Ordnungszahlen

1er	le premier – der erste
1ère	la première – die erste
2nd/e	le/la deuxième oder le second, la seconde
3e	le/la troisième
4e	le/la quatrième
20e	le/la vingtième
21e	le/la vingt et unième
80e	le/la quatre-vingtième
90e	le/la quatre-vingt-dixième
100e	le/la centième
200e	le/la deux-centième
1000e	le/la millième

Die Zahladverbien

Zahladverbien werden durch die Anhängung von *-ment* an die Ordnungszahl gebildet. Sie werden bei Aufzählungen verwendet:

première – premièrement; deuxième – deuxièmement; troisième – troisièmement etc.

Die Uhrzeiten

Quelle heure est-il? Il est une heure. (1h)
Il est deux heures cinq. (2h05)
Il est trois heures et quart. (3h15)
Il est une heure et demie. (1h30)
Il est cinq heures moins le quart. (4h45)
Il est six heures moins dix. (5h50)
Il est midi moins vingt-cinq. (11h35)
Il est midi. (12h)
Il est minuit. (0h)

Unregelmäßige Verben im Französischen

In der Auflistung werden folgende Abkürzungen verwendet:
Présent = *P;* Futur = *F;* Passé simple = *PS;* Subjonctif = *S;* Participe Présent = *PPr;* Participe Passé = *PPa*

absoudre j'absous, il absout, nous absolvons, ils absolvent *P;* j'absoudrai *F;* que j'absolve *S;* absolvant *PPr;* absous/absoute *PPa*
acquérir j'acquiers, il acquiert, nous acquérons, ils acquièrent *P;* j'acquerrai *F;* j'acquis, nous acquîmes *PS;* que j'acquière, que nous acquérions *S;* acquérant *PPr;* acquis(e) *PPa*
aller je vais, tu vas, il va, nous allons, vous allez, ils vont *P;* j'irai *F;* j'allai *PS;* que j'aille, qu'il aille, que nous allions, qu'ils aillent *S;* allant *PPr;* allé(e) *PPa*
asseoir j'assois, il assoit, nous assoyons, ils assoient *P;* j'assoirai *F;* j'assis *PS;* que j'assoie, que nous assoyions *S;* assoyant *PPr;* assis(e) *PPa*
avoir j'ai, tu as, il a, nous avons, vous avez, ils ont *P;* j'aurai *F;* j'eus, nous eûmes, ils eurent *PS;* que j'aie, que nous ayons, qu'ils aient *S;* ayant *PPr;* eu(e) *PPa*
battre je bats, il bat, nous battons, ils battent *P;* je battrai *F;* je battis *PS;* que je batte *S;* battant *PPr;* battu(e) *PPa*
boire je bois, il boit, nous buvons, ils boivent *P;* je boirai *F;* je bus *PS;* que je boive *S;* buvant *PPr;* bu(e) *PPa*
bouillir je bous, il bout, nous bouillons, ils bouillent *P;* je bouillirai *F;* je bouillis *PS;* que je bouille *S;* bouillant *PPr;* bouilli(e) *PPa*
clore je clos, il clôt, nous closons, ils closent *P;* je clorai *F;* que je close, que nous closions *S;* closant *PPr;* clos(e) *PPa*
conclure je conclus, il conclut, nous concluons, ils concluent *P;* je conclurai *F;* je conclus, nous conclûmes *PS;* que je conclue, que nous concluions *S;* concluant *PPr;* conclu(e) *PPa*
conduire je conduis, il conduit, nous conduisons, ils conduisent *P;* je conduirai *F;* je conduisis *PS;* que je conduise *S;* conduisant *PPr;* conduit(e) *PPa*
connaître je connais, il connaît, nous connaissons, ils connaissent *P;* je connaîtrai *F;* je connus, nous connûmes *PS;* que je connaisse *S;* connaissant *PPr;* connu(e) *PPa*
coudre je couds, il coud, nous cousons, ils cousent *P;* je coudrai *F;* je cousis, nous cousîmes *PS;* que je couse, que nous cousions *S;* cousant *PPr;* cousu(e) *PPa*
courir je cours, il court, nous courons, ils courent *P;* je courrai *F;* je courus, nous courûmes *PS;* que je coure *S;* courant *PPr;* couru(e) *PPa*
croire je crois, tu crois, il croit, nous croyons, ils croient *P;* je croirai *F;* je crus, nous crûmes *PS;* que je croie *S;* croyant *PPr;* cru(e) *PPa*
croître je croîs, tu croîs, il croît, nous croissons, ils croissent *P;* je croîtrai *F;* je crûs, nous crûmes *PS;* que je croisse *S;* croissant *PPr;* crû(e) *PPa*
cueillir je cueille, il cueille, nous cueillons, ils cueillent *P;* je cueillerai *F;* je cueillis *PS;* que je cueille *S;* cueillant *PPr;* cueilli(e) *PPa*
devoir je dois, il doit, nous devons, ils doivent *P;* je devrai *F;* je dus, nous dûmes *PS;* que je doive, qu'il doive, que nous devions, qu'ils doivent *S;* devant *PPr;* dû(e) *PPa*
dire je dis, tu dis, il dit, nous disons, vous dites, ils disent *P;* je dirai *F;* je dis, nous dîmes *PS;* que je dise, que nous disions *S;* disant *PPr;* dit(e) *PPa*
dormir je dors, il dort, nous dormons, ils dorment *P;* je dormirai *F;* je dormis, nous dormîmes *PS;* que je dorme, que nous dormions *S;* dormant *PPr;* dormi *PPa*
écrire j'écris, il écrit, nous écrivons, ils écrivent *P;* j'écrirai *F;* j'écrivis *PS;* que j'écrive *S;* écrivant *PPr;* écrit(e) *PPa*

envoyer j'envoie, il envoie, nous envoyons, ils envoient *P;* j'enverrai *F;* j'envoyai *PS;* que j'envoie, qu'il envoie, que nous envoyions, qu'ils envoient *S;* envoyant *PPr;* envoyé(e) *PPa*
être je suis, tu es, il est, nous sommes, vous êtes, ils sont *P;* je serai *F;* je fus, nous fûmes *PS;* que je sois, que nous soyons *S;* étant *PPr;* été *PPa*
faillir je faillis, nous faillissons, ils faillissent *P;* je faillirai *F;* je faillis, nous faillîmes *PS;* que je faillisse, que nous faillissions *S;* faillissant *PPr;* failli(e) *PPa*
faire je fais, tu fais, il fait, nous faisons, vous faites, ils font *P;* je ferai *F;* je fis *PS;* que je fasse, que nous fassions *S;* faisant *PPr;* fait(e) *PPa*
falloir il faut *P;* il faudra *F;* il fallut *PS;* qu'il faille *S;* fallu *PPa*
fuire je fuis, il fuit, nous fuyons, ils fuient *P;* je fuirai *F;* je fuis, nous fuîmes *PS;* que je fuie, qu'il fuie, que nous fuyions, qu'ils fuient *S;* fuyant *PPr;* fui(e) *PPa*
haïr je hais, il hait, nous haïssons, ils haïssent *P;* je haïrai *F;* je haïs, nous haïmes *PS;* que je haïsse *S;* haïssant *PPr;* haï(e) *PPa*
joindre je joins, il joint, nous joignons, ils joignent *P;* je joindrai *F;* je joignis *PS;* que je joigne, que nous joignions *S;* joignant *PPr;* joint(e) *PPa*
lire je lis, il lit, nous lisons, ils lisent *P;* je lirai *F;* je lus *PS;* que je lise *S;* lisant *PPr;* lu(e) *PPa*
luire je luis, il luit, nous luisons, ils luisent *P;* je luirai *F;* je luisis *PS;* que je luise, que nous luisions *S;* luisant *PPr;* lui *PPa*
maudire je maudis, il maudit, nous maudissons, ils maudissent *P;* je maudis, nous maudîmes *PS;* que je maudisse *S;* maudissant *PPr;* maudit(e) *PPa*
mettre je mets, il met, nous mettons, ils mettent *P;* je mettrai *F;* je mis, nous mîmes *PS;* que je mette *S;* mettant *PPr;* mis(e) *PPa*
moudre je mouds, il moud, nous moulons, ils moulent *P;* je moudrai *F;* je moulus, nous moulûmes *PS;* que je moule, que nous moulions *S;* moulant *PPr;* moulu(e) *PPa*
mourir je meurs, il meurt, nous mourons, ils meurent *P;* je mourrai *F;* je mourus *PS;* que je meure, qu'il meure, que nous mourions, qu'ils meurent *S;* mourant *PPr;* mort(e) *PPa*
mouvoir je meus, il meut, nous mouvons, ils meuvent *P;* je mouvrai *F;* je mus, nous mûmes *PS;* que je meuve, qu'il meuve, que nous mouvions, qu'ils meuvent *S;* mouvant *PPr;* mû, mue *PPa*
naître je nais, il naît, nous naissons, ils naissent *P;* je naîtrai *F;* je naquis *PS;* que je naisse *S;* naissant *PPr;* né(e) *PPa*
ouvrir j'ouvre, il ouvre, nous ouvrons, ils ouvrent *P;* j'ouvrirai *F;* j'ouvris, nous ouvrîmes *PS;* que j'ouvre *S;* ouvrant *PPr;* ouvert(e) *PPa*
paraître je parais, il paraît, nous paraissons, ils paraissent *P;* je paraîtrai *F;* je parus, nous parûmes *PS;* que je paraisse, que nous paraissions *S;* paraissant *PPr;* paru(e) *PPa*
peindre je peins, il peint, nous peignons, ils peignent *P;* je peindrai *F;* je peignis, nous peignîmes *PS;* que je peigne, que nous peignions *S;* peignant *PPr;* peint(e) *PPa*
plaire je plais, il plaît, nous plaisons, ils plaisent *P;* je plairai *F;* je plus, nous plûmes *PS;* que je plaise *S;* plaisant *PPr;* plu *PPa*
pleuvoir il pleut *P;* il pleuvra *F;* il plut *PS;* qu'il pleuve *S;* pleuvant *PPr;* plu *PPa*
pouvoir je peux, il peut, nous pouvons, ils peuvent *P;* je pourrai *F;* je pus, nous pûmes *PS;* que je puisse *S;* pouvant *PPr;* pu *PPa*
prendre je prends, il prend, nous prenons, ils prennent *P;* je prendrai *F;* je pris, nous prîmes *PS;* que je prenne, qu'il prenne, que nous prenions, qu'ils prennent *S;* prenant *PPr;* pris(e) *PPa*
résoudre je résous, il résout, nous résolvons, ils résolvent *P;* je résoudrai *F;* je résolus, nous résolûmes *PS;* que je résolve, que nous résolvions *S;* résolvant *PPr;* résolu(e) *PPa*
rire je ris, il rit, nous rions, ils rient *P;* je rirai *F;* je ris, nous rîmes *PS;* que je rie, que nous riions *S;* riant *PPr;* ri *PPa*

savoir je sais, il sait, nous savons, ils savent *P;* je saurai *F;* je sus, nous sûmes *PS;* que je sache, que nous sachions *S;* sachant *PPr;* su(e) *PPa*
servir je sers, il sert, nous servons, ils servent *P;* je servirai *F;* je servis, nous servîmes *PS;* que je serve *S;* servant *PPr;* servi(e) *PPa*
suffire je suffis, il suffit, nous suffisons, ils suffisent *P;* je suffirai *F;* je suffis, nous suffîmes *PS;* que je suffise *S;* suffisant *PPr;* suffi *PPa*
suivre je suis, il suit, nous suivons, ils suivent *P;* je suivrai *F;* je suivis *PS;* que je suive *S;* suivant *PPr;* suivi(e) *PPa*
vaincre je vaincs, il vainc, nous vainquons, ils vainquent *P;* je vaincrai *F;* je vainquis *PS;* que je vainque *S;* vainquant *PPr;* vaincu(e) *PPa*
valoir je vaux, il vaut, nous valons, ils valent *P;* je vaudrai *F;* je valus *PS;* que je vaille, qu'il vaille, que nous valions, qu'ils vaillent *S;* valant *PPr;* valu(e) *PPa*
venir je viens, il vient, nous venons, ils viennent *P;* je viendrai *F;* je vins, il vint, nous vînmes, vous vîntes, ils vinrent *PS;* que je vienne; qu'il vienne, que nous venions, qu'ils viennent *S;* venant *PPr;* venu(e) *PPa*
vêtir je vêts, il vêt, nous vêtons, ils vêtent *P;* je vêtirai *F;* je vêtis *PS;* que je vête *S;* vêtant *PPr;* vêtu(e) *PPa*
vivre je vis, il vit, nous vivons, ils vivent *P;* je vivrai *F;* je vécus *PS;* que je vive *S;* vivant *PPr;* vécu(e) *PPa*
voir je vois, il voit, nous voyons, ils voient *P;* je verrai *F;* je vis, nous vîmes *PS;* que je voie, qu'il voie, que nous voyions, qu'ils voient *S;* voyant *PPr;* vu(e) *PPa*
vouloir je veux, il veut, nous voulons, ils veulent *P;* je voudrai *F;* je voulus *PS;* que je veuille, qu'il veuille, que nous voulions, qu'ils veuillent *S;* voulant *PPr;* voulu(e) *PPa*

Grammaire allemande

L'adjectif

L'emploi de l'adjectif

Quand l'adjectif est employé en tant qu'attribut, c'est-à-dire en tant que complément d'un nom, il s'accorde en genre, en nombre et en cas avec le nom. L'adjectif reste invariable quand il est employé en tant que prédicatif (complément d'attribution) ou en tant qu'adverbial (complément de circonstance):

Die neuen Fahrräder waren wegen ihres niedrigen Preises schnell verkauft. Diese Fahrräder sind neu und preiswert.

La déclinaison de l'adjectif

On distingue deux sortes de déclinaison de l'adjectif. L'adjectif est décliné fortement quand il se trouve seul devant un nom et quand il suit l'article indéfini ou le pronom

kleiner Mann; ein kleiner Mann; ihr kleiner Mann.

singulier	nominatif	génitif	datif	accusatif
masculin	*neuer Hut*	*neuen Hutes*	*neuem Hut(e)*	*neuen Hut*
féminin	*neue Frau*	*neuer Frau*	*neuer Frau*	*neue Frau*
neutre	*neues Auto*	*neuen Autos*	*neuem Auto*	*neues Auto*
pluriel				
masculin	*neue Hüte*	*neue Hüte*	*neuen Hüten*	*neue Hüte*
féminin	*neue Frauen*	*neue Frauen*	*neuen Frauen*	*neue Frauen*
neutre	*neue Autos*	*neue Autos*	*neuen Autos*	*neue Autos*

L'adjectif est décliné faiblement quand il suit l'article défini ou le pronom décliné:

der kleine Mann; dieser kleine Mann; welcher große Junge?

singulier	nominatif	génitif	datif	accusatif
masculin	*neue Hut*	*neuen Hutes*	*neuen Hut(e)*	*neuen Hut*
féminin	*neue Frau*	*neuen Frau*	*neuen Frau*	*neue Frau*
neutre	*neue Auto*	*neuen Autos*	*neuen Auto*	*neue Auto*
pluriel				
masculin	*neuen Hüte*	*neuen Hüte*	*neuen Hüten*	*neuen Hüte*
féminin	*neuen Frauen*	*neuen Frauen*	*neuen Frauen*	*neuen Frauen*
neutre	*neuen Autos*	*neuen Autos*	*neuen Autos*	*neuen Autos*

La comparaison de l'adjectif

Le comparatif se forme en ajoutant *-er* au radical ou en formant la voyelle infléchie et en ajoutant *-er* ensuite.

Le superlatif se forme en ajoutant *-est* ou *-st* au radical. De plus, il faut ajouter *am* quand le superlatif ne précède pas le nom:

weit, weiter, weiteste(-r, -s), am weitesten.

Les adjectifs *gut, viel, wenig, hoch, nahe* possèdent des formes irrégulières de comparaison:

gut, besser, am besten; viel, mehr, am meisten; wenig, weniger ou *minder; hoch, höher, am höchsten; nahe, näher, am nächsten.*

L'adverbe

Les adverbes qui sont dérivés d'un adjectif figurent au radical (ils n'ont pas de terminaison):
Das hast du gut gemacht.
A l'exception des adverbes qui sont dérivés d'un adjectif, il n'y a que les adverbes suivants qu'on peut mettre au comparatif:
oft – öfter – am öftesten/ häufigsten; bald – eher – am ehesten; gern – lieber – am liebsten; wohl – wohler/besser – am wohlsten/besten; sehr – mehr – am meisten.

L'article

L'article défini

nombre	cas	masculin	féminin	neutre
singulier	nominatif	*der*	*die*	*das*
	génitif	*des*	*der*	*des*
	datif	*dem*	*der*	*dem*
	accusatif	*den*	*die*	*das*
pluriel	nominatif	*die*	*die*	*die*
	génitif	*der*	*der*	*der*
	datif	*den*	*den*	*den*
	accusatif	*die*	*die*	*die*

L'article indéfini

nombre	cas	masculin	féminin	neutre
singulier	nominatif	*ein*	*eine*	*ein*
	génitif	*eines*	*einer*	*eines*
	datif	*einem*	*einer*	*einem*
	accusatif	*einen*	*eine*	*ein*

Il n'y a pas d'article indéfini pour le pluriel.

Le nom

Tous les mots qui font fonction de substantifs sont écrits avec une majuscule. Il y a trois genres différents pour les noms. Normalement le genre grammatical des substantifs animés correspond au genre naturel: *der Mann, die Frau.* De nombreux termes ne sont pas marqués: *das Opfer, die Geisel.*

Le pluriel des noms

Pour quelques noms la forme du pluriel coïncide avec celle du singulier. Le pluriel d'un nom peut être formé en ajoutant les désinences *-e, -en, -n, -s* à la forme du singulier, ou bien en transformant la voyelle du radical du singulier en une voyelle infléchie ou encore en transformant la voyelle du radical du singulier et en ajoutant les désinences *-e* ou *-er* en même temps:
das Heft, die Hefte; die Küche, die Küchen; das Brett, die Bretter; die Kur, die Kuren; das Auto, die Autos; die Tochter, die Töchter; die Mutter, die Mütter; die Not, die Nöte; das Buch, die Bücher.

Le marquage du nom ("déclinaison")

Il y a une déclinaison forte, une déclinaison faible et une déclinaison mixte. La déclinaison forte existe pour les noms masculins, féminins et neutres.

		masculin	féminin	neutre
singulier	nominatif	*der Raum*	*die Wand*	*das Auto*
	génitif	*des Raumes*	*der Wand*	*des Autos*
	datif	*dem Raum(e)*	*der Wand*	*dem Auto*
	accusatif	*den Raum*	*die Wand*	*das Auto*
		masculin	féminin	neutre
pluriel	nominatif	*die Räume*	*die Wände*	*die Autos*
	génitif	*der Räume*	*der Wände*	*der Autos*
	datif	*den Räumen*	*den Wänden*	*den Autos*
	accusatif	*die Räume*	*die Wände*	*die Autos*

La déclinaison faible n'existe que pour les noms masculins et féminins.

		masculin	féminin
singulier	nominatif	*der Held*	*die Katze*
	génitif	*des Helden*	*der Katze*
	datif	*dem Helden*	*der Katze*
	accusatif	*den Helden*	*die Katze*
		masculin	féminin
pluriel	nominatif	*die Helden*	*die Katzen*
	génitif	*der Helden*	*der Katzen*
	datif	*den Helden*	*den Katzen*
	accusatif	*die Helden*	*die Katzen*

La déclinaison mixte n'existe que pour les noms masculins et neutres.

		masculin	neutre
singulier	nominatif	*der Schmerz*	*das Ohr*
	génitif	*des Schmerzes*	*des Ohr(e)s*
	datif	*dem Schmerz*	*dem Ohr*
	accusatif	*den Schmerz*	*das Ohr*
		masculin	neutre
pluriel	nominatif	*die Schmerzen*	*die Ohren*
	génitif	*der Schmerzen*	*der Ohren*
	datif	*den Schmerzen*	*den Ohren*
	accusatif	*die Schmerzen*	*die Ohren*

L'emploi des cas

Le génitif fait fonction de cas du domaine. Il indique des appartenances, l'origine, la qualité et la possession: *Die Studenten der Münchner Universität streiken.* En français, le génitif se traduit généralement par la préposition *de* qui exprime l'appartenance. Certains verbes, de même que certaines prépositions, exigent le génitif: *sich schämen, sich entsinnen, bedürfen.*

Le datif en tant que complément d'objet désigne quelqu'un ou quelque chose à qui ou à quoi s'adresse une action, une affaire ou un événement: *Sie gibt/schenkt dem Mann ein Buch.* Le datif correspond dans ce cas au complément d'objet indirect français et est introduit par la préposition *à.*

On parle d'un complément d'objet direct quand quelqu'un ou quelque chose est concerné directement par une action ou un événement. Il correspond à l'accusatif en allemand: *Sie sieht ihn.*

Le pronom

Le pronom personnel

nombre	cas	1ère pers.	2e pers.	3e pers.
singulier	nominatif	*ich*	*du*	*er/sie/es*
	génitif	*meiner*	*deiner*	*seiner/ihrer/seiner*
	datif	*mir*	*dir*	*ihm/ihr/ihm*
	accusatif	*mich*	*dich*	*ihn/sie/es*
pluriel	nominatif	*wir*	*ihr*	*sie*
	génitif	*unser*	*euer*	*ihrer*
	datif	*uns*	*euch*	*ihnen*
	accusatif	*uns*	*euch*	*sie*

Le pronom possessif

	singulier	pluriel
1ère pers.	*mein*	*unser*
2e pers.	*dein*	*euer*
3e pers.	*sein/ihr*	*ihr*

La déclinaison du pronom possessif:

cas	masculin	féminin	neutre
nom. sing.	*mein Vater*	*meine Mutter*	*mein Haus*
gén. sing.	*meines Vaters*	*meiner Mutter*	*meines Hauses*
dat. sing.	*meinem Vater*	*meiner Mutter*	*meinem Haus*
acc. sing.	*meinen Vater*	*meine Mutter*	*mein Haus*
nom. pl.	*meine Söhne*	*meine Töchter*	*meine Häuser*
gén. pl.	*meiner Söhne*	*meiner Töchter*	*meiner Häuser*
dat. pl.	*meinen Söhnen*	*meinen Töchtern*	*meinen Häusern*
acc. pl.	*meine Söhne*	*meine Töchter*	*meine Häuser*

Le pronom possessif s'accorde en genre, en nombre et en cas avec le nom:
Das ist mein Buch. Er war der Chef seiner Firma.

Le pronom relatif

Les pronoms relatifs *der, die, das, welcher, welche, welches* introduisent la proposition relative et s'accordent en genre et en nombre avec celle-ci. Ils se mettent au cas correspondant à leur fonction dans la proposition relative, pas au mot auquel ils se rapportent:
Die Theaterbesucher, denen die Inszenierung nicht gefiel, verließen protestierend den Saal. Gestern hat die Sekretärin, die alle sehr schätzen, gekündigt.

La préposition

Généralement les prépositions exigent l'emploi d'un certain cas et généralement elles se trouvent devant le nom ou le pronom auquel elles se rapportent.

Prépositions suivies du génitif

außerhalb	*jenseits*	*statt*	*unweit*
dank	*laut*	*trotz*	*während*
diesseits	*mangels*	*um ... willen*	*wegen*
...halber	*mittels*	*ungeachtet*	
innerhalb	*oberhalb*	*unterhalb*	

Prépositions suivies du datif

aus	*entgegen*	*mit*	*seit*
außer	*gegenüber*	*nach*	*von*
bei	*gemäß*	*samt*	*zu*

Prépositions suivies de l'accusatif

durch	*gegen*	*um*
für	*ohne*	

Prépositions suivies de l'accusatif ou du datif

Certaines prépositions spatiales sont suivies de l'accusatif, lorsqu'elles se réfèrent au mouvement: *Tritt nicht in die Pfütze!* Elles sont par contre suivies du datif, lorsqu'elles se rapportent au lieu de qn/qc: *Der Brief ist in diesem Ordner abgelegt.*

an	*in*	*unter*
auf	*neben*	*vor*
hinter	*unter*	*zwischen*

Le verbe

Les verbes forts, faibles et mixtes

Il y a trois classes de verbes: les verbes faibles, les verbes forts et les verbes mixtes. La forme du prétérit et celle du participe II nous permettent de les différencier. Au prétérit, la voyelle des verbes faibles reste constante. Ces verbes ont le morphème *-te* au prétérit et le participe II la marque *(ge)...t: leben, lebte, gelebt.* La voyelle du radical des verbes forts se diffère au prétérit de celle du présent et/ou du participe II (alternance vocalique). Le Participe II est marqué en *(ge)...en: fahren, fuhr, gefahren; singen, sang, gesungen.* Les verbes mixtes sont des verbes qui présentent des formes fortes (alternance vocalique) et des formes faibles *(-te, ge...t): denken, dachte, gedacht; rennen, rannte, gerannt.*

Conjugaison

Le présent

On forme le présent en ajoutant les désinences suivantes au radical du verbe: *-e, -st, -t, -en, -t, -en:*

verbe faible		verbe fort	
ich stell-e	*wir stell-en*	*ich nehm-e*	*wir nehm-en*
du stell-st	*ihr stell-t*	*du nimm-st*	*ihr nehm-t*
er/sie/es stell-t	*sie stell-en*	*er/sie/es nimm-t*	*sie nehm-en*

Le prétérit

On forme le prétérit des verbes faibles en ajoutant les désinences suivantes au radical: *-te, -test, -te, -ten, -tet, -ten.*

On forme le prétérit des verbes forts en ajoutant les désinences suivantes au radical du prétérit (voir liste des verbes irréguliers p. 817–820): *-ø, -st,-ø, -en, -t, -en:*

verbe faible		verbe fort	
ich stell-te	*wir stell-ten*	*ich nahm*	*wir nahm-en*
du stell-test	*ihr stell-tet*	*du nahm-st*	*ihr nahm-t*
er/sie/es stell-te	*sie stell-ten*	*er/sie/es nahm*	*sie nahm-en*

Le passé composé

Il est formé à l'aide des auxiliaires *sein* ou *haben* (selon le verbe) plus le participe II du verbe:
wir sind gekommen, ich habe meine Arbeit gemacht.

Le participe II

Le participe II des verbes faibles est formé de la façon suivante: *(ge)* + radical de l'infinitif + *-t: geredet, gesagt.*

Celui des verbes forts de la façon suivante: *(ge)* + radical du prétérit + *-en:*
gekommen, gelaufen.

L'impératif

Les formes de l'impératif existe à la 2e personne du singulier et du pluriel, de même qu'à la 1ère et 3e pers. du pluriel (formule de politesse). On forme l'impératif à l'aide du radical de l'infinitif et des désinences suivantes: *-(e), -t, -en, -en:*
lach(e)! lacht! lachen wir! lachen Sie!

Le futur

En allemand, on forme le futur à l'aide de l'auxiliaire *werden* en combinaison avec le verbe à la forme infinitive:
ich werde singen, du wirst singen, er wird singen, wir werden singen, ihr werdet singen, sie werden singen.

Les auxiliaires

Contrairement au français, il y a en allemand trois auxiliaires *haben, sein* et *werden.* Ils permettent de construire les formes verbales composées: passé composé, plus-que-parfait, futur. De plus, l'auxiliaire *werden* permet aussi de former la voix passive.

Tableau de conjugaison

	sein	haben	werden
présent	*ich bin*	*ich habe*	*ich werde*
	du bist	*du hast*	*du wirst*
	er/sie/es ist	*er/sie/es hat*	*er/sie/es wird*
	wir sind	*wir haben*	*wir werden*
	ihr seid	*ihr habt*	*ihr werdet*
	sie sind	*sie haben*	*sie werden*
prétérit	*ich war*	*ich hatte*	*ich wurde*
	du warst	*du hattest*	*du wurdest*
	er/sie/es war	*er/sie/es hatte*	*er/sie/es wurde*
	wir waren	*wir hatten*	*wir wurden*
	ihr wart	*ihr hattet*	*ihr wurdet*
	sie waren	*sie hatten*	*sie wurden*

p. composé	*ich bin gewesen*	*ich habe gehabt*	*ich bin geworden*
p.-q.-parfait	*ich war gewesen*	*ich hatte gehabt*	*ich war geworden*
futur I	*ich werde sein*	*ich werde haben*	*ich werde werden*
participe présent	*seiend*	*habend*	*werdend*
participe II	*gewesen*	*gehabt*	*geworden*
impératif singulier	*sei!*	*habe!*	*werde!*
impératif pluriel	*seid!*	*habt!*	*werdet!*
	seien wir!	*haben wir!*	*werden wir!*
	seien Sie!	*haben Sie!*	*werden Sie!*

Verbes de modalité

Les six verbes de modalité *dürfen, können, müssen, sollen, wollen, mögen* (Subj. II) peuvent être divisés en trois groupes correspondants aux significations suivantes: 'possibilité': *können/dürfen,* 'obligation': *müssen/sollen,* 'volonté': *wollen/mögen* (Subj. II). La signification du premier verbe de chaque groupe est prise en référence au sujet, celle du deuxième verbe par rapport à un tiers, par ex.:

Können/dürfen: pouvoir (en avoir les moyens)/pouvoir (en avoir le droit):
Ich kann ins Kino gehen: j'en ai les moyens (le temps, l'argent).
Ich darf ins Kino gehen: j'en ai la permission, le droit.
Dans le sens d'une capacité acquise, *können* se traduit par savoir:
Ich kann schwimmen. Je sais nager.

La phrase

L'ordre des différents compléments

Quand les compléments d'objet direct (accusativ) et indirect (datif) se composent de deux noms, le complément d'objet indirect précède le complément d'objet direct. Quand ils se composent d'un nom et d'un pronom, le pronom précède le nom:
Sie schickt ihrer Freundin ein Päckchen. Sie schickt ihr ein Päckchen. Sie schickt es ihrer Freundin.

Lorsque les deux membres sont écrits sous la forme d'un pronom, le pronom à l'accusatif précède celui au datif:
Sie schickt es ihr.

L'ordre suivant est valable pour les compléments d'objet indirect et direct, pour les compléments au génitif et les compléments prépositionels. La classe des mots étant sans importance: le complément d'objet indirect et/ou le complément d'objet direct précède le complément au génitif et/ou complément avec préposition.

La position du verbe

Dans la proposition affirmative, la partie finite du prédicat est à la deuxième place. La position de la partie infinite du prédicat – s'il y a – est à la fin de la phrase. Dans ce cas, le prédicat composé fait fonction de paranthèse, entre les deux parties de laquelle d'autres membres de la phrase peuvent s'intercaler:
Ich bin gestern ins Kino gegangen.

Quand un membre de la phrase précède le verbe principal, le sujet est postposé au verbe (inversion):
Gestern war ich im Kino.

Dans la proposition impérative, le sujet est toujours à la deuxième place. La partie finite du prédicat est à la première place, la position de la partie infinite du prédicat – s'il y a – est à la fin:

Wäre ich bloß zu Hause geblieben!

Dans une phrase interrogative globale (la réponse est 'oui' ou 'non'), la partie finite du prédicat est à la première place, la partie infinite du prédicat – s'il y a – est à la fin:

Kommt ihr morgen zu uns? Seid ihr gestern rechtzeitig angekommen?

Dans une proposition interrogative partielle, la partie finite du prédicat se trouve après l'interrogatif, la partie infinite du prédicat – s'il y a – est à la fin de la phrase:

Wann schließt ihr das Projekt ab?

Dans une subordonnée, le verbe se situe à la fin:

Ich denke, dass du recht hast.

La date

La date est écrite ainsi: *3. Juli 2011* ou 3.7.11 Il y a deux possibilités d'exprimer l'indication du jour de semaine en combinaison avec la date:

1. Le nominatif ou l'accusatif est employé sans la préposition *am:*
   Bewerbungsschluss ist Montag, der 3. Juli 2011.
2. Le datif ou l'accusatif suit la préposition *am:*
   Wir treffen uns am Sonntag, dem 3.7.2011.

Les années sont prononcées d'après le comptage des siècles:

1934 = Neunzehnhundertvierunddreißig
2011 = Zweitausend(und)elf

L'heure

Les indications des minutes sont ou séparées par un point ou élevées: *9.30 Uhr;* 9^{30} *Uhr.* On n'emploie que les nombres cardinaux. On demande l'heure de la façon suivante:

Wie viel Uhr ist es? Wie spät ist es? On répond: *Es ist .../Wir haben ...*

12.00 Uhr	zwölf Uhr (mittags)
12.01 Uhr	zwölf Uhr eins/eine Minute nach zwölf
12.02 Uhr	zwölf Uhr zwei/zwei Minuten nach zwölf
12.10 Uhr	zwölf Uhr zehn/zehn Minuten nach zwölf
12.15 Uhr	zwölf Uhr fünfzehn/Viertel nach zwölf
12.20 Uhr	zwölf Uhr zwanzig/zwanzig Minuten nach zwölf
12.30 Uhr	zwölf Uhr dreißig/halb eins
12.45 Uhr	zwölf Uhr fünfundvierzig/Viertel vor eins
12.50 Uhr	zwölf Uhr fünfzig/zehn (Minuten) vor eins
13.00 Uhr	dreizehn Uhr/ein Uhr/eins
15.00 Uhr	fünfzehn Uhr/drei Uhr nachmittags
17.00 Uhr	siebzehn Uhr/fünf Uhr nachmittags
23.00 Uhr	dreiundzwanzig Uhr/11 Uhr nachts
24.00 Uhr	vierundzwanzig Uhr/Mitternacht
1.00 Uhr	ein Uhr/ein Uhr morgens
10.00 Uhr	zehn Uhr/zehn Uhr vormittags

Les nombres

nombres cardinaux		nombres ordinaux	
0	*null*	11.	*erste*
1	*eins*	12.	*zweite*
2	*zwei*	13.	*dritte*
3	*drei*	14.	*vierte*
4	*vier*	15.	*fünfte*
5	*fünf*	16.	*sechste*
6	*sechs*	17.	*sieb(en)te*
7	*sieben*	18.	*achte*
8	*acht*	19.	*neunte*
9	*neun*	10.	*zehnte*
10	*zehn*	11.	*elfte*
11	*elf*	12.	*zwölfte*
12	*zwölf*	13.	*dreizehnte*
13	*dreizehn*	14.	*vierzehnte*
14	*vierzehn*	15.	*fünfzehnte*
15	*fünfzehn*	16.	*sechzehnte*
16	*sechzehn*	17.	*siebzehnte*
17	*siebzehn*	18.	*achtzehnte*
18	*achtzehn*	19.	*neunzehnte*
19	*neunzehn*	20.	*zwanzigste*
20	*zwanzig*	21.	*einundzwanzigste*
21	*einundzwanzig*	22.	*zweiundzwanzigste*
22	*zweiundzwanzig*	23.	*dreiundzwanzigste*
23	*dreiundzwanzig*	24.	*vierundzwanzigste*
30	*dreißig*	25.	*fünfundzwanzigste*
40	*vierzig*	26.	*sechsundzwanzigste*
50	*fünfzig*	27.	*siebenundzwanzigste*
60	*sechzig*	28.	*achtundzwanzigste*
70	*siebzig*	29.	*neunundzwanzigste*
80	*achtzig*	30.	*dreißigste*
90	*neunzig*	40.	*vierzigste*
100	*(ein)hundert*	50.	*fünfzigste*
101	*hundert(und)eins*	60.	*sechzigste*
230	*zweihundert(und)dreißig*	70.	*siebzigste*
538	*fünfhundert(und)*	80.	*achtzigste*
	achtunddreißig	90.	*neunzigste*
1 000	*(ein)tausend*	100.	*(ein)hundertste*
10 000	*zehntausend*	230.	*zweihundert(und)*
100 000	*(ein)hunderttausend*		*dreißigste*
1 000 000	*eine Million*	1 000.	*(ein)tausendste*

Les nombres et les adjectifs numéraux au-dessous d'un million sont écrits en un mot.

Verbes irréguliers allemands

infinitif	prétérit	participe II	présent 1ère/2e pers. sing.
backen	backte	gebacken	ich backe, du bäckst
befehlen	befahl	befohlen	ich befehle, du befiehlst
beginnen	begann	begonnen	ich beginne, du beginnst
beißen	biss	gebissen	ich beiße, du beißt
bergen	barg	geborgen	ich berge, du birgst
bersten	barst	geborsten	ich berste, du birst
betrügen	betrog	betrogen	ich betrüge, du betrügst
biegen	bog	gebogen	ich biege, du biegst
bieten	bot	geboten	ich biete, du bietest
binden	band	gebunden	ich binde, du bindest
bitten	bat	gebeten	ich bitte, du bittest
blasen	blies	geblasen	ich blase, du bläst
bleiben	blieb	geblieben	ich bleibe, du bleibst
braten	briet	gebraten	ich brate, du brätst
brechen	brach	gebrochen	ich breche, du brichst
brennen	brannte	gebrannt	ich brenne, du brennst
bringen	brachte	gebracht	ich bringe, du bringst
denken	dachte	gedacht	ich denke, du denkst
dreschen	drosch	gedroschen	ich dresche, du drischst
dringen	drang	gedrungen	ich dringe, du dringst
dürfen	durfte	gedurft	ich darf, du darfst
empfangen	empfing	empfangen	ich empfange, du empfängst
empfehlen	empfahl	empfohlen	ich empfehle, du empfiehlst
empfinden	empfand	empfunden	ich empfinde, du empfindest
erlöschen	erlosch	erloschen	es erlischt
essen	aß	gegessen	ich esse, du isst
fahren	fuhr	gefahren	ich fahre, du fährst
fallen	fiel	gefallen	ich falle, du fällst
fangen	fing	gefangen	ich fange, du fängst
fechten	focht	gefochten	ich fechte, du fich(t)st
finden	fand	gefunden	ich finde, du findest
flechten	flocht	geflochten	ich flechte, du flich(t)st
fliegen	flog	geflogen	ich fliege, du fliegst
fliehen	floh	geflohen	ich fliehe, du fliehst
fließen	floss	geflossen	ich fließe, du fließt
fressen	fraß	gefressen	ich fresse, du frisst
frieren	fror	gefroren	ich friere, du frierst
gären	gor	gegoren	es gärt
gebären	gebar	geboren	ich gebäre, du gebärst/gebierst
geben	gab	gegeben	ich gebe, du gibst
gedeihen	gedieh	gediehen	ich gedeihe, du gedeihst
gehen	ging	gegangen	ich gehe, du gehst
gelingen	gelang	gelungen	es gelingt
gelten	galt	gegolten	ich gelte, du giltst
genießen	genoss	genossen	ich genieße, du genießt
geschehen	es geschah	geschehen	es geschieht
gewinnen	gewann	gewonnen	ich gewinne, du gewinnst

gießen	goss	gegossen	ich gieße, du gießt
gleichen	glich	geglichen	ich gleiche, du gleichst
gleiten	glitt	geglitten	ich gleite, du gleitest
graben	grub	gegraben	ich grabe, du gräbst
greifen	griff	gegriffen	ich greife, du greifst
haben	hatte	gehabt	ich habe, du hast
halten	hielt	gehalten	ich halte, du hältst
hängen	hing	gehangen	ich hänge, du hängst
hauen	hieb/haute	gehauen	ich haue, du haust
heben	hob	gehoben	ich hebe, du hebst
heißen	hieß	geheißen	ich heiße, du heißt
helfen	half	geholfen	ich helfe, du hilfst
kennen	kannte	gekannt	ich kenne, du kennst
klingen	klang	geklungen	ich klinge, du klingst
kneifen	kniff	gekniffen	ich kneife, du kneifst
kommen	kam	gekommen	ich komme, du kommst
können	konnte	gekonnt	ich kann, du kannst
kriechen	kroch	gekrochen	ich krieche, du kriechst
laden	lud	geladen	ich lade, du lädst
lassen	ließ	gelassen	ich lasse, du lässt
laufen	lief	gelaufen	ich laufe, du läufst
leiden	litt	gelitten	ich leide, du leidest
leihen	lieh	geliehen	ich leihe, du leihst
lesen	las	gelesen	ich lese, du liest
liegen	lag	gelegen	ich liege, du liegst
lügen	log	gelogen	ich lüge, du lügst
mahlen	mahlte	gemahlen	ich mahle, du mahlst
meiden	mied	gemieden	ich meide, du meidest
melken	molk	gemolken/gemelkt	ich melke, du melkst
messen	maß	gemessen	ich messe, du mißt
misslingen	es misslang	misslungen	es misslingt
mögen	mochte	gemocht	ich mag, du magst
müssen	musste	gemusst	ich muss, du musst
nehmen	nahm	genommen	ich nehme, du nimmst
nennen	nannte	genannt	ich nenne, du nennst
pfeifen	pfiff	gepfiffen	ich pfeife, du pfeifst
preisen	pries	gepriesen	ich preise, du preist
quellen	quoll	gequollen	ich quelle, du quillst
raten	riet	geraten	ich rate, du rätst
reiben	rieb	gerieben	ich reibe, du reibst
reißen	riss	gerissen	ich reiße, du reißt
reiten	ritt	geritten	ich reite, du reitest
rennen	rannte	gerannt	ich renne, du rennst
riechen	roch	gerochen	ich rieche, du riechst
ringen	rang	gerungen	ich ringe, du ringst
rinnen	rann	geronnen	es rinnt
rufen	rief	gerufen	ich rufe, du rufst
salzen	salzte	gesalzen	ich salze, du salzt
saufen	soff	gesoffen	ich saufe, du säufst
saugen	sog	gesogen	ich sauge, du saugst
schaffen (schöpfen)	schuf	geschaffen	ich schaffe, du schaffst
scheiden	schied	geschieden	ich scheide, du scheidest

scheinen	schien	geschienen	ich scheine, du scheinst
schelten	schalt	gescholten	ich schelte, du schiltst
schieben	schob	geschoben	ich schiebe, du schiebst
schießen	schoss	geschossen	ich schieße, du schießt
schlafen	schlief	geschlafen	ich schlafe, du schläfst
schlagen	schlug	geschlagen	ich schlage, du schlägst
schleichen	schlich	geschlichen	ich schleiche, du schleichst
schleifen (schärfen)	schliff	geschliffen	ich schleife, du schleifst
schließen	schloss	geschlossen	ich schließe, du schließt
schmeißen	schmiss	geschmissen	ich schmeiße, du schmeißt
schmelzen (intransitiv)	schmolz	geschmolzen	ich schmelze, du schmilzt
schneiden	schnitt	geschnitten	ich schneide, du schneidest
schreiben	schrieb	geschrieben	ich schreibe, du schreibst
schreien	schrie	geschrien	ich schreie, du schreist
schweigen	schwieg	geschwiegen	ich schweige, du schweigst
schwellen	schwoll	geschwollen	ich schwelle, du schwillst
schwimmen	schwamm	geschwommen	ich schwimme, du schwimmst
schwinden	schwand	geschwunden	ich schwinde, du schwindest
schwören	schwur	geschworen	ich schwöre, du schwörst
sehen	sah	gesehen	ich sehe, du siehst
sein	war	gewesen	ich bin, du bist
senden	sandte	gesandt	ich sende, du sendest
sieden	sott/siedete	gesotten/ gesiedet	ich siede, du siedest
singen	sang	gesungen	ich singe, du singst
sinken	sank	gesunken	ich sinke, du sinkst
sinnen	sann	gesonnen	ich sinne, du sinnst
sitzen	saß	gesessen	ich sitze, du sitzt
spalten	spaltete	gespalten	ich spalte, du spaltest
speien	spie	gespien	ich speie, du speist
spinnen	spann	gesponnen	ich spinne, du spinnst
sprechen	sprach	gesprochen	ich spreche, du sprichst
springen	sprang	gesprungen	ich springe, du springst
stechen	stach	gestochen	ich steche, du stichst
stecken (intransitiv)	stak	gesteckt	ich stecke, du steckst
stehen	stand	gestanden	ich stehe, du stehst
stehlen	stahl	gestohlen	ich stehle, du stiehlst
steigen	stieg	gestiegen	ich steige, du steigst
sterben	starb	gestorben	ich sterbe, du stirbst
stinken	stank	gestunken	ich stinke, du stinkst
stoßen	stieß	gestoßen	ich stoße, du stößt
streichen	strich	gestrichen	ich streiche, du streichst
streiten	stritt	gestritten	ich streite, du streitest
tragen	trug	getragen	ich trage, du trägst
treffen	traf	getroffen	ich treffe, du triffst
treiben	trieb	getrieben	ich treibe, du treibst
treten	trat	getreten	ich trete, du trittst
trinken	trank	getrunken	ich trinke, du trinkst
tun	tat	getan	ich tu(e), du tust
verderben	verdarb	verdorben	ich verderbe, du verdirbst

verdrießen	verdross	verdrossen	ich verdrieße, du verdrießt
vergessen	vergaß	vergessen	ich vergesse, du vergisst
verlieren	verlor	verloren	ich verliere, du verlierst
verzeihen	verzieh	verziehen	ich verzeihe, du verzeihst
wachsen	wuchs	gewachsen	ich wachse, du wächst
wägen	wog	gewogen	ich wäge, du wägst
waschen	wusch	gewaschen	ich wasche, du wäschst
weichen (nachgeben)	wich	gewichen	ich weiche, du weichst
weisen	wies	gewiesen	ich weise, du weist
wenden	wandte/ wendete	gewandt/ gewendet	ich wende, du wendest
werben	warb	geworben	ich werbe, du wirbst
werden	wurde/ward	geworden	ich werde, du wirst
werfen	warf	geworfen	ich werfe, du wirfst
wiegen	wog	gewogen	ich wiege, du wiegst
winden	wand	gewunden	ich winde, du windest
wissen	wusste	gewusst	ich weiß, du weißt
wollen	wollte	gewollt	ich will, du willst
ziehen	zog	gezogen	ich ziehe, du ziehst
zwingen	zwang	gezwungen	ich zwinge, du zwingst

Wichtige Abkürzungen

AFP	*Agence France-Presse*	französische Nachrichtenagentur
AJ	*Auberge de Jeunesse*	Jugendherberge
AM	*Ante meridiem (avant midi)*	vormittags
ANPE	*Agence Nationale pour l'Emploi*	Arbeitsamt
AOC	*Appellation d'origine contrôlée*	Qualitätsweine aus bestimmten Anbaugebieten
Appt.	*Appartement*	Wohnung
AR	*Accusé de réception*	Empfangsbestätigung
Arr.	*Arrondissement*	Arrondissement
Assedic	*Associations pour l'emploi dans l'industrie et le commerce*	Arbeitslosenversicherung
Av.	*Avenue*	Avenue
BD	*Bande dessinée*	Comic
Bd., Boul.	*Boulevard*	Boulevard
BN	*Bibliothèque Nationale*	französische Nationalbibliothek
BO	*Bulletin officiel*	Amtsblatt
BP	*Boîte postale*	Postfach
BU	*Bibliothèque universitaire*	Universitätsbibliothek
c.-à.-d.	*c'est-à-dire*	das heißt (d.h.)
CCP	*Compte chèques postal*	Postgirokonto
CEE	*Communauté Économique Européenne*	Europäische Wirtschaftgemeinschaft
CEI	*Communauté des États Indépendants*	Gemeinschaft Unabhängiger Staaten (GUS)
CES	*Collège d'enseignement secondaire*	Realschule
cf.	*confer*	siehe (s.)
CFC	*Chlorofluorocarbone*	Fluorchlorkohlenwasserstoff (FCKW)
chap.	*chapitre*	Kapitel (Kap.)
CHR	*Centre Hospitalier Régional*	Kreiskankenhaus
CHU	*Centre Hospitalier Universitaire*	Universitätskrankenhaus
Cie.	*Compagnie*	Kompanie
CIO	*Comité International Olympique*	Internationales Olympisches Komitee (IOC)
CNTE	*Centre national de téléenseignement*	Institut für Fernunterricht in Frankreich
CRI	*Croix Rouge Internationale*	Internationales Rotes Kreuz
CROUS	*Centre régional des œuvres universitaires et scolaires*	französisches Studentenwerk
CRS	*Compagnies Républicaines de Sécurité*	Bereitschaftspolizei
CV	*cheval-vapeur*	Pferdestärke
DAS	*Direction de l'action sociale*	Jugendamt
Dépt.	*Département*	Departement
DOM/TOM	*Départements/Territoires d'Outre-Mer*	Französische Überseegebiete
EDF	*Électricité de France*	französische Stromgesellschaft
ENA	*École Nationale d'Administration*	französische Verwaltungs-hochschule

etc.	*et cetera*	und so weiter (u.s.w.)
ex.	*exemple*	Beispiel
Exp.	*Expéditeur*	Absender
FM	*Modulation de fréquence*	Frequenzmodulation (UKW)
FMI	*Fonds Monétaire International*	Internationaler Währungsfonds
HLM	*Habitation à loyer modéré*	Sozialwohnung
HS	*Hors service*	außer Betrieb
HT	*Haute tension*	Hochspannung
JO	*Jeux olympiques*	Olympische Spiele
Mr	*Monsieur*	Herr (Hr.)
Melle	*Mademoiselle*	Fräulein (Frl.)
Mme	*Madame*	Frau (Fr.)
NF	*Norme Française*	französische Industrienorm
OMS	*Organisation mondiale de la santé*	Weltgesundheitsorganisation
ONU	*Organisation des Nations Unies*	Organisation der Vereinten Nationen (UNO)
ORL	*Oto-rhino-laryngologiste*	Hals-Nasen-Ohren-Arzt
OVNI	*Objet volant non identifié*	unbekanntes Flugobjekt (UFO)
PC	*Parti communiste*	Kommunistische Partei
PIB	*Produit intérieur brut*	Bruttosozialprodukt (BSP)
PJ	*Police judiciaire*	Kriminalpolizei
PNB	*Produit national brut*	Bruttoinlandsprodukt (BIP)
PS	*Parti socialiste*	Sozialistische Partei
RAS	*Rien à signaler*	ohne Befund
R.d.C.	*Rez-de-chaussée*	Erdgeschoss
RER	*Réseau express régional*	S-Bahn
RF	*République Française*	Französische Republik
RFA	*République fédérale d'Allemagne*	Bundesrepublik Deutschland
RMI	*Revenu minimum d'insertion*	Mindesteinkommen, Sozialhilfe
Rte	*Route*	Straße (Str.)
RTF	*Radiodiffusion télévision française*	französisches Radio und Fernsehen
SAMU	*Service d'aide médicale d'urgence*	Rettungsdienst, Notarzt
SA	*Société anonyme*	Aktiengesellschaft
SARL	*Société à responsabilité limitée*	Gesellschaft mit beschränkter Haftung (GmbH)
SI	*Syndicat d'initiative*	Fremdenverkehrsamt
SIDA	*Syndrome d'immunodéficience acquise*	Aids
SMIC	*Salaire minimum interprofession-nel de croissance*	festgesetzter Mindestlohn
SNCF	*Société nationale des chemins de fer français*	französische Eisenbahn
SPA	*Société protectrice des animaux*	Tierschutzverein
Sté	*Société*	Gesellschaft
SVP	*s'il vous plaît*	bitte
TGV	*Train à grande vitesse*	Hochgeschwindigkeitszug
TTC	*Toutes taxes comprises*	alles inklusive
TVA	*Taxe sur la valeur ajoutée*	Mehrwertsteuer (MwSt)
UE	*Union Européenne*	Europäische Union (EU)

Abréviations importantes

Abb.	*Abbildung*	illustration
Abk.	*Abkürzung*	abréviation
Abs.	*Absender*	expéditeur
ABS	*Antiblockiersystem*	système de frein anti-blocage
Abt.	*Abteilung*	service
a.D.	*außer Dienst*	en retraite
ADAC	*Allgemeiner Deutscher Automobil-Club*	Automobile-Club d'Allemagne
AG	*Aktiengesellschaft*	Société anonyme (SA)
a.d.	*an der/dem (Fluss)*	sur le (fleuve)/sur la (rivière)
allg.	*allgemein*	en général
Anm.	*Anmerkung*	remarque, note
ASU	*Abgassonderuntersuchung*	test antipollution
Aufl.	*Auflage*	édition
AZUBI	*Auszubildende(r)*	apprenti(e)
BAFöG	*Bundesausbildungsförderung*	bourse d'études
Bd.	*Band (Buch)*	volume, tome
bezgl.	*bezüglich*	concernant
Bhf.	*Bahnhof*	gare
BLZ	*Bankleitzahl*	code bancaire
BRD	*Bundesrepublik Deutschland*	République fédérale d'Allemagne (RFA)
bzw.	*beziehungsweise*	respectivement, ou bien
ca.	*circa*	environ
CDU	*Christlich-Demokratische Union*	Union chrétienne-démocrate
CSU	*Christlich-Soziale Union*	Union chrétienne-sociale
DB	*Deutsche Bahn*	chemins de fer fédéraux allemands
DGB	*Deutscher Gewerkschaftsbund*	Confédération des syndicats allemands
d.h.	*das heißt*	c'est-à-dire (c.-à.-d.)
DIN	*Deutsche Industrie-Norm*	norme industrielle allemande
Dipl.-Ing.	*Diplomingenieur*	ingénieur diplômé
Dipl.-Kfm.	*Diplomkaufmann*	diplômé de l'école de commerce
DJH	*Deutsche Jugendherberge*	auberge de jeunesse en Allemagne
DRK	*Deutsches Rotes Kreuz*	Croix-Rouge allemande
Dr.	*Doktor*	docteur
dt.	*deutsch*	allemand
EDV	*Elektronische Datenverarbeitung*	informatique
einschl.	*einschließlich*	y compris
EU	*Europäische Union*	Union Européenne (UE)
EUR	*Euro*	Euro
e.V.	*eingetragener Verein*	association déclarée
ev.	*evangelisch*	protestant
evtl.	*eventuell*	éventuellement
Fa.	*Firma*	firme
FCKW	*Fluorchlorkohlenwasserstoff*	chlorofluorocarbone (CFC)

F.D.P.	*Freie Demokratische Partei*	Parti démocrate-libéral
FKK	*Freikörperkultur*	naturisme, nudisme
Fr.	*Frau*	Madame (Mme)
Frl.	*Fräulein*	Mademoiselle (Melle)
frz.	*französisch*	français
geb.	*geboren*	né(e)
Ges.	*Gesellschaft*	société
ggf.	*gegebenenfalls*	le cas échéant
GmbH	*Gesellschaft mit beschränkter Haftung*	Société à responsabilité limitée (SARL)
Hbf	*Hauptbahnhof*	gare centrale
hrsg.	*herausgegeben*	édité
i.A.	*im Auftrag*	par ordre
inkl.	*inklusive*	compris
i.R.	*im Ruhestand*	en retraite
i.V.	*in Vertretung*	par délégation
Jh.	*Jahrhundert*	siècle
kath.	*katholisch*	catholique
Kfz	*Kraftfahrzeug*	véhicule
KG	*Kommanditgesellschaft*	société en commandite
Kripo	*Kriminalpolizei*	Police Judiciaire (PJ)
Kto.	*Konto*	compte
KW	*Kurzwelle*	onde courte
KZ	*Konzentrationslager*	camp de concentration
Lkw	*Lastkraftwagen*	poids lourd
m.E.	*meines Erachtens*	à mon avis
MEZ	*Mitteleuropäische Zeit*	heure de l'Europe centrale
MW	*Mittelwelle*	onde moyenne
Mrd.	*Milliarde*	milliard
MwSt	*Mehrwertsteuer*	taxe sur la valeur ajoutée (TVA)
Nr.	*Nummer*	numéro
Pkw	*Personenkraftwagen*	voiture de tourisme
PLZ	*Postleitzahl*	code postal
PS	*Pferdestärke*	cheval-vapeur (CV)
rd.	*rund*	environ
s.	*siehe*	voir (cf.)
SPD	*Sozialdemokratische Partei Deutschlands*	Parti social-démocrate Allemand
Std.	*Stunde*	heure
Str.	*Straße*	rue
s.u.	*siehe unten*	voir ci-dessous
TÜV	*technischer Überwachungs-Verein*	contrôle technique
u.a.	*unter anderem/und andere(s)*	entre autres/et autres
usw.	*und so weiter*	etc
v.Chr.	*vor Christus*	avant Christ
vgl.	*vergleiche*	voir
z.B.	*zum Beispiel*	par exemple (par ex.)
z.Hd.	*zu Händen*	à l'attention de
z.T.	*zum Teil*	en partie

Chaque entrée marquée en bleu

Indication de la prononciation selon l'alphabet phonétique international (API)

Indication du niveau de langue

Indication de mots identiques avec sens divers (homographes) par chiffres en exposant

Examples d'utilisation et tournures allemandes en italique

Traduction française de tournures et locutions

Indication de l'accent principal

Indication de différentes significations en italiques et en parenthèses

Remplacement de l'entrée par le tilde

Margarine [marga'riːnə] *f* *GAST* margarine *f*

Marge ['marʒə] *f* *ECO* marge *f*

Margerite [margə'riːtə] *f* *BOT* marguerite *f*

Marginalie [margi'naːljə] *f* note marginale *f,* annonation en marge *f,* apostille *f*

marginalisieren [marginali'ziːrən] *v* marginaliser qn

Marienkäfer [ma'riːənkɛːfər] *m* *ZOOL* coccinelle *f,* bête à bon Dieu *f* *(fam)*

Marine [ma'riːnə] *f* marine *f,* forces navales *f/pl*

Marinestützpunkt [ma'riːnəʃtytspuŋkt] *m* *MIL* base navale *f*

Marionette [mario'nɛtə] *f* *THEAT* marionnette *f*

Marionettenregierung [marjo'nɛtənregiːruŋ] *f* *(fig)* *POL* gouvernement de marionnettes *m,* gouvernement fantoche *m*

maritim [mari'tiːm] *adj* maritime

Mark[1] [mark] *f* *HIST Deutsche ~* mark allemand *m*

Mark[2] [mark] *n* *1. GAST* concentré *m; 2. (von Früchten)* pulpe *f; 3. ANAT* moelle *f; ins ~ getroffen sein* être touché au vif; *durch ~ und Bein dringen* pénétrer jusqu'à la moelle/passer partout; *jdm das ~ aus den Knochen saugen* sucer qn jusqu'au trognon/sucer qn jusqu'à la moelle; *bis ins ~* jusqu'à la moelle

markant [mar'kant] *adj* marquant, marqué, prononcé

Marke ['markə] *f* marque *f*

Markenartikel ['markənartɪkəl] *m* *ECO* article de marque *m*

Markenzeichen ['markəntsaɪçən] *n* *1. ECO* marque de fabrique *f,* emblème *m,* griffe *f; 2. (fig: Charakteristisches)* image de marque *f*

markerschütternd ['markɛrʃytərnt] *adj* qui va jusqu'à la moelle, déchirant

markieren [mar'kiːrən] *v* *1. (kennzeichnen)* marquer; *2. (fam: vortäuschen)* faire semblant de, simuler, feindre; *3. (abstecken)* jalonner, tracer

Markierung [mar'kiːruŋ] *f* marquage *m,* marque *f,* repère *m*

markig ['markɪç] *adj* *1.* énergique, vigoureux; *2. (Sprüche)* énergique, vigoureux

Markise [mar'kiːzə] *f* marquise *f,* store *m*

Markt [markt] *m* marché *m; etw auf den ~ bringen* mettre qc sur le marché/lancer qc sur le marché

Markthalle ['markthalə] *f* marché ouvert *m,* halle *f*